口 述 抗 战

魏海生 高永中 主编

第三册

中共党史出版社

第三册目录

晋察冀抗日根据地的创建和发展

聂荣臻

1937年7月7日卢沟桥事变后，党中央于8月在洛川召开了政治局扩大会议。这次会议，分析了由于抗日战争爆发，国内外出现的新形势，通过了《抗日救国十大纲领》，指出了抗日战争的持久性，明确提出我军的作战方针：基本的是独立自主的山地游击战，但不放松有利条件下的运动战。同时，中央军委命令红军改编为国民革命军第八路军，开赴华北前线对日作战。

八路军一一五师是由红军第一方面军为主合编而成，林彪任师长，我任副师长（对内仍为政治委员）。我军挺进华北时，华北战场上的国民党一些军队正节节败退，日军沿交通要道长驱直入，张家口、大同等重要城市相继沦陷，侵入晋北的日军继续南进。9月25日，我军首战平型关，一举歼灭日军1000多人。这是我国抗日战争开始以后的第一个大胜仗，大大激励了全国人民抗日的决心和勇气。

平型关大捷后，毛泽东同志指出，目前应以全力布置恒山、五台、管涔三大山脉的游击战争，而重点在五台山脉。整个华北工作，应以游击战争为唯一方向。不久，就接到党中央决定我留在五台山区创建抗日根据地的命令。

一

五台山地处山西、察哈尔、河北三省边界，大山连绵，地形险峻，地理位置十分重要。1937 年 11 月 8 日太原失守，标志着华北以国民党军队为主体的正规战争已告结束，以八路军为主体的游击战争转入主导地位。在被隔绝的敌后建立抗日根据地，对于钳制敌人兵力，威胁平津等敌占城市和尔后的对日反攻，都有极其重要的战略意义。

1937 年 11 月 7 日，中央军委任命我为晋察冀军区司令员兼政治委员，不久任命唐延杰同志为参谋长，舒同同志为政治部主任，查国祯同志为供给部长，叶青山同志为卫生部长，在山西省五台县河东村成立了晋察冀军区。当时一一五师主力已由林彪带领转往晋东南。留下的部队，只有师独立团、骑兵营、教导队的两个队，还有八路军总部特务团、一一五师三四三旅、一二〇师三五九旅等单位工作团的部分同志，总共约 3000 人。这就是日后开辟晋察冀抗日根据地的基本力量，虽然数量不多，但都是红军时期的骨干。

在晋察冀军区成立前后，参加开辟五台地区的部队，趁日军后方空虚，大刀阔斧地在敌后展开了活动。杨成武同志率领的独立团，连续收复了涞源、广灵、灵丘、蔚县、阳原、浑源、易县等县城，开始向平西和平绥路、平汉路北段挺进，在晋察冀边区的北部打开了局面，成立了第一军分区，杨成武任司令员，邓华任政治委员。赵尔陆等同志率领的工作团和少数部队，开辟了以五台山为中心的地区，迅速组织起抗日武装，成立了第二军分区，赵尔陆任司令员兼政治委员。王平等同志领导的工作团和刘云彪同志率领的骑兵营，以阜平为中心，组织起若干支抗日义勇军和游击队，使晋察冀边区的腹地逐步稳定，成立了第三军分区，陈漫远任司令员，王平任政治委员。在正太路以北的山地，周建屏、刘道生等同志率领的工作团和小部队，组建了平山团，并在井陉、获鹿、正定、平定、阳泉、寿阳等地农村，组织起若干支游击队，使晋察冀边区的南部也出现了抗日新局面，成立了第四军分区，周建屏任司令员，刘道生任政治委员。

11 月 18 日，晋察冀军区领导机关移至河北省阜平县。12 月，以一一五师随营学校为基础，成立了抗日军政干部学校。这个学校短期内培训了 1500 多名干部，满足了开辟根据地和扩充部队的迫切需要。

晋察冀军区的成立，大大振奋了这一地区军民的抗战精神。饱受国破家亡之苦的人民群众踊跃参军，很短时间内，各分区都成立了三个相当于团的大队，再加上新建的游击队，使抗日武装力量迅速壮大。

根据地是游击战争的依靠。在中国革命进程中，根据地的问题特别重要。我们既有创建中央革命根据地成功的经验，也有失去根据地的惨痛教训。中国历史上的农民战争，往往因为不理解建立根据地的重要性，开始时轰轰烈烈，最后不得不归于失败。所以，当我受命留在敌后的时候，尽管战局瞬息万变，留下的兵力很少，有千头万绪的事情要做，但我们首先着手的是在晋、察、冀三省边界地区创立一块进可攻、退可守的抗日根据地。

根据地的抗日队伍士气很高，他们主动出击，四处袭扰敌人，断敌交通，收复城镇，使一片片沦陷的国土回到了中国人民手中，使敌人日夜不得安宁。在军区成立半个月后，日本侵略军就调集 2 万多兵力，从平汉、平绥、正太、同蒲等路沿线，分八路围攻这个刚建立的根据地。面对猖獗的日军，抗日武装勇敢地进行了还击。进攻平绥路方面的日军，在广灵、蔚县遭我军还击；平汉路方面从保定、易县向涞源进攻之敌，在易县大、小龙华遭我军袭击；同蒲路的日军刚一出动，就遭迎头痛击，我军乘机袭占了原平；正太路进攻之敌，一路大败于盂县清城镇，一路中我军埋伏惨败而归。这次反围攻不到一个月，接连打了几个胜仗，打死打伤敌军1000多人，缴获了大批武器、弹药和军用品。敌人除占领了根据地边缘地区的几座县城外，别无所获，不得不于12月下旬全线撤退。

1938年1月10日，在阜平隆重召开了晋察冀边区军政民代表大会。出席会议的有共产党和国民党的代表，各抗日军队、抗日阶层和蒙、回、藏等少数民族的代表，共149人。代表们从深山僻壤，从冀中平原，从游击区和敌占区，跋山涉水远道而来，共商抗日救国大计。大会开了六天。会议通过了统一全区军事、行政、财政经济、文化教育、民运工作等各项决议案，用民主选举的方法产生了边区政府——晋察冀边区临时行政委员会，推举宋劭文、胡仁奎、刘奠基、张苏、吕正操、孙志远、李杰庸、娄凝先和我共九人为委员，宋劭文为主任委员，胡仁奎为副主任委员。

晋察冀边区政府的成立，是我们正确地执行了党的抗日民族统一战线政策所取得的巨大成果。全区政权系统、政策法令得到了统一，实行减租减息，改善人民生活，社会秩序开始稳定。有了政府，人民群众就有了靠山，同时，也使我们在华北坚持敌后抗战，有了一个坚强的依靠。

4月，晋察冀省委召开边区第一次党代表大会，北方局派彭真同志来传达中央精神。会后，将原晋察冀省委改为晋察冀区党委，刘澜涛同志任书记。

当我们在冀西山区和晋东北发动群众，开辟抗日根据地的时候，平汉路以东的冀中平原，抗日游击战争也已经迅速发展起来。

冀中地区是华北比较富饶的地方，平原广阔，河流较多，土地肥沃。七七事变后，党派孟庆山同志到冀中组织抗日武装，在高阳、安新、任丘、蠡县一带，培养了一批武装斗争的骨干。当年10月，在国民党军队败退的时候，吕正操同志率东北军第五十三军六九一团回师北上，在晋县改称人民自卫军，誓师抗日，并在高阳一带解决了一些流窜在这里的杂色武装，进一步壮大了队伍。12月，吕正操、孙志远同志率人民自卫军2000多人到平汉路西整训，其余部队编为河北游击军，由孟庆山任司令。

人民自卫军经整训回到冀中后，在河北游击军配合下，又解决了十多股汉奸土匪武装，于1938年2月开赴大清河北，在北平、天津、保定三角地带，开展游击战；4月，胜利地粉碎了日军第一次春季“扫荡”，扩展和巩固了冀中根据地。西起平汉路，东至津浦路，北至平津路，南达沧石路，整个冀中平原的广大农村，几乎都为抗日武装所控制。各县建立了抗日政权和各种群众性的抗日组织，广泛地动员群众参军参战。同时，也改造了许多杂色武装。1938年4月，黄敬同志到冀中主持召开了第一次党代表大会，成立冀中区党委，黄敬任书记。接着统一整编冀中部队为八路军第三纵队，并成立冀中军区，吕正操任第三纵队司令员兼冀中军区司令员，孟庆山任第三纵队副司令员兼冀中军区副司令员，孙志远任政治部主任。5月初，又成立了冀中区政权机构——冀中行政主任公署，吕正操为主任。8月间，王平同志任第三纵队政治委员兼冀中军区政治委员。冀中军区又先后组成了五个军分区。冀中区作为晋察冀根据地的一个重要组成部分，为在平原地区开展游击战争，开辟平原抗日根据地作出了重要贡献，提供了宝贵经验。

与此同时，冀东地区也到处燃起了抗日烽火。那里平原多，丘陵也多，农业发达，矿藏丰富，是东北与华北之间的咽喉要道，地理位置非常重要。七七事变前后，日军进攻我内地的兵力和军用物资，几乎都是经过冀东运送的。

早在洛川会议上，毛泽东同志就指出了冀东在抗战中的重要地位。他说，红军可以一部于敌后的冀东，以雾灵山为根据地进行游击战争。1938年2月，毛泽东同志来电指出，以雾灵山为中心的区域，有扩大发展的前途。但这是独立作战的区域，派去的部队需较精干，且不宜过少，党政军领导人需有独立应付新环境的能力，出发前要做充分准备。根据毛泽东同志的指示，我们从红军骨干较多、战斗力较强的第一军分区抽调了部分兵力，组成邓华支队，进军冀东。

按照军区的部署，邓华支队在游击队配合下，逐步开辟了房山、良乡、涿县、涞水、昌平、宛平等地。他们在群众支持下，打击日伪军，消灭地主土匪武装，在一部分县建立了抗日政权和抗日救国会，组织了抗日武装，为挺进冀东，建立了可靠的前进基地。1938 年 5 月，中央军委和八路军总部将在雁北活动的宋时轮支队调到平西，与邓华支队合并，组成八路军第四纵队，宋时轮同志任司令员，邓华同志任政治委员。

根据党中央的统一部署，在我军准备挺进冀东的同时，当地的工农基本群众在中共冀热边特委的领导下，已经开展起小规模的游击活动。唐山的煤矿工人正在进行大规模罢工，抗战热情很高。6 月，第四纵队向冀东挺进，连战皆捷。冀东人民在家乡沦亡几年之后，听到八路军大部队开来的消息，喜出望外，欢欣若狂。7 月 6 日，在地方党的领导下，爆发了轰轰烈烈的冀东人民武装抗日大起义。那次起义，有丰润、滦县、迁安、蓟县、遵化、昌黎、乐亭等县，规模和气势大大超过原来的预料。起义总人数有 20 多万人，除去老弱，光编入部队的武装人员就有 10 万人。8 月，第四纵队和冀东起义队伍会师遵化，并已攻克六座县城，摧毁了农村许多敌伪政权，一度切断了北宁路。这次起义，是当时震动全国的大事件，经中外通讯社的传播，风闻于世界。

9 月，传来日本侵略军要大举“围剿”冀东的消息。在那里开辟工作的一些领导同志，把形势估计得过于严重，决定把起义部队撤往平西。结果，部队西撤遭受挫折，10 万之众的起义军到达平西时，只剩下很少的人数。第四纵队在敌人的围追堵截中，也受到很大损失。1939 年 2 月，根据中央决定在平西组建了冀热察挺进军，萧克同志任司令员，并由萧克、马辉之、伍晋南、宋时轮、邓华同志组成冀热察军政委员会。不久，又分别成立了冀东军分区，由李运昌同志任司令员；冀热察区党委冀东分会，由李楚离同志任书记。在新的党政军机构领导下，冀东抗日游击战争的火焰，重新燃烧起来。

平西地区早就有我们党的工作基础。抗战初期，北平地下党组织一批爱国学生，在这里进行武装斗争，晋察冀军区第一军分区的部队曾到这一带活动，后来逐步发展成比较巩固的根据地，成立了平西军分区。平北地区，也长期反复地进行过发动群众的工作，后来单独成立了平北军分区，所辖区域延伸到冀热察三省边界。平西、平北地区游击战争的发展，给北平日军造成直接威胁，敌人虽多次出动重兵“扫荡”，企图拔掉这两个钉子，但始终未能得逞。

这样，冀西、冀中、平西、平北和冀东，就形成了一个能够充分回旋的广阔战场。山岳根据地是依托，是后方，平原根据地是前沿，是粮仓。山岳根据地为活动在平原上的部队提供兵力转移、休整的场所；平原根据地为山区提供人力、物力、财力的支援。这种相互依靠，相互支援，有力地形成了对敌人占据的主要交通线和中心城市的战略包围，从而更有力地钳制敌人，使华北游击战争得以长期坚持下去。

根据地的斗争，是以军事斗争为中心展开的。军事力量是主力部队、地方武装和民兵自卫队三位一体的结构。主力部队是开创和保卫根据地的支柱。地方武装主要是地区队[①]和基干游击队，他们同民兵一起，就地坚持，就地游击，支援主力兵团作战。根据基本的是游击战，但不放松有利条件下的运动战的原则，晋察冀根据地除广泛开展游击战打击和消耗敌人外，还抓住有利时机，在运动战中歼灭了大量敌人。

1938 年秋，日本帝国主义大肆喧嚷，要分别实现南取广州，中攻

① 地区队，军分区直接领导下的武装。

武汉，在华北搞所谓“治安肃正”的作战计划。9月份，集中了5万多兵力，从平汉、平绥，同蒲、正太路沿线，对五台和冀西山区，大举围攻。军区和边区政府及时进行了反围攻准备。9月下旬，日军独立第四混成旅团，在飞机掩护下进攻五台县东南的柏兰镇，接连遭我袭击。10月下旬，我一二〇师三五九旅在张家湾伏击战中，击毙日军300余人。11月4日，我一二〇师三五八旅在滑石片歼灭了由五台奔袭高洪口之日军500余人。至11月7日，日军的围攻被彻底粉碎。

在粉碎日军多路围攻的48天中，边区军民进行大小战斗100多次，毙伤日军5200多人，缴获了许多武器弹药和军用物资。

1939年1月，根据中央指示，贺龙、关向应同志率领一二〇师由晋西北来到冀中平原，帮助巩固冀中抗日根据地，并在当地扩大部队。这一年，我军多次集中兵力，对深入根据地比较孤立之敌给予歼灭性打击，先后取得了齐会、上下鹤山、上下细腰涧、大龙华、陈庄等战斗的胜利。这些战斗，有的是晋察冀军区的部队打的，有的是一二〇师的部队打的，也有的是两支兄弟部队共同打的。在敌后进行的有利条件下的运动战，有些战例是非常成功的。雁宿崖和黄土岭两次歼灭战，就是比较突出的例子。

11月，晋察冀军区正在筹备成立两周年庆祝活动，贺龙、关向应和彭真同志都在军区机关。当时，日军妄图袭入我根据地腹心地区。据情报报告，500多名日军，由张家口进到涞源，可能向银坊、走马驿方向进犯。涞源到银坊是一片连绵险峻的大山，中间只有一条山路，是打伏击的好地方。我们当即决定，诱敌深入，以伏击手段歼灭它。11月3日清晨，日军一个大队和一个炮兵中队、一个机枪中队，果然被我第四支队诱入雁宿崖伏击圈，我第一、二、三团当即将敌严密包围。经过几小时激战，即将500多名日军歼灭，仅极少数漏网。

雁宿崖歼灭战后，日军第二混成旅团旅团长阿部规秀中将亲率日军1500多人，进行报复性“扫荡”，妄图消灭我军主力，挽回“皇军的体面”。针对这一情况，我军仍先以第三支队诱敌东进。在黄土岭地区，我们集中了第一、二、三、二十、二十五团和炮兵营，占据有利地形待机歼敌。贺龙同志也令一二〇师特务团从神南北上助战。

11月6日晚，阿部规秀率部进入黄土岭一线。当夜，我参战部队完成了对敌包围。7日，敌主力进入我伏击圈时，我伏兵向敌展开猛烈攻击。黄土岭歼灭战，以我军歼灭日军900多名，击毙其中将指挥官阿部规秀而告结束。击毙日军中将指挥官，在我国抗战史上，还是第一次。敌人对此十分懊丧，日本《朝日新闻》连续三天的通栏标题都是《名将之花凋谢在太行山上》，说：“自从皇军成立以来，中将级将官的牺牲，是没有这样例子的。”

著名的国际主义战士白求恩大夫，在雁宿崖、黄土岭战斗之前，曾不顾指间创伤，在为一名伤员动手术时受到感染。但他仍然参加了雁宿崖和黄土岭两次战斗。在炮火中为许多伤员做手术。病情发作后，他还在坚持，直到战斗结束，才被人用担架送下了战场。过了两天，也就是1939年的11月12日，他带着对中国人民的无限深情，离开了人间。

实践证明，基本的是游击战，但不放松有利条件下的运动战这一战略方针是非常正确的。除了在游击区、接敌区开展广泛的游击战之外，在根据地内部必须适当掌握强有力的兵团作为机动力量，一旦敌人敢于孤军深入，即以优势兵力果敢地包围而歼灭之。晋察冀抗日根据地打了不少这样的仗，这些仗足以震撼敌人，使其小股兵力不敢轻易进犯，而它要组织大的“扫荡”，又非经过长期准备不可。这样，就大大增加了我根据地的稳定性，对于巩固根据地，有计划地进行根据地的各项建设，无疑是一个相当有利的条件。

二

晋察冀根据地创建不久，这个敌后的抗日堡垒就引起了国内外各方面的重视。大后方的民主人士和国际朋友，接连不断地来晋察冀考察访问。他们大多奇怪地问：为什么在日军盘踞着周围的城市和铁路干线，经常调集重兵“扫荡”，又远离后方，得不到任何物资接济的情况下，你们却能在敌后建立起这样一个面积广阔的根据地？我们回答：关键的问题是发动群众。而如何才能发动群众呢？关键又是实行人民民主和改善人民生活。减租减息就是当时实行的一项重要政策。这样就使人民群众在历史的重压下抬起头来，显示出强大的战斗力量。国民党在敌后也有不少部队，由于他们不肯实行这样的政策，所以以后一个个都垮了。这就是问题的答案。把人民群众充分发动起来了，我们就有了赖以生存的基础。八路军英勇抗击侵略者，保护了人民，人民群众又千方百计地支持我们，使我们得以克服各种困难。在敌后建设根据地，决不单纯是一个军事斗争的问题，没有政治、经济、文化等各方面的斗争相配合，根据地就不能巩固，军事斗争也不能胜利。所以，我们在晋察冀抗日根据地开展游击战争的同时，就及时地加强了政权和经济、文化建设，组织各种群众团体，等等，从各方面为巩固和发展根据地奠定了坚实的基础。

1940 年，我们总结了晋察冀抗日根据地执行党中央《抗日救国十大纲领》的经验，产生了一个地方性的具体行动纲领——《中共中央北方分局关于晋察冀边区目前施政纲领》。这个纲领是彭真同志主持起草的。因为恰恰是 20 条，所以又称“双十纲领”。它受到根据地人民群众和抗日爱国的地主、名流及友党人士的热烈拥护，很快在全区掀起了声势浩大的学习、贯彻的群众运动。不少伪军和伪组织人员，拿着“双十纲领”来找我们，携械投诚者日益增多。整个边区的各项建设进入一个新的发展阶段。

晋察冀军区对部队政治工作、基层党的建设一直很重视。供给、卫生等后勤保障工作搞得也比较好。这时，已组建了工业部，可以修理武器，还能制造炸药、枪弹、炮弹和一些枪支。部队的战斗力有了明显的提高。

1940年8月，由晋察冀军区、一二九师和一二〇师部队进行了以正太路为重点的大规模的交通破袭战。这就是后来所说的百团大战。

发动正太路破袭战，是1940年春天，彭德怀、左权、刘伯承、邓小平等同志和我，在晋东南酝酿确定的。正太路是敌人连接山西、河北的交通命脉。破袭正太路，会使敌之山西占领军的一切运输补给难以保障，这对他们是很大的威胁。经过周密准备，7月22日八路军总部发布了《关于大举破击正太路战役的预备命令》，规定晋察冀军区的任务是：破袭正太路石家庄至平定段，重点为娘子关到井陉煤矿及其两侧地区。此外，对管区内的平汉路、北宁路、津浦路、石德路、沧石路等铁路、公路进行广泛的破击，以阻止敌人向正太路增援。8月20日22点整，我们按时在全线发起攻击。

娘子关是冀、晋两省交界的咽喉，地形险峻，有许多坚固的工事。战斗开始，担负主攻任务的右纵队五团，潜入娘子关村，消灭了村里的伪军，然后依托村庄，向据险顽抗的日军进行强攻。在陡峭的山坡上，战士们冒着浓密的火网，仰攻娘子关的堡垒。经过三小时反复冲击，终于攻占了这个战略要点。我军乘胜破坏了娘子关附近的工事、铁路桥和通信设施后，主动撤离。

主攻井陉煤矿的中央纵队三团，在矿区工人配合下，经过一夜激战，将敌人全部歼灭。此后。晋察冀军区组织了四个团的兵力，向山西盂县、寿阳以北地区出击，又消灭了一批敌人。

9月20日，第一军分区、第五军分区主力部队进行了涞（源）灵（丘）战役，冀中军区同时组织了任（丘）河（间）大（城）肃（宁）战役，予以配合。

对于我军的进攻，敌人极为震惊，急调华北境内的兵力，由晋东南开始，依次对平西、北岳和冀中区进行“扫荡”。边区军民英勇地进行了反“扫荡”斗争。

这次空前规模的破袭战，前后历时三个半月，各战区军民进行大小战斗1800多次，毙伤日伪军2.5万多人，俘日军281人、伪军1.8万多人，拔除据点2900多个，破坏铁路400余公里，桥梁、车站、隧道260余处，使正太路中断一个月之久，对日本侵略军是一个沉重的打击。当时，正是希特勒用闪击战打垮欧洲许多国家，法西斯势力在国际上最猖獗的时候。百团大战打击了敌人的嚣张气焰，钳制了侵华日军的大部兵力，支援了正面战场，同时也遏止了国民党顽固派妥协投降的暗流。

1940年9月，德意日三国结成军事同盟。1941年6月苏德战争爆发。日本帝国主义为发动太平洋战争，急欲肃清我军，稳定其后方。此时，敌华北方面军司令官多田骏因连吃败仗被调职，由冈村宁次继任。这个屠杀我东北同胞的刽子手，一上任便提出了“强化治安运动”，对各根据地实行杀光、抢光、烧光的“三光”政策。1941年秋，他集中7万多兵力，向我北岳区进行规模空前的大“扫荡”，采取“铁壁合围”、“梳篦式清剿”和“马蹄形堡垒战”等战术，分进合击，以重兵向我中心区进逼，妄图消灭边区各级领导机关和主力部队。

8月下旬，我率领一个团，带着军区机关转移，遇到敌人的层层包围，突围计划难以实现。晋察冀分局、北岳区党委机关和学校等都需要军队掩护，而这时敌人又通过无线电测向发现了我们，派飞机连续轰炸，情况非常紧张。我令军区电台停止了对外联络。继而，我们一面用电台诱使敌人重兵向我小分队合围，一面分散行动，好几次几乎和敌人遭遇。经过三次突围，三进三出常家渠，终于在9月7日夜间，跳出敌人的合击圈。那次遇险，带着部队、机关数千人马和敌人周旋，我一周内几乎没有合眼。

在两个多月艰苦的反“扫荡”战斗中，全边区涌现出许多英勇壮烈的事迹。著名的狼牙山五壮士，就是其中之一。9月25日，敌人以3500多人的兵力围攻易县狼牙山。我一团的一个班扼守险要地形，抗击敌人凶猛的攻势，掩护机关和主力部队转移。敌人先以大炮连续猛轰，继以数次猛扑。这个班的五名战士，打光了最后一粒子弹，然后将枪摔断，高喊着“八路军誓死不当俘虏”跳下悬崖。马宝玉、胡福才、胡德林三名壮士落入崖底，壮烈牺牲；葛振林、宋学义两位勇士挂在山腰树枝上，带伤脱险。据说，日军在付出惨重伤亡登上狼牙山阵地时，对我五壮士视死如归的精神也深为震惊。

1941年秋季反“扫荡”，北岳区和平西地区部队，避实就虚，灵活穿插，同敌人进行多次战斗，毙伤敌5500多人，我党政机关和主力部队，仍然活跃在广阔的根据地内，敌人的企图再次成为泡影。

1942年5月1日，冈村宁次又集中日伪军5万多人，配属飞机、坦克、炮兵、骑兵和自行车队，由他亲自指挥，对冀中平原进行“扫荡”。

冀中抗日根据地与冀西山区根据地互为依托，像是插入敌人心脏的一把尖刀，在华北抗战中占有重要的战略地位。从1941年开始，日本侵略军就加紧了对冀中区的“蚕食”。一年多的时间里，冀中根据地大大缩小，基本区的面积和人口，减少了约三分之二。敌人这次大“扫荡”历时两个月，罪行之残暴，骇人听闻。

面对敌人空前残酷的大“扫荡”，我冀中军民表现了英勇顽强的战斗精神。有的部队一次再次地被敌人冲散，又一次再次地集中起来；有的一时找不到部队，遇到哪个单位，就和哪个单位在一起战斗。有时，几个单位的零散人员主动组成一个新的战斗集体，与敌人搏斗。那种临危不惧的战斗气势，宁死不屈的英雄行为，书写了抗战史上光荣的一页。

在敌我力量悬殊的情况下，冀中区党委和冀中军区为减少损失，保存实力，除留一部分基干团和地方游击队继续坚持斗争外，其余机关、部队于6月份分别向外转移。敌人发现我冀中部队的行动，立即封锁、阻拦，加紧追击、堵截。我军顽强抵抗，灵活穿插，经过英勇的战斗，大部分突出重围。

冀中“五一”反“扫荡”，损失是严重的，根据地大部被敌人占领。留下来的地方武装和广大群众，改变了组织和斗争形式，继续坚持游击战。

1941年12月太平洋战争爆发后，日本军国主义为维持更大规模的侵略战争，对我国的人力、物力、财力进行了更加疯狂的掠夺。敌人妄图把华北建成所谓“大东亚战争的兵站基地”，我敌后抗日根据地，自然成为他们的掠夺重点。1942年，日本侵略军对晋察冀边区接连发动了第四、第五次“强化治安运动”，对冀中、冀东、平西、平北和北岳区，都进行了大规模的反复“扫荡”。敌人所到之处，房屋被烧，庄稼被毁，牲畜、粮食和人民财产，被抢掠一空，人民被惨杀者不可胜计。这一年，边区又发生了罕见的大旱灾，群众吃树皮、野菜，部队也经常挨饿。一个时期，多种疾病蔓延流行。当时晋察冀边区在各个方面，都进入了前所未有的困难时期。

我们根据党中央关于坚持长期斗争，要采取一切斗争方式同敌人周旋，力争保存实力冲破黎明前的黑暗，以待有利时机的指示，一面抓紧反“扫荡”斗争，一面大力动员干部战士，利用战斗间隙，进行生产，帮助群众重整家园。我根据地的机关、部队实行精兵简政，节衣缩食，拨出部分军粮救济群众，齐心协力，战胜困难。

当时，敌人以堡垒推进为核心的“蚕食”活动，对我根据地威胁很大。到1942年秋季，敌人的据点、堡垒、封锁沟、封锁墙，有的一直伸到我们的腹心地区。尽管我军每天都派出部队打击敌人，拆毁碉堡，组织群众破坏封锁沟、墙，可是日伪军不断抓民夫抢修，步步进逼，使我根据地日益缩小。我考虑，太平洋战争爆发后，敌人对华北增兵的可能性已减少，其堡垒推进的结果，必然造成兵力上的分散配备和后方空虚。我们抓住时机，转到封锁线外向敌后展开斗争，将会收到较大的效果。当年9月，我在平山县寨北村召开的晋察冀党政军干部会议上，提出了“到敌后之敌后去”的口号。我们本来就处在敌后，到“敌后之敌后”是指到根据地周围敌人统治的地区去活动。

寨北会议之后，北岳区组织了几十支武装工作队，伸向“敌后之敌后”。他们深入到封锁线外，积极进行游击活动。这些小部队，既是战斗队，又是工作队和宣传队，在广大人民群众的支持下，打炮楼，拿据点，捉特务，开展政治攻势，在敌人后方又燃起了抗日的火焰。这样，敌后活动同正面斗争相配合，平地与山地斗争相配合，地方部队与主力部队相配合，武装袭击与政治、宣传工作相配合，形成了一个反“蚕食”斗争的有机整体。10月上旬，正当冈村宁次推行所谓“第五次强化治安运动”，叫嚷“建设华北，完成大东亚战争”的时候，我深入敌后的小部队，相继奇袭了平汉路王京车站，烧掉日军抢掠的棉花20多万斤；袭入唐县城关，把警察所、维持会等汉奸组织全部捣毁；袭击了望都、正定城关和正定车站。12月初，在敌后活动的武工队对平汉路西几乎所有的敌占县城和较大的据点，普遍发动了一次袭击。几天之内，抓获了近6000名伪军和伪组织人员，使日伪政权在许多地方陷于瘫痪。

冀中区的恢复工作也取得很大进展。在当地坚持斗争的抗日武装，组织了多支小部队，利用青纱帐作掩护，以四通八达的地道作依托，逐步开展地道战、地雷战，由“五一”反“扫荡”后的隐蔽活动，转为积极主动的进攻。他们在碉堡如林的险恶环境中，灵活机动地打击敌人，不仅熬过了最困难的时期，还扩大了游击地区，发展了抗日力量，为迎接主力部队重返冀中创造了条件。

冀东地区在接到向“敌后之敌后”挺进的指示后，一面继续向东北方向发展，一面组织部队采取各种方式重返冀东腹地——丰润、遵化、迁安、滦县等地区，开展反“清剿”、反“集家并村”等一系列斗争，沉重地打击了敌人，恢复和开辟了一些地区。平北、平西抗日根据地也逐渐扭转了严峻的形势，斗争日益活跃起来。

晋察冀抗日根据地关于向“敌后之敌后”挺进的方针，是一个重大的战略决策，对打破敌人封锁、“蚕食”，变被动为主动，恢复根据地，起了决定性的作用。

1943 年 1 月 15 日，在晋察冀边区政府成立五周年时，我们召开了边区参议会，总结了五年来获得的成就。这时，边区部队已达到 8.3 万多人，民兵 40 多万人，五年间，粉碎敌人“扫荡”和“蚕食”，作战 1.5 万多次，毙伤日伪军 17 万多人，连同俘虏、投诚人员，共计歼敌 21.3 万多人。边区政府领导着 13 个专区、98 个县、650 多个区、1.53 万多个行政村，共约 2000 万人口。五年来，边区军民从战争中学习战争，经受了严酷的战火考验，不管敌人何等疯狂残暴，施展多少阴谋，依然不能摧毁晋察冀抗日根据地。我们愈战愈强，不断壮大。

三

1943 年，抗日战争的形势对我日益有利。日本侵略军为了进行“大东亚战争”，不得不抽调部队增援南太平洋地区。晋察冀抗日根据地在向“敌后之敌后”挺进的胜利形势鼓舞下，主力部队、地方部队和民兵，相互配合，主动出击，大力收复被敌人“蚕食”的地区。

我们在与日本侵略军浴血奋战的过程中，国民党顽固派先后发动三次反共高潮，第三次竟以 40 万大军包围了我们党中央所在地陕甘宁边区。晋察冀军区先后抽调主力部队 12 个团，执行保卫党中央的任务。当年8月，中央要我去延安参加整风运动和党的第七次全国代表大会。我随开赴晋西北的部队离开了晋察冀。在我离开期间，由程子华同志代理分局书记，萧克同志代理军区司令员。

1943年秋天，敌人为了掩盖由华北抽调三个师团南下的企图，对晋察冀军区领导机关所在地——北岳区，发动了大规模的毁灭性“扫荡”。事前，根据敌人“扫荡”的征候，我们加紧进行了反“扫荡”的动员准备。党政军民各单位划分了活动地区，明确了反“扫荡”任务，建立了隐蔽的情报、通信线路，储备了大量地雷；群众也普遍进行了坚壁清野和抢收、抢种的准备。

9月中旬，4万多敌人由各据点出动，封锁了根据地各个山口，而后以飞机配合地面部队，逐沟逐坡“清剿”，重点是彻底破坏我根据地的各种设施和掠夺物资。9月下旬进至北岳区纵深，并一度占领阜平。敌人这次“扫荡”虽已是强弩之末，但对我根据地的摧残空前严重。日伪军所到之处，奸淫烧杀，无恶不作，而对我产粮区的“清剿”尤为残酷。

面对敌人的进攻，晋察冀军区以大约三分之一的兵力，伸至封锁线外袭击铁路、公路沿线，破坏敌人后方，其余部队配合当地民兵，以游击战、地雷战，掩护群众抢收、抢种，阻滞和杀伤敌人。这次反“扫荡”历时三个月。在粉碎敌人的奔袭合围与逐点“清剿”中，我军与当地民兵共进行大小战斗多次，歼敌9000多人，逼退200多座据点、碉堡的敌人，根据地不仅没有缩小，还收复村庄1000多个，同时，完成了保卫秋收、秋种的任务。但由于开始时部队以连为单位活动，兵力过于分散，使敌人敢于分成几十人一股进行“清剿”，增加了根据地各方面所遭受的损失。

1943年10月，党中央政治局发出《关于敌后抗日根据地十大政策的指示》。晋察冀边区军民，积极投入到贯彻落实对敌斗争、精兵简政、统一领导、拥政爱民、发展生产、整顿三风、审查干部、时事教育、“三三制”和减租减息这十大政策的运动之中。根据地各项建设很快出现了新的局面。这些措施，对北岳区军民取得反“扫荡”胜利，起了巨大的作用。

进入1944年，敌人的封锁线，只能依靠深沟高垒，大部分碉堡由伪军驻守，日军兵力不足的矛盾更加突出。我抗日武装的作战行动，也由高度分散转到较为集中。部队经常采取化装奇袭和利用伪军、伪职人员做内应，歼灭或逼退困守在碉堡中的敌人。1943年，冀中区被我攻占的敌据点、碉堡600多处，收复3500多个村庄，形成许多小块根据地，与敌占的点线构成犬牙交错的态势。

在全民族抗战中，晋察冀根据地人民武装创造的地雷战、地道战、交通战、“麻雀战”等各种作战方式，是战争史上的奇观，是人民战争威力无穷的有力证明。敌人一旦进入根据地就举步难行，总是在军事上以至精神上受到严重打击。

1943年下半年，在冀东平原也大体上恢复了原来的基本区，还开辟了北宁路南和滦河以东等地区，形成了比较巩固的大块游击根据地。

1944年夏，欧洲第二战场开辟，苏联红军发动了全面反攻，法西斯德军节节败退。美军在太平洋海空会战中，进一步沉重地打击了日军。日本帝国主义在我国南部加紧进攻，国民党几十万军队在河南、湖南迭遭失败，中原大片国土沦于敌手。我们党领导的人民武装力量，在广阔的敌后主动袭击敌人，迫使日伪军步步退守，被解放的国土不断扩大。

守备华北的日军，此时大部集结在铁路沿线，仅有少数分布在县城和山区前沿要点，有些村镇只有伪军驻守，一般取防御态势。敌人为确保东北与华北之间的战略通道，防范我军向东北挺进，抽调伪满军主力十多个旅向热河集中，并逐步进入我冀东、平北两区，使这两个地区的敌军兵力反而增多。

为夺取抗日战争的最后胜利，根据中央指示，晋察冀边区采取了一系列重要措施。1944年9月，晋察冀军区成立了四个二级军区：冀晋军区由赵尔陆任司令员，王平任政治委员；冀察军区由郭天民任司令员，刘道生任政治委员；冀中军区由杨成武任司令员，林铁任政治委员；冀热辽军区由李运昌任司令员兼政治委员。二级军区建立后，连续向日伪军展开攻势，使晋察冀根据地迅速扩大。同时，边区军民开展了轰轰烈烈的大生产运动，使耕地增加，粮食增产，克服了困难，人民群众的生活有了改善。在此基础上，为迎接战略反攻，全区部队于 1944 年 11 月又掀起了大练兵运动。

1945 年初，世界反法西斯战争接近最后胜利，日军在华北继续收缩兵力，以“确保城市交通要道与资源地区”。当年 1 月，敌人调整防务后，在晋察冀边区范围内的兵力尚有日军一个师团、六个旅团及部分关东军，共 4 万多人，还有从东北调来的伪满军 8 万多人。敌人在北岳区主要依托山阴、应县、灵丘、涞源一线，阻止我向雁北、察南地区发展；在冀中主要是组织联防，巩固既占地区；在冀热辽区则企图将“无人区”扩大到长城以内，控制具有战略意义的冀东通道。1945 年 5 月，法西斯德国投降。国际局势的急剧变化，使日伪军斗志进一步瓦解。晋察冀军区抓住极为有利的时机，根据毛泽东同志关于“努力向雁北、绥东、察哈尔、热河及冀东敌占区发展，扩大解放区”的指示，组织军民向敌占区展开进攻战役。1945 年春季和夏季，部队、民兵奋勇作战，战果迅速扩大。

冀中军区从 4 月份起连续进行了任（丘）河（间）、文（安）新（镇）、饶（阳）安（平）、子牙河东和大清河北等战役，共歼灭日伪军 1.1 万多人，解放县城 11 座，部队活动地域扩大到北平郊区。冀中根据地不仅恢复了旧观，并得到新的发展。冀晋军区经过夏季攻势，解放了大批城镇村庄，共歼日伪军 1100 多人，打破了山阴至广灵和桑干河岸的敌人封锁线，为开辟平绥路北和绥东地区提供了前进阵地。冀察军区打开了察北、热西、平西的局面，歼灭日伪军近 2000 人，收复察南大片领土，与冀晋新解放区连成了一片。敌人被压缩在张家口和铁路沿线少数城镇里，出现了空前有利于我的形势。冀热辽区经过1945年春季反“扫荡”和夏季攻势中挺进热河和辽西等地区作战，共歼敌5000余人，在锦热路南北和冀东开辟了广大地区。

1945年8月8日苏联对日本宣战，苏联红军向盘踞我国东北的日军展开进攻。晋察冀军区遵照总部关于向察哈尔、热河以北行动，冀热辽部队向辽宁、吉林挺进的命令，立即组织力量向北平、天津、张家口、保定、石家庄、唐山、山海关等地进军。党政军民各界夜以继日地展开了全面大反攻和准备接受日伪军投降的工作。同时，针对国民党顽固派积极部署独占抗战胜利果实的企图，贯彻我党中央关于“针锋相对，寸土必争”的方针，军区将部队大部集中，整编为正规兵团。

我军边开进边扩编，在中国共产党的号召下，边区青年踊跃参军，短期内扩编了原有的38个团，又将各地区的区、县武装扩编为62个团，总数达100个团。边区人民政府动员了大量民兵随部队出征。晋察冀分局还从机关和各级党校，抽调了大批党政干部随军行动。

1945年8月15日，日本法西斯正式宣布无条件投降，但日伪军庞大的武装尚未解除，仍然盘踞着许多城镇和交通要道。蒋介石在美帝国主义支持下，一面调兵遣将，在华北抢占大中城市，一面极力阻挠我抗日军民向日伪军反攻和受降，无理要求我军“原地驻防待命”，却令日伪军就地“维持治安”，并公然利用汉奸特务进行接收工作。我晋察冀军区部队，根据党中央的预定方针，以武力收复了华北大片失地，向敌人占领的大中城市展开了猛烈进攻。

解放张家口市，是军区部队此次反攻作战的一个重大胜利。张家口市是伪“蒙疆自治政府”所在地，驻有日军“蒙疆驻屯军司令部”和第二独立混成旅团6000多人，是日伪在察哈尔的政治、军事中心。市郊地势险要，筑有坚固工事。8月中旬，我察北骑兵支队在张北与苏蒙联军会师，并向张家口以北的狼窝沟一带攻击。8月20日，我冀察军区平北军分区的部队在冀察军区其他部队配合下，向张家口的敌人展开进攻。驻张家口的日军与由大同撤退的日军会合一起，拼命向我反扑。激战两昼夜后，我各路部队勇猛插入市区，分割包围了敌人。“蒙疆驻屯军司令部”600多名官兵在我威逼下大部投降。8月23日拂晓，张家口宣告解放。这次作战共歼灭日伪军2000多人，缴获步枪1万多支，弹药、物资仓库70多处，骡马上万匹。随后，我军乘胜解放了察哈尔全境。一系列的胜利，大振了我军的声威，给日伪军和国民党顽固派以很大震动。

我进军东北的部队也取得了辉煌战绩。冀热辽军区受领任务后，立即调集八个多团，共1.3万多人和一批地方干部分三路向辽宁、热河挺进。8月底，一举攻克山海关，接着解放了热河全境。9月初，配合苏军占领沈阳。至11月中旬，我各部队共解除伪满军三个旅、20个团、60个县市的警察大队，约4万人的武装。歼灭日本关东军残余武装5000余人，伪满军1.2万多人投诚，收复了沦陷14年的辽宁、吉林大片国土。晋察冀军区部队抢在国民党军队之前进入东北，为后来各战略区部队进入东北开辟道路，对建立东北解放区作出了贡献。

经过三个多月的反攻作战，到11月份，晋察冀军区共歼灭日伪军7万多人，解放了察哈尔、热河两省的全部，河北省的大部，辽宁、山西、绥远的一部，收复了张家口、宣化、山海关等70多座城市。野战军和地方军发展到32万多人，基干民兵扩大至1190多万人。形成了以张家口为中心的晋、察、冀、绥、热、辽纵横数千里，人口达4000万的战略基地。

晋察冀抗日根据地在中共中央、毛泽东同志和中央军委、八路军总部的领导下，经过八年英勇卓绝的斗争，前仆后继，浴血奋战，共歼灭日伪军30多万人，完成了党中央赋予的任务，取得了伟大的胜利，同时也丰富了我们党开创革命根据地的经验。晋察冀抗日根据地的创建和发展，开辟了广阔的地区，锻炼了广大军民，培养了大批干部，为华北解放战争的胜利奠定了基础。

晋察冀边区反“扫荡”战的伟大胜利

左权

1941年元旦，我们先后收到晋察冀边区两个捷电，一个捷电是元旦晨阜平城克复的消息，另一个捷电报告我冀中××团于12月26日于平汉路上定县南宁村胜利的这两次伏击战。

大家都知道，晋察冀边区的这两个胜利，最后粉碎了这一次敌寇对边区的“扫荡”，保卫了阜平城，又一次打破了敌寇久踞阜平分割边区的梦想；在平汉路上，创造了模范的破击战中伏击战斗高度伏击艺术的战例，给了敌寇以重大的打击与消耗，振奋了华北特别是平汉路沿线的人民。这些意义都是很明显的，也不需要在这里重复陈说。我所要说的是晋察冀边区这两个胜利于华北敌后抗战的重大意义。

晋察冀边区在其开始创立的第一天就处在敌寇严重压迫之下，三年多的敌后坚持斗争中，晋察冀边区总是遭受最严重的战局和最频繁的战争，特别在冀中尤为严重，敌据点之多，敌兵力之厚。也以边区尤其是冀中为最。……敌人……的进攻，是最“小心”也最残酷的。在冀中区特别是在大清河以北，敌人的据点和公路是最多的，并进行着不断的“扫荡”；但尽管情况是这样的艰苦困难，晋察冀边区却始终屹立在敌后方，强大而且发展着，一次又一次地把敌人打垮。这是什么缘故呢？当然其中的原因是很多，除开政治的经济的文化的等等重点原因，在报纸上已历有披露，拟不详论，仅撮其军事上重要的两项，简单说明如次：

第一，坚持敌后抗战的战略基本方针是：“基本的游击战不放弃有利条件下之运动战。”这在晋察冀边区不仅在对作战的指导上明白地表现了出来，更在武装力量的组织形式上也明白地表现了出来。因而他们就确切地掌握了武装力量之组织形式与战略战术的内容之必须的一致性。在三年多的战争过程中，在边区不仅组成了强大的正规军，并且认真地确实地培养出了大批的群众武装游击队。在今日说来，晋察冀边区首先是冀中区，真正的广泛的民众性的游击战争，堪称基本上开展起来了。那里特别使我们感动的，是冀中大清河畔……那个区域。如果说晋察冀边区是华北各地群众游击战争的模范，那末，大清河区域就应该看作模范中的模范。那里有真正属于群众的，土生土长的，在任何情况下都能坚持抗日游击战争的正规军与地方武装，那里真正做到了依靠群众力量去包围敌人的点和线，所以敌人对这个区域表示很大的恐惧，在我缴获的敌伪文件中看到敌军官说这样的话：“朱 ×× 这个家伙真拿他没有办法。”正由于有了普遍的有战斗力的与群众建立了血肉不可分离的群众武装，有了强大的正规军，又有两者巧妙配合的作战指导，而发挥出雄伟的力量，所以晋察冀边区能够取得不断的光辉胜利。阜平城的克复与破击平汉路的伟大胜利，也就在这一前提之下取得。所以群众性的游击战争的广泛开展和强大正规军之创立，就成为了晋察冀边区屡次取得胜利的一个重要原因。

但不是说，晋察冀边区的群众武装的建立和游击战争的开展。以及正规军之创立就足够了，就可以止步不前了。相反的……在武装建立上还存在着不少缺点，为适应必然来到的严重战局，……还必须以很大的努力，继续加强与扩大群众武装，继续更广泛深入地开展游击战争和强固正规军，还是……（略）

这里明白表明，正规军与民众武装，同是敌后抗日战争中、武装力量组织形式的不可分离的组成部分，不管他对于战争的作用具着〔有〕不同的贡献，但两者都是不能忽略的，忽略了任何一个方面，都是领导战争与组织战争中的偏向，必不能顺利地、确切地执行"基本的游击战争不放弃有利条件下之运动战"的唯一正确之战略方针，就必将招致严重的恶果。

在不少的抗日根据地里，对于群众武装的建设，广泛的民众性的游击战争的开展，虽曾努力地进行过和进行着，也取得了很大的成绩，但认真地说起来，真正地耐心地培养群众武装，确实的广泛群众的游击战的开展，还是非常不够，远不能适应今天尤其不能适应将要到来的严重战争的需要。严重的是在个别抗日根据地里的民众性的广泛的游击战争，可以说基本上还没有开展起来。这确是一种严重的忽视，也是有背于……坚持敌后抗战之军事的基本的政策的。若不立即克服这种现象，势必将造成严重的损失。

忽视正规军的建设，而过分强调地方武装的作用，以为只要有了群众游击战争的发展，就可以解决敌后抗战的严重任务，这种了解显然是不正确的，可能引起对于建设正规军的怠工，而招致战争的失败。但忽视认真的培养群众武装，……等等，实质上是对开展民众性游击战争的取消主义。这种现象，虽然反对过了，但是依照目前各地执行武装建设政策看来，忽视地方武装……的倾向还依然严重，不少军队工作同志，也很同意扩大加强群众武装的政策，承认开展广泛游击战争的重要与必要，并曾感受到没有游击战争的开展，正规军作战成为"裸体跳舞"的切身痛苦，但一为着充实与加强正规军时，又不惜伸出"抓一把"……的手来，实质上仍是削弱群众武装，与取消群众游击战争……

这种现象不力加纠正，真正的群众武装与广泛的民众性的游击战争是无法开展起来的。同时在另方面，地方武装首先是游击队的升级问题，是个重要问题，经验证明，游击队必须逐渐地提高其质量，逐渐向正规军前进，才有光明的前途。但这里绝不是说把游击队编入到正规军，就算正规军化了。这只是一个方法，而不是方法的全部，在今天说来，把游击队提高，基本上是应该不断扩大地方武装，不断提高其政治觉悟、军事技能、纪律素养，使之日益向正规军前进，这样才能一方面确切的建立民众武装，另方面也就逐渐扩大了正规军队。同时更适应今日的战争需要与军事建设的政策。

上述一切，晋察冀边区作了不少的模范先例，也正因为在建军上的成就，保证了战争的胜利，好好学习与运用这些建军中宝贵的经验教训，是非常重要的。

第二，晋察冀边区全体军民保卫抗日根据地的决心与毅力，在全华北范围内都值得表扬的，这一决心与毅力在这一次收复阜平中又一次地表明出来了。阜平城……虽已被敌寇摧毁不堪，然以其所处地点之重要，……极有意义。敌寇为摧毁冀中区这个抗日根据地，对阜平城的争夺，已非一次，远在1937年冬，初次“扫荡”边区时，即以阜平城为目标合击，在以后的历次“扫荡”中，亦莫不以阜平城为目的地，尤其是1939年之冬季大“扫荡”，对阜平城之争夺极为激烈，在我……军民顽强打击之下，敌寇终无法立足，而不得不放弃阜平城。但敌寇始终不忘情于阜平城的，口口声声以夺下这一巍峨城楼为当务之急，盖敌寇知道这阜平城乃是边区心脏腹地，占领阜平城，打上钉子，便能进一步分散边区，方便以后之“扫荡”。于是以势在必得之目的于去年11月之大“扫荡”边区中，数万“扫荡”大军，又指向阜平合击，于同月19日该城为敌夺据后，敌寇一面修复城垣工事与堡垒，囤积粮弹；另一方面加速修筑后方联络线，以图久驻，我边区军民，亦以恢复阜平城巩固根据地之目的，从敌寇进占该城之第一天起，即以最大决心与毅力，誓与敌寇作顽强的持久战争，一直到驱逐敌寇出阜平城为止。于是在阜平城郊在阜平曲阳行唐交通线上，展开着连绵不绝的战斗，敌虽有固守之心，奈以外援断绝，粮弹两缺，除夕一战，终不得不狼狈而逃。历40余天的阜平城之争夺战，敌寇夺占阜平城之目的，又被我边区军民所粉碎，我边区军民又一次地获得恢复阜平城之光辉胜利。

这里很显然的，这些光辉胜利的获得，是由于边区军民对保卫根据地具有高度的坚决意志、顽强的毅力，不惜与敌寇进行持久的争夺寸土的斗争；没有这种精神与决心，阜平城的恢复当然是困难与不可能。

目前敌人正在用尽一切方法，企图缩小我们的抗日根据地和扩大其占领区，除了在其占领区域周围，增加点线，逐步推进以外，还企图伸入我各个抗日根据地中心，刺入抗日根据地的心脏，建筑据点，以达到其毁灭抗日根据地的目的。这是应该引起我们严重警惕的；虽然我们敌后游击战争的胜负，并不是在于一城一市之得失，但在巩固根据地问题上，在抗日根据地基本地区的某些城市，常常关系到整个区域的存在与巩固。就必须加以保护，就必须与敌寇进行顽强持久的争夺寸土的斗争，因此……保卫阜平克复阜平的战绩，应该作为一个光荣的榜样。

……克复阜平，证明了保卫抗日根据地内之中心城镇，有着十分重大的意义，必须把敌人从这些城市中赶出去，不让敌人在这些中心地区久踞，才能求得抗日根据地的更为巩固与安全。

……克复阜平，证明了保卫抗日根据地的某些中心城镇，是完全可能的，只要有高度的保卫根据地的意志和有争夺寸土的决心与毅力。自然这里所说与敌寇争夺寸土，并不等于扎硬寨、打死仗，而是应用我军惯用的正确战略战术。

应该把晋察冀边区这一次伟大胜利的重要意义，及其经验教训好好地发扬起来，运用到各个抗日根据地里去，使得在根据地巩固上，在领导战争组织战争上再前进一步，我们就一定可以创造出许多更光辉的胜利。

晋察冀边区党组织在战斗中成长壮大

刘澜涛

晋察冀边区党组织是在抗战的猛烈炮火中发展壮大的。它在中共中央的正确领导下，坚持抗日民族统一战线，坚持敌后游击战争，坚持根据地建设，在抗战中由小到大，由弱到强，成为领导边区人民战斗的坚强堡垒。

晋察冀边区党的建设，基本上可以分为四个时期，第一个时期，是从抗战全面爆发至1939年1月初中共中央北方分局（后来改称晋察冀分局）成立。第二个时期，是从1939年1月中共中央北方分局召开党代会以后至1940年底。第三个时期，是从1941年至1943年底。这一时期，是晋察冀抗日根据地处于最困难的时期，也是晋察冀边区党经受严峻考验而锻炼得更加坚强、更加成熟、更加富有战斗力的时期。第四个时期，是从1944年初至1945年8月日本无条件投降。

一、根据抗战需要迅猛发展党员

1937年七七抗战爆发的第二天，中共中央即向全国发布《中国共产党为日军进攻卢沟桥通电》，号召全国军民团结起来，筑成民族统一战线的长城，抵抗日本帝国主义的侵略。同年9月，八路军奉命开赴前线。9月25日，我八路军一一五师主力于平型关一带歼敌坂垣师团所部1000余人。此次大捷，打击了敌人的嚣张气焰，振奋了全国军民。9月26日，邓小平同志在五台东冶镇向赵振声（即李葆华）传达中共北方局决定，由王平、赵振声、刘秀峰组建中共晋察冀省委，同八路军一起，在晋察冀三省边界地区发动群众，组织游击队，开展敌后抗日游击战争。同年10月下旬，八路军一一五师主力由林彪带领，经吕梁山南下，聂荣臻奉命率领约3000人留驻五台地区，在晋察冀三省边界开展游击战争，开辟晋察冀抗日根据地。当时参加五台地区开辟工作的杨成武率领独立团，连续收复广灵、蔚县、涞源、易县、阳原等县，在这里成立了晋察冀军区第一军分区。以赵尔陆为首的党政工作团在晋东北地区开辟抗战新局面，成立了第二军分区。王平等领导的地方党工作团和刘云彪的骑兵营，以阜平为中心，在曲阳、唐县、完县、行唐等地组织起若干支义勇军和游击队，使北岳中心地区的局面迅速打开，成立了第三军分区。周建屏、刘道生率领的工作团和小部队，在地方党的配合支持下，大力扩军，建立了“平山团”和多支游击队，在正太路以北的山地迅速开辟了晋察冀南部地区，成立了第四军分区。随后晋察冀省委便在晋察冀军区所属四个军分区范围内分别建立了中共晋察冀第一至第四分区特别委员会（后改称地委）。至此，在平绥、正太、同蒲、平汉四条铁路干线中间区域逐步形成了晋察冀抗日粮据地。

1937年11月7日，晋察冀军区在五台宣告成立，聂荣臻任军区司令员兼政治委员，唐延杰任参谋长，舒同任政治部主任。晋察冀军区成立不久，中共晋察冀省委在阜平正式成立，黄敬任省委书记，赵振声任组织部长，鲁贲任宣传部长，王平任军事部长，刘秀峰任民运部长。

中共晋察冀省委成立前后，根据敌后抗战形势急剧发展的需要，决定采取放手发展党的方针，特别是在工农基本群众中要大刀阔斧地发展党员，建立基层党组织；同时，对抗战前因遭敌人残酷镇压而失掉党的关系的一些同志要迅速恢复他们党的关系。因为他们过去在群众中有影响，通过他们发展党的组织，进展会更顺利。这样，在晋察冀边区所属的县、区的党组织，差不多都先后恢复和建立起来，其中像平山、阜平、行唐、灵寿、曲阳、完县以及察南的蔚县、晋东北的定襄、五台等县，在抗战前就有地下党斗争，所有保存下来的一些党的骨干力量，这时便发挥了突出的作用，他们使党员和党组织成倍、成十倍以至几十倍地增加。以平山为例，抗战全面爆发时，有确切组织关系的党员只有几十人，而在大发展的方针下，到了 1938 年 3 月底，党员数量就猛增到 2984 名，建立支部 256 个，其中小觉区一个星期就发展了 500 多名新党员。由于党的大发展和各项抗日工作迅速展开，党政军民等各部门深感干部奇缺。针对这种情况，晋察冀省委决定举办党的训练班（即省委党校），由赵振声同志兼任校长，重点培养训练党的县区级干部；晋察冀军区也开办了军区干部学校，主要训练营连级干部；接着一些地、县委也开办了训练区村级干部的训练班，或短期的半脱产的轮训班，训练基层党支部的支委和党员。这一系列的党校或党训班的开办，对当时加强党的建设起了很大的作用。

与此同时，各种各样的游击队、自卫军、游击军、义勇军纷纷出现。有的是在我们党领导或影响下建立起来的；有的是地主武装；另外有的是土匪武装，他们各自打着抗日保家的旗号，自称“司令”或“主任”。其中有的是为了抗日，有的却不是真心抗日，而是想乘机捞一把。在这种极其复杂的情况下，我们根据党的抗日民族统一战线策略，对真正抗日的、有抗日愿望的，采取欢迎、支持、团结的政策；对那些打着抗日旗号实际不真心抗日的武装，争取他们站到真正抗日的立场上来，尽可能做些对抗日有利的事情；对那些欺压群众、鱼肉人民的土匪队伍或顽固派队伍，屡次教育争取无效的，在有理有利有节的原则下，予以打击。党对这类问题的处理是很慎重的、坚定的，效果也是很好的。因此使党的组织在贯彻抗日民族统一战线过程中得到了新的发展、壮大。

正因为我们坚定不移地执行了抗日民族统一战线，扩大了党的影响，争取了广大群众，争取了一切抗日力量的合作，在各地县区政权初步建立和工农妇青等群众团体广泛建立的基础上，乃于 1938 年 1 月 10 日至 15 日，在阜平城举行了晋察冀边区党政军民代表大会。会议根据抗日民族统一战线的方针和《抗日救国十大纲领》，讨论并通过了政治、军事、财政、文教、司法、民运等各项决议案，选举产生了边区临时行政委员会（即边区政府），宋劭文、胡仁奎当选为正副主任委员。晋察冀边区行政委员会，经阎锡山转报当时的国民政府行政院批准，成为合法的政府。它是华北敌后最早建立的中国共产党领导下的抗日民族统一战线政权。它的成立标志着晋察冀抗日根据地得到了进一步的巩固，对支持华北敌后抗战起了非常重要的作用。中共中央六届六中全会（扩大）主席团对此给予高度的评价，把晋察冀抗日根据地称之为“敌后模范的抗日根据地及统一战线模范区”。

中共晋察冀省委研究分析了党在根据地初创阶段中的情况，于 1938 年 4 月在五台金刚库召开了边区第一次党代表大会，以总结前期党的建设中的经验教训。彭真、聂荣臻同志分别做了形势和方针任务的报告。大会指出：目前边区党的一个最主要的任务，是整顿党的组织，加强和健全党的领导。并对党的整顿做了具体规定，其中主要的有：（1）健全党的领导机关及其领导作用，确定报告、检查、转移组织关系、介绍党员和开除党籍、恢复党籍和重新入党等各项制度；（2）党员的重新登记与限期整理；（3）审查与鉴定干部，规定区党委审查到县级，地委审查到区级，县委审查到支部，对于被发现的叛徒和自首分子，必须洗刷和调动；（4）根据中央及北方局的决定，重新审查恢复关系的党员；（5）开办党的训练班及规定党员教育的基本材料，采取多种方式轮训党员。晋察冀区党委所属各级党组织，根据此次代表大会的精神和规定，先后进行了整顿。结果党的各项制度比较健全了，党的领导作用和战斗力得到进一步的增强，党员的素质有所提高，组织观念和纪律性有所加强。少数叛变分子和阶级异己分子被洗刷，党的组织得到了进一步的纯洁。但是，在组织整顿中，有些党委又发生了一些新问题，如洗刷面过宽，把一些不应洗刷的人也洗刷了。

从八路军挺进五台山区，到建立晋察冀抗日根据地的一年多时间里，在广泛的游击战争中，给了敌人一次又一次打击，使敌人在平津和华北占领区的统治遭到严重的威胁。因此，敌人在进攻徐州和武汉的同时，先后抽调数万兵力，对我新生的晋察冀抗日根据地发动了两次“围攻”，妄图摧垮边区，以巩固其华北占领区，放手进攻徐州和武汉。晋察冀边区刚刚建起来的党组织，基本上经受住了这两次敌人疯狂进攻的考验，但也有一些区村党组织和党员表现意志不够坚强，其中有的擅自离开战斗岗位，有的村支部垮掉了，有的党员跑散了，情况还是比较严重的。这些现象引起了中共晋察冀省委的严重关切，深感前一段整顿党组织虽然取得了很大成绩，但有些问题尚未得到很好解决，认识到巩固党是一项长期任务，不能毕其功于一役，而需要进行全面的巩固。

二、为进一步巩固党纯洁党而斗争

1939 年 1 月至 1940 年底，是晋察冀党组织进一步巩固的时期。

为了进一步加强党对根据地的领导，根据党中央决定，中共中央北方分局（下称北方分局）于1939年1月初在平山蛟潭庄成立，彭真、聂荣臻、贺龙、关向应等同志为委员，彭真同志任书记。同月，北方分局召开了党代表大会，传达和贯彻了党的六届六中全会的决议，总结了晋察冀抗日根据地创立的经验，确定了党在抗战相持阶段中的基本方针和任务。大会特别强调了加强党的领导和根据地建设。同年3月，北方分局发出了《关于晋察冀边区党委组成的通知》，决定以刘澜涛、赵振声、林铁、舒同、刘秀峰、赵尔陆、刘杰、栗再温等同志组成中共晋察冀边区执行委员会（后改中共北岳区党委）。我和赵振声、林铁为常委，由我任书记。

同年8月底，晋察冀边区党委召开了第二次党代表大会。大会根据中共中央政治局《关于巩固党的决定》以及北方分局全面巩固党的指示的精神，认真讨论了晋察冀前期党的建设情况和问题，认为中央《关于巩固党的决定》中所指出的，组织上巩固党成为我们今天极端严重的任务，是非常及时、非常重要的。虽然晋察冀边区党委从第一次党代会以来，对巩固党做了大量的工作，纠正了党在根据地创建初期大发展中的许多缺点和错误，取得了很大成绩，但在党的整顿工作上也是存在问题的。有的地方对整顿党的工作的深刻意义认识不够，抓得不紧，进展缓慢；有的则在整顿中出现了新的偏差，最突出的是洗刷面太宽，洗刷掉的人数太多。如有一个县原有1800名党员，在整顿组织中，一下洗刷得只剩506人，后经过晋察冀区党委发现，进行重新审查，恢复到900人。在一些盲目洗刷的地方，曾引起了个别支部的不安，党员思想发生恐慌、混乱，有的还搞成了冤案。这对党的巩固也是不利的。同年11月至12月间，北方分局在曲阳青山村召开组织工作会议（亦称“青山会议”），赵振声同志作了《关于边区党的组织问题的报告》，彭真、贺龙、黄敬、马辉之等同志发了言，关向应同志作了会议总结。会议决定：目前边区党的中心任务是巩固党的组织，一般地停止发展，并克服过去发展党的工作中的不平衡现象。当时晋察冀边区的地、县、区的党委均已建立起来，农村党支部已达边区农村的52%，67%的行政村都有党的组织。边区的党员猛增至20余万人，其中冀中区就有党员9万人左右，为1938年4月冀中区第一次党代表大会时8000余名党员的11倍。由此可见，晋察冀边区从抗战初期至北方分局成立以后的一年多时间里，党经历了一个大发展的时期。总的说来，党的这个大发展是符合客观需要的，方针是正确的，在其发展中其主流也是好的，这是需要肯定的。但是在党的大发展中，个别县区，有些党组织在发展党员中出现“拉夫”现象，许多党员就是登记进来的，并未经过应有的入党手续，因而有的叛徒、阶级异己分子也乘机混入党内，个别县区的领导权落到了他们手里，一部分村支部被混进党内来的阶级异己分子、流氓、地痞、狗腿子所把持，他们继续在群众中为非作歹，破坏党的声誉。另外，边区有的地方党组织，对发展党的工作不重视，或者还沿用抗战前白区党的工作方式，对发展党过分谨慎，不敢在基本群众中放手发展那些具备入党条件的同志入党，致使那些地方党的力量较弱，工作跟不上抗战的发展形势。“青山会议”检查了各地党组织对北方分局在是年初发布的全面巩固党的决定执行情况，继续要求各地遵照先审查、鉴定县区级党组织，后整顿党支部的两步走的办法，把巩固党的工作抓紧抓好。

经过整顿，一些混进党内的叛徒、阶级异己分子被洗刷了，一些根本不够党员条件、经过教育等待仍无转变的，也洗刷掉了，党的组织成分比较纯洁了；在整顿中，还加强了对党员的轮训，加强党的思想教育和纪律教育，党员的觉悟有了明显的提高，党的战斗力得到了进一步加强。在反“围攻”、反“扫荡”的激烈战斗中，不论军队和地方，共产党员一般都能发挥先锋模范作用，他们英勇作战，涌现出来的战斗英雄和模范层出不穷。在1940年的百团大战中，边区子弟兵和共产党员们，前仆后继，取得一个又一个的胜利。据晋察冀军区司令部发表的百团大战战斗统计公报，总计大小战斗535次，克复据点61个，毙伤日伪军12500多人，生俘日伪军1100多人。我八路军牺牲与负伤3900多人，某团团长李和辉同志就是在百团大战中壮烈牺牲的。而像李和辉同志一样的战斗英雄人物，有许多是共产党员，其中大部分是参军不过一两年的新战士。他们在党的教育下，热爱祖国，热爱边区，热爱人民，把热血洒在了晋察冀的大地上。在边区的各项建设中，在边区的民主选举运动中，在“双十纲领”的宣传和贯彻中，在壮大人民子弟兵的参军入伍热潮中，在历年的生产运动和救灾活动中，经过了党的整顿、训练、教育的共产党员，也都出色地站在各项工作和斗争的前列，这是有口皆碑的。在这里，应该特别提到的是，晋察冀党组织对提高共产党员的文化素质是相当重视的。1939年党中央做出《大量吸收知识分子》的决定以后尤其如此。1940年北方分局把知识分子政策列入“双十纲领”条文之中，彭真同志在《关于我们的目前施政纲领》一文中指出：“我们始终保护并培养广大的知识分子，我们尊重青年知识分子的小学教员，而力求其地位的提高与生活的改善，不遗余力地保护他们；我们同样尊重和爱护学者与专门人才，主张给以礼遇优待。”因此，不仅使边区的知识分子踊跃地参加了抗日斗争和根据地建设，而且沦陷区的青年学生、专门人才和大学教授也纷纷来到边区参加抗战。其中许多知识分子加入了中国共产党，成为骨干或领导干部，受到信任和重用。1939年9月27日，中共中央发出的《中央对晋察冀工作的指示》中就曾指出：晋察冀各方面的工作均有很大的成绩，堪称华北党的模范。在党中央的鼓励和指示下，晋察冀边区的党在敌后斗争中和根据地的建设中以及党本身的建设中，更加兢兢业业，踏踏实实地奋勇前进！

三、党在艰难困苦中锻炼得更坚强

1941年至1943年冬，抗战仍处在相持阶段中，这个时期也是敌后抗战最困难最残酷的时期。1941年1月下旬，根据中央决定，彭真同志离开晋察冀边区，赴延安参加七大。彭真离开期间，由聂荣臻兼代北方分局书记，我任副书记仍兼北岳区党委书记。中共北方分局改称中共晋察冀分局。1943年8月，中共中央政治局重新决定了晋察冀分局及军区主要工作人员：聂荣臻、程子华、刘澜涛、萧克、杜理卿、赵振声、刘仁为分局委员，聂荣臻为书记，程子华和我为副书记，聂荣臻赴延安参加七大期间，程子华代理书记。军区由聂荣臻任司令员兼政治委员，萧克为副司令员，程子华和我为副政治委员。聂荣臻赴延安期间，萧克代理司令员，程子华代理政治委员，同时决定北岳、冀中两区党委取消，两区工作集中于分局。此时，分局本身组织机构作了以下变动：组织部由赵振声任部长，刘仁、林铁为副部长，宣传部由我兼部长，胡锡奎为副部长，姚依林为秘书长。

日本侵略者对国民党政府原采取以"军事进攻为主、政治诱降为辅"的方针，日军占领武汉以后，改成以"政治诱降为主、军事进攻为辅"的方针。汪精卫在日本帝国主义羽翼下在南京成立汉奸伪国民政府。"曲线救国"的滥调一时甚嚣尘上，国民党反动派对八路军新四军的进攻日益加紧。与此同时，日本侵略军对华北敌后各抗日根据地的进攻更频繁、更疯狂。从1941年初到1942年底，敌人对华北各抗日根据地发动了五次"治安强化运动"，实行所谓"总力战"，即以军事上的残酷"扫荡"、分割、封锁与烧杀，经济上的疯狂掠夺、封锁与破坏以及政治上特别是思想上的欺骗、宣传，妄图从军事上、政治上、经济上摧垮我们，巩固它在华北占领区的统治，进一步在华北搜刮人力物力财力，支持它发动的太平洋战争。在根据地缩小、对敌斗争更为残酷和复杂的形势下，中共北岳区党委（晋察冀区党委于1941年改称北岳区党委）于1943年1月下旬在平山温塘召开了北岳区党委扩大干部会议（即“温塘会议”），由我作了题为《一九四二年对敌斗争的估计和一九四三年工作的方针与任务》的报告，提出1943年北岳区的基本任务，就是进一步巩固我们的根据地，坚持敌后游击战争，克服困难，积蓄力量，准备反攻。北岳区军民在党的领导下，经过半年的英勇奋斗，共收复和开辟了1600个村庄，建立了多块游击根据地和隐蔽根据地。这些地带的斗争是很隐蔽和复杂的。我们采用革命的两面政权的方式，进行公开、合法的斗争，许多人名义上是敌人的村长、保长，实际上是我们的干部，他们宣传并执行抗日政策，配合边区军民打击敌人，扩大边区的影响，做得很出色。在这些干部中也有被敌发觉惨遭拷打的，但他们始终立场坚定，只字不吐，直至光荣牺牲。1943年秋季，敌人拼凑了4万多日伪军，对我北岳区发动了空前残酷的毁灭性“扫荡”，反复寻找我主力部队决战，妄图搞垮我主力部队和党政军民领导机关，施行穷凶极恶的“三光”政策（抢光、杀光、烧光），惨绝人寰。在长达三个月的反“扫荡”中，边区军民广泛地开展游击战、地雷战、麻雀战，到处打击敌人，使敌人防不胜防，寸步难行。敌人不断遭到我军民打击，伤亡重大，终于被迫窜回它的据点。敌军在“扫荡”中虽然新建了一些据点，但我们在其他边沿地带和封锁沟外地区逼走了敌人许多据点，使得一度缩小了的根据地又扩大了，并开辟了许多新的抗日村。到1943年底，北岳区军民共收复和开辟了2000多个村庄，并在此基础上先后建立了五个联合县。

1941年秋季和1943年秋季敌人发动的两次空前规模的大“扫荡”，对晋察冀边区是两次极其严峻的考验，也是对边区党的建设的严重挑战。但尽管敌人如此凶残和狡猾，我们的党仍然坚定地战斗在边区。哪里有我们的党组织和党员，哪里就有群众密切配合边区八路军进行着的如火如荼的游击战争。在地雷战、麻雀战中，战斗英雄（如邓世军）、爆炸英雄（如李勇）、神枪手（如李殿冰）、拥军模范（如戎冠秀）层出不穷。这些共产党人的战斗精神和优良品德，成为边区人民一致歌颂和学习的榜样。

值得特别提出的是，在这一时期中，党的整风运动的展开和深入对思想上作风上巩固党和提高党的战斗力起了重要的作用。根据中共中央开展整风运动的指示，北岳区党委于1942年6月就进行了布置。7月1日，聂荣臻同志发表《全面开展整顿三风的学习与检查》的重要文章，指出：我们要一面学习，一面工作，一面检查。从此，晋察冀边区的整风运动就有领导有计划地开展起来。北岳区的整风学习委员会迅速成立，我任学委会主任，胡锡奎任副主任。这次学习运动是边区学习的新突破，从边区领导到一般干部都投入了这一学习热潮。学习是逐步深入的，由学习文件，领会精神实质，进而联系实际，联系思想，联系工作，实事求是，开展诚恳的批评与自我批评，并通过批评和自我批评，达到改进工作和真正的团结之目的。在干部问题上，我们一贯坚持搞“五湖四海”，强调工农干部和知识分子干部的团结，相互学习，取长补短，共同进步；强调在干部的选择、使用和培养上注意德才兼备，让他们在斗争中锻炼成长；我们也强调爱护干部，对于犯了错误的干部，采取全面地历史地看待，不搞一棍子打死，只要他们认识了，改了，就继续信任和使用他们。

在这期间，晋察冀分局和晋察冀军区在平山寨北村召开了高级干部会议（亦称“寨北会议”），着重总结了边区反“蚕食”斗争的经验教训，以整风的精神，批评了对敌斗争中各种错误倾向和主力部队中忽视游击战争、坐等打大仗的观点；确定了以武装斗争为核心，配合各种斗争，向敌人开展全面攻势，变游击区为根据地，变敌占区为游击区，敌进我进，向敌后之敌后伸展的方针。为此，在组织上也采取了相应的措施，以使这个方针顺利地贯彻执行。此次会议以后，北岳区主力部队以三分之一到二分之一的兵力执行“向敌后之敌后”挺进的任务，逐渐恢复和开辟扩大根据地；冀中根据地的恢复工作也取得了很大进展；在冀东，我党我军也有了新的发展。

与此同时，在贯彻党中央“精兵简政”、“一元化领导”等指示中，北岳区党委还发出了《关于全面巩固组织工作的决定》，规定1943年第一季度的中心任务是全面巩固组织工作，包括党政军民各项组织的整顿和巩固。这次整顿的重点放在区、村两级。1943年8月上旬，北岳区党委召开了组织宣传工作会议，总结了六年来敌后建党的经验，确定了今后加强思想上组织上建党工作的任务。林铁同志在会上作了《从组织上巩固党的几个问题》的报告。这次会议，对北岳区的整风运动的进一步深入、精兵简政以及党组织的全面巩固，都是有着重要意义的。

四、为夺取抗战的最后胜利，不断巩固党，不断提高党的战斗力

1944年至1945年9月2日为边区党的建设的第四个时期。这个时期的前一段，边区党的一项重要任务是继续深入整风，从组织上、思想上、作风上进一步巩固党，使党在扩大解放区、开展大生产运动，以及为迎接大反攻、夺取抗战最后胜利的斗争中，更加发挥它的战斗堡垒作用。

1944年初，晋察冀分局作了《关于加强整风运动的决定》，要求县以上党委都要成立整风委员会，在全党造成普遍深入整风的热潮。同年秋季，晋察冀分局在阜平柏崖村召开了边区高级干部会议，主要内

容是以整风精神总结七年来晋察冀边区的工作。与此同时，晋察冀分局在年初决定出版《毛泽东选集》，由邓拓主编，全书约50万字。这是我国最早出版的一部《毛泽东选集》，它对边区党员干部的理论学习起了不可估量的作用。

还要特别提出的是：由于世界反法西斯战争和中国抗战特别是敌后根据地抗战的形势的迅速发展，根据党中央的指示，晋察冀分局在党的建设中，将分局原北岳区党委所属范围划分为冀晋、冀察两个区党委，由王平任冀晋区党委书记，刘道生任冀察区党委书记；同时，恢复冀中区党委，林铁任书记，将冀热边特委改为冀热辽区党委，由李运昌兼任书记。特别把城市工作提到了极重要的地位。边区各地区，从1944年起，进一步加强了对敌占城市和交通要道的工作，县以上党委建立了城工部和敌工部，靠近交通要道和敌占城市的区委和支部都设立了敌工委员。按照中央要求，他们在党委和上级城市工作部领导下，专门管理城市和交通要道工作，不兼其他任务。其负责干部应根据把城市工作与根据地工作作为当前同等重要的两大任务的原则来配备，要真正能负责指导争取城市和交通要道千百万群众，瓦解伪军伪警，以准备武装起义的艰巨工作。晋察冀分局发出《关于城市工作的指示》，要求全党重视城市工作，加强对城市的宣传，揭露国民党的欺骗，做好城市中的组织工作。同时，根据中央指示，把“满洲”工作的开展当成刻不容缓的紧急任务，在分局、冀中区党委和冀热辽区党委各组一个“满洲”工作委员会，负责动员和领导一切可能的力量开展“满洲”工作。这是当时边区党的建设中的一项重大任务。1945年4月12日，晋察冀分局给各区党委发出《关于积极配合苏联作战的准备工作的指示》，指出4月5日苏联废除苏日中立条约，表示苏联要参加远东战争，估计苏日战争爆发时期不远，远东问题将发生重大变化。这个指示和《关于城市工作的指示》，把边区党的建设推上了一个新的斗争阶段。这一段时间的形势发展非常迅速，在这些指示发出不久，8

月8日，苏联政府对日宣战。8月9日，毛泽东同志发表《对日寇的最后一战》的声明，号召一切抗日力量举行全国规模的反攻，为夺取最后胜利而斗争。10日，晋察冀分局、晋察冀军区根据党中央指示和总部命令，向各区党委、二级军区发布反攻命令：以正规部队进攻大城市与交通要道，以地方游击队、民兵攻取小城市与零星据点。8月12日，贺龙、聂荣臻、吕正操、李运昌等部分头向绥远、察哈尔、热河、辽宁、吉林迅速进军，配合苏蒙军队作战。晋察冀各路反攻大军，分别逼近天津、北平、张家口、塘沽、保定、石家庄近郊，准备对敌展开猛烈进攻。后来由于蒋介石阻止我军反攻，竟发布让伪军"维持地方治安"的命令，斗争形势急剧变化。8月22日，中共中央和中央军委指示，我军应改变以主力部队夺取大城市的方针，应以相当兵力在民兵配合下，继续围困城市，以主力部队转向着重夺取中小城市及广大农村，扩大与巩固解放区，准备应付新局面，作持久打算。晋察冀分局和军区坚决贯彻执行了党中央和军委的新的斗争方针，及时调整了反攻部署，除挺进东北、热河和察哈尔省方面作战任务的部队仍按原计划行动外，要各区主力部队从北平、天津、保定、石家庄、唐山、太原等大城市周围转移，立即回师内地和解放区边缘，攻克日伪占据的中小城镇。同时，要求各区党委在新解放区放手发动群众，开展清算复仇斗争和减租减息运动，发展地方武装，把新区变成保卫人民胜利果实和制止内战的新基地。

8月20日，中共中央决定撤销北方局，分别成立晋冀鲁豫中央局和晋察冀中央局。聂荣臻、程子华、刘澜涛、赵振声、萧克、罗瑞卿、刘仁、许建国、胡锡奎、朱良才、成仿吾、赵尔陆、李运昌、詹才芳14人为晋察冀中央局委员，聂荣臻、程子华、刘澜涛、赵振声、萧克、罗瑞卿六人为常委，聂荣臻为中央局书记，程子华、刘澜涛为副书记。1945年8月23日，我军解放北疆名城伪蒙疆自治政府所在地张家口。9月10日，晋察冀中央局在张家口正式成立。

在八年全国抗战中，晋察冀的党组织在党中央的领导下，经过大发展，整顿巩固、全面巩固和整风运动，始终坚持在抗敌斗争和根据地建设中不断加强党的建设，不断提高党的战斗力，从而更好地实现党对抗日战争的领导，使晋察冀边区的党成为打败日本侵略军的坚强战斗堡垒。

晋察冀边区军民反“扫荡”、反“蚕食”、反封锁斗争

王平

从1941年到1943年，是晋察冀边区军民抗战最艰苦困难的时期。侵华日军对抗日根据地进行了毁灭性的大“扫荡”，实行了惨无人道的“三光”政策，继而进行“蚕食”和封锁。在敌占区连续实行所谓“新交通政策”和“治安强化运动”，发动综合军事、政治、经济、文化、交通各方面力量的“总力战”。留在敌后的一部分国民党军的亲日派竟打着“曲线救国”的幌子投降日军，使敌后斗争更加复杂、激烈。

这里，我从晋察冀军区第三军分区的一个侧面，来反映边区军民反“扫荡”、反“蚕食”、反封锁斗争的过程。

1941年后的反“扫荡”斗争

1941年初，日军调冈村宁次任“华北方面军总司令”。他一上台

就提出“治安强化运动”和“总力战”的方针，把华北敌后划为“治安区”（敌占区）、“准治安区”（敌我争夺的游击区）和“非治安区”（根据地）。日伪军对“治安区”以“清乡”为主，强化“保甲制度”和利用连坐法来巩固其占领和统治；对“准治安区”以“蚕食”为主，恐怖手段和怀柔政策并用，推行伪化，大修封锁沟墙和炮楼据点，企图限制抗日军民活动；对“非治安区”则以“扫荡”为主，实行残酷的“三光”政策，妄图消灭八路军、游击队，摧毁抗日根据地。

1941年上半年，日伪军在晋察冀边区周围增修据点、公路和封锁沟墙，控制要点，连续在边沿地区进行“分区扫荡”。晋察冀军区领导综合分析敌情后，判断日伪军可能对根据地进行大规模的“扫荡”。军区领导当即指示全区军民做好反“扫荡”的准备。三分区各部队积极加强战前动员，搞好武器弹药的补充，分散储备和坚壁各种物资，组织群众破公路、填平封锁沟、拆毁封锁墙。我们的口号是：“叫据点搬家，公路开花，电话成哑巴。”

8月上旬，日军集中华北机动兵力6万多人，伪军1万多人，对晋察冀边区进行秋季大“扫荡”。并扬言要在四个月内，将我军主力围歼于长城南侧。8月29日，约有2万多日伪军从保定、望都、定县几个方向，先后进入边区，很快占领了边区内各主要城镇、交通要道及产粮区。在平原地区筑起密度如林的炮楼，挖了纵横交错的深沟，汉奸特务活动猖獗，形成了“抬头看炮楼，低头望深沟，黄狗（指敌人）到处走”的局面。敌人对边区连续实行灭绝人性的“三光”政策，制造了多起屠杀村民的惨案。如曲阳县沟里惨案，有150多人惨遭杀害。同时还制造了野北惨案、北管头惨案、下陀惨案等等，被害群众近万人。

在这次反“扫荡”中，八路军在“分散坚持地区，广泛开展游击战争和积小胜为大胜”的方针指导下，以营连为单位，结合民兵，主动伏击敌军，袭扰敌人主力，迟滞敌人，三分区机关率二团、骑兵团、游击军和各支队转移到外线作战，破坏日军的交通运输，袭击据点，消灭了敌人，缴获了大量枪支弹药，破坏敌人的通信线路、铁路和公路，平毁了许多封锁沟。

三分区部队，在冀中部队和人民群众的掩护协助下，秘密通过铁路和封锁沟，完成从冀中向冀西运粮、运布的任务，保证了北岳部队的冬季供应，同时还负责掩护军区和边区领导机关、医院、抗大二分校和群众团体的任务。部队利用山区有利地形与敌人周旋，敌人到处扑空，就出动飞机侦察。我们则分散活动，疏散隐蔽和机动转移，使敌人摸不着我们主力的动向。边区各部队到处伏击或奔袭着小股敌人，日伪军被打得晕头转向、精疲力竭。这时，八路军一二〇师和一二九师，配合晋察冀边区反“扫荡”，向正太路、同蒲路北段的敌占区出击，严重地威胁敌人的老窝。各路抗日部队协同作战，终于迫使日军主力于 9 月中旬撤退，留下 2 万多人在边区继续“扫荡”。晋察冀边区主力部队乘敌人不备，杀了它一个回马枪，至 9 月 26 日，相继将阜平等地的敌人赶了出去。10 月 17 日，除新建各据点的敌人外，留在内线的敌人纷纷退出边区，最后以失败而告终。在反“扫荡”作战中，八路军毙伤俘日伪军共 8000 余名，其中三分区各部队毙伤俘日伪军 800 余名。虽然我们取得了这次反“扫荡”的胜利，但日伪军仍在边区内增建了一些新据点。因而根据地面积相对缩小，各区之间的联系受到更大的限制，人力、物力遭到严重损失，抗战进入空前困难的阶段。

1942 年，太平洋战争爆发，日军为了进一步控制华北，对华北敌后根据地进行更加频繁、更加残酷的“扫荡”。由每年“扫荡”一次，变为两次，有的长达三个月之久，“扫荡”中结合“蚕食”。再加边区发生严重旱灾，使边区军民处于极为艰难困苦的境地。边区人民和部队有时只能吃黑豆和树叶，坚持对敌斗争。

同年，日伪军对冀中进行了残酷的“五一”大“扫荡”，投入兵力 5 万多人，“扫荡”了两个多月。同时，敌人对平汉路西侧疯狂地进行

"蚕食"、封锁。三分区部队为了配合冀中反"扫荡",在定县、唐县地区广泛出击,进行破路、平沟,钳制了敌人对平汉路西侧的"蚕食"活动,消灭了大量敌人,5月20日,二团及骑兵团一部在岳烟、大白尧地区钳制敌人,掩护群众运粮,打退从望都、唐县开来的在五辆坦克、装甲车掩护下的200多名日伪军的冲击。冀中军区主力部队和游击小组相结合,运用地道战,神出鬼没地打击敌军,使敌人伤亡8000余人。7月初,"扫荡"晋察冀边区的敌人主力撤出,转移到晋冀鲁豫的太行区去了。

在反"扫荡"斗争中,根据地军民抓住了敌人"扫荡"的特点,积累了反"扫荡"的经验,在战术上有许多创造:

1. 消息树。当时各主力部队大都以营连为单位分散活动,既不易被敌人发现合围,又能机动消灭敌人,地方武装和民兵配合主力积极活动,以破击战破坏敌人所控制的公路、铁路、桥梁、通信设施,使敌人交通受阻。为了避免敌人合围、保障军民的安全和主动伏击敌人,群众创造了"消息树"。在山岗上派出警戒哨,用小树来做报警信号。把树放倒,表示发现敌人;树倒的方向,表示敌人来去的方向,指挥员根据信号,及时采取对策。

2. 地道战。起初,抗日人员深入敌占区,遇到敌人"清乡"搜捕的时候,有时躲到菜窖或山药窖里,常被敌人发现,受到损失。在血的教训面前,群众将菜窖挖通,连到自己住房和其他人家里,改造成能通风排烟的地道,以后,在斗争实践中认识到:为了保存自己,首先要能消灭敌人,这样就将地道加宽加高,设秘密孔道通到水井,既能通风排水,同时备有粮、水,以便坚守。后来由户户相通的地道,逐步发展成村村相通的大地道。地道通到屋角和碾盘、坟包下面,在地面构筑瞭望、射击的暗孔,建成地道和地面工事相结合的立体战斗设施,以利于大量杀伤敌人。

3. 麻雀战和地雷战。阜平发生了被敌人惨杀1000多群众的平阳惨案，激起我广大军民无比的愤慨，民兵中队长李勇带领阜平五丈湾游击小组，积极开展麻雀战和地雷战，在敌人“扫荡”必经的大道上，村里、屋内，以及利用不同地形地物，埋设地雷。三个多月内，有效地爆炸了 62 个地雷，炸毁敌人汽车 5 辆，炸死炸伤敌官兵 364 人。军区和北岳区党委号召开展“李勇爆炸运动”，整个北岳区民兵在这次爆炸运动中，共炸响地雷 3500 余枚，炸死炸伤日伪军 6700 余人，炸毁火车 12 列，飞机 1 架，有力地配合了主力部队的反“扫荡”斗争。坚持在神仙山的四十二团，英勇战斗，共毙伤敌人 699 名，受到晋察冀军区通令嘉奖，该团四连荣获“神仙山保卫者”称号，机枪手权新法荣获“射击英雄”称号，三连副指导员吴占国荣获“民族英雄”称号。

这次反“扫荡”，边区军民给敌人以沉重打击。

反“蚕食”、反封锁斗争

1941 年，敌人的秋季大“扫荡”被粉碎以后，又对晋察冀根据地一、三、四分区边沿地带实施步步推进的“蚕食”政策。初期，我们对敌人的阴谋认识不足，致使北岳区失去了 1000 余个村庄，平均向边区“蚕食”15 公里。边区周围的炮楼碉堡由 864 个增加到 1876 个，根据地缩小了，敌人在边区周围增修公路、挖封锁沟，筑封锁墙，推行“深沟筑垒”政策，形成一个包围圈。在敌占区实行“治安强化运动”，实行“配给制度”，对抗日根据地军民进行经济封锁。

当时，日军在三分区正面和周围设置了三道封锁线：第一道设在平汉铁路，第二道设在平汉线西侧，平原地区连接各县城的公路，第三道以平原区各城镇为支点，伸向根据地山区边沿和腹地。这三道封锁线之间有公路、封锁沟墙和各据点联结，实行“逐块分割”、“守点攻面”、“由点到线”的“蚕食”，以碉堡为依托，封锁沟墙为屏障，对小块地区进行“梳篦式”的“清乡”和“扫荡”。此外，日伪军还派遣特务、汉奸打入抗日根据地，拉拢落后分子，培植爪牙，成立秘密组织，发展“维持会”，散布抗日失败言论，破坏抗日组织和军民关系，搜捕抗日干部，迫害抗日家属，掠夺群众财物。在敌人的“蚕食”、封锁下，三分区所属几个县，被敌人侵占了70%，各部队转移到阜平至太行山南部山区活动，分区机关、医院、抗大二分校及群众抗日团体也转移到这一带。

日军的“蚕食”和封锁，使抗日根据地遭受重大灾难。日军到处杀人放火，抢夺财物，烧毁房屋、百姓逃难、田地荒芜。部队整天行军打仗，供应十分困难。开始每天还能吃两餐饭，一餐干的黑豆窝头，一餐稀的黑豆玉米粥，后来，连这些也吃不到，只能用野菜树叶充饥。

为粉碎敌人的“蚕食”、封锁阴谋，边区领导提出“平沟破路，摧毁封锁墙，开展游击战争，以巩固原有地区，保护抗日根据地的物资，完成公粮的收运任务，彻底粉碎敌人‘经济封锁’”的作战方针，各部队迅速展开大规模的破击战。

在破击战中，各部队派出得力干部，组织小分队，分散到各地，动员组织群众。在平沟破路之前，搞好侦察，摸清敌人活动规律，搞好行动方案。破路时，派出警戒，围住敌人据点，控制好我方退路，以防敌人袭击，保护群众的安全。平沟时，派专人协同地方干部掌握群众；平沟后，留一个小分队打击修沟的敌人。1941年11月中旬至12月中旬，经过破击战，平毁了唐县、曲阳等地区大部分公路和封锁沟壕，保持了沟内外的联系。

但是，一些重要地段，我们破路，平毁沟墙后，敌人又强迫群众修复。这样反复破、反复修，使群众吃了很多苦头。1942年以后，我们就不再平沟了，过沟时搭个梯子，过沟后把梯子撤走，这样群众就免遭挖沟平沟之苦了。

1942年下半年，敌人的封锁线逐渐向山区推进，妄图切断山区和平原抗日军民的联系。抗日军民处境更加困难，斗争更加残酷。为了克服困难，边区政府实行“精兵简政”，对部队进行了整编，裁减机关非战斗人员，充实连队，安置处理了老弱病残人员。部队整编后主动出击，打击搞封锁、“蚕食”的小股敌人和力量比较薄弱的据点，吸引和分散敌人的兵力，打乱了敌人的封锁、“蚕食”计划。

由于敌人的封锁、“蚕食”，军区和边区机关以及大部抗日军民都退到阜平和太行山南部山区，形成人多地少，加上连年灾荒，根本不能满足军民的吃粮需求。越是这样，敌人越是疯狂地和我们争夺粮食，妄图将我们饿死困死。三分区不仅担负军区机关和其他机关的供给，有一个时期还要运粮给雁北五分区。怎么办呢？我们首先向敌人夺粮，派部队袭击敌人的储粮点，将敌人掠夺去的粮食夺回来，再是武装保卫群众秋收，搞好征粮工作。1942年秋，庄稼刚成熟，日伪军就全部出动，到处抢收粮食，我们也立即派出部队掩护群众秋收、秋藏，抓紧“坚壁清野”，不让粮食落到敌人手里。我们的部队和日伪军进行了数十次战斗，保卫了秋收，并协助地方征运粮食。武装保卫秋收基本上是在山区或山区边沿展开，而在平原地区工作就比较困难。在冀西搞到的粮食远不能满足需要，后来就到冀中敌后产粮区征运粮食，冀中虽然斗争残酷，敌人设有三道封锁线，但是活动地区大，还是有隙可乘的，抗日部队利用敌人守备力量较薄弱的结合部，开辟运粮通道，在附近的村庄和炮楼安插内线，掩护地方干部和群众顺利地征运粮食。当时组织成千上万的群众参加接力背粮，一点一点地由冀中背到冀西，再由冀西背往山区。

再者，我们的主力部队利用战斗间隙，自力更生，开展生产运动，开荒种地，多打粮食，减轻人民群众的负担；另一方面，动员部队节衣缩食，上下一致，同甘共苦，终于打破了敌人的“蚕食”、封锁，胜利地渡过了难关。

“向敌后之敌后进军”

1942年9月，晋察冀军区召开高级干部会议，总结了反“扫荡”、反“蚕食”、反封锁斗争的经验，提出了“变敌占区为游击区，变游击区为根据地，敌进我进，向敌后之敌后进军”的方针，针对敌人前紧后松，前强后弱的特点，把游击战开展到敌后之敌后去。华北抗日根据地本来就处在敌后，所谓到“敌后之敌后”，是指到根据地周围敌人统治地区去活动。为此，我们把主力部队和地方武装组成大量的武工队和精干的小部队，深入敌占区，打击敌人，开展政治攻势，摧毁敌伪组织，建立小块根据地。

由于对敌占区情况了解不够，开始遇到了不少困难和挫折。1941年，在敌人进行大“扫荡”，推行“治安强化运动”时，敌占区地下党的干部没有思想准备，一时不知所措，平原游击队差不多都撤回了根据地，来不及撤退的村干部几乎都被敌人抓走了。从此，根据地和敌占区失去了联系，加上敌人搞“清乡”和“自首”运动，安插了许多据点堡垒、行政村和“模范村”，实行保甲制和配给制，企图严密封锁、限制人民抗日活动。军区提出到“敌后之敌后”的号召，三分区派出的小武工队到敌人后方去侦察，进行游击活动。敌占区群众一时还不了解我们，不敢和我们接触，更不敢接待，武工队无立足之地，结果大部分失败了，也牺牲了一些好干部，如七区队参谋长高暴、分区政治部干事黄厚金、作战股长姚之一等，都是在敌占区战斗中献身的。但是，定唐支队的甄凤山带领的一支20几个人的小游击队，却很快打开了局面。甄凤山有丰富的敌后工作经验，他能够闯到敌人据点里去吃饭、搞情报，并能很好地保存自己，消灭敌人。

我们总结经验教训，设法摸清敌人情况，改变了对敌策略：

一是建立“两面政权”。首先把原来在地方上不太出名，没有暴露身份的干部陆续派进去，站稳脚跟之后，利用当伪保长，搞“两面政权”，消灭白点，恢复各村的党支部，实行武装斗争和合法斗争相结合的政策。其次是部队配合派去的人员，对伪村长、会长、甲长、报告员进行改造工作，采取政治争取与打击相结合，找他们谈话，教育他们要爱国、要抗日、要做“白皮红心”，否则就是被人民唾骂的汉奸、卖国贼。大多数伪职人员经过教育逐步转变过来，公开场合应付敌人，暗地里为我们提供情报，掩护抗日人员，保护群众，为根据地运粮送物、购买药材等等。我们也为他们出主意、制造假象，迷惑敌人，为他们开展工作创造条件。例如：我们夜里去村子抢运公粮，等粮食拉出村子以后，就让村长去报告敌人，说八路军把征收的公粮抢走了，敌人出动来追的时候，我们已经走得无影无踪了。再者，我们对少数顽固不化的伪政权人员则给予严惩，使一些三心二意摇摆观望的伪政权人员受到教育。我们利用“两面政权”进行公开合法的斗争，打破了敌占区的敌伪统治。如敌人在敌占区实行“良民证”制度，抗日人员通过“两面政权”的人员弄到“良民证”，就能在敌占区活动。

二是建立“堡垒户”。我们依靠军属、干属和苦大仇深积极抗日的群众，建立“堡垒户”为立足点，恢复和发展群众抗日组织。有了群众，我们在敌占区就能站住脚。敌人的据点碉堡被人民群众包围起来，它也就发挥不了多大作用了。

三是发动“攻心战”。从敌人内部分化瓦解伪军。首先做好伪军家属的工作，启发他们的爱国心和自尊心，并晓以大义，我们还利用文艺形式宣传党的抗日主张。伪军家属受到教育，就去规劝当伪军的亲人，要他们安分守己，给自己留条后路，不要死心塌地给敌人卖命。袭击小分队经常跑到炮楼前喊话，散发宣传品，并寻找机会和伪军人员接触，进行个别教育。对一些表现不好的伪军人员提出警告，向他们指出谁干了好事、坏事，群众都给记着账。当时，伪军中流传着这样一句话：“不怕你闹得欢，就怕群众拉清单”。使得伪军的活动大有收敛。

四是我们坚决执行党的俘虏政策。被俘伪军经过教育，愿留者留，不愿留的放走；对被俘伪军中的病号，我们也用担架送回；伪军身上带有金银财物，我们不搜腰包。这样大部分伪军被共产党的政策所感动，对八路军的抗日活动就减少了阻挠和破坏。

五是利用伪军开展抗日斗争，敌人的炮楼有的是日伪军共同驻守，大多是伪军单独驻守。起初，我们做伪军工作，成熟了，就让他们反正，把炮楼烧毁。结果，敌人又筑一个新的，另派人来守。后来，我们改变了主意，对伪军反正工作做成熟了，仍让他们继续驻守，隐蔽下来。我们运粮过路，运粮队伍过完了，他们才向天打枪，用电话报告日军："八路过路了！"即使日军来追，也无济于事。那时候，三分区司令部经常驻在离炮楼只有几里地的村庄里自由活动，伪军也不出炮楼进行干涉。后来我们在反"扫荡"时把一些老年的同志和伤病员等转移到敌占区隐蔽下来，这样比在根据地随队行动还保险。敌占区的老百姓看到抗日工作人员来了，就千方百计掩护，把好吃的东西，都留给他们吃。

我们派出的武工队，深入敌后，以"由近而远，由点及面，分合自如，昼夜行动，行踪不定"的战略，与敌人展开"明、暗、文、武"的斗争，武工队发动政治攻势，揭破敌人的欺骗宣传，打击汉奸特务的活动，摧毁伪政权、撕破伪情报网，解散伪合作社。促使日伪军内部分化，大部分伪军主动和抗日人员秘密联系，日军的反战情绪与日俱增。自杀、投诚的现象不断发生，大大削弱了日伪军的战斗力。

1943年，日军穷于应付太平洋战争，华北的兵力严重不足，为确保城市、交通要道及资源地区，只得收缩包围抗日根据地的兵力，敌人的基本作战方针，变为以"跃进蚕食"为主，结合"分区扫荡"，集中优势兵力，以远程奔袭，对边区实行有目标的合击，尔后控制重要点线，以弥补其兵力不足，针对敌人战术特点，八路军继续贯彻"敌进我进”的方针，再次实行“精兵简政”，将大团编为小团，增加县支队。部队整编后，战斗力增强了，机动灵活性提高了，更加适应分散的游击战争环境。这时主力兵团和地方武装，分别组成内线部队和外线部队，互相配合，寻机歼敌，扼制了敌人的“跃进蚕食”。这一年下半年，我军胜利地粉碎了敌人对北岳区长达三个月的最后一次大“扫荡”。从此，敌人再也不敢随意地向抗日根据地进犯，一些前沿据点开始撤退，龟缩到县城重点守备，我们终于度过了抗日战争中最艰苦困难的时期，恢复和扩大抗日根据地，发起局部反攻，尽快地缩小敌占区，迎接抗日战争胜利的曙光。

在晋察冀的日子里

胡开明

开辟晋东北

1937年秋天，王维舟和我带领抗大白区学生队，跟随聂荣臻率领的八路军一一五师一部，由陕西到山西去创建抗日根据地。白区学生队就像个插秧机似的，一路走一路沿途安插分配，当抵达山西时，学生已分配得所剩无几了。

此时，在日军疯狂进攻下，割据山西的军阀头目阎锡山，接受了中国共产党的抗日主张，根据国共合作抗日的协议，把北平、绥远以南的晋东北地域，划为八路军的作战地区，他率部退守太原。一一五师就在晋东北战区发动群众，开展游击战争，牵制和阻挠日军向大同及同蒲铁路方向的进攻。

到了晋东北的五台县时，白区学生队已经分配完了。我完成任务后，本来应返回延安上党校的，可一到了抗日前线，我就不愿再返回延安了。这样，我就随抗大的政治部主任、八路军总部的民运部长傅钟一起工作。一次，我到窑头区下边的村子了解情况，布置扩军征兵工作，待返回区里时，傅钟给我留下一张条，上面写道：“开明同志：其他学员我均带走，留下个年龄小的刘毅同学，跟你一起工作吧。”我见到字条，连夜骑马追到寨里镇，见到傅钟，原来组织上决定叫他去开辟晋东南抗日根据地，叫我留在窑头区工作。我初来乍到，人生地不熟，想跟首长一道去，可傅钟一再说服我留在五台县。在这种情况下，我只好服从组织安排。

我返回窑头区，便在八路军总部的领导下，进行开辟晋东北抗日根据地的工作。我们以阎锡山承认的“战地动员委员会”这一半政权性质的合法组织名义发动群众抗日。八路军总部抽调民运部和总政治部宣传队的部分同志成立了一个干部工作团，由王逸群负责领导。工作团的同志被分配到五台县的各区、村，利用各级“总动员委员会”这一合法组织，进行抗日宣传，发动各阶层群众起来保家卫国，很快便在五台山地区掀起了抵抗日军侵略的群众运动。

同时，八路军总部抽调出赵尔陆率领的特务团团部及两个连的红军老战士，来配合干部团开辟以五台为中心的晋东北抗日根据地。

山西五台县，是阎锡山的天下。阎锡山为了把军权牢牢控制在自己手里，他手下的高级将领都用五台县人，所以当地有个顺口溜：“学会五台话，就把洋刀挎”。阎锡山在五台县也搞个人崇拜，五台县的老百姓家家都挂阎锡山的像，像供奉灶王爷似的。

当日军侵入繁峙县城时，阎锡山慌忙在沙河南边一个村庄布置全线撤退，他从小路星夜兼程逃回太原了。阎锡山的军队全部向南溃逃。特别是平型关战役后，八路军迎着敌人北上，阎锡山部却南逃，而且沿途糟害百姓，这使八路军在老百姓乃至国民党军队中威望增高。

五台人把八路军形容成“天兵天将”，不仅老百姓对我这徒手八路格外敬重，就连逃兵见了，也点头致意。

这期间我和一个勤务兵住在一个村公所里。虽然国民党逃兵听从我们指挥，老百姓也拥护我们，可是，这个村的村长、绅士却看不起我们。他们见我身材矮小，穿着大头兵的服装，不像个“官”，便来给我出难题：“八路军领导抗日，光靠口头说不行，得发个布告安定天下，使民众信服！”我一听，这是要考察我识不识字，不由暗笑，心想：你玩这套花招，岂能难倒我？于是我满口赞同：“这个意见好，你们找来笔墨纸砚，咱们发个布告！”

绅士们叫人找来文房四宝，我一边磨墨，一边打腹稿。一会儿提笔便写，刷刷点点，一张布告写成，交给绅士们说：“看写得是否可用？”绅士们哪晓得我这土里土气的八路军，竟是一名大学毕业生哩！当时我二十三四岁，正是文思敏捷之时，这张布告虽然从书法角度上看够不上精美，但从文章结构上讲，措辞遣字却是严谨精当。绅士们看了，不由连连鼓掌叫好。接着便吩咐备酒，将我们两位八路推为上座。

山西五台的宴席最盛行的是吃火锅，而当地的习惯是先吃菜，菜吃完后，用火锅中的汤下些杂面，或以汤佐烧饼下饭。我不喝酒，习惯吃大米饭，酒席上粒米无有，只好入乡随俗。

席间，我提出：发布告，书面文章，总不如口头讲说得清楚，最好召集个群众大会，向群众讲一讲抗日民族统一战线。村长赞成，立即吩咐下去，鸣锣召集群众开会。

全村群众集合在一个大院，我登台演讲。我是浙江温州人，口音与五台土话相差甚远，讲统一战线，大家都听不懂。此时，有一个当过兵走南闯北的人，通晓浙江温州话，便自告奋勇替我翻成土话。我的讲话，说到群众的心坎上，会开得生动活泼，气氛热烈和谐，群众不时高呼：“八路军怎么说，就怎么办吧！反正是为了不当亡国奴！”

我在三区建立起了“晋东北战地动员委员会”这个半政权性质的抗日机构，为八路军筹粮派款，需要依靠当地人完成，需要使用当地的知识分子作抗日宣传。我在三区胡家庄发现一位曾在县教育科当过督学的在乡知识分子，他叫胡汉楠，此人有办事能力，在群众中也有威望，我便把他叫到区公所，给他个区助理员的职务，叫一位年岁大些的知识分子当区长。

我派胡汉楠到各村推行“合理负担”，他发挥了很大作用。他了解乡情，列出名单，按合理负担的条件，谁家应摊粮款多少，公开催讨。一些富户村绅历来都是叫平民按地亩摊款，自己仗势少交；合理负担改变旧法，让富户多交，贫苦户免征。因此，一些绅士富户叫苦。胡汉楠则现身说法：“你们叫什么苦？谁家有我家交的多？”胡汉楠家也是富户，他以身作则，带头执行合理负担政策，其他中农、富农无话可说，都顺顺当当地按合理负担交粮纳款。我见此人正派、能干，便把他由区助理员提升为区长了。

还有个叫李少轩的开明地主，他也是以自己的模范行动带动全县实行减租减息，被工作团推选为定襄县的县长。他当县长后，对抗日斗争表现十分坚决。

五台县三区的窑头，是一个煤矿区，日本侵略军进攻山西，窑头的煤矿工人也不下窑挖煤了。我组织矿工参加抗日自卫队，谁家有枪，就动员他拿出来，武装抗日自卫队。自卫队中，有一个当过兵的，我便口头任命他为连长，由他负责操练，只用四五天时间，就搞起了个 100 多人的抗日武装，成立起一个连。

我不晓得如何带兵，正巧十八集团军后勤部长赵尔陆带着两个排游击到窑头区，我便把这个连交给赵尔陆，叫他带走了。过了几天，窑头区又有大批青年要求参加抗日军，我又搞起了一个连，我不知怎么管理，只好又给赵尔陆打电话，叫他把这个连也带走了。

两个月后，晋东北特委成立，成立了第二军分区。特委（不久改为地委）书记王逸群，我任秘书长，从北平回到定襄县的地下党员、大学生张连奎任组织部长，工作团的洪水任宣传部长，赵尔陆任第二军分区司令员。

王逸群革命经验丰富，遇事能沉住气，也有办法。洪水是越南人，曾在法国留学，后到广东黄埔军校学习，毕业后留在中国参加革命。

他知识渊博，在这一地区发动抗日工作比较得力。我当秘书长，不仅负责特委的文牍工作，还兼管财务。

晋东北特委的一般工作，就是由王逸群、洪水、张连奎和我这四个人决定，有重大问题，军分区司令员赵尔陆也参加，由我们五人研究决定。当时民主空气很浓厚，委员之间相处和谐，心情舒畅。

一天，赵尔陆风风火火地从晋察冀军区司令部来到二地委，传达聂荣臻司令员一道命令："撤销洪水的二地委宣传部长的职务，并开除其党籍！"这一突如其来的命令使大家震惊了，为什么呢？

事情经过是这样的：聂荣臻率部队到五台时，已进寒冬，但干部、战士尚穿着单衣、草鞋。聂荣臻来山西时，在火车上曾与周恩来相遇，他把战士越冬无衣无鞋的困难向周恩来提过，周恩来回答："关键仍然是发动群众，有了群众支持，一切问题都好解决。"意思是要依靠群众，不要违犯群众纪律。而这时有人告发洪水违犯群众纪律，因为洪水在苏区搞过"打土豪分田地"的斗争，到了抗日前线，游击习气未改，生活随便，不拘小节，在推行"合理负担"中，有的地主捐出的皮鞋、皮大衣、皮帽子，他没有交公，自己穿戴了起来。所以，聂司令员非常生气，就下了如此严格的命令，竟将洪水撤了职开除了党籍。

洪水被撤职后，宣传部长由我兼任。不久，为此事又追究领导责任，认为二地委书记王逸群犯了"左"的错误，把王逸群调到冀中区工作，把我调到四地委，只留下张连奎一人，组成了新地委。

调到四地委

1938年2月26日，中共中央书记处致电北方局称：决定北方局组织部长彭真驻晋察冀边区，以北方局代表的名义协同聂荣臻指导晋察冀、平汉路东及平津等地党的工作。

我由晋东北调到四地委时，彭真正好由延安经晋东北抵达阜平。我任四地委宣传部长，是彭真直接同我谈的。他开门见山地说："开明同志呀，领导决定叫你去四地委当宣传部长，你有意见吗？"我申述说："我理论水平低，写不了文章，当宣传部长吃力。我和农民倒说得来，叫我当个农会主任吧！"彭真说："当农会主任的人才多得很。你这个大学毕业生不去当宣传部长，难道叫那些没念过书的农民干部去当吗？"彭真一句话，说得我哑口无言。就这样，我就去四地委任宣传部长了。

当时四地委所管辖的区域有1580个村庄，它包括阜平县、建屏县的全部，灵寿县、曲阳县、行唐县的大部，平山县一部，井陉县石太线以北部分，还有属于敌占区的正定县和获鹿县。

四地委书记原是李德仲，以后是栗再温和王昭。组织部长杨春茂，几乎是和我同时任职。地委书记李德仲1933年参加革命，1934年任河北省委特派员，来到藁城、无极、完县做恢复党组织工作。他先后以教员、小职员、医生、北平晨报记者的身份公开活动，在这几个县发展了一批党员，大部分是燕京大学、清华大学的学生。1935年秋，完（县）无（极）藁（城）中心县委正式成立，他任县委书记。李德仲这位知识分子经过多种职业的熏陶，长期和农民群众结合，已经失去了学生时代的文人气质，成为职业革命家了。

栗再温1927年加入中国共产党。在敌人的白色恐怖下，他积极从事党的秘密工作，先后担任北平孔德学院党支部书记和北平市委秘书。1935年5月调往山西工作。在长期的革命实践中，他不仅积累了发动群众的斗争经验，还积累了武装斗争经验；他不仅有读书人的雅气，还有农民那种朴实的作风；他不仅有高度的阶级觉悟，还具有较深的政治修养，对待一些事务，他总有自己独到的见解。他是一位知识分子工农化了的人。

我任四地委宣传部长，与地委书记相比较，则还带有学校中那种知识分子味儿，说话直言不讳。我那时不管是对待知识分子和工农干部，总是亲密相处。我在四地委工作了七年，一直到抗日战争结束。

我在四地委工作的政绩是什么？概括地说：在百团大战中，四地委的宣传鼓动工作是搞得轰轰烈烈的。聂荣臻司令员率兵攻打井陉的战斗结束后，曾称赞我："你的宣传工作搞得很好！"当晋察冀边区提倡搞好农业生产，支援抗日前线时，我写了《游击区也能开展生产运动》一文，转报中央，1945年1月31日毛泽东为延安《解放日报》写的社论中引用，现已被收入《毛泽东选集》第三卷。

但是，四地委人对我也有非议，说我思想麻痹，甚至加个"右"字。人们对我如此非议，也是事出有因的。

在1941年8月间，日军向晋察冀边区进行"铁壁合围"的大"扫荡"，同时向解放区派了大批特务。在山西省平定县（北）曾发生汉奸特务潜入抗日队伍向敌告密，使二区区委书记张建仁、三区区长邢炳元等惨遭敌人杀害的事件。中共北岳区党委为了使大家提高对敌斗争的警惕性，发出《为彻底粉碎敌寇秋季"扫荡"的指示信》，要求各地都要树立持久作战的思想，普遍开展群众性的游击战，除奸反特，坚壁清野，以粉碎敌人第二次"治安强化运动"。四地委也提高了革命警惕，在革命队伍内部开展了反特活动。当时四地委下属的边区第五中学发生了丢失地委主办的《先锋报》的事情。于是就怀疑有汉奸特务了。

边区第五中学，是个培养干部的学校，学员都是吃公粮的。我在二地委时，五台就建立了个民族革命中学，晋察冀晋东北专员宋劭文曾到会讲话，号召师生努力学习，完成打下抗战建国的基础、复兴民族、改造社会的重大使命。民族革命中学为抗日培养了大批干部。四地委的五中就是仿效二地委民族革命中学搞起来的。所以，学校由当地地委直接领导，地委组织部分管党支部工作，地委宣传部分管青年团的工作。一说五中党支部发生了“特嫌”，组织部就成立了专案班子，在党员学生中清查“特务”。一个参加了共产党的女学生在强逼之下承认自己参加了“特务”活动。于是，专案人员进一步追问：“你的破坏任务是什么？”她违心地说：“准备投毒。”专案人员逼她把毒交出来，她拿不出毒药来，就用削铅笔刀削墙壁上的石灰，然后把削下的石灰面儿跟从药铺里买来的黄色药面混在一起，用纸包好，交了“罪证”。专案组将这“毒药”送到军分区化验室化验，化验证明，白色的是石灰，但其中有汞性。

我看了看这药和化验单，断定这不是毒药，便拿这“毒药”去找五中校长说：“你养鸡了没有？”她说：“养了。”我就把这种粉面拌在鸡食罐里，放进鸡笼让鸡吃。头一天晚上鸡吃了，第二天早上去看，鸡仍然欢蹦乱跳。我向组织部的专案组讲：“这根本不是毒药，喂了鸡，鸡都不死！”组织部的人警惕性高，说：“毒不死鸡，也许会毒死人哩！谁也不敢用生命来试一试。”他们仍继续追逼“特务”，逐步扩大怀疑对象，结果把一位教员逼得自杀了；把语文教师吴江（如今知名的理论家）也给关起来了。我想直接干预，但是不属于自己分工所管范围。于是我给专署专员程宏毅打电话，叫他过问此事，不能冤枉好人。之后我又向区党委书记刘澜涛反映，说五中搞反特扩大化，连吴江也被怀疑是“特务”了。刘澜涛很重视，对我说：“你赶快回去，告诉组织部长，立刻把吴江放出来，要知道，这是违反党对知识分子政策的，是对人权的侵犯！”后来，把关起来的人放了，给受冤屈的人平反了。

在四地委，有人说我思想麻痹，“右”，我想就是因为干预了这件事引起的。不仅如此，还有人给我戴个“好包庇知识分子”的帽子，取了个外号——“胡宣传”。凡是外号，都含有嘲讽之意，也是戏弄之言。“胡宣传”的外号，借我姓胡这个谐音开开玩笑，是平常的事。另外，我对一些小事马马虎虎，也是人们给取这种外号的一个因素。有人说是因为我敢于替“特务”说话、辩冤而赠的外号，这样推理，也不是没有道理的。其实，我实事求是地证实一个问题，是不怕担什么嫌疑的。

文墨情谊

1945年5月，区党委把我调到《晋察冀日报》。6月，我到了报社，此时正是报社反“克里空”的时候。“克里空”是苏联话剧《前线》中一个记者的名字，他写新闻不是以事实为根据，而是靠空想，写出来的新闻报道都是假的。因此，新闻界就以“克里空”作假报道的代名词了。

晋察冀日报社社长邓拓，是依靠从平、津等城市来到解放区的知识分子办报的。由于城市知识分子不熟悉农村生活，不十分了解农村群众的实际斗争，在处理稿子时，曾编发过不真实的报道或与农村政策相悖的文章。为了克服报社工作人员中的这一弱点，防止假报道出现，邓拓便在新闻队伍内部开展了反“克里空”活动。他为了使知识分子尽快熟悉工作实际，曾向中共中央晋察冀分局提出建议，给报社调进一些在地委、县委有实际斗争经验的干部来充实新闻队伍，以弥补知识分子缺乏实际斗争经验之不足。当时胡锡奎是晋察冀分局的宣传部长，邓拓的这一建议很快兑现，从二分区调来了民运组长、群众联合会主任李希庚和韩劲草等同志，边区唯一的女县委书记宋汀也调到报社编辑部来了。然后又把我从四地委调进报社。

邓拓是个大手笔，凡是重要社论，都是他晚上动笔，连夜送聂荣臻审定，第二天早晨见报的。他的诗词、书法功力都很深，是少有的才子。我与邓拓相比，就有些自愧不如了。一次，我参加边区政府工作会议，邓拓叫我写一篇动员群众积极开展春耕生产的社论，我用了好几天才写出来。之后我对邓拓说:“你一个晚上写一篇社论,我一篇社论写了好几天,我不适合做编辑部的工作呀!”邓拓却说:“我一个晚上写一篇社论,可是新华社没给广播,你用几天写篇社论,新华社却给广播了,何优何劣?”我知道,这是邓拓在鼓励我,宽慰我。但是后来,我还是分管了行政工作。我负责管理报社的党总支和人事工作,兼管记者科和向新华总社的发稿工作,职务是晋察冀日报社副社长和新华通讯社晋察冀总分社副社长。

我分管报社的人事工作,当时那些从农村调上来的工农干部老是闹情绪。邓拓调他们进报社的目的,是为了帮助知识分子丰富实践经验,意在往知识分子中“掺沙子”。实际上,工农干部并帮不了知识分子多少忙。知识分子写了稿,给这些工农干部念,请他们审查、把关。可文化水平低的工农干部也提不出意见,倒觉得到报社来是“受罪”,要求调回原来工作岗位。我体会到这一点,便答应把文化水平太低的同志调回原地去。在这种情况下,通讯科长李希庚也提出要回民运部工作。我说:“放谁走也不放你走!我发现你有才华。你现在虽然写不好稿子,但是你讲起话来很有逻辑性,写文章缺乏逻辑思维写不好,可你要加强写作锻炼,准能写出好文章来。我给你一个锻炼机会,我决定组织个前线记者团,专搞军事报道,由你当团长。”

李希庚在我的安排下,去前线记者团当团长了。他在前线工作得很出色,部队领导发现他的才干,叫他创办《子弟兵报》,任报社副社长。新中国成立后,他曾任《解放军报》副总编辑、中苏友好协会秘书长、军委办公厅副主任等职,他的才华得到了充分发挥。

我这个人很爱才,在中华人民共和国成立那天,在天安门城楼上和齐越共同作实况转播的丁一岚,所以能当中华人民共和国第一个女播音员,也是与我爱才分不开的。

1945 年日本投降后,晋察冀日报社迁入张家口市。收复张家口敌伪广播电台后,秘书长张庆泰要成立个共产党的广播电台。旧电台人员经过一番整顿，只留下一个男播音员，而女播音员、编辑人员很缺乏，便向晋察冀日报社社长邓拓要人。邓拓对我说："成立广播电台，要编辑人员好办，可找个女播音员，实在难。老胡，你去想办法吧，越快越好。"我说："女播音员不是有个现成的吗，你老婆丁一岚就是个好材料。"邓拓进一步讲女播音员应具备的条件："当播音员的，一需要口齿伶俐，音色圆润甜美；二是要有北方人的普通话口音。丁一岚满口天津话，她怎么能行呢？"我说："我有根据，只要你不反对，她当播音员准行！"

丁一岚是天津市人，1937 年初中毕业，刚 16 岁，就参加了天津的一二九运动，在天津待不下去，投奔到延安。1939 年转战到晋察冀边区的平山县，在平山县妇女救国会工作。1941 年调到四分区妇女救国会做宣传工作。她写了宣传提纲，写了新闻报道，总要送给我这个地委宣传部长审阅，或请示宣传意图，所以我对丁一岚是早有了解的。我调到晋察冀日报社后，发现邓拓 30 多岁了还是个单身汉，就有意地向邓拓介绍了丁一岚的才华与容貌，要邓对丁一岚的写作多加指导和关照。后来，邓指导丁一岚写作，逐渐书信来往频繁，我便把丁一岚调到报社，加紧撮合，使他们成为郎才女貌的一对。

我说丁一岚能够当好播音员，是亲眼所见，亲耳所闻。在 1945 年 8 月 11 日的晚上，晋察冀日报社接到一个最令人兴奋的电话："日本投降了，新华社要发电讯，要尽快宣传。"人们得到这一大快人心的好消息，兴奋得奔走相告："我们别睡觉了，到街上去宣传吧！号外还没印出来哩！"我是这支宣传队的组织者和领导者，大家手拿着新华社发来的延安八路军总部朱德总司令的第一号、第二号直到第七号命令，把群众喊起来，给大家宣读。寂静的山区，顿时一片欢腾。在宣传队伍中，我被一个银铃般的、最悦耳的、充满激情的读报声吸引住了。走去一看，是丁一岚，她改变了平时说话的腔调，抑扬顿挫，引人爱听。我一直跟着丁一岚宣传了一夜。在天明回来的路上，同志们以称赞的口吻对丁一岚开玩笑说:“你宣传得真好,等咱们进城市以后,你去当播音员吧!”同志们是对丁一岚开玩笑,可我动了心,丁一岚读报的悦耳声音一直印在我的脑子里。所以,当邓拓叫我找女播音员时,我便脱口而出:“丁一岚就是个现成人才!”邓拓被我一将,便说:“那就把她交给你,去找内行人考试考试吧!”

经过考试,合格;又稍加技术训练,丁一岚便从1947年1月开始,正式上晋察冀广播电台播音了。新华总社转移到西柏坡后,她在陕北广播电台、陕北新华广播电台播音。解放战争胜利,中央进北平后,她又在北平广播电台播音。1949年10月1日,中华人民共和国成立,丁一岚同齐越在天安门城楼上作实况转播,博得全国人民的称赞!

《人民日报》的特级记者、《报告文学》杂志主编田流对自己所以成为一名记者,也曾有一番动情的描述。田流是这样说的:“1945年以前,我在晋察冀四地委所属的灵寿县当抗日联合会宣传部长,我爱人徐兑是县委宣传部副部长。胡开明是地委宣传部长,我们是在他直接间接领导下工作的,彼此十分熟悉。我们在新闻、文学事业上取得成就,是由于我的老领导胡开明热情荐举,才干上这一行的。”田流在离休之前写了一篇《我的记者生涯是怎样开始的》文章。文章开头这样写道:“生活中,常常会出现意外的事。我走上‘记者’这个工作岗位,就是一件意外的事情决定的。1945年5月,我被调到晋察冀中央党校学习。日寇投降后,党校学习结束,组织分配我去东北工作,当时我们的孩子出生才20几天。到达塞外山城张家口的第二天,我与爱人上街转转,没想到与我们的老上级胡开明同志邂逅。胡开明同志简单地向我们介绍了当前东北的形势,并告诉我们,东北地区的干部已经够用了。他建议我们去报社工作。当时我们没有将它放在心上。翌日,中央局组织部分管干部工作的陈中守在与我们谈话中,正式分配我们到晋察冀日报社工作。我们去报社报到了。”田流在另一篇文章中说:“接待我们的恰巧是胡开明。他笑嘻嘻地说:‘我正等你们,走,到你们的住处再谈。’这时,我们才知道他已调任晋察冀日报副社长。所以,把我们的住处、工作都安排妥了,叫我爱人徐兑当编辑,叫我当记者。”就这样,我和田流建立了很深的友情。

使我感慨最深的还有作家葛文。1949年她进张家口时,在《人民日报》上发表了一篇小说,题目是《刨树根的人》。我见到这篇文章,就记住葛文这个名字了。那时,我当了察哈尔省委宣传部长,叫田间筹建省文联。在召开省文代会时,我去参加。一看作家名单上没有葛文的名字,便对田间说:“我发现一个叫葛文的小伙子,在《人民日报》上登过小说,满可以把他找来参加文代会嘛!”田间说:“葛文是我老婆,牛树才派她到天津参加华北工代会了。”身旁的人听了都笑了起来。我说:“那更好办了,她回来一定安排个适合她搞创作的单位。”结果她被安排到张家口市图书馆任馆长。1962年困难时期,她在怀来县写长篇小说《喷泉记》,我当张家口地委书记,特来看她,因为当时她病着,见到我一激动,晕倒了。我一见就明白了,说:“你是饿的。”于是我用车把她接到赤城县温泉疗养院,从县里找个大师傅帮她做饭,叫她在那里静心写作。国庆节前,几十万字的《喷泉记》脱稿了。我与葛文、田间之间,也建立了极深的感情,过从甚密。

民兵大摆地雷阵

杨福隆

草枯叶黄谷上场，阵阵秋风催人忙。正是根据地军民紧张秋收的时候，日军要对我晋察冀北岳区进行“大扫荡”的消息传来了。

这是 1943 年的 8 月末，我原在边区党校学习。有一天，区党委组织部长林铁同志找我去，一见面就说：“现在情况你清楚，决定调你去阜平县担任武装部长，领导那里的民兵坚持斗争，配合主力部队作战，粉碎敌人的‘大扫荡’。”这是紧急的战斗任务，我当然马上就答应了。林部长又亲切地嘱咐说：“敌人这次‘扫荡’可能更残酷，时间也可能更长，你精神上要做足够的准备。阜平是你的家乡，你在那里群众关系很好，遇事只要和群众多商量，相信你一定会胜利完成任务的。”

遵照上级指示，我决心深入到基层民兵中去，和群众在一起参加这次残酷的反“扫荡”斗争。

9 月中的一天下午，我到了城厢民兵中队部。中队长李尚忠见了面就拉住我说：“杨部长，去参加我们的演习吧，看看我们埋地雷的技术练得怎样啦，给我们提提意见。”我点头说：“好！”

“杨生采！擂鼓集合！”

嗖！从屋里蹦出来一个头戴圆毡帽的小鬼，向我眨了眨那双机灵的大眼，抡起缠着红绸子的鼓槌，一边敲一边唱：

地雷是个大铁瓜——咚咚咚
漫山遍野埋上它——咚咚咚
大吼一声震天地——咚咚咚
鬼子脑袋开了花——咚咚咚

民兵们在鼓声中从四面八方跑来。有的扛着步枪，有的则在身上斜挎着手提式或“马来匣”；有的抱着地雷，有的还拿着铁锨、铁丝和褡裢等东西。看着这个既威武、又势派的场面，看着每个人雄赳赳气昂昂的样子，我在心里不禁钦佩地说：“打了六年日本鬼子，这些乡亲们锻炼得劲头越来越大了。”

跟着这百多人的队伍，我们到了东门外的河滩里。每次鬼子进城前，总是先在这里会合，然后像把钳子包抄阜平。李尚忠出了演习的“课题”，分配了任务，划分了布雷区域。他先假设让妇女自卫队长带老人、小孩进山隐蔽；又让游击小队长侯起清带人占了玉皇庙制高点和把守城北要道，压制敌人，掩护埋雷组和撤退的群众；然后命令爆炸队长张俊鲁带人奔向河滩，进行埋雷。这些同志我很熟识，他们原来都是正经的庄稼汉，但现在一个个都成为足智多谋的指挥员了。

一切布置停当，只听张俊鲁向队员们喊道：“用连环雷，摆成梅花阵！”几个队员挖的挖，埋的埋，动作非常熟练。张俊鲁这个人，看去浓眉大眼，黑脸膛、络腮胡，一上战场猛打猛冲，所以外号叫“猛张飞”。可是他埋起雷来却非常心细精致。队员们埋好之后，他从褡裢里掏出牛蹄子、羊蹄子，印上蹄印；又掏出小孩鞋底、妇女鞋底，印上鞋印；另外还撒上牲口粪，做得真是毫无痕迹。我看了不禁十分赞赏地说：“小伙子们真有两下子，保险鬼子发觉不了！”我的话刚说完，谁知这个“猛张飞”还有绝技，只见他用黑带子把眼睛蒙住跑到城北一条小道上。我想在这样的小道上埋雷，要做好伪装已很不简单，再把眼睛蒙住，更不容易！真是会者不难，张俊鲁三下两下很快地就摸着把雷埋好，而且伪装得也很严密。他做完站起身来，喊了一声："请杨部长、李队长检查吧！"没等我们说话，那些来参观的妇女们早已鼓起掌来，叽叽喳喳地说开了："咱们张飞，真是打仗像猛虎，埋雷像绣花！"李尚忠这时也向我介绍说："张俊鲁去年春天到边区爆炸训练班学习过，还听过聂司令员讲的地雷战术课哩。"我接着说："他学得很不坏，在反'扫荡'中一定会发挥很大的作用。"

埋雷进入城厢街道，由侯起清领着爆炸第二组表演。他们埋到大路两旁，不埋在路中间；埋在水井周围，不埋在打水的道上；埋在门槛里边，炕沿下面……我问侯起清："这是为什么？"他说："这叫敌变我也变。鬼子挨一回炸，多一个心眼，咱给他们来个虚虚实实，真真假假，出其不意，炸其不备。"

听了侯起清的话，给了我很大启发，从今天的演习中，看出他们在技术上是有很大提高，但雷在什么地方埋，确实还应该多加研究。

地雷需要埋在什么地方，这可以说是个战术思想问题，要解决它也只有通过群众来解决。等演习完了之后，我把大家召集在一起，当众宣布："咱们再来开个诸葛亮会，俗话说：一人不如二人计，三人出个好主意。同志们今天埋雷埋得很好，但埋一颗就要有一颗的根据，要讲出个道理来。大家现在都来献献计，看地雷都该在哪里埋？谁的办法高、主意强，咱们打起仗来就依谁的办。"第一个发言的是侯起清，他吧嗒着小烟袋锅，慢条斯理地说："报告！我说一条，大家评评行不？叫我说咱们在东门里第一家门板底下埋一个！"

"为什么？讲讲你的理由。"

"为什么？你们想，咱先在街上挖条沟泼上水，鬼子大队人马进了城，路不好走，就得找个门板搭一下，他如果去摘门板，还不干净利索地炸倒他俩仨的？"

"好，侯起清同志讲得有理，就照你说的办！"李尚忠同志一表扬，人群里更加活跃起来！紧接着就有人喊："我提议——"随着喊声，又看见那缠着红绸子的鼓槌，在我面前晃了一下，这是杨生采小鬼站起来了，他说："我提议在咱们中队部的鼓底下埋一个。鬼子看见鼓，一生气，噎一脚……"

没等小杨说完，旁边有人问道："你咋保证让鬼子见了鼓，就准生气？"

"这，这好办！"小杨把系红绸子的鼓槌在脑袋上轻轻敲着说："他不恼，咱给加把火嘛！我已经编好了，要在鼓上写'英雄鼓，英雄用，鬼子动，要狗命！'旁边再写上'民兵中队部用'，看他们生气不生气？"

这时又有人给小杨开玩笑说："计谋好是好，往后要是敲不上鼓，可不要再像过去哭鼻子。"

"只要炸死鬼子，不敲就不敲！"小杨红着脸，口气坚决地作了声明。他这话，赢得全场一阵掌声。

张俊鲁还是抱着他那把银光闪闪的铁锨，看别人已提了不少，他才瓮声瓮气地说："让咱提上一条，把街上搭棚子的木杆，拆了绑成捆放在墙根下，给底下埋它几颗。鬼子挨了炸，要抬伤兵没担架，他去拿杆子要抬人的时候，保险鬼子和杆子一齐飞起来。"

人们的发言，你一条、他一条，越来越多，像决了堤的河。这千百条河流，汇成了一个智慧浩瀚的海洋。我最后向大家说："咱们阜平在对敌斗争中曾得过'钢铁模范县'的红旗。这次反'扫荡'中一定还要保持光荣，把咱们的地雷阵布好。鬼子他要来，头先进，先炸掉他的头，脚先进，先炸掉他的脚，来多少，炸多少，把咱们的血海仇炸平，把咱们的心头恨炸消。"

日军这次大"扫荡"，出动了日伪军4万余人，企图彻底摧毁我晋察冀北岳区根据地。阜平是北岳区的中心，是边区的首府；边区领导机关一直在这一带居住和活动，所以就成为敌人最主要的合击目标。

“扫荡”一开始，日军的进攻矛头，就都指向阜平而来。虽然边区的山川平原十分广阔，“皇军”的行动却无自由。他们走大道，大道炸；走小道，小道也炸；庄稼地、渠道、沙滩等等，无处不炸；炸得鬼子不敢贸然前进，只好绕绕转转，走走停停，队伍零零散散的没个队形，一个个耷拉着脑袋像送葬；慢得简直就像乌龟爬，足足费了半个月才爬到阜平城关附近。

这时，军区主力部队已插到外线打击敌人去了。我们县委和县政府的干部，也都分头深入基层，带领民兵武装“区不离区、县不离县”的坚持内线对敌斗争。我从那天参加城厢民兵演习之后，已清楚看到全县各区村都有了一支组织坚强的武装力量，这些力量也都有了丰富的对敌斗争经验；特别是他们都掌握了一套用地雷战杀伤敌人的有力武器。我坚信依靠着这个人民的铜墙铁壁，一定可以战胜敌人的。

日军进阜平城的那天，我还是和城厢民兵在一起。那是10月2日的上午，城东玉皇庙顶上的“消息树”向西倒下，这是报告敌人从东边来了。城里的老乡们，在自卫队的掩护下，安全地转移到大白山里去了。爆炸组按照演习过的方案布好了地雷阵，我和李尚忠作了检查，最后撤到离城一里多地的山头上。我们要亲眼看看鬼子如何走进民兵们为他布置好的天罗地网。

真是“种瓜得瓜，种豆收豆”：鬼子在我们根据地里种满了仇恨，他现在就要用头颅和鲜血来加倍偿还；民兵们在边区的土地上种满了地雷，我们马上就看到它开的花结的果。

日军一到城门口，当然迎面会先看见张俊鲁他们扎的那个草人，草人手里举着一块大标语牌，牌上写着：“城里地雷五百三，看你小鬼哪里钻！”两行红字。这两行字是给敌人的警告，也是给敌人精神上最强烈的打击。据说日军到草人跟前生气地瞪了半天，也没敢动它，怕它下面埋着地雷。因为他们在别处已吃过不少这样的苦头了。

前几年反“扫荡”中，敌人进村后我们在山上所听到的，首先是杀猪宰羊、烧火做饭的声音；而现在却截然不同。敌人硬着头皮进了阜平城，不断传来的却是雷声隆隆的巨响。远远望去，城里真是火光闪闪，烟尘滚滚。这每一个光闪，都会有日军的血肉横飞，这每一个声响，都会有日军的尸体倒地。高兴得民兵们在山上止不住地连声叫好。

天快中午时，侯起清带领的游击小队从谷子地里钻出去，在隔城不远的地方抓来一名伪军俘虏。听俘虏讲：日军进了阜平城，走路，脚底下的地雷炸了；挖窖，窖口里的地雷炸了；推门，门框上吊的地雷炸了；抓鸡，鸡窠里拴的地雷炸了。还有的日本兵到地里伸手去拔萝卜，萝卜下面的地雷也爆炸了。那俘虏还讲日本兵在摘门板时和绑担架时挨的地雷炸特别厉害。直炸得敌人吓破了胆，他们行不敢走路，住不敢进屋；好像他们的性命是个用细线吊起来的鸡蛋，说不定哪儿会线断蛋打，一命归阴。

当人们正聚精会神地听俘虏讲敌人挨炸的时候，忽然杨生采小鬼机警地喊道：

“别吵——别吵，你们听，城里有人敲鼓啦！”

大概小杨一直注意着他在大鼓下面埋的地雷，这时他一听到鼓声就特别留神。等大家急忙转过身来，还没有听清楚鼓声的方向，紧接着从城里传来一阵“轰隆、轰隆”的地雷爆炸响声。这一下可把小杨乐坏了，他乐得在那里一蹦几尺高，嘴里还不停地喊：

“这一炸是我的！这一炸是我的！”最后他还兴致勃勃地向大家说：“同志们，我又编了一段，你们听听。

我的大鼓是英雄，开花爆炸显威风，

鬼子敲响我的鼓，仰面朝天回东京。”

就这样，敌人在阜平城里一夜也没有敢住，当天下午，就夹着尾巴溜走了。

鬼子逃出阜平城，但却占了城西、城东的法华、王快等地方，还是要进行"清剿"。李尚忠一见我就说:"杨部长，鬼子蹲在咱阜平不走，往后这仗怎么打呢？"我回答说:"上级早指示过，敌人这次'扫荡'的时间会很长，你们千万不能急躁轻敌。还要告诉大家，今后不是呼呼啦啦地埋一顿、炸一阵就算了；要想办法对付鬼子的长期'清剿'。"

"敌人到哪里，地雷响到哪里！"民兵们提出了新的战斗口号。各民兵中队都加强了飞行爆炸组的活动。一旦发现敌情，就抓住敌人不放，把地雷埋到敌人前面去。同时，还大力开展了"枪雷结合"的杀敌运动，就是游击组和爆炸组密切结合起来，用步枪和地雷协同杀伤敌人，互相牵制，互相配合，逼得敌人防不胜防。

此后，城厢民兵中队就经常出发远征。侯起清带着游击组，跟着敌人绕转转；张俊鲁带着爆炸组，瞅空子就给敌人摆地雷阵。他们配合得非常灵活自如。他们在枪雷结合的战术中不断出现新的创造，层出不穷，什么"引诱爆炸"、"驻地封锁"、"迎头爆炸"、"尾追爆炸"等，在埋雷技术上也是花样日益翻新，什么"连环套"、"迷魂阵"、"梅花群"、"空中跳"，还有那"仙人脱衣"、"金蝉脱壳"等等，真是越来越神妙。有一次，李尚忠他们中队打一小股敌人就是非常巧妙的：他们让杨生采在山头上指挥几个人唱歌子，激怒得日本兵飞步来追；正好，侯起清埋伏在对面用步枪点名，山半腰张俊鲁埋的"追命雷"也炸了，追上来的敌人就没有跑回去几个。

敌人也在煞费苦心地想办法：抓几只羊在前边替他们蹚雷，但羊总得有人赶着，地雷炸了赶羊人也跑不脱；弄来探雷器让工兵在前面扫雷，但民兵到处埋下些废铜烂铁片子，真假难分，倒连人和探雷器一块给炸飞了。鬼子没办法，还是只好用刺刀逼着伪军在前面领路。一天，侯起清忽然拿了个字条来递给我说:"这是从路边拣来的，你看可笑不可笑？"我接过一看，字条上写着：

"民兵大叔，请高抬贵手给小侄们指条生路，炸鬼子尽管炸，千万别炸我们，我们是被逼得无法才吃这碗饭的。"

很明显，这是伪军向民兵写的哀告求饶书。说明我们的地雷，把鬼子和伪军间的裂缝炸得更深了。县委很重视这个问题，当即专门做了研究，向各村民兵布置展开“攻心战”；要把这个裂缝给他们炸得更宽更大。让地雷和政治宣传一齐爆炸，一齐开花。

民兵们马上行动起来，埋上真雷再埋上假雷，然后写上标语传单告伪军，并规定暗号给伪军指出路线。所以在各地的墙壁上，就出现了很多这样的诗传单：

要想过河先搭桥，要想成佛扔屠刀，

进了边区别作孽，地雷饶你命一条！

只饶你们小命，不让鬼子逃生。

倘不遵守规定，地雷决不留情！

此后，有些伪军果然搜山领着鬼子绕圈；发现粮窖向鬼子作假报告；走路按照我们的暗号，指东不敢西。

10月底，我们接到个消息，说王快敌人枪毙了三名伪军，罪名是怀疑他们沟通八路，证据是地雷为什么不炸伪军，单炸“皇军”？不过，鬼子枪毙伪军也是无济于事的，就在他枪毙人的当天夜里，有两名伪军带了两支三八枪，跑到四区，一把鼻涕一把泪地向民兵投诚，还拿出民兵写的标语……

敌人为了维持运输和准备逃走，在阜平城西八里的法华村修了个临时飞机场。日军的矛律师团长还驻过这里。民兵们当然不能让这群强盗们安安生生地驻着，经常袭扰敌人。有一次，他们在夜间钻进飞机场里埋设了大量地雷，把第二天早上集合出操的日军炸倒了一大片。在执行这次任务中还有一段插曲，也是特有意思的：这天去埋雷是由中队长李尚忠带着，法华村的民兵也参加了。当他们摸到飞机场边上时，心灵眼快的杨生采小鬼，忽然发现旁边站着一个日军哨兵。李尚忠机警地摸到跟前一看，却原来是个头戴钢盔的橡皮人。杨生采把这橡皮人扛回来，逢人便说：“鬼子弄坏了我的牛皮鼓，我缴来了鬼子的橡皮人。这玩意也是个很好的宣传工具哩！”他还就这事编了一段歌：

日本鬼子真稀松，

摆了个橡皮人当哨兵，

假哨兵挡不住真地雷，

“毛驴”（矛律）师团快送终。

由于边区各地民兵爆炸运动的开展，对我外线出击的主力部队起了很大的配合作用；日军所谓的“毁灭大扫荡”，终于在我边区军民协力打击之下被彻底粉碎了。

在追击逃出边区的敌人时，途中缴获敌独立第三旅团第六大队代理大队长菊池重雄的日记，他在日记里写道：“地雷战使我将官精神上受威胁，使士兵成为残废。尤其是要搬运伤员，如果有五人受伤，那么就有六十个士兵失去战斗力。”他还写道：“地雷效力很大，当遇到爆炸时，多数要折骨大量流血，大半要炸死。”

从敌人口中，也足以看出我边区地雷爆炸运动的成果了。

在反“扫荡”的日子里

王耀南

反“扫荡”作战卅日

1943年4月中旬，日华北方面军以第一一〇师团，独立混成第八、第三、第四旅团各一部，共计1.2万余人，分别从平山、灵寿、五台、灵丘同时出动，采取轻装急进，远程奔袭和反复“清剿”等战术，对北岳抗日根据地进行辗转“扫荡”。晋察冀军区党政军机关在聂荣臻司令员率领下早已跳到外线。各军分区主力部队也纷纷突围到外线去打击敌人。坚持内线作战的部队在萧克副司令员指挥下，给敌以重创。第四军分区司令员邓华决定避开日军锋芒，率军分区直属两个小团，曾保堂的三十五团和罗远明的三十六团及第八区队到外线去作战。军分区决定留五团和九区队坚持内线，部队由我统一指挥，并把军分区的电台留给我们，以便和军分区保持联系。

邓司令员临出发前，对我说：“老王啊，五团是晋察冀军区的主力兵团，这次内线作战的担子就交给你们了。”军分区机关突围后，团政委萧锋、九区队区队长张荣、政委钟炳昌来了。张区队长和钟政委建议把九区队合到五团，当作五团的一个营。萧锋觉得九区队升格到主力部队不够格，我明白萧锋的想法，说："现在都凑到一块目标太大。目前，敌井陉以北空虚，桃林坪、贾庄、陈庄、大湾等据点都没多少守军，你们趁机敲他一家伙。但注意别硬拼，打得赢就打，打不下来赶紧撤。"我考虑四面出击，让敌人摸不清我们的底细，我们就可以掌握主动权。我把想法和萧政委、政治处于英川主任说明后，叫他们组织在内线坚持的地方干部、民兵袭扰日军。

萧政委和于主任走后，我和陈开禄副团长、李镜参谋长商定作战计划。我把军区工兵连派到娘子关和南峪附近，配合一分区部队炸正（定）太（原）铁路上的火车，干扰日军"扫荡"的决心。

第一仗我决定在西岔头打灵寿出来的敌人。命令部队分别于14日晚进到西岔头以南磁河南岸山沟里待命，我准备15日晨，放过灵寿出来的日军大部队，伏击敌后勤辎重于西岔头、慈峪之间峡谷。

部队刚刚在磁河南岸山沟集结完毕，天就黑了。我们安排部队就地宿营。大约午夜时分，听见磁河对岸有军马的嘶叫声，蹋蹋咚咚的脚步声，手电筒的灯光不时划过夜空。这不是我们的部队，是日军，大约有1000余人。日军改变了战术，半夜出动。不能就这样便宜了日军，我命一营派一个连队，摸过去用手榴弹袭扰日军，不到万不得已，不准开枪，不要暴露。一会儿，就听得手榴弹的爆炸声和日本兵的嚎叫声。日军误以为公路北山坡有我军伏兵，喊叫着向公路北山坡冲击。趁机，我让部队迂回到慈峪和南青同之间公路两侧的高地，准备伏击敌人辎重队。

敌人闹了好一阵子，才又向西岔头方向开拔。

17日晨，日军又有1000多人，经过南青同向慈峪方向进行，辎重部队居中，如果我们在这里和敌人干起来，西岔口、灵寿的鬼子出援一夹击，我们就该吃大亏了。所以只好把鬼子放过去。天快黑了，又有一股鬼子过来了，我估计是掉队的鬼子。用望远镜看了看，后面没有鬼子，这股鬼子只有三十几个人，押着十辆大车，连挺机关枪也没有。我看日军进了伏击圈，发出进攻命令。一阵排子枪、手榴弹，不到一个钟头，这伙日本兵就被送回东洋老家了。

我命令迅速打扫战场，部队到大西沟集结待命。

据报，缴获敌九车背包，一车子弹。我想：这下发大财了，但又一想不对，那车子弹箱堆得高高的，马根本拉不动。果然，不是子弹，是一车饼干。战士们把破背包扔了，换上日军背包；把粮袋里的黑豆，荞麦饼子倒掉，装满饼干。一把火烧掉破被子和带不走的马车。我们走出去几里路，才听得“噼噼啪啪”的枪响，敌人来迟了。

日军为了急于找到我军的四分区机关，轻装日夜奔袭。我想，日军这样必然异常疲惫，而且轻装、夜战又是日军所短，重武器发挥不了作用，他们又不熟悉地形，所以，只要我们拖着敌人，使他得不到休息，日军是拖不了多久的。我把这些重要情报，报告萧克副司令员，请外线主力袭扰敌人辎重。萧副司令对这一发现非常重视，回电嘉奖。

日军有 1.2 万多人，我们只有 3000 多人。我们不能和敌人拼体力、拼消耗。避开敌人的刀锋，待敌人累了，我们再好好打。我命令部队到大西沟以后好好休息。

4 月 19 日，日军 600 余人向阜平以南陈庄为中心的我第四军分区实施远程奔袭。我们得到可靠情报，这是日军的一支孤立部队，决定狠狠教训他们一家伙。我准备让一营派一连利用灵丘以南上沿河、上寨附近有利地形阻击日军，然后部队主动撤离。在敌人追击一营一连时，我团主力利用上寨以南有利地形，从侧翼袭击敌人，然后再让他们进入我们在下关附近的密集布雷区。我命一营营长丁荣旋带部队打阻击，然后和二营合并，二营由副团长陈开禄掌握，打敌行军纵队侧翼，迟滞敌行军速度，李镜带三营布雷。三营接到布雷任务，上上下下一片欢腾，有些战士说：“光见咱们团长办训练班，教别人打地雷战，这次咱也试巴试巴，看看团长那功夫咱学到家没有。”

我赶到下关附近去检查三营布雷情况，到了八连连部，只见八连副指导员曹振国带了一个警备员在连部守电话机，我问他：“你们连长呢？”曹振国说：“和指导员一起去张庄埋地雷了。”我问他：“李镜呢？”他说：“参谋长和他们一起去的。”小曹问我：“团长，要不要把他们叫回来？”我说：“不用。我到前面去看看。”警备员小肖站在一边咧嘴笑，说：“一说到埋地雷，全营都像过年一样高兴，敢情是团长传染的。”我说：“那有什么不好的。”小肖说：“咱五团改工兵团吧？”我说：“以后打大仗没准要搞工兵师呢。”曹振国说：“要那么多人埋地雷呀？”我说：“咱工兵到那时可以架大铁桥，修铁路，挖隧道。三五个工兵师都不见得够用。”

三营在李镜指导下，按着我平时讲的原则，发动全营设计布雷方案。我原本以为三营会以连、排为单位组织设计。我到八连看见一个人都没有，说他们乱弹琴。现在我看到李镜把三营拉到现场搞实地勘察设计，心里很高兴。

上午 8 时许，日军踏响一营埋的第一颗地雷，发现进入我布雷区后，便成疏散队形，缓慢前进。一营不时放冷枪，日军行军速度每小时不足一公里。敌人在我布雷区伤亡惨重。

中午，日军逼近上寨，一营主动撤出战斗。日军进入上寨休息。三营完成布雷任务后，全团集中进入设伏地域。

日军从上寨出发，未发现我一营部队，也未发现有埋雷迹象，便加快行军速度。当日军进入下关附近狭路时，他们放慢速度，用火力向两边山坡进行侦察。我团主力在路东高坡后面隐蔽。当敌人停止火力侦察进入狭路时，我命令每人只准打一发子弹，没有把握不准开枪，注意隐蔽，避免伤亡。因为我们不可能全歼这股日军。不能打消耗战，若消耗太久，我们不划算。

敌人发现中了埋伏，拼命向我阵地扫射。因为我们在高坡上，地形险要，敌人攻不上来。打了两个多小时，我估计敌人累得差不多了，命令部队分散撤出战斗。我命令三营派一个连，尽快埋雷。当敌人通过埋伏区时，地雷一响，立即杀敌人的回马枪。

敌人进入上寨时，未遭我打击，急于进入下关休息、布防，以防我利用夜间偷袭。当敌人进入下关附近的庄子时，被埋的地雷炸得人仰马翻。敌人躲哪儿哪有雷。敌人进屋子，屋子里有地雷；敌人喝水，井台边有地雷。敌人仓促撤退，在刚走过的狭道上又踏响了地雷。据侦察员报告：日军在上沿河行军部队中共抬有担架126具，是我团在此次战斗中毙伤日军的尸体和重伤员。

20日，第九区队在张荣、钟炳昌率领下，攻入桃林坪据点全歼守军。同时，袭击了贾庄、陈庄大湾等据点。

22日夜，我部埋伏在南滚龙沟的平山到陈庄之间的山路两侧。我的决心是打敌人行军队伍中的辎重车，我管这种战术叫虎口夺食。我命令李镜参谋长，组织一个四五十人的突击队，每人带一包从地雷中拆出来的黑火药，趁我军和敌军交火之机，把黑火药撒到敌人辎重车上烧毁敌军辎重。日军的一个大队从南向北开。这是日军轻装主力，我们不动声色放了过去。几个小时后，约凌晨4点，天非常黑，只听山沟里马嘶，车轮响，日军大皮鞋的“咔咔”声，在夜深人静时非常响。日军全部进了伏击圈，我一声令下，手榴弹甩进敌群，日军反应过来之后，向山坡开始冲击，机枪声“哒哒哒”响个不停，这时几十条身影窜向敌人军车，一时间火光冲天，日军被照得清清楚楚。我们又是一阵手榴弹和排子枪之后，便分散撤出战斗奔向合河口而去。

几天来，日军白天搜索，我部黑夜急行军，非常辛苦。九区队张荣、钟炳昌和萧锋、于英川的武装小分队，又让日军吃尽苦头。日军为了和我决战，亦尾随我部成包抄状态向合河口方向进发。于是我决定部队后半夜再回滚龙沟。

24日，在22日烧毁的敌辎重车边，我们又歼日军一个小队，夺轻机枪两挺，毙敌20余人。当晚在上房村再烧敌辎重车60余辆。打了几仗后，我发现日军的指挥比较呆板。有时我们的小部队行军，与日军相遇，日军在山坡上地形好，我们在山坡下地形不好，日军竟不理睬我们，也许他们没接到命令。当我们侧击日军时，日军反应很慢，通常等最高指挥官下命令。所以把日军截成几段后，日军下级部队往往打烂仗。

我们每天的行动都报萧副司令员，萧副司令员对我们所了解的日军动态、我们的决心和作战情况非常满意。

27日，在沙窝村附近设伏。天快要黑了，敌800余人押运的近百辆马车满载辎重过来了。硬打我们肯定吃亏，我决心声东击西，用调虎离山的办法“吃掉”敌军辎重。

当敌军后卫部队经过以后，我们在敌人后边的路边上埋上地雷。然后在敌人背后打冷枪，敌人掉头来追时，会踏响地雷。伏击部队开火，使进入村庄的敌人误以为是我主力来袭，出援后卫。当我团和敌人交火时，主力运动到敌主力后面，阻击敌人退回沙窝村。突击队趁黑趁乱，村内空虚，冲进村庄放火。伏击部队看见火光，趁乱分散撤走。当敌人发现上当时，我团已走远了。

28日晨，我们看到十几个日本兵押着一辆马车返回灵寿，周围并未发现其他日军部队。我命令一营歼灭敌人。当战士们高高兴兴检查战利品时，发现是一车骨灰罐。经清点共130个。我命令，原封不动将骨灰罐放好。部队撤至阜平县城东南的党城村。

30日黄昏，侦察员报告：日军从曲阳出来，向灵山方向移动。原来这是日军开始对第三军分区“扫荡”了。日军以独立混成第一、第三、第八旅团，第二十六师团、第一一〇师团各一部，共17个步兵大队，分别由曲阳、满城、定县和倒马关地区出动，采取分进合击手段，于5月1日拂晓，对阜平东北的军城、北晴醒及固城等地合围。我部侦察员所发现的是其中一支日军。

为了解决我团弹药和给养，我们在日军奔袭部队后面埋设了一些钉板，扎坏了几辆马车轮胎，趁掉队修车敌人不备，抢夺敌人四车物资，其中有不少手雷、子弹和食品。

5月2日，遇到跳出敌军合围的三分区黄永胜司令员和王平政委。黄司令员告诉我说，“日军包围军城、固城、北晴醒之后，大肆捕杀我根据地干部和群众；到处挖掘老百姓坚壁清野埋藏的粮食和军需品。三分区的部队在青虚山和马耳山阻击敌人，掩护党政机关和老百姓突围。萧克副司令员电令你团袭扰合围三分区驻地的日军，减轻三分区压力。”王平政委说：“太好了，你们来得太及时了。”他哪知道我们十几天来已连续作战八次，部队极度疲劳。但为了边区老百姓和党政机关的安全，我们咬紧牙关，连续作战了。

我从黄司令那里得知三分区在灵山附近坚壁有2000多颗地雷，我率部队冲进敌包围圈去取那些地雷。取到地雷后，碰到五丈湾等地的民兵，五丈湾民兵中队长李勇是我在阜平办训练班的学员，他看到我非常高兴，死缠硬磨让我发给他真家伙。其实我取这些地雷时就想发给民兵，这样可以大面积埋设地雷，用地雷战杀敌。我对他们说：“你们到参谋长那里去拿地雷，就说我同意发给你们地雷。不过，我发给你们的地雷没有发挥作用，我可不客气了。以后你们再也别想领到地雷了。”他们高高兴兴地去领地雷了。我正和一营营长丁荣旋说话，参谋长的警卫员小张跑来问说：“团长，给他们发多少地雷？”我说：“让他们随便拿。”我和丁荣旋说完话到参谋长那儿去看李勇他们领地雷，李镜对我说：“简直不像话。”我顺着他的手看去，民兵们背的背，扛的扛，五花八门，没个队形，有许多民兵没有工具，就用衣服裤子装地雷。李勇回头看见我来了，就招呼他的民兵们快跑，我叫警卫员喊话，让李勇回来，准备给他们再弄些裤子。但李勇怕我追回地雷，带着民兵拼命逃走了。李勇和其他村子的民兵们拿走了近一半的地雷。

不久，日军独立第十一联队700余人，由曲阳县党城镇向阜平县

“扫荡”。李勇带领民兵用地雷战和日军展开搏斗。12日上午，日军十一联队进入我民兵布雷区，发现埋有地雷，遂成疏散队形缓慢通过。李勇和民兵们开枪射击，击毙三个日本士兵。其余日军马上散开还击，在慌乱中踏响地雷，被炸死八人、伤25人。日军不能继续追击，退出布雷区，撤回阜平县城。当他们从阜平出发到龙泉关时，又进入李勇民兵中队的布雷区。这次李勇加大布雷密度，炸死、炸伤日军100余人。

我们打了几天，日军的战术也有一些变化。我们几次打了日军掉队辎重，日军不再单独行动，起码以中队（连）为单位。我们和日军打了几年，敌我双方都明白，一般情况下，我方没有十倍于敌的兵力，是不轻易动他们的。日军以中队为单位，我军要吃掉他起码要有1000多人。这里包括打援的、预备队等。如果两个小时内打不下来，日军的援兵就会赶到，陷我于不利。这就促使我摸清情况，耐心待机，勇猛出击，速战速决。日军原以为在阜平地区没有我大部队。他哪里知道，晋察冀六大主力兵团之一的五团4000多人就在他们眼皮底下。

从阜平以东，我们采取侧击的方法，打敌人大队（营）以上部队，伏击战主要打敌人中队以下小部队。打敌大部队是逐赶日军，打小部队是夺取给养。打了十几天，全团丢掉了烂棉花套背包，换成日军毛毯、大米、熟肉与干粮，改善了生活。这段时间，我们未向地方老百姓要一粒小米，只可惜敌军追得太紧，许多军需物资都被烧掉了。

短短的30多天里，我五团在民兵和几十个武装小分队、爆破队助战下，运用地雷战、麻雀战，多次伏击敌军，使敌人日夜不能安宁。在外线大部队的配合下，我们重创“扫荡”的日军。敌人不得不退出我抗日根据地，共计烧毁敌辎重车200余辆，毙伤敌400余人。军区工兵小分队和爆破队炸毁敌军用列车两列，战功显著。

八路军总部敌工部漆克昌部长和司令部三科海风阁科长，很早以前就告诉过我，电报发出去，不光我们上级和友邻部队能收到，敌人也可以收到，并且敌人已有一些先进设备，能测到发报地点，所以使用电台一定要当心。

分区把电台留给我们，让我们向军区发报，一是汇报我团情况，收取上级指示，另一方面也是吸引敌人的注意，以掩护突出重围到外线的机关的安全。我觉得怎么使用电台这里大有文章，我们可以用来调动敌人、迷惑敌人，让敌人听我们的指挥。需要牵着敌人走时，我们就发报，吸引敌人追击。我们在西岔头村袭扰敌人时，边作战边发报。然后在南青同村发报，给敌以错觉，认为我要跳出合围的样子。我们在南滚龙沟又打了一仗，使敌清楚地认为我五团在他们的网里，然后我们分散去了合河口一带。敌尾随我去合河口的小分队，向合河口方向包抄，以防止我团突围进入五台山地区。这时我团从合河口分散回到南滚龙沟附近又作一战。敌人发现上当了，但网已被日军自己破坏了。当敌人再围南滚龙沟，我团在上房又敲了鬼子一下。当敌人到上房“清剿”我团时，我团分散去了沙窝村。我团在沙窝村劫了鬼子灵车后，部队奔向觉城，日军从我四分区撤兵后，按常规我团重返驻地，但我团又深入敌人对三分区的包围圈内，敌人发觉三分区部队跳出合围，撤围追击时，我们发动五丈湾、龙泉关的民兵又狠狠敲了日军。我们五团的电报总是出现在日军认为不该出现的地方，不会出现的地方。尤其是我们出现在三分区地域，是不合常规的。

日军此次“清剿”的目的是非常明确的，就是针对我晋察冀军区四分区和三分区的主力部队。也就是四分区五团和三分区二团。日军用了1.2万多人，打了30天。明明我们在他们的包围圈内，但无论他们怎样搜寻，也未能在他们认为我们存在的区域中找到我们。日军虽用夜战对夜战，奔袭对奔袭，山地对山地的战术，但他们始终没有摸到我们一根毫毛。我们的行动始终让萧克副司令和军区机关明明白白，敌人大的行动我们也从军事电台中掌握。我团一直在敌人网缝中游弋。敌人与我作战30余天徒劳无功，不得不撤出我晋察冀根据地。

连克平汉五城

1943年夏季，日、伪军对北岳军区辗转“扫荡”失败后仍不死心。9月2日，日军华北方面军司令官冈村宁次决定令第六十三师团、第一一〇师团、第二十六师团及独立混成第三旅团各一部和伪军共4万余人，对北岳区以阜平为中心，又进行大规模“扫荡”，企图摧毁我北岳地区抗日根据地。

萧克副司令员、程子华代政委决定对此次反“扫荡”采取内线与外线，主力部队、地方部队与民兵游击队相结合的方针。采取在军事上狠狠打击日军和在政治上瓦解伪军相结合的方针，粉碎敌军的“扫荡”。为了加强对根据地军民游击战领导，首长准备让我回军区，不再兼任五团团长。我在四分区党政军干部会议上，强调大力组织爆破组、射击组等武装小分队，展开麻雀战、地雷战，扼守要道隘口，打击“扫荡”日军。我的建议得到邓华司令员和分区党政干部的赞同。9月20日，萧克、程子华首长签发命令，指示各军分区，利用青纱帐积极主动地打击敌人，粉碎“清剿”。命令要求各军分区，大力组织射击组、爆破组与民兵的游击组相配合，展开麻雀战、破击战、地雷战、扼守要道隘口，打击“清剿”之敌。军区决定让我回机关工作，我推荐宋玉林继任五团团长，在宋玉林还未到职时，萧副司令员命令我率五团，到敌后去，在平（北平）汉（汉口）线，保定至石门段，彻底捣毁敌人车运能力，迫使“进剿”根据地日军回防平汉线。

回到五团驻地，我让参谋长命令部队集合出发。部队边行军边动员，我向副团长陈开禄、参谋长李镜、政治处主任于英川、游击大队长张民富传达军区首长命令。

偷袭望都　9月25日，日军3000余人在飞机掩护下，开始转攻晋察冀边区政府所在地阜平的神仙山和军区后勤所在地完县西北的青虚山。军区电令我团和外线部队尽快在平汉线打响，减轻军区内线部队压力。

我团和游击大队，在冀中军区、军民的掩护下，在保定附近的冀中九分区部队的帮助下，在清苑县的冉庄、南曹庄一带集结隐蔽。我命游击大队，进望都城侦察，摸清望都县城内敌情及火车站的情况。

望都县城有伪军500余人，日军一个小队30余人。车站内驻有伪军一个连、日军一个小队（排），分别驻在四个炮楼内。但站内没有列车停靠。我决定在列车进站时再打。

我团和敌人打响之后，九分区打进望都县城抄敌人老窝，再动员3000老乡去车站搬东西。10月1日17时，一列由南向北行驶的列车进站，是货车，有五六节车厢。我怕列车跑了，命令工兵连到车站前方拆开铁轨。工兵连出发不久，张民富报告说北边也来了一个列车。我拿望远镜没有看到有列车，张民富说钢轨已经拆了，没错。我让通信员通知工兵连注意隐蔽，命令另一个工兵连派一个排去站南拆钢轨，几分钟后有一列火车进站，也是货车，也只有五六节车厢。

我命令两个营，阻击望都县援军。工兵连派四个爆破组炸毁碉堡。游击大队炸火车头、烧车厢，掩护老乡撤退。团机炮连用机枪掩护爆破组。

四个爆破组隐蔽接敌，靠近碉堡时被炮楼上站岗伪军发现，刚刚喝令：“站住！干什么的？”话音未落，警备连的机枪就响了，紧接着四声巨响，敌人炮楼飞上天，炸药的爆炸声和车站的火光惊动了望都城敌守军。望都城敌军倾巢来援，被我团阻击在站外河滩地里。当我团与敌守军交火之际，望都县城内传来枪声。冀中军区部队趁机已攻击县城。我命令向车站残敌发起攻击，部队吹响了军号，向车站冲去。激烈的喊杀声，土枪声，此起彼伏，我团终于占领车站。顿时，数以千计的老乡和车马在车站搬运站内军用物资，一会儿工夫东西就搬完了。老乡一撤走，敌人的火车头就被我们炸毁了，车厢也着起火来了。

据报，望都城的日军都被击毙，伪军除部分逃窜外，大部被歼。

满载而归的沙克笑得嘴都合不上了，高兴地说："这次不但夺回了被敌人抢去的东西，还抢了鬼子的物资。"老沙接着对我说："王主任，咱们打定县吧，定县车站有好几十万斤玉米呢。"他当然希望把敌人从老百姓手里抢去的粮食和物资夺回来，还给老百姓。他向我介绍行唐敌人的情况。冀中游击队把平汉沿线各据点的敌情摸得清清楚楚的。日军和伪军各级军官叫什么，绰号是什么，都知道得一清二楚。

冀中是大平原，冀中军区"五一"大"扫荡"之后，没有大部队，也不适合大部队活动。但冀中军区群众发动得好，游击队活跃。冀中伪军惧怕冀中游击队。日军对冀中游击队，也深感头痛。但冀中游击队还从来没有碰过平汉铁路沿线的城镇。我们打了望都城之后，逃出来的伪军向他们的上司报告说，山里好几万八路，是老八路，有大炮。日军也知道肯定是正规军打的望都城，目的是调进山"清剿"的日军主力回平汉线。这是冈村宁次决不答应的，日华北方面军令平汉沿线加强戒备，日军加强了各据点的防范。军区同意我们打行唐，并令三分区的部队和我们共同打行唐，三分区打县城，我们五团打车站，冀中军区配合行动。

奇袭行唐　我们在行唐附近集结后，和三分区首长们共同讨论了相互配合问题。吕正操司令员亲自来看望我们，并对配合我作战的冀中部队提出了具体要求：冀中部队要服从我们的命令，并交代各分区、地委的领导组织好抢运物资的民兵，尽量减少民兵的损失。

我和三分区二团团长李湘商定，我们五团在车站打响之后，二团就攻县城，让两部分敌人相互不能照应。

部队于 8 日趁夜进入指定位置。

行唐车站，四个角都有炮楼。炮楼顶上几个探照灯把站内、站外照得雪亮，站台上堆积的物资看得清清楚楚：站内停了四列军车，其中两列还喘着气，未熄火，看来是准备出发的列车。我派出破坏铁路的工兵还未到位，突然听到车站西北角炮楼有敌哨兵喝:“谁！站住！”几个炮楼的探照灯光一齐向车站北边扫去，并照住一个人影。那个人拼命奔跑，不像是我部战士。沙副参谋长说，那不是他们的人，可能是溜进车站的小偷。他的话音未落，只听“叭、叭！”枪响了。我一看站南炮楼没有灯光，一片漆黑。战机出现，我让沙副参谋长命令爆破组冲上去，炸掉敌人炮楼。那边敌人的枪“哒哒哒”地响了，那个人应声一头栽倒。这边“轰轰”两声巨响，敌人炮楼被送上天。顿时，站内灯光熄灭，一片漆黑，敌人北边炮楼机枪“哒哒哒”地扫射。车站内的两列火车向北逃出车站。敌人另两个炮楼也上了天。站西行唐县城方向，手榴弹爆炸声、枪声响成一片。我团、游击大队和冀中军区部队向车站南北两侧阻击来犯之敌，成群结队的民兵涌入车站。他们与守敌肉搏，棒棍刀斧一齐向敌人砍去。站内守敌，被我全部歼灭。新安、新乐来援小股日军，被我阻击部队当头一棒，打了回去。我打援部队，看到新安镇和新乐镇其余敌人不敢声张，知敌并不强，他们趁机打进新安镇和新乐镇歼灭守敌，烧毁了敌人的炮楼。

天亮了，民兵、游击队还在车站忙碌着，老乡们连敌人炮楼和车站站房的木料、砖瓦也不放过，统统放到手推车、大车上往外拉，能拿得动的东西都搬得差不多了，连敌人火车头上的煤都让老乡拉走了。我部在新安、新乐阻击来援之敌，歼敌任务胜利完成。群众撤离后，敌火车头被我部炸毁，车厢着起大火来。三分区司令发出撤退号令，我部向定县方向转移，准备夺回定县。

定县攻心战　在我连克望都、行唐之后，定县之敌已成瓮中之鳖了。周边之敌已成惊弓之鸟，纷纷逃往定县。定县有伪军 2000 余人，日军 200 余人。如果我们打下定县，进山“扫荡”我根据地之敌必然撤回。此仗非打不可。

五团仍打车站。定县站内有日军两个小队，伪军 500 余人，军用列车五列。敌人依据站周围的碉堡、票房、调度室，火车车厢及站内粮包搭成的工事，企图顽抗。

我带五团营以上干部、游击大队干部抵近侦察，准备13日晚向定县车站发起攻击。因战前部队作战准备工作很多，我让萧政委去接待地方干部。沙参谋长说："地方同志是来看你的。"我心里想，我有什么好看的，不由得就说了出来。沙参谋长说："地方干部有点想法，想跟你说说。"接着向地方干部介绍说："这就是军区的王主任。"地方干部们七嘴八舌地向我诉起苦来。说老百姓怎么怎么困难，说得我莫名其妙。沙参谋长说："地县委领导们请求部队不要把粮食打掉。"刚打完望都，老沙就提出定县的粮食问题。看来粮食问题是冀中老百姓的命根子。这个问题不解决，不好办。

战斗一打响，炸药、手榴弹一爆，站内堆积如山的粮食一着火，可就都完了。我想，只打日军，不打汉奸，就可以不动粮囤和粮食做的工事，这样就要用攻心战瓦解伪军。当我们打日军时，伪军不向我们开火，粮食就可以保住了。

我把我的想法和各位地方干部一说，他们忙说没问题。请求我把战斗推迟一天，他们去找伪军的亲属来劝降。我把冀中区地方干部的要求向黄司令员、李团长作了传达，又请示萧副司令员。萧副司令员同意我们推迟一天打定县。

14日，定县城里和车站伪军军官、士兵的亲属被找到前线。天一黑，热闹的"攻心战"就开始了。游击队员们拿着大喇叭筒高喊："山里来的王司令、黄司令讲了，伪军兄弟们，中国人不打中国人。只要你们不向八路开枪，八路军就不杀你们。"亲属们也高声劝伪军别跟着鬼子跑，望都、行唐都让八路占了。只要你们不开枪，八路就让你们回家。

炮楼上的鬼子把探照灯打开，用机枪向四周扫射，我命令用火力压制。几声枪响，就把敌探照灯打瞎了。游击队和伪军亲属又喊了起来，说："王司令生气放大炮了。你们敢动手，八路饶不了你们。"躲在粮囤后面的伪军没有打枪。我看时机成熟，命令开始攻击。每个连包一个炮楼，游击大队和警备连打剩下的西南角那个大炮楼。所有的冲锋号都响起来了，冀中老乡也敲锣打鼓助威，部队喊“冲啊、杀啊”，老乡们也跟着喊。

定县县城那边枪炮声响成一片。突击队抵近敌碉堡后，担心用炸药会点燃站内粮食，就用手榴弹往敌人枪眼里塞。游击队的老猎手更神，趁敌人开火时冒出的火光，一发子弹就把日本兵送回老家去了。许多伪军士兵，摇动白衬衣投降。日军被消灭了，4000多八路军冲进车站，伪军官兵纷纷跪下把枪举过头。好多伪军士兵都说：“八路长官，我没放枪，不信您闻闻，枪里没火药味。”放过枪的则纷纷辩白说自己是朝天放的枪。

定县站内和车厢内数以万计的玉米、小麦保住了。有一列车竟然装的是从老百姓家里抢的牛羊骡马等牲畜。冀中区地方干部千谢万谢。我说：“谢谢你们的攻心战，使我们部队减少伤亡。”

太阳出来了，定县被我们打下来了。

进站来运物资、粮食的老乡喜气洋洋。

日军的“扫荡”迫于我外线部队的打击，为了加强交通线的守备，结束了“扫荡”，退回平汉线，加强守备。

打坦克炸列车袭扰保定城　1943年10月上旬，日伪军在我外线部队打击下，被迫抽调“扫荡”的兵力回援，结束了对我北岳区的秋季“清剿”。

从10月13日起，敌集中兵力对我根据地唐河、沙河、滹沱河流域产粮区进行“扫荡”，企图抢粮。我军内线部队掩护根据地群众抢收粮食，进行坚壁清野；我外线部队则拔据点、破公路，袭扰敌辎重部队，牵制日军。10月下旬，我根据地军民抢收完粮食。日军抢粮计划失败之后，妄图集中兵力与我主力决战。10月29日，日伪军集中2000余人再犯神仙山。

萧、程首长命我外线部队打保定市，迫使敌人撤军。

保定市有伪军1000余人，日军100余人，军校学员600余人。车站内外有坦克车3辆，列车9列之多。车站周围筑有多座碉堡。车站内驻日军30余人，伪军300余人。坦克在车站边上，它的装甲厚、火力强。加上车站周围碉堡里鬼子的策应，我们没有重炮不好打。冀中军区军民被敌人坦克祸害得不轻，吃过不少亏。但奈何它不得。

只有把鬼子坦克调出车站，才能用地雷、炸药打掉它。

冀中区党委和军区领导召开县团以上干部会，会商打保定。沙参谋长说："萧副司令员、程政委决心打保定；王主任带团打坦克、打车站，任务最重；黄司令员（三分区）、李团长（二团团长）打保定，担子也不轻；我们冀中怎么配合，请你们二位谈谈。"黄永胜司令员示意让我讲。我把我的想法讲了出来。我说："只有把保定敌人打疼了，坦克才会出来。才能调虎离山。"

我建议，放掉伪军，这样我们就有足够的兵力打鬼子，以确保战斗胜利。黄司令员说："我也是这个意见。"

我们知道这帮子汉奸坏透了，冀中人民对他们恨之入骨。放过汉奸，冀中老百姓感情上过不去。

沙参谋长说："只要完成萧、程首长的决心，怎么打是你们一线指挥员的权利，把汉奸放出城怎么收拾他们，是我们冀中的事。你们主力就不用操心了。"吕司令对各军区和各位地方干部讲："伪军出来后，你们不准让他们再回保定，谁让汉奸进保定谁负责。"

10月29日20时，保定打响了。工兵一连已奉命去布雷，做打坦克的准备。吕司令员把冀中军区的几百公斤黄色炸药都给了我们。我们没有反坦克地雷，是用十公斤黄色炸药做的炸药包，并装上自制的电雷管。我命工兵连扎了近百个炸药包，每个五公斤，用来炸碉堡、炸坦克。让一连带了30几个炸药包，我命张民富带游击大队掩护一连。

直到深夜，坦克才出动，后面跟了20几个鬼子和200多伪军，坦克开得很慢，亮着大灯从火车站出来。

车站压力一下子减轻好多，10多个日本兵、100多伪军分布在9座碉堡、6个岗楼里。在车站和调度车场上还有日军的游动哨，日军和伪军分散无法集中，只能火力支援。这样我们就在每个局部上都占有绝对的优势。战机来了。

我命令部队沉住气，只听远处一声巨响，我知道敌人的第一辆坦克报销了，紧接着机关枪像炒豆子一样"噼噼啪啪"地响个不停。工兵连爆破组趁后面两辆坦克停车的工夫，从公路两侧冲了上去，一共四组，每组两人。两个组对付一辆坦克。爆破组的炸药包上捆了好几个铁丝钩子，用来挂在坦克乘员上车的把手上；对付后面那辆坦克的两个小组都把炸药包挂上去了。炸药包爆炸，坦克着起大火，把周围照得像白天一样。中间那辆坦克，突然调转方向，向右边开，碾死了爆破手后，向车站方向逃。跟在坦克后面的日、伪军向后撤的爆破手开火，爆破手全部英勇牺牲。游击大队从敌后方开火，伪军不敢去保定，又遭我后方袭击，纷纷向公路两边逃跑，我军只打鬼子不打伪军。逃跑的坦克被我地雷炸毁，出援保定之敌被我消灭。

此时，我命令部队向车站发起攻击。

我团每个连打一个碉堡，冀中游击队打岗楼、打散兵。部队早就按捺不住求战的情绪了，纷纷冲了上去。战斗打得很艰苦，消耗很大。轰轰隆隆的爆炸声此起彼伏，直到天亮车站敌人才被肃清。许许多多的民兵、游击队进站抢运物资。我团将站内五列火车炸毁之后，掩护三分区部队撤出保定。

攻克完县　完县的南边望都、行唐、定县先后被我攻克，北边保定也被我打了下来。虽然我主力不宜久战，但反扑回来的日、伪军回到这些城市后，由于大部队在我根据地"扫荡"，所以他们不敢轻易出战，只是死守。

我们的下一个目标是打完县。

我们在前段作战时已经把平汉沿线的通信线路全部破坏，铁路也拆毁了许多。日伪军短时难以恢复，尤其是通信线路，通信线路长，沿线的据点、碉堡、炮楼早已被我拆毁。即便日军架通电话线，一个晚上就会被民兵们拆走。当地维持会的人员会向日军报告是山里来的八路拆的。

日军没有了通信像聋子一样。我们在当地党、政、军区支持下，如鱼得水，活动自如。我们要打完县，自然冀中军区情报部门就会给我们提供详细的敌军驻防图。敌人的兵力布置，武器装备，我们知道得清清楚楚。完县驻有日军100余人，伪军500余人。由于我们破坏了保定、望都等火车站，平汉线上敌军列无法远行。日、伪军除了留下一个伪军中队守着火车站的设备和一列火车外，其余日、伪军早已撤回完县县城。我和黄司令员、李团长商议，只用五团一营打车站，五团主力和二团及冀中军区、地方部队集中打完县。

完县县城，城墙四角各有一个砖砌的炮楼，东西向城门洞上各有一个沙袋垒的掩体，城门洞边也各有一个沙袋掩体。城墙上的守敌为日军，城门洞边的守敌是伪军，主要是为了检查过往人员。日军在县城内县衙院驻。商会驻有伪军营部，其余伪军散驻。县城内无工事。

我和三分区黄永胜司令员、萧新槐参谋长、李湘团长，冀中军区沙克参谋长，第九军分区王凤斋司令员，三十四区队王稻区队长商定：由五团先打掉城墙上日军碉堡。部队进城后，二团直扑县衙，五团随即围县衙，三十四区队和民兵包围伪军，只围不打，待二团和五团解决鬼子后，再来消灭伪军。

我们和二团分别用火力攻击东西城门。日军城墙上和工事内的火力被我吸引，两个工兵连分别从南北两个方向隐蔽接近城墙，用一种叫三爪钩的工具甩到城墙上，把炸药包吊到城墙顶部，炸掉了城墙四角的碉堡。然后分别向两个城门运动，用手榴弹消灭城门工事里的敌人，再用炸药炸死城门上的守敌。大部队突进城中。我们打城墙上的敌人时，城内敌人未敢出援，一是天太黑。再者我们连克四城，尤其攻下保定城后，对敌人震慑力极大。敌人妄图凭借城里坚固房屋死守。

我团包围的老县衙，坐南朝北，正面大堂后面是一个跨院，两边厢房，中间是一个门，门两边是耳房，进门后是个小院，正房西边也是厢房，驻有40多个日军。

我军攻打城门时日军已进入阵地，县衙大堂正门架上了重机枪，正房房顶和两边厢房房顶上也分别架上歪把子轻机枪。除了大堂外正门有十几个日军，其余的日军都上了房顶，企图占领制高点，阻拦我军的进攻。

我命三营在县衙正面担任佯攻，吸引敌人火力。团机炮连在据县衙百十来公尺外，在关帝庙和文庙房顶上架上机枪，扫射县衙房顶上的敌人。

命警备连、特务连各抽一个排带短枪组成突击队，用洋镐、洋锹凿穿邻近县衙民房的房院墙，然后在跨院两边凿洞，突入县衙歼灭敌军。

我得到报告，一营已拿下火车站。我命两个工兵连去破坏车站。命一营参与围歼日军的战斗。二营长已经命令部队爬上与县衙相邻的民房，与日守敌激战。

潜入县衙的警备连和特务连击毙了敌中队长，歼灭县衙大堂的敌人。三营趁机爬上大堂房顶。警备连的战士把敌人的背包沾上煤油点着后扔到院子里，把院子照得亮堂堂的，敌人被照得清清楚楚的。三营上房的越来越多，日军已上天无路、下地无门，一个个被我军击毙。

天刚亮，我全歼县衙守敌。

二团也已歼灭城内其他守敌。完县日军被我全歼。许多伪军挥动白衬衣乞降。

日伪军将大部队抽调进山“扫荡”，后方空虚。我五团和二团到敌后对敌城市、车站进行破袭的同时，在冀中区党委和军区的指导下，发动群众，横扫冀中平原内顽固的汉奸武装、据点和由汉奸把持的村庄。拆毁封锁墙，填埋封锁沟。将敌人在封锁沟里埋的制式地雷全部起出来，装备给民兵。仅在我五团帮助下，在冀中区恢复的村庄就达500多个。可以说五团所经过的地方，敌据点、碉堡、公路、封锁墙、封锁沟统统化为乌有。冀中区游击队和地方部队也趁机以五团的名义积极参与。有些据点、封锁沟、封锁墙，他们不是破坏不了，只是怕他们搞了日军，日军报复当地老百姓，另外也有汉奸在里面作伥。现在他们以五团名义，汉奸就不敢怎么样，也只能报告是山里大部队干的。村庄回到根据地人民手中。为了防止敌人回来后报复，我向当地党政军干部、群众提出改进地道、训练民兵的要求，并对如何进行地道战、地雷战、麻雀战、破袭战的战术、技术的训练，也以晋察冀军区的名义，对党政军干部做出了规定。我自己也亲自视察冀中军区的训练情况，并亲自讲解，使冀中军的游击战水平有了空前的提高。

关于《晋察冀日报》的简略回忆

李肖白　沈达

《晋察冀日报》(含《抗敌报》)是中共中央晋察冀分局的机关报，为晋察冀边区舆论界的权威，是抗战新文化的播种者。同时，又是边区书刊出版印刷的重要机构。它为宣传晋察冀边区党的方针和政策，传播边区抗战新文化发挥了重大的作用，有力地促进了晋察冀边区抗战和根据地的建设和发展；对敌后团结抗战，它有着不可磨灭的功绩。

从1937年11月7日晋察冀军区成立开始，便决定创办一张报纸。在晋察冀军区政治部的筹措下，12月11日《抗敌报》在阜平县城创刊，是油印三日刊，先后由沙飞、洪水负责。

1938年3月4日，日本侵略军向阜平城发动进攻。5日，敌机轰炸阜平城，印刷机器同第24期报纸一起被炸毁。报社向西转移到山西省五台山麓的大甘河、海会庵。3月24日，《抗敌报》继续出版。

4月，《抗敌报》改由中共晋察冀省委领导，成为省委的机关报。省委派邓拓担任报社主任。这时，报社工作人员除邓拓、侯薪外，只有陈春森、阎恒午、赵昌、刘景汉等十几个工作人员。这是一支年轻的新闻队伍(当时邓拓仅26岁)。他们朝气蓬勃，同心协力，编辑、通采一起抓，校对、发行协同干。六七月间，周明、顾宁、丁岳、方愈四个青年从延安来，到报社做编辑工作，随后调来尤奔，负责开辟报社的发行工作。不久，先后从太原、冀中招聘、调进孟汉卿、侯培元、康存怀等一批印刷工人，并从冀中调拨来三部印刷机和一批印刷器材。8月16日，报纸由石印改成铅印，三日刊改为隔日刊。10月，调来解振兴、臧本律两位报务员和一台简陋的收报机，建立了报社新闻电台，开始抄收延安新华社电讯稿。1939年春，又调来夏增、陈化敏、刘智、刘志华等一批印刷工人，使报社印刷力量大为增强。

《抗敌报》根据抗战的迫切需要，全力以赴宣传中国共产党抗日救国的方针政策，宣传共产党的《抗日救国十大纲领》、抗日民族统一战线和毛泽东的《论持久战》的战略思想，及时报道边区和全国人民风起云涌的抗日救国斗争。

《抗敌报》改铅印以后，新闻报道和社论文章大增，报纸的鼓动性、指导性和群众性有了明显的增强，版面编排醒目，面貌焕然一新。因此，报纸的发行量很快增至6000份。在敌后交通那样困难的情况下，如何及时地把报纸发送到广大读者手中去？如何保证印刷器材物资的供应？则是报社迫切需要解决的难题。报社在各级党委和民主政府的关怀与支持下，建立了全区性的报刊发行网，开始实行事业化。报社设营业部，下设发行科，并配备一批交通员。在阜平、灵寿、唐县、平山和雁北等地设立五个分社，在区乡设派报社，村设派报员。送报有平时线路和战时线路两套准备，一旦敌人对边区“围攻”、“扫荡”，平时线路立即转为战时线路，以便保证报纸的发行畅通。至于纸张、油墨、器材等物资供应问题，报社主要是采取自力更生的方针，用自办纸厂，试制油墨的办法来解决。同时，组织一支政治上可靠，活动能力很强的人员，冒着生命危险，冲破敌人层层封锁，深入敌占区和游击区，采购一部分纸张、油墨等物资。当时曾涌现出梅殿忠、党福金等受人称赞的十大采购员。

1938年秋，日军调动4万兵力，在晋察冀边区发动所谓“八路围攻”。在这次反“围攻”中，报社不仅坚持出版铅印的四开《抗敌报》（间日刊），还增出了小型的八开《抗敌外报》。当时，报社只留下两位编辑担任编报、写文章和校对工作，其他人员都派往前线或地方进行采访或组织各地通讯员报道，发挥了“战地报人”的作用。

反“围攻”不久，报社转移到平山县土楼村。这时，刘平、黄鹏调到报社。报社成立了中共支部委员会，侯薪任支部书记（侯薪调走后，由刘平接任）。报社工作人员已陆续增至90人。报社主任下设编辑部和总务处，编辑部由黄鹏负责，总务处由侯薪、赵昌负责。

1939年1月，中共中央北方分局成立，《抗敌报》改为北方分局机关报。4月份，报社从平山土楼村迁至阜平马兰村。从此，马兰村在抗日战争时期，一直成为报社的重要基地。报社在这里印报、出书，得到马兰村群众的全力支持，特别是在反“扫荡”中，他们舍生忘死地保护报社“坚壁”的物资和病员，报社的人员和马兰村的群众结下了深厚的战斗情谊。

5月14日，晋察冀通讯社在阜平县百户湾成立。刘平从报社调到通讯社主持工作。通讯社下设采访科（戴烨负责）、编辑科（罗夫负责）、总务科（沈重负责）。通讯社的主要任务是为《抗敌报》供稿和向领导机关反映情况，以及向新华社发稿。

1940年5月初，中共中央北方分局决定，将晋察冀通讯社与抗敌报社合并。在抗敌报社内增设通讯部，刘平任部长。通讯部除保留原通讯社几个科以外，又增设指导科，王大刚任科长。同年派丁原、沈重、罗夫、王应慈、雷行等为常驻各分区特派记者，进行采访报道。

5月4日，在中共中央北方分局书记彭真主持下，召开了讨论报纸和通讯工作的会议，会上宣布成立中共中央北方分局党报委员会，邓拓任报委书记，其成员还有刘澜涛、姚依林、李常青、胡锡奎等五人。5月18日，彭真视察了抗敌报社的工作，对《抗敌报》给予了非常中肯和富有教益的评价。同时指出《抗敌报》存在的“党性还没有足够的明确的表示在群众中”的问题，对《抗敌报》的党报性质和今后的任务也作了明确的指示。

中共中央北方分局公布《关于晋察冀边区目前施政纲领》（简称“双十纲领”）以后，报纸发表了一系列的社论，从各个方面解释和阐述“双十纲领”的精神实质，较有力地表现了党报的党性。对边区各级政权民主选举运动、百团大战以及关于统一累进税等方面的宣传报道都有所加强，发挥了党报的宣传指导作用。

1940 年 11 月 7 日《抗敌报》改为《晋察冀日报》。彭真、聂荣臻等为《晋察冀日报》出版发表文章和题词，表示热烈的祝贺。彭真题词为“《晋察冀日报》是统一边区人民的思想意志和巩固、团结抗日的武器，也是边区人民忠实的舆论代表和行动的指针，它将成为边区文化战线上铁的正规军”。聂荣臻题词为“坚持敌后抗战整三年，边区子弟兵愈战愈强。《抗敌报》更以新的姿态——《晋察冀日报》出现，我们的宣传战、思想战也愈战愈有力”。12 月 17 日，在《晋察冀日报》三周年纪念大会上，彭真作了重要讲话，指出：“《晋察冀日报》是中共中央北方分局的机关报，是代表最进步阶级说话的，并且代表全边区 1500 万人民说话。它是全边区人民走向新中国的向导、灯塔。”分局、军区领导的题词、讲话，极大地鼓舞了报社人员。邓拓还为报社创作了社歌。

这一年，报社人员由 150 人增至 300 人。机构几经调整，社领导由主任制改成社长负责制，扩大了社长的权力，也增加了社长的责任。报纸由 1939 年的 1 万份增至 2.1 万份。至此，《晋察冀日报》开始了新的发展历程。

1941 年，邓拓领导报社中共组织进行了党性检查的自我教育活动，在增强党性的基础上，根据中共中央的方针政策和北方分局的指示，结合对国内外和边区形势的分析，制定了新的编辑方针，加强了报纸宣传的目的性、计划性。许多评论文章（如《国内外一周》、宣传党的政策的文章和社论）质量不断提高；对新闻的综合编写、标题的制作也有所改进；《新字眼》等新闻资料和资料性的文章有明显增加；采用新华社发稿的版面增多；副刊也丰富了。除继续保持宣传政策性、知识性的副刊《老百姓》外，又增加了《文化思想》和《农村经济》副刊。邓拓在《文化思想》上发表的《唯物辩证法简篇》，颇受广大读者的欢迎。国际版编辑翻译了一批国际形势的论文，开辟专栏发表，为报纸增添了光彩。联系实际的文章，特别是《读者来论》、《读者信箱》颇具特色，版面也比较新颖活泼，很受群众的喜爱。此外各版的新闻与文章的相互配合也有所改进；报社领导还组织编辑记者写出了一批实事求是的调查报告和题材新颖、文笔生动感人的通讯报道。从实践中培养造就了一批名记者。

1941 年春季，本报新闻台的工作量大大增加。在以抄收新华社电讯为主的同时，增加了抄收伪中华社（北平）和国民党中央社的新闻电讯。6 月，又增设了一个英文收报台，主要抄收莫斯科的英文电讯，英文翻译由陶军、陈涤夷等负责。

为了加强对敌占区群众的宣传，12 月 20 日《晋察冀日报》又编辑出版了《实话报》。它主要是宣传八路军和根据地人民抗日的英雄事迹，揭露日军的谎言和侵华罪行。报纸通过内部交通发行到平、津、保、石、太原、沈阳、大连等敌占大中城市的群众手中，唤起那里人民群众的爱国意识和民族自尊心，鼓励他们用各种方式反对日伪的残暴统治，支持抗日根据地人民的斗争。

1941 年初，谢荒田调到报社，担任专职党总支书记，直属中共北方分局组织部领导。他来报社后，加强了报社党的组织建设和思想建设。在全社职工中开展了“迎接红五月”突击竞赛活动，评选出技术革新能手、劳动英雄、劳动先锋员共 42 名。这次劳动竞赛进一步调动了大家的工作积极性、创造性和为党的新闻事业献身的精神。特别是技术革新能手牛步峰千方百计改制的轻便印刷机，为在反“扫荡”斗争中坚持出报创造了有利条件。与此同时，报社进一步加强了机关建设，制定了《晋察冀日报社社规》、建立了工厂工作、稿费发放等一系列必要的规章制度，使报社的各项工作既适应战争环境的要求，又逐步趋向正规化、合理化。

报社领导总结了历次反“围攻”、反“扫荡”的经验教训，进一步明确了一手拿枪、一手拿笔的游击办报的方针，制定了《1941 年反“扫荡”工作提纲》。敌人秋季“扫荡”一开始，报社就成立了以邓拓为首的反“扫荡”指挥部，强调一切行动以军事命令行之。在反“扫荡”开始前，加强了工作人员的军事训练、思想教育和游击办报的演习；做好了山区游击战争中坚持办报的物资准备，把报社老弱病员先期分散，和农民群众一起打游击。秋季反“扫荡”初期，报社坚持出报的大队，在平山滚龙沟一带大山间，与合围来的日军周旋。邓拓和指挥部采取“分散游击，集中出报”的方针，往往抓住一天一夜的空隙，坚持出一期报。有一次，在敌军转过山以后，工人们迅速把“坚壁”的机器取出来，突击印报，刚刚开印，又发现敌情，只好又“坚壁”机器。面对紧迫多变的敌情，这样反复达七次之多，终于抢着把这期报印完，并迅速发行到边区广大群众手中，后来传为游击办报“七进七出”的佳话。这一次反“扫荡”历时两个月，报社一直坚持在平山滚龙沟的大山区，连续出版了 32 期报纸，发表了 20 篇社论和重要文章，非常及时有力地配合、指导了边区军民的反“扫荡”斗争。

1942 年 4 月 7 日，《晋察冀日报》刊载了中共中央宣传部《为改造党报的通知》。《通知》指出应根据毛泽东整顿“三风”的号召来检查和改造报纸。中共中央晋察冀分局根据这个《通知》精神，改组了报委，邓拓仍为书记，委员有邓拓、李常青、姚依林、潘自力、胡锡奎。聂荣臻亲自领导报委的工作。邓拓领导全社工作人员认真学习和贯彻了中共中央关于整顿“三风”的指示精神，对改进《晋察冀日报》的文风起了重要的推动作用。

1942 年 11 月初，中共中央晋察冀分局召开了党报委员会。会议根据中共中央关于党的领导一元化的精神，决定《晋察冀日报》兼有中共北岳区党委机关报的性质。

邓拓在报社成立五周年纪念时，总结了报社五年来的工作，并指出了今后继续改进报社工作的努力方向。

1942 年秋，报社根据党中央“精兵简政”的指示和中共中央晋察冀分局的具体要求，发动大家认真讨论，并采取坚决的措施，裁减人员，由 530 人减为 270 人。同时充实和加强了地区报纸和通讯工作。这样，报社机构变得更加精干和灵活了，工作效率也得到相应的提高。

年底，张致祥、娄凝先调来报社任副总编辑。

1943 年 9 月 16 日，日军又发动了对晋察冀北岳区的大“扫荡”。22 日，敌人已窜到离报社只有二三里的山头上，报社侦察员四次报警告急，邓拓还是决定把当天刊有动员边区人民反“扫荡”的报纸印完、发出去后，才在大雨滂沱中转移。

9 月 24 日夜，报社队伍在灵寿县北营村与敌人运输队遭遇。战斗中，邓拓的坐骑被敌击中，险遭不测。他带领队伍摆脱敌人，与张致祥、娄凝先、何纪云带领的先头队伍会合后，转移到灵寿大山中只有两三户人家的日卜村。搭好窝棚，架好电线，装好轻便的印刷机，坚持出报 20 期，其间刊载了中共中央发表的《关于减租、生产、拥政爱民及宣传十大政策的指示》，及时地向边区军民传达了党中央的声音，鼓舞了边区军民反“扫荡”的胜利信心。同时，报纸上还发表了一批指导边区军民对敌斗争和秋收等项工作的社论和文章。

在恒山山系频繁游击转移中办报，时常缺菜断粮，特别是在“无人区”的游击战中，风餐露宿，艰苦备尝。大家发扬了红军长征的不怕难精神，战胜了各种艰难困苦，出版了 47 期报纸。正是这种克服困难、艰苦奋斗的精神，使报社在残酷的历次反“扫荡”斗争中，始终坚持出报，创造了中国新闻史上罕见的动人的事迹。当然，在反“扫荡”斗争中，我们也付出了沉重的代价，如胡畏等38位同志壮烈牺牲。

1944年2月，边区召开了群英会。报社派了许多编辑记者，还组织了一些特约记者和特约通讯员，集中力量对战斗英雄和劳动模范进行报道，发表了几百篇通讯稿，介绍了许多英雄模范人物的先进思想和英雄事迹，突出地宣传了战斗与生产相结合，劳力与武力相结合的成功经验。充分反映了晋察冀边区这块模范抗日根据地，坚持持久抗战的光辉业绩和建设成就，受到边区各界的重视。

会后，《晋察冀日报》围绕扩大解放区、整风和大生产三项任务的深入发展，继续开展了大量的宣传报道，使报纸办得更为生动活泼、丰富多彩。与此同时，报社机关也开展了上山开荒、在家纺线的大生产运动，许多同志被评为劳动模范。

晋察冀日报社，既办报又搞书籍出版工作，1941年5月5日，在报社发行部的基础上，又成立新华书店晋察冀分店。报社从创建以来，除印报外，还印刷了大量马列主义和毛泽东著作，承印了全部中、小学课本，从1938年至1948年，出版与承印报刊250种，书籍1700多万册，为宣传马列主义、毛泽东思想，宣传抗日救国和人民解放，为无产阶级文化教育事业作出重大的贡献。

1944年初，随着整风学习的深入，当时的晋察冀分局领导人聂荣臻、程子华、刘澜涛等考虑到出版《毛泽东选集》的问题，他们把这一任务交给了邓拓。邓拓把毛泽东自抗战以来，在报刊上发表的文章以及第一、二次国内革命战争时期发表的文章整理在一起，很快编成了中国的第一部《毛泽东选集》。这部《毛选》经晋察冀分局和中共中央宣传委员会批准，由晋察冀日报社出版印刷。《毛选》共分五卷，约50万字。它是我国出版史上最早出版的一部《毛泽东选集》。邓拓为这部书写了《编者的话》，阐明了毛泽东思想就是马列主义的基本原理与中国革命实践相结合的中国共产党思想。这部《毛选》的出版，促进了当年边区整风运动的深入，为广大干部和群众学习毛泽东思想和马列主义理论提供了很便利的条件。

1944年5月13日，邓拓奉命暂时离开报社，到党校参加整风学习。晋察冀分局决定，由分局宣传部长胡锡奎兼任报社社长，邓拓任副社长兼总编辑。在他离任期间，副社长一职由张致祥暂代。不久，李荒、李希庚、宋汀等调来报社工作，三人都参加编委会。11月，张致祥调离报社，吴砚农调到报社任副社长。

1945年春，邓拓回报社，继续担任副社长兼总编辑。在边区第二次群英大会上，大会授予晋察冀日报社重奖，发给奖金1万元。

4月，中共中央晋察冀分局根据延安新华总社关于通讯工作致各地分社与党委电的精神，决定成立新华社晋察冀总分社，随即调来胡开明筹备此项工作。5月，吴砚农调离报社。6月，新华社晋察冀总分社成立，胡锡奎兼任社长，胡开明任副社长。冀晋、冀察、冀中成立了分社。冀察、冀中建立了新闻电台。

此时正逢党的七大胜利闭幕，七月节也即将来临，中共晋察冀分局宣传部发出七月节宣传指示，着重指出：要在全党范围内进行深入开展关于七大宣传学习运动的思想动员，统一学习七大文献的步骤与方法。对外一方面要开展对敌宣传攻势，一方面要深入群众宣传，并加强这方面的报道工作。后来分局宣传部又发了关于七大的宣传和学习的补充指示。据此，刚刚成立不久的新华社晋察冀总分社和晋察冀日报社都做了具体的安排，并进行了有领导有计划的深入采访报道。

在国内外反对德意日法西斯战争的捷报声中，1945年8月8日，苏联政府宣布对日作战。毛泽东于8月9日发表了重要声明，指出："对日战争已处在最后阶段，最后地战胜日本侵略者及其一切走狗的时间已经到来了。在这种情况下，中国人民的一切抗日力量应举行全国规模的反攻，密切而有效力地配合苏联及其他同盟国作战。八路军、新四军及其他人民军队，应在一切可能条件下，对于一切不愿投降的侵略者及其走狗实行广泛的进攻，歼灭这些敌人的力量……”“全国人民必须注意制止内战危险，努力促成民主联合政府的建立。”8月10日，日本政府发出乞降照会，朱德总司令向解放区所有武装部队发布受降命令，命令各部队立即进行接洽受降事宜，如敌伪军拒绝向我军投降，应坚决消灭之。同日深夜，报社接到毛主席声明与日本宣告无条件投降的消息后，立即电告各地，并连夜组织宣传队奔赴附近机关、农村传播这一划时代的喜讯，很快汇成了一股群众庆祝抗战胜利的洪流，彻夜狂欢。报社为迅速传播胜利消息，除连夜赶印号外与传单外，12日还增出《晚刊》，报道了英、美、苏、中四国接受日本乞降的重要消息。

8月下旬，邓拓受晋察冀分局之命，带领马健民等一批新闻出版干部，随八路军向北平进发，准备接受北平敌伪新闻出版单位，继续出版《晋察冀日报》。此时，国内形势发生急剧变化，国民党政府当局在美帝支持下，实行蒋日伪合流，日伪拒绝八路军受降。邓拓一时难以进入北平，在中途又奉命率一部分干部，日夜兼程赴刚解放的张家口；马健民率一部分干部留在北平近郊待命。原来留在老根据地继续出版几期《晋察冀日报》的人员，亦奉命分批赶往张家口。9月12日，晋察冀日报社迁到张家口市出版报纸，改为对开大报。同时，张家口解放后出版的《张垣日报》宣告停刊。

晋察冀日报社搬进张家口以后，报社机构又有新的调整。胡锡奎另有任用，邓拓任中共晋察冀中央局宣传部副部长兼晋察冀日报社和新华社晋察冀总分社社长，胡开明任分社副社长和报社机关党委书记。新成立的张家口新华广播电台，由报社编委会统一领导。张庆泰、哈文光先后任台长。丁一岚负责播音工作。此时，报社人员大增，除原有的人员外，增加了从延安来的王子野、陈道、王惠德、林间、梅青、刘敏、赵萍、程海洲等以及从其他方面调来的马寒冰、李又常、韩劲草、李瑞、周游、杜导正、李千峰、姚文、祖田工、丁玲、于六洲、李克林、杨沫、田流、徐兑、郑佳、冯兰瑞、李翼、乐雄、唐敦模等。此外，还接收了伪《蒙疆日报》的一批人员，连同报社的下属事业单位的工作人员共达千人。报纸发行量增至 6 万份。这是《晋察冀日报》最兴盛的时期。

在抗日战争中，《晋察冀日报》在中共中央晋察冀分局（含北方分局）直接领导下，以马列主义、毛泽东思想为指导，根据党的路线、方针和政策，积极地发挥了党的机关报的作用，成为党在宣传、思想战线上的有力工具和边区人民忠实的代言人，胜利地完成了党和人民交给它的光荣历史任务。

晋察冀军区之军事工业发展

张平凯

军事工业在长期持久的抗日战争中，尤其是在敌人深远的后方，为了坚持长期抗战，为了巩固国防力量上的“自力更生”，它占的地位是非常重要的。晋察冀军区的军事工业，在三年多抗日战争中由于自身环境的迫切要求，已经建立起来了，巩固壮大了。它已经成为国防战线上一支崭新的强大的力量，创造了光辉的史绩，给了敌后长期抗战军需供给以伟大的贡献。这是值得我们正确估计与认识的。

晋察冀军事工业发展的过程，是紧随着军区的壮大巩固而来的，当1937年冬晋察冀军区成立时，军事工业的雏形建设已开始了，技术简陋的军事生产组织已初步建立。到1938年春，晋察冀抗日政权逐渐恢复，边区的武装相继扩大，战斗任务也更加繁重了，在这光复了的广大山河上，一切建设的条件也逐渐具备了，战争更要求它——军事工业壮大发展起来，这时军事工业已走上第二阶段建设时期；当时各军分区和军区各种制造所、被服厂、材料厂相继产生了，但规模还并不够大。1940年是晋察冀军事工业健全发展的一年，当时在政府和群众帮助之下，各工厂的组织和生产逐渐健全起来，且由于中国共产党正确的领导，中共北方分局八一三“双十纲领”颁布后，军事工业也就随着边区工业发展和政治建设一同迈进了。那巨大的机器已装置到我们的国防工厂中，那大批的抗日工程师和中华民族优秀的工人，从各个角落里都涌进了工厂，那大批的优秀青年已在工厂中变成了熟练工人。现在我们有了 × 个造枪厂，× 个制弹厂，× 个被服厂，× 个纺织厂，× 个硫酸厂和无烟药厂；在矿业方面有铅矿，有铁矿、熔铁厂和硫磺、焦炭矿，这些都是属于军事工业上的（政府和民办的不在内）。在这些工厂矿山中，有了初步够用的机器，特别是有足以供我们使用的原料，现在每个工厂都能按时完成它们的生产计划。

晋察冀军事工业在它壮大发展中，又一个显示进步的地方，是在它们已经有了数十个各种专门的技师，有了数千个新兴起来的能够掌握现有技术的男女工人。由于他们完全接受了中共民族解放的教育，提高了阶级的觉悟。启发了每个工人高度的政治情绪和工作热忱，认识了自己的事业，他们把自己的一切贡献于中华民族，他们更清楚地体验到这流汗这辛劳，是换来中华民族的自由，是自身最后解放的光辉代价。因此他们不畏任何艰苦，也不怕一切困难，发扬了无产阶级的创造精神，“以土代洋”、“以人力补助马力和电力”，总之他们在赋予天才发明的高度的创造性中，克服了一切困难，战胜了一切困难。

从组织生活与政治生活来讲，也足以使我们夸耀的，它们有近于军事性的指挥系统（工厂中行政管理组织），但它们还有严密的工人自身的阶级组织——工会和小组。职工会的组织是民主集中制的原则，在它们章程上写着：为加强工人阶级的团结力量、抗战力量，为着加深工人中的阶级教育，保证生产计划百分之百的完成——在工厂中制造所和矿山内组织职工联合会。职工会的组织凡属在厂的每个工人、每个职员都有权参加，职工会在一切政治上有平等享受的权利，他们不仅可以监督生产，而且还能商定生产计划，在某些时候工人认为抗战需要，他们还自动改变生产计划、增加生产时间；在工会组织内能经常研究技术，提高生产量，他们并做到了在平时是国防劳动英雄，到战时便是工人游击队，就是放下机器和工具、拿起武器捍卫国家。他们对国家民族是非常关心的，不仅不以自己的劳动的贡献为满足，而且经常关心国家大事、研究国家大事；他们有高度的政治责任心，对于那些企图破坏军事工业，破坏内部团结的汉奸、投降派以及敌人的奸细，是毫不放松的。

从生产收获上来讲，它们也有了相当可观的成绩，在军区成立三周年纪念总结大会上，公布了两年的生产数目，一般的工厂都完成了生产计划，超过计划的占 34.3%；按时完成的占 53.7%；没有完成计划的占 12%。并且在总结中有 102 个劳动英雄和 84 个生产英雄，另外还有 74 个工程师和职员受奖，300 个工人得了名誉和物质的鼓励。他们制造出来的枪支送到前线得到战士们的称赞，他们制造出来的手榴弹给战士在火线上以百倍的信心，每次战斗使敌最害怕，而每次歼灭敌人的最后解决战斗的，就是工人制造出来的各色手榴弹；在交通线上使敌人的“汽车跳舞”、“火车打滚”的也就是工人自己制造出来的地雷；同时我们的迫击炮有打不完的炮弹，我们的子弹都仰仗于自己工厂的补充。在铅矿中，在铅铁炉旁，有无数穿着与边区子弟兵一样衣服的工人阶级；在硫酸厂的技师们，能想巧妙办法来代替铅床的不足，硫酸的生产日益增加，质量也不断地进步。现在各工厂都能够以自给原则来解决一部分军事器材和原料问题，我们的铁和铅及硫酸可以做到不是舶来品。

讲到工人的政治生活，他们有工人俱乐部，每天在工作之余，除了三小时学习政治、研究技术外，其余就是课外的学习和游戏。无论哪个机器房和制造厂，到处都可听到雄壮的抗战歌声和欢情的笑声。他们在服务期间内的军事生活都是非常严肃的，点名、站队、下操、爬山、跑步……你就看不出他们是工人，那整齐的步伐，和边区子弟兵团一样的雄伟。在日常生活制度上，他们有每日汇报和组内生活检讨，建立了团结、紧张、严肃、活泼的作风，一切生活是愉快的，因为他们只有自由、没有压迫，只有欢乐、没有忧愁，一切劳动是自觉的，没有工头和厂主来压迫他们。他们的劳动时间是八小时制，星期天休假；物质上虽然没有达到理想的水平，但他们认为现有的物质条件足够他们快意，不愁穿，不愁吃，在某些时候自动增加工作时间，某些时候物质困难，但总不以为然。他们学习了中国共产党和八路军艰苦奋斗的作风，他们认识了工人阶级的岗位，不少的工人把自己工资自愿地减少作为抗战经费，雇佣的观念逐渐消除；他们的工作态度是改变了，认识了国家建设抗战解放的事业是自己的事业，因此他们不少的先进工人都佩了"铁军前卫"的奖章，在某部门九个单位中，三个月过程在名册上注上了"劳动英雄"的光荣称号的就有 300 个了，在另一个部门中七个单位也有 130 个"生产英雄"。从这些事实，就可以看出他们是如何地在进步着。

晋察冀军区工业的发展及工人的进步，首先是敌后抗日根据地有着中国共产党坚强的政治领导和军事上战略指挥的英明领袖，他们在根据地的建设上，正确地把握了军事工业的建设，正确地领导了军事工业的发展。

其次，是边区有着抗日的民主政权，一切建设事业都是根据三民主义和抗战建国纲领及中共统一战线政策所实施的，因此使政权、民众、军队三位一体的努力，共同担负了国防建设事业的责任。

第三，是我们利用了天然的物质富源，工业发展有了首先的保证条件。

第四，我们注意吸收了大批的技术工人和培养大批新的使用技术的战士，保证了生产中人力、物力配合发展的基础。

最后，那就是我们前面所提出的，工人有了生活上、政治上完全保证与自由，健全的政治工作使工人提高了自觉劳动精神与纪律精神，特别从政治上提高了每个工人的政治水平，认识了抗战建国事业的伟大责任。

但我们还要提到现存的弱点，主要是个别工人政治学习的落后，对生产上不负责任，工作中害怕困难，生活水平要求过高，工作中的雇佣观念，掌握技术不够等，这许多弱点虽然是个别的和正在消除中，但仍须我们注意。我们要以战胜一切困难的精神，使敌后抗日根据地上建立起伟大的坚强工业，成为坚持敌后抗战，争取最后胜利的有力堡垒。

抗日烽火中的晋察冀妇女

田秀涓

1937年9月八路军平型关大捷后，聂荣臻司令员奉党中央之命，率一一五师所部3000余人，向五台山地区挺进，开辟和创建了晋察冀抗日根据地。边区1000多万农村妇女，也成立了村妇救会和妇女自卫队。她们在八年全国抗战中，成为坚持抗战、建设根据地的一支重要力量。我曾任边区妇救会主任，和她们共同经历了残酷而光荣的抗战岁月。

组织起来

边区农村妇女在抗日战争前，长期处于封建思想束缚之下，绝大多数妇女在政治、经济、社会和家庭生活上处于非人地位。抗日战争爆发以后，她们耳闻目睹日寇的奸淫、烧杀、抢掠的残酷暴行。为了求生存、保家乡，她们和男子一样，投入了伟大的民族解放洪流之中。

在八年全国抗战中，经过向妇女和社会宣传男女政治平等，妇女有抗日自由的权利和责任，边区政府逐步吸收青老年和各阶层拥护抗日的妇女入妇救会，结成了团结抗日的妇女抗日民族统一战线。同时，根据边区政府公布的自卫队条例，组织了妇女自卫队，在维持后方治安，完成支前任务，以及参加生产、学习等活动中，发挥了积极的作用。经过抗日斗争的锻炼妇女们能够有组织、有纪律地参加大、小集会，发表意见。每年都举行纪念三八国际劳动妇女节活动，并检阅经过军事训练的妇女自卫队。她们知道妇救会是自己的组织，各级政府都有妇女参政人员，她们给妇女撑腰鼓劲。法院审理妇女受迫害案件，县妇救会可派人参加陪审，代表受害妇女说话。妇救会在群众中有很高的威信，妇女的政治热情高涨。曾有一首歌谣："妇女一入妇救会，不怕辛苦和受累，会写会念还会算，下地干活更有劲。"

全力以赴为抗日

1. 搞好后勤，支援前线

保证供应八路军的衣被鞋袜。边区广大农村，是八路军分散的被服厂，而妇女就是厂的义务工人。军衣军被的缝新补旧，做军鞋袜，都由妇女承担。军鞋由村妇救会检查质量，除大量上缴外，村中常留一部分随时慰劳战斗后及过路的八路军。她们每年平均每人做军鞋七八双到十几双，少数妇女有做30多双的。八路军走山路，军鞋要坚固耐穿。阜平县高街村的军鞋最有名，拥军模范戎冠秀，为推广"高街鞋"，要村儿童团编歌谣送给妇女们唱："高街鞋，不平常，双双缉鞋口，对对斤二两。前五趟，后四趟，腰里密密纳三趟，底大帮子小，穿上可脚打胜仗。"1940年百团大战时，仅四专区妇救会，就捐军鞋10万双。

抬担架、运公粮、送弹药。这是艰苦的负重工作，妇女们能认识到这是支前的光荣义务，有时冒着炮火，将伤员抬下战场，包扎好伤口，再将伤员送到后方医院。

运弹药、电线和公粮，是部分青壮年妇女常担负的任务。特别是1941年日寇“蚕食”根据地，对根据地中心区实行“封锁”和“禁运”之后，平原产粮棉区，都成为近敌区和游击区，妇女们承担的运输任务，就更为艰巨，当时采取组织中心区男女自卫队夜间赶赴产粮区，把粮运到根据地。对于禁运的粮、棉、药品和文具等，除夜间大批组织运送外，还在日间分散组织妇女，装成孕妇和病妇坐大车看病，以合法的手段，从冀中平原和日寇据点通过封锁线，运回到根据地，积少成多，保证了部分军需和民用，妇女们说：“敌人再封锁，也封锁不住我们的腿，封锁不住我们抗日的心。”

交公粮慰问八路军，优待军属。交公粮时，妇女们的任务是把粮食晒干扬净，簸除碎米和糠，拣掉砂石，争取多交早交。募集慰劳品，慰问战斗后和过路的八路军，是村妇救会的经常任务。夏季一听说要过部队，马上烧开水、煮绿豆汤和鸡蛋、蒸馒头，妇女儿童在村口迎候，把食品塞到战士口袋里。村妇救会还组织妇女给军属代耕、压绿肥，给老年军属拆缝衣被等。

站岗放哨、除奸、侦察敌情和传送情报，掩护干部过封锁线。妇女自卫队和儿童团，相互配合在村口放哨查路条；老年妇女在村内，以高度警惕的眼睛，随时提防着汉奸敌特的活动，有可疑人即交村公所及自卫队处理。她们还利用敌寇对妇女行动不太注意的特点，化装进敌据点侦察敌情，并机智地通过敌据点或封锁线送情报。有些老壮年妇女，为掩护干部过封锁线，装成串亲的母女，陪着青年女干部，并掩藏好文件，通过敌寇据点和封锁线。如1939年深秋一个夜晚，山西省定襄县师湾村妇救会主任孟玉华，曾护送中妇委考察团成员严慰冰，她们装成母女串亲，过了滹沱河、同蒲铁路支线、窑忻公路三道封锁线，行程十余里，到达安全地带。就这样不管月夜霜晨，孟玉华护送了无数干部过封锁线。

掩护、救护干部及伤病员。在近敌区和游击区，常遇敌寇搜查，住在群众家中的干部和伤病员，来得及就进洞掩藏，来不及就装作房东的儿子、丈夫和儿媳，随手做家务劳动，或躺在炕上装病，由房东老壮年妇女勇敢机智地对付敌人。为掩护藏在地洞里的干部伤病员，妇女常遭日寇的毒打，甚至牺牲了自己或亲人的生命。她们对八路军的伤病员关怀备至，常以家中最好的食品调剂营养，并细心地为他们换药和服药，使他们早日康复后再立功。北岳区“子弟兵的母亲”戎冠秀，冀中区“子弟兵的母亲”李杏阁，就是群众中涌现出的千千万万个拥军模范的代表。

2. 送亲人参加八路军

参军是坚持抗战、保国、巩固抗日根据地的重要任务。在党的统一领导下，妇女们送子送夫参军常展开挑战竞赛，当时的口号有：“丈夫去当兵，妻子把田耕”，“男子上前线，后方工作妇女干”。经过宣传教育，妇女们懂得：“有国才有家，打走日本鬼子才能过平安日子。”她们以巨大的自我牺牲精神，宁愿自己多吃苦受累，甚至忍受亲人牺牲的痛苦，也积极动员亲人参加八路军。在 1937 年冬，平山县就动员了 1000 多名青年参军，编入一二〇师三五九旅七一八团，成为有名的平山团。还有曲阳营、平山营，以一个区、村参军青年组成一个连、一个排、一个班那就更多了。1940 年望都县柳陀惨案后，为报仇雪恨，青抗先队长带领几十名青年参军，被上级命名为“柳陀排”。在参军的热潮中，现出了不少“妻子送郎上战场，母亲叫儿打东洋”的生动事例，当时在边区传为佳话。

3. 武装参战，大打人民战争

面对日寇频繁的“扫荡”和“蚕食”，八路军和地方武装摆开了人民战争的战场，创造了使敌人闻风丧胆的地雷战、地道战和破击战。

在地雷战中，妇女不仅做地雷、埋地雷，还组织了妇女爆破组，出现了不少女爆破手和爆破英雄；地道战是平原地区群众斗争实践中的智慧结晶，这些地道网纵横交织、户户相通、村村相连，既能藏、又能打。地道内掩藏干部、伤病员和群众。壮老年妇女，担负伪装洞口的任务，以保护地道中掩藏人员的安全；破击战是动员男女自卫队，破坏敌寇的铁路、公路交通、运输及通讯联络，袭击敌仓库、工厂和据点。有时，部队和男自卫队打进据点，扛出了子弹等胜利品，妇女们接力运回，她们高兴地说："我们也参加战斗了！"男、女自卫队在夜间常去破坏交通、割电线。有一次完成任务撤离时，有个妇女丢了一只鞋，第二天日寇见到后，恐惧地说："中国不得了，妇女们也来打我们了！"

"宁愿站着死，不愿跪着生"

凶残的日寇，为了消灭我主力部队和实行"三光"政策，在袭击包围我村庄和"扫荡"我根据地时，制造了无数起惨案。他们逼迫群众指出干部和八路军，说出粮食和军械藏在哪里。群众为保守机密，坚强不屈，英勇斗争，常遭到日寇集体枪杀、活埋，日寇甚至采用挖心肝、取脑髓、割妇女乳房、用刀片割大腿肉、推下崖底等不下百余种杀害中国人民的酷刑。受害者多数是妇女、儿童及老人。从下面一首当时流行歌曲中，可看出日寇的残暴和群众的斗志。1943年5月7日河北省完县野场惨案后，名作曲家李劫夫谱写了一首《忘不了》歌，歌词是："忘不了五月七日那一天，完县野场石沟的大惨案，我们同胞流尽了鲜红的血，也流下美名万古传。忘不了敌人摆下了天罗地网，包围了隐蔽石沟的老乡，四下里架上机关枪，妄想威胁他们全投降。忘不了张竹子和王朴（张竹子是村妇救会主任，王朴是其子，为村儿童团长），当时鼓动大家宁死不投降，模范的母亲和民族小英雄，真是边区人民的好榜样。忘不了敌人向他们逼供，他们一致回答‘不知道’！血可流，秘密不可露，伟大的民族气节冲云霄。忘不了机枪狂扫射，扫向老人、妇女和儿童，我们118个老乡，一致高声大骂壮烈牺牲。忘不了残忍悲壮场面鲜血流在地面，尸骨堆成山，死后的母亲还奶着婴儿，重伤的孩子还把亲娘唤。忘不了血债如山，仇恨似海，我们一致宣誓：团结复仇，坚决和敌人干到底！不把敌人消灭恨不消。”

还有许多妇救会干部和女区长、村长、村妇救会主任，为了保守机密，掩护群众，在日寇面前挺身而出。以“宁愿站着死，不愿跪着生”的英雄气概，壮烈牺牲在日寇的屠刀下。英烈们的鲜血，洒在边区土地上，我们将永远怀念那些不朽的民族英雄！

劳武结合开展大生产运动

由于男子大量参军、参战，男劳力减少，妇女们参加了以前很少参加的农业生产，学会了全部或大部分农田技能。1942年及1943年由于日寇的“蚕食”、封锁和自然灾害，边区妇女除参加农业生产外，又开展纺织等各种因地制宜的副业“生产自救”活动，解决了穿衣、零用和部分吃粮问题。少数妇女，除解决全家吃穿用外，还置买了土地和牲口。1944年响应毛主席“组织起来”的号召，边区妇女开展了换工互助、家庭会议、定户生产计划的群众运动，形成大生产运动的高潮，为大反攻奠定了雄厚物质基础。边区的生产，为适应对敌斗争，采取了“劳武结合”的办法，与敌寇展开“寸土必争”、“粒粮必夺”的斗争，日间敌人将粮食抢走，晚上组织民兵抢运回来。当时的一首流行歌曲唱道：“战斗生产，战斗生产，晋察冀的人民越打越勇敢。一只手拿锄头，一只手拿枪杆，敌人来了就坚决地打！敌人‘扫荡’也坚持生产……”这就是当时情况的真实写照。妇女们为国家、社会和家庭创造了财富，解决了艰苦抗战中的军需民用，也更受到家庭、社会的尊敬。

积极参政议政

边区政府成立后，1938 年在建设村政权中，妇女们行使了从未有过的选举权，有的妇女当选为村代表、委员或村长、村副。1940 年宪政运动，广泛宣传三大条例和选举须知，更深入地发动妇女参加民主选举。她们很珍惜这一神圣的权利，有的参加竞选，登台宣布竞选纲领；有少数男子不允许她们参选，她们就理直气壮地说：“不让妇女选举，就不能开票！”有大量优秀妇女，当选为村、区代表，县议员，县、区正副议长，边区参议员。边区共选出 16 名女参议员，还选出出席全国国民大会的女代表四名。河北省唐县选出女县长陈舜玉，饶阳县选出女县长严镜波，她们工作得都很出色。有的女区、村长，在领导群众反“扫荡”中，壮烈牺牲。广大参政妇女、部分女干部充实到司法部门，使妇女们备受鼓舞。妇女儿童的权益更进一步得到保障。男女平等，妇女的社会地位大大提高了。

学习文化，提高政治思想觉悟

边区的农村妇女，绝大多数是文盲，在党、政组织的领导下，开办了冬学、民校活动。广大青壮年妇女，不论白天在田头休息，还是晚上抱着熟睡的孩子，都积极坚持学习。部分积极分子摘掉了文盲帽子，能写信、算账、记账、写讲话提纲和做会议记录，有的被提拔为脱产干部，有的当上了民校教师。民校除学习识字外，还有政治课，讲《论持久战》，讲形势任务、政策及民族气节等。妇女们都懂得我国地广人多，只要坚持团结，坚持持久抗战，坚持统一战线，一定能把日寇赶出中国去的道理。当时虽然生活艰苦，对敌斗争极为残酷，但她们满怀胜利信心和革命激情。随着文化政治学习和斗争任务的需要，边区农村还广泛开展了多种形式的文娱活动，在田野里，山岗上，庭院中，到处荡漾着妇女们的革命歌声。青壮年妇女，一般会唱十几支歌，有的能唱几十支歌。扭秧歌，演话剧也随之开展起来。话剧先由妇女单独演，后发展到男女同台合演。农村业余剧团常结合斗争形势、任务和本地实事，自编自演，起到了娱乐和宣传教育群众的作用。

边区农村妇女，在党和政府领导下，为夺取抗战胜利，巩固边区抗日根据地，付出了巨大的牺牲，作出了重大的贡献。她们克服困难、自力更生和艰苦奋斗的革命精神，高度爱国主义的优良传统，顾大局、识大体、无私奉献的高贵品质，永远值得我们后人学习、继承和发扬。

晋察冀抗日根据地文艺工作概述

周巍峙

晋察冀边区是中国共产党在抗日战争时期创建的第一个敌后抗日根据地。我和它有着异常深远的历史缘分，我对它有着特别深厚的感情。在它发展、巩固、坚持的空前艰巨复杂的斗争历程中，我在它的怀抱里成长并把我的青春献给了它。

1937年8月20日，我和出狱不久的救国会七君子之一的李公朴先生（《读书生活》杂志主编），著名作家柳湜先生，还有后来写了著名歌词《太行山上》的桂涛声先生，共四人，一同离开上海赶赴华北前线，进行抗战宣传、组织和动员群众的工作。李公朴先生作为救国会的代表通过八路军直接和共产党共商抗战。为了宣传全民抗战，9月中旬他和八路军驻晋办事处以及阎锡山方面共同商定创办了全民通讯社，以救国会名义出面，由李任社长。我即留在太原和沙琴晖（即吴寄寒）同志一起主持全民通讯社的采访、编辑和发行工作。9月初我经太原去大同时，日军已迫近该地，当地政权已瘫痪，军队大都撤退。当时日本军队曾讥讽国民党军队逃得太快，他们赶不上。而我在太原时却见到刚改编的八路军正英姿焕发、纷纷开往华北，我曾多次到火车站迎接和欢送八路军上前线，见到那些刚由红军改编的八路军指战员，个个都是那么生气勃勃，充满革命英雄主义和革命乐观主义精神。同他们见面使我受到很大教育。我还从他们手里要到我梦寐以求的用红、黄、绿有光纸油印的红军歌本。我们全民通讯社多次发出八路军挺进华北敌后作战以及平型关战斗胜利的消息。这些部队中有许多指战员以后就成为晋察冀军区的骨干。我后来也与这些无畏的战士成为生死与共的战友，长期并肩战斗在晋察冀抗日根据地。

“根据地斗争是以军事斗争为中心的全面斗争，因此根据地的建设也就必须包括军事、经济、政治、文化等各个方面，同时具有为日后建立新民主主义国家提供雏型的深远意义”。晋察冀边区在党中央的领导下，正是根据这一精神从事斗争和建设的。

晋察冀文艺队伍的构成

随着晋察冀抗日根据地的开辟，炮火硝烟中，一支朝气蓬勃的文艺队伍应运而生，前后发展人员近3000（包括解放战争时期在晋察冀边区参加文艺工作的人员）。这些青年的文艺工作者为了抗日，为了建立新中国，为了实现远大的革命理想，他们战斗在太行、五台、恒山、燕山的崇山峻岭之间，挺进在滹沱、永定、沙河、滦河的广大流域，拼搏在冀中、冀东、辽西的广阔平原。这支文艺队伍创造的抗战文艺作品和所进行的革命文艺工作，是我国近代文艺史上光辉灿烂的一页。这支文艺队伍思想先进，作风朴实，善于克服困难，富有自我牺牲精神。

3000文艺战士，除几位年方而立者，皆为“文艺青年”、“文艺少年”，大的20岁左右，小的仅仅十二三岁。他（她）们中大多数是土生土长的青少年（如歌剧演员王昆、电影演员田华、作曲家曹火星、美术家高虹等），也有少数原工农红军宣传队的骨干，如抗敌剧社的黄日升、挺进剧社的袁琴谱。有相当一部分是京、津、沪、汉等大城市和东北沦陷区的青年学生和知识分子，他们是抱着报国之心和追求革命之志在抗战初期汇集延安又由延安派出，或者径直奔赴晋察冀的。如作家孙犁、杨沫、刘佳等。

可数的几位是早在30年代就从事革命文化工作的文化界人士，如文学家、教育家成仿吾，教育家、剧作家、翻译家沙可夫，音乐家吕骥、周巍峙，戏剧家崔嵬、丁里、汪洋，作家王林，木刻家沃渣等。其中有些过去已有较高知名度，或者作过文化艺术方面的领导工作。

汇集晋察冀的文艺战士，均依其所长、所能，分配在各个文艺团体和文艺教育的岗位上。当时，军队、地方的文化艺术团体、剧社、文工团、宣传队，犹如雨后春笋蓬勃涌现。

1937年12月11日，晋察冀军区成立仅一个月零四天，部队第一个专业演出团体——晋察冀军区政治部抗敌剧社就成立了。它开始是由红军宣传员和当地青年学生组成，而后逐渐发展成艺术人员甚多，业务实力甚强，在部队艺术系统中起着带头和示范作用的一个文艺团体。不久，一军分区战线剧社、二军分区七月剧社、三军分区冲锋剧社、四军分区火线剧社也相继成立（多从部队宣传队改编而成）。

在冀中，1938年初即成立了冀中军区火线剧社、蠡县新世纪剧社和回民支队抗战剧社。同年，冀中各军分区剧社相继成立。火线剧社是冀中大平原影响很大、水平较高、独具特色的综合性艺术团体。建社初期所有成员都是当地出身的文艺作家和知识分子，在开展冀中文艺运动中起着核心作用。凌风同志曾去排过《日出》等戏。崔嵬（担任社长）等一批文艺骨干参加这个剧社后，队伍更加充实，水平更加提高，在冀中等处所起的作用也就更大了。抗战剧社是边区少数民族抗日文艺团体，有其特殊贡献。1939年1月，贺龙、关向应领导的一二〇师到达冀中，带来了有着光荣传统的战斗剧社。后来到达冀中的还有东北战地服务团。这些文艺团体在冀中的时间虽然较短，但也为冀中文艺史增添了光荣篇章。

边区群众剧社是由平山县铁血剧社发展而成，它长期深入群众，反映农民斗争生活，有其鲜明的乡土特色，深受边区群众称赞。晋东北的大众剧社足迹遍及雁北、北岳。平西军区挺进剧社、冀热辽军区尖兵剧社，不仅在当地影响广泛，在全边区也是闻名的。

延安革命大本营十分重视晋察冀文艺运动的发展，多次派来规模不等的文艺团体，以支持和参加边区文艺工作。有由周而复等组成的延安文艺工作团；有以刘白羽为领队，金肇野、欧阳山尊、汪洋为队员的延安文艺工作第一队；东北干部队的诗歌团体铁流社；以雷烨为组长的总政前线记者团；有以汪洋、陈播等为主要成员的抗大二分校文工团；袁牧之、吴印咸率队的延安电影团等等。著名电影演员陈波儿也随妇女儿童代表团来到敌后访问。著名作家何其芳、沙汀也曾在晋察冀参加文艺工作。他们中有些同志后来就留在晋察冀工作了。

1938年底，西北战地服务团由周巍峙率领从延安来到晋察冀。团员中有抗战前即从事文艺工作的田间、邵子南、方冰、凌子风、贾克、朱星南等诗人和戏剧家。西北战地服务团是伴着卢沟桥的炮声，在党中央、毛主席亲自指示下，由丁玲、吴奚如等于8月中筹建成立的，它是抗战开始时立即组成的第一个专业文艺工作团体。它曾赴山西前线和西安等地工作，声誉卓著。它来敌后前，经过充实调整，已发展成一个人才集中较多、业务门类较全、规模较大的抗战文艺团体，西战团来到晋察冀对边区文艺工作起了一定的推动作用。它带来了利用民族民间形式表现抗日内容的新作品，带来了抗战题材的诗歌、话剧、歌曲、绘画、木刻等多种新艺术，带来了30年代左翼文化艺术工作者积极开展工人、学生文艺运动的经验。它善于运用各种文艺形式，反映边区人民斗争生活；它创办的多期乡村艺术干部训练班，为边区培养了大批地方文艺人才；初期为部队剧社举办的专业学习班，使部队及地方上的一些青年戏剧、音乐干部的业务能力得到较快的提高。军区司令员兼政委聂荣臻同志赞扬西战团“对边区文艺界是有很大帮助的”。

以土地革命战争时期就领导过苏区文化教育工作的著名文艺家沙可夫同志为首的，由一部分30年代左翼文艺活动中的杰出人才为骨干而组成的华北联大文艺部（1940年后改为文艺学院，院长是沙可夫同志）及联大文工团于1939年9月来到晋察冀。华北联大文艺部集中了许多有艺术实践和教育经验的优秀教员，如吕骥、崔嵬、牧虹、康濯、韩塞、胡苏、卢肃、王莘、何洛、沃渣、吴劳、辛莽、秦兆阳等。一大批文艺干部到文艺部进修提高，不少部队及地方剧社到文艺学院全面进行培训，它为地方和部队培养了众多的文艺骨干，对发展边区的文艺创作、文艺教育，起到了影响深远的重要作用。联大文工团先由黄天同志负责，后由丁里同志任团长，团员大多为原来鲁艺的教员和水平较高的学员，有侯金镜、邢国柱、郭维、胡丹佛、陈强、王久晨、陈地、刘沛、张明如（张非）、吴江平、岳慎等。

值得提及的是，在边区文艺队伍里，存在着几支少年儿童艺术小分队。西战团、抗敌剧社、联大文工团、冀中火线剧社等规模较大的一些团体里，均设有一个儿童演剧队、儿童歌舞队或少年艺术队。人员按文、音、美、剧等专业分成班组，边学习，边工作。西战团、抗敌剧社的儿童队且能独立演出整个晚会节目，并被派到各地（包括游击区）完成演出任务，深受欢迎，他们演出的节目，除“大”同志为他们创作的儿童话剧、歌剧和歌曲外，小同志们自己也动手编写儿童剧，如抗敌剧社魏风、赫玉生写的《小玲子》等。

党的领导和亲切关怀

边区的文艺工作从萌芽到开花、结果、兴旺发达，自始至终都得到党中央及边区党、政、军各级领导人的深切关怀。早在卢沟桥事变一个多月以后，毛泽东就对刚刚建立准备开赴前方的西北战地服务团的主任丁玲说，西战团“这个工作很重要……到前方可以接近部队、接近群众、宣传党的政策，扩大党的影响。”又说：“宣传上要做到群众喜闻乐见，只要对抗战有利。”他勉励全团同志要继承红军艰苦奋斗的光荣传统，遵守三大纪律八项注意；宣传要大众化；要向人民学习，为人民服务，扩大党的影响，争取抗战胜利。

中共中央军委副主席周恩来1939年7月10日为华北联大、联大文工团赴晋察冀抗日根据地送行时强调指出：“你们到敌人后方去，不但要打日本，还要创造新社会”。

在晋察冀，文艺工作从队伍的建设，到创作的繁荣，从政治思想到知识分子政策，从文艺团体的工作、学习到文艺工作者的物质生活更是得到中共中央北方分局彭真、晋察冀军区聂荣臻等领导同志的爱护和关心。广大文艺工作者始终沿着毛泽东同志指示的：“人民大众反帝反封建的文化”——新民主主义文化的正确方向健康发展。

聂荣臻同志从率部开辟晋察冀边区的第一天起，就把文艺工作放在重要的位置上。正如他在第二次艺术节看过《母亲》的演出后所说：“我们的战争是全面的……战斗虽然胜利，如果在文化上放松，也不会得到最后的胜利”。他在1942年8月谈到部队文艺工作问题时，强调说：“就是在红军时代那样窄小落后的地方，荒僻闭塞的山野地区，渺无人烟的茫茫草原上，我们虽然没有像今天这样堂皇的篷帐舞台，受着人力物力极端困难的条件的限制，但我们仍然有着自己的文化生活，有自己的艺术。在艰苦的长征当中，我们同样有演戏，有跳舞，在雪山上响着雄壮的歌声”。这些话充分说明他对革命文艺工作和文艺工作者的重视和关怀。

在实践中他也是这样做的。1937年12月抗敌剧社成立时，聂荣臻同志勉励当时负责同志勇敢地担起重任，发奋工作，并十分令人感动地说：“再困难，我也不调你们的人”。1939年2月晋察冀边区召开第一次创作问题座谈会，彭真、聂荣臻同志均出席并做了重要指示。聂荣臻同志提出：“我们的作品要求与边区的战斗生活紧密地结合在一起”，希望作家“深入群众之间，多多了解他们的斗争生活和他们的心理”。

聂荣臻要求部队文艺工作者深入生活，真正了解战士生活，“真正与战士结合走进伟大斗争中”，写出“真正反映战争的伟大作品”。他指出部队文艺工作者虽然“没有隔离斗争生活，但还不够丰富，不够深入”。他鼓励同志们要成为戏剧、音乐、美术、文学等方面的专家。这需要“丰富自己的生活，锻炼自己的修养”，有个努力发展的过程。他认为没有任何人可以阻挡文艺工作的发展，文艺工作者的前途是伟大的、光明的。

当文艺工作者有时遇到一些不太确当的批评时，如对当时“演大戏”的指责，他能主持公道。他在1941年7月第二届艺术节大会上非常明确地说：“边区的文化和艺术水准很不齐。我们一方面是艺术大众化，同时也更使艺术水准提高。如果只谈大众化，则对提高的艺术就不能接受。譬如演外国戏，群众是看不懂的，但不能因此就不演，这是应该演来借此提高艺术，外国戏只有艺术水准较高的人来看，特别是艺术工作者要求有更高的艺术，同时我们要更努力于创作更多的反映现实的东西，使广大人民都能了解，这样才能把自己负担的任务担起来”。1942年8月初他在部队文艺工作会上又说：“比如‘演大戏’的问题，我们不是无条件的反对。当然，戏剧的大众化，群众化，深入普遍的工作，这是对的，而且要提倡的，但一年演一次大的外国剧，从艺术上提高自己，如过去演过的《母亲》、《带枪的人》等，那也没有什么坏处，即使说，这只是演给干部看，长年辛辛苦苦，看一次像《大雷雨》这样的外国名剧，也并不是什么出洋相的事吧”。

关于如何对文艺作品进行正确的批评和自我批评的问题，他也做了重要的讲话，他说：“我对于文化作品的好坏，就从来很少评论，这不是自由主义，因为我们的同志还是在创作的过程。我的批评少，也不是因为今天的创作毫无成就，不值得一评。我们的作品当然也有好的。但我决不说，某人的作品如何伟大，怎样空前绝后，因为这样的评论没有一点好处，过分的夸奖和乱捧一通，是害死人的事情。好的当然应该鼓励他继续前进，但过分的夸扬都会使年轻的作品短命夭折。可是，另一方面，向同志们泼冷水好不好呢？批评作品总是‘一无所成’或‘失却立场’，这也是不好的。固然有些问题，严格地讲起来是立场问题，但我们决不严厉批评，因为这不是作者主观上故意这样做的。我们知道，同志们多是小资产阶级出身，还没有经过长期的锻炼，如果这样过严的批评，就使人没法工作。我们的批评主要是采取善意的修正的方式，使同志们在工作上有所取舍，求得工作上的渐进。如果开口就是‘政治问题’，闭口就是‘原则问题’，这将使许多文艺工作者战战兢兢，不敢动手了。我们鼓励同志们大量创作，大胆创作，有缺点就纠正，就是有些成就，也不必特别夸耀”。

彭真同志作风朴素，平易近人，和文艺工作者能够平等相处，亲切交谈。1938 年秋，彭真同志在延安时，就到西北战地服务团来介绍晋察冀边区的情况，鼓励大家到敌后工作。1938 年 11 月，中央决定西战团跟随彭真同志到边区工作，他为了赶到边区开会，走得快，沿途他告诉兵站和有关机关，要他们对西战团加以照顾。

他在晋察冀边区工作时十分强调文艺在抗战建国的斗争中的重要作用，号召大家摧毁帝国主义与封建主义的旧文化，建设新民主主义的新文化。为了建设地方文艺事业，开展群众文化活动，1939 年六七月间，他决定把西北战地服务团调离晋察冀军区，改属中共中央北方分局直接领导，在行政上由边区政府领导、管理。使西战团可以专心致志地为地方文艺事业的建设、为农村群众文化活动开展和辅导作出更好的贡献。

他常常看戏，有时突然钻到由幕布或芦席围起来的演剧“后台”看望大家，和大家交谈，赞扬戏剧创作和演员的表演，询问大家的生活情况，使人受到鼓舞，感到亲切。1941 年初他为参加党的七大回到了延安。后来有不少晋察冀文艺工作者回到延安见到彭真同志时，都像见到久别的亲人，十分激动。聂荣臻同志后来也回到延安开会，西战团在 1944 年 5 月奉调回到延安后，中共中央组织部等部门举行会餐，慰问西战团全体同志，毛泽东也来看望大家。聂荣臻还特地向毛泽东引见了我和西战团的部分同志，介绍西战团在前方的工作情况，那天毛泽东非常有风趣地对我说，西北战地服务团在华北前线工作那么久，应该改称华北战地服务团了。

晋察冀文学艺术事业能够蓬勃发展，获得丰硕成果，我认为就是由于党中央和晋察冀边区党政军民各部门许多负责同志的亲切关怀和正确指导，由于那些至今仍然令人感念的良师益友。

对晋察冀边区文艺工作者影响最深、教育最大的还是对毛泽东同志《在延安文艺座谈会上的讲话》的学习。

勤于学习是晋察冀文艺人员的一种优良作风，这不仅指业务学习，而且指政治学习、时事学习、政策学习，而且能够联系实际，提高自己的思想水平。1942 年延安开始整风学习，后来有些学习文件在敌后报纸上登载了。联大和部分文艺团体已开始学习毛泽东同志的著作《改造我们的学习》以及关于整顿三风的报道。1943 年春节，延安文艺工作者大闹革命秧歌的报道，引起了我们很大的兴趣。那时西战团住在平山与灵寿交界的两界峰村里，我们对延安文艺工作者在学习《讲话》以后，在毛泽东文艺思想的指引下，深入群众，改造民间形式，表现新的人民风貌、活跃人民文化生活的做法感到高兴，得到启发。1943年秋我在山西繁峙县下乡时才看到半本《讲话》，立即组织下乡队的同志进行学习，大家在思想上受到很大教益，更加自觉地认识到文艺工作者应该全心全意为广大人民服务，首先为工农兵服务，在革命斗争中发挥教育人民、团结人民、打击敌人、消灭敌人的重大作用。当时边区正在进行根据地成立几年以来最残酷的反“扫荡”斗争，我和西北战地服务团的部分同志如凌子风、陈强、胡斌、刘沛、张海等同志即将随军区敌工部厉男同志组织的武工队去繁峙川下敌占区进行政治攻势和发动群众的工作。这次政治攻势完全是在敌占区进行，住在敌占区、活动在敌占区，每天变更驻地，冒着很大危险，但依靠同志们的革命意志，不仅每晚进行演出，而且白天还进行各种群众活动，开展统一战线工作，取得很大成绩。这不能不算是经过学习，革命自觉性提高的一种表现。军区抗敌剧社也在反“扫荡”中学习了《讲话》，不少同志辗转传抄，反复阅读，并有意识地投入到火热的斗争中去。这次在突围中有五位同志壮烈牺牲，其中赵尚武同志是在抢救剧社同志的孩子时奋不顾身而牺牲的。

边区文艺界整风学习是在1943年5月开始的，虽然在整风中有些批评比较过火，不符合边区实际情况，但文艺工作者还是结合实际开始进行自我批评。至于全面地、系统地学习《讲话》，还是在1944年初反“扫荡”胜利以后，大家根据《讲话》精神，联系边区情况和自身的文艺实践，做了严肃的、进一步的对照检查。肯定了自己用文艺为民族解放战争服务，为人民群众服务，和群众休戚与共，生死相依，和广大群众密切结合，向群众学习等一些正确做法，也认真检查了在深入斗争、深入群众生活向群众学习等方面还很不够，真正反映人民斗争的优秀作品还不很多的欠缺，以及在思想改造方面有时还不够严格等缺点。经过学习，对为工农兵服务的思想更加明确了，从而更自觉地投入到火热的斗争中去，更加深入到群众中去，与工农兵结合，向工农兵学习，在改造客观世界的同时，更自觉地改造自己的主观世界。在进行整风和学习《讲话》后，边区文艺工作者纷纷上山、下乡、入伍，掀起热潮。诗人田间下到五台山南孟平县，先后担任抗联会宣传部长和县委宣传部长，后又调到雁北一个县的县抗联。冀中火线剧社许多同志到了炭灰铺煤矿，军区及分区剧社的许多同志下到连队当兵，当指导员，有的同志到地方体验群众斗争生活，改造思想。不少剧社的文艺工作人员还参加开荒种地、养猪、种菜、磨豆腐、打柴、背粮，不仅减轻了人民的负担、培养了自己的劳动观点，也改善了同志们的生活。邵子南当了阜平县的小学教员，由于在地方上工作表现突出，被选为模范工作者，参加了1944年春边区召开的群英会。

在学习《讲话》以后，晋察冀的文艺创作更加繁荣了，出现了一批表现战斗生活、歌颂人民群众的文艺作品。它们突出了新的主题、新的人物和新的精神面貌，深受广大群众和干部的欢迎。

中共中央北方分局为了适应边区文艺工作蓬勃发展的需要，更好地进行党对文化艺术事业的领导，早于1939年12月就成立了以成仿吾为书记，成员有沙可夫、邓拓、何干之、周巍峙、李凡夫等同志的文化工作委员会（简称文委）；1940年初又改任沙可夫为书记，委员都是文艺工作者，有周巍峙、崔嵬、丁里、汪洋、田间、黄天、王林等。

在党的领导和支持下，在民主的气氛里，边区的文艺战士以极高的兴趣和热情成立了自己的组织，以开展诸如创作、演出、学习、研究、观摩、交流等多方面的业务活动。

1939年2月召开了晋察冀边区文化工作者第一次代表大会，成立了晋察冀边区文化界抗日救国会（简称文救会），并相继成立了由专区、县的文救会直到村文救小组的各级机构。在冀中成立的是文化界抗战建国会（简称文建会），它们主管群众文化运动，对普及文化工作起了很大作用。1939年3月成立了中华全国美术界抗敌协会晋察冀边区分会；1939年7月成立了中华全国戏剧界抗敌协会晋察冀边区分会；1940 年 4 月成立了中华全国音乐界抗敌协会晋察冀分会；1940 年 7 月成立了中华全国文艺界（实为文学工作者）抗敌协会晋察冀边区分会。

在 1941 年 6 月 18 日举行的晋察冀边区文化界代表大会上，正式建立了晋察冀边区文化界抗敌救国联合会（简称文联），并选举沙可夫同志为主任。同时成立了晋察冀边区文协（主席由沙可夫同志兼），剧协（主席崔嵬）、音协（主席周巍峙）、美协（主席沃渣）等团体，分别制定了切实的工作纲领，确定了晋察冀全体文艺工作者的神圣使命和职责。文联及各协会成立时，向全国文化界发出通电，表达了晋察冀全体文艺工作者的抗战热情和决心，阐明了晋察冀全体文艺工作者的远大理想和追求。

由于战争残酷，地区分散，交通常被隔绝，北方分局文委、边区文联及各协会要对边区文艺工作进行经常及时的指导十分困难，但还是在反“扫荡”间隙期间，在环境相对比较安定的条件下，积极争取时间，进行调查研究，举行座谈，对各协会及文艺团体进行指导，解决工作中存在的问题，根据边区工作需要，组织和奖励文艺创作和理论著作，出版各种油印或铅印的刊物，并铅印文艺书籍（包括创作及翻译作品）多种。

在文艺工作中，文联还特别强调向鲁迅和高尔基学习，出版他们的部分著作，举行座谈会、纪念会，成立专门的研究会进行深入研讨。从他们的革命精神和杰出作品中求得很多教益。

边区文联主任沙可夫同志曾于 1926 年在巴黎学习艺术，次年去莫斯科大学学习，即开始戏剧创作和演剧活动，30 年代他在中央苏区负责文化教育及戏剧活动，编过报纸，后到延安参加鲁迅文艺学院的筹备工作，担任副院长，同时从事戏剧创作。由于他在文艺创作、文化工作和艺术教育等方面有十分丰富的知识和经验，他在担任北方分局文委书记、边区文联和文协主席、联大文艺部（文艺学院）领导人期间，对边区文艺工作的指导，文艺干部的培养等方面作出了卓越的贡献。他平易近人，能及时发现问题，组织大家总结经验，提高认识。他发表了不少指导性很强的文章，如《向高尔基学习——祝〈母亲〉二次公演》、《回顾1941年展望1942年边区文艺》、《目前边区文艺工作者努力的方向》、《华北农村戏剧运动和民间艺术改造工作》等一系列文章，总结、探求文艺在民族解放战争时期的一些带根本性的问题，及时地推动着边区文艺活动前进。他翻译的《列宁与文学》、《艺术家与艺术科学》、《丹钦科和青年戏剧工作者的谈话》，以及他亲自编写教材主讲的“苏联戏剧”和其他文艺理论课，丰富和活跃了边区戏剧理论工作。

华北联大校长成仿吾同志虽然担负着培育边区各类干部的十分繁重的任务，还负有其他领导责任，但还是十分关心边区文艺活动，他积极参加一些座谈会，发表重要讲话，肯定文艺工作人员的工作成绩，鼓励大家创作。联大文艺学院在那样的战争环境中能够培养大量的文艺干部，轮训文艺团体，取得很大成绩，这虽是学院领导及教职员的共同努力，但同时也离不开联大和成仿吾同志总的教学布局，离不开他坚持的教学紧密结合实际，更好地为抗战建国服务的正确方针。

沙可夫和周巍峙、沃渣、田间、沙飞五位文艺工作者在1942年当选为边区参议员，出席了1943年初举行的边区第一届参议会。成仿吾同志被推举为边区第一届参议会议长。学者和古体诗人于力（即董鲁安先生）为副议长。

在边区党政军领导的大力支持下，经过分局文委的倡议，边区文艺工作者把每年11月7日这个晋察冀军区成立和苏联十月革命节这个美好的日子，选定为自己的节日——晋察冀边区艺术节。

艺术节期间，集中演出较高水平的戏剧歌咏，举办绘画展览，召开座谈会，研讨边区各类文艺问题。艺术节期间还在各地广泛开展群众文艺活动，可以说边区艺术节是边区文艺工作者检阅自己的创作演出成绩、提高自己并向边区人民汇报的节日，是通过交流，提高自己水平的节日，也是各地推进乡村文艺活动、大众文艺更好地普及的节日。1940 年 11 月 7 日首届艺术节就由联大文艺学院、联大文工团、抗敌剧社和西战团联合演出了根据高尔基同名小说改编的大型话剧《母亲》。这是在十分缺乏戏剧资料、物质条件非常困难的环境中，完全凭着文艺工作者的创造热情和辛勤劳动在短时间内赶排出来的一次苏联名著的重要演出。在历届艺术节期间，不仅演出中外名剧，还有现实题材的新作。艺术节丰富多彩的活动，把文艺工作者们的欣赏水平、审美意识提高到一个新高度。通过观摩、交流、互学，文艺工作者们的收获是很大的。为了使普及与提高更好地结合，在每次艺术节期间各县、村剧团也进行各种演出及比赛活动，大大推动了乡村文艺的开展，促进了乡村歌咏队和村剧团的成长。

为了发动和鼓励创作，边区设立了鲁迅文艺奖金。对文学、音乐、美术、戏剧等各种作品设有季度奖、年度奖、特别奖（包括“军民誓约运动征文奖”、“政治攻势文学奖”等）。尽管当时受着战争环境的限制，征稿偏多于环境比较稳定的北岳区（虽然冀中也有些作品应征，但冀中大部分同志坚持地下斗争，未得参加。冀东、平西、平北等地区环境艰苦，交通困难，未能送作品来），但它的影响却遍及全边区，对全边区发动创作，鼓励创作，起了十分积极的作用。

入选作品包括短篇和中篇小说，墙头小说，小故事、叙事诗、街头诗、儿童诗、诗传单、歌谣、鼓词、传说、童话、报告文学、散文、歌曲、合唱、歌剧、话剧、相声剧、木刻、招贴画、连环画、布画等，都是现实题材，而且多是普及性艺术作品，此外获奖的还有建筑设计、篷帐舞台设计、画册、音乐论文选等优秀作品。这些作品的创作题材、形式、样式、体裁、风格等是多种多样的，也可以说是边区文艺创作的缩影。其中不少作品不仅当时有较深刻的现实意义，即或现在读起来也是激动人心的。1942 年晋察冀军区政治部也举行了文艺创作评选活动。应征作品 300 多件，入选 50 件，包括音乐、文学、美术、戏剧等各类优秀作品。

在敌后纸张、印刷等各种条件都十分困难的情况下，还出版了不少文艺报刊和文化书籍，这也充分说明了领导上对文化工作的重视，对文化工作者学习的关怀。仅根据 1942 年的统计，即可见一斑。当时正在出版的文艺刊物或文艺副刊，有边区各个文艺协会主编的《文化界》（油印）、《五十年代》、《山》、《鼓》、《晋察冀文艺》、《晋察冀戏剧》、《晋察冀美术》、《晋察冀音乐》；有在 1939 年由边区文救会编的《文化导报》（油印），1943 年改为铅印的《乡村文化》，这是边区出版时间最长的一份刊物。有各部门和各文艺团体主编的《诗建设》、《边区文化》、《晋察冀艺术》、《路》、《冀中文化》、《文艺学习》、《文艺习作》、《歌与剧》、《歌创造》、《战地木刻》、《连队文艺》等等；《晋察冀日报》和一些分区报纸也有文艺副刊。同时还翻译出版了一批苏联等国的文学名著和其他文艺论著，如《睡眠》（卡达耶夫）、《意大利童话集》（高尔基）、《死敌与其它》（苏联小说集，晋察冀日报社出版）、《我是劳动人民的儿子》（卡达耶夫）、《表》（班台莱耶夫，冀中文建会翻印）、《第四十一》（拉甫列涅夫）、《铁流》（节译本）、《钢铁是怎样炼成的》、《不走正路的安德伦》（聂维洛夫，冀中文建会出版）、《巴黎的陷落》（爱伦堡）、《草叶集》（惠特曼）、《艺用人体解剖 ABC》（杜焚编）、《音乐家和音乐家的故事》（边区音协、肖何译）以及《斯坦尼斯拉夫斯基演剧体系》、《演员修养》（丹钦科）等。还出版了瞿秋白的《鲁迅杂感集序言》（联大文艺学院）。

晋察冀是抗日的民主根据地，在这里，人民自古以来第一次沐浴着民主的雨露阳光。封建的势力削弱了，人民头上的压迫减轻了，在党的引导下，经过战争的血的洗礼，人民苏醒了、自觉了、组织起来了，即或被认为自私、保守的农民，一经接触真理，进入新的生活环境，立地成为不惜捐躯为国的英勇战斗者。我们垂危的民族顿然神采焕发，充满雄威，同敌人展开殊死的决斗。游击战、麻雀战、地雷战、地道战、运动战、水上游击战，出奇制胜，打得敌人蒙头转向，寸步难行。白发老奶奶、扎着红鬏鬏朝天锥的儿童，都毫无例外地参加了英勇的斗争。传奇式的战争，“连桌子板凳都能咬人，连山药萝卜也会爆炸”。党领导的战斗的边区，党领导的人民战争，是我们晋察冀文艺生根、开花、结果的肥沃土壤。英雄史诗般的生活场景，成为文艺创作的丰富源泉；广大文艺工作者一颗忠于人民的赤子之心和那种不怕牺牲，不畏艰难、奋勇前进、不断开拓的革命意志以及创造精神，使之开出灿烂的花朵，结出丰硕的果实。这一切都离不开边区各级领导和广大军民对我们文艺工作者的关心爱护和思想上的启发、教育。

文学创作活动

1. 诗歌

诗歌，是晋察冀较早开放的文艺花丛中的一束鲜花。无论供吟咏的、能歌唱的，或是抄写在墙上的、印刷在纸上的，都是和人民“同命运、共呼吸”的，都是言人民之志，抒人民喜怒哀乐之情的。诗人们的心、诗人们的情，和人民的心、人民的情，水乳交融。“孤芳自赏”、“顾影自怜”之类诗作，完全绝迹。诗歌，“向外转”，转向人民。

有街头诗、岩壁诗、枪杆诗、诗墙报、诗传单、诗与画等短诗，也有长卷诗。有抒情诗，也有叙事诗。还有格律诗，歌谣体诗。

边区早期的诗是出现在1937年底创刊的《抗敌报》上，有邓拓、舒同、孙毅等十几位同志的作品（多为古体诗）。1938年秋，延安文协战歌社诗人柯仲平、林山等，和由战地返回延安的西战团战地社诗人田间、邵子南等共同发起的“八七”街头诗运动的盛况及其部分诗作，经《抗敌报》文艺副刊《海燕》介绍到晋察冀。

1938年底，西战团到达晋察冀，把街头诗也带到边区，写在街头屋墙上、岩壁上、枪托上、配画的传单上，朗诵在晚会上、课堂上、集市上。1939年春，战地社诗人和一分区铁流社诗人钱丹辉、魏巍等联合发起开展边区的街头诗运动。由此晋察冀边区的诗歌运动便蓬蓬勃勃地发展起来。1940年李公朴考察边区后写道：“新诗歌，已为晋察冀广大的知识者之群所爱好，练习诗歌的写作，已成为一种风气”。

边区街头诗认真地实践了街头诗的宣言：“让诗和人民在一起”。并且在作品上、在活动上都有了很大的发展。它“以抗战的、大众的斗争生活和抗日与民族存亡为根本题材，表现人民的喜怒哀乐，反映人民所关心的现实，并鼓舞和帮助人民前进”。它揭露敌人的阴谋，控诉日寇的暴行；歌颂战斗英雄，赞扬劳动模范；号召农民多打粮，鼓励军工多造手榴弹；讴歌民主生活，赞美劳苦大众翻身做主人；支持妇女婚姻自主，夸奖儿童站岗放哨；痛斥封建老顽固，批评懒汉二流子……总之，凡与人民相关的现实生活领域，无一不有它涉足其间。在民族生死存亡的历史关头，街头诗发挥了宣传群众、组织群众的重大作用，历史功绩显著。街头诗是我国诗歌史上的一次创举，是五四以来新诗的革命传统的发展和飞跃。

一册街头诗集《粮食》，仅两个月就在晋察冀售出7000本。而当时在大后方，一本诗集充其量不过印刷2000册。仅此一例就是以说明街头诗的威力及大众对它的喜爱了。

随着街头诗蓬勃发展，广泛普及，人民大众对诗的欣赏水平的提高，叙事诗、抒情诗也绽开花蕾。1939年战地社的《诗建设》着意提倡叙事诗和“更深刻的抒情诗”。田间、邵子南、魏巍、方冰、陈辉、司马军城（顾宁）和林采等陆续写出了千行以上的长诗。

诗社、诗刊也有了相应的发展。继战地社、铁流社之后，文艺前卫社、边区诗会、冀中新世纪诗社先后建立。战地社的《诗建设》、铁流社的《诗战线》、边区文救会的《边区诗歌》、《诗文》，文艺前卫社的《诗歌前卫》，边区诗会的《诗》，新世纪诗社的《新世纪诗歌》先后创办。各种诗集也先后出版发行。

《诗建设》是西战团战地社于1939年2月创刊的晋察冀边区第一个诗刊。它以发表诗歌为主，兼刊诗论、诗评。它也是边区广大诗人们发表作品的阵地，是培养年轻诗人的课堂。它出版了70多期，刊登了几十位颇具影响的诗人及成百诗歌爱好者的近千首诗歌，对边区诗歌运动的发展和提高，起了一定的推动作用。

铁流社和它的《诗战线》，是边区的重要诗社和诗刊。该社该刊有闻名边区的诗人钱丹辉、魏巍等的不少诗作，脍炙人口，广为流传。继之出现的一些诗社诗刊，都对边区诗歌的繁荣和发展，作出了不可磨灭的贡献。

“擂鼓诗人”田间同志，是晋察冀街头诗最热心的倡导者和实践者。他的《假如我们不去打仗》、《坚壁》、《义勇军》、《啊游击司令》等众多的街头诗名篇，不仅始终鼓舞着边区大众的抗战激情，而且也常常鼓动着大后方一些人们的心灵。大后方著名诗人闻一多先生称田间同志是“时代的鼓手”，称赞他的诗“是一声声的‘鼓点’，单调，但是响亮而沉重，打入你耳中，打在你心上。”“鼓舞你爱，鼓动你恨，鼓励你活着，用最高限度的热与力活着，在这大地上。”他的叙事诗《亲爱的土地》等，抒情诗《祝山》等以及抗战胜利前后开始写作的长卷《赶车传》，描写了边区的现实生活，记录了边区的历史，表达了边区人民的心声。

田间、邵子南、方冰、魏巍、钱丹辉、史轮、何洛、陈辉、孙犁、曼晴、鲁藜、蔡其矫、陈陇、林采、管桦、王炜、邓康、远千里、商展思、周奋、席水林、张克夫、流笳、任霄等名噪一时的诗人星群的诗作，在战斗性、群众性方面，勇猛地朝前开拓，跃进了一大步。无论街头诗、叙事诗或抒情诗，都有着浓厚的生活气息，强烈的时代精神，鲜明的战斗色彩，饱满的革命激情。这些诗篇“触到了时代的动律”，“伸入了人的心脏”，“表现了对旧社会憎恨的感情，对新社会的憧憬”。诗歌在艺术表现力方面也在不断地提高，出现不少具有强烈感染力的诗作。这些诗人当中有的也是小说、散文、报告文学和戏剧作家。

在晋察冀诗歌战线上，1943年初，出现了引人注目的燕赵诗社。燕赵诗社是在1943年初边区参议会召开之际，由皓青、聂荣臻、阮慕韩、张苏、刘奠基、宋劭文、吕正操、于力、邓拓诸公发起成立的一个以吟咏写作旧体格律诗词为主的学术团体。成仿吾、马致远、沙可夫、田间以及各地耆老缙绅、硕彦鸿儒纷纷报名参加，社友甚众。该社缘起谓“昂扬士气，激励民心，以燕赵之诗歌，作三军之鼓角”。该社曾一度集会，各社友均兴奋挥毫，所作诗词甚丰。而以邓拓同志和于力老先生的诗作较多，并相互唱和。

边区诗歌界重视诗评、诗论。田间的《现在的街头诗运动》、《讨论二则》等数篇评论文章，影响广泛。边区不少诗人撰写评论文章，其中针对一些街头诗存在一般化和过于空泛的“诗病”，针对街头诗的提高，针对提倡叙事诗和发展抒情诗发表的一系列评论，对边区诗歌的繁荣和提高，对新一辈诗人的培养，起到了良好的作用。

2. 小说

晋察冀一些小说作家的作品，曾得到郭沫若同志的称赞：“尤其是康濯的《我的两家房东》、邵子南的《地雷阵》、刘石的《真假李板头》，简直是惊人之作。这几位作家的笔力，可以说已经突破了外边的水平。寂寞的中国创作界可以说不寂寞了。”

战斗频繁、生活动荡，情况变化急遽，这一切都影响着小说作家们难以创作长篇。但短篇、中篇及微型墙头小说，产量是可观的。边区小说创作，起始仅有些简短的小故事或墙头小说；中期作品渐多且逐渐成熟；后期直至抗战胜利前后则果实累累，孙犁的《荷花淀》、邵子南的《地雷阵》、康濯的《我的两家房东》等佳品相继出现，影响深远。这一些成就是作家们经过长期刻苦的生活准备、思想准备、艺术准备，有些是在学习毛泽东《在延安文艺座谈会上的讲话》之后更自觉地深入群众生活、向群众学习而取得的。

生活在冀中九河下梢白洋淀文安洼的孙犁的小说，被人赞为“苇笛儿吹出来的”。他的名著《荷花淀》等，如同湛蓝湛蓝淀水上的荷花一样美。《荷花淀》和邵子南的《地雷阵》、康濯的《我的两家房东》，还有晋冀鲁豫边区作家赵树理的《小二黑结婚》等，一度被誉之为“解放区文学”的代表作。

抗战前即在青岛等地“左联”从事工人剧运，抗战中成为冀中文艺运动主要组织者、领导者之一的作家王林同志，1943年写成了歌颂冀中人民粉碎空前残酷的“五一”大“扫荡”的长篇小说《腹地》。《腹地》，孙犁称其为“一幅民族苦难图和民族苦战图”。王林还创作了艺术上更加成熟的短篇小说《十八匹战马》、《五月之夜》等。《十八匹战马》深受人们喜爱。

肖也牧的名著《我是区长》为广大群众所喜爱、所传颂，他后来写的《山村纪事》也亲切感人。边区小说家还有柳杞、秦兆阳、俞林、李英儒、梁斌、路一、杨朔、林漫等。诗人管桦后期也写小说。这些作品大都是中短篇。邵子南曾写过长篇小说，并请人阅读提意见，但存稿在战争中损失了，十分可惜。敌后文学家同此遭遇的不少。

3. 报告文学

报告文学是边区最早发展起来的文学样式之一。它以其快速、真实、形象的特性，发挥了强烈的教育和鼓动作用。它充满敌后的战争烟尘，浓郁的边区泥土气息。真实，使其具有无法估量的文献价值；形象，令它享有历久不衰的艺术生命。它是真正的史诗般的文学篇章。

晋察冀报告文学作品数量很大，它内容丰富，题材多样，体裁不一。边区的军事、政治、经济、文化教育等各方面的情况，没有它不触及、不报告的。特写、传记、文艺通讯、游记、访问记、速写、急就章……出现在边区所有的报纸杂志上。《战地通讯》（西战团创办）则是专门发表报告文学作品的期刊。

具有坚固的现实主义基础，更多地表现出革命浪漫主义色彩的报告文学，自始至终得到边区党政军领导的关怀。

1938年10月《抗敌报》副刊《海燕》创刊号就发表了《谈报告文学》，号召边区文学工作者把报告文学“发展起来”。边区军民丰富多彩的生活，英勇卓绝的战斗，可歌可泣的英雄业绩，迅即把报告文学带入繁荣境界。

《解决战斗的保证》（夏风）、《雁宿崖的歼灭战》（林朗）、《雁宿崖的战斗小景》（魏巍），描绘了我军灵寿陈庄大捷和涞源黄土岭毙敌“山地战专家”阿部中将的重大胜利。

邓康的《五十九个殉难者》，真实地报告了1940年望都柳陀村59名群众和干部，不幸被敌包围，被俘后宁死不屈，遭敌残酷杀害的可歌可泣的事迹。它无情地揭露了敌人惨无人道的罪恶行径，满怀崇敬地展示了中华儿女坚贞不屈的高风亮节。作者由衷地发出如此赞叹：“五千年的古老的民族，在这里找着热爱着她的女儿和孩子了。”这篇报告，在边区和大后方，都产生了强烈的反响。

边区著名记者、七七事变后怀着热烈的爱国心由新加坡回到祖国参加抗战的仓夷同志的报告文学，鲜明生动，真挚感人。周扬同志赞美他的报告文学集《幸福》，写道：仓夷同志的作品，正如作者一样年轻活泼，充满清新朝气，给予人一种衷心喜悦。他写了人民的新的自由生活，也写了人民为争取生存与自由的流血斗争的故事。他的《纪念连》，真实生动地描述了被冀中区领导人程子华誉为“纪念连”的一个八路军连队在1942年反“扫荡”期间艰苦、曲折的英勇战斗历程。

周游的《冀中宋庄之战》，记录了“在平原上依据一座被孤立的村落，对抗着2500拥有精良装备的敌人”的八路军两个连队胜利突围的事迹。叙述有声有色，动人心弦。

周而复有关伟大共产主义战士白求恩的纪事受到中外读者重视。张自深的《寨主》描写了一个衣着豪华而心胸旷达、情绪乐观、谈笑风生的党的北平地下工作者。此文扩展了人们的视野，坚定了抗战的信心，也是一篇出色之作，曾获鲁迅文学艺术奖。

在边区报告文学活动中，值得着重提及的是冀中出现的一次全区规模编写《冀中一日》的热潮。1941年初，冀中军政领导人吕正操、程子华、黄敬同志一起热情发起了以当年5月27日这一天个人见闻为内容的“冀中一日”写作运动。全区党政军民各界人士纷纷响应。应征稿件多达9万件。《冀中一日》由王林、孙犁主编。精选出233篇共35万字的作品于1942年编成四辑出版。它反映了冀中区各个方面的战斗生活。《夜过平汉路》、《不稀奇的事》、《阵地》、《十勇士》等大批作品写得饶有风趣，深刻生动，真实感人，颇有史料价值，有些作品有相当高的艺术性。

在乡村的墙上办“壁报”、“墙报”，也是文学工作者的开拓工作之一。西战团办的墙报名称就叫《开通》、《觉悟》，它起到了对群众进行宣传教育的良好作用。

可以认为，边区文学作者及其创作，在抗日战争整个历史时期，主要是遵循着现实主义的创作原则的，不少作品也具有革命浪漫主义的色彩。1938年初，孙犁就写文章阐述了现实主义创作方法。1939年边区文救会创作座谈会与会作家、理论家对现实主义诸多原则进行了认真研讨。会上，邓拓作了长篇发言，对文学的真实性、典型性、民族化、大众化、风格多样化等问题作了详尽论述。毛泽东同志《讲话》中提出生活是创作的唯一源泉的论断，更坚定了广大文学作家深入人民生活，努力反映边区现实的决心和信心。

戏剧、曲艺活动

晋察冀边区文艺运动中，戏剧活动，无疑是规模最大、效果最强的艺术门类之一。强烈的战斗性、鲜明的群众性、可信的真实性，是晋察冀边区戏剧创作和演出的特色。著名民主人士李公朴率抗战建国教学团来晋察冀考察了半年之久，对边区戏剧创作和演出作了如下描述和评论："多少壮丁，由于看了一出戏，而自觉地参加了抗日部队。不少顽固分子受到戏剧的感动而悔过自新。""边区话剧已走上了中国化的途径。电影明星的动作，洋八股式的对话，在晋察冀的舞台上已经寻觅不见了。在观众眼前展开的是令人泣下或令人发指的血淋淋的人生和战争的现实。在这里还能看出未来的光明远景，和侵略者、反动力量的灭亡"。

剧本，一剧之本。众多的剧社，常年的戏剧演出，要求着戏剧文学必须有相应的发展。各戏剧团体条件不同，任务各异，因之都无例外地要有自己的剧目。即使在边远、艰苦的雁门关以北地区的七月剧社，在敌情异常紧张的平西、冀东地区的挺进剧社、尖兵剧社等文艺宣传团体也由于客观形势的要求，非有适合当时当地的剧作不可。因此，和剧团发展同步的戏剧文学，是边区最早发展起来的且最为活跃的文学样式之一，品种丰富，规模宏大。现在根据大家记得的很不完全的统计，在抗战八年中，边区专业文艺工作者个人和集体创作的剧本就有 600 个以上，仅冀中区，现在统计到的各类剧本就达 144 个。

比较重要的剧作家近百人，有沙可夫、王林、崔嵬、刘佳、丁里、胡可、刘肖芜、胡丹佛、王炎、陈乔、傅铎、杜烽、梁斌、田园、凌子风、胡苏、吴畏、王犁、何迟、贾克、王血波、牧虹、洛丁、田野、邵子南、王久晨、朱星南、羽山、胡朋、韩塞、梁冰、鲁易、沈定华、崔品之、歌焚、方壁、李树楷、张学新、张凡（即海默）等。

王林于1938年1月创作的《自取》、《父与子》等是边区第一批话剧；凌子风编的《人间地狱》、《打击侵略者》等是边区第一批活报剧；崔嵬1939年12月初的《参加八路军》（吕骥作曲）是边区第一个活报剧；刘佳1939年12月的《在这土地上》（徐曙作曲）是第一个小歌剧；丁里1940年的《春耕快板剧》，是第一个秧歌剧；邵子南1942年冬创作的《不死老人》（周巍峙、陈地、李劫夫等作曲）是第一个大型歌剧。假使我记忆没有错的话，他们都是戏剧园地某一方面的开拓者。

剧作者们的生活和创作条件是极其困难和艰苦的。王林——冀中区文艺运动早期发动者和中坚。即使在冀中1942年“五一”大“扫荡”以后一度沦为敌占区的异常困难的岁月，他也一步未离“腹地”，继续坚持在冀中的土地上写作。洛丁、朱星南深入到修有炮楼的平山县回舍镇的地窖子里去“生产”《粮食》。没有稿酬，没有稿纸、没有写字台，有时还饥肠辘辘，夜以继日地以秫秸棍绑着的钢笔尖、蘸着自己泡制的紫的或绿的颜料水，往麻纸或各种颜色的有光纸上写着一句句台词。他们的劳动是认真的，剧本不断听取演员和观众的意见进行修改；是自觉的，没有半文稿费，却常常在油灯底下“连轴转”。为了及时服务于民族解放战争，他们创作了反映边区各方面生活，塑造了边区各式各样人物的戏剧作品，为边区的抗战和建设事业作了不容忽视的历史贡献。西北战地服务团和冀中火线剧社演出歌活报《参加八路军》后，当场都有人报名参军；《慰劳》在敌占区村子里演出时，动员组织伪军来看，不少人看了痛哭流涕，当场请求我方给他们布置任务。

艰巨的战争环境，丰富的斗争生活，多层次的观众对象，不同的欣赏水平，不同的时间地点，要求边区戏剧创作和演出的内容、形式、体裁、风格，必须多样化。八年的戏剧实践，在某种意义上讲，在晋察冀这块战争大地上出现了“百花齐放”的动人景象。

晋察冀戏剧创作的特色有下边几个方面：

题材广阔。现实的或历史的，正面歌颂的或反面揭露的，人民群众的或敌伪顽的，成功的或失败的……各式各样的人物、事件、故事、传说，都可以自由地创作和演出，只要对抗战有益。比如除了大量的以现实生活为题材的创作，也有新编历史剧的演出，有歌颂战斗英雄的《狼牙山五壮士》、《李国瑞》（杜烽作）、《李殿冰》（刘肖芜作），也有批评开小差战士的《把眼光放远点》（胡丹佛作）；有暴露日寇糟蹋为其死心塌地效劳的伪军官家属的《慰劳》（王犁作）；也有描写日本士兵受军曹欺压，描写厌战反战的《哈娜蔻》（凌子风作）、《仇》（陈乔作）；在华日人反战同盟晋察冀支部的日本同志用日语演出的大型话剧《前哨》是一朵奇葩，丰富了边区的话剧活动，它在平山陈家院第一次演出，立刻引起了轰动。

这里强调说一下戏曲、曲艺推陈出新的成就。以历史题材为内容的京剧新编历史剧和以现实生活为内容的京剧现代戏，全都服务于抗战救国的伟大目标。

1939 年 1 月冀中火线剧社演出陈乔编写的《大报仇》，同年 11 月联大文工团演出了王久晨的《救国公粮》，是边区最早的抗战京剧。其后又陆续出现了王久晨的《陆文龙》、郑红羽的《史可法》、崔嵬的《岳飞之死》、《老英雄》等等。这些京剧的创作和演出，已非“旧瓶新酒”了，而是“新酒”涨破了“旧瓶”，至少在导演处理上已经“出新”。1944 年王久晨据《甲申三百年祭》创作的《李自成》，是边区京剧艺术取得的一个突出成就。

品种齐全。有正剧、悲剧（如陈乔写的名剧《马母》等）、喜剧（如胡丹佛的力作《把眼光放远点》等），还有闹剧（如《活捉鲍里斯》等）。

戏剧形式多样。有新兴话剧、歌剧，也有传统戏曲京剧、河北梆子；还有活报剧、秧歌剧、小调剧、快板调、相声剧。“旧瓶新酒”、“新瓶新酒”相互竞芳。更有专为少年儿童写的话剧、歌剧以及以霸王鞭舞蹈为表现手段的儿童舞剧（邓红羽创作导演）。“田庄剧”，也是在敌后艰苦环境中“逼”出来的一种表现形式，它和城市街头剧《放下你的鞭子》有相似之处，它是根据剧情选用农村自然场景为舞台，演员和观众之间的“墙”完全消失，两者几乎融为一体地进行演出的一种形式。效果出奇地好。有时剧中事件和人物行动惹得观众“忘我”地“进戏”中来。

体裁不限，大中小并举。多数是群众易懂的短剧。也有目的在于艺术工作者自身提高而借鉴外国或学习大后方优秀戏剧的演出活动。如曹禺的话剧《日出》、《雷雨》，阳翰笙的《李秀成之死》；苏联革命话剧《母亲》、《带枪的人》，田汉以托尔斯泰名著改编的同名话剧《复活》以及契诃夫的《婚事》、《钦差大臣》以及《大雷雨》等一些名剧。这些演出不仅为广大文艺工作者，也为广大党政军干部所欢迎。对边区戏剧工作者的剧作、导演、表演水平的提高，也有很大益处。

边区的戏剧佳著甚多，其中有丁里的《钢铁与泥土》（歌剧）、《子弟兵与老百姓》（话剧）等，贾克的《程贵之家》、《田营镇》等，王犁的《慰劳》等，集体创作、莫耶执笔的《丰收》，刘佳的《到山那边去》（独幕话剧）、《当兵去》（多幕歌剧），刘肖芜的《我们的乡村》、《李殿冰》等，胡可的《清明节》（三幕儿童剧）、《戎冠秀》（话剧）。田野编剧作词、赵尚武、周巍峙作曲的《八路军和孩子》（歌剧）。牧虹的《我爱八路军》等。胡苏的《父亲和女儿》、《母亲》等。傅铎的《王秀鸾》（大型歌剧）。西战团集体创作（田野执笔）的《模范公民》（话剧）。王血波的话剧《王端堂》、歌剧《过光景》（王莘曲）。韩塞的《拴不住》，崔品之的《弄巧成拙》（歌剧），吴畏的话剧《挑渠放水》。王炎的话剧《从军行》等。抗敌剧社集体创作的《晋察冀之歌》（大型活报剧）。沈定华的《豹狼庄》、鲁易的《洛唐哥》、李树楷的《张大嫂巧计救干部》等。专为村剧团创作的作品有洛丁的《地雷阵》（快板活报剧），胡可的《翻身记》，贾克的《庆祝反“扫荡”胜利大歌舞》（歌舞活报剧）等，这些剧作在阜平等地的村剧团演出时，很受群众欢迎，这也是戏剧工作者与群众结合，普及戏剧，提高村剧团演出水平很重要的好的方法。

驰骋在边区舞台上的是大批演员和导演。在晋察冀每个剧社、文工团、宣传队以及艺术学院等单位都有自己的一批演员，人数很多。其中大都是土生土长，也有不少从大城市来的表演艺术家。边区参加过重要演出或演出较多。受到群众赞扬的演员有崔嵬、丁里、牧虹、韩塞、陈强、何迟、张铮、张明如（即张非）、岳慎、仲伟、石岩、王久晨、胡海珠、何延、石岚、石梅、胡朋、方璧、王一之、丁冬、林苇、贾六、刘燕瑾、李春龙、陈志坚、陈立中、李壬林、管林、张子舫、傅铎、凌风、贾克、王犁、白居、李牧、郎明、陈正青、徐捷、吴坚、鲁前、王昆、严金萱、胡斌、智世民、齐玉珍、齐登云等。在这些演员中有的本是导演或编剧。当时最主要的导演有崔嵬、丁里、凌子风、汪洋、韩塞、贾克、洛丁、王犁、郭维、苏路、赵路、刘文卿等。

边区戏剧的演出活动，是极端艰苦的。没有剧场、没有电灯和宜于演出的舞台，一切都在旷野里，在河滩、高坎、山坡、梯田……栽上几根杆子，围上几块布条，或几张席子就是演出场地。即使如此，演出却一丝不苟。边区唯一的一间剧场——参议会礼堂，建好后没使用几天就被日军飞机炸毁了。

敌人的封锁，使边区与大后方完全隔绝，演出物资和设备极端匮乏，偶尔能从敌占城市弄回一点汽灯纱罩，还要节约使用，其他演出用品就根本没有来源了。但戏剧工作者们，为保证艺术质量，群策群力，以创造性劳动克服着异乎寻常的困难条件，保证着演出的艺术质量，追求各方面尽可能地完美。

一般服装道具都是在农村或连队临时借的，用后就还。有许多演出用品要自己动手制作。抗敌剧社汪洋等同志为了避免农民和士兵看戏临时搭台花费很多人力，创造了帐篷舞台，轻便适用，拆装方便，符合战斗化；有前台也有后台，既能遮风又能挡雨。西战团的朱星南、抗敌剧社的赵树森等同志以白铁皮制成各式各样灯光筒，改造了汽灯照明；灯光筒罩上各种颜色的灯光纸，五彩纷呈，蓝天白云，风雨雷电，黑夜白昼，黎明黄昏……都能在舞台出现。

以驮架子为框，砌上背包，蒙上画布做成的沙发，看上去跟真的差不多。红粉子、白粉子、蓝粉子、锅烟子、凡士林，合成五颜六色的油彩和鼻油灰。女同志用自己制作的钩针钩结出各式精致的头套；粗布缝制的各种款式的西装、大衣，用棉花烫成“水獭领子”，把观众带到另一个世界……

演员们化装下装，往脸上涂的是麻油、核桃油、大麻子油，有时还用猪油，眉笔用火柴烧制而成；没有火柴就捻个纸捻代替。

演出时，自然环境也常常给演员造成很多困难。夏天野外演出，要忍受蚊子咬、“小咬”叮。风沙季节咽喉呛得连讲话都难。夏日演规定情景为冬天的戏，演员们捂一身汗，棉衣湿个透；冬日演剧中时间为夏天的戏，如《雷雨》里的角色，都穿单衫，还扇着扇子，而老天却扬着纷纷大雪。数九寒天，也只有在露天舞台的隐蔽处燃起盆微弱的炭火取暖。但我们可爱的演员均置严寒酷暑、雷雨风霜于度外，十分认真忘我地进入角色。

在敌后演出，不仅条件艰苦，而且要保持战斗化的作风。常常是白天防空袭，夜间防突袭，有时在山前不时响着炮声，制高点上布着身披伪装的岗哨，要道埋着地雷的境况中开场。甚至情况发生紧急变化，有时也要尽可能为难得看戏听歌的农民或战士演出。未演出先按部就班地宣布应付发生紧急情况的对策，安排观众和演员疏散的方位，这是“环境优越”的了。有一次我参加武工队在繁峙川下敌占区开展对敌政治攻势时，在敌人岗楼下的村子里演出，那就更要提高警惕。那时演员们于下午在宿营地早早吃过晚饭，化好装，带好道具，行军一二十里甚至二三十里，到达进行演出的场地，马上布置。没有灯光，以几个饭碗盛上植物油点亮，放在板凳上照明。演员是现在的名导演凌子风和名演员陈强等同志。我是“舞台监督”兼报幕，我喊一声就“开幕”。演的是《活捉王家祥》，是打击汉奸、争取伪人员的活报戏，敌占区群众从未看过演话剧，演出条件又这么差，但他们能看得懂，受到鼓舞，效果是很好的。对打击汉奸、坚定敌占区人民的胜利信心是起了很大作用的。一般在敌占区、游击区演出，多用实景，或在室内演，根本不要天幕。有时在横杆上挂块幕布，由两个人各在一端举着就当前幕，把演员和观众隔开。演出结束后，立即转移，又要行军到另一村子里住宿。半夜里喝上一碗小米稀粥，算是很优裕的演出生活了。睡上一会儿，白天还要早早起身，找人开会做宣传；晚上又开始另一场演出。无论在冀中、冀东平原，在游击区，在“敌后的敌后”，在交火的枪炮声中坚持把戏演完或来不及卸装就得转移或突围的事虽不是家常便饭，但也不是绝无仅有的稀罕事。“岳飞”、“文天祥”与日本侵略军遭遇的事就不是荒诞不经的了。有胜利也有牺牲。

晋察冀边区的曲艺创作和演出活动，是十分活跃的，不少文工团、剧社都很重视，表现新内容的大鼓、快板和相声的创作，表演者多是戏剧演员，也有歌唱人员，虽然大多是“半路出家”，但均热心从艺，努力创造。

最早表演抗战内容的大鼓、快板、相声、化子拾金等曲艺形式的是西战团的张可、苏醒痴和边军等同志。河北唐山人王尊三同志是一位西河大鼓名家，能唱不少传统书目，如《杨家将》等。在抗战中他自编自演了许多新曲，如《晋察冀的小姑娘》、《亲骨肉》等。他还深入到敌人据点附近说唱新书，对教育群众、活跃农村文化生活起了积极作用。他还十分重视民间旧艺术的改造和民间艺人的团结工作。鼓书艺人魏炳山是清苑县人，抗战后也多说新书，他曾以说书艺人的身份打入敌人据点做瓦解伪军的工作。冀中爱国艺人韩喜堂运用鼓书积极宣传抗战道理，教育人民。他不幸被捕后，仍然大骂伪军汉奸，壮烈牺牲。

解放后创造了妇孺皆知的“马大哈”（相声名篇《买猴》中的人物）这一典型形象的何迟同志，当年在晋察冀就是深为群众爱戴的相声作者和演员，他的相声《改行》，表现了敌占区艺人的悲惨生活。《二五减租》在农村的激烈斗争中收到强烈效果。他讽刺三风不正的相声作品《某甲乙》在边区参议院大礼堂演出时博得了满堂笑声。

徐曙作曲、赵洵作词、张非演唱的《晋察冀小姑娘》和《减租小唱》，是在曲艺基础上创新的优秀曲目，今天听起来还很动人。抗敌剧社还集体创作和演唱了宣传“双十纲领”的曲艺《王老五逛庙会》。

李国春同志原是冀中一个村子的青救会干部，经常在欢送新兵等群众大会上演唱竹板书及西河大鼓，并创作了作品《掘堤》，揭露了大汉奸掘堤放水淹根据地的罪行。1945 年他 20 岁时报名参军，开始专业曲艺演出，后来在解放战争中他成为活跃在人民解放军当中，创作了大量曲艺作品，受到广大战士欢迎的曲艺演员。

音乐、舞蹈活动

“村村有歌手，处处有歌声”，是人们对晋察冀歌咏运动亦即对晋察冀音乐业绩的赞语。

时代的急需，人民的喜爱，音乐工作者的巨大热情，使边区音乐成为与人民结合最广泛、最密切、最深入的艺术门类，成为时代的最强音。随着边区的开辟，晋察冀歌咏活动即蓬勃兴起。开始时主要唱一些聂耳、冼星海、麦新等音乐家创作的救亡歌曲。1939 年由延安派到晋察冀来的西北战地服务团、联大文艺部等文艺单位中有不少专业作曲家，如早在 30 年代在上海开展救亡歌咏运动的吕骥、周巍峙等同志。这些作曲家的创作理论修养较高，创作经验也较丰富，他们对边区音乐运动的开展起了积极作用。

诗人、剧作者们——成仿吾、沙可夫、田间、邵子南、方冰、魏巍、史轮、刘佳、蔡其矫、郑红羽、牧虹等，为边区歌咏和歌剧创作，提供了大量的诗词，对边区音乐活动贡献很大。吕骥、周巍峙、劫夫、卢肃、王莘、曹火星、徐曙、陈地、晨耕、唐诃、张非、罗浪、卜一、苏路、张刃先、刘敬贤、田涯等人动听的曲谱，则为诗词装上了翅膀，使之飞翔于千山万水。

歌咏运动，是晋察冀音乐活动的主要表现。在七七抗战之前就由地下党领导在一些学校传播着抗日救亡歌曲。抗战开始后，随着群众运动的深入、群众情绪的高涨，爱国歌曲不仅在冀中、冀东大平原的城镇广泛流传，甚至在五台、恒山、燕山一些在八路军来到之前尚不知有个“中华民国”存在，仍过着“大清”岁月的旮旮旯旯，也无处不响彻抗日歌声。即或在游击区，在一些修有炮楼的敌占区，人们躲在地道或地窖子里也传唱抗战歌曲。

人们以歌曲鼓舞斗志，坚定信心；以歌曲抒发热情，表述心声；以歌曲激励士兵，鼓扬士气；以歌曲安慰伤兵，悼念烈士。胜利时纵情欢唱，即使在就义前多少烈士也引吭高歌。歌曲使同志们和谐团结，万众一心。歌曲还能瓦解敌伪军，教育俘虏。歌声曾使一些伪军反正投诚，使那些俘虏眼泪横流，泣不成声。文艺工作者们在敌占区进行政治攻势时，还常用日语演唱歌曲，争取日军士兵。……歌曲以它特有的艺术感染力发挥了十分重要的作用。

歌曲不仅是专业文艺团体的演出节目和教唱教材，而且成为广大军民文艺生活中最活跃的一种形式。由于音乐工作者经常辅导以及学习班的短期培训，在战士和农民中出现了不少积极分子，成为推动群众歌咏活动的骨干。广大群众不仅能独唱、齐唱，还会轮唱、合唱。比较广泛流行的歌曲至少有100多首。大量是反映边区战斗生活的新创作。其中群众歌曲较多，也有叙述战斗故事的叙事歌曲和抒发革命情怀的抒情歌曲。许多歌曲唱起来特别亲切，为广大群众所喜爱。

著名音乐家吕骥同志，是边区音乐运动领导者之一。他领导音乐教学、从事音乐理论研究，还创作了大量革命歌曲。他创作的《抗大校歌》、《华北联大校歌》，不仅为教职员工喜爱，并且飞出校门，在边区流传。他谱写的大型歌活报《参加八路军》的主题歌为边区许多剧团排练和演出，每场演出都产生强烈的观众反映，这一歌曲在庆祝灵寿陈庄战斗的大会上第一次演出后，就被群众学会，并传唱开去。

我在担任繁重的西战团的行政工作、参加北方分局文委、边区文联、音协的领导工作，并着力于乡艺干部培训活动之余，也抽暇从事创作，我的《子弟兵进行曲》（方冰词）是 1942 年晋察冀军区政治部征求“军歌”中被选的三首军歌之一。它和其他两首——卢肃的《子弟兵战歌》（蔡其娇词）、徐曙的《前进，子弟兵》（郑红羽词），伴随并鼓舞着边区广大指战员直到胜利。我谱写的姐妹篇《李勇要变成千百万》和《李勇已变成千百万》，先后均迅速在群众中传唱，有力地推动了地雷战的开展。我于 1939 年冬第一次在敌后根据地指挥演唱了《黄河大合唱》，还参加了儿童歌剧《八路军与孩子》和大型歌剧《不死的老人》的作曲。

卢肃谱写了诸如《晋察冀边区艺术节歌》、《群众的力量大如山》等优秀歌曲。他为歌剧《团结就是力量》谱写的同名主题歌，一经演出，立即传遍边区，唱遍全中国，至今仍脍炙人口，传唱不衰。徐曙的《八路好》，张达观的《军队和老百姓》，都是十分优秀的歌曲创作。

在群众歌曲、叙事歌曲创作中，李劫夫是卓有成就的。他写了《自由的农夫王老三》、《王禾小唱》、《五十九个》、《忘不了》等多首为群众喜闻乐唱的歌曲。他的《歌唱二小放牛郎》至今仍受着现代听众的欢迎。

曹火星的《没有共产党就没有新中国》，“以真挚的语言，质朴的风格，流畅的旋律，道出了中华民族的心声，而被人民厚爱并长久流传”，成为新中国最流行的革命歌曲之一。王莘的《战斗生产》、《永远跟着共产党》，徐曙的《八路好》（胡可词），陈地的《穿衣吃饭打东洋》，张非的《让地雷活起来》（郑红羽词）、《张老汉》（胡可词），罗浪的《生活在晋察冀》（魏巍词）、《骑兵歌》（李又华词），萧芜词、晨耕曲的《新战士王二发》等，都深受边区军民喜爱。儿童歌曲《小小叶儿哗啦啦》（姚中词、田涯曲），最受边区儿童欢迎。边区的大合唱也创作不少，其中有沙可夫作词、吕骥作曲的《向着列宁斯大林的道路前进》，邵子南作词、周巍峙作曲的《晋察冀艺术工作者之歌》，陈乔词、卢肃作曲的《平原大合唱》，冯征词、李惠、管林作曲的《十月大合唱》等。不少优秀歌曲获边区鲁迅文学艺术奖。边区也培养了一些独唱人员，把独唱作为一个晚会的节目演出也是从西战团开始的。

限于物质条件、器乐曲在边区不算活跃，但也时有演出，有二胡、三弦、口琴、小提琴等的合奏，也有二胡、三弦、口琴、小提琴的独奏，京剧司鼓等。这方面的能手有边军、刘敬贤、朱星南、徐曙、刘钧、张达观等同志。为了演唱《黄河大合唱》，西战团张文师傅用煤油筒制成“低音琴”，他与音乐工作者合作制成的小提琴质量是很不错的。不少单位用土法把羊肠子制成琴弦，解决很大困难。

学习民族、民间器乐、戏曲是边区音乐工作者的经常任务之一。各专业人员和团体采取走出去、请进来的办法向民间艺人学唱民歌、河北梆子、秧歌戏，还学习民间乐器的制作方法。

在音乐理论活动方面，联大文艺部因时因地编写了大量音乐教材，我和卢肃等同志的一些音乐理论著作，还获得鲁迅文艺奖金委员会的奖励。

舞蹈在边区是一门既古老又年青的艺术。

讲古老，千百年来群众中间就广泛流传着秧歌舞、高跷、旱船、霸王鞭等民间舞蹈，抗战后经过改革，加上歌唱，很受群众欢迎。有时节日活动或文艺比赛时节，各村剧团上千的男男女女演员上街表演。霸王鞭则主要在少年儿童中流行。在我们创办的乡村艺术干部训练中，如何利用这些民间舞形式表现新内容是重要课程之一，我曾看过唐县的学员表演的《宪政运动舞》，舞姿十分活泼好看，至今仍留有深刻印象。

讲年轻，我们还缺乏经过训练的舞蹈演员，更谈不上专业编导了。最初有一位在红军宣传队工作过的同志叫黄日升，他先后在冲锋剧社和抗敌剧社工作，他把红军时期流行的《儿童舞》、《叮铃舞》、《海军舞》等带到敌后，教给部队剧社演出后，受到战士和农民，特别受到农村儿童欢迎。在他们当中很多人会跳这些舞。当时参加舞蹈工作的还有后来转业搞体育工作的吴江平等同志。

专业剧团表演秧歌舞的，首先是西北战地服务团，那是1939年新年时演出的。由陈正清、吴坚领舞，名《打倒日本升平舞》。联大文工团也演了新秧歌舞(《工农兵学商一齐打东洋》)，当中用地方小调和对口快板宣传抗日内容。领舞的是丁里、陈强，可以跳出许多花样。其他剧社、宣传队也都有表演秧歌舞的。当时联大文工团、西北战地服务团、抗敌剧社、冀中火线剧社以及各军分区和回民支队等宣传队大都设有儿童队、歌舞队、少年艺术队等儿童文艺队伍，他们成了发展舞蹈的良好园地，他们不仅打霸王鞭、演秧歌舞和儿童歌舞，而且与“大同志”(也不过是比他们大几岁)一起演出。不少文工团还用秧歌舞形式(加歌唱、快板说白)编写好些歌舞活报，抗敌剧社还演出以霸王鞭、秧歌舞为主的舞剧《空城计》，是郑红羽编剧和导演的，十分生动可爱。还有汪洋导演的儿童剧《乐园的故事》等。

当时边区的舞蹈表演是群舞多，独舞少，歌舞和歌舞活报多，纯舞和舞剧少。限于过去的条件，不能作过高的要求。有些舞蹈节目比较简单粗糙，艺术性不够，但有生活气息，有民间风格，能和群众情感交流，起到振奋人心的作用。

在演出方面，舞蹈演员除由少年儿童演员们担任外，也有些年龄稍大的戏剧演员参加演出，他们也注意向民间舞学到一些表演技巧。有的农村来的儿童队员本来就会扭秧歌、打霸王鞭，但没受什么正规训练，谈不到有多少专业技巧，但是他们热心这一艺术形式，有些又比较熟悉民间舞，因此他们的演出，也使观众感到亲切。

少年舞蹈演员们同“大同志们”一样革命精神旺盛，斗志昂扬，他们都能艰苦奋斗，服从抗战需要，努力工作，发奋学习。在抗敌剧社“少年儿童演剧队”中就有田华、魏风、郝王生等队员，他们后来都成为名演员、名作家和摄影家了。西战团的少年艺术队中的李百万、甄崇德、李建庆后来成为优秀演员、诗人和剧作家了，成为文化部门、文艺单位负责人的就更多了。

在敌后残酷战争环境中，有些少年儿童队员在与敌人战斗中牺牲，如抗敌剧社的陈雨然等。回民支队抗战剧社的少年歌舞队员在1941年和1942年冀中两次战斗中就牺牲了十几名队员，联大儿童团也有团员在战斗中献出了自己年轻的生命。

美术活动

1983年初冬，一部分晋察冀的老文艺战士到老区访问，一幅距今40多个春秋的巨大宣传壁画《看，鬼子又杀人了！》仍然完好如初地保存在原晋察冀军区政治部所在地平山县陈家院的一座临街的三连间砖房的山墙上。40多年的风风雨雨，其间包括敌人多少次疯狂的大“扫荡”，乡亲们一直不懈地精心保护着它。日军来了，乡亲们就把它糊上泥，打走了日军，又把它冲洗干净。壁画是美术家画的，但它是属于人民的，这就是边区美术和边区人民的关系。

晋察冀的美术活动，是从八路军挺进敌后，边区建立之初就开始的。各部队宣传队、各剧社、各报社、各宣传部门的美术工作干部，是美术工作最早的开辟者，创作了不少宣传抗战的美术作品。

1938年以后，西北战地服务团美术组、华北联大文艺学院美术系、联大文工团以及抗大二分校等单位的一批具有专业水平及相当创作经验的美术家沃渣、陈九、丁里、田风、徐灵、孙逊、安静、钟惦棐、辛莽、秦兆阳、古塞、田零、李又人、娄霜、吴劳、焰羽、李劫夫、吴坚、凌风、靳夕、阎素等同志陆续来到边区，晋察冀的美术活动，开始了一个新的阶段。他们通过办学校、开训练班，尤其通过他们丰富多彩的各种美术作品，把他们自己广博的美术理论知识和较高的绘画技巧传授给土生土长的年轻新人，培养造就了一批优秀的美术人才，其中有高虹、秦征、曹振峰、王一之、常征、屠光、马秉铎、郑国强、李春年等人。边区的专业美术人员约在200人以上，业余美术爱好者就很难统计了。在抗战期间长期坚持美术普及工作的基础上，后来在解放战争期间晋察冀部队开展了具有广泛群众性的“兵画兵”活动。

边区的美术活动，是为战争服务、为战士、农民、工人和学生服务的最迅捷、联系群众最密切的艺术门类之一。尤其在文化落后文盲居多的地区，美术为人易懂的形象化特点，其优越性是很明显的。美术工作者每到一地，便立即在群众的围拢中开始他们写美术字标语、画宣传画、素描、写生以及为群众画像等等活动。边区军民的战斗、生产、民主生活、文化娱乐，从站岗放哨到百团大战、从抢种抢收到“坚壁清野”、促宪会、选代表、上冬学、婚姻自主……无一不出现在他们的画笔和木刻刀下，有的直接画在农村大街的墙上，有些还配上诗歌。据曹振峰同志回忆，在狼牙山下的一个村庄里，张柯南同志画了一幅宣传画，并配有田间的诗，“假使我们不去打仗，敌人用刺刀杀死了我们还要用手指着我们的骨头说：‘看这是奴隶！’”当时就起了很强烈的鼓动作用。边区群众极其热爱亘古以来破天荒来到他们身边，描绘他们生活、表达他们意志的新美术。比如：尽管标语、壁画常常激怒敌人，把写有美术标语或宣传画的房壁或院墙加以摧毁，但群众并不以为意，平时总是抢着让标语、壁画出现在自家房前或屋后；每当美术工作者书写时，群众就纷纷争着搬凳子、扶梯子、送开水，有的还送来干粮。群众对美术工作者的创作，从底稿到墙上的一笔一画都议论短长；美术工作者随时都可能听到他们的好意见。绘画又美又真，标语醒目美观。白色字，红勾边；红色字、黑勾边；也有用投影方法凸出的。壁画，一般都三色组成，有条件则配以其他颜色。它们迷住了许多农民和战士。

美术创作的题材形式、体裁是多种多样的。漫画、宣传画、招贴画、年画、组画、水彩画、连环画、黑板画、布画、木刻、雕塑、陶制锡制工艺作品以及油画，还有诗与画、歌与画，各色各样，应有尽有。

木刻发达。鲁迅先生当年提倡版画艺术，说它的特点就是便利战斗，是一种简单有力的武器。鲁迅先生的名言，在边区变成了现实。边区木刻起步甚早，1938 年 10 月 26 日《抗敌报》副刊《海燕》创刊号上就发表了为纪念鲁迅逝世两周年刻制的鲁迅肖像。大批美术家来晋察冀后，把边区木刻提高了一大步。

版画家，曾任过延安鲁艺美术系主任，抗战前即参加中国新兴木刻运动的沃渣同志，来晋察冀后创作了大量反映边区军民战斗生活的作品。他的《夺回我们的牛羊》，以娴熟的刀技表现了“八路为人民利益而战”。《铁骑兵》是一幅表现八路军骑兵在太行战场上向敌人冲锋，钢铁意志、英雄气概压倒一切敌人的优秀作品。它是不但具有高度思想性，而且有很强的艺术感染力的作品，这一木刻获鲁迅文艺奖。

徐灵是较早在晋察冀开展美术工作、木刻作品最多的一位版画家。他的优秀木刻《选举》，被收入了 1972 年日本出版的《中国解放区木刻》。他的木刻题材十分广泛。《日本之家》在当时就是获奖作品，被制成明信片，装入“慰问袋”在政治攻势中散发给日军士兵，起到一定影响，有的日本士兵还偷偷把它寄回家乡。他在对敌攻势中多次用绘画或木刻描绘抗战题材，瓦解敌伪军的士气。有的宣传品赶在新年或樱花节送到敌伪军据点里，效果十分强烈。

陈九的《运输队》，丁里的《拂晓袭击》，秦兆阳的《村干部会》，辛莽的《民兵》，吴劳、焰羽合作的《军民誓约》，阎素的木刻《坚壁》，尤飞虹的《送粪》等均为获奖作品。

《战地木刻》发表的大量木刻作品，是西战团美术家们木刻创作的一部分。古塞的《轻伤不下火线》、《休息》、《为茂林惨案而呼吁》和李又人同志的《水磨》等，都是很好地描绘了时代面貌的作品。在边区印刷工人帮助、合作下，把木刻原版装在印刷机上，印刷出来的作品，竟有锌版的效果。一般情况下都能套印三色木刻作品。

晋察冀的美术工作者很重视美术作品的展览工作，农村、街道、打麦场、连队的救亡室，常常有他们的展览。有时还把美术作品带到“敌后的敌后”进行展览，向敌占区的农民、知识分子和其他阶层的观众进行教育和鼓动工作。在 1941 年美协还成立了边区美术工作队，更好地推动轮回展览工作。

连环画、漫画，作品丰富，深受欢迎。1938 年初军区政治部石印出版的《抗敌三日刊》，就不断刊登漫画和连环画，1939 年并有连续漫画《李铁牛》连载，这是孙逊编绘的，共登 40 期，在战士中反映强烈，李铁牛成为他们的学习榜样。这类战斗性强而又大众化的美术作品在边区很早就出现了。孙逊的《不投降的姑娘》，曹振峰的《五勇士》都是获奖作品。曹振峰、王邦彦等不辞辛劳作画，并随身携带钢版，利用一切机会，把它放在膝盖上刻画，出版画刊。秦兆阳、丁里等的漫画，尖锐生动，给人以力量。

边区美术工作者，在利用、改革旧形式上，成绩是十分显著的。如西战团的美术家们把群众家家春节贴的门神的画面加以改革，刻印成色彩艳丽的英武的八路军和民兵形象，当然远胜过原来秦叔宝和尉迟敬德的模样，更不用说那面目丑怪凶恶的左神荼右郁垒了。这些“新门神”画在除夕以前推出，大受欢迎。冀中区的美术工作者，冲锋剧社等团体的画家，在印制新创作的作品时，尝试使用杨柳青风格或旧年画色彩表现新的内容，这类新年画的出版，也赢得了群众的赞许。用拉洋片的方式，加上歌唱进行宣传，也是美术工作群众化的一个方面。

所有的报纸杂志以及《抗敌画报》、《冀中画报》、《战线画报》、《冲锋画报》等等，都经常发表美术作品。一些报刊也发表美术评论文章，美术工作者也有自己的画刊，如《晋察冀美术》和《战士木刻》等。各级领导十分重视美术工作。边区政府特准在平山油盆的晋察冀钞票印刷厂为美术工作者印制作品。古塞的组画《五次治安强化运动真相》，从构思到出版直接得到军区政治部负责同志的帮助和指导。在对敌政治攻势中用“诗与画”、木刻、漫画、宣传画等形式并印有日文说明的宣传品在敌人中间发生着难以想象的反响。听说古塞那一幅漫画组画《五次治安强化运动真相》使华北敌酋震惊，竟贴出告示，悬赏高价买作者的人头。

曹振峰在晋察冀军区一分区连队中工作时，在战斗中曾创办了几期《连环画报》，自绘、自刻、自印（油印），自己在连队中散发，对指战员鼓舞很大。在边区美术人员中，像这样的同志是很多的。美术工作者为毛泽东、鲁迅、高尔基绘制的画像和雕塑，为李勇、李殿冰、戎冠秀等英雄人物绘制的画像也得到领导和群众的赞扬。

边区美术工作者不仅从事绘画、木刻等美术创作，还做了大量的布置会场和连队救亡室的工作，这些场合既有宣传画（大会场上常张挂着大型布画特别引人注目）、漫画，有美术字标语、美化的墙报等等，不仅有教育作用，而且能培养审美兴趣，这也是美术工作者的一大功绩。不少美术作品获得鲁迅文学艺术奖。

边区美术理论工作也是比较活跃的，在《晋察冀日报》等报刊上发表过秦兆阳、徐灵、金肇野、沃渣、钟惦棐、唐炎、丁里、辛莽等同志的多篇文章，从创作思想、创作方法到连环画、壁画、年画的专题讨论，内容十分丰富，不仅对创作有推动作用，其中关于民族遗产的继承与革新、外国美术成果的借鉴和吸收、美术大众化工作等方面的不少论点今天看来也还是正确的。

摄影和画报

人们在论及晋察冀摄影及其出版刊物事业时，便不由得想起彭真、聂荣臻等领导同志的关怀。尤其是军区司令员兼政委聂荣臻同志，亲自批示拨专款，委托冀中军区程子华、吕正操等同志通过地下工作人员从敌占区购进大批照相器材。由于他对摄影工作的关心和经常予以指导，并且不断地给予的物质支援，才使晋察冀新闻摄影事业，在极其艰苦困难的环境里迅速发展起来，并在山沟沟里出版了以照片为主的大型的《晋察冀画报》。这些，被大后方的爱国人士及来边区参观的国际友人称之为“奇迹”。

北方分局对摄影工作也是很重视的，西战团的摄影器材也是从敌占区买进来的。

沙飞同志——拍摄过《鲁迅与木刻家》、《鲁迅遗容》、《上海各界为鲁迅送葬》等著名照片；1937 年 10 月作为全民通讯社摄影记者到华北前线采访了参加平型关战斗的八路军；他是第一个参加敌后抗战的摄影家，是晋察冀摄影及其出版事业的创始人之一。罗光达同志是他最早的合作者和战友，罗在 1938 年冬就和沙飞一起工作，后来一直在晋察冀从事新闻摄影和出版工作，成为晋察冀摄影及画报工作的骨干。

1939 年 2 月，聂荣臻司令员为加强摄影在新闻、宣传中的作用，在军区政治部设立了新闻摄影科，调沙飞任科长，罗光达担任摄影干事。新闻摄影科的建立，为边区摄影史掀开了新的一页，人民的摄影事业，开始了有组织有计划的发展。1940年6月在冀中平原开办了第一期摄影训练班；1941年冬天，在军区政治部所在地平山陈家院开办了摄影训练班；1942年5月发展成立晋察冀画报社；各军分区也先后成立了新闻摄影股，冀中军区和平西挺进军都设立了摄影科，各团或相当于团编制的支队，也都设立了摄影员，军队系统很快形成了一个摄影网。革命的摄影工作者，以照相机为武器，把镜头对准伟大的抗日战争最前线，把人民战争的光辉史诗通过镜头形象生动地记录下来，并且通过照片展览并制成铜版在报刊上发表，起到了揭露日军暴行，鼓舞抗日军民斗志，提高战斗士气的作用。沙飞同志跑遍了各个分区，深入连队，亲赴前线拍摄了大量珍贵照片；为地方民兵、民主建设、生产活动等方面留下许许多多动人的形象。罗光达同志不畏艰险，闯过紫荆关，拍摄过大龙华战斗。他不仅在冀西活动，还深入平西根据地进行摄影。为建设晋察冀边区摄影事业作出贡献的还有著名摄影家吴印咸、石少华等同志。在边区参加专业摄影工作的同志在百位以上，他们都是怀着抗战救亡、建设新中国的最大热情和坚决意志，怀着对人民的无限忠诚从事这一工作的。他们跋山涉水日夜奔忙，冒着敌人的炮火抢拍战斗场景，他们不顾危险，深入敌占区、游击区摄取珍贵材料，有的就牺牲在摄影阵地上。英勇的摄影战士，一直为人们所怀念。他们拍摄的许多动人场面，如沙飞的《塞上风云》、《沙源铁骑》，吴印咸的《白求恩大夫治疗伤员》，石少华的《雁翎队》，吕正操的《八路军铁骑驰骋冀中平原》，罗光达的《金顶妙峰山》、《萧克将军指挥战斗》，贾健、刘沛江的解放张家口系列照片之一的《进军张家口大境门》等许多著名照片，至今仍为人们所称道。为了保存那些记录了边区军民的英雄业绩和敌人暴行的珍贵照片，当时摄影工作者提出了“人在底片在”的口号，用鲜血和生命保护这些资料。有的同志就是在生命的最后一刻，还在叮嘱身边的同志保护好相机里拍好的底片。由于大家这样爱护这些珍贵的历史资料，才使得晋察冀边区在八年抗战中保存了大量照片。1987 年 11 月出版的《人民战争必胜——抗战中的晋察冀影集》只选用了所摄照片中的很少一部分，就已使中外观众赞叹不已了。

和边区所有文艺工作者一样，摄影事业的开拓者们每人每天也是只有老秤一斤二两小米（有时还要节约二两救灾）和五分钱的菜柴金。困难时只有黑豆和野菜。物资极端匮乏。没有电源，以水壶提纯蒸馏水；自制滴漏瓶以计时间；黑矾代替硫酸铜；阜平枣酒代酒精；山西陈醋代醋酸……就是在这样的条件下，他们克服困难，白手起家，四出网罗人才，在军区负责同志的领导和直接帮助下，从无到有，异常艰难地创造了从洗印、放大到出版等一系列摄影设备。

1941 年 4 月 4 日，《抗敌三日刊》刊登了刚刚试验成功的铜版照片，大受欢迎。一时，“晋察冀的铜版”随着陕甘宁电台的广播传为佳话。

1942 年 5 月，经过长时间艰苦的筹备，晋察冀画报社正式成立。7 月 7 日，即抗战五周年纪念日，《晋察冀画报》创刊号出版了。画报的出版，力求做到了装潢美，印刷精，内容丰富多彩。在当时战争环境中，在物质条件十分困难的情况下，能出版这样精美的画报，被中外读者誉为“奇迹的奇迹”。

遵循着聂荣臻《晋察冀画报》的编辑方针应该是把边区抗日军民的英勇斗争，光辉史绩反映出来”的指示，《晋察冀画报》在发行 4 万余份的 13 期画册里共发表了 3000 幅照片，真实、生动地记录了晋察冀人民各个方面天翻地覆的伟大抗日战争史实。正如聂荣臻为该刊创刊号所作的题词中所说：“五年抗战，晋察冀人民究竟做了什么？一切活生生的事实都显露在这小小的画刊里，他告诉了全国同胞，他们在敌后是如何坚决英勇保卫着自己的祖国，同时也告诉全世界正义人士，他们在东方如何在艰难困苦中抵抗日本强盗”。《晋察冀画报》的出版，不但为解放区培养了摄影专业人员和得力干部，而且成为新中国新闻摄影的骨干力量。

群众文艺活动和训练班

晋察冀建起了民主政权，人民群众政治上翻了身，经济上得到了改善，随之而来是要求丰富他们的文化生活。他们在自己的文艺活动中表达自己的革命感情，表达自己在新的生活中的喜悦心情。他们用文艺歌颂抗战，也鼓舞自己的抗战热情。在西北战地服务团、抗敌剧社、联大文工团、火线剧社、群众剧社、新世纪剧社等专业文艺团体的辅导、培养下，边区不脱离生产的村剧团、秧歌队、宣传队，雨后春笋般发展起来，在 1940 年，仅冀西就有 300 多个。望都县一个游击区就有 22 个。甚至在敌人“蚕食”掉的地区也有地下村剧团。如修着炮楼的平山回舍村，根据地每次会演，都派剧团来参加，排练是在地窖里进行的，锣鼓家伙点都是用嘴“打”出来的。

不少地方还在传统习惯的基础上组织了新的“社火”。逢年过节，纪念日，重要政策的公布日，反“扫荡”的动员或结束，战斗胜利日，尤其农闲期间，中心村搭台，由村剧团表演各种节目，是经常的。

工人文艺活动也受到专业文艺工作者的关心和辅导。炭灰铺的煤矿工人，曾得到冀中火线剧社文艺工作者的辅导，西战团工人出身的艺术工作者鲁前，曾较长时间被派往油盆印刷厂作文艺辅导。部队及地方文艺工作者也到后勤部队的工厂进行教唱、排戏。

群众文艺活动的蓬勃开展，迫切需要有自己的编剧、导演、演员；需要自己能识谱、练唱、化装；村剧团、歌咏队演出如何组织；节目内容如何充实……等等问题需要解决。西战团等文艺团体，勇敢地担当起建立和巩固村剧团、帮助群众不断提高村剧团水平的重大责任，无私地贡献出自己的文艺知识。

西战团在1940年初明确以组训工作的方针，提出开展边区乡艺运动的号召，我在边区剧协的会上作了开展边区乡村艺运问题的长篇发言，得到大家的支持。西战团于当年5月，即在唐县、完县、易县开办了几期乡村艺术干部训练班，两三个月一期。具体负责人有凌风、叶频（章叶平）等同志，大部分团员分散到几个训练班担任教员。吸收了大批乡村文艺运动骨干和县区文化干部参加学习。后来，在学员中不少同志被吸收到专业文艺团体，成为专业文艺工作者。解放以后，著名报告文学作家田流、河北诗人甄崇德、歌唱家顾品祥、画家马秉铎、歌剧作家李建庆、小提琴手郝汝惠等都是乡村艺术训练班的学员。后来，边区战斗更加频繁，条件更为困难，但还是利用战争空隙，因地因时地继续开办各种短期艺术训练班，培训村剧团骨干。1942年敌人大“扫荡”期间，凌风等同志把训练班一直办到五台山的大庙里。时间较长的训练班课程较多，除政治外，戏剧有编剧、导演、表演、化装知识，利用民间艺术形式等；音乐有识谱、指挥、作曲知识、唱歌方法等；美术有绘画基本常识，写标语法、画宣传画等；文学，包括一般写作常识介绍、报告文学、诗歌、小说特点等。

这些训练班还成立了文音美剧各种研究会，自愿参加。这使得具有某种特长和爱好的学员，得到了更多的学习机会。

每期培训班都有实习，以对学员们的学习进一步检验和提高。一切由学员自己动手，教员一旁指导。1940年唐县、完县两个训练班的实习就演出了《谁是好孩子》、《组织》、《姚王桥》等话剧，演唱了二部合唱《风陵渡的呼声》、四部合唱《万岁啊，晋察冀！》。全体教职员和学生还一起演唱了《黄河大合唱》这样的大型歌曲，其中独唱全由学员担任，成绩之好，令人惊奇。短期训练班仅七八天，或半个月，偏重于实践，着重讲排戏教歌常识，介绍一批群众喜爱的歌曲及短剧。

冀中火线剧社、新世纪剧社、边区群众剧社及抗敌剧社等都办过群众文艺训练班，培养了大批农村文艺骨干分子。

在专业剧团带动、帮助下，边区群众戏剧活动不仅在战争中能够开展，而在边区环境有所改善、开始稳定的条件下，规模、质量就更加扩大和提高了。从1940年到1942年，边区的村剧团有了更大的发展，可以说是掀起了一场广泛的建立村剧团的群众运动（如北岳区的三个专区就有一千几百个）。在边区文联和剧协开展的创造模范村剧团的活动中，北岳、冀中共计评出100来个模范村剧团。其中唐县杨家庵的赵玉山两年共创作剧本16个，被评为模范文艺工作者，出席了边区群英会。

还有1943年由边区文联和北岳区文救会共同发起的新年乡村文艺创作征文。那是边区最困难的时期，战争形势异常残酷，但仍收到文、剧、音、美作品696篇，都出自普遍农民和乡艺工作者之手。后选出158篇由文救会油印出版。1944年抗敌剧社汪洋、张非、林韦，辅导阜平县高街村剧团创作演出的新颖别致，融话剧、歌唱、舞蹈、快板等各种形式于一剧的《穷人乐》获得了极大的成功和极高的评价，《晋察冀日报》为此发表了评论，誉为群众剧运的方向。在它的影响下，冀中河间县护持寺村剧团、平山柴庄剧团和各地村剧团普遍开展了学习高街村剧团活动，积极创作和演出了各自的《穷人乐》式剧目，把群众戏剧运动推向新的高潮。

由于冀中人口、村庄密集，文化水平比山区高，村剧团发展比较快，敌人大“扫荡”前，特别在抗战胜利前夕，冀中村剧团有数千个之多。河间县李村村剧团也受到冀中区党委的表扬。

专业团体在与群众文艺活动密切结合过程中，尤其注意从群众中发现艺术人才。如当今著名歌唱家王昆、著名演员田华，都是西战团、抗敌剧社在当地演出、辅导时发现并吸收的。

部队业余文艺活动也是丰富多彩的。每每集会，以排或连组成啦啦队，互相拉歌，简直像集体赛歌会，热闹非凡。抗敌剧社及各分区剧社的文艺工作者，是部队业余文艺活动的当然辅导者。远至冀东、平西，以至后来的冀热辽地区的部队都十分重视战士的文艺活动和连队文艺人才的培养。军队抗敌剧社和不少军分区的剧社也很重视连队文娱骨干训练班，主要是培养唱歌、教歌和美术人才，这对活跃连队文化生活，提高战士的音乐、美术水平和欣赏能力有着十分重要的积极意义。通过文艺活动，在团结和教育广大战士、和睦官兵关系等方面起了重大作用。

部队为地方群众办文艺训练班，辅导村剧团活动。地方上文艺团体也很重视部队文艺工作，他们与部队邻近，必派人去教歌、教指挥、教写美术字标语等等。关系也是十分密切的。

政治攻势

“政治攻势”是我方深入“敌后的敌后”，对敌伪军和伪政权开展思想、心理攻势的一种宣传活动，也是边区针对敌人“蚕食”政策的一种政治斗争。它是我八路军在敌后抗战中举世罕见的创举。而大批文艺工作者参加到政治攻势的队列，并且作为重要“方面军”运用文艺形式进行宣传教育和争取工作，更是以往中外文艺史上绝无仅有。

政治攻势是在敌占区、游击区的岗楼旁、壕沟里以及有伪政权的村子里进行，在敌火力射程以内，视线以内甚至面对面开展的。通过扩音喇叭把歌声和“喊话”直接传到炮楼上敌伪军的耳朵里；也动员伪军出来坐在观众席中观看；宣传画、诗传单贴到敌伪军居室的大门上，刷在火车上，一直到平、津去“展览”……

敌工部、武工队的干部战士、文艺工作者（文音美剧各行），有时尚有在华日人反战同盟晋察冀支部的日本朋友，或华北朝鲜独立同盟边区分盟、朝鲜义勇队的朝鲜朋友，共同组成十几人、二三十人或五六十或仅仅几个人的精干宣传队伍，带着轻武器，傍晚越过我们的警戒线，天黑翻过敌人的封锁沟到达为制高点上的炮楼火力控制着的村镇，迅即布好岗哨，选定场子，集合群众。然后先演出，后开会……活动结束，若天亮前能够返回我方警戒线以内，则连夜返回；否则，就隐蔽在其他村子的老乡家里。

每一参加政治攻势的文艺工作者，至少发给一颗手榴弹别在腰间，以备遭遇敌人时使用。

仅 1942 年三次政治攻势中，抗敌剧社、西战团、联大文工团、火线剧社、冲锋剧社、铁血剧社、七月剧社等艺术团体，就曾在游击区、敌占区演出 315 次，展览 109 次，写大标语 234 件，街头宣传 215 次，吸引观众 12.5 万余人，编大小剧本 188 个，歌曲 91 支，通讯、报告、宣传诗等 154 篇。在大反攻前夜，冀中的对敌政治攻势更是蓬勃展开，文艺工作是围住许多孤立据点和炮楼进行的，现在谈到那时的情形，大家还是很兴奋的。

值得着重述说的是在政治攻势中文艺团体的演出效果，简直是难以令人置信的奇迹。西北战地服务团演出的话剧《慰劳》（王犁作），描写叙述了一个真实的故事：一个伪军队长的妻子，被日本军官抓去蹂躏之后，又被当作"慰劳品"赏给这个为虎作伥的伪军队长"享受"。伪军队长在不堪忍受的羞辱中，当场打死日本军官，投诚了八路军。这个戏给伪军演出时，每每满座哭泣声。一次有个伪军小队长，看过戏之后，当夜就请求敌工部的同志给他安排任务。

有时在日军碉堡附近的隐蔽地，把事先扎制的樱花树布置好，由在华日人反战同盟的日本朋友对炮楼日军喊话，唱樱花歌并提议共同欢度樱花节，然后用口琴吹奏一支日本歌曲。琴声终了，炮楼上的日军不仅热烈鼓掌叫好，并且也吹奏一曲回敬。这不但扩大了在华日人反战同盟的影响，并给厌战的日本兵暗示一条逃往边区躲避战争的道路。西战团的《哈娜蔻》（凌风作），写一个日本人反战的故事，反战的日本人这个角色，由在华日人反战同盟的日本朋友担任，演出时同样收到较好的效果。

抗敌剧社参加政治攻势的次数较多，“战果”显赫，他们创作的《弃暗投明》（歌焚作）、《回头是岸》等剧在政治攻势中演出后，观众中常有些敌伪人员的家属特意留下来，向我们探听八路军对待敌伪人员的政策，并表示要捎信给自己的儿子或丈夫，要他们不再给敌人作事，或者要他们“身在曹营心在汉”，看清形势留条后路。后来，不少伪军或做伪事的各种人员，纷纷向我们表示要拉关系、擦黑点、将功折罪。冀中的文艺工作者参加政治攻势中，散发歌篇，使不少厌战的伪军学会并唱起内容为离间敌人的《五更叹》，对瓦解伪军起到一定作用。

参加政治攻势的同志，均具有时刻献出鲜血和生命的大无畏精神。在炮楼林立并组织成交叉火网的“敌后的敌后”活动，时时都会发生意想不到的严重情况。七月剧社的朱羽同志就牺牲在政治攻势中。曾演过《日出》中小东西的、抗敌剧社的演员方璧同志，也是在参加一次政治攻势的演出活动中牺牲的。曾写过歌剧《弄巧成拙》的崔品之同志被俘后被杀害了。著名演员胡朋同志、剧作家杜烽同志，也在这次演出活动中受了伤。

参加地方工作和连队工作

由于战争的需要、工作的需要，了解生活、学习群众和所从事的创作的需要，晋察冀文艺工作者除了进行创作和演出外，还经常直接地参加到地方上做实际工作，参加到连队做政治工作，甚至有的还指挥战斗。

边区地方的一些文艺团体（以及在任务许可时部队的一些文艺团体）的同志，都积极地参加驻地地方的各项中心工作：减租减息、村民选举、贯彻“双十纲领”、动员参军、动员做军鞋、缴公粮、抢收抢种、布置统一累进税、动员担架队、办冬校、民兵训练、优待抗属军属烈属、坚壁清野、参加反“扫荡”斗争等等。

各文艺团体的党支部民运委员始终重视驻地的基层工作。他（她）们和村、区干部一起深入各户，帮助群众安排生活，度过困难；一起组织群众转移，布置岗哨；一起在油灯下写写算算……

文艺团体还经常抽调一部分同志较长时间地参加区、县政权和群众团体的工作。西北战地服务团作为一个地方文艺团体，每年都有一批团员以区干部身份，直接参加地方工作，后来连穿的服装也从军服、干部服改成了和老百姓一样的“便衣”，以便工作。戏剧家牧虹，当年就被西战团派往平山赵各庄区参加区公所及青救会工作，著名歌唱家仲伟参加妇救会工作。仲伟同志在参加区妇救会工作期间，并曾勇敢地参加了区武装部部长指挥的袭击平山南甸以北炮楼等战斗。

著名导演凌子风、贾克等同志曾亲身和地方干部一起，武装开辟繁峙西三区。西三区，是沦为敌占区的繁峙县四、五、六区的统称，是位于平型关以南、五台山西北麓、滹沱河上游的一个三角地带。凌子风等同志白天隐蔽在山洞里或西台的寺庙里（穿戴上早已为我争取过来的五台山大和尚准备好的僧衣、僧帽），晚上就下到沙河平原开展各种地方工作。他们和县、区干部一起，活捉并依法处决了罪大恶极的伪军队长王家祥，并迅即编成《枪毙王家祥》的幕表戏演出，收到了强烈效果。

1942年，战争形势十分残酷，根据客观形势和斗争需要，挺进剧社分到平北一分区的同志们全部编入了战斗团，走上武装斗争岗位。剧社同志，有的任教导大队政治教委，有的当宣传干事，有的做军事教员；大部分同志直接编入战斗连队，担任文书、文化教员、支部书记等职务。他们工作积极，吃苦耐劳，作战勇敢，冲锋在前，退却在后。袁辅义同志，就是在连队当支部书记时，带队冲锋壮烈牺牲的。

青年诗人陈辉（牺牲时年仅24岁），以县武工队政委的身份率领一支由60多名青年骨干游击队员组成的队伍，出没于平西房、涞、涿一带山地平川，巧妙与敌周旋，出奇制胜，连连告捷。敌人惊恐万状，束手无策，只好贴出告示，悬赏1000大洋收买陈辉的人头。原西战团少儿队员贾健身参加拍摄了。1945年8月24日我军解放张家口进入大境门等一系列著名新闻照片，他在连队中竟指挥过一个正规营进行战斗。

文艺工作者直接地参加地方和连队工作，深入到斗争生活之中，不仅锻炼了意志，并且使得他们的创作更能够反映人民新的生活，新的风貌，更加符合人民的需要、历史的要求。

文艺工作者的思想品德和优良作风

边区文艺队伍是在党的领导下和培养下，继承和发展着红军文化工作和30年代左翼文艺运动的光荣传统，和晋察冀现实斗争生活相结合，和边区土生土长的民族民间文艺相结合，水乳交融，创造新型的、同现实斗争及人民感情密切相连的、具有独特风格的、民族的、大众的抗战文艺。广大文艺工作者在战斗中和边区军民生死与共患难相处，在血与火的战斗中，在武装到牙齿的日本法西斯对我边区进行"蚕食"、"突袭"、"扫荡"、"铁壁合围"、"篦梳清剿"、"碉堡政策"、"囚笼政策"、"三光"政策……等一次次紧张、激烈、残酷的战斗生活中，磨炼了意志，增长了才干。精神风貌日新月异。文艺工作者们不仅能文、能唱、能演、能画、能摄影。许多同志还学会做地方工作、连队工作，辅导群众文化艺术活动。大批同志还勇敢地和敌工队、武工队一起到“敌后的敌后”去宣传组织群众，去瓦解敌伪军、锄汉奸。有的同志甚至掌握了指挥战斗的艺术，指挥县武工队同敌人作战，连连告捷；挺进剧社社员袁辅义冲锋在前，率领正规连和敌人拼杀。也有的同志如西战团的曾平、辛毅还被派到北平等敌人占领城市搞地下工作，作出了特殊的贡献。

边区文艺工作者也清楚地知道自己艺术修养、艺术技巧方面的提高也还很不够。因此在深入现实斗争的同时也努力提高自己的业务水平，努力创造了一批具有高度艺术性和高度思想性的深刻完美的作品。

地方文艺团体之间，部队文艺团体之间，部队与地方文艺团体、文艺工作者之间的团结精神是十分可贵的。文艺工作团、剧社、宣传队虽有历史久暂之分，艺术水平也不尽相同，但都和睦相处，相互学习，发扬彼此的长处，克服彼此的缺点。在工作上、创作上、学术上，一起交换意见，有时你我之间也争得面红耳赤，不可开交，但绝不会形成团体与团体的隔阂、个人与个人的成见。没有门户之见。没有对立情绪。团体之间如此，个人之间也如此。

领导和被领导，上级与下级，业务工作者、政治工作者、事务工作者之间，一律平等相待，亲密无间。行军时，男同志抢着为女同志背背包；驻军时，女同志争着为男同志缝缝连连。大同志总忘不了夜晚为小同志盖被子；小同志早晨则高高兴兴给大同志打盆洗脸水。如兄如弟，似姐似妹。越是战斗紧张，越是环境艰苦，这种亲密无间的同志情谊越显得诚挚、珍贵。枪一响，彼此就手拉手地奔赴同一战场。

民主空气较为浓厚。集体生活带来彼此互相了解，包括脾气秉性。重要创作，一个剧本、一支歌、一次演出，大家都热心参加讨论，意见不管多少，看法是否正确，都是言者主动，听者尊重。如果有谁不关心本单位的创作、演出、工作，不参加讨论，无疑会遭到旁人的不满。领导者平时虚心参加各队、组业务工作会，或参加各班甚至少儿队的生活检讨会诚心诚意检讨自己的一言一行，是司空见惯的事。领导者以身作则的模范行为，诚然是最好的领导，由此而生发的凝聚力、号召力是无可比拟的。

每逢发鞋子、发衣服，最后去领取的，往往是领导者。行军时，配备给领导干部的骡子或马匹，每每都是让给病号或女同志骑着。号房子，连打前站的同志都遵守着这样一条不成文的规矩：最好的房子分给女队而不是领导人。在极其艰苦的条件下，对体弱的同志，对党外高级专家、技师，总是想方设法地给他们健康津贴或开小灶，而领导者则在大灶和大家一起吃黑豆、野菜。

文艺战士之所以为文艺战士，在于自觉。每个同志，随时随地把自己作为革命集体的一员、革命集体的代表。集体主义深入每个同志的心灵。一言一行，同志们都以主人翁的姿态随时注意将会产生什么“群众影响”，产生什么“八路军影响”、“党的影响”。一诗一画一歌一剧，都要随时考虑将要产生怎样的“读者反映”、“观众效果”。

他们也有“自我”，那就是不为自我的自我牺牲精神。

作曲家、演唱《黄河颂》十分受听众欢迎的男高音歌唱家赵尚武同志，为了抢救一位战友的婴儿牺牲了，撇下了自己的遗腹子。

尖兵剧社社长、剧作家黄天同志，为掩护剧社的同志们突围，被敌人重重包围，用剩下的最后一粒子弹打进了自己的右太阳穴。乐队队长今歌同志，誓死不投降，牺牲在日军刺刀下。诗人史轮同志不幸被捕，壮烈牺牲在敌堡里。

剧作家吴畏同志在1943年反“扫荡”时被敌人包围壮烈牺牲，同时牺牲的还有美术工作者李广心、京剧演员安玉海、小歌唱演员陈雨烈。

晋察冀画报社的领导者之一赵烈同志，为保护摄影器材、掩护同志们转移，壮烈牺牲。

年仅21岁的女演员方璧同志是在突围时把身上的最后一颗手榴弹投向敌人，牺牲在日寇的刺刀下。

联大文工团团员，虚岁才14岁的小姑娘陈芸，面对日军刺刀，英勇不屈，被敌人残酷杀害。

诗人陈辉，被敌包围，身负重伤，拉响手榴弹和前来抓他的敌人同归于尽。

还有女诗人任霄、优秀的摄影战士雷烨……

晋察冀边区各地烈士陵园，诸多文艺工作者烈士的名字，及他们可歌可泣的英雄事迹，永远激励着生者。

人们永远怀念那些不为自我而自我牺牲的烈士们！

简短结语

1. 晋察冀文艺是和国家命运、民族命运、个人命运密切相关的文艺。是鼓舞斗志，坚定必胜信心的文艺。

抗日战争是我们中华民族处于生死存亡最危急关头的一场历史上最为伟大壮丽的战争。晋察冀文艺工作者是和国家、民族共命运、同呼吸的，是和广大人民共命运、同呼吸的。他们为了民族、为了祖国、也为了自己的生存权利，必须战斗，必须以文艺为武器同凶残的日本帝国主义进行殊死的斗争，随时准备牺牲自己的一切。他们通过文艺强烈地表现我们民族“不做亡国奴，要做新中国的主人”的坚强决心，歌颂我国人民为民族解放而献身革命、视死如归的崇高精神，揭露敌人的凶恶残暴、阴谋诡计以及那些民族败类屈膝投降认贼作父的种种无耻行径。晋察冀文艺工作为抗日战争的历史胜利发挥了重大作用，不少同志为了神圣的革命事业，自觉地献出了自己的青春，有些同志英勇地献出了自己宝贵的生命。

2. 晋察冀文艺是优秀民族文化和革命文艺两个传统的继承和发展，是革命内容和民族形式的结合。它是表现了新的时代、新的人民和新的精神面貌的新兴文艺，是新民主主义文艺的重要组成部分。

这里所说的继承和发展优秀民族文化传统是指在表现新的现实内容时对各种民族文艺形式在不同场所和不同层次上的运用，其中特别强调各种民间文艺形式的吸收和借鉴。而革命的文艺传统在这里包括两个方面：一是土地革命战争时期广大苏区革命文艺活动，是在农村中发展起来的，以红军宣传队为主，也有地方剧社演出。较多的是运用民间形式进行创作，同时也学习和运用了一些苏联的革命文艺作品；一是指30年代以鲁迅为代表的左翼文艺运动，它随着国内形势的变化，从无产阶级革命文学创作到抗战救亡文艺的多样发展，首先在城市知识分子和工人中广泛展开，后来在农民和士兵中也有很大影响。有同志说晋察冀文艺是在红军文艺工作传统的基础上发展起来的，这是有道理的，晋察冀边区就有少数红军宣传队的干部，部队首长里面也有参加过红军中的演剧活动的。但仅提这一点还不够，晋察冀文艺工作者当中有许多是从上海等大城市来的，他们不仅有从事革命文艺工作的经验，而且有些同志虽在上海时过着“亭子间”的贫苦生活，但并不脱离群众，他们有着在工人、店员、学生中从事文艺工作的丰富经验。晋察冀文艺工作正是吸收了这两方面的经验，把这些优秀的文艺传统结合起来加以发展，努力歌颂新的时代，产生了一大批表现那个时代具有典型意义的优秀作品。

3. 晋察冀文艺是富有开拓革新精神，在题材、形式、体裁、样式、风格上都比较多样化的文艺。

晋察冀敌后根据地地区窄小，斗争尖锐，总的革命要求、政治方向是一致的，但这并不说明观众和读者对文艺的欣赏层次和兴趣是完全一样、没有差别的。实际上，不同的对象，不同的时间，不同的场合，都需要有不同层次、不同水平的文艺来满足多种对象的需要。斗争生活的复杂性，为题材的多样化提供最好的创作源泉，欣赏对象的多层次必然要求文艺形式、体裁、样式、风格的多样化。那种把晋察冀广大农民、连队战士及党政军民各级干部都看成没有个性、没有文化差别、没有自己欣赏趣味的“铁板一块”，只需要某种文艺，甚至认为战斗中可以不要文艺的看法都是十分错误的。

根据战争的需要、人民的需要和文化建设的需要，晋察冀的文艺工作者采取多种多样的文艺形式为人民服务。文学从街头诗到长篇小说，音乐从群众歌曲到大型歌剧，美术从民间木刻到油画，以及大型宣传画。戏剧从活报剧到多幕话剧，戏曲从地方秧歌到大型京剧，曲艺从大鼓到相声都相当丰富。在一定历史和地区条件下也可以说是“百花齐放”了。在这百花丛中有些花朵还是新品种，如街头诗、街头画、诗与画、诗与歌，田庄剧（利用农村自然场景演出的戏剧）、小调剧、歌活报、霸王鞭秧歌舞剧、新编历史剧，个别大型歌剧还尝试用了希腊悲剧式的“后台歌声”的形式，以发抒人民对革命英雄的赞美。

在工作上如创办乡艺干部训练班、建立村剧团进行抗战宣传文艺，如采取各种方式到敌后的敌后对敌伪进行政治攻势；如组织美术工作队到各分区进行巡回展览；如利用十分简陋的物质条件，发展新闻摄影工作，印刷大型画报，等等。

这些都是晋察冀文艺工作者在党的支持下，根据客观需要积极开拓，努力创新的一些成果。这样不仅使文艺发挥了更大的社会效益，而且对文艺的创造也扩大了新的领域，有的也不尽成功，不能继续发展，但这种为人民而多方探索的精神还是值得肯定的。

4. 晋察冀文艺是普及与提高相结合，专业与业余共同发展，专家与群众共同提高的大众文艺。

晋察冀的广大文艺工作者一方面利用一切场合和现有条件进行了大量的文艺普及工作，他们通过用教歌、指导村剧团排戏、办乡村和连队艺术训练班，在业务上对业余文艺活动进行辅导等方法，使得边区的文艺宣传活动有了更加广泛的群众基础。

抗日战争时，晋察冀边区，特别是许多偏僻山区经济十分落后，广大群众的文化水平相当低，对中国政治形势很不了解，广大文艺工作者通过深入普及的文艺活动，对提高群众反对侵略的爱国主义精神，反对封建压迫的民主思想，为了人民利益、国家利益而牺牲个人利益的革命精神等等方面起到很好的作用。人民群众的思想觉悟，是经过多方面的影响特别是反对日本帝国主义的残酷斗争的实际教育对群众的影响最大。但文艺工作在这当中也起了相当大的作用。而在帮助群众掌握文艺，提高他们的欣赏水平等方面，文艺的效果就更显著了。所以说文艺的普及本身就是一种提高，不过是在适应广大群众接受程度的层次上的一种提高，而且要求不断提高，那种把普及与提高隔离开来，认为群众不能接受较新较高的东西的老看法和老一套做法，是违背群众对文化艺术不断提高的要求的。

文艺工作者在为广大群众服务的过程中也提高了自己。他们既做群众的学生，又做群众的先生，广大人民的革命英雄主义精神、崇高的品德、纯朴诚挚的感情，对党、对八路军、对革命同志的热爱，深深教育了广大文艺工作者，群众在掌握民间文艺的才能和对新的文艺形式接受较快的表现，也对文艺工作者有很大启发，激发他们开展群众文艺活动的决心和信心，使晋察冀文艺不仅形成专业与业余共同发展的大众文艺，而且形成专业和群众共同提高的可喜局面。

5. 晋察冀文艺为新中国文艺建设提供了很多优秀人才和宝贵历史经验。

晋察冀从抗战到解放战争时期的文艺工作者，有不少著名人士、文坛老将，他们不会是没有作为的，不会不在历史篇章上留下光辉一页的，也不会不对胜利后的新文艺建设事业作出应有的贡献的。他们不但有很丰富的、带有开创性的可贵的文艺经验，而且写下大量的文艺作品。据不完全统计，戏剧创作有600多个，歌曲创作还没有完全统计过，肯定是四位数的。文学、美术创作数量也很大，这当中有很多优秀作品，可惜由于战争关系大部分作品已经丧失，留下来的是极少的部分了。

战争胜利后晋察冀这支约3000人的文艺工作者队伍散布各地，主要在北方，很多的同志集中在北京，他们是新中国文艺事业的骨干、文艺创造的名家，几十年来他们为人民服务的忠诚，他们卓有成效的创作和工作成绩，他们同国统区文艺工作者团结协作的精神，不但说明这支文艺队伍善于学习、长于创造、能够随着时代的发展不断前进，同时也证明他们在晋察冀从事革命文艺工作时所取得的宝贵经验是有着深远的历史意义的。

晋察冀文艺的影响，超逾了晋察冀边区的地理限制，也超逾了八年全国抗战、解放战争三年的时间限制。不少优秀作品不仅当时在边区流行，而且在延安等革命抗日根据地，以及在国统区都有很大的影响，有的佳作在新中国成立以后，甚至直到今天还受到了广大人民群众的喜爱，它们还将长期发挥作用。

经过几十年来的文艺实践，经过战争和历史进程中的多次考验，证明晋察冀这支文艺队伍是可信可靠的队伍，是具有光辉业绩的队伍。

晋察冀印象记

［英］林迈可

我第一次到晋察冀边区，是在1938年的4月及7月。当时给我最深刻的印象是蓬勃的宣传运动及群众组织。到处都在开群众大会，演抗日戏剧，墙上出现着新写的标语口号，新组成的军队在操练着。对于群众团体、村庄动员大会和民众教育的开展，人人都非常感兴趣。那时候，日本人完全过低估计在他们背后的这支日益生长着的新力量。直到1938年的夏天，在日寇统治的报纸上还讨论，只要从老百姓手里收买国军退却时留下的武器，就可以很容易“治安”冀中。当时日本人的军事行动，实际上只是沿铁路线加紧巡逻而已。

1939年夏天，我再次到晋察冀边区时，看到了一年的比较不受扰乱的组织工作时期，已经很好地被利用了。日寇在各地发动的头几次大规模“扫荡”，除了在晋东以外，都被打垮了。白求恩大夫告诉我，他在冀中所亲眼看到的战斗，在这些战斗中有些日军最精锐的部队被打垮了。

人民遭受了损失，被日寇焚毁的房屋触目皆是，这在1938年还是很稀有的。虽然人民以往的乐观情绪消失了，但代之而起的，却是人们下定决心不惜任何代价和日本鬼子战斗到底。曾经与日本人接触过的农民说，日本鬼子像野兽一样，如果你不杀死他们，那他们就会把你杀死。

宣传工作比以前少，但这似乎表示民众组织的基础已经成功地建立了，现在群众能够更集中力量作较为经常的对敌斗争。虽然在组织中仍有些缺点，但一般的水平比 1938 年高，并且民主的乡村组织的制度，似乎已在巩固的基础上建立起来了。

1940 年我在重庆，1941 年我到晋察冀去的计划，因日寇的攻势而未能实现。但在太平洋战争爆发时，我设法从北平逃到晋察冀，在无线电部门教书和工作为时两年多，有一大半的时间比较平静，直到 1943 年末尾，才经历了日寇最长期的“扫荡”。但经过边区党政军民的对敌斗争和坚强的反“扫荡”游击战，在三个月中，敌人的“扫荡”，在人民铁一般的意志下粉碎无余了。

从某些方面看来，晋察冀的处境是比以前困难了。由于山地根据地部分的平原富庶区域被切断和敌人封锁线的扩展，经济条件是更加困难了。另一方面，根据地的生产因 1939 年水灾和敌人 1941 年及 1943 年的进攻而遭受严重损失。同时敌人的碉堡、公路网、封锁沟墙不断扩展，一直到 1943 年下半年冀中才开始从 1942 年 5 月日寇“扫荡”蹂躏下恢复起来。但这是晋察冀全部图画的一方面。当敌人扩展其对冀中的控制时，冀东地区不断扩大，有一部分是由游击区而变为根据地的。同时各种群众组织的不断增进，中国不但能保持在日寇封锁线后面中国所控制的区域，而且能扩大这些区域。1943 年在边区政府统治下的村子，在北岳区增加了 2000，冀中增加了 3000，而冀东增加了 6000，其中有些村子是从 1937 年后就受日本人统治的。

经济的困难并没有阻止根据地不断地发展。民主自治政府的机构也由 1943 年 1 月的边区参议会而完成了。几世纪以来的封建传统，在短短五六年中，大部被扫除了。许多人还未能充分地认识他们在民主政府下的权利和义务，但是他们都在迅速进步着。

行政方面也有很大的进步，政府人员已精简约50%，而工作效率并未见减低，因而过去两年能减低对人民所征的税率。“统一累进税”的实施，是组织工作中一个很大的成就。和我谈论过这个新税制的所有的老百姓，都认为这是一种很合理公平和管理得很好的税制。

有的组织已达到了很高的水平，它们去年秋季经受敌人攻势的考验的情形，尤其给我很深刻的印象。虽然在根据地战事继续了三个月之久，但粮票制度并未发生障碍。甚至到反“扫荡”最后的时候，也没有任何部队及非作战单位在粮食供给方面发生断粮等恐慌，同时我没有听到任何人没有从供给部得到冬天的衣服。无论用什么标准来判断，以上种种都是很显著的成功。《晋察冀日报》在整个时期（包括“扫荡”期）中，都没有停止过出报，这些都是令人惊服的。

在有些方面，组织的水平还不怎样高。在每一个国家中，要实现一个高效率的组织，都证明是很困难的。而在中国尤其困难，因为中国经济落后，所以有才干的组织者和有大规模组织经验的人数较少。在这里真正的缺点似乎不在于效率低的存在（这在某种程度上是不可避免的），而是对于效率低的容忍的态度。例如一个做鞋子的工厂，出产一种样式的鞋，穿起来很不舒服，并且很快就穿破，我听到不少人私自埋怨这样的鞋子。但是据我所知，还有一个单位向司令部提出反对意见，要求司令部命令这个鞋厂改变鞋子的式样。

在军事方面，参谋工作的一般水平，自1939年以来有显著的进步，同时关于敌情的谍报工作，也已达到很高的程度。军区工业部虽在极大困难的环境中，但是有非常显著的成绩。他们现在可以制造许多东西，如轻武器、无烟炸药、子弹及掷弹筒，其效率可和日本出产的不相上下。军区卫生部承继了白求恩大夫的高度水平，同时除了其在部队中的主要工作外，在推进公共卫生方面也做了很多工作。

最重要的进步是民兵的组织及他们最主要的武器——地雷的使

用。他们不但给敌人很大打击，并且对民气的高涨有很大贡献。当人民知道他们真正能对日寇有作为时，他们不再害怕敌人，而是仇恨敌人。在最后一次日本攻势以后，人民的斗志还是非常之高。今年1月间我们在回司令部的路上，遇到了许多热心的民兵，手中拿着新领来的地雷、手榴弹。他们是刚从附近大会归来的，他们在大会上讨论了过去战斗的经验教训和今后作战的计划。

晋察冀军队的效能及人民的组织既然已发展到目前的程度，那么限制着晋察冀作战努力的因素是粮食和军火。其中军火是基本的问题。因为只有有了适当数目的轻武器及弹药供给，才能使日寇出动抢劫成为得不偿失，才能使中国方面收复并完全控制除了日寇九个最大的据点以外的平原富饶区域。如果除此以外，军队还能有摧毁堡垒的新式轻便大炮及少数空军的援助，那么敌人就可以被打退到铁路线上，并使他们不能利用华北的经济资源。甚至日寇沿铁路线的交通，倘使他们不大大增加其兵力，也是很难保得住的。今天同盟国还未给八路军以他们需要的比较少数的军需供给，是同盟国家对日作战努力中物资分配的失策。

抗战中的冀热察挺进军

萧克

朱彭总副司令，下了一个命令，
成立一路精兵，军名叫做挺进。
……
本军出师华北，转战冀热察晋。
忠愤耿耿在心，杀敌决不后人。
……
坚定胜利信心，中国决不会亡。
大家起来救国，个个拼命来干。

这首共有150句的六字韵文布告，是1939年初八路军冀热察挺进军成立时，我根据党的六届六中全会精神起草的。当时，在冀热察边及京津地区曾有不小的影响。但事隔多年，我有点儿淡忘了。前不久，一位同志从北京历史博物馆找到了原文，转送给我。看着这发黄的纸张，吟诵着这熟悉的韵文，冀热察挺进军三年的战斗历程，又浮现在我的眼前。

一、形势与使命

1938年10月，侵华日军占领了武汉、广州。国民党军队的正面抗战，基本上告一段落。中国共产党领导的八路军，在沦陷区及敌人的侧后，开展游击战和运动战，积极打击敌人，恢复和保卫敌后抗日政权，发动群众，组织群众，在敌后建立了许多大大小小的抗日民主根据地。八路军、新四军及其他抗日武装在斗争中也得到了很大发展，迫使敌人不得不增调兵力对付我们的游击战争。

由于前两种情况，抗日战场发生了重大变化，日本侵略军对正面战场基本上停止大规模进攻，对国民党及其军队采取以诱降为主的政策；对其后方则进行全面的、大规模的、频繁的“扫荡”。至此，抗日战场的重点，逐渐转移到中国共产党领导的敌后抗日根据地。

敌后的抗日力量虽然有很大发展，但还不平衡，有不少空隙，也有些地区抗日力量起来以后，由于主观上和客观上的原因，受到挫折，经过极其艰苦的斗争，才得到巩固和发展。冀热察边区的情况就是这样。在七七事变以前，这里是伪满、伪蒙及冀东伪自治政府统治的地方，是关内外衔接的枢纽地带，又是我军收复东北及热河的前进阵地。我们党从抗战开始，就很重视这个地区的战略地位。1937年8月在洛川会议上，毛泽东同志就提出，红军可出部分兵力于敌后的冀东，以雾灵山为根据地进行游击战争，创建冀热边根据地。同年9月，中共中央北方局书记刘少奇同志指示河北省委，抗日战争爆发后，河北省委的中心任务，是配合八路军广泛开展敌后游击战争，并具体指出，党的工作重点要放在农村，动员干部和党员去农村，准备发动游击战争，配合八路军建立以燕山山脉为中心的抗日根据地，不失时机地抓紧准备冀东抗日武装起义。冀热边特委根据党中央、北方局的指示精神，做了大量发动群众起义的思想准备和组织工作。很明显，我们党在燕山山脉及冀热察边地区开展抗日游击战争和建立革命根据地的思想，是明确的，是有战略远见的决策。

由于我们党及时确定了要在敌后开展游击战争及建立抗日根据地的方针，所以，1939 年 7 月，中共北平市委在平西地区组织起抗日游击队，配合共产党领导的国民抗日军和八路军活动，初步开展平西工作；9 月，一二〇师派出宋时轮支队挺进雁北地区；11 月，一一五师分出一部分兵力，由聂荣臻同志率领在五台山地区创建敌后抗日根据地，成立了晋察冀军区。1938 年 3 月，晋察冀军区又派邓华支队进至平西，发动群众，建立了三个联合县政府，平西根据地初具规模。5 月下旬，宋时轮支队奉命开到平西，与邓华支队会合，成立了八路军第四纵队，于 6 月上旬由平西向冀东出动。他们连克昌平、延庆、四海、居庸关，东渡潮白河，攻入兴隆城，向冀东挺进。7 月，冀东人民在共产党领导下发动了滦县、昌黎、乐亭、遵化、丰润、蓟县、迁安、平谷等 20 个县共 20 余万人的抗日武装大起义。开滦煤矿 7000 多工人也举行了武装暴动，使北宁路中断了半个多月。冀东起义，是我们党领导的以工农兵为主体，联合各抗日阶级阶层的武装大起义。规模宏大，声震中外，在中国民主革命的历史上是少见的。

华北山地游击战争很快发展起来了。1938 年春末，中共中央军委又发出“在河北、山东平原地区大量发展游击战争”的指示。接近北平、天津郊区的大清河两岸人民的抗日斗争，也随着冀中平原游击战争的发展而发展起来了。这样，从七七事变到武汉失守，北平四周地区，不时出现八路军及我们党领导下的游击队的活动，对敌人控制的北平、天津，构成很大威胁。不幸的是，具有伟大历史意义的冀东人民抗日武装大起义，由于主观和客观原因，只有三个月就失败了。

冀东人民抗日武装大起义失败后不久，中共中央军委就决定要我去冀东工作。当时，正在召开党的六届六中全会，彭德怀、王稼祥同志同我谈了冀热察游击战争的发展及建立根据地的问题。11 月 15

日，中央军委决定成立八路军冀热察挺进军，由我负责组建。我随即找中央组织部部长李富春同志要些干部，还向毛泽东同志请示并要了 20 万分之一的热河地图。会后，我与贺龙、关向应、彭真、程子华诸同志一同从延安回到晋西北。在晋西北，我们又进一步研究了组建冀热察挺进军和调干部等问题。1939 年 1 月初，我们一行近百人随一二〇师师部东越同蒲路，到达晋察冀军区司令部——河北省平山县蛟潭庄，聂荣臻等同志热烈欢迎我们，在联欢会上，情绪之热烈，溢于言表。

二、挺进军成立

1939 年 1 月初，在晋察冀军区司令部，聂荣臻司令员主持召开会议，讨论了党中央和中央军委关于成立冀热察挺进军的决定。他还就冀热察挺进军及地方党和政府的有关问题作了进一步说明。参加这次会议的有彭真、贺龙、关向应、马辉之和我，还有其他几位同志。

会后，我和程世才同志便向平西进发。当时一想到在冀热察地区开展游击战争的前景，心情就十分激动。记得我还作过一首诗，内容是这样的："北渡拒马河，百花山在望，建立挺进军，深入敌心脏。放眼冀热察，前途不可量，军民同协力，胜过诸葛亮。抗战虽持久，笑我力正壮。"这的确是当时心情的真实写照。不论条件多么艰苦，我们对于冀热察地区的抗日斗争的前途，充满了信心。

1 月下旬，我们到平西，就和宋时轮、邓华、马辉之、姚依林等同志商量着手组织挺进军的工作。根据党中央、八路军总部的决定和一二〇师、晋察冀军区的部署，八路军冀热察挺进军于 1939 年 2 月 7 日在平西的三坡（现称野三坡）正式成立。编制序列直属八路军总部，由晋察冀军区代管。同时，还成立了以我、马辉之、伍晋南、宋时轮（后为程世才）、邓华五人组成的军政委员会，成立了由马辉之为书记的中共冀热察区党委。挺进军由我任司令员兼军政委员会书记，程世才任参谋长，伍晋南任政治部主任。接着，司令部、政治部、供给部、卫生部、随营学校、兵工厂、被服厂、医院等也陆续建立起来了。这年秋天，在区党委领导下，又创办了《挺进报》。

接着，我们开始对挺进军下辖部队进行整顿工作。挺进军的主力是宋时轮支队和邓华支队。其他还有来平西整训的冀东抗日联军，蓟县、遵化游击队等武装。其间，整顿抗日联军的工作是比较费力的。冀东抗日联军是国共合作建立的抗日武装，干部成分较复杂，我们将抗日联军大部和由白乙化同志领导的抗日先锋队进行了合编。抗日先锋队的干部多数是东北的流亡学生，党员占很大比例，七七事变前在绥远屯垦，事变后，在山西敌后与八路军协同打游击，是一支军政素质很好的游击支队，是王震同志介绍他们来平西，准备打回东北的。这两个部队的合编，使党对抗日联军的改造进了一大步。

3 月间，军政委员会和区党委召开了全区党员代表会议，冀东党的组织和平津地下党组织也派同志来参加了会议。我们一起学习了党的六届六中全会精神，学习了毛泽东同志的《论持久战》等著作，初步总结了前一时期工作的经验与教训，确定了巩固地向前发展的方针。并且以“巩固平西抗日根据地，开展冀热察游击战争”，为军队和全区人民当前的斗争任务。

但是，这个口号还不具体。如何在这个特殊的地区开展游击战争，我们没有提出具体办法，在那年的四五月间，还曾计划主力再度东进，发动冀东人民举行第二次武装起义。由于整个抗日形势已进入相持阶段，华北形势发生了很大的变化，中央没有同意这个方案，但我们对如何发挥这个地区人民觉悟高，地形好，青纱帐季节利于游击战等条件和优势，则一直在考虑。正在这时，我们收到了 4 月 21 日朱德、彭德怀给我和聂荣臻、彭真等同志的电示，指出：根据敌情，我军暂时不宜深入冀东、热河。你们的行动方针是：以北平西山及攀山堡、东西斋堂地区为根据地，巩固地向北发展。求得创造赤城、龙关、丰宁、昌平地区之游击根据地；在冀热察三省边区山岳地带之游击根据地建立后，再相机向冀东、热南及察哈尔省沽源县三方面发展。因此，我们根据朱德、彭德怀的指示，决定采取巩固发展的方针，主力不再东进，只派出刘诚光等20多名干部去冀东加强工作。

1939年冬，根据八路军总部的指示，挺进军取消了支队的建制，将平西地区的部队进行了较大的整编：撤销了原第四纵队第十一、十二两个支队的番号，将第十一支队的三十一、三十二、三十三大队和房（山）、涞（水）、涿（县）游击队改编为第六、第七两个团，把第十二支队第三十四、三十六大队及平西游击队一部分编为第九团，原已合编的抗日先锋队和冀东抗日联军及平西游击队之一部，合编为第十团，冀东临时来平西整训的800多人编为第十二团，仍在冀东的包森支队编为第十三团。部队在整编后，一边战斗，一边进行了三四个月的政治教育和军事训练。普遍召开了政治工作会议，建立了各种制度，加强了党的工作，从而提高了军事、政治素质和组织纪律性，增强了战斗力。在部队整训的同时，平西党还在群众中掀起了参加子弟兵的热潮，进一步充实了部队。这时期，平西全部兵力已达到1.2万多人。在老部队中，党员比例在30%以上，游击队也普遍建立了党组织。从当时冀热察这个地区来说，力量不算小，但和冀热察地区日伪军的数量对比，仍显得悬殊，也较之华北其他抗日根据地为薄弱。主观力量和所担负任务的需要不相称这个矛盾，此时已在逐步显现出来。在主力不东进，平西地区的发展受到限制，而冀东地区的恢复又已证明其能够长期坚持发展的时候，如何使这两块交错相连的地区协同作战？怎样利用地理上威胁日伪指挥中枢和便于进入伪满洲国境的条件？怎样配合华北各地以及正面战场创造反攻前进阵地等问题，就提到冀热察挺进军领导的议程上。11 月间，我在区党委和挺进军军政委员会联席会议上提出，以巩固平西抗日根据地，坚持冀东游击战争，开展平北新的游击根据地这个“三位一体”的任务，来代替年初确定的战略口号。经过酝酿讨论，大家都同意并报中共中央、八路军总部批准。之后，我给干部作了一个报告，在报告中对“三位一体”的内容、相互关系，实现这一任务的条件、可能性和困难，以及要克服的各种错误倾向，都作了论述。这个报告在《挺进报》发表并一再进行宣传，基本上家喻户晓，深入人心。

我认为，“三位一体”的任务，是在党中央关于坚持整个华北敌后抗战总的战略任务下，在冀热察地区的具体任务。这一任务的三个组成部分，是一个互相关联，互相依存，互相配合，不可分割的整体。平西是华北抗战的重要战略支点，是晋察冀根据地北面的有力屏障，是向冀东、平北发展的前进基地，也是冀热察地区的指挥中心，因此，挺进军的首要任务是“巩固平西”。但是，平西的巩固，如果没有平北、冀东斗争的密切配合，是难以实现的。所以，开辟平北，坚持冀东，对平西的巩固有很大意义。同样，开辟平北也需要有平西的巩固与冀东的坚持。因为只有平西巩固了，才能支援冀东的坚持与发展；才能直接派遣干部和武装到平北。当时的平北不同于冀东，这个地区没有党的组织和党领导的武装，只有一支统一战线的骑兵队，约 100 人。因此，必须派部队和党政干部一起去。平北是平西和冀东的交通枢纽与结合部，是我军在热察的前沿阵地，地域广大。开辟平北，有利于冀东和平西间的联系，成为坚持冀东的战略回旋区。坚持冀东，固然是与“巩固平西”和“发展平北”同时进行的，而在统一的战略部署上，冀东也可得到更有利的发展条件。平西是冀东游击战争的后方和直接支援者，平西的巩固，可使冀东得到军事上、政治上和干部队伍的直接援助与精神上的鼓励。平西部队可去冀东，支援冀东的游击战争。冀东地方干部和部队在必要时也可来平西整训。至于平北与冀东的关系，也是很明显的。平西到冀东，冀东来平西，都要经过平北，平北是冀东与平西往返的中间转运站、联络站。

"三位一体"任务的提出，从战略上统一了三个地区广大军民的思想，对于创建冀热察根据地、坚持敌后游击战争具有重要意义。

三、巩固平西

平西，当时是指北平以西、北岳恒山东北的宛平、百花山、涿县、涞水以西以北小五台山一带，约 12 个县的地区，这个地区万山重叠，千水奔流，东南临平汉路及涞（水）易（县）支线，北界平绥路，南到紫荆关、易水边，纵横一二百公里。东南方面，还是一块人员稠密，粮产较丰的小平原。从战略上讲，这里逼近平津，是晋察冀根据地北面的屏障，是向冀东和平北发展的前进阵地，因此，巩固平西就成为挺进军向东北地区发展的先决条件。

巩固平西，首先是要统一这个区域武装的领导和指挥。当时在平西一带，活跃着几个方面的部队，有共产党领导的八路军和东北流亡学生组织的抗日先锋队，还有冀东武装起义后，来平西整训的抗日联军及其他五六支抗日武装，他们各不相属，各有防区，自筹粮饷，行动不大协调。这对于根据地的巩固和对敌斗争是不利的。因此，我们和区党委协同，提出"巩固平西"的口号，并加强党政组织的领导和政治宣传工作，逐渐使所有部队在这个口号下团结起来，统一归挺进军指挥。我们边战斗，边整训，在执行四个月扩军计划中，扩大了主力 3000 人，成立了平西各县游击大队及房、涞、涿游击支队，边沿区还建立了游击小组。之后，六团去雁北（划归北岳区第五军分区领导），十团去平北，十二团去冀东（十三团原在冀东），平西只留下第七、九两个团。

在整训主力部队的同时，我们还抓了平西的地方武装建设，扩大和巩固县、区游击队。在工作有基础的村庄，建立起游击小组。各县、区、村还普遍建立了民兵组织。这些群众性的武装，在巩固平西根据地中发挥了很大的作用。

1940 年 1 月，挺进军主力一部出击宛平、房山境内的王平口、佛子庄、长沟峪、周口店一线，袭占了南窑、北窑等日伪军重要据点，破坏了从这里运煤至北平的高线铁道，歼敌 200 多人。在永定河畔、门头沟地区、北平近郊，挺进军也频频出击，连获胜利，给北郊日伪军以很大震动。3 月初，敌从察南、平郊各据点集结了日伪军 9000 多人，分十路向我平西根据地发动了一次大规模的“扫荡”。

敌人在这次“扫荡”中，除以航空兵配合外，还使用了毒气。为了粉碎敌人的“扫荡”，我军适时转移到外线，在广大群众的配合下，机动灵活作战。在碣石防御战、齐家庄伏击战、谢家堡夜袭诸战中取得胜利，又在杜家庄全歼日军坂田中队和猛袭双圹涧，共毙伤敌伪军 900 余人，并击落敌机一架，敌伪军纷纷败退。这一次敌人对平西根据地单独举行的大“扫荡”，只半个月就被打破了。我们根据地得到了进一步的巩固，部队战斗力更加提高。此后，平西除了不遗余力支援平北、冀东以至雁北及冀中十分区等地外，百团大战时，还攻袭了上下河、巩山堡、坨里车站、阳坊镇，连克蔚县以北以东六个据点，并派小部队活动于西山、妙峰山，震动了北平、张家口等地。秋后，我们的部队外调，敌遂乘隙向我大举进攻，我军民经过协同苦战，恢复了大部分中心地区，斋堂川虽被敌占领，但宛平大部地区，仍然保持了抗日政权。被敌侵占的村镇，也保持两面政权和秘密工作。恢复的地区，工作更深入，军民受到更大的锻炼，根据地更巩固了。这种局面，一直持续到 1941 年秋。这时期我主力和游击队常常向根据地边缘及外线行动，打击敌人，破袭敌人从北平沿永定河到怀柔的修路工程。

九团在上下河战斗中还取得全歼敌一个中队100多人的胜利。

为了巩固和发展平西根据地，开辟北平近郊的工作，从1939年上半年起，我们派出一个营的兵力，以连、排、班为单位组成武工队，经常到十三陵、妙峰山、卧佛寺、周家花园、潭柘寺等名胜古迹和风景区，宣传党的抗日民族统一战线政策，打击汉奸特务活动，以教育群众，扩大游击区，缩小敌占区。每逢农历初一、十五或星期天，是游人最多的时候，也是我们宣传的大好时机。通过上述活动，我们和各阶层人民建立了不同程度的联系，逐步建立了一些精干的秘密抗日组织和据点。

此外，我们还大力开展对伪军官兵的宣传教育和争取工作。当时，在平西周围约有4000名伪军，经过艰苦的工作，他们大都和我们建立了不同程度的关系，其中表现较好的还能暗中掩护我们。在敌人要“扫荡”根据地时，出发前，他们有时就事先通知我们，成为我们获得敌人情报的渠道之一。所以，当时敌人的行动，我们差不多都事先知道。在敌强我弱的形势下，我们之所以能掌握战斗的主动权，立于不败之地，主要是依靠军民团结抗战，而瓦解、争取伪军工作，也起了重要作用。

在巩固平西的工作中，中共冀热察区党委做了大量工作，他们从抓紧党的组织建设入手，开办党校训练班，发展党员。仅头三个月，党员就发展了500人左右，并很快建立了县、区党委和平西地委。到1941年底，平西五个县党员已达3900多人。同时，又根据抗日民族统一战线政策建立了平西专员公署及各级政府，与各种群众团体以及地区性的群众武装。在反“扫荡”中，地方党、政、群众团体的领导人，带领群众和部队一起打击敌人，真是全民战争。

抗日民主政府还创办了各级中、小学校和夜校，并普遍开展了扫盲识字运动，广泛进行抗日政策的宣传教育，提高了人民群众的抗日救国热情和文化水平。我还以挺进军司令员名义颁发了一些政策性的布告。这些布告和报纸、传单，不仅在根据地、游击区广泛张贴，有时还散发到华北日伪统治中心的北平，对团结敌占城市上层进步人士，打击、警告日伪反动势力起了很好的作用。

在财政经济政策方面，区党委也做了不少工作。平西人口约 30 万，面积约 4 万平方公里。按当时平西根据地的人口和生产情况，经济负担和抗战勤务是很重的。区党委和挺进军为减轻人民的负担，认真贯彻执行“双十纲领”，发动基本群众，实行减租减息，推行合理负担，实行统筹统支，精简节约，减少脱产人员，减轻抗战勤务，并整理财政，调剂贸易等，还从十分区调运了一部分粮食。同时我们还对游击区、敌占区的商人、小贩开展了争取、团结工作，保护他们的合法利益，通过他们把平西根据地的一些土特产品运出去，换回根据地军需民用的布匹、食盐等急需物资。这些措施对改善根据地人民生活和支援抗日游击战争起了积极作用。

由于冀热察党政军民认真贯彻了中共中央、中共中央北方局、北方分局及晋察冀军区关于创建、巩固和发展平西根据地的一系列指示、方针和政策，经过全体军民三年多的艰苦奋斗，终于把平西建成了一个巩固的敌后抗日根据地，并以平西根据地为依托，逐步开展与建立了张家口以南，包括蔚县、涿鹿、宣化、万全、怀安、阳原等县的察南根据地，西部与北岳区的雁北连成一片，为日后解放察哈尔省全部领土创造了有利条件。

四、坚持冀东

冀东地区是东北伸向华北的走廊，当时，也是日本帝国主义侵入中国的要冲。敌人把冀东作为兵站基地，以便于扩大对华大规模的侵略战争。

冀东地区人民富于反抗外族入侵和封建压迫的光荣传统，明清之际就曾多次发动过反抗外族入侵的武装斗争，民国以后又受封建军阀的残酷摧残，奉、直军阀在这里三次混战，人民在军阀混战中有自卫的传统和组织。土地革命初期，玉田县一带曾经举行过暴动，1934 年迁安也发生过抗日武装起义。这里民间武器甚多，约有 20 万支枪，并普遍有“联庄伙会”、“民团”等形式的武装组织。这个地区人员多，物产丰富，人民政治觉悟较高，共产党组织建立的早且较普遍，和群众有密切联系。因此，毛泽东同志指示八路军总部和晋察冀军区：“雾灵山为中心区域有广大发展前途，且是独立作战区域。派去部队应较精干，且不宜过少，军政党领导人员需有独立应付新环境之能力，出发前应作充分准备。”根据中共中央前后几次指示的精神，除地方党就地布置武装斗争外，八路军也先后派干部及部队到这个地区工作。1938 年一夏，冀东人民抗日武装大起义后，八路军第四纵队留下的三支各 100 余人的小部队，自西而东地在密（云）平（谷）蓟（县）、兴（隆）遵（化）、遵（化）迁（安）三个地区坚持武装斗争，李运昌同志率领的抗联一部返回滦县、迁安、丰润一带，并到北宁路以南一带活动，针对敌人“围剿”，他们灵活机动，相机袭敌。包森支队还在战斗中生俘日本天皇裕仁的表弟、宪兵司令赤本大佐。

挺进军指挥机关及冀热察区党委成立以后，冀东大部分干部和部队，先后分批来到区党委、中共中央北方局、北方分局和抗大轮训，受训的干部和来平西整训的部队又都先后派回冀东。冀东的领导和斗争力量加强了，武装力量进一步壮大了，县、区、村政权和党群组织都有了不同程度的恢复和发展。1939 年 6 月，北方分局召开军事会议，为了充分依靠冀东党组织和人民坚持发展冀东根据地，决定将冀东抗日联军和八路军原第四纵队留下冀东的部队，统编为冀热察挺进军第十三支队，李运昌任司令员，李楚离任政治委员，包森任副司令员。

改编后的部队进到北宁路南的昌黎、滦县、乐亭地区活动。8月间，挺进军又派三十四大队到冀东，到9月初，冀东部队已发展到4000多人。经上述工作和半年的游击活动，我们在冀东北部逐步建立了很多小块游击根据地。随后，平西主力一部（十团）开赴平北、热河西部，在长城内外开展游击战争，与冀东密切配合，互相呼应。

1940年元旦，为了便于分散活动，扩大游击根据地，中共冀东区分委在遵化县葛老湾召开会议，决定将冀东部队又分为九个游击总队。一部到丰（润）、玉（田）、遵（化）地区，以鲁家峪为中心向平原发展；一部以盘山为中心开辟蓟县、平谷、三河地区；一部巩固和发展丰（润）滦（平）迁（安）游击根据地。1940年春，又以盘山、鲁家峪、潘家峪三块小根据地为基础，建立了蓟（县）平（谷）密（云）、迁（安）遵（化）兴（隆）、遵化、丰（润）玉（田）遵（化）等县政府。1940年3月，中共北方分局在北岳区召集了挺进军和冀东部分领导同志参加的会议，分析了冀东面临的困难，指出了有利条件和光明前途，提出了"巩固地向前发展"的方针，进一步确定了各项具体政策。明确指出：冀东当前的任务是巩固已有的游击根据地，创造新的更多的小块游击根据地，注意向现有区域的间隙发展，力求连成大块区域。没有开辟的山区应力求开辟，使山区和平原联系和配合。使这个地区的同志在思想上和行动上更趋一致，坚持冀东游击战争的信心更为提高。1940年6月下旬，我挺进军一部于盘山百草洼全歼日本关东军的武岛骑兵部队之后，日伪军2万余人向我根据地"扫荡"，我即分兵三路转到热河、滦东和路南。此时，十二团偕党政干部数十人由平西东返，在鸦鸿桥、三女河、任各庄打了几个好仗。在敌人分散"清剿"时，我军又适当集中打击敌人。在一个多月的反"扫荡"中，共作战47次，毙伤敌伪军1500余名，使冀东的东西两块根据地基本相连。1940年7月25日，根据北方分局和晋察冀军区的指示，决定撤销挺进军第十三支队番号，成立冀东军分区。军分区和先已成立的冀东区党分委共同领导抗日斗争。李运昌、李楚离分别任军分区司令员和分委书记。下辖第十二、十三两个团。进一步加强了冀东部队的统一领导。在冀东区党分委的领导下，冀东军民团结一致，积极配合百团大战，向冀东敌据点发动进攻，先后袭入唐山市，攻袭蓟县城，围困赵各庄和古冶车站，打下一些据点，对整个战役起了较大的配合作用。不久，在军分区和专署统一部署下，七个县又发动了8万人的大破交通活动，予敌以重创。我游击队还在工人的配合下，不断袭击敌人占据的工厂、矿山和铁路，地方党组织在乡村发动群众，对敌人据点实行经济封锁。经过一系列的斗争，使冀东游击根据地不断扩大，到1940年底，各小块根据地已发展到2700个村庄，人口120万，初步打通了东部和西部的联系。1941年五六月间，在粉碎敌一个师团零两个旅团的大"扫荡"后，我在青纱帐期间又有了较大的发展。这时期我在长城内根据地比较巩固和发展的情况下，为贯彻预定向东北方向发展的方针，于9月组织3000余人打出长城到了热河，创建了雾灵山与军都山之间的大块游击区。由于长城外是山区，人烟稀少，经济文化比较落后，过去没有党的组织，工作比长城内困难得多。经半年的艰苦工作，我们终于在长城外站住脚了，并在这里成立了晋察冀的"东北工作委员会"，负责收集东北地区情报，争取伪方人员，在伪满建立点线关系，并参加根据地工作。

太平洋战争爆发前后，日本华北方面军为了推行日军大本营"不惜对美英一战"的战略计划，实行以军事为主的总体战略。宣称把冀东变为日本管辖下的"模范区"，让"中国人执政"，"中国军队统治"执行日本的政策，建设"王道乐土"，以便把日军抽走，执行其南进计划。因此，日军抽调大批伪满军和伪治安军进驻冀东。我主力从热南回师，自11月中旬起进行了一个80天的"打治安军战役"，歼其五个团，溃其两个团和一个集团军司令部，缴获了大批武器，使冀东人民武装得到了大力补充，其中两个主力团全部换上了新枪。这使敌酋冈村宁次又慨叹:“对冀东八路军要重新认识!”1942年六七月间,分区又发起以悼念工人大队长节振国、团长陈群、分区副司令员包森、政治部主任刘诚光等同志为动员口号的“复仇战役”,歼敌3000人,使我主力一部又换上了“日式装备”。在坚持冀东抗日游击战争的过程中,我冀东军民越战越强。此时,主力部队连同新建的第十一团达5000人,地方武装近2000人,民兵2万人(多数有枪),根据地也更加巩固了。

越过长城的部队,此时,一部向热南深入,进至平泉、叶柏寿、宁城之间,开展游击战争;一部深入到伪满统治的兴城、绥中(辽西),这是中国最早打回东北去的部队。

五、开辟平北

平北,是指北平北部长城内外广大地区,是敌人经营已久的占领区。抗战进入相持阶段以后,敌人又增强了统治力量。在平绥路东段和平古(北口)路沿线,分别驻有日军独立第二、十五两个旅团的大部和伪满、伪蒙的军队。在张家口,敌人除设伪蒙疆自治政府外,还设蒙疆派遣军司令部,在蒙疆广大地区建立战略基地。我挺进军对于这个地方在战略上予以极大注意。因为开辟北平、承德、张家口之间的冀热察三省边界广大地区,将使平西和冀东连接起来,使三个地区的游击战争互相配合,也可同大青山的游击战争相呼应。这是坚持长期斗争和将来反攻的重要阵地。

开展平北游击战争,早在1938年6月就开始了。那时,八路军第四纵队挺进冀东时,就留下纵队政治部主任伍晋南率领的一支武装,在昌平、密云、滦平一带进行游击活动。在三个月的游击活动中,对日伪统治下的平北的军事、政治、经济、文化、民情、地理等情况做了普遍性的调查和了解，并一度开辟了昌（平）滦（平）怀（柔）地区，成立了昌滦怀联合县政府，并建立了各种抗日组织。因敌我力量悬殊，不久，我军即被迫撤出。1939 年青纱帐时节，我挺进军第三十四大队又向平北发展，首先进入十三陵地区开辟根据地。但是，在执行对土匪的政策上有偏差，又没有站住脚，只一个月即返平西。这两次开辟平北虽没有成功，但取得了一些经验教训。同时这几次活动，在平北人民中播下了革命的种子，使这个地区的群众对我党我军有所了解，这给以后的开辟工作创造了有利条件。

鉴于平北地区是伪满洲国、伪蒙疆政府统治较久，并有一套较严密的统治机构的地区，同时又紧靠伪华北统治中心北平及日军的重要战略基地张家口、承德，这是我开辟平北工作的不利条件。但是，另一方面，由于这里地处伪满、伪蒙疆、伪华北这三个政府统治区的接合部，使我有隙可乘；敌人对这里残酷的掠夺和奴役，激发了各族人民对敌人的仇恨和抗日要求；此外，又有平西和冀东人民的斗争相呼应和依托，这是开辟工作的有利条件。当时抗战已进入战略相持阶段，敌人增强了后方的统治。因此，要开辟平北，不仅要正确执行党的各项政策，还要采取正确的战略方针。在军事战略方面，我们吸收江西红军游击战争初期的经验，采取波浪式的发展，在发展中求巩固的方针。在战术上以小部队（加上党、政、民、干部形成一元化的对敌组织）多点渗透，发动和依靠群众，隐蔽开辟，站稳一点再找一个新点，逐次展开，先开辟几个小块根据地，随着根据地力量的壮大和发展巩固，逐步连成大块根据地。因此，1939 年底，冀热察区党委和挺进军根据北方分局关于巩固地向前发展的方针，决定采取以小部队渗透的办法，开辟平北地区，并于 1940 年 1 月，派钟辉琨同志率 20 多名党政干部和第九团八连，进到昌平、延庆之间后五村一带，同原有的一支小游击队会合，很快建立了包括五个区的昌（平）延（庆）县政府。此后，继续向怀柔、延庆、赤城、龙关之间的广大地区发展。经过四个月的努力，他们基本站住脚。四五月间又派第十团去丰（宁）、滦（平）、密（云）之间开展游击战争，他们和区党委派去的地方党政干部密切配合，开展地方工作和游击战争，也很快站稳了脚。这样，平北西部和冀东的游击战争也能呼应了。在十团去平北稍后，又派段苏权同志任平北军分区政治部主任。地方党这时也建立了中共平北工委，苏梅任书记，当时还建立了平北办事处，张致祥任主任。这样就组成了平北地区的党政军领导机关。

1940年六七月间，又派程世才同志率第七团进入平北，计划开创更大局面，但由于七团是个正规大团，目标大，很快引起敌人的注意。敌立即增兵前来，不断“围剿”，加上根据地小，容不了那么多人，发生了物资供应上的困难。第七团过去较习惯于集中作战，还不熟悉也没有适应该地区的斗争环境和方式，虽然消灭了一些敌人，但消耗较大，最后不得不撤回平西。这种结果，在思想上，是前期在较顺利的发展情况下，我们有急于求成的情绪。在战术上，一次派出兵力太多，敌人在我游击战争处于发展时期已有教训，所以很快警惕，不让我站稳。这是我们在发展中的一个挫折，也是我军事指导上的一个失策。

1941年开始，平北中心区大海坨、龙（关）、延（庆）、怀（来），经常处在反“扫荡”的环境中。我取得阎家坪阻击胜利后转到外线，攻袭雕鹗堡、东山庙、怀柔车站等地，这时期，我们取得了白莲峪、沟门、柏查子、一撮毛等战斗胜利，恢复了基本地区。10月，敌开始大规模“扫荡”丰滦密地区，在柏查子、白马关等地区受到打击后，伪满又成立了“西南防卫司令部”；伪蒙疆也配合华北日伪的“治安强化运动”，大挖封锁沟，制造无人区、“绝缘体”，仅在古长城以东的黑河川，就设置七个“人圈”。我军则一直活动到沽源县境内，增编了一个第四十团，又开辟了两个县，成立了专员公署。经过近两年的苦斗，从初创的几个小块根据地发展为大块的平北游击根据地。至1941年6月，平北主力部队已有第十团、四十团2000多人。1942年4月，又从平西派第八团到平北，后与四十团合编。这时，又抽调了一批得力干部，开展了组织群众和建设政权及统一战线工作。相继成立了昌（平）延（庆）、龙（关）崇（礼）赤（城）、龙（关）延（庆）怀（柔）、丰（宁）滦（平）密（云）、滦（平）昌（平）怀（柔）五个联合县政府和滦（平）昌（平）怀（柔）办事处。在240个村中，发展了2250名党员，并建立了民兵、工农青妇等群众组织。地方武装也在不断加强。虽然自1941年10月至次年七八月，根据地遭到敌人不断地“蚕食”、“扫荡”，损失不小，但从总的情况看，我们开辟平北抗日根据地的战略意图是实现了。正如1942年1月31日中共中央晋察冀分局《关于平北两年来工作的指示》中所指出的：分局“……认为平北两年来艰苦斗争的过程中，已经初步形成了根据地。”

六、难忘的历史一页

从1938年八路军第四纵队东进配合冀东人民武装起义，尤其从挺进军成立到1941年，这段时间，经过同敌人的反复斗争，在平西、平北、冀东的广大地区，消灭了不少日伪武装，基本上摧毁了日伪的区、村政权，迫使敌人龟缩到大中小城市和重要城镇，小股武装和汉奸特务也不敢轻易出来活动。冀热察挺进军和区党委亲密合作，在中共中央北方局、北方分局和晋察冀军区的领导下，执行了党中央和八路军总部的指示，控制了广大农村，根据地人口320万，建立了七个正规团和几个区队共1.6万余人，还有其他脱产的游击部队1万人，并建立了广大民兵组织。根据地以军分区为单位（平北前期以团为单位，后期以分区为单位），形成该地区党、政、军、民一套完整的抗日游击战争的战斗组织，各军分区都有无线电台和挺进军、晋察冀军区相联系，实现了巩固平西、坚持冀东、开辟平北，建立冀热察抗日根据地的光荣而又艰巨的任务。1941 年 6 月，北方分局在《对冀热察工作意见》中指出：完成上述任务，“这是由于正确地执行了开展冀热察游击战争的方针与抓住敌人的某些弱点与空隙”的结果。同时，分局在《关于冀热察形势及今后任务向北方局、中央的报告》中，对冀热察抗日根据地在这一时期的工作予以充分肯定。《报告》说：“以冀热察边区为中心，创造大块游击根据地的任务，目前基本上已经实现。因此，冀热察党目前工作中心，应放在巩固现有阵地，在巩固中向前发展。”

冀热察抗日根据地的建立和发展，说明在抗战进入相持阶段仍然可以在敌后甚至在伪满、伪蒙长期统治的地区发展和建立抗日根据地。但是，由于是处在关内与东北的衔接地带，处于华北抗战的前线，正像一把钢刀插在敌人心脏，直接威胁着敌人在华北、伪满的统治和交通要道，因此，敌我斗争就一直十分尖锐、残酷。

在 1940 年上半年以前，敌人大规模“扫荡”的方式是全面、多路进攻，实行抢光、烧光、杀光的“三光”政策。从 1940 年下半年起，敌人改变策略，以“蚕食”政策为主，对根据地采取分割包围的战术，制造大片无人区。敌人在冀东和平北、平北和平西之间沿平古路、平绥路及永定河一线，以及平西与北岳区之间从涞源到徐水、易县一带的主要交通线上（如紫荆关等地），构筑了一系列碉堡；在平西与冀中十军分区之间沿平汉路两侧，深沟高垒，碉堡林立。敌人每次向我根据地进攻和“扫荡”，都要建立一些据点，以分割和缩小我根据地。例如，在宛平等县，敌人首先在军响、镇边城、青白口、东西斋堂、十字道等重要村庄建立据点，强迫群众在各据点之间修筑公路，然后把各据点附近的小村庄全部烧毁，把群众赶入据点修筑碉堡，建立战略村，实行连保连坐制度；他们不断“蚕食”，扩大其占领区，缩小我根据地，使平西根据地受到了严重摧残。据不完全统计，仅在 1941 年前，平西

158 个村庄被烧毁 142 个，被无辜杀害的群众达 1670 人，被抢走牲畜 7.2 万头，平西腹地成了敌人设在南苑空军学校的靶场，每年多次“实习”都有一些村子被烧毁。当时平西比较大的村子，大概只有霞云岭一个村子没有被烧和被炸。

冀东根据地，仅 1940 年日军就推行了三次“治安强化运动”，有的村子竟被烧十余次。年初，敌人在烧光鲁家峪后，又血洗潘家峪，屠杀 1300 余人。在平北，敌人同样残酷“扫荡”，划定无人区，烧毁房舍，残杀军民。1941 年秋，日伪军 1 万余人进行了为时两个月的“扫荡”，仅怀柔境内，烧毁房屋 2400 多间，死伤人数近千，方圆 250 公里沦为无人区。挺进军第十团及平北地区地方干部，长期搭窝铺，住山洞及长城楼子，和敌人周旋。处于北平之北不远地区的平北根据地，和长城一样，雄峙云燕。

由于敌人残酷“扫荡”，根据地的困难越来越大。平西部队的给养是个大问题，尽管巩固区的群众尽了最大的努力，交售公粮，但是仍难于解决越来越尖锐的供求矛盾。为此，就派部队到敌占区去弄些粮食和补充兵员。这样，又加重了游击区人民的负担。北方分局和晋察冀军区很关心我们的困难，将冀中十分区一度划归冀热察区党委和挺进军领导。虽然十分区物产丰富，但该地区处于平津两大城市之间，敌人对这里也像对平西一样，从 1939 年起，就开始了频繁的“扫荡”与“蚕食”，当划归冀热察区领导时，已开始由根据地逐步变为游击区。因此，供求矛盾仍未能解决。

这一时期，平北有发展，冀东有大发展，但根据地一开始建立就处于敌人不断的“扫荡”中，这些地区也和平西一样困难。到 1941 年，党中央作出了关于精兵简政的决定，我们遵照上级的决定和指示精神，根据冀热察三个地区的党政军组织，都能各自独立领导各地区战争的情况，提出撤销区党委和挺进军一级机构，充实基层单位和战斗部队，这样就减少了层次，缩小了目标，减轻了人民的负担，更利于持久作战。经中共北方分局和晋察冀军区决定，于1942年春天结束了区党委和挺进军的工作。经过精兵简政，人民负担减轻了，人民得到了休养生息，抗日的积极性更高；党、政、军、民的基层组织得到充实，各级机关的工作效率和部队的战斗力进一步提高。这时，冀热察地区的斗争形势发生了新的变化，各地区按照原区党委和挺进军的部署，积极开展对敌斗争，根据地不断得到巩固和发展，到1943年，敌人对平西、平北和冀东的分割政策基本上被破坏了，三个地区大体上连成了一片。斗争的实践证明，党中央关于精兵简政的决策是完全正确的，必要的。正如毛泽东同志所指出的，用精兵简政来克服“鱼大水小的矛盾，使我们的战争的机构适合战争的情况，我们就将显得越发有力量，我们就不会被敌人战胜，而要最后地战胜敌人”。以后事实证明，这个地区继续得到很大发展，为抗日战争和解放战争的胜利，作出了很大贡献。

挺进军从成立到撤销共三年，时间不算长，但由于所处地区与斗争的特殊性，它具有比较突出的影响和历史作用。根据地的建立及建立以后，都和北平、天津这些大城市的地下党的工作密切配合。太平洋战争爆发前后，班威廉、林迈可、史平烈等国际友人，就是从北平进入平西根据地去延安、重庆的。美国飞行员奥利渥·欣斯德尔，在山海关附近被我军救起时，异常惊讶地说：真想不到这里还有中国军队！由于对日伪军工作做得较好，反正起义或能够掩护我活动的伪军、伪组织，为数不少。由于敌占区工作的开展，主要是地下党的艰苦斗争，我们同东北抗日联军与城市点线工作声息相通，得到许多有价值的情报。平津的进步青年学生，在地下交通员的引领下，一批批地来到根据地；我们的干部也可以到平津去办事或治病。李运昌同志1939年初夏为迅速赶回冀东，就是从平西化装进北平城然后转去蓟县的。我们用的药品、纸张、电讯器材、服装染料以至某些武器弹药、小型车床，都可以从敌占城镇弄到。我们的宣传品，经常出现在火车里、城门上；连《挺进报》和画刊，也偶尔被带进北平城。

在开辟冀热察抗日根据地的斗争中，挺进军的许多优秀共产党员干部、战士，如白乙化、包森、王仲华、陈群、刘诚光、刘开绪等同志，为了中华民族的解放事业，献出了自己宝贵的生命。地方党、政权、群众工作、文艺工作等各条战线上，同样有很多同志为革命事业光荣地牺牲了。他们的英名将永远铭刻在人民心里！

回忆冀热察抗日根据地建立的前后

马辉之

1935年，华北广大地区事实上已沦为日本帝国主义的殖民地。处于水深火热之中的华北各阶层人民迫切要求抗日。平津学生在我们党的领导下，于1935年底发动了轰轰烈烈的一二九运动，推动了全国抗日运动的高涨。但是，在当时北方党的领导机关中，历次“左”倾错误的影响还相当严重，使党的工作不能适应新的斗争形势的需要。1936年春天，刘少奇同志主持北方局的工作后，切实纠正了北方党内的“左”倾错误，模范地贯彻了党中央关于抗日民族统一战线的方针和策略，使华北人民的抗日救亡斗争出现了新局面。

在北方局和少奇同志的直接领导下，中共河北省委经过长时间的布置和准备，于1938年7月间，在八路军宋（时轮）邓（华）四纵队的配合下，胜利地发动了有名的冀东人民抗日武装起义（又称冀东暴动）。这一斗争的胜利，沉重地打击了日本帝国主义在冀东地区的反动统治，扩大了我党我军在敌人后方的政治影响，为其后在平西、冀东、平北广大地区坚持敌后抗日游击战争、建立冀热察抗日根据地创造了有利条件。

在漫长的抗日战争年代里，冀东人民抗日武装起义和创建冀热察抗日根据地的艰苦斗争，作为整个华北敌后抗日游击战争的一个不可分割的组成部分，为打败日本侵略者、夺取民族解放战争的胜利，作出了一定的贡献。回顾这一段斗争的历史，使我们深深感到：中国共产党的正确领导，是打败日本侵略者的根本保证。历史再一次雄辩地证明，只有共产党才能救中国。

一、党中央关于开展华北敌后游击战争，建立以燕山山脉为中心的抗日根据地的战略决策

冀东自古以来就是兵家必争之地。它北据长城，南濒渤海，西控平、津，东临山海关，是东北通向华北的咽喉要道。塘沽是中国的重要海港之一，并具有重要的军事意义。这里的物产丰富，有开滦的煤，塘沽的盐，遵化、迁安的金矿，还有广大的植棉区和产粮区，战略地位十分重要。因此，早在七七事变前，日本侵略者就千方百计地攫取了这个地区。日本帝国主义发动全面侵华战争后，它的许多战略物资都是通过这里运往华北、华中、华南前线，并把从这些地区掠夺的资财运回日本。这里的党组织有悠久的斗争历史，有领导群众斗争的丰富经验。这里有久经斗争锻炼的广大革命群众，又有较好的地形条件，南有平原，北有绵延千里的燕山山脉，可供回旋，有利于开展敌后游击战争。可见，在冀东建立敌后抗日根据地，是必要的和可能的。

七七事变后，毛泽东同志就提出在冀东以及整个燕山山脉地区开展敌后抗日游击战争，建立根据地的问题。1937 年 8 月，党中央在陕北洛川召开了政治局扩大会议。在会上，毛泽东同志全面深入地分析了全国抗战爆发后的国内形势，提出了著名的《抗日救国十大纲领》，

并主持制订了开辟华北敌后战场的具体计划。毛泽东同志以他的雄才大略和极其深远的战略眼光，明确地提出："红军可出一部于敌后的冀东，以雾灵山为根据地进行游击战争"。会议根据毛泽东同志的建议，作出了派八路军挺进华北，开展敌后游击战争，同时建立以雾灵山为中心的抗日根据地，在冀热边开展游击战争的决定。1938 年 2 月，毛泽东同志致电八路军前方总部，对此又作了具体指示："以雾灵山为中心之区域，有广大发展前途，且是独立作战之区域，派去干部应较精干，且不宜过少，党政领导人需要有独立应付新环境的能力，出发前应作好充分准备"。同年 5 月，毛泽东同志又在《抗日游击战争的战略问题》一文中，再次论述了在燕山等山地建立抗日根据地的重要性。他说："山地建立根据地之有利是人人明白的，已经建立或正在建立或准备建立的长白山、五台山、太行山、泰山、燕山、茅山等根据地都是。这些根据地将是抗日游击战争最能长期支持的场所，是抗日战争的重要堡垒。我们必须到一切处于敌后的山岳地带去发展游击战争，并建立起根据地来。"在敌人统治中心的华北敌后，以燕山山脉为中心，在冀东、平西、平北一带开辟抗日根据地，这是党中央关于开展敌后抗日游击战争、创建敌后抗日根据地的伟大战略决策的重要组成部分。

刘少奇同志主持北方局工作后，领导北方党组织为完成党的工作重心的转移，实现党中央的伟大战略决策，做了思想上和组织上的准备。1936 年 4 月间，少奇同志来到天津，任北方局书记。当时，党中央和北方局考虑到全国革命斗争形势发展的需要，毅然决定营救在北平"军人反省分院"中的同志出狱。我是在这年 9 月出狱的。记得在 10 月间，党派我到天津参加北方局的工作。那时少奇同志在北平，北方局派驻天津的一个工作组（由彭真同志负责）领导天津市委、冀东特委和冀南特委。我到天津后和彭真同志接头，他叫我领导天津市委，介绍我到当时的市委书记李铁夫家接上头。当时李大章同志领导冀南特委，并负责北方局机关刊物《火线》的工作。听彭真同志说，北方局在北平的成员中，除少奇同志外，还有柯庆施和老郑（即林枫同志）。1937年春，彭真和柯庆施对调：彭调北平，任北方局组织部长；柯调天津，负责工作组工作。自1936年以来，北方局给所属各级组织下达的党内指示和少奇同志发表在《火线》上的文章，就对抗日民族统一战线和开展农村抗日游击战争的问题，作了多次明确的指示和论述。1936年8月，北方局在给各级党部的一封指示信（题目是《华北的政治形势与党的任务》，曾刊载于《火线》第60期）中，就指示各级党组织："我党目前的主要任务就是团聚与组织全民族一切抗日反汉奸的力量，来进行胜利的抗日反汉奸的民族革命战争"；"目前我党在农村中的任务，是准备力量进行广泛的抗日反汉奸的游击战争"。在这封信中，还总结了过去在冀、察、鲁许多游击运动失败的教训，提出了发动游击战争所必须具备的条件："必须熟计整个抗日战争的形势，当地各方面民族统一战线的成效，群众的决心，及地形、敌情与主观力量和领导的条件等"。洛川会议后，刘少奇同志在《为发动华北广大群众的抗日救国运动而斗争》一文中明确指出："在今天全华北党的中心任务，是组织与发动广大的反日游击战争"。1937年11月，北方局在给各级党组织的指示中，更加明确地指出："因为游击战争已经成为华北全党的中心任务，所以你们必须抓紧这一点来布置工作。抗日游击战争在天津等城市是不能进行的，要在乡村中才能进行，因此，你们必须把工作重心放在乡村中去。"这些指示为我们工作重心的转移指明了方向，提高和统一了党内大多数同志对党的方针和策略的认识。

为了实现党中央的战略决策，刘少奇同志对冀东抗日武装起义作了具体的指示和部署。1937年春，刘少奇和彭真、刘澜涛、高文华、李运昌等同志去延安参加党的白区工作会议。李运昌同志从延安回到天津后，根据北方局的指示建立新的河北省委，由他任省委书记，我任组织部长，李大章同志任宣传部长。运昌同志要我通知李大章来开个会，以便传达中央工作会议精神。由于在七七事变后的一段时间，河北党组织曾一度同从天津迁移到山西的北方局失去联系，运昌同志的到来使我很高兴。但是，当时大章同志已经离开天津，经冀南到临汾向北方局汇报工作去了，会没开成。

9月间，李大章回到天津，向运昌和我传达了刘少奇同志的指示，主要内容有：八路军已过黄河，正向太行山及北岳区进发，河北党组织的中心任务是配合八路军，广泛开展敌后抗日游击战争；党的工作重点要放在农村，城市工作要短小精干，由公开、半公开的活动转入秘密工作，埋头苦干，积蓄力量，动员干部和群众去农村，并尽量去平津周围的农村，宣传党的抗日主张，准备发动冀东游击战争，配合八路军建立以燕山山脉为中心的抗日根据地；冀东不同于华北的其他地区，它是一个战略要地，又受敌人多年的统治，发动游击战争的任务将是很艰巨的，同时也有很多有利条件，冀东有我党长期领导革命斗争的光荣历史，党组织有相当的基础，群众不堪忍受敌伪的残酷剥削和压迫，有强烈的抗日要求，加之华北敌后我党我军已广泛行动起来，全国抗战正在开展，对冀东群众是很大的鼓舞和推动，因此，要不失时机地抓紧准备冀东抗日武装起义。河北省委书记本来是由李运昌同志担任，北方局考虑到他是冀东人，比较熟悉情况，指定他去冀东组织抗日游击战争。李运昌同志走后，由马辉之任省委书记，吴德同志任组织部长，林铁任军事部长，姚依林任宣传部长兼天津市委书记，李大章调北方局任秘书长。新的省委成立后，立即把工作重心转向开展敌后游击战争方面，准备发动冀东抗日武装起义。

二、中共河北省委对冀东人民抗日武装起义的准备

七七事变后，省委指导平、津市委一方面组织大批党员、学生向

延安、武汉撤退；另一方面又积极动员和派遣一批干部和民先队员奔赴农村，发动和开展抗日游击战争。当时北平地下党组织，通过在北平的东北抗日救亡总会中的党员，去争取赵同部坚持抗日，使这支队伍迅速扩大到数十人，其中通过我们党派入的党员和民先队员占半数左右。在我们党的推动下，这支队伍趁北平沦陷后日寇立足未稳，于1937年8月下旬，以奇袭的动作打开北平第二监狱，营救了被关押的全部政治犯和普通犯700人出狱，其中全体党员和大多数被救的非党群众，都参加了游击队，这支队伍很快就发展到上千人。党组织为了加强党的领导力量，改造这支武装，先后派去了上百名优秀党员干部和民先队员，如汪之力、史进前、张如三、王远音、焦若愚、贾嵩明、戴浩、苏梅、葛琛，等等。1937年底，这支部队中的党员和晋察冀军区一分区杨成武司令员取得联系。其后，接受晋察冀军区聂荣臻司令员的命令，开到阜平整训，改编为八路军第五支队，赵同任司令员，高鹏任副司令员，汪之力任政治部主任。

1938年，部队开到宛平县斋堂一带活动。5月间，为配合宋、邓纵队挺进冀东，奉命袭击昌平、阳坊及石景山发电厂，曾于5月13日收复昌平县城，同时抽调干部着手充实整顿地方政权和武装。赵同本是个野心家，他看到部队的政工干部和中、下级指挥员多为我党党员，极为不满，秘密同国民党拉上关系，带着其亲信20余人投奔国民党顽固派去了。该部广大官兵在高鹏等率领下，改编为一分区杨成武所部之第三团，高被任命为一分区副司令员。河北省委还从天津派出刘建章同志到冀南南宫一带，争取了葛贵斋部地主武装数千人抗日，并配合八路军建立了冀南抗日根据地。此外，为争取团结敌后各地抗日武装坚持抗日和反汉奸的斗争，省委还派在北平的东北救亡总会的党员赵佐华同志去山东，利用他和某某的私人关系，争取其抗日。冀西、冀中、冀南等根据地的先后建立、巩固和发展，对冀东地区抗日武装起义起了直接的配合和推动作用。

省委先后派了不少党员干部和积极分子到冀东去，深入农村、矿山，发动群众，做武装起义的组织与领导工作。除刘少奇同志直接指定的李运昌同志外，还有胡锡奎、周文彬、张克宇、李楚离、王仲华、赵观民等同志。为了充实起义的军事骨干力量，省委决定由林铁同志负责，在天津秘密开办了几期军事训练班，把经过训练的骨干输送到冀东斗争的第一线。另外，北方局派来的老红军干部李润民、孔庆桐等同志也经天津转往冀东。

在物质方面，省委通过朱其文同志从天津电报局搞到几部电台送到冀东。七七事变后，北方局迁到山西临汾，河北省委通过谢普生同志（地下党员）与刘绍襄的统战关系，仍继续利用刘家里所设的秘密电台（刘少奇同志在平、津时就是使用该台和中央联系的）直接向北方局请示报告工作，北方局和中央的指示也是通过该台发来。直到1938年初，省委从北平调来王士光同志，建立了自己的电台，才不使用刘家的电台（当时省委和冀东之间尚无电台联系）。记得那时和冀东联系的办法有：（一）冀东特委的重要报告由于振军同志直接来省委口述，必要时运昌同志直接来省委商量；（二）通过宋敏之同志。当时宋家在天津意租界开的一个大商店就是省委的交通站，是一个专门和冀东联系的重要据点；（三）冀东特委专为干部往来省委设立了一条秘密交通线，经过白道子交通站（以茶馆为掩护）与省委进行联系。

为了团结各阶层人民共同抗日，省委广泛开展了抗日民族统一战线的工作。七七事变后，华北各界抗日救国联合会（简称“华北各救”）改为“华北人民武装自卫委员会”，当时该会主要专职负责人有我党党员李楚离、王仲华（原名董毓华，是一二九学生运动的领袖之一）、胡锡奎、张洁清同志，李楚离为党组书记。另外，参加该会工作的还有许多名教授和社会名流，如杨秀峰、赵飞克、朱其文（均为我党党员）、杨十三、张申府与刘清扬、洪冲霄（洪麟阁）、高志远；还有国民党各派政治势力的代表人物，如蒋介石中央系的王若喜（天津电报局长)，代表阎锡山系的张志岐(天津电话局长)，代表国民党地方实力派李宗仁、白崇禧系的刘绍襄；还有我们党领导下的工、青、妇等群众团体的代表，如赵观民等。

为争取敌后各种抗日势力，扩大在我们党领导下的抗日民族统一战线，根据刘少奇同志的指示，“自卫会”派王仲华到武汉国民党政府备案，以取得合法地位。备案的名称叫“华北人民抗日武装自卫委员会”。国民党当局坚持要取消“抗日”两个字。王仲华同志不能决定，就去请示董必武同志(当时为我们党驻武汉代表团的负责人)。董老当即指示：华北已被日本人占了，在那里搞自卫，对象自然是日本人，去掉“抗日”二字可以同意。于是就备了案，取得了合法地位。党通过“自卫会”广泛联系各个党派、各种武装和政治力量参加到抗日救亡运动中来；并通过各种渠道派遣干部进入各党派、社会团体、群众组织和武装力量中去，争取基层群众，扩大我们党的政治影响，推动其上层分子坚持抗日立场。在“自卫会”天津总会的直接筹划下，成立了团结冀东各阶层抗日反汉奸自卫会冀东分会，冀东各县也相继成立了分会。经过党的抗日民族统一战线政策的宣传教育，广大人民群众的抗日积极性空前高涨，纷纷加入武装自卫会。据当时冀东党组织的负责人李运昌同志回忆，仅丰润、玉田、迁安(包括迁西)、遵化、昌黎、滦县、蓟县、乐亭等县的自卫会员即达1.5万人之多。

1937年下半年以后，在冀东党组织的领导下，冀东人民陆续开展了不同规模的抗日游击活动，打击汉奸、特务、日韩浪人，攻打敌伪税卡，收缴汉奸枪支。在斗争中，由于我们当时对执行争取伪军政人员的政策和开展武装斗争的经验不足，特别是八路军尚未到达冀东，未能得到我军主力的支持与配合，这些斗争先后受到一些挫折，冀热边特委书记王平陆同志不幸为国捐躯。但是，通过这些斗争，打击和镇压了汉奸、特务，锻炼了干部，教育了群众，为其后的抗日武装起义提供了可贵的经验。

省委还及时派干部深入开滦矿山，把矿工的罢工斗争引导到抗日武装斗争的轨道上来。由于日寇加紧侵华战争，开滦煤矿工人身受英日帝国主义的双重剥削和压迫，生活日益恶化。在全国抗战和八路军挺进华北敌后作战的政治影响下，他们于1938年初展开了罢工斗争。唐山工委书记周文彬同志领导了这次罢工，党组织团结广大矿工，巧妙地利用了各种矛盾开展斗争，迫使英国资本家让步，取得了罢工的胜利。这次罢工斗争的胜利，挫败了日本帝国主义企图利用工人罢工斗争夺取开滦煤矿的险恶阴谋，扩大了我们党的政治影响，发展了党的组织，锻炼和培养了斗争骨干，把不同帮会的工人团结在我们党的领导之下，振奋了工人的抗日情绪。在罢工中成立了工人武装纠察队，在其后的冀东人民抗日武装起义中，以这支队伍为骨干在周文彬、节振国等同志的带领下参加了起义，工人群众先后参加起义者曾达3000余人。这支以工人为主体的抗日队伍，在坚持冀东抗日游击战争中发展壮大，成为八路军的一部分，是深受冀东人民爱戴的勇敢善战的抗日武装。

1938年2月，刘少奇同志来电，指示省委派人到阜平去和聂荣臻司令员联系。省委即派楚离同志去阜平，向聂司令员汇报工作。聂司令员叫楚离转告省委：已遵照中央指示，命晋察冀军区一分区政治委员邓华同志率部抵平西活动，准备挺进冀东，配合抗日武装起义，要省委派人直接和邓华联系。省委根据聂司令员的意见又派楚离去平西，与邓华一起安排了八路军东进计划和武装起义的有关事项。考虑到充分利用青纱帐的有利时机，决定以7月16日为起义的日期。省委还根据邓华的要求，派林铁同志随部队行动，并在省委和邓华部队间建立了直接联系。随后，省委以武装自卫会的名义，在天津召开会议，李楚离、李运昌、王仲华、朱其文和我都参加了会议。参加会议的还有国民党代表及知名人士王若喜、洪麟阁、高志远等，总计四五十人。在会上，我党干部对国民党顽固分子诽谤我们党、破坏团结的谰言进行了严肃的批驳，团结争取了各方面抗日反汉奸的力量，对冀东抗日武装起义作了具体安排。

这样，在北方局的领导下，河北省委和冀东党组织在将近一年的时间里，不仅在冀东广大农村和开滦矿山进行了抗日武装斗争的动员和组织工作，而且在各阶层人民中广泛地建立和发展了抗日民族统一战线，把各种抗日反汉奸的力量团结在我们党领导下的武装自卫会的周围，就发动抗日武装起义的问题取得了各方面的一致赞同。我们认为，冀东武装起义的条件已逐渐成熟，会后我们把这些情况都及时向北方局作了汇报。

1938 年 4 月间，刘少奇同志急电河北省委，命我到延安向党中央汇报工作。我于 5 月下旬到达延安。汇报由洛甫同志主持，刘少奇、张浩同志参加，康生也参加了。汇报后，少奇同志作了重要指示，他说，起义的准备是好的。他强调指出：一定要看到，冀东是一个战略地位十分重要的地区，敌人是决不会轻易放弃的，冀东不同于冀中、冀西、冀南。在冀东发动起义，不但要有充分的准备，还要有八路军的策应和其他根据地的密切配合，否则，即便发动起来，也难以巩固和坚持。中央已派邓华、宋时轮的部队挺进冀东，起义的时间要以八路军到达的时间为准，八路军到哪里就在哪里发动。少奇同志还指示：起义后河北省委撤销，马辉之、姚依林到根据地去，接受晋察冀军区和分局的领导，负责地方党政工作。起义后，要以八路军为主，坚持冀东抗日游击战争，建立以燕山山脉为中心的抗日根据地。为了团结友党友军和各阶层人民共同抗日，要在根据地建立我党领导下的抗日民族统一战线的民主政权，可请有影响又靠近我党的国民党员刘绍襄作政府主席。少奇同志还指出，冀东的民团、地主武装、保安队、警察部队等，其基层成分多为破产的农民，其上层人物中有的也有一定的民族意识，对他们要注意争取、教育和改造，以扩大我们的抗日武装力量。洛甫同志在会上作总结时，表示完全同意少奇同志的意见。

会后，少奇同志命我尽快返回河北，贯彻上述指示。

我于5月底离开延安，绕道西安、武汉、广州、香港、上海回天津。当时，正值日本帝国主义大规模地扩大侵华战争，敌军锋芒直指武汉三镇，潼关铁桥遭到敌人炮击，只能晚上通行；开封、武汉、英德、广州等交通枢纽均遭到敌机狂轰滥炸；再加上国民党军溃败中的散兵游勇和乘机而起的汉奸、匪特到处骚扰，沿途铁路交通受阻，7月中旬才回到天津。姚依林同志对我说，由于原定冀东起义的时间被敌人发觉，武装起义已经提前发动。

我回到天津时，省委只有姚依林同志主持工作。我即向他谈了去延安汇报的情况，传达了中央的指示精神。他表示完全同意，并向我说明了冀东武装起义的情况。接着，省委立即贯彻中央的指示，要求冀东尽快成立统一的军事指挥机构，建立根据地的民主政权。8月间，邓华、宋时轮以及冀东武装起义的领导人李运昌、胡锡奎、李楚离等在遵化铁厂镇召开了有洪麟阁、杨十三等参加的会议，成立了我们党领导下的冀察热辽军区司令部，并推选宋时轮任司令员，邓华任政治委员，伍晋南任政治部主任，李钟奇任参谋长，李运昌、洪麟阁、高志远分别任副司令员。参加起义的各路武装力量接受宋时轮、邓华同志的统一指挥。

三、在抗日民族统一战线内部同国民党争夺领导权的斗争

冀东人民抗日武装起义的历史，是在党中央和北方局领导下，团结各阶层人民和各党派武装力量，结成最广泛的民族统一战线，共同抗日的历史。参加起义的除基本群众外，还有地主、商人、乡保长、民团头目、国民党军政界人士以及社会名流等。正如毛泽东同志所指出

的那样，在统一战线内部，一开始就存在着国民党同我党争夺领导权的斗争。省委在统战工作中坚持以斗争求团结的原则，紧紧掌握住统一战线中的领导权。在天津和国民党代表沈某的谈判就是一个突出的例子。

国民党被迫同我们联合抗战后，它只允许军队片面抗战，害怕人民组织起来抗日，想尽一切办法力图控制群众运动，对我们党领导下的华北武装自卫会和参加冀东起义的武装力量，它都想加以控制。冀东抗日武装起义爆发后不久，武汉国民党政府即派沈某到天津活动，扬言他们在冀东的武装力量都被八路军“吃”掉了，无理要求李楚离向他汇报我们党在华北的组织情况。对此，李楚离同志以武装自卫会负责人的身份同他进行了针锋相对的斗争。楚离去冀东后，在8月间，沈某找到谢普生，要求同八路军的代表谈判。我们打电报请示刘少奇同志，少奇同志复电指示：可以谈，但不以党和八路军的名义，而以第三者的名义去摸摸他们的底。省委根据上述指示，在姚依林同志家里作了研究，决定由我去和沈某见面。因为我很快就要去冀东，不影响地下党今后工作的安全；姚依林同志兼任天津市委书记，且又暂时留天津，不宜公开露面。

谈判是在王若喜家里进行的。谢普生同志和我一起到王家后，王为我们作了介绍：“这位是武汉来的沈先生；这位是吴先生（我当时化名姓吴）”，并说：“朋友之间，随便聊聊。”随后，我说：“听说沈先生有些意见需要向八路军转达，我可以帮忙”。不料，沈某一开始就盛气凌人，以质问和挑衅的口气对我说：“共产党讲国共合作，互相尊重，平等互助，团结抗日。可是我们在华北的很多武装都由八路军加了委。我们在华北的组织也都告诉了共产党（指武装自卫会），而共产党却对我们保密，这岂不是言行不一，不讲信用吗？”他诬蔑我们党和八路军破坏国共合作，没有团结抗日的诚意。对于沈某的恶毒攻击，我当即据理驳斥。我说：“据我所知，八路军是共产党领导的军队，同时也是国民政府和军事委员会统辖和指挥的军队。它深入敌后，不惜牺牲，英勇抗战，功在国家，这是全国同胞有口皆碑的。而国民党军队采取不抵抗主义，自九一八事变以来，丧地失城，一溃千里，使大好河山沦于敌手。究竟谁个对抗日真心实意，全国人民是自有公论的。”我质问沈某：“散在华北的各种武装力量，基于民族义愤，坚持抗日，自愿接受八路军的委任和指挥，这有何不对？又怎么能说是被八路军吃掉了？至于华北人民武装自卫委员会，是经国民政府正式批准的机构，凡是爱国的各党各派、各种抗日救亡组织或个人，参加华北武装自卫会，共图抗日救亡的大业，一切有良心的中国人，哪个不对此感到由衷的高兴？你自称代表国民政府，竟不顾事实，攻击友党，诬蔑八路军，究竟居心何在？”沈某被驳得哑口无言。我随即又对沈某说：“你们对共产党、八路军如果有意见，我可以转达。对这种无理的责难，恕我不能代转。”通过说理斗争，使沈某恶意攻击我党我军、破坏团结抗日的企图再次遭到了失败。同时，我们根据刘少奇同志的指示，又积极对刘绍襄进行工作。在冀东抗日武装起义开始后，刘表示愿意到冀东参加抗日政权的工作。不久，就由朱其文陪同刘氏父女去了冀东。

四、关于从冀东向平西转移的问题

我因去延安汇报冀东武装起义的准备情况，走了两个月，回来时起义已提前举行，没赶上参加起义的直接发动和领导工作。根据党中央关于“起义后河北省委撤销”，要我和姚依林同志到根据地去的指示，我和李钟奇同志离开天津去冀东。李钟奇原是宋、邓四纵队的参谋长，在四海战斗中负伤，经组织安排，秘密送到天津治疗，那时伤势已好，要重返前线。姚依林暂留天津交代城市工作。我和李钟奇一行先到陈（群）苏（梅）支队的驻地丰润王官营，稍事停留后，就到邓华同志司令部的驻地遵化县大党峪，向邓华传达了在延安汇报时刘少奇同志的指示。邓华也向我介绍了四纵队挺进冀东及冀东武装起义的一些情况。

当时，冀东抗日武装起义的形势真是如火如荼，十分鼓舞人心。我八路军宋、邓部队于5月间奉命自平西出发，向总部指定地区前进。这支部队于6月上旬进入冀东，屡战告捷，扩大了政治影响，打击了敌人的嚣张气焰。在八路军四纵队挺进冀东的有力配合下，从7月上旬开始，起义的风暴很快就席卷了整个冀东地区，参加起义的工农群众如潮水般地涌来。一些有民族意识的国民党势力、地主武装（民团）、伪政权下的保安队和警察等武装也先后参加了起义。部队迅速发展，抗日武装达10万之众。起义部队先后一度攻克卢龙、玉田、乐亭、蓟县等县城，占领了冀东大部分村镇，使北宁路半个月不能通车，迫使敌人龟缩在各个据点里，死守待援。我军声威大震，极大地激发了冀东各阶层人民的抗日热情。人民群众自动帮助我军烧水、做饭、送信、散发传单、标语、救护伤员、侦察敌情。在人民群众的大力支持和帮助下，我军英勇作战，在很短时间内，就摧毁了敌伪在冀东多年经营的反动统治基础。8月中旬，宋、邓四纵队和起义部队在遵化铁厂镇会师，成立了统一的指挥机构。中共中央和北方局向冀东发了贺电，贺电说："中共中央和北方局今以十万分的高兴庆祝抗日联军反日反汉奸起义的胜利"，贺电指出，这一胜利，"已给日寇以严重打击，摧毁了冀东的汉奸政权，发动了广大民众，配合了全国的抗战"。

起义后，我们也遇到了一系列的新问题，的确面临着十分错综复杂的局面。在武装起义中，各地区党组织的成员，满怀抗日的激情，纷纷涌入起义部队，成为部队的各级骨干力量。部队的数量十分庞大，而地方上则基层空虚，这种情况实出于我们事先的意料。在敌伪的县、区、村政权被我摧毁后，对于迅速建立各级政权和党群组织的问题，我们不仅没有经验，对这些问题的重要性也认识不足。起义部队有的领导同志感到部队需要骨干，抽不出人来搞党政建设和群众工作。我们这些做党的工作的同志，也未能及时有效地说服和组织一部分同志去加强地方工作。虽然也委任了少数县长，建立了一些县的游击队，但总的来看，县、区、村的党、政权和群众组织未能迅速、普遍地建立起来。这样，就使起义部队失去了地方党和群众的坚强的组织依靠。起义部队也未能建立自己的后勤供给制度，一切供应主要由各村进行摊派，群众负担重，浪费大。

在武装力量方面，据邓华同志说，八路军主力部队一直处在连续行军作战的环境中，部队很少有时间进行休整，抽不出干部进行地方工作，弹药消耗大，得不到必要的补充。由于部队伤亡的大都是干部和老战士，部队多为参军不久的新战士，在无根据地休整的情况下连续作战，处境困难。在我们党领导下起义后新组建的部队，虽然成分较好，斗志旺盛，但缺乏政治训练和武装斗争的经验。其他参加起义的武装，成分复杂，纪律松弛，虽经宋、邓加委，还未及进行很好地整顿和改造，其中有的甚至打着抗日游击队的旗号，骚扰群众，事实上难以实施统一指挥。因此，部队急需进行整顿。同时，由于我军在冀东的积极行动和民众抗日情绪的高潮，引起了日本侵略者的严重注意，先后调动了大批的日、伪军部队对遵化、玉田、兴隆地区形成大包围的态势。当时，伪满部队通过喜峰口一线向我进击；唐山等地的日军也已出动。他们采用步步推进的战术，企图聚歼我军于遵化地区。当时，冀东平原的青纱帐正在割去，部队失去了隐蔽的屏障，而且热河山地人烟稀少，部队给养困难。

在这种情况下，宋时轮、邓华同志认为，大兵团在冀东活动和整训都是困难的，就决定将部队转移至平西整训，并打电报请示了晋察冀军区。在我到达邓华司令部的驻地时，只有邓华带领一个大队集结待命，等待军区复电。我因刚到冀东，对那里的情况尚未进行调查和分析，加之长期从事白区地下党工作，缺乏武装斗争和根据地工作经验。在向邓华同志转达中央关于在燕山山脉建立根据地的指示后，只向邓华表示："如果部队要转移，根据中央的指示，我和姚依林要留下来坚持冀东斗争"，对部队是否转移未表示肯定意见。邓华表示，如要部队留在冀东就地整训和坚持斗争，就须把已开走的主力部队调回来，至少要调回一个大队。这样，他就再次打电报请示军区。

10 月 8 日，八路军总部和北方局来电说："只有到万不得已时，才可率主力向白河以西转移"，"在主力西转时，应配备必要的基干部队及干部与地方工作人员在原地区活动，坚持当地游击战争，但省委主要干部如老马、胖子（指姚依林同志）等应随主力西进"。于是，邓华着手召集起义部队的负责人到铁厂镇开会，布置向平西转移。在部队向铁厂镇进发的途中，和从铁厂出来的日军遭遇（铁厂已被敌人占领），后改在丰润县九间房开会。会议由邓华主持。在会上，分析了形势并宣读了总部的电报。统一认识后，又召开各起义部队负责人的军事会议，各党派及无党派人士参加了会议，大家一致同意向平西转移。会议商定了各部队集结、行动的时间和路线，并决定留苏（梅）陈（群）支队在丰、滦、迁腰山附近活动；包森支队在遵化、兴隆一带活动；单德贵（此人后来叛变）支队在密云、平谷一带活动，配合地方武装坚持冀东游击战争；其余部队约 5 万人，分三个梯队向平西转移。宋时轮司令员派肖思明同志率队在潮白河侧后接应，待西进部队前进到昌平地区时与宋时轮的部队会师，然后进入平西。转移途中，邓支纵队的先头部队过潮白河时遭到敌人的袭击。当时，行进中的参加起义的地方武装，大部分一闻枪声就往回走；其余部分在过永定河后，再次遭到伪反动村政权伙会武装的阻击，又散去了一些，最后，到达平西的起义部队只剩数千人。

关于向平西转移的问题，最近才从历史档案材料中看到，当时中央、总部及晋察冀军区有很多重要指示，一再强调坚持冀东游击战争和创造冀热边抗日根据地的重要性。当时处在紧张的战争环境下，只记得在西撤途中聂荣臻同志于10月11日致电邓、宋，指示："关于四纵队的行动，曾由军委总部数电指示，希望你们详加考虑，坚决执行"。当时部队正在西撤，难以停止前进。为此，10月15日我和姚依林、邓华三人联名再次致电中央，建议"还是以西撤为有利"，并且提出：如在遵、玉、丰坚持，需要上级增派兵力，增调干部，补充弹药。10月18日，中央和总部复电说："十五日电悉。你们既已西进，请灵活执行我们十五日电示（中央十五日电，我们当时没有见到，在撰写本文时才在历史档案中查到。该电指示要'坚持冀热察边长期的艰苦奋斗，创造根据地'），在冀热察边广大地区灵活转动游击。必要时转移一部分队伍到平绥路以南来"。

后来的斗争历史证明，只是由于我们把当时的情况估计得过于严重，对刚暴动起来的武装长途转移的种种困难估计不足，缺乏坚持冀东游击战争的信心，因此在九间房会议上作出大规模西撤的错误决定。在敌人的严重进攻面前，部队在西撤途中遭受很大损失，冀东武装起义的大好形势受到了严重挫折。这个教训是深刻的，我作为会议的参加者之一是有责任的。11月25日，中央致前总及晋察冀军区的电报中，对宋、邓四纵队挺进冀东所取得的胜利，给予了肯定的评价，同时也严肃指明了向平西转移受挫折应吸取的教训。电报说："邓、宋支队深入冀东，苦战数月，配合并促成地方党领导的冀东起义，恢复了冀东的中国政权，发动了群众，建立了冀东的游击区，扩大了我军在敌深远后方的政治影响，给敌人以打击，一般说来是获得了成绩的。但是没有尽可能的保持并发展这一胜利，没有很好的团结地方党及军队，没有很镇静地应付那里的局面，以至退出原地区，军队及群众武装受到相当大的损失。"

后来，在1943年3月，刘少奇同志在《六年华北华中工作经验的报告》中指出：冀东人民抗日武装起义“是一次很值得研究的人民抗日大起义。我们的同志在起义前做了很好的工作，那里的国民党组织及伪政权下差不多全部的保安队（七八个旅），县政府的武装，开滦矿山的工人，农民及许多地主资本家，都联合起来参加了起义。这是真正地发动了几十万群众来进行反对日寇汉奸的武装斗争，并在起义后立即组织了联合的领导起义的政权与军事指挥机关。然而这一次起义在不久以后即遭遇到敌人很严重的进攻，受到严重的挫折。只是到后来又用了很多的办法，方把冀东游击战争组织起来。”我认为少奇同志的这个总结是非常正确和深刻的。

五、重新打开平西局面与创建冀热察抗日根据地任务的提出

我们向平西转移，行进到昌平县马刨泉时，方知平西已被敌人占领。原先，宋、邓部队挺进冀东时留在平西的一个新兵团，因敌我力量悬殊，在敌人进攻时受到很大损失，其余部和留在平西的党政干部一起，已被迫向涞源方向转移了。原在平西活动、配合宋邓东进的五支队，在赵同叛变后，改编为晋察冀第三团，划归一分区杨成武指挥，这时也调离了平西。我们到平西时，那里已成为敌占区，县、区、村都建立了伪政权，连斋堂都建立了维持会，敌伪和土匪活动十分猖獗。因此，我们一到平西，就立即投入了紧张频繁的战斗。先后收复宛平县的镇边城、军响、青白口、杜家庄、东斋堂、西斋堂、马栏、上清水、下清水等重要村镇，重新打开了局面。

为了站稳脚跟，巩固根据地，我们以八路军邓支队政治部的名义，委任了当地地下党员魏国元为宛平县长兼县委书记和县武装大队长。魏国元同志根据上级指示率领工作队和一部分武装深入基层，宣传群

众，动员群众组织起来锄奸反霸，并负责筹粮筹款，解决部队给养和动员群众参军等事宜。部队每到一村，我们即以政治部宣传队的名义召开群众大会，宣传党的政策；推选基层积极分子，建立村政权和工、农、青、妇等抗日群众组织；组织民兵站岗放哨，协助部队维持秩序；组织担架队，支援前线，救护伤员。经过三个月左右的艰苦斗争，到1939年1月底，除县城以外，大股敌伪和反动地主武装基本上被肃清，群众也初步发动起来。

这时，我们实际上已控制了东起长辛店，西至紫荆关，南起高碑店，北到蔚县、宣化、怀来、涿鹿的大片地区，和晋察冀一分区紧密相连。我们先后建立了宛平、涞水、宣涿怀（宣化、涿鹿、怀来）、房良（房山、良乡）、涞涿（涞水、涿县）共五个县的抗日民主政府。与此同时，我们开办了县、区、村基层干部短期训练班，进行党的抗日救国主张和各项方针政策的教育。就这样，我们在平西逐步建立了县、区、村各级政权和群众组织，并成立了专员公署。

1939年元旦前夕，晋察冀军区和晋察冀中央分局电示我和邓华同志到军区去开会。当时，邓华正在指挥部队打房山堂上村的一股反动地主武装，难以分身，由我一个人去了。会议是在平山蛟潭庄召开的，聂荣臻同志主持了这次会议，并传达了党中央和八路军总部的指示和命令。他说：中央对宋、邓四纵队挺进冀东、配合武装起义的成功，给予了很高的评价，你们今后的中心任务是巩固平西根据地，坚持冀东和开辟平北的游击战争，创建冀热察抗日根据地。为实现上述任务，中央决定成立冀热察区党委和挺进军，分别受晋察冀军区和晋察冀中央分局领导，重要报告和重大问题的请示，同时要抄报中央和总部。在会上，聂荣臻同志宣布了冀热察区党委和挺进军的领导人员，由萧克同志任挺进军司令员兼政治委员，区党委由马辉之、姚依林、萧克等组成；平西专员公署受晋察冀边区政府领导；区党委和挺进军负责领导冀东、平西、平北三个地区的党政军工作，并在此基础上进一步向热河、辽宁、察哈尔挺进。中央和总部的指示得到与会同志的一致拥护。我记得，参加这次会议的有贺龙、彭真、关向应、萧克等同志。

会后，我陪同萧克同志到达平西，召开了全体党员干部扩大会议，传达了党中央、八路军总部、晋察冀中央分局及军区的指示和决定。全体干部一致认为，这是中央给予的光荣任务，是中央对我们的极大信任，表示完全拥护、坚决贯彻上级的指示和决定。经过充分酝酿和讨论，迅速建立了挺进军的司令部、政治部、后勤部、卫生部和随营学校等机构，配备了干部，并将原宋、邓四纵队先后改编为五个主力团。其他武装，如来平西整训的冀东高志远部抗日联军和随同主力转移到平西整训的蓟县、遵化游击队等武装，经过整训、补充、扩大后，先后回到了冀东，成为坚持冀东武装斗争的骨干力量。只有原是地主、靠办民团起家的高志远，因其个人野心未得到满足，到达平西后，与涞涿县山坡区逃亡反动地主魏福昌勾结，阴谋率领他的部队叛变投敌。正当高通过魏与日伪军取得联系，秘密商谈投降条件时，被我发觉逮捕，经公审后处决。高的罪状公布后，正在整编的高部，人人拍手称快，连被他视为亲信的人，也与其划清界限，无一人逃亡。

巩固平西，坚持冀东，开辟平北，创建冀热察抗日根据地，是在党中央关于坚持整个华北敌后抗战的总的战略任务下，在冀热察地区的具体任务。巩固平西，坚持冀东，开辟平北是这一任务的三个组成部分，它们是互相关联，互相依存，互相配合的一个不可分割的整体。平西的巩固，如果在它的周围特别是东北方面，没有广泛的游击战争的发展，没有平北、冀东斗争的密切配合，仅仅依靠平西内线的巩固是不可能的，至少是困难的。所以，开辟平北，坚持冀东，对平西的巩固有很大的意义。同样，开辟平北也需要平西的巩固与冀东的坚持。因为只有平西巩固了，才能直接派遣干部和武装到平北去；冀东坚持了游击战争，就能分散敌人兵力，配合平北的发展。同样，坚持冀东也必须与开辟平北、巩固平西相配合。平西是冀东游击战争的后方和直接支援者，平西的巩固，可使冀东在干部方面得到调剂，军事上、政治上的直接援助和精神上的鼓励。平西的主力常派去支援冀东的游击战争，冀东的地方干部和部队必要时也来平西整训。至于平北与冀东的关系，也是很明显的。平西到冀东，冀东来平西，都要经过平北。平北开辟后，就可为平西和冀东间的联系创造便利条件，成为坚持冀东的战略依托点。平西紧靠晋察冀一分区，是区党委和挺进军领导机关所在地，是冀热察整个地区的战略后方。为了使党政军民正确理解三个地区斗争的相互关系，深刻认识本地区斗争对创建冀热察根据地的重要意义，1939 年秋末，区党委和挺进军把党中央和八路军总部给我们的任务概括为“三位一体”，挺进军司令员萧克同志在其《挺进军“三位一体”的任务》的报告中，还曾对此作过全面、深刻的论述。

六、巩固平西

平西位于北平的西面、平绥路之南、平汉路之西北，是晋察冀边区的东北屏障。在平西建立根据地，将直接威胁日本帝国主义侵华的政治、军事、经济、文化的中心北平，威胁平汉、平绥两条主要铁路线，牵制敌人的兵力，直接配合边区粉碎敌人的进攻，巩固和扩大华北敌后抗日根据地。同时，平西又是我军向冀东、热河、察哈尔、辽宁挺进的前进阵地。所以，巩固平西就成为“三位一体”任务的中心环节。

巩固平西，我们有很多有利条件：平西和晋察冀边区根据地接壤，便于晋察冀军区和晋察冀中央分局的直接领导，能及时得到干部和物质、精神等方面的帮助，又可以得到冀中、北岳地区等根据地及时的配合；平西地形险要，敌人各技术兵种的行动都受到一定的限制，便于我军迂回作战；平西有我党的政治影响，早在全国抗日战争前，河北省委就曾派人来平西开辟工作，七七事变后，经过平西抗日游击队和宋、邓部队先后两次开辟工作，扩大了党的政治影响，为其后的工作创造了有利条件。

平西也有不少困难：正因为它直接威胁敌人的统治中心和交通要道，所以敌人不断在它周围增兵，不断向它进攻、“扫荡”；同时，它因地瘠民贫，山多田少，物产不丰，人口有限，造成了长期难以解决的供求矛盾，这就相对地限制了我们的发展。我们从冀东转移到平西，重新打开局面，恢复了平西根据地后，1939 年 3 月，召开了冀热察党政军干部扩大会议。会议提出“巩固平西抗日根据地”、“开展冀热察游击战争”作为党的战略任务。我们开始执行这一任务时，曾集中力量准备向冀东发展。4 月间，总部指示我们应把巩固和发展平西作为目前阶段的中心任务。

为巩固平西根据地，我们做了以下几方面的工作：

（一）武装斗争和武装建设

武装斗争和武装建设是当时的首要任务。1939 年 1 月挺进军成立后，立即执行了为期四个月的突击扩军计划，扩大了主力 3000 人，并发展了游击队 3000 多人，成立了平西各县游击大队及房、涞、涿游击支队，边沿区还建立了游击小组，一年半后共发展到 2 万余人。1939 年 11 月，又进行了整军，把第十一支队及房、涞、涿游击支队改编为第六、第七两个团，把十二支队及平西游击队一部合编为第九团，抗日联军及平西游击队另一部合编为第十团，冀东过来的 800 余人编为十二团，冀东包森支队编为第十三团。部队在整编后，一边战斗、一边进行了三四个月的政治教育和军事训练，普遍召开了政治工作会议，建立了各种制度，加强了党的工作，从而提高了部队的军事、政治素质和组织纪律性，增强了战斗力。整训后，六团去雁北，十团去平北，十二、十三团去冀东，平西只留下第七、九两个主力团。

平西的地方武装建设，主要是扩大和巩固县、区游击队。在已巩固地区不设区游击队，在反“扫荡”时，从民兵中抽出一部精干成分组成临时性区游击队；在工作有基础的村庄，建立村游击小组，由村党支部领导。游击队的任务是侦察敌情，打击汉奸、特务，掩护县、区、村干部开展游击区工作，战时还要配合主力破坏敌人交通。从1939年冬季反“扫荡”开始，敌人对平西不断进攻，战争频繁，主力有较大减员。为了充实主力，除直接动员扩军外，并从各县游击队中抽调骨干加强主力部队，因而相对地削弱了县游击队的巩固和战斗力。除游击队外，各县、区、村还普遍建立了民兵组织，有的叫民兵自卫队、模范自卫队，有的叫青抗先。专署成立武装委员会，统一领导全区的民兵工作。民兵的主要任务在平时是站岗放哨，检查行人，防止敌特活动，送信，替烈军属代耕等；在战时要带领群众坚壁清野，掩护群众转移，配合主力行动，抬担架，搞运输，埋地雷，侦察敌情，袭扰敌人。他们平时受各级政府武委会的领导，战时则受主力部队的统一指挥。

我们提出“中国人不打中国人”的口号，启发广大伪军官兵的民族意识，大力对他们进行教育和争取工作。对顽固的、甘受日寇指使和我们作对的伪军，则给以坚决的军事打击。在平西周围约有4000伪军，都是本地的汉奸武装，经过斗争和争取，大都和我们建立了不同程度的联系，其中表现较好的还能暗中掩护我们工作，在敌人“扫荡”根据地时，他们有时也能事先通知我们，成为我们获得敌人情报的渠道之一。当时敌人的行动我们差不多全知道。在敌强我弱的形势下，我们之所以能掌握着战争的主动权，立于不败之地，主要是依靠军民团结抗战，同时做好瓦解、争取敌军的工作也起了重要作用。

在主力部队和地方武装互相密切配合下，经过1939年6月和1940年3月两次反“扫荡”斗争的胜利，终于把平西建成了比较巩固的根据地。

(二)党的建设

早在七七事变前，平西就有党的组织。如老党员魏国元在宛平青白口，康纪元在镇边城，张苏、赵振中在蔚县西河营都进行过长时间的革命活动。平西抗日游击队在1937年11月开辟了以宛平县山区的斋堂为中心的抗日根据地后，积极帮助地方党开展工作。但在12月间游击队开往阜平整训，地方工作的同志也随队去阜平后，地方工作受到一定影响。1938年3月，宋、邓部队先后到平西征服了地主武装的抵抗，站稳了脚跟，开辟了以宛平八区为中心的房涞涿、宣怀、昌宛的工作，并成立了三个联合县政府，各县组织了救国会。党的组织也成立了三个工作委员会，做了一些党的发展工作。1938年6月，宋、邓纵队挺进冀东，将派出在地方工作的人员带走，并吸收了一部分原地方工作人员参加部队。我们东进纵队从冀东回到平西上清水、下清水时，从山上下来和我们接头的只有三个党员。因此，晋察冀中央分局在1942年《关于三年来平西工作总结的决定》中曾指出:“平西根据地的创造，实际上是从冀热察区党委由冀东回到平西后方才开始”的。

我们从冀东回到平西后，在以武装斗争重新打开平西局面的同时，即着手恢复党的组织关系，并大量发展党的组织。当时极大的困难是干部缺乏，工作也极不平衡。为此，冀热察区党委首先办了党校短训班(时间为一至三个月)，以后平西地委及各县县委也都举办了定期或不定期的训练班，培训党员干部和平西新成立的县、区、村政权和群众组织的非党新干部。在培训时，从非党新干部中发现较好的积极分子，指定专人负责进行培养，待回到原单位后，由县、区工作队进一步考察和培养，够条件的就发展为党员。这样，通过对敌斗争和参加其他抗日工作的考验以及办训练班的办法，迅速发展了一批新党员，仅仅三个月的时间，党员就发展到500人左右。在中心区70户以上的大村中，大都建立党支部，并逐步建立了县、区党委。在此基础上，1939年5月前后，成立了平西地委，统一领导平西各级党、政府和群众组织，他们对平西根据地的建设作出了贡献。

党组织的发展是波浪式进行的，即在一定时期内积极发展新党员，建立各级组织，紧接着进行一个时期的巩固党组织的工作，然后在此基础上求得进一步的发展。在党组织大量发展的情况下，出现了一些党内思想上和组织上的不纯现象。虽然当时发展的对象主要是贫农和雇农，他们身受三座大山的沉重压迫，有较强的斗争精神和抗日积极性，但他们文化水平和政治水平较低，有较浓厚的农民意识，把自私自利、自由主义等非无产阶级的思想带到党内来，对党的认识及组织观念较差。在当时复杂的斗争环境下，大量发展党组织也难免鱼龙混杂，泥沙俱下，使一些投机分子、流氓分子及其他不良分子混入党内。另外，我们在组织工作中，对工人工作注意不够，对有一定民族意识的中农、知识分子、商人（他们有的在当地有一定威信）有关门主义倾向，等等。这表明在经过一个时期的发展后，巩固党的任务的确严肃地摆在我们面前。

根据分局指示，1939年11、12两个月主要进行了巩固党的工作。年底分局组织工作会议后，根据会议精神，在1940年一二月间又继续布置进行巩固党的工作。

首先是组织上的整顿，对党员普遍进行登记和审查，由区党委统一发登记表，对党员的出身、历史、政治观念、斗争中的表现及对上级的意见等进行登记。然后，由上级党委逐级进行审查。采用会议的方式审查、鉴定每一党员的各个方面。清洗那些混入党内的异己分子；对那些不起作用的挂名党员，区别情况采用不同方式予以除名；有的根本不予登记，即不再通知其参加组织活动；有的经过谈话，安排其参加“同情组”，以调动其工作积极性，继续进一步的考察。经过普遍的登记和审查，平西共清洗150余人，其中包括四个区级干部，提拔了一批优秀党员骨干到各级领导班子中来。在1940年上半年中，各支部普遍进行了改选，加强了基层党组织的领导力量。

在组织整顿的同时，还普遍进行了思想整顿，各级党组织都建立了学习制度，各县还通过学习《党员须知》，办支部小报等方式进行系统的党的知识的教育，提高了党员的觉悟。在巩固和发展中，党组织注意布置了党的秘密工作，安排支部及区级领导人不担负群众团体等公开工作，以准备在某些地区一旦变成游击区或敌占区时，依靠这些党员继续领导党的秘密工作。通过整顿，纯洁了党的组织，增强了党的战斗力，进一步从组织上思想上巩固了党。在巩固的基础上，党组织又有了新的发展，到1941年底统计，平西五个县共有党员3900多人（包括地委直属支部的党员），共有27个区委，仅涞水、蔚县、房涞涿三个县就有194个支部。

（三）政权建设

平西专员公署及各级政府，都是按照抗日民族统一战线政策建立起来的民主政权。专署和县政府设民政、财政、粮秣、教育、司法等部门，后来又逐步建立和健全了公安机构。抗日民主政府在贯彻党的方针政策，组织根据地人民的生产，实行减租减息、合理负担、改善群众生活，保护群众利益，进行政治、文化教育，动员人力、物力支援抗日游击战争，镇压敌特、汉奸活动，维护社会秩序，保护人民生命财产的安全等方面，发挥了重要作用。各级政权在处理民事纠纷、刑事案件、汉奸特务案件中，在抚恤救济工作中，处处按党的政策秉公处理，深得各阶层人民的拥护和爱戴。

在巩固区，村政权为村行政委员会。有村长和管粮秣的办事员，群众组织如武委会、农会、妇救会、青救会的主任也都参加村政权。

村政权的主要工作是动员青年参军，筹集粮款，组织站岗放哨、送信、转运物资，拥军优属以及侦察汉奸活动等。

1939年9月，在区党委直接领导下，在根据地创办了《挺进报》。抗日民主政府还创办了专区、县、区、村各级中、小学和夜校，普遍开展了扫盲识字运动，广泛进行党的抗日政策的宣传教育，提高了人民群众的抗日救国热情和文化水平。抗日民主政府坚决贯彻执行党的抗日民族统一战线的政策，把各阶层人民团结到抗日民族统一战线中来，以集中主要精力打击敌伪顽固势力。平西的封建帮会、宗教迷信活动非常盛行。例如，在宣涿怀联合县境内的杨家坪大教堂，住有外国的神父，权力很大（当时全国教会的中心北平西什库教堂也受它管辖）。平西信教的群众也较多。为了争取团结一切可能争取的教会人士、开明地主士绅，特别是基层信教群众同情、支持抗日，我们除通过《挺进报》和散发传单广泛宣传外，还以挺进军司令员萧克同志的名义颁发了政策性的布告。这些布告、报纸和传单不仅在根据地、游击区广泛张贴，有时还散发到敌伪统治中心的北平，对团结上层进步人士，打击削弱敌伪反动势力，发挥了很大的作用。

在游击区和新开辟地区，我们首先争取乡、保、甲长为我们工作，为我们征粮筹款，变敌伪政权为两面政权。以后逐步控制乡、保、甲长，使之成为听从我们指挥，保护群众利益，应付敌人的两面政权，在条件成熟时就脱离敌人，由两面政权变为抗日政权。

为了巩固和发展平西根据地，开辟北平近郊的工作，1939年上半年以后，我们先后成立了妙峰山工作委员会，昌（平）延（庆）工作委员会（葛琛、卜占洲、于化民等同志都曾在工委担负过领导工作，卜、于两同志在这里的对敌斗争中英勇牺牲）。我们派出一个营的兵力，以连、排、班为单位组成武工队分散活动，经常到十三陵、妙峰山、卧佛寺、周家花园、潭柘寺等名胜古迹和风景区开展宣传活动，宣传党的抗日民族统一战线政策，打击汉奸特务，以教育群众，扩大游击区，缩小敌占区。特别是每逢初一、十五或星期日，游人最多的时候，是我们进行宣传的大好时机。通过上述活动，我们和各阶层人民建立了不同程度的联系，逐步建立了一些短小精干的秘密抗日组织和据点，变敌伪的一面政权为抗日的两面政权（表面上是敌伪管辖区，实际上是我们的游击区）。

（四）财政经济政策

平西人口最多时约30万（巩固区20万，游击区10万），面积约4万平方公里。专署辖五个联合县和一个办事处（后改为四个县）。根据地内没有城市，共有大小乡村1100多个，由我控制的有800左右。这些地区的物产以玉米为主，小米、麦子只有很少一部分，丰年可供部队四五千人的粮食。其他物产以煤为大宗，其次是杏仁、核桃、栗子等土特产。

财政收入主要靠：1. 征收公粮；2. 征收田赋税；3. 征收出口税，每年出口税百万元左右，仅杏仁、核桃每年可征出口税约20万元。按平西人口，只能负担脱离生产人员6000人（按巩固区总人口3%计算），而当时实际脱离生产的有1.1万人，占全人口比例5%强。平西大部分地区人民的负担，超过当地经济总收入的10%，个别村庄甚至达到30%；抗战勤务的负担也是很繁重的。最繁忙的村庄，自卫队天天服勤务，平均每人每月在十天以上。

为了减轻人民的负担，我们宣传和贯彻了晋察冀中央分局颁布的“双十纲领”，发动群众实行减租减息，推行合理负担；实行统筹统支，精简节约，减少脱产人员，减轻抗战勤务；开辟新区，由冀中的十分区运进一部分粮食；整理乡村财政，调剂贸易等。同时我们还对游击区和敌占区的商人、小贩开展了争取、团结工作，保护他们的合法利益，通过他们把平西根据地的一些土特产品，如杏仁、核桃、猪鬃、皮革、木炭、药材、荆条等运出山区，换回根据地军需民用的布匹、食盐等急需物资。这些措施对改善根据地人民的生活和支援抗日游击战争都发挥了积极作用。

由于我们认真贯彻了中央与晋察冀分局关于创造、巩固和发展平西根据地的一系列指示、方针和政策，经过全体军民三年多的艰苦奋斗，终于把平西建成为巍然屹立于敌后的较巩固的抗日根据地。1942年7月，晋察冀分局《关于三年来平西工作总结的决定》指出："三年来区党委在平西根据地的创造与巩固上，得到了相当的成绩，基本上完成了党给予的巩固平西，并以平西作为开展冀热察游击战争前进阵地的任务。"分局对平西根据地军民几年来斗争成果的评价是完全正确的。平西的巩固有重要意义，因为，平西是冀热察抗日根据地党政军领导机关的所在地，它对贯彻党中央、八路军总部和晋察冀中央分局、晋察冀军区的决定、指示，负有重大的责任。它随时都要掌握平西、平北、冀东三个地区的敌情变化，及时总结斗争经验和教训，提出自己的斗争策略和步骤，及时上报、请示。根据上级的指示结合本地区的具体情况指导对敌斗争。当时，每年两次召开县团级以上党政军干部联席会议，对上级的决定指示进行传达、讨论，集中大家的意见，进行部署，年终总结，上报晋察冀中央分局和军局。遇到重要情况，随时上报请示。此外，还为三个地区轮训部队，培养干部。所以平西对冀东、平北坚持抗日斗争和建立根据地，对冀热察区党委和挺进军工作的好坏，有着重要关系。

七、坚持冀东

1938年10月，我四纵主力部队向平西转移后，留在冀东的八路军三个支队分别在三个地区活动，彼此很难联络。但他们在极其困难的条件下，运用机动灵活的游击战术，处处打击敌人。例如，1939 年 4 月 26 日，我包森支队在遵化地区的战斗中，曾一举俘获日本天皇的表弟赤本大佐及其随从多人，给敌人以很大的震动。他们的战斗对冀东军民坚持抗日游击战争给予极大的鼓舞。

李运昌、李楚离同志领导的两支抗日联军，在向平西转移途中受阻返回冀东坚持斗争时，正值国民党丢掉武汉，日本帝国主义一方面对蒋介石进行诱降，另一方面回过头来对华北敌后抗日根据地猖狂进攻。日寇从武汉调回一个旅团（小林部队），配合当地日、伪军对冀东地区进行秋季大“扫荡”。抗联部队经过连续苦战，最后只剩 1000 余人，撤到迁西的柳沟峪。经过李运昌同志的动员，重新布置工作，一面进行武装游击活动，一面派出干部战士回家乡恢复地方工作，坚持斗争。当时因敌人“清剿”，实行保甲连坐法，原先那些分散回家的抗日联军战士又纷纷回来寻找部队，部队又迅速发展到 4000 余人。这些地方武装与八路军游击队紧密配合，与敌人进行了反复的斗争。在残酷的斗争中，虽然在青纱帐起来前的一段时间内，队伍有时也遭到减员，甚至只能昼伏夜出，但仍然坚持了冀东游击战争，迫使敌人小股武装和特务汉奸不敢轻易单独外出活动。

1939 年冀热察区党委成立以来，冀东大部分干部和部队，先后分批来到区党委、晋察冀中央分局和抗大进行轮训。李运昌、李楚离、谷云亭、阎达开、胡锡奎、朱其文、周文彬、李子光等负责同志也先后来到平西。李运昌、李楚离在向分局汇报工作后，回到了冀东。1939 年底至 1940 年初，阎达开、谷云亭作为党的七大代表去延安准备参加七大，胡锡奎调北岳区党委，朱其文留在平西区党委工作，另外，还抽调少数干部到平西游击区和平北开辟工作。除此以外，所有到区党委党校和分局党校受训的干部和来平西整训的武装都先后派回冀东。他们回去后，加强了冀东的领导和斗争力量，使冀东武装力量得到进一步的壮大，县、区、村政权和党群组织都有了不同程度的恢复和发展。

为了进一步加强对冀东斗争的领导，以适应斗争环境的需要，冀热察区党委和挺进军根据晋察冀中央分局和军区的指示精神，结合冀东的实际情况，于 1939 年 5 月发出了坚持冀东的指示。指出了坚持冀东的有利条件和应当贯彻执行的一些具体方针政策。指示还强调要在斗争中扩大游击区，建立游击根据地，不断发展和壮大自己，克服部分同志对坚持冀东信心不足，要依靠主力第二次开赴冀东，进行一次大的战役来打开局面的思想。并决定成立冀东军分区和冀热察区党委冀东分委，由李运昌、李楚离同志分别担任军分区司令员和分委书记，并成立了冀东抗日政权办事处。分委、军分区分别受区党委、挺进军的领导。原留在冀东的八路军三个支队和抗日联军及地方游击队一部，整编为八路军的三个主力团。以他们为骨干，逐步建立了许多块游击根据地。随后，平西主力一部（十团）开赴平北、热河，向长城内外发展，与冀东密切配合，互相呼应。

在 1939 年下半年到 1940 年底的一段时间里，敌人集中主要兵力对付我平西根据地和冀中十分区。在敌人兵力分散的情况下，我冀东根据地充分利用这一时机得到了较快的发展和壮大。由于冀东抗日游击根据地的发展和斗争的不断深入，逐渐引起了敌人的更大重视，对冀东的“扫荡”和“清剿”也更频繁起来，向我根据地不断“蚕食”。在敌人占优势的地区里，他们搞“治安强化运动”，推行“保甲”制度，实行连坐法的野蛮统治，企图离间我军民关系，以孤立我抗日武装。对我中心区的“扫荡”不仅十分频繁，而且越来越残酷。例如在 1940 年的一次“扫荡”中，包围我丰润县潘家峪的敌人，将男女老少群众 1300 余人集中起来，强迫他们供出谁是共产党员、干部和游击队员。群众都坚贞不屈，没有一个人吐露实情。最后，敌人将被包围的群众赶进一个院内，四周堆放柴草，架起机枪，然后点燃柴草，把群众全部枪杀、烧死在里面，制造了震惊全国的冀东潘家峪大惨案。

冀东军民在敌人最野蛮的镇压下，不但没有丝毫动摇，而且越战越强，斗争艺术也越来越巧妙。游击队在敌人“扫荡”时化整为零，神出鬼没，机动灵活地打击敌人。他们处处受到广大群众的掩护和支持。敌人来了，群众就把游击队认作自己的亲人，年轻妇女甚至把游击队员认作自己的丈夫，军民之间建立了亲密无间的鱼水情谊。敌人分不出哪些是老百姓，哪些是八路军，往往陷入被动挨打的境地。由于冀东根据地坚决贯彻了党中央的正确路线和各项方针政策，主力部队和游击队得到发展壮大，根据地不断巩固。到1940年底，逐渐把活动范围扩大到南起乐亭、宁河，北至兴隆、青龙，东至迁安，西到平谷、密云、蓟县的广大地区，并使之基本连成一片，在180万人口的区域中，建立了抗日政权。随着抗日游击战争的发展，敌伪之优势和我之劣势逐渐发生着有利于我的变化。在部分地区，如遵化、迁安、玉田一带，敌伪统治在大部分地方已不能达到，而我已开始处于优势地位。1941年6月19日，中共晋察冀分局在写给中共中央和北方局的报告中指出：“冀东目前已是大块游击根据地（东西部有葫芦形连接），各方面工作都已树立了初步坚持冀东工作的基础”。彭真同志也曾对冀东军民斗争的成绩给予热情的称赞，他在1941年8月17日《对冀东、平北工作的意见》中指出：“由于冀东、平北党员干部的英勇艰苦奋斗，冀东的工作已获得光荣的很大的开展与成绩，证明冀东游击战争可以坚持。”

在坚持冀东抗日游击战争的过程中，我冀东军民越战越强，到1944年末，冀东根据地已有10万党员，3万正规部队，20万民兵，25个县支队，根据地有560万人口，建立了25个联合县，并成立了冀热辽军区、区党委和行政公署，这就为以后的收复热河、解放东北，准备了力量和前进阵地。“八一五”日本帝国主义宣布无条件投降后，我冀东八路军接到党中央和八路军总部的命令，在晋察冀军区的直接指挥下，首先进入东北，配合各大解放区进入东北的各路主力部队收复东北各省。冀东军民对中国革命的胜利作出了自己的贡献。

八、开辟平北

开辟平北、承德、张家口之间的冀热察三省边界广大地区，将使平西和冀东联结起来，使三个地区的游击战争互相配合，成为坚持长期斗争和将来反攻的一个坚强阵地。

开展平北的游击战争，早在1938年6月就开始了。那时，八路军宋、邓四纵队挺进冀东，留下四纵队政治部主任伍晋南率领的一支武装在昌平、密云一带进行游击战争。在坚持三个月的游击活动中，这支武装对敌伪统治下的平北的军事、政治、经济、文化、民情、地理等情况作了带普遍性的调查和了解，一度开辟了昌（平）滦（平）怀（柔）地区，成立了滦昌怀联合县政府，并建立了各种抗日组织，但因敌我力量悬殊，被迫撤出。其后，1939年青纱帐季节，挺进军三十四大队奉命挺进平北，进入十三陵地区开辟工作。但是，在执行对土匪政策上有偏差，没有站住脚，只坚持了一个月即返平西。这两次开辟平北虽然没有成功，但取得了一些经验教训。同时，这几次的活动，在平北人民中产生了良好的影响，播下了革命种子，使这个地区的群众对我党我军有所了解，这些都给以后的开辟工作创造了有利条件。

1939年秋末，冀热察区党委和挺进军提出了创建冀热察抗日根据地的“三位一体”的任务，确定了平北在冀热察的战略地位，指明了开辟平北的重要性、开辟平北的困难和克服的方法。由于平北地区是伪满洲国、伪蒙疆政府统治较久、并建成一套较严密的统治机构的地区，同时又紧靠伪华北政府统治中心北平。当时抗战已进入战略相持阶段，敌人增强了他们的后方统治力量，这是我开辟平北工作的不利条件。但是另一方面，由于这里地处伪满、伪蒙疆政府、伪华北政府的结合部，使我有隙可乘；敌人对这里残酷的掠夺和奴役，激发了广大人民对敌人的仇恨和抗日的要求，以及有平西和冀东人民的斗争为依托，这又是开辟工作的有利条件。因此，要开辟平北，必须正确执行党的各项政策，采取巩固地向前发展的方针，在战术上只能梯次用兵，发动和依靠群众，用分散、隐蔽的办法，先开辟小块根据地，随着武装力量的不断壮大和根据地的发展巩固，进而逐步连成大块根据地。1940 年间，挺进军和区党委根据中央和晋察冀军区关于开辟平北的指示精神，先后派了武装工作队，并派遣了程世才、段苏权同志率领主力团进入平北，相继建立了平北工委，苏梅任书记；平北军分区司令部由程世才任司令员，分区政治部由段苏权任主任。月余，程世才调回平西，由覃国翰接任司令员，段苏权任政委；并建立了平北办事处，张致祥任主任。

挺进军主力到达平北后，紧紧抓住武装斗争这个中心环节，积极向敌伪展开游击战争，连续取得战斗的胜利。至 1942 年春，我军在冯家峪、东山庙、鹿皮关、阎家坪、一撮毛山、谷水峪等战斗中，粉碎了敌人八次较大的“扫荡”。在实战中，提高了部队的战斗力。1941 年底，平北主力部队已有十团、四十团达 2000 多人。同时在武装力量掩护下，抽调了一批得力干部进行建立抗日民主政权工作，认真执行党的各项政策，争取有民族意识的上层分子，在群众中也进行了广泛的宣传和组织工作，先后实行了合理负担、减租减息和增加工资，镇压了罪大恶极、一心事敌的汉奸、特务，摧毁了部分的敌伪村政权，得到了人民群众的信任和拥护，站住了脚跟。至 1941 年 6 月，相继成立了昌（平）延（庆）、龙（关）赤（城）、龙（关）崇（礼）赤（城）、龙（关）延（庆）怀（来）、丰（宁）滦（平）密（云）五个联合县政府和滦（平）昌（平）怀（柔）办事处。到 1941 年底，在 242 个村中，发展了 2250 名党员，并建立了民兵、工农青妇等群众组织。正如1942年1月31日晋察冀中央分局《关于平北二年来工作的指示》中所指出的："平北两年来在艰苦斗争的过程中，已经初步形成了根据地。"

后来，在1943年，随着形势的好转，根据地日趋扩大，又建立了滦（平）昌（平）怀（柔）顺（义）和龙（关）崇（礼）宣（化）两个联合县。1944年，解放区更加扩大与巩固，取消了原县治划分，划成昌平、怀顺、赤原、崇礼、宣怀、龙关、赤城、延庆等县。日本帝国主义投降后，在晋察冀军区的直接领导下，我察北骑兵支队于1945年8月17日到达多伦南部与苏蒙联军会师。8月23日，我平北部队解放了华北重镇张家口市。

从1938年八路军宋、邓四纵队东进配合冀东武装起义，到1940年上半年，在这一段时间内，我广大军民经过同敌人的反复斗争，消灭了不少敌伪武装的有生力量。在平西、平北、冀东的广大地区内，基本上摧毁了敌伪的区村政权，迫使敌人龟缩到大中小城市和重要集镇，敌伪军的小股武装和汉奸特务也不敢轻易出来活动。冀热察区党委和挺进军在晋察冀中央分局和军区的领导下，经过全体干部和广大革命群众的共同努力，基本上贯彻执行了党中央和八路军总部的指示，实现了巩固平西、坚持冀东、开辟平北，建立冀热察抗日根据地的光荣而艰巨的任务。1941年6月，晋察冀分局在《关于冀热察形势及今后任务向北方局、中央的报告》中，对冀热察抗日根据地在这一时期的工作给予了充分肯定，《报告》说："以冀热察边区为中心，创造大块游击根据地的任务，目前基本上已经实现。因此，冀热察党目前工作中心，应放在巩固现有阵地，在巩固中向前发展。"

在回顾这段斗争历史的时候，应当看到，当时区党委在领导工作上也存在着许多缺点和不足之处。例如，我们十分注意迅速发展和扩大主力部队，这无疑是十分必要的，但对地方武装的巩固与扩大注意不够，往往地方武装刚刚动员起来，即不断地被过渡到主力部队中去，以致有时不得不再以主力部队分散活动的方式来掩护地方工作的开展，使主力过于分散和疲劳，同时又削弱了地方游击队，使之不能起应有的作用。另外，党组织的发展不够广泛，党员数量少，分布也不平衡。在政权和群众工作方面，有的地区未能及时建立正规的财政经济制度，造成物力、财力的浪费；有的地区群众工作还较薄弱；除领导群众对敌斗争外，对减轻群众负担、逐步改善人民生活注意不够。这些缺点，后来在晋察冀分局的领导下，逐步得到了克服。

九、反“扫荡”、反“蚕食”斗争和精兵简政

冀热察抗日根据地的建立和发展，直接威胁着敌人在华北的心脏和交通命脉，因此，从发动游击战争以来，敌我斗争一直十分尖锐、残酷。可以说，从建立游击根据地之日起，敌人的进攻与“扫荡”就从来没有停止过，特别是对平西根据地的进攻更为频繁。除定期集中兵力向我根据地“扫荡”外，有时也经常乘我之隙向我工作薄弱的地区进行突袭。敌人在南苑建立的飞行基地也经常出动飞机轰炸、扫射我平西根据地，以平西作为他们训练、演习的靶场。

1940 年上半年以前，敌人进攻的主要方式是全面、多路向我中心区围攻“扫荡”，实行烧光、杀光、抢光的“三光”政策。我们则动员军民坚壁清野，在敌人分进合击时，留少数精干主力以营连为单位，配合地方武装与敌人周旋。主力部队则转到外线向游击区和敌占区敌人兵力空虚的后方进攻，打击敌人的运输队，破坏敌人的交通线，攻打敌人兵力薄弱的据点，迫使敌人撤退。在敌人撤退时，我们又迅速返回根据地，集结兵力，追击已在撤退的敌人，并以优势兵力包围未撤完的小股敌人，给以歼灭性的打击。例如，我们在一次反“扫荡”

中，在宛平县清水和塔河之间，就曾一举歼灭日军的一个中队，使之无一人漏网。敌人每次“扫荡”都给我根据地人民的生命财产造成严重损失，但每次“扫荡”最后也均以失败告终。

从1940年下半年起，敌人改变策略，以“蚕食”政策为主，每次向我根据地进攻和“扫荡”时，都要建立一些据点，以此分割和缩小我根据地。例如，在宛平等县，敌人首先在军响、镇边城、青白口、东斋堂、西斋堂、十字道等重要村庄建立据点，强迫群众在各据点间修筑公路，然后把各据点附近的小村庄全部烧毁，把所有群众赶入据点，修筑碉堡，建立战略村，实行联保连坐制度。敌人不断“蚕食”、缩小我根据地，扩大敌占区，妄图实现其最后消灭我根据地的罪恶阴谋。在此情况下，我平西根据地巩固区逐渐缩小，困难也越来越大。随着对敌斗争的日趋频繁和残酷，部队伤亡、减员数字也越来越大，兵员的补充难以满足战争的需要，部队的给养也越来越困难。尽管巩固区的群众宁肯自己吃树叶，尽最大的努力交售公粮，仍难于解决越来越尖锐的供求矛盾，部队时常得不到粮食供应，被服、弹药的补充也越来越困难，大部分轻伤员也要依靠群众掩护和照顾。为了减轻巩固区群众的负担，解决部队的给养困难，部队不得不被迫到敌占区或边沿区去就食或补充兵员，这样又加重了游击区人民的负担。

在此情况下，晋察冀中央分局和军区决定，为解决平西的给养问题，将冀中十分区划归冀热察区党委和挺进军领导。虽然冀中十分区物产丰富，但该区地处平津两大城市之间，包括北宁铁路与平汉铁路北段两侧，东起武清县，西至容城县，南从文安县，北到大兴县的大片地区，对日本帝国主义威胁很大。因此，敌人对冀中十分区也像对平西一样，从1939年起就开始了频繁的“扫荡”和“蚕食”。十分区被划归平西领导时，已开始逐步由根据地变为游击区，这个地区的三个主力团（每团约3000人）和地区部队（约1000人），经常有一个团以及党、政和工农青妇等群众团体的部分机关人员，被迫转到平西根据地东南地区进行培训和补充。在此情况下，十分区划归冀热察区党委和挺进军领导以后，供求矛盾未能解决，加之指挥又不统一，未能收到预期的效果。与此同时，敌人对我冀热察抗日根据地采取分割包围的战术，妄图最后消灭冀热察抗日根据地。

当时，敌人在冀东和平北之间制造了大片无人区，在冀东和平北、平北和平西之间的沿平古路、平绥路及永定河一线，以及平西与晋察冀军区之间从涞源到徐水、易县一带的主要交通线上（如紫荆关等地），敌人都构筑了一系列的碉堡，在平西与十分区之间沿平汉路两侧，敌人搞得深沟高垒，碉堡林立，并实行联防联保制度，对根据地加以严密封锁分割。在斗争最尖锐的区域和时间里，真是“抬头见岗楼，迈步登公路，无村不戴孝，遍地是狼烟”，呈现出一片触目惊心的景象，根据地军民蒙受了极大的损失。区党委起初对敌人的以分割“蚕食”为主的策略上的变化缺乏足够的认识，对于斗争形势的演变估计和预见不足，在贯彻上级各项指示方面也存在着不同程度的缺点，以致在斗争策略上未能及时进行适合当时斗争形势的改变。一段时间内，加重了人民的负担，在一定程度上影响了军民关系。1940 年，日寇不仅对我平西频繁“扫荡”，还曾指使特务武装对我汤各庄实行奔袭。他们勾结暗藏的汉奸分子，利用少数群众对某些干部在扩军和征收公粮中强迫命令的不满情绪，煽动暴乱，绑架和杀害我区村干部。我们通过打击首恶，争取胁从，揭露敌人阴谋，教育受欺骗群众，很快恢复了秩序，处理了善后。事后，我们作了认真的总结，接受教训，改进了工作作风。

1941 年，党中央作出了关于精兵简政的决定。毛泽东同志指示，各根据地党政军所有脱产人员，不得超过根据地总人口的 3%。我们遵照上级的决定和指示精神，结合冀热察根据地的具体情况，进行了反复认真的讨论，认识到设在平西的冀热察党政军机构已不适应新的斗争环境的需要，提出撤销区党委和挺进军这一级机构，把这一级机构的全体干部和各种人员，以及警卫部队，都充实到基层单位和战斗部队中去。这样，就减少了层次，缩小了目标，加强了对敌斗争的力量，能够减轻人民的负担，有利于部队灵活地深入敌后，打击敌人，变被动为主动。我们提出，将这一级机构撤销后，成立平西军分区；原冀热察区党委冀东分委改为冀热边区党委；平西、平北、冀东三个军分区和三个地区的党政机构，除平西、平北地委受北岳区党委领导外，分别直接受晋察冀军区、中央分局和晋察冀边区政府的领导，十分区仍划归冀中区党委领导。区党委将上述打算向党政军县、团级以上干部征求意见时，得到了一致的赞同，随后上报了晋察冀中央分局和军区，抄报了党中央和八路军总部。报告很快得到了上级的批准。彭真同志自延安拍来的复电指出：平西的问题基本上是“鱼大水小”（指平西根据地人少，负担不了那么多脱产人员），同意我们的意见。

根据上级的指示，我们向所属各地区党、政、军、民进行动员，并部署了今后的斗争任务，于1942年春天结束了区党委和挺进军的工作。经过精兵简政，人民群众的负担减轻了，得到了休养生息，抗日的积极性更为高涨，党、政、军、民的基层组织得到充实，各级机关的工作效率和部队的战斗力进一步提高和加强。这时冀热察地区的斗争形势发生了新的变化，各地区积极开展了对敌斗争。在平西，地委召开了会议，制订了组织武工队深入敌后，向东北方向推进，夹击平绥路的计划，取得了很大的进展。经过各地区军民的共同斗争，使根据地不断得到巩固和发展，到1943年，又使平西、平北和冀东连成一片。斗争的实践证明，党中央关于精兵简政的决策是完全正确的，必要的。正如毛泽东同志所指出的，用精兵简政来克服“鱼大水小的矛盾，使我们的战争的机构适合战争的情况，我们就将显得越发有力量，我们就不会被敌人战胜，而要最后地战胜敌人”。

十、城市工作——点线委员会

在长期的革命斗争中，白区的党组织在周恩来、刘少奇等同志的正确领导下，作为中国革命力量的一翼，为中国革命的胜利，为新中国的诞生，曾经发挥过不可磨灭的作用。抗日战争时期，敌占城市中的党组织，曾积极地配合了敌后抗日游击战争的开展和抗日根据地的建设。

冀东是中国共产党的创始人之一——李大钊同志的故乡，北京地区是大钊同志早期从事革命活动的地方。早在中国共产党创建时期，他就着手在北方传播马克思列宁主义，从事工人运动、学生运动、兵运和农民运动。北方地区具有光荣的革命传统，大革命失败后，白区党组织仍然顽强地继续战斗。正如《关于建国以来党的若干历史问题的决议》所指出的那样："在国民党统治下的白区，也在艰苦的条件下，发展了党和其他革命组织，展开了群众革命斗争"。但由于党内历次"左"倾错误所造成的损失和失败，致使白区的革命力量受到很大的摧残。河北省委及平津等城市中的党的领导机关，一再遭到敌人的严重破坏，很多共产党员和革命群众被捕、被关、被杀。但是，敌人的疯狂镇压并不能把共产党人斩尽杀绝。在城市、乡村乃至敌人的军队中仍有党的组织或党员，他们从未停止过革命活动和斗争。他们一旦被捕，落入敌手，在监狱里、法庭上仍与敌人进行着顽强英勇的斗争，表现了对共产主义事业的坚定信仰和崇高的革命气节。

九一八事变后，随着民族危机的日益深重，北方党组织领导各阶层人民开展了各种形式的、广泛的抗日群众运动。为了反对国民党反共反人民、坚持内战的反动统治，北方党曾先后多次组织和领导过河北、河南、山东等省武装暴动及张垣武装起义，至于工人罢工、农民抗税、学生罢课和游行示威更是不断发生。1935 年，平、津爆发了有名的一二九学生运动。这次运动迅速扩大到全国各大中城市，形成了反内战、反投降、要抗日的怒潮，冲击着国民党的反动统治。党组织抓住一二九运动发展起来的大好形势，将运动继续推向深入，从学校到工厂，从城市到农村，从平津到全国，把工农商学各阶层人民动员起来，参加各种救亡运动，吸收先进分子参加各种抗日团体和发展党的组织。

当时党的干部异常缺乏，尤其是各级领导干部更是不能适应革命形势发展的需要。少奇同志果断地提出要从北平草岚子胡同军人反省院营救那些被关押的、久经考验的党员出狱，认为与其让他们长期关在狱中，不如让他们出来工作对革命有利。北方局对此作出决定，并得到中央批准。监狱党支部执行了这一决定。出狱后，根据北方局的指示，薄一波、杨献珍等大部分同志去了山西。他们在那里为发展党的组织，建立抗日民族统一战线，发展抗日武装，做了大量的工作，为以后的反顽斗争、坚持抗战作出了重要的贡献。留在北平分配工作的十余人，其中有殷鉴、李楚离、胡锡奎、刘澜涛、刘慎之、朱则民、唐方雷、刘昭、赵镈、马辉之等。

北方局为加强各级党组织的领导和把工作重心转向基层，将李楚离、胡锡奎派往华北“各救”；刘澜涛派到天津市委任副书记；刘慎之、朱则民派往北京市委；赵镈派往冀南特委；我被派到北方局天津工作组工作。北方局除加强对学生运动和华北“各救”的领导外，还选派党员和可靠群众打入各军队、各党派和群众团体中去，宣传党的政策，争取团结一切抗日力量，开展广泛的抗日民族统一战线工作。

七七事变后，平、津形势发生了突变，各大学纷纷南迁，所有上层名流及民族资产阶级上层人物也纷纷离开平、津南下。当时因平汉、津浦两条铁路已不通车，绝大部分北平学生来到天津，准备南下。党组织为争取他们深入农村开展游击战争和送往延安培养，经姚依林、李楚离通过统战关系，争取了天津英国的轮船公司为我们把这些学生和天津的学生分批送往青岛，转赴冀南、山西、延安和武汉。总之，从1936年到1937年8月，特别是七七事变后的七八月间，我们将很大一批学生（其中包括党、团员和民先队员）送去了延安等地，他们中的很多人在以后成为坚持抗战和建设社会主义的骨干力量。

1937年春，刘少奇和彭真同志到延安参加会议，尚未返回平津，就爆发了七七事变。这时留在平、津工作的柯庆施、林枫两同志也先后去了山西临汾（当时北方局设在临汾），只剩下李大章和我仍留在天津，负责领导平、津两市委和冀东，以及冀南两个特委的工作。同年8月，北方局指示成立河北省委，负责领导平、津、唐三个市委、冀东特委及群众团体等工作。冀南特委划归北方局直接领导。省委成立后，除坚持平、津、唐等城市工作，深入工矿企业进行隐蔽的组织活动外，仍继续向延安及其他抗日根据地和各地农村输送干部，发动和组织敌后抗日游击战争。

1938年5月，我到延安向党中央汇报冀东武装起义的准备工作时，少奇同志除对起义的有关问题作了部署外，对平、津、唐的城市工作也作了明确指示，指出：城市工作成立点线委员会，由吴德具体负责，划归长江局领导。城市中的党组织要短小精干，坚持秘密工作，利用各种渠道了解敌情，向根据地输送人员和物资，聚积力量，准备配合将来反攻收复失地。

遵照少奇同志的指示，我于5月底离开延安，取道西安去武汉，当时恩来同志不在武汉，我通过夏之栩同志找到博古同志，向他传达了中央关于平、津、唐点线委员会归长江局领导的决定。博古同志表示同意中央的决定，指示平津可与武汉、香港间建立电台联系。他叫我与长江局订立了电台呼号与密码，然后到香港，找廖承志同志确定与香港的电台联系办法，再取道上海返回天津。回到天津后，我即将从延安、武汉、香港带回的电报密码和电台呼号交给了姚依林同志。当时因吴德不在天津，省委研究决定点线委员会的工作改由葛琛同志暂时负责，姚依林暂留天津向葛琛交代工作后再去冀东。

1939 年 1 月初在蛟潭庄开会时，聂荣臻同志传达中央决定：平、津、唐点线委员会划归晋察冀中央分局领导。他说：由于分局机构尚不健全，马辉之长期搞城市工作，情况比较熟悉，平、津、唐点线委员会暂时由马代管，城市中的其他一些工作，也由马保持联系。

我们从冀东刚到平西时，处于连续行军作战的环境中，忙于重新打开平西的局面，尚未及建立专门与城市联系的电台。冀热察区党委成立后，自己设了电台，才开始与点线委员会在天津的电台发生联系。后来，为了加强挺进军的电讯工作，从挺进军选拔适合城市工作的电讯人员，派到天津去接替负责点线委员会电台工作的王士光同志。王到根据地后，对提高部队的电讯技术起了一定作用。我们在平西站稳脚跟后，随着根据地的不断巩固，在边沿地区创造了广大的游击区，沟通了根据地—游击区—城市之间的联系，扩建了来往于敌占区的秘密交通线，更便利了我们与平、津地下党组织的联系和干部的往来。主要秘密交通线有四条：一是田家庄—妙峰山—北平；二是镇边城—北平；三是天津—北平—松林店—张坊—平西；四是北平—三家店—平西。

当时，城市工作和根据地工作是严格分开的。城市工作的任务仍然是在人员和物资上充实根据地，配合和支持根据地的抗日游击战争。同时，我们也先后调进了少数能适应秘密工作的干部去平、津工作。从 1939 年初到 1940 年上半年的一段时间内，通过平、津、唐点线委员会所属的平、津党的市委等城市中党的组织，先后输送了一大批干部和群众，到根据地去参加对敌斗争。同时，还护送了一些国际友人到根据地参加抗日工作，如奥地利的某医学家、英国某学者等，就是经过平西，转往晋察冀军区参加抗日工作的，其中有的同志至今仍在北京，热情地帮助我国“四化”建设。这一时期，我们通过城市党组织，从平、津等大城市采集各类军需物资，如军工、电讯器材、医药、布匹、食盐等。

1940年，我将平、津城市地下党组织的工作先后分别移交给晋察冀中央分局刘仁同志和许建国同志领导。据我所知，平、津、唐点线委员会及三个市委等党的组织，在1940年向分局移交前，从未撤销过。1940年以后，各抗日根据地经过几年来反“扫荡”、反“蚕食”的斗争，获得了巩固和发展。为了敌后城市工作的更大开展，也为后来的反攻和收复失地做好战略上的准备，根据党中央和中央城工部的指示，从根据地选拔一批适合城市工作的干部，经过训练，派往敌人占领的城市中去，加强党在城市中的工作。

平、津、唐点线委员会领导着广大地下党员和革命群众，在敌人的心脏里，在极其险恶艰苦的环境中，进行了不屈不挠的斗争，为抗日根据地的斗争和建设，为抗日战争和其后的解放战争的胜利作出了很大的贡献。

冀热察抗日根据地的建立和存在，直接威胁着当时被敌人占领的华北政治、经济、文化中心——平、津、唐三大城市和北宁、平绥两条铁路干线，起到了保卫和巩固晋察冀抗日根据地的东部屏障作用，对坚持华北敌后抗战及华北各抗日根据地的对敌斗争起到了配合作用。在开辟冀热察抗日根据地的斗争中，成千上万优秀的共产党员、革命干部和革命群众，为了中华民族的解放事业献出了自己宝贵的生命。如平西专员公署专员杜伯华，冀东抗联原高志远部政委（后兼司令员）董毓华，晋察冀银行平西办事处主任庄敬山，十团团长白乙化，挺进军机要科长张振元，还有从延安派到冀东的军事干部李润民，曾从天津派往冀东直接负责领导1938年开滦煤矿大罢工的周文彬，开滦五矿赵各庄矿工人领袖节振国，冀热边特委书记王平陆，冀热边特委委员丁振军，冀东区党委委员苏林燕，八路军陈苏支队队长陈群，八路军包森支队支队长包森，冀热察区党委交通大队长郝立本，平西专区武委会主任王治良，地委书记赵观民，挺进军民运部长谭志诚，冀热察区党委秘书长卞振东，平北昌延县委书记徐智甫、县长胡瑛，冀东军分区政治部主任刘城光，冀东军分区参谋长方山，冀东十四专署专员杨大章等同志。抗日战争时英勇牺牲在平西，冀东和平北的县团级以上干部不下数百人。此外，胡锡奎、刘慎之、李子光等同志，忠心耿耿，为党的事业奋斗了一生，他们没死于枪林弹雨的战场上和敌人的白色恐怖下，而在康生、林彪、“四人帮”一伙的残酷迫害下含冤牺牲。先烈们的革命精神如日月经天，他们的丰功伟绩将永远铭刻在人民心里。回忆往事，缅怀先烈，让我们继承革命先烈的遗志，发扬革命光荣传统，为实现祖国四个现代化的宏伟目标奋勇前进！

（袁璞、梁湘汉等同志参与本文查阅资料及文字整理）

创建平北根据地亲历及见闻

王府

抗日战争时期，赤城县大海坨（海坨山一带）是平北抗日根据地的核心，是平北地委、军分区和龙赤（龙关、赤城）、龙崇赤（龙关、崇礼、赤城）、龙延怀（龙关、延庆、怀来）、赤源（赤城、沽源）联合县所在地。

我是赤城县东兴堡村人。1940 年参加革命，1941 年秋入党。从创建平北抗日根据地到中华人民共和国成立，一直战斗在这块土地上。至今回忆起当年那轰轰烈烈的战斗生活，心情久久不能平静。

七七事变前后

赤城县位于河北省的北部，张家口的东部。北枕塞北高原，南延怀平川。黑、白、红三条大河，流向由北向南，于怀柔汇入白河。燕山盘踞全境，峦峰重叠，众山环横，一眼望去好像海洋里起伏不平的波浪。整个地形特点是西北高，东南低，总面积5400平方公里。山地占80%，便于屯兵作战。据龙关县志、地理志记载：“龙关南拱故都，背近蒙疆，左独石，右张垣，形势甲于口北，垣右为屯兵重地。”张家口满蒙八旗陈清书记载：“唯一察南地方僻处边陲，介于内外长城之间，在历史下已为战争之要冲。”自古以来这一地区乃兵家必争之地，战争频繁，烽烟不断。铁骑纵横，人民处在水深火热之中。

在国民党统治时期，当地的行政区划：长城以西属于龙关、赤城二县，长城以东属于沽源县，建立了县区警察局、保卫团等组织，农村实行甲牌制，利用这种形式形成层层统治。贪官污吏、土豪劣绅、地主、富农利用地租、高利贷、苛捐杂税对人民进行残酷剥削，再加上军阀混战，土匪出没无常，奉军、晋军、国民军争夺地盘，互相拉锯，战火连年不断。张心猿、荣三点等大股土匪回乡骚扰，奸淫抢夺，弄得民不聊生，十室九空。当时有一首民谣为证：“今天兵，明天帮（土匪），老百姓，遭了殃。”

1931年，由于蒋介石采取“不抵抗”政策，东三省迅速沦陷。1933年，日军又侵占热河。10月间，我县黑河地区沦于日寇铁蹄之下，并划为热河省大阁县（即丰宁满族自治县），由“满洲国”统治，并在这一带的白草、汤子庙、瓦房沟、喜峰嵯、三道川村建立起伪满警察署，又搜罗当地的地主、恶霸、流氓等组织了村公所、甲公所、日满协和会等反动机构，屯驻了伪满洲军两个团和特务、宪兵，对人民进行血腥的镇压和统治。

1937年七七事变，当时驻守在这个地区的国民党军队有孙殿英的四十一军和高桂滋一个师约1万兵力，每天抓民夫，修地堡、挖战壕表示抗日。但是，日军炮声一响，他们一枪未放，望风而逃，赤城地区沦入敌手。赤城的张海瑞（又叫张星五），国民党县长吴介卿，龙关的王乃臣、王凯如等汉奸组织维持会，准备迎接日军。最令人气愤的是王凯如、王尊山等跑到100多里外的独石口向日军献龙关地图，认贼作父，卖国求荣，无耻到极点。

日军侵占以后，采取分而治之的方法，将长城以西划归伪蒙疆自治政府，长城以东归伪满洲国统治。在独石口、云洲、龙门所、雕鹗、三岔口、后城、东山庙等建立了伪警察署。对人民实行了更加残酷的统治。尽管日军用各种手段欺压人民，但是富有民族自尊心和革命传统的赤城人民和全国人民一样，是不甘心这种奴役的。日军虽然占领了我们的国土，但他占据不了广大人民的心。人民对敌人进行了各种自发的不屈的斗争。说明了人民不甘当亡国奴和迫切抗日的要求。

发动全民抗日创建平北根据地

1. 火种

在日军的统治下，赤城人民渴望从民族压迫中解放出来。1938年6月，由宋时轮、邓华同志率领的我八路军第十一、十二支队合编的第四纵队配合冀东农民暴动，为了开辟和控制一条由平西通往冀东的走廊，到延昌怀（延庆、昌平、怀来）一带活动。在8月间回平西时从延庆到独石口、冰山壤、龙门所、千松台一带，他们一面向群众宣传抗日救国的道理，一面在军事上打击敌人。又到大海坨、侯庄子、雕鹗、后城一带活动，于9月间返回平西。宋邓支队来的时间虽短，但在军事上和政治上给敌人以很大的打击。他们是一支强大的宣传队，又是一支红色播种机。虽然由于当时条件不成熟未能建立根据地，但他们的政治宣传提高了人民的觉悟，军事行动增强了人民抗日的信心。在宋邓支队的影响下，1940年纪宁堡一带的赵顺在北山起义，组织了救国会。

2. 大海坨山红旗飘扬

赤城地区是伪华北、伪满洲、伪蒙疆的结合部，也是我平西和冀东抗日根据地的交通要道。它可以把平西、冀东抗日根据地连成一片，还可以直接威胁伪满洲、伪华北的北平和伪蒙疆的张家口。因此，战略地位十分重要。1939 年 11 月晋热察挺进军军政委员会，重新明确了“巩固平西，坚持冀东，开辟平北”的任务。1940 年 1 月 1 日将我九团八连改编为平北第一支队第一连，加上地方游击队 30 人由钟辉琨同志率领，协同地方县区干部 20 多人组成工作委员会，接受了开辟平北抗日根据地的任务。这个部队是一支非常坚强的部队，连长张世成、指导员瞿岐山都是营级干部，全连大部分是党员。他们先插到昌延一带活动，并建立了昌延联合县。由于敌人疯狂“围剿”，1940 年 5 月他们从延庆南山挺进我县纪宁堡、大庙子一带。为了加速根据地的开辟，上级党委先后派第十团、第七团到这一地区活动，7 月间我军力量深入到大海坨。同时，地委领导机关也转移到大海坨、南北碾沟一带。从此，大海坨插上了革命红旗，成了平北根据地的领导核心。

当时，地委书记是苏梅同志，军事指挥员是段苏权同志。后又在龙关县与邻县的三角地区先后建立了龙赤、龙崇、赤龙延怀联合县，并分别将县政府设在纪宁堡、嵯沟窑、大海坨，同时开展基层工作，建立了村政权。我们当时的工作原则是：发动和依靠群众，利用上层，建立抗日根据地。向广大群众深入地宣传抗日救国的革命道理，提出“中国人民团结起来，有钱出钱，有人出人，有力出力，全面抗战，打倒日本帝国主义”。就当时的客观情况来说，在敌强我弱、群众尚未发动起来，提出这样的工作方法是必要的。在中国内部阶级矛盾转化为中日民族矛盾的情况下，一部分上层开明士绅，愿意和我们一起抗日。由于我们正确执行了民族抗日统一战线，对上层人物实行了又团结又斗争的政策，使当时阎家坪的姬有民、纪宁堡的李恩等积极参加抗日，献出大枪十支、机枪两挺、子弹数千发，还有伙会武器。我们利用他们的部分武器组织了游击队，并派进干部开展工作，掌握政策，对他们进行教育并发展党的组织。委任姬有民为游击队长和参议员，做了些有益的工作。

我们在建立政权，组织武装的同时，还进行了建党工作。在贫雇农当中抗日积极的分子，立场坚定，就秘密发展为党员。那时，我党的组织极端秘密，党的领导形式为单线联系，后来才建立了党的小组和支部，建立党组织最早的是纪宁堡、大海坨一带。1940 年春，龙赤联合县一区区委书记王克先在纪宁堡发展了三名党员，1941 年发展到九名党员。1941 年 7 月，龙延怀联合县县委组织部长花岗同志在大海坨发展了九名党员。后来，在赵家窝铺、阎家坪、官庄子、大庙子、石头堡、前后孤山、嵯沟窑等村都有了党的组织。至此，我平北抗日根据地已初见规模。建立和发展党的组织；成立了革命政权；组织了抗日武装。各村还成立了妇救会、青救会、自卫军等群众组织，根据地人口已发展到近 30 万人。三个联合县下分 23 个区，武装力量有主力部队第四十团，各县有县大队，区有游击小队，一部分村组织了游击小组。从此，群众抗日斗争由自发斗争走向有党的领导更加坚强的斗争，使平北抗日根据地的对敌斗争出现了新的形势。

3. 根据地在抗日斗争中巩固发展

1940 年秋至 1941 年，由于正确执行了党的各项政策，发动了武装斗争，根据地的发展非常迅速。活动范围北至独石口、沽源、平定堡，南至延庆、怀来边缘，东至黑河川的伪满边境，西到宣化、张家口附近。我人民武装力量也发展很快：如大海坨、姜庄子、阎家坪一带游击队由 30 多人很快发展到 200 多人。纪宁堡、大庙子、庄子一带由赵顺等人发动起义组织的游击队，不到三个月就发展到 150 多人。龙崇赤联合县由农民组织的 20 多人的骑兵大队，不到两个月发展到 70 多人（这就是察北骑兵师的前身）。据当时统计，仅龙赤、龙延怀两个联合县的地方武装就发展到九个中队500多人。我平北第一支队也由一个连发展为十多个连，后在前孤山正式改编成第四十团。

抗日根据地的迅速发展，引起了日军的恐慌。敌人从张家口等地纠集了3000多名日军和伪军，分六路向大海坨、纪宁堡、五里坡一带进行大“扫荡”，妄图把新的革命政权和武装力量全部消灭。由于我们事先估计并察觉了敌人的阴谋，做了充分的准备和周密的部署，当敌进至我阎家坪，我军三个连和敌500多人展开了激烈的战斗。第一支队第一连把日军一个小队全部歼灭，敌30多人，只跑了六个人（跑至长安岭自杀），缴获大枪30多支、六〇炮一门、山炮一门。我军第一中队在三间房也打退了敌人的进攻。这一胜利大大鼓舞了群众的抗日信心，激发了战士的斗志。乡亲们杀猪宰羊，载歌载舞庆祝这一胜利。但是敌人却恼羞成怒，决心要拔除这一眼中钉，遂于1942年对我根据地进行更大规模的“扫荡”。

敌人第一次对我根据地“扫荡”失败后，于1942年春季到夏季，又组织了规模更大、手段更毒辣的大“扫荡”。二三月间，敌人纠集了张家口、宣化、怀来、延庆、龙关、赤城和坝上五县附近的日军2000余名，伪军1000余名，汽车200辆，用分进合击的战术向以大海坨、石头堡、元通寺为中心的龙赤、龙延怀根据地和嵯沟窑、蕨菜沟为中心的龙崇赤根据地“扫荡”。这次，敌人采取了步步为营，到处建立据点、碉堡，逐步向中心推进的“蚕食”策略。所到之处施行杀光、烧光、抢光的“三光”政策，制造无人区。我所在的龙赤县四区十个村，敌人就给烧毁了六个村。同时，敌人在东兴堡、佛峪口、下仓、下瓦房、高栅手、长安岭、剪子岭、样田、兴仁堡、羊坊、郭嘴窑等每隔一二十里的村庄就增设据点，妄图把我们根据地隔成碎块，一块一块吃掉。

上级根据敌人“蚕食”策略的特点，要求广泛发动群众，组织群众，扩大人民武装，采取主力部队、游击队、民兵互相配合的总体战。反“扫荡”一开始，根据地军民一方面实行坚壁清野，不给敌人留下一柴一禾，以增加敌人军事补给上的困难；另一方面在战术上根据敌人分进合击、兵力分散的弱点，我们实行了机动灵活的“化整为零”，避免大规模阵地战。然后找机会集中优势兵力歼敌一路，给“扫荡”之敌以有力打击。由于我们执行了正确的方针，经过军民的艰苦努力，逼敌“扫荡”于11月初暂告一段。

敌人的疯狂“扫荡”失利后，从战术上把“扫荡”转为“蚕食”进攻。企图对我边缘与结合部进行封锁压缩，加强对我巩固区的分割，再各个击破我根据地。根据敌人“蚕食”策略的特点，我们采取了巩固中心区、加强各中心结合部的策略。

1942年夏，敌为恢复雕鹗与长安岭之交通，在军事上包围我以大海坨为中心的根据地，以张家口警备队为主，配合以涿鹿、阳原、龙关等县伪警察200多人，两次冲占东山庙并建立据点和伪大乡，驻警察50多人。由于东山庙村敌据点处于我龙延怀六区东线，为大海坨西山口之门户，对我形势极为不利，因此必须拔除。我们采取了主力部队配合广大民兵（以民兵为主），组织精小武装工作队，于同年8月16日对敌实行军事围困、经济封锁和政治攻势。我们分散居民，挖洞，并且把周围的水井用石头填起来，在敌据点周围埋上地雷，使敌寸步难行。敌人没办法，只能隔几天从雕鹗给东山庙被困之敌武装送水，敌人在被我们围困了三个月后，终于被迫撤出东山庙。

在敌人对我根据地大举进攻时期，我主力部队为了更有利地打击和牵制敌人，大部分已到外线活动，内线主要是民兵和小股部队。民兵在反“扫荡”、反“蚕食”斗争中，由于当时武器装备不足，杀伤敌人的主要武器是地雷。民兵在斗争中发明创造了踏板雷、拉线雷、硫酸雷、石雷等形式。大海坨村游击小组在一次敌人进攻中仅3颗地雷就炸死日伪军5名。在另一次敌人进攻中18颗地雷炸死日军13人、伪军4人、炸伤日伪军19人。一次，敌人从前孤山向石头堡进攻，我前后孤山、石头堡、元通寺民兵大摆地雷阵。敌人从大路走大路炸、小路走小路炸，敌人没办法就走空地，空地上也有地雷，敌人改走河湾，河湾里也炸。后来敌人无计可施，就用手一块一块地扒，看有没有地雷。从前孤山到石头堡 11 华里敌人整整走了一天，被我地雷炸死炸伤 30 多人。我民兵还根据敌人的行动规律，在大路、道口、街巷、门窗、庭院、屋地、锅缸、箱柜、鸡窝等敌必经之地和爱抢掠翻搜之处预先设置地雷，炸得敌人闻风丧胆，寸步难行。

我民兵还积极对敌之公路、封锁沟、墙、电线杆、桥梁等重要设施不断进行破坏。还紧密配合部队侦察敌情，保护群众春种、夏锄、秋收，掩护群众转移，积极配合部队努力作战。再加之我主力部队英勇战斗，不断消灭和打击敌人。经过两年的艰苦奋战，终于使敌人的“扫荡”、“蚕食”以惨败而告终。我抗日根据地军民在斗争中不断巩固和发展。据统计，1943 年 5 月以前，平北五县（包括龙赤、龙延怀、龙崇赤、昌延、丰滦密）共有民兵 15400 人，到年底发展到 35449 人。到 1944 年底，我根据地仅龙赤、龙延怀、龙崇赤、龙崇宣四个联合县就已发展到 32 个区，人口达 30 多万人。我平北主力部队已有第十团、第四十团两个团兵力。

攻克赤城

1945 年 8 月 8 日苏联对日宣战，出兵我东北。8 月 9 日，毛泽东同志发表了《对日寇的最后一战》的声明，全国开展大反攻。8 月 15 日日本帝国主义被迫宣布无条件投降。

在此期间，我平北抗日根据地军民大举挺进敌占区，收复失地，不久解放了龙关。赤城以白耀珍为首的敌伪汉奸，在日军投降后摇身一变，改称所谓中央军，白耀珍成为察东五县（赤城、龙关、延庆、怀来、宣化）中央军司令，把1500名伪军、警察改编为两个团驻守赤城负隅顽抗。我民兵对赤城之敌进行围困，迫敌投降。但敌很顽固，玩弄和使阴谋杀害我敌工部长安宏达同志。我和鲁正玉带了一个民兵大队（每个大队约180人）参加了这次三个月之久的围敌之战。后我军调来新六团、第十团配合民兵破城歼敌，当时总指挥是詹大南同志。由于赤城四周都是城墙，易守难攻，我们的方案为挖洞炸城墙。第一次洞挖在城西北角离城不远的一间空房内，由于被敌发现烧毁了挖洞的房子，未能成功。第二次挖洞选在西城壕，装了300多斤炸药，上级命令我们在农历九月初九上午9点钟以前接火。9点钟，接到拉火的命令，用力一拉不慎将绳子拉断。这时，我命令龙家贵同志前去找断头，当他在洞口找到断头后当即把火拉着，部队随即破城而入，经交战全歼守敌，赤城人民得到解放。至此，我察哈尔省全部解放。

1946年10月10日我军撤离张家口之后，平北抗日根据地的军民又满怀信心地投入了伟大的解放战争。

在平北抗日根据地的日日夜夜

郝沛霖

从1940年7月到1945年8月抗日战争胜利结束，我一直战斗在平北敌后抗日根据地，在那里度过了1000多个难忘的日日夜夜。对平北根据地的起落兴衰，我迄今记忆犹新。

三次挺进，开辟平北根据地

平北敌后抗日根据地位于北平、承德和张家口之间，通（州）古（北口）铁路以西，平绥铁路以北，包括今北京市辖的昌平、延庆、怀柔、密云、顺义和河北省丰宁、滦平、张北、康保、沽源、崇礼、宣化、龙关、赤城、怀来等县的部分地区。抗日战争期间，平北地区是伪满洲国、伪蒙疆自治区、伪华北行政委员会三个伪政权多年统治的结合部，昌平、延庆又是这个结合部的中心，是日本侵略者的战略后方，敌伪统治十分顽固，敌人据点林立，“扫荡”频繁，在山区实行“三光”政策，还在昌平、延庆的东部伪满地区修了“人圈”，制造无人区。各处敌人有时单独出来“讨伐”，有时联合起来“扫荡”。

开辟平北敌后抗日根据地，能够把晋察冀、平西两个敌后抗日根据地连成一片，对敌后抗日根据地的建设与巩固有很大的意义。这一地区的开辟和争夺，相当于在敌人的心脏地带插上了一把尖刀。因此，平北地区是敌我双方的必争之地。我们党先后把萧克、陆平、段苏权等得力干部派往该地区开辟敌后抗日根据地。平北地区如此重要的战略地位，也决定了其敌后抗日根据地的开辟要经历极其艰难的历程。

1938 年至 1940 年，八路军曾三度挺进平北，开辟游击战争根据地。前两次都没有立住脚，直到 1940 年至 1941 年上半年，才创建了平北抗日根据地。这三次进军平北，始终都是围绕昌平、延庆地区展开活动。

第一次进军平北，是 1938 年八路军四纵队挺进到冀东，配合冀东党组织领导群众抗日武装暴动，路过延庆的马场和昌平的后七村一带时，曾向群众宣传抗日救国主张，刷写大标语，领导儿童唱革命歌曲。秋后部队返回平西时，刘国梁与史克宁被留在昌延一带发动群众，组织抗日武装，建立抗日组织。1939 年初刘国梁、史克宁等人返回平西整训。

第二次进军平北，是 1939 年青纱帐期间（5 月至 8 月），八路军组成以孙元洪为司令、刘国梁为政委、蔡平为政治处主任的延（庆）怀（柔）游击支队，又到平北昌（平）延（庆）地区活动；同时还有三十四大队，也在后七村和十三陵一带活动。由于多次遭受敌人包围、伏击，难以立脚，秋后撤回到平西，但也有少数游击队员没有走，坚持在后七村一带打游击。

1940 年 1 月，八路军组成平北工委，第三次挺进平北。这次冀热察军区下了很大决心，把“开辟平北”与“巩固平西”和“坚持冀东”相提并论。这次进军以军事斗争为主，党政军民一起上，以后七村为基地，由点到面，由小块合成一大块，稳固地向前发展。开展地方工作与军事斗争同等重要，通过上层发动下层，公开号召与隐蔽发展相结合。实践证明，这次进军采用的战术方式十分有效。在不长的时间内，逐步开辟了平北根据地。

第三次挺进，采取的是梯次进军平北的办法。从投入的武装力量来说，大约在半年（1 月至 7 月）之内，投到平北的主力军有七团、十团及游击一大队，有的站稳了脚，扩大了队伍，开展了地区；有的没有站住脚，反而减员不少，但也起到打击敌人、发动群众的作用。实践证明梯次进军平北的办法是正确的。

以钟辉琨为大队长的游击一大队担任第三次挺进的第一梯队和先锋，掩护着平北工委、昌（平）延（庆）县政府等 20 多名党政干部，于 1940 年 1 月 5 日进到后七村。他们积极活动，伏击敌人汽车，消灭、改编土匪，联合伙会猎手拔除据点，扩大抗日武装，不到三个月即打开了局面，由南山（指延庆川南边、昌平十三陵北面的山地）越过延庆川跳到北山（海坨山）龙赤地区去活动。当地群众抗日情绪高涨，地方工作也迅速开展起来。

十团为第二梯队，于四五月间分两批先后以后七村为跳板，向东进到丰（宁）滦（平）密（云）地区，一面战斗，一面开辟地方工作，也很快站住了脚。1938 年青纱帐期间，这个地区即有我军的主力部队活动过，成立过昌（平）滦（平）密（云）抗日政府，组织过救国会、自卫军，群众对八路军有一定认识，有较好的群众基础。

我们七团 2000 多人为第三梯队，1940 年粉碎了敌人对平西的春季“大扫荡”之后，也分两批掩护着平北军分区及专署等领导机关，于六七月间浩浩荡荡地开到平北。我当时担任七团供给主任，是第二批出发的。部队先在龙赤地区稍事休整，随即向东北方向挺进到平北伪满丰宁大阁一带开辟工作，以营为单位分散活动，相机打击敌人。七团的挺进，引起敌人注意，随后敌人跟踪追击。

为了部队行动方便，团部决定把后勤人员和部分伤病员集中起来派一个排的兵力掩护着，指定一个范围，由一个姓彭的营教导员指挥，独自在山沟里打游击。我也随同这支队伍行动。一天，队伍遭到数倍于我的敌人突袭。由于措手不及，同志们边打边撤，战斗极其惨烈，人员损失过半，彭教导员和一个排长也牺牲了。最后只有我和支部书记带领少数人突出重围。由于我们既无战斗经验，又缺乏战斗实力，加之在人地两生的敌后打游击，警惕性又不高吃了大亏。这个教训我是永生难忘的。

这一带原来我们没有工作基础，敌人的据点林立，“扫荡”频繁。战斗残酷而频繁，七团难以立脚。部队活动了两个月，减员过半，不得已秋后返回平西整训。

七团虽然没有在平北站住脚，但是仍起到了一定的积极作用。正是由于七团的活动，在北部伪满地区吸引和牵制了大量敌人，相应减轻了敌人在南部地区对游击一大队和十团的压力，为他们积极开辟根据地创造了条件。

一年多时间，西部地区开辟了昌（平）延（庆）、赤（城）龙（关）、龙（关）延（庆）怀（柔）、龙（关）崇（礼）赤（城），东部地区开辟了丰（宁）滦（平）密（云），以后又分出来一个滦（平）昌（平）怀（柔）办事处，东西共六个县的建制，初步形成了平北根据地。分区党政军领导机关在海拔2200多米的海坨山地区站稳了脚跟，指挥平北的抗日游击战争。

为了配合我军开辟平北根据地，八路军选调了部分得力干部充实地方领导。1940年9月，我被组织上留任为昌（平）延（庆）联合县县长，从此告别了部队，成为一名地方干部。我前后在昌延工作三年，后又转到平北办事处、平北地分委工作两年多，一直到1945年日寇投降。平北根据地离大城市近，敌强我弱，敌伪反复“扫荡”、“清剿”，因此这里的抗日干部损失很大，余下的人很多也换到后方去学习。我从平北根据地开辟到抗日战争结束，始终没有离开平北。

隐蔽发展，昌延县的起起落落

昌延县是昌平和延庆联合县的简称。1938年10月，八路军在大庄科乡沙塘沟建立了昌延第一个农村党支部。1940年，八路军建立了平北抗日根据地以后，由于平北抗日根据地的工委、地委、行署和军分区司令部均设在昌延县大海坨山南碾沟，因此昌延县即成了平北的抗日中心地区。在随后的几年时间里，昌延县委、县政府主要做了以下几项工作：

1. 隐蔽发展，建立区村政权

在平北工委领导下昌延地区的开辟，武装斗争是主要的。但如果没有地方工作的密切配合，主力军也会失败，所以要党政军民一齐上才能成功。平北工委先是王伍为主任，三个月后换成苏梅为主任，史克宁为组织部长，李熔旭为宣传部负责人，地区专员先是张致祥，后来改为刘介愚。昌延联合县第一任县委书记徐智甫，县长胡瑛，秘书张子丰，财粮科长杨俊庭，实业科长高镇平。抗日政府在当地是公开的，一到后七村，即明确宣布：抗日政府是领导人民抗日的，是保护人民利益的，八路军是人民子弟兵，严格执行三大纪律八项注意。群众见到我们非常高兴地说，“八路军又来了”。工作人员分组活动，每三个人组成一个小组，负责开辟一个区，小组长就是区委书记。以后七村为中心区即一区，向东扩展，台子沟一带为二区，向南十三陵一带为三区，向西马场一带为四区，向北柳沟以东一带为五区。工委成员也下去，李熔旭到三区，史克宁到四、五两区，主攻延庆川。

这一时期昌延县地方工作十分困难危险。从平西去的几名干部大部分损失了，其中二人牺牲，二人被捕，一人因犯错误被错杀。十三陵三区组长常嗣先和苏建国不幸先后牺牲了，李熔旭秋后也牺牲在三区太平庄。7月，昌延县第一任县委书记徐智甫和县长胡瑛遭受敌人袭击而同时牺牲，这时他们才刚刚走马上任不久。

随后组织决定由史克宁接任县委书记。9月16日，我由七团转到昌延县接任县长，与史克宁搭档。我与史克宁同是涿鹿县老乡，都是师范毕业后当教员，同时在保岱参加八路军的。没想到两年后，竟然又在昌延县相聚，一起坚持敌后艰苦斗争。不久，县委班子也配齐了。提拔了王毅（原在三区）为县委宣传部长，徐亮（四区区委书记）为县委组织部长，由后方派来的朱峥（女）为民运部长。县委县政府除开会以外，平时分散活动，分片领导。

在我们的共同努力下，昌延县的工作在一年之内已初具规模，计划的一、二、三、四、五区均已立住脚，动员了公粮、公款。到1941年初，延庆川的工作全面铺开，又扩建了六、七、八、九、十区（原马场为四区，后改为九区），至此仅延庆川就有六个区，沿南山边是四、五、八区，沿北山边是六、七、十区，各区都有区委书记、区长和群众团体的组织，建立了除奸小组和自卫队的组织，还成立了县、区游击队。1941年下半年到1942年上半年，又建立了东三区，即上、下庄一带为十三区，半壁店一带为十四区，秦城一带为十五区，委派了区委书记、区长，组织了游击队。同时越过平绥铁路开辟了路西地区，定名为九区，原九区（马场）与一区合并为一区。

因为是游击区，村政权有三种形式：一种是我方的单一政权，只给我们交粮款，不给敌人负担了，这样的村子不多；一种是双重政权，一个村子两面负担，这种形式的村子较多；第三种是我方的村政权没有建立起来，利用保甲长给我方负担一些。

2. 动员粮款工作

首先在延庆川开始动员粮款工作。长期住在北山的平北军分区党政军领导机关及主力部队的物资供应，光靠山高林密的海坨山是根本不成的，粮食供应绝大部分取之于平川，延庆川是其中主要的来源地。包括吃的、穿的、用的，农民有的直接送给我们，没有的就设法到城里去买，还有的东西要派专人到北平去买。抗战期间昌延县人民长期两面负担。对敌负担比较重。据 1941 年统计，每亩平均 10 元至 18 元。对我军负担也不轻，每亩平均 3 元至 5 元，公粮公款还不算在内。农民对敌是怕，不给不成；对我是人情，不给过意不去。川里动员的公粮还要送到山里去，也是非常不容易的，在夜间越过敌人的封锁线，还需要武装人员的掩护，往往要冒着生命危险。昌延县人民在最艰苦的年代，在人力物力方面对抗战贡献是非常大的。

3. 培养干部

根据地扩大了，外来干部有限，主要依靠本地干部。为了尽快提高本地干部的素质，就需要培养教育，主要办法有：一种是带徒弟的办法，一种是办训练班的办法，或者是二者结合起来，先动员出来工作，然后再参加训练班学习。比如五区首先脱产的刘敬礼、刘广义父子二人，经过培养发展为党员；后来刘敬礼还先后担任五区区长和书记，五区的工作进展很快；刘广义入党时只有 14 岁，后来提为一区区委委员，做青年工作。还有六区北张庄的姜国亭，原来是当店员的，有些文化，后来参加了抗日工作，1941 年六区区委书记田梦熊牺牲后，姜国亭由六区区委委员提为区委书记，后升任延庆县委书记，工作很出色。

为了加快干部的成长，史克宁和我亲自主持干部训练班。史克宁负责党员干部训练班。除讲党员课本外，还结合实际自编讲稿，内容有革命人生观、历史唯物主义、思想方法论、联共党史等，通俗易懂。史克宁能写善画，画的毛泽东和马恩列斯伟人像，给人印象很深；还会吹口琴，带领学员学唱革命歌曲，开展文艺活动，十分活跃。

政权干部训练班由我主办，培养对象由各区委推荐。学习内容除政权建设工作外，着重学习毛泽东的《论持久战》。

凡是经过训练的人回去后都安排了工作，充实了基层组织，有的脱产，有的半脱产。农民文化低，大字不识几个，可是住几天短期训练班，很快心里就亮堂多了，工作起来很起劲。这些土生土长的本地干部成长起来后，比外来干部更得力。在1942年那样的残酷环境下，在延庆川工作的外来干部几乎没有了，但本地干部仍坚守着岗位。

4. 统战工作

史克宁和我坚持做统战工作，团结一切可以团结的人，并组成抗日政府的参议会。我们联络柳沟的绅士温克明，1941年被推选为昌延县县议长。温克明为人耿直，富有民族气节，经常手拿旱烟袋到小间房找我们汇报柳沟敌据点的情况，商谈工作问题，给我们很大帮助。可惜的是，温克明在1942年敌人残酷"扫荡"中，被敌人抓到南口，在敌人的严刑拷打下，英勇不屈，最后光荣牺牲了。北山梁上白塔村的大地主岳国良是伙会的头目，家里有钱有枪。在平北根据地初创时，本着有人出人、有枪出枪、有钱出钱、有粮出粮的精神，经过抗日干部动员说服，岳国良出枪五条，出人11名，粮食若干石，在组织抗日武装斗争上起了带头作用。抗日工作人员出入北山时常到岳国良家落脚，都得到热情招待。东沟富农梁智全与史克宁的关系也很密切，经常为史克宁办些事情，后来史克宁推荐他到县政府当了总务科长。

昌延县还重视做敌伪军工作。柳沟、高山寺敌伪据点都与我们有关系，由史克宁直接掌握。高山寺属于二道河，离窑湾村很近。这一带的群众工作有基础，窑湾村是史克宁常住的地方。柳沟是个大村，我们的工作也有基础，敌人有动静，抗日干部很快就知道。

5. 加强队伍建设，开展武装斗争

我们还积极开展敌后的武装斗争。我到任不久，昌延县就成立了县游击大队，史克宁兼任大队政委，我兼任大队长。大队建立初期下设四个中队，全大队共有200多人，平时活动在延庆川里。此外三区（十三陵区）和十三区（上下庄）各有一个一二十人的游击队。

在县大队初创时期，队伍成分较为复杂，例如五中队就是祁秉元土匪队改编的，六中队是周之匀和江文同志联络伙会拔除后城据点，在战斗中发展壮大起来的。有些散兵游勇素质较差，违反群众纪律，一度使军民关系受到影响。有个名叫岳坤的，原是土匪祁秉元的部下，改编后任五中队排长。虽然参加了革命队伍，但是土匪习气不改，以招兵为名，经常在后七村为非作歹，群众敢怒而不敢言。组织多次对他进行批评教育，考虑到队伍正是用人之际，多一个人多一分力量，所以还是把他留在队伍里。后来岳坤在柳沟活动期间，看中了柳沟刘某之妻韩氏，偷偷在沙丁沟韩氏娘家娇居。为达到长期霸占的目的，岳坤与韩氏同谋，秘密杀害刘某于柳沟村外。此案发生后，立即引起昌延县领导机关的重视。经调查破案，岳坤、韩氏二人供认不讳。抗日政府召开公审大会，判处岳坤与韩氏二人死刑，立即执行，为死者申冤报仇。通过这件事，抗日政府严明了纪律，树立了威望，纯洁了队伍，也团结了群众。

县游击大队和区游击队人员基本上来自当地，人熟地熟，掩护地方工作人员开展工作，打击敌人，在坚持敌后抗战过程中都发挥了重要作用。

此外，各村的游击小组在除奸方面也有很大收获。据当时调查，1941年延庆城有敌人的特务队140人，经常出城敲诈勒索，骚扰群众，使人民不得安生。抗日政府统一布置，号召各村党政军民组成游击小组，动员起来，消灭特务。在不长期间内就消灭了100多个，余下的少数特务也不敢出城为非作歹了，真是大快人心。

武装斗争期间，有一件事令我终生难忘。1941年春，一次我在团山带领县大队一中队到伪川开展工作时，遭受敌人袭击。在突围过程中一颗子弹打穿了我的左胸。从战斗中撤出后，我的交通员张瑞，人称张大个，共产党员，背着我一口气跑到北山脚下的北张庄，找到当地的土医生给上了药，就近隐蔽在堡垒户里。史克宁知道后，不放心，马上动员民兵，用担架连夜把我转移到南山脚下的小间房村，秘密地休养了近一个月。当时我化名“郝林”，在我养伤期间，敌伪组织在报纸上大肆宣传，并造谣说，“共匪县长郝林战死”。我二哥在家乡知道了这个消息，十分着急，就派我的一个侄子越过封锁线到平北找我。在当时那种兵荒马乱的时期，真不知冒了多大风险，费了多少力气，才找到我。我从1938年参加革命就没有回过家，见到亲人十分高兴。侄子见我好好的，心里一块石头也落了地。

总的来说，昌延县是距离敌人统治中心北平最近的地方，长期以来这里无主力部队直接配合，只能采取隐蔽发展的方针，通过上层统一战线和伪军工作关系，秘密建立组织，发动群众，建立双重政权，两面负担。尽管如此，各项工作没有落后，有的工作还走在前面。据统计，1941年全平北根据地有党员1800多名，其中昌延县就占一多半，可以说这里的隐蔽发展建党工作还是十分成功的。

从1942年下半年开始，敌人加强了对昌延县的“围剿”，斗争变得异常艰苦，极为残酷。除了“围剿”以外，敌人还大肆对我抗日军民进行诱降。七区区委书记傅长英叛变投敌，使延庆川的工作受到破坏。二区区长赵子龙投到敌大庄科据点，带领敌人抓去县委宣传部长王毅及二区区委书记高万丈。地委警卫队长王成启带队投敌，摇身一变成了敌人的“讨伐清乡”队长。王成启是曹官营人，熟悉延庆川的工作情况，因而使昌延县的抗日工作遭到严重破坏。敌人的诱降活动无孔不入，最后竟指向县委书记史克宁。1942年冬，敌人强迫史克宁过去的未婚妻到延庆永宁一带的岗楼上喊话，要史克宁回家去同她结婚。敌人利用这件事大造谣言，惑乱人心。为了打破敌人的无耻谣言，善谋多计的史克宁，就与早已结成夫妻的朱峥，在马场的莲花滩村举行了有许多军民参加的结婚仪式，大肆宣传，起到了一定的作用。

在日益严酷的形势下，史克宁多次向上级请求派主力军到昌延来配合工作，但始终没有盼到，此时感到束手无策，坚决要求到后方去学习。适逢上级下了平北反右改组的决心，史克宁的要求得到批准，于反右改组的前夕就先到后方去了。我也在新任县长郭锰上任及反右改组后，大约在 1943 年 5 月离开昌延县调到平北办事处工作。

抗日战争中，昌延县人民做出了巨大牺牲。据初步统计：这里牺牲的革命烈士有 508 人，被杀害群众达 2000 多人，被烧毁房屋近万间。为了镇压当地人民的反抗，日本帝国主义灭绝人性地在这里大搞“人圈”，实行惨无人道地杀光、抢光、烧光“三光”政策，多次对昌延县进行“扫荡”，制造了大柏老、西羊坊、佛峪口、岔道、清泉铺等一系列惨案，屠杀了许多共产党员、抗日干部和无辜百姓，欠下了累累血债。但是具有反侵略、反压迫精神的昌延人民并没有屈服，而是前仆后继地与敌人浴血奋战，直至最后胜利。

从反右改组到抗日战争胜利

平北斗争的残酷性和军民的重大损失，引起了军区重视。1942 年底，十团的主力由丰滦密转到昌延活动，积极主动寻找战机消灭敌人。1943 年 5 月前后，平北实施了机构改革和各县领导人的调整，加强军政一体化，地委改为地分委，专署改为办事处，受平西领导。地分委书记由军分区政委段苏权兼任，陆平是副书记，办事处主任是张孟旭。平北多数县级领导做了撤换调整。十团副政委钟辉琨兼任昌延县委书记。

应该指出的是，平北改组，加强军政一体化，是针对敌人进攻而采取的正确方针。它的实际意义在于，收缩阵地，握紧拳头，集中兵力，以革命的两手对付反革命的两手。军区领导决心下得快，在危急关头，把平北根据地东部地区划归冀东领导，把十团主力调到昌延来，伺机打击敌人，积极配合地方贯彻执行反右改组的各项政策。这是过去史克宁求之不得的一招，既打垮了以叛徒王成启为首的伪延庆县的警务讨伐队，又在太子沟消灭了大庄科伪满军一个营，活捉并处死了伪营长赵海臣，给群众解了恨，也给牺牲在伪满洲军手下的前任县委书记徐智甫及前任县长胡瑛报了仇，大大鼓舞了人心，一度被敌人摧垮的地区和组织很快就重建恢复起来了。

但是，也应该指出，把1942年的困难与损失强加到昌延县领导同志的身上，甚至把昌延的隐蔽斗争以及统战工作说成右倾，是违背客观事实的，显然是对历史的不公正。我们在如此困难的地区，面对复杂的环境和残酷的“围剿”，仅靠少数干部进行隐蔽斗争，不仅打开了局面，而且动员大批人力物力支持了平北地区和海坨山根据地。这说明我们的工作总的来说是成功的，也说明隐蔽斗争和统战工作是必需的。但是几年来的隐蔽斗争，终究是在敌人的大本营旁边的夹缝中发展起来的，扩大成轰轰烈烈公开活动的12个区规模的抗日县政府，昌延县的抗日活动必然成为敌伪的眼中钉，敌人的反扑“围剿”就是必然的。在缺少主力掩护的频繁遭受敌人“围剿”环境中，1942年的困难与损失也是必然的。1941—1942年我军多数根据地遭受敌人重点围攻和“扫荡”，根据地的面积和人口大幅度下降，难道说这些地方的抗日斗争形势的变化都是右倾造成的吗？当然也要坦率承认，面对敌人突然展开的双重进攻，昌延缺乏足够的警惕和应变准备，一时吃了亏，这是应该检讨的。

反右改组以后，平北多数县级领导调回平西根据地参加整风学习，一些人受到了不公正的对待。如原一直坚持抗日的昌延县大队中队长张华亭，反右改组时被错杀，帮助我抗日政府的白塔村地主岳国良也被杀，这些人是在反诱降斗争中因为被怀疑通敌而被处决的，后来均被平反。还有一些人被迫交代自己的右倾错误和其他问题，如史克宁在平西整风时，被怀疑是双料特务，组织上要求他坦白交代问题。直到抗日战争结束，他的特务嫌疑也没有搞清，这实在是一个悲剧。新中国成立后，史克宁曾任国家建委城市局副局长，“文化大革命”期间，这个所谓的历史问题仍然困扰着他，后不幸溺水身亡。

1943 年平北反右改组之后，我被任命为地分委实业科长（县级），除日常工作外，带领机关勤杂人员，上海坨山开荒种地，搞大生产。

1944 年我调任地分委秘书主任。在这期间，参加了整风学习。整风之后，曾到龙崇赤帮助工作。龙崇赤县长是许烈，曾在昌延县帮助我处理过很多司法案件，彼此还很熟识。开辟工作我倒不外行，可是我不善骑马，吃了不少苦头。一次我们追击敌人，骑兵跑得很快，我骑着马也在队里一直跑。我只顾注意到人不要摔下马来，没有注意到驳壳枪掉下了马，还是一位战士帮我拣起来的。平北这支骑兵大队，后改为骑兵支队，副支队长吴广义精通马术，性格也好，平易近人，带领一帮人马驰骋在辽阔的大草原上，配合地方工作人员开辟工作，给我留下了深刻印象。在日寇投降、苏蒙联军进军张北时，就是这支骑兵支队首先跑到坝上去接头的。这支骑兵对平北抗日根据地的贡献很大。

1945 年全国抗战如火如荼，平北根据地形势大有好转，我参加了一个向西偏南方向发展的武工队。干部三四人，由一个班的兵力掩护着，经常活跃在平绥路北宣化下花园及赵川的三角地带，坚持了半年多，宣传群众，组织群众，进行抗日救国的工作。当时我化名为丁一，群众都称我为老丁，也不知道我就是敌伪在 1941 年大肆宣传在延庆战死的“共匪县长”。多少年以后，一位曾在龙延怀战斗过的老干部在赤城回忆抗日斗争史时很惊奇地对我说，原来“老丁”就是你，当时我们纳闷不知是谁。

1945年日本宣布投降，但是张家口的敌伪军拒绝向八路军缴械。平北的武装部队，包括十团、四十团及教导大队，在段苏权的领导下直捣张家口敌营。当时，国民党军企图抢夺胜利果实，傅作义部由绥远向张家口逼近；城内日伪军拒绝向八路军投降。8月20日晋察冀军区平北区、冀察区的八路军向顽抗的张家口守敌发起攻击。经过激烈战斗，于8月23日解放了张家口。我是随军前进的接受城市工作人员之一。按段苏权的说法："八一五"日本投降时，张家口的形势是在苏蒙联军能去而没有去（按规定只停留在外长城一线），蒋军想去而去不了（鞭长莫及），日军想等而等不得，伪军想守而守不住的情况下解放的。

八年全国抗战，我活动在敌后的敌后，出生入死，围绕着平津转，南到灵山（现在的门头沟区），东到达盘山（天津蓟县），最多的时间是在平北地区的军都山后七村（原属昌平，现归延庆）及海坨山地区。这是我毕生难忘的一段经历，在我的脑海里留下了深刻的烙印。

谈谈我在绥蒙工作的简况

白如冰

抗日战争时期，我在绥蒙一带做过几年工作，由于事隔久远，好多事情已记不准了。现仅就记忆所及，把自己认为确切的史实写在下面。

一、在三边（定边、靖边、安边）特委工作时期

1936年5月，中央红军进行西征，解放了陕北的定边和宁夏的盐池县。中央红军西征后，在陕北保安一带的一些中央机关和党校等陆续移到定边和花马池一带。这一带与内蒙古的伊克昭盟（鄂尔多斯）相邻。要在这里开辟工作，必须同时进行伊克昭盟的工作。于是中央决定派董必武、毛泽民、李维汉、贾拓夫等同志到定边成立三边特委，开展三边、伊盟和宁夏的工作。西安事变期间，部分红军主力南下陕西关中地区，配合张学良、杨虎城部队防备蒋介石军队的进攻，中央

党校及三边特委的一些负责同志也相继南下。中央决定撤销三边特委，定边县成立中心县委。这一带的工作由陕甘省委直接领导。省委书记是李富春同志，组织部长是蔡畅同志。特委撤销后，为了开展蒙民和回民工作，另成立了少数民族工作委员会，主要负责人是高岗，还有杨一木和赵通儒同志。

1937年初，日本帝国主义入侵我绥东地区，并继续西侵。归绥、包头危在旦夕，伊盟地区的形势也正在发生急剧的变化，陕甘宁苏区受到威胁。为了保卫陕甘宁苏区，1937年秋，中央决定再次成立三边特委，并同时成立三边专署，以加强定边、靖边、盐池一带的工作。三边特委成立后，高岗调回延安，担任边区保安司令员。少数民族工委合到三边特委，由特委统一领导蒙民和回民工作。伊克昭盟和宁夏工作由特委领导。

三边特委的人员组成是：我任特委书记、刘英勇同志任组织部长、白坚同志任宣传部长、赵通儒同志任蒙民部长、杨一木同志任回民部长、白寿康同志任保安司令、赵苍璧同志任公安处长、白成铭同志任青救会长、甘渭汉同志任警备二团政委、王子义同志任三边专员兼定边县县长。此外，白凌云和肖彩丰同志分别担任妇救会长和工会会长。

三边特委成立后的一项重要工作，就是如何开展蒙民、回民工作，如何深入伊盟和宁夏，掌握当地的情况。为此，三边特委继前少数民族工委之后，又派出一批批干部分别到伊盟的乌审旗、鄂托克旗、扎萨克旗等地进行活动。还派薛向晨等到桃力民一带，和原在这里活动的韩峰（韩是今）、杨子华同志一起，对这些地方的敌情、友情、军情、民情及地方政权和上层人士的情况作了比较全面地了解，为我们后来挺进伊盟、深入后套（内蒙古自治区和宁夏回族自治区境内贺兰山以东、狼山和大青山南、黄河沿岸的地区，统称河套。以乌拉山为界，东为前套，西为后套）工作奠定了较好的基础。

二、在蒙古工作委员会和绥蒙工作委员会工作时期

1937年10月，日本侵略者侵占了归绥城，不久又占领了包头市，伊克昭盟面临日寇入侵，斗争形势迫切需要党在这一地区进行具体、深入的工作，领导人民群众开展抗日斗争。但由于三边特委住在定边，具体领导内蒙古工作有一定困难。在这种情况下，特委决定我回延安把我们在伊盟等地的工作情况，向陕甘宁边区党委和中央负责同志作一汇报。边区党委和中央负责同志听了我的汇报后，都认为蒙古工作再由三边特委领导有困难，需要成立蒙古工作委员会专门领导和开展内蒙古工作。故于1938年4月，成立了蒙古工作委员会。由我任蒙委会书记，赵通儒、于占彪同志为委员（当时这些同志没有具体分工）。蒙委机关由定边县城移到靖边县的张家畔。

蒙古工委成立一个月左右，中央和陕甘宁边区党委根据绥远省敌我形势的发展，认为光开展蒙民工作不够，需要蒙、汉民一起动员，共同抗日。决定将蒙古工委改为绥蒙工作委员会。绥蒙工委继续住在张家畔不行，需要进到伊盟内地来领导这场斗争。绥蒙工委就迁到伊盟内地的桃力民。这块地区，汉人较多，人口较密，适宜驻扎一部分部队。

绥蒙工委的组成人员是：我任工委书记兼宣传部长、李衡同志任组织部长、赵通儒同志任蒙民部长、于占彪同志任军事部长、白成铭同志负责青救会工作。工委委员还有云泽（即乌兰夫同志）、白海峰、孔令甫、刘兴源等同志。白凌云同志负责妇救会工作。绥蒙工委对外是以八路军绥蒙游击司令部政治部的名义出现。我这个工委书记称作政治部主任，对外都叫我白主任。

要深入内蒙古内地工作，首先要有武装力量。绥蒙工委的工作范围主要在绥远省黄河南部的伊克昭盟和河套。这一带是国民党傅作

义的根据地，回民马鸿宾的部队也驻在这一带，东北马占山的部队也常来常往，还有一些其他杂牌军也在不时出没。在这些地区，工作的主要对象是广大的蒙民和回民群众，其次还要做国民党内部的工作，对当地上层人士的工作也不能放松。在这种复杂情况下，远离陕甘宁边区根据地，深入到少数民族地区的伊克昭盟，随时都有受到国民党军队和地方士绅控制的民团等袭击的危险。没有武装做后盾，单是工委机关深入内蒙古内地工作是根本不行的。基于此点，党中央和陕甘宁边区党委决定，将陕北红军的老骑兵团（三四百人）划归绥蒙工委，跟绥蒙工委一起进入伊克昭盟，编为八路军绥蒙游击司令部。孔令甫同志任司令员，我（兼）和刘兴源同志任政委。一切准备就绪，于1938年5月我们从靖边县的张家畔出发，途经定边、盐池、五湖洞、鄂托克王府、察罕淖尔，历时六天，最后到达桃力民地区。工委和司令部就设在康布尔庙。

要深入内蒙古内地工作，就要发动民众开展抗日斗争。群众是革命力量的源泉，是夺取抗战胜利的根本保证。无论什么事情，不论什么时候，只要有群众的支持和拥护，事情就好办，工作就顺利。绥蒙工委在群众工作中，主要采取了如下措施：一是制定严格的组织纪律。当时，在伊克昭盟，不论是上层人物或是广大群众，对共产党和八路军是不了解的，加上敌人从中造谣破坏，更对我们怀疑害怕，不敢接触。要使群众了解我们，得到群众的支持和拥护，必须取信于民，这是最重要的。我们要求干部、战士坚决按“三大纪律、八项注意”办事，尊重当地民众的风俗习惯，尤其是蒙民的风俗习惯。实行买卖公平，不准随便拿群众的东西。我们从边区出发时，中央和边区党委发给我们四万元“白洋”，作为我们开辟伊盟工作的经费。当时我们吃的粮食、马吃的饲料等都是用“白洋”按等价交换原则买来的。我们严明的纪律，受到了群众的热情欢迎。二是组织群众抗日团体。就广大群众而言，长期以来，他们深受帝国主义、封建主义、官僚资本主义的压迫，蒙民还受王公贵族的压迫，一般来说他们有着抗日的要求，但群众没有发动起来，没有组织，他们的要求就不能表现为抗日的力量。因此，我们在宣传群众起来抗日的同时，凡是有条件的地方，及时地把农（牧）民、青年、妇女都组织起来，成立了农救会、青救会、妇女会等群众组织。当时，这些群众组织除做群众工作外，还做一些地方政府的工作，因而具有政权的性质，但它不以政权的形式出现，而是以抗日救国会的名义出现的。这些地区在地方上有蒙旗政府，有王爷领导。在汉人居住地区有傅作义的地方政府。群众组织若以政府的名义出现，容易发生矛盾。依靠群众团体既可更好地发动群众，又能对日斗争形成有力的拳头。在这些群众团体的影响带动下，形成了群众性的抗日高潮。在群众充分发动，工作有了一定基础的情况下，我们因势利导，建立了党的组织。在乌审旗、鄂托克旗、扎萨克旗、郡王旗、杭锦旗建立了党的工作委员会（对外叫作抗日救国会）。桃力民是汉族聚居地区，有十几万人口，大部分是陕西省神木、府谷、梅林、横山和三边的移民。成分比较复杂，有地主、士绅，还有地方武装。另外，它是伊盟的中心地带，又是绥蒙工委所在地，这里工作的好坏牵动全局。绥蒙工委为了加强这一地区的工作，专门成立了桃力民工委，由白成铭同志任工委书记，白凌云同志参加工委工作。桃力民工委成立后，积极进行抗日救国的宣传，组织各种群众团体。在当地干部杨子华同志的具体负责下，还建立了小学校，使青少年能够受到教育。这些工作都受到了群众的拥护。当地广大基本群众认为工委是为民众谋福利的，是可以信赖的。

西安事变后，国共两党实现了第二次合作，中国共产党坚持“愿意和中国国民党和全国其他党派，站在一条战线上，手携手地团结起来，组成民族统一战线的长城，战胜万恶的日寇，为独立自由幸福的新中国而斗争”的一贯方针。绥蒙工委认真贯彻了这一方针，大力发展了统战工作。当时，绥蒙一带主要的统战对象有两个方面：一方面是地方上的上层人物，包括各旗的王公贵族，地主绅士、富户等。另一方面是友军，如傅作义、马鸿宾的部队等。在统战工作中，我们坚持有理、有利、有节的原则，在有利于抗战的前提下，有些问题可以谅解，有些问题可以变通。我们在统战工作中的主要做法是：一、向他们宣传党的抗日主张，讲明抗战的必要性和重要性，分析“不抵抗”的危害性，启发他们的民族感和正义感，争取他们起来抗日。二、通过他们在我们党的老乡、同学和其他社会关系，做他们的规劝和说服工作。通过统战工作，一些上层人物拥护抗日，支持抗日。如乌审旗的二爷和乌审旗掌军权的那素营长，他们经常与我们联系，在开展乌审旗工作中为我们提供了方便。又如傅作义在桃力民的自卫军是地方士绅和富户的军事组织，其司令越兆仁、副司令史仙舟，参谋长韩峰都拥护、支持抗日。韩是陕北神木人，曾在神府苏区工作过，到桃力民后做了大量工作。虽与我们没有直接的组织联系，但我们一直待他如同志，后来他加入了共产党。还有个大队长叫张新斋，是神木人，据传他过去参加过党，大革命失败后脱党，来到桃力民成了地主。经过我们的工作，他对我们开展伊盟工作有过多方面的支持。再如住在后套的马鸿宾也和我们有过来往。有一次，我们骑兵团的一个连，到临河县的黄河南岸活动，马鸿宾害怕我们过黄河威胁他的后方，经过协商，他送给我们 40 石豌豆做我军的马饲料，还送给我们一张绥远省军事地图。三、加强对新三师的工作。在新三师（即蒙骑独立旅）中，有我们党的组织，并有我们党的云泽、白海峰两同志在里面担任领导职务。云泽同志是新三师党的领导者，对新三师的官兵影响很大。他们驻在伊盟东部，对我们也是很大的支持。绥蒙工委委员赵通儒同志曾两次到新三师传达中央和工委的指示。因此，这支部队尽管当时在名义上不是我们的部队，但却为我们做了许多工作。

总的看，通过各种形式的统战工作，我们争取了部分上层人士和友军官兵，孤立了反共顽固派，团结了各阶层人民，促进了绥蒙地区抗日战争的深入发展。

三、在绥远省委工作时期

1938年11月，党的六届六中全会提出，为加强绥远党和军队的统一领导，开辟大青山抗日游击根据地，决定成立绥远省委。省委主要由两部分人员组成：一部分是李井泉同志带领的一二〇师的七一五团（到大青山后叫李支队）；另一部分是由我带领的原绥蒙工委的部分干部，另外还有动委会的同志参加。中央决定，省委由白如冰、武新宇、刘瑞生、李井泉、赵通儒、于占彪、白成铭七人组成。我任省委书记兼蒙民部长，李井泉同志除任支队司令员兼政治委员外，还兼省委军事部部长，于占彪同志任军事部副部长，武新宇同志任宣传部部长，白成铭同志任组织部部长。伊盟的赵通儒和后套的刘瑞森同志为省委委员，仍分别留在伊盟和后套工作。绥蒙工委部分同志上大青山后，为了坚持伊盟这个抗日据点，决定成立伊盟工委，由赵通儒同志负责。后套特委不变。伊盟和后套最初则归绥远省委领导，只因远离大青山，又被敌占区所隔，领导有困难，省委建议中央，伊盟和后套由陕甘宁边区直接领导。中央决定伊盟工委和后套特委除在建制上归绥远省委外，一切工作均归陕甘宁边区党委领导。绥远省委的一些重要决定，可以通知伊盟工委和后套特委。1940年2月前，绥远省委因距北方局较远，中间又有敌人割据，为了工作上的方便，当时归中央直接领导。同年2月间，贺龙、关向应同志带领的一二〇师从河北省到晋西北后，绥远省委除受中央领导之外，还直接接受晋西北军政委员会的领导，也就是归贺、关领导。

1938年冬季，李井泉同志带领七一五团和太原成成中学师生改编成的四支队从晋西北挺进大青山。姚喆同志任李支队参谋长，彭德大同志任政治部主任，彭牺牲后，由张达志同志任政治部主任。原住伊盟的绥蒙工委的部分干部，于1939年1月，从伊克昭盟出发，经过陕北的神木、府谷到晋西北，又经过左云、右玉、岱海滩，克服了敌人的围追堵截，历行两个多月，于1939年3月到达大青山，与李支队会合。从此绥远省委正式进驻了大青山。在大青山的主要工作是：

1. 调整部队结构，发展抗日武装。七一五团从晋西北动身时，全是步兵，不适应大青山抗日游击根据地的斗争形势。因敌伪军是汽车等机械化部队和骑兵，国民党的部队也是骑兵，我们是步兵则不好活动。同时该地区区域辽阔，东到兴和，西临包头，南到清水河、托克托等县，北到陶林、武川、四子王旗、固阳；地形也特殊，当地人讲，“远看是大山，近走如平川，骑马一蹦子，人走得半天”。为了适应大青山地理环境和对日作战的要求，我们把步兵改编为骑兵，叫作骑兵支队。这就是大青山抗日游击根据地的主力部队。开始，骑兵支队既要担任作战任务，又要负责省、地党群机关的警卫工作，两头忙碌，互相影响。为了使骑兵支队集中力量作战，我们又新组建了个二支队。这支部队主要做省委、行署、地委和专署及县委、县政府的警卫工作，有时也配合主力部队作战，解决了作战和警卫工作之间的矛盾。为了扩大蒙民抗日武装力量，于1939年下半年，我们组建了蒙民游击队，队长是高凤英同志，蒙古族人，是个老同志、好同志，1941年11月，在火烧沟牺牲了。蒙民游击队虽然人数不多，但影响不小。它活动于归绥、武川和陶林一带。这支部队的建立，使广大蒙民看到了自己的武装力量，鼓舞了蒙民群众的斗志，增强了战胜日本帝国主义的信心。除了组建蒙民游击队外，我们还在一些地方组织了“武工队”，他们一般在基层党政组织的领导下，有时配合主力部队作战，有时单独活动，经常给敌人制造困难。这些小武工队，在思想和作战等方面成熟了，就推荐到二支队或吸收到主力部队中来，这也是我们发展抗日武装的一种形式。

2. 发展党的组织，建立人民政权。在我们进入大青山之前，就有一批党员在这里工作，如杨植霖、武达平、李维中、刘洪雄和蒙古族干部奎璧、贾力更、高凤英等同志。他们在八路军未上大青山前，都做了不少工作，为我们上大青山创造了有利的条件。杨植霖同志还创建了一支游击队，抗击日寇。因此，这里党的工作有一定的基础。我们一上大青山就注意着手党组织的建设和政权建设，先后在条件成熟的地方建立了党的组织，并成立了地方政权。省级政权的前身是绥远抗战动员委员会，由武新宇同志任动委会主任，王廷弼同志任副主任，武新宇同志于1939年秋回晋西北后，由王廷弼同志代主任。1940年春，反顽固斗争后，经中央和贺龙同志、关向应同志批准，动委会改为行政公署。

在党组织和政权建设中，我们注意充分发挥原在大青山工作的和当地的干部的作用。这些同志有的长期在这里工作，有的土生土长，对各方面的情况比较熟悉，与各阶层的联系也比较广泛，发展抗日游击根据地离不开他们，建党建政、组织武装也离不开他们。因此，在党组织和政权中，他们大都担任了重要职务。绥西地委书记兼专员是杨植霖同志，后来杨当了行署主任后，由李维中同志接任他的职务。绥西地委机关常驻万家沟、大南沟、德胜沟、井尔沟。管辖的范围是武川和归绥的西部，固阳的一部分，以及萨县、托克托县等地；绥中地委书记兼专员是武达平同志，后来贾长命同志任地委书记后，武任专员。武达平同志去延安学习后，由杨叶澎同志接任专员。他们的工作范围是武川和归绥的东部，陶林、四子王旗等地。绥东地委书记是白成铭同志，专员是程仲一同志。地委驻蛮汗山，管辖的范围是凉城、集宁、兴和等地。绥东、绥中、绥西地委、专署建立后不久，又成立了绥南地委和专署。地委书记是崔岩同志，专员是杨国兴同志。管辖的范围是清水河、和林格尔和归绥南部。

为了更好地发挥地方少数民族干部的作用，开展内蒙古地区少数民族工作，我们还建立了中共土默特旗工作委员会，专门做蒙古民族工作。这个机构相当于地委级，负责人是奎璧、贾力更、张禄同志，还有勇夫、赵诚、李森等同志也在土旗工委领导下工作。工委活动的范围主要是土默特旗，有时亦到包头等地活动。他们多是利用民族、亲戚、同学、朋友关系，搞蒙古族中的统战工作、伪蒙军工作、群众工作，同时，发展蒙民抗日组织。

3. 向延安输送青年，为蒙、汉民族培养干部。随着抗日游击根据地的发展，我们的干部越来越不够用，尤其是蒙古族干部更为缺乏。另外，伴随着抗日战争的深入发展，日寇和伪蒙政权与我们争夺青年的斗争也日趋尖锐，日伪政权欺骗青年，有的被他们送往东京和新京（即现在的长春）“训练”。国民党傅作义引诱青年，有的被送往后套“受训”。在这种情况下，我们必须以更大的力量争取青年参加革命。但由于游击根据地没有办学条件，集中办训练班培养大批青年有困难，我们只能采取往延安输送青年，学习一个时期再回来工作的办法培养干部。我们在选拔蒙、汉青年到延安学习时，不过分强调阶级成分，不论蒙古族、回族和汉族，只要抗日，愿意到延安学习，就选派。这样，有不少上层人物的子弟去了延安。这样做的结果，既培养了我们的干部，又发展了统战工作。因为，上层人物的子女参加了我们的工作，他们与我们的关系自然拉近了，有什么情况和变化，他们就给我们通风报信，为我们做了好多我们自己所做不到的事情。当时，输送到延安去的青年有八九十人，蒙古族青年居多。据说他们现在大部分已成为各条战线上的领导骨干。

4. 采取各种方式，运用多种关系，分化、瓦解敌军。在大青山驻有伪蒙军和傅作义的自卫军及国民党的其他部队。在这些部队中，有的和我们有联系，我们就争取他们为我们工作；有的在他们的领导集团内部存在着矛盾，我们就利用矛盾做工作；有的顽固反共，我们就揭露批判。我们在开辟抗日游击根据地的过程中，注意了具体情况具体分析，区别对待。具体做法是：第一，利用各种社会关系，做伪军工作，取得对抗日的同情和支持。如当时在毕克齐和察素齐一带驻着伪军防共第二师（师长叫韩五），该师有许多官兵是绥远和土默特旗人。我们这边有他们的同乡、同学、亲戚和朋友，通过这些关系做伪军官兵的思想工作，收到了很好的效果。敌人要“扫荡”，他们就给我们送信；我们缺医少药，他们就设法帮助解决，我们的伤病员也可在他们那里治疗；老百姓给我们送粮食，他们也不阻挠；有时我们的同志化装出山，他们还给我们开“护照”。第二，利用矛盾，争取多数，孤立顽固派。傅作义自卫军司令叫张钦，副司令叫于存灏，参谋长是鄂友三。鄂是蒋介石派去的嫡系，用以监视张、于等人的行动。这个家伙很坏，是个顽固的反共分子。张、于虽有反共一面，但他们处于被监视的地位，对鄂深怀不满，他俩亦有抗日的要求，特别是他们的大多数部下，都是当地人，与社会上有着千丝万缕的联系。针对这种情况，我和李井泉同志曾亲自到他们的司令部，采取“拉于打鄂”、争取多数的办法，来分化他们。效果虽不很明显，但没有起坏作用。他们第十二团团长叫王德保，和我们的关系比较密切，经常为我们提供一些情报。第三，深入伪蒙军内部掌握军情动向，为我所用。在伪蒙军中，德王、李守信的部队很顽固，对他们的争取工作很难进行。但伪蒙军的第六师第十八团的团长李秀山，经过工作，和我们的关系不错，我们就派李才、勇夫等同志到该团开展党的秘密工作，这样就可以及时了解日伪军的一些情况。

5. 选派得力干部，开展隐蔽工作。为了使党的工作能在各方面扎根，为了使党的工作在敌占区能够长期坚持下去和更好地开展，我们挑选了一些同志转入地下，做隐蔽工作。他们化装成商人、医生、农民或神职人员等，深入城市、农村、教堂等地，采取交朋友、拉关系、做买卖等办法，了解社情、军情、民情，发展地下党的组织，开展地下斗争。我们曾派石国柱同志到武川乌兰花的窝儿兔沟的一个比利时教堂当神职人员，从中了解日寇和国民党的情况（因为这个教堂与日帝和国民党都有来往联系），从 1940 年派进去，一直工作到日本投降。派绥西的刘启焕同志转入托克托县和萨县农村，宣传群众、组织群众，发展党的组织，开展群众性的抗日活动。派宁德清、刘伟同志到厚和（当时叫归绥城，即现在的呼和浩特市）去和在那儿的刘洪雄同志一起开展地下工作。他们组织了“绥蒙各界联合抗日救国会”，在学校、铁路、工厂、医院等单位做了许多工作。地下工作者所做的工作都是秘密的、隐蔽的，带有很大的危险性。因此，他们之间有的没有联系，有的单线联系，只有我们省委的少数几个领导同志掌握他们的全面情况。地下工作人员的任务是艰巨的，工作的环境是恶劣的，他们为党为人民作出了贡献。

6. 从大青山抗日游击根据地开辟一条到蒙古国的国际交通路线。1939 年，中央指示绥远省委，在工作条件具备的情况下，新开辟一条从大青山到蒙古国乌兰巴托的国际交通路线。我们能否完成这一任务，心中没有多大把握。我们决定先派人对即将开辟的国际交通路线作些探索，然后根据探索的结果，再向中央正式报告。经了解，从大青山到乌兰巴托必须经过蒙民聚居地区——四子王旗，但这个地区，原来我们没有工作基础，政治情况和风俗习惯不清楚，所以要探索这条交通路线就要先定带路人。在大青山我们所熟悉的群众中，没有去过乌兰巴托的，只有少数过去由内蒙到蒙古国库伦一带经商的人才去过。但对这些人的政治情况，大都不甚了解，随意找个人带路有很大危险。经过多方了解，通过多次酝酿，选了一个去过蒙古国的人，名叫段占元，他政治上比较可靠，对蒙古国的地形比较熟悉，会讲蒙古话，懂得蒙古族的风俗习惯，会骑马。我们找他谈了话，经过他同意，决定由他带路。向导确定了，我们党内要派一名政治上坚强的、头脑清醒的、在关键时刻敢于牺牲自己的同志前往探索。经反复讨论，决定赵光同志去完成这一任务。赵光同志原名叫郝登鸿，他当时担任中共归武边区工委书记，外人都称他是八路军的赵副官。他是陕北横山县人，靠近伊盟乌审旗。因此，他会说蒙语，亦懂蒙古的风俗习惯，中学文化程度，头脑灵活，政治可靠。这次派人考察国际交通路线纯属试探，故事前没有报告中央。赵光和段占元同志走到蒙古国边界处被扣，当作“敌特”送往乌兰巴托，又转到莫斯科第三国际。第三国际与中央联系，中央答复不知道这件事情。这样，赵光同志在莫斯科被关押多时。任弼时同志1940年春从莫斯科回到延安时，问到我有没有一个叫赵光的到蒙古国探路，我说有，是我们派的，已去多时，没有消息。任弼时同志将此事报告了第三国际，将赵光同志放回来了。通过这次试探，了解到开辟从大青山到乌兰巴托的国际交通路线是可行的，我们将这一情况报告了中央。中央决定这条路线由李春田同志负责，杨保山同志（伊盟鄂托旗牧民、中共党员）参加，仍由段占元同志带路。此后，这一重要工作，由中央直接领导，详情省委再没有过问。

四、在晋绥边区党委工作时期

1940年初，李井泉同志和我准备去延安参加党的七大。因七大延期召开，井泉同志未去，留在一二〇师仍任三五八旅政委。我便借此机会到延安向党中央领导张闻天同志汇报了绥远省委的工作。我把伪蒙疆自治政府的管辖区域、编制、组成情况绘成图表，请党中央和毛主席审阅。毛主席阅后，比较满意。当时，伪蒙疆自治政府的管辖区域在内蒙西部，除辖绥远省外，还包括晋西北的雁北地区。为了在伪蒙疆自治政府统治区内统一对敌斗争，就在这年的4月份，中央决定将绥远省委改建为晋绥边区党委。

晋绥边区党委管辖的范围在原绥远省的基础上，又增加了原属晋西北区党委管辖的雁北地区（当时是晋西北的五分区）。雁北地区包括平鲁、左云、右玉、山阴、怀仁等县。地委书记仍是赵仲池同志，后由胡全同志接替。专员是曲健同志。雁北地委的武装部队叫六支队，队长是刘华香同志。这样，晋绥边区党委管辖的整个范围是绥东、绥西、绥南、绥中和雁北五个地区。

晋绥边区党委的组成，基本上是原绥远省委的领导成员。我任区党委书记，王聚德（社会部长兼宣传部长）、于占彪（武装部长）、张达志（支队政治部主任）、赵仲池同志等为委员。李井泉同志已调回一二〇师，武新宇同志也已调回晋西北，故未参加晋绥边区党委。

晋绥边区党委成立后，为了加强五个地区的工作，区党委决定将原绥远行政公署改为绥察行政公署。杨植霖同志任行署主任，苏谦益同志任副主任，马南风同志任秘书长，贾力更同志任蒙民处长（他牺牲后由奎璧同志接任），杨建林同志任建设处长，赵全璧同志任财政处长。行署成立后，发布了施政纲领，受到了人民群众的热切拥护。从此，我们有了自己的人民政权。

为了向敌占区和我抗日游击根据地的广大人民群众宣传党的方针、政策和八路军在各条战线上的胜利消息，鼓舞人民的斗志，1940年，我们创办了晋绥边区党委机关报《绥蒙团结》。报头四个字是1940年初，我在延安请毛主席写的。《绥蒙团结》报有八开纸大，是油印的。整个报纸从拟稿、刻印到发行都是我们自己动手。尽管由于敌人的“扫荡”，报纸只办了几期，就被迫停刊了，但它对于宣传党的抗日主张，扩大八路军、新四军的影响，反映各地抗击日本侵略者英勇壮举，团结一切力量投入抗日活动起了一定的作用。

1940年2月，在汪精卫投降卖国，蒋介石消极抗日、积极反共的影响下，山西的阎锡山、绥远的傅作义部队中的反共顽固派和我们闹磨擦，他们制造矛盾，寻机挑衅，反对共产党，破坏抗日局面。我和李井泉同志趁回延安参加七大的机会，到晋西北向贺龙、关向应同志汇报了绥远的工作情况和反顽固军斗争的条件。在一二〇师党委的统一部署和指挥下，一二〇师在晋西北，我们的骑兵支队在大青山、蛮汉山开展了反对反共顽固派的斗争。通过反顽固军的斗争，把国民党专员张励师和傅作义号称的八路自卫军，大部分赶到了后套一带，促进了大青山抗日根据地的发展和壮大。各级党的组织和地方政权都建立起来了，当时整个大青山一带一度成了我们的势力范围。这是大青山抗日游击根据地的黄金时代。

1941年11月，由于工作需要，我调到晋西北工作。此后，我在大青山抗日游击根据地的工作，由高克林同志接替了。

大青山敌后游击根据地是在党中央、毛主席和晋西北军政委员会正确领导下而开辟起来的，广大绥蒙人民对建立这一根据地有很大贡献。在极度艰难的条件下，这些成绩是来之不易的，党和革命人民付出了很大的代价。无论地方和军队，汉族和蒙、回族，不少干部为开辟这一地区献出了自己宝贵的生命。现就想起来的牺牲的县级以上领导干部就有11名之多，他们是王据德、彭德大、贾力更、高凤英、程仲一、宁德青、刘洪雄、崔岩、赵光、张治华、史学文等。绥蒙地区，特别是大青山、蛮汗山一带，不少革命群众为了支援、掩护我们的干部、伤病员，被敌人搞得家破人亡。我们将永远怀念这些为党为革命牺牲的先烈，学习他们这种为革命献身的精神，并以此来激励我为社会主义现代化建设而努力奋斗。

（王世坤、王永清　整理）

东北抗联三进呼伦贝尔

王钧

准备进入呼伦贝尔地区

三军八团在赵敬夫领导下回到后方休整，我团到通北东山接冯治纲参谋长，准备进入呼伦贝尔。

在进军前，我们对该地区的政治、军事、地理形势和经济生产及民族居住条件进行调查了解。呼伦贝尔地区属于我国内蒙古最北部的一个行政区。在东北三省的西北部，它幅员广大。伪满洲国时期，管辖面积约为20万平方公里，共有11个旗、市。地区内有连接着欧洲的中长铁路横贯全境，国际间人员、物质交流频繁。境内主要居住着蒙古、鄂温克、达斡尔、鄂伦春、满族、朝鲜等少数民族，移居而来的汉族及俄侨多从事牧业、林业和采金业、狩猎业，主要居住在铁路沿线。

呼伦贝尔物产极为丰富，是历史上有名的大草原，如有伊河大煤矿。号称黑龙江屏障的大兴安岭的木材储量居全国前列，那里生长着优质的樟子松等多种多样的品种树木，繁衍着名贵的虎、鹿、熊、犴、狍、野猪等大型动物。一望无际的草原和牧场上盛产优良的马、牛、羊等家畜，烟波浩瀚的大莱湖等水域产鱼量惊人，人参、木耳、猴头、黄花菜等植物盛产于山谷水旁。

呼伦贝尔地区的地理条件较为特殊，它北靠苏联，与蒙古人民共和国接壤，东南面是东北抗日联军开辟的甘南、讷河、嫩江游击区，南与察哈尔、热河省交界，接近八路军冀热辽根据地。这个地区周围是社会主义国家和共产党领导的游击队开辟的根据地和游击区，可算是金红色镶嵌的边。

在东北革命斗争形势发展逐渐壮大的情况下，它成为敌我注目、争夺的地区。1931 年九一八事变后不久，呼伦贝尔地区很快被日本关东军占领，成为“满洲国”的一部分。日本侵略者在该地区推行了一条“以华治华”的毒辣政策，利用旧有的封建贵族统治体制操纵地区的上层封建贵族官僚，继续奴役和统治各族人民。

日本侵略者极力在政治上挑拨各民族的关系，宣传什么“日蒙亲善”、“满蒙联合”、“满蒙等民族是满洲国的主人”、“要维护满蒙等民族的地位”等等并以小恩小惠，多配给布和食品等收买少数民族统治汉族。妄图破坏民族团结，以便巩固其殖民统治。日本侵略者在积极推行分化民族团结这条毒辣政策的同时，也大力加强其军事统治。他们设置了兴安四省，建立了兴安军，组成兴安军区、兴安军官学校和各种骑兵警察队等军事机构。扎兰屯为兴安东省，哲里木盟的开鲁为兴安西省，乌兰浩特为兴安南省，海拉尔为兴安北省，更进一步控制了这一地区。这一地区的地理位置重要性随着世界反法西斯斗争的发展而日益显现出来。日本帝国主义者为了配合德国法西斯侵略者进行瓜分世界的侵略战争，于 1939 年 5 月 11 日，在这一地区的海拉尔以南约 300 公里处诺门罕（哈拉哈河），向蒙古人民共和国发动了侵略战争，企图一举吞并蒙古人民共和国大片领土。

诺门罕战争是日本帝国主义者第二次向共产党领导的国家进行挑衅，这时苏联在斯大林领导下，由朱可夫率苏联红军的陆空一军支援蒙古人民共和国，参与了这一战争。

进军呼伦贝尔

中共北满省委在日军屡遭失败和我军节节取胜的大好形势下，决定开辟呼伦贝尔游击区。准备在大兴安岭里的加格达奇、阿里河一带建立东北抗日联军总后方。这是因为呼伦贝尔的地理位置非常重要，它北靠苏联，东靠我军开展的讷河、嫩江游击区，西部紧挨蒙古人民共和国，南部与我八路军冀热辽根据地接近，便于我军纵横运动和进退，并有可能通过国际路线或通过辽西与党中央、八路军取得联系。

1939 年冬，我军组成西北远征指挥部，以六军参谋长冯治纲同志为指挥，我当时由六军十二团政治部主任提升为指挥部的政治部主任，率军直教导队和十二团（全部是骑兵）于 1939 年 12 月越过冰封的嫩江，到达莫力达瓦旗境内。这是历史上我党我军第一次到达这个地区。

莫旗是达斡尔、汉、满等族杂居的地区，民风淳朴。我们一到莫力达瓦北部的小库木尔屯时，群众像欢迎亲人一样来欢迎我们。他们和东三省、全国人民一样，恨透了日本帝国主义。我们在屯子里召开了群众大会，由该屯最德高望重的孟哈苏（达斡尔族，敌人让他当嘎查所长。嘎查所相当于村公所）亲自召集群众。老乡们一听到通知，都倾家而出，不大一会儿就聚集了 400 来人。冯参谋长让王万俊副官在一个土堆上展开红色军旗，并让我讲一讲我军的来意和我们对兄弟民族慰问之情。我一登上土堆，群众一下围了上来。我说："我们的部队是中国共产党领导的，打日本鬼子的队伍，是帮助各民族百姓的队伍。日本鬼子想挑拨我们中国的各民族自相残杀，妄想利用极少数的民族败类达到以中国人统治中国人的政策是办不到的。我们中国在千百年前就是一个有很多民族的大国。我们不能上日本鬼子的当，我们各民族只有抱成一团，一起打倒日本帝国主义，才能救中国，才是我们的真正出路。”“我们是东北老百姓的队伍，纪律严明，对乡亲寸草不动……”还没等我的话音消失，人群中一位身体很棒的30来岁的达斡尔族兄弟叫沙特勇的，攥着拳头，自己走上土堆，大声说：“这个队伍真好啊！和咱们一条心。乡亲们！大伙一块儿打他日本狗杂种！”接着，司务长王成给各房东分发饭伙钱。

大会散后，孟哈苏老人张罗把战士分到各家去，各户都忙着给部队做饭吃，我们指挥部就住在孟哈苏老人家。孟大娘对我们非常热情，把我们让到三面带炕的正房里，把发好的酸牛奶给每人倒了一大粗瓷碗。由于汉族同志们不习惯喝酸牛奶，所以大家你看我、我看你地笑着，谁也不喝。老大娘表现出那种真心实意的心情，感动得大家只好当着老大娘的面把酸牛奶喝了下去。接着她又端上热乎乎的野猪肉和小米饭。饭后，我们像一家人一样唠得非常热乎，两位老人提出了叫他儿子孟德仁和我们领导人拜兄弟的要求，冯参谋长让我、王副官和孟德仁结拜。孟哈苏老人倒上酒，孟大娘点燃了佛龛上的香。我那年26岁，算老大哥，我端杯先说，咱们哥仨，为打日本，救中国，生死与共。20来岁的孟德仁火气更旺，他说：“大哥、二哥，你俩前头走，弟弟我紧跟着。”孟德仁同志自此就参加了革命，他是呼盟少数民族中参加革命最早的人。从此，他经常为部队带路，筹买给养，买战马。我军走后，他被日本鬼子和警察、特务迫害，就改名换姓，自报鄂伦春人，在大兴安岭的崇山峻岭中游猎，在群众中宣传革命道理，一直坚持到解放。1963年经我证明改回达斡尔族，后在乌尔其汗林业局工作。

由于我们部队异常注重少数民族地区的群众工作，我军的消息很快传遍了莫力达瓦旗地区。这一带群众都称我们是新军，是千百年来从没见过的纪律严明的部队。

部队由小库木尔屯出发，向西南走50多里，来到靠近边壕（古时划分区域的长壕，这条长壕是从嫩江江沿起一直向西延长的）的乌尔科屯和冯家围子屯，被群众围了起来，男男女女都眉开眼笑地望着指战员，部队在这屯住下后，该屯的嘎查达向我们报告说："我们这个屯子没有一个人跑出去向日本鬼子报告，我们说了算，谁也不能跑。你们好好休息罢！"嘎查达要给我们杀猪宰羊，被我们一一说服制止了。

我们又到了边壕北的王家炉屯。由于我军纪律严明的美名早已传到这里，这屯的群众更是热情。我团有一个高大个子的战士叫孙大发，他刚到一家屋里，就被一个戴着老花镜的老大娘推上了火炕，为他脱下鞋，并给他焐手，扫脚，并连连说："孩子！你们遭罪了，天头太冷。"又忙打发儿媳赶紧做饭，感动得孙大发直落泪。群众关怀抗联战士，教民族语言，为战士洗衣服、治病。战士也积极为群众做好事，如扫院子、挑水、劈柈子等干个不停。军民之间真是亲如一家。

首战太平桥

这一年的阴历腊月初六，我军来到格尼河西的太平桥屯时，从屯外飞似地跑回一位骑光背马的达斡尔族姑娘，她向我们报告说：西南方来了警察队。为避免群众利益受损失，冯参谋长决定部队拉出屯去。我们抢占了屯外的一处山坡。我用望远镜一看，前来的敌人是清一色着黑色制服的达斡尔骑兵警察队，有200多人。

这将是我军进入呼伦贝尔地区的首次战斗，这次战斗的胜败对我军军威和取得群众信任有重大影响。我军兵强马壮，取胜是比较容易的，但来的是少数民族，他们一时被日本人蒙蔽，如果将他们全歼，会引起少数民族的反感。于是，冯参谋长决定，一面让部队用火力镇住敌人，不让他们向前；一面展开政治攻势。军部副官长祁宝贤（相当师级）同志亲自带一连排长小于，前进到离敌人只有200米的地方，向警察队喊话："汉族、达斡尔族都是中国人，中国人不打中国人。"

警察队首先开枪，祁副官和小于同志都牺牲了。祁宝贤同志原是伪军三十八团的一个连长，学生出身，有爱国主义思想进而拥护共产党的主张，于1937年7月率部起义，投归我军。对于这位非党同志，省委极为重视，提升他为六军副官长，牺牲时只有三十四五岁。

两个战友牺牲，我军指战员全冒火了。冯参谋长瞪着眼向我下令："要全部活捉敌人，不准打死一个。"我即指挥全部机枪一齐射击，组成交叉火力网，将敌人压倒。然后率骑兵从左、右两路一个冲锋，飞快地逼到了警察队的近前。在我们的马前枪口下，警察们乖乖地交了枪，我们把他们集中起来。冯参谋长压低火气给他们上了一堂爱国主义的课，然后解除了他们的武装，抓住了他们的战马，把人全部释放了。

这一仗我军打得有理、有利、有节，军威大振，远近群众见到我们都伸出大拇指，说我军是常胜之军、仁义之师。有不少有爱国心的热血青年参军。我记得最出色的有两人。一是蒙古族青年郭刚，他是伐木工人，个子高大，脸色黝黑，他在山里顺着我们的脚印一直追了七天七夜，才追上我们参了军。郭刚同志作战勇敢，不久就入了党。1940年北兴镇战斗中，他发现敌人一挺机枪正在向我瞄准射击，就用身体挡住我，并向敌人还击，当他把敌机枪射手打死时，他自己也身中11弹，躺在我怀里牺牲了。另一个是朝鲜族战士，我只记得姓金，是山上放排工人，他非常能吃苦，又能团结人，后在大兴安岭（现在老林场）附近战斗中牺牲。

任家窝棚冯参谋长殉国

腊月二十六，天阴沉沉地飘着大雪。天快黑时，部队来到阿荣旗北部三岔河的中游。这里有个屯子，名叫五马架。部队进屯后，事务长买点米，正组织做饭，我召开群众大会，正在讲演，岗哨跑回来报告说，从东边开来一大溜汽车。冯参谋长和我来到屯头观察。敌人来得真不少，足足有30辆日军尼桑牌装甲大汽车，上面尽是黄乎乎的日本兵，有的车后面还拖着大炮。估计是日军一个正规军联队。

冯参谋长立即命令部队捞起半熟的米撤出屯去，到后面山岗上进一步观察。敌人一看到我军上山，就用92重机枪和105毫米榴弹炮向山坡上射击。由于天黑敌人打不准，我军没有伤亡。

我们又往后撤到敌人火力射程之外，在山上露营，并接着做好饭。

冯参谋长把我叫到他的火堆旁。他的警卫员裴海峰煮了一大饭盒小米饭，我们三人一人轮流吃一口，一块冻咸菜疙瘩还是冯参谋长用牙咬开，我们每人一块放在手心里。冯参谋长边吃边说："敌人这么多，又是正规军，他们定会在明天与我们打阵地战。今晚他们这么多人，一个是返回莫力达瓦旗去住，一个是找大一点的屯子去住，决不能住在五马架这个小屯子。"我点点头说："日本鬼子来这么多，估计是从齐齐哈尔来的，附近的敌人不会有这么大的兵力。"

冯参谋长同意我的分析，又命令我明早吃完饭后，带队往西往三岔河上游走，寻找战机，歼敌一部后，再迅速摆脱敌人。

第二天（腊月二十七日）早饭后，我率部队往西南运动，因夜间不知敌人兵力的调动情况，便派出尖兵，先出一华里，随时观察各沟塘边有无汽车的胶皮轱辘印（当时当地的大车的车轮都是木制的，无胶皮车胎），以便确定前方有无敌人。

部队走了三四个钟头，下到一个山沟后又往上爬，想居高临下观察四周有无敌人。

我军第一次到达这里，地理环境不熟，根本不知道这座山的那面就是三岔河主流，河北沿有个屯子叫任家窝棚。

正走着，我们看见走在前面的尖兵突然朝我们比划，是说前面发现了汽车轮的印子，有敌情。冯参谋长立即下令部队戒备，并让我组织部队做好战斗准备，他自己带着警卫员小裴策马跃上南面山坡。冯参谋长作战向来惯于亲自掌握第一手情报，这次他又想上到山顶上想观察一下敌人的方位和情况。

我一边下令全体战士下马，准备迎战，一边看着冯参谋长和小裴，眼看他们快要上到山顶了，就在这时，山顶和一侧山坡同时响起了枪声。

原来头天晚上有股日军就在任家窝棚宿营，今天一早他们分两路往山上爬。山顶的一路正和冯参谋长遭遇；山坡的一路也发现了我们在山沟里，便居高临下开起枪来。敌人占据了有利地形，机枪打得我们抬不起头来。我军又都是骑兵在马上枪打不准，目标又大，战斗力发挥不出来，要想作战，必须下马，把几匹马交给一人牵着，免得被枪炮声惊散了，其余的人才可投入战斗——这叫打马桩子。我一看，沟底毫无遮掩物，根本打不住马桩子。便命令部队快往北边山上撤，我自己带一个机枪班徒步向南山上爬，去接应冯参谋长。当我们爬到离冯参谋长只有200多米远的时候，他们也看见我们了，并急忙扔出两颗手榴弹，乘烟雾弥漫之际，上马往我处撤。可是山上尽是一人多高的柞树丛。马一冲进去，树枝把他们两人先后从马上刮下，追来的敌人足有300多人，为首的是一个戴绿呢四耳军帽的军官。他一见冯参谋长掉下马来，便一声喊叫，300多鬼子一齐站起来，端着刺刀向冯参谋长他们冲去。

我立即让三挺机枪一齐射击敌人，我带几个战士赶紧向前跑去，抢救冯参谋长。就在这时，山侧的一路敌人从后侧包围上来，他们用八八式掷弹筒连连轰击，炸坏了我们两挺机枪。侧射的重机枪火力，将我身边的战士射倒好几个，我刚一卧下，一发子弹便把我的皮包打了个大口子。

我抬头向上一看，只见冯参谋长从小裴身上摘下三八式马枪射击敌人，小裴双腿已经断了，跪在地下用双匣枪向敌人射击。冯参谋长枪法准，他们俩打得敌人一个接一个倒下，钢盔帽子顺着山坡直往下滚。那鬼官急了，又一声大叫，300个鬼子一齐开枪，冯参谋长和小裴先后倒下去了。

情况万分紧急。山侧的一路敌人扑向我们，离我们也只有80多米了，他们飞快地向我们冲来，我们正要迎上去和敌人拼杀。就在这关键时刻，我军撤到沟北的部队已经爬到山顶上了。他们马上用密集的火力将侧面上来的敌人压住了。借着这个空子，我们几个赶紧撤下山来。当我们返到北山上时，只见南山布满了黄乎乎的敌人。南山的山尖上，有一撮敌人正团团围着冯参谋长他们的遗体。战士们都哭了，大家向南山打了几阵排枪，把山尖的鬼子又打倒了几个。这也算是我们为冯参谋长和小裴同志志哀吧！

站在山尖上看得很清楚，不仅南山有敌人，东北山沟里也出现了日军的装甲汽车。我便带部队迅速向西撤。刚穿过一道山沟，迎面又遇到日军一个小队。战士们的火正没处消，便纵马一个冲锋，将30多个鬼子逼进山沟的一个小河边。鬼子被打得没处跑，只好退到冰面上。这河有清沟，正当他们在清沟里连滚带爬时，我们一顿枪便把他们都打倒在水里。

这场恶战一直打到中午11点钟才结束。我们估计敌人受到重大伤亡，弹药也消耗完了，会很快离开这一战场的。我把部队撤到后边山里露营一宿，第二天又返回战场来寻找冯参谋长和小裴等同志的遗体，但遍找无着。我到前边任家窝棚打听，老乡说，日本鬼子已把冯参谋长的文件和名章得到，知道牺牲的是共产党员、抗联的高级指挥员冯治纲。敌人将冯参谋长的遗体整修净面后用大块药布裹起来，送到新京（长春）邀功去了。

冯治纲同志牺牲时只有28岁。他原是学生出身，生得浓眉大眼，高鼻梁，中等身材，是旧中华民国汤原县最后一任监督（县长）的秘书。因英俊能干，季监督把自己的二女儿嫁给了他。九一八事变后，季监督不愿当汉奸，带领全家老小上山躲起来，最后病死在山上。

冯治纲同志参加革命后，作战勇敢，多谋善断，不久就加入了中国共产党。他是个知识分子，思维敏捷。更难得的是他很快掌握了军事指挥艺术。尤善游击战，每次战斗前必作缜密研究，善施计谋……

我和冯治纲同志1935年就认识。1936年他担任六军参谋长，我正在六军军部任保安团政治部主任（当时抗联师以上设政委，团为政治部主任）。他作风民主，爱护干部，能和战士打成一片。在工作和作战中我受他的教益甚多。

这次西征，进入陌生的少数民族地区，困难较多，但他欣然受命，坚定不移地执行北满省委和六军党委的决议，在作战的同时，不忘进行政治宣传工作，使我党我军迅速赢得了呼伦贝尔地区人民的信任。

在冯治纲同志牺牲前三天，他还对我说，他十分想念他那躲在深山沟里的老母、妻子。不知她们在那严寒的冬季是怎么过的，能不能活下来！他长叹了一声，又说，现在顾不得家了，没有国哪来的家呀！

冯治纲同志的牺牲，是我东北党组织和东北抗联的重大损失。据我所知，在抗战时期他是在呼伦贝尔地区牺牲的我党我军的最高领导人。后来，三路军指挥部秘书徐紫英同志为冯治纲同志编写一首追悼歌。歌词是这样的：

国土沦丧，

人命草菅苦倍偿。

八载风霜，

黑水波涛如泪浆，
荒草长堤尸遍野，
哭嚎惨伤。
夕阳下，
古道旁，
悲声杀气壮。

游击阿荣旗，
战马驰骋走单骑。
血染征衣，
壮志未酬恨无极，
慷慨捐躯痛别离。
旆间铭题，
雪前仇，
勇弗替，
追烈士，
腊月二十七。

继承遗志，完成使命

冯参谋长牺牲后，敌人立即加强了军事、政治攻势。敌人一方面又从齐齐哈尔开来30多车敌军，在各条山沟里都布上汽车队和骑兵，截断我军给养供应；一方面派人给我们送信劝降，又用飞机大撒劝降传单。敌人扬言：你们这支部队最高领导人都死了，你们没有出路了，赶快投降吧！又称：凡投降者，当官的官升一级，当兵的给房子、给地、给马。这时，不少群众不敢靠近我们了。在部队中，也有个别人思想波动，有的提出我们对呼伦贝尔地形不熟，语言不通，还是回江东老根据地去。一连牺牲了几个战士，连长在行军中竟离开队伍好几天才回来。我一看他动摇了，就撤了他的职，任命一连指导员姚士同兼任连长。

在这困难的时刻，我召集部队中的党员连开了几次会。同志们一致表示，虽然冯参谋长牺牲了，但省委、军党委交给我们的任务我们还没有完成，我们只要还剩下一名共产党员就一定要坚持到底。

当时，敌人估计我们可能退却，向东返回老根据地。敌人便在东、北方向上布满了重兵，可我们偏偏向西，向敌人的心脏部位前进，敌人紧紧尾随，连续打了七八天，我们胜利地摆脱了敌人，冲到博克图、巴林一带。

在前进中，战士们一面狠狠打击敌人，一面大力宣传群众。群众看到我军斗志旺盛，也坚定了信心。不少群众深夜骑马送来粮食。我记得两位达斡尔猎手，他俩是兄弟，一次就骑来五匹马，带来三袋小米，足有五六百斤重，临走连坐骑都一定要我们收下，他们还一再祝愿我们，希望我们胜利，盼望我们还能回来。

接着我们往阿荣旗、莫旗、巴彦旗以及雅鲁河一带活动。这里是日本掠夺我国木材的基地，林业工人很多。敌人在这里设立了很多管理采木业的“柜房”，柜房中一般有粮站、金柜、小商店、饭馆、赌场、妓院等，每处柜房均有日本守备队和山林警察队。

我军在这一带的林业工人的支援下，接连攻开了巴林、穷棒沟、卧牛河等七八处柜房，消灭了大批敌人，得了很多给养和现金。战士们普遍换了新装、新枪、新马，士气极为旺盛。

这一带是日本人经营较早的地方，日军中普遍列兵少，军官、士官多，他们一般都受过系统的军国主义教育，中毒较深，遇到我军攻击多半宁死不降。

一天夜间，在我们攻打巴林时，一个日军中尉从被窝里跑出来，他只穿衬衣就往外跑，我看他没拿武器，就没开枪，战士老金用日语喊他站住，可他却光着脚一直往山里跑，室外气温在零下40余度，他只跑了200多米就倒下，不久就冻死了。

当我们活动到乌奴耳附近时，听林业工人说，乌奴耳柜房有不少被俘的八路军战士在那里做苦工，日本人对他们极为残忍，冬天不给衣服穿，只围着草袋子、麻袋片伐木，冻死、饿死无数。我们决定立即前去营救他们。当我们来到离乌奴耳还有30多里的一处山林时，被敌人的一个警戒小部队发觉，仗提前打响了，我们消灭了敌人，乘势冲到乌奴耳楞场时，果然发现前面有不少山林警察和日本人用刺刀逼着200多人在楞场上集中。我们分两路向敌人冲过去，骑兵来得快，敌人措手不及，骑兵一下就把他们冲垮了，十多名日本鬼子被战士追上全打死了，剩下伪警察吓得四下乱跑。

这200多人正是被俘的八路军战士，他们原来在楞场上堆原木，这时也一下乱了起来，因我们穿的都是缴来的伪军衣服，他们不知道我们是什么人，他们有的夺下警察的枪支分成几股，拼命往山里跑，不管我们怎么喊，也没有人回来。

因为敌人没有完全消灭，战场打扫得十分仓促，我们只找到一个姓车的病号，他是山西的一个八路军部队的事务长，当时正生着肺病，我们用马驮着他走，走了十多天，他因身体太弱，不幸病死了。我们把他埋在绰尔河边的一个山坡上，连指导员姚士同同志还为这位八路军同志立了个木头墓碑。

1940年2月，我军已经在呼伦贝尔各民族中初步建立了威信，我便派一个战士化装去北安东找李兆麟将军，汇报冯治纲同志牺牲和部队的情况。

第一个交通员不幸被敌人抓住了。我又派了一个姓吴的班长带个战士去送信。由于敌人一直在追踪“围剿”我们，这两个交通员又被敌人抓住了。我只好请一位同情革命的汉族老乡叫王春河的去讷河，给龙北地委书记方明玉同志送信。告诉他呼盟的局面已经打开，请他派一些同志来协助我们开展地方工作。王春河那年有40岁左右，他拿了我交给他的十元钱路费和一匹马，毅然出发了。半个月后，他胜利地到达了讷河，将信交到方明玉同志手中。

方明玉同志马上派了刘纯，以及老交通员刘生等五名同志到达神泡子、马拉科一带开展地方工作。

随着我军的胜利，这一带的群众也觉得像有了主心骨，人民是不愿做亡国奴的。他们竭尽全力来支援我们。

在阿荣旗西边山上，有一个小地名叫野猪窝棚，群众为了上山打猎、砍柴住宿方便，在这里搭了个木营。木营下半截挖的地窖子，上半截用原木垛起后支的盖。房内靠两边有两铺木头长炕，当中拢火。一共能住四五十人。

由于这里比较偏僻和险峻，我们就利用这个木营当了我们的“小后方”，把几个伤员放在这里养伤。同时又把它利用做交通点，附近的老乡都是通过这个“小后方”给部队送粮食。一个地名叫赵家窝棚的老乡们，拥军更是积极，他们主动来给伤员治伤，经常用大轱辘车给我们送粮。其他村屯的老乡，为躲过敌人的检查，就利用上山砍柴拉木头的机会，用大车给部队捎粮食、盐，有时还有猪肉、电池等物资。他们还经常通报敌人的动向，为我军的活动带来了极大的便利。

军部教导队有个班长叫胡玉树的，我们部队刚一到嫩江西岸，因天黑掉了队，他就在莫旗北格尼河东沿一个屯子住下，等部队回来时归队。这个屯上至嘎查所长，下至小孩子，全屯人没有一个人向敌人泄露过。敌人多次来过这屯，胡玉树同志始终没有暴露。当时日本人规定，凡掩护抗联不报告，要杀光全屯，这说明群众是真心爱护人民军队的。胡玉树同志一直等了六年，直到“八一五”解放，这位同志又重新把藏起的枪找出来，组织起一支队伍，后任我嫩江军区某团团长，在与国民党光复军作战中牺牲了。

到1940年3月底，我们部队经过三个多月艰苦作战，纵横千余里，既消灭了不少敌人，又宣传了群众，初步建立了地方组织。我们的目的基本达到了。加之，长时间和军部失去联系，嫩江又即将解冻，于是我决定立即率部返回嫩江东，向军部汇报情况，听候李兆麟同志下一步的指示。

我们告别乡亲们，踏过冰封的嫩江，来到德都县朝阳山一带，我们在这里正好遇上六军三师师长王明贵同志带的部队，我们就共同打开克山县的北兴镇，然后一齐去北安东边山里找到了中共北满省委委员、抗联六军政治委员李兆麟同志。

李兆麟同志当年还不到30岁，因操劳和生活艰苦前额的头发已开始稀疏起来。我向他汇报了我们首次征战呼伦贝尔地区的经过和冯参谋长牺牲的情况后，他对冯参谋长的牺牲深感惋惜，对我能坚定执行命令带领部队完成开辟新区的任务，又率部安全返回给予表扬。

第二次进军呼伦贝尔

1940年4月，东北抗日联军进行整编，取消原来的军、师、团建制，改建成更适应游击战的路军、支队建制。

我们部队编入三路军三支队，由原三军三师师长王明贵任支队长，原北满省委委员，下江特委书记高禹民任政治委员，由我任参谋长。

三支队组建后，接连打开克山县城和四站、霍龙门火车站等日伪重要据点后，于1940年9月第二次来到中腰站嫩江沿，准备第二次进军呼伦贝尔地区。嫩江宽约百米，水急而不深，我们乘马涉流而过。

这次西征，北满省委是下了大决心的。三路军所辖四个支队（三、六、九、十二）中的两个支队（三、十二）一齐开向呼伦贝尔地区。

三支队的任务是：在继续开辟游击区的同时，尽可能打开一条道路，沿呼伦贝尔西部边境地区南下，力争与热河的八路军接上关系。我们临行之前，李兆麟同志一再嘱咐："东北党与中央多年接不上关系，最近在报上看到八路军到了热河，辽西一带。你们如能打开与中央联系的通道，将中央的指示转来东北，这对于整个东北的抗战形势是有重大意义的。"但他也充分估计到我们深入呼伦贝尔西部后，困难将会极大。他授权我们可以根据情况相机行事。

十二支队由戴洪滨支队长率领。他们的主要任务是继续开辟游击地区，但十二支队在1940年9月末打开肇源城之后，因故返回了海伦一带，没有开到呼伦贝尔地区去。

这样，还是只有我们一个支队开过嫩江，到达呼伦贝尔地区。

血战阿尔山，毙敌一少将

1940年10月的一天，我们来到阿荣旗西南鸡冠山的南坡一带活动。这里山不大，但山势较险峻，山上尽长着不太大的柞桦树。

这天刚吃过中午饭，就发现了敌人。这次来的全是日本兵，他们全穿着和秋季树叶一样颜色的黄军装，叫我们很难分辨。他们一直摸到我们跟前，枪才打响。

由于双方离得较近，全支队在一块集中活动目标太大。我们就分成两部分，由支队部率教导大队和四大队占据了靠西的一个山头，由八大队长尹德福率八大队向南面另一个山头冲去。

这次日军兵力很大，由一个日军少将统率，以三四百人的大队

（营）为作战单位，分成多股，企图抓住我们，制造战机。

敌人一看我们分成两部分，便立刻确立首先要困住兵力较小的八大队，只见有一股日军直插我们与八大队之间的山沟，敌人的火力很猛，92重机枪和迫击炮打得我们抬不起头来。敌人的飞机也来助战，飞机飞得很低，银光闪闪的螺旋桨以及机舱里的驾驶员都看得很清楚，飞机一走，气浪打得树梢哗哗直晃，树叶像下雨般地落下来。

敌人成功地切断了我们与八大队的联系，我们发觉有陷入重围的危险，便立即向西北的方向运动。由于大部分敌人都去包围八大队，我们很快就脱离了险境。

这时八大队情况十分危险，十多股敌人沿几条山沟齐头并进，想包围住他们。

尹德福同志是久经战场的老同志，他身上曾中过18发子弹，被同志们称作“打不死的人”。他很明白敌人的意图，便率领部队急速向西南方阿尔山撤退。

有一股敌人紧贴着他们，一连打了两个多小时，他们翻了四座山头，还是没有甩开敌人。山上树林很密，双方离得不太远，可又看不真切对方的准确位置。

当尹德福同志爬到阿尔山的山坡上时他在马上一回头，发现对面山坡上的一片空地上有一股敌人。他用望远镜仔细一看，原来是不少挎着战刀的军官围着一个穿黄呢军装的老军官在说什么。这老军官的领章上是一颗金星，在他的跟前还有几匹马。

尹德福同志估计这个少将是这股敌人的最高指挥官。他立刻跳下马，摘下挂在马身上的38步枪，他估算了一下距离，足有五六百米，他定了标尺，然后瞄准那个少将打了一枪。正中前胸，将其击毙，日寇军官们乱成一团。

尹德福同志这一枪就结束了战斗，敌人再也不来追击他们了，他们很快甩开了敌人，直奔人头磖子方向去了。

高禹民政委牺牲

天很快黑了，我们这一部分人马来到了一个叫五马架的小屯子，准备在这个屯子等一下尹德福的八大队。这个屯子很小，只有七八户人家。我们支队部到了一个老乡家，事务长王成买了点面，老乡为我们擀了点面条。我们原以为面条好熟，可以快点吃完。

面条熟了，刚放上桌子，就听外面“叭！叭！”响了两枪。我从窗户向外一看，外面街上竟有不少日本兵呼呼在跑。原来，敌人绕过我们的岗哨，闯进屯子里了。

王支队长、高政委和我分了一下工，决定兵分三路，各带一路，向外突围。

王支队长和我带的部队各杀开一条口子，冲到村外的山上。

高禹民政委带的一路也冲出了村子，刚转过沟口，正面又遇到好几百敌人。高政委立刻命令在一侧山头上卧下。这时前有堵截，后有追兵，危急万分。

王支队长和我见此情景马上带领部队返身，从两个方向上迂回过去，准备接应他们。

高禹民同志命令他带的部队往山顶上撤，由他自己掩护，支队教导队长安永化和战士们不肯走，他下了死命令。结果他亲自带一个机枪班，抢占了一块兀出的大石块，堵住了前面冲来的敌人。安永化同志看高政委没有走，他也留下来保卫政委，再加上我们两路的火力支援，被围部队的大部分顺着山坡向上撤出了战斗。

这时，屯子里满是敌人。各山沟里也有不少敌人的步、骑兵。我们三路部队且战且退，一直混战到半夜，才摆脱了敌人。后来，我们摸到了人头砬子那边一个炭窑，等到下半夜，尹德福同志带的八大队也转来了，可是一直等到天亮，也没等到高禹民同志他们。

天大亮后，我们怀着沉重的心情又来到了五马架屯。老乡们讲述了高政委牺牲的情况。

据老乡讲，高禹民同志他们占据了那块大石头不久，就被上千敌人从四面八方围住了。敌人先是喊话劝降，高禹民同志不仅不为敌人所动，反而让支队教导队长安永化同志向敌人进行喊话，机枪班的朝鲜族同志还用日语喊了话，表明抗联战士誓与国土共存亡的决心。敌人看劝降无效，便发起了进攻。在月色下，高禹民等同志与敌激战了一个半小时，最后，12 名同志壮烈牺牲。老乡讲，敌人的尸体装了满满两汽车。高禹民、安永化等同志的遗体也被敌人拉走了。

另外，尹德福同志击毙的确实是日军一个少将军官。老乡看见敌人用两匹马驮一个担架，担架上放着那少将的尸体和战刀。

关于这个日军少将的死亡，日伪称之为“阿尔山事件”，并在此地立块“忠灵碑”。

我们来到高禹民等同志牺牲的地点，见大青石上血迹斑斑，遍布子弹击中的白点。石下的地面上，光子弹壳就铺了一层，可以想见当时战斗的激烈情景。

高禹民同志是依兰县人，在依兰县中学读书时任学校党支部书记，毕业后历任依兰县委书记，下江特委委员、特委书记，北满省委委员，九支队政委，三支队政委等职。

高禹民同志中等身材，生得眉清目秀，方脸，双眼皮，有一颗虎牙，是个很英俊、精干的年轻干部，他思维敏捷，谈吐文质彬彬，清晰而有哲理，善于团结同志。

他牺牲时年仅 24 岁。高禹民同志是冯治纲、郭宝贤同志之后第三个牺牲在呼伦贝尔地区的我军高级将领。

鸡心沟再毙敌一少将

高禹民同志牺牲之后，王明贵同志和我商量了一下，决定部队继续向西，深入到敌人纵深部位活动。

一天晚上，我们来到了巴林和绰尔河之间的一个汉族人聚居的屯子，这个屯子有四五十户人家。屯中有个富裕农民姓李，有点文化，是个比较开明的人。他见抗日军来了，就主动献出一匹马。这马十三四口，混身上下雪白，个头不大，但极善走，走起来尾巴伸开与身体拉平，人坐马上可以看地图，速度比一般笨马跑还要快一些。我们推辞了一番，他坚决要送。他说，他作为一个中华子孙，因家口拖累，人不能去抗日，但一定要献上一匹战马，为抗日效一点力。我收下了这匹马，并叫事务长给他 40 元钱。

后来，这匹马在战斗中多次将我带出险境，也拖带过不少伤员。1941 年我负伤，马也受伤，我便把它放到了山上。1946 年我在孙吴县剿匪，又看到这马，这匹马还认识我。过了两天，这马就老死了。当时孙吴的同志们都说，这正应了“好马见了主人面才会死去”的传说。

我们在这个屯子住了两天，第二天的傍晚，有个上山拉烧柴的老乡回来报告说:“南面来了一大股人马。”我们立即往北撤。晚上，在鸡心沟与日军遭遇，敌人来得很多，沟里、山上到处都看见敌人的钢盔在闪光。

我们和敌人激烈战斗，后来打交手仗打惨烈了，一直打到天快亮了，双方才脱离战斗。由于日军是正规军，作战方式死板，我们的战士机动灵活，一般都有手枪，混战之中，打死敌军甚多。我们仅有教导队长张绍华等三同志被敌人俘去。后来听群众反映，这夜又打死日军一少将。“八一五”光复后，张绍华同志出狱，他也讲到这次战斗中，敌人的少将指挥官不知被我们哪一位机灵的战士从背后打了一枪，把他击毙了。敌人为此还登了报。

遭遇险阻，返回江东

根据北满省委的指示，我们支队向西南方向前进，想一直穿过吉、辽西省的西部荒原，到热河与八路军联系上。我们越过卧牛河、雅鲁河、布特哈旗、绰尔河，翻过松岭一直打到了伊敏河上游的毕里图（鄂温克旗伊敏河上游）。这里是一片漫无边际的大草原。草原上的草深及脚脖，没有什么路，到处可以跑汽车。这地形对我军极为不利，平坦坦的草原连一棵树也没有。人根本无处藏身。吃饭、宿营必须用火力将敌人打远才行。

这一路战斗异常艰险。日军接受多次自己出来"讨伐"我军遭受失败的教训。没有出动部队。而是调来了装甲汽车队、白俄步枪队和蒙古骑兵队来尾追我们。因日军是正规军，不善于运动战，又和我们一样人生地不熟，露营能力又比我们差，根本不是我们的对手。而白俄步枪队和蒙古骑兵队却能吃苦，善于野营，骑术好，枪法准，地形又熟。

敌人一怕我们南下热河，二怕我西进蒙古人民共和国。采取了又截又追的打法。我们行军，敌人也行军。我们野营，敌人又摸上来打。我们的马累死了，得夺敌人的，可敌人每个人都有备用马。蒙古上层官僚还源源不断送上新马。这样，我们的速度就大大低于敌人的速度。日夜战斗使我军减员很大。同志们休息不好，眼睛都红了。头昏脑胀的，战斗力大大下降。而这时我们才到达伊敏河的源头。这里距八路军的冀热辽根据地还有1000多里路程。我们看出，继续南下，人烟更稀少，道路更生。这样下去，不仅和八路军接不上关系，而且有全军覆灭的可能。于是我们当机立断，返回江东。

由于前一个时期我们只求迅速南下，对尾随的白俄步枪队和蒙古骑兵没有给予有力打击，这两股敌人气焰嚣张，现要东返，必须狠狠教训一下这两股追兵。王明贵支队长决定由他带七大队前行，由我带一小部分精干部队打击追兵。

一天，我们转回到卧牛河东的山区，天刚黑我们就露营了。我们有意在林中拢上几堆火，然后部队开始休息。我带一部分人往回摸去。走了几里路，翻过一个杂树岗子，便发现了白俄步枪队也在露营，这帮匪徒全是十月革命后流亡我国的反革命分子，多是原沙俄军官，反共坚决。他们这时没有卸装，正在吃饭，看来他们要在夜里袭击我们。

我们分成两路向前爬去，当距最近一个大火堆只有百十米了，突然看见敌人的一匹马扬起了头，嗥嗥叫起来，这说明这马发现生人。我立即打了一枪。随着这信号，按事先计划，一部分同志用机枪猛扫大群敌人和军马。我带另一部人一齐冲向最近的大火堆，并连续投出两轮手榴弹。在烟尘中我冲到被炸熄的火堆旁，只见四五十个白俄匪徒大部分已经炸死了，有的嘴里还嚼着烤羊腿，地上满是白俄旧军队的筒式卷毛帽子、红里子的呢子大衣和装着烧酒的方形军用水壶。有个大胡子白俄分子，大衣里面是一身漂亮的蓝绿色军装，黄铜扣子上是铁锚，我估计是个沙俄海军军官。乘乱我们迅速撤出战斗。这一夜打痛了敌人，我们睡了一宿安稳觉。

又过了两天，我们发现蒙古骑兵队离我们只有十多里地，不即不离地尾随着我们，可又保持一定距离。我们决定也给他个回马枪。

王支队长带着大队浩浩荡荡翻过一个山岗而去，我带伏兵埋伏在山坡前，并规定我不打枪，谁也不准开火。由于一路行军疲乏极了，太阳一晒，我就迷迷糊糊地睡着了。追上来的蒙古骑兵离我们很近了，我还没醒，战士们仍然伏着一声没响。这时，有十多个骑兵已经走到我的侧面20多米的地方了，战士朱学成急了，爬过来推了我一下，我才猛醒过来，我急忙抬手打了一枪，打倒了一个骑兵。接着，战士们的枪声大作，因离得太近，敌人在马上无处躲藏，直打得敌人纷纷落马，走在前面的几十个敌人很快就被我们消灭了。后面的敌人落荒而逃。蒙古骑兵有一个致命的弱点，就是不敢近战，更怕死人。一看死了这么多人，便压不住阵脚，退了下去。

奇怪的是，在我们阵地前的敌人的几十匹马都不跑散。有的在打转，有的干脆站在那一动不动。我们上前很顺利地都抓住了。仔细一看才发现，原来敌人的马负荷太重，每匹马都驮着十几、二十条装满子弹的子弹袋，光子弹就有百八十斤重，所以马都累得汗漉漉的，主人一死，连动都不能动了。

我们两战两捷。敌人尝到了苦头，就躲得远远的。我们又进入了山区，很快甩掉了敌人。经过十多天的行军，来到了千里冰封的嫩江边。我们再次踏着坚冰，返回了江东。

党的忠诚儿子

北满省委原来决定我们三支队在前，让九支队随后开进阿荣旗、莫力达瓦旗一带继续发动群众，建立地方组织。

以郭铁坚支队长、曹玉魁参谋长为首的九支队，1941年秋刚一过嫩江，在莫旗北部就被上万日军和蒙古骑兵团团围住，战斗异常激烈，直打了一整天，敌人的多次冲锋都被英勇的九支队打退了。第二天，敌人又调重兵，以榴弹炮猛轰，并有装甲车发动攻击。最后九支队弹药消耗殆尽，郭铁坚、曹玉魁等大部分同志壮烈殉国。仅有十五大队指导员孙智远带马广荣、秦长胜、曹正祥、陈忠岭等共八名同志，携带两挺机枪，硬打开一个口子，冲出了包围圈。

这些同志在异常艰险的情况下，没有动摇，没有忘记他们要开辟游击区的使命，他们坚持往阿荣旗方向前进，想找到三支队。可三支队刚刚离开阿荣旗西进了。他们没能找到。这些同志就在阿荣旗的山上坚持游击活动，打击敌人的森林警察，袭击敌人的木材运输线。在艰苦的环境中，八名同志中的两名伤员，因得不到医治，也先后牺牲了。孙智远同志带领五名战士，坚信三支队一定还会来到这里，就在这里的山上一直坚持活动了两年多。

一直到了 1944 年的春天，还没有等到大部队，他们就决定返回江东寻找。他们走到江东的讷河境内，又被敌人发现，敌人强迫上万群众手拉手拉大网围他们。但讷河是老根据地，群众的心是向着党、向着抗联的，他们在一片麦地中被拉大网的群众发现了。一个小伙子高声叫："大伙儿绕着走哇，这块地湿，容易陷脚！"群众立刻让开一个豁口，从两边绕了过去，谁也没有向敌人报告。这六名同志又经过一个多月的行军，终于找到了周保中、李兆麟同志带的大部队。他们带的两挺机枪和其他武器装备都完好无损，这六位同志真正是党的忠诚儿子。

第三次进军呼伦贝尔

北满省委开辟呼伦贝尔游击区的决心始终是坚定的，在 1941 年 7 月，又决定我们三支队第三次开进呼伦贝尔地区。

这时，三支队政委高禹民同志牺牲后，没有政治干部。三路军指挥部就把我由参谋长改任政治部主任。

敌人吃过上两次我们过嫩江后的苦头，为了防止我们再次过江，也为了堵截我们西进，他们在沿江布置很多机动部队。我们为了能顺利地过江，必须将江防敌人调开。我们先来到了西进呼伦贝尔地区的跳板——我们的老根据地讷河县。

我们与地方党的领导龙北地委书记方明玉同志接头。他谈到地方组织经费很困难，我们就拨给他5000元伪币做经费。我们共同商量了如何继续发展和建立呼伦贝尔地区党的组织，如何发动群众抗日，如何做少数民族工作等问题。

为了调动敌人和松懈敌人嫩江西岸的防务。我们故意向东北方向前进，这样离嫩江越远，以造成敌人的错觉，引逗敌人来围堵我们。当我们走到德都北、五大连池西边时，果然与前来堵截我们的伪军李同部队相遇。经半天激战，消灭了李同部队。我们三支队乘胜继续往东北进发，打开了嫩江县东边的四站，消灭了自卫团和嫩江县南大营的一个伪军连，然后又进到黑河地区，打开罕达气金矿，缴了日本守备队的枪支和马匹。

这时，我们身后有多股敌人尾追。我们立即急行军摆脱他们，然后向西急转，直奔嫩江。部队到达嫩江沿的八站、腰站时，只有一股警察队和日军组成的部队还在尾追我们。我们回过头来打了他们，战斗中，指导员郭成章同志身负重伤，仍独自一人缴了20多警察队的枪支。

由于连续作战，部队有不少伤员。我脖子负伤，中队长尹德福也负了伤。经过支队研究，决定部队暂时分两部活动。我领一部分队伍和伤病员留在嫩江东沿古鲁河一带，找一处保险的地方盖上房子，治疗伤病员。其余大部队由王明贵支队长率领，过嫩江，进入了呼伦贝尔地区。他们过江后从加格达奇南下，经大杨树之后，过甘河，到达巴彦旗地区，他们发动群众，到秋天渡过诺敏河深入阿荣旗界，缴了镇威庄中伪区长刘少一率领的区警察队。

我带这部分伤员在古鲁河找了一处地方隐蔽下来，同志们分头采了些山草药和老鸹眼及马尿烧树皮熬水给伤员洗伤口。我也成了外科大夫，用剃头刀子给伤员开刀，动手术往外取子弹。地方群众也经常送一些给养来，经一番积极治疗，我们这部分伤员基本痊愈了。9月初，我带着治愈的伤员队利用大柳条绑船筏子，外裹马皮，用一个马皮筏子渡过嫩江。到了大杨树以南屯子李春生家，搞了些米之后，渡过诺敏河缴了附近一个嘎查所的械，来到木奎山西边屯王少章家与王明贵先头部队会合了。接着，我们支队打开了边壕南的双泉镇的警察署，并缴了敌人的械。

发动群众抗日

这时，苏德战争已经爆发，日本帝国主义由孙吴县到嫩江县之间布置几十万日伪军，准备德国打进莫斯科时，日方从远东乘机进入苏联乌拉尔以东地区。这时，三路军指挥部命令我们三支队继续在布特哈旗、阿荣旗、莫力达瓦旗，巴彦旗、博克图、牙克石一带发动群众，组织抗日武装力量，主动进攻敌人，扰乱敌人后方，牵制日寇进攻苏联。

秋后，我们在阿荣旗北部和莫力达瓦旗格尼河两岸农村活动。这一带半山区群众抗日热忱非常高，并建立了一些抗日救国会，阿荣旗北边屯子的赵家窝棚、于家沟、于梁庄、边壕北王家炉的抗日救国会的组织较强。如掉队的胡喜才就是在莫力达瓦北边一个屯子抗日救国会掩藏下一直到“八一五”解放，这是很不容易的事。

阿荣旗北部山区现霍尔气公社东山根大队郭秀章、郭兆兴爷俩都为我们工作。他们还动员几位木炭工人参加部队。我们决定让他们单独组建一支地方小游击队，就给他们留下一支步枪、一支匣枪。“八一五”解放时，他们首先缴了伪自卫团，建立人民自卫军，郭兆兴当了团长。

1941年冬，我们三支队北进，深入博克图，孟德仁给带路，缴了日本人木作柜房26号，得到很多米面和服装，解决了部队过冬的棉衣。然后进入大兴安岭的腹地小二沟、阿里河鄂伦春族聚居地区，发动鄂伦春族同胞起来抗日。

鄂伦春族同胞性格直爽好客，他们对日本鬼子和汉奸非常痛恨，由于我们是抗日队伍，有了共同语言，所以很快取得了他们的信任，特别是头人盖山，他非常信任我们，佩服我们，称我们为英雄。他们一家对我们极好，不管风大雪深，也不顾冻得龇牙咧嘴，经常在半夜三更给部队送信，他16岁的女儿还经常拿枪上山给我们打狍子，解决肉食。现在的鄂伦春族自治旗副旗长白日尔图，那时才十几岁，也有一股抗日热情，也跟着跑前跑后，发动群众，收集给养等。

由盖山提出，经支队党委研究，我们尊重鄂伦春族同胞的风俗，支队几位领导人与鄂伦春头人结拜为兄弟，盖山年长，为老大。不久，盖山由于年老得病而死。按他们的习惯把遗体放在树上，我们部队得知他病死的消息极为悲痛。王明贵支队长特地带队前去看望，并拿出一笔经费托人由山下买来一口上等棺材，将盖山的遗体从树上卸下来，装入棺材里掩埋，同胞们痛哭了一场，告别鄂伦春族同志。

夜袭扎顿河车站

离开了鄂伦春族地区，我们转战到牙克石以北的扎顿河。一天晚上行军，正赶上西北风大作，刮得雪暴对面不见人，迷失了方向。正当我们艰难地在暴风雪中行进时，遇上了一条拉木柈子的爬犁道，支队长王明贵同志和我研究一下，把部队往后撤一撤，留三四个人在道旁蹲着，等拉木柈的爬犁来再问明方向。中队长尹德福和大用等同志帽带系得严严的，两只手插在袖口里抱着枪在严寒中等在道旁。不太长时间，来了一张二马爬犁，老板子穿一个没面的大皮袄，顺着风坐在木柈上，两个马拖着爬犁顺着雪道往前走。尹德福上前把马笼头拉住。赶爬犁的老板子眯着眼喊："架！架！"大用上去推了一下赶爬犁的老板子说："老乡，下来吧，爬犁到站了！"老板子抬头一看，当时吓了一跳。尹德福上前说："老乡，别害怕，我们是打日本鬼子的队伍，请你到我们首长那去谈谈吧。"老板子下了爬犁，随着尹德福来到我们跟前。问他叫什么名字，他说叫李洪生，山东人。

王支队长问，这一带哪里有日本柜房？李洪生说，离这六七里路就是扎顿河车站柜房。

"那里有些什么兵？"王支队长问。"你们是红军吧？"李洪生反问。王支队长接着说："你再说就远了，我正是红军。""你！你！你们真是红军吧？""是的。"我点着头也说。"这可好了，我的家乡就有红军、八路军。你们要打日本鬼子我一定出力。"

王支队长叫李洪生详细讲讲扎顿河敌人兵力。李洪生介绍说，前几天那里刚开来一个骑兵连，都是捷克式马枪。还有不少机关枪。另外，还有 20 多个日本兵，也有机关枪。日本兵住在前院，那个骑兵连都住在一个大马架筒房子里。在地下铺的草，枪都在墙上挂着。王支队长考虑敌人很多，并且有 20 多日本兵住两下。认为得仔细研究一下作战方案，才能全歼敌人。我出主意说，今晚风雪交加，大风刮得呼呼直吼，站岗的不一定老在外边，说不定常进屋看香头呢。咱们兵分三路。一路尹德福同志带八大队，由李洪生带路，去消灭敌骑兵连，我带教导队去缴日本鬼子，王支队长率领其余兵力随后相机策应。王明贵同志同意我的意见。我带教导队摸到前院，果然没遇上敌人的哨兵，我把一部分人放在日军住房的一头，另一部分布置在日本兵住房正门前边。我让大家先不要动，待尹德福那边枪一响，日本鬼子非往外跑不可，这时，我们侧面和正面一齐开枪射击，将日军消灭。大家耐心等待。十几分钟后，尹德福同志他们打响了，震耳的枪声在夜空中传来。果然，日本兵衣服不整地慌忙往外跑，正进入我们的枪口下，被打得连滚带爬，鬼哭狼嚎似地乱叫。一个日本鬼子躲开子弹流，竟跑到我军侧面人群里来了，被教导队中队长身高足有一米八的修身同志拦腰抱住。这鬼子乱蹦、乱跳，我急叫修身将头往旁边歪一歪。修身同志一歪头，我甩过匣枪，叭的一枪把日本兵打倒了。

尹德福他们在老乡李洪生的指引下，也进展顺利，他们先摸到敌骑兵连住的大筒房子。李洪生出乎意料地勇敢，他一直把冲锋队领到伪军连队住的门口，恰好站岗的真的看香头去了。李洪生上前一个箭步把门打开。尹德福带两挺机枪堵住房门口。屋里的伪军有的要起来去摘枪，被尹德福哨哨两匣枪打倒了。战士们高喊："中国人不打中国人，缴枪不杀"，同时冲进屋里。这些伪军都像癞蛤蟆一样，趴在草铺地下，一动不动。枪支全部收缴下来，除步枪外，还有轻机枪五挺，全鞍马 100 多匹。

李洪生说什么也不愿在此拉样子了，他带着两匹马参加部队，后来成了我们支队一个勇敢的战士。

在扎顿河东站柜房吃过早饭，套了几张马爬犁，将收缴的枪支、弹药、给养、衣服和其他军用品拉着，往沟里走，一路上尽是日本人开的伐木场。我们商量要招些伐木工人参军。当路过一、二、三号木营时，我都召集工人们，向他们讲了话。当说到我们是打日本鬼子的队伍，是红军时，一些从山东被日军抓来的劳工便把大斧头一扔，高叫道，这回我可有出头之日啦！日本鬼子硬把俺们抓来的，红军来救俺们来了，我们都去当抗日军。三个木营的工人立即响应，有以苏广东、孟宪庭为首的 200 多人参加了我们的部队。我们随即发给他们每人一支捷克式马枪，他们可高兴啦。

最后一次战斗

一下新来200多新兵，他们既没参加过战斗，连枪也没有放过。必须找一个地方有一个训练他们的机会。我们决定往东边深山老林里走。走了三天，估计敌人不可能尾追这么远，我们就在诺敏河上游休整了一下，对新兵进行射击训练，每人打了三枪。结束后又走了一段路，来到甘河一个河岔的源头上现在叫吉文的地方。这天晚上就地露营。八大队住前，支队部居中，七大队、九大队在后。拢起火堆，支队部召开欢迎新兵入伍晚会。先由我讲讲今晚开会的意义，然后王明贵支队长讲了话，接着老战士唱了一些歌。大队与大队间相互拉拉歌子。《露营之歌》是必唱的，来了个全支队的合唱。新兵不会唱革命歌曲，但他们听老战士唱革命歌曲听得入神了，都被革命军队团结、乐观的情绪所感动。

开完晚会，各自回到自己队里，支队部有个小布帐篷，用一个小汽油桶作的火炉子。陈雨田等四五个同志先进里边睡下了，王支队长就炉口亮光缝他的“奇克密”（鄂伦春族同胞爱穿的一种狍腿皮做的一种皮靴），我在一旁捅火烧炉子。还没等我们脱衣服，就听到前边哨哨连响几声。我推开帐篷房门一看，前边八大队被敌人打得火堆直串火星子。不好，敌人夜袭来了。我抽出匣子枪就是一梭子子弹朝空中打出去，惊醒了火堆旁的教导队机枪射手小叶升。他一翻身拉起机枪手杆就向前边敌人猛烈开射。这顿机枪顿时把敌人火力盖住了。八大队借机整顿了一下，开始反击。我军的几十挺机枪一起响起，像狂飙飓风似地一顿猛射，将敌人打跑了。我军又搜索了一下战场，把惊散的战马找了回来，一清点，各种装备什么也不少。

部队开始转移，过了甘河，沿多布库尔河西沿往嫩江源头走去。翻过嫩江顶子，就到伊勒呼里山，山的北面是呼玛尔河，山下面有个大乌苏门金矿。我们就在那里整训新兵一个月。王支队长讲军事课；陈雷同志讲政治课；我整顿党的组织，对党员进行党的教育。王支队长和我都会点木匠活，我们俩在课余做滑雪板和爬犁，以方便上下山运转给养。

一个月的新兵训练计划完成后，部队开始向北，于1941年冬离开了呼伦贝尔地区。进入呼玛县界，展开新的游击活动。

至此，历时两年的西征呼伦贝尔地区的战略行动结束了。以后，由于形势的变化，我们再也没有到这一地区。一直到“八一五”解放，我才有机会见到呼伦贝尔地区的各族兄弟们，如鄂伦春的孟德仁、占竹梅，达斡尔族的德巴戈布、德荣等等，我们在一起畅谈解放后这一带少数民族地区的突飞猛进的变化，也共同回忆在艰苦岁月中我们共同进行的每一次战斗，谈到呼盟地区那非常熟悉的山山水水。更不能使我们忘记的，就是那些把革命的道理和党的声音最先带到这一地区，并为这一地区的解放而献出宝贵生命的冯治纲、祁宝贤、高禹民、郭铁坚、曹玉魁等数百名优秀的共产主义者和英勇的指战员们。

大青山抗日游击根据地的开辟和发展

李井泉　武新宇　王尚荣　杨植霖

大青山抗日游击根据地是晋绥抗日根据地的组成部分，它是在八路军第一二〇师创建晋西北抗日根据地的基础上，根据中共中央、毛主席的指示，从1938年秋开始创建并逐步发展起来的。

大青山位于内蒙古自治区阴山山脉的中段，东西长350余公里，南北宽四五十公里。大青山地区包括原绥远省的16个市、县、旗和原察哈尔省的五个旗，面积9.3万多平方公里，人口140多万，除汉族外，多是蒙古族和回族等少数民族。

大青山地区在抗日战争中具有重要的战略地位，它是我陕甘宁边区的北方门户，是华北通向大西北的咽喉。开辟这块根据地，既可以粉碎日军西进宁夏、甘肃，分割大西北的企图，又可以与晋西北、晋察冀部队相互配合作战，扼制日军对我陕甘宁边区的进攻，还可以沟通与苏、蒙的联系。因此，党中央、毛主席很关心大青山地区的工作。

抗战初期的大青山地区，敌情和社情都相当复杂。日军二十六师团，除常驻张家口1600余人外，大部分沿平绥路驻扎在大同、集宁、归绥（今呼和浩特市）、包头及其附近的城镇和火车站。由日军扶植起来的伪蒙古军2万余人，也大部分驻守在大青山地区。日军对大青山地区的统治非常严密，在伪蒙古军内设有“顾问”和“指导官”，直接指挥其行动。在伪“蒙疆政府”内设置了日本“参事”、“顾问”、“次长”等，掌握着军事、经济、政治、人事等各项实权，还通过办学校、训练班等方式，实行以“亲日防共”为基本内容的奴化教育。

1937年8月，国民党绥远驻军曾在三十五军军长傅作义、二一八旅旅长董其武等将领的指挥下，在商都、化德一带抵抗日军。但当9月日军沿平绥铁路向西发动进攻时，国民党驻绥远部队主力却奉阎锡山之命仓皇撤到山西，以致归绥沦陷。此时，绥远地方势力将各县保安队和土匪流氓凑起一支“绥远民众抗日自卫军”，共十路近万人马，主力驻在大青山。这支部队虽然挂着“抗日”的牌子，并属国民党中央及绥远当局管辖，但根本不敢和日军交锋，相反却经常骚扰百姓，使群众大失所望。此外，大批土匪流窜山中，无恶不作，使大青山地区人民群众的生活苦不堪言。在政治上，“恐日病”和“亡国论”蔓延于各界，群众对国家前途十分忧虑。

二

1938年初，毛主席就提出建立大青山抗日游击根据地的设想，并于5月14日电示朱（德）、彭（德怀）、贺（龙），关（向应）、萧（克），明确指出：“在平绥路以北沿大青山脉建立游击根据地甚关重要，请你们迅即考虑此事。”根据毛主席的指示，6月，朱、彭、贺、关、萧即确定开辟大青山抗日游击根据地。接着第一二〇师决定由第三五八旅七一五团和师直骑兵营一个连组成大青山支队，由三五八旅政委李井泉任支队长兼政治委员，三五八旅参谋长姚喆任支队参谋长，七一四团政委彭德大任支队政治部主任。七一五团有三个营 15 个连，每连 120 人左右。指战员中有近半数是老红军，党员占 1/3，军政素质好，战斗力强。七一五团团长王尚荣、政治委员朱辉照、参谋长李文清都是南征北战的红军指挥员。

随同大青山支队北上的，还有第二战区民族革命战争战地总动员委员会（简称“战动总会”）所属抗日游击第四支队和战动总会晋察绥边区工作委员会的几十名干部。第四支队约 300 人，其成员多为原山西省太原市成成中学的学生，很有生气，由成中原校长刘镛如任支队长，在军事上受大青山支队指挥。战动总会晋察绥边区工作委员会是 7 月间在岢岚县组成的，由武新宇任主任，武达平、张晋勋、李维中、乔凤山分别任组织、宣传、武装、动员分配部长。他们带六七十名干部随军北上，主要是进行发动和组织群众抗日的工作。

这样，大青山支队、四支队和战动总会工作人员，总共有 2300 多人，于 1938 年 7 月 29 日，在李井泉、姚喆指挥下，开始向大青山挺进。

从晋西北腹地到大青山，虽然只有 400 公里，但沿途多是山区，道路崎岖，加之敌人阻击，开进困难重重。

王尚荣带领七一五团三营由晋西北出发，率先从杀虎口越过长城，进到绥远省凉城县的厂汉营。8 月 2 日，战动总会和四支队也从晋西北相继北上，到了右玉、平鲁县一带。我军北上行动，使敌人恐慌万状，急调 5000 余兵力，分七路向我军扑来，企图消灭我军于长城脚下。为了摆脱敌人包围，寻机再进，我军给敌以严重打击后，撤回偏关县贾堡一带休整。

一周之后，我大青山支队再次向右玉县方向进发。为了隐蔽，部队白天休息，夜间行军。沿途克服山岳、河流等种种困难，经杀虎口越过长城，跨入凉城县境，再次到达厂汉营集结。先头部队七一五团三营在营长陈刚的率领下，直捣岱海滩以南天城村敌据点，出其不意地消灭了据点内的大部分敌人，吸引了敌人的视线。我大部队乘机分路从岱海滩直抵蛮汗山中心地带的太平寨，为继续北上开辟了一个落脚点，取得了进军大青山的第一个胜利。

到太平寨后，经支队研究决定，由姚喆参谋长带七一五团一营留在蛮汗山发动群众，宣传抗日，并负责与雁北联系，准备接运冬装；由李井泉、武新宇、王尚荣率大青山支队、战动总会和四支队继续北上大青山腹地。

9月1日夜，我大队人马神速地从旗下营车站与三道营车站之间越过铁路，天亮前到达预定地点——武川县内的大滩、甘沟子一带。9月下旬，在归绥城东40公里处的面铺窑子与杨植霖领导的蒙汉抗日游击队胜利会师。

在支队主力向大青山腹地开进的同时，一营在蛮汗山地区的活动使日军惶恐不安，忙从归绥、凉城等地调集日伪军数千人，围攻蛮汗山地区。我一营以灵活的战术与敌人周旋，并在崞县窑子与敌人交火，激战半天后，迅速向南转移。敌人向南紧追，我一营便退回平鲁县境内，甩掉了敌人的追击。

当一营安全撤回平鲁时，大青山支队政治部主任彭德大带领着100多头毛驴的运输队，驮着1400多件皮大衣到了平鲁。于是，一营又担负起运输任务。全营战士背着沉重的皮大衣迅速向大青山进发。在团长孙超群、政委张达志领导的警备六团的掩护下，一营于10月初越过平绥铁路抵达苏勒图一带，与七一五团参谋长李文清率领接应的部队会合。至此，大青山支队全部到达大青山腹地的绥中地区。

为了迅速打开局面，支队领导决定积极开展游击战，尽快打几个胜仗，杀杀敌人的嚣张气焰，扫除群众心头的阴云，并确定首先攻打陶林县城。

陶林城（今乌兰察布盟察哈尔右翼中旗政府所在地科布尔镇）是一个有千余户居民的大集镇，有各种商号50多家，是集宁以北最大的贸易集散地。城内驻扎日军一个中队，伪军三个中队，共500余人。大青山支队到大滩后的第三天，七一五团二营、三营即从大滩出发，傍晚到达陶林城西南五公里处的山地隐蔽，深夜开始攻城。三营十连在营长陈刚的带领下首破北门，攻入县城，很快西门也被攻破。在我猛烈攻击下，伪军被消灭一部，其余四散逃命。狡猾的日军凭借坚固的工事顽抗。这时，驻集宁之敌闻讯乘汽车前来增援，为避免腹背受敌，我军即撤出战斗。这一仗虽未全歼敌人，但给敌人以很大的打击，大大振奋了民心，“八路军打日本鬼子”的消息迅速传遍阴山南北。

接着，我军又奔袭了乌兰花镇。乌兰花位于陶林县城西北50公里，驻有伪蒙军一个加强连，装备全系日式武器，并受驻武川的日军平和中队指挥，还驻扎着四子王旗保安队，共180余人。9月10日，我二、三营和骑兵连在李井泉同志和王尚荣团长率领下，从大滩出发，天黑前到达乌兰花镇，并很快把镇子包围。次日凌晨，我军采取突袭手段，冲入镇内，将伪蒙军和四子王旗保安队全部俘虏，缴获机枪九挺，长短枪80余支和战马100多匹。

我军进驻乌兰花镇后，随即召开群众大会，宣传共产党的抗日主张和各项政策，特别是对蒙古族实行平等、团结抗日的民族政策，深得蒙古族各阶层的拥护。四子王旗的王爷苏达那木朝格珠尔，专门派二喇嘛布道尔计来与我军谈判，申明严守中立，不打八路军，要求释放王府的保安队官兵。我军决定将该旗被俘保安队官兵全部释放，枪支马匹全部发还。乌兰花一仗，在军事上、政治上都收到很好的效果。

陶林和乌兰花之战，使日军极为惊慌，急忙向武川、陶林、乌兰花、百灵庙等地增调兵力，以图加强大青山北麓的布防。我大青山支队得知敌人意图后，决定利用归（绥）武（川）公路之间蜈蚣坝一带的险峻地形，打一场伏击战。

蜈蚣坝坐落在归绥以北17公里处，归武公路从这里穿过。公路两侧是悬崖陡壁，地势十分险要。9月下旬的一天，我支队派二营营长唐金龙率队乘夜包围了蜈蚣坝附近的伪警察小分队，迫使小分队长给归绥日军打电话，报告有八路军活动，请求派队“搜剿”。尔后，我二营将公路上的一座桥梁破坏，又加以伪装，部队设伏在蜈蚣坝周围。次日凌晨，敌人果然派出满载日军的四辆汽车，爬上蜈蚣坝来。第一辆汽车刚开上被破坏伪装的桥梁，便一头栽了下去。后面三辆车顿时拥挤在狭窄的公路上。这时，我埋伏在公路两侧的部队居高临下，向敌人猛烈开火，很快将大部分敌人击毙。残敌纷纷钻到车底下或石头后面顽抗。在嘹亮的冲锋号声中，我军指战员向敌人猛扑过去，一阵白刃格斗，将敌全歼。战斗仅进行了25分钟，共消灭日军80多人，其中少佐军官一人；缴获机枪九挺、掷弹筒五具和一批枪支弹药。

蜈蚣坝伏击战打得干净利落，影响很大，使我八路军在大青山地区声威大振。

为了进一步扩大游击根据地，9月下旬，支队在武川县井儿沟召开了党政军干部会议，决定由姚喆、武新宇、朱辉照、唐金龙带领大青山支队一、二营的三个连、骑兵连、四支队三、四连和战动总会部分工作人员，以大滩为中心，坚持和发展绥中的游击战争；一营副营长邹凤山带一营三连和四支队一连及战动总会部分工作人员回师蛮汗山，开辟绥南游击区；李井泉、彭德大、王尚荣、杨植霖、李维中、陈刚、宁德青等同志，率领三营和二营五连、四支队二连、绥蒙游击队（蒙汉游击队改编）及战动总会部分工作人员，挺进绥西，开辟绥西游击区。

会后，各部队便整装出发。西进部队从井儿沟直达武川、萨拉齐、固阳三县交界处的后脑包、官地一带。这里地理位置较好，南面出沟可直入土默川平原，西经山地能抵包头，北可进入达尔罕旗大草原，东南有大青山主峰——九峰山。敌人得知我军主力西进后，便从包头、固阳等地抽调37辆汽车，满载日军向后脑包、官地一带扑来。我军沉着应战，一举歼敌100余人，挺进绥西首战告捷。接着在一个暴风雨的夜晚，王尚荣率队奔袭了归绥、包头之间的陶思浩火车站，消灭日伪军几十名，还活捉了伪镇长。经我军宣传教育，伪镇长表示愿意弃暗投明，并将聚敛的银元数千元，伪钞数万元交给我军。不久，王尚荣带三营三个连，又乘雨夜奔袭了离包头东北45公里处的石拐镇。该镇驻伪蒙古军第四师一个团，我军一枪未放，即将睡梦中的伪团长俘获，仅用半小时就歼敌近100人，缴获长短枪300余支，子弹数万发，战马200余匹，还缴获电台一部。伪团长原系张学良部的一个连长，经宣传教育，他痛哭流涕，申明愿意改恶从善。为团结抗日，我军将俘虏的伪军全部释放，并将缴获的武器和一部分战马发还他们。对此，伪军官兵感激万分，纷纷表示以后要支持八路军抗日。

重返蛮汗山的一营三连、四支队一连及战动总会部分工作人员，在一营副营长邹凤山带领下，在太平寨西北的碾房窑子一带开展群众工作，扩大队伍。

在三个多月的时间里，我大青山支队在战动总会和四支队的协同配合下，横扫阴山几百里，在铁路以南建立了以蛮汗山为中心的绥南游击区；在铁路以北，归武公路以东，以大滩一带为中心建立了绥中游击区；在归武公路以西，从归绥到包头西接河套地区建立了绥西游击区。这三大片游击区共包括18个市县，构成了大青山抗日游击根据地。

1938年冬，大青山的气候格外寒冷，对我们这些到大青山不久的抗日战士是严峻的考验。而就在这时，敌人调集日伪军六七千人，以黑石旅团长为总指挥，分别从大同、集宁、归绥、包头一线出动，兵分三路，向我绥南、绥中、绥西游击区发动冬季大“扫荡”，妄图消灭我军，摧毁刚刚开辟的大青山抗日游击根据地。为粉碎日军“扫荡”，我军利用山区的有利地形，运用灵活机动的战术，与敌人展开周旋，伺机歼敌。一星期后，敌人被拖得疲惫不堪，其小股部队不断遭我袭击，损失惨重，不得不结束“扫荡”。这次反“扫荡”，我军共打死打伤日军400多人，伪军300多人，缴获机枪12挺，长短枪260支，子弹数万发，战马数十匹，军需物资80多驮。

这一连串的胜利，震动了整个塞北。绥远各族群众欢欣鼓舞，精神大振。人们奔走相告："共产党领导的八路军是真正抗日的队伍！""有了八路军，就不会亡国了！"他们纷纷响应共产党、八路军的号召，参加战动总会领导的抗日游击队、游击组、青救会、妇救会、农救会等群众抗日组织；不少开明地主、绅士也主动与八路军建立联系；国民党"自卫军"第八路副司令张国琳等爱国分子，也要求我军派人到该部做政治工作。我们答应了他的要求，派李维中、刘永等四名干部到"自卫军"中进行抗日宣传，教唱抗日歌曲，启发"自卫军"官兵的爱国热情，并且办了两期"戒大烟班"，取得了较好的效果。

1938年12月22日，七一五团主力由团长王尚荣等同志率领，奉命开赴冀中地区，留下相当于一个营的兵力和战动总会四支队共七八百人，由李井泉、姚喆、武新宇同志率领，坚持大青山地区的斗争。由于大青山地域辽阔，又多是起伏不平的丘陵地带，公路纵横交错，敌人又多是机械化和骑兵部队，我步兵开展长期游击战争困难很大。为了适应斗争的需要，经报请党中央和一二〇师批准，1939年夏，大青山支队改编为骑兵支队，下编一、二、三营。随着骑兵力量的壮大，1940年5月，又扩编为三个团。李井泉任骑兵支队司令员，姚喆任参谋长，彭德大任政治部主任。1940年7月，李井泉奉命调回晋西北，姚喆接任司令员，陈刚任参谋长（后为张成功）。彭德大同志于1940年3月牺牲后，政治部主任由张达志接任。骑兵一团在绥南，邹凤山任团长，范宝顺任政委；二团在绥中，王贤光、李国梁、黄厚先后任团长，彭宝山任政委；三团在绥西，朱有清、蔡久、于占彪先后任团长，姜文华任政委。骑兵支队组建后，一面整训部队提高骑兵政治素质和战术水平，同时大力开展骑兵游击战。大青山骑兵支队从1939年夏组建到1942年撤销，在三年多的时间里，驰骋在大青山地区，与日伪军巧妙周旋，积极战斗，英勇杀敌，为开辟和发展大青山抗日游击根据地建立了赫赫的战功，被广大群众誉为“铁骑”。

与此同时，地方抗日武装也在斗争中蓬勃发展，很快成为拥有700余人的重要抗日力量。游击战争的开展和武装力量的发展壮大，为建立大青山抗日游击根据地创造了极其重要的条件。

二

大青山地区有蒙古族10多万人，其中土默特旗、四子王旗、达尔罕茂明安联合旗等旗县是蒙古族聚居区，其他地方则是蒙汉杂居区。长期以来，清朝、北洋军阀及国民党政府，对蒙古民族实行野蛮的民族压迫、歧视政策，使蒙古族群众处于苦难深渊之中。抗战开始后，国民党绥远当局实行“抗日灭蒙”政策，其部队对蒙古人民肆意打骂欺侮、抢劫财产、焚烧房屋，更加深了蒙汉民族间的矛盾。日军利用蒙古民族对国民党大汉族主义政策的不满，加紧挑拨离间，激化民族矛盾，并欺骗、笼络一部分蒙古王公上层分子，打着民族旗号，大搞“独立”、“自治”等妄图分裂中国的活动，以达“分而治之”的目的。在日本帝国主义的所谓“复兴蒙古”、“抑汉扬蒙”、“民族协和”、“日蒙联合”、“帮助蒙古独立自治”等口号的欺骗下，相当一部分蒙古上层分子和蒙古人民，对日军扶植起来的伪蒙疆政府存有幻想。因此，能否团结广大蒙古人民抗日，是关系到大青山抗日游击战争能否发展和长期坚持的重要问题。

中共中央和毛泽东主席对于团结蒙古民族共同抗日的问题非常重视，多次作过重要指示。在我们挺进大青山，开辟抗日游击根据地的时候，党中央和毛主席就曾再三强调：在绥远敌占区开展敌后抗日游击战争，必须团结蒙汉人民联合抗日，以党的正确的民族政策，改变中国历代反动统治者的民族压迫政策，揭露日本帝国主义的欺骗宣传和伪蒙疆政权的反动实质，使蒙古民族尽快地有抗日的觉醒，发挥其抗日的巨大作用。党的六届六中全会以后，党中央在《关于绥蒙工作的决定》中，又把对蒙古民族的政策和蒙古民族工作摆在了极其重要的地位，把“唤起和团结蒙汉一切力量，一致联合抗日”作为绥蒙工作的总任务和总要求，明确指出：“以我们正确的扶助境内少数民族解放政策，去帮助各方消除蒙汉间的对立。”改变过去对蒙古民族的大汉族主义政策，实行蒙汉平等联合共同抗日；设立蒙古民族机构，保护蒙古民族利益，蒙古族内部事务由蒙古人自己管理，禁止一切军队在蒙旗任意强索马匹，强编军队；帮助绥蒙宣慰使署和沙王树起蒙古人抗日旗帜，以团结抗日的王公和青年，争取受日军欺骗利用的王公和伪蒙古军，并大力开展蒙古上层工作，通过上层做下层工作；通过各种途径和以各种办法大力培养蒙古民族干部。1940年4月，《中共中央关于绥远敌占区工作的决定》又把做好蒙古民族工作作为绥远敌占区党的中心工作之一，特别强调要加强蒙古民族工作。一二〇师贺龙师长、关向应政委在对大青山抗日斗争的许多指示中，也反复强调了党对蒙古民族的政策和蒙古民族工作的重要性，并针对当时斗争的实际，提出了一系列具体要求。

在开辟大青山抗日游击根据地的斗争中，我们坚决贯彻执行了党中央、毛主席和一二〇师首长有关民族政策和民族工作的指示，团结各族人民，积极开展抗日斗争。

为了加强对蒙古民族工作的领导，专门设立了从事蒙古民族工作的机构。中共绥远省委设立了蒙民部，省委书记白如冰亲自兼任了蒙民部长；在蒙古族较集中的绥西、绥中的地委和县委也设立了蒙民部；在战动总会中设立了蒙民工作委员会；绥察行政办事处及绥察行政公署下设了蒙政处；在专署和县的抗日民主政府中也分别设立了蒙民部或科。这样做，有力地体现了我们党团结各族人民共同抗日的主张。它不仅与国民党的大汉族主义政策形成鲜明对比，而且成为争取蒙古民族抗日，瓦解伪蒙疆政权的旗帜，对于密切党与蒙古民族的关系，唤起蒙古民族的觉醒，消除蒙汉对立，实现平等联合，共同抗日，起了很大的作用。

在开辟游击根据地的过程中，我大青山支队广大指战员，利用各种机会，采用多种形式，热情地向蒙古族各阶层宣传我们党的抗日主张和民族政策，运用历史资料和现实材料，充分揭露日本帝国主义挑拨民族仇恨，实施民族分裂的罪恶阴谋，讲述只有赶走日本侵略者，各民族才能实现真正的独立和民主的道理。李井泉、武新宇、白如冰、姚喆、杨植霖等领导同志，也都深入下去，和蒙民交朋友，宣传党的民族政策。通过宣传教育，使受骗的蒙民很快觉悟过来。与此同时，我们还经常教育部队：尊重蒙古族的风俗习惯、宗教信仰、语言文字；在与蒙民接触中，坚持平等相待，兄弟相处，并尽可能帮助蒙民解决生活中的困难；等等。

蒙古族人民是善良、纯朴、热情的。在我军大力宣传和影响下，广大蒙民对共产党、八路军有了正确的认识，纷纷参加抗日的行列，有的青年还骑着自家的马来参加八路军。我军每到一地，都受到蒙民的拥护和爱戴，有的主动站岗放哨，递送情报；有的把节省下来的粮食送给我们；有的为我军保存物品，掩护伤病员。1940 年冬，骑兵支队司令员姚喆同志患了斑疹伤寒病，高烧达 41 摄氏度多。由于战斗频繁，部队经常转移，只得将他安置在陶林北区大土城子枳芨脖子（今察右中旗北部）一家蒙古包休养。当时群众的生活极端困难，为了让姚喆同志早日恢复健康，蒙古族群众把自家最好的油茶面、奶皮子给他吃。他们还自动侦察敌情，冒死转移保护。经过一个多月的精心照料、调养，姚喆同志的病好了。临走时，群众依依不舍，挥泪相送，还送给他许多奶制品补养身体。

帮助建立抗日武装是坚定蒙古民族抗日信心的重要途径。1939 年夏，在共产党员贾力更等同志的组织、动员下，一支蒙古抗日游击队在土默川建立起来。为了加强对这支蒙古民族抗日武装的领导，根据地的党组织先后派经历过长期斗争锻炼的蒙古族同志李森和高凤英担任队长，并从大青山骑兵支队调老红军许秉智担任指导员，使这支蒙古民族抗日武装在斗争中不断发展壮大，曾多次独立作战和配合骑兵支队战斗，并且积极宣传抗日救国，动员青年参加抗日，通过各种社会关系深入伪蒙古军内部，做争取和瓦解伪蒙古军的工作，为我党我军团结蒙古民族抗日发挥了重要作用。

为了培养民族干部，我绥远地区党组织、大青山支队和战动总会，从1939年秋天开始，到1942年，先后动员100多名蒙古青年，分批送到延安，在陕北公学、鲁迅艺术学院、延安大学、抗日军政大学和中央党校、延安民族学院学习。有的经过短期培训即返回大青山参加抗日斗争。这不仅为大青山抗日游击战争培养了一批蒙古族干部和骨干力量，也为整个蒙古民族的解放斗争培养了干部。这里特别值得提及的是，1941年春，贾力更同志在护送一批学生去延安的途中，与敌人遭遇，他为了掩护同志而英勇牺牲。贾力更同志是一位出色的蒙古族干部，为促进蒙古民族的抗日觉醒做了大量工作。他的牺牲，令人惋惜；他的精神，值得人们永远学习和纪念！

做好蒙古王公等上层人物的工作，是建立抗日游击根据地、团结广大蒙古族群众抗日的重要一环。在当时，蒙古王公等上层人物，在蒙古群众中有着相当的权威，他们的政治态度对大多数蒙民有很大影响。为了争取和团结他们，我们根据党中央的有关指示精神，结合当地实际情况，制定了一系列区别于汉族的特殊政策。比如：不在蒙民聚居区设立任何行政组织；不推翻王公制度，扶助王公抗日；对一时投日的蒙古族上层人士和伪军，不轻易戴“蒙奸”帽子，甚至对德王（德穆楚克栋鲁普）也提出了“争取其回头抗日”的口号。与此同时，我们还派出许多蒙古族共产党员潜入伪蒙古军中，秘密地宣传党的民族政策，进行争取和分化瓦解工作。

在我们党的民族政策的感召下，不少蒙古族上层人士很快由对共产党、八路军的敌对、怀疑，转变为信任、同情和支持。比如，曾代表四子王府与我谈判的二喇嘛，曾多次掩护我绥中遇险的同志，还多次收留我伤病员治疗。驻察素齐一带的伪防共二师师长韩伍，不仅帮助我军购买了大批枪支、子弹、药品、布匹等军需物资，还亲自带人策马跑到我游击区，与杨植霖同志举杯起誓，表示他坚决抗日的决心。毛主席对大青山争取伪蒙古军的工作曾给予充分肯定，指出:“争取伪蒙军的成绩较大”。

在大力做好蒙古族各阶层统战工作的同时，我军还抓紧了对汉族地主、绅士等的统战工作。当时，在敌占区，日军为了利用一些地主、绅士的影响来破坏抗日，让他们在伪政权中担任了一定职务。我们为了争取这些人抗日，除采取多种方法向他们宣传我们党的政策，启发其爱国心外，并且根据大青山地区的特点，规定了对地主不实行减租减息，而是动员其为抗日作出合理负担;对农村中的阶级关系，采取调节的办法，以保护群众的利益。这些政策收到了明显的效果，使游击区的地主和开明绅士的绝大多数，很快与我军取得联系，60%以上的伪乡村政权被我争取为革命的两面政权，暗中为抗日积极出力。卓资县阿路胡洞村地主刘钰一家，多次为我军捐献物资和马匹。

党的民族政策和统一战线政策的成功，使大青山抗日游击根据地进一步得到巩固和发展，使敌人挑拨民族仇恨，实施民族分裂的阴谋始终未能得逞。

三

大青山地区敌强我弱，环境艰苦，斗争复杂，要巩固发展抗日游击根据地，坚持游击战争，必须有抗日民主政权做依托。我们在建立抗日民主政权的过程中，贯穿着国民党顽固派磨擦与我军反磨擦的斗争。

1938年秋，我军刚刚到大青山的时候，原国民党绥远省的省、地两级和大多数县政府的人员，早已逃到河套等地；乡村政权也被日军利用，变成了伪政权。为了逐步解决政权问题，我们在军事上取得胜利的同时，即在各地迅速建立起战动总会。到1939年春，在我们党的领导下，绥西、绥中、绥南分别成立了地区、县、区三级战动总会，代行抗日政权的职能，除了负责部队的物资供给，还领导游击队、青救会、农救会、妇救会等群众抗日组织。战动总会在群众中有很高的威信，群众有事愿意找战动总会解决，有时发生了民事纠纷，也跑来请战动总会的同志调解。

可是，国民党顽固分子极端仇视人民抗日力量的发展。1939年春，国民党绥远当局趁我打开大青山局面之机，陆续派回绥中专员张遐民、绥南专员赵励师等一批“游击专员”、“游击县长”来“收复失地”，实际是以“政令”来限制我军的发展。但是，我军考虑到国共两党的统战关系，曾在某些问题上作了让步。1939年秋季以后，随着国民党第一次反共高潮的掀起，绥远国民党“自卫军”和那些游击政权也开始同我磨擦。他们知道与坚决抗日的八路军搞磨擦会遭到公众舆论的谴责，便把矛头指向战动总会。说什么战动总会向群众征集粮草“不合法”，要我们服从“政令”，由“国民政权”统一筹集供给。我们的同志据理驳斥：战动总会是统一战线的组织，为抗日部队解决军需物资，怎么不合法？你们说由“国民政权”统一负责军需供给，我们到大青山看到的只是伪政权，哪里有什么国民政权？驳得对方哑口无言。后来，他们竟用武力相威胁，专找战动总会和部队便衣工作人员的麻烦。有几次，我们工作人员筹集来的粮草，半路上被“自卫军”截劫了。他们甚至强行绑架我们的工作人员，施以毒刑，我们有的同志还被他们活埋、枪杀或装麻袋填进冰窟。一次在武川乔家营子，“自卫军”偷袭我工作队，使我多人受伤。

“自卫军”有相当一部分成员是土匪出身。“自卫军”总部的参谋长鄂友三就是一个流氓成性、杀人不眨眼的惯匪，群众愤恨地叫他“鄂毛驴”。他的部队每人都身带一根绳索，遇有反抗的群众，就用绳子勒死。当地有一首民谣：“天不怕，地不怕，就怕鄂友三扯糖粑（勒死）。走路碰见鄂友三，三尺麻绳脖子上拴，不是活埋呀，就是倒栽葱。”蒙汉群众气愤地称“自卫军”为“灭蒙助日亡国军”。

为了维护统一战线和与友军的团结，避免关系破裂为敌人所乘，我们对于大青山地区的国民党军政人员及其所属的“自卫军”、保安队进行过大量耐心细致的工作，对“自卫军”的磨擦作了最大的克制和忍让，并先后派姚喆、彭德大、杨植霖、陈刚、邹凤山等领导同志，多次与“自卫军”谈判和对其规劝，希望其不要做亲者痛、仇者快的事，停止磨擦，一致抗日。但是国民党和“自卫军”中的顽固派执迷不悟，视我军的劝告为软弱，反共丑剧愈演愈烈，磨擦不断升级。同时还制造舆论，提出“八路军是大青山的客军，应当撤出绥远”，要由“绥人治绥”等反动口号。

狡猾的日军这时看到有隙可乘，便加紧对“自卫军”的诱降活动。在军事上，停止了对“自卫军”的进攻，并且提出，如“自卫军”愿意与日军合作，可以给“补枪发饷”，等等。于是“自卫军”开始同驻绥日军秘密谈判。1939 年 9 月，我绥西部队截获了“自卫军”第三路副司令王有功与日军特务机关驻归绥宫崎顾问、大园顾问、林顾问及日军驻武川县乌兰不浪金田队长的往来信件。他在写给宫崎的信中说：“……响应汪先生（即汉奸汪精卫）之路，愿率部投顺，请求收容……早愿决定率部投顺，效忠新政府之下保卫地方，意出至诚，毫无欺骗之念夹杂其中……全军同化归正，大青山游击队必可清除……”汉奸言论跃然纸上！

针对这种情况，为了巩固大青山根据地，我们即向贺龙、关向应同志报告，请求反击“自卫军”。他们很快复电说：“为巩固我们在大青山的据点，真正组织群众建立抗日政权……应将大青山‘自卫军’全部解决。”于是，一场激烈的反击顽固派的战斗开始了。1940 年农历正月初六拂晓，我绥西三营趁敌人过年戒备疏忽之机，向“自卫军”总指挥部及第三路、第四路发起进攻，共俘获代总指挥苗国华以下官兵 100 余人，打死打伤几十人。正月初七和正月初八，我绥中部队和绥南部队也先后向本地区的“自卫军”主力发起进攻。此后，一个多月，与“自卫军”交战十多次，共消灭“自卫军”2000 多人，缴获各种枪 1000 余支，电台九部。“自卫军”遭到沉重打击后，其残部逃到了河套地区。

反击“自卫军”的胜利，为我军在大青山抗日又扫除了一大障碍，游击根据地得到了巩固。与此同时，我们还对大青山的土匪进行了坚决的斗争。由于多种原因，大青山地区的匪患特别严重。土匪多的一股近千人，少的一股三五十人、一二十人不等。他们大部分是惯匪，又大多与日伪军有联系，有的正接洽投降，有的已成为伪军。因此，剿匪成了当时我军为民除害、安定民心，建立和巩固根据地，推动抗日的一件大事。我们采取军事上打击和政治上瓦解相结合的办法，从 1938 年底至 1939 年初，在绥中、绥西、绥南与土匪交战共二三十次，歼灭土匪 1000 余人，解救出被土匪掠走的民间妇女三四百人，还缴获大批财物，全部归还群众。通过清除匪患，使我军进一步得到蒙汉各族各阶层人民的信任和支持，根据地得到进一步巩固。

在反顽斗争和剿匪取得胜利之后，我们根据毛主席关于统一战线中的独立自主原则，将战动总会转变为正式的抗日民主政权。1940 年 8 月，绥远各族各界抗日力量的代表 200 余人，在大青山西梁村召开了抗日团结会议，成立了晋绥游击区行政公署驻绥远办事处（简称“绥察行政办事处”），姚莆为主任，杨植霖为副主任。1941 年 4 月 15 日，绥察行政办事处改为绥察行政公署，杨植霖、苏谦益分别为正副主任。公署下设绥中、绥西、绥南、绥东（1941 年以后开辟的）四个专员公署，领导着萨拉齐、固阳、武川、陶林、归武、托和清、归凉、丰凉、丰镇等十多个县政府，县级政府下面共辖有 30 多个区级政府。抗日政权的建立，标志着大青山抗日游击根据地的发展进入了一个新阶段。在共产党的领导下，各级抗日政权团结各族人民，积极配合八路军，为巩固发展大青山抗日游击根据地而继续英勇斗争。

坚持在大青山上

高克林　张达志　苏谦益　黄厚

1938年7月，根据中共中央和毛泽东同志的指示，八路军第一二〇师派出第七一五团和师直骑兵营一个连，组成大青山支队，与第二战区战动总会游击第四支队和战动总会晋绥边工作委员会武新宇主任率领的几十名干部一起，从晋西北开赴绥远，创建大青山抗日游击根据地。这支队伍到达大青山以后，与杨植霖等领导的蒙汉抗日游击队一起，团结各族人民，经过浴血奋战，很快在绥中、绥西、绥南建立起抗日游击根据地，抗日斗争形势蓬勃发展。

1938年12月下旬，七一五团团长王尚荣、政委朱辉照奉命率该团主力开赴冀中，留下了相当于一个营的兵力，继续坚持大青山地区的斗争。

1939年夏，经党中央和一二〇师批准，大青山支队改为骑兵支队，下编三个营。1940年5月，又扩编为三个团。骑兵支队的主要领导干部，仍是原大青山支队的主要领导干部，即司令员兼政委李井泉、参谋长姚喆、政治部主任彭德大。不久，李井泉奉命回晋西北，姚喆接任司令员，陈刚接任参谋长（后为张成功），1940年3月彭德大牺牲后，由张达志接任政治部主任。骑兵支队的组建，大大增强了我们部队的战斗力。指战员们充分发挥骑兵的长处，灵活运用游击战术，积极战斗、英勇杀敌，被日伪军视为眼中钉。

1941 年，特别是太平洋战争爆发后，日军加紧了对我大青山抗日游击根据地的“扫荡”，并且发动了一场以“施政跃进运动”为中心的军事、政治、经济、文化全面进攻的“总力战”。

在军事上，敌人的“扫荡”更加频繁，规模也比过去大得多，出动兵力一般都在千人以上，有时达三四千人，时间有时长达一个多月，并且多是步、骑、炮、摩托化诸兵种相配合，甚至动用飞机侦察、轰炸。

在政治上，敌人加强对伪军、伪政权的控制；对群众实行恐怖与怀柔兼施的手段，一方面大肆屠杀镇压，一方面施以小恩小惠，笼络人心；对我军实施欺骗宣传，妄图瓦解我军心。

在经济上，敌人对我军实行严密的封锁，严禁粮食和其他物资运入山区，使我们的物资给养供应遇到了很大的困难。我军指战员有时几天吃不上一粒粮食，全靠野菜充饥。衣服也不能按季更换，在滴水成冰的冬天，许多战士仍穿着单衣行军打仗。

在这极端困苦的形势下，大青山抗日斗争还能不能继续坚持？我军指战员面临着严峻的考验。

党中央和晋西区党委对大青山的斗争给予了极大的关注。1941 年 1 月，晋西区党委调苏谦益、杨叶澎、杨国兴、靳崇智、成枫涛等十名县团级以上干部到大青山地区工作。1941 年秋，朱德总司令在延安接见大青山骑兵支队司令员姚喆时明确指出：大青山斗争要做长期打算，搞好军事隐蔽，麻痹敌人，保存力量，坚持这块战略要地。1941 年底，晋西区党委召集白如冰、杨植霖、白成铭等绥察区党委和绥察行政公署的负责人，到晋西北汇报绥远敌占区工作，并于 1942 年 2 月 5 日作出了《关于绥远工作的指示》。晋西区党委指出：“今天绥远工作的总方针不在于建立巩固的根据地，不在于组织庞大的党与骑兵，而在于坚持游击战争，坚决执行隐蔽政策，积蓄力量以备将来”。党中央和晋西区党委的指示，为在困难时期如何坚持大青山的抗日斗争指明了方向。我军坚持在大青山地区斗争的全体指战员坚决执行这一指示，与敌人展开了顽强的斗争。

机智灵活　英勇战斗

1941年和1942年，在大青山地区的日伪军总数达数万人，而我军已由原来的3500人（包括地方党政人员）减少到2000多人。面对这种情况，我们从指导思想上来了一个转变，由过去注重较大规模的军事行动，改变为开展广泛的群众性的游击战争；由过去总想多打仗、打大仗，改变为尽可能避免与敌人正面冲突，减少无谓的牺牲和消耗。部队、游击队以隐蔽分散活动为主，各自为战，使敌人摸不清我主力所在，避免不必要的损失。在战术上也更灵活了。敌人依仗其兵力多、装备好，总想一口吃掉我们，而我们就采取灵活周旋的方法，钳制、疲惫、消耗敌人。敌人上山，我军下川；敌人在山区乱转，我军在树林联欢；敌人想找我打硬仗，我偏和敌人捉迷藏；敌人集中兵力，我军化整为零。这些战术交替使用，使得敌人“扫荡”往往是乘兴而来，扫兴而归。一次，日军六七百人从武川、萨拉齐、固阳三个据点出发，对驻石虎子一带的我骑兵支队教导团和绥西专署进行合击，我们得到情报后，立即上山隐蔽起来。大家在山上一边打着自制的扑克牌，一边望着山下转来转去而一无所获的敌人，禁不住开怀大笑。

敌人是非常狡猾和毒辣的。他们在“扫荡”经常扑空以后，便派出大批特务、汉奸到处侦察，一旦发现我军行踪，便马上派摩托化部队和骑兵进行突然袭击。针对这些情况，我军采取不断转移的方法对付敌人。

部队经常是黄昏时出发，半夜进入宿营地。同时，加强了情报工作，采取了许多反敌侦探的措施，使敌人难以摸准我军行动的规律。群众编顺口溜夸赞说：

八路军赛如神，白天不动黑夜行。

不走大路走小路，看着向西走了东。

鬼子进山找不见，夹着尾巴往回窜。

当然，和敌人转圈子、“捉迷藏”只是斗争的一种手段和形式，钳制、消灭敌人才是我军的根本目的。因此，我们坚持避实就虚，伺机歼敌，不打则已，打则必胜的原则，抓住有利战机，狠狠打击敌人。另外，在主力部队转移到外线活动的时候，地方游击队发挥其人熟地熟、目标小、便于隐蔽和转移的特点，留在内线坚持，到处袭扰敌人；地方党政机关的同志也积极组织群众破坏敌人的交通和通信设施，以削弱、迷惑敌人，为主力部队寻机歼敌创造条件，搞得敌人顾头顾不了腚，最后只得灰溜溜地撤走。

由于大青山斗争环境异常复杂，形势瞬息万变，虽然我军采取灵活机动的战术，但也经常碰到一些难以预料的紧急情况。有时我军正在吃饭或宿营，敌人突然来偷袭；有时在行军、转移途中与“扫荡”之敌不期遭遇；有时我少数部队遭到敌人几路围攻；等等。在这种情况下，必须发扬我军果敢、勇猛的战斗作风，方能化险为夷，变被动为主动。1942 年 5 月，大青山正是春意融融、万物复苏的季节。一天，我骑兵支队司政机关和直属侦察、通讯排转移到陶林县（今内蒙古自治区察哈尔右翼中旗）苏勒图村宿营，战马刚放到山坡上吃草，突然，侦察员和哨兵接连报告：卓资山、旗下营、拐角铺、陶林几个方向有千余日伪军向这里扑来！当时我军不足 200 人，而且大部分是机关人员，和敌人硬拼肯定要吃亏，甚至有被吃掉的危险，从几路敌人的缝隙中插出去也已经来不及了。在这严重关头，司令员姚喆和政治部主任张达志当机立断，决定趁敌合围圈未完全形成的时候，击退兵力较少的拐角铺一路之敌，突围出去。他们俩也各自持枪，跨上战马，率领大家冲击。敌人被我军的勇猛攻势吓得掉头逃窜，有的举手投降。我军乘胜追击六七公里，歼敌几十名，缴获长短枪几十支，战马几十匹。等其他几路敌人清醒过来时，我军早已“飞”得无影无踪了。

突破“铁壁合围” 实现主力转移

由于我军坚持斗争，不断消灭日伪军，大青山成了敌人的心腹大患。日军在作了长期策划和周密部署之后，于 1942 年 7 月，对大青山抗日游击根据地发动了一场规模空前的大“扫荡”。

7 月下旬，日伪军从大同至包头各据点突然全线出动，骑兵、步兵、炮兵、摩托化部队和空军相配合，以“闪电式”战术对我绥中游击区进行“铁壁合围”，企图将我大青山领导机关和骑兵二团一举围歼于绥中地区。

敌人首先严密封锁了绥中各山沟、要道，以断绝交通；在重要村庄和山头设立了 99 个据点和哨所，组成交叉火力网；各据点之间有无线电联系，200 余辆汽车往返运送部队、物资；骑兵队昼夜穿梭巡逻，飞机在空中盘旋侦察；在重要地带设立了炮兵阵地，随时准备向捕捉的目标轰击。

当时我大青山骑兵支队领导机关、直属队和骑兵二团两个连，以及绥察行署、绥中专署和地委、武川与陶林县政府的工作人员、游击队，正由骑兵支队政治部主任张达志、绥察行署副主任苏谦益等同志率领，在武川县五塔贝、黄花窝铺、福生庄等地分散活动。他们事先对敌人可能进行“扫荡”虽有所预察，但并不知道“扫荡”的具体时间和规模。在敌人重兵压来，形势十分危急的情况下，互相无法取得联系，只得各自带领部队巧妙地同敌人周旋。7月25日，敌人以步骑兵5000余人分五路合击五塔贝一带，以后又不断向这一地区增兵。为了避免被敌人发现，骑兵支队司令部暂时关闭了电台，哨兵一律由干部担任，并规定不到万不得已的时候不准开枪。同时，武川县县长李康和陶林县县长宋克赞分别带两支游击队，故意向西、向南远处方向运动，以迷惑敌人，分散敌人视线。在四五天的时间里，我军数次转移，昼伏夜行，或露宿于树林，或栖身于山崖，即使如此，也两三次和敌人遭遇。武川县三、四区游击队和县游击队已被敌人打散，战士们隐蔽枪马，分散活动。这时，张达志、苏谦益等同志通过伪军中的关系，摸清了敌人企图，经研究，决定尽快分散突围。只要我领导机关和主力部队能从敌人重围中跳到外线，保存有生力量，那就挫败了敌人的阴谋，就是我们的胜利。

7月30日，骑兵支队司令部、政治部、特务连、侦察排、通讯排和骑兵二团两个连共700余人，由张达志率领，转至归绥（今呼和浩特）远郊的扁担石沟，正准备从陶卜齐与白塔车站之间穿越铁路，向绥南归凉北四区转移，恰逢大批日伪军从旗下营、陶卜齐出发，把铁路封锁了。我军只好又返回北上，在沁北沟一带隐蔽，同时派出侦察，另找突破口。8月1日，我军转移到面铺窑子附近一个小村庄，从山上可以看见远处敌人的汽车和人马往来不断。8月2日，我军又转移到附近的一片桦树林隐蔽。那些天阴雨连绵，战士们全无雨具，任凭风吹雨淋，衣服由干到湿，又由湿到干。随身携带的炒面吃光了，大家就以生土豆、生莜麦面和野菜充饥。下午，侦察员报告：几里远的一间房子村左右数里虽都有敌重兵把守，但中间只有零星的游动哨。张达志召开干部会，决定夜晚突围，同时派人通知绥察行署领导。午夜时分，部队秘密地下山，快马加鞭，迅速冲过公路，翌日下午到达蛮汗山，突围成功了。

在此同时，绥察行署机关和游击队，几天来一直在与敌人周旋。

绥中专员公署和游击队，在两天前已由专员程仲一率领，突围到蛮汗山。8月2日晚，行署接到骑兵支队在当晚突围，并要求行署也突围的信。但由于行署周围敌人众多，而且有一些失散人员未能取得联系，行署无法立即突围。于是他们决定一面继续寻找失散的同志，一面待机突围。300多名同志冒着蒙蒙细雨，忍着给养断绝的饥饿，在高木窑子附近的一个山洼里隐蔽了两天。当地群众也为他们的处境忧心如焚。4日下午，高木窑子村的几位群众主动杀了仅有的两只羊，挑来两担羊肉汤，支援被围困的同志们。大家每人分到一小块羊肉、半碗热乎乎的肉汤，顿觉精神倍增。这时，武川、陶林两县的政府工作人员和游击队，大部分也汇集起来了。黄昏的时候，根据地下党员和群众的报告，得知东罗家营子附近敌人守备薄弱，于是苏谦益决定由此突围。当夜深人静的时候，这支队伍静悄悄地开到突破口，突然打散敌人巡逻的哨兵，穿越铁路，向绥南平顶山冲去。守敌慌忙开枪射击，但已无济于事。我大队人马疾速前进，安全转移到蛮汗山，与先行转移的骑兵支队机关和骑兵二团以及绥南骑兵一团会合了。

日军得知我军转移到绥南以后，急调大批兵力尾追而来，配合原驻在绥南和雁北的主力，分七路向绥南地区“扫荡”，以图实现其在绥中“扫荡”未遂之目的。我军继续与敌周旋，并在凉城县、和林县境内与敌人战斗数次。但是，我军经过连续的行军作战已很疲劳，并且缺乏鞋子、马掌、衣服、粮食、弹药等物资的补充，处境非常困难。为了保存革命力量，根据晋西北军区的指示，上述部队和地方工作人员以及绥南骑兵一团，于8月中旬至10月下旬，陆续从绥南撤至晋绥边界一带集结待命。这样，就使敌人企图在绥南消灭我领导机关和骑兵支队主力的计划又破产了。

我大青山军政领导机关和部队主力，同二三十倍于我的敌人周旋一两个月，最后主动转移到晋绥边区，以后又转移到了雁北地区，粉碎了敌人的阴谋，保存了自己的力量，这是我大青山指战员正确运用毛主席的游击战争的战略战术的结果，是一个很大的胜利，得到了贺龙等首长的赞扬。

我军主力虽然暂时转移了，但大青山的抗日斗争还在继续。一是那里有我们几年来播下的抗日火种；二是还有我们留下的四五百人的部队和地方的同志在各地区坚持斗争。在绥西，有骑兵支队司令员姚喆、绥察区党委组织部长兼绥西地委书记白成铭、蒙古工委负责人奎璧、专员杨叶澎、副专员靳崇智、骑兵支队第三团团长蔡久等率领的骑兵支队两个直属连、骑兵支队第三团两个连、教导大队一部分人，以及绥西地委、专署、县区政府和游击队。在绥中，有范建国带领的武川县一、二联区政府游击队和部分党政工作人员。在大青山南麓，乌素图至旗下营一带边山，有高风来、李容玉、胡进才等几支游击队。在绥南，有张云峰等同志率领的绥南地、县、区政府部分同志和游击队。在我主力转移之后，敌人一方面对绥中、绥南地区继续进行所谓“肃正”工作，一方面把“扫荡”的矛头转向绥西地区。姚喆同志凭着丰富的斗争经验，利用绥西山大沟深的特点，带领大家跋山涉水，穿梭般地与敌人周旋。周围的同志考虑到他的安全，劝他暂回雁北，而他却执意不肯，坚持和大家一起打游击。他谈笑风生，给大家讲红军艰苦奋斗的故事和坚持大青山斗争的意义。他说：“我们决不能让日本鬼子侵占祖国的一寸土地。只要大青山还有我们的一名战士，那就证明，大青山还是我们的。”他还只带一个班，骑着小毛驴，从绥西巧妙地转移到绥中，边走边检查指导当地的对敌斗争。有的群众不认识姚司令员，向战士们打听他是谁，战士们风趣地回答说：“他是我们的老伙夫班长。”从此，“老伙夫班长”的雅号就在部队中传开了。认识姚司令员的群众，看到司令员还在大青山上带领大家抗日，受到很大鼓舞。战士们也向司令员表示：一定要克服一切困难，将大青山的抗日斗争坚持到最后胜利！

克服极端困难　继续坚持斗争

从 1942 年 7 月起，敌人对大青山各地区大“扫荡”的时间加起来长达 83 天之久。敌人的“三光”政策，使大青山游击区的人民遭受了巨大的损失。如武川县四合乡，在“扫荡”之前有 200 户人家，“扫荡”后仅剩下 40 多户。不少群众被迫背井离乡，到外地谋生。敌人为了彻底摧毁大青山抗日根据地，消灭我军，又增修了 40 多个据点，挖了许多“封锁沟”，垒砌了许多“封锁墙”，妄图隔断游击区与外线的联系；派出大批特务、汉奸四处活动，侦察我军行踪；杀害了许多群众和与我有联系的人员；等等。大青山抗日游击根据地由原来最大时的十多个县，缩小到只有几个山区的范围，人口由 50 万减少到不足 10 万。

党时刻关心着大青山的抗日斗争。1942 年 10 月，中共中央晋绥分局在林枫同志主持下召开会议，专门听取了张达志、苏谦益等人的汇报。会上，林枫同志传达了毛主席到“敌后之敌后”和“把敌人挤出去”的指示。会议分析了大青山的形势，研究了今后如何坚持大青山的斗争，恢复游击根据地局面的问题。10 月 24 日，晋绥分局和军区决定将绥远（大青山）和雁北（晋西北第五分区）合并，成立了以高克林为书记、胡全为副书记的中共塞北区工委，和以姚喆为司令员、高克林为政委、郭鹏为副司令员、张达志为副政委的塞北军分区，统一领导绥远和雁北地区的抗日斗争。同年 11 月 24 日和 1943 年 3 月 14 日，晋绥分局又两次给塞北工委发出指示信，对如何坚持大青山斗争又作了详尽、明确的指示。信中指出：必须充分估计到敌人大“扫荡”之后我们面临的困难形势，准备在最坏的形势下坚持工作；今后绥远党组织的基本任务应该是坚决依靠群众，团结各种抗日力量，坚持游击战争，积蓄力量，以待有利时机。晋绥分局还对怎样贯彻执行中央为绥远工作确定的隐蔽斗争的总方针，开展大青山的群众工作、统战工作、伪军工作等问题作了重要指示。

应当指出，过去几年大青山抗日斗争所取得的成绩是很大的，在斗争中也创造、积累了许多宝贵的经验，但是，从领导工作上看，也出现过一些缺点和失误。这主要表现在对中央关于绥远敌占区工作的决定研究不够、认识不足、执行不力，在军事斗争、统一战线、地下斗争、对伪军伪政权工作中注意隐蔽政策不够，因而过多地暴露了自己的力量，给工作带来了一些损失，影响了大青山斗争取得更大的成绩。塞北工委实事求是地总结了几年来大青山斗争中的经验教训，根据上级指示，结合当时实际，采取了一系列措施，使大青山抗日游击根据地的局面得到了较快的恢复与发展。

第一，教育干部深刻理解隐蔽斗争的方针，坚定抗战必胜信心。为了对干部进行深入细致的思想教育，凡从大青山来到后方的团以上干部和地下党员，工委书记高克林都亲自找他们了解情况，交代任务、政策和工作方法，使他们能直接掌握上级的指示精神，便于指导工作。从 1943 年 3 月开始，塞北工委以分批轮换的方式，集中负责干部在山西偏关县进行整风，把学习中央和晋绥分局对大青山斗争的指示作为一项重要的内容，使大家的思想水平和政策观念有了较大的提高，为后来斗争打下了一个好的基础。同时，各级党组织还加强了思想工作，特别强调共产党员和各级干部要以身作则，为群众作表率。广大党员干部也正是这样做了。在大“扫荡”之后，大青山各游击区如同经历了一场严重浩劫，房屋几乎被敌人毁尽，群众大批逃亡。我军的物资给养供应更加困难，住没处住，吃没吃的，各级干部都跟普通战士一样，爬冰卧雪，餐风饮露，带领部队战斗。在大青山需要补充干部的时候，暂时撤到雁北的同志都争先恐后地要求去前方。一大批优秀干部为坚持大青山地区的抗战而献出了宝贵的生命。从 1943 年到 1945 年春，仅绥南地区牺牲的地区级主要负责人，就有崔岩、程仲一、张云峰三位同志。我们就是靠着这样一支坚强的干部队伍，保证了党的方针、政策的贯彻，带领部队英勇斗争的。

第二，改变组织形式、斗争形式和工作方法。塞北工委成立后，坚决贯彻执行党中央关于精兵简政的政策，首先对部队和政权机关进行了精简。各级党政军领导合并办公；党的领导同志兼任同级部队或游击队政委，县、区长兼游击队队长；减少机关人员充实基层；将老弱病残者送往后方学习，将减员较多的连队作了合并。各级党政军机关实行精简之后，人员比过去减少了30%多，各级政府人员总共才130名。这对加强党的统一领导和减轻群众负担起了很大作用。为了使群众斗争避免不必要的损失，将公开的群众抗日组织改为“灰色”的，群众斗争采取合法与隐蔽相结合的方式进行。党员干部在群众中活动，必须改名换姓，在群众中认亲拜友，并以合法的职业为掩护。鉴于前几年把党的公开工作与秘密工作混淆曾带来的教训，这时将这两项工作完全分开了。

派武工队深入“敌后之敌后”开辟工作，是为恢复大青山局面采取的一个重要组织形式和斗争形式。大“扫荡”过后，大青山游击根据地特别是绥中、绥南，一片白色恐怖，不适宜大部队活动。塞北工委和塞北军分区从1943年6月开始，陆续选派政治上坚定、有魄力、办法多、能打开局面的同志，组成短小精悍的武工队，挺进绥中、绥南。这些同志犹如孙悟空钻进了铁扇公主的肚子，在敌人的心脏地带积极活动，逐步打开了局面。比如，以骑兵一团组织股长安正福为首的九人武工队，在1943年7月挺进和林县灯笼素一带山区后，化装成老百姓，每日白天上山隐蔽，晚上到周围村庄进行宣传。他们从打击散匪和欺压群众的汉奸入手开展工作，得到了群众的拥护。在此基础上，武工队又争取伪村政人员，还通过给伪军写信、动员伪军家属对伪军进行劝告等方式，争取了周围据点不少伪军官兵。1943年冬，该武工队发展到90多人，活动范围扩大到南北60多公里，东西30多公里，包括有280多个自然村的地区。到1945年6月成立和林支队时，发展到600多人。该武工队的斗争经验受到党中央和晋绥分局的重视和表扬，毛主席批示：安正福武工队是敌后斗争的方向。

第三，大力进行分化瓦解敌伪组织的工作。大青山地区伪军番号多、数量大，最多时达2万余人。所以，争取伪军中立或同情、支持抗日是十分必要的。过去几年，我们在争取伪军工作方面取得了很大成绩，得到了上级的肯定。但是，在一段时间里，由于一些同志工作中采取了一些不适当的做法，使这项工作受到了不应有的损失。

1942年7月大“扫荡”以后，日军在加紧对伪军控制的同时，又在城乡建立了许多新的伪组织，如“清乡青年队”、“灭共青年队”等，甚至青红帮等封建迷信团体也成为敌人利用的对象。这样，加上原有的警察队、特务队，以及各乡的“情报联络员”，使大青山地区形成了一个特务情报网。敌人的目的，是企图使我军无法活动，进而消灭我军。因此，对伪军伪组织的争取工作做得成功与否，将直接关系到大青山游击根据地局面的恢复与发展。我们在这方面下了很大力量。比如，1943年8月，原骑兵一团政委李佐玉率领几支武工队挺进归武地区活动。起初，敌人很猖狂，特务、汉奸像魔影似的跟着，武工队经常遭敌人袭击。李佐玉等同志根据塞北工委指示，下功夫争取伪军、伪组织。他们对当地的“清乡青年队”等伪组织成员一一进行了调查，然后有针对性地开展工作。对于同情抗日者，就秘密地与之联络；对于动摇不定者，就反复与其谈话，宣传抗战必胜的道理，指明其面临的两种前途，启发其爱国心，或通过其亲属进行说服争取；对顽固投日分子，则坚决予以打击。经过一段艰苦细致的工作，归绥郊区哈拉沁、大窑子、西区沟、胡润油房营子的“清乡青年队”、旗下营的“灭共青年队”、武川县的寿阳营子警察署和特务队、武川县蒙古寺特务队等许多伪军、伪组织成员态度大变，他们有的对我军的活动采取“睁一只眼闭一只眼”的“不干涉”态度，有的为我军放哨、侦察，递送情报，购买物资，使我武工队在敌占区竟能行动自如，归武地区的局面终于打开了。1944 年 8 月 6 日，日军厚和警务段副段长内田留三郎，带领一支有 20 名日军、40 名伪军的“特别工作队”，到了归绥郊区韩家窑子，先后两次派该村“灭共青年队”队员侦察我游击队和武工队去向。而这些队员，都将敌人的情报向正在附近活动的我骑兵二团团长黄厚作了报告。黄厚立即率两个连和一个游击队赶往韩家窑子，占据有利地形，向敌人发起进攻，只半个多小时，便将敌人全歼，内田留三郎也被当场击毙。

第四，加强群众工作，军民团结战斗。大青山地区是蒙汉民族杂居，并包括回、满其他少数民族的多民族地区。在大青山抗日游击根据地开创和发展时期，各族各阶层群众曾给了我们巨大的支援和密切的配合，为抗日作出了宝贵的贡献，军民关系总的说是很好的。但是，从我们领导工作上看，有时执行经济政策不够严，有过乱摊派现象。在形势变得越来越困难的时候，又有个别同志错误地认为，要生存就不能过多地考虑政策，因此出现了一些违反群众纪律的现象。

然而，在这一时期，敌人对群众的欺骗宣传却加紧了。日本侵略者对蒙古族群众主要是重弹“蒙汉族本来不是一个国家”、日军到蒙疆来是为了“帮助蒙古独立”等老调，同时施以小恩小惠，挑拨离间，企图使蒙古族群众与八路军脱离关系，反对抗日；对汉族群众则主要是宣传“八路军已被消灭”；等等，通过各种封建迷信团体散布毒素，进行奴化教育，并在城乡遍设“俱乐部”（赌场），以麻痹人民的斗志。

上述形势清楚地告诉我们：能否把群众真正地团结在我们周围，关系到我们今后的生死存亡，决不能等闲视之。为此，塞北工委教育干部认清生存与政策的关系，树立依靠群众是胜利的基础的观点，号召各级党政军组织和干部，下大力气做群众工作，特别是做好少数民族群众的工作，与群众交朋友，坚决消灭违反群众利益的现象。各级政府制定了严格的财经政策和供给制度，尽可能地减少粮草的征收量，并在部队内部开展节约运动，以减轻人民负担。部队和游击队在活动中，向群众做深入细致的宣传教育工作。敌人到哪里，我们就跟踪到哪里，敌人白天召集群众开会，我们晚上召集群众“消毒”。

人民群众在实践中深刻地体会到共产党、八路军是各族人民利益的忠实代表，他们看到八路军在极端困难的情况下坚持抗日而对群众秋毫不犯，更竭尽全力支援我军。我绥西部队在大“扫荡”后粮草供应经常断绝，平川的不少群众便冒着生命危险，翻山越岭几十里，穿过敌人两三个据点，给我军送来粮食。武川县李气沟农民白生宝，听说我隐蔽在山上的部队没有磨面的石磨，经常吃整粒粮食，就利用深夜，跑 20 多公里，把一盘石磨秘密运到我军驻地，解决了我军吃面食的困难。

大青山的蒙古族群众，在我党正确的民族政策的影响下，支援抗日也是铁了心的。1943 年，敌人经常“扫荡”我绥南游击区，当地游击队在敌人“扫荡”的时候便跳到外线，到蒙古族群众家里去隐蔽。这些群众和我们游击队员都有着血肉关系，有的还相互拜为兄弟，八路军一来，他们立即做饭、喂马，让战士们休息。他们还通过亲属、朋友关系，劝告伪蒙军说：蒙汉一家人，要联合起来打日本，遇上八路军，能躲就躲，躲不开就放空枪。使我游击队多次脱离了危险。

其他各阶层群众支援八路军抗日的事迹也不乏其例。1944 年 1 月，敌人对我游击区进行“清乡”，每到一村，就将全村包围起来，严刑拷打群众，逼问八路军的消息。有个村的闾长手被打断了也拒不告诉敌人。归绥郊区哈拉沁村有三个地主，因帮助过八路军，敌人要他们自首认错，他们坚决不去。他们说：“由他们狗日的要怎就怎，我们是中国人，爱中国，帮助我们自己的军队干事有什么错？”敌人恼羞成怒，没收了他们的财产，他们也没有屈服。广大人民群众与八路军相依为命，帮助我军度过了大青山抗战以来最困难的时期，他们的功绩将永远铭刻在我们心中。

在党的坚强领导下，经过我们坚韧不拔的斗争，大青山地区的形势一步步好转了。1944 年春夏，武工队和绥西骑兵三团的活动范围更大了，人数也有增多。骑兵一、二团经过在晋西北休整，战斗力有了新的提高。塞北工委派他们陆续返回大青山。到 1944 年底，大青山抗日游击根据地基本恢复了 1942 年秋季敌人大“扫荡”以前的局面。日军士气颓丧，形势日益对我有利。但是，国民党“自卫军”中的反共顽固派，却搞起了新的磨擦，疯狂抢占地盘，袭击我地方政府和游击队。根据形势的发展，从 1945 年 2 月起，中共晋绥分局和中共中央先后派晋绥步兵第九团、晋绥陕甘宁联防军骑兵旅等部队到大青山。这些部队到大青山后，一面袭击日伪据点，一面反击“自卫军”顽固派的进攻。1945 年 5 月的一天，骑兵旅和塞北军分区骑兵二团、三团相互配合，向驻井儿沟一带的“自卫军”邬青云师发起猛烈反击，该顽军趁晚间仓皇逃遁。第二天，骑兵旅和骑兵二团继续追至武川县黑垴包一带，将其包围。经激烈战斗，全歼邬青云部 500 余人。从此，井儿沟根据地又回到我军手中。此战大灭了“自卫军”顽固派的反共气焰，我军指战员的抗日斗志更加高昂，挥刀纵马，奋勇杀敌。此刻的日本侵略者像是秋后的蚂蚱，尽管还在拼命地蹦跶，但是，离最后彻底失败，已是为期不远了。

光荣的冀鲁边

王卓如　李广文

冀鲁边抗日根据地，开始由中共中央北方局委托冀南区党委领导，后来归山东分局领导，曾是山东所辖六个战略区之一。

冀鲁边地处津浦路以东，黄河以北，它的南北两端紧逼日军在华北的重要战略据点济南和天津，东面则是渤海湾，徒骇、马颊、鬲津等河流横穿其间。

八年全国抗战，党领导冀鲁边区24个县、9000多个村庄的600万回汉人民，以与敌人血战到底的革命英雄气概，与日本侵略军进行了艰苦卓绝的斗争。他们用自己的鲜血，为中国革命历史写下了光辉的篇章。有一首诗，是写徒骇河的，也是纪念无数无名烈士的：

无碑无传无书载，
千里长堤黄花开；
今日徒河溶溶水，
多少忠烈血换来。

一

日军占领平津以后，沿津浦路南犯，冀鲁边首当其冲，最先遭到日军铁蹄践踏。我冀鲁边的党组织，坚决执行了党中央和毛泽东同志的指示，在“发动群众，开展游击战争”、“脱下长衫到游击队去”的口号下，抓住日军大举入侵、韩复榘率部逃跑、人民强烈要求抗日的这个有利时机，果断地领导抗日武装起义，迅速发动了声势浩大的抗日救亡运动。

1937 年 9 月，我鲁北、济南党的领导人于文彬、马振华等，在盐山成立了抗日救国总会，并成立了第一支由我们党领导的冀鲁边抗日武装——抗日救国军。乐陵、盐山、新海（现黄骅）、宁津、庆云、无棣等县，也相继建立起抗日武装，有 13 个县成立了抗日救国分会。仅一个月的时间，由我们党领导发动的抗日武装力量就达 1200 多人。

新建立的抗日救国军，士气高涨，求战心切。1937 年 10 月，袭击了由沧州出发进犯盐山李家铺、叶茂李一带的千余伪军（即有名的五铺战斗），又在盐庆、盐乐公路两次伏击日军。1938 年初，伏击由天津南下的伪军刘佩臣部，并相继破袭滓浦铁路，一度收复盐山、无棣、庆云、乐陵、阳信等县城。一连串的胜利，大大鼓舞了群众的抗日热情，大批青年农民和青年学生参军抗日。至 1938 年 4 月，我武装力量已发展到 1700 多人，活动地区有乐陵、宁津、庆云、盐山、无棣、南皮、沧县、东光、阳信等县。

当时的冀鲁边，情况非常复杂：韩复榘部队南逃后，土匪蜂起，国民党地方保安部队、民团、道会门、散兵游勇和各类地主武装，乘机集结，各霸一方，占地为王。他们有的接受了我们的改编，成为人民军队，其领导人也成了党的优秀干部，如仉鸿印、傅相吉等；有的打着抗日的旗号，横征暴敛、敲诈勒索，坑害民众。其中一部分曾一度同我们保持了统战关系，但后来投降日军，为虎作伥，成为冀鲁边伪军的一大来源，如李光明、曹振东、刘景良等；一部分危害抗日，胡作非为，群众恨之入骨，终遭我主力反击歼灭，如刘彦臣、孙唐臣、孙仲文、张国基等；还有一部分靠暗中勾结日军，坚持反共反人民，直到最后覆灭，如张子良等。

由于当时的救国军司令邢仁甫利用职权，独断专行，对国民党顽固派右倾迁就，曾使一些土匪地主武装混入救国军的行列。抗日武装名义上有20几路，实际由我们党掌握的只有刘子芳、李子英、杜步舟、路牟班等同志领导的第一、二、三路加一个特务团。邢仁甫热衷于接受国民党的委任，把共产党领导的抗日队伍，当成他个人邀功晋升的资本。直到八路军主力进入冀鲁边，三十一支队（照邢仁甫建议接受国民党给的番号，全称是“国民革命军抗日别动总队第三十一支队”）改编为八路军以后，邢仁甫还特地保留了一支200多人的小部队，交他的副司令、国民党中统特务王昭明率领，游荡在编外。不久王率部叛逃，被我军全部歼灭。

1938年2月，于文彬同志因手枪走火负重伤去世，冀鲁边与山东省委的联系遂告中断，后通过姚依林同志与河北省委取得联系。4月，河北省委派来的杨静远、李启华、史甄、赵焕文、杨希玲五同志到达冀鲁边，加强了边区党的领导。

二

1938年7月初，中央决定一二九师、一一五师派出增援部队“平津支队”和“永兴支队”到冀鲁边。9月，萧华同志率领三四三旅机关抵达乐陵。八路军主力的增援，使冀鲁边进入了一个新的发展阶段。

边区党的领导得到进一步加强，健全了经北方局批准新建的冀鲁边特委，成立了八路东进抗日挺进纵队司令部、政治部和军政委员会，对当地抗日武装进行了整编，并加强了县、区武装的建设。冀南第六专署成立后，已有沧县、南皮、东光、盐山、新海、庆云、无棣、宁津八个县建立了抗日民主政权。由符竹庭同志兼校长的军政干校，为边区培养了大批干部，成为领导群众坚持边区平原游击战争的骨干。

挺纵四支队（平津支队）、五支队（永兴支队）铲除了对抗日危害最大的土匪、反动武装刘彦臣、孙仲文、孙唐臣等部，使边区部队和根据地迅速扩大。三十一支队改编为挺纵六支队的同时，先后建立了泰山、运河、津南、商河、阳信、德平等地方支队或独立营。这些土生土长的人民子弟兵，与人民群众有不可分离的血肉联系。由于有当地优秀党员和久经锻炼的红军干部做骨干，他们经受住了严峻的战斗考验。主力与地方武装相配合，进行了多次战斗，如孔家坊、韩家集、灯明寺、大宗家、陈罗、沙窝翟家等著名战斗。在频繁的战斗中，锻炼培养了一批批既能指挥打仗、又会做群众工作的各级领导干部。新干部的不断成长，对于适应部队的发展、根据地的扩大和补充当时伤亡很大的干部队伍，具有极其重要的意义。

冀鲁边的广大党员、干部，绝大多数能打仗，几乎所有县、区干部都会带兵打仗。他们成为坚持冀鲁边抗日游击战争的骨干，是党的宝贵财富。

三

为了建立巩固的抗日根据地，冀鲁边区进行了持续、深入地发动群众的工作。新成立的各级战地动员委员会，所有党的活动分子、宣传工作者，在“到一村宣传一村，见一人宣传一人”的口号下，开展了宣传和组织工作。他们抓紧1938年秋冬敌人的回师“扫荡”还未到来的有利时机，把整个冀鲁边搞得热火朝天、朝气蓬勃。

由于群众抗日政治热情高涨，拥护共产党，热爱自己的子弟兵，便踊跃参加八路军，常在一次大会后有几十、上百的青壮年自愿参军。这种情况，使部队减员及时得到补充，不断发展壮大。至1939年春天，边区武装已发展到15000多人枪。我军多在夜间行动，狗叫极易暴露行踪。于是，乐陵、商河、盐山、庆云、宁津等县群众，在很短时间内几乎把所有的狗杀净，我部队和地方工作人员，可以任意进出根据地的任何村庄，不必担心狗叫会暴露目标。曾有一首诗写道：

狗叫警觉日伪兵，
一鼓灭尽绝狗踪；
鲁北津南七百里，
八年不闻“汪汪”声。

破路，是平原根据地人民的一大骄傲，是了不起的奇迹。冀鲁边属华北大平原，地形平坦，有利于敌人的现代化部队和骑兵，而不利于我军行动。冀鲁边人民，用自己的双手展开了一场改造地形的斗争。20几个县，9000多个村庄，除了敌据点、公路附近，几乎所有大车道都挖成一米半深宽的沟，这些抗日道沟纵横交错，有效地迟滞敌人的行动。我们则可利用来运动部队和转移群众，许多次伏击战斗和反“扫荡”胜利，都得力于这种抗日道沟。当年有一首诗是这样描写的：

日军车骑滚滚来，
横冲直闯何狂哉，
抗日道沟称壮举，
陷敌汪洋灭顶哀。

敌人苦头吃尽，便拼命破坏抗日道沟。在一段时间里，敌人白天填平，群众夜间挖开。保卫根据地，保卫抗日道沟的斗争十分尖锐、激烈。

四

八路军主力增援冀鲁边，对于深入发动群众，扩大抗日武装，建立抗日民主政权，争取国民党地方实力派，孤立反动顽固派，产生重大作用，使冀鲁边的困难局面扭转。根据地在不断扩大，农、工、青、妇等群众团体纷纷建立。自卫队出操上课，妇女识字班深入到千家万户，儿童团站岗放哨盘查行人。入夜，抗战歌声嘹亮，标语、传单遍及各村镇。到 1939 年夏，边区已建立 15 个抗日县政府，部队扩大到近 2 万人。

这块敌后抗日根据地的存在和发展，直接威胁着敌人的后方兵站基地天津和南北交通大动脉津浦铁路，犹如插在敌人胸膛上的一把钢刀，这是敌人所不能忍受的。在敌人的疯狂“扫荡”下，冀鲁边环境渐趋恶化。

1938 年至 1939 年，冀鲁边大片地区连续干旱歉收，加上日、伪、顽反复掠夺，群众生活极为困难。

自 1939 年起，边区部队为了整训和开辟鲁西根据地，分批奉调去鲁西、鲁中南地区。调出的部队，有挺纵主力，有六支队一部，还有泰山、商河支队等地方部队，共 2 万余人。冀鲁边人民子弟兵，对开辟鲁西、鲁中南抗日根据地，作出了宝贵的贡献。

大批部队调出后，敌人“扫荡”加剧，各路顽军趁机进犯，根据地在缩小。

留在边区的领导人李启华、马振华、石景芳和八路军的红军老干部周贯五、杨忠、龙书金等同志，率领边区军民，在敌、伪、顽夹击下，继续坚持斗争，坚持游击战。夏、秋利用青纱帐，冬、春利用黑纱帐（夜长），使敌人的多次“扫荡”扑空。在主力部队开始分批转移的1939年，我六支队全年仍作战180多次。1940年3月，留在边区的六支队参谋长杨承德同志率三营几次长驱直入惠（民）、商（河）、济（阳）、临（邑）地带，连续作战，重创敌伪。至1940年7月，三营由400人发展到900人。支队政治部主任陈德，率一营转战新海以东沿海“二十四堡”，从200人发展到700人。津南支队由两个连发展到四个连加两个100余人的手枪队。运河支队由两个连发展到三个连加一个骑兵排。到1940年底，冀鲁边部队已由1600人恢复发展到近万人。

为了打破敌伪顽夹击局面，除掉边区心腹之患，我六支队一举消灭了民愤大、危害深、屡教不改的吴桥反动武装张国基部。这一行动，使边区抗日军民大为振奋，迫使其他顽军有所收敛。德平的曹振东，就与我们保持了较长时间的统战关系。

至1941年初，六支队改编为一一五师教导第六旅兼冀鲁边军区，下辖两个团（一年后为八个团），八个军分区，一个回民大队（后扩建为回民支队）。在主力调出后的一年间，冀鲁边不仅恢复了原有活动地区，而且开辟了阳信、沾化等徒骇河以北广大新区。

五

1941年，敌人进一步由点线占领转向加强面的控制，加紧在冀鲁边施行“治安强化运动”，推行伪化政策，建立保甲制度，县城和沿公路较大村镇，都被敌伪军占领。

根据山东分局和一一五师师部的指示，边区部队连续四次南下，执行与清河区打通联系的任务。先后在德平县孔家镇，商河县贾桥、兴隆镇，惠民夹河等地，突破数倍乃至十倍于我的敌人包围截击，旅政治部主任杨忠同志不幸牺牲，龙书金同志负伤。两个战略区的联系，有两次接通：一次是周贯五同志率部队在惠民老君堂过黄河，接黄骅副旅长来边区；一次是1941年9月沿无棣海边进至垦区与清河区部队会合。此后，有两条通道通往清河区：一是军区组成的精干武工队乘夜穿过棣（无棣）、阳（信）、沾（化）三县，到达垦区；一是由新收编的陈子芳部组成的海上特务团，乘船从海上往来。有了水陆通道把两区联结起来，使我们能够通过清河区加强与分局、一一五师的联系。这对于我们对付即将到来的更加艰苦、困难的局面，是极其重要的。

1942年，冀鲁边区环境的恶化达到高峰，敌据点已达540多个，日伪军增至万余人，再加1万多国民党顽固派军队，合计兵力五倍于我。敌人以据点、公路为依托，强迫群众挖掘县、区界沟（封锁沟），把各县、区分割成若干小块，再集中重兵在这些小块上反复“扫荡”，有所谓“梳篦战术”、“大拉网”、“铁壁合围”、“牛刀子”、“抉剔清剿”、“以游治游”等名目。日军妄图用种种残暴办法，把共产党、八路军赶出冀鲁边，但这是永远办不到的。

1941年至1942年间，敌人进行3000人到万人以上的大规模“扫荡”十余次，2000多人以下的中小“扫荡”难以计数。我军以一个营，一个连为单位活动已非常困难，不得不实行精简、轻装，取消几乎所有马匹，改穿便衣，化整为零，有时一夜要转移几个宿营地。

1942年6月，继敌人对冀中“五一”大“扫荡”之后，德州、沧州等地日伪军又集中2万余人，对我东光、南皮、沧县一带实行空前残酷的“拉网扫荡”，持续时间达50多天，我部队连续作战30多次。我一地委、津南专署、一分区机关、十八团和冀中的一部分机关部队，都受到很大损失。我地委书记杜子孚、专员兼分区司令员石景芳、十八团团长杨柳新、地委组织部长邸玉栋等领导同志和100多名干部，在战斗中壮烈牺牲。这是继抗战初期于文彬、杨静远、傅相吉和其后马振华、杨忠等领导同志牺牲后，冀鲁边区领导干部牺牲最多的一次。

仅1942年下半年，我部队进行反“扫荡”战斗270余次，平均两天打三仗，大批伤员的安置，主要靠群众分散隐藏。许多村庄的党员、群众，掩护伤员的行动非常感人。他们在敌人“扫荡”、搜捕的紧急关头，任凭敌人酷刑威胁，宁肯自己头断血流，也不吐露八路军伤员的行踪去向。有的妇女，在千钧一发的时刻，挺身而出，冒认伤员是自己的儿子、丈夫，使情况化险为夷。

冀鲁边斗争最艰苦、最困难的时候，得到了上级党的关怀和支持，得到了冀南、冀中、清河区等友邻地区的支援。1941年底，山东分局派巡视团来冀鲁边，巡视团的干部彭瑞林、于继禹、曹戎等全部留边区工作；冀中区党委派张永逊、李雪炎、戴夫等留下任职，从而充实、加强了冀鲁边党的领导。1942年中共中央北方局派王卓如为冀鲁边区党委书记，实行了各级党委领导一元化，边区党委领导得以健全和加强，这对于冀鲁边克服困难，坚持斗争，起了重大作用。

至1943年，冀鲁边敌伪据点已由1942年的550多处增加到800多处，公路达8000多里，封锁沟2700多里。以地处边区中心的宁津县为例，在仅有700多个村庄的县境内，敌伪据点、岗楼、伪政权所在地达148处，有公路46条，全长476公里。抗日道沟悉被填平，被全长达220里的封锁沟所取代。有的县统计，每走60里要过八条公路、五条封锁沟。有的县，部队连以上单位已很难进行活动。全边区几乎所有村庄都被迫资敌，所有集市都使用伪钞。

1943年，曹振东、刘景良先后率部投敌，使冀鲁边伪军数量大增。伪军最多的乐陵县，仅伪警备队就有18个中队（连）、2000余人。虽然伪军增多造成很大困难，但我们开展政治攻势，瓦解敌军的工作，却显示了巨大威力。我抗日军民配合军事行动，向伪军的中、下层官兵们，晓以民族大义，争取他们倾向抗日，暗中帮助抗日。对于那些劣迹甚多、民愤甚大的“铁心”汉奸，则坚决予以打击。我们还使用一种“黑红点”办法，记录伪军行迹好坏。黑点多到一定数目，要给予警告；警告不听，继续作恶，则必定受到惩罚，直至被处决。不少伪军为了自己的后路而争做好事，帮助我们。

1943年春，敌人对我临邑一带的多次“拉网”，对阳（信）、乐（陵）边铁家营大洼的“铁壁合围”，对庆云三汾水的多路“合击”等大规模“扫荡”共八次。我二分区副司令员徐尚武、三分区副司令员李永安、阳信县长武大风、十六团团长兼三分区副司令员杨承德、三地委副书记张镩（蚰石）等同志，先后在战斗中壮烈牺牲。

尽管战斗频繁，牺牲重大，困难很多，敌人千方百计企图把我们挤出冀鲁边，但是冀鲁边的党和党领导的人民子弟兵，始终和冀鲁边的人民团结战斗在一起，坚持斗争，保卫根据地，为积蓄力量、准备反攻作出了贡献。

六

冀鲁边区军民咬紧牙关，克服困难，准备战胜黎明前黑暗的时候，邢仁甫却暗中投敌，并于1943年6月，指使惯匪冯冠奎，刺杀了正在新海县大赵村主持侦察会议的副旅长黄骅同志。和黄副旅长同时遇害的还有参谋处长陆成道、副股长崔光华、锄奸科长陈彪、参谋董兴根。负伤的有股长迟田、支站长齐耀庭、参谋刘金财和迟麟兆。

邢仁甫的叛变，一时给艰苦奋战的冀鲁边造成很大困难。暂时得意的敌人，气焰十分嚣张。冀鲁边区的党、军队、人民是坚强的，经得住起伏曲折。区党委和军区及时揭露了邢仁甫的罪恶阴谋，派人说服被邢仁甫欺骗的部队和人员，帮助他们回到党的队伍中来。同时，还收回了由邢仁甫控制的电台。一系列的紧急措施，稳定了人心，防止了动乱，挽救了部队，挽救了局势。最后，邢仁甫几乎是只身投敌，讨了个伪专员兼伪团长的可耻头衔。

面对着敌人的疯狂"蚕食"、"扫荡"，面对着曹振东、刘景良率兵投敌而使伪军数量激增，面对着兵力数倍于我的敌、伪、顽夹击，冀鲁边军民毫不畏惧，继续战斗、继续前进！下面便是最突出的几个战例：

1943 年 7 月，我一分区在济阳二太平，一鼓作气歼灭伪治安军 1500 人。8 月，我二分区展开了一次声势浩大的破袭战，破坏了该区内几乎所有公路，克敌据点、岗楼 130 多座，打破了被分割封锁的局面。有的县，一夜之间将所有敌岗楼铲除精光，使敌伪惊恐万状。有一首诗反映了当时壮观的场面。

二百岗楼一夜犁，
如网公路十余一。
抗战舞台精彩处，
八月军民大破袭。

12 月，我振华县（今宁津县东半部分）大队，硬是在碉堡如林、公路如网的"治安模范县"里，一次伏击歼敌 50 人，活捉伪警察所长，使敌人大为震惊，龟缩在据点里不敢轻举妄动。

在冀鲁边，没有大规模的地道战，为了便于分散隐蔽，积蓄力量，在庆云县北部、南皮，东光县的村庄，以党支部为基础，发动群众挖地道。村里户户挖通，有的可通村外坟地。敌人"扫荡"，便可以在地下坚持活动。有的地方利用墓穴掩护伤员。边区党委机关报《烽火》（后改为《冀鲁日报》），将编辑、印刷人员和器材，都藏在地洞里，躲过敌人多次合围搜捕，坚持照常出版发行，成为宣传党的主张，教育群众，团结人民，打击敌人的有力工具。

七

党领导冀鲁边抗日军民，艰苦奋战，终于迎来了胜利的曙光。

1944年1月，山东分局、山东军区决定冀鲁边和清河区合并为渤海区。两区的合并，更加强了领导，集中了力量，扩大了部队作战行动的机动范围。

1945年，在渤海区党委、军区领导下，组成了南、北、中反攻大军，指向敌占城镇，指向铁路沿线，指向敌伪负隅顽抗的最后巢穴……

伟大的抗日战争，以中国人民的完全胜利，日本帝国主义的彻底失败而告终。如今，当年的冀鲁边发生了翻天覆地的变化，战争遗留下的痕迹，也早已不复存在。但是，我们对当年冀鲁边的村庄、河流、一望无际的大平原，有着难以忘怀的思念。对于曾在那里一起生活、战斗过的战友们，对于冀鲁边无数优秀共产党员和革命力量赖以存在、发展的回、汉人民，至今抱有深切的怀念和敬意。

据统计，八年全国抗战，冀鲁边区牺牲的干部，仅县团级以上的就有70多名，营级以下的不计其数。烈士的鲜血浇灌了冀鲁边的每一寸土地。党不会忘记他们，人民将永远纪念他们。

山东人民武装起义与山东纵队的建立和发展

黎玉

山东人民武装起义与山东纵队的建立和发展，威震齐鲁大地，在中国抗日战争史上谱写了光辉的一章。

一

1937 年 5 月，我作为中共山东省委书记、省委代表，参加了在延安召开的中国共产党全国代表会议和白区工作会议。毛泽东同志在会上指出："中国正迫近着判定自己存亡的关头，中国的救亡抗战，必须用跑步的速度去准备。"并且指出："离开了无产阶级及其政党的政治领导，抗日民族统一战线就不能建立，和平民主抗战的目的就不能实现，祖国就不能保卫，统一的民主共和国就不能成功。"形势的发展，完全证实了毛泽东同志的英明判断。不久，七七事变爆发。日军占领北平、天津后，于 8 月 31 日成立华北方面军，先后调集八个师团四个旅团共30万余人，分三路在华北地区展开战略进攻。其中一路沿津浦路南犯山东。大敌当前，国民党山东省政府主席、第三集团军总司令韩复榘的10万大军却不作任何抵抗，一味退却南逃，致使山东大部相继沦入敌手。广大的工人、农民、知识分子和有识之士，救亡图存的要求异常迫切，我们党的抗日主张，赢得了社会各界人士的广泛拥护和支持。

山东地处华北东翼，北接平津，南连苏皖，西邻冀豫，东临大海；津浦、胶济两条铁路纵横境内；南靠陇海路，公路、水运交通也很发达，且有众多的海口、要塞，在军事上具有重要的战略地位。山东的地形复杂，有泰、鲁、沂、蒙等众多的山区，可以凭借险要地形进行山地游击战。此外，山东物产极为丰富，人口众多且民性强悍，是理想的军需后方和兵备源地。特别是日军入侵后残害人民的现实教育了山东人民，只有拿起枪杆进行斗争，才能驱逐强盗，拯救民族的危亡，赢得自己的光明前途。经过我们党的宣传和各级党组织的发动，抗日工作具备了一定的群众基础，整个山东大地犹如布满了干柴。

同年9月，我到山西省太原参加了刘少奇、杨尚昆、彭真等同志组织召开的北方局省委代表会议。会议讨论并部署了发动组织抗日武装工作，并号召每一个优秀的共产党员，脱下长衫到游击队去。

当时，山东形势的发展使武装起义工作迫在眉睫。不等会议结束，我就赶回山东。10月，省委在济南召开了秘密会议，具体讨论了全省发动抗日武装起义的策略问题。会上大家一致认为，国民党在山东的统治势力较强。而红军的影响较弱；由于国民党顽固派的残酷镇压和党内“左”倾冒险主义的影响，使山东党组织一再遭受损失，虽然在抗战前重建省委后得到一些恢复和发展，但对于面临的任务来说，党的力量还是薄弱的，我们的工作是极为艰巨的。此外，山东有众多的地主、土匪武装，多为敌伪顽直接控制，他们与我们争人、争枪、争地盘，这就更增加了我们建立抗日根据地的困难。但是，坚决抗日，保家卫国是整个中华民族的愿望，是顺乎历史潮流的。因此，会议决定，武装起义的时机选择在韩复榘溃逃，日军尚未全面占领山东及其立足未稳的时候，全省行动，揭竿而起。针对敌人首先会沿铁路、公路干线设立据点，分割山东的军事行动计划，省委决定按东西南北中将山东划为十余个区，并计划在冀鲁边、鲁西北、鲁中、泰西、泰安、徂徕山、沂蒙山区、临朐一带、鲁东淄博矿区、长山、昌潍、寿（光）广（饶）博（兴）一带和胶东地区，分别建立十个军或十个支队。会议要求各地以党的组织为核心，中华民族解放先锋队、抗日救国会等成员为骨干，收集民间枪支，动员人民群众，配备干部，筹备给养，抓紧做好起义准备。

做好起义准备，最主要的是恢复和发展党的力量。会后，省委立即派人到各地去帮助发展党组织，加强对起义工作的政治领导。省委曾派北方局介绍到山东的党员刘居英去莱芜地区开展工作。泰安县的党组织恢复较晚，省委派刚出狱的鲁中工委委员张北华去加强领导。沂水县党组织没有恢复，省委派李仲林和邵德孚去重建县委，组建抗日游击队。

与此同时，我们还请求当时北方局的负责人杨尚昆、彭真同志调了廖容标、洪涛、韩明柱、赵杰、程绪润、周凯东、廖云山等红军干部和一批青年知识分子。省委还通过八路军联络代表与韩复榘交涉，释放了一批关押在济南、青州、烟台、济宁等地的“政治犯”，为抗日武装起义，组织了一批骨干力量。

在恢复和发展党组织的同时，我们党领导的山东各界人民的抗日救亡运动也有了深入的发展，抗战力量冲破了韩复榘等顽固势力的阻挠，在许多地区以合法和半合法的方式，开展群众性的抗日救亡运动，救国会、救国青年团、民众训练队、抗敌后援会、抗敌救亡社、战地服务团、游击战训练班、民众动员委员会、民先队等抗日救亡团体不断涌现。利用这一有利条件，我们在救亡团体内进行战斗动员，实施游击战术教育，筹集武器、经费，选拔有经验的军事骨干，使之从思想上和组织上为武装起义做好了充分准备。

至此，全省的抗日武装起义准备工作已基本就绪。

二

哪里有压迫，哪里就有反抗。日军的残暴行径，必然导致抗日怒潮的高涨。我山东各地党组织根据上述计划，适时地领导人民举行了大规模的武装起义，在15万平方公里的土地上，到处树起了抗日大旗。

从1937年冬起，全省先后发动了十多次武装起义，著名的有冀鲁边、鲁西北、天福山、黑铁山、牛头镇、徂徕山、泰西、滨海、鲁南、湖西十大起义。

冀鲁边起义。日军的铁蹄最先践踏冀鲁边平原，那里的人民最先遭受蹂躏。因而武装起义也最早。1937年春，乐陵县一带就有秘密组织。11月，由中共冀鲁边区工委的于文彬、马振华等同志组织的“华北民众抗日救国会”，在盐山、乐陵、宁津、庆云、无棣等地领导人民举行了武装起义，组成“人民抗日救国军第一军”。1938年1月底，起义部队一举攻克盐山县城，歼日军30余人，伪军400余人，继而又连克无棣、乐陵、庆云县城，队伍迅速发展到2000余人，并建立了乐陵、庆云、南皮三县的抗日民主政府。

鲁西北起义。抗战全面爆发后，中共山东省委即派组织部长张霖之等同志前往鲁西北的聊城，加强鲁西北特委的领导，并协助国民党进步人士、山东第六区专员兼保安司令范筑先开展抗日救亡运动。在我们党的建议和推动下，范筑先将国民党第六区保安司令部改为“山东省第六区抗日游击司令部”，将收编的游杂武装编成35个支队，并在十多个支队中建立了共产党的组织。鲁西北特委还独立自主地建立了堂邑县第一游击大队。上述武装，活跃在鲁西北平原和长清县的大峰山区，积极打击日军。此外，我鲁西南工委在曹县组织了一支300余人的武装，用范部第三十五支队的名义，活动于曹县、菏泽一带。

天福山起义。天福山位于胶东的文登县境内。1937年12月24日，在特委书记理琪同志领导下，胶东人民举行了武装起义。部队以1935年起义失败后保留下来的昆嵛山游击队为基础，组成“山东人民抗日救国第三军”。通过“民先队”的帮助，起义武装获得100多支枪，成立了军政委员会，发展为四个大队。1938年2月13日，起义部队攻克牟平县城。俘伪县长以下170人。3月，攻克福山县城。并在莱阳花园头村毙伤日军75人。与此同时，蓬莱、黄县、掖县的起义武装收复了三县县城，并建立了掖县、蓬莱两县抗日民主政府。4月，部队扩大到7000人。

黑铁山起义。为开展长山县一带的抗日救亡运动，1937年秋，省委派姚仲明和廖容标同志到长山开展工作，与长山中学校长、进步人士马耀南合作，秘密进行游击战训练，12月27日，于黑铁山举行了武装起义，成立了“山东人民抗日救国军第五军”。1938年1月中旬，起义部队袭入长山县城，随后进入长白山区开展工作。敌人为了报复，从周村调动伪军400余人发起进攻。我第五军在群众配合和支援下，扼守高地数处，与敌激战终日，毙伤敌100余名，敌狼狈窜回。以后，我第五军先克邹平，继之与淄川、益都、章丘、临淄等地党组织的武装会合，并攻克淄川。至5月，部队发展到6000余人。

牛头镇起义（又名鲁东起义）。1937年12月底，中共鲁东工委和寿光县委领导人马保三在城北牛头镇组织发动了武装起义，成立了“八路军鲁东游击第八支队”。随后，中共鲁东工委书记鹿省三等人又领导了潍县蔡家央子和昌邑县瓦城一带的武装起义，成立了“八路军鲁东游击第七支队”。1938年4月2日，第七、八支队联合袭击了昌邑以北的柳疃，歼日伪军一部。之后，两个支队拥有5000人，合并成立了“八路军鲁东游击队指挥部”，转至黄县、掖县一带开展抗日斗争，并给胶东第三军以有力支援。

徂徕山起义。这是省委亲自组织领导的一次起义。徂徕山位于山东省中部，既是齐鲁大地的“心脏”，又是津浦路的必经之地。它北近泰山，南接蒙山，东连莲花山、沂蒙山，西通泰西大峰山，成为良好的天然屏障。如在徂徕山起义成功，就可以控制北面的泰（安）新（泰）、泰（安）莱（芜），南面的新（泰）汶（大汶口）以及西面的泰（安）汶（上）几条公路和津浦铁路等交通要道。在这里举行起义，便于与全省其他地区进行联系。另外，还有重要的一条是这一带有较好的群众基础。因此，省委几次召开会议进行研究，制订了起义前的准备工作方案。随后，分头去各地进行宣传、组织和发动工作。1938年1月1日在徂徕山举行了武装起义，成立了“山东抗日游击队第四支队”。洪涛同志任支队司令，我兼任政治委员，林浩同志分管政治部工作，马馥堂同志任经理部主任（相当于八路军供给部部长）。

之后，这支起义部队经过一段时间的政治教育和军事训练，就积极展开了对日伪军的斗争。1月26日，我们在小汶河南岸的寺岭伏击日军，歼敌十余人。2月27日，我们又派部队到新泰城西北的四槐树村设伏，翌日拂晓前，在敌人要经过的公路桥上埋设地雷。7时许，七八辆满载日军的汽车由泰安方向驶来，当汽车过桥时，我们参战人员按动地雷发火装置，埋伏在路旁的战士以猛烈的火力向敌人射击，炸毁敌汽车四辆，歼灭日军大佐以下40余人，而我则无一伤亡。斗争的胜利，使部队得到了锻炼，受到了人民群众的拥护，激发了抗日热情。在人民群众的支持下，我们还开展了破袭战，不断中断敌人的交通线；进行进攻战，两次攻占莱芜城，一度攻入博山城并处决了民愤极大的汉奸、新泰县县长朱奎声，给敌人以有力的打击。至5月份，我们起义部队迅速发展到4000余人，成为坚持泰山、沂蒙山区抗日斗争的骨干力量。

泰西起义。1938年1月7日，由省委派出的张北华等同志，在泰山西南部的夏张镇（泰安城西南）一带，组织了武装起义，组成“山东西区人民抗敌自卫团”，首克肥城，继袭界首镇，并在津浦路上之黑虎泉一带及万德庄车站附近，破坏日军交通运输线。在此期间，长清、泰安、肥城党组织发动的武装，也编入自卫团，使起义部队发展到2000余人。

滨海（鲁东南）起义。1938年初，我沂水县党组织于沂水以西公家疃一带组建了“山东抗日游击第四支队第六大队”。莒县党组织在浮来山一带也建立了一支武装，并于4月份编入第六大队。6月，该部向莒县、日照一线发展，开辟滨海地区的工作，先后在十字路、良店、碑廓歼伪军200余人，又在临沂东北汤头歼伪军、土匪100余人。8月，改编为“山东抗日游击队第二支队”，坚持在滨海地区活动。

鲁南起义。1938年3月，我党苏鲁地区特委在徐州一带广泛开展了抗日民族统一战线活动，特委书记郭子化等同志利用他们担任“第五战区总动员委员会”中要职的合法地位，在总动委会下属各种群众抗日团体中，积极开展工作。3月，分别在江苏省的邳县，山东省的滕县、峄县等地发动了武装起义。5月1日，三支武装在枣庄以西的墓山会合，组成“鲁南人民抗日义勇队第一总队”，由张光中任队长。此后，临沂、郯城党组织发展的一支武装也编入其中。起义部队为保卫徐州，直接配合正面战场作战，多次在临（城）枣（庄）公路伏击日军辎重部队，破坏津浦路上的临（城）滕（县）段铁路。

湖（微山湖）西起义。1938年春，我苏鲁特委又在铜山、沛县、萧县、丰县、砀山、永城、宿县发动武装起义。鲁西南工委在单县、金乡一带发动民众组织了武装。5月19日，日军侵占徐州，国民党部队南逃，日军沿津浦线南下。6 月中旬，上述武装在丰县东南的华山镇会合，仍沿用“苏鲁人民抗日义勇队第二总队”名义。总队收编了许多地方武装，收集了国民党溃军的大量武器，在陇海路南北迅速发展到 5000 余人，组成了 36 个大队。之后，这支部队在砀山西北的马良集、萧县西北的黄庙等地区，开展游击战争，打击敌人。

至此，山东省委在全省各地发动抗日武装起义的计划已基本实现。人民起义武装的诞生，开始就显示了强大的生命力，五个月（1937 年底至 1938 年 5 月）内，我山东人民起义武装遍及山东全境，作战 100 余次，攻克县城 15 座，在十多个地区建立了抗日游击根据地，灵活机动地开展敌后游击战争，有力地配合了津浦线正面战场的作战，增强了山东人民抗战胜利的信心。

然而，由于起义部队军政干部缺乏，武器落后，战斗经验不足；兵员多为农民和争取过来的地方武装，游击习气浓厚，平均主义倾向严重；加之民主政权建立较晚，没有稳定的后方，部队分散，交通不便，联络不畅，给养不足，各区起义部队的发展存在许多困难。怎样尽快提高部队的军政素质，加强起义部队之间的协调指挥，成为一个突出的问题。为此，中共山东省委决定派我赴延安，向党中央、毛泽东同志请示汇报工作，以取得中央的指导和帮助。

1938 年 3 月底，我带了泰安的冯平、新泰的郅云青、费县的高其贵等同志从万寿宫出发，于 4 月初顺利到达延安，先后向毛泽东、张闻天和主持北方局工作的刘少奇等领导同志作了汇报。他们充分肯定了山东人民的抗日武装起义。毛泽东同志还在一次高级干部会议上，把我介绍给大家，赞扬了我们的工作。毛泽东同志还曾要我到武汉向周恩来同志汇报，并建议我向周恩来同志提出来要罗炳辉同志到山东工作。因为罗炳辉同志是著名的红军将领，到了山东就不怕有人说我们是“土八路”了。当时，正在做统战工作的罗炳辉同志，一时离不开。所以，中央又决定增派张经武、江华、吴克华、胡奇才、徐斌洲、吴仲廉同志和一批抗大、陕公毕业的学员前往山东，给我们山东武装起义部队又送来了一批优秀的领导骨干。

从此，山东人民抗日武装力量的发展和山东抗日游击战争进入了一个新的阶段。

三

在各地区武装起义过程中，我们坚决执行党的抗日民族统一战线政策，积极争取和团结一切抗日力量，有力地促进了起义武装的发展和游击战争的广泛开展，以及抗日根据地的创建。鲁西北起义的过程，就是争取团结范筑先将军与我们一道抗战的过程。范筑先是一位正直爱国的将军。在日军进犯山东之际，他坚决拥护我党的抗日民族统一战线，在我们党的影响下，坚决拒绝了韩复榘要他渡（黄）河南逃的命令。

为了进一步开展对范部的统战工作，中共山东省委先后派70余名共产党员和平津的学生（多系“民先”队员）去鲁西北地区，一方面加强对鲁西北特委的领导；一方面与范部建立良好的合作关系，协助其开展抗日救亡运动。范筑先在我们的推动帮助下，坚定了抗战的决心，收编了鲁西北地区的大批杂牌武装，编为30多个支队，各支队先后建立了政治部。我们党还在十多个支队建立了党组织。同时，我们还在各县建立了战地动员委员会和各种群众抗日救亡团体，并向许多县委派了县长（其中一部分为共产党员）。范筑先将军为了表明自己坚决抗战的态度和决心，曾专门向全国通电。1938年10月，毛泽东同志委托我带亲笔信给范先生，对其在国难当头之际深明大义，慨然以国家民族利益为重，坚决抗战的精神给予了高度评价。

我们除帮助范部抗战外，还独立自主地发展了自己的武装。在这期间，在鲁西北特委领导下，堂邑县党组织建立了一支武装，由党员捐钱购买了12挺机关枪，加强了装备，扩大了部队。不久，我们党又先后收编了冠县、馆陶县一些地方武装和民团。这些武装合编为范部的第十支队。这支部队在我们党的直接领导下，活动在鲁西北平原和肥城附近的大峰山区，积极打击敌人，受到广大人民群众的热烈拥护。

国民党山东省第三区专员兼保安司令张里元是我们的重点统战对象之一。他抗日的积极性虽然不如范筑先将军，但没有跟随韩复榘逃跑，而且当他得知我们主动打击敌人的活动后，就派副官来新泰县刘杜一带找我们联络。我们先派刘少侊同志，以司令部副官名义，去费县与张里元谈判彼此配合作战的问题。这时，正值鲁南台儿庄会战前夕，张里元受西北军庞炳勋指挥，我们要他围攻新泰县城。他感到自己一个多团的兵力单薄，任务难以完成。于是，刘少侊同志约他来新泰岔河一带，和我会见协商。我和赵杰等同志于2月下旬的一天，在岔河与张里元会面了。他对我们八路军英勇抗战赞扬不绝；我也讲了他在鲁南坚持抗日，是值得称赞的。我还专门送给他几期延安出版的《解放》周报。周报上载有毛泽东同志的抗日主张，想以此推动他进一步抗日。在谈到台儿庄会战和配合作战问题时，我提出请他的部队围攻新泰县城，我们打泰（安）新（泰）公路上的增援之敌，希望他能支援一些弹药，双方取得了一致的意见。第三天他们送来了四个很大的电发火地雷（像飞机的炸弹一样大），还有几箱手榴弹、子弹。后来，在抗战最艰难的时候，张里元被引诱投敌了。

四

毛泽东等中央领导同志对山东抗日起义武装的发展一直十分关

心。1938 年 6 月 6 日，毛泽东与刘少奇同志联名电示：“山东的基干武装应组建支队，恢复和使用八路军游击支队的番号，目前可组成四至五个支队，县区武装则以支队领导下的游击队名义出现，用抗日联军名义不好。”8 日，毛泽东同志再次电示：“凡属我党领导，已取得广大群众拥护，又邻近友党友军之游击队，以用八路军名义为宜。否则，各地国民党均将控制，如使用普遍名义，则不得不听其指挥，甚至通令解散，八路军亦无权过问，用八路军名义则无此弊”。

毛泽东和刘少奇同志的指示，使我们进一步明确了武装建设的方向。根据上述指示精神，我们对山东各地的起义武装实行了统一领导，并决定以各大股起义武装为基础组建成支队，强调把起义武装建设成我们党领导下的人民军队。为实现这一任务，我们健全了省委及各特委的军事部；分配了一批有战斗和领导经验的红军骨干到各支队担任领导职务，调整配备了各部队的领导干部；对部队进行了初步整顿，清洗了混入我军的少数坏分子，整顿了少数不巩固的部队，从而加强了党对部队的绝对领导。至 1938 年底，起义武装除冀鲁边与鲁西北地区部队外，先后整编为八个支队：活动于沂水、莒县地区的第四支队第六大队，编为“八路军山东人民抗日游击队第二支队”；清河区第五军编为第四年支队；鲁中抗日联军独立第一师恢复使用第四支队番号；胶东第三军编为第五支队；泰西区抗敌自卫团和汶上县起义部队合编为第六支队；由胶东西返清河地区的第七、八支队仍用原番号；我们党在费（县）临（沂）边区收编的一支土匪武装，经改造后，以第四支队三团为骨干编为第十二支队。

经过初步整顿，山东人民抗日武装力量在各地区初步形成了统一的指挥机关，统一的编制，统一的领导，加强了对部队的建设和对敌斗争的力量。

1938 年 12 月，中央军委为了进一步统一山东地区各支队的领导，决定成立“八路军山东纵队”，任命张经武为指挥，我为政委。山东纵队的成立，标志着山东人民起义武装已经发展到了一个新的阶段，形成了一个统一指挥的游击兵团，对山东抗日根据地的巩固和发展具有重要意义。纵队成立后，一方面指挥各部队配合地方党政机关动员组织群众，发展地方武装，建立抗日民主政权；一方面广泛开展游击战争打击日伪军。至1939年春，初步创建了泰山、沂蒙、清河、胶东、泰西等游击根据地，并开展了鲁南及滨海地区的抗日工作。

山东纵队成立后，为了进一步加强党的领导和政治工作，扩大巩固部队，加强军事训练，提高部队战斗力，实现主力部队党军化、正规化，地方武装基干化，游击部队组织化，我们根据中央军委和八路军总部指示，利用作战间隙，从1939年2月开始，先后进行了五期整军或整编。

1939年2月至5月，我山东纵队根据八路军总部的整军训令，在部队中开展了以整编和部队建设为中心的第一期整军。这次整军，侧重于部队的巩固和正规化建设，调整了部队的编制。为了对外缩小目标，大部分支队取消了团一级机构。第四支队编为一个基干团（仍称四支队）；第五支队整编为第十三、十四、十五团，并充实十三团为基干团；第八支队将第一、三、五团整编为两个基干营；第二支队整编为一个基干营归第八支队；第五支队的六十一团进抵临（沂）费（县）边后，与第十二支队合编为新的第二支队；临郯独立团编入陇海南进支队（为第三大队）；以津浦支队一个营、第八支队特务大队及沂蒙独立团编成纵队特务团；第三、六支队未进行整编。我山东纵队通过第一期整军，除挺进支队与进入湖西（微山湖）的八路军第一一五师六八五团合编为苏鲁豫支队，归一一五师建制外，下辖第二、三、四、五、六、八支队及陇海南进支队、特务团、鲁南人民抗日义勇军一总队，共2.45万人，所属地方独立营团1万余人。通过这次整训，使部队在政治上、军事上、组织上进一步得到了加强和巩固，大大提高了部队的战斗力。

1939年5月，中央和八路军总部决定，派徐向前和朱瑞同志到山东，组建八路军第一纵队，统一指挥山东与苏北地区的八路军各部队。6月初，徐向前、朱瑞同志到达山东省沂水、蒙阴地区，召开了高级干部会议，部署了党政军各方面的工作。8月1日，第一纵队正式成立，徐向前任司令员，朱瑞任政委。同年秋，王建安同志任山东纵队副指挥。10月中旬，山东纵队指挥张经武同志因去延安开会，一纵机关和山纵机关合并，以一纵名义直接指挥山东纵队所属各部，山东纵队名义仍然存在。

1939年8月至12月，我山东纵队根据八路军总部的整军训令，进行了第二期整军，共整训四个团。通过整军，将第八支队改为第一支队，并以第二营进入滨海区开辟了洪凝（现五莲县城）地区；津浦支队调归山东纵队建制，后与第二支队合编，仍称第二支队；直辖四团（即鲁南抗日义勇队第四总队）改为苏鲁支队。同时陇海南进支队越陇海路南下铜山、睢宁、宿迁、灵璧、泗阳等县北部地区和兄弟部队一起共同开辟了抗日根据地。同年冬，八路军第一纵队根据中央军委指示，以山东纵队陇海南进支队为基础，组建了苏皖纵队，黄春圃（江华）任司令员兼政委。到年底部队发展到7000余人，并组建了一个2000余人的游击支队。

1940年1月，山东纵队召开第一次党代表大会，大会决定，2月至5月进行第三期整军。整训方针是：发展党员，使党员数占部队人数的三分之一，力求主力部队正规化、地方部队基干化，游击部队组织化和全体武装党军化。2月，山东纵队以特务团为基础，组建第九支队，辖两个团。3月，第六支队、苏鲁支队调归一一五师建制（第六支队与东进抗日挺进纵队第五支队合编为运河支队；苏鲁支队于同年冬编入教导第二旅）。4月，根据中央军委决定，撤销苏皖纵队，江华回山东纵队，陇海南进支队归韦国清指挥。至5月底，山东纵队在第六支队、苏鲁支队调归一一五师建制的情况下，部队仍有很大发展，已拥有主力部队15个团，基干部队六个团，共3万余人，另外还有地方武装2万余人。

1940年6月，徐向前同志返回延安，第一纵队的番号撤销，以后仍使用山东纵队的名义。从9月开始，我山东纵队又进行了第四期整军。这次整军主要是强调解决各主力支队全部正规化的问题。通过整训，我们按照正规旅的要求，将所属部队整编为第一、二、三、五旅和第一、四、五支队及直属特务一、二团，共5.1万余人。第一旅由鲁中区的第一支队的一、三团和第四支队的一团、二团编成，辖第一、二、三、四团，四支队三团一度归一旅指挥，后改为蒙南支队，归纵队直接管辖；第二旅由滨海区的第二、九支队编成，辖第四、五、六团；第三旅由清河区的第三支队编成，辖七、八、九团；第五旅由胶东区的第五支队编成，辖第十三、十四、十五团；这时，成立了新的第四支队（兼鲁中一分区），辖第一、二团；新的第一支队（兼鲁中二分区），辖第一、二团；新的第五支队由山东第三军区改编，辖一、二、三团和特务营。

1941年6月，纵队召开旅、支队级干部会议，讨论并决定进行第五期整军，主要是进一步整编、扩军等问题。

8月，以一旅三团、四团和第四支队组建第四旅，辖第十、十一、十二团。山东纵队特务一、二团合编为一旅三团。随后，由一一五师独立支队拨归山东纵队的三个连为基础，组建纵队青年团（执行特务团任务）。同年秋，以纵队原特务二团一个营为骨干重建蒙山支队。

1942年3月中旬，在整编中，又将第三旅机关改为清河军区，辖一、二、三、四军分区。

7月，第五支队机关改为胶东军区，辖东海、西海、南海、北海四个军分区以及其他直属团。

8月，根据中央军委指示，山东纵队改为山东军区，我任政委，王建安任副司令员，江华任政治部主任。这时，第一旅第一、三团和第二旅四团调归一一五师建制，改为教导第一旅。山东纵队第二、三、四旅都实行了主力军地方化，旅和团的机关大都与军区、军分区机关合并，各军区、军分区都建立了独立的领导机关，不再由旅和支队兼管。以山东纵队机关一部，组建鲁中军区，辖三个军分区，一个基干团。第二旅机关改为滨海独立军分区。第四旅机关合并于鲁中第一军分区。原纵队第一旅二团拨归鲁中军区建制；第四旅所属第十、十二团拨归鲁中第一军分区建制，第十一团拨归鲁中第三军分区建制；第二旅所属第五、六团拨归滨海独立军分区建制；第三旅所属第七、八、九团，除留七团为清河军区直属团外，第八、九团分别与清西、清东两军分区合并；第五支队两个基干团，改属胶东军区建制；第五旅属山东军区建制，归胶东军区指挥。主力部队地方化以后，加强了地方武装和人民武装的领导，为开展群众性游击战争创造了有利条件。

在整军中，我们除适应斗争形势需要不断调整编制，还结合国内国际斗争形势，及我根据地遭受日伪军和国民党顽固派夹击的具体情况，反复进行了关于斗争形势和毛泽东同志所制定的关于抗日战争的战略战术，统一战线与保持和发扬我军光荣传统等教育；建立健全了政治委员制度、政治工作制度和连队各种政治、组织、生活制度；大力发展了党员并对新党员和支部骨干进行了多次集训；总结了作战经验和进行了技术战术训练；整顿了部队供给与卫生制度等。同时，还建立了巩固的后方，组建了兵工厂、医院，成立了军政干部学校，培养了大批干部。

总之，通过五期整军、整编，增强了内外团结，巩固了部队，提高了战斗力，并大大促进了部队的发展。在整军和整编过程中，我们还坚决贯彻执行了毛泽东同志关于抗日战争的战略思想、军事路线，坚持了山东地区敌后游击战争，先后进行各种战斗 5000 余次，粉碎了日伪军的多次“扫荡”和“蚕食”，共歼灭日伪顽军 10 万余人。我们还大力加强了民主政权的建设，全省成立了“战工会”（1943 年 9 月 10 日“战工会”改称“政委会”），下设工商管理、公安、民政、财政、教育等若干个处。这时的“政委会”，实际上是一个机构相当完善的、领导全山东政权工作的最高权力机构。全省还成立了包括四个主任公署及相当于主任公署的两个专员公署，另有 11 个普通专员公署。各县乡（区）也都成立了相应的机构。这对开辟、巩固、扩大山东抗日根据地作出了重大贡献，为夺取抗日斗争的最后胜利打下了基础。

1943 年 3 月，根据中共中央《关于统一抗日根据地党的领导及调整各组织间关系的决定》，山东实行党的一元化领导。一一五师与山东军区合并，组成了新的山东军区，罗荣桓任司令员兼政治委员（后又任山东分局书记），我任副政委，萧华任政治部主任，辖鲁南、鲁中、清河、冀鲁边、滨海、胶东六个军区。一一五师和原山东军区所属各部队统一整编为 13 个主力团，一部充实地方军。从此，山东党政军的领导实现了根本上的统一。

中共中央军委华北联络局与山东抗战

张友渔

1937年卢沟桥事变后，国民党第二十九军决定撤出北平。在二十九军工作的张克侠同志将此事通知了我们党和他联系的同志。为了免遭不测，我们迅速烧毁文件转移了住址。8月6日平津通车，乘敌人未及布置搜索之际，党的机关组织撤退，指示各级党组织和救亡群众团体成员，除留下坚持地下工作者外，一律往天津租界撤退。一个星期后，数以万计的党员、“民先”队员和各救亡团体成员齐集在天津英法租界，先后乘英国轮船渡海去山东烟台。

由于形势的变化，我们党的领导机关，除留下潜伏者外，也纷纷撤离平津。北方局机关和华北联络局，均由天津撤往太原。我到济南后去太原请示工作。少奇同志召见王世英、南汉宸、阮慕韩、刘贯一和我开会，部署工作，决定调王世英任八路军驻阎锡山总部代表，由彭雪枫任华北联络局书记，刘贯一会同聂元素在山西太原编印供中央领导同志参考的“广闻通讯”内部情报，阮慕韩仍回平津领导敌占区情报工作，我回济南任华北局山东联络局书记，领导山东地区的情报和上层统战工作。1937年底，济南失守后我们撤到开封，根据我和刘贯一同志共同到武汉请示周恩来副主席的结果，改为在武汉的中共长江局直属的豫鲁联络局，我仍为书记，刘贯一为副书记，领导豫、鲁两省的有关工作。刘原是由华北局刘少奇同志派出检查山东、河南两省联络局工作的。实际上，是周恩来和李克农同志直接领导此部门工作。

山东地区我们党很早就开展起上层统战工作了。在日本帝国主义侵略和蒋介石中央军压迫下，韩复榘的三路军中也出现一批主张抗日反蒋的上层人物。其中主要的有余心清、刘熙众、王致远等人。余心清原来就是冯玉祥西北军受过西方教育的上层人物，是冯玉祥的高级幕僚长。由于冯玉祥在直皖战后任陆军检阅使，驻军北京，办了个西北军子弟学校——育德中学，由余心清兼校长。通过学生，余也就和西北军高级将领都有了来往。

中原大战阎、冯失败，余心清一直代表冯玉祥活动于各个实力派间。察哈尔同盟军失败后，冯驻泰山，余心清也住家于济南，成为韩复榘的高级参议。刘熙众系韩复榘的表亲，韩任山东省主席后，刘为韩的驻北平代表，协助韩折冲于各实力派间，曾通过其胞兄与王以哲（是保定军校同学关系），拉拢韩与张学良结成同盟。七七事变前，刘任山东省公路局长，仍然做韩私人代表奔走各方。王致远系韩的亲信财政厅厅长王向荣的胞弟，曾留学德国，名义上为韩的少将参议。王在三路军中也以育德中学同学关系拉拢一批中下级军官，企图在山东形成一支抗日力量。余心清远在察哈尔同盟军时即和我们党有接触，1936 年秋华北救国联合会成立，就主动来北平找我们联系。梁漱溟在韩复榘支持下，在山东推广乡村建设运动，为了培训乡农学校军官，由王致远主持办了个乡农学校教练养成所，也派人来北平，通过地下党组织推荐一批共产党员和“民先”队员去做学员。

由于我们华北联络局在山东做了大量的上层统战工作，七七事变后，对于我们党在华北地区开展工作起了很大作用。北平失守，党和群众团体成员迅速转移天津租界后，必须设法很快回到内地。当时坐中国轮船经过大沽口有被日军宪兵扣留的危险，只有坐外商轮船比较保险。8月12日有条英国的恒生号轮从天津英租界开上海，有2000多党员和群众救亡团体负责人与积极分子，买了这艘轮船的船票。但正当冲出大沽口开往渤海，在北平经常听到的救亡歌声响彻云霄之际，英国船长宣布：上海已爆发战争，日军占领了上海，青岛中国海军布雷，两地均不能靠岸了，因而该轮决定开回天津。这不是又返回虎口吗？全船乘客大哗。派代表向船长交涉，决定开往山东烟台海面，然后换乘小舢板登岸。

8月14日，我们联络局的同志在烟台上岸后，即打电话给在济南的余心清。他通知公路局长刘熙众派汽车将我们接往济南。我和齐燕铭、黄松龄、程希孟等就住在余心清家。红军代表张经武和几位陕北来的红军干部，住在刘熙众家及其公路局招待所。我们见到余心清后，就对他说，烟台到了大批平津流亡学生和教职员工，这些人中有不少党员和“民先”队员及各救亡团体的会员。这些人经过几年的救亡运动锻炼，是抗日复土的骨干力量，山东应当尽地主之谊，将他们接来，然后输送到各个战场。余和刘熙众将我党意见汇报给韩复榘后，韩同意我们的意见，即指示刘熙众派汽车将烟台登陆人员接到潍县，然后乘火车到济南。平津地下党组织和群众团体负责人，基本上都乘恒生号轮来山东。这些人到济南后，很快即由各校学生会推出负责人组织起平津流亡同学会，将济南高中、一师、育英中学等辟为流亡同学免费食宿场所，好客的山东同学对这些失掉家乡的平津同学的招待，使同学们感到祖国的温暖。当时负责流亡同学会工作的有北大的陆平，清华的武衡，师大的孙陶林，平大的孟英，中大的刘子荣、高元贵等。还有个留学同学会，由邵子言负责。东北学生自成系统，由刘澜波、高崇民领导的东北救亡协会负责。他们在济南也成立了个分会，由于毅夫负责。这些机构，在山东爱国人士援助下做了大量的工作，除供给过境同学免费食宿和去各地的火车票外，还负责安排从事救亡工作。

经过刘熙众派汽车紧张地运输了约一个月，数以万计的平津流亡学生和爱国职工到达了济南。当然，其中有不少倾向国民党的学生和中间状态的学生，通过济南到国民党办的军校、航校、炮校和战干团，或去大后方学校复学去了。但是，共产党员、“民先”队员和爱国青年，再也不能安心坐下读书了，他们响应党“脱下长衫到前线去，到敌人后方去，把敌人打出去”的号召，要求走上抗日的战场。这样，在到达济南的平津各级党的机构安排下，他们被派遣到当时与我党有统战关系的山西阎锡山的牺盟会、决死队，大同马占山东北挺进军，保定万福麟五十三军，杨秀峰主办的河北民军民训处，津浦线冯玉祥第六战区长官部，宋哲元第一集团军石友三的一八一师，平汉线程潜第一战区长官部等处，做动员民众抗日的工作。当时，抗战局面刚打开，各地均急需救亡干部，兼之陕北交通不便，物资供应困难，党的方针是派干部往敌后发展。当然，也有不少青年迫切需要学习马列主义理论武装自己，到延安学习后很快又走上了战场。

山东尽了主人之谊，留在山东抗战的平津来的党和群众团体的干部就更多了。我们于 8 月中旬到达济南后，即由余心清陪同我和程希孟、许德瑗等见韩复榘。韩对来济南的北平左派教授表示欢迎，并征询我们对抗战的见解。我们就根据中共中央颁布的《抗日救国十大纲领》精神，阐述了我们对抗战的见解，并针对山东具体情况提出了要想坚持抗战必须动员民众，而发动群众必须开放党禁吸收各党各派的人，特别是青年人参加救国工作。韩同意我们的意见，恳切地表示希望我们和大批爱国青年留在山东帮助他们抗战。余心清、刘熙众又陪同张经武和韩复榘会谈了几次，详细内容不清楚，但从余心清口中流露出来的言谈看，也不外韩复榘和红军合作抗日，释放关在济南监狱的政治犯，派救国会人员和爱国青年到战区发动群众等问题。为了推动山东的抗战局面，余心清还陪同张经武去青岛面晤第三集团军副总司令于学忠和青岛市长沈鸿烈等。

经过红军代表张经武和我们华北联络局与韩复榘几次谈判，基本上达成了以下几项协议：

一、释放在押的政治犯。韩答应，凡三路军军法处关押的政治犯，他立即释放；但已判刑关在山东地方法院的政治犯，直接归南京高等法院，他无权释放。抗战前，中共山东地下党屡遭破坏，各地区党的负责人基本上都被捕，关在济南狱中。经过这次党的营救，赵健民、理琪、张北华、程照轩等同志都走出牢门，纷纷到各地区发动游击队去了。

二、成立第三集团军政训处，由余心清任主任，王致远任副主任。我们派遣了赵伊坪、李续刚、蒲子正、刘积成等地下党员去协助余心清工作。还吸收了原在三路军工作的路庭训、吴清海等一批左派分子，参加政训处的领导。

三、开办第三集团军政治工作人员训练班，培训动员民众干部。这个训练班由韩复榘兼任主任，余心清为副主任，黄松龄为教务长，齐燕铭、陈北鸥为教务员。我和许德瑗等为教官。当时政治教育完全由我们党负责，三路军的军官负责军事训练。党的组织和"民先"队在华北的组织曾输送了五六百平津流亡来济的党员、"民先"队员进入这个训练班，山东地下党电动员了五六百党员和爱国青年考入这个训练班，再加上王致远乡农学校教练养成所剩余的二三百学员，共计1500余人。他们受我们党抗日民族统一战线和群众工作、游击战术等教育后，被陆续派往临近战区的临清、德州、惠民、聊城等专区。烟台、临沂专区也派遣了一部分。其中以聊城地区派遣的学员成就最大。由于彭雪枫很早就和聊城专员范筑先周围的人张维翰、牛连文、赵伊坪等是育德中学同学，1937年初彭雪枫即到聊城与范建立了统战关系，故在徐州失守，其他黄河北的专员、县长都渡河南逃后，范独能率一营保安队留聊城抗战。这为山东省委组织部长张霖之等率领200多学员到聊城后，即能和赵健民、徐运北领导的地下党组织一起，在鲁西北地区展开工作，建立起著名的鲁西北抗日根据地，以及1939年罗荣桓率八路军一一五师主力入鲁，奠定了基础。

此外，我们还派张郁光利用他在山东教育界的名望，联合山东文教界人士组织山东抗敌后援会，推动山东知识界起来抗战，还派齐燕铭、赵伊坪等创办《救国导报》，派陈荒煤、张瑞芳等组织山东移动剧团在济南街头和战地城镇演出救亡话剧等，大大扫除了国民党散布的“恐日病”，鼓舞了山东人民抗日的斗志。

宋哲元、韩复榘均系冯玉祥的部下。冯对其西北军失去控制后，宋、韩率部投靠了蒋介石。他们控制了冀、察、平津和山东地盘，既不甘心卖国投敌，又得不到蒋介石的信任，为了本身的生存，只有谋取与国内各个实力派结成同盟。我们党就加强与宋、韩的统战工作。经过我们党的争取，宋、韩释放了在押的我党同志，开展群众抗日救亡运动，这便利于我们党力量的发展和顺利地开展工作，推动抗日运动高涨。所以说，周恩来同志领导的中共中央军委联络部，在华北的工作成绩是巨大的。

（姜克夫　整理）

战斗在滨海抗日根据地

谷牧

这里说的“滨海”，是个历史地理概念。它是抗日战争和人民解放战争时期，我党领导广大军民在山东东南和江苏东北沿海一带建立的革命根据地。起初有莒县、日照、莒南、临沭、郯城等县，到抗战胜利时，根据地范围逐步扩展为南陇（陇海铁路）、北胶（胶济铁路）、东海（黄海）、西河（沂河，有时也指运河）的广大地区，还包括江苏的新浦、海州、连云港、赣榆、东海等地。滨海区曾分设滨南、滨中、滨北三个地委，拥有面积7.2万多平方华里，当时有500多万人口。

这个地区，西依沂蒙山脉，有五莲、甲子、马陵、苍山等山区，可与敌寇周旋；东临大海，海岸线长达700余华里，可开辟海上交通线，与苏北和华北革命根据地及上海、东北地下党组织联系，而开展海上贸易也成为根据地战胜敌人封锁发展经济的有效手段。我党领导的主力部队、地方部队和省、地、县各级人民政权以及广大人民群众，曾在这里前仆后继，英勇奋战，迎来了抗日民族解放战争和新民主主义革命的伟大胜利。

我于1938年春进入这个地区，1949年底离开，在那个血与火交织的时代，同这里的广大人民一起，度过了战斗的岁月。我先后在东北军搞兵运，在山东分局机关和地方政府工作，除了前面提到过的曾任山东军分委秘书主任和分局统战部长，还担任过山东分局秘书主任，滨南地委书记兼军分区政委，华东局秘书长，滨海直属地委书记兼军分区政委，新海连特委书记兼警备区政委等职务。这里的人民用高粱、玉米养育了我；人民用汗水、鲜血和生命支持革命战争的实践教育了我；严酷炽热的斗争也锻炼了我；我对这里的人民和土地怀有深厚的感情。

从"地下"到"地上"

1940 年 9 月，我被调到中共中央山东分局机关工作。

七七事变后，长期坚持地下斗争的山东党组织，高举抗日大旗，组建人民武装，开展敌后游击战争。1938 年 5 月，中央决定将山东省委扩大为苏鲁豫皖边区省委，当年 12 月又改建为中共中央山东分局，将党领导的各抗日游击队统一组编为八路军山东纵队。翌年 3 月，罗荣桓同志率八路军一一五师东进山东到达滨海，进一步壮大了山东抗日根据地。1940 年 8 月，全省统一的人民抗日政权机关——山东省战时工作推行委员会（简称"战工会"）成立。分局机关、一一五师师部、战工会一起行动，成为山东敌后抗战的领导指挥中心。

起初分配给我的工作岗位是山东军分委秘书主任兼分局统战部部长和一一五师统战部部长，以后又让我兼管了分局秘书长的工作。

到分局机关以前，我一直做党的地下工作，此时由"地下"转到"地上"，工作环境、工作内容、工作方法都同过去有很大不同。我认真观察学习，很快就熟悉了。

我在分局机关的任务是参与政务管理。重要工作之一是掌管机要、起草文电以及一些上情下达和下情上达的联络、调研工作。当时分局和军分委的重要电稿，有些由朱瑞、罗荣桓同志亲自动手写，大多数则由我根据他们的意图起草。我发现语言文字居然有如此不同的奇妙功能，用以写小说，重在形象化，似不嫌其长；用以写电稿，则重在高度概括，力求其短，要用几十个字甚至十几个字准确鲜明地表述一个重要事件、一次重要战斗或一项工作部署。文章之道的学问实在不小。我还主编分局内部刊物《山东工作》，拟定选题，征集稿件，编辑印发，事情很具体，花费精力不少。作为秘书行政部门的主管，还得料理机关人员的生活。当时的生活当然比现在简单，但是限于环境条件，许多事也不好办，保障伙食标准就不容易。我同膳食科的同志共同努力，想方设法，让大家吃饱饭，可能情况下吃得好点儿。分局的干部来自四面八方，许多人是功绩卓著的老革命、老红军。我不仅要处理好本部门同他们的关系，也要协调好他们分管部门之间的关系，颇费心思和工夫。我紧紧依靠分局首长的领导和支持，谨慎谦虚，注重搞好各方面的关系，也使我的组织协调能力得到了锻炼和提高。

到分局工作不久，从山东分局的《告前线将士书》上，得悉山东部队 12 个支队中，至少有五个支队的负责干部，都是我的同学或在东北军学兵队时的战友，如汪洋、王一平、张岗、韩去非、李耀文等，还有的同学如曹漫之等担任地方的专员等职务。他们出生入死，英勇奋斗，为发展和壮大山东革命根据地作出了很大贡献，我为此感到特别高兴。而与他们的往来与书信，也为我协助领导了解各地情况多了一些渠道。

分局机关对理论学习抓得比较紧。党的组织生活每周一次，每周还有两个半天的理论学习。朱瑞、罗荣桓同志的理论造诣很深。我决心利用这个良机认真读点儿书，以弥补在此之前长期从事党的秘密工作未能系统学习理论的欠缺，硬是啃了几本马列主义原著，写了几本学习笔记。

当时，我曾产生过以自己地下工作的经历为素材，写一部长篇小说的愿望。我在北平左联工作时，写过一些短篇，发表在左翼文学杂志《泡沫》、《浪花》和其他文艺刊物上。还有一个中篇小说的初稿，曾请北大进步教授吴文祺指教。他鼓励我一定再下一番功夫把它整理出来发表。因为我不久就到东北军工作，抗战爆发后连续行军战斗，未能付诸实行。到了分局机关后，很想挤出点儿时间把它完成。后来，形势剧变使这个计划搁置，最终完全落空。现在回想起来，当时这种写小说的念头是不切合实际的。

1941 年 1 月，就是我到山东分局后的第四个月，国民党反动派制造了袭击新四军军部的皖南事变，发动了抗战期间第二次反共高潮。滨海地区的反动武装势力李延修、许树声、尹鼎武部和“万仙会”猖狂进犯我抗日根据地。3 月，曾投机接受我军改编的地主武装朱信斋部，在日照县黄墩叛变，一夜之间拘捕我党员干部和工作人员 200 余人，杀害了我党派到该部任政委的董振彩同志等党员和爱国进步人士 20 余人，使我们丧失了两个区、九个乡的根据地和两个区中队的武装力量。

党中央对国民党反动派的倒行逆施进行了针锋相对的斗争，在苏北盐城重建以陈毅同志为代军长、刘少奇同志为政委的新四军军部，向各根据地通报了皖南事件的情况和我党的斗争对策。山东分局、八路军一一五师及山东纵队各部，根据党中央的指示，实行两面作战，坚持反对分裂、反对倒退、反对投降，坚持开展敌后抗日游击战争。3 月，一一五师教导二旅、山东纵队第二旅和县、区武装，在赣榆县发动了历时六天的青口战役，攻克八个日伪据点，歼敌 1000 余人，缴了 800 多条枪。4 月，山纵二旅和地方武装多次痛击李延修、朱信斋等反动顽固派，把他们赶到莒（南）日（照）公路以北，还恢复了滨海区与华中、胶东根据地一度中断的海上交通线。

留田星夜突围

在蒋介石掀起第二次反共高潮的时候，日军驻华派遣军总司令官田俊六、日军华北驻军司令官冈村宁次，在南京与汪精卫密谋，计划乘机对我山东抗日根据地实行“铁壁合围”，妄图消灭八路军在山东的主力和地方部队。1941 年 11 月初，敌酋畑俊六亲自到临沂坐镇，调集了日军四个师团、三个混合旅团及汉奸武装共 5 万余人，分 11 路从临沂、费县、蒙阴、平邑、莒县向八路军一一五师主力和山东分局机关驻地沂南县南部的留田扑来，形势十分紧急。

为了粉碎敌人的“扫荡”，11 月 5 日下午，罗荣桓同志在沂南县的留田附近钮家村，召开军事会议，决定出敌不意，趁敌之虚，向敌军指挥部所在地临沂方向突围转移。

按照这次会议的部署，11 月 5 日傍晚，分局机关在东汶河岸集合开始行动。随同分局机关行军的还有德国共产党员、著名记者、优秀的国际共产主义战士汉斯·希伯同志。他在大革命时首次来华，投身中国革命，曾任国民革命军总政治部的翻译。1931 年，他重来中国，在上海与路易·艾黎、马海德等组织马列主义学习小组。1938 年，他去延安，受到毛主席接见，后到新四军军部随军采访。皖南事变后，他写文章在国际上痛斥蒋介石反共投降的倒行逆施。以后又由新四军转到滨海区和一一五师师部。他在师部住了一个多月，同朱瑞、罗荣桓、黎玉等同志会见，作了广泛的采访。日寇大“扫荡”开始后，罗荣桓同志考虑到主力部队作战频繁，希伯同志留在主力部队不安全，让他随分局机关行动，指派我负责接待安排。这次突围，他就和我在一起。

当夜，大雾迷漫，我们的队伍凭着熟悉的地形和准确的情报，寂静无声地急行军，迂回穿梭冲出敌人包围。一路上不能讲话，先行队伍为了给后续部队指明行军方向，就在三岔路口用石灰做出标记，队伍在行进中，有时需要后头的人扶着前头人的背包行走，以免迷路。我们看着敌人在山头燃起的照明大火，听着敌人的人喊马嘶，悄悄“衔枚疾走”，宛如疾风流水一般穿过了敌人的“铁壁合围”，在次日拂晓安全到达预定地点。这时，敌人一窝蜂似地涌进留田，但是那里空空如也。我军则继续向西转移，到达费县东北的黄埠前。不费一枪一弹，山东分局及省直机关 5000 余人胜利突出敌军重围。

当把这个好消息通报大家时，希伯同志高兴得像孩子一样跳了起来。他兴奋地说：“这一夜是我一生中最难忘的夜晚，比起在西方参加的任何一次最愉快的晚会都更有意义，更值得留念。”他提出，要立刻给一一五师出版的《战士报》写篇文章，赞颂这次突围领导者罗荣桓政委的“指挥神奇”和山东抗日军民的严密组织性和纪律性，欢呼这个奇迹般的重大胜利。希伯同志身材魁梧，总用打字机写文章。他坐在一块大石头上，以腿当桌用打字机写出了题为《无声的战斗》的稿子。他这篇文章译成中文后，套红登在《战士报》的第一版上。记得这篇文章的结尾是这么写的：“畑俊六总司令官这时候一定正大发雷霆，训斥他的那些不争气的饭桶将军们：八路军主力一夜之间到哪里去了？我们的赫赫战果在哪里呢？那些日本军官们重重包围、数万支枪炮所指的，却原来是一堆堆黑色的岩石！这些饭桶将军今天吃饭的时候，应当给他们来一道美味的菜——大鸭蛋！”希伯的这篇文章，在山东抗日军民中引起强烈反响，起到了很大的激励和鼓舞士气的作用。

留田突围的成功，挫败了日军“铁壁合围”的初步计划。然而敌伪的 11 路“扫荡”部队并没有撤走，而是以百倍的疯狂，继续对我们进行“扫荡”。我抗日军民经历了山东抗战史上最惨烈的一系列战斗。侯庆修、毛大鹏、刘成武等同志所著《碧血青山——一九四一年冬季沂蒙根据地军民反击日寇大扫荡纪实》记录了这段历史。这本书是山东文艺出版社2000年出版的。他们采访了许多亲历者（也包括我），书中描述了我参加或指挥的多次战斗。我这里只回顾一段可以让后人引以为教训、也差点儿要了我的命的战斗，以及我受伤后的经历。

血洒大青山

留田突围后，我们在蒙山一带与敌人“转圈”、“推磨”，保存自己，伺机消灭敌人。

11月27日凌晨，经过一夜急行军，我们转移到了沂南县双后崖子乡西梭庄。刚刚准备短暂休息，突然周围山头上一片枪声，敌人包围了我们。一一五师代师长陈光同志让我传达命令：山东分局、战工会（相当于省政府）和抗敌协会（抗敌协会全称为“山东国民党抗敌同志协会”，由山东省部分国民党进步人士所组成，接受我党山东分局领导，属下有一支山东抗敌自卫军）的机关向抗大山东分校第五大队驻地大青山方向突围。同时集中三个机关的警卫队，由我指挥阻击敌人，掩护机关撤退，他去调集部队迂回消灭敌人。虽然五大队的学员均为军事干部，有很强战斗力，但实际上抗大分校也是一个很突出的目标，那一方向有无敌人并无把握。

当时一一五师的领导层很想抓住机会再打出一次平型关大捷那样的辉煌战绩。但此时没有准确的情报，根本不了解当面敌人的实力。

我立即把警卫队伍集合起来，仓促应战，阻击敌人。训练有素的敌主力部队猛扑过来，弹如雨下，仗打得很残酷，分管几个单位保卫任务的警卫部队平素比野战部队训练少，虽然在敌人猛烈的炮火下一批批倒下去，为了掩护机关转移仍顽强战斗。眼看兵力越来越少，警卫营长对我说：阻击敌人掩护撤退的任务我们已完成了，但阵地已不可能再坚守下去，上级两面夹击敌人的设想是不现实的，而且转移了的机关前往抗大分校五大队方向是否安全也没有把握，你应该追上去指挥机关转移，我往另一边突围把敌人吸引走。

警卫营长示意几名警卫战士架起我往机关转移方向撤退，自己则带着剩下的稍多一些的战士向阵地另一侧插去。我考虑到三个机关已经转移，再硬顶着打也确实不是办法，就带着几个警卫战士迂回向撤退的机关追去。但我们撤退得太晚了，转身刚跑了五六分钟的样子，原来防守的阵地就被敌人占领。敌人在追击警卫营长的同时，也发现了我们这支小分队，密集的火力扫过来。我忽然像被谁拦腰打了一棒，跌倒在地。当时也顾不得是怎么回事，站起来继续转移，又走了一段路，觉得四肢无力，低头一看，整个上衣胸部被血浸透，才知道中弹负伤，随即晕倒了。

我不知道是什么时候被担架抬着追上队伍的，醒来时三个机关的转移已由战工会秘书长陈明同志接替统一指挥，一直打到傍晚才脱险。因为敌人还在“清剿”、“扫荡”，我们被迫继续转移。

为我检查伤情的医生告诉说，这颗子弹穿过我的肺部后在肋骨上滑了一下，贯穿而出，虽然流血不少，伤势很重，但幸好没有伤及心脏，子弹也没有留在体内。做了治疗后，把我放在担架上，随分局机关队伍一起转移行军。到了第三天，在向大青山转移途中，又同敌人打了一场遭遇战。大青山是山东抗大分校五大队驻地，那里原来没有敌情，后来情况发生变化，敌人派出一支部队去包围他们。他们在紧急转移中无法同我们联系，结果我们这支队伍钻进了敌人布置的“口袋”，战斗的紧张被动情况是可想而知的。在激烈的战斗中，为了不拖累队伍，我和警卫员，还有抬担架的几个战士，隐蔽在野外一个高粱秸垛里。战斗过后，已是夜间。我的伤口剧烈疼痛，心想，自己大概是活不成了，不能拖累几个战士。就对他们说：“我不行了，你们不要管我，赶快设法去找部队，告诉他们我在这里。”战士们不听我的话，谁都不走。我发火说：“找不着部队，凭你们几个在这里也保护不了我，还是听我的话，赶快去找部队！”有几个战士走了，可是我的警卫员坚决要留下来跟我在一起。我说：“一个不留！这是命令，必须服从！”他只得含着眼泪恋恋不舍地离去。

我一个人躺在高粱秸垛里，昏迷了一阵，醒来后爬出去观察动静。寒风在四野凄厉呼叫，伤口疼得更厉害了。这时我忽然想起荆轲悲壮的诗句：“风萧萧兮易水寒，壮士一去兮不复还……”大概就要这样在这里结束此生了。但又有点儿不服气，我只有28岁，还没有看到把日寇驱逐出中华大地，还有许多理想没有实现。不服气又怎么办？这时我想到戏曲舞台上每逢这种情况，往往有个“神仙”下凡，故事才能延续下去。正这么想着，忽然听到不远处石头堆旁一声咳嗽。是什么人？是敌人？还是自己人？是自己人就好了！我强忍伤痛向咳嗽声处爬去，发现是几个老乡在那里躲鬼子。我说：“不要怕，我是八路军伤员，这附近有没有村子？”一个老汉听说我是八路军，走过来给我指路，告诉说山腰前面有个石门村，两三里路就到了。

听说最近的村子只要两三里，我突然增强了求生的欲望。也不知怎么一下子就有了力量，挣扎着爬一阵、躺一阵、昏一阵、醒一阵，到了第二天天亮，终于爬到了石门村村头的一家老乡门前，就又昏过去了。又是一个老汉把我唤醒。他家正做高粱米粥，给我舀了一碗。由于军医没有确诊我的肠部是否受伤，按他们嘱咐，我已三天没吃东西，当时看见这碗粥，也顾不得许多，猛然喝了几口。老汉把我藏到村头不远的一个高粱秸垛里，让我先休息一下。

大约过了两个小时的光景，分局陈琳瑚同志来了，他是我的同乡，又是东北军学兵队的战友，是谈得来的知己。他知道我负伤隐蔽在这一带，就带着一个班的战士，到处找我。我一看到他，大有绝处逢生之感，不禁流下泪来。他搞了一副担架把我抬回机关。我的伤口严重感染，流脓不止。军医给做了医治。后来听说，当时他们已向朱瑞同志报告：看来谷牧不行了。由于分局机关还在不断转移，决定由敌工部把我安排到敌占区一个"堡垒户"家里养伤。这家只有一位50多岁的老大娘。她把我藏在存放粮食、杂物的小屋里。专门照顾我的八路军护理员，白天在山上隐蔽，晚上来给我换药。在那里住了约半个月。当时群众生活困苦，给我吃的最有营养的好东西也就是小米粥。我开始只能躺着，不能起来活动，后来能起来了，晚上就到院里扶着磨盘活动活动，接着没有几天就能拄着拐杖走路了。这大概是因为当时年轻力壮和意志的支撑作用吧！

当我能拄着拐杖走路时，就同护理员商量回分局机关。他不赞成，说我体力不行，路上难走。我执意要回去，他看拗不过我，就通过老乡找到我们抗日政府的县长，请求帮助。县长很支持，派了两个人抬着送我。走了两天，回到机关驻地，我先看到了几个炊事员。乍一见面，他们都愣住了，过了片刻，又热情地围拢过来嘘寒问暖。因为当时机关里传说我已经不行了，没想到又活着回来，大家都惊诧不已，喜出望外。时过1942年元旦不久，日军发动的为时两个月的大"扫荡"，已经以被歼7000余人宣告失败。但是我方因大青山局部战斗失利，也付出不小的代价。机关里笼罩着悲愤的气氛，许多原来熟悉的面孔不见了。接替我指挥三个机关转移和突围的战工会秘书长陈明同志，在带队突破敌人在蒙阳河一带的包围圈时，两腿被敌人机枪子弹打断，当日军走近想活捉他时，他用手枪连续击毙三个敌人并用最后一颗子弹结束了自己的生命。陈明同志是1925年入党，参加过北伐战争、中央苏区的开辟和著名的二万五千里长征的老革命。由于山东分局和战工会的机关经常在一起，我们党政两套秘书班子的交流很多。陈明同志在理论方面和文学艺术方面都有很好的修养。我对他非常敬重，他的牺牲使我深感悲痛。如果我不负伤，带领机关人员冒着枪林弹雨从蒙阳河突围的应该是年轻的我！陈明同志的爱人辛锐同志是姊妹剧团的负责人（我的爱人牟锋就是这个剧团的演员，因此我们两个家庭有双重的战友关系），突围时也遭遇日军，她与敌人英勇搏斗，投掷手榴弹炸死数名敌人后也牺牲了。姊妹剧团的指导员、山东省妇联执行委员甄磊也在大青山牺牲了。1926年入党的老党员、才华横溢的山东纵队宣传部部长刘子超同志在与敌人搏斗中壮烈殉国。在我养伤期间，他曾专门写信慰问我，可是我回机关后再也见不到他了。留田突围前，我有一批手稿和书籍交警卫排埋在了河边。待我归队后想找这批文件却成了一件不可能的事情，因为当时负责掩埋文件的战士已全部牺牲，由此可见大青山战斗的残酷。手稿和书籍的丢失，也是我停止创作的原因之一。我们的国际友人希伯同志，在大青山战斗中也端起枪向日本法西斯开火，最后献出了生命，时年44岁。我曾有首诗怀念他："大青山上共死生，捐躯曾有异域人。笔底风雷惊海天，胸中烈火振民心。蒙山常见高高影，沂水时闻嗒嗒声。战友英魂今安在，春光一缕便是君。"希伯同志的遗体最后安葬在临沂市的华东烈士陵园，其遗孀秋荻同志新中国成立后从民主德国来我国工作，逝世后与希伯同志合葬。

接待少奇同志

为了继续战斗，山东分局机关、省战工会、一一五师师部进行了整顿。1月份，根据中央的指示，八路军山东纵队改为山东军区，由一一五师师部统一指挥山东的部队（至4月党政军负责人联席会议完成了干部配备）。山东党政军领导机关发出关于1942年工作方针的指示，要求实行"敌进我进"，开展边沿地区斗争，粉碎日伪顽的"蚕食"和"扫荡"。根据斗争的需要，山东分局决定精简机关，加强基层，充实连队。2 月，发出《关于实行精兵简政的指示》。我具体参加了这项工作。一个地区一个地区地研究具体情况，统计人口数量，计算出多少老百姓能负担一个脱产军职或文职人员（大致每百人负担三人较为合适），然后据此作出精简的方案和实施计划。3 月底，山东分局在临沭召开会议，传达党中央指示，部署整顿党风、学风、文风。

1942 年 4 月 10 日，刘少奇同志来到临沭县朱樊村。他受中央委托，在从苏北前往延安参加党的七大准备工作途中，检查山东的工作，分局指派我接待陪同。

在此之前，我没有见过少奇同志，但是在我的头脑里，他颇具传奇色彩：大革命时期领导了名著于世的安源煤矿工人运动；土地革命战争时期，忽而在东北领导地下斗争，忽而指挥军队行进在长征途中；七七事变前后，出任北方局书记，力拨王明“左”倾路线之乱，确立了一整套白区斗争的正确路线、方针和政策；皖南事变后，受命于危难之际，同陈毅同志一道重振新四军军威……长期艰苦、坚韧斗争的经历，伤害了他的身体，他瘦弱、清癯，讲话时不断地咳嗽。

我们考虑到他长途跋涉，劝他先事休息几天。他说：“现在的形势和工作情况，能是休息的时候吗？”接着就投入紧张的工作，一直到 7 月下旬离滨海经鲁南、湖西去延安。在这三个多月中，少奇同志帮助山东党组织解决了许多重大问题，大大推进了山东抗日根据地的各项工作。

他首先听取山东分局、一一五师、山东纵队和省战工会的汇报，召开山东党政军负责人联席会议，讨论决定了统一山东抗日根据地军事指挥和主要负责干部配备等重要事项。4 月下旬，山东分局召开扩大会议，少奇同志在会上作重要讲话，充分肯定了在山东已经创建了能坚持长期抗战的根据地，八路军在山东已发展到 10 万人的重大成绩，也指出了存在的问题，主要是在思想上和行动上未能积极争取山东抗战的领导权。根据会议讨论的意见和少奇同志的指示，分局做出《抗战四年来山东我党工作总结与今后任务的决议》，提出要动员和团结广大人民群众，咬紧牙关，坚持长期抗战，加强各游击区，开展反“蚕食”斗争，积蓄力量，克服困难，在“三角”斗争中求得对我有利之转变，争取最后胜利。

之后，少奇同志又到临沭、赣榆深入基层检查减租减息工作。在少奇同志指导下，山东分局纠正了对减租减息抓得不紧、贯彻不力的偏向，做出了《关于减租减息改善雇工待遇开展群众运动的决定》，确定各抗日根据地从麦收到年底，把此项工作作为中心任务，并组成两个工作组分赴临沭、莒南两个“双减”实施中心县试点。

少奇同志在滨海期间，先后给山东分局、一一五师的干部作了《关于山东工作》、《群众运动问题》、《中国革命的战略与策略》、《党内斗争问题》、《思想方法问题》、《关于财政粮食问题》等重要报告。6月30日，在中国共产党成立21周年的前夕，他又在分局驻地党政军民大会上，作了关于党的奋斗历史的报告。这些报告，使山东的干部受到一次系统的马克思列宁主义理论教育。少奇同志还针对湖西“肃托”中扩大化的现象，指出凡是搞错的要马上平反，错杀的追认为烈士，家属给以抚恤，在押的立即释放，自行离队的要找回来安排工作。

这个期间，少奇同志还严肃批评了山东统一战线工作中一些右的错误。一天，届临“山东国民抗敌自卫军”成立一周年，朱瑞同志让我准备到会讲话，并说：“你讲些什么，需要请示一下少奇同志。”我向少奇同志讲了朱瑞同志的意见。少奇同志问：“这件事分局讨论了没有？”我答：“没有讨论。”他说：“分局都没有讨论，我发表什么意见？这么大的事情，分局都不讨论还干什么？”我说：“我把您的意见立即报告朱瑞同志，这个纪念会是否推迟一天召开？”少奇同志说：“明天是人家的纪念会，你有什么资格让人家推迟召开？”一连串的钉子碰回来，搞得我莫名其妙，不明白为什么引起少奇同志发火，究竟错在哪里？

后来我才知道，少奇同志之所以发这么大火，是因为山东党组织在工作上存在某些偏差。当时，我党执行抗日民族统一战线，在山东对愿意抗日的国民党人士、社会名流和开明绅士如李澄之、梁竹航、杨希文、耿光波先生等人组织的“山东国民党抗敌同志协会”（简称“抗协”）采取团结的政策，这是正确的。这几位先生是真心抗日的，在党的团结教育下，经过斗争的锻炼，后来都跟着党，为建设社会主义作出了贡献。但是，错误在于1941年组建了由他们担任指挥员的“山东国民抗敌自卫军”。上述这几位先生并非国民党的军人，他们原来也没有武装力量，再组织一支似乎是“第三势力”的部队，“画蛇添足”，多此一举，也造成工作上的许多麻烦。这反映了执行党的方针政策上的右倾。少奇同志决定要果断抓紧处理这个问题。他和朱瑞同志、罗荣桓同志亲自做“抗协”各位先生的工作，研究了“抗协”和“山东国民抗敌自卫军”的处理办法。不久，“抗敌自卫军”划归山东军区统一指挥，“抗协”活动逐渐淡化，它的专职干部分别被安排到抗日人民政府有关部门工作。

7月下旬，少奇同志离开滨海前，在干部会上说：“山东的工作，现在到了关键时刻。如果还是按照以前的路子走下去，再过两年，我就送你们一块匾，上书六个大字：‘右倾机会主义’。山东的对敌斗争形势这么紧张，不把主要精力放在抓党的建设、根据地建设和对敌斗争上，而是热衷于去搞‘一切服从统一战线’、‘一切通过统一战线’，非栽大跟头不可！”少奇同志对山东工作的批评，振聋发聩，使大家端正了路线方针，提高了干部政治思想水平，对山东的抗日斗争形势胜利发展，起了非常关键的作用。

我有幸在这三个多月的时间里跟随在少奇同志身边，亲耳聆听他对时局的精辟分析，亲眼目睹他下基层调研时的务实作风，特别是他总能抓住主要矛盾、抓住关键问题的敏锐的政治判断力让我非常敬佩。我党在山东的负责同志中不乏理论家，例如朱瑞同志为妇联作报告可以连续讲上两三天。而少奇同志展现给我们的是理论联系实际的魅力，是中央集中各根据地经验和中央领导集体智慧、高屋建瓴的战略思维。从此以后，我在工作中自觉地按少奇同志的风范去做。

甲子山驱顽

不久，滨海区就取得了粉碎国民党反动顽军的胜利。

当时，滨海区内除了我党领导的人民军队以外，还有于学忠任总司令的国民党苏鲁战区总部及其所辖东北军。在1938年到1939年期间，我军和这支国民党部队大体上还能维持团结抗战的局面。随后，因蒋系特务和日伪间谍的煽惑挑拨，东北军内部急剧分化，影响到我军与该部的合作和滨海地区的抗日大局。

东北军五十七军万毅旅长发动的“九二二锄奸”和一一一师师长常恩多同志率部起义之后，一一一师参谋长陶景奎、旅长孙焕彩等反动分子不甘心于失败；一方面搜捕我在该部工作的同志，清洗抗日进步力量；一方面纠集地方反动顽固势力向我军猖狂进攻。孙焕彩勾结反动地主武装李延修、朱信斋等部，乘机抢占莒南甲子山区。1942年8月14日，八路军一一五师部分主力和山东军区第二旅、滨海军分区独立团、抗大一分校一部，向这股反动势力发动攻击。经过四天战斗，毙、伤、俘顽军1000余人，缴获了大量武器，将他们赶到莒日公路以北，收复了甲子山区。这是第一次甲子山战役。

10月8日，孙焕彩又纠集4000余人，分两路进犯甲子山区。我军英勇抗击，在十天内进行战斗20多次。由于这时我们集中力量反击日伪军的“扫荡”，为避免两面受敌，遂撤出了甲子山区。这是第二次甲子山战役。

为了彻底摧垮孙焕彩反动顽军，12 月 16 日，一一五师和山东军区在莒南坪上召开军事会议，部署了第三次甲子山反顽战役，决定集中优势兵力，消灭这个心腹之患。参战部队有一一五师教二旅、山东军区第二旅的两个团，还有举义过来的新一一一师（万毅同志任师长），于 17 日晚分四路发起猛烈进攻。罗荣桓、朱瑞、陈光等领导同志亲临前线指挥。激战三昼夜后，孙焕彩被迫收缩阵地，我军猛攻痛击。孙焕彩在 30 日带着残兵败将鼠窜而去。

从当年 8 月东北军一师举义起事，到年底击溃孙焕彩部，基本上粉碎了国民党反动军在滨海地区破坏抗战的活动，改变了我们在此以前必须两面作战的局面，为以后进一步开展反日伪“扫荡”、“蚕食”斗争，巩固和发展滨海敌后抗日根据地创造了条件。

甲子山反顽战役胜利结束后，山东分局、山东战工会、山东军区随即经常驻在莒南，指挥山东各抗日根据地的斗争。

壮大滨海抗日根据地

转眼便到了 1943 年。从这一年到 1944 年的两年间，滨海抗日根据地的武装斗争和各项建设得到较大发展。

在反击日伪“扫荡”方面，取得了一个又一个胜利。早在 1942 年，山东分局就下达了加强反“扫荡”的紧急指示，要求各根据地特别是边沿地带的军民做好练兵、藏粮、破路等应战准备工作。罗荣桓同志总结了多次反“扫荡”的战斗经验，提出将主力配备在临近敌伪的边沿地区，敌人打来时不做正面堵击，而是把握有利时机插过去搞乱它的后方。“你打到我这里来，我打到你那里去”，我们称之为“翻边战术”。这是罗荣桓同志对毛泽东军事思想的成熟掌握和运用，对粉碎敌人“蚕食”、坚持敌后斗争，发挥了巨大的威力。

1943年1月，一一五师教导二旅和滨海地方部队，在曾国华同志指挥下，运用“翻边战术”，发动郯城战役，歼敌日伪1000余人，还缴获了一批武器装备。

1944年1月，滨海军区六团，在莒南、日照地方武装配合下，攻克石沟崖日伪据点，活捉了作恶多端的大汉奸、大土匪朱信斋，俘获匪兵400余人，毙、伤100多人。朱是个惯匪，抗战爆发后，他要求我军收编，当了山东纵队二支队的大队长，1941年又叛变投敌，专门袭击我人民抗日部队，残害群众，作恶多端。滨海区召开了公审大会，将朱信斋及其11名头目执行枪决。广大群众高兴坏了，时值春节前后，说是“杀猪（朱）过年”。

在下半年时间里，滨海地区军民同仇敌忾，英勇战斗，取得了一次又一次的胜利：

6月，莒县民兵1万余人，用两天时间破袭台（儿庄）潍（坊）公路48公里，挫败了敌人打通台潍公路的计划。

7月，发起了讨伐日伪军李永平部的战役，攻克据点40余处，毙、伤、俘敌700多人，我们完全控制了滨北地区。

8月下旬，当日军1000余人向莒南坪上村进行“扫荡”时，为了掩护几百名伤病员转移，何万祥英雄连在团长贺东生率领下，与近20倍的敌人英勇血战。当敌人带着抢掠的牲畜、粮食、财物北窜时，这个连猛追不舍，周围民兵赶来助战，解放了大批被抓去的群众。在此前后十天内，莒南民兵与日伪军作战120多次，取得莒南反“扫荡”的重大胜利。

9月，日伪华北轮船公司的“北平号”在赣榆县东北近海搁浅，我军发现后立即出动将其包围，活捉日、伪军40余名。

11月，为策应北沂蒙和清河区反“扫荡”斗争，滨海军区六团、二十三团主动出击，攻克赣榆城周围敌据点11处，被称为赣榆大捷。

不幸的是，滨海区党委书记符竹庭同志，在战斗中牺牲了。

为了充分发动基本群众支援抗战，在根据地内切实开展了查租、减租工作（简称“查减”）。一般做法是，先训练农会干部，讲解什么是“二五减租”，为什么要“二五减租”，怎样进行“二五减租”。然后回村发动群众展开。莒南县大店的经验很有名气。大店是个镇，庄氏地主家庭是滨海区最大的封建堡垒，共有72个堂号，占地遍布苏鲁两省七个县，拥有2000多家佃户，除了残酷进行封建盘剥外，还勾结官府、私设公堂。县委派出的工作组广泛认真调查阶级情况，深入进行“谁养活谁”的教育，整顿了党支部，也对地主交代了政策。在此基础上，召开了本村和周围村庄群众及邻县农民代表参加的万人减租大会。会上斗争了几个恶霸地主，200多名群众进行了控诉。参加大会的王家庄的一位老大娘，控诉21年前他丈夫魏学墩因误伤“中和堂”地主庄善昶的一只鹰，被逼披麻戴孝出鹰殡、筑鹰坟、立鹰碑，造成家破人亡的血泪史。全会场激愤万分，数千人拥向王家庄，平了鹰坟，砸了鹰碑。这次大会推动了三个县十个区的“查减”，有612户农民得到政策规定退回的租息。山东分局转发了题为《大店查减斗争总结》的经验。

大生产运动也取得了好成绩。1943年10月1日，中央发出《关于开展根据地减租减息、生产和拥政爱民运动的指示》。10日，山东分局发出贯彻“双十决定”的指示。为了落实这两个决定，《大众日报》总结了莒南县大山前村劳动模范郑信芳发动全家支援抗战的事迹，发表了《学习郑信芳，培养更多的郑信芳》的社论。当时，山东分局的实验县莒南县，很强调干部要克服轻视劳动生产的倾向，农民要反懒汉思想，党支部要在生产中发挥核心作用，运用先进典型推动大生产取得很大的成绩。据该县1944年材料：全县组织变工组4635个，开荒4300亩，打井288眼，纺织合作社发展到128处，有小组1350个。

这两年，在武装斗争、“查减”斗争和生产斗争取得了很大进展和成绩的同时，开展了整风运动。说到山东根据地的整风，必须提到罗荣桓同志的正确领导。1943年秋，朱瑞同志调回延安，罗荣桓同志任山东分局书记，全面主持党政军工作。整风主要是在他领导下进行的。当时曾有人主张搬用康生在延安搞“抢救失足者”那一套错误做法。罗荣桓同志认为，山东解放区处于敌后，对敌斗争形势紧张，人员分散，照搬这套做法会出问题。他提出先在滨海地区搞试点，并亲自抓了试点工作。根据试点的经验，他向中央写了请示报告，提出在敌后环境下不搞“抢救”，得到了中央的同意。山东根据地的整风审干执行了正确的路线和政策。以滨海为例，在整风审干中未开杀戒，实行隔离审查的也不到十人，既在政治思想上提高了干部的水平，又从组织上增强了革命团结，成绩很大，基本没有后遗症。罗荣桓同志坚持一切从实际出发、实事求是的思想作风，使我经常引为学习的榜样。

在整个抗日战争期间，山东抗日根据地（特别是比较靠近青岛和海州又是领导机关常驻的滨海根据地）一直是日伪军进攻、蒋顽闹磨擦的重点，但山东的人民武装却越战越强，根据地越来越大，这是由于罗荣桓同志的卓越领导起了关键的作用。

在战斗中迎来抗战胜利

我在山东分局工作中，总觉得自己先在文化界、东北军中做秘密工作，后又到高级领导机关工作，缺乏地方实际工作的锻炼，也很向往地、县、基层那如火如荼的战斗生活，多次向领导同志要求放我下去。他们赞同我的想法，但总是说要找个合适的人代替我的工作。1944年10月，我的愿望实现了。先是分配我到鲁南区党委任副书记，我要求到基层去，后改调我去滨海二地委任书记兼军分区政委。

滨海二地委是1943年10月建立的，位于滨海区的南部，又称滨南地委，辖临沭、郯城、沭水、海陵四县。

我到任不久，就接到山东军区发出的关于今冬明春斗争方针的指示，要求乘山东日军部分南调之机，消灭侵入我根据地内的敌伪据点，鲁中、鲁南、滨海要抓住有利时机，首先收复莒县，相继夺取费县，彻底破坏台（台儿庄）潍（潍坊）公路的台临段与莒临段，以孤立临沂之敌。

按照山东军区的部署，我们首先集中进行部队大练兵。11月中旬，主动出击，开展反“蚕食”斗争，首战得手，连克林山铺、夹仓、仲宫三个日伪据点。接着，又会同主力部队，一举攻占莒县县城，争取莒县伪保安大队长莫正民率3000多人起义，抓获反动会道门武装“万仙会”首领于经武。于经武是大恶霸地主，抗战爆发后，由搞“万仙会”拉起一支武装，投靠日军，为虎作伥，罪恶累累，至此被彻底消灭。

1945年元旦，山东军区在《1945年的任务》中，提出继续扩大解放区，包围敌占大城市和破坏交通要道。我们动员和组织全地区广大军民，连续进行战斗。1月，在东部针锋相对地回击日伪对我沿海一带的侦察性“扫荡”，将其打退。2月，在西部攻占了临（沂）郯（城）公路上敌军主要据点李家庄。

那时，日军在太平洋战场上节节失利，为妄图稳住在华的阵地，5月又对山东抗日根据地发动了“大扫荡”，集中向胶东、鲁中、滨海猖狂进犯。投入的敌军就有10万人，还动用了飞机、兵舰，陆海空一起来，气焰十分嚣张，斗争非常残酷，一度从海上向我们根据地推进了40华里。八路军主力部队和地方部队英勇应战，机动灵活地打击敌人。广大民兵配合部队寻机杀敌，有的地方还布下地雷阵。广大群众千方百计地掩护八路军伤员、保护军用物资、执行战勤任务，出现了许多感人事迹。滨海区的这次反“扫荡”从年初打到5月底，以攻克日伪大小据点 140 余处、歼敌 5000 余人（包括击毙一名日寇旅团长）的战绩，宣告胜利结束。

反“扫荡”期间，我们在行军途中，经常带着滨南区仅有的一台五灯收音机收听广播，全靠它及时了解世界和国内战局。美日在太平洋激战、苏联红军 5 月攻克柏林、德国法西斯投降的消息先后传来，我们受到很大鼓舞，预计日本法西斯彻底完蛋的日子也不会远了。为了给敌人更加沉重的打击，夺取抗日民族解放战争的最后胜利，山东分局在 6 月发出《关于山东目前战争形势与我们紧急动员的指示》。我们地委认真贯彻这个指示，于 7 月中旬发起郯城战役，7 月 23 日第三次解放郯城县城，使沂河两岸的重要产粮区为我控制，扩大了滨海根据地与鲁南的联系，直接威逼陇海路之敌。

8 月 5 日，我在二地委和军分区召开的党政军干部大会作动员报告，强调：“日伪军队不甘心于他们‘五月扫荡’的失败，还会做垂死挣扎，以后的斗争会更加残酷，‘扫荡’和反‘扫荡’的规模将更大。全体军民，一定要发扬不怕牺牲、决战决胜的精神，粉碎敌人的更大规模的‘扫荡’，争取更大的胜利！”作这个动员部署的目的是，要在青纱帐起来的季节，再重创敌军。没想到几天以后，8 月 15 日，日本天皇被迫宣布无条件投降。

自九一八事变起，东北人民同日本帝国主义 14 年的斗争，自卢沟桥事变起全中国四万万五千万同胞血战八年，付出巨大牺牲的全民族抗战胜利了，百余年来中华民族英勇悲壮地抵抗帝国主义列强侵略，终于取得了一次彻底的胜利！消息传来，一片欢腾，人们悬灯结彩、舞龙舞狮开庆祝会，机关也改善伙食，大家开怀畅饮。我经历了一生中最为欢畅快乐的日子。有几位同志打趣地问我：“谷政委，下一次反‘扫荡’什么时候进行？”我说：“我承认犯了一次估计形势的错误。但这个错误没有给我们的工作带来任何不利的影响。”他们说：“你说得对！希望你以后再犯几次这种错误。”我说：“犯错误总不大好，就是这种错误，也是少犯一点儿好！”大家都放声大笑起来。

根据朱德总司令给各解放区发布的命令和山东军区的部署，8月16日，滨海区党委发出《关于目前城市工作紧急指示》，动员根据地内所有与青岛、新浦以及敌占县城有关系的群众、党员和干部，马上进入各城市内开展工作。21日，我军解放了赣榆、青口，控制了日照至新浦之间的海岸线，直逼海州、新浦、连云港。9月6日，我军解放诸城。8日，解放日照城。11日，解放临沂城。至此，鲁中、鲁南、滨海三个战略区连成了一片。

追忆山东敌后抗战的四年

江华

山东位于黄河下游，东濒大海，南接陇海铁路，津浦、胶济两铁路纵横其间，境内地形复杂，津浦路以西和胶济路以北地势平坦，为华北大平原的一部分，胶河以东是以崂山山脉为主体的狭长的胶东山岳地带，津浦路以东和胶济路以南，由错综的泰山山脉构成了沂沭河流域大片山区，耸立着沂山、鲁山、蒙山等高山崮寨，成为山东的战略中心。

党中央和毛泽东同志非常重视山东的战略地位，对于山东我党的工作和山东抗日游击战争的发展给予了许多重要指示。1938 年 5 月，毛泽东同志曾经指出，山东游击战争战略意义重大，山东方面已发展广大游击战争，那边民枪极多，主要是派干部去。抗战初期，党中央多次派干部去山东。我是 1938 年 11 月底，同张经武、黎玉等同志一起抵达鲁中的。1943 年春，我被调回延安学习，在山东工作了四年多。这四年，山东敌后抗战是极为艰苦紧张的。但是，山东我党我军在广大人民群众的支援下，经过艰苦工作，英勇奋斗，胜利地度过了抗战最困难时期，为夺取抗战胜利创造了基本条件，取得了巨大成绩。

组建八路军山东纵队

七七事变后，平津失陷，日军分兵沿津浦路南侵，在大敌压境、山东危急之时，国民党军阀、山东省政府主席兼第三路军总指挥韩复榘不作任何抵抗，率10万大军退却逃跑，山东沦入敌手。

山东人民素以彪勇强悍著称，有悠久的御外侮、抗强暴的传统。在我党提出的坚持抗日主张的号召下，抗日救亡运动空前高涨。山东各地党组织，在省委领导下，在徂徕山、冀鲁边、鲁西北、天福山、黑铁山、鲁东、泰西、鲁东南、鲁南和微山湖西等地，组织发动了抗日武装起义，建立起数十支大大小小的抗日武装，从日伪手中收复了掖县、黄县、蓬莱等十几座县城，在广大范围内掀起轰轰烈烈的抗日游击战争，并开始建立了抗日民主政权，开辟了胶东、鲁中、鲁西、清河、湖西等抗日游击根据地。

当时，山东的抗日武装打着各种旗号，名称多种多样。有“抗日救国军”、“抗日游击队”、“抗日义勇队”、“抗日自卫团”、“抗日联军”等等。1938年6月，毛泽东主席指示，山东“凡属我党领导已得到广大人民拥护、又邻近友党友军之游击队，以用八路军名义为宜，否则，各地国民党均将控制，如使用普通名义，则不得不听其指挥，甚至通令解散，八路军也无权过问，用八路军名义，则无此弊。”为了统一指挥我党领导的山东抗日武装力量，中央决定成立八路军山东纵队，任命张经武为指挥，黎玉为政治委员，我任政治部主任。1938年12月，我们根据毛泽东主席的指示，立即公开打出了八路军山东纵队的旗号，并正式成立了山东纵队指挥部和政治部，还成立了供给部、卫生部。王彬任参谋长，马馥塘任供给部长，白备伍任卫生部长。我奉命组建了政治部所属各部门，计有组织、宣传、锄奸、民运、联络、敌工六个部，组织部长吴仲廉，锄奸部长杜明，民运部长李林，联络部长姚仲明，宣传部和敌工部暂缺部长。组织部、宣传部下分设几个科，我记得有组织科长王一平、干部科长鲍奇辰、青年科长张迅如、干教科长于平。当时，山东纵队指挥部、政治部同山东分局一起驻在鲁中沂水县的王庄。

山东纵队的成立，使山东人民的抗日武装在组织上开始实现集中统一领导，标志着山东的抗日斗争进入一个新的阶段。

为了使这支部队真正成为党绝对领导下的有严格的组织纪律、有战斗力的武装力量，在正式组建了山东纵队的领导机构之后，立即着手进行的一项重要工作，是整训各地的抗日部队。

山东的抗日武装，大多数是我党通过武装起义建立的抗日游击队；有的是地方党组织向本地原有的区、乡政府和当地开明士绅进行统一战线工作，筹集武器款项，建立武装，逐步改造为抗日部队；有的是在外地的共产党员回到家乡进行抗日活动，建立的抗日武装。这些抗日武装，在日军入侵、国土沦亡之机，揭竿而起，保卫家乡，打击了日本侵略者的猖狂气焰，振奋了民族精神，使山东大地到处燃起了抗日烽火。从总体上看，这些部队有很高的抗日热情，有不屈不挠的斗争勇气，有艰苦奋斗的革命精神，党的工作也有一定的基础。但是，由于建立的时间很短，来不及整顿训练，所以，部队本身也还存在着一些明显的弱点。主要是：

第一，部队起义初期，数量很大，号称8万，部队成员成分极为复杂。由于出身和所处的环境不同，经历不同，参加抗战的动机也不尽一样，也有少数坏人混进了部队。鱼龙混杂，良莠不齐。他们带来了军阀残余、小农思想、不守纪律、流氓习气等不良作风。所以，在环境恶化、部队发生困难时，曾发生了一些逃跑叛变等严重现象。

第二，有些游击队组织很松散。几个村子的人凑在一起，有事就集中，无事就回家。有些是整个村子、整个家族都参加了部队，有父子兵、兄弟兵、叔侄兵。他们昨天还是农民，刚扔下锄头拿起枪杆子，还没有听从命令、服从组织纪律的习惯。有些人参加部队就是为了保家保乡，家庭观念和地域观念比较浓厚，不愿意调离自己的地区。整个纵队在战略上还不能完全实现统一领导，有极少数部队处于招之不能来，来之不能战的状态。

第三，部队的党组织和政治工作部门还没有普遍建立起来，思想政治工作还没有得到经常有力地开展。党员和战斗骨干数量较少，大多数战士没有受过爱国主义等政治思想教育，对于我们党的历史和现状，对于党的宗旨和路线更加缺乏理解。许多人参军打仗的目的并不明确，只知道学历史传说中的英雄好汉，劫富济贫，抗击强暴。还有些人存在着多种多样的复杂思想问题。

第四，部队的军事素质和文化素质也比较差。在军事上，由于多数人过去没有拿过枪，没有经历过战争，许多人连基本的军事技术也不知道，打仗只凭热情和勇气。部队的装备也很差，拿刀枪棍棒的都有。各种后勤、卫生保障工作也还没有建立起来。在文化上，有文化程度较高的大学生，也有中学、师范学生等小知识分子，而大多数农民战士则处于文盲半文盲状态。

根据部队的这种状况，我们认识到，要将这样一支素质较差的游击部队，改造成为新型的人民军队，在短期内是不可能做到的。因此，在整训的具体步骤上，我们要求循序渐进，不能操之过急，要求过高，整训侧重于部队的巩固和正规建设，基本要求是将分散的游击队组织起来。

在部队中，我们着重进行了服从组织、遵守纪律、听从指挥的教育。全军上下唱《三大纪律八项注意》歌，强调一切行动听指挥，步调一致才能得胜利。由于部队原来纪律比较松散，一下子要求太严格，有人就吃不消，当环境一紧张，生活一困难，就有人逃跑。因此，在执行政策和纪律上十分谨慎，处罚不能太重，主要靠政治思想工作，靠党员和先进分子的模范带头作用。通过整训，清除了一些不良分子，有些原来随大流来的而现在不愿意留在部队的人，也发给一定生活费用准其回家。

整训中，我们突出抓了干部的教育和训练，组织学习了《论持久战》等毛泽东同志的著作、中央指示和游击战争的战略战术，以提高干部的军事政治素质。纵队还举办了各种训练班，训练各方面的干部。分局和纵队的领导干部都亲自去训练班讲课。纵队的领导同志还下到部队帮助工作，以抓点促面的方式推动整训工作。我带着鲍奇辰等几个同志到了驻在新泰县土门、龙廷一带的六十一团工作了一个时期。六十一团是从胶东调到新泰的，原属五支队。我们帮助他们建立起政治工作组织和一些必要的政治工作制度。

在对部队进行政治教育和建立各种工作制度的同时，各部队还开展了射击、投弹、刺杀等基本军事技术训练和游击战争战术的训练。此外，还举办了爆破训练班，学习推广用炸药炸碉堡和装甲车、坦克的技术。在这项工作中，在苏联专门学习工兵爆破技术的王凤麟同志起了很大作用。在延安时，我们住邻居，我觉得他的专长在敌后肯定大有用武之地，特向张经武同志推荐一起来山东的。王凤麟不幸在1942 年 11 月马鞍山保卫战中壮烈牺牲。那次同他们一起牺牲的还有纵队宣传部干教科长于平同志等。他们都是忠诚、优秀的共产主义战士，我永远怀念他们。

在这次整训之后，山东纵队将所属部队整编为第二、三、四、五、六、八支队和陇海南进支队、挺进支队（湖西），还有特务团和直属四团。各部队基本上配齐了军事、政治干部。总的讲，经过这次整训，加强了部队的军事政治工作建设，初步建立起军事政治工作制度，改进了管理，严格了军事生活和军事纪律，密切了官兵关系和军民关系，军队的政治素质提高了，战斗力增强了，整个部队的面貌发生了初步变化，朝正规化建设迈出了第一步。

时隔不久，山东纵队又进行了以加强党的领导为中心内容的整训，主要任务是在连队建立起党支部。支部建在连上，是毛泽东同志创立红军建党的基本原则，也是中国工农红军在艰难困苦的环境中成长壮大和取得二万五千里长征胜利的重要保证。山东纵队在建立之初，党的工作比较薄弱，党员的数量也比较少，经过斗争的考验，发展了一些党员，党员已占部队人数的15%—20%，有了建立党支部的条件。通过整训，各连普遍建立了党支部，并且强调了党员在连队的先锋模范作用，要求党员做到冲锋在前，退却在后，关心和帮助同志，开展政治思想工作。

在整训中，还提出了主力部队正规化，游击部队组织化和巩固发展新部队的要求。在部队的编制上也作了一些调整，山东纵队原第八支队改为第一支队，直辖四团改为苏鲁支队。这样，山东纵队所辖部队有第一、二、三、四、五、六支队，陇海南进支队和苏鲁支队。挺进支队（湖西）编入一一五师苏鲁豫支队。通过这次整训，部队的政治面貌又进一步得到改观，军事政治素质进一步提高，战斗力也大大增强了。

在整个整训过程中，我们始终以古田会议所确定的建军原则为指导，坚持党对军队的绝对领导，坚持用无产阶级思想克服各种非无产阶级思想，坚持把提高部队的政治觉悟、政治素质放在首要位置，坚持用红军的优良传统和作风来教育干部战士，改造部队。在整训的具体步骤上，从实际出发，不搞"一刀切"，让各部队按照自己地区、自己部队的实际情况进行安排。在整训中，也曾出现过一些失误，如在整训初期，纵队为了增强主力部队的战斗力，搞了个试验，把一些先进战士集中起来，编为特务团。我不赞成这种做法。我认为，先进战士之所以先进，是同落后相比较而存在的，如果把先进战士集中起来，即不可能都先进，同样会出现先进和后进；并且这种做法，抽调了一些部队的骨干，也影响了这些部队的战斗力。在这个问题上，红军时代我就有过这个教训。第五次反"围剿"打沙县时，我们师曾经把落后战士集中起来开会，会议名称就叫落后战士会，战士们很不满意，会也开不下去。实践证明，纵队的这个实验是行不通的，时间不长就撤销了。

转战苏皖地区

1939 年 9 月，山东分局和山东纵队根据党中央关于今后八路军主要向华中方向发展与新四军连成一片的指示，决定加强苏皖地区的工作，成立了八路军苏皖纵队，任命我为司令员兼政委，并任皖东北军政委员会书记，统一指挥那里的部队，开辟新的根据地。

苏皖地区，北靠山东，南接长江，包括苏北和皖东北一带，从徐州至连云港的陇海铁路东端以南地区，是开展敌后游击战争的好战场。1938 年 12 月，山东纵队组织了陇海游击支队，南下苏皖地区，组织发展抗日武装，开展游击战争。这支队伍，在苏皖特委的领导之下，在那里创建根据地，已初步打开了工作局面。

苏皖地区的部队有陇海游击支队和苏鲁支队。陇海游击支队，钟辉为司令员兼政委，后来韦国清任政委。苏鲁支队司令员张光中，政委李乐平。苏皖地区还有八路军一一五师的胡炳云、田文扬大队（一个团）和孙象涵团以及一些地方游击队。这些部队也由我统一指挥。这时，陇海游击支队，正式改称苏皖纵队陇海南进支队。我带着三个团的部队，即陇海南进支队和胡田大队、孙象涵团，主要在津浦路以东、陇海路以南、运河以西、淮河以北的苏北、皖东北地区活动。苏鲁支队主要活动在陇海铁路以北的徐州、枣庄、邳县等地区。著名的铁道游击队就是属苏鲁支队指挥的一支小分队。

苏皖地区原有我党的活动，成立了地委、县委。苏皖边区党委书记是金明。在我们纵队去以前，这里我党的军事力量很小。皖东北地区国民党专员盛子瑾，属国民党CC派。他当然是代表国民党当局利益的。我们有的同志照顾统战关系，双方曾谈过，我们在皖东北地区不筹款、不征兵，并以他们的名义搞了一些武装，实则是我党领导的。如第三支队，司令员是赵汇川；有的支队政治处主任是共产党员。由于他实力很小，看到我们纵队4000来人来到这个地区，内心有所疑惧。我们到后，为了抗日要建立根据地，没有枪，没有粮，没有款，没有人怎么行？于是，就找盛子瑾谈，他拿以前的所谓不筹款、不征兵协议应付我们。我即让皖东北地区党委统战部长刘柱国当我的代表，由他出面同盛子瑾以及国民党的专署、县长交涉各种事务，并特别对他指出，在交涉中，要宣传我党的抗日统一战线政策，宣传蒋介石的讲话："地无分南北，人无分老幼，无论何人，皆有守土抗战之责任"，声明我们八路军来皖东北是抗日救国的，地方官员应当遵循蒋委员长训示，领导地方有钱出钱，有枪出枪，有人出人，为抗战尽义务。由于我们有实力作后盾，盛子瑾也不得不老实一点，按我们的要求办了。后来，他离开了这个地区，我们也客客气气地礼送出境。

苏皖地区同山东一样，日伪军、顽军几种反动势力犬牙交错，互相勾结，构成了错综复杂的局面。日军侵入后，实行"以华制华"的政策，到处扶持组织维持会和伪军，推行伪化，以巩固其统治，国民党军在徐州会战溃败后，各级政府逃之夭夭。一些失去了民族气节的地富势力及一部分国民党军队，投降了日军，充当汉奸。国民党江苏省主席韩德勤，也趁机回来积极活动。他们不打日本侵略军，专门袭击八路军、新四军，到处扩充势力，抢占地盘，破坏抗战。我们要在这里站住脚跟，不仅要坚决打击日伪势力，也必须同国民党顽固派进行坚决的斗争。

苏皖地区与山东地形不同，以平原和丘陵为主，河渠纵横，无山可依。我军数量少，力量弱，装备差。而日伪军不仅兵力和装备占优势，还有铁路公路交通，机动灵活。这就给我们创建根据地带来很大困难。在平原地区，敌、伪、友、顽犬牙交错的情况下，能不能坚持游击战争，是苏皖地区，也是整个华中、华北地区的一个大问题。我们逐渐在实践中学习和掌握了平原地区游击战争的方法和规律，取得了一些经验，一步步地打开了局面，站稳了脚跟。

根据敌我双方的情况，我们以小型分散的活动为主，采取井冈山斗争的老办法，“打得赢就打，打不赢就走”，避开敌人的主力和进攻锋芒，敌大股进攻时，就用游击战、“麻雀战”进行袭扰，遇上小股敌人，就迅速加以消灭，积小胜为大胜。部队初则以团或营为单位游击，继则以营、连为单位游击。这样做有几个好处：一是部队小，行动迅速，打得快，撤得快。二是遇到小股敌人可以就地消灭，敌我力量相当时，也可以抵挡一阵子。在平原的条件下，部队的行动要特别注意隐蔽性、迅速性，在一个地方不能久住，有时一天要换好几个地方，让敌人摸不清我们的行动。在军事斗争的同时，广泛发动群众，建立抗日的堡垒户、堡垒村，在一些游击区还建立了表面上是敌人的，实际上被我控制的“两面派政权”。同时，还开展了敌人内部的工作，做到你中有我。并且通过建立各种情报站、联络站，随时掌握敌人的动向，在战略上占据主动地位。任何根据地的斗争，都要发动和依靠群众，平原地区尤其显得重要。没有山，群众就是山；没有水，群众就是水。八路军是山上的猛虎，水中的蛟龙，群众的条件弥补了自然条件的不足。只要紧紧地依靠群众，我们就能立于不败之地。

1940 年，苏皖纵队打了几场硬仗。

这一年 4 月，纵队决定拔除泗县日伪重点据点张楼村。这是泗县最大恶霸地主张海生的老家。它有前后两个圩子，前张楼是新建的，张海生和维持会住在这里，驻有伪军 500 余人，轻机枪十多挺；后张楼是张海生兄弟和佃户的住处，驻伪军 300 余人。两个圩子都很坚固，外围还有一些小据点，均有伪军驻守。由于张楼地处睢宁、宿迁、泗阳、泗洪、泗县、灵璧六县的中心，对我创建苏皖根据地非常不利。我们集中南进支队和胡田大队进行攻击，先拔除外围的据点，部队进到张楼圩子，敌人退守核心工事待援、顽抗。后来驻宿迁、泗县、睢宁的日军赶来增援，我即撤出战斗。此次战斗，拔除其外围一些据点，毙俘敌30余人。

正在这个时候，国民党江苏省主席韩德勤为首的顽固派纠集其主力八十九军和王光夏、鲁同轩的后备队及各县的常备队共1万余人，向我皖东北根据地的新四军第六支队第四总队张爱萍部发动进攻。当时刘少奇同志正在皖东北。我们召开了各支队营以上干部大会，少奇同志作了反顽斗争的动员报告。少奇同志委托我指挥这场战斗，我们集中了八个团的兵力，即张爱萍的四个团、孙象涵一个团、胡田大队一个团、钟辉一个团，还有地方武装一个团，向敌人发起反击。敌人也是八个团，兵力大体与我相当，新四军第五支队罗炳辉也来电报要求参战，他们驻在淮南，距离太远，不一定打得上，就复电没让他们来。这次战斗打了两天，非常激烈。战斗中，少奇同志的秘书找我，担心少奇同志的安全。我对他说，不用担心，我手里还有一个特务营，万一情况紧急，这支机动力量还能用得上，少奇同志的安全，我负责任。最后，我军将顽军击溃，他们退到运河东岸。罗炳辉又来电报，要我们打过运河，他们从南面进攻，夹击敌人，打垮顽固派，开辟运河东岸根据地。少奇同志问我有何意见？我说，我们的力量还不够，打过去，不一定能站得住，总之，时机还不成熟。少奇同志同意我的意见，此议休罢。

同年6月间，苏皖纵队机关驻在江桥，我们获悉日军从泗县、睢宁、宿迁同时出动，向江桥扑来，于是立即部署迎敌。第二天拂晓，日伪200余人，配备有轻机枪、掷弹筒等，袭击了江桥。纵队特务营奋勇迎敌，与敌肉搏，我其他部队在炮火掩护下，迅速向袭击江桥之敌展开猛攻。日军在我军夹击下，从江桥撤回宿迁县城。两三小时后，睢宁、泗县两路敌军配有92步炮2门、重机枪4挺、汽车30余辆，向我南进支队驻地归仁集猛攻。南进支队三团固守归仁集，与敌激战一日，击退敌十多次进攻，日军伤亡惨重。黄昏后，我其他部队增援三团，将日军一个中队包围在一座大庙里，激战一夜。为防第二天敌人增援，拂晓时，我军主动撤出战斗。此役，共毙伤日军200余人，我军伤亡也较重。

在皖东北，我同刘少奇同志一起工作的一段时间里，深感到他不愧是一位成熟的无产阶级革命家，政治上很强，对中央的路线、方针、政策领会得很深。他为人谦虚。在军事上他放手让军事指挥员去工作。他不止一次地对我说，军事上让我负责，放手大胆地干，政治责任由他承担。在那段时间里，给中央的电报，他也要我同他一起具名签发，我坚持不同意，他还是让我签上名字。我同他在一起工作时间不长，却从他身上学到了不少东西，我一直怀念着这一段愉快工作的时光。

1940年7月，苏皖纵队开辟苏皖根据地的任务初步完成，中央决定，撤销苏皖纵队。同年9月，黄克诚率八路军第二纵队南下，支援新四军作战，共同完成建立长江以北、陇海路以南、津浦路以东、大海以西的华中抗日根据地，并将山东与华中两大根据地连接起来，创建华东根据地。山东分局和山东纵队根据中央指示，决定撤销苏皖纵队，于是我带领纵队部分干部回山东工作，纵队所属陇海路以南的部队编入了新四军。

鲁村自卫战

1940年7月，我由苏皖地区回山东后，仍任山东纵队政治部主任。这时，沈鸿烈挑起事端，向我鲁中区进攻。纵队决定由我和许世友指挥鲁村反顽自卫战役。

沈鸿烈原为青岛市市长，日军进占山东后，沈仓皇逃跑，1938 年韩复榘被蒋介石处决后，沈当上了山东省政府主席，并任苏鲁战区副司令。沈鸿烈是一个极端顽固的反共老手，他从鲁西南到鲁西北，再到鲁北、鲁中，到处组织反共。他提出了三个反动口号，即“宁匪化，勿赤化”、“宁亡于日，勿亡于共”、“日可以不抗，共不可不灭”；并命令其部队对八路军“见人就捉，见枪就下，见干部就杀”。1939 年春，沈鸿烈还公开提出了限制我军发展的三个条件：一是统一划分防线，把我军防线划在津浦路东侧之滕（县）泗（水）宁（阳）地区；二是要我军“枪不离人，人不离乡，统一行动，军不干政”，阻挠我建立抗日根据地和民主政权；三是经济粮秣统筹统支，在经济上对我控制。沈还假借抗日的名义，到处委派专员、县长，限制和破坏人民抗日的力量。沈鸿烈进入鲁中地区后，抢占了沂蒙山区要点东里店、鲁村一带，极力扩大势力，积极对我实行破坏限制，并驱使各地顽固派向我军搞磨擦，不断制造流血事件。1939 年 3 月下旬，沈鸿烈唆使秦启荣（国民党别动纵队第五纵队司令，毛泽东主席曾说秦是“磨擦专家”，和汉奸行为很少区别）所属王尚志部 3000 余人，在博山以东的太河地区，伏击我山东纵队第三支队的过路干部和少数掩护部队，捕俘杀害我三支队政治部主任鲍辉以下干部战士 200 余人。8 月，秦启荣在莱芜雪野村，乘我四支队在泰莱公路出击敌人的机会，指挥顽军九个支队袭击四支队后方机关，使我军民遭受严重损失。8 月中旬，又集中 4000 余人，围攻我活动于淄河流域的第三、四支队各一个营，达十余日。以上即有名的太河惨案、雪野事件、淄河事件。

1940 年 6 月，沈鸿烈抢占了我鲁中区重镇鲁村。7 月初，又以秦启荣、吴化文等部 4000 余人西犯，配合新泰、莱芜、博山等处日伪军 3000 余人之“扫荡”，夹击我军，并乘机占我莱芜东南之郑王庄等地区。8月初，沈鸿烈继续向我压迫进逼，集中秦启荣、吴化文等部万余人，向我新泰以东之土门、龙廷地区大举进犯，截断了我沂蒙山与泰山区之联系，也堵塞了胶济路南北各区联系的通道。我山东纵队忍无可忍，决定由我和许世友指挥进行自卫反击。我们集中了四个团的兵力：第一支队、第二支队、第四支队和一一五师六八六团向吴化文在鲁村的三个团发起反击。我们先由六八六团担任主攻，占领了土门，然后转攻鲁村。当天下着雨，我和许世友命令部队进攻，顽军抵挡不住我正义之师的猛烈冲击，一部分被歼，其余溃退了。我第二支队和六八六团打进鲁村。这次鲁村自卫战，虽然于8月10日收复了鲁村，并收复了我原有地区，保持我南北交通联系，但对沈鸿烈的打击不够有力，只打了个击溃战。

从这次反顽自卫战中，我们感到山东纵队的部队太散，不能集中相对的主力，对抗日军和最顽固派分子的进攻，需要进一步整训，并应编成一些野战部队。于是，我们向山东分局提出了建议，分局报中央，中央同意了这个意见。1940年9月中旬，山东纵队进行了第四期整训。这一期整训，主要解决主力部队正规化、地方武装基干化的问题。山东纵队编成了一、二、三、五旅（四旅后编成）和第一、四、五支队、蒙山支队以及特务一、二团，共5.4万余人。原鲁中的部队编为第一旅，王建安兼旅长，周赤萍任政委；滨海部队编为第二旅，孙继先任旅长，我兼政委；清河部队编为第三旅，许世友任旅长，刘其人任政委；胶东部队编为第五旅，吴克华任旅长，高锦纯任政委；第四旅，廖容标任旅长，汪洋任政委。每旅下辖三个主力团。第二旅辖四、五、六团，第四团团长王永禄、政委杨道和，第五团团长刘涌、政委刘中华，第六团团长马耀崙、政委王建青。

在这次整训后，山东纵队建成了由主力部队、地方部队和游击队三者结合的、战略上统一指挥的、具有一定战斗力的游击兵团。主力部队从素质上得到迅速提高，战斗力大为增强，已经可以脱离原来的活动地区，调到外地、外区担负较大规模的作战任务。也就是说，山东纵队已经从游击队变成了野战军，成为能够进行一些伏击运动战的正规军。这支武装力量，为建立山东抗日根据地提供了可靠的保证，为坚持山东地区的抗日战争和取得最后胜利，奠定了坚实的基础。

粉碎日军的合围“扫荡”

抗日战争进入相持阶段，正面战场的大规模作战暂时缓和以后，日军兵力源源向华北战场转移。1939 年春，日军在华北提出“强化治安”与“巩固华北”的方针，颁布了“治安肃整计划”。9 月，又提出所谓“囚笼政策”，以据点、交通线和天然障碍割裂与封锁我根据地，并不断向我进行“扫荡”。在政治上，极力拉拢国民党顽固派，破坏抗日民族统一战线，瓦解我党我军，离间我与人民群众的关系，并且广泛搜罗土豪劣绅、土匪流氓、封建会道门及投降的国民党军队等，扩大伪军，以“维持会”为基础，扩建伪政权，以实现“以华制华”的阴谋。在经济上，极力搜刮人力物力，加紧榨取与掠夺，开发经济资源，贯彻“以战养战”的方针；同时，用各种手段，破坏我根据地之财政经济，以摧毁我抗战的物质基础。“扫荡”与反“扫荡”、“蚕食”与反“蚕食”、封锁与反封锁，成为华北战场上敌我斗争的主要形式。我山东纵队广泛发动群众，与敌人进行了殊死的搏斗，在极端困难的条件下，保存和壮大了队伍，巩固和发展了根据地。

1939 年夏，山东纵队胜利地粉碎了敌人对沂蒙山区的第一次大规模“扫荡”。敌人集结 2 万余人，由津浦、陇海、胶济铁路及台潍公路各据点分十路出动，从 6 月 1 日起，以沂蒙北部山区为中心，由北向南，自西向东，采取长驱直入、分进合击的战术，在飞机配合下，向我鲁中根据地进行了大规模“扫荡”，企图围歼我山东分局和山东纵队指挥机关。敌人先后占领了莒县、沂水、蒙阴等县城，在一些村镇安设了据点，割断我鲁中与滨海和鲁南地区的联系，并集中兵力向沂蒙腹地进行反复的分区“扫荡”。我领导机关事先发出了反“扫荡”的指示，缩减与分散了后方机关、学校、兵工厂，军政工作人员分散到各部队帮助工作。在作战指挥上，广泛开展分散的游击战，内外线相结合，打击敌人之交通线和薄弱点。山东分局和山东纵队指挥机关率特务团，灵活机动地与敌周旋在沂水、蒙山之间的山区，使敌人多次“分进合击”扑了空。与此同时，主力部队分散活动于外线，在游击队、自卫团等群众武装的配合下，神出鬼没地打击敌人。敌人在山区转了一个多月，不但没有摸着我军主力，反而损失了1000余人，只好草草收兵。

1940年秋，我八路军发动的百团大战，给日本侵略军以沉重的打击，取得了巨大的胜利。但同时也过早地暴露了我军的力量。日军在震惊之余，调整兵力部署，集中其侵华兵力的60%以上、伪军90%以上，专门对付我军。在1941、1942两年内，连续推行了五次“治安强化运动”，将华北分为“治安区”（即敌占区）、“准治安区”（即游击区）和“非治安区”（即我之根据地）。对其占领区，以“清乡”为主，实行保甲制度和“连坐法”，肃清“不稳分子”，掠夺粮食等物资，实行奴化教育，强化统治，巩固占领地。对游击区，以“蚕食”为主，加强特务活动，恐怖与怀柔兼施，强迫居民接受其伪化，并广修封锁沟、墙与碉堡，防止我军深入活动。对我根据地，则以数万兵力，大举轮番“扫荡”，其战术由“分进合击”，发展到“铁壁合围”，又进而发展到“拉网合围”，实施极端野蛮残忍的杀光、烧光、抢光“三光”政策，制造无人区，妄图置我于死地。

1941年11月，敌人配合第三次“治安强化运动”，以“剿灭沂蒙山区的共军，消灭其根据地”为目的，对我沂蒙山区根据地实行“铁壁合围”大“扫荡”，日军共出动了5万余人，并配备飞机、坦克、大炮等重火力。我领导机关在敌人“扫荡”之前先后发出指示，号召根据地军民紧急动员起来，做好反“扫荡”的一切准备。

当时，山东纵队指挥部驻在蒙阴东南的马牧池，我们政治部驻在离马牧池不远的刘家城子。4日拂晓，敌人突袭马牧池山纵指挥机关。这次敌人行动非常诡秘，从我们政治部驻地经过时，竟未被我发现，敌人也不知道我们驻在那里。敌人到马牧池后，被哨兵发现，鸣枪报警，山纵指挥机关迅速从后山转移到南墙峪，又遭敌合围，纵队直属特务团顶住敌人，打了一天，天黑后突围出来。我带着政治部和警卫连一部分，到南墙峪找山纵指挥机关，他们已突围转移。在路上，遇到省战工会及其掩护部队山东纵队一旅的一个营。我即让他们随我行动，向沂水县岸堤这边走。敌人正在岸堤宿营，我让部队迅速上了孟良崮山。天亮时，敌人发现了我们，即向山上发起进攻，我们顶住，打了一天，天黑时突围。战工会和其掩护营往蒙阴以南平原地区去了，我们往西北到蒙阴，后又转移到南面的观音堂，住在望海楼下休息警戒。大概过了一天，傍晚，当地老百姓来报告说，有一位搞农会的人找我们，我让秘书张伯祥去看看，原来是霍士廉，黎玉也同他们在一起，他们是绕孟良崮山碰到敌人，从我们后面跑过来的。我和黎玉会合后，便上了蒙山，住了一夜，又向鲁南转移。当时鲁南无战事。与此同时，罗荣桓率一一五师与山东分局机关从两股敌人的间隙也安全通过了敌人的包围圈。敌人企图搞掉我首脑机关的阴谋落了空。从11月12日开始，又像梳篦一样，对沂蒙山区进行极为严密而又残酷的“清剿”，大片村庄被烧毁，大批无辜群众遭屠杀，其状惨不忍睹。

为了保卫抗日根据地，我们向鲁中区返回。此时，敌人仍在马牧池一带“清剿”，新泰、莱芜尚无敌人，我们插到新泰的大张庄。山东纵队指挥机关返回鲁中后，领导群众与敌人展开了激烈的反“清剿”斗争，以“三空”（撤空、藏空、躲空）对付敌人的“三光”政策，实行

“坚壁清野”，把粮食等物资藏起来，把水井也埋起来，同时，放手发动民兵、自卫团，配合我内线主力部队展开游击战争，到处袭击小股敌人。外线部队则不断寻找战机，打击和钳制敌人。12月8日，英美对日宣战，太平洋战争爆发，敌人主力开始后撤，但仍留下6000余日军，配合伪军在我基本区设置据点，继续搜索我军，推行伪化活动。我军抓住战机，集结兵力，不断袭击敌人。由于驻在坦埠的一个团情报未搞准确，说这一带的敌人都撤了，我们便转移到蒙阴东离坦埠30至40里的上高湖村。上高湖背后是山，指挥机关住在村子里，政治部住在村头，紧靠一个小山坡。12月11日早上，敌人突来袭击我领导机关。我同纵队政治部宣传部部长刘子超住在一起，他先起床吃过早饭，我刚起来，一出门便见敌人来了，我哨兵已与敌人接火。我即命警卫连顶住，并占领对面的小山坡，其他人撤到后面的山上，指挥机关的人也上了。敌人见偷袭未成，也不敢追上山来。我们撤退时，我让刘子超跟我上山，不要乱跑，但我去指挥部队时，他却忙乱地骑着马跑到大路上，不幸被敌人抓住杀害了。刘子超是位很好的同志，是我们纵队的大知识分子，在上海当过大学教授，但是没有战斗经验，就这样牺牲了，真是可惜！

经过一个多月紧张激烈的斗争，基本上取得了反“清剿”的胜利，毙伤日军1200余人，坚持和保卫了沂蒙山区抗日根据地。我机关和部队也受到不少损失，根据地的人力、物力遭到严重的破坏。

1942年，是抗日根据地最困难的一年。敌人在过去“铁壁合围”、“分进合击”、“突然袭击”的基础上，形成“拉网合围”式“扫荡”，即以强大兵力呈网状分布，快速出击，构成若干合围，企图将我军迅速围歼于狭小地区。在一年的时间里，敌人用这种方法进行的千人以上的“扫荡”即达40次之多，其中有五次是万人以上的大“扫荡”。1942年10月，敌人以1.5万多人，对我沂蒙山区进行了“拉网扫荡”。“扫荡”之前，敌人扬言要“扫荡”滨海区两个月，并通过特务机关将其“扫荡”

滨海区的假情报、作战计划送到我军。同时，临沂敌人2000余人向沭河以东我滨海地区进犯，以迷惑我军。我山东军区（刚由山东纵队改建）驻在滨海，接到敌假作战计划后，罗荣桓主张先不忙行动，看一看再说。我也同意这个意见。但军区一位主要负责同志却主张转移到鲁中沂蒙山区去。于是，正中敌之阴谋。敌见我转入沂蒙山区后，首先在预定合围地区周围进行多次合击，以迫我集中。10月27日，敌人分作12路，以我军区所在地南墙峪为中心，构成直径35公里的包围圈，在飞机、大炮、骑兵的配合下，突然向我袭来。我军区机关迅速转移到沂水以北的沂山山区，未遭合围。11月2日，敌人又组织8000余人对我合围。我发现敌情后，于拂晓抢占了留崮山（亦称对崮山）。当时，在留崮山一带，我方兵力只有特务营和鲁中二分区的一个团。留崮山顶东西长约一里、南北不到半里，岩石嶙峋，周围有一圈倒塌的围墙，还有几处破屋，东面是十多丈高的悬崖峭壁，西面和南面是可以攀登的山坡，东北一里处有一个小高地，与主峰相连，形成主峰的前哨阵地，整个地形对我有利。敌人从清晨起向我进攻，先用炮火猛烈轰击，接着从三面发起一次比一次猛烈的冲击。我军从早上打到黄昏，打退了敌人数次进攻。天黑后，军区机关在特务营掩护下，分数路突出重围。这场战斗，省战工会秘书长李竹如牺牲，黎玉也负了伤。鲁中二分区一团团长、政委、政治处主任都牺牲了。我带着警卫班突围，最后只有警卫员滕代田和我冲出来。一位参谋送我到沭水西北的刘家村，那里是游击区，天亮时到了一个老乡家里，后来又转移到村南的一个独家独户的草堆子里，过了一天，鲁中二分区的部队过来，护送我到了驻在大诸葛的纵队指挥机关。

我沂蒙区、泰山区民兵和广大群众，积极坚持了这次反“扫荡”斗争。他们大破沂蒙、临蒙等公路，并在敌前进的各交通要道埋设地雷，在广大根据地内进行了“空室清野”，广泛开展“麻雀战”袭扰敌人。山东其他各区也积极配合此次反“扫荡”，向敌交通线袭扰，牵制了敌人。这次反“扫荡”我方损失是较重的。

总结反“扫荡”斗争，最基本的经验，就是广泛地发动群众和坚定地依靠群众，毛泽东同志在《论持久战》中指出：“战争的伟力之最深厚的根源，存在于民众之中”，“动员了全国的老百姓，就造成了陷敌于灭顶之灾的汪洋大海，造成了弥补武器等等缺陷的补救条件，造成了克服一切战争困难的前提。”实践证明，在组织起来的人民面前，凶恶的敌人如同进入“火牛阵”中的野牛，他们成了瞎子、聋子，到处碰壁，消息不通，情报失灵，道路被破坏，住地被袭扰，找不到粮食，甚至找不到水，寸步难行。什么“铁壁合围”、“拉网合围”，在人民的铜墙铁壁面前，统统一筹莫展。人民战争是我们战胜敌人的有力武器，这一点，不论在过去、现在以至将来，都是适用的。

八路军第一纵队

谢有法

1939年5月初，中共中央书记处根据第十八集团军总部（即八路军总部，简称集总）和中共中央北方局的建议，决定组建八路军第一纵队，以徐向前为司令员，朱瑞为政治委员，统一指挥分布在山东、苏北和冀鲁边区的八路军一一五师和山东纵队各部队。徐向前和朱瑞率领的第一纵队司政机关，于1939年6月到达山东，同年10月，第一纵队机关和山东纵队机关合并，此后约有一年的时间，是一个机构两个番号，对外统称第一纵队，对内继续使用山东纵队番号。1940年底，徐向前司令员返抵延安后，八路军第一纵队番号取消。

八路军第一纵队的历史虽然比较短，但对于山东纵队的发展壮大，对于山东抗日根据地的巩固扩大，作出了重要贡献。因此，研究山东纵队的历史，有必要把第一纵队这段历史回顾一下。我是第一纵队组建时的成员之一，但是，当时，对于第一纵队组建的经过，特别是领导决策的情况，并不很清楚。近几年看到当年的一些文电和有关资料，才有了比较全面的了解。

全民族抗日战争爆发后，山东很快沦入敌手。各地抗日群众，在中共山东省委的号召和领导下，纷纷组织抗日武装起义，迅速组织起数以万计的抗日武装。1938 年 12 月正式组建八路军山东纵队，由张经武任指挥，黎玉任政治委员，下辖十个支队另三个团。由于山东具有重要的战略地位，山纵又是新建的部队，缺乏骨干力量，黎玉去延安时，曾建议中央派部分主力部队入鲁。1938 年 9 月中共六届六中全会以后，根据中共中央的决定，一一五师三四三旅政治委员萧华率旅司令部、政治部、教导队和警卫营各一部，于 1938 年 9 月下旬到达冀鲁边区，与原由一一五师一部组成的永兴支队和由一二九师一部组成的津浦支队及当地抗日武装合编，组成八路军东进抗日挺进纵队。由一一五师三四三旅六八五团编成的苏鲁豫支队，于 1938 年 12 月进入山东微山、昭阳、独山、南阳四湖以西地区，与当地抗日起义武装组成的山东纵队挺进支队合编。由一一五师代师长陈光和政治委员罗荣桓率领的一一五师师部及三四三旅六八六团，于 1939 年 3 月初进入鲁西地区。

上述各主力部队先后进入苏鲁豫皖后，大大加强了山东敌后的抗日武装力量。但是，也出现了一个统一指挥的问题。集总、北方局于 1939 年 3 月 24 日致电中央书记处和毛泽东主席，建议派徐向前与朱瑞去山东，分别担任司令员和政治委员，“形成中心领导”。4 月 13 日，朱德、彭德怀、杨尚昆在给中央书记处的电报中，更明确地提出：“朱瑞同志准于 4 月 20 日前后动身，与向前同志会合去山东，……徐、朱以八路军第一纵队司令员、政治委员名义统一指挥张黎、陈罗、萧华及雪枫部队。”

1939 年 5 月 4 日，北方局发出通知：“根据中央书记处决定：……组织八路军第一纵队，统一指挥新黄河以北山东境内及萧华区各正规部队及各游击部队，以徐向前为司令员，朱瑞为政委。6 月前徐、朱可达鲁境与张、黎会合。”

这时，徐向前在冀南。先后担任北方局军委书记和组织部长的朱瑞在晋东南集总领受任务，进行第一纵队的组建工作。在集总和北方局大力支持下，为一纵抽调了一批干部，其中有王建安、罗舜初、谢有法、刘子超、李竹如、袁也烈、张雨帆、徐黎平、李钊、苏书轩、罗文华、王强珠、张政、白汝瑗、张凌青、贾霁、陈金凯、曹秉衡、周吉一、李钦哲、王振邦、赵超、李林等，还有陈若克、祁青若、陈岱、罗加、林毅、王泽南等几位女同志。年纪最小的是勤务员李祥和刘德文。还有很多同志现在记不起名字了。

王建安是红军时期的著名战将，曾任红四方面军第四军政治委员。长征到达陕北后，入红军大学（后为抗日军政大学）学习。他随徐向前、朱瑞到鲁中后，担任山东纵队副指挥。罗舜初长期在军委领导机关工作，曾任军委二局副局长、总参二局局长，后任集总作战科长，调到第一纵队后任参谋处长兼一科科长。谢有法原在八路军政治部组织部任副科长，调到第一纵队政治部任组织科长，不久科改部，任组织部长。刘子超原在山西的一支游击队中当司令员，调到第一纵队政治部任宣传科长，后为宣传部长。李竹如原任晋冀豫区党委党报中国人报社长，后为《新华日报》华北版的负责人，调第一纵队政治部先后任秘书科长、民运部长。参加过南昌起义的袁也烈，全民族抗战爆发后，在国民党石友三部队搞统战工作，撤出后调第一纵队政治部宣传部任科长，后任第一纵队随营学校副校长。张雨帆原在山西和顺县当县长，后在第三专署当秘书主任，调到第一纵队司令部任秘书主任，后来曾任鲁南军区副政委。

第一纵队从晋东南出发前，还从抗大一分校中，抽调了原籍在苏鲁豫皖的学员 73 人，组成一个队。队长是红军干部，姓王；指导员是赵易玉。学员中现在还记得名字的有辛荫民、赵行志、刘立封、杨启哲、王箴西、田克明、许冠群、黄笃厚、徐景郁、冉宪秀、冉宪仪。

朱瑞率领我们于 5 月 5 日从集总驻地出发。与我们同行的，还有由山西去山东的一一五师后方留守处人员。其中有朱涤新、邝任农、李作鹏及罗荣桓的夫人林月琴、萧华的夫人王新兰等。

徐向前在冀南接到命令后，从威县到馆陶，6 月 7 日与朱瑞一行会合，然后从馆陶进入鲁西北的聊城一带。在这里，有一批干部调到活动于豫皖苏一带的彭（雪枫）吴（芝圃）游击支队。

6 月 12 日，我们过了老黄河，进入鲁西地区。这时，由陈光、罗荣桓率领的一一五师师部和六八六团正在泰（山）西地区，不久前进行了陆房突围战斗。徐、朱首长会见了一一五师的同志，然后率第一纵队过津浦铁路，进入沂蒙山区，于 6 月 29 日到达山东分局和山东纵队指挥部驻地，与郭洪涛、张经武、黎玉等会合。

第一纵队到鲁中后，首先进行了健全领导机构的工作。7 月 31 日，分局致北方局和中央的电报中，提议在山东建立军政委员会。北方局 8 月 9 日复电："同意建立山东军政委员会，以朱瑞、向前、洪涛、荣桓、黎玉为委员，朱瑞兼书记，以军政委员会为统一某一地区党政军民工作的领导机关，定期讨论和检查当地党政军民工作的总方针，其决定分由党政军民各方负责执行。"8 月 10 日和 8 月 18 日，《大众日报》两次在第一版刊载第一纵队徐向前司令员和朱瑞政治委员的就职通电。通电宣布："案奉国民革命军第十八集团军总司令朱、副总司令彭委令开，兹委徐向前为第十八集团军第一纵队司令员，朱瑞为政治委员，统一指挥山东与苏北境内所有第八路军各部队。等因奉此。遵于 7 月中进抵鲁南就职视事。"

根据中央决定的第一纵队所辖范围，徐向前、朱瑞、郭洪涛在 8 月 9 日致中央和集总的电报中，提出划分六个军区的计划：第一军区为鲁南，即津浦铁路以东、胶济铁路以南、陇海铁路以北、包括鲁中和滨海的所谓大鲁南（后来分为三个军区）；第二军区为鲁西，即包括泰（山）西在内的津浦铁路以西地区；第三军区为胶东；第四军区为冀鲁边；第五军区为苏皖豫；第六军区为苏皖。这个计划没有完全落实。第一、三军区正式成立了，鲁西也成立了军区。陈光、罗荣桓率领的一一五师师部和六八六团后来转移到鲁南地区，杨勇的独立旅留在了鲁西，杨勇兼任鲁西军区司令员。1940 年 3 月，独立旅与萧华的冀鲁边东进抗日挺进纵队合并，萧华任鲁西军区司令员兼政委。冀鲁边和苏皖豫（即豫皖苏）、苏皖三个军区当时没有成立。

为解决第一纵队的干部问题，朱德、彭德怀、杨尚昆在 1939 年 4 月 13 日给中央书记处的电报中曾提到：第一纵队“司令、政治部干部缺乏，一时难以解决，建议后方机关学校中原籍新老黄河间的干部，尽可能抽调一部给山东。”在徐向前、朱瑞率领我们到山东以后，中央和集总又抽调了两批干部到山东。一批是从延安中央党校、马列学院、抗大、陕北公学中抽调的，共有 20 多人，由林乎加带队，有穆林、田力夫、曲文、刘云鹏、仲星帆、黄成章、刘启源、李光等。他们于 1939 年 6 月从延安出发，到晋东南后，从石友三部撤出的王焰、马连辉跟随他们一起于 11 月初到了山东。

另一批是我们从晋东南来山东时，正在晋冀豫区党委党校学习的从石友三部队撤出的一部分原籍在新老黄河间的同志，朱瑞要他们毕业后到第一纵队来工作。这批同志由于克（于一川）带队，包括初光、刘砚田、洪波、方志西、葛明、鲁可南、陈亚琦、吴亚南等共有 20 多位。1939 年 8 月从晋东南启程，10 月到达山东。路经鲁西时，几位女同志被留在鲁西工作。

第一纵队到山东的干部大约有 200 多人，但中上级干部比较少。1939 年 9 月 16 日，徐向前、朱瑞、郭洪涛曾致电王稼祥、傅钟、杨尚昆，要求给一纵、山纵调任政治部主任和能任部长、科长的上、中级干部。9 月 20 日，总政治部主任王稼祥和谭政副主任给徐向前、朱瑞、郭洪涛的复电说：“补充干部对于山东工作之发展当有重大意义，但延安干部经选几次，抽调已相当空虚，目前要求补充中上级干部已无可能，提议在一一五师范围内作部分之调剂，一纵和山纵两个政治部可暂行合并，以求充实。如何，请考虑。”根据总政这一指示，一纵与山纵领导机关于10月13日正式宣布合并。徐向前、朱瑞、张经武、黎玉合在一起办公。朱瑞政委仍兼政治部主任。政治部秘书长是吴仲廉，组织部长谢有法，宣传部长刘子超、锄奸部长杜明，民运部长李竹如（不久调山东分局，由朱则民继任）。合并后的司令部，参谋处长罗舜初，一科科长徐黎平，二科科长李钊，三科科长闻述尧，四科科长李志南，五科科长孙光，机要科长夏熙芳。供给部长是冯平，政委艾楚南。卫生部长白备伍。

1940年6月徐向前奉命回延安。同年8月8日，毛泽东、朱德、王稼祥给彭德怀、杨尚昆、陈光、罗荣桓、朱瑞、黎玉的电报中提道："关于一一五师与山东纵队的关系，我们认为因徐向前同志尚在途中，俟其到达延安面谈清楚后才能决定如何改变。现一一五师师部与山东纵队指挥部各保持自己的名称番号，向前的职务也仍如旧。"因此，在徐向前司令员离开山东后一段时间内，一纵番号仍继续使用，到1940年底才停止使用。

从1939年到1940年，八路军第一纵队领导指挥各部队，重点是山东纵队，主要做了以下几方面的工作。

组织领导整军，发展壮大抗日武装力量

根据集总的统一部署，一一五师和山东纵队，从1939年起分别进行了整军。山东纵队是抗战爆发后新组建的部队，成分比较新，战斗力比较弱。第一纵队直接组织领导了山纵各部队的整军工作。山纵于1939年2月至5月进行了第一期整军。一纵首长到达鲁中时，山纵正在进行原定6至8月的第二期整军。一纵首长与分局和山纵领导共同研究后，调整了山纵的整军计划，确定在1939年底以前完成第

一、二两期整军任务。在此期间，第八支队改称第一支队，津浦支队与山纵第二支队合编，仍称第二支队。鲁中、鲁南、清河、胶东分别建立军分区，发展地方武装。

1940年上半年，一纵领导山纵部队进行了第三期整军。提出了实现"主力部队正规化，地方部队基干化，游击部队组织化，全部武装党军化"的口号。同时明确提出：组织工作的中心是巩固党在部队中的绝对领导，健全连队党支部生活，加强党的观念，使之成为正规化的党军。整军期间，各部队以《党员必读》、《论共产党员的修养》等教材，普遍进行党的基本知识教育，进行党员干部的审查鉴定工作。建立健全了各级党组织，连队普遍建立了党支部、团设总支、支队建立军政委员会和党务委员会。连队还建立了模范青年队。在整军期间，严格按照入党条件，发展了1200余名党员，使党员达到部队总人数的三分之一。同时，加强了培养和选拔干部的工作，各支队普遍举办了军政教导队，据一、二、四、九支队统计，共培训干部778名，送抗大学习449名。另外还举办了参谋训练班，培养了一批专业干部。

在整军期间进行的军事教育，战士主要进行射击、投弹、刺杀等基本战斗动作的训练和班、排、连攻防战斗练习。排连干部增修步兵战术概则，着重学习伏击、破路等游击战术。营以上干部学习毛泽东的有关军事著作和苏军野战条令，要求熟悉游击战术和特种兵器常识。

通过第三期整军，不但部队素质明显提高，数量也有很大发展。除原来几个支队都有发展外，又组建了新的第九支队。整军期间，第六支队、苏鲁支队拨归一一五师，陇海南进支队拨归新四军。经过第三期整军后，原山纵主力部队（不包括已拨出的三个支队）发展到3万余人，拨出的三个支队在一年中也扩大至9000余人。地方基干武装也有很大发展，仅鲁南、胶东两区的地方武装就发展到2万余人。通过第三期整军，各支队所辖部队共整编为18个正规团，为在第四期整军中组建各个旅奠定了基础。

开展山东敌后的抗日游击战争

全民族抗日战争爆发后，山东很快沦陷。1938 年日军继续向南挺进，留在山东的兵力不多，山东各地抗日起义武装有一个大发展时期。从 1939 年 6 月 1 日开始，日伪军对鲁中根据地进行第一次大“扫荡”。在沂蒙山区的国民党部队闻风丧胆，逃之夭夭，我根据地军民承受着巨大的压力。我们第一纵队到达鲁中时，“扫荡”还未结束，徐、朱首长立即投入指挥反“扫荡”的紧张斗争。我军依靠当地人民群众的支持，利用沂蒙山区地势险峻、回旋余地广阔的有利条件，继续与敌周旋，迫使敌人回撤，取得反“扫荡”斗争的胜利。

反“扫荡”结束后，徐向前结合反“扫荡”斗争的实际，分析了在相持阶段敌人对我军进行“扫荡”的几个特点，提出了我军应采取的战术。为了提高军事指挥员的素质，提高部队的战斗力，徐向前经常给山纵的同志讲红军作战经验和游击战争的战略战术，并亲自制订一些战斗的计划。山纵指挥张经武于 1939 年 10 月去延安后，山纵政委黎玉、副指挥王建安和参谋处长罗舜初，协助徐、朱首长指挥部队作战。在山纵各支队和各军区担任指挥员的孙继先、潘寿才、杨国夫、廖容标、胡奇才、赵杰、王彬、吴克华、高锦纯、钟辉、钱钧、吴瑞林、周赤萍等，他们都是从党中央和集总调来的，大多是红军时期的团以上指挥员，他们是山东纵队的领导骨干，对提高这支新部队的战斗力作出了重要贡献。

第一纵队到达山东时，战斗在胶济铁路中段两侧的第三支队，正处于非常困难的时期。7 月 22 日，黑铁山起义的领导人之一、三支队司令员马耀南在桓台县牛王庄遭敌伏击，壮烈牺牲。这是三支队的一个重大损失。事实证明，三支队横跨铁路两侧，在敌人据点密布的地区，是难以立足的。对于三支队的发展方向，当时存在不同的意见，徐向前司令员和朱瑞政委亲自听取了清河特委书记景晓村的汇报，派王建安去三支队检查帮助工作。然后徐、朱首长又听取了王建安和三支队司令员杨国夫的汇报，最后明确指示，三支队应坚持发展平原游击战争，向小清河以北发展，撤出铁路南边的小块山区根据地，到黄河入海口两岸的广阔荒原地带去建立根据地，并打通与冀鲁边的联系。这一重要指示对三支队和清河区的发展具有重要的战略指导意义。1939 年 11 月，三支队北越胶济铁路，首先向清水泊地区进军。1940 年 3 月，分别越过小清河进至博兴、广饶北部，接连击退进攻我军的广饶、博兴的日伪军和顽军，迅速打开了局面。

从 1939 年下半年起，日军对山东各抗日根据地的“扫荡”日益频繁，山东纵队指战员，面对强敌，毫不畏惧，采取游击、突袭、破袭、“麻雀战”等战法，打了许多胜仗，给日伪军以有力打击。例如，6 月下旬，鲁中部队一个连，在莱芜苗山，趁日军在河里洗澡，发动突然袭击，接着又利用有利地形阻敌援军，炸毁敌汽车三辆，毙敌 30 余人。同月，鲁中部队另一部，向临朐县冶源镇之日伪军发起突袭，激战三小时，攻克该镇，歼敌 50 余名。10 月，驻青州、临朐守敌日伪军 400 余人，突袭驻五井的我第一支队一部，我军顽强抗击，激战一天，将敌击溃，缴获轻重机枪四挺，长短枪 30 余支，歼敌 200 多名。1939 年 12 月至 1940 年 1 月，我鲁南、鲁西、清河、胶东等地部队，为粉碎日军的冬季“扫荡”，先后发起六次破袭战，破坏铁路、公路数百里，炸毁火车一列、桥梁十余座，给敌人以沉重打击。

1940 年 3 月中旬，驻沂水的日伪军等 400 余人向孙祖一带进击。徐向前司令员和朱瑞政委指挥我第二支队和刚从胶东来的第五支队交通营，在山地设伏，激战两昼夜，歼敌 200 余名。战后，徐向前司令员作了孙祖战斗的总结报告，肯定了在战前侦察与判断敌情、兵力部署、选择地形和作战时机等方面的优点，同时指出了指挥员不够机动灵活、协同动作不好，以及在通讯联络等方面的缺点，使指战员们受到很实际的教育，促进了部队战斗力的提高。

反击国民党顽固派的进攻，维护抗日民族统一战线

山东沦陷以后，留在山东的一部分国民党部队，和依附于国民党的一些地方杂牌武装，以国民党顽固派、山东省政府主席沈鸿烈和反共急先锋、国民党别动总队第五纵队司令秦启荣为首领，不断制造磨擦，破坏统一战线，向我根据地和游击区发动进攻。1939 年 3 月底，秦启荣指使所部，在博山东部的太河镇伏击我军，制造了枪杀我三支队政治部主任鲍辉、特务团长潘建军等的惨案。8 月，又袭击驻莱芜以北雪野的四支队后方机关，使我伤亡 20 余人，接着又集中 4000 余人围攻驻淄河流域的山纵三、四支队各一部达十余日。这是国民党反动派发动第一次反共高潮的先声。一纵与山纵首长分析了这一严峻形势，根据“人不犯我，我不犯人；人若犯我，我必犯人”和“有理、有利、有节”的方针，决定向顽固派秦启荣进行反击。调集山纵第一、三、四支队，从 1939 年 8 月 23 日开始，向盘踞在胶济铁路以南，张（店）博（山）铁路以东地区的秦启荣部发起攻击，连克淄川、博山以东的峨庄、太河、朱崖等地，将秦启荣的部队击溃，收编了他的一部分队伍，共缴枪 2000 余支。1940 年春，国民党第三十九集团军司令石友三勾结日军，猖狂进攻我冀南根据地。山东我军于 2 月和 7 月两次派出部队参加了讨伐石友三部的作战。1940 年 7 月 16 日，一纵与山纵的首长联名致电国民党当局，要求彻查沈鸿烈勾结日伪军进攻友军

的罪行。在七八月间，胶东、鲁中、冀鲁边、鲁西的部队，分别向不断制造磨擦的顽固派赵保原、吴化文、刘景良、齐子修等部进行反击，取得很大成果。

在对国民党顽固势力进行坚决斗争的同时，根据“发展进步势力，争取中间势力，孤立顽固势力”的方针，对国民党鲁苏战区司令于学忠及其在山东的东北军，则采取争取团结的方针。于学忠是西安事变后与我党有过合作关系的东北军高级将领，他有句名言是：“既不红，也不蓝，两条道路走中间。”蒋介石对他既利用又排斥。对于学忠这种中间派，我们积极争取团结。一纵到山东不久，徐向前、朱瑞就听取了在东北军工作的解方关于东北军情况的汇报，徐向前司令员亲自带着几个同志到于学忠那里谈判，一方面鼓励和支持他抗战到底；另一方面对于他企图限制我们建立地方政权绝不退让。由于我们对顽固派沈鸿烈、秦启荣和中间派于学忠采取区别对待的方针，打击和孤立了在山东的国民党顽固势力，最大限度地争取团结了一切愿意与我们合作抗日的力量，维护和团结了抗日民族统一战线，为我们在山东敌后坚持抗战创造了有利条件。

发动群众建立政权，巩固和发展抗日根据地

全民族抗日战争爆发后，山东各地在发动武装起义、建立抗日武装方面取得很大成绩，但是地方政权建设工作没有及时跟上。1939年5月19日，中央书记处在关于山东工作方针的指示中明确提出：“在政权问题上，应认识无论八路军部队或地方游击队，如无政权则决不能发展巩固与建立根据地，因此已得的政权决不应放弃，并还应努力争取新的县区政权。”一纵到山东后，坚决贯彻了中央的指示。各

个部队都把发动群众建立政权当作一项重要任务。政治委员和政治机关都参与这项工作。有一些军队的领导同志还兼任地方党委的书记。一纵朱瑞政委是山东分局书记，他在1940年用很大的精力抓了发动群众和建立政权的工作。2月29日，山东分局和第一纵队联合发出指示，要求凡是有条件的地方立即成立县和专区政权。我们利用国民党实行宪政的诺言，在山东各地成立了由我们党领导的宪政促进会，团结抗日爱国人士，揭露国民党假行宪真独裁的骗局，发动群众，成立各级参议会，进行民选县长工作。与此同时，在各地普遍建立各种抗日群众团体，作为抗日民主政权的基础。截至1940年7月，在山东境内，经过民选的县级政权共有70多个，区级政权400多个，共建立了八个专署，一个主任公署。

1940年7月至8月，在临沂县青驼寺举行的联合大会上，选出徐向前、朱瑞、黎玉、罗荣桓等61人为真正代表山东民意的国大代表。选举成立了全省统一的行政机关——山东战时工作推行委员会（简称省战工会）。同时成立了山东省民众总动员委员会、山东省各界救国联合总会、山东省职工救国联合总会、山东农民救国总会、山东省青年救国联合会、山东省妇女救国总会、山东省文化界救亡协会总会，实现了全省抗日群众组织的统一领导。驻山东各地的部队，有一大批代表被选入山东及各地的政权和群众组织之中，他们代表各地驻军参政议政，在山东抗日民主政权建设中发挥了重要作用。

把东西一条线变成南北一大片

李曼村

八路军山东纵队第三支队（其前身为山东人民抗日救国军第五军），是1937年底至1938年初，在胶济铁路济南至青州段沿线，党领导的几支起义武装所组成的。直到1939年底以前，部队主要活动在胶济铁路沿线至小清河以南的平原地区，西起历城、章丘县，东至益都、临淄县，成东西一条线的状态。抗日战争进入相持阶段后，日军开始大规模"扫荡"，并相继占领了各县城及重要村镇，而国民党则消极抗战积极反共，到处制造磨擦，进攻八路军，三支队经常处于日、伪、顽的夹击围攻之中。抗日游击根据地受到摧毁，人民抗日团体受到迫害，部队的战斗行动受到极大的限制，迫使支队的主力，移驻胶济路南淄河流域，并将所属的特务团、十团整编为基干第一、二、三营。这时，部队中特别是在领导干部中，提出了这样一个问题，平原游击战争能不能坚持，如何坚持？

1939年10月下旬，八路军第一纵队司令员徐向前和政委朱瑞，在山东省沂水县的马牧池，分别接见了山东纵队第三支队司令员杨国夫、政委霍士廉和清河特委书记景晓村。在听取了他们关于清河平原游击战争和三支队情况的报告后，徐向前司令员作了坚定明确的指示。他说："我们已明确你们的任务，就是一心一意地坚持清河平原游击战争。要坚定不移。要利用清河广阔平原的有利条件，勇敢地挺进，在广大人民群众中深深扎根。至于胶济路南边的小块山区根据地，应立即让出，所有部队统统开到清河平原去。三支队的根据地问题，第一步先在寿光县的清水泊建立起来；第二步向小清河以北地区发展，到黄河入海的广阔荒原地带去建立后方。站稳脚跟后，逐步扩大游击区，大力发展壮大地方武装，这就是三支队的胜利前景，所谓战略发展方向就在于此。就是说要把东西一条线，变成南北一大片。"这一指示，明确了三支队的发展方向，极大地鼓舞了三支队坚持平原游击战争的信心和决心。

遵照纵队首长的指示，三支队主力于 1939 年 11 月，从淄河流域的上庄、池上出发，返回胶济路北，展开了向清水泊周围地区和小清河北进军的行动。

这时的清河平原，日伪军正频繁"扫荡"，遍设据点，妄图阻止我三支队主力北返。国民党顽固派也配合日伪军夹击我军，千方百计地阻击我三支队主力向小清河北的行动。但是，我寿光、益都、广饶、临淄、桓台、长山、邹平等县的地方武装仍在坚持斗争，不断给日、伪、顽军以打击，使已被缩小的游击根据地得以保持。根据上述情况，三支队决定采取东西两路并进，相互策应，以东路为主的方针。具体部署是：支队杨国夫司令员、徐斌洲政委率支队机关和基干第二、三营，直插寿光县北部的清水泊地区，准备向小清河北发展。基干一营主力由教导员李曼村和韩子衡率领，进至邹平、长山一带，伺机北渡小清河，向高苑、青城和邹平北部挺进。新编第三大队（原在高苑活动的二梯队改编）作为先遣部队，返回高苑，为主力北渡小清河创造条件。

巩固扩大清水泊地区抗日根据地

清水泊地区，方圆近百里，地形复杂，芦苇丛生，寿光县境内的九条小河都汇流到这里。它的南面、西面村庄稠密，群众条件很好。东南面的牛头镇是山东纵队八支队起义的地方。八支队南下鲁中后，中共寿光县委又新建独立营，不久扩大为独立团，由赵寄舟、张文韬分别任团长、团政委。他们多次与日、伪、顽军作战。不久前曾粉碎了寿光顽军张景月部队2000多人的大举进攻，保卫住了这块抗日根据地，为主力北渡小清河准备了前进基地。

但是，寿光顽军张景月部，广饶顽军李青山部，对于我军在清水泊地区开展抗日活动，建立根据地，十分害怕，经常袭扰我部队，残害根据地人民。我支队主力到达后，首先集中力量反击气焰嚣张的张景月部。我们利用张景月轻视我地方部队的心理，把主力埋伏在寿光北部的郎家营有利位置，令地方武装吸引顽军。张景月果然中计，令其部队紧追我地方部队不舍。待顽军进入我预伏地区后，我预伏部队奋起猛冲，将前面的顽军全部消灭，后面的顽军狼狈逃窜。我军乘胜追击，一直打到弥河边。接着，我军又以长途奔袭的战法，在纪家疃战斗中，歼灭作恶多端的广饶顽军李青山一部，从而打开了清水泊以西的局面。这时，张景月部乘虚而入，从背后袭击我们。于是我支队主力又东返寿光北部，再次给张景月部以沉重打击，一直追到他的老巢垒村一带，使张景月再也不敢轻易来犯。我支队主力在清水泊地区基本上站稳了脚跟。

与此同时，我西路部队基干一营主力，也胜利地返回邹平、长山一带，同当地坚持斗争的地方武装及地方工作同志会师，配合邹（平）长（山）地方武装同日伪军及当地顽军张景南、高竹筠部进行了频繁的战斗，给他们以严重打击。邹平、长山一带的党政机关和人民群众大为振奋，长白山区及邹平、长山北部的老根据地也得以恢复和发展。这就有力地配合了我东路部队的行动。

向小清河北及黄河南岸挺进

1939年12月底，山东纵队副总指挥王建安来到第三支队，向三支队首长和清河特委传达了山东分局和第一纵队的决定，要清河特委和三支队必须迅速改变根据地局限于小清河南东西一条线的被动局面，坚决向小清河北及黄河两岸发展，打通和冀鲁边的联系，以建立巩固的抗日根据地，长期坚持平原游击战争。并指示成立了清河区军政委员会，统一指挥部队和地方机关的行动，解决全区性的重大问题。军政委员会由景晓村、杨国夫、徐斌洲组成，景晓村任书记。

为了迅速贯彻执行山东分局、八路军第一纵队和山东纵队首长的指示，清河军政委员会一成立，就详细研究了小清河北的日、伪、顽军情况，并在部队及地方干部中进行了广泛深入的政治动员。我们决定东西两路分别渡河，东路部队向西北发展，进入广（饶）、博（兴）、蒲（台）边区活动；西路部队向东北发展，进入高（苑）青（城）、滨（县）、蒲（台）边区活动，与东路部队靠拢。这样就使此地区的日、伪、顽军处于两面作战、防不胜防的境地。在主力行动之前，先派遣小分队北渡小清河，进入博兴县境内，了解情况，为主力北渡进行准备工作。

1940年2月22日（农历正月十五），由山东纵队第六军分区司令员马千里率领的小分队，首先偷渡小清河，进入博兴北部。马千里是博兴县籍的一位老共产党员，1932年就亲自参加领导了博兴“八四”武装暴动，在当地人民群众中有深厚的基础。他带小分队进入博兴后，张贴布告，召开大会，宣传我党我军的政策主张，深得人民群众的欢迎。同时还与蒲台县保安第九团王雪亭团长建立了统一战线关系。

1940年2月底，在马千里率小分队进入博兴北部地区活动的同时，西路部队也从陶唐口北渡小清河，进入邹平十三乡、高苑西部与北部活动。我军的上述行动，引起了日、伪、顽军的极大注意，立即组织对我军的“扫荡”与“围剿”。于是展开了一系列的反“扫荡”和反“围剿”的战斗。

东王文粉碎日伪军的合围　1940年3月3日的早晨，博兴、广饶、史家口、王皇堂等据点的日伪军500多人，采取分进合击的战术，四面包围了驻在博兴北部东王文村的我六分区司令部及特务连。在处境极为不利的情况下，我司令部在第三排的掩护下，灵活机动地转移到了敌人的包围圈外。特务连的第一、二排70多人，在指导员朱志明、副连长丁连荣的带领下与日伪军展开了激烈战斗。该村广大群众也勇敢地参加了战斗。他们先是依靠村边的简易工事抗击并连续击退敌人的八次冲击，使敌人遭受重大伤亡。中午时分，日军指挥官糟谷集中全部兵力向我发起总攻。这时，我军的简易工事大部被敌炮火摧毁，指战员也有些伤亡。敌军突入村内时，并用火力封锁了大街小巷。我军分别退入七八处民房固守，与敌人展开逐屋争夺战。街巷被封了，就占据房顶打。房顶不能占了，就退入院内打。武器打坏了，就拿木棍、铁锨、菜刀打，使敌人遭受重大伤亡。到日落前时分，我一排长、战斗英雄赵子章，带领20多名战士，冲出被包围的院子，首先向包围连部的敌人冲击。朱指导员和丁副连长听到街上杂声后，立即率领被包围在院子里的战士冲了出去，同赵排长会合在一起，向敌人猛冲猛杀，解脱了其他被分割包围的战士。他们从东街杀到西街，从南街杀到北街，杀得敌人乱窜乱撞，纷纷向村外逃窜。一些群众也前来呐喊助威，有的拿起土枪向敌人射击。军民共同奋战，毙伤日伪军70余名。敌军眼看大势已去，只好收拾残兵，逃回据点。我军也付出了血的代价，有21名同志光荣牺牲。

南寺庄抗击日伪军的进攻　3月上旬，我西路军进驻邹平北部与齐东交界的南寺庄一带，宣传抗日，发动群众。齐东日伪军200余人，乘汽车突然来袭。我军刚吃过午饭，立即占领村周围的土围子，顽强抗击敌人。敌人先是从西面向我进攻，遭我猛烈火力阻击，进至距我阵地前沿百余米处，即在坟地后面隐蔽，不敢前进。下午3时左右，又有敌援军赶来，沿小清河北岸向我阵地南面迂回，同样遭到我军的坚决抗击，无法突破我阵地。于是集中炮火向我阵地前沿及南寺庄村内猛烈轰击。时近黄昏，西风乍起，日军利用风向，向我施放催泪瓦斯。一时白烟弥漫全村，我指战员咳嗽、流泪不止，有的呼吸困难，甚至昏倒在地。由于这是北渡小清河后第一次与日伪军作战，又是在新开辟地区，大家认识到打胜这一仗对我军影响的重大，所以都能令行禁止，坚守阵地，即使受伤、中毒也坚持不下火线。至日落时分，日伪军已伤亡数十人，见不能得逞，时间对他们不利，仓皇逃回齐东。我军也顺利转移，回到老根据地长山六区的韩刘二套休息。使人永远不能忘怀的是，在韩刘二套受到父老兄弟姐妹们的热情欢迎和无微不至的照顾。他们把自己的住房让给我们住，把热汤、热饭、熟鸡蛋送到我们面前，姊妹为我们洗缝衣服，儿童团在村头协助我们站岗放哨，乡村医生为中毒的战士进行治疗，完全像回到了自己家人之中，充分体现了八路军同人民群众的鱼水关系。

第一次打退顽军进攻　1940年4月，三支队司令员杨国夫，带领基干三营与基干一营一部，从清水泊地区北渡小清河，进驻博兴北部的纯化镇、刘官庄一带，统一指挥各路部队的行动。加上东王文战斗与南寺庄战斗的胜利，扩大了我军的影响，鼓舞了当地人民的抗日信心。三支队主力相继北渡小清河，使日伪军大为震惊，国民党反共顽固派也深感不安。他们推行“限共”、“防共”、“溶共”政策，妄图借日军之手消灭共产党、八路军。有的以“曲线救国”为名公开投降日军，有的暗中勾结日军，积极反共，经常袭击八路军。国民党山东鲁北行辕主任何思源、国民党鲁北专员兼保安司令刘景良，纠集周胜芳、薛汝华、成建基、张景月等反共顽固派4000余人，组成“剿共联军”，兵分六路，向我驻广饶、博兴北部地区的部队进犯，妄图乘我立足未稳之际，将我赶走。为了避免冲突，我们曾派宣传科长张缉光前去交涉。得到的答复却是：“鲁北寸土，皆系国土，共军地盘，乃在陕北，贵军北进，破坏抗战，如愿观战，疆场相见。”态度狂妄，气焰嚣张。

1940年5月底，顽军占领了我博兴北部的纯化镇、刘官庄、王浩、贺家一带，向我军指挥所驻地崔家庙发起进攻，被我多次击退，相持达20余天，挫伤了敌人的锐气。这时，我军决定集中兵力，全线反击。急调李曼村、韩子衡带领的基干一营主力从高苑县星夜东进，与支队主力会合。他们在纯化镇与顽军遭遇，将其击退，夺回了该镇。同时支队副司令员李人凤带领一部分部队从小清河北上，也与支队主力会合。这是我支队回师清河平原后的第一次大会合。

6月上旬，顽军从广饶北部的北隋、弁儿口一带，再次向我博兴北部刘官庄、崔家庙一带进犯，被我击退。接着，我军展开全面反击，一举将顽军击退，乘势向广饶北部的弁儿口、百户张、北隋方向追击，击溃了号称精锐的顽军海军陆战队张家林部，歼灭其一部。顽军向黄河入海口的垦区一带逃窜。在这次战斗中，基干一营营长郑大林身先士卒，与顽军进行肉搏战，对战斗的胜利起了重要作用。

在同一时间内，寿光顽军张景月部2000余人，向我寿光县王高村驻军进犯，与我寿光独立团激战十余日，终被我军击退。

至此，国民党顽固派刘景良拼凑的“剿共联军”的大规模进犯，被我完全击退。广饶、博兴、高苑北部广大地区基本上为我军控制，并与小清河南的清水泊地区连成一片，取得了开辟小清河平原抗日根据地的初步胜利。

正当我军主力集结博兴、广饶北部进行反击顽军战斗之际，我基干一、三营在高苑县魏家堡，全歼日军一个小队，进一步震慑了敌人，鼓舞了人民的抗日热情。

第二次打退顽军进攻　1940 年 9 月下旬，我三支队奉命整编为第三旅，许世友任旅长，刘其人任政委，杨国夫任副旅长，马千里任参谋处长，徐斌洲任政治部主任，下辖七、八、九团（习惯称一、二、三团）和特务营共 5000 余人，我任八团政委。当时的部署是：七团在广饶、博兴北部活动，八团在清河区西部活动，九团在清河区东部活动。

这年的 10 月间，国民党鲁北行辕所属的顽军刘景良、薛汝华、张景南、高竹�、董贡如、杜孝仙、朱仲山、周胜芳等部号称万人，向我驻高苑的八团发动了新的进攻。在田镇附近的杜家、史家、付家一带遭我八团的顽强抗击，被迫后退青城境内。我三旅七团在杨副旅长的指挥下西进高苑，协同八团在高苑、青城、滨县边区将各路顽军击溃，其一部退守青城东部的王庄固守。我军乘胜围攻王庄。经一昼夜围攻，顽军不支，突围向西逃窜，被我军截歼一部，大部溃散奔逃。可惜我八团团长谭祖本在战斗中，奋不顾身，跃出堑壕，观察敌情，指挥部队截歼突围敌人时，中弹牺牲，为创建清河平原抗日根据地献出了自己的生命。

1940 年 5 月，成立了清河区的最高行政机关——清河区专员公署和国民参议会。10 月，中共清河区第一次代表大会在博兴纯化镇胜利召开。会议决定加快发展党的组织，广泛发动群众，加强地方武装建设，积极开展平原游击战争，建立巩固的平原根据地。同年 12 月，清河区工、青、妇、文各界人民代表会议在博兴北部召开。到 1940 年底，清河区已先后建立临淄、广饶、长山、桓台、邹平、益寿边区、寿光、高苑、博兴、蒲台等十个县级抗日民主政府，控制面积 2.1 万平方公里，村庄 2236 个，人口 130 万，占清河区当时总人口的百分之三十二。我们不仅有主力部队可以机动作战，而且还有大量县区地方武装的支持和配合。不但有小清河南的老根据地和游击区，还有以广饶、博兴北部为中心的以八大组为后方的小清河北根据地以及广大游击区。背靠渤海，北与冀鲁边、东与胶东、南与鲁中互为犄角，紧密联系。大家高兴地说："从前东西一条线，现在东西南北一大片"；"从前是一枪打透的根据地，现在纵横数百里"。这时，可以说我们已经在小清河北、黄河以南的广阔平原上站稳了脚跟，满怀信心地迎接抗日战争中最困难的时期。

第三次打退顽军进攻　1941年1月，发生了震惊中外的皖南事变。山东的国民党顽固派，在声传蒋介石将派九十二军入鲁反共的煽动下，反共气焰又嚣张起来。国民党鲁北行辕所属的顽军号称万人，南北两路向我夹击，妄图围歼我军于广饶、博兴北部地区。

6月4日，南路顽军进入我广饶东北之东、西水磨地区。我九团二营与之激战一日，将其击退。6月22日下午，北路顽军主力进占我博兴东北部之成家寨、刘家、姜家一带。旅首长决心集中主力，迎战该敌。命令下达后，各部迅速前进。当日黄昏，我前卫部队七团一营即在李佛院村与顽军交火，激战半小时占领该村。尔后继续向北发展进攻，于次日凌晨1时攻占了姜家、刘家二村。顽军退守周家顽抗。这时我攻占刘家的部队迅速绕到周家的北面，使顽军腹背受敌，终于溃败逃窜。附近顽军见周家已被我军占领，不战自溃，向东北方向逃去。只有进占成家寨之顽军成建基部600余人，陷入我军四面包围之中。该部顽军旅长成建基，原是该村的大恶霸，妄图作困兽之斗。为了不让敌人加修工事增加我军进攻的困难，故不待我清西增援部队的到达，立即发起进攻。我各围攻部队，面对落网之鱼，决心全歼该敌。经我军的猛打猛冲，顽军不支，向西南、西北突围逃窜。我军穷追不舍，歼敌200余人。战斗至此胜利结束。共计毙伤俘顽军650余人，缴获长短枪200余支。

这次反顽战斗的胜利，确保了广饶、博兴、蒲台根据地，为进军黄河以北，打通与冀鲁边区的联系，创造了良好的条件。

打通与冀鲁边区的联系

清河区与冀鲁边区打通联系，是两区军队的共同任务。冀鲁边区主力部队教导六旅，于1941年上半年两次派队东进，均因受到惠民日伪军的重兵阻击未能成功。7月间，教导六旅政委周贯五亲率其十七团渡过黄河，与我清西部队会合。清河区党委书记景晓村和李人凤，赶到清西同周贯五等领导同志会面。双方商定：一、继续在黄河北岸敌占区发动群众，建立党的组织和民主政权，使敌伪占区逐步变为我军的游击区和根据地；二、选择适当时机，组织两区部队的联合行动，沿渤海边打通连接两区的通道。

1941年9月18日，山东纵队再次电令我们打通与冀鲁边区的联系。三旅首长许世友、刘其人、杨国夫经过认真分析敌情和过去经验教训之后，确定在利津、沾化以东沿海地区展开作战行动。为此，许、刘、杨三首长，亲赴黄河入海口及其北岸地区勘察地形，了解日、伪、顽军的情况。据了解，这个地区日伪军力量较薄弱，幅员宽广，物产丰富，便于我军行动。但是，沾化东部的义和庄，是鲁北顽军的老巢。自从在黄河以南被我军三次击败之后，他们就在义和庄深挖壕，高筑墙，企图固守。他们以义和庄一带为后方，经常派部队向清河区与冀鲁边区袭扰掠夺，割断我两战略区的联系。因此，义和庄就成了打通与冀鲁边联系的一大障碍，成为我必须攻克的要点。具体部署是：三旅主力四个营兵力，于大小宁海附近北渡黄河，先夺取义和庄东南之罗家庄，扫清义和庄外围的顽军，然后包围义和庄。教导六旅第十六团，从新海、盐山一带向无棣挺进，首先攻占顽军张子良的据点大魏家，扫清前进障碍，然后沿陶儿河下游向东南进军，与三旅会攻义和庄。

9月21日，三旅部队渡过黄河北进，攻占了左家庄。次日攻占了义和庄东南50里的罗家庄。28日，进占义和庄以东的王家集。据悉，义和庄内驻有顽军鲁北保安副司令张新斋指挥的三个团共3000多人。这个镇子的人民，于1939年5月曾遭日军的血洗，500多人惨遭杀害。当地顽军为虎作伥，欺压百姓，陷人民于水深火热之中，人民热切盼望八路军前来解救。

9月28日，旅首长召集团营长会议，研究作战部署。获悉教导六旅十六团东进受阻，义和庄顽军工事坚固，兵力较多。如果以我现有兵力作战，难以四面围攻。如果长时间屯兵坚城之下，顽军陆续增援，我军可能陷入腹背受敌的不利处境。于是决定以现有兵力灵活机动作战，求得歼敌一部。遂令七团一营和特务营主攻，其余部队担任助攻、佯动，并准备阻击西北方向太平镇来援的顽军。

正当我战斗准备一切就绪，即将发起进攻的傍晚，突然发现东北方向来了顽军的增援部队。如果让顽军进入义和庄，必然增加我军攻城的困难。如果顽军不进义和庄，则可能使我军处于内外夹击的境地。这时旅首长临机果断，命令手下的特务营二连从正面迎击行进中的顽军，令骑兵连从顽军侧翼迂回冲击。一时间青纱帐里枪炮齐鸣，战马嘶啸。顽军被我军打得晕头转向，狼狈溃逃。我骑兵风驰电掣般地追击十多里，将增援顽军彻底打垮。顽军团长李子文被我击毙。

击溃顽军增援部队的胜利，更加鼓舞了我军的战斗情绪，增强了胜利信心。10月2日，即向义和庄发起总攻。经过一番激战，我军从东、南、北三面先后攻入庄内，与敌展开巷战。在我强大攻势下，顽军见势不妙，拼命向西南方向逃窜。义和庄遂为我军攻克。我军乘胜前进，一举攻占了老鸹嘴和太平镇，又派队乘船奔袭陶儿河，该地土匪部队闻风而逃，陶儿河也被我占领。至此义和庄战斗胜利结束。

不久，杨承德团长、陈德政委率领的教导六旅十六团，转战千里，历经大小九次战斗后，来到了三旅驻地老鸹嘴，从而完成了清河区与冀鲁边区打通联系的任务。

在这一年多的时间里，我们根据党的“发展进步势力，争取中间势力，反对顽固势力”的方针政策，积极开展了统一战线工作。王雪亭团长领导的国民党蒲台县保安九团，毅然脱离国民党军，参加八路军的行列，改编为蒲台独立团。对杨翔南团长领导的国民党青城县保安三团和傅瑞伍团长领导的沾化县国民党保安团做了大量的争取团结工作。在以后的年月里，这两支部队也先后改编为八路军青惠独立团和沾棣独立团。

三支队主力北返清河区一年又十个月的实践证明：中共山东分局、八路军第一纵队和山东纵队首长关于三支队发展方向的指示是完全正确的；清河区军政委员会、清河区党委和第三支队及改编后的第三旅，贯彻执行上级的指示是坚决勇敢而且是卓有成效的；在清河平原上发展、坚持持久的抗日游击战争，建立巩固的抗日根据地是完全可能的；有共产党的坚强领导和广大人民群众拥护的人民子弟兵，是任何敌人也打不垮、赶不走的。

鲁西地区党组织的发展与活动

徐运北

鲁西地区在兖州以西、济宁至菏泽公路以北，与河南、河北为邻，是一望无垠的黄河冲积平原。黄河自西南向东北穿过，把鲁西分成南北两部分；京杭大运河贯穿南北，又将鲁西分为运西、运东。从地理位置上看，它处在冀、鲁、豫三省的结合部，太行、泰山两大山脉之间，既有山脉作依托，又有纵横河流为屏障，战略地位十分重要。在伟大的抗日战争中，鲁西区的党、政、军、民的巨大贡献，将永载革命斗争史册。

党的大发展和抗日局面的开辟

鲁西地区是建党较早的地区之一，在大革命时期，泰安、德州、临清、聊城、菏泽的一些县，都有了党的组织，东昌和高唐还建立了特委一级的领导机构。到抗日战争全面爆发前，在广阔的鲁西平原上，相继建立起了特支、县工委、县委、特委等党的组织，并积极领导了抗日救亡活动，为七七事变后我们党的大发展和建立敌后抗日根据地，奠定了良好的政治基础。

1937 年 7 月 7 日，抗日战争全面爆发，日本帝国主义大举进攻，华北大片国土相继沦陷。9 月，日军的铁蹄踏进山东境内，国民党地方官员纷纷携款而逃。面对这种情况，我代表鲁西北特委去济南向省委请示工作，接受了中共中央北方局关于“每个优秀的共产党员脱下长衫，到游击队去”的重要指示，和省委下达的建立鲁西北抗日根据地，开展广泛的平原游击战争的任务。此后，即同国民党山东省第六行政区专员范筑先建立起统战关系，协助范筑先整编武装和建立我们党直接掌握的武装，收复失地，开创了鲁西北的抗日局面。与此同时，党的建设也进入了一个大发展时期。这时的鲁西北，包括现在聊城地区的全部，菏泽、德州地区和泰安市、济南市的各一部分，所属范围有 30 余个县。

为了坚持鲁西北敌后游击战争，在抗战全面爆发不久，魏震、周子明、王乐亭等同志奉派到第四区（临清）政训处、做党的工作和抗日救亡活动。魏震找到我接上党的关系。中共山东省委于 1937 年 11 月派省委组织部长张霖之同志来鲁西北，主持改组了鲁西北特委，由刚从济南出狱回到鲁西北的赵健民任特委书记，我任组织部长，邵子言任宣传部长。1938 年 1 月，因赵健民同志集中精力在冠县搞抗日武装，特委书记由我担任，组织部长邵子言（5 月后为王晋亭），宣传部长申云浦，军事部长王幼平，统战部长赵伊坪。特委机关设在范筑先的六区政训处，并以政训处的合法名义公开进行抗日活动和党的建设工作。首先，在六专署领导层中吸收了大批先进分子入党，如张郁光、齐燕铭等。接着，党的发展工作深入到农村，党员人数由抗战前的四五百人很快发展为千余人。1938 年春，鲁西北形势渐趋稳定。为了不失时机地迅速发展党的组织，根据中央三月指示和冀鲁豫省委扩大会议精神，鲁西北特委于6月召开县委书记联席会议，分析建党情况，提出具体措施和要求，到11月份党员就达到万名左右了。1939年1月鲁西区党委建立后，6月份召开地委书记会议，把发展党作为中心工作之一，发出“一切工作归支部”的号召。10月份又召开地委组织部长联席会议，传达了巩固党的决定。在这一时期，张霖之同志和我抓鲁西党的工作，万里同志去东平，张承先同志去卫东，梁仞仟同志在郓城抓组织建设，段君毅、孙光同志在泰西抓党的建设工作。到1939年底，发展党和巩固党的工作都取得了显著成绩，党员达到30397人。

抗日战争是一场反抗外国侵略的全民族战争，我们地方党组织的中心任务，就是高举抗日民族统一战线的旗帜，发动全民族抗战。党中央十分重视这一地区统战工作。早在1937年5月，周恩来同志就派彭雪枫同志来山东，并到了聊城。抗日战争全面爆发后，朱德、毛泽东同志先后致函范筑先将军，赞扬和鼓励他抗日。刘少奇同志让郭洪涛同志带来以统战工作为主要内容的对鲁西北的三点指示。党中央还从延安和武汉等地，派大批军政干部来鲁西北开展敌后抗战。鲁西北地方党组织也做了大量工作。为了争取范筑先与共产党共同抗日，我们除派大批共产党员、民先队员和爱国青年学生，直接参加其所属各级领导机构进行抗日工作之外，还在专员公署专门成立了由袁仲贤、张郁光、齐燕铭、姚第鸿、胡超伦、赵伊坪、周子明等同志组成的特别小组，以推动范筑先接受我们党的政治主张。为了坚定范筑先的抗日信心，我们采取了一系列的措施，让姚第鸿、张维翰利用和范筑先有特殊关系的有利条件，与范多接触、多做工作，让张郁光、袁仲贤做范的助手，并先后派齐燕铭、张承先、朱穆之、田兵等同志做范筑先的秘书，同时做他周围干部的工作。在1938年的6月和9月，又请范分别到威县、南宫会见徐向前、朱瑞、宋任穷等领导同志。经过多次谈话和让其参观学习，使他开阔了眼界，提高了觉悟，更进一步坚定了抗日信心，对坚持平原游击战争，巩固和扩大鲁西北抗日根据地有了明确的方向，并作出了很大贡献。不幸的是，他在这一年的11月聊城战役中壮烈牺牲，实现了他在抗战初期向全国通电所提出“筑先黍督是区，守土有责，裂眦北视，决不南渡，誓率游击健儿和武装民众与倭奴相周旋”的誓言，为中华民族的解放事业，流尽了最后一滴血。

我们面对装备精良的武装侵略者，不建立武装就是空谈抗日。鲁西的党组织，十分注意在鲁西北、鲁北、泰西、鲁西南各县组织抗日游击武装。我们党直接领导的、影响较大的有以下几支武装：1937年冬，洪涛同志在地方党协助下建立的堂邑第一游击支队（后发展为十支队）；1938年1月1日经省委批准，由王青云、袁振、万晓塘、冯乐进、吴力践在东阿县高集领导的200多名石料工人的武装起义；还有张北华同志领导的山东泰西区抗敌自卫团；等等。在这一段时期内，鲁西北特委还帮助范筑先组建和收编了35个支队、三路民军共约6万余人的抗日武装，其中有五个支队完全受我们党领导，在一些支队中发展了党员，建立了党的支部和总支，而且逐步由我们党组织（利用政治部的合法职权）在所有支队选派了政治工作人员，建立了政治工作制度。为了加强对这些部队的领导，先后派红军干部洪涛、王幼平、袁仲贤、廖云山、胡超伦、周紫珊等同志到部队工作。在我们党建议下，范筑先创办了军事教育团，并兼任团长，袁仲贤、胡超伦具体负责，不断提高部队的政治素质和战斗力。这些部队保卫着30多个县的国土，牵制着相当数量的敌军。他们先后参加了梁水镇、界牌、南镇、黄庄和濮范、济南等大小几十次战斗，打击和迟滞了日军的进攻。南镇战斗，击败了敌人侵入山东之初，由高唐经茌平，迂回到滑口渡黄河，袭击泰安，“包剿”济南的企图；黄庄、石墓头等战斗，使日军物资遭受重大损失；濮范战斗迟滞了日军土肥原第十四师团由平汉线东进，经濮县董口、彭楼渡黄河，支援徐州会战的行动；济南战斗攻打了西郊机场，还组织从洛口到德州段的铁路大破袭，使铁路不能通车，以策应武汉保卫战。各县的地方游击队，经常袭扰敌人，坚持平原游击战争。泰西抗日武装，曾以百余人的游击队，一战道朗，再战界首，予敌以杀伤和震动。上述这些军事行动，都有力地支援了全国的抗日战争。

没有抗日根据地就不能长期支持抗战。鲁西地区随着党的建设、统一战线和武装斗争的发展，根据地建设也迅速发展。全国抗战初期，日军采取“速战速决”的方针，主要攻占大城市与交通线，为我们党在鲁西农村发展武装，开展平原游击战争，创建抗日根据地，造成了一个有利时机。我地方党组织注重政权工作，从1937年冬开始，通过范筑先，先后委派了十多名共产党员任县长。鲁西北特委还和原任县长的共产党员周持衡、邹鲁风、于汇川有密切联系。我们特委掌握的政治部政令所及达到27个县，连同我军事势力所及的范围共30多个县，这在当时来讲，已经是一块不小的抗日根据地了。

当时，这些政权虽然还不很巩固，发挥效能不够，但在动员群众抗日，支援战争，保证军需政用，以及施行战时经济政策和战时文化教育方面，都取得了不同程度的成就。在1938年我们就提出了“澄清吏治，改革经济，振兴文化”的方针和任务。在澄清吏治方面，专门调配力量，组织了“县政视察团”，解决存在的问题，涌现出莘县那样的“实行民主政治，推行合理负担”的模范县。在改革经济上，成立了“战时经济设计委员会”，实施了以“整理田赋、刷新税收、统制物资”为中心内容的战时经济政策，并以专员公署的名义，下令废除苛捐杂税，实行有人出人、有钱出钱的公平合理负担。同时，还采取了一系列具体措施，如救济灾民，改善人民生活；统制输出输入调剂粮食，提高战时生产；设立金融机构，统制货币，以调整战时经济；没收汉奸财产，充作抗战经费；恢复和发展农林副业以及纺纱织布、军服制作等手工业。在振兴文化方面，一是模仿抗大，建立抗日政治干部学校，范筑先兼校长，张郁光、齐燕铭分任教务和训育，先后培养1300多人；

二是在农村普遍建立抗日小学和发展农民业余教育；三是建立出版社，发行抗日报刊，有《抗战日报》、《战地文化》、《先锋》月刊、《战线》旬刊、《行军日报》等。同时还组建了抗战移动剧团和战地服务团等组织，广泛宣传我们党抗日救国的纲领和主张，启发民众的民族意识和阶级觉悟。在我们党领导下，农民互助会、自卫队、妇救会、民先队、青年救国团、儿童救国团、回民抗敌救国会等组织纷纷建立，得到发展。这些群众团体，在战争动员、站岗放哨、追查汉奸、募捐、慰劳军队、缝衣做鞋、转送情报、护运伤员等方面做了大量工作。在中国共产党倡导的抗日民族统一战线旗帜下，国共两党合作抗战，发动民众，组织武装，建立抗日根据地，初步显示了民族觉醒和民族团结的力量。

鲁西区党委的建立及其活动

我们党和范筑先团结抗战，遭到了日伪军和国民党顽固派的极端仇视。1938 年 11 月 15 日，日军攻陷聊城，范筑先将军和我们党优秀干部姚第鸿、张郁光以及 600 多中华儿女壮烈牺牲，共产党员、莘县县长吕世隆亦惨遭国民党顽固分子杀害。在日军的疯狂“扫荡”下，抗日政权和群众组织遭受破坏，抗日武装被分化，鲁西北形成了敌、伪、顽、匪、我各据一方的犬牙交错的形势，一时出现了极为复杂的状况。

为了重新打开鲁西抗日局面，1938 年底，中共中央北方局和八路军总部在太行山组成以李聚奎为司令、萧永智为政委的先遣纵队，随同八路军一一五师三四四旅六八八团开到冠（县）、馆（陶）一带。鲁西北党动员地方武装充实先遣纵队，组织工作团、工作队和成立八路军一二九师联络处，配合主力部队发展武装，同时积极整理地方抗日武装。我们党领导的十支队改用了范筑先生前预定的三纵队番号，吸收了第五、第六两支队，不久又改编了第七、第二十九支队。

1939年1月14日，按照八路军总部的命令，改为筑先纵队，不直接用八路军的名义，以利于抗日统一战线的发展。次日，鲁西区党委在馆陶县城北馆陶（现属冠县）成立，张霖之任书记，赵镈为组织部长，朱则民为宣传部长，我为民运部长，赵伊坪为秘书长，段君毅为委员，下设泰西、鲁西南、鲁西北、运西、运东、卫东六个地委（工委）。主力部队的到来，鲁西地方武装的整顿和区党委及各地委的建立，为我们党独立自主地、更加广泛地开展敌后平原游击战争创造了新的良好的条件。

鲁西区党委建立后，在上级党的领导和八路军主力部队的支持下，开展了恢复与发展抗日根据地的工作。区党委根据所辖地域大部为平原地带和党的工作开展不平衡的特点，确定了以冠（县）馆（陶）丘（县）、茌（平）高（唐）齐（河）禹（城）和泰西为三个基点创建鲁西抗日根据地的方针，即以冠馆丘为基础，茌高齐禹为机动地带，泰西山区为重点，然后由点到线，由线到面，建立鲁西抗日根据地。冠馆丘联结着冀鲁两省，是我们党武装力量较强，群众基础比较坚实的三个县。区党委成立之初便提出了“创建冠、馆、丘抗日基点”的口号，在不久召开的扩大的活动分子会议上再次强调了这一点。1939年2月区党委离开馆陶，筑先纵队配合一二九师主力、卫河支队，继续坚持斗争，并向濮（县）、范（县）、观（城）、朝（城）一带发展，扩大根据地。以琉璃寺为中心的茌、高、齐、禹一带，是鲁西北平原与泰山地区联系的桥梁。为把这一地区建成为我党我军活动的机动区域，区党委曾指示三、四地委加强工作。2月初，区党委机关随同一二九师先遣纵队移住到这里开展工作，一度对敌造成威胁。3月初，日伪大举“扫荡”鲁西北，发生了琉璃寺遭遇战。我党我军胜利突围后，区党委转移到泰西大峰山区，八路军主力及地方武装也大部撤走。后由张承先等同志领导三、四地委和先遣五大队及筑先纵队第七团，坚持斗争达十个月之久。泰西山区以肥城为中心，东西150里，南北300余里，东靠津浦铁路，西接冀鲁平原，是冀鲁之间的交通要道之一。尤其作为威胁津浦路进行大破袭的根据地和鲁西大平原坚持长期抗战的依托，更有着重要的战略意义。区党委成立之前的鲁西北特委，就曾经派遣十支队的机枪营和陈伯衡东进梯队，到大峰山开辟工作。2月初，八路军一一五师主力也来到鲁西，在郓城进行了樊坝战斗，肃清了大量的伪顽势力，奠定了建立抗日根据地的基础。鲁西区党委转移到泰西后，与一一五师会合，及时召开了泰西活动分子会议，由罗荣桓同志传达了中共六中全会精神和北方局关于创建泰西根据地的指示，进一步坚定了建立泰西抗日基点的决心。为了创建泰西根据地，鲁西区党委组织工作团和动委会在泰西积极开展工作，同时派我到郓城一带薄弱地区加强党的建设。在主力部队支持下，我们于5月间建立了寿张、菏泽、巨野三个县委和汶上县工委。同时，郓城中心县委得到了加强，东平湖西的工作也开展起来，6月便正式成立了第七地委。区党委这时也以一一五师的名义，召开了有友党友军及政府参加的第一次泰西军政联席会议，团结争取了肥城、汶上县的县长等进步人士。到1939年10月，这块根据地得到了很大的恢复与发展。

1939年5月，区党委配合一一五师主力胜利地进行了陆房突围战，粉碎了日军的九路围攻。6月底，区党委召开了第一次扩大会议，认真总结过去的工作，确定今后的努力方向，明确作出了普遍地发展党、创建和掌握武装、争取和建立新政权等项决议。要求各地委普遍大量发展党、巩固党，充分重视基层党支部的战斗堡垒作用；每个地委要创建1000人至1500人的基干部队；各级党委必须重视政权的作用，争取掌握政权。会后，各个地区各方面的工作都得到了加强。党的工作突飞猛进地发展，到10月份，党员达到21135人，农村党员和部队党员迅速增加，筑纵和六支队党员达到1132人，党支部工作得到加强。在这次会议前后，由鲁西区党委党校办了两期党员干部训练班，培训了130多名干部。区党委还创办了党刊《灯塔》，各地委也先后办起了群众性的报纸，如鲁西北的《抗战日报》、运东地委的《持久报》、运西地委的《运西时报》、泰西地委的《泰西时报》，等等，有力地宣传了我们党的抗日主张，扩大了我们党的影响。在这一时期，还清除了党内政治不坚定的分子，加强了县委、工委、分区委的建设工作。政权建设也有了空前的发展，先后建立了鲁西与泰西两个行政委员会，各地委也争取建立了一些县的政权，如一地委在巩固和加强了原有的冠、馆、丘等县政权之后，又争取在临西、莘县、堂邑县建立政权；二地委也在着手争取阳谷、聊城、东阿县政权的工作；四地委争取了博平县政权；五、六地委先后争取了长清、泰安、肥城、东平、宁阳、平阿等县政权；七地委争取了寿张、郓城等县政权。到1940年初，鲁西区共建立了四个专署、36个县政权。在这个基础上，鲁西区党委于1940年5月初召开了鲁西行署成立大会，一致推举萧华为行政主任公署主任，段君毅为副主任，使鲁西有了统一的政权领导机构。在发展抗日武装方面，各地委利用敌人"扫荡"后的有利时机，大力发展抗日武装。鲁西北地区除了充实和加强筑先纵队、先遣纵队的工作外，各县的地方武装均有进一步的发展。泰西地区，除动员地方武装充实主力部队东进支队和六支队外，还有六个县成立了独立营。在郓、濮一带的七支队发展到1500多人枪，并动员地方武装有力地配合主力部队作战，取得了歼灭日军数百人的梁山大捷，大大鼓舞了人民的抗日胜利信心。在各地武装迅速发展的情况下，于8月间在罗荣桓等同志主持下，成立了鲁西军区，由一一五师独立旅旅长杨勇兼司令员，各地委先后建立军分区。由于鲁西军区地处黄河以北，领导不便，根据集总的指示精神，11月份一二九师政委邓小平同志到达鲁西北，最后决定黄河南北各设一军区，统一在鲁西区党委的领导下，军事上黄河北属一二九师统一指挥，黄河南属一一五师统一指挥。这样既有利于鲁西区党委集中精力从事党的工作，又加强了鲁西的军事斗争。各地群众工作有了新的发展，在短短几个月的时间，农、青、妇、儿童团、自卫团等群众团体迅速发展，全区有20.7万多人组织起来，开展抗日救亡活动。为了使群众工作更加深入广泛而又健全地发展，鲁西区党委于1939年10月25日召集了地委组织部长会议，强调党的建设与群众工作。接着又召开了青年和妇女干部会议，各地委成立了青委会和妇委会。青干会议后，鲁西区党委又开办了为期15天的青干训练班，培养青年干部，使这一时期群众性抗日救亡运动出现了蓬勃发展的局面。到1940年春夏之交，各级各种群众团体机构均已恢复健全起来，并开展了抗日宣传、组织生产、传送情报、支援战争、反对资敌等斗争，有的地方开展了减租减息和推行合理负担的工作。由于鲁西区党的建设、政权建设、武装斗争和群众工作等方面都取得了显著的成绩，使鲁西抗日根据地能够独立自主地开展敌后平原游击战争，狠狠地打击敌人，在“巩固华北，发展华中”的战略中发挥了重要作用，作出了较大的贡献。

依靠人民坚持清河、渤海平原抗日游击战争

景晓村

清河区——渤海区，是抗日战争时期山东人民坚持游击战争的战略地区之一。

抗战以前，在中共山东省委直接领导下，这里建立了中共鲁东工作委员会，领导寿光、昌邑、潍县、益都、广饶、临淄、博兴各县的秘密工作；在淄博矿区建立了矿区工作委员会，在长山也建立了党的秘密组织。1938 年 5 月前后，山东省委决定成立清河特委，统一领导这一地区的工作。这时清河特委的工作范围包括现在淄博、东营、滨州三个市的全部和济南市、潍坊市的部分地区。1939 年初，根据战争形势发展的需要，又作了调整：胶济路以南为淄博区，路北为清河区。1939 年 7 月，清河特委改为清河地委，1940 年 10 月改为清河区党委。1944 年初，根据山东分局和军区的指示，清河区与冀鲁边区合并为渤海区。

发动游击战争，保卫清河平原

1937年七七事变后，鲁东地区的党组织和广大党员，根据中共中央和山东省委的指示和部署，广泛发动群众，不失时机地领导人民举行武装起义，建立人民武装，发动游击战争，抗击日本侵略者。鲁东地区东西距离较长，实际上形成了两个发动中心。在东部地区的昌潍、寿光一带，发动和组织了八路军鲁东抗日游击第七支队和第八支队；在广饶、益都一带发动和组织了第九支队和第十支队；在博兴组织发动了博兴人民抗日志愿军。西部地区，以邹平、长山、桓台为中心，包括淄川、博山矿区和齐东、青城、高苑等县，以长山黑铁山起义的武装为基础组成了山东人民抗日救国军第五军（1938年7月改为八路军山东人民抗日游击第三支队）。与此同时，山东省委决定建立清河区，并决定调八支队和三支队的第八团到鲁南地区作为省委直接指挥的主力，以创造山区抗日根据地。三支队大部留在清河区，坚持平原游击战争。这些建立不久的抗日武装，虽然装备窳劣，组织也不够严密，但有党的领导，政治目标明确，军纪严明，士气高昂，自建立之日起，即积极打击日伪军。1938年1月8日，廖容标同志率领游击队，夜袭长山城，捣毁了长山县伪维持会，俘伪公安局长以下30余人；19日又在小清河陶唐口伏击日军汽艇1艘，击毙日军官兵12名，缴获电台1部。临淄我党领导的学生志愿军训团在李人凤、李希晨同志指挥下，于1月2日在辛店以西合顺店和矮槐树村，伏击沿胶济路东进的日军先遣侦察分队，击毙日军小队长以下19人。我第八支队于1月28日在寿光城西南三里庄伏击日军汽车3辆，击毙日军2名，俘虏1名。2月5日，我第五军部队在邹平南部三官庙抗击日伪军400余人的进攻，予敌以重创。中旬，八支队在寿光三合庄一带打垮伪华北治安军散兵一股，缴枪70余支。3月中旬，廖容标等率领第五军主力与地方武装围攻博山日军；在淄川开展破袭战，3天内炸毁日军军车7列，并攻入淄川县城，捣毁淄川县伪维持会。我五军部队还破袭胶济铁路，袭入马尚、涯庄车站。8月，我第三支队一部配合友军孟昭进部袭击济南日军，一度攻入王舍人庄和黄台等地。从1938年1月至6月的半年内，我抗日武装先后进行战斗十余次。这些战斗有力地打击了敌人的嚣张气焰，扩大了我党领导下的抗日武装的影响。

为便于指挥，七、八支队和博兴的志愿军，统一番号为八支队；广饶的九支队、益都的十支队与临淄的三大队合并。这时在鲁东地区，我党领导的武装主要是八路军鲁东人民抗日游击第八支队和山东人民抗日救国第五军。至1938年5月，这两支部队各发展到5000人左右。抗日武装发展迅速的主要原因是鲁东地区党组织和群众基础较好，中共山东省委和鲁东工委坚决贯彻党中央在敌后发动游击战争的指示，实行了一系列正确的政策。

从1937年10月起，在我党强烈要求下，一批被国民党监禁的共产党员相继出狱，并立即与省委取得联系。与此同时，中央派一批原红军干部来山东，加强了各地党组织的领导。在发动游击战争的过程中，各地党组织坚持抗日民族统一战线，充分调动各阶层人民的抗日积极性，特别是团结当地有影响的进步人士与我党共同抗战，卓有成效。如在邹平、长山一带，刚出狱的姚仲明和红军干部廖容标以及赵明新等同志，与长山中学校长马耀南亲密合作，对这一带游击战争的发动起了重要作用。在临淄，共产党员李希晨与临淄县第二高小校长李人凤合作，组建了临淄的抗日武装。马耀南、李人凤两同志都于1938年加入中国共产党，成为三支队及十团的主要领导者。这些抗日武装在筹集军粮和经费时，实行有力出力、有粮出粮的政策，尽量减轻人民负担，严格执行“三大纪律、八项注意”，得到人民群众的拥护和支持。

关键性的战略步骤

1938年10月日军占领武汉以后，把我军作为主要的打击目标，频繁地进行“扫荡”、“清剿”，胶济铁路沿线县城，甚至较大的村镇均被敌人占领；国民党武装执行反共政策，不断制造磨擦，斗争越来越艰苦。在敌顽夹击的形势下，清河特委采取了第一步战略步骤，将我部分部队转移到淄博一带的山区活动，执行“以山区为主，平原为辅，依托山区，开辟平原，创建淄博根据地”的方针，在铁路两侧开展斗争。可是，这一步并不理想。1939年2月26日，三支队十团一部在副团长刘斗辰率领下，在益都北部的杨家营村被敌包围，突围中刘斗辰同志壮烈牺牲。同年3月13日，在博山县太河镇发生了太河惨案。6月，三支队主力6000余人，在邹平西北的刘家井子一带集结，准备向北发展，以打通与冀鲁边区的联系。济南敌酋松本少将调集青城、齐东、张店、邹平、周村之敌6000余人奔袭我军，破坏了我军计划。7月22日，三支队东进途中，在桓台牛王庄又遭日伪军袭击，马耀南司令牺牲。七团主力因屡遭敌人袭击，从2000人减少到几百人。多次战斗失利的实践证明，在敌强我弱的情况下，在紧靠铁路沿线两侧敌人敏感地区坚持与敌人的正面斗争是失策的。像刘家井这样的阵地战，我们是拼不过敌人的，必须改变斗争策略。为此，杨国夫司令员等多次向山东纵队领导反映情况，陈述利弊。至1939年底，山东分局和山东纵队明确决定：三支队全力坚持清河平原游击战争，改变过去横跨铁路两侧活动的方针。1940年1月，山东分局派王建安同志到清河区，在郑家埝召开了党政军负责人会议，传达了山东分局和山纵关于“巩固河南，向北发展，开辟河北，整理部队，创建根据地”的指示，给开展清河区平原游击战争指明了方向。

1940年以后，清河区的斗争形势日趋紧张，经常驻守该区的日军有6000余人、伪军7万余人、顽军4万余人，而我军只有1万余人的主力武装。在日伪的频繁“扫荡”、“蚕食”，“军、政、经、文、特五位一体”的“总力战”进攻的同时，20多股国民党顽军先后投敌，公开宣称：“日可不抗，共不可不反”、“宁伪化，不匪化”等等。在此严峻的形势下，平原游击战争如何坚持，如何发展呢？清河区党委根据山东分局和山纵的指示，采取了摆脱困境的关键性的第二步战略步骤：于1940年春，选择小清河入海处的寿光、广饶边区一带敌人控制薄弱的地方，和小清河中段邹长边区陶唐口地区，同时作为突破点，分两路渡过小清河，向北发展。东路进至广饶北部和博兴、蒲台广大地区；西路进至邹、长北部高苑、青城地区。我军东西呼应，很快控制了西起高苑，东至广北小清河与黄河之间的广大地区，从而使我军摆脱了机动范围很小的小清河以南狭长地带，进入回旋余地较大的广（饶）、博（兴）、蒲（台）、高（苑）地区，在开辟这一地区的过程中，我军与敌、伪、顽进行了激烈的战斗。我东路部队渡过小清河进抵博兴的王文村时，广饶、博兴、史家口等处的日伪军300多人向我军进攻，妄图将我军消灭或赶回小清河以南。经激战，毙伤敌百余人，将敌击退。寿光国民党保安十五旅张景月部2000余人，趁我军北进时，进犯我根据地王高村一带地区。我三支队基干三营，寿光独立团奋起还击，将其击退。同时，国民党反共顽固派纠集刘景良、成建基、李青山、周胜芳、薛儒华、杜孝先等十三路“司令”，向我进驻广、博的部队进攻，妄图趁我立足未稳之际，将我军消灭或驱走。我军忍无可忍，奋起还击，博兴广北一战，歼灭顽军精锐海军陆战队薛儒华部一部，击溃其大部；小清河南北向我进犯之顽军也均遭痛击退逃。在高苑魏家堡，我军又伏击高苑出犯之日军，击毙小队长以下30余名，俘1名，炸毁汽车2辆，缴获轻机枪2挺，步枪30余支。这些胜利迫使敌人将蒲台县之小营、高苑县之田镇、博兴县之史家口等据点撤除。国民党反共顽固派刘景良、朱仲山、张景南、高竹君、薛儒华等部却趁机进犯驻高苑我军，经八天激战，毙、伤、俘顽军千余人，将其击退。此时，蒲台县国民党保安第九团团长王雪亭因不满国民党的反共政策，率部起义，加入八路军。经过上述战斗以后，我军控制了小清河以北地区，与小清河以南地区连成一片。

三支队经过战斗的锻炼和地方武装的补充，战斗力提高，编制扩大。1940 年底，山东纵队决定将三支队整编为山东纵队第三旅，下辖七、八、九三个团，一个特务营，许世友任旅长，刘其人任政委，杨国夫任副旅长，徐斌洲任政治部主任。同时建立清河军区，主管地方武装的指挥和建设，山东纵队任命杨国夫兼军区司令，我兼政委，陈楚任政治部主任。

为了便于长期坚持抗日游击战争，清河区党委和部队领导机关决定采用积极防御的方针，派部队进驻利津东部之八大组（即永安镇），解放了以八大组为中心的黄河入海口右岸广大地区。随后，又解放了黄河左岸的广大地区。从此，垦区成为我军的后方，后勤机关、军工学校、医院、银行、报社、印刷厂、兵工厂、子弟学校等相继在此安营。直到抗战胜利，这个后方，对支援前线起了很大作用。

至此，我军已基本完成了向小清河北、黄河以南进军的任务。在西起高苑、青城，东至黄河、小清河入海口的广大地区，除少数敌人据点外，基本为我所控制，大大改善了我军在清河平原的战略地位。但是，敌、我、顽三角斗争的紧张形势，仍不容松懈。敌伪对我小清河以南地区加紧“蚕食”，对小清河以北频繁“扫荡”；同时，国民党顽固派仍不断向我进攻、袭击，特别是皖南事变以后，顽固派反共气焰更加嚣张。

为粉碎国民党顽固派的进攻，使我军有更大的回旋余地，山东分局、一一五师师部和山东纵队指挥部，指示我们打通清河区与冀鲁边区的联系。清河区党委、三旅和军区决定执行我军扩大根据地的第三步战略计划——向黄河北进军。1941 年 9 月 21 日，杨国夫率三旅主力部队北进，占领了黄河南岸的左家庄；22日越过黄河解放了义和庄东大门罗家庄、宋家庄一带地区；28日进抵义和庄东侧之王家集，击溃增援义和庄的水上保安一团，击毙其团长李子文，遂即包围义和庄。经激烈战斗，至10月3日，我军攻克义和庄，并相继攻下老鸹嘴等重镇，顽军残部仓皇逃跑。郭家局子、套儿河口的顽军闻风而逃。是役，我军共歼顽军3000余人，控制了垦区，利津北部、沾化东部广大地区。这些地区是纵横百里的旷野，沿海一带荆棘丛生，灌木林成片，人烟稀少。国民党顽固派统治时期，人民衣不蔽体，食不果腹，苦难深重。我军解放后，人民群众如重见天日，无不欢欣鼓舞。我军占领义和庄以后，派出一支部队向西行动，在沾化城北与冀鲁边区教导六旅东进部队会师。从此，清河区与冀鲁边区打通了陆路联系。

我军解放垦区，意义重大。首先，由于清河区与冀鲁边区的打通，对鲁北敌伪以惠民为中心的占领区形成了四面包围之势，更有利于鲁北抗日战争的发展。第二，由于广（饶）、博（兴）、蒲（台）、利（津）、沾（化）广大地区连成一片，使我军有了广阔的机动地带。1942年至1943年，敌人举行万人大“扫荡”时，我军在此地区内自由机动，反转迂回打击敌人，粉碎了敌人“扫荡”。第三，我军有了一个相对安定的后方，使我们的机关、部队、学校、医院、后勤有了扎营之地，使我军能够生聚养息，有了可靠的抗日根据地。

当我军开辟小清河以北新区之际，敌人对我胶济路北、小清河以南的老根据地进行了全面的“蚕食”、伪化活动。从1941年3月到1942年7月，敌人在小清河南建立反共自卫团，办保甲，清查户口，发“良民证”，扩大其统治区，对我根据地频繁“扫荡”、“清剿”。同时，在我根据地区域内修公路，筑碉堡，沿县界、区界挖封锁沟，设封锁线，阻止我地方武装和工作人员活动，并推行自首政策，布置特务活动，引诱我地方武装、地方干部中不坚定分子投降叛变。在此情形下，小清河以南地区的斗争十分残酷，我地方武装和干部不断遭受损失。

1941年1月18日，我主力一个排及益寿县大队和一个新兵中队，在广饶南部刘家集宿营时，拂晓遭广饶、益都、临淄三县千余日伪军包围，除部分突围外，队长王品三等79人英勇牺牲。当月，我清东地委组织部长李寿岭和益寿县委机关干部多人驻益北东朱鹿村时，因叛徒告密，遭日伪军包围，李寿岭及益寿县委组织部长刘旭东、宣传部长张鲁泉等12名干部被敌人惨杀。1942年5月18日，我益、寿、临、广四县边区县委机关及县公安局驻临淄二区南下庄，被广饶、临淄日伪军千余人包围，在突围的激烈战斗中，县委书记丁一民等数十人光荣牺牲。敌人对我益、寿、临、广四县边区根据地和以清水泊为中心的寿北根据地连续进行了两次"扫荡"，并安设了据点。

面对如此严峻的形势，是坚持还是退出？这又是一个战略性的问题。区党委和部队领导机关经过研究决定：小清河以南地区，不但不能撤出，而且还要进一步加强。除原有骨干继续坚持外，又增派了一批军政领导骨干进入该区。在组织形式和活动方法上，也改变过去在大片根据地里的方法。组成精干的小部队分散活动，主要任务是配合地方党政领导，组织群众开展反"蚕食"、反"清剿"的斗争。地方工作则采取精干隐蔽的方针，党政军实行一元化领导，组成既是战斗队又是工作队的武工队（最初叫军政工作团）。武工队隐蔽活动，昼伏夜出，利用敌人的"灯下黑"，在设据点的村庄建立秘密联络点，搜集情报，开展各种活动，避免暴露自己，麻痹敌人，积蓄力量，伺机打击敌人。同时，坚持抗日民族统一战线，团结一切可以团结的力量共同对敌。对开明士绅、抗日民主人士，以及伪军、伪组织人员的家属，坚持做教育、团结、争取的工作，并利用他们的影响与敌人进行合法斗争。

实践证明，这些政策和策略对坚持平原游击战争，渡过难关，争取抗日战争的最后胜利起了重要作用，为我军开辟和建设抗日根据地奠定了基础。

壮大人民武装力量，建设根据地

1938年下半年，各抗日游击武装统一整编为八路军，清河区的抗日游击战争全面发动起来。10月，中共清河特委在临淄县苇子河召开了县委书记和党的活动分子会议，传达了郭洪涛同志在省委召开的县委书记联席会议上做的《目前战争形势及我们的当前任务》的报告，讨论和部署了发展武装、建立群众抗日团体、开展敌后游击战争，准备坚持长期艰苦斗争等各项任务。这次会议后，我地方党组织在邹平、长山、桓台、益都、寿光、临淄等地广泛发动群众，建立抗日自卫团，组织抗日团体，健全和发展党的地方组织，初步开展了创建根据地的工作。

1939年7月上旬，中共清河特委奉命改组为清河地委，我任书记，苏杰任组织部长，赵明新任宣传部长，李云鹤任统战部长，杨国夫任军事部长，并充实加强了工、农、青、妇各群众组织和地方工作的领导。清河地委在长山县傅村一带召开会议，研究清河区的斗争形势，部署建党、建军、建政和创建平原根据地的各项任务。自此之后，各项工作都有较快的发展，先后建立了益都、寿光、临淄、广饶、博兴、邹（平）长（山）、长（山）、桓（台）等七个县委。至1940年春，全区党员由1939年10月的9000多名发展到1.1万余名。与此同时，工、农、青、妇组织及自卫团也得到迅速发展。到1940年底，群众组织已达30万人。已建立县委的县还先后成立了抗日民主政府。1939年9月，奉山东纵队命令，清河区成立八路军山东纵队第六军分区，加强对地方武装的领导，马千里任司令员，我兼政委，许云轩任参谋长，毕秀清任政治处主任；各县建立了县大队或独立营，各区建立了区中队。

为了进一步搞好政权建设，1939年10月，中共清河地委在寿光县牛头镇专门召开了五个县的政权工作领导干部会议，研究抗日民主政府的工作，总结经验，并根据中共中央《抗日救国十大纲领》，提出了一个施政纲领。1940 年 5 月，清河区各界人民代表，社会贤达在临淄县的李家𡎚高村举行会议，选举产生了清河区临时参议会和清河区行政专员公署。接着，各县、区也都先后召开人民代表会议，选举产生了各级参议会和政权机关。

1940 年春，我军开辟小清河与黄河之间的地区时，中共清河地委组织了工作团随军北进，开展广饶北部、博兴、蒲台、高苑各县新区工作。在这些县先后建立了县委、县政权和各种人民抗日团体。

1940 年 10 月，清河地委在博兴纯化镇召开了清河区第一次党代会，13 个县的 180 名代表，代表全区 1.6 万多名党员参加了会议。大会着重研究了当时清河区的抗战形势，继续发展和巩固清河根据地的问题；提出了“巩固河南（小清河南），发展河北”的各项具体任务：继续发展党的组织，扩大群众组织，建设地方武装，开展群众性的游击战争；充实和健全县、区政府机构，开展根据地建设工作。这次会议，根据上级决定，将清河地委改为清河区党委，我任书记。12 月，在纯化镇召开了清河区工、农、青、妇、文各界代表会议，到会代表 300 余人。会议传达了山东省各界代表会议的精神及各项任务，布置了进一步发动群众，扩大群众组织的工作，并宣布成立清河区各界抗日救国会和各界抗日救国联合会。与此同时，召开了第二届临时参议会，决定将清河区专员公署改为清河区行政主任公署，选举了议长、副议长，行政公署主任、副主任。至此，清河区东起寿光，西至章丘、历城，南以胶济铁路为界与鲁中为邻，北至黄河，共辖 17 个县。根据地面积 2.2 万余平方里，人口近 110 万。1941 年我军解放垦利、沾化地区以后，又开展了垦区工作，根据地得到进一步发展和巩固。

在抗日根据地的建设中，有这样几件事我至今记忆犹新：

一、挖抗日沟，大规模地改造地形。平原游击战争与山区不同。在敌强我弱的情况下，必须变敌之长处为短处，变我之短处为长处，以机动灵活的运动游击战，保存自己，打击敌人。从1939年8月起，我们就提出学习冀南挖抗日沟改造地形的经验，将根据地内的大小道路都挖成沟内路，形成沟网，抗日军民在沟内既可行路又可战斗。号召发出后得到广大军民热烈响应，各级政府组织动员群众夜以继日地挖沟。根据地内挖完了，再向接敌区、游击区发展，白天不能挖就夜间挖、由部队掩护着挖。日伪对挖好的沟极力破坏，强迫群众填平。可是白天平了，群众夜间又挖，反复多次，坚持挖下去。这一工程在坚持平原游击战争中确实起了重要作用。在1943年的一次敌人连续21天的大“扫荡”中，我和军区指挥机关的一部分同志与杨国夫司令失去联系，前后都是敌人，我们在一条沟内隐蔽整整一天，未被敌人发现，晚上才转移出来。

二、在抗日民主政权日益健全的情况下，积极开展经济和文化教育建设。为了抗战的需要，必须鼓励农民把地种好，多产粮棉，保证军民的粮食和衣物供应。我们在全区发动群众组织互助组，奖励劳动模范，提高农民的生产积极性。当时广北的李洪洲、高化基，博兴的韩秀贞、王凤祥、杨恒伦等人，就是清河区有名的劳动模范。各县都有县一级的劳动模范。在农业税收方面，实行合理负担累进税法，征收救国公粮。在开辟垦区以后，我们组织机关、群众开荒生产，谁种谁收。开新荒，三年不交公粮。并颁发了《整顿垦区土地暂行办法》，禁止地主、恶霸强占土地，把公有荒地分配给抗属、贫民和难民。从1942年到1945年，在垦区共安置难民2.36万户，10万余人，开荒40余万亩。

我们充分利用清河区产棉的有利条件，发展农村纺织业，开办公营和合作社营的织布工厂，发展公私油坊榨油、手工卷烟。1943年开盐田3000余亩，产盐6000多万斤。建立北海银行清河区分行，根据地禁用伪钞、统一使用北海币，并发放贷款，扶持工农业生产，仅1943年就发放农贷500余万元。加强工商管理，工商管理局统一管理公营工商业和监督私营工商业的经营，有计划地组织粮、棉、盐等物资交流，组织对敌占区的贸易工作，购进根据地内缺少的物资。民主政府还建立了税务机构，解决抗日经费之需。特别是动员和组织大批人力、物力进行整治黄河和消灭蝗虫两项工作，对保护农业生产和人民的生命财产安全作出了重大贡献。

在文化建设方面，清河区出版了《群众报》、《青年人》、《清河妇女》、《战地妇女》等报刊，部队出版了《曙光报》，并翻印了《论持久战》、《论新阶段》、《抗日游击战争的战略问题》等毛主席著作，以及宣传抗战的通俗读物和漫画。在印刷技术方面，从油印、石印，发展为铅印。还办了新华社清河支社，部队和地方都办了文工团，演出宣传抗战的节目，对鼓舞军民的斗志起了很好的作用。在教育方面，根据地各村庄大都办有小学，各抗日团体办了夜校、识字班，进行成人教育。干部训练方面，区党委办有党校，部队办了教导营，政府部门办了许多训练班和工商管理学校。通过这些渠道，吸收和培养大批干部，适应了抗战的需要。

三、实行减租减息，改善群众生活，更大地调动广大农民抗战和生产的积极性。实践证明，这是根据地建设中必不可少的根本内容。1942 年中共山东分局在刘少奇同志指导下，进行了四年工作总结，指出山东根据地内必须发动群众搞减租减息。清河区是从 1942 年下半年开始发动群众实行减租减息的。当时，这里的租息都很高，地租按三七或四六分（即亩产的 60% 或 70% 归地主，其余归种地农民）；借贷，一般是年利三分以上；买物借贷利息更重，春借一斗，秋还两斗或三斗。这种高利贷，群众叫“驴打滚”。雇工干一年活，除糊口外，所得寥寥无几。因此，党和抗日民主政府提出的“实行二五减租、分半减息、增加工资”的号召，得到广大农民热烈拥护，雇农、佃农积极性更加高涨。领导机关派出很多工作组，帮助农民搞双减一增，深受农民欢迎。仅垦区 1942 年冬减租者即达 1900 余户，减息 800 多石，增加工资者千人以上。当运动发展起来以后，群众进一步提出反对恶霸和民选村政权的要求，党和民主政府坚决支持群众，把减租减息、反霸斗争作为1943年全年的中心工作。经过一年的群众运动以后，根据地面貌为之一新，在农村中树立了群众的优势。

四、加强武装建设，充实主力部队，扩大地方武装。八路军主力部队、地方武装和民兵三种形式的武装力量，是根据地的支柱，是根据地的创建者和保卫者。清河区各级党组织非常重视武装建设，除主力部队外，各县都有县大队或独立营，区里有区中队，农村有不脱产的民兵自卫团。曾有一个时期（1942年至1943年），因战斗频繁，部队减员，但没有深入发动群众参军，单纯依靠地方武装补充主力，因而既削弱了地方武装，主力部队也得不到经常的兵员补充。1945年初，在进行减租减息、民主反霸深入发动群众的基础上，开展了大参军运动。几个月的时间内，全区万余名青年参加了主力和地方武装，仅广北五个区就有3000余名青年参军。全区到处锣鼓喧天，红旗招展，到处是披红戴花欢送和欢迎新战士入伍的场面，出现了父送子、妻送郎、兄弟争相上战场的动人景象。

在民兵武装的建设方面，早在创建根据地初期，即组织自卫团站岗放哨，盘查可疑分子，捕捉敌特汉奸，并组织基干自卫团配合部队作战。后来，军区、军分区、县、区都设立了人民武装委员会（简称武委会），负责民兵的组织与建设工作。在抗战期间，全区民兵发展到几万人，自卫团几十万人，在参军、参战，支援前线工作中发挥了重大作用。

胜利的根据地保卫战

清河区抗日游击战争的形势，从1941年开始逐渐进入更紧张的时期。全区经常驻守的日军在2万人以上，伪军和投降派军队也达5万人以上。从1941年到1943年，日军对根据地的“扫荡”和“蚕食”，一年比一年频繁、残酷，实行所谓“囚笼”政策、“蚕食”政策、“三光”政策、“强化治安”、“军事、政治、经济总体战”，“扫荡”的规模和组织性、严密性、残酷性都达到空前未有的程度。1941年，敌人重点“蚕食”我小清河以南根据地，至1942年夏，小清河以南只剩了寿光以北的清水泊和邹长南部的长白山小块根据地。1942年6月，青岛、潍县、张店之敌5000余人进犯我清水泊根据地，清河军区领导机关和一部主力，英勇机智反击，打退了敌人的进攻。但到了1942年1月1日，广饶、博兴、益都、临淄、寿光之敌5000余人，对我益、寿、临、广四县边区根据地反复“扫荡”后，这些地区全部被“蚕食”。与此同时，清西地区国民党投降派张景南、高松坡、杜心斋、孙永瓒等部，配合日军“扫荡”我长白山区根据地。我军则转入敌后，破袭胶济铁路，诱迫敌人出窠，趁机拔除敌人在山区新设的碉堡、据点，重新恢复了清河区唯一的山区根据地。1942年8月，惠民敌酋高川及伪武定（惠民）道道尹刘景尧，纠集日伪军7000余人，从清河区北部“蚕食”我沾化、利津、垦利根据地。我军英勇反击，歼敌700余人。10月，敌人在第六混成旅团长幡井指挥下，采用“铁壁合围”的战术，再次分路进攻我清水泊根据地，经激战，又被我击退，幡井亦被击伤。但由于军分区机关指挥失误，我军亦受到较重损失。11月，博兴县城日伪军袭击我王集一带根据地，遭我反击，残敌退却。这类地方性的反“扫荡”战斗，不计其数，几乎天天都有。

在斗争最艰苦的1943年，日伪军千人以上的“扫荡”十余次，其中万人以上的大“扫荡”、大“蚕食”就有四次：第一次，1月，日伪军1.2万余人，连续对我广、博、蒲根据地，垦利根据地和清西军分区高、青根据地进行合围“扫荡”，被我军击退。在激战中，我清西军分区参谋长韩子衡同志壮烈牺牲。第二次，4月间，日伪军2万余人，在飞机、舰艇配合下，再次对我广、博、蒲地区合围，被我军击退。第三次，5 月份，日伪军 1.2 万余人，并胁迫民夫 4 万余人，带着镰刀，赶着大车，企图抢掠根据地内即将成熟的小麦，并安设据点，“蚕食”我小清河以南根据地。我军给以有力反击，四战四捷，将敌人击退。第四次，敌人于 11 月集中抽调 2.6 万余人、1000 多辆汽车、十多辆坦克、十几架飞机，进行规模空前的大“扫荡”。我军艰苦奋战一个月，又一次粉碎了敌人的进攻。敌人连续四次大“扫荡”、大“蚕食”的特点是：规模大，时间长，手段残暴，对我根据地实行毁灭性的破坏，我军利用敌人的弱点，采取正确的战术，不论敌人使用多少兵力，当其深入我根据地后，还是有隙可寻。对敌人的包围，我们采用“翻边战术”，趁夜间跳出敌人的合围圈，转入敌后打击敌人。如 1943 年 11 月敌人第四次“扫荡”时，第一天在我军阻击、袭扰下，敌人只前进了 30 余华里。天黑了，我军留一部分部队在内线继续战斗，咬住敌人，领导机关及大部主力却趁夜跳出敌人合围，不仅使敌人聚歼我指挥机关的阴谋失败，而且主力转入敌后歼灭敌人。其次，我军实行内外线配合作战，内线部队化整为零配合地方武装、民兵游击小组，开展地雷战、麻雀战，袭扰、打击敌人；转至外线的部队，则伺机打击敌人守备薄弱的据点。在敌人第四次大“扫荡”中，许多据点的日伪军倾巢而出，留守兵力很少，我军则乘机攻其老巢。当时蒲台县的旧镇据点，守敌 300 余人被调去 200 多参加“扫荡”，我军派出 7 名战士化装成老百姓，以送粮草为名进入据点，端了敌人老窝。高苑司家官庄据点原驻日伪军 200 多人，我地方武装和民兵趁夜进攻，守敌全部被歼灭。第三，对不同的敌人，使用不同的战法，对以日军为主的“扫荡”战，使用游击战术，避实击虚，攻其不备；对伪军、投降派为主的敌人，则正面打击，攻其据点，歼其兵力。如 5 月间，1.2 万余敌人（主要是伪军和投降派）胁迫民夫 4 万余人的那次抢粮和“蚕食”，我军正面迎击，20 天内连打四仗，四战四捷。第一仗攻克北隋、牛庄，歼灭伪军李青山部；

第二仗攻克广、博、蒲三边地带之三里庄，歼灭伪军成建基部；第三仗攻打广北斜里巴据点，重创伪和平建国军王道部两个营，迫使该敌撤退；第四仗攻克了博兴投降派之王文据点，全歼守敌，活捉其副团长刘子刚。四战皆捷后，敌人全线溃退，我军乘胜追击，平毁敌人在小清河上设置之碉堡封锁线，收复了益、寿、临、广四县边区根据地。在这次战役中，全区各地配合主战场的大小战斗达409次，攻克敌据点139处，毙伤日军113名，俘日军1名，毙伤伪军及投降派部队2010人，俘2148名，缴获马步枪2623支，机枪32挺，大小炮24门，各种弹药5万余发，击毁敌汽车5辆，破坏公路550华里。这次战役的胜利，对保卫根据地，坚持清河平原游击战争有着重大意义，受到山东军区通令嘉奖。第四，利用敌人内部矛盾，争取和瓦解伪军。如伪灭共建国军第八团王道部原驻益（都）、寿（光）一带，对日军令其到小清河以北荒碱地区“蚕食”我根据地，内心不满，而当我军攻其斜里巴据点时，日军又不增援。于是他们对日军更加不满，为免遭灭顶之灾，就向我军提出要求。我军便布置了一场假战，掩护他们回到小清河以南。从此他们与我军建立了联系，于1944年7月起义，编为八路军山东军区独立第一旅。这一事件，对粉碎敌人的“扫荡”、“蚕食”起了重要作用。第五，做好反“扫荡”的动员、准备工作。在反“扫荡”之前我们便在部队、干部、群众中进行广泛深入的政治动员，增强斗志，克服麻痹、侥幸思想和恐惧心理，做好“坚壁清野”工作，把粮食、衣物埋藏起来，把牲口转移到隐蔽的根据地去。同时布置各级干部坚持阵地，领导群众一起反“扫荡”、反“蚕食”；县区地方武装、民兵组织准备好弹药、地雷、手榴弹等，准备袭扰敌人，掩护、保卫群众，并随时配合主力作战。由于这些准备工作做得好，在几次敌人大“扫荡”中都能够比较有组织地与敌人展开斗争，减少损失。广北九区李家屋子一位五六十岁的李大娘被敌人抓住后，敌人用火烧，用凉水灌，逼问她八路、粮食在哪里，但她坚贞不屈，守口如瓶，保住机密，避免了损失。

在庆祝胜利的大会上，区党委、军区、行署表扬了这位妇女英雄。

两军会师，夺取最后胜利

1944 年初，根据斗争形势的需要，为便于清河区与冀鲁边区统一指挥，有利作战，山东分局和山东军区报请中央批准，决定将两区合并成立渤海区。这实际上是两个军区的会师，力量加强了，更有利于发挥我军的优势。全区军民积极准备对日反攻。

渤海军区建立后，对部队进行整训，于 7 月下旬开始组织夏季攻势。战役第一阶段的作战目标是进攻益寿边区的敌伪据点，策应驻寿光县丰城的伪第八团王道部起义。与此同时，广饶县伪警备队一个中队 100 余人，在队长苏景三率领下起义；23 日，我军在延家集围歼伪李青山部四个连；同时，还拔除了寿光、益都、广饶边区之敌伪据点 20 余处，切断了广（饶）寿（光）公路。从此，使我寿光根据地与益、寿、临、广四县边区连成一片。战役第二阶段，我军于 8 月挥师北上，夺取了利津县城。8 月中旬继续向北进军，控制了徒骇河两岸的广大地区。一分区部队先后解放了乐陵、南皮两县城，二分区部队解放了临邑县城，六分区部队解放了高苑县的大部。在整个夏季战役中，我军指战员发扬了不怕疲劳、连续作战的精神，英勇战斗，总计拔除敌伪据点 280 余处，歼灭日伪军 10740 余人，解放同胞 200 余万人，创造了这个地区抗战以来前所未有的辉煌战果。

1945 年，根据山东军区的作战部署，渤海军区以开辟胶济路东段广大地区为主要目标，进一步扩大和巩固我中心根据地，缩小胶东、渤海、鲁中三大地区之间的敌占区。作战部署分为两步：第一步是拔除一些突出于我根据地边沿的敌伪据点，第二步完成胶济路东段的作战任务。据此，军区主力和五分区部队于4月15日首先发起了讨伐伪第六方面军张景月部的战役。我军连克寿光县境内之王高、袁家桥、邢家茅坨等据点，随后又恢复了羊角沟，共毙伤敌1500余人，收复了侯镇公路两侧的广大地区。5月7日，开始了讨张（景月）战役的第二阶段，连续攻克侯镇、丰城等据点，毙伤俘敌伪军2700余人。

6月10日发起以恢复蒲台县城为目标的蒲滨战役，攻克了蒲台、道旭、北镇、滨县城、鳌头周等日伪据点24个，解放了蒲台、滨县两县大小村镇600余个，人口30余万，毙伤俘及反正敌伪军2900余人，缴获长短枪1500余支，机枪23挺，炮12门，汽车11辆，战马40匹，粮食31万斤。7月1日，山东军区首长通令嘉奖参战部队。从此，横跨黄河两岸的四、六分区根据地连成一片，渤海区根据地得到进一步巩固和扩大。

7月底，我军又发起第二次讨张（景月）战役。首战目标是攻克张景月吹嘘为“铜墙铁壁”的田柳庄据点。守敌是张景月的主力团，2700余人。经几天强攻，冲进了围墙，又遭敌人反扑。赶来增援的胶东军区十三团，用两门步兵炮将敌人火力压住。我军与敌军在村内展开激烈战斗，敌人纷纷投降，伪团长马成龙和副司令孟竹三被我活捉，南面增援的敌人也被我击退。张景月闻讯率其司令部从尚庄、垒村仓皇逃跑。

田柳庄战斗胜利的那天，正是日本宣布投降的日子，我全体指战员欢腾雀跃，高兴万分，立即乘胜向日军盘踞的寿光县城进攻。伪军数百人投降，一个小队日军拒降顽抗，被我全歼。

这时我军接到毛泽东主席向全国军民发出的《对日寇的最后一战》的指示，山东军区发布了山东我军分五路向敌人进军的命令。渤海军区部队协同友邻部队进攻益都至济南和天津至济南两线之敌，并命令渤海区组成第四前线指挥部，将主力部队组成山东野战军第七师和第六、七两个警备旅。第四前线指挥部根据敌情，兵分三路举行全面反攻。主力部队为南路，沿胶济线由东向西进军，先后收复了寿光、临淄、广饶、桓台、长山、邹平、章丘、齐东等县城；中路部队于小清河以北黄河以南地区，先后收复了博兴、高苑、青城等县城，北路部队收复了宁津、阳信、临邑等县城，并派一支部队直逼津浦铁路，攻占桑园车站，切断了津浦路北段交通。

在我军反攻中，渤海区境内敌伪军大部被消灭，残敌逃至胶济、津浦两条铁路线上。另几股较大的伪军和投降派部队分别据守在惠民、商河、无棣几个县城，妄图作困兽之斗。这时，国民党中央下了一道不准八路军接受日伪投降的命令。摆在我军面前有两种选择：一是夺取济南，这将使我军与数万日伪军及国民党刚刚空运到济南的部队作战，而且济南有较强的城防工事，如强攻，势必打一场消耗战，于我不利。二是暂将济南和铁路线上的敌人放在一边，主力移师北进，消灭惠民、无棣、商河的伪军和投降派部队，肃清内地敌人后再进攻铁路线和济南这样的大城市。正在权衡这两种选择时，山东军区政治部主任兼山东反攻前线总指挥萧华同志赶到邹平，向我们传达了毛泽东主席《抗日战争胜利后的时局和我们的方针》的指示，明确了我军要先攻取小城市和乡村，消灭内地敌人，巩固后方，然后再进攻大城市的指导思想。我们决定采取第二种选择，军区主力随即挥戈北进，以夺取惠民城，消灭惠城之敌为第一个目标。部队从青城渡黄河追击撤离渡口逃敌，在惠民城南徒骇河畔，将杜孝先、成建基等几股屡遭我军打击后的残敌围歼。伪军溃散，落荒而逃，我军缴获大量武器弹药。9 月 1 日，我北路大军解放了惠民城。9 月 4 日，我二分区部队解放济阳县城；9 月 9 日，一分区部队解放了盐山县城。这时庆云、盐山、德平、陵县的伪军残部慑于我军压力麇集于商河、无棣两县城。两处伪军共万余人。我三路大军分别兵临商河、无棣城下。前线司令部决定把力量较弱的商河县城敌人包围，而先打较强的无棣城敌人。经四天激战，无棣守敌投降派保安第六旅张子良部 6000 余人被我全歼，张子良被击毙，副旅长冯振纲被活捉。被我军围困在商河的伪军师长田敬章、副师长李光明、白玉章所部4500余人，当我打下商河东门外水寨村时，便宣布投降。二、六分区部队，在章丘讨伐翟毓蔚部，歼敌3000余人；一、三分区部队进击津浦铁路沧县至德州段，攻占了吴桥城。

从8月1日我军发起田柳庄战斗至9月底，渤海区我军共歼敌2.6万余人，解放县城25座、人口575万。除津浦、胶济铁路线上的大部城镇尚为日伪军控制外，渤海区内地成股的敌人已全部被歼。新老解放区一片欢腾，到处锣鼓喧天，鞭炮齐鸣，群众笑逐颜开，载歌载舞，庆祝胜利，慰问人民军队。

商河战斗结束后，又接中共山东分局和山东军区通知："根据中央指示，山东军区司令罗荣桓、政治部主任萧华，率山东主力部队，由陆、海两路赶赴东北，收复东北国土。"并决定杨国夫司令员、龙书金副司令员、徐斌洲政委、阎捷三参谋长率第七师，再组建一个旅，由军区副政委刘其人、四分区司令员王兆祥、分区政委陈德、三分区司令员刘贤权等率领，共六个多团的兵力，星夜兼程进军东北。区党委、军区立即研究，一致认为这是党中央、毛主席的重大战略部署，必须坚决执行。七师和一个新编旅去东北后，渤海区尚有万余人的武装，仍能完成保卫渤海区抗战胜利果实的任务。在区党委、军区及各地委、军分区去留干部确定以后，分级进行了深入动员，提高认识，统一思想，做到走者愉快，留者安心。各级干部带头，做好干部和战士的思想工作，发挥党组织的核心堡垒作用，巩固部队，提高士气。经过部署、动员以后，全体指战员一致拥护中央的英明决定，自觉自愿地远征东北或留渤海区工作。

共同战斗八年的战友就要分手了，各自依依惜别。为了保密，没有举行欢送大会，战友们互相话别，预祝新的胜利。留在渤海区的同志，送别远征东北的战友，表示一定完成保卫渤海区胜利果实的任务，配合他们远征的战斗。

抗日战争时期的北海银行

陈文其

1938年秋天，我们胶东的北海银行在掖县正式宣告成立了。银行成立后，通过发行地方本币，同日本人、投降派、顽固派进行了错综复杂的货币斗争，粉碎了敌人对我根据地的封锁和掠夺；同时通过低利贷款，扶持了群众生产，发展了根据地的经济，改善了人民群众的生活。北海银行是在斗争中发展起来的。它不但为胶东的抗日战争提供了雄厚的物质基础，而且还多次向我山东党政机关解送过黄金和北海币，对支援全省的抗日战争作出了积极的贡献。

1937年七七事变后，日寇大举入侵我国，占领了华北大量领土，同时在金融战线上也展开了疯狂的侵略和掠夺。他们指使日本正金银行、朝鲜银行和台湾银行发行所谓日元钞票，推行于华北一带。

当时，我党已在胶东地区初创蓬（莱）、黄（县）、掖（县）根据地，但根据地内的金融市场还是比较混乱的。国民党的法币（即中央银行、中国银行、交通银行发行的票子）不敷流通，韩复榘的民生银行的票子信用很差，地方商号出的流通券、土票很杂，影响市面交易。国民党顽固派滥发纸币，以暴力从经济上掠夺人民。山东民生银行战前发行民生票2000多万，沈鸿烈当了省主席以后，仅1939年一年即增发1200万元。各地土顽也争相出票子，据不完全统计，山东各地国民党的司令、专员、县长等，发行的各种票券即有72种之多。这些国民党司令、专员、县长们所发行的货币，几乎全部成为废纸①。

1938年3月10日，又在北平成立了伪中国联合准备银行，在济南、青岛、烟台均设有机构，发行“联银券”，强制华北沦陷区人民行使，并侵入我根据地，以此来掠夺中国人民的大量财富，实行“以战养战”。

伪联银券发行后，日军即用伪钞来调换法币，再用法币从英美银行套取外汇，购买军火原料，杀我人民，并且妄图削弱法币的外汇基金，动摇法币的基础，进而把法币逐出华北，使我敌后人民金融窘困。

为了粉碎敌人以战养战的阴谋，阻止伪钞的泛滥，调整根据地的金融，使我党我军有可靠的经济保证，以利坚持长期抗战，迫切需要建立人民自己的银行，发行自己的票子。1938年10月，毛主席在扩大的六中全会上的报告《论新阶段》中指示：“要有计划地与敌人发行伪币及破坏法币的政策作斗争，允许被割断区域设立地方银行，发行地方货币；由国家银行办理低利借贷，协助生产事业的发展及商品的流通。”毛主席的指示阐明了抗日战争时期财政工作的方针政策。中共中央也指示：陆续建立起来的敌后抗日根据地，要发行自己的货币。

还在胶东特委进驻掖县、三支队和三军合编之前，掖县三支队即已着手筹办银行、出票子。具体负责筹备工作的是张玉田。他原是青岛中鲁银行经理，因避战乱回掖县老家，路上被平度国民党顽固派第五战区第十六支队司令张金铭截去汽车，并派人去抓他，跑到掖县城后被三支队收留。三支队领导听说他是个银行家，即请他筹建银

① 《山东行政委员辛葭舟批驳国民党提出的取消民主地区发行之货币问题》，原载《大众日报》1944年11月3日。

行。特委到掖县、部队合编为山纵五支队后，县长于烺对创办银行也很重视，曾将此事呈报特委，得到特委和五支队的支持，于是在原有的基础上，作为蓬黄掖根据地的银行，继续进行筹建。由于根据地面临北海，所以定名为“北海银行”，张玉田即担任了银行行长。当时还拟在黄县建立分行，故由陈文其任副行长兼黄县分行行长。北海银行原定资本金25万元，由五支队出股金7.5万元，其余17.5万元分别由三县集募民股。实收资本金10.1万余元。当时出的票子，有一元、五角、二角、一角四种票面。票版用的是铜版，由掖县一家私人印刷局印刷。在掖县这段时间，大约发行了9.5万元北海币。

北海币一发行，便在群众中取得了很高的信誉，在蓬黄掖一带很快流通起来。随后由于形势变化，伪匪张宗援、刘桂堂（黑七）从西面侵入胶东，春节前后，我们的政权便依次撤出掖县、黄县、蓬莱三县县城，转入山区坚持游击战争。这时，北海银行也随之撤出掖县。在群众的帮助下，把带出来的账册、票版和剩下的一部分票子，安插在蓬莱北沟。至此，在掖县创立的北海银行，就暂时停止了工作。

我民主政府撤出县城之后，群众担心北海币就此作废。区党委研究了这一情况，认为北海币是我们自己出的票子，不能停止使用。因为停止使用就等于不要群众；不要群众，还谈得上什么抗战呢？因此区党委决定北海币继续使用。这样，群众情绪逐渐稳定，我们的北海币仍然公开地在非敌占区流通。翻一翻当时的《大众报》还可以看到这样的记载：在黄县城、龙口特区，甚至在伪军当中，北海币也广泛地使用着。日寇虽然三番五次地下令禁止，有的伪军因为使用北海币，甚至被抓去毒打一顿，但总是没有效果，北海币仍然在暗地里流通着。而伪准备银行的票子，虽然借着敌伪军政势力来推行，但一般的老百姓就是在不得已时使用了，也马上拿到黄县城里或龙口特区买成货物。

在撤出三县县城之后，胶东区党委转移到莱阳西北部的张格庄，北海银行副行长陈文其随区党委财委会也转移到这里（行长张玉田与国民党顽固派赵保原有旧，被赵保原要去了）。1939 年 4 月，《中央对山东问题之处置办法》指出：“山东方面过去退让太多，如接受取消北海行政公署及北海银行”。5 月 19 日，《中央关于山东工作方针的指示》又强调：“已得的政权绝不应放弃，并还应争取新的县区政权。在财政经济问题上，已得的财源决不应放弃，公开说明八路军及游击队打仗不能不吃饭。”5 月，《山东分局对胶东今后工作意见》中也要求“坚决保持蓬黄掖三县已获得的政权，相机扩大我们的行政区域”，同时要求“北海银行努力经营，保持在我们手里，必须成为全省的金融调剂机关”。因此，区党委决定重建北海银行，恢复印钞。即派陈文其同志带了警卫员，到莱阳城找张玉田交涉，又到蓬莱北沟起回了安插在那里的票版、账册等，并指示大众报社印刷厂代印北海币。1939 年八九月间，北海银行重新建立，陈文其任行长，工作人员有姜文、王仁斋、刁钺、刘涤生等几位同志。是年冬，区党委离开张格庄时，报社给了我们一部分机器，至此，北海银行才有了自己的印刷厂。

那时候，为了迷惑敌人，北海银行对外曾用“天兴福”、“东记栈”等代号。由于敌人的频繁“扫荡”，我银行印刷厂常常要搬迁，有时来不及转移，群众就帮助我们掩埋印钞器材，存插钞票。等敌伪“扫荡”过后，再把机器挖出来继续印刷。印钞条件是很差的，一副票版用不了多久就要更换，我们自己不能制版，要到敌占区去制。为避敌人耳目，特意做上“冥府银行”字样，回来再换上“北海银行”字样。票纸、油墨等也要到敌区购买。在敌人严密封锁下，为我们采买的商人，一次能买到十令八令就是大户。这样，我们只好有什么型号的纸就用什么纸，有什么样的油墨就用什么颜色印刷。所以印的票子，往往同一种票版，却纸型不一，颜色不一。为了便于流通，就分别带上“发”、“展”、“农”、“村”、“经”、“济”等字样，以示区别。

随着抗战形势的不断发展，我们的印刷条件也逐步有了改善。开始，只在北海有一个印刷厂，后来，在东海也建立了一个印刷厂。所用的机器，开始只有“脚蹬子”，之后有了四页机，再后来，由胶东驻上海办事处刘若明同志，通过在上海经营印刷业的于鲁若同志，为我们买来了胶版机。同时我们也有了制版工人，建立了自己的制版厂。

北海银行随着我根据地的扩大和银行业务的不断开展，逐渐发展壮大起来了。从1941年起，胶东的东、北、西、南四个海区都建立了支行，并渐次在各县建立了办事处，县以下还有若干贷款所（一个区或几个区别设一个）。

自抗日战争进入相持阶段后，日军在正面战场上停止了对国民党的军事进攻，改以政治诱降为主，抽出兵力对我敌后根据地进行残酷的“扫荡”与“蚕食”，并配以政治上的“强化治安”，经济上的统制、掠夺，实行所谓的“总力战”。在这种形势下，同敌人进行货币斗争，是一种特殊的战斗，其成败胜负，也直接关系到我根据地的发展和军民的生存。

当时，侵入我胶东地区的日军，为了加紧对我根据地进行封锁和掠夺，在货币方面，极力扩展伪钞的流通区域，排挤北海币和法币。同时利用法币和伪造的北海币，到我区大量收买粮食、生油等物资。那时候，凡是在敌人设立据点的地方，日寇一方面折收法币，迫使敌占区民众存有法币者先行登记，再换以伪钞；另一方面，在搜刮征收捐税时，强迫民众缴纳伪钞。并且强迫据点附近的集市并到据点里，勒令民众到据点内赶集，用伪钞成交。在敌我争夺地区，也常常出动小股敌人，乘集期包围集市，强搜民众腰包，遇有法币即行没收，北海币则撕毁，人遭毒打，将集市驱散，使民众不敢使用北海币和法币。

我们则针锋相对，由政府通令禁止使用伪钞。对民众持有的伪钞，少量者予以兑换，多者没收。同时还由党政军民联合起来，宣传群众，动员群众，组织查缉。为了防止敌人并集、打集，我们在每相距十里的范围以内遍设小集，半日即散。这样，可在敌人打集时易于逃散，减少损失。在敌人的据点附近，我们还有计划地推行北钞，吸收法币，减少敌人推行伪钞的空隙。

由于我们对敌人大量发行的伪钞进行了针锋相对的斗争，团结和争取了广大群众，所以，伪钞不但在我根据地内不能流通，即使敌区的商人也不愿积存伪钞，他们宁可存货也不存钱。而我们的北海币，在群众中的信誉却越来越高了。尽管敌人禁止北钞流通，但北海币不仅在根据地有巩固的阵地，并且逐步流通到敌占区去，甚至暗地里流通到敌人据点内部。当时，西海敌占区的集市上，由于敌人对北海币查缉很严，商人和群众不敢明说要北海币，但卖东西时指名要“屋里钱”，他们所说的“屋里钱”，实际上就是我们的北海币。有的商人一旦收到北海币后，就不愿再向外花了。

敌人见到北海币不但不能禁止流通，而且信用越来越高，便有计划地伪造我们的北海币，企图用假票来收买我根据地的物资，破坏北海币的信用，扰乱我金融市场。

1941 年以来，我们发现敌人伪造的假票种类很多，几乎我们发行哪种票券，敌人就伪造哪种票券的假票。他们通常是在边缘区和据点附近，以几百元伪钞买下 1000 元假北海币的价格，把假票推销给跑解放区的商人。由他们带进根据地使用。携带的方式比较隐蔽，有的装在油篓里，有的塞在车胎里，有的夹在火纸里。到我根据地后，大都在粮食市、牲口市、花布市上，找不识字的农民和妇女买东西，有时直接用假票，有时则把假票混在真票中用出去。

为了保护群众的利益，维护北海币的信誉，我们抗日民主政府颁布了查禁伪造和行使假票的法令，对伪造和行使假票的罪犯依法惩处，进行严厉打击。并在边沿地区组织查缉，防止假票流入我根据地。同时，假票一经发现，我们便立即向有关部门发出通报和写稿登报，使大家提高警惕，并且在集市上挂出真假票样，向群众宣传，在识字班和夜校里向群众讲解，帮助群众提高识别能力。群众一经发动起来，敌人的诡计就很难得逞了。记得有个使用假票的罪犯，在海阳被群众发觉后，两个民兵为了查明根底，一直跟踪到赵保原的据点附近，才把这个罪犯缉拿归案。

1941年12月8日，太平洋战争爆发，设在上海、天津等地租界里的所有中国的和英美的银行，均被日寇封闭，大约有70多亿的法币落入日寇手中。日寇既同英美开战，利用法币换取外汇显然是不可能了，再吸收法币已经无用。于是改变策略，转而排挤法币，把大量法币倾销到我敌后根据地，用以掠夺我们的粮食、原料和各种物资，企图使我根据地的货币流通量剧增，币值狂跌，物资枯竭，陷我军民生活于严重困境。中共中央当即敲响警钟，指出："敌人可能以大批法币用各种手段向我根据地抛出，吸收我资源，扰乱我金融"，并及时提出："为此，各根据地不能不予为防范，以避免或减轻上述可能遭受的损失及影响。今后各根据地在金融上总的方针应当是：建立独立的与统一的金融制度，以维护根据地的资源"。[①] 中央的指示为敌后根据地的金融斗争指明了方向。

本来，在太平洋战争前，我们是保护法币的，一方面发行北海币，用以兑换法币，避免敌人利用法币掠夺我根据地的物资；另一方面规定北海币与法币的比值为一比一，在敌我争夺区和我暂时撤出的地区，允许人民用北海币兑换法币。太平洋战争爆发后，在敌人向我根据地倾销法币的形势下，如果北海币与法币维持一比一的比值，北海币就会跟着法币飞速贬值；而法币的大量流入，又必然导致根据地的大量物资大量流出。即使提高北海币对法币的比值，也不能遏制恶性的通货膨胀，不能割断敌人假手法币掠夺我物资的吸血管。唯一的办法是使北海币与法币立即脱钩，在我根据地内停用法币，建立以北海币为本位币的独立自主的货币制度，把法币排挤到敌区去。

---

①《中央财政经济部关于法币贬值各根据地应采取的对策的指示》，1942年1月5日。

1942年9月，我胶东地区首先从东海、北海两个地区开始停用法币。1943年，又渐次及于西海和南海地区。这一次的停法排法斗争，在当时来说，是对敌经济斗争中三个环节（货币斗争、贸易斗争、生产建设）的重要一环。所以，党政军民一齐动员，各个部门密切配合，用全力来争取这一斗争的胜利。

停法排法斗争一开始，我们利用各种形式向群众宣传这一斗争的伟大意义，并由政府出布告，宣布限期停用法币。在限期内，动员群众把手里的法币用到敌区去。银行也进行兑换，换进来的法币，由贸易部门拿到敌区使用。正式停用后，便不准法币在我区行使，更不准携带法币入境。至于出入口贸易方面，则在边沿地区组织兑换，允许敌区到我区贸易的商人，以法币或伪钞兑换北海币；我区到敌区贸易的商人，以北海币兑换法币或伪钞。这样，既打破了敌人向我根据地倾销法币的阴谋，又保护了人民群众的切身利益和正常的对外贸易，因而得到了广大人民群众的积极支持，使这一斗争取得了很大胜利。正如经济学家薛暮桥所说："到日军投降前仅仅两年时间，法币、伪币跌到要用10—20元才能换到1元北海币。大家欢呼北海币把法币、伪币打倒了。"[①]

停法排法斗争的胜利，不仅阻止了法币的流入，使我根据地免受法币跌价的损失，根据地的物资免遭敌人掠夺，并且把法币排挤到敌区，换回了我们所需要的物资，从而提高了本币对法币和伪钞的比值。这样，我们就争得了贸易上的主动地位，平抑和稳定了根据地的物价，减轻了人民的生活负担，并为生产建设提供了良好的条件。单就物价来说，1942年，在我根据地买一尺布差不多需要十元钱，1944年只需要五元多钱；而在投降派赵保原盘踞的地区，买一尺布则需二三百元。在敌人或投降派敌区，买一个大饼至少需要二元多钱，吃猪肉需要七八元；而在根据地内，一元五角就可买一个大饼，一斤猪肉只需

① 《北海币回忆录》，载《北海银行50周年纪念文集》，第11页。

三元上下。薛暮桥承认:“当时胶东地区最富,币值最高,比渤海和大鲁南约高一倍(物价低一半)。省政府命令胶东区增发货币,收购物资支援大鲁南,主动提高物价,使三个地区的北海币等价流通。”①

在我们同敌伪进行货币斗争的时候,胶东的投降派也趁机滥发纸币,扰乱我胶东地区的金融市场。当时,胶东“投钞”(投降派所发钞票)之多,不下十余种,差不多每个投降派都出过一批票子。据不完全统计即有:

赵保原(原为伪军,反正后为国民党保安第三旅旅长、胶东行辕主任,后升为暂编十二师师长,后又投敌)发行莱阳地方流通券。

蔡晋康(国民党九区专员)发行栖霞救济券。

苗占奎(国民党保安第六旅旅长)发行牟平流通券。

郑维屏(国民党七区专员)发行威海地方救济券。

陈昱(国民党福山县长)发行福山地方救济券。

秦玉堂(国民党保安二十六旅旅长,后投敌)发行海阳流通券。

张金铭(国民党保安十八旅旅长)发行平度地方流通券。

李德元(赵保原部旅长)发行平度地方流通券。

从镜月(国民党荣成县长兼保安第三旅副旅长)发行文登地方流通券。

高玉璞(赵保原部旅长兼掖县县长)发行掖县地方流通券。

仅赵保原部,在卖身投靠的张玉田帮助下,就发行了数十亿元的莱阳地方流通券。还有的投降派用商会的名义出票子,但实际上是他们操纵和利用的。

投降派发行的票子,其共同点是全不兑现,并且币值日益下降,有的即使在他们盘踞的地区也不能流通,还有的甚至连投降派自己也不肯使用。所以,他们除强迫民众使用外,还用种种方法进行欺

---

①《北海币回忆录》,载《北海银行50周年纪念文集》,第13页。

骗。如投降派苗占魁、安廷赓和丁綍庭在发行投钞时，都以救济春荒为名，叫民众囤粮，把投钞发给民众，以区、乡、村的名义发行，用投钞囤起粮来，来年他再征粮。这样，粮也有了，票子也推行出去了，并且把发行的责任推到群众身上。起初，他们收捐还收这种票子，后来索性连收税也不要投钞了。在赵保原盘踞的莱阳境内，人民受投钞之害更深。截至 1944 年，赵保原出的票子总数达 20 亿元以上。当地的小麦，曾经到 7000 元一斗（每斗合 50 斤）。价值 1000 元北海币的牲口，在莱阳用赵保原的票子买就将近 10 万元。交易时，老百姓嫌点票子麻烦，就用秤称。有的老百姓还把赵保原出的票子当“冥府钞票”用，死了人不用烧纸，就烧赵保原出的票子，因为买烧纸比赵保原出的票子还贵。另外，他们还认为，人活着吃了国民党军队赵保原的亏，不能和他算账，死了也得找赵保原兑换。人们对投钞的痛恨，于此可见一斑。

投降派在滥发投钞的同时，对我北海币也采取了一系列的排挤措施。他们像日寇一样，规定带有北海币五元以上者枪毙。而且到处造谣说：“北海银行组织不合法”、“谁用北海币谁就是汉奸”、“北海银行钞票的流通是破坏金融”等等，但是，不管反动派怎样造谣破坏，我北海币在人民中的信誉却越来越高，杀头也不能禁止。而伪币、投钞则遭到人民的唾弃。特别是 1941 年反投降胜利以后，我们在金融战线上也赶走了投降派。对于他们发出的投钞，除停止使用外，抗日民主政府还通过调查没收其发行基金，用以兑现。对商会的票子，则由政府明令限期收回，并发动持票人找发票人兑现，或由发票人缴纳保证金，由政府负责收回。发行人逃走者，即以其财产作抵押，收回其发行的私钞。

1940 年前后，由于敌伪和投降派对我胶东根据地的烧杀抢掠，群众的战争负担加重了，农村金融呆滞紧缩。再加上有些高利贷者暗中勒索高利，使许多群众贫困缺钱，无力购买肥料、农具和耕牛等生产资料。这直接影响了根据地的生产和战争的供给，给抗日战争带来很大的困难。

为了改善我根据地农民的生产条件，打击高利贷者，增加生产，使坚持抗日战争有坚固的后方和雄厚的物质基础，在胶东区党委的直接领导下，从1940年起，北海银行就开始在农村发放贷款。那时候，由于银行还没有设立下属机构，贷款是通过政府在专、县设立贷款所发放的，资金由银行拨给，贷款是无息的。这样，虽然在帮助农民解决生产困难方面起了一些作用，但贷款数量毕竟很少，而且只限于少数地区。

1942年，党中央发布了抗日战争时期的土地政策。胶东各县区逐步设立了农民贷款所，在当地农救会的领导下，专门办理农村低利贷款。是年，我根据地发动群众开展减租减息运动，取得了很大成绩，根据地得到进一步巩固，货币斗争也取得了决定性的胜利。这时，银行工作的重点便转为扶持生产，繁荣农村经济，开展根据地的经济建设，为迎接反攻积蓄物资。因此，各地农民贷款所全由银行接收。从此，农村贷款工作，便由银行直接办理了。

那时候，环境还很恶劣，银行工作人员常常要冒着生命危险，深入到群众中了解情况，发放贷款。边沿地区的群众，也常常为我深入农村的同志站岗放哨，送情报，保证我们的同志能够安全顺利开展工作。

在开展大生产运动中，胶东是把兴修水利和增施肥料作为提高农业生产的中心环节，把推广植棉当作发展纺织事业的可靠保证。银行贷款也是围绕这个要求进行的。记得1944年的春贷，银行就发放了1500万元贷款，供农民兴修水利，购买肥料，并贷放了50多万斤棉种。这一年，胶东水利事业有了很大发展。由于水浇地大大地增加了，从而提高了单位面积的产量。过去，胶东开展纺织事业，要从苏中区、渤海区进棉花，推广植棉、贷放棉种后，实现了棉花自给，群众性的纺织事业发展起来了，全区光是纺织社就有1700多处。纺织事业的发展，不仅使全区军民穿衣可以自给，同时也扭转了根据地内布贵粮贱的局面。

银行贷款在扶持生产中，是以贫苦农民、变工组、合作社为重点的。银行通过贷款，引导农民逐步走向“组织起来”的道路。有的组织了变工组，也有的组织了纺织合作社、农业合作社等。在抗日战争后期，东海地区组织起来的农户，已占百分之六十以上。对于贫苦的军工烈属，还给以优先照顾，以配合优军优属工作，使在前方的子弟兵和工作人员安心工作，奋勇杀敌。对于中农和少数富农，我们也适当地贷款给他们，以便更好地团结他们抗日，同时也是为了增加生产，支援前线。

处在敌伪和投降派统治之下的人民，常常因为被逼迫得生活不下去了，逃来我根据地。对此，除发动根据地人民帮助安置外，并由政府借给他们粮食，银行给予贷款，帮助他们生产自救。1944年春节前后，仅东海区就为2200多户难民发放了贷款。

同时，银行还注意恢复和发展新解放区的生产。1945年2月，讨伐大汉奸赵保原之后，使莱阳80万同胞重见天日。当时，长期受赵逆盘剥的人民，连下地的种子都没有了，银行便一次发放了200万元的春贷。1945年夏季的讨逆攻势，解放了平西，我们又及时贷给人民200多万元。

在我银行的大力扶持下，胶东地区的农业生产逐渐恢复和发展起来，人民的生活也逐步有了改善。

银行除了扶持农业生产和农村副业之外，对沿海渔业和农村运销，也都做了适当的扶持。

沿海渔村解放前，存在着两种剥削关系：一种是渔行对渔民的剥削，往往是在渔汛季节前，乘渔民生活困难和修船补网急需用钱之机，放高利贷；另一种是“舨主子”（船、网等生产资料的所有者）对“艄公”（专门出卖劳动力的渔业工人）的剥削。“舨主子”出船、网，与用他船、网的工人对半分鱼，而船上的伙食费全由工人负担，有的打了一辈子鱼也还不清伙食账。也有的渔民自己有网，用“舨主子”的船打鱼，“舨主子”就以给他“捎网”为条件，要渔民下海时先下他的网，白给他打鱼。春天下海捕鱼前，渔民还要给船主修船补网，不但不给工钱，还得吃自己的饭。打完鱼结账时，船主还要抽5%到7%的“戏捐”等等。

沿海渔村解放后，渔村开展了轰轰烈烈的反霸运动，渔民清算了很多渔行，分得了不少捕鱼工具。渔救会和渔业合作社成立以后，银行便与合作社配合，将贷款一总交给合作社，由合作社准备下渔需物资，再根据渔民所需物资的价格确定贷款数额，然后开给借据，凭借据到合作社领取物资。有时也将渔贷直接划给合作社，再由合作社结合物资供应，代理银行办理贷款手续。这样，既使渔民贷款后能买到所需物资，保证贷款用于生产，又避免了商人的中间剥削。有时候我们也直接贷款给“艄公”，发动他们向“舨主子”投资，订出分红办法，减少“舨主子”的剥削。

为了更快地发展渔业生产，银行还与渔救会等部门配合，通过贷款帮助渔民组织起来搞生产。组织形式有的是“四分账”，即四家组织在一起，各家都有网具，每家各算一股，实行按劳分红；有的是“打通舱”，即一个舢板为一组，结合若干劳动力，个人拿出网具，折成股本，盈利大家分。另外，我银行工作人员还经常深入到渔民当中去，帮助他们打生产、生活谱，组织他们在渔市收入多的时候，把钱预付给合作社，由合作社代为置办渔具、粮食。合作社设立信用部以后，渔民们也向银行、合作社存款，随用随支。我们胶东的信用合作事业，除了部分综合性的合作社兼营生产、消费、运输、信用业务外，最先就是从渔业合作社设立信用部发展起来的。

同时，对于城乡工业生产和沿海的渔业生产，北海银行业以投资、贷款等不同形式，给予大力支持。对于机关、部队、学校的自给性生产，也及时发放了生产贷款。

北海银行在胶东地区，自1941年起，到1945年抗战结束，对农业、渔业、盐业和新解放区的难民等，共发放了2.038亿元贷款。银行在发放贷款的工作中，同群众建立了新型的信贷关系，巩固了减租减息的成果，推动了大生产运动，发展了根据地的经济，改善了人民生活。这对发挥群众抗战的积极性，增强抗战的物质基础，最后打败日本侵略者，都起到了极大的作用。

北海银行深深地扎根于群众之中，所以自它诞生的那一天起，就显示了强大的生命力。北海银行的历史功绩，在胶东抗战史上留下了光辉的篇章。我们作为胶东北海银行的一员，永远不能忘记胶东党政军民的共同哺育。

忆胶东1942年冬季反“扫荡”战斗

欧阳文

随着抗日游击战争的发展，我军在胶东先后建立了以牙山、昆嵛山、大泽山等为中心的抗日根据地，抗日武装力量空前壮大。到1942年，海阳、文登、荣成等县基本上可以连成一片，大大改变了胶东的战略形势。日本侵略军作为海上与华北之间赖以运送人员、军火和其他作战物资交通要道和重要补给基地的胶东，受到了我军的严重威胁。特别是1941年12月8日，太平洋战争爆发后，日军妄图进一步控制华北，实现其把华北变成“大东亚圣战”的兵站基地战略企图，我胶东抗日根据地和抗日军民便成为日军进犯的重要目标之一。仅在1942年一年内，日军便集中优势兵力，先后于3月间（纠集万人）、5月间（纠集4000人）、入秋后以及冬季（纠集2万人），连续进行过四次残酷的大“扫荡”。在这期间小规模的“扫荡”频繁不断。其中，11月17日开始的历时40天的冬季大“扫荡”，其规模之大、布置之缜密、战术之多样、手段之残酷，是胶东抗战以来所未有的。

一

1942年11月8日，日伪军对我鲁中抗日根据地的大“扫荡”尚未结束，敌华北方面军司令官冈村宁次，便秘密由北平（现北京）飞到胶东重镇烟台，亲自主持军事会议，制订大“扫荡”的作战方案。据事后得知，参加这次大“扫荡”的日军，在其第十二军司令官土桥一次中将指挥下，有独立混成第五旅团主力、第五十九师团和独立混成第六、第七旅团部分兵力，共计1.5万余人，再加上伪军及投降派赵保原（原伪满皇协军旅长，时任国民党暂编第十二师师长）、秦毓堂（时任国民党游击第六纵队司令）等部兵力5000多人。他们日伪顽联合，在日本海军和空军的配合下，开始了声势浩大的胶东大“扫荡”。这次大“扫荡”，敌军采取“拉网合围”、“分进合击”、“梳篦式”等战术，企图置我胶东抗日军民以死地。其行动大体可分为三个阶段。第一阶段在烟（台）青（岛）公路以东，以牙山（栖霞县）、马石山（海阳县北）为中心，进行“拉网合围”；第二阶段向我东海地区进行合围“清剿”；第三阶段向烟青公路以西我西海地区进行“合击”。至12月底，40天内先后共组织了五次较大规模的合围行动，“扫荡”我胶东抗日根据地，其目的是“歼灭山东纵队第五旅以及第五支队为基干的胶东军区，恢复山东半岛的治安，尤其确保青岛、芝罘（即烟台）的道路。”

这次日伪军大“扫荡”时，我在五旅任政治部主任，经历了斗争的全过程。为了粉碎敌人的“扫荡”，胶东军区司令员许世友、政治委员林浩，山东纵队第五旅旅长吴克华、政治委员高锦纯等确定，为保存我有生力量，保卫根据地，部队采取化整为零，分散活动，分区坚持的作战方针，带领群众开展游击战，坚持根据地斗争，在周旋中消灭敌人。为了便于指挥，我抗日武装以烟青公路为界，分为两个指挥系统。路西为第十三、十四、十五团和西海、南海、北海三个军分区，由五旅统一指挥。路东的第十六、十七团、抗大一分校胶东支校和东海军分区，由胶东军区统一指挥。与此同时，还决定由胶东区公安局干部和警卫部队组成胶东区战时戒严指挥部，坚持在中心根据地进行反“扫荡”斗争。

二

11月17日，敌600多辆汽车，满载大量兵员和作战物资，沿烟（台）青（岛）公路和烟（台）潍（坊）公路，气势汹汹地驶往莱阳、栖霞、福山等地。此时战争的空气，就像当时冬季的天空一样，顿时乌云密布，朔风四起。21日，猬集在这些地方的日伪军，分成无数小股，倾巢出动，驻牟平县水道之敌由东向西推进，其余之敌则从西、从北，分路向东、向南平推。国民党暂编十二师的赵保原部从他的老窝莱阳玩底（现万第），打起日军的“膏药旗”，向东北进击。从敌人的调遣中明显看出，其部署已对我栖（霞）牟（平）海（阳）莱（阳）边区的牙山、马石山为中心的抗日根据地构成了合围态势。敌第一阶段的大“扫荡”便开始了。

疯狂的日伪军依仗着人多武器好，对我根据地像梳头篦发一样，不落一村一户，不漏一山一沟，进行搜索“梳篦”前进。为了彻底搜索和“梳篦”，他们每天只行进十几公里。所到之处，烧、杀、抢、奸无所不为。这种野兽般的疯狂行径，从缴获的赵保原特务团一个营长的日记中，可见一斑。他在日记中写道：“两万之众（注：指这次参加大‘扫荡’的兵力），用蜘蛛网式之配备，大举扫荡全鲁东（注：即胶东），每日20里，所到之处席卷一空，妇女为之奸，壮丁为之捆，东西为之光，……”这个营长的日记，成为日伪军野蛮行径的有力佐证。在大

“扫荡”那些日子里，日伪军为了壮大声势，白天他们在山上或合围圈外，摇旗呐喊，鼓噪不停；晚上则在要道、隘口，撒下铁蒺藜，拉上带铃的铁丝网，每隔三五十步，便燃起一堆野火，火堆边派有五六个或十来个士兵把守，稍有动静，便鸣枪示警，只要一处枪响，便四处一起开火。如果发现突围人群，便用机动部队围捕、追击。这时的胶东大地，特别是在日伪军的“扫荡”地区，村村冒烟，户户挂孝，残垣断壁，惨不忍睹。

在这次被日伪军合围的我部队中，有第十六、十七团和抗大一分校胶东支校。21 日，抗大胶东支校利用黄昏夜暗突出重围，跳到栖霞、福山县境内，破袭公路，阻敌交通，并三次袭击福山县城，打击敌人。24 日，日伪军紧紧包围了马石山，并准备在此收“网”。当日下半夜，我十六、十七团的大部利用夜暗突出了重围，小部指战员为掩护 2000 余群众突围，与地方干部、地方武装以及民兵一起与日伪军展开了激战。25 日，日伪军攻占了马石山，将未能转移出去的群众、伤病员、地方干部等，共约 500 多人，屠戮殆尽，老弱妇婴，无一幸免。这就是 1942 年冬季胶东反“扫荡”斗争中的第一个大惨案——“马石山惨案”。

11 月 28 日，敌大“扫荡”进入第二阶段，日伪军向我胶东东海地区合围“清剿”。合围时，敌以军舰 6 艘、汽艇 20 艘，游弋在渤海、黄海海面，进行海上封锁；以 5000 余日伪军严密封锁烟台至海阳的公路；在牟平、海阳一线又组成了所谓的“断绝网”。然后，参加“扫荡”的敌军部队由西向东朝文登、荣成方向平推，企图围歼我胶东军区和胶东区的党政领导机关以及由马石山突出围网的部队，以达摧毁我抗日根据地和后方设施的目的。在日伪军的包围圈中，我胶东军区机关一部及第十六、十七团，立即分散以营、连为单位，一面战斗，一面寻找空隙，向西突出了重围。我坚持内线作战的小部队和民兵，则以麻雀战的战术，到处打击敌人，使日伪军日夜处于惶恐之中。12 月 6

日，向东平推的日伪军，抵达胶东半岛东端海岸一线，在荣成以南的崂山村，残杀我抗日军民300多人，这就是令胶东人民痛心的崂山惨案。它是日本侵略军在胶东继马石山惨案后犯下的又一罪行。

在日伪军“扫荡”烟青公路以东文登、荣成地区的时候，我五旅各部队在烟青公路以西的莱（阳）、招（远）、蓬（莱）、黄（县）、掖（县）一带，按照罗荣桓同志的“翻边战术”，参照鲁中粉碎敌大“扫荡”的经验，机智灵活、积极主动地从侧背后狠狠打击敌人。由于指战员绝大多数是胶东生、胶东长，胶东大地有他们的父母兄弟、亲朋好友，人生地熟，如鱼得水。特别是他们耳闻目睹日伪军的残暴罪行，更激起了对敌人无比仇恨。十五团炮击平度，十四团袭扰招远，十三团分别袭击招远夏甸，掖县驿道、朱桥，莱西日庄等日伪军据点，消灭敌人，使烟青路以东“扫荡”之敌首尾难顾。接着，我十五团于11月29日在平度以南的磨山伏击战中，俘虏日伪军小队长以下17人，烧毁汽车三辆；同一天，十四团二营在招远里山集进行伏击作战，俘虏伪军中队长以下60多人，缴获轻机枪一挺，弹药、武器一批。12月13日，十五团又在即墨关家屯战斗中毙伤敌人一部，俘虏日伪军34人，缴获军用物资一批。12月初，十四团一部攻克招远城以南的道头，消灭了盘踞在这里的伪军一个中队。

在这期间，五旅所属部队还在地方武装、民兵以及广大群众的配合下，对烟（台）青（岛）、烟（台）潍（坊）等公路进行大破袭，使高密、平度、莱阳、即墨、掖县、招远、栖霞、蓬莱、黄县等县境内的交通遭到严重的破坏。此外，还四处割断敌电话线路。所有这些破袭活动，使日伪军的交通补给困难，通信联络中断，指挥失灵，后方受到威胁，策应了反“扫荡”斗争。

12月14日，日伪军东部“扫荡”扑空，西线又遭到连续打击，便回师西转，以7000多人的兵力，向我北海军分区的艾山、崮山区（栖霞、蓬莱、黄县交界处）、蚕山区（栖霞西北部）以及西海军分区进行合围，进入大“扫荡”第三阶段。

12 月 20 日至 23 日，日伪军在招远南部地区杀害我抗日军民数百人，抓走地方干部和群众上千人，制造了大“扫荡”中的第三次惨案——招远惨案。敌人这次“扫荡”的中心是我五旅活动的烟青公路以西。这时，我除以小部队配合地方武装、民兵坚持内线斗争外，五旅各部队均适时跳到外线，继续向敌人发动进攻。坚持牙山区斗争的我抗大一分校胶东支校，在民兵协同下，开展地雷战、麻雀战，予日伪军以重大杀伤。十四团在福山猴子沟、十三团在莱阳北孔家等地连续打了几个漂亮的伏击战，直打得日伪军丢盔弃甲，闻风而逃。由于我军频频出击，打得敌人心惊胆战，处处感到草木皆兵。一到夜里，除了在岗楼上向外放冷枪壮胆外，基本不敢轻易外出。当时在伪军中就流传着这样一句话：“到了牙山，进了鬼天；提心吊胆，手脚发颤。”这时的日伪军，丧失了“扫荡”开始时的猖狂气焰，战斗力已经锐减。在蚕山地区，五旅十四团一部掩护数千名群众突围时，就未遇到多大阻击。

至 12 月底，历经 40 天的艰苦作战、殊死搏斗，日伪军对胶东空前规模的大“扫荡”，终于被我粉碎。胶东军民取得了毙伤俘敌 2000 多人的重大胜利，沉重地打击了日伪军的嚣张气焰，保存了抗日有生力量，巩固了胶东抗日根据地。

三

在这次反“扫荡”战斗中，我胶东军民并肩战斗，充分显示了中国人民在强敌面前宁死不屈、英勇顽强的民族精神，谱写了一曲曲英雄凯歌。

在大“扫荡”的第一阶段，当日伪军从四面八方向海阳、乳山交界处的马石山平推过来时，这里已聚集了成千的群众。他们中有来自莱阳、海阳、牟平、栖霞、福山等地的群众，但更多的是马石山周围的村民。有的抱着吃奶的孩子，有的搀扶着年迈的双亲，还有的肩扛包袱、手拉毛驴或黄牛……24日，日伪军伴随着飞机的轰炸，漫山遍野地向这里扑来。一霎时，整个马石山上机枪声、步枪声、手榴弹爆炸声，连成一片。日伪军凭借着优势，准备要“收网”了。被围的地方干部、地方武装和民兵带领群众，抱定鱼死也要冲破网的决心，能钻就钻，能突就突，冲向敌人的围网。但是，山前平顶寨附近的近千群众，经过几次努力，仍没有转移出去。正当大家万分焦急的时候，忽然从西面方向来了十个全副武装的八路军战士。人们好像遇见了救星，马上围了上来。战士们看到眼前的情景，热血翻涌，大声告诉群众：“乡亲们，不要怕！有我们在，就有大家在！”

这十个八路军战士，是我山东纵队五旅十三团七连二排的一个班。他们在班长的带领下，奉上级命令到东海军分区去执行任务，完成任务后路过这里。他们见山上情况危急，便毅然留下来掩护群众突围。十名战士趁夜幕冲进去杀出来，三进三出，半夜过后，将上千群众救出了重围。可是当他们最后要冲出重围时，天已大亮，被敌人发现，我英雄战士便同敌人展开了血战。终因敌众我寡，力量悬殊，先后一个个倒在血泊中，最后剩下三名战士，被敌人围住。他们身负重伤，又弹尽无援，便拉响了最后一颗手榴弹，和敌人同归于尽。被人们誉为“马石山十勇士”。

在“马石山十勇士”掩护群众突围的同时，在山的东坡也进行着一场惊天地、泣鬼神的战斗。我十七团三营九连全体指战员，为掩护群众和日伪军展开了白刃格斗，反复冲杀五次，歼敌百余名，终因敌众我寡，最后仅五人突出重围，其余全都壮烈殉国。他们为人民，为打击侵略者，流尽了最后一滴血。为了真实反映这一悲歌壮举，我把当时目击者写的一篇文章中有关段落摘录如下："敌人撤离了马石山，我们当地的干部、民兵，又来到了山上。在沟谷里、山坡上躺着许许多多群众的尸体，老人的、儿童的、青年的、妇女的，有的和没有搬走的鬼子尸体扭在一起，他们不是咬着敌人的耳朵，就是卡着敌人的脖颈。山峰上，英雄的战士们躺在血泊里。大个子机枪手和小徐的衣服已被火烧烂。所有的枪支都砸得粉碎，机件丢得到处都是。围墙的石头几乎用完了（注：在子弹打完后，指战员们用石头砸敌人）。在围墙外那大青石间的平顶松下，我找到了刘指导员的遗体。他躺在大青石上，双目微闭，手里还紧紧地握着那把锃亮的匣子枪，太阳穴处涌流出来的鲜血，凝结在他俊俏的脸颊上，面容十分安详，像似倚着大青石宁静地熟睡了。"这是一幅多么令人感奋激动的悲壮画面啊！这就是我们的烈士！我们八路军山东纵队的英雄！

在大"扫荡"的第二阶段，当日伪军向我东海地区疯狂"拉网合围"时，我某兵工厂警卫部队一个排，在荣成县滕家集以东地带，陷入敌人的包围圈内。指导员张君毅带领大家沿海边运动，以便寻找敌人围网空隙突出重围。拂晓时，被敌海上巡逻艇发现。一场激烈的战斗开始了！战士们在张君毅的指挥下，奋勇还击敌军。战斗从拂晓一直打到上午 11 时，虽然打死打伤了敌军 30 多人，但我战士们也伤亡过半。最后，子弹打光了，滕家集方向日伪军增援的步兵也来了。在这危急关头，张君毅和剩下的七名同志，宁折不弯，怀抱着枪支，跳入了汹涌澎湃的大海，悲壮地以身殉国。

在大"扫荡"中，我胶东地方干部、地方武装以及广大民兵和群众，同样表现出英勇顽强、视死如归的强烈民族气节。日伪军到来之前，村村实行"坚壁清野"，把能搬走的东西都搬走，特别是把粮食藏起来，牲口、鸡鸭带走，甚至连水井也封死，让日伪军找不到吃、找不到喝。战斗开始后，他们又踊跃为我军当向导，送情报，运给养，挖地道，抢救、掩护伤病员，隐藏和疏散军用物资，破袭交通要道，割断敌人的电话线路，千方百计地支援我军。在反“扫荡”的那些日子里，军民真是生死相依，亲如一家。每当我们进驻一个村庄，群众便让出热炕，腾出好房，送来食粮。还帮助我们封锁消息，以防敌人偷袭我部队。一些群众自动帮助我们搜集敌情，为部队寻找歼敌战机。至于那些打了胜仗的部队，所受的热情接待和慰问，更是难以描述。驻地群众像办喜事那样慰劳部队，就连周围一二十里地的群众也都赶来慰问和祝贺。我们深深感到在那战火纷飞的年代，生活是紧张艰苦的，但有时也是热烈欢快的。为了反“扫荡”的共同胜利，胶东的地方干部、地方武装以及广大民兵和群众，他们用尽一切力量，千方百计地支援我们，鼓舞我们。特别令人久久不能忘怀的是，他们中有许多人还和我们一道并肩作战，以地雷战、麻雀战，杀伤、阻击、扰乱、疲惫敌人，共同抗击敌军。在这次大“扫荡”中，当投降派赵保原部配合日伪军进击我海阳地区时，当地民兵迅速出击，狠狠地连续打了七八次，赵保原招架不住，只得原路逃回。

1942 年胶东冬季反“扫荡”胜利了，但我们也付出了不小的代价，有成百上千的同志和群众流血牺牲。其中，有我时常怀念的十六团政委张寰旭、参谋长陈子美，胶东军区卫生部政委夏云超，西海军分区政委兼西海地委书记于寄吾、参谋长于一心，等等。这些同志以鲜血和生命换取了抗日战争的胜利，换取了民族的解放。

在泰山区坚持斗争的回顾

欧阳平

巍巍泰山千仞百绝，
熊熊烈火烧烬寇倭；
泰山千仞钟秀苍苍，
抗战功绩万世同芳。

前言

1942年3月，我奉命从延安来到山东，分配在山东纵队四旅政治部任主任。此时，四旅兼泰山军分区。我们到达旅部后，旅长廖容标、政委汪洋率机关同志们在莱东常庄举行了欢迎大会。当我们到达时，泰山区的斗争形势已经恶化半年多了，环境已很艰难。泰山区原来包括十几个县，泰南划出去以后还有七个县即泰北、莱北、章历、淄川、博莱、新甫和益临淄博四县边联。泰山区地处胶济、津浦两条大动脉之间，紧靠山东省会济南市。境内有淄、博、莱、新等矿区，虽然面积不过1万多平方公里，但它的资源十分丰富，战略地位异常重要，是我鲁中战略区对敌斗争的前哨阵地；它像一把钢刀插入敌人的心脏，威胁着日军在山东的指挥中心。所以，敌人对泰山区的经济掠夺和军事占领都特别重视。国民党顽固派沈鸿烈、秦启荣、吴化文（后投日）等也积极在泰山区对我党我军进行磨擦，陷我军于日伪顽夹击之中。我军在泰山区人民积极支持下，利用山区有利地形，顽强坚持斗争。

1937年七七卢沟桥事变，抗日战争全面爆发。山东的国民党军队一战即溃，有的不战而逃。在平津很快沦陷之后，1937年12月27日，济南陷落，泰安、莱芜、新泰、淄川、博山也相继为敌占领。泰山区人民与华北其他沦陷区人民一样处于水深火热之中。党中央、北方局号召：共产党员要脱下长衫到游击队去。在山东省委统一部署和领导下，发动了徂徕山（泰安）、黑铁山（长山）、牛头镇（寿光）等十几处起义，组建了八路军山东人民抗日游击队第四支队和二、三、五、六、七、八支队（后七、八支队合为一支队）等；后来一、四支队的主力又先后组建了山纵一旅和四旅，坚持了泰山区的抗日战争。在山东抗战初期八次著名的战斗中，他们就打了四次。正如山东纵队纪念歌中所唱的“在雷神庙、魏家堡、杨家横、刘家井、五井、孙祖、大柏山、青驼寺，曾用我们的鲜血写下了辉煌的战史……”这支部队和其他一些兄弟部队一样土生土长。从无到有，从小到大，从弱到强，在战斗中不断发展壮大；由于加强党的领导，不断加强政治思想工作，密切联系群众，边打仗边总结经验，边整训边扩军，部队不断扩大，战斗力也不断提高。在1938年至1941年秋三年多时间中，部队得到了大的发展。留在泰山区的四旅，包括县区武装，到1941年冬，已发展到近万人。他是泰山区坚持抗战，渡过难关，取得最后胜利的主要武装力量。在这一时期，由于武装斗争的胜利，地方党政和群众组织也像军事力量一样有了一个大发展，中共泰山特委于1939年1月建立后，到次年

10月改称泰山地委（也称一地委），各县先后健全了县委，并公开化。抗日民主政权，继1939年5月成立泰莱历章四县联合办事处之后，又于1939年9月1日成立泰荣历章淄博新七县联合办事处，并于1940年4月1日成立泰山区专员公署。各县民主选举的“三三制”抗日民主政权相继建立。专区和各县的群众组织也纷纷建立，总称各界抗日救国联合会（各教会），下设工、农、青、妇，十分活跃。所有的区都建立了抗日民主政府和中共区委会，绝大多数村庄都建立了共产党支部和有了民主选举的抗日村长，群众抗日的情绪非常高涨。可以说，过去的三年半，是抗日根据地、抗日力量的大发展时期。但从1941年敌人对泰山区开始分割封锁之后，形势就开始恶化了。

从1941年冬季开始到1944年春的两年半时间，泰山区抗战进入了一个极为困难的时期。

1941年12月，太平洋战争爆发。日军为了巩固在华占领区，便停止了对国民党军队的正面进攻，改为对蒋诱降为主，64%的日军和95%的伪军对敌后我军加紧“扫荡”，大搞“强化治安运动”，实行“三光”政策。仅1942年，对沂蒙区、泰山区2000人以上的大“扫荡”达9次之多，总兵力累计5万人以上，历时137天。部队战斗非常频繁。敌人对我根据地“分割、封锁、蚕食”，到处修公路，修封锁沟墙，安据点，碉堡林立，先后有泰莱、新莱、博莱、章莱、泰历等数条公路封锁线。到1943年3月，泰山区敌伪据点达314处，平均三至五里路便有一个敌据点或炮楼（博山夏庄区31个村，有11个村子安了敌伪据点）。敌常驻兵力：日军2000余人（济南等大城市未统计在内），伪军6000余人，加上吴化文部队1.3万人。吴化文部队先是与日军勾结，后于1943年初公开投敌，改为伪第三方面军，更增加了我泰山区军民对敌斗争的艰巨性。敌占村庄达1223个，大批村庄被敌“蚕食”伪化。特别是1942年7月，敌人突然以5000余人包围“蚕食”徂徕山，安据点30余处。1943年1月又采取对付徂徕山的方式，以5000余人“蚕食”了莲花山，安设据点40余处，大搞“自首”活动；最严重时，泰山区根据地村庄仅剩30几个。市集未安据点的只剩茶叶口，但它被日军“扫荡”放火烧了五次，成了瓦砾场。泰山区实际上被分割为数小块的游击区——当时被人们形容成“一枪能打穿的根据地”。当我军在莱芜攻克水北、枯河两据点之后，敌人实行报复，以上千人兵力袭击驻卞庄的十二团一营驻地，致使该营伤亡过半。特别是1942年10月17日，敌5000余人分六路突然对我驻白杨、吉山一带的党政军领导机关进行合击，激战竟日，最后短兵肉搏，战斗异常惨烈。我分区政委兼地委书记汪洋同志及教导营长（原十二团团长）石新、保卫科长孙玉山、后勤处长刘叙坤、十团一营营长赵钧等200余名指战员和机关干部（包括十团一营两个连和教导营军事队全部）壮烈牺牲，百余人失踪和负伤。当时，只有专员赵笃生带专署警卫连一路和教导营政委张键所率领的政治队一路突围出来。此次战斗，我机关部队损失惨重，教训极为沉痛。

汪洋同志是山东省东阿县人，学生出身，1936年入党，经党派遣从戎。西安事变时，在东北军学兵队，抗战开始随军入鲁，1938年初，拉游击队500余人参加八路军，编为四支队三团，历任团长、团政委、旅政治部主任等职。他在泰山区五年，对建军、建政、建党及根据地建设等方面功绩卓著，在军民中享有崇高威信。他牺牲后，我曾写一挽诗，悼念汪洋同志和吉山战斗中牺牲的烈士们。淄川县委、县政府还在茶叶口建汪洋台及烈士碑。

面对当时的险恶形势，如何才能粉碎敌人“以华治华”、“以战养战”的阴谋，变被动为主动，打破敌人的“扫荡”、分割、封锁等一系列的“强化治安”措施，而争取对敌斗争的胜利呢？

1. 统一泰山区党政军民的思想，坚决贯彻执行党中央的十大政策

鲁中军区政委兼区党委书记罗舜初同志，在吉山战斗后不久，便来到泰山区检查了各项工作，找了许多同志谈话。山东分局又派鲁中区党委宣传部长林乎加同志来任泰山区地委书记兼分区政委，加

强了领导，并多次召开了地委和军分区的会议，统一了思想认识。在我们总结了吉山战斗、卞庄战斗和徂徕山、莲花山被“蚕食”的挫折和教训后，认识到环境如此危急，必须改变对敌斗争的具体形式和措施，明确了对敌斗争的方针政策。认为，当务之急是结合泰山区的实际斗争情况，进一步贯彻落实党的十大政策，即对敌斗争、一元化领导、“三三制”、精兵简政、整顿三风、发展生产、时事教育、审查干部、拥政爱民、减租减息。对敌斗争，是敌后军民的首要任务。中央军委于 1941 年 11 月发出关于抗日根据地军事建设的指示，确定我军对敌斗争的方针是：“长期坚持、保存实力、开展游击战争……在一些困难地区实行全部武装地方化”。地委和分区进一步学习了山东军区提出的实行敌进我进的“翻边战术”，坚持实行长期分散的群众性的游击战争的指示。地委于 1943 年 3 月 8 日作出了泰山区《三个月的对敌斗争总结和今后半年工作任务的决定》，指出：今后一切工作要服从对敌斗争的需要，要加强敌区工作和敌伪军工作，以武工队为主要形式开展军事政治攻势，加强群众工作，开展反敌特与锄奸工作，做好两面政权工作，开展征粮与反抢粮，反资敌斗争，加强报纸与文化宣传工作等。

2. 坚决贯彻精兵简政，加强党的一元化领导

为了解决“鱼大塘小”的矛盾，分区下决心实行精兵简政，实行主力部队地方化。自 1942 年 8 月山东纵队改为山东军区和鲁中军区正式成立之后，四旅番号撤销，改称泰山军分区（即鲁中一分区），所属十一团拨归三分区；1943 年春又将十团、十二团团部取消，两个团缩编为四个营，直属分区领导指挥。军分区司政后机关科改为股，科长改为股长，机关的干部战士精减充实连队，老幼病残动员回家，骡马大裁减，后勤人员转入地下，真正实现了机关轻便、连队充实的目的。军分区领导干部只有司令员廖容标、政委林乎加、参谋处处长刘国柱、政治部主任欧阳平、副主任李枚青（1943 年 8 月牺牲）等四人，而且

多数时间用在地方工作，领导班子本身体现了精简原则。

军队与地方党政机关的精简整编也减轻了群众负担。1942 年下半年群众交纳的公粮与上半年相比，泰北仅占 40%，章丘占 48%，莱北、博莱都减少了一半。这一时期，泰山军分区的武装力量，包括六个县大队（新甫县大队 1943 年春划归三分区），70 个区中队，总计约 5100 人。人数减少了，但部队更精干了，战斗力加强了；活动灵便，到处是八路军，但敌人找不到庞大的目标。机关部队精简后，我们注意了抓练兵，提高部队的军事技术、战术水平，增强作战能力。自 1943 年秋起，部队开展了练兵运动，狠抓了五大军事技术，即射击、投弹、土工作业、爆破、刺杀，掀起了比武热潮。军分区举行了比武大会，并选派了“尖子”出席 1944 年春鲁中军区的松林比武大会。

这个时期，党的一元化领导有了迅速加强，不仅地委书记林乎加同志兼任军分区政委，分区司令员廖容标同志还兼任泰山区专员，各县委书记兼县大队政委，区委书记兼区中队指导员。围绕对敌斗争的中心，大事都经党委决议，各司其责。在党委的统一领导下，党政军民真正形成了拳头。这是冲破黎明前黑暗，取得胜利的又一得力措施。

3. 实行敌进我进，寻找战机，主动积极地打击敌人

这个时期战斗异常频繁，平均两天打三仗。大部分是我主动进攻，并且打了一些漂亮仗。例如 1942 年 4 月，分区廖司令员率十团三营在淄河流域寻找战机，奇袭天险马鞍山，打了个漂亮的“无声歼灭战”。马鞍山南面只有容一人登山的小道，真是“一夫当关，万夫莫开”。廖司令与三营长王法山、侦察参谋刘锡坤、九连连长李兆亭等商定了偷袭办法，组织了王、刘等七人，由牧童带路从马鞍山西面用结绳攀登，爬上百丈悬崖的马鞍山，先捉住了正在睡觉的伪军哨兵，由他带进了伪军住房。一枪未放，全部俘虏了守山伪军一个班，夺取马鞍山，为打开淄河区局面创造了有利条件，并震动了博山城内的敌人。

几天后，敌人出动千余人，在飞机、大炮掩护下猛攻马鞍山，但激战竟日并未奏效。敌人拖着100多具尸体退回了博山城。敌人对这次失败并不甘心，半年之后，于11月9日，日军再次出动千余人突然包围马鞍山。我守山人员，包括在马鞍山养伤的鲁中二团副团长王凤麟等30余人，凭险据守。在王凤麟指挥下，与敌展开了一场马鞍山保卫战，打退敌人多次冲锋。10日，日伪军增至3000余人，十多架敌机和多门大炮狂轰滥炸。我守山人员拼死奋战，子弹打完了用手榴弹，手榴弹打光了，用石头砸。战至黄昏，共歼灭敌百余人。我副团长王凤麟、鲁中联办副处长谭克平、山纵干教科长于平、区党委组织科长李成仕等30余人壮烈牺牲。益都县参议长冯旭臣一家6口人跳下悬崖自尽，表现了高尚气节。马鞍山保卫战充分显示了中华民族坚强不屈的英雄气概，在鲁中战史上写下了悲壮的诗篇。马鞍山暂时被敌人占领了。但到1944年春，石洪生等四勇士再次化装奇袭，攻克该山，并全部消灭了守敌一个排。马鞍山又重新回到了人民的怀抱。为纪念马鞍山保卫战的英烈们，在日本投降前夕的1945年7月，我博山县政府在马鞍山上修建了烈士纪念塔，在塔的正面铭刻着“气壮山河”四个光耀夺目的大字。

王凤麟同志，是原山东纵队一旅二团副团长，辽宁人，到苏联学过工兵技术，回国后参加抗日义勇军，后到山东参加八路军。他作战勇敢，指挥有方，在部队威信高。他与淄博矿区几个工人研制了炸药爆破法，对山东部队使用炸药炸敌碉堡和在民兵中开展地雷战均作出了卓越贡献。

1942年8月下旬（应为1943年7月——编者注），廖容标司令员率一小分队深入敌区，登上泰山创“岱顶捉鬼子”的奇迹。某日天未明，他带着军区政治部科长鲁宝琪、泰安县大队副政委张正德、分区侦察参谋刘锡坤、连长李兆亭和一个机枪班及侦察员共20余人上泰山观察地形，巧遇驻济南日军山东省电报局长间本等十余人上山。他们便隐蔽在南天门内，突然向敌人发起攻击。经过短促战斗，全歼敌人，除毙伤的十人外，还活捉了间本和伪大队长等四人。战后我写了一首打油诗：“廖司令上泰山，亦游击，亦游览；观罢日出设伏击，捉回鬼子和汉奸，军民齐称赞！”这次胜利给敌人很大震惊。数日后，日军出动千余人寻找我部报复，在灵岩寺东山展开激战，又被我军歼灭百余人。

廖容标同志，江西赣县人，1929 年参加红军，1931 年由团转党，参加了五次反“围剿”和长征，历任连、营、团长。七七事变后，中央派来山东发动抗日游击战争，1937 年 12 月底和姚仲明、马耀南、赵明新等同志一起领导黑铁山抗日起义，成立游击队，转战胶济路南北，历任四支队司令员、一旅副旅长、四旅旅长、泰山军分区司令员等职。对坚持泰山区抗日游击战争，创建泰山区抗日根据地作出了重大贡献。他对敌情判断准确，作战部署周密，临战指挥机智果断，打了许多胜仗。他爱兵爱民，在军民中享有崇高威望，群众亲切地称呼他为“廖菩萨”。

1942 年 11 月，日军对鲁中大“扫荡”后期，攻下我淄河区马鞍山后，又移兵围攻我鹿角山。该山守寨部队由十团三营副营长方明胜带的一个加强排和该地区中队共百余人组成，由方统一指挥。他们根据马鞍山保卫战的经验和分区廖司令的指示，做了积极准备。某日，敌人千余人“扫荡”围攻，在飞机大炮轰炸下，敌军八次猛攻，都被我守军击退，激战竟日，至黄昏敌拖着尸体撤退而去。鹿角山保卫战的胜利，为马鞍山的烈士们雪了恨，更重要的是保住了至淄河区的交通线。胜利后不久，我上山寨，代表军分区首长向方明胜同志及全体指战员慰问和表扬鼓励，并进一步部署坚守的措施。

方明胜同志，是和我从延安来到山东的一批干部中的一个。他系湖北人，从小参加红军，在红二十五军，后长征到陕北。他多次负伤，在平型关战役又负重伤。在延安残废军人学校学习，坚决请求重上前线，组织上批准他来到敌后山东。他党性强，作战勇敢沉着，身先士卒，能团结人，是一位革命军人的楷模。

1943年夏，莱芜县独立营攻克了刘家陈村据点，俘获了一个小队的伪军。该营在一夜之间接连攻下了泰莱公路上的15个碉堡，人枪全部俘获。3月至5月间，仅莱芜县区武装作战112次，歼敌150余人，其中水北区中队即作战43次。

分区十团三营七连连长刘志太，奉命率排长李念壮、班长（战斗英雄）岳宗生、司继从、李公升四人，于1943年春节前夕，去章丘埠村敌伪据点侦察，乘敌不备摸入据点内抓到一个伪乡长带路，一枪未发即将北门岗楼及换哨伪军38人俘获，缴枪39支。1943年秋，刘志太又奉命率七连去胶济路上的大临池车站附近设伏，以区中队诱敌，将敌全歼，共毙伤伪军50多人，俘虏32人，缴轻机枪一挺，长短枪40多支，战马八匹，我无一伤亡。这两次战斗均受到分区首长表扬。

徂徕山被敌“蚕食”后，我泰历县大队配合徂徕山工委武工队于1943年夏对日军据点王家庄进行了一次突然袭击。我武工队借日军庆樱花节之机，组织了七人短枪队，化装成民夫混入据点。此时，外有80余人配合，出其不备，20分钟即结束战斗，击毙日军16人，缴机枪一挺，掷弹筒一门，步枪11支，并争取伪军20余人反正。

莲花山在1943年1月遭敌数千人包围时，我新甫县大队两个连顽强抗击敌人进攻一整天，打退敌六次冲击，歼敌百余，给敌以重大打击。

1944年7月27日，在济南南郊，我泰历县大队和区中队打掉高而庄伪据点，俘伪军近百人。

1944年夏，我军分区特务营一部与章历县大队配合，由军分区参谋处长刘国柱统一指挥，打下了济南市东郊邢村伪据点，经两个小时激战，全歼伪军王启桢十三团团部和一个特务大队，毙伤70余，俘虏30余，缴获轻机枪两挺，长短枪110余支，迫使其三营200余人向我投诚。这期间，我们采取了敌进我进的战法，积极地把战斗引向敌占城市近郊和交通要道上。

刘国柱同志，山东荣成人，1937年底前后组织抗日游击队，并加入了中国共产党。后任大队长、团参谋长，旅参谋主任。1942年8月任鲁中一分区参谋处长。他工作积极，作战指挥英勇沉着，对同志对部属热情亲切。他对军队建设和坚持泰山区抗战贡献大，在泰山区军民中有很高威信。

1944年3月，廖司令获日伪东运弹药的情报后，即命令我主力一个连和泰历独立营出击。部队由张正德、郝昆、孙凤惠统一指挥，深入敌占区泰莱公路之杨家林、佟家庄（泰城东）设伏，击毁敌军车两辆，击毙日军高级指挥官藤田大佐和士兵40余人，缴获带刺刀的机枪两挺，步枪40余支，和一包绝密文件——日军太平洋沿岸部署图，给敌沉重打击。对于这一非凡胜利，鲁中军区和一分区都给他们嘉奖表扬。同年2月27日夜，我博莱独立营于松山副政委率一小分队与夏庄区中队，奔袭伪三方面军（吴化文）后方北麻村印制伪钞的石印局。我军雪夜翻山越岭30公里，深入敌巢，将石印局捣毁，活捉伪局长，缴获大批伪钞，给吴伪很大震动。

我们对响水湾（莱东）敌据点的斗争，是有敌据点而无敌区的典型。1942年11月，敌人在响水湾安设据点，我们县、区武装和民兵在村民支持下对其进行围困斗争。一到夜晚，敌人在圈子里不敢外出，任我民兵和工作人员在村子里活动。我们还向炮楼的伪军宣传，上政治课，日军像聋子、瞎子一般没有办法。经过15个月的斗争，敌人终于撤走，放弃该据点。像这种有据点无敌区的例子各县都有，并且日益增多。这是贯彻敌进我进，变敌占区为我游击区、根据地的斗争成果。

4. 加强侦察情报工作，打击摧毁敌人情报网

我们的侦察情报工作基本上做到了对敌情了如指掌，敌动我知，依靠情报工作确定我军事动向。我们一方面靠侦察队、武工队、情报

站在敌区活动得到的情报和群众传递的“三角信”或口传情报；另一方面也靠敌伪关系内线情报。例如泰安城、博山城、莱芜城、口镇、仲宫等伪军关系，不断将敌伪动态、组织编制、武器装备等告知我方。从济南、仲宫、泰安城、莱芜城、张店、博山到军分区都分别形成了情报网，如泰北大梭庄即有我们的情报站，只要情报到手就能准时无误地按指定地点送到别的情报站。该系统属军队建制。在泰莱边活动的罗俊武工队即建立了乡、村二级情报站，能及时掌握敌伪动态。莱芜口镇伪镇公所建立了我们的秘密情报联络站，经常送情报出来。我侦察参谋刘锡坤曾经进镇公所待三天摸敌情，为我分区特务营歼灭驻口镇的吴伪军一个团部的胜利创造了条件。

我分区司令部有一支训练有素和有丰富经验的侦察队在对敌斗争中起了积极作用。例如，1943 年初某夜，我分区机关住莱北傅家庄。

当时，下着雪，人们还未睡下，忽然听到黑山头方面几声手榴弹响。廖司令员和侦察科的同志判断，是我侦察员发现敌人后，来不及报告而投弹报警的。于是，廖司令下令机关部队紧急转移。待我们刚离开住村西头，敌人便已来到村东头。这次幸而我们转移快，未受到任何损失。事后才知道是大王庄据点的鬼子背着伪军、伪组织，利用雪夜对我分区机关实行远距离（15 公里）奔袭，这样，不仅我在大王庄的情报员来不及送情报，就连我派出监视敌人的侦察员都来不及跑回报告，只得在途中投掷手榴弹紧急报警。由于我们侦察员的勇敢机智，使敌人扑空，保护了我机关免遭损失。

日军的特务情报工作，对我方威胁很大。我军分区机关与部队即使在根据地内也不能久住，一般住两三天必须转移。至于边沿区、敌占区只能昼伏夜出。敌人有好几层情报网，即公开的伪政府情报员，收买流氓做情报员，派遣绝密职业特务情报员，以及打进来拉出去，潜伏到我们内部的情报分子等。斗争极为尖锐复杂。我们的对策：对顽固的职业特务实行镇压，有的则以反间计把他干掉；对一般情报人员着重教育，争取为我所用。以两面手法应付敌人，如待我部队转移了再去报告敌人，或以多报少，或以少报多，使敌人受骗上当。反之，倒要敌人情报员向我报告敌情，真真假假，弄得敌人不敢信任。这是破坏敌人情报网最有效的办法。到敌占区活动的我方人员和部队多数住在地主家里。地主是当地的实权人物，为了保护生命财产，在我们控制下，他不敢让伪村长和情报员向敌人报告。

在情报战中，我们也付出了不小的代价。最突出的是鲁宝琪同志的牺牲。他是鲁中军区政治部的科长，1942 年秋，由军区派往泰北设立情报站，共 30 余人，并携有秘密电台，主要搞济南方面的敌人情报。1943 年冬，在一次战斗中他负伤被俘，在狱中因伤势过重而英勇牺牲。宝琪同志抗战前就是地下党员，曾任过中共泰安县委书记。他奉命到泰北搞情报工作以来，成绩卓著。他党性坚强，直至流尽最后一滴血。

5. 发展武工队，深入敌区强化对敌斗争

泰山区第一支武工队于 1941 年 12 月由四旅调集四五十个连排干部、共产党员组成，并以得力干部罗俊（旅政治部协理员）、刁愈之（十团三营副教导员）分任队长、指导员。每个成员装备步枪、短枪和手榴弹三种武器。在成立大会上，廖旅长、汪政委亲自到会讲话，指出组建能文能武、能工能打的武工队的重大意义，它是当前深入边沿区、敌占区，配合地方党政民反“清剿”、打击敌特、进行政治攻势、保卫群众、团结群众最好的组织形式和斗争方式，并交代了政策，部署了工作。武工队组成后，第一步到莱芜敌占区开展工作，白天隐蔽，夜间活动，向群众宣传，对敌伪据点喊话，争取、瓦解伪军、伪政权。惩办死心塌地的汉奸特务、叛徒，召集伪乡长、保长开会，向他们提出要“身在曹营心在汉”，把伪政权变成向我为主、对敌应付的两面政权。对伪军建立“红黑簿”，即善恶录，争取从善者，打击作恶者。只半年多时间，这支武工队在莱城口镇一带地区就取得了重大胜利。敌伪国特听到罗俊武工队为之丧胆。老百姓则喜悦地说八路军又回来了，城乡到处传扬。1942 年夏，莱东县委又组建一支尚克东为首的武工队，活动于莱芜城东，短时间内取得重大成绩，威名大震。我分区在吉山战斗失利后，都认识到大力发展武工队的必要性。罗俊、尚克东两支武工队积累了克敌制胜的丰富经验，树起了既是战斗队又是工作队的好榜样。地委与军分区发出号召，广泛发展武工队，让武工队在泰山区到处开花，学习罗俊、尚克东两支武工队的经验，实行敌进我进，变敌占区为我区。从此，武工队像雨后春笋般在各县相继诞生，最盛时约有百余支。好些区的区干部与区中队结合，以武工队的形式进行斗争。有些武工队是有形无名，也包括在内，真正地实现了武工队遍地开花的局面。各县大队、公安局、敌工部都建立了自己的武工队。1943 年春，我十团组建了两支武工队：一支化装插入淄川城进行侦察，打击汉奸和开展群众工作，建立秘密关系；一支插入洪山矿区在矿工中进行工作，在工人协助下打击特务汉奸。分区武工队在 1943 年夏进入泰莱边参加摧垮日特川村实验区后，又转入济南市南郊历城境内开展工作，在当地县区党政和县区武装配合下，在大涧沟、仲宫、柳埠、商家庄、西营敌伪据点之间积极活动，首歼汉奸队，再摧毁道会门，争取伪乡、村长为我工作，对群众大力宣传，大造声势，八路军好的声誉家喻户晓。形势迅速好转。上述各敌伪据点日益孤立，造成被我各个击破的有利条件。罗俊武工队又创下了新的功绩。

罗俊，系山东省泰安城人。1938 年入伍、入党，在骑兵连任过指导员，机关当过协理员。他作战勇敢沉着，是战斗英雄，对敌斗争艺术高强，对党忠诚，群众观念强，在群众中威信很高。尚克东，山东省莱芜人，1938 年 8 月入党，历任乡、区长，县公安局长，武装科长，莱城工委书记兼莱东武工队长。新华社曾发稿表扬他，他是有名的模范武工队长之一。

6.反封锁，开展交通战，保持淄西和泰北的两条大通道

淄西通道主要是山东分局，山东军区与渤海、胶东的通道；泰北主要是山东分局、山东军区与太行山、延安的通道。

在被敌封锁的情况下，我们的交通邮递和护送干部的线路始终保持畅通。后来将公开交通与秘密交通分开，平时只用公开线路，秘密交通线路只在关键时使用。1942年至1943年，我鲁中、鲁南根据地经济发生很大困难，除自力更生外，主要靠胶东送黄金和北海票支援（有时还要将黄金送往延安）。从沂蒙山区到渤海、胶东只有通过淄西通道。开始是采用接力办法，渤海派人送过铁路，泰山区接过来让北来的交通员休息。由于在淄西这块方圆不到200里的区域内，敌人安了47个据点，北来的交通员很难通过。为了使山东分局、山东军区的财政来源始终不断，泰山军分区便派一个连随专署的房众夫和分区的李正育二同志过铁路北到渤海区接应，把黄金、钞票背回来。为了发挥淄西通道的重要作用，泰山地委决定组成淄西工委（李镜远任书记）和淄西办事处（房众夫任主任），并与鲁中胶济大队长李厚才保持联系，后又把短枪班扩大成淄西大队。大队拔掉了常旺庄据点，使通道保持畅通。后来王道部队起义的几千人队伍从渤海到鲁中，也是由淄西大队护送过来的。这支交通队除在一个村驻过48小时，在另一个村驻过24小时外，其余时间都是在47个据点、碉堡之间游击活动。为了护送文件和报纸，以及护送一批批的过路干部，要通过敌人的封锁沟墙，通常有一个班逐个用绳子下到沟底再搭肩爬上来。就这样，通过一丈二尺宽的封锁沟。1942年4月，同我从延安一起来的30余名干部去渤海、胶东，就是由淄川县大队护送过胶济铁路封锁线北去的。有一次，一个盟军飞行员（美国人）在渤海区被日机击落座机而跳伞，为我军救起。然后护送过胶济铁路封锁线南来，经过我泰山区再护送到鲁中军区。

护送干部过路是很艰巨的任务，责任非常重大。有一次，山东纵

队政治部江华主任率30余名营以上干部经过泰北去太行、延安，遇上敌人“扫荡”，我泰历县大队即将他们安插在大梭庄一户较开明的小地主家里，住了一昼夜未被敌人发现。泰北工作做得好，受到江华主任的表扬。接着，他和那批干部在该大队一个排的护送下，顺利地通过了津浦路封锁线。

泰山区交通战线的先进人物有刘贯勉、李围松等模范交通员。1944年秋，他们出席过山东省劳模大会。当然，也有牺牲的同志。如泰山地委交通科长刘恒先，就是在与渤海交通联系时牺牲的；邢占叶同志，也是在章莱公路上的雪野遭敌伏击负重伤后牺牲的。

7. 加强民兵建设，发挥民兵在对敌斗争中的积极作用

我们对民兵工作十分重视，并加强了领导，配备了骨干力量。民兵在这一时期非常活跃，特别是1942年8月1日，山东军区发出“八一训令”，要求大力发展民兵。泰山区民兵，到1942年底已发展到5793人。例如莱东苗山区的民兵阻击700余众的敌人，使敌人一天未敢前进；夏庄区的民兵在战斗中缴获轻机枪一挺，小炮一门，步枪50余支；香山区的民兵以少击多，三个民兵在途中阻击敌人数十人，使敌人不敢前进一步。民兵将猪石槽据点的22个伪军生俘，把据点放火烧掉；朱上坡的民兵30余人遇到大辛庄伪军十余人去博山，当即伏击该敌，把敌人全部消灭，缴机枪一挺，步枪九支；莱东邢家庄民兵当敌人“扫荡”时，在一户门上挂上了地雷，炸死日军三人；莱北香山区指导员崔志远，带两个民兵去温泉庄碉堡喊话时碰到了三个伪军，经教育后放回去里应外合，带出来伪军36人，把碉堡炸掉；莱芜颜庄区兰头村，有次被日伪军400人包围，该村民兵、村民300余人，配合区中队26人和20余名工作人员以百余条土枪、土炮和几十支步枪为武器，与敌人激战整日，敌无计可施，只好撤走。为了防止敌人报复，民兵武装掩护群众500余人安全转移。此次战斗，我共伤九人，毙伤敌数十人。莱东南岩民兵，在队长刘建平率领下获重大战果，受到山

东军区在全省英模大会上的表扬，并授予刘建平以特级民兵英雄和模范民兵指挥员称号。该民兵队曾配合主力攻克大崮堆据点，并连续拔除敌人据点十几处，夜袭玉皇崮；智取汪家庄据点，毙伤伪军33人，缴枪56支；并于1943年11月23日打退过吴伪军上千人的进攻。半年之内作战142次，毙伤日伪军133人，俘105人。受到山东军区首长表彰的莱芜民兵英雄李念林是有名的“爆炸大王”，在配合打埠村据点时曾立过一等功。他用地雷战炸死和杀伤敌人76人。在分区廖司令和武委会主任李凤鸣亲自帮助下，他办了多期训练班，培养出700多名爆炸手。群众赞誉说：“泰山脚下雷声隆隆”。博山城伪军怕地雷，吓得不敢出来“扫荡”。从茶叶区开始，做到了村村有石雷爆炸。他们创造了13种地雷，如趟雷、踏雷、挂雷、连环雷、石雷等。1944年12月23日，美国合众国际社还广播了山东地雷战英雄李念林的事迹。

1943年冬季，泰山区民兵自卫队战绩：作战298次，毙伤敌伪军163人，缴掷弹筒1个，长短枪33支，手榴弹170枚。破袭25次，飞行爆炸64次，固定爆炸214次，共炸死炸伤敌伪军80人。其中博莱县张庄区民兵在反“扫荡”中作战52次，毙伤日伪军32人，夺回粮食2.5万斤。历城民兵在敌人“扫荡”后发展很快，共有民兵955人，自卫团4223人。

泰山区民兵战绩大的原因之一，是各县、区、乡之间都组织了联防。一方有敌情，各方来支援，斗争不是孤立的。

泰山区民兵工作成就，除分区首长和各部门关心支持及各县区领导重视外，泰山区武委会主任（专署武装科长）李凤鸣同志在民兵工作中是作出了重大贡献的。李凤鸣同志是山东省泰安人，参加我军前曾在西北军任过团长，代理过旅长，由于长期受到我党我军的影响，故在1938年元旦徂徕山起义后不久即参加我四支队。1939年春任教导大队长，以后任武委会主任。虽年过半百，还经常与民兵生活在一起，讲战斗故事给民兵听，教民兵战术，生活俭朴，无旧军人习气，无干部架子，深受民兵喜爱。在反“扫荡”中，他亲自带领民兵进行破袭战，到处安放地雷和袭扰敌人，给敌人以重大杀伤。

8. 打破敌人经济封锁，反抢粮，反资敌，解决军需民食问题

敌人想用经济封锁困死我们，我们就开展反抢粮、反资敌斗争，开展敌区贸易斗争，在经济上打击敌人。泰山区专署贸易局成立不久，即采取以土特产打入敌区，换取必要的军需民用物品。后又改为税贸局，增加敌区税收。在济南建立“福盛恒商号”，在泰安开设泰兴原酒店。这个酒店名义上是燕宝志个人经营，实际上是我们的秘密粮仓金库。还建立了百余人的群众运输队。在过年过节时给伪警察所送点“礼品”，以换得敌伪关卡对我们的物品不开包开箱检查即放行。这样，我们就可以将照相机、电池、灯泡、手摇马达等装在火柴箱里或棉花包里运出来。但有时也发生问题，如单景春等人的叛变，使我贸易人员遭受了灾难。

“粮为宝中之宝”，“兵无粮草自散”。这是起码的常识。敌人也懂得这个道理，经常出来抢粮食，到麦收秋收季节更与“扫荡”结合起来抢粮。反抢粮斗争是以部队为骨干。部队每年都以武装来保卫夏收秋收，但更多的是靠民兵自卫队来担当。各村群众都有誓约，普遍实行空舍清野，不让敌人抢去一粒粮食，办法是藏粮埋粮，运粮不及的即掺沙（大粒粮掺细沙，小粒粮掺粗沙），使敌人吃不得运不得。1942年6月18日，新甫县李条庄听到敌人要抢粮的情报，便立刻发动50余人将万余斤公粮运出埋藏，使敌人来时颗粒未得。为了不使敌人征到粮食，我们到了麦收秋收季节，便把伪村长调集到根据地办训练班。村里没有头，群众便有了借口不纳粮。麦收秋收过后，我们再把伪村长放回去，并保证把公粮交给抗日政府。群众对敌人应付的办法是：向伪政权请愿，多报灾情，少报产量，请求减免；要多送少，要好送坏，假送假截，以“八路军截去”骗敌；掺杂掺假，拌粮加水，少交、拖交、

不交。对敌伪催粮人员捕、押、管、教，有武装掩护抢粮者，我部队民兵便予以打击。武装围困据点，使敌人不敢出来，这样大大减轻了群众对敌人的负担。一般敌占区群众的负担不到应征数的二分之一，游击区则基本不负担。如莱芜陶家陈村全年应对敌负担20万斤，开展反资敌斗争后，不到2万斤。

9. 依靠群众搞好后勤工作，在敌区、游击区开设地下医院

泰山区环境恶化以后，后勤工作处境十分困难，只好采取分散隐蔽的办法，政治思想工作更需加强。为此，军分区决定调张煜任后勤政委，汪瑜任后勤总支书记。军工生产仍坚持造手榴弹、地雷，翻造子弹、炮弹，并生产少量机枪和打炸药的小炮。被服曾一度发便衣以适应环境，也曾发棉花、布片由个人自己缝制棉衣。在医疗卫生工作方面，卫生处将几个医疗所划成若干分所；分所再分成几个医疗小组，把伤员分散到敌区和边沿游击区隐蔽治疗。伤员，白天分在群众家里，夜间和白天有情况时便把他们转移到堰窨里去（在梯田地堰上以石块垒成的洞），医护人员则化装成种田、割草、拾柴的农民或放羊的牧童在外面观察情况。这样做，要严格保密和严密分工，缩小了解面，以防万一被敌发现也不致有大的损失。有时听到敌人要来的情报，即采取“调虎离山”计，在天黑前组织一些担架搞“假转移”，以保护医疗小组不被敌发现。

1941年9月18日敌人大“扫荡”时，刘家白村住着一所、二所共300余名伤病员和工作人员，群众听到敌人“扫荡”的消息便急忙把伤病员抬出去藏起来，村民刘新章发现还有一个女病员未能转移走，便把她掩护起来，并叫她放心。敌人把刘新章抓去，用刺刀指向刘胸膛，逼问八路军伤病员的消息，他坚决不说，而壮烈牺牲了。莱北雪野区大西坡毕才德家住着七个重伤员，刚运走了三个，敌人就来到了。她和邻居几个妇女冒着敌机枪扫射的生命危险把四个伤员抬出去。其中有一个妇女被敌人抓住。敌人逼她说出伤员的去处，她毫不畏惧，

始终不肯暴露伤员去向，被敌人用刺刀捅死。她们用鲜血和生命保护了我军伤病员的安全。漫子村一带的堰窨子是较好的隐蔽点之一。一个12岁的小看护员——小毛伪装成牧童，巧妙地应付敌人，未被敌人抓去，被伤病员称为机智勇敢的小英雄。在建设地下医院的工作人员中，也出现了许多动人事迹。其中医疗所长王兰亭（女），全心全意为伤病员服务，并细心为群众治病，受到了伤病员和群众的爱戴。王兰亭是山东省章丘人，与丈夫刘子珍同是医生，抗战前在沂水县的依汶庄开设私人诊所。他俩于1938年参加我军，夫妇二人分别于1940年、1939年入党。刘子珍在泰山分区卫生处任医务主任，王兰亭任医疗所长。那时药品异常缺乏，疟疾流行，他俩想方设法以中草药代替西药，治好了许多患疟疾的病人。1943年春，泰山区春荒，疾病流行，他俩又积极为群众治病，治好了许多病人，挽救了许多人的生命。他们为了治病救人和大家一样吃大苦耐大劳，不顾个人安危，经常出没封锁线边沿区，对坚持抗战作出了贡献。

10. 军事打击与政治攻势相结合，同敌人展开争夺道会门的斗争

我们在与敌人进行军事斗争的同时，也展开了政治攻势，尤其是对道会门。因为泰山区道会门名目繁多，大多是南敌伪、国民党、地主欺骗落后群众组织起来反对我们的迷信组织，且多有武装。由于其政治背景不同，针对我们的态度也不尽一致。1940年至1941年前后，由于我们对道会门采取了军事打击为主的政策，因此树敌过多，积怨颇深。以后总结了经验教训，采取了以政治争取为主的政策，只打击少数死心塌地的反对我们的会首，争取大多数会众，致使大部分会众有所转变。如泰历县有两个最反动的地主兼道会门头子徐家楼庄的徐树民，赵家石汶庄的赵××，他们勾结日军，组织道会门，破坏抗战，惨杀我方人员。我泰历独立营和武工队攻下徐家楼和赵家石汶庄，将徐、赵二人捉住，经专署批准，在当地处决，会众自散。又如窝铺乡小刘庄地主兼会首董树谦，配合日军“扫荡”，杀害我抗日人员及

家属，不但听不进我党我军的忠告，反而变本加厉。我部队加以反击，活抓董树谦，就地处决，会众解散。

1944年冬，历城柳埠地区地主组织道会门，在老会门头子魏兴红等带领下，配合日伪军“扫荡”、“蚕食”，伪乡长兼会首勾结日伪军，煽动2000多名会众搞暴乱，杀害我们过路干部和区干部及税局人员、抗属、民兵等30余人。该县县委书记兼政委傅敦吾、大队长郭正元率历城县大队赶到柳埠，泰历县大队副政委张正德率三个连前往配合，很快平息了暴乱，将会首击毙，对大多数会众进行了宣传教育，会众散去，恢复了正常秩序。这既狠狠打击了极少数罪大恶极的会首，又教育挽救了大多数会众，致许多道会门都自行解散。对一些态度较好、危害较小的会首，我们则采取了教育争取的政策。如西金井庄道会门头子倪××比较开明，经我们多次教育争取，态度明显地转向我方，以后这个村庄成了我们打开范镇川村实验区之立足点。有一次，他掩护我们一个排隐蔽在他家，未被敌人发觉。由于我们采取了正确的政策处理了道会门，对打击日军和伪军起到了积极作用。

11.积极开展敌伪军工作，争取瓦解伪军、伪政权

我们积极开展了争取瓦解伪军、伪政权的工作，粉碎了日特搞川村实验区的阴谋。为了开展敌伪军工作，地委分工由分区政治部副主任李枚青兼地委敌工部长，十二团政治处主任张秉玉调任分区政治部敌工科长，各县委也配有专职敌工部长，各区还有敌工站长。当时主要的活动有以下几点：

（1）开展宣传攻势，进行政治攻心。宣传的主要对象是伪军、伪政权和伪属。每逢重大节日，如七七、九一八、春节、中秋节等，就开展大规模的宣传攻势。宣传的内容主要是：抗战必胜，正义战争必胜，日本必败，枪口对敌，不给日本鬼子当炮灰；今年打败希特勒，明年打败日本；“身在曹营心在汉”，现在应当弃曹归汉；缴枪不杀，立功赎罪，立大功受奖等。宣传方法主要是：到据点、碉堡附近喊话上课，用

弹弓将宣传品射到据点、碉堡，召开伪属座谈会，办伪乡、村长训练班等。有时喊话遇到伪军打枪，我们立即点名警告，使其老实听训。我曾于1942年6月写过一份对伪军的传单诗：“出路出路，只有爱祖国，伪军兄弟，快弃暗投明，过来当八路。”这些宣传攻势都起到了积极的作用。

（2）采取各种方法，瓦解争取敌伪军。我们采取了开展宣传教育，对伪属进行工作，红黑榜点名，打入伪军内部进行活动等方法，瓦解争取敌伪军。如1943年，莱芜伪军零星投诚者就有30多人，博莱县和庄据点最顽固的一个父子兵营，经过我们喊话教育后，有48人逃跑，带出步枪16支。又如共产党员郭正元打入历城伪军岳伯芬部，经郭正元积极进行教育瓦解，于1944年秋，拉出一个大队反正，整编为我们历城县大队。莱芜颜庄区公安特派员王善甫等同志积极做伪军工作，争取了一个伪乡公所、一个伪军中队、两个碉堡的伪军在我攻据点时自动放下武器。泰北时家庄据点伪军中队长率一个中队向我方投诚，汶口大桥日军警叶武雄也向我方投诚，北望村据点日伪军36人不战而降。我们对泰北西张店、杏园的一个伪军中队，用红黑点张榜公布的办法（做好事记红点，做坏事记黑点），几天之后就有18人逃跑。采取这些方法开展活动，对瓦解争取敌伪军取得了明显的效果。

（3）配合我军袭击，乘机投诚反正。我们在伪军内部建立的关系，1944年夏已达70多人，都起到了一定的作用。如1943年春，我莱北独立营一连在内线配合下一枪未放，就拔除了高家洼据点，俘获人枪各34。1943年，泰北山口伪军一个中队未经战斗，在我军到达后即按廖容标司令命令起义，参加我泰历县大队。姚庄据点的一个中队伪军（中山分校）在我争取下由队长宋绍平率领起义了。1943年底，我们采取里应外合的方法，解放莱芜的孝义、辛庄、颜庄、南冶、嘶马河、矿山子等十余个据点时，伪军、伪政权起义和投降者共达1500多人。其中打颜庄据点时，是我们派人把伪中队长吕、谭二人叫出，我和刘国柱同志在尚克东陪同下进行教育劝降，经数小时谈话，他们终于同意缴械投诚。随即，我部队进入据点，收缴了全部武器。接着，又叫该伪中队长吕某随我们去南冶据点喊话，该据点伪军也向我军交出全部武器。这两个据点顺利解决了。1943 年 10 月，打埠村时俘获的一个伪军班长杨兴华，经教育释放后，他到垛庄据点当班长，成了我军情报员，要求我军拔除垛庄据点，他作内应。我军顺利地打下了垛庄据点，俘敌 300 余人。以后杨兴华又到济南市郊大涧沟配合我军袭击敌据点，俘敌 100 多人，缴步枪 100 多支，机枪一挺，我军仅伤一人。

在 1944 年春季攻势中，林乎加政委指挥两个连和分区武工队攻克了历城县西营、商家庄两据点，战斗打响前，武工队长罗俊把据点的内线关系宋杰三（伪军中队长）叫出来，林乎加政委和胡寅（章历县委书记）与宋谈话，要他听到枪声就开门出来排队反正，以免造成双方伤亡，宋答应照办。另派一个排和武工队一个分队由武工队政治指导员刁愈之带领，解决了商家庄的伪警察所，当夜顺利地拔掉两个据点，扩大了济南市郊我根据地。

李枚青副主任为了体察开展敌伪军工作的成效，曾亲自到泰北，由县敌工部长刘一民陪同，在一个伪乡长家与伪军中队长刘少文谈话。第二天夜，又在刘一民陪同下，到山口伪区长孟子钧家住了一天，以检验对伪政权的争取程度。两次活动都很安全、顺利，李枚青同志对泰北的敌伪军工作十分满意。在此之前，1942 年夏，李副主任曾深入万德、灵岩寺（济南以南 20 公里）检查敌区的群众工作，并亲自对众和尚进行抗日爱国教育。由此可见，我们领导同志以自身行动贯彻了敌进我进的方针。

（4）积极争取伪政权，使其转为革命的两面派。这方面的工作也取得显著成绩。莱芜县在敌人准备占领的地区内，事前就布置了一批人打入了伪政权。对那些忠实于敌人的伪乡、村长，我派去人员发动群众检举控告，加以除掉或撤换。如封丘乡伪乡长刘宝善是敌人的忠实走狗，1943 年底，我们将雪野区伪区长王徽五、寨里区伪区长边子玉争取过来与敌人进行合法斗争。我们利用口镇维持会长朱干晨营救我军被捕人员及抗属，还在陶家陈村建立了白皮红心隐蔽根据地。该村伪政权完全由我们控制，没有汉奸，全村 700 户，家家有地洞掩护我们工作人员。像这样的地下红色堡垒，每县都有几个乃至十几个。又如泰北的大梭庄，是一个回民村，在村党支部书记杨英同志领导下，建成了坚强隐蔽的抗日村，掩护干部，保存公粮，安置伤病员，转送情报。伪政权人员完全听命于我们。遇到危险时，我们则采取假逮捕真保护的办法使其脱险。到 1942 年底，我们已争取了九个伪乡政权、100 多个村伪政权。1943 年年底统计：莱芜县伪政权中忠实于我军而表面上应付敌人的占 55%，两面都应付的占 25%，忠于敌人而应付我们的仅占 12%，还有 8% 则是敌人的忠实走狗。

（5）开展对川村实验区和国特刘伯戈的斗争，粉碎敌特阴谋。川村是日本特务机关“梅花公馆”的核心人物。他搞了一套伪装中立的欺骗手法，诡称相信“三民主义”，以办中山学校为名，组织伪军 460 人。最高领导为自治委员会，下设民、财、建、教等组织；以泰莱边范镇为中心向四周发展，几乎搞了大半个县的地盘，成了敌占区的模范区。该地区敌人不来“扫荡”，诡称在中国实行共产主义行不通，日本灭亡中国也不可能，只有实行“三民主义”才行，有时对俘虏我方人员实行“宽大处理”，企图以欺骗软化手法达到奴化中国人的罪恶目的。我们一方面派罗俊武工队进去进行宣传教育，揭穿敌人欺骗阴谋，规劝伪军和群众不要上敌人的当，打消某些人走“中间道路”的幻想；一方面进行军事斗争，十二团二营政委张键带两个连队与泰历独立营副政委张正德率三个连一起进去打了几次仗；加上伪军起义，四个伪军中队（即四个分校）全部被摧毁，山口、祝阳、姚庄、吴家庄等据点被我军收复。泰历独立营营长柯邦坤在战斗中光荣负伤。在我军政治、军事打击下，1944 年春，川村实验区垮台了。

刘伯戈，是国特兼日特的双料货。刘伯戈原为我莱芜县委书记，抗战前就叛变投降了国民党。1941 年起即任国民党县党部书记长。坚决与我为敌，杀害我们不少干部、党员，对我们破坏很大。对这样一个罪大恶极的国特，我们主要是采取军事斗争，严厉打击，在嘶马河等地与其进行了两次战斗，全歼其武装力量，毙伤敌 80 余人，俘虏 750 多人。为了做好敌伪军工作，我们也付出了不小的代价。1943 年 8 月 13 日晚，军分区政治部副主任李枚青同志在莱芜上游庄附近过公路封锁线时遭敌伏击，而光荣牺牲，时年 29 岁。同时牺牲的还有朝鲜独立同盟成员徐勇进等。事后，分区广大干部战士及上游庄附近十多个村庄群众沉痛悼念。群众冒着生命危险，通过上游庄绅士朱焕章的关系，把他的遗体送出，安葬在小西坡村。

李枚青同志，山东省新泰人，学生出身，1931 年入党，1933 年 2 月在学校被捕，坐牢四年半，坚贞不屈，直到 1937 年七七事变，经我党营救，于是年 11 月出狱。他当即参加了新泰县委，并参加发动徂徕山起义，在四支队任新泰独立营政委、泰山特委第一大队政治处主任，后任军分区政治部主任、副主任兼地委敌工部长。李枚青同志对党忠诚，掌握政策，关心群众，待人诚恳，学习认真，工作深入，多次深入敌区、敌据点检查工作，英勇顽强，直至流尽最后一滴血。他在群众中威信很高。

再如泰历县敌工部副部长吴奎轩同志，在泰北山口伪据点进行工作时，中了伪军姚五秃子设下的圈套，后来突围时子弹打光被俘。他大骂姚秃子和伪军，被活活打死。牺牲后，其遗体运回原籍莱芜时，沿途许多群众痛哭流涕地悼念他。还有章丘县敌工部长褚方塘，分区敌工科干事杨荫树（东北人），敌工干事孙士英，秘密武装人员程宽明等人，都是在做敌伪军工作中牺牲的。这些同志为开展敌伪军工作做出了贡献，流尽了鲜血。

12. 开展“双拥”运动，体现军民鱼水情

1943年春，部队、地方同时开展了拥政爱民与拥军优属运动，更加体现了军民鱼水情。部队每到一个地方，争相为群众做好事：助民劳动、抢险救灾、为群众看病、组织群纪检查小组检查“三大纪律、八项注意”的执行情况。部队制订了拥政爱民公约，地方制定了拥军优属公约，部队干部战士还学会了拥政爱民歌，出现了许多动人的拥政爱民故事。机关连队住到村民家里都实现了“三不走”的口号（借东西未还不走，水缸不挑满水不走，地不扫干净不走）。政府和群众也经常慰问部队和伤病员，尤其是在部队打了胜仗以后，群众杀猪宰羊慰问部队。每逢节日，只要环境允许就召开军民联欢会。从此，将每年的新年春节之间的一个月，定为拥军优属（拥政爱民）月，把“双拥”制度化，真正做到了“拥护政府爱人民，军民团结一家人”。当时部队穿衣穿鞋困难，泰山区七县妇联号召妇女做军鞋、军衣支前。仅莱芜县妇女就募捐6700双鞋子、1005套棉衣、1700双袜子、100条被子，补救了分区后勤被服供应不足的困难。《大众日报》写文章赞扬说：“值得我们把妇女运动模范县这个美名送给她们。”

13. 开展生产节约运动，积极为群众治病救灾

1943年，中央号召开展大生产运动，部队开荒种地，运粮运柴。当时泰山区发生了空前的大春荒，大部分群众吃不到粮食，以榆树叶、野菜、观音土充饥，到处都是浮肿病人，大部分村都有十数人乃至数十人病饿而死。据莱芜县统计，1943年春，饿死不下5000人，淄河地区更为严重，病饿而死的万人以上，出现了逃荒要饭、卖儿卖女的严重情况。部队生活也艰难到食不见粮，冬不上棉的程度，有时天气寒冷，天下大雪，干部战士还穿不上棉衣，只好发裁好的布片和棉花，每个人自己动手做。全国抗战八年，大多数干部、战士未发过棉被，干

部只发一件粗布棉大衣，白天当棉衣穿，夜晚当棉被盖，夏天每人发两套单衣，还号召每人节约一套上缴。有的连队战士没有鞋子穿，便将一双鞋子轮流站岗时穿，变成了“站岗鞋”，行军走路只好搞“赤脚运动”。吃菜也很困难，每天只发五分钱菜金，每人一天只有三钱油五钱盐，买不到菜就炒糊盐当菜。每人每月只发北海币一元作为零用钱。1942 年底，我十团在淄河峨庄、石板一带抗击日伪顽夹击，保卫淄河抗日根据地。此时，老百姓粮食被敌人抢光，已经断炊；我军也断粮，吃些从莱芜运来的花生饼，有时花生饼也接济不上。冬季青树叶、野菜无处可采，有位司务长拣来干枯杏叶，与半块花生枯饼下在锅里煮成一锅特殊稀饭，让全连人吃了一顿。这一“大发明”立即推广到各单位，都纷纷去拣干树叶煮来吃，以解饥饿之急。当时我正在该团检查工作，也享受了这一特殊待遇，并为此写了一首歌颂干杏叶为抗战作贡献的短诗。在这种情况下，我们部队一方面开展大生产运动，开荒种地，要求每个人开荒半亩，各机关干部战士都开荒种地，自磨自食。一方面，紧缩腰带，节约救灾，部队每人每天节约二两粮食救济群众，机关到几十里路外自运粮柴。下去搞民兵工作的同志都同民兵一齐实行劳武结合，并随身带上药品，随时给群众治病。军分区派出若干医疗组到重点地区给群众治病。鲁中区党委号召：“生产不荒一亩地，救灾不饿死一个人。”鲁中区党委和区联办决定拨出粮食 30 万斤，发放无期贷款 25 万元救济群众。许多妇女挑起生产上的重担，仅在莱芜北部就有上万台纺织布机，妇女白天下田劳动，晚上纺线织布，成为生产上的能手。

14. 加强部队政治思想工作，开展整风运动

当时，由于汪洋政委、李枚青副主任的牺牲，卞庄、吉山、马鞍山战斗的失利，许多村庄被敌“蚕食”，根据地日益缩小，部队士气一度有些消沉。在这种情况下，我部队进一步加强了政治思想工作。党中央发出：“咬紧牙关，度过黎明前的黑暗”、“今年打败希特勒，明年

打败日本”的号召。汪洋同志生前也讲过，“……天要明的时候黑一刹，灯快要灭的时候亮一下，我们一定能够战胜暂时的困难，敌人一时的猖狂凶残都逃脱不了即将灭亡的命运”。用这些号召和指示教育部队，鼓舞了士气。大家决心咬紧牙关，冲破黎明前的黑暗，争取最后胜利的早日到来。

在加强政治思想教育中，我们既狠抓当前的形势任务教育，又抓了远大目标——社会主义、共产主义理想的教育，学习红军光荣传统，尤其是二万五千里长征艰苦奋斗的精神。使广大干部战士树立抗战必胜和为共产主义奋斗的伟大信念。回顾起来，这两个信念的教育，对当时渡过难关起了极为重要的作用。

机关部队于 1942 年春开始了整风运动。分区领导作了整顿“三风”的动员报告，每天坚持两小时学习，组织干部认真学习中央规定的 22 个整风文件。分区还举办了连干部整风轮训队，总结了经验教训，写了反省自传，统一了认识，使大家受到了一次马列主义党性党风的教育，提高了政治思想水平。部队内部开展了尊干爱兵活动，互相订了尊干爱兵公约，对过去发生的某些不愉快的事情，干战双方各自作了自我批评，干部主动承担了责任，改善了官兵关系，进一步增强了内部团结，出现了官爱兵、兵尊干的融洽气氛。

部队开展了文娱活动，活跃了部队文娱生活。分区宣传队进行了小型演出，下连队教唱歌曲。宣传干事郭莘还编了一首歌曲，名叫“咬紧牙关，度过困难，争取胜利”，还组织演出话剧《过关》。组织机关干部自编自演“山东快书”，如《大战岱崮山》、《三次讨吴大胜利》等。连队组织的青年班，大都成了连队模范班。连队主要靠青年开展活动。这既活跃了部队生活，又鼓舞了部队士气。

加强党组织建设，是做好政治思想工作的重要保证。各级领导非常重视党的建设，团以下均有专人负责做党的工作，团有总支书记；一度取消团部后，各直属营和各县大队（独立营）也配了总支书记，营有分支书记（即副教导员），连有支部书记（即副指导员）。要求连队的党员经常保持25%到35%左右，做到班有党员，排有小组，连有支部。经常召开党员与群众座谈会，号召群众向党员提意见，批评监督党员，教育党员发挥先锋模范作用。每个班有两至三个互助小组，一个党员团结两至三名群众。战斗中党员冲锋在前，退却在后；平时吃苦在前，享受在后，发挥了党员的模范作用、支部的战斗堡垒作用。部队经常表彰先进，发扬正气，激发积极性。1944年，分区开展了创模立功运动，在南营与地委共同召开了英雄模范代表会议，选出了方明胜、曲凯庆、阎发仓、董占江、岳宗生等18名战斗英雄和李念林、刘建平等民兵英雄，并出席了1944年7月鲁中军区和山东军区召开的英模大会。

通过上述工作，部队的政治思想水平有了很大提高，精神面貌有了很大改变，大大提高了部队的士气和战斗力。

结束语

1944年春，泰山区形势开始好转。两年半极端困难的局面初步打破，局部反攻业已开始，黎明之光洒向人间。

1944年三四月间，由鲁中军区统一组织指挥的第三次讨吴战役（山东大股伪军吴化文部，即伪第三方面军），经过两周激战，给了他歼灭性打击，将其主力、总部基本歼灭，俘虏6000余人，毙伤1000余人，把他从盘踞多年的南麻、悦庄、鲁村老巢驱赶了出去。随后不久，他们不得不将残部撤出山东。此役解放了沂鲁山区大片土地，使鲁中各分区连成一片（吴化文及其所部，在1948年9月我军解放济南战役中起义，加入中国人民解放军战斗行列）。

我一分区十团与博莱县区武装及民兵在廖司令率领下，担任西路梯队，参加了这次战役，从芦芽店、松仙岭、鲁山顶压下去，配合主力、直捣吴伪巢穴，战果辉煌。在此战役前后，日伪在泰山区的博莱、章莱、泰历、莱新等四条公路封锁线上的据点、炮楼有的被迫放弃撤走，有的为我军攻克。至此，分割、封锁局面基本打破，西起泰山，东至鲁山、沂河，再无敌人封锁线，我军民畅行无阻。1944 年春季，我分区部队进行大小战斗 300 多次，其中多数是我主动打的。由此可见，我军已由被动开始转入主动。这一切，虽然与欧洲战场上希特勒的即将彻底失败和太平洋战场上日军的节节败退有密切的关系，但最根本的还是我们自己日夜奋战、流血牺牲所换来的。

在有利形势下，我分区一面加紧向敌人进攻，收复失地；一面加紧扩军、整军，发展民兵，准备迎接大反攻。

1945 年 8 月，日本宣布无条件投降后，泰山区军民欢喜若狂，我们奉命以军分区机关为基础，率十团、十二团，加上军区四团，组建鲁中四师，再加上县区武装和民兵，展开轰轰烈烈的大反攻、大进军。

泰山区军民和全国人民一样，经过了艰苦卓绝的抗日战争，终于取得了最后的胜利。1945 年泰山区建树的抗日烈士纪念碑上铭刻着："泰山区人民子弟兵，1941 年至 1945 年 8 月 1 日战绩统计：战斗次数 2905 次；攻克据点 161 个，迫退据点 182 个；解放国土面积 8600 平方公里，解放人口 60 万，解放村庄 1940 个；毙伤敌伪 10773 人，俘虏日军 18 人，俘虏伪军 10862 人，缴获钢炮 2 门、迫击炮 1 门、小炮 92 门、掷弹筒 4 具、重机枪 2 挺、轻机枪 118 挺、长短枪 9498 支、炮弹 849 发、枪弹 185212 发，破坏碉堡 1229 座，打坏敌机 1 架，打毁敌汽车 30 辆"。

这一胜利是来之不易的，这是由于我们在党的领导下，坚持了持久抗战的方针，坚持了长期分散群众性游击战争和敌进我进的方针，坚决贯彻执行了党中央的十大政策，不断加强了党的建设和政治思想工作，全心全意地依靠群众，团结群众；也是由于全体指战员和民兵排除万难，掌握运用了毛泽东同志说的“武装斗争、统一战线、党的建设”这三大法宝，在数千次的战斗中英勇作战，以3000多名烈士的鲜血为代价换来的。在此，愿他们在九泉之下安息吧！

陇海铁流

钟辉

历史的画卷已经翻过去半个多世纪，但陇海南进支队的往事，却仍然历历在目。特别是那些为抗日救国的神圣事业献出宝贵生命的烈士们，南进支队活动地区的地方党组织、人民群众，以及在抗日斗争中作出重要贡献的老同志的英雄事迹，都深深地印在我的记忆中。作为陇海南进支队主要负责人之一，我有责任把这支部队所走过的战斗历程记录下来，作为对烈士们的怀念，也为这段历史提供一个佐证。

陇海南进支队的组建及其发展

1937 年卢沟桥事变以后，日本帝国主义向我国发动了大规模的武装侵略，企图以武力吞并全中国。由于蒋介石采取消极防御的作战方针，以及对日妥协让步的错误政策，致使日军得以长驱直入。到

1937 年 12 月，继北平、天津失陷以后，太原、上海、南京也相继失守，长江以北的主要交通线便沦入敌手。1938 年 3 月，国民党蒋介石在全国抗战高潮的推动下，委派李宗仁为第五战区司令长官，担任津浦路的防御任务。3 月下旬至 4 月上旬，在山东南部台儿庄地区，以 40 万优势兵力，同进攻台儿庄的日军进行了一次会战，歼敌第十师团大部及第五师团一部两万余人。但是，台儿庄会战的胜利，并未能改变整个战略态势，日军决定集中华北、华中两个方面军的兵力，南北会攻徐州。国民党第五战区部队遂决定在徐州抵抗，又先后增调兵力 20 余万，连同原有部队共约 60 万人，由于兵力分散，会战一开始就陷入被动局面。日军采取迂回包围的战术，于同年 5 月攻陷徐州，截断了国民党军队的退路，以致造成了大溃退，使山东、江苏、安徽大部分地区沦陷。我党高举团结抗日的大旗，并派八路军、新四军主力挺进敌后，发动群众，组织抗日武装，积极开展游击战争，牵制敌人的正面进攻，打击了敌人的侵略气焰。

徐州失守以后，中共中央书记处在《关于徐州失守后华中工作的指示》中指出：要在津浦路以东、陇海路以南、长江以北广大地区发展游击战争。为了加强对山东抗日武装力量的领导，1938 年底，山东纵队宣布正式成立。纵队组成前，原苏鲁豫皖四省边联特委书记郭子化和当时任苏皖特委书记的邵幼和、组织部长张芳久、宣传部长张震寰等，曾先后向山东省委汇报了当地群众的抗日情绪和开展武装斗争的大好形势，并要求派一些能够领导和指挥作战的同志去组建队伍。1938 年 12 月，山东分局和山东纵队决定，成立陇海游击支队。任命我为陇海游击支队司令员兼政委，同时担任苏皖特区军政委员会书记；梁海波为副司令员；李浩然为政治部主任兼任苏皖特委组织部长；张震寰为政治部主任。临行前，山东分局书记郭洪涛和山东纵队指挥张经武、政委黎玉先后找我谈话，命令我出山东，入徐海，组织发展抗日队伍，开展敌后游击战争，阻止和破坏日军打通陇海铁路东段的企图，创建敌后抗日根据地。

1938 年 12 月 9 日，我和梁海波、李浩然、谢锡玉一行 21 人，从山东沂水县岸堤镇出发，途经费县、苍山到达邳县铁佛寺，和地方党负责人粟培元、冷启英、刘杰三、王仁东取得联系，并向他们传达了郭洪涛书记、张经武指挥和黎玉政委关于组建陇海游击支队的指示。1938 年 12 月 21 日，我们到达邳县许楼村，召开地方武装领导干部会议，再次传达山东分局、山东纵队的指示，具体研究了部队整编、干部安排和今后如何开展工作等问题。此后，召开了全体人员大会，正式宣布八路军山东纵队陇海游击支队成立。这支部队的基础，主要是我地下党领导的、经国民党驻徐州第五战区司令长官批准成立的邳（县）、睢（宁）、铜（山）等县青年救国团建立的义勇队，当时 300 多人，编为两个营。即：邳县青年抗日救国团义勇队编为第一团第一营，下辖两个连，任命谢文秀为营长，谢锡玉为教导员；铜山、睢宁青年抗日救国团义勇队编为第一团第三营，下辖两个连，任命刘文焕为营长，周瑞迎为教导员。同时，在铁佛寺开办了以培养地方干部为主要目的的随营学校，由我兼任校长，李浩然兼任政委并直接负责学校工作。从此，鲁南、苏北地区第一支在共产党领导下的八路军抗日武装部队诞生了。

部队组建后，经过短期整训，就投入发动群众和频繁的战斗。随着这两项工作深入开展，部队不仅在人民群众中的影响迅速扩大，本身也得到迅速发展。不久，又委派夏玉华同志回睢宁，组建陇海游击支队睢宁独立第一营，并担任营长。

1939 年 2 月，支队又接收夏慕尧先生 400 多人的抗日队伍。夏慕尧先生是早年追随孙中山闹革命的老同盟会员、抗战爱国人士，还是邳、睢、铜一带青红帮组织的头目，在当地颇有影响。早在支队成立以前，他就同我地下党的领导人郭子化十分熟悉，和邳、睢、铜地区抗日动员会、青年救国团等群众团体中我地下党员也较为密切。他对我党的抗日救国主张认识较清楚，同情并支持我党的抗日活动。我们来到邳县后，他亲眼看到我支队连续几次打击日军、伪军和维持会等敌伪组织并取得了胜利，深受感动。于是将他亲自组建、装备精良的400多人的抗日义勇军交给了我们，并对我说："钟司令，在中国只有共产党才能领导抗日，只有你们的队伍才是真正打日本、维护老百姓利益的。将我这支部队交给你，我也就放心了。"支队接受了夏慕尧先生的队伍后，任命他的弟子滕玉荣为营长，我们派盛志明担任教导员。

同年2月，邳县西部十余里的丁场，有一个有钱有势的民间头领丁某，曾和郭子化同窗，倾向抗日，较为开明。同时，他与国民党邳县政府和党部矛盾十分尖锐。我支队组建后，他同我地下党同志联系，主动邀请我们的部队进驻丁场，不但愿意和我军合作，而且愿意接受八路军领导。对此，我们不仅表示欢迎，而且积极予以援助。经他和黄峰江、毛洪烈等联系，于3月初，在丁场组建了350多人、装备精良的部队，编为陇海游击支队独立第三营。任命毛洪烈为营长，刘步伦为政治委员。

第一次收复邳县城以后，我军又将丁场依宿村由朱庆轩、朱洪善组织起来的400人的队伍，编为支队独立第四营。任命朱洪善为营长、张剑秋为政治委员。

3月初，将铜山县梁围子的进步人士梁广洁先生组织的一支200多人的队伍，收编为陇海游击支队铜山独立大队。任命梁广洁为大队长。

同年3月间，将邳县青年救国团负责人粟培元组织的300余人的抗日队伍，编为陇海游击支队邳县独立团。任命粟培元为团长，马良俊为政委，陈雁为参谋长。这个团在配合支队主力第二次攻克邳县城和在官湖阻击日伪军的战斗中起了重要作用。特别是在部队主力南下，梁兴初率领的东进支队还未到达邳、郯地区这一段时间里，这个团在艰苦条件下，英勇顽强坚持斗争，作出了贡献。

同月，原在国民党军队任上校参议、抗战后自己组织队伍、自称苏鲁边游击司令的胡大勋，率领近200人的队伍，携带步枪70余支、重机枪2挺、八二迫击炮1门，接受陇海游击支队改编，被编为支队枪炮连。任命胡大勋为支队参议。

1938年三四月间，将临沂、郯城一带由地方党组织领导的400余人的队伍，编为支队的第三大队。任命杨信为大队长，韩去非为政委。这个大队在坚持开辟临郯地区抗战局面和反顽斗争中都起了重要作用。

同年4月，家住铜山县的胡大义早年参加我党，七七事变后出狱，在家乡组织了一支200余人的抗日武装队伍，于1939年4月间编为陇海游击支队运河大队。胡大义任大队长，陈诚一任政委。后来，这个大队和胡大勋组建的运河支队合并。

四五月间，苏皖特委派去组建东（海）灌（云）沭（阳）中心县委的于跃海、孙朝旭、周瑞迎和已在那里工作的孙海光、张克辛等紧密配合，在过去自发组建抗日游击队的基础上，正式成立了八路军山东纵队陇海游击支队第三团，约1500人，汤曙红任团长，周瑞迎为政治委员，张克辛为副团长，陈飞为政治处主任。下辖四个营。汤曙红被顽敌杀害后，支队任命张克辛代团长、杨纯兼政委。后又任命杨志雅为团长、盛志明为政委。这支部队在党的领导下，四处转战，终于成为苏北地区一支坚强的部队。

在抗日统一战线政策影响下，国民党徐海行署主任蔡少衡、副主任蔡官庭同我支队常有联系。他们为表示真诚抗日，遂于1939年4月间，将行署常备队300余人交给我们，编为陇海游击支队第八大队（始称宿迁独立大队）。任命张裔恩（现名张阴堂）为大队长、盛志明为政委。

为适应迅速发展的斗争形势，配合苏皖特委的中心任务，完成开辟陇海路以南地区的任务，李浩然同志提议并与支队商议决定：抽调三营九连和苏皖特委机关干部，组成八路军山东纵队陇海游击支队先遣第一梯队。李浩然任梯队队长兼政治委员。1939 年 4 月 21 日，第一梯队从邳北的泇口出发，进至陇海铁路以南的邳（县）睢（宁）铜（山）地区。他们到达目的地后，在当地地下党和人民群众的配合下，先后对驻邳、皂河、窑湾、魏集等地的日伪军和维持会，进行了有力打击，不但军威大振，影响迅速扩大，梯队也得到迅速发展。到 9 月，在短短半年多时间里，这支不足 70 人的队伍，发展到 1500 多人的武装队伍。任命叶道友为一梯队副队长，胡泇为政治处主任。下辖两个独立营、七个大队。

1939 年 5 月间，组成了先遣第二梯队，吴云培任梯队长。第二梯队活动于宿（迁）北、邳（县）东南、沭（阳）西诸县交界地区，不久即发展到三四百人的武装。

1939 年初，支队刚到邳北不久，苏皖特委即派特委组织部长张芳久去淮阴、淮安、涟水、泗阳一带开辟工作，不久就组织了一支抗日义勇队。当时那里还有不少各种名义的队伍，发展也很迅速。韩德勤企图收编这些队伍。为扩大抗日力量，尽快打出旗帜，打击反动势力，支队研究决定，授予他们陇海游击支队第八团番号，并任命在江苏淮涟一带颇有影响的朱德轩为团长、张芳久为政委。同时决定，抽调杨汉章、于跃海随张芳久带着委任状返回淮阴地区组建队伍。由于义勇队内部对打什么旗帜问题意见不一，只组织了以张芳久、于跃海、杨汉章、吴觉等为负责人的淮（阴）、淮（安）、涟（水）、泗（阳）中心县委。直到五六月份，第八团才正式成立。吴觉任团长、张芳久任政委。此后，他们又发展组建了第九团。自称陇海南进支队先遣第三梯队，统一指挥八、九两团。该部人数最多时近千人。

1939 年六七月间，日军占领区的台儿庄镇自卫队队长马东曙，在我地下党组织的教育下，率领全副武装的自卫队弃暗投明，编为我支队第一团第一营第四连。

1939 年底，在沭阳、东海交界处，由地方党组织组建起来的 200

余人的云台大队，于1940年2月编为南进支队第九大队。钱沛三为大队长，刘锡九、郭光亚为政委，汪谦、王墩涛为副大队长，王通吾为参谋长，宋跃南为政治处主任，宋光采为供给处主任。不久，第九大队并入南进支队第三团。

此外，支队还收编了几股土匪部队四五百人，均充实到各部队中去。

陇海游击支队从1938年底成立到1940年初的一年多时间里，得到迅猛的发展，由开始的两个营300多人扩大到拥有3个团、7个营、4个独立大队、3个梯队，总人数共七八千人，而且装备精良。支队经常活动在陇海铁路南北，有力地打击了日伪顽反动势力，鼓舞了人民群众的抗日热情，为开辟和建立徐海地区和皖东北抗日根据地奠定了必要基础。1940年8月21日，中央军委决定山纵陇海南进支队正式拨归新四军建制。

武汉失守，抗日战争进入战略相持阶段，日军停止了对国民党军队的正面进攻，采取以政治诱降为主，军事打击为辅的政策，回师华北向共产党八路军、新四军以及开辟的根据地，集中兵力进行“扫荡”。在新的形势下，国民党召开了五届五中全会，将其政策由对外转向对内，制定了一整套“溶共”、“防共”、“限共”、“反共”的反动政策，在战略上企图把八路军限死在华北，割断八路军与新四军的联系，陷新四军于危境。山东分局、第一纵队、山东纵队针对敌人这一战略转变，遵照党中央、毛主席和刘少奇、周恩来等对发展华中根据地的指示，于1939年9月成立苏皖纵队领导机构，任命江华为纵队司令员兼政治委员，开往苏皖地区，统一指挥那里的部队。同时，将原在苏北地区活动的八路军山东纵队陇海游击支队正式改名为苏皖纵队陇海南进支队，随纵队进军苏皖地区。为加强陇海南进支队的领导，1940年三四月间，山东分局、第一纵队委派韦国清任支队政治委员。

为迅速发展主力部队，在江华亲自主持下，于1940年6月中旬，将活动在徐州西部由孙象涵领导的第七大队与陇海南进支队合编，番号仍称陇海南进支队，我为支队司令员，韦国清为政治委员，孙象涵为副司令员，杨志雅为参谋处长。下辖两个团，第一团团长由孙象涵兼任，李浩然任政委，沙风任参谋长；原陇海南进支队所属部队编为第二团，由翁叙文任团长，谢锡玉任政委，严光任参谋长，胡发祥任政治处主任。第一梯队第一营编为苏皖纵队特务营。

1940 年 7 月，中央决定撤销苏皖纵队。江华及纵队部分机关干部调回山东工作。凡没有编入主力部队的队伍，仍归地方党和陇海南进支队统一领导和指挥。这时，江华指定我带一个主力营护送他和出席中央七大的华南代表团去山东。到山东后，我出席第一纵队党代表大会。会后，正逢日伪对山东进行“9·18 大‘扫荡’”。“扫荡”结束后，山东分局书记兼第一纵队政委朱瑞正式通知我说：“现在党中央决定选调大批干部回延安学习，分局和纵队决定，调你到八路军军政学院学习。”从此，我就离开了南进支队。

我离开南进支队后，黄克诚于 1940 年 9 月 1 日，率八路军二纵一部进军到津浦路以东，与陇海南进支队以及其他一些部队合编为八路军第五纵队。陇海南进支队一、二团和新四军四总队十一团合编为八路军第五纵队第三支队。从此，陇海南进支队撤销，时间是八九月份。10 月份，五纵南下与新四军北上的一、二纵队在盐城胜利会师，打通了华北、华中的联系，完成了开创苏北根据地的战略任务。

陇海南进支队的主要活动

1938 年末，陇海游击支队组建后，苏皖一带的形势是：一方面，日军为巩固和发展徐州战役的战果，其主力继续前进，威逼诱降蒋介石。

而在其已占的苏鲁皖的广大地区，则实行"以华治华"的政策，到处组织维持会和伪军，推行伪化。同时，以徐州为中心，不断外出"扫荡"，企图恢复陇海铁路东段战略交通线。另一方面，徐州会战失败后，国民党的江苏省各级政府逃之夭夭，土匪蜂拥而起，人民深受其害，处在水深火热之中。一些失掉民族气节的地富势力，为保护私产，则蠢蠢欲动，准备迎接日伪到来。根据上述形势，我们研究认为，支队当前的主要任务是：积极打击歼灭日伪军，坚决制止维持会的发展和蔓延，相机解决扰乱民心和社会治安的土匪，迎击顽固派的挑衅和进攻，用对敌斗争的胜利，支持和发展地方工作，扩大武装部队，团结广大人民群众。因此，支队成立后，将精力和重点集中在开展军事斗争上。下面将支队组建后对日伪主要战斗活动简述如下：

1938 年 12 月 21 日，支队在邳县许楼成立后，不久即转移到群众条件较好的邳北铁佛寺整训。经过一段时间的整训，部队的军政素质都有了提高，指战员的求战情绪非常高涨。

大约 1939 年 1 月上旬，支队应郯城丁场地方实力派、抗日开明绅士丁某之邀，进驻了丁场。当我们获悉，日伪为打通徐州至连云港的铁路交通线，已分两路开始行动时，我们就做好战斗准备。支队对敌情作详细侦察和周密分析判断后，认为打老滩这股伪军最为有利。因为它是深入运河以东的孤立之敌，而且距驻铁路线上的日军较远。伪军人数虽有 300 人左右，与我人数大致相等，但他们是几部分组成的乌合之众，战斗力差，又集中住在三个较大的院落里，如果我出其不意，夜间袭击，消灭该敌是有把握的。1 月 18 日夜晚，天降大雪，我支队乘敌戒备松弛，冒雪奔袭。沿途蹚冰过河，进展顺利。进村后，突然向伪军发起攻击。经过一个多小时战斗，共俘虏伪军近百人，毙伤 20 人，缴获枪支七八十支。其余伪军突围后争相渡河逃命，落水淹死以及相互误战伤亡又达数十人。

太阳刚刚升起时，我军胜利地回到丁场。当地群众听说八路军打了胜仗，自发敲锣打鼓、杀猪宰羊前来慰问，庆祝我军的胜利。初战获胜，大大鼓舞了部队士气和群众的抗日情绪。

夜袭老滩不久，又在1月30日，乘敌不备，攻占运河岸上的重要渡口加口，袭击了敌伪维持会，消灭了伪军姜东海部40多人，活捉了无恶不作的匪首姜东海。根据群众的要求，我们在当地召开了群众大会，把他就地处决，大快人心。对于被俘伪军，要求回家的，支队发给每人三块银洋。此举影响很大，有的感动得痛哭，有的要求加入我部队，并将姜东海部队的修械所改编为我支队修械所，增强了我支队修械的力量。

2月1日，我支队主力又乘胜前进，从加口渡过运河，占领宿羊山，歼灭伪军一个中队，毙伤敌伪区长以下十余人，活捉60余人，缴长短枪70多支，我无一伤亡。在邳东地区的半个月，支队在取得军事胜利的同时，还向广大群众宣传了我党的抗日主张，揭露国民党的妥协投降和“溶共”、“防共”、“限共”的反动主张，发展了当地抗日救亡的民众组织，扩大了武装队伍，还募集了一部分经费和军需物资，及时地补充了部队。

支队夜袭老滩、巧占加口，虽然给了伪军以沉重的打击，但日军打通陇海路东段的整个计划并未终止。为保证其北侧翼的安全，日军不得不亲自派兵攻占官湖。为进一步破坏日军东进的计划，我军于1939年2月18日（阴历大年三十日）拂晓，在官湖南关一带对敌人进行了阻击。当时日军共一千四五百人，而我只有六七百人。在敌我力量悬殊的情况下，我军英勇战斗，激战一天，使日军占领官湖的企图未能得逞，不得不于傍晚撤退。这次战斗，毙伤日军数十人，我军伤亡十余人。我军对日作战的行动，同在日军面前望风而逃的国民党军队形成了鲜明的对照，又一次扩大了我军在人民群众中的影响，鼓舞了广大人民群众抗日的信心。

官湖战斗后，支队连夜转移到山东郯城的涝沟，正值年除夕下半夜3点多钟。白天打仗，又加连夜行军，真是人困马乏，又冷又饿，人人都想赶快进村吃饭休息。但是，在涝沟一带还从未出现过八路军，老百姓不了解我们是什么队伍。所以，护村的武装百姓守着圩子大门，不准我们进村。部队只好在村头广场上集合起来，高唱抗日歌曲，并继续同护村百姓交涉。直到天明时分，部队才得以进村，吃了一顿冷煎饼，喝了几口水，就算过了春节。干部战士却毫无怨言，每人脸上都挂着胜利的喜悦。支队宣传队和连队宣传人员张贴标语，散发传单，广泛宣传我们这支队伍是共产党、毛主席领导的八路军，是抗击日军、保护老百姓的队伍，刚刚在官湖镇打了日本鬼子来此地休整。群众亲眼看到这支部队军纪严明，秋毫无犯，与过去见到的军队大不一样，就很快转变了态度。镇长、保长也开始同支队领导接触，筹集食品，慰劳部队，使部队补过了一个丰盛温暖的春节。

2月23日，我们从涝沟转移到邳县铁佛寺。部队刚刚住下，就接到情报：邳县城已被汉奸刘七的队伍占领，并且办起了维持会，维持会长是邳县东窦圩子的大地主窦继尧。支队认为，这是日军“以华治华”实行“伪化”的反动措施，必须乘其立足未稳，给以迎头痛击，以制止维持会的蔓延。于是，立即集合部队，向县城快速前进。部队到达邳城北的艾山和北关后，经过细致的现场观察，进行了战斗动员，做好了登城准备。天近黄昏，部队按照命令发起攻击。一营占据北关，在屋顶上架起三挺机枪，以猛烈的火力掩护攻城部队架起了登城的梯子。这梯子正好架在我的眼前，为抢时间，我就第一个踏梯爬上城墙，接着我的警卫员王敬之也紧跟上来，其他人也接踵而上。当我和王敬之前去攻占城楼时，有十几个伪军迎面向我们冲来，我俩当即向敌人射击，击毙伪军一人、伤两人，其余伪军即沿城墙退去。登城部队已将城门打开，部队蜂拥而进。一、三营在城内会合，将伪军压迫到城隍庙里，经过约两个小时的战斗全部将伪军歼灭。击毙伪军30余人，生擒伪维持会会长窦继尧、房修生以下70人，缴获枪支60

余支、子弹万余发、其他军用物资一部。我仅伤亡五人。这是支队成立以来第一次攻城战斗，也是这一带八路军部队攻克的第一个县城，相互传颂。南进支队打开邳城，好像春雷平地起，威震方圆几百里，影响很大。当地民众异常欢欣，悬旗庆祝，并给部队赠送了大批慰劳品。

邳北沙滩，是恶霸地主王鼎先的维持会据点，战略地位重要。它控制着苍山以南、台儿庄以东、重坊以西的大片地区。更重要的它还是苏鲁交通路线的要冲。支队决定坚决拔掉这颗钉子。部队于2月28日发起攻击。但由于这座据点不仅圩高墙厚，而且水壕既深又宽，炮楼构筑得容易发挥火力，守据点的兵力将近200人，武器也比较精良，所以，经过一昼夜攻击，不但没能奏效，而且伤亡数人，优秀指导员夏虎同志也在攻坚中牺牲。为避免伤亡和损害士气，支队决定暂时撤出战斗，总结经验教训，待机再战。又经过一段时间的准备，支队于3月20日第二次围攻沙滩，激战三天，发起总攻。在总攻前一天黄昏，先用一二〇迫击炮轰击，炮弹命中敌伪首领王鼎先住室附近。敌人见我有重炮，来势很猛，便乘夜突围，据点为我占领。清理战果，毙伤伪军数十人，俘60余人，缴获枪弹军需物资一部。这次战斗的胜利，有效地阻止了这一地区的伪化，保障了我南北交通的畅通。

支队在邳县一带的发展，给陇海铁路东段敌人很大威胁。因此，他们在青纱帐起来之前，进行一次“扫荡”。同年3月底，日军对我支队布置一个四路“围剿”，企图将我支队团团围住。“围剿”的会合点是我后方基地铁佛寺。4月初，敌人开始出动。台儿庄一路到依宿时，被支队独立三营截住击退；官湖一路被邳县独立团联合民众自卫队打了回去。我支队主力于4月2日晚布置在铁佛寺一带枕戈以待。3日，日军向铁佛寺攻击。我部英勇顽强地在村外河堰迎击，特别是二营营长滕玉荣，赤膊上阵，手拿大刀，冲入敌群。激战到傍晚，我支队向西转移，日军也没敢进村，只放火烧了村东头几间房子就连夜退走。第二天，四户一路的敌人才蹒跚而来，又被我伏击部队击退。这次战斗的胜利，不仅粉碎了敌人的“扫荡”计划，而且大大鼓舞了抗日军民的信心，保卫了鲁南抗日根据地。

日伪并不甘心于自己的失败，铁佛寺战斗后，他们又纠集徐州日伪军千余人，在继续“扫荡”我根据地的同时，进驻邳县城，并乘麦收季节抢收小麦，以备军粮。为了粉碎敌人的企图，保护人民群众的利益，支队决定再次收复邳县县城。攻城前，支队对当时形势做了充分分析。认为城内敌人数量多、装备好，又有高厚的古城墙作为防御工事，在城东南20余里的官湖镇还驻有百余名日军和数百名伪军，可随时前来增援，攻城困难较大。但我们也有许多有利条件。伪军数量不少，但是由土匪组织起来的乌合之众，内部矛盾重重，纪律松弛，战斗力不强。而我军指挥统一，在数量上、质量上都超过敌人，仅投入攻城的兵力即有支队一团和独立三、四营及支队机炮连；邳县独立团可在官湖方向担任阻击；特别是广大指战员士气高昂，纪律严明，多系本地人，地形熟悉；还有地方武装积极参战，广大群众热情支援；等等。因此，支队决心打这一仗。4月26日黄昏，各部队到达指定地点，包围了邳县县城。27日进行了一天攻城准备。28日拂晓前，各部队按照预先规定的任务，发起总攻。战斗开始后，一团一营和独立第四营从敌人守备最严的北关和西门首先猛烈攻击，把敌人主要力量吸引到这个方向。在同一时间，独立三营乘着小船、门板、木桶、木盆，带着梯子、绳索等登城工具，偷偷渡过水深过人的芦苇塘，从敌人最疏忽的城南面悄悄登上了城墙，向城内敌人指挥部发起突击。敌人遭到这意外的打击后，指挥中断，队伍混乱。我一团一营和独立四营乘机登城而入，展开巷战。敌人在我三路攻击下，仓皇从东门逃命，正中我军埋伏。不料我军的两挺重机枪刚刚射击，就双双发生故障，未能给敌人以重大杀伤。支队组织科长谢锡玉带领部队和预备队乘胜追击七八里路，毙、伤、俘敌各一部。官湖的日军和伪军，得知邳县被围，火速向郯城增援，受到郯县独立团顽强阻击，不能前进一步。上午9时许，我收兵回城。这次战斗，共打死打伤敌营长以下300余人，俘敌官兵300余人，缴获追击炮一门、轻重机枪和各种枪支100多支、军用品一部。这次战斗，保卫了人民群众的麦收，给敌人以沉重打击。特别是对汉奸维持会打击很大，有的吓得逃离所占据点，有的走上反正道路。广大群众兴高采烈，杀猪宰羊送到部队驻地，庆贺我军的胜利，并自动参加拆除城墙的工作。从此，敌人长时间没有敢在这里安据点，而我在这一地区的民众抗日武装得到了很大发展。

第二次攻克郯县城以后，我支队决定，拔除敌设在鲁南重镇大李庄的据点，向东部地区发展，以继续发展我军力量和扩大根据地。大李庄位于临、郯交界处，驻有伪军300多人，全系日式装备。据了解，大李庄是敌人的重要据点，工事十分坚固。圩西紧靠沂河，圩墙建于沂河岸的悬崖陡壁上。在东、南、北三面有外壕，三个门楼上建有二层炮楼，在圩内南北大街的重要地段，筑有十多个砖木结构的三层地堡，火力较强，可互相支援。要拔除它得费一把力。然而，我军已取得了一些攻坚经验。这里距临、郯两县的日军据点较远，都在90华里以上，部队打援颇有把握，有足够力量对付这300多伪军。战前，支队召集参战部队领导干部会议，宣布了攻打李庄的设想。大家信心十足。6月末的一天拂晓，各部队按计划到达指定地点。一团一营担任阻击临沂方向的日伪军增援；独立三营担任阻击郯城方向的日伪军增援；其余部队展开攻击。独立四团为预备队。战斗打响后，主攻部队迅速突入圩内，与守敌逐个碉堡展开了争夺战。经过一番激烈争夺，我支队占领了该镇的大部分地区，敌人龟缩到七个碉堡内固守待援。第二天下午，临沂日军出动200多人，携带步兵炮，乘十余辆汽车来援，在沂河两岸用猛烈炮火掩护镇内残敌渡河突围。我部立即集中火力杀伤渡河逃跑之敌，在河中被我击毙六七十名。这次战斗，共毙伤敌100多人，俘敌20余人，缴获重机枪一挺、步枪50余支、弹药及军用品一部。鲁南重镇大李庄遂告解放。

9月，我支队奉命改为八路军苏皖纵队陇海南进支队。我率领直属部队和三个主力营，随纵队司令部进至陇海铁路以南、津浦路以东的灵璧、泗县、泗洪、泗阳一带活动，开辟新的抗日根据地。当部队经过一夜行军、刚刚进驻灵璧、睢宁交界处的九顶山张山口时，就发现有一个大队的日军（500余人），分乘25辆卡车、4辆轻型坦克，从双沟方向向我猛扑过来。部队马上冲上山头，与日军激战，毙敌百余人。到傍晚时，我部队向东南方向转移，留一营一连三排（宋连珠排）继续阻击敌人。这个排发扬英勇顽强的战斗精神，阻止了日军多次进攻，掩护支队主力继续南下。直到天黑，敌人停止了进攻，才撤出战斗，返回部队。

1940年初，根据苏皖纵队领导指示，南进支队同胡（炳云）、田（文扬）大队东渡运河，进至苏北的淮阳、阜宁以北地区，开展抗日游击战争。我支队渡过运河以后，因情况变化，配合南进支队行动的兄弟部队未按原计划行动，致使我支队孤军深入，受到日伪军较大压力。特别是国民党江苏省省长韩德勤，不仅训令各县给我支队制造困难，而且令八十九军的一个师带领各县常备队向我支队进攻。我支队虽在沭阳、宿迁地区的东西鲍围子、邵店、五华顶等地作战几次，给敌顽以沉重打击，但终因无根据地作依托，伤员无处安置，暂时撤回邳北铁佛寺一带休整。

1940年4月，在反顽斗争胜利后，我支队与八路军苏鲁豫支队胡、田大队商议，决定共同行动，拔除泗县最大的恶霸地主张海生的老窝、日伪盘踞的张楼村据点。张楼据点地处睢宁、宿迁、泗阳、泗洪（青阳）、泗县、灵璧六县的中心，对我创建苏皖根据地非常不利。张海生在政治上同伪军紧密勾结，破坏抗日，欺压百姓，无恶不作。张楼分前后两圩子，即前张楼、后张楼。前张楼是新建的，张海生和维持会都住在这里，住伪军500余人，配有轻机枪十五六挺。后张楼是张海生兄弟和佃户的住宅，住伪军300多人。两个圩子都很坚固，土圩子有一丈多高，圩子外有水沟，只有吊桥和外界相通。圩子四角修有炮楼，架有土炮，前后圩子成犄角，可相互支援。在前后张楼的外围尚有一些小据点，均有伪军驻守。为此，我们进行了分工：胡炳云、田文扬带兵攻打前张楼，我们支队攻打后张楼。战斗开始后的第一天，张楼外围据点被我拔除。部队进入张楼圩子后，敌退守核心工事顽抗待援。我支队原定于第二天拂晓发起总攻，但因几路日军援兵已到，我们遂决定撤出战斗。

1940年5月底6月初，我支队驻归仁镇。这时，刘少奇来淮北检查指导工作。苏皖纵队在江桥召开淮北党政军干部会，请少奇同志作报告。在会议进行中，纵队获悉日军从泗县、睢宁、宿迁同时出动向江桥扑来，我们立即将少奇护送到安全地点，并做好了准备。第二天拂晓，日军200余人，带有轻机枪八挺，掷弹筒六具，分乘十余辆汽车，突然包围纵队驻地江桥。纵队警卫营奋勇迎战，与敌肉搏。我支队一团、三团及八大队，在炮火掩护下，向围攻江桥之敌展开猛攻。日军在我夹击下，只得从江桥撤回宿迁县城。当宿迁日军逃走后，睢宁、泗县两路日军，则趁机占领了我支队驻地归仁镇。是夜，我支队回兵夜袭，经过一天一夜的两次激战，毙伤日军200余人，我军也遭受较大损失。纵队警卫营伤亡最重，其中100余人的二连所剩无几，营长吴绩伟负伤，一团一营三连连长王大兴同志光荣牺牲。

此外，在这段时间里，我们支队还进行了剿匪战斗，使社会秩序和人民群众的生产、生活都得到了暂时的稳定。

正确执行党的统一战线政策

我们支队进入苏北时，正值敌伪顽、土匪以及地方实力派各霸一方，他们的势力范围犬牙交错。我党的工作虽然在某些地区有相当基础，广大群众也迫切要求抗日，有的自发地拉起队伍保卫家乡。他们对于闻风而逃的国民党并无信心，而对共产党领导的八路军也并不甚了解。在这种情况下，如何认真贯彻党中央的抗日民族统一战线政策，发展进步势力，争取中间势力，孤立顽固势力，是我们能否站住脚，打开局面，求得发展的根本问题。

第一，争取和团结过去曾经参加我党的一些老同志。这是我们在这一带开辟地区、发展部队成败的关键。邳、睢、铜地区，早在大革命时期就建立了党的组织，开展了党的工作。但在第二次国内革命战争的前期，即1927年到1933年左右，由于受“左”倾错误影响，曾经多次组织过武装暴动，但都失败了。抗日战争爆发后，许多过去参加过党的老同志，又积极行动起来，运用在群众中的影响，开展抗日救亡活动。有的参加或组织各地的抗战动员委员会、青年救国团，有的组织了抗日武装。我们把他们当作自己人，相信他们，尊重他们，大胆地使用他们，鼓励他们继续为党工作，作出新贡献。如邳县的赵兴仁被任命为支队司令部的侦察科长，加口的武广春被任命为邳县独立团的营长，粟培元被任命为邳县独立团团长，张云谢被任命为支队的参议，陈新然被任命为第一梯队第二营营长，吴季诺、王会栋、冷启英、吴延庆等，也都是地方抗日团体的重要负责人。在艰苦的抗日战争中，他们为党、为人民、为军队的发展、为抗日根据地的建设，做了大量工作，有的在艰苦斗争中又重新入了党，有的为民族解放事业献出了宝贵生命。

第二，争取团结国民党中的进步分子和社会名流、开明士绅。这是我们事业成败的一个重要条件。部队到邳北不久，根据地方党组织的介绍，我们就同热心抗日的国民党老同盟会会员夏慕尧先生交上了朋友。在多次交谈中，夏老先生始终态度诚恳，深明大义，并将他组织的部队交给了我们。以后，又在许多方面给了我们很大帮助。在此还要提及的是，追随夏先生多年的滕玉荣，带领部队编入我支队任二营营长以后，在党的教育下，政治觉悟提高很快，每次作战都身先士卒，带头冲杀。尤其在铁佛寺抗击日军进攻战斗中，十分勇敢，受到大家一致赞誉。1939 年 8 月，在邳北的良壁围剿土匪张法德、韩七的作战中，不幸英勇牺牲，时年 30 余岁。

和夏慕尧先生同辈的另一位青红帮头头闵达三先生，在邳县，尤其是在四户大小良壁一带的群众以及在土匪中也有影响。经过我们争取，他逐渐靠拢我们，并帮助我们收编了一些土匪部队，对我革命事业作出了贡献。

过去曾在国民党军政部门任职多年的胡大勋，抗日战争开始以后，即回到家乡铜山，与过去在一起的国民党军政同仁组织了抗日游击队，因为没有正确的领导，心怀各异，以致失败。最后，胡大勋率董铎（国民党徐州专署专员兼游击旅长）的残部转移到邳县官湖镇。他虽想抗战，但找不到正确的方向，因而终日苦闷，无所作为。恰在这时，我们支队到了官湖一带，经地下党员张启曙介绍，胡与我们建立了联系。在交谈中，他对我党的抗日救国主张和八路军的战法，特别是对我支队几次战斗胜利都是赞赏的，并表示要向八路军学习。他积极主张将所带的 500 多人（其中只有 200 多人是胡的）的队伍，编入陇海支队建制。他利用各方面的关系，做了许多工作。我支队就委派他担任铜、滕、峄、邳四县边联办事处主任，并在此基础上组建了运河支队，胡任支队长兼参谋长。这支部队对于坚持那里的抗日战争，作出了重要贡献。后来，胡大勋也光荣地加入了中国共产党。

对于当时任国民党徐海行署主任蔡少衡、副主任蔡宫庭，我们也是采取多做工作、争取联合的方针。蔡宫庭曾是大革命时期的老共产党员，自首后被国民党起用。抗战以后国共合作，蔡对自己的过去内心有疚，有悔改之意，在我们携手抗日的方针指引下，他们把部队交给我们，编为南支第八支队。

苏北各县，都有许多地方实力派，他们既同国民党有着利害冲突，又同各地土匪有着尖锐矛盾。他们为了自己的生存和利益，向我们靠拢，表示愿同我们联合抗日，借以对抗国民党对他们的吞并和防止土匪对他们的抢掠。根据中央“必须利用国民党内部各个派别各个集团之间的各种冲突和矛盾”和“组织国共两党之间的中间力量”的指示，我们对这些地方实力派，也积极联络、努力争取。对他们的一些合理要求，则尽量满足，以增强同他们的联系。如前面已说过的邳北丁场的丁某，同国民党邳县县长王化云、书记长刘银铸矛盾尖锐，丁某恐被王化云吃掉，就主动靠拢我们，并邀请我们到丁场一带驻军。我们就利用这一矛盾，把部队开到丁场，并通过他组建了独立第二营（不久和独立第三营合并，编为独立第三营）。

第三，对于伪军和土匪，则不放弃任何可以做工作的机会。前面也已经说过的台儿庄日伪的自卫队队长马东曙，他是回民，曾在国民党军队中当过炮兵连长，被炮火震聋了耳朵后退伍回乡，是当地回民群众领袖之一。日军占领台儿庄后，委任他为自卫队长。但马东曙眼看到日军奸淫烧杀、到处抢掠的罪行，激起了民族义愤，就派人同我联系，经过地方党组织的工作，马东曙把自卫队全部武装拉了出来，编入了支队第一营回民连。马东曙被任命为支队的参议，一直表现很好。

邳、睢、铜以及苏北地区，土匪之多是少见的。妥善解决这些土匪，是稳定根据地的重要条件之一。但匪情又相当复杂。我们采取分别不同情况、区别对待的方针。对于那些杀富济贫，尚有民族气节的土匪，尽量通过工作，把他们收编起来。对那些投靠敌伪，残害群众，民愤甚大的土匪，则坚决消灭之。如对邳县加口一带的房修申、姜东海、于林跃、陈宗义等几股土匪，都先后被我们消灭，将匪首就地正法，为民除害。

第四，对于国民党顽固派，则在政治上揭露其消极抗日、积极反共的反动嘴脸；在军事上，坚决打击他们的挑衅和进攻。江苏省反动头子韩德勤，坚决执行蒋介石的“防共”、“溶共”、“限共”、“反共”的反动政策，对我支队的建立及其迅猛发展十分惊恐和仇视。他命令各县及其部队，不断向我挑起事端，破坏团结抗战的局面。他不但不准人民群众和开明士绅为我送粮筹款募集军需物资，而且派人暗杀我军政人员冷启英、张芳久、汤曙红等人，更有甚者，公然向我进攻，企图将我军赶出苏北或消灭掉。鉴于这种形势，我们遵照毛主席、党中央“人不犯我，我不犯人，人若犯我，我必犯人”和“有理有利有节”的方针，在中共山东分局和山东纵队的领导的支持下，同驻苏北、鲁南的国民党顽固派进行了坚决的斗争。

第一次反顽是对邳县县长王化云、郯城县县长阎丽天的斗争。起因是这样的：邳县县长王化云、书记长刘银铸，按照国民党中央和蒋介石的指示，在区、乡长会议上，公开散布陇海游击支队“游而不击”、“骚扰地方”等谎言，并命令地方政权不准给我部队送粮筹款，更不准参加我们部队，否则，就要受到惩罚，等等。为此，我们从三方面进行了斗争。一是以继续打击日伪军的战斗行动，来揭穿顽固派的污蔑和诽谤。二是散发传单、张贴布告，揭发国民党的造谣中伤，使人民群众明辨真相。三是同他们进行说理斗争。1939 年 5 月的一天，在铁佛寺区区长冯文彬先生撮合下，我同张震寰到区公所办公室同王化云、刘银铸进行了面对面的说理斗争。我们通过用大量的事实，揭穿了他们的谎言，指出了他们这样做的错误及危害。在我方义正词严的批评下，他们理屈词穷，无言答对，被迫接受了我方提出的三个条件，即：保证地方政权供应我军粮食，允许我们在民间征集武器弹药、筹募抗日经费；保证地方工作人员的安全，查明惩办暗杀我工作人员的凶手；保障我军抗日行动的自由，破坏我军行动就是破坏抗战。这场斗争，我们取得了胜利，但谈判桌上的协议，并不等于行动，顽固派的惯用伎俩，就是利用政治谈判和军事进攻的反革命两手对付我们。王化云、刘银铸等也是这样。在七八月间，王化云勾结郯城县县长阎丽天，分兵两路向我进攻。正当我们在马头一带痛击阎丽天时，王化云则纠集其常备队和惯匪刘学生部，向我中心地区的依宿镇进攻，并占领了该镇。为了保卫根据地，集中打击王化云，我们抛开了阎丽天，调动主力，于当天下午到达依宿镇，经过数小时的激烈战斗，顽军突围，我军乘胜追击，战斗持续到傍晚，俘顽军连长以下100余人，毙伤数十人，被水淹死、冲走100余人，依宿镇为我收复。但王化云并不甘心失败，三日后，又纠集顽匪陈宗义、张法德六七百人，从岔河方向向我反扑。我军早有准备，占领依宿山，居高临下，击退了顽军，战至黄昏时，我全面反击，顽军仓皇溃逃。此次战斗共毙伤顽军二百七八十人，匪首陈宗义被我击毙。

在这次反顽斗争中，我们深深体会到，没有人民群众的广泛发动，没有政权，革命根据地是难以建立和巩固的。为此，我们决定，在取得这次反顽斗争胜利后，向邳县、郯城委派我们的县长，建立起我们的县政权。并把这项决定向山东分局、八路军第一纵队和山东纵队做了汇报。不久，上级就派来了孙继先、潘寿财领导的津浦支队，同我们商定了消灭王化云、阎丽天的作战计划。不巧，正值阴雨连绵，作战很不方便，后来津浦支队因执行新任务而调离，我们消灭王化云、阎丽天，委派自己的县长的计划未能实现，回忆起来，至今还很遗憾。

1940年春，国民党反动派为了切断我八路军和新四军之间的联系，韩德勤纠集主力八十九军和王光复、鲁同轩的常备旅，以及各县的常备队共约万余人，向我皖东北地区大举进攻。4月，支队奉八路军第一纵队的紧急电令，要我们和胡、田大队一道，急速南下皖东北，与新四军彭雪枫、张爱萍部一起，坚决迎击进攻皖东北根据地的国民党顽固派的军队，保卫发展皖东北根据地。当时刘少奇尚在皖东北，他立即召开了各部队营以上干部大会，作了反顽斗争的动员报告，并且亲自指挥了这次反顽战斗。我支队负责抗击金锁镇、孟集方面顽军的进攻。经过两天激战，攻占了金锁镇、孟集一带，敌退守运河东岸。我支队的一、三团共毙伤顽军三四百人，我亦伤亡数十人，团长杨志雅负重伤。这次反顽战斗，由于我支队和兄弟部队的共同努力，取得了胜利，使皖东北根据地初步得到了巩固。

八路军陇海南进支队（前身陇海游击支队）从开始组建到编入黄克诚同志领导的八路军第五纵队，共一年零九个月的时间。在这一段不太长的时间里，部队从几百人迅速发展到七八千人的战斗队伍。活动地区北起山东的临沂、郯城，南到洪泽湖畔；西起徐州、铜山，东至灌云、东海。在这广大区域内部队活动在陇海路南北、运河东西两岸，给日伪顽以沉重的打击，取得不少成绩和胜利，为我军主力后来开辟这一地区创造了条件。这些成绩和胜利的取得，一是我党团结抗日的主张的英明正确；二是山东分局、第一纵队、山东纵队和苏皖纵队的直接领导；三是这一地区党组织和人民群众大力支援和共同奋战的结果；四是部队内部，按照古田会议决议精神，及时地建立与健全了各级党组织和政治工作制度，积极开展群众性工作，使大批刚刚穿上军装的农民，甚至刚刚反正的伪军，很快提高了觉悟，成为自觉的勇敢的抗日战士。因此，离开党的领导，离开人民群众的支援，离开部队内部党组织的建设和革命的政治工作，必将一事无成，甚至遭到失败。这就是这个支队发展的历史，也是最基本的经验总结。一切荣誉属于伟大的党，属于鲁南、苏北、皖东北的广大人民群众，属于陇海南进支队全体指战员，特别属于那些为人民永远怀念的、为了民族解放事业而贡献出宝贵生命的烈士们！

泰西抗日根据地的开辟

段君毅

组织武装 抗击日军

泰西地区是指泰山以西的泰安、肥城、长清、东平、平阴、东阿、汶上、宁阳等县。它北靠济南，西跨黄河，东连津浦铁路，南达汶河两岸，是连接鲁西、鲁中的通道，在军事上可直接威胁济南和控制津浦铁路。

1937年七七事变后，韩复榘的第三路军不战而逃，日军沿津浦铁路长驱直入，年底占领济南，并分三路南进，数日内又占领兖州、济宁等地，整个泰西地区沦陷。日军所到之处，烧杀淫掠，无恶不作，广大人民群众纷纷要求抗战自卫。当年秋，中共山东省委遵照中共中央、毛主席关于发动群众，开展敌后游击战争的指示，对在山东发动抗日武装起义问题进行了反复研究和部署。新恢复的泰安县委也于1937年10月下旬在泰安城南篦子店召开会议，号召共产党员脱下长衫搞武装。泰西地区参加会议的有崔子明、武冠英、张魁三、张韶三等。会议结束后，他们即分头进行游击队的组建工作。刚出狱的老党员张北华、远静沧，按照山东省委的指示来到泰西地区，与夏张镇的老党员、刚出狱的崔子明同志取得联系。在张北华、远静沧、崔子明、夏振秋、程重远等同志领导下，于 1938 年 1 月 1 日在夏张镇举行武装起义；同时，王仲范、张魁三、张韶三、葛阳斋、陈惠民、孙诗轩（孙新民）等同志，也在泰安九区和肥城三区发动建立抗日武装。李文甫、徐麟村、王少芬同志，当时刚从南京出狱不久，遵照山东省委指示，也积极开展了组建抗日武装的活动。1938 年 1 月 11 日，他们都到肥城二区空杏寺集合，宣布成立"山东西区人民抗敌自卫团"，张北华任自卫团主席，葛阳斋任副主席，远静沧任政治部主任。自卫团成立后，当即开展了对日伪的斗争，并连战皆捷，获得人民的信任和支持。

第一次是打肥城除汉奸。汉奸范维新拉起武装，在肥城组织维持会。1938 年 1 月间，徐麟村同志派人对肥城进行侦察，摸清敌情后，自卫团从空杏寺出发，冒雪夜间行军 50 里，下半夜到达肥城，隐蔽在城下。在敌人早上开城门时，实行突然袭击，全部俘虏 20 余名敌人，缴获十几条枪，并处决了维持会长范维新。攻克肥城，初战告捷。随后，自卫团扩大为三个大队，又补选李冠元为副主席，李文甫为政治部副主任，程重远为供给处长。

第二是夜袭津浦铁路上的界首村敌据点。自卫团打开肥城后，撤到城南山区一带活动。这时，界首据点驻有四五十名日军。1938 年 1 月 28 日夜晚，张北华、崔子明率领 60 余名队员，从界首站附近的香水寺出发，袭击敌人。他们用大刀砍死八名酣睡中的日军，并毙伤界首车站前来增援的敌人十余人，夺了二支崭新的日本三八式步枪和一支德国造马枪。撤出战斗后，部队到夏张镇过旧历年，并建立了夏张办事处。崔子明任主任。这时，在长清县大峰山由张耀南、魏金三、万晓塘、袁彰武（袁振）、冯向前（冯乐进）、冯晓云（冯鼎平）等同志领导的马山起义的部队，也到达肥城，编为自卫团第四大队。当时该大队已建立了党支部，发展了一批民先队员，骨干较多，基础较好，增强了自卫团部队的实力。在此后二个月的时间内，自卫团发展到17个大队，二三千人，千余支枪。

第三是配合台儿庄大战，炸万德铁桥。1938年初，正值台儿庄会战之际，原来归韩复榘指挥的展书堂的八十一师、吴化文的手枪旅也到了泰西。他们只顾自保，不愿打头阵，愿出炸药，由自卫团炸铁桥。自卫团派了三个大队炸了万德铁桥。另外，崔子明、李正华、马醒民率部队在泰安城南黑虎泉山峪，炸了一列军车，使铁路十余天不能通车，迟滞了敌人的行动，配合了台儿庄战役。

第四是在道朗镇和红枪会配合，共同打击敌人。自卫团一大队在万德车站西峪受敌人袭击后，即撤回肥城，但数百名日军尾随而来。自卫团决定在夜间分两路撤出肥城。一路由李文甫和徐麟村率领第四、十一、十七大队到肥城西南尚里一带和长清大峰山区活动；一路由张北华、远静沧率领团部和一、二、三大队，到泰肥山区活动。次日早晨，道朗镇和小马庄村一带有密集的枪声，我自卫团得知是袭击肥城县城的日军与道朗镇、小马庄村的红枪会正在激战后，前往支援，将敌人击退。在这次道朗镇战斗中，远静沧同志不幸牺牲。

第五是下巴村伏击日军汽车。1938年6月，到大峰山地区活动的自卫团第四、十一、十七大队，为了适应战斗需要，编为我们党领导的六专署十支队独立营，由汪毅、曹洪胜任正副营长，李文甫任政委，张耀南任参谋长，冯向前任政治处主任。7月，独立营在平阴至长清公路上的下巴村，选择山谷有利地形，伏击日军汽车，用手榴弹杀伤日军20余人。这是我军在大峰山区首次告捷，为开辟大峰山区抗日根据地创造了有利条件。

自卫团从1937年底开始组建到1938年7月的半年时间内，即进行了数次战斗，打击了敌人的嚣张气焰，镇压了汉奸特务，同时也锻炼了部队，激发了群众的抗日爱国热情，提高了党在人民群众中的威信，为发展壮大抗日武装、开创泰西抗日根据地奠定了基础。

建立中共泰西特委

1938年初，中共中央任命郭洪涛同志为中共山东省委书记，由他从延安带领一批干部到山东工作。台儿庄会战之后，郭洪涛同志带领我们30多名干部来到鲁西南的曹县。当时国民党政府军正在这里召开台儿庄战役祝捷大会，李宗仁、白崇禧都出席了大会，并邀请郭洪涛等同志参加。郭洪涛在会上发表了讲话，受到群众热烈欢迎，但引起了国民党山东省政府主席沈鸿烈的忌恨，妄图搞掉我们。我们从同我们友好的国民党山东省第六专区专员范筑先驻省府的办事处处长那里得到消息后，决定快走，并由他派汽车送我们到菏泽城附近，随后又从菏泽到了东平湖附近。中共山东省委驻聊城代表张霖之同志和郭洪涛同志见了面，郭洪涛传达了中央领导同志的指示，表扬了鲁西北特委对范筑先的统战工作。然后，我们经东平湖向泰安前进。路经须城时，见到了中共东平县委书记万里同志。东平县委当时是泰西唯一的一个县委，工作有成绩，团结部分爱国知识青年，成立了东平县抗日救亡协会，创办了《抗日救亡周报》，建立了宣传队，发展了几十名中共党员和一批民先队员。郭洪涛同志向他们传达了毛主席的指示，要求县委发展壮大抗日武装，开展敌后游击战争，迅速建立地下交通站，及时传送情报，还送了一部分马列和毛主席著作给县委。

1938年5月上旬，郭洪涛和我们全体同志到达泰安九区边家院镇，与张北华的自卫团取得联系。郭洪涛同志在北仇村，向自卫团领导干部传达了毛主席的重要指示，听取了工作汇报，肯定了自卫团在组建武装、开展游击战争中的成绩，并决定建立中共泰西特委。我即奉命留在泰西工作。新建立的泰西特委由董君毅（段君毅）、张北华、何光宇、孙光、万里同志为特委委员，董君毅任特委书记，张北华任特委军事部长兼自卫团主席，孙光任组织部长，万里任宣传部长。为了健全特委领导机关，以后又补选夏振秋任统战部长，袁彰武任青年部长，王仲范任保卫部长，冯向前任民运部长，后由袁彰武接任保卫部长，张延积接任青年部长。

建党和整军

中共泰西特委成立后，首先集中力量抓自卫团部队的整顿和巩固工作。将建党、整军和开展抗日民族统一战线工作列入重要日程。军队要整顿好、巩固住，必须发展党组织。当时，除长清大峰山的四大队建立了党支部，十支队东进梯队有党组织外，自卫团其他部队中都没有党的组织。因此，特委便把在部队中建立党的组织、发展党员放在首位。除四大队外，在自卫团部和其他大队，战前的共产党员、共青团员有30多位，是自卫团的骨干。在发展党的过程中，首先恢复了当时尚未接上关系的一些老党员的组织关系；战前参加共青团的转了党；凡因在党的领导下搞学生运动被国民党关过监狱的，首先吸收入党。这样，很快就有了建党的骨干。部队中第一批发展的党员是大队、中队的教导员和政治指导员、队长，他们中凡具备党员条件的就吸收入党，少数不具备党员条件的，就调换他们搞别的工作。经过三四个月的努力，所有的大队、中队的队长和政治工作人员，都由党员担任了。同时，还在班长、战士中发展了一批党员，各大队都建立了党支部。特别还在北仇村办了几期党员训练班，培训政治工作干部，从而加强了军队的思想政治工作，提高了军队的战斗力。还在部队中认真进行了“三大纪律、八项注意”的教育，加强了部队的组织纪律性。

在整顿部队中，对一些旧社会出身、历史比较复杂的人，只要他坚决抗日，愿意接受党的领导，我们都一律团结，在工作中给予信任支持，有了缺点错误，进行善意的批评帮助。原泰安十区区长武圣域就是在我们帮助下，加入中国共产党的。同时，也清除了混入部队中的坏人，处决了为报私仇，用绳子勒死战士并抢劫人民财物的先锋连副连长杜光举兄弟二人（外号大杜、二杜），纯洁了部队。

在地方上也积极发展党的组织。特委专门向六支队政治部发出指示，要求军队帮助地方建党，先后建立了长清、泰安、肥城、平阴、宁阳、汶上县委或县工委，并从部队中挑选了一批干部到地方工作。如：万晓塘、魏金三、崔健同志先后担任过中共长清县委书记；李介人、夏振秋同志先后担任过中共泰安县委书记；徐麟村、桑龙轩同志先后担任中共肥城县委书记；徐杰、邵汝群、许国同志先后任中共宁阳县工委书记；王玉珍、张先同志先后任中共汶东县工委书记。

坚持独立自主的统一战线

要取得抗日战争的胜利，除了发动、依靠工人、农民，团结革命的知识分子外，还必须争取团结爱国人士、开明地主和上层人物参加到抗日民族统一战线的行列里来。在自卫团、六支队中工作的革命知识分子较多，受过大学教育，上过师范、中学，从事教育工作的在百人以上。这些同志与泰西地区社会上的知识分子和上层人物有广泛的联系，我们便发挥他们的桥梁作用，进行抗日民族统一战线工作。

泰西各县的爱国人士和士绅名流多是具有民族觉悟的知识分子，懂得“国家兴亡，匹夫有责”的道理。加上我们的宣传和统战工作，他们中的多数人都更加拥护我们党的抗日救国主张，积极参加抗日救国工作。诸如杨静斋（后任冀鲁豫行署参议，在反“扫荡”时牺牲于濮县的杏子铺村)、孟中衡、裴毓明、马鹏九、董光阁、朱景璜、刘培祥等,都为泰西的抗战作出了很大贡献。

1938 年 5 月,国民党山东省政府主席沈鸿烈派郁仁治来泰西任一专署专员。本来 1937 年底日军南侵后,国民党党政要员都逃之夭夭,现在抗日局面打开后却又回来了。郁仁治一到泰西,便利用国民党所谓“正统”的牌子扩充自己的势力,到处委任县长、区长,招兵筹枪,几个月内扩编成一个营的兵力,对我们党领导的抗日力量虎视眈眈。他到宁阳拉拢抗日县长马继孔没有得逞,又提出要收编我自卫团,将自卫团部队编为保安团,他自兼保安司令。郁仁治的目的是想吞并自卫团,我们从抗日大局出发,经特委扩大会议研究,向他提出:改编可以,但他要发枪支、弹药和薪饷,打日本侵略军和汉奸卖国贼,我们愿意积极作战,但自卫团部队建制不能改动。郁仁治口头上答应了。当时,郁仁治的专署驻有国民党山东省政府的宣传队,这个宣传队 30 多人,负责人周持衡、邹鲁风是共产党员,已同我们取得党的联系。我们通过宣传队做郁仁治的工作,使他按我们要求委派了周持衡任东平县长、子会川(共产党员)任肥城县长、邹鲁风任平阴县长。后来,这个宣传队脱离了国民党政府,大部分人员到泰西特委分配工作。但郁仁治除委派这三个抗日县长外,未给我们一支枪、一粒子弹和一文薪饷。他还变本加厉,继续施展种种阴谋手段,妄想削弱搞垮我抗日武装自卫团。他看到我自卫团部队大部驻在泰肥山区,不好下手,便集中力量围攻我大峰山区,妄图吃掉我驻扎在那里的独立营(即自卫团第四大队),抢占我大峰山根据地。他气焰嚣张地将部队在黄崖一带展开,将独立营包围起来,要独立营缴枪投降。面对着郁仁治的武力进攻,特委马上开了临时紧急会议,决定奋起还击。我自卫团分左、中、右三路向包围我大峰山区的郁仁治部发起攻击。刘海涛、张北华亲临前线指挥。经过激战,打退了郁部的围攻。

泰西地区国民党顽固派的武装除郁仁治部外,还有东平的尹鼎祚

（外号尹大鼻子），平阴的刘绪安，肥城的田家滨、张相兰，泰安的牛希文等部。他们不打日伪军，专跟我们搞磨擦，经常使我军处于敌人和国民党顽固派的夹击之中。其中牛希文的第二十三梯队人数较多，是山东省国民党反共头子秦启荣的“别动队”，多次袭击我自卫团一大队，使我军受伤多人。面对顽固派的猖狂进攻，我们进行了有理、有利、有节的斗争。1938 年秋末在东向一带，我自卫团对牛希文部进行了还击，迫使其退到津浦铁路以东。尹鼎祚、刘绪安、张相兰在 1939 年底至 1940 年春相继公开投敌，当了汉奸。

泰西地区的红枪会较多，它是地主阶级为了保家而建立的封建迷信武装。在统战工作中如何正确地掌握对红枪会的政策，也是一个重要的问题。多数红枪会头头虽被地主操纵，但其成员多是劳动人民。他们目睹日军烧杀奸淫的侵略暴行，有抗敌保家的要求；加上一部分地主有民族感、爱国心，也有联合抗日的可能。因此，我们对红枪会采取分化、团结、教育的方针，组织他们对敌斗争。特委指派自卫团政治部民运科长张伯源同志专门负责做红枪会的工作，团结了红枪会的多数群众。他们支持抗战，听从我们的指挥。在我们同牛希文部作战中，有 2000 多名红枪会成员同我们一起战斗。但也有个别红枪会头目变坏通敌，成为汉奸，同我们作对，破坏抗日，我们予以坚决消灭。我们对红枪会的工作是成功的。

自卫团改编为八路军山东纵队第六支队

1938 年 12 月，自卫团的部队大部分集中到大峰山区，陈伯衡、刘星同志领导的十支队东进梯队也开到大峰山区。遵照中共苏鲁豫皖省委的指示，将中共泰西特委领导的武装改编为八路军山东纵队第六支队，下辖一、二、三团和泰安独立团。一团团长陈伯衡、政委刘星：二团团长曹洪胜、政委张谭，三团团长于会川、政委李文甫；泰安独立团团长武圣城、政委夏振秋；还有八个独立营，一个特务营，共4000余人。各县都有较强的武装。六支队由刘海涛任司令员，张北华任政委，何光宇任副司令员，马继孔任参谋长，李冠元任政治部主任，辛俊卿任政治部副主任，程重远任供给处主任。为了培养干部，建立了泰西军政干部学校，任仲夷任校长，冯向前任政委。

部队改编后，加强了领导力量，部队装备也较前充实。尤其是中共鲁西北特委领导的十支队东进梯队千余人编为一团，增强了部队战斗力。这支部队是刘星、陈伯衡、曹志尚等同志于1938年2月5日在汶上县永安寺举行武装起义后创建的。部队在组建中，得到东平县委书记万里同志的大力支持。1938年4月，部队到聊城，经中共山东省委代表张霖之同志和中共鲁西北特委研究决定，部队到冠县整编为十支队的一个营。后来，该部同东平县几个区队合编为十支队东进梯队，共有千余人，由陈伯衡同志任司令员，刘星同志任政委，曹志尚同志任参谋长，邹鲁风同志任政治部主任。该部素质好，有较强的战斗力。1938年2月和9月，该部两次袭击汶上五区伪区部，活捉维持会长杨承德、伪区长崔忠武等30多人，缴获长短枪30多支。还在兖州至汶上公路上破坏桥梁，伏击日军，在东平的韩山头、麻子峪两地和日军作战，得到了东平、汶上两县群众的称赞。并且，跟随一团来的知识分子、青年学生较多，扩大了支队政治部宣传队。宣传队常在军民联欢大会上演唱抗日歌曲和戏剧，如《流亡三部曲》、《放下你的鞭子》等，提高了战士、群众的民族觉悟，激发了爱国热情。

泰西部队改编为六支队后，指战员们戴上盼望已久的八路军臂章，尤为高兴，都说："我们现在是名副其实的党领导的八路军了。"不久，部队开进平阴、东阿黄河以东的平阿山区。平阿山区开辟较晚，当时那里一个党员也没有。六支队司令部带领部分部队进驻平阿山区后，首先动员表现积极、在群众中有威望的小学教员熊善隆同志参加工作，并由万里同志介绍发展为党员，后来任命他为中共平阴县委书记。并派战前党员吴洪鉴同志任县委副书记，给他们留下十几条枪，派了一部分干部，很快建立了县基干武装，打开了平阿山区的抗日局面。

六支队经过一段工作，帮助地方建立了长清、泰安、肥城、平阴、宁阳、汶上县委和县政府。同时，还与郓城中心县委书记梁仞仟同志建立了党的联系。

一一五师到达泰西

1939年8月8日，八路军一一五师政委罗荣桓同志和代师长陈光同志，率一一五师师部和六八六团2000余人，作为八路军东进支队，从山西前线到达泰西地区东平县境梁山泊附近。英勇善战、装备整齐的一一五师的到达，极大地鼓舞了泰西地区广大军民的抗战热情。加强了泰西的抗日武装力量。

8月12日，罗荣桓、陈光两位首长在东平县常庄召开部队营以上和地方县以上的干部会议，罗荣桓同志传达了毛主席在党的六届六中全会上关于《中国共产党在民族战争中的地位》的报告，传达了党中央、毛主席关于创建山东抗日根据地的指示，介绍了毛主席和延安的情况，讲述了一一五师的成长发展历程。罗荣桓同志在肯定工作成绩的时候，也指出了泰西地区对政权建设重视不够、地方工作亟待加强等问题，提出了全面开创泰西地区抗日根据地的方针、任务。这次会议，是全面开创泰西抗日根据地强有力的动员大会。

一一五师的领导非常关心六支队的成长。为了把六支队进一步培养为正规军，一一五师派来了石新安等数十名红军干部和在延安抗日军政大学学习过的干部，充实加强支队、团、营、连级干部。一一五师教导队，还分批给六支队培养了不少基层干部，从而提高了干部的军事素质，加强了部队的组织纪律性，克服了游击习气。六支队经过进一步整顿，战斗力大有提高。1939 年 3 月 21 日在东平郑海战斗中，六支队一团配合一一五师六八六团一部，打退了敌人的进攻。一团团长陈伯衡同志在这次战斗中不幸牺牲。一一五师到来之后，济南的日军很震惊，一一五师成为日军进攻的主要目标。1939 年 5 月 11 日，敌人纠集 5000 多人，配备大炮几十门，在日军山东最高指挥官尾高次郎亲自指挥下，分兵九路进攻我军。我们的部队在肥城县陆房村周围同敌人展开激烈的战斗，毙伤敌 1000 余人。战斗结束后，中央决定一一五师师部和六八六团一部离开泰西转移到沂蒙山区去。

一一五师自 1939 年 3 月进入鲁西以来，在郓城首战樊坝，歼灭伪军一个团；在陆房突围激战中，使敌人受到重大创伤，在梁山战斗中消灭日伪军 300 余人，生俘日军十余人，缴获野炮二门，受到十八集团军总部的表扬。我六八六团一部，在宁阳葛石店消灭伪军一个团，为宁阳人民除了一害。经过以上胜利的战斗，为泰西抗日根据地和鲁西抗日根据地的开辟奠定了基础。

一一五师在泰西期间，罗荣桓、陈光同志对根据地建设非常关心，作过重要指示。罗荣桓同志多次强调：要创建抗日根据地，就要重视群众工作，将农民发动起来，成立农民协会，有了群众工作基础，一切事情都好办了；还要加强各级政权建设，解决财政与军需的困难。

为了开展群众工作，加强政权建设，特委从六支队抽调一批干部到县、区、乡工作，在县委领导下，各县都成立了工作团，大批干部分头到各乡、村向群众进行抗日宣传，建立自卫队、农会、青救会、妇救会、儿童团等群众组织。工作团首先协助县委建立区、乡两级党组织，吸收符合条件的积极分子入党，建立村党支部。工作团还协助县政府建立健全区、乡、村政权。在此基础上，建立了县、区抗日救国动员委员会（简称“动委会”）。动委会主任都由县、区党委主要负责同志担任，主要任务是领导自卫队（民兵）和农、青、妇、儿等各种抗日群众组织，帮助县、区抗日民主政府，筹粮筹款，保证军需。

在发动群众的基础上，逐步加强县政府、县独立营和县大队的领导力量，是根据地的一项重要工作。县长多数是通过召开各界人民代表大会，经过酝酿讨论推选的，由在群众中有一定影响和威信的党员干部担任。并且选调有军事斗争经验和政治工作经验的干部，担任县独立营的军政领导人，发展壮大各县地方武装。

在一一五师到达泰西的同时，根据中共山东分局决定建立了鲁西区党委、军区和行政公署。

1940 年 3 月，六支队主力升为正规军，编为一一五师教导第三旅第九团，由何光宇同志任团长，刘汉同志任政委。

一一五师到达泰西后，使我们经常受到师首长（罗、陈、萧）的指示教育，因此泰西部队和根据地的发展巩固都和一一五师的领导帮助分不开。同时一一五师在泰西地区打了不少胜仗，也牺牲不少干部和战士，是泰西党和人民永远不能忘记的。

在整个八年全国抗日战争中，泰西地区由于紧靠济南和津浦铁路，斗争很激烈很残酷，泰西地区广大人民对支援抗战作出了卓越贡献，付出了巨大牺牲，许多同志为中华民族的解放事业献出了自己的生命，烈士们的鲜血洒遍了泰西地区各个角落。泰西地委宣传部长黄伯赢，为悼念壮烈牺牲的东平县委书记刘仲羽，写了《悼念刘仲羽同志之歌》。不久，他也于 1941 年正月初在肥城县莲花峪被日军包围，突围时和张杰（泰西地区自卫队司令）一起壮烈牺牲。泰西地委副书记王晋仁在对敌斗争极其艰苦的岁月到达泰西地区工作，1942 年秋牺牲在大峰山岚峪村。东平县长崔宜平，1942 年 2 月 24 日在李圈村突围战斗中身受重伤后，掩护其他同志转移，为了保存民族气节，在紧急关头英勇自杀。平阴县长熊善隆同志、县委副书记吴洪鉴同志，宁阳县独立营教导员赵英斋同志泰安县独立营营长李正华同志，总支书记吕冠三同志，都在坚持泰西艰苦的抗日游击战争中壮烈牺牲。朱英俊同志是一位回民，1939 年担任泰安独立团回民连长，作战勇敢，深得回汉人民称赞，在任肥城县大队副大队长期间壮烈牺牲。

（张延积　整理）

滨海区抗日战争的艰苦岁月

王众音

我是1940年10月左右到五地委工作的。这个地区当时属中共山东分局七区党委领导，以后由于根据地被敌人封锁、分割，而且也由于它所处的战略位置日益重要，遂改由中共山东分局直接领导，称滨海独立地委。1942年4月，分局决定，四、五地委合并，仍称滨海独立地委。它的辖区：胶济铁路以南，陇海铁路以北，西起沂、沭河，东至大海。战略位置甚为重要。

从1940年下半年到1943年初，是山东抗战史上最艰苦最困难的时期。滨海地区当然也不例外，形势一天天恶化，根据地一天天缩小。环境恶化主要表现在以下几个方面：一是敌人频繁“扫荡”。1940年前，日寇“扫荡”的重点是铁路干线、鲁南山区和沂蒙山区。特别是沂蒙山区，因为是我省党、政、军首脑机关所在地，敌人曾进行过几次大规模“扫荡”，搞所谓拉网战术、梳篦战术，等等，我党我军曾一度遭受过比较严重的损失。两年当中，山东省战工会牺牲了两个秘书长：李竹如和陈明。而对滨海地区“扫荡”却比较少。可是，到1940年以后，情况就不同了，随着滨海地区战略位置的重要，以及山东分局、一一五师、省战工会等领导机关转移到滨海地区，更加引起敌人注意。日寇对滨海区的封锁、“蚕食”、“扫荡”不仅越来越频繁，而且一次比一次残酷，如敌人血洗渊子崖、奔袭地委与军分区驻地十字路、温水泉等等。二是盘踞在滨海甲子山区的东北军于学忠的部队逐步走向反动。这支部队是被日寇从东北赶到关内来的，不仅失掉家乡，而且蒋介石总想吃掉它，曾被人们称为“孤臣孽子”。部队里面有我们党的地下工作者，也有不少爱国志士。正因为如此，我们积极和他交朋友，争取其共同抗战，故开始时于学忠对我们也比较友好。1941 年 1 月皖南事变发生后，于学忠和东北军一天天变坏，他们背信弃义，不断向我进犯，在根据地边沿抢粮，摧毁我区、乡政府，杀害我地方干部和群众。尤其恶劣的是，一一一师副师长顾固派孙焕彩，乘我日照县委、县政府在沟洼休整之机，发动突然袭击。县委、县政府机关在组织突围时损失很大，县大队第四中队大部战士被俘，县机关也有七八个同志牺牲。这就是有名的“沟洼事件”。在这股反共逆流的影响下，地方土顽许树声、李延修、尹鼎武等，也越过泰石公路南继续向我进攻。三是 1938 年 8 月我们收编的土匪武装朱信斋部公开叛变。朱信斋叛变，制造了骇人听闻的“浮棚山事件”，一夜之间，捕去我党员、干部 200 多人，被杀害者近百人。

由于敌、伪、顽的联合夹击，当时的滨海根据地仅剩下莒南和日照南部的十字路、坪上、碑廓、柳沟等很小一块地方。经济上也遇到了极大困难，吃饭穿衣都成问题，在反“扫荡”中，大家有时只得吃山果、野菜、花生皮、地瓜秧。穿的是补了又补的衣裳。吸烟的同志就把芝麻叶、花生叶晒干搓碎当黄烟。当时女同志都离开机关，化装成当地群众，挽起发髻，疏散到贫雇农家中做工作。部队枪支弹药很缺，伤员的医治，兵员的补充都极困难。在这艰难困苦的岁月里，我们革命队伍中的少数意志薄弱的人，对抗战前途畏难发愁，丧失信心，个别的甚至动摇退缩回家。

面对着恶劣的形势，艰难的环境，我们滨海区在中共山东分局领导下，采取了一系列措施。首先是不断地进行革命教育，使党内党外、干部群众树立抗战必胜的信心。号召全区党政军民，在最困难的时刻，咬紧牙关，渡过难关，坚持斗争就是胜利。其次是由党带领广大军民同敌、伪、顽进行不屈不挠的斗争。渊子崖战斗就是一个典型。1941 年 12 月，沭水县渊子崖村男女老幼几百人，用大刀、长矛、菜刀、土炮，同 1500 多日寇苦战一天，消灭日寇 100 余人，全村也有 147 人壮烈牺牲。当时滨海区参议会为牺牲的群众所立的纪念碑，现在还矗立在渊子崖东岭，碑文上写着：云天苍苍，沭水泱泱，烈士之风，山高水长。再是 1941 年，山东纵队二旅，在旅长孙继先、政委江华同志带领下，到达滨海地区，与地方党政一起，坚持和开拓了新的根据地。二旅三个团南下赣榆，打开了局面，滨海根据地得到扩大，控制了莒南、日照南部，赣榆、沭水北部地区。这时形势虽有好转，但敌强我弱的态势和敌、伪、顽勾结向我进攻的局面，仍没有改变。

1942 年 4 月，刘少奇同志代表党中央从华中来山东，检查山东分局的工作，这是山东形势好转的根本转折。他在作了充分的调查研究之后，指出山东存在的主要问题，一是没有很好的发动群众，没有认真贯彻依靠贫雇农，团结中农的路线，在根据地内，基本群众的优势还没有树立起来；二是在友军向顽军转化、不断与我发生磨擦的情况下，没有及时开展磨擦与反磨擦的斗争，在斗争中做争取的工作，而仍然是迁就、退让，怕影响团结。结果顽固派得寸进尺，我则处于防御、被动地位；三是在处理友党友军关系上，没有正确执行独立自主的统战方针，而是像当时人们所说的一句俏皮话“统而不战”。其中最突出的表现，就是在对待国民党进步派“抗敌同志协会”（简称“抗协”）的问题上。“抗协”本来是从国民党内部分化出来的一批抗日进步力量，作为上层，它有一定的影响和号召力，我们与之合作，团结抗战，是完全必要的，对它的帮助也是应该的，但不能“喧宾夺主”。我们的错误是在于从省到县帮助它建立起党的组织，建立起各级的抗敌自卫军，帮它发展党员、扩大队伍、输送武器，等等。开始，他们还比较谦虚。后来力量壮大了，就不要共产党领导了，要和我们争高低了，他们某些下属组织常与我们发生磨擦，出现了不少矛盾。当时有的同志说："这是搬起石头砸了自己的脚。"

少奇同志在滨海区工作的四个月期间，对山东工作作了精辟的分析、全面的指导、系统的部署。山东分局根据少奇同志的指示，在临沭县的朱樊村召开了分局扩大会议，山东分局书记朱瑞同志代表分局作了《山东抗战四年我党工作总结及今后任务》的报告，在总结经验教训的基础上，提出了今后斗争的总方针和具体任务，随后又作出了《关于减租减息改善雇工待遇开展群众运动的决议》。不久，国民党山东抗敌自卫军也改由山东军区统一指挥。少奇同志来山东，不仅彻底扭转了整个山东的被动局面，而且在山东抗战史上揭开了崭新的一页，这是历史的转折，也是少奇同志伟大的功绩。

遵照少奇同志的指示，在山东分局的直接领导下，滨海地委重点抓了以下几项工作，概括起来，就是五个坚持：

一、坚持发动群众，开展减租减息运动。少奇同志来山东前，滨海地区也曾搞过减租减息，由于没有充分发动群众，减租减息也就流于形式。这次，在少奇同志亲自指导下，山东分局确定滨海区的莒南、临沭为"双减"实施中心县，并派出大型工作团进行试点。我们地委也全力以赴投入"双减"运动，在充分发动群众的基础上，以贫雇农为骨干，建立健全了农救会、青救会、妇救会，等等。据1942年麦收期间统计，滨海地区农救会就发展会员6160多人，到1943年底，全区就拥有职工会员10455人、农救会员61251人、青救会员9429人、妇救会员22820人、自卫团员1199119人、儿童团员12847人、民兵38999人。这些群众组织的建立，对开展减租减息起了极为重要的作用。在减租减息运动中，对于那些与日寇勾结，残酷剥削农民，欺压群众，民愤极大的恶霸地主，就发动群众和他们开展面对面的斗争。现在有个电影叫《平鹰坟》，就是反映当时莒南县大店“双减”反霸斗争的纪实，斗争恶霸地主“庄阎王”的纪实。攻破了大店这个几千年来的封建堡垒之后，滨海区的“双减”运动就迅速地“四面开了花”。到1944年底，仅据滨海中心地区统计，在2765村中，已完成“双减”2124村，占75%。“双减”运动的开展，减轻了地主对农民的剥削，大大改善了农民的生活。据1942年底统计，仅莒南、临沭、沭水、赣榆四县，减了租的佃户有1990户，减租亩数达31274亩，共减租额109252斤。其中临沭县在两个月内就有1300多人增资，得粮9万多斤。尤其是大店的“双减”，涉及3个县、10个区、64个村庄、612户，共减租土地8260亩，退租粮食78430斤、柴草7万多斤，找工钱35万多元。总之，通过“双减”，广大农民不仅在经济上、政治上翻了身，而且组织起来，形成了一支强大的阶级力量。这时候，我们党与农民的关系，才真正是鱼水相融了，党才真正在农村有了坚实的群众基础，党的任何号召都及时得到了农民的支持。以参军为例，1942年和1943年，全滨海区就有19343人参军，1944年春开展大参军运动时，又有6343人入伍，完成原计划的373%。

二、坚持精兵简政。精兵简政是党中央的英明决策。当时根据地普遍缩小，群众负担很重，财政困难，部队、机关吃穿都成问题，加之敌人残酷“扫荡”，庞大的机关行动也很不方便。因此，根据中央指示，我们坚决裁减了部队、机关的老弱，精简了编制。许多干部、女同志下放到农村去工作。一个团压缩为一个营，一个营压缩为一个连，党政机关也大量精简。当时我们地委机关是很精干的，总共才二三十个人，大家扛上枪，带上手榴弹，又打仗，又做群众工作，既是工作队，又是战斗队。当时由罗荣桓同志率领的一一五师也进行了缩编，一个旅编成一个团，一个团编成一个营，一个营编成一个连。整编后旅长下去当团长，团长下去当营长，营长下去当连长。这样做，部队干部加强了，战士精干了，机关战斗化了，不仅减轻了群众的负担，加强了自己的战斗力，而且目标缩小，行动敏捷，一天能转移三五个地方，既减少了损失，又便于灵活机动地打击敌人。

三、坚持武装斗争，开辟新的根据地。在滨海地区，当时党的主要任务是进行反“扫荡”，打仗是我们党政军民的头等大事。为适应对敌斗争的需要，当时一一五师的领导人罗荣桓同志提出一个新的作战方法，叫“翻边战术”，也就是说，我们采取积极的防御——敌进我也进。在敌人向我们进攻时，我们却反过去，插到敌人后方，使它扑一个空，打乱它的部署。并且乘敌人后方空虚之际，出奇制胜，打击敌人，拔除据点。这样做，收效很大。1941 年到 1943 年，我们先后攻克了青口、赣榆、柘汪、海口等敌伪据点，并发动了著名的海陵反“蚕食”战役，在军事上取得了重大胜利。在反“扫荡”中，我们十分注意做好敌伪军的分化瓦解工作，派出一定数量的党员、干部，打入伪顽军中，通过做耐心细致的工作，争取他们反正起义。1940 年秋，我们争取了国民党赣榆县一部分部队起义，后来改编成了我军的一个独立团。与此同时，我们还抓紧开展敌占区的工作。泰石路以北虽然暂时地被敌人占领了，但我们仍进行着秘密工作，整理被破坏的党组织，建立新的党支部。一方面党员作长期隐蔽；另一方面又要领导群众与敌伪进行合法斗争，并为下一步收复这块地区作积极的准备。

四、坚持开展大生产运动。为响应党中央的号召，在滨海地区，我们发扬“南泥湾精神”，自己动手，解决吃穿问题。机关、部队带头行动，一是帮助群众开荒、种地，增加粮食、棉花产量。二是我们自己进行生产，养猪、养羊、晒盐、运盐、纺线、织布。那时我们都学会织袜子、织手套。这样慢慢地日子就好过了。过去到一个地方没有饭吃，全靠司务长、管理员到庄里去凑煎饼、地瓜，饥一顿，饱一顿。通过开展大生产运动，我们不仅解决了吃穿问题，而且逐步建立起了被服厂、鞋袜厂、医院、卫生所，还建立了兵工厂，步枪、手榴弹也能自己造了。

据 1942 年底的不完全统计，滨海全区共开垦荒地 12000 多亩，打井 400 多眼，植树 60 多万株，筑堤开渠 15 里，使两万多亩耕地免受水患。仅一一五师教二旅在十个月中就生产节约 100 多万元。轰轰烈烈的大生产运动，不仅改善了机关、部队的生活，而且减轻了群众负担，密切了与群众的关系。

五、坚持做好友军工作。在滨海区，我们的友军工作主要是对东北军。东北军里很复杂，国民党特务积极插手，以致这个部队日趋顽固，不断与我磨擦。但是，里面也有进步势力，我党在这个部队中也有相当基础。当时，谷牧同志就是我地下党的负责人。根据少奇同志的指示，我们对这样一个部队采取又斗争又争取的方针，既打又拉，拉中有打，打中有拉。东北军的一一一师师长常恩多是一个进步、爱国军人，他在临终之前，看到东北军日益反动，遂毅然决然，带领全师于 1942 年 8 月举行起义。起义部队到达我根据地莒南县的王家坊前时，常即逝世。常恩多逝世后，一一一师即由该师旅长、共产党员万毅同志任师长，后来编为八路军滨海支队。一一一师起义，对国民党投降派是一个沉重打击，对我们坚持滨海地区斗争起了重要作用。1942 年底，我们又发动了第三次甲子山战役，罗荣桓同志亲自指挥，曾国华同志任西路指挥，我任政治委员，梁兴初同志任东路指挥，罗华生同志任政治委员，两路夹击，把东北军的顽固派孙焕彩师全部消灭，一举收复了甲子山区。甲子山战役的胜利，从根本上扭转了滨海区的形势，从此，于学忠部退到泰石公路以北，整个泰石公路以南的大片地区成为我们的根据地。

在这一段抗日战争最艰苦的岁月里，由于党的领导，群众的支持，我们经过浴血奋战，终于坚持过来，为今后向泰石公路以北进军，夺取抗日战争的最后胜利，打下了基础。

口述抗战

魏海生 高永中 主编

第二册

中共党史出版社

第二册目录

抗战初期的人民自卫军

沙克　郑扶

抗战初期，在冀中平原有一支中国共产党领导的抗日武装，这就是吕正操同志率领的人民自卫军。它原是国民党五十三军六九一团，在石家庄东南的梅花镇、四德村一带，给南进的日军以迎头击之后，毅然摆脱国民党的领导，改编成人民自卫军，挺进敌后，在不到一个月的时间里，以迅猛之势，收复高阳等十几座县城和大片国土。在地方党的领导和人民群众的支援下，它迅速发展壮大，成为首创冀中平原抗日根据地的骨干力量。

决定北上抗日

卢沟桥事变后不久，日本侵略军突破了国民党军队的华北防线，沿平汉、津浦等主要交通线及子牙河、滏阳河长驱直下。当时的原东北军五十三军六九一团担负掩护全军撤退任务，在石家庄东南的梅花镇、四德村一线，阻击南侵的日军。根据我党北方局军委的指示精神，该团在国民党军队南撤之时，留在敌后，找地方党，开展游击战争。因此，担任掩护恰成了这支部队选择北上抗日的有利条件。

1937年10月10日17时，部队刚刚进入指定的阵地，敌华北方面军第一军的先头部队约千余人赶到了梅花镇。激烈的战斗持续到第二天16时，给敌人以重大杀伤，我军以驻四德村的一部，在重迫击炮火的有力支援下，把包围梅花镇的敌人战斗队形打开个口子，接出了我被围的部队，转进到梅花镇东南五公里的大马村集结，遵照党的指示，决心从此北上。

原来这支部队的前身之一六四七团，早在1934年到1935年担任北平城防期间，我党北方局、东北军工委就先后派东北大学进步学生和党员来部队工作。西安事变之前部队就建立有党的外围组织——东北武装同志抗日救亡先锋队，简称“东抗”。1937年初党派李晓初来团，以上尉书记长身份为掩护，担任党的书记工作，党员胡乃超、杨经国、戈亚明等同志积极进行党的宣传、组织工作，对团结教育广大官兵起到非常重要的作用，党组织实际上成为这个部队的领导和核心力量。1937年4月，国民党出于对这个团的不信任，在改编东北军之际，决定拆散。经请示北方局，指示是“接受改编”，5月和原黄显声师的六五四团合编为六九一团。事也凑巧，六四五团官兵中也有共产党员，人称“红团”。七七卢沟桥开战后，再由李晓初向北方局请示如何行动，指示是：在撤退时，留在敌后，找地方党，开展游击战争。北上抗日的决定，就是遵照党的这一指示果断作出的。

小樵镇誓师

10月11日21时，部队从大马村出发，经过两夜的行军，从南进敌人的空隙中穿过，于13日拂晓前到达晋县东北约十公里处的小樵镇。

小樵镇是个有近2000户的集镇，有不少店铺，比较富裕，因为兵荒马乱，景象萧条。这个镇地处敌人翼侧，虽然随时都能听到枪炮声，但由于敌人的作战意图是沿平汉线两侧南犯，所以我军除了担任侦察、警戒的分队以外，部队还是可能驻上几天稍事休息的。

经过党内紧张的工作，14日晚，由吕正操同志在镇上一所小学校内，召开官兵代表会议。他讲了敌我形势，宣布了北上抗日的决定和改变部队名称的原因，让大家就此重大决策发表意见。会议进行得十分热烈，虽然有怀疑和反对的意见，但在进步力量占绝对优势的情况下，他们也只好服从命令。经过争辩，最后一致通过北上抗日的决定。接着吕正操同志宣布了纪律，正式将六九一团改名为人民自卫军。

人民自卫军下辖两个总队和几个特种兵大队，还有一个担任警卫、侦察、联络任务的分队。全军官兵约1600余人，有重迫击炮4门，八二迫击炮8门，平射炮4门，重机关枪15挺，步马枪1200余支，短枪百余支。部队改编后，官兵精神振奋，怀着喜悦的心情，趁着月色，昂首阔步，向敌后挺进。在深泽县乘马村渡口，受到船工们热情支持，顺利渡过滹沱河。奔腾的河水，滔滔东去，它像是倾泻对日本帝国主义的愤怒，又像在祝愿人民的抗日铁流勇往直前。

和地方党会师

10月16日拂晓，人民自卫军进驻深泽县城。战士开始佩戴红五星臂章，党的领导在军内外也开始公开。党组织和部队领导先后会见了当地地下党的同志，会商建立党的县委会和抗日民主政权，建立武装和抗日救国群众团体等，提出铲除汉奸、剿灭土匪、实行民主，发动群众抗日、减租减息、硝盐公卖等口号，受到人民的拥护。同时，分兵一路由赵承金同志率领，进驻安平县城。部队在深泽驻扎约一个星期后，继续北上，23日进驻安国县城。

安国古称祁州，是著名的中药材集散地。大药材商卜文朴正在组织维持会，已筹款3万元准备欢迎日军。群众告发后，我军将其扣押，责令其交款，解散维持会，并责令其给部队筹措给养，部队生活稍有改善，伤病员也可以吃到细粮。这里有座天主教堂，神甫雷明远是比利时人，对我军比较友好，我军将伤病员送进教堂医院治疗，中国的医生和护士更是表示出极大的热情。这些使我们深深感到，我们北上抗日受到广大人民和国际友人的支持，这就是我们必然胜利的条件。

在安国县，部队会同地方党的同志建立了党的县委会、地方武装和抗日救国会（简称救国会）及各界群众抗日救国团体。中共保属特委负责人侯玉田、孟庆山、刘亦珺等同志代表党组织专程来安国迎接，终于和地方党会合了。经过共同商议，确定我军经博野、蠡县，然后进驻高阳县城。部队在博野，遇到张仲翰部，相约共同抗战。30日到达蠡县，这里已经恢复了党的组织，成立了抗日救国会，并建立了第三、第五两个支队的抗日武装。我军在这里参加了各界联合召开的欢迎大会，群众热情慰问。时已深秋，霜寒露重，寒气袭人。战士们虽还穿着单衣，心里却是暖烘烘的。

攻克高阳，声威远振

高阳是中共保属特委活动的中心地区，比较富裕，织布业尤为发达，城内有不少富商大户。这里的党组织，在抗战开始后，组织游击组、武术会和一支有五六十人、20余支枪的队伍。他们还成功地办了一些训练班，为发展抗日武装准备了骨干力量。盘踞在这里的原伪冀东保安队尹松山部，经过我党的争取，尹松山曾表示“愿意抗日”。人民自卫军于11月1日下午抵达高阳。岂知尹松山竟拒不开城，经我地方党再次争取和我军的严重警告，尹松山依然拒绝，我军迫不得已，决定武力攻取高阳。经一小时战斗，全歼守敌，活捉伪首尹松山，经公审后处决。人民自卫军进城后，严整军纪，照价赔偿了商民损失，受到人民的称赞。高阳的胜利，使我军声威大振，为地方党组织公开活动，造成了极为有利的形势。许多家在冀中的平、津、保等地的进步学生，纷纷参军参战。在“有人出人，有粮出粮，有枪出枪”的口号下，高阳县各阶层群众积极支援抗战。战士很快穿上了棉衣，每人还得到三五元的津贴费。

部队在高阳进行了整编。由晋察冀军区派来的孙志远同志领导政治部工作。人民自卫军编成一、二、三团，特种兵团和直属特务营、模范营等等。各地前来请求加委的武装，给以委任的计有张仲翰领导的人民自卫军游击第二师；柴恩波领导的暂编游击第二团；朱占奎领导的人民自卫军独立第一支队，高顺成领导的人民自卫军游击第一师等。我军当时的政策是：抗日的我们欢迎支持，中间的我们尽力争取，反动的则予以打击。因而稳定了当时的局势。

我军整编刚完，即分赴各地，协助地方党组织，发动群众开展抗日工作。第一团主力进驻安新。该团第一营进驻新安，尔后再北出白沟河镇（属新城县）一带游击。这里在北平城南约90公里，是敌人的后方。当地群众看到中国共产党领导的军队到来，惊喜交集，抗日救国的信心增强，汉奸、特务闻风逃跑。这个营还奉命开赴安平县角邱镇一带活动，所到之处，青年争相参军参战，抗日武装、抗日政权和群众团体相继筹建。人民自卫军的活动，宣传、组织和教育了群众，所到之处纪律严明，因而受到群众的热烈拥护。我军到达冀中中心地区之际，就广大地区来说，正是人民群众处于惶恐不安之时，局势混乱，汉奸土匪趁火打劫。我地方党组织正在积极大力组织抗日武装，因为有的刚刚建立，有的还在筹划之中，一时还不能有力地控制当时异常混乱的局面。人民翘首盼望人民军队到来，如渴思饮。人民自卫军这支我党领导的在当时还堪称强有力的抗日武装及时赶到，在地方党组织和人民群众大力支援和鼓舞下，先后收复高阳等城和大片国土，宣传我党抗日救国主张，帮助人民建立抗日民主政权、武装和各界群众抗日救国团体，使饱经忧患、怒火满腔的人民增强了抗日救国、救亡图存的信心和力量，使已经和正在燃起的烽火越烧越旺。1937 年 12 月初，高阳、安新、新安、任丘、蠡县、安国、定县、安平、深泽等县，相继建立了抗日民主政权和各界群众抗日救国团体，抗日武装也发展到约 5000 余人。聂荣臻同志在接见吕正操司令员时说:“你在很短时间里就和地方党的同志在冀中搞起了一个新局面，搞得很好嘛！特别是冀中那个地方是个平原地区，这个意义就更大了。你们挥戈北上和在冀中的工作，我已经向中央和总部作了报告，毛泽东同志已经知道了，他很高兴。”

路西整训

1937 年 12 月上旬，人民自卫军根据晋察冀军区的命令，到曲阳西北地区短期整训。部队分三路以袭击定县城和火车站、寨西店火车站、新乐火车站等处敌人的方式，越过平汉铁路。对于定县城，因熟悉地形，加上敌人警戒疏忽，我军很快打进了伪县政府和火车站。而对新乐之敌，因情况不明，攻击受阻，伤亡50余人。寨西店火车站，因无敌人，故无战斗。12月13日，敌机反复侦察，因未发现我军行踪，只在曲阳城关投了一些炸弹。

部队在党城、王快镇和广安等地进行整训。人民自卫军的领导同志参加了军区的政工会议。营以上干部听了聂司令员兼政治委员、舒同政治部主任的讲话，参观学习了红军老部队的工作和生活，整顿了党组织，加强了政治机关、派来了部分红军干部，学习了游击战争理论和战术。短短的一个月时间，学到了许多新东西，为建设人民军队，消除旧军队的影响，创建根据地，发展游击战争，打下了良好的思想基础。1938年1月，这支部队以新的面貌返回冀中平原。

改编各色武装，发展壮大抗日力量

在我党发展武装的同时，各色武装也趁机蜂起。他们有的接受我之委任，又想不听调动；有的借抗日之名，敲诈勒索，割据称雄；还有土匪武装、地主联庄会以及会道门武装等。其中有的已投降日本侵略军编成伪治安队，有的正在和敌伪勾结。敌人此时又占领我高阳、安新两县，加重了局势的混乱和不安。因此，人民自卫军主力东归后，根据晋察冀军区的指示，冀中省委的决定，和河北游击军同心协力，收编各色武装。首先对抗日危害最大、群众迫切要求消灭的汉奸土匪武装，坚决进行打击。人民自卫军第一团等部在深县消灭了伪治安队徐二黑部3000人。接着，又先后消灭了深泽的张八部500人，束鹿一带的伪十县保安司令张安邦部1000人，消灭了盘踞在安国一带的高建勋部3000人和在深泽一带抢掠的张大货部300人，在献县、河间一带活动的白七部500人，还有武强的刘代峰部300人，晋县的王作霖部300人。到1938年4月，在冀中腹地活动的汉奸土匪武装基本为我肃清。对于地主联庄会和会道门的武装，虽然是由地主豪绅把持，但其成员多数是基本群众和少数知识分子，按照党的政策，则采取争取改造的方针，使其逐步站到抗日方面。这种武装各县都有，少则数百，多则数千，实际脱产的约有3万人左右。他们不许我军通过，不给给养，有的还反对我宣传抗日。1938年2月13日，我第二团一部袭击保定南关后，返回时途经北大冉村，遭到联庄会的枪击，为我抓获的三名联庄会员经教育后释放。又一次部队行经东固村，又遭联庄会枪击，打伤我连长。我三次派人联系，均被扣留。我即以轻重机枪、迫击炮对空射击警告，联庄头目自知理亏，才派人与我联系。我们以“保家必须卫国，卫国必须抗日”的主张，从政治上争取改造，经过艰苦的工作，终于改编了地主联庄会武装约2万余人，改编会道门武装约4万余人。人民自卫军发展到十几个团和各游击支队共约3万余人的队伍。

积极打击敌人，开创抗日根据地

人民自卫军主力东归后不久，我第二团的两个营在于权伸团长指挥下，袭击了保定东南的日军据点石桥镇。部队返回时宿营于南于八和北于八两村。战士刚刚入睡，驻高阳日军坂垣师团第四十二联队的一个加强中队包围了南于八。指战员立即投入战斗，把重机关枪架在房顶上猛烈射击，把敌人压在南于八西南的坟地里。驻在北于八的三营从敌人左侧包围过去，迫使敌人不能进村。村内一老人带引着战士把村东一条道沟里的敌人全部消灭。冲进村内的敌人被我军战士逐出村外，来不及逃跑的敌人，被我一一击毙。蠡县游击第五支队的健儿和附近群众举着大刀、长矛赶来参战。一场人民战争把敌人陷于重重包围之中。激战竟日，除少数敌人利用夜暗逃窜外，全歼早川丹治大尉以下敌人一个加强中队，生俘日军中川颜映等七人。这是人民自卫军成立以来较大的一个胜仗。它打破了敌人不可战胜的神话，大长了人民的志气。

2 月 11 日，人民自卫军以独立第一团为主组成北上先锋队，开辟大清河北、北宁铁路南侧地区。部队旗开得胜，首战大清河南岸的新镇县城，俘伪军 70 余人，缴枪 40 余支。霸县伪军在我兵临城下时，被迫投降，缴获迫击炮两门，枪百余支。伪自卫团百余人起义。我乘胜北进，连克牛坨、李家口、永清县城。日军见我军打到平、津门下，急忙派兵去夺霸县、新镇两座县城，由于慑于我军威力，侵占后即退走，我又进驻两城。日本侵略军一进一出，使我军声威大振，伪军纷纷向我投降。此后还有配合军区主力部队，参加了破袭平汉铁路战役，反敌春季围攻战役、反复破袭敌人交通战役，配合鲁南会战等战役，战斗频繁。从人民自卫军成立到改编成八路军第三纵队为止，据不完全统计，共作战 321 次，毙伤俘虏敌人 3376 名，迫使伪军反正 1100 名。我指战员伤 1809 名，亡 1303 名。这些为了民族的解放，献出了自己的鲜血和生命的志士，永远是我们学习的楷模，他们的革命精神永远放射着灿烂的光辉。

奉命改编为八路军第三纵队

1938 年 4 月 21 日，中共冀中省委在安平县城召开冀中区第一次党代表大会。根据中共中央的指示和党代表大会的决定，人民自卫军和河北游击军、冀中部分抗日部队统一编成八路军第三纵队兼冀中军区。所属第七支队兼第一军分区，辖第十九、二十、二十一大队和独立第二团，司令部驻河间，下属河间、武强、献县、交河、沧县、青县等县，面对沧县、泊头及津浦线上之敌；第八支队兼第二军分区，辖第二十二、二十三、二十四大队，司令部驻博野，下属博野、蠡县、安国、定县、深泽、安平等县，面对保定及其以南平汉线上和石家庄之敌；第九支队兼第三军分区，辖第二十五、二十六、二十七大队和特务大队，司令部驻苏桥镇，下属新镇、文安、大城等县，面对天津及津浦线上之敌；第十支队兼第四军分区，以河北游击军为主编成，辖第二十八、二十九、三十大队和一个特务团及九个独立团，司令部驻雄县，下属雄县、新城、容城、徐水等县，面对保定及其以北平汉线上的敌人。以后又成立了第五军分区，由独立第一支队兼，辖第一、二、三、四大队、特务大队和三个独立团，司令部驻霸县，下属霸县、武清、永清、固安、安次等县，面对北平、天津及北宁线上之敌。至此，在整个冀中地区东至津浦铁路，西接平汉铁路，南跨沧石公路，北迄北宁铁路的广大平原上，除北平、天津、石家庄、保定等城市及其外围有少数敌人据点外，全区都掌握在人民手中。在冀中区党委领导下，建立了 44 个县级抗日民主政权，包括 24 个完整的县。生产得到恢复，人民生活有所改善。人民自卫军完成了自己的使命，以新的姿态驰骋在冀中平原，迎接新的战斗任务。

冀中平原抗日游击战

吕正操　程子华　杨成武

冀中平原作为晋察冀抗日根据地的组成部分，以其特殊的战略地位，成为抗日战争的重要战场之一。英雄的冀中军民，在中国共产党的领导下，浴血奋战，写下了光辉灿烂的历史篇章。

我们这些曾经和冀中军民一起与日军进行殊死战斗的老兵，回顾当年枪林弹雨中战胜强敌的战斗历程，更加深刻地体会到，只有在中国共产党的领导下，广泛发动群众进行人民战争，才能创造出平原游击战这种战争奇观。这是世界战争史上真正的人民战争。

一、冀中平原抗日游击战是怎样开展起来的

冀中，地处北平、天津、保定、石家庄、沧州之间，千里平原，物华天宝，人杰地灵，周围有平汉、北宁、津浦、德石铁路，大清河、子牙河、潴龙河、永定河、拒马河纵横其间，公路干线四通八达。这里是

燕赵之地，自古多慷慨悲歌之士，并有着悠久的革命传统。中国共产党诞生以后，就先后在冀中地区的城镇和乡村，进行了大量的工作。1932 年 7 月，中共保（定）属特委曾发动了保定第二师范学校学潮；同年 9 月又发动了高（阳）蠡（县）农民暴动。这两次著名斗争虽然都没有取得胜利，但在冀中平原上播下了革命的火种。

1937 年 9 月，日军占领保定，接着又攻占沧州、石家庄等地。仅仅三个多月的时间，冀中境内的铁路沿线及主要城市皆沦于敌手。面对日军的疯狂侵略，我冀中党组织领导广大人民群众，积极投入抗日斗争。

冀中平原抗日游击战究竟是怎样开展起来的呢？现在从以下三个方面作一些回顾。

（一）人民武装的诞生

为了适应全面抗战形势的需要，中共中央北方局指示在国民党军第五十三军一三〇师六九一团（原属东北军）任团长的吕正操（共产党员），待机留在敌后开展抗日游击战争。根据北方局的指示，吕正操在随国民党军南撤途中，一方面在任丘留下人员找中共地方党组织联系；一方面发动本团已秘密建立的共产党组织和党的外围组织东北武装同志抗日救亡先锋队，分头进行思想动员，宣传脱离国民党军队，到敌后坚持抗日游击战争的道理。1937 年 10 月 12 日，这支部队到晋县小樵镇后，吕正操认为时机成熟，即主持召开了全团官兵代表会议，讨论了脱离国民党军队，回师北上，到敌后开展游击战争等问题。10 月 14 日，全团举行抗日誓师大会，正式宣布将六九一团改称人民自卫军，吕正操任司令员，李晓初任政治部主任，下设三个总队，赵承金、于权伸、沙克分任第一、二、三总队总队长。全军约法三章，严明纪律，不准扰民，官兵平等，坚决抗战。

在这之前，党中央还派曾任过红军团长的孟庆山，回到家乡冀中组织群众开展敌后武装抗日斗争。孟庆山离开延安时，毛泽东同志曾当面指示他要同地方党一起，团结一切愿意抗日的人们，不放松一切机会，组织抗日武装，进行游击战争。孟庆山于保定失守前到达冀中，被委任为中共保属特委军事委员。他依靠地方党组织，在高阳、安新、任丘、蠡县一带我党基础较好的地区，先后开办了四期游击战训练班，培养了200多名（多数为共产党员）武装斗争骨干。这批骨干分赴各地发动群众，搜集武器，组织抗日游击队。另一些党的基础较好的县，如定县、无极等，也都积极行动起来发展新党员，组织人民自卫武装和抗日救国会等。

小樵改编后，吕正操率领人民自卫军北上到达深泽县，与地方党组织取得了联系，并提出了减租减息等口号，深得民心。当地党员和男女青年知识分子积极支援部队，踊跃参军，人民自卫军迅速扩大，并继续北上安国，与中共保属特委军委负责人孟庆山、侯玉田、刘亦君等取得了联系。经共同商定，人民自卫军又从安国、博野到蠡县，然后进驻高阳县城。在高阳县武装解决了与当地反动奸商勾结、图谋不轨的原伪冀东保安队尹松山中队200余人，当众枪决了罪大恶极的尹松山。除暴安民，人民自卫军军威大振，人民群众抗日情绪更加高涨，出现了踊跃参军的热潮。特别是各县师范、中学的师生和其他知识青年等，纷纷投笔从戎。此后，又有大批平、津、保青年学生和学有专长的知识分子来到冀中参加抗日工作。人民自卫军迅速发展到5000多人，成立了三个步兵团、一个特种兵团、一个特务营。在这同时，中共保属特委直接领导的抗日游击队也得到很大发展。冀中地区其他各县，在当地党组织的领导下，也纷纷组织起人民自卫团或县大队，以及各种名称的地方抗日武装。各县人民政权也相继建立起来。整个冀中到处呈现出一派蓬蓬勃勃的抗日新气象。

晋察冀军区聂荣臻司令员得知人民自卫军到达冀中地区并打开

了高阳县城的消息后，即派人来了解情况。后又派曾在东北军中做过地下工作的孙志远来到人民自卫军工作，并带来了电台呼号和密码。从此，人民自卫军与晋察冀军区正式建立了关系。为了提高人民自卫军的战斗力，吕正操主动请求带人民自卫军主力部队到军区去见习受训，聂司令员回电同意。于是吕正操和孙志远率人民自卫军主力，于1937年12月12日出发到平汉路西山区。留在冀中的人民自卫军，组成人民自卫军游击司令部继续活动。

在人民自卫军主力到路西整训期间，冀中地方党大力发展了武装力量。当时，在爱国抗日浪潮卷挟下，冀中平原出现了各种各样的武装，都打着抗日的旗号，自封“司令”、“主任”，一时出现了“司令遍天下，主任赛牛毛”的局面。在这些武装中，有爱国进步人士组织起来的，主动请求我军加委，接受我军领导；有慑于共产党和八路军的声威，同时又怕被别的武装吞并，也跟着请求加委，借以保存和扩大自己。为了争取一切力量，团结抗日，在一个多月的时间里，我军有选择地以地方党组成的武装为基础，编成了三个游击师，各师领导干部多为高蠡暴动时期的共产党员，部队很快发展到近1万人。同时还加委和收编了12路杂色武装，共约2万人。为适应形势需要，地方党将原人民自卫军游击司令部改为河北游击军司令部，孟庆山任司令员，侯平任政治部主任。统一领导冀中人民抗日武装。司令部设在肃宁县。

除上述我党领导的武装外，还有一些土匪武装、地主联庄武装、会道门武装和国民党孙殿英等部的残余武装。这些武装中，有的和日伪军暗中勾结，有的相互勾心斗角，危害抗战。1938年春节前后，人民自卫军主力从平汉路西整训回来，驻在安平县。经地方党委决定，人民自卫军、河北游击军开始分头解决这些武装。首先是对我危害大、群众极端痛恨的土匪武装和同敌伪勾结的汉奸武装，进行武力解决。

当时，土匪、汉奸武装约有7000人。我军集中力量，消灭了盘踞在深县的徐二黑、深泽的张八和安国的高建勋等匪部共5500余人。这对其他土匪和勾结日伪的武装起了威慑作用。对地主联庄武装，我军主要采取分化上层，争取下层，只对少数与我军为敌的才用武力解决的政策，收到了很好的效果。先后争取和改造了大部分联庄武装，仅编入我军的即有两万余人。会道门武装的成员，绝大部分是被欺骗的农民群众，而且又大都是不脱离生产的，我们则通过宣传教育，破除迷信，首先解除其精神枷锁。经过一系列工作，到1938年底，散布在正定、藁城、无极、深泽、晋县等地的"天门会"、"黄沙会"和"和平会"等会道门，统称为"大刀会"武装大部分趋于瓦解，许多人还摘掉装有护身符的兜肚，参加了我军。通过这些工作，冀中局面逐步稳定，地方党的工作、政权工作、群众工作也都有了显著发展。

我军在收编杂色武装的同时，还向日军所侵占的城镇和铁路沿线连续发动了攻势。1938年2月，我军夜袭了日军清苑县东石桥据点，返回后驻在距高阳县城仅十公里的南、北于八村。高阳城里日军得到情报，即于拂晓前来袭击。二团团部驻在南于八。听到枪声，我们的部队急速奔赴村沿阵地，把排着密集队形就要进村的敌人打了个猝不及防，被阻在村口一片开阔地上。这时我驻在北于八村的部队，也闻声急速行动，痛击敌背。两相夹击，将日军一个中队，从中队长早川丹治大尉以下，几乎全被我消灭。3月9日至14日，根据晋察冀军区的部署，我冀中部队对盘踞在保定、望都、定县、安新、无极等县城之敌发动了进攻，给敌军以很大威胁。3月下旬，日军分三路对我冀中部队进行围攻：一路由交河进攻献县、河间；一路由定县进攻安国；一路北攻霸县。每路敌军，各约一个联队，并附有若干伪军及冀东保安队。这几路日军，4月初先后进占河间、霸县、安国，我军与敌血战半月，歼灭日军近千人，日军无法立足，我遂将各县先后收复。在这同时，我们派出人民自卫军独立第一团，组成北上先锋队，赴大清河北开辟工作。大清河是冀中地区一条较大的河流。大清河北，即平、津、保三角地带，包括良乡、涿县、固安、安次、新城、永清、容城、雄县、霸县、新镇等县。这块地区的战略地位极为重要。我们挺进这一地区，给正在创建中的冀中抗日根据地建立了一道屏障，给敌占区的心脏区域插进了一把利剑。我军北上到达大清河岸时，新镇的伪军不肯出降，当即被我军攻克，俘敌70余名，缴枪40多支。新镇是进入大清河北的门户，门户一破，霸县伪自卫团100多人被迫携械反正。我军乘胜北进，连克牛驼、李家口及永清县城。

冀中军民在这年春天与进犯之敌进行了大小战斗百余次，除击退进攻之敌外，还收复了高阳、安新两县城。这些战斗使广大军民经受了锻炼，取得了反围攻的新经验，并显示了冀中军民团结抗日的威力，显示了人民群众如火如荼的抗战热情。

为了加强冀中部队的统一领导，根据中央决定，1938年5月初，冀中主力部队统一改编为八路军第三纵队并成立冀中军区。吕正操任纵队司令员兼军区司令员，孟庆山任副司令员，孙志远任政治部主任。下设第七、八、九、十等四个支队并分别兼第一、二、三、四军分区，七、八、九支队各辖四个大队，十支队下辖四个大队、七个独立团、一个特务团，赵承金、于权伸、沙克、孟庆山分别任支队司令员兼分区司令员。

另外，第三纵队还直辖五个独立支队，并有张仲瀚的第一师、高顺成的游击第一师、回民支队和天主教连。

把冀中地区这些庞大分散的武装统一编成第三纵队，是一个复杂的工作和斗争过程。人民自卫军与河北游击军虽然都是党领导下的部队，但是，由于发展的历史不同，作风不同，要统一起来需要做很多的工作。其他杂色武装要由路、支队、大队等改为团、营、连；由总指挥、司令等降为团长、营长、连长；由平行关系变为隶属关系，或由原来的几个建制变成一个建制，由游击队变成纪律较严而又比较正规化的部队。这种大变化，尤其需要进行深入细致的政治教育和组织工作。因此，在整编工作开始，首先加强了党的领导，着重从政治上考核、选择干部，建立了政治工作制度。进行了以整编为八路军光荣的政治思想教育，并批判了怕艰苦，怕编散，怕离开乡土，怕与老上级、熟人分离等落后思想，形成了拥护改编的热潮。整编工作从 5 月初开始，到 7 月已大部完成。8 月 1 日，王平调到冀中，任第三纵队政治委员兼冀中军区政治委员。9 月，我军又开辟了大清河北地区，成立了独立第一支队兼第五军分区，朱占魁任支队司令员兼分区司令员。这年年底，中央调程子华接替王平任第三纵队政治委员兼冀中军区政治委员。

（二）人民群众是靠山

1937 年底，人民自卫军主力在平汉路西整训期间，聂荣臻司令员曾对冀中的工作作了不少指示。根据这些指示精神，晋察冀军区划定了冀中的行政区域，明确了冀中下一步的工作任务：改造杂色武装，扩大人民武装力量，改造旧政权，广泛发动和组织人民群众，安定人民生活，建立抗日秩序。在这期间，聂司令员还同大家一起详尽地讨论了如何在冀中平原开展游击战的问题。

关于平原游击战，这是一个新课题。过去，因为受历史和地理条件的限制，我们进行武装斗争的范围，还没有突破在山岳、湖沼、森林等地区的游击活动。全国抗日战争爆发后，在日军妄图侵吞整个中国，中国各阶层人民一致奋起抗日的情况下，凡是被敌人占领的地区，不论山地还是平原，都可以依靠人民群众的力量广泛开展民族自卫战争。同时，冀中是全国抗战总战局的一部分，同周围其他抗日根据地可以互相配合、互相支援。因此，在抗日战争中，游击战已经突破历史的成例与地理条件的束缚，开展平原游击战是抗日战争形势发展的必然结果。但在平原地区究竟如何开展游击战和建立根据地，当时由于缺乏实践经验，还不是那么十分明确。

1937年12月下旬，晋察冀军区召开政工会议，专题讨论了冀中区的工作，讨论了在平原开展游击战争的必要性、可能性和艰巨性的问题。在平原，我军和具有机械化装备的日军作战，确实有很大困难。为了提高大家对坚持平原游击战的认识，聂荣臻司令员在会上发表了重要的意见。他说："开展敌后战争，老靠山是不行的，首先要靠人民群众，只要有了人民群众，不论是山地，还是平原，我们都可以牢牢地站住脚。人民群众比山靠得住。就说大山吧，如果山上没有群众，山路又很窄，敌人把山路一堵，我们根本不能坚持，不用说别的，吃的问题就没办法解决。没有群众供养我们，难道能吃石头？对于建设敌后根据地，首要的问题是发动群众，得到人民群众广泛的支持，地形的作用是比较次要的，而且也是可以改变的，晋察冀这块根据地虽然发源于五台山，但我们不是有了五台山，才有了这块根据地，而是敌后的群众支持我们，拥护我们，才使我们能够得到这样大的发展。"聂司令员的讲话，使大家受到很大的启发和教育。吕正操也谈了自己的看法和决心：冀中区地处平津保三角地带，在这里开展游击战争，创建抗日根据地，较之在山区，虽然有一些不利的地形条件，但这里人口众多，群众基础好，又有山区根据地作依托。日军兵力不足，只有固守大城市和沿铁路线上的城镇，而各乡村和铁路线以外地区都处在我军手中。只要我们依靠广大人民群众，正确执行党的方针政策，冀中平原抗日游击战一定可以结出丰硕的成果。最后，聂司令员鼓励大家说：冀中将是我们党领导的首创的平原根据地，成功了，对于全国其他平原地区的抗战，将提供出借鉴的经验。

冀中平原抗日根据地的初步构想，就这样形成了。

人民群众是靠山，这是指导冀中各项工作的一个基本思想。这也是冀中平原抗日根据地建成的主要因素。

人民群众在冀中平原战场建设一开始，就显示了强大的威力。

日本侵略军装备先进，特别是摩托化程度高，行动快，平原的地形条件有利于敌军快速部队的运动，不利于我军活动；日军占领城市，凭借坚固的城墙据守，不利于我军攻夺。为了长期坚持平原游击战，建设一个有利于我，不利于敌的战场，冀中军民创造性地开展了一场破路拆城，改造平原地形的运动。

冀中军民开始破路时，提出的行动口号是:“破路就是抗日”。首先把高出地面近两米的沧石公路和平大公路北段彻底破坏，将地基夷为平地，由附近的农民分种。1938年秋末，不但破坏了公路，连乡村土道也进行了破坏。最初是拦路挖横沟，但群众来往耕作运输极感不便，而日军的快速部队仍可绕道通过。后来改为顺道挖沟，纵横贯连各村庄的大道沟，深两米多，宽三米多，乡村的大车、人力车可在沟内通行无阻。而且每隔80米筑一个圆形土丘，围绕土丘筑上下道，两辆车可以在这里错车，还可以防止敌军顺道沟射击。这样，道路纵横变为沟道纵横，我军民从这个村庄到那个村庄，可以在沟内行走，还不会被沟上敌人发现。这就大大方便了我军行军、伏击敌人和运输等，而敌人的机械化部队则无用武之地了。以后，群众又在沟道两侧挖了各种作战掩体和防空洞，就更便于我军民与敌人作斗争。

在破路的同时，我们还发动军民拆城。1938年1月，首先拆肃宁县城墙，以后又拆河间县城墙，接着便拆素以“金汤”闻名的蠡县城墙。几百年前封建统治者修筑蠡县城，曾用了12个年头，城墙是巨砖灌石灰凝成一体，十分坚固，但不到一个月即被我军民全部拆除。在两个多月的时间中，冀中腹心地区24座城墙均被拆掉。城墙被拆掉以后，给敌军固守城池增加了困难，大大方便了我军的作战。

（三）党的统一领导

经过冀中军民团结战斗，在很短的时间里，冀中平原根据地就得到了很大发展。鉴于冀中蓬勃发展的形势，为了加强党的领导，统一行动，中共中央决定，派黄敬到冀中任区党委书记，鲁贲任副书记。1938 年 4 月 21 日，在安平县城由黄敬主持召开了冀中区党的第一次代表大会。会议总结了创建冀中根据地以来的各项工作，明确指出了当时存在的问题，并根据上级指示，提出了巩固与扩大冀中根据地的中心任务和解决当前问题的各项重要措施。当时，除成立冀中区党委，统一党的领导外，还成立了冀中行政主任公署，统一政权组织。吕正操兼行署主任，李耕涛任副主任。同时各级还建立了农民、工人、妇女、青年、文化等各界抗日救国会，加强了党对人民团体的领导。

1938 年底，中央考虑到冀中部队的实际情况，特抽派一部分红军干部和抗大毕业的青年知识分子随程子华来到冀中。这批干部中的周彪、帅荣、旷伏兆、李天焕、谭冠三等，都被分配到各军分区和各主力团任政治委员或政治部主任。他们对进一步在冀中部队中建立和健全八路军的一套政治工作制度，发扬我党我军优良传统作风，起了重要的作用。

就在程子华去冀中的同时，贺龙、关向应率第一二〇师主力挺进冀中。根据中共中央北方局的决定，由贺龙、关向应、周士第、甘泗淇、吕正操、王平、孙志远、黄敬组成冀中军政委员会，贺龙任书记，统一领导冀中的斗争。此后，中央又派抗大东干队 82 名同志，由张昉（张学思）、高存信率领来到冀中工作，晋察冀军区、一二〇师也输送了一些红军干部和大批中下层干部，补充到冀中各部队。

随着军事斗争不断取得胜利，巩固根据地的工作也迅速开展起来。当时，最为迫切的任务之一是加强部队的政治整训，使之进一步达到人民军队化。

1939年3月，冀中军区召开了政治工作会议，确定整训的目标是：加强党的领导，迅速使第三纵队（冀中军区部队）"八路军化"，提高战斗力，创建主力兵团。

这次整训，由于一二〇师担负了主要的作战任务，从而使冀中部队有条件分批抽出集中进行。第一批，从各军分区抽调39个大队（团）和一个营，集中到平汉路西易县一带，利用比较安定的环境，进行了五六个月的训练。第二批，从9月到11月，又抽调了六个大队（团），集中在冀中武强地区整训。其余部队则分别利用作战空隙就地休整。

整训中，按照建立主力团的编制要求，将原有的一些部队进行合编，撤销了一些不合理的建制，还清洗了一些不合格的人员，选拔了一批新干部。新的战斗单位组编起来之后，随即进行了有计划的教育和训练，通过人民军队的光荣传统教育和阶级教育，提高了广大指战员的觉悟。对于存在的军阀主义作风和不良倾向，如打骂战士、打骂人民群众、轻视政治工作人员和地方干部、损害群众利益、违犯党和政府的政策法令等现象，进行了坚决的批判和斗争。各部队普遍地发展了新党员，连队建立了党支部；还以一二〇师和北岳区的老部队为榜样，通过参观、见学受到了教育，政治上进步很快。随着部队政治素质的加强，军事技术和战术训练也获得显著的进步。整个整训部队的工作，在晋察冀军区、一二〇师和中央军委总政治部华北战地考察团的直接领导和帮助下，取得了显著的成绩。

整训后，冀中军区（第三纵队）共建立了14个主力团和警备旅第一、二团。此外，还有回民支队、任河大支队和五个游击总队。这些部队都以人民军队的崭新风貌出现在冀中平原，同县、区游击队以及民兵结合在一起，担负起坚持平原游击战的任务。

冀中抗日根据地在开辟大清河北地区以后，冀中的部队号称10万人，已有44个县，人口约800万。在广阔的平原上，到处都处于抗日民主的热潮中。“母亲叫儿打东洋，妻子送郎上战场”的动人场面，到处可见。各种工作朝气蓬勃，蒸蒸日上，这就是人们所说的冀中抗战的“黄金时代”。

冀中平原抗日根据地初步建成，使晋察冀抗日根据地扩大了，使地处山区的北岳区能够得到冀中平原人力、物力的支援和战略上的直接配合。冀中根据地是在敌人心脏地区矗立起来的一个抗战堡垒，同其他兄弟根据地相配合，形成了对敌人华北主要交通干线和中心城市的战略包围，从而能够更有力地牵制敌人，长期坚持华北抗日游击战争。

二、冀中平原抗日游击战的艰苦进程

（一）粉碎敌人五次围攻

1938 年秋，日军集中 5 万余兵力，围攻我晋察冀根据地北岳区，遭到彻底失败后，马上调集重兵对我冀中地区进行疯狂的战役进攻和分区“扫荡”。这次日军对冀中的围攻，共出动了两个师团，还有一万多名伪军。在五个月的时间里，日伪先后对我冀中进行了五次战役进攻和三次分区“扫荡”，妄图消灭我冀中武装部队，摧毁我冀中抗日根据地，以确保其占领地。我广大军民英勇反击，将敌人的围攻一一粉碎，取得了巨大的胜利。

1938 年 11 月 12 日，敌人出动 6000 兵力，首先向我冀中区大清河以北的雄县、霸县、新城、固安地区进行围攻，妄图把大清河以北的抗日武装力量一举驱逐到大清河以南，或消灭在大清河以北地区。我军民奋起反击，经过26天中的29次战斗，毙伤日伪军600余名，俘伪军1000余名，粉碎了敌人的第一次围攻。12月25日，日伪军又出动1500余人进攻安国、博野、蠡县地区，妄图把我在潴龙河以西的部队，驱逐到潴龙河以东地区。在一个月中，我军民广泛展开袭击、伏击战，消灭日伪军300余人，取得第二次反围攻的胜利。

1939年1月25日，敌军又以献县、河间、任丘、大城为目标，从平汉、津浦路两方面，进行了第三次围攻，妄图把我在子牙河以东、以北和滏阳河以东地区的部队，压迫到子牙河以西和以南的三角地区。这次敌人出动7000余人，并配以飞机、坦克和炮兵，来势凶猛，历时十天，占领了我一部分城镇。这时，一二〇师主力刚到冀中，立即参战，和冀中部队一起，粉碎了敌人的第三次围攻。

从2月9日到16日，日伪军又开始对我冀中发动第四次战役围攻，企图肃清滹沱河以南地区我之主力部队。此时，冀中区党委、军区、行署和一二〇师直属部队转移到武强西北的张法台、溪村一带。敌人企图合击我领导机关，以便下一步进攻冀南地区，于是从博野、蠡县出动600余人，汽车20辆，坦克、装甲车10辆，进占邹村；从安平出动400余人，占王村；从献县出动100余人，进占武强；深县也集结400余人。10日拂晓，邹村之敌向我进击。一二〇师七一五团迅速在深县以东的邢家庄、北杜村投入战斗。敌人以为已捕捉到我冀中领导机关，于是在坦克、装甲车掩护下蜂拥而来，王村敌人也前来增援。七一五团指战员顽强抗击敌人，连续打退敌人四次冲击，杀伤大量敌人，同时我冀中部队也积极战斗，使敌军这次围攻又遭失败。

3月18日，敌人乘我主力部队在肃宁东南窝北镇一带休整之机，又以9000余兵力分别集结于献县、饶阳、河间、安平、大城、藁城等地，对我进行第五次战役围攻。当从安平、饶阳、献县出动的敌人即将进到合击点时，我军以小部队牵制迷惑敌人，主力及时地跳出敌合击圈，转移到河间东北的卧佛堂一带。4月上旬，敌人复由河间县城分路出动，一路北进控制了河间、任丘一线，从西面压我军；一路向东北直逼卧佛堂。东面津浦线上青县、马厂的敌人向大城方向牵制我军。同时大清河北的敌人沿河控制渡口，阻止我主力北进。我军再次处在敌人合击中心。一二〇师和冀中军区部队、机关，分别从敌人的空隙中向外线转移。当晚，一二〇师直属队、七一六团、冀中军区独立第五支队等，向西越过古洋河，转到任丘以西的青塔、天门口一线。冀中军区机关及特务团，向东越过子牙河再折向南，插到献县东北牛褚寺附近。一二〇师七一五团和冀中军区独立第四支队一部，向北转移到吕公堡、梁台一带，向东面大城附近出击，以迷惑和吸引敌人，掩护其他各部队行动。各部队分散转移以后，纷纷从敌人侧背袭击，原在外线的部队也积极活动。敌人再次扑空，完全陷于被动，其第五次围攻又遭失败。特别是4月23日到25日，一二〇师主力部队在贺龙师长亲自指挥下，在齐会村歼敌吉田大队700余人，创造了冀中平原游击战的范例。

我冀中部队反围攻和反“扫荡”作战共383次，敌伤亡4914人，俘敌伪军1718人，并缴获了大批枪支弹药和军用物资。

在反围攻和反“扫荡”作战中，一二〇师部队发挥了巨大的作用。从1939年1月26日在高阳县惠伯口（今属河间县）与冀中军区会合，到8月陆续离开冀中，八个多月的时间里，一二〇师先后参加了冀中第三、四、五次反围攻和反“扫荡”作战，进行了曹家庄、邢家庄、大曹村、黑马张庄和齐会等116次战斗，共歼敌4900余人，并对冀中党组织、根据地和部队的建设，都给予了很大帮助，胜利地完成了中央军委赋予的“巩固冀中、帮助三纵队整军和扩大一二〇师”的任务。

1940年6月，晋察冀军区将冀中军区所辖的第一、二、三、四、五军分区依次改为第六、七、八、九、十军分区。

6月1日冀中部队给抢麦的敌人以坚决打击，胜利地保卫了麦收。接着又发起青纱帐战役，共作战190次，毙伤日伪军2600余人，俘伪500余人，破坏公路160多公里，攻克和逼退了一些敌伪据点，部分地恢复与扩大了根据地。

（二）反“蚕食”斗争

经过反敌五次围攻、三次反“扫荡”作战和青纱帐战役，冀中根据地得到了进一步的巩固和发展。

1941年5月4日，在第三纵队成立三周年之际，毛泽东主席亲笔题词，称赞冀中部队是：“坚持平原游击战的模范，坚持人民武装斗争的模范”。这极大地鼓舞了冀中抗日军民大力开展平原游击战的积极性。

1941年7月，冈村宁次接任了华北方面军司令官，战略方针也有了明显的变化。鉴于过去着重于军事“扫荡”，不能摧毁我抗日根据地，便提出了“治安肃正三年计划”（1941—1943年），推行军、政、会、民一体的“总力战”，企图将“准治安区”（即我称之为游击区）变为“治安区”（即敌统治区），“未治安区”（即我方统治区）变为“准治安区”。在军事上，对我根据地除了更加频繁、残酷地“扫荡”外，极力推行碉堡政策，采取高度分散配备，大量筑碉建点，挖沟修路，进行分割、封锁，逐步“蚕食”，企图扩大和巩固面的占领。敌人的“蚕食”，一般采用两种形式：一种是分散的普遍的，即依靠原有的据点、原有的兵力，逐渐向根据地推进；一种是有重点地突击某一个地区，即以较大的兵力推进五至十公里，建立若干据点。“蚕食”一般又分为三个步骤：第一步，秘密地进行各种准备，派遣特务侦察预定“蚕食”地区，利用我之弱点，寻求可供利用的对象，培植内奸，制造谣言，动摇人心，挑拨离间。第二步，进行军事突击，反复“扫荡”，驱逐我武装部队，捕捉我地方工作人员，残暴地烧杀抢掠，制造血腥恐怖；同时，依靠内奸，对地主、富农等上层分子加紧诱降活动，直接往村里派“联络员”，成立“维持会”，成为“爱护村”为止。第三步，以政治进攻为主深入“清剿”，实行“自首”政策，破坏我各种地方组织。建立伪政权，包括伪保甲、大乡、伪自卫团、伪合作社等政治、军事、经济组织，达到其“面的确保”。

我冀中军民面对日军疯狂的“蚕食”，齐心协力奋起投入反“蚕食”斗争。斗争首先是从第十军分区开始的。十分区处在平、津、保三角地区，战略上对敌人威胁很大。这里交通方便，便于敌人机动，不利于我军大部队活动；社会情况复杂，土匪、流氓、封建会道门以及国民党的势力都很大。我党过去在这一地区的工作基础也比较薄弱。敌人把这一地区当作进攻的重点，经常驻有 1 万多名日伪军，建立了 204 个据点。每个据点都筑有一两个或三五个几丈高的碉堡，周围挖有深宽各三米多的壕沟。永定河以北、牤牛河以东已被敌人控制，根据地只剩百十来个村庄。4 月 1 日，驻保定、徐水、固城、新城、安新、定兴的日伪军 2000 多人，以容城为中心进行了为时一周的“扫荡”。同时，又从高碑店经新城到霸县修了公路，建立了一线据点，把本来已经非常狭小的十军分区根据地，又作了进一步的分割。这是敌人全面“扫荡”和“蚕食”的前奏。从此，我回旋地区越来越小，大部队活动受到很大限制。我原在十军分区战斗的二十七团和三十二团分别转到一军分区和平西地区整训，只留下二十九团、军分区警卫营、游击总队的部分连队和县区地方武装，就地坚持斗争。

6 月 10 日，日伪军 2 万余人由保定、固安、安新、新城出动，又对我十军分区发动了大规模的“扫荡”。敌人首先将大清河、拒马河和周围的公路控制起来，建立了一些临时据点，然后向大清河东地区节节进逼，企图将我军分区主力部队和领导机关一举歼灭。我军分区领导机关和部队，在大清河东分散地同敌人战斗了五天，给敌人以很大杀伤，然后西渡大清河转到了容城以西。敌人跟踪追击，在容城以西地区又组织第二次合围。我军再次分散南下转移到白洋淀附近地区。

敌人分成多股，划分区域进行反复“清剿”时，沉没渡船，严格控制各个交通路口，并设游动部队巡逻，然后以密集队形，在狭小的地面上进行梳篦式搜索。每搜索一个村庄，都强迫群众集合在一起，用恐吓、利诱和叛徒指认等办法，逮捕、屠杀我地方干部和武装人员。另外，还把大批青壮年抓到据点里，百般拷打，没有口供的，以“八路军顽固拒供”加以杀害；招认了的释放回家，以推行其恶毒的“自首”政策。

汉奸特务横行霸道，任意奸淫勒索，打人、抓人、杀人的，强迫抗属昼夜不能关门，敌人借口搜查，肆意侮辱妇女。但我十军分区军民始终顽强地同敌人作斗争。有的群众宁死也不暴露我党我军秘密，宁愿在野外风餐露宿也不愿受敌人奴役。留下的共产党员、地方干部、游击队员，日夜往来于星罗棋布的点线之间，潜身在青纱帐里，领导群众坚持斗争。

在这同时，冀中其他几个军分区反“蚕食”斗争也很激烈：津浦线方面的敌人由东向西，“蚕食”子牙河以东的大城、青县、献县、交河地区；平汉线方面保定的敌人由北向南，“蚕食”高阳、新安、清苑、张登地区；石家庄的敌人分别由西向东，“蚕食”平汉路以东滹沱河、沙河之间的藁城、无极、宁晋、赵县、栾城地区；石德线、沧石线敌人分别向南北两侧扩张。这些地区，地理环境要比十军分区好些，党的工作基础比较坚实，人民武装已经普遍建立起来，抗日民族统一战线也较巩固。因此，敌人向这些地区“蚕食”时，当即遭到我主力部队和地方游击队的有力反击，同时还遭到广大人民群众的顽强抵抗。敌人每“蚕食”一小块地区或者一个村庄，都得经过较长时间的反复争夺。

1941 年，敌人“蚕食”的结果，据点增至 1026 个，封锁沟增至 1765 公里。

在极为剧烈紧张的反“蚕食”斗争中，群众性的游击战有了很大发展，创造性地开展了地雷战、地道战和利用河湖港汊，开展水上游击战，给进犯之敌以狠狠打击。据不完全统计，冀中地区反“蚕食”作战1100多次，毙伤俘日伪军1.4万余人，缴获各种炮13门、轻重机枪27挺、长短枪1700余支。

(三)“五一”大“扫荡”

1942年春，日军侵占我冀中区已近五年之久。在这期间，敌人虽然出动大批兵力进行反复“扫荡”、“蚕食”，又大搞“治安强化运动”，建立了很多据点，进行了残酷的镇压，但都没有阻挡住冀中军民的反抗和斗争。所以，冈村宁次下了最大决心要把冀中抗日根据地摧毁。他调集第四十一师团主力，独立混成第九旅团的步兵的两个大队，第一一〇师团白龙部队，配属第二十六师团的坂本支队，骑兵第十三联队，独立混成第七旅团小川部队，共5万余人，另有第二十七师团、第二十九独立飞行队和大批伪治安军、警备队配合。从5月1日到7月1日，对我冀中进行了空前残酷的“十面出击”、“铁壁合围”大“扫荡”。冈村宁次还亲自到石家庄进行过部署和指挥。

敌人这次大“扫荡”，因开始于5月1日，所以也称“五一”大“扫荡”。敌军经过较长时间的谋划和准备，确定此次大“扫荡”的作战方针是:“对以吕正操为司令员的冀中地区的共军主力，进行突然袭击的包围作战，摧毁其根据地，同时在政治、经济、思想上采取各种措施，以便将该地一举变为治安地区”。

敌人这次对冀中的大“扫荡”，分为三期：5月1日至10日，为第一期；5月11日至15日，为第二期；5月16日至6月20日，为第三期。第三期又分为两个阶段：5月16日至25日为第一阶段；5月26日至6月20日为第二阶段。

对于敌人的这次大“扫荡”，我冀中区党委和军区是有准备的，对敌人的兵力部署、调动也了如指掌。为了粉碎敌人的大“扫荡”，事先我们采取了有力措施:对军区、区党委、行署机关进行大量缩减，并调二十七团保护党政军领导机关，机关缩减下来的2000多人，分散深入基层，隐蔽在群众中领导坚持反“扫荡”斗争。

5月1日，滹沱河北岸的敌人沿河设立临时据点，到各村抓人运柴，设游动哨，意在封锁滹沱河。而就在这一天，我冀中区党委在饶阳县张保村外一片枣树林里，召开了直属机关纪念五一国际劳动节大会。黄敬和吕正操在会上讲了话。他们讲了当前的形势，敌军的动向和我军的任务，明确指出：我们这次反“扫荡”任务，就是要突破敌人的包围圈，由内线转到外线，到敌人后面去寻机打击敌人，消耗敌人的有生力量。我们有党的正确领导，有广大群众的拥护，又有民兵游击队的配合，取得反“扫荡”的胜利是有把握的。

会上，冀中军区政治部火线剧社还举行了文艺演出。演完戏已经半夜了，各机关、部队开始分散活动，分头走上反“扫荡”的征途。之后，我冀中广大军民，在广阔的平原上，与敌人开展了英勇的斗争。我领导机关和直属部队于5月10日顺利跳出了敌人的合围圈，与敌人展开了巧妙的周旋，并在人民群众的密切协同下，不断给敌人以杀伤。同时，我坚持在当地作战和向外线转移的部队，互相配合，广泛开展群众性的游击战争，不断消耗敌人的有生力量。

敌人为了打通定县至无极的公路，于5月1日闯进无极县赵户村，当即遭到我二十二团和民兵的伏击，死伤40多名。第二天敌人又来，又遭我伏击，死伤20多人。5月8日，敌人又遭我第三次伏击，死伤80多人。5月28日，敌人纠集了周围据点的伪军1000余人，并配有汽车、骑兵，又一次包围了赵户村。我军与民兵联合作战，先后击退敌人四次冲锋。下午5时，敌人施放毒气，我利用屋内墙角工事袭击敌人，坚持战斗。另由侦察员带12名游击队员，从地道转移到村外从背后袭击敌人。敌误以为我援军来接应，仓皇撤退。这次战斗，共毙伤敌人200余人。

5月10日，我警备旅一团二营在深县护驾池村遭到四五千敌人围攻，并有敌装甲车、坦克、飞机助战。我二营与敌人展开村落战，顽强抵抗，打退敌人多次进攻，歼敌 300 多人，我仅伤亡 40 余人。

5 月 30 日上午，日伪军 1000 多人包围了深泽县白庄村。当时驻在该村的有我十七团和警备旅各一部，不足两连人，另有民兵 30 人。在敌我力量悬殊情况下，我两支小部队在十七团张子明副营长统一指挥下，充分利用地道展开村落防御战，连续击退敌人五次冲锋，歼敌 400 多名。

6 月 9 日 7 点多钟，日军支队长坂本率步、骑兵 300 余人，围攻我军驻地深泽县宋庄。我军三个连配合晋（县）栾（城）（无）极县大队、区小队和民兵据守村落，猛袭敌军，坂本被我击伤。敌逐次冲锋均被我击退。10 时，敌又从安国、定县、保定、深泽、无极、安平、旧城等地陆续增援 1800 余人，向我军发动猛烈围攻，并施放烈性毒瓦斯。我军沉着应战，共血战 16 个小时，击退敌人 38 次冲锋，毙伤敌官兵 400 余人，我伤亡 73 人。

我冀中各部队和各军分区广大指战员，以不畏艰险，不怕牺牲的英雄气概，与前来“扫荡”之敌展开了英勇的斗争。第八军分区司令员常德善、政委王远音率部与敌人进行殊死战斗，在肃宁薛村突围时壮烈牺牲。束（鹿）冀（县）地区第七、八小队，在与敌人激战中大部分牺牲。深东第四小队坚持战斗，最后子弹打光了，当敌人围攻上来时，他们喊着口号，拉响仅有的手榴弹，壮烈殉国。第九军分区十八团在连日坚持内线作战中损失过半，分区政治部主任袁心纯也壮烈牺牲。

“五一”大“扫荡”的残酷是史无前例的。为了夺取反“扫荡”斗争的胜利，冀中人民进行了伟大的斗争。冀中人民为反对日军的侵略暴行，为保护我们的战士和干部，为彻底打败敌人，用生命和鲜血写下了不朽的篇章。

5 月中旬，敌人在“扫荡”中进攻定县北町村，遭到我县大队和群众武装的沉重打击，并破坏了敌人在沙头围修炮楼的计划。因此，北町成了敌人的眼中钉、肉中刺。5月27日6时许，日军一一〇师团驻保定的一六三联队主力，连同安国、定县敌人，共200多人，在联队长上坂雄率领下，包围了北町村，接着，发起了猛烈的进攻。驻北町村的县大队和群众武装，在县大队政委赵树光指挥下，沉着应战，坚守村沿工事，打退敌人三次冲锋。下午，我依托地道与敌逐屋争夺，先后毙敌五六十人。最后，敌人冲进村，挖开地道，施放毒气，烧杀抢掠，无恶不作，用军犬撕咬活人，把人填入井内。但北町村人民坚贞不屈，面对敌人的枪口高呼："打倒日本帝国主义！""中国人民是杀不完的！"视死如归，光荣殉国。后我定南县长、县大队长和三十二区队赶到现场，安置善后，掩埋尸体上千具，村边的两口水井已被尸体填满。这就是惊人的北町惨案。

不久，十三军驻定县东车寄据点的黑田，又纠集了定县、安国、伍仁桥等20多处据点3000多日伪军，对沙河两岸村庄的群众进行了血腥镇压。先后在西町村、王褥林、齐家庄等32个村庄，杀害群众1189人，还抓走群众2000多人。

在"五一"大"扫荡"中，敌人到处奸淫妇女，冀中广大妇女开展反奸淫运动、"一把剪刀运动"。新安县（今安新县）喇喇地，一个15岁的女孩被敌人堵在屋里，她抄起一把剪刀，把敌人刺杀。

在"扫荡"中，日伪军经常轮番突然包围村庄，把全村群众集中到广场上，男女老幼分别站队，威逼指认八路军和抗日干部；供认不出，就灌凉水、压杠子、刺刀挑、火烧、军犬咬、装入麻袋摔等各种凶残手段，直到折磨死。同时，挨户搜查，奸污妇女，抢劫财物，抓捕壮丁充当伪军或服劳役。

每当遇到这种情况，人民群众总是舍死忘生地保护我们的干部和战士。

许多青年妇女往往把我们的干部、战士、游击队员认作自己的

“丈夫”、“兄弟”、“姐妹”；有的老太太情愿牺牲自己的儿子也要保护我们的干部。安平县佟家羽村有母子俩，母亲姓范，当时30多岁，儿子当时只有12岁。敌人先威逼母亲指认我干部，她一口咬定“不知道”。接着敌人把她儿子拉出来毒打，母亲忍着悲痛，高声叮嘱儿子：“你死了也不能乱讲，可不能给祖宗丢人留骂名！”敌人威胁、利诱，把孩子打得死去活来，他始终是一句话：“不知道！”最后被敌人杀害了。

冀中军民在两个月的反“扫荡”中，共作战270余次，毙伤敌1万余人，粉碎了敌消灭冀中领导机关和主力部队的企图，但我损失也十分严重。敌据点增到1635处，公路增到6000公里，封锁沟增到了3000多公里，抗日根据地被分割成2670多个小块，形成“格子网状”，大部沦为敌占区，各村普遍成立了保甲组织、伪自卫团。地方党政机关和群众团体受到很大破坏，群众伤亡和被掳走的共达5万多人，造成了“无村不戴孝，处处闻哭声”的悲惨景象。冀中军区部队减员46.8%，冀中军区领导机关和主力部队被迫转移。冀中主力部队十余个团，有的到北岳区，有的到冀鲁豫区。冀中只留下一个二十四团，还是个小团。各县、区的游击队仅能在少数村庄活动，各军分区留下的少量部队也仅能在本区很少几小块地区隐蔽活动。冀中敌后游击战争进入了更加残酷和困难的阶段。

（四）度过艰难的岁月

日军“五一”大“扫荡”后，冀中形势继续恶化，敌人更加强化了“总力战”，采取点、线、沟、墙相结合的堡垒政策。村村建立伪政权，加强特务组织，扩编伪军，大肆抢掠，实行奴化教育。

日军狂妄地断言：冀中地区的游击战火必将扑灭，冀中百姓只能在“太阳旗”下当“顺民”，冀中平原定可成为“王道乐土”、“理想的粮仓”。法西斯匪徒的种种幻想都被我英勇的冀中人民彻底粉碎。冀中平原的游击战火不仅没有被扑灭，而且愈益炽烈地燃烧起来。

在被日军细碎分割、严密封锁、疯狂“清剿”、反复“剔抉”的冀中平原上，游击战争如何长期坚持？中共中央晋察冀分局和晋察冀军区，根据党中央和毛主席的指示，针对冀中地区的严重形势，适时而正确地指出：我们在冀中有政治上的绝对优势，有广大的山地作依托，只要坚决贯彻党中央一元化领导的决定，到敌后之敌后，广泛开展群众性的游击战争，转变组织形式和斗争形式，冀中平原的斗争是完全能够坚持的。

1942 年 6 月 21 日，冀中区党委、冀中军区发出《关于青纱帐时期工作指示》，要求根据新的环境迅速转变斗争形式和组织形式，强调隐忍待机，运用两面政策，进行政治攻势。这个指示，在当时情况下是适时的，但对坚持平原游击战争，坚持武装斗争的思想不够明确。7 月，彭德怀副总司令发表了《关于抗日游击战争的几个问题》，强调在平原必须坚持游击战争。11 月 7 日，冀中区党委作出关于冀中形势和任务的指示，明确提出以武装斗争为主，要求各级党委加强对武装斗争的领导，广泛开展地道斗争，地方武装的连队改为小连大班制，大班同党政干部混合编组，坚持斗争。

1943 年 2 月，冀中区党委、冀中军区由程子华主持在唐县张各庄召开了会议。

这次会议总结了前一段时期坚持斗争、恢复地区的经验，并强调指出：在党的一元化领导下，坚决依靠群众，紧紧掌握斗争的中心环节，把留下的一小部分主力分散到各个地区，地方党政干部和部队统一编组，展开高度分散的群众性的游击战，并与各种斗争形式相结合，来对付敌人的“总力战”。

经过我党长期教育的冀中人民，把民族解放的希望寄托在共产党、八路军的身上，以身家性命保卫子弟兵。我军每住一家，房东全家动员放哨警戒，侦察敌情，传送情报。我军人员虽隐伏在室内，对敌人动静亦了如指掌，做到“敌军围困万千重，我自岿然不动”。万一敌人发现我军人员，父老姊妹即挺身而出，认作自己的儿子、丈夫，任敌酷刑折磨，死不改口。深南县王家铺村的群众为掩护我军表现出惊天动地的崇高气节。日军为捕捉隐蔽在该村的我军人员，抓了村内27个群众，以杀头威胁，要他们说出我军人员的隐蔽地点。杀了一个，不说，杀了两个，还是不说，一连杀了14个，英雄的人民始终只字未吐。在人民群众用血肉筑成的防线下，我军终于在各地区站住脚，扎下根。

冀中我党我军正确地掌握了对敌斗争要求上的高度坚定性和策略上的很大灵活性，既敢于在敌重兵围困下，为保卫群众利益，坚决打击敌人，又讲究战斗的艺术，坚持打巧仗、打小仗，积小胜为大胜的原则。首先打击四处抓丁、抢掠、奸淫烧杀，对群众危害很大的小股敌人。打击小股敌人的办法主要采取“挑帘战”、“院落伏击”和“捕捉战”等。每当夜幕降临，身穿“夜行衣”、矫健如飞的游击战士，如从天而降地出现在敌人面前，常常一枪不发就解决了战斗。白天，以屋内院内作战场，坚决打击穿堂入户的敌伪军。等敌人掀起门帘时，隐伏的战士突然跃出，大喝一声，就使他们束手就擒，或叫他们在刺刀和木棒下丧命。当时，还广泛地展开捕捉战，叫零散活动的敌伪军进得来，回不去。这种群众性的小型的歼灭战，使敌人无从知道兵藏何处，而又防不胜防，迫使小股之敌不敢到处横行。这样也就直接地保卫了群众的利益，锻炼了群众武装，又从敌人手中夺取武器武装了群众。越打，群众的斗志越高，力量越大。

用敌人的拳头敲敌人的脑壳是冀中人民对日军斗争的又一个精心杰作。日军企图利用伪军、伪组织巩固它的统治，达到“以华制华”的目的。但由于发挥全民力量开展强大的政治攻势，分化瓦解伪组织，逐渐把大部分伪军和伪组织都置于控制之下。许多伪组织成了

"白皮红心",表面支应敌人,实际掩护抗日斗争。当日军"清剿"、"剔抉"时,"村长"用"殷勤招待"、"主动引路"的办法掩护我军安全地转移或隐蔽。巡更员"平安无事"的喊声,成了我夜间活动的小分队突袭敌人的信号。我军经常通过"联络员"侦察敌人内部情况,向敌人假报情报,制造战机。许多伪军成了抗日的两面派,在封锁线两旁的伪军,有些反而被我利用监视日军的活动,使我军能在敌占区畅行无阻。

由于冀中军民正确地执行了党的政策,善于把军事的和政治的、经济的、文化的斗争巧妙地结合起来,粉碎了日军"以华制华"的阴谋,陷星罗棋布的敌堡于我人民的海洋之中,形成一个个的孤岛,使敌人处处挨打。日军为了摆脱被动局面,又采取"驻屯清剿"的手段,调集重兵,重点突击我游击战争最活跃的地区,企图根绝八路军和一切抗日力量。

在粉碎日军"驻屯清剿"的斗争中,冀中人民的天才创造——地道战,大显神威。"五一"反"扫荡"前,冀中人民就挖了许多土洞和地窖坚持斗争。"五一"反"扫荡"后,随着斗争的日益残酷,党领导人民把简单的土洞和地窖,发展成家家相通环绕全村的地道。村落地道再向四野延伸,与邻村的地道衔接起来,构成了村村相连的地道网。而且地道内设有许多秘密瞭望孔、射击孔,可以眼观四方,枪打八面。有的地道挖成上下两层,平行几条,设的翻口,可以上下翻,左右翻,既利于隐蔽转移,又便于出击歼敌。许多地区还把发展地道与改造村落相结合。在村的四周筑起围墙,在村内用墙堵塞街口,临街的房屋垒起夹墙,层层构筑工事;在坚固的高房上构筑房顶堡垒,各幢房屋之间架搭天桥,互相连接;各家掏墙连院,构成了房顶、地面、地道和村沿、街内、院内纵横各三层的交叉火网,再以野外地道为纽带,把村庄、野外、地道组成了一个连环的"立体"的作战阵地。敌攻我一村,各村即予支援,展开村落连环战,陷敌于层层包围之中。还可以依托四通八达的野外地道封锁敌人的岗楼，实行“堵门伏击”。

饱尝地道战苦头的日伪军，企图以优势兵力和装备，焚毁我村庄，捣毁我地道。结果是碰得头破血流。我第十军分区部队在雄县米家务的地道战，就是粉碎敌重兵袭击最出色的战斗之一。这次他们抗击了日军一个大队和伪军一个团的进攻，从村外到村内，从房顶到院内，从院内到地道，又突然从地道跳出来给敌突袭。天黑后，日军大队撤出村外，村里只留下伪军，企图第二天再寻机破坏地道。岂料我军乘夜把伪军团团围住，一阵爆破加猛攻，把伪军歼灭大半。撤出村外的日军也陷于我村落连环战的牵制，无计可施。

在高阳县皮里村，我第九军分区司令部依托该村地道与近千名日伪军整整打了一天。日军使用了水攻、火攻、烟熏、施放毒气等手段，但对我都无可奈何，最后在我军里外夹击下，丢下了成百具尸体，狼狈而逃。

1943年春、夏季，主力部队转回冀中。我们的斗争更加深入，部队由高度分散作战逐渐走向集中作战。8月，日军为“扫荡”北岳区，在冀中撤除据点、碉堡400余个。我利用此时机，在青纱帐期间，广泛出击，转入恢复发展根据地的斗争。就在这年8月，中共中央晋察冀分局根据“五一”反“扫荡”后，冀中区的领导机关实际上都在北岳区，一时又回不了冀中，为精简机构便于集中领导，决定撤销冀中区党委和冀中军区，所辖各地委、各军分区改由晋察冀分局、军区直接领导。同时，吕正操根据晋察冀军区的命令，带领六个团启程去晋绥区，执行保卫陕甘宁、保卫党中央的任务。

在整个恢复发展根据地的斗争中，各个军分区从残酷的斗争中成长起来的县、区游击队和广大的民兵，在地区队带领下，以三级武装联合作战的阵势向敌进攻。民兵广泛出击，平毁封锁沟，展开破击战，围困袭扰敌伪据点。武工队插向敌后之敌后，打击小股出扰之敌，发动和组织群众，争取瓦解伪军组织。主力部队则穿插于敌之点线之间袭取敌伪据点，消灭驻守之敌，以伏击手段消灭运动之敌。我进攻矛头所向之处即形成对敌人的包围，并动用优越的群众条件，绝对的政治优势，封锁敌人，欺骗敌人，造成敌人的错觉，把敌人变成聋子、瞎子之后，才挥拳猛击。这就使冀中平原游击战争取得了主动，在战争过程中创造了许多神话般的奇迹。

著名的“斧头战”使日军闻风丧胆。我军曾利用敌人抽派木匠修碉堡的机会，让部队人员化装成木匠，带着锋利的斧头进入敌碉，抓住敌人晚上不敢睡觉要在白天睡觉的时机，以迅雷不及掩耳之势，挥斧砍杀熟睡的敌人，夺占碉堡。

化装袭击的运用更是奥妙无穷。利用敌人的各种矛盾和弱点，有时化装日军袭击伪军，有时化装伪军袭击日军，有时化装这一部分日伪军袭击那一部分日伪军，使敌人真假难辨，经常中计。我军曾以化装出殡的妙计巧歼日军，在特制的棺材里藏着机枪，部队人员化装成抬棺材的，穿孝袍送殡的……为敌人摆下迷魂阵。突然一阵猛打，将敌全歼。有时化装娶亲的，诱敌出碉堡，将之歼灭。还广泛地利用我在伪军、伪组织中的“内线”关系为内应，采取里应外合的手段袭取敌碉堡。有的则乘我军胜利的声威，对孤立、动摇的敌人据点碉堡，采取政治攻势配合军事围困、威胁，将敌逼退或消灭。在青纱帐季节，各地游击队更是神出鬼没地打击日军，使日军惊魂未定，风声鹤唳，草木皆兵。

日军愈来愈清楚地认识到“支那刁民的捣乱”是他们惨败的根源。于是又开展起“新国民运动”，推行“反共誓约”，组织伪联庄，与我争夺群众。首先在任丘、高阳地区作“突击示范”，圈了群众3万多人，妄图以活埋、投井、挖心、挂头、饿饭、断水等恐怖手段，迫使我抗日群众成为效忠日军的“新国民”。但是，在英勇不屈的冀中人民面前，日军的一切伎俩都只能是“搬石头打自己的脚”。

1943年底，群众性的游击战争已发展到只要枪声一响，四面八方的民兵便不约而同地向枪响的地方围过去，协助我军消灭敌人。日军的细碎分割已被打破，被迫由“一县联防”到“数县联防”。而我军随着力量的不断壮大，作战规模亦不断扩大，从一个地区的三级武装联合作战，到几个地区的主力协同作战，不断加强进攻威力，有些地区成片地扫掉敌之据点。

当根据地发展到一定程度时，我们即转入以巩固为主，到新区巩固起来可以作为依托时，再进一步向前发展。巩固与发展相结合，有的地区在发展中求巩固，或在巩固中求发展。军队所到之处，党政民工作即全面展开，发动群众，除奸肃特，建党建政，贯彻减租减息，发动群众互助互救，扩大民兵，发展地道。部队则轮番整训，交替出击。这样，千万人的心凝成了一股震撼山河的抗日力量。原野上，一队队的民兵在警惕巡逻，紧张操练，各村的地道、交通沟飞快地向四外伸展，座座村庄都成为战斗的堡垒。人民群众的充分发动，民兵的不断扩大，使主力部队得到源源补充。在根据地不断扩大的情况下，我军仍能集中主力作战，战争的主动权进一步为我掌握。

1944 年 1 月下旬，我九军分区部队在白洋淀以南地区，两周内作战 14 次，攻克、逼退敌点碉堡 40 处，并袭入安新县城。2 月中旬，我九军分区部队连克点碉堡 11 处，相继开辟赵县、元氏、宁晋地区的工作。3 月，七、八军分区连克敌据点 34 处。6 月，在保卫麦收战役中，各军分区广泛发动攻势，共作战 100 多次，攻克和逼退敌点碉堡 32 处，毙伤俘日伪军 1400 余人。

三、冀中平原抗日游击战的最后胜利

1944 年 9 月，根据党中央指示，晋察冀成立冀晋、冀察、冀中、冀热辽四个区党委、行署和二级军区。任命杨成武为冀中军区司令员，林铁为冀中区党委书记兼冀中军区政治委员，李志民为军区副政治委员兼政治部主任，沙克为军区参谋长，同时任命罗玉川为行署主任。10月，冀中党政军领导机关回到冀中，直接领导恢复和巩固发展冀中根据地的斗争。

（一）组织"拳头"，大力发展根据地

冀中区党委和军区、行署恢复后，确定的斗争方针，除了继续放手发动群众进行游击战，特别是地道战，以及把武装斗争与党的敌伪军政策和革命的两面政权相结合以外，还强调组织"拳头"，准备游击战向运动战转化，巩固、发展、扩大根据地，变游击区为巩固的根据地，积极为战略大反攻作准备。如何把"拳头"组织好，是个很重要的问题。冀中区党委和军区及时地研究和决定了这个问题，并积极地进行工作。首先，冀中军区成立练兵团，由六军分区的第三十一区队，七军分区的第三十二区队，八军分区的第三十七区队和九军分区的第二十四团组成。练兵团团长、政委由杨成武兼任，军区副参谋长黄寿发和军区政治部副主任王奇才分别兼任副团长和副政委。为了统一作战思想，加强战术训练，培养战斗作风，军区又把各军分区的教导大队集中起来，组成一个教导团，在平汉路西专门轮训班长和连排干部。同时，陆续将各地区队扩编为主力团，各军分区的游击队也按照军区的指示扩编为地区队，区游击小队扩编为县游击大队。除此之外，还采取了游击队向正规军转化的一系列措施，各军分区还广泛地开展练兵运动，针对日伪军在城镇设防的情况，举行坑道爆破训练班，开设黑色炸药工厂，为攻坚作准备。对于各级指挥员，军区还特别要求他们注意运用毛主席集中兵力打歼灭战的思想指挥作战，敢于超越地区作战，敢于打大仗，敢于整个营、整个团地吃掉敌人，以夺取更大

的胜利。从1944年冬天到1945年春天，冀中军区有了五个主力团，各军分区也有几个地区队，这样，“拳头”就比较大了。然后，三级武装紧密配合，挥拳猛击，进行了若干战役，使冀中平原的游击战一步一步地取得了主动。

1944年11月开始，全区部队轮番进行了军事政治整训。军事训练以技术为主，战术为辅。政治整训，主要是加强抗战到底的政治思想教育，克服部队中政治工作薄弱的缺点，加强党在部队中的绝对领导。这次军事政治整训，取得了巨大的成绩。所有部队、民兵的政治思想觉悟和军事技术水平，都有显著提高，有效地增强了部队的战斗力。

（二）势如破竹的五个战役

1944年冬天，日军已面临总崩溃的前夜，但仍疯狂挣扎，调集大量伪绥靖军，不断向冀中反扑，其重点是大清河以北地区。当时情况很紧张，为迎接新的斗争，取得战争的最后胜利，必须进一步壮大“拳头”，提高部队战斗力，积极准备从游击战向运动战的战略转变。

在实行战略转变的过程中，我们遵循党中央、毛主席的指示，把各地区的游击队逐步地上升为各军分区的主力，把地区队变为野战团，把县游击队提升为地区队，把区游击队变为县游击队，一步一步往上提。把各军分区的主力部队集中起来进行政治整训和军事训练，进行干部轮训，开展大练兵运动。用毛主席的集中兵力打歼灭战的思想教育部队，统一作战指导思想，统一作战要求和战术动作。

1945年春天，毛主席发出了“扩大解放区、缩小沦陷区”的号召，鼓舞了冀中区的全体军民。冀中区党委、军区、行署立即决定在全区范围内进行扩大解放区的战役。战役的总方针是：发挥人民战争的威力，选择时机，集中兵力打歼灭战，以军事打击与政治攻势相结合，先由西而东，从白洋淀指向渤海边；尔后由南向北，席卷北平以南，天津以西，进而穿过永定河、子牙河，切断北宁线、津浦线，协同冀热辽、冀察部队夹击平津。

整个战役以攻克平大公路上敌人的坚固据点辛中驿的胜利，揭开了序幕。从4月13日至7月18日，我军连续展开了任丘、河间、文安、新镇、安平、饶阳、子牙河东和大清河北五个战役。这五个战役是一个有机联系的整体，极为紧凑而又有节奏地向前发展。当序战告捷，攻下辛中驿后，即乘胜集中八、九两军分区的主力突然包围任丘、河间两县城之敌，经七昼夜激战，攻下任丘，继克河间，切断了平大公路，打通了大清河至滹沱河之间的联系，巩固了东进北上的后方。在围攻河间之际，即转移九军分区的兵力于津西、平南接合部文安、新镇，发起文、新战役，同时以七军分区部队展开安平、饶阳战役，使敌首尾不能相顾。在文、新战役中，以八、十两个军分区的部队分头插向大城、霸县，作两翼配合，而以九军分区的全部兵力实行中央突破，强攻文安、新镇。拿下文安、新镇，就打开了向平津发展的走廊，进一步威胁津浦路和天津。安平、饶阳战役，则由围攻转入伏击，尔后又转为围攻。先以六军分区的主力袭击深县、晋县、辛集、石家庄，吸住各点之敌，而以七军分区的主力和八军分区的部分兵力围困安平、饶阳，采取"围三缺一、网开一面"的战术，乘敌逃窜时，集中兵力于韩村铺伏击，将其歼灭大半，乘胜攻克安平、饶阳，拔掉了日军在滹沱河以南的最后据点，将根据地扩展到沧石公路和德石路一带。这时日军企图依托子牙河和津浦路两条封锁线，挡住我之攻势，确保大清河以北、天津以西、北平以南和子牙河以东地区。为了粉碎敌人包围，我军立即发起子牙河东战役，首先向敌子牙河防线的中心子牙河镇开刀。为了攻其不备，采取了奇袭手段，先以八军分区的部分兵力围攻滩里镇，吸敌南顾，以九军分区的主力在暴风雨之夜，乘船由文安起航，通过文安洼25公里的水面，一举袭入镇内，全歼守敌，并拔掉了周围的碉堡。接着，我们挥兵南下，解放了大城、献县。当敌人与我周旋于子牙河沿岸时，我又以津南支队跨过津浦路，开辟了天津以南的广大地区。子牙河东战役刚结束，又挥戈北上，展开大清河北战役，横扫平南、津西诸据点。大清河北地处平、津、保三大战略要点之间，敌人在北（平）霸（县）、（天）津霸（县）公路沿线配有所谓“华北精锐”的伪绥靖军守备，自我吹嘘万无一失。这一战役，我实行了对敌全面钳制，重点突击。以十一军分区涿（县）良（乡）宛（平）支队、津南支队，分头插至平、津近郊，迷惑平、津之敌；以七军分区部队攻入安国，钳制保定之敌；以六军分区部队肃清赵县、宁晋周围之敌据点，威胁石家庄；以八军分区部队进逼津浦线上的沧县、泊镇。把敌人弄得迷惑混乱之后，以九军分区的全部兵力为右纵队，突然奔袭津西胜芳、信安、堂二里，将其紧紧包围，立即转入强攻，全歼伪绥靖军第七集团军指挥所、伪治安军十九团、伪保安队一个大队，同时，以十军分区的全部兵力，并加强以总预备队为左纵队，围攻牛坨、霸县、南孟、渠沟、独流诸点，粉碎了敌之重兵增援，取得了歼敌大部的战果。

这五个战役，“拳头”使用的总方向，始终只有一个，就是敌之突出部、接合部、翼侧等弱点和要害。又从多方面钳制了敌人，陷敌于迷惑、混乱、恐慌的困境之中，这就保证了我军行动的秘密和战斗的突然。在战术使用上，将奔袭、围攻、伏击灵活结合，使被围之敌跑不了，援敌进不来，同时充分发挥了政治攻势的威力，因而就势如破竹，无往不胜。

在五个战役中，冀中党政军民在区党委统一领导下全力以赴。兵马未动，到新区工作的党、政、民干部已配备齐全。武工队已深入敌后，查明敌情。男女老少都投入了支援前线的热潮。有些正在举行婚礼的青年，不约而同地说：“打完鬼子再入洞房。”戴着红花就走向战场。队伍出动时，前面走的是主力部队、游击队，紧跟着是广大的民兵，随后是有组织的广大群众，扛着担架，推着粮车，浩浩荡荡。当我军围攻敌人时，强大的民兵和群众队伍，连营数十里，使敌人胆战心惊。在作战中，民兵和群众协助我军挖战壕、打坑道，冒着敌人的炮火抢救伤员，把烙饼、鸡蛋送进堑壕。部队一有伤亡，民兵就立即扑上去，加入战斗行列。

英雄的人民、英雄的人民子弟兵，在冀中平原上布下了层层火阵，任凭日军左冲右突，也逃脱不了被烧死的命运。

这时冀中根据地已扩展到北平、天津近郊和津浦路到渤海边的广大地区，全区已有12座县城，近900万人口。

在这五个战役期间，伴随着军事斗争的胜利，冀中区党委和行署加强了城市管理工作，部队也获得了一些入城工作经验。其中最主要的是教育部队、战士和群众认识到城市属于人民，树立打开城市要保护的思想。

为使日军得不到喘息之机，于8月中旬又组织了安（国）博（野）蠡（县）战役。部队刚刚展开，从延安电台的广播中收听到苏联对日宣战，党中央、毛主席发布的对日寇最后一战、实行全面反攻、收复全部失地伟大号召的消息。全军上下，欢声雷动，斗志冲天。为了战争的彻底胜利，英雄的冀中人民把最优秀的儿女充实子弟兵，冀中平原上到处是“胸戴大红花，光荣把军参”的动人情景。在很短时间内，冀中军区由9个主力团扩大到26个团，在大清河两岸万民欢呼声中，以排山倒海之势向天津、保定等地挺进。

冀中军民在八年全国抗战中的英勇斗争，充分地说明了人民群众力量的伟大，人民战争的伟大；最深刻地教育我们：只要坚决执行党中央正确的路线、方针和政策，紧紧地依靠人民群众，我们就能够克服任何艰苦困难，战胜任何强大的敌人，从胜利走向胜利。

平、津、唐点线工作委员会与冀东大暴动

姚依林

七七事变前，中共中央北方局、中共河北省委都在天津。七七事变后，都先后离开了天津，由马辉之、吴德、林铁等重新组织了地下河北省委，负责领导平、津、唐三大城市党的工作和准备在冀东农村发动抗日游击战争。当时决定把我留下来，因为我在天津有些社会关系。有开展工作的条件。我有一个叔父，叫姚国桢，是亲日派，与日本人有关系，和王揖唐也有关系。当时中共天津市委的负责人并未配齐，我是市委书记，李启华是组织部长。我家住在耀华中学对过，黄家花园福顺里。当时市委也没有个办公的地方，开会就在我家里。我家只有前后两间房子，整个楼下也就两间，有个楼梯，后面有个厨房，有个厕所。楼上住的是别人。我叔父住在法租界32号路，虽然不和我们住在一起，但别人也都知道我有这样一个叔父，利用这个关系，在我家里开会就比较安全了。家里还有一个跟我母亲多年的老保姆，掩护工作做得很好，从来没有出过问题。

七七事变后，天津的地下党组织，一个是中共河北省委，一个是中共天津市委。市委实际上只剩下我和李启华两个人。河北省委管

的地方主要是冀东、北平、天津、唐山几个城市，那时冀东还没有开展游击战。此外，还有从北平到山海关这段铁路线。八路军到河北后，建立了中共冀南区党委和晋察冀区党委，后来到平西建立了平西区党委。所以河北省委管辖的范围就剩下冀东、平、津、唐和北平到山海关这一段铁路线了。

党员最多的是冀东，有几百人。冀东有两个地委：一个是南部地委，领导人是李运昌；一个是北部地委，领导人是王平陆。再就是平、津、唐三个市委，还有一个铁委（铁路工作委员会）。此外，还有一个直属中央的情报工作系统——华北联络局，有王世英、南汉宸、谢甫生等，也是以天津为中心活动的，由河北省委领导，马辉之主管。

我们和冀中、冀南区党委经常有来往。因为原河北省委领导过这些地方，现在八路军虽然过来了，建立了新的区党委，所以与河北省委还有联系。

除了党组织以外，还有一个群众团体，叫作华北各界救国联合会，原设在北平，七七事变后搬到了天津。原来杨秀峰、张申府、刘清扬等都在该会工作，搬到天津后，他们都离开了。杨秀峰到了太行，张申府、刘清扬到南方（武汉）去了。剩下的有李楚离、董毓华（王仲华），改组成为华北人民武装自卫委员会。作为一个群众团体，与一些上层人士，包括国民党人士，以及一些进步知识分子联系。我们党和国民党也建立有联系。国民党的负责人叫王若僖，是天津电报局长，是 CC 系统的。同时，我们党华北联络局通过谢甫生和国民党一些上层人士，如广西李宗仁系统的刘绍襄有联系。

天津党组织的情况和活动，在七七事变前后大体上就是这个样子。至于到底有多少党员。当时没有个名单，说不清，只知道原来的党员留下来的已经很少了，有周彬、黄元镇、郝贻纯（黄、郝是由北平到天津的）。以周、黄、郝等为中心，又重建了天津的民先地方队部，发展了民先组织。原来女同学会的阎国珍也留了下来，以她为中心，保留了七七事变前的党的外围组织女同学会。民先队和女同学会后来又以原有的骨干分子为中心发展了一些党员。此外，李启华也领导了一些关系，主要是在工厂，如朱铮（朱淑宜）、任秀荣、田学昭等。他们都在纱厂工作。其中一些人后来也陆续离开了天津，到了根据地，如姜思毅、李青（他俩是扶轮中学的）到冀东去了，陈平舟到冀鲁边去了。有一些同志牺牲了，如赵观民、杨士英、阮务德等后来在冀东牺牲的。在天津本地牺牲的同志不多，在冀东游击战争中牺牲的却不少。

当时，河北省委还组织了平、津、唐点线工作委员会。

点线工作委员会这个名字是刘少奇同志起的。为什么叫点线工作委员会？

1937 年底到 1938 年初，中共中央决定派宋（时轮）邓（华）支队，向冀东挺进，开展游击战争，建立敌后抗日根据地。1938 年，林铁离开天津到平西，中共河北省委和宋、邓部队之间建立了直接联系。后来林铁留在了晋察冀，并把我从天津市委调到河北省委，接替林铁的工作，担任宣传部长兼秘书长。把林铁管的工作全部转给了我，一个是华北武装自卫委员会的党团，一个是党委宣传部，一个是报纸《火线》。这时我调了顾磊来当助手，以便使我的主要精力去搞河北省委的工作和兼管天津市委书记的工作。李启华这时也去冀鲁边了，我把天津的工作逐步地交给了顾磊，不再和天津市委新发展的党员发生关系。

1938 年 4 月份，中共中央来电报叫马辉之到延安汇报工作。我们的电台负责人叫王士光（王光美的哥哥），清华大学学生，和我是同学，比我低一班。他来天津是经过组织上转来的关系，因他学过无线电，所以让他管电台。这部电台是他自己装配的。房子是我给租来的，是我们当时租的房子中最好的。他要一个助手住机关，也是我给找的。她叫王新，圣功女中的学生。我还给他找了一个“妈妈”，这个老太太是我们冀南一个牺牲了的同志的母亲，还带来了一个小儿子，现在不知道这位老太太还在不在，她的小儿子在什么地方。

电台的呼号是我们定的，密码是我编的。马辉之4月份到延安时把呼号和密码亲自带到了延安。5月份王士光告诉我，已经和延安叫通了。

当时天津有两个电台，一个是刘绍襄家里的，这是个国民党的电台。刘绍襄与我们华北联络局有关系，当时我们也用这部电台与延安通报。报务员是国民党戴笠派来的人，经过谢甫生和他们建立了联系。这部电台1935年就和我们有关系。中央通知马辉之到延安汇报也是用的这部电台。

我们自己的电台建立比较晚。马辉之到延安后，我们开始与延安通报。马辉之绕道西安、武汉，到了长江局，我们与长江局也通了报。后来划归晋察冀管，我们与聂荣臻同志也通报。

马辉之到延安向党中央汇报，我们和延安通了报。中央确定几条：一条是冀东暴动，要与八路军接应，中央已派宋、邓部队挺进冀东，冀东暴动的时间要以八路军到达的时间定。再一条是河北省委马辉之和我全部转移到冀热边根据地去，建立冀热边区党委，受晋察冀分局领导，负责地方党政工作。第三条是成立城市点线工作委员会。点即北平、天津、唐山，线即北宁铁路北平到山海关这一段。第一，点线工作委员会归冀热边区党委领导；第二，三个城市的组织不叫市委，叫城委，因为他们的工作范围就在城市里，周围都是游击区或根据地，所以叫城委。

马辉之在延安通过电台把主要的决定告诉了我，详细情况是他回来后才讲的。这时，已经是1938年7月，冀东暴动从7月上旬已经起来了。八路军由平西到冀东，路过昌平时在沙峪和日军打一个遭遇战，参谋长李钟奇负了伤，经过组织安排，由北平送到天津治疗养伤，住在马大夫医院。医院有个护士长叫鲁淑仪，她周围有几个护士，在那里掩护李钟奇。李钟奇的肋骨当中被打进了一颗子弹，没有动手术，伤养好了，直到现在子弹也未取出来。7月中旬，马辉之到冀东就是和李钟奇一块走的。

我们冀东的交通站设在古冶。交通的名字叫傅西河。古冶有个开滦煤矿的医院，有个大夫和我们关系非常密切，我们到古冶可以住在这个医院里，然后再由交通送到根据地去。在冀东伪自治政府我们有个情报人员，叫朱欣陶，是通过我叔父的关系介绍进去的。但我叔父并不知道这件事，是我母亲帮助活动的。我父亲早丧，母亲当中学教员，我依靠母亲生活。我们和叔父平日虽有来往，但从来不要他的钱，不依靠他生活，所以母亲在他眼里很有地位，也很受尊敬。朱欣陶就是通过我母亲的介绍，到冀东伪自治政府去的。我叔父是伪自治政府的高等顾问。

朱欣陶很有活动能力，作情报工作很有本领。1937年他到冀东伪自治政府后，1938年即升任警务科长，每天给我们送情报。他把情报公开送到天津我叔父家里，每件情报抄两份，叔父根本不看，我堂弟姚克荫（中共党员，在燕大读书，1938年放暑假回天津家里住）把送情报的信件拆开，然后送给我。1938年秋天我到冀东，就是先由天津坐火车到唐山，朱欣陶到车站把我接到冀东伪自治政府，吃了饭，再由我们的交通到冀东伪自治政府将我接走的。李运昌同志和朱欣陶也有联系。

冀东暴动时，我们原来在天津建立的关系大部分都离开了。周彬因眼睛有病，1937年底到北平去治眼；郝贻纯、黄元镇到南方去了；李楚离、朱其文、董毓华、张致祥等到了冀东；赵普宣也到了冀东，《火线》停止出刊。河北省委这时也撤销了。点线工作委员会建立后，换了一套人马，新的民先队大概是由郝贻谋、岳亭（张樾堂）等负责。我和他们已经没有联系，归顾磊联系。点线工作委员会由葛琛来主持工作。我是河北省委中最后离开天津的。马辉之7月从延安回天津，随即去了冀东；9 月吴德又到延安参加六届六中全会；天津只剩下我一人主持工作，下边的党员大部分也出去了，葛琛回天津后，我把工作交代给了他，我就去冀东了。周彬、顾磊的关系是我交给葛琛的，电台也是我交给他的。和国民党王若僖的联系也交给了葛琛。我到达冀东，正是旧历八月十五日，过中秋节。我到邓华的司令部时，正碰上赵普宣等吃月饼，他们说：老姚来了，吃月饼。我刚吃过饭没有吃。他们便大开我的玩笑说：你刚从城里来，不饿。

我到冀东是 9 月份，正是部队准备转移的时候。这时宋时轮已经带了两个团走了，邓华说要等中央指示才能走。他认为在冀东活动和坚持有困难，应把部队转移到平西整训。这一点宋、邓两人基本上是一致的，不一致的是宋时轮未等中央指示就带部队转移了，邓华在等中央指示。邓华、马辉之和我三个人商量，到底怎么办？决定打电报请示中央。邓华的电台用的是干电池，B 电用完了，只有 A 电，所以只能收延安发来的电报，本身的电报却发不出去。我说：只有我回天津，利用王士光的电台向中央发报了。第二天我回到天津，发完电报，待回到冀东时，邓华已经收到中央的回电。部队开始行动了。这是 1938 年 10 月份的事。我在第二次回到天津时，除到电台发报外，见到了葛琛。

我回冀东，邓华把中央的回电给我看了，大意是：在冀东实在不能坚持时，可退回平西。中央基本的意思是不同意撤退，但前方将领主张退，所以中央只好讲：实在不能坚持时才可以退。

当时整个宋、邓支队对在平原地区开展游击战争没有经验，因而没有信心。1937 年 8 月洛川会议虽然决定了在敌后放手发动独立自主的游击战争，建立敌后根据地的任务，作战方针基本上是游击战，不放弃有利条件下的运动战。但有些同志对平原地区能否坚持游击战，如何坚持游击战，缺乏信心，也没有经验。冀东在燕山山脉以南全部是平原，青纱帐一倒，老远都看得清清楚楚，部队失去了隐蔽的屏障，如何坚持下去？大家都没有经验。地下党的同志们不愿意撤离，但也讲不出个坚持的道理来，所以最后还是决定撤离。实际上，当时敌情并不严重，我们的部队在转移时，也并不是在很严重的敌情下打过去的，而是由于我们没有在平原地区开展游击战的经验，缺乏信心，才退了回去。

主力部队撤离时，留下了陈群、包森、李运昌等同志的一些部队，叫作团，实际上一个团只有四五百人，可是他们终于坚持了下来。

1938 年 11 月到达平西，邓华、马辉之和我是一路走的。在行军过程中，我们与平、津、唐点线工作委员会的联系也中断了。

冀东人民抗日武装大起义

李运昌

1938 年 7 月的冀东人民抗日武装大起义，是我党在敌后组织的一次反对日本侵略者的伟大壮举。参加这次起义的工农兵学商约 20 万人，声势浩大，发展迅猛，在短短两个多月内，东起抚宁，西到平谷、顺义、三河，北从雾灵山、都山，南至渤海之滨，在 20 个县的广大地区，组成 10 万余人的抗日武装，攻占了蓟县、平谷、宝坻、卢龙、迁安、乐亭等县城。这一起义的胜利，沉重地打击了日本帝国主义在冀东的统治，有力地配合了全国的抗战，为日后开辟冀热辽抗日根据地奠定了基础。

一、英明的决策

冀东历来是兵家必争之地。它北依长城，南临渤海，西通京津，是华北通向东北的咽喉要道。这里不仅有丰富的物产可资军需，而且山深林密，可供部队迂回，是我进可攻、退可守的理想战场。

日本于1931年发动九一八事变，侵占东北三省（辽宁、吉林、黑龙江）后，为吞并全中国，就首先谋取冀东。1933年初，日本就兴兵攻占冀东长城各口。驻守在喜峰口、冷口、古北口一带的国民党爱国官兵，曾在当地人民群众的支援下奋起反击，后因国民党政府不予援助而失败。同年5月31日，国民党政府不顾全国人民的反对，竟同日本政府签订了臭名昭著的《塘沽协定》，把冀东划为“非军事区”。1935年6月，国民党政府在华北的代表何应钦与日本华北驻屯军司令官梅津美治郎密谈，把冀东主权拱手让给了日本，11月，日本又唆使汉奸殷汝耕组织了“冀东防共自治委员会”。从此，冀东就完全沦为日本妄图吞并全中国的又一军事跳板和兵站基地，600万冀东人民就变为日本军国主义铁蹄下的亡国奴，过着暗无天日的悲惨生活。

冀东人民是具有光荣革命传统和斗争精神的。面对日本侵略者的反动统治，他们进行了不屈不挠的斗争。早在1934年初，迁安县就发生过人民抗日的武装暴动。随后，兴隆县的孙永勤又扯起抗日的旗帜，组织了数千人参加的救国军，辗转游击于长城内外，给敌伪以沉重打击。后来遭到暗算，被诱骗到遵化县茅山，处于四面包围之中，孙永勤率部英勇冲杀，给了敌人以大量杀伤。战斗中，孙永勤壮烈牺牲，部队伤亡1000余人。曾使敌人惊心丧胆的这支义勇军虽然失败了，但他们的战斗精神激励着广大人民群众为抗日救亡而继续战斗。

七七事变后，中国共产党与国民党实现了第二次合作，形成了以国共两党为主体的抗日民族统一战线，出现了全国抗战的新局面。中共中央于8月下旬在洛川会议上通过了《抗日救国十大纲领》，确定我军实行独立自主的山地游击战的战略方针，担负开辟敌后战场、配合正面战场、建立抗日根据地的任务。毛泽东同志在会上曾指出，红军可出部分兵力于敌后的冀东，以雾灵山为根据地进行游击战争，创建冀热边根据地。同年9月，李大章同志代表中共河北省委到山西临汾向中共中央北方局汇报工作。北方局书记刘少奇同志当面指示说，全国抗日战争爆发后，河北省委的中心任务是配合八路军广泛开展敌后游击战争，党的工作重点要放在农村。城市工作由公开和半公开的活动转入秘密工作，埋头苦干，积蓄力量，动员干部和党员去农村，准备发动游击战争，配合八路军建立以燕山山脉为中心的抗日根据地，不失时机地抓紧准备冀东抗日武装起义。当时我任河北省委书记，所以北方局根据毛泽东、刘少奇的指示，即令我回冀东进行起义前的准备工作。为了争取各种抗日势力，团结各阶层人民共同武装抗日，扩大在我党领导下的抗日民族统一战线，河北省委还根据刘少奇同志的指示，将设在天津的华北各界救国会改组为华北人民武装抗日自卫会，吸收国民党人参加，并派王仲华同志到武汉国民政府备案，取得了合法地位。华北人民武装抗日自卫会领导机构由共产党员李楚离、王仲华、张致祥、朱其文等同志和国民党人王岩喜、张子歧等共同组成。华北人民武装抗日自卫会组成后，曾召集冀东各派抗日代表人物开会，讨论冀东起义和组织抗日联军等问题，对促成和扩大冀东抗日民族统一战线，支援冀东人民抗日武装大起义起了重要作用。

二、周密的准备

我于1937年10月回到冀东，任冀热边特委书记，王平路任军事部长，王大中任宣传部长。11月，在北宁路南，又调整了京东特委领导成员，由胡锡奎任书记，卞振东任组织部长。新的特委组成后的首要任务是；迅速向各县委、支部传达中共中央北方局有关在冀东发动武装起义的指示。要求全体党员深刻认识创建冀东抗日根据地，开展冀东游击战争的战略地位和有利条件，继续肃清“左”的错误影响；明确在新的形势下，建立和扩大抗日民族统一战线的重要意义；积极筹建华北人民武装抗日自卫会冀东分会；通过已有的团体（包括抗日救国会、齐心会、工会、农会、教职员联合会、反帝同盟、民族解放先锋队、学生会等），广泛宣传抗日救国的神圣任务，吸收各界人士参加抗日民族统一战线，为起义工作创造有利条件。

河北省委为起义的思想、组织准备进行了紧张的工作。省委先后派不少党员干部和积极分子到冀东，除我外，还有胡锡奎、周文彬、李楚离、王仲华等同志。他们深入农村、矿山发动群众，做武装起义的组织领导工作。为了充实起义的军事骨干，省委决定由林铁同志负责，在天津秘密开办了军事训练班，把经过训练的骨干输送到冀东前线。另外，北方局派来的红军干部李润民、孔庆同等同志也经天津转到冀东。

1937 年 12 月，我代表冀东党组织在滦县多余屯召开了京东十县抗日人民代表会议，爱国人士洪麟阁、杨十三，民团首领高志远也参加了会议。这次会议决定正式成立华北人民武装自卫会冀东分会，推选我为主任，王平路为军事部长。会议除讨论加强抗日的宣传、组织工作外，着重讨论组织冀东抗日联军，开展游击战争的问题。会后立即组建了以王平路为司令员，史贞为政委的华北抗日联军冀东第一支队，开展游击战争。不幸，这支队伍在第一次打清河沿据点的战斗中，王平路同志就以身殉国。接着，由彭夫、高存等同志领导，继续战斗，攻克兴隆县药王庙据点。这两次战斗虽未取得显著成绩，但却在斗争中锻炼了骨干，增强了胆识，取得了经验，鼓舞了斗志，为后来的大起义准备了一批骨干。随后，游击队化整为零，在冀东各地开展游击小组活动，打特务，除汉奸，搜集枪支，为起义作准备。

除着重武装斗争的准备之外，冀东党组织还发动了工人、农民有组织的群众斗争。1938 年 3 月，在唐山工委书记周文彬同志领导下，开滦煤矿的 3.5 万多名矿工，为维持起码的生活条件，要求提高工资，掀起了声势浩大的罢工斗争，同月，与英帝国主义及其豢养的矿警、保安队展开了激战，在战斗中缴获步枪一批。经过50多天的斗争，以数十名矿工伤亡的代价，终于取得了罢工的胜利。在罢工的影响下，当年6月，乐亭县、滦南县一带的3000多名雇工，在党的领导下，联合起来，要求增加工钱，并喊出“青纱帐起来抗日”的口号。经过党的抗日民族统一战线政策的宣传教育，广大人民群众的抗日积极性空前高涨，纷纷加入武装自卫会和抗日救国会。到1938年7月大起义前为止，参加自卫会组织的正式会员达1.5万余人。参加救国会的人数也不少，仅蓟县救国会就发展成为有中小学教员、青年学生、贫雇农、士绅、民团骨干上千人参加的抗日组织。

根据党中央和八路军总部的指示，晋察冀军区于1938年2月，以红军骨干较多的第一军分区第三团为主组成了邓华支队，决定进军冀东。邓支队于1938年2月20日从涞源出发，逐步开辟了房山、涿县、涞水、良乡、昌平、宛平等平西地区，在一部分县建立了抗日政权，组织了地方武装，扩充了部队，使平西成为挺进冀东的前进基地。同年5月，为了加强八路军挺进冀东的力量，党中央和八路军总部将在雁北地区活动的第一二〇师宋时轮支队调到平西与邓支队会合，组成八路军第四纵队，由宋时轮任司令员，邓华任政治委员。部队随即进行东进前的准备。在此期间，河北省委曾前后两次派李楚离同志去阜平和平西，向晋察冀军区司令员兼政治委员聂荣臻同志汇报了冀东起义的准备情况，并与邓华等同志商定了八路军的东进计划和冀东起义的有关事项。

三、第四纵队东进

八路军第四纵队经过短期的整训，于1938年6月4日经平北向冀东地区挺进。邓华政委率第三十一、三十三两个大队走北路，沿途与康庄、延庆、永宁、四海等据点之敌作战多次，缴获甚多。6月9日在怀柔县沙峪与坂垣师团从怀柔县城增援四海之敌相遇，激战三小时，歼敌100余人。第四纵队参谋长李钟奇负重伤，大队总支书记郑良武壮烈牺牲。三十三大队于6月中旬进抵兴隆县境，一举攻克了六道河子敌人据点，并于17日攻入兴隆县城。次日清晨，承德日伪军800余人赶来增援，并以三架飞机助战，我军与敌激战半日，歼敌200余人，主动撤出县城。我副大队长陈群负伤，营长赖翰生壮烈牺牲。此后，部队转战雾灵山、古长城之间，进到兴隆县城东北的大、小水泉一带休整。宋时轮司令员率第三十四、三十六两个大队和独立营、骑兵大队走南路。三十四大队和独立营于6月3日出居庸关，4日攻克昌平县城。接着，东渡潮白河，横扫密云、兴隆两县的敌伪据点，于6月下旬进到平谷县以东的靠山集、将军关一带。7月19日攻下平谷县城，成立了抗日县政府，姜时哲任县长。三十六大队和骑兵大队于6月中旬攻占延庆县东北千家店，俘伪警20余人。数日后，东进到花盆镇，与一营伪军相遇，激战两小时，歼敌300余人，缴获重机枪两挺，轻机枪六挺，长短枪100余支。

第四纵队挺进冀热辽长城内外，人民大众欢欣鼓舞，伪军、伪政权纷纷瓦解。对此，日军惊恐万状，惊呼：延安触角伸进热河，已使行政权无法行使！敌人匆忙调集日伪军和民团对四纵队进行堵击和围攻。

7月初，中央电示第四纵队，要他们迅速向迁安、遵化、卢龙等县挺进，冲破敌人的包围，同抗日联军会合。时值盛夏酷暑，连日大雨，河水暴涨，徒涉非常困难。7月中旬，邓华同志率部排除一切困难，继续向东挺进。8月初，三十一大队进入迁安县境，一举攻克迁安城。三十三大队开进丰润、遵化、玉田边界，在遵化县的卢各寨建立了丰润、玉田、遵化联合县政府，刘慎之任县长。8月中旬，邓华率第四纵队领导机关进驻遵化县的铁厂镇，与我抗联主力胜利会合。

宋时轮同志率部在西部积极活动，一面钳制敌人、掩护邓华部队向东挺进，一面在平谷、蓟县、兴隆一带开展地方工作。在平谷县建立抗日政府后，积极筹建救国会，组织群众投入抗日工作，同时，抓紧时间进行争取改造民团的工作。在较短的时间内，组成了以张之捷为总队长，马维密、蔡景茂、王蕴山、王长生、李俊廷等人为大队长的游击总队，总数约 2000 人。三十四大队攻克蓟县县城后，任命王巍同志为蓟县县长，他派人与冀东地区西部起义武装建立了直接联系。

四、燎原烈火的大起义

从 1937 年 8 月起，在中共中央、北方局、河北省委、晋察冀军区的积极筹划和领导下，经过近一年的多方准备，起义条件已臻成熟。中共河北省委为了加强对起义的统一领导，于 1938 年 5 月，将京东特委合并到冀热边特委，由胡锡奎任特委书记，我负责军事工作。这时，冀东党的组织力量如下：冀热边特委下辖迁安、遵化、蓟县、丰润北部和南部、滦县、乐亭七个县委，还有玉田、昌黎两个特支，有党员 500 多人，人民武装抗日自卫会 1.5 万余人。不久，北方局批准起义计划。6 月下旬，由我主持，在丰润县田家湾子村召开了起义前的军事会议，冀热边特委负责同志和洪麟阁、杨十三以及高志远的代表参加了会议。会议通过了冀东抗日联军行动纲领，按省委原来决定，推选高志远（后叛变）任抗联司令，我和洪麟阁任副司令。计划组成六个总队，每个总队 2000 人左右。洪麟阁兼第一路司令，政治部主任杨十三，辖第一、二两个总队；我兼第二路司令，政治部主任王瑞清（胡锡奎），辖第三、四、五 3 个总队；高志远辖第六总队。为了加强党对部队的领导，河北省委派李楚离、王仲华同志，以华北人民武装抗日自卫会负责人的身份，分别到洪麟阁、高志远部指导工作。会议决定于7月16日起义。

八路军第四纵队的快速东进，引起华北敌伪恐慌不安，紧急调动冀东各县民团5000人，赶到长城一线阻截。6月20日，被调往蓟县马伸桥镇集中的蓟县民团300余人，得知敌人要下手缴他们的械，队长夏德元（救国会员）、赵合当即率部打死警察分局局长王树森后宣布起义。26日，我地下党员徐志、王维新、田心听到各处起义的消息，也在丰润县四户村起义。这时，我们又从在伪冀东防共自治政府内部工作的朱欣陶处得到情报：(1)我八路军部队已到达平谷、蓟县靠山集一带（因无电台联系事前不知）；(2)冀东行将起义的消息已经暴露，敌人准备全力镇压；(3)为防止人民武装起义，日军即将收缴散在冀东民间的23万支枪。

形势紧迫，情况危急，起义不得不提前举行。于是一场波澜壮阔的起义，像燎原烈火，在冀东大地迅猛燃烧起来。

在昌（黎）滦（县）乐（亭）地区：

7月6日，由李润民、高培之、赵玉清、张鹤鸣、张振宇等同志领导在滦县港北村首先发动起义。一夜之间，他们就集中了秘密发展的骨干会员300多人，成立了抗联第五总队，李润民为总队长，高培之为政治主任，张鹤鸣为副总队长兼参谋长，下设三个大队。起义后，按计划活动于昌黎、滦县、乐亭三县之间，宣传抗日主张，收缴民间枪支，摧毁敌伪政权。起义队伍所到之处，群众欢欣鼓舞，纷纷要求参军，有的带枪入伍。几天后，滦县城内伪保安队300多人向我起义军进攻，被我设伏于杨家院的第五总队彻底打垮，生俘大队长刘韬以下200余人，缴获轻机枪两挺，步枪200余支。我军首战告捷，军民异常振奋，进一步掀起了参军热潮，第五总队迅速发展到3000余人，军威大震，乘胜南下，一部在茨榆坨与曾家湾起义的高小安同志率领的

1000余人会合，编为抗联第十三总队，后发展到3000余人；一部到司各庄与吴绍周起义军会合，编成抗联第十四总队；一部在倴城与高志远起义军合编为抗联第六总队后，攻克了乐亭县城。

这期间，在昌、滦、乐地区发动武装起义的还有：

北宁路北安各庄站警察所长周维斌率100余人起义，与于振忠领导昌黎起义军合编为第九总队，随后又与铁局寨、商家林一带的起义军合编，迅速发展到1200多人。

在乐亭县由阎达开、黎巨峰、李振华、田自修、张其予等同志领导1000余人起义编为抗联第十总队。黎巨峰为总队长（后为李海涛）、田自修为副总队长、侯辅廷为政治主任。

乐亭县沿海的盐警起义后一举攻下了汤家河敌人据点，扩大到3000多人，编为抗联第三十九总队，刘汝俊为总队长、钱再生为参谋长。

在滦县的李永玺成立一个独立大队。在渤海滨的渔民石占山和乐亭县的王静安的起义部队共1000多人，分别编为抗联第一、第二独立大队（以后扩编为第二、三特务总队）。在滦县南部柏各庄一带还有曹致福成立的独立大队。

到8月底，我党在昌、滦、乐地区组织抗日联军约1.5万人。

在丰（润）滦（县）迁（安）遵（化）地区：

7月7日，我驻迁安县西庄村的冀热边特委和抗联第二路军司令部，直接领导了岩口起义，由苏林彦、魏春波、孔庆同、张志超、阎锡九、杨文汉等同志集合了西庄、铁厂、王官营、新集等地400多名基本队员，编为抗联第四总队，孔庆同任总队长，阎锡九任副总队长，丁振军任政治主任，辖三个大队。7月10日，我率抗联第二路司令部进驻铁厂镇。此时，遵化县保安队130余人，向铁厂镇扑来。孔庆同同志身先士卒，带领部队到铁厂镇以北的玉皇庙迎击敌人，激战两小时，将保安队全部击溃，俘80余人，缴获战马11匹。从此，吓得遵化敌人紧闭城门不敢外出。接着，起义军乘胜攻克兴城镇。三屯营的警察巡官宣布起义，迎接抗联部队进城。不久，抗联第四总队从遵化南下，平息了丰润王官营一带民团的叛乱，进一步推动了参军抗战的热潮，许多人自带枪支参军，地主、士绅自动献枪捐款，伪警察、民团自动投诚。几天内，抗联四总队就发展到4000人。于是，将丰润县刘家营一带起义的部队，编为抗联第十三总队，刘锡彤为总队长，谷云亭为政治主任。又以第四总队一部成立了第十一总队，阎锡九为总队长，徐振铎为政治主任。

这时，在这个地区的武装起义，如山洪暴发，一拥而出。在喜峰口、洒河桥、三屯营起义的部队编为抗联第十二总队，总队长张秉东，副总队长叶田，政治主任程铁军。在新集、杨子店、兴城一带由魏春波、韩东征、周治国同志发动起义的部队，编为抗联第十四总队，总队长陈汉民，政治主任韩东征，副总队长才永昌。在遵化西部有李子华、马子敬成立的新第五总队；在遵化南部有石林、甄风阁成立的第一特务总队；在唐山北有刘锡纯、蒋林斋、岳武成立的第十五总队；在丰润、玉田之间，有李介人、张树畹、王维新等成立的丰润第五总队；在丰润县南部有鲍子菁成立的部队；在遵化东北有高进忠、高存成立的第二特务大队；在王官营有高树轩、潘润之、王文龙成立的第八特务大队。截至8月中旬，我党在丰润、滦县、迁安、遵化地区成立的抗联队伍约2万余人。

以蓟县为中心的冀东西部地区：

7月14日，正式拉开了起义的序幕。这天夜间，中共蓟县县委领导了邦均起义。第三区民团副团总王建国（救国会骨干）带领十多名救国会员，攻克了邦均镇伪警察局，活捉伪警30余人，缴获步枪30多支，正式成立蓟县第三区队，王建国为区队长，龚扶朽为政治主任。7月15日，蓟县县委又领导了各区救国会员同时起义，以第一、六区救国会员为基础成立了第五总队（即原定的第三总队），商香阁任总队长，县委书记王崇实任政治主任。以第二区救国会为基础成立了第十六总队，刘卓群任总队长，李子光任政治主任。接着由白坻中、郝希武带领救国会员打下了第七区下仓警察所，缴获步枪20多支，随后发动各地人民起义，编为第十六总队；在第二区南部，廖广荣组建了第十七总队；在第二区西部，以救国分会为基础组成了第十八总队，王济洲任总队长，张子丰任参谋长，王作勋任政治主任；以第五区的民团、救国会员和蓟县、三河、平谷交界处的七股起义武装为基础组建了三县联合总队，胡香圃任总队长，卜静安任副总队长；以遵化县起义的警察、民团为基础，组建了第十九总队，朱绍卿任总队长，胡光任参谋长。在我党直接领导下，冀东西部地区起义武装很快发展到5000人。前后在蓟县城东壕门、城西贾各庄、大王庄、龙王庙、盘山、邦均以南，马道、别山等地，与敌伪军作战十余次，给敌人以沉重的打击，并配合洪麟阁部打下玉田县城，配合八路军攻下蓟县县城。

在唐山开滦地区：

7月16日夜，我抗联第二路部队策应开滦矿工起义，派出五个总队和一个大队约一万余人，破坏北宁路，占领了洼里、古冶两车站，把唐山至昌黎间100多公里铁路截成数段，使北宁路停车半月之久。赵各庄、唐庄子、林西等地的矿工，在周文彬、胡志发、节振国等同志的领导下先后起义，有7000多人参加，编成四个总队和一个特务大队，曾和唐山敌伪军多次作战。后在日机轰炸下退出矿区。节振国带领的工人大队，是一支纪律严明、勇敢善战的模范部队。

在起义期间，群英并起，传奇颇多。卢龙县简易师范学校校长高敬之，一向为人耿直，急公好义，在群众中颇有威望。7月中旬，他听说滦县抗联第五总队成立的消息后，便在家乡沈官营组织几百名农民起义，并带着部队攻打卢龙县城。他站在关闭的城门外面，大骂伪县长，历数伪县长和日军的罪行，指出他的出路只有一条，就是投降抗日联军。在他的政治攻势下，促使伪军打开了城门。进驻卢龙县城后，许多人纷纷参军，很快发展到 2000 多人，被编为抗联第二十三总队，高敬之任总队长（高在起义后期加入共产党），阮务德（张德民）任政治主任。

洪麟阁、高志远等根据田家湾子会议的决定，也相继起义。洪麟阁和杨十三在遵化县地北头村起义后，在李楚离同志指导下，成立了第一、二两个总队，约 4000 人，活动于玉田、丰润一带，曾在蓟县起义军第十六总队的配合下攻占玉田县城。高志远和胡各庄一带的联庄会头目陈宇寰，在多余屯、小陈庄一带起义，成立了第六、七、八、十二、十三、十六、二十、二十三等总队，发展到 1 万余人。在王仲华同志的指导下，活动于滦县、乐亭一带，曾在第五、十总队配合下，打下滦县侨城敌据点，攻克乐亭县城。还有在兴隆县有共产党员高升组织的起义队伍约 400 人，配合八路军活动。在青龙县有刘青山组织的义勇军 900 人，以后开进冀东编入抗联第九总队。

此外，在武装起义浩大声势的影响下，还有多股自动组织起来的队伍。在昌黎南部有自发组织队伍的丁万有部 3600 人，以后参加抗日联军，曾围攻昌黎县城。在兴隆、遵化一带有绿林英雄杨二拉起来的 2000 多人，号称救国第五路军，抗日很坚决，后被敌人包围击溃，杨二被俘牺牲。在唐山附近，还有贩卖鸡鸭的小商贩组织的抗日游击队。

整个冀东武装起义，从 7 月 6 日港北开始，经过一个多月的暴风骤雨，首先在以滦县、昌黎、乐亭、迁安、遵化、丰润、玉田、蓟县、平谷、三河地区和开滦煤矿为中心的广大山地和平原发展起来，并推动了周围各县人民参加起义，如卢龙、抚宁、密云、顺义、昌平、香河、宝坻、宁河、武清、兴隆、青龙县等，共计 22 个县参加起义，仅抗联系统就组建了有 7 万多人全副武装的 39 个总队。此外，由地主、旧军人拼凑起来的“忠义救国军”1 万多人；流氓、土匪也打起抗日旗号拉起队伍，约几千人；各地闻风而起没有名义的队伍 1 万多人。

8 月 2 日，中共中央与北方局致电冀热边特委并转抗日联军。电文说：“中共中央与中共北方局以十分高兴的心情庆祝抗日联军反日反汉奸起义的胜利及与八路军纵队的会合，并向在起义中前线上死难的烈士及其家属致以崇高的敬礼。”“我们相信这支在抗战中新成长壮大起来的生力军，定能在冀东各党派领袖合作与正确领导下，继续胜利，创造冀热边特委新的根据地，长期坚持抗战，给日寇野蛮侵略军以沉重打击。”“望你们继续团结，集中注意力，打破敌人对你们的进攻，扩大与巩固部队，组织民众，建立冀热边抗日政权，肃清汉奸，扩大与巩固你们的胜利，为驱逐日寇建立独立自由的新中国而奋斗到底。”这一电报，既肯定了起义胜利的意义，又明确了抗联的奋斗目标，给冀东抗日军民以极大的鼓舞。

8 月中旬，八路军第四纵队指挥机关一部由邓华同志率领与冀东起义队伍会师于遵化县铁厂镇。随即由四纵队党委和冀热边特委以及第四纵队各大队和抗联各路的主要负责干部在铁厂镇召开联席会议。会议由邓华同志主持，对冀东大起义后的形势作了正确的分析。指出冀东大起义是胜利的，但部队多，秩序乱，纪律差，需要统一领导和指挥，要抓紧整顿。同时，提出建立抗日根据地，决定成立冀察热辽军区，由宋时轮任军区司令员，邓华、李运昌、洪麟阁、高志远任副司令员，下设五个军分区，并确定了各分区的领导干部。会议还决定成立冀察热辽边区行政委员会，统一领导各县的抗日政权工作，负责统一筹粮筹款，保证部队供给，建立抗日秩序，训练抗日干部，组织抗日救国会等。这次会议的决定是正确的，对于巩固冀东大起义的胜利成果，建设根据地有着重要的意义。

五、在斗争中前进

9 月中旬，大家正在分头贯彻铁厂镇会议精神时，接到宋时轮同志关于到都山建设根据地的命令，要我率抗联第二路部队向都山进军。我率2万余人进驻迁安县包各庄一带，准备出冷口进都山，适有伪满军一个营进入我驻地，激战数小时，将该敌全部歼灭，生俘敌营长朱宝兴以下200多人，缴获迫击炮两门、轻重机枪四挺，步枪200多支。在胜利声中，忽又接通知停止进军都山，令部队撤回原地。此时，第四纵队领导同志侦悉敌人秋季要大举“扫荡”冀东。他们对此形势估计过于严重。因此为了避敌锋芒，决定把主力和起义队伍全部拉到平西整训。在中共中央、北方局、八路军总部以及晋察冀军区多次劝阻无效的情况下，于9月下旬，第四纵队一部主力和蓟县抗联部队开始向西转移。10月上旬，第四纵队在率润县的九间房村召开会议，决定留下陈群（副大队长）、包森（总支书记）、单德贵（营长）各有200人的三个游击支队坚持冀东抗战。抗联部队和地方干部约5万人，经遵化、蓟县、平谷、密云山地，一字长蛇阵，向平西进发。刚成立不久的起义队伍，就远离家乡，沿途又遭敌围追堵截，部队伤亡很大，离队现象也严重发生了。高志远部约1万人在八路军掩护下走在前面，过潮白河后，连遭日军阻击，成批成批地散去，只剩下1000余人进到平西。洪麟阁、陈宇寰共1万余人走在中间，行进到蓟县马伸桥一带，遭到敌人阻击，洪、陈两人不幸牺牲，部队大部溃散。我带领的2万余人走在后面，在密云县水峪、瓦罐头村遭敌阻击，打了1天恶仗，伤亡很大。打又打不赢，前进又被阻，人心涣散，逃亡严重。我们感到继续西进十分危险。于是，在平谷县樊各庄由我主持召开了干部会议，经过认真讨论，决定返回丰、滦、迁、遵原地，坚持冀东游击战争。会后，我们带领成建制的部队6000多人回到滦县的杨柳庄一带。此时，日军已从武汉小林部队调来一个旅团，对我军进行大“扫荡”。本来已经疲惫不堪的部队，又在滦县北部东西安河、后良庄、偏山一带，连日苦战，牺牲很大，最后只好分散活动。总计这次抗联5万人，随第四纵队向西撤退，除2000余人到达平西外，保留在冀东的就只剩下1000余人。

11月25日，党中央、毛泽东同志再次来电，命令我们一定要坚持冀东游击战争，指出："这块地区有许多有利条件，是可能坚持游击战争、创造游击根据地的。但也有许多困难，要经过长期艰苦的斗争才能达到。"这些指示，坚定了我们的信心。我们很快便集合了1400多人，重新建立了总队、大队，与第四纵队留下的三个支队相配合，开展高度分散的游击活动。

1939年2月，中共中央决定成立以萧克为司令员的冀热察挺进军。萧克同志明确提出巩固平西，开展平北，坚持冀东三位一体的任务，统一了冀东部队的指挥，增强了坚持与开展冀东游击战争的决心和信心。在上级党委和挺进军的指导和帮助下，我们不仅度过了1938年冬季和1939年春季的最困难时期，并在1940年重新打开了局面，开展了游击战争，也战胜了1942年敌人第四、第五次"强化治安运动"中残酷的"扫荡"、"清剿"。经过几年的艰苦斗争，到1944年夏，终于实现了铁厂会议所确定的目标，落实了中共中央的战略决策。到1945年秋日本投降时，冀热辽已建成有25个联合县，5万党员、约3万军队、20万民兵、560万人口，包括冀东全境、热河大部和辽西的大块解放区，这就为以后收复热河，解放东北准备了突击力量和前进基地。当然，为此我们也付出了巨大的代价，前后约有22.5万多军民献出了宝贵的生命，其中有许多优秀的共产党员，包括王平路、包森、周文彬、丁振军、刘诚光、陈群、杨大章、才山、魏春波、张志超、田野、王崇实、节振国等县以上的党员干部200多人和一批党外爱国人士，如洪麟阁、陈宇寰等人。

回忆冀东大起义这段不平常的历史，我们感到有许多经验和教训值得记取。最主要的一点，就是我们的革命必须在党的正确领导下才能取得胜利。冀东大起义的胜利和受挫，从正反两个方面又一次证明了这个真理。

冀东大起义，在不到两个月内，就发动了20万人参加，组织起拥有全副武装10万多人的起义军，而且打了许多胜仗，并很快建立了以我党为核心的指挥机构，这是一个伟大的胜利。正如毛泽东同志在1938年11月25日的一封电报里说："宋、邓支队深入冀东苦战数月，配合和促成了地方党所领导的冀东起义，恢复了冀东的中国主权，发动了群众，建立了冀东游击区，扩大了我军在敌人深远后方的影响，给敌人以打击，一般说来是获得了成绩的。"胜利的取得，首先是由于中共中央为建立冀东抗日根据地、开展敌后游击战争确定了正确的方针政策。特别是抗日民族统一战线政策的威力，深入人心。我们就是在这一政策的指导下，先后成立了冀东人民武装抗日自卫会和抗日联军，团结了广大工农基本群众和青年知识分子，争取了许多地方士绅、民团头目、教育界人士，并通过他们的影响和社会关系，把广大抗日爱国力量吸引团结在党的周围，带动了武装大起义。这是起义成功的关键所在。第二，是由于党中央、北方局、晋察冀军区的正确领导和指挥。尤其是及时地派出大批干部加强对冀东的领导；派八路军第四纵队挺进冀东，不仅钳制和震慑了敌人，直接配合了人民起义，而且振奋和坚定了冀东人民的抗日信心，扩大了起义的规模；晋察冀军区指挥所属各部队全线出击，钳制了敌人的兵力，有力地配合了第四纵队东进和冀东人民武装大起义。第三，是由于冀东党组织的领导作用及其战斗力和人民群众的抗日觉悟。不愿当亡国奴的人们，一旦掌握了自己的命运，什么人间奇迹，都是可以创造出来的。此外，当时，敌人正集中兵力进攻武汉，后方兵力空虚，也给了我们有利时机。

冀东大暴动胜利以后，确实又受到了严重挫折。毛泽东同志在当年的电报中也讲道："……没有尽可能保持和发展这一胜利，没有很好地团结地方党和群众，没有镇静地应付那里的局面，以致退出原地区，军队及群众武装均受到相当大的损失。"从认识问题上来说，由于当时的部队和地方党一些领导同志，对冀东形势缺乏正确的分析，高估了敌人的力量，忽视了自己的有利条件，缺乏在冀热边创造根据地的决心、信心和在平原开展游击战争的经验；对起义队伍不可避免的混乱情况缺乏整顿措施，因而认为主力部队少了不能坚持，部队多了，目标大也会遭到敌人围攻。地方党有依赖部队主力的思想，缺乏单独坚持冀东武装斗争的信心，也就没有独立自主地及时地进行部队整训，加强政权建设，以及创建根据地的各项工作，以致第四纵队主力一撤退，冀东党政民干部几乎跟着一齐走，把一个大好的局面轻易地断送了。这是一个严重的教训，是很可惜的。幸得 1939 年 2 月，党中央决定成立冀热察挺进军和区党委，明确提出坚持冀东游击战争为冀热察一项基本任务，这才稳定了冀东局势，克服了悲观情绪，并采取有力措施支援冀东游击战争，为以后发展奠定了思想基础和组织基础。

东进冀南

陈再道

一

1937 年 12 月，第一二九师根据党中央和八路军总部的指示，决定以我为司令员、晋冀豫省委书记李菁玉为政委，率领由第三八五旅七六九团的三个步兵连、一个机枪连和三八六旅的一个骑兵连组成的东进纵队，挺进冀南平原，开辟抗日根据地。

冀南地区是指河北省平汉路以东，卫河以西，沧石公路以南，漳河以北的平原地区。这个地区是连接山西省和山东省的纽带，又是控制南北交通的重要地区。

当时，冀南地区的情况异常混乱。河北省的石家庄、邢台和山东省的德州失陷后，国民党在冀南的军队，如宋哲元等部，已经南逃。日军南下占领大部分县城之后，主力继续南进，留在平汉、津浦路及沧石、邢（台）临（清）公路的部队，收买、利用一些民族败类在各县筹组“维持会”、“皇协军”，以建立伪政权。各地的土匪、失意军人等，到处招兵买马，一时匪迹遍野，“司令”如毛；地主、商人、政客等则打着“防匪自卫”的旗号，组织民团和各种道会门，以维持其统治。这些土匪、民团、游杂武装，为了扩大自己的实力，在日军、汉奸的挑拨下，互相火并，并肆无忌惮地奸淫烧杀，抢掠敲诈，闹得民不聊生，田园荒废。广大人民目睹家乡沦陷，又遭土匪、汉奸和各种游杂武装的蹂躏，渴望社会秩序迅速安定，武装起来杀敌救国。在我们去之前，我地下党已经组织了一些武装，并在土匪、游杂武装中做了一些宣传和争取其抗日的工作，一二九师已派胥光义、孙继先等30多名干部组成挺进支队进入冀南地区，了解情况与开展工作。但由于我党我军在当地的力量比较小，还不能扭转这一混乱的局面。

我接受任务后，与随军东进的地方干部一起，对冀南的形势和如何开辟这块抗日根据地等问题作了反复研究。大家认为，冀南地区当时正处在国民党的军队、政府逃跑了，我党领导的全面抗战的局面还没有建立起来，社会上的各种力量都在活动的特殊时期；在这种形势下，我们必须高举起抗日民族统一战线的旗帜，坚持统一战线中独立自主的原则，紧紧团结和依靠广大群众，把一切可能争取的力量都争取到抗日的道路上来，才能打开局面；只要我们正确地贯彻执行党的路线、方针、政策，一定能够打开局面，建立起巩固的冀南平原抗日根据地。

二

1938年1月15日，我们跨过平汉路，到了河北省隆平县（今隆尧县）的魏家庄，准备向冀南腹心地区——巨鹿和南宫县前进。巨鹿和南宫离铁路较远，敌人尚未占领。1935年在我党的领导下，这里曾举行过暴动，群众基础较好。我们准备以这两个县为立脚点，开辟整个冀南工作。到了魏家庄后，胥光义等同志和群众告诉我们，巨鹿一带在打仗。为了进一步弄清情况，我们决定暂时住下。

住下后的一天，我们正在开会，侦察参谋突然领着一个衣衫褴褛、面带倦容、年约30岁的老乡来见我。不等参谋介绍，这个老乡就伸出两手紧紧地握住我的手，眼里含着泪花，兴奋地说："可找到了！"原来他是冀南地下党派来给我们送信的同志。这真使我们喜出望外。我叫他先吃饭，休息一下，他怎么也不肯，急忙取出缝在棉衣里的信，然后向我详细地报告了巨鹿一带的情况。原来，正在打仗的是巨鹿县保安团和土匪刘磨头、史汝南、邱庆福、王子耀等部，为争夺地盘和势力而在互相火并。他们在巨鹿城西一带摆开了一条十多公里长的战线，已经打了十多天。刘磨头等本是当地的惯匪，近来打着"抗日义勇军"的旗号，收容了一批国民党溃散的官兵，裹胁了一些群众，居然扩大到六七千人。他们到处烧杀奸虏，群众对他们恨之入骨。巨鹿县保安团长王文珍、警察局长甄福喜、县政府秘书刘建三等，是当地封建势力的代表。早在1935年他们就残酷地镇压过我党领导的暴动，屠杀了大批的共产党员和进步群众，现又秘密接受了日军的委任，筹组"维持会"。他们的保安团有近千人，人数虽没有土匪多，但老兵多，装备好，战斗力较强，同时又有相当深厚的封建统治的基础，不少群众还受其欺骗和蒙蔽。

巨鹿是进入冀南的一个门户，必须正确地处理这一事件，否则，我们不仅无法进入该县，而且对打开局面，开辟整个冀南抗日根据地也很不利。于是，我召集负责同志进行研究。大家一致认为，两方面我们都不能帮助，因为一方虽打着抗日旗号，却是土匪性质的部队，另一方是已与日军有勾结的当地的封建势力。正确的解决办法应该是，根据党的抗日民族统一战线政策，对双方晓以抗日大义，进行调解，争取他们在我党的领导下团结抗日。我们估计这是有可能的。从巨鹿保安团的情况看：他们害怕土匪，如果土匪打进城，他们的统治也就完蛋了；他们虽然接受了日军的委任，但在广大群众积极要求抗日和我军威震华北，并已出现在他们面前的情况下，还不敢公开投敌；他们虽然害怕共产党、八路军，但由于土匪已危及其生存，靠日军的势力一时又靠不上，因此，只要我们能晓以大义，说明我党不念前仇，不计旧恶，团结起来共同抗日的主张，他们是可能接受的。土匪刘磨头等虽然人数较多，却是一群乌合之众，内部矛盾也多，他们嘴里喊着“打开巨鹿过年”的口号，实际上也知道进攻巨鹿，消灭保安团实非易事；同时他们现在还打着抗日的旗号，我们用中国人不打中国人、团结起来一致抗日的道理说服他们停止进攻也是有可能的。

根据讨论的结果，我们一面派人赴刘磨头指挥部，劝说其停火，一面写信送到巨鹿城，要保安团深明大义。为了对双方施加压力，我们还将部队移至紧靠火并地区的邢家湾。刘磨头在我方代表的耐心说服下，见正义难违，同时惧怕我军与保安团联合起来消灭他们，便见阶下台，答应停火。王文珍等第二天也复信，欢迎我军派代表进城商谈调解。于是我们就派张子衡等同志到巨鹿城进行商谈。王文珍、甄福喜、刘建三等对我方代表表面上奉承迎合，内心里却打着鬼算盘，企图借我军之力，迫使刘磨头撤退，但又想阻止我军进入巨鹿城，以便继续维持其统治。因此，停火问题虽很快达成了协议，土匪退出巨鹿县境后，保安团也退至城内，但对我军入城问题却借故拖延，一直谈了两天多，在我方代表耐心地宣传了我党的各项抗日政策，严肃指出了他们要以国家民族利益为重，不要做亲者痛、仇者快的事情，他们才不得不同意我军的主张，答应我军开进巨鹿城。

1月25日一早，我和李菁玉率部队由驻地出发，下午3时到了城西关。这时，城门口已站着一大堆人，他们有的穿着长袍马褂，有的穿着西服或军装。看到我们便哈腰鞠躬、拱手作揖。可是就在这些笑脸后面，城墙上、城门口刀枪林立。我们的人装作没有看见，正要入城，掌握该县实权的县政府秘书刘建三，急忙向前深深地鞠了一躬，满脸赔笑地说：“敝县城内房子很少，难民甚多，贵军在此下榻，恐使官佐身受委屈，吾辈同人商议，想请贵军暂且退驻城西一带，务期察谅民困。粮草概由政府筹办。”显然这是他们要花招，拒绝我军入城。我们考虑在此情况下，如我军强行入城，就有可能发生武装冲突，不利于分化其内部，争取和团结广大群众。因此，李菁玉同志留下进城继续谈判，我则将部队带至城西北两公里多的张家庄住下。

第二天拂晓，我派骑兵连绕过巨鹿县城到城东南去警戒威县之敌。骑兵连有意拉开距离，经沙地向东南方向奔驰时，沿途尘土飞扬，兵力莫测。王文珍、甄福喜疑神疑鬼，认为我军是在包围巨鹿城，于是急忙以巨鹿县政府、保安团、警察局、名流士绅等名义联名请我去吃饭。为了对他们施加点压力，第一次我以“军务在身”为理由没有去。他们又派人来请，我以同样理由推辞了。这下他们慌了，只好恳请李菁玉同志亲自来请我进城。李菁玉同志对我说：“你不进城，他们连觉都睡不着啦！”我考虑他们既然反对我军入城的态度在表面上有所收敛，可趁机做些工作，就带着三个骑兵警卫员进了巨鹿城。在宴会中，刘建三有气无力地再三解释不让我军入城的理由，请我切勿误解。王文珍、甄福喜等也灰溜溜地坐在我对面，一声不吭。但是，有几位开明士绅，对我军调解“巨鹿事件”再三表示感谢。针对这种情况，我又将党的政策，特别是统一战线政策宣传了一番。说明我们八路军东进纵队是奉命为破坏津浦路，配合台儿庄会战，发动和领导冀南人民抗日游击战争，建立冀南抗日根据地而来的，不仅巨鹿城要进，冀南一切地方我们都要进。接着，我又严肃地说：“诸位当中不少是有志抗日之士，但也有个别人，曾杀过共产党，手上沾满了人民的鲜血，现在又接受了日军的委任，准备组织维持会，这些，我们都是非常清楚的。”当我说到这里，只见刘建三、王文珍、甄福喜等，把头低下去，不敢看我一眼。但当我说到共产党以民族利益为重，不计前仇、不念旧恶，要团结一切力量共同抗日的时候，刘建三等人才抬起头来连声说道："共产党宽大为怀！"最后，我又明确地提出了三点要求。团结起来共同抗日；接受共产党和八路军领导；保安团听候我军改编。我讲完话，那几位开明士绅立刻前来向我敬酒，表示坚决拥护。王文珍、甄福喜等则急忙向刘建三递了一个眼色。刘建三不得不强自振作地站起来，宣布他们完全接受我提出的条件，表示今后一定参加抗日，并准备明日欢迎我军进城。

27日上午，我率部队开进了巨鹿城，群众夹道相迎。进城后，我们与地下党举行了公开会合，并成立了巨鹿县战地总动员委员会，委派了县长。接着又将保安团改编为东进纵队第五大队。同时也派了一些干部到刘磨头部，进行抗日教育和改编工作。

"巨鹿事件"的解决，是我们到冀南后执行党的抗日民族统一战线政策所取得的第一个重大胜利。我党我军这种以国家民族利益为重，团结一切抗日力量的实际行动，不仅受到广大人民的欢迎，并且也消除了一部分地主士绅的疑虑。使倾向抗日的更加依靠我们，一部分动摇者，也迫于人民高涨的抗日情绪和我军的声威，不得不向我军靠近。因而在"巨鹿事件"解决后，南宫、清河、冀县、新河等县的各界人民纷纷派代表请我军前去安定社会秩序，领导他们抗日。2月8日，我们进驻南宫城，与冀南地下党领导机关胜利会合，并遵照中共中央北方局指示，成立了中共冀鲁豫省委（不久改为冀南区党委）。同时，派部队协助地方党组织，又在新河、清河、冀县建立了抗日政权，收编了一部分地方保安团队。并深入乡村，大力宣传我党政策，建立和改造区村政权，组织各种抗日群众团体；成立了抗日军政学校，招收了上千名青年知识分子，为以后的发展准备干部。我们还以先期到达冀南的挺进支队为基础，增派一部分干部和部队组成两个挺进队，一个西向平汉路东侧的隆平、尧山（今隆尧）、任县一带，一个东向津浦路西侧的武城、夏津、高唐一带，积极活动，打击敌人，摧毁伪组织，建立抗日政权，发动群众。并派部队南向邢临公路，对敌伪展开攻势，争取了威县伪警备旅反正，将其改编为独立第二师。冀南抗日根据地的局面终于打开了。

三

我军以南宫为中心，东向津浦、西向平汉路、南向邢临公路的发展，都获得了预期的胜利。但是向北的发展却遇到了严重的困难。这时，在武邑、衡水、枣强、景县、阜城、故城、武强等十余县，盘踞着赵云祥的“河北民军二路”、段海洲的“青年抗日义勇军团”以及临清的赵狗旦等游杂武装和土匪。赵云祥原是国民党军第二十九军的一个营长，七七事变后丢盔弃甲，丧魂落魄地从保定一直逃到景县、武邑一带。在这里，他打着“抗日”的招牌，利用其社会关系，收编了大量的散兵游勇，组成了两个旅，并以武力威胁收编了盘踞在景县一带的大土匪头子葛桂斋部、衡水县自卫团长邵伯武部，一时竟扩大到近万人。赵云祥自恃实力雄厚，还想把段海洲部收编为他的部下。段海洲是一个失意军人，全国抗战前在河北省博野县四存中学任军事教官，七七事变后，率领着一些学生和失业工人流亡到武强、交河、饶阳一带，并以此为基础，收编了一些散兵游勇和土匪，趁势也扩大到六七千人。

赵、段两部是当时冀南游杂武装中最大的两股，能否争取和团结其共同抗日，或暂时争取其对我军保持中立，不仅关系到南宫等县的巩固，而且关系到整个冀南抗日局面的打开。因此，我军进入南宫时，就根据党的抗日民族统一战线政策，提议由三方派代表举行会议。但这一建议，被赵云祥坚决拒绝，段海洲也表示犹豫，因而一直未能实现。当我军已在南宫、新河、清河、冀县等处展开时，赵云祥又迫不及待地想用武力吞并段部，这两股武装冲突时有发生。段海洲为了保存实力，派陈元龙为代表与我谈判，想依靠我军，以摆脱赵云祥的威胁。在这种形势下，我们召开专门会议进行了研究，确定要进一步争取段海洲，对顽固不化、争取无效的赵云祥必须采取孤立和分化政策。为了实现这一目的，决定由我出面邀请赵云祥、段海洲在南宫县城举行会议，商谈共同抗日问题，并派马国瑞同志亲赴段部进行争取工作。段海洲很快就表示同意我们的提议。赵云祥内心里虽然坚决反对，但不敢公开放弃抗日的旗帜，同时，又害怕我军和段海洲联合起来对付他，因此也不得不表示愿意参加会议。

会议的前一天，段海洲就来了。我们向他解释了我党的政策，并初步交换了意见。赵云祥来时，带着一个骑兵连，头一天住在城外，开会当天将近中午时才到城内。显然他对我军存有戒心。会议开始后，我首先说明了我们三方面如何联合起来共同抗日的问题，并着重解释了我党抗日民族统一战线政策。接着，赵云祥耀武扬威、神气活现地说了一通什么他是“国军”，为联合起来共同抗日，需要有一个领导等一派胡言乱语，最后又把段海洲恭维了一番，解释了过去发生冲突如何不幸，等等。他这一番话，显然是想争取领导权，并拉拢段海洲，共同对付我们。但是，他的阴谋未能得逞。段海洲为自身利益，揭露了赵云祥企图吞并他的阴谋，列举了赵云祥主动向他进攻，挑起武装冲突的事实。赵云祥一时神色有点紧张。我当即向赵云祥严肃地说：“今天我们讨论的中心问题，是大家联合起来抗日的问题，至于谁来领导，那就要看谁抗日最积极；人民拥护谁，谁就是领导。赵先生不去打日军，却积极进攻抗日部队，危害人民，这怎么能受到人民的拥护和领导抗日呢？！”接着，我建议成立军政委员会，提出各部必须共同遵守的三项要求：联合起来共同抗日；各部队由军政委员会统辖；不得扰乱地方，危害人民。段海洲对我方的提议，立刻表示赞成，并提出增加“划定驻区，各部队不得越界行动”，以及由我任军政委员会主任，他和赵云祥任副主任两项建议。段海洲的提议当然有他个人的目的，但对我们也有利，因此我表示支持。而赵云祥则提出种种“理由”，反对成立军政委员会和各部队由军政委员会统辖；对其他各项虽不同意，但却不敢公开反对。争论很激烈，段海洲怕会议没有结果对其不利，便又提出：如果赵云祥不同意成立军政委员会，就由我军和他共同组成。这时，赵云祥为避免自己陷于孤立，才勉强表示同意。

军政委员会的成立是我们在冀南执行党的抗日民族统一战线政策所取得的第二个重大胜利。这一组织的成立，对以后我军改编段海洲部，分化赵云祥部，进一步打开整个冀南抗日局面，起了重要的作用。

1938 年 3 月中旬，一二九师刘伯承师长、邓小平政委为加强冀南的领导和我军的力量，又派师政治部副主任宋任穷同志率骑兵团来到冀南。宋任穷同志和骑兵团到达后，将部队迅速展开，协助地方党组织开展工作，并坚决消灭了已公开勾结日军、坚决反对我军的土匪刘磨头部。同时，加紧对段海洲部的争取和团结，进一步孤立和分化赵云祥部。段海洲自从南宫会议后，因为公开和赵云祥撕破了面皮，更加向我们靠拢。加之我们派到段部工作的同志，积极宣传了我党的政策，团结了一部分青年军官和广大士兵，他们积极要求改编为真正抗日的八路军。其间，我一二九师副师长徐向前同志还把段海洲邀请到南宫住了几天，亲自跟他谈话做工作，并派三八六旅参谋长李聚奎同志到段部做工作。从而不断坚定了段接受我改编的决心。5 月中旬，段部由武强开至南宫改编为青年抗日游击纵队。赵云祥自南宫会议后，更加反动，不断向我挑衅。群众不堪赵部的蹂躏，纷纷请求我军为他们除害。在此情况下，赵部内部矛盾更加尖锐，特别是所属葛桂斋和邵伯武两部对赵非常不满，经我争取、教育后，葛、邵两部自愿合编为东纵第五支队。于是，我们在葛桂斋和邵伯武原来盘踞的景县、衡水、武邑、故城、阜城等县建立了抗日政权，打开了冀南北部的局面。至此，冀南地区的土匪、游杂武装，除赵云祥等尚有1000余人盘踞在冀县、枣强一带外，其他大部为我改编或解决，冀南的混乱局面基本改变，社会秩序日益安定，我们在20多个县里建立了抗日政权。从苦难的深渊中重新获得了自由和光明的广大人民，在抗日的旗帜下发动起来了，积极地组织各种抗日团体，踊跃地参加我军，东进纵队由原来的五个连，很快发展至三个团及若干个支队，共2万余人，并组建了五个军分区。这时，我们召开了第一次军、政、民代表会议，正式成立了冀南军政委员会筹备会，宋任穷同志任主任。这样，在我党领导下，不仅进一步统一了冀南军队的领导，而且统一了政权的领导，进一步打开了冀南抗日根据地的局面。

四

1938年4月，一二九师主力在太行山粉碎了日军的九路围攻。党中央指示，要抓紧时机，在河北、山东平原地区大力发展游击战争。根据党中央这一指示，1938年5月初，一二九师徐向前副师长率领三八五旅的七六九团、一一五师三四四旅的六八九团和第五支队等主力部队到达冀南，大大加强了冀南我军的力量，加速了各项工作的进展。

徐副师长到达后，指示我们要大力加强已占领地区的群众工作，强调指出，要“把广大的人民推到抗日战线上来，把广大的人民群众造成游击队的人山”。同时要我们集中必要的兵力，更加积极地向敌伪军展开进攻，以便继续扩大根据地，提高群众的抗日信心。根据徐副师长的指示，我们抽调了大批干部深入乡村，协助地方党组织展开了反对贪污、反对按亩摊派、实行合理负担的群众斗争，改造村政权。同时在徐副师长的亲自指挥下，对邢临公路沿线的日军展开了进攻。当时，邢临公路沿线的敌人为清水和高桥两个大队。清水大队部率一个中队驻威县，其余中队分驻平乡、南和等地。高桥大队部驻临清及其以东地区。这些敌人，像毒蛇一样地横躺在冀南腹地，不时四出骚扰，破坏我根据地的建设。尤其是威县之敌，距南宫城只有20余公里，对我威胁很大。根据这些情况，徐副师长决定，以六八九团袭击威县；七六九团等部位于平乡、威县之间的高阜镇地区，准备伏击由平乡向威县增援之敌；另以骑兵团、东纵一团等部，伏击可能由临清出援之敌，并相机袭占临清城。

5月9日夜晚，六八九团隐蔽地接近了威县城墙，敌人警戒疏忽，对我部队的行动毫无察觉。我由城东北角进攻的两个连，立刻竖起梯子，爬上了城墙。从东门进攻的部队俘虏了正在打瞌睡的敌军哨兵，并乘机占领了城楼。这两支登城部队继续向前发展，后续部队陆续登城。这时敌人才发觉，乱作一团，仓皇应战。我军在城内与敌展开激烈巷战。战至次日中午，歼灭日伪军近百名，缴获步枪100余支及轻重机枪各1挺。

威县战斗，给了邢临公路之日军以很大打击。战后，各城日伪军紧闭城门，恐慌万状。为避免被歼，临清、南和、平乡之日伪军，于14日前后弃城向邢台逃窜。我军当即收复上述各城，并乘胜分兵向东、向南发展。我率七六九团、六八九团、东纵二、三团等部于临清西南之朱庄、唐元等地歼灭伪军张殿卿、李守兰等部2000余人，并占领临清，攻克夏津、高唐等城。由骑兵团政委邓永耀同志率领的骑兵团，连克永年、肥乡、广平、成安等城，消灭伪军400余人。6月初，三八六旅七七一团由太行山进到永年、肥乡一带，配合东纵一部和骑兵团，消灭了盘踞在临漳一带的伪军，生俘伪军军长苏明启以下2000余人。不久，三八五旅汪乃贵支队也进到宁晋、赵县、束鹿、栾城、藁城一带，打击日伪军，相继在宁晋、赵县、束鹿等县建立了抗日政权。至此，我党我军控制了整个冀南地区，开辟了拥有800万人口的冀南抗日根据地。

回民支队征战记

刘世昌

“抗日火焰燃烧在大平原，伊斯兰的教胞们挥起战斗的臂膀，在共产党的爱护培养下，组织自己的武装”，“我们誓为回民的自由，中华民族的解放，永远跟着共产党！直到最后的胜利，直到敌人的灭亡”。

这是《回民支队大合唱》中的几句歌词。每一个回民支队的老战士都不会忘记这支歌，都会深情地想起那嘹亮的歌声，清晰地忆起回民支队不平常的战斗历程。

一、光荣诞生

七七事变后，冀中平原相继出现了一些回民抗日武装，其中定县、安国一带的回民干部教导队和献县一带的回民教导队，比较正规，战斗力比较强。回民干部教导队是我们党组织领导的，具体组织者是共产党员肖秉钧、刘文正。我就是回民干部教导队的成员。回民教导队的主要负责人是民族英雄马本斋同志。马本斋1902年出生在河北省献县东辛庄一个贫苦家庭，曾任东北军团长。1935年因不满黑暗统治，愤然离职，回乡为民。全面抗战开始后，马本斋在中国共产党抗日救国思想影响下，在家乡以“抗日保家”为号召，成立了回民教导队。1938年6月间，奉冀中军区命令，这两支武装在河间县城合编为冀中军区回民教导总队，下设两个大队，马本斋任总队长，马仲三为副总队长。当时，我在政治部锄奸科工作。

这时，冀中抗日根据地正处于“黄金时代”，敌人长驱南下，主要力量放在前方，后方兵力重点守备铁路交通沿线，对广大农村无力顾及，客观上就给我们开创抗日根据地造成了有利条件。

回民教导总队当时的状况是：全总队共有500余人，党的力量薄弱，党的组织不健全，政治工作制度尚未建立，有的干部作风粗暴，打人骂人成风，一些同志不习惯八路军的管理制度，开小差的现象时有发生，部队还不稳定，不巩固。

晋察冀军区、冀中军区对这支抗日回民武装非常关心，决定从晋察冀第三军分区抽调回族干部、教导员丁铁石同志到回民教导总队任政治部主任。丁铁石来后，和马本斋一道，在共产党员和政治骨干的支持下，着手做稳定、巩固部队的工作。

丁铁石同志刚来的时候，回民教导总队党员很少，教导员、指导员、政治部的科长、干事绝大多数不是党员，党的组织也是秘密的。丁铁石报请上级党委批准，公开党组织，公开建党。为了保证党员质量，政治部举办了青年训练班，组织青年学习党的知识，向他们宣传党的性质、任务和方针政策，把青年中的优秀分子吸收到党的组织中来。由于分期分批积极稳妥地发展了一批党员，加上冀中军区派来了一些党员干部，回民教导总队党的力量很快得到了加强，总队建立了党总支，大队建立了党的分总支，连队建立了党支部。马本斋同志也在1938年10月，由丁铁石和我介绍入了党。这样，总队就有了战斗堡垒，有了稳定部队的中坚力量。

那时，只要抗日，都可以加入革命队伍，而实际上参加革命队伍的人情况很复杂，有的思想基础很差，随着斗争的不断深入，便成了不安定分子。对这些人，总队采取了明智的方式作了妥当的处理。比如，对马仲三的处理就是这样。马仲三过去当过土匪，但他讲义气，打富济贫，有爱国救民之心。七七事变后，他不愿当亡国奴，随着抗日的浪潮，他带领100余人的回民武装，投奔了回民教导总队，当上了副总队长。回民教导总队按照八路军的制度进行建设，他越来越感到不习惯，经常与马本斋同志闹矛盾。后来，他提出要离开队伍回家去。丁铁石同志考虑到他留在部队会妨碍马本斋同志的工作，不利于回民教导总队的建设，便报冀中军区批准，让他离开部队。临走那天，开了欢送会。这样做，对于还留在部队的原属于他手下的人员是个安慰，也有利于马本斋同志的工作。

回民教导总队为稳定部队采取的另一项措施是聘请阿訇。1938年11月，部队攻打沧县东杜林之敌，有的回族战士反映说："流血牺牲我们不怕，但死了以后要按回族的仪式埋葬。"马本斋和丁铁石认为，尊重回民的风俗习惯，对于巩固部队、团结干部战士关系重大，就决定请阿訇，在民运科设宣教长室。这个决定，得到了上级党组织的支持和回民战士的衷心拥护。由于聘请阿訇，允许回民战士到清真寺做礼拜，参加纪念活动，允许回族战士过回民节日，这支部队在当地回民中的影响就更大了，回民战士也更安心了。

以上这些措施的实行，有效地巩固了部队。紧接着，回民教导总队扩充员额，改善、补充武器装备，壮大了力量。

1939年7月，根据冀中军区的决定，回民教导总队改称回民支队。这时部队发展到近2000人。支队还成立了抗战剧社。不久，冀中军区派红军干部郭陆顺同志来担任支队政治委员。郭政委是湖南浏阳人，曾任团政治处主任。他意志坚强，革命精神旺盛，英勇善战，待人亲切诚恳，善于团结同志，生活艰苦朴素。他来后，在频繁的战斗环境中，以主要精力进行政治工作。他亲自给部队上党课，讲红军的光荣传统，讲我军革命斗争的历程，讲党的民族政策，等等，从根本上提高了部队的政治觉悟。郭陆顺同志因势利导，建议部队提出了一个响亮的口号：把回民支队建成一支党的铁军。

郭政委很会做思想政治工作，善于用生动的事例来宣传正确的道理。比如，为了教育干部遇事要冷静，不感情用事，处理好复杂情况下的各种问题，他经常讲这样一个故事：他在长征路上的一次战斗中与主力部队失掉了联系，后来，他赶到瓦窑堡。由于他急于找部队，反复找组织部的同志磨，而且很不冷静。有一次，他去组织部，有一位不相识的同志对他说：长征一年多了，你与部队失去了联系，急于找部队的心情是可以理解的，但不要急躁，更不要发脾气。这位同志走了以后，组织部的负责同志问：你知道刚才和你说话的是谁吗？他就是毛泽东同志。听后，郭陆顺同志心里很不安，特意向组织部的负责同志作了检讨。

郭政委还很注意通过自己的言传身教向干部战士传授我军的光荣传统。比如，有个战士家里生活困难，开小差回家了。马司令员动了肝火："孬种，怕困难就别出来打鬼子，真给咱回民丢脸，把他给我捆回来！"郭政委知道这件事以后，嘱咐排长：找到那个同志不要捆，也不要打骂，要耐心说服；他家如果有什么困难，请政府帮助解决。排长照办了。那个战士回来，一见到司令员，便沉痛地检讨："司令员，我对不起你，我犯了这么大的错误，你连重话都不说，还派人给俺家解决困难。往后啊，你用鞭子赶，我也不回去了。"这件事深深地感动了马司令员。以后，马司令员处处学郭政委。郭政委对战士更是体贴入微。行军时，他的马不是驮病号就是驮枪，他自己有病也不骑马。宿营后，他一个班一个班地检查，给战士挑脚上的泡，还说着快板："游击战，真正好，敌进我们退，敌驻我们，敌疲扰我们打，想跑也跑不了。游击战，真正好，就是不能怕跑道，腿疼痛，脚打泡，咱们有法来治疗，热水洗完用针挑，睡上一觉保管好！”逗得大家哈哈大笑，一天的疲劳全忘了。原来对战士态度不好的干部，看到郭政委这样，很受感动。后来就学郭政委，抢着帮战士扛枪、背背包。类似这样的例子，还有不少。

这一年的11月，中央考察团由叶明同志率领，来回民支队指导工作。中央考察团的同志到部队以后，宣传党的路线方针政策，对党员进行系统的党的生活教育，帮助党支部建立了关于党的会议、汇报、学习等各种制度，教育政工干部怎样做政治工作，怎样做党支部工作，怎样组织部队学习文化等。经中央考察团同志的帮助指导，回民支队进一步加强了党的领导，逐渐克服了游击习气和军阀残余等不良倾向，为把部队党组织建设成为有组织、有纪律，生动、活泼、团结战斗的坚强堡垒，打下了可靠的基础。

二、开辟深南

1939年，日本侵略军对冀中抗日根据地进行的一系列围攻和分区“扫荡”失败后，采取了由点到线、由线到面的占领，逐步“蚕食”我根据地的政策。第二年初，敌人开始遍地筑碉堡、挖封锁沟，抽兵集中“扫荡”，企图全部占领我冀中根据地。国民党顽固派也暗中与日本帝国主义勾结，进一步推行消极抗日、积极反共的政策，掀起了新的反共高潮。张荫梧、石友三这两股顽军，窜入冀中地区制造磨擦，煽动叛乱，妄图颠覆我冀中抗日根据地。

为了粉碎国民党顽固派的阴谋，原在深南（河北省深县南部）地区活动的我主力部队，由冀中军区政委程子华率领南下，同冀南军区司令员陈再道、政委宋任穷领导的部队一起，讨伐石友三。与此同时，冀中军区吕正操司令员带领几个团到平汉路西配合一二九师，讨伐张荫梧、朱怀冰。日军利用我深南部队南下讨逆的空隙，在这个地区强迫老百姓修筑碉堡，企图进一步分割和封锁我抗日根据地。就在这时，冀中军区命令回民支队开赴深南地区，开展对敌斗争和群众工作。

1940 年 2 月中旬，回民支队完成各项准备工作之后，从定县的邢邑村出发了。为了防止敌人发觉我行动意图，部队做了声东击西的动作，首先向东急奔，绕到献县一带，袭击了李谢桥之敌，以吸引敌人的注意力。2 月 28 日又回师西进，然后突然南下，于当日深夜通过沧石路，到达深南地区的栖凤庄。部队刚宿营，便遇到 1000 余敌人袭击，仓促应战，造成几十人伤亡。这次战斗失利，主要是由于不了解当地情况造成的。等到与深南县委书记魏震同志等取得联系以后，部队就取得了主动。4 月初，在南花盆打了一个漂亮的伏击战。紧接着的贡家台战斗，回民支队又失利了。

这一仗之后，敌人借机大肆宣传，说“回民支队被消灭了”。有些群众轻信敌人的欺骗宣传，也深为回民支队惋惜。回民支队并没有被消灭，过了两天，支队的全体人员又都会合了。为了粉碎敌人的欺骗宣传，回民支队召开大会，向群众做解释。马本斋、郭陆顺等同志认为：光解释是不够的，回民支队要在群众中树立起威信，必须想办法打几个胜仗。于是，便出现了巧妙的康庄伏击战和传奇式的榆科战斗。

康庄，是衡水和安家村两个敌人据点之间的一个村庄，八路军从未到过这里，因此，这里的敌人很麻痹，也很猖狂，经常出来烧杀抢掠。为了保卫麦收，鼓舞群众抗日的情绪，回民支队决定在这里打一仗。

5 月 29 日深夜，回民支队二大队七中队和衡水县五中队，急行军至安家村据点附近，在封锁沟外的麦地里隐蔽，准备 30 日拂晓向安家村敌人发起进攻，使之在康庄打响后不敢增援。马本斋司令员带领一大队急行军到达离康庄一里多的邢家村隐蔽，准备截击溃退之敌。政委郭陆顺、参谋长冯克、政治部主任丁铁石、衡水县大队杜教导员率领回民支队五、六中队和衡水县大队主力埋伏在康庄两侧的麦田里，准备伏击衡水出援之敌。指挥所设在康庄村边靠近公路的一间屋顶上。重机枪阵地设在距离公路100米左右的一个破窑里。

第二天拂晓，我安家村方向的部队开始佯攻安家村据点，一时间硝烟弥漫，杀声震天，敌人弄不清有多少攻击部队，忙打电话向衡水求援。待敌求援电话打通后，我马上把电话线割断，使安家村的敌人再也报不出情况。

接到安家村据点的求援电话后，衡水据点即派中队长高田率日军小队和一个伪军小队共80余人向安家村方向驰援。在即将接近我康庄埋伏阵地时，高田下令火力侦察，打了一阵炮弹以后见无动静，便放心地把部队变成六路纵队，跑步进入了我伏击圈。郭政委一声令下，我轻重火器一起射击。马本斋见敌只有80余人，便决定速战速决，立即率一大队压向康庄。激战40分钟，援敌全部被歼。这次战斗，共击毙高田中队长以下日伪军60余人，俘虏伪军20人，缴获一批武器，我方无一伤亡。

打扫战场时，马本斋叫人把日军官兵的军服脱下来。大家都不知道要干什么。过了几天，这些军服就派上了用场——化装奇袭榆科。

榆科是距深县县城5000余米的一个日伪军据点，约有伪军五六十人，日军一个小队。回民支队的领导确定由丁铁石同志负责这次战斗的组织准备工作。丁铁石首先派政治部敌工科任干事化装潜入榆科据点做内应工作，同时抓紧进行这次战斗的各项准备。6月初，从各中队选拔精干、机警、勇敢的班排长六七十人，经过集中训练之后，于7日下午，首先割断榆科通深县县城的敌电话线，袭击人员化装成日军“扫荡”队，骑兵连指导员任振字长得有点像日本人，便让他装成日军小队长，担任指挥。部队扛着日本枪大摇大摆地向榆科挺进。伪军真的以为是日军来了，毕恭毕敬，列队欢迎。任振宇学着日本军官的样子，神气十足地说了几句走了调的日本话，朝领队的伪军打了几个耳光，故意指责他没有尽到责任。可就在这时，伪军看出了破绽。原来，康庄战斗结束后脱日军官兵的军服时，有个小小的疏忽，就是忘记脱他们的袜子，因此，奇袭人员只好光着脚穿高筒皮靴或翻毛皮鞋。伪军中有人发现面前的日军没有穿袜子，知道有诈，便喊了起来。说时迟，那时快，机警的奇袭队员马上开火，当场击毙了 20 多个伪军。奇袭队看到事已暴露，便速战速决，乘混乱之机撤了出来。当敌人的大部队赶来时，我奇袭队已走远了。

康庄战斗、奇袭榆科以及其他漂亮仗，提高了回民支队的声誉，大大鼓舞了深南群众抗战的热情。据资料记载：当时的深南地区，到处掀起了参军的高潮，许多村庄的自卫队、青抗先（即青年抗日先锋队）成队入伍。西里秋村的青抗先 100 多人入伍，编成一个新兵连。在深南近一年的时间里，参加回民支队的青年男女达 1000 多人。

回民支队成立仅两年时间，先后参加了五六百次大小战斗，而且绝大多数战斗获胜。因之，1940 年，毛泽东主席亲笔题字，高度评价回民支队是一支“百战百胜的回民支队”。

三、拒敌诱降

回民支队胜利完成在大清河地区的作战任务后，于 1941 年 7 月 1 日，奉命开进建国县境（当时我根据地划的一个县，含河间县、献县的各一部分地区），与日军驻河间联队的联队长山本展开了十分激烈的斗争。山本诡计多端，非常狂妄，认为回民支队根本不是他的对手，妄图把回民支队消灭在建国县境。当战场形势没有向他所希望的方面发展时，他便决定对回民支队采取分化瓦解的计策。他从回民支队几位领导干部中选择了马本斋司令员。他认为，马本斋当过旧军官，旧军官多数是见利忘义的，马本斋的脑筋虽然被八路军“清洗”过，但总会留下痕迹，只要给以高官厚禄，是不会不动心的。然而，这只不过是他的痴心妄想。

山本通过各种关系向马本斋传话：“马本斋如果拉着队伍过来，最低给个师旅长职务”。马本斋针锋相对，也通过各种渠道向山本传话：“八路军的政策是不杀俘虏，山本只要放下武器，缴枪投降，保证留他一条狗命。”

正在这时，叛徒哈少符向山本献策。哈少符与马本斋有表亲关系，这个人为人奸诈，心术不正，混进了回民支队，先当书记员，后当通信参谋。他过不惯艰苦的战斗生活，经不起金钱、地位的引诱，逃进河间城，暗中投靠了山本，成了可耻的叛徒。他引了《三国演义》上曹操抓徐庶母亲，追徐来归的故事，对山本说：“马本斋是有名的孝子，把他的母亲抓来做人质，可逼迫马本斋归降。”

山本很欣赏哈少符的计策。8 月 5 日凌晨，山本就派部队把东辛庄团团围住。躲在村外的群众，被日军用刺刀逼回村里。日军用种种酷刑逼问马本斋的邻居马为安、马良，要他们指认马老太太。马老太太就在他们面前，但他们指着马老太太住的房子说：“她住在那里，你们去抓吧！”日军小队长暴怒了，用指挥刀把马为安、马良砍倒在地。怒火燃烧着马老太太的心。她大义凛然，视死如归挤开了人群，向敌人扑去……日军当天就把马老太太押到河间。马母被捕后，山本先派哈少符劝她给马本斋写劝降信，马母痛骂哈少符是伊玛尼（信仰虔诚的意思）的败类。接着山本亲自劝降：“你只要写信叫你儿子来河间谈判，要什么条件都可以答复。”马老太太不吃这一套，她痛斥道：“讲条件，就是让马本斋不要管我，好好带着部队打你们这群强盗。”连施两计不成，山本又放话出来：只要马本斋来谈判，可以放出马老太太。然而，山本这一骗局又失败了。马本斋同志是有名的孝子，但更是立志为中华民族的解放事业战斗到底的共产党员。在母亲的性命和抗战不能双全的情况下，他知道应当舍弃什么，保全什么。马母在进行绝食斗争之后，于 9 月 7 日英勇殉国，时年 68 岁。母子两代崇高的革命精神，深深感动了抗日军民。

9 月中旬，回民支队全体同志在建国县张祥村同当地群众一起召开马母追悼大会。建国县委书记和马本斋司令员、郭陆顺政委先后讲话，号召全体军民化悲痛为力量，用更大的胜利为马母报仇。

山本想抓马母做人质逼迫马本斋投降的阴谋破产以后，9 月下旬，又派哈少符诱俘马本斋。哈少符带信给马本斋，诡称大城县城有 500 名伪军愿向回民支队投诚。他自己也想立一次功，回到抗日队伍中来，但一个人孤掌难鸣，办不成这件事，只要马本斋能保证他的人身安全，他愿意到回民支队来商谈。这时，回民支队还没有弄清哈少符献策和参与谋害马母的情况，加上哈少符护送马母遗体回东辛庄时，说了不少骗人的话，还以为他与这件事没有关系。在这种情况下，马本斋司令员和郭陆顺政委便答应让他来商谈，保证其人身安全。哈少符来了以后，我敌工人员已向部队报告了他参与谋害马母的情况，再一问他提供的情况，更是驴唇不对马嘴，便决定把他押起来，交由冀中军区予以处决。山本还是不死心。到 11 月初，又派泊镇据点的回奸马庆来潜入回民支队，以高官厚禄为诱饵，劝马本斋投降，马本斋让锄奸科将马押送冀中军区。途中，马庆来企图逃跑，被押送人员击毙。马庆来被击毙后，泊镇敌人将全镇回民集中起来，逼迫他们选派代表来见马本斋，订立“谁也不打谁”的协定。马本斋将代表放回去，并带给山本一封信，信上义正词严地指出：“我与日寇仇深似海，不消灭日寇，誓不甘心！”

四、粉碎“扫荡”

1942年，在敌人进行“五一”大“扫荡”的前夕，回民支队发生了一件不幸的事：郭陆顺政委牺牲了。他是在陈庄战斗中牺牲的。陈庄是交河县的一个村子，回民支队一大队驻在这里。1942年4月28日，日军一支数百人的“扫荡”队，向陈庄进攻。我军同敌人打得很激烈。在战斗最紧张的时候，郭政委看到一大队虽然给了敌人以一定的杀伤，但我们的伤亡也不小，心里很着急。他率二大队从陈庄的西边迂回到敌人侧后，配合一大队战斗。到达敌人侧后，他走上一个小坎，举起望远镜观察敌情时，飞来一颗子弹，打中了他的头部，不幸牺牲，年仅28岁。郭政委牺牲以后，马本斋痛哭了一场。他让部队买了一口好棺材，并取出自己心爱的围脖给郭政委围上。埋葬时，他带着大家向郭政委的遗体三鞠躬，亲自执锹培土。他站在郭政委的坟前，久久不愿离开，深沉地说：“郭政委是对回民支队帮助最大的一个人。”

掩埋了郭陆顺同志，擦干了泪水，部队立即投入“五一”反“扫荡”战斗。这时，丁铁石主任已调离回民支队几个月，由组织科长赵文普代理政治部主任。主要政工干部虽因牺牲、调出，领导力量有所减弱，但大家还是信心百倍，迎接空前激烈的斗争。

1942年5月1日，日军集中5万步兵、800辆汽车及部分坦克和骑兵，在华北派遣军司令官冈村宁次的指挥下，对冀中抗日根据地进行空前规模的大“扫荡”。由于敌我力量悬殊，“扫荡”一开始，冀中党政军领导机关在冀中中心区的活动就遇到很大困难。为了减轻敌军对我中心区的压力，冀中军区命令回民支队立即攻打泊镇和交河，要求务必打开，以便吸引日军主力东移。接到命令后，马本斋司令员马上召集三个大队的领导同志开会，部署作战任务。决定由第一、二大队攻泊镇，第三大队拿交河。回民支队这两次战斗打得很好，转移了敌人的视线，完成了上级交给的任务。这里主要说说第三大队夜袭交河城的战斗。

交河城是一个军事重镇，筑有坚固的城寨，东西南北各有一个城门。日军占领以后，城寨四角各修了一个炮楼。城内常驻日军一个装备优良的中队和伪军千人。1938 年秋天，我军曾有两个团配备八门迫击炮和一门野炮攻打交河城，没有打开。此后，交河城的敌人一直未受过打击，因而骄横麻痹。针对这个特点，我三大队决定采取夜间偷袭的战术。

这天晚上 11 点左右，天黑得伸手不见五指，刮着呼呼的大风。三大队来到交河城下，一排长焦振铎立即带战士们在城东门和城东南角之间靠上高梯，爬上城寨。守城的伪军很麻痹，岗哨只是绕着圈喊话联系，所以天虽然黑，但敌人的哨兵在什么地方，我们知道得一清二楚。顺着敌人的喊话声，爬上城寨的同志们摸到敌人哨兵跟前喝道："我们是八路军，缴枪不杀！"敌哨兵没有反抗，乖乖地交了枪，并交代了这天晚上的口令。接着，我们的战士冲进屋去，一枪未放就缴了正在酣睡的伪军的枪。把俘虏交给守梯子的战士后，焦排长又带人把城东门打开，向第二个袭击点摸去。用同样的方法，相继解决了其他几个城角炮楼的守城伪军。然后，把北门和西门都打开，押着 50 多个伪军，带上缴获的 50 多条枪，神不知鬼不觉地撤了出来。

焦振铎排完成偷袭任务以后，日人"冀中反战同盟支部"支部长田中打电话给守城的日军中队长，说："今天晚上，我们已将交河城东、西、北三个城门打开。这次给你留点面子，要不然就将你们全部消灭了。"中队长听后十分懊丧。

5 月底，"扫荡"冀中抗日根据地中心区的敌人逐步转向东部我第八军分区，即回民支队活动的阜东、建国、交河一带。冀中军区电示回民支队：目前敌情严重，为保存力量，支队需立即撤离这个地区。军区司令部还让当时正在军区机关执行任务的回民支队参谋刘克凡赶回部队报告这一情况。当时，马本斋对附近的敌情尚未弄清，想观察一下敌情变化再转移，耽误了两天。结果，大批敌军蜂拥而至，回民支队已处于敌人重兵的包围圈中。面对这种情况，马本斋指挥部队靠近敌据点隐蔽起来。6月1日傍晚，部队从阜东县孙镇、刘庄一带出发，在附近村庄捉迷藏似地转了几圈，深夜12点以后进入一个村庄准备宿营。一会儿，侦察员跑来报告，说有紧急情况。部队立即紧急集合。马本斋对大家说："据进一步侦察得知，今夜敌人'扫荡'规律发生变化，'扫荡'前敌人的部队不像以前那样先进入四周据点，而是驻扎在四周据点的附近地区。现在我们已处于敌人的四面包围之中，情况非常严重。东边日军已用汽艇封锁运河；南边德石公路，平时敌人就定期封锁，现在过路困难更大；北面交（河）泊（镇）公路北，五六千日军正在'扫荡'；西边（北）平大（名）公路，从交河到景县已有敌1000辆汽车摆开。无论困难多大，今夜我们必须跳出阜城以东地区，否则很危险。我和参谋长分析估计，按今夜敌人的布局，主力在西边，但明天'扫荡'开始后，1000辆汽车不可能一齐平推，一定集中在阜城和漫河两个据点，待行进到一定位置再展开。所以，我们现在应立即向高纪庄进发。高纪庄位于平大公路以东七八公里的地方，它的西北五六公里处是阜城县城，西南四五公里是敌人的漫河据点，高纪庄的位置正是敌人'扫荡'行军的一个裤裆叉。估计明天敌人将在高纪庄以北由西向东推进，漫河敌人也在高纪庄以南推进。如果敌人发现不了我们，我们就等敌人过去后立即向平大公路突围。"说完，部队即向高纪庄进发。高纪庄是高庄、纪庄的合称，四周有土寨，两庄相隔半里路。部队到达高纪庄时，天快亮了。正像马本斋估计的那样，敌军主力没有经过高纪庄，而是从离村约1500米远的地方朝孙镇方向去了。敌主力过去后，其后卫部队三四百人要进高纪庄搜索时，回民支队的警戒分队开枪阻击。马本斋当机立断，指挥部队迎着敌人向西猛扑过去。待敌主力部队闻讯回援时，回民支队已突破敌后卫阵线，甩掉了敌人的追击。

这次突围，回民支队牺牲了100余人，200人负伤掉队，损失是严重的。但正如一些同志说的，在有全军覆没危险的情况下，回民支队能够突出重围，一靠广大干部战士的勇敢坚强；二靠马本斋司令员指挥果断。

高纪庄突围后，回民支队分两路活动。参谋长张刚剑率领一大队和机关连夜通过德石路，到冀南衡水、枣强一带活动。司令员马本斋率领二、三大队仍在阜城、交河一带，在地方党组织帮助下，埋葬阵亡战士，收容掉队人员。6月中旬，一大队又回到德石路北与二、三大队会合。7月初，部队越过北运河、津浦路，到达渤海之滨的冀鲁边抗日根据地。

五、转移战场

1942年7月中旬，吕正操司令员从冀鲁豫根据地电示马本斋：派人回冀中进行侦察，如有可能就回冀中坚持斗争，如不可能回去，就到冀鲁豫根据地来。马本斋遂派排长白振武率20余人组成的武工队返回冀中侦察。根据侦察情况，回民支队回冀中坚持斗争困难，便决定开赴冀鲁豫根据地。

开赴冀鲁豫根据地，就意味着回民支队要告别冀中，离开生长和战斗过的地方，离开可敬可爱的父老乡亲。决定一宣布，回民支队战士都有一种故土难离之感。马本斋对大家说："伊斯兰健儿，剽悍坚强，不管遇到多大困难，遭受到多大挫折，都不会伤感、消沉，而只会激励我们勇往直前。党要我们向南，不管要付出多大代价，都要奔去，就是死了，头也要朝南，这才是英雄好汉。”

马本斋本人怀念冀中的思绪也很强烈。行军路上，他不断地叨念冀中的首长，冀中的人民，冀中的父老兄弟，叨念着埋葬在冀中的烈士。有时，他还哼着那首深沉的歌：“山头月儿明，沙河水流涌，谁愿受这奴隶的命，谁愿看强盗横行，我们在这儿生长，在这儿健壮，几百代了……”

从冀鲁边区到冀鲁豫军区，要通过条条封锁线，危险困难重重。但由于有冀鲁边区司令员黄骅同志亲自率小队骑兵作向导，回民支队冲破了敌人的围追堵截，于1942年秋到达目的地。相别时，马本斋含着热泪对黄骅同志说：“在最困难的时候，你支持了回民支队。我永远不会忘。等将来抗战胜利再见面时，回想起这一经历会是很有意思的。”遗憾的是，他俩以后未能再见面。

回民支队到达冀鲁豫军区的见面礼就是参加粉碎敌9月27日大“扫荡”的战斗。反“扫荡”结束后，回民支队奉命从范（县）、冠（县）、濮（阳）中心区转移到鲁西北地区。

部队到鲁西北，马本斋被任命为冀鲁豫军区第三军分区司令员兼回民支队司令员，张同钰任回民支队政委，我任政治部主任。这时，鲁西北正在度饥荒，回民支队就把自己的巩固发展同帮助人民群众度过饥荒紧紧地结合在一起。

鲁西北地区连年干旱，庄稼歉收，加上敌人的敲诈勒索，抢劫掠夺，人民群众的生活十分困难，多以树皮、野菜充饥，农村荒凉凄惨，其状其景，目不忍睹。为了帮助群众渡过难关，回民支队派出武工队组织群众开展“借粮斗争”。如冠县三区东滩村有户姓高的地主，武工队先通过他家的长工弄清了有多少粮，存放在什么地方，然后发动群众去借粮。开始，地主只愿拿出点米给群众熬粥喝，通过斗争，才答应借给每家五斤粮。但是，就在当天晚上，地主却把粮食和其他值钱的东西装了大车，打算运往敌占区的一个亲戚家去。武工队闻讯后，截住了这几辆大车，将粮食和其他物品分给了穷苦的群众。群众分到粮食，解决了燃眉之急，十分感激。

为适应群众工作的开展，鼓舞人民群众的信心，回民支队主动攻打敌人据点。这里可举攻打冠县田寨伪据点为例。这个据点位于冠（县）堂（邑）公路以北敌占区的腹心地带，兵力虽然不多，但工事坚固。打下这个据点，等于在敌心腹捅了一刀，可以引起敌人惊慌。马本斋决定用一种叫作“土坦克”炸碉堡的方法攻取这个据点。部队奔袭到田寨，马本斋挑选特等战斗英雄贾福海背驮用层层湿棉被覆盖的方桌，怀抱地雷，从村东口进入大街，直奔田寨南门，敌人以密集火力扫射，“土坦克”安然前进，敌人不知是何奇物，吓得丧魂失魄。贾福海埋好地雷，便对敌人喊话，晓以大义，指明前途，随即从桌子底下钻出来，迅速走回原地。敌人未敢再放枪，便向我缴械投降了。

“借粮斗争”和主动向敌占区进攻，打击了敌人的气焰，激发了群众的抗战热忱，扩大了我军的影响。

随着国民党顽固派掀起的第三次反共高潮，回民支队又奉命调往鲁西南昆吾县、尚和县[①]一带，组成冀鲁豫军区新的第三军分区，马本斋任军分区司令员兼回民支队司令员，张同钰任军分区政治部主任兼回民支队政治委员。回民支队编成两个小团（又名大队）。不久，参加了冀鲁豫军区杨得志司令员指挥的著名的八公桥战役。这次战役，回民支队一部分部队从昆吾、尚和出发，急行军两天两夜，与兄弟部队一起攻入八公桥，激战 12 个小时，将伪军第二方面军总部及其直属队全部歼灭，毙、伤、俘伪第二方面军参谋长甄纪邱以下官兵 2000 余人。对这次战役，当年 11 月 28 日延安《解放日报》在头版头条作了报道。

---

① 昆吾县、尚和县，是当时从濮阳县东部划分出来的两个县。

六、奔赴延安

1944年1月中旬，回民支队奉命同冀鲁豫军区第三、十一、十六、十九、三十二团一起组成西进纵队，在杨得志司令员率领下，奔赴陕甘宁边区，担负保卫延安，保卫党中央的光荣任务。马本斋向往革命圣地延安，非常崇敬毛泽东主席，很想见到这位伟大的人物。这种愿望埋藏在他心田已经很久了，但因战争紧张，无法实现。现在部队要到陕甘宁边区去，要到延安去，就有机会见到毛主席了。他异常兴奋。可是，就在这个时候，马本斋颈椎部突然生了一个小疮，俗称对口疮，疼痛难忍，做了手术也没有效果，只好送军区后方医院治疗。由于路途遥远，医疗条件简陋，到医院后，又得了急性肺炎，体温高达摄氏40度。杨得志司令员亲自到医院探望，马本斋在病榻上还坚决地向杨司令员要求批准他随军出发，经杨司令员一再劝说，才同意留院治疗。马本斋同志为自己不能随军西进，感到非常遗憾，他难过地对前去看望他的回民支队领导同志说："一定要坚决服从杨司令员的指挥。……你们见到毛主席、朱总司令后，要转达我对他们的问候。"

1944年2月1日，回民支队指战员踏上了新的征途。这次部队的去向，对基层干部战士是绝对保密的，但战士们从进行的准备工作中，从领导干部的神态上，都猜测到面临的是一次非同小可的任务，因而士气特别高昂。

2月7日深夜，部队在磁县、安阳之间通过平汉路进入太行山抗日根据地。就在这时，从冀鲁豫军区传来不幸的消息：马本斋司令员因病情恶化，医治无效，于2月7日逝世。这个消息当时只让支队的几位领导同志知道，没有向下传达。

部队在艰难地跋涉：越太行、穿绵山、过吕梁、渡黄河，爬冰卧雪，风餐露宿。行军路上，指战员们想念马本斋，希望司令员早日病愈，赶上部队，指挥作战。长久以来，战士们形成了这样一种心理状态：一个军事行动，有马本斋同志在场，信心就很足。战士们常用一种诙谐的模拟动作来表达对马本斋的信任。因为马本斋是秃头，当部队出发执行任务，战士们在队伍中看见马本斋随行时，就摸着自己的头，笑着对对方说："这个来了！"意为马司令员来了，准能打胜仗。现在，有两个多月不见马司令员了，战士们这种思念的心情更加强烈。但是，当他们到达陕西米脂县城时，听到的却是马司令员逝世的消息。噩耗传开，指战员们万分悲痛。

马本斋同志逝世以后，冀鲁豫军区按照回族的风俗习惯，在鲁西北莘县张鲁集清真寺，隆重地举行了追悼大会。冀鲁豫地区的党政机关、部队和人民群众的代表几千人参加了追悼仪式。追悼大会后，将马本斋同志的遗体安葬在张鲁集村南的青松翠柏丛中，并在墓前矗立了纪念碑。

3 月 17 日，延安回族各界代表 300 多人，在清真寺举行了马本斋追悼大会。林伯渠、吴玉章、叶剑英等中央领导同志参加了大会。许多中央领导同志送了挽词。毛泽东同志的挽词是："马本斋同志不死。"朱德同志的挽词是"壮志难移汉回各族模范，大节不死母子两代英雄。"周恩来同志的挽词是："民族英雄，吾党战士。"叶剑英同志的挽词是："马本斋同志精神不死。"林伯渠、李富春同志的挽词是："率大军抗日寇远近播英名，冀鲁豫河山增色；奉教义承母志生死矢忠贞，伊斯兰健儿典型。"吴玉章、叶剑英等在追悼大会上讲话，高度评价了马本斋同志的英雄业绩。

回民支队的全体指战员决心继承马本斋同志的遗志，在新的战斗中争取更大的胜利。

1944 年 5 月 1 日，回民支队开赴甘泉县田庄沟，投入轰轰烈烈的大生产和练兵运动。这时，回民支队编入杨得志同志领导的教导一旅，董庆云同志任支队长，我任政治委员，任振宇同志任参谋长，金民同志任政治部主任。回民支队在陕甘宁边区新的战斗岗位上，为保卫延安作出了自己应有的贡献，为迎接抗日战争的伟大胜利进行了充分的准备。在抗日战争胜利之后，回民支队在党的领导下又开始了新的斗争。

“青年抗日义勇军团”的新生

李聚奎

1937年12月至1938年5月，我一二九师挺进支队、东进纵队、骑兵团、七六九团和一一五师六八九团、第五支队相继进入冀南地区后，不仅胜利地完成了打击日伪军和开辟冀南抗日根据地的任务，并且顺利地进行了扩大武装、组建新部队的工作。到1938年6月底，我军在这一地区先后收编游杂武装、民团、保安队两万余人，并逐步将其改造成为真正的抗日武装。我在此文中记述的就是我军改编段海洲部的一些情况。

段海洲是河北省安平县人，出身于地主家庭，毕业于北平民国大学，早年曾在阎锡山的部队里当过教官。1937年七七事变以后，他回到老家，在安平、武强、交河一带，利用亲戚、朋友和师生关系，在不太长的时间里，拉起了一支几十人的小队伍，同日军打了几次小仗之后，又收编了一些旧军官、土匪，也吸收了一些充满抗日热情的青年学生，队伍很快发展到四五千人，自命番号为“青年抗日义勇军团”，段海洲任司令，成为当时冀南地区游杂武装中较大的一股。但是，盘踞在武强县南面的河北民军二路赵云祥部近万人，为扩充势力，自恃兵多枪多，老想吃掉段部，曾经扣留过段海洲的参谋长朱家恺，并多次进行武装挑衅，两股队伍的武装冲突时有发生。在这种情况下，段海洲迫不及待地想找个靠山。

1938年初，我一二九师东进纵队进驻河北省南宫县以后，接连打了几个胜仗，收编了南宫周围好几个县的保安队和伪军，在冀南地区产生了很大影响，使段海洲也受到了很大震动。同时，段部中的一部分进步学生，如段部的政治部主任陈元龙、副主任李松霄等人，都极力建议段海洲率部接受八路军改编。在这种形势下，段海洲看到我军力量雄厚，想依靠我军，以摆脱赵云祥的威胁。于是，就派陈元龙为代表前往南宫，通过张策、段君毅等和中共冀南区委书记李菁玉、东进纵队负责人陈再道、宋任穷进行了联系。为了争取段、赵两股武装共同抗日，经我方提议，在南宫召开了三方会议。会上，我方代表向段、赵讲明抗战的形势和我党统战的政策，经过反复协商，成立了我党领导的统一战线性质的军政委员会。这次会议对以后进一步争取段海洲部，孤立赵云祥部起了重要作用。南宫会议后，段海洲逐渐认识到只有向八路军靠近，接受八路军改编才是出路。于是，表示愿意接受我军改编，双方并商定了改编的具体办法。至此，改编段海洲部的准备工作已初步完成，下一步面临着如何改造这支武装的艰巨任务。

5月初，我随一二九师副师长徐向前同志来到了南宫。当时我任三八六旅参谋长。陈再道和宋任穷同志向徐副师长汇报了东进纵队进入冀南后和争取段海洲的情况。徐向前同志听后，认为冀南抗日根据地发展得快，统一战线工作和收编游杂武装工作很有成绩和特色，并指示要加快做好收编和改造段海洲部的工作。之后，徐向前同志即邀段海洲到南宫住了几天，亲自同段谈话，给他介绍抗战形势和我军痛歼日军的几个重大战斗，还详细讲述了我党抗日民族统一战线的政策，使段海洲很受教育，当面向徐副师长请求收编，并表示要在八路军领导下积极抗日。徐副师长随即发电报给一二九师刘伯承师长，请示将段部编为“八路军青年游击纵队”，并建议让我去担任青年游击纵队政委。刘师长很快回电：“同意段海洲部编为八路军青年游击纵队，以聚奎为政委，可以朱、彭电令委任，让其宣布显明旗帜，并受一二九师直接领导。”之后，徐副师长还把我和段海洲叫到一起，传达了刘师长的电报，并对段说：“李聚奎同志是我们八路军给你派的政治委员。他同你一齐回武强县，把队伍整顿一下，然后就开到南宫来吧！”

从参加红军那天起，我一直搞军事工作，这次去当政委，而且是到一支刚刚收编的部队去做政治工作，我深深感到肩上的担子很重。但是我知道，做好段海洲部的工作，把这支几千人的队伍改造成我党领导的八路军的一部分，在整个冀南地区将会产生重要影响，对发展和巩固冀南抗日根据地，增强抗战的力量有着重要意义。所以，不管任务多么艰巨，我也要努力做好改编段部的工作。

离开南宫后，我同段海洲来到武强县段部驻地。到部队一看，这支队伍无论是武器装备、着装，还是纪律、士气等，都比我所听到的和想象的还要差。可以看出这是一支训练无素，战斗力较弱的杂色部队。当部队看到我代表八路军来改编他们时，官兵们议论纷纷，众说不一。为稳定部队，段海洲首先召集干部开会，请我讲话。我着重向他们宣传我党的抗日主张，只有团结起来，“有钱出钱，有枪出枪，有力出力”，才能把日本侵略军赶出中国等道理，同时，我还宣布了开往南宫接受改编的有关安排。我讲完话后，段海洲接着讲了几句：八路军是真正的抗日武装，参加八路军是我们的光荣，从今往后我们这支队伍就要听从八路军的指挥，等等。我们的讲话在段部引起了强烈的反响。广大官兵对部队改编拍手称快，表示拥护。但也有一些人极力反对。因为在这些人当中，除了土匪、旧军官外，还有个别是国民党中统特务。在这些人的煽动下，队伍还没有开拔，有些人就开小差跑了。但是，这些人毕竟是少数，当时段海洲部绝大多数人是拥护八路军改编的，特别是那些接受过抗日宣传的进步学生，显得特别活跃。我依靠这些人积极开展工作，争取了一部分军官和广大士兵，使部队的思想很快稳定了下来。之后，对一些不适应打仗的老弱人员，发给路费劝他们回家，并给改编后的官兵每人赶制了一套新军服，使军容焕然一新，部队也变得精干了。临行前，我还向部队宣布了行军纪律和注意事项，让每人带三日口粮，以便不再打扰沿途老百姓。队伍从武强县出发，经过冀县大寨村，又把段部驻在那里的一部分人带上，走了四天到达南宫。我向徐向前同志报告了段部的情况，并提出必须将有些干部调整一下，否则对改造段部不利。徐向前同志同意我的建议，以刘伯承师长和邓小平政委的名义，调出了几个人去太行山师教导队学习。段部的参谋长朱家凯就是那次离开的。朱家凯在教导队学习中表现很好，不久就入了党，解放后曾在南京军事学院任情报系主任。

段部在南宫正式改编为青年抗日游击纵队（简称“青纵”），稍加整训，即从冀南开到豫北的滑县、汲县、濮阳一带。这期间，南宫以东发生了反动会道门组织“六离会”叛乱事件。汉奸李耀庭操纵“六离会”，在张马村、小屯村附近袭击我路经该地的津浦支队，并杀害了支队政委王育民等24人。为了打击、瓦解会道门组织，迅速平息叛乱，我们“青纵”又奉命返回南宫，开到张马、甘狼冢一带，与七六九团、骑兵团一起，击溃了“六离会”纠集的1万多人的进攻。经过军事打击和政治争取，会道门组织很快土崩瓦解了。

平息“六离会”叛乱事件以后，我们在南宫、威县、永年一带地区活动了几个月，并进行了短期整训。

为了把这支队伍改造成为真正的人民军队、抗日武装，我们做了大量的工作。1938年7月初，一二九师政治委员邓小平来到冀南，住在威县附近，我去汇报改编段部情况，并请邓政委与段海洲见面。邓政委爽快地答应了。第二天，我和段海洲来到邓政委处已近中午，邓政委置办了一桌在当时来说是比较丰盛的午餐招待段海洲。席间，邓政委赞赏了段率部接受我军改编是正义之举。饭后，邓政委又同段进行了长时间的谈话，勉励段不断进步。我们回到部队后，段海洲多次和我谈起邓政委的接见，说邓政委的谈话，使他很受教育，终生难忘。之后，我俩经常在一起交谈。我除不断给他讲抗日救国的道理外，还常常给他讲一些井冈山朱德的扁担，红军长征爬雪山过草地，我师夜袭阳明堡飞机场和在神头岭、响堂铺伏击日军的故事。这些在八路军里人人皆知的故事，对段海洲来说却是那么陌生，引起了他浓厚的兴趣，每次都听得入了神。记得有一次，我刚得到一本毛主席的《论持久战》，读过之后就送给段海洲学习。段海洲看后，赞不绝口，深为毛主席关于抗战三个阶段的精辟分析所折服。我们在做好团结改造段海洲等上层人员工作的同时，还采取多种形式，对广大士兵进行政治教育。部队整编期间，邓小平、徐向前、宋任穷同志一直住在"青纵"。我们充分利用这一有利条件，在驻地附近选了一块较大的场地，用木板搭了个台子，请邓小平、徐向前、宋任穷给"青纵"全体官兵作报告。"青纵"中那些原段部的官兵，见了这些著名的八路军高级领导人，格外激动，特别是听了首长们关于抗战形势和我军的军民关系、官兵关系、作风纪律、游击战术等生动的报告，觉得很新鲜，受到了很大教育，精神面貌为之一新。为改变"青纵"的成分、编制，加强领导力量和政治工作，在邓政委的领导下，我部与三八六旅七七一团及在河南安阳收编的游杂武装合并。为了争取段海洲，部队命名为"八路军青年抗日游击纵队"（下设三个团，即原七七一团为第一团，原段海洲部为第二团，从安阳收编的游杂武装为第三团），段海洲仍任司令，我任政治委员，七七一团的团长徐深吉同志任副司令，政治委员吴富善同志任政治部主任。整编后，我纵加强了党的领导和骨干力量，军政素质有了显著提高。在党的领导下，我纵积极开展对敌斗争，并在战火的洗礼中逐渐成长壮大起来。8月下旬，我纵与东进纵队、六八九团、新一团等部，在由平汉路西东进的六八八团配合下进行了漳南战役。9月10日，我纵与六八九团、新一团攻占临漳以南的崔家桥、大韩集、豆公集，消灭伪军李台部及王自全残部共1300余人。接着，我纵又与新一团、六八八、六八九团组成漳南兵团，继续南进，25日攻占滑县城、道口镇。26日，在汤阴西南歼灭伪军扈全禄部，俘敌1400余人，经过近一个月的作战，基本肃清了平汉路东、漳河以南、卫河以西，南北近百里地区的伪军和土匪。通过这些战斗，锻炼了部队敢打硬仗，敢与敌人白刃格斗的顽强战斗作风，使部队由开始的打游击、打反动会道门的小型战斗发展到能同日伪军打大仗、恶仗。漳南战役后，大约在11月初，枣强县又发生了反动会道门“白吉会”叛乱事件。国民党孙良诚的游杂武装胡和道部，唆使“白吉会”数万人，勾结河北民军赵云祥部，将我枣强县政府、战地动员委员会和刚刚收编的独立团围困在县城里，提出“撤换县长、驱逐八路”的反动口号。当时，冀南行署宋任穷主任派我纵与骑兵团去解决这一事件。“青纵”三团由清河姜庄出发，经油坊、段芦头进至枣强县，我率骑兵团与冀南军区和行署的干部张策、荆介同志冲过赵云祥部和“白吉会”的防线进了城。我们跟胡和道谈判时，首先向他申明我党抗日统一战线的政策，然后提出撤走围城武装，解散“白吉会”，并严正指出不要煽动和利用受蒙蔽的老百姓搞磨擦。但胡和道一伙根本不听。城外“白吉会”继续敲锣打鼓，摇旗呐喊，不肯撤走，还乘夜袭击我纵三团驻地，谈判无法进行下去。于是，我们决定反击，打下他们的反动气焰。战斗前，我在本子上写了几句话，大意是：谈判几次，你们都没有诚意，而且越来越嚣张。现在，我们已忍无可忍了！特此通知你们。我撕下纸条，派人给胡和道的上司孙良诚送去。战斗开始，我们的枪一响，“白吉会”这一伙乌合之众当即仓皇逃散，孙良诚、胡和道看事情不妙，也都偷偷溜走了。

1938年冬天，日军从邢台出发，开始对我冀南地区进行第一次全面“扫荡”。敌人占领隆平、故城、恩县三座县城后，继续向南宫推进。与此同时，南面的日军也越过黄河，向鲁西北发动了猖狂进攻。11月15日，范筑先专员驻守的聊城被敌人占领，范筑先英勇牺牲。当时，日军还没到达南宫，我正率领“青纵”在南宫以西阻击日军。有一天，宋任穷主任找我谈话，说鲁西北自范筑先牺牲后，整个局面乱了，我党为开辟鲁西北的工作，决定派我去鲁西北重建新的队伍。

就在我去鲁西北期间，听说段海洲托病请假回家一去不返的消息。以后得知段海洲回家养病期间，被几个当初一起拉起队伍并对部队改编不满的旧友围住了。这些人思想反动，煽动段一起跑到国民党第十军团石友三那里去了。段海洲临走时，大概觉得对不起八路军的厚待，不愿不辞而别，就给邓政委、徐副师长写了一封信，派人将信连同他回家时带去的五匹乘马、四支手枪一并送回师部。

段海洲在石友三部当了个团长。1939年冬，石友三积极反共，遭到我冀南、冀中部队的联合讨伐，段又随石友三跑到了河南濮阳。以后听说他又跑到武汉，当了国民党军队的师长、副军长。

对于段海洲，我们总念其有过一段抗日的历史，并没有忘记这个与我们同过一段路的人。1949年当大军入川时，我们听说段海洲在重庆开了个理发馆，李达同志还派人找过他，以后再也没有听到他的消息。1984年，我从河北省文史资料中看到他的一篇回忆文章，才知道全国解放前夕，他终于认清了国民党必然崩溃的命运，率部在湖北省监利县起义，解放后，在四川省万县市政协任常务委员。

段海洲那年虽然离开了“青纵”，但这支队伍，由于党的教育和战争的锻炼，却坚定地跟着共产党、八路军走，在抗日战争中成为一支很能打仗的部队。后来，“青纵”编为八路军一二九师新四旅。这支队伍中的大批青年也在战斗中锻炼成长起来，许多同志在对日军和国民党军队的作战中英勇牺牲。陈元龙同志就是一名优秀的干部。他在代表段海洲与八路军谈判时，坚定地站在革命立场上，对改编段部起了很大作用，并在南宫加入了中国共产党，后来担任新四旅政治部副主任，在1942年4月29日突破日军对冀南的“铁壁合围”中不幸英勇牺牲，我们不能忘记他。段海洲的老部下陈子斌同志也是“青纵”中的优秀干部，作战非常勇敢，后来担任新四旅的十团团长，也在战斗中英勇地牺牲了。当时一些青年学生，跟随部队南征北战，经历了血与火的考验，表现得很好。他们对改造段部也起了很好的推动作用。这支队伍在巩固冀南抗日根据地以至在解放战争中打了不少胜仗，作出了不可磨灭的贡献。

滑石片歼灭战

张宗逊 廖汉生

1938年9月下旬，侵华日军沿平汉、正太、同蒲、平绥诸路，分25路向我晋察冀边区北岳区的五台、阜平、涞源等中心地区大举围攻，妄图分割摧毁我晋察冀抗日根据地。

中央军委命令第一二〇师向晋察冀边区挺进，配合晋察冀兄弟部队粉碎敌人的围攻。原在恒山地区作战的一二〇师三五九旅，继续在晋察冀军区统一指挥下，打击由平绥路进犯之敌。我三五八旅（欠七一五团）根据一二〇师首长的指示，先是向同蒲路北段出击，积极开展游击战，钳制敌人向北岳区的进攻；继而开赴同蒲路以东，进入晋察冀根据地北岳区，直接参加反围攻作战。

10月下旬，我三五八旅由山西省忻县同蒲路西侧的鱼龙沟、杨胡村地区转移到五台县城南一带，旅直和七一六团驻寨里村、中庄村，七一四团驻白家庄等地。部队一到，马上在群众协助下封锁了消息，积极侦察敌情，熟悉地形，寻机歼敌。

那时，我三五八旅的电台只能和师部联络，来到北岳区以后，一直没能和晋察冀军区的领导联系上，得不到指示。因此，当时我们只知道五台县城有敌人，驻地周围的敌情到底怎样，一点儿也不了解。11 月 2 日，旅部派七一六团刘忠参谋长带一个骑兵排，冒着风雪到五台县城一带侦察，准备相机攻打五台县城的敌人。可是，直到晚上刘参谋长还没有回来，大家都非常焦急。

11 月 3 日，风雪停了，太阳出来了。指战员们跑到屋外向阳的地方，有的擦枪，有的缝衣缀鞋。大家的求战情绪非常高昂，边干活边议论着：领导上不是说到五台县这边来打敌人吗？怎么还不见动静呢？中午过后，刘参谋长回来了。他报告说，五台县城日军蚋野大队几百人，昨晚从五台县城出动，向东进犯，经过 35 公里山地夜行军，今天凌晨偷袭了驻五台县高洪口镇的晋察冀军区二分区五大队，当地军民受到一些损失。我们得到了日军动向的消息，都为之一振。三五八旅旅长张宗逊、政治部主任张平化和七一六团团长黄新廷、政委廖汉生当即围着地图，进行细致周密的研究分析。大家判断这股敌人是孤军出动，没带多少给养，又有后顾之忧，必然迅速退回原来据点；敌人经过整夜长途行军，估计可能要在高洪口镇休息，今晚或明早撤退；按敌人以往的行动规律，将按原路返回。张宗逊听了大家的意见之后，用手指沿着地图上从高洪口到五台县城的大道慢慢移动，最后停在滑石片上。从地图上看出这里山峦起伏，两山之间夹着一条长达数里的山沟，大道从沟底蜿蜒而过，沟深路窄，我军若在此设伏，突然开火，即可陷敌于不利地位。张宗逊说：在这里设伏，击其惰归，歼灭这股敌人是完全有把握的，关键是我们要按时赶到滑石片。当时敌人距滑石片只有 10 公里，而我们却要走 25 公里。因此，关键在一个“快”字，要和敌人抢时间，争取先敌到达，做好伏击准备，起码也要和敌人同时到达，打个预期的遭遇战。因此张宗逊当即决定七一六团进到滑石片两侧设伏，并准备在开进中随时和敌遭遇，坚决歼灭敌人；七一四团急行军到滑石片西北的南院村地区，选择有利地形，负责警戒五台县城方向，防止敌人增援，并准备截击从滑石片漏网向西逃窜的敌人。张宗逊最后加重语气说：大家注意，要快，一个小时以内，部队一定要出发。

开完会以后，黄新廷和廖汉生立即分头向各营布置任务。大家都清楚，如果我们慢一步，就会失去战机。这时候，各连队已经做好了晚饭，还没有开饭。任务向下一传达，战士们纷纷表示：不吃饭了，打敌人要紧。下午 4 时，七一六团各营就先后出发了。从获得情况到部队行动仅用了两个小时。

部队踏着积雪，在当地群众的带领下，抄捷径向滑石片疾进。各连的连长、指导员一边行军，一边跑前跑后向战士们传达上级的指示，进行政治动员。立刻，队列里响起了“坚决消灭蚋野大队”，“把敌人赶出边区去”的口号声。有的还展开挑战应战活动，使队伍加快了前进的速度。天气虽然寒冷，大家的衣服却被汗水湿透了。

太阳落山后，气温骤然下降，寒风卷起积雪打在战士们的脸上，疼痛难忍；汗湿的衣服紧贴在人们身上，凉透肺腑。崎岖的山道只有一尺来宽，在逐渐加浓的夜色之中，越来越分辨不清。不少战士跌倒了，爬起来继续赶路，有的还开玩笑说：“快到滑石片了，怪不得滑的站不住脚了。”

旅部和七一六团只用四个多小时，就走完 25 公里山路，晚上 9 点登上了滑石片以西高地。在朦胧月色中，但见两座高山夹着一条狭长的沟道，弯弯曲曲由东南向西北伸展，沟道宽约二三十米，西面是三四米高的陡崖，不易攀登，东面坡度较缓，容易上下。我军只要占据西面有利地形，就可以用火力封锁敌人，使之无法爬上东坡，这里的确是打伏击的好地形。不一会儿，派出的侦察员跑来报告：敌人来了。我们立刻命令部队按原定的部署展开：三营拦头，迅速占领滑石片西北高地，并以一个排占领大沟东侧高地，卡住沟口，堵住敌人去路；二营设伏在滑石片附近大沟西侧，准备拦腰打击敌人的行军纵队；一营在滑石片东南大沟的西侧隐蔽设伏，和第二营部队相接，待敌人进入我伏击地区，战斗打响后堵击其尾部，旅和团的指挥所设在大沟西面的西天和村附近。

战斗命令刚下达，各连正迅速展开向山下预定地点运动时，远处就传来了皮鞋和马蹄声，敌人进沟了。突然，从一营方向传来了一声枪响。大家一听，坏了，开火过早。过一会儿，一营的通信员气喘吁吁地跑来报告："一营只插过去两个连队，剩下两个连还没有过去，敌人就上来了。营长请示首长怎么办？"黄新廷没有直接回答他，问道："刚才是谁乱开枪？"通信员说："那是敌人放枪壮胆。""原来是这样。"黄新廷对通信员说："告诉你们营长、教导员，没有过去的部队就不要强行通过了。注意隐蔽，把敌人全部放进沟里。三营在前边一打响，你们就堵住敌人的后路，不准放掉一个敌人！"

一营通信员刚走，敌人已经来到山下，不时传来人喊马嘶和牛、羊、鸡、鸭的鸣叫声。这些日本兵在高洪口抢掠了一番，正洋洋得意，行军警戒极为疏忽，入沟后一点儿也没有发觉我军的埋伏。看到这种情景，战士们都按捺不住满腔怒火。黄新廷狠狠地说："看你们还能猖狂多久！"为了指挥方便，团指挥所移到三营的阵地。

三营各连队下到陡崖上时，敌人的先头分队十多个人已经过去了，这时九连几十个精壮小伙子组成的突击队猛扑到沟里，用步枪、机枪、手榴弹一齐向敌人开火。骄横的日军，做梦也想不到八路军会在这里冒出来，顿时人喊马嘶，乱作一团。过了一会儿，敌人集中全部骑兵，向九连正面猛冲，企图突出沟口，九连突击队的火力眼看压不住敌人，黄新廷对三营营长王祥发说："往下压！"王祥发把棉衣脱下往地上一甩，挽起衣袖，一手提驳壳枪，一手拿手榴弹，大吼一声："十一连跟我来！"战士们像一阵风似的跟着他扑下去。九连长曾祥旺也带两个排，从侧翼向下压。片刻，山下响起了猛烈的手榴弹爆炸声。在团团闪亮的弹光中，战士们端着刺刀和敌人展开了激烈的白刃格斗，使敌人无法发挥火力优势。王祥发果敢沉着地指挥三营指战员接连打退了敌人的五次冲击。

与此同时，二营在营长蔡九和教导员黄新义带领下，从大沟西侧向下压，和向前涌的敌人遭遇。走在前边的八连长李家富没等上级号令，就带着全连跑步接近敌人，勇猛冲杀，把敌人拦腰截断。二营其他连队紧跟着从山上插下去，用手榴弹和机枪、步枪火力，向敌人侧翼冲击。五连长巴尚真和指导员万在明率领全连，硬是在敌人中间突过去，飞速占领了东侧山坡上的一个小庙，控制了制高点，把向东坡上爬的敌人打得滚回沟里。

一营三连在敌人后尾过完之后，也迅速向敌人侧后包围攻击。敌人正面和侧翼被二、三营打得死伤狼藉，向前冲不出去，又转过头来往回突。这时，一营阵地的枪声越来越密。廖汉生对黄新廷说："得派一个连去加强一营。"黄新廷马上说："你在这儿指挥，我去！"刘参谋长在一旁听了，急忙说："我去！"说完立即跑向二营，带上一个连奔向一营阵地。

战斗进行到了白热化程度，各连队发扬我军夜战近战的特长，战士们个个人自为战，英勇杀敌，经过两小时激烈战斗，就将敌人的行军纵队分割成数段。大部敌军被迫躲在陡崖下进行垂死挣扎，少数退到沟西北的石沟村几间土屋里困守，根本没有反击能力了。

这时，张宗逊来到前沿阵地，对干部战士们说："敌人已经被打乱了，不能让他们有喘气的机会。全团应该立即冲下去，彻底消灭这股敌人！"团指挥所马上向各营传达了总攻击的命令。顿时，嘹亮的冲锋号声四起。战士们端着雪亮的刺刀，喊着"冲呀！""杀呀！"像猛虎下山似的冲入沟底，与敌人展开激烈的搏斗，用刺刀和手榴弹歼灭被分割的敌人。

三营一位姓高的排长，率领全排冲向石沟村。快接近村屋时，敌人以机枪拼命扫射，负隅顽抗。高排长领着战士们冒着弹雨冲到土屋跟前，几个战士迅速爬上屋顶，把一束束手榴弹扔到屋里，炸得敌人嗷嗷怪叫。敌人的机枪哑了，没被炸死的敌人再也不敢待在屋里，发狂地往村外跑。三营的其他连队也赶到村前，这些日本溃兵有的被刺死，有的当了俘虏。

二营阵地的陡崖下有三户窑洞，一伙敌人被困在洞里，六连长周绍训领着战士们冲进去，把敌人全部击毙。洞里有敌人没来得及架起的电台，几笼军用信鸽都成了我们的战利品。

七一六团和敌人进行了一夜的格斗，除23名残敌绕到北边的灰窑沟，逃出了伏击圈外，其余敌人全部被歼。

七一四团驻白家庄，距离滑石片西边凤凰山的南院村有50多公里，接到命令后就马上出发。经过一夜急行军，4日拂晓到达南院村附近，正遇从滑石片逃出的几十名敌人路过，团领导立即派一个营跟踪追击。这时，由五台县城方向出动的一小股增援滑石片之敌，很快与几十名残敌会合。七一四团马上投入战斗，给这股敌人以迎头痛击。敌人被打得狼狈不堪，扭头就往五台县城逃。七一四团紧紧追击，一直撵到五台城下。

4日晨，彻夜的枪声停止了，太阳从东方升起，万道霞光照耀着滑石片四周的远山近村。恢复了宁静的山沟里，到处横七竖八地躺着日军的尸体和军马，敌人带的山炮和小炮还完好地驮在马背上，未及卸下来，毒瓦斯弹、烟幕弹、残刀断枪和军用给养品扔得遍地皆是，疯狂一时的蚋野大队被消灭了。七一六团的战士们在群众帮助下迅速打扫了战场，高唱着胜利的战歌开往高洪口。七一四团在4日夜间袭击了五台县城之后，也赶到高洪口集结。

到了高洪口的当天，我旅才和晋察冀军区二分区取得联系，通过他们向聂荣臻司令员报告了情况，同时也通过电台向一二〇师贺龙师长作了汇报。滑石片伏击战，歼灭敌人第一〇九师团第一三五联队的蚋野大队500余人，俘敌20余名，缴获山炮两门，小炮四门，轻重机枪30余挺，步马枪340余支，战马100余匹，电台一部，其他军用品甚多。七一六团一些连队的同志在高洪口穿上缴获的日军呢大衣，摆上缴获的武器，高高兴兴地让晋察冀军区的记者照了一张集体相。这张照片至今仍保存着。当时，国民党当局派驻一二〇师的上校联络官陈宏模不相信我们取得的胜利，贺龙师长嘱咐我们给他两件日军呢大衣和一把日军军官指挥刀。在实物面前，这个联络官也确信无疑了。

滑石片伏击战，我七一六团以比敌人稍多的兵力，以劣势的武器歼灭了装备优势的敌人，自己伤亡几十人。这是全面抗战以来很成功的一个战例，也是晋察冀边区反围攻后期取得的一次较大胜利。

11 月 7 日，晋察冀边区反 25 路围攻的战役胜利结束。我旅在高洪口稍事休整以后，于 11 月下旬返回晋西北的静乐、娄烦地区参加新的战斗。

动地军歌唱凯旋

——忆响堂铺伏击战

徐深吉　吴富善

巍巍太行起狼烟，
黎涉路隘隐弓弦。
龙腾虎跃杀声震，
狼奔豕突敌胆寒。
扑灭火龙吞残虏，
动地军歌唱凯旋。
弹指一去四十载，
喜看春意在人间。

这是徐向前元帅以《忆响堂铺之战兼贺抗战胜利40周年》为题写下的诗篇。吟读着这豪情满怀、雄浑激昂的诗句，当年八路军第一二九师在山西黎城响堂铺伏击日本侵略军的壮烈情景，又一幕一幕地在我们的脑际闪现。我们仿佛又跟随着这支英雄部队，在刘伯承、邓小平、徐向前同志的指挥下，驰骋在抗日的疆场。

响堂铺是位于今河北涉县以西、山西黎城县东阳关以东，邯长大道上的一个小村。村南侧是海拔1400多米的高山，山峰陡峭；村北边也是海拔1200多米的高山，山势平缓，地形起伏，并有一些村庄。两山之间是一条长长的峡谷，日军依山顺谷修了一条简便的汽车路。所以，响堂铺当时是日军由邯郸进犯山西的咽喉之地。

1938年3月下旬，侵入晋南、晋西的日军，虽然连续遭到我军的沉重打击，但为实施其配合津浦铁路线作战，相机进攻潼关、西安和陕甘宁边区的计划，仍继续向黄河各渡口猛犯。因此，邯长大道和由长治至临汾的公路，是敌人的两条重要交通要道，汽车每日往返不断。由于我军不久前在神头岭战斗中歼敌1500余人，所以敌人对这条大道的警戒比前更严。敌人除在黎城驻有1500余人外，在东阳关还驻有150余人，涉县也驻有400余人。但这三股驻军之间的空隙较大，我军仍有歼敌之机。

根据上述情况，为了给日军以沉重打击，我师首长决心以三个主力团，在东阳关至涉县之间的响堂铺地段，消灭敌人的运输队。当时的作战部署是：三八六旅七七一团和三八五旅七六九团的主力，分别在邯长大道以北的后宽漳至杨家山一线山地设伏。七七一团为右翼队，七六九团为左翼队，并各派出一股部队到大道以南山脚下埋伏。同时，七六九团抽出几个连在椿树岭、河南店、王堡等地设伏，阻击可能由涉县西援之敌，并掩护该团左翼。三八六旅七七二团主力集结在七七一团右后方之马家拐，并派出小部队向东阳关附近之苏家蛟游击警戒，阻击可能由黎城、东阳关来援之敌，以保护我伏击部队右后方安全。

各部队接受任务后，分别抓紧时间进行思想动员和战前准备。当时我们七七一团指战员绝大多数未见过汽车，对它的性能和特点不了解，因此，团长徐深吉和政委吴富善决定有针对性地进行如何打汽车运输队的战前教育。教育中，不仅向大家介绍了汽车的性能特点，并着重讲了打汽车运输队的要领，首先是消灭汽车上的掩护部队，使之失去战斗力；第二是打敌驾驶员；第三是打汽车的油箱和轮胎。这一教育，虽然时间很短，但使大家了解了汽车的特点和打汽车的要领，在战斗中确实起了很好的作用。

在传达战斗任务时，我们特别向连以上干部说明，这次前线指挥战斗的师首长是徐向前副师长。大家听了这个消息非常高兴，因为我们的干部和绝大部分战士来自红四方面军，徐向前副师长是我们的老首长，他在指战员中有很高的威信。一营营长潘占奎说：有徐副师长指挥我们打仗，一定能打胜仗。二营营长邹国厚说：指战员们听说徐副师长来指挥我们打仗，个个信心倍增，表示一定要干净、彻底地消灭敌人。

30 日午夜，我们部队准时进到响堂铺村北山坡上的宽漳村附近。三八六旅旅部指挥所设在后宽漳。在我们七七一团左翼杨家山、江家庄地段的七六九团主力和右后方马家拐的七七二团也都按时进入阵地。为了打好这一仗，我们团的领导认真进行了研究，并作了具体部署：第一营在宽漳村东南，响堂铺北山坡上，并派一个连埋伏在公路南山坡上，歼灭向南逃窜之敌；第二营在宽漳村以南、响堂铺西北山坡上，一、二营为第一梯队，担任正面主攻任务；三营在二营的右后西山坡上为第二梯队。等敌人最后一辆汽车驶过下弯时，即切断敌人后路，并消灭后部敌人及其掩护部队。团迫击炮连阵地布置在宽漳村附近的山坡上，以便支援各营突击敌人。按照团里的部署，各营、连抓紧时间吃了干粮，等待出击命令。3 月间，太行山区的深夜寒气逼人，但战士们由于行军和紧张的战前准备，个个汗水浸湿了内衣，被冷风一吹，显得特别凉。但是，为了伏击战的胜利，指战员们没有一个叫苦喊冷的，都聚精会神地等待战斗的命令。

天刚拂晓，我们得到一个情报：东阳关的几百名敌人，向苏家峧的七七二团七连伏击地开去。是不是敌人发现了我们的行动？如果真的这样，这对我们完成伏击任务会产生很大的影响。当时我们都很着急，但作战经验丰富的徐向前副师长却冷静地作出分析判断：昨天东阳关敌人只有 150 人，今天突然出现几百人，这说明东阳关增兵了。我们昨夜的行动十分隐蔽，今天拂晓敌人是不会知道的，敌人至多只能发现我苏家峧之小部队，不可能发现我主力部队的行动。徐副师长胸有成竹，指挥若定，立即果断地命令七七二团派一个营到庙上村以东之高地，加强警戒，保护我埋伏部队的右后方之安全。又命令埋伏部队继续隐蔽，耐心等待敌人。并对七六九团团长陈锡联说："你们仍应集中注意力准备打敌人的运输队，即使敌人几百人绕到你们后面来，也不要管。你和徐深吉各给我一个连，我来掩护你们消灭敌人的运输队以后，向南撤出。"徐副师长的正确判断和坚定的决心，使参战部队受到很大的鼓舞。大家很快安下心来，继续搞好设伏。

8 点多钟，观察所侦察参谋高厚良报告："听到东阳关方向有汽车马达声音。"接着他又报告："敌人的汽车队已由东阳关方向沿公路往东开来。"徐深吉命令观察所继续观察敌人有多少汽车，及时准确地报告。不一会儿，观察所又报告："从敌人的第一辆汽车开始数起，现在已过上弯的有 33 辆，后面还继续来。"听到这个情况，徐深吉当即判断敌运输队将很快全部进入我伏击地域，战斗马上就要打响了。为了更有把握地歼灭敌人，他命令观察所继续查清敌情。观察所接着又报告说："敌汽车继续开进，已过 64……97……113……153……180 辆，后面没有了。"不一会儿，敌先头的几辆汽车已通过七七一团第一营正面，进到七六九团的伏击地段。这时，我俩商量：我们是全团担任伏击任务，应该多消灭些敌人，打后头 100 辆；七六九团有几个连担任对涉县的警戒任务，放过 80 辆让他们去收拾。

敌汽车过了下弯，进入河底，公路比较平坦，速度加快了。当我们看到最后的几辆坐着六七十名日军掩护部队的汽车，刚到下弯，前面的 70 多辆汽车已进入七六九团地段，急待出击命令时，突然听到

“啪！啪！”两声枪响，抬头一看，两发绿色的信号弹悬挂在上空。指战员们都明白，这是徐向前副师长发出的总攻击命令。顿时，我们的步枪、机关枪和迫击炮一齐怒吼，密集的火网，打得敌人蒙头转向。紧接着几十把军号一齐响起“嘀嘀哒，哒哒嘀……”的冲锋号声。我们的部队如猛虎一般地冲了下去。霎时间，数以千计的手榴弹在敌群中爆炸。随着枪炮声，冲锋号声，喊杀声，我们的勇士们火速冲上公路，跳上汽车，与敌人展开了搏斗。敌人被打得惊慌失措，乱作一团。有的被击毙在车厢里，有的被刺死在公路上，有的滚下车来企图顽抗，有的藏到汽车下面。我们的战士越战越勇，大家的决心是，敌人不缴械就坚决消灭之。跳下汽车的敌人被我们的手榴弹炸得血肉横飞，有的被刺刀和长矛（新战士没有枪）刺死在地上。残余的敌人向南山逃窜，被我南山的部队一阵猛打，又滚回公路上被消灭。

就在我们七七一团紧张战斗的同时，七六九团在团长陈锡联的指挥下，也与敌人展开了激战。11时，战斗基本结束。敌人的180辆汽车和随车的170多名日军，除了30多个敌人乘我南山部队少，空隙大，钻空子逃掉外，其余的敌人均被歼灭。车上的军用物资也都被我缴获。那时，我们没有汽车驾驶员，汽车开不走，只好把180辆汽车一一点着。顿时，一团团黑色烟柱冲上几十米的高空。敌180辆汽车很快全部被烧毁。这时，我指战员满怀胜利的喜悦，抬着缴获的迫击炮，扛着歪把轻机枪和崭新的三八式步枪，挂着皮子弹盒，拿着黄呢子大衣、皮靴、饭盒等军用品，高高兴兴地撤离了战场。

果然不出徐副师长的判断，当我部队在响堂铺与敌激战之际，驻黎城和东阳关之敌步骑兵共400余人，很快出动，并向马家拐地区的我七七二团发起进攻，企图解响堂铺之危。敌人哪里知道，我七七二团早就按照徐副师长的部署，进行了战斗准备，所以当即奋力反击，把进攻之敌击溃。这时，黎城之敌又出动200余人会同被击溃之残敌再次向我七七二团进攻，又被我击溃。与此同时，涉县之敌也乘六辆汽车驰援，在椿树岭以东被我七六九团打援部队击退。

下午4时许，敌人出动飞机十多架，飞到响堂铺上空轰炸。但是，徐向前副师长早就预料到：敌人在地面上吃了败仗后，必然从空中来“示示威”，以挽回面子。因此，在战斗快结束时，他就命令部队迅速打扫完战场，当即撤离，并留下少数部队动员、组织群众疏散隐蔽。所以，当敌机飞到响堂铺上空时，我们的部队早已全部向马家峪、佛堂沟一带山地转移。敌机转了一圈，见到满山沟是被我烧毁的汽车残骸和横七竖八地躺在地上的日军尸体，发疯似的投下一排一排的炸弹。顿时，响堂铺北山坡上扬起一团团浓烟。但这只能是为丧生的日军吊丧而已。其实敌机连我军的影子也未见到，炸弹投完了又在上空盘旋许久，才向北飞去。

黄昏以后，我们部队已休息了几小时，吃饱了饭，带着胜利品，怀着喜悦的心情，在群星辉映的夜色中，迈着矫健的步伐向着新的战地开进。

这次战斗，共毙伤敌少佐以下官兵400余人，烧毁汽车180辆，缴获各种枪130余支、迫击炮4门。我伤亡300余人。

战后，刘伯承师长对徐向前副师长指挥的这次战斗深为赞扬，说：“向前不减当年勇”。并指出，此次伏击战首先是地形选择得好，其次是情况判断准确，决心果断，部署周密。同时，担任打增援的部队和担任打伏击的部队密切配合，保证了响堂铺伏击战的胜利，为我军伏击战创造了一个范例。

威震冀中平原的齐会歼灭战

黄新廷

齐会一战，一二〇师威震冀中平原。此役经三昼夜激战，基本歼灭日军吉田大队，成为全面抗日战争初期首创平原游击战大量歼敌精锐的模范战例。七一六团参加了齐会战斗，当时我任该团团长。

一、当机立断，周密部署

1939 年 4 月 18 日晚，我团随师部由高阳县庄头地区向东转移。经过两个晚上的夜行军，20 日拂晓前到达河间县东北的卧佛堂、大小朱村地区，与先期到达相邻地区的我师独一旅靠拢。此时全师两个旅七个团，还有冀中军区第二十七大队在这个地区会合，准备进行整训，并待机作战。我团驻小庄、任村、齐会三个村子，是全师西翼的屏障。

正是清明时节，冀中平原春光明媚。然而冀中的局势却依然是相当严峻的。一二〇师驰援冀中以来，虽然四战四捷，和冀中的部队一起打破了敌人第三、四、五次围攻，但敌依仗其军力优势，侵占了我冀中区的全部县城和主要集镇。冀中平原上，敌据点林立，炮楼密布，各据点之间相距不过一二十公里，我回旋地区大大缩小。敌人到处拼凑伪政权，推行“治安肃正”；以据点为依托，经常出来抢粮食、抓民夫，胁迫群众平道沟、修马路；不时集结兵力，梳篦拉网，进行“扫荡”作战，企图在青纱帐起来之前消灭我军，或将我逐出平原，以确保其占领的平、津等要地和津浦、平汉等铁路运输线的安全。其侵略气焰十分嚣张。我们要想站稳脚跟，稳住冀中局势，巩固和发展这块抗日根据地，就必须以英勇的战斗，给疯狂的敌人以更沉重的打击。

战机终于来了。4月20日，日军第二十七师团的吉田大队800余人，伪军数十人，分乘汽车50余辆，携山炮两门，随带满载弹药、给养的大车80余辆，浩浩荡荡，由沧州开到河间县城。

吉田大队开到河间，是跟随我军行踪而来的。但他的情报不甚准确，以为我军在该地区不过两千左右的兵力，不知我是万余人的大军集结。仅这一点，吉田就要倒大霉了。他决定出兵“扫荡”，打我一个措手不及。但他也明白我们是著名的贺龙指挥下的主力，预测将是一场激战，所以出发之前，令部下尽量多带弹药，各种炮弹、枪弹、手榴弹、掷弹筒，满满装了几十辆大车，仅山炮炮弹就带了420多发，这在当时，就日军“扫荡”作战来说，也是一个很大的数量。连他的士兵也惊讶：“扫荡作战中，就数这次携带的弹药多得出奇！”

4月22日下午，吉田大队带着长长的大车队，出河间县城西门，转而向北行进，傍晚到达河间城北三十里铺。

就在这天晚上，我们师部召开了各旅、团首长和师直营级以上干部会议，部署整训工作，同时，全师将士也在师部驻地大朱村开联欢大会，庆祝一二〇师和冀中三纵队合编，并进行整训动员。贺龙师长、关向应政委、周士第参谋长、甘泗淇主任等领导同志都到了会。联欢大会开始，贺龙师长整整灰布军装，摸摸浓密的胡子，首先站起来讲话。正讲着，侦察员气喘吁吁地跑来报告：吉田大队已进驻三十里铺，离我不到15公里。于是贺师长话头一转，把联欢大会变成了战斗动员大会，他说：

“同志们！为了巩固和发展冀中抗日根据地，这三个月来，我们各部队并肩作战，密切配合，取得了一连串的胜利。同志们连续行军打仗，都很疲劳了，原想让大家休息一下，但敌人不让我们休息，现在已经送上门来了，怎么办呀？”接着，他幽默地说：“既然敌人把礼物送上门来，能不收下吗？本来今天晚上叫战斗剧社给同志们演几个小戏，现在就不演了，各部队立即带回，连夜做好战斗准备，隐蔽待机，听命令行动。我们要在冀中平原上打一个漂亮仗，等战斗胜利以后，再来开一次祝捷大会！”

他嘱咐指战员：“今天晚上大家辛苦一下，熬个夜，把工事修好，要注意防炮、防毒、防火（防敌人烧房子）。”

最后，贺师长号召“军民一心，团结起来，坚决粉碎敌人的进攻。敌人来了，要狠狠地打，来多少，消灭多少！”他猛一挥手，结束了这个简短有力、风趣生动的战斗动员。

贺师长亲自动员，给全师增添了巨大的力量。指战员们精神振奋，热血沸腾，决心打好这一仗，开创冀中抗日斗争的新局面。

我们正在听贺师长的讲话，周士第参谋长把我从会场叫出来，对我说：“敌人在三十里铺，离你们最近，你们要严密监视敌人的行动，看他是向东还是向北，随时向师里报告。”我随即告团参谋长王绍南，立即派出侦察，一直派到三十里铺敌人鼻子底下，随敌前进，及时报告敌人的动向。

晚会提前结束，部队还没有带出会场，师首长就召集旅团领导紧急研究情况，对吉田大队的行动企图进行了分析判断：敌人这样大的兵力北出河间，很可能企图在任丘、吕公堡、大城诸敌配合下，进行“扫荡”作战，向我驻区进攻。

这一坨敌人兵力不少，装备精良，训练有素，又异常残暴凶恶，被华北日军视为精锐之旅。因血洗南京城、屠杀中国人民有“功”，吉田大队从官佐到士兵，人人佩戴“勋章”一枚，骄横不可一世。这次倾巢出动，可谓来者不善。

平原游击战，敌强我弱，我通常是进行分散的小规模的游击，一次消灭一小股敌人，积小胜为大胜。这次是敌装备精良的一个大队，要一口吃掉它，能不能吃得了？怎样才能稳操胜券、全歼敌人？师首长审时度势，作了缜密的研究：

敌虽兵力较大，装备精良，但不明我军虚实，系孤军冒进；分散在周围的日伪军只有2000多人，既要守点，又要防我游击队袭击，不可能大批增援；我七个团、一个大队集中在附近，兵力对比占绝对优势。以我重兵打孤立少援之敌，这是取胜的基本条件。

敌虽来势汹汹，但我是连战连胜的正义之师，已取得平原作战的经验；冀中新部队经过几次反围攻作战，战斗力已有很大提高，且两师会合，士气正旺，这是克敌制胜的最重要因素。

我军现驻区是冀中抗日根据地较巩固的中心区，人民拥戴八路军，痛恨日本兵，群众基础好。

敌骄傲狂妄，轻举妄动，必然给我以可乘之隙。这叫作骄兵必败。

结论：歼灭吉田大队，是有把握的。

师首长当即下了决心：抓住有利战机，隐蔽待机，实行外线速决的进攻战，歼灭吉田大队。

接着又进一步分析了敌人的攻击方向，是由西向东，还是由北向南？师首长判断：向东的可能性较大。因为向东距我领导机关驻地路线最短，同时可得到西北方向任丘、北面吕公堡、南面沙河桥、东北方向大城等敌的策应配合，对我形成四面围攻的态势。

七一六团摆在全师的最西面，敌人如果向东进犯，七一六团则首当其冲。

根据以上分析判断，师首长作了周密的部署：以七一六团正面交战，视战斗发展情况，以主力断敌退路，尔后合围攻歼；以少量兵力警戒各据点之敌，阻敌增援，保证主力攻歼的成功。

当然也估计到这个敌人不是那么好打的。它兵员充实，老兵多，火力强，弹药足，战术技术好，官兵信奉法西斯主义，有武士道精神，在失利的情况下，仍十分顽固，宁死不降；而我军武器装备差，火力不如敌人。因此确定了白天固守，夜间反击，连续包围，不断杀伤，最后歼灭的基本战法。

贺龙师长特别叮嘱我：敌人如果向东进犯，你们“亚六”（一二〇师当时代号为“西伯利亚”部，七一六团代号简称为“亚六”，七一五团为“亚五”）是首当其冲。你们团是打头阵的，白天一定要守住，紧紧抓住敌人，大量杀伤、消耗、疲惫敌人，夜间要坚决果断地反击；敌人如果逃跑（敌不善夜战，通常是天黑就收兵），就与兄弟部队协同，包围歼灭敌人。并令我立即回团部署战斗。

这时，著名的国际主义战士白求恩正在一二〇师。贺师长部署完毕以后，对白求恩说：“你的医疗队放在哪里好？还是跟师部在一起，好不好？”白求恩说：“还是靠前一点，放在齐会附近吧！”贺师长问：“为什么？”白求恩说：“你不是说齐会是战斗的中心吗？战士们需要我们和他们在一起！”听了这话，贺师长转身对我说：“听见没有？告诉大家，白求恩大夫就在你们身边，和你们一起战斗！”这种高尚的国际主义精神，大无畏的战斗风格，对我们是一个很大的鼓舞。战斗发起以后，白求恩就率领医疗队来到距齐会仅有五里地的屯庄，手术室就设在村南的一个小庙里。由于这里离战场近，医疗队及时地抢救了不少伤员的性命。

我赶回团里，令三个营都要连夜备战，以做到有备无患，万无一失，并令各营立即组织指挥员现地勘察地形，选择阵地和进攻路线。平原作战有个特点是无险可守，村落是唯一依托。白天战斗一打响，就要顶，敌人打炮也好，放毒、放火也好，都要顶住，不能走，一走就失去依托，谁走谁吃亏。要顶住，就必须充分利用地形、房屋，修建坚固的工事。因此，令各营连夜加修工事，务必做到坚固可靠。同时令各值班分队不解背包，随时准备夜里应付紧急情况。政治处则分头下去，协助各营进行政治动员，组织群众转移。一声令下，全团立即行动，投入了紧张的备战。

我和政委金如柏、副政委黄新义、参谋长王绍南、政治处主任颜金生等研究了情况、任务和打法，重点研究了齐会村的战斗。

冀中抗日根据地创建以来，齐会逐渐成为中心村庄，人民群众抗日热情高涨，积极支援八路军。在这个村子作战，群众基础很好。齐会，据说历史上曾有三条河流在此处会合，古河道虽然早已干涸，但总的来看，在平原上，仍不失为一个地形较复杂、易守难攻的好战场。该村有 400 多户人家，是一个比较大的村庄。村内有一条南北街，街两旁是许多小巷和房屋，有一定纵深，利于我布兵作战。村东南有大水塘，水比较深，是我布防的天然障碍物。大水塘上有一座小石桥，为进出的通道，利于我阻击敌人。村沿有一些零星房屋可作为前哨阵地，利于我防守。

我团驻齐会村的三营，前身是红二方面军的第六师十六团，老底子是洪湖赤卫队，经过长征，可以说是身经百战，战功卓著，战斗力很强。指战员大多数是红军，骁勇善战。营长王祥法经验丰富，沉着老练，由他指挥作战，可说是主将得人。

我们决定：把固守齐会的重任交给三营，一营相机使用，随时准备支援三营的防守作战，二营为预备队。我们先用一个营对付吉田大队的全部兵力，留两个营在关键时刻加入战斗，可以始终保持主动的地位。决定白天固守，黄昏后一、二营从外线进攻，三营伺机反击，里外夹攻，大量歼灭敌人的有生力量，为师主力合围全歼该敌创造条件。

作战方案定下以后，团的领导干部分头到各营布置任务、进行动员、检查指导。我立即赶到齐会，向三营作具体部署。

我们曾与吉田大队较量过，3 月 1 日黑马张庄一战，我们巧布伏兵，消灭他 200 多人。王祥法听说要二打吉田，十分兴奋。

我向他交代了此次战斗的意图，并共同研究，明确了具体打法：敌人兵力较多，我们不在村外打，那样兵力就分散了；就从村沿打起，在村沿利用有利地形如塄坎、坟包、树丛、土坑、水塘和房屋等，在村里再利用街巷和房子层层阻拦，节节抗击，不断杀伤敌人、消耗敌人，叫他欲打不下，欲罢不能，把它粘在齐会。

我提醒王祥法，贺师长的意图不是把敌人打跑，而是要全歼。你们要紧紧抓住敌人，不能让他退出战斗逃跑。这将是一场恶战，任务很艰巨，你们要想一切办法坚持到天黑，为上级调整部署围歼敌人赢得时间。留一个连作预备队，使用到最吃紧的地方或用于夜间反击。

打法一定，王营长立即部署兵力，区分任务。各连进行了简短的战前动员。战士们听说要打大仗，个个摩拳擦掌，决心书、保证书雪片似的飞向连部、营部。老乡们听说八路军要在这里打日军，一传十，十传百，纷纷从家里跑出来，扛着镐头和铁锹，和战士们一起挖工事，掏枪眼，军民并肩，决心把齐会村变成坚固的战斗堡垒。

动员和组织群众转移的工作十分艰难。老乡们抗日心切，非要留下支前不可。特别是青年小伙子，纷纷找到连部、营部恳求：“让俺们留下吧，难道打鬼子没有俺的份？”一位 50 多岁的老大娘找到王营长说：“别瞧你大娘老了，给你们烧烧水、做做饭，也是俺们一片抗日的心意！”经过再三劝导，才说服了老乡。临转移前，老乡们把烙好的饼子、煮好的鸡蛋硬往战士手里塞，还不住地嘱咐：吃得饱饱的，多杀几个鬼子！全营指战员，没有一个不深为感动。一些山西籍的战士说：冀中老乡真好，为他们流血牺牲，我心甘情愿！

万事俱备，只待敌人。战士们在阵地上养精蓄锐，像猎手等待猎物一样等待着敌人的到来。

二、八路神威，顽敌丧胆

22日夜12点，吉田带着大队人马悄悄出发，贸然东进。23日拂晓前从丰截河村渡过了古阳河，路上搜索了几个村子，没有发现八路军的踪迹，9时占领了南北大齐、北齐曹村一线。于是放开胆子，督领人马直奔齐会。

敌人从三十里铺一出动，我便衣侦察就跟踪报告了。我们当即把团指挥所移到小店村南杨家坟。我们心中都很敬佩：贺龙师长所料不差，敌人果然向东来了。

我们站在麦地里，用望远镜瞭望着。不久，镜筒里出现了敌人的身影。我立即打电话命令三营准备迎击敌人。一会儿，敌炮兵在一座砖瓦窑附近部署发射阵地，步兵分三路展开成战斗队形，从西边掩杀过来了。

敌人离齐会约800米时停止了前进。突然"轰"的一声，一发炮弹的爆炸声打破了激战前的寂静。这是敌人的火力侦察。王营长告诉战士："不要开枪，等敌人靠近了再打。"中路敌人一个步枪中队、一个机枪中队，左路、右路各一个步枪中队，看到村子里没有什么动静，就大着胆子，弯着腰，向齐会搜索前进。敌人越逼越近，狰狞的面目看得清清楚楚，战士们屏住呼吸，紧握着武器，等候着开火的命令。当敌人进入我火力射程之内时，王营长一声令下：打！霎时间机枪、步枪、手榴弹一起开火，前面的敌人哀号着倒下了一片。

枪声一响，吉田明白村里八路军不少，当即命令炮兵猛烈射击。两门山炮一齐发射，村子里腾起阵阵烟雾。随着炮火延伸，敌再次发起攻击。在重机枪拼命射击掩护下，端着刺刀的日军从西、北、南三面向齐会猛攻过来。三营利用村沿的有利地形和工事顽强抗击，战士们不慌不忙，等敌人靠近了，又是一顿排子枪、手榴弹，连续打退了敌人三次冲锋。

三次猛攻未逞，吉田气急败坏，命令施放毒气。我们曾受过敌人毒气的袭击，早有防毒的准备。三营指战员们立即把大蒜嚼烂，塞在鼻孔里，再用湿毛巾把口鼻捂严。为保证机枪火力，共产党员纷纷把水壶送给机枪班备用，自己忍着毒气的强烈刺激，流眼泪，打喷嚏，有的呼吸困难，仍奋不顾身地坚持在阵地上。

吉田估计毒气已经奏效，再次组织兵力发起冲锋。哪知我军早有防备，毒气奈何我不得。敌人一上来，我机枪响得更欢，手榴弹投得更猛，敌人一个接一个倒了下去。吉田督队继续猛攻。战士们跳出工事，同敌人展开白刃格斗。一时刀光闪闪，喊杀声震天。九连连长曾祥望大吼一声，从敌人军官手中夺过一把战刀，一口气砍死三个日军。

村沿战斗，敌我双方争夺得非常激烈。一所房子、一片树林、几个坟包，失而复得，得而复失，一进一退地战斗持续不断。村南一块阵地被敌一个小队夺占，三营立即组织反击。战士们散开成半圆形队形，在机枪火力支援下向敌猛扑过去，夺回了阵地，歼敌一个小队，仅小队长带二三人死里逃生。敌右翼中队立即组织兵力前往接应搭救，又被我打死打伤七八个。

战斗异常激烈，不少同志为神圣的抗战事业贡献出了生命。有一个机枪手，子弹打光了，又被敌阻隔，他怀抱机枪，忍着剧烈的伤痛，以坚强的毅力在阵地上爬过来爬过去，集中了牺牲的同志的几颗手榴弹绑在身上，等日军靠近身边，他猛然一拉弦，与几个敌人同归于尽。

三营在村沿战斗中消灭了不少敌人，但自己伤亡也不小，而且弹药也不足了。营长王祥法仍按预定方案，指挥各连撤进村子，转移到房子里、屋顶上，逐街逐巷、逐房逐屋地同敌人展开争夺战。他们早已把各家房子打通，把长板子、梯子架在屋顶，把许多砖瓦房改造成了坚固的堡垒，使敌人每占领一堵墙、一间房，都要付出很大的代价。

中路的敌人突进了村子，攻占了几所房子，一部分爬上了房顶。

我机枪射手在高大屋顶上等个正着，一阵猛烈的扫射，敌人有的陈尸房顶，有的从房顶上栽了下去。有个日本兵妄想偷袭我房顶的机枪阵地，他借着一股旋风刮起的灰尘作掩护，倏地爬上较高的一座房子，以烟囱作依托，向我机枪阵地射击。我早有防备，几支枪早已对着这座高房。这家伙一举枪，有个战士立即从怀里掏出手榴弹甩了过去，“轰”的一声，弹片击中了那个日本兵的面部，吓得他连滚带爬下了房顶。敌人没办法，竟然把山炮拖来向我轰击。我三营指战员有的英勇牺牲，有的面部被弹片击伤，满脸流血，顾不得包扎，仍浴血搏斗，而且越战越猛。

吉田一看巷战中部下死伤惨重，而进展却很缓慢，便使出了更毒辣的手段：放火烧房子。妄图以火攻把我三营置之死地或逐出村外。火苗借着风势，越烧越猛，齐会村霎时间浓烟滚滚，火光冲天。三营指战员沉着镇定，迅速组成防火组、战斗组。战斗组连续抗击敌人，防火组则奋力灭火。当敌人以烟作掩护逼近房屋时，我房顶上的监视员一声令下，手榴弹冰雹似的投向敌群，炸得敌人血肉横飞，尸体狼藉。但终因火势过大，房子一间一间跟着倒塌，一些街巷被敌人占领。

我站在杨家坟区观察战场，指挥战斗，流弹不时从身边掠过，枪声、爆炸声、喊杀声不绝于耳。突然见村子里烟火冲天，判定敌人是放火烧房。估计三营吃紧，是一营加入战斗的时机了。于是告诉参谋长：命令在敌人侧背待命的一营跑步上来增援，从东北方向实施进攻，造成反包围的态势，协助三营稳定齐会的防御。

一营接令后立即展开成战斗队形，从东北方向猛烈向敌进击。吉田果然凶猛顽强，他不怕两面受敌，以部分兵力、火力转入防御，抗击一营的进攻，仍以主力向三营猛攻，企图一举拿下齐会。由于大白天在平原上进攻，敌火力远胜我火力，一营将村外敌人消灭一部，将其余敌人压缩到村沿以后，敌依托房屋和工事顽强抵抗，一营进攻受阻。于是出现了这样的态势：敌人包围着村子，我们又夹击着敌人，双方形成阵地对峙。一营虽未能突进村内与三营会合，但杀伤了不少敌人，消耗了敌人的有生力量，牵制了敌人一部分兵力火力，减轻了三营的压力，对三营是个强有力的支援。

你顽强，我比你更顽强！浓烟烈火中，三营营长王祥法站在屋顶上挥臂高喊：同志们沉住气！一营就在村边。东南角隔着一条街，火烧不过去，大家往那里撤！我们一定要坚持到底，完成上级交给的任务！在王营长指挥下，战士们边打边撤。掩护撤退的十二连几个战士，在火苗乱窜的屋顶上瞄准敌人射击，子弹打光了，就甩手榴弹，以自己的鲜血和生命，掩护战友安全地向东南角撤退。有一个班剩下的四名战士，被敌人围困在一间屋子里撤不出来，子弹打光了，敌人越围越近，情势十分危急。班长告诉战士：上刺刀，准备拼！敌人见屋里没有动静，猛地冲上来踹门而入。班长大喊一声："杀！"四把雪亮的刺刀刺进日本兵的胸膛。他们乘敌慌乱的瞬间冲出了屋子。

三营撤到东南角以后，阵地就剩下几座大院了，这几个大套院都是砖房，比较坚固。炮火的硝烟，浓重的毒气，大火的烈焰，笼罩着齐会。指战员一个个被黑烟熏得像铁匠一样，有的被火焰燎伤，有的衣服被烧破，但大家同仇敌忾，战斗情绪仍然十分高昂。王营长向全营提出了"战胜火攻，战胜毒气，坚持到底，保证胜利"的响亮口号。同志们在阵地上纷纷表示决心：圆满完成上级交给的战斗任务，保证师、团领导战斗意图的实现。全营调整了组织，调剂了仅有的弹药。共产党员守在最危险、最吃紧的地方。轻伤员也都拿起了武器，准备抗击敌人新的进攻。好在一营奉团的命令，不让敌人有喘息的机会，不停顿地组织猛烈地进攻，使吉田忙于两面应付，对三营的攻势有所减缓。

贺师长始终关注着齐会村的战斗。我们随时将主要情况向他报告，及时得到了他的指示。正当齐会烟火冲天，战斗最吃紧的时候，贺师长又来电话询问情况。糟糕的是三营的电话线断了，村内情况不明。我们几次派人联络，均中途伤亡。贺师长得悉后，即令七一五团派一个连务必突进村内查明情况、支援战斗。七一五团派七连沿道沟隐蔽前进，以突然勇猛的动作，从东南方向向敌人冲去。三营九连连长曾祥望见此情景喜出望外，立即派排长张化林带战士前去接应。张化林指挥战士一顿猛打，吸引了敌人的火力，七连乘势一个猛冲，打开了缺口，冲进了村内，与我团三营会合。敌随即组织反扑，封锁了七连打开的缺口。

增加了生力军，三营如虎添翼，士气更加高涨。为了守住最后的阵地，王祥法登上屋顶观察战场，只见村东南水塘的那座小石桥上，敌人设置了重机枪阵地，扼住了我进出的唯一通道，同时与西北角上的炮兵阵地构成了火力联系，对我造成严重威胁。王营长决心夺回小石桥，以求打破敌人的包围，相机恢复同团的交通联络。

这时，十连杨连长站了出来，要求亲自带领六班前往夺回小石桥。王营长说："好！注意动作要隐蔽、勇猛、突然，我组织火力掩护你们！"杨连长率六班匍匐前进，我重机枪一阵怒吼，把墙头上敌人的歪把子机枪打成了哑巴。杨连长和战士们乘机跃起，迅速接近了水塘前一片四五十米的开阔地。杨连长叫战士们拧开手榴弹的盖子，紧紧握在手中，自己也掏出了盒子枪，把子弹顶上了膛，并对战士们说：过了这片开阔地，就到桥头了。我们一定要把小石桥夺回来！同志们，拼吧！受伤不要紧，白求恩大夫就在我们后边！

四五十米的开阔地，多少险阻啊！敌人的炮弹、枪弹不断地往那里倾泻。我掩护火力也不示弱，猛烈向敌射击。就在这密集的弹雨中，杨连长和战士们分头跃进，子弹噗噗地钻进他们身旁的泥土，有的战士挂了花，有的就在这块开阔地上牺牲了。但剩下的同志仍一往无前，利用敌炮火间隙，匍匐、翻滚、跃进，终于通过了这片开阔地，接近了桥头，把手榴弹一排排甩了过去。桥上的敌人被这猝不及防的猛烈袭击打懵了，就在敌人惊恐发呆的瞬间，杨连长和战士们已猛扑上去，同敌人扭打起来，以刺刀、枪托将敌消灭，一举夺桥成功。格斗中杨连长腹部受了伤，鲜血把灰布军装染红了一片。

突然间，西南方向坟地里敌机枪阵地的火力向桥面压来，杨连长忍着伤痛说：“咱们要固守桥头，就必须摧毁坟地敌人的机枪阵地。”他捂着肚子，带了几个战士就向敌阵地爬去。当接近坟地正要投手榴弹时，杨连长腹部又一次受伤，倒在了地上。战士们高喊着“替连长报仇”的口号，愤怒地向敌冲去。这时，王营长指挥村里的战士，从侧面向坟地之敌攻击，在我两面夹击下，敌不支，从工事里拖出机枪逃跑了。但随即敌又组织火力封锁了桥面。

卫生员给杨连长做了包扎，随后把他抬到医疗队。白求恩大夫检查了他的伤势，看到他腹部伤势很重，不断渗出血水，立即给他做了手术。这位伟大的国际主义战士激动地说：“我真想象不出你是怎样忍受这样大的伤痛而坚持战斗的！”

三、四面埋伏，天罗地网

齐会打得正紧的时候，周围据点之敌企图增援吉田大队。贺龙师长早有部署，我阻援部队早已进入阵地以逸待劳。任丘之敌 300 余人南下，被我预伏在麻家务附近的独二旅五团迎头拦击，被迫向西北方向退走。大城之敌 200 余人到新广安，被我冀中二十七大队击退。吕公堡只有敌百余人，势单力薄，被我游击队袭击钳制，根本没敢出来。

至 17 时，贺师长判断，援敌已经退去，吉田大队已孤立无援，天一黑可能逃跑，即决心调整部署，调动兵力，断敌退路，围歼该敌。令独一旅的七一五团及二团各一个营赶到刘古寺、西保车设伏，敌如南逃，即协同七一六团加以包围歼灭；令独二旅四团埋伏于四公村、杨庄附近，敌如西逃，即协同七一六团追击部队予以围歼。以上各部，于18时到达指定位置。

周士第参谋长随即电话告我：贺师长正在调整部署包围敌人，各部已开始行动，关键是你们三营要紧紧抓住敌人，不要让敌人逃跑，坚持到20点时，你们全团发起反击。

战斗即将进入第二阶段——围歼敌人的阶段，吉田大队已成瓮中之鳖。我心情十分振奋，即令一、二营做好进攻的准备，20时整准时发起反击。

我们正在研究一、二营的进攻路线，有个姓李的老汉自动跑来当向导。我们看他年岁大了，劝他别去，李老汉说："我家几辈住在齐会，哪家有几个灶火口我都知道。别看我老了，腿脚还灵着哩！"我们拗不过，只好派通信员送他到二营当向导。多亏老汉道路熟，反击发起后，他领着二营顺利突进村内。

离全团发起攻击还有三个小时，我合围部队正在向指定地点运动，眼下最要紧的，是三营能不能坚持到20点。必须马上派人进村向三营传达上级意图。这时参谋长王绍南同志挺身而出："团长，我进村去一趟！"我和政委商量了一下，感到参谋长亲自跑进村了解情况、传达任务，对三营是一个鼓舞，同时又可以加强第一线的指挥，就同意了他的请求。王参谋长带了两个通信员，在四连机枪火力掩护下匍匐前进，向村庄爬去，爬到一个池塘边上时踩塌了虚土，土块哗啦啦掉进水塘，这异样的声音立即引来了敌人的射击。四连的机枪猛烈射击压制敌人，王绍南和通信员趁机迅速前进，爬到村边三营的阵地。三营战士搬开机枪，王参谋长从架枪的洞口钻了进去，穿过几个挖通了的房间，找到了营部。王参谋长向三营领导介绍了敌情和师、团的歼敌部署，表彰三营打得勇敢、守得顽强，共同研究了下一步的作战方案，并派回一个通信员向我们通报了情况。这样，我们对完成任务就更有信心了。

天，慢慢黑下来，村子里的枪声突然稀疏了。吉田望援兵，援兵不到；想进攻，力量不足；想撤兵，又不大甘心。他的部队士气沮丧，进退两难，举棋不定，如热锅上的蚂蚁。他兽性大发，命令炮兵猛烈发射毒气弹。我团驻地小店和师部驻地大朱村村沿都毒气弥漫。

毒气侵来，正在村沿指挥作战的贺师长和司令部人员都中了毒，头晕目眩，呼吸困难。医务人员要抬贺师长进村治疗，贺师长摆摆手，又打了一个手势，要过蘸了水的口罩戴上，稍事休息，又继续坚持指挥。

20时整，反击时间到了。我们指挥一营由北向南、二营由西向东，同时突然发起攻击。三营和七一五团七连正在顽强抗击日军的进攻，听到四面枪声不断，知道反击已经开始，非常兴奋，立即反守为攻，趁势向外突击。一刹时枪声大作，喊杀声震天。我全团兵力展开反击，攻势锐不可当。打了一整天，还能组织起这样猛烈地反击，实出吉田的意料。敌虽几面挨打，仍依托房屋和村沿工事顽固抵抗。经八小时夜战，我夺回了一些阵地，又杀伤了许多敌人。这时，北半村的敌人已经肃清，群众担架队也跟着进来了，立即把伤员抬出去，送到屯庄交给白求恩医疗队治疗。

24日4时，我组织各营再次发起猛攻，包围圈越缩越小，将残敌压缩到村西南一些房屋和断墙残壁之间。

面对我包围攻击，敌伤亡惨重，而援兵又无望，吉田感到情况不妙，再不撤兵，难免全军覆没，这才决意利用夜幕作掩护，率残部突围。各股残敌一面抵抗我之围攻，一面派人收容伤员，收集同伴的尸体和遗物装上大车。装不了的，掘坑掩埋，砖瓦窑附近成了敌人的临时墓场。我小分队又乘机袭击收容伤员和收集死尸的日本兵，霎时间这些人又成了伤兵、死人。

敌人终于在四面楚歌中做好了突围撤退的准备。两发信号弹临空，敌随军大车开始移动。接着，吉田集中火力和兵力打开一个缺口，向南逃窜。我当即令二营猛追尾击。一营已鏖战一天，转为预备队。

三营经一昼夜激战，杀伤了大量敌人，已胜利完成任务，本身伤亡也很大，令其打扫战场，整顿组织，待命行动。英雄的营长王祥法身负重伤，大腿被炸断，幸亏白求恩大夫亲自操刀，给他接好了断腿。

二营指战员不顾夜战的疲劳，迅猛向敌追去。拂晓，抓住了敌人的后尾，歼其一部。敌边打边退，十分狼狈。

我派骑兵通信员告二营营长蔡久：敌正向马村方向逃跑，你们要咬住敌人不放，猛追猛打，千万不要让敌人跑掉。二营接令后，以更加迅猛的动作向敌追击。这时太阳升起来了，附近老乡赶来送水送茶送大饼，拍巴掌，喊口号，给子弟兵助威。

敌逃向马村，遭到我抢先一步占领该村的七一五团四连的迎头痛击。原来，七一五团在西保车附近设伏，一夜候敌不至，奉命东移南北留路村待机，进至马村附近，正碰上敌人向南突围，遂不等命令，即主动果敢地以四连先敌抢占了马村。

前有堵截，后有追兵，吉田不敢恋战，乃折向东逃窜，企图经找子营村向南留路村方向突围。敌本来是要向南逃回河间的，被我一堵，又被迫向东，这样，它越走就离河间老巢越远了。看来吉田已料到我在其归路上预伏有重兵，不得不采取迂回曲折的退却路线了。不管你吉田有多么狡猾，我团二营和七一五团穷追不舍，并攻占几个小村，自西向东，对敌后卫发起进攻。

敌无可奈何，只得以一部兵力抢占找子营村，以村庄为依托进行抵抗。同时，士兵们一天一夜未得进食，饿得实在难以行军打仗了，不得不稍事停歇搞饭吃。日军一进村，就挨家挨户找吃的，哪知我人民群众早已坚壁清野，不要说吃的，村里连个人影也没有。敌垂头丧气，不得不就地埋锅造饭。此时村内外枪声一片，敌慌慌张张，狼吞虎咽地吞了几口夹生饭，即在吉田督战下以主力向南留路村猛攻。

贺龙师长早已布下天罗地网，哪容敌人逃窜！早在敌人折向东突围时，贺师长已下令埋伏在郭官屯的三团迅速前出抢占南留路村。

三团接令后立即跑步前进，到达南留路村时，见先头敌人已进至村西一二百米处，情况万分紧急，战机稍纵即逝，团当即令第一、二营为第一梯队，迅速抢占村西沿有利地形，坚决击退敌人的先头部队，令第三营为第二梯队，占领村内街巷及坚固房屋，准备与敌进行巷战。这时，独一旅副旅长王尚荣、政委朱辉照同志，冒着敌人的炮火，在南北留路村之间开设了指挥所，亲临一线指挥。旅副政委幸世修赶到三团，传达命令，进行动员，号召全团指战员勇敢战斗，不怕牺牲，坚决阻击敌人，不让敌一兵一卒逃跑。

与此同时，七一五团稍做准备，即向盘踞在找子营的敌人进攻，双方展开激战。老乡自动跑来当向导，领着七一五团的精悍分队绕到敌人侧后，利用塄坎、房屋等死角，接近敌人固守的房子和道沟，一顿手榴弹甩过去，炸得敌人鬼哭狼嚎，乱成一团。敌赶忙集合散乱的队伍，还未集合好，即被我打散，敌人集合，又被打散。我七一五团正面猛攻，侧后突袭，10时左右，将敌逐出了找子营。

敌失去依托，被迫在找子营村东集结兵力，在炮火掩护下，以密集队形拼命向南留路村突围。敌炮火十分猛烈。三团的不少工事被敌炮火摧毁，许多房子被炸塌，部队仍奋力阻击。三团原是冀中的新部队，合编后在红军干部带领下，打得更英勇顽强。幸副政委负伤不下火线，与三团指战员并肩战斗；团政委朱吉昆同志身中两弹，仍坚持指挥，危急时刻身先士卒与敌拼杀，又中一弹而光荣牺牲。指挥员的模范行动大大鼓舞了部队的士气，全团不怕伤亡，奋勇堵击，使敌始终不能前进一步。

战至11时，敌对南留路村久攻不下，被三团堵住了去路，后面又有七一五团和我团二营的包抄尾击，乃被迫转入防御，占领南留路村与找子营之间的有利地形，进行土工作业，顽抗待援。敌人原先满载弹药给养的大车队，此时满载着伤员和死尸，在道沟里排成一路纵队，足有数百米长，进不得、退不得，被钉死在道沟里不能动弹。伤兵在呻吟，马匹在悲鸣，对敌人来说，可真够惨的了。而我们所得的战利品，可真叫多，枪支、子弹、刺刀、背囊、杂物等，田野里抛得到处都是。

贺师长见敌固守待援，即指挥七一五团、二团、三团各一部，再次将敌团团包围。贺师长考虑到周围地形平坦，白天攻击不易奏效，同时需要进一步调整部署，遂决心白天围困，黄昏后发起进攻，只令小分队不断袭击，使敌不得喘息。为防备敌人向南逃窜，又命令我调二营到张曹村设伏，断敌退路。同时令一团、五团向任丘、吕公堡、大城方向警戒，阻敌增援，保证围歼的顺利发展。

黄昏时分，我合围部队发起向心突击，又经半夜围歼，将残敌压缩到南留路村西面张家坟狭小地区。这场夜战，打得敌胆战心惊。当年参加侵华战争的中国驻屯步兵第三联队第八中队上等兵内匠俊三在战时笔记中写道：

“在我经历的战斗中，没有比这次扫荡作战给人留下最深刻的记忆。”“我前面的马车上装着六七具战死者的尸体，有的人死于手榴弹和步枪，很大的伤口张开着，鲜血染红了军装。有的人头部中弹。目睹这凄惨的场面，难过地走了十几公里路，在我前面一连 20 多辆马车，都装着战死者躯体。仅在一次战斗中就出现如此之多的伤亡，这在中国事变发生以来，即使是南苑战斗，或武汉作战也不曾有过。”

这就是夜战中敌人狼狈万状而又垂死挣扎的景象。

敌虽被我压缩到张家坟狭小地区，但困兽犹斗，突围之心不死。25 日 3 时，残敌集中兵力火力猛攻张曹村，企图夺路南逃。我团二营早在此等候多时，八连正面抗击，五连向敌右翼侧击，使敌数次猛攻都未能得逞，徒然留下多具尸体。攻张曹攻不动，拂晓，吉田又组织残兵转而向东再攻南留路村。守候在那里的三团再次英勇抗击，连续打退敌人九次冲锋。

敌人像无头的苍蝇，乱冲乱撞，始终逃不出我之包围，只得又回到张家坟猬集一团。至此，残敌已完全丧失反扑能力，被迫掩埋尸体和枪械，掘壕据守，等待援兵。吉田多次发电催促，但各据点出动的援兵，早被我五团、一团、冀中二十七大队等阻援部队击退，吉田等待援兵，只是望梅止渴而已。

25日下午，贺师长等领导同志来到南留路村三团阵地，在亲自观察战场、了解情况以后，贺师长说："打了两天两夜，敌人死的死，伤的伤，剩下的不多了，又无弹药补充，战斗力已极大削弱，全部歼灭敌人的条件已经成熟。"他命令我团、七一五团、二团、三团立即调整组织，补充弹药，从四面接近敌人，进行迫近作业，于黄昏同时向敌发起总攻，最后解决战斗，全歼残敌于张家坟区。

黄昏，我军发起总攻。突然天气骤变，狂风突起，尘土飞扬，遮天蔽日，刮得对面看不清人，无法进行战场观察，同时由于各部动作不够整齐，协同联络不够密切，当攻入张家坟区时，狡诈的吉田已乘隙率残部逃走。我军立即追击，歼其后尾一部。

漏网之敌连续困战三天三夜未得休息，已精疲力竭。他们困倦到极点，半路上一进村就倒头大睡，又被我附近游击队袭击，一些日军在睡梦中糊里糊涂地丧了命。800多人的队伍，最后仅剩下80余人，经沙河桥逃回河间城。

齐会歼敌700余人的大胜利，是与冀中人民踊跃支援我军作战分不开的。战前频繁地送情报，使我们及时掌握了敌人的情况；卸门板，甚至拿出桌椅板凳、箱子柜子，协助我军加修工事。战斗中帮助我们放哨、带路、抬担架、送弹药。三乡五里的群众，用小推车送猪肉、贴饼子、煮红薯。人民群众不惜一切地支援我军作战，更激励了我军杀敌的斗志。许多群众都以亲自到前线送慰问品、抬担架为无上光荣。甚至百里以外村庄的群众，也纷纷赶来支前。他们知道一二〇师南方人多，爱吃鱼，就在白洋淀上捕捞鱼虾，一担一担送到部队。白求恩医疗队门前，老乡们人来人往，络绎不绝，女的挎篮子，给伤员送吃的，男的扛着担架，要求把伤员接回家中养伤。我们连续追击、包围敌人时，伤员就托付在群众家中，他们掩护、护理、喂水、喂饭、接大小便，就像对待自己的亲人。这许多激动人心的情景，至今想起来犹历历在目。

齐会战斗的三天三夜，在吉田大队的历史上是没有过的。胸前挂着“勋章”、显赫一时的精锐之旅，东撞西撞，始终未能逃出贺龙师长布下的天罗地网。吉田大队基本上全军覆没。吉田本人不久也被解职调回国内。这一仗，打出了八路军的威风，严重打击了敌人的疯狂气焰。一二〇师威名远扬，人民群众传颂“八路军是神兵，贺龙是活龙”。中共中央发来贺电，党中央机关报发表社论，对齐会大捷给予表彰。冀中人民更是兴高采烈，奔走相告，传诵胜利的喜讯。蒋介石、程潜等也致电嘉勉。齐会大捷锻炼了部队的战斗力，鼓舞了人民群众的抗战热情，更坚定了广大爱国军民抗战必胜的信心。

“名将之花”命丧太行山

——忆雁宿崖、黄土岭战斗

杨成武

1939年10月30日，中共中央北方分局组织工作会议，在河北省阜平县青山村一座天主教堂里召开。各地委书记、各军分区司令员或政治委员参加了会议。我当时任晋察冀军区第一军分区司令员兼政治委员，出席了这次会议。会后，军区还要隆重举行晋察冀军区成立两周年纪念大会。不料，就在当天晚上我接到了分区司令部的敌情报告：

坐镇张家口的日军独立混成第二旅团旅团长阿部规秀中将，派辻村宪吉大佐率日军第一大队和伪军1000多人已进驻涞源城。据侦悉，敌人拟分三路向我们一分区根据地“扫荡”；西路经北石佛驰往灰堡；西南路出涞源城经插箭岭奔走马驿；东路由辻村宪吉大佐亲率一个大队和一个炮兵中队、一个机枪中队共600多名日军，有经白石口、鼻子岭向我银坊镇地区“扫荡”的迹象。

敌人这一次突然行动，其实也在我们意料之中。因为涞源是敌我必争之地，如我控制住涞源，就能出涞源经察南挥兵北上，直逼阿部中将老巢张家口；在敌人方面，则把张家口至涞源一线的据点视为插入我晋察冀军区的一把尖刀，企图用这把尖刀割裂我平西、察南、雁北根据地，阻我向察南、雁北活动，巩固其伪蒙古联合自治政府占领区。因此，敌人在涞源多置高垒、深沟，经常驻守重兵，并以此为营地，不断向我根据地“扫荡”。敌人这次“扫荡”的引起，和前两个月我们一分区二团一部与特务营配合三五九旅七一七团在涞源、明堡以北的石门峪和井子会之间打了敌人一个伏击有关。因为这一仗中断了敌人在该处的交通线。他们不敢走峪中的公路，只能从山梁上走，相当恼火。无疑，敌人这次“扫荡”又是报复。

早在9月下旬，1000多名日军就从晋察冀根据地的南线，进犯灵寿县的陈庄地区，被八路军第一二〇师和晋察冀军区第四军分区的五团歼灭。

南线失败后，敌人就把攻击重点转移到北线，即我们一分区这边来了。

首先，敌人从九宫口经摩天岭、曹庄子、上庄、中庄，修筑了一条汽车路，与涞源公路干线衔接，这样就可以大量调运兵员及武器装备，增强其部队的机动性。一旦汽车路筑完，他们在北线的冬季“扫荡”即可全面开始。

我们当然不能让敌人的预谋得逞，便立刻组织了北进支队，由一分区参谋长黄寿发率领，专门打击掩护筑路的敌人。10月19日，北进支队夜袭摩天岭，消灭了100多名日伪军，把摩天岭公路的一条支路彻底破坏了。

随后，敌人调动更加频繁，涞源公路上的军车几乎昼夜不断，大量武器装备运到各个据点。敌人还四出掠夺，抓了1000名民夫和近2000匹骡马。

我记下敌人三路出动的情报，立刻去向聂荣臻司令员汇报。

聂司令员把马灯拧亮了一些，注视着桌上的地图，仔细听着我的汇报，问：

“情报可靠吗？”

我答道：

“涞源情报站的站长是一分区参谋崔喜峰。他们送出的情报，是根据涞源维持会和宪兵队的我内线情报员的报告，然后又汇集了五回岭情报站的情报，经过与各地情报人员的核实、分析，再报到分区司令部来的，一向都是比较及时、准确的。”

涞源是我们北上抗日最先解放的一个县城。那里有坚强的党组织和隐蔽的情报网。县城虽被敌人占领，但四周乡村仍在我们的控制之中。那里敌人的一举一动，我们情报人员全部掌握在手中。五回岭情报站站长叫崔明贵，个子不高，成天乐乐呵呵，心计极多。他原是东北的一个流亡学生，参加八路军后，爱上了情报工作，涞源、易县城里的千头万绪，他几乎了如指掌。经他手出来的情报，对于我们歼灭敌人常常起到很大的作用，同志们都戏称他是给敌人送终的“催命鬼”。

聂司令员点点头，他显然知道这些无名英雄。

我建议道：“司令员，让我们打一仗吧？”

“敌人有三路，你打那一路？”

“打东路！”

这一带地形我熟悉。从涞源到银坊都是深山大谷，出涞源城，过白石口，再往南到雁宿崖、银坊，其间只有一条山道，两面都是陡立的山峰，是打伏击的好地方。虽然这路是敌人的主力，可是由于大山阻隔，另外两路敌人难以策应，敌主力便成了孤军一支。而我们一分区主力团队多数远在易县的管头村以东，打其他两路，部队运动起来困难大些，打东路就方便多了。

聂司令员说：“我同意你的意见，打！你去请彭真、贺龙和关向应同志来，我们再征求一下他们的意见。”

当时，一二〇师刚从冀中地区返回冀西地区，贺龙师长、关向应政委是应聂司令员和中共中央北方分局书记彭真的邀请，到阜平参加晋察冀军区成立两周年庆祝活动的。

我立刻请来彭真书记和贺龙、关向应两位首长，向他们汇报了敌情与我们的作战设想。

贺师长听完后高声说：

“送上门来的，打嘛！打一个胜仗，庆祝军区成立两周年！”

我们都笑了。

彭真书记和关政委也同意打。

聂司令员当即命令我：“会议你不要参加了，立刻赶回分区组织指挥这个战斗。”

11 月 11 日凌晨，我和两个警卫员骑马离开阜平，回一分区司令部驻地管头村。

途中，我特意绕经银坊镇、雁宿崖、三岔口、白石口、插箭岭、黄土岭，再次详细察看了每一处的地形地貌。那众多的奇峰峡谷强烈地吸引着我，多好的伏兵藏弩之地呀，战斗计划渐渐在脑海形成。

从白石口至雁宿崖一段路，实际上是一个宽约 40 米的干河滩，两边的山岭陡峭，如果伏兵两侧，并以一部分兵力诱敌至此，再用火力封锁住白石口，断敌退路，那它就插翅难逃，只能葬身于乱石之中。

特别有意思的是，我脚下的山地，正是古战场。矗立在白石口的城楼，还镌有“云谷重关”四个字。传说因杨六郎插箭立营而得名的插箭岭上，六郎庙古风犹存；内长城虽已坍塌，但它那石龙般的城基仍然卧伏在苍莽山野中。

战斗迫在眉睫，分分秒秒都不可虚掷，我一面察看地形，一面思考战斗部署，并利用附近的电话站把作战命令下到各团，让部队准备行动。

看完地形后，我又到达三团驻地银坊镇，和团长纪亭榭、政委袁升平、副团长邱蔚进一步研究作战方案。

11月2日，我们侦察发现，敌300余人已到白石口，并封锁消息。我断定敌人必向银坊进攻。于是我们召开干部会议，按照预定方案作了如下部署：以军区配属的第三军分区的二团全部由川里镇进到银坊以西吉河村、南道神地区，并向插箭岭方向派出侦察警戒，主力则由西向东攻击，另拨第三团二营归第二团指挥，隐蔽于雁宿崖西北，截断敌人归路；第三团主力集结于银坊东北西流水以西地区，以一部位于银坊以北担任正面堵击，主力则由东向西攻击；第一团全部由杜岗、苑岗出发，于3日拂晓前集结于司各庄及以北地区，由东北向西南协同第二、三团包围歼灭敌人；第二十五团主力尾随第一团前进，为第二梯队；第一军分区三支队位于三岔口、张家坟一线，担任诱敌任务。这个部署，就是以主力埋伏于敌人进攻目标的两侧，待敌进到我预定伏击地域一举歼灭。我主要方向参战兵力，计三个整团又两个营和1个游击支队，共6000余人，同敌人可能出动的一路兵力相比较，占有绝对优势。

各部队接到命令后，一面行军，一面进行战斗动员，迅速到达指定位置，按预定部署展开。位于战场附近各村的群众和民兵，也紧急动员起来，准备参战。

11月3日是个好天，晴空之下，万岭苍苍，旭日抹红山尖，清凉的穿谷风阵阵扑面，实在令人兴奋。

7时许，我军同三路敌人先后接火，东路敌人被曾雍雅、梁正中率领的第三支队诱击了一下，果然大踏步闯进峡谷来了。行至雁宿崖，我三团主力已在张家坟及其两侧山上隐蔽展开。一团团长陈正湘和政委王道邦率一营到达雁宿崖东山，从望远镜里看到，敌先头部队约100多人，正在雁宿崖村东河滩休息，有的坐着，有的靠着背包躺着。敌主力正从上下台、三岔口沿河沟缓慢地向雁宿崖开进。

陈正湘命令一营营长李德才迅速将二、四连隐蔽展开于阵地的内斜面，派出警戒，监视敌人，组织火力掩护主力展开。接着，他向各营下达战斗命令：

一营主力展开于二营左侧，与三团阵地衔接，从雁宿崖东南实施攻击。二营营长宋玉琳、教导员郑三生率主力从中间冲击，首先消灭河滩之敌，尔后向雁宿崖村内攻击。三营由熊招来（即熊奎）副团长和营长张英辉、教导员邓经纬带领，沿小山沟向北疾进，攻占三岔口，断敌退路；三营攻占三岔口后，以一个连的兵力占领三岔口附近有利地形，防敌从涞源、白石口增援；并以适当兵力进占上下台东山阵地，以火力侧击敌之左翼，掩护营主力由北向南攻击敌第二梯队。要求各营指定突击队并组织好火力，各连、排、班长要亲自观察、熟悉地形、道路和敌情，选好冲击路线和冲击地段，区分冲击目标。各部队应绝对隐蔽，没有统一命令，不准开枪。

一团指挥所设在雁宿崖东山上。

骄横狂妄的敌人，行军和休息不派警戒，对两侧也不搜索，竟大摇大摆地向张家坟前进。

埋伏在张家坟以北及枣儿沟的三团一、三营已严阵以待。一团一、二营也已进入阵地。当一团三营赶到三岔口时，敌人后卫刚刚通过。三营除留一个连控制三岔口断敌退路、阻敌援兵外，主力则尾随敌人向南压缩。

当敌先头部队进到雁宿崖与张家坟之间时，三团突然以猛烈的火力给敌以迎头痛击。

这时，一团团长陈正湘命令号长吹起冲锋号，一、二营主力从两侧阵地同时向河滩猛扑过去。一营一部向南打，配合三团力争迅速消灭敌前卫部队；以一部向雁宿崖东南沟攻击前进，配合二营歼敌。同时二营主力沿弯曲狭窄的东沟向河滩之敌冲击。顿时，枪声、喊杀声、手榴弹爆炸声在山谷间回转激荡，震耳欲聋。

敌人突然遭到我猛烈打击，顿时乱作一团，死的死，伤的伤，剩下的像被逐的兔子一样四处逃窜，纷纷寻找隐身之地。

很快，敌人就从昏乱中清醒过来了。他们迅速组织抵抗，先占据河套附近的小高地作为立足点，然后以十多挺机枪、几门山炮为掩护，一面向我三团阵地发起连续反扑，一面指挥上下台以南的炮兵向我一团二营右侧伸向河滩的小山头轰击。同时，几十名敌人迅速沿村西南沟的小道抢占了无名高地以西、上花沟以北的六一五高地。

在三团的阵地上，指战员们十分沉着，等敌人靠近了，再突然扑出去，以手榴弹、刺刀把他们歼灭在阵地前沿。一、二团的机枪也在向敌猛扫，打得反扑的敌人纷纷滚落山坡。敌人被歼灭大半，剩下的已被压缩在上庄子与雁宿崖西北的那个小高地上。此时，我一团三营已控制了三岔口东南山阵地，很快又攻占了上下台南面河沟敌炮兵阵地。

经过激烈的战斗，三分区二团也攻占了六一五高地。没多久，上庄子敌人全部被歼，至此，雁宿崖外围之敌基本被我们肃清。

但是，小高地上的敌人却还在疯狂抵抗。显然，他们想坚守到天黑，等待那两路敌兵驰援，哪里知道，那两路敌人在我们和各部队的牵制、堵击下，也都寸步难进。

下午 4 时多，我一分区一、三团和三分区二团围歼雁宿崖之敌的总攻开始了。

这时，各团都有部队运动到小高地下面，把敌人包围了。小高地顶上是敌人的指挥部和炮阵地，辻村宪吉大佐正督促士兵四面抵挡，山炮不停地发射，灰蓝色的硝烟笼罩了山顶。

三团一营担任对这个高地的主攻，营长赖庆尧（即赖兴中）在最前沿指挥。冲锋号一响，十多挺机枪朝小高地顶端猛扫。三连指导员甩去棉袄棉裤，高举驳壳枪，领着全连冲上去，占领了山顶。

敌人倾巢扑来，山头上展开了白刃格斗，三连指导员身上数处负伤，一只眼睛被鲜血糊住了，仍然挥舞着驳壳枪不停地射击。由于只有一面陡坡能够通向高地顶端，却又被敌人的机枪封锁住了，后续部队上不去，已经攻上去的战士们则因寡不敌众被敌人压了下来。

夕阳落到山后，山峦沟谷渐渐模糊起来，我决心已定，命令部队必须今天解决战斗。

战士们开始第三次冲锋。一团绰号叫“病号排”的曹葆全排也全部投入战斗，冲锋号四面八方吹响，曹葆全领着全排冲在最前面，大部队如狂潮一般拥了上去。

在雁宿崖村西北的山头上，二营五、六连同敌人展开了激烈的战斗，敌我双方短兵相接，白刃格斗。弹药打光了，战士们就搬起石头砸向敌人；敌人也搬起石头反抗。这样，白刃战变成了石头战。最后顽抗之敌终于被打垮。

辻村宪吉大佐的指挥所，原设在村北的小山包上。由于我军步步逼近，被迫撤到村西的一个院子里。一团二、三营的部队紧紧把这个院子围住，机枪、步枪不断地向院里喷射着复仇的子弹；手榴弹纷纷投进屋里，顿时火光四起，烟雾弥漫，房子着火了，敌人的机枪哑了，屋里的日军好像热锅上的蚂蚁四处乱钻。我围攻的部队乘势冲进院子，将敌歼灭。

经过激烈地拼杀，600 多日军被我军歼灭 500 多，生俘 13 名，并缴获各种炮 6 门，轻重机枪 13 挺，步枪 210 支，骡马 300 匹。在这同时，向走马驿进攻的另一路敌人，被我第三支队和一二〇师七一五团三营阻击了一天，逃回插箭岭据点。

战后，一团七连连长钟茂华，穿着一件日军将校呢大衣，十字披红地挎着一把指挥刀、一把王八盒子，笑眯眯地大步走到营部。营长宋玉琳和教导员郑三生一见，都被他这副模样逗笑了。他们看大衣上金晃晃的军衔，知道这是个大官，但不清楚多大。翻开衣襟，见里面用金丝线绣着“辻村”二字。

钟茂华说："我们迂回到敌人炮阵地侧后时，打倒一个鬼子官儿，缴获了这套'行头'。"

可惜，我们在打扫战场时没找到辻村宪吉大佐的尸体，所以并不能确定这家伙是死是活。

日军作战有个规律，每次失败，必然出兵报复，失败得越惨，报复得越凶，而且常常是败兵刚刚归巢，大队人马就立即扑来，妄图趁我们"消化"胜利果实时，打我们一个猝不及防。

因此，我们对敌人失败后必然报复这一情况有所提防。雁宿崖歼灭战枪声刚刚止息，我们立即遵照军区"脱离战场，分别隐蔽于适当位置休整，待机再战"的指示，命令部队连夜打扫战场，埋葬敌尸，迅速转移。被敌人裹胁来的民夫，则让他们各自回家，谁的骡马就由谁领走。然后，我又通知各情报站，密切注意敌人的动向。

这天午夜，我刚刚拧暗油灯，想抓紧时间睡几个钟头，只听外面有人敲门，打开门一看，分区卫生部长张杰站在门口，喜悦地说：

"司令员，白求恩大夫来啦！带着医疗队来的！"

"哦？"我又惊又喜，急忙奔出门，心想："白大夫来了，这可真是雪中送炭啊。"

当时，我们医疗条件十分困难，仅有的一些药品是从战斗中缴获来的，伤员们经常在没有麻药的情况下接受手术，奎宁、止血剂都是难得的宝贝，一支针剂往往就决定一位战士的生命。分区医院大手术不能做，重伤员只好连夜送往军区五台医院，因为伤重路远，常常在半路上就因为流血过多牺牲了。每当战斗结束后，我望着民工们抬着担架急步朝山中走去时，心中就像刀剜似的难受，不知道那些负重伤的战友能不能再回来。

白大夫来了，将会为我们挽救多少伤员的生命啊！黑暗中，一个高大身影跳下马，阔步走来。啊，是白求恩大夫。我急忙迎上去，握住他的手说：

“您怎么到我们这里来了？”

说心里话，白求恩大夫在战斗前夕到我们分区来，我又欢喜又担心。欢喜的是，他医术精湛，许多伤员可以在他手下起死回生；担心的是，他在前方医院工作，那里往往在敌人火炮射程之内，万一发生不测，损失可就太大了。再说，我感觉到他身体不太好，精神疲倦，握手不像以前那样有力了，指间还裹着白纱布，看来是一处创伤。

白求恩大夫声音却依然洪亮，翻译翻着他的话说：

“聂司令员派我来了。说你这里要打个大仗，是不是？”

“已经打了一个，可能还要再打。”

“那么，我来对了。”

我笑道：“是你自己要求来的吧？”

“是我要求的，聂司令员批准了。战士们在前方倒下，我们应该在前方救治他们。要是我们在后方医院等伤员，有些伤员就会死在路上。”

白求恩大夫身披土黄色粗布军袄，腰间扎一条宽皮带，下身却没有穿棉裤，只在单裤外面紧紧地扎着裹腿。脚上是山里人常穿的那种笨重的布鞋。看他这装束，谁会相信他竟是英国皇家医学院的院士呢！

白求恩大夫进屋刚刚坐定，就开口用中文说：“杨，我跟你要东西来了。”

“要什么，说吧。”

“500副夹板，1000条绷带，还有担架、拐杖……”他说了一大串名目。

“什么时候要？”

“明天中午12点！”他做了个手势，表示坚定不移。我可真吃惊，那么多东西，如何做得出来呀？不过，我还是应承了：“就12点吧，交给你东西！”

白求恩大夫笑了，立即站起身和我握手告别：“你我都忙，我走啦！”

送到院门口，他又叮嘱我一句：“12 点！”

这下子我也睡不成了，连忙找来卫生部长张杰和供给部长董永清，要他们想方设法在明日 12 点以前，把白求恩大夫要的东西做出来，以供医疗队使用。

次日中午，白求恩大夫匆匆赶来，问我们东西做好没有。我带他去验收，当他看到所需要的器具全部按他的要求制作完毕时，高兴地连连点头：“好！好极了！我十分快活。让我把伤病员的感谢转赠给你，我亲爱的杨！”

我请他吃了一顿午饭，桌上最好的菜就是一盘炒鸡蛋，这是当时唯一能弄到的好菜。吃饭时，我向他介绍了敌情和我们的部署。吃罢饭，白求恩大夫率领医疗队，带着刚刚做成的医疗器具出发了。

11 月 4 日凌晨，我们又接到了情报：

驻张家口日军出动其精锐部队独立混成第二旅团所属各部，即由中熊直正中佐率领的二大队、绿川纯治大佐率领的三大队，堤赳中佐率领的四大队、森田春次中佐率领的五大队，约 1500 多人（伪军除外），分乘 90 多辆卡车急驰涞源。涞源城里的残敌彻夜不宁，又在到处抓夫。很显然，敌人是实行报复性“扫荡”来的，可能沿着辻村宪吉大佐来的旧路，进至银坊，然后，或西取走马驿，或东扑黄土岭，寻找我主力决战。

我在管头指挥部把这些新情况报告给聂司令员，并且建议再打一仗。

聂司令员笑了，问：“部队情况怎样？”

“刚打了个胜仗，伤亡很小，士气很高，正在银坊、司各庄一带休整，出击方便。银坊以东，直到黄土岭，地形仍然利于设伏，只要敌人敢于由银坊东进，我们一定能伏击成功。”

聂司令员指示说:“你们先以小部兵力在白石口一带迎击敌人,把他们引向银坊,让他们扑空。然后你们隐蔽起来,让敌人寻找你们决战。你们在银坊北面示以疑兵,诱敌东进,等他们进到黄土岭后,你们再利用有利地形集中兵力歼灭它。”聂司令员接着又说:“你们先做准备吧,我和彭真、贺龙、关向应三同志再商量一下。”

很快,聂司令员又来了电话。他高声道:“彭真、贺龙、关向应同志都赞同我们的意见。成武同志,你争取打个更大的胜仗吧!贺龙同志怕你兵力不足,决定让一二〇师特务团从神南北上,天黑前赶到黄土岭地区,归你指挥。此外,我们让二十团、二十六团、三十四团箝制易县、满城、徐水等地的敌人。”

首长们这么支持,我真高兴。这样,参战部队除我们一分区的一、二、三、二十五团、分区炮兵部队外,还有三分区二团和一二〇师特务团,以及游击三支队,取胜就更有把握了。

敌人上次分兵三路吃了大亏,这次恐怕不会再分兵了,可能集中力量一路“进剿”,极力寻找我主力决战。当时,我们并不知道,率领这支敌兵的指挥官,竟是赫赫有名的阿部规秀中将。

阿部规秀是接替常冈宽治少将,来统领独立混成第二旅团的。该旅团在日军中堪称精锐。而阿部规秀又是在日本军界享有盛誉的“名将之花”,是擅长运用“新战术”的“俊才”和山地战专家。日军的旅团长一般由少将出任,中将够得上出任师团长之职了。阿部规秀上个月晋升中将,并担任北线进攻边区的总指挥。辻村宪吉大队被歼,使他在刚刚晋衔之后如同挨了八路军一记耳光,丢了脸。所以,他第二天就亲率精锐之师出马“扫荡”了。

阿部规秀骄野成性、轻狂自负,刚刚晋衔,急于报效天皇,他并不知道我们的厉害。临行前,他在一封家信中写道:“……爸爸从今天起去南方战斗!回来的日子是 11 月十三四日,虽然不是什么大战斗,但也将是一场相当的战斗。8 时 30 分乘汽车向涞源城出发了!我们打仗的时候是最悠闲而且最有趣的，支那已经逐渐衰弱下去了，再使一把劲就会投降。……”这是后来从缴获的日本《朝日新闻》上查到的。真是利令智昏，狂妄至极。

这时，我兄弟部队三五九旅七一七团一部为了钳制涞源之敌，由上寨积极向涞源城、灰堡和南、北石佛活动。我们部队正在进行战斗动员，“打一个更大的歼灭战”的口号，强烈地激励着战士们的心。一分区和三分区驻地的群众也从各地赶来，组织了许多担架队、游击小组、侦察小组，帮助我们放哨、侦察、救护伤员、送水送粮。方圆几十公里的战场都在沸腾着。

当天夜间，敌人进到雁宿崖下，把我们已经为之埋葬的一些敌尸，一具具挖出来，用木杠子抬到一起，架上柴堆，浇上汽油，点火焚化。整条山谷弥漫着焚烧尸体的焦臭味，几里外都可望见熊熊的烈火。

11 月 5 日，1500 多名日军从龙虎村向白石口进犯。我一团一营五、六连与二十五团一部在白石口与敌接火，忽而坚决堵击，忽而大踏步后撤，像翻飞的鹞子那样紧紧缠住猎物不放，使敌人既求战不能又追赶不及，气得暴跳不止。

当晚，敌人到达银坊镇，实施“三光”政策，银坊一带村庄大火冲天，彻夜不熄，好在群众都已撤离，没有受多大的损失。

11 月 6 日，敌人两次扑空后，急不可耐，终于离开银坊镇，倾师东奔黄土岭。

“敌人来了！”

消息传来，各团士气大振。但为了诱敌深入，以利围困聚歼，这天我们丝毫没有惊动缓缓东进的敌军。晚间，敌人搭起帐篷，解开行装，在黄土岭、司各庄一带宿营了。夜里，天气陡变，浓云蔽空，星月无光，太行山上的阵阵冷风，扑击着寂如坟岗的黄土岭。

部队乘夜展开，一团、二十五团在寨坨、煤斗店集结，卡住了东进道路；三团从大安出动，占领了黄土岭及上庄子以南高地；三分区二团则绕至黄土岭西北尾随敌后前进。第三支队控制通往涞源的要道。一二〇师特务团急速赶到三团所在位置，准备投入战斗。在敌人毫无察觉的情况下，我们一夜完成了对他们的包围。

11 月 7 日，天空飘洒着密密的雨丝，周围群峰都消逝在浓雾里，给人一种神秘莫测的紧张感。“黄土岭”听起来像黄土高原上的土山，其实不是，它是太行山北部涞源、易县交界处群山中一座垭口，四周有许多深沟大谷和一条不甚宽的河滩。时已深秋，山里冷得早，林木脱尽叶子，地上是一片枯草。

上午，敌人继续东进，前进时十分警惕，总是由先头部队 30 多人，携轻重机枪数挺，先行占领路侧小高地，然后大队才跟进。

中午 12 时，敌先头部队已接近黄土岭东面的寨坨村，大队逶迤在上庄子一线。直到下午 3 点钟左右，全部人马才离开黄土岭，陆续进入狭谷中的小路。这时，我一团、二十五团迎头杀出，三团及三分区的二团从西南北三面合击过来，把敌人团团围住，压缩在上庄子附近一条长约 1.5 公里，宽约百米的沟里。我军 100 多挺机枪从各个山头一齐朝沟中打。分区炮兵部队也连续发射了数发炮弹，这条山沟立刻被弹片、碎石和浓烟覆盖住了。

战斗打响后，易县、涞源、满城、完县、唐县等地的基干自卫队，纷纷赶来参加战地勤务，送弹药，运伤员，巡逻警戒。战地附近的群众给部队送饭送水。在群众的热情支援和鼓舞下，我军士气愈盛。

敌人依仗其兵力雄厚和优良火器，向我寨坨阵地猛冲，遭到反击后，乃掉头西向，妄图从黄土岭突围，逃回涞源。我三团紧紧扼守住西、南阵地。这时一二〇师特务团也赶来了，他们抓住战机，从三团的左侧加入战斗，从西北侧向黄土岭出击，打敌后卫，断其退路，使敌人欲归无路，只能就地抵抗。上庄子至黄土岭的几里长的山沟间枪声大作，杀声震天。整个黄土岭东部弥漫在一片炮火硝烟之中。

黄土岭东有个名叫教场的小村庄，在我们的打击下，敌人主力在教场东西山谷的河滩中，组织兵力抢占孤石山及教场南面山脚一线狭窄的山梁。敌人后卫也已离开黄土岭向东开进。

这时，我一团团长陈正湘在望远镜里发现，在南山根东西向的山梁，有三个向北凸出的小山包。中间那个山包上有几个挎战刀的敌军官和几个随员，正举着望远镜向七九三高地及上庄子方向观察；在教场小河沟南面距南山小山头100米左右的独立小院内，也有腰挎战刀的敌军官出出进进。

陈正湘判断，独立小院是敌人的指挥所，南面小山包是敌人的观察所。他当即命令通讯主任邱荣辉跑步下山调炮兵连迅速上山，在团指挥所左侧立即展开。炮兵连进入阵地之后，陈正湘指给他们两个目标，并要求他们一定将两个目标摧毁，杨九祥连长在目测距离以后说："直线距离约800米，在有效射程之内，保证打好！"

在杨九祥连长指挥下，四发炮弹均在目标点爆炸。从望远镜里观察，小山包上的敌人拖着死尸和伤员滚下山去了，独立小院之敌跑进跑出，异常慌乱。

接着，我炮兵连又向独立小院北边的山沟里打了几发炮弹，以轰击在死角下隐蔽的敌人。

当时被敌人关在独立院落东边小屋里的一些群众，亲眼看到炮弹在独立小院屋前爆炸，日军指挥官被炸倒了，连那条狼狗也炸裂了肚子，可是却没有一块弹片飞到小屋子里来，群众无一负伤，暗中惊奇：八路军的炮真神！

后来得知：阿部中将就在这次炮击下毙命了。

敌人失去指挥官，极度恐慌，绿川纯治大佐命令部下抬着阿部，朝黄土岭拼命突围，又遭到了我三团、一二〇师特务团的迎头痛击。随之，他们又向寨坨突围，又被一团击退。这以后，敌人反扑势头顿减，战法也乱了，不得不收缩兵力固守。

入夜，估计敌人残存兵力尚有七八百人，由于我各团之间联系困难，不便于乘夜攻击，我便命令各团固守已有阵地，不使敌人漏网。同时派小部队袭扰敌人、疲劳敌人，等到拂晓再开始总攻击。

8 日凌晨，飞来五架敌机，在战场上空盘旋侦察，过一会儿，投下七个降落伞，那降落伞上吊着的除了弹药、粮食外，还有人，很可能是派来指挥黄土岭残敌突围的。

果然，8 时许，敌人留下 200 多人在上庄子掩护，其他人开始向司各庄方向突围，各种枪声像海潮那样轰响着。一团和二十团果敢地插上去，切断了敌突围部队和掩护部队的联系，三分区的二团、一分区的三团和一二〇师的特务团也开始全线攻击，一、三分区的广大人民群众也前来积极支援。

中午，一团报告，三岔口方向传来机枪声，我们断定这是敌增援部队与我三岔口第三支队接火了。

情况很快就查清了、敌人纠集了重兵。驻保定的第一一〇师团、驻大同的第二十六师团、驻张家口的独立混成第二旅团余部纷纷出动，从灵丘、涞源、唐县、完县、易县、满城等方向分多路向黄土岭合击，先头部队距黄土岭已不到 15 公里了。敌人企图在包围圈外面对我们形成一个更大的包围圈，把我们的参战部队一网打尽。

战局发生了变化，全歼敌人之战机已失。聂司令员得知以上情况后，立即指示部队撤出战斗。

根据聂司令员的指示，我们参战各部队迅速撤离黄土岭战场，跃至外线作战，并不断从敌人侧背予以突击。黄土岭战斗以击毙阿部规秀中将，大量消耗敌人有生力量而胜利结束。

黄土岭战斗，是晋察冀军区继雁宿崖歼灭战后又一次大胜利。这一仗共歼灭日军 900 多名，缴获 200 多辆满载军用品的骡马车，五门火炮，几百支长短枪及大批弹药，还生俘了十多个日本兵。

这样，我们从 11 月 3 日至 8 日，六天中连续取得了雁宿崖歼灭战和黄土岭围攻战的胜利，共歼灭日军 1400 多人，并缴获了一大批武器和军用物资。当时魏巍同志随一分区部队作战，他所写的《雁宿崖战斗小景》和《黄土岭战斗日记》，正是这两个战斗的真实写照。

一天下午，我们正在总结。聂司令员突然打来电话，他喜悦地高声说：

“成武同志，好消息啊！延安拍来贺电，说你们打死了阿部规秀中将，我祝贺你们啊！”

我又惊又喜，根本没想到这位中将旅团长竟亲自率兵进入黄土岭，并且被我们打死了。放下电话，我向旁边正在统计战果的秘书陈子端喊道：

“老陈，聂司令员说，我们打死了阿部中将，总部祝贺我们哩！”

陈子端一怔，拍着统计表叫道：

“是中将，我们还不知道有这个死鬼呐，哈哈哈……”在场的人都高兴得开怀大笑。

我急忙给一团挂电话，转告了这个喜讯，并且要他们立刻到战场寻找阿部中将的遗物。当天，阿部的绣着两颗金星的黄呢大衣和金把指挥刀也落到我们手中。后来，我们把这些东西送到了军区，军区又把它送到延安。

阿部中将被击毙，日本朝野震动，陆军省发布了阿部规秀的阵亡公报。日本报纸《朝日新闻》特派员 11 月 20 日发出详报说：

……阿部中将亲临第一线，以便视查敌情，随时下达命令。当到达上庄子以南约一公里的一处人家时，敌人一发炮弹突然飞至身旁爆炸，阿部中将右腹部及双腿数处负伤。但他未被重伤屈服，仍大声疾呼：“我请求大家坚持。”

《朝日新闻》还以“名将之花凋谢在太行山上”的通栏标题，连续三天刊登悼念文章。这家报纸说：“自从皇军成立以来，中将级将官的牺牲，是没有这样例子的”。其他各报也频频报道阿部的生平、战功、死讯。他的骨灰送回东京时，“帝都降半旗致哀”。“以高龄的柴大将为首，杉山大将、东防司令官稻叶中将、代理陆军大臣中村以下各位将领到车站持悼旗致哀。‘爱妇’（‘爱妇’，即日本‘爱国妇人会’，以保护侵略军伤病员遗族为目的的团体）‘国妇’（‘国妇’，即‘大日本国防妇人会’，日本军部在战时成立的妇女组织）团体和很多遗族前往迎接”，可谓“哀荣”至极！

阿部规秀是当时日军侵华战争中在战场上丧失的一个高级将领，也是我八路军在华北战场第一次击毙日军中将指挥官，在中国人民抗战史上也是第一次。党中央、八路军总部和全国各地的友军、抗日团体、著名人士，纷纷拍来贺电，祝贺我们所取得的胜利。全国各地的报纸也纷纷报道黄土岭战斗经过，刊登各种祝捷诗文。根据地军民沉浸在胜利的喜悦之中，大家异常振奋。有趣的是，远在大后方的国民党，一向诬蔑我们，说八路军“游而不击”，“只顾扩张实力”，而这回他们却像挨了一棒似的低头噤声了。蒋介石还在 1939 年 12 月发来了电报：

朱总司令：据敌皓日（19 日）播音，敌辻村部队本月江日（3 日）向冀西涞源进犯……支日（4 日）阿部中将率部驰援，复陷我重围，阿部中将当场毙命等语。足见我官兵杀敌英勇，殊堪奖慰。希饬将上项战斗经过及出力官兵详查具报，以凭奖赏，为要。

中正

不久，彭真同志指示我，就黄土岭战斗经过写一篇文章，驳斥国民党内部那伙诬蔑我们“游而不击”的人。我便写了一篇题为《名将之花凋谢在太行山——瞧八路军是不是游而不击》的文章，登在当时的抗日刊物《新长城》上。

反“扫荡”胜利结束后，一天，五回岭情报站转来日军的一封信，信是写给我的，信口还插 3 根鸡毛，以示“万分火急”。

我拆开一看，竟是驻张家口日军警备司令小柴写的。信中写道：

杨师长麾下：中日之战是中日两国政府的事，麾下与鄙人同是人类一分子，没有私仇，参加战争仅是为了吃饭，国家的争论与我们无关，别因此影响我们的友谊，麾下之部队武运亨通，长胜不败，鄙人极为敬佩。现鄙人有两件事求教：一是请通知鄙人在黄土岭、雁宿崖被麾下部队生俘的皇军官兵数目、军职、姓名及他们的生活近况；二是战死的皇军官兵是否埋葬？埋在何处？可否准予取回骨灰，以慰英灵？……

我把此信拿给同志们看，同志们会心地笑了。我当即复他一信，首先驳斥他所谓“国家争论与我们无关，参加战争只是为了吃饭”之类的言论，指出他自己就是法西斯的侵略工具。我们进行的是正义的战争，正义的战争是必胜的。然后通知他，八路军一向优待俘虏，对于放下武器的敌人，一律宽大处理。俘虏们生活得很好，已开始认识自己的侵华罪行，表示反对这场侵略战争。对于那些做了日本当局炮灰、蒙受日本当局给予的灾难的死者，我们已妥为安葬，并立有石碑，以资标志。

陈庄战斗

张宗逊

一、布阵待敌

日本侵略军从1939年3月起，对我晋察冀边区北岳区的东部、西部先后进行疯狂"扫荡"，我边区军民奋起反"扫荡"，粉碎了敌人的企图。与此同时，国民党顽固派军队不图抗日，一意反共，制造磨擦，全国随时都可能发生突然事变。在此形势下，1939年8月中旬，我八路军第一二〇师主力奉中共中央军委的命令，由冀中腹地西越平汉路，转移北岳区整训待命，并参加巩固北岳区的斗争。

9月上旬，一二〇师的第一梯队到达北岳区。我当时任三五八旅旅长。我们旅部和在冀中新成立的第四团驻灵寿县的牛家下口、东西岔头一带，独立一旅在冀中新成立的第二团驻行唐县的口头镇、湾里及秦家台羊地区，独立一支队（即以后的师属特务团）驻程家庄，津南自卫军（即以后的三五九旅七一九团）驻南北谭庄，隐蔽进行整训。抗日军政大学第二分校驻灵寿县陈庄附近，晋察冀军区第四军分区第五团活动在慈峪镇以南，第三军分区的部队活动于党城镇地区，分别监视灵寿县城和曲阳县敌人的动静。

就在这时，晋察冀军区聂荣臻司令员和正在参加晋察冀第二次党代表会议的一二〇师关向应政委联名来信通知我们，敌人正调动兵力，有向我军进犯的迹象，要我和旅政委张平化负责指挥一二〇师第一梯队的部队，在北岳区军民协助下，粉碎敌人的进攻。信中还告诉我们，各地的地方武装、后方机关、学校和群众，也都在积极进行反“扫荡”的准备。果然不出聂、关首长所料。驻石家庄日军独立混成第八旅团旅团长水原义重少将侦知我晋察冀边区党政机关和一二〇师后方机关、抗大第二分校等单位，正在边区南部的重镇——陈庄附近休整，准备举行“秋季大讨伐”，妄图消灭我驻陈庄的后方机关、学校，破坏我边区的后方设施，并以陈庄作为对北岳区进行冬季大“扫荡”的据点。

敌人这次进攻是经过充分准备的，特别在战术上声称是“从八路军游击战中学来的新经验”，采取“山地讨伐的‘牛刀子’新战术”，即反“杀鸡焉用牛刀”之意，用“牛刀子”来对付我们。

9 月 24 日，水原义重亲自指挥守备正太路的三十一大队，以及灵寿、正定、行唐、无极县的伪警备队，共约 1500 人，随带强拉的民夫 200 余人，数十辆大车，突然集中于灵寿县城。

敌人的调动，我们很快知道了，并判断敌人可能在近日进攻陈庄。陈庄距离灵寿县城只有 50 余公里，从灵寿县城到陈庄，除几条绕行的山路以外，主要道路是经慈峪镇的一条大路。以前，敌人曾多次对陈庄进行骚扰，走的就是这条路。我们估计，这次敌人还会走这条大路。因此，确定驻牛家下口的四团派一个营进到口头镇以南地区，担任行唐、曲阳方向警戒，其余部队集结在北谭庄到岔头一线两侧的山岭上，布成一个袋形阵地，等待来犯之敌。

25 日清晨，隐约的枪声由南面阵阵传来。敌人从灵寿县城出动向慈峪进犯了。就在这天下午，贺龙师长率一二〇师师部和三五八旅主力团七一六团由冀中到达行唐县西北的南北城寨。我们立即通过电话向贺龙师长和周士第参谋长汇报了对敌情的分析和战斗部署，贺师长同意我们的分析和部署，进一步增强了我们的战斗勇气和胜利信心。

在慈峪镇附近，我们只有四分区五团的两个连在那里警戒，可是，敌人却动用了进攻陈庄的全部兵力和火器。敌人进占慈峪后，我们即令津南自卫军以一部从正面逼近敌人，节节抗击，诱敌深入，五团的一部则在慈峪以南活动，监视慈峪和灵寿县城敌人的后续部队。

敌情不断传来：敌人进占北霍营；敌人进到东西伍河；敌人向着我们设伏的方向来了。我们等待着。可是，从中午等到黄昏，连敌人的影子也没有看到。这是怎么回事？原来，敌人占领南谭庄以后，就停止了前进。当夜，我津南自卫军以白头山为依托，几次向敌发起攻击，诱敌出战。狡猾的敌人只以火力还击，兵不前进。敌人不肯上钩，我们只好抑制着急切求胜的心情，把胜利推迟到明天。

这时，我们发现了意外的情况：26日下午4时，南北谭庄、东西伍河和北霍营一线的敌人全部退回慈峪镇。傍晚，情况又有新的变化，五团报告说：慈峪镇的敌人正向灵寿县城撤退，大炮、辎重已经撤走很远。

敌人是不是发现了我们的意图？他们真的就这样撤走了吗？我们分析了各种情况，结论是否定的。日军同八路军已经打了两年交道，在我军面前吃尽了苦头。敌华北方面军司令部对其部属所作的一个指示中说："……对付八路军必须采用一套新的战术，找准敌人的弱点，出其不意，以大胆勇敢精神和动作，进行包围、迂回、欺骗、急袭，在近距离进行很快的奇巧袭击。……"可见目前敌人的突然撤退，显然是一种欺骗行动，是用来迷惑我军的所谓"新战术"。

27日拂晓，晋察冀军区司令部电话告诉我们：敌人只留下几百人控制慈峪镇，主力1000多人正沿鲁柏山区的小路向陈庄轻装疾进。

五团两个连正紧紧尾随敌人，监视敌行踪。这个消息完全证实了我们的判断。我们立即调整了部署：津南自卫军以一个营绕道尾追敌人，其余继续控制白头山、北谭庄以南阵地，严密监视慈峪镇的敌人；七一六团、二团、独立一支队等部，即刻顺大路向陈庄前进。

27日正是农历八月十五日。敌人趁我军民欢度中秋佳节之际，沿鲁柏山的山路，经南燕川、长峪奔袭陈庄。沿途我五团和抗大二分校派出的连队对敌不断阻击。上午11时敌人占领陈庄。但是，我驻陈庄的机关和群众早已坚壁清野，安全转移了。下午，我各部队先后赶到了陈庄外围。

占领陈庄的敌人，以为他们的"新战术"奏效了。后来，我们从缴获敌人的文件中发现，日军三十一大队大队长田中省三郎在这天的日记里得意地写道："不经大的战斗而占领陈庄，这是指挥者的天才。"而实际情况是，敌人进入陈庄扑了一个空。陈庄这个八九百户的大镇看不到一个人影，找不到一粒粮食，家家户户都空荡荡的，什么也没有，而迎接他们的却是沿街墙壁上的大字标语："打倒日本帝国主义！""把侵略者赶出中国去！"入夜，我独立一支队一部不断袭扰占领陈庄的敌人，陈庄周围彻夜响着枪声。敌人整夜不得安宁，又找不到一个老百姓，得不到一点情报，只能躲在村子里盲目射击。我军的袭击小组一直摸到敌人的阵地前沿，有一个战士摸到敌人一个机枪组前十多米处，用手榴弹将三个敌人全部炸死，把机枪扛了回来。

二、敌变我变

正当敌人奔袭陈庄的时候，贺龙师长给我们指挥所打来电话，他说："敌人这次袭击陈庄，采取声东击西、避实就虚、轻装急袭，这算什么‘新战术’，完全是班门弄斧！”贺师长指示我们：敌人是孤军深入，北无据点接应，南边接济也十分困难。因此，他们在陈庄必然不敢久留。等敌人回窜的时候，必须抓紧时机，在运动中把敌人消灭掉！

遵照贺师长的指示，我们立即研究调整部署。研究时，大家认为关键的问题是判明敌人会从哪条路回窜？从以往的经验来看，如1938年11月的滑石片战斗，向我根据地奔袭的日军，是从哪条路来沿哪条路回去的。我们依此设伏，取得了胜利。但是，敌人的行动规律开始变化了，我们不能不重新考虑。既然敌人来的时候玩了一套“花招”，那么走的时候也可能来个“新战术”，改变过去的老规律，不走来时的小山路，而顺东南的大路逃跑。敌人这样做，既可以避免像过去那样遭我伏击，又可以和慈峪的日军相呼应。

敌变我变！我们决定改变以往在敌人来路上设伏的做法，确定以七一六团集结于慈河北岸的东西寺家庄，从北面严密控制敌人东逃的大路；独立一旅二团进入慈河南岸的冯沟里、坡门口、高家庄地区，从南面控制敌人东逃大路，如发现敌从原路撤逃，则迅速向长峪地区机动，协同独立一支队坚决阻击敌人南逃；我们指挥所前移到南台头，决心在运动中将敌人包围全歼。为了以防万一，另派独立一支队和二团各一个营进到陈庄南面的长峪，防止敌人可能由来时的小路南撤。独立一支队的另一部则顺大路向陈庄东侧的七祖院和敌人保持接触。这个方案经师部批准后，部队便开始行动。同时，边区政府还把灵寿、平山、行唐、正定等县的游击队和民兵都发动起来，参加侦察警戒、封锁消息、带路送信、捕捉敌特汉奸、组织担架队和运输队等，积极配合部队的行动。

果然如贺龙师长所料，袭占陈庄的敌人，被我军小部队彻夜袭扰打击，不得休息，异常恐慌，不得不退出陈庄。28日拂晓5点50分，陈庄上空腾起了冲霄的烟柱，敌人焚烧陈庄的房屋了，这是敌人逃跑的信号。我们命令各部队准备战斗。8点多钟，陈庄方向传来密集的枪声。侦察人员报告：敌人出了陈庄，向东沿大路撤退，在七祖院同独立一支队打上了。这个消息实在令人振奋，敌人就要进入我军的伏击区。可是，半个小时以后，独立一旅来电话说：一位侦察参谋亲眼看见，敌人的主力已经后撤，离开大路涉渡慈河，有沿来路逃跑的迹象。狡猾的敌人又要了一个花招。

综合各方面的情况，经过缜密地分析，我们仍肯定原来的判断：敌人并没有发现我军的设伏位置，更没有觉察我军的伏击部署。因此，他们顺来路逃跑的可能性很小。但是，为了慎重起见，我们还是命令二团主力由冯沟里以南的山地赶到陈庄南面长峪一线，协同独立一支队和二团在那里的部队，防止敌人真的由来路逃走。

一个小时以后，前沿侦察部队报告：敌人主力过慈河以后，又转换了方向，利用河边的芦苇和树丛作掩护，正沿慈河南岸鲁柏山脚的大路向东逃窜。大家不约而同地长吁了一口气：敌人到底还是朝着我们给他安排好的死路走来了！

战斗很快打响了。开始，敌人以为我们上了他们“新战术”的当，我们把主力已集中在他们的来路上，他们现在遇到的只不过是一些小小的游击队，因而并不在意，大摇大摆地向东撤退。当敌人走了不过二三公里，到坡门口一带时，就遇到我二团特务连和七一六团一营的猛烈阻击。正向长峪疾进的二团主力，听到这边的枪声，也从敌人后面追来。敌人开始慌乱了。

七一六团一营据守的叠谷崖阵地，是伸向慈河的一个突出而又光秃的小山包，像一扇闸门一样，死死卡住敌人向东逃跑的路，对敌人威胁极大。敌人为了夺路逃跑，以两个中队的兵力向这个小小的山包发起了连续的强攻。疯狂的日军不顾死活地凭着火力掩护向山包上拥来。一营的指战员沉着应战，等敌人冲到跟前，一阵猛打，冲在前边的敌人一个个滚回山下。就这样，一营英勇地同敌人展开了一场激烈的争夺战，从上午 9 点多一直打到下午 1 点，先后向敌人进行了四次冲击、三次肉搏，阵地坚如磐石，始终牢牢地掌握在我们手中。敌人被我军火力压在河沟里，成群地挤在一起，火力发挥不了，又无处藏身，急得像热锅上的蚂蚁，团团乱转。一股敌人北涉慈河，企图抢占东西寺家庄的高地。预伏在北山上的我七一六团三营突然以猛烈的火力进行阻击，敌人猝不及防，一批接一批地倒毙在淤泥里，残余的敌人狼狈地逃回南岸。

敌人向东、向北都碰了硬钉子，又转向南面。敌人以高家庄、坡门口为依托，向南面青山我二团的阵地展开猛烈地攻击，企图抢占有利地形。我二团部队英勇抗击。三营特别是九连、十连打得英勇顽强，连续打退敌人几次冲击。经过激烈战斗，敌人在我阵地前沿死伤惨重，我二团三营伤亡也很大。此时，独立一支队尾追敌人，由西向东对敌占的高家庄展开攻击；七一六团也从慈河北岸向南进攻；四团从牛家下口赶到，在七一六团和二团之间投入战斗，占领了坡门口以东的高地，把敌人向东逃窜的路完全封住了。这样，北边是慈河，南面是陡峭的鲁柏山，四面都有我们的部队堵击，敌人被紧紧压缩在沿河的高家庄、冯沟里、坡门口三个村庄和附近的小高地，完全陷入了绝境。

这时，边区的群众翻山越岭，从四面八方来到阵地上，有的送饭，有的送水，有的抬担架救伤员。群众的热情支援，给部队很大的鼓舞，战士们都摩拳擦掌地准备最后围歼敌人。

三、聚歼顽敌

袭击陈庄的敌人被包围，灵寿县城的敌人着了慌，急忙向慈峪镇增兵 300 余人，连同留在慈峪的四五百敌人，于 28 日下午 4 时，向南北伍河、白头山我津南自卫军的阵地发动进攻，企图打通到坡门口的大路，接应那里的日军突围。但是，津南自卫军的指战员，在敌人猛烈的炮火轰击下，顽强阻击，使敌人前进不得。

黄昏时分，我军向被围之敌发动总攻击。二团由南向北，占领了冯沟里村南的小高地，逼近敌占村沿；四团由东向西进攻，夺取坡门口后，继续向西攻击；独立一支队从西向东占领高家庄之后，继续攻占了冯沟里以西的高地，向冯沟里攻击；七一六团越过慈河向南进攻，迅速占领了坡门口和冯沟里中间的小高地，将两处敌人联络割断，接着冲入坡门口村内和敌人展开格斗。此时敌人极为慌乱，死伤狼藉。但因我们的部队刚从冀中水灾区过来，行军时手榴弹大部受潮，十之八九不发火，未能解决战斗，攻进敌占村内的部队只得退出来补充手榴弹，和敌人形成对峙。

夜里，我们的号兵迎着明朗的圆月，不断吹冲锋号，刺刀班、投弹班轮番袭击敌人。被困在两个小村子里的残敌，惊恐万状，又渴又饿又累，几次组织突围都被打了回去，有些伪军悄悄地跑过来投降，剩下的敌人只得依靠村子作垂死挣扎。

29 日，敌人还幻想以出我意料的行动来逃脱被歼的命运。清晨，敌人攻占了津南自卫军驻守的白头山阵地的一部分。师首长为保障主力顺利歼灭被围之敌，遂令四团转移到东西岔头，以增强对白头山之敌的防御；上午 7 时，津南自卫军对攻占白头山之敌发起反击，歼灭了部分敌人，收复了阵地，余敌退回南北伍河。

这时，我们令二团和七一六团各以一部兵力监视被围之敌，主力稍向后移，补充弹药，准备再战。被围的敌人见增援没有希望，不敢再东逃了。当他们发现我东面和南面的主力移动时，妄图寻找我薄弱的地方转变突围方向。上午 7 时 30 分，敌人离开村子，集中火力，施放毒气，全力向坡门口西南高地冲击，突破我二团六连的阵地，拼命往鲁柏山上爬。鲁柏山又高又陡，敌人趴在光秃秃的山崖上，既无掩护，又无依托，我七一六团迅速追击并以各种火力猛烈射击，又给敌人很大杀伤。敌军官在后边压阵，举着战刀砍那些走不动的士兵，辎重和重火器等等丢了一路，当敌人爬到山顶时，活着的也只剩下二三百人。

残敌满以为爬上鲁柏山就可以摆脱我军的重围，从山背后溜走。没想到我四分区五团主力早就赶到山后西南的万寺崖，堵住了敌人的逃路。急红了眼的敌人，摆开三人一小组、三小组一大组的三角阵式，在火力掩护下向我五团阵地冲击，当敌人冲到离阵地二三十米的山坡上时，早已憋足了劲的五团战士们用手榴弹向敌人猛砸。敌人几次冲锋，都被打退。敌人向西南突破不了，又反过来向东南突击。此时，我军各部队已先后赶到。七一六团和独立一支队自北向南，二团二营自东向南，将敌人重新包围在鲁柏山西端的高地及山沟里。民兵、游击队和群众卡住了所有大小山沟和荒僻小道。包围圈越缩越紧，敌人被围困在方圆不过500米的鲁柏山主峰上，南面是陡石坡，北面是绝壁，已经成了瓮中之鳖。

下午1时，师的炮兵也运动上来，对敌人抵近轰击，打得敌人抱头鼠窜，死尸遍地。敌人经过我军几次打击之后，又回过头来从我五团的阵地全力突围。敌人的全部火器一股脑儿向五团阵地打，特别是五团八连所在阵地是个山垭口，成为敌人进攻的重点，黄乎乎的一片日军，端着枪呼喊着冲向八连阵地，经过几番拼搏，八连伤亡很大，前沿阵地被敌人突破。

五团经过一夜急行军和大半天的激烈战斗，战士们又渴又饿，但是战斗情绪却十分高昂。五团八连及时得到师炮兵支援，趁势组织反击，连炊事班也投入战斗，在另一连队支援下，又夺回了阵地。此时，七一六团三营十连和独立一支队也向敌人发起冲击，当即占领了敌前沿阵地。

敌人多次组织突围都未得逞，而且不断受到我军的杀伤，处境非常困难，只好不停地呼救。从战后缴获的敌电文中知道，当时敌人曾垂死哀叫："现在西侧鞍部苦战。刻下身边忧虑，望至急以飞机送弹药粮秣，并增派讨伐队。"敌人的飞机倒是来了，第一次飞来三架，因我军发起冲击，同敌扭在一起，展开白刃格斗，敌机无法扫射轰炸，转了几圈就飞跑了。第二次又飞来三架，用降落伞投下几大包弹药和饼干，但大部分落到了我军阵地上。

29日下午6时，贺龙师长骑马来到我们指挥所。他到前边观察了形势，笑着回来，坐在柳荫下，端着烟斗安详地吸着，指示我们说："要补足弹药，安排好伤病员，准备打好最后一仗。"黄昏时分，我们按照贺师长的指示，对鲁柏山的敌人发起总攻。刹那间，山上枪炮齐鸣，杀声震天，硝烟弥漫，七一六团五连的战士们首先从东侧冲上山，接着，后续部队和西侧的五团的战士们也相继冲到山上，同敌人展开了肉搏。敌人在我军勇士面前，死的死，伤的伤，大部被歼。有十几个敌人从南侧的陡坡滚下去，钻进万寺崖偏僻的山沟里，次日清晨也被我民兵、游击队一一俘获，无一漏网。

30日上午7时，慈峪方向的敌人又增加了200多人和三辆坦克，企图绕路沙湾方向北进，被及时赶到沙湾的我四团所阻击，无法前进。到了下午，这路敌人得知北犯陈庄的日军已被歼灭，垂头丧气地用汽车载着死尸和伤兵，经慈峪退回灵寿县城。至此，陈庄战斗胜利结束。以"牛刀子"战术闯入我根据地的狂妄敌人，终于遭到惨败。

这次战斗，是我军在贺龙师长指挥下，对毛泽东同志"基本的是游击战，但不放松有利条件下的运动战"的作战原则的具体运用。历时六天五夜的战斗，我军以六个团的优势兵力全歼进犯陈庄的敌军，并击退慈峪方向增援之敌1000余人。在坡门口村有一堆堆用写有"大和魂灵"的太阳旗覆盖的敌人尸体，全都砍去了右手，大概是敌人拿着回去对指纹作"报销"去了。

这次战斗，共击毙敌官兵1000多人，俘日军16人；缴获山炮3

门、轻重机枪 20 余挺、长短枪 500 多支、掷弹筒 9 个、无线电台 1 部、降落伞 5 个、战马数 10 匹。我们一些新战士、民兵也缴了敌人的枪，捉了俘虏。这是一二〇师由冀中西返途中，同晋察冀军区部队一起取得的第一个山地运动歼灭战的胜利。

百团大战

李达　唐延杰

百团大战，是八路军和华北人民群众，于1940年8月至12月在敌后战场向侵华日军发起的一次重大战役行动。百团大战使侵华日军受到了沉重打击，不仅在中国人民的抗日战争史上写下了光辉的一页，也对国际反法西斯的伟大斗争作出了贡献，其意义是极其深远的。

参加这次战役的有晋察冀军区部队、第一二〇师部队、第一二九师部队，以及山西新军等，共105个团，还有广大民兵和群众参战。作为百团大战的参加者，我们仅就记忆所及和手头的资料，对这次战役作一概略叙述。

一、战前形势与战前准备

伟大的全民族抗日战争进入第四年之际，中国人民的抗战形势面临着极大的困难。正如1940年7月《中国共产党中央委员会为抗战三周年纪念对时局宣言》中指出的:“现在是中国空前投降危险与空前抗战困难的时期。”当时日本政府为了迅速结束中国战场的战争,抽出兵力准备发动太平洋战争,对中国国民政府加紧采取威胁、诱降政策。日本政府一方面加速进行和蒋介石之代表的秘密“和平”谈判工作(关于这一谈判,日方的代号为“桐工作”);另一方面令日军纠集驻鄂、湘、豫三省的兵力,于1940年5月发动枣(阳)宜(昌)战役。6月1日占襄阳,3日陷宜城、南漳,6日占荆门,14日陷宜昌,使重庆国民政府受到严重威胁。日军飞机对重庆狂轰滥炸,直接给蒋介石国民政府施加压力,企图逼蒋就范。与此同时,日军还在开封和豫北及山西南部集结重兵,大有进攻西安、兰州之势。一时间,国民政府惶惶不可终日。

在华北敌后根据地,在我军民不断发起破路斗争之后,日军也相应采取了一系列强化铁路、公路保安措施和惩治群众破路的办法,对解放区实行残酷的“三光”政策、“囚笼”政策。

到百团大战前夕,日军已利用平汉线割断了我山区和平原的联系,利用正太线割断了晋冀豫与晋察冀两根据地的联系。尤其在冀中这块被平汉、津浦、北宁、德石四条铁路包围起来的平原上,敌人修筑的公路密如蛛网,据点星罗棋布。当地群众形容说:“出门走公路,抬头见岗楼”。

此外,国民党顽固派军队大造“八路军游而不击”的谎言,不断制造军事磨擦,使我军遭受了不应有的损失,更加重了我根据地的困难。

在这种形势下,如果我军不打几个大胜仗,局面确难改观。而大规模地破袭日军交通干线,更是势在必行的战略措施。

1940年春,聂荣臻同志随晋察冀军区南下支队来到太行。彭德怀、左权、聂荣臻、刘伯承、邓小平,还有陈赓、陈锡联、李达等曾对华北战局及我军的作战行动作过议论,认为正太路是当时日军控制山西、河北的重要交通命脉，切断正太路，日军在山西的一切运输补给就失去了有力保障。大家一致赞同，对正太路进行大规模的破袭。这样，发起破袭正太路作战的问题就这样基本上确定了。

7月中旬，左权副参谋长从八路军总部来到一二九师师部，进一步商谈了总部关于准备在最近举行这一次战役的具体设想。刘伯承师长、邓小平政委欣然赞同。左副参谋长回总部后，刘、邓首长立即召集李达参谋长、蔡树藩主任。黄镇副主任一起研究战役的准备工作。

7月22日，由朱德、彭德怀、左权签署的《战役预备命令》下达到晋察冀军区、一二〇师和一二九师，同时上报中央军委。这个命令详细分析了国内外形势，特别是敌友我三方情况，指出：为打击敌之"囚笼"政策，打破敌军进犯西安之企图，争取华北战局更有利的发展，决定趁青纱帐与雨季时节，敌对晋察冀、晋西北及晋东南"扫荡"较为缓和，正太路沿线较为空虚的有利时机，大举破击正太路。

《战役预备命令》还指出了这次战役的目的是："彻底破坏正太路若干要隘，消灭部分敌人，收复若干重要名胜、关隘、据点，较长时期地截断该线交通，并乘胜扩张战果，扫除该线南北地区若干据点。"

《命令》要求，对其他重要铁路线，特别是平汉、同蒲等铁路"应同时组织有计划之总破袭，配合正太铁路战役之成功"。战役使用的兵力应不少于22个团：晋察冀军区（含冀中）10个团，一二〇师4个至6个团，一二九师8个团，总部炮兵团大部和工兵团1部。各参战部队务必在8月10日前完成一切作战准备。

7月23日，晋察冀军区按照总部的要求，抽调八个步兵团、一个骑兵团又两个骑兵营、三个炮兵连、一个工兵连和五个游击支队，组成三个纵队：即熊伯涛指挥的左纵队、杨成武指挥的中央纵队和郭天民、刘道生指挥的右纵队，还有一支牵制部队和一个总预备队。

为达到预期的战役目的，聂荣臻司令员兼政治委员向晋察冀军区各参战部队提出，一定要在战前进行充分准备。因此，各纵队和其他参战部队，抓紧时间进行了攻坚和破路的短期训练，派出了小分队侦察地形、敌情，迅速完成了进攻道路的选择、爆破器材的筹备和建立兵站、储存粮秣以及动员教育等各项工作。

一二九师在收到总部《战役预备命令》的当天，就以刘、邓首长的名义，下达了关于准备进行正太战役的指示。

为了打好这一战役，刘伯承师长交代司令部把白晋战役以来各部队破路的经验收集起来，整理成文件发给部队。邓小平政委指示师政治部针对部队的思想状况，起草一个文件，同破路经验一道下发，让部队提前做好思想准备。8 月 2 日，师政治部草拟了《关于克服部队右倾情绪的指示》，师司令部草拟了《综合破路经验通报》，经师首长审定后，分别以“刘、邓、蔡、黄”和“刘、邓”名义下发。

8 月 4 日，刘伯承、邓小平就部队作战指导思想问题又拟定了一个指示，下达各部。这个指示，对于日军的铁路和公路的战略地位及其相互关系作了正确的分析，揭露了日军的“拐骗术”在于把我军的注意力引向“伸出的公路和据点”，以达到其保护铁路的目的；中肯地指出了基层部队处于被动地位的原因，恰恰是“忽视了铁路的重点”；为求得对日交通战中的主动地位，则必须“坚决地向着敌占区和交通线”进攻，“不断地轮流辗转破袭平汉线”。这一指示，对于统一各级指挥员的作战指导思想起到了重要作用，为一二九师参加正太战役准备了重要的思想条件。

一二〇师在贺龙师长、关向应政委的领导下，按照总部要求对部队进行了动员，对于粮食弹药的准备、作战区域的侦察等，都做了大量工作。

二、战役经过

第一阶段：正太路破击战

正太铁路，从河北省石家庄（当时属正定县）到山西省太原，全长200多公里。东西横贯太行山脉，把巍巍太行劈为南北两半。它是日军截断我晋冀豫和晋察冀两大战略区的重要封锁线之一。在这条铁路上，有天险娘子关和日军在华北的重要燃料基地阳泉、井陉煤矿。其守备之敌，在井陉至石家庄两侧地区，是独立混成第八旅团；在娘子关至寿阳区间，是独立混成第四旅团；太原、榆次地区是独立混成第九旅团。敌人在沿线大小城镇、车站和桥梁、隧道附近，均筑有坚固据点，各以数十至数百人的兵力担任守备。路的两侧10公里至15公里之间，还构筑了连成一线的外围据点。敌人还经常派装甲车压道巡逻，自吹自擂这是一条“钢铁封锁线”。

1940年8月8日，总部发布了《战役行动命令》，决定于8月20日开始战斗，规定：晋察冀军区部队担负破击正太路石家庄至阳泉（不含）段，重点是娘子关至阳泉段；对北宁、津浦（德州以北）、德石、沧石、沧（州）保（定）各铁路、公路及元氏至卢沟桥之平汉路也同时进行破击。一二九师部队及总部炮兵团一部破击阳泉（含）至榆次（含）之正太路，重点是阳泉至张净镇段；同时对平汉路元氏至安阳段，德石、邯大、白晋、临（汾）屯（留）及同蒲路榆次至临汾段进行破击。一二〇师部队破击平遥以北之同蒲路，并以重兵置于阳曲南北，阻敌向正太路增援（当时一二〇师认为：远离根据地到太原以南执行破击任务不利，提出以伏击太原以北之同蒲路和忻（县）静（乐）公路为重点的作战计划。此计划虽经总部机关批准执行，但事后一二〇师领导认为这一改变是欠妥的，总部原来部署是正确的）。

接到上述命令后，聂荣臻、贺龙、关向应、刘伯承、邓小平等同志按照预定方案分别检查了所属部队各项准备工作落实情况，对战役部署作了相应的调整。

晋察冀军区的主攻部署是：

郭天民和刘道生指挥右纵队，破击娘子关（含）至乱柳（含）段之敌，并将重点指向娘子关、磨河滩各据点，同时破坏附近之铁路、桥梁、车站及隧道；另以小部确实截断乱柳（含）以西之铁路交通后，主力一部转向阳泉方向发展，扩张战果，与一二九师参战部队联络。

杨成武指挥中央纵队，破击娘子关（不含）至微水、井陉煤矿（均含）段之敌，破击铁路、桥梁、车站及煤矿，重点置于北峪、乏驴岭、蔡庄及煤矿，以小部积极袭扰与监视贾庄之敌，相机收复上述各要点，奏效后以得力一部沿铁道向娘子关扩张战果，与右纵队联络，主力转向井陉、微水进攻，另以一部控制煤矿东北适当地区。

熊伯涛指挥左纵队，破击微水（不含）至石家庄（含）段铁路，以及石家庄至平山和平山至微水之公路，破坏铁道、桥梁、车站及公路，将重点置于岩峰、上下安、头泉，并以小部队或便衣队相配合。

叶长庚和蔡顺礼指挥独立支队，破击石家庄至新乐间之平汉路及平山、灵寿间，灵寿、正定间与行唐、长寿间之公路。

张仲瀚和贺庆积指挥总预备队，以得力一部积极袭扰、钳制白塔坡、平山等据点之敌，并彻底破击该地区敌人的公路。

一二九师首长8月17日上午指示部队："本战役系华北本军的整个行动，对全国对华北意义极大，任何一点都与全局有关，任何一项任务都必须坚决完成"；"为保证战役任务的完成，必须高度发挥坚持性和顽强性"，并发动本师部队与晋察冀、一二〇师进行打胜仗竞赛，执行党的政策的竞赛和收集敌人资料的竞赛。

次日，在和顺石拐镇师前线指挥所召集了作战会议，李达介绍敌情，刘伯承传达总部的《战役行动命令》，并宣布师的作战部署，接着，由邓小平布置战时政治工作。

同时确定由陈赓、陈锡联、谢富治统一指挥，几个破路队的组成和任务区分是：

第一，右翼破击队，由新十旅二十八、三十团（附平射炮、机关炮各一门），工兵两个连组成，受旅长范子侠和政委赖际发指挥，破击阳泉（含）至寿阳（不含）段，对燕子沟、桑掌庄、辛庄、小庄的术工物（术工物，是指车站、水塔、桥梁、隧道等铁路沿线的附属建筑），必须确实破毁并袭占其据点。

第二，左翼破击队，以三八六旅十六团、决死一纵队两个团（附机关炮一门），工兵两个连及榆太独立营组成，受三八六旅参谋长周希汉指挥，任务是破毁寿阳、榆次（均含）段。

第三，平和支队，以二十九团、平（定）昔（阳）和（顺）东独立营、和顺独立营组成，受新十旅副旅长汪乃贵指挥。其任务是分途破毁平定至和顺寒王镇公路，使平（定）辽（县）线上的敌人不易缩回向我右侧迂回。如敌人抽集兵力由平、昔、和段向我右侧背迂回，就分置小部在原地破路，而以主力扭住该敌，协同总预备队将其歼灭。

第四，总预备队，即中央纵队，以三八五旅主力及七七二团组成，归陈赓、陈锡联、谢富治直接指挥，位于平定以西的苇池村、天化池地带，以保障破击的成功，如果敌人从阳泉、平和段侧击我军时，我即将敌各个歼灭。

第五，请陈锡联和谢富治令十三团第一营并指挥二十九团一个连，依靠白壁向太谷南北段破击，重点在太谷、范村段。十三团主力和辽（县）榆（社）子弟兵，在辽榆段破击，重兵放在辽县附近。

8月20日晚，夜雨蒙蒙，我各队破路大军冒雨穿过山间小路，秘密运动到敌人鼻子底下。

20日20时整，正太路全线准时发起总攻击。一场具有伟大历史意义的殊死战斗打响了，它激荡着多少抗日战士和民众的心呐！聂荣臻同志事后回忆说：“我清楚地记得那一时刻的情景，真是壮观得很啊！一颗颗红色的信号弹腾空而起，划破了夜空，各路突击部队简直像猛虎下山，扑向敌人的车站和据点，雷鸣般的爆炸声，一处接着一处，响彻正太路全线。”正太路沿线和同蒲路部分地段湮没在八路军和人民群众的火海之中。

战斗打响后，我军最早攻克的一个战略要点，是娘子关。它是正太路上冀晋两省交界的咽喉。抗战前，国民党军队曾在这里修筑了不少国防工事。日军占领后，其驻军司令部就设在关内的大庙里。还在关南依据险峻的山崖，在旧工事上加修了四个大堡垒，由日军防守，在附近各村驻防伪军。

深夜24时，晋察冀军区担任主攻任务的右纵队五团二营两个连，潜入娘子关村后，首先消灭了伪军，然后以村庄为依托，向据险顽抗的日军强攻。战士们沿着陡峭的山坡，冲进浓密的火网，激战两个多小时，歼敌大部，终于攻克了所有敌堡。天近黎明之际，我军的旗帜已经飘扬在娘子关上，被日军铁蹄蹂躏了三年的当地同胞，看到了我军的旗帜，禁不住流下了热泪。这时，残敌一部退守关西龙王庙负隅顽抗。我主力遂掩护工兵，大量破坏敌工事，并将关东铁路桥炸毁，缴获了大批电线，在磨河滩方向援敌赶来之前，我军于21日主动撤离了娘子关。

五团二营一部进攻娘子关时，恰由西面开来一列火车，车上的500余名日军向我猛烈射击，我战到21日拂晓后撤出。当夜，五团的一个连攻入磨河滩车站。22日，该连退至磨河滩西村，以房屋为依托，与敌苦战。虽打退敌人三次冲锋，但因援敌已增至400名，我寡不敌众，即涉水退至河北。

进攻井陉煤矿的是晋察冀军区中央纵队。日军为保护这一重要煤矿，在新旧两矿周围筑有一丈多高的设置电网的围墙，墙外还设置了铁丝网与外壕。在电网之内，老矿有15个堡垒，新矿有4个。此外，在矿北4公里的山上，还筑有3个碉堡，居高临下，监视矿区。

主攻新矿的三团一营，在矿区工人的配合下，首先切断电源，以夜幕作掩护，猛烈进攻。一个有30多人的警备分队仓皇应战，有的连衣服都没顾上穿，就见了阎王。经一昼夜激战，敌大部被歼，剩下十余人躲在一个碉堡里死守。至21日中午，我将敌全部消灭，占领了新矿。我军在工人帮助下，将14台机器，10个锅炉，3座风车，两个大水池，两座烟筒，5座铁桥和绞车房、电机房、火车站以及矿上的重要建筑全部炸毁后，搬走了大部物资。据被俘的日籍工程师说，仅此一矿，日军损失就在3000万元（伪币）以上，半年以后才能复工。

这里值得一提的是两个日本小女孩。我军在迅速抢占新矿时，日军为阻我前进，在其侨民尚未撤退时，就用夹杂着燃烧弹的排炮猛轰，矿区顿成火海。从一座倒塌的房舍里，传来呼救声和婴儿的啼哭声。我军的战士们闻声，冒着生命危险从中背出两个日本女孩和她们奄奄一息的父亲。她们的父亲因抢救无效，死在我军前线包扎所。我军对无辜的日本儿童表现了崇高的革命人道主义精神。战士们把玉米面熬成糊糊，一勺一勺地喂给孩子……

聂荣臻同志得知后，便把两个孩子接到前线司令部。这两个孩子，大的五六岁，名叫美穗子，小的还在襁褓之中，名叫琉美子，伤势很重。聂荣臻司令员抱起襁褓中的婴儿，又亲切地抚摸着小姐姐的头发，把梨放到她的手中。孩子望着这位慈祥的伯伯，露出了天真的笑靥。聂司令员还吩咐军医为她们检查身体并为琉美子治疗创伤，派警卫人员到附近的村庄请来一位大嫂给婴儿喂奶，又让炊事员给孩子做了稀饭，并找来糖和饼干。

后来，聂司令员给日本官兵写了一封信，义正词严地斥责了侵略者对中日两国人民所犯下的滔天罪行，并要求他们保护和哺养孩子，把她们送还给她们在日本国内的亲属。聂司令员把这封信连同两个女孩，派人送交日军（事后得知，妹妹琉美子因伤重，不久即死于石家庄的一个医院里）。

40年后的1980年，《人民日报》发表了《日本小姑娘，你在哪里？》的通讯，在日本引起强烈反响。当年的那位小姐姐，如今已是三个孩子的妈妈，她闻讯后专程到中国来看望聂荣臻同志和救她、哺育她的八路军老战士。这一大战中的插曲终于成了中日两国人民世代友好的佳话。

在三团一营攻进新矿的同时，三团三营曾一度突破岗头老矿东南两个缺口，并占领了三个堡垒，毙伤敌十余名，俘日伪军各一名。敌人集中力量向我反击时，我退出堡垒，扼守缺口，与敌对峙一昼夜。21日夜，二团三营增援，又夺占一个堡垒。后因大雨，于我不利，复又撤出。

我进攻蔡庄、乏驴岭、南北峪的部队，经过激战，也都占领了据点。

8月21日，晋察冀军区发出了乘胜扩张战果的战斗命令："估计本集团战役步骤约完成1/3，并以目前情况观之，正有利于扩张战果，并以此胜利达成战役全部任务。为此，各纵队必须坚决执行各该纵队之全部任务，克服天雨的困难，坚决动作，迅速扩张战果。"各部队遵此命令，越战战猛。

一二九师主力按规定时间在阳泉至榆次段，发起总攻后，以突然、迅速、勇猛的动作，经一昼夜激战，即攻克了芦家庄、和尚足、马首、桑掌等地的车站和据点。

敌驻阳泉的独立混成第四旅团片山旅团长为了挽救其守备部队行将被歼灭的命运，纠集了所有兵力，武装了阳泉的部分日侨，从21日开始，向我占领的狮垴山高地猛烈反扑。其兵力由二三百人逐步增至六七百人，并以飞机（约20架次）和毒气弹配合，连续对我攻击。我军奋战至当天下午，击毙敌炮兵中队长中岛，敌人遗尸40余具，仓皇退走。我军据险扼守，又打退了日军的多次进攻，一直坚持到25日。

26日拂晓，敌300余人向狮垴山反攻。我军坚守了七个小时之后，为了避免与敌人决战，遂转移阵地。三小时后，敌人重占狮垴山。

阳泉之敌1000多人，在攻占狮垴山后，复于29日晨在飞机掩护下继续西犯，同我军在桑掌、坡头附近展开血战。敌以全力发动，数度猛攻，均遭我军击退。我军坚持到黄昏时，陈锡联率援兵赶到，猛烈侧击日军，将敌截成数段。敌见势不妙，遂施放毒气，突围逃跑。这几次战斗，我军毙敌200余人，还缴获了许多武器和军用品。陈锡联、曾绍山和谢富治中毒，卢仁灿负伤。

至25日，我还相继攻克了上湖、燕子沟、坡头、狼峪、张净、冶西等据点。至此，正太铁路西段除寿阳等少数据点外，已基本为我控制。

在同蒲路北段，一二〇师部队在贺龙、关向应指挥下，亦于20日20时全线出击，并于当晚攻克了忻县至静乐之间敌最大据点康家会，歼灭了据点内和由静乐增援来的敌人，缴获大批战利品，取得了百团大战开始后一二〇师的第一个胜利。由大同以南至太原以北以及邻近的铁路、公路、电线、堡垒也同时被我破坏，同蒲线在很短的时间内即被我切断。

抗日军民在华北战场上纵横驰骋，出敌不意，攻敌不备，给敌以沉重的打击。我参战部队、游击队、民兵和广大群众，在“不留一条铁轨，不留一条枕木，不留一座桥梁”的战斗口号下，冒着敌机的低空扫射，对铁路、公路及一切附属建筑物展开了大规模的破击，车站、水塔、桥梁、路基都被拆毁或炸掉。拆下的铁轨，来得及就运到后方兵工厂做原料，或抬到数十里外埋掉，来不及就把铁轨放在枕木上烧坏。不少铁路员工在我军胜利的鼓舞下，也纷纷投入了破路斗争。还有许多敌占区的群众自动地给我军送来粮食和食品，并深情地说：“我们要亲眼看看祖国的军队。”

在我军民的打击下，敌人顾此失彼，一片混乱，交通、通讯立时陷于瘫痪状态。阳泉敌独立混成第四旅团于8月20日午夜刚刚接到娘子关等据点受袭报告，我军一部即已冲入该市。太原敌第一军司令部在21日晨接到石太路全线受到八路军袭击的首次报告，但要继续听取详细报告时，即因有线及无线电联络不通，无法立即弄清情况，不得不用飞机进行空中侦察，并派人到所属部队直接联络。

又据日军参战人员的回忆称：在共军攻击时，独立混成第四旅团部署于石太路沿线各警备队，除一部分外，均突然遭到共军的突袭，因不能相互支援，只得各自进行防御战斗。有的回忆称：20日夜，占领庙高地的共军，从高地上用日本话一面喊："投降吧！不投降就全部消灭"，一面进行攻击。对此，日军方面虽采取了局部反攻，但只有付出伤亡并未成功。在阳泉的日侨（约500人）中，有的已经绝望，出现了穿好衣服准备就难的景象。有个日军士兵在日记中写道："八路军天天攻击，早上活着，就不知道晚上怎样？"在被我军俘虏的日军士兵中，有些人是跪着缴枪的，并且苦苦哀求："你们不杀，我们可以给你们扫地。"这种现象，在百团大战以前是不曾有过的。

战役全面展开之后，《新华日报》（华北版）于8月23日印发了八路军总部参谋处关于百团大战的第一期《捷报》，标题为《胜利展开百团大战》（以后各期的通栏标题又称《华北交通总攻击战》）。同日，朱德、彭德怀、左权、罗瑞卿、陆定一联名签署了关于嘉奖参战部队和继续扩张战果的电报，其中也使用了"百团大战"一词。以上，可能是我们见到的最早称"百团大战"的两个文献。

嘉奖电的电文是：

聂、贺、关、刘、邓：

百团大战，由于我全体指战员，忠贞于中华民族与中国人民，英勇无双，果敢进击，在各交通线上，特别在正太线上已取得序战之伟大胜利，捷报传来，无限欢慰！特传令嘉奖，仰即转令通知。

百团大战，是抗战以来在华北战场上空前未有的、自主积极的、向敌寇进攻大会战，对于全国抗战形势与华北整个战局均有伟大意义。百团大战亦将成为中外战史上最光辉的名词。望我全体将士发挥最大的决心毅力、忍耐力、顽强性、机动性，以再接再厉之精神，在现有序战胜利之基础上，猛烈扩大战果，完成战役任务！

总部首长进一步指示参战部队，对一切可以夺取之据点、可能消灭之敌人、可能破坏之建筑物，继续积极进取之，尽量争取战役时间延长与战果之扩大。对于敌寇以数百人或1个大队来援之兵力，应有坚定决心，集结优势兵力消灭之。

在我军沉重的打击下，日军急调部队向正太路增援。8月26日，根据战役的进展和敌情的变化，总部指示："在正太路不能继续坚持作战或已彻底完成正太战役任务之情况下，我之行动方针，应是乘胜开展正太线两侧之战果，去收复敌深入各该根据地内之某些据点，继续坚持正太线之游击战，缩小敌占区，扩大战果，同时以一部兵力进行休整。"具体部署是："一、晋察冀军区应以4个团之兵力，力求收复上、下社以北各据点，并向太原、寿阳、盂县以北，定襄、忻县以南开展工作；另以3个团之兵力坚持寿阳、石家庄段正太线南北的游击战争。二、一二〇师应以适当兵力乘胜拔除根据地腹地之若干据点；另应以5个团之兵力继续开展忻县、太原段同蒲线及太原、交城地区工作，打通与边区（陕甘宁边区）及晋东南之交通路。三、一二九师应以4个团之兵力出击平辽公路而彻底毁灭之，并力求收复辽（县）、和（顺）两城；另以两个团之兵力坚持阳泉以西及榆太地区游击战，开展工作，与晋西北沟通联系。"

8月27日，聂荣臻司令员和参谋长聂鹤亭、副参谋长唐延杰，根据上述指示签发了晋察冀军区第一阶段第二期作战计划。这一作战计划中指出：娘子关至乱柳线之敌固守顽抗，阳泉、盂县方面敌大量增援，正太西段盂县地区极空虚，娘子关、井陉段敌已增兵巩固沿线阵地，我军不便大举行动。娘子关以西尚可争取一两日时间加紧破路。因此，除左纵队仍继续执行原任务外，中央纵队主力一部监视矿区井陉、乏驴岭、南北峪之敌。右纵队在一两日内迅速完成破路计划；十九团主力转移攻势于盂县东、北地区，五团主力集结于娘子关西北。

8 月 27 日以后的几天里，我军除继续破路外，正太线没有发生重大战斗。8 月底由榆次、石家庄、阳泉出援之敌数千人，分头向正太沿线进逼，企图东西夹击我军。此即日军的所谓“第一期晋中作战（第一次反击作战）”。据此，总部指示：晋察冀军区集结主力于正太路阳泉、井陉段以北地区；一二九师集结主力于阳泉、寿阳段以南地区，打击增援出扰之敌。

9 月 1 日，晋察冀军区部队即转入盂县的上社、下社和盂县北部地区作战，一部克复盂县城北之会里村，残敌向盂县逃窜。该部向南挺进，克下社敌据点，歼敌 30 余人。他们乘胜猛追，激战一昼夜，又攻克上社，继而又围歼了已由上社南进之敌近 200 人。

9 月初，一二九师转入破击平辽公路。3 日，新十旅副旅长汪乃贵指挥所部将进犯阳泉、沾尚之敌击溃，敌伤亡 100 余人，分向昔阳、平定逃窜，我军紧追不舍。溃敌 200 余人，于 4 日在昔阳南之孟壁村遭我追歼后，仅剩百余人败窜昔阳，我遂占孟壁，缴获步枪 40 多支，机枪 4 挺。和（顺）昔（阳）公路完全被我切断。9 月 3、4 日，陈锡联指挥三八五旅将进至马坊镇的敌人击溃南窜，6 日，我诱敌至西沟附近伏击之，毙伤敌 80 余人，战马 60 余匹，敌人丢下 70 多具尸体逃向辽县。陈赓指挥三八六旅、决死一纵队各一部，于 9 月 6 日在榆社双峰镇地区，围歼了由同蒲线来援之敌第三十六师团永野支队 400 余人，永野中佐负伤。至此，敌人企图夹击正太路我军的所谓“第一次反击作战”即被粉碎。

还在 9 月 5 日，刘伯承师长、邓小平政委就指示所部：“一、正太百团大战已胜利结束，集总令开始执行第二步计划，任务是摧毁平辽公路，相机夺取和、辽县城。二、决定各部除以一部游击外，就现地休整7天”。“以上工作限5天完成，陈赓集团的材料由李达同志带回，范、赖的材料直送师部。”

李达把材料带回师部时，刘、邓首长正兴致勃勃地研究着各种材料。刘师长对下边报来的材料看得很仔细，甚至连一个工兵组的爆破技术的总结，他都逐字逐句地分析研究，并郑重地签上名字。他曾拿出几份给李达，说：“你看看，敌人在主要铁路上也是兵力不敷的。在落摩寺战斗中就发现了敌人搞的稻草人，有的车站上发现了假炮，飞机上投下的降落伞也有假的，还有的交通壕里长满了草。看来敌人的名堂还不少哩。这是由于它战线过长，兵力不足，无法兼顾，形成到处挨打的架势，就好比一头野牛在沟里吃草，向左伸嘴左边挨一棒，向右伸嘴右边挨一棒。结果在左右受敌之下，只有吃亏了。”

李达把在前线见到的一些破击铁路的情况和部队、群众破路的新经验作了汇报。刘师长说：“我们马上就要着手第二阶段计划，这些破路经验要进一步总结起来，要再细致、再具体一些。”

李达随即起草了一份破路经验介绍，经刘师长逐条阅改后下发。这对第二阶段的破击战斗无疑是具有推动作用的。

百团大战第一阶段于9月10日胜利结束。经过20天的浴血奋战，蜿蜒200公里的日军“钢铁封锁线”——正太铁路，被我军破毁了2/3以上，所有术工物完全被我破坏，沿线大部据点被我攻占。敌人遭到了空前的惨败，伤亡计约2900余人。敌《华北方面军作战记录》曾记载：

盘踞华北之共军第十八集团军，按总司令朱德部署的所谓“百团大战”，于昭和15年8月20日夜，同时向我交通线及生产基地（主要为矿山）进行奇袭，特别是在山西，其势更猛，在石太路及同蒲路北段警备队遭敌袭击的同时，铁路、桥梁、通讯等设施也被爆破或破坏，井陉煤矿等设备受到彻底破坏。此次奇袭完全出于我军预料之外，损失惨重，需要相当时间和大量资金才能恢复。

由于创痛太重，日本华北派遣军司令部把此役称之为“挖心战”，以后将每年此日作为“挖心战”纪念日。

在战役第一阶段结束的当天，9月10日，中共中央在关于时局趋向的指示中指出：“我党50万大军积极行动于敌后（尤其是此次华北百团战役），则给了日寇以沉重的打击，给以全国人民以无穷的希望。”

同一天，中共中央军委发出了关于下一步军事行动的指示，其大意是：根据中央七七宣言与七七决定，我军应仿照华北百团战役先例，在山东、华中组织一次至几次有计划的大规模的对敌进攻行动。在华北则应扩大百团战役，到那些尚未遭受打击的敌人方面去，用以缩小敌占区，扩大根据地，打通封锁线，提高战斗力，并在山东、华中继续扩大我军，给予200万友军及国民党大后方与敌占区内千百万人民以良好影响，以延缓敌人向重庆等地进攻。

正太战役的巨大胜利，在大后方也引起强烈反响，国民党中央社曾连续播发我军的战绩。《大公报》、《新蜀报》、《力报》、《新疆日报》、《国民公论》、《中学生》等报刊纷纷发表社论、社评，热情赞扬了百团大战。如《新蜀报》9月22日的社论写道：“华北方面，我军采取英勇攻势，所获战果，最为伟大，在3年抗战中，创造了敌后游击战争的少有的辉煌纪录。”“我们可以不难想到，这次持续如斯之久，范围如斯广大的敌后战争，是怎样壮烈雄伟，我数十万将士驰骋北方原野，是如何自傲与艰辛。我们每天看到如雪片飞来的条条捷报，真是要兴奋感动得流泪！”

蒋介石曾“驰电嘉奖”八路军，称：“贵部窥此良机，断然出击，予敌甚大打击，特电嘉奖。除电饬其他各战区积极出击，以策应贵部作战外，仍希速饬所部，积极行动，勿予敌喘息机会，彻底断其交通为要！”但他后来害怕我军的胜利消息家喻户晓，深入人心，又于这年10月20日下了一道《绝对查禁有关“百团大战”文字》的密函。

第一战区司令长官卫立煌也曾经致电朱、彭总副司令说："贵部发动百团大战，不惟予敌寇以致命之打击，且予友军以精神之鼓励，给日本帝国主义灭亡中国的政略、战略都是一次沉重打击。"

从当时一些材料来看，无论是我根据地，还是国民党统治区，无论是我军还是友军，对百团大战的战绩都是肯定和赞誉的，的确可以叫作"异口同声"，大家对八路军寄予了无穷的希望，期待着我们取得更加辉煌的胜利。

第二阶段：扩大战果

9月20日，百团大战的第二阶段开始了。

这一阶段的中心任务是扩大第一阶段的战果，继续破击交通线，重点在于歼灭交通线两侧和深入我根据地的日伪据点。根据总部9月16日下达的《百团大战第二阶段作战命令》，主要攻击目标是：晋察冀军区为涞源、灵丘地区；一二〇师为同蒲路朔县至原平段；一二九师为榆辽地区；冀中部队为沧石路、德石路；冀南部队为德石路、邯（郸）济（宁）路。

还在战役第一阶段刚刚结束的时候，聂荣臻同志就指示本军区部队要抓紧空隙时间进行休整。他还一再嘱咐，"决不能因胜利而麻痹，因疲劳而松懈。同时，还要掩护好参加破路的数万民兵和群众，保证他们的安全。"

9月10日，聂、聂、唐签发了晋察冀军区第二阶段战役作战计划：第一、二、三、二十团、骑兵团主力、第一军分区特务营和军区工兵连为右翼队，统归杨成武指挥，主要任务是夺取涞源及附近据点，尔后协助左翼队夺取灵丘。第六、二十六团及察绥游击支队为左翼队，统归邓华指挥，阻敌增援，配合右翼队，相机夺取灵丘及附近的各据点。

根据对敌侦察情况，军区于9月17日又进一步拟定了具体部署。

但是当我军出击正太路之时，涞、灵之敌已有警觉，向各据点增加了兵力，仅涞源城就增至500多人，东团堡、白石口等据点，都增至200人，并加固工事，储备粮弹，严加警戒。这就在一定程度上减少了我军突袭的成功机会。

9月22日22时左右，右翼队攻击涞源城，激战一夜，一团攻占了东、西、南城关，大部敌军退入城内防守；二团攻击插箭岭的三甲村，夺下一个堡垒，并占领村庄大部；三团进攻东团堡，将馒头山阵地攻下，全歼守敌；进攻白石口的游击三支队也夺占了一座敌堡。但由于敌人猛烈反击并施放毒气，我军不得不相继撤出。

23日，右翼队向聂司令员报告：据昨晚战况，我军攻击涞源及外围据点的兵力过于分散，提议改变部署，只留一部监视城内敌人，先集中兵力扫除外围，尔后再攻涞源城。聂司令员当即复电同意。

我一团和二团遂各以一部于23日晚以炮火配合，猛攻涞源城东三甲村的敌据点，战士们冒着枪林弹雨，越过重重障碍，夺下该据点，全歼守敌180余名，其中俘日军小队长1名、伪军25名，缴获轻机枪7挺、步枪80余支。

邱蔚团长指挥三团攻击东团堡。守敌井田部队由士官生组成，十分凶顽，并大肆放毒。我军中毒者达300余人，但仍勇猛冲击，激战至24日夜，终将村庄周围堡垒全部攻下。残敌退据村中，继续施放毒气，组织反扑。25日下午，我军同敌人展开白刃战，反复冲杀。残敌22人将武器、物资、粮食纵火焚烧，跳火自尽。聂荣臻说："东团堡之战，是以顽强对顽强的典型战例，充分显示了我军的战斗力。"日军为此曾作《大日本皇军驻东团堡井田部队长恨歌》刻于石上，其中有"一死遗憾不能消灭八路军，呜呼团堡"之句，足见这次战斗对日军打击之深。

从23日起，敌人相继向涞源城大量增兵，但多为我军击退。到28日中午，集中在上庄子的日伪军3000多人，乘汽车在20辆坦克、4

架飞机的掩护下开抵涞源城。

在这种情况下，继续夺取涞源城已不可能。于是，我军决定转移攻势于灵丘。这时，除灵丘县城有守敌600余名外，其余据点均较空虚。由于一二〇师破击同蒲路北段，大营以西至代县地区之敌西援，沙河、大营据点一度只剩七八人。

10月2日，晋察冀军区下达了涞（源）灵（丘）战役第二期作战命令：由邓华率领四个团、一个支队、两个营的兵力向灵丘、浑源、广灵地区出击。

10月8日，灵丘之敌发现了我军动向，急调古子河、南坡头据点250余敌人，于拂晓合击我二团设在太安岭附近的阵地。我坚持到下午，在毙伤50余敌人后，即转出合击圈。我一团一营于当晚23时以迅雷不及掩耳之势袭入南坡头之敌堡，至9日晨4时，70余名敌人大部被歼，残敌十余人逃窜；敌全部自动火器、20多支步枪和一部电台为我所获。我将据点破坏后，即迅速退出。

攻击枪风岭的我六团一营于8日晚23时开始战斗，至9日晨将敌大部歼灭。9日下午，由大同增援浑源的汽车70多辆，载敌1000余南开黄嘴子。当晚该敌一部由小路进占枪风岭；10日上午，另一部由黑家沟向桃沙西北攻击，被我六团二营阻于该地；枪风岭之敌也同时向我二营迂回，发生激战。敌兵力虽多，但我居高临下，毙敌300余后，退出战斗。

我冀中部队在任丘、河间、大城、肃宁地区对敌伪军发动攻势，攻克据点20多处，恢复了当地抗日政权。

当我军进一步展开攻势时，灵丘、浑源、广灵地区各重要据点的敌人，会合大同援兵，纷纷向我军反击；其他方面的敌人也在作进攻我根据地的准备。聂荣臻接到出击部队和各情报站的报告后，估计敌人可能趁机向边区大举“扫荡”，因此电告参战部队立即转移到适当位置，休整备战。这样，涞灵战役打了18天后，于10月10日结束，共歼日伪军1100余名，缴获各种枪290余支、子弹4.5万余发。

在同蒲线方面，一二〇师为继续扩大百团大战战果，于9月中旬提前开始了第二阶段作战。正当该师主力向同蒲北段转移攻势之际，静乐、忻县及其以北之敌出动1000余人，企图阻击我军。9月15日，一二〇师特务团首先在杜家村同300多敌兵激战，至16日晨，将敌大部消灭，残敌溃窜宁化堡。三旅、雁北游击支队于16日至18日，在后河堡西北地区击溃敌1000余。同时我三支队一部追敌至马头营据点，经两昼夜围攻，夺占碉堡两座，将敌大部消灭。19日拂晓，宁化堡敌人200余驰援，遭我三支队七团伏击，100余敌被歼，残敌弃尸逃回轩岗镇以南的羊圈岭。20日，日军两次向我在羊圈岭以南的八旅六、四团及特务团各一部进行攻击，被我军包围在圪廖村东南之大山中。我军连夜猛攻，于次日晨将敌全部击溃。

在此前后，一二〇师独一旅破击忻口各据点；独二旅破击宁武、石湖河车站；暂一师破击风子头、五寨城等据点，都有较大斩获。由于敌人事先侦知我军动向，早有准备，我为避免同敌硬拼，遂于9月底，结束了北同蒲路第二阶段战役。

在这一阶段中，仅从15日至23日，一二〇师各部即作战50余次，毙日伪军1700余名，俘日军官兵6名、伪军23名；破坏铁路30余公里、公路50余公里、桥梁12座、电话线801余公里；炸毁装甲车1辆，火车头1个、火车1列、碉堡5座；缴获了大量枪支弹药和电线。

按照总部第二阶段作战计划，一二九师部队于9月23日发动了榆辽战役，主要任务是拔除榆社至辽县公路沿线之敌据点，相机收复榆社、辽县两城，并准备在辽、榆、武（乡）地区歼灭可能由平定、辽县或白晋方面增援之敌。

榆社至辽县公路，是敌人楔入我根据地的平辽公路前锋段。敌人早就企图把这条公路向榆社西南延伸，经武乡与白晋路连接，以达到增强调动兵力的机动性、分割我太行区的目的。在榆辽公路上，设有榆社、沿壁、石匣、管头等七个城镇与村落据点，由日军独立混成第四旅团的池边大队主力守备，工事坚固，装备精良。

一二九师进行榆辽战役的部署是：

以三八六旅的七七二、十六团，决死一纵队的二十五、三十八团为左集团，消灭王景村、沿壁村、榆社线上之敌。

以三八五旅（附三十二团）为右集团，攻取小岭底、管头、铺上等据点，一部扼守辽县以西之狼牙山，阻击辽县可能西援之敌。

新十旅主力为平辽支队，以一个团在关帝庙山地，五个营在喂马岭山地，夹路破击和顺南北段。

王新亭以现有部队主力为沁北支队，破击沁县至分水岭段。

其余部队各向当面之敌佯攻、破路，掩护主力作战，不使敌人过早了解我攻击重点。

榆辽战役于9月23日夜打响后，辽县之敌即行西援。我军预伏在狼牙山的部队，迅速将其击退。24日，沿壁、王景、小岭底、铺上等四个据点相继被我军攻克。在王景村战斗中，我三十八团一个营以神速的动作直插敌堡，用密集的火力封锁敌堡，并投进一枚燃烧弹，40余名日军在绝望之中自杀。在我军的袭击下，有些日军军官，甚至是素称表现顽强的日军宪兵也跪着缴枪，乞求饶命。

同日23时，三八六旅主力部队开始向榆社守敌进攻，激战一夜未克。24日下午，该部进行第二次攻击。他们冒着敌人施放的毒气，攀上高达10至30米的绝壁，穿过数层铁丝网，突破了榆社中学西北碉堡群。残敌退入中学后，又大量施放毒气，在飞机的掩护下，利用城墙和暗堡，与我对峙。为减少部队伤亡，我军改强攻为坑道迫近作业。到25日16时，引火爆炸成功。部队乘烟雾弥漫之际，攻克暗堡，冲进中学，歼敌主力。残敌向东逃窜，我乘胜追击，又将其大半消灭。所剩十余敌兵在逃窜中为三八五旅俘虏。榆社城遂告解放。

我右集团进攻目标管头，是榆辽路上较大的敌重点设防据点。由于地形所限，我军在占领一座碉堡后，未获进展。于是，我留小部围困该敌，以大部转攻石匣，经一昼夜激战，将其攻克，歼守敌50余人，俘日军12人。至此，辽县以西各据点除管头外，均为我军攻占。

进攻辽县的战斗尚未发起，和顺、武乡之敌已分别向辽县、管头增援。总部指示暂停进攻，将主力转移红崖头、关帝垴地区设伏，袭击由武乡东援管头之敌。管头之敌经我数日围困，弹尽粮绝，连洗澡水都喝光了。29日夜，我十三团一营以地雷、手榴弹猛轰，将守敌歼灭，于24时占领管头。30日9时，我一二九师向红崖口、关帝垴转移的部队，尚未全部进入伏击阵地，敌援兵600多人即通过我预伏地区向东急驰。其先头部队在榆树节以东与三八五旅遭遇。我已进入伏击阵地的三八六旅和决死一纵队，立即将敌四面包围。由于有八架敌机轮番助阵，我军至31日中午，虽已发起十余次强攻，仍未将敌全歼。

此时，由辽县西援之敌400余人，突破我狼牙山阵地，进至铺上；由和顺南援之敌在攻占寒王镇后，也向辽县方向运动。这样，我全歼被围之敌已不可能，经总部首长批准，一二九师部队即撤出战斗。管头等地重沦敌手，榆辽战役就此结束。

配合正面作战的冀南、太行等其他部队，也取得了不小的胜利。冀南军区第四、七、八旅和新九旅及路西十一旅，积极战斗，配合太行军民对平汉路元氏、安阳段进行了严重破坏，炸毁大部分桥梁，曾一度攻克邢台站，对正在修筑的德石、邯济路的路基也进行了破击。太行区新一旅除对安阳、磁县间铁路和长治、潞城间公路进行辗转破击外，并一度袭入长治机场。我太岳部队对白晋、同蒲路连续破击，牵制了敌人，直接配合了榆辽战役。

10月2日，总部下达了《百团大战第二阶段结束后部队中应有的解释与准备》的指示，宣布百团大战第二阶段已基本结束，要求我各部队补充兵员，休整部队和深刻总结百团大战各方面的经验教训，积极创造条件，随时准备再作大规模进攻。

百团大战第一、二阶段的巨大胜利，使日军的“碉堡主义”、“囚笼政策”受到沉重打击，一度陷入混乱，军心动摇。为挽救败局，日军急调华北境内所有机动兵力，对我抗日根据地进行疯狂的报复“扫荡”。因此，反“扫荡”就成为我军百团大战第二阶段后的作战任务，从1940年10月6日起，持续了两个月左右。

敌人的“扫荡”首先从太行山开始。

10月6日至17日，武安敌800多人会同进攻辽县、武乡、潞城、襄垣等地敌军3000余人，多路进犯榆、辽、武之间的浊漳河两岸地区，用“捕捉奔袭”、“辗转抉剔”、“铁壁合围”、“梳篦战术”，向我展开残酷进攻。我三八五、三八六旅和决死一纵队机智迎战，节节阻敌。这时在和辽公路上，不断出现敌人的汽车运输队。为截断敌人运输线，一二九师决以新十旅一部在弓家沟伏击。10月15日7时，由辽县开往和顺的敌汽车47辆进入我伏击区，我即向敌车队轰击，一举击毁汽车44辆，消灭押车敌兵近百名。残敌乘3辆汽车逃回。此后，敌人有半个月不敢在这条公路上行车。

10月19日24时，总部颁发了反“扫荡”作战命令，指出敌人开始向我一二九师作报复“扫荡”，命令各部队“应集结适当位置休整，准备坚决歼敌一至两路，广泛开展游击战争，打击敌人，分散部队”，“我党政军民密切配合，深入战争动员，领导清室空野”。

10月29日，向我太行黎城地区“扫荡”的冈崎大队500余人，经左会、柳家岩进到石门村附近之关家垴。我三八五、三八六旅、新十旅主力和决死一纵队两个团，将该敌重重包围，于30日凌晨4时展开激战。彭德怀副总司令亲临三八五旅七六九团阵地视察，他在听了三八五旅负责同志的汇报后，指示部队坚决要拿下关家垴，命令部队重新调整部署，再度发起冲锋。指战员们鏖战到31日拂晓，终将守敌大部歼灭，残敌60多人顽抗待援。中午，敌1500余人在十余架飞机配合下，分两路经大井沟及显王村赶来救援。在这种不利情况下，我军除留小部队同敌接战外，主力转移，待机再战。关家垴残敌在援兵接应下，遗尸280余具仓皇逃走。在整个关家垴战斗中，日军死伤在400名以上。我军的伤亡也很大，新十旅旅长范子侠就是在这次战斗中负伤的。

继“扫荡”太行之后，同蒲路之敌第四十一师团，白晋路之敌独立混成第九旅团，纠集7000之众，向我太岳区的沁源及其以北地区合击。我避其锐气，打其弱点，在官滩地区杀伤敌百余，又在胡汉坪战斗中与敌展开十多次肉搏，杀伤敌160余名。

“扫荡”太行、太岳之敌先后出动3万余人。我一二九师在两个月的艰苦斗争中，共作战200多次，消灭敌伪军约2800人，至12月5日，终将日军击退，粉碎了他们的疯狂“扫荡”。陈赓当时说：我们的胜利，“给了敌人一个严重的教训，告诉了他们，太行山并不是无人之境，可以由他们大摇大摆地横冲直闯的。”

敌人对晋察冀军区的“扫荡”始于11月9日，军区制定的反“扫荡”措施是：除留一部分兵力同敌人保持接触外，主力部队则避开日军锋芒，适时转移，寻找机会，在敌人的各公路据点之间展开破击；各地游击队、民兵则在主力部队的支持下，活动于外线或内线，以打乱敌人的“扫荡”计划。

为配合晋察冀军区的反“扫荡”作战，总部于10月12日电令，“一二九师应以不少于3个团之兵力逼近并破击正太路，一二〇师以4个团之兵力破击雁门关南北之同蒲路，冀中区应以有力部队破击平汉路，平西区应以有力部队向南配合作战”。

11月9日，易县、保定、涞源等地之敌出动6000余人合击管头、银坊、黄土岭。12日，敌合击管头扑空，在当地烧杀后分路撤走。其一部800余人，14日由吴家庄向苑岗撤退时，被我一团、二十五团和特务营截击，激战一昼夜，后在飞机掩护下得以突向管头。中途又遭我二十团截击，残敌经独乐窜回满城。

在此前后，完县、唐县、定县、正定、行唐之敌出动7000余人，合击店头、军城、台峪、张家峪、瓦窑地区。由18日至23日，敌3000人从东、西、北三面合击阜平后，又以阜平为中心向外，由周围各据点向内，进行多路反复合击。

为对付日军的多路反复“扫荡”，晋察冀军区采取机动灵活的作战方针，主力部队始终保持主动地位，不轻易同敌决战。军区司令部则率直属队和六团、教导团转移行唐地区；主力一部和分区部队，不断扭击敌人，破坏其交通，打击其运输线，袭扰敌后各据点。敌人在我军民的困扰下，步履维艰，自顾不暇，难以实现预期作战计划。据俘虏供称，敌经半个月的战斗，伤亡达1/3左右，有的部队半个月没有洗过脸，不敢解毯睡觉，也吃不饱饭，士兵情绪极为低落。在这种情况下，敌除以1000余人继续占领阜平、王快、党城、灵山外，不得不于25日纷纷撤回原地。

自12月3日始，晋察冀军区各主力兵团均以游击动作向阜平城、王快镇集结，造成我收复这两地的态势。至14日，10余天时间内，共进行大小战斗100多次，毙伤日军300余名。

21日，王快之敌130余名进至王林口以东地区，被我军围困。在两小时的激战中，敌死伤120余名。26日夜，我军在平汉线定县以南的宣村地区伏击敌军用列车，毙敌50余名，炸毁列车所载汽车12辆、坦克1辆、重炮3门，缴获新山炮2门。27日，由阜平、东庄北犯之敌1200余人，在罗峪、土门地区遭我伏击，死伤140余名。

敌军在守则被袭、行则被击的威胁下，恐惧疲惫已达极点，加之一个月来消耗过大，在阜平如坐针毡，1941年元旦被迫放弃阜平。1月4日，我克复王快。至此，晋察冀军区的这次反“扫荡”结束。

配合反“扫荡”作战的冀中部队，于11月15日开始了以破击石德路为主，同时遍及全冀中区的大规模交通破击战，也取得了胜利。

在晋西北，敌人在晋东南的“扫荡”告一段落后，从12月10日起，又集结2万多兵力，先后由大武、岚县、离石、静乐、汾阳、文水、交城、宁武等20余地，分三路，以兴县、临县地区及岢岚、静乐以南地区为重点，对我根据地进行全区性的疯狂“扫荡”。我一二〇师主力，巧妙地与日军周旋，使敌辗转奔袭、连连扑空。1941年1月15日，晋西北我军反“扫荡”胜利结束。

三、辉煌的战果

百团大战从8月20日开始至12月5日止，历时三个半月，先后进行了两个阶段，而后进行了反“扫荡”作战（反“扫荡”作战有的地区还持续到1941年1月）。

根据总部1940年12月21日给国民党政府的报告，我军参加百团大战的部队是105个团，即：晋察冀军区（包括第三纵队及冀热察挺进军）39个团；一二〇师（包括大青山支队、决死二、四纵队）20个团；一二九师（包括冀南及决死一、三纵队）46个团。共约20余万人。此外还有数十万民兵和群众参战。

日军投入的兵力是：第一一〇、二十五师团全部；第二十六、三十六、四十一师团各两个联队；第三十五、三十七师团各一个联队；独立混成第一、二、三、四、五、七、九旅团全部，独立混成第六、十五旅团等各一部。加上参战的伪治安军、伪蒙军、伪满洲军、伪警备队、伪警察等，总计20余万人。

百团大战的战果是辉煌的，巨大的。共进行大小战斗1824次，毙伤日、伪军2.5万余人（内有日军大队长以上的军官18人）；俘虏日军281人、伪军1.8万余人；日军投降47人，伪军反正1845人。

我军民破毁铁路474公里、公路1500余公里、桥梁213座、火车站37个、隧道11个和大量铁轨、枕木。

缴获步马枪、手枪、轻重机枪共5800余支(挺),重炮、大炮、平射炮、迫击炮共53门,各种枪炮弹37万余发。

此外还破坏和缴获了火车、飞机、汽车、坦克、骡马、电台、电话线和大批军用物资。

在百团大战中,我军付出的代价也是很大的。共计伤亡1.7万余人,决死队第三纵队政治委员董天知光荣牺牲。中毒2万多人次。群众惨遭杀害者,更不计其数。

四、百团大战的伟大意义

百团大战,是抗日战争期间我党我军在十分艰苦的条件下,独立发动的规模最大、参战兵力最多、持续时间最长、战果最为辉煌的一次进攻性战役。它对于坚持华北敌后根据地,推动全民族抗战,起到了不可估量的作用,是当时、现在和将来都不可抹杀的。

第一,坚持了华北敌后根据地,牵制了日军的大量兵力,减轻了国民党军队正面战场的压力,遏止了当时国民党当局妥协投降的暗流,打击了"东方慕尼黑"阴谋,对国际反法西斯斗争作出了贡献。

长期以来,日本侵略者视我华北根据地为心腹之患,必欲去之而后快,因而实行了一套所谓的"囚笼"政策,凭借交通网进行分割、"扫荡",对我根据地造成了严重威胁。

百团大战对敌交通网发动总破袭,严重地打击了日军的"囚笼"政策和"以战养战"的计划,大量消灭敌有生力量和敌伪组织,拔除了一大批深入我根据地内的重要据点。

百团大战迫使日军投入大批兵力,并从华中、华东调回两个师团。

日军本来打算迅速摆脱中国战场的羁绊，以便抽出兵力准备发动太平洋战争。由于我军发动百团大战，日军这一计划未能实现。日军侵华之初，曾狂妄地叫嚣“三个月灭亡中国”，可是百团大战后，却不得不承认，“要想消灭中共军，则必须依靠百年战争才能解决”。因此，日方惊呼：“对华北应有再认识。”

百团大战促使日军进攻重庆的计划不得不推迟，减轻了国民党军队正面战场的压力，使蒋介石国民党政府摆脱最严重的军事危机，加上当时国际形势变化有利于国民党政府，终于使早已开始的日蒋代表秘密“和平”谈判，在即将签字的前夕，停了下来。

第二，以无可争辩的事实，粉碎了国民党顽固派编造的“八路军游而不击”的谎言，揭露了他们的反共阴谋，使全国人民进一步认识到，共产党及其领导下的军队是抗日救国的中流砥柱。

第三，充分显示了共产党及其领导下的八路军的强大力量，振奋了民族精神，坚定了全国抗战军民的胜利信心，提高了我党我军在全国人民中的威望，赢得了世界舆论的同情和支持。

百团大战胜利的消息传开之后，举国上下一片欢腾。报社、电台相继发表社论、社评，各救亡团体和群众团体纷纷举行祝捷会和庆功会。在 1940 年 12 月 11 日晋冀豫边区举行的祝捷追悼阵亡将士公葬死难同胞大会上，当场就有 168 名优秀青年，面向英灵宣誓参加青年抗日先锋队。在重庆八路军办事处和新华日报社，每天都收到汇款、慰劳品以及工人、学者、作家、记者和公务员、商人、学生、学徒以及流浪儿童寄来的慰问信。有些七八岁的孩子将存储在罐子里的钱全数捐出，有的老太太甚至把自己准备百年后戴的金耳环也拿来当慰劳金。

一些外国记者报道了百团大战的消息，使世界为之瞩目。著名美国记者史沫特莱曾描述道：“整个华北地区，从晋北山区到东海岸，从南面的黄河到北面的长城，都成了战场。战斗日以继夜，100 团人打击了敌人的整个经济、交通线和封锁网，战斗是炽烈而无情的。”

第四，极大地锻炼了我抗日军民，提高了我军的作战能力，也丰富了我军的作战经验。百团大战有三个显著特点：

首先是它的主动性。这次战役是经过长期酝酿和充分准备的，我军采取突然袭击的手段，特别在战役初期，给了敌人以猝不及防的打击。

其次是它的协同性。我军投入兵力之多，袭击敌人之众，战线之广，持续时间之长都是空前的。如此众多的部队、民兵和群众，在总部统一指挥下同时行动，这在我军历史上还是第一次，为以后的大规模战役行动提供了宝贵经验。

再次是它的灵活性。我军充分运用奇袭、围困、吸敌打援、声东击西等战术，想打就打，想走就走，使日军一筹莫展。

更为重要的是，通过百团大战，使我军许多部队迅速成长起来。这一点，薄一波同志体会非常深刻。他曾经对李达说，决死一纵队的两个团（二十五团和三十八团）大部分是学生兵，政治上很强，但缺乏作战经验。他们在百团大战中虽然伤亡过半，但经过实践锻炼的这批骨干，以后即成长为一支能征善战的部队，不论是在抗日战争中还是在解放战争中，都屡立战功。

当然，这次大规模的战役，事后看也是有教训可资借鉴的。比如，当时对华北战场敌强我弱的形势和敌我斗争的长期性认识不足。战役规模过大，参战兵力过多，在一定程度上超出了当时我华北部队和根据地的作战、补给能力所允许的限度。当年敌我作战技术力量对比悬殊，作战时本应避敌锐气，击其弱处。但我们在第二阶段的某些作战中，轻视敌军先进装备技术力量，不顾飞机大炮，死啃敌人据点，攻击时间过长，造成我军一些不应有的伤亡。

百团大战是成功的战役，不愧为中华民族反侵略史中的光辉篇章。组织指挥这次战役的彭德怀、左权、聂荣臻、贺龙、关向应、刘伯承、邓小平等八路军将领，和华北数十万抗日军民为民族解放事业所建立的殊勋，将永垂青史！

百团大战中的兴道歼灭战

刘东纪

1940年百团大战中，我晋察冀二分区十九团在盂县兴道村打了一个漂亮的歼灭战，消灭日伪军600余名（其中伪军百余名），成为盂县八年抗战中，消灭敌人最多的一次战斗。

1940年9月，我十九团完成了正太铁路娘子关段的破击任务之后，奉命挥戈北上，消灭盂县境内之敌。经过三昼夜急行军，于9月4日晚，部队到达上社以东五公里的张城堡村，准备当晚出击攻打上社镇敌据点。

上社镇是日寇在盂县北部地区的一个重要据点，为切断八路军通往五台的道路，敌人在海拔1300余米的风坡山修筑了炮楼，经常驻着一个中队，加上伪军共计300余人，日军中队长是个奸淫抢掠、杀人不眨眼的刽子手。打起仗来，凶猛鲁莽，群众骂他“二百五”中队长。

在张城堡村的一个老乡家里，十九团政委黄文和我不顾长途行军疲劳，正面对挂在墙上的一张地图，借着忽闪的松油灯光，聚精会神地研究作战计划。忽然，侦察参谋领进一位地方干部报告说：“中社、北会里三据点的敌人，今天下午已全部集中到上社镇了，一共有500多个鬼子，百余个伪军，有大炮十几门，敌人意图暂时还没有查明。”这个突然的新情况，一下引起了黄政委和我更多的思索：敌人为什么要集中？集中了又要干啥？是想在我十九团立脚未稳，给我军当头一击呢？还是要和我们顽抗到底呢？疑问接踵而来。这时黄文对侦察参谋说：“下去尽快摸清敌人企图，速来报告！”

侦察参谋领着地方干部走后，黄政委和团部首长们经过细致的分析研究，其结论是：由于敌人侵占的正太铁路被破坏，盂县东部地区的牛村、东会里据点之敌，已被我军消灭，西部地区的西烟镇、河东一带据点的敌人，也正在被我友军部队攻打中。特别是我地方游击队和广大民兵，已切断了上社通往盂县城的公路和电话线，下社以北的敌人已受到我特务营的攻击，这就使上社之敌陷入孤军无援境地。因此，敌人只有往一起集中兵力。很明显，敌人集中，是惊慌不定企图逃跑的表现。不管敌人如何行动，我军今晚一定要攻打上社镇敌据点，绝不能让敌人逃走！虽然敌人集中后，兵力多，火力猛，又有风坡山的碉堡、炮楼掩护，但敌人孤军无援，军心恐慌，我军经过正太铁路破击战的胜利鼓舞，士气旺盛，斗志昂扬，对歼灭上社镇的敌人信心很足。当时遇到一个问题是，我军强攻上社镇据点呢，还是把敌人引到工事外消灭呢？最后团部决定：还是设法把敌人引出来消灭，对我军有利。决心下定，立即进行战斗部署：我当即命令一营连夜跑步前进，越过徐峪沟大山，在当晚零时以前必须赶到上社镇以南15公里的神泉村，占领有利地形，严密隐蔽。如果上社镇敌人南逃时，要予以堵击，配合全团主力，在神泉村以北、兴道村以南的河滩里歼灭敌人。如果敌人不离开工事，二、三营做好战斗准备，在夜间12点整，用少量兵力佯攻上社据点，诱敌出逃，把敌人引到兴道村河滩予以歼灭。

当晚10时许，全团三个营遵命出发，分头前进。这时滚滚的乌云吞没了满天的繁星，紧接着雷鸣电闪，大雨倾盆。十九团战士们冒着大雨出发了。这次战斗，是十九团抗战以来投入全团兵力的第一次大仗，而且又处在团长牺牲不久、部队没有休整的情况下，因此，黄政委和我的心情很沉重。夜里冒雨行军，黑得伸手不见五指，只能借闪电的曳光看一下前进的方向和道路。但是部队的前进速度非常快，二、三营的指战员们很快到达了上社镇。在离上社敌据点3里的白藏村河边，停止前进，并立即召开各营连干部会议，布置强攻上社镇据点。正在这时，侦察排排长冒着大雨滚着一身泥巴跑来了，他还没有站稳，就前气不接后气地说："刘副团长，敌人已经在上社村北的炮楼底下集中，动向不明，留下侦查员监视敌人，我跑来特向首长报告，请首长决定！"政委黄文听了后说："这好哇！敌人出了窝，更有利于我军歼灭它，这得'谢谢'二百五中队长。"

趁着各营连干部在场，我当机立断，随即具体布置了战斗任务：命令两个连，在上社镇东西两面向敌人进行佯攻，其余四个连由北向南，立即发起攻击，这样三面夹攻，就一定迫使敌人南逃到兴道村河滩，无论如何，不能让敌人返回炮楼。各营连都作了简短的动员，便按照命令，分头行动起来。但部队进村后，除了雷鸣闪电和瓢泼大雨外，一点动静没有。原来敌人已向南逃跑了。十九团的战士们就向南追击，到了柴庄村发现敌人脚印忽然转向西烟方向去了。黄政委和我立即命令部队在柴庄南面的岔路口停止前进。经过分析，敌人肯定是向南经兴道村要往盂县城逃跑，因为去西烟一带的道路狭窄，翻山越岭，黑夜行军不好走，况且西烟镇的敌人已被我友军正在围攻，狡猾的"二百五"绝不会自讨苦吃。当时由于敌情一下弄不明，想找老乡查问，但村里连个人影也没有。老百姓早已逃出村外去了。正在着急之际，侦察参谋又跑来了，浑身湿漉漉地往下滴泥水。他报告说："看见邀童来村的南面河里有灯光，还听见了马叫声。"原来敌人为了甩掉我军的追击，大部队从河水里走过去，只有小股日军走向西南，专门踩下脚印企图迷惑我军。当晚由于大雨，敌人以为甩掉了我军追击部队，只逃在兴道村就不走了。这时我军就先在兴道村外选择有利地形把敌人包围，等天明以后，一举歼灭。

雨哗哗地下着，地面的稀泥被雨一泡，成了稀泥浆又粘又滑，战士们在急行军中不断摔跤。摔倒了立即爬起来再跑，一点也没有影响行军速度。等我军到达兴道村时，雨也停了，天也晴了。侦查员回来报告说："敌人在兴道村停下了，正在拆房烧火做饭！"

兴道村是龙华河上游的一个大村子，有400多户人家，上社镇通往盂县城的公路穿街而过，村南有座小庙，庙前是一块开阔河滩地，对面二三公里就是神泉村，一营就埋伏在这里，并配有较强火力。兴道村的东西两面都是大山，按照地形，把二营的三个连分别布置在两端的高山上，三营两个连堵住兴道村的北口，一个连作为机动，等战斗打响时，准备随时投入战斗最要紧的地方，同时把二、三营保卫兴道村敌人的情况迅速通知了事前埋伏在神泉村准备堵击敌人南逃的一营。这样就在兴道村的河滩上形成了一个口袋，把敌人装了进去，管叫他有腿难逃，插翅难飞。

战斗布置就绪以后，天快亮了。各连阵地上的战士们穿着湿漉漉的衣服，一夜的急行军，没有合合眼又累又饿，但一个个精神焕发，情绪很高。战士们有的擦枪上的水珠，有得检查手榴弹导火线，战士们都把刺刀擦得亮闪闪的，准备和日军拼刺。

我军的指战员们，自从完成了正太铁路的破击任务后，部队情绪一天比一天高，特别在沿铁路线上，看到日寇残杀我国人民的种种罪行，更激起了指导员们对日寇的愤恨，恨不得一口把鬼子吞掉，为死去的中国人报仇，因此，一说打仗，各连都抢着担负硬任务。四连连长跑到指挥所，要求担任正面攻击，他说："我们连去年在兴道村住过熟悉地形，了解情况。"提出好多理由，要担负主攻任务，四连长是个四川人，细高个子，年方20出头，都叫他"娃娃连长"，别看他年轻，还参加过长征，非常精明能干，说起话来简短有力，提出问题，理真据确。团首长听了他的请求说:“团里早考虑到了这一点,留你们为机动,就是为把钢使在刀刃上。回去吧,做好硬战准备。”

5日凌晨,东方渐渐地出现了鱼肚白,天空红彤彤的阳光射出了地平线,十九团首长们在兴道村东北一个高地上临时挖成的掩体里,等待着敌人的行动。6点、7点,离8点只有十分钟了,还不见敌人出来,这时,确实有点着急。一直到8点多钟,敌人才出了村。几百个鬼子在公路上蠕动,好像一条草绿色的毒蛇,弯弯曲曲一长溜向前爬行。当敌人后尾离村已有一公里远时,我军立即下达战斗命令。一声号响,四连像一群猛虎,立即抢占了土地庙高地,一场残杀拼刺的恶战开始了。

全团所有的轻重机枪,从东西两边的山头射向敌群,犹如天崩地裂。成群成群的鬼子横七竖八地躺在河滩上;受了伤的狼嚎鬼哭,活着的踏着伤病拼命奔跑。这时,四连长带领战士们追着敌人猛冲、猛打,首先缴获了敌人还驮在马背上的几门大炮。

敌人受到突然攻击,一时摸不着头脑,乱作一团,只顾拼命地向道旁的高粱地里钻。我军集中火力一直猛烈扫射,但敌人凭借高粱和地埂掩护,正在组织兵力,企图反扑。四连长看透了这一点,一声高喊:“同志们,上刺刀!跟我来!”随着喊声冲进了高粱地。立刻,在这块三亩大的高粱地里杀声四起,炮火连天;你刺我杀,刀光闪闪;像拉锯似的杀进去、杀出来,手榴弹轰响,炸得石片乱飞。正冲杀得难解难分时,日军“二百五”中队长组织了30多个鬼子,隐蔽在一条地埂下,用两挺歪把子机枪向我军扫射。三营长马上命令各连集中火力,向敌猛射。七连的四班长带领全班战士,冒着弹雨,匍匐前进,接近了敌人,用手榴弹把敌人的机枪炸哑,同时,把“二百五”中队长也击毙了。

这时,在一营的阵地上枪声杀声也混成一片,这是敌人向盂县城逃跑途中,被我军切断了退路。这是一场生死之争,敌我之间进行的恶战更加激烈。

在高粱地里，四班长跟在连长的身旁，横冲直戳，一气就拼倒六个鬼子。敌人咿咿呀呀地反扑来，把全连压在一条地埂下，四班战士一跃而起冲上去。鬼子看见四班长厉害，过来三个鬼子拼他一个，四班长先拼倒一个，又结果了左边那个的性命，另一个自感不是对手转身想逃，被四班长一枪打倒在地。正在紧张冲杀之际，四连长负了重伤，两个鬼子冲来，一前一后把他夹住。就在身后那个鬼子刺他的一刹那，四连长结果了前边那个的狗命，但四连长也壮烈牺牲了。四班长一看红了眼，一个箭步抢上去，一枪打倒了四连长身后的那个鬼子，高喊这：“同志们，冲呀！为英勇牺牲的连长报仇！”带领战士们杀过一高粱地，又冲进一块谷子地，在他们身后，横躺着几十具污血乱流的日本强盗的尸体。

就这样，两个多小时的激烈战斗结束了。这一歼灭战全歼日伪军600多人（其中伪军百多人），缴获迫击炮5门、山炮6门、轻重机枪20挺、三八步枪300余支，生俘日军6人、随军妓女4人、战马14匹，还有很多军需品。

这时，周围村庄的乡亲们带着鸡蛋、猪肉、白面等从四面八方涌到了兴道村南河滩，把慰劳品交给十九团指战员。军民共庆兴道村大捷的欢呼声、锣鼓声和口号声震动了龙华河上游的山川……

永难忘怀的“五一”反“扫荡”(节录)

吕正操

发生在1942年的冀中“五一”反“扫荡”，虽已过去几十年了，但当年日本侵略者在冀中大地犯下的累累罪行，以及冀中抗日军民在炮火硝烟中与敌拼杀的悲壮情景，却恍若昨日，历历在目，使人刻骨铭心，永难忘怀。

一

抗日战争进入相持阶段以后，“扫荡”与反“扫荡”成为冀中敌我斗争的主要形式。从1942年5月1日起到6月底历时两个月的“五一”大“扫荡”，是日军对冀中抗日根据地实行的一次规模最大、持续时间最长、空前残酷的大“扫荡”。

“五一”大“扫荡”，是日军蓄谋已久的。冀中抗日根据地，是遵照中共中央和毛泽东关于在敌后广泛开展游击战争、创建敌后抗日根据地的指示，从1937年秋开始，在艰苦复杂的斗争中建立、巩固、发展起来的。它的存在，严重地威胁着日军盘踞的几个中心城市——平、津、保、石及其军事命脉——平汉、北宁、津浦、石德等四条铁路，使敌人寝食不安。冀中抗日根据地，又是晋察冀边区的平原堡垒，对边区的人力和物资都是重要的补充来源，对边区的巩固和发展有着十分重要的意义。因此，在抗日战争中，尤其是进入相持阶段以后，日军对冀中这块“心腹大患”进行了频繁的、各种方式的和不同规模的“扫荡”，小规模的分区“扫荡”经常不断，全区性的大“扫荡”一年数次。尽管如此，冀中军民的抗日斗争愈加顽强，冀中抗日根据地成为插进敌人胸膛的一把尖刀。冀中军民的顽强斗争，更使敌人恨之入骨，穷凶极恶。由此，日军针对冀中军民的“五一”大“扫荡”也就不可避免。

“五一”大“扫荡”，是敌人在新的困难条件下进行的。1941年12月，太平洋战争爆发后，日军战线延长，兵力不敷使用，捉襟见肘；战略物资供应紧张，困难日益加深。日军为了确保华北，抓紧掠夺战略物资，支援太平洋战争，急于变华北地区为其“大东亚战争”的后方兵站基地。正因为如此，日军在华北的掠夺就更加变本加厉，决心将我华北抗日根据地变为其确保的“治安区”，而我冀中平原抗日根据地则首当其冲。日军提出要“确保华北，首先要确保冀中”，进而决定采取“军事上猛烈攻击”的战术，进攻“河北省北部的中共平原根据地，一举将该地区建成为治安区”。“五一”大“扫荡”，就是日军为达此目的而采取的一次重大战略行动。

“五一”大“扫荡”，敌人使用了最阴险毒辣的手段。日军采取了突然袭击的方式，由华北方面军司令官冈村宁次亲自坐镇指挥，穷其第四十一、一一〇、二十七、二十六师团和独立七、八、九混成旅团等精锐部队5万之众，配以空军、装甲部队，实施“铁壁合围”作战。“扫荡”开始以前，敌人专门设立了情报、谍报班，千方百计刺探根据地的情报，并极力隐藏其作战意图，进行战役伪装。“扫荡”之初的5月1日至10日，敌人先以“铁连环阵”进行“梳篦拉网”，企图把我军主力压缩到滹沱河以南，滏阳河、石德铁路之间的三角地带，形成一个大包围圈。同时，又十分险恶地在中心区设置较大的空隙，作为“诱导圈”，以引诱我军入内。5月10日至15日，敌人集中兵力对我实行“铁壁合围”，妄图聚歼冀中党政军领导机关与主力部队。对合围地区多路并进，将兵力全线展开，以实现其“筑堤拦水、淘水捉鱼”的阴谋。5月16日至6月20日，又采用了纵横搜索、分段“清剿”、彻底“剔抉”的战法，寻找我主力部队决战，搜捕分散隐蔽的抗日干部、战士和地方工作人员。同时增建碉堡，抢修公路，平毁抗日道沟，企图使抗日部队无立足之地，最终达到全部消灭之目的。

“五一”大“扫荡”，给冀中抗日根据地造成了空前的损失，也使冀中广大群众遭受了巨大的灾难。日军在“扫荡”中采取了空前残酷的法西斯手段，疯狂地实行烧光、杀光、抢光的“三光”政策，所到之处，大肆奸淫、烧杀、抢掠，无恶不作。短短两个月，冀中根据地损失十分严重。冀中军区部队伤亡4671人，减员5500人，区以上干部牺牲三分之一。冀中根据地的群众被杀害的达2万多人，被抓去当劳工的达5万多人，大批粮食、物资被“扫荡”一空，造成了“无村不戴孝，户户闻哭声”的悲惨局面。到7月，在冀中42个县、8000多个村庄、6万多平方公里的土地上，日军共建立碉堡1750个，修筑“扫荡”公路7500多公里，挖掘封锁沟4000余公里，整个冀中大平原，被分割成2676个小格子，实行所谓点、碉、路、沟、墙五位一体的“囚笼”政策，使冀中广大群众被置于枪弹刺刀的血腥统治之下。冀中平原的抗日游击战争，自此进入了更加残酷和困难的阶段。

二

面对日军空前野蛮残酷的大“扫荡”，冀中抗日军民在中共冀中区党委、冀中行署和冀中军区的领导下，同敌人进行了艰苦顽强的斗争。军区部队采取主力转到外线作战、地区部队分散隐蔽的“敌进我进、避实就虚、消耗敌人有生力量”的方针，灵活机动地与敌人周旋，并伺机给敌人以沉重打击，先后经过了272次战斗，共毙伤日伪军1.1万多人，不但消灭了敌人的有生力量，而且挫败了敌人的锐气，粉碎了敌人消灭我冀中领导机关、冀中主力部队并摧毁我冀中根据地的企图。“五一”反“扫荡”以后，侵华日军的士气逐渐走向低落。冀中根据地军民同仇敌忾，英勇奋战，在燕赵大地上奏响了英勇悲壮的反“扫荡”凯歌。

我冀中党政军领导机关成功地进行了反“扫荡”，跳出了包围圈，使敌人的阴谋落空。日军“五一”大“扫荡”的主要作战方针是，寻找我军主力与领导机关决战，消灭冀中首脑机关。针对这种情况，冀中区党委、行署和军区机关，首先进行了精简和轻装，加强了掩护部队的力量。5月2日，离开饶阳县张保村一带，跳到沧石路南。5月8日，在敌人加强对滏阳河封锁以前，东渡滏阳河，跳到敌人的“铁壁合围”之外，大胆地插到敌后的敌后，深入到敌占区，在任（丘）河（间）大（城）和子牙河以东地区与敌人周旋了20多天。在此期间，曾四渡子牙河，五临津浦路，18次越过封锁线，在与敌人的结合部及点线间巧妙穿插。在群众的支援和掩护下，敌人连我领导机关的影子都没有找到，不能不哀叹：“此次扫荡战中未能捕获敌人的指挥中枢。”6月1日，冀中党政军领导机关越过石德路进入冀南地区。6月12日，在威县城北25公里处的掌史村，打了一个著名的掌史战斗，被中央军委嘉奖为“堪称平原游击战坚持村落防御战的范例”。掌史战斗以后，我们于6月中旬到达冀鲁豫军区，后又转到太行山区。在领导机关干部多、非战斗人员多、盆盆罐罐多、冲锋陷阵困难很大的情况下，我们不但冲出来了，而且没有受到多大损失。因此，刘伯承司令员表扬我们说，你们这样的机关反“扫荡”，就像背着灯泡赶集，很容易被挤碎的，但是，你们没有被挤碎，跳出来了，这确实是非常不容易的。

冀中军区的主力部队，表现了顽强的作战精神，给“扫荡”之敌以沉重的打击。反“扫荡”开始，各分区主力部队一边向外线转移，一边寻机消灭敌人，不仅先后突出了敌人的“合围”，而且歼敌1000多人，有力地打击了敌人。如：我七分区部队在10天内共作战21次，毙伤敌300余人；我警备旅一团二营在深县护驾池，抗击敌人装甲车、飞机、坦克和四五千敌之围攻，激战竟日，敌伤亡300余人，我只伤亡40余人；在无极县小吕、王村，二十二团与十七团联合作战，40分钟内打死打伤敌人180余，毙日军一中队长和伪正定道尹，伤日军大队长加岛，我无一伤亡。这说明我们采取“敌进我进”的方针，是十分正确的。5月下旬，根据上级指示，主力部队重新转入内线作战；至6月4日，为适应战斗环境的变化和保存实力，又转到外线作战。在这一进一出的过程中，各军分区主力部队又打了一些大仗、硬仗，取得了一些大的胜利，如：深泽城北的白庄战斗，毙伤敌人400余，并击毙日军大队长管泽；无极城西北的里贵子战斗，毙伤敌人180余；被称为“五一”反“扫荡”光辉战例的深泽县宋家庄战斗，由二十二团团长左叶指挥，血战16个小时，以我伤亡73人的代价，毙伤敌人860余，为平原地区开展村落防御战创造了宝贵的经验。还有六分区指挥的北阳堡战斗，九分区指挥的张庄战斗，八分区指挥的东圈子战斗和十分区指挥的固守村落的战斗等，也都打得非常成功。也有一些战斗损失较大，如：定县的北疃战斗，部队依托村庄和地道抗击日军，虽给敌人以较大的杀伤，但由于敌人卑鄙地使用毒气，使地道内我军民近千人窒息而死；我警卫团一团一营在深县王家铺受挫，只有十余人冲出包围，大部分指战员壮烈牺牲；肃宁县雪村战斗，不仅部队受到严重损失，八分区司令员常德善和政委王远音也壮烈牺牲。但这些丝毫没有动摇指战员们的战斗意志。在反“扫荡”的两个月中，他们浴血奋战，英勇顽强，既给猖狂的敌人以迎头痛击，又较好地保护了自己。

冀中军区骑兵团，肩负着特殊的使命，在反“扫荡”中建立了不朽的功勋。冀中军区直属部队以马仁兴为团长的骑兵团，是一支很有战斗力的部队，其突出的作战特点是快速、突然。敌人“扫荡”开始以后，奉军区指示，骑兵团坚持在内线作战，担负的特殊任务是：牵制与吸引敌人，侦察情况和宣传群众。我骑的那匹远近闻名的大洋马，交给了骑兵团，敌人见了大洋马就追，所以骑兵团总也甩不掉敌人。5月中旬，他们左冲右突，从任（丘）河（间）大（城）地区插到津浦路，跳出了包围圈，稍作喘息后，又奉命返回深（县）武（强）饶（阳）安（平）根据地腹地坚持斗争。骑兵团从任河大地区向西插到肃宁、蠡县，进白洋淀，又南下定南、安国、晋县、深泽一带，越滹沱河到达深武饶安地区，整整转了一大圈。在40多天的转战中，他们始终骑着马，身着军装，在极为暴露的情况下，先后找到七、八、九、十军分区领导，传达区党委和军区的指示。还特地到安平、饶阳区党委机关的常驻村，向干部群众介绍领导机关和主力部队外转的情况，鼓舞群众的士气。他们经过多次战斗，遭到敌人无数次包围和袭击，队伍被打散，团政委汪乃荣、政治处主任杨经国壮烈牺牲，仍很好地完成了军区领导交给的任务。直到6月23日，在最后击退千余敌人的合击后，才跳出包围圈，南下冀鲁豫根据地，与军区领导机关会合。

马本斋司令员率领的冀中回民支队，在反“扫荡”中杀出了威风，表现了良好的军事素质和顽强的战斗作风。“扫荡”刚一开始，由于敌我力量悬殊，冀中党政军领导机关在中心区的活动遇到了很大的困难。当时，各部队根据军区指示，挺进敌后，向敌占区城镇及交通线进击，以牵制敌人，减轻中心区的压力。5月中旬，回民支队奉命攻打泊镇和交河县城，军区要求他们务必攻克，以吸引日军主力东移。马本斋接到命令后，立即部署作战。第一、第二大队攻打泊镇，一举深入镇内，予敌以严重杀伤。第三大队夜袭交河县城，打开了3座城门，俘虏了50多名伪军，缴获了50多支枪。同时，他们还派出八分队，袭击交河东北部的淮镇、郭尚庄等据点，收割敌人电话线400余公斤，取得了不小的胜利。攻打泊镇和交河县城以后，回民支队继续留在抗日根据地中心区的阜东、建国、交河一带与敌周旋。5月底，接到军区电报，催促其跳出内线，才辗转迂回到冀鲁豫地区。

冀中在华日本人民反战同盟支部，与冀中军民并肩作战，有着不同寻常的经历。该支部是1941年2月成立的，成员多是历次战斗中俘虏的日军官兵。他们在我党我军的教育和感召下，从日本武士道的精神枷锁下解放出来，决心与中国人民一起为结束这场罪恶的侵略战争而战斗。反"扫荡"开始以后，反战同盟支部化整为零，有的随部队转到外线作战，有的留在内线坚持斗争。支部长田中在回民支队攻打交河县城时，奉命带着一部电话机赶到前线，以自己熟练的技术，接上通往交河的电话线，与城内的日军通话劝降。后在日军"追剿"时腿部受伤，流了很多血，仍舍不得扔掉背上的两支长枪和几挂子弹，终于突围出来。副支部长兼宣传部长东忠，与几位盟员在内线坚持斗争，几次被冲散，几次又聚拢，历尽艰险，孤身转移，没有一人叛逃。冀中群众待他们也像亲人一样，经常挺身保护他们，巧妙地躲过敌人的追杀。东忠和中山两人被冲散以后，一个走进村庄，向村长说明自己是日本人民反战同盟支部的，村长立即把他隐藏起来，又帮他找到了部队；一个对房东说自己是日本八路，房东一听，就对他说："孩子你放心，只要有我在，就有你在。"西村在深泽县境内受了重伤，被坚壁在安平县堡垒户郭大娘家，因伤势严重，坚壁了很长时间。敌人曾两次闯入要人，把郭大娘毒打得昏死过去，但老人家始终未说出西村的藏身之处。西村归队时，不但能说一口流利的安平方言，还认郭大娘做干娘。

“抗大”二分校第三团学员，在艰险中与敌周旋，最终胜利归建的事迹十分感人。抗三团是从1940年1月开始，由“抗大”总校派到冀中来办学的。在两年中，为冀中培养了近4000名基层干部。他们接到军区反“扫荡”的紧急指示后，将休养所和文印组人员就地分散坚壁；令剧社单独隐蔽活动；第一、二、三大队随七、八、九军分区转外线；团部机关和直属一、二大队向沧石路以南转移，相机跳出合击圈。5月11日，抗三团的学员在深南遭到8000余名敌军的合围，在飞机扫射、坦克冲击、步骑兵围追堵截下，缺乏武器的学员们一下子被冲得七零八落。有的分散在群众中隐蔽；有的暂时回到附近自己的家里；有的带介绍信回到原部队；有的三三两两各自为战，白天在野外躲藏，以野菜充饥，晚上到村里找吃喝打听消息；有的遭到敌人逮捕毒打，伤口化脓生蛆。但学员们凭着抗战必胜的信念和坚忍不拔的毅力，硬是在冀中平原上坚持了两个多月。“扫荡”结束以后，军区派出联络组，在沧石路两侧展开了艰难的收容工作。到9月下旬，除几十名牺牲者外，一批批学员冲破艰难险阻，回到了“抗大”二分校，胜利地归还了建制。

在“五一”反“扫荡”中，地道战发挥了巨大的作用。地道是冀中军民的伟大创举，它发展了平原游击战争，使人民群众有了退避依托之所，地方工作人员可以大胆地在近敌区坚持工作，而民兵和部队更可依靠它打击敌人，保存自己。“五一”反“扫荡”开始后，我们的医院、工厂、报社、通讯站、情报站等，几乎全部转入地下坚持工作，地道确实成为保存革命力量，保护群众利益，坚持和开展斗争，打击敌人、消灭敌人的“地下长城”。利用地道开展斗争的战例很多：5月13日，日军大队长加岛率领700多名步兵，向藁无县小吕、王村一带围攻，藁无县大队和二十二团、十七团部分连队得到情报后立即动员部署：一部分部队依托村外土岗和坟地迎击敌人，其余则在村内准备。组织群众有秩序地进入地道，在村边、街口、地道口、地道上面草堆中，埋设了地雷。敌人到达后，村外的部队先给敌人以大量杀伤；敌人冲到村口，又踏响了地雷，被炸得血肉横飞。这时，村内的部队已上高房，向冲进街内的敌人甩手榴弹。待敌人抢占了高房，二十二团等部队又进入了地道，利用地道的射击孔，或趴在地道口的暗处，向高房上、街道上的敌人射击。敌人伤亡很大，却看不到八路军的踪影。有一个地道口被敌人发现，加岛派伪军下去，伪军一进洞口，便被守洞的民兵打死。加岛又命令挖地道，伪军没挖几下，又被地道顶上埋设的地雷炸死炸伤几个。这时敌人已死伤180余人，一中队长和伪正定道尹被击毙，加岛也被打伤，我则无一伤亡。黄昏已经来临，敌人不敢再继续挖地道，便回据点去了。5月23日，日军纠集了1000多人，配有骑兵、汽车，进攻无极县赵户村。驻赵户村的二十二团一个连和民兵一起，先后打退了敌人四次冲锋。到下午5时，敌人再次进攻时，该连战士和民兵一面利用屋内墙角还击；一面由侦察员带12名战士，从地道内转移到村外敌人的背后，集中火力向敌人射击。敌人误认为是八路军援军接应，仓皇撤走。这次战斗，敌伤亡200多人，却一无所获。

冀中人民，是冀中平原抗日的屏障，他们牺牲最大、付出最多，是我们伟大民族精神的化身。“五一”大“扫荡”中日军在集中力量“围剿”我抗日部队的同时，更以残杀和平居民为手段，企图征服拥护、支持抗日斗争的广大群众，割断我抗日军民之间的鱼水关系。他们成立棒子队，就是专门打老百姓的。在藁无县六贤庄，日军一天就打死11人，打伤40多人；在深南的黄龙乡，20多个老百姓葬身狼犬之口；在白洋淀端村，日军一夜奸污50多名妇女，上有70岁的老人，下有11岁的幼女；在博野县槐安庄，日军实行“三分钟杀人术”，该村12个村民被折磨得死去活来，日军却以杀人取乐。敌人在深县中菜村、任丘县留村、饶阳县杨各庄、固安县马村等地制造了屠杀惨案，其手段之残忍骇人听闻。但是，敌人的法西斯暴行，并没有征服冀中人民，有着高度民族气节和无比英勇气概的冀中人民，宁愿牺牲自己，也要保护抗日军人、干部和军用物资。这方面的感人事迹数不胜数。在安平县羽林村，敌人拷问一个12岁的孩子，逼他说出藏身的八路军干部，他的母亲就高声对他说："孩子别说，咱娘俩要死一块死，不能留骂名！"孩子被折磨得死去活来，始终未吐一字。在新城县白新庄，敌人搜捕我回民支队战士，村长和几个青年被敌人棍打、灌凉水、压杠子，但他们咬紧牙关，一言不发。南皮县何七拨村的抗日妈妈姚大娘，为掩护第七中队，遭敌人的马鞭、棍棒、枪托暴打，偌大的年纪，很快昏死过去，但始终未吐一字。敌人还采用认亲的花招抓捕我抗日人员。勇敢的冀中人民挺身而出，青年妇女把不相识的抗日人员认作丈夫，老年人把他们认作儿子，以自己的血肉之躯掩护抗日人员。真正的铜墙铁壁是什么？是人民群众！我们正是有了根据地广大人民群众的支持和掩护，才赢得了对敌斗争的一个又一个胜利。冀中人民在"五一"反"扫荡"中经受了巨大的磨难和考验，他们用鲜血和生命铸造了抗日斗争的不朽丰碑！

地道奇观

杨成武

地道战，是英雄的冀中人民在粉碎日军“驻屯清剿”斗争中广泛开展起来的，他们有了许多新的创造。

“五一”大“扫荡”前，冀中人民群众在斗争中就挖了许多土洞和地窖，以防日军杀人抢劫、凌辱妇女。“五一”大“扫荡”后，随着斗争的日益残酷，我党领导人民把简单的土洞和地窖发展成各家相通、环绕全村的地道，然后又发展成村村相连的地道网。冀中全区到底有多少地道，没有仔细统计过。只晓得 1944 年下半年以后所挖的地道就有一万多里长了。在战争最残酷的岁月里。冀中人民以英勇的战斗精神和无穷智慧筑起一道“地下长城”，化无险可守的平原为抗敌要塞。但是，当时地道还存在不少问题，关键是只能隐蔽自己不能攻击敌人。另外，如何对付敌人的火攻、水攻、烟攻、毒攻、挖掘，以及我们的照明、防病和吃喝拉撒睡，都是亟待解决的问题。

为此，军区对地道进行了考察，我带周自为和阎佐三等同志先后去过任丘、蠡县、大城、饶阳、安平等县，冀中平原最好的地道和最差的地道我都钻过，了解到大量情况。

考察后，我写了一本两三万字的小册子，题名《冀中平原上的地道斗争》。在这本小册子里，总结了各地的经验，强调要把隐蔽性地道和战斗性地道结合起来，成为一座既能保存自己，又能消灭敌人的地下堡垒。

这本小册子还探讨了地道战的战术问题，集中群众智慧，列举了解决在地道中生存、战斗的许多巧妙办法。阎佐二三同志为这本小册子画了地道构筑图。林铁、金城、罗玉川等同志补充了许多好意见。《冀中平原上的地道斗争》作为秘密文件油印下发了。

后来，在各级党组织的领导下，人民群众把发展地道与改造地形、改造村落结合起来，形成了“天地人”（房顶、地面、地下）三通，沿村、街道、院内各三层的纵横交叉火网，再以野外地道为纽带，把村庄、野外的地道组成一个连环作战阵地。既可以打村落战又可野外出击，既利于小分队活动也利于大部队集结，可防可攻，还可以依托四通八达的地道，封锁敌人的岗楼和据点。

不久，日军以重兵突袭皮里村。那里的地道能不能经受住考验呢？盟军观察员杜伦中尉不相信我们“土地道”能对付日本人的进攻。现在，这位有“冒险精神”的美国军人已经身陷其中了，他情绪如何，是安是危？

事后，我才知道详细情况：敌人突然奔袭边关村，魏洪亮和王道邦同志决定趁夜转移到边关附近的皮里村去。可是杜伦不赞成，他对九分区作战科科长雷溪说：

“请告诉司令，对这个决定我很有意见！既然转移就应该转移到大炮射程以外。皮里村离这里只有几里，大家的生命仍然没有保障。”

魏洪亮同志仍在发烧，两脚肿痛，不能骑马，只好坐在担架上指挥转移。他要雷溪同志向杜伦解释：日军的伎俩，我们早已摸透，突然奔袭不足为奇。皮里村的地道是双层的，安全可靠，叫他尽管放心。

“喔，上帝！那种土地道。”杜伦连连摇头，背起自己的卡宾枪和左轮手枪，嘟哝着跟他们走了。

到达皮里村已是后半夜。高存信和马振武同志陪同杜伦来到卢大娘家里。卢大娘见来了八路军和盟军朋友，高兴地捧出花生、柿饼招待客人，把热炕让给杜伦睡，杜伦的情绪才好了些。他握着大娘的手，连声说：

“谢谢！谢谢！”

拂晓时分，六七百日军忽然把皮里村团团围住了。原来，日军确实得到了盟军观察员到达九分区的情报。辛中驿据点的敌人赶到边关，挨家挨户一搜，没见美国人和八路军，河间的敌人则直扑皮里村来了！

魏洪亮和王道邦同志立即决定让杜伦下地道。高存信同志急忙把正在呼呼大睡的杜伦叫醒。杜伦一听有情况，睁开惺忪的睡眼，“嗷”的一声蹦下地，慌里慌张地就要往外跑。警卫员赶紧拉住他，告诉说村外都是敌人，要赶紧下地道。接着，他们按卢大娘指的方向，往壁画后面夹皮墙上的地道口钻。不想杜伦身子肥大，下到一半就卡住了。正在这时，村里响起了枪声，可杜伦的身子把洞口堵得死死的，上半截还露在外边，急得他“上帝、上帝”直叫唤。高存信他们一急，推的推，拽的拽，硬是把他送进了地道。

刚把杜伦送入地道，院子南房顶上就传来了哗啦啦的声音，卢大娘惊叫一声：

“鬼子上房了！”

“大娘，快下地道！”高存信同志举起手枪，向南房顶上开了几枪，敌人在上面惨叫着，随即“啪！啪！啪！……”往下连打了六枪。卢大娘把高存信他们死命地往洞里推，用变了声调的沙哑嗓子喊着：

“他们要抓你们，快！你们先下！我不要紧。”

高存信他们刚进入地道，日军就冲进院子里，把卢大娘捉住了。

在魏洪亮和王道邦同志的住处，敌人上了东屋房顶，正要对准他们住的北屋射击，警卫员张建祥——一位白洋淀打水鸭的神枪手，疾速地操起枪从窗眼向房顶打去，两个日本兵连人带枪栽了下来。魏洪亮、王道邦和雷溪同志便乘机钻进了夹墙里的地道。敌人涌进东屋，一串子弹打得他们鬼哭狼嚎，这是东屋的同志从“翻眼地道”的射孔里打的枪。这种地道挖下去又翻上来，成为凹字形，墙角或其他隐蔽处都有枪眼，既能向外射击，又不怕敌人用水灌。敌人转而扑向北屋，这时北屋的同志也从“翻眼地道”里向他们射击。就这样，东屋和北屋的交叉火力，打得敌人在院子里团团乱转，纷纷倒地。

这时，分区机关和直属队100多人以及全村100多户群众，全部下了地道。敌人在村里伤亡不少，却又找不到一个八路军，大为恼怒。他们到处放火烧房，寻找地道口。

在卢大娘家的院子里，敌人发现了一个洞口，可是谁也不敢下去，硬逼卢大娘说出八路军的下落以及地道里的情况。卢大娘一言不发，日本军官勃然大怒，用战刀剁去卢大娘四个手指头。

日本军官的嗥叫，卢大娘令人心碎的呻吟，雷溪他们都听到了。他们再也忍受不下去了。蓦地，他们从地道口猛虎般跃出来，冷不防地开枪，把日本兵撂倒了好几个。剩下的日本兵见势不妙，掉头就跑。雷溪同志趁机扑到炕边，抱起卢大娘。等大群敌人重新扑来时，雷溪他们已经带着卢大娘钻进了地道，在地道里为她老人家包扎伤口。

由于皮里村的一个奸细告密，日军一下子发现了四个地道口：一个是杜伦钻的那个地道口，一个是魏洪亮和王道邦同志钻的地道口，两个是分区侦察科和侦察排同志钻的地道口。于是他们便不择手段地破坏地道：烟熏、水灌、挖掘、施放毒气。

杜伦在地道里紧张极了。终于，他坐不住了，要雷溪同志领他去见司令员魏洪亮同志，说是有话要当面跟司令说。好在地道是相通的，雷溪同志答应了，并递给他一根照明用的蜡绳。这是用艾草搓成的，曾在融化的黄蜡里浸泡过，耗氧少，点着后不容易灭，只要一摇晃就能把周围照亮。当然，若是地道里用蜡烛或手电照明，效果会更好，可这些东西太贵，加上敌人的封锁，就是有钱也难买到。点油灯的话，烟太大，耗氧厉害，也不如蜡绳经济。我曾在地道战的小册子里写道："这种蜡绳家家都可以准备，部队人人都要有一把。"想不到，现在连美国人也用上了它。

魏洪亮同志脚坏了，站不住，正在地道里爬来爬去，指挥大家与敌人来回地争夺地道口。日军逼着一个伪军下地道，被我们的战士王景芳一枪打死了，那家伙又被拖了上去。紧接着，敌人心生毒计，用绳子捆住一个村民，强逼他到地道里来侦察。可这人一下来，就被我们的同志认出是卢洛为大伯，马上给解救了，敌人拉回的只是一根轻飘飘的绳子。日军发狂了，便施放毒气。当冒着浓烟和火星的瓦斯筒扔进来时，警卫员陈学曾一声喊：

"同志们，往里去！"

他自己扑上去，抱着瓦斯筒冲到洞口，奋力扔出洞外，吓得院子里的日伪军，捂着鼻子乱跑。几乎是同时，皮里村的党支部书记从另一条地道钻过来，马上把洞里的防毒帘放下来，接着又把晕倒的陈学曾同志背到通风的地方。地道里又暂时平静下来。

杜伦见到魏洪亮同志，想尽量装得镇静一些，但是那声音仍然有些发抖：

"司令，情况怎么样？"

"不要紧。"魏洪亮同志坐了起来，亲切地安慰说："我们司令部还在。"

"司令！"杜伦把肥胖的身子挪近魏洪亮同志，试探地说："你不会把我交给日本人吗，那样，他们马上就撤退了，你们也就没有危险了。"

魏洪亮同志一听，正色道："杜伦先生，你想错了！我们进行的是正义的战争，凡是同情和支持我们的，都是朋友。共产党、八路军光明正大，不会做出卖朋友的缺德事。有我们在，就有你在。我们可以保证，你不久就会回到延安的！”

杜伦听了，既感动又尴尬，赶紧改口问：

“你们伤亡怎么样？”

魏洪亮同志回答说：“这种地道战，往往是我们伤亡很小，日本人伤亡很多。”

“噢！顶好！顶好！”杜伦像吃了颗定心丸，又返回到自己原来的位置上去了。

日过正午，战斗仍在进行。来突袭的2000多名敌人，一部分正在外围与八、九分区的部队作战，一部分仍在皮里村四处挖掘，寻找新的地道口。

在另一处地道里，隐蔽着魏洪亮同志的爱人肖哲和她那八个多月的男孩。她听到头顶上“嗵”的一声，便知道房门被踢开，敌人进了屋，正在翻箱倒柜寻找地道口。沉重的皮鞋和杂乱的响动声传下来，把肖哲怀里的孩子吓着了。孩子咧嘴要哭，肖哲一看不好，赶紧用乳头堵住他的小嘴巴——只要一发出哭声，藏在这里的许多人和一部电台就会被敌人发觉。

那本地道战的小册子，曾谈到，为了防止婴儿在地道里啼哭，可给孩子灌几口酒，让他醉过去睡着，否则有奶他也不一定吃，难免还是要哭，一哭就会暴露目标。可是日军这次突袭皮里村，人们在睡梦中惊醒，仓促下地道，谁也没顾得上带酒。

可怜的孩子被憋得脸涨紫了，小手小脚乱舞乱蹬，肖哲却横下一条心，含着眼泪死死地堵住他的嘴。敌人没找到洞口，出去了。头顶上平静了下来，肖哲连忙放松孩子，轻轻拍打他。谁知孩子已经被活活憋死在怀里了。

这一切，杜伦并不知道。他只知道自己的肚子饿了，便向雷溪同志指指嘴和肚子。大家都在紧张地战斗着，谁还顾得上吃东西呢？但是雷溪同志还是向地道里的老乡要了一块玉米面饼，递给了他。杜伦接过硬邦邦的玉米饼子，连说了两声“谢谢”，便蹲在一边吃起来。吃完，他用手绢擦着嘴巴，这才听说司令的孩子被闷死的事，他吃一惊，似乎有些内疚。

“司令，听说你的孩子为我们牺牲了，我感到万分难过！”杜伦再次找到魏洪亮同志，用一种哀伤的口吻说。

魏洪亮同志虽然悲痛，但仍在镇静地指挥战斗。他派侦察员陈学忠从一个通往村外的秘密洞口突出去，给万震西率领的四十二区队送信，要他组织力量合击皮里村敌人。又派警卫员告诉同志们，一定要有信心，万一敌人破坏了上一层地道，我们就到第二层去坚持战斗。天黑后，我们的大部队就会出动，那时候，我们就来个里外夹攻，打一个漂亮仗。此刻，听到杜伦的慰问，魏洪亮同志说：“谢谢你的关心！为了把日本强盗赶出中国去，我们已经牺牲了无数战士和老百姓，日本鬼子欠下的血债。我们会向他们讨还的。现在我们正从高房工事上，从磨盘底下，从墙根后面，从庙台背后，狠狠地打击敌人，你可以看一看。”

一位同志把杜伦带到瞭望孔旁边，让他看看地面上的情况。他吃惊地望着日军被不知从哪个方向射来的枪弹打翻，被不时爆炸的地雷炸得缩头缩脑，兴奋地大叫：

“顶好！顶好！”

黄昏时，日军想溜，可魏洪亮、王道邦他们把敌人死死拖住。四十二区队接到出击命令，战士们把棉衣脱了，从很远的地方跑步赶来。这个区队最善于拼刺刀，一冲进皮里村，就与日军刺刀见红，杀得敌人鬼哭狼嚎。几个县的游击大队和区小队在地委书记陈鹏的指挥下，也赶到皮里村外，四处打枪。边关村的民兵和扛着锄头铁叉的群众也来了，敲锣打鼓，把敌人搞得草木皆兵。敌人抵挡不住，狼狈地向河间方向逃窜。杨栋梁率领的三十四区队派了一个连，躲在半路上打伏击，又打得日军丢盔弃甲，扔下不少死尸，剩下的敌人这才逃回了据点。

皮里村地道战胜利结束了。敌人伤亡了几百人。我们只伤亡了一老一小：房东卢大娘和魏洪亮同志的男孩。杜伦钻出地道，亲眼看见村里横七竖八的敌人尸体，惊叹不已。王道邦同志让杜伦稍事休息，吃点东西，然后派人把他连夜送回军区。那个向日军告密的奸细也被魏洪亮、王道邦同志和地委书记陈鹏查明抓来枪毙了。

杜伦穿着在地道里蹭得脏乱不堪的衣服回到张岗。他见到我，头一句话就说："将军，好险啊！"

我说："杜伦先生！我本来不让你去那里的……"

杜伦说："冀中的地道是万能的，冀中的老百姓顶好顶好，中国一定胜利！我回延安一定好好向我们的将军报告。就凭这个，他们也得给我晋级。"

杜伦离开冀中军区时，把他带来的轻型卡宾枪送给我作纪念了。我也送给了他一些纪念品。

杜伦走了。听说，他一路上总是念念不忘地道。每到一村，首先要问这个村有没有地道，他住的房子有没有地道口，直到听说有地道，他才放心住下。

太行兵工厂

刘鼎

七七事变后，八路军总部奉命率三个师开赴华北，指挥华北前线的抗日斗争。第一二九师和八路军总部先后于1937年底和1938年初进驻太行山区，开辟抗日根据地。

抗日根据地的人民在共产党的领导和教育下，爱国热情高涨。我们部队的兵源不成问题，亟待解决的是武器问题。毛泽东同志于1938年10月在党的六届六中全会上所作的报告中指出："游击战争的军火接济是一个极重要的问题。""每个游击战争根据地都必须尽量设法建立小的兵工厂，办到自制弹药、步枪、手榴弹，建立必要的军火工厂，准备反攻实力列为中华民族当时的紧急任务之一。"

八路军总部遵照中共中央的指示和中央军委的战略部署，自力更生，因陋就简，逐步建立了太行山区的人民军事工业。开始，只有几个分散的随军修械所（或班）。总部于1939年3月决定成立军事工业科，统一领导和管理太行山区的军工生产。6月，军工科扩大为军工部，隶属后勤部领导。军工部成立后，组织力量加强了，军工队伍，特别是技术人员队伍壮大了，逐步将各修械所改建为四个步枪制造所，一个复装枪弹厂，一个炸弹厂（造地雷、手榴弹），一个试验所。到抗日战争胜利时，已发展成有矿山、铁厂、机械厂、化学厂、枪厂、枪弹厂、炮弹厂以及工业学校等十多个单位，职工3000多人的一支比较完整的人民军工队伍。军工生产从最初锻造大刀片、长矛、红缨枪、刺刀、破坏铁路的工具到修理机械、大炮，改装机枪、迫击炮，造地雷、手榴弹，发展到成批制造步枪、掷弹筒、迫击炮、枪弹、掷弹筒弹、迫击炮弹、山炮弹、发射药、炸药及军工生产装备等20多种产品。

广大军工战士用赤诚的爱国心，用智慧和辛勤劳动，用鲜血和汗水，谱写了我国军事工业发展史上的光辉篇章，为夺取抗日战争的胜利作出了重要贡献。

一、艰苦创业

我是1940年5月调到军工部任部长的。原军工部长刘鹏改任副部长，孙开楚任政治委员。

在我调来之前，太行山区军工生产已初具规模，有四个步枪制造所（即军工部第一、二、三、四所）。

一所：位于黎城县城西北约45公里的水窑山里，厂区北有黄崖洞，故又称黄崖洞兵工厂。厂区周围群峰环抱，地形险要，是经左权副参谋长和后勤部杨立三部长亲自勘察，报经朱总司令、彭副总司令批准定点兴建的。这个所是1938年9月，由总部安邑修械所、一一五师三四四旅修械所和一二九师修械所组合而成的。在所长陈明升主持下，1939年7月开工建设厂区。没有砖瓦，就捡起石头垒墙，开山掀石板盖房顶，伐木作梁柱门窗，不到半年时间就盖起了一座座简易厂房。其中有动力机工房、钳工房、木工房、锻工房、组装房等五个独立的工部。约有二三十台不配套的车、铣、刨、钻等杂旧机床，三节锅炉及蒸汽机、发电机等设备。除工房外，还建有职工宿舍、食堂、俱乐部及其他生活设施。工人大部分来自阎锡山的太原兵工厂，他们都是不甘为敌人卖命的抗日进步分子，其中有技工李作锦、齐宣威、韩忠武、李鑫德等。还有民间匠人教逢春一家和石成玉，以及河北峰峰煤矿的赵芳（1939 年 9 月，他在中共磁县县委的支持下，将一批机器运到了太行山）。在建设过程中，又从各地调来一些工人（包括从延安调来的刘贵福、刘先惠等熟练技工）。到新厂房建成时，已有职工 680 余人。

二所：位于平顺县偏僻的西安里村，地势险要。1939 年 7 月由曾任红军师政委的徐长勋领导筹建。后又调曾任红三十一军政委的张广才任政委，长征干部、做过镟盘工的郝希英任所长，从一所抽调职工四五十人，又从延安调来 100 余人，正式命名为军工部二所，有机床七台。从 10 月下旬全面开工到 11 月底，共修理枪械四五百支（件），并依靠手工试制出两支新七九式步枪，送到朱总司令处报喜。1939 年底阎锡山发动十二月事变，国民党军庞炳勋部又不断在驻地附近制造磨擦，为了保障安全生产，二所于 1940 年 1 月奉命将人员、机械分别并入一所和三所。

三所：位于辽县高峪村，是在 1939 年 10 月由总部供给部高峪修械所、一二九师先遣支队梁沟修械所、杨家庄炸弹厂、武安县政府修械所等单位合并而成的，所长吴卓然、教导员王永庆。该所借用民房作为钳工房、仓库、办公室及宿舍，还修建了锅炉房、机工房、锻工房，有蒸汽机及车床十余台，以造枪为主，也造手榴弹、地雷，后又造了掷弹筒等。1940 年由郝希英任所长，张广才任政委（后肖光明）。从 1940 年到 1944 年，三所规模逐渐扩大，生产蓬勃发展，成为太行根据地一个较大的兵工厂和军火供给地。

四所：1939 年冬我军在反击国民党顽固派军队所制造的磨擦中，

缴获了张荫梧、侯如墉等部的修械所。当时，将缴获的修械所和我赞皇县修械所合并成立了晋冀工作队。他们艰苦创业，两三个月时间就生产出几十支新枪，得到了朱总司令的传令嘉奖。后因日军时常侵袭，奉命迁到武安县城西北45公里的梁沟后沟，被正式命名为军工部四所，陈志坚任所长，陈廉如任教导员。该所的任务是修理枪械兼造新枪，后以造枪为主，拥有机床十余部，机具设备共数十台（件），1940年开始安装锅炉和蒸汽发动机。这也是军工部下属的一个大厂。

此外，还有三个厂：

柳沟铁厂：位于武乡县燔龙镇东南四公里。地处丘陵地带，盛产煤铁、陶土等。该厂前身是几家生产农具的小铁工厂。1938年底，武乡县工会将它们合并在一起称鞞山铁厂，开始研制手榴弹，但质量很差。1939年3月底由我军接收，改名为柳沟铁厂，并派郝希英、高原为军代表，领导工厂的整顿工作。年底，高原改任厂长、刘致中任副厂长、张先进任教导员、曾留学英国的冶金博士张华清为技术指导，柳沟铁厂是军工部生产手榴弹、地雷和炮弹毛坯的主要基地。

显旺锻工厂：位于武乡县显旺村，该村附近盛产工业用煤，且有铁轨、矿车运输，自然条件十分方便。1941年建厂，厂长韩国桢，指导员陈海清。因无需机器加工设备，厂房主要利用庙宇及弃旧民房，半成品送黄崖洞一所进行机加工。

下赤峪子弹厂：位于黎城县下赤峪村。1940年3月建厂，开始主要是复装枪弹。厂房设置在关帝庙里，参加生产的50余人，由三名从太原枪弹厂出来的工人孙永福、王秀廷、谭振玉等同志组织生产。厂长王化南（后沈鼎祥），指导员吕明珍（后易辉）。

我到职后，除了解上述情况外，还着重了解了两个方面的基本情况：一是技术人员情况。组建军工部前后，八路军总部已从延安抗日军政大学等单位调来一批技术人员：如留学德国学冶炼的陆达，留学日本学电机的程明升、学机械的郭栋材，还有大学毕业学过机械、土木、动力工程的郑汉涛、陈志坚、高原、唐成仪等数十名同志。还有一批专业技术熟练的工人，如李作锦、刘贵福、齐宣威、沈鼎祥、白英、韩忠武、孙永福、李相池、韩国珍、赵芳等同志，以及在实际工作中培养出来的“土”专家，如石成玉、教逢春、魏振祥等二三十位同志。他们在机、钳、锻、铸、木以及其他特殊工艺中，均具有精湛的技艺。这些“土”、“洋”专家结合，成为太行兵工专业技术上的生力军。二是自然资源的情况。太行山上的煤、铁、陶土、耐火材料、硝、磺、铜、锡、木材等蕴藏丰富，且极易开采；还有平汉、正太、同蒲、道（河南滑县道口镇）清（河南沁阳县清化镇）铁路可源源供应道轨。

这两个方面的情况，使我对发展太行兵工事业非常乐观，充满了信心。当然也存在着不利因素，那就是战争的破坏、敌人的封锁、山区道路险阻、交通不便以及物质生活条件艰苦等等。但我相信，有党的领导，在具有高度觉悟的军工战士面前，这些困难都是能够克服的。

二、产品研制

（一）改进冶炼技术

处于太行山西侧的山西省阳泉、武乡、和顺、潞城、长治、晋城等县的煤铁资源极为丰富，但冶炼方法却十分落后。方炉、坩埚炼铁，是当时山西各地采用的最普遍的炼铁方法，也是最古老的传统冶炼工艺。设备虽简陋，但在战争年代却不怕被捣毁，捣毁了也容易重建，适用于游击战、运动战中的军工生产。我军接收柳沟铁厂后，对这种传统冶炼工艺，进行过初步改造，加大了方炉、坩埚容量，改善了通风条件，出铁量成十倍地增长，铁质也大大提高，还第一次炼出了可加工铸铁。

1940年根据彭总的要求，军工部研制生产掷弹筒及其炮弹。方炉、坩埚炼出的铁是白口铁，这种铁性脆又硬，不能切削加工，无法用来制造炮弹，因为炮弹铸造成型后，要车弹口、弹带和尾部，要求表面车光，尺寸精确，两端还要挑出螺纹、丝扣，以便安装引信和尾翅。如何把白口铁变成可切削加工的半成品，铸造成炮弹壳呢？这是解决炮弹生产问题必须首先突破的技术难关。我们在柳沟铁厂成立了试验小组，派陆达同志去指导。试验小组根据工人孙兆熙的建议，和陆达在国外学习的有关原理，反复组织闷火试验，终于炼出了可以进行切削加工、有一定韧性的生铁铸件，从而为大批量生产掷弹筒的炮弹毛坯和八二式迫击炮的炮弹毛坯提供了物质基础。从此，柳沟铁厂铸造的炮弹毛坯源源不断地运往一所、三所再加工成炮弹。从1941年4月起，在太行山上开创了大量生产自制炮弹的历史。这是根据地军工生产上的一件大事，是冶炼工艺的一次飞跃。

我们还在显旺建立了锻工厂。全厂有一二百名锻工，用道轨改制成火炮、枪和弹所必需的锻制品毛坯。当时没有动力设备，炉大、锻体大，怎么办？就人工拉起自己改装的多头风箱和超重大型吊锤，把细长的道轨分解成多种坯形，锻成步枪枪身、节套、机柄、撞针和炮弹尾管等大小零件的毛坯；把细长的道轨脊（道轨面）锻成粗短的掷弹筒、炮身。在那些年，成千上万合乎规格的各种钢料毛坯，不断地运送到黄崖洞兵工厂加工成品。

（二）火药炸药的研制

全面抗战初期，我们填装手榴弹、地雷的炸药，都是黑火药。随着形势的发展，毛主席号召我们尽一切可能发展工兵炸药。朱总司令和彭副总司令也要求我们：广泛收集人才，研究生产火药、炸药，要做到弹药自给。1940 年冬，我们开始闯黄色炸药的第一关——制酸，没有酸就没有烈性炸药。

我派在天津河北工学院化学系毕业的王锡嘏、张浩和太原火药厂的工人王化南，组成试验小组，研制硫酸。他们采用老百姓盛水、储粮的陶瓷缸和专门制作的陶瓷管，运用铅室法制酸原理，把同样大小的缸，每两个一组，口对口垒成塔形，塔与塔之间用陶瓷管接通，几个塔连接一起组成缸室代替铅室制作硫酸。

对陶缸加工，凿孔还比较容易，困难在于缸与缸之间的密切接合。漏气是个大问题，既危害工人的健康，酸的成效又很低。他们经过若干次试验，创制了耐酸粉粒，又选用适合的液体来调成腻子，堵塞漏孔。这种腻子使用方便，经久耐用。硫酸产量日见上升，不久即达日产几百至上千斤。制酸成功，这是太行军工化学工业的重大突破。

硫酸浓缩也采用新办法：把若干个瓷盘组成的梯形锅由低到高排成一套浓缩设备，在下面加热，将稀硫酸从最高一排加入，流行整套设备，在最后一排凝结成浓酸。如此制酸，整个过程露天操作，工厂附近雾气腾腾，酸味刺鼻。然而军工战士们为了生产火药、炸药，忍受着这一切，坚持生产，每日可产 60 公斤左右。我们有了浓硫酸以后，就有条件很快制成硝酸、酒精、乙醚、脱脂棉、硝化棉等产品。在能批量生产硫酸的基础上，我们又开始了无烟药的研制。这对我，对太行军工来说，都是新事物。当时从职工档案中我们发现，白英同志曾在重庆火药厂当过工人，我们就鼓励他去克服困难，用一切可行的办法，搞出无烟药来。他与王化南、张浩共同努力，在几间农民废弃的旧房子里，以棉花、硫酸、硝酸为原料，用大铁锅脱脂，用陶瓷盆硝化，石磨细断硝化棉，土炕作烘干机、擀面杖作辗辊，剪刀代替切割机，终于在 1942 年 9 月成功地研制出首批棉性枪弹无烟药，装入枪弹试射成功。从此，初步解决了太行山区兵工厂枪弹、炮弹发射药的自给问题。在发射药投入批量生产的同时，我们又开始了烈性炸药的研制。研制工作是从两个方面进行的：一方面在涉县利华肥皂厂从生产钙皂的过程中提取副产品——甘油，再把甘油滴入混酸（硫酸与硝酸的混合物）中硝化，生产出硝化甘油。硝化甘油的问世，为根据地生产烈性炸药奠定了基础。另一方面，军工部责成采购处从敌占区大量购进日本倾销来的肥田粉（硫酸铵）。我们将肥田粉与火硝反应双分解，制成硝酸铵。再把硝酸铵、硝化甘油、谷糠粉（或锯末粉、麻杆灰、硅藻土等多孔性物质）按比例混合均匀，试制成功了硝铵炸药。

从此，在总部军事工业生产中结束了只能生产黑火药的历史，形成了生产单基、双机发射药和雷汞、硝铵炸药等烈性火药、炸药的能力。用它们装填的枪弹、炮弹和手榴弹、炸药包，在战场上威力很大，被称作“土飞机”、“土坦克”。我军就是用这“土”字牌的军火炸塌了敌人的碉堡，摧毁了敌人的工事。

（三）步枪生产制式化和枪弹的研制

我到军工部时，已有包括水窑一所和生产规模仅次于一所的梁沟四所在内的三个厂能小批量制造步枪，但都是手工作业，型号、规格不统一，性能各异。即使是同一个厂造出的同型号的枪，也因用手工作业，制作有先有后，没有质量标准而零件不能互换。但在当时的条件下，即使造出这样的枪来也是相当不容易的，曾多次受到总部领导的称赞。但是，成本高，质量、数量也上不去，满足不了前线部队的要求，还曾发生过枪出故障而贻误战机的事。战争逼迫我们急待改造落后的生产方式、工艺程序，实行工业化生产。

1929年，我曾在苏联远东游击队中担任过武器教员，听过当时在那里工作的刘伯承同志关于步枪的论述。他认为，我军以游击战为主，给养不足，战士体力较弱，又经常长途行军，快速奔袭，步枪应轻而短。步枪是近战武器，200 米内命中准确就行了，有些国家单纯追求射程，竟有达到3000 米的，枪筒搞得很长，很笨重，没有必要。3000 米你找得着谁，打谁去？枪筒短，刺刀却要长，免得肉搏时吃亏。这些论点和技术要求，在我被任命为军工部长后第一次与彭总谈话时就讲了。我还根据军工部各厂造枪的问题谈了自己的看法。彭总说："可否按伯承同志见解，在尽短时间内试制新枪。"我答应了。

根据彭总的指示，我向设计人员提出了新枪设计要求：(1) 必须轻巧、先进、经济、统一标准；(2) 枪身要缩短，枪的重量要减轻，刺刀要加长；(3) 零件要能更换，瞄准精度要高。大家完全赞同。于是我指定水窑一所副所长刘贵福具体组织设计制造。刘贵福原是太原兵工厂步枪厂的技工，曾在陕北茶房兵工厂参加过"无名式"步枪的设计与制造。他们经过两个多月的努力，在 1940 年 7 月底，制造出一支新枪。它吸取了"捷克式"、"三八式"、"无名式"及"汉阳造"等枪的优点：重量轻，体积小，射击精度高，刺刀特长，断面近似三角形，上刺刀半自动，下刺刀手工复原，装退子弹机构也大有改进，退子沟是大型的。

8 月 1 日，我们背着样枪到总部汇报，总部正开党委会，很多领导在场。见到这支新式步枪，都齐声称赞。

彭总首先拿起新枪，翻来覆去地看，掂了又掂，高兴地说："不过两公斤，好枪！好枪！"刘伯承师长接着说："我想要的枪老要不到，今天见到了！只有枪机是旧式的，刺刀好，比三八式的长，在刺杀中大大有利。刀形不是日本式的，也不是俄式的三棱形，而是变三棱形，关闭时平复，刺杀时弹出有棱，坚固耐用！"徐向前副师长还背起枪感叹道："红军时代如果人人有这样一支枪就好了。我当兵让我背这种枪，不吃饭也是高兴的。"左权副参谋长拿起枪，高兴得边看边做刺杀动作。最后彭总问："可以年产多少？"我答："三个厂大约生产3000 支。"彭总对刘师长说："够装备一个师。"又问："如果扩大生产，年产 9000 支，一年装备三个师，三年就是九个师，怎么样？”刘师长说：“好啊！”彭总当即为枪命名为“八一式步马枪”，并令军工部迅速组织批量生产。

回来后，我们立即颁发统一图纸、样枪到各厂，停止制造杂牌枪，改产新枪。生产制式化的步枪，必须有规格化的零件、部件，还要经过严格检查、验收，设备能力、卡具、工具、量具都需要改进，生产组织、管理也要进行一系列的改组。

当时遇到的最棘手的问题是工人技术水平悬殊，适应不了正规生产的要求。这些来自四面八方，又大部分来自河南巩县附近农村的手工造枪的铁匠、铜匠、木匠、银匠等，对新的生产方式接受不了。我们从教育入手，让他们了解制式化的必要性，要求大家严格遵守工艺程序，严格执行检验制度。同时，普遍提高工人的文化，从识字开始，逐渐到认尺子，公、英制换算，使用量具，操作机床，以及了解机、钳、铆、锻、木各工种的分工与合作。经过大家的共同刻苦努力，一大批手工匠人及青年战士，逐渐成为适应工业化生产的产业工人。这样，产量便迅速提高，仅 1940 年第四季度，我们就生产“八一式步马枪”3300 多支，受到前线干部战士普遍欢迎。直到 1949 年解放太原时，彭总拿缴获阎锡山兵工厂制作的步枪与我们的“八一式”相比，还说：“这不如我们水窑的枪好。如果那时我们有好钢，质量会更好的。”

在进行步枪制式化的同时，我们还加紧枪弹的改进和制作。黎城下赤峪复装子弹厂，开始只有四五十人，三台子弹专用机（是国民党军队扔在宝鸡车站，被周恩来同志发现，令我西安兵站运来的）和 1 台冲床。由王化南、白英、郭永福等同志进行枪弹试制，他们因陋就简，克服重重困难，只用两个多月，在 1940 年五一节就复装出质量完全合格的七九枪弹 500 发。到 8 月中旬，便生产出 10 万发，有力地支援了百团大战。

往后，这个厂虽几经迁厂，还是不断得到发展和扩大，一个小厂变了两个厂，并组织了复装枪弹小分队，每个小分队十余个人，携带成品弹头和修复子弹的简单工具、底火、无烟药，深入平原地区，跟随作战部队行动。哪里打过仗，有了弹壳，就在哪里复装子弹。到了1943年，全区复装子弹数量达100余万发。抗战末期，总数已达220余万发。1944年底，由晋察冀调来的孙艳清和沈鼎祥合作，以铜制钱和铜元为原料，先蒸出锌，用电解技术，提炼出纯铜、纯锌配合成铜锌合金——三七黄铜。有了三七黄铜，我们用自己设计制造的冲压机，经多次辗压、冲盂、引伸、收回等程序，制出了全新的枪弹。

（四）研制掷弹筒，改造迫击炮

百团大战中，彭总与我谈到战场上常常遭到日军掷弹筒的轰击时，他说：日军二七式掷弹筒轻便灵巧，如果我们自己也能制造，装备部队，会大大加强我军威力。他要求我们抓紧试制。我们马上组织一所、三所和柳沟铁厂三个单位的厂长和技术人员，在当年的10月份就开始了掷弹筒和弹的研制。

经与技术人员、工人们共同研究，定出方案，并着手试制掷弹筒炮身。我们用平汉线道轨的轨面作原料，圆径尺寸不够，就用锻打的办法，将细长的材料墩粗，然后从中镟空，解决了炮身的问题。

日本的弹是用熟钢挤压成形的，平底，紫铜弹带。我们没有这样的条件，只能用白口铁浇铸弹体，焖火后机加工，并改成迫击炮弹的短小型尾翅，滑膛顺飞，炮管也不用来复线。后来因筒内丝竿变弯，改为筒底开口放气，调动射程，又同时增加定时引信，听人选用。

日本人发明的单兵小型火炮，射程100至500米。我们制成的掷弹筒和弹，经实验证明不仅弹轻一碰就炸，且射程可达700米，还能通用自制和缴获日军的两种炮弹。

从1941年5月起，军工部开始成批生产，源源运往前线供给部队，使我军在战场上多了一种与日军相抗衡的火器，并从此开始大量生产八二迫击炮弹。掷弹筒和弹的生产技术，很快传到其他抗日根据地，他们也制造出了这种产品。

抗日战争后期，为加强我军的攻坚能力，摧毁敌人据点，总部又要求我们生产步兵炮。当时我们的技术能力不够，从设计、工装准备到试制投产，至少要经过半年以上时间。特别是原材料及设备等方面都有很大困难。但为了战争的胜利，我们与炮兵合作，请总部炮兵团副团长赵章成到兵工厂来做技术指导。他在火炮性能方面的造诣较深，使用火炮的经验也很丰富。经他建议，我们组织技术人员首先在苏公、明水两个兵工厂对八二迫击炮进行改制。在炮尾部增加了 1 节 400 毫米长的尾管，采用拉火击发装置，并将底盘倾斜着地，使炮筒与地平线的倾角保持在五度以下。这样，使八二迫击炮达到了既能曲射又能平射，具有步兵炮的功能，在对日反击作战中，发挥了很好的作用。

（五）适应生产发展，加强机器制造

早在 1940 年，军工部各厂初具规模时，就出现了许多亟待解决的问题，最突出的是工厂技术装备严重不足和缺少机床，特别是缺少生产炮弹的各式专用机床、机具。为此，我们抽调技术干部和几个车、钳、锻、铸的熟练技工为主，配上学徒，建立了一个机器制造修配厂。该厂首先保证在战争中经常发生的武器的损失，能及时得到修补，同时为进一步扩大步枪生产，自行设计、制造一些最基本的急需的简易设备，以及各种专用的刃具、量具，还专为炮弹的成批生产，及时提供了一大批简易车床、冲床、磨床、吊锤和专用机具。总之，需要什么就自己动手设计什么，生产什么。特别要提到的是郭栋才、唐成仪两同志。他们为了研制原装子弹的专用机具及无烟药成型的成套设备，贡献出他们的知识和力量。这两项专用机器设备，他们过去见都没见过，硬是在老技术工人们的协助下，开动脑筋，从设备雏形、结构原理、作用功能直到技术设计所需的各种实际参数，都琢磨得十分透彻、准确。他们从我们当时自身的各项条件和加工能力等实际情况出发，设计并制造出上述两项性能各异的数十台专用机具，为原装子弹及无烟药的大批量生产打开了大门。

最后再讲一讲地雷和手榴弹的生产问题。

地雷和手榴弹，是抗日根据地军民打击敌人的重要武器，晋冀豫根据地开始时由柳沟铁厂制造。随着战争规模的日益扩大，一个工厂的产量远不能满足军民的需要了。根据中央军委关于“炸弹生产要力求充足”和“要普遍设立炸弹制造厂”的指示，我参照土地革命时期在闽浙赣地区由地方政府设立地雷部和组织地雷生产的经验，向彭总提出了建议：军分区组织手榴弹制造，每个军分区成立一个手榴弹厂和一个修械所，干部和技术骨干由军工部选派；地方政府以县为单位，组织地雷生产，军工部负责技术指导，培训骨干并供应雷管，在太行全区普及地雷制造技术，发动民众开展爆破运动。彭总采纳了这个建议，并要我负责协助地方开展这个运动。

1941 年 3 月下旬，军工部在武乡县温庄和黎城县东崖底村等地都开办了地雷制造训练班，分批分期培训县、区武委会主任和部分民兵队长，全部训练由我负责。军工部派了杨殿奎任政治指导员，我和军工部秘书常韬等讲授地雷制造和爆破知识，并编写了《地雷制造使用法》、《各种地雷触发、装置法》等小册子印发给大家。依靠这些骨干，又在各地层层办训练班。很快在抗日根据地掀起了一个村村造地雷、户户有地雷的群众性爆破运动。当时，根据地的成年人几乎人人都学会了造雷技术，涌现出数以千计的造雷英雄。平顺县西沟村李顺达所在互助组，在反“扫荡”斗争中，“白天搞生产，月下造地雷”。晋东南民兵李海元、王彦才发明了造雷机，每天可造石雷 30 多颗。

在群众性的爆破运动中，根据地人民以自己的聪明才智，从当地的实际条件出发，创造了品种繁多的地雷。用钢铁、石头、陶土、瓦罐、瓮、缸、壶、桶等制造成多种材料的地雷，以石雷的产量为最大，用途也最普遍，而且伪装性好，杀伤力大。

在反“扫荡”斗争中，几乎村村户户都造看家雷，埋设在门前、屋后、炕头、灶口、柴堆、井台、锅底等地方，使敌人不敢进屋，不敢乱翻，有效地保卫了村庄和家院。

以地雷战为主体的爆破运动，由护村看家逐步发展到主动出击，形成了对敌进攻战。把地雷阵摆在敌人碉堡、据点周围，迫使敌人困守在碉堡内，不敢轻易外出。

三、生产保障

为了保障军工生产持续进行，在当时的情况下，我们着重抓了以下几个方面的工作：

（一）管理科学化工作

太行军工各厂建立初期，依据不同工种，分别组成班、排、连。班有班长，排有排长，连有连长、政治指导员。早出操，晚点名，除生产劳动的时间外，其余起居行动都过着严格的军事化生活。

1940 年 4 月，彭总到一所视察，看到这种情况后指出：“工厂不是部队，工人不是军人，要按照管理工业的办法管理兵工厂。”同时还指出工厂要成立工会，由工会把工人组织起来。根据这一指示，我们即着手改变工厂的管理。在体制上将连、排、班改为工部、班、组，将连长、排长、班长改为工长、领工和组长。在日常生活管理上，取消了点名、出操、吃饭站队唱歌等活动，而采取适合工人特点的群众化方式，主要由工会负责。厂部也根据工作需要建立科室等业务组织。

不久，彭总派左权副参谋长到工厂检查工作。左副参谋长发现工厂非生产人员多，组织机构不够合理，材料运输有浪费等问题，便责成军工部负责对各厂进行整顿。当时我和军工部工程处长郑汉涛分别带队下厂。深入考察后，军工部逐步地建立起了计划、生产、记工、工具材料收发和财务等一系列管理制度，并精简了机构和人员。

总部在生产管理科学化上要求军工部：产品统一规格，零件能互换，以适合战场需要。还要求产量要多，价格要低。设计生产的枪和炮，既可用日军弹药，也可用国民党军的弹药。生产这样的制式产品，就要求工厂严格设计加工，并要严格验收，建立统一的工艺标准，以及定额管理。

定额管理包括：劳动的工时定额和原材料、燃料的消耗定额两项基本内容。为了寻求合理的定额，必须依据各工种及对工种作业时的具体对象，进行详细的测定，找出合理可行的先进定额。在此基础上试行了计件工资，其规定是：工资 = 固定工资 + 技术津贴。开始时固定工资和技术津贴均和定额完成的数量、质量相联系，后来因边区遭受灾荒，根据地财政困难，经与工人协商，改成半计件，即仅是技术津贴部分按定额计件。即使是这样，仍然对生产起了很大的促进作用。实行精兵简政，军工部的职工精简了近 1/3，但完成的武器、弹药数量和批量还是逐年上升。技术管理对不符合工艺标准，达不到技术规格要求的工件，在工序运行中，即被拒绝验收，其劳动归于无效。

再就是成本核算，包括：加强公务考勤统计及原材料、燃料的定额消耗统计，严格对各种费用凭证的管理，按产品核算成本等。这方面的工作，由于当时财会人员十分缺乏，进行得不够理想。

这在当时实行供给制的情况下，能推行初步的科学化管理，确实难能可贵。在这项工作中，工程处的郑汉涛以及唐成效、王大勋等同志付出了艰巨的劳动。

(二)思想政治工作

1940年9月，在取消了用军事方法管理工厂后，曾一度把军工部政治处取消，把职工的思想政治工作交给工会去做。1941年1月，八路军政治部决定恢复军工部政治机关并扩大为政治部，宋甫南任政治部主任。当时，“扫荡”与反“扫荡”越来越频繁，敌人妄想用“三光”政策征服根据地。我军事工业面临的环境是险恶的。太行山区地瘠民贫，农业生产不发达，遇到自然灾害，生活就更加艰苦。越是在这样的困难条件下，越要加强思想政治工作，越要提高干部的革命责任感，调动职工的积极性，以保证完成总部下达的各项军工生产任务。

1942年9月，中共中央发出《关于统一抗日根据地的领导及调整组织间关系的决定》后，军工部将原来只管党组织和日常党务工作的党务委员会改为党委会，各厂设立了党的总支委员会，各工部设立了党支部。军工部第一、二两次党代表大会，连续发出争创模范党支部、模范党员的号召，党组织的战斗作用，共产党员的模范作用，都得到了很大的提高。党员占全体职工总人数的43%。

“一切为了抗日前线的胜利！”这是当时军工战士的战斗口号。它指导着军工战士的行动，鼓舞着军工战士的意志。它集中表现在广大军工战线职工以多造武器、造好武器的实际行动，有力地支援了反侵略战争。

开展革命竞赛是当时思想政治工作的一项内容。在军工部创建的第一年，就开始组织革命竞赛的活动，到1940年以增产节约为内容的竞赛已普遍展开。1941年为声讨国民党顽固派发动皖南事变的罪行，又开展了支援新四军突击生产的竞赛，并且普遍自动地加做一小时的义务工。苏德战争爆发以后，又掀起了援苏生产运动，普遍推行十小时工作制。在晋冀豫边区开展新劳动竞赛中，军工部一所车工甄荣典被选为全区“新劳动者运动旗手”。随后，军工部各厂广泛开展“学习甄荣典运动”。运动的中心内容是：努力增产节约，提高产品质量，保证完成生产任务，及时供应前线需要；战时积极保护机器资材，勇敢保卫工厂；努力学习；不断提高政治觉悟和技术文化水平。1945年，为加速生产，对日反攻，又开展了新英雄主义运动。

八年全国抗战，军事工业战线上的生产竞赛高潮一个接着一个，从未间断，形式多种多样，但目标只有一个：“一切为着前线胜利”。时间对于战争来说是最宝贵的，对于军工生产也是一样，“赢得时间就是胜利”，必须在最短的时间内生产更多的武器。当时的竞赛并不能排除突击，相反，提倡突击。利用一切机会突击完成与超额完成生产任务。敌人“扫荡”将要到来，赶紧突击，我们把这叫作“利用战争空隙大抓一把”。“扫荡”一过，立即突击，迅速复工，捞回在敌“扫荡”中失去的时间，弥补军火生产的损失。所以竞赛在某种意义上讲就是时间和效率的竞赛，这是战争环境所决定的。

我们还做了大量团结知识分子和提高职工阶级觉悟的工作。提倡知识分子要热爱党、热爱工人阶级、热爱根据地、热爱军工事业、热爱武器。对他们的生活，在当时极为困难的条件下，也想方设法给予照顾；在残酷的反“扫荡”作战中，对高级工程技术人员，还加以特殊保护。如对张华清一家六口，在敌人“扫荡”时，我们就派给他三头牲口，并专派炊事、保卫人员，宿营时，加派一个武装班警戒。这些措施，加深了技术人员同党的感情，加深了他们忠于抗战事业的责任感。他们与党同呼吸，忧乐与共，紧紧地把心贴在一起。陆达、郑汉涛、程明升、高原等一批技术专家，都作出了他们应有的贡献。

通过思想教育，消除了工人中存在的帮派行会等有碍团结的旧思想，提高了他们为革命而团结生产的觉悟。广大职工为了多生产炮弹，废寝忘食，日日夜夜，一干就是几个通宵。为使工人适当休息，厂里将厂房大门锁上，工人们就从窗户进去，加班加点，从不计算工时，事迹非常感人。

（三）创办工校、培养人才

对于职工队伍的建设，我们采取尊重人才，发掘人才，培养人才的方针。军工部初建时，朱总和彭总就提出：我们的工厂不仅要为今天的抗战生产枪支弹药，而且要为将来新中国的国防工业造就人才。

既出产品，又出人才，这是军工建设中贯彻始终的方针。在总部的直接关怀下，军工部集中了一批学有专长的工程技术干部。但军工事业的迅速发展，干部数量、质量都远远不能满足需要。我们就一方面提倡边做边学，在做中学，通过实践获得知识，增长才干；另一方面积极进行专门培训，创办了工校。

早在 1939 年 9 月，军工部就成立了工训队，培养生产技术和管理干部；接着举办支部书记和政治干部训练班，培养政工干部。1941 年 5 月，又在工训队基础上办了培养军工专业人才的太行工业学校。

当时，根据地还在“精兵简政”，总部要求各工厂要减人不减产。我们的想法就是多留些技术熟练的工人，多减些年轻的学徒。趁这机会，挑选些有培养前途的好苗苗，把他们组织起来学习。我们这个想法一经提出，彭总、左副参谋长都同意，杨立三部长积极支持。

太行工业学校成立了。我兼任校长，副校长是刘致中，行政工作人员还有李非平、厉瑞康、张弥等同志。同时，从各所、厂抽调一批高级知识分子搞教学，如郭栋材、陈志坚、唐英之、赵黛娥、牛宝印、柴毅、高广平、耿震、王锡嘏、张培疆等都是教学的骨干力量。学生除来自工厂外，还有一批来自部队的青年战士。按照工作需要和文化水平，将学员编成机械专科两个班、文化补习两个班和会计一个班，学制为两年或三年。以后又成立了化工专科、采矿冶金专科以及工会干部班、政工干部班等。班设班主任，由教员兼任。班建立党支部，支部书记由学员担任。班主任和党支部配合，管学习、管思想、管生活，保证了学习任务的顺利完成。

面对日军的频繁“扫荡”，工校师生在反“扫荡”中，边学习边作战，日军进攻黄崖洞兵工厂时，工校全体教职学员作为警卫队伍，随军工部本部转移。1942 年 5 月，日军对我晋冀豫边区施行“铁壁合围”“扫荡”，副校长刘致中在突围中牺牲，军工部工程处副处长陆达来校任副校长。

1942 年 7 月到 1943 年整风开始，这一段时间是工校最兴盛时期。校址迁到武乡县温庄，靠近柳沟铁厂，条件较好。全校教职员工达 270 余人。1943 年 9 月，总部后勤部杨立三部长根据中共中央北方局会议精神，向军工部宣布，太行工业学校原则上开赴延安。这时，我也调到了延安。学校办了大约两年多，共培养了各种专业技术干部 400 余名，解决了当时军工战线上技术骨干不足的问题。

太行军工从无到有，在困难中诞生，又在困难中发展，为击败日本侵略者，作出了自己应有的贡献。主要是：

1. 在整个抗战期间修理和制造了大批枪、炮、弹。计修枪数万支，造枪 9758 支，产掷弹筒 2500 具，迫击炮改平射炮数十门，复装和新制子弹 223 万余发、手榴弹 58 万余枚、掷弹筒弹 19.8 万余发、各种口径的迫击炮弹 3.8 万发；此外，还指导和协助地方生产地雷、手榴弹 1000 万枚以上。在当时的山地作战中，敌人有轻武器，我们也有轻武器，敌人有高级炸药，我们也有高级炸药。我们自己装备的八路军已经取得与日军作战的基本火力。

2. 有了一批配套齐全的军工厂。太行山区不仅有造枪、修炮和生产枪弹、炮弹的工厂，还建立起机器制造厂。不仅生产军工设备，还为供给部、卫生部、冀南银行、新华日报馆提供了急需的机器修理及零配件。军工生产向纵深发展壮大，又带动了一批基础工业的大发展。尤其是煤、铁及硝、磺的大量开采与冶炼，为民用机器的建立打下了基础。这些，在一定程度上开始改变着太行山原来封闭的农业社会的落后面貌。

3. 在实际工作中，培养、锻炼了一支有高度政治觉悟、较高技术水平的工业队伍；精通军工技术的专家和熟练工人；懂技术、善于组织生产的行政管理干部；密切联系工人的工会干部。这一批成千上万的干部、工人，到全国解放时，绝大多数成为接收大城市后组织大工业生产的领导骨干和中坚力量。

军工部的这些成绩，首先归功于中国共产党的英明领导，归功于朱总、彭总，特别是彭总长期的、精细的领导。从军工布局、发展方向等大政方针，到勘察地形、确定厂址、规定任务，以及工厂管理、产品定型，等等，彭总无不及时地作出指示。可以说，没有彭总的关怀和领导，就难以取得太行军工事业的成就。左权副参谋长、杨立三部长协助彭总领导，并给军工建设以无限关心、支持，付出了很大辛劳。我们深深地怀念他们！第二，归功于边区各级政府和广大群众的人力、物力、财力的支援。有他们的无私支援，我们才在当地有了建设军工的物质基础。他们热爱军工、保护军工，在残酷的战争环境里与军工同生死、共命运，写下许许多多可歌可泣的诗篇。许多人民群众为保卫兵工厂被敌人抄了家、烧了房子，甚至贡献了生命，没有人民群众，也就没有军工。第三，毫无疑问地也应归功于全体军工战士的集体智慧和力量。在抗日战争的旗帜之下，在军工战线上，集合了一批老红军，他们在各级主要领导岗位上发挥了骨干作用，同时把老红军的艰苦奋斗精神，传给了太行军工的新一代；集合了有科学知识的专家、学者，工厂的工艺师、技师，农村的木匠、锡匠、爆竹匠、泥瓦匠，以及大批青年知识分子和青年工人，他们基于抗日救国的共同志愿，在太行山上精心试验、努力生产，创造了军工生产的奇迹。他们长期过着艰苦的生活，有时只能吃到黑豆、油渣饼、高粱和红薯干、野菜。环境越艰苦，他们斗志越高昂，情绪越乐观。他们充分发挥主观能动性，发扬革命献身精神，不断攻克技术难关，发展武器生产。为了战争的胜利，他们和前线指战员一样冲锋陷阵，前仆后继，不少同志献出了鲜血和生命。火药技师教逢春，原为民间爆竹匠。他全家七口人都从事火药研制工作。他的两位叔叔和妻子都先后死于爆炸事故中。他唯一的儿子因拆废炮弹被炸死。他多次负伤，积劳成疾，在战争年月里不幸逝世。至于在反“扫荡”作战中，那些为保卫工厂而英勇牺牲的职工就更多了！

抗战时期陕甘宁边区党的建设回顾

马文瑞

陕甘党组织是在大革命时期建立和发展起来的。在大革命时期和土地革命时期，党领导人民进行了艰苦卓绝的斗争，取得了很大的成绩。同时，由于陈独秀右倾错误和王明“左”倾错误路线的干扰和破坏，党的组织和党的工作遭受到严重的挫折和损失。但党的组织和绝大多数党员，始终坚持斗争，不断总结经验教训，终于创建了西北红军和西北根据地，为中国的革命事业作出了重要的贡献。

陕甘党建立初期，党员成分主要是中小知识分子，大部集中在中、小学校，只有少数农民党员。党的活动主要在城镇，在一部分农村中也开展了农民运动。大革命失败后，党的活动逐渐由城镇转入农村，在一些农村发展了党员，建立起党的组织，开展了群众工作。1931 年以后，大批党员由秘密活动转到搞武装斗争，组织起游击队和红军，创建了陕甘边和陕北两块根据地，粉碎了敌人的多次进攻，特别是 1934 年的第一次“围剿”。1935 年 2 月，经两个苏区党组织协商，成立了中共西北工作委员会和西北军事委员会，统一领导两个苏区和两支红军——红二十六军和红二十七军，粉碎了敌人的第二次“围剿”，解放了安定、延长、延川、安塞、保安（今志丹县）、靖边六座县城，长期被分割的两个苏区连成一片，面积3万平方公里，人口90万，建立了35个县的苏维埃政权。红军扩大到5000多人，游击队发展到4000多人。革命形势是很好的。在创建西北红军和西北根据地的过程中，刘志丹、谢子长是两位杰出的领导人，有着卓越的贡献。

1935年9月，红二十五军长征到达陕北后，与红二十六军、红二十七军合编为红十五军团。在劳山战役和榆林桥战役中，消灭了第三次“围剿”西北红军和苏区的部分敌军，取得重大的胜利。正当这个紧要时期，苏区内部发生了严重的错误肃反事件，刘志丹等一大批创建西北红军和西北根据地的老干部被逮捕，使这个全国仅存的一块革命根据地陷入非常严重的危机。幸而党中央和中央红军在这时长征到达陕北，及时纠正了错误的肃反，挽救了危局。在毛泽东、周恩来等同志的直接指挥下，中央红军会同西北红军，在直罗镇一仗，消灭了东北军的一个师和一个团，最后粉碎了蒋介石的这次反革命“围剿”，“给党中央把全国革命大本营放在西北的任务，举行了一个奠基礼”（毛泽东：《论反对日本帝国主义的策略》）。1936年5月，红军东征回师后，进行了西征，解放了甘肃、宁夏的一部分地区，形成了陕甘宁边区。西安事变后，1937年1月13日，党中央由保安移驻延安，从此，延安就成为党中央领导全国革命的中心。陕甘宁边区党组织在以毛泽东为首的党中央的直接领导下，贯彻执行党的路线、方针和各项政策，取得重大成就，积累了丰富的经验。这里，我着重回顾抗战时期陕甘宁边区党的建设的历程。

抗战时期陕甘宁边区党组织的概况

（一）边区党领导机构的组织沿革

随着抗日救亡运动和党的抗日民族统一战线活动的发展，陕甘宁根据地的党、政、军组织发生了变化。1935年冬党中央到达陕北后，将原来的中共陕甘晋省委撤销，成立了中共陕北省委和陕甘省委。同时，在关中、神府、三边、伊盟等地区设立了特委和工委。1936年夏，在红军西征期间又成立了中共陕甘宁省委。1936年冬西安事变后，重建了地下党陕西省委。在同国民党合作抗日的局面初步形成后，1937年5月，陕甘宁边区第一次党代表大会在延安召开。选举产生了边区党委。边区党委成立后，根据党中央的决定，先后将陕北、陕甘、陕甘宁省委撤销。各地党组织统一由边区党委领导。边区党委下设地区党委（以后又称分委）和分区党委。陕北分设为两个地区党委，一个是西地区分委，辖靖边、保安、安定、安塞、甘泉、鄜县（今富县）等县委和蟠龙区委。另一个是东地区分委，辖清涧、绥德、固临、延长、延川等县委。1937年冬将这两个分区党委撤销，所属各县委直归边区党委领导。陕甘宁分区党委，辖定边、盐池、赤安、环县、曲子、华池、固北等县委。1938年春，将陕甘宁分区党委分设为庆环分区党委和三边分区党委。庆环分区党委辖环县、曲子、华池、固北等县委。三边分区党委辖定边、安边、盐池等县委。关中分区党委辖淳耀、新正、赤水、新宁等县委。1938年春成立了绥德警备区特委（后改称地委），辖绥德、米脂、清涧、葭县（今佳县）、吴堡等县委。1938年7月间，将庆环分委与陇东特委合并，改名为陇东地委，除原属环县等四县委外，增辖庆阳、合水、镇原等县委。1940年10月，中央把边区党委改为边区中央局。1941 年 5 月，中央决定将西北工作委员会与陕甘宁边区中央局合并，成立了中共中央西北局，统管西北地区解放区和国民党统治区的工作。1942 年西北局高干会后，西北局下属五个地委，即关中地委、绥德地委、三边地委、延属地委、陇东地委。当时的陕西地下党工作归关中地委管，甘肃地下党工作归陇东地委管，宁夏地下党工作归三边地委管。

1941 年春，边区各县都成立了县委，基层组织已遍布边区广大乡镇和机关、企业、事业单位，有着 54000 多名党员。这时，边区中央局领导下的地方党组织是：

直属县委：延安县委　延长县委

延川县委　固临县委

甘泉县委　鄜县县委

安塞县委　保安县委

安定县委　靖边县委

延安市委

关中分委：赤水县委　淳耀县委

新正县委　新宁县委

三边分委：定边县委　盐池县委

陇东分委：庆阳县委　镇原县委

合水县委　环县县委

华池县委　曲子县委

固原工委

绥德分委：绥德县委　米脂县委

吴堡县委　葭县县委

清涧县委（1942 年后增设子洲县委）

神府分委

洛川特委

伊盟工委

（二）边区党的基层组织和党员的数量、分布状况

1937年5月边区党委成立时：原陕北省各县共有60个区委325个支部（包括61个机关支部），党员13679人。原陕甘省各县共有19个支部，党员1844人。原陕甘宁省各县共有党员2960人。神府地区各县共有64个支部，党员3400人。关中地区各县共有19个支部，党员1866人。到1937年9月，边区共有156个区委，585个支部，32418名党员（1937年5月、10月统计）。

1941年延安整风运动将要开始时，延属各县共有79个区委，503个支部，党员21566人。陇东地区各县，共有34个区委，331个支部，党员5844人。绥德地区各县，共有48个区委，275个支部，党员7802人。关中地区各县，共有20个区委，68个支部，党员3976人。神府地区各县，共有六个区委，81个支部，党员2594人。三边地区各县，共有14个区委，68个支部，党员1846人。以上总计，共有200个区委，1789个支部，43628名党员。加上边区一级（机关、学校）党员2599人和军队中党员8597人。此时边区共有党员54824人（西北局组织部1941年10月统计）。

1945年党的七大召开前夕：绥德地区各县共有党员10514人（其中男9915人，女599人）。关中地区各县共有党员3131人（其中男2994人，女137人）。延属地区各县共有党员16628人（其中男14666人，女1962人）。陇东地区各县共有党员5051人（其中男4951人，女100人）。三边地区各县共有党员4021人（其中男3934人，女87人）。边区一级（机关、学校），共有党员2850人（其中男2334人，女516人）。以上边区地方党员（不包括军队中的党员），总计42195人，其中男38794人，女3401人（西北局组织部1945年3

月统计)。

关于边区党员成分、文化程度、年龄、党龄等,在1945年春的情况是,在42195名党员中,就出身成分而论:工人952人,雇农2598人,贫农26632人,中农7563人,富裕中农77人,富农785人,地主466人,商人313人,资产阶级39人,小资产阶级373人,其他320人,不清2077人。就文化程度而论:留学外国23人,大学331人,高中581人,初中1563人,高小1842人,初小2686人,稍识字6196人,文盲23781人,不清5192人。就年龄而论:25岁以下4209人,25岁至45岁28026人,46岁以上4747人,不清5213人。就党龄而论:1927年以前403人,1928年至1936年14652人,1937年至1945年19838人,不清7302人。

发展壮大党的组织,加强党的建设

陕甘宁边区党组织自建立以来,经历了秘密的与公开的、合法的与非法的、和平的与武装的斗争,逐渐发展和壮大起来,获得比较丰富的革命经验,培养和锻炼出一批忠于党的事业的干部,形成了边区党的强有力的骨干,担负起艰巨的工作任务。边区党和政府以及地方部队的主要领导干部和各级组织的骨干力量,大都是陕甘边和陕北的党组织在大革命时期和土地革命时期培养出来的。到1936年,全边区的党员人数已有1.4万多名,党的组织也相当普遍地建立起来,但那时党员的流动性还很大,党的组织还不健全,党的生活还不经常,党的教育还很薄弱。

在全国抗战八年期间,陕甘宁边区虽然一直受战争的威胁,日寇多次对我河防发动进攻,国民党反动派长期对我实行军事包围和经济封锁，并不断对边区进行骚扰、破坏活动，但它与敌后其他根据地相比，毕竟没有发生大的战争，处于相对稳定的后方环境，这就使边区党有条件、有可能比较扎实地加强党的建设工作。抗战期间，边区党的建设大体上可分为三个阶段。1937 年到 1939 年，是大发展阶段，侧重于组织建设。1940 年到 1941 年是巩固党的阶段，侧重于党的基本理论和基础知识的教育。1942 年整风运动开始以后，全面开展马克思主义教育运动，全党进入了普遍提高的阶段。

1937 年 5 月 2 日至 15 日，边区第一次党代表大会在延安召开。这次代表大会是同全国党代表会议合并召开的。出席这次大会的代表 284 人。其中，苏区地方代表 120 余人，红军代表 70 多人，中央一级机关代表 20 多人，列席代表 74 人。这次代表大会是在党中央直接领导和具体组织下进行的。张闻天在题为《中国共产党苏区代表会议的任务》的开幕词中强调指出，苏区党的任务就是要“使特区（当时苏区改称特区）成为抗日的模范区”，并指出：“一切上述的任务，只有存在坚强的党的领导时，才能完成，巩固我们的党现在成为一切工作的核心”（《张闻天选集》）。会上，毛泽东作了《中国共产党在抗日时期的任务》的政治报告和《为争取千百万群众进入抗日民族统一战线而斗争》的结论。他在结论中指出：“我们党的组织要向全国发展，要自觉地造就成万数的干部，要有几百个最好的群众领袖。这些干部和领袖懂得马克思列宁主义，有政治远见，有工作能力，富于牺牲精神，能独立解决问题，在困难中不动摇，忠心耿耿地为民族、为阶级、为党而工作。党依靠着这些人而联系党员和群众，依靠着这些人对于群众的坚强领导而达到打倒敌人之目的。这些人不要自私自利，不要个人英雄主义和风头主义，不要懒惰和消极性，不要自高自大的宗派主义，他们是大公无私的民族的阶级的英雄，这就是共产党员、党的干部、党的领袖应该有的性格和作风。”边区党的建设，就是按照这个目标进行的。重温毛泽东同志的这段话，对我们现在整顿党风，该有多么重要的指导意义啊！

毛泽东报告后，会议按苏区和白区分别举行，博古在苏区的代表会上作了“关于苏区党的问题”的报告。根据中央的指示，会议决定逐步撤销陕甘省委、陕北省委和陕甘宁省委，成立特区（后改称边区）党委，各地区党委归边区党委统一领导。会议选举郭洪涛为书记。

这次代表大会召开时，边区已有党员32418名。此后两年中，根据“中共中央关于大量发展党员的决议”，党员数量有了很大的增长。到1939年底，党员发展到54000多名（包括军队中党员8000多名），在所有机关、团体、企业事业单位和乡镇中，都建立起党的组织。党的各级组织按照中央的规定，建立起工作制度，加强了组织纪律性，党的生活也逐步纳入正规。党洗刷了一批自首分子、腐化分子和堕落分子，党的组织更加纯洁了；选拔了一批新干部，提高了一批老干部，党的干部队伍加强了。尤其是党员干部开始重视学习马列主义理论，学习党的政策、学习文化，并取得了一定的成绩。我自己在1937年3月到8月，在抗大二期四大队学习了五个多月，受到很大的教益。当时，毛泽东同志亲自兼任抗大教育委员会主任，直接领导抗大的教育工作，他亲自制定了“坚定正确的政治方向，艰苦朴素的工作作风，灵活机动的战略战术”的教育方针和“团结、紧张、严肃、活泼”的校训。毛泽东同志和党中央其他负责人亲自到校讲课。毛泽东同志讲的《辩证唯物论》对大家的教育最深刻。他每星期二、四上午讲两次课，每次讲二三个小时，从3月间讲到七七事变以后，历时四个多月。毛泽东同志运用马列主义唯物论和辩证法，总结了党的历史的经验教训，揭露了“左”、右倾错误，特别是王明“左”倾教条主义的错误实质，用辩证唯物主义和历史唯物主义的世界观和方法论来武装大家的头脑，大大地提高了大家的思想水平和政治水平。后来发表的《矛盾论》、《实践论》就是这期讲授的《辩证唯物论》的一部分。

1939年11月13日至12月17日，中国共产党陕甘宁边区第二次代表大会在安塞县徐家沟举行。出席这次大会的正式代表170人，其中地方代表122人，军队代表44人，工厂代表四人。这次大会是在抗日战争进入相持阶段以后的紧要时期召开的。这时国民党的投降、分裂与倒退已成为抗日统一战线中最大的危险。毛泽东向大会作了政治报告，分析了当时国内外形势，向边区党的各级组织提出了“提高自己，帮助别人”的任务，号召把边区建设成为全国的抗日民主模范区。高岗作了《关于抗战新阶段中陕甘宁边区的任务》的报告。会议通过八项决议，选举产生了边区党委会，高岗当选为书记。

在这次会议上，陈云同志作了重要报告。他讲了群众工作问题和党的工作问题。他指出干部队伍的建设是党的建设的一个重要方面。第一，要提高老干部的政治文化水平。边区的老干部很多，是我们的骨干，但他们的文化程度低，有的字也不会写，书也看不懂，所以要下决心学习。干部没有文化，没有知识，革命是革不成功的。第二，要提拔新干部和加强新老干部的团结，特别要大量吸收知识分子，没有知识分子，革命就不能胜利。工农干部应和知识分子干部团结起来，取长补短，互相学习，共同提高。第三，要开展批评和自我批评，首先应从领导作起。第四，要纯洁干部队伍。他还讲到党的支部要做群众工作，每个支部每个党员都应当团结群众在自己的周围，这样才能使党变为群众的党。如果党是一个光杆子，那就不成为党了。陈云同志的报告，受到大会的一致赞同，对加强边区党的建设和干部队伍的建设起了重要指导作用。

这次代表大会特别强调要以全力提高党员尤其是干部的马列主义水平，指出这是提高党的战斗力和巩固党的主要关键。并且规定了干部教育、普通党员教育和文化教育的具体办法和要求。大会号召在全边区党组织中，来一个深入而普遍的学习动员，认真地学习，努力地学习，谁学得更多更好，谁就是第二次党代表大会的最好的拥护者。这次大会对于加强党的建设，推动各项工作的发展，把边区建设成抗日民主的模范区有重要的意义。

在这次大会之前，1939 年 8 月 25 日，中共中央政治局作出巩固党的决定，其中指出：党的发展一般地应当停止，而以巩固党的组织为今后一定时期的中心任务。巩固党的中心一环就是加强党内马列主义的教育、阶级教育与党的知识教育。所以在这次代表大会之后，一般地没有发展党员，党的建设的重点放在组织党员首先是干部的学习上面。根据《中共中央关于干部学习的指示》、《中共中央关于办理党校的指示》、《中共中央关于在职干部教育的指示》和边区第二次党代大会的决议，边区党委采取了以下几种办法，对党的干部和党员进行教育。

在干部教育方面：（一）有计划地选调干部到马列学院和中央党校学习。（二）扩大和提高边区党校，轮流训练区级干部及乡级主要干部。（三）各分区及中心县设立下级干部训练班。（四）有系统地认真开展在职干部的学习，实行中央号召的每日两小时学习的制度。在职干部的学习大致可分为四类：甲类，有相当文化理论的老干部，学习联共（布）党史、马列主义、政治经济学、哲学。乙类，文化理论水平较低的老干部，先学习文化课与中国革命问题，然后转入甲类课程。丙类，有相当文化水平的新干部，先学习中国革命与中国共产党（党建），然后转入甲类课程。丁类，工农出身的新干部，文化课与党建课同时并进。文化课必须提高到能够阅读普通书报，党建课学完后再学中国革命问题。

在普通党员教育方面：（一）由县委直接帮助区委，到乡上办理党员训练班。（二）由边区党委供给适合的教材，主要内容是怎样做一个共产党员和怎样开展支部工作。（三）从边区干部中和小学教师的党员中选择训练班的教员。在提高党员文化方面：（一）有计划地在短期内改变区级以上干部不识字的情况。（二）动员支部中所有党员参加当地的识字班、夜校、冬学及其他补习学校。

经过两年的学习，取得了相当大的成绩。

第一，区以上干部不识字的现象基本上克服了。大多数原来是文盲的干部，能够看报写信了。

第二，党员的政治素质进一步提高了。党的组织进一步巩固了，党的领导有了明显的改善和加强，党的政策得到较好的贯彻执行。

第三，干部的理论水平、政策水平普遍有了提高，领导方法和工作作风也有了一定的改进。

但是这个期间内，党内还存在着理论脱离实际的现象，存在着主观主义、宗派主义、党八股等不正之风。自由主义、个人主义、绝对平均主义、极端民主化等错误思想在一部分同志中还相当浓厚，不少同志组织上入了党，思想上还没有入党。从根本上说，王明“左”倾和右倾错误路线的遗毒还没有肃清。这些问题，在1942年整风运动普遍展开以后，才逐渐得到解决。

广泛深入地开展整风运动

1942年开始的延安整风运动，是全党范围内的一次普遍的马列主义教育和党的路线教育运动，是党的历史上的一件大事，是党的建设上的伟大创举。这次运动使我们的领导机关和广大干部与党员，进一步掌握了马克思列宁主义的普遍真理和中国革命的具体实践相结合这样一个基本方向，确立了实事求是的思想路线，形成了理论联系实际、密切联系群众和自我批评的三大优良作风，提高了路线觉悟，增强了党性，加强了团结。这次整风运动，在边区党的历史上，在边区党的建设上同样写下了光辉的篇章。

（一）陕甘宁边区整风运动的组织领导

陕甘宁边区整风运动，是在毛泽东同志发表了《整顿党的作风》和《反对党八股》的报告之后开始发动的。在以毛泽东同志为主任的中央总学习委员会的统一领导下，延安整风运动分为五个系统进行，即中央直属机关系统、军委系统、陕甘宁边区系统、中央党校和中央文委系统。1942 年 4 月 3 日，中央宣传部发出《关于在延安讨论中央决定及毛泽东同志整顿三风报告的决定》之后，4 月 14 日，陕甘宁边区总学习委员会成立，下设边区党和民众团体系统、边区政府系统、八路军留守兵团和保安司令部系统三个分学习委员会，领导各该系统的整风运动。

在整风运动初期，西北局规定，各单位的整风学习一律由行政负责人兼任该单位学委会的主任。党的组织，尤其是各支部，必须切实地保证整风计划的实现。支部的一切活动，必须以学习整风文件为中心。支部与行政负责人及各单位学委会，必须密切配合，搞好整风。凡属参加整风学习的机关干部，部队排以上干部，各校师生，根据文化程度高低、工作经验的多少、党龄的长短，成立三类学习小组，每组十人左右。甲类多是领导干部，乙类主要是文化程度较高的新干部，丙类是文化水平较低的干部。甲、丙类人数较少。陕甘宁边区一级参加整风学习的有 2000 人左右，组成 200 多个学习小组。

（二）整风学习的过程和收获

整风学习的过程，是理论联系实际的过程，是逐步提高干部理论水平，改造干部思想的过程。任务是反对主观主义以整顿学风，反对宗派主义以整顿党风，反对党八股以整顿文风。目的是克服主观主义，即教条主义和经验主义，最终肃清王明“左”倾和右倾路线的影响，使全党在正确路线下团结和统一起来，方针是“惩前毖后，治病救人”，从团结的愿望出发，经过批评和必要的斗争，在新的基础上达到新的团结。方法是在认真学习领会整风文件精神和实质的基础上，对照检查自己思想上和工作中的毛病，充分发扬民主，开展批评与自我批评。边区整风运动的步骤，与中央一级单位基本相同。大体可分为四个阶段。第一是准备阶段，毛主席在六届六中全会上批评王明的右倾错误后，号召全党来一个学习竞赛。边区党组织也组织干部进行学习。第二阶段，是高级干部学习中央文件，初步研究党的历史经验。第三阶段，是普遍整风时期。这一时期又大致分为普遍发动，学风学习，党风学习，文风学习，总结整风五个阶段。第四阶段，是高级干部总结历史经验时期。

普遍整风从1942年4月开始，至1943年3月前后结束，历时一年。

整风运动开始后，西北局规定，边区一级各机关要切实执行上午不办公，所有干部一律参加学习；高级干部除自身学习外，都要参加中级干部的讨论会，各单位负责干部，都应积极领导学习，及时解答学习中的问题。4月21日，西北局和边区总学委会在延安参议会大礼堂举行边区整风学习动员大会，2000多名干部参加，任弼时同志在大会上作了报告，要求在会后三个月内，第一个重要任务，就是要把中宣部规定的22个文件学好，并就整风的目的和计划作了说明。大会以后，学习整风文件就成为干部学习的中心内容。6月2日，边区系统总学习委员会召开了各单位学委和学习小组长的联席会议，总结了前一时期学习的成绩和问题。会议认为，全党这样热烈的学习文件，各级领导干部认真领导学习，都是空前的，学习已收到一定的效果，干部的思想和工作态度开始有了转变。学习中的主要缺点是：咬文嚼字者多，发挥中心思想者少。有的就文件讲文件，而不联系自己的思想和工作进行反省；有的进行反省也只是轻描淡写，或者只谈别人不谈自己；有的认为整风就是整领导，应当“脱领导同志的裤子”；有的认为学完22个文件，就算完成了整风任务。这次会议进一步强调了整风的意义，明确指出整风是无产阶级思想意识克服小资产阶级思想意识的斗争。会议要求各学委和领导干部起模范带头作用，首先要自己反省和自我批评，提倡发扬民主精神，不论什么意见，都可以讲，只有这样，才利于开展正确的批评与自我批评。

这次会议以后，边区的整风学习，与中央直属系统采取同一步骤，延长了学习时间，学风、党风、文风分为三个阶段进行学习。在学习掌握文件精神实质的基础上，联系实际，进行自我检查。

首先是检查自己的思想、工作和历史。在检查中，大家自觉地进行自我批评，肯定正确的方面，批判不正确的方面，分析其根源，提出改正的办法。每个同志都写出思想总结，在小组会上进行自我检查，经过互相帮助，互相批评，反复进行修改。这种自我检查的过程，实际上是提高认识，总结经验教训，改造思想作风的过程。

从个人思想、工作、历史的检查，进一步发展到自己所在部门的工作检查。大家根据整风文件精神，对本单位的工作和领导干部思想作风上的问题提出尖锐的批评，并共同分析原因，研究改进的办法。

在整风运动过程中，在延安的机关、团体、学校中，在山上山下河畔村边，在大家住的窑洞里，人们都在谈论整风，整风已成为人们生活的中心。在大小会上，大家以满腔热忱，本着“知无不言，言无不尽，言者无罪，闻者足戒，有则改之，无则加勉”的精神，开展批评和自我批评，坚持真理，修正错误。真正形成了既有自由，又有纪律，既有民主，又有集中，既有统一意志，又有个人心情舒畅，生动活泼的政治局面。

在整风运动过程中，延安各系统学委会经常互通情况，介绍经验和问题，推动运动不断向广度和深度发展。各学委会除了抓紧学习文件，自我检查这个中心环节外，还就学习中提出的一些理论原则问题，组织大家展开热烈地争论。例如：关于自由和纪律、民主和集中的关系问题；个人和组织的关系问题；领导和群众的关系问题；个人工作兴趣和党的需要的关系问题；科学工作、文化工作同马列主义理论的关系问题；批判反动言行和发扬民主的关系问题；坚持党性原则和发挥个性的关系问题；个人前途和日常平凡工作的关系问题；技术工作和革命事业的关系问题；三民主义和共产主义的本质区别问题；等等。有些单位用十天半月时间集中讨论这些问题，并吸收其他单位同志自由参加辩论。会议上各种不同意见往往争得面红耳赤，最后达到比较一致的认识。

在整风运动中，涌现出大量的积极分子和先进人物，成为整风运动中的骨干力量。当时延安的报纸对上述争论问题和先进单位先进人物的事迹做了大量的报道，发表了许多指导性的社论和文章，有力地推动了整风运动的深入发展。

在边区一级整风运动开始后，西北局向各地党委所发的指示中对各地、县的整风运动也做了全面的部署。边区所属的各分区、县、区干部和学校师生等共有1万多人。他们处在工作的第一线，他们工作的好坏，成绩的大小，对全边区的工作影响极大。反对主观主义、宗派主义和党八股的整风运动是党在思想上的革命，是彻底转变工作作风和团结全党最重要的武器。各分区、各县从6月1日至8月30日组织干部学习中央规定的22个整风文件。西北局于5月23日又发出指示，规定各级党委必须将学习整风文件作为1942年下半年的中心任务，要求各级主要负责干部以身作则，积极参加整风学习，并以领导整风学习作为自己最主要的工作，经常检查、指导、帮助所属机关干部的学习。考虑到县、区干部的实际困难，西北局规定整风学习的时间延长为六个月，县级干部的学习从7月1日开始，区级干部的学习从7月20日开始。

县、区级干部在整风学习中遇到的最大困难是没有时间学和学不懂，“解不下”，原因是许多干部经常下乡，在机关的时候很少；许多干部文化程度低，看不懂文件。针对这种情况，各地采取了许多办法，如每月集中五天或十天学习，举办训练班，抽调干部离职学习，或请文化程度高的同志给大家上大课、讲文件等办法进行整风文件学习，取得了程度不同的效果。为了正确指导各地的整风，西北局于 9 月 2 日在延安召开了边区各分委、特委和直属县委组织部长联席会议。会议以整风精神，讨论提高党员素质和支部建设问题、干部问题、新区和边境区工作问题、领导思想和领导作风问题。这次会议进行的方式和过去各种会议完全不同。先由西北局的负责人提出需要讨论的问题，然后采取活泼的座谈方式，自由交换意见，最后根据大家的意见，得出解决问题的办法，求得党的全部政策的正确执行。这次会议是一次整风会议，对于推动各地的整风运动起了积极的作用。会后各地委、县委对于整风运动做了更加切合实际的部署，把各地区的干部组织到整风运动中来。多数区以上干部都受到整风教育，转变了思想，改进了作风。至 1943 年春耕开始时，各地整风先后告一段落。

我在整风运动中也受到很大的教育。1942 年和 1944 年我曾两次进中央党校学习。中央党校的整风运动是在毛泽东同志的亲自领导下，彭真同志直接主持下进行的，在延安整风运动中起了带头作用。也可以说是全党整风的一个缩影。那时中央党校集中了党内各个历史时期的干部，各个方面军的干部，各根据地和白区地下党的干部。我于 1942 年夏第一次进中央党校学习时，一开始就学习整顿三风文件。那时没有专职教员，整风学习是在校部领导下，主要靠各支部自觉地进行。学习制度是很严格的，除星期天外，一般不准外出，不准会客。大家一心扑在学习上，如饥似渴地学习文件，思考问题，寻求自己过去在革命斗争中遇到的种种疑难问题的答案。大家对整风文件的学习很认真，逐段逐字地学，两遍三遍地学，联系思想实际和工作实际，边学边想边讨论。学习中都记笔记，写心得，写体会，互相交换意见，交流心得。经过学习，大家对整风文件的精神实质有了比较深刻的意识，思想方法较前有很大的进步。

我第二次进中央党校一部学习是1944年。这时整风运动已转入总结党的历史经验时期。这次学习的前一阶段，主要总结我们党历史上的经验教训，彻底清算和批判王明的“左”倾错误路线，肃清其流毒。当时学习了中央编印的《两条路线》和《六大以来》两个文献。在第一阶段学习中，大家对中国的历史和社会状况进行了认真的探讨，对革命斗争的战略策略问题，党在各个时期的路线、政策的得失等，经过充分的讨论，分清了是非，提高了认识，统一了思想。这次学习的后一阶段，在掌握文件精神实质和认识党的历史经验的基础上，每个人都检查了自己的思想、工作和历史，写出书面材料，在小组会上自己讲，大家评，高标准，严要求。我也检讨了我的全部历史和思想。我在1926年加入共青团的时候，只有14岁，革命道理懂得很少，只知道旧社会不好，要打倒列强，除军阀，打倒贪官污吏、土豪劣绅，来救中国。在上中学时和工作中，读了一点儿马克思主义的书，有了一点儿初步的理论知识，但不会也不懂和中国革命实际相结合。后来搞土地革命、武装斗争，建立革命根据地，工作有了根基，但从上级来的人又指责我们执行的是富农路线，犯了右倾机会主义错误。我思想上想不通。那时在我们地方党的领导成员中，并没有什么富农或富农思想，我们打土豪、分田地，搞武装斗争，怎么就成富农路线呢？再后来又进行肃反，把刘志丹等一大批创建西北红军和西北革命根据地的老干部抓起来了，我也被抓起来，思想上更结了大疙瘩，这究竟是为什么呢？经过学习，才深刻地认识到这都是“左”倾错误路线在作怪。它的思想根源就是主观主义、特别是教条主义，就是理论与实际相脱离，结果害了革命，也害了自己。我们由于马列主义修养不够，也有经验主义的毛病，所以对教条主义者的一套往往辨别不清，教训是很深刻的。我在这次整风中最大的收获，就是加深了对马克思主义和中国革命实际相结合的毛泽东思想的理解。坚信毛泽东思想是我们党的根本指导思想。任何地区、任何部门、任何人，如果离开毛泽东思想，就不可避免要招致失败和挫折。这可以说是我在革命道路上的一条最根本最重要的经验。

（三）西北局高干会

1942年10月19日至1943年1月14日，西北局召开了高级干部会议。参加这次会议的有边区党政军民县团级以上党内重要负责干部266人。延安高级学习组的全体同志和中央党校大部分重要干部到会旁听。党中央的负责同志经常到会，协助领导。毛泽东同志在开幕、闭幕之日到会讲话，中间在大会上讲解了《联共（布）党史》的六条结论和斯大林《论布尔什维克化十二条》，并为大会写了一篇《经济问题与财政问题》的10余万字的报告。刘少奇、朱德、任弼时、陈云、彭真、叶剑英、贺龙、吴玉章、徐特立都在大会讲了话。大会在开幕、闭幕会上和讨论政府工作和财经工作时，还邀请了政府的党外负责人士参加。这次大会对于边区整风运动的深入发展具有重大的意义，也是边区党的历史上的一件大事。

这次大会解决了三个大问题：边区党的历史经验教训问题；党的一元化的领导问题和当前任务问题。

大会开幕后，10月21日起，由陈正人报告整党整民（指民众团体）问题，而整党的目的，在于求得思想的统一。因此，在讨论中就不能不涉及党的历史上的问题。根据大家的意见，大会主席团决定集中一段时间，用整风的精神，检讨边区党在中央到达之前的历史，总结过去的经验教训，解决过去的争论问题。边区党内老干部如习仲勋、张秀山、李卓然、张邦英、王世泰、霍维德、贺晋年、贾拓夫、刘景范等46人先后在大会上发言，我在会上对边区党内的历史问题也作了发言。大家列举了种种事实来说明当时“左”倾错误路线怎样危害革命工作，危害党内团结和党与群众的关系，怎样制造了错误的肃反事件等，要求犯错误的同志承认错误，痛改前非。过去曾经站在错误路线方面但已觉悟了的同志，一面进行自我批评，一面督促没有完全觉悟的同志赶快觉悟。而个别犯有严重错误的负责人，由于承认错误不彻底，受到大家的严厉批评。大会气氛热烈，情绪激昂，每天散会后，在宿舍、饭堂，山道上、炭火旁仍然继续进行研究和讨论。在错误的肃反中遭到迫害的一些同志，过去认为肃反是当时的个别负责人品质不好，陷害好人，故意整人，没有完全了解问题的实质。这次讨论，把历史争论提到路线的高度来认识，使大家弄清了边区党内历史问题的争论的实质。认识到错误路线的根源，就是因为主观主义、宗派主义、党八股在作怪。高岗在会上作了《边区党的历史问题检讨》的报告，中央分工指导边区工作的任弼时同志作了《关于几个问题的意见》的报告，基本上澄清了是非，统一了思想，加强了团结。当时在某些问题上有的同志还有不同的意见，并在近年引起一些争论。中央于1983年印发了《五人小组对于解决西北历史争论问题的分析和方针》的通知，沟通了认识，我们应当按照中央通知的精神，团结起来向前看，不再在历史问题上进行纠缠。

大会在历史问题讨论告一段落后，从11月24日起，用大会讨论的方式，集中力量来批评当前工作中和思想上的偏向。会上发言的有70多人，从县团级干部起，直到边区许多高级负责同志，都作了深刻的自我批评。如地方的同志检讨了分散主义、政出多门、政策法令不统一、对军队支持帮助不够等倾向，军队的同志检讨了军阀主义的残余、闹独立性、对党和政府及群众尊重支持不够等倾向。

会上，林伯渠作了整政的报告，贺龙作了整财的报告，谭政作了整军的报告。根据中央《关于统一抗日根据地党的领导及调整各组织间关系的决定》，会议决定：实行党的一元化领导，边区一级的党政军民工作统一于西北局领导，分区一级的党政军民工作统一于党的地方委员会领导；决定地方开展拥军优属运动，军队开展拥政爱民运动，以密切军政之间军民之间的关系；决定认真执行精兵简政政策，"三三制"政策，减租减息政策等。会议还决定整顿党的组织。党在路线上、政策上、组织上的统一，保证了边区各项事业的胜利进行。

这次大会根据毛泽东同志《经济问题与财政问题》的报告，明确规定生产和教育是边区两大中心任务，而又以生产为第一位，其他任务都应围绕中心任务去进行，克服"百端并举"，"样样都想做模范"等不切实际的思想。这次会议上，奖励了王震、习仲勋、王维舟、马锡五、贺晋年、王丕年、刘建章等22位领导生产成绩卓著的同志，我也荣幸地获得奖励，得到毛泽东同志亲自题写的"密切联系群众"的奖状，这对我是一个极大的鼓舞和鞭策。我的成绩来自陇东的广大干部和人民，我只不过是他们的代表。王震同志代表受奖者讲了话。

高干会后，党的领导进一步加强，边区工作在各方面都有新的发展，尤以大生产运动成绩卓著。这证明经过整风，边区的干部和党员的思想提高了，作风转变了，党性增强了，因而更加为群众信任和拥护。

正当全党深入开展整风之际，身为中央总学委副主任、社会部部长的康生，却趁整风中进行审干之机，搞了一个所谓"抢救运动"。1942年11月间，康生用逼、供、信的办法，在社会部制造了一个"敌特"假案——"张克勤案件"。并以张的假口供将一大批在甘肃、陕西、河南工作的同志打成"红旗党"特务。1943年初，康生亲自批准，让保安机关在延安抓了200多个所谓"特务"、"叛徒"、"反革命"和嫌疑分子。之后，强令整个边区从机关到学校，开始了"全线进攻"。许多革命同志、热血青年在政治上、人格上备受凌辱。毛泽东同志发现这一严重问题后，在干部会上首先承担责任，并立即对审干和反奸问题作了指示。中央作出《关于审查干部的决定》，提出"严禁逼、供、信”和“一个不杀，大部不抓”的方针，并要求对所有案子进行甄别。这样一来，康生的倒行逆施才得以遏制。西北局从1943年12月开始，对边区一级和各地的冤案有组织、有领导地进行了甄别平反。把错关押的同志放出来，对所有搞错的人给予平反。在整风中所发生的“抢救运动”，给全党同时也给边区党造成了严重损失，这是一个沉痛的教训。

党中央纠正了这一错误以后，边区的整风运动和全党的整风运动一样，继续健康地发展，做到了善始善终。通过延安整风，提高了党的马列主义水平，深刻地改变了党的面貌，各级领导机关和党员干部进一步掌握了马列主义真理与中国革命具体实践相结合的基本方向，坚定了无产阶级立场，确立了实事求是的思想路线，形成了理论联系实际，密切联系群众和自我批评的三大优良作风，提高了路线觉悟，增强了党性，加强了团结，对中国革命起了转折作用。1945年4月20日，中共中央扩大的六届七中全会通过了《关于若干历史问题的决议》，为党的七大胜利召开和抗日战争、解放战争的胜利奠定了思想政治基础。

抗日战争中的八路军留守兵团

萧劲光

在八年全国抗日战争中，我们八路军留守兵团广大指战员，在党中央和毛泽东同志的亲切关怀和直接领导下，团结战斗，胜利地完成了剿匪、守卫千里河防、反磨擦斗争、大生产运动等艰巨任务，为保卫党中央，保卫陕甘宁根据地，作出了重要贡献。

（一）

1937 年 8 月，在我们党的努力推动下，国共两党达成合作抗日的协议，陕甘宁边区的红军主力改编为国民革命军第八路军。为了讨论决定我党我军的战略方针等问题，8 月 22 日至 25 日，中共中央政治局在陕西省洛川县冯家村召开了扩大会议。当时，我任中央军委参谋长，会前毛泽东同志委派我到洛川为会议做准备，随即参加了会议。这次会议通过了《关于目前形势与党的任务的决定》和《抗日救国十大纲领》。毛泽东同志在会上作了关于军事问题和国共两党关系问题的报告，明确了我军应以创建根据地、钳制与消耗敌人、配合友军作战和保存与扩大自己等为基本任务；确定我军执行独立自主的山地游击战的战略方针，实行由国内正规战向抗日游击战的军事战略转变，使游击战争担负起开辟敌后战场、配合正面战场、创建抗日根据地的历史使命。会议还就八路军主力开赴华北抗日前线后，要不要留一支部队保卫和巩固陕甘宁边区，使之成为全国抗日大本营的问题进行了讨论。当时有少数同志提出，陕北地瘠、人贫，担心主力走后根据地守不住，主张党中央随主力一块走。毛泽东同志则坚持在主力开赴抗日前线后，党中央仍留在陕北，并留少数部队保卫党中央和巩固发展陕甘宁根据地。他反复做工作，说明党中央在西北立足，扎根陕甘宁的必要性和可能性。会议经过讨论，同意了毛泽东同志的意见。1937年8月、9月，我八路军总部和第一一五师、一二〇师、一二九师主力先后开赴华北抗日前线，中央军委将从八路军各师抽出的兵力组成八路军后方留守处，任命我为留守处主任。同年12月，中央军委又将留守处改编为留守兵团，我任司令员，曹里怀任参谋长，莫文骅任政治部主任。1937年10月，留守部队统一整编为八个警备团和第七七〇团及骑兵营、鄜（鄜县，今富县）甘（泉）独立营，并设有绥德警备司令部，延安保安司令部。其任务是：保卫边区，肃清土匪，安定人民生活，保卫河防，保卫党中央，巩固与扩大留守部队，建设正规化部队，提高战斗力，加强战斗准备，培养与积蓄干部。并明确了留守兵团由中央军委直接领导。

在八年全国抗日战争期间，党中央和毛泽东同志时刻关怀着我们留守兵团的成长。1937年12月，留守兵团成立后，召开了第一次兵团首长会议。毛泽东、周恩来、张闻天、王稼祥等中央领导同志亲自出席了会议。毛泽东同志还在会上作了热情洋溢的讲话。他说，军队是根据地赖以存在的必不可少的武装力量，要把留守任务看得同前线抗日救国一样重要，使留守兵团尽快走上正规化建军的道路。他还拍着我的肩膀风趣地说：“同志们，我在延安，就是靠留守兵团吃饭喽。”这充分表达了党中央对留守兵团的深切期望，给我们全体指战员以巨大的鼓舞。

留守兵团虽然是由红一、二、四方面军留下的部队、陕北红军和地方武装抽调的部队组成的，但这支部队素质很好，绝大多数同志都经过二万五千里长征，是在残酷斗争环境中锻炼成长起来的。部队中，共产党员的比例很大，干部战士有较高的政治觉悟，有英勇顽强的斗争精神和艰苦奋斗的优良作风。另一方面，由于部队来自各个根据地，制度不统一，还存在着组织纪律松懈等问题，不团结的现象也时有发生。怎样才能按照党中央和毛泽东同志的指示，把留守兵团建设好，是当时摆在我们面前的一项艰巨而光荣的任务。有一次，我向毛泽东同志汇报工作，提起如何抓好留守兵团部队的建设问题时，他亲切地对我说，要把这支来自各个方面的、比较松散的队伍建设成一支打不烂、拖不垮、具有很强战斗力的正规兵团，关键就在于要按照古田会议决议的精神去做。

为了贯彻古田会议决议的精神，发扬我军的优良传统，加强思想政治工作，用革命精神灌注部队。我们根据毛泽东同志的指示，研究确定以“政治、军事、文化、党的工作”为留守兵团的四大工作，并注重加强连队党支部建设，建立了经常性的政治教育制度，每星期给战士上四次政治课，干部普遍组织了学习小组。当时的政治教育，主要抓了两个方面：一是结合形势和任务，加强对党的方针政策的学习；二是根据毛泽东同志的倡导，加强马克思主义基础理论的学习。特别是在党的六届六中全会上，毛泽东同志向党的高级干部提出学习竞赛的号召以后，留守兵团的学习出现了新的热潮。当时，高级干部中以学习马克思主义哲学为重点；一般干部学习马克思主义基本理论和《联共（布）党史简明教程》。战士学习留守兵团政治部编写的《政治课本》。兵团政治部还出版了《烽火报》和《烽火副刊》，创办了烽火剧团，用各种形式配合教育。通过几年的政治思想教育，尤其是通过延安整风运动，大大提高了干部战士的马列主义水平和阶级觉悟，不断清除了各种非无产阶级的思想和作风，为部队正规化建设和提高战斗力打下了坚实的基础。

1944年4月，毛泽东和周恩来同志具体指导我们留守兵团总结了政治工作经验，由陕甘宁晋绥联防军副政委谭政同志组织起草了《关于军队政治工作问题的报告》，并经毛泽东、周恩来同志多次修改，最后由中央书记处讨论通过。这个报告充分肯定了留守兵团政治工作的成绩和经验，说留守兵团“是充满着战斗热情，生产热情和学习热情的部队，是富于朝气的部队”。并明确指出，共产党所领导的政治工作就是以革命精神教育军队，从思想上、政治上与组织上去保证完成党的各项任务。如果没有革命的政治工作，就不可能有彻底维护人民利益的军队。八路军、新四军之所以在抗日战争中如此英勇，能够艰苦奋斗，百折不挠，其根本原因就是有深入细致的政治工作。4月20日，中央宣传部和军委总政治部发出通知，号召全党全军干部重视并研读这一文件，把这一文件列为连以上干部整风学习文件和教材。40多年来，这个文件为加强我军政治工作起了重要的指导作用。

毛泽东同志还十分关心我们留守兵团部队军事素质的提高。他要求团以上干部要研究军事思想和战略战术；要虚心学习前方部队的作战经验；部队训练要少讲多练，要用启发式，提高军事技术，把部队建成有很强战斗力的正规兵团，同时培养和储存干部。按照毛泽东同志的指示，我们从留守兵团部队的实际出发，注重提高干部的军事理论水平，改进部队的教育训练。当时，留守兵团的条件很艰苦，我们号召大家因陋就简，搞好学习。没有教室就自己动手挖窑洞，没有教材就自己编写，没有教具就自己制作，很快办起了参谋、防化、侦察、机枪、特等射手等各种训练班。1940年，还创办了轮训营以上干部的军政研究班，培养训练干部。毛泽东同志的《论持久战》、《抗日游击战争的战略问题》两本著作，我们把它列为留守兵团干部学习的基本教材，在干部中，掀起了学习研究中国革命战争规律的热潮。在学习中，坚持从实际需要出发，军事理论与革命战争的实践相结合。在练兵中，我们倡导了要把战术训练与技术训练分开。在技术训练中，又着重于刺杀、射击、投弹和近迫作业四大技术的提高，战术训练坚持以近战战术为中心，以班排动作、夜间战斗、河川战斗以及森林等特殊地形条件下的作战为训练重点。这种既适应中国抗日战争的特点，又体现正规化要求的训练，得到毛泽东同志的赞许。有一次，他看到我写的一本《近战战术》的小册子，马上给予了肯定，并指示八路军军政杂志社印成教材，发给部队学习参考。同时，我们还结合部队的实际情况，统一了部队建制，逐步制定了值班、汇报、会议、请假、检查、总结等各项制度，颁布了内务、纪律、参谋、作战、机要、文书档案等各项条令、条例，使部队做到了处处有章可循，纪律严整，逐步走入正规。

经过这样的学习和训练，留守兵团部队的军政素质有了很大提高，在保卫党中央、保卫陕甘宁根据地的斗争中发挥了很大作用；同时，先后向前方输送了 2000 多名干部。

（二）

抗日战争期间，陕甘宁边区的斗争环境十分复杂。黄河以东，日军与我隔河相望；其他三面被蒋介石部署的几十万国民党军队重重包围。边区以内，还残留着许多土匪，经常捣乱。因此，留守兵团保卫党中央、保卫陕甘宁边区的任务是很艰巨的。

八路军主力开赴华北抗日前线以后，陕甘宁边区内的土匪破坏活动更加猖獗。除零星的散匪外，还有以薛芝茂、李钦武、赵老五等为头子的43股土匪，共计4000余人，2000多条枪。他们打家劫舍，奸淫烧杀，暗杀我工作人员，破坏我地方行政机关，无恶不作。为了彻底清除匪患，安定边区的生活秩序，保证中央领导同志的安全，我们留守兵团组建以后，很快集中力量，采取在战术上“猛打穷追，堵截合击”与在政治上争取瓦解相结合，军事进剿与发动群众相结合的斗争方法，用了不到一年的时间，经过几十次大小战斗，就基本上肃清了边区内的土匪。当我把这个情况向毛泽东同志汇报后，他又惊又喜，对我们在这样短的时间内清除了匪患，给予了高度赞扬，并当即提笔起草了一封电报，通报全国各抗日根据地，表彰留守兵团。

陕甘宁边区的黄河河防，北起府谷，南至宜川，有千里之遥，它是保卫陕甘宁边区的重要屏障。从1938年至1940年，日本侵略军先后向我河防阵地发动了数十次进攻。日军凭借飞机、大炮等装备上的优势，曾多次企图强渡黄河，速战速决，摧毁我边区根据地。我留守兵团各部队及增援边区的第一二〇师三五九旅广大指战员，不畏强敌，一方面团结边区人民在黄河西岸修筑了上千里坚固的河防工事；另一方面，在我晋西北主力部队的支援下，积极战斗，多次粉碎了日军的武装进攻。在战斗中，我们采取了积极防御的作战方针，运用灵活机动的战略战术，打击消耗敌人的有生力量。如在敌人首次进攻河防时，我警备六团指战员，面对日军的大举进攻，个个沉着应战，敌人在东岸远距离炮击时，我一枪不发，待敌军密集拥下河岸时，我军一声令下，集中火力猛烈射击，给敌人以很大的杀伤。然后趁敌人慌乱之机，派出部队悄悄渡过黄河，奇袭敌人侧背，打得敌人晕头转向，仓皇退逃。在斗争实践中，我们及时总结了河防战斗的两条基本经验：一条是“半渡而击”。就是在敌未达我火力地带前，要善于隐蔽，顶住敌人大炮、飞机的狂轰滥炸，待敌进入我火力范围，就要最大限度地发挥自己的火力，或击敌于登船之处，或击敌于渡河之中，或击敌于登陆之时。1939年夏天在宋家川战斗中，日军曾调动1.5万余人的兵力，并配有大炮和飞机，企图重兵强渡黄河进犯我陕甘宁边区。我留守部队，巧妙设伏，机警隐蔽，昼夜坚守阵地，待敌人大部队到达河岸时，突然给予猛烈射击，经过三昼夜激战，粉碎了敌人强渡的阴谋。另一条是“主动出击”。就是在准确掌握敌情的前提下，选择时机，东渡黄河袭击敌人。如1938年5月，山西省离石一带的日军一个旅团企图进犯我河防。我们摸清了敌人动向后，当即派一支部队夜渡黄河，突袭了汾离公路王老婆山敌营，经过激烈的肉搏，歼敌200余人，粉碎了敌人进犯边区的企图。在以后的诸次战斗中，我们均采取这种机动灵活的战略战术，给予敌人一次又一次的沉重打击，始终固守了千里河防，使敌人未能越雷池一步。

在抗日战争期间，我们留守兵团还担负着一项重要任务，就是不断进行粉碎国民党顽固派制造磨擦事件的斗争。1938年武汉失守以后，国民党顽固派采取对日消极作战对内积极反共的政策，先后掀起了三次反共高潮，每次都对陕甘宁边区进行骚扰、破坏和封锁。我留守兵团在党中央和毛泽东同志亲自指挥下，进行了一系列的反磨擦斗争。1939年底至1940年初，阎锡山疯狂反共，进攻我们党领导下的山西新军，制造了十二月事变。当时党中央派王若飞和我带着毛泽东同志的亲笔信，到陕西省宜川县秋林镇，找阎锡山谈判。毛泽东同志在信中明确写了:“人不犯我，我不犯人，人若犯我，我必犯人”的原则，阎锡山看后要求我们把第四句改为:“我必自卫”。我们请示毛泽东同志，他说，一个字也不能改，我们就是要坚持“人若犯我，我必犯人”的原则。1940年3月，毛泽东同志在延安党的高级干部会议上发表了重要讲话，系统地总结了我们党反磨擦斗争的经验，进一步从理论上阐述了我们党的统一战线的策略思想，为我们正确处理敌我友关系提供了思想武器。在陕甘宁边区反磨擦斗争中，我们坚决贯彻毛泽东同志为我们制定的“发展进步势力，争取中间势力，孤立顽固势力”的策略总方针，进行有理、有利、有节的斗争，取得了一个个反磨擦斗争的胜利。

国民党驻绥德地区的专员何绍南，是一个搞反共磨擦的专家。抗战期间，绥德成立了一个“抗敌后援会绥德分会”的统一战线组织。我们为了争取团结何绍南抗日，让他担任分会主任的职务，我绥德警备司令员陈奇涵同志担任副主任。但是，何绍南当了主任以后，不但不做抗日工作，反而调集保安队400余名，还收罗了一批兵痞、匪徒合编成五个保安队，分驻各县，充当制造磨擦的打手。他在绥德任职两年，制造了许多磨擦事件。1939年5月，在何绍南的授意下，安定县县长田杰生指挥保安队袭击了我杨家园子驻军，打死打伤我指战员数十人。9月，他面谕吴堡县县长黄若霖组织暗杀队，杀害了我七一八团三营副营长尹才生同志。10月，他又指使清涧县县长艾善甫组织“哥老会码头”和“黑军政府”，并串通一些土匪到处抢劫，破坏社会治安。他还伪造八路军臂章和一一五师通行证，冒充八路军偷贩烟土，败坏我军声誉……对此，我留守兵团部队进行了针锋相对的斗争。开始为了维护统一战线，我们的斗争是有节制的；但何绍南不仅不思悔改，反而认为我们软弱可欺，更加为非作歹。有一次，何绍南路过延安，我领着他去见毛泽东同志。毛泽东同志一见到何绍南就很生气。当场声色俱厉地历数何绍南一件件破坏抗日和反共反人民的罪行，痛斥得何绍南的脸红一阵、白一阵，头都抬不起来。虽然当时何绍南嗫嚅应允，但回到绥德以后，仍旧故伎重演，继续搞磨擦。直到三五九旅驻防绥德，王震同志兼任了绥（德）、米（脂）、葭（今佳县）、吴（堡）、清（涧）警备司令，同何绍南进行了坚决的斗争，他才有所收敛。然而，在日军集中兵力进犯我河防时，何绍南却闻风丧胆，逃之夭夭。当日军被我击退后，他又窜了回来，煽动保安队袭击我河防部队，打死我机枪连长和哨兵多人。我留守部队当即给予坚决反击，赶走了何绍南。这时，国民党顽固派乘机大肆造谣，对我进行恶毒攻击。为了向全国人民说明真相，揭露国民党顽固派的反共伎俩，毛泽东同志亲笔起草了一份电报，以我的名义发给国民党当局。电报一方面表彰王震同志抗日的功绩，请予嘉奖；另一方面又揭露了何绍南贪赃枉法，弃地潜逃的罪行，使国民党当局无言以对。

1939年春，陇东地区接连发生多起磨擦事件，国民党顽固势力在正规军的配合下，先是攻占了我镇原、宁县两个县城，继而侵占我淳化、栒邑（今旬邑）、正宁三县和边界六个区，43个乡。我留守部队在党中央和毛泽东同志的指导下，进行了坚决而有理、有利、有节的斗争。在此期间，毛泽东同志还亲自指导我们处理了大批反磨擦斗争的文电。一次，我们起草了一份给蒋介石的通电稿。毛泽东同志亲自对电文进行了反复推敲修改，在电文中写进了这样一段话："目前日寇以一师团之众大举西犯，柳林、军渡相继失守，我河防部队正尽一切力量，予以痛击，连日战斗甚为激烈。大敌当前，覆舟堪惧，后方纷争，实属不应再有。苟一方拼杀于前，他方复乘机夺自于后，则不啻以刃资敌，前途危险，何堪设想？！"毛泽东同志这段话，晓之以理，动之以情，可谓苦口婆心。在修改给国民政府军委会天水行营主任程潜的一份电文中，毛泽东同志又明确写道："镇宁两城虽被袭占，无辜官兵虽被牺牲，下级人员虽极愤慨，然劲光至今未增一兵，无非体钧座之意旨，本团结之大义，力求和平解决之道。""职意公平处理，撤兵为先，……专员钟竞成实为肇祸之主谋，庆父不去，鲁难未已，施以撤惩，出自钧裁。"这充分表达了我们党以大局为重，忍让为怀和原则问题决不含糊的坚定立场。在国民党驻兰州的第八战区司令长官兼甘肃省主席朱绍良复电答应派人调查此事件后，毛泽东同志又认真仔细地修改了我们的复电，把原稿的语气改得比较缓和了，并在电稿的旁边加了一句话，"此稿原文措辞太激，甚不相宜"，以提示我们要注意斗争策略。这使我们进一步明确了，在与国民党顽固派的斗争中，既要针锋相对，坚决斗争，又要有理、有利、有节；而对中间派的斗争，则必须采取既斗争又团结争取的方针。如我们在处理与国民党驻防榆林地区邓宝珊将军所属部队的关系问题上，就是坚持这样做的，并多次受到了毛泽东同志的直接教诲。邓宝珊先生早年参加过同盟会，与我们党许多早期从事革命工作的同志，如李大钊、刘伯坚等有深厚的交往，思想比较进步。他主张国共合作，同心协力抗击日本侵略军，并与我党我军建立了友好的关系。1938 年 5 月，邓宝珊路过延安，毛泽东同志让我陪同一起去看望了他。当时，毛泽东同志与邓宝珊将军一见如故，谈笑风生，并请他一起吃饭，诚恳地挽留邓宝珊将军在边区各处走走、看看，请他对边区建设多提宝贵意见，邓宝珊很受感动。以后，他多次路过延安，每次都去会见毛泽东同志。1939 年冬，邓宝珊所属部队的一个营长挑起了磨擦事端，两军相峙，剑拔弩张。闻讯后，我起草了一封电报致邓宝珊将军，通报事情发生的经过。电文最后这样写道："恳请速电制止，如将该营即调他处，以平公愤，并将敲诈人民，贪赃枉法，破坏团结，制造分裂，肇事凶犯之宋营长撤职严办，以惩习顽，而维法纪！"毛泽东同志看后，将这段话全部删去，改成"事件发生谅系宋营长受人挑拨所致，现在事态颇为严重，敬恳我公速电制止该营长，勿再寻衅，然后查明事实，合理处置，并可否将该营另调他处"。按照毛泽东同志的策略思想，我们很圆满地处理了这一事件，双方军队又和好如故，协防抗日。由于正确处理了与邓宝珊将军的关系，就大大巩固了我陕甘宁边区的北部防线，维护了边区的安全。

（三）

陕甘宁边区地处高原，土地贫瘠，再加上国民党顽固派的封锁，部队物质生活条件一直很艰苦。开始，每个战士平均每天只有五分钱菜金，衣着更困难，有的冬天还着短裤，赤脚履冰踏雪。为了克服经济困难，改善部队生活，减轻人民负担，毛泽东同志指示我们：部队要学会搞生产，把生产、学习与战斗结合起来抓。根据毛泽东同志的指示，1938 年 7 月，在第二次兵团首长会议上，我们就提出了“生产、学习”的口号。同年 12 月，在兵团党代表大会上，我们又提出了“以战斗的姿态加紧生产”的口号，要求把生产作为部队的一项经常性任务来抓。为了改善部队生活，干部战士积极创造条件种菜、养猪、打草鞋、纺毛线、织布等，很快改善了伙食和军服、日用品等的供应。

1939 年以后，国民党顽固派加紧了对边区的进攻和经济封锁，并停发了八路军的薪饷，使边区财政供给发生了极大的困难，边区军民穿衣吃饭成了大问题，有些群众产生了负担过重的埋怨情绪。为了解决这个问题，当时，毛泽东同志到处向大家讲，只有高度重视发展生产，减轻人民负担，人民才会拥护我们，否则人民就不会拥护我们，革命就会有半途而废的危险。有一次，毛泽东同志把林伯渠、高岗和我找去，当面对我们说：“我们到陕北是来干什么的呢？是干革命的。现在日本侵略军、国民党顽固派要困死、饿死我们，怎么办？我看有三个办法：一是革命革不下去了，那就不革命了，大家解散，回家；二是不愿解散，又无办法，大家等着饿死；三是靠我们自己的两只手，自力更生，发展生产，大家共同克服困难。”毛泽东同志还对我陕甘宁边区提出了“自力更生”,“自己动手，生产自给”的方针。1940 年 2 月 10 日，中央军委根据毛泽东同志的意见，向全军发出指示，要求各部队依照不同环境条件，开展生产运动，做到一面战斗、一面生产、一面学习。遵照中央军委和毛泽东同志的指示，我们留守兵团迅速掀起了轰轰烈烈的大生产运动。广大指战员不仅开垦荒地、种粮种菜，还开办了 11 处毛纺厂，以及被服厂、鞋袜厂、皮革厂、木工厂、大车厂、煤窑、砖瓦窑、瓷器窑和各种作坊等共 52 处，有的部队还搞起了畜牧业、运输业、商业等各种生产经营。

王震同志领导的三五九旅，在大生产运动一开始，就提出“不要公家一粒粮、一寸布、一分钱”的口号。他们开赴南泥湾地区，实行“屯田政策”。开始没有房屋住，就露宿荒地，没有粮食吃，就以野果草根充饥。经过两年辛勤劳动，他们把荒无人烟的南泥湾，变成了“陕北的好江南”。到1944年，他们的粮食生产做到了“耕二余一”，全旅达到了平均两人一头猪，一人两只羊。正如民歌中所唱的：“如今的南泥湾，与往年不一般；到处是庄稼，遍地是牛羊。”

驻防陇东的三八五旅的大生产运动也搞得热火朝天。在王维舟、甘渭汉、耿飚同志的领导下，部队开进大凤川、小凤川烧荒造地。当时的大小凤川是一片原始荒山野岭，到处生长着枯木杂草，虎豹豺狼出没，飞禽走兽栖息，所以，当时生产的方式是十分奇特的。战士们一手拿镐，开荒生产；一手拿枪打猎搞“副业”。为了对付虎豹豺狼，战士们还创造了许多好办法。如他们把一颗手榴弹同一只野兔子拴在一起，挂在树枝上，吸引豺狼虎豹去咬，一下子手榴弹爆炸，野兽便被炸死。在生产中，他们还做到了因地制宜，如庆阳、合水一带水源比较丰富，他们就开荒种水稻，生产出陕北稀有的大米，除了改善部队生活外，还送到延安给党中央领导同志和其他部队改善生活。

为了打破国民党顽固派对边区的经济封锁，我们留守兵团在中央经济委员会和地方政府的领导与支持下，还积极开展了贸易工作。边区可以输出的物资，主要是食盐和一些土产，需要输入的主要是棉花、布匹、药品和一些自己不能制造的日用品。当时的运输工具，只有陕北的毛驴和骡子，故又被大家称为“驴狗子经济”。可别小看这“驴狗子经济”，当时它为扩大根据地的商品流通，物资交流，发展陕甘宁边区的经济，改善边区的物质生活，起了很大的作用。

到1943年，留守兵团开荒近20万亩，收细粮465万公斤，蔬菜1650万公斤，织布1.3万余匹，养猪1万余头，商业获7.3亿余元

（边区纸币），彻底粉碎了国民党顽固派对我边区实行的经济封锁，他们不仅没有把我们困死、饿死，相反，我们在党中央和毛泽东同志的领导下，通过大生产运动，繁荣了边区的经济，改善了部队生活，减轻了人民负担，从而进一步巩固和发展了陕甘宁边区。

在1945年我准备离开延安去前方工作时，毛泽东同志跟我进行了长时间的谈话，充分肯定了留守兵团在八年全国抗战中所取得的成绩，充分肯定了留守兵团保卫党中央、保卫边区的功绩。他说："留守兵团是一支好部队，坚决执行了党中央的正确路线，完成了党交给的任务。"

抗日战争时期陕甘宁边区的反磨擦斗争

耿飚　贺晋年

陕甘宁边区是中国革命比较早的一个根据地，它的前身是刘志丹、谢子长领导的陕甘边根据地和陕北根据地。1935 年 10 月，中共中央和中央红军长征到达陕北，并与当地红军会合，中国革命的主力军就在陕北落脚。从此，这里便成为中共中央的所在地，成为中国革命的新的“出发点”。毛泽东同志等老一辈无产阶级革命家，在这里运筹谋略领导中国革命，一直到全国解放前夕。

抗日战争时期，陕甘宁边区在党中央的直接领导下，成为全国的模范抗日民主根据地，同时又是八路军、新四军抗日的总后方，为中国革命人士所向往，世界进步力量所瞩目。当时，国共两党第二次实现了合作，国民党政府也被迫承认了陕甘宁边区的合法地位。然而，国民党顽固派的反共反人民的本性并没有改变；他们很清楚，陕甘宁边区是其继续推行反共政策的最大障碍，故视边区如背上之芒、肉中之刺，必欲除之而后快。在整个抗战时期，他们对边区始终采取军事上包围，政治上打击，经济上封锁的政策，企图以此来削弱、扼杀边区，并伺机发动武装进攻消灭边区。

早在西安事变前，陕甘宁红军根据地就处在国民党军队的四面包围之中。那时，东边有晋军阎锡山部，南边有东北军张学良部、西北军杨虎城部，西边有中央军胡宗南部、宁军马鸿逵部，北边有绥军傅作义部，总兵力约 50 万人。西安事变后，蒋介石为了分化、吞并各地方派系的杂牌军，并防止其受我党的影响，先后把东北军和西北军调离陕西，同时把他的嫡系胡宗南部调来陕中。蒋介石这个“一箭双雕”的策略，根本上是为了加强对我陕甘宁根据地的包围。到抗战初期，直接包围陕甘宁边区的国民党军队，北线有第二十二军、新编第一军、第四军等 3 万人；西线有第四十二军、第五十七军、第十一军、第十二军、第八十一军等 10 万人；南线有胡宗南部的第一军、第三军、第十六军、第十七军、第三十六军、第九十军、第九十三军等近 18 万人，总兵力 30 多万人。在边区东线，国民党无法布置兵力，因日军的第二十师团、第二十六师团、第一〇八师团、第一〇九师团等已侵占黄河以东，南起风陵渡，北至大同一线，不时袭击我边区河防阵地，并随时可能向我边区大举进攻。

抗战开始后，根据两党达成的协议，我红军主力改编为国民革命军第八路军，由朱德总司令率领，于 1937 年秋开赴华北敌后，对日作战。在陕甘宁边区仅留下少数留守部队，总兵力仅 1.5 万余人。当时国民党当局并不给我们这些留守部队的领导机构以统一的番号和委任领导人员，党中央即以八路军留守处的名义组建了留守部队领导机构——留守兵团司令部（司令员兼政委萧劲光、参谋长曹里怀），并先后成立了绥德、关中、陇东、三边和延属五个军分区（警备区）。随着国民党顽固派对我边区包围、侵扰情况的发展，我八路军留守部队的编组情况也有所改变，兵力也有所加强。但就军事力量的对比来说，我边区始终处于明显的劣势。我们仅有的这些留守部队和边区保安司令部的保安部队，既要保卫从宜川到神府一线的千里河防，阻止日寇的西进，又要对付国民党几十万大军的包围、侵扰，任务十分艰巨。

因此，在整个抗战期间，陕甘宁边区一直处在险恶的环境和严重的入侵威胁之下。

二

1938年10月武汉失守以后，抗日战争由战略防御进入了相持阶段。国民党反动派乘机将其政策的重点由消极抗日逐渐转向积极反共反人民上来。1939年1月召开的国民党五届五中全会公然制定了“溶共、防共、限共”的反动方针。1939年2月，蒋介石又秘密颁布了《共党问题处置办法》、《沦陷区防范共党活动办法》等反动文件。从此，国民党顽固派的反共反人民活动更为猖獗。他们在国民党统治区和敌后的华中、华北各地，对我党的政治压迫和军事进攻日益加强。这种压迫和进攻，从1939年12月蒋介石、阎锡山在晋西北集中六个军的兵力向我党领导的新军（抗日决死队）发动进攻起，进入了高潮。亦即国民党顽固派掀起了第一次反共高潮。

我陕甘宁边区是这次反共高潮中武装进攻的重点地区之一。在这段时间里，国民党顽固派对边区采取各种手段，肆意制造磨擦事件。他们大举入侵，夺地掠城；派遣和纵容土匪抢劫骚扰；乱捕乱杀我地方干部和群众；收买我方人员刺探军情；阻扰我军在募补区募兵征粮；大肆进行反共宣传，欺骗群众，蛊惑人心。国民党顽固派的这些罪恶行径，对我边区造成了严重的危害。

在这次反共高潮中，国民党顽固派在陕甘宁边区周围制造了大小几十起军事磨擦事件，其中较为突出的是：陇东分区的两次事件；关中分区的栒邑事件和淳化事件；绥德警备区的国民党专员何绍南的叛乱事件，等等。

陇东分区，东连陕西，西北接宁夏，是陕甘宁边区的重要组成部分。抗战初期，我方在陇东仅留下一二九师三八五旅（旅长王维舟、政委甘渭汉、副旅长耿飚）旅部及其七七〇团（团长张才千）、由延安警备部队派出并加入三八五旅建制作为预备队的警备第二团（团长周求保）、教导师袁国平部的全部与环县、曲子、华池等县保安队合并改编成的警备第七团（团长袁渊），以及边区保安司令部所辖的一个军分区独立营和几个县的保安队。这些正规部队和地方部队合计起来，才4000人左右。陇东分区未专门设立军分区机构，由三八五旅兼管军分区的工作。

两次陇东事件，是国民党顽固派有计划、有预谋挑起的。早在1938年12月，国民党第一六五师就曾袭击我庆阳之白马铺、赤城镇一带的驻军，并扬言要消灭我陇东的八路军。自此之后，驻西峰镇的国民党甘肃省第三行政区督察专员公署（即西峰公署）专员钟竟成即对我陇东分区有计划地进行反共活动：破坏我群众组织，封锁我军粮草，公开进行反共宣传。

1939年1月间，国民党镇原县县长邵介民在群众大会上公然叫嚣“接近八路者是汉奸”，并采取挑衅行为，捕押我方的民运工作人员。4月初，“西峰公署”派保安队在南三镇绑走我方人员十名，我方当即向“西峰公署”，并电兰州国民党甘肃省主席朱绍良提出抗议，然无结果。9日晚，我三八五旅亦派兵将国民党太平镇区的一名区员和义警队长扣押，作为警告措施，此后，国民党保安队接连不断地在各地捕押我方人员，于是形势日益紧张。10日朱绍良密电驻西峰镇的一六五师师长，令其派部队前往镇原县驻防。该师随即派出部队会同保安队，向我七七〇团三营驻防的镇原县城开进，造成围城态势。我三营不得不闭城自卫，力求以谈判来解决争端。这时对方继续向镇原调兵遣将，准备向我军发动攻击。我留守处主任萧劲光遂即急电蒋介石、朱绍良、程潜，要求其阻止进攻，双方派员商谈，以免事态扩大。

到5月初，国民党当局才同意谈判，镇原事态暂告平息。

镇原事件发生后，国民党宁县县长方振武一再胁迫我宁县驻军七七〇团二营撤走。我二营当然不予置理。方遂赴“西峰公署”密谋。过后不久，国民党一六五师的三个骑兵连突然开至宁县城郊，4月29日，方振武亲率保安队及壮丁队共700余人，向我二营发动攻击。二营奋起自卫，经两天三夜的激战，始将敌人击溃，并将方振武及其残部包围在城中一幢楼内。预布在城外的敌骑兵连乘势攻城，我二营闭城坚守，待命解决。直到5月中旬，在我方代表向“西峰公署”再三抗议下，对方见势不利，始将三个骑兵连撤走，宁县事件暂告解决。

在镇、宁两县事件尚未彻底解决之际，国民党顽固派却又在筹划新的磨擦事件。1939年9月中旬，朱绍良与驻平凉之第九十七师师长韩锡侯、第三行政区督察专员钟竞成之间密电来往频繁。这样，经过一番策划，第二次陇东事件就从宁县开始，很快扩展到陇东各县。12月10日夜，九十七师五七八团纠合保安队突然袭击我驻宁县的七七〇团二营，因我军无防备，伤亡大半，仅一小部突出城外，战斗至1940年1月，我军被迫撤出宁县全境。12月16日，国民党第九十七师两个营纠合几个县的保安队围攻我镇原县城内的三营。因敌我力量悬殊，三营于是日晚间突围出城，移驻孟坝，镇原县城遂被国民党占领。1940年元旦，国民党环县保安大队附土匪头子赵思忠（绰号赵老五），率部80余人并迫使壮丁数百名侵入我环县洪德区，抢占该区三个乡，残杀我地方干部数名。后赵匪窜至环县北门外，被我保安队及警卫队击退，赵匪败退后，乱窜于洪德、虎洞等六个区之间，肆无忌惮地抢掠残杀我干部和群众，肆虐达一个月之久，环县人民恨之入骨。我陇东分区领导为巩固抗战后方，保障人民生命财产安全，调派警备二团，于2月16日出动进剿，至3月7日，将赵匪的巢穴全部摧毁，赵老五率匪徒12人逃脱，余匪全部就擒。与此同时，我警二团还击溃了暗藏在我环县车道区内的国民党固原县政府爪牙张廷杰，解决了由张煽动的我自卫军900余人的叛逃事件。2月中旬，我军一部曾在正宁县平子镇与国民党保安队激战两天，尔后退出了正宁县。这样，经过第二次陇东事件，国民党侵占了我镇原、宁县、正宁三个县；我亦歼灭了庆阳、合水两县城内的国民党保安部队300余人。

关中分区，是陕甘宁边区的南大门，从地理位置上看，它是插向敌人心脏的一把尖刀。从延安到关中，要通过黄陵、店头一带的一条几十里长的狭窄地带，边区军民把它叫作“葫芦把”，把关中地区叫作“宝葫芦”。国民党顽固派对我边区的这个“宝葫芦”早已垂涎三尺，总想先把它吃掉，然后侵吞整个边区。因此在整个抗战期间，国民党顽固派对关中分区的武装的和非武装的破坏活动一刻也没停止过。我方在关中分区的兵力很弱，原先只有保安独立一营（营长高步云）和保安独立二营（营长张占云）两个营，以及几个县大队，后因磨擦不断升级，才调进保安独立三营（营长贺吉祥）。而他们面对着的却是胡宗南的20万正规军。

在这次反共高潮中，胡宗南借口西安事变前关中一带是东北军的防地，应再由国民党军队驻守，因此不断在关中地区制造磨擦事件，企图“蚕食”边区。据不完全统计，从1939年11月至1940年6月，武装进攻高达64起，其中较为突出的是栒邑事件和淳化事件。

1939年5月下旬，我八路军荣校（残伤军人学校）一名上士路过栒邑县城时被国民党暗杀队杀害。我驻栒邑县城的独一营和荣校代表再三要求国民党县长惩办凶手不成，我荣军一个排开进县城，遂即发生武装冲突。国民党县长调集邻近几个县的保安大队，会同国民党保六团一营围攻我保安独一营和荣军排，激战七天八夜，终因寡不敌众，我保安独一营被迫撤出栒邑县城。为此事件，留守处主任萧劲光曾致电蒋介石和程潜等人，要求严惩枪杀我荣军的凶顽，停止进攻我八路军驻地。

关中分区的淳化县城建在南北走向的大沟里。当时，我保安独二营驻在县城的南关，国民党军队驻北关。北关比南关地势高，两关相距仅200米左右，国民党军队居高临下，不时向我哨棚扔砖石，继而发展到摸岗哨、烧哨所、打冷枪，进行各种挑衅活动，企图逼我军退出县城，我保安独二营与其作了针锋相对的斗争。1940年3月下旬，胡宗南突然派其二十四师围攻我保安独二营，打了两天，在平时与我关系较好的国民党保九团一个营严守中立的情况下，我保安独二营始得顺利撤出淳化城，回驻马家堡。

到此，国民党顽固派通过在陇东和关中地区制造的这几次磨擦事件，侵占了我镇原、宁县、正宁、栒邑、淳化等5座县城和6个区43个乡的地盘。

虽然如此，在这次反共高潮中，我这两个分区，特别是关中分区，取得了一系列重大胜利。1940年春夏，我关中分区保安独三营和警备八团一部，进行了店头镇突围战和井村、转角镇等多次战斗，收复了马栏镇，拔掉了对方十多处据点，消灭了国民党栒邑县保安团团长、土匪头子郭相堂和淳化县保安大队长李养之两股匪徒共1000多人，粉碎了顽固派打通淳旬线、马（栏）旬线，建立碉堡封锁线，紧缩我活动范围的企图。这些胜利使关中分区面对的胡宗南部队的嚣张气焰有所收敛。

绥德警备区，地处黄河之滨，东接山西，西连宁夏，北通内蒙，是延安通往华北、华中抗日根据地的门户，又是延安的屏障，有着十分重要的战略地位。该区所属之绥德、米脂、佳县、吴堡和清涧五县的大部分农村原系苏区，抗战开始后，根据两党达成的协议，将绥德五县划为警备区。警备区由陈奇涵同志任司令员，指挥我留守部队七一八团（团长文年生）、警备一团（团长贺晋年）和警备三团（团长阎红彦）负责河防。而国民党当局对其政权组织，既不撤走，又不改组，反而不断加强其反动统治，委派反共专家何绍南来绥德任行政督察专员。这个曾被毛主席当面斥责为“磨擦专员”的何绍南，一到绥德，表面上大唱团结合作的高调，背地里却大搞反共反人民的勾当。他们在各县组织了暗杀队、石头队、棒子队，还有什么“板子”（娼妓）队，对我驻军大搞暗杀、破坏和特务活动，不断制造磨擦事件，而且唆使联保长和劣绅们不售给我粮草，胁迫群众不与我接近；纵容土匪抢掠骚扰群众，事后又嫁祸于我，阴谋挑起群众对我军的不满情绪。何绍南一伙妄图用这些手段迫使我军退出绥德地区，以达到其独霸该地区，截断我党中央与其他抗日根据地之联系的阴谋。

起初，我警备区首长和各团领导，为维护团结抗日，对何绍南一伙的反动行径，力求通过谈判来解决，故曾多次找何绍南本人及其他头面人物商谈，对其晓以民族大义，要求他们放弃磨擦，一致对外。但何绍南及其党徒视我们为软弱可欺，仍然我行我素，甚至变本加厉，公开进行反共活动。这样，我们不得不改换斗争方式。从此，无论在群众大会上，还是在谈判桌上，或是在请客席上，我们就与何绍南一伙进行针锋相对的斗争，对他们的反动言行，予以无情地驳斥和彻底的揭露。各部队则组织宣传队上街讲演，贴标语，并派出小部队下乡镇，深入到群众中去，揭露何绍南破坏抗日的罪恶勾当，宣传我党我军团结抗日和实行民主政治的各项主张。对那些坚持屯粮不售的劣绅们，我们则向他们摆出蒋介石的“抗日救国人人有责，有力出力，有钱出钱”的“训词”，采取封仓按官价收购等强制手段，迫使他们有粮出粮。对何绍南保安队的武装挑衅，则坚决给予回击。通过多种方式的斗争，何绍南一伙的反动面目，昭然若揭，其反动势力逐渐在群众中被孤立起来。

1939 年秋，王震奉命率三五九旅从晋西北回师边区，进驻绥德地区（王震任警备区司令员），原驻该区的我警备部队移防其他分区。何绍南见势既怕又恨，不得不假惺惺地召开大会表示欢迎。但就在这欢迎会上，却大放厥词，说什么，三五九旅不在前方抗日，没有蒋委员长的命令就回师陕北，是违反军纪的。王震旅长当即予以驳斥道："我们是奉毛主席的命令来加强河防，保卫陕甘宁边区的。"会后，何绍南就在群众中散布流言蜚语，诬蔑我三五九旅是"溃军"。王震旅长对何绍南一伙的反动行径当然是不会客气的。何见势不妙，乃亲赴西安请示对策。何绍南回绥德后，遂即召开秘密会议进行策划，阴谋集中 13 个保安中队偷袭我驻军。三五九旅得悉后，除在军事上作好必要的准备外，还召开群众大会公布何绍南的罪状，彻底搞臭他。何见我已有准备，其罪行又被揭露，故即煽惑清涧、安定、吴堡等地保安队哗变为匪，袭击我七一七团，并抢占了一些阵地，我七一七团当即予以还击，全歼了这批匪徒。何绍南本人则于 1940 年 2 月 29 日深夜，率七个保安中队焚毁二郎山之械弹库后向西逃窜。这批保安队被我追击部队歼灭了一大半，何绍南只带少数人逃回榆林。

何绍南哗变逃跑后，我边区政府主席林伯渠、八路军后方留守处主任萧劲光，联电致请国民党最高当局，要求立即逮捕绥德专员何绍南，交由民众公审，同时建议将绥德警备区所属五县的行政事宜隶属边区政府，并委任王震司令员为绥德行政区专员，以利保卫河防。王震司令员召开了绥德各界代表会议，共商地方施政事宜，并按"三三制"原则建立起人民民主政权，公众并一致推举他兼任绥德专员。从此，绥德地区五县面貌一新。

在上述三个分区里发生的这几次较大事件之后，第一次反共高潮在陕甘宁边区就告平息。到 1940 年二三月间，国民党反动派朱怀冰纠合庞炳勋、张荫梧等匪部三路进攻我太行山地区八路军，被我彻底击退，并削减了他们三个师。蒋介石发动的第一次反共高潮则在全国范围内被完全打退。

在抗击这次反共高潮中，我留守兵团各部队、三五九旅和边区保安部队都取得了很大胜利。在绥德警备区，清除了何绍南的反动势力，巩固了边区的东大门。就是在陇东和关中分区，我方虽退出了五座县城和一些区乡，但我方的力量也都有较大的发展：在政权建设上，新设了庆阳、合水、镇原三个县的政权机关，任命了县长，实施了有效的行政管理（镇原、庆阳有一部分白区）；在军事力量方面，我方兵力也大有加强，如陇东分区比原先有成倍的增长，即正规军增加了 3000 人，地方武装增加了 1000 余人。

二

第一次反共高潮被打退后，国民党顽固派进一步加强了对我边区的军事包围和经济封锁，企图借边区土地贫瘠、人口稀少、自然灾害多、得不到外援等不利因素，而困死、饿死陕甘宁边区的军民。1940 年 3 月，蒋介石向边区周围各战区的长官和驻军首脑下达了严密封锁边区的命令。各地强拉民夫构筑了五道封锁线，计北线两道，南线三道，西起宁夏，南沿泾水，东迄黄河，绵亘数省。在这几道封锁线中，靠近边区周围的封锁线特别严密，不仅含野战工事、永备工事，而且每隔一定距离，依靠地形筑有碉堡。国民党对南线的封锁尤为重视，除严密的工事外，还部署了重兵，重要地段上总是由胡宗南的正规军把守。这样，在一段时间内，边区周围处于对峙胶着状态。

1940 年冬，抗日阵营内出现了严重的投降危机。日本帝国主义在与德、意法西斯订立了三国同盟之后，为放手向南洋进军，配合希特勒进攻英国，急谋解决中日战争，以巩固其南进的后方。为此，日寇就亟力勾引国民党中的投降派，策动中国的内部变化，企图借中国人之手来镇压中国的抗日运动。而国民党投降派则加紧推行其反共政策，为投降日本作准备。于是，在 1941 年 1 月间，发生了震惊中外的皖南事变，国民党反动派就此掀起了全国范围的第二次反共高潮。

这次反共高潮的重心是在皖南，但包围陕甘宁边区的国民党军队也同样蠢蠢欲动，遥相呼应。在这次反共高潮前后，国民党又进一步加强了对边区的军事包围。其总兵力已达40万之众，而且都作好了进攻边区的军事准备。

国民党顽固派阴谋第一步夺取我关中这个“宝葫芦”，第二步向北进攻，直取延安，同时夺取我三边和陇东地区。所以他们首先在我关中分区的职田镇、马家堡、井村、马栏等地，尔后在三边分区的张家畔，绥德分区的吉镇，陇东分区的宁望堡等地挑起了磨擦战斗，又侵占了我边区一部分地盘。

为了对付胡宗南对延安的进攻，1941年春，中央军委令王震率三五九旅的主力进驻延安以东和以南的金盆湾、南泥湾、九龙泉和甘泉、富县等地区，进行屯垦，又令警备一旅全部进入关中分区，同年8月正式成立了关中分区警备司令部，旅长文年生兼任司令员，习仲勋任政治委员，汪锋、张仲良任副司令员。原关中分区部队改编为分区保安独立团（团长刘茂功）。

警一旅下关中后，文年生旅长、阎红彦政委率领警三团、警八团和一些县的保安大队，首先在彬县北的义石村、夙王山一带与来犯的胡宗南部和国民党保安旅激战三天，将他们赶回夙王山以南；接着攻打柳林、收复柳林后转战士桥镇和正宁县，均把来犯之敌赶回了原地。

边区南线的磨擦斗争基本上平息了下来，北线却又临多事之秋。1941年10月，驻在绥远伊克昭盟境内的国民党新编第二十六师何文鼎部，突然南下向我三边（定边、安边、靖边）分区进逼。三边分区是延安的北大门，又是边区的生产基地。分区内的盐池县有着丰富的食盐资源，定边和盐池一带还盛产甘草，名扬海内外，素有“天下甘草数定盐”之称。三边分区也未专门设置军分区机构，由留守兵团警备三旅（旅长贺晋年、政委王世泰）兼管军分区的工作。为了对付何文鼎部的南下，确保三边分区的安全，毛主席亲自召见王震和贺晋年，传达中央军委的命令：由王震和贺晋年分任正副司令员组建一野战兵团，立即开赴三边前线。野战兵团由三五九旅的七一七团和四支队、留守兵团的警一团、保安司令部的保二团和骑兵团等部队组成。各部队接到命令后，以急行军速度奔赴前线。11 月 6 日，在靖边的张家畔召开了参战部队动员大会，王震司令员作了战斗动员，随即进行了战斗部署，一部还前出到人烟稀少的内蒙四十里铺、黑头梁、银头梁一线，准备给来犯之敌以迎头痛击。当时，在安边地区还驻有国民党地方系晋陕绥边区总司令邓宝珊的十一旅。我们对邓宝珊的统战工作做得较好，此时已取得了十一旅保持中立的承诺，这是我军抗击何文鼎部入侵的一个很有利条件。何文鼎得知我军已有充分的防范，就未敢继续向我边境推进。到 1942 年 1 月 14 日，何文鼎部悄悄地龟缩回绥远原防地。至此，陕甘宁边区的第二次反共高潮就被完全打退。

在这一时期，国民党对边区的包围封锁，虽给边区军民带来了极大的困难，但由于党中央的正确领导，留守部队和边区群众的团结一致，发扬了自力更生精神，实行了精兵简政，开展了群众性的大生产运动，国民党要困死、饿死我边区军民的罪恶企图，也遭到了彻底破产。

三

国民党顽固派对其在两次反共高潮中的失败并不甘心，总在伺机作新的冒险。为发动一次新的反共高潮进行舆论准备，蒋介石在 1943 年 3 月间发表了《中国之命运》一书，大肆宣扬封建专制主义和法西斯主义，公开反对民主主义和共产主义，并污蔑共产党及其所领导的边区和人民军队为“奸党”、“奸军”、“新式割据”。同年 5 月间，共产国际解散的消息发表，国民党顽固派认为向共产党大举进攻的时机已到，进一步掀起了反共舆论攻势，大肆鼓吹“第三国际已解散，中国共产党也应该解散”、“马列主义已经破产”等等谬论。在蒋介石的授意和国民党特务机关的指令下，西安的反共特务头子、劳动营训导处处长、著名托派汉奸张涤非，假借民众团体名义召开座谈会，打电报给毛主席，提出“解散共产党”、并“取消边区割据”的狂妄要求。国民党中央社竟公然将这种明目张胆破坏团结抗战的反动言论，于7月6日通告中外，又一次为发动内战制造反革命舆论。

山雨欲来风满楼。酝酿已久的第三次全国性的反共高潮就此开始。这次反共高潮的来势凶猛，重点是打击陕甘宁边区。为此，国民党顽固派除包围边区南线的十余个师虎视眈眈地做好进攻准备外，还从大荔、华县一带将对付日军的河防部队第一、第十六和第九十三个军中的两个军调往陕甘宁边区边境。第一军之主力第七十八师和第一六七师从华阴、渭南开到彬县、淳化一带；第九十军之第二十八师、第五十三师，从韩城、合阳开到洛川；第十六军的重炮营也由河防开到耀县。还有第五十七军之第八师由西安开到陕西中部，原驻西安之炮兵旅也开到了淳化。这时，在边区周围封锁线上的国民党兵力猛增到60万人，而且尚有很多部队正在待命出动。在陇海铁路上，咸榆公路上，西兰公路上，一时车轮滚滚，尘嚣九天，民众惊骇，奔走相传，中央大军就要大举“剿共”。于是，边区上空战云密布。

6月初，何应钦、白崇禧等曾来到西安，同胡宗南一起研究了进攻陕甘宁边区的战略部署。当时国民党的计划仍是先夺取关中，再攻占陇东，然后沿宜川、洛川、耀县、淳化、栒邑、固原之线，兵分九路闪击延安。在北线则由第二十二军配合进攻神府。6月18日，胡宗南在洛川召开了师级以上指挥官会议，对进攻边区又作了具体部署。7月上旬，他们在完成了进攻的各项准备之后，便在我关中分区开始制造各种磨擦事件，为大规模的军事进攻寻找借口。4日，第五十三师一个营即向我边区富峪口进行袭击，被我军击退。6日，第一六七师师长到关中分区南部边境职田镇察看地形，进行挑衅。7日，第一六五师两次向我关中分区警戒阵地发射迫击炮弹十余发。14日，第一六七师的一个营炮击我陇东分区阵地。17日，第九十军驻牛村、朱村的十六师向我警戒阵地发炮十余发。23日，第五十三师之一五七团连续三次向我富县境内阵地发动进攻，均被我军击退。此时，第三次反共高潮达到了顶点，内战危机处于千钧一发之际。

对国民党顽固派的破坏团结抗战、发动内战的罪恶行径，我党采取了彻底揭露、坚决斗争的方针。1943年7月9日，延安各界3万余人举行抗战六周年纪念大会，朱德、刘少奇、林伯渠、贺龙等同志出席大会并讲了话。大会号召边区军民紧急动员起来，制止内战，保卫边区，并向国内外发出了呼吁团结、反对内战的通电。就胡宗南部突然撤出河防，进攻我边区的行动，朱总司令两次向蒋介石、胡宗南发出呼吁团结、避免内战的通电，留守处萧劲光主任也致电边区周围的国民党驻军将领，呼吁团结，消弥内战危机。7月11日，《解放日报》发表了《全体人民动员起来，把敢于向边区进攻的反动派打出去》的社论。7月12日，毛主席为《解放日报》写了题为《质问国民党》的社论。与此同时，我边区军民紧急动员了起来，前方后方都作好了随时迎击敌人的战斗准备。边区部队全体指战员，人人摩拳擦掌，枕戈以待。

由于我党及时地大造革命舆论，彻底揭露了国民党顽固派制造内战的阴谋，他们在全国人民中被孤立起来，在国际舆论上也处于不利地位；同时，我边区军民又充分做好了迎战准备，故使国民党无机可乘。加之国际上反法西斯战争处于转折关头，苏联、英国和美国都反对中国内战，在这种形势下，国民党顽固派不得不偃旗息鼓，暂时搁置闪击边区的阴谋。来势凶猛的第三次反共高潮，也以失败而告终。

国民党顽固派在接连的失败面前，并未改弦易辙，仍然坚持其包围、封锁和破坏边区的反动政策。国民党驻正宁县山河镇的部队，为切断我关中分区与陇东分区的联系，侵占了我边区杨家畔、宋家畔等地，并继续向西坡店进攻；驻宁县朱家桥的国民党部队向我新正县保安队发动伏击。1944年上半年国民党军队在陕甘宁边区边境挑起的军事磨擦事件就有100多起，而且又从抗日前线调回了三个军的兵力，加强对边区的包围封锁。

1945年抗战胜利前夕，国民党又一次企图夺取我关中分区。7月间，胡宗南借口其在淳化组训的三团民兵“叛变”是八路军煽动所致，竟调集六个师兵力分三路向我淳化地区发动进攻。21日，暂编第五十九师和骑兵第二师向我爷台山阵地发起攻击。23日又投入了预备第三师。我警一旅三团一营和关中保安总队赤水大队、淳耀大队、总教导队，从7月21日至26日扼守在爷台山主峰阵地上，展开了英勇的爷台山保卫战，打退了敌人两个师兵力的几十次进攻。为了避免过多伤亡，我守军奉命于27日主动撤出爷台山及其以西41个村庄。胡宗南部计在100里的正面上，侵入了约20里的纵深。

淳化事件发生后，朱德总司令和彭德怀副总司令于7月23日致电蒋介石、胡宗南，要求予以制止。7月26日，五省联防军司令员贺龙、政委关向应等，分别致电蒋介石、胡宗南及国民参政会，宣布淳化事件真相，要求国民党军队立即停止进攻，撤返原防，并组织社会团体作公正调查，以明真相。我军还邀请美军驻延安的观察组前来爷台山地区察看。8月7日，朱德总司令和彭德怀副总司令再次致电蒋介石、胡宗南，申明淳化事件真相，要求撤退进犯我边区之部队，并对居民损失予以赔偿。但国民党当局对我方的多次要求置若罔闻，胡宗南部队继续向栒邑、耀县等地进犯。为给不知改悔的来犯者以必要的教训，我关中分区警备司令部集中三五八旅的八团、新四旅的十六团和警一旅的三团一营，于8月8日对爷台山进行反击。经过激战，于9日全歼守敌五个连，俘敌500余名，收复了爷台山阵地。11日，我军将来犯的国民党部队全部赶出了被侵占地区，取得了爷台山保卫战的全胜。这是抗战时期我留守兵团反磨擦斗争的最后一次大事件。

1945年8月8日，苏联对日宣战，9日百万红军进入东北。8月15日，日本天皇宣布无条件投降。9月2日，日本天皇和政府代表在投降书上正式签字，抗日战争胜利结束。中国人民经过艰苦卓绝的反对日本侵略者的斗争，取得了完全的胜利。至此，我陕甘宁边区全体军民光荣地完成了保卫党中央、保卫边区的神圣历史使命。

四

抗日战争时期，国民党顽固派一直不断地在我党领导的各抗日民主根据地周围制造磨擦事件。陕甘宁边区是我党中央所在地，因而首当其冲。这里的反磨擦斗争在党中央的直接领导下，取得了一个又一个的胜利。这些胜利又反过来巩固了边区，保卫了党中央，从而保证了统一战线和团结抗战总方针的正确贯彻执行，保证了抗日战争坚持到底，取得最后的胜利。因此，陕甘宁边区的反磨擦斗争的胜利，具有重大的历史意义。

陕甘宁边区的反磨擦斗争的胜利是来之不易的。除了留守兵团所属部队、三五九旅和保安部队，以及边区广大民兵的英勇善战外，我们认为取得胜利的根本原因和条件，还离不开下面这几点：

一、依靠正确的斗争策略。在日本帝国主义的大举入侵，中华民族处于生死存亡的关头，中日之间的民族矛盾，替代国内的阶级矛盾，上升为主要矛盾。所以一切斗争都要服从于这个主要矛盾的解决。我们对付国民党顽固派的反磨擦斗争，同样要服从于这个大前提，也就是说，既要坚决打击国民党的反共活动，又要尽力维护团结抗日的大局。这就有必要讲究反磨擦斗争的方针、策略。我党就是在反磨擦斗争的实践中，逐步制定出了一整套完全正确的反磨擦斗争的方针、策略。我陕甘宁边区的留守部队，正是坚决而彻底地贯彻执行了党中央制定的这些方针、策略，才赢得了反磨擦斗争的一个又一个胜利。

在日本帝国主义的侵略面前，全国人民都是要抗战的。国民党顽固派想消灭我们，又怕丢掉抗日的旗帜，但国民党顽固派的反共反人民的本性是不会改变的，总要伺机兴风作浪。因此，抗战时期的国民党的反共活动的特征是，时起时伏，高一阵、低一阵。在他们认为时机成熟的时候，就甘冒天下之大不韪，大打出手，一般的军事磨擦，就会演变成大规模的军事进攻，像在三次反共高潮时那样。这样就会严重威胁我们的生存。在这严酷的现实面前，我们就要采取适当的对策。1938 年春，“抗大”一大队（队长苏振华、政委胡耀邦）由延安进驻瓦窑堡。当时国民党的“磨擦专员”何绍南一伙，在绥德一带闹得很凶。“抗大”同志们临行时，毛主席对他们说：同志们要离开延安了，送给你们一件礼物，送给你们一条打狗棍。这个打狗棍，不是别的，就是“人不犯我，我不犯人；人若犯我，我必犯人。”瓦窑堡有狗。假如说一个人在你头上拉屎，你不动他，他就要拉屎；你一动，他知道有人，就不敢了。这条狗指的就是“磨擦专员”何绍南。毛主席的这“十六个字”，就是依据斗争的实践提出来的，既是反磨擦斗争的指导思想，又是具体的斗争方法。它是在坚持我党的独立自主的领导权的原则基础上产生的策略思想。是对“一切通过统一战线”错误方针的否定。随着斗争形势的发展，1940 年 3 月 11 日，毛泽东同志在延安党的高级干部会议上所作的《目前抗日统一战线中的策略问题》报告中，提出了“发展进步势力，争取中间势力，孤立顽固势力”和“有理、有利、有节”的策略方针和政策，使反磨擦斗争的指导思想和方法更加具体化和完善了。顽固派要捣乱，我们就跟他斗；斗，是为了团结抗日。只要大家共同抗日，他们不来惹我们，我们便不惹他们；甚至他们在这个地区惹我们，在另一地区我们也不去主动惹他们。如果他们公然破坏抗战，则必须彻底予以揭露；他们来进攻我们，我们则坚决予以反击，直到揭露了他们的真面目，直到把他们打疼了，答应不破坏抗日，我们就适可而止。这就是边区的反磨擦斗争没酿成全面内战，而且每次都取得一定的胜利的根本原因。

二、军事上作好充分准备，同时依靠政治斗争。我们在边区的军事力量，比国民党顽固派小得多，并处于四面包围之中；可以说，我们在军事上处于劣势。为了掌握反磨擦斗争的主动权，确保陕甘宁边区的安全，就应争取政治上的优势。因此，对国民党顽固派的军事挑衅，必须采取两手对策：一方面要在军事上作好充分准备，严阵以待，使顽固派无机可乘；另一方面还要抓住时机大造革命舆论，对顽固派发动强大的政治攻势，有时甚至要以政治斗争手段为主来取胜对方。第一次反共高潮时期，我们在统战区的绥德地区，就是先采取在会场上展开唇枪舌战，在大街上进行“标语战”，继而深入乡镇，在群众中大张旗鼓地宣传我党我军的方针政策，揭露何绍南一伙的反动真面目，先从政治上把他们孤立起来，再从军事上收拾他们，我们就是这样把何绍南赶跑的。在陇东、关中分区，顽固派在边沿一带集结重兵，这里的反磨擦斗争更为尖锐杂复，我们便主要采取政治攻势。如在粉碎第三次反共高潮中，我们在边区召开了声势浩大的群众大会，向国内外发通电公开揭露国民党顽固派破坏团结，制造分裂，发动内战的阴谋，争取到了国内外舆论对我们的支持，终于使顽固派未敢贸然发动大规模的军事进攻。除此之外，我们还注意团结一切可以团结的力量，做好统一战线工作，这就孤立了少数顽固分子，无形中加强了我们的力量。比如榆林的国民党晋陕绥边区总司令邓宝珊将军和宁军马鸿逵、马步芳的部队，因他们不是蒋介石的嫡系，与蒋有矛盾，他们在磨擦斗争中就并不都听从国民党顽固派的指使。我们便团结他们，争取他们的中立。这就成了保证北线比较安宁的一个重要因素。何文鼎之所以未敢从北面进攻，与我们争取到邓宝珊部十一旅的中立也不无关系。当准备抗击何文鼎部队的三五九旅的一些部队返回原防地，路过延安，毛主席去看望他们时曾说："你们这次在三边完成了一个重要任务，你们到了那里，顽固分子就不敢来了；你们没有打仗，就取得了一个大胜利。"这个胜利，无疑也是政治斗争的胜利。

三、依靠群众，打人民战争。革命战争是民众的战争，只有依靠民众才能进行战争，赢得战争。边区反磨擦斗争的胜利，没有边区保安部队同留守兵团部队的并肩作战，没有边区广大民兵的积极配合，没有人民群众的热情支援，那是不可思议的。边区的人民群众对保卫边区，打击国民党顽固派的进攻，有着极大的热忱。边区各级政府十分支持和爱护群众的这种热忱，及时地组织了各种民众斗争团体：在县级建立了自卫大队，在区、乡建有自卫队（军）。这些民众武装力量能有效地做到村自为战、区自为战。在边区各地青、妇、救各种群众团体也相继建立，连少年儿童也组织了起来，结成了浩浩荡荡的保卫边区的民众大军。顽固派搞小磨擦，群众就会主动起来把他们斗垮，顽固派发动军事进攻，群众就会奋起支援和配合我抵抗部队，进犯的敌人就会像冲进火阵的野牛，随时都会被人民战争的熊熊烈火所烧死。

四、顽固派搞经济封锁，我们就依靠"自力更生"。反磨擦斗争不仅仅是政治斗争和军事斗争，其中也包括经济斗争。国民党顽固派在政治上被我揭露，在军事上又吃不掉我们，便想在经济上困死我们。"民以食为天"，"军无粮草不行"，没吃没穿，什么事也干不成。党中央、毛主席早看到这一点，发出了"艰苦奋斗，自力更生"、"自己动手，丰衣足食"的伟大号召，边区广大军民随即热烈响应。1938 年 7 月，延安留守兵团第二次兵团军政首长会议上决定开展群众性的大生产运动。随着顽固派加紧对边区的封锁，尤其是蒋介石于 1940 年 9 月停发八路军的军费之后，大生产运动就蓬勃发展起来，1942 年起形成了高潮。1943 年 11 月 29 日，中共中央举行招待会，招待出席边区劳动英雄大会的全体人员。毛主席在会上作了《组织起来》的报告。王震代表延属分区劳动英雄献词，表示要“生产更多的东西来，保卫边区，建设新民主主义”。三五九旅屯垦的南泥湾，成为陕北大生产运动的一面旗帜，直到今天，仍然是中国人民艰苦奋斗，自力更生的象征。国民党顽固派的经济封锁，在边区逼出的这种革命精神，已经形成中国人民的宝贵传统。边区 1943 年粮食总产量达到 180 万石，除去总消耗量 160 万石，余粮 20 万石。整个边区面貌为之一新，军民丰衣足食，为争取反磨擦斗争的胜利和最后取得抗日战争的胜利，打下了殷实的物质基础。

毛主席在 1939 年 10 月 4 日写的《〈共产党人〉发词刊》中说：“统一战线，武装斗争，党的建设，是中国共产党在中国革命中战胜敌人的三个法宝，三个主要的法宝。”中国革命斗争的胜利无不都是依靠了这三件法宝，抗日战争中的反磨擦斗争当然也不例外。我们作为亲身参加者，通过历史的回顾，重温了上述的一些经验，这对指导我们今后的工作会有一定的教益。

毛主席关怀我们办抗大

莫文骅

中国人民抗日军事政治大学（简称抗大）是毛泽东主席亲自倡导和主持创办的一所专门为抗日战争储存、培养、输送军政干部的学府，是革命的大熔炉。在艰苦的战争年代，抗大创办九年，由最初的数百人，直至发展成为拥有12所分校，数万名学员的革命“大本营”，先后为各个抗日根据地输送了10万余优秀儿女，他们中既有能征善战、统领千军万马的高级将领，也有战斗在各个抗日根据地的基层干部。在抗大创办初期，我先后担任过校党总支书记、政治部主任等职务。

毛主席的战略眼光

1936年，是一个非凡的年代。中国工农红军经过二万五千里长征到达陕北苏维埃根据地，刚刚立足。日本侵略者占领我东三省后又把魔爪伸向了华北，中华民族到了生死存亡的危急关头。全国人民把期盼的目光聚焦到了陕北，把拯救中华民族的希望寄托在了中国共产党人的身上。党中央、毛主席没有辜负全国人民的期望，早就把这一历史的重任担在了自己的肩上。毛泽东主席高瞻远瞩，预见到抗日高潮来临，将需要大批的干部去领导神圣的民族解放战争。5月14日，毛主席在黄河西崖的大相寺主持召开了一个会，决定成立红军大学。毛主席将它定名为“中国抗日红军大学”，它是抗大的前身。当时，战事频繁，前线很需要干部，一些领导同志舍不得送干部去学习。会上，毛主席亲自做工作，说服一些领导同志，为了抗日，把眼光放远一点，送优秀干部到红军大学去学习。

6月1日，陕北瓦窑堡旧庙堂前红旗招展，歌声嘹亮。数十名优秀的红军干部会聚在这里，举行中国抗日红军大学开学典礼。会场布置得庄严简朴，庙墙上贴着红绿标语。临时搭起的一个土台上，悬挂着红布横额。毛泽东、周恩来、张闻天等中央领导同志和学校的几位负责人坐在主席台上。毛主席在开学典礼上发表了热情洋溢的讲话。他开门见山地说：我党创办抗日红军大学，是为了促进和迎接抗日民族革命战争的到来，“第一次大革命时有一个黄埔，它的学生成为当时革命的主导力量，领导了北伐成功，但到现在它的革命任务还未完成。我们的红大就要继承着黄埔的精神，要完成黄埔未完成的任务，要在第二次大革命中也成为主导的力量，即是要争取中华民族的独立解放。”学校创建初始分三个科，第一科大都是红军师以上干部，有林彪、罗荣桓、罗瑞卿、刘亚楼、陈光、张爱萍、彭雪枫、陈士榘、杨成武、谭政、周建屏、彭加伦、王平、耿飚、刘惠农、边章武、许建国、苏振华、张纯清、张树才、张经武、张达志、宋裕和、赵尔陆、贺晋年、郭述申、黄永胜、谭冠三、张文彬、杨立三、邓富连、刘鹏、吴富善、罗保连、贾力夫、符竹庭、童小鹏、萧之玖，还有朝鲜的武亭和越南的洪水同志。我原是西北红军大学的政治部主任，经总政治部代理主任杨尚昆同志批准，也成为第一科学员。学校由毛主席兼任政治委员。其他职务均由学员担任，林彪为校长，罗瑞卿为教育长，我任校党总支书记，当时不设政治部，就由校党总支书记来负责这方面的工作。

1937 年 1 月的一天，毛主席找林彪、刘亚楼和我三人去谈话，要我们到延安办抗大二期。我们 2 月到达延安后不久，学校即更名为“中国人民抗日军事政治大学”。林彪任校长，刘亚楼任教育长，我任政治主任，后改为政治部，傅钟任主任，我任副主任（傅钟到前方后，我任主任）。学员中四方面军的多一点，也有红一方面军和红二方面军的干部。有陈赓、杨得志、余秋里、姬鹏飞、许世友、胡耀邦、倪志亮、王维舟、王建安、陈再道、洪学智、詹才芳等；女干部有贺子珍、康克清、蹇先润、蹇先佛、李坚贞等。还有一些国民党军队系统的高级将领，大都是杨虎城和张学良将军部队里的进步军官，他们化名来学习。也有一些来自国民党将领的家庭，如张学良将军的弟弟张学思，杨虎城将军的儿子杨拯民，国民党师长赵寿山的儿子赵元介、女儿赵元炳。但大量的是满怀抗日救亡激情的热血青年，他们中有来自平津和东北沦陷区的青年学生，有东南亚新加坡等地穿着翻领西服、旗袍、高跟鞋来到延安的华侨青年。这些进步青年三三两两，男男女女，背着行李，掂着小包，日夜不停地投奔延安。从西安到延安有 800 里路，路上有国民党的严密封锁，荒山野岭常有豺狼、狐狸出没和嚎叫，无数青年靠两只脚星夜赶路，有的要走半个多月，到延安时，脚肿得连鞋都脱不下来，那种情景是非常感人的。

抗大就像一颗在沉沉黑夜里闪耀的北斗星，把大批的革命青年、抗日志士从长城内外、大江南北、异国他乡召唤到黄河之滨、宝塔山下。

在战争环境里，创办这么一所大规模的学校，抽调这么多高级将领来学习，充分证明毛主席具有伟大的战略家的眼光和革命家的宏才大略。他深知，在革命的重大历史转折关头，抗日民族统一战线形成以后，我们党和军队的任务、策略、斗争方式及工作方法都将有所改变并复杂起来，这就需要干部重新学习并掌握党的路线、方针和政策，主动地适应这种战略转弯。更需要吸收大批新的干部，增加新的血液。

毛主席给我们当“教授”

毛泽东主席等中央领导同志为我们抗大的创办倾注了满腔心血，给予了极大的关怀。抗大创办初期，主要课程都由中央领导同志担任。毛泽东讲授中国革命战争的战略问题；张闻天讲授中国革命基本问题；凯丰和吴亮平讲政治经济学；秦邦宪讲授联共（布）党史和辩证唯物主义；杨尚昆讲授各国论；李维汉讲授党的建设等。李德也给我们讲过课，主要是讲兵团战术。为了帮我们在时局转换的关头转弯子，毛主席殚精竭虑，废寝忘食，不分昼夜地备课，给我们讲政治形势、党的政策和《中国革命战争的战略问题》，他的演讲既高瞻远瞩，又细致入微，针对性强，分析问题精辟入里。

毛主席这些大“教授”非常平易近人，他们来讲课，既不兴师动众，也不戒备森严。有一次，他和张闻天、秦邦宪、徐特立等同志来到我们一科驻地。当毛主席等领导同志走进教室时，大家站起来热烈鼓掌，毛主席微笑着摆摆手，让我们坐下。他先介绍了跟随他来的几位领导同志，然后说：“我今天帮你们请来几位教员，有洋的，也有土的，我就是土的一个。”当介绍到徐特立时，说：“他不仅是你们的老师，也是我的老师。”接着，他说：“我们前一段时间，用两只脚走了两万五千里。孙悟空会腾云驾雾，一个跟头能翻十万八千里。我们不会腾云驾雾，也走了两万五千里。要是会腾云驾雾，就不晓得会走到哪里去了。现在，我们红军从过去几十万减为2万多人，要不是刘志丹帮我们安排好这个落脚点，我们不知要到哪里去呢！反正我不到外国去。中国的地方大得很，东方不亮西方亮，黑了南方还有北方。当前，党中央为建立抗日民族统一战线，决定把反蒋抗日的口号改为逼蒋抗日。就是要逼蒋介石走抗日的道路。”

在我们第一期学员即将毕业时，西安事变发生了！消息传来，我们欣喜若狂。

事隔几天，中央决定和平解决西安事变。对这一决定，我们有些人在感情上一时接受不了。觉得蒋介石杀了我们那么多人，又一向奸诈刁滑，不能轻易放虎归山。

为了把学员和干部的思想统一到党的抗日统一战线的策略方针上来，12 月 26 日，即张学良释放蒋介石的第二天，毛主席又亲自来到红大，给学员和中央机关干部作关于西安事变的报告。他说：在目前的形势下，杀了蒋介石，会使国内形势更加复杂和混乱，有利于日本帝国主义。何况杀了一个蒋介石，还会出现第二、第三个蒋介石。诸葛亮对孟获还搞七擒七纵，我们对蒋介石为什么不可以一擒一纵呢？他风趣地说：陕北毛驴很多，赶毛驴上山有三个办法：一拉、二推、三打。蒋介石是不愿抗战的，我们就用赶毛驴上山的办法，拉他、推他，再不走就打他。这就是我们党“逼蒋抗日”的方针。

我们听了毛主席的报告，茅塞顿开，思想豁然开朗。

后来在抗大毛主席又给我们讲了《实践论》、《矛盾论》和《论持久战》，使我们受益匪浅。

毛主席的办校作风

抗大是毛主席亲手创办起来的，也是在毛主席的亲切关怀下成长壮大起来的。毛主席办学校有一套独特的作风。他既总揽全局，又放手让学校干部大胆工作。抗大刚开办时，他兼学校政治委员，后来又兼任抗大的教育委员会主任，但一些具体工作都由学校干部去做。抗大刚开办时，他让我们几个学员担任学校领导工作，这在我军和世界教育史上是从没有过的。

在办学中，毛主席注重抓干部，特别注重干部的培养和使用。抗大的一些主要领导都是毛主席亲自挑选并任命的。1937 年 5 月，胡耀邦同志到我们抗大学习，并任一队支部书记。有一次，我陪毛主席参加他们的支部大会，坐在边边上，胡耀邦那时才 22 岁，朝气蓬勃，说话很有条理，引起了毛主席的注意。毛主席问我这么小的同志是谁？我说是胡耀邦，是一队的支部书记，从这时起，毛主席记住了胡耀邦同志。那时，抗大校长林彪到前方，罗瑞卿教育长和我具体负责抗大的工作。我还兼政工作课，工作很忙，想找个人来分担一点儿我的工作。过了两个月，我提出让胡耀邦同志任副主任兼总党支书记。我把这个想法告诉了罗瑞卿同志，请他向毛主席汇报。毛主席对胡耀邦同志印象不错，很快就批下来了。

毛主席很重视学员的作风培养，特别是艰苦奋斗作风的锻炼和培养。他常对我们说，学员的作风培养好了，到部队后就是一面像样的旗帜。

1936 年 7 月，国民党军高双城部偷袭瓦窑堡后，学校还一度迁到了保安县（今志丹县）办学。保安，是陕北的一个偏僻小县。四面群山环绕，土地贫瘠，人烟稀少，物产匮乏。是一个“破庙比房多，菩萨比人多”的穷山窝。保安城外的山坡上稀稀拉拉长着几丛酸枣，石壁上露出几十个黑黢黢的洞口，远远望去，好像蜂窝似的。这些石洞，是哪个朝代开凿的，已无从考证，据说是供奉“元始天尊”的。长期没人居住，有的做过羊圈，有的是兔窟狼窝。这些乱石纵横、狼藉不堪的石洞，就是我们的校舍。

我们的教室选在一个最大的石洞里。它原是一个羊圈。我们把羊粪、杂草清除掉，打扫干净，用石灰水把洞壁刷白，在石壁上凿出一块大石板，用石头砌成了一个挺像样的讲台。在洞口，我们用石块垒成墙和门，用茅草编成厚厚的草门帘，平整了场地和道路。这样，一座以石洞为教室，以石壁为黑板，以石头为桌凳和讲台的大学课堂建成了。这也是世界上独一无二的大学课堂。

我们住的也是石洞，睡的是石头砌成的床铺。

生活虽然艰苦，但我们学习很用功。除了听课，就是自学或讨论。石洞里很暗，我们便在外面看书，看书累了，就眼望蓝天游云，漫谈讨论。一次，有个同学对“货币”半懂不懂的。他想到有个同学借了他的钱，便跟大家说：“谁借了我的货币？”大伙笑了起来，也引起了一番争论，最后总算把“货币”弄懂了。徐特立先生给我们讲新文字（即汉语拼音），我们很感兴趣。我和彭雪枫、张爱萍等同学商量好用新文字通信。通了几次，问题就来了，原来我们用的都是方言，难以沟通。每天晚上，我们坐在石凳上，捧着书本，俯首石桌，在油灯和烛光下，啃得津津有味。大家总是把配给的油点光、蜡燃尽，才肯上床睡觉。

毛主席对我们这种一面学习，一面生产，艰苦奋斗的作风非常赞赏。一天，毛主席讲话，诙谐地说：你们是过着石器时代的生活，学习当代最先进的科学——马克思列宁主义。你们是“元始天尊的弟子”，在洞中修炼。什么时候下山呢？天下大乱你们就下山！这既是对我们的表扬，也是对我们的鼓励。从抗大开始，我们就把毛主席倡导的“一面学习，一面生产”作为一种优良作风继承下来。

1938 年 3 月，毛主席为抗大同学会成立题词：“坚定不移的政治方向，艰苦奋斗的工作作风，……灵活机动的战略战术”，抗大也把“坚定正确的政治方向，艰苦朴素的工作作风，灵活机动的战略战术”作为教育方针规定下来，这是对抗大艰苦奋斗作风的又一次肯定。

毛主席身体力行，对学员关怀备至。在抗大时，我们学习很刻苦，星期天也不休息，毛主席知道后，特地派杨尚昆同志来传达指示，要我们注意劳逸结合，爱护身体，并硬性规定我们星期天不得待在宿舍。

毛主席还多次为抗大题词，或者亲自给学员复信，勉励抗大的学员们。红军时期我们管军人俱乐部叫“列宁室”，抗日战争全面爆发后，抗大九队的学员将列宁室改为“救亡室”。毛主席得知后，亲笔给九队的学员写信：“九队的同志们：庆祝你们成立了救亡室，救亡二字就是你们及全国人民现阶段上的唯一总目标。达到这个目标的道路是抗日民族统一战线，希望你们学习这个统一战线的理论与方法。唯有统一战线，才能达到救亡的目的。”有的学员碰到一些难题，不好解决，也直接写信给毛主席，毛主席总是在百忙中给予答复。有一个同学因入党问题长时间得不到解决，给毛主席去信，毛主席给回了信，并要他拿着信去找组织解决问题。还有个叫于江的学员，也是碰到了难题，找到了毛主席，毛主席为其题词：“碰了钉子时，就向钉子学习，问题就解决了。”后来这个学员牺牲了，为民族的解放事业献出了宝贵的生命。

毛主席这种平易的工作作风，为抗大干部和学员做出了榜样。

毛主席倡导的抗大校风

抗大在长期的办学实践中形成了自己特有的校风，这就是毛主席倡导的“团结、紧张、严肃、活泼”。1937 年 4 月的一天，林彪从毛主席那里回来，给了我这八个字，字不大，是毛主席亲笔写的。我叫政治部的同志用红布把这八个字放大，剪了贴在校门口。从此，这八个字就成了我们抗大的校风。

在抗大，学员和干部不论来自何方，大家团结在抗日的旗帜下，关系非常地融洽。一日生活也非常的紧张有序。抗大的校规也是很严格的。有的事情，毛主席亲自管。抗大来了很多男女青年，为了让大家集中学习，我曾向主席建议，学习期间不许谈恋爱，不许结婚。毛主席同意了。我们还专门发了一个通知。可是不多久，一位校领导和一个女生结了婚。当时，毛主席知道了，火了，要撤他的职，给他处分。我写信给毛主席，为他讲情，请主席“收回成命”。主席叫我去，把我训了一顿，说：“不许谈恋爱，不许结婚是你提出来的，现在讲情的又是你，都是你。”我只好当面做检讨。再就是后来众所周知的黄克功，他原是个团政委，六队队长，是个很不错的干部。有个女生与他谈恋爱，黄提出要与她结婚，女的不干，黄火了，拔出手枪把这个女生打死了。按照党纪和边区的法律应该枪毙他。边区高等法院院长雷经天为他求情，主席不同意，亲自给雷经天回了一封信。罗瑞卿也找主席讲情，被主席狠狠训了一顿。后来还是将黄枪毙了。起初，一些女生是很痛恨黄克功的，但看到处理得这么重，反而同情黄了，有的女生都哭了。还有个叫吉司恭的，几个女青年在西安要去延安入抗大，没有门路，碰到了他。他说他是抗大的政治部主任，是来西安招生的。她们以为碰到了救星。有几个女青年被他哄骗奸污了。他知道闯了祸，跑到陕北公学上学去了。这几个女青年后来还是到延安入了抗大。当时抗大的政治部主任是我，她们以为换了人。一个星期天在延河散步时，她们无意中发现了西安的那个“政治部主任”是冒充的，就揭发出来，经法院公审枪毙了，我是陪审员之一。可见，抗大的纪律是非常严肃的。

抗大是革命的熔炉，也是青年人的天地。因此，课外生活非常的轻松活泼，充满了革命的乐观主义精神。为了活跃文化生活，强调领导带头。有一次，为了欢迎朱总司令从四方面军回来，我们赶排了一个文艺节目，由罗瑞卿、张爱萍、宋裕和等同志自编自演。原来让高个子耿飚同志饰蒋介石，他执意不肯。罗瑞卿同志长的也比较高瘦，后改由他演蒋介石，演得还挺像。剧中还有一个小脚老太婆，由宋裕和同志扮演。当他穿上借来的老太婆衣服，认真地用脚后跟一拐一拐地学小脚老太婆走路时，惟妙惟肖，台下的观众连眼泪都笑出来了。除了文化娱乐外，我们还修了篮球场，在球场上埋下四根柱子，钉上几块木板，找两个桶箍代替球筐。尽管简陋，但玩得很开心。在抗大时，朱总司令打球的兴致特别高，休息时经常找我们打篮球。他一般是打前卫，我打后卫。我们看他年纪大，就有意让着他点，他带球跑几步，裁判也不吹哨，这样他觉得我们是另眼相看，嫌和我们玩得不过瘾。于是便和女同学一起打球。女同学可不管这些了，有时推他几下，撞他几下，还常常盖他的“帽”，朱总司令不但不生气，反而乐呵呵的，因此，女同学们都管他叫“老外婆”。我们还有一个自建的网球场，国际友人斯诺和马海德都曾来我们抗大打过网球。

在延安，最有名气的还是抗大的歌声。每天早晨，在延水河畔，在宝塔山下，都能听到抗大学员那高亢嘹亮的歌声。每次集会各学员队都互相拉歌，《大路歌》、《毕业歌》响彻云霄。特别是凯丰作词、吕骥作曲的《抗大校歌》，尤其有感召力。一批批优秀的中华儿女，一批批的热血青年，正是唱着这首歌，奔向敌后，奔向前方，奔向了抗日的战场。

（冷博军　整理）

革命熔炉

——回忆抗日军政大学的优良传统作风

何长工　李志民　孙毅

党中央和毛泽东同志历来重视创办学校，培养人才。早在土地革命战争时期，中央苏区和各革命根据地就先后创办了红军学校、红军大学或教导队，为军队和根据地的建设培养了大批干部。

1935 年 10 月，中央红军长征胜利到达陕北。这时，中国共产党提出的“停止内战，一致抗日”的战略方针，得到全国人民的热烈拥护。长城内外，大江南北，到处掀起抗日救亡的热潮。抗日民族统一战线迅速发展，全国的政治形势正从国内革命战争转向抗日民族革命战争。在这历史大转折关头，无论军队、地方，都急需大量干部去组织和发动群众，开展抗日救亡斗争。所以，党中央在 1935 年 12 月的瓦窑堡会议决议中明确提出：“必须大数量的培养干部。党要有成千成万的新干部，一批又一批地送到各方面的战线上去。”为了适应这种需要，党中央、中央军委以原工农红军学校为基础，在瓦窑堡创办了中国抗日红军大学（简称红大），校长林彪，毛泽东兼任政治委员。

红大于1936年6月1日开学，第一期有1063名学员，同年6月21日，国民党军第八十六师一部突然袭击瓦窑堡，红大即随中央机关撤出瓦窑堡，迁到了保安县（今志丹县）县城。

1936年10月，在我红军西征战役节节胜利的形势下，红军第一、二、四方面军三大主力于甘肃省会宁县胜利会师，陕甘宁边区革命根据地更加巩固和扩大，为我们党发动全国的抗日斗争创造了有利的条件。同年12月底西安事变和平解决，第二次国共合作的局面开始出现。全党的主要斗争目标，已由“实现停战”转向“巩固和平，争取民主，实现抗战”。这时，全国抗日救亡运动风起云涌，各地的革命知识青年，尤其是参加过一二九运动的北平、天津等各大城市的学生以及东北流亡学生中的一部分救亡运动的骨干和先进分子，陆续奔向延安，寻求抗日救国的真理。这就向我们党提出了教育培养知识青年的新任务。中央军委为适应形势发展的需要，1936年12月底在第一期学员毕业后，于1937年1月决定把抗日红军大学改名为“中国人民抗日军事政治大学”（简称抗大），除继续培养红军干部外，把培养革命知识青年作为抗大的一项重要任务；校部也由保安县迁到党中央所在地——延安，1月20日举行抗大第二期（红大第一期也就是抗大第一期）的开学典礼。同年7月7日卢沟桥事变发生，中国革命进入了全民族抗日战争的新时期。8月间，第二期学员毕业，奔赴抗日战争的各条战线。

随着抗日战争形势的发展，投奔延安的革命知识青年与日俱增，抗大“越抗越大”。从1937年8月至1939年7月，先后开办了第三、四、五期，学员数量也从第二期的1300多人猛增到第五期的1.33万多人（含第一、二、三分校学员数），其中知识青年占学员总数的80%左右。这是抗大大发展的黄金时期。

1938年12月，由于日军企图进攻陕甘宁边区，并出动飞机对延安进行狂轰滥炸；国民党顽固派加紧对边区的封锁，造成了边区严重的财政经济困难，也使广大沦陷区和国民党统治区的青年难以通过封锁线投奔延安。为了打破敌人的封锁，便于为前线部队培训干部和就近吸收敌后广大爱国知识青年入学，同时也为了更好地吸取前线丰富的斗争经验，以及减轻陕甘宁边区的财政困难，遵照党中央的指示，抗大总校派出第五期的一部分教职学员挺进敌后，分赴晋东南、晋察冀根据地，建立第一、二分校。1939 年 7 月，抗大总校又遵照中共中央政治局《关于抗大、陕公[①]等学校迁移晋东南的决定》，除留下四个学员队在延安组建第三分校外，总校领导机关率第五期大部分教职学员与“华北联合大学”的教职学员共

5000 多人，合编为一个纵队，挺进敌后。当时因日军对我晋东南根据地进行大规模“扫荡”，总校临时改变行军路线，转道晋察冀根据地，在河北省灵寿县陈庄一带休整两个月后，才继续向晋东南根据地挺进，于 1940 年 2 月抵达晋东南地区的武乡县洪水、蟠龙一带继续办学。

抗大总校深入敌后办学三年，从 1940 年 4 月至 1943 年 1 月，先后开办了第六、七、八期，为主力部队和地方武装培养了大批干部。敌后办学虽然能使教学与实践更紧密地结合，但由于经常要对付日军的“扫荡”和国民党顽固派军队的骚扰，学校的流动性很大，仅校部就大转移过两次：一次从山西省武乡县蟠龙镇一带转移到黎城县霞庄一带；一次从黎城县又转移到河北省邢台县浆水镇一带。根据当时形势，只有一面学习，一面战斗，才能坚持教学。在此期间，先后取得了 1940 年 10 月的洪岭战斗、1942 年 5 月的反“扫荡”战斗和反“蚕食”斗争的重大胜利，使抗大总校在敌后的战斗环境中锻炼得更加坚强。

1943 年 1 月，党中央为了更好地培养和储备干部，准备进行战略反攻，争取抗日战争的最后胜利，决定抗大总校率第八期部分教职学

① 陕公，即陕北公学。

员返回陕甘宁边区，在环境比较安定的绥德地区继续办学。总校奉命除留下部分教职学员在太行山区重新组建第六分校，提前毕业部分学员就地分配工作，继续坚持敌后斗争外，率1000多名教职学员冲破日军的重重封锁，行程1000多公里，于3月上旬抵达绥德，与原抗大第三分校（1941年改称军事学院）和第二、七分校上干队合并，进行教育训练并开展了整风运动和大生产运动。抗战胜利前夕，为了大反攻和为了迎接抗战胜利后开创新局面的需要，第八期学员6000多人全部毕业，大部分学员当即分赴各个抗日战场，参加对日本侵略军的最后一战。9月，抗日战争取得最后胜利，历时九年多的抗大总校完成了光荣的历史使命。

党中央、中央军委在创办抗大总校期间，为了培养大量干部去宣传、组织、武装群众，开展敌后游击战争，建设抗日根据地，从1938年冬至1945年9月抗战胜利的七年间，先后在敌后创办了12所分校和五所陆军中学、一所附设中学，使抗大之花开遍各抗日根据地。这12所抗大分校是：1939年2月在山西省长治、潞城、屯留之间的古城、冈上一带开办的抗大第一分校；1939年3月在河北省灵寿县陈庄一带开办的抗大第二分校；1939年7月在延安组建的抗大第三分校；1940年3月在安徽省涡阳县北麻冢集创办的抗大第四分校；1940年11月在江苏省盐城县创办的抗大第五分校；1940年11月底在山西省武乡县蟠龙镇创办的抗大第六分校；1941年7月在山西省兴县李家湾创办的抗大第七分校；1941年5月在安徽天长县成立的抗大第八分校；1942年5月在江苏南通成立的抗大第九分校；1942年2月新四军五师在湖北省随县白兆山区创办的抗大第十分校；1944年10月在山西阳城、沁水一带由抗大太岳大队扩建的抗大太岳分校；1945年春在河北省涉县由抗大太行大队扩建的抗大太行分校。五所陆军中学是：1942年初抗大总校在河北省邢台县浆水镇创办的抗大总校附属陆军中学；1942年2月抗大第二分校在河北省唐县阎庄和灵寿县大夫庄创办的抗大第二分校附属陆军中学；1942年春抗大太岳大队在山西省沁源县创办的太岳陆军中学；1942年6月抗大第七分校在山西省兴县地区创办的抗大第七分校附属陆军中学；1942年8月抗大第一分校在河南省濮阳县琉璃井村创办的抗大第一分校附属陆军中学。一所附设中学是：1941年8月抗大第二分校在河北省灵寿县陈庄一带创办的抗大第二分校附设中学。1943年，除第一分校陆军中学外，其余四所陆军中学及第二分校附设中学的学员都奉中央军委之命，先后转移到陕甘宁边区，合并于总校和第七分校继续深造。这些分校和中学除第三分校在延安外，都是在敌后艰难困苦的斗争环境中成长发展起来的。他们一面学习，一面战斗，有的还一面劳动，生产自给，取得了许多反“扫荡”、反磨擦战斗的胜利，把抗大的革命精神和传统作风传播到全国各地。

我们都曾经在抗大学习和工作过多年：何长工同志曾任抗大第一分校校长，抗大总校队长、教育长、副校长；李志民同志曾任抗大总校队长兼教员，组织科长、组织部长，第二分校政治部主任；孙毅同志曾任抗大第二分校校长。我们对抗大都有着深厚的感情，深刻体会到抗大的确是一座革命熔炉。抗大坚持毛泽东同志亲手制定的“坚定正确的政治方向，艰苦朴素的工作作风，灵活机动的战略战术”的教育方针，发扬“团结、紧张、严肃、活泼”的优良校风和“艰苦奋斗、英勇牺牲”的革命传统，创造出许多可歌可泣的英雄业绩，总结出丰富的战斗经验和军事、政治教育工作经验，培养出10万余名军政兼优、德才兼备的优秀干部，特别是培养了成千成万的知识分子干部。几十年来，他们战斗在党政军群各条战线，对于取得抗日战争、解放战争和抗美援朝战争的胜利，对于建立中华人民共和国，发展我国的社会主义革命和建设事业与军队的建设事业，都起了很大的作用。抗大的伟大功绩将永远载入我国革命和教育事业的史册，彪炳千秋。

在抗大精神的激励下，我们三位耄耋老人十分振奋，情不自禁地提起笔来，把当年抗大的战斗历程和优良的传统作风记载下来，冀望抗大的革命精神和丰富的经验世世代代流传下去，继续发扬光大。

西北党校和中央党校五部整风的历史回顾

白栋材

延安整风运动是我党历史上一次普遍的马克思主义思想教育运动。延安中央党校在这次整风中占有十分重要的地位。这不仅在于党校的整风学习是在党中央、毛泽东同志的直接领导下进行的，而且还在于这里集中了大批我党各个时期、各个地区的高级干部和其他各类干部，这对于系统总结党的历史经验，分清路线是非，更好地学习和掌握马克思主义的立场、观点和方法，增强全党的团结，指导全党的整风，都有非常重要的意义。

一、西北党校和中央党校五部的历史沿革及其特点

中央党校五部是1944年2月根据党中央的决定在原西北党校的基础上组建的。西北党校是1941年9月由陕甘宁边区党校改名而成的，习仲勋任校长，李景膺任副校长，校址设在延安小砭沟，后迁至

七里铺。1942 年，西北局将西北党校的教务工作委托中央党校指导。1943 年秋，西北局决定由高岗兼任西北党校校长，赵伯平、白栋材、马国瑞先后担任副校长。学员由 400 人增加到 800 人，其中三分之二是来自华北、华东敌后抗日根据地的干部。鉴于学员大量增加，校舍过于分散，所以决定将全校学员编为三个区，29 个党支部。一区由已参加整风的学员组成，由校学委会直接领导；二区由新来的文化程度较高的学员组成，谷云亭为区主任；三区由新学员中基本没有文化的同志组成，主要是补习文化，强晓初为区主任。1944 年 2 月，中央根据西北局的提议，决定将西北党校合并到中央党校，成为中央党校的第五部。我为部主任，马国瑞、晁哲甫、强晓初、杨成森先后担任副主任。10 月后，将原西北党校二区学员划出成立第六部，五部尚有学员 500 多人。1945 年 10 月，为适应抗日战争胜利后形势发展的需要，五部从中央党校分出，恢复西北党校建制，继续办学。

中央党校五部的学员，主要由两部分同志组成：一部分是陕甘宁边区区、乡、营、连级干部，其中包括少量从长征过来的老同志和少数县、团级干部；另一部分是华北、华东抗日根据地来的中下层干部和国民党统治区来的青年知识分子。学员的构成，既不同于以高级干部为主体的一部、四部和以县、团级干部为主体的二部，也不同于以知识分子为主体的三部，而是有自身的特点。这些特点概括起来，主要表现在以下三个方面：

首先是基层工作的经验较丰富，但缺乏县以上领导经验。这些同志在进入党校学习之前，大都是从事党的基层工作，有的担负区、乡的领导工作，有的担负营、连的领导工作。在艰苦的环境中，他们积累了许多实际工作的经验，特别是发动群众，开展对敌斗争的经验，但是缺少在更大范围内的组织领导工作的实践和知识。

其次是文化程度偏低，知识领域较窄。他们中的许多同志，都是土地革命后期或抗日战争初期加入革命队伍的，又是“土生土长”的。

他们有强烈的革命愿望，和穷苦人民有深厚的阶级感情，但是，由于他们大多从小家境穷困，没有接受教育的机会，参加革命以后，又长期在被敌人分割的农村根据地或白色恐怖中工作，也不可能有更多的学习机会。因此，这些同志不仅文化程度普遍较低，缺乏接受革命理论的文化条件，而且眼界不够开阔，知识领域也较狭窄，有的人还带着较浓厚的农民意识。

三是理论水平不高，思想上、路线上分辨是非的能力较差。由于文化知识欠缺，他们虽有学习革命理论的主观愿望，但客观上受到很大限制。许多同志最初参加革命时，对共产主义的远大理想，中国共产党的历史使命，现阶段中国革命的性质、任务、对象、前途以及近百年来中国社会的发展、变化等基本理论问题，了解很少，只是从朴素的阶级感情出发，认为中国共产党可以领导穷人闹翻身，可以打日本侵略者，因此就投身到革命队伍中来。这种状况，使他们中的绝大多数同志，很难有较高的分辨理论和路线是非的能力。正像有的同志说的，对他们来说，当时主要还不是教条主义，而是连一些最基本的理论知识也没有。

学员的这些特点使西北党校和中央党校五部的整风学习和教学内容、课程设置以及教学方法等，也必然带有自身的特点。

二、整风学习的过程和解决的主要问题

西北党校和中央党校五部的整风运动，自始至终是在党中央的统一部署下，先后在西北局和中央党校校部的直接领导下进行的。早在普遍整风开展之前，西北党校为了贯彻党中央的一系列重要指示，对教学方针、学习内容等就进行了认真地调整。1941 年 5 月，毛泽东同

志在延安干部会议上作的《改造我们的学习》的报告中指出:“对于在职干部的教育和干部学校的教育,应该确立以研究中国革命实际问题为中心,以马克思列宁主义的方法为指导”的方针;同年8月,中央作出《关于调查研究的决定》,强调全党要加强对于历史、对于环境,对于国内外、省内外、县内外具体情况的调查与研究,号召各级在职干部与训练干部的学校,都要进行关于了解客观情况的教育;12月,中央又作出了《关于延安干部学校的决定》,明确指出:没有较高的文化水平,马列主义的理论学习是不可能的,凡文化太低而又需要与可能学习的县、营级以上工农出身的干部,应先补习文化。关于教学方法,强调要贯彻启发式的、研究的、实验的方式,坚决废除注入的、强迫的、空洞的方式。

根据党中央和毛泽东同志的指示精神,西北党校对不同班次的教育方针,培养目标,作出了明确的规定:高级班培养县、团级干部,要求具备县级工作的文化知识,了解与运用党的政策,懂得党的工作方式与方法,掌握基本的理论知识;普通班培养区、营级干部,要求具备区级干部的文化知识,了解和运用党的政策,学习工作方式与方法,奠定初步理论基础。与此同时,对不同班次的课程设置也作了相应调整,增加了“读报常识”、“国际问题”、“领导方式”、“深入乡村工作”、“联共党史”、“政治经济学”、“中国近代革命运动史”、“算术”等课程。西北党校在整风之前作的这些工作,为后来整风运动的顺利发展奠定了良好的基础。

1942年4月,全党开始普遍整风。西北党校也停止原来的课程学习,积极投入到这场伟大的思想教育运动中。为了加强对整风的领导,学校于4月21日成立了由七人组成的校学委会。李景膺任学委会主任,金铁群任副主任,委员有张同舟、张学文、杨彩斌、苏克非、封营荣。从整风运动的发展过程看,第一期整风学习大体经过三个阶段:从1942年4月至8月为第一阶段。这一段主要是认真学习和领会中央规定的22个整风学习文件，从思想上加深对整风重大意义的认识。从1942年9月至1943年10月，是党风学习阶段，这一段是在学习文件的基础上，联系个人以及本单位、本地区的实际，对照检查，认清主观主义、宗派主义以及党八股的危害。从1943年10月至年底，是总结提高阶段。这一段根据中央指示精神，党的高级干部转入重新学习党的历史和党的路线问题，其他学员主要是总结整风的经验和收获，明确今后的努力方向。从华北、华东抗日根据地来的同志，1943年底参加第二期整风学习。到1944年3月底整风学习大体告一段落后，除一部分学员继续参加整风和审干学习外，其他学员转入学习政策和文化。

整风的任务是，反对主观主义以整顿学风，反对宗派主义以整顿党风，反对党八股以整顿文风。西北党校和中央党校五部根据学校教职员工的实际情况，着重解决了以下几方面的问题。

第一，反对主观主义，确立理论联系实际、实事求是的学风。批判和纠正主观主义的思想作风。树立和发扬马克思列宁主义普遍真理同中国革命具体实践相结合的实事求是的思想作风，这是整风运动要解决的核心问题。按照毛泽东同志的分析，主观主义主要包括两方面的内容，一是教条主义，一是经验主义。二者的共同特征是理论与实际相脱离，主观与客观相分离。从当时的实际情况看，主观主义在教员和学员中的表现形式是不同的。对于绝大多数学员来说，由于他们文化水平不高，对革命理论缺乏基本的了解，因此没有多少教条主义的东西。相反，以经验主义表现出来的主观主义，在他们身上倒是普遍存在的。因为他们在实际工作中积累起来的丰富经验，不能上升到理论的高度加以总结、归纳，从中找出带有规律性的东西，久而久之就会形成按老经验办事的习惯，甚至把事情办错了还不知道为什么错。对于教员来说，则是另一种情况。当时学校的30多名教员，都是入党时间不长的青年知识分子。他们中的多数人，缺乏实际斗争的锻炼，有的甚至“驴骡分不清，糜谷不能分”，在教学中存在着严重的教条主义倾向。比如有一个政治常识教员讲“革命”二字就讲了三个钟头，结果学员越听越糊涂，他自己也越讲越讲不清楚。还有一个教员在批改“民族形成的要素”试题时，有的学员内容答得很完整，只是因为没写“斯大林说的”几个字，结果打了零分。也有的青年教员存在着严重的轻视工农干部、脱离实际的问题，认为西北党校的学员都是“土包子”，讲课听不懂，长此下去只能“浪费生命”、“退化学问”等。

学委会针对上述问题，在深入学习领会中央文件的基础上，着重进行了党的基本理论知识的教育。首先，通过驻班教员，为学员讲解党的六大决议和中国革命的基本问题，使大家明确中国革命的性质、任务、对象和动力，认识中国革命必须分两步走的历史必然性。其次，请中央领导和其他有关同志，作关于党的历史的报告，系统讲授党内的思想、路线争论，批判主观主义对革命事业造成的严重危害。在整风学习过程中，曾请彭真同志作过“思想论争”和“关于干部政策”的报告，任弼时同志作过“关于党性问题”的报告，刘芝明同志作过“关于党内斗争”的报告，李景膺同志作过“关于党员修养”的报告等。这些报告深入浅出，对于学工人员了解党的历史，提高理论水平起了很好的作用。再次，通过学习中央关于调查研究的决定，帮助学员、教员树立没有调查就没有发言权的辩证唯物主义观点，掌握理论联系实际的思想方法和工作方法，加深对实事求是这个马克思主义基本原则的理解，有目的、有步骤地清除主观主义的恶劣影响，培养实事求是、理论联系实际的思想作风。通过整风学习，广大学、教人员从思想上确立了辩证唯物主义的认识路线，并以此来指导自己的学习和工作。有的党支部总结摸索出了一套行之有效的理论联系实际的学习方法，这就是：自学为主，加强领导；在自学基础之上进行集体辅导，在集体启发下提高自学能力。他们对自学为主的解释是：（一）人人是师生——一切共产党员对同志、对群众都要相师共学，各教所知，各学所需，工农群众也是我们的先生；（二）处处是学校——一切革命岗位，无论工厂、农村、前方、后方都是我们的学校；（三）事事是课堂——一切革命事业，无论成功和失败，前进或后退，都可以使我们学到很多东西；（四）时时用手脑——行动是热，知识是光，没有行动即无知识，没有知识即是黑暗。这些生动的语言，形象的比喻，都是理论联系实际的具体运用。许多同志至今还深有感触地说，延安整风为我们打下了理论联系实际的基本功。使我们懂得了认识和实践的关系，懂得了实事求是的重要，懂得了两条路线斗争的实质，提高了路线斗争觉悟。

第二，克服保守、狭隘等非无产阶级思想，增强无产阶级思想觉悟，解决从思想上入党的问题。五部学员大都是农民出身的基层干部，他们的革命意识强烈，有革命老根据地干部普遍所具有的勇敢、勤劳、朴实、憨厚和勇于吃苦等好的思想作风和优良品德。但是，他们的经历和所处的环境，使他们不可避免地带有某些农民小生产者固有的狭隘、保守等弱点。有一个学员，组织调他到一个新地方去工作，他想不通，写了一副对联："前进革命翻天覆地，后退生产温饱团圆"，横眉是"进退两难"。有不少人虽然从组织上加入了共产党，但思想上还没有完全入党。多数同志对党的基本知识，对共产主义的理想、信念等理解得也很肤浅。在他们看来，共产主义就是"楼上楼下，电灯电话；点灯不要油，耕地不要牛"。

针对学员的思想实际情况，在整风学习中，学委会始终把转变学员的思想，克服农民小生产者的意识，增强无产阶级意识，树立共产主义的坚定信念，作为一个极为重要的内容。在学习文件阶段，坚持结合学员的思想实际，有针对性、有重点地反复讲解，帮助学员吃透文件精神，启发自觉。在党风学习阶段，有意识地引导学员，紧密联系自己的工作实际和思想实际，按照文件的精神，对照检查，自己教育自己。同时，针对学员中普遍存在的模糊认识，抓住重点进行深入地讨论，从而使更多的人受到教育。比如，在整风期间，曾围绕共产主义与三民主义的问题，展开过热烈地讨论。通过讨论，很多同志从思想上理论上明确了三民主义与共产主义的关系，真三民主义与假三民主义的区别，加深了对共产主义远大目标的理解，树立起了为共产主义奋斗终身的信念。绝大多数学员经过整风学习，不但能够自觉地克服保守、狭隘以及个人主义、分散主义、平均主义、极端民主化等不良倾向，而且比较牢固地树立了全心全意为人民服务的思想，提高了为共产主义献身的自觉性。许多老同志至今谈到整风学习还倍感留恋，一个重要原因就在于整风运动是他们走上革命道路后的一个重要转折点。用他们的话说，整风学习树立起来的对党、对共产主义事业的坚定信念，即使在“文化大革命”中受到种种迫害的时候，也没有动摇过。

第三，克服宗派主义倾向，增强党性，加强党的团结。从学员的具体情况看，宗派主义主要存在两方面的问题：一是工农出身的干部与知识分子出身的干部之间的矛盾；二是本地干部与外来干部之间的矛盾。前者表现为两种不同类型干部之间在思想情感上的不融洽性；后者则表现出山头主义的盲目排外性。这两种错误倾向都严重地妨碍着党的团结统一。为了克服宗派主义倾向，除了认真学习，反复讲解中央《关于增强党性的决定》等重要文件外，还通过大量正反两方面的事例，说明反对宗派主义，增强党的团结统一的极端重要性。有的学员在笔记中写道：“克服宗派主义的错误倾向，最根本的是要增强党性，而党性就是党的利益高于一切，一切从党的利益出发，一切合乎党的利益。”有的学员提出了克服党性不纯的具体办法，如：经常反省自己的缺点，有计划地学习研究党内文件，加强党的组织观念，坚持党的生活，到复杂、艰苦的环境去锻炼，从“面向现实”四个字做起等。通过整风学习，绝大多数同志从思想上明确了什么是党性原则，为什么要坚持党性原则，怎样才能坚持党性原则，找到了克服宗派主义的客观标准，并以此来规范自己的言行。

三、整风学习的主要方法

在整风学习中，西北党校和中央党校五部创造了许多生动活泼的学习方法，这些方法归纳起来主要有以下几点：

第一，学习文件，掌握思想武器。学习好中央规定的整风文件，提高对开展整风运动重大意义的认识，是搞好整风的前提，也是首先必须抓好的一项基础性工作。在学习中央规定的22个文件时，学委会针对实际情况，重点学习了八个文件，即《中共中央宣传部关于在延安讨论中央决定及毛泽东同志整顿三风报告的决定》、《整顿党的作风》、《中共中央关于调查研究的决定》、《农村调查序言二》、《改造我们的学习》、《中共中央关于延安干部学校的决定》、《中共中央关于在职干部教育的决定》、《反对党八股》。在具体方法上，主要采取三个结合：一是学习文件与学习文化相结合；二是个人阅读与小组漫谈相结合；三是大会辅导与小会讨论相结合。采取这样的方法，主要基于下述考虑。许多同志文化程度低，难以独立吃透文件的思想内容，甚至阅读起来都有很大困难，有不少“拦路虎”，因此，必须同时学文化。为此，学委会特别配备了驻班教员，和学员一起边学习文件，边学习文化。同时经常进行集体漫谈，小组讨论，集思广益，取长补短。在此基础上，再由领导同志比较系统地辅导，进一步帮助学员加深对文件的理解。比如在学风学习阶段，强晓初同志作的关于干部学校的决定和在职干部教育的决定的辅导报告，谷云亭同志作的改造我们的学习的辅导报告，以及我作的关于调查研究的决定和农村序言的辅导报告，对学员、教员领会文件的精神实质，提高对整风意义的认识，都起到了较好的促进作用。通过这些方法，大家能够较快地理解文件精神，文化水平也有显著提高。有的学员入校前不识几个字，出校时不但能看书看报，还可以写简单的工作总结。

第二，启发自觉，强调自我解剖。延安整风运动是一场马克思主义的自我教育运动。要做到自己教育自己，就不能用简单粗暴、大轰大嗡的方法，而必须通过各种途径启发学员的自觉性，增强自我改造的意识。这是整风学习的一条重要的原则。我们在组织整风学习时，始终坚持和贯彻了这一原则。

引导大家回顾自己的历史，反省自己的缺点和错误，是在认真学习和领会文件精神实质的基础上进行的。为了使大家在总结经验教训的过程中抓住要害，触动问题的本质，真正从改造世界观、提高思想水平、路线觉悟方面取得成效，学委会采取了一系列适合学员特点的具体办法，如广泛开展谈心活动、典型引路、大会小会结合、召开民主论争大会、开展批评与自我批评等。这些方法形式活泼，内容丰富，促进了学教人员之间以及领导和群众之间的思想交流，从历史的经验教训及其个人的革命实践中得到了有益的启示，进一步激发了大家的革命热情和进取心。

这里特别值得一提的是1944年4月至6月间的民主讨论大会。这次大会虽然在某些方面有不足之处，但是作为整风学习中创造的一种形式，对学教人员的思想影响是很大的。参加民主讨论的同志，人人“开动机器，丢掉包袱”，自己给自己提出问题，大家帮助他解答问题，讨论从学风问题到党风问题，从思想方法到思想意识，再深入到原则立场，层层深入，不断深化，具有强烈的现实感、历史感和责任感。通过历时三个月的民主讨论，绝大多数同志都发表了自己的见解，最后，由马国瑞同志作了总结报告，我讲了话，从而澄清了一些理论路线是非，纠正了许多糊涂观点和认识。

第三，整风学习与生产劳动相结合。在抗日战争进入极端困难的环境下，为了粉碎国民党顽固派包围封锁边区的反动政策，克服困难，渡过难关，毛泽东同志号召边区广大军民和机关干部开展大生产运动，自己动手，丰衣足食，党校的学、教人员积极响应这一号召，坚持一面学习整风文件，一面参加生产劳动，用自己的双手，为整风学习创造物质条件，把提高马克思主义的理论水平与培养学、教人员的优良传统和作风紧密结合起来。当时提出的口号是“自己动手，克服困难，学好马列”。学教人员在认真开展整风学习的同时，积极参加开荒种地，建造校舍、烧炭打柴、纺线织布、割麦除草、制作被服等各种生产劳动。通过参加生产劳动，不仅加强了同志间的相互了解，密切了彼此关系，促进了整风学习，而且许多同志还学会了不少过去不会的生产技能。据统计，五部（含原西北党校）1942 年至 1944 年开荒种地收粮就达近千石，超额完成了平均每年每人交五斗粮食的生产任务。学校的生活条件和学习条件也得到很大改善，再也不愁无米下锅了。

四、整风学习的领导方法与经验

中央党校的整风运动是在党中央和毛泽东同志的直接领导下进行的，这对搞好党校的整风起了根本性的保证作用。但是每个具体部门如何把党中央和毛泽东同志的正确指示贯穿到实践中去，则需要做大量艰苦细致的组织工作。经验证明，只有上级的指示，而没有强有力的组织领导者把这些正确的方针政策通过一定的领导方式具体化，变成广大群众的实际行动，那么上级的指示就难以得到迅速的贯彻落实。这是整风学习在领导方式和方法方面给我们留下的深刻启示。

在整风学习过程中，凡是在西北党校和中央党校五部担任过领导的同志，除了自身积极参加这场马克思主义的思想教育运动外，都能尽职尽责地担负起组织领导学、教人员进行整风学习的领导责任。主要经验是：

第一，自始至终坚持从实际出发。实事求是，一切从实际出发，是整风运动在思想认识领域要解决的一个核心问题，也是领导和组织整风学习必须坚持的一个基本原则。校学委会认为，要搞好整风，必须对学、教人员的思想、工作状况以及他们的经历有一个基本的了解，这样才能做到胸中有数，有的放矢。为了加强对学员的了解，在整风学习中对入校学员的文化程度、工作年限、现任职务、工作表现、学习动机等情况进行了详细的摸底调查。同时，对出校学员的思想作风、工作表现等也进行了抽样考察，从中发现问题，总结领导工作方面的经验教训。比如，1943 年，通过对入校学员学习动机的调查发现，多数来校参加整风学习的同志有两种思想倾向：一是感到不学习，不提高不行，但真正让他们坐下来学习，又觉得文化低，困难大，担心难以提高；二是在实际工作中碰了许多钉子，带着一大堆具体问题，想到学校寻找答案。入校学员参加整风学习暴露出的各种思想倾向，不仅为领导上正确地认识和估价学员的现状提供了可靠的依据，而且也使教学有了强烈的针对性和现实性。在整风过程中，为了便于学习，学员一般不是按职务而是按文化程度的高低编班。高级班采用由抽象到具体的学习方法；低级班采用由具体到抽象的学习方法，实践证明，两种方法都是成功的。

在学习内容和解决的重要问题方面，根据不同的对象也有所侧重。比如教员支部，不仅要求每个教员要全面学好 22 个文件，而且针对一些教员的教条主义、八股文风、自由主义以及轻视工农等思想倾向，组织他们反复学习《改造我们的学习》、《反对党八股》、《反对自由主义》、《中共中央关于增强党性的决定》以及《中共中央关于干部教育的决定》等。而在学员支部，特别是文化程度较低的支部，与教员支部则有明显的区别。这种针对不同的对象，区别对待的方法，充分体现了一切从实际出发的客观要求，使参加整风学习的各类人员普遍感到有较大的收获。

第二，自始至终贯彻既要弄清思想，又要团结同志，惩前毖后，治病救人和与人为善的方针。整风运动的目的，最根本的在于提高广大学、教人员的思想水平、认识水平和马克思主义的理论水平。但要达到这个目的，就要对过去的历史包括全党的、局部的一些重大是非问题以及每个人的言行等进行实事求是的分析，明确哪些是对的，为什么对；哪些是错的，为什么错。只有在这样的基础上才能真正总结历史经验，吸取教训。党校整风所以能够收到比较好的效果，一个十分重要的原因，就是比较认真地贯彻执行了毛泽东同志提出的“惩前毖后，治病救人”、“既要弄清思想，又要团结同志”等一系列正确的方针和原则。尽管在贯彻执行这一方针的过程中也出现过这样或那样的失误，但总的说，各级领导的思想上是明确的，行动也是积极的。绝大多数同志都清楚地认识到，无论是启发学员的自觉，进行自我反省，或者开展批评，帮助别人，还是组织民主辩论，讨论党内外的一些重大思想、理论是非问题，从根本上说都是为了统一认识，加强团结。这是延安整风运动在指导思想方面与以往任何“左”、右倾机会主义的根本分界线。

在整风运动中，学委会始终把握住了这么几个原则：一是要做深入细致的思想工作，解除犯错误同志的思想压力，使他们从自己的错误中看到前进的方向；二是要给犯错误同志以改过的机会，对一些犯有错误而暂时还没有认识的同志，要耐心等待；三是坚持思想批判从严，组织处理从宽，注重吸取经验教训；四是对于搞错了的，做到及时发现，及时纠正，决不讳疾忌医，固执错误。许多同志从整风学习的实践中深刻认识到，开展批评与自我批评，贯彻既要弄清思想，又要团结同志的方针，正确解决党内矛盾，是我们党之所以能够不断发展、壮大，立于不败之地的重要保证。

第三，自始至终发扬民主作风，激发学、教人员的学习热情。学委会始终认为，只有充分发扬民主，让大家讲心里话，讲真话，大胆地暴露思想，揭露问题，才能集中群众的正确意见。否则整风运动势必冷冷清清，甚至会出现人人自危的局面。同时，发扬民主，决不意味着要放任自流，而是积极引导，保证整风学习的健康发展。1943 年 9 月至 11 月的思想论争大会和 1944 年 4 月至 6 月的民主讨论大会，就是在充分发扬民主的基础上，开展自由争论，从而使一些长期在学、教人员思想中认识不清的问题，得到了正确的解答。在这两次民主论争大会期间，提出和涉及的问题十分广泛，其中主要有：蒋介石为首的大地主大资产阶级有无革命性？共产主义是否是舶来品？土地革命战争时期应该打苏维埃旗帜还是应打三民主义旗帜？一切经过统一战线、一切服从统一战线的政策对不对？等等。对于上述各种问题，从学员、教员到各级领导人员，都积极参加争论，在充分民主讨论的基础上，集中了正确的论点，澄清了理论是非。同志们普遍感到，这样的民主论争，见效快，收效大，印象深。

第四，领导以身作则，坚持深入实际，和学、教人员共同学习，共同提高。在整风学习中，各级领导不仅努力把党中央的路线方针政策变为群众的实际行动，而且还能以自身的模范作用，带头学好文件，带头反省自己、检查自己。党校的领导同志，虽然每个人的具体情况不尽一致，但大多数都是工农出身的干部，革命经历也大体相同。学、教人员思想和工作中存在的某些带有倾向性的问题，在领导成员中也程度不同地有所反映。因此，对于领导同志来说，提高马克思主义的思想理论水平，分清路线、理论是非，克服各种错误思想倾向，解决从思想上入党的问题，同样是十分迫切的。在整风中，领导干部普遍树立了这样的观点，即党校领导工作，就是为学员服务，这种服务既包括思想上、政治上、学习上关心学员，也包括生活上照顾学员，想方设法为学员排忧解难。为此，他们经常深入到学员中了解情况，参加学习讨论，和同志们谈心，交流思想，积极参加生产劳动，帮助解决学员遇到的种种困难。这种比较深入的领导作风，也是整风能够取得显著效果的一个重要原因。

延安整风运动已过多年，当年在西北党校和中央党校五部参加整风学习的同志，在后来的革命和建设事业中都作出了自己的贡献。有不少同志为中国革命事业献出了宝贵的生命。作为幸存者，我们今天回顾这段历史，深深体会到整风运动对我们党的发展，对中国革命事业，所具有的重大历史意义。许多参加过整风的同志所以至今念念不忘，或者很留恋那段不平常的生活，从根本上说，在于这样的思想教育运动对大家的启发教育实在是太深刻了。正像有的同志说的，延安整风在某种意义上说管了我们一辈子。如果说我们对党的事业，革命理想在后来的任何情况下都能坚贞不渝，那么，这个基础是整风学习奠定的。

尽管如今的环境、任务已发生了很大变化，但是延安整风确立起来的实事求是、理论联系实际、密切联系群众以及批评与自我批评等优良作风至今仍在指导我们前进。我们应该继承这份对党的建设作出创造性发展的历史遗产，为新时期党的建设服务。

保卫边区，保卫党中央

王世泰

1937年7月7日，日本帝国主义一手制造了震惊中外的卢沟桥事变，发动全面侵华战争。中国守军奋起抗击，全国性抗战从此开始。

为适应抗日民族统一战线的新体制，8月15日，陕甘宁省军事部改编为陕甘宁边区保安司令部，高岗任司令员，周兴任副司令员，谭希林任参谋长，吕振球任政治部主任。边区保安司令部辖关中、庆环、三边、神府4个分区保安司令部，10个基干大队，23个县保安大队，2万余基干自卫军及直属教导队和警卫连等部队，统一管辖指挥边区地方部队、保安队及自卫军。8月25日，中央军委发布红军改编为国民革命军第八路军的命令；同时抽调部分部队留守陕甘宁边区，组建了八路军后方留守处（后改为八路军留守兵团），萧劲光任留守处主任，张际春任政治部主任。9月6日，陕甘宁边区政府正式成立，林伯渠任主席，张国焘任副主席。陕甘宁边区保安司令部归边区政府领导，同时受八路军后方留守处指挥，其主要任务是：保卫边区，肃清土匪，安定人民生活；发动与组织民众参加抗日斗争，保卫河防，保卫党中央，巩固与扩大地方武装；建设正规化部队，提高战斗力，加强战备，培养积蓄干部。

从 1937 年 8 月到 1947 年 7 月的十年时间里，我的工作岗位虽然有过多次调整和变动，但始终没有离开边区地方武装部队这个系统。前五年在边区保安司令部系统，后五年在陕甘宁晋绥联防军司令部系统，始终肩负着保卫边区、保卫党中央这一神圣而光荣的职责。

边区保安司令部

1938 年 5 月，边区政府和边区保安司令部把我从庆环分区调到延安，任命我担任边区保安司令部副司令员。

当时的边区保安司令部司令员虽然是高岗兼任，但高岗主要精力放在边区党委，萧劲光主要负责留守兵团，直到我去边保时，边保机关的各类机构尚未健全起来，司令部虽然配备了参谋长和政治部主任，但只是个空架子，既没有工作机构，又没有工作人员。

我到边保以后的第一项工作就是建立健全组织：司令部、政治部、卫生部、供给部，经过半年多时间，组织初具规模。1939 年，把黄罗斌从神府调来当参谋长，吕振球仍担任政治部主任，杨林任供给部主任，王国瑞任副主任。工作人员由边区党委组织部选调了一批，抗大毕业学员分来一批，充实了各个岗位。以后又建立了警卫连、随营学校。随营学校的校长起初是吴岱峰，后由张涛担任。

第二项工作是建立地方武装部队。首先调整和加强了各分区保安司令部的领导力量：关中分区司令员张仲良，政治委员习仲勋；庆环分区司令员吴岱峰，政治委员马文瑞；三边分区司令员朱子修，政治委员刘英勇；神府分区司令员杨文谟，政治委员张秀山。其次是将各基干保安大队改编为独立营；关中分区第一、第二保安大队改编为独立第一、第二营；第三保安大队和延川、固临保安大队合编为独立第三营；保安、安定警卫连和第四保安大队合编为独立第四营；庆环分区第五保安大队改编为独立第五营；神府分区第六保安大队改编为独立第六营；三边分区保安大队改编为独立第七营；靖边、安塞保安大队改编为独立第八营；延川、延长保安大队改编为独立第九营；庆环分区骑兵连和三边分区蒙汉骑兵营合编为三边骑兵营。此后，随着边区地方武装的逐步扩大和抗日战争形势发展的需要，边保所辖的武装部队又作了若干次调整和改编。其中，1938年底，将独立第六营与宋家川、介休巡察队及老君殿游击队合编为边区保安司令部第一团（后改称保安第四团）；1940年初，将独立第四、第八营合编为保安第二团；1941年2月，将独立第一、二、三营合编为保安第一团；将赤淳保安队陕西工委留守处警卫第五营及关中青年营合编为保安第三团；将三边分区骑兵营与伊克昭盟骑兵营合编为骑兵团。到1942年成立陕甘宁晋绥联防司令部时，整个保安部队发展到5299人，轻机枪72挺，重机枪3挺，迫击炮1门。经过逐步地调整、巩固和发展，边区地方武装的战斗力量大大加强，在中央军委和八路军留守兵团的统一指挥下，与八路军留守部队和边区人民密切配合，协同作战，为肃清匪患，守卫河防，反对磨擦，保卫和建设边区发挥了重要作用。据不完全统计，从1938年春到1939年底，日军向陕甘宁边区河防组织进攻达23次之多，其中规模较大的有7次。敌人每次使用的兵力少则2000余人，多则万余人。但在我中央军委河防司令部的领导下，河防部队和神木分区保安部队，以及所属各县自卫军和广大民众大力参加，英勇反击，共进行大小战斗70余次，毙伤日军800余人，胜利地完成了保卫河防、保障抗日大本营安全的任务。在陕甘宁边区三次大的剿匪作战中，我边区保安部队抽调大批部队与八路军留守部队一起并肩作战，共消灭大的股匪21

股，毙俘匪徒1130余人，缴获马步枪1800余支，轻机枪20挺，迫击炮4门，子弹20余万发。在1939年至1942年约三年的时间里，国民党顽固派两次发动反共高潮，制造磨擦，计武装进攻我边区171次，抢劫骚扰155次，拘捕我方人员47次，组织暗杀28起，侵占我边区县城5座，打死打伤我军800余人。为了彻底打退国民党顽固派的武装磨擦，我边区保安部队与边区留守部队、广大群众一起进行了坚决的反击，消灭顽军2000余人，缴获各种枪支3400余支。更重要的是广大指战员在斗争中经受了锻炼，提高了觉悟，增强了斗志。

第三项工作是组织边区自卫军。1938年10月，边区政府和边区保安司令部颁发了《陕甘宁边区自卫军组织条例》，规定"抗日自卫军系边区内半军事性质的群众抗日武装组织，同时是抗日后备军"，"凡边区的劳动公民，自愿执行自卫军的任务与遵守抗日自卫军的组织纪律，年龄在十八岁以上四十五以下身体强健者，均有加入抗日自卫军的光荣权利"。在边区各级党委和政府的重视和领导下，边区自卫军的建设取得了重大成就，到1939年，边区的自卫军发展到22万人，其中基干自卫军有3万余人。另外，还有2.8万人的少年先锋队。自上而下地建立了指挥系统，村设班和排，乡设连，区设营，县设团，统归边区保安司令部指挥。这支自卫武装力量的组成，在抗战和巩固边区的斗争中发挥了极大的作用。据不完全统计，在1939年到1940年边区破获汉奸案、投敌案、土匪案、伪钞案等近千起，都是自卫军参加或自卫军破获的。在清剿土匪、击退日本西渡黄河和粉碎国民党顽军对边区进犯的逐次战斗中，几乎每次都有自卫军参加，从提供情报、担任向导、运送弹药粮草到救护转移伤病员，以至于直接参加战斗。

陕甘宁晋绥联防军成立

1942年5月13日，中央军委作出了《关于成立陕甘宁晋绥联防司令部的决定》，统一晋西北与陕甘宁两个区域的军事指挥。原陕甘宁边区保安司令部和八路军留守兵团所辖各部划归陕甘宁晋绥联防军司令部统一指挥，随之进行了一系列调整和改编。

中共中央军委的这一决定，是根据国际国内局势发生的重大变化作出的。

太平洋战争爆发后，日军在不到半年的时间里相继占领了菲律宾、关岛、威克岛、马来西亚、新加坡、泰国、缅甸、中国香港和印度尼西亚，气焰十分嚣张。当然，占领这些地区，它也同时背上了一个很大的包袱，为控制这一地区的局势，不得不投入大量的兵力。正因为如此，日军大大加快了侵占中国大陆的步伐，企图早日结束中日战争，把中国变为它的后方基地，以便腾出手来对付以英、美、苏为核心的国际反法西斯统一战线。为了实现这一企图，日军对我积极抗日的敌后根据地和武装力量实行疯狂“扫荡”，采取惨无人道的“三光”政策，强化在华北的殖民统治，妄想把华北变成支持太平洋战争的“兵站基地”。而对国民党顽固派则采取以政治诱降为主、军事打击为辅的政策。蒋介石继第二次反共高潮后，加紧实行所谓的“曲线救国”，一些军政要员和部队投降日寇，明目张胆地打起反共旗帜，与日伪军互相配合，向抗日根据地进攻。自1941年至1943年8月，国民党投敌的中央委员20人，高级将领58人，投敌军队达50万人，占伪军80万的62%。国民党顽固派在全国各地制造反共磨擦事件，调集几十万大军对我陕甘宁边区加紧军事包围和经济封锁。在边区内则派遣大量的特务、土匪进行破坏活动，妄图借日寇“扫荡”之机，消灭边区，消灭共产党及其领导的抗日武装。

根据面临的严重困难，中共中央和中央军委提出了敌后抗战的总方针和中心任务。1941 年 12 月 28 日，中共中央和中央军委联合发出《关于太平洋战争爆发后党的战略方针的指示》，指出：“1941 年我根据地受了很大损失，应乘 1942 年敌人忙于太平洋，对中国采取战略守势之际，集中力量恢复元气，巩固内部，巩固党政军民。”党中央和毛泽东还根据当时时局的特点，提出了抗日根据地的十大政策，即：对敌斗争、精兵简政、统一领导、拥政爱民、发展生产、整顿三风、审查干部、时势教育、“三三制”政权、减租减息。并把对敌斗争作为首要任务，把整风和生产作为基本环节。中央军委关于成立陕甘宁晋绥联防司令部的决定，就是依据党中央的上述精神作出的。

陕甘宁晋绥联防军司令部成立后，任命贺龙为司令员，萧劲光、徐向前为副司令员，关向应为政治委员（关在休养时，高岗为代政委），林枫为副政委。下辖第一二〇师、八路军留守兵团、晋西北新军、第三五九旅、陕甘宁边区保安部队、炮兵团。

6 月 4 日，中共中央政治局作出决议，赋予陕甘宁晋绥联防司令部三项职权：1. 统一晋西北与陕甘宁两个区域的军事指挥与军事建设。2. 统一两个区域的财政经济建设。3. 统一两个区域的党政军民关系。为执行第二项职权，决定组织财政经济委员会，以林伯渠、贺龙、李鼎铭、续范亭、高岗、萧劲光、王世泰、王震、叶季壮、南汉宸、朱理治、高自立、徐向前、林枫、陈正人、牛荫冠、霍维德、李六如、白如冰等 19 人组成，以林伯渠、贺龙分任正、副主任，下设财政经济办事处，以贺龙为主任。

同年 10 月 1 日，联防军正式改编完毕，改编后的联防军下辖第一二〇师兼晋绥军区、警备第一旅、警备第三旅、第三八五旅、骑兵旅、炮兵团等部队，共八个旅、六个军分区、一个河防司令部、一个抗大分校、两个独立团、三个保安团，总计 75307 人。这些部队绝大部分是由土地革命战争时期的红军改编的老部队，其中团以上干部全部经过严酷战争和艰苦环境的锻炼，军政素质较高。

陕甘宁晋绥联防军司令部及其所属各部编成后，陕甘宁边区保安司令部宣布取消，改为警备第三旅。旅长贺晋年，政治委员王世泰，副旅长吴岱峰、黄罗斌，副政治委员吕振球，参谋长张文舟，政治部主任陈仁麒。下辖警备第七团，团长黄罗斌（兼），政治委员左爱；警备第八团，团长郭宝珊，政治委员高维嵩；警备第九团，团长罗源新，政治委员刘昌汉。防区划在三边。

陕甘宁晋绥联防军的任务主要有四个方面：1. 打破日伪军对晋绥抗日根据地的“扫荡”、“蚕食”和“治安强化运动”。2. 粉碎国民党顽固派封锁和进攻陕甘宁边区的阴谋，保卫党中央，保卫边区，建设边区。3. 加强部队建设，提高部队的素质，保存和培养干部。4. 支援敌后各抗日根据地的斗争。

驻守三边

1942 年 12 月到次年 1 月，警备第三旅正式开赴三边接受防务。从 1943 年 1 月到 1944 年 12 月，我在三边工作了整两年。这两年的工作可以说搞得比较好，曾受到党中央、西北局和边区政府的表彰奖励。毛主席亲笔题词，给我们获奖的 22 位领导干部颁发奖状。此项殊荣，是对全分区党政军民同心协力、艰苦奋斗所取得各项成绩的充分肯定。

我初到三边时，地委书记是高峰，专员是罗成德。按照党中央关于各抗日根据地一律“执行一元化领导制度，划分军队防区”的指示，西北局和联防司令部任命我担任三边地委书记兼分区司令员，高峰任地委副书记，地委组织部长王春华，统战部长孙殿才，宣传部长贾怀济。由于贺晋年在延安中央党校学习，司令部的全盘工作由我负责，参谋长张文舟负责部队训练，副政委吕振球和政治部主任陈仁麒抓整风学习和政治教育，副旅长兼警备七团团长黄罗斌管生产。

三边分区辖定边、盐池、靖边、吴旗四县，人口约155万，北与绥远伊克昭盟接壤，西与宁夏为邻，相对而言，是陕甘宁边区比较富的一个分区。其经济收入的主要来源是食盐、皮毛、药材。当时盛传着这样的说法："三边有三宝，食盐、皮毛、甜甘草。"食盐历来是朝廷的专卖品，本小利大。这里盛产的以甘草为主的上百种药材，不仅在国内知名度很高，而且远销南洋各地。所以，这里的商业贸易兴隆，市场繁荣。东经太原和内蒙古直达北京、天津；南往关中、西安到上海、广州口岸；西经平凉、庆阳到兰州、新疆、青海；北经中卫、吴忠、银川至包头。三边从事商贸的资本家有100多户，其中大商家就有几十户。由于边区对工商业资本家采取保护政策，所以，这里的商业贸易搞得非常活跃，多年形成的客户关系比较稳定，远道大宗买卖都是明码电报交易。市场的需求和贸易的繁荣，大大推动了采集业、养殖业、加工业和运输业的发展，不少人从事这方面的产业，提供了大量就业机会。三边的农业生产比其他分区的条件也相对好一些。靖边、盐池一带普遍推广水漫地，是提高农业产量的有效途径。水漫地的灌溉方法，是时任靖边县委书记惠中权提出的。惠中权善于深入群众调查研究，总结推广先进生产经验。他重视靖边生态发展，大力提倡种树种草并取得一定成效。他的政绩受到边区政府的奖励，受到毛主席的表扬，他后调任边区建设厅副厅长兼毛主席的特殊"秘书"，直接按照毛主席的指示进行调查研究。当地农民按照水漫地的灌溉方法，充分利用夏、秋雨季，把洪水及其裹挟下来的牛羊粪和有机物聚到川洼地中，经过自然发酵，成了很好的肥料，同时解决了干旱的问题。当地农民就有"伏里漫过盖（指膝盖），不怕来年晒"；"秋里漫一水，不当饿死鬼"的说法。可见，水漫地在当时对农业生产所起的重要作用。所以，这里群众的生活相对比较富裕。加之三边所属县都是在土地革命战争时期解放的，有比较好的群众基础，这就为我们搞好边区的各项工作，提供了有力的保证。

当然，也有不利的一面。三边北部沿长城一线，国民党部署了第二十二军第八十六师、骑兵六师、新十一旅；在伊克昭盟的扎萨克旗、乌审旗至鄂托克旗一线部署了东北挺进军新骑五师。西边马鸿逵、马鸿宾的第十一军暂编第九师、第三十一师、第一八六师和骑兵第一、第二旅就驻扎在灵武、金积、韦州一线，从北到西用六个整编师、三个整编旅构成了两道紧密相连、互为策应的封锁线。而当时我驻守三边的警备三旅，只有三个团，总兵力只有 3694 人。在国民党顽固派不断制造磨擦，尤其是 1943 年掀起第三次反共高潮的严峻形势下，我们面对的压力相当大，防务也异常艰巨。但是，我们终于战胜了各种困难，不仅粉碎了国民党顽固派的军事包围和经济封锁，而且，各项工作都取得了比较满意的成就。特别是生产、训练和抗日民族统一战线工作，搞得扎实而富有成效。

练兵运动热火朝天

开展练兵运动，提高部队的军事素质。自 1943 年起，由于世界反法西斯战争的胜利发展，国际形势发生重大变化。国内，中国共产党领导的抗日民主根据地，已经度过了最困难的岁月，进入了恢复和再发展的新阶段。为了迎接抗日战争由局部反攻到全面反攻的新形势，彻底粉碎国民党军的包围和封锁，党中央决定加紧训练干部，训练部队，进一步提高部队的军事素质和政治素质，以适应战争形势的发展。9 月 5 日，毛泽东电示联防军司令员贺龙："在冬季五个月中实施全军普遍的彻底的军事训练，准备迎接大规模战争。"并强调要"把此事看作一个严重任务”。10月，在陕甘宁边区召开的高级干部会议上，毛主席提出要进行战备动员，要求边区部队“今年冬季来他一个很好的训练，达到一个当两个的目的”。“其方法是首长负责，自己动手，一般号召与个别指导相结合。”训练的目的是，既要加强当前的对敌斗争，又要准备将来部队再发展的骨干力量。

联防军司令部根据上述指示精神，在九十月间，先后召开了部队团以上参谋长会议和边区高级军事干部会议，讨论了冬季训练的指导思想和训练方法，确定了“以兵为主，人人皆兵，个个都练，士兵的教育又应以技术为主”的训练方针。1944年的冬训在总结1943年冬训的基础上提出了新的要求，即“去年练兵着重在技术，部队战斗力大大地提高了，今年必须提高战术”。所谓技术，主要指射击、投弹、刺杀、土工作业。所谓战术，主要是指如何研究敌情、地形、各兵种的协同动作、火力与运动的配合、部队行动的隐蔽与迅速等。按照联司的有关指示和决定，警三旅广大指战员连续两年掀起训练热潮。从机关到基层，由上到下，自觉学习，互相帮助，进行评比竞赛。就连规定休息的时间内，许多人都在燃起火堆练投弹、练刺杀，点起香火练瞄准，到处是操场，到处是课堂。整个部队呈现出了一片朝气蓬勃、团结紧张的新气象。1943年冬天，司令部与政治部举行射击比赛。我代表政治部打靶，10发打了100环。司令部的人不干了，说我是军分区司令，又让我代表司令部打靶，结果10发打了90环。那个年代，官兵亲如兄弟，情同手足，相互之间那种和谐、融洽的气氛至今令人难忘。

经过两个冬季的严格训练，部队广大官兵的技术与战术水平有了很大提高。全旅轻武器射击完成全部练习的占95.8%，命中率达73.15%；手榴弹平均投掷41.31米；全副武装能超越百米障碍的占77.49%。这一成绩受到了联防军司令部的通报表扬。七团三连连长苗保山，刻苦摸索训练方法，认真总结经验教训，科学指导连队训练，训练成绩遥遥领先。旅参谋长张文舟亲自撰稿，并由联防军政治部主任谭政作序，在《解放日报》上连载，向全军推广其训练经验。为了加强沙漠地带对敌作战和步兵打骑兵的战术，我们根据三旅防守地区的地理特征，进行战术研究，收到了良好效果。旅团机关业务部门，进行了有计划有步骤的实战模拟训练。七团一连发扬勤学苦练精神，群策群力，创造了多种训练方法，军事考核名列前茅，被联防军司令部授予“练兵学习模范连”的光荣称号。七团二营四连五班原来军事基础差，在班长李成功领导下，学习热情，练兵方法灵活，有创造性，射击成绩不仅在200米以上保持纪录，其他各项成绩也不落后。《解放日报》以《李成功班》为题进行专题报道。在搞好自身训练的同时，警三旅还根据联防军司令部的决定，帮助抗日军政大学总校进行军事训练。

警三旅的军训工作之所以搞得有声有色，成效显著，这与参谋长张文舟认真负责，集思广益，坚持不懈地检查督促是分不开的。当年军训的许多经验值得我们今天借鉴。如官教兵，兵教官，兵教兵，官兵互教互学的原则；从实战要求出发，理论联系实际，学以致用的原则；培养典型，奖励模范，发动竞赛，以点带面的原则；首长负责，亲自动手，以身作则，示范带头的原则；突出中心，协同配合，全力以赴，保证重点的原则；等等。50多年前部队创造的这些经验，不仅是我们取得抗日战争和解放战争胜利的成功经验，也是我们今天进行现代化建设的各项工作都值得借鉴的。

开展民族统战工作

在大力加强生产建设和军事训练的同时，我们还十分注重加强军政、军民和各方面的协同配合，尤其是深入切实地加强和巩固抗日民族统一战线工作。三旅的防地及其周围主要是少数民族聚居的区域，北面的蒙古族伊克昭盟，下辖七个旗县，我们在那里建有伊克昭盟工委，由赵通儒担任工委书记，我们就近兼管。我们和最邻近的鄂托克旗、乌审旗关系处得相当不错，在乌审旗组建了一个骑兵游击队，司令员是王越诚，1949 年参加过开国大典。伊盟工委负责民族统战工作的干部曹动之，在这个地区也曾组建过一个汉族游击队，以后发展到一个营，曹动之任营长。三边还设有一个西北局办的民族学校，我兼校长，为民族地区的解放和建设培养了一批干部，天宝就曾是这个学校的学员。1944 年秋，国民党驻防绥远的第二十六军何文鼎，强迫伊克昭盟沙王反对我们。沙王不愿意与我们为敌，带了王府人员和警卫连逃到了乌审边境。我立即将这一情况电告联防司令部和党中央，毛主席立即来电报要我亲自去见这位王爷。我去之前，指示伊盟工委的人已和王爷接触过多次，工委书记赵通儒与沙王的警卫连长老贯相互宴请，结拜兄弟，关系处理得十分融洽。当时国民党也派去几路大员争取沙王，怕沙王进入陕甘宁边区，在政治上被动。我赶到时，沙王已带领随从西去鄂托克旗，但我们和伊克昭盟以及邻近的两个旗建立的友谊和和平相处的关系，使我们在这一地区的工作能够顺利开展。需要特别提到的是我们和国民党邓宝珊第二十二集团军所属的新十一旅，不仅始终保持了互不侵犯、友好相处的关系，而且在这个部队里原来就有我们党的秘密组织。抗战胜利后，新编十一旅率先起义，编入陕甘宁晋绥联防军序列，成为国民党军队起义的火车头，与我们在这一时期所做的工作是分不开的。

保卫关中分区

1944 年底，中共中央西北局和陕甘宁晋绥联防司令部决定调我到关中分区担任司令员。手续移交后，我即前去报到。

关中分区是陕甘宁边区最南端的一个地区，位于平原和高原的结合地带，是出入边区的咽喉之地。境内多丘陵山地，沟壑纵横，梢林密布，荆棘丛生。分区驻地设在马栏，辖淳耀、赤水、新正、新宁四县，人口十多万。如果打开当时的陕甘宁边区地图，你会发现关中分区就像一只伸向国民党统治区的有力拳头，其状如拳腕，又似悬胆，包围它的国民党驻军称其为“囊形地带”。

1939年国民党顽固派掀起第一次反共高潮以后，在我关中分区周围部署的兵力，始终保持在十个师以上。构成了三道严密的封锁线。还修建了几百公里长的战壕，碉堡林立，装备了当时国内最先进的轻重武器，形成了杀伤力极强的火力网。和三边分区相比，关中分区的防务更艰巨，责任更重大。边区政府和联防司令部对关中分区的防务一直都非常重视，军事力量配备也相对要强一些。1941年成立关中警备司令部，司令员文年生，政委习仲勋。1943年精兵简政时，将关中警备司令部改编为警备第一旅兼关中军分区，司令员文年生，政委张德生，副司令员汪锋、陈先瑞，副政委晏福生。下辖警备第一、二、三团和保安纵队。全旅共6389人（含保安纵队583人），比警备三旅多2695人。

1944年底到1945年初，世界反法西斯战争不断取得胜利，德、意、日法西斯已处于穷途末路的境地。根据当时发展的形势，毛主席于1944年12月15日在陕甘宁边区参议会上，发表了《一九四五年的任务》的演说。他指出：“无论哪一个解放区的附近，或其较远之处，都还有许多被敌伪占领而又守备薄弱的地方，我们的军队应该进攻这些地方，消灭敌伪，扩大解放区，缩小沦陷区。”1945年4月23日至6月11日，中国共产党在延安召开了具有伟大历史意义的第七次全国代表大会，确定了“放手发动群众，壮大人民力量，在我党的领导下，打败日本侵略者，解放全国人民，建立一个新民主主义的中国”的政治任务。为贯彻党中央、毛主席的决定和指示，迎接即将来临的大反攻，“扩大解放区，缩小沦陷区”，中央军委、八路军总部和联防司令部决定，从边区抽调一批部队和干部开赴东北、华北和中原地区开辟根据地。驻守关中分区的警备一团、二团先后由陈先瑞和文年生率领，组成豫西抗日游击第三支队和八路军游击第三支队，分别于1945年5月以后开赴豫西和河南新安地区。

警备第一、第二团和警备第一旅旅部机关开赴华中后，关中分区司令部实际上只留下警备三团，另外就是保安纵队。我去以后，逐步着手建立健全了司令部、政治部和后勤部机关，并将保安纵队和各县保安中队分别改编为警备第一、第二团，从上到下初步完善了军分区的各级机构，至8月份，旅团建制才初具规模。

正当我对关中军分区机关和部队积极进行整顿、组建时，国民党反动派在美国的支持下，加快了向陕甘宁边区进攻的步伐，企图首先夺取关中分区，威胁延安。

从7月15日起，胡宗南奉蒋介石之命令，将河南前线及韩城、朝邑、西安地区的部队，星夜西调，分别集结于淳化、耀县、同官、枸邑等地。至7月19日，国民党已在我关中分区东、南、西三面集结了11个师的兵力。

从7月21日开始，在国民党第八军军长袁朴指挥下，国民党部队分三路向我关中分区大举进攻。其部署是：第一路第三十六军第五十九师，由淳化、方里镇向我爷台山防守阵地发起猛烈进攻；第二路，暂编第十五师，向土桥镇方向发起进攻；第三路，暂编第五十二师，向上、下墙方向进攻。我立即命令警备一团、分区保安纵队、关中分区警卫队进入战斗位置，协同新四旅七七一团给来犯之敌以迎头痛击，并组织了六个民兵游击小组和三个爆破小组配合主力战斗。

激战爷台山

爷台山阵地我守军仅有六个连的兵力，面对六倍于我的国民党部队，指战员英勇顽强，奋勇杀敌，打退了敌人一次又一次的疯狂进攻。在我主阵地指战员的坚决抗击下，敌军一方面集中重炮团的强大火力，向我爷台山阵地实施炮火覆盖，另一方面又增调其预备第三师投入战斗。激战至27日，因敌我众寡悬殊，我军不得不撤出战斗。我爷台山及其以西的野狐咀、于村、十里垣、官庄、宋家洼、赵家山、熊家山一线，宽50公里，纵深10公里地区内的41个村镇被敌占领。

爷台山阵地，山高路隘，形势险要，是我军守备关中地区的重要屏障，同时也是国民党进攻我陕甘宁边区的咽喉要塞。敌人为了进一步巩固和扩大已占领的阵地，大肆抢劫财物，抓丁拉夫，抢修工事，企图以爷台山为依托，向我边区作进一步进攻。

爷台山反击战打响以后，第十八集团军总司令朱德、副总司令彭德怀，陕甘宁晋绥五省联防军司令员贺龙，副司令员徐向前、萧劲光，代理政治委员高岗、副政治委员谭政，参谋长张经武分别于7月23日、7月26日、8月7日三次致电蒋介石、胡宗南，要求国民党部队停止战斗，撤回原防，赔偿损失。我新华社记者也跟踪进行连续报道，揭露国民党顽固派假抗日、真分裂、制造内战的反动真面目。但蒋介石、胡宗南对此置若罔闻，不但不稍加收敛，而且还变本加厉地调遣部队，企图侵占我关中分区，对边区发动更大规模的战争。其兵力部署是：以暂编第五十九师主力第三团坚守爷台山；以新编第五十二师、新编第三十七师、第一六五师、第一师、第三师分别集结于富县、淳耀、新宁、新正之官庄、梁庄、龙高、早胜、小丘一线；另以第七师等部为战役预备队。

为了打退敌人的疯狂进攻，收复我爷台山阵地，粉碎国民党反动派扩大内战的阴谋，我陕甘宁晋绥联防司令部，遵照中央军委的命令，成立了爷台山反击战临时指挥部。临时指挥部司令员张宗逊，政委习仲勋，副司令员王世泰、王近山、黄新廷，副政委谭政，参谋长张经武（未到），政治部主任甘泗淇。临时指挥部起初设在马栏，8 月 7 日，迁移到距爷台山十公里的凤凰山下的兔鹿村。指挥部成立后，立即召开会议，讨论决定：抽调新编第四旅，教导第一、第二旅以及第三五八旅参加战斗。会议认真研究了作战方案，其具体部署是：以新四旅五个营为主攻部队，警备第一旅三团一营配合，消灭爷台山、老庄子、宋家洼之敌，收复被敌侵占的全部村庄；以第三八五旅为预备队，集结于凤凰山照金地区的机动位置，准备打击反攻之敌；教导第一、第二旅集结于岭湾，上畛子地区，监视东、西之敌，以确保我军侧后安全。

备参战部队在马栏集结后，临时指挥部召开了营以上干部动员大会，对作战企图和战役战术进行了部署，要求各参战部队密切配合，协同作战，隐蔽前进，速战速决。

8 月 7 日，部队向预定作战地域开进，8 月 8 日黄昏，进入敌前沿阵地，23 时发起总攻。我军全线出击，向敌人展开了猛烈的攻势。8 月 8 日，正是苏联红军对日正式宣战出兵东北的日子，所以当我们听到新华社广播的这一消息，高兴地跳了起来，战士们群情振奋，欢呼雀跃。这也是我们盼望已久的最好的消息，大大增强了指战员对敌斗争的信心。

爷台山位于乔山山脉南端，海拔 1313 米，地形险要，易守难攻。敌军占领后，抢修了十多座碉堡、掩体和战壕。驻守敌军是胡宗南暂编第五十九师三团的四个步兵连、一个机枪连、一个重机枪排。驻守主峰碉堡的第五十九师三团二营四连，曾因镇压甘南农民起义极其凶残被称为“常胜连”。因效法希特勒的党卫军，全连官兵徽章内侧印有“党卫”二字，借以证明死心塌地为蒋介石、胡宗南卖命效忠。此连配备轻重机枪七挺，依托坚固的工事，负隅顽抗。战斗一开始，就打得异常激烈。

为了给守敌以致命打击，我正面攻击部队首先以山炮三门、迫击炮八门，集中火力压制敌人。战至9日4时，除新四旅七七一团攻占孟户梁、熊家山两阵地外，其余各部的攻击均无大的进展。为迅速解决战斗，临时指挥部立即命令第三五八旅投入战斗。第三五八旅八团二营协同新四旅十六团一营于10时向爷台山主阵地发起了强大攻势。广大指战员在炮火的掩护下，冲入敌阵地，经过反复冲杀，顽强肉搏，战斗至下午2时，全歼守敌。接着，各参加部队乘胜追击，穷追猛打。8月10日，整个战斗结束，收复了爷台山全部阵地，全歼守敌五个整编连和一个营部，毙俘敌营长以下100余人，缴获轻重机枪19挺。

战斗期间，我边区自卫军、游击队及广大群众在赤水、淳耀县委、县政府的组织下，成立了“战地工作团”，踊跃参战，积极支前。仅赤水县就动员群众1400余人，出动担架400多副，筹集军粮6万余斤、军鞋1万余双，为保卫边区作出了积极贡献。

爷台山反击战，发生在日本帝国主义宣布无条件投降的前夜，是我边区军民根据毛主席“有理、有利、有节”的自卫原则。在政治上充分揭露了国民党发动内战的阴谋后，在军事上又给进犯之敌以坚决打击的正义之战。这一胜利，对巩固陕甘宁边区具有重大意义。

8月12日，美军调查组在杨尚昆和黄华、马海德两位翻译陪同下，到战地进行了调查。调查组在面对残留在阵地上大量印有U.S.A.字样的弹箱、弹壳和武器时，不得不承认，发动内战的是国民党。

8月14日，我边区军民打扫了战场，掩埋了牺牲的战友，举行了声势浩大的追悼会和庆祝联欢晚会。

8月15日，日本帝国主义宣布无条件投降。14年抗战最终取得了完全胜利。

回忆陕北公学

李维汉

陕北公学是我们党在抗日战争开始以后创办的一所革命大学。1937 年 8 月在延安成立，1938 年 7 月在关中栒邑设立分校，1939 年 1 月，延安陕公总校迁到栒邑与分校合并。1939 年 6 月，党中央决定陕北公学、延安鲁艺、工人学校、安吴堡青训班四校合并，成立华北联合大学，校址迁到晋察冀根据地。1939 年 12 月，党中央决定恢复陕北公学，在延安重新招生，称为后期陕公。1941 年 8 月底，党中央又决定将陕北公学与中国女子大学、泽东青年干部学校合并，成立延安大学，结束了陕公的历史。我于 1938 年 3 月到陕公工作，先后担任过副校长兼党组书记、分校校长、后期总校校长等职。我和许多同志们在陕公的那些兢兢业业、艰苦奋斗、共同切磋的日日夜夜，虽已过去多年，回忆起来仍历历在目，不能忘怀。

一、陕公的创立

1935年10月，中央红军长征胜利到达陕北。12月，党中央召开了具有重大历史意义的瓦窑堡会议，批判了长期统治党中央的王明“左”倾关门主义、冒险主义，制定了建立抗日民族统一战线的正确路线。从此，革命进入建立抗日民族统一战线、实现全民族抗战的新时期。

1936年12月，日本帝国主义向我国华北节节逼近，在我们党抗日民族统一战线政策的影响下，发生了震惊中外的西安事变。由于党坚持和平解决的方针，经过多方努力，终于迫使蒋介石接受停止内战、建立国内和平、实现全民族抗战的方针，事变以最有利于人民根本利益的结局得到解决。

西安事变的和平解决，极大地提高了党的威望。它向全国人民昭示了中国共产党以国家民族利益为重，不计蒋介石残杀千百万革命群众的血海深仇，从而使全国人民认识到，中国共产党是抗日民族统一战线的创导者和组织者，抗战离不开共产党。因而全国人民，特别是青年们，向往共产党，向往延安。从西安到延安的几百里路上，每天都有成群结队的男女青年，背着行装，唱着抗日歌曲，风尘仆仆地奔向延安。青年们是为追求真理、学习抗日救国的本领而来。从我们党来说，为了开展全民族抗战，也急需增添新的力量，所以党把青年视为极可贵的财富。但当时延安只有中央党校和红军大学，它们的任务是轮训党的高级党政干部和高级军事指挥员，无法容纳来延安的广大知识青年。为了解决这个问题，党中央决定把红军大学改名为中国人民抗日军政大学，并增设了第四大队。这是我们党在延安培训全国抗日青年的第一所熔炉。

七七事变后，开始了全民族抗战。由于国民党执行片面抗战路线，广大国土相继沦陷，因而从东北、华北、华中、华南等沦陷区奔赴延安的青年，与日俱增。为了开展全民抗战，以最快速度培养他们成为抗战的人才，党中央决定，在积极扩大抗大的同时，创办陕北公学。

本来我们想把陕公取名为“陕北大学”。当时，第二次国共合作已经实现，边区要办一所大学，不能不事先通报国民党当局。国民党以边区地域小、已有了抗大等为由，不同意再办“陕大”。这样，我们便改称陕北公学。大革命时期，党在上海办过上海中国公学，陕公的名称，一方面是继承过去的革命传统；另一方面，我们的学生，并非是中学生进大学，实际上留学生、大学生、中小学生都有，叫公学，更符合实际，学生们也都满意。

1937 年 8 月，开始筹建陕北公学。党中央委派组织部长李富春直接领导此项工作，并任命成仿吾（当时是中央党校教务长）为陕公校长。成仿吾带来十几个干部负责筹建工作，他们是陕公的开拓者。

9 月 9 日，《新中华报》刊载了筹办陕公的消息。《新中华报》载明，陕公的发起人为林伯渠、吴玉章（当时在国外）、董必武、徐特立、成仿吾、张云逸；创办陕公的目的是“为了实施国防教育，培养抗战人才”，设有政治经济、师范速成、医学、国防工程、日本研究五个系；准备招收学员 1000 人，每系 200 名。校址在延安东门外。随即，我们在三原、西安、延安等地设立了报名处。我们党设在国统区的八路军办事处，是介绍、接收陕公学员的重要阵地。

9 月 14 日，《新中华报》又刊载了陕公的招生简章。简章对陕公的办学宗旨，各系的培养目标、报考资格、考试科目、报名手续、考试日期、地点、学员生活待遇、毕业分配方向；等等，都作了简要介绍。关于报考资格，我们从革命的需要出发，没有对学历、文化水平等作机械的规定，强调只要有志于抗日救国，年满 18 岁，身体健康，无不良嗜好，不分性别、出身、职业、党派信仰，均可报考。

党中央要求我们以最快的速度为抗战培训人才，输送干部。因此，陕公的学员，随到随编班，一面招生，一面办学。最初的学员，从抗大转来的大约有200名，延安的一些部门、白区党的一些单位、爱国民主人士（如郭沫若、沈钧儒等）也送来一批学员。经过一个月的筹备，到校学员有300多名。9月1日，正式编班上课。

初创时的陕公，领导机构很简单，干部也极精干。在校长领导下，设有教务处、生活指导委员会（相当于政治部）、校务处三个部门。教务处长邵式平，生活指导委员会主任周纯全，校务处主任袁福清，秘书长饶志雄。中共陕公总支委，是学校专作党务工作的组织，第一任总支书记宋琏（女），以后是季凯、申力生等。陕公最高党的领导机构是党组，设有党组书记。

陕公最初开设三门课程：民族统一战线与民众运动，游击战争与军事常识、社会科学概论。此外，还有不定期的时事政策报告。授课教员，除学校的行政领导如邵式平、周纯全等兼课外，专职教员有周起应（周扬）、李初梨，聘请的有吴亮平、凯丰，约请的有毛泽东、洛甫、陈云、李富春、王若飞等中央领导同志。在党中央的大力协助和学校的努力下，教师的阵营很快得到加强、充实。党中央将一些名学者、名教授如艾思奇、何干之、何思敬、吕骥、李凡夫等从白区调到陕北，在陕公任教；另外聘请、约请的教员也大大增加，如张如心、李培之、宋侃夫、林俚夫、邓止戈、何定华、李唯一、贾克、陈昌浩、陈伯达、徐冰、陈唯实、王观澜、毛齐华、杨松、任白戈、王思华、贾侃、李舜初等，都先后在陕公讲过课。

1937年10月，陕公学员已编了五个队，第一队到第四队是男生队，第五队是女生队，共约600人。11月1日，陕公举行隆重的开学典礼，宣告陕北公学的诞生。

我于1938年3月调陕公任副校长和党组书记。在这以前，我任中央党校校长。一天，洛甫到党校作报告，报告毕，他通知说中央决定我去陕公任副校长兼党组书记，问我有什么意见，我说没有意见。

我问何时去，他答一个礼拜内。我又问他有何指示，他说了两点：一、搞好领导干部的团结；二、发展党员要放手些，可以发展到学员总数的百分之六十至八十。我如期到达陕公。

二、党中央和毛泽东对陕公的亲切关怀

陕公是在党中央和毛泽东的亲切关怀下创立的。特别是毛泽东，他在繁重的工作中，还常对学校的任务、办学方针等关键问题，给予及时的指导。

1937年10月19日是鲁迅逝世一周年纪念日，陕公举行隆重的纪念大会，毛泽东亲临讲话。他开头第一句话，就是讲陕公的任务，他说："陕北公学的重要任务是培养抗日先锋队"，"当这伟大的民族自卫战争迅速地向前发展的时候，我们需要大批的积极分子来领导，需要大批的精炼的先锋队来开辟道路。"毛泽东在讲话中高度评价了鲁迅的一生，号召陕公学员在伟大的民族革命战争中，要像鲁迅一样，"用显微镜和望远镜观察社会"，"看清了政治方向，就向着一个目标奋勇的斗争下去，决不中途投降妥协"；要像鲁迅一样，决不畏惧敌人的威胁、利诱、残害，"一点不避锋芒，把钢刀一样的笔刺向他所憎恶的一切。"毛泽东在开学典礼上，还表扬了陕公在艰苦的物质条件下，勤恳学习革命理论的精神。他说，陕公的"一切物质设备都不好，但这里有真理、讲自由，是创造革命先锋的场所"。

10月23日，毛泽东为陕公写下了著名的题词："要造就一大批人，这些人是革命的先锋队。这些人具有政治远见。这些人充满着斗争精神和牺牲精神。这些人是胸怀坦白的，忠诚的，积极的，与正直的。这些人不谋私利，唯一的为着民族与社会的解放。这些人不怕困

难，在困难面前总是坚定的，勇敢向前的。这些人不是狂妄分子，也不是风头主义者，而是脚踏实地富于实际精神的人们。中国要有一大群这样的先锋分子，中国革命的任务就能够顺利的解决。”

陕公一创办，在财政、物资方面就遇到极大的困难。1938 年 3 月，当陕公发起向国内外要求支援时，毛泽东在我们出版的《援助陕公》的小册子上题词：“陕北公学是属于中华民族的，因为他为着抗日救亡而设，因为他收纳了全国乃至海外华侨的优秀儿女。维持这个学校的责任，我认为也应是全国乃至海外华侨一切爱国人士的，因为这个学校并无任何公私财政基础。教员学生们都只吃小米饭，而且不能经常吃。”

在办学过程中，毛泽东对陕公的关怀是经常的、多方面的。以 1938 年为例，3 月 3 日，他参加了六至十队的毕业典礼，会上他作了“临别赠言”，说陕公是统一战线的缩影，是进步的中国的缩影，有陕公中国就不会亡。3 月 29 日，他在陕公讲抗日游击战争的问题。4 月 1 日，他参加陕公第二期的开学典礼，首次讲述我党我军的“三八作风”问题，对其中的第一、第二条“坚定正确的政治方向，艰苦朴素的工作作风”作了详细阐述。4 月 5 日，毛泽东在陕公讲国共合作问题。5 月 7 日，他在陕公讲张国焘叛逃的问题，勉励学员要忠于党，忠于共产主义事业。6 月 27 日，他在陕公讲抗日战争的基本规律和党的基本战略持久战问题，将《论持久战》著作中的基本观点，向学员作了介绍。毛泽东还给陕公师生讲过哲学课，受到师生的热烈欢迎。

党中央的其他许多同志也非常关心陕公的成长。周恩来在陕公作过关于大后方的抗战形势和平江惨案的报告，朱德作过关于敌后战场的开辟和发展的报告，董必武作过关于中国法制问题的报告，张闻天作过关于新民主主义文化问题和青年修养的报告，陈云、李富春作过关于党的性质、组织原则的报告。此外，任弼时、王若飞等都到陕公作过重要讲演。这种得天独厚的条件，是陕公能迅速发展和作出重大贡献的重要原因。

三、陕公的教育方针

党的教育方针和教育政策，是同一定的历史条件、斗争环境密切联系着的。1937 年 8 月，党的洛川会议通过的《抗日救国十大纲领》规定，抗日的教育政策，必须“改变教育的旧制度、旧课程，实行以抗日救国为目标的新制度、新课程”。六届六中全会又规定了“实行国防教育政策，使教育为民族自卫战争服务”、“为长期战争服务”的方针。毛泽东在《论新阶段》的报告中进一步提出，必须改订学制，废除不急需与不必要的课程，改变管理制度，以教授战争所必需之课程及发扬学生的积极性，尽快培养大批的抗日干部，等等。

我们根据党中央关于战时教育的基本方针，根据陕公的性质、学员的特点，等等，规定了陕公的教育方针：

第一，使学员获得革命的宇宙观、社会观与人生观，获得社会发展规律的知识与民族解放、社会解放的知识；

第二，使学员获得当前革命运动发展规律的知识，获得坚定正确的政治方向；

第三，使学员获得抗日民族战争的知识，首先是游击战的知识；

第四，培养学员成为抗日战争中的民众运动工作者和文化教育工作者；

第五，培养学员敢于斗争和艰苦奋斗的精神及理论联系实际与民主作风。

陕公最初的招生简章曾规定设置五个系，以后的实践证明，这个设想脱离实际。因为，当时有的系如医学、国防工程，延安无条件设立。以后陕公不分系，只分普通队和高级队。普通队培养前线与后方急需的抗战民运干部，学习期限一般为三到四个月。高级队培养学校的师资，学习期限为一年。学校的重点是办好普通队。

普通队开设四门课程：

1. 社会科学概论，又称“政治常识”。内容包括社会发展史、政治经济学、辩证唯物主义与历史唯物主义等方面的一些基本知识。学生通过这门课的学习，初步懂得社会发展规律、马克思主义的阶级斗争学说，认识中国革命不仅当前要打倒日本帝国主义、求得民族解放，而且将来还要谋求社会解放、阶级解放。讲这门课的有李凡夫、吴亮平、张如心等。

2. 抗日民族统一战线。主要讲授抗日民族统一战线的基本理论、方针、政策，统一战线的产生、形成和意义，以及在实践中如何坚持独立自主、又斗争又团结，正确处理民族斗争与阶级斗争的关系，等等。这门课有史有论，有经验和教训的总结，学员们非常爱听。讲授这门课的有邵式平、何干之等。毛泽东每次到校讲演，也总要讲这方面的问题。

3. 游击战争。主要讲游击战的理论、战略战术、政治工作等。最初讲这门课的是周纯全，他是从四方面军来的，是位经过长征、身经百战的老红军，有丰富的实战经验。他讲课具体生动，绘声绘色。邵式平、张然和也讲过这门课。

4. 民众运动。这是一门崭新的课程，主要讲群众运动知识，如怎样动员和组织群众、建立政权、建立武装；还讲各种政策、法令，如减租减息、拥政爱民、合理负担、妇女解放；以及扫盲、儿童站岗放哨；等等。讲这门课的有邵式平等。这门课在实践中发挥了很大的作用。从抗战开始到1940年底，是我们军队和根据地大发展时期，那时我们派些干部深入敌后，几个月、半年、一年，就能拉起一支队伍，建立根据地。这里就有我们陕公的功劳，有我们民众运动课程的功劳。

除了上述四门课外，还有不定期的时事报告，主要是讲国内外和边区形势，对开阔学员的眼界，保持清醒的头脑和增强胜利信心，都是很重要的。我们常请党中央的一些负责同志来作这方面的讲演。

上述课程的内容、讲授的分量、时间的安排都不是死板的。有时，前线特别需要民运干部，我们就加强民众运动课程的分量。毛泽东《论持久战》、《论新阶段》发表后，我们就重点讲授。国民党搞反共磨擦，统一战线课程内容也作相应的变化。

陕公课程有两个特点：第一是启蒙性。由于前线急需干部，学习时间又短，我们只能进行马列主义的启蒙教育，让学员短期学习后就立即投身于实际斗争，在实践中继续学习和积累经验。实践证明，这种启蒙性教育是成功的。第二是理论联系实际。课程的开设，不仅是为了满足斗争的需要，而且课堂教学与社会实践是密切联系的。在校内，结合游击战课程，经常举行各种军事演习。但是，这些活动只起辅助作用，主要还是搞好课堂学习。

陕公的高级队，专门培养师资。陕公本身的师资需要补充，延安其他许多干部学校也向我们要教员。高级队学习期限一年，开设的课程也较多。计有中国革命运动史、马列主义、辩证唯物主义、政治经济学、科学社会主义、世界革命运动史、世界政治、中国问题讲座（如中国农民问题、土地问题、边区经济、工农政权问题等）、三民主义研究、战区政治工作等。

高级队各课的内容，比普通队也深得多。比如马列主义课程，要讲不少原著，《共产党宣言》、《社会主义从空想到科学的发展》、《马克思主义的三个来源和三个组成部分》，这都是必学著作。政治经济学课程，还要学《资本论》。不论是普通队或高级队，我们在教学中，都注意贯彻由少到多、由浅入深、由中国到外国、由历史到理论等项原则。也注意了各课程之间的有机联系。有一个时期，在课程的设置和讲授上，我们比较强调少而精。陕公是一个短期干训班性质的学校，搞多而杂当然是不行的。可是，从学习规律来说，人们的知识总是从少到多，从简到繁，由浅入深的。对学员来说，他们应该尽量多学一点，学好一点。所以，我们不把少而精作为一个普遍的原则，我们强调的是刻苦。

四、陕公的教学组织、教学过程

陕公的主要教学组织是教务处、队、班。在陕公学习是压倒一切的任务，“学习第一”、“一切为了学习”，因此教务处成为学校生活的中心，它是全校最高学习领导机关。课程的设置、教员的配备、教材的编定、教法的研究、学员的学习考查，等等，均统一由教务处负责。

教务处下面，设有教育科、学习指导科、军事教育科、各科研究室（即各科教研室）、图书室、陈列室。学习指导科，是教务处直接领导教学的行政机构。以学习指导科科长为首，吸收各科教员代表、学科指导员、各队队长参加，组成学习指导委员会，具体负责教学计划的制订，并实地指导学员学习，保证教学任务的完成。

学员编为队，下设班。队相当于连，是教育单位，又是自治单位，每队有学员 100 到 120 人，由队长、指导员（最初叫队主任）、助理员、副队长、队学生分会主任等组成队的领导小组，负责全队的工作。他们的分工是：队长管学习，副队长管生活和军事，队指导员是队的支部书记，负责党的支部和政治思想工作，政治助理员管党的组织宣传，队学生分会主任管课外活动和社会活动。班是学习单位，每班有 8 到 12 人，文化水平有高有低，搭配编班，每班都编进一两个政治文化较高的学生，以便发挥骨干作用。班长、副班长均由学员选举产生，是学习较好，能力较强，工作负责，能团结全班的优秀学员。

由于客观条件困难，上课采取大课堂制，常常是几个队、数百人在一起听课。教学的基本环节为：引言、预习、质疑、讲授、复习。各门课一般都没有讲义、教科书，但各课都编印了教学大纲，对课程内容、范围、研究方向等作扼要说明。陕公教学程序的主要优点，是废止了注入式，能启发学生思考，讲授有的放矢，它把教员的指导、学员的自习、个人的研究、集体的讨论，有机地结合起来，组成一个连续反复、由浅入深的过程，既发挥了教员的指导作用，又调动了学员的学习兴趣与积极性。

学校对教员的要求是很高的。教员多是革命的前辈，或由国统区来延安的有威望的革命的教授，这些教员既掌握了革命的理论与方法，又有丰富的革命斗争经验。处处以身作则，言行一致，诲人不倦，既教书又教人。所以他们在学生中的威信是很高的。

学员的学习强调三个原则：

一是自学为主。在时间的分配方面，学校规定自学的时间多于上课的时间；在自学时间内，个人自学时间又多于集体自学时间。但同时并不否认集体作用，不否认同学间的互助。相反，当时陕公的课堂讨论、先进帮后进等活动，都是组织得很有成效的。

二是循序渐进。学习要靠思考，思考只能从容前进，“欲速则不达”。

三是发扬民主。陕公是一个统一战线的学校，学员来自全国各地，有的来自海外，其中有少数国民党员，他们各自的经历是不同的。在学习中，我们提倡独立思考，敢于辩论，反对强制服从，反对随便给人戴“大帽子”。课堂讨论是体现学习民主的重要环节。除此而外，当时每个队每周还出版一次《学习导报》，内容有学习评论、学习收获、学习方法介绍、讨论会总结、参考书指导、各班学习反映、问题质疑与解答等。《学习导报》充分贯彻了民主精神，受到学员的普遍欢迎。

陕公也有考试、考查制度，主要是给学员对已学知识有一个温习、整理、综合与提高认识的机会，同时也检查教学计划是否适合学员的情况，检查教员的教学方法是否得当等。考试、考查方法，除笔试外，课堂讨论、辩论会、问答晚会、学习笔记、学科展览会、学科集体创作、实习通讯，都是考查学生成绩的途径和方式。

五、陕公的校风

陕公的校风是忠诚、团结、紧张、活泼。这是陕公全体师生员工的共同生活准则、共同作风。

第一，陕公所提倡的忠诚，就是忠于抗战，忠于革命，对共产党员来说，还必须忠于共产主义信仰，忠于马列主义原则。这个精神，具体贯彻在陕公的教育方针、教育制度、教育计划和教育内容中，使他们毕业后，成为一个先锋战士，为民族解放事业献身。陕公这个革命大熔炉，曾经培养锻炼了成千上万的优秀革命战士，他们无限忠诚于民族革命战争，忠诚于党和人民的革命事业，作出了可歌可泣的贡献。有些甚至献出了自己宝贵的生命。但是，也有极少数人，经不起考验成了逃兵，有的甚至成为叛徒和民族败类。出现几个坏人，当然无损于陕公的光辉。我们对这些人，在校内和《新中华报》上，进行过公开地揭露和斗争。

第二，陕公所提倡的团结，就是团结于抗日，巩固和发展抗日民族统一战线；团结于革命，把陕公办成革命的大家庭。陕公学员来自五湖四海，有共产党员、国民党员；有汉、藏、蒙、回、彝等许多民族，有的来自祖国边远的东北、西康、云南，有的是从朝鲜、暹罗（泰国）回国的华侨。年龄上的差别也较大，有十五六岁的小弟弟、小妹妹，也有年过半百的老大哥、老大姐。从经历来说，有红军战士，有白区地下党员，有陕北贫下中农的儿女，也有国民党高级人士的子女（如邓宝珊的女儿）。陕公的干部也有来自部队和地方的区别。但是，他们都有一个共同的目的——抗日，抗日是陕公团结的政治基础。虽然，陕公是共产党创办和领导的，但我们在信仰上不强迫他们，我们以马列主义真理、革命理论来培养教育青年，使他们成为自觉的革命战士。

为了搞好团结，陕公执行四个原则，这就是平等、民主、五湖四海、用人唯贤。

平等。陕公内部生活，严格执行红军年代行之有效的官兵一致、上下一致的原则。学校对所有学员在政治上、生活上都给以亲切关怀。一个同学病倒了，他会受到大家的热情照料。为了帮助一个落后同学，校长也常常亲自出马。陕公的校长、教员、公务员、学员，生活平等，功过赏罚一视同仁。像成仿吾，每天比学员起得还早，学生出操时，他早已在各处巡视了。他对学员十分爱护，学员送给他“妈妈校长”的爱称。

民主。陕公提倡学校全体成员参加管理学校。学校的一切大政方针，师生员工都参加讨论，任何人都有权对学校工作提出批评、建议。学校也不隐瞒自己的问题，谁有缺点、错误，都要作自我批评。

五湖四海。陕公不许搞山头主义、宗派主义，先进不许歧视落后，党员不许歧视非党同志，某个地区、部门来的，不许歧视另一地区、另一部门来的。这一点，在当时陕公干部之间，尤为重要。陕公有四方面军来的干部，也有一方面军来的干部，还有少数陕北地方干部，他们中又有知识分子出身和工农出身的区别。但我们在指导思想上，坚决贯彻党中央、毛泽东的“搞五湖四海”的方针，对所有干部一视同仁。

用人唯贤。这也是我们搞好团结的重要原则。陕公积累了比较丰富的发现、识别、培养人才的经验。比如在认识人才方面，我们注意把干部的学习和生活、思想和行动、过去和现在、长处和短处、一时表现和一贯表现统一起来观察，防止片面性。对于干部犯错误，我们主要着重教育，启发他作自我批评，作组织结论时，让本人亲自参加，允许有充分发表意见和上诉的权利，对于干部的鉴定，让本人过目，也允许保留意见。我们注意在实践中发现、培养、提拔和使用人才。陕公不少教员和学校干部就是我们从学员中提拔的，如柴树藩，他原是十七队的学员兼副队长，以后提拔为分校校务主任。

由于我们在团结方面，注意了上述原则，陕公的确成了一个温暖、团结、抗日的革命大家庭。学员、师生、干部之间互相友爱，充满革命情谊。陕公初创时，无力发统一服装，膳费也要自理，一些家在沦陷区或家境贫寒的学员，生活困难。但由于互助，问题都得到顺利解决。师生之间，关系很亲热。教员到学员那里，学员们都报以热烈掌声，对教员很有礼貌。有的学员还用自己每月一元钱的津贴费买香烟慰问老师。教员也虚心向学员学习，教学相长。如有的教员，向一些在白区做群运工作、妇女工作的学员调查，充实自己的教学内容。从国民党统治区来学习的青年，深切感到陕公与国统区学校有天壤之别。

第三，陕公所提倡的紧张，就是培养严守纪律、迅速果敢、雷厉风行、一丝不苟的精神。陕公生活的军事化、战斗化，就是这种作风的具体体现。

清晨 6 点，军号把学员从梦中唤醒，20 分钟内，完成内务整理、洗漱，然后全校集合，点名早操，整队露天进餐。早餐后，稍稍休息，就开始了紧张的学习。晚饭后文娱活动，唱歌、看节目，也是集体的、有组织的。

结合游击战课程，经常进行军事战斗演习，如夜间紧急集合、行军、防空演习、作战，等等。夜间的紧急集合，并不事先通知，且多在深夜或黎明前进行。同学们听到紧急集合号声后，不准点灯，要求在十分钟之内，将每人的衣、物、书籍、被褥等，打成行军背包背上，然后奔赴指定地点集合。有的学员开始有些手忙脚乱，但以后就都符合要求了。集合后，有时是夜间行军，月色朦朦，戎步匆匆，走过田间小路，又爬上到处是荆棘的山坡。途中，又往往穿插着“敌机来了”、“发现敌人”、“捉俘虏”等演习。虽然紧张劳累，但同志们精神上无比欢快。因为他们懂得，这是民族革命战争的需要。

学员的学习期限，一般只有三个月，但严格的军事化、战斗化生活，使他们的思想、作风都很快发生深刻变化。初到陕公时，有的西装革履，有的长袍短袄，“少爷”、“小姐”的气息，不能一下抛弃。但到毕业时，都具有严格的组织纪律性，能吃苦耐劳，养成了集体生活习惯，工作说干就干。陕公就是这样熏陶、锤炼了祖国千万个优秀儿女。

第四，陕公所提倡的活泼，是指丰富多彩的文化生活和生动活泼的政治局面，目的都是为了调动全体成员的积极性、主动性，使学校团结进步、朝气蓬勃、欣欣向荣。

生活有紧张的一面，也有生动活泼的一面，有张有弛。特别是青年，爱说说唱唱、蹦蹦跳跳，千篇一律的死板生活是不行的。为此，学校在困难条件下，也非常注意开展文体活动，有篮球、排球、乒乓球、足球，还有拔河、掷手榴弹、爬山；晚饭后经常组织歌咏会，有时也有晚会。学校集会前，总要热烈地拉歌，歌声此起彼伏，高亢雄壮，激发着人们革命的热情。当时陕公最流行、最受欢迎的歌曲有《陕公校歌》、《大刀进行曲》、《毕业上前线》、《我们在太行山上》、《黄河颂》、《游击队员之歌》、《松花江上》，等等。著名作曲家冼星海常来陕公辅导，吕骥是陕公的教员，郑律成是陕公学员，因此陕公歌咏的开展，在延安要算首屈一指了。

陕公的集体盛会不少，每期新生开学，要举行开学典礼，毕业又有毕业典礼，每逢陕公的周年纪念，盛况更为热烈。在这些会上，总要举行展览会（学校行政、教学、学员的学习与生活等）、体育比赛、墙报比赛，还有演出晚会及会餐。记得第二期新生开学典礼时，丁玲率领西北战地服务团来参加，她在会上作了山西之行的报告，还与几位女同志合唱了几支民歌。

为了活跃文化生活及进行社会宣传，我们成立了自己的剧团。在延安成立的是陕公剧团，在栒邑成立的是陕公流动剧团。后期陕公成立的是陕公文工团，团长是苏一平。这些文艺社团，先后演过《放下你的鞭子》、《游击队长》、《在敌人的牢狱中》、《补缸》等短小精彩的节目，也演出过《蜕变》、《母亲》等大型话剧。陕公自己编的《生死关头》、《送郎上前线》，曾受到社会的好评，胡乔木还请我校剧团到安吴堡演出过。黄天是陕公剧团的很有才能的领导者，他后来不幸被国民党反动派杀害了。

陕公是统一战线的学校，因此它所提倡的活泼，最重要的还是生动活泼的政治局面，使所有成员既有统一意志，又有个人的心情舒畅。要形成这种局面，关键是民主，是民主集中制。这是陕公治校的根本指导思想之一，也是陕公区别于国统区学校的根本标志之一。为此，在实践中我们遵循下列原则：学校成员，不论有无党派关系，一律平等；凡属于政治与理论方面的原则问题，遇有意见分歧，采取辩论、讲道理的办法解决；凡教学和工作中的实际问题，采用大家商量、讨论、少数服从多数的办法决定；学校教育计划与工作计划的讨论、决定、检查，由学员派代表参加，并在实施过程中监督；凡学校成员，对学校全部工作有权随时提出自己的意见和建议；副队长以下各级干部，由学员选举；各队设立意见箱和救亡室，任何人都有权越级上告，每星期三为救亡日，救亡室的壁报是各队的喉舌。

在实践民主生活的过程中，我们对学生中出现的某些问题，如不关心政治、极端个人主义、自由主义等，都采取疏导的方针，利用他们的实践来教育他们，使之对民主有正确的认识。

陕公的民主、自治，还突出地表现在学生会的工作和活动中。学生会是全体学生的自治机关，全校有学生总会，各队有分会，它的职责是：

1. 领导全体同学恪守学校的制度、规则、纪律；

2. 协助组织学习和开展课外研究（学生会设有各种研究会）；

3. 领导和组织学员的课外活动，如文娱体育、参观访问、参加社会实习等；

4. 组织和开展各种互助活动，如募捐支前、同学间的互助等；

5. 积极领导学生参加改良行政设施、改善生活和物质条件的活动，如筹募学校基金等。

学生会在完成上述任务时，学校给予必要的指导。在组织上，学校尊重学生会的独立性，经常倾听学生会的意见和呼声，吸收学生会干部参加学校行政的各种会议，对学生会的活动时间予以充分保证。

学生会的干部，由学员民主选举，迅雷、刘春、齐语、王敬、李琦、顾明等都曾是陕公学生会的骨干。

六、艰苦奋斗是陕公的光荣传统

陕公的创建是白手起家的。校址最初设在延安东门外清凉山下机场旁边，校舍是一个汽车训练班的几间旧营房，开办费很少。工作人员只有成仿吾从中央党校带来的十多名干部。这就是陕公创建时人、财、物全部家当。但延安是全国抗日模范根据地，党中央指示我们必须把陕公办成全国闻名的革命大学。怎么办？我们的方针是因陋就简、艰苦奋斗、自力更生。学员入校，第一课就是解决栖身之所挖窑洞。窑洞并不宽敞，一般七八个人共睡一个土炕，下面铺的是茅草，晚上翻身都感困难。至于上课、吃饭、开会，等等，就都在室外。同学们说陕公的室内活动就是睡觉，确是如此。冬天，空中飘着雪花，教员头顶雪花上课；雨天，泥泞满地，教员赤脚上课。数九寒天吃饭，饭凉菜冻，若遇上狂风，饭菜里还要掺杂点沙尘、草芥。学员的被子一物两用，白天捆起来当坐凳，晚上打开睡觉。以后在露天广场用石头、泥块砌一些坐墩，算是小小的改善了。1938 年夏秋，大部分师生到了栒邑分校，留在延安的总校迁到北门外，师生自己动手盖了一个能容七八百人的礼堂，当时在延安算是一个宏伟建筑了。这个礼堂以后交给了党中央使用，人们称为“中央大礼堂”。

教材教具，都极缺乏。基本上没有教科书，图书资料也很少。因此，记好课堂笔记，是学生获得知识的重要途径。延安当时文具纸张很少，加上我们经费困难，故一学期每人只发一支铅笔，墨水用蓝靛泡，每人发两张油光纸钉笔记本，夜晚照明用小油灯，也是几个人共一盏，因此夜晚多用来举行讨论会。煤气灯也有，只在盛会或演出时才使用。

陕公初创时，我们在招生简章上写明：免收学费，衣服用具自理，膳费每月收六元。后来经党中央批准，学生一律免交膳费，还发统一的土布灰军装。生活津贴：校长五元，科长二元，科员 1.5 元，勤务、炊事员、学员均为一元。

主食是小米饭，土豆是主要蔬菜。以后我们到关中栒邑办分校，那里较富裕，经常能吃上白面馒头，同志们就很满意了。

为了克服困难，学校采取的办法是：第一，自己动手。就是自己挖窑洞、修操场、筑路、挖厕所、开荒种菜、打柴，等等。第二，精打细算，节约开支。学校不用或少用勤务员，值班、清洁卫生以至印刷、搬运等工作，大部由学员自己干。延安医生少，学员懂一点医学的，既当学生又当医生。第三，开展互助活动。这个工作由学生会负责进行，口号是“有钱出钱，有力出力，有物出物。”一些家庭经济较好的学员，根据自愿原则，将自己多余的钱、衣物，交到学生会，由学生会统一分配给困难的学员。第四，开展社会募捐。《新中华报》、《新华日报》都刊登陕公向社会募捐基金的启事，学校还专门编了一本《援助陕公》的书，出版发行。学校还给每个学生一个募捐册，由他们向熟悉的亲戚朋友开展募捐。陕公的募捐活动，扩大了陕公的社会影响，国内外都知道陕公这样一所坚持抗日教育的革命大学，因此以各种方式积极援助陕公。我们也每隔一个时期，在《新中华报》、《新华日报》上载明募捐人的姓名、款数，刊登“鸣谢”启事。

陕公接受全国人民的热情支援，同时也在物质上对全国抗战尽力所能及的援助。1938 年冬，朱总司令发出了慰劳八路军的号召，陕公立刻响应。师生员工把自己身边最珍贵的东西统统拿出来，很快汇集了约 5000 元的物款，慰问前线八路军将士。

七、陕公分校的创办与后期陕公

陕公从 1937 年 8 月创办，到 1938 年 5 月，办了两期，共建立 27 个队，先后接收和培训了约 3000 名学员。这个成绩当然是很大的，但仍不能满足形势发展的需要。一方面，全国要求来延安进陕公学习的青年，与日俱增；另一方面，边区各部门、各个抗日根据地、各部队随着抗战形势的发展，要求增添更多的干部。这时又有两个新的情况，首先是由于延安的人口膨胀，粮食及各种日用品日趋紧张；其次是国民党加紧反共磨擦，在西安去延安的路上设立许多关卡、检查站，沿途堵截、逮捕去延安的青年。根据上述情况，中央书记处和组织部在 1938 年 4 月底相继开会，作出了在栒邑创办陕公分校的决定。栒邑地处关中，土地肥沃，粮食供给等较延安容易筹办；这里离西安近，青年较容易进入边区。中央决定成仿吾留在延安主持总校工作，着重办好研究班，为分校培养师资；由我任分校校长，率领一部分骨干去栒邑看花宫创立分校。我从学员中挑选了一批干部同往，其中有柴树藩、何定华、孙力余、吕光、席柳溪、赵志萱、华子扬、陈琅环等。从此陕公的主力即移到分校。1938 年 5 月 30 日，开始了我们的行程。

我们是分两批走的。第一批 100 多人，出发的那天正好有一队汽车从延安到西安去，他们首先坐汽车到耀县，然后步行去栒邑。我去分校是第二批，有四五十人，其中有袁福清、申力生、陈伯村、季凯、何定华、邱春甫、华子扬、吴景直、朱改、张煜、倪淑英、缪文等。我们从延安出发，一路步行，经过甘家、鄜县、直罗镇、店头、关门子、羊坡头、织田镇，最后到达看花宫，全由解放区通过。每日行军近百里，一个叫陈彤的女学员打着一面旗子走在前面，使队伍显得更为生气勃勃。7 月初，去分校的人员均安全抵达看花宫。

看花宫据说是唐代杨贵妃看花的地方。这里过去牡丹花很多，也有些古迹。我们分校的校舍，全是借用老百姓的房屋，除校部和女生区队设在看花宫外，其余各区队分布在看花宫附近的平坊、门家、赵庄等村庄。教学用的桌椅、板凳及其他生活用品，都是老百姓借给我们的。7 月 7 日，在抗战一周年纪念日，陕公分校正式开学。

分校的领导班子、工作人员有以下这些同志：

校长：李维汉；

教务部长：邵式平；

政治部主任：周纯全；副主任：张然和；

校务部长：袁福清；副部长：柴树藩；

党委书记：申力生；

党委组织委员：陈伯村；

党委宣传委员：申力生（兼）；

政治部宣传科科长：吕光；

俱乐部主任：刘春；

合作社主任、总务科长：席柳溪。

分校党组由李维汉、邵式平、周纯全、张然和、袁福清、申力生、陈伯村七人组成。

有了总校的办学经验，分校各方面的工作都进展很快。我们接总校编队，从第28队开始，编到54队。分校在组织上新建了区队一级机构，每四至五个队组成一个区队，相当于部队的营。区队有区队长、军事副区队长、协助员（相当于总支书记）。分校共有四个区队：

一区队，地点在坪房，区队长何定华，副区队长季凯，协理员廖作华；

二区队，地点在门家，区队长朱改，协理员李言；

三区队，地点在看花宫，区队长申力生兼，副区队长赵志萱，协理员吴景直，这个区队全部是女学员；

四区队，地点在赵庄，区队长孙力余，协理员方波。

分校的教学方针、教学制度、教学组织、课程设置，等等，都与原来的总校差不多。总校不少有名的教员如何干之、李凡夫、李培之等也来分校任教。但由于学生增加快，教员总是不够，因此，除一些区队长同时兼任教员外，学校还成立高级队和几个研究室培训师资，充实教员队伍。高级队的学员是从普通班选拔的优秀生，学习期限一年，所学的课程较多较深。我们前后共办了五个高级队，廖盖隆、田家英、霍遇吾、张腾霄、胡华等就是分校高级队的学员。校部所设立的研究室，有中国问题研究室，由何干之领导，成员有季凯、刘春、陈琅环等；政治经济教研室，由李凡夫领导，成员有尹达、温济泽、李唯一；哲学研究室由陈唯实领导。研究室也有教员上课，以老带新，一边研究、一边教学。

1938年9月29日至11月6日，党中央召开六届六中全会。我参加了这次会议。会上毛泽东作了《论新阶段》的政治报告及大会的结论，不指名地批判了王明放弃统一战线中的独立自主原则，主张“一切经过统一战线”、“一切服从统一战线”等右倾投降主义错误。王稼祥在会上传达了共产国际执行委员会主席季米特洛夫的意见明确指出中国人民的领袖是毛泽东。季米特洛夫的话在会上起了很大作用，从此以后，我们党就进一步明确了毛泽东的领导地位，解决了党的统一领导问题。

我在开完六中全会后回到分校，从 12 月 3 日起，用了一个星期传达和讨论会议的精神。全校师生员工对会议表示极大的关注，一致拥护会议的决议。根据会议的精神，我们的课程作了调整，集中讲授六中全会的文件，清除了过去讲授的王明右倾机会主义观点。

分校的劳动任务比延安时增加了，这是因为国民党发动反共高潮，加紧了对边区的军事蚕食和经济封锁，学员除白天上课、晚上站岗放哨外，还要开荒生产，保证生活的需要。陕甘边界处有个何家山，离我们分校约 70 里地，我们在那里开荒 2100 多亩，种了土豆、谷子、糜子、麻子、蔬菜。学校在那里建立了一个“陕公新村”，师生轮流到那里边劳动、边学习、边做群众工作。另外学校的合作社还试验自造肥皂，生产草鞋。

1939 年初，党中央为加强对干部教育的领导，成立了干部教育部，任命洛甫为干部教育部部长，我为副部长。我即于 1939 年 1 月 1 日离开陕公分校，到干部教育部工作。我走前，曾召集校部、各区队、总支的干部汇报和总结陕公办学的经验，开了几天会。在此基础上，我写了一篇总结性的文章《战时干部学校教育》，发表在《中国文化》杂志上。

这时，我们党已在敌后建立晋察冀、晋绥、晋冀豫、冀鲁边、山东等广大根据地，亟须大批干部。中央为了更快、更好地发展干部教育，决定在晋察冀和晋东南两地建立抗大分校，并指令从陕公总校、陕公分校抽调干部前往办校。

1939 年 1 月，周纯全、邵式平各率 1000 多名师生，相继离校。周纯全等在晋东南的长治一带建立了抗大一分校，校长何长工，副校长周纯全。邵式平等在晋察冀的灵寿一带建立了抗大二分校，校长陈伯钧，副校长邵式平。陕公因此仅剩下四五百高级班学员。

为了节约人力、物力和有利于集中领导，中央决定延安的陕公总校也迁到看花宫，与分校合并，由成仿吾任校长。1939 年 1 月，总校到达栒邑。新的领导班子是这样：

校长：成仿吾；

教务部部长：江隆基；

政治部主任：张然和；

总务处处长：鲍建章；

党委书记：申力生。

合并后的陕公，其主要任务是办大学部，培养行政、民运及文化方面的高级干部。学习期限一年，课程有政治经济学、中国革命运动史、哲学、科学社会主义、三民主义研究、中国革命的基本问题、世界政治、战区政治工作等。为了进一步培养专门学者，还计划在大学部上面筹办研究部，学生为大学部的毕业生和有相当程度的外来学生、研究人员，学习期限亦为一年。这个计划后来未能实现。除此而外，学校附设了训练班，专门培训不能进大学部的学员，学习期限为四个月。课程有中国问题、社会科学概论、三民主义、游击战争与政治工作、民众运动。这个训练班就相当于最初陕公的普通班。

1939 年夏，由于形势的变化和斗争需要，党中央决定将陕公、延安鲁艺（院长周扬）、安吴堡战时青年训练班（由胡乔木、冯文彬主持）、延安工人学校（校长张浩）合并，成立华北联合大学，由成仿吾任校长兼党团书记，全部开赴晋东南前线。6 月下旬，陕公由栒邑先迁回延安。7 月初，四校完成整编任务，在离开延安前，我送他们到桥儿沟，党中央书记处的几位负责同志：毛泽东、周恩来、博古等，在桥儿沟先后接见了他们，并作了报告。去前线的学员送给毛泽东一面锦旗，毛泽东在报告中回赠他们“三个法宝”：统一战线、游击战争、革命的团结。指出，只要好好掌握和运用这“三个法宝”，就什么敌人也不怕，什么困难也能战胜。7 月 11 日，在陕公大礼堂举行了盛大的欢送晚会。7 月 12 日，他们踏上新的征途，向晋东南进军了。

1939 年冬，党中央为了培养更多的抗战干部，又决定复办陕公，在延安重新招生，校址在北门外，人们称为“后期陕公”。由我兼任校长和党组书记。教务处长胡松，干部处长武光，总务处长刘汉兴，秘书长杨石人，总支委书记石砚之，副书记吴景直。学员编队与以前的总校、分校相衔接，从 59 队起编队，共有学员数百人。12 月初即开始上课。

1940 年 9 月，陕公改变学制，成立师范部和社会科学部。师范部主任孙力余，培养师资及教育行政干部，分本科与预科，本科修业期限两年，预科修业期限一年。社会科学部主任张仲实，培训抗战民运干部，也分本科与预科，本科修业期限为一年半，预科修业期限为半年。两个部的课程，除一般的政治课外，都还有各自的专修课程。1940 年，后期陕公还有计划地组织学员参加边区的民主建政工作（如参议会选举）、办冬学扫盲、演出宣传、下乡搞社会调查，参加镇压汉奸、反革命分子的公审宣判大会，等等。

后期陕公，在领导体制上成立了校董会，成员有林伯渠、董必武、吴玉章、徐特立、谢觉哉、李富春、高岗、张仲实和我。校董会通过了新的陕公简章、教育方针及施教计划。

后期陕公加强了民族干部的培训工作。1940 年 8 月，成立少数民族工作队，专门培养少数民族干部，有少数民族学员 30 多人。他们自己选举队长、副队长，每十人编一个班，队指导员由学校委派，天宝即是这个民族工作队的学员。他们学习的课程有政治课、少数民族问题研究，还有文学、戏剧、音乐、美术等。学习期限一年。1940 年夏，进一步成立民族部，6 月 30 日在陕公大礼堂举行民族部开学典礼。民族部有学员185人，包括蒙、回、藏、彝、苗、满、汉七个民族。民族部主任贾拓夫，杨静仁、汪锋分别任回、蒙班主任。以后又在民族部的基础上发展成为独立的民族学院，这在中国是一个创举。陕公为党的民族教育工作奠定了基础，为加强民族团结作出了贡献。

1940年8月底，党中央为了精简机构，以及在延安办一所正规大学，使高等教育正规化，积累高等教育的经验，决定将陕公、中国女子大学、泽东青年干部学校合并，成立延安大学。中央任命吴玉章为校长，赵毅敏为副校长，校址即原女大校址。延安大学设有师范学院、社会科学院（院长艾思奇）、法学院三个院及俄文系、体育系两个专修科。另外还附设了中学部，分高中、初中两个分部。9月中旬即筹备就绪上课，9月22日正式举行开学典礼，有学生500余名。延大的成立，结束了陕公前后约四年的光荣历史。

八、陕公的共产党组织和党员

陕公的每个队都设有党支部，支部由指导员、队长和政治助理员组成，支部以上是总支（在分校期间，总支设在区队），这是学校专做党务工作的机构。总支上面是学校的党组，总支书记也参加党组的工作。在分校总支上面设党委，党委书记参加党组。

陕公的共产党员和党的活动，有下列特点：

1. 党员的大多数是正在过着学习生活的新党员，即学生党员；学校工作人员中的党员，只占党员比例的少数。

2. 党支部的周围，是一大批非党青年，他们有极高的革命热情和学习热情，迫切要求学习革命的理论和实践，迫切要求加入共产党的组织，把参加共产党当着自己崇高的理想。

3. 由于当时共产党在全国还没有公开获得完全合法的地位，陕公党的组织生活，也未完全公开。

4. 学员在校学习的时间很短，党的思想教育工作、组织发展工作，必须特别抓紧。

根据这些特点，陕公共产党支部的第一个任务，就是要团结全体党员和非党员，保证完成学校全部教学计划、工作计划和学习任务。“学习第一”，是对学生的要求，更重要的是要求学校工作、党支部工作也要贯彻“学习第一”的方针。党支部对组织好学生的学习，起保证作用。

陕公共产党支部的第二个任务，是接收新党员及有计划地进行党内教育。这个工作，是陕公支部最重要的工作。1938 年 3 月 15 日，党中央在《关于大量发展党员的决议》中指出：民族革命的新高潮，为大量发展党员提供了客观必要性和可能性，一方面是大批的革命分子要求入党；另一方面是许多重要的地区尚无党的组织，或非常狭小。中央要求各级党组织坚决克服关门主义，大量地发展党员，强调要勇敢地在青年学生、知识分子、下级官兵中吸收党员。

在延安时，中央组织部直接抓陕公的组织发展工作。组织部长陈云、副部长李富春经常亲自找陕公的总支书记汇报，指导工作，还亲自给学员上党课及参加新党员的宣誓仪式。陕公第一期新党员入党宣誓仪式，就是在中央组织部举行的。

陕公发展新党员的方针是既慎重又大胆放手。我们根据中央精神，强调不要受家庭出身的限制，不要怕社会关系复杂，只要表现好、思想进步、历史清楚，就可以发展。当时从国统区来的大批青年学生，从他们本人的情况看，多数是抗日救亡运动中的先进分子，不少是“民先”队员。他们的家庭和社会关系虽比较复杂，但他们到延安来这件事本身就是一个政治觉悟高的表现。对他们搞“唯成分论”，是完全错误的。

陕公学员在校学习期限很短，一般只有三四个月，因此发展工作必须抓得很紧。学员一入校，支书、助理员就同他们谈心，积极了解他们的情况。当时共产党在学员心目中的威信是很高的，所以他们一到陕公，立即找党组织谈思想，写自传。支部经过仔细研究，确定重点考察培养对象，一二十天之后，就找他们谈话，进行党的教育，端正入党态度。由于要求入党的学员很多，一些候补党员也要参加谈话的工作。

关于发展新党员的比例，中央组织部开始要求我们发展三分之一，以后提出发展二分之一多。1938 年洛甫对我说，陕公学员中要求发展百分之六十到八十的党员。可见当时发展组织任务之迫切、繁重。

新党员要填写入党志愿书，并有两个正式党员介绍。介绍人要对被介绍人的优缺点写出报告，说明介绍的理由。党支部审查通过后，还要写出支部讨论的意见和评语。经总支批准后，新党员履行宣誓仪式，最后编入支部，过党的组织生活。当时我们所发展的新党员，有的是很年轻的，一个叫徐光的，入党时才 15 岁，田家英入党时才 16 岁。

为了使党员继承和发扬党的光荣斗争传统，保持优良作风，我们严格党的组织生活，抓紧思想教育，强调党员在学习中必须比非党同志学得更刻苦努力，在职的党员必须比非党同志承担更多的工作，并积极完成在职干部的学习任务。

陕公要求共产党员必须树立为民族解放、为共产主义奋斗的决心，必须模范地坚持抗日民族统一战线的纲领。坚持民主、团结等原则，必须在任何环境中不怕困难、不怕牺牲，做一个先锋战士。

陕公的党的组织发展工作和政治思想教育工作，都是很有成绩的。陕公创办不到两年，我们培养训练的 6000 多名抗战干部中，发展的新党员就有 3000 多人，他们在艰苦的革命战争年代经受了严峻的考验，作出了不可磨灭的贡献。

九、成绩、经验和教训

陕公创办后的近四年中，共培训了1.1万多名学员。他们在校学习的时间虽有长有短，但都有共同的收获：第一，提高了对共产党的认识，坚定了抗战意志与必胜信念，获得了抗战的理论与知识；第二，领悟了建立统一战线的必要，以及巩固和扩大统一战线的方法；第三，培养了民主精神与习惯，树立了为解放全中国而奋斗的决心；第四，初步懂得了社会发展规律，懂得了改造旧社会旧中国的必要；第五，养成了吃苦耐劳、艰苦奋斗的作风。

学员毕业后，响应学校提出的"到抗战前线去！到民众中去！到困难的地方去！"的号召，愉快地奔赴战斗岗位。他们有的分到各敌后根据地，有的分到国统区或敌占区，也有一部分留在边区工作，少数转到抗大、中央党校、马列学院或通讯学校、卫生学校等继续学习。陕公学员分配的面是很广的。以第一队到第十队毕业的1186名学员分配为例：江苏37名，湖北79名，安徽七名，湖南18名，江西15名，四川14名，福建二名，上海16名，广东14名，浙江30名，广西一名，宁夏12名，贵州四名，山东17名，山西129名，河南31名，华北54名，绥远九名，甘肃六名，边区613名，陕西78名。从这个统计中我们可以看出，除了东北、新疆、西藏外，差不多每个省都有陕公的毕业生去工作。这十个队的1100多学员中，留在边区的占一半多，这是较特殊的情况，因当时边区太缺知识分子干部，我们不得不首先满足延安、边区的需要。但以后陕公的毕业生，百分之八十以上分到前线去了。1938年冬，分校第一批毕业生，分到晋东南前线去的就有1000

多人，“毕业上前线！”这是当时的光荣口号。

每期学员毕业，我们都举行隆重的毕业典礼，党中央负责同志也来参加。1938 年 1 月 30 日第二期学生举行毕业典礼时，毛泽东还给毕业生送来了“勇敢向前，牺牲一切，为着驱逐日寇、解放中国而斗争！”的题词。

毕业生离校，有的行程是很远、很辛苦的。分到太行山辽县前线的学生，从延安到临汾、再到辽县，行程 1400 多里，沿途要经过国民党顽军的不少关卡，要穿过敌人的封锁线，还会遇到敌机的轰炸，而太行山又是“四月仍结冰，八月即飞雪”的气候。但我们的学员依靠自己坚强的革命意志，在沿途八路军办事处的协助下，战胜一个个困难，胜利到达。许多学员始终保持着与母校的联系，经常向学校汇报自己工作中的收获、体会和问题，并提出对学校工作的意见，在经济上还为母校的建设开展社会募捐。

从学校来说，也密切保持与毕业同学的联系。学校设有同学会的组织，编有同学录，设有通讯联络部，出版通讯集和纪念册。通讯集交流毕业生的工作情况，介绍母校各方面的状况，还刊载学校给毕业生的工作、思想指导方面的文章。每逢陕公创办的周年纪念，学校都要举行展览会、报告会，编辑纪念特刊，全面介绍学校各方面的情况、经验和成绩，并欢迎校友们返校参加盛会。

陕公学员奔赴各地，许多人一走上工作岗位，就担任游击队长、县长、科长等职，工作中勤勤恳恳、英勇战斗、历尽艰辛，为党为人民创建了光辉业绩。其中不少同志在战争年代就贡献了自己的宝贵生命。新中国成立以后，当年的陕公学员、干部中不少人后来成为党和国家各方面的重要骨干。陕公桃李遍神州，陕公的光荣传统将永远哺育我们的后代。

回顾陕公的全部工作，最重要的一点经验，是我们较好地贯彻执行了党的知识分子政策。1939 年底党中央起草了《大量吸收知识分子》的决定，强调在长期的和严酷的民族解放战争中，在建立新中国的伟大斗争中，团结知识分子的极端重要性。决议批评当时一些干部恐惧、怀疑、排斥知识分子的种种错误思想，号召大胆地吸收和使用知识分子，条件成熟的要坚决吸收他们入党。陕公在办学过程中，切切实实地贯彻执行了党中央的这一政策。我们为一切要求抗日的知识分子敞开大门，广泛招收他们前来学习。我们在思想上、生活上亲切关怀他们，政治上充分信任他们，使他们深感党的温暖。知识分子在国统区常常因失学、失业、政治上没有出路而苦闷，但他们一进陕公就朝气蓬勃，不仅是有用之材，而且有用武之地，刻苦地为祖国学习、为革命献身。

陕公对知识分子的政治教育是启蒙性的，课程不多，教学时间也不长，但贯彻了理论联系实际的原则，因而他们学得快，兴趣高，生动活泼，效果也好。

陕公对知识分子的使用，是大胆放手的。有的同志把陕公的成就集中概括为“识别人才，培养人才，使用人才”，是有一定道理的。抗战开始后，我们边区和前线可说是什么都缺，但最缺的是干部、人才。当时各地方请求党中央支援的主要不是钱和物，而是干部。长征结束到达陕北时，剩下的红军和干部总共才 3 万多人，这同抗战初期的大发展形势极不相适应。因此，能不能在短期内培养大批干部，的确是一个关系全局的大问题。在党中央的直接领导下，陕公的干部政策、人事制度，都是以有利于干部的成长、使用为出发点，任人唯贤，量才使用，大胆提拔。学员一进陕公，两三个月就入党，三五个月就提干。党把他们放在重要岗位上，让他们肩负重任，在炮火中、在大风大浪中锻炼成长。延安培养了中国一个时代的革命骨干，陕公为此作出了自己的贡献。

当然陕公的工作也是一分为二的，我在工作中也有不少缺点和错误。有两件事，我至今深感不安。

陕公创办之初，几个从国统区来的青年学生组织了一个“卡尔学会”，其目的和主要活动是学习马克思主义。但陕公有些干部对此不以为然，认为当时的青年团、“民先”等组织都已解散，为什么在延安还要成立这样一个组织？为什么不名正言顺地叫马克思主义学会，而要叫“卡尔学会”？这个组织的青年学生作了辩解，我们一些干部仍然不理解。加上这些青年在一起，有时也难免发表一些批评性的言论，于是断言“卡尔学会”是一个近似“托派”性质的反动组织。那时王明、康生刚回国，他们把苏联的反“托派”斗争搬到延安，也影响了陕公。结果学校找“卡尔学会”成员一个个谈话，最后将为首的七八个学员开除出校，受牵连的其他几十个学员毕业时，也不给分配工作。后来的事实证明，“卡尔学会”并非反动组织，那些被打击的学员，并无不良企图，他们是好学的青年。他们中的一些人虽遭受错误打击，但仍不忘革命，有的还返回延安找党。此案发生时，我尚未到校，但最后处理时我在，我当时是学校党组书记。我听了汇报，未深入调查研究就处理此事，损害了同志，也不利于抗日民族统一战线，深以为疚。

还有一件事是在后期陕公发生的。学校结束时，总务处还保存一些布匹，校务主任兼秘书长杨石人反映有些干部缺衣服，提议给他们每人做一件，我同意了，并由总务处长刘汉兴执行。后来中央组织部一位领导同志追查此事，认为这是违反财经纪律的行为，找我们谈话，我表示事情是我同意的，应由我负责。但后来给了刘汉兴同志警告处分，调往前方工作。临走时，我深感不安，送他到中央党校前面的河边，一边走一边谈心，安慰他，鼓励他努力工作。他走后，我经常打听他的情况，得不到消息。后来有同志告诉我，曾经听说刘汉兴在通过敌人封锁线时，英勇牺牲了。刘汉兴是一个为人忠实、工作勤恳的好同志，追忆至此，以志怀念。

陕北公学生活漫忆

李介夫

从海外到延安

我是1928年从广东老家迫于生计去南洋的。南洋，风光秀丽，物产丰富，是资本主义化的殖民地、殖民主义者的天堂。刚去的头几年，我举目无亲，饱受了颠沛流离、忍气吞声之苦。后来，好不容易混到一个小学教员的职业，找了个栖身之处，聊以度日。

在国内曾听过不少人说：南洋是个黄金世界。但我所见到的，是少数资本家过着穷奢极欲、腐朽糜烂、挥金如土的生活；而广大的劳动人民则在饥寒交迫中挣扎，遭受着剥削和压迫。剥削制度所产生的种种弊病，这里应有尽有。目睹这个腐朽没落的社会，我反复思考着：难道这就是自己所向往的社会？这样的一种生活难道是值得留恋的么？

卢沟桥事变爆发了，抗日救亡的浪潮席卷全国。海外华侨爱国热血沸腾，民族义愤填膺，纷纷捐款募药，用各种形式支援祖国抗战。远离国土的华侨，看到了中国共产党在祖国大地上高举抗日的大旗，领导全国人民为拯救危难的中华民族和日寇浴血奋战，心中充满了敬仰之情。我们待不下去了，几个青年人在一起商量：华侨都是黄帝子孙，亡国是全体中国人的奇耻大辱。我们不能在南洋苟且偷生，为了抗日救国，我们要回国去！到延安跟共产党打鬼子去！

说要回国容易，真要回国却不那么简单了。延安是个什么样的情况？找谁联系？一大笔漂洋过海的路费怎样筹集？还有家庭的阻力，等等。但是，纵然困难再多，也无法阻止和动摇我们抗日救国、奔向延安的钢铁般的决心。有位同志更是急不可待，独自一人率先去了延安。不久，他就将了解到的情况写信回来告诉了我们。这样，大家心里有了底，到延安去的心更切了。我们找到马来亚抗敌后援会，开了到香港的介绍信。还花了九牛二虎之力，筹集了回国的路费。在我们几人中，我是有妻室儿女的人，要远离家人，投身革命，说不定这一去就是永别了，因此阻力更要大一些。然而，在我反复向他们晓以大义，阐明民族兴亡，匹夫有责；成了亡国奴，个人、家庭也就无幸福可言的道理以后，亲人的思想终于通了。就这样，经过不懈地努力，我们一行五人终于登上了由南洋开往香港的客轮，启程回国了。

到了香港，找到由廖承志同志负责的八路军驻香港办事处。连贯同志接待了我们，并给我们开了去武汉和西安的介绍信。在武汉，我们首先去武汉八路军办事处，在那里领导工作的叶剑英同志接见了我们。他对我们说："你们是华侨中的先进分子，到了延安要好好干革命。"我们这些海外游子，好不容易找到了党，现在又听到叶剑英同志鼓励的话，更感到特别亲切，浑身是劲。

我们离开武汉到达西安。西安八路军办事处同志的热情接待，给我们留下很深的印象。他们详细介绍了延安抗大、陕北公学（简称陕公）、鲁艺等学校的情况，并安排我们去陕公学习。当他们知道我们是从海外归来的华侨青年时，更是多方给予照顾。第二天清早，便让我们乘汽车从西安出发。一路上，我们还不断看到有许多青年步行去陕公。下午3点多，汽车停在一个村子前。司机告诉我们，这就是陕北公学。放眼望去，却只见到几间旧平房，而且据说还是区队部。这与我们想象中的陕北公学相差甚远。不过，共产党这种因陋就简、艰苦奋斗的办学作风，却给我们每一个青年留下了很深的印象。

目的地到了！想到我们从远隔千山万水的南洋，终于来到了领导全国人民抗日救国的中国共产党中央的身边，就要投身火热的革命斗争，新的战斗生活就要开始了，只觉得心里热乎乎的，充满了无比幸福与自豪的感情。

在陕公的学习和生活

陕北公学于1937年9月创办于延安。1938年夏，党中央在陕甘宁边区的栒邑县看花宫又办起了陕北公学分校。这里与延安相距二三百里地。陕公是实施抗战教育的学校，它用革命理论武装青年，使他们能在前、后方负责宣传、组织、武装民众的工作，成为党领导人民抗日的革命干部。学校的负责人是罗迈（即李维汉）和成仿吾同志，它的规模和影响仅次于抗大，是延安时期我党领导的有名的学校之一。

进了陕公，我们被编入35队（1—34队是在延安办的）。35队是些年纪较大的青年，我当时30岁，可还有比我大的。人们说35队是“老气横秋”队，这主要是从年龄上说的。

延安时期的学校，也许是世界上独一无二的学校。它是一所革命的学校，是一座革命的熔炉，担负着培养和造就革命干部的任务；而且是在革命的炮火声中创立的，办学的条件极其艰苦。陕公正是这样。在人们意识中，学校所应该有的教室、桌子、凳子、教具等，这里全都没有。唯一有的是几本教材。上课怎么办呢？一个老百姓的打谷场成了我们的“露天教室”。没有凳子，大家席地而坐；没有桌子，两个膝盖代替。夏天上课，炎炎烈日无遮无拦地晒到我们身上，一个个都是汗流浃背的；冬天下雪，扫过之后仍坐下来上课。冰天雪地里，手脚常常冻麻木了。有个女同志很会想办法，给我们缝了个布垫子，里面塞上其他东西，这就好坐多了。陕北雨水不多。但一下雨，我们就只得停课。学员们住的是旧窑洞，里面仅一个炕和一个窗子，空气不对流。我们七人一组，住一个窑洞睡一个炕，密密地一个挨着一个，活像罐头里的沙丁鱼。谁翻一次身，其余几个就都得跟着起“连锁反应”。晚上，则一个组共一盏小油灯，或自习，或开会讨论。

陕公的生活、学习条件这么艰苦，对于我们这些从海外回来的青年来说，困难就显得更大了。拿吃的来说，当地吃的是小米，馒头，过去我们吃惯了大米饭，就很不习惯。肉和鱼难以见到，连小菜有时也得用野菜代替。拿气候来说，我们从小生长在南方，出国谋生时又生活在南洋，那里地处赤道线，“长年都是夏，一雨便成秋”，气候终年暖和。而陕北地处亚寒带，冬天又长又冷。隆冬时节，到处白雪皑皑，严寒刺骨，我们很难适应。学校给每人发了一套棉衣，北方同志穿上它就觉得暖和了，我们却不够，常常被冻得发抖。

陕公的教师都是优秀的革命同志，授课认真负责，辅导耐心细致。何干之同志给我的印象最深。他是讲中国革命问题的，上课倍受学员们的欢迎。夏季天气炎热，我们在窑洞里受不住了，便出去散步纳凉。这时已是深夜，路过何干之同志的住处，却看见他还在油灯下备课，挥汗如雨。他对学员们热情、爱护、关怀。找他谈问题，他总是平等相待，循循善诱，使人倍感亲切。

陕公的教育方针是：理论联系实际。陕公的学员来自五湖四海，阶级出身、社会经历不同，各人的思想基础、觉悟程度也不相同。学校为了改造学员中的非无产阶级思想和一些不良习惯，把马列主义的教育作为中心，把转变学员的思想作为当时学校的中心工作，使学员们的思想进步很快。学校要求我们通过学习马列主义的基本原理，一方面联系抗战实际，另一方面联系个人思想实际。并采用种种办法，培养学员的优良作风，比如集体主义，组织性、纪律性，刻苦精神与群众观点等。这种严格要求学员进行艰苦磨炼的教育，在我们头脑里刻下了不可磨灭的烙印，不仅在当时，而且在以后，长期地在我们的思想和行动中产生着影响和作用。

陕公的课程少而精，设有：中国革命问题、哲学、政治经济学、军事课等。军事教材主要是毛泽东同志的《论持久战》和《抗日游击战争的战略问题》。军事课除军事理论学习外，还进行各种军事训练，如队列训练、军事演习、夜间急行军等。学习上尽管困难重重，但我们听课、训练仍是非常认真、全神贯注的。这一方面是由于来陕公学习的学员有高昂的抗战热情；另一方面更由于党对学员们的教育，陕公正确的教学方针，再加上讲课的内容是当时中国最迫切的现实问题、学员们所渴望知道的革命道理。

在陕公的生活是艰苦的，学习是紧张的。但是，就是在那种环境里，你却听不到叹息、埋怨声，看不到愁眉苦脸的面容。整个陕公，到处是生龙活虎的身影，欢乐愉快的歌声。这一切都使人强烈地感觉到：广大学员身上表现出来的是一种宝贵的革命热情、一种可贵的斗争精神和牺牲精神。学员们自觉地以苦为乐，以苦为荣。艰苦生活是锻炼，疾病折磨在当时也是考验。1938 年底，我不幸得了肺结核病，住了隔离室，情绪上曾一度受到影响。后来很快想通了：共产党员不怕牺牲生命，还怕结核病吗？！因而有了愉快乐观的精神，仍然坚持和大家一样上课出操。后来到了延安，在中央医院检查时，已经完全好了。

我们这批从海外回来的青年，有的过去生活在有万贯家财的家庭中，过着舒适安逸的生活，但是，在陕公学习，我们能够和国内的青年一道，住窑洞、吃小米，过着艰苦的生活，坚持学习下来，并逐步成为坚强的抗日战士。这是为什么呢？我想：高昂的爱国热情固然是一种动力，但最主要的恐怕还是在学校受到了党的教育，学员们逐渐树立了为民族解放、为共产主义事业献身的思想。我们在笔记本的扉页，工工整整抄录了毛主席 1937 年 10 月为纪念陕北公学成立与开学的题词，作为我们行动的指南。毛主席在题词中写道："要造就一大批人，这些人是革命的先锋队。这些人具有政治的远见，这些人充满着斗争精神和牺牲精神。这些人是胸怀坦白的，忠诚的，积极的，正直的。这些人不谋私利，唯一的为着民族与社会的解放。这些人不怕困难，在困难面前总是坚定的，勇敢向前的。这些人不是狂妄分子，也不是风头主义者，而是脚踏实地富于实际精神的人们，中国要有一大群这样的先锋分子，中国革命的任务就能够顺利的解决。"当时陕公就是严格按照这种精神教育我们、要求我们的。广大学员也自觉地朝着这个方向努力，认真、刻苦地改造自己的思想，树立无产阶级的人生观、世界观。因而我们脑子里也就很少去考虑什么生活享受，个人、家庭的幸福，而是一心想着怎样早日赶走日本帝国主义，建立新中国，让全国人民都过上幸福的生活。正由于有这么一种强大的精神力量，什么样的困难也就不在话下了。

进入陕公学习后，我在各方面都用党的战士的标准要求自己。两个月后，我加入了党组织。在党旗下宣誓时，我心里无比激动，决心为共产主义事业、为人类解放事业贡献自己的一切。当时学校的党组织生活是秘密进行的，我们开党小组会，还要跑出很远的地方，找个没人住的旧窑洞。在党的教育下，我的思想有了很大的提高，世界观发生了根本变化。我懂得了，真正代表广大劳动人民利益，代表着中华民族希望的是中国共产党。要推翻旧社会，建立新中国，就只有永远跟着共产党干革命。这也给我以后为党工作打下了一个良好的思想基础。

1938年底，陕公普通班结业，大部分学员上了前方，小部分留下来进入高级班继续学习，我也是其中之一。高级班一直办到1939年7月，就这样，我整整在陕公学习了一年。

奔赴抗日前方

1938年10月，抗日战争进入相持阶段。国民党反动派撕下了它的伪装，由消极抗战变为积极反共，向中国共产党和全国人民露出了它的狰狞面目，开始准备掀起反共高潮，阴谋策划进攻陕甘宁边区。由于看花宫距国民党军队不远，陕公的安全受到严重的威胁。在这种情况下，党中央决定陕公分校结业，学员开赴前线，投入战斗。听到即将上前方的消息，大家无不欢欣鼓舞，热血沸腾，个个摩拳擦掌。当时那种如火如荼的形势，我现在回忆起来，还每每激动得不能自已。

全校动员大会后，学员中掀起了一个到前方去的高潮。记得有这么一件事：一位学员有口旧皮箱，他舍不得扔了，但又没办法带走。于是，他便从箱子上割了一块下来，放进背包里。别人问这是为什么，他深情地说："这箱子是我来延安时未婚妻送的，她再三叮嘱我毕业后回去结婚。但我不能为了爱情离开革命，我要在爱情的鼓舞下去战斗，就是牺牲了也值得！"这的确说明了当时的青年人能够正确处理爱情与革命、家庭与革命的关系。在个人利益与革命利益发生冲突时，能够毫不犹豫地牺牲个人的利益。这样的爱情，是真正的无产阶级革命战士的爱情，是人世间无比崇高、伟大的爱情。

上前方的队伍终于出发了。这是7月的一个早晨，灿烂的阳光照耀着我们生活和学习过的窑洞、操场，照耀着通往前方的大道。1000多名朝气蓬勃、斗志昂扬的陕公学员，怀着一颗甘洒热血为人民的红心，背着背包，在鲜艳的红旗引导下，迈开雄壮的步伐，高唱着《毕业歌》、《大刀进行曲》等歌曲，浩浩荡荡地奔赴抗日前线。

新的战斗开始了！

烽烟寸丹

——延安的回忆

庄焰

当日本帝国主义的侵略炮火严重威胁着中华民族的生死关头，海外游子更感切肤之痛，爱国丹心充溢胸腔。我当时是马尼拉华侨学生联合会主席，又是文化界救亡协会、劳工联合会、民族武装自卫会的常务理事。我和许多华侨青年一样，不愿在海外做任人宰割的牛马，不愿在祖国生死存亡之际苟且偷生，求一己之安，我们要求回国参战，为保卫祖国、反对法西斯侵略而战。

辗转千里

1938 年 4 月间，组织上原决定派我参加菲律宾战地记者团去武汉等地，因临时离不开，把我又留下来，一直推迟至 6 月间，我才奉命独自一人，乘邮轮到香港。香港八路军办事处曾派陈永生同志（烈士子弟）到码头接我。因邮轮提前抵达，未接上头，只好投奔一位宗亲的商号暂住。第二天，我同八路军办事处联系上以后，小陈同志就来我的住处，领我到皇后大道八路军办事处（当时对外是以商号名义出现的）。办事处地方不大，进去后，就见到了廖承志同志和连贯同志。我和廖承志同志过去虽未谋面，但一见如故，因为许立同志早就给我介绍过他的情况。廖承志同志谈话很风趣，好开玩笑，来往熟了，有时趁我不备，便捏我的鼻子玩，真像个大哥哥一样。在香港八路军办事处，我暂时做些联络工作，偶尔也写点通讯稿，交给香港的《大众日报》。

两个月后，组织上批准我去延安中央党校学习。这时，粤汉铁路和京汉铁路已经不通，八路军办事处的同志安排我和香港的两名学生、一名青年印刷工人一起结队，从香港乘一艘不大的火轮到湛江，然后转道北上。船在南海海面遇上了特大风浪，桅杆为强风所吹折，处于险境。经过数小时搏斗，终于平安抵达湛江。接着，我们又冒雨步行去廉江，经陆川到广西的贵县、柳州，再经河池到了贵州的独山、都匀、贵阳、息烽、遵义、桐梓，入四川綦江，抵达陪都重庆。

回想起这一段路程，行进相当艰苦。举世闻名的贵州高原，就拦阻在我们面前，出贵阳进入大娄山山脉六盘山，真是“天无三日晴，地无三尺平”，这段路程终生难忘。

当时我们乘坐的汽车是靠烧木炭作动力的，其特点是发动难，熄火快，时速慢，像蜗牛一样在蜿蜒起伏的高山上爬行。山路狭窄，崎岖不平，爬上高山，犹如腾云驾雾。往山下看，山道险陡，悬崖峭壁，稍有不慎，就会坠入万丈深渊，粉身碎骨。令人敬佩的汽车司机师徒们，他们熟悉地形，驾驶技术娴熟。有时遇到陡坡，便由师傅驾驶，徒弟拿着笨重的木垛子，随时顶着后轮，以免下滑，坠入深谷。

大约在10月初，我们终于平安抵达重庆海棠溪。过了渡，登上无数石阶，到达“朝天门”。进入了市区，行人、叫花子、“滑竿”、人力车夹杂其间，熙熙攘攘。这里经常大雾弥漫，真是名不虚传的“雾重庆”。

市面萧条破烂，民不聊生，老百姓大都面有菜色。吸鸦片烟的人很多，烟瘾发作时躺倒在街头的也有。国民党官僚、太太们的轿车和军车横冲直撞，横行无阻。陪都满目疮痍的景象，真叫人痛心愤慨。当时重庆的旅馆、客店非常拥挤，入夜后，国民党的宪兵经常光临查夜，随意抄查、盘问，如临大敌一般。我当时的身份是华侨学生，持有菲律宾的出生证件，虽未遇太大麻烦，但也恨其盛气凌人、不可一世的样子。据说这些宪兵都是经过特殊训练的高中生，很会钻空子。

在旅店安顿好以后，我就去机房街八路军办事处，接见我的是廖似光同志。我把给长江局的介绍信交给了她。经过一番了解后，博古（秦邦宪）同志和董必武同志也出来见我。他们亲切地询问了菲律宾抗日救亡运动的一些情况，以及我本人的情况，并向我交待了一些应该注意的事项，叫我安心等待去延安的通知。不久便接到通知，要我参加八路军办事处招募组织的第十八集团军护士大队，约100余人，集体同去。大队里成立了党支部，由我任支部书记。出发前全体人员在机房街八路军办事处集合，董老语重心长地讲了许多勉励的话，并强调要遵守组织纪律，要求大家轻装步行。从此，我便在祖国大地上开始了新的革命旅程。

大队人员乘船沿嘉陵江上川北，经合川、南充、阆中、苍溪、剑阁、广元、汉中到西安。我们所走的这一条路，有许多地方原是红四方面军的根据地，如阆中、苍溪一带，沿途还留着许多红军的标语、口号和川陕苏维埃政府公布的法令。见到这些遗迹，倍感亲切。秦、巴山地以其险要著称于世，唐代诗人李白的《蜀道难》曾描绘了它的艰险，并咏叹：“其险也若此，嗟尔远道之人胡为乎来哉！”我们这些爱国青年为了抗日救国，却甘冒其艰难险阻。大家都有一个愿望，那就是早日开赴抗日前线。在艰难的行军中，除个别病号有时乘坐“滑竿”外，大家都坚持步行。有的女同志脚上打满了水泡，但还是拄着拐杖走，没有一个人掉队，始终保持着蓬勃的朝气和饱满的热情。在行军中，我们打前站的同志曾遭到土匪的拦劫，但当大队人马赶到时，土匪就都逃窜入山了。尽管我们打着第十八集团军护士大队开赴华北前线的旗号，携带了必要的证件，但到达国民党的重点封锁关卡汉中时，还是受到了国民党特务人员的多方刁难。他们甚至下令不准粮商卖米给我们，企图用饥饿来困死我们。

道路艰难，匪特横行，非但难不倒我们，反而更坚定了我们的信念。经过一个多月的艰苦行军，同志们在思想上、体力上都得到了初步的锻炼，学会了穿草鞋走路，学会了做饭菜，还学会了如何跟土匪、特务作斗争。

在中央党校学习

1938年初冬，大队安全抵达西安八路军办事处。在这里，我们兵分两路，一批渡黄河上山西前线去，另一批去延安。

我和人数不多的一批人乘坐一辆载货的卡车，经过国民党区的三原、铜川等关卡，在一个大雪天到达延安。在离延安还很远的地方，就看到那座巍巍矗立的宝塔，像"自由之神"正展开双臂，迎接天宫仙女散下来的铺天盖地的洁白"梨花"。当天晚上，我就寄住在宝塔山下的窑洞里。经过中央组织部同志的谈话后，我带了介绍信，背起行李，步行到了桥儿沟天主堂，这里就是中央党校校址（后来成为鲁迅艺术学院院址）。

在中央党校学习期间，我有机会聆听毛主席、周副主席、朱总司令、刘少奇、洛甫（张闻天）、陈云、邓小平、邓发等同志的讲话、报告和讲课。如刘少奇同志的《论共产党员的修养》、陈云同志的《共产党员的标准》等，当时听起来使人非常振奋，因为这些理论，都是做一个高尚的共产党员必须具备的起码的马列主义修养。当时党校的许多课程，都是经过斗争实践总结出来的，事例生动，有深刻的教育意义。

1939年夏，我被调到党校总支宣传部工作，在谢觉哉的领导下主编《党校生活》。那时每期都有谢老一篇思想性很强的文章。谢老文章的风格是短小精练、深入浅出、说服力强，我们都爱看。

自1939年起，日寇加紧进行诱降活动。国民党五届五中全会后，其反共与投降活动密切配合，在陕甘宁边区周围修筑了五道防线，西起宁夏，东至黄河，南沿泾水，绵延千里，主要关口要道都布置重兵和特务机关，妄图封锁断绝边区和外界的交通联系，并集结大军随时准备进攻边区。当时中央党校的生活相当艰苦，吃、穿、住都很差，严冬威胁着我们的学习和生活，因此必须自己动手准备木炭，以保证冬季取暖问题。副校长谢觉哉号召我们自己动手解决困难，达到丰衣足食。全校教职员工和学员都积极参加开荒生产运动，我也参加了从延安到劳山背木柴的活动。出发时天未明，回来时披星戴月。体力较强的人要进出山背两趟木柴，头一次进出背一批出来放在大路旁，再进山背一批，然后一块运回延安。从延安到劳山来回，再加上两次进出山，里程共有百八十里左右，肩上还背着六七十斤的硬木柴，这种劳动量对一个"洋包子"青年来说，确实不简单。在开荒生产运动中，我曾发生过一次意外事件。有一次上山收割谷子，由于背得过重，山坡又陡，一脚踏空，从半山坡直滚下去，幸亏下面只是一米多深的小山沟，如果是个深沟可能就完了。

1940年秋，爱国华侨领袖陈嘉庚和随员侯西反、秘书李铁民，经过长途跋涉，克服了国民党特务的各种刁难和阻挠，到达延安。陈嘉庚先生的爱国精神和他对爱国兴学的贡献，是大家所称道、景仰的。延安各界热烈欢迎陈先生的到达。在欢迎晚会上，我曾为毛主席和陈先生做翻译。毛主席请陈先生提意见，陈先生对延安的风气，特别是艰苦奋斗的精神，抗战的正确主张赞扬备至。陈先生的话语出自肺腑，非常恳切。陈先生也很关心在延安的华侨青年，问他们的学习、生活和参加生产劳动等情况。他也曾问我是如何从菲律宾到延安的，并说起跟随他来延安的国民党特务不懂闽南话，对他的谈话和活动都不了解，无可奈何。毛主席也问起我在菲律宾的情况，他风趣地称我为“洋包子”。当时我的名字叫“卜一”，毛主席说，你的名字三画太简单了，一看就是假的。这实际是对我的批评，提醒了我不要自我突出，要通俗化，尤其是在白区工作时更要小心。后来离开延安到东北，我就不再叫“卜一”了。

为纪念五四运动20周年，延安各单位都推选模范青年，我在中央党校也被选上了。记得在纪念会上，毛主席亲手颁发给我一枚模范青年纪念奖章。接到这枚奖章，我心情非常激动。这奖章虽经十年浩劫，几经抄家，但迄今仍然保存着。党中央和毛主席当年非常重视青年工作，对青年寄予希望和爱护。毛主席在《青年运动的方向》这篇文章中提道：“全国各地，远至海外的华侨中间，大批的革命青年都来延安求学。”“他们在学习革命的理论、研究抗日救国的道理和方法。他们在实行生产运动，开发了千亩万亩的荒地。……他们真是抗日救国的先锋，因为他们的政治方向是正确的，工作方法也是正确的。所以我说，延安的青年运动是全国青年运动的模范。”延安青年和各抗日根据地的青年就是朝着毛主席所指引的方向前进的。

在中央党校，我的同学和校领导中有许多红军老战士和长期在白区做地下工作的老同志，他们都有不同的斗争经历和经验，能够和他们聚集一堂互相交流经验，探讨学问，真是难得的好机会。当时我经常接触的教务长刘芝明同志，他在哲学、政治经济学和文学方面的修养，以及为学的态度，都给我留下了深刻的印象。党校校长邓发同志，是大家所熟悉的党的优秀领导者之一。他出身海员，精明机智，平易近人，热情好客，经常带着爽朗的笑声。他经过长期的革命磨炼，刻苦自学，文化水平和马列主义思想水平很高，讲课、作报告时，语言精彩，滔滔不绝，是个宣传鼓动家。我当时就住在他居住的窑洞附近。记得初次见面时，我们用广东话交谈，他一听就说我是四邑口音。其实我是闽南人，因过去同开平、台山人接触多些，多少带点四邑口音。他偶尔自己做白斩鸡或炖狗肉时，也叫我一起分享。我是在延安成家的，我的爱人闵自强也是参加护士大队一起从重庆到延安的。我们结婚时，邓发同志参加了我们的婚礼，讲了祝愿和勉励的话。1940 年，中央派我去海外工作前，邓发同志专门找我长谈，从国际形势、党的方针政策，到应该注意的问题都一一谈到了。他语重心长的叮嘱，给了我很大的教育和鼓舞。之后，余光生同志（他当时是洛甫同志的秘书）也找我谈话。真巧，我和余光生同志竟是未曾见过面的“笔友”。1935 年至 1936 年间，他在纽约《美洲先锋》报工作，那时，我经常为该报写些菲律宾通讯、诗歌之类的东西，我们有过稿件和书信的接触，他当时叫余新日。一谈起这段经历真是一见如故，同志感情格外亲切。离开延安前，洛甫同志也找我谈了话，并一块会餐送行。

时届秋天，为了党的事业，我和爱人忍痛话别，以八路军少尉名义，随董老离开延安，经西安向大后方进发。同行者还有茅盾（沈雁冰）等同志。一路上，走走停停。当时局势很紧张，国际上，德、意、日法西斯进一步勾结，大搞军事同盟。国内，国民党疯狂加紧“防共”、“限共”、“溶共”等活动，这就是 1941 年 1 月皖南事变的前夕。我们一行终于不得不停留在离宝鸡六七十公里的一个小乡村里，这里原设有八路军兵站。逗留期间，除了学习就是锻炼身体。很久没吃过小麦面馍馍，居然能在这个小乡村吃到。可是没有青菜，只有红辣酱，不管如何，这对我们来说已是美味了。夕阳西下时，我们三两成群到附近的河边散步、谈天。茅盾同志也常和我们一起散步，他用浓厚的浙江口音讲新疆见闻，对我来说，听他的话颇感吃力。他给我们讲天山南北气候的惊人差异，新疆的风土人情，真是别有一番滋味，至今记忆犹新。茅盾同志很喜欢在河中拾小石子，挑选有色的和形态好的小石子带回来。有一次，他不慎跌倒河里，好在河水不深，我把他扶了起来。那里山林景色虽然幽静迷人，但我们更关心时局的发展。董老则一直忙他的大事，我们总避免去干扰他的工作。最后，得到中央的指示，董老、茅盾等少数同志继续前进，其余的同志包括我在内，奉命返回延安。当我们抵达西安八路军办事处时，时局更为紧张，办事处的同志要我把随身所带的出国证件、照片等全部留下来交办事处代为保存，以利我路上过关卡时的安全。

聆听朱老总与周副主席教诲

1942年，我调到王家坪朱总司令主管的中央海外工作委员会海外研究班学习和工作。朱老总对研究班的工作安排很关心，他曾指示要我们学习军事，因此我们特别安排了军事操练课程。他很注重研究有关欧洲战场、太平洋战场的情况和美国问题，要求我们做到对时局动向的研究和基本情况的研究相结合，并经常主持召开时事座谈会。朱老总十分强调从实际出发，加强调查研究，他曾讲起当年他在德国期间如何学德语，如何拿起市区图周游柏林市，并说要敢闯，随时随地接触实际。

朱老总平易近人，对干部、战士的关怀无微不至。记得我爱人和另一位女同志同时临盆，而王家坪当时只有一位医生，为了两个产妇，三更半夜，这位医生在两个山头来回上下不停地奔跑，后来又叫司机紧急发动卡车把我爱人送往中央医院。这件事，深夜惊动了整个王家坪，也干扰了朱老总的休息。有一天，朱老总派人送来两只母鸡，这是他用自己劳动种菜得来的钱换的。朱老总对干部、战士的关怀，使人感到了革命家庭是如此亲切温暖。

1942年至1944年党中央号召“发展经济保障供给”，“自己动手丰衣足食”，在延安掀起了热火朝天的大生产运动。我们在王家坪同延安其他部队、机关、学校一样，男女老少，全劳动力、半劳动力全部组织起来，建立劳动合作社，实行合理分工，运用变工互助等形式，开展大生产劳动。这一运动对推动陕甘宁边区的生产发展和保障群众生活是有贡献的。

王家坪这条山沟面临延河，机关大门前有一大片桃林，这是延安的一景。人们休息时都喜欢到这里下棋打扑克牌；有时这里也举行晚会、跳舞会、音乐会，文化生活颇为活跃。延河也是人们喜爱之处，尤其是男女青年，常常在黄昏傍晚，月夜之下，三五成群，双双漫步，听潺潺流水，别有一番革命的罗曼蒂克的诗意。

1943年夏秋之间的一天，组织上通知我去杨家岭，说周副主席召见我。我真是喜出望外，但心里不免有些嘀咕，不知周副主席找我谈什么事。气喘喘地走到杨家岭，进了周副主席窑洞门口，我立正向他敬礼，周副主席伸出手用力和我一握，一股真挚的革命同志的情感涌上心头。很早以前，我就听李炳祥（永孝）同志（在大革命时期担任过鲍罗廷的英文翻译）讲过周副主席对中国革命作出的巨大贡献，以及大革命时期他在广州认识周副主席的情景，所以我对周副主席一直怀着敬仰之情。在延安，我也听过周副主席的报告。然而，今天，能在他的窑洞里面对面地和他谈话，真是一生难忘啊！周副主席问我有关菲律宾的一些情况，其中有的问题我也答不上来。他说他曾接触过一些菲律宾朋友。周副主席特别问起李炳祥同志及其爱人的情况，他还把他们夫妇俩的经历讲给我听。虽时隔十余年，但他的记忆力特别强，连李炳祥同志的年龄、特征都记得清清楚楚。他说，四一二蒋介石来了个大屠杀，把我们许多同志杀了、打散了，但革命的种子却遍地开花结果。周副主席这些话，表达了他对那些牺牲了的同志的深切怀念，表现了他对革命必胜的信心。周副主席还关心我在延安的小家庭，给予我很大的勉励。他还告诉我，延安要举行宪政促进座谈会，以揭露蒋介石的欺骗宣传。为了把会议开好，要做些准备工作。周副主席提出要我参加这次座谈会，并作为华侨代表发言。我接受了任务后就告别回来。一路上，周副主席炯炯的目光、堂堂的仪表、豪迈的气概、惊人的记忆力，及对工作认真、细致等等，总之，他身上的魅力始终萦绕、铭记在我的脑海里。

1942年至1945年的整风运动和党的七大，是中国革命取得胜利的思想基础和组织保证。三大作风发扬光大，一直带进了50年代，迄今还是全国人民所缅怀思念和颂扬的传家宝。毛主席在《改造我们的学习》、《整顿党的作风》、《反对党八股》等文章中深刻地指出当时党所存在的弊病，并把主观主义视为共产党的大敌、人民的大敌，是党性不纯的表现，提得很高。我曾用毛笔写了毛主席在文章里提到的那副对子“墙上芦苇，头重脚轻根底浅；山间竹笋，嘴尖皮厚腹中空”贴在自己的窑洞里，作为座右铭，以自戒、自励。在学习整风文件及《六大以来》文件时，我尽可能地联系实际，自觉认识，开展批评与自我批评。当时阴谋家康生掀起“抢救运动”，以“挽救失足者”为名，大搞“逼、供、信”，我们所属单位也头脑发热，跟着搞，日夜轮番“抢救”几个同志。当时我也参加了，是支委，负有责任，后来曾向他们道过歉。谁知事隔几十年后，一场空前浩劫来临，原被“抢救”过的同志再度遭殃，旧事重提，冤假错案重新被端了出来。当外调人员来威逼我这个“走资派”提供材料时，我抱着对同志政治生命负责的态度，坚持原则，实事求是回答问题，结果被戴上“顽固不化”的帽子。应该说，延安的整风审干给予我的教训是深刻的，倘若没有经过延安的那场运动，可能就很难熬过十年浩劫。

1945年党的七大以后，延安大批干部开始奔赴各地去开辟工作。我当时任中央海委秘书，审干甄别后，我和丁甘如夫妇等同志一道离开了延安。整装待发前，组织上对我这个华侨干部十分照顾，特别批给我两匹牲口，一马一骡。我和爱人把不到两岁的小女孩和还抱在怀里喂奶的小男孩，装上两个箩筐，驮在骡背上，和同志们一道经过长途艰苦行军，抢险横渡黄河，冲破敌人的封锁线，冒着战火奔向祖国辽阔、富饶但还在苦难中的大东北。

抗日战争时期我在延安的学习生活

王兆相

1938年初到1940年，我在延安先后进抗日军政大学瓦窑堡大队和中央马列学院学习近两年半左右时间。通过学习，我在政治思想、文化、军事素质上都有了很大提高。在此期间我有幸接触到了毛主席及许多中央首长，多次聆听他们的亲切教诲，直接得到他们的帮助教育，他们的言传身教和艰苦朴实、平易近人的作风，使我受益匪浅。尤其是毛主席对我学习生活上的关怀，一直铭刻在我的脑海中。

诚挚的关怀

1938年2月，我与张达志同志、孙超群同志等带领警备六团在八路军总部和一二〇师的领导下驻守晋西北偏关、清水河、平鲁、五寨一带，负责发动群众，建立抗日根据地。当时是国共合作抗日初期，形势有一定好转后，经我要求，总部同意我到延安学习。

我在1938年3月到达延安，先去见了滕代远总参谋长，他问我在进抗大以前，是不是先见见毛主席，我忙说：“那太好了！我早就盼着能见到毛主席了。”记得从晋西北一二〇师师部出发前，贺老总还托我到延安后一定向毛主席转达他的几句话。我当时想，毛主席每天日理万机处理那么多党政军大事，哪会有时间来接见我呢。现在滕代远总参谋长提出来，那当然是我梦寐以求的了。他说：“那好，你先在招待所住下等两天，我与毛主席联系后再通知你。”而后我又去拜见了留守兵团萧劲光司令员，边区党委书记郭洪涛，向他们谈了警备六团在晋西北的防务情况，也谈了一些神府的情况。两天后，毛主席的秘书来电话，说毛主席准备接见我，让我快去。当时毛主席居住、办公的地点在延安城北门内三孔石窑洞内，我怀着异常激动的心情向主席住的窑洞快步走去。我到达毛主席住处后，毛主席的秘书说，你在我这儿先等一会儿，毛主席正在和张主席（张主席即张国焘，在这之后不久，4月份清明节时张国焘即借口到黄陵扫墓叛逃）谈话。我坐了一会儿，张国焘便出来走了。秘书叫我到主席办公的窑洞去，我一进门看见主席正手拿烟卷站着沉思，我立正向毛主席敬了个军礼，并说：“报告主席，我是警备六团王兆相。”毛主席笑着走过来，一边伸手，一边说：“知道，王兆相同志你好啊，快坐下，滕代远同志说你来延安学习，这很好……”我开始有点儿拘谨，看到毛主席是那样平易近人，那样诚恳热情，我紧张的心情也逐渐平静下来了。毛主席问了许多晋西北根据地和神府根据地的情况，从谈话中我感觉到，毛主席对前线、对晋西北根据地的情况了解得很多，也很细。记得当时我在汇报时，有些问题没讲清，没讲对，主席很快就作了纠正。对神府根据地的情况也是如此。在谈到晋西北抗日根据地时，我把贺老总在我临走时托我转达给毛主席的话也讲了。我说：“主席，贺老总让我转告你，说他不识几个大字，也请求去学习，提高提高文化知识，到苏联去或到抗日军政大学去都可以……”毛主席听后慈祥地笑了。主席一边抽烟，一边笑着说:“啊,他不能去学习,晋西北根据地的任务很重,工作不允许他贺老总去学习啊!”在我汇报中主席总是笑着点头,并不时地提出一些问题。我们谈了一个小时左右,毛主席对我说:“你文化低,这次进学校要好好学习,你在根据地的创建中作了不少工作,有许多好的经验,但是不会总结,你一定要抓住这个学习的机会,学好了才能更好地去做工作……”这时,秘书进来说有人要见主席,我站起来说:“主席,你很忙,不耽误你的时间了,我一定好好学习。”毛主席笑着握住我的手说:“好!”我向毛主席敬了个礼,转身向门口走去,毛主席一直把我送到窑洞门口才回去。

这是我第一次见到毛主席,我没想到毛主席是那样平易近人,待人是那样诚恳热情,对我又是那样关心。我下决心一定要努力提高自己的政治、军事和文化素质,不辜负毛主席对我语重心长的教导。

抗大的军事学习生活

总部通知我到抗大报到,那是在1938年3月,毛主席与我谈话后不几天时间,萧劲光司令员送了我一套衬衣,给了我十块钱,我就去抗大报到了。

当时,抗日军政大学校长是林彪,副校长是罗瑞卿。我去时许光达教育长接见了我,他告诉我:抗大校内目前有一个第三期高级班,现在已学了一段时间了,但还没结业,你先到这个班学一段时间,等第四期高级班成立时,你再转到第四期从头学起好了。

第三期高级班班主任是李寿轩,学员大部分是四方面军长征过来的高级干部,记得我们一个小组的同志有杜义德、王宏坤、王树声等,许多我都记不起来了。我和杜义德睡在一个土炕上。在这个班,我只学了两个多月就结束了。

在这个班里我听过陈伯钧讲的战略战术和其他领导同志的许多课程。影响最深的是毛主席关于中国革命性质的报告，他深入浅出的讲解，使我这个还不会记笔记、文化水平很低的人，都记忆犹新。我记得主席讲道："我们在大革命失败后，不应该放弃三民主义和国民革命的旗帜，我们应该把这面旗帜举得高高的，号召群众。""我们许多同志不了解我们现在的革命是新民主主义革命，认为现在就是社会主义革命，还有同志认为就是共产主义革命了，这是不对的。"他举了个例子说，"在红军长征时，我每到一个地方总要找一些报纸、书籍来看。一天我到一户地主家，看有没有报纸或书籍之类东西，地主的老太太一见我就说，昨天他家已被共产了，这些东西都没了。你们看，她就把我们搞的视为共产主义了。我们许多干部也说不清现阶段的革命性质，大家应该明白，我们现在不是社会主义革命，更不是共产主义革命，而是新民主主义革命，到社会主义还得许多年……目前我们对爱国的资本主义、工商业者是不会进行打击的，我们打击的是封建地主买办、官僚、帝国主义这三座大山。如果要进行社会主义革命，还得走许多路，就像我们从这里出发要转个弯，才能走到延安北门口外一样，不是一步或几步就能走到的。"听过毛主席这次讲话后我才明白了，我们过去打土豪、分田地还不是社会主义革命。这次讲话我印象很深，所以至今已几十年了，主席讲话的大概意思我还能想起一些。主席的报告很大众化，很容易听明白，他就像和你拉家常话一样，慢慢讲解，对我们这些没啥文化的工农干部来说，听起来格外亲切明了。

4 月份，抗大三期高级班正式毕业了，许教育长找我谈话，他告诉我，"'抗大'四期不成立高级班了，只在'抗大'瓦窑堡大队成立一个红军干部支队，你到那里去学习怎么样？"我说："当然可以。"这样我又转到瓦窑堡大队学习。当时瓦窑堡大队大队长是苏振华，政委胡耀邦，一支队队长是詹才芳。一队是军事干部队，二队是政治干部队。我分在一区队一班，先后担任过班长和区队长。我们上课的地方原是国民党骑兵的一个大的马厩，经稍加整理就成了我们的课堂。几十个人挤在这个马厩里，三块砖头垫起来当凳子，膝盖就是可移动的桌子。在这里既学习文化政治课，又学习军事课，班里大多是各地区来的红军军事干部，文化水平都不高。我这个只读过三年半书的人，还算个小知识分子呢。所以班上让我给大家讲文化课中的一些成语和小故事。

我在参加革命前种地、放羊多年，那时，一边放羊，一边拿武侠小说《三国演义》、《水浒》等看，字不认识就问人，实在找不到人问时，我连猜带蒙也了解了一个大概，那些年，我稀里糊涂也看过不少书。没想到在这个班里，我这点文化水倒有用了。这个班还有一些同志一天学也没上过，我比他们就又强多了。我当区队长，负责带队出操，做军事动作。那时军事班主要是学军事课，教材就是苏联红军的战斗、战术条例，排、连、营、团的战术。记得我们队还到野外进行了一次实战演练。1938 年 8 月 1 日前，全大队还开展了一次迎“八一”的学习军事技术运动，全队苦练站、跪、卧姿的射击战斗动作。班上虽然都是各级连、营、团以上干部，但大家学习都很刻苦。记得那时衣服少，我们连换穿的衣服都难找到，做战术动作时，我的裤子磨破了，就干脆把膝盖以下剪掉，当作短裤穿。结果在练战术动作时，膝盖都磨出了血，结了厚厚的茧子。我们的政治课则主要是学习党的建设，社会发展史。在抗大四期的这段军事政治学习生活，是我自参加红军以来第一次比较正规的学习，学到了不少东西。

学到 11 月底、12 月初时，形势有了变化。据情报说，日本军队即将进攻西北抗日根据地，中央决定如果这样我们就和敌人“换防”，敌人如到陕北，我们就到敌人后方去，到他们的心脏地方去。所以决定抗日军政大学搬迁到晋察冀抗日根据地。当时我们正在学习团的战术条例。一天，罗瑞卿副校长和训练部长陈伯钧同志来瓦窑堡大队，讲了抗日形势和日军的动向及中央的战略部署，同时讲了学校如何搬迁，有的班将提前结业，等等。陈伯钧讲到军事队时说，军事队课程还没学完，但形势要求也只有提前结业回部队了，你们其中有一些干部已有许多实战经验，像你们队中的贺炳炎、王兆相，这些同志已参加过多次战斗，回部队仍然可以在实践中去学习提高嘛。就这样，我们于 12 月结束了抗大生活。

这段抗大正规化的学习生活对我帮助很大，对后来我在山东抗日根据地、东北解放战场及南下在各个解放战场上的工作起了很好的促进作用。抗大生活使我多年来的游击战生活养成的非正规化习惯得到了一定纠正，培养了过军事集体生活的好习惯。更主要的是通过三期、四期抗大紧张的学习生活，我在军事知识上有了较大的提高，同时，学到了不少革命理论知识。

在马列学院的学习生活

1938 年 12 月，在抗大瓦窑堡大队毕业后，我急着想回晋西北警备六团去，总政组织部方强同志通知我先到延安留守兵团去见萧劲光司令员。在延安萧司令告诉我："警备六团最近决定调到延安来，你现在回去路上拖的时间长，还没到晋西北根据地，警备六团就该出发了，你不如就在延安等一段吧。"我说："那我这段时间干什么呢？"萧司令说："我看你不如先到党校或马列学院再学习一段时间，毛主席不是也让你多学习吗，正好这也是个机会。"我说："我可真想马上回部队去。"萧司令说："那好，你去见见谭政副主任，看他的意思如何。"然后他给我写了封信让我带给谭政副主任。信的内容还是留我在延安学习，暂不回晋西北根据地，在延安等警备六团回来。谭政副主任看罢信，说："萧司令的意见我同意，我看你还是留在延安等部队吧。我们许多同志在战场上滚过来，滚过去，不容易找到学习时间，我还专门到莫斯科学习过一回，你现在有这么个机会学习，我看这很好，我先介绍你到马列学院学习一段时间吧。"就这样，我出了抗大校门没几天，又于1938年12月初进了延安马列学院。

马列学院是中央最高学府，院长是当时的党中央书记张闻天同志，副院长是王学文，是经济学家，人非常和善。这所学校工作人员还不到20人，教员均由中央首长和中央机关的一些干部兼任。学员是来自各地参加革命的高中、大学及留学回来的知识青年和参加革命较早的团以上干部。我这个从小放羊、只念过三年书的军事干部到这个最高学府来学习，当时心里真有点儿胆怯。但没想到警备六团因故一直没回到延安来，而我在这里一学就学了一年半时间。

到马列学院后，又赶上二期没毕业，三期还未招生，学院又决定我先在二期这个班学习，等三期开课后再转到三期去。当时马列学院每期只有一个班。于是我又插班到二期听课。二期、三期这两个班的学员中既有参加革命较早的阎红彦、谭余保、徐海东、张秀山、汪东兴、马洪等同志，也有许多文化水平较高的年轻知识分子，当时丁玲、江青、孙维世也在这两个班先后学习。4月份，三期开办后，我就转到三期学习了。

当时我们的教室是由一些用木头柱子搭起的草蓬顶大房子，每期100多人都是在此上课，没有课桌，和抗大学习时一样，膝盖就是每个人的课桌，两边放几块砖头，上面搭块木板就是我们的凳子。学校的课程很多，刚开始时我听起来非常费劲，就像整天驾在云雾里一样，记得教员和同学们讲什么偶然与必然，相对与绝对，我都莫名其妙，不知怎么回事。张闻天同志和艾思奇同志都鼓励我说："王兆相你文化低，也别着急，听不懂可以多问，这不是短时间能补上来的，今后要多看点小说，像《三国演义》、《水浒》之类的书籍，这样可以增长许多文化知识。”在学习上我是很用功的，我完全靠眼看、耳听、脑记。动手记笔记的能力很差。即使这样，我当时还是觉得有关马列主义、党建、新民主主义、世界革命史等知识我学得还是不错的。政治经济学、哲学就比较难懂，学起来也相当困难。

政治经济学由王学文副院长讲，他和孔祥熙、马寅初都是同学，常给我们讲他们之间的关系。他讲课很有耐心，每次都怀抱一堆书放在讲台上，慢慢地讲着。艾思奇同志讲哲学课。他们都很关心我。但我和同学们一样，最喜欢听毛主席讲的新民主主义和陈云讲的党建课。陈昌浩讲的世界革命史也很吸引人，他语言丰富，故事性也强，大家很爱听。毛主席和陈云讲的都是我们革命斗争中的现实问题，通俗易懂，语言生动。还有张闻天讲的是战略策略，王明讲统一战线，陈伯达讲三民主义和共产主义的关系，杨松讲中国革命，吴黎平讲马列主义，许多课程我开始学习时总摸不着边，很吃力，后来在首长和同学们的帮助下逐渐走上了轨道，基本能跟上学习的进程。

陈云同志讲的《党的建设》对我影响很深，他讲党的建党历史，党的工作方法，党的任务，党内思想斗争和两条路线斗争等等课程。记得有一次他讲党内思想斗争时，批判了一些不正确方法。他说，在我们党内思想斗争中，有些同志首先不是摆事实、讲道理，他们动不动就给对方扣大帽子，特别是有一些年轻的同志，他们像我这样……陈云同志学着把自己的拳头举过头顶说，他们在批判别人时，把拳头举得高高的，帽子扣得大大的，不让被批判者说话，这样做能让别人服气吗？陈云讲，批判应对事不对人，不要动不动就不让别人说话，拿拳头把别人吓住，拿帽子把别人压住。应该首先把对方的缺点甚至于错误都摆到桌面上来，用事实来说明问题，由被批判者本人按照他的缺点、错误的大小，找一个最适合他本人的帽子去戴，你给他强加的帽子不是大就是小，他戴着也不舒服嘛。

陈云在讲到要纠正党内绝对平均主义的倾向时，针对马列学院内一些议论，谈了绝对平均主义是错误的。他说，马列学院招生有一个原则规定，但在目前情况下，有些特殊问题我们只能特殊处理。我们这些年来在革命斗争中，牺牲了不少革命同志，他们留下的子女我们不照顾谁去照顾，让他们到马列学院来学习有什么不对的？这也是为革命培养人才嘛。至于有人对一些文化低的老同志来马列学院学习有看法，认为只有大知识分子才能到这儿来学习。你们知道这些老同志都是在战争中冲杀出来的，你们可以去数数他们身上有多少伤疤。他们文化低，更应该学习提高一下文化水准，这样不就可以为革命做更多的事吗？

在讲培养干部的问题时，陈云同志说，我们其中个别年轻的同志认为自己是读过高中，上过大学，留过洋的，现在又在中央最高学府学习，将来毕业出去，理所应当给个省级干部职务当。我说，那是不行的，马上让你去做个省级干部，你是干不好的，对你们也不好。你们有文化、有理论，但欠缺革命实际经验，工作上的经验靠积累，万丈高楼平地起，你们出去后应先去当区干部，支部干部，以此来积累经验和工作方法，将来才做更多大事。

在讲党的工作方法时，陈云同志举了个例子，他说，我们有一个部队，为了做抗日友军的统战工作，曾派一个旅长到相邻的国民党抗日友军去做友好拜访，联络感情。结果我们这位同志去后，坐下就给别人讲抗日的大道理，根本不容别人有说话的机会，自己讲了大半天，最后问别人有什么可说的吗，别人莫名其妙像听训话一样听了半天，还能有什么说的。结果我们这位旅长就认为已完成拜访任务，抬起屁股就走了。这哪里是去联络感情，哪里是友好谈话。谈话、谈话，是双方说话，通过双方说话进行友好交流。只有你一方说话，那叫什么谈话，叫什么交流。你们出校门工作后，千万注意，在谈话中一定要多听取别人说什么，让别人把话说完，绝不能武断式的训话，可别像那个旅长一样。

在讲党的斗争时，陈云说，为什么我们本来还好的一些同志，后来也走向犯错误甚至犯罪道路呢，这绝不是他生来就坏，而是逐步发展变化的。譬如我们有一个司务长，他负责会议招待，当人都走光后，他看到桌子上有香烟，就顺手拿了一支抽了，也没人说什么，第二次招待后他又拿了两支烟抽了，这回也没人说什么，后来他干脆把剩下的一盒烟也放到兜兜里了。就这样，他的行为始终没人理，没人批评，结果他胆子越来越大，什么都敢拿，最后成了贪污犯。如果一开始发现我们就提醒他，批评他，他就不会后来成为贪污犯了。

一年多时间我听过陈云同志很多课，对我印象很深，受到很大教育。陈云同志不但课讲得好，而且作风朴实、平易近人。

记得有一次下课后，正赶上外面下着大雨，陈云同志挟着书走到门口，停下来卷起裤腿，把鞋脱下夹在胳肢窝里，打起伞就往外走，正好我也走到门口，惊奇地说："陈部长，你怎么脱鞋光着脚在水里走？"他笑了笑说："这样好，鞋沾上泥水容易坏，又不好洗，脚脏了回到家一冲一擦不就干净了吗。"他就像没事一样在雨水中大步走了。我站在门口看着很感动。我们的中央首长，不但在政治思想、文化理论上是我们老师，他们在生活作风上也是我们的老师，是我们学习的榜样。

在马列学院一年半时间的学习生活，对许多课程，我由听不懂到逐渐听懂并理解。通过学习，我深深感觉到自己的眼光看得远了，视野更开阔了，对共产主义、对党的信念更坚定了，对抗战充满了信心和希望。

多年来我一直是在陕甘、陕北、晋西北战场上与敌人浴血战斗，所以思想深处一直有一种单纯军事观点，认为建立革命根据地，打土豪、分田地，战斗中的胜负都全靠枪杆子。到延安后，通过在抗大和马列学院的学习，才使我真正体会到了学习政治文化理论知识的实际意义。

到抗日最前线去

1940年5月，我从马列学院毕业，即将走上新的岗位，在延安经过八个月的抗大学习，一年半左右的马列学院学习，我不但在文化素质和军事素质上有了提高，更主要的是政治思想、工作方法、认识问题、分析问题等许多方面都受到了很多的教益。通过两年半左右的学习生活，我的思路和胸怀开阔了，我认识到自己应该到更广阔、更艰苦、最需要我的抗日前线去，不能总是守着自己多年的老部队和战斗了多年的家乡。所以在毕业前夕，我就主动向总政治部谭政副主任提出，希望到最艰苦的抗日前线去。后来谭政副主任找我谈话，他说："你的这种要求和决心是很好的，警备六团在晋西北，原准备让你接警备三团的工作，既然你提出到其他根据地去，我们研究一下可以让你到新四军去工作。"我问谭政副主任七大何时召开，因我当时已被马列学院选为参加七大的代表。他告诉我，我可以在参加完七大以后再走。我又到留守处萧司令员那里，向他报告"总政同意我到新四军去工作"，萧司令员听后感到有点突然，他问我"怎么叫你去新四军？谁告诉你的？主席知道吗？和你都谈了些什么？"我告诉他："离开延安到其他根据地去是我自己向总政提出的，主席是否知道我不了解。"萧司令听后"啊"了一声，接着说："我们原想你对陕北情况比较熟悉，在这里工作起来方便些。警备六团不回延安了，准备让你去接警备三团的工作，现在你要求到其他根据地去，这样也好。陕北同志不一定非留陕北工作，换个工作战斗的环境，离开自己熟悉的部队，熟悉的地区，也是个更大的锻炼。”

5月份，我在马列学院正式毕业。总政组织部部长胡耀邦同志通知我先到延安小砭沟招待所住下，等参加完七大后再去新四军。我在小砭沟休息了一个月之久，其中除有时仍参加一些边区党、政、军的会议外，就是参观学习。后来总政通知我，去新四军的路不通了，让我先到留守兵团的一些部队参观，当然这也是一种学习。一天晚上，忽然总政组织部部长胡耀邦同志找我谈话，他说：“新四军目前去不了，道路被封锁无法通过。你是七大代表，但中央决定目前七大延期召开，何时召开还没定，中央意见要你去山东抗日根据地工作，你看还有什么意见？”我马上回答：“我完全服从组织决定，到山东抗日前线去。”胡耀邦同志说：“那好，明天你就走如何，因为送给晋东南的一些物资已经准备好上路了，你和他们一块儿走，部队送你也方便。”我问他：“我爱人在延安‘女大’学习，能否与我一块儿走？”胡耀邦同志说：“你可以带爱人一块走，中央刚作出决定，团以上干部可以带家属到敌后工作。”我说：“那请胡部长把我爱人从‘女大’调出来，我们后天出发行吗？”胡耀邦同志说：“行！我明天就把你爱人调出来。”接着胡部长又说：“不过有件事，真对不起，本应该配给你枪支、弹药、马匹，但总政本身也很困难，好在你就是陕北人，自己去活动枪支、弹药、马匹、人员，我负责批给你路费”。第二天上午，我找到王世泰同志，他给了我一匹马，一个马夫。我原来就一直带着一匹马和一个警卫员，枪支弹药我从留守兵团全搞到了。这样我们就有了四个人、两匹马。当天下午胡耀邦同志就批给了路费。

第三天清早，我们在战友们的簇拥下，从小砭沟一直走到桥儿沟，大家才依依不舍地道别。我骑在马上回头望着仍站那里渐渐远去的战友，望着远处那高高的宝塔山，望着那抚育了无数英雄儿女的山山水水、沟沟壑壑，我思绪万千、心潮澎湃。我回忆起与战友们创建根据地时的艰苦战斗历程，回忆起在延安抗大、马列学院学习的日日夜夜，回忆起毛主席及各位中央首长对我的关心和谆谆教导，我在心里默默地立下庄严的誓言：毛主席、各位首长、战友们，我将永远铭记你们的教导，好好学习，英勇战斗，为了祖国，为了民族和人民解放的伟大事业贡献自己的毕生。

（王延生　整理）

到延安的前前后后

白刃

在菲律宾，向往延安

延安，中国革命的圣地，像一块大磁石，吸引着海内外青年，投进革命的洪炉里，锻炼成无产阶级坚强的战士，为中国革命的胜利，贡献出自己的力量。

在菲律宾，我就向往延安，像游子怀念母亲，希望早日投入她的怀抱！

1935年，我在马尼拉华侨中学半工半读。级任老师董冰如先生，是个矮矮胖胖的湖北人（解放后重逢，我才知道他原名董锄平，1922年的中共党员，曾参加大革命和南昌起义）。董老师在华侨中学，领导进步师生组织“人人日日抗日救国会”。在董老师的培养教育下，我成了救国会的常委，参加编辑《救亡月刊》。1936年，董老师知道我一边读书，一边做工卖报，就把每期200份《救国时报》交给我推销，并嘱咐我不能像卖《华侨商报》和《前驱日报》那样沿街叫卖，只能半公开推销，卖不掉的可以送给进步的同学、工人或店员。

《救国时报》是在巴黎出版的，报上登了许多抗日反蒋的文章，也有中国工农红军和东北抗日义勇军的消息。报上经常刊载王明的文章，王明名下括弧里印着陈绍禹。当时我不知道王明是何人，只对他同时用两个名字感到奇怪。到延安后才听说，这报纸是中共在巴黎办的，主编是吴玉章同志。

每期《救国时报》来了，我都贪婪地阅读，像吸水的海绵，汲取抗日救国的革命道理。这些理论变成《救亡月刊》的灵魂，我们常用它的观点，撰写自己的论文。

1936 年西安事变以后，董冰如老师乘年假去香港，回来后对我们说："国共又要合作了，今后要宣传全国一致抗日，不再反蒋了，要团结蒋介石的军队共同打日本。"

1937 年 1 月号《救亡月刊》，我们发表了一篇《国共合作的一线曙光》的社论，我还写了一篇揭露汪精卫（西安事变后，汪精卫匆忙从德国归来，曾路过马尼拉）勾结日寇和何应钦，阴谋进攻西安，发动大规模内战的文章，登在同期的《救亡月刊》上。这一期，还用了一幅绥远傅作义部队在百灵庙抗战的照片作封面，照片上两个士兵在阵地上握着机关枪向日寇射击。《救亡月刊》是 16 开铅印本，经费来源靠刊登广告和爱国华侨捐助。

不久，听说中共中央和中国工农红军总部移到延安。延安成为中国的红都，成为抗日救国青年向往的革命圣地。

到延安去！一粒希望的种子在我的心中萌芽。怎么去？不知道，因为道路遥远，如何筹备回国旅费，回国后如何通过国民党统治区到陕北，都没有把握，何况当时还有个对我很好的女同学，怎舍得断然离开！

这时候，我已经到了《华侨商报》编辑部当学徒。总编辑是江西人来远甫、福建人于以同（这两位先生在太平洋战争爆发、日寇占领马尼拉后被日军杀害）。每天晚上，我学习翻译合众社、路透社、哈瓦斯社……的英文电讯，有时和记者到警察局采访社会新闻，或到火灾、抢劫现场采访调查。从外电里，读到日寇得寸进尺，不但占领了东北四省，伪化了冀东，而且在北平城外丰台、廊坊进行军事演习，践踏祖国的土地，摧毁农民的庄稼。译电讯时，我常常感到心潮起伏，义愤填膺，恨不能早日回国，拿起刀枪杀敌人！

恰好有一天，叔父和两位同乡来到马尼拉，他们响应宋子文开发海南岛的号召，集资组织一个民生公司，想到那里种植热带作物。叔父说，他们不懂国语，不会说广东话，想叫我当翻译，旅费由公司负担。

我正愁着没有回国的旅费，便高兴地答应了。我把这件事告诉了董冰如先生，他很赞成，并给海南岛的专员黄强写了一封介绍信。黄强原是十九路军的参谋长，蔡廷锴等在福建成立人民政府时，董老师曾代表侨领许友超，到福建参加会议，和黄强有交情。

1937 年 3 月初，学期考试完毕。一天下午，我提着小藤箱，乘马车到巴石河码头。为了不耽搁师友和同学们度暑假，我只在电话里向他们告别，没有说明开船时间，自然不会有人来送行。邮船缓缓离开码头，船上的乐队奏起《一路平安》的乐曲，旅客和送别的亲友，互相抛掷着彩色的纸带，双方各拉着一端依依告别，喊着“再见”。孑然一身的我，对此情景，不由感到无限的惆怅！

轮船开出马尼拉湾，时近黄昏，晚霞映着海水，海鸥绕着白帆，风光绚丽，景象迷人。我站在甲板上，任凭晚风吹拂，最后一次欣赏马尼拉湾的落日。望着越来越远的仑礼沓公园，想到今生恐怕不会再到这异国来，禁不住伤感地哼起了《告别南洋》这首歌。

第二天上午风平浪静，轮船在太平洋上航行。我意外地发现董冰如老师站在上层甲板上，依着栏杆望着海洋。我高兴地跑上去。董老师说，他要回湖北，是临时决定的，想不到竟在同一船上。

船到香港，和董老师分手时，我问他今后如何联系，他给我写下汉口永安堂药房的通信地址。上岸后，我找到叔父住的客栈。几天后，乘船去海口。由于有黄强专员的介绍，我们来到澹县那大镇，花了几千银元买了一片荒山野林。抗战爆发后，民生公司没有派人去开垦，那片山林也就扔了。

到南京，救国无门

在海南岛前后耽搁了两个月，5 月间，经香港乘船到厦门，遇到三个从马尼拉回国的青年，其中一个姓陈的同学，正在南京五卅中学读书，另外两个是店员。他们准备去南京，邀我同行。我当时充满了青年人的幻想，寻思去延安没有门路，不如先到南京碰碰运气。也许有机会转到陕北去，便答应了。

我回福建晋江县永宁老家筹备旅费。父亲原是旅菲华侨，十几岁到吕宋当苦力，后来在怡朗与人合伙开了一间小杂货铺。1933 年小店倒闭，父亲心灰意懒，回家务农。他给我筹备了几十块钱，我返厦门和三个同伙搭船到上海，转乘火车去南京。

我们在南京丹凤街租了一间简陋的小楼房。陈同学回五卅中学念书，两个店员怀着航空救国的理想，报考航空学校，体格检查时就被淘汰下来了。我想找个学校半工半读，但学校都是全日制，而且人地生疏，没有这个可能。我们三人像雾海中的孤舟，找不到航向，又不愿匆匆离开，便在这个国民党的首都“搁浅”了。南京真是个大火炉，才 6 月中旬，一清早就满身大汗。我们每天在南京街头游逛，到玄武湖躺在树下看书，消磨时光，等待奇迹。

奇迹出现了！ 7 月 7 日，卢沟桥的炮声，震撼着祖国大地，唤醒了被压迫的民族，渴望已久的抗日战争爆发了！我们兴奋地唱着《义勇军进行曲》，喊着“打倒日本帝国主义”的口号，希望投身到战地去。我们注意报上的广告，有个同伴想投考陆军士官学校，另一个动摇犹豫，我则坚决反对。末了，看到一则招收战地服务团的启事，一致同意去报名。报名处设在一座大庙里，门前冷冷清清，花名册上只有一个人名，担保栏上写着孔祥熙。我们要报名，管事的要殷实商家担保。我对他说，我们为了打日本，从海外回来，南京无亲无故，哪儿去找铺保？我们出示了南洋的证件，管事的还是不同意，并且冷冷地说，现在汉奸到处活动，没有铺保不行。真是岂有此理！居然怀疑我们是汉奸！我们怀着满腔愤慨，乘兴而来，败兴而归。

连日来，从北方过来许多难民，南京居民也惴惴不安。大街上经常出现一串串漂亮的小轿车，国民党的要人们正在开什么会议。两个同伴看到救国无门，一肚子牢骚，动了返南洋的念头。我每天注意看报纸，读着北方的战况，希望能找个机会去陕北；也想乘长江船到武汉找董冰如老师，但又怕去了扑空。刚到南京曾给他写了一封信，却如石沉大海。我忽然感到回到祖国不如在南洋好混。在菲律宾，我14岁就从这个岛到那个岛，只要有华侨的地方，只要肯卖力气，不怕没有饭吃。我还在菲律宾人家中住了半年，受到很好的款待。这些经历，养成了我盲目自信和冒险的精神。但是在南京一个月，到处碰到冷冰冰的脸孔，离开钞票寸步难行，而身上的钱又快光了。一般学校每学期学杂费几十元，加上膳宿费得100多块，家里肯定供给不起。想做工找不到合适的地方，想救国没有门路……炎热的气候增加了心里的烦闷。

8月初的一天，陈同学忽然跑来说，南京很快要打仗了，他们学校要疏散，他决定回南洋，问我们怎么办？同屋的两位都主张回去。南京不是久留之地，我也同意一块回厦门，再做打算。

就这样，我们离开南京到上海。上次经上海没有歇脚，这次都想看看这个大都会。我们在北站一家旅店住了几天，逛了南京路，游了外滩，进了“大世界”，饱览了五光十色的大上海。临走前一天，我们到蓬莱大戏院观看话剧《卢沟桥之战》，记得演员里有崔嵬、舒绣文和田冲等。

8月12日上午，我们从外滩坐舢舨到浦东，登上英国太古公司的轮船。船上人山人海，甲板上、帆布棚顶挤满了人。黄浦江边，中国士兵正在修工事；黄浦江里，停泊着几十艘日本军舰。战火快烧到上海滩了！果然，我们船行到浙江海面，听无线电广播：八一三上海抗战爆发了！

望延安，路途遥远

回到厦门，我考上集美初中三年级。集美中学是陈嘉庚先生办的，学生大部分是南洋的侨生，不要学费，每月只收四元膳费。我想上完初中不成问题，总比无所事事好些，搞张初中毕业文凭，也许日后有用。

开学不久，日寇空袭厦门，威胁到隔海的集美。学校迁到安溪县文庙里，许多侨生纷纷回南洋，我跟着到安溪。福建地处海隅，与内地交通不便，消息不灵；安溪在群山之中，更是闭塞，只能从无线电广播里听到北方抗战的新闻。偶尔接到香港的刊物，看到八路军打鬼子的消息，同学们争着传阅。有一天，吴其进同学收到一本《群众》杂志，有一篇延安抗大生活的通讯，还登着招生简章。读过后，我的心立刻飞向延安，决定初中毕业，无论如何也要到陕北去。

我试着寄封信到汉口给董冰如老师，不敢公然提到延安去，只说毕业后要上北方参加抗战。真令人高兴，居然收到复信，大信封上印着"国民政府军事委员会"一行红字，复信中叫我到陕北去。我反复读了信，更坚定了去延安的决心。解放后我才知道，董老师当时在周恩来和郭沫若同志领导下的第三厅工作。

那时，福建泉州驻军旅长钱东亮，是蒋介石侍从室主任钱大钧的侄儿。钱东亮在泉州各县横征暴敛，鱼肉乡民，抽壮丁，敲竹杠，老百姓叫苦连天。1937 年寒假，我回到家乡，将见闻写了一篇《国难严重下的泉州军政》的通讯，寄给汉口《全民周刊》。1938 年 5 月，文章登出来，我还没有见到。

有一天，李法西同学悄悄问我："汉口杂志登了一篇骂钱东亮的文章，是你写的吧？"李法西原是菲律宾侨中的同学，我用的笔名"王爽"，又是在菲律宾用过的，只得点头承认。他说："钱东亮正在暗中查访，你要当心！"

我写文章时出于义愤，有点"牛犊子不识老虎"，经他提醒，真有些后怕。想起厦门某报记者曾尤先生，发表一篇《暴风急雨话泉州》，被迫逃往香港，我把钱东亮骂得狗血淋头，这个杀人不眨眼的魔王，怎肯与我干休？我不禁暗中捏了一把汗。

暑期毕业考试结束，我匆忙回故乡。路过泉州，到生活书店，问有没有新到的《全民周刊》？售货员端详了我一阵，从柜台下取出一本说："总共只来了五本，这是最后一本了，要好好保存！"我付了款，感谢他的好意。

回到家里，匆忙阅读三月前寄出的文章，心情十分激动。同乡一位女教师来了，她曾在泉州参加过妇女军训，文章的部分材料是她提供的。她说钱东亮大发脾气，命令追查谁写的文章，让他查到就要命！她叫我赶快离开福建。

福建禁止壮丁出境，我当时 19 岁，正是被禁之列。形势不容久留，又不好明言，我只告诉父亲要去汉口找老师，对其余的人说要回南洋。父亲手头拮据，拿不出多少钱来，嫂子拿出一只金耳坠助我作旅费。临行那天早晨，父亲亲手给做了一碗面线，送我到汽车站。我觉得父亲太好了，此番出门，不知何日再见，汽车开动时，止不住流下眼泪。没想到这次分开，竟成了生离死别。

这时厦门已被日军占领，要去香港只能在泉州湾乘英国船。由于逃港的难民太多，港英当局规定，只许乘头等、二等舱的旅客上岸。我只好买去汕头的统舱票，到汕头再想法去香港。我姐姐一家在九龙避难，必须找姐姐资助，否则去不了陕北。

船到汕头，我在潮阳过夜。第二天乘长途汽车到惠阳，第三天到樟木头，转乘火车到九龙。在姐姐家中住了几天，筹足了旅费起程。在广州遇到集美同学林有声，他和陈耕国、李金发两位同学，在文德南路租了一间楼房，邀我搬去同住。他们也想去延安，因为陈耕国得急病住进中山医院，把旅费花光了，正等南洋的汇款。前几天李金发接到汇款，已经先头出发了。

广州经过日寇大轰炸，有钱人纷纷逃往香港。人去楼空，房租很便宜。我们住的二层楼，每月只花几天的租金，其实是给房东看房子，所以有时就赖着不付钱，而且唱起电影《十字街头》中的插曲："没有钱也得吃碗饭，也得住间房，哪怕老板娘，做个怪模样，朗里格朗……"

同楼住着一个青年救国团体，经常邀我们一块上街做宣传工作，我们闲来无事，当然乐意。大家用广东话唱着《武装保卫大广东》、《民众起来打倒日本仔》等歌曲，向围观的群众宣传抗日的大道理，有时还演街头剧。

两位同学写信向家里要钱，说要回南洋，家里似乎也发现了什么，迟迟不汇款，一直等到9月下旬，才把钱寄来。我们急忙到东山百子路八路军办事处，开了一张进延安抗日军政大学的介绍信，立刻动身去汉口。日寇正在包围大武汉，敌机每天来空袭，听到警报，市民们成群拥往租界。我们在广州司空见惯，对敌机满不在乎。我找到永安堂药房，想会见董冰如老师，太不凑巧，他去广州了，真让人失望！

我们往西安进发，火车开到河南明港，忽然停下不走，传来日本骑兵到了驻马店的消息，大家都焦急，幸好敌人很快撤走了。后来听说，敌军第二天便切断平汉线，我们是最后一班客车。沿平汉线各车站，都有小贩卖食品，烧鸡每只一毛钱，我们贪便宜，拿烧鸡当饭吃，把肚子都吃坏了。火车从郑州开往西安，上来很多大兵。车厢里有三位湖北姑娘，挨近我们的座位，看到几个兵痞挑逗她们，其中有个姑娘叫钟国权，有意把我们当卫士，不断和我们说话，一来二往，慢慢熟悉起来。我们义不容辞，一路照护她们。到了西安车站，钟国权给了一张纸条，写着她们的住址和电话，邀我们去作客。

出站以前，几个丘八查完行李，拼命盘问我们。我们藏起八路军办事处的介绍信，异口同声说是到西北联合大学读书，没有露出破绽，才让我们出站。

次日上午，我们到七贤庄八路军办事处，接待人员要我们等候编队，还说从西安到延安，没有汽车，要徒步行军，叫我们尽量轻装。

在旅社等候通知，闲来无聊，给钟国权打电话，三位姑娘一阵风似地来了，坐了一会儿，热情地请我们去作客。她们住在亲戚家，西北实业公司的后院，一座阔气的楼房。女佣人倒茶时，呼三姊妹“小姐”，称我们“少爷”。我第一次听到这种称呼，感到很刺耳。玩了一阵，起身告辞，钟国权和两位堂姊妹，坚决留我们吃中饭，说是为了答谢一路的照顾。萍水相逢，盛情难却，我们吃了一顿丰盛的午餐……

以后几天，三姐妹天天到旅社来玩，有时出去逛马路，看电影，下小馆。从钟国权口中，我知道她父亲叫钟相毓，是国民党洛川专员。我告诉她要去延安抗大上学，她表示有机会也想去陕北。临走那天，三姐妹来送行，钟国权交给我一封信，要我到洛川亲自交给她父亲。

第一课：800里行军

从西安到延安，徒步行军800华里，是我们未进抗大先上的第一课。

编队那天上午，八路军办事处发给每人一套灰色的棉军装，一顶带护耳的棉帽，一个八路军学兵队的符号，一个青天白日帽徽，听说这些都是国民政府发下的。阳历10月初旬，天气还很热，我们几个华侨青年，生来未穿过棉袄，着上棉衣棉裤，顿时汗水淋漓，不知如何是好。只得脱下长袖衬衫，留着背心裤衩，套上空心棉衣，仍止不住冒汗。我把不急用的东西、衣服、西药、几本厚书，都“轻装”了，干脆连两件长袖衬衫，也塞进小藤箱里，一股脑儿送给办事处。

我们这队学兵30多人，都是20多岁的青年。一个东北军的军官年纪最大，也不过30岁。临时指定的队长，身材魁伟，相貌堂堂，是个东北流亡学生，满口关东腔，喊起口令很在行。队里几个女兵，有四川人、广东人，也有娇滴滴的上海姑娘。大家来自祖国各地，说着不同口音，但是心情一样：为了挽救祖国的危亡，准备和日寇血战到底！

编队、换衣服、轻装、买上路用的物品，搞了一个上午。下午出发，大家穿着新军装，头一天当上八路军，成为革命战士，心里都格外高兴。队伍向城外开拔，踏着整齐的步伐，唱着救亡歌曲，一个个劲头十足。只是谁也不会打背包，手里提包袱，有点不大相称。

西北是大陆性气候，早晚凉爽，午后燥热。出了西安古城，人人汗流浃背，个个喘着粗气。队伍开始乱了套，有的掉队拉距离，有的敞开上衣，有的摘掉军帽，有的脱下棉裤，穿着杂色的长裤……我的身上像开了河，汗水从额头流到脚上，棉衣裤的里子全湿了，贴在身上，又厚又沉，像戴着枷锁，恨不得扒掉棉军装，穿着背心裤衩走路，又怕不雅观。后来看到有的女同学，把棉裤搭在肩膀上，只穿条红裤衩，也就走到路旁，脱下棉裤，穿上一条打球穿的红条条的灯笼裤。我不由庆幸这条长裤没有“轻装”掉，暗暗懊悔送掉了长袖衬衫，责怪自己是个傻瓜蛋！

看着这群吊儿郎当、稀稀拉拉、像打了败仗的队伍，队长急得喊来喊去，谁也不听他嚷嚷。开始他还憋着一身汗，连风纪扣也不解开，慢慢也脱下棉帽，敞开衣襟，棉裤始终穿着，看来他比大家有锻炼。

大约走了30里，天已黄昏，前面是草滩镇，去延安的第一站。队长宣布休息，要求大家整好军容。我们列队进入街市，费了很大工夫，找了旅店，包饭住宿。

第二天清晨，刚集合队伍，突然来了十几个国民党兵，为首的军官宣布要检查。队长不同意，说都是抗日军，现在国共合作，应该团结抗战。那军官坚持要检查，说是上面的命令。我们都很气愤，认为中央军有意刁难，制造磨擦。可是人家有枪，只好忍气吞声。一个士兵拿走我的南洋护照，交给那军官，那军官看到护照上的外文姓名与胸前八路军学兵符号上的不一致，便大做文章，要将我扣留。我再三解释，许多华侨都有两个名字，又对他讲了团结抗战的道理，说我们千里迢迢回到祖国，为着打日本鬼子，应该得到同情帮助才对。那军官似乎有所感动，把护照还给我。

以后几天都很顺利，到了耀县又遇到麻烦。那天轮到我打前站，我挑着行李来到耀县南门，两个哨兵检查行李，翻出一本红皮书《在西班牙》，问我是什么书？我说是西班牙人民保卫马德里的书。两个不识字的大兵，哪知道地球上有个西班牙，只认为红皮书一定是宣传赤化的危险书，把我带到县政府，交给一个什么科长。那科长衣冠楚楚，翻了翻《在西班牙》，客气地请我坐下，盘问完我的来历，说道：

“你是华侨学生，打起仗来为什么不回南洋？”

我说：“自从九一八日本强盗占领东三省，外国人瞧不起中国，华侨在海外很受气。有血性的中国人，谁愿意当亡国奴？我回祖国就是为了打日本，现在全面抗战了，怎能跑回去当逃兵？”

他问：“想打日本，到处都有军队，为什么不参加中央军？”

我说：“八路军打鬼子打得漂亮，平型关一仗歼灭鬼子一个旅团，全世界都知道了，所以我要当八路军。”

他不高兴地反问：“中央军保卫大上海，徐州会战，不也打得很漂亮吗？八路军打胜仗是他们宣传的，其实是游而不击。”

我反驳说：“平型关打胜仗，阳明堡烧日本飞机，都登在政府的报纸上了，怎能说游而不击？”

他语塞了，强词夺理地问：“你是共产党吧？”

我说：“我是个爱祖国的华侨青年。”

他问：“你不是共产党，为什么非到延安去？”

我道：“蒋委员长说过，抗战是地无分南北，人不分老幼，现在是国共合作，我愿意去延安，你们不应阻拦！”

他说：“不是阻拦，是忠告！延安很苦，连小米饭都吃不饱，你们华侨吃不了那样的苦。”

我说：“我回国抗战，决心为祖国抛头颅洒热血，死都不怕，还怕什么苦呢？”

他装出一副笑脸说：“钦佩，钦佩！精神可嘉！不过我还是劝你到中央军好，像你这样有志的青年，到中央军，一定大有作为。附近就有中央军，你愿意去，我可以推荐。”

我也客气地说：“谢谢！我已经当了八路军的学兵，不能半路开小差。”

当时国共磨擦刚开始，国民党还不敢那样放肆。那科长看到我铁了心去延安，只好作罢。后来听说，许多去延安的革命青年，半路被国民党军队扣留，送到集中营受反共训练。我算幸运，没有落入他们的魔掌。

从耀县北行，经铜川、过宜君、到黄陵，站在传说中的黄帝陵墓前面，我不由想到：四万万黄帝子孙，正为捍卫祖先开拓的土地，赶走日本侵略者而战斗！假如黄帝有灵，应在九泉含笑。

行军到洛川，进入陕甘宁边区。城里住着共产党领导的八路军，也住着国民党的专员公署。想起钟国权的嘱托，我拿着她的家书，走到专员公署。站岗的国民党兵不让我进衙门，我对哨兵说，我是给钟专员捎家书来的。哨兵不敢怠慢，立刻领我到传达室。传达室的老头看了信皮，满脸笑容，请我坐下，连忙到里面通报，不一会儿出来说："专员有请！"我随他穿过大堂，进入后院。只见一个50多岁的胖子，穿着咖啡色哔叽的中山装，微笑着从里屋走出来，老头说他就是钟专员。

钟相毓抬起右手说了声"请"，把我让进客厅坐下，亲自倒上一杯茶，又递过来一支烟。

"谢谢，"我说，"我不会抽烟。"

"请喝茶。"他说着，自己点上香烟。

我端起茶杯啜了一口，显得很拘束。钟相毓客气地说道：

"小女们一路多蒙照顾，实在感激。"接着咬文嚼字地问："府上哪里？""令尊令堂健康否？""贵庚几何？"……我一一回答过。他又问："不知老弟到延安后作何打算？"

我说："到抗大求学，毕业后上前方打鬼子。"

"难得，难得！"他恭维过，脸上笑容消失了。沉默片刻才开口："到延安看看也好，他们宣传得厉害。"停了一下又说："老弟人才出众，前途不可限量，日后当能鹏程万里，奋翼高飞。老弟到延安后如不合尊意，欢迎到敝处来。小女信里说，你对她很好呢！"

听了后面一句，我的脸有点发烧。由于一向讨厌国民党官员，尽管他是钟国权的父亲，对我客客气气，给我戴了高帽子，好像在为我的前途着想，也排除不了我的戒备心。从他的恭维话里，我听出了弦外之音，觉得气味不对，寒暄几句，起身告辞。

他挽留我说："天快黑了，请用点便饭再走吧。"

我推脱说："队里有纪律，不好随便在外面就餐，谢谢了。"

钟相毓送我到衙门口，那个哨兵有点惊奇，慌忙举起右手放在步枪筒上，向我行一个军礼。

到延安以后，我曾给钟国权写信，希望她能来陕北求学。由于我们很快转到陇东，未能收到回音。1940年，我在山东敌后编报，收到一则新华社的电讯，洛川人民将顽固专员钟相毓驱逐出境。

离延安，西出陇东

走了十几天，终于到达革命圣地延安！

早晨，队长宣布最后一天行军，要求大家注意军风纪。下午，太阳偏西的时候，走在前面的同学，突然欢呼起来：

"宝塔山！""延安到了！""胜利了！"……

我走到公路的高处，眺望着延河东岸的宝塔山，西岸的延安城墙，心里激动万分，盼望一年多的目的地到达了！平生第一次长途行军胜利了！辛苦和汗水化为欢乐，止不住眼里闪着泪花，内心里呼喊着："延安！我的母亲，远方的游子来到你的身边了！"

休息十分钟。同学们擦干脸上的汗水，打掉身上的灰尘，整理服装站好队。队长喊着"齐步走"，队伍里唱起《抗大校歌》，走进古老的城门：

黄河之滨，集合着一群，中华民族优秀的子孙；人类解放，救国的责任，全靠我们自己来担承……

延安城里十分热闹，街道两旁摆着一处处货摊，羊肉汤锅里发出诱人的香味，行人熙熙攘攘，小贩们喊着招揽生意。我们兴奋地走着，好奇地东张西望。天刚黄昏，有几处小摊点亮了电石灯，夜市开始了。

晚上，我们被安置在几间空店房里，没有门窗，没有被褥，铺板上只有一点谷草。我们三个侨生，每人在汉口做了一件夹大衣，一路上用它当被子。行军时嫌累赘的棉军服，夜晚成为挡风御寒的宝贝。

翌日上午到校部报名填表，表格两旁印着对联式的口号，原词记不住了，大意是：是中华民族优秀儿女，要如实填写自己历史；是抗日救国革命青年，不隐瞒家庭出身成分。办完入校手续，我们三人游览了古城。城圈不大，街道不长。用石灰水刷写的抗日标语，随处可见；雄壮的救亡歌声，响彻云天。一队队八路军健儿，踏着整齐的步伐；一群群爱国青年，露出欢乐的笑脸……到处热气腾腾，充满了春天的气息，古城变年轻了！我们特别感兴趣的，是城外那些从黄土山边开出的窑洞，听说里面冬暖夏凉，许多抗大同学都住在窑洞里，大约我们也可以进这种别致的宿舍里享受一番。

初到延安，吃不惯小米饭，咽不下干馒头，口袋中还有余钱，可以下馆子吃蛋炒饭，上街头喝羊杂碎汤。最难受的是没有地方洗澡。行军十几天，每天一身汗水，衣服湿了又干，身上一股酸臭味。找不到澡堂，只好到延河里洗身。这天晚饭后，我们三个“南蛮子”，跳进冰冷的延河中游泳。穿着棉袄、披着大衣到延河边散步的男女同学，围在岸上观看，互相议论着，大概说我们是疯子。我们只顾洗得痛快，哪管别人说三道四。

外地青年陆续到延安。有一天，通知我们开会，200多新生坐在大院里，一个中年人给我们讲话。他身材细长，上身穿着单军装，外面套着敞开衣襟的棉袄，下身穿着马裤，头戴一顶红军帽，脚踏一双布条编的草鞋，走路一瘸一拐。司仪介绍，他是何长工同志，法国留学生，井冈山时代的老革命，二万五千里长征的老战士，他的跛脚就是在保卫井冈山战斗中负伤的。现在是我们的大队长。同学们听了，都不禁肃然起敬。

何长工同志宣布，从今天起我们编为抗大第五大队。由于延安地方小，抗大四大队在洛川，五大队要到甘肃庆阳建校。陇东比延安好，牛羊猪肉很便宜，白面馍馍吃不完。他讲话很风趣，煽动力强。他还当场用法语唱了《马赛曲》，同学们听了都很兴奋。

200多新生编成两个队。我编在第一队，被选为副班长，林有声和陈耕国编入第二队。去陇东的前一天，队里有个从马来亚回来的广东同学，知道我在南洋演过戏，写过诗歌、小说，劝我转到鲁迅艺术学院。他说已经和沙可夫院长谈好，假如我愿意，可以和他留在鲁艺学习。我当时想：到延安是为着学习军事，到前方打日本，不想搞文艺工作。我婉言说了，他感到惋惜。

11月初，开始600华里的新路程。从原路南下甘泉、富县，转向西走，在黑水寺意外吃了一顿大米饭，往后全是荒山小道，人烟稀少，几十里路才有一个村庄，村民们很多是从山东逃荒来的。到了直罗镇，看到好些残垣断壁，原来这是红军经过二万五千里到陕北后，在这里打了一个大胜仗，歼灭国民党一个师的著名地方，现在还留下战火的痕迹。

初冬的西北，气候严寒。路上下过一场大雪，乐坏了我们几个南洋客，生来第一次看到雪花翻飞，觉得十分有趣。不料兴奋之后带来了苦恼，我穿的是胶鞋，脚后跟冻裂了，走起路来疼得要命，只好每天晚上用热水烫脚，往裂口里塞雪花膏，也没有多大效用。

在冰天雪地里行军，清早呵气变成白雾，白天走了一身汗，休息时冷风一吹，身上凉飕飕。夜里睡在凉炕上，个个当“团长”，只好两人通腿睡觉，彼此抱着对方的脚丫子取暖。

出发前每班发下一个半截的洋油桶，两边拴着铁丝，早晨当洗脸盆，值日生从伙房里打来热水，十块手巾往里蘸着洗脸；晚上当洗脚盆，十双脚轮流放进去洗；开饭时当菜盆，十双筷子在里边夹菜吃。头两天觉得恶心，不想吃菜，慢慢也习惯了。从西安一同到延安的那个东北军军官，用一个特殊方法洗脸，舀一缸子热水，含了一口喷出来，双手接着搓脸，再用干毛巾擦。同学批评他特殊，不能和大家同甘共苦。

12天走了600里地，来到黄土高原上的古城庆阳。二队住进一座大庙，一队分了一片破烂的军营，立即投入修建营房的劳动。每天挑土和泥，搬砖垒墙，忙得不亦乐乎。队里没有炊事员，各班轮流做饭，每班轮一个星期。我们是二班，很快轮上了，班上六个洋学生，一个东北军的军官，一个西北军的排长老胡，一个越南归国的店员余自克。副班长分工管生活，做饭要我负责。我在菲律宾当过学徒，会烧大米饭、炒家常菜，对面食却一窍不通，给养偏偏是白面，顿顿馒头小米稀粥。老胡是陕西人，懂得做面饭，也是见得多做得少，特别是每餐要蒸百十人的馍馍，有些胆怯。其余八位都没下过厨房，只能洗洗菜，烧烧火，打打下手，干点杂活。赶着鸭子上架，我这个火头军司令，请老胡当军师，硬着头皮上阵。头一顿蒸了死面馒头，同学们拿它当"手榴弹"；第二顿面发过头，大家说酸掉大牙，第三顿碱大了，大伙儿说是"鸡蛋糕"。听了讽刺挖苦，我们毫不灰心。"吃一堑，长一智"，拜师傅，请顾问。我们很快学会了蒸馒头、做花卷、擀面条、包包子、烙单饼。看来吃饭简单，做好了不容易。

每餐每人发四个大馒头，足足半斤重，我顶多能咽下两个，剩下的全给老胡，他个子高饭量大。晚上饿了，我和余自克悄悄出去买烧鸡。庆阳烧鸡都在夜间叫卖，分鸡头、鸡腿、鸡身、鸡翅膀零卖，味道鲜美，价钱便宜。这里还用清代的大铜钱，每个当十铜板，两个大铜钱能买一只烧鸡。

新同学源源从延安转来，一个月到了1000多名，其中有不少是平津流亡的学生。这时，广州失守，武汉陷落，南方青年来的很少，辗转到了西安的，大多被国民党扣留，送去集中营受训，侥幸能逃过特务魔爪的，实是凤毛麟角了。

营房修缮完毕，刚要正式开课，忽然接到命令，要我们到敌人后方去。

渡黄河，到敌人后方去

“到敌人后方去，把鬼子赶出境！……”雄壮的歌声在荒山古道上空飘扬，革命热情熔化着严冬冰雪。一个月前的来路上景物依旧，只是高山披上银装，流水冻成翠玉。经过一个多月的劳动与学习，汗水洗涤了灵魂里的污泥，马列主义武装了思想，1000 多名同学响应党的号召，坚决到敌后晋东南去，准备在抗日前线学习、工作和战斗！

我们几个来自热带的青年，从小打惯赤脚，穿惯木屐和胶鞋，到陕北以后，看到那些穿肥棉鞋、厚毡靴、大草鞥的人，觉得很可笑，简直不知他们怎样举步。宁愿双脚挨冻，不肯双买棉鞋或布鞋，因此吃了苦头，天气越来越冷，双脚生了冻疮，经同学们善意劝导，才换上布鞋、布袜，还学会打包脚布，这次行军，不但两脚不吃亏，思想上亦有收获。

回到甘泉，洛川的抗大四大队，以及栒邑的陕北公学和安吴堡青训班的大批同学，也先后到达。抗大教育长罗瑞卿同志，专程赶来给 3000 多名同学讲话，宣布成立抗大一分校，校长何长工，副校长周纯全，校址设在晋东南。罗瑞卿同志号召大家到敌人后方办学，学好杀敌本领，和广大人民团结一致，把日本鬼子赶出中国！

“这是时候了，同学们！该我们走上前线！我们没有什么挂牵，总会有点留恋……”抗大一分校刚宣布成立，我们就唱着《毕业歌》向黄河边前进。我的心中的确有点留恋：在延安待的时间太短了，不知何时再能回来？原听说毛泽东主席和一些中央首长，还有艾思奇、何干之等知名人士，要亲自到抗大讲课，往后听不到了。

这些遗憾，很快被黄河的激流冲淡了。行军到了延长，离黄河还有20里，夜深人静的时候，黄河怒吼的轰隆声，把我从梦中惊醒，恍惚置身于波涛汹涌的船上，连床铺也好像在摇晃。

次日到了黄河边，两岸全是巉岩陡崖，宛如铜墙铁壁。咆哮的黄河水，好似万马奔腾，在峡谷中响起巨大的回声。队伍分批渡河，每条木船只能载几十个人。木船离开河岸，随着急流往下冲，像脱缰的野马猛烈奔驰。船工巧妙地转动舵柄，船头斜着向对岸驶去。船身在波涛中起伏，水声像滚动的霹雳，听起来惊心动魄，看起来头晕目眩！领队的不断叫大家坐稳抓牢。同学们提心吊胆，随着木船七上八下，有的闭目养神，有的想看又不敢看。我生长在海边，小时候跟渔船出海打鱼，长大了漂洋过海，在各岛屿间来往，经过狂风大浪，但都没有这般惊险。

黄河东是山西地方。队伍翻山越岭，踏着崎岖的小道，进到同蒲路附近，休息了一天，准备过封锁线，上面号召大家轻装。本来每天行军，身上一个小背包，走了几十里地，累得肩酸腿疼，好像挑着百斤重担，能减的东西早扔掉了。除了身上穿的，我的全部“私有财产”：一件夹大衣，两条内衣裤，一套洗脸刷牙用具，一本《政治经济学》，一支派克钢笔，一瓶墨水，一个日记本。那支钢笔是回国时姐夫送的，是“贵重物品”，分量很轻，当然不用考虑。日记本记了一半，舍不得丢。减掉墨水，日记就记不成。只好把那本《政治经济学》割爱了。

通过封锁线那天，提前吃晚饭，天黑下山，半夜过同蒲路，铁路的两边都有八路军一一五师的部队掩护。离铁路几里地，前面部队开始跑步，后面的跟着跑。跑到路轨上面，指挥员挥着红白小旗，喊着“快跑！”“快跟上！”大家跑得上气不接下气，心情更加紧张，跑不动的同学，便把背包扔在路旁。过了铁路，所有三岔路口和转弯的地方，都有石灰洒成的路标，以防迷失方向。路旁不断看见有掉队的同学，有的干脆坐下喘气，一直跑到上山的时候，前面放慢脚步，后面才跟上队伍。

拂晓前到了静升镇。这里的白面很便宜，烧饼五分钱一斤。队伍大休息，发烧饼当早餐。天亮后继续出发，向大绵山挺进。日本飞机在头顶盘旋，没有扔炸弹。绵山山高岭大，上下 90 里。我们拖着疲乏的双腿，一步步往上爬，身上汗水淋淋，喉咙干得冒烟，幸亏到处有积雪，随时可以抓一把往口里塞。爬到山顶，红日西下，我累得不行，躺在山坡上休息，不料那瓶墨水，悄悄地从挂包里滚掉，自动帮我轻装。从此以后，直到抗战胜利，我那支宝贝钢笔，只能喝蓝颜料泡的墨汁了。

摸黑找到宿营地，已经是晚上 9 点钟，班里正在蒸莜麦面卷子。大家饿了一天，拼命往嘴里塞，吃起来很香，过后肚子胀得难受。第二天行军，身前身后不断听见响声。头一回吃莜麦面，领教了这东西的滋味，难怪吃的时候，房东送来一碗老陈醋，还劝大家多喝醋呢！

在沁源县境行军，沿途看到被日寇焚烧的村庄，房屋剩下四垛黑墙，从山上往下望，像一张张大嘴，在控诉日寇烧杀奸淫的罪行，呼喊为死难同胞报仇！

晋东南，学习与工作

《说岳全传》里抵抗金兵的潞军州，是晋东南抗日根据地的后方。抗大一分校在屯留县故漳一带驻下，东望太行山，地近漳河水，离八路军总部不远，真是个敌后办校的好地方。

学校成立特科营，我和林有声调到化学队，陈耕国到工兵队，此外还有个机枪队。化学队住在西沟村，40多个学员，课程是讲毒瓦斯的种类、性能、化学成分和防毒知识。当时，日寇到处使用毒气战，对一般人的精神威胁很大，必须教育部队正确认识毒气的作用和防毒的办法。

抗大三四期都是几个月毕业，我原以为第五期也长不了，没想到搬到敌后，竟能安排比较长期正规的教育计划。树林、场院是课堂，膝盖、背包当桌椅，我们按部就班地学习军事、政治和有机化学。八路军总部的首长，常来学校作大报告，朱德总司令来看过我们，还和学员们一起参加篮球比赛。

我们过着极其简单的生活，每人每天五分钱菜金、三钱油、三钱盐、一斤蔬菜，好在小米饭管饱。晋东南盛产小米，比延安的好吃。那又香又脆的黄锅巴，成为每天最好的“点心”，炊事员刚端出来，同学们便蜂拥上去，一抢而光。后来达成协议，各班轮流吃锅巴。我们每月发一块钱津贴费，除了补充牙刷、牙粉、毛巾和学习用的纸张，剩下的一点钱用于星期日赶集，吃上碗肉丝抻面，或是羊肉汤刀削面，或是素炸绿豆丸子，简直像“赴宴”。山西有的地方老百姓不吃鸡蛋，鸡蛋很便宜，一毛钱买十几个，煮熟了带回班里，立即有人来“打游击”。当时不分你我，谁买来好吃的东西，大家都可以去“打游击”。

为了庆祝中国共产党成立18周年，学校号召各单位出节目。我们化学队写了一个话剧，一个大型活报剧。话剧是丁铸铁（志刚）同学写的。大型活报剧《天堂地狱》是我根据《政治经济学》中资本主义总危机与苏联部分写的。当时年轻胆大，居然把美国、苏联和非洲人搬上舞台。特科营没有女生，我们到女生队请阮若珊同学担任话剧女主角和活报剧的解说员。这两出戏和别营编的旧瓶装新酒的京剧《连环计》，在全校庆祝“七一”的晚会上演出。

那时候，学校大批发展新党员，好多同学都入了党。我因为在南洋参加几个救亡团体，社会关系复杂，被留在党外考察，心中很烦闷。《天堂地狱》演出后，指导员找我谈话，说我的马列主义学得不错，对当前政治形势有认识，要我写入党申请书。就这样，我光荣地参加了中国共产党。

不久，日寇九路围攻晋东南，学校搬到太行山上，我被调到支队组织的临时宣传队工作。我们在平顺、壶头、陵川一带的农村里，写标语，演街头剧，说快板、拉洋片，召集群众会，宣传党的主张和抗日救国的道理，动员群众支援八路军，粉碎日寇的进攻。

9 月间，我们在太行山上举行了毕业典礼，化学队的同学，分配到八路军三个主力师，我被分配到一一五师，编入山东营。山东营下了太行山，在河南林县合涧一带，徘徊了一个多月，过不去日寇封锁严密的平汉铁路。后来抗大总校移到太行山，一分校奉命迁往山东。我们跟着横跨平汉线，踏过华北大平原，越过津浦线进入鲁南。我被派到一一五师司令部当参谋，从此开始了新的战斗生活。

延安播音生活回忆

肖岩

每当我习惯地打开收音机收听当天的国内外新闻的时候，总引起一种难以言喻的感情。因为我对广播工作也曾有过一段不寻常的经历——在那艰苦的抗日战争年代，我有幸参加了延安广播电台的创建。今天，我虽然离开广播工作岗位很久了，但这种深厚的感情是永远不能忘怀的。

1941 年间，我正在延安的中国女子大学学习。当时，从全国各地投奔延安来学习的青年们，都在如饥似渴地学习革命理论，希望将来能投身到抗日战争的洪炉中去，干一番轰轰烈烈的事业。突然，6 月的一天，学校组织科找我谈话，说要调我到广播电台去做播音员。当时，我对广播事业的意义缺乏认识，觉得播音工作不过是念念稿子，是一项平凡的技术工作，干起来不会有多大兴趣。但是作为一个共产党员，我还是愉快地服从了组织上的决定。第二天，卷起行李，提前结束了学习生活，告别了领导和同志们，在通信员的陪伴下，到广播电台去报到。

代号叫九分队的延安新华广播电台，是军委三局下面的一个单位。我们首先到了设在盐店子的三局机关报到。正是开午饭的时候，秘书把我介绍给王诤局长。他细高身条，两只大眼睛，南方口音。王诤同志热情地接待了我，并叫我和他一起用餐。我们边吃边谈，他仔细地询问着我的经历。在谈话中，我对播音工作的那种不正确的思想不觉又流露了出来。王诤同志严肃地对我说："播音工作可不是什么单纯的技术工作，它是一项最重要的政治工作呀！你想想看，现在日本侵略者和国民党反动派对我们实行新闻封锁。党中央的抗日救国主张，新华社的许多重要消息，都传不出去。所以我们才开辟这条广播战线，和敌伪、国民党投降派展开空间宣传战。这还不是头号的政治工作吗？"他的一番话说得我再也没有什么好讲了。

当天下午，我来到延安新华广播电台所在的村子——王皮湾。这里离延安城约有40里地，离三局也有十多里地。王皮湾是个前不着村、后不着店的偏僻地方，依山傍水，沿河一片桃树和枣树，景色宜人。全村有十多户勤劳的农家。延安台建在村对面的山坡上，两孔石窑洞做了机房和动力间。一片平坦的开阔地，建有十多间土房，住着队部和警卫班的同志们。两旁的田地里种有荞麦、谷子和芝麻等农作物。荞麦花、芝麻花在不同的季节把田野点缀起来，再加上经常出没在庄稼地里的野兔，真是一幅充满田园风光的风景画。我就在这令人难忘的地方，工作和生活了将近两年的时间。

广播电台的设备是简陋的。就拿我们工作的播音室来说吧，十几平方米的一孔窑洞，窗户是用边区生产的毛边纸糊起来的，洞内的四周钉着延安生产的灰毛毯，作为隔音用。一张两屉的白楂木桌，一只话筒和一本字典，还有一台破旧的手摇唱机和20几张唱片，这些就是播音室的全部家当了。

20世纪40年代初期的延安台先后有四个播音员，都是女同志，最早的两位是麦风（后名徐瑞璋）和姚雯同志，她们工作了一段时间后，离开了王皮湾。在我之后还有孙茜同志，她是在快要停播的时候才来的。此外，还有一位华籍日本女同志，每星期三到电台来用日语播送对日军广播节目，揭露日本侵华战争的反动性，号召日本士兵积极投身反战活动。

我们广播的稿件，是由新华社广播科提供的。每天上午，编辑人员把新闻稿件编完，由通信员把稿件送到三局，九分队的通信员每天下午从三局取回来交给我们。从清凉山新华社编辑部到王皮湾，中间山水交错，通信员要跋山涉水。逢到夏天暴雨，延河水涨，通信员就用一块油布包好稿件，顶在头上，泅水过河，按时把稿件送到电台来。

延安台当时每天晚上 8 点起播出一个小时，大约七八千字。下午 4 点左右，稿件到手，我们开始准备。我小的时候，在北平读过书，会讲普通话，参加革命以后又当过文艺宣传队的歌咏队员。但是要做好播音工作，并不是轻而易举的。在“老”播音员的帮助下，我们一起摸索出一套工作规律：首先，把每天的稿件通读一遍，然后再分段复读几遍，遇有读不准的字词，就翻字典，心里总是想着千万不能念错一个字；其次，还要反复默读几遍，仔细体会稿件的中心思想，以便把党的精神准确无误地传达给听众。那时候，电台没有什么录音设备，只能是对着话筒直接播出。虽然隔壁有调配员在监听，但是一旦有了差错也是无法挽回的。从工作实践中，我体会到做好播音工作最重要的是要有高度的政治责任感。有了这一条，才能激励自己排除困难做好播音工作。就这样，我严肃认真地对待播音工作，两年的播音生活中，从来没有读错过字。那个时候，一个播音员不但要会播送新闻稿件，还要学着唱歌，学着演戏，根据宣传的需要，配合着演播一些文艺节目。记得我们曾经在延安台演唱过不少反映抗日斗争、歌颂解放区进步的歌曲，如《五月的鲜花》、《游击队歌》、《黄河大合唱》、《大刀进行曲》、《延安颂》，等等。这些从国民党广播电台中听不到的雄壮歌声，却从延安传向了祖国的大地。在三局的一些文艺爱好者的帮助下，我们还在广播中播送过郭沫若写的话剧《屈原》、《棠棣之花》的片段。

除此之外，在文艺节目中还广播梅兰芳、马连良演唱的京剧唱片。

延安台是我参加革命工作后的第一个岗位，虽然时间不长，环境艰苦，但心情却是愉快的，30来个人的九分队相处得像一家人一样。除了业务工作以外，每天早上有一个小时的政治学习。那时候，上下级之间、同志们之间亲密融洽，互相关怀照顾，温暖异常。由于日寇和国民党顽固派的封锁，特别是第二次反共高潮（皖南事变）之后，我们在生活上遇到了许多困难。我们响应党中央提出的“自己动手，丰衣足食”的号召，除了完成自己的本职工作以外，都积极地投入生产劳动。我们单位争取蔬菜自给，准备充足供发电和取暖用的木炭，自己动手捻毛线，织毛衣，外出拣粪积肥，终于度过了那艰苦的岁月，使红色电波继续不断地传播着。

1943年的春天，由于广播发射机发生了重大故障，党中央决定暂时停播，我也随即离开了播音岗位，投身到新的战斗行列中去。

关于创办延安自然科学院的经过

胡琦　何华生　许明修

1939年，党中央决定在延安建立自然科学研究院，这是我们党建立的第一个自然科学研究机构。后来变成了一个教学机构——自然科学院，1940年夏正式开学。1945年底迁到新解放的张家口，改成了华北大学的工学院。新中国成立后，又发展为北京工业学院。在自然科学院存在的短短几年时间里，对怎样培养科技人才和培养什么样的科技人才方面，创造了一些好经验。在当前为实现四个现代化需要培养大量科技人才的时期，回顾一下迄今还不大为人所知的延安自然科学院的创办经过，是有益的。

历史背景

1939年，抗日战争形势发生重大转折。日本帝国主义在侵占武汉后，基本停止了正面战场上的大规模进攻，转而采取“以华制华”策略，加之国际上的远东慕尼黑活动，国民党顽固派加紧卖国投降，发动了第一次反共高潮。

国民党加紧了对陕甘宁边区的经济封锁，想用切断供应和贸易往来的办法，扼杀边区的生机。边区经济原来就很落后，工业更不发展，除了延长的石油和盐池的盐大宗出口外，必需的生产和生活资料大多要靠输入，大至钢铁、棉花、纱布、纸张，小至火柴、肥皂都是如此。所以，国民党的停发经费和封锁经济，曾一度使边区的财政和生活发生很大的困难。

为了克服财政经济上的严重困难，党中央确定了发展自给经济的方针，发展边区自己的农工商业，这就给边区当时主要限于军工和医务方面的科技工作提出了新的历史任务。1939 年底，自然科学研究院召开了“自然科学讨论会”，边区工农业部门和自然科学研究院共 1 万余人参加。1940 年 2 月 5 日，在党中央直接倡导和赞助下，边区召开了有上千人参加的“自然科学同人大会”，正式成立自然科学研究会，以加强科技研究工作，配合抗战，粉碎敌人的经济封锁。这是我们党组织的第一个自然科学学术团体。研究会的任务是：进行自然科学教育，开展科学研究，推进生产事业，协助经济建设，解决物质困难。毛主席亲自到会讲了话，指出边区经济落后，但自然科学很有发展前途，并从哲学的高度说明：“自然科学是人们争取自由的一种武装。人们为着要在自然界里得到自由，就要用自然科学来了解自然、克服自然和改造自然，从自然得到自由。”他还强调：“自然科学要在社会科学指导下去改造自然界。”陈云同志在会上讲话时指出：“自然科学研究可以大大提高生产力，可以大大改善人民生活，我们共产党对于自然科学是重视的，对于自然科学是尊重的。”“希望大家抱着不怕困难，绝不灰心的精神来进行自然科学事业。”不久，八路军留守兵团后勤部政治部又召开了技术干部座谈会，毛主席在会上再次强调技术工作对革命工作的重要意义。这样就为建立自然科学院奠定了思想基础。

那时在边区，中央直属的已有军事、政治、党务、马列主义理论、财经、艺术各方面的干部学校，但在自然科学方面，只有一座专业性的医科大学。延安自然科学院填补了这方面的空缺。1940 年夏天，从大后方输送去了一批青年学生，便正式分班开课，成为拥有大学本科和预科以及附中的学院。第一任院长是当时中央主管财经工作的李富春同志。不久，老教育家徐特立同志返回边区，就由他接替了这个工作。

艰苦创业

在当时边区的物质条件下，要创办一所自然科学方面的大学，困难是很大的。师资、教材、仪器、文具，无一不缺，而且要自己动手，解决衣食住行的问题。由于中央的重视，先已拨款雇民工打好了一批窑洞。所以，科学院的师生没有像抗大、陕公等学校开始时那样，由自己打窑洞。但整修道路、开辟场地、建造厕所等，基建活动也不算少，外加开荒。天冷没有煤火取暖，窑洞里墨水瓶也能冻裂，男同学就上山去烧炭，运回来，一个窑洞一天发一斤多，在地上刨个坑当火盆，几个人围着暖暖手脚。女同志则帮助解决冬装问题，没有棉衣，怎么办？正好从新疆调回一批老羊皮的军大衣，但不够分配，只好把下摆剪下来，两件大衣改成三件短外套。这东西倒挺暖和，逢下雪天，还可把毛里朝外，顶雨衣用。学员们在研究院上的第一课，就是自己动手，克服困难，把生活安排停当。

难以自己解决的还是教材和实验设备，赖有党中央的关怀，也终于得到解决。在重庆八路军办事处主持工作的周恩来同志亲自过问这件事，搜集到了一批当时大学里作为典范的英文原版课本，谈明的《化学》、达夫的《物理学》和克兰威尔的《微积分》之类，还特地从国外搞回来几批理化仪器和化学药品。中央还拨出专款建造了一座教学楼，当时叫科学馆，除了一大间实验室，还有一间阶梯式课堂。这样的设施，在当时边区算是绝无仅有的了。

李富春同志有一次对学员们讲话时，特别提到了中央如何关怀自然科学院的工作，尽量设法提供教学所需要的教材和设备，他要大家充分认识科学工作对革命的重要意义，安下心来，发愤用功，掌握科学知识，为抗战建国服务。

徐老来校后，从教育方针到课程设置，从政治思想工作到后勤工作，都亲自过问、具体安排。他给教师、干部和同学讲政治理论课，宣传马列主义、毛泽东思想，激励和教育我们年轻一代。徐老还给我们讲学习自然科学的重要性，他说："前进的国家与前进的政党，对于自然科学不应该任其自发的盲目的发展，而应是有计划、有步骤地发展。它不独应该把握着全国的政治方针，还应该把握着全国科学和技术发展的方针。"他鼓励大家同心同德，艰苦创业，用自力更生、勤俭节约的精神办好自然科学院。

经过一番艰苦的创建活动，终于开始了比较正规的学习生活。物质生活是很艰苦的，有时粮食供应不足，不得不以黑豆之类补充；副食基本上是盐汤，飘着几点油花和一些萝卜片或土豆片。但是同志们凭着一股子革命的热情和决心，学习情绪相当高，生活很活跃。除了上课，大多数同志都自觉抓紧时间自学。晚上没有电灯，连煤油灯或蜡烛也没有，每个窑洞只有一小盏油灯，五六个人就围着它孜孜不倦地刻苦学习。

文娱活动的条件尽管很差，但同学们有革命乐观主义精神，仍然十分活跃。自然科学院只有在半山坡上开出来的一个排球场，一到休息的时候，排球场非常热闹。有些爱好音乐的同志还组织起合唱团，经常演唱抗日和革命歌曲。

每周都有一次生活漫谈会，分组进行，开展批评与自我批评。大家都本着革命同志间团结互助的精神，有啥说啥，不讲客套，偶尔也有争得面红耳赤的，但并不强加于人，争完就过去了，不存什么芥蒂。这种直率的批评与自我批评反而使同志间的关系更为融洽。墙报是同学们自己办的一个活跃的思想园地，各班都有，内容除了交流思想，也对教学和党的工作进行探讨提出批评和建议。这些活动，既严肃又活泼，反映了边区的民主生活和青年们的蓬勃朝气，这与当时国民党统治下的大后方那种毫无民主、倍受压抑的状况，形成了鲜明的对照。

近期和远期相兼顾　理论与实践相结合

就校风来说，抗大的八个字："团结、紧张、严肃、活泼"，对自然科学院也完全适用。但在办学上，则从教学方针、课程标准、科系设置、教材内容以至教学方法，有过一系列的争论。那时，党对办社会科学教育经验是丰富的，但对搞自然科学教育，尤其是高级综合性的自然科学教育，还很少经验，自然科学院更是首创。所以尽管大家都同意要办，但对怎么办，却意见纷纭。这些争论，实际上涉及科学与革命，理论与应用的关系，到现在也还有其现实意义。

首先争论的一个问题，就是要不要办自然科学院的大学部。有一种悲观的论点，认为边区科学设备太差，学生和教员的水平不高，办不好大学。甚至认为我们培养不了科学技术干部，应当从大后方想办法。另外一种积极的意见认为，边区当时人才和物质条件虽不如大后方，但比起抗战开始的初创时期，已经有了相当的设备，也有了必要的师生人员。我们还有自己先进的方面：有党中央的重视和正确领导，有革命的学风，有创造性、斗争性、科学性，革命的教育事业不能向困难和落后投降。而且，发展科学教育事业是抗战建国和当前边区经济建设的需要，我们不能长期停留在技术落后的状态，因此，大学是应该办也是能够办的。当时，徐老提出："科学家还应该顾到实际条件的可能和需要，如果没有人力物力的一定基础，幻想提高科学是不可能的。""但是有了起码的条件，只等待着条件完全具备，而不愿意在已有条件下加以创造，只知道天定胜人而不知道有人定胜天，同样是错误的。"

学制终于确定下来了，既有大学部，也有中学部，但在课程标准和大学分系的问题上，还有争论，这是前一争论的继续。究竟怎样看待边区的落后和需要以及科学技术的任务，有两个相互关联的争论点：一个是所谓"正规化"问题，是适应边区当前需要，办短期训练班培养专业干部，还是办成正规的大学，培养具有基础理论的专门人才。另一个是分系和课程应侧重理论，还是侧重应用。有两种极端的意见：一种认为边区经济落后，没有太复杂的科学技术问题，用不着高深的理论，根本无须办大学，更无须正规化，有人甚至主张"学科学用带徒弟的办法"比办学还好。另一种则相反，认为既是大学，就应当完全正规化，也就是照搬大后方办大学的传统方法，甚至照搬外国的经验。

徐老提出："空想主义和实利主义对于科学建设同样是有害的。"一方面，肯定科技的中心任务是为经济建设服务，是为着生产，解决抗战建国的物质问题。办大学要照顾到实际条件的可能和需要，如果没有一定的人力物力基础，就要求正规化，是不实际的。另一方面，强调科学是客观逻辑的主观化，是对自然的系统的了解，它基于经验、高于经验，搞科学建设首先要对科学必然性有初步的了解。如果缺乏科学基础知识，想把科学推向前进是不可能的。要根本解决现代经济建设上的各种问题，还得依靠科学。苏联在十月革命以后，一度只搞设计教学，废止科学系统，使科学降到最低水平，这种失败的经验，必须记取。徐老坚持要统筹兼顾，不能只顾眼前，主张加强基础科学知识教育，教给学生系统的科学知识。他极力主张“发展科学必须有周密完整的计划”。他与各方面仔细商量，制定了一个既照顾历史，又照顾将来，既抓住中心，又抓住全面的发展科学的计划。在党中央、毛泽东同志领导下，他以最大的决心，尽最大的努力，终于把自然科学院这株幼苗培植成长起来，比较正规地顺利地开展了教育工作。

自然科学院开始规定的学制是初中一年半、高中两年，中学偏重实用技术的学习，大学注重精研学理与实际技术相配合。三个月后就改为初中三年、高中两年、大学三年。从中学到大学一年都是基础科学，实际问题列到大学的后二年。大学的课本完全采用当时大后方正规大学的规范性教材，从外国购进仪器设备，建设教学楼，这些都体现了正规化的思想。大学部先分四个系，即物理、化学、生物、地（质）矿（冶）系，后来将物理和化学两个系的课程作了调整，改为机械工程和化学工程系，生物系、地矿系仍保留。

虽然前期教学上侧重于掌握科学的基本知识，但并没有忽视实习和应用，开课不久，就办起了机械和化工实习工厂。化工实习厂配合边区经济建设，先后制成肥皂、火柴、砂糖、玻璃等产品供应需要。机械实习厂先后设立了金工、铸工、锻工和木工，除组织同学参加实习外，还有一部分固定职工为满足边区当时的急需，先后制造了医科手术器械，造纸厂用的容量达万斤的大蒸煮锅，纺织机械配件和日用生活品。组织理化系的同学到炼铁厂实习，生物系的同学参与了边区生物调查和实验农场的活动，地矿系的同学参加煤田地质的调查和测量。

整风运动以后，徐老已离开自然科学院。从1944年下半年起，教学转而侧重于实用。在增添部分应用课程的同时，更多地着重了实习。大学部的同学到工厂参加了实际的生产劳动，切实丰富了实践经验。前一段时间基本知识的学习为后来有可能参与技术性较强的生产做了准备，后一段的实践又加深了对前一段基本理论学习的理解，并使之同生产更密切地联系起来了。

因此，回顾这段历史，可以说，关于教学方针的讨论，通过实践基本上正确地解决了。党的指导思想是：科学首先要为生产建设服务，理论和实用不可偏废，近期和远期的需要应当兼顾。总之，一切从实际出发，延安自然科学院走出了我党自己搞科学教育的一条道路。

培养无产阶级化的技术人才

自然科学是人们争取自由的一种武器，正如物质的武器一样，它本身是没有阶级性的。它可以为奴隶主阶级、封建阶级、资产阶级所用，也可以为无产阶级所用。但形成某种体系，掌握和运用它的人，是有阶级性的，也正如组成军队，掌握和使用它的人是有阶级性的一样。虽然资产阶级的科学人才也可以为无产阶级所用，但是，无产阶级想要发展自己的科学事业，就不能寄希望于没有经过思想改造、也就是没有改变阶级性的资产阶级人才，这里有个立场、观点和方法的根本区别。正如黑格尔关于辩证法的伟大创造，只有经过马克思的改造，把它的头脚倒转过来，赋予唯物主义的基础，才能成为无产阶级战无不胜的理论武器，不是亚当·斯密，也不是李嘉图，而只是马克思才揭示出资本增值的真正秘密，暴露其剥削的本质，把无产阶级推上自为的舞台。

因此，边区要发展自己的科学事业，就不能只仰赖大后方的现成人才，而必须培养自己的人才。培养自己的人才，不能只限于在学校里学习科学知识，还必须学习无产阶级的革命理论，在学会掌握自然科学这一武器的同时，学会按无产阶级的立场、观点和方法加以正确运用。正是这后一点，使无产阶级的人才区别于也优于资产阶级的人才，足以担当我们科学事业的骨干。

同边区所有的干部学校一样，自然科学院也是通过生产劳动和政治学习双管齐下，理论与实际结合的办法，解决这个问题的。

前面说过，我们的学习实际上是从劳动课开始的。开荒、烧炭、积肥、种地、纺线、织毛衣、编草鞋，加上各种实习，整个学习期间，劳动始终是一门主课。在当时国民党反动派断绝粮饷，并对边区进行经济封锁的困难条件下，为克服困难，根本改善物资供应，在毛主席的发动下，掀起了一个“自己动手，丰衣足食”的大生产运动，大部分同学都从翻地、下种到收割、打场，参加过粮食生产的全过程。这种生产劳动，对我们一些原先手不能提、肩不能挑、五谷不分的青年学生来说，不仅是增加了全套的生产知识，磨炼了体格，更有根本意义的是从中体会到劳动人民的思想感情，锻炼了革命的意志。

我们到科学院后不久，一场大雨使山洪暴发，科学院门前那条叫作杜甫川的小溪，河水猛涨，形成了一股宽阔的急流，从上游漂下来不少农作物和农家的用具。这时候，我们有几个年轻人很有兴致地到大门外去“看大水”，显然还不曾有同农民休戚相关的感情。1941 年困难时期，每个人都得完成一定的口粮生产任务，有人还在溪边开出小块荒地，种上蔬菜。此时，大家对天气的反应就不一样了。出太阳还是下雨，首先想到的是对种的东西是否有利。种庄稼需要肥料，我们几个人到骡马店去挖厩肥，时值冬季，天寒地冻，用镐刨时冰碴乱飞，但越往下挖肥越熟，色味都更浓，竟不觉其脏，反而干得更起劲了。毛主席说，工人农民尽管手是黑的，脚上有牛屎，还是最干净的。原先我们对毛主席的话没有真正领会。只有经过像挖肥这样的实践，才使我们得到深切的体验。当手上磨起泡，肩膀压得疼痛，腰酸得直不起来的时候，才能比较深切地领会到，为什么在革命斗争中，劳动人民表现得更为坚定。

如果说生产劳动促进了感情上的变化，整风运动则是进一步促进了思想上的转变，使我们这些青年学生弄明白无产阶级思想与非无产阶级思想的区别，解决一系列重要的观点和认识问题，如民主与集中、自由与纪律、领袖与群众、人性与阶级性、政治与技术、个人与集体，等等。整风学习也帮助我们更好地解决了理论与实践结合的问题，使我们既有一定的理论知识，又能解决实际工作中的问题。

现在回顾这一段历史，可以毫不夸大地说，要是没有大生产运动和整风运动，我们这些小资产阶级出身的青年知识分子，要在短短的几年时间里，在学习科学技术知识的同时，基本上完成思想改造，使自己变成基本上算得是无产阶级化了的技术人才，是不大可能的。这两个运动虽然占去了相当多的时间，但是，它的重要性是无可估量的。

历史经验

延安自然科学院的创办，为迎接抗战的胜利准备了一支技术骨干队伍。日本侵略者一投降，科学院大学部的同学大多数随干部大队开赴东北解放区，参加了把东北建设为一个重工业基地的各项工作，这个基地对支援解放战争、夺取全国胜利起了巨大的作用。中学部的小同学有不少被送到苏联学习，他们回国时，正好投入全国胜利后开始的大规模经济建设。自然科学院同学的绝大部分，后来都担负了科技部门的负责工作。这些骨干，同其他科技人才团结协作、携手并进，继续在为实现四个现代化的历史任务发挥重要作用。

历史证明，延安自然科学院的路子是走得对的，经验是宝贵的，值得认真总结和借鉴。当然，时代变化了，情况有了很大的不同，某些经验已只具有历史意义，不可照搬。但是，有许多好经验，在今天、以至在今后的长时期里，仍不失其现实意义。有一些东西，今天甚至还需要重新强调，以便使我们的科学教育事业能够继承和发扬优良传统，适应实现社会主义建设的需要，培养出社会主义科技大军。这些经验是：为革命而学习；艰苦朴素，自力更生；理论与实践结合，基础理论与技术并重；为国民经济和人民生活的需要服务，近期和长远的需要兼顾；批评与自我批评的作风，严肃的空气和活跃的生活；师生之间的同志式关系；深入的政治思想工作和党员的先锋作用；等等。正是这些优良的传统，使我们的科学教育事业从根本上区别于资本主义的科学教育事业，而且将使我们有可能在较短的时间内取得较大的发展，在不太远的将来，进入世界先进的行列。

熔　炉

——怀念延安自然科学院

陆标

在1940年初，党中央成立了延安自然科学院。当时我在中央组织部工作。有一天，组织上找我谈话，说为了培养我，组织决定抽调我到自然科学院学习。我这个纺织厂童工出身的小战士，听到这个消息高兴得跳了起来，十分感谢组织上的关心和培养。

第二天，我高高兴兴地背上背包，由老红军陈心良同志送到自然科学院报到了。中央组织部先后送来学习的还有：小红军战士刘金福、周福寿、郑大山等，小八路王一哲、张治中、刘致忠、范福源等。

那时自然科学院的师生员工约有200多人，设有大学部、中学部和实习工厂。大学部人数很少，约占总人数的15%。自然科学院的院长，曾先后由李富春同志、徐特立同志和李强同志担任，副院长由陈康白、恽子强等同志担任。自然科学院的领导、教师和同学都以一颗赤诚的心为党的事业而工作、学习。他们当中许多同志离开学校后走上各种领导岗位，成为革命的生力军，全国解放后成为国防建设和经济建设的负责干部和骨干。

延安自然科学院补二班在上课

我到学校后，分配在中学部学习。我们的同学来自四面八方，有参加过长征的红小鬼，有从部队调来的小八路，有安塞的保育小学和陕甘宁边区各县调来的学生，还有从国民党统治区来的少数学生。大家的文化程度都比较低，但是信心却非常大，学习很勤奋。每天中午和每个星期天都用来学习，不肯休息。那时候的学习条件极差，纸张短缺，同学们就用树枝在窑洞前的土地上写写，算算。有不懂的问题就虚心向别人请教，遇见大学部的同学或老师就拉住提问。有时院长到班上来，我们更是围着不让走，问这问那。有一次徐老到班上来，我们缠着他问数学问题，徐老帮助我们算了好几道难题以后对我们说："我要告诉你们的数学老师，让他少给你们留太难的算题，多留实际应用题。"

1941 年皖南事变以后，国民党政府扣发八路军的粮食、军饷和一切补给，陕甘宁边区的物质生活极端困难。我们科学院也不例外。起初，我们跑到十多里外的飞机场还能背点粮食回来。1941 年夏，延安地区发了一次大水，学校断粮半个多月。在那些日子里，同学们整天吃马料——黑豆。那东西味道苦涩，难以下咽，可是那时候这样的黑豆也是珍贵的，谁也舍不得倒掉。没有菜吃，同学们就上山拣地软菜吃。有一次，我们正在吃饭，徐老来了，看见我们在吃地软菜，也吃了几口，笑着说："好！好！你们真有办法，以后多拣点来吃。"

在当时的条件下，不仅吃的困难，穿的也很缺。很多同学没有鞋穿，有的拣来老乡扔掉的鞋底，绑上绳子穿。提到鞋子，我就想到《为人民服务》中毛主席称赞的张思德同志。他听说我们学员的生活艰苦，缺鞋穿，就亲手打了几双布草鞋送到学院来。我得到两双鞋，还有一些纸和铅笔。他鼓励我们好好学习。有一段时间我生病住进学生疗养院，张思德同志去看望我，还给送来了许多他亲手种的大蒜。科学院的老红军、会计刘飞同志，实习场技术员傅自信同志也经常关心照顾我们，待我们像自己的亲兄弟。我们同学之间互相关心，互相爱护。过河时大同学背着小同学，饭不多就先给小同学吃。老师非常爱护学员，记得李富春院长用他很少的津贴给我们买了几次牛肉吃。徐特立院长经常给山西来的两个小同学补衣服，洗头，还帮他们消灭身上的虱子。我们年纪小，有时候调皮犯错误，老师们像父母一样慈祥地批评教育我们。科学院的领导、老师、职员和同学之间深厚的阶级感情、老红军的高尚品德给我们留下了深刻的印象，使我终生难忘。

我们学校的工友很少，很多事情都是我们自己动手干。学院大门口有一口井，水是苦的，根本不能吃。我们就到杜甫川沟里自己挖了一个甘泉，喝水、做饭都到那里去打水。我们自己还种山药蛋和蔬菜解决副食问题。有些同学还自动担任校工。如 14 岁的郑维山同学天天赶车、夜夜喂马。王世德同学自愿担当管理员，又管伙食，又喂猪。还有传达员、文书、机要通讯员等，也都由学员们担任。

学院先后建立了机械、铸造、玻璃、酒精等实习工厂。大部分建厂材料都是我们同学运来的。建设酒精、玻璃工厂时，我们几个 16 岁的男同学自愿去背沙石，整日不知累，午休时间也不休息，晚上趁着月光继续干。后背磨破了，手指头碰破了，谁也不叫苦。同学们唱着：“太阳当头热似火，同学背石过山河。学院建设实习场，基础砥石吾辈驮。”革命的乐观主义精神激励着我们，这种吃苦耐劳、艰苦奋斗的作风对我们一生都有深刻的影响。

军委卫生部在陕北

饶正锡

1935年10月红军长征到达陕北后不久，我因患营养不良性眼病住进了医院。经过饮食调理和药物治疗，到1936年春天，眼病日渐好转。正准备出院之时，姬鹏飞同志到医院看我，他说："长征途中，军委总卫生部在毛尔盖被张国焘挟持南下。军委领导机关到陕北后，为了便于对卫生工作的领导，派黄克诚同志组建了军委后方卫生部，并任部长。后方卫生部属军委后方办事处领导，办事处的主任由周恩来同志亲自担任，张云逸同志任参谋长。最近，黄克诚同志调到前方部队去工作了，军委派我去卫生部接替他的工作，并派吕振球同志任卫生部政委。现在，卫生部的干部很缺，希望你出院后到军委后方卫生部工作。"

我到军委后方卫生部后，被任命为医务主任。卫生部机关设在瓦窑堡，只有十多个人，大家都很年轻，精神面貌很好，工作也很积极。

后方卫生部的下属单位有一所卫生学校和三所后方医院。卫生学校是1931年在江西苏区创办的，同卫生部住在一起，校长是王斌同志，政委由吕振球同志兼任。学校教员有李维祯和李治等同志。有周洪生、钟福昌、魏明中、陈士勋、张怀良、戴觉敏等20多名学员，分为调剂和军医两个班。卫校有一所供学员实习用的附属医院，设在瓦窑堡西边的一个小村里，医院平常大约收容100多名伤病员，工作人员不足50人。第一后方医院驻在永坪，是以原陕北红军和红二十五军所辖的永坪医院扩建而成的。第一后方医院的院长是李资平同志，政委是易秀湘同志，以后这所医院搬到安塞，由江一真同志任院长。第二后方医院驻在下寺湾，院长是王云霖同志。第三后方医院驻在清涧。三所后方医院共有19个医疗所，约400名工作人员，平时收容1500多名伤病员。

第一、二、三后方医院设备简陋，医务人员基本上是边干边学培养出来的。但是当时除完成后方伤病员的医治任务外，在红军东、西征战役中实施战场伤病员的救治，保障部队战斗力方面发挥了很大的作用。

1936年2月下旬，红一方面军渡过黄河东征，拟突破阎锡山的封锁阻截，奔赴抗日前线，直接与日军作战。东征时，卫生部从后方医院抽调了八个医疗所随军行动。为了打破蒋介石的包围，扩大革命根据地，红一方面军在东征回师之后，稍事休整和补充，于5月底发动了西征战役。以红十五军团（卫生部长钱信忠）为右路军，红一军团（卫生部长姜齐贤）为左路军，向三边（定边、靖边、安边）、甘肃、宁夏挺进。西征时，卫生部又从后方医院抽调医务人员，加上东征时随军行动的医疗所，一起组成了一支战地救护队伍，分别在陶沟门、洪德和吴起镇等地开设了战地医院。从后方医院抽调参加东、西征战役的全体医务人员，在伤病员多、病情危急而药品缺乏、技术力量又不足的情况下，克服了重重困难，夜以继日地工作，胜利地完成了战场伤病员的救治任务。

1936年6月21日，党中央撤离瓦窑堡，卫生部随军委机关转移到位于瓦窑堡西南一条狭窄山谷中的保安。这时，长征途中留在老百姓家中养伤治病的伤病员陆续归队，驻陕甘宁边区部队和前方部队有许多因伤致残的人员需要统一解决收容问题，于是卫生部在下寺湾组建了一所残废医院，专门收容伤残人员。10 月，红一、二、四方面军在甘肃会宁会师后，军委后方卫生部改称为军委卫生部。

1937 年 1 月初，军委卫生部随军委机关移驻延安。这是一座历史名城，在过去几个世纪里，北方游牧部落曾经通过这里入侵中原。成吉思汗的蒙古铁骑大军就曾通过这里南征长安。因此历史上许多王朝都把它作为防御外族侵犯的边防要塞。延安城坐落在黄土丘陵环抱中的一块平原上，有三个河谷在这里相接。清澈的延河水，泛起花纹般的微波，绕过宝塔山潺潺地向东流着。城的周围有坚固的城墙，北面蜿蜒而上，越过一道道山梁。刚到延安时，军委卫生部就驻在北门外的王家坪。直到 1945 年日本投降以前这段时间里，卫生部曾几易驻地，但是都没有离开过延安地区。

抗日战争爆发后不久，红军改编成八路军开赴抗日前线。军委卫生部把原军委教导师的卫生机构留在陇东庆阳组成第四后方医院，收容不能随部队去前线的伤病员。这所医院的院长是刘文青同志，政委是龙福才同志，医务主任是涂通今同志。这一时期，卫生部还为陕甘宁边区政府组建了边区医院，院址设在延安宝塔山，开始由卫生部直接领导，以后移交给边区政府管理。首任院长是傅连暲同志，他之后由欧阳兢同志继任。

1938 年 1 月，姬鹏飞同志调离军委卫生部，由孙仪之同志和我负责卫生部的工作。10 月，孙仪之同志带领卫生部少数干部和一个兵站医院、一个野战医院到位于太行山区八路军总部组建野战卫生部，开展野战后勤保障工作。随后姜齐贤同志从前线回到延安，军委卫生部改为军委总卫生部，姜齐贤同志被任命为军委总卫生部部长，刘惠农同志为总卫生部政委。那时，卫生部直接领导的几所医院，除甘谷驿医院外，已被陆续派往抗日前线执行战救任务。总卫生部便以直属医疗所为基础扩建成立了拐峁医院（后改为八路军军医院），由苏井观同志任院长，汪东兴同志任政委。

随着抗日救亡运动在全国轰轰烈烈地展开，大批进步青年纷纷来到延安参加抗日工作。同时也来了许多医学专家和医疗技术人员。

1938年到1940年，新参加八路军的卫生干部，就陕甘宁边区而言，使卫生技术干部约计增加了30%。以职别来区分，医生占53.4%，护士占40%，制药技师占6.6%。以国别来区分，本国占90%，朝鲜、加拿大、印度、美国、德国各2%。这些新的技术干部，都毕业于国内外专门学校，有着丰富的医学知识和工作经验。

卫生部根据军委的指示，对来延安卫生部门工作的医务技术人员都给予了热情接待和照顾。尤其是对待专家，在当时环境下尽可能地给予了更多的照顾。生活上，他们的津贴费比军政干部要高得多，还发给他们一些香烟，一般一年能给做套新衣服，居住条件也比一般干部要好。工作上注意发挥他们的专长，支持他们的工作，有什么困难尽量帮助解决。在政治上，积极培养他们，有许多人很快入了党，担任了领导职务。毛泽东同志和军委其他领导同志有时还召集他们开会，听取他们的意见，给予鼓励。由于较好地贯彻了党的知识分子政策，使他们感到革命军队的温暖，同革命军队建立了深厚的感情。大部分到延安工作的知识分子都留下来了，成了光荣的革命战士，为革命事业积极地贡献自己的力量：他们在前方冒着炮火英勇地参加战场救护；在后方，或参加医疗工作，救治伤病员，或进行教育工作，培养新的医疗技术干部，他们都能吃苦耐劳，积极工作。有些同志甚至在革命斗争中献出了自己的生命。

特别值得赞扬和敬佩的是加拿大共产党员白求恩大夫，他为了帮助中国人民的抗日战争，放弃优越的工作和生活条件，不远万里来到中国。白求恩大夫到延安后，立即要求去抗日前线抢救伤病员，他说：“我的工作岗位在前线，那里的抗日战士们正在流血。”白求恩大夫于

1938年4月由延安转赴晋察冀边区，在那里工作了两年，他的牺牲精神、工作热忱、责任心，均称模范。他在前线英勇地进行急救工作，使我军阵地抢救工作有了许多新的发展。同时，他对我军整个卫生部门的工作改进上也曾有过很大的贡献。例如战地流动医疗组，本来只是由军委卫生部从后方医院派到前方为重伤员施行手术的部分医护人员。自从白求恩大夫到达前方后，就把它发展成为战地流动医疗组，因为在前线的早期手术治疗，效果远胜于后方晚期治疗。如果治疗完善，那就可以避免感染，减少伤员的痛苦，缩短痊愈时间，使残废和死亡率降低。

印度援华医疗队的柯棣华大夫也给我们留下了深刻的印象。他在中国人民抗日战争的烽火中，踏着白求恩的足迹前进。柯棣华大夫开始在延安拐峁八路军军医院外科工作，赴晋察冀军区后担任晋察冀军区白求恩国际和平医院的首任院长。他认真地向曾同白求恩一起工作和其他方面的同志请教，同他们一道，经过充分调查研究，为医院制订出了一套适合当时战争环境的规章制度。他坚持把医疗队设在前线，并且亲自带领医务人员到前线去抢救伤员。他热爱伤员，无微不至地关怀伤员，把抢救和护理伤员作为自己神圣的职责。在敌人向根据地残酷“扫荡”的时候，他和同志们经常沿着崇山峻岭，一边转移，一边照顾伤病员。遇有危险情况时，他挺身而出，不怕牺牲自己去抢救伤员。他亲自为伤员喂饭，把自己的被子、衣服给伤员用。他还同群众血肉相连，把为群众服务看作自己应尽的义务。不管在什么情况下，只要发现老乡得病，便毫不迟疑，立刻赶去给予治疗。柯棣华同志因工作过度劳累，潜伏在体内的癫痫病频繁发作，每次发作后身体都极度虚弱，但他嘱咐妻子郭庆兰同志不要告诉别人，继续抓紧工作。1942年12月9日，柯棣华大夫因癫痫病发作，经抢救无效，不幸以身殉职，年仅32岁。这位国际主义战士，把自己的宝贵青春和生命，都无私地贡献给了中国人民的革命事业。

印度援华医疗队的另一位医生巴苏华，在抗日前线和延安担任五官科医生期间，工作也做得十分出色。

由中国红十字会派到延安的第二十三、第二十九、第三十三三个医疗队和第七护士队，以及其他团体派到延安的医疗队、防疫队，也做了大量的工作，为八路军、陕甘宁边区卫生事业的发展作出了一定的贡献。

大约在1939年初，军委成立了我军历史上第一个总后勤部，由叶季壮同志任部长。总后勤部下面有政治部、供给部和卫生部等三个部。政治部主任是易秀湘同志，供给部部长是张令彬同志，卫生部长由我担任。国际友人马海德同志是卫生部顾问。卫生部下面有秘书室、政治部、医政科、药材科和管理科。秘书室主任是马寒冰同志，政治部主任是王奇才同志，医政科科长是刘文青同志，药材科科长是龙在云同志，管理科科长是刘鸿业同志。卫生部的直属单位有一个以原卫校为基础扩建的中国医科大学、一个药厂和甘谷驿医院、拐峁八路军军医院等两所医院。后来，拐峁八路军军医院迁到刘万家沟，国际主义战士白求恩大夫在抗日前线不幸以身殉职后，这所医院被命名为白求恩国际和平医院，由鲁之俊同志任院长，刘新权同志任政委。军委各机关、直属队的门诊部、卫生所也归卫生部直接领导。

由于抗日根据地被封锁，交通不便，因此军委卫生部对各抗日根据地部队卫生部门的日常业务领导工作难于实施。军委卫生部的工作除抓陕甘宁边区部队日常的医疗、卫生防疫等项工作外，主要是：办好医科大学，积极为抗日根据地培养和输送医务技术干部；办好医院，努力救治伤病员；办好药厂，解决药品供应问题。

当时，在抗日前线的各部队频繁作战，伤病员较多，需要大量医务人员去救治，而前线部队又没有充分的培训条件，除采取一切可行的办法，举办各种短期训练班训练卫生人员外，很希望军委卫生部能从延安给他们多派一些医务技术干部去工作。因此，努力办好中国医科大学，尽快培养医务技术干部成了很迫切的任务。

军委领导同志对中国医科大学的建设非常关心。毛泽东、周恩来、朱德、叶剑英等领导同志都先后视察过这所学校，并对学校工作作了重要的指示。

1940 年秋第十四期学员毕业，毛主席为之题词：“救死扶伤，实行革命的人道主义。”毛主席曾先后两次到医科大学视察。第一次是在 1941 年春天，毛主席在看望了正在住院的续范亭、王观澜同志后，来到学校，视察了学校的教室、实验室、宿舍、厨房等，认真听取了我们对学校工作的汇报，然后站在山上实验室外的广场上给学校师生们讲了话。大意是说，一切事物都是从无到有，从小到大，不断发展的，有生命力都会蓬勃发展，前途无量；失去生命力就会枯萎、死亡。毛主席指着山边的小树比喻说，中国医科大学像这棵小树的生长过程一样，过去是小学，现在成了大学。虽然校舍和设备还很简陋，但是随着革命形势的发展，会不断发展的。以后，解放了全中国，进了大城市，会发展得更大更好。只要我们真正为人民利益学习、工作、服务，我们的事业就有无限的生命力。前进中可能会遇到曲折，但是总会不断发展的。

毛主席第二次到医大，是在 1941 年 11 月 7 日学校举行建校十周年庆祝活动时。那天，毛主席在任弼时等同志陪同下来到学校，详细看了学校举办的建校十周年展览，在留言簿上，毛主席挥笔写了“办得很好”四个大字，并签了名，表示了他对学校工作的赞扬和鼓励。参观之后，毛主席在学校礼堂对师生们讲了话，他首先祝贺医大建校十周年，向师生们问好，然后说：“抗日有许多种工作，学医治疗伤病员就是其中的一种工作。做学生的要好好学习，学好了要全心全意为全体军民服务。做教师的要好好教，要教得青出于蓝而胜于蓝。”毛主席还运用庸医杀人、良医治病的事例教育师生们。

有一次周副主席从重庆回到延安时，也专程到医科大学进行了视察。他边看边问，了解得很仔细，并同教员、学员们进行了亲切地交谈。视察之后，周副主席对我们说：“在重庆时就听说延安办了一所很有名声的医科大学，这次看了一下，果真名不虚传。你们在这么艰苦的条件下，把学校办成现在这么个样子，是很了不起的。希望你们百尺竿头，更进一步，把学校办得更好，多为前方部队培养一些优秀的医务干部。”周副主席还指示我们把学校的情况写成文章，在《解放日报》上发表，对外宣传。

朱总司令从前方回来，叶剑英参谋长从国民党统治区回来，都曾到医大进行过视察，并作了报告：一方面讲国内外形势，特别是敌后抗战形势；另一方面动员开荒、种地、纺线，自力更生，克服困难，发展生产，改善生活。

中国医科大学的学员来源，一是从部队招生，二是通过陕北公学、抗大、青训班招收知识青年。学员中许多人现在已成了卫生部门的领导干部，如涂通今、刘轩亭、蒲荣钦、郝哲生、汪石坚、晋希哲、侯有桐等都是那时的学员。教员有史书翰、陈应谦、曲正、季钟朴、薛公绰、任国祥等。鲁之俊、祁开仁、黄树则、谭壮、李亭植等在医院工作的技术骨干也兼任教员。学校的学制不固定，基本上是根据学员的实际情况，因材施教进行编班。有学一年的，也有学二年、三年的。十五期、十六期的学员学了四年才毕业。1943 年还办了一期高级进修班，学员有叶青山、刘文青、潘世征、刘斗争等人。学校开设的课程有军事、政治、外语、解剖、生理、病理、药理、生化、内科、外科、五官科、妇产小儿科，也补习一些文化。教材由教员自己编写，因缺乏参考书，编写教材时主要靠教员的记忆和经验。为了尽量减少差错，总是集中大家的智慧，经过反复讨论修改后才定稿。那时印刷设备又少又简陋，铅印本不能满足需要，就土法上马，采用传统的老办法，组织人用工整的笔体刻蜡版油印。纸是部队自己造的。造纸的原料是用陕甘宁边区盛产的马兰草。这种植物生长于路边、旷野，叶子又扁又长，有韧性，很适于造纸。学习的条件十分艰苦，教室简陋，照明差，有时只好在室外上课，以膝盖为课桌记笔记。学校还缺乏实验条件和教具，生活也很差，许多时候只能吃盐水泡饭。

为了克服困难，渡过难关，学员们需要自己动手开荒种地，养猪养羊，纺线织布，捻羊毛，织手套、袜子、毛衣、毛裤，打柴禾，烧木炭。有一段时间，我兼任中国医科大学政委，就曾带领学员们去延安西南的富县槐树庄烧过炭。

烧炭是很辛苦的。住的是猎人们冬季狩猎留下的一些破窑洞和自己搭的窝棚，吃的是开水泡窝窝头。砍树、挖窑、装窑、出窑、运炭等都是重体力劳动。树木入窑点火之后，要昼夜看守，随时观察。火候不到，出窑时还是木柴，就得返工重烧。出窑时，要冒着烟熏火燎和高温连续战斗。这么繁重的体力劳动，对于许多来自城市的青年学生来说，是从未经受过的。即使从农村参军的同志来说，烧炭也是一种很艰苦的劳动。但是大家没有什么怨言，始终保持了不怕困难的革命精神和战胜困难的旺盛斗志。在那样艰苦劳累的条件下，学员们还见缝插针，利用一切可以利用的时间来复习功课，因为他们深深懂得：不搞生产就难以维持生活，保持体力进行学习；不刻苦学习，毕业后就不能做好救死扶伤的工作。

就这样，在军委领导同志的关怀和支持下，经过医大全体师生的不懈努力，战胜了许多困难，培养出了一大批医疗技术人员。仅 1938 年到 1940 年这三年中，医大就训练出各类卫生人员 498 名，大大加强了前线部队的战场救治力量。

随着战局的展开，战区的扩大，作战部队的救护工作更加繁重，单延安医科大学一所学校培养卫生技术人员已远远不能满足需要，于是又成立了晋东南分校和晋察冀分校（为了纪念白求恩大夫，后来改为白求恩医校）。晋东南分校学员有 200 多人，分军医、调剂两个班。白求恩医校一共编五个队，一、二、三队为军医班，四、五队为调剂护士班，学员共计 300 多名。

除了医科大学之外，卫生部所属的白求恩国际和平医院总院和甘谷驿医院，在当时也是办得较好的，医疗护理工作都较正规。这两所医院除收治驻陕甘宁边区的军委机关和各部队的伤病员外，还收治从山西、河北等前线部队送来的伤病员。各抗日根据地把延安这两所医院当成大后方医院，一些领导同志到延安向军委汇报工作，常常要到医院检查和治疗疾病。如刘伯承、陈毅、徐向前、贺龙、陈赓、续范亭、关向应等同志都在白求恩国际和平医院总院住院治疗过疾病。

办好这两所医院，也一直得到军委领导同志的关心和支持。

记得有一段时间，由于医院条件差，伤病员吃不好，睡不好，药品和技术力量又缺乏，治疗工作受到很大的影响。有些伤病员给毛主席写信，反映了这一情况。毛主席当即找我和姜齐贤同志去。见面时，毛主席招呼我们坐下，然后说："医院的伤病员给我写信，说他们吃不好，睡不好，也没有很好地治疗，你们怎么不想办法解决呀？"姜齐贤同志对我们工作上的问题，向毛主席作了检讨，并向毛主席汇报说："吃住问题，我们已经向供给部反映了，供给部答复说他们拿不出更多的东西来。"这的确是实际情况，毛主席也知道供给部手中掌握的粮油、被服和经费很少，不敷使用。但是主席说："这些伤病员同志打仗很勇敢，现在他们受伤了，得病了，我们自己紧张一点，困难一点，也要尽量让他们吃好，住好，积极想办法为他们治疗伤病，使他们早日恢复健康。"毛主席一面指示王稼祥同志告诉供给部帮助医院改善伤病员的生活条件；另一方面指示卫生部召集在延安地区医院工作的全体同志开会，号召大家全心全意为伤病员服务，想方设法为伤病员解决问题。会议召开时，毛主席派王稼祥和谭政同志到会讲了话。

此后，我们对医院进行了整顿，狠抓了医院的管理工作，拟订了适合当时条件的一些规章制度，特别注意抓了提高医疗护理工作质量，不断改进服务态度，防止医疗事故的发生。

通过整顿，医院工作面貌大有改观，工作人员的积极性充分调动起来了。在医院给养不足的情况下，医院的同志们自己种菜、养猪、养奶牛、砍柴、做豆腐、修盖房屋和开办合作社等，用多种办法改善生活，解决困难。许多在医院工作的同志们，常常在拂晓前出发到山上砍柴，再赶回医院吃早饭，接着就忙于换药、烧水、服侍伤病员等工作，夜间还要上课。他们关怀爱护伤病员的实际行动，深深地感动了伤病员。由于全体行政管理人员和医护人员的努力工作，再加上国内外朋友的支援，捐助医药和被服等物资，使医院工作得以顺利地开展。平均每月出院的比例，达到 70% 以上，治愈率、床位周转率明显提高，残废率大大减少。仅就边区内各医院 1938 年与 1939 年对所收容伤病员治疗情况的比较看：1938 年治愈率为 65%，残废率为 32%，死亡率 3%；1939 年治愈率则为 77.5%，残废率为 21%，死亡率只有 1.5%。

医院除完成住院和门诊医疗任务外，还常常派医疗队帮助部队防病治病，如 1943 年就曾派涂通今、肖志功同志到甘泉附近的部队中去进行集体灭疥；1943 年曾派李资平同志率医疗队到三五九旅为准备出发部队的伤病员进行手术治疗。

军委卫生部对卫生防病工作抓得很紧。除了颁发一些卫生制度外，还针对不同季节和发病情况，及时提出一些防病措施。卫生部所颁发的各项卫生制度，各部队都能较好地执行。卫生宣传工作也做得比较好。在部队中，一般都能定期上卫生课，根据气候变化和疾病发生情况及时进行卫生教育。有些部队还采用举办卫生展览会、卫生晚会、化装演讲、印发小册子等多种形式进行卫生宣传，提高了广大指战员卫生防病的自觉性。《解放日报》在第四版定期出卫生专栏，刊登宣传卫生防病知识的稿件，颇受广大干部战士的欢迎。无论是前方或后方部队，对讲卫生、防疾病的工作都很重视。各部队和机关能经常保持环境清洁，对厨房卫生尤为注意，厨房内的炊具能保持干净。为了防止苍蝇进入厨房、食堂，进口大都修了暗道，门口多挂有帘子。厕所也修得颇讲究，基本上达到了不易滋生苍蝇的条件。后方部队

90%以上的厕所都进行了改造，采用坑式，深度要求在一丈左右，多数加用了木盖。饮用水大都采用井水。在固定驻扎的部队，建立了一些土澡塘。大多数部队还能进行预防接种。通过狠抓部队的卫生防病工作，使部队传染病发病率一直保持在极低的水平。

在延安期间，药材供应十分紧张。抗战初期，军委卫生部的药品来源，主要是靠周恩来等同志通过统一战线的关系取得。如宋庆龄同志领导的保卫中国大同盟和中国红十字会等国内外一些团体、个人都赠送过不少药品。我们自己也派人去西安采购一些药品。1939年秋后，陕甘宁边区及其首府延安被胡宗南的30万重兵严密封锁，外面赠送的药材运不进来，又不能去西安买药，药品来源异常困难。我们就广开门路，一是用陕甘宁边区生产的煤、盐和其他土产同商人在边界上交换。商人携带药品到延安周围做生意要冒很大的风险，如果被胡宗南的部队抓住，那不但要赔本，而且有掉脑袋的可能，因此商人们往往不敢做药品生意，从边界上搞到药品的数量极有限。药品的另一个来源是重庆、武汉、西安等几个办事处的同志买一些带回来，这当然也不会多。再就是组织力量上山采集。陕甘宁边区盛产麻黄、甘草、当归、桔梗、柴胡等中草药，把这些中草药采回来，经过加工，可以制成许多成药。

药材加工是在卫生部办的药厂内进行的。药厂设在离延安30里的姚店子，厂长是李维祯同志，政委是刘仁保同志，技术人员有龙在云、饶孟文同志，有100多名工人。药厂分西药部、中药部、材料部等三个部。西药部主任是翁远同志，中药部主任是文治安同志，材料部主任是郑统同志。药厂的主要设备如压片机、灌注机等，是通过我军驻西安办事处的介绍，由李维祯带领郑文甫、郑柏林同志去西北化学制药厂与该厂经理薛道吾、厂长吴子实商谈后购买来的。在西安办事处的安排下，郑文甫、郑柏林同志还去西北化学制药厂做宣传动员工作，招收了韩虎、荆毓章、徐利顺等十几名制药技术工人。这些同志后来成了我军制药厂的技术骨干。

卫生部药厂虽然条件简陋，但是生产的东西还不少，有用化学的方法提出中药有效成分而制成的麻黄素、黄芩碱、当归油和用其他方法制成的桂皮酊、陈皮酊、桔梗丸等。也有西药片剂、注射剂，如吗啡片、苏打片和麦角、安那加、奴夫卡因、阿托品等注射剂。装注射剂的安瓿的封口是用酒精灯一个一个地烧结。注射剂的制作、消毒和检验都十分严格，从未因质量问题出过事故。

1942 年 1 月，在几位药学工作者的倡导下，经领导批准把药科和调剂班从医大分出来成立了延安药科学校，专门培养药工技术人员。为了集中人力、财力和物力，药科学校附设在药厂。药科学校校长由李维祯同志兼任，教务主任是饶孟文同志，教员有孙绎之（女）、李广训等同志，还有医大派去的兼职教员薛公绰、张乃召等同志。到 1945 年日本投降时，药校一共培训了三期学员。其中有两期是中专班，一期 40 多人，另一期 60 多人，学习时间为一年半，学习的课程有自然常识、语文、算术、化学、制药、药理等，学员有李克振、罗绍卿、牛培竹、白爱民等同志。药科学校还办了一期大专班，学习时间为四年，学员有陈士富、郑文甫、江洲、朱彤、邓长荣等同志。

学校、医院、药厂办得好，做供应和行政管理工作的同志们是有很大功劳的。当时条件十分艰苦，他们一年到头都在为保证供应而奔忙。粮食要自己运，菜要自己种，吃肉要靠自己养猪、喂羊，窑洞坏了自己修补，还要筹集教学、办公用的笔墨纸张等，这些同志中涌现出了许多埋头苦干的模范工作者。

在延安，卫生部还办了一个刊物，刊名叫《国防卫生》。创刊时，我给毛主席写了个报告，大意是说为了指导工作和交流学术技术经验，卫生部准备办一个刊物，拟名为《国防卫生》，如果主席同意的话，请为该刊题一个刊头。大约过了两天，毛主席的秘书叶子龙同志就送来了毛主席的题词。这个刊物登载的稿件，一个是卫生部的指示、通知、评论等，二是战伤救治和部队常见疾病的防治经验，同时也刊载一些宣传卫生防病工作的稿件。

办《国防卫生》这个刊物，可说是集中了所有在延安的医学专家的智慧。许多技术性稿件都是专家们写的，或经过他们审阅后发表的。经常撰稿的有黄树则、鲁之俊、魏一斋、谭壮等同志。前方部队也曾送来过有关战伤救治方面的稿件，如在晋东南卫生部工作的潘世征同志就写过这类稿件。《国防卫生》的编辑工作，由卫生部秘书室负责。该刊为月刊，发行数量较大。据在晋绥、晋冀豫、晋察冀等根据地卫生部门工作的同志们反映，他们那里基本上每期都能收到，对工作有很大的帮助。

军委卫生部在陕北期间的工作，有许多值得记述。我这里记述的只是其中一些片断。希望通过对这些片断的介绍，能为研究我军卫生工作历史的同志们提供一点资料，并使新一代卫生工作者们能由此了解毛泽东、周恩来等老一辈无产阶级革命家是如何关心和爱护伤病员，重视和支持发展我军卫生事业的；了解老一辈卫生工作者在那种艰难困苦的条件下，是如何为保障指战员身体健康，夺取革命战争胜利而努力工作和学习的，从而希望他们能更好地继承革命传统，为推进卫生事业的发展作出贡献。

延安中央医院

陈仲武　郁彬

在古城延安的北面，在西北特有的黄土群山之间，有一个很少为人所知的村庄李家湾。奔腾不息的延河就在村前流过。在山坡上，那鳞次栉比的一排排窑洞，就是当年的延安中央医院。白天，这个秀丽的山庄的倩影映在延河水中，好似一幅水墨画。晚上，一层层窑洞，灯火通明，蔚为壮观。时间如流水，但是李家湾窑洞的灯光，永远照耀在我们的心上；战争年月的历史场景，经常在眼前浮现……

延安中央医院创办于 1939 年 4 月。抗日战争进入相持阶段后，日本侵略者对国民党进行诱降。这时，我们把主要力量放在了敌后战场，而蒋介石则采取“消极抗日，积极反共”的方针，从 1939 年开始发动反共高潮。在这种极其艰苦的情况下，党中央决定加强根据地建设，创办延安中央医院。

创办延安中央医院的党政干部和医务人员主要来自三个方面：由参加过红军和土地革命时期的干部和医护人员为骨干，从延安和其他解放区选调来一部分青年，还有从国民党统治区奔赴延安的一部分医务人员。

参加筹建医院的同志们，继承和发扬我党的光荣传统，自己动手，艰苦创业。没有房舍，大家就拿起镢头，挖筑了九层窑洞，作病房、办公室和生活用房。为了使窑洞适合作病房，大家花了不少心血，设计得比较合理。如为使婴儿免受风吹雨淋，就在产科病房、分娩室和婴儿室的窑洞之间挖了通道，使三者串连起来。没有病床，自己动手，先用木料做好床架子，再穿上麻绳、铺上稻草垫子，就成了伤病员们欢迎的病床。没有钟表，就用旧玻璃试管烧结后拧成漏孔，再装上细砂，叫作“沙漏表”，用来计算时间，保证了定时试体温、测脉搏。

在生活上，当时供应伤病员的粮食、蔬菜品种很少，炊事员同志就想方设法地搞“粗粮细做”、“粗菜细做”。自己磨豆腐、豆浆；肉食很少，就用猪、羊骨头熬汤；把土豆切成丝、做成菜泥等等。当时院长、医生、护士长都定期下厨房和炊事员一起劳动，共同调配花样品种，研究制定食谱。总之，大家都千方百计地尽量使伤病员吃得可口，得到较好的营养。

1943年，延安军民、机关、团体响应党中央的号召，在极端困难的条件下，开展“大生产运动”。医院也积极响应，成立了“生产委员会”，组织大家开荒种地、养猪养羊、纺羊毛、织袜子。工作人员要将种地所得，交一年公粮，以减轻人民群众的负担。“大生产运动”不但大大地改善了医院的生活条件，而且也支援前方的战士。

那时，物资缺乏，药品来源有限，条件十分困难。在这种情况下，党中央对医院，特别是对产妇、儿童分外关怀，尽量给予特殊照顾。如把数量很少的羊奶、白糖分配给医院；其他解放区有时给党中央送来一些食品，中央领导同志也都转给了伤病员。那时，盘尼西林（青霉素）等抗菌素还没有问世，磺胺类药物也是刚刚合成，偶而得到少量叫作“Profosil”的新药，也总是留给重病号，特别是儿童使用。

经过几年的建设，医院规模逐步扩大，医疗科室的设置也不断发展。到1942年，医院已经有病床170张，设置了内、外、妇、儿、结核和传染等科。医疗技术科室的建设，开始只有药剂室，后来又增设了检验室和X光室。至此，一所科室基本配套、设备较为齐全的医院基本建成，延安中央医院也就成为边区的医疗中心之一。

在建院开始，党中央就直接抓了组织建设工作。首先为医院配备了经受长期革命锻炼、有领导经验的同志，包括人数很少的医生和护士，担任党政和医疗护理方面的领导骨干。当时在我党医疗保健工作中颇有影响的傅连暲同志，就曾先后两次担任该院院长。

那时，领导班子只有二三人，很精干。党的领导直属中央机关总支，下面按行政、医疗护理和总务分别建立党支部，坚持党的组织生活制度。为了加强政治思想工作，设有专职的教导员。总务处和护士训练班则设有指导员。

建院初期，曾设有总护士长的建制。1943年以后改为护理部，下设接诊室、病历统计保管室、供应室和流质房等。

在医院工作中，党组织认真作政治思想工作，十分重视贯彻执行团结、教育、改造知识分子的政策。对科主任以上的医生，每周利用业余时间，召开一次二三小时的政治学习会，由院长、分总支书记同他们一起，联系实际学习政治理论和时事政策。如果遇到有的科主任产生思想问题，毛泽东同志、刘少奇同志和中央其他领导同志就亲自反复耐心地和他们交谈。那时每个直接聆听教诲的人，无不感到心悦诚服，思想上受到启迪，工作上增添动力。

1941年春节，毛主席还特地邀请医院主任、护士长到家便宴，席间，同大家讲形势、讲政策，借此对他们进行思想教育。当时，物质条件很差，生活艰苦，党中央和医院党组织，对科主任以上医务人员的生活给予特别的照顾，在衣、食、住等方面的待遇和党政高级干部一样。

医院党组织对思想工作抓得很紧。当时针对医护人员和医院工作人员的思想情况，经常学习毛主席的《大量吸收知识分子》和《在延安文艺座谈会上的讲话》等重要报告和文章。大家听了都感到十分亲切，很受教育。党中央和毛主席很关心医护人员的思想情况。1942年前后，当毛主席听到了有关护士思想问题的一些反映时，曾先后两次为护士题词。现在我们大家都熟知的“尊重护士、爱护护士”、“护士工作有很大的政治重要性”的重要题词，就是那时写的。

这些思想工作，对广大医护人员是极大的鼓舞。所以，尽管当时环境艰苦，生活困难，大家的革命精神却十分旺盛，任务也完成得令人满意。

医院党组织当时非常重视对医护人员的培训工作。在建院的同时，首先就举办了护士训练班。第一班有学员 20 人；1941 年举办了第二班，有学员 40 人。这两个班的学员是从马列学院、中央党校和陕北公学选调的具有高中文化水平的女青年。1942 年又举办了第三班，有学员 30 人；1943 年办了第四班，有学员 15 人。

其次，医院也很重视对医生的培训。1941 年，医院曾试办过医生训练班，因为人数少，医院内缺乏基础课设施和师资，所以不久就转入中国医科大学继续培养。医院还培养了从各个解放区来院进修或实习的医务人员。从 1939 年到 1945 年，共有实习医生 115 人。同时，还培养了检验员 23 人、药剂人员 25 人。学习方面采取重点讲课和临床实践相结合。无论医、护、药、检学员，都是一面由医院的医生、护士长讲授课程，一面参加医疗技术的实践工作。医院对他们的学习和工作都有明确要求。如实习医生先要做一段护理工作，而后从书写病历做起，逐步在负责医生的指导下分管一些病人。经过这个医院培养训练的人员，有许多后来都成了卫生战线上的领导骨干。

那时学习条件很差。由于国民党反动派的封锁，因此学习材料很缺。我们偶尔得到一本新的医学杂志或一册新的医学书籍，都奔走相告，竞相传阅，在摇曳微弱的麻油灯下，选择有用部分，记笔记，做摘录。至今，还有一些中央医院的老同志珍藏着当年的笔记本，上面记载的已经不只是当时视同珍宝的医学知识，而是战争年代艰苦办院的光荣的历程。

中央医院的管理工作，限于当时的条件，还是比较原始的。但是它极其重视质量和效率。为了提高医疗质量，养成良好的医疗作风，医院力求按照医院工作规律进行管理。

在建院初期，就逐步研究制订医护人员的职责、医疗护理常规和各种规章制度。当时，从院长、科主任、主治医生一直到实习医生、护士长、护理员、卫生员、炊事员，都有明确的分工。从出入院、值班、接诊、病房、门诊、手术室，乃至病历书写、消毒、隔离等等，也都有明确的制度。各种多发病、常见病、传染病、急重病的治疗和护理都有一套简易明了的常规。

这个医院有一种过硬的医疗作风，保证了医疗质量的不断提高。全院上下，包括伤病员在内，每当遇到急、重病症，不讲条件，更谈不到什么报酬，病情就是命令，闻风而动，全力以赴。那种忘我的工作精神，令人无限敬佩。严达人同志患肠伤寒住院，高烧到 40 度，连续了 40 余天，由于医护人员的精心医疗护理，安然度过了危险期。革命老人何妈妈患风湿病，全身关节僵直，卧床数年之久。但是在医护人员的细心照料下，居然没有发生褥疮。为了挽救伤病员的生命，不少医护人员还组织过义务输血队。1941 年，延安一带曾一度流行肠伤寒，药品十分缺乏，医护人员在日夜操劳救治病人的同时，还要献出自己的鲜血，救重危病人。那时的医生和病人，真是亲如一家，每个伤病员重返前线时，都热泪盈眶地告别医护人员。当地的人民群众也同医护人员心连心，患难与共。

延安中央医院从筹建开始，直到解放战争时期，都承担着繁重的医疗保健任务，一直受到党中央的亲切关怀和鼓励。据统计，1939 到 1945 年，共收治伤病员 12677 人，为救治干部和群众、为保护中央领导同志的健康，作出了很大贡献。同时，它还为人民卫生事业培养了一批医务干部。解放战争开始后，根据党中央的部署，跟随党中央、毛主席，转战陕甘宁边区，后来组成为“和平医院总院”和“第一后方医院”。至此，我们也接受了新的医疗任务，走上了新的岗位。但是，延安中央医院同志们的那种艰苦奋斗、自力更生的创业精神，那种勤学苦练、团结互助的革命精神，那种全心全意为伤病员服务的献身精神，却永远铭记在心，令人难忘。也正是这种精神，从延安传播到全国，在整个卫生战线，到处闪耀着延安精神的光辉。

注：延安中央医院 1940—1942 年医疗技术科室的发展情况

年代	病床总数	内科	外科	妇产科	结核科	传染科	小儿科	医技科室
1940	120	40	40	40				药剂室
1941	160	40	40	40	20	20	门诊	增设检验 X光
1942	170	40	40	40	20	20	10	

忆南泥湾大生产

王恩茂

……

往年的南泥湾，
到处是荒山，没呀人烟。
如今的南泥湾，
与往年不一般，不一呀般。
……
再不是旧模样，
是陕北的好江南。

每当我听到这富有陕北韵味的悦耳的歌声，我的思绪一下子就回到了那战火纷飞的抗日战争年代，想起了当年在南泥湾开展大生产运动的艰苦岁月。

一

1938年10月，广州、武汉相继失陷后，日本侵略者停止了向国民党战场的战略进攻，逐渐转移其主要军事力量对付我党我军，而对国民党则以政治诱降为主，军事打击为辅。全国抗战由战略防御阶段开始进入相持阶段。在这种形势下，国民党顽固派消极抗战，积极反共，不断掀起反共高潮。拿西北地区来说，从1939年冬到1943年夏，国民党顽固派先后调遣几十万大军，西起宁夏、陇东，南沿泾水，东迄黄河，构筑了一道道严密的封锁线，对我陕甘宁边区实行军事包围和经济封锁，叫嚷一斤棉花、一尺布也不准进入边区，既企图从军事上消灭我们，又妄想从经济上困死我们。

当时，陕甘宁边区只有一百四五十万人口，又是土瘠地薄的高原山区，经济落后，加上日军的不断进攻和国民党顽固派的包围封锁，我们数万名干部战士以及全国不断奔赴延安的青年学生的吃穿住用，实在成了一个大问题。在一段时间里，我们财政经济极其困难，几乎没有衣穿，没有鞋袜，没有菜吃，没有油吃，吃粮也很困难。

在这严重困难的关头，怎样才能克服困难，打败国民党顽固派对陕甘宁边区的经济封锁和军事进犯？怎样才能巩固陕甘宁边区和全国各个抗日根据地并使其不断发展壮大？怎样才能支持抗日持久战，并取得打败日本帝国主义的最后胜利？毛泽东主席及时地为我们指明了克服困难，夺取胜利的方向，向陕甘宁边区和各抗日根据地军民发出了具有深远战略意义的“自己动手，丰衣足食”的号召。1939年2月，毛主席在延安干部生产动员大会上尖锐地指出：在敌人包围封锁的面前，我们是饿死呢？解散呢？还是自己动手呢？饿死是没有一个人赞成的，解散也是没有一个人赞成的，还是自己动手吧！这就是我们的回答。又说：从古以来的人类究竟是怎样生活的呢？还不是自己动手活下来的吗？为什么我们不能自己动手呢？我们是确信我们能够解决经济困难的，我们对于这方面的一切问题的回答，就是“自己动手”四个字。陕甘宁边区和各抗日根据地军民，在这一号召鼓舞下，开展起轰轰烈烈的大生产运动。

中央军委根据党中央、毛主席提出的“自己动手，生产自给”的方针，于1940年2月10日向全军发出指示，要求各部队依据不同的环境、条件开展生产运动，做到一面战斗，一面生产，一面学习。遵照中央军委的指示，各部队结合自己的条件都陆续开展了大生产运动。

朱德总司令根据党中央、毛主席的指示精神，于1940年初，在延安提出了“屯田”政策。他认为军队劳动力多，体力强，组织性好，主张军队大力发展农业生产。

我当时在第一二〇师三五九旅任副政治委员。我们旅在1939年秋奉命从华北调回陕北绥德一带，担负守卫河防，保卫边区，保卫党中央的光荣任务。1940年春，遵照党中央、中央军委的指示，全旅就在绥德一带积极开展了自力更生、克服困难的生产运动。我们旅在绥德赶走了国民党顽固派、反共的“磨擦专家”何绍南，并巩固了河防之后，按照朱总司令的命令，于1941年3月至1942年8月，分三批开赴南泥湾，开始了“背枪上战场，荷锄到田庄”的新的战斗生活。

南泥湾，位于延安东南黄龙山地区，距离延安城约45公里，是延安县金盆区一个乡。它与临真镇、九龙泉、马坊等地接壤，纵横一二百华里，土质肥沃，适于开垦。

南泥湾是延安的南大门，在南泥湾东南方向的茶坊镇，与国民党顽固派、军队占领的洛川连接。顽军在那里驻扎着一个军部和一个师的部队。南泥湾是顽军进犯我延安的必经之路。我们旅进驻这里，一手拿枪杆，消灭敢于来犯的顽军，一手拿锄头，在广阔的荒山野岭里开荒种地……担负着保卫延安、保卫党中央和粉碎国民党顽固派对我陕甘宁边区实行经济封锁的双重任务。这在当时是具有重大战略意义的。

南泥湾一带，在100多年以前曾是人烟稠密的地方，由于清政府制造回汉民族互相残杀的悲剧，加上军阀横行，土匪抢劫，人民无法生活，相继逃亡，这里便变成了一片荒山野岭。我们来到这里的时候，眼前只是一座座荒凉的山坡，坡上长满了齐人高的蒿子，荆棘横生；深山是遮天蔽日的树林，野猪野鸡成群；沟底是黑暗阴森的溪流，浸泡着腐烂的古木和野兽的尸体。

在南泥湾开展大生产运动，开始遇到了许多困难。

第一，是思想上的障碍。当时部队中对农业生产存在着几种不正确的认识：一部分干部不懂得发展生产须以农业为主的方针的正确性，他们单纯从营利出发，认为农业生产费力大，周转慢，获利小，把“自己动手”只看成是一个补救财政不足的临时手段，因而总想多集中力量搞商业，少搞农业；还有一部分干部则担心搞生产会影响部队的训练和军事生活管理，以至削弱了部队的战斗力；在广大士兵中，则对部队实行屯田政策的意义认识不清，认为“当兵是来打日本的，不是来种地的”，“在后方生产不如在前方打仗光荣”，因而对生产不够热心。为了解决这些思想问题，我们在部队中进行了广泛深入的政治动员和思想教育工作。首先使全体指战员从切身体验中认识到当时经济困难的严重性，而这个严重困难则是由日本帝国主义的疯狂侵略和国民党顽固派的包围封锁造成的，认识到边区人民已经尽了最大的力量支援战争，负担已经很重，仍不能满足需要，大量部队的吃穿问题都取之于民是不可能的。我们搞大生产运动，就是为了粉碎国民党顽固派的经济封锁，用自力更生的办法克服困难，减轻人民负担，改善部队生活，生产就是为了坚持抗战和保卫边区。在干部中则大力宣传农业为第一位，工业和运输业为第二位，商业为第三位的生产方针，使干部明确认识解决财政困难和保障部队供给的根本途径是增加物质财富，在商品流转中取利则是补助办法，只有坚决实行屯田政策，开展以农业为主的大生产运动，才是解决物质困难的最可靠的途径。而生产自给，减轻人民负担，正是表现了人民军队的本色。只要管理教育工作做得好，开展生产运动，不但不会松懈部队的战斗纪律和生活纪律，相反地能够加强这种纪律，并使部队的战斗意志能够得到严格的锻炼。至于生产和训练时间分配，只要计划得好，生产就不会妨碍部队训练。生产搞好了，个个身强力壮，情绪饱满，自然可以提高训练效果。

在明确了生产的目的、方针和政策，解决了思想上的抵触和顾虑之后，部队中就很快掀起了一个热烈响应党中央、毛主席、朱总司令的号召，坚决执行屯田政策，开展生产运动的高潮。

第二，是物质方面的困难。首先是没有住的地方。当时南泥湾地区几十里渺无人烟，仅有的村镇也只有几户人家，几眼破烂不堪的窑洞，经过修整，大都做了团、营生产指挥所。部队人多没处住，只得在村边、河边露营，有的用树枝搭成简陋的窝棚栖身。我们进驻时，天气冷，还下雪，尤其夜间露宿，虎啸狼嚎，寒风刺骨，大家衣单被薄，难以御寒，久久不能入睡。为了御寒和防野兽袭扰，就拣些树枝、柴草，点起堆堆篝火，大家围着篝火，渐渐地睡着了。后来，我们发动部队搭临时棚，挖土窑洞。指战员们有的上山砍柴，有的挖土掏洞，每天劳动十多个小时，浑身汗水，土粘上去简直成了泥人。窑洞刚挖好，尽管里边非常潮湿，有的还渗水，同志们铺些干土、草灰或柴草，就在这里安营扎寨了。尽管环境如此艰苦，而部队的情绪却十分乐观、高涨。战士们高兴地唱道："窑洞草房好军营，茅草床铺软腾腾；三尺厚雪绫罗被，茂密梢林好屯军。"

其次是缺乏吃的东西。吃粮食要到100华里甚至数百华里外去运，当时交通十分困难，没有汽车，骡马大车也很少，必须由干部战士背粮，背粮没有口袋，有的就把自己的裤子扎上裤腿当口袋，有的把旧军毯卷成长筒，捆上两头装粮食，背一趟来回要走三四天，特别是春冬背粮，要在雪天爬山，冰河涉水，更加艰苦。沿途老乡看着走在山沟、田野上的背粮队伍，感动地说：“八路军真是我们自己的队伍，要是国民党军和军阀的队伍，赶着老百姓去送粮，还送不过来哩！”

没有菜吃，就到山上、河边去挖野菜。如果打到了野猪、野鸡，就可以打一次丰盛的“牙祭”。饭菜不多，吃不饱，但大家干劲很足。

三是穿的很困难。每个战士一年只发一套军衣，平时就得缝缝补补，开起荒来，在树林草丛里穿来穿去，衣服磨损得更快。战士们为了节省衣服，夏天不顾烈日暴晒，冬天不顾寒风凛冽，光着膀子开荒、种地、打场，同志们的长裤磨破了改成短裤，短裤磨破了改成裤衩，裤衩再磨破了，就编成布条打草鞋，或糊成布壳纳鞋底，总是一块布头也舍不得丢掉。

四是开荒的工具少。买吧，没有那么多钱，就是有钱也买不到那么多生产工具。于是我们就走群众路线，发动大家想办法解决。这一来，办法就多了。有的上山伐树加工成材，到几十里外的村镇换工具；有的到河防两岸搜集敌人轰击边区的炮弹片；有的到周围几十里处寻找废铁；有的派人潜入敌区扒铁轨，锯断后打工具。例如：七一七团一营有个战斗英雄名叫王福寿。他带领十余名战士偷渡黄河，到日军占领的火车站去搞钢铁。搞到一点儿钢铁后，没有炼铁师傅，王福寿又派刘顺清跑遍了方圆百里路，从金盆湾小街上找到一个从河南逃荒来的会打铁的王铁匠，把他请到连队。王铁匠与连里的几个战士一起动手，连续几天苦战，终于打出了镢头、锄头、斧头。同志们激动地向老师傅道谢，王铁匠感慨地说：“我走南闯北，眼见日寇和国民党兵的烧、杀、抢，他们把老百姓害苦了。可是你们共产党领导的八路军，为了减轻群众负担，要自己开荒生产，冒着生命危险去搞铁，什么苦都吃尽了，我一个做手艺的，出点力气算什么！你们一心一意为咱老百姓，我就是豁出命来也值得！”这样，由于大家动手，旅团又统一购买了一些，工具基本上解决了，部队及时地投入了开荒生产。

二

为了贯彻中央军委关于生产自给的指示，更好地领导部队开展大生产运动，我们部队于1940年就成立了由旅、团领导同志和旅供给部长参加的生产委员会，负责领导全旅的生产运动，旅供给部负责具体的组织工作。各团也成立了生产委员会，各营、连指定一名副营长、副连长负责领导各自的生产工作。1941年部队到南泥湾地区以后，王震旅长兼政委（1942年起还兼任延安军分区和卫戍区司令员）主持卫戍区和军分区的工作并统管全旅工农业、商业和运输生产，副旅长苏进和我在金盆湾主持生产练兵的日常工作。当时部队的分布是：旅直属队及特务团（团长徐国贤、政委谭文邦）驻金盆湾，七一七团（团长陈外欧、政委李铨）驻临真镇，七一八团（团长陈宗尧、政委左齐）驻马坊，七一九团（团长张仲瀚、政委曾涤）驻九龙泉、史家盆，补充团（团长苏鳌、政委龙炳初）驻南泥湾。

南泥湾一带的荒山上，到处是很深的蒿子草和大堆的羊胡子草以及很大的山桃树，还有“咬人”的狼牙刺、蝎子草、黑葛兰，它们都成了开荒的“拦路虎”。羊胡子草一棵一大堆，软绵绵的，一镢头下去见不到土又弹回来，镢好多下才能挖掉一棵，狼牙刺和黑葛兰是一种多年生的灌木，根粗叉多，枝上黑刺长、尖、硬，还有毒，一不小心就挂破衣服刺伤皮肉，火辣辣地痛。然而生长这些树草的地方，往往都是土质肥沃的好地，同志们舍不得放弃，宁肯多花些力气，也要“攻坚”。由于有这样一些“拦路虎”，战士们刚上来又缺乏开荒经验，就是最强的劳动力干上一天，也只能开出四五分地，与计划中的开荒指标差距很大。后来通过实践，办法越来越多。刨树时，先把根扒出地面，大家把这叫作“侦察”敌情；然后砍断支根，这叫“扫清外围”；最后看准主根，使劲把它砍断刨出来，叫作“发动总攻”。这样干，开荒效率明显提高。同时，由于每天测量开荒效率，公布成绩，更加激发了大家的劳动积极性，班与班、排与排、连与连之间展开了挑战应战，竞赛热潮一浪高过一浪。旅的《战声报》和各团的生产快报，定期报道生产情况，公布各单位开荒成绩和日开荒的最高纪录，各部队你追我赶，捷报频传，开荒纪录不断刷新。七一七团劳动英雄、班长李黑旦，1942 年首创纪录，一人日开荒 2.5 亩，随后这个纪录又不断被人刷新。七一八团组织了一次有 170 多个劳动英雄参加的开荒大比赛，有六人创造了日开荒地三亩以上的新纪录。其中李位、赵占奎分别达到了 3.67 亩和 4.7 亩，被边区评为特级劳动英雄。赵占奎是五连六班班长，1943 年，他响应王震旅长“每人开 30 亩荒地”的号召，带头报名担任该连十人开荒组组长，结果共开荒地 380 亩，每人平均达到了 38 亩。我们及时表扬和奖励了这些劳动英雄和开荒先进集体，并推广了他们的经验。于是“向劳动英雄看齐”的口号响遍了部队，从而又掀起了新的竞赛热潮。

当时，我们旅从旅长到排长都战斗在开荒第一线，担负和战士一样的生产任务。所不同的是，凡出现困难的地方，干部总是冲在前面。旅长兼政委王震同志，经常挤出时间参加劳动，曾被选为边区大生产运动中的劳动英雄，毛主席亲笔题词：“有创造精神”，表扬他。一位到边区采访的外国记者不禁赞叹道：“他的双手也像他的部下一样由于劳动而生满了老茧。”苏进副旅长和我常和战士们在山上同吃同住同开荒。七一八团的英雄团长陈宗尧，每年开荒，都是带着团司令部的人员，住在荒地，和战士开荒在一起。他组织了一个开荒小组，由参谋长、警卫员、司号员等八人组成，陈团长担任组长，每天天不亮就起床，背着镢头带领小组和战士们一起开荒，白天他还要到各连检查布置工作，晚上还得忙着开会，就这样他的开荒小组每人平均日开荒 1.4 亩，他自己也达到了平均日开荒地一亩。在战斗中失掉右臂的该团政委左齐，拿镢头开荒有困难，就给战士们做饭，并挑桶上山给战士们送饭送水。曾在战斗中负过15次伤的补充团团长苏鳌也经常参加劳动。至于营连干部，更是与战士们一同劳动、生产和学习。如七一八团九连连长白银雪，一次参加开荒比赛，他连续劳动15个小时，挖了5.46亩地，获得了全旅第一名。各级干部以身作则参加劳动，使战士们很受鼓舞，也受到了毛主席的称赞。1943年初西北局高干会议上，毛主席亲笔题词表彰了22名生产英雄，其中三五九旅的团以上干部就占四名。

开荒告一段落，为了不误农时，部队及时地进行了春播和夏耘。沉睡了百年的土地翻了身，大片的荒地变成了良田。看着满山遍野长出了一片片郁郁葱葱的谷子、豆子、玉米和土豆，十分喜人。1942年我们又开始在河沟两旁平整土地，引水灌溉，种上了稻子。辛勤的劳动换来了连年的丰收，耕地面积和产量逐年增加，自给自足程度逐年提高。1941年，开荒种地1.12万亩，收细粮1200余石，粮食自给79.5%，经费自给78.5%。1942年，开荒种地2.68万亩，收细粮3050余石，粮食自给率达到96.3%，经费自给率达到90.2%。1943年，开荒种地原计划3.9万亩，由于劳动效率不断提高，开荒后半个月内即被突破，在改订计划6万亩之后，又被突破，最后达到了种地10万亩，全年收细粮1.2万石，加上南瓜、土豆折粮（三斤折粮食一斤），共为1.5万石，粮食自给有余，并且上交公粮约万石。群众称赞说："尔格（即你们）真是共产党和毛主席领导的好队伍啊！能打仗，能生产。过去反动军队是吃粮的，尔格军队还生产交公粮；军队不打扰老百姓，还减轻了人民的负担，真是天下大变样，人民坐天下了。"这一年，全旅养猪4200多口，牛820多头，羊7800多只，达到了王震旅长提出的"两人一猪，一人一羊，十人一牛"的要求，1944年播种面积26万多亩，农业生产获得了更大的丰收，主副食经费全部自给有余，粮食平均每人生产细粮六石多。在开荒种地的同时，全旅指战员还打了1000多孔窑洞，建起了600多间平房，置了1万多件家具和农具。实现了“自己动手，丰衣足食”的目标。

部队新到垦区，食油、照明用的油和医疗用的酒也很困难。1941年秋后，我们在金盆湾东头开办一个油酒综合厂，修建了简易的厂房，雇请了两个老师傅，抽调了30多个战士当徒工。用部队收获的豆子、麻子榨油，用玉米、高粱酿酒，并将豆饼、酒糟作为部队养猪的饲料，综合厂生产的油酒，不但保证了部队的供应，多余的还向附近村镇出售，并通过关系把酒外销国民党统治区的宜川、韩城，换回药品、棉花，等等。

纸张是学习、办公的必需品，当时有钱也难买到。因为缺纸，部队用桦树皮代替。为了解决部队用纸问题，1942年我们在油酒厂增建了造纸设施，从延安请来技术工人自己造纸。开始是从部队、机关中收集破麻袋、烂绳头、碎布片作原料，曾生产出300多刀黑粗纸和厚草纸，不久原料就供应不上了。经过调查，试用当地野生的繁殖快、纤维长的马兰草当原料，生产出了质量较好、可印书报的马兰纸，部队用纸问题得到了解决。

此外，我们还创办了纺织厂、鞋厂、肥皂厂，有自己的盐井、煤井、磨坊、骡马店。旅供给部办的大光纺织厂能够织出闪光布、斜纹布、华达呢……远销葭县、清涧、吴堡等地。

部队在困难的时候，节衣缩食；在生产自给有余的时候，仍然勤俭节约，把好日子当困难日子过。旅首长曾向全旅发出号召：“生产要多，消费要省”。1942年以后，绝大多数部队已经达到了粮菜全部自给，可还是将瓜菜、红薯、土豆等掺和在粮食里做“八宝饭”吃，而且每天仍然坚持吃两顿干的一顿稀的。从1941年起，部队基本上没有向上级领过被子，战士们被子里的棉絮，早就滚成了一团团的疙瘩了，可是发下新被子时，战士们谁也不肯要，说：“哪天不打败日本鬼子，哪天就不换被子。”军服的供应改善了，战士们仍保持着垦荒初期的艰苦作风。夏天，他们仍然光着膀子干活，宁肯叫背上被太阳晒掉几层皮，也舍不得穿上新军服。天冷了，也只穿上补丁摞补丁的旧衣服。上级发下的新军服，都仔细收藏好，只在过节或检阅时拿出来穿一下。领到了新鞋，也放在包袱里，平时就用马兰草和破布条打草鞋穿。因此，到了 1944 年，部队由延安南下轻装时，许多战士还保存有两套崭新的军衣和几双鞋袜，临出发前，他们高高兴兴地将这些东西交给了上级，请上级转交给兄弟部队。

我们在南泥湾地区屯垦过程中，认真贯彻执行了“一面作战，一面生产”和农忙生产、农闲练兵、劳武结合的原则，做到了生产、战备双丰收。平时在地里劳动，把枪架在地头上，一有情况就拿起武器迅速投入战斗。正像贺龙同志说的：“敌人来了，拿起枪战斗，敌人没来；拿起锄种地。”1941 年至 1943 年，我们旅曾数次击退国民党顽固派对边区的进攻袭扰。例如：离延安只有六七十公里的鄜县城，是西安通往陕北途中的一座重镇，我七一八团在这一带驻防，国民党顽固派视为眼中钉、肉中刺，时时蠢蠢欲动，经常派兵进攻袭扰。1943 年五六月份，顽军派一个营进占我陈家坬、峪口等村，对群众枪杀抢劫。我驻防部队迅速赶到，奋起反击，打退了顽军的进攻，毙伤 80 多名。部队每年还利用农闲的冬季进行四个月的大练兵。在各团、营驻地，都修建了训练场地，自制木枪、单双杠、木马、山羊和平台、天桥等多种训练器材。军事训练除队列操作外，以演练刺杀、投弹、射击三大技术为主。实行“官教兵，兵教官，兵教兵”的群众练兵运动。同志们在练兵场上，个个勤学苦练，人人争当先进，做到了风雨无阻，假期不休，涌现出了许多“贺龙投弹手”和“神枪手”。1943 年冬训后，全旅投弹由平均 25 米，提高到 40 米以上，不少人达到 60 米，最远的投到 72 米。实弹射击命中率由原 52.9%，提高到 86.3%。还出现了 11 个百发百中的连队。七一七团三连、九连，七一八团六连被评为边区的射击、投弹的优胜单位。部队的军事素质有了很大提高，有效地保卫了边区。毛主席称赞我们部队说：你们是一支英雄的部队，你们到东边，东边就安全；你们到南边，南边就安全；你们到北边，北边就安全。敌人来了，你们拿枪去战斗；敌人不来，你们就自己动手，发展生产，建设好南泥湾。

我们部队经过几年的大生产运动，不仅获得了物质上的丰硕成果，而且通过大练兵，使部队军事素质和人员体质也都有了显著的提高和增强，真正达到了兵强马壮，进一步密切了官兵关系和军政、军民关系。

三

经过全旅指战员几年的艰苦奋战，南泥湾地区的面貌发生了根本的变化。

党中央和中央领导同志，对三五九旅在生产运动中的贡献，和干部战士表现出来的吃苦耐劳，官兵同甘共苦，与困难作坚决斗争的革命精神，给予了很高的评价，也博得了中外记者的高度赞扬。

朱德总司令曾多次到南泥湾视察，有时还住上几天。每次视察都深入田间地头，深入到班排，与战士们亲切交谈，问寒问暖，极其关心部队的生产，关心指战员们的生活，并高度赞扬我们的生产搞得好，对部队鼓舞极大。1942 年 7 月，朱总司令视察南泥湾后，兴奋地赋诗称赞：

去年初到此，遍地皆荒草。
夜无宿营地，破窑亦难找。
今辟新市场，洞房满山腰。
平川种嘉禾，水田栽新稻。
屯田仅告成，战士粗温饱。

农场牛羊肥，马兰造纸俏。

……

1943年夏季的一天，周恩来副主席从重庆经西安乘车返延安途经南泥湾交道镇时，视察了屯垦部队，并沿途巡视了绿油油的庄稼，听取了情况汇报，赞扬我们旅生产搞得好。周副主席说：我们在重庆时，对顽固派说过，别妄想用军事和经济封锁来困死我们，还是把军队调到前方去打日本鬼子的好。你们看，事实就是这样，我们的战士哪个不吃得身强力壮。

1942年12月，毛主席在中共中央西北局高干会议上作《经济问题与财政问题》的报告时，高度赞扬了我们三五九旅。他说："他们不仅起了保卫边区政治上与军事上的作用，而且起了解决大数量的财政供给与帮助发展边区的作用。"1943年9月16日，毛主席还亲临南泥湾，王震旅长、苏进副旅长和我及旅政治部主任李信，陪着毛主席视察了部队。毛主席走进刷得雪白的窑洞，看到桌子凳子和一切家具都是战士自己做的，微笑着说：你们这里什么都不花钱，同志们靠着自己的双手创造了一切。当我们向毛主席汇报了部队生产情况后，毛主席高兴地说：国民党要困死我们，饿死我们，甚至连许多国际友人支援我们的药品也封锁起来，使我们在抗日战场上负伤的伤员没有药物治疗，想最后消灭我们。但我们用自己的双手，粉碎了顽固派的阴谋。他们越困，你们越胖了，看，困得同志们连柳拐病（即大骨节病）都消灭了。毛主席在谈话中深刻地指出：困难，并不是不可征服的怪物，大家动手征服它，它就低头了。大家自力更生，吃的、穿的、用的都有了。目前我们没有外援，假定将来有了外援，也还是要以自力更生为主。我们不能像国民党，他们连棉布都靠外国人。毛主席这一光辉思想，一直是鼓舞和激励我们艰苦奋斗，自力更生，克服困难，争取胜利的巨大力量。

1944年6月6日至9日，美国、英国等国以及国民党的中央社等记者组成的中外记者西北参观团，曾到南泥湾参观、访问了四天。他们看到南泥湾生机盎然，气象万千，真是“陕北的好江南”。记者们不仅看到训练有素，抗战精神高昂的八路军部队，而且看到了一幅欣欣向荣的边区壮景。南泥湾屯垦的成效，使他们感到吃惊、震撼。中国人民之友冈瑟·斯坦、伊斯雷尔·爱泼斯坦、哈里森·福尔曼等著名记者，纷纷著书写文章，以敬佩的字句来描述赞美南泥湾，歌颂英勇的三五九旅战士们所创造的奇迹。

南泥湾是边区大生产的一个缩影。在南泥湾发生根本变化的同时，陕甘宁边区和各抗日革命根据地的军民，积极响应中共中央和中央军委关于开展生产运动的号召，坚持“劳武结合，战斗与生产结合”的方针，一手拿枪，一手拿镐，一面战斗，一面生产，因时因地制宜地开展了生产运动，并且都取得了伟大的成绩。

陕甘宁边区工业的发展

李强

我原来是搞科学技术工作的，1926 年在上海做过手榴弹和炸药，后来在周恩来同志领导下做工作。1927 年 10 月我从武汉回上海，不久周恩来同志也回到上海，我又在他领导下工作。1931 年我转赴国外学习和工作，于 1938 年 3 月初回到延安，此后在延安搞兵工前后八年。陕甘宁边区的工业发展史和工人运动史，是革命史册中光荣的一页，我亲身经历了这段历史，回想起来，激动万分，也有责任把它追溯出来，作为我们今天工作的参考。

一

陕甘宁边区和其他革命根据地一样，是在落后的乡村中建立起来的。在这个地方，不但没有机器工业，连手工业也很薄弱。1935 年 10 月中央红军长征到陕北时，仅有一个 40 多名工人的修械所。到抗战以前，加上被服厂、印刷厂等，也不过270多名职工。从1938年起，我们党开始注意在边区建设公营工业。我到延安时，延安只有一个兵工厂几台机器，几十名工人。周建祥是厂长，他原来是中央苏区造币厂的厂长，长征过来的。工业专家沈鸿同志比我早到延安。抗战开始不久，他从上海把一部分机器迁到武汉，想为抗战出力，最后，他终于找到了能够尽力抗战和发挥他技术特长的陕甘宁边区，经过西安辗转到延安。他带来了十部机器和七个工人。工人中，我现在记得的有黄海霖、曹金木、陈绍力、姜载愉等。我和沈鸿同志的合作是从筹建机器厂开始的。只要有了机器厂，就可以扩建别的工厂，制造很多东西了。就在这一年，在边区政府的领导下，延安先后建立了难民纺织厂、造纸厂、被服厂、农具厂、制革厂、制鞋厂、石油厂以及八路军制药厂。这些工厂后来大都起到了倡导和骨干作用。比如，1938年以前，边区的布匹完全依赖从外边输入，而难民纺织厂创办以后，这种情况开始有所改变。难民纺织厂起初在安塞县二区高桥镇，以后迁到延安县西川口。这个工厂发展很快，开始只8台机器10个工人，到1938年底，发展到45名工人，4台织布机，2台毛巾机，5台袜子机，1台弹花机。到1942年年底，职工总数就扩大到370多人，房屋120间，窑洞210孔，可容千人的大礼堂一座。机器装备也有很大扩充，计有铁机38台，木机18台，合股机7台，整经机4台，落纱车100多台，还有车床、钻床、旋床和发动机等等。这些机床、车床，有些是买的，另一部分是沈鸿那个机器厂制造的，还有些是难民纺织厂技师朱次复和工人改造制成的。边区的纺织工业是发展最快的工业，1943年边区的公营纺织厂已发展到20多家，职工1300多人，产布3万多匹，可供给部队、机关、学校人员所需要的70%。到1944年，边区就有120多个公营工厂。其中，边区政府系统15个工厂，军工局系统8个工厂，中央管理局系统16个厂，联防司令部系统12个厂，各地驻军有35个厂，各专署有9个厂，各县政府有8个厂，其他单位的有20个厂。边区的产业工人发展到 1.2 万多人，他们艰苦奋斗，自力更生，很快地为边区公营供给工业奠定了相当雄厚的基础，起到了支援抗日战争，保卫陕甘宁边区，保障供给，增加财政收入的伟大作用。拿军事工业来说，军工局一厂（机器厂）在几年中，为二厂（造枪厂）和无烟药厂制造了机器设备，供给了前方（主要是一二〇师）一部分机器及延安各厂的部分机器。二厂供给了边区内部队枪支的补充。三厂是化工厂，是由钱志道同志一手筹建和领导生产的，主要是制造无烟炸药、各种手榴弹和迫击炮弹等。二厂与一厂合并后，供给保卫边区的部队所用的手榴弹、迫击炮弹、掷弹筒及子弹，还给前方兵工厂供给底火和白药，给其他根据地供给无烟火药。留守兵团的兵工厂，1942 年以前，每月生产手榴弹五六千枚，1943 年提高到月产 10 万枚。延长石油厂和永坪分厂，百分之百地保证了无线电台、各种机器工厂及一部分汽车和油灯所需的油料。民用工业方面，如纸张、印刷、油墨、肥皂、毛毯、毛巾、鞋袜、食油、食盐等，都保证供给 80% 到 100%。

二

这些成绩是从哪里来的呢？

第一，是由于我们能坚决执行党的自力更生的正确方针。1939 年，边区经济开始被封锁，工业品输入受到了限制。当时，边区的建设碰到很多困难。客观上是工业没有基础，加上外援断绝，完全需要白手起家；主观上是，我们缺少技术干部和熟练工人。我们响应党中央提出的“自力更生”、“自己动手”。号召，下最大的决心自己动手，积极物色和培训技术人员，自己制造机器设备，建立了我们自己的公营经济，并且利用业余时间进行农副业生产，终于渡过了难关。

第二，团结广大干部、技术人员和工人，发挥了他们高度的热情，调动他们的积极性，艰苦奋斗。没有他们的忘我劳动和牺牲精神，我们边区的工业建设要取得这么大的成绩是不可能的。

当时，边区工厂的管理干部来自四面八方，有长征过来的老干部，像周建祥同志；有从东北来的，像郝希英同志，他原是张学良时沈阳兵工厂的，入党以后，先到中央苏区，经过长征又到了陕北；刘鼎原在苏联学过军工，到延安后，分到军工局当副局长。抗战开始后大批知识分子来到延安，他们当中有的是大学毕业生，有较高的知识水平，如钱志道、吴崇凌、王勋、林华、徐驰、陈振夏等等。在工厂中，有些是在红军打长沙时参加革命的，如赵俊同志，他原来搞过兵工厂，有技术，朱总司令有一支驳壳枪是南昌起义的纪念品，枪柄上的“南昌暴动纪念”几个字就是他刻的。还有樊钟秀，是“红枪会”的，他带一批工人从河南到了广东，被孙中山收编了，后来参加了革命，长征时在修械所里工作，很有本事，没有机器也能制造出驳壳枪。中央苏区造币厂的工人来的也不少，有的用手刻下的模子，铸出来的产品与机制的一样。还有一部分工人是从太原兵工厂和重庆兵工厂来的。当时工人和干部、工人和知识分子之间的团结问题，是个迫切需要解决的大问题。我们在建设公营厂矿企业的过程中，做了大量的思想工作，重点是做团结工作。当时工会的工作，主要也是做团结教育工作。中央职工运动委员会的邓发、李颉伯，还有边区总工会的许多同志，都经常深入下层抓这项工作。以后工会还发通知，边区广泛开展了“赵占魁运动”，各种思想问题进一步得到解决，生产也搞上去了。

第三，注意改善和提高职工生活。在这方面工会做了大量的工作。从工会的领导到一般干部，都下到基层去抓职工生活。当时，工人的待遇比干部高，干部是津贴制，工人是工资制。津贴制按等级发给，干部一般的拿 1 元到 5 元，技术干部可以拿到 20 元，而工人的工资最高可以拿到 28 元，一般的是十几元。我和沈鸿是津贴制，拿最高的 20 元。那时边区的钱很值钱，一两角钱就买一个炒肉菜，工人常有余款，有时还给前方将士捐献。

三

1942年的延安整风运动，收获是很大的。在公营厂矿企业中，经过整风，生产效率提高的程度很惊人。在整风运动的初期，难民纺织厂生产提高了63%，化学工厂生产提高了92%。但是在整风中间，康生搞了个“抢救运动”，无中生有，搞逼、供、信，把一些知识分子当特务来“抢救”，像徐驰、王立、汤钦训、龚家宏这样一些抗战前大学毕业的知识分子都被关起来了，有的工人因说一两句错话，也被“抢救”了。天天晚上开大会批斗，挫伤不少人的积极性，使生产一度有所下降。幸亏毛泽东同志发现了这个问题，很快加以纠正，后来又做了不少赔礼道歉工作，生产下降的情况很快就扭转了。

我们搞工业建设没有知识分子行吗？不行呀！我们边区开始办工业，得有专家、技术人员啊，得有像沈鸿、钱志道这样实干的知识分子，得有像徐驰这样的知识分子。1939年，因为没有铁造枪，我还到西安去买了30支步枪。光靠外来怎么办？光靠边区民间的废铜烂铁不行呀。以后我们要自己炼铁。要炼铁还得找沈鸿和徐驰，可是徐驰正被关着呢！我通过组织去找他，让他出来搞个炼铁部，筹建高炉炼铁。我说：“你出来吧，先炼出铁再说”。他出来了，他和沈鸿同志合作，很快建起高炉，把铁炼出来了。当时搞化工的专家、技术员特别缺。后来，一些搞化工的知识分子来到延安，化学工业也上去了。我们做手榴弹、迫击炮没有炸药，日本飞机投下来的炸弹没有爆炸的我们可以去卸它的火药，可是日本人不投弹时怎么办？投下来都爆炸了又怎么办？可靠的办法就是自己动手制造炸药，靠专家们来研究试制！历史经验证明，过去革命战争时期的后方建设中，我们要重视人才，培养人才；今天搞四个现代化，建设社会主义强国，更需要重视人才，培养人才，没有大量的有理想、有知识、有能力的人才，四化建设是不能成功的。

自力更生，艰苦创业

——回顾陕甘宁边区的工业生产

沈鸿

我于1983年3月又到延安去了一次，到延安以后，感到格外亲切，因为延安是党培育我从思想政治和技术上逐渐成熟的地方。凡是我过去住过的地方，都去看了看，引起了我很多的回忆和感想。

到延安去，为抗日尽力

我幼年家贫，连小学也没上完。1919年到上海虹口区一家洋布店里当学徒。这一年，爆发了五四运动，民主革命的思想对我影响很大。我一面做工，一面自学。当时，我读过报刊上登载的许多好文章，《申报》副刊《常识》栏里发表的科学常识我更是每期必读，慢慢地产生了"工业救国"的思想。可是，这条路怎么走？我心中无数。我们布店旁边有几家机器厂，下班以后我就跑去看，时间长了，我对机器有了爱好，就买了几本讲汽车修理方法的书籍来读，也读了一些机械方面的书，从这里我获得不少知识。26岁那年，我离开洋布店，和几个朋友筹款开办了一个小机器厂。开始只生产锁子，销路不错，工厂逐渐扩大起来，到1937年，厂子由五六个人扩大到30多人。我边在车床上干活，边搞技术工作，后来我当了技师。

在国民党统治时期，我们国家很落后，特别是工业落后，帝国主义都来欺侮我们。当时我读过马克思传，也读过有关介绍苏联建设的书，对社会主义苏联的强盛很佩服。九一八事变后，我痛恨日本帝国主义，痛恨卖国的军阀，也痛恨蒋介石打内战。日本人占领上海时，我把一部分机器迁到武汉，想为抗战尽力。我想：国难当头，爱国应该是每一个人的天职。"人人应该有爱国思想"。可是，我们向武汉国民党当局要求工作时，没有人理睬我们。以后，一个朋友告诉我，延安是坚持抗日的，在那里人人都有工作做。于是，我们就找到武汉八路军办事处，找到了为抗战尽力的地方。1938年2月，我们经过许多艰苦和困难，带了10部机器到了延安。同我一块到延安去的有7个工人，他们是：黄海霖、陈绍力、宋廷良、姜载愉、曹金木、沈保全和吴璜。这些同志后来都成为领导干部，都是工业战线上的技术骨干。我们带到延安的10部机器，是工作"母机"，有车床、刨床、铣床、钻床，是制造机器的机器。

当时，边区政府的工业政策，是奖励并保护边区内外实业家在边区发展各种工业的。所以，我一到延安，就受到了党中央领导同志的热情关注，像到了自己的家一样，处处感到很温暖，感到人与人之间的平等友爱，和旧社会的尔虞我诈相比，完全是两个天地。

自力更生，艰苦奋斗

陕北是地广人稀、经济落后的区域，没有工业基础，就是日用品也靠外地输入，广大人民群众生活十分艰苦。自 1935 年 10 月中央红军长征到陕北后，才有了一些小规模的被服厂、印刷厂、军事修械所等，总共不到 300 名工人。过去有个延长石油厂，是外国人投资开办的，由于抽不出石油来，也败兴而走了。还听说过去曾来过一些专家，想开辟这块工业上的“荒地”，可是一看到实际情况，都摇着头走了。的确啊，外来的知识分子和工人，如果没有思想准备，能在这个艰苦的地方干下去，那可是不简单的事！我们一来就接触到一些技术人员和工人。有的同志说，他们原来没有想到延安这么艰苦，要在这里建工厂，那可是一件不好办的事啊！

当时，我的思想是有准备的，吃些苦我不怕。但是我们同来的一些青年同志，他们在上海连小米都没有见过，我担心他们没有吃苦的思想准备，经过思想工作和当时延安人人为抗战的精神感染，这些青年人不但都安心工作，而且努力学习，成了建设工业的有用人才。像赵占魁就是一个非常好的同志，他非常朴素和勤劳勇敢，他执行生产任务非常坚决，平时很关心群众的利益，爱护革命的财产，特别是在遵守劳动纪律、团结全厂职工方面更为突出。他始终如一地用新的劳动态度对待新的劳动，所以，我们一致选他为特等劳动英雄。解放以后，他一直是全国总工会的执行委员，担任过陕西省总工会副主席，1966 年，我到西安还去看过他一次。边区赵占魁式的劳动模范可多啦！如袁广发、孙云龙、贾国兴、苟在朝、王海河、杨双庆、王国初、张宪武、柳云贵、李凤莲等等，也都是我们学习的榜样。

当年延安虽然很穷，可是人的精神状态很好，都是一心抗日的，一心干革命的，所以大家合作得很好。

我到延安去还带了两箱科技书籍，如机械工程手册，化学工业大全，这两部书，是我们搞技术的本钱。就这两部有限的书，你也读，他也读，大家用有限的知识，通过实践，克服了困难，完成了任务。有人问我，陕甘宁边区的科学技术史你们当年是怎样写出来的？他们指的是在那样艰苦困难的条件下，那么多的东西是怎么搞出来的呢？我说，依靠自力更生，艰苦奋斗，这两者是连在一起的，缺一不可。爱国主义、自力更生、艰苦奋斗、勤俭建国的精神，什么时候都得要，没有这个不行啊！当年延安的条件很差，没有书，没有图纸，没有实验室，生产没有原料，怎么办？特别是从1939年到1941年，国民党对边区实行经济封锁和反共磨擦，企图把边区军民困死，困难真是大极了。当时，毛主席在干部大会上向我们提出，自己动手克服困难。我们硬是靠艰苦奋斗、自力更生，渡过了难关，并且，到了最后，我们是胜利者。

1938年，边区开始了公营工业建设，各种工厂要建立起来。印刷、造纸、皮革、玻璃、肥皂、兵工、化学厂以及纺织厂都要机器设备，怎么办？我们边区机器厂就是给他们制造和改造设备的。化学工厂要做火药，做火药要用三酸，就是硫酸、硝酸、盐酸。三酸边区没有，到外边买吧，敌人又封锁，得自己生产。做三酸得有机器呀，他们要机器，我们就做，做不了就想办法，非搞出来不可。最后我们做出来了，火药生产出来了，子弹、手榴弹、迫击炮弹做出来了。制造机器，生产手榴弹和迫击炮弹得有铁呀，到外边买吗？国民党和日本鬼子封锁，还是得自己生产。炼铁要有炼铁炉，建什么样的炉子，我也不懂嘛！可是组织让我和徐驰同志去担任炼铁工程师，群策群力，我们还是把铁炼出来了。我们建的那个炼铁炉，一烧起来，炉顶上的火苗喷四五米高。到了晚上，把整个大砭沟照得通红，附近的党校同志都跑来看热闹，问那是什么玩意，冒那么高的火苗。我们说是炼铁炉，大家都哈哈大笑。是呀，这么大的火苗喷出去，是个大浪费。可是，没有办法，我们是摸索着干的。就靠这么干，一天炼出一吨多铁，克服了困难。当时，有些人看不起这些土家伙，提出要搞洋玩艺，搞“大军工计划”，结果受到毛主席的批评。毛主席叫我去谈这个事，还把他写的文章《经济问题与财政问题》的草稿给我看。毛主席说，有些同志不顾此时此地的具体条件，空嚷发展，例如要求建设重工业，提出大盐业计划、大军工计划，都是不切实际的，不能采用。在边区那种条件下，怎么能搞大军工呢？能做出汽车、做出坦克、做出机关炮吗？那是办不到的。可是，我们可以造手榴弹、迫击炮和步枪。朱总司令说，我们有这些东西，可以拿去换好多的东西，我们的迫击炮可以换来敌人的山炮嘛！因为我们打了胜仗，敌人被我们俘虏，他们的轻重武器被我们缴获了嘛！现在有的同志不爱听我谈这些情况。现在对爱国主义、自力更生、艰苦奋斗、勤俭建国的精神讲得太少，有些人把钱看得过重了。我们当年在延安，没有向钱看，而是向前看。当时工人的工资最高只有28元。我和军工局局长李强的津贴只有20元。当时的工人、干部、技术人员一天想什么呢？想的只是怎样用矿石炼出铁，用铁制成枪炮，用三酸制成火药，用棉花织成布，用马兰草造成纸。用骨头、木柴造成火柴，用牛羊油和石碱造成肥皂，用机器制造更多的机器……等等。我们想的是增加生产，支援抗战，建设边区，保卫边区，提高人民生活。而这些我们都实现了。像在其他事业上一样，在建设边区的工业上，我们也是由“自力更生，艰苦奋斗”中奋斗出来的。

重视人才，培养人才

人才要德才兼备，缺一不算人才。你有才，艰苦地方你不去，钱少你不干，重活脏活你不沾，那叫什么人才？特等劳动英雄赵占魁同志对革命贡献那么大，他的好思想、好作风不是从天上掉下来的。模范工程师钱志道、模范厂长陈振夏的好思想、好作风也不是先天带来的。主要是由于他们怀有打倒日本帝国主义、解放全中国这样一个崇高的目标，加上党中央、边区政府和边区工会组织都很重视人才，注意发挥他们的特长，才得以形成人才。

当年，毛主席一贯反对一无所知、一无所能的“空头革命家”，号召我们学习使中国工业化的各种知识。当时，在延安是非常重视培养人才的，不但党、政府和企业办了各种学校，培养训练了政工干部、管理干部和技术工人，平时工会还组织大家业余学习。赵占魁已是个技术熟练的工人。但他还到工人学校、抗日军政大学学习。熟练工人孙云龙是子弹股的股长，技术是拔尖的，也到党校去学习。自然学院的学生，有个时期都到军工局所属工厂里来边劳动边学习。军工局局长李强还兼任过一段自然科学院院长。工程师徐驰担任军工局的教育科长，给学生讲课。现在，这些学生中的不少人是工交战线上生产技术领导骨干。有人说，边区是新中国的雏形，这个话很对。解放后，边区培养出来的人才，参加了社会主义建设，一个延长石油厂变成多少油田？！一个机器，变成多少机械制造企业？！一个难民纺织厂变成多少纺织联合企业？！一个化学工厂变成多少化工基地？！而这些企业当中哪一个没有当年的延安人？！没有从各抗日根据地出来的人呢？！他们带领广大工人把飞机、坦克、高射炮生产出来了，把尼龙纤维生产出来了，把万吨水压机生产出来了，把各种名贵的药品生产出来了。现在有的单位、有的同志不是坚持自力更生为主，只热衷于到外国去买，甚至不惜花大量的外汇去买自己能够制造的东西。学外国我是赞成的，可思想不能糊涂。学外国的先进技术知识和科学管理，还得有个自力更生的指导思想，还得讲艰苦奋斗，勤俭建国。当年在延安也发过奖金，奖励劳动模范。但那时主要的还是讲共产主义精神，讲艰苦奋斗。

当时，边区工会的工作活跃，主要是做思想工作，做教育人、培养人的工作。我们一到茶坊建厂，他们就来了。中央职工运动委员会的邓发、张浩、李颉伯，边区总工会主席毛齐华，还有陈希文、陈用文、章萍等同志，都是常来我们厂的熟客。

边区工会的整个工作是支持边区工业建设的。邓发同志亲自到我们厂来找干部和工人谈话，帮助他们提高思想觉悟，和积极分子在一起研究制定个人生产计划。毛齐华同志还亲自找我这个民主人士谈话，怕我吃不了苦，做思想疏导工作。我们厂也有个别工人表现不好，甚至有怠工的，工会同志来给他们做思想工作，使他们从落后变成先进。赵占魁同志的模范事迹，工会同志们发现以后立即加以总结推广。边区总工会还发了通知，组织开展了“赵占魁运动”，这个运动开展得好。我的思想不断进步，也是与工会同志的帮助分不开的，对我们工厂起了很大的鼓励和支持作用。

1944 年 5 月 26 日，西北局、边区政府在交际处召开技术人员座谈会，到会的工程师、技师和管理干部 50 多人，陈振夏、钱志道、林华、朱次复和我都参加了，中央和边区管工业的领导同志陈云、邓发、贺龙、贾拓夫、李强等都来了。会议主要是号召一切工业技术人员，回到工业战线上来。我在会上提出，在边区有一批有工业技术知识的同志，他们的岗位不在工业部门，这种现象在目前实现工业品全面自给的时候，应该改过来。把这一批专家吸收进来，我们的全面自给就有了更大的保证。到会的领导同志都讲了话，提出要迅速集中专门技术人才，分发到各部门的工厂去。还提出一些具体办法：一是登报号召，二是各个党支部进行调查登记，三是到会技术人员提供名单。会后就进行了登记工作。

回忆在延安那段艰苦的岁月里，的确是很有意义的。由于我们党既重视经济建设，又重视培养人才，因此，在工业战线上，既出了产品，也出了人才。

群众是英雄，实践出真知

有的记者要为我写文章，说我和钱志道是陕甘宁边区的模范工程师，陈振夏是模范厂长。我说，不要只写个人，工人群众才是英雄，要写陕甘宁边区的工运史，写出整个边区的工人阶级在党的领导下，怎样自力更生、艰苦奋斗、支援抗战、建设边区，要写出整个边区工业的阵容来，千万不能突出写某一个人，因为事情是大家干的，不能归功某个人，一个人的贡献总是有限的。军工局局长李强同志是正牌的大学生，留学苏联的。他在苏联当过工程师，是搞无线电的，有过创造。但他对我这个卖布出身、自学成才的工程师很器重，没有一点看不起我的地方。我们都平等相待，互相尊重。有困难共同研究克服，有任务坚决完成。我们机器厂的干部、工程师、工人都是这样，所以一个500人的机器厂，干出了那么多的产品。这些成绩来自党的领导，来自于群众，同时敌人对我们封锁，逼着我们非这样干不可。

在抗日战争初期，我们八路军主要是打游击战。跟着部队走的修械所，携带的机器太大、太笨重、不好搬运，前方把意见反映到中央军委，军工局局长李强来找我，问怎么办？要做这么小的机器，书里没有，我也没有办法，回去找群众商量，让大家出主意。你提一条建议，他提两条建议，我们很快就做出了四台一套的小机器。其中一台小车床，一台小刨床，一台小钻床，一台小铣床，四台机器用两个毛驴一驮，就把一个修械所全搬家了。这些机器的动力也很简单，只需找到汽车上一个小后牙包，用一头牛一牵轮子一发动就转起来啦，也就是说一匹牛力可以解决问题。我们做了30套这样的机器送往前方，前方修械所的同志们非常欢迎，说这下可好了。以后我们还做了很多小机器。现在军事博物馆里边还有我们机器厂做的一部小刨床。我看了实物，想想当年，对照现在，的确感到我们那个小机器厂了不起。

1942年，边区《解放日报》印刷的纸张是用马兰草制的，没有办法压光，纸是毛的，印出来的字看不清。李强同志来找我们想办法，但谁也没干过这个事，于是我们找工人来一起想办法，经过努力把问题解决了。印报纸的油墨用完了，再买吧。边区受敌人封锁，李强同志要我一块去见博古，我们接受了生产油墨任务。我们还是发动群众想办法，一个星期就想出了办法，三个月就制出一套机器，生产了油墨。现在我们生产一个几百吨的大辊子不在乎，可是当时做一个不到百公斤重的辊子来生产油墨可难啊！关键是淬火问题，好多人都在发愁。可是工人刘伟（现在大连车轴厂当厂长）想出办法来了。他跑来找我，说河边有个坑，河水也凉，能不能把加热炉弄到河边去，辊子加温以后放到河里去淬火。我去看了一下地形，当天就同大家干起来，很快就把问题解决了。

在延安的那个时候，有很多英雄人物，他们敢想敢干，什么困难都不怕，对革命事业有很大的贡献。到1944年，陕甘宁边区已有1.2万多名工人，最大的是难民纺织厂，我们这个厂也有500多人，温家沟的农具厂（对内叫兵工厂）有300多人，其他的工厂是散开的。这些人都是战胜困难的英雄，他们在边区白手起家，兴建了边区的工业，支援了抗日战争。这个时期的延安工人，有的榜上有名，有的榜上没名。榜上没名的也是英雄，是战胜各种困难的英雄。比如，我们做手榴弹、做炮弹，是有爆炸危险的，也爆炸过，不少人受了伤，但大家都不怕，都坚持生产。再拿当年炼铁来说，非常艰苦，也非常紧张，好多人都是第一次炼铁，因为不知道哪儿会出煤气，有人看炉子时就中毒了，我也中过煤气毒，因为我也是第一次炼铁嘛，中了煤气毒怎么办？在地上铺一块席子，睡它一夜就好了。我们不能因为光荣榜上没有名就把他们忘掉了，如果是那样就不公平了。延安时期的工人群众，应该说都是英雄，他们的光荣业绩，我们应该赞颂，应该继承。

回忆延安光华农场

奚康敏

1940年2月末，边区政府为了发展生产，改善人民生活，决定建立光华农场。组织上派我和郑重同志到光华农场工作。

光华农场设在延安南门外杜甫川口马家湾。村子外面有一处泉水，泉水旁边有一个两间房的小庙。这就是我们的筹备处和住所。

农场场长陈凌风同志、支部书记达时同志，都是专业技术干部。还有技术人员唐川、朱明凯、曾源、郑重、徐矶、田野农、康健如、朱升和邝忠诚等同志。以后又去了汪涛、甘露和沙平等同志。行政人员和工人很少。

光华农场大约有200多亩平川地，还有一些山坡地。我们用这块土地种粮、种菜、栽果树等，进行一些农事试验工作。1941年从山西运来了一群奶牛和细毛羊。为了给奶牛提供足够的饲草饲料，农场每年都要窖储大量的青饲料；同时还开了一个烧酒锅，用酒糟做饲料。这样就办成了一个农牧结合的农场。这里的土壤有机质较多，虽然没有水利灌溉，但是产量却很高。当地的老乡夸耀说："光华农场的土地是用粪喂出来的。"

根据我的记忆，光华农场主要做了以下一些试验推广工作：

一是当地品种资源的收集和分类。1939 年冬，边区政府在南门外新市场后沟办了一个农业展览会。各县送来了许多品种的农作物、蔬菜的种子和植株标本。我们利用这个机会，把各种各样的种子拿回来，稍加整理登记，进行编号种植。记得单是各种谷子就有 300 多种（有些是同名不同产地的），糜子也有 200 多种，还有一些高粱、玉米、小麦、小豆、绿豆等的品种。1940 年开始，又做了品种观察工作。我们大多数同志是南方人，对北方的主要作物谷子、糜子、高粱和玉米等了解甚少，所以看到这么多品种，觉得非常稀罕。我们把这些品种从性状上作了分类，如谷子，按杆的颜色、米色米质、生长期的长短、耐旱程度等等进行分类，这么一分，谷子的种类就显得更多了。分类发现这里的品种资源是很丰富的。

二是进行边区农业调查。我们刚到边区，对西北干旱地区的农业生产情况很生疏。为了熟悉了解这个地区的农业生产，1941 年唐川同志亲自对边区的自然特点、农作物品种特性、栽培方法和轮作制度等作了详细调查，使我们对边区的农业生产情况有了比较系统的了解。

三是引进、试种新品种。为了增加农作物的种类和新品种，提高产量，改善人民生活，光华农场曾引进、试种、推广了不少当地没有种过的新品种。如金皇后玉米（也叫马齿玉米）、狼尾谷、美国早熟的土豆种、南方的苦瓜、丝瓜、西红柿、甘露西瓜、缩面南瓜、甜玉米和草莓等，还栽培了一片苹果和葡萄。在延安不少同志都知道光华农场的西红柿、西瓜好吃，这主要是因为品种较好、成熟度适宜和施用了骨粉作磷肥的缘故。蔬菜新品种的引进，在延安的大生产运动中，起到了一定的积极作用。当时机关、学校、部队、集体和个人都参加了“大生产运动”，大家都愿种点西红柿，它既可以做菜，又可以当水果，非常适合大家的需要。曾在延安生活过的老同志们，可能都还记得当时在自己居住的窑洞前或空地上，自己栽种西红柿和疙瘩白等蔬菜的情景吧：大家天天精心侍弄，给它们追肥、除草，看它们成长、开花、结果，待到收获时每人心里有一种说不出的快乐。“大生产运动”不仅使大家十分愉快地享受了自己的劳动果实，同时也得到了一些农业生产的实践知识。

四是指导种棉花。1939 年，国民党掀起了反共高潮，对陕甘宁边区实行包围、封锁，使边区军民的吃和穿都非常困难。边区政府为了解决边区军民的穿衣问题，从 1941 年起开始提倡扩种棉花。我们光华农场的技术人员差不多每年都要赶着毛驴或背着行李到延长、固临、延川、清涧、绥德一带平川或塬上的棉区去，调查了解种棉花的情况，宣传种棉花的政策，学习、指导种棉技术。这一带的气候稍暖和，无霜期也较长，很适宜种植棉花。当地的群众平时也种植少量的棉花，作为自用。这里的地方政府根据边区政府的植棉计划和政策，号召、提倡、指导当地群众种植棉花，使棉花的种植面积逐年有所增加。记得到 1944 年已经达到 27 万亩左右，部分地解决了陕甘宁边区军民纺织和絮棉的需要。

五是试种烤烟。1942 年后，光华农场试种了烤烟，并因陋就简地修了烤烟房，烤出了色泽很好的烟，还在群众中试种，用作有的单位生产卷烟的原料。

六是试制食糖。1942 年起，为了解决边区的食糖问题，曾用当地的甜高粱秆试验榨汁制糖。由于榨汁困难，再加上甜高粱秆含不结晶的葡萄糖较多，而且没有离心机除糖蜜，因此只能做成糖稀，做不成结晶糖，质量也不太好，没有大量生产。但是那时能吃到这样的糖，也算是很不错的了。

边区党和政府对农业是很重视的，在经济困难的情况下，差不多每年都专门拨款办一次“农业展览会”。毛主席和许多中央领导同志都要去参观、指导。展览会除展出各地选送的展品外，还展出提倡种植的各种作物的新品种，增产技术知识的图片和实物。每次展览会光华农场都参加，在会上做宣传推广工作。我这个农场的技术员，就担任过展览会的说明员。

光华农场领导对业务学习抓得很紧。在后沟专门有一个窑洞，是我们集体学习的场所。我们利用晚上的时间在小油灯（线麻籽油）下进行学习。大家对学习是很认真、自觉的，而且大都是干什么学什么，用什么学什么，所以学得也比较扎实。记得有一年曾试用改良蜂箱养土蜂，我就从头学起，看了许多养蜂的书籍，还作了读书笔记，所以直到现在对养蜂技术还有很深的印象。为了更好地学习，有时我们还到附近的自然科学院去听课。领导上对政治学习也很重视，除平时正常学习外，有时候在晚上，我们还拿着小凳子，步行二三十里到北门外中央党校听时事报告和艾思奇同志的哲学讲座。听完报告后，大家一路上说说笑笑，到家的时候已快鸡叫天明了，可大家一点也不觉得劳累。

光华农场平时用的工人很少，很多工作都是自己动手干，只在农忙时用一些临时工。记得为了栽果树，我们自己测量、挖坑。为了积肥，我们自己挑粪捡粪，有时还到新市场去挖厕所粪。我们也参加过开荒种地，送粪除草，收获庄稼等农活。

我在光华农场工作了五年多，那时我很年轻，同志们都十分关心我，心情是十分愉快的。在这样的环境中，生活虽然艰苦些，但是正好培养了我们亲自动手、实事求是、理论联系实际、勤俭节约、艰苦奋斗的优良作风和革命精神。

马兰草造纸试验的成功 解决了边区的纸张困难

宜瑞珍

1942年延安开展的大生产运动，在坚持长期抗战、巩固抗日民主根据地上，发挥了积极的作用。在大生产运动前后，陕甘宁边区政府决定创办一批自给工业。当时边区纸张供应十分紧张，中央机关和边区机关出版印刷书报刊物、办公用纸都发生了困难。为了给中央印刷厂供给《解放日报》和出版书刊需要的大量纸张，政府决定筹建振华造纸厂。这个厂是由几个私营手工造纸小作坊合并的，又从子长县吴家坪纸坊、延安甘谷驿纸坊、延安东关纸坊招收了一些较熟练的捞纸、晒纸的技术工人，从机关、学校、部队抽调了一些干部和工人，到安塞县二区砖窑湾建厂。当时只有20多人，收购麻绳头、烂鞋、破布条、桑树皮等作原料，生产少量的纸。当时纸张的需要量很大，原料是个大问题。为了扩大生产，解决原料来源，大家都日夜动脑筋想办法。有一次工厂技术员华寿俊及其他同志到附近农村，发现马兰草长满了山沟，他们就向当地老乡打听马兰草的用途。老乡讲这种草牲口不吃，只用来搓草绳。他们很受启发，心想：牲口不吃说明吃不动，证明它有强度；可以搓绳子，说明它有韧性。他们几人把马兰草剥开一看，发现它从根到叶都是很长的纤维丝。当时他们就割了一些拿回厂作小型试验。先把草洗净晒干，用石灰水浸泡一两天；然后放进大锅用慢火煮半天到一天，就成了像乱麻似的纤维；再用清水洗净放进石槽碾成细浆；把纸浆投进捞纸池中搅拌均匀，就可以捞出厚薄均匀的湿纸；把它贴在墙壁上烘干后就成纸。用马兰草造出的纸张，色黄，抗水，坚韧，光滑，有拉力，基本适合印刷书报之用。《解放日报》及毛主席的《论持久战》和《论联合政府》等光辉著作，都是用马兰纸印刷的。因为受当时条件的限制，没有漂白粉和压光机，所以还不能解决纸张的漂白和两面光问题。尽管手工造的马兰纸质量很差，但是却解决了当时纸张的缺乏问题。

马兰草造纸试制成功，原料来源得到解决，工厂生产逐年扩大。从原来年产纸张 200 至 300 令，猛增到 5000 至 6000 令。职工人数由 20 多人增加到 200 多人，在原料产地甘泉县洛水川的石畔村建立了振华造纸分厂。打浆设备由牲口拉的石磨，改成了木制水轮车，用水力带动石磨，提高了产量，降低了成本。为了迎接党的七大召开，保证印刷纸张的供应，全厂职工积极努力，一个月完成了三个月的工作量。

马兰草造纸成功，受到党中央、边区政府的表扬。化学技术员华寿俊、老工人刘安治、青工杨双成被评选为陕甘宁边区的造纸劳动模范，光荣地出席了边区劳模大会。

马兰草生长在较平坦有水的山沟里，延安、延长、富县、甘泉、安塞几个县的山沟生长最多。每年秋季工厂可以收购数 10 万斤马兰草，基本上满足了当时造纸的需要。后来因为开荒种地，马兰草的产量大大减少。光凭马兰草造纸已远不能满足增加生产的需要。为此，我们在 1944 年改用麦秆草造纸（当时延安无此先例）。麦草制浆成功，为造纸原料来源广开了路子。我们应该充分肯定，振华造纸厂的技术人员和工人同志们在为解决当时造纸原料的困难方面，是有很大贡献的。

延安时期的“赵占魁运动”

杨长春

赵占魁是抗日战争时期陕甘宁边区的特等劳动英雄。党中央、毛主席曾号召边区和各抗日根据地的工厂企业职工“向模范工人赵占魁学习”。赵占魁爱厂如家、艰苦创业的事迹一度名扬国内外。在他的带动下，陕甘宁边区广大职工提高了工人阶级的主人翁觉悟，发展了工业生产，有力地支援了抗日战争。1938年10月，我于中央党校毕业后，被分配到中央职工运动委员会筹委会，在张浩领导下工作，同时在抗大二大队（职工大队）一队学习并兼任抗大二大队的联络员。赵占魁当时在二大队三队学习，是我们重点了解对象。1939年3月，我同赵占魁一起调到工人学校，他在建设队学习、生产，我在组织科任科长。同年6月，赵占魁又调到边区农具厂工作。我因曾搞过兵工生产，当1942年边区农具厂扩建为温家沟兵工厂时，被派往兵工厂任厂办公室主任和党支部书记。因此，我对赵占魁同志十分熟悉，现将延安大生产运动时期的“赵占魁运动”的情况作一些回忆。

一、赵占魁在党的培养下成长

赵占魁出生在山西定襄县的一个贫苦农民家庭，12 岁时就同两个哥哥一起当雇工，到十六七岁时他学会了打铁，在太原铜元厂当过壮工，近 30 岁时又到兵工厂当翻砂工，后来被工厂裁减，到同浦铁路介休车站当铁匠。抗日战争开始后，日寇占据了同浦铁路，赵占魁流亡到了西安。1938 年初，安吴堡青训班招收有志抗战的职工，他报名来到设在陕西泾阳县云阳镇的安吴堡青训班职工大队学习。同年 5 月，他随职工大队到延安，在抗大二大队学习。

赵占魁起初的目的是找活干，当他和从同浦铁路同来的崔锁贵一起领到了抗大发给他们的军衣军帽时，以为是叫他们去当兵，便非常伤感地说："人家都说好铁不打钉，好男不当兵，过去打铁打钉的事让咱们摊上了，如今来到延安，没想到还让我们这 40 开外的人当兵！"他们认为自己命苦，甚至想离开抗大另找工做。这件事让当时中共中央职工运动筹委会负责人兼任安吴堡青训班职工大队长的张浩知道了，便找他俩谈话，耐心地对他们说：旧社会，我们工人是为了谋生打铁，当牛做马。延安是共产党领导的新社会，是工人的家。这里穿军衣的都是工人、农民和学生，是共产党领导的工农武装，是人民的子弟兵。我们是为了不当亡国奴而努力抗战，这和旧社会为官僚资本家当兵卖命完全不同。他还说，到延安参加革命的是有觉悟的工农，是新社会的主人，旧社会说的那两句话应当改为：好铁要打钉，好男要当兵。你们现在穿上军衣，在抗大学习文化、政治、军事，毕业后将根据工作需要和你们的特长分配工作，如到兵工厂去修造枪炮，这也是抗战的需要。抗战胜利后，还要建设新中国，工人阶级要成为工厂和国家的主人。张浩说服了他们安心在抗大学习。这一年的 12 月，他们两人都加入了中国共产党。

1939年初，党中央在延安东郊桥儿沟成立了工人学校，由张浩兼任校长。抗大职工大队的大部分职工调到了工人学校。工人学校组成了以技术工人为主的建设队，其中有纺毛、印刷、肥皂、制鞋等生产组，赵占魁和崔锁贵等组成了烘炉组。他们自己动手修炉子、安风箱，很快就打出了镢头、锄头、铁勺、铁铲等用具，解决了农业生产、教学和生活的需要。

1939年6月，赵占魁和崔锁贵被分配到边区农具厂工作。临行前，张浩又找他俩谈话，语重心长地说：咱们是老熟人了，现在调你们去边区农具厂，你们一定要以厂为家，要把这个家当好。你们已经是共产党员了，是受过教育的工人干部，但不能把这些当成金字招牌，要做实际行动的模范。你们首先要坚持参加生产、管理生产，把工厂的生产和生活搞好，要做到名副其实的为工厂当家做主。这些话给赵占魁留下了很深的印象，他后来经常感慨地说：我在工作上做出些成绩，都是党的培养和张浩教导的结果。

赵占魁在农具厂，先当化铁工，后来担任了翻砂股股长。他不论大事小事、别人的事、自己的事，都以极大的热忱努力干好。由于他以厂为家，艰苦创业，处处起模范带头作用，成绩卓著，多次被评为本厂和边区的模范工人和“特级劳模”。1943年他被选为代表工人的参议员，出席了边区参议会，1945年出席了党的第七次代表大会。

1948年夏天，赵占魁作为西北工会代表团成员出席了在哈尔滨召开的全国第六次劳动大会。由于他是抗日战争中著名的劳动模范，影响很大，新华社曾专门发表社论。号召全国工人向他学习。此后，赵占魁多次被选为中华全国总工会执行委员会委员。他还是第一届、第二届全国人民代表大会代表，第一届全国政协委员，西北军政委员会劳动部副部长，西北总工会和陕西省总工会副主席，为我国的工人运动做了许多有益的工作。

二、延安大生产运动中的温家沟兵工厂

1941年到1942年，日寇集中主要兵力对我们党领导的敌后各抗日根据地进行“扫荡”，实行“三光”政策。国民党顽固派也加紧反共活动，对抗日根据地实行军事包围和经济封锁，我党我军面临极大困难。为了坚持抗战，党中央、毛主席号召边区军民自力更生，开展大生产运动，保卫陕甘宁边区、保卫延安。这时，中央决定将原边区农具厂与原来红军的兵工厂、陕北红军修械所、延安何家岔的枪厂、安塞茶坊的手榴弹厂合并，扩建为延安温家沟兵工厂。兵工厂当时的任务很重，要承担复装子弹，制造手榴弹、掷弹筒，修理枪炮等任务，而工厂的设备又极其简陋。兵工厂由于是几个工厂合并起来的，工人和技术人员有的是老红军，有的是从敌占区沈阳、巩县、太原兵工厂来的，有的来自各抗日根据地，有的来自大后方，还有的是海外归来的华侨。大家的思想觉悟和生活习惯都不相同，但绝大多数职工能够为了抗战大局，艰苦奋斗，不计报酬，服从分配，为抗战作出自己的贡献。其中赵占魁就是具有工人阶级主人翁态度和先进思想的典型代表。

当时为了适应战争需要，上级决定把刚合并到兵工厂的原茶坊手榴弹厂迁往黄河边的葭县去，那里接近前线，既可减少运输又便于分散机动。可是当时担任厂工会主任的狄建德却不顾大局，利用修改集体合同的机会提出无理要求，煽动部分职工闹事，致使工厂中一些职工思想混乱，严重影响了支援前方作战的生产任务。这时，赵占魁与那些闹事的人截然不同，他带领工人按时上班坚持生产，给青年工人做了大量的思想工作，并主动团结那些跟狄建德跑的落后分子。中央职工运动委员会邓发派李颉伯和边区总工会章萍等到兵工厂深入调查研究，处理问题，及时表扬了赵占魁的主人翁思想，批判了狄建德

的落后思想，并对其做了组织处理，使广大职工提高了觉悟，受到一次深刻的教育。手榴弹厂由梁平带领顺利地迁往葭县，延安温家沟兵工厂也稳定下来，逐步扩大了生产。

为了加快和扩大军工生产，上级领导机关非常重视兵工厂的工作，扩充了职工队伍，加强了材料的供应，加强了行政技术领导和政治思想工作。从中央机关、学校、部队抽调了一批干部到兵工厂工作。任命徐驰、汤钦训为正副厂长，许云峰、王立为工务科长，罗坦为总务科长。工科大学生佟浪、徐继刚、萧淦、余侠平，以及李震、陈传标、杨硕昆等专业人员都成为厂里的技术骨干。此外还从党校、抗大、工人学校的学员中选调了一些干部，从胶东、晋东南来的一批青年充实了工人队伍。中央职工运动委员会派章智、梁平、骆鹤士和我到兵工厂加强了党务等各部门的工作。由我兼任支部书记。在中央职工运动委员会、军工局、边区总工会的领导下，兵工厂的领导和党组织收集和总结了赵占魁爱厂如家、艰苦创业的主人翁精神与模范事迹，逐步开展了向赵占魁学习的群众运动。

三、赵占魁的模范事迹和“赵占魁运动”的开展

延安《解放日报》等报刊先后报道了许多赵占魁的模范事迹，这些事迹给人感触最深的是：他以实际行动坚持抗战到底的大方向，勤勤恳恳，埋头苦干，艰苦创业，参加生产和领导生产，大公无私，舍己为人，始终如一。

赵占魁以厂为家，具有新的主人翁劳动态度。他多年如一日，坚持早上班、晚下班，没有假日，有时还连续上两个班甚至三个班。他长期安心干最苦最脏最累的活。他常在上千度高温的化铁炉旁工作，

终日汗流浃背，还得穿上湿棉袄代替石棉工作服。日晒火烤把他的脸变成了紫黑色，但他从不叫苦叫累。有一次，他左手指受伤，医生要他休息，他仍坚持用一只手干活；有一次，一个工人违反操作规程打翻了铁水，他为了抢救别人被烫成重伤，住进了医院。他把上级和老乡慰问他的食品送给别的病号，自己刚能下床就拄着拐杖上班。他说："前方战士打鬼子流血牺牲，轻伤不下火线，我这点伤没什么了不起。"

赵占魁虽然文化水平不高，但他用心钻研技术，能虚心向大学生、技术人员求教，并经常主动提出改进生产的建议。例如他曾建议用大飞轮带动的鼓风机代替人力拉的大风箱，后来又改为用汽车发动机烧木炭来带动鼓风机，解决了当时生产上的大问题。

赵占魁以身作则，努力培养青年工人。他培养教育人的特点：一是凡是叫别人做的首先自己做到；二是在生产上以及生活上，随时帮助青年，并且诚恳、耐心、从不训斥。有的青年工人怕苦怕累不安心，他就带头苦干，教育青年工人树立为了抗战胜利，为工人求解放的信念。他手把手地教青年学技术，告诫他们节约。一个青年因嫌熔炉太烤用凉水浇身以致感冒，他就为他找医生治疗，并亲自送水送饭，关怀备至。因此青年工人都很尊重他，愿意向他请教，说他是亲如兄长的好师傅，不少后进青年在他教育下变为先进。

赵占魁担任工会生活劳保委员、伙食委员会主任和农业生产指导员，关心改善职工的伙食，经常征求职工对伙食的意见，利用业余时间帮食堂干活、研究改进伙食的办法。他还抽空指导养猪、种菜。他很注意搞好工厂和附近农民的关系，他常用自己节余的钱帮助农业合作社发展生产，逢年过节请乡亲们来工厂看文艺演出，组织工农联欢。他在调解附近农村发生的民事纠纷方面很有些名气，附近大人、小孩没有不知道他的。他说："我是参议员，应当为大家多做点事。"

赵占魁在荣誉面前谦虚谨慎，从不骄傲。他常说："这都是党的教导和大家努力的结果，自己为工农大众做点事是应当的。"

赵占魁的事迹都不是什么非常惊人的事，但他确实是“寓共产主义精神于平凡的工作中”。他也有弱点，如文化水平低，开会不积极发言，缺乏斗争经验等，但他正视自己的缺点，并制订出个人计划，提出改进措施。兵工厂的党、政领导和工会总结并宣传了赵占魁的模范事迹。他的平凡而又不平凡的事迹确实值得大家学习，而且人人都可以学习。向赵占魁学习的群众运动首先在他所在的班、股，进而在全厂逐步开展起来。军工局、边区总工会、中央职工运动委员会也都相继发出号召，在延安和全边区的职工中开展“赵占魁运动”，并派干部到中央印刷厂、茶坊机器厂、延安被服厂等工厂广泛宣传赵占魁的模范事迹，组织推动开展“赵占魁运动”。1942 年 9 月 11 日，边区总工会正式发出《关于开展赵占魁运动的通知》。同年 12 月，毛主席发出指示：“应改善职工会的工作，发展赵占魁运动于各工厂。”《解放日报》记者穆青、著名音乐家贺绿汀以及鲁迅艺术学院的作家、诗人们纷纷来兵工厂采访，编写了“学老赵、唱老赵，老赵是工人的好代表”等歌曲和文艺节目，在边区广泛宣传赵占魁的事迹，从此，全边区各公营工厂都掀起了轰轰烈烈的学习“赵占魁运动”。

1943 年初，邓发在中央职工运动委员会召开座谈会，请兵工厂的党、政、工会干部以及赵占魁本人参加，分析了“赵占魁运动”开展的情况，讨论制订了进一步广泛深入地开展这个运动的措施。邓发指出：“开展‘赵占魁运动’就好比开动一部机器，所有的部件、各个环节都要动起来，行政管理部门、技术部门、生活部门、党支部、工会、青年等都要动起来，既要抓生产技术，又要搞好生活，生产才能持续地发展。”会后，兵工厂的各车间、各部门以及党群组织研究了存在的问题，找出薄弱环节，制订了进一步开展“赵占魁运动”的计划。厂领导先帮赵占魁制订了生产和群众工作等方面的具体计划，然后带动全厂职工制订出向赵占魁学习的计划，并在全厂公布，以便相互监督。从此，“赵占魁运动”在兵工厂更深入扎实地开展起来。

1943年4月，赵占魁和兵工厂工会向边区各工厂发出挑战书，各工厂纷纷响应。接着，党中央号召各抗日根据地公营企业的职工都要向模范工人赵占魁学习。各根据地也先后掀起了学习“赵占魁运动”的热潮。同年7月，邓发到兵工厂蹲点调查研究，检查深入开展学习“赵占魁运动”以及落实中央职工运动委员会座谈会精神的情况，帮助赵占魁修订了个人计划，进一步总结了“赵占魁运动”的经验，提出了劳动模范的基本标准，并把生产数量和质量提高到新的水平，为使“赵占魁运动”全面持久地开展，提供了具体办法和措施。这些经验很快传播到全边区及各抗日根据地，推动了“赵占魁运动”持续不断地深入发展。

1944年3月，陈云派主管工业的陈郁到温家沟兵工厂了解武器生产质量和“赵占魁运动”情况。4月，陈云在西北财经办事处召集兵工厂主管生产子弹的行政和技术干部孙云龙、龚家宏和厂长、党支部书记、工会干部及有关领导开座谈会。陈云严肃又风趣地说：前方战士反映你们厂生产的子弹有“神经病”，一出枪口就翻跟头，打不准。请你们来会诊，把“神经病”治好。到会同志认真研究提出了改进弹头壳铜的质量，增加弹头壳的厚度和匀度等具体措施。经过组织技术攻关，反复试验，终于解决了子弹翻跟头的“神经病”问题。兵工厂的技术人员和工人为了前方山地作战的需要，还在军工局李强局长的领导下，用土办法试制成功了掷弹筒。兵工厂全体职工在学习“赵占魁运动”推动下，日夜奋战，有力地支援了前方部队的需要。

四、“赵占魁运动”的成果和影响

陕甘宁边区通过开展学习“赵占魁运动”，取得了显著的成果。首先，推动了兵工厂以及边区各公营工厂工业生产的发展，在抗日战争最困难的年代，不断克服了战时供给的困难，有力地支援了抗日战争。其次，提高了职工的思想觉悟，爱厂如家、自觉遵守劳动纪律、努力生产、不计报酬的主人翁精神得到发扬，在运动中涌现了一大批赵占魁式的劳动模范，培养出一批技术熟练的工人、技术干部和管理人才。全边区 80 多个工厂，1.2 万多名职工在运动中经受了锻炼，绝大多数人后来在解放战争和解放后成为各方面的技术骨干与党政军领导干部。仅温家沟兵工厂在解放后就有六人担任省部级干部，50 多人担任厅局级干部，而担任厂长、书记、工会主席的处级干部就更多了。第三，“赵占魁运动”树立了人与人之间新的关系，互相爱护、互相帮助、尊师爱徒，增强了职工队伍的团结。第四，工厂、企业、党政部门与职工会的工作作风有了转变。党、政、工会精兵简政，深入基层，带头劳动，发现问题，及时解决，建立了正常制度和责任范围，提高了工作效率。

“赵占魁运动”不仅在各根据地内，在全国以至在国际上也有相当影响。1944 年 6 月，由苏、美、英及国统区的记者 20 多人组成的中外记者团来到延安，为了使他们深入了解我们党领导人民艰苦奋斗，坚持抗战的真实情况，周恩来亲自安排他们到温家沟兵工厂参观。厂领导向他们介绍了赵占魁的模范事迹和开展“赵占魁运动”的情形。一个英国记者说：“我们这次亲眼看到工人们都像赵占魁一样艰苦创业，生产军火也用了人民战争的办法。中国人民真是不畏强暴的英雄人民，中国共产党一定能领导抗战取得胜利。我们要如实报道你们在极端艰苦的条件下生产武器，宣传你们艰苦奋斗坚持抗战的精神！”外国记者对我们用土办法炼铁、用简陋的工具制造武器弹药感到非常惊讶，说：“真是世上罕见！”有个国民党记者挑衅地问赵占魁：“你为共产党立了功，共产党为什么不把你妻子接来？”老赵回答说：“不是共产党不接我老婆，是日本鬼子的侵略造成我们无数同胞家破人亡，妻离子散。中国人要不当亡国奴就得一条心打日本！”最后，美国记者斯坦因紧握着赵占魁的手说：“你们是不可战胜的英雄人民，你们一定会胜利，我们在南京再见！”

1945年9月，邓发出席了在巴黎举行的世界工联成立大会，他在大会上的讲话说：“我们各解放区的工人，正在广泛开展一个新的劳动者运动，也就是1942年首先在陕甘宁边区开展起来的改造劳动态度、提高劳动生产率的赵占魁运动。赵占魁是一位特等劳动英雄，他不仅在生产中积极努力、有创造精神，而且大公无私，舍己为人，埋头苦干，始终如一。因此全边区的工人公认他是自己的旗帜，都向他看齐。”

总之，“赵占魁运动”是在党中央和毛主席的关怀下，中央职工运动委员会和边区总工会等直接领导下开展起来的群众运动。广大职工通过向赵占魁学习，改变了许多工人群众存在的雇佣观点、行会观点和保守落后的思想，发扬了艰苦奋斗，自力更生的精神，提高了解放区职工的阶级觉悟，增强了主人翁的责任感，从而推动了生产发展，有力地保证了抗日战争敌后战场的物资供应。

（韦华、永康　整理）

我所看到的陕甘宁边区

爱泼斯坦

人民生产和作战热情极高

边区最惊人的事情，就是他们在生产和作战方面的广泛动员。边区建立这种广泛的动员，用的方法差不多和其他地方完全相反——法令减少到最低限度，以村为民主选举的基本单位，减轻农民的田租和利息的重荷。由于农民对多做工作能多得剩余的信心提高，大大地鼓励了生产；由于提高了生产的愿望，合理的方法和合作社组织便发展起来了；由于农民对保全并增加从未有过的幸福有了决心，便产生了一种极明显的自觉的抗日的爱国主义。

中共并不排斥私有财产，即使是地主的财产也一样。他们免去一切企业的税，来鼓励私人工业（地主和自耕农是缴付田赋的）。虽然他们理论上反对地主制度，但他们并不因为那是剥削制度而加以消灭。他们认为民族解放第一，用武力和法令来企图消灭任何一个阶级，是只会使它投向敌人的怀抱去的。虽然他们反对资本主义，但他们认为目前中国为供应前线而生产，是一件最重要的事情，所以任何形式，国家的、合作社的、或者私人的，都要加以保护与帮助。这种政策，在战后他们还要继续下去，因为他们说，只有有了丰富的生产之后，社会主义和共产主义才能实现，中国目前没有这种条件，并且许多年以内也不会有。

边区的耕地比中国西北任何地方都发达，人民的衣食比别处都好，有一些工业在发展中，那些地方过去是没有工业的。五年前，封锁切断了棉布的输入，当地又没有生产。从那时候起，农民受到棉田豁免田赋和保险收获的鼓励，开始耕种全区需要量60%的棉花——以供给每个居民和兵士每年两套夏衣和一套棉衣计算。棉纱主要是靠妇女合作社来纺，靠新兴的织布厂来织成布。从南部输入的蔗糖断绝了，他们想着实验用糖萝卜来制造糖，到明年足供每一个人的需要，过了明年，还可以有多余来输出。他们把黄河那边带过来的缴获的日本装备，加上知识和更多的热情，建立了鼓风炉和机械工厂。人们谈论着同封锁作斗争，以同样的热情，谈论着对日作战以及将来反攻。在所有中国人中，他们是唯独对战争不感到疲乏的人。在延安，人们一星期辛苦地工作6天，工业工人每天10小时，公务人员和学生每天11小时。星期六的晚上，大家去看戏或者跳舞（秧歌舞与交际舞都很普遍）。

村选作基础，民主权力扩张

村选是直到边区参议会为止的整个制度的基础，由边区参议会选举政府。这真正代表了中国的一种革命。在其他区域，地主不只是乡村里经济的而且也是政治的操纵者，独占着最高权力，以及军事的统治。凭他私人的武装人员的势力，或者他的本领，他能指挥警察甚至军队去保障他的勒索，因为那儿没有代表人民的政府，不能希望当地法庭对一个可怜的目不识丁的佃农，给予很少人能得到的开庭权和公平的裁判，因此，地主的权力是无限制的。在边区，地主是村子里的一个公民，和任何其他公民一样，只有一票选举权。因为绝大多数的选民是贫农或佃农，村议会和主席常从这些人中选出（虽然有时候声望较好的地主仍会当选）。村里没有警察，由自卫队来执行职务，自卫队是村民自己的武装团体，有一个公选的队长，受制于民选的村政府。边区的地租，已经减了25%。最高的合法地租，是收获量的37%。在其他区域的政纲和法典中，也有同样的最高租额，但因为地主在这方面拥有一切权力，所以没有一处实行的。在边区，由于权力在多数人的手里，实行得很严格。农民由一种标准的租契而更得到保障，这种租契由农民和地主签订，经过农会的证明。另一方面，地主收取合法地租的权利，也得到边区政府和解放区政府的法律和法庭的保障。（延安是陕甘宁边区的中心，该区有150万人民，共产党领导之下的9000万人民的绝大多数，居住在中国北部、中部，以及南部的敌后15个解放区中。）这里必须说明的，共产党不是政府。一般说来，整个机构中2/3的代表，不是共产党员。当然，这是中国共产党所创造的。党的任务是吸收一切积极分子到党里去，经过农会等群众团体，以宣传、示范与教育，建立系统的工作。

军队勤生产，农民负担减轻

农民的田赋的重荷是减轻了，因为驻军、政府机关的人员、大学生以及其他团体，都有荒地开垦，至少生产他们自己一部分的食粮，减少了对谷物征收的依赖性。我们去访问三五九旅，该旅已经开垦了

2.5万亩田，得到两倍于他们所需要的食粮和棉花，剩余的东西，卖给政府或市场，将所得按照他们每人所花的工作日，平均分配。某路军部队中从连起，都选出经济委员会，管理军粮和公家正当支出等等。在这种委员会中，官兵处于同等地位，委员会必须计算各个士兵的需要，要做到这一单位的生产物，每个人有平等的分配。有些某路军士兵，把他们的生产利润寄回家去，有的投资合作社，也有交给委员会管理的，它的资本将用作购买土地或机器，好使士兵们在战后复员以后经营。但军队的主要事情，不是生产而是战斗，驻军是唯一能够这样做的，他们继续不断地受训练，只有在农季里工作。某路军在可能时就轮换，我们见到的这一旅，是在敌后作战过三年而回来的，他们在敌后几乎深入到海边，缴获敌人的武器足够装备它的作战部队的60%。

变工队合作——中国农业远景

陕甘宁边区是中国一个少有的区域，那儿有比人民更多的土地，土地是丰饶的，但每三年或四年，就难免有洪水和旱灾，而在旧的社会制度下，个人耕耘太危险了，由于地租和田赋的困扰而毫无贮藏。一代一代都如此，只有死于饥饿，或者于第一次收获失败时就实行移居。某路军明白要在这种乡村里生存，必须在好的年成大大增加生产，使农民得有机会积聚余粮，来度过荒芜的时期。一般人民被鼓励着组织“变工队”——一种农业合作形式，包括10个或15个人和他们的牲畜——合理耕种，节约劳力，这对荒地的开垦是有利的。有11个农民的一个变工队告诉我，从前，他们每人都要赶一部牛车到田里去施肥和播种，但现在只三个人就可赶所有的牛车，其他的人便能做别的工作了。过去在田里弄饭吃，差不多每个人要花两个钟头去生火，准备吃的东西，现在一个人做这一队人吃的饭，每天等于节省了两个人工。这些例子极多极多，结果边区内过去没有利用的几乎有1000万亩土地，由于15万变工队员而都有了收获。现在边区的口号是“耕二余一”，大部分都做到了。农民们的仓库里平均都有一年以上的余粮，而政府和军队自己的粮食，余留得更多。这不足为奇，因为一般人民工作得很辛勤，从前胼手胝足而毫无所得，现在，陕北的农民几百年来第一次凭自己的努力，能以恬静的心情来面向灾荒的年份。

“变工”制度的合作劳动，是一种既适用于私有财产，也适用于私有制度以外的合作财产的新形式。变工队开的荒地，不属于私人的，而是属于整个组织的，每年的收获，在大会上依照记录着的每个人所耗的劳力来分配。这种结合并永久保持变工队的公田所有权形式，是未来中国农业的一个远景。

地主的资本转移到工业去

共产党农业改革方面最有趣的结果，是地主资本转移到工业去。因为佃农富有了，同时又可向边区银行借得低利的信用贷款，他们常常被允许去购买土地来自己耕种。地主呢，地租收入比以前少了，但被工业投资所吸引，因如上所述，工业是免税的。过去几年谆谆教诲的新的看法，也已经起了作用。在边区，作为一个士兵、工人、教员、办合作社的或者工业家，叫起来都很响亮，但当他被认为是一个地主——脱离生产不贡献任何东西——的时候，是不觉得太舒服的。特别是年轻的地主，开始感觉到继续这样下去，是不爱国的。有一个把他的土地卖了去投资于纺线厂的人对我说：“土地不论是否为我所有，总是可以生产的，现在我可以用这笔钱来增加国家所需要的生产总量。”他也有了很好的利润。政府和军队拥有兵工厂和几家军服厂，不论公营、私营或军队经营的工厂工人，都组织在工会里，并且有最低工资的法律保护。工会代表们商定了生产进程表之后，工会负责完成并遵守劳动纪律。最有趣的是工资不用钱计算，而用大宗出产的小米来计算。假如付钱，则照当天小米的市价折合结算（那儿有小米自由交易的市场，价钱不是固定的），所以通货膨胀和通货波动也不会影响实际工资。边区的工人们是一群有趣的人物，他们中间有周游过世界的一些人、环行世界的轮船上的老水手、其他区域兵工厂的机械师、参加过西班牙内战的欧洲来的中国工人，他们中许多人是边区最高机关人民会议的委员，有一次一位裁缝参议员替我量制过衣服。工业界中有几个工程师和技师，曾在国外受过教育。许多人并非共产党员，但他们到这里来，因为相信这是中国有最大希望的一个区域。

边区的政治经济机构中还有许多其他有趣的事情，我在这里没有机会谈到丰富的教育和文化生活——大学、音乐院和剧院了。我在这有限的篇幅中为何只提到社会经济制度呢？因为农民问题和工业生产的问题，特别在战时，是中国的基本问题，而改善生活，是为了民族解放而动员人民的首要步骤，这在这次战争中已经完全证实了。现代中国的国父孙中山认识了这一点，他把民生主义列为三民主义之一，与民族主义和民权主义并列。民心是依归于给予他们机会、以改进自己、并向前进的人的。

延安印象记

[美]白修德

当你从北国，从那些秃顶的黄土山峰的上空降落到延安时，你将疑心是到了一个人迹罕至的、令人肃然的地方了。一座可爱的唐代的古塔，黄黄地竖起，和蓝色的天空不大相称……

市区里面有 4 万多人。其中 1.1 万是还没有这段历史记载以前的陕西本地人，其余则是首脑和心脏，中国共产党中心及其各部局与其他各行动机构的人物。

一切事物都围绕着两丛房屋，那里面是军队的总部和党的总部。军队总部隐藏在山脚下的一个清明美丽的花园中的、用泥和灰色的砖所造成的一些建筑物里；党的总部，则在相隔三英里的河上那两栋巨大的砖块建筑里。

从这两个不同的总部里，发布出命令与指示，给予那满布在这块土地上的共产党运动的团体与机关，给予那广大的游击队，给予那在日本占领的城镇里作地下工作的人，给予那把共产党联系在一起的无线电通讯网。

延安的本身并不重要，它只是考察广大的日本占领区的一个窗户，一个巨大而又打开的观测筒。在这一小块黄土地上的人民，是共产党抗日战争中的眼睛、耳朵、神经和触角。通过这些眼睛和耳朵，共产党就决定了对于那些不断与日本军队及其傀儡作战的游击队的方针，决定了对于其军队及武装民兵的政策。当你听他们谈话的时候，好像是谁打开了火炉，而你可以看到这火炉里面的可怕的仇恨之火。

在中国，在日军前线的后方和侧翼，从 1937 年以来都在毫无休止地作战。共产党军队能够统率两三万有训练的战士在一个区域里单独行动。在这些抗敌力量的后面，还有着农民群众拥护的基础，他们分布在日本交通线的后面和周围，布满了整个华中和华北。有一些长 200 英里，宽 100 英里的地区，敌人不敢插足。

这个组织不是像猎人式的武装狙击队，也不是像中国式的江湖好汉。这是一种重要的、完整的军事政治运动，这种运动至少可以说暂时解决了中国农业社会里的一些最麻烦的问题。八年之前，华北还是个落后的、不幸的政治真空管，中国的新的部分是限于城市和有铁路的地带。那些住在山村与无交通路线的平原里的农民，仍陷于半封建的无知的境遇里，做着奴隶，并无休止地劳动着，是土地与地主的俘虏。

聪慧而精明，且具有 24 年无情的斗争经验的共产党，知道了农村社会里的紧张是何等的巨大，知道了在地主与无地的人们间，在贫人与富人间那种必然的斗争中，锁住了多大的力量。当他们的军队扩展时，像一个运输部队一样，同时带去了政治组织的人员，这是去做社会机构的改组工作。他们告诉农民去选举自己的政府和官吏，督促他们减租，把利息从年息四分减到两分。对地主提出要求，交租交息。在战事开始时丧失了本来的事业的都被请回来辅助政府，担任行政人员。他们解决了内部的巨大的紧张问题，进而去共同应付这一对外的抗日战争，这件事已经取得了成功。

抗日战争，使得共产党在人民中受欢迎，共产党给予农民以保护，而他们则愿意抵抗日本，这是中国农民对日本军队发泄深仇大恨的一条唯一可能的道路。

共产党的正规军，通常以一个连或四五百人的支队出发活动，他们基本的武装是从日本军队和那些只在特殊环境中才作战的军队那里获得的。

农民自己曾经提高地雷战术到了一个高度的水准。共产党开始教给农民地雷战术是在两年之前。现在各地的报纸报告地雷英雄的业绩，正如美国的体育新闻里报道棒球胜利者一样。古庙里的钟和碎片都拿到兵工厂去，而兵工厂则给农民以等量的地雷壳，这些地雷壳由农民装满本地的黑硝药或游击队政府所出产的无烟火药。用瓷器、木头和石头做成的地雷也有。小河中的踏脚石被装上了地雷。日军的碉堡周围也安了地雷，一个不慎的日本守军如果触动了机关，它自己就会爆发。有些乡民的地雷全装在他们住所的附近，每晚留一条不同的安全的进路。当日军凶猛进攻的时候，地雷可能随处爆炸——在天井里、门旁和系绳的柱子旁都有。

这些农民也爱手榴弹，他们自己用黑硝药和本地信管制成。你可以到一个农家去看洗衣做饭的主妇，在她头上的搁物架上，便有两个准备使用的手榴弹。这是农民完全专心致志于战争和抵抗的一部分。抵抗同时形成了经常传递的最完善的情报网。日军一切动作和车辆行动，都逃不脱农民的注意和报告。山上有一些长竿竿上有毛，远远看去便像是金雀枝。那是他们的警报信号。当山顶上的哨兵看见底下路上的日军动作，就把这些长竿横倒下来。每一个乡村都动员到了如此的程度，在警报指示的一瞬间，每个公民便晓得应该如何动作，妇女和小孩立即隐蔽到山里隧道中去了。

在平原没有山丘隐蔽的地方，则在真正的地下进行战争。农民开头在各自的村庄修筑隧道以便躲藏，然后一个一个村庄连接起来。现在有些地方的隧道网可通若干英里，并备有空气流通的小室：以防毒气。如果日本人要带一支枪爬进这样的一个兔穴，其生命是掌握在这些农民的手中的。

延安的党校与议会的地位，像一个实验室和专题讨论会。各地区的经验与实验，在那里要进行讨论、分析、辩论，而升华成为党的政策和理论。党和军队经常吸收前线地区民众组织中的活泼有力的精华，在学校里训练他们，而又再把他们送出来。据一位党领袖的估计，有三四万这样的干部曾在延安受过训练……

共产党的基本的外交政策是倾向美国的，因为他们认识到我们（美国）将成为太平洋上最大的力量，认识到我们是一个反抗那可恨的日本的大盟邦。在实行这个政策中，他们一切的宣言现在是向美国说明三种意见：第一是说他们的党在抗日战争中拥有庞大的力量，一个可以直接配合美国作战的力量；第二是说他们党的本身，它的政府以及军队，是以有作为的民主的制度为根据的；第三是说该党愿永远和美国做朋友。

关于共产党所能调遣的军队力量，那是没有问题的，其范围，可以从日军及其附庸军队在那些地区的配置上反映出来。

关于民主的办法，现在也没有问题。共产党现在实行民主，是因为民主有利。你可以请来一个曾经被踢被打被欺负，而其父亲传给他过去受压迫的记忆的农民，然后，你拿他当人看待，征求他的意见，让他去选举当地的政府和治安机关，让他自己去表决减租，让他自己去选举军队和民兵。假如你做了这些，你就已经给了他以社会的权利，这样，他就愿意为社会和给予他权利的党而战。附和或选举另外任何人与另外任何党，对于他将视为可笑的了。

这种共产党的民主领导，是否可能在战后，在那政治可能腐败的大城市里以及有着完整组织的富裕的善辩的反对党派的地方实现，还得等将来决定。共产党觉得，如果一切阶级里的成人都能有选举权，那么，党就能够掌握群众，因此，民主便确实地成为中国本身、共产党和群众三者同时发展的最好的媒介了。

共产党所宣布的对美国的友谊，现在是真诚的，而如果他们的友谊能够得到相同的友谊的话，可能成为一种长久的友谊。抗日战争是如此的艰苦，使共产主义者变成了民族主义者，而同时，日本的任何敌人，都变成了他们的知心好友。作为日本主要的敌人的美国，是他们的朋友。他们更觉得美国能够在产生和平与将来中国有秩序的发展中有最大的帮助。他们说中国经历战争太多了，这是真的，自 1911 年以来，这个国家一直在流血、破坏和死亡之中。人民是够受的了。

中国共产党由经验中获得理论，从其早年的斗争时起，已经走了一段很长的路程了。现在，为了将来的中国，它需要美国的友谊，比需要其他单独的有条件的强国的友谊更多。虽然，它需要这种友谊，却不是像一个乞丐的求乞，而是像一个朋友在进行一个共同的事业中的求援。无论有没有这种友谊，他们的抗日战争仍将继续到胜利而后已。在胜利中他们将记得谁是朋友，谁是冷酷的袖手旁观者。

口述抗战

魏海生 高永中 主编

第一册

中共党史出版社

图书在版编目（CIP）数据

口述抗战 / 魏海生，高永中主编 . -- 北京：中共党史出版社，2020.9

ISBN 978-7-5098-5530-0

Ⅰ . ①口… Ⅱ . ①魏… ②高… Ⅲ . ①抗日战争—史料—中国 Ⅳ . ① K265.06

中国版本图书馆 CIP 数据核字 (2020) 第 142532 号

出版发行： 中共党史出版社
责任编辑： 潘鹏 安胡刚
复　　审： 韩冬梅
终　　审： 吴江
责任校对： 申宁
责任印制： 谷智宇
责任监制： 贺冬英
社　　址： 北京市海淀区芙蓉里南街 6 号院 1 号楼
邮　　编： 100080
网　　址： www.dscbs.com
经　　销： 新华书店
印　　刷： 北京盛通印刷股份有限公司
开　　本： 170mm × 240mm　1/16
字　　数： 2356 千字
印　　张： 189.75
印　　数： 1—2500 册
版　　次： 2020 年 9 月第 1 版
印　　次： 2020 年 9 月第 1 次印刷

ISBN 978-7-5098-5530-0

定　　价： 456.00 元（全六册）

中华民族走向伟大复兴的历史转折点

曲青山

中国人民抗日战争，是近代以来中国人民反抗外敌入侵持续时间最长、规模最大、牺牲最多的民族解放斗争，也是第一次取得完全胜利的民族解放斗争。这个伟大胜利，是中华民族从近代以来陷入深重危机走向伟大复兴的历史转折点，开辟了中华民族伟大复兴的光明前景。习近平总书记在纪念中国人民抗日战争暨世界反法西斯战争胜利75周年座谈会上的重要讲话，回顾了中国人民抗日战争和世界反法西斯战争的历史，深刻总结了中国人民赢得抗日战争胜利的历史启迪。深入学习领会习近平总书记重要讲话精神，深刻认识抗日战争胜利的历史原因，深刻理解抗日战争胜利的伟大意义，大力弘扬伟大抗战精神，对于我们增强“四个意识”、坚定“四个自信”、做到“两个维护”，奋力走好新时代的长征路，实现“两个一百年”奋斗目标、实现中华民族伟大复兴的中国梦，具有十分重要的意义。

历史转折的精神因素：以爱国主义为核心的民族精神是中国人民抗日战争胜利的决定因素

习近平总书记指出：“中国人民抗日战争胜利是以爱国主义

为核心的民族精神的伟大胜利。”近代以来，中国抗击外来侵略之所以屡战屡败，一个重要原因是国家缺乏凝聚民众的思想力量和精神武器。抗日战争之所以成为历史转折，是因为以爱国主义为核心的民族精神得到继承和弘扬。

在一定条件下，精神可以变物质，精神的力量可以转化为物质的力量。中华民族在长期历史发展中，艰苦奋斗、辛勤劳动，热爱和平、睦邻友好，不畏强暴、抵御外敌，形成了以爱国主义为核心的民族精神。伟大民族精神始终是激励中国人民自强不息、坚毅前行的强大动力。在抗日战争的壮阔进程中，在中国共产党倡导建立的抗日民族统一战线旗帜的引领和召唤下，伟大民族精神得以大力传承和弘扬，中华民族的爱国主义较之以前任何时代都表现得更强烈、更广泛、更持久、更深入。中国人民在抗战中向世界展示的天下兴亡、匹夫有责的爱国情怀，视死如归、宁死不屈的民族气节，不畏强暴、血战到底的英雄气概，百折不挠、坚忍不拔的必胜信念，是抗战中铸就的伟大抗战精神，成为伟大民族精神的有机组成部分。

中国人民之所以能够取得抗日战争的伟大胜利，以爱国主义为核心的民族精神是决定因素。北京密云县一位名叫邓玉芬的母亲，义无反顾地把丈夫和五个孩子送上抗日前线，他们全部战死沙场，昭示了为民族生存而毁家纾难的爱国情怀。杨靖宇以“头颅不惜抛掉，鲜血可以喷洒，而忠贞不贰的意志是不会动摇”的信念为抗击日寇献出生命。他的遗体被日军解剖时，胃里尽是枯草、树皮和棉絮，没有一粒粮食，展现了为民族尊严而舍生取义的崇高气节。八路军“狼牙山五壮士”、新四军“刘老庄连”、东北抗联八位女战士、国民党军“八百壮士”等众多英雄群体，充分体现了中华民族有着同自己的敌人血战到底的气概。正是这种伟大民族精神，转化为压倒一切敌人、压倒一切困难的强大精神力量。

历史启示我们，人无精神不立，国无精神不强。伟大民族精神是中华民族生生不息、薪火相传的强大精神支撑。伟大抗战精神，是中国人民弥足珍贵的精神财富，是永远激励我们克服一切艰难险阻、为实现中华民族伟大复兴而奋斗的强大精神动力。实现中华民族伟大复兴的中国梦，必须大力弘扬以爱国主义为核心的民族精神和以改革创新为核心的时代精神。行百里者半九十。实现中华民族伟大复兴，绝不是轻轻松松、敲锣打鼓就能实现的。我们正处在船到中流浪更急、人到半山路更陡的时候，必须发扬斗争精神，敢于啃硬骨头、闯难关、涉险滩，有效应对重大挑战，抵御重大风险，克服重大阻力，解决重大矛盾。

历史转折的政治因素：中国共产党的中流砥柱作用是中国人民抗日战争胜利的关键

习近平总书记指出："中国人民抗日战争胜利是中国共产党发挥中流砥柱作用的伟大胜利。"近代以来，中国抗击外来侵略之所以屡战屡败，又一个重要原因是统治集团腐朽无能。抗日战争之所以成为历史转折，是因为中国共产党发挥了中流砥柱作用。

"中国产生了共产党，这是开天辟地的大事变。""自从有了中国共产党，中国革命的面目就焕然一新了。"中国共产党是中国工人阶级的先锋队，同时是中国人民和中华民族的先锋队。中国共产党诞生于国家内忧外患、民族危难之时，自成立之日起就把实现中华民族伟大复兴作为自己的历史使命，捍卫民族独立最坚定、维护民族利益最坚决、反对外来侵略最勇敢。抗日战争的斗争实践是对中国共产党人党性的最大考验和最实际检验。

历史表明，中国共产党在抗日战争中发挥了中流砥柱作用。

那么，这个中流砥柱作用表现在哪些方面呢？首先，中国共产党是中国人民反抗日本军国主义侵略的最早宣传者、动员者、抗击者。早在1931年日本军国主义发动九一八事变时，中共中央和中共满洲省委就发表反对宣言。同年11月成立的中华苏维埃共和国临时中央政府翌年发布《对日战争宣言》。中国共产党及时在东北领导和组织了抗日武装力量，对日军进行了有力抗击。其次，中国共产党积极倡导、建立、维护了抗日民族统一战线，成为团结凝聚全民族抗战力量的杰出组织者、鼓舞者和坚强的政治领导核心。在日本侵略者制造华北事变、民族危机空前严重的关头，中国共产党率先倡导建立抗日民族统一战线，促成西安事变和平解决，推动第二次国共合作正式形成，实现了全民族抗战。面对国民党的妥协动摇，中国共产党鲜明提出了"坚持抗战、反对投降，坚持团结、反对分裂，坚持进步、反对倒退"的政治主张，坚持"有理、有利、有节"的斗争原则，努力团结一切要求抗日的力量，使抗日民族统一战线得到巩固和发展。第三，中国共产党制定实施了全面抗战路线和持久战战略总方针，成为抗日战争正确战略的提出者、指导者和引领者。中国共产党提出的持久战的战略思想武装了党领导下的广大军民，也对沦陷区、国统区人民以及国民党的军队产生重大影响，极大鼓舞和坚定了中国军民争取抗战胜利的信心和决心。中国共产党领导下的抗日武装力量，在整个抗战中，抗击了60%的侵华日军和95%的伪军，指战员伤亡60多万人，抗日根据地的群众伤亡600多万人。

历史启示我们，中国共产党是中国人民和中华民族的主心骨。实现中华民族伟大复兴的中国梦，必须坚持和加强党的全面领导，以正视问题的勇气和刀刃向内的自觉不断推进党的自我革命，把党建设得更加坚强有力，以党的伟大自我革命推动党领导人民进行的伟大社会革命。

历史转折的民众因素：全民族抗战是中国人民抗日战争胜利的重要法宝

习近平总书记指出："中国人民抗日战争胜利是全民族众志成城奋勇抗战的伟大胜利。"近代以来，中国抗击外来侵略之所以屡战屡败，另一个重要原因是民族内部软弱涣散和国家一盘散沙。抗日战争之所以成为历史转折，是因为中国人民和中华民族已经觉醒，进行了全民族抗战。

鸦片战争后，帝国主义列强在中国各自划分势力范围，寻求代理人。军阀混战、封建割据导致人民苦不聊生、流离失所。民族不团结、人民没有组织起来，政府政治腐败、国家有国无防，中华民族处在积贫积弱的状态。

人民是历史的创造者，是社会变革的决定性因素。团结就是力量，团结就是胜利。在中国共产党倡导建立的以国共合作为基础的抗日民族统一战线旗帜下，地不分南北，人不分老幼，全国人民义无反顾投身到抗击日本侵略者的洪流之中。中国共产党提出的全面抗战路线和持久战的战略思想、游击战的战略战术，其精髓和核心要义就是人民战争。毛泽东同志说："动员了全国的老百姓，就造成了陷敌于灭顶之灾的汪洋大海，造成了弥补武器等等缺陷的补救条件，造成了克服一切战争困难的前提。""战争的伟力之最深厚的根源，存在于民众之中。日本敢于欺负我们，主要的原因在于中国民众的无组织状态。克服了这一缺点，就把日本侵略者置于我们数万万站起来了的人民之前，使它像一匹野牛冲入火阵，我们一声唤也要把它吓一大跳，这匹野牛就非烧死不可。"我们党坚持"兵民是胜利之本"，动员人民、依靠人民，发动人民群众广泛开展伏击战、破袭战、地雷战、地道战、麻雀战等游击战的战术战法，使日本侵略者陷入人民战争的汪洋大海之中。中国共产党领导开辟的敌后战场和国民党指挥的正面战场协力合作，形成共同抗击日本侵略者的战略局面。正是中国人民抱定了抗战到底的信念，无论条件多么艰苦，无论战争多么残酷，无论牺牲多么巨大，始终没有动摇光复河山的决心，坚持抗战，持久抗战，消灭并牵制了日本侵略者大量兵力，以伤亡3500万人的巨大民族牺牲，最终赢得了抗日战争的伟大胜利，创造了人类战争史上的奇迹，为世界反法西斯战争胜利作出了巨大贡献。

历史启示我们，人民是真正的英雄，人民群众是我们力量的源泉。只要紧紧团结人民、依靠人民，我们就一定能够战胜一切艰难险阻。实现中华民族伟大复兴的中国梦，必须毫不动摇地坚持人民主体地位，坚持以人民为中心，坚持人民当家作主。要加强全国各族人民的大团结，加强海内外中华儿女的大团结，凝聚起砥砺前行、攻坚克难的磅礴力量。

历史转折的外部因素：爱好和平与正义的各国人民给予的帮助支持是中国人民抗日战争胜利的必要条件

习近平总书记指出："中国人民抗日战争胜利是中国人民同反法西斯同盟国以及各国人民并肩战斗的伟大胜利。"近代以来，中国抗击外来侵略之所以屡战屡败，还有一个重要原因就是缺少国际社会的帮助和支持。抗日战争之所以成为历史转折，国际反法西斯统一战线的建立，爱好和平与正义的各国人民的帮助支持起了一定的作用。

在事物发展变化中，内因是变化的根据，外因通过内因而起作用，但是，外因的有利条件也是不可缺少的。中国人民抗日战争的伟大胜利，是与世界所有爱好和平与正义的国家和人民、国际组织等各种反法西斯力量对中国人民抗日战争给予的宝贵援助和支持分不开的。苏联给予中国抗战有力的物资支持，美国

“飞虎队”冒险开辟驼峰航线，朝鲜、越南、加拿大、印度、新西兰、波兰、丹麦以及德国、奥地利、罗马尼亚、保加利亚、日本等国的一大批反法西斯战士直接投身中国抗战。加拿大医生白求恩、印度医生柯棣华不远万里来华救死扶伤，法国医生贝熙叶开辟运输药品的自行车“驼峰航线”，德国的拉贝、丹麦的辛德贝格在南京大屠杀中千方百计保护中国难民。抗战后期，苏联红军开赴中国东北战场，同中国军民一道对日作战，加速了彻底打败日本侵略者的进程。

历史启示我们，世界各国人民的前途命运紧密相连、息息相关。中国的发展离不开世界，世界的繁荣需要中国。中国人民是勤劳勇敢的伟大人民，中华民族是自强不息的伟大民族。中国人民和中华民族应该对世界作出应有的贡献。实现中华民族伟大复兴的中国梦，必须在和平共处五项原则基础上发展同一切国家的友好合作。坚定不移走和平发展道路，坚定不移坚持对外开放的基本国策，坚定不移奉行互利共赢的开放战略。推动构建人类命运共同体，推动建设新型国际关系，推动共建“一带一路”，在发展壮大自己的过程中不断为人类和平与发展的崇高事业作出新的更大的贡献。

总目录

第一册

第二册

第三册

第四册

第五册

第六册

第一册目录

实行对日抗战

朱德

一、第二个九一八的号炮又响了

（1937年）7月7号在卢沟桥又燃起了第二个九一八的号炮。和平已到了绝望的时期，国难已到了最后的关头！现在，摆在我们每个中华儿女炎黄子孙面前的问题，只有是对日本强盗实行抗战，从华北的局部抗战走向全国的抗战，从二十九军的抗战走向全国人民上下一致的抗战，抗战到底！

日本强盗这次对于卢沟桥的进攻是有计划、有步骤的，它企图着以这次的战争火把烧遍整个的华北，把华北变成满洲第二，至少变成冀东第二。卢沟桥的炮声在惊天震地响着，日寇的炮火亦密集地向南苑射击着，平津路上已发生了激烈的对战，北平的周围被日本的强盗军包围着，北宁路上一列车一列车的日兵向着平津开来，至少已有五六万之多。日寇声言动员40万大军到华北来，一切近代的武器飞机、大炮、坦克车等等都被输送到平津来，厦门、汕头等处已驶来了日本军舰。日寇的飞机在华北各处横行无忌地飞行着。这是说，日本法西斯蒂军阀的铁蹄又在驰骋于我们大好的华北土地之上了，又在屠杀中国人民，掠夺中国国土了。是可忍孰不可忍！

近卫上台以后，日本内阁与法西斯蒂军阀更加密切地联系起来，完全执行着陆军省的蛮横意志，企图实现吞灭中国，企图以侵略中国来挽救日本国内又在酝酿着的经济危机，来转移日本人民对于社会不安的视线。它乘着英国缠绕在德、意进攻西班牙战争中无暇兼顾其他方面时，乘着美国暂时还无充分力量问津远东问题时，乘着中国虽告统一但国共合作还未完全进至具体状况的时候，首先在堪察加附近轰击苏联舰队，企图以声东击西进攻苏联来买得各帝国主义对日的好感，作为它对于华北的新进攻的烟幕弹。果然，日帝国主义在这个烟幕下，在卢沟桥放起了第二个九一八的号炮，以一切近代所具有的武器，向我们的中华儿女大肆屠杀了。

现在的中国已不像以前了，它已有了和平统一一致抗战的决心。它知道，血的侵略只有以血的还击来回答！因此，卢沟桥的挑衅遭遇到英勇的二十九军的迎头痛击！二十九军的将士们在这个战斗里表现他们的无可比拟的勇敢精神，执行了保卫祖国的神圣天职！

二、日本并不是那么可怕的魔鬼

直到现在还有许多人被恐日病苦恼着，恫吓着。在全国人民大众群起奔向抗日巨流的时候，这些人还是匍匐于恐日病的恫吓下战栗着，坚持着中国不能与日寇抗战，因而还应继续妥协、退让下去的谬见。无疑地这一条反对的坝堤，阻挡了抗日巨涛的奔流，客观上尽了日本内奸的作用。我们要告诉这些人，日本并不是那样可怕的。我们且把日本国内的情形观察一下。日本虽然也挤上了帝国主义的地位，而且又加上法西斯蒂的头衔，但它的经济基础却是那么脆弱，除意大利外，不能与任何帝国主义国家相比拟。日本的国外贸易——这是任何资本主义国家收入的主要来源之一——从1929年起无一年不是入超，它近年来廉价商品的倾销，除了扰乱世界市场与增加对日本劳动者的剥削以外，对于它的收入并没有多少的增加，因为它的这种倾销政策是以几乎低于成本的价格实行的。它的天然资源的贫乏真是惊人，煤、铁、石油、棉花等等的生产量，在平时已经不足用，在大量消费的战争时期，当然更是供不应求。这些对于军事非常重要的原料的缺乏，无疑地是日本帝国主义的一个致命伤。

日本的农业经济更是日本整个经济生活中最弱的一环。农业技术的落后，封建剥削的残酷，地租及赋税的繁重以及农民的极端贫困化，一切这些都形成了日本农业经济的特征，阻碍了日本工业的发展，限制了国内市场的扩大，永远使农民大众陷落在重债、贫困、饥饿与死亡的圈子里。直到现在，日本人民的食粮一部分还是依靠着国外的输入，以这样脆弱的农业来维持长久的战争，那简直是难以想象的事。

日本近些年来比较发展的只有军事工业。这种发展虽然给日本经济生活打了一针吗啡针，但它不但不能持久下去，甚而这种大量消耗而与国民福利无关的军事工业的发展破坏了国民经济。要支持军事工业的发展，须有大量的闲余资本及军事工业所必需的丰富原料。但是，这二者都是日本所缺乏的。我们前面已经说过，煤、铁、铜、石油以及棉花等等的产量已不足以供给军事工业之用，财政的支持亦不是那么尽如人意。日本政府这些年来因为支持庞大的海、陆军军费与军事工业的关系，几乎靠着发行公债来度日。1931年后日本政府每年都有很大的亏空，国债是急剧地增加着。1936年至1937年的财政年度中它的国债总额已达到113亿日元的惊人数字，而且还有继续增加之势！公债的发行只能在人民能够负担的范围内，如果超过这个饱和点，将会引起财政恐慌的危险，但是，日本的公债额早已超过人民能够负担的饱和点了。

日本一旦挑起了大规模的战争，那末，为了支持这个战争，据日本军事家横山的估计，一年需要发行100亿日元的公债，他同时承认发行这样极大数量的公债是极端困难的，甚至是不可能的。然而既要冒险地进行战争，每年非需要这么多金钱不可。国内既不能负担这么多的公债，国外借款亦是茫茫无着，以这种财政状况来进行战争，究能支持多久，那实在是一个最大的疑问呵！

再看日本的军事状况。日本军阀对于他们的军队，时时引以自豪。我们也承认它在组织上、武器上都是有着相当的强点。但是，根据一家德国报纸的估计，日本现役的军队，连满洲的与驻在中国边界的共有120万的数目。也许这个数目是夸大了一些。即使这个数目是准确的，拿这些军队一方面对付苏联，一方面又在漫长的战线上进攻中国，这显然是不够的。根据另一德国军事家的估计，日本能够动员的军队只有250万人，这要拿第一次世界大战的死亡率（无疑地今后战争的死亡率将要大多少倍）来比较，这点军队不能够支持怎样长久，亦不能布置在广大地区上的。日本军队的战斗力也还有问题。日本近30年来没经过什么战争，中日战争与日俄战争早已是历史上的陈迹。趾高气扬的日本军官多是些纸上谈兵的“英雄们”，运用到实际的战争里不免便有些问题。淞沪一二八的战争以及日军在东三省“剿击”义勇军常常败北的事实，便是活的例子，不要再狂妄吧！现在的中国兵已不是中日之战的那时候了。有人说，日本的兵士有很大的耐苦的作战能力。这且让日本军阀来自供。前陆相寺内说：“1935年每一千人中有四百个人因为体质不佳的缘故而被免除兵役。”积极提倡军事训练与体育的日本，为什么有这么大数目的体质不佳的国民？一言以蔽之，尽管日本财阀及军阀等等少数人吃得怎样脑满肠肥，但是，占着全国人民最大多数的受压迫、受剥削的工农大众，是吃不饱饭的！驱使这些饥饿的、体质不佳的兵士作战，只有狂妄的日本军阀会自欺欺人地相信他们的战斗力吧。不只此也，日本兵士多是出身自工农大众，特别是农民。他们虽然一时期受了军阀的欺骗宣传，曾在满洲替天皇、日本财阀、军阀及一切反动势力的头子出了一些力，但他们所获得的依然是悲惨的失业，苦痛的饥饿与死亡。当日本的大财阀们从满洲攫取了大量的财富时，日本工农大众的贫困丝毫未得到解决。这刺激着他们深思到战争的利益只是属于财阀、军阀及地主、贵族的，人民除了承受重大的战费负担与充当炮灰的作用之外，一无所得。这种阶级意识的觉醒，将更会动摇日本军队的军心，他们终会从“忠于天皇”的泥坑中自拔出来，倒转枪头向着他们的天皇、财阀、军阀以及一切好战的反动势力开火！淞沪战争中一部分日军的兵变可为明证。

上述的这些情形已引起日本社会的极度不安。社会大众党在这次选举中的胜利便是表现着人民厌弃战争，企图以另一方法找求出路。人民阵线在日本的抬头，亦是因为这个原因，不只工农大众，知识分子及小资产阶级，甚至一部分中等资产阶级也加入了这个人民阵线。不错，近卫内阁的上台更与日本军阀接近，更增加了法西斯蒂的势力；但是，法西斯蒂势力的增强，实际上亦是表现着反动统治阶级的力量的削弱而采取对内的恐怖政策与对外的战争政策这种自杀的末路呵！我们自然不应忽视日本强盗的强大的侵略力量，否则，将会犯轻视敌人的严重错误；但是，如果过分估计日本强盗的力量，加重了所谓恐日病，对于日本侵略不敢作半点抵抗之想。妥协，退让，我们将会犯更严重的错误，结果是束手待毙！

所谓的恐日病，只是自己脑子里的魔鬼造出来的，日本并不是那么可怕的怪物，每个中国人都应该牢牢地记着！

三、抗战是唯一的出路

过去的错误政策我们不必再批评，而且单是批评过去的错误也是不中用的。现在怎样来抗战是我们全国同胞唯一的急务！东三省已失掉了，热河也不为我们所有了，冀东的汉奸政权形成了，华北亦弄至岌岌可危的形势。一误岂可再误？过去的这种无可比拟的损失终于惊醒了我国同胞，认清让步、妥协与退却只是死路一条，只是亡国灭种的饮鸩止渴的自杀政策。抗战，只有在抗战中找出路，求生存，不能踌躇，也不容徘徊，这是每个中国同胞应有的决心！

现在国际形势与国内形势都是有利于对日抗战的。国际舆论一致地责斥日本的强盗行径。国内自从西安事变后，与中华民国有着同样长久生命的内战终于在中国共产党民族统一战线政策的影响下被结束了，国内和平实现了，国共合作的谈判亦有了初步的成功，南京政府的政治路线亦开始了新的转向——这一切，都是在向着我们团结御侮对日抗战的总目标迈进，都是在抗日阵线中的初步成绩。只要这样地继续下去，勇敢地大踏步地继续下去，终会给予中华民族以新的激动力来实现它的民族解放的神圣任务的！

但是，这些新的转变还只是开始，所取得的这些成绩还是非常的不够，向民主方面的迈进还是非常的迟缓曲折。我们的敌人正是看清了中国的统一战线的迅速成功对它的灭亡中国是绝大不利的。因此，它就在卢沟桥放了先发制人的侵略华北的号炮。这个号炮便是对我们的警钟。时间再不等待我们了，中央政府与我们全国同胞应该在这短促而紧张的时间里，勇敢而更勇敢地执行抗日的民族统一战线的新政策，由政府领导着在全国范围内发扬民主的精神，给民众以充分救国的自由，实现更广泛更坚强的上下一致的团结，动员民众，武装民众，扩大人民对日抗战的力量！这样，只有这样，才能给日本帝国主义的野蛮的侵略以重大的回击，才能挽救华北的垂危的命运，才能进一步地收复一切失地，实现真正民族解放的神圣任务！

自从九一八以来，红军便坚持着和平团结共御外侮的方针，从它在中央苏区提出的三个停战条件起，经过西安事变的勇敢的解决直到现在为止，红军一贯地坚持着这个抗日方针。现在，红军的这个抗日民族统一战线的方针终于获得全国各界的谅解与拥护了。红军终于被认为是保卫中国与实行彻底民族解放的重要力量了，红军与各抗日友军的亲密合作与国共两党的精诚合作再也不会被日本强盗的挑拨离间与种种恫吓所破坏了。相反地，在它愈逼愈紧的形势下，我们亦应团结得愈紧。红军在这十年的斗争里，锻炼了成千成万不畏牺牲、不避艰难的干部；提高了它的政治认识与政治信仰，红军中的每个战斗员以及饲养员、炊事员都有着深刻的政治认识，知道怎样执行他的抗日的政治任务；创立了灵活的、巧妙的、任何强敌都为之战栗的游击战术；建立了完善的、系统的政治工作制度；在广大群众中播下了新的为民族解放而斗争的种子。我们不是在自傲，而且亦不应该自傲，我们只是把这些在革命中所获得的宝贵经验说明出来，热诚地贡献给一切抗日的友军与全国的同胞。这些宝贵经验对今后的抗日战争将会有极重要的作用，将会收结更多的革命的果实。不但每个红军战斗员应该继续学习，作更广深的运动，全国每个抗日的民众与抗日的士兵，亦值得采纳与运用的。

红军没有任何地盘的野心，没有任何权利的狂欲。他的职志是抗日救国，是彻底地为民族解放，是实现真正独立自由的民主共和国。为了这个神圣任务的实现，他愿意放弃十年来有着光荣声誉的“红军”这个名字，改编为国民革命军，服从中央政府的指挥，以便在中央政府的领导下，无阻碍、无隔阂地实现全国上下一致的对日抗战！

卢沟桥的炮声响了！红军已作了随时出发的准备。听从着中央政府的命令，我们愿意开到抗日的前线上去，愿意担负任何艰难、任何危险的战线与日贼周旋，愿意与宋哲元、冯治安诸将军领导下的英勇搏战的二十九军赤诚合作，把日贼驱逐出去，保卫我中华民国的华北！我们不但对于宋哲元、冯治安诸将军与二十九军的将士表示最热烈、最诚恳的敬意，并且忠诚地愿意以我们的一切力量来援助为国为民而抗战的二十九军，来与一切抗日的友军携手！向着我们的万恶敌人——日本帝国主义冲去！

四、最后的胜利是我们中国的

日本帝国主义绝不是甚么可怕的恶魔，只要我们全国民众上下一致齐心协力向着它抵抗，搏战！除了抵抗与搏战之外，我们再无有其他的出路。因此，全中国人民团结起来，动员起来，奔向这唯一的生路！

但是，当前线的士兵正在以生命与头颅来与日寇搏战的时候，日寇正在源源不绝向平津等处输运大军的时候，全国人民正在蓬蓬勃勃奔向抗战的时候，从平津透露出来与日寇交涉“和平解决”的噩耗。我们希望宋哲元将军认清现在的趋势不再上日寇的恶当。这种和平解决能给我们什么呢？卢沟桥附近以及平津道上被日寇蹂躏殆尽了，该地成千成万的同胞被迫走到逃亡与饥馑的路上去了，日本开来了多少万大军盘踞在平津各地，作随时攫取华北为己有的准备，平津陷在日军的包围下，二十九军的后路亦被截断了。这样的和平解决是与虎谋皮，是自取灭亡，贤明的平津当局当不至出此吧！现在全中国已踏上了一个新的抗日阶段，再不允许一个丧权辱国的塘沽协定或何梅协定出现于中华人民的眼前！华北人民与二十九军的英勇将士再不会容忍一个这样的条约！

摆在我们面前的唯一问题是抗战，抗战到最后的胜利！但是抗战不是那么容易的事情，也许有着超出我们想象之外的困难，它将是一个持久的、艰苦的抗战。这需要我们动员与集中全国一切人力、智力、财力与物力以赴之！我们应该把握住抗战的胜利条件。

现在南京政府为了应付紧急的国难，已由庐山搬回南京办公。蒋介石先生亦飞返南京。蒋先生并于17日发表了一篇重要的谈话，我们极端同意蒋先生的卢沟桥事件系最后关头，倘若北平成为沈阳第二，那么南京亦可成为北平第二的意见。南京政府对于应战亦已有所表示。但是，我们认为，要胜利地抗战，便应该坚决厉行集中一切抗日力量的准备，吸纳一切抗日的优秀人才到中央政府与各地方政府中，排除一切妨碍抗战或破坏抗战的分子，以民主方式广泛地动员全国民众，同时，以全力应付这一战争，迅速派遣大军到华北来。

我们不必讳言，华北各省的军队还是操在一些个人的手中，指挥上是不统一的，行动上亦不甚一致。这大大地妨碍了对日的作战，且有被日寇挑拨离间以及各个击破的危险。因此，中央政府应立即组织华北抗日军队的总指挥部，或由蒋先生亲自北来指挥，或委派华北的重要将领指挥。一切在华北抗战的军队，统由这个总指挥部指挥调遣。红军如被调到前线上去——这是我们所切盼的——当然亦无条件地听从这个总指挥部的指挥。一切抗战的军队，免去一切隔阂（如果有的话），扫除一切门户之见，不分畛域，不分派别，齐心协力，整齐着步伐，实现一致的对日抗战！

动员民众，武装民众，给民众以充分的救国抗日的自由，这是胜利的最必要的条件。民为邦本，民众是抗日的主要力量，因此，要与民众更密切地联合起来。西班牙政府与叛军及德、意法西斯蒂奋斗了一年之久，虽有德、意军队的强大武力直接参加进攻，但仍胜利地保卫了马德里。这主要是因为政府信赖民众，动员民众与武装民众的缘故。这一宝贵的经验现在应该充分地运用到中国来。但是，我国民众的救国力量在过去是被钳制、被压迫了，即在今天亦还未获得应有的自由，这无疑义地是一个重大的损失。为了使抗战能够有把握，应刻不容缓地废除对于人民的束缚，予以广泛的民主自由，动员千百万的民众到前线上去，领导着民众在前线上以及在日军已占据的区域中组织大众的游击队，袭击敌人，疲劳敌人，破坏敌人的一切交通，与抗战的军队配合起来作战。这才是最有效的抗战方策。

华北民众，特别是平、津、保一带的民众，在这次抗战中有着最重要的作用。应该动员他们到前线去与二十九军一同生活，一同作战，予二十九军一切必要的援助，实现真正的军民合作。应该组织成各种游击队，在日军出没的地方找寻它的弱点向之袭击，破坏敌人后方北宁路的交通，使日本人不能够再利用这条铁路运送军队。同时，在平津的民众应该组织起来，协助当地政府维持秩序，进行巩固后方的一切工作，缉捕汉奸，创立各种宣传队、慰劳队、救护队、运输队等等，随时准备着在前线与后方服务，以履行人民应尽的职责。

最后，二十九军的将士们已在英勇地抗战了。这个战争不是某军某地方的抗战，而是全国一致抗战的开始。我们不能让这英勇抗战的军队孤军独斗，应该在实力上、物质上与精神上给以充分的援助。因此，中央政府方面应立即调遣飞机、重炮及大军速赴前线应援，接济抗战军队以一切必要的武器、子弹与军需，这是极端迫切与需要的，愿立即实现。至于全国民众方面更应大规模地进行募捐运动，广泛宣传与组织各地民众到抗日的阵线来。组织宣传队、慰劳队、看护队、前线服务队、歌咏队、戏剧队、输送队以及义勇队，予以必要训练，随时准备开赴前线服务！总之，以一切的力量与一切的方式来增强与扩大这一英勇的抗战！

当然，应做的工作还很多，工作的方式也还很多，我们这儿只提出一些例子，不能一一尽举。只要认清了这个抗战的严肃性，根据各地的具体情形，采用一切可能的工作方式与活动，予这个抗战以种种有效的援助，才能真正地实现救国的天职。战争是这样的迫急，时间是这样的紧促，联合各党各派各军一致抗日的口号应立即变为实际行动！团结一切力量，动员一切力量，武装一切力量，奔向全国一致对日抗战的总目标！

不管敌人怎样残暴，怎样强悍，在抗战到底的进程里，最后的胜利终会是我们中华人民的，我们不但有着这样坚决的信念，民族解放的灯塔亦在这样照耀着我们走向最后的胜利！

大破袭战

彭德怀

1940 年 2 月，在反对国民党第一次反共高潮取得胜利后，敌伪顽在华北地区制造谣言来迷惑群众，主要是挑拨八路军与地方民众的关系。如说：“八路军游而不击”、“专打友军，不打日军”。有一部分人上了圈套，而对八路军产生了怀疑。国民党以“曲线救国”论指使他们的一些部队降日，组织伪军，秘密承认伪军合法化。

当时，日军停止正面进攻，将兵力重点转移到华北，对敌后根据地不断进行“扫荡”。日伪军依靠几条交通线，不断向我根据地扩张占领区，增多据点。同时，日军采用多面政策，除军事进攻，还有政治诱降、经济封锁、文化欺骗。日军推行所谓“治安强化”政策后，伪军、伪组织扩大，敌占区扩大，我抗日根据地愈见缩小，部队给养供应困难。日军又封锁与隔绝我各抗日根据地之联系，特别对晋东南实行其“囚笼”政策，使形势日趋严重。敌伪依靠据点到处抢掠，实行“三光”政策，人民受到了严重摧残。

广大人民群众迫切要求给敌伪以沉重打击。亦有少数地区的群众，在敌人的严厉威逼下，甚至有动摇投敌者。从 1940 年 3 月前后至

7月，华北抗日根据地大片地迅速变为游击区。大破袭战之前，只剩下两个县城，即太行山的平顺和晋西北的偏关。原来一面负担的群众变为两面负担（即对抗日政府负担，又为伪政权负担）。

国际上，由于东方慕尼黑危险的增加，对敌占区人民特别是知识分子也有影响。

可是敌伪深入我根据地后，普遍筑碉堡，兵力分散，反而形成敌后的敌后。主要是交通线空虚，守备薄弱，这对我是一个有利的战机。

这些，都是促使组织这次战役的原因。

再者，还由于对敌人的动向有错误的估计，也是发起这次战役的重要原因之一。当时认为，由于国际形势的变动，西南国际交通线路被截断，增加了国民党的动摇；敌人又散布“八月进攻西安”的空气，再截断我西北交通线，在这种紧张的空气里，国民党就更加动摇了，投降危险在随之严重。

在这种情况下，我们决定组织一次大破袭战役。八路军总部决定7月上旬开始准备，8月上旬乘青纱帐旺盛时进行大破袭战。原定兵力是22个团（晋察冀10个团，一二九师8个团，一二〇师4个团），重点破袭正太路；其次破袭平汉路、同蒲路北段和白晋路；并拟于“八一三”前后开始向敌各交通线进攻。任务分配是：太行山区是从娘子关起至太谷，从石家庄起至新乡；五台山区是从石家庄起至卢沟桥，娘子关至石家庄，以及南口东西段；晋绥区是从太原以北到雁门关北；太岳区是白晋路全段；冀南区和冀中区是从石家庄至德州全段。

总部决定后，7月22日发出电报给各区，也报军委。估计到破袭战开始时，日伪军会有相当部分，必从我根据地内向外撤退，故部署我各军区和军分区应预有准备，乘敌退出碉堡工事时，尽量消灭敌人，平毁碉堡及封锁沟、墙。各区接到此部署后，积极行动，提早准备和进入预定地域。当时是青纱帐旺盛时期，虽敌伪碉堡密布，还是未被敌人发觉。为防止敌人发觉，保障各地同时突然袭击，以便给敌伪更大震动，大概比预定时间提早了十天，即在7月下旬开始故未等到军委批准（这是不对的），就提早发起了战斗。

在战斗开始并且取得了一些胜利以后，各根据地有不少武装力量乘敌伪仓皇撤退时，自动参加了战斗，自发地奋起追歼敌伪，加上原布置的22个团，共有104个团。故在发表战报时，名为百团大战。这说明在共产党领导下的军队，是有高度自觉性和积极性的。日本军华北司令部对此役名之曰挖心战。以后每年此日，作为挖心战纪念日。

此役共消灭日伪军3万余人，自动瓦解溃散的伪军、伪组织比此数要大得多。正太路、平汉路一个多月才通车。收复大量县城，有些是得而复失。在破袭时一度收复有四五十县，最后得到巩固的县城还有26个以上。太行山区有榆社、武乡、黎城、涉县、陵川、襄垣等六县；太岳区有沁源、浮山、安泽等三县；五台区有阜平、灵丘、涞源、浑源四县；晋西北有临县、兴县、岢岚、岚县、五寨、平鲁、左云、右玉等八县；冀中收复河间等数县；冀南区收复南宫等数县；冀鲁豫平原区收复南乐、清丰、内黄等县。从这一点来说，给日伪震动是很大的。由于当时敌伪军把一些力量深入到我根据地内部，分散守备那些星罗棋布的碉堡去了，造成了各铁路沿线的守备减弱，所以战役开始后，进行得比较顺利。

这次破袭战，相当严重地破坏了敌人的交通运动，消灭了相当多的伪军和伪组织，摧毁了敌伪军在我根据地内为数不少的堡垒，收复了不少县城，缴获了大量物资，是抗日战争中缴获最多的一次。

这次战役大大提高了华北人民群众敌后抗日的胜利信心，对日寇当时的诱降政策以及东方慕尼黑阴谋以很大打击，给蒋管区人民以很大兴奋。此役也给了投降派又一次打击，提高了共产党领导的抗日军队的声威，打击了国民党制造所谓八路军“游而不击”的谣言。蒋军有后方接济、国际援助。八路军深入敌后，毫无援助，为照顾大局，还能进行百团大战，把抗日救国的神圣事业引为己任。让全国人民去评断，去教育自己。在对日大规模破袭战中，我军也取得了一部分攻坚经验，便利了以后我们开展敌后的敌后武工队的活动。在华北伪军、伪组织中的瓦解工作也迅速开展。大片解放区的恢复，改变了两面负担的局面，减轻了人民痛苦。

此役胜利的消息传到延安，毛主席立即给我来电说：“百团大战真是令人兴奋，像这样的战斗是否还可组织一两次？”

所以这次战役是取得了不少胜利的。

但是，我在这个问题上是有错误的。这个错误主要表现在我对日军向我进攻的方向估计得不对。本来敌人准备进攻中原及打通粤汉路和湘桂路，而我以为（根据我们情报工作者的援告）是要进攻西安，怕敌人进占西安后，截断中央（延安）同西南地区的联系（实际上这种顾虑是不必要的）；更没有估计到日本法西斯打通粤汉路，是为了便利进行太平洋战争。如果当时看破了敌人这样的战略企图，那就再熬上半年时间，或者等敌人进攻长沙、衡阳、桂林以后，兵力更加分散时，我军再举行这次大规模的破袭战役，其战果可能要大得多，其意义也要大得多。然而，是过早举行了那次战役。虽然在战役上取得了胜利，但是推迟了日军打通粤汉路和湘桂路的时间（约一个月时间），而减轻了当时日军对蒋介石的压力。在客观上起了援助蒋介石的作用。由于进行了这次破袭战役，迫使日军从华东、华中调回一个师团的兵力，加强了对我华北根据地之进攻。特别是太行山区，在敌人的“三光”政策下（这个杀光、烧光、抢光的“三光”政策，是在1939年夏就提出的），人民遭受了一些可以避免的损失。再者，破袭战役后期，我也有些蛮干地指挥。此役在太行山区破袭时间搞的太长了一些，连续搞了一个月，没有争取时间休整，敌伪军即行“扫荡”。在敌军“扫荡”时，日军一般的一个加强营附以伪军一路。我总想寻机歼灭敌军一路，使敌人下次“扫荡”不敢以营为一路，以使其“扫荡”的时间间隔扩大，有利于我军民机动。我这一想法是不符合当时实际情况的。

因部队太疲劳，使战斗力减弱了，使一二九师伤亡多了一些。

上面这些后果的责任，是应当由我来负责的。但是我认为，对于这次战役的估价，不能离开当时我们所处的环境和当时担负的任务。如果抛开这些，而重于从另一方面来说“就是为了维护蒋介石的统治”，“就是资产阶级思想的战略方针”，我认为这样来分析和推论一次战役行动，是有点过分，因为当时战役的胜利，实际上比损失大得多。

“文化大革命”中，有些人恶意攻击百团大战。他们说，皖南事变是因为百团大战暴露了力量，引起蒋介石的进攻。消灭新四军八九千人，这个罪责应该彭德怀负。好家伙，这些人是站在哪个阶级说话？真令人怀疑，他们根本不懂得历史。百团大战是蒋介石发动第一次反共高潮之后打的，而不是在第一次反共高潮之前打的，那么第一次反共高潮之前，是谁造成对八路军、新四军那样多的惨案呢？甚至还有人说，日本投降后，蒋介石发动对人民解放区前所未有的进攻，也是由于百团大战暴露了力量，使蒋介石过早警惕。这些人是健忘呢，还是有意违反历史事实啊？ 1927 年上海四一二事变和长沙的马日事变，这又是谁在预先暴露了力量呢？谁在四一二事变前打过百团大战呢？蒋介石打过十年内战，在十年内战爆发以前，又是谁打过百团大战呢？肯定回答，没有人打过百团大战。那么，蒋介石集团为什么要打十年内战呢？这是它这个集团代表地主买办资产阶级的本性决定的。他是个反共、反人民的代表集团，在抗日战争结束后，他有几百万军队，又有帝国主义援助，哪有不反共反人民的道理呢？哪有不进攻解放区的道理呢？

……

我认为百团大战在军事上是打得好的，特别是在打了反磨擦战役之后，必须打反日的百团大战，表示我们是为了抗日才反磨擦的。这才能争取广大的中间势力。在当时，只有抓住敌后的敌后空虚，给以突然猛袭，才能有力地调动敌人，给予打击，恢复大片抗日根据地。

在敌后碉堡密布的情况下，组织这样统一有计划的破袭，是不容易的。百团大战的胜利，对于揭露日、蒋各项欺骗宣传是有利和有力的，对于积蓄力量是非常必要的。如果当时还不给敌伪以必须和可能的打击，根据地就会变为游击区；我们就不会有近百万正规军、200万基干民兵，和广阔的解放区作为解放战争的战场，给进犯的蒋军以适时的打击。

抗战时期，人民战争有了发展，比红军时期进了一步。如大规模的地道战、地雷战、麻雀战等多种多样的战法，各种各样的武器都加以利用了。武装编组也是多种多样的。如普通民兵、基干民兵；村乡有小组、区有区干队、县有独立团、营或支队。在百团大战后，发展了武装工作队（武工队），它是党、政、军、民统一的组织形式，他们的一般政策水平比较高，善于分析具体情况；他们对每一个斗争对象非常灵活机动，处处为人民利益着想，把合法斗争与非法斗争结合得特别巧妙。这些都是在毛泽东人民战争思想指导下，逐步成长起来的，可惜的是还没有系统地整理起来。

我们在太行山上

刘伯承

一

太行山位于晋冀豫三省边界，高山连绵，地势险要，西有吕梁山，北有五台山，南临黄河，东接冀鲁平原，是华北的战略要地之一。

全国抗战一开始，党中央、毛主席就已估计到华北抗战形势必将日趋恶化，并预定在日寇深入山西时，以八路军的三个师，分别控制吕梁、五台、太行诸山脉，作为开展华北游击战争，建立敌后抗日根据地，积蓄力量，坚持长期斗争的战略基地。

1937 年 9 月底，八路军一二九师继一一五师、一二〇师之后出师抗日，到达了山西前线。

这时，华北的日寇在占领北平、天津以后，以 20 万兵力沿平汉、津浦、正太、平绥诸铁路大举进犯，连陷保定、石家庄、邯郸、沧州、德州、大同等重要城市，并图一鼓而下太原。国民党在华北的许多军队和政府人员，弃城失地，狼狈溃逃。华北地区陷入一片混乱。

一一五师、一二〇师出师之后，即在平型关、雁门关、井坪镇等地有力地打击了日寇，取得了巨大胜利。一二九师在10月19日，夜袭阳明堡敌飞机场，烧毁敌机20余架，继而在正太路南侧，协同一一五师的部队，连续在马山村、七亘村、黄崖底、广阳等地给了正向太原疾进的敌人以沉重打击，前后又歼敌2000余人。

国民党百万大军，由于执行不要人民群众参加的、单纯政府的片面抗战的路线，在敌人面前或则一触即溃，或则闻风而逃，并到处散布恐日情绪，为害人民，造成抗战危局。八路军在我共产党提出的全国人民总动员的全面抗战的路线下，以三师之众，向北挺进，连战连捷，团结人民，挽救抗战危局。两幅不同的图画，形成非常鲜明的对比。“民族救星共产党，国家功臣八路军”，只有在共产党领导下实行全面抗战的路线才能胜利。这在抗战一开始就已经十分明显了。

1937年11月初，上海、太原相继失守。毛主席指出，抗战正处在片面抗战到全面抗战的过渡期中，“在华北，以国民党为主体的正规战争已经结束，以共产党为主体的游击战争进入主要地位”。在党内、在全国都要反对投降主义，既要坚持、扩大和巩固抗日民族统一战线，又要在统一战线中坚持独立自主的原则，放手发动敌后游击战争，建立敌后抗日根据地。稍后，毛主席又发表了《抗日游击战争的战略问题》和《论持久战》，有力地驳斥了亡国论和速胜论，阐明了持久战的道理和游击战争的重大的战略作用，并且英明地指出了中国取得抗战最后胜利的道路。毛主席的这些指示，以无比的光辉，照耀着中国人民前进的方向。

一二九师根据毛主席创建以太行山为依托的晋冀豫抗日根据地的指示，在中共中央北方局和八路军总部直接领导下，立即大刀阔斧地展开了开创根据地的工作。一面命令各团以营或连为单位，进到平汉路、正太路沿线，发动群众，开展游击战争，打击继续南犯的敌人；一面抽调大批干部和一些连队，组织了许多工作团和游击支队，分散到太行山区的各地发动群众。原来这一地区的党组织，虽在国民党多次摧残之后，力量不大，但也积极地执行着毛主席的指示，大力发动群众，组织抗日武装。这时，地下党的同志运用统一战线政策组成的山西牺牲救国同盟会、山西青年抗敌决死队等进步的群众组织和抗日武装，也在晋东南地区积极地开展工作。冀西地区成立了冀西游击队。这几支力量结合起来，展开了轰轰烈烈的创建抗日根据地的斗争。晋东南和冀西的几百万人民起来了。工会、农会、青救会、妇救会和抗日自卫队到处组织起来了，新的抗日民主政权建立起来了。工人、农民和青年知识分子争先恐后地参加抗日武装，每一个城镇和乡村都出现了“母亲叫儿打东洋，妻子送郎上战场”的动人事迹。游击队在各地如雨后春笋般地生长起来。太行和太岳两块抗日根据地开始创建起来了。

“分兵以发动群众，集中以应付敌人。”这是毛主席在第二次国内革命战争时期就总结出来的创建和扩大革命根据地的经验。我们遵循着毛主席的这个指示，在分兵发动群众的同时，也抓住有利的时机，集中兵力消灭敌人。1938 年 2 月，日寇集中了 3 万余人，向晋南发动进攻。国民党军队仍然是望风披靡，不战而溃。至 3 月上旬，日寇便又侵占了临汾、长治、风陵渡等数十座城镇，控制了邯郸经长治到临汾的大道和同蒲路南段，并继续向晋西南黄河各渡口猛犯。为了打击侵入晋东南的敌人，钳制日寇的进攻，我们将分散活动的部队适当集中，寻机歼敌。2 月 22 日，在正太路东段，包围旧关村，设伏长生口，消灭了由井陉出援旧关之敌一个加强中队。随即转师南下，寻歼占领邯郸、长治大道之敌。3 月 16 日，袭击黎城，设伏神头，迅速、干脆地歼灭了由潞城出援之敌 1500 余人。半个月后，又在黎城、涉县间的响堂铺地区布下伏兵，将由黎城东开的敌汽车 180 辆全部烧毁，全部歼灭其掩护部队。

太行山上的抗日运动风起云涌，我们的主力又三战三捷，歼敌数千。敌人感到这块抗日根据地对他的威胁太大，于是在 4 月初，集中了3万多人，举行“九路围攻”，企图合击歼灭我军。但是我军在广大人民的支援下，机动灵活地转出了敌人的合击圈，并且于4月16日，在武乡长乐村地区抓住了敌人的一路，以极为勇猛的动作，将敌压在狭窄的河谷里，截为数段，然后经过一整天的激战，歼敌1500余人。这一战，给了敌人九路中的主力一〇八师团以严重打击，其他各路敌人即纷纷回窜。我各部乘胜追击，连克长治、沁县等18座县城，将敌人赶出晋东南。

粉碎敌“九路围攻”的胜利，使我们的脚跟在太行山上站得更稳了，使我党我军的威信更为提高，广大人民的胜利信心更为高涨。我们根据毛主席抓住大好时机，以太行山为支点迅速分兵，由山地向平原发展的指示，乃留一部分兵力继续在晋东南和冀西发展游击战争，建设根据地，而以一二九师的主力和一一五师的六八九团，向冀南进发。

冀南地区，自国民党军队南逃后，土匪和一些旧军官即招兵买马，各霸一方；豪绅地主亦纷纷成立反动道、会门和民团。日寇为达到其统治冀南的目的，一面笼络豪绅地主成立“治安维持会”，并大量收编土匪，组织伪军，一面挑拨各色武装互相火并，从中操纵，使他们都为其控制和利用。冀南的我党组织，在抗战开始后，立即发动群众，组织抗日武装。一二九师也曾在1937年底、1938年初，先后派挺进支队、东进纵队、骑兵团等挺进冀南，结合地方党所组织的抗日武装，展开创建抗日根据地的工作。5月初，一二九师的主力和一一五师的六八九团到达冀南后，首战威县，打跑了盘踞该县的日军，接着乘胜分兵向漳河南北和卫河两岸发展。至9月底，消灭了伪军1万多人，解放了临清、高唐、临漳、滑县等20余县。同时，收纳和整编了大小数十股游杂武装和20余县的民团、保安队，加强教育，进行改造，逐渐提高其政治质量。1939年1月，日寇集中3万余人，对冀南进行大规模的“扫荡”。我军依靠广大群众，积极展开斗争，粉碎了敌人的“扫荡”。2月10日，在威县香城固全歼日军一个加强中队，击毙敌大队长以下200余人。

位于河北、山东、河南三省结合部的冀鲁豫地区的党组织，在抗战开始后，也积极地发动群众，组织抗日武装，并团结了一部分愿意抗日进步的国民党人员如山东第六区专员范筑先等与我合作，创建了鲁西北、泰西（泰山以西）、湖西（微山湖以西）、冀南（河北省南部）、鲁西南等抗日根据地。1938年12月以后，一一五师东进，在冀鲁豫地区有力地打击了敌人。在1939年5月的陆房战斗中，毙伤日寇1300余人。冀鲁豫抗日根据地也迅速发展起来。

1940年初，日寇实施"囚笼"政策，以铁路为柱、公路为链、碉堡为锁，企图分割和封锁各抗日根据地。我们结合广大人民，对敌展开了全面的交通斗争。1940年秋，在以正太战役、榆（社）辽（县）战役为中心的大破击中，我们参加战役的部队，作战极为英勇，共毙伤日伪军5000余人。

从1937年冬到1940年，以太行山为中心的太行、太岳、冀南、冀鲁豫几块抗日根据地都迅速地创建和发展起来。东至津浦路，西到同蒲路，北至沧石路、正太路，南至黄河、陇海路的广大地区，成为敌后重要的抗战基地之一。这是坚决执行了党中央、毛主席放手发展敌后游击战争，建立敌后抗日根据地的指示的结果。

二

创建晋冀鲁豫抗日根据地，不仅和日寇进行了激烈的斗争，并且和国民党反动派作了激烈的斗争。国民党几十万大军和省、县等各级官员，在日寇进攻面前狼狈逃窜；但当我军奋勇抗击敌人，收复失地，创立敌后抗日根据地时，他们却又回头来对我们加以多方的限制和破坏，叫嚣要向我军“收复失地”。我们始终是处在日寇和国民党反动派夹击之下，既要前门打虎，又要后门拒狼。这种形势在1938年冬日寇占领武汉以后，更为严重。这时，日寇对国民党采取了政治诱降为主、军事打击为辅的政策，逐渐转移其主要军事力量对付敌后我军。国民党则采取了消极抗战、积极反共的政策，对敌后抗日根据地军民加紧磨擦，为投降妥协作准备。在晋冀鲁豫抗日根据地周围，日寇逐渐增加兵力，从1938年11月到1940年底，对我冀南、冀鲁豫根据地进行了多次的“扫荡”，企图首先摧毁这两块平原根据地，然后摧毁太行、太岳山区根据地。国民党反动派也以冀南、冀鲁豫为重点，加紧磨擦。首先派鹿钟麟为河北省主席，到冀南进行反共。接着又将石友三部由鲁南调到冀南和冀鲁边，增加反共力量。他们提出“撤换县长，驱逐八路”的口号，要取消冀南行政主任公署，并且委派县长、区长，同抗日民主政权对立。他们到处勾结劣绅土豪，地痞流氓，横征暴敛，欺压人民，一再杀害共产党员和抗日群众。我们遵循着党中央、毛主席的指示，一方面耐心地争取他们团结抗战，多次和鹿钟麟会谈，晓以团结抗战的大义；另一方面也展开了反对国民党反动派设立第二政权的斗争，并作了应有的自卫准备，以便在忍无可忍时，给进犯者以必要的反击。1938年8月，我们对肆意磨擦，悍然向我进犯的反共专家张荫梧部作了“礼尚往来”的回击，坚持了抗日民主阵地。

1939年下半年，国民党反动派在日寇诱降、英美劝降的形势下，加强了反共活动。11月，国民党调整了他们在晋冀鲁豫地区的力量，安排了互相配合着的三路反共大军：一路是以它在太行山南部和中条山区的军队，配合阎锡山反对山西新军的活动，从南面、西面压迫我军，企图消灭太行山南部与晋南的山西新军和八路军；一路是以九十七军军长朱怀冰所部进到太行山北部，配合鹿钟麟等，企图控制冀西地区，割断我太行和冀南的联系，尔后进取冀南；一路是以石友三部的两个军和冀察游击总指挥孙良诚等部，从东面向冀南、冀鲁豫我军进攻。

对国民党行将发动大规模的反共投降活动，我党早有准备。毛主席在1939年下半年所写的《反对投降活动》、《必须制裁反动派》、《目前形势和党的任务》等文件中，早已指出了这种形势，要全党作好准备。并且，毛主席还在《〈共产党人〉发刊词》、《中国革命和中国共产党》等著作中，总结了我党过去斗争的经验，阐述了在统一战线中又团结又斗争、以斗争求团结的方针。毛主席的这些著作，武装了我们的头脑，使我们能够清醒地来进行斗争。

12月初，阎锡山发动了进攻山西新军的十二月事变，开始了国民党第一次反共高潮。12月中、下旬，阎锡山的爪牙孙楚指挥其所属部队，在晋东南摧毁了沁水、阳城等七个县的抗日民主政权，共产党员和进步人士被屠杀和逮捕者达2000人左右，决死三纵队被反动军官拉走了4000多人。同时，蒋介石下令逼迫我军撤至白晋路以东、邯长路以北；朱怀冰部已进入冀西，抢占要点，并指示早已暗通日寇的侯如墉部向我进攻；石友三部在冀南、冀鲁豫也大肆进行反共活动。在这种情况下，我军就只有进行自卫的反击了。

在晋东南，我们一方面严正地拒绝了蒋介石逼我退出太行山南部和太岳区的命令，以一部分主力部队进入太岳，加强了该区的斗争力量，以另一部分主力部队坚持太行山南段的斗争。另一方面，根据阎锡山欲利用蒋介石的力量恢复其对晋东南的统治、蒋介石欲乘机将阎锡山势力排挤出晋东南的矛盾，以及孙楚攻我最为积极，蒋系各军怕损失实力，不甚积极的情况，采取了集中打击孙楚，麻痹太南蒋军、巩固太岳、逐步恢复太南的方针，先后重创了孙楚所率的独八旅及阎锡山的新编第二师、暂编第二旅。当蒋系的二十七军向我太岳区进攻时，我一面派人与之谈判，晓以曲直利害；一面给以适当惩戒，制止其进攻。

在冀西，我继续向鹿钟麟、朱怀冰等说明我团结抗战的主张，进行争取，同时集中了一定的部队，对附敌有据、罪恶昭著、人民蓄恨已久的侯如墉、乔明礼等部，实施进攻，将其8000余人大部消灭。在此情况下，朱怀冰处境孤悬，心虚胆怯，乃于1940年2月初率部与鹿钟麟一起南撤至武安、涉县、磁县，继续进行其反共磨擦，破坏抗战的活动。

在朱怀冰部南撤后，我一面对其保持戒备，仍望其能改变反共反人民的态度，转而抗日，一面集中冀南、冀鲁豫及冀中、冀鲁边南来的部分兄弟部队共25个团，给附敌反共的石友三部以坚决打击，毙伤其3000余人。石友三率余部渡过漳河，逃向清丰一带。

这样，太岳区和太行山以南地区的局面稳定下来了，我取得了粉碎国民党反共高潮的第一个回合的胜利。但是，蒋介石并不甘心，他命令朱怀冰、鹿钟麟部在磁县、武安、涉县、林县地区，与退至漳河以南的石友三等部连成一片，并急调四十一军、七十一军向太南开进，企图向我举行新的大规模的进攻。为了粉碎蒋介石的这一阴谋，我乃乘四十一军、七十一军尚未到达之际，于3月初在平汉路以东、以西，分别进行了反击石友三部、朱怀冰部的战役。经过四天战斗，将石友三部击溃，余部逃往陇海路边，将朱怀冰部大部歼灭，我控制了邯长路以南、临淇以北的地区。

蒋介石在其前锋反共爪牙遭我连续反击后，还图增调兵力，布置新的进攻。这时，党中央、毛主席仍本着尽可能争取蒋介石集团继续抗战的方针，命令我们适可而止，结束反击作战，和国民党第一战区进行谈判。在谈判中我既坚决地揭露其反共阴谋，又作了必要的让步，最后议定了以临屯公路及长治、平顺、磁县之线为界，该线以南为国民党军队驻区，以北为我军驻区。我们并立即将进至上述界线以南的部队撤回线北。

在粉碎国民党反动派的第一次反共高潮中，我们的胜利，是毛主席在统一战线中又团结又斗争、以斗争求团结的政策的胜利。在斗争中，我们高举“坚持抗战，反对投降；坚持团结，反对分裂；坚持进步，反对倒退”的旗帜；坚决执行“有理、有利、有节”，“利用矛盾，争取多数，反对少数，各个击破”的策略原则，因而能够扭转严重的形势，稳定局面，使人民在抗战初期获得的果实得以保持。

以后，晋冀鲁豫边区军民，对国民党反动派的挑衅和进攻，继续进行了不断的斗争。如国民党反动派发动第二次反共高潮后，冀鲁豫区军民对孙良诚部的斗争，1942 年太岳区的军民对阎锡山部侵占我太岳区南部的反击，国民党反动派发动第三次反共高潮后，我军对大举侵入冀鲁豫区的李仙洲部的斗争，等等。在这些斗争中，无一不是根据毛主席的指示办事，因而都赢得了胜利。

三

1941 年以后，日寇更加紧了对敌后抗日根据地的进攻。在华北，连续实施了五次“治安强化运动”，对其占领区实行“清乡”，对我边沿区实行“蚕食”，对我根据地实行“扫荡”，并使三者结合起来，反复进行。在平汉路西侧，敌人大力地进行“蚕食”，构筑了三道封锁线，企图割断我太行与冀南、冀鲁豫的联系。在冀南、冀鲁豫平原，敌人实施了多次的全面进攻，以纵横交叉的公路和碉堡，将我根据地分割成为王字形、田字形、米字形的许多小块，造成“格子网”的形状。1942 年，敌在冀南增筑的公路和封锁沟、封锁墙就达 480 多条，全长 5000 余公里，平均四平方公里就有一个据点。在太行、太岳山区，敌人以“蚕食”和“扫荡”相结合，以“蚕食”占领的点线作为“扫荡”的依托，又在反复的“扫荡”中继续加速“蚕食”。其“扫荡”的方法经常变换，从“分散配置”、“灵活进剿”、“牛刀子战术”，到“铁壁合围”、“反转电击”、“抉剔扫荡”等等。而每次“扫荡”又必实行杀光、抢光、烧光的“三光”政策，企图歼灭我军，摧毁根据地军民的生存条件。国民党反动派则大肆宣传“曲线救国”，敌后的国民党游杂部队大批投敌，公开充当日寇进攻抗日根据地的爪牙，就是尚未公开投敌的，也暗中与日寇勾结，互相配合，共同反共。加之，1942 年、1943 年连年灾荒，根据地的斗争愈来愈艰苦、愈困难了。

党中央、毛主席指出 1941 年以后抗日根据地的困难是“黎明前的黑暗”，鼓励全党全军增强团结、克服困难、积蓄力量、争取胜利，并且宣布了《关于抗日根据地土地政策的决定》、《关于统一抗日根据地党的领导及调整各组织间关系的决定》和《关于领导方法的决定》，强调了必须彻底实行“精兵简政”，使战争的机构适应战争的形势，要求各个根据地都要展开大规模的生产运动和整风运动，指出这将会产生根本性质的效果，使我党立于不败之地。党中央、毛主席的这些指示是我们克服困难、争取胜利的指针。

1942 年，晋冀鲁豫全区展开了大规模的减租减息运动。大批的干部深入农村发动群众，领导广大农民开展减租减息的斗争，并且教育农民把改善生活的斗争和抗日斗争结合起来。这样，广大的农民进一步发动起来了，农村的面貌发生了新的变化，人民武装和人民政权也跟着迅速地加强了。边区军民在增产节约、自给自足的号召下展开了大规模的生产运动。这时，财政经济工作也已初具规模，统一了税收和金融币制。冀南银行发行的钞票，通用晋冀鲁豫全区。这就大大加强了对敌斗争，保证了军需民用。1941 年 7 月 7 日，晋冀鲁豫边区人民的代表机关——边区临时参议会开幕。这次会议选举了边区政府委员，成立了边区政府，晋冀鲁豫边区的各项工作更进一步展开了。

在深入发动群众、加强人民武装和人民政权、开展大生产运动的同时，根据地的军队和党、政机关一样，坚决地实行了“精兵简政”政策，大力紧缩机关，充实连队。一方面加强了地方武装的建设，一方面又保持了骨干力量。在根据地的各项工作中，都加强了党的一元化领导。在党的一元化领导下，更统一了对敌斗争的各项政策。在根据地、边沿区组织了正规军、游击队和民兵、自卫队相结合的游击集团，向敌占区“格子网”内派出非常精干的小部队和武装工作队。各区都抽调了大批干部，进入党校或组成干部整风队，进行整风，收到了巨大的效果。在整风运动中，提高了干部的阶级觉悟，发扬了“实事求是”的作风，改进了领导方法，更加认识了毛主席领导的英明和伟大，更加紧密地在党中央、毛主席的周围团结起来。

在反“扫荡”中，我们一部分地方武装和民兵坚持腹地斗争，广泛开展游击战争，打击敌人的“清剿”部队；主力则转至外线，配合边沿区的游击集团和敌占区的武工队、小部队，积极破坏敌人的交通线，捣毁其补给点。敌人的“扫荡”虽然来势汹汹，但进入我根据地后，立即遭到了沉重的打击。敌人出发了，我们遍布各地的情报站、瞭望哨就以各种方法传递消息，使广大军民随时都知道敌人的动向。敌人所到之处，不仅遇到彻底的空室清野，并且到处触发地雷，遭受袭击。部队和民兵，时而分散，时而集合，用各种武器袭击敌人，而敌人却到处找不到他们。真是“四面楚歌传来，一拳打去是风”。敌人的交通线和后方的据点、碉堡，又不时这一处，那一处，为我转出外线的部队破坏、袭击、夺取，敌人到处损兵折将，顾了这里，顾不了那里，最后不得不狼狈退出我根据地。

在敌占区“格子网”内，武工队、小部队积极地发动群众，和群众一起对敌进行了极为有力而又巧妙的斗争。他们把合法斗争和非法斗争、军事打击和政治攻势很好地结合起来，创造了许多有效的斗争方法。敌人在据点附近，甚至在碉堡内也会突然遭到打击，被打死或被活捉。在这种情况下，许多伪军、伪人员不敢再做坏事，并逐渐向我靠拢，与我建立了联系。我们逐渐地在敌占区内创立了许多小块的隐蔽的游击根据地。

在对敌斗争中，山地和平原互相支援。在冀南、冀鲁豫平原坚持斗争的军民，灵活地进行着各种斗争，经常挖沟、破路，破坏敌人的交通，并且吸取了冀中军民地道斗争的经验，挖了许多既便于隐蔽又便于出击作战的地道。许多地方的地道，不仅是户户相通，而且是村村相连。除地道外，还在村内堵起了原有的街口、大门，另辟通道出入，做好射击设备，与地道结合，把整个村落变成了打击敌人的阵地。在太行、太岳山区，粉碎了敌人多次极为残酷的“扫荡”。太行山，不仅在抗战初期是我们据以开辟冀南和冀鲁豫地区的支点，在抗战中期，还支援了平原地区的斗争，在形势极为困难的情况下，冀南、冀鲁豫地区的许多干部和一部分部队则调到太行山区来休整、训练，成为支持整个山地、平原游击战争的基地。这样，山区和平原互相配合，充分地发动群众，军民团结一致，就形成了不可战胜的雄伟力量。我们就是依靠着这个力量，坚持了艰苦、复杂的斗争。

四

1943 年，晋冀鲁豫抗日根据地进入了恢复和再发展的新阶段。在这个新的阶段中，我们继续粉碎了敌人的多次“扫荡”，并且对一切可能夺取的敌占城镇和据点，展开了进攻。对深入我根据地内突出、孤立的敌伪军据点，采取了以围困为主的方法夺取之。如围困沁源就是一个典型的范例。在这次围困战中，我们以少数部队配合当地民兵和广大群众，以广泛的游击战争袭扰敌人的据点，打击敌人的运输，从 1943 年初到 1945 年 4 月，前后杀伤了敌伪军 4000 余人，最后收复了沁源县城。对盘踞在根据地周围的敌伪军据点，在可能夺取的条件下，就集中一定的兵力，以偷袭、强攻、里应外合等各种手段夺取之。

1943年至1944年，太行、太岳、冀南、冀鲁豫都曾组织了几次较大的战役。如1943年七八月间连续进行了卫南战役和林南战役，共歼灭了敌伪军1.2万余人，收复了卫河以南和林县以南的广大地区。1944年3月日寇大举进攻河南，国民党40万军队溃退，豫西沦入敌手。我们又遵照党中央的指示，前后派遣了几支部队，开创了豫西抗日根据地，扩大了豫东抗日根据地。以后，在晋冀鲁豫抗日根据地周围，又举行了多次的战役，猛烈地扩大了解放区，缩小了敌占区。1945年8月8日苏联对日宣战，出兵我国东北以后，晋冀鲁豫全区军民坚决地遵循着党的第七次代表大会的指示，勇猛地向敌人展开大反攻，在一个短时期内即歼灭敌伪军5万余人，收复了县城59座，和全国兄弟战略区相互配合，获得了抗日战争的胜利。

在抗日战争中，晋冀鲁豫抗日根据地所获得的胜利，是党的胜利，毛泽东思想的胜利，人民的胜利。毛主席对于抗日战争作了极为深刻的分析，并根据这种分析，确定了“全面抗战”的路线，统一战线中独立自主的原则和“基本的是游击战，但不放松有利条件下的运动战”的战略方针；又根据战争发展的情况，制定了实现这个路线、原则、方针的一系列的具体政策。这是抗日战争获得胜利的根本原因。晋冀鲁豫抗日根据地能够迅速开创，能够粉碎日寇的多次围攻，能够击溃国民党军队的多次挑衅，能够在敌顽夹击下克服严重困难转入反攻，取得胜利，都是在党中央、毛主席的领导下，贯彻执行了正确的路线和政策，充分地发动了群众、军民同命、英勇奋斗的结果。毛主席说：“兵民是胜利之本”。这一相信群众、依靠群众的英明思想，在太行山，在晋冀鲁豫边区，也像在其他抗日根据地一样，得到了证实。

晋西北抗战经过

贺龙

日本帝国主义，原来是想不费什么气力，在很短的时间内，就要达到完全侵占我们整个华北的目的。现在怎样呢？在表面上虽然算是暂时的掠夺了我们华北绝大部分的领土，特别是大城市和交通线。但是他原来那样美满的计划，显然是失败了！

只拿山西来看吧！日本帝国主义开始的打算，是迅速顺利的、长驱直下风陵渡的。结果，由于在山西抗战的军队，是无比的英勇，不断地给以坚决顽强的抗战，使日本强盗不能不付极大的代价，经过几个月的血战，然后才能取得太原。平型关之战，给了敌人以重创。实际上并不算天险的忻口，却能阻敌20余日不能前进一步。这是出乎我们凶横残暴的敌人意料，而不能不为之胆寒的。这就使敌人在占据太原后至今还不敢南犯；使在山西所有英勇抗战的军队，争取了更多的时间，进行整理和巩固新阵地的布置，使广大的晋南地区，仍安然的保持在中华民国的旗帜之下。造成这样的局面，一方面由于我友军不顾一切牺牲，以坚决抗战到底的精神，不断地给予敌人以巨创，树立了许多光荣不可磨灭的功绩。

另一方面，在晋察冀边区与晋西北广大地区，我军积极活动，一刻不停地迷惑敌人，扰乱敌人，打击敌人，消灭敌人，破坏敌人的交通，特别是广大民众抗日斗争的发动，广泛的群众游击战争的开展，与游击战争根据地的创立，一天一天地增加着敌人不可克服的“后顾之忧”，是有着很大的配合与牵制作用的。

一、我们在晋西北是怎样战斗着的？主力和支队巧妙地配合起来，积极地打击敌人

我军是10月初到达神池、宁武，当时敌已占朔县，固守阳方口、大水口，我们的部署：决派宋支队绕攻敌后，进占井坪、平鲁，打击敌人，迟滞敌向神池、宁武之前进；一方面将我另一部置于长城利民堡附近，准备消灭由平鲁向朔县前进的敌人。布置刚完，朔县的敌人即向阳方口、大水口进犯。三日并占去宁武，恰巧当天的下午和第二天，我宋支队也完成了占领井坪、平鲁的光荣任务。同时我某部亦积极转移，于第三日占领宁武侧后之摩天岭，给宁武的敌人极大的威胁，14日更尾敌占大牛店，于15日赶到贺家庄之线我军之又一部，同我平原一带作战的友军，取得了密切的配合。

宋支队胜利地克复井坪、平鲁后，更积极活动于大同、岱岳、怀仁一带，使敌人顾此失彼，处境异常困难。李支队亦开始积极行动，与宋支队遥相呼应，曾一度袭占宁武、四门。我骑兵营密切地配合着各支队日夜袭扰困守宁武之敌，特别是13日在宁武以北袭击增援宁武之敌坦克车、装甲车50余辆，这在敌人高傲地认为是最锐利的武器，结果，还是狼狈地败回朔县。

武宁的敌人更加恐慌了！虽然已经挣扎了几天，然而终于不得不乘着13日的黑夜仓皇逃走，使我友军马旅和我骑营顺利地收复了遭受日寇蹂躏、横尸满地、瓦砾半城的宁武城。目睹这种惨无人道的烧杀、抢掠、奸淫，将士对侵略者日本帝国主义，无不切齿痛恨，有敌无我、有我无敌的怒火，更盛炽地燃烧在每个人的心坎中。

二、晋北持久抗战的基础，现在是胜利的初步奠定了！要尽我们所有的力量，亲密地配合其他抗战军队作战

我在大牛店一带，积极配合忻口友军作战之部队，是分三路进行的：一路切断崞县之十里铺，一路切断原平、崞县间之白家村，其余的一路夜袭崞县县城。在十里铺附近发现敌人的汽车百余辆，满载步兵由北向南增援。长期抗战以来，全体指战员一次一次的发扬着自己的积极性。“打他一个来不及”，大家都这样准备好了。当场毁敌汽车数十辆，烧毁20余辆。敌人认为是最厉害的武器又上来了，坦克车、装甲车一齐奔向我军侧击，飞机数架配合作战。有一个模范班长，果敢地率领全班战士用手榴弹齐放，就这样将敌人的坦克车、装甲车打坍下去，同时打退了敌人增援的骑兵。敌又开来大批增援的汽车，我们的这一班英勇战士，即掩护我军安全地退出了战斗。

这一战斗，也明白地告诉了我们：在平地里，在敌人坦克车、装甲车、飞机、步兵配合作战的情况下，虽然我们少于敌人，我们却不可慌张失措，要积极的沉着的，采取适当的手段，对付敌人的进攻，才不致遭受无谓的损失。

为着更密切地配合忻口友军作战，我军之某部曾数次攻占忻县之班村、永兴镇，上、下白水，不分昼夜地切断敌人的交通。

敌人宁武与平型关两路的交通都被切断了，敌人主要的交通线，只剩了雁门关一路。我主力和支队，在晋西北广大地区不失时机地打击敌人，消灭敌人，破坏敌人的交通，击毁敌人的车辆，夺获敌人的接济，发展游击战争，创造持久斗争的根据地，各种工作，同时一天一天地开展着。

（一）切断敌人唯一的交通线，两度占领天险雁门关

天险雁门关，也被我另一支队在20日占领了。我军到达雁门关后，敌满装步兵之汽车200余辆，正向雁门关开来。该支队突然施以袭击，当场烧毁20余辆，打毁数十辆，死伤敌人200余，等到敌人两面的步兵配合，企图正式同我作战时，我们却非常迅速地集结，又安全地退出战斗。此役我军虽有将近百人的伤亡，但是给了敌人一个预想不到的重大打击。

第三天再度占领，我军分三路：一路占领雁门关，一路往广武镇，一路向太和岭，破坏桥梁道路，一夜彻底的破坏，八座桥梁，许多险要的道路，一段段地分崩了。快要拂晓，时间真是宝贵极了，迅速收回散在各处工作了一夜的步兵，集结隐蔽，准备消灭南北两面前来的敌人。拂晓后，南北两面，果然都发现敌人，好像他们是约好了出发时间的。他们因为第一次痛苦的教训，在离关很远的地区，就下车搜索，在空军的掩护下，以乌龟的速度向前推进，一天一夜的时间，才到关上，由此可见，贼胆懦怯，经我伏兵痛击，死伤数十。

雁门关的重要，在敌人是唯一的交通线，我军两次占领后，敌人已设置坚固的守备。主要的道路两旁，装置了铁丝网，为了更加

严密，铁丝网上还系着许多响铃，处心积虑，可谓周到已极。我军始终为了切断雁门关，使我忻口友军更顺利地抗击敌人，乃增加兵力作第三次进攻雁门关。在第二次占领雁门关后，第四天的夜晚，摸到雁门关，毁坏雁门关以北桥梁数处。当天关上的天气虽然酷冷，战士的衣裳虽然单薄，甚至有些已经没有了鞋子，打着赤脚，更由于以前的行动的疲劳，但是为了杀敌，为了配合友军，为了中华民族的解放，中华民族优秀儿女的气概，在这极艰苦的场合，不但没有丝毫减弱，相反地更加发扬了。一个个精神抖擞，按照他们指挥员的命令在那里紧张地进行着各种不同的战斗动作。终因敌人守备周密，一时未能得手，而仅给了敌人以扰乱与疲劳，但也使敌人坐卧不安。天险雁门关，我们中华民族的儿女始终是要把它夺回来的！

（二）敌人的眼中钉——宋支队

宋支队攻克井坪、平鲁后，即进至大同附近黑流水一带积极活动，不停地破坏敌人的交通，夺获敌人的接济，毁坏敌人的汽车，迟滞敌人的运输与增援，大量的杀伤敌人，部分的消灭敌人，同时发动了广大群众的抗日斗争，组织了群众抗日武装游击队，开展了广泛的游击战争，创造了晋西北持久抗战的根据地，相应地补充了本身，粉碎了敌人第一次的五路（左云、岱岳、尚希庄、怀仁、大同）与第二次的四路（左云、怀仁、山阳、朔县）的进攻，大大提高了广大民众特别是敌人后方民众的抗日胜利的信心。直至今日，敌人还不能很快的南犯，宋支队的英勇、积极、坚强的斗争起到了相当的作用。

三、几个经验与教训

（一）群众的力量是无比的伟大

1. 当我李支队准备袭击宁武时，有宁武的民众十余人冒险跑来，详细的报告了城内敌人的数目和住址，特别是敌人城内各种残暴的兽行。当晚，他们帮助带路，从许多人向来不知道的水坑里安全进入城内，敌人还不知道。

2. 11 月间，我骑兵连长，带着一班人到 × 县附近二三里处进行侦察，因为警戒疏忽，敌人已经快到门前。当地民众不顾一切地跑来报告，使这一班人安全地冲出重围，毫无损失。

3. ×× 地失守后，城墙下以前的军火库内，还剩下一些军火，敌人一到 ×× 即大肆烧杀，成了一片焦土与遍地死尸，逼得敌人驻城外不远的乡村，但是对我们的警戒仍是非常严密的。在这种恶劣的情况下，当地群众，在夜晚自动踊跃地偷进城去，搬运了许多军用品出来，送给我军。

4. 忻口附近，我们刚刚组织的游击队，夜晚摸入敌营，背出步枪四五十杆。

这几个例子，证明了千百万同胞是决不愿当亡国奴的，只要我们能够把他们抗日的热情很好的提高起来，适当的组织起来，发挥其力量，这就是我们战胜日寇的“取之不尽、用之不竭的伟大的力量”。

（二）宋支队胜利发展的原因

他在军事上，是灵活地巧妙地运用了游击战争的原则。在政治方面与当地广大的民众，政府及各团体，亲密的团结一致，并取得了他们热烈的拥护和帮助。在与友军的关系上，取得了我骑兵部队密切的配合作战。

努力提高全体战士独立作战的能力是战胜敌人的一个重要条件。1. 第三次进攻雁门关后，我们留了一个班在老窝一带活动，不到一月，他们发展了游击队数百人，自卫队员数百人，并能经常的袭击敌人，缴获敌人许多步枪、子弹和服装，保卫了许多村庄没有遭到敌人的烧毁、奸淫、抢掠。2. 10 月间在忻口附近，我一班侦察员被敌发觉，敌人立即派出骑兵 40 余名包围。我侦察员异常沉着，一面向侧翼移动，一面利用有利的地形，用手榴弹猛烈还击，结果将敌全部击退，并得战马三匹。3. 11 月间，我侦察员三人，在阳曲桥附近，遇敌武装通信员五人。我侦察员奋勇向前，将敌全部击毙，枪支、脚踏车等全部缴获，特别是搜得敌第九师团在太原一带整个布置的命令。这些说明了努力提高每个战士独立作战的能力的重要性。恰恰这一点在今天还是我们的一个弱点，迅速克服这一弱点，对于今后我们的胜利是有重要意义的。

努力学习巷战。

宁武城西门一度被我军完全占领，而始终没有全部消灭城内据点内的守军，我们没有很熟练的巷战经验与注意随带摧毁据点的武器（如迫击炮），是我们一个很深刻的教训。

（三）为什么没有切实的比较长期的据守雁门关

在客观上，因为平型关、蔚县敌之交通线已被杨支队完全截断。然而在我们主观上，第一存在着不合乎游击战争原则的动作，分兵过散，没有突然的袭击；第二使用兵力过少，不能在几次打垮敌人后完全消灭敌人，这也是不可否认的缺点。

广泛的游击战争，在山西、在华北许多重要的区域里都猛烈地展开了。正确的分析具备近代优良军备的日本帝国主义，深刻地检讨抗战的各种经验与教训，发扬我们的特长，坚决地纠正我们的弱点和错误，集结全民族的力量像钢铁一样地坚实起来，在有敌人的地方能够采取各种不同的方式，在军事上主要的是广泛的民众游击战与正规战密切的配合起来，并持久的斗争下去，那么，虽然日本帝国主义暂时的强占了我们的大好河山，但是我们坚决相信，最后他们必然地要在这些地方崩溃。

江南抗战之春

陈毅

一、可诅咒的雨天

1938年6月，我们部队初到江南，正是梅雨的时候。春天业已过去，战士们淋着雨在泥泞的道路上挣扎，尤其艰苦的，是夜间行军，挺进敌后，在日军碉堡林立、封锁严密的京沪线上穿插，急袭敌人汽车、仓库、列车和空虚城市。同志们在紧张的战斗生活中，不得不忍受在泥泞地上奔走的困苦，几乎每个人都在嗟怨诅咒，诅咒这阴雨连绵的天气。

尽管，这雨季是令人诅咒的，但它也在我们的记忆中留下不少趣事。

有一次在行军中，我看到同志们前仆后继的情景。第一个人提醒他的同伴说:“仔细点！”不期立即他就滑倒在地上；后面的人一齐笑着，开心地喊道:“再来一个！”这话未完，另一个人又扑通跌在水里；第三个正笑别人，同时他自己又继续着滑倒地下；后面的正嘲笑前面的说:“你们坐汽车太快了！”但接着又是一个、两个跌下去，部队行列中跌得儿戏似的。指导员发出警告:“行军要肃静!不要笑,大家小心,再玩笑,会跌断你们的腿。”连长怕同志们丧气,指着天边的远影说:“快到宿营地了,还有五里路!”指导员的话使行列暂时沉默下来。不久,“我在南方山区打游击的时候,真比待在这儿强!”有人又这样抱怨了。“唉!这就是雨中的江南。”我骑在马上也这样叹一声气,不期忘记了抓牢缰绳,一松手,马前足一滑,连人带马滚在塘里。幸而塘水不深,我被别人拖起,变成了一个落水鸡!

到了宿营地,每一个同志都成了泥菩萨,烧几大堆火来烘衣服。服务团团员抱怨他的日记本和书籍被水打湿,字迹模糊,不能挽救;战斗员急急忙忙擦拭他的武器。我自己的一担书籍也给雨水浸透,达到了饱和状态。我知道整理无益,也就让它摆在一边。我躺在一块门板上,被水淹过的屋里散发着潮湿霉烂的臭味,我心里又是一声抱怨:“这雨中的江南!”仿佛自己受了骗。因为历史上中国文人笔下的江南是多么风光明媚,同我眼见的完全两样啊!

可注意的是:许多同志只有一件衣服,没有替换的,赤身裸体等着烘干衣服,不但没有抱怨,大家还热烈嘻笑地重话着今天冒雨行军前后滑跌的故事。我心里想着:这就是我们祖国的儿女们,在为祖国奋斗时所表现的乐观的精神!

二、战斗的春天

然而今天却不同了,不到一个整年,我便亲眼看见江南的春景。

从旧历二月起,江南很快脱去了冬日的萧索景象,换上艳丽的春装。菜黄、麦秀、柳青、桃红、墙白,到处组成一幅色彩鲜明的图画。远山似在雾中飘浮着,每一人家常常是流水萦回和垂柳环绕,当面又是一块明镜似的池塘，这仿佛是经过人工安排的花园；尤其在湖泊地区，月光之下湖水盈盈，景物更为秀丽。就连我们部队同志过去认为毫无战术价值的茅山，现在也富有生气了。

原来我们部队是在南方各省的山区成长起来的，惯于山地作战。当我们向江南平原挺进时，指望茅山山脉作为我们建立抗日游击根据地的依托。我们想象中的茅山，应该是“崇山峻岭，茂林修竹”。哪知道去年真到了茅山时，才看见茅山不仅山上无树、无花，连茅草也不多不厚；既藏不下单人独马，当然也隐蔽不了较大的部队，这使我们大为失望。不料经过半年多的工作，我们熟悉了茅山的地形和民情，茅山的茅草不仅多而且很厚，多数的山窝曲折处，远不能见，近看才大有深奥可资利用。埋藏几支不大的游击队作为转移的依托是完全可能的。这样，今年的茅山便在我们抗日部队的心目中，增加了美丽和价值。

我幼年在成都受中小学教育，成都盆地的风景，对我很熟悉。拿它来比江南，两地差不多。江南麦季碧绿如油的风景，恐在川西还见不到。哈哈，我真幸运，亲眼看见了秀丽的江南。江南人听见我说这话，就说：“你还没有到过苏州、无锡啊！那一带才是真正的江南！”这样的话，又引导我转而展望太湖沿岸。是的，我们部队的先遣队已经挺进到太湖东岸与当地人民游击队结合起来了，我是部队指挥员，我应该亲自到那一带去看一看，看看那新扩大的游击区和美丽的江南风光！

在一天傍晚散步的时候，我跟同伴们跑上一个高高的浅山。大家向远处瞭望，指认云树：那是茅山，那是乾元观，再过去就是宝华山脉，山脉的西头就是有名的龙潭。再往东南方面看，便是太湖沿岸，那边是长荡湖，那边是宜兴山区，正东就是苏州、无锡，往北过铁道就是长江到江北的线路。夕阳的红光平铺地照着金黄色的油菜花，河堤上边的杨柳，成线式地向远处延伸。河内的舟船，远看上去，那张挂着的风帆，慢慢地移动着，笔直地擦过树梢。还有点缀在这些场子里的最生动的景象，是十几个儿童骑着牛，兴高采烈地向疏落的农舍加鞭。同伴中有一人突然高叫：“好一幅阳春烟景！”

我立即加一句：“这儿却多了一个东西！”

“多了个什么东西？”同伴问。

“你们猜一猜。”

“多了露天的茅厕？”

“不是！”

“多了炕山芋？”

“更不是。”

“那猜不着，得你自己说明。”

“美丽的江南，多了一个日本鬼子啊！”

大家都笑了，“说得不错，必须把日本帝国主义赶出去！我们应趁着春天的好天气，多进行一些战斗！”这是大家散步时的共同意见。

这时，我记起一个同志写给我的信，信中说：“我爱这战斗的春天，我爱这春天的战斗！”这句话很好，我们确实在与日本军队顽强地战斗着，当着这美好的春天！

三、壮士军前半死生，民众后方争入伍

趁着大地春回、柳垂风和之际，我们于绿茵草地上轮流检阅部队，整训部队，准备战斗。我在一个独立团队的军人大会上问大家：

“初到江南你们几百人？”

“我们记得那时是300多人。”

“现在你们多少人？”

"现在大概多了几百人。"

我接着说:"我建议,让我们来统计一下吧!你们中间是江西人的举手!"我仔细一数,仅有 21 人,"湖南人举手!"仅 8 人,"广东人举手!"只两人,"北方人举手!"仅 14 人,"四川人举手!"连我仅 4 人。我最后说:"江南人举手!"立刻,在我的眼前仿佛升起一座浓密的竹林,遮盖了一切,我简直数不清了。这一股江南人的潮流淹没了、溶化了外省来的指战员。

对战士讲解新四军的历史,特别是用它的前身——工农红军的优良传统来进行教育,列为我们整训部队的重要项目之一。所以我在讲话中接着问道:

"以前从江西湖南来的那些老同志哪里去了?"

"为国家光荣牺牲了!"听众一齐怒吼似的回答。

"我们应当怎么办?"

"踏着他们的血迹前进!"

我大叫一声:"好!"

"新四军坚持江南抗战,就是江南人民的抗日武装,江南人民要爱护新四军,爱护自己的子弟兵。军队与地方血肉相连,团结一致争取抗日战争的胜利!新四军江南化,江南新四军化!"这就是我最后的讲词和结论。会场上还有另一支队伍,那是附近的村庄自动集聚拢来的老百姓,大约有三四百人,他们站在部队外围,聚精会神地听着。这时大家在笑声中散会。这笑声我分不清是来自军队,还是来自民众。但这明明白白是中国人民的声音,是抗战的声音。

同一天,当我回到宿营地的时候,政治部一位同志告诉我说:"今天有一个老太太送她 16 岁的一个女儿来,要求加入服务团。"又有一个镇江人来见我,他带了 30 多个新兵来入伍。在我的办公桌上,还放着我们一团的一份工作报告,那里面写着他们近来扩大部队的成绩,特别提到一个老农民亲自送他的儿子来当兵,并且带着一支步枪。这些胜利的消息使我愉快而兴奋，同时我脑海里不禁又浮现出早上那个独立团队的军人大会上的热烈情景。

隔壁传来一个天真活泼的小勤务员的歌声："奋斗抗战，中华民族不会亡"，"奋斗抗战，中华民族不……会……亡"。

四、哀悼烈士，和尚抗敌

北国传来快讯，说五台山和尚也参加抗敌了，动员的口号是："你们出了家，但你们却没有出国。"这种生动的、鼓舞人心的、含有真理的词句，就把几千个五台山和尚武装起来了！

1938 年 9 月，我们学习这个经验，去敲茅山道士之门，到茅山的乾元观去进行工作。这儿曾经是南齐陶弘景隐居之地。他是有名的山中宰相，中国道教以弘景真人的道号称呼他，表示崇敬。我们就抓住这段故事，加以强调："你们陶真人在山中也关心朝中大事，难道你们不管抗敌？"但这些话并没有起到什么作用。后来有一次，我军与日寇在茅山作战，我们的伤病员住在乾元观中，当我们发现日军有袭击乾元观的战斗部署时，立即掩护伤病员撤走，一面劝道士们避开。他们不但不相信，而且说："日本人不会杀出家人的。"结果，日兵杀来，放火烧了乾元观，道士们也在日兵的刺刀下惨遭杀戮，这真令人痛心！

五台山的经验，在茅山不能显圣，常使我挂记着，但是 1939 年春天，江南却有了意外的春讯。在句容、镇江、丹阳三县交界的地方，3 月 7 日，我们有个团政治主任肖国生同志，在上下会战斗中光荣殉国。这件事引起了当地人民的同情，先后举行群众大会表示追悼。一次在元庄有千余人，一次在薛庄有 700 余人。在元庄的追悼会上，出现了和尚20余人带着钟磬，穿着袈裟，自动地先一天赶到元庄来，日夜礼佛念经，超度英魂。还有一个和尚在追悼会上登台讲演，代表出家人表示：第一，他们决心做七日道场超度英魂，不要任何报酬；第二，他们要组织和尚抗敌协会，参加抗敌工作；第三，他们要求新四军发给武器，组织游击队，为烈士报仇。和尚的讲演轰动了全场。到会人都称赞和尚热心爱国的精神，又说新四军纪律好，作战勇敢，深得人心。而且一致表露了内心里对日本鬼子的仇恨！

这里引起我想到另一个问题：和尚都能参加抗敌，为什么茅山道士不能参加抗敌呢？何况他们又有山中宰相的传统呢！我想主要是我们的工作不到家，我们应该检查自己的工作，改善自己的工作，一定有一天能把道士们吸引到战斗中去。

五、破路插禾，公路变田

4月初的一天，大清早，一出门就看见成群结队的人遍野川流而来。远远望去，好像是无数散兵向着同一目标前进。他们穿着各种颜色的衣服，从这个标志就可知道这人群不会是新四军，也不会是日本鬼子。我恰好碰见其中的一队，看见他们扛着锄头，手提饭包，我明白他们是去破坏公路的。但顺便问一句：

“老乡，上哪儿去？”

“破坏马路呀！”他们中有人这样回答。

“官长，你是来照拂我们破坏公路的吧？”又有人反问我。

我想起昨夜我只答应了第三区区长的请求，派兵一部担任掩护，并没有打算亲自去督促这项工作，我于是如实回答他们：

“我不是来破路的，我另外有事，但我出来看看你们出发的情形！”

“破路倒好，就担心鬼子今天是不是会来，要来怎么办？”

“鬼子不会出来，就是出来，新四军会在前面掩护，你们不必担心。我办完事今天下午会跑来同你们一道破路！”

我抽身回来，破路民工继续成群结队地前进，远望去好像一道汹涌澎湃的水流。这是为了抗战，为了保家卫国，一个简单的通知，就使得整个农村空了起来，人们一齐集中到公路上去。我们知道目前已接近到“四月乡村闲人少”的时候，江南此时正要割麦、插秧、耙田、点豆、养蚕、培桑。然而大家知道破路重于一切。路不破坏，鬼子下乡“扫荡”则一无阻碍，那么民间会遭到更大的苦难，所以破路成了维护人民利益的迫切的要求，抓住这一点进行动员，一声号召，万众响应。我们知道有人就不了解这个窍门，只管强迫摊派，造成无数鞭打捆绑、抓夫抽丁的悲剧。

下午我赶到公路上去参加破路的伟大工程。

当我走到工地的时候，大家停止了破土，转眼望着我这面，内中有对话：

“骑马的来了！”

“又会是来打人的吧！”

“鞭子上马打马，下马打人，那是老总们的本事！”

这句话使我毛骨悚然，我跳下马说一声：

“辛苦辛苦！”

“啥！你辛苦！”

“哈！是新四军的同志，他们的人是不打人的！”

“哈！我们都知道，他的军队在我们村上住得很久，我的老大还在他第三营当兵呢！”

看这样，他们对我的警戒算是撤去了，我就问问他们：

“吃午饭了吧！今天可有什么事情不痛快？”

“没有什么，只是刚才有一位乡长先生打人，怪我们破路不用力呀！”

“这不好，我们去劝劝他，再不要有这样的行为，但大家要努力破路，一次彻底破完它……把马路变成田，田上种禾、种豆……鬼子不能来，今年秋收，又增加一些收成。”

“哈哈，同志先生讲得好呀！”

我们同来的同志把传单送给他们，大家欢欢喜喜地接过去，保长就下口令说：“大家休息读传单。”约莫有七八百人的集团，真的在口令下一致行动，我向同伴说：“这就是一支军队哩！”

在休息间，一个老头子向我说：

“以前我们出力修马路，现在又来破，唉！”言下大有无限感慨的样子。另一个青年抢着说：

“现在破坏，将来一定再修啊！”

老头子睁着眼睛，惊异地望着他，似乎不懂得，那个青年接着说：

“以前修的路，现在鬼子要用，所以破了去。打走了鬼子，再修起来，中国人自己用，永远就不会破了！”青年回答得有理，老头子被说服了。

忽然一阵波动，人群中乱嚷着：“鬼子来了！”有人惊慌地打算跑走，也有的人站起来，大声喊道：

“前面有军队，新四军都还没有走，不要怕。”

“还没有枪声，哪里有鬼子的影子，你们心中有鬼，自己把它赶走吧！”我于是加几句话助兴。

人群稳定下来，有人咒骂说：

“活见鬼，这又是汉奸造谣！”

想到刚才一场虚惊，大家都觉得好笑，又兴高采烈地动手干起来，锄头飞舞，碎石乱掷。我很兴奋，也动手参加了破路。两小时的工夫，使半里路长的公路完全变了样儿。我向群众说：

"这样干下去，敌人的坦克、汽车是不能通过的了，就连步兵，也得请它绕路。我们今天的工程圆满了！"

六、慰劳新四军

我到某部队检查工作要经过70里路程，走了约莫50里之后，途中看见二三十人成群的一队，吹着箫笛，打着锣鼓，往前悠扬行进，后面抬着鞋子、毛巾、衣服，也有一部分鸡、鸭、鱼和喜炮之类的东西，一共有十几担。我猜是谁结婚？但当中缺少一顶花轿；是迎神？但找不出任何宗教仪式的标志；是祝寿？但寿礼不会送这多衣鞋。我正要问，我的马已来到他们跟前，他们停止吹打，让在一边，大家喊："官长骑马来了！"

这句话使我想起官与民的界限，是这么深，是谁筑起的这一道墙，我们应把它完全拆毁！我随口问：

"你们到哪儿去，做什么的？"

"我们是慰劳军队的。"

"慰劳哪个军队？"

"慰劳新四军。"

哦！他们原来是我们部队的客人，我于是跳下马和他们谈谈，我提议：

"大家坐一下吧！"

"好，你坐，官长！"

我仔细一瞧，中间有一个老头子打鼓，三个青年，两个吹箫笛，一个拉胡琴，五个农民打大锣小锣和边鼓，其余的人挑着慰劳品，还有七八个儿童跟着，我很感兴趣。

我问："你们为什么慰劳他们？"

"他们的纪律好，打日本！"老头子说。

"我们常常看见他们活捉日本兵！"另一个老头子又补充一句。

"我的大哥在那里当兵！"一个青年说。

"他们在我们村上住过很久，常教我们唱歌，他们很喜欢我们。"儿童中的一个抢着回答。

"为什么不多送些猪肉鸡鸭呢？"我又问。

老头子说："官长，你不知道，他们军队最缺乏鞋、袜、手巾、衣服，每人每月配不着一双鞋，几个月配不着一双袜，去年冬天只发一套棉衣，还是在快要下雪了才发下来。眼前衣服早穿烂了，我们慰劳就特别注意他们的实际需要。"

"这是谁的主意？"我又问。

青年抢着说："这是我们青抗会讨论过的，也是他们军队服务团告诉我们的，另一方面，我们去年夏天看见邻乡慰劳吃的东西太多，反叫他们吃得生病了。所以我们就调一个办法。"

"他说的还不全对！"另一个农民抢着把话头接过去："上回，我们村上王先生，他是本县的首富大先生，办了几十桌酒席招待新四军的兄弟们，还请许多老百姓作陪客。王先生以前听见人说新四军如何如何对有钱人不好，现在看见，才证明是相反的，所以办酒席来招待。在酒席上那个营长道谢，还说国难时期，像这样太花费了，先生这样热心帮助军队，还不如调一个办法，用办酒席的钱，办鞋袜，那就更合军队的需要了。"

"这回慰劳是不是新四军要保甲长派下来的呢？"我又问。

"不是的。他们常常找保甲长办事，也常常跟保甲长商量许多问题。保甲长派差事，他们总觉得不好，总说应该先与老百姓商量，讲清道理，不强迫！"老头子第二次发言。

我又加上几句：

“你们老百姓受日本鬼子烧杀，已经很苦，哪里还有钱慰劳军队，太不应该了，军队受你们慰劳是很惭愧的！”

我这话使他们转移到新的问题：

“请问官长，你是新四军吗？”

我说：“是的。”

“你是官长吗？”

“是的。”

“好大的官？”

“请你猜。”

“排长，啊，连长吧！”

“连长无马骑吧？”

“恐怕是营长。”

“恐怕是团长或司令？”

“对了，差不多我就是一个司令吧！”

“哈哈，怪和气的新四军司令。说起司令，日本鬼子来了后，江南司令真正多，大小游击司令差不多天天屙尿都碰得到。后来，有些被日本人打散了，有些参加了新四军。现在抗战有进步，江南的司令也少了，司令的威风也看不见了。你这个司令怪和气，反而不像一个司令样子，哈哈！”一个老人很感慨地絮絮叨叨地说。

“你的话完全对，我是新四军的司令，你来慰劳的那个部队，我也要去那里，我替你们引路。”我提议继续前进，我一马当先引路向前。

“好呀！司令替我们带路哟！”行列中有几个人这样同声喊叫着。

我们在乐声洋溢中行进，很快到了那个部队的驻地。

晚间，部队举行了一个晚会，欢迎来慰劳的人们。政治部送来这一天各地民众慰问品的清单一张，计开：

布鞋700双、衬衣100件、毛巾500条、鸡8个、鸭4个、鱼20条、糖果半篮、面7斤。

七、菜网设埋伏，麦林捉俘虏

北方的青纱帐遮盖田野的时候，是最好的围困敌人的季候。在江南也有与这类似的一种可爱的春景：麦林和菜花林，虽不及青纱帐那样高，但也很长，人站在里面只露出上半身，坐在里面，过路人走在近旁也看不见。

“聪明”的日本鬼子就上过这样一次当。

丹阳日本兵200多人，下乡追捕抗日分子，强迫组织反共青年团，绑架绅士到城内写降表再放回来，这样加紧制造汉奸分子，同时放出空气，不归顺的就全村全乡以通新四军论罪。日寇更利用中国旧时代的传说，加以曲解来进行欺骗。例如说他们是秦始皇时代的徐福的子孙，为了求仙漂流海外的，现在到中国来，是亡子归宗，中国人务要收留，中日亲善，共存共荣等鬼话，借此达到消除中国人民抗日意识的目的，这就是日寇在1939年春天的新政策。若说这个政策完全无效，那是假的，它显然在某些地方起了欺骗作用，我们已经听到有人发表“日本军变好了”的谬论。

这一次，我们一个主力连带着两个地方部队，在鬼子下乡的归途上布下埋伏。指战员们掩藏在一线起伏小高地的菜田麦垄里面，弯着腰耐心等着，等了几个钟头。有人不耐烦了，嘀咕着：“鬼子不会来了吧！”“怕走另一条路回去了哩！”“早点撤回吧！久等无用。”“争取另一个时机吧！”但是指挥员的决心绝不动摇，时时低声发出警告：“不要分心，肃静！”“不要打瞌睡！”“不要伸头望外面！”“埋伏的原则就是肃静耐心。如果暴露目标，就会被敌人发觉而使伏击无效。”

及时的政治鼓励工作，提高了部队的战斗情绪。记得有个中央社的新闻记者对我说过：“我看你们部队很活泼，恐怕是难得做到几分钟不唱歌、不讲话、不谈笑的。”这话指出了我们部队的优点，也说着了我们部队比较散漫的毛病。在伏击场合，就要特别注意纠正这一点。

耐心等待着，看看太阳要落山了，忽然传来消息：“发现敌人！”全体兴奋极了，但更不敢动，大地上显得比死灭还肃静，这是过渡时间的静寂，也是过渡时间的紧张。

大家知道敌人愈逼愈近，但不敢抬头看一看，这个时候只有指挥员先饱眼福。大家静待命令下来，紧握着手中的武器，心中想：“这回该痛快干一下啦！”

“第八连沿麦田匍匐前进，抢先控制住敌人的前进道路，堵击敌人，要等敌人接近我们时才开火。”大家看着八连迅速出动了。

“金坛游击队等敌人一过桥，立即跑步占领桥头，阻敌退路，用火力封锁，压迫敌人投向第八连的火网。”我们又看着金坛游击队的同志们，弯着腰悄悄地跑步前进。

“丹阳游击队跟我来，协助第八连解决当面之敌，并作预备队。”

“砰”的一声枪响了，同时响起手榴弹的爆炸声、轻重机关枪的嗒嗒声，金坛游击队与敌人开火了。丹阳队如得赦令似的，挺起腰，伸起头，向敌人行军纵队跃进，并用火力射杀敌人。

金坛游击队顺利地占领了桥头，敌人朝第八连那边跑去。第八连的轻机关枪和排枪从麦垄菜地中突起射击，敌人吃了一个冷不防，陷入混乱，折身往南就跑，又恰恰落进我们丹阳队的火力射击中。敌人豕突狼奔似的逃窜，我们乘胜追击。等丹阳城内的鬼子兵慌忙出来增援时，我们就胜利结束了战斗。俘获日本军负伤军官、士兵各一名，译员一个。

这回敌人逃得慌忙，丢了17具死尸。我们仅一人阵亡、三人负伤。缴获敌人步枪12支。这是一个很大的伏击胜利。

我们作战部队全部集合起来，指挥员作了简单的战斗小结：“在八连还未到达指定地区，敌人还未深入到八连火网时，金坛游击队就开了枪，失之过早，以致敌人能向南引退。这个时候，丹阳队动作又慢了一点，只顾火力杀伤，没有坚决投入白刃搏斗，让敌人逃跑了，这是个大缺点。但是，这一次战斗仍是埋伏袭击和季候战斗的模范。告诉你们，要善于利用地形地物，我敢说，日本鬼子今后看着麦田就要害怕，我们自己也要注意搜索，警惕敌人的反埋伏，大家听到没有？”“听到了！”如雷吼似的回答。

我们扛着缴获的步枪、大衣、旗帜，押着俘虏，胜利归来。沿途老百姓围观庆祝胜利，有一个老先生说：“地方武装打这样的胜仗，真不容易，只有配合主力部队才行啊！”

到了宿营地，看见几十个老百姓也押着一个日本鬼子过来，那是他们捉到的一个溃兵。他们高兴地叙说着：“这个鬼子躲在麦田里不敢出来，起先我们还怕他开枪，不料走近去一看，他向我们叩头呢。把他捉住送给你们军队办！”

指挥员要鬼子交出枪来，敌军科长向他讲日本话，那个俘虏战战兢兢地答复，科长翻译出来，就是：“枪丢在池塘里，可以去找回来。”

八、尾声

上面就是江南春天抗战事实的一个小记录。

回想 1938 年我军初到江南时的局面：日本鬼子横行无忌，任意下乡烧杀抢掠；而打着各种番号的中国军队和地方武装不敢跟鬼子打仗，或者一打就垮，甚至有不打就垮的，老百姓人心惶惶，对抗战前途悲观失望。那时候，在人民群众中间，标语口号不准写，说是怕日本人烧房子；民房祠堂不让新四军住，怕鬼子来杀人；马路铁道不叫你破坏，你破坏，就是引敌人来烧杀。那时候，到处听到这样的论调：“不要在我们这个地方打仗，你打仗到远处去！”“陈司令，你司令部仅仅七条枪，你赶快去吧，敌人包围来，你穿便衣都跑不脱。”“可怜的新四军，无衣无食，还爱打仗，我们得做道场替他们超度超度。”这一些都是旧年的旧调。比较起来，1939 年的情况，显然有了一个极其显著的进步。

“我们在江南正处在良好的游击战争的局势，这个局势是我们努力创造和开辟的，我们要保持和继续扩大这个局势！我军在江南坚持抗战，和敌人苦苦纠缠，奋发了人心，转变了空气。江南的民气发扬，又有力地帮助我们坚持抗战。……因此，我们可以归纳出一个公式：中国兵力弱于日本兵力，但中国兵力加上中国民力就大大超过日本兵力，所以中国军民合作，就等于战胜日本强盗。现在说来，我们兵力已大度使用，但民力仍未充分发扬，这仍是弱点。我们不能有任何自满。要大规模动员一切抗日力量，要大规模扩大军民合作，向东发展直抵上海，向北发展渡过长江，打通与山东八路军的联系，争取抗战胜利，是今后努力的总方向！”这就是我在 1939 年 4 月初干部晚会上讲话的结论。

谈山东抗日战争

罗荣桓

山东人民对抗日战争和解放战争都有重大贡献，前后出的兵员总数在 100 万以上。解放后山东籍的干部遍布全国，有好几个军是从山东发展起来的。山东人民在极端困难的情况下，始终跟着共产党走。到抗日战争末期，山东是较大的根据地之一，拥有一千几百万人口。如果没有山东根据地，要集中那么多的兵力进军东北是不可能的；没有山东根据地，解放战争初期集中我军向北转移就没有立足点，对后来的大江南北的作战支援也将是很困难的。所以，对山东人民在抗战时期的功劳应有充分的评价，对山东的人民和军队所取得的光辉业绩一定要好好歌颂。

那么，怎样正确认识和评价山东在抗日战争中的地位、作用和贡献呢？

我认为，看待军事斗争必须以毛泽东同志的战略思想和军事思想为指导，不能脱离当时的整个政治形势，否则，就难以作出正确的分析和评价。譬如平型关战斗，它的意义主要在于振奋了全国人民的抗战斗志，坚定了必胜的信心，如果脱离了当时全国的形势，那就看不出它的价值和影响了。又如梁山战斗，假若光看抓了多少俘虏，缴获了几门炮，这只能说明在军事作战上的成绩，仅看到这一点还很不够，主要应该看到在当时大家对平原作战还缺乏经验，这次作战后增强了胜利信心，感到在平原和山地一样可以作战，消灭敌人。这样，就把某些战斗的战略意义突出出来了，军事斗争就有了一定的政治意义。

那么，又怎样看待山东抗日战争的各个历史阶段呢？

我认为，按照其发展的客观过程，山东的抗战可以分为以下四个阶段。即：从 1937 年 7 月 7 日卢沟桥事变后，山东各地区我党组织发动群众举行抗日武装起义，开展游击战争，为其开始发展的第一阶段；从 1938 年 12 月，中央决定成立八路军山东纵队，为其发展的第二阶段；从 1939 年 1 月前后一一五师陆续入鲁，后来与山东纵队合并成立山东军区，为其发展的第三阶段；从 1943 年山东实现党政军一元化领导，到抗日战争的最后胜利，为其发展的第四阶段。

各个阶段的基本情况是这样的：

第一阶段，主要是面对日本侵略者入侵，国民党山东省政府主席兼第三集团军总司令韩复榘率 10 万大军逃跑，人民奋起抗战。七七事变以后，平津相继失守，日军分兵沿津浦路南犯渡过黄河，山东的政治形势发生了巨大变化。主要因为韩复榘和国民党官吏纷纷逃跑，丢下了很多枪支，出现了很大空白。当时，我党以黎玉同志为书记的山东省委就把坚持抗战的责任独立自主地担当起来了，并根据中央和北方局的指示精神，发出“每一个优秀的共产党员，应该脱下长衫到游击队去”的号召，要求各地的党组织迅速发动群众，抓紧时间举行武装起义。在地下党的领导下，山东各地人民的抗日武装起义风起云涌。在没有八路军主力部队支援的情况下，起义队伍，仅以少数红军干部和地下党员，以及从监狱里出来的同志作骨干，依靠平津和山东各地经过抗日救亡斗争锻炼的学生、地方上的爱国人士，收集了一些民间枪支并争取改造了一部分地方游杂武装。那时，虽然党的组织还不够健全，也缺乏斗争经验，但是可以说“秀才造反”是造对了。

在这个时期，先后举行的徂徕山、黑铁山、天福山、牛头镇、十字路、泰西、湖西、鲁西北、冀鲁边、苏鲁边等地武装起义，为开辟山东抗日根据地，坚持抗日斗争奠定了良好的基础。

第二阶段，主要是统一武装，加强领导。为了加强对山东抗日斗争的领导，把山东的武装斗争统一起来，党中央决定于 1938 年 12 月，成立八路军山东纵队，并从延安调来郭洪涛、张经武等一批党员、干部（其中有一些是红军干部），制定了整顿部队的方案，将山东人民起义武装编成几个支队，一律使用八路军的番号。由于我军英勇抗战博得了广大群众的拥护，部队得到了迅速的发展和扩大，使山东纵队成为一支坚持山东抗战的骨干力量。

这个时期的形势是，山东已完全沦为敌人后方。敌人的矛头主要向南，控制中心城市、重要港口以及铁路交通线，对山东腹地广大山区和平原尚未进行大的“扫荡”。这种形势为我党领导山东人民开展广泛的游击战争提供了有利条件。这时，国民党在山东也乘机发展武装，企图恢复其统治。原在山东内地的和逃跑后又回来的一些国民党分子、官吏及地主豪绅等，都纷纷自立旗号，扩充势力。其实，是在共产党领导下的人民抗日武装挺起胸膛打击敌人的嚣张气焰，恢复了大片国土的条件下，才使他们某些被隔断于敌后的军队（如石友三、高树勋部）获得援救，也才使溃散支离的沈鸿烈的山东省政府得到个藏身之地。但是，他们并不承认人民对他们的支援。他们一旦站住脚便借其所谓合法的名义，到处委派专员、县长，限制和破坏人民的力量。在这种形势下，党中央和毛泽东同志多次指示山东我党，要独立自主地广泛发动群众，开展游击战争，建立抗日民主政权，正确执行党的抗日民族统一战线政策。

应该承认，沈鸿烈、石友三他们是很有统治经验的。他们对抗战并不积极，却热衷于扩充实力，抢地盘，抓政权。所以，他们很快获得了战略上的有利地位，控制了一些重要山区，妄图把我军逼到平原地区和铁路沿线。

但是，当时山东的环境还比较平静，敌人还没有进行大规模“扫荡”。我军已经有了相当的发展，山东各地的形势还是好的。这样，在山东开始出现了敌、顽、我的三角斗争的态势。

第三阶段，主要是相继入鲁的一一五师部队同山东人民抗日武装并肩作战，不断粉碎敌人的进攻。1938 年 9 月，萧华纵队和六八五团先后进入冀鲁边和湖西地区；一一五师师部和六八六团于 1939 年春天进入鲁西，秋天进入鲁南，进一步加强了山东的抗战力量。

1939 年 8 月，党中央为了统一指挥苏鲁一带我方的军事力量，派徐向前、朱瑞等同志前来山东成立了八路军第一纵队，徐向前任司令员、朱瑞任政委。在这些领导同志的组织指挥下，山东纵队与一一五师协同对敌作战，取得了很大成效，对加强抗日斗争的领导和推动抗日形势的发展起了重要作用。

但是，那时日军为了扼杀敌后发展起来的抗日力量，在停止对国民党军正面战场的进攻之后，从前线抽调大批兵力回师山东，占据了大部分县城，并开始“扫荡”平原。山东的国民党顽固派在第一次反共高潮的影响下，也调整部署，加强实力，积极反共。于是，在山东战场上的三角斗争形势日趋尖锐复杂。

从 1939 年春，国民党军于学忠部 2 万余人先后进入山东，占据沂（山）鲁（山）、莒（县）日（照）、临（沂）费（县）等重要山区；国民党军沈鸿烈部也由鲁北进入鲁中山区，抢占了沂鲁山区的要点，并积极与我磨擦。这个阶段，党中央、毛泽东同志规定山东的中心任务是：坚持敌后游击战争，坚持已得的阵地，发展人民力量在各方面的优势。根据中央的指示，山东我党我军在对敌伪顽斗争中取得了一定胜利，山东各地区也得到了一定的发展；但是我军仍然常常处于敌顽夹击之中，到 1941 年、1942 年是我们比较困难的时期。

造成这种形势的主要原因，是由于国民党顽固派所实行的投降分裂政策。山东伪军数量冠于华北各省，共达20多万人。他们绝大部分是从国民党的武装中投降过去的。这些伪军又和国民党顽固派保持着密切联系，积极反共。他们的所作所为对于日本侵略者巩固在山东的地位和势力起了很大作用。这种敌伪顽的狼狈为奸，给山东人民造成了深重的灾难。

一一五师进入鲁西后，敌人集中力量对付我师直属队。在陆房（今肥城县）、梁山（今梁山县）战斗后，一一五师转入鲁南抱犊崮山区，接着开辟了郯（城）马（头）地区和天保山地区。后来，山东分局要求一一五师北上与分局和山东纵队靠拢。一一五师除留下一部分部队坚持鲁南斗争外，师部及其他部队向北移至临沂以北青驼寺附近。但因山区太困难，连吃饭问题都很难解决，师部就南下滨海。留下的部队坚持鲁南斗争是有重要意义的。否则，东北军第五十一军、五十七军将完全占领鲁南山区，我们将被压缩到沂蒙山区，将来南下就没有出路，对陇海路南和湖西地区的联系也都不利。当时，一一五师坚持鲁南，后来开辟滨海地区，打开甲子山区，都有力地配合了沂蒙山区的抗日斗争。如果不这样，沂蒙山区就会处于孤立的地位。像1941年冬，日军5万人对沂蒙山区进行“铁壁合围”时，如果没有鲁南、滨海两个外围地区的配合，沂蒙地区就很难坚持住。这说明了一一五师及山东人民抗日武装力量的团结奋战和广大人民群众的大力支援，对坚持山东抗战是有决定作用的。

当时，在军事上有一个重要的原则问题，那就是搞分散游击战，还是搞运动战或运动游击战？山东处在敌人的后方，只能以游击战为主，不能搞大兵团运动战。尤其在当时山东的主要山区已被国民党顽固派军队掌握了，我处于敌顽夹击、两面作战的不利地位。在这种情况下，我们只能广泛发动人民群众，进行灵活的游击战。后来，在反“扫荡”、反“蚕食”斗争中，又在进一步发动群众的基础上，提出了

“翻边战术”，组织敌后武工队，开展政治攻势等等。这些都是为了执行游击战争的方针。

这个阶段还有一件十分重要的事，就是山东分局所作的“四年工作总结”。1942 年 4 月，山东分局在刘少奇同志的直接指导下，作出了《抗战四年来山东我党工作总结与今后任务》的决议，系统地总结了山东抗战四年来的成绩及经验教训；明确了以我为主，发动群众，开展分散游击战争及对顽斗争的方针，指出了以后的各项任务及斗争方向；指出了山东工作中存在的缺点、错误。这个总结使山东我党我军达到了思想上的统一，对山东工作的转变有着重大的历史意义。这次总结以后，各个地区深入开展了减租减息运动，坚决地贯彻了独立自主的方针，分散游击战争也有了广泛的发展。

第四阶段，主要是实行党政军一元化领导，夺取抗日战争最后胜利。从当时的情况看，山东实现一元化领导，实际上从 1943 年 3 月山东纵队与一一五师合并成立新的山东军区就开始了。因为当时主要是军事斗争，实行一元化领导，首先要统一军事指挥。这一时期的主要任务是反“扫荡”、反“蚕食”、反伪化斗争。1943 年，敌人继续扩大面上的占领，加紧对我根据地的“扫荡”和“蚕食”，我各根据地的斗争十分紧张。在鲁南，敌人搞得我们只剩下了“一条线”；滨海区南部也被搞掉了；冀鲁边很困难，要以清河区作依托；清河区这一年遭到敌人三次万人以上的大“扫荡”。根据这些情况，为了改变被分割封锁的不利地位，我们广泛地开展了分散的群众性的游击战争和政治攻势，进一步加强了全面的对敌斗争。同时，我们还紧紧抓住有利时机，推动国民党积极抗日，反击其反共阴谋，团结中间力量，送东北军出鲁，粉碎了李仙洲部入鲁反共的企图。从此，山东已无国民党的主力军队。从 1943 年下半年起，山东地区的斗争形势开始好转，到 1944 年有了明显的变化。在粉碎敌人的“扫荡”、“蚕食”的同时，我集中部队打击大股伪军和日军孤立的据点。这时山东的国民党残余部队已经大部投敌，剩下的或依敌自存，或成为敌之外围。我军则在鲁中区发起了讨伐伪军吴化文部的战役；在滨海北部收复了诸城地区，与胶东打通了直接的联系；渤海、胶东和鲁南地区也展开了攻势作战，扩大了解放区，还争取了如莒县的莫正民等几大股伪军起义。山东形势虽然有了基本好转，但是形势的根本好转，还是在完成了1945年五六七月“三个月作战计划”的时候。

“三个月作战计划”，主要是开辟胶济路东段的两侧地区，以扩大渤海和胶东，以及他们同胶济路以南地区的联系；再就是争夺临沂、费县，使胶济路以南的鲁中、滨海、鲁南地区完全连成一片，为大反攻创造了有利的形势和条件。但是，正当我军准备发起攻势之时，山东敌人兵力突然增加达10万人以上，并进行了一次全区性的大“扫荡”。这次“扫荡”是不是“1941年的形势又来了”，是否要分散作战，化整为零，取消“三个月作战计划”？实际上，敌人这次的大“扫荡”，只不过是为实行其重点防御而采取的以攻为守的行动，是借“扫荡”掩护调整部署。这时，苏军已打到了柏林，欧战即将结束，我国的抗日战争已进入大反攻的前夜，形势是很好的。我们根据这一正确估计，坚决执行了“三个月作战计划”。经过五六七月的作战，基本上完成了预定计划，打通了几个战略区的联系，创造了最后反攻日军的有利阵地。有了这个基础，我们就主动多了，就能集中很大兵力参加大反攻。在苏联对日宣战的第二天，我们就编成了50个团，这也是执行“三个月作战计划”的收获。否则，大反攻来了，我们的兵力还没有集中起来，内地的敌据点还没有肃清，那就被动了。

在三个月作战的基础上，我军又经过一个多月的大反攻作战，获得了巨大胜利，山东我军的兵力发展到27万余人。可以说，山东党、政、军在实现一元化领导之后，坚决执行了我党独立自主的方针，最后取得了抗日战争的全面胜利，这不仅充分体现了党中央和毛泽东同志的决策是非常英明的，也充分体现了毛泽东军事思想的胜利。

最后胜利的取得，除上所述，还应该归功于山东的党和人民，没有他们，要想夺取最后的胜利是根本不可能的；没有他们的配合、支援和作为坚强的后盾，我军主力部队很难发展和壮大；没有他们的英勇奋战，山东的抗日斗争史就很难写得这样辉煌。因此，正如开始所讲到的，我们永远也不要忘记山东地方党和广大人民群众在抗日战争中作出的巨大贡献。

粉碎日军对晋东南的九路围攻

徐向前

1938 年 4 月，华北日军为摧毁我刚刚建立起来的晋冀豫抗日根据地，调集 3 万多兵力，以分进合击的战术，分九路对晋东南地区进行“围剿”。我八路军第一二九师、一一五师三四四旅、决死一、三纵队和各基干支队、地方武装，以及驻晋东南之友军，在朱德总司令和彭德怀副总司令的直接指挥下，经过半个多月的浴血奋战，彻底粉碎了日军的围攻，取得了歼敌 4000 余人的重大胜利，有力地巩固和发展了晋冀豫抗日根据地。

一、反九路围攻前的晋冀豫根据地

1937 年 11 月上旬，日军侵占太原之后，又继续南犯，华北大部地区相继沦入敌手。50 万侵华日军中，在华北即达 9 个师团又 5 个旅团约 30 万人。国民党在华北虽有兵力 60 万之众，但由于执行消极抗战路线，迭失重地，华北局势十分严峻。

当时，毛泽东同志对华北战局作了精辟分析。他说，在华北以国民党为主体的正规战争已结束，以我军为主体的游击战争已开始转入主要地位，日军不久即将移主力向山西内地各县之要点进攻。毛泽东同志并具体指出了日军向山西内地进攻的要点是：晋西北的神池、宁武、静乐，晋东北的五台、盂县、蔚县、广灵、灵丘，晋东南的昔阳、和顺，辽县、晋城，晋西南的离石、中阳、孝义、灵石、蒲县。毛泽东同志还指出，国民党为保卫河南，在晋城、临汾未失守以前，晋军不至于退出山西，国民党川军刘湘部亦有开入山西的可能。但是，不能指望国民党军队长期支持战争，必须以八路军为全山西游击战争的主体。他要求八路军各部队发扬独立自主精神，放手发动群众，扩大武装，多打小胜仗，以影响全国。依据这个分析，中央军委将八路军的三个主力师部署在三个战略支点上，一一五师在吕梁地区，一二〇师在晋西北，一二九师在晋东南，准备充分力量，长期坚持游击战争，对付日军向内地的进攻。

从 1937 年底到 1938 年 4 月，我山西境内八路军各部队，根据中央军委的指示，在八路军总部的直接指挥下，对日军的作战和根据地的创建，都取得了很大胜利。

我一二九师大刀阔斧地展开了创建以太行山为依托的晋冀豫抗日根据地的工作。三个多月的时间里，取得了显著成绩。

一是建立抗日民主政权，抓紧根据地建设。那时，晋东南各县差不多都有我党掌握的“牺盟会”（即山西牺牲救国同盟会）组织，但各县、区、乡级政权还未得到根本改造。这些政权的头头脑脑，多属阎锡山的骨干，对八路军不信任、不支持、甚至有刁难、限制、破坏的，给我们的筹粮、筹款、扩大兵员、发动群众带来了许多困难。不解决政权问题，根据地建设就是一句空话。在那几个月里，我们组织了不少小分队，到各地去宣传群众，组织群众。很快，大部分县、区、乡都建立了抗日政权，建设根据地的工作进展迅速。

二是建立军分区和各县、区的游击支队，迅速发展抗日武装。晋冀豫抗日根据地，是指同蒲路以东、黄河以北、正太路以南、平汉路以西地区，也就是太行山地区。在这里，先是建立四个军分区，继而由师参谋长倪志亮同志负责，组建晋冀豫军区。同时，我们派出约三分之二的兵力，一般以连为单位，配上营以上干部，分散到各县区，组织游击支队。较早建立起来的一批队伍有秦（基伟）赖（际发）支队，汪乃贵支队，赵（基梅）涂（锡道）支队，谢（家庆）张（国清）支队。还有平定游击队、长凝游击队、祁县游击队、太谷游击队、榆社工人游击队、寿阳游击队等。游击队成员，主要是农民，也有工人和学生，还包括一部分收编的国民党散兵。那时，晋东南一带，跑散的国民党官兵甚多。他们打着“抗日军”、“游击队”的牌子，为非作歹，骚扰百姓。这是一大祸患，直接危害我抗日根据地的开辟与巩固。为此，我们发表了《告散兵书》，欢迎他们加入八路军。条件是打日本强盗，为民族解放，不侵犯民众利益，共同艰苦奋斗。不愿留者，则发给路费，开具证明，让他们走。这件事对我们非常有利，有的散兵编入游击队以后，经过政治训练，很快成了骨干。为了加强游击队建设，我们还办了一所晋冀豫军政学校，重点培养游击队骨干。游击队的建设，一开始就置于党的绝对领导之下，所以，在后来的抗日游击战争中，游击队发挥了重要作用。

三是积极开展游击战争，打击日军的嚣张气焰。抗战初期，我们主要是运用游击战法，打击与消耗敌人。游击战，每战战果不大，但积小胜为大胜，具有战略意义。从 1937 年底到反九路围攻前，一二九师先后取得了凤凰山战斗、长生口战斗、神头岭战斗、反六路围攻和响堂铺战斗的胜利，累计歼敌 2500 人。响堂铺一次伏击战，就歼敌 400 多人，打掉敌人汽车 180 辆。

四是开展统一战线工作。当时国民党在山西境内的驻军除阎锡山的部队外，还有曾万钟的第三军，李家钰的第四十七军，武士敏的第一六九师，朱怀冰的第九十四师，还有冯钦哉的第十四军团，骑兵第四师，以及汤恩伯率领的第三十一集团军。这些部队，数量是可观的。可是，蒋介石的政策不对头，虽拥有重兵，但消极避战。尽管这样，我们还是努力做争取团结的工作，巩固和扩大统一战线。像汤恩伯，他退到了榆社，不敢与日军接触，整天想着到黄河以南去。伯承、小平和我到他那里去同他交谈，劝他以大局为重，留在山西携手抗日。但没有留住，反九路围攻之前，他就率部跑到河南去了。我党在建立统一战线的同时，还利用统一战线关系，组织和发展武装力量。山西青年抗敌决死队，就是在我党与阎锡山合办的军政训练班、国民兵军官教导团的基础上形成的，实际是我党领导的抗日武装，薄一波同志是主要领导人。杨秀峰同志还以国民党河北民训处的名义，组成了冀西游击队。

抓紧政权建设、扩大抗日武装、坚持独立自主的游击战争、开展统一战线，是根据地建设的重要内容。到反九路围攻前，晋冀豫抗日根据地已初具规模。几百万人发动起来了，游击队、自卫队、抗日民主政权以及工会、农会、青年救国会、妇女救国会等群众组织在各地如雨后春笋般地生长起来。巍巍的太行山上，抗日运动风起云涌，到处都是埋葬日军的坟墓。这就为反九路围攻的胜利奠定了基础。

二、反九路围攻开始的战场形势

晋冀豫抗日根据地的创建和游击战争的普遍开展，特别是我在军事上的重大胜利，搅得日军昼夜不得安宁。为解除我军对他的威胁，日军遂于 1938 年 4 月初，以其第一〇八师团为主力，纠集第十六师团、二十师团、一〇九师团及酒井旅团各一部，计十多个联队（其中八个步兵联队，骑兵、炮兵、工兵、辎重各一至两个联队），由邯（郸）长

（治）大道上的涉县、长治，临（汾）屯（留）公路上的屯留，正太路上的平定，同蒲路上的榆次、太谷、洪洞，平汉路上的邢台，以及元氏、赞皇、昔阳、祁县等地，分九路向晋东南地区发起大规模的围攻，妄图以“分进合击”的战术，速战速决，将我军围歼于辽县、榆社、武乡地区。日军一方面进行欺骗宣传，一方面疯狂地对根据地人民进行烧杀抢掠，他们所到之处，烟火滚滚，尸横遍野。

从缴获的文件中，我们已发现了敌人“四月上旬有较大攻击”的企图。朱德总司令和彭德怀副总司令及时在沁县小东岭召开东路军各部队高级将领军事会议，制定了粉碎敌人围攻的作战方针，指示我们采用运动战、游击战的作战原则：在日军未进入我“利害变换线”以前，采用内线作战，集中兵力，各个击破，当打敌一路时，余路钳制之；当日军进入我“利害变换线”内时，则从敌间隙中转到外线作战，袭击敌之侧背，亦求集中兵力，各个击破。并作了具体兵力部署。

4月6日，我一二九师在西井召开团以上军政干部会，讨论反围攻的具体作战方案。刘伯承师长认为，我们要先发制敌，与友军一起分头截击敌人，特别要抓紧平汉、正太、同蒲诸线和白晋公路，先粉碎其新计划，推迟其围攻，再给以更大打击。当时决定，先在涉（县）武（安）间打敌一路。会后，邓小平政委和陈锡联同志去辽县，指挥北方各部，动员群众，“空舍清野”，布置后方工作。伯承同志和我率部执行涉武作战计划。原定在涉县、武安间的鸡鸣铺山地设伏，打一个伏击。后因敌情有了变化，正太线之敌占了襄垣，八路军总部命令我们西移，配合国民党曾万钟第三军作战。这时，晋东南各部队，包括友军，在朱德、彭德怀同志指挥下，各自都进入了作战地域。

反围攻开始阶段，主要进行游击战，消耗疲惫敌人，并寻找有利战机，在运动中给予打击。因此，敌人的各路围攻，大都受到了八路军与友军的不同程度的抗击。

敌第二十师团七十七联队，由洪洞进犯安泽、沁源，被我一一五师一部、决死一纵队和友军高桂滋部给堵住了；酒井旅团的一个步兵联队附骑兵、工兵、炮兵和辎重各一部，由太谷、祁县进犯子洪口，在东西团城地区，遭到友军武士敏和朱怀冰等部的阻击。敌第一〇九师团两个大队由太谷、榆次，经长凝，向阔郊、马坊进攻，以榆社为目标，前进没多远，就受到我秦赖支队的钳制。敌第十六师团兵分四路向我围攻，第一路是一个联队，由平定、昔阳经和顺，向辽县进攻，这一路由于友军没有积极抗击，使敌人顺利到达辽县；第二路也是一个联队，由平定、昔阳经皋落，向辽县进攻，在松烟镇附近，被我曾国华、汪乃贵两支队截击，颇有伤亡；第三路是一个大队，由元氏、赞皇西攻浆水，被我一个支队和地方武装迎击；第四路是两个大队，由涉县攻麻田，遭到了友军骑兵第四师和我师一部的钳制。敌第一〇八师团一个联队由长治经襄垣、西营、下良进迫辽县；步兵工藤联队附骑、炮、工、辎各一个大队，由屯留、虒亭，向沁县进攻，被曾万钟军打了一下，没有堵住，即占领了沁县、武乡，逼近榆社。这后两路均为苫米地旅团长指挥，是此次向晋东南围攻的主力。

三、粉碎九路围攻的关键一仗

那时我任一二九师副师长，随师部从鸡鸣铺撤出后，经偏店、桐峪、左会、石门，13 日到贾豁镇。根据八路军总部命令，伺机在武乡、榆社间打一歼灭战。

这时，敌一一七联队进占武乡，并以主力北犯榆社，企图与太谷、榆社南犯之敌会合。但在我总部特务团和一一五师三四四旅一部阻击下，感到深入危险，又退回武乡。估计他们有两个企图，一是向西，增援从子洪口进来陷于苦战的敌人；二是向东，退走长治。我们判断，敌人向东的可能性大。于是，决心消灭这一路。

15日，我部进至马牧、胡家堖、型庄、长庆凹一带。黄昏后，武乡之敌开始向襄垣方向撤退，遂急令三八六旅和一一五师之六八九团尾随追歼。我们赶到武乡时，武乡县城处于一片硝烟火海之中，当即命令部队帮助群众救火。

三八六旅旅长陈赓同志将部队分为左右两路。七七二团、六八九团在左，七七一团在右，七六九团为预备队，尾左路之后，沿浊漳河两岸山地猛追。陈赓同志率七七二团先行。经武乡、小河、黄红坡，16日晨，在南窑科地方，发现巩家堖有敌侧翼警戒部队四五百人。为避免暴露企图，该团即在山下牛家庄隐蔽起来。敌未发觉，继续东行。

这时，敌人大部已过长乐村，其辎重尚在白草延附近，而我七七一团已到达白草延对岸之郑峪村、张庄以北高地，与七七二团两岸平行。这是一个好机会。遂令两团相对突击，将敌拦腰斩断。敌之辎重人马被压制在长乐村以西之型村、李庄、白草延、马庄一线的一个狭窄的河滩隘路上，无法展开。在我两侧部队猛烈地攻击下，敌人丧魂落魄，欲战无力，欲逃不能，人马尸首和辎重遍布河滩。战至中午，已过长乐村之敌主力1000余人返回解围，被七七二团一部和六八九团截住，战斗十分激烈。为争夺要点，我们的部队反复冲锋七八次，才将敌打退。中午，敌一〇五联队从辽县、蟠龙方向来增援，向我主阵地实施反突击，炮火十分猛烈。

此时，国民党第三军曾万钟部，就在蟠龙附近。如果他们能在蟠龙一线截击援敌，我们的压力会小一点。可是他们没有尽力。原定是我们配合他们行动，结果是我们唱主角，他们却成了观战者。事后，陈赓同志讲，这次战斗若得到曾万钟第三军的很好配合，将苫米地旅团歼灭是无疑的。未将该旅团全歼，是最可惜的一件事。

由于曾军不能配合，我军弹药消耗很大。为避免过大牺牲，遂以七六九团和六八九团各一部布成游击网，打击与迷惑敌人，主力撤至云安村、合璧村一带隐蔽待击。一场恶战始告结束。这就是有名的长乐村战斗。

这次战斗，消灭日军1500多人。但由于敌我双方反复争夺，我们的部队撤出战斗匆忙，缴获甚微，只有60多支步枪，3挺轻机枪，战马10余匹。战斗中，六八九团和七七二团都曾夺过大炮，但又被敌人夺回去了。

这次战斗，我们伤亡800多人。七七二团团长叶成焕头部负重伤，两日后牺牲。这是我们的一大损失。他作战勇敢，为人忠厚，能团结人，对革命事业忠心耿耿。开追悼会那天，大家都很悲痛，许多同志流了泪。

长乐村战斗结束后，蒋介石还给我们发来了“嘉奖电”，但对贻误战机的曾万钟却没有一点制裁。

长乐村战斗是我粉碎日军九路围攻中具有决定意义的一仗，敌人在这里遭到歼灭性打击后，其他各路纷纷回窜。我军各部乘胜追击，又在沁源以南及沁县、沁源间，辽县、和顺间有力地打击了敌人，先后收复了辽县、黎城、潞城、襄垣、屯留、沁县、沁源、高平、晋城等县，使长治之敌陷于孤立。4月下旬，长治之敌经白晋公路和曲（沃）高（平）公路向同蒲路南段撤退，又被我三四四旅、决死一纵队截击，伤亡近千。至此，日军的九路围攻被我彻底粉碎。

粉碎敌人的九路围攻，意义十分重大。

其一，经过以我军为主的反围攻作战，不仅打破了敌人企图用分进合击战术驱逐或消灭晋东南我军的计划，而且歼灭日军4000多人，收复县城18座（其中我军收复12座，友军收复6座），最后将日军全部赶出晋东南。以太行山为依托的晋冀豫地区，基本上为我所控制，这就进一步奠定了晋冀豫抗日根据地的基础，为游击战争的大发展，创造了有利条件。

其二，使广大人民群众更加看清了日本帝国主义的狰狞面目，进一步密切了我军同广大人民群众的关系。日军此次围攻，采取了大烧大杀的手段，所到之处，烧光杀尽方休。洪水、武乡、蟠龙等镇，均化为灰烬。蟠龙镇为辽县、武乡间之大镇，平时商业颇繁盛，此次日军经过，一火焚之。少数房屋未着火者，门窗家具也毁坏殆尽。对人民群众的屠杀更惨不忍睹。武乡境内的马村，被杀者60多人，妇女多是奸后再杀死，连七八岁的幼女也不放过，惨景难书。敌人用血与火教育了群众，人民从屠刀下醒悟过来，认识到“不抗日活不成”，“不把日寇赶出去，大家不得安宁”。同时，人民群众也进一步看清了八路军才是真正抗日的队伍。于是，纷纷起来，协助我军作战。在反围攻过程中，晋东南人民，在各地党组织的领导下，空舍清野，困扰敌人，给我们带路送信，报告敌情，运送伤员，使我军耳聪目明，行动自如，能适时地集中兵力打击敌人。

其三，反围攻的过程，对以往根据地建设的工作是一个很好的检验。在襄垣、武乡一带，为了避免同国民党的磨擦，反围攻前收回了我派出之工作人员。这样，原先建立起来的游击队的建设就受到些影响，加之成分复杂，所以在此次反围攻中，这些游击队和各村之自卫队没起多大作用。而在正太路以南、平汉路两侧之昔阳，辽县、临城，赞皇等地却相反，由于我们坚持了正确的领导，这些地方的游击队、基干队、游击组，在反围攻中发挥了很大作用。这就告诉我们，根据地建设，必须实行独立自主的方针，坚持党的领导。任何犹豫和动摇，哪怕是微小的，也会招致损失。

中国人民怎样战胜了日本法西斯侵略者

聂荣臻

中国共产党领导中国人民，在1937年至1945年的八年间，经过了极为艰险、曲折和复杂的斗争道路，进行了英勇的胜利的抗日战争，打败了日本法西斯侵略者。中国共产党从这一伟大的爱国战争中，动员、组织与教育了广大人民，大大地增强了人民民主的力量，为以后中国人民大革命的胜利，打下了坚强的基础。

伟大的抗日战争，对于中国人民是一个严重的历史考验。战争不仅锻炼了人民，锻炼了人民军队，并且也锻炼了中国共产党。在以马克思列宁主义与中国革命具体实践相结合的毛泽东思想的指导之下，中国共产党在抗日战争中发展与丰富了中国革命的经验，特别是关于统一战线、武装斗争和党的建设的经验，在政治上、思想上进一步革命化，在组织上更加壮大起来，成为在全国人民中最有威信的卓越的领导者。中国人民根据切身的经验，完全懂得：没有中国共产党的领导，就不可能取得抗日战争的胜利；没有中国共产党就没有中国人民的一切。

一

抗日战争使中国革命中的敌、友、我的阵线及其力量，发生了重大的变化与改组。

中国人民抗日战争的历史，证明了帝国主义是中国和全世界爱好和平人民的死敌。抗日战争的14年间，中国人民的生命财产，惨遭日寇的屠杀与摧毁，而日本帝国主义对中国的这一野蛮无耻的侵略，却得到了美、英帝国主义“绥靖政策”的鼓励。美、英帝国主义在1931年九一八事变爆发后，一方面企图缓和对日矛盾，使日寇成为进攻社会主义苏联的东方的前哨；另一方面则支使蒋介石反动政府加紧反共反人民的内战，以便达到通过蒋介石反动政府奴役中国人民的目的。当时帝国主义操纵的“国际联盟”所派遣的“李顿调查团”，就是以要求“国际共管东北”代替日本独占来结束它的调查报告的。美帝国主义除“劝中国政府采取妥协步调”外，并在锦州事变之后发表无耻声明，宣称：“（一）美国丝毫无意干涉日本在满洲合法的权利；（二）不拟过问日本解决任何事件，惟此项事件，不得破坏美国权利。”美、英帝国主义与日本侵略者狼狈为奸的面目，是早已暴露无遗了。

当时蒋介石国民党反动政府，对于日本法西斯侵略者的军事进攻，采取了可耻的不抵抗主义，并且宣布“攘外必先安内”，又训令他的军队说“有言抗日者杀无赦”，而集中力量继续对中国共产党所领导的红军进攻。

但是，严重的民族危机，却使中国人民日益革命化了。工人和农民群众，日益觉悟起来，兴起了抗日救亡的民族斗争，广大的小资产阶级和知识分子，积极投入了革命的队伍，在各大城市中展开了学生群众的反日示威运动。在封建阶级和资产阶级内部也发生了新的动摇、分裂。一部分民族资产阶级，乡村富农和小地主，甚至一部分和日本帝国主义及蒋介石统治集团有矛盾的地方统治势力，对于民族革命运动，或参加、或同情、或采取中立。广大的人民群众都从切身的经验中，对国民党反动统治日益失望，逐渐把希望寄托于中国共产党及其所领导的人民革命政权和人民革命军队。

二

中国共产党的革命统一战线政策，在抗日战争时期得到了重大的发展和胜利。在1931年九一八事变之后，中国共产党立即号召反对日本帝国主义的侵略和组织东北抗日游击队，并且提出停止内战、保障人民的自由权利和武装人民三个条件，希望与国民党中愿意合作抗日的部分订立抗日协定。但是蒋介石反动政府却以进攻红军和镇压抗日运动来回答了这个宣言。1935年10月，中国共产党领导的主力红军，以12个月的时间，用二万五千里的长征，战胜了蒋介石的长追，突破了历史上军事远征的纪录，胜利地到达了抗日前线，与西北红军会合。这一卓绝的英雄业绩，成为中国新的革命高潮的主要组成部分，使抗日民族统一战线和抗日战争，保存了铁一般的中坚力量。

中国共产党的抗日民族统一战线政策在全国人民中得到广泛的同情和拥护，并迅速成为以北平一二九（1935年12月9日）为开端的普及于全国各地的人民爱国运动的纲领。这个政策，还得到一部分国民党军官的赞同。他们反对内战、要求抗日。因而就发生了张学良所部东北军和杨虎城所部西北军，拒绝蒋介石的“剿共”乱命，在前线不断与红军联欢。最后终于在1936年12月12日爆发了西安事变，张学良和杨虎城在人民和士兵的支持下，逮捕了蒋介石。

西安事变的爆发，一方面说明中日民族矛盾的尖锐化；另一方面也说明：蒋介石多年来的反动卖国政策，不仅遭到广大人民的痛恨和唾弃，并使国民党及其军队内部发生了剧烈的分化。但是当时国民党中的反动派，却企图以营救蒋介石为借口，发动大规模的内战；日寇则窥伺机会，乘虚而入。因而正确地解决西安事变，成为扭转危急局势和举行抗日战争的关键。中国共产党对西安事变采取了明确坚定的方针，力主和平解决，以结束蒋介石的“安内而后攘外”的反动政策，实现国内和平，争取全面抗战。我们批判与说服了一些人的“左”倾冒险主义，粉碎了国民党反动派扩大内战的阴谋，从而使西安事变和平解决，为全国抗日民族统一战线的建立创造了条件。

抗日民族统一战线的成就，证明了毛泽东同志伟大的战略预见。毛泽东同志早就指出：中日矛盾的发展，改变了民族矛盾和国内阶级矛盾的关系。一般帝国主义与中国的矛盾，变为特别突出特别尖锐的日本帝国主义与中国的矛盾。由于日本帝国主义完全殖民地化与独占中国的侵略政策，使其他帝国主义与日本帝国主义之间的矛盾，扩大了裂口，把其他帝国主义与中国的矛盾，推到次要的地位。在国内，资产阶级也因为日本的侵略使他们发生了生死存亡问题，因此在他们及其政党内部也引起了一部分人不能不改变其政治态度。虽然国内阶级矛盾依然存在，但民族矛盾逼使它降到次要的与服从的地位了。

三

但是，国内民主与反民主的斗争，仍然是贯穿于抗日战争的全部过程的。

由于国民党反动派不愿意发动全国人民参加抗日战争，不愿意给人民以民主权利，不愿意进行彻底的政治改革，不愿意清除国民党及其内部的亲日派势力，这样就使得当时的抗日战争，潜伏着失败和中途妥协的危机。为了克服这种危机，中国共产党坚决地领导中国人民和人民的武装力量，站在斗争的最前线，成为抗日战争的领导核心，并用极大的力量，放手发动抗日的群众运动，组织千百万人参加抗日民族统一战线，争取民主权利，使抗日战争不仅具备鲜明的民族的性质，并且具备深刻的人民的性质。毛泽东同志早在1937年5月，就指出争取民主的重要性。他说："对于抗日任务，民主也是新阶段中最本质的东西，为民主即是为抗日。抗日与民主互为条件，同抗日与和平、民主与和平互为条件一样。民主是抗日的保证，抗日能给予民主运动发展以有利条件"。因此，在1937年7月7日中日战争发生之后不久，毛泽东同志即发表了《反对日本进攻的方针、办法和前途》的文章，明确地指出两种方针、两套办法、两个前途，批判国民党不要人民起来的错误措施及其危险前途，要求将抗日战争发展为全面的全民族的抗战。并且紧接着宣布了著名的中国共产党的《抗日救国十大纲领》（1937年8月25日），动员全国人民为实现这一政治纲领，争取抗日战争的胜利而奋斗。十大纲领是：打倒日本帝国主义；全国军事的总动员；全国人民的总动员；改革政治机构；抗日的外交政策；战时的财政经济政策；改良人民生活；抗日的教育政策；肃清汉奸卖国贼亲日派，巩固后方；抗日的民族团结。在整个抗日战争时期，中国共产党始终恪守这一政治纲领。在中国共产党领导下的人民军队，就是根据这个纲领，和广大人民紧紧相结合，以连续不断的胜利战斗，打击日寇，并宣传群众、组织群众、武装群众，开辟和创建了广大的敌后抗日根据地，使之成为坚持抗战的重心。在国民党的片面抗战和共产党的全面抗战两条路线下，形成了抗日战争中两个迥然不同的战场，即国民党区战场和解放区战场。

在1938年10月武汉失守以后，日本侵略者停止了向国民党战场的战略性的进攻，针对着国民党政府的失败情绪，声言愿意和它谋取妥协的和平，并将国民党的副总裁汪精卫诱出重庆，在南京成立伪政府，实施民族的欺骗政策。从此时起，国民党政府更明显地开始了政策上的变化，将其重点由对外逐渐转移到对内。在国民党统治区域，极力打击和破坏中国共产党及其他进步组织，并剥夺了抗战初期所给予人民的某些民主权利。监狱和集中营里充满了共产党人、爱国青年和民主人士。从1939年起，直至1943年秋的五年之内，国民党政府掀起了三次大规模的“反共高潮”。有名的“解散”新四军及袭击皖南新四军部队9000余人的事变，就发生在这个时期内。他们对于抗日战争已公开采取了消极政策，保存军事实力，把作战的重担放在解放区战场上，让日本侵略者大举进攻解放区，并以国民党的精锐胡宗南部队包围、封锁与进攻中国共产党抗战后方的陕甘宁解放区。国民党的政府除指令其军队不断向解放区军队进攻外，并有组织地指派其军队投降日本侵略者，以配合日本侵略者进攻解放区。此外，国民党政府同日本侵略者之间，谈判妥协投降的秘密信使往来，是从没有间断过的。这就使得抗日战争时期，中国解放区不能不肩负起抗战和反投降的全部重任。

四

抗日战争时期的解放区人民，是怎样坚持对日抗战和反对投降的斗争呢？

中国共产党所领导的人民军队和游击队，在北起内蒙古，南至海南岛，大部分敌人所到之处，都进行着积极的广泛的对敌武装斗争。经常抗击着敌军半数以上（多至64%）和几乎全部的伪军，像利刃一样，插进敌人的心脏，成为对日本侵略者的严重威胁。但是解放区军民的对敌斗争也是在极为严重和残酷的环境中进行的。占领武汉以后，日本侵略者从1938年10月就停止了对国民党战场的战略性进攻，将其侵略刀锋，主要地指向解放区战场，进行残酷的“扫荡”。每次“扫荡”经常是10万人左右的兵力。其“扫荡”办法是所谓“铁壁合围，捕捉奇袭，纵横扫荡，反转电击，辗转抉剔”。敌人所到之处，实行“三光”政策（杀光、烧光、抢光），在伪满边境及山西五台等地区更制造了长数百公里、宽数十公里的“无人区”，企图消灭人民军队的生存条件。并对我解放区进行分割、封锁、“蚕食”。仅华北解放区1944年的统计，在面积83万平方公里、人口8300余万的地区上，敌人就修筑了1万多个据点、3万多个碉堡、1万多公里的封锁沟、600多公里的封锁墙。在残酷的斗争中再加上灾荒，解放区军民有时不能不以树叶草根充饥。

但是日本侵略者所有这一切毒辣阴谋都失败了。中国解放区和人民军队，在强敌压迫之下，在国民党军队的封锁进攻之下，依然屹立，并一天一天地发展，缩小了敌占区，扩大了解放区，壮大了人民军队和人民武装力量，取得了辉煌的战绩。1945年，全国解放区人口达9550万，人民军队发展到91万，民兵发展到220万。从1937年9月至1945年3月，对敌作战11.5万余次，击毙和杀伤敌伪军96万余名，俘虏敌伪军28万余名，敌伪军投诚和反正者10万余名，敌伪军共损失136万余名。

解放区和人民军队为什么能取得这样的胜利呢？这是因为解放区和人民军队在中国共产党领导下，执行了毛泽东同志所规定的人民战争的正确方针和战略指导原则，实行了新民主主义的各种政策。

毛泽东同志在1938年5月连续发表了两个辉煌的著作《抗日游击战争的战略问题》和《论持久战》。在前一著作中，毛泽东同志根据1927年至1937年第二次国内革命战争时期的革命战争经验（这在毛泽东同志1936年所著《中国革命战争的战略问题》一文中作了精辟的总结）和抗日战争的新形势，把抗日战争中的游击战争，由战术范畴提高到战略范畴，并具体规定了游击战争的战略指导原则。毛泽东同志指出："游击战争的战略问题是在这样的情况之下发生的：中国既不是小国，又不像苏联，是一个大而弱的国家。这一个大而弱的国家被另一个小而强的国家所攻击，但是这个大而弱的国家却处于进步的时代，全部问题就从这里发生了。在这样的情况下，敌人占地甚广的现象发生了，战争的长期性发生了。敌人在我们这个大国中占地甚广，但他们的国家是小国，兵力不足，在占领区留了很多空虚的地方，因此抗日游击战争就主要地不是在内线配合正规军的战役作战，而是在外线单独作战；并且由于中国的进步，就是说有共产党领导的坚强的军队和广大的人民群众存在，因此抗日游击战争就不是小规模的，而是大规模的；于是战略防御和战略进攻等等一全套的东西都发生了。战争的长期性，随之也是残酷性，规定了游击战争不能不做许多异乎寻常的事情，于是根据地的问题、向运动战发展的问题等等也发生了。于是中国抗日的游击战争，就从战术范围跑了出来向战略敲门，要求把游击战争的问题放在战略的观点上加以考察。特别值得注意的，是这样又广大又持久的游击战争，在整个人类的战争史中，都是颇为新鲜的事情。这件事是同时代进步到20世纪的三四十年代一事分不开的，是同共产党和红军的存在分不开的，这乃是问题的焦点所在。"毛泽东同志并反复说明主动地、灵活地、有计划地执行防御战中的进攻战，持久战中的速决战，和内线作战中的外线作战，这是游击战争战略原则的最中心的问题。毛泽东同志预见地指出，假如敌人对于颇为新鲜的游击战争缺乏估计，"他们就一定要在这一点上面触一个很大的霉头"。后来历史的发展完全证实了毛泽东同志的这一个英明预见。在后一著作中，毛泽东同志针对着国内一些人们思想上的混乱，从军事上政治上全面地分析了抗日战争的形势，明确地提出持久战的战略方针，指出抗日战争的三个阶段，即战略防御、战略相持、战略反攻阶段。他指出取得胜利的条件是中国人民大联合（这是主要的）、国际抗日统一战线和日本国内人民及被压迫民族革命运动。他批判了亡国论和速胜论，严正地指斥了国民党内部的妥协与腐败。中国抗日战争的全部历史也完全证实了毛泽东同志这些论断的正确。

依据毛泽东同志的指示和中国共产党的政治纲领，全国各个解放区，在政治上实行了民主改革，实现了全国总动员和巩固的民族团结，造成了人民战争的真正基础。解放区普遍地经过民主选举，建立了以中国共产党为领导的“三三制”政权——地方的人民民主政府，因此巩固了各阶级的团结。解放区普遍地实行了减租减息和保证交租交息的政策，因而大大地发扬了农民参加抗日战争和生产的积极性，减少了地主对我们发动农民抗日的阻力。解放区普遍地实行了生产和节约政策，组织了农民的劳动互助（变工队、换工班等）；军队参加生产并帮助农民生产；实行精兵简政以减轻人民负担；实行节约互助以救济灾荒，因而能够粉碎敌人的封锁政策，战胜敌人和天灾所造成的严重困难，支持了长期的战争。解放区的军队与人民普遍地实行了拥政爱民与拥军优抗政策，因而巩固了军队与人民间的团结，并提高了军队的斗志。解放区实行了瓦解敌军的政策，向敌伪军开展全面的政治攻势，因而大大地动摇了敌军的士气，并争取了大批伪军的投诚与反正。而最中心的，是依靠农民的问题。残酷的抗日战争，没有广大的农民的支持，要取得胜利是不可能的。这就再一次地证明了斯大林所说的：民族问题实质就是农民问题，“把中国农民卷入革命愈迅速愈彻底，中国反帝国主义的战线就愈有力愈强大”。这也证明了毛泽东同志所说的，“只要一提到武装斗争，实质上即是农民战争”。

在军事上，全国各个解放区坚持以主力部队、地方游击队和人民武装（民兵和人民自卫队）的相互配合，开展广泛的游击战争，实现了人民战争的战略方针。这正如毛泽东同志在《论持久战》中所说的，“动员了全国的老百姓，就造成了陷敌于灭顶之灾的汪洋大海，造成了弥补武器等等缺陷的补救条件，造成了克服一切战争困难的前提”。这就是人民军队在解放区战场所实行的战略战术的出发点，由此创造了抗日的人民战争的全套战略战术。人民军队由于获得地方游击队和人民武装的配合，得以灵活地进行内线和外线作战，力争战役和战术指挥的主动权，不断粉碎敌人之“扫荡”、“蚕食”，歼敌制胜。人民军队由于指挥统一，各个根据地得以互相配合，彼此支援，因而能够抓住敌人兵力不足的弱点，粉碎敌人对某一地区的合围“扫荡”。人民军队，重视开辟和巩固根据地的工作，能够积极地宣传群众、组织群众、武装群众，巩固和扩大根据地，缩小敌占区。人民军队常常派遣武装工作队深入敌占区活动，以粉碎敌人的封锁政策。人民军队，由于重视地方游击队和人民武装的建立和发展的工作，能够积极地帮助其教育训练并给以必要的干部和武器，因而能够获得地方武装和人民武装的密切配合，增强对敌困扰打击的力量。同时久经战争锻炼的地方游击队和人民武装，又成为人民军队兵员的来源，保证了人民军队的发展壮大。解放区的地雷战、联村作战、破袭敌人交通、围困敌人碉堡以及平原地区的地道战等，都形成了规模宏大的群众运动，使敌寸步难行，在军事上以至精神上受到严重的打击和威胁。

但是，除此以外还有另一方面的斗争。这就是为反对国民党投降、分裂、倒退逆流而进行的坚决斗争。这一斗争是非常必要的，因为如果在存在着国内战争的情况下，要同强大的敌人日本侵略者作战，是不可想象、至少是极端不利的。为了击败强大的敌人，我们必须联合一切抗日的力量。但是当时以蒋介石为首的国民党这个同盟者，是暂时的、动摇的、不坚固的、不可靠的，因而对于国民党必须是既有合作，又有斗争。斗争的目的，是为了利于合作，使阶级斗争服从于民族斗争，利于长期的民族革命战争。因而斗争必须是讲求策略的，正如毛泽东同志所说，必须做到“有理、有利、有节”。而斗争的主要方法，就是放手发动群众，组织广大群众，发展壮大党所领导的人民军队，以巩固抗日民族统一战线，并保持对国民党的批评权，使人民群众根据自己亲身的政治经验，去认识国民党当局的不可靠性、反动性、反革命性。这也就是在抗日民族统一战线中保持党的领导权，保持无产阶级的独立性问题。中国共产党从抗日战争发动之后，就一直坚持着同国民党的投降、分裂、倒退逆流作斗争，并在1939年7月7日，适时地明确地提出“坚持抗战，反对投降；坚持团结，反对分裂；坚持进步，反对倒退”的口号，以之动员人民，有力地打退了国民党在此后一个时期所发动的三次反动的反人民的“反共高潮”，克服了抗日战争中的内战投降危机。而蒋介石国民党由于它自己的倒行逆施，更日益暴露了它的反动面目，在政治上大为孤立了。

解放区战场的胜利，终于有力地粉碎国民党反动派的妥协投降阴谋，争取了全国抗日的胜利。

中国人民是伟大而不可战胜的，它在取得抗日战争胜利以后，经过四年国内解放战争，已经在中国大陆打倒了帝国主义及其走狗国民党反动派的统治，建立了人民民主政权，并在和平建设中取得了伟大的成就。中国人民深信：任何帝国主义的阴谋诡计，都一定要在中国人民面前被打得一败涂地。

八路军七年来在华北的抗战

叶剑英

今天利用这个很难得的时机和国际反法西斯的朋友们——美国的朋友们谈一谈我们七年来华北抗战的情形，把华北战场上的敌军、友军和我军的情况作一简单的介绍，以便反法西斯的国际战友们有一个概况的了解。

七年的华北抗战，可以分为四个时期：（一）平型关战役至武汉失守；（二）武汉失守至百团大战；（三）百团大战至我国抗战五周年；（四）抗战五周年至今。现在逐一叙述其具体情形于下：

第一个时期：平型关战役（1937年9月25日）至武汉失守（1938年10月27日）

一、敌方情形

日寇进攻我国，最初是采取“速战速决”的战略方针，妄想在三个月内灭亡中国，这个方针用之于既无准备又无决心的国民党军队则可，用之于坚决抗战的八路军和抗日思想酝酿已久（自九一八以来即开始）的广大人民则不可，因而他只能获得初期的某些胜利。敌人进攻作战的重心，首先是在华北，这是根据田中奏折的老计划，由东北四省而进入华北，企图尽掠黄河以北，抢夺河北的棉花、山西的煤铁，然后举兵南下，经华中、华南而直抵南洋。在太原尚未沦陷之前，敌人作战的对手，主要的是国民党的军队。当时，敌人的华北派遣军司令是香月清司，集12个半师团的兵力，为第五师团、第六师团、第十师团、第十四师团、第十六师团、第二十师团、第一〇八师团、第一〇九师团、第一一四师团、铃木旅团、酒井旅团、山井旅团等之全部，及第一师团、第二师团、第四师团、第八师团之一半，近30万人，约占当时日寇侵华兵力20又半个师团的五分之三的兵力，作所谓“堂堂阵容”的正面进攻。敌人由北而南长驱直入，未及四月即占领了平、津、保定、石家庄、太原，控制了北宁路、平绥路、正太路，以及同蒲路、平汉路、津浦路之北段。

太原、临汾相继失陷后，整个黄河以北的地区沦入敌手，友军望风南溃，退出了华北战场，此时在华北与敌人作战的，只有共产党人、八路军、山西新军决死队、河北的杨秀峰、山东的范筑先，以及由监狱释放出来的爱国志士和青年学生为骨干组织起来的游击队。这些新兴的抗战力量，团结在八路军的周围，与华北人民相结合，就像雨后春笋一般蓬勃地生长起来，到处发动抗日游击战争与敌人周旋。从此，日寇在华北的作战，就以八路军为其主要敌手了。这时敌人提出“巩固已经占领的战略要点和交通线”、“确实掌握华北”的方针，在其占领的铁路沿线和城市周围，修筑据点碉堡，以资防守。同时又提出“以战养战”、“以华制华”的口号，进行培植伪军、伪政权和掠夺人力、物力、财力的阴谋毒计。为了镇压方兴未艾的游击战争，敌人以寺内寿一代、香月清司为华北派遣军司令，除调走两个半师团（第六师团全部及第一师团、第二师团，第四师团之一半）参加徐州会战外，复增派七个师团到华北战场（第二师团、第十一师团各一半，第二十一师团、第二十三师团、第一〇四师团、第一一〇师团和第二、三、四、五混成旅团之全部），并另将铃木、酒井、山下等三个旅团扩编为三个师团（第二十五、二十六、二十七师团）。在华北兵力为 18 个半师团，约 40 万人，较战争第一年增加了六个师团，仍为当时日寇在华作战兵力 30 又半个师团的五分之三。

敌寇初与我八路军交锋时，尚不知我军的特点和厉害，在战术上采取“突贯攻击”，单刀直入式地向我横冲直撞，以为我军如其他国军之易欺，企图把我们碰垮，但结果反而碰伤了他自己，常常遭受我们的歼灭打击。敌人遂不得不变“突贯攻击”的战法为“分进合击”。在武汉失守之前，敌人以千人以上兵力向我合击者已有十余次，以万人以上围攻我一个地区者已有五次，企图乘我立足未稳、抗日根据地尚未臻于巩固之际一举加以摧毁，以扑灭华北抗日游击战争的火焰，但这些合击都在我集中力量、打击一路之敌的战役方针指导下，一一被我击破。根据地在反围攻中逐渐巩固起来，我八路军也日益强大起来。

敌人为了巩固其占领要点，便利对我作战，吸吮我物资以达其“以战养战”的目的，乃开始修筑铁路。至 1938 年底，被我加以破坏而敌人重行修复的铁路，有平（北平）绥（远）线、平（北平）汉（口）线、北（平）宁（辽宁）线、津（天津）浦（口）线、同（大同）蒲（州）线、宅里（良乡至宅里）支线、西陵（高碑店至易县西陵）支线、六河沟（安阳丰乐镇至六河沟）支线、济宁（滋阳至济宁）支线、口泉（大同至口泉）支线等10线约2792公里，新筑平（北平）古（北口）线146公里，合计2938公里。在部分地区且已开始建筑碉楼据点，但为数还不多。

在华北的伪军，在抗战前即有李守信、王英与赵雷等组织的伪蒙军及冀东保安队。抗战初，大汉奸齐燮元成立靖安自治军（后改称治安军），初仅有四个连，至1938年底已扩大为五个团，为华北正规伪军的主力。此外，敌曾大肆收编散兵、土匪、会门武装，组织伪皇协军、“剿共军”，以及伪护路保安队等。至1938年底华北伪正规军与伪地方军合计约有7万人，但系统复杂、素质低劣，在我游击战争开展之下，多半（估计约45000人）为我八路军所消灭。

二、友军情形

全国抗战开始，华北战场上的友军有中央军、西北军、东北军、晋绥军等不下75万人，当时士气一般的还好，且也打过几次仗，比如南口之战、忻口之战，并有若干将领于作战中英勇殉国，如赵登禹、佟麟阁、郝梦龄等。但国民党当局对抗战缺乏信心，更无远久打算，所采取的政策是单纯的片面的军事抗战，而不是发动民众进行全面抗战。在战略指导上，又是正面单纯防御，而不是运动战与阵地战相结合，不是积极防御作战，更不承认灵活的游击战的战略地位，因而处于被动的、处处招架、处处挨打的形势。再加以若干高级将领的贪生怕死，拥兵自肥（比如韩复榘不知搜刮了多少金钱），在敌人进攻时，不作抵抗，一味地保护着“私人财产”向后退却。晋绥军战斗力很差，但高级军官们个个会做生意，个个发大财，李服膺当敌人占领大同，距敌尚有几十里远时，就望风而逃，急急向雁门关以南撤退，因而形成不战即溃，日蹙百里。而太原、临汾、新乡相继失守，铁道城市被敌人控制以后，友军更溃乱不堪，争先恐后地抢渡黄河，就是当初高唱“守土抗战”的地方实力派阎锡山先生的晋绥军亦全部退至黄河以西，被敌人遮断而留在敌后侧翼的，只有刘戡第九十三军的五十六师，也是惊慌失措。至于平时鱼肉人民的官僚政客，一闻炮声即携带妻妾细软逃之夭夭，而难民、伤兵、军需器材全被遗弃；更有摇身一变，奴颜婢膝以事敌人者，如王克敏、潘毓桂、齐燮元之流。人民目睹心伤，悲愤莫名。

三、我方情形

全国抗战开始时红军有官兵8万人，8月25日奉军事委员会命令改编为国民革命军第八路军，只给三个师的番号，按4.5万人编制和发饷，即第一一五师、一二〇师、一二九师的番号。9月，我们自韩城、潼关两处渡过黄河沿同蒲路北进，踏入了华北战场，增援前线。当时，我们就知道中国抗战是长期性的，提出了“坚持华北抗战，八路军与华北人民共存亡”的基本口号，我党领袖毛泽东同志也给我们规定了“基本的是游击战争，但不放松有利条件下的运动战”的作战指导基本原则。因为根据敌我装备上的优劣悬殊、留置敌后进行长期战争的艰苦环境，以及我们具有发动群众进行游击战争的丰富经验与特长，只有在此种作战指导原则下，才能制胜敌人，这已是被七年的战争实际所证实了。

我军先头部队，由第一一五师师长林彪、副师长聂荣臻率领，甫抵前线，一与敌人接触即创造了平型关大捷。我军在运动战中击溃敌精锐的坂垣师团并歼灭其一部，创开战以来的胜利纪录，一扫友军节节败退的耻辱，大大振奋了全国人心。平型关战斗使敌锋受挫，但敌人已自茹越口友军防地突入长城以南，我军旋即迂回敌后，猛袭敌交通线，配合友军忻口作战，保卫太原。此时，我一一五师光复冀西、察南十余县，一二〇师数度占领雁门关，一二九师则袭入阳明堡飞机场，焚毁敌机24架，敌人后方的交通联络线全被我军切断，忻口被围之敌粮弹俱绝，死伤极重，大有歼灭可能。狡诈之敌，乃由石家庄沿正太路西犯娘子关，声援忻口之敌。我一二九师闻警驰援，尚未进抵阵地时，该关友军已弃守。刘师长、徐副师长机断行事，在正太路南平行路上之七亘村、黄崖底、广阳连打了三个胜仗，打开了敌人阵地的一个缺口，救出被围友军曾万钟之第三军，阻滞了敌人的西进，掩护了友军的撤退。但不久太原失守，遂使忻口敌人获救，至为可惜。

在此以前，我军在华北的作战，主要尚系配合友军行动；在此以后，我军在华北即开始单独作战，进行独立自主的抗日游击战。

太原失守前，我军已预见华北之将沦为敌后，故即确定方针：变敌后为前线，发动广大群众，创建敌后抗日根据地，开展抗日游击战争。迨太原失守，即有计划地将兵力分置于同蒲路两侧与雁北敌后，以五台山、太行山、吕梁山、管涔山等为依托，从事创造抗日根据地。对于敌人之围攻与合击，我则以游击战与运动战相辅以对抗之，使敌人找不到我固定阵地与固定阵线，常常扑空，我则灵活集中兵力，乘敌之隙，打击其一路予以坚决粉碎。如敌人对晋东南和晋察冀的围攻，均合击一个中心点，待敌进至转换线上，我主力即跳出圈外，集中力量打击其一路，使敌人在尚未进抵中心点时，即被消灭与击溃。同时，我遣军东下冀鲁豫大平原，北出绥、察、热、冀东长城口外，光复祖国河山，拯救沦于敌人铁蹄下的人民，协同中国共产党的地方党部与爱国人士，组织人民的抗日武装起义，开始抗日游击战争。在光复的国土上，我们即建立抗日民主政府，安抚流亡、救护伤兵、实行二五减租、废除苛捐杂税、实行廉洁政治，发动广大民众，团结各阶层人士，帮助友军进步……

所有这些，都是为着增强抗战力量，树立长期抗战的基础，把华北创造成为坚忍不拔的抗日基地，使中国抗战在正面战场以外更增辟出一个敌后战场，以便前后夹击敌人，制敌死命。

在这一时期，我军为配合徐州、武汉两大会战，一方面坚决粉碎敌人对我新建根据地的“扫荡”与围攻，消灭敌有生力量，牵制敌人的调动，如1938年3月晋东的一二九师反对敌人九路围攻，长乐村一战，歼灭敌第一〇八师团第二十五旅团一部，并给敌由同蒲路调兵东援徐州造成很大的困难。9月，晋察冀军区聂荣臻部反对敌3万兵力的二十五路围攻，曾击毙敌常冈宽治旅团长与正亚、清水两联队长……另一方面，我军又主动地向敌交通干线、战略要点进击，并扫荡日寇所培植的爪牙——伪军。计1938年初，晋察冀我军大破平汉路北段，袭入保定、定县、望都、正定等县城。2、3、4、5月间，一二九师破袭平汉路、津浦路，在南宫赶跑敌清水司令，消灭盘踞河北伪军崔培德等约5000人。3月31日，一二九师在东阳关与涉县间的响堂铺伏击敌人，焚毁敌汽车180辆。山东我军在台儿庄会战酣时，破击鲁南之台（儿庄）潍（县）公路和台（儿庄）枣（庄）铁路支线，发动矿工起义。7月6日起，晋察冀我军同时出击平绥、正太、平汉诸铁路，激战三天二晚，毙伤敌1400余人，炸毁北平城北石景山之发电厂，使北平顿成黑暗世界。7月16日，唐山矿工在我军领导下，发动抗日起义。七七抗战一周年，我宋（时轮）、邓（华）支队进入冀东，与当地共产党组织一起领导冀东人民举行了二三十万人的抗日大起义，占领遵化、玉田、迁安等18个县城。我一二九师所部主力进击平汉路、道（口）清（化）路，消灭冀鲁豫伪军扈全禄部。9月，一一五师陈旅在晋西三战汾（阳）离（石）公路。8 月 13 日，山东我军袭入济南。10 月 3 日，山东我军又破坏胶济路百余里，等等。

由于游击战争之广泛开展，反“扫荡”作战的连续胜利，人民抗日情绪空前高涨，纷纷要求参加八路军，我军力量倍增、声威愈壮，活动区域东临渤海、黄海，北达冀东长城口外，南至陇海路，西襟黄河，数大抗日根据地基本形成。在抗日民主政府确实管辖下的人民，为数达千万之上。

第二个时期：武汉失守至百团大战（1940 年 8 月 20 日）

一、敌方情形

敌人在未占领武汉之前，已深感八路军在敌后的严重威胁，认为是灭亡中国的“绊脚石”。1938 年八九月时，敌华北派遣军即提出“五台与武汉并重”的口号。敌人占领武汉以后，立刻改变战略，对国民党正面战场以政治诱降为主、军事进攻为辅，而将其战争重心放在对敌后八路军的进攻。从此在中国抗战的正面与敌后两个战场中，即以敌后战场为主。

此时期内，敌寇回师华北兵力骤增。1938 年敌寇在华北战场的兵力为 18 个半师团，曾调走第五、十、十四、二十、一〇九等五个师团参加武汉会战，但旋即新增第三十二、三十五、三十六、三十七、四十一师团和第六、七、八、九、十、十五混成旅团及第二十师团之一半等计 8 个半师团，因而此时期内敌人在华北战场的兵力为 22 个师团，44 万人。较全国抗战第一年（1937 年）增加了 9 个半师团，较全国抗战第二年（1938 年）增加了 3 个半师团，占当时日寇侵华总兵力（1939 年初为 48 个师团）之一半稍弱。

为了加紧进攻，敌曾三易其帅，由寺内寿一而杉山元而多田骏。其间阴谋层出，花样翻新。由于“速战速决”的计划破产，加以在上一时期敌人已饱尝我们的老拳，知道八路军和华北人民是个很“讨厌”的敌人，故改唱“百年战争”，说要“掌握民心”与我“进行比赛忍耐力的斗争”。这自然是十分可笑的，因为任何延年益寿的仙丹灵方，也不能使日本法西斯有百年之寿。1939 年春，敌华北派遣军颁布所谓“治安肃正计划”，提出中国内战时期“反共英雄们”所早已唱烂的“三分军事、七分政治”的方针，强调“军政会民一体”的“总力战”。在军事上提出“巩固点（城市）线（铁道、公路），扩大面的占领”的方针。1939 年 9 月多田骏上台后便提出“竭泽而渔”的“囚笼政策”，实行“分区扫荡、分散布置、灵活进剿的牛刀子战术”。“牛刀子战术”为一日本术语，取中国语“杀鸡焉用牛刀”之义，表示八路军虽“小”，但需要很大的力量去进行战斗。在政治上则高唱中日“同文同种”，说什么“黄种人联合起来打倒白种的英美”。在敌占城市举行反英美宣传，并把侵略中国的战争叫作“打回祖国去”。对于老百姓则大烧、大杀，强迫人民承认“不抗日”、“反对共产党、反对八路军”、“反对英美”，一经承认则又施以小恩小惠以事笼络，称之为“威德并用，软硬兼施”。在经济上，敌对我解放区施行严密封锁，说要陷我于“无衣无食”、“自生自灭”，这种封锁政策以后长期继续，从未放松。敌人用这种军事政治双管齐下的毒辣办法，猛烈地向我们进攻。

战局是空前紧张，“扫荡”是大大加紧了，北起冀东及大青山，南迄黄河两岸冀鲁豫，到处都爆发全面的“扫荡”与反“扫荡”。抗战第二、第三两周年，敌对华北千人以上的“扫荡”有 109 次之多，使用兵力在 50 万左右，其间 1 万人至 2 万人的“扫荡”有 7 次，3 万人以上的

“扫荡”有2次，还有一次6万人以上的大“扫荡”。配合这些“扫荡”，敌人疯狂地实施“囚笼政策”，大事修筑铁道、公路、据点、碉楼。1939至1940两年中，敌修复的铁路有同蒲、正太、胶济、道清、汾阳（平遥至汾阳）、微水、博山（张店至博山）、阳明堡（至原平）、周口店（琉璃河至周口店）等线，计长1870公里；新建铁道，有白（圭）晋（城）、石（家庄）德（州）、新（乡）开（封）、凤山（南张村至凤山）、西佐（马头至西佐）等线，计长477公里；合计2347公里。新建公路有平（北平）大（沽口）路、唐（山）大（沽口）路、邢（台）济（南）路、邯（郸）济（南）路等，计长15600公里。新建碉楼、据点2749个，其中1940年即较1939年增加四倍。

所谓“囚笼政策”，为德国塞克特的“堡垒政策”与清代曾国藩“步步为营”政策的结合，以铁路为链，公路为环，据点为锁，给敌占区人民加上一副深重的枷锁。在“囚笼”之内，强化伪政权，组织伪自卫团，厉行“人质”政策，掠夺粮食、棉花，倾销海洛因毒品，强迫人民种植鸦片。但无论什么方法也不能阻止人民的公开的和隐蔽的破坏和反抗，有八路军与解放区的支持，敌占区人民是绝不愿当“顺民”的。比如，敌军散发鸦片种子，老百姓将它在蒸笼里蒸熟之后再撒播在田里，自然不会发芽，敌人莫名其妙，大叫“皇军倒霉，皇军倒霉”。对于我根据地说来，“囚笼政策”则是敌封锁、割裂、“蚕食”、“扫荡”我根据地的依据。白晋路的贯通，把晋东南划成太行太岳两区，平汉路封锁沟墙的修筑断绝我山地与平原的物资流通，而在平原地区大修公路将我平原地割裂成井字、王字、田字形，缩小了我军活动的周旋地区。此外，敌还专门修筑了一种圆形式螺旋形的公路，以为包围合击我军的基线。在敌人进行修筑“囚笼”之前，必先以兵力向我“扫荡”，迫我让路，而“囚笼”筑成之后，“扫荡”遂更有所凭借。敌“扫荡”愈繁，“囚笼”愈密，“扫荡”愈烈。这是华北战场敌寇活动的规律。

“囚笼政策”的实施，使敌人产生另一弱点，即兵力愈加分散，更感不敷应用，而此时由于汪逆精卫之投敌，敌人遂更加强化其“以华制华”的政策，大量的有计划的培植伪军，繁殖其爪牙，并开始将伪军加以整顿，小股的合成为大股。1939 年下半年，更采取“精兵之义”，放弃过去的乱编办法，改“皇协军”为“剿共军”，改“靖安自治军”为“治安军”，并加强伪军训练，提高其战斗力，使之协助据守公路、据点，配合“扫荡”及进行“清乡”，时常以一班敌军控制一排伪军而据守一个小据点。同时，又大量建立伪军之地方部队，如伪县警备队、伪警察、伪保安自卫团等。又建立“爱护村”和厉行“连坐法”，胁迫群众为其守望道路、电线。“连坐法”为古代专制魔王及内战时期“反共英雄”所用的“一人犯事十人同罪”的杀人不眨眼的老办法，以期根绝抗日分子。至 1940 年底，华北伪军为数已达 14.5 万人，较第一时期内约增加一倍，而国民党军队这时已有投敌被改编为伪军的，如驻防绥远的东北挺进军所属的热河先遣军司令白凤翔率部投敌，豫北的张岚峰也率部数连叛变，使伪军的势力更加扩大。

二、友军情形

国民党当局在武汉失守、汪精卫公开投敌之后，政治即开始倒退。他们错认日本人再不会向他们进攻，他们的主要敌人是共产党、八路军，而不是日本人。因此，把抗日政策改变为反共、反民主、反人民政策，专制独裁，倾向法西斯。1939 年 6 月颁布了钻进共产党内破坏共产党的《限制异党活动办法》，9 月又颁布了可用军事进攻对付共产党的《异党问题处理方案》。此后，共产党遂被称为“奸党”，八路军遂被称为“奸军”或“匪军”，敌后解放区被称为“匪区”。抗战初期，他们曾将华北弃如敝屣，但到了八路军艰苦作战、解放沦陷国土、打开一个抗日局面之后，他们又忌恨丛生，纷纷遣军北上，要再从抗日人民的手里去“收复失地”。这些被派到华北的国民党军队，其目的不是为了抗战，而是为了“反共”。因此这一时期他们在抗日方面，几乎什么都没做，做出来的都是反对共产党、八路军，危害抗战的罪行。

他们一方面下命令要八路军退过沧石路、正太路以北之线，一方面调集大军26个师，以中条山为基地，杂牌军为先锋，嫡系部队在后督阵，自南而北向我迫来，以与当时日寇由张家口、北平一线自北而南向我军的“扫荡”遥相呼应。而旧日被敌截留于敌后的石友三、张荫梧、秦启荣、赵云祥、胡和道等，当其托庇于我军之时皆曾相安无事，此时在国民党当局反动政策的指使和特务活动的阴谋下，也就勾结敌寇，袭击我军后方，杀害我官兵，破坏我抗日根据地，破坏对敌作战。此时我军处于敌寇和国民党的两支大军夹击之中，前门拒虎，后门进狼，处境十分艰危。同时，当局又下令取消各地民选的抗日政府，连国民政府既经承认的晋察冀边区政府也企图加以取消，硬派一批法西斯分子充任县长、专员，压迫民众抗日运动，解散群众抗日团体，暗杀活埋抗日干部家属，摧毁一切抗日民主秩序。陈立夫、戴笠、康泽的特务系统更派来大批特务混入解放区，造谣惑众，放毒暗杀，无所不用其极。至于我八路军每月应得63万元军费也从此取消，再无分文发给。总之，种种倒行逆施，使志士侧目、寇奸弹冠，记得当时北平敌伪还曾召开过一个庆祝会，庆祝国民党当局的“反共”战绩。

对于国民党当局的这种“内战内行”的措施，我共产党、八路军起初曾一再忍让，据理交涉，希以团结抗战为重，勿令盟邦失望，并陷民族于万劫不复，但竟未获见谅，反被目为“示弱”而进攻愈急。有些人甚且高唱“曲线救国论”，决心“联日反共”，释其卖国行为为“先联合日本，打倒八路军，然后再行抗日”。在如此“反共第一”的政策下，终于爆发了1939年冬的第一次反共高潮，国民党军队正式向我们开火。当时情势紧急，迫不得已，乃对向我总司令部所驻之地进攻的朱怀冰的一个军予以还击。朱军起初气势汹汹，作战时且有日本飞机配合助战，暴露了其与日本军联合进攻之事实；对此，朱军官兵多感愤慨，一经接触，其内部即土崩瓦解。朱怀冰本人身为军长，竟经敌驻之邯郸，由平汉路、道清路坐日本人火车回大后方，至今尚在我大后方作官，诚如咄咄怪事。这次磨擦与反磨擦斗争，不仅是民主与反民主斗争，而且是抗战与投降之争，如果我军当时未能妥善应付，克服反共投降高潮，则华北早已被国民党断送给日本，决不会再有今日敌后抗战形势，也不会有今天的全国抗战形势，更不会有与英美盟邦共伸正义打倒日本法西斯的共同事业。

三、我方情形

武汉失守后，中国抗战的正面战争进入相持阶段，华北的局面遂一天更比一天艰苦。这时期内，我们坚定不移地坚持华北抗战的既定方针，努力巩固各个抗日根据地。在军事作战指导上，针对着敌人的“联合扫荡”与“囚笼政策”而着重进行游击战与运动战相辅的反“扫荡”战与军民结合的“交通破击战”。

反“扫荡”战，此时期内在全华北展开。在晋察冀：1939 年 5 月敌人向边区北部进攻，我在上下细腰与大龙华打了两个大胜仗，敌遗尸近千；9 月敌向我腹地陈庄突进，被我包围歼灭千余，敌水原旅团长即于是役毙命；10 月敌以 2 万兵力分 12 路向边区进攻，我军血战 43 天，将敌击退，并于涞源战斗中毙敌阿部规秀中将，此为中国战场上打死敌人中将级军官之第一次，敌酋多田骏在追悼阿部之挽联上写到“名将之花，凋谢太行山上”。在冀中，曾粉碎敌人的五次围攻；1939 年 4 月在河间齐会战斗中，贺师长中毒负伤。此类为国际公法所禁止使用之毒气与达姆弹等，敌寇在中国战场上于1938年就开始使用了。在冀察热：平西于1939年1月至6月粉碎了敌人三次“扫荡”；冀东于1939年3月粉碎了敌人的大举“扫荡”；7月间，冀热察挺进军派一部队伍越平绥路深入平北，在明代十三陵地区创造游击根据地。在晋冀豫：1939年7月，敌以6万之众发动九路围攻，贯通白晋路，深入我腹地，尽占所有城市，企图“釜底抽薪”，一举摧毁我根据地，但终为我所粉碎。在冀鲁豫：敌于1938年至1939年年底连续发动四次大“扫荡”，兵力由1.5万至3万不等，并配备有机械化部队，也终归失败。1939年2月，刘师陈赓旅之一部，在威县香城固创造平原歼灭战，一小时内歼敌两个中队。在山东：自一一五师之一部于1939年春挺进山东后，战事即告紧张，6月，敌以2万兵力合击沂蒙山区，为我方击破；8月梁山战斗，我方以一个营歼敌300余；1940年1月，敌以3万人“扫荡”鲁西南，又为我方粉碎。在晋绥边区：1939年2月，粉碎万余敌的六路进攻；6月，一二〇师三五八旅歼灭静乐敌600余。大青山区，也粉碎了敌人的两次“扫荡”。此外，在此两年中，敌曾七次进犯陕甘宁边区河防，悉为河防部队与一二〇师健儿联合击退。在这些胜利的反“扫荡”战中，我们的抗日根据地便日益巩固起来了。

为了破坏敌人的“囚笼政策”，我们发动了“交通斗争”。“交通斗争”不仅是军事斗争，而且是群众斗争，唯有军队与人民结合，协助破击，才能收到宏大的效果。这一斗争，起初是将重心放在平原，但也不放松在山岳地区的破击战。在山区，我们曾主动地发动白晋战役、邯长战役、平汉战役等，破坏敌深入我根据地的交通线，摧毁平汉路两旁的封锁沟墙。在平原，我们整年的从事有计划的交通破击战。在组织上，有军、政、民破路委员会的统一领导机关，破击时划分一定地段，且有指挥、掩护、联络、侦察、警戒、破击等之具体分工。破坏性质，有战术性的破击与战役性的破坏。破击时机，有季节性的破击（如春季泛滥时期、秋季青纱帐时期以及“扫荡”前后等）与随时的不间断的破击。特别是对沧石路、石德路的破击，冀中、冀南均各动员 5 万人以上，坚持时日甚久，敌人的修路计划为之推迟半年。总计抗战第三周年，八路军在华北共破坏铁路 5320 里，公路 16408 公里，毁电杆 4.222 万根，收电线 21.8493 万斤。抗战第四周年，计破坏铁路 2164 里，公路 1.483 万里，毁电杆 23.4501 万根，收电线 140.6532 万斤。平均每天破坏铁路 6 里，公路 30 里，桥梁一座半。差不多每 7 天炸毁敌人 1 个火车站，9 天炸毁敌人 1 个火车头，每天炸毁敌人 1 辆汽车，每天毁电杆 642 根，收电线 3853 斤。仅抗战第四周年所破坏铁路的长度就将及一条平绥路，或一条半同蒲路，或三条胶济路，给敌人的“交通建设”的打击之大是不难想见的。

在平原地区作战，不仅要破坏敌人的“交通建设”，而且要挖掘道沟，以改变平原地形。道沟深六尺、宽五尺，刚好通牛车，沟外有胸墙，以便我军凭之作战，沟内每隔一里挖一圆形或弧形沟将积土堆在中间，既使敌人无法顺沟之纵深以行射击，而人马又可在此让路。1940 年，河北平原已纵横皆是此种道沟。据冀中第八行政区统计，已挖成的此类道沟，占所有道路的 82%。有了道沟，我方可在沟中隐蔽运动，人民也可经由道沟行走，而敌方则遭到意想不到的困难，汽车装甲车不能畅行，速率降为与步兵相等，平均每小时只能走 8—12 里，这样就消灭了敌人快速部队的优点，迫其像步兵一样的与我们作战。

拔除敌人据点是反击“囚笼政策”的重要内容之一。据冀南经验共有六种办法：（一）常用袭扰、袭击、强攻以袭敌；（二）钓鱼，即诱敌外出，以伏击之；（三）狐狸咬鸡，即埋伏于据点附近，待敌出来时给以意外的突然袭击；（四）利用坑道进行爆炸；（五）地道战，即在村庄内普遍挖地道，其内有横墙，并村与村相通，洞口多为隐蔽，内有储粮储水及防毒设备如黄蜂窝形，敌来则利用此地道以进行战斗，小股敌则消灭之，大股敌则我从地道中进行转移，伺机以打击之；（六）利用地雷封锁，并利用坑道钻入敌人据点内打击敌人。

为了更进一步地打击敌人的“囚笼政策”，大量牵制敌人的兵力，破坏敌人进攻西安、昆明、重庆的计划，以及克服当时严重存在的国民党当局内部的投降危机，我军于1940年8月20日发动了百团大战。

第三时期：百团大战后（1940年底）至全国抗战五周年（1942年7月7日）

一、敌人情形

百团大战使敌人大为震动，惊呼“对华北应有再认识”，日酋多田骏因其“囚笼政策”之破产而滚蛋，继任者为冈村宁次，提出“治安强化运动”的方针，取消战争初期“剿共灭党”的口号，改为致力于“剿共”。所谓“治安强化运动”实系“治安肃正”之演进，意即强化其对华北的进攻、统制、奴役和掠夺，把华北变为日本法西斯的殖民地。在太平洋战争爆发后，敌人更提出“完成大东亚战争兵站基地”，建立华北防战体制的方针，企图将华北作为日本法西斯侵略太平洋的兵站补给基地。此时期内，敌人抽走了第二十一、四十一师团去参加太平洋战争，第三十三师团也曾一度抽走，但不久即被调回，此外又由华中一度调来第十七师团，并将第十、十六混成旅团扩编为第五十九、六十九师团，经常在华北保持着15个至17个师团的兵力。

在“治安强化运动”之下，敌人以“囚笼”为依托，将华北划分为三种地区：“治安区”（即敌占区）、“准治安区”（即敌我争夺的游击区），与“非治安区”（即我抗日根据地），而施行不同的政策。对“治安区”以“清乡”为主，强调“乡村自卫之强化”，县筑县界沟，乡筑乡界沟，强化保甲制度连坐法，用圈村办法编制大编乡，肃清内部的“不稳分子”（抗日分子或动摇分子），掠夺粮食物资，以一切方法巩固其占领区、强化其奴役的统治。对“准治安区”以“蚕食”为主，恐怖与怀柔兼施，强迫居民“接头”、“维持”，或制造“无人区”，并在这些地区广修封锁沟墙与碉楼，防止我军深入游击区、敌占区活动。对“非治安区”则以“扫荡”为主，实行杀光、烧光、抢光的“三光”政策，严重地摧毁和破坏，企图在人民中制造失败与悲观的情绪。在“扫荡”作战的战术上，则有所谓“铁壁合围”，“捕捉奇袭”，“纵横扫荡”，“反转电击”，“辗转抉剔”等。而“清乡”、“蚕食”、“扫荡”三者又是密切配合的，“清乡”以巩固其占领地的“治安”，限制我军活动；“蚕食”以伸张扩大其占领地，缩小与割裂根据地，消灭我八路军主力，以便“确掌华北”，这便是敌人政策的中心目的。在敌人的千奇百怪的阴谋进攻之下，华北战场的敌我斗争愈演愈烈，至为复杂，至为残酷，非目睹者所能想象。以“扫荡”而言，全国抗战第四、五两周年，敌人对我根据地实行的千人以上的“扫荡”达 174 次，较前两年增加三分之二；使用兵力达 83.89 万人，较前增加一倍，其中 1 万人以上的大“扫荡”达 15 次，亦较前增加一倍。“扫荡”的性质也愈演愈为毒辣，有所谓“毁灭扫荡”、“抢粮扫荡”等，时间有延长到两三个月的，企图彻底破坏我抗日根据地内人民的生产、收割，消灭我之“生存条件”，情形是十分严重的。

同时，“囚笼政策”仍然是继续强化。1941 年至 1942 年新筑与修复之铁路 752 公里，公路发展至 3.7351 万公里，封锁沟墙增加至 1.123 万公里，新增据点碉楼共 7801 个，尤以平原地区为最繁密。

1942年10月，敌华北派遣军参谋长安达十三谈话："华北碉堡已新筑成7700余个，遮断壕也修成1.186万公里之长，实为起自山海关经张家口至宁夏的外长城线的六倍，地球外围的四分之一"。其所耗工程之巨，扰民之苦，是骇人听闻的。这些堡垒、沟墙，都是拆老百姓房屋的木料，毁老百姓的田地，强迫老百姓的劳力而修筑起来的。被抓去的老百姓，二三十人一起做工，稍有怠慢，敌兵即用皮鞭抽打，并有以水泡石灰，使之滚热，将怠工者抛入而被脱皮烧死的。

由于前一时期受我"交通斗争"与百团大战的沉重打击和教训，敌人对于交通线、据点的建筑和保护，也采取了许多新的办法。比如，填高铁路之路基，路轨不用螺旋钉钉在夹板上而改以死钉钉死，使不易拔取与破坏，又在重要地段附近预置铁轨器材以便遭我破坏后迅速修复。公路两旁挖护路沟，深八尺宽一丈二尺，许多重要公路且筑有平行路，此条遭破击，另一条仍可通行。电杆用钢骨水泥之建筑保护，上悬路灯，每隔三五里置一电话机、不断地联络通报。碉楼筑外壕，架铁丝网，最重要的是通以电流。最毒辣的是利用编乡保甲强迫敌占区人民分段保护交通，要他们晚间放哨当"肉电杆"，哪一地段遭到破坏，即由该地段附近村庄负责修筑，赔偿损失，甚至屠杀人民以为报复。这些，就使我们在破坏敌人交通上增加很多困难。

由于交通线与据点之增加，需要更多兵力配备，同时敌人企图抽调兵力增援太平洋，乃更加大大地扩充与整顿伪军，虽有我军之争取与瓦解，华北伪军在1942年仍达34万之众，尤以山东为多，占15.7万人，多半是由国民党地方武装哗变投敌的。国民党在敌后，为敌人培植了不少爪牙，增加我抗战军民的许多困难与负担。

但这一时期，敌人也发生了许多新的困难和矛盾，主要的是：(一)"治运"之推行，奴役与掠夺分外加紧，民族矛盾空前增长，敌占区人民无论哪一阶层都感到无法照旧生活下去，均增加了同仇敌忾之心，便利于我对敌占区工作的开展。（二）交通线与据点之增殖，敌人兵力不足的弱点愈益暴露，不能不更多地依靠伪军，并分散配备，将旧据点的兵力抽到新据点去，使其后方更加空虚，为我造下更多的活动余地；至于伪军的“不可靠”，更是敌人不可挽救的悲哀。（三）日军厌战情绪比以前严重，士气比以前低落，特别是太平洋战争爆发后，不少敌兵感到返国无望，悲观沮丧与不满情绪日益增加。

我要在这里代表华北 1 万万同胞，控诉日本法西斯的罪行。这一时期，日寇绝望之中的疯狂暴行达到登峰造极的程度，决非世人所能想象。这种暴行并非个别日本士兵的行为，而是日本军部有计划的“杰作”，反之有许多日本士兵倒是不愿意而被强迫干的。这个“杰作”的名字，就是每一提到都令人热血上涌的所谓“三光”政策。在“扫荡”中，凡敌人兵行所遇，人、畜、财、物、田产一扫而光，无一幸免，许许多多的村庄都成了废墟。杀人之惨，较之吃人生番的希特勒有过之而无不及，许多无辜的老百姓都被杀掉。八路军士兵或抗日干部被俘获了只有死路一条，有用以训练新兵射击或刺杀作活靶的，有用以训练军犬作猎物的，有被活埋的。杀人的方法更是多种多样，有滚水剥皮的，有挖眼睛的，有抽舌头的，有摘心肝的，有“五牛分尸的”，有将人挂在树枝上割为两半的。小孩子也被杀掉，并有剖开孕妇之腹以取出胎儿杀戮的。对于妇女的侮辱，更为古今中外所仅有，强奸之后，有割其阴户钉在树上的，甚至强迫父淫其女、子淫其母，以为作乐取笑，颠乱我中华民族的人伦和道德。虽疯狂的野兽，也赶不上日本军阀的残暴。敌人梦想其残暴兽行，可收震慑人心、动摇我军民抗战意志的“功效”，但结果适得其反，我全体军民对日本法西斯的仇恨是更加深重，抗战意志是更加坚定，坚信只有消灭日本法西斯才能获得解放。这笔血债是要用血来偿还的。我们希望在打败日本以后，能把在华北作恶的那些日本法西斯刽子手交给华北人民来公审制裁。

二、友军情形

在第一次反共高潮后，友军遍布于晋、冀、鲁、豫各省，号称80万大军，实际上约有48万至50万人。计中条山周围有曾万钟、刘茂恩、李家钰等集团军约25万人，晋冀豫交界地区有庞炳勋、孙殿英集团军及地方纵队约8万人，山东于学忠、沈鸿烈、秦启荣部及地方保安队约15万人，此外还有阎锡山部队之一部。

国民党军队在华北的这个数目不能算小，但他们采取的方针仍是“反共第一”。他们认为敌人“不足虑”，在“剿共”中容易与敌订无言协定（反共将军李仙洲语），因而对敌人则一味观战，被动招架与应付，求得“和平共居”。更有暗地与敌人谈判投降条件者，信使往返于平津、太原、新乡，大摇大摆，毫不以为可耻。而对八路军与抗日人民，他们则视之若眼中钉，所谓中条山抗日基地实际上主要还是反共基地。庞炳勋窥我太行，阎锡山于第二次反共高潮时，复派四十三军与六十一军袭我太岳，1942年李仙洲之率部奉命入鲁也是为了反共。

敌人抓紧友军之“反共第一”的特点，采取诱降与威逼相辅而行的方针，“和平”谈判不成，即继之以军事压力。1941年5月7日，敌人发动中条山战役，友军既以“反共”为事，对敌人作战就毫无准备，致使不到三日敌人尽占温、孟、济源、平陆、垣曲等县，全军溃散，被俘达10万之众，有第三十四师师长公秉藩以及第三、九、十七、八十、九十三、九十八军之各一部投敌，为数约2.2万人。与此同时，日阎谈判失败，敌人进攻晋西南地区，晋军骑兵第一军被击溃，第五十一军的一个团被消灭，骑一师师长赵瑞、骑二师团长杨诚各率一部投敌。1942年6月，敌在“扫荡”太行我军之余，进攻陵川、林县，新五军暂三师的两个团溃灭，第二十七军四十五师溃不成军，预八师在当时仅得保存2000人，新五军暂三师师长刘月庭率部3000人投降敌人。接着敌人又“扫荡”山东，东北军大受损失，第六十九军军长毕泽宇率三个团（约5000人）投敌。这就是友军在这时期内的表现。

此外，这一时期内华北友军投敌者逐渐增加，其较大者有：冀察战区游击总指挥孙良诚率部6000人投敌，山东警备处长孙玉田率部三个团投敌，山东保安二师师长张步云率部8000人投敌，暂编三十师师长赵云祥率部4000人投敌，山东警备第三旅旅长齐子修率部8000人投敌，新五军四师团长王天祥率部一团投敌。此外，较小的在冀鲁方面尚有杜心齐、吴恩胜、周长富、刘经川、高玉林、曹振东、苗春庭、董砚朴、成建基、董鸿儒、徐斌彝、杜孝先、莫正民、高玉朴、蔡吾康、李岐山等多人率领地方武装投敌，给敌人大大扩张了实力，且其中不少为保安队、地方武装等，对地方情形熟悉，为害不小。所有这些人的投敌叛变，国民党当局从无有一纸明令讨伐或通缉，而这时却正是国民党当局高唱“军令军纪”唱得最响的时候，所谓“军令军纪”为何也就不难了解了。

三、我方情形

百团大战给予敌人以重大的打击，但我也支付了相当的代价。百团大战时，我军使用兵力的总数为40万人，而1941年曾一度略有减少。同时，由于敌人在“治安强化运动”下采取了一套新的特别野蛮和狠毒的进攻办法，而我们在初时还缺乏充分的研究，缺乏一整套针锋相对的方策，因而也曾吃了一些亏。至1942年春，华北抗日根据地面积缩小了六分之一、人口减了三分之一，冀中、冀南平原游击根据地变成了许多小块的游击根据地，处于非常严重的局面，这对于我们是一个很大的考验。但经过一个时期的斗争与锻炼，我们便积累了不少的经验教训，寻到了制胜敌人的办法，证明我们是经得起考验的。

我们的方针是：一面加强抗日根据地的建设，开展广泛的群众性游击战争保卫根据地；同时，针对敌人的“总力战”，我们也实行了政治、军事、经济、文化思想上的一元化的对敌斗争，实行“敌进我进”，“向敌后之敌后进军”，深入到敌人心脏里活动，打击敌人的封锁、割裂和“蚕食”，使敌人“变华北为兵站基地”的企图归于破产。如果详细说来，则可分别为在根据地、在游击区、在敌占区的三整套办法如下：

甲、在根据地

我们首先努力于抗日根据地的建设，因为只有根据地建设得好，抗日的力量增强，才能粉碎敌人的一切进攻。

在建设根据地上，我们做的工作是：政治上，巩固抗日民族统一战线，加强各阶层的团结，实施“三三制”（即地主资产阶级，小资产阶级和无产阶级的联合）的民主政治。经济政策上，厉行减租减息与交租交息；精兵简政，减轻人民负担，改善人民生活，提高人民的抗日积极性；提倡生产，发展经济，开展农业增产运动，分散建设手工业，保证基本生活必需品的自给，冲破敌人和国民党的经济封锁。文化工作方面，发展文化教育事业，增设国民小学和中学，加强冬学等社会教育活动；帮助报纸书刊的出版发行，提高人民民族民主思想和对反法西斯战争的认识。军事工作方面，加强军区建设，培养地方武装和民兵，将正规军分遣于各分区并抽调部分军队干部和武装分配给地方游击队和民兵，以帮助他们发展和训练，提高其战斗力，建设起正规军、地方游击队和民兵三位一体的军事机构。1941 年我正规军数量虽有减少（但质量提高了），而县以下的地方游击队和不脱离生产又是兵又是民的民兵，差不多都较前发展了一倍。

在反“扫荡”作战方面：我们采取了“广泛的群众性游击战争”的方针。我们以一部分主力分散开来与民兵相结合，依靠地方游击队与民兵日夜和敌人扭打，在敌进犯时，不断地袭扰敌人、截击敌人、围困敌人。民兵利用土制的地雷、手榴弹和石雷到处巧妙地杀伤敌人，并实行坚壁清野，使敌人无所掠夺，以切实保卫人民的利益。同时，我另以有力部队转进敌后，破坏敌人交通，打断敌之补给线，摧毁敌占区的统治机构，错乱敌人的作战布置，主动的制造敌人的混乱和恐慌，然后灵活的集结部分主力坚决消灭敌之一部，迫使敌人撤退，粉碎敌人的“扫荡”。这就是依靠地方武装与民兵有力的坚持我腹地游击战争，使二者作为主力的有力配合的战法。此时期中之后期，许多次敌人的大“扫荡”都是在这种战法下被粉碎的。

比如，1941 年 11 月，敌以 6 万兵力“扫荡”我晋察冀北岳区，敌人事先有周密的计划，首先在晋东北与冀西交界处的高山岭上建筑起一条南北 500 里长的封锁线，然后反复合击我腹地，以寻求我主力决战；我即在腹地展开了广泛的群众性游击战争，同时以有力部队出击平汉线，敌虽坚持了三个月的“扫荡”，但终于支持不住，鼠窜而逃，沿途又遭受我严重打击。又如，1942 年 4 月，敌以 5 万兵力发动对冀中平原的大“扫荡”，采取“拉网捕捉”的办法企图歼灭我主力，但在群众性游击战的广泛开展下，其目的终归落空。唐河两岸地区虽为敌一时所控制，但不久在游击战争火焰的燃烧下，又把敌人在大“扫荡”中所获得的些微成果夺取回来了。再如，1942 年 5 月，敌伪以 8 万兵力对我太行山区实施“铁壁合围”，起初凶猛无比，但当我游击战争展开时，便疲于奔命，终于在我军不断袭击下被迫撤退。

乙、在游击区

针对敌人的“蚕食”政策，我们向敌人展开反“蚕食”斗争。我们采取充分的群众运动和武装斗争的有机结合，实行“正面坚持和敌后配合”。在正面我们组织联防线，以正规军、地方游击队、民兵三位一体的密切结合，乘敌立足未稳，给以坚决打击，斩断敌人的“蚕食”。在平原地区，堡垒林立，活动异常困难，我们便创造了黄蜂战，即以地道战（坑道和掩体）、坑道爆炸（掘至敌人堡垒下，以硝药爆炸）和地面的游击战结合，以保卫村庄，使敌人每占领一个村庄、一条河流都需支付重大的代价。比如争夺冀中北壕村，敌人便死伤了700多。在敌后我又以武装深入敌占区活动，激发群众的抗敌热情，推翻伪政权，使敌人腹背受敌，顾此失彼。此外，我又集结主力，乘敌之隙，坚决拔除深入我内地的敌据点，或袭占敌纵深据点，或围点打援，迫敌处于被动地位。采用了如此种种对付的办法，至1942年秋，敌人的"蚕食"政策即归于失败了。

丙、在敌占区（或敌后之敌后）

以反"清乡"斗争为主，我们组织了武装工作队，越过敌正面的封锁沟墙、据点、公路，潜入于敌人的格子网内（囚笼里面），在"中国人民大团结一致对敌"的口号下与群众共商对敌斗争的办法，切实保护人民利益。

武装工作队是军队、政府、人民结合的一元化组织，也是军事斗争与政治斗争相结合的斗争形式。其成员包括军队中的中下级干部和模范战士、政府的负责人或工作人员、知识分子、敌工干部与日人反战同盟的战友等，组织精干，纪律严明，政治觉悟也较高。每个队员都是战斗员、宣传员、组织员，能打仗又能独立作政治活动，分合自如，出入无常，敌人找不到他们，老百姓却经常与之会面，同敌人进行明的、暗的、文的、武的、动的、静的各种斗争，其活动的最高准则是处处为人民着想，一切为着人民利益、为着抗战利益。

武装工作队在敌占区的经常工作，是发动与组织人民，展开对敌政治攻势，比如寄慰问袋给日本士兵，利用机会与日本士兵用电话通话，上夜课，占领敌人的会场宣传我军与盟国的胜利战绩，通过访问伪军家属进行对伪军的政治工作等。总之，用各种方法，燃起日伪军的反战火焰。打击敌宪兵队、特务队及死心塌地、鱼肉人民的汉奸，使其不敢随便入乡勒索人民，减轻人民的负担与痛苦，同时对于可以争取的伪军伪组织人员也设法加以争取，摧毁伪政权、伪情报网，解放伪合作社和仓库，使敌失去统治、奴役和掠夺人民的爪牙。反对敌人的抓丁、抢粮，在敌人抓丁、抢粮时，予以袭击和截击，以解救壮丁、保护粮食等等。

武装工作队在敌占区活动，处处要取得人民的掩护与配合，因而宣传与组织人民为其经常的重大工作。比如，组织“反资敌联防线”、“哄鬼大同盟”游击小组、“保家民团”等，增加真正的人民自卫力量，以数村或数十村互通声气、齐心对敌。武装工作队在一个地区活动得久了，在老百姓中生了根，就可以创造出隐蔽的游击根据地，把敌人占领的土地从敌人的口中挖出来。

如此反“扫荡”、反“蚕食”、反“清乡”三者相结合的斗争，一方面粉碎了敌人的“扫荡”，停止了敌人的前进，使其压缩与摧毁我抗日根据地的计划失败，同时又在敌后之敌后解放出许多村庄，建立起抗日基地，把敌占区变为游击区以至游击根据地，使敌人的“治安强化运动”破产，使“治安区”永远不安，使其一切吸吮物资、征兵南下的计划均成泡影。敌人 1942 年曾拟在华北征粮 2000 万石，结果其所得当不超过十分之一。如在太谷县预定征粮 6 万石，结果连抢带买只得 3000 石，仅及预征额的二十分之一。在我政治攻势宣传下，日军士气逐渐下落，一有调往太平洋的风声，士兵们就愁眉不展，向人表示“死啦！死啦的！”山西、河北、山东各地，都一再出现日军集体自杀或失踪事件。石家庄、安阳等地还发生过日兵暴动事件。这样士气的部队，即使有一两个师团调往太平洋作战，效能也要降低。全国抗战第四、第五两周年，我俘获伪军 3.3269 万人，反正的有 9484 人，此外，被我打散、解放的伪自卫团与被征壮丁则更不计其数，无怪乎敌酋和汉奸头子王揖唐都叫苦连天，说什么“华北因匪患不靖，兵站基地的一切使命均无法实现”。

这就是我们从敌我的生死斗争中创造出的一整套战胜敌人的办法。

第四个时期：全国抗战五周年至 1945 年

这一时期的情形，由于交通困难，有些报告尚未收到，有些材料尚在整理，因而只能较简略的谈一谈。

一、敌方情形

这一时期，敌人经常保持十四个师团左右的兵力。敌人进攻中原时，曾从华北抽调了第三十七、一一〇师团和独立第七旅团，骑兵第四旅团。第一一〇师团原在石家庄地区，现已为敌新编师团所接替；独七旅团原在胶济路西端，已为申板旅团所接替；第三十七师团原在晋南之三角地区，现为第六十九师团所接替；第六十九师团原驻之临汾、汾阳地区，现由第十三旅团和特务旅团接防；骑兵第四旅团原在陇海线开封、砀山地区，现为伪军张岚峰所接替。此外，第三十五师团他调后，新乡、开封及道清西段之防务，已由铃木旅团及第四旅团所接替。

在向我进攻的方针上，自“治强运动”破产后，敌于 1943 年 3 月提出了诱降之所谓“对华新政策”。这是敌人“以华制华”政策的新发展，因敌占领南洋后，要利用汪逆的臭招牌接管敌后，所以企图以所谓“民族形式和地方形式”来统治和进攻我国。同时，在华北敌占区，敌人还发动了所谓“新国民运动”作为“治强运动”的继续，不过其名词更较“温和”一些而已。

“对华新政策”的主要对象，是对付友党友军，并作为欺骗中国人民的幌子；而对于八路军的进攻和压迫，不但没有丝毫放松，反而更加疯狂和残暴。抗战第六、第七两周年，敌人对华北各抗日根据地的千人以上的“扫荡”共177次，使用兵力为66万多人，其中万人以上的大“扫荡”22次，使用兵力29.7万人。此时期内，“扫荡”的特点是以“铁壁合围”与“驻守清剿”相配合，更带有毁灭性与长期性。

在“对华新政策”的诱降下，华北友军大批叛变，敌人并以“青天白日”旗帜诱骗善良的农民参加伪军，伪军数量遂较激增，总数达47万。齐燮元的伪治安军，即由号称七个集团军扩大为12个集团军。1943年冬，敌人更大肆整顿伪军，表面上由汪逆统一指挥（实际上绝不能达到统一的目的），将“治安军”、“剿共军”陆续改编为华北“绥靖军”，并另扩充伪中央军，逐渐向充实装备、严整编制的方面发展。

二、友军情形

中条山战役以后，华北战场上友军的实力已大为弱削，剩下的只有在山西的晋军，在晋豫边的庞炳勋、孙殿英的第二十四集团军，在山东的李仙洲、吴化文（于学忠在李仙洲入鲁时奉命离鲁），此外为一些地方性的武装，如山东的宁春霖、秦启荣和晋豫边的侯如墉等。

这些在华北战场上残余的友军，不但没有从中条山战役的失败中取得真正的经验教训，以求改弦更张，放弃“反共第一”政策；反而变本加厉，更为丧心病狂地与敌寇“联合反共”、采取“变奸伪区（反共将军们给我抗日根据地的称号）为敌区，再由敌区变为自卫区”的借刀杀人政策。这明明白白地是在为敌人效劳，是和敌人“以华制华”的“对华新政策”两相心照呼应。

但是，敌人并不完全满意于友军的如此若明若暗、若即若离的态度。所谓“对华新政策”中不仅有“拉”的手段，而且有“打”的手段。敌人见“拉”的手段已收到一定程度的效果，已把许多友军“拉”为实际上的奴才，乃进而迫其“明朗化”。1943年敌人对友军连续进行军事上的压迫，于是有所谓“山东战役”与“昭和十八年夏的晋豫之战”。友军精神上早已投降敌人，又熬不住敌后的艰苦，招架不住敌人的压力，乃纷纷公开投敌或公开与敌相勾结。除李仙洲部有一部退过黄河外，其他如第二十四集团军总司令庞炳勋、新五军军长孙殿英、预八师师长陈孝强、新四师师长吴化文、山东保安司令部参谋长宁春霖、冀察游击四纵队侯如墉、山东游击三纵队秦启荣、山东游击四纵队王尚志、河南九纵队李旭东等，都纷纷在国民党当局“机宜行事”的电令下率部投敌，或者说奉“令”投敌，这就是为什么数十将级军官卖国投敌，而国民党当局连一纸通缉令也没有的原委。自中条山战役以来，友军正规部队投入“汪逆之伪和平阵营”的前后约有15万人，许多部队在投敌以后番号不变、防地依旧，完全证明了是久已暗中通敌；而我英美盟国援助我国的武装弹药，不但早已不曾用之以打击敌人，而且整整齐齐的公开的奉献敌人，实堪痛心。今天，这些伪军大多环伺我各抗日根据地周围，充当日寇向我“扫荡”之鹰犬走卒，其行为特别残暴和无耻，为我抗战军民之死敌。这就是国民党当局所一意孤行的反共反民主政策的恶果。

现在华北战场上仅存的友军，只有山西的阎锡山，山东的张里元（新三十六师）、赵保原（暂十二师），都是不择手段谋求自己的存在。阎锡山部号称25个师，实际每师平均只有1500人到1800人，大部都背靠后方与日寇“和平共居”。只有一个六十一军，为进攻八路军与决死队，于去冬与日寇订立协定，在日寇掩护下由晋西南进入晋东南，形式上好像是在敌后，实际上跟敌人是一家人了。

三、我军情形

1941 年至 1942 年的艰苦斗争，给我们奠定了这一时期胜利开展的基础。我们继续坚持反“清乡”、反“蚕食”、反“扫荡”的斗争，更努力于开展“敌后之敌后”的游击战争，坚决打击敌人的“对华新政策”，揭穿其各种各样的欺骗，宣扬美国在太平洋上反日战争的辉煌胜利，以振奋人心，更进一步动摇日伪军，并不断地主动出击敌人，打击作为敌人爪牙的伪军、伪组织。

反“扫荡”作战方面：山东清河区曾于 1943 年 4 月与 11 月两次粉碎敌 2 万人的大“扫荡”。晋冀豫太行区于 1942 年 10 月至 1943 年 5 月先后在四次反“扫荡”战中都取得胜利，特别是后一次反“扫荡”战，在主力与民兵紧密结合的作战方针下，依靠着出敌不意的袭击和广泛开展的地雷战，显示了我军民作战的很大威力；辽县、武乡境内，凡与敌人接战村庄的民兵，平均每村打死 13 个日本兵，每五颗子弹打死一个日本兵；警卫团第五连与民兵相结合，百余人打死了 123 个敌人，自己仅有数人伤亡。晋察冀北岳区于去年 9 月到 12 月胜利地粉碎了历时三个半月的 3.5 万敌人的大“扫荡”。由于在这次“扫荡”中，敌人不仅想打击我主力部队，而且要破坏我秋收及囤粮计划，企图在经济上予我以摧毁，因而我们反“扫荡”作战的组织也十分复杂，一面要艰苦作战，一面要争取每一分钟时间从事生产，最后终将敌人驱走，完成了秋收和囤粮计划。冀东区曾于去年 10 月和今年 2 月至 4 月击破敌人的两次大合击，第一次在山海关附近，第二次在锦热路上。

各地我军主动出击和组织远征方面：晋冀豫的太岳区在中条山友军退出后即遣军南下，又从敌人手中重新解放了中条山，今年 4 月复攻克沁水等县，前后解放国土 1.6 万平方公里，我军先头已活动到黄河沿岸；太行区于今春收复林县、榆社；在冀鲁豫平原，自德石路以南至陇海路，我军克复了清丰、内黄、朝城、城武、莘县、菏泽等县，并由武工队开拓了数十块隐蔽的小游击根据地，共解放人口千万。晋察冀的北岳区，去年一年中消灭了敌人 581 个据点，恢复和开辟了 3000 个村庄；冀中，我军克任丘、肃宁、高阳等十余县城，敌人据点在 1942 年为 1343 个，至今被我消灭得只剩下 495 个了；冀察热我军北出长城口外，东向辽宁之锦州和热河之凌源、承德，新开辟了将近 10 万平方公里的敌后战场。此外，晋绥边区和山东我军的活动均有发展，山东方面已扩张至海岸线。

讨逆战争方面：去年 8 月，太行我军出动讨伐伪二十四集团军庞炳勋、孙殿英部，毙俘伪军 6000 人，伪暂编第七军军长刘月庭为我击伤。11 月，鲁南我军讨伐伪和平救国军第十军第三师刘桂堂部，将其全部消灭，滋扰华北六七省、为匪数十年之刘桂堂也为我击毙。同时，鲁西我军讨伐伪第二方面军孙良诚部，孙逆总部直属队被消灭，伪第二方面军参谋长甄纪印以下官兵 1600 人就擒。又滨海我军讨伐伪和平救国军三十六师七十一旅，攻克赣榆县城，活捉伪旅长李亚藩等 1200 人，使之全军覆灭。鲁中我军于去年冬至今年春，曾发动三次讨伐伪和平救国军山东方面军吴化文部的战斗，将吴逆总部各处和伪四十六、四十八师两个师部，以及其部下 13 个团消灭殆尽。这些战斗大大削弱了敌人的羽翼，破坏了敌人“对华新政策”的某些收获，也使其始终无法由华北战场抽调大批兵力出去，其意义是很大的。

经过以上的许多战役，华北解放区的面积大为扩张，人口新增加了 2000 万，因而这个时期可以说是我军在华北敌后渡过严重困难后再次开拓和发展的时期。

目前，我八路军共有兵力 32 万人，经常抗击着敌人侵华兵力的五分之二至五分之三（伪军 30 余万还不在内），最多时曾钳制敌人 22

个师团。

七年中，我们和敌人进行了大小战斗7.406万次，平均每天与敌作战29次；共毙伤敌军35.1113万人、伪军23.99952万人，俘日军2407人、伪军14.8726万人，争取日军投诚者115人、伪军反正者4.9461万人，约等于已消灭侵华日军之半数和全国伪军之半数。缴获长短枪18.9028万支、轻重机枪3120挺、各种口径炮489门，我们主要就依靠这些胜利品来武装和补充自己。七年的艰苦战斗，我们也付出了巨大的代价，我负伤指战员8.6593万人，阵亡10.3186万人，敌伪与我伤亡的比例总平均为二与一。

经过七年的艰苦斗争，我们在华北敌后巩固地建立了五大块抗日民主根据地，军事上划分为五个大的军区，既晋绥军区、晋察冀军区、晋冀豫军区、冀鲁豫军区与山东军区。我根据地东自锦州、山海关、胶东半岛、黄海与渤海沿岸，西至黄河，宽2200里；北自热河之宁城、察哈尔之多伦和商都、绥远之百灵庙，南至陇海线，长1800里；跨越华北之晋、冀、察、鲁、绥、热、辽七省。抗日民主政府统治下的人民达5000多万，占全华北人口60%左右；有组织的群众为1600多万，占根据地人口30%以上；不脱离生产的民兵有158万，占根据地人口3%强，民兵尚可大量发展，可能发展为根据地人口的7%，它是今天八路军在敌后作战的助手，也是我们将来进行反攻的强大后备力量。经验证明，农业社会动员兵力可以达全人口3%，将来反攻时，我们可以动员150万兵力。人力方面我们是不困难的，食粮也可自给，再配合以强大的民兵作后备，我们自信有力量担任华北战场上的反攻。

在这些抗日根据地里，我们真正实现了民主政治，人民有充分的言论、集会、出版、结社、居住的自由，法律上一律平等，各级政府和官员均由人民选举而产生。参议会和政府中，有各党、各派、各民族、各阶层的代表人物参加，共产党在政府中占三分之一，被选得多了就自动退出。在经济上，发展农业和手工业，老百姓的生活也有了改善，而且较战前还好。比如根据晋察冀北岳区的35个村庄的调查，由1937年至1941年，雇农上升为贫农的占27%至28%、上升为中农的占10%到28%，由贫农上升为中农的占18%到57%，中农经济的比重急剧增加。文化教育事业也在突飞猛进之中。虽然七年来受到敌人许多严重的摧残，但因我们在战争中始终注意建设、积蓄民力、培养兵力，而且采取民主主义的政策，因此，在战争结束后的和平环境中，依靠着丰富的地下蕴藏和资源，一定可以建设起一个自由、繁荣的华北成为民主中国的重要组成部分。

敌人七年来对华北我八路军的作战，曾用尽许多阴谋与残酷的办法，五易其统帅，由香月清司而寺内寿一、而杉山元、而多田骏、而冈村宁次，手段一个比一个狠毒。在作战指导上，亦曾变换多次，由“突贯攻击”、“分进合击”转变到“治安肃正”的“总力战”、“囚笼政策”、“分散配置、灵活进剿的牛刀子战术”，又转变到“治安强化”与“铁壁合围”。但所有这些，都为我八路军所击破，徒见其心劳日拙而已。我们并不否认，日寇辛苦经营华北七年，是有某些收获的，主要是交通线与据点的扩张与繁殖。但总计起来，毕竟是得不偿失，且其战果极不巩固，一有变动，敌人就无法控制。日寇也很知道自己是站在一座火山上，认识到“真正的抗日势力始终一贯的是中国共产党”，并且一再地哀号：“华北有八路军存在，便无法安枕”。

华北抗战是在与后方完全断绝、毫无接济的情形下进行的。为什么国民党军队（他们有飞机运送，还多少有些后方的接济）不能在华北存在，而我八路军犹能屹然独存呢？为什么强大而野蛮的敌人不但不能消灭我们，相反的，我们胜利地坚持到了今天，而且还要继续胜利地坚持下去呢？其中道理有加以说明的必要。

首先看看敌人。日寇是一个强大而又野蛮的法西斯帝国，在军事上是占优势的，比如技术比较发达，装备精良，而常备役的军队久经锻炼，黩武主义的“武士道”的毒中得很深，并且在战争爆发后不久，它就占领了华北所有的铁道和重要城市，无论在作战和统治上都增加许多便利，因而它在七年的作战中有了某些微弱的收获。但它有一个根本弱点，就是在群众游击战争中深感兵力不足，以致顾此失彼、捉襟见肘，常常顾了前方，则后方空虚，集中兵力对某一个区域进行疯狂的大“扫荡”，则其对另一个区域的控制就会削弱。敌人曾以各种办法消灭这个弱点，如繁殖伪军、培养爪牙、作战指导上的“分散配置，联合扫荡”等，但伪军不可靠，易为我军争取与瓦解，反而常常要用日本兵加以监视；“分散配置”的结果，使敌守备更为薄弱，处处露出破绽。而且由于战争的持久，敌军本身的政治素质也日见降低，士气消沉、军纪败坏，战斗力亦不如前。在政治上，日寇所进行的是非正义的侵略战争，它不仅和我中国人民站在对立地位，而且和全世界爱好和平维持正义的各民族相对立，对于日本国内劳动人民来说，这个战争也是有害无益的。敌寇在华北的疯狂屠杀和残酷掠夺激起我全民的义愤和反抗，这种反抗在中国共产党和八路军领导之下，就特别有力。敌人的一行一动，都遭到我人民明的、暗的反抗和破坏，真正是防不胜防。敌人收买和利用汉奸，并采取所谓“三分军事、七分政治”、“恩威兼施”的办法，但汉奸究竟只有极少数民族败类去充当，小恩小惠的欺骗笼络终掩盖不住其残暴掠夺的本质。至于强力压迫的结果，则是压迫愈烈、反抗愈大，日本法西斯是无法弥补这个政治上的基本弱点的。

我们的友军呢？与敌人比较起来，在军事上是处于劣势，但装备、弹药比起八路军来，条件要好得多。有一个时期，友军在华北的数量要比敌人多，装备也差得不很远，而且有后方的接济；在政治上，按道理说来也应该是属于优势，但可惜的是这些有利条件，他们都没有很好地加以利用。相反的，他们执行反共、反民主、反人民的错误政策，假抗战之名行一党专政之实，心猿意马动摇不定，时时求与敌人“和平共居”。驻防前线，不但不知体恤民困、发动民众、取得人民帮助，反而勒索无厌、发国难财、随便吊打杀害人民，有些地方老百姓称他们为“小日本”、“二鬼子”；兵员的补充，不用政治动员，反用抓了捆绑的办法，部队的内部进行的是反共、反民主的法西斯教育，讳言抗战，长官们与敌人信使往返也是路人皆知的事实，因而士气消沉、兵无斗志；部队与部队间待遇不平等，相互不团结，嫡系歧视非嫡系，步骤不一致，指挥不统一，作战时互相推诿、互不救援，当局甚至故意采取离间政策，扬甲抑乙，或抑甲扬乙，唆使互相磨擦，以便驾驭；战略战术公式呆板，缺乏主动性和机动性，平素又毫无准备，敌来只有挨打，且又熬不住敌后的艰苦。更加上当局对抗日有功者，不独无赏，反而加之以罪；对通敌叛国者，不惟无罚，反而互通声气，保持联络；以上这些，致使友军一遇敌人，上有叛心，下无斗志，只有溃散或投降两条道路。这就是友军不能在华北敌后存在的基本原因。

我八路军与敌人比较起来，在军事上也处于劣势，技术和装备不如敌人，也不及友军，且无后方接济，武器弹药都要靠从敌人手中去夺取。但是，我们部队的政治素质较好，官兵上下一致，具有高度的抗日积极性，组织严密，意志坚强，士气旺盛，每个连、排、班甚至每个士兵都可单独作战；作战上高度主动和机动，善于研究敌人，发现和利用敌人的特点，指挥统一，行动一致，部队虽然分散在如此宽阔的战线上却可以组织统一的战役，当敌人“扫荡”某一区域，邻近区域的部队就会自动起来配合，从外线反包围敌人，出敌侧背、使敌首尾不能相顾；更主要的，我们实行民主，坚决依靠人民，一切为人民的利益着想，发动与武装人民参战，使战争真正成为全民战争，使我们的抗日力量增强到千百倍。这就是八路军所以能屹然独存于敌后并制胜敌人的秘诀。

最近，我们获得敌上海《朝日新闻之友》半月刊于去年（1943年）

8月1日所刊载的《中共军内幕分析》一文，称我军“有超乎常有以外的坚强意志和严密组织，……战斗技术的两项特长，即精确的射击和敏捷的行动”。又有《中国青年》杂志上刊载有《八路军怪魔的游击战争》一文，其中对我军有如下的描述：

不用枪，只肉搏，见到了对方的机关枪，那可红了眼，不管火力多么硬，不管火网多么紧，他们常硬着头皮冲上去……如果命令一下，干起来，向敌人冲去，即所谓“光荣”的躯干倒在地下，也不要紧，后面的马上实行“同志爱”，为保护这流尽最后一滴血的遗体，也要保护这枪，使用绳子把它拉下火线，先是你拿枪，我解子弹，然后再把尸首背回去。……在攻碉堡的时间，是使用肉弹。在攻城夺寨的时候，没有飞机，没有大炮，就索性搬出几千年几百年前的办法来，几个木梯暂接到一起，多少个勇士扛着一个梯子，拥到碉堡根底，很快竖立起来。他们穿枪林、冒弹雨地跑上去，死的伤的掉下来，后面的又接着爬上去，这办法虽然愚笨，有的时候血多肉多，也会得到胜利的。

我们既不是“怪魔”，也不是“愚笨”，而是因为缺乏武器弹药，不能不以血肉之躯与敌寇拼杀。从这些字里行间，我们可以看到敌人对于我八路军战士的奋不顾身的英雄主义气概是十分恐怖的。我们相信，如果有我军这样英勇作战的士气，再加以适当装备，则我们的战斗力当增强百倍。如果我们获得一定数量的轻炮、弹药和其他轻武器的装备，则我们即可扫除深入我根据地的敌据点和交通线，把根据地融成更大块的。如果我们获得重炮、反坦克炮等装备，则华北即会有更多的类似百团大战的战役进攻，敌人的任何交通线都将无法控制，更多的敌人将被我们控制在华北战场上，以至最终将敌人赶出去。我们有充足的人力，有高度的政治觉悟与勇敢善战的指挥员战斗员，极愿对祖国抗战和整个反法西斯战争有更多的贡献，但令人遗憾的是国民党当局缺乏此远大眼光，不仅无任何帮助，反而多方限制与打击我们抗战力量，这对于抗日战争与世界反法西斯战争都是十分有害的。

我把华北七年抗战的真实情形，向我们反法西斯的美国盟友介绍，就此结束。

忆东北抗日游击战争

周保中

1931 年九一八事变以后，中国共产党领导东北人民英勇地坚持了东北地区的抗日游击战争。东北人民在共产党领导下进行的这个斗争，在民族解放战争史上写下了光荣的一页。这里仅是个人一些粗略的回忆。

一

旧中国有句广为流传的话，“关东有三宝，人参、貂皮、乌拉草”。其实不如说是“关东有四宝，高粱、大豆、水稻、小麦长得好”。东北真是个富庶之地。这里有黑嫩平原的肥沃的土地，有闻名世界的原始森林，还有数不清的名山大川，埋藏着无尽的宝藏。可是九一八日寇一声炮响，南京反动政府便在“以和平对野蛮”、“不准抵抗”的卖国政策下，把这片大好的河山拱手送给了日寇。东北三千万同胞从此陷入日寇的铁蹄之下，到处唱起了这样的怨歌：“‘攘内安外’蒋主张，夜赠领土百万方；金陵城头发乱令，叫尔小民做羔羊！”历史完全证明了中国共产党是东北人民的救星。早在九一八事变之前，中国共产党就不断地揭露了日本帝国主义的侵略野心。事变之后，又首先主张武装抵抗。并指出日寇侵略东北的目的，是要侵略整个中国；东北人民的灾难，是南京反动统治者蒋介石卖国政策的结果；东北人民和一切爱国军队，不能抱任何幻想，自己组织起来救国自救是唯一的出路。党的这些主张，反映了三千万东北同胞的意志和愿望。随着东北三省的失陷，一个自发的抗日高潮，便在各地轰轰烈烈地掀起来了。义勇军、救国军、自卫军、游击队、大刀会、红枪会、山林队，各式各样的抗日旗帜都打出来了。一部分旧东北军，在民众抗日怒潮推动下，也被迫违背了国民党反动政府的意志起来抵抗日本。

还在1930年以前，中共东北党的组织便在延边、绥宁以及吉（林）海（龙）铁路沿线曾组织、领导过地下武装赤色游击队和人民自卫队，进行了反帝反封建的斗争。这些队伍虽然人数不多，而且多用原始武器，存在的时间也不长，但它对于后来的群众革命武装斗争，却是一个有价值的预演。事变发生后，党一面着手在上述有过武装斗争基础的地区组织人民抗日武装；一面派干部，党、团员，以及工农知识分子中的先进人物，参加到救国军、自卫军、义勇军、大刀会等抗日队伍中去，力图在党的政策指导和工作活动还有局限性的初期，采取合法与秘密的方式，争取上层与打入下层齐头并进的工作方针，扩大党的政治影响，争取和领导他们抗日。为了同一目的，党还以极大的努力，在各地给那些抗日武装以支援。

那些以旧军队为基础的抗日军，虽然装备优良，兵额充足，有些部队还有过实战的锻炼。但是，军队的绝大多数的领导者是国民党人，反共积极，抗战消极，甚至有的暗中与日本特务勾结。他们不相信人民力量，不肯帮助和支持群众的抗日斗争，而把希望寄托在南京反动政府的"出兵"。各派之间又经常为了争名夺利、抢地盘、扩充个人势力、骗取关内外爱国捐款等，相互争吵，相互火并。对共产党的正确主张更谈不上接受，甚至多次收缴我党组织的游击队的枪支。日寇充分利用了这些上层人物反动、腐败的弱点，施加政治分化，特务渗透，诱降等活动。就这样 30 多万旧抗日军，不到一年的光景，垮的垮，降的降，跑的跑。名扬一时的"抗日英雄"马占山，摇身一变，成了"满洲国"的"国防大臣"。原中东铁路护路军总司令丁超，当了汉奸。李杜、王德林、唐聚五、冯占海之类，纷纷绕道逃回关里。各地方一些自发的抗日武装，有的也因被地主阶级把持，或没有正确的方向，被日寇击破。轰轰烈烈的抗日救国浪潮趋于低落。

在这种局面下，只有中国共产党组织领导的一些小游击队，冲破重重困难，发愤图强。同志们握着原始武器，去袭击鬼子的据点；有的赤手空拳装成打架告状的，混到伪警察署去摸枪；许多党、团员与反日会员卖短工，发动妇女同志纺线织布，赚了钱去买枪买弹；有的同志冒着极大的危险打入到伪军中去，组织兵变。就是这样，党的武装力量在斗争中不断壮大，先后在延边、磐石、珠河、海龙、宁安、密山、汤原、饶河等地，建立起了数十人或数百人不等的抗日游击队。虽然，这些游击队在前进道路上曾经受了不少挫折，有的发展到相当的规模被日寇打垮了；有的则刚刚组织起来被"抗日军"缴了械；有的因阶级路线不明确被地主阶级篡夺了领导权，或是被叛徒出卖了。但是，困难与挫折吓不倒坚定的革命战士。同志们失败再起，一次不成二次，从血的教训中学习领导本领。

东北游击战争重新活跃起来，是在 1933 年中共中央"坚持抗日统一战线，坚持武装游击"的一次指示信到达之后。这时，各地的游击队都已发展了，壮大了。东满延边人民游击队打破了日寇挑拨民族团结的政策后，汉族与朝鲜族之间更加亲密地团结在一起，因而使部队迅速得到了发展，并且扩编为东满抗日游击队。南满磐石和海龙游击队合并为南满游击队，发展更快。珠河中心县委领导的武装正式成立了珠河游击队，并且吸引着1万多人的旧式武装向它靠拢。后来，汤原游击队经历了数起数落的斗争也发展到相当大的规模，开展起松花江下游的游击战争。此外，饶河游击队与密山游击队亦在乌苏里江西侧展开活动。同时，党又在各路旧军队中广泛展开了统一战线工作。一些负责同志参加了重新组成的救国军总司令部，团结了一些救国军的领导人，整编了一些溃散的旧军队，并且积极展开了战斗活动。虽然有些队伍整编以后不到一年又垮了，但是从全局来看，由于进一步激发了广大群众抗日斗争的积极性，提高了党的政治威信，在统战工作方面是有成绩的。后期抗日联军第二军第二师和第四军的建立，与统战工作的成绩是分不开的。特别是抗日联军第五军，多数部队是利用救国军的基础加以改造的。

到1933年底，新的斗争局面已经形成。党所领导的人民游击队先后发展成为人民革命军、抗日同盟军，成为东北抗日游击运动的核心力量；南满和北满以统一战线的形式组织起来的各种抗日救国军已基本上接受了我党的领导；各地游击区进一步巩固，几乎普遍组织了抗日救国会。

东北人民抗日斗争，经过初期的挫折之后，又活跃起来了。

二

热河失陷之后，日寇为了加紧法西斯统治，于1934年初，改组“满洲国”为“满洲帝国”。继之又迫使国民党反动政府和它签订了《塘沽协定》。丧权辱国的国民政府，承认了长城为“满洲帝国”国境，并把冀东22个县划归日寇统辖范围。这种卖国行为进一步助长了侵略者的气焰。与此同时，日寇对东北人民加紧了军事、政治、经济、文化的全面统治。在占领区推行保甲制度、连坐法、身份证，强迫群众组织所谓“协和会”，施行奴化教育，大量地收缴地照和民间枪支，掠夺民族工商业，并实行武装移民和经济封锁。在军事上，则不断地增加日寇关东军，收编扩大伪军，以共产党领导的抗日武装为主攻对象，不断地进行大“讨伐”。日寇妄图用这种法西斯手段，在较短的时间内达到“治安肃正”和巩固“满洲帝国新秩序”的阴谋。然而，和侵略者的梦想恰恰相反，由于民族压迫所引起的矛盾加深，和我党奉行的正确政策的影响，新型的抗日军队的成长，东北人民的抗日怒火越烧越旺。依兰县土龙山的数万农民举行了大暴动，并在十天之内，在一个县区就打死打伤了日寇饭冢大佐以下3000余名。南满、东满、北满、吉东各地抗日游击队，积极向日寇占领的中小城市、铁路沿线据点袭击，多次粉碎了日伪军联合的大“讨伐”。

1934年底，中共满洲省委根据这一人民武装抗日运动新发展的局势，着手把东北人民革命军、抗日同盟军、反日联合军等队伍，先后改编成11个军，并于1935年2月15日发表了东北抗日联军统一建制宣言。其中第一军到第七军，从创建开始，就是我党直接领导的部队。各军大都实行三三制编制，每军3个师，每师3个团，每团5个到7个连。武器装备除了步马枪和轻重机枪外，还有迫击炮、狙击炮、步兵炮。这些武器都是从日寇手中缴来的。军队中建有政治委员制度，各级有党委会，连有党支部。11个军的人数，最多的时候达到5.5万余人。此外，还有不在联军编制之内但接受统战指挥的武装约2万人。人民喜庆联军壮大，到处流传着这样的颂歌：“‘十大联军’十万人，救国抗日一条心，步炮联合除倭寇，铁骑纵横扫妖气，但愿民族获解放，白山黑水庆升平。”

日益成长壮大的联军，不断地向各铁路沿线进攻，长白山下，松花江畔，遍地烽火起。伪靖安军在吉东地区被打得狼狈溃败。南满东边道地区“剿匪”总司令邵本良，和大汉奸伪军头子李寿山曾多次向日寇三毛司令许愿活捉杨靖宇，然而一碰到抗日联军的部队，则成团成营被歼灭，最后邵本良自己也作了我军的枪下鬼。摩天岭一战，日寇死伤近千人。辉南、安图、汤原、方正、宾州、依兰等县城曾先后为我军攻克。日寇拼命要修筑的京图、图佳、虎林、绥洼等铁路线，在我军的不断袭击下，其计划被迫推迟。修筑绥芬河的“国防”公路的计划，在连遭我军五次打击之后而彻底破产。中东、吉海与南满的各铁路线，屡遭我军破坏，成列的军用火车被颠翻在道旁。一些孤立的伪军据点经常被袭击。特务、暗探潜入我游击区，被游击连、农民自卫队、妇女会等组织破获。就是在日寇占领的一些大城市和交通沿线，也有秘密的救国会展开各式各样的斗争。1935 年秋，满洲省委撤销后，南满、东满、吉东、松江（北满）四个省委相继建立。从 1936 年 6 月起，抗日联军 11 个军逐步改编为三个路军。第一路军辖一、二军，活动于西起辽、沈，南达安东，北至长图铁路，东至鸭绿江地区，共约 30 余县；第二路军辖四、五、七、八、十军，活动于中长路哈长段东侧、牡丹江流域、松江右岸、乌苏里江左岸地区，共 20 余县；第三路军辖三、六、九、十一军，活动于松江下游左岸、小兴安岭东西、黑龙江右岸地区，活动最远时到黑嫩平原，共 30 余县。

七七事变前后，东北人民抗日游击战争发展到了最高峰。许多老游击区召开了人民代表会议，准备组织人民政府。尤其是松江下游两岸、牡丹江流域及伪三江省，大部分农村为联军控制。伪军纷纷动摇，曾经成连、成营、成团的投诚起义。日寇惊呼着：“三江已成共党乐土”。

三

东北三省，是日寇执行“大陆政策”侵略全中国的后方基地，又是“反苏策战”的前进阵地。抗日联军的发展壮大，便成了它的“心腹之患”。日寇为了巩固这块基地，关东军从1934年的30万增至70万。同时对东北军民展开了“总体战”。它一面加紧施行“归屯”政策，凡成游击区的小屯子全部烧毁，群众集中到大屯严加控制，在经济上采取严密封锁，一尺布、一斤棉、一粒粮都不准外运；另一方面对我加紧军事“围剿”，采取分区包围、稳扎稳打、轮番“扫荡”的战术，在一块地区内来回拉网，巩固一个地区以后，再向其他地区进攻。

随着斗争的日益尖锐，东北抗日游击战争进入了一个极端艰难的时期。在日寇的疯狂进攻下，我游击区不断遭到破坏，部队不断受到挫折。我军不得不转入深山密林里露营。

在露营的日子里，部队除武器外，帐幕、小火炉、小锅、碗筷、锹、镐、斧、锯、针线、药品等一切都要携带。生活正像当时流行的一支歌中所说的那样：“天大的房子，地大的炕，火是生命，森林是家乡，野菜野兽是食粮。”冬天，地上冰雪三尺，有的部队还穿着单衣。篝火，成了野营生活中绝不可少的东西。一首“露营歌”里，生动而逼真地描绘了这种生活：“火烤胸前暖，风吹背后寒”，“草枯金风疾，霜沾火不燃”，“烟火冲空起，蚊吮血透衫”。在粮食最困难的时候，山果、野菜、树皮、草根以至靰鞡底，都成了食物。偶尔猎取到一只野兽，那是上等食品了。至于医药，更是奇缺，战士们负了伤，连一条白布绑带也没有，从身上撕下一片衣服，包扎起来继续战斗。医务人员的药包里，除了少量的红汞药水，唯一的内服药就是一点鸦片。更严重的是，日寇还经常以“篦梳式”、“踩踏式”围攻山林，到处纵火、施放毒药。同时他们还无耻地把女人画片、女人服装挂在树上，甚至到处留下酒食和“亲恳书”、“招降书”，企图从精神上瓦解我军。然而，这一切都不能动摇我军的坚强意志。战士们说：头可断，血可流，革命的意志不可摧。第一路军总指挥杨靖宇同志，在日寇层层包围中，饮冰雪，食草根，率领一支小部队战斗到一人一弹，壮烈殉国。冷云等八个女战士，在重围中英勇奋战，最后高呼着“打倒日本帝国主义”的口号，投入牡丹江；一个班的战士在“十二烈士山”上，和数十倍的日寇奋战一昼夜后，全部壮烈牺牲，宁死不做俘虏。赵一曼、夏云杰、王德泰、陈翰章、李延平、王光宇、张镇华、许亨植、朴吉松、冯治纲……无数抗日英雄的美名，永铭在东北人民心中！

在严重的斗争关头，吉东、北满、东南满三个省委的负责同志，集会讨论，提出了逐渐收缩保存实力的方针，并重新制定了新的游击活动计划，将三个路军的各军整编为11个支队，继续坚持同日寇强虏进行殊死的斗争。

1941年初，吉东、北满、东南满三个省委的同志再度集会。这次会议比较正确地估计了全国的局势，提出了长期斗争的问题；批评了党内一部分同志的“取消主义”，提出“不论环境多么困难，要团结在党的领导下，保持抗联的旗帜，坚持到最后胜利”。从此各支队便统一在东北党委领导之下，彻底改变了过去的游击方式，主力隐蔽整训，另外组织了15支小部队展开活动。小部队的主要任务是进行军事侦察，联络群众，进行抗日宣传，在可能的条件下发展地下武装。各队队长和政治委员，都是最有游击活动经验的中级干部，战士都是经选拔出来的最优秀的同志，这15支小部队，在东北党委会的负责同志直接指挥下，分遣在北满、吉东、延边、辽吉边区等地，展开了机动、灵巧的活动……

四

从1943年到1945年抗战胜利，这一期间，东北抗日游击战争虽然处于低潮，但并不像日寇自欺欺人所宣传的“大东亚圣战基地巩固了”、“满洲共产党覆灭了”。抗日的火种仍在东北的土地上燃烧。一些孤立的据点常被袭击。1943年初，我军一支小部队在东宁二十八道河子一次伏击战，就歼灭了日寇100多人。我转入以整训为主的部队，更加紧进行军事、政治、文化学习，积极准备迎接新的局势。干部都学习了一些有关党史的文件，并从重庆出版的《新华月报》上读到了“加强党性锻炼”、“整顿三风”等重要文献。长期以来，东北抗日联军处于和党中央隔绝的状态，当读到这些文献时，同志们无不感到鼓舞。对照东北多年斗争的实践，干部进行了思想整顿，政治水平、指挥能力都有了显著提高。经过整训的部队，虽然人数远不能和1937年发展最高峰时相比，但是质量提高了，面貌焕然一新。特别是在抗日战争即将胜利的前夜，我们从无线电中收到毛主席《论联合政府》的报告，更是欢欣鼓舞。东北党委会和抗联指挥部负责同志，估计到新的局势，立即拟订了新的行动计划。8月9日，当苏联红军出兵东北时，东北抗日联军又和苏联红军、八路军一起，参加了解放东北的战斗。

东北抗日联军14年的斗争是从艰难、曲折的道路上走过来的，其中有着许多经验教训，有待参加这一斗争的同志进一步探讨。尽管这一斗争还有许多弱点，并且曾经遭受过严重挫折，但是这一游击战争是有巨大意义的。在全国抗战爆发前，首先给了日寇以严重打击，阻碍了日寇侵略计划迅速实现，有助于全国抗日救国运动的发展。当七七抗战爆发后，又从敌人背后侧击，配合了关内的抗战。正像毛主席所说是:“那里的游击队多打死一个敌兵，多消耗一个敌弹，多钳制一个敌兵使之不能入关南下，就算对抗战增加了一分力量。”仅据日寇官方缩小了的统计，前前后后被抗日联军毙伤俘的官兵约 18 万人。至于伪军被消灭的，不知要超过这个数字多少倍。毛主席在《论联合政府》一文中，更精确地描绘了东北抗日游击战争的面貌，指出：“中国人民的抗日战争，是在曲折的道路上发展起来的。这个战争，还是在 1931 年就开始了。1931 年 9 月 18 日，日本侵略者占领沈阳，几个月内，就把东三省占领了。国民党政府采取了不抵抗政策。但是东三省的人民，东三省的一部分爱国军队，在中国共产党领导或协助之下，违反国民党政府的意志，组织了东三省的抗日义勇军和抗日联军，从事英勇的游击战争。这个英勇的游击战争，曾经发展到很大的规模，中间经过许多困难挫折，始终没有被敌人消灭。”

忆磐石游击队的创建

杨佐青

我于1931年初从哈尔滨调到沈阳满洲团省委任秘书长。九一八事变后，满洲省委机关从沈阳迁至哈尔滨，我任满洲省委兵委（军委）书记。当时组织决定我到驻哈的伪行政长官张景惠所属的一个警备大队做地下工作。我们筹划在12月的一天午夜哗变，结果被发现，我的身份暴露。因而省委决定派我只身一人去磐石。

我是1932年1月间去磐石的。去的目的是建立党领导的工农武装。那时各地抗日义勇军蜂起，但是满洲省委还没有自己的武装。当时磐石中心县委受满洲省委直接领导，有时也叫南满中心县委。县委机关在西玻璃河套，办公地址设在朴奉（在没改中心县委前他是县委书记）家里。我去后就吃住在朴家。朴家的东屋是搞秘密印刷的地方。磐石一带朝族很多。朴是宣传部长又是朝鲜族，所以他亲自写些朝鲜文印刷传单。我去时磐石中心县委已经成立，书记是全光，组织部长是张瞎子（张玉珩），宣传部长是朴奉。

我去之后开了一次县委扩大会议，参加会议的除县委领导外，还有“打狗队”队长李红光和孟洁民同志。会上主要由我传达省委指示，经过讨论决定成立磐石游击队，确定李红光任队长，我任政委。在这之前他们于1931年10月间组织一个七人“打狗队”，任务是打特务。会议还补选了团县委书记小张和我为委员，共计五名。这五名委员一直到我于1932年8月离开磐石，没有变动。

游击队建立以后，李红光和孟洁民提出让我负责举办训练班，目的是培养工农武装骨干。地点开始在玻璃河套，以后在磐东。一共举办了二至三期。第一期“打狗队”的七个人都参加了，以后各区都选送一批优秀党团员参加学习。学习的方法是结合实际提出问题，讨论座谈，然后归纳总结，解答问题。那时看不到中央文件，学习内容主要是如何进行群众工作，尤其是对朝鲜族的宣传问题，如何在群众中扎根，树立群众观点问题等。通过学习，队员的政治觉悟有所提高，联系群众的作风也有所改善。如过去“打狗队”外出活动时，在群众家吃饭，吃完就走。学习后，主动帮助群众干活，和群众的关系更加密切了。有的群众帮助队员缝洗衣服，好吃的给队员吃。以后我们做宣传，也容易被群众接受了。我们队员还在郭家店等地帮助群众搞备耕、春耕和参加其他农事劳动。我们扎根于群众中，活动也就容易多了。

训练班培训一批骨干，特别是培养一些青年学生到各地去做宣传工作，组织群众与日伪作斗争。孟洁民同志原是磐石中学学生，参加训练班以后，在1932年二三月间，去蛤蟆河子组织农民暴动。当时日本军还没有到磐石，有一连伪军驻在小城子，主要是护路。孟洁民去蛤蟆河子发动二三百人去扒铁路，目的是阻止日军进入磐石。暴动的群众烧毁道木，将道轨抬进山里，伪军闻讯赶去镇压。孟洁民同志宣传抗日救国的道理，启发伪军的民族感和爱国主义觉悟，使伪军很受教育，便悄悄地撤走了。

磐石游击队是从小到大发展起来的。起初七人“打狗队”，只有一支“铁公鸡”，后来每人弄到一支短枪，还有两颗手榴弹。1932年三四月间，我和李红光同志带着游击队到磐东呼兰镇一带活动。几天的时间，把日本领事馆插在这一带的走狗组织“保民会”都给拔掉了，还缴了三支手枪，队伍扩大到20多人。这时我们听说，呼兰镇西南20多里，住着一个地方武装“大排队”。这个队有十多支好枪。队长是个姓李的地主，人称“李保董”，外号“二阎王”。队员一色地痞流氓。我和李红光同志研究决定搞掉这个“大排队”住的房子。李红光同志把“二人抬”土炮架在门口，又把一部分人埋伏在四周，然后和我带四五个人装作赌徒混了进去。屋内南北炕上挤满了人，赌徒们吆五喝六根本没发现我们。李红光同志喊了一声：“不准动！”我们也都亮出了手枪。大排队员一个个都吓傻了，还没闹清怎么回事，墙上挂着的20多支长短枪被缴到我们手里。有了枪支，我们的队伍扩大到四五十人，编为两个小队，住在郭家店一带，正式成立南满工农反日游击队，队长是李红光，政委是我。

1932年4月间，磐石的日本鬼子看到我们拔掉他们在郭家店一带的“保民会”，割断了他们的耳目，便由一个日本特务，带领几个走狗和一连伪军，抓走20多名反日会员。郭家店党支部书记跑来报告，要求游击队去营救。我和李红光同志研究，由他带领全体队员赶在敌人前面去埋伏，由我带领群众从后面追上去，设法争取伪军同情，伺机劫车。我们一路赶，一路发动群众。一个上午汇集二三百人。一气跑了二三十里，终于赶上了。二三百人把绑着我们同志的十多辆大车团团围住，高喊：“中国人不抓中国人！”“打倒日本鬼子，不当亡国奴！”伪军有的低头不语，最后只有那个日本特务还在吼叫。看到这种情景，我向群众说：“上去抢！”群众一拥而上，割断捆人的绳子，车上的人被救下来。日本特务见势不妙，和几个死心塌地的汉奸跳上前面的两辆大车跑了。那个日本特务边跑边放枪，群众并没有被枪声吓住，一直追赶下去。日本特务和伪军跑到二道岗，便钻进一家地主烧锅大院。我们包围了大院缠住敌人不放，一直到天黑。我们正为那几个没有被救出来的同志着急，忽听院子里“叭”的一声枪响，大门打开跑出几个反日会员。一打听才知道鬼子被一个富有民族感的伪军打死了。这支伪军是旧吉林军混成二十四旅宋国荣营的部队。我们动员他们抗日，但他们不愿和我们合作，把部队拉到山里去了。后来听说，宋国荣怕日寇“问罪”，第二天便带着其他三个连逃出磐石，到黑石镇举旗抗日了。

1932年9月，孟洁民同志到驻营城子的伪军第五旅十三团二营七连组织士兵哗变。七连士兵本来就有反日情绪，经过孟洁民同志耐心教育，许多士兵不愿意为日寇和汉奸卖命，开枪打死连长，有四五十人带100多支枪参加了我们的游击队。这时游击队发展到一百五六十人，变成游击大队，下编四个小队。

1932年五六月间，满洲省委巡视员杨林同志曾去磐石传达省委4月会议精神。他先向磐石县委传达，后到游击队传达。这次我才认识杨林同志。当时我虽然带队伍，但不懂军事。杨林同志会使枪，懂技术。我问他是从哪里学来的，他说从前在云南讲武堂学习过，后来曾参加一段北伐。北伐失败后，党组织派他去苏联莫斯科东方大学学习。1930年由苏联回东北，在满洲省委工作。给我印象最深的是他会俄国话。我们俩研究工作有时用俄语对话，这样别人听不懂，能够保密。杨林同志在磐石待不长时间就走了。

1932年8月，日军带领伪军对我们游击队“讨伐”。我们在呼兰镇东北山上，伪军两个连和日军向我袭来。面对强敌，我们采取游击战术，由李红光同志带领一部分人埋伏在中间山上，我和孟洁民同志各带一部分人埋伏在左右，放过前头的伪军，集中火力打中间的日本兵。日本鬼子顾不得指挥伪军，像疯狗似的向山上爬。我们边打边退。敌人伤亡不少。就在这次战斗中，我负伤三处，被组织送到哈尔滨养伤。

我走后磐石游击队由张瞎子任政委，以后他在工作中犯有错误。1932年11月杨靖宇同志来磐石，纠正了游击队工作中的错误，并根据省委提议，把南满工农反日游击队改编成中国工农红军第三十二军南满游击队，通称磐石游击队。

东北抗日武装斗争回忆片段

赵毅敏

我从1928年起就在东北做中国共产党的地下工作，1929年中东路事变后离开东北回到上海党中央机关。1930年又被派往东北，任中共满洲省委宣传部长，并兼任过省委秘书长和奉天市委书记。九一八事变时，我正在满洲省委工作。我所能够回忆到的关于东北抗日武装斗争的情况分三部分：第一部分是我党号召抗日武装斗争和抗日武装队伍建立；第二部分是抗日武装斗争使东北人民看到了胜利的前途；第三部分是我在抗日部队的日日夜夜。

一、我党号召进行抗日武装斗争和抗日武装队伍的建立

1931年九一八事变爆发后的第二天，中共满洲省委就召开了紧急会议，决定发表《反对日本帝国主义武装占领满洲宣言》，9月20日又发表了《为日本帝国主义武力占领满洲告全满朝鲜工人、农民、

学生及劳苦群众书》。9 月 22 日作出了《关于日本帝国主义武装占据满洲与目前党的紧急任务的决议》。这些文件迅速而明确地指出：九一八事变的发生绝不是偶然的事件，“是国际帝国主义者在世界经济政治总危机空前剧烈的基础上，相互矛盾更加尖锐化、露骨化的过程中，必然产生的结果”，是日本帝国主义为实现其“满蒙政策”、“大陆政策”，为挽救其国内的严重局面，所采取的险恶而极端的手段。文件还严正谴责了蒋介石的“不抵抗政策”，并号召广大群众罢工、罢课、罢市，发动群众斗争，反抗日本侵略。中共满洲省委对事变的发生是有思想准备的。省委的同志在革命活动中早已观察到日本帝国主义正在加紧侵略东北的各种阴谋活动，并预感到日本的军事侵略已经迫近了。早在 1931 年春天，中央在满洲的巡视员罗登贤同志及中共满洲省委就将这些情况向中央反映汇报过。九一八事变以前四个多月，1931 年 4 月 20 日省委给中央的报告中又详述了日本在东北各地驻军，修军营、工事，组织军事演习及不断增兵的情况，并且肯定地指出，日本帝国主义对满洲的侵略活动，要发展到“直接占领满洲”。

省委以后又收到了 9 月 20 日中共中央、中华苏维埃共和国中央工农革命委员会分别为满洲事变所发表的宣言和 9 月 22 日中共中央发表的《关于日本帝国主义强占满洲的决议》。决议分析了九一八事变的原因，日本武装占领满洲的根本目的，揭露了蒋介石的不抵抗主义，号召“在满洲更应该加紧地组织群众的反帝运动，发动群众斗争来反抗日本帝国主义的侵略，加紧在北满军队中的工作，组织它的兵变与游击战争，直接给日本帝国主义以严重的打击”。看到这些文件后，使中共满洲省委的同志更进一步认识了军事斗争与建立抗日游击队的重要性和必要性，并迅速坚决地贯彻执行。

从 10 月份起省委就派遣党团员干部和从反帝大同盟、互济会、反日会等党所领导的团体中选派一些骨干，到义勇军中去工作或组织自己直接领导抗日队伍，这些工作由省委领导同志分工进行，记得我曾和杨靖宇、童长荣等同志谈过话。除抽调干部外，省委还积极动员大批知识分子参加义勇军。当时国民党反动当局虽曾下令不抵抗，拱手把我东北大好河山让给敌人，但东北广大民众和部分爱国官兵对这一畏敌如虎、任人宰割的命令置之不理，而用各种名义自发地组织救国军、自卫军、反日总队等许多武装队伍，进行抗日活动。人们把这些抗日队伍通称抗日义勇军。义勇军之所以能够迅猛地发展，掀起了大规模的抗日斗争，说明中国共产党的坚决抗日政策及“武装起来把日本侵略者驱逐出东北”的号召，迅速得到了东北爱国民众的响应，对于东北抗日义勇军的兴起，起了积极的推动作用。一些抗日义勇军在组建中也得到了党的领导或协助。

二、抗日武装斗争使东北人民看到胜利的前途

1931 年 11 月末，因叛徒告密我被捕了，没有能亲眼看到抗日义勇军和我党直接领导的抗日队伍发展壮大和战斗的情况。但是在狱中这个特殊的小天地里，仍然可以听到一些消息，了解一些情况。首先使我惊喜的是，共产党在狱中的威信很高，有些事使我深深地体会到这点。“犯人们”由于深恨日本侵占东北，私下很爱谈论东北义勇军以至南方工农红军的消息。他们在私议中不仅表示对共产党和党所领导的工农红军很佩服，而且盼望有一天中国共产党能“取得天下”。“共产党将得天下”的看法不仅在犯人中有，在狱吏中同样有。例如，有一次有些共产党员在监房唱《国际歌》，狱吏出面干涉，但所说的话却是“我知道你们都是干大事情的，但既到了监狱，是龙也要盘着，是虎也要卧着，现在在这里，不要‘打它个落花流水’了，天下有一天会是你们的，到那时，兄弟情愿跟着你们，马前马后为你们执

鞭随镫。”有的看守还不止一次地谈论，“‘满洲国’长不了”，说将来苏联的红军从北边来，中国的红军从南边来，两边一夹攻，“满洲国”就垮台了。看守们还传说一个爱国故事，说有一批青年从南方来东北找义勇军，由于没有经验，一下火车就被捕了。在审问姓名时，一个女青年说她叫“大爱国”，并慷慨陈词，一身正气，传说者表示对她非常钦佩。后来又传说，当她知道狱中有共产党时，很想见见，以便今后能得到共产党的领导。这种传说后来都证明是真的。在日伪统治最严的监狱里，竟能听到佩服共产党的议论，寻找共产党领导的故事，以及“满洲国长不了”，“天下将来是共产党的”这样的预言，无疑可以说明，东北人民已预见到抗日武装斗争胜利的前途。

三、我在抗日武装队伍的日日夜夜

1934年，溥仪“登基”当上伪满洲帝国“皇帝”，对以“危害民国紧急治罪法”判刑的政治犯实行特赦。于是，我于这年七八月间被释放出狱。出狱后，我又担任了中共满洲省委组织部长。

同年11月、12月间，省委派我以省委代表的身份来到东北反日游击队哈东支队，并兼任这个支队的政委。主要任务是解决司令赵尚志与省委、珠河中心县委间的意见分歧以及哈东支队领导之间的矛盾。这时赵尚志已被开除出党，我在珠河下火车后，到接头地点接上了关系，然后带我到珠河中心县委。当时赵尚志带领部队正在外边活动，不在珠河，所以我首先着手解决县委的问题。县委的同志一见到我就作自我批评，说任务没完成，是消极怠工，等等。通过交谈，我了解到，县委绝大多数同志都是非常好的，他们积极努力地工作，不能完成省委下达的任务的主要原因是省委提出的任务有些主观主义，不是实事求是的。我对县委的同志讲，能做的事不去做，工作消极，不努力，才是消极怠工；你们没有完成任务另有原因，不是你们消极怠工，并鼓励了他们。同县委的同志开会以后，赵尚志也带队回来了。我同他们连续开了几次会（可能在三股流），把部队的问题全摆了出来。有一天，我们正在开会的时候，日伪军就来“围剿”了。敌人每到一处，首先放火，无数的民房被烧毁，大批无辜的群众被杀害，山沟里顿时狼烟滚滚，火光烛天。但同时也使我们借火光看到敌人已走到何处，并正在向何处走。我们在山上与敌人一直打到半夜，才冲出包围圈，转移到别处。战斗结束后继续开会，双方都充分发表意见后，我感到赵尚志与省委、地方党委及部队领导之间矛盾的焦点，就是在如何执行省委的决议这个问题上。当时省委由于受“左”的路线影响，曾不切实际地提出要彻底粉碎敌人的冬季大“讨伐”，不准敌人进入游击区一步等口号。县委和部队的一些同志主张要坚决执行省委决议，但赵尚志持不同意见，他提出应比较实事求是地、灵活地执行决议。因此，省委就批评赵尚志右倾。而且那些坚决执行省委决议的同志，也由于完成不了任务而被省委批评为右倾。通过广泛听取各方面的意见，我认为，在当时，要想在珠河一带建立巩固的根据地，是根本不可能的，由于敌人数十倍于我，“不准敌人进入游击区一步”，也是不切实际的。因此，省委决议是根本无法实现的。后来，我根据当地的实际情况，给省委写了报告，省委也同意了，还恢复了赵尚志的党籍。

哈东支队的前身是珠河反日游击队，它是1933年10月建立的。在我党抗日民族统一战线的旗帜下，许多农民、工人、学生、知识分子都参加了这支队伍。当时，抗日救国是很得人心的，因此，珠河游击队得到了广大人民群众的热烈拥护。有一些伪军也同情游击队，经常在暗中帮助游击队。我在部队时，就有很多同志跟我讲，过去敌人“围剿”我们时，经常有一些伪军事先与我们约好，他们在进攻时朝天上打枪，撤退时把枪和子弹留下点，这也给了我们一些支持。

我们部队的斗争环境是相当险恶的。战斗异常频繁，敌人一发现我们的踪迹，马上就来“围剿”，因此，部队很少在一个地方住上几天，经常转移作战。部队的生活也是非常艰苦的，主副食就是苞米茬子和土豆，有时甚至连这些东西也吃不到。这些东西都是山里的农民冒着生命危险送给我们的，否则，我们在山里根本无法生存。

虽然我在珠河只工作了短短的两个月，但珠河的干部战士忘我工作的革命精神，英勇杀敌的顽强作风，对党和人民无限忠诚的高贵品质，都使我永生难忘。

1935 年春，省委来信调我回去，不久，省委派我去苏联参加世界共产国际第七次代表大会。在共产国际第七次代表大会上，我的发言介绍了东北抗日武装斗争的情况。东北人民英勇抗敌的事迹是各国共产党所高度重视的。

南满抗日游击运动（节录）

韩光

南满游击区域内的农村概况

在1933年10月敌人大进攻以前，南满我们的游击区域只是在磐石一带，方圆不过百里，直到敌人的大规模围攻到来，我们才将一部分队伍调往辉发江南向金川、柳河一带开发新的游击区域。因此，当时在一般抗日军及群众中间得一不好的影响——他们大部皆说“这回不容易打了”、“连红军都过江了”。然而敌人的围攻已经来到，我们这部分过江开辟新区绕到敌人大包围之外是十分正确的。不过，主要的是我们留在磐石境内的队伍未能积极领导抗日军打击敌人的进攻，形成尽力实行躲躲避避的现象，以至抗日军也找不到大部红军了。但经过一个时期，抗日军和群众又听到红军在江南攻陷了三源浦、凉水河子，伪军绿杠队（伪骑兵队，其服装上饰有绿杠），又有一部被红军缴械等。于是他们都觉得红军真是能干的，他们才信日本帝国主义者虽派出大量军队围攻，可是对红军没什么关系，不能吃他的亏。

现在我们游击区域长达五六百里，可分为三部区域来说：即北部区域——磐石全境，伊通东部、桦甸西北及吉林七区；中部区域辉南东部、濛江（今靖宇）南西北部、桦甸南部（同时计划往安图发展）、西南部区域——金川（今属辉南）、浑江、柳河之大部，通化、临江之北部（同时计划往清源发展）。在这些游击区域内北部为老区，群众多有斗争经验及我们的洗礼，并已有我们的群众组织基础（吉林七区为新区，无群众组织）。至于西南部区只是有我们的影响，而没有我们的群众组织基础，在柳河区内有我们的地方工作及组织，为海龙县委直属之下的，兹把各区之概况分写于下：

北部区域内虽也有大山，但皆为断脉，与中南部区域不同，大小道路甚多，对于骑兵也适宜，森林很少。过去居民非常之多，均以种地为生，且多富豪者。唯今已十室九空，尤其磐、伊、桦境内，在敌人这几次残酷大进攻后，几乎找不到人家。迁移的迁移，被日本帝国主义屠杀的屠杀。大部分则迁至“归大屯”的地方。剩下的人家，皆是在大道旁边，对敌人有利，而为抗日军等所不敢用的地方。同时敌人还继续进攻。山里的住房完全烧掉，强迫农民搬入大屯——铁路沿线二里及离街市五里、十里的地方。日寇利用地方上的土豪劣绅、百家长等，组织会房、壮丁团，随意逮捕青年及屠杀群众。拐子炕及杨木岗、马鬃岭离街附近处，会房活动非常厉害。吉林七区亦然，一般青年均不敢在家里常住，怕会房“拣蛋”。可是，北部地区的青年，如稍有不类似农民者，外出时，在道上遇到日伪军即有被杀之患（如有日兵随行时约无赦免之望）。最近尤因我军第一团又从南回磐，而敌人进攻愈加紧，除进攻队伍增多外，还新加派了便衣队，伪装抗日军或我军，企图侦探和巧妙袭击我队，摧残我地方组织，逮捕我地方干部。因此北部区内的群众斗争更日益剧烈，反日反满的情绪日渐增高，抓捕走狗、会兵、地主等斗争乃是磐北、磐西、拐子炕群众的经常斗争，并已能相当地和队伍配合起来。在年关斗争中，磐北又组建了一个农民自卫队，现已正式改为磐北游击队了。至于北区的群众，经过敌人大进攻后，他们比以前更表示好了，和我们更接近了。唯独有一个困难问题，就是无法容存大部队的抗日军。除了吉林七区居民尚多外，在北部区中，20多人的队伍也很难活动，主要是无法宿食。我们一团过来后，也分散为小的部队了。现在在敌人这样的进攻下，一般抗日群众，特别是青年群众，在山里已经不能安适地掩藏了。同时又加上春去夏来，青纱帐将到来，所以新产生的抗日队伍（头年插起来的）非常之多，直到我们来时，陆续起队者不少，人数皆在二十或十来人的样子。不过有一点与头年不同的地方，就是在他们每要起队伍的时候，皆要求我们的领导或派政治委员。至于他们对于群众的态度，则大转变而特转变了，不但不像去年那样打骂捐绑，反要帮助群众进行斗争者不少。赵旅、天虎、曹团、董副官等曾几度进攻伪满洲的会房与将后来收得的马匹送给群众，开群众会议令群众不要搬家，并向群众说："如果你们无法生活，则我们给你们担负粮食、衣服，管保你们用"。

敌人的统治力量及配置

阴历年过后，日本帝国主义者在南满普遍地实行缴械、没收民间武装，缩编军队，"改良"军队的成分，组织壮丁团等事。过去一年冬天投降的队伍几乎完全缴械了。缴械后还有用机关枪射死的，比如辉南县二区地界内有一降队，过去报号为野骡子者，缴械后，将100多人完全绑起来用机枪射死了（只跑出来一人）。现在磐石街、黑石镇、呼兰集场等，将所有各民户武装，无论快枪、洋炮或保城之保甲武装，均已没收去了。至于正式军队或自卫团均已陆续缩编和缴械。起初，有些地方如桦甸任团在日军或红袖头队一去时即出发，恐怕缴械，但终未能躲过去，后桦甸任团每连由70多人缩编到50多人了，烟筒山的第十四团也由80来人一连变为60来人一连了。磐石街和黑石镇的绿杠队也由80人一连变为60来人一连了。至于他缴去的枪械一部用为重新组织他“可靠”的壮丁团；另一部整齐的枪械换给对他忠实可靠、用力进攻抗日军的部队——他的走狗（如邵本良除了现在已升团长外，并收他过去的杂枪，换上一色三八式枪，军队待遇也较别的为优，黄呢军衣，月七八元不压薪，不灵便的子弹带换了皮盒。主要的即是邵本良在阴历年关前积极进攻我军，是他对我们仇恨太大之故）。

后来磐石街常驻军有300多人，烟筒山常驻军为十四团300来人，西集场子常驻军一连60多人，营城子、伊通、西安（今辽源）和过去一样，黑石镇常驻军300来人；桦甸常驻400来人，桦磐境处八道河子、小兴隆街，新增驻兵两连110来人，其余在北部区的荞麦楞子、快枪会房等处皆驻敌人之兵和军队，共50来人，磐北烧锅（距烟街十余里）炮台，快枪十余及抬杆、洋炮等均有，拐子炕会房50余人（中有十余快枪），石咀子会房等处皆为敌人之兵站，敌人进攻我北部区域是比以前灵快多了。

我们自己的队伍

司令部是去年敌人大围攻开始时过辉发江的……第一团自从师司令部过江南后，没有什么大的战斗，只在磐境内相当地扩大了武装，主要是起出大进攻时小帮胡匪插起来的枪支弹药。一项最大的工作，即是接绿杠队的哗变。现在一团又过江北来（磐境）。过去的政治委员因犯错误被师党委决议撤销了；现在是新提拔的工人干部。为十四团哗变时给背炮出来的烧锅工人，能力虽差，但忠实、勇敢积极，对一切问题能仔细研究，有很大的希望。

现在队伍组织共分司令部、卫队、保安连、一团、三团、南满游击连、江北游击连、磐北游击连、南满游击队，共约 320 多人。除南满游击队外，我军总数才 260 人左右，贫农 17% 多，士兵 10% 多，中农 10% 多，其余为学生和一般劳动人民，也混入些流氓，青年占二分之一。南满游击队不到 70 人，党新建立了支部，总队长已介绍入党了，团有一小组，全队皆为士兵成分，总队长也是。斗争情绪高，战斗力强，超过我们队其他各部。我们几次有名的胜利战争，皆有南满游击队参加。总队长本人军事经验也多，勇敢沉着，现在就是表现着小资产阶级的英雄主义太浓厚。如能在革命立场上坚定起来，则能成为一有用的军事干部。现在确实很好。他们队内虽然很团结，但皆建筑在感情上，不是政治上，党团组织不巩固。老实说，现在如总队长不干或牺牲时，此队只能有一部分是我们的，至于武装还是私有的。

磐石团的工作

地方组织在第一次大围攻破坏后，直到最近才陆续恢复起来。但大部分已经不是原来的区域了，而是在敌人归大屯或群众自动搬去的地方。这些地方都是靠着街道及铁道附近，为敌人常活动而抗日军不常到的地方。同时，大部又皆分散，一个小组或支部总在十里左右，非常不集中。现在团的总数为 116 人，是新发展的，共三个区委，两个特支。拐子炕新编区委包括四个支部，其中就一个大炕支部是旧区域，其余皆为新区域。玻璃河套区委两个支部，皆是新区。磐北区委两个支部，是旧区，因为是铁道旁边。伊通特支，街上一个支部，乡村一个小组。江南特支两个小组，完全是朝鲜同志，在大围攻时搬去的，为辉南、桦甸交界处及吉海工人同志。磐东同志则无形成小组。青年义勇军共24人，分四小队，内有同志8人。青反同盟五个分会，共40多人内有同志十五六个。儿童团13个分队，共100多人。

(1)青年义勇军在恢复后，只是玻璃河套区的小队，曾配合了磐北自卫队，进行过抓走狗的工作，其他均没有什么特别的工作，现在组织工作及生活不很健全，会议上所决定的工作，多不实行。现皆在各区委直接领导之下。至于青反（青年反日同盟的简称）与儿童团亦然。县委为加紧各地工作及对群众组织的领导，将派各地工作及对群众组织的领导，将派专门的巡视员帮助各区委、支部建立群众组织及开展工作。伊通儿童团已派专门人去巡视，特别是要建立街镇上的儿童团。青义军的专门巡视员已选定，为县委之委员，现已派去巡视拐子炕的工作，特别担任巡视青义军的工作。

(2)少年营人数大减。最近将能有发展两个排的可能，一个是磐境一带可能编一个排；另一个是在西南部区内，在半月内由司令部那部分队内的团员负责，号召20来青年武装，由司令部设法编成一个排。这工作，我回来时开始进行了，大概是有把握的。此外对于少年营的工作，彻底纠正过的先锋主义、应付态度（从队内拨人）的错误，至不但不能扩大队伍，反而得很大的损失。(A)加紧青年义勇军及青反同盟的工作，进行征调的运动，有组织有计划大批调入少年营。(B)应该在青年群众中宣传人民革命军之斗争纲领及参加条件，特别是在新起来的抗日队伍中进行号召工作。(C)开始建立少年营后备队的工作。(D)加强少年营的组织生活，注意给他们提出实际问题，帮助他们解决，加紧全队的政治教育工作。四个月以前，少年营的政治委员是老姜同志（即西安自动上队的）。后因西安工作上需要，同时他在队内又无威信，工作办法少，于是决定派他往西安。将磐北书记调派为少年营之政治委员，今仍为该同志（朝鲜族同志）。少年营长为过去玻璃河套区委书记，我去后将其调出专门负责青义军工作，并兼任玻区之大队长（时玻区只80来青义军队员）。后敌人进攻瓦解两次。少年营长牺牲后，于是又将他派为少年营工作。他很好，忠实勇敢积极，军事工作也有相当经验，作战沉着，队员中有威信，也是朝鲜同志，贫民出身。这里有一个意见，我想这个队总的政治军事完全是党的领导，政治委员本是党代表，现在是团派去的，当然是不相当。这问题我来时曾和老傅及党县委书记同志谈到，他们也似乎是与我的意见相同，打算由党派一个政治委员。不过只是一个意见，尚未实行。同时现在政治委员消沉，到队后没成绩，队员中也没威信，军事上又不勇敢，为一学生出身，已决定调换，只是尚无适当人选。

（3）西安煤矿的工作——四个月前曾派去一个巡视员，经半月无甚成绩。目前又派一同志去，未找到关系即返来，故尚未正式将关系经海龙接过来。现在，只知有团同志八人，无组织生活及工作，待老傅同志去巡视海龙工作时，正式接过。吉海铁路上工作有发展。工人对我们认识深刻，日趋接近。敌人进攻时，曾与我们关系断绝，但他们组织和工作仍继续。今不但完全恢复，且有发展。月中工人中曾有一次斗争，纯为党团的领导（捧伙斗争——原先为工头包伙，每月五元多，现为自办，每月只花一元五毛，斗争胜利）。现在对于斗争的自信很浓，已成立了赤色工会（会员约50以上）。在成立工会时，在代表会上，工人自动决定一月内将全线的道拨房（50个道拨，共500来工人）都要有工会的分会的组织。因为是修道等重工，工人中青年很少，每一个工人房中不过一二青年，有的连一个青年也没有。现在团只有九个同志，也是散在各道拨房中，始终不能成立团的单独支部。故有的个别接头，有的编入了党的支部。不过现在极力计划建立团支部及工作的专门人员。

（4）对一般抗日军工作。过去诚然完全看了党的热闹，团在那里没有去做工作。没有派一个团的同志到抗日军中去，因此也不了解下层统一战线的万分的必要，没有认识争取无产阶级领导权的重要。所以我们看到在抗日军工作中，只是扩大了影响，而很少得到组织上的收获。两月内训练十个干部分别组织突击队或个别派入义勇军中；号召所有尚未参加抗联的抗日队伍参加抗联；少年营与抗日军联合作战，尽力共同活动，经常接近，以影响他们的下层队员。但共同活动中须特别注意保持我们独立的政治组织面目；利用可能召集青年的代表大会，运用少年营派出的代表等进行工作，先在北部区实现。

（5）组织及宣传——各地组织看另表。县委本身决定九人，常委五人，现已有六人，两无产阶级成分，两贫民成分，两学生。余三人已决定，一为吉海工人同志，一在队内，一为经常巡视员。现新提拔两同志，一为雇农（副书记），一为乞儿（雇农，现已干两年抗日军了），很有希望，忠实勇敢，当过乞儿的同志，进步尤快。现作县委青义军工作，即是过去马旅里有的那两个同志之一个，县常委书记兼组织宣传，队内县代表及女同志四人。专门巡视员还未有，仍是县委的同志兼换着去巡视，但与区委、支部除江北特支外，别均密切。我来南满前，伊通、拐子炕均派去巡视员。至于新的区域，虽然地方工作非常重要，但尚无相当办法，只决定队内增派政治员专门担任，不过尚未开始。宣传工作自三月前即经常出版《革命青年画报》，日期不定，一礼拜多、十天左右即出一期，此刊物颇受队内及各地方群众的欢迎，现在继续着出。其他即是纪念节日所发传单。最近两月多，团没有单独印发告抗日军青年……等分类的传单。只在两月以前，有单独告满洲青年士兵书、告抗日青年书、告一般青年民众书。另外一群众刊物，现已出一期，名为《反日青年》，半画半文的。至于团内刊物，过去计划的未实现，现又计划创办。宣传部派的巡视工作，宣传工作有时隔期很长。

（6）省委指出在第一次大围攻中，磐石团对政治形势机会主义的估计，又犯了一贯的先锋主义和退却路线，是十分正确的。磐石团完全同意和接受省委的指示并布置了两月的工作。计划发展三倍的新的同志，青义军为建立全县的总队斗争。青年反日同盟，每一支部或小组，都要发展建立起一个分会。五倍地扩大儿童团，立即建立儿童局。征调一些青年到少年营去，每区委、支部须建立少年营后备队一队（人数未定）。同时决定由4月10日起进行一个反对第二次“大讨伐”的运动，我离磐时已开始计划了。不过，这些工作须向着新的区域和铁路沿线大道边城市去作。

东北民众抗日义勇军的兴起及武装抗日斗争

宋黎

我的家乡在吉林省梨树县，1911 年 10 月 27 日出生。九一八事变时，我作为东北大学学生代表，参加了抗日救国会，积极从事抗日救亡活动。1932 年 5 月，在东北民众抗日义勇军总指挥部任总指挥，亲历了东北民众抵御外侮、前仆后继、不屈不挠的一幕幕活剧。他们拿"大刀向鬼子们的头上砍去"，"冒着敌人的炮火前进"，"誓以我血荐轩辕"，充分体现了中国人民朴实而崇高的爱国主义气节。

九一八事变后，1931 年 10 月至 1933 年初，在民族危亡关头，国民党政府采取不抵抗政策，受中国共产党武装反抗日本侵略号召的影响，东北军民不甘当亡国奴，纷纷揭竿而起，为民族生存和独立自发组织起抗日爱国武装（时称东北民众抗日义勇军）。在两年多的时间里，东北民众抗日义勇军以其风起云涌波澜壮阔之势，给日本侵略者以有力回击，为中国人民的伟大抗日斗争奏响了悲壮序曲，为东北抗日联军的创建准备了必要条件，其功绩永载史册。

一、东北民众抗日义勇军兴起的历史背景

九一八事变绝非偶然事件，它是日本帝国主义蓄谋已久的产物。早在日本明治初期，日本军国主义就开始制定征服中国、称霸世界的侵略扩张计划，即所谓“大陆政策”。1927年六七月间，日本首相田中义一在《田中奏折》中露骨地主张“欲征服中国，必先征服满蒙；如欲征服世界，必先征服中国”。1929年5月，冈村宁次、东条英机等人宣称：满蒙问题用外交方式无法解决，必须以军事实力驱逐张学良。用武力解决满蒙问题已成为日本陆军主要课长、幕僚的一贯立场。武力进攻东北只是时间问题了。1930年蒋介石、阎锡山、冯玉祥等军阀间的中原大战，1931年石友三叛变，张学良两次调兵进关达15万人，给日本侵略者侵占东北造成了“天赐良机”，于是九一八事变爆发了。旬日之内，东北大片国土沦于敌军。造成中华民族抗御外侮史上奇耻大辱的罪魁祸首就是蒋介石及其不抵抗政策。

九一八事变发生前，对于日军的不断寻衅，蒋介石在8月16日发给张学良的电报中却要张学良“无论日本军队以后如何在东北寻衅，我方应不予抵抗，力避冲突，吾兄万勿逞一时之愤，置国家与民族于不顾”。事变发生后，9月22日，蒋介石匆匆回南京，在市党部发表讲话，要求全国人民以公理对强权，以和平对野蛮，忍痛含愤，暂取逆来顺受态度，以待国际公理之判明。对蒋介石的不抵抗政策，张学良及东北军一些高级将领一体执行了。东北三省遂断送于敌手。

对于日寇九一八侵略东北，中国共产党采取了与国民党决然相反的态度，率先发出了抗日救国的号召。9月20日、22日、25日、30日和10月12日，连续发表宣言、决议、告民众书等文电，深刻揭露了日本帝国主义发动九一八事变的罪恶目的和反动本质。宣言强烈谴责国民党政府不顾民族危亡，只顾内战争权，对日本帝国主义一味采

取忍让、妥协的投降政策，“坐待帝国主义宰割”；宣言提醒全国人民“不要再希望国民党政府能做出一丝一毫反抗日本帝国主义的行动”，“更不要企图依赖国际联盟和非战公约来停止日本帝国主义的行动”，“只有被压迫的中国民众自己与世界被压迫的阶级和民族一致联合起来”，才能打倒日本帝国主义，收复东北失地。

中共中央在《关于日本帝国主义强占满洲事变的决议》中要求各地“党组织要加紧组织领导发展群众的反帝国主义运动，大胆地警醒群众民族自觉，而引导他们到反帝斗争上去”。

在中国共产党和各党派爱国人士的号召及影响下，各界民众的抗日救国运动迅速展开。上海码头工人举行数万人反日大罢工，至10月初，有80万人组成抗日救国联合会；平、津、沪学生举行罢课游行示威，到南京向国民党政府请愿，要求出兵抗日。广大东北爱国军民，更是痛心疾首，愤慨万分，起而自卫，东北民众抗日义勇军便应运而生。

二、中国共产党及社会各方对义勇军的影响

东北民众抗日义勇军的武装抗日斗争，一开始就得到中国共产党及社会各阶层、各团体，特别是东北民众抗日救国会，辽、吉、黑民众抗日后援会及张学良的指导与援助。

如前所述，九一八事变爆发后，中共中央就连续发表宣言和决议，号召民众组织起来开展抗日斗争，驱逐日本侵略者出东北，并要中共满洲省委更应该加紧组织群众的反帝运动，发动群众，直接给日本帝国主义以严重打击。1931年10月，周恩来发表了《日本帝国主义占领满洲与我们党的当前任务》，呼吁：“现在救国义勇军的组织已成为

工农劳苦群众的普遍要求，我们要领导工农及一切被压迫民众自己组织武装的救国义勇军”，他认为“反帝的民族革命运动，是要动员广泛的民众起来参加，而且要长期支持这一运动，才能取得最后的胜利”。周恩来文章发表后，1932 年初，中共满洲省委发表了第三、第四次宣言，号召全满工农兵民众“自动武装起来，组织义勇队，抗击日军”。当年春，当辽、吉、黑义勇军普遍兴起时，中共满洲省委高度评价了东北地区的抗日形势，在决议中指示各级党组织要重视“大规模组织义勇军的工作”，用目前各地反日战争来动员广大群众建立义勇军组织，“党应积极领导去参加这一战争”。4 月 15 日又制定了全满劳苦群众反日斗争十大纲领。中共满洲省委的一系列宣言、号召及反日斗争的十大纲领，对于唤起广大民众的民族觉悟，积极参加义勇军，起到了很大推动作用。

为了加强党对义勇军的领导和支援，中共满洲省委除省委领导人经常到各地巡视指导外，还连续加派党员、团员到义勇军中工作。至 1932 年春达 200 余人。

在吉林自卫军和抗日救国军冯占海、邢占清、李杜、田霖、关庆禄及丁超的二十八旅都有共产党员或党的支部。吉林自卫军系统共建立四个兵士支部，由满洲省委兵委直接领导。满洲省委派往吉林救国军王德林部的党团员数量较多。在王德林准备起义过程中，中共东满特委派胡泽民、王生柏等十余名同志参加鼓动工作。该部起义后，延吉县委派李延禄去加强力量，被任命为该部参谋长兼补充团团长。党员李光为首组织的以党团员为骨干的别动队与补充团成为救国军中战斗力最强的部队。1932 年夏，在吉林自卫军中工作的省委军委书记周保中被王德林聘为救国军总参议、前方总指挥部参谋长，周保中与原在那里工作的胡泽民等人，组成秘密特别支部，并发展陈翰章等一批抗日骨干入党。满洲省委和宁安党组织还派几十人到王德林、刘万奎部队当秘书、宣传部长、小队长。王德林部发展迅速与中共支持、领导是分不开的。

在辽西义勇军兴起时，满洲省委根据中央指示，从驻关内的东北军中选派一批党团员到辽西去组织发动义勇军。奉天特委先后派党团员和进步青年到义勇军李纯华的第二军工作。

1932年春，北平市党团组织先后派共产党员冯乃革、团员李兆麟（同年转党）、林郁青到辽阳组建了东北抗日义勇军第二十四路，并在该军中及辽阳地区建立了团支部，后来又组成了以夏尚志为首的共青团临时工作委员会。夏尚志还介绍团员魏拯民到辽阳义勇军中开展活动。1932年秋，河北省委又先后派侯薪、孙乙泰到辽阳义勇军中活动。辽东邓铁梅领导的东北民众自卫军中有邹大鹏在该部任政训处长，在邹的建议下，反日游击区建立了农民协会等群众组织。以后，奉天特委还两次派人到邓部活动。在唐聚五的辽宁民众自卫军第九路军中也建立了党的组织。先后到该部工作的共产党员、共青团员、互济会、反日会员达70余人。

九一八事变爆发后，在中国共产党影响下，在张学良的支持下，9月27日，由辽宁爱国人士阎宝航、高崇民、王化一、杜重远、卢广绩、陈先舟、车向忱等人发起了东北民众抗日救国会（简称救国会）。救国会成员包括不同阶级阶层、不同党派人士。共产党员、共青团员、反帝大同盟盟员及其影响下的学生在该会占大多数。救国会在关内积极开展抗日宣传，争取各界人士保护和支持；募捐抗日资金，筹办抗日军需物资，培训政治、军事干部；救济难民，抚恤抗日烈士遗属；兴办各类学校等工作。在关外，派人出关组建义勇军，在军械粮秣等方面给以支援。

1932年4月，在上海成立了以爱国人士朱庆澜为首的辽吉黑民众后援会（简称后援会），以援助东北义勇军对日作战，收复失地，完成救国工作为宗旨。在短时间里，后援会募集了大量资金，支援义勇军。热河保卫战中，该会对部队捐赠大洋一次达191万元之多。救国会和后援会为义勇军仅捐赠大洋即达500余万元。

背着“不抵抗”罪名的张学良，面对国土沦丧，同胞受难，人民谴责的现实，怀着矛盾痛苦的心情，对义勇军寄予特别的同情并给予尽可能的支持与指导。他除了拨款给救国会解决经费困难外，还利用救国会作掩护，拨出大量枪械、弹药、被服和现款，交由救国会转发给义勇军。他多次派救国会常务会员车向忱等人携带其手谕，化装潜赴东北，向马占山、李杜等部进行慰问，传达指示，还亲自指挥了热河保卫战。

由于蒋介石集团的阻挠破坏，张学良及各爱国民众团体对义勇军的支持和指导只有一年多的时间便终止了，到1933年3月张学良下野时，这些组织同义勇军的联系便断绝了。只有中国共产党及其在东北的组织中共满洲省委，始终站在斗争的最前线，与东北人民同生死共患难。在热河抗战失败后，继续留在东北的义勇军加入抗日联军，在中国共产党领导下，坚持抗日游击战争。

三、东北民众抗日义勇军的兴起和发展

东北民众抗日义勇军兴起于1931年10月，它的全盛时期是1932年的夏秋之际，总人数号称4075。义勇军的组成是极为广泛和相当复杂的，包括东北的各个阶级各个阶层。原东北军及公安警察占25%，绿林队伍占10%至15%，知识分子占5%，其主要成分是农民群众，占50%至60%，此外还有一些开明的地主、士绅。义勇军的分布极广，遍及东北各地。以辽、吉、黑三省而论，各省情况也各有不同。

辽宁义勇军。九一八事变爆发后，张学良在锦州设立了东北边防

军司令长官公署和辽宁省政府行署。因两署长官张作相、米春霖很少理事，张学良委托原辽宁警务处处长黄显声主持两署日常工作。黄显声于9月末主持召开了各县公安局长会议，决定抽调各县干警补充熊飞指挥的公安队，并将其改编为三个骑兵总队。以警务处的名义制订了民众武装的编委方案，对抗日武装的组织原则、秩序、奖励办法、经费来源都做了切实可行的规定。到11月末，仅辽西等地黄显声委任的义勇军就达20路之多。

到1932年初，在辽西活动的著名抗日义勇军队伍有耿继周领导的东北抗日救国义勇军，王显庭领导的辽西抗日义勇军，王大中领导的蒙边威镇第一义勇军，潘七贤领导的东北民众抗日救国军，于百思、张海涛领导的东北民众抗日救国军，郑桂林领导的民主抗日救国义勇军，石盘领导的东北民众抗日救国军。除此之外，孙权东、吴兴国、金子明、高鹏振、孙玉常、王栋臣、贾秉彝、笈而常、高永久、佟锡久、孙雨田、祖跃时、裴景奎、杜成栋、刘纯启、齐跃廷、石殿卿、李宝荣、肖汉臣、穆文明、吴朝纲、范甫忱、吴海山、张金辉部等在辽西也有一定影响。

1931年底，我第二次出关，与车向忱、李树权潜回东北，联络各地义勇军领导人。1932年5月，我经吉林、黑龙江、辽东、沈阳等地辗转到达辽西新民，同戴昊、江涛、邵拯彬、金硕组织成立了东北民众抗日义勇军总指挥部，共约1200多人，我任总指挥，江涛任参谋长，在新民、沈阳一带进行抗日斗争。当时辽西义勇军总计在10万以上。在辽北蒙热边区，兴起一支由蒙汉各族爱国民众组成的辽北蒙边骑兵军，原东北军事委员会少将步兵组长高文斌任总司令，该部后被救国会统编为东北义勇军第六军团，高文斌任军团长，队伍发展到万余人。

沈阳陷落后，卸任警官邓铁梅得到黄显声的赞许和支持，回到家乡组织抗日队伍。10月中旬，邓在本溪、凤城、岫岩一带组织180余人的队伍，建立民众自卫军。旬月间，队伍发展到1500余人，成为辽东三角地带一支抗日劲旅。1934 年 9 月邓铁梅不幸被捕牺牲。苗可秀继邓组织余部，创建新的义勇军少年铁血团，队伍发展到 400 余人。1935 年 7 月苗可秀被捕牺牲。绿林出身的张海天、项青山在营口、海城、辽阳、盘山、台安一带组织义勇军约千余人。不久又与吴宝丰、王全一抗日武装联合组成海城义勇军，队伍发展到千余人。

1931 年末到 1932 年春，辽南各地义勇军迅速发展，其中规模较大的有活动在辽阳小堡村一带的李兆麟等指挥的东北民众义勇军。活动在沈阳、本溪、辽阳之间山区的赵殿良、白广恩领导的东北民主义勇军，活动在辽阳石厂路一带的白乙化（中共党员）领导的东北青年抗日义勇救国军。这些队伍每支数百至数千人不等。

九一八事变后，原辽宁东边道镇守使于芷山当了汉奸，属下一团团副不甘附逆，被张学良任命为团长后，联络东边道各县县长、公安局长、公安大队长及爱国志士多人，经多方准备于 1932 年 3 月 21 日正式成立辽宁民众自卫军，任命了 18 路五个大队司令，唐聚五被推举为总司令，队伍发展到 7 万多人。

辽宁义勇军迅猛发展，名目繁多，系统不一，为了加强统一指挥和领导，东北民众抗日救国会对辽宁义勇军进行了统一加委，一律改称东北民众自卫义勇军。从 1931 年 11 月起到 1932 年 4 月，共加委了 54 路，27 个支队司令。1932 年 5 月以后，救国会将辽宁各地义勇军划分为辽西、辽南、辽东、辽北、热边五个军区。同年，救国会和辽吉黑三省后援会又将军区改为军团，除原来五个军区改成五个军团外，又增加六、七两个军团。

吉林义勇军。吉林抗日义勇军是由驻吉林省境内的国防军和省防军四个旅，一个卫队团，在九一八事变后，反对熙洽投降，宣布抗日而发展起来的。主要有吉林自卫军、吉林抗日救国军和中国国民救国军。

1931 年 9 月 24 日，吉林省军署参谋长熙洽叛变投敌，依兰镇守使兼二十四旅旅长李杜闻之，立即向辖区各县发出通电，痛斥熙洽卖国行径，呼吁各县军民团结起来一致对敌。1931年1月下旬，在取得第一次哈尔滨保卫战胜利之后，为了共同对敌，李杜、冯占海、邢占清、赵毅各路义勇军在哈尔滨联合成立吉林自卫军，公推李杜为司令，冯占海为副司令兼右路军总指挥，邢占清为中路军总指挥，赵毅为左路军总指挥，王之佑为前敌总指挥。丁超（后叛变）为护路军司令。李杜发表了吉林自卫军宣言，郑重宣布："杜等分属军人，职在捍国，在形势严重之日，正我军人效命疆场之时，赖我各友军深明大义，一致团结，共赴国难，组织自卫军，阐明本军为国为民宗旨"。1932年2月，日军第二师团大举进攻哈尔滨，第二次哈尔滨保卫战失败，吉林自卫军退守松花江下游方正、延寿、依兰一带休整。这一期间自卫军吸收了大批中东路沿线和松花江沿岸的民众抗日武装，使这支原来纯由吉林正规军组成的抗日队伍，在结构上发生了很大变化，队伍扩大发展到五万多人。1932年4月自卫军分三路反攻哈尔滨，不料正当战斗节节胜利，逼近哈尔滨之时，自卫军总部所在地依兰遭日军的进攻，使自卫军陷于进退两难的境地，反攻哈尔滨的战斗遂告失败，李杜等后来退入苏联境内。

反攻哈尔滨的失败，自卫军损失惨重，右路军冯占海部在宾县附近整顿部队，重整旗鼓，独立作战。5月下旬，冯占海召开旅长、支队长会议，决定脱离"吉林自卫军"系统，将部队改称"吉林抗日救国军"，推选冯占海为总司令，宫长海为副总司令。确定"救国军以救国救民为唯一宗旨"。参加会议人员在旷野对天盟誓："一不扰民，二不怕死，三不爱钱，四不投敌，五要严守纪律，若违犯上述公约者，愿军法惩罚。"救国军成立后，再次反攻哈尔滨未果，后南下收复榆树县城，而后攻克五常、舒兰。9月10日，围攻吉林，血战数日，久攻不下遂撤围。1932年9月19日，救国军决定分两大部分活动。一部由田霖、王戒武负责留在原地相机扰敌，一部由冯占海率领向辽西热边转进，以便同关内联络，补充弹药给养，伺机东归，以图再战。

1932年2月8日，吉林军二十七旅六七六团三营营长王德林率全营官兵抗日，并联合当地公安警察、民团、保甲队伍1200余人，创建吉林中国国民救国军，王德林任总指挥，孔宪荣为副总指挥，李延禄（中共党员）为总参谋长兼第一补充团团长。救国军建立后，奇袭海林车站，收复宁安县城，广泛吸收抗日武装，队伍发展到3万多人。到9月接受救国军指挥的队伍有5万多人。1932年秋冬，日军对吉东实行大“讨伐”，救国军作战失利。1933年1月，王德林、孔宪荣率部退入苏境。余部由吴义成、周保中、李延禄等领导，继续坚持斗争，以后创建了东北抗日联军第四军和第五军。

黑龙江省义勇军。黑龙江省义勇军起于马占山部的江桥抗战。开始由驻黑龙江省境内的国防军组成。主要有黑龙江省抗日救国军和东北民众救国军。

1931年10月，张海鹏伪军向嫩江桥进攻失败后，日军直接向黑龙江省进兵。10月10日，张学良电令黑龙江省黑河警备司令兼第三旅旅长马占山为黑龙江省代主席兼军事指挥。马占山于10月20日到达齐齐哈尔，调集黑龙江省驻军加强嫩江桥防守。11月4日，日军1万余人向嫩江桥发起进攻，14日江桥抗战失利，马占山一面收容整顿部队，一面组织民众抗日武装，扩充抗日实力。1932年4月，马占山将原有的部队编成9个旅，另外编成11支民众抗日武装，总兵力约6万，统一改成黑龙江抗日救国军。这时马占山所部义勇军已超出正规军的范围，具有了广泛的民众基础。黑龙江省全境义勇军约7万人。

1932年11月，中东路哈满线护路司令兼黑龙江省步兵第二旅旅长苏炳文，宣布抗日，组成东北民众救国军，苏炳文任总司令，张殿九任副司令，谢珂任总参谋长，队伍共约5000人。1932年12月，日军大举围攻救国军，救国军作战失利，损失惨重。苏炳文同马占山等一同撤入苏联境内。余部由郐斌山、张玉挺、唐中信、邓文率领，冲破敌人的围追堵截，跋涉月余，转进到热河。

四、东北抗日义勇军的战绩

如同全国抗战爆发后的情形一样，东北爱国军民在九一八时期的抗战也分为正面和敌后两大战场。

在正面战场。日军先以关东军为后盾，驱使汉奸部队分别向锦州、齐齐哈尔、哈尔滨抗日军民进攻，妄图以所谓“以华制华”的手段一举吞并全东北。结果以汉奸凌印清、张学成被辽西义勇军擒获处死，张海鹏、于琛徵被吉黑两省军民打得落花流水而告终。随之日军便亲自出马。

1931年11月至1933年春，日军从正面次第向爱国军民据守的齐齐哈尔、锦州、哈尔滨、海拉尔以及热河省的承德、赤峰等地进攻，东北抗日义勇军针锋相对，相继进行了嫩江桥阻击战、锦州保卫战、哈尔滨保卫战以及热河保卫战。这些战斗虽然未能最终固守城池，但都给敌人以沉重打击，打破了日军的进程，在国内外造成了深远的影响。

嫩江桥阻击战。1931年10月，日军利用汉奸张海鹏组织伪军向洮南路嫩江桥进犯，妄图占领黑龙江省省会齐齐哈尔。守桥部队将张逆军击退，11月4日，日军直接出兵进犯。黑龙江省代主席兼军事总指挥马占山率部奋起抵抗，震惊中外的嫩江桥抗战爆发。这是东北军部分爱国官兵，违反国民党意志，第一次对日本侵略者进行有组织、大规模地武装反抗。江桥抗战自11月4日开始到18日结束，历时15天。日军投入3万余人，而且武器较之我精良，有飞机、坦克助阵，而我军只有1.3万人。但爱国军民士气高昂，誓死抗战，开战当日即杀伤日军400余人。6日，从凌晨2时一直战到午后6时，肉搏数次，“战事之剧烈为近今所罕见”，日军死伤2000余人。战斗中马占山亲临前线，身先士卒，极大地鼓舞了士气。最后终因孤军无援，伤亡惨重，放弃阵地。15日，日军占领齐齐哈尔，江桥抗战随告结束。江桥抗战是日军自九一八以来在东北地区遭到的一次较为严重的打击，极大地鼓舞了全国人民的抗战爱国热情，在国内外引起强烈反响。

锦州保卫战。锦州的得失不仅关系到辽宁的存亡，而且也关系到热河、平津的安危，其战略位置十分重要。日军于12月12日即制订了攻锦方案。张学良也在准备将关内的东北军编成两个军开往关外，增强大凌河防线。12月中旬，张学良指示黄显声代理荣臻指挥大凌河防线。不料正当黄显声积极准备迎敌之际，东北军驻辽西锦州各部突然接到入关的命令。这样，大凌河一线就只剩公安骑兵总队和义勇军孤军抗击日寇。他们一面掩护正规军撤退，一面与敌拼杀，战斗任务异常艰苦。辽西、辽南、辽北义勇军耿继国、王显庭、张海涛等部，分别开赴奉山、营沟铁路沿线，或正面阻击，或侧翼骚扰，或从背后牵制日敌，进行坚决的战斗，杀伤了大量敌人，迟滞日军向锦州推进。1932年1月1日，日军兵临锦州城下，黄显声一面布置公安总队抗击日军，一面组织省府人员撤退，誓与日军决一死战。但终因众寡悬殊，火力不济，于1月3日锦州陷落。由于义勇军的顽强抵抗，日军在东北军撤离一个星期后，才攻占锦州。

哈尔滨保卫战。哈尔滨保卫战从1932年1月27日开始至2月5日结束，前后历时十天，分两期进行，史称第一次哈尔滨保卫战和第二次哈尔滨保卫战。

熙洽叛国。秉承日人旨意对驻哈尔滨和吉林各部队劝降失败后，便于1932年1月27日，唆使汉奸于琛徵伪军两个旅为先锋，在日军掩护下，向抗日军占领的哈尔滨开始进攻，李杜、冯占海等将领争取邢占清、丁超等部云集哈尔滨，在南岗、三棵树、小北屯、上号等地与逆军展开激战。义勇军勇猛顽强，几次与敌展开近战，战斗异常激烈，并击落日机一架，击毙敌机驾驶员清水清大尉。义勇军还对伪军展开政治攻势，战场喊话，要其不要为日本人卖命，反正参加义勇军，致使伪团长田德继率部起义，编入抗日义勇军。第二天上午，伪军在义勇军的夹击下大败而逃。第一次哈尔滨保卫战以胜利告终。哈尔滨各界群众热烈庆祝哈尔滨保卫战的胜利，召开了盛大的庆祝会，并向义勇军捐赠大洋 50 万元。

第一次哈尔滨保卫战胜利后，义勇军为了更有力地抗击敌人的反击，决定将各部抗日力量联合，组成统一的军事机构“吉林自卫军”，公推李杜为总司令。

2 月 3 日，日军集结了步兵五个大队，骑兵一个大队，野炮兵三个中队在战车、空军、伪军的配合下，向哈尔滨展开进攻，义勇军在顾乡屯、秦家岗、南岗、马家沟、三棵树、上号、道外等地设兵予以迎击。中共哈尔滨地下党广泛发动群众，成立各种反日组织并动员青年学生积极参战。民众送饭送水，照顾伤员，给义勇军极大鼓舞和支援。经三日激战，给日、伪军以重大杀伤，并击落日机一架，击毙日军大尉山本良次。虽经苦战，但终因“伤亡盈千，兵力过疲，呼救无援”，义勇军于 2 月 5 日退出哈市。

热河保卫战。日军占领东三省并攻取山海关之后，乘势进军热河，在全国人民强烈抗日呼声下，张学良的态度发生了明显的变化，决心与日军拼死一战，保卫热河，收复东北失地。1932 年夏秋以来，他进行了一系列的军事准备。调集了大批东北军进驻热河，并收编了进驻热河的义勇军，先后共编成七个军团。山海关失守后，张学良为了全力保卫热河，将现有的部队编成两个集团军，总计约 7 万多人。张作相任总司令，汤玉麟任副司令。1933 年 2 月 21 日，日军以 10 万兵力，分北、中、南三路向热河发起进攻，热河抗战爆发。各路义勇军和东北军爱国官兵虽经十几天的浴血苦战，但因在蒋介石不抵抗政策影响下，孤军奋战，加之东北军内高级将领汤玉麟、万福麟、孙殿英各怀异志，贪生怕死，临阵脱逃，部下叛变，致使阵地一个一个被日军攻占。3 月 2 日赤峰陷落，3 月 3 日各路日军逼近热河省会承德，4 日承德陷落，热河抗战作为九一八抗战悲壮的一幕，宣告结束。

在敌后战场，抗日义勇军游击战争十分活跃，到 1932 年夏秋之际，义勇军发展到 40 万人，游击范围广及 102 个县。各路义勇军在这一时期抗击日寇的战斗中，都有过辉煌的战绩。邓铁梅夜袭凤凰城，砸开监狱救出 50 余名爱国人士，并砸烂以药店为掩护的日军情报机关，毙伤日、伪军 50 余名，使日军大为震动。锦西义勇军围歼古贺联队，毙日军骑兵大佐古贺传太郎以下 80 余名。日军惊呼："这实在是满洲事变以来最大的悲惨事件。"庄河大刀会夜袭土城子，砍杀关东军靖安游击联队队长、日军骑兵大佐森秀树以下日、伪军多名。范甫忱、张金辉、吴海山等部在法库作战，毙日军 20 多名，并缴获野炮一门。王德林部"墙缝"伏击战毙日军小川大尉以下 120 名，缴获敌给养车 17 辆，辎重车 25 辆。冯占海部收复榆树，李海青部攻扶余等战斗，都曾使日伪大为震惊。各游击区内义勇军频繁出击，破坏敌人铁路运输，摧毁敌人军事设施，袭击敌伪军据点，使敌人寝食不安，严重地威胁了日伪统治。

中国共产党领导的东北民众抗日义勇军总指挥部在这一时期也集中或分散地出击：围攻新民县城；破坏巨流河地段的铁路；潜入伪军中策反；组织青年抗日铁血团进入沈阳城，贴标语，撒传单，炸南满火车站、大烟馆、日本使馆，破坏满洲国的秩序，造成政治影响，打击敌人，鼓舞人民的斗志。

最能显示游击战争威力的是义勇军在 1932 年 3 月至 9 月，发动以收复中心城市为目标的强大攻势，当时伪满洲国刚刚成立，联合国的所谓"国联调查团"来中国东北进行调查，义勇军用实际行动向他们表明了中国人民反抗侵略、坚决推翻日伪统治的决心。

4月初，吉林自卫军集中5万兵力分三路反攻哈尔滨，前锋部队逼近哈市郊区，毙伤日伪军数千人。同年3月至8月，辽宁义勇军各部联合，先后多次袭击沈阳，8月的一次攻入市内，一度占领东塔机场，烧毁敌机多架。9月初，冯占海部吉林救国军联合小股义勇军围攻吉林，一度冲入市区，伪满洲国首都为之震动。10月间，冯占海集中黑龙江各队义勇军，围攻省城齐齐哈尔，毙伤日、伪军数千人，迫使敌人不得不调集两个多师团的兵力，解省城之围。这一时期，各地义勇军也相应地发动了袭击本地区中心城市和铁路沿线的攻势，一度或几度攻克的城市有锦西（现辽宁省葫芦岛市）、绥中、兴城、通辽、康平、庄河、岫岩、新宾、柳河、辉南、海龙、清原、抚顺、方正、宾县、珠河（现黑龙江省尚志市）、榆树、扶余、安图、敦化、安达、克山、泰安（现黑龙江省依安县）、阜新、北票等50余座县城，使义勇军发展达到鼎盛时期。

东北义勇军的英勇抗战，特别是敌后抗日游击战，使日军深感在东北的兵力不足，因而不停地向东北增兵，到1932年10月，日军在中国东北的总兵力有14万人以上。

1932年冬，日军集中6万余人，在伪军的配合下，对各抗日游击区进行大“讨伐”，抗日将士在反“讨伐”战斗中虽获一些战果，但终因各自为战，缺乏协调统一的组织指挥，而遭受到严重的挫折，队伍由40万降至10万余人。

五、东北民众抗日义勇军的历史作用

东北民众抗日义勇军的抗日斗争虽然遭到了严重的挫折，但它的历史功绩和深远的影响是明显的，不容低估的。

首先，九一八抗战，冲破了蒋介石国民党政府不抵抗政策的禁锢，打响了反对日本帝国主义侵略的第一枪，鼓舞了全国人民的斗志，对以后的东北地区乃至全国的抗战起到了巨大的推动作用。由于蒋介石“攘外必先安内”的不抵抗政策，东北军几十万大军在日本侵略军的进攻下不战而退，造成了中华民族御侮史上的奇耻大辱。正是在这种形势下，东北民众抗日义勇军揭竿而起，打响了武装抗日的第一枪，揭开了全国抗战的序幕。它不仅得到国内各阶层的承认和关注，也得到了国际上的重视，矫正了国际人士的视听。1932 年 11 月 21 日，所谓的“国联调查团”开会讨论李顿的调查报告时，英、法代表说中国对日本的进攻根本没有抵抗。中国代表顾维钧当即驳斥说，中国的正规部队和义勇军正在抗战。回国后顾维钧感慨地说：“如果没有东北的直接抗战，在国联大会上简直无话可说。”九一八事变发生前后，蒋介石集团过分夸大敌人的力量，使有些人染上了“恐日病”，对抗战胜利缺乏信心。在国际上也有一些人被“日本皇军无敌于天下”的自吹自擂所迷惑，谈日色变。但东北军民靠简陋的武器，甚至土枪、土炮、大刀长矛，却创造了成百上千消灭日军的辉煌战绩，无情地戳穿了日本军队不可战胜的神话，显示了人民群众武装战争的强大威力，从而鼓舞了全国人民的斗志，增强了战胜日本侵略者的信心。九一八抗战的经验证明了，中国共产党倡导的以武装民众的民族革命战争，驱逐日本侵略者的主张，是救亡图存的唯一出路。而国民党的“攘外必先安内”的不抵抗政策，幻想依赖国联的“公正处理”，是引狼入室、祸国殃民的政策。从而使蒋介石集团日益孤立、分化，并导致蒋介石一度下野。

其次，东北义勇军的武装抗战，消耗了敌人的有生力量，牵制了敌人的兵力，推迟了敌人侵略战争的进程，为全国抗战的爆发赢得了宝贵时间。关于日军在这一时期损失的情况至今尚无准确的数字。日官方承认战亡人数为 6541 人，这显然是缩小了的数字。近年来，东北史学界曾作过统计推算，认为日军伤亡至少在 2.5 万人以上。这个数字是日军发动九一八事变时，驻扎在东北的各种兵力总和的两倍还多。由于东北抗日义勇军在正面战场和敌后战场的英勇抵抗，使日、伪军防不胜防，疲于奔命，称义勇军为“日军之劲敌”，“大和族进行大陆政策的唯一阻力”，因而不得不大量向东北增兵。如果没有民众义勇军的英勇抗战，日军早已将事变发生时五倍以上的兵力用于扩大侵略战争，那时华北、华东的形势将更加不堪设想。

再次，东北抗日义勇军为以后东北抗日游击战争培养了骨干力量，奠定了群众基础，积累了正反两方面的经验。东北抗日联军许多抗日将领和领导骨干，如杨靖宇、周保中、赵尚志、李延禄、李兆麟、李荆璞等都是九一八抗战时期，在抗日游击队和抗日义勇军培养锻炼出来的。义勇军主力因遭受挫折而溃散之后，其余部有的单独活动与抗联协同作战，有的加入抗联序列，成为抗联各路军的部分基础。如原辽宁民众自卫军第九路包景华和原吉林义勇军田霖余部就是分别由王仁斋、苏剑飞等率领加入抗联，构成抗联第一军的部分基础。王德林的国民救国军余部在李延禄、周保中的率领下，分别改编为救国游击军和绥宁反日同盟军，后来构成抗联第四军和第五军的部分基础。吉林自卫军高玉山的余部后来构成了抗联第七军部分基础。抗联第八、九、十、十一军也是在原来义勇军的基础上加以改编建立起来的。

后来形成的东北抗日联军，正是中国共产党总结了九一八抗战正反两方面经验的基础上，在这一抗战所涌现的民众抗日武装基础上，加以改造和发展，逐步创建起来的。

六、东北抗日义勇军失败的原因和经验教训

东北抗日义勇军失败的原因是多方面的，教训是深刻的。

一是敌我军事实力悬殊。义勇军所面临的敌人，是当时世界上号称六大强国的日本帝国主义。它具有雄厚的军事实力、经济实力和政治组织力，又做了长期的侵略战争的准备。与日本侵略者相比，义勇军在武器装备上相差悬殊。除原东北军部分部队有一般武器装备外，其余各省部队装备落后，武器低劣，甚至使用大刀、长矛，弹药奇缺，给养困难。1932 年日军在东北的正规军据说有十几万人，这些军队经过严格的法西斯军事训练，掌握现代化作战技术，指挥统一，战斗力强。另外还有大量日本在乡军人和在东北的伪军供其驱使。东北义勇军虽号称 40 万之众，但许多以民众为基础组成的部队，时聚时散，多数没有经过严格的军事训练，没有实战经验，整个部队又无经常性的政治教育，素质较差，不能适应严峻的战斗和复杂环境考验。

二是蒋介石政府的破坏是义勇军失败的一个重要原因。东北抗日义勇军的爱国抗日行动，违背国民党政府的旨意，为蒋介石卖国集团所不容。蒋介石政府不但不给义勇军任何实际援助，反而加以破坏。1932 年末，东北各地义勇军，已弹尽粮绝，火急求援，分秒相盼，而蒋介石政府竟无一弹接济。比如江桥抗战，蒋介石不但不支持，反而釜底抽薪，密令各地国民党军政长官，制止民众组织义勇军支援东北抗战。更有甚者，还乘东北民众抗日义勇军败退热河入关之际，采取种种阴谋手段，分化瓦解，改编缴械，直至消灭。1933 年初，义勇军退入热河，参加热河抗战、长城抗战和察哈尔抗战，蒋介石政府却于 4 月 29 日在《河北省境内义勇军的四项办法》中提出，对义勇军应“一律取消”，对于“由关外归来，现在参加作战的义勇军，调至后方，派专员改编整理”。命令之下，冯占海、李海青等部被收编，李纯华等被缴械，邓文被杀害，其队伍溃散。从苏联归国进入新疆的苏炳文、李杜、王德林等余部，不得回归抗日前线，被迫编入新疆部队。许多爱国将领被反动军阀盛世才杀害，万余士兵被遣散。

三是东北抗日义勇军自身存在一定的弱点和错误。东北抗日义勇军因受历史的局限，始终没有形成统一的领导核心，以旧东北军为基础组成的抗日队伍，开始起兵就自成体系，虽有联合组织形式，但没有统一的纲领和明确的政治原则，而往往随着作战失利而解体。如吉林自卫军，1932 年 1 月组成，5 月就分道扬镳了。辽宁省的义勇军后来虽经救国会统一委任，划分军区或军团，但救国会乃民众团体，不是统一领导的军事指挥机关，各军区、军团长没有实力，主要依靠本区内的义勇军。而各路军自守疆土，不积极与其他队伍联合作战，有些往往不听调遣，因此军团长和各路司令很难指挥和调动所属部队。而日军却是在统一指挥下，利用义勇军无统一领导的致命弱点，部署其军事行动，对义勇军各个击破。

其次，义勇军的中上层领导人多系旧军官士绅以及绿林首领出身，受其阶级局限性，旧意识浓厚，保存个人实力，不顾大局，甚至闹分裂，自相残杀。还有些上层领导人，虽一时举起抗日义旗，但方向不明，缺乏斗争信心，一直幻想国民党政府出兵抗战和依赖国联调停。既没有明确的作战计划，又无长期斗争准备。一战获胜，盲目乐观；一役受挫，失望动摇。此外，在军事指挥上，不能根据敌强我弱的条件，采取游击战，而仍然固守正规军的作战原则与敌硬打硬拼。辽宁的义勇军本来就军力分散，武器低劣，但也往往以攻取县城，甚至夺取沈阳为战斗目标，结果常常招致重大牺牲而无所获。至于形势险恶，在日军威胁利诱下，失节、叛变投敌的中上层领导也有人在。

再次，义勇军队伍庞大，成分复杂，纪律松弛，抢掠百姓的事件时有发生，严重地破坏了义勇军和人民群众之间的关系。义勇军这些自身的弱点，随着斗争的发展日益暴露，以至不可克服，终于走上失败的道路。

东北抗日义勇军虽然失败了，但却以它的斗争实践，提供了一条重要经验教训，这就是在帝国主义和无产阶级革命时代，中华民族谋求独立和解放，必须有中国共产党的坚强领导才能取得胜利。只有在党的正确领导下，才能有符合当时东北斗争实际的纲领和策略，才能用先进的理论武装群众、组织群众，形成最广泛的抗日爱国统一战线，才能克服群众自发武装的弱点，建立一支与日本帝国主义长期斗争的抗日武装。

九一八事变后，中国共产党站在抗日斗争的前列，对抗日义勇军做了许多实际工作，但是，由于当时党的基础比较薄弱，党员数量也很少。同时，全党当时正处在王明“左”倾冒险主义统治之下，也影响了党对义勇军直接有力的领导。党吸取了这一经验教训，开始注意到东北的特点，在斗争策略和方针上，都有相应的转变，建立了比较广泛的抗日民族统一战线，吸收和团结继续抗日的义勇军，组建了党统一领导下的东北抗日联军，使东北人民的抗日斗争进入新的里程。

《八一宣言》与抗日民族统一战线的建立、提出

吴玉章

我的真姓名是吴永珊，号玉章，字树人。1935 年至 1936 年在法国时用岳平洋、平洋、岳镇东、镇东、震东、Joseph（约瑟夫）等假姓名。在苏联用 Буренин（布列宁）等名字。在中国入党时用的姓名是吴玉章。在苏联入党时用的姓名是 Н·（尼可拉）、И·（伊里奇）、Буренин（布列宁）。现在用的姓名是吴玉章。出席共产国际第七次代表大会时，用的名字是王荣。

1932 年我和林老（林伯渠）等已由联共预备党员转为正式党员。这年夏，我和林老接到王明从莫斯科的来信，要我们到莫斯科去。当时我们很想回国参加革命实际工作。6 月林老到莫斯科去了，我因《中国新文字的新文法》还没有完成，并且要开拉丁化第二次代表大会，所以迟了一年，到 1933 年 6 月我才到莫斯科。到莫斯科后，我本想同林老一样马上动身回国，可是我党驻共产国际的代表团要我担任东方大学中国部主任工作，因此 9 月我又到东方大学工作。自从 1931 年冬，王明同志到了莫斯科，在国际作了反“立三路线”及中国红军苏维埃发展的报告以后，中国代表极为共产国际所重视，改变了

从前在国际被人轻视的局面。1933 年 6 月康生又到了莫斯科。这时，中国英勇红军已打破了蒋介石四次“围剿”，所以每次国际会议上中国代表的报告发言，都极为一般人所欢迎，中国在国际的地位增高了。当 1933 年希特勒未上台以前，德国共产党是除联共外，世界上最大最有力量的党，1932 年 11 月国会选举时，共产党人获得 600 万票。而在东方，则有拥有红军数十万、有几个大的苏维埃区域的中国共产党。当时我们认为德国和中国的共产党是共产主义发展在苏联外的东、西两个铁锤。一个是代表资本主义国家的革命运动，一个是代表殖民地半殖民地的革命运动。可是革命也教会了反革命。反革命知道旧的方法不能统治下去了，于是就拼命向法西斯的道路前进，改变了斗争的方法。这时各国反革命的法西斯抬头，而革命的统一战线也就出现。当德国共产党壮大的时期，法国基本上与德国是世仇，所以反对共产党，也反对苏联。到了德国法西斯这个反共急先锋上台后，法国着急了，不能不联合苏联来制压德国，因此也不能不改变反共的态度。1934 年 2 月法国共产党联合社会党、激进党反对法西斯暴动的胜利，就开辟了统一战线的先声。5 月激进党素主亲苏的领袖赫里欧来苏联参观，“法苏协约”成立了，法国共产党也壮大了。

中国自日寇九一八进攻到华北事变以来，中日矛盾成为主要矛盾，国内矛盾降到次要与服从地位，国际关系和国内阶级关系都发生了变化。这就要求党把九一八后提出的，在三个条件下与国民党中愿意同我们合作抗日的部分订立抗日协定的政策，提高到建立全民的抗日民族统一战线的政策。1935 年 6 月初，我们在莫斯科听到《何梅协定》及平津日寇封闭国民党、屠杀爱国人民等等使人难忍的消息，便急电在南俄休养的王明同志回来，共同商量对策。在党中央和国际指导下，由王明同志起草了一个《为抗日救国告全体同胞书》，经过大家热烈讨论，作为党中央及中国苏维埃政府宣言，这就是《八一宣言》。当时，国际七次代表大会开会，会中，这宣言在国际、国内都起了很大的作用。我当时是非常兴奋的，觉得中国革命又开了一个新局面。其时，方振武秘密到了莫斯科，要见我们同志。代表团以正在国际大会期间，不便见客，派我去同他一谈，并把《八一宣言》给他看，他很高兴地到美国去宣传了。在国际七大会上，王明、康生、周和森（高自主）、李光（滕代远）和我都发了言。说到党的新的统一战线政策，红军英勇斗争和长征伟绩及苏维埃运动的发展等等时，常常引起欢呼，各国代表团高呼口号，国际间友爱团结，使人无限感动，无限兴奋。大会结束后，代表团要扩大巴黎出版的《救国报》，并且要在巴黎办一个印刷厂，以加紧宣传统一战线政策，就派我秘密到巴黎去做这工作。

10 月我从列宁格勒秘密动身，经过许多曲折，11 月初到了巴黎。同巴黎同志接上头后，正拟开展工作，忽然法政府命令停止此报，我就和法国同志商量如何起诉复刊。法国同志说：这不是法律问题，是政治问题。我们法国虽然言论自由，但遇外国政府抗议也往往无理地封禁外国报馆。这次是由阁议停刊，显然是为应付外交关系，起诉是无办法的。但有一办法，改一个名字继续再出，政府是不会干涉的。我们正是为了宣传抗日民族统一战线，要利用这报纸，而且纸版是由莫斯科打好航空寄来的。这时统一战线正在开展，各地要求这个报纸心急，特别是世界各地的华侨纷纷来函订报，无暇起诉，也不能停止一期以引起各地疑惧。因此我就电商代表团，得到同意，改为《救国时报》。在中文只添一“时”字，而在法文则同样的意思另用几个字，急急把苏京寄来的纸版改一个报头，居然按期于一二九纪念日出版了。此报出版后，大受欢迎。我们用了许多方法寄回中国。由于党的新的统一战线政策，适合时势的要求，因而这报也起了很大的作用。我在莫斯科时，陈云同志为我写信介绍我向上海商务书馆买汉字铜模。我去信后，到 1936 年 3 月铜模才运到巴黎，于是巴黎的印刷所也成立了。

同年 1 月，我在巴黎召开了一个中国旅欧共产党员代表会。到会的有英、德、比、荷及法国各重要地方的代表共十余人。我作了关于抗日民族统一战线和党的新政策的报告；会议讨论了组织各国华侨抗日救国会和筹备抗联等计划，大家非常高兴，生气勃勃。多年散漫沉闷的在各国的同志，有了党的新政策，有了联合，并有了代表团的领导，气象为之一新。大家觉得从前与国际中国代表团来往通信不易，难于得到代表团的指示，以致工作不能开展，因而向代表团提议成立一个“中国代表团驻欧办事处”以领导各国中国党员的工作。因为各国共产党对于中国情形不熟悉，对于华侨不能了解，而且有些还轻视，因此各国的中国党员，可以说毫无指示可遵循，因此也就毫无工作成绩，所以很希望有一个统一领导机关。但因这样会违反国际的组织原则，代表团未许可。当时闻胡汉民来法，住尼斯海边休养，特派儿子震寰持函往见，约其见面一谈统一战线政策。渠见信后不敢作答，知其已无朝气，行将就木矣。

3 月间，世界学生联合会特为援助我国学生救国运动在伦敦开大会。我因不久前召开国际青年代表大会时，我们的代表数人因为要扩大统一战线，把国民党比较左倾和我们接近的王海镜推为主席团成员之一，但他反而不要我们的同志在大会上讲话，我们同志也忍受了。这次在伦敦的大会，再不能蹈此覆辙。所以，我就写信与德国支部，力说我们一方面要顾到统一战线，一方面要保持党的独立性、斗争性，断不可因为统一战线而把自己的手足束缚起来。并要他们到伦敦后找侯雨民好好筹商办法等等。这时因为时间已迫，稍慢即无济于事，我们又没有约秘密通信方法，前此好多次信都没有失误过，以为不要紧，便粗心大胆地用钢笔写了一个指示信，急急挂号寄去。谁知，旧的负责同志王炳南刚交代工作与刘光德同志，他搬了家，我信到后两天，他才到旧房东处去取，见信已拆开。在我们的代表正出席大会时，国民党特务由德国用“民族先锋社”名义把影印的我这封信分散会场，说这个大会是共产党所召集、所操纵的，并由德国用留德中国学生会名义致电大会，反对我代表出席。幸而柯乐满驳斥了他们，大会没有被他们破坏，并由大会筹备会回一封信反驳他们。大会代表返巴黎，说到大会情形，并把影印的信给我看，果然是我用平洋假名所写的，使我赫然一惊。大约是中国大使馆秘密偷去了这信，影印后又交还房东。以后各处都发现我这封信，且有印得很大的，张学良在西安也接到。可见，驻德大使程天放专门做侦探我党工作。随后德国当局就逮捕了刘光德同志及许德珩等反帝同情分子五人。这是程天放串通法西斯干的。我们发动了各团体向德国抗议，并要求使馆向德国抗议、保人。自然，程是不会做的。不久，许等释出，而刘则被驱出境。代表团得此消息后，急电我返莫斯科，恐我也会受危险。因我到法国是非法居住，没有居留证，是经不得检查的。当初到巴黎时，报馆被封，同志们都不要我到报馆去，但每天我总要设法去一次，我常于咖啡馆中约同志谈话或开会，有些时候风声很紧，使同志们异常担心。我一到巴黎即由法国同志送到一同情分子的旅馆中，约住有十个月之久，毫无一点破绽，固然是由于主人的掩护（他儿子是党员），但主要的还是我小心谨慎，举动大方，能保持秘密（店主人很喜欢我，1937 年我再到巴黎去看他时，告以中国统一战线完成，抗战胜利有望，他一家都异常欢喜）。1936 年 3 月陈铭枢、胡愈之等到巴黎，我与畅谈统一战线，并办理到莫斯科手续。当时代表团已派吴克坚同志来代替我的工作，要我马上动身返苏，因我要成立印刷所和牙齿补好后才起程。

7 月，回到莫斯科，到赵毅敏同志主持的东方大学乡下分校任教员。当时需要一本用马克思观点和斯大林的新方法来写的历史，于是我就着手编中国历史，并在校中教授，印成了自史前时期到明朝一部讲义。写得不十分完全，自己也感觉不满意，还需修改。研究中国历史的意义一段，曾登于《解放》52 期。国际教育处又要我写一简短的中国历史大纲，也写成了。在这一时期中，学生的情绪很好。每期墙报，我为他们用简短的警语配着动人的报头图画，常常使人异常感动。

双十二事变的消息传来，蒋与许多要人被捕，尤使全体兴奋。遂闻恩来同志到西安和平解决，将蒋释放，感到我党中央政策的正确、气度的伟大。使全球震惊，使国民党顽固分子哭笑不得，使同情我党的人眉飞色舞，全国舆论与人心莫不为之折服。以此知我们的统一战线将要达到成功的时期。尽管国民党对我党致国民党三中全会书犹装腔作势地作出可笑的决议，而宋庆龄、何香凝、冯玉祥、李石曾等恢复总理三大政策的提议，已表现国民党内大多数人是赞成国共合作，停止内战，一致抗日的。随后，我党代表到庐山参加会议与蒋磋商条件。七七事变发生，全国抗战开始，红军改为八路军，开赴前线。在全国各战线溃败中，八路军首先在平型关打了一个大胜仗，稳定了全国人心，提高了全国抗战的勇气，打破了日寇不可抵抗的谎言。当时全国振奋，国际同情，中国的国际地位骤然提高。苏联自不必说，在精神上、物质上都给中国以很大的帮助，就是欧美各国也一致欢迎、赞助中国抗战，比诸同情亚比西尼亚和西班牙的抗战，有过之而无不及。尤其各国反战反法西斯的团体及爱好和平的人民，莫不拥护中国的抗战。而中国人民也深知要抵抗日寇法西斯军阀强盗，非有国际上大大的帮助不可。许多人希望苏联出兵帮助中国抗日。当时，我代表团深知苏联政策，要有英、法、美各大国多多帮助中国，苏联才好更多地帮助，不然反会引起误会。因此，国际和中国代表团想派一些人到欧美各国去做宣传工作。最初拟派王稼祥同志去领导，后因王同志别有任务，就决定派我到西欧去做国际宣传工作。国际又派法国同志京尼维帮助我，并号召各国支部及各国劳动人民帮助中国抗战。当时蒋介石的代表张冲到了莫斯科，与我代表团有所接洽。王明同志介绍我与张秘密相见，并要他打电与蒋：是否同意派我到西欧去做宣传工作。蒋回电赞同。张就在使馆为我办护照。当然并有蒋要派孙夫人宋庆龄等赴欧美作国际宣传的消息。

我于1937年十月革命节前一日同震寰从莫斯科起程，11月12日到了巴黎。到后即会同饶漱石、陆璀、吴克坚、卢竞如，共六人分任工作。我听说李石曾在巴黎，马上打电话给他。他高兴极了，说明天就要去布鲁塞尔，约我立刻去谈话。他说，他已经决定几天内就要赴莫斯科，要我同他去，一面做翻译，一面为我介绍去见苏联要人。并说，现在国内和平妥协空气很高，望苏联马上出兵帮助才能稳定抗战的局势。还说，华盛顿九国公约会正在布鲁塞尔召开，很重要，他就要去，约我同去。我说：我刚到，不便回去，且回去也须得到代表团的许可，恐难办到。他一定要我去电询问代表团，我答应了，并约同赴布鲁塞尔。当时南京危急，陶德曼代表希特勒出面劝我屈服，亲日分子正在策动和议。布鲁塞尔会议中国代表有顾维钧、钱泰、胡世泽等。顾是反对妥协的，钱、胡都是我在巴黎时的同学。我同李到布鲁塞尔，力说抗战必得胜利，万不可中途妥协，请他们联合各驻外使节电南京蒋反对和议。胡世泽秘密对我说，孔祥熙初本主战，现亦主和，恐难挽救。我说：决定政策在蒋，你们可助他一臂之力。我虽不知他们曾否电蒋，但李告诉我，他得蒋电不愿妥协。果然，国民政府迁渝，蒋有17日的强硬宣言，局势为之稳定。我得代表团电，嘱婉谢李的盛意，但不能同他赴莫斯科。李随即到莫斯科，据说见了伏罗希洛夫。他对李说，苏联帮助中国不成问题，最重要的是要推动英美更多地帮助中国，只要英美帮助一分，苏联就可以帮助十分。李回来对我谈很满意，并说我们应加紧做英美的宣传工作。后来孙科到莫斯科之后再到巴黎，同我也是如此说。陈公博到意大利暗谋和议，到巴黎时我去见他，力言不可言和。我在巴黎作许多公开讲演。在国际援助西班牙的大会上，在12月22日法国“中国人民之友社”所召集的援助中国抗战大会上，特别是在12月11日，由世界反战反法西斯委员会特为我招待法国新闻记者席上，我作了较详细的报告。后来把这个演稿加以相当补充和修改，印成英、法文的小册子，题为《中国能战胜日本》，在

1938年2月伦敦世界反侵略大会上散发。我是由世界反侵略中国分会电派为代表出席这个大会的。我同饶漱石、震寰到伦敦，会同陶行知、李石曾、王礼锡等出席大会。我当时作了一篇《中国抗日战争的新阶段》，饶用赵建生名义出了《为自由和平而战的中国工人阶级》的小册子。当时我们屡次向顾维钧及南京当局建议要扩大国际宣传工作，并拟具一些计划书，他们总是推托，不和我们合作。使馆有一专门作国际宣传的杨光望，他花了十万法郎要巴黎最老、最反动的《巴黎时报》为他出一小册子，上面印些北京天坛、前门等照片，和蒋介石、林森等相片，使人看了不但无兴趣，而且要作呕。因为这些官僚，只知宫殿及政界人物，根本不懂得现在世界是怎样一回事，所说的话无不外行。我们所言所行都是与时代潮流适合，很受人欢迎。只可惜我们得不到一分钱的帮助，只是在工人、商人、学生中募集一点钱来出报纸刊物。幸而有《救国时报》作我们的喉舌，还有巴黎《人道报》和同情我们的报纸及《中国人民之友》等等为我们鼓吹，也收到不小的效果。但和西班牙抗战的国际宣传相比，则相差太远了。我2月到伦敦时，曾同陶行知、饶漱石、震寰到马克思墓前去致敬，并将其碑文抄下来，这使我非常庆幸。我的国际宣传工作已告一段落，即将回国共赴国难。

回忆一二九运动的火热年代

邓力群

走出了书斋

一二九运动时，我20岁，正在北平私立汇文中学（校址在崇文门内船板胡同，新中国成立后改名为北京市第二十六中）高三理科甲班读书，当时的名字叫邓声喈。汇文当时有学生约七八百人，其中有300来人是住校生，其余都是走读生。我是住校生，住在西楼的三层楼上。记得那时西楼是栋四层楼的楼房，“文化大革命”前我去看时，不知为何成了两层楼的楼房了。一二九当天，汇文中学有个别同学参加了游行，但没有组成一支游行队伍。我在事前一点消息也不知道。

大约在第二天上午，燕京大学的三四个学生到汇文来了。我们高三理科的学生正在地下室听张老师讲物理，就听学校的大钟“哨哨哨、哨哨哨”地响得很厉害，同时有人喊：“到体育馆开会！到体育馆开会！”于是各班同学就涌到体育馆去了。在体育馆，燕京大学的同学站在凳子上向大家发表演说：昨天，12月9日，北大、清华和燕京大学的学生，还有其他大中学校的学生，已经上街游行，抗议日本帝国主义侵略的暴行，受到警察的迫害和镇压，希望得到同学们的支援。现在燕大和参加游行的学校已经罢课了，希望爱国的同学们参加到罢课的行列里来！他们每个人讲了几分钟，慷慨陈词，痛哭流涕。会场的情绪非常激昂。汇文有同学提出："我们也参加爱国运动，从今天起罢课。"同学们当即一致作出罢课的决议。大会通过表决，成立非常时期学生会，领导本校爱国救亡运动。被提名为非常时期学生会委员的，有高三文科的李长楫，有我，还有柯德声、曹正之等三个同学，一共五个人。为什么把我选为非常时期学生会委员呢？这是因为，一方面我的年级高，在高三理科甲班，功课也不错，受到老师和同学的重视；另一方面，从 1933 年以后，在我周围团结了若干进步的同学，形成一个没有名称、自愿参加、阅读革命书刊的小组。其中有钟国元、白树荣、罗邦英，另外还有几个人，我们常在一起议论国家大事。因此，在大会上，钟国元一提名，我就被大家选为汇文中学非常时期学生会的委员了。大会以后，我们非常时期学生会五个委员在一起开了个会，讨论分工和以后的工作，大家又推我为会长，李长楫为副会长。

汇文中学成立非常时期学生会以后，首先要组织自己的纠察队，维持罢课期间的秩序，防止国民党特务钻进学校搞破坏，防止他们侦察爱国积极分子的活动和逮捕学生，镇压学生运动。大家选举边燮朴（后名李文，曾任水电部办公厅主任）当纠察队长。他喜欢武术，周围有一批爱练武术的同学。纠察队基本上就由他们这些同学组成。他们的任务除把守大门外，也搞些交通联络等活动。

汇文大多数同学是走读生。罢课以后，走读生很少来校了。住校生住在西楼和北楼两个宿舍，大家天天聚在一起议论国事，书也读不下去了，情绪很热烈。

上大街游行

汇文从一二九的第二天——12 月 10 日起罢课。过了一两天，由清华、北大、燕京各校参加学生运动的骨干组成的北平学联，就跟汇文非常时期学生会取得了联系，并秘密通知我们：为了抗议国民党当局逮捕和镇压学生，汇文要准备参加第二次大游行。我们按照这一通知，在学校进行了宣传鼓动工作。又过了一两天，学联正式通知说，定于 12 月 16 日举行第二次大规模游行。我们学生会的几个负责人和积极分子，分头做了组织发动和其他准备工作。

12 月 16 日早饭后，在汇文二楼靠东边大教室开动员会，300 多同学参加了。首先由我作动员报告，宣布学联通知的游行时间和目的，鼓动汇文同学一起担负起爱国救亡的责任，然后请大家讨论是否参加游行。我热泪盈眶地讲了约半小时。话音刚落，几个积极分子立即响应说："一定参加，我们到会的同学都参加。"洪朝生同学（后为中国科学院学部委员）是讲话人之一。几个人都讲得慷慨激昂、义愤填膺。会场上群情振奋，一致同意参加这次游行。会后大家聚集到楼下整队。整队的时候，北风呼啸，寒气逼人，但我们一个个热血沸腾，决心用自己的血肉之躯去挽救祖国的危亡。我们非常时期学生会的几个负责人，我、李长楫、柯德声、曹正之等排在队伍的最前头，四个人一排，臂挽着臂，高呼着口号，出校门由南沿城墙往西走。队伍走到慕贞女中墙外，大门紧闭。我们喊了一阵，希望他们罢课，也冲出校门和我们一道参加游行。但没有回响。我们继续前进，一路上高呼"打倒日本帝国主义！""打倒汉奸卖国贼！""反对成立冀察政务委员会！"等口号。压抑了很长时间的爱国热情，终于在街上爆发了。我们这支 300 来人的队伍，像一股铁流，奔腾向前。我们深深感到：团结就是力量。这不但使同学们热情奔放，热泪直流，而且引起了路上的市民、行人、商人的注目和同情。这一路上，还没有受到宪警的干涉。游行队伍预定在和平门外师范大学会合。我们的队伍出崇文门，经磁器口往西，过珠市口，往西再往北，到和平门大街路口上，被警察、宪兵及保安队 100 多人挡住了，不许过去。同学们异口同声地喊道：“我们爱国，我们要抗日！”“希望你们也抗日！”“中国人不打中国人！”

警察没有动手。宪兵大部分是东北人，持中立态度，也没有动手。最坏的是保安队。他们身背步枪，手拿大刀，全副武装。队伍想冲过去，他们不让冲。相持了一段时间之后，我们一声呐喊：“冲！”保安队就拔出大刀，用刀背砍手无寸铁的爱国学生。警察一看保安队动手，也跟着用皮带抽打我们，这一来就把我们的队伍打散了。保安队是宋哲元的部队，平常在街上看不见他们，有事才出来。他们没开枪。可能他们内部有命令，只用刀背砍。那时是冬天，我们穿着棉衣，但刀背砍也很痛。有的同学受了些轻伤。那天没有抓我们的人。队伍被打散了，一部分汇文同学就跑到了师大对面的师大男附中。

师大男附中本来关着大门，还在上课。我们一下子冲进去 100 多学生，师大男附中的同学们纷纷说：“人家为了救国上街游行，都挨打受伤了，我们还有心思上课？”他们的课上不下去了。师大男附中的同学和汇文的同学一同到操场上开了个大会。我在会上讲了话。当时在师大男附中女生班念初中的王光美同志新中国成立后和我说，她还记得那天在操场上讲话的情景。

去学联开会

一两天后，学联秘密通知我，让汇文派人参加学联的会议，交流一二一六游行情况，总结这次游行的经验教训。一天晚上天黑的时候，我到达燕京大学，有人引我去一个楼顶上不太高的阁楼。那里没有桌子，没有椅子，到会的人就坐在地板上。一个学校挨着一个学校，汇报那天游行队伍的组织、游行经过、受到镇压的情况等等，并总结这次示威游行成功的地方是什么，经验教训是什么。当时我提了一条意见，说只通知我们游行，没告诉路线，也没讲清楚最后到哪里会合，上街以后又没人和我们联系等等。我讲这几句话的意思，就是说游行的人很多，但没有很好地组织，以致各校学生的力量没有能够更大规模地会合起来，发挥更大的作用。当时学联接受了这条意见。

主持会的是女一中的郭明秋（后来她成为林枫同志的爱人）。她的身份是学联主席。开会的时候，她常常回过头去跟后面的人商量，再向大家讲。后来才知道，在后边出主意的就是姚依林同志。当时还有黄敬，还有中国大学的董毓华。董后来在抗日战争中病逝。在这次会上，大家相互认识了。最后，郭明秋让大家回去把现有的力量组织好，巩固下来，然后继续做好宣传鼓动工作，争取更多的同学、更多的人参加到抗日救亡运动中来。

南下宣传团

1936年1月初，学联通知，要求各校在罢课的同学中组织一部分人参加平津学生南下扩大宣传团，一部分人继续留在学校进行救亡活动。为什么要组织南下扩大宣传团呢？这是因为，知识分子单枪匹马地搞救亡运动是不够的，还必须把爱国救亡运动深入一步，推进到工农中去，和工农结合起来，这样才能使革命的队伍无比地壮大和发展。南下扩大宣传，就是革命知识青年深入华北农村，宣传抗日，发动群众，实行学生和农民的结合。汇文的同学经过动员，报名参加南下宣传团的有五人。这五个人中有我、钟国元、侯晓澜，另外两个同学的名字我忘记了。李长楫留在学校做救亡工作。名单报上去以后，学联让我们尽量向学校要点经费，除去自己吃，还要准备点宣传费。在这件事情上，应该说，汇文校长高凤山及学校主管经费的人还算开明，从学生会会费中支了100多元，让我们打了一个借条。这笔钱，给每个人买了一顶风帽，其余的大部分都捐赠给南下扩大宣传团团部了。

1月初的一天，学联通知我们五个人去农业大学（现在的钓鱼台附近）集合，时间在黄昏。后来我们知道，南下扩大宣传团共分四个团，有500来名成员，他们大都是一二九运动中的骨干和积极分子。但当时我们只知道北平有两个团（实际上有三个团），汇文几个同学编在第二团一个分队。这个分队有镜湖中学、汇文中学，还有女二中，一共十几个人。天黑了以后，我们就从农大出发，连夜行军，第一站到了一个地方，地名忘记了。后来继续前进，就到了永定河南岸的固安县。一、二团在这里会合了。本来想进城去。县长和县警察局得知学生来了的消息，把四门紧闭，不让进去。两个团只得在西城门外一个大车店里住下。一路上，我们忍冻受饿，十分疲倦，真想马上美美地睡它一天。但是，我们克服了疲倦和困意，一到这里就召开了一个群众大会，讲了宣传团的目的是什么，口号是什么，我们是办什么事的，等等。讲毕，擅长唱歌的同学就站在板凳上，挥手打拍子，教大家齐唱救亡歌曲：

工农兵学商，
一齐来救亡，
拿起我们的铁锤刀枪，
走出工厂田庄课堂，
到前线去吧！
走向民族解放的战场。

记得在这个会上，曾经发生过一起争论。学联提出，要打倒日本帝国主义；有人出来反对，提出要打倒一切帝国主义，理由是中国受许多帝国主义侵略，不止一个日本。于是就展开了讨论。会上参加讨论的同学，虽然水平有高有低，但大家感受最深的是日本帝国主义的侵略，而且又迫在眉睫，所以绝大多数爱国青年赞成前一个口号，反对后一个口号。后来才知道，主张打倒一切帝国主义，是受了托派的影响。

天津的南下扩大宣传团，也在固安跟北平的三个团会合了。我们在固安住了好几天。接着，四个宣传团改组为三个团，并决定三个团分为三路南下。我们这一路从固安出发往新城走。走到一个庄子，住在这庄子的小学校里。这时，北平保安队的两部大汽车，装着便衣警察，追赶上来，把这个团包围在小学校了。时间是在 1 月中旬某一天的下午 5 点左右。保安队命令学生集合起来，一个一个搜身，进行检查。搜出小刀、宣传品等全部没收。他们不让队伍再往前走，说第二天一早，要由他们押送回北平。大家非常气愤。保安队只守住学校大门，后边有个小门，没人看守，被团的领导、中国大学的董毓华和东北大学的同学发现了。半夜十一二点，我们悄悄地从后门出来，一个也没有被他们抓住。我们接着就向任丘行军。深更半夜，路又不熟，深一脚浅一脚，队伍就不整齐了。但是走到任丘，汇文几个人并没有走散。

参加民先队

一路行军、做工作，是对每一个青年学生的考验。团里有的人早已入党，就找党外的几个同学谈话。他们一个是孙敬文（新中国成立后曾任化工部长)，一个是徐化一，前者是镜湖中学的，后者是成城中学的。他们在路上除去和我谈，还和钟国元谈，也和别人谈。谈话的主要内容就是加入组织。我直接提出，要求加入共产党或共青团。徐化一他们经过研究，让我们先参加民族武装自卫会。

汇文中学这五个人走到高碑店，有两个就害怕了，边哭边说，老是走，走到哪儿去？也找不到家了……这两个同学从高碑店回校了。

我和钟国元等三个人在去任丘的路上，又和孙敬文、徐化一、王雁秋(他是成城中学的，新中国成立后曾任供销合作总社副主任)等人走散了。到了任丘，找不到孙、徐等人了。我们汇文这几个人刚刚参加民族武装自卫会，找不到介绍人了，很着急。估计他们可能回北平了，我们就从任丘回到北平。回来以后才知道，他们没去任丘，而直接到了保定，其他人也陆续到了保定。一、二两个团在保定又重新会合。在保定会师的会上，确定组织一个民族解放先锋队，以南下扩大宣传团的这批进步青年为骨干。会后，一致同意不往前走了，都回北平了。当时北平市委和北方局领导的意见，是让学联扩大自己的力量。

我们汇文几个同学回到北平不几天，徐化一等人就来找我们说："怎么找不到你们了？"我们说："我们就是回来找你们啊！"他们告诉我们：保定那个会上确定以南下扩大宣传团的成员为骨干，作为第一批民先队员，汇文几个参加南下扩大宣传团的成员，都可加入民先队，组成汇文民先分队。我们参加了民先队，我被选为分队长。开始发展了一两个民先队员，后来民先队员增加到十几个人。白树荣(即白光弢，曾任国务院参事室副主任)、罗邦英、余焕塘、钟国元、郭鸿志、李超(原名吕潮，曾任冶金部副部长)、小侯等都加入了民先队。汇文的民先队员最多时达到 20 来人。

学联的活动

学联本来以燕京大学为据点，进行活动。到了1月底2月初，学校还没开学，宋哲元在北平几个大学进行大逮捕，学联在燕京大学活动很是困难，就把办公的地点移到了汇文中学。这是因为汇文有进步学生和民先组织，组织比较严密，还有纠察队，比较安全。汇文又是教会学校，有美国人的背景，国民党在这里活动有顾虑，怕外国人说话。学联开始是在汇文西楼的地下室里面办公。姚依林每天来，黄敬隔一两天来一次。他们起草宣言、通知等，就由汇文同学帮助刻蜡版、印刷，然后由“交通”送出去。他们经常和其他学校的同学见面，进行秘密活动。搞了一段时间，姚依林和黄敬的工作调动了，又由黄华来主持学联的工作。黄华原名王汝梅，是燕京大学的学生。这中间发生了一个小小的曲折：有一天，姚依林他们在地下室活动时，来了一个不明身份的人，鬼鬼祟祟地在那里东张西望。估计可能被警察发现了，于是及时转移到了汇文的东楼地下室，又活动了一段时间。这时，姚已调去天津，黄敬也不做群众工作，专门去做党的工作了。这样，学联的工作就全落到了黄华的肩上。

汇文这时成为学联执委之一，由我代表参加。当时学联执委有燕京、清华、华北大学等。黄华主持学联工作时，正遇上宋哲元开始逮捕各校学生，汇文也慢慢引起了当局的注意。以后黄华主持学联开会，接头地点就不固定在汇文，而是打游击，一会儿在燕京，一会儿在华北大学，一会儿又在别的学校，没有一定的地点了。

我这时一方面在学联执委会工作，一方面做民先的工作，两方面都管着。这时北平市委指示：罢课不能无限期延续下去，这样会脱离学生，脱离家庭，孤立自己，要宣布停止罢课，复课。汇文复课后，就正式选举学生会，非常时期学生会已经完成了它的历史使命。重新选举学生会，还是把我选进学生会，当了会长。李长楫也被选进了学生会。

到了1936年二三月，国民党当局公然下令解散学联，而且到处抓人，制造白色恐怖。进步分子不愿忍受，一定要反抗。黄华一接手学联的工作，就遇到这样一种局面：一方面是国民党的镇压、破坏；另一方面是我们这样一些初出茅庐的同志，热情很高，要同反动派拼，不愿忍受。每次开会我们就吵，要求游行。恰巧不久，1936年3月9日，被抓的十七中学生郭清惨死在国民党监狱里了。这件事在进步青年学生中引起极大愤怒，也引起了急躁情绪，要求反抗的呼声越来越高。黄华比我大两岁，特别市委彭真同志他们，有经验，认为不能硬冲，不能冒失。每次开会，黄都想要说服我们：工作要踏实点、忍耐点，力量再大点，不要硬拼。但每次都说服不了我们。一开会，我们几个人都怒火中烧，慷慨激昂大讲一通。我是一个，华北大学也有一个，当然另外还有一些人，但是以我和华北大学那个人最积极。郭清的事一出来，更忍不住了。我们实际上是把进步分子的情绪说成是群众的情绪，认为不但我们要反抗，一般学生都要反抗，只要一命令、一号召，一定有很多人跟上来。争了好多次，最后黄华被我们说服了，但是说要问问上面。后来上面也同意举行郭清追悼会和游行。

1936年3月31日在北大三院举行了郭清的追悼会。有几位教授也参加了，并且讲了话。汇文的民先队员，全市1000多民先队员和积极分子都到会了，但是一般群众参加的没有多少。追悼会上有人临时动议抬棺游行。大家都赞成，很容易就通过了。在北大三院东门，警察架着机关枪。我们从后边一个小门冲出去，一下子就到了南池子。往前走，有大批警察堵着，后边的警察也赶上来追，把这1000多人围得死死的，一下子抓了42个人。黄华同志被抓去了，汇文的罗邦英，参加这次活动的张申府教授，也都被抓去了。

后来，听说少奇同志来到北平，批评这次抬棺游行是冒险行为，是“左”倾盲动。由于这次盲动，1000多民先队员和积极分子几乎全部暴露，我们的工作受到了不应有的损失。这次事件对我是一次很深刻的教训，从这以后，我比较有耐心了，工作也比以前踏实了。

入团并转党

到2月底，我在汇文待不下去了。我住在西楼宿舍，四个人一屋。有一天，同屋同学告诉我：忽然来了一个人打听你，看样子不像是你的亲戚朋友，也不是一般学生的打扮。他们劝我换个地方。我就从汇文宿舍搬出来，到西城一个公寓，和徐化一住在一起。

我当民先分队长时间不长，东城区各分队组织民先区队部，总队部指定让我去当区队长。汇文的分队长由白树荣接替。我同徐化一住在一起时，进一步向徐提出加入共产党和共青团的要求。不久，经过上面的批准，在1936年二三月间，我参加了共青团。我还从汇文民先队员中介绍白树荣、罗邦英、余焕塘、李超、钟国元等入团。开始我是汇文团支部的书记。我走了以后，由白树荣任书记。那时汇文共青团员多的时候有十几个人。1936年4月间，东城区委批准我由团转党，我成为共产党员了。当时东城区委书记王大彤同志，还让我当了东城区委的干事，负责在民先队各分队物色一批人参加共青团，组织基层团支部。在革命和反革命的剧烈搏斗中，我的思想觉悟和组织能力有了提高。1936年8月，我考入北京大学法学院经济系。当时法学院院长是周炳琳，经济系主任是赵迺抟。但是，我作为一个党员，党交给我的任务是我最重要的任务，我已经没有多少时间可以安静地坐下来读书了。1937年4月，党组织同意我离开古都北平，去革命圣地延安学习，我开始了崭新的生活。

彭涛同志谈一二九运动

清华大学校史组

由于“左”倾错误的影响，1934 年时北平我地下党的组织已几乎全遭受破坏。当时北平尚有几个党员，但是没有党的组织。1935 年初，党组织才开始恢复起来。这时和河北省委取得了联系。当时发展党的组织非常慎重。党员全市共有十来个，连共青团员不过 20 个左右。党的外围组织，有中华民族武装自卫委员会，这是以马相伯、宋庆龄的名义发起的，也是秘密组织，但分布比较普遍，在北平有七八十个会员。其他进步组织很多，如读书会、学生自治会等。历史上不大被注意的学校，进步组织就比较多。过去比较进步的学校，这时被控制得很紧。

当时党的组织不大，但与群众有联系，与“左”倾错误时期不同。1931 年和 1932 年时，北平党的组织相当大，但是没有合法的群众组织作外围，党员经常到街上游行、演说，一行动就暴露。北平地下党与河北省委联系上后，北平就成立临时市委，成员有王学明（曾任过财政部副部长）、我、冷楚（曾任过中央政法干校副校长）等，还有谷景生（曾在中央军委工作过），他是共青团的负责人，市委书记是王学明。在中华民族武装自卫委员会北平分会活动的是周小舟。他和姚依林、郭明秋、董毓华、邵清华、孙敬文、刘杰等都是当时很活跃的同志。党的活动是单线进行的，我们和上面也没有多大联系。党的工作当时主要抓组织学生，先是搞黄河水灾赈济会，利用合法斗争，进行募捐救灾，把水灾赈济和国民党的制度联系起来。这个活动很成功，大部分学校都建立了赈济组织，出面的是原来不大露头的学校，如女附中、汇文中学等。邓力群就是汇文中学的。当时如果不用这种组织形式，而用“左”的面目出现，群众就更不好组织。国民党不让爱国，抗日有罪，因之，采取这种组织形式是正确的。接着又发起搞平津十校宣言，用学生名义发表。对这个宣言，在学生中有两种看法，有的认为强调联合抗日过右，但我们认为这个宣言写得很好，是正确的。以后华北形势变化很大，日本人在冀东搞“防共自治政府”，又在北平搞“冀察政务委员会”。接着很多学校提出南迁，各方面矛盾突出，学生中思想斗争剧烈。我们感到革命时机已经成熟，可以搞运动了。但当时对同学们觉悟估计不足，认为发动不会这样快，因为学运在这之前受到破坏，学生一度沉闷，表面上看起来都是读死书，其实他们心里对局势都很愤慨，由于各种组织教育工作，加上形势一紧张，一号召大家就起来了。

一二九前两天，河北省委派人（按：李常青）来北平，同意在北平搞运动，并指示要抓紧时机，发动学生，把学生团结起来。一二九运动用合法斗争，开始有些人不同意，当时意见不一致。我们还是决定开始用请愿的形式，提出停止内战，一致抗日。一二九前夕在燕大开会，这一天到会人数很多，学联主席是郭明秋。各校代表有的同意抗日的口号，不同意停止内战的口号。我们的主张是搞统一战线，把各种力量组织起来，不管哪个力量，是不是国民党的，只要反对日本、反对华北自治，都可以参加。会上还布置了游行口号、策略、路线，并提出六条纲领（内容是全面动员、一致抗日、全面武装、没收官僚财产等，其他记不清了）。当时在燕大开会是公开的，同学们都知道。这时参加领导学运的经常是黄敬、我、姚依林、郭明秋等几个人。一二九前几天，我们四个人是在辟才胡同我的家里开的会，决定发起请愿斗争，城里由东北大学带头，城外由清华带头。那时常在这儿开会，经常开到天亮，成天都研究运动，一二九的一切行动部署都是从这里发出的。当时北平地下党力量虽不大，但起了很大的作用。一二九中还有教授方面的力量，他们分散在各校，也起了很大作用（如在东大、中大）。决定一二九在新华门请愿，没有成功就改示威。队伍每到一处总有人参加，路线是护国寺、沙滩（这时北大才参加，因为北大复杂，发动较难），队伍到王府井被冲散，这是城内情况。城外的没能进城。

运动中，党的其他领导干部都没有公开出面，公开出面的只有董毓华。

从一二九运动看到我们对学生估计不足，原估计可能有 1000 多人跟我们走，但事实是很多中间学生也参加进来了，甚至落后的也参加。一二九后，很多学生都自动集会，要求更大规模的第二次行动。一二一六便是一二九的继续，是群众的要求。一二一六比一二九组织得更好。党研究了运动的具体计划，发动群众的方法是“冲校”，即用先进的学校带动落后的学校，制定了完整的口号，还划分地区，确定哪一校为中心，把队伍分成几路，这样可分散敌人的兵力。同时确定了第一集合点和第二集合点，这样可以保持打不散。运动中还利用教授和外国记者的汽车来隔住警察。在一二九后的一周间，党主要抓了大示威的准备。那时工作效率很高，文字的东西也不少，姚依林还写了对外国的宣言，证明了越有运动党越能发展，群众越发动，党也就掩护得更好，后来党一直没有遭到大的破坏。

一二一六参加的人很广泛，各学校差不多都参加了，没有参加的是被警察包围没有冲出来的学校。落后的辅仁和志成中学也都发动起来。燕京、清华从西便门进的城。手挽着手前进就是这时发明的，统一战线是这次的最大特点。

这天游行，我没有去参加。规定很严，党的领导干部不能参加公开活动。开会地点选择在天桥，这是劳动人民聚会的地方。队伍后来被阻于宣武门外，陆璀等是钻进城门的，城门开后军警大肆镇压，受伤者很多。

一二一六后，运动怎样发展呢？示威已经是学运中最高的形式，再提高就要搞武装暴动，但这是不行的，于是便提出到工农群众中去和工农结合。所以要这样做是为扩大运动影响，向全国发展，把运动中的骨干力量保存、巩固下来，进一步提高他们的觉悟和发展党的组织。接着就是南下宣传。南下，除上述的目的外，还想扩大影响和冀南的高蠡暴动结合（后没有联系上，这个意见也没有向同学公开）搞游击队。南下共有500人左右，都是好样的，分成三个团。天津的没有联系上。后来成立了民先队，决定所有宣传团成员都是队员。

在南下的路上，一路发展党的组织，发展很快，经过一二九和一二一六，积极分子殊多，一说就成，党的队伍壮大很快。后来党员发展到几百人。

长期罢课是不对的，反动派正想分散力量，这就上了他们的当。学生不上课，国民党又搞提前放假，天又冷，一些学生就卷起行李回家了。

可能三三一前后少奇同志来到天津，三三一后作了很多重要指示，主要是《肃清立三路线残余——关门主义冒险主义》等几篇文章，反对“左”倾冒险主义的影响，文件发表在四五月的刊物上。很多老同志这时接上关系。彭真就是这时从狱中出来的，林枫同志也在北平。

北平党组织虽小，但是在中央指示下工作的。当然具体工作的指示是没有的，因为处于秘密状态，不好联系。但那时我们也从实际斗争中体会到1935年以前拒绝合法斗争、党员不深入群众是不对的，虽然还不知道以前的做法就叫“左”倾盲动主义，但要搞抗日民族统一战线的思想却已有了。现在看，从一二九到一二一六到南下，精神是正确的。七七事变时，党有统一指示，学生到乡村中去参加游击队，到冀中、晋察冀的是多数，到太行山的不多，学生大多到延安。当时有组织地撤退，公开用“民先”的名义大批地走，有一部分分配在北平附近的根据地，少数人留在城市工作。这时的中心任务是建立根据地，进行抗日战争。

刚去，学生主要是爱国主义思想，谈民主自由，唱歌演戏，学生作风很浓，不太联系群众，但是一般表现都很好，受到八路军和工农大众影响后，能吃苦、有热情。1937 年主要是组织群众，把群众中的先进分子组织起来，工作还是很深入的。以后从革命斗争中得到更深刻的锻炼。当时农村没有党的基础，党员学生一到农村就当了负责干部，搞发动农民和建党工作。

对一二九运动，估价不能太过高，和五四运动到底不同。五四是历史的转折点，一二九是起了配合红军的作用。

忆一二九运动后的南下抗日宣讲

霍泛

1935年，一二九、一二一六两次抗日救国示威游行掀起了抗日救亡运动的新高潮，瞬息之间，烈火燎原，席卷全国。游行之后怎么办呢？中共北平市委讨论决定，利用寒假这一段时间组织一个规模较大的宣传团，沿平汉铁路南下，到农村扩大抗日宣传，以把新涌现的积极分子团结在一起，并把抗日救亡运动发展到农民中间去。

我当时是北平弘达学院的一名高中学生，有幸参加了南下扩大抗日宣传团。

一、组织南下扩大抗日宣传的目的和第一、二团的组成与出动

1936年1月2日，北平共青团组织通知我说：明天下午天黑前，你一定要赶到平大农学院参加平津南下扩大宣传团的宣传活动；活动

的地区是冀中农村。其所以这样做，是为了把城市的抗日救国宣传行动，和对农村广大农民的抗日宣传行动结合起来，掀起一个城市与农村密切结合的共同的抗日救国高潮。此次南下扩大抗日宣传活动共组成了四个团，其中由北京大学等东城地区大中学校组成的为第一团，由东北大学等西城地区大中学校组成的为第二团，由城外清华大学、燕京大学两校组成的为第三团，由天津市各大中学校组成的为第四团。要你参加的是第二团。我当即接受了任务，并问：此外还需要携带什么东西吗？答说：除准备必要的御寒衣服外，其他食宿问题，自有人照管和解决。在接受了这一紧急通知后，我又告知了我的同班（北平弘达学院高中）同学朱洪（广东省人），约他一同参加这一宣传活动。有幸的是，他不仅积极赞成，还约了他的两位姓黄的广东同乡一起参加。

（一）南下扩大宣传一、二团人员的集中与组成和南下的行动路线

我和朱洪等三人，遵嘱于次日下午7时左右到达指定的集合地点——平大农学院；这时来的人已集中挤满了好几个教室。大家相互之间都不相识，但都热情相询，互通姓名和所在学校。大约8时许，有人来通告：所有参加者要马上集中，听取此次南下扩大宣传团的任务、队伍组成和行动计划。前来和大家见面的有好几个人，均不认识，除宣布此次宣传活动的任务目的，总的组成规模——四个团和活动地区——冀中如我已知者外，还具体指出了四个团各自南下的行动路线：第一、二团为中路，出北平沿河北省农村中部南下；第三团为西路，沿平汉线农村南下；第四团为东路，沿津浦线农村南下。宣传活动时间，暂定为一个月左右，最后四路总汇在高阳或蠡县。宣传团建有总指挥部，部下依次编为中队、小队，并各设有队长

一人，我被指派为小队长。每个队员发一红字白布袖章，作为宣传人员的标记。此外，为了给全团的行动做先导和解决人们的吃、住、疾病等后勤服务，还成立有先遣队和卫生医务组织。第一、二团总人数约400人。在组织编排就绪后，还当即宣布了几项纪律：一是一切行动听指挥；二是在当夜的行进中，要尽量消声、隐迹和保守秘密，以防被反动当局觉察，来进行阻拦和冲击；三是在行进中，前后要互相照应，遇到困难要相互扶持；四是规定了当夜行动的秘密问答口令。这样的组织与行动准则，俨然是个半军事化的组织了。在一切安排就绪后，当夜9时就整装出发了。当时行动之所以如此严密、紧迫，是因为只有及早夜行，才是唯一的可乘之机，可以防止被反动当局发觉，以免受到阻拦或冲击；尤其是途经南苑二十九军驻地时，队伍要特别保持肃静和息声，这是极其险要的一段路，并力争在后半夜前，能顺利绕过南苑，到天明前越过黄村，那时就进入比较安全的地带了。

（二）近10小时的艰苦夜行，引起小部分人的退却，经团指挥部做工作后，又高歌亢进了

宣传队出发的时候，按季节已是“数九”、“冬至”了。夜行在北平西郊，西北风习习，有彻骨之寒。夜色的黑暗，有如墨染，在咫尺之间难辨人形，只能靠静听前行者的脚步声，来探索前行；特别是为了躲开南苑一带的驻军，不敢走大路，只能走边傍小道，这样不停地左右盘旋和迂回曲折地行进，不知走了多少冤枉路。而路面也凹凸不平，致使失足跌摔者时有发生，但为了守密，还得忍痛息声。像这样的心情紧张而又艰苦的夜行，对久住学校课堂和宿舍的学生们来说，不能不说是一次比较严峻的经历与考验。这样困难的夜行，整整走了九个多小时，一直走到晨7时，才到达原来预想的比较安全的一个村子里。

这时人和人的面貌才开始看得清楚，而队伍也显得十分紊乱了，其中有不少人行走起来已有些七瘸八拐，十分困难；也有一些人疲乏地发出唏嘘之声，不经指令就自发地坐倒在地上。团指挥部指示各中队、小队清点人数，令人不安的是，现有人数比出发前减少了近四分之一。这些人哪里去了？经过分析，可能其中有些人吃不了这样的苦，乘黑夜退却了；另有些人，则是由于体弱和不适于走远路、夜路，如脚上打了泡，疲倦和疼痛得确实难于走动了，只是暂时掉了队。队伍严重减员情况的出现，立即引起总团指挥部的高度重视，认为：要按原定计划进行，扩大宣传活动时间为一个月左右；宣传活动的终极点，是约计有二三百里路程的高阳或蠡县（因为这两个县历史上有过反封建的农民暴动，农民的政治觉悟比较高，组织发动会更容易，宣传效果会更好），时间既然还很长，而路途又很远，遇到的困难会比现在更多和更苦些。现在行动才刚开始，就发生了这样不利的情况，显然这是当前面临的一个大问题！但同时，现在也正是扭转这一极其不利形势的关键性的时机！面对极度疲困和坐卧在地上的宣传队员们，总指挥部四五个负责人聚集在一起，经过低声密议（这几个人我都不认识，其中的一个，身材较低矮，圆脸；另一个身材瘦长，脸有疏麻，到1939年在太行抗日根据地时，我才知道前者是彭涛同志，后者是江明同志）。接着由其中的另一位身体不够健壮，面色有些苍白者，代表总团向全体宣传队员讲话，他提高嗓门说：同学们，为了向广大农民宣传抗日救国的伟大事业，在这样寒冷、墨黑而惊恐的夜里，大家连续不停地走了近十个小时艰苦的路，终于到达比较安全的地带。应该说我们已经取得初步的胜利！现在我代表总团，万分感谢大家不怕困难和勇往直前的奋斗精神；另外，当然也要看到，由于夜行艰难，中途也有小部分同学，由于不习惯这样艰苦夜行，暂时退却离开了队伍，但我们相信他们的一二九抗日爱国精神与行动，是不会改变的；另有少数人，则由于体力实在支持不了，暂时落伍了，但相信他们还会跟上来（事后证明确有少数队员归队了）！现在还有这么多的同学坚挺着，证明我们是经得起困难考验的！同学们！我们大家都非常深刻地懂得，我们的祖国正处在极其严重的危险中，东三省早丢了，冀东一部分地区已成立了汉奸政权，平津两市实际上已经在日本侵略者掌握之中，而成立的所谓“冀察政务委员会”，实际上是适应日本要求“华北自治”的妥协的产物；而更大的阴谋是，华北五省在敌人和汉奸亲日派密谋和操纵下，正在酝酿独立自治。这种种事实说明，亡国的惨祸已迫在眉睫，是可忍，孰不可忍！也就是在这样亡国灭种的危急关头，身处抗日最前线和政治上最敏感的北平学生，才发动了一二九抗日救国的学生游行，喊出抗日救国，“停止内战，一致对外”的响亮号召，点燃了全国的抗日救国浪潮。但抗日是全国四亿五千万人的共同职责，是要组成千百万抗日大军的，而大军则主要来自占全国人口总数90%的农民，但广大农民却都是散处于广阔的穷乡僻野之中，对敌人侵略的消息十分闭塞，不了解国家民族已处于极端危亡之中。我们大家喜欢唱的《开路先锋》歌，不是歌唱要做开路先锋吗？唤起处于穷乡僻野的广大农民通向抗日这条大路，正是需要我们宣传队通过抗日宣传去开通，我们的责任是光荣的，伟大的！为了实现这一光荣任务，遇到一些困难又算得了什么！当我们疲困地坐在这里集会时，在祖国东北的广大原野和森林里，英勇的义勇军战士们正在冰天雪地里用生命和倭寇浴血奋战着。如果和他们比起来，我们只是走点路，受点累，这又算得了什么！让我们坚强起来，奋发起来，团结起来，到农民中去，去履行我们抗日救国的神圣职责吧！迈开我们的脚步，走得更远、更远……

这番讲话对听众是很有说服力和鼓舞力的，一方面它肯定了此次艰苦夜行既脱出了反动当局的可能阻拦和冲击，取得了南下抗日宣传得以顺利展开的首次胜利，并证明我们宣传队的绝大多数同学是勇敢坚强的，宣传的最终目的是可以达到的；另一方面，它又很含蓄地和有分寸地批评了少数畏难退却的人，但又热望他们以往的一二九抗日爱国精神会长存不减，这样的希望和鼓励的话，很有利于今后学运队伍之间的团结。对这样照顾到各个方面和很周全的讲话，全团人立即报以热烈掌声。这时我才得知讲话者名叫董毓华，中国大学学生会的主席，也是宣传团的总指挥。在听完董的讲话后，大家就地吃了一点冷馒头，喝了一点冷水，便乘着振奋起来的精神，搀扶着行动乏力和脚板负伤的同学，又继续向南行进了。为了缓解疲劳，前行的人倡议：大家边走路边唱歌。此倡议立即得到全体的响应。唱法是前队人先唱一句或一小节，后队紧接着跟唱第二句或后一小节。所唱的歌主要有四首，即电影组歌《大路歌》、《开路先锋》、《毕业歌》和在东北义勇军中流行的《义勇军歌》。

（三）一次振奋人心的农民集会

中午时分，队伍在一个大的村子里停下来。在街的中心区，早已聚集了黑压压的一大群农民，男女老少都有。这时，总团有人宣告说，要在这里召开一个农民大会。这一突然出现的人群场面，使所有的团员十分惊奇，感到先遣队人员的宣传与组织才能是多么强啊！他们竟能在一个极短的时间内，把散居的各户农民组织集中到一块，实在难能可贵。按照指挥部的指示，我们这些宣传队员们，立即分散到农民中间去，做面对面小型的抗日宣传活动。宣布开会和主持会场的，是本村一位中年教师。他对在场人们说：乡亲们，今天召开这个会，是欢迎从北平来的学生抗日救国宣传团。他们为了给咱农民宣传抗日，不辞辛苦走了一整夜又半个白天的路，请乡亲们鼓掌吧，以表示对他们的热烈欢迎！掌声之后，主持人便请宣传团的代表来讲话。当即由总团一位同学，面向着在场的农民群众，把最近敌人的种种侵略活动和全国人民要求停止内战一致抗日的形势，作了一个简要中肯的介绍。其中在说到东北三省被日寇侵占后，同胞们受到欺凌的种种惨状时，引起了农民的愤怒；又当介绍到在长城抗战中，战士们英勇杀敌的一些生动事例时，不少农民又激动得自发鼓了掌。最引起人们振奋和惊奇的是，有一位60多岁的农妇老妈妈，主动要求说话。由于她个子矮，为了使全场人看得见，并听清她说的话，会议主持人还特地为她找来一张桌子，由几个人把她扶到上面。她的亮相，立即引起全场轰动和鼓掌。她说："我听从关东（即东北三省）逃回来的乡亲说，在关东凡是日本鬼子占了的地方，抢掠、杀人、放火，有的地方整村都烧光了。被杀死的人不说了，就是活下来的人，也被当成他的牛马来看待，也一样难活下去！一句话，就是不抗日活不成！抗日就是救活，救命，救自己啊！我劝大家，不管是男人、女人、老的、小的，也不管是城里人、乡下人，都要一条心，要起来抗日！要抗日！要抗日……"她的讲话引起了全场热烈掌声，也深深震动了我们这些北平来的人们，大家纷纷说："看来农民对抗日的认识，并不比城市人落后；透过这位老妈妈的讲话，可以看到四亿农民中蕴藏着多么强烈、雄厚的抗日力量啊！"农民大会结束后，按照原定的在天黑前要赶到作为宣传重点之一的固安县城的计划，宣传团就只得匆匆赶路。我们离村时，农民齐集在村口，夹道相送，挥手告别，有依依不舍之情。

二、被拒固安城外的三日三夜

（一）宣传一、二团被反动的固安县长拒阻于固安县城之下

宣传一、二团从平大农学院出发，在保密和惊恐的急情之下，走

了一个黑夜又一个白天，前后历时20多个小时；行程约有一百二三十华里。每个人拖着已极度疲困的身躯，以急行军的速度前进，渴望着在当日天黑前，到达固安城，能有一个适当的住宿地，以恢复体力。这种愿望，对每个队员来说，是多么强烈啊！

但完全出乎我们意料之外，在宣传团还未到之前，固安县城的所有城门已被关闭了，不仅宣传团不得进城，就连城内与城厢的居民，也不得进出；城墙上还部署了警察和士兵，严密守备，形势紧张得如临大敌一般。县长究竟是从哪里得到宣传团要来的消息，是得到他的上级通知作出如此安排的？还是来自他自己早已派人探得自作如此安排（事后证明是他的上级指示安排的）？现在出现这样不利的变化，使总团原来的计划，即依托固安县城，利用住城里食宿安排方便的有利条件，对县城内外及周边一些农村进行宣传活动，就难于实现了。这样一、二团的300多人，就只得散居在城外关厢的几家客店和居民家中了。这种情况历时三日三夜。

（二）被拒于固安城下，并没有阻碍宣传团的活动

反动县长这样做，引起所有宣传团员的强烈愤怒，很快就有宣传团员对这位反动县长，编出了如下的一个“顺口溜”，供大家来歌唱：一路风霜到固安，城门关了整三天。县长王八蛋，哎咳哎咳哟，县长王八蛋！

又有人嫌“王八蛋”三字还不够味，将第四句改为“县长准汉奸”。不过，反动县长的做法并没有阻止和影响宣传队的宣传活动，反而抓得更紧。其具体做法是：安排一部分队员对守卫在城墙上荷枪实弹的二十九军士兵和警察进行抗日宣传，安排又一部分队员在城厢向居民做宣传，其余部分队员被安排到县城附近农村作宣传。在这三个方面的宣传中，对二十九军战士和警察的宣传最成功，效果也较好。宣传

的内容，一方面向他们说明日寇侵略日急，步步升级，国家危亡在即，而中央政府和冀察当局，却步步屈从敌人，不抗日而热心于内战；另一方面介绍目前全国已掀起停止内战一致对外的抗日高潮的大好形势。在宣传内容中，由于对象不同，特别有针对性地说明“保家卫国”是军人的天职。并请他们仔细想想：国家和老百姓出钱出粮养兵是为了什么？不就是为了“保家卫国”吗？现在是国难当头，亡国惨祸近在眼前，正是每一个军人应该尽忠尽职的时候了！扛枪的人，枪口如果不是对着日本人，而是对自己的同胞，良心上能过得去吗？能对得起出钱出粮养自己的老百姓和国家民族吗？开始士兵们还只在城墙上游动、巡逻，把宣讲的话只当作耳旁风，听不进去，有的还显出一种不耐烦的表情。但过不久就起了变化，三三两两的人开始聚在一起，静静地听；特别当听到领导不打日本只打内战，而扛枪的士兵如果也跟着自己的上级领导打自己人，还能对得起出粮出钱养活自己的老百姓和国家民族这几句话时，有几个人连续点头，表示对讲话的赞同；其中有一个士兵还用指头指向自己的前胸，是表示自己作为一个军人如不抗日内心自愧呢？还是表示自己有抗日的决心呢？跟着还有一个士兵，四指紧屈，把拇指翘起，向宣传队示意，他不但有抗日的决心，还要争当冲锋陷阵的勇士！总之，所有这些无声的表示，说明士兵们很受感动，宣传工作是很有成效的。这时，一位宣传队员由于兴奋，提出要求：“如果你们认为我们说的对，做的也对，请把城门打开，让我们进城里去，一起好好交谈，岂不更好吗？”这一提议太突然，士兵们踌躇沉默了半晌儿，终于有一个人向宣传队重重地摇了摇头，用右手向天上指划。意思很明白，关闭城门是上边领导决定的，与他们无关，他们不能开也不敢开。多数宣传队员理解了他们的矛盾心情，就不再追问下去。

（三）艰苦的生活从固安县的第一夜开始，以后持续了整整一个月

在固安，一、二团300来人，住宿按各中队或小队分散插住在几家狭小的客店和一些居民家中。所有能住的房子，几乎都没有多余的土炕或木板床位，这样就只能睡在住户屋内的冷硬阴湿的土地面上；又由于每个人都是空手而来，没有盖的和铺的，夜里睡觉，铺的只是由先遣队临时找来的谷子秆草，盖的除个别人有大衣可充当被子用外，绝大多数人只有随身穿的棉衣棉裤。拿我来说，除随身自带一把牙刷和一条旧毛巾外，盖的是多年前妈妈给我做的旧棉衣、棉裤和一身单布校服。幸运的是，广东同学带有一件很单薄的棉线毯子，我们四个人就硬挤在一起把它搭在身上，这比起别的队员来，可说是得天独厚了。等到第二天一起身，满身上下尽沾的是谷秆草的叶子，相视之下，不禁大笑起来说："我们都变成草人了"。吃饭呢？也极简单，每顿都是冷馍、稀饭，外加几片老咸菜。对这样的生活，有的团员也编出了顺口溜来传唱：摇、摇、摇斤馒头，小米稀饭玉米粥；老咸菜吆，没有搁香油！

我们在固安住了整三天三夜，但这样的吃食与睡眠生活模式，以后整整持续了一个来月，直到抵达保定时，才告结束。这里要特别说一下，从固安开始的生活模式，由于长久和衣而睡，时间长了，长了满身虱子，夜里不仅冷得睡不好，虱子咬得也难受；更有甚者，白天忙着赶路要冒汗，夜里睡觉棉衣在身，汗腥气集聚日久，每次睡下后，发出一种奇臭，令人作呕。但对这样的生活处境，在所有宣传队员中，我没有听到任何怨言或不满，反而"乐也在其中"，第二天走起路来，照旧是歌声不断。

三、辛立庄风云突变

（一）在冀中平原行进中的所见所感

从固安出发南行，一、二团分开各自行动。路经白洋淀的东沿一带，西望是遥远隐约的太行山，东望是广阔无际的冀中大平原，夕阳的余晖映照在淀面上，白茫茫的水天一色，很有气势，令人精神为之一爽。环视冀中平原的大地，村落稠密，道路纵横，阡陌相通，陇亩相望，可谓鸡犬之声相闻。当时已届严冬，在一望无际的耕地里已种下的麦子，尚萎缘覆地，足见大平原土地的肥腴和气候的温润了。此情此境若与生我、育我偏塞狭隘的太行山区相比，顿然令人眼界为之开阔和胸怀为之陡放，感到祖国的广阔与人力物力的丰富，抗日潜力之巨大。另一处是路经鄚州的一座大庙，据知者告说，它的建筑年代与规模十分古老与宏大，历史已有近千年，面积占地近百亩，俗称"天下大庙数鄚州"。这样虽引得不少宣传队员想进去参观；但碍于在天黑前要赶到下一个宣传重点——新城县辛立庄，这个愿望就只得落空了。

（二）辛立庄是怎样一个镇子

辛立庄是新城县的一个有几百户人家的大镇子。镇里有农民也有少数店铺；最显著的是，这里还有一家特大的封建庄园主。他的庄址就坐落在全镇的中央，四周高砖墙挺立，俨然一座小城池。在城墙的东、西、南、北四角上，建有高大的专供瞭望的看庄楼，登楼瞭望，对全镇以至周围几里内的"动静"，可以一目了然。为了守庄，还雇养专职武装庄丁几十人，庄丁不仅装备有现代的长短枪支，还有轻机枪若干挺，可谓武装到牙齿了。镇上现有的店铺，也大部分为他所开设；镇上及镇附近的农民，大多也是他的佃农，在政治上和经济上都受他的约束与控制。据说，这样的高墙壁垒和武装起来的封建势力，不仅一般土匪不敢接近辛立庄，就连军阀战争中一些散兵游勇路经此地，也得绕开走，否则随身所带的武器要被缴了械。庄主对周围农民统治极严，农民对他只能是唯命是从，不敢有丝毫违拒。宣传团一到辛立庄，就如同在固安县所遇到的那样，庄门封闭了，武装家丁也登上了看庄楼，居高临下，监视着宣传队的一举一动。而农民们呢？由于恶霸庄主对宣传团持如此敌视态度，他们对宣传团也抱着十分冷漠和规避的态度。对他们做抗日宣传，有些人不听躲开了；有些人只是站着听上几句，便也很快走开；不仅本庄的农民对宣传持如此的态度，就是附近一些村庄的农民，也大体如是。其实这是一种假象，因为到黑夜，总有庄民和农民秘密来找宣传队攀谈，既询问日本侵略中国和抗日的事，还诉说恶霸庄主对他们控制和高租高息剥削的苦。当宣传团了解这些真实情况后，有的宣传队员气愤地说："这个封建恶霸庄主，如果日本鬼子真的来到这里，他一定会带头充当汉奸！"

（三）新城县长向宣传团讲话和董毓华的被拘捕

那是到辛立庄的第二天，新城县长来了，对南下宣传团作了一次讲话。从表面上看，他的态度显得比较平和。讲话一开始，首先声明他是奉"冀察政务委员会"和宋"委员长"（宋哲元）之命而来的。记得内容主要讲了三点：其一，抗日是政府与军队的事，所有参加宣传团的人们，正在读书求学时期，不要为宣传活动荒废了学业，把书读好了，知识多了，对抗日和国家会作出更多和更大的贡献，同样有用于抗日哟！其二，现在正是"数九"天，气候很冷，老在乡下会冻病，政府对宣传团员的健康是很关怀的。其三，刘桂堂股匪正在北平附近一带流窜，很有可能流窜到冀中来，万一把你们掳掠了，当政的也实在承担不起责任。三点理由说完，最后归结成一句话就是“我劝大家马上回北平去！”他刚一落口，宣传团员们不约而同齐声回应说：“不回去！不回去！还要宣传下去！”这样，县长召集的讲话会，就这么很快结束了。也就在县长讲了话的第二天一大早，总指挥部传出一个不好的消息说，“昨夜宣传团总指挥董毓华被当地公安局扣押了，团总部的另外几个负责人为了避免遭遇同样的事件，也分别隐蔽起来”。董毓华被扣押，显然是县长讲话失败后，对宣传团改用的威慑办法，使宣传团群龙无首，以胁迫其回北平。从此事件发生起，指挥部就另换成几个不熟识的新人来接替。在董毓华不幸被扣押的同时，又传来另外两个不好的消息说，扩大三团（燕京、清华）才行进到高碑店，就被警察、士兵武装押回了北平；而天津的扩大四团，还未步出天津市，也被迫解散了。对三个团几乎是同时连续发生如此几种不利情况，真可说是“灾难咸集，祸不单行”了。由此不难看出，这是“冀察政务委员会”和平津当局实行的一次有计划、有步骤的统一行动了。面对上述情况的发生，有的团员又唱出了如下的“顺口溜”：辛立庄上风云变，扩大二团被阻拦；三团进到高碑店，军警押解向后转；四团集中未出动，现场就地被解散！

在上述诸多不利情况的发生和困难处境里，面对实际，二团总部认为：三个团的遭遇比较起来，二团能够行进到新城县辛立庄，算是比较幸运的了。眼下应该做的，一方面是巩固已有成果，力争达到高阳县的宣传目标；另一方面要时刻准备着应付类似三、四两团不幸事件的发生。眼前最紧迫的是如何设法救得董毓华脱险，这不仅是扩大二团所急迫需要的，还因为他是一二九学生运动中新涌现出来的一位十分优秀的学运领袖，如能争取他安全脱险，也是整个北平的学生运动所需要的。这样总团就决定：尽快于次日早晨派遣弘达学院学生会主席吴会同我和另一位同学，以三个人为代表，去找公安局长做动员说服工作，把董毓华释放出来；并明确指示，“如果动员说服谈判无效，就以拘押三位代表作为人质，把董解脱出来”。我们三人立即从命，去找公安局长。他是一位近 40 岁的中年人，见面后，他的态度尚称和缓。我们说：本团来到新城县宣传抗日救亡，是合乎天经地义与顺乎全国民心的爱国救国的大好事，而作为地方行政者，也就理应支持和给以方便，决不可加以阻挠与制造不应有的困难。进而又向他提出质询，宣传团在辛立庄已经两三天了，除向农民反反复复、苦口婆心做抗日宣传之外，别无任何不轨的行动，这是作为维护地方治安的局长所亲眼看到的；就是一路经过的其他地方的行动如何，想来你也是会听到的。他听后微微地点头，表示所言如实。我们接着说：既无不轨行为，抗日是所有中国人公认的民族自救的神圣事业，那么学生宣传抗日救国，非但无罪，而且有功。现在当政者有功不赏，反把积极宣传抗日的董毓华扣压起来，其理何在！我们要求将董立即释放，以正爱国大义，以顺民心！我们应说的话也尽如此了，眼下就看局长的了；如果还不释放董毓华，那就将我们三人监押，顶代董，使他获释！他听后，踌躇了一阵，对我们所提的要求不但不做回答，反而为执政者的不抗日作申辩，他说：政府是要抗日的，但要先做好抗战的各种准备，否则贸然行事，战端一开，反会败得一发不可收拾！我们反驳说：从九一八事变起，中央政府就说要做好准备，五年过去了，准备了什么？要说有准备，也确实有，但不是为打日本，而是把全国 90% 以上兵力与物力用去打内战，让中国人打中国人，直到眼前还在打，并且越打规模越大。现在北宁路实际上已完全为日军所占有，贯通中国南北腹心地区的平汉、津浦两条主要铁路的出发点丰台与天津，也为敌人所控制和掌握，敌人的刀已搁在我们脖子上，这时候，还念极端错误而荒唐的“准备”经，这不是明摆着骗人吗？听了这些话，他又沉默了一阵，说:“好吧！也无需你三人来作抵押，我放人；但请保密，不要向外喧嚷。”事后证明，他确实释放了董毓华。基于董是学生运动和宣传团的主要领导人，他的身份既已暴露，不可再做公开活动，便秘密回了北平。

(四)宣传二团挫败了武装便衣队拘押回北平的预谋，进行了第二次夜行

大概是在辛立庄的第四天下午，突然来了几十名武装便衣。他们穿着黑色皮长袍，头戴黑色高顶羔羊皮帽，个个身躯高大，凶神恶煞，明显可以看出，不是冀察当局的一般人员，而是专门对付学生运动的特工人员和打手。他们来到辛立庄后，二话不说，先动手搜查有宣传团人员居住的住户，见到宣传团的人(每个宣传团员都戴有红字白布袖章)，不是棍棒打，便是皮鞭抽，还边打边骂:“他妈的，看你们还宣传抗日不宣传！”有的宣传队员被打得头破血流，有的被打成了拐子。所有宣传团的人，很快便被驱赶集中到一家大院子里；接着又被押解转移到早已安排好的附近的一所学校里，并强令宣传团员排成方队，就地坐下来听“训话”。“训话”者可能是他们中的一个头面人物，他厉声地说:“前些日子好话劝你们回北平去，就是顶着不回去，看来你们是爱吃硬的不爱吃软的了！现在就是被捆着也得回北平去！全国有上百万个扛着枪和有飞机大炮的军队，都不敢轻言宣战抗日，就凭你们这些学生娃娃们就能抗得了日？一天到晚空喊抗日！抗日！抗日是要动真枪真刀的，空喊宣传顶什么用？倒反给了日本人侵略以借口，说是政府利用学生来煽动抗日，违反了‘睦邻友好’和‘中日亲善’的外交方针，来向政府施加压力；甚至成为它发动新的侵略进攻的理由。你们这样做，真是‘无事生非’，帮了日本人的大忙！”正说到这里，突然有一个女同学(她是北师大的学生，姓杨)，腾地站起来，

严词回击："照你这样说，我们宣传抗日，反倒成了刺激和引来敌人侵略的原因了！成了中华民族的罪人。而反对与阻挠抗日宣传，面对敌人侵略，按兵不动，热衷于打内战和向敌人侵略步步退让、屈从，致使敌人敢于大胆放手，得寸进尺，四年前由于'不抵抗主义'丢了东三省，现在又有《塘沽协定》、《何梅协定》，使平津二市和冀察两省特殊化，整个华北五省岌岌可危，造成了今天这样极度危亡的局面，全国的和地方的当政者和武官们，岂不反倒成了国家民族的功臣！老实警告你们说吧，正是他们（也是包括你们）才真正是'无事生非'者，'生非'的结果，才使国家民族陷于今天这样危亡深渊。恰恰与此相反，正因为有了一二九学运这一响亮的号角，在全国范围内掀起和形成了抗日救亡的高潮，才使日本侵略者知道中国人民是刚强不可欺的！四亿五千万中国人民一旦组织起来，力量是伟大的，是不可战胜的！别看现在日本侵略者耀武扬威，不可一世，最后它将是彻底的失败者。你们这样颠倒是非，混淆黑白，对敌人退让、屈膝的有罪者，不谴责，不惩罚；而对积极宣传、组织抗日有功者，不但不奖不赏，反而进行无情的阻挠、镇压！请问：说出以上这样的话，做出这样的事，还能算个中国人吗？"说到这里，她沉痛地大声痛哭起来；全场也立即陷于无声的震怒中！而训话的那个人，被这一场痛快淋漓、针锋相对、一针见血的反击说得理屈词穷，他恼羞成怒，用血红的眼睛向宣传团横扫一遍，刚要拔枪，这时，站在他身旁的另一便衣队员，向他摇头，低声说："罢了！罢了！反正明天要把他们押送回北平，任务也可完成了！"这样，一场流血事件才没有发生，训话也就不宣而告结束了。

宣传团明天要被押送回北平，能束手屈从吗？不能！总团领导经过串通密议，要求团员们在前半夜躺下装睡，不得走动和不发出声响；等到后半夜，便衣都沉入睡乡了，宣传团员就蹑手蹑脚，有秩序地、无声息地把后门打开，跳出了便衣队的拘留，打破了其企图武装押回北平的预谋，开始了第二次长途夜行。由于已经有了第一次夜行的经验和近一个月行路的锻炼，我们很快在雄县追上了第一团，并随后顺利地赶到了高阳县城。但是，因为人多门小，便衣包围无法全走，未走成的被押送回了北平。

四、从高阳到保定期间所经历的一些情况

（一）在高阳举行的一场辩论会

乘黑夜这个有利时机，宣传团勇敢而机智地跳出了便衣队的封锁拘禁。在到达高阳后，按在北平出发时的原定计划，高阳或蠡县是此次对农民做抗日宣传活动的重中之重，但由于客观形势的变化，只是在高阳县城的市面上，对来往行人做分散的、小型的抗日宣传活动。

为安排下一步行动，宣传团举行了一场辩论会，会议是在一个学校的大教室里举行的。议题由总团提出，“宣传活动已经一个月了，原定的总汇点是高阳或蠡县，这点也做到了。看下一步的宣传活动如何定位？请公议公决！”当主持人宣布完议题，话音刚落，就有人说：“依我看，下一步是继续南下，一直到南京去，会同那里的学生一起搞抗日宣传活动。路途远步行走不到，就去抢火车坐着去。”他的话音刚落，立即有人赞同说：“现在学生的抗日浪潮是北方热，南方还相当的冷，在首都南京掀起另一个一二九，不是影响更大更好吗……”这时会场出现的情况是，赞成的人表现得很激动，但属少数；至于多数人，则冷静地沉默着。过了一会儿，持相反意见的人说话了：“请计算一下吧，我们从北平出发到现在，中间经受了多少饥寒与风险，已经

一个月了，原计划的宣传总汇点高阳也到达了。这就证明，我们是一支最积极、最坚定和最勇敢的抗日宣传队伍，应该说平津学联所赋予我们的宣传任务，已经比较好地完成了。现在学校的寒假很快就结束了，学生们要返校了，正是等待我们去组织新的抗日学运高涨的好时机。这次做农村宣传的经验，也是今后组织更大规模、更多的学生到更广阔的农村做宣传所迫切需要的。所以不可南下，以回北平为是。”又有人紧接着前面人的话说：“到农村后，我有一种最深的感受是，农村真是太广阔伟大了，蕴藏着的抗日力量也太雄厚了，简直是无边的海洋，我们此次宣传活动只是一个团，所做的宣传活动，还不及农村的‘沧海一粟’，效果很不显眼；但它是一次难得的实验，为未来更大规模的农村宣传活动，取得了经验，所以我也赞同回北平去；另外我还希望总团回到北平后，向平津学联提个建议，由它发起和发出一个号召，发动全国的大中学生，在以后的假期内，组成千百万个学生抗日宣传队伍，分遣到全国广阔的农村去，那样才可以看出对农民抗日宣传动员的伟大效果。”这个发言博得全体参会人的掌声，也就意味着大家的意见统一了。主持会议的人也就随势加以肯定，并转告大家说：“要回北平也正是北平学联传来的意见，这与大家的意见不谋而合。”同时又传达了学联对宣传团的表扬，认为“经过一个来月在农村的艰苦锻炼，宣传团这几百人，已经成长为今后学运的中坚与骨干；而学生运动呢，正在方兴未艾，正需要我们回去担当更大更重的任务！”说到这里，会场又响起一阵掌声和“欢迎！欢迎！迎接新的任务！”的欢呼声。会议主持人又继续说：“但回北平不能无声无息地回去，还要做宣传活动，要宣传得更有声色和更有气势些；而且一定要路经保定，要在二十九军的眼皮底下举行抗日宣传游行，实际上也就是对它阻挠和镇压抗日宣传的一次政治示威！特别是有多数同学坚持当着它的面要提‘打倒’它的口号，这就更是‘非同小可’了；见诸以往一二九和一二一六所发生的事件，也就极有可能遭到比以往更残酷的镇压，以至造成新的流血伤亡事件的发生！面临如此险恶情况，事关重大，请同学们认真思考一下，此举到底可行不可行？请再公议公决。”队员们齐声喊：“可行！可行！而且一定要行！哪怕是赴汤蹈火也要去！”有的队员还风趣地说：“不是有句俗语说‘不敢在太岁爷头上动土’么！这次就偏要在它的头上动它的土，看它能怎着？”主持会议人看到全场人这样同声一致和坚决激奋的情绪，也就马上宣布把“要去”的行动定下来。紧接着又宣布说：事不宜迟，马上行动，力争在傍晚前能在保定城大街上游行宣传；并告嘱负责医护的人员，尽速把药棉、绷带和消炎红汞水分发给各队，以备救护扶伤之用。现在我还清楚记得，全团人员都很兴奋，于当日午前10时左右，就整队向保定进发了。

（二）完全出乎预想之外，在保定的抗日宣传示威游行，竟进行得顺利、平静；生活、住宿也得到当政者的安排

大约是当天下午5时，宣传团员手挽着手列队进入保定市内，边走边喊着口号。口号除以往常喊的“打倒日本帝国主义”、“停止内战，一致对外”和“紧急行动起来，武装保卫平、津两市”和“武装保卫华北”等外，新增加的一条就是“打倒冀察政务委员会”。游行路过的所有大街，除了来往行人站住观看外，没有看到一个警察或士兵，也没有受到别的任何干预和阻拦。当游行完几条主要大街和将要结束时，竟有人来和带领游行走在最前面的宣传团领导人进行交谈。交谈很快就结束了，接着来人便把宣传团引领到保定私立同仁中学校（正值学校放了寒假），作为暂时休息处；并分头把宣传团人员安排到学生宿舍里，这里已备有洗脸盆和面巾，木床上还铺放着被子，到了晚上，吃的又是白米饭和肉杂烩大菜。这样的安排及对待，和前一个月的阻拦、殴打、关押相对照，骤然来了一个前后黑白分明和反差殊异的大变化。这到底是为什么？学生们纷纷议论。有的说：“当政者对我

们的抗日宣传活动，最先是设置困难，来阻止我们的抗日宣传；阻挡不住了，改用软办法来劝说；劝说不能，便用强力来压服，结果也失算了。现在只得改弦更张了，采用怀柔、顺从的办法，表面上不搞对立，和平地把我们弄回北平去！”也有的说：“别管它用什么办法，反正已经在保定冲着它的面，对它阻挠、压制抗日宣传和对敌退让、屈从的辱国行为，也都做了有力的抗击，喊了打倒它的口号！难道不是做了一场最好的和最有力的抗日宣传吗？也就是取得了最后一次大胜利！”

（三）听取代表冀察当政者来人的讲话

当天晚饭后不久，宣传团接得通知，要大家都到学校礼堂去，听取当政来人的讲话。站在讲台上有三四人，有的穿着长袍大褂，有的穿着中山装，显然都是当政的官员。会议由其中的一个人开讲，大意说：同学们到农村一个月来的宣传抗日辛苦了。现在到保定来，我们深表欢迎和慰问！我们是热情支持你们的抗日爱国宣传行动的。当其中说出“热情支持”这四个字时，马上得到听众们的掌声。其所以能博得鼓掌，是因为从一二九学生运动以来，从当政者所得到的尽是反动的迫害与镇压，现在这四个字从他们口里说出，可说是破天荒的第一次。他接着说：抗日救国是每个中国人的心愿，谁肯做亡国奴？你们读书人积极抗日，执政当局和军队（意指“冀察政务委员会”和二十九军）也不例外，都是中国人么！只要政府（指南京政府）抗日一声令下，我们决不会后退！这段话又博得掌声。最后，他说：“你们到来，我们欢迎；要在这里继续做宣传活动，我们给予方便；要回北平，我们欢送！但在农村艰苦活动了一个来月，太累了，建议你们先休息一两天后，再定你们的行动，这样可以吧？”讲话到此结束。会后，有些宣传团员又在议论着。有的说：“这些人员讲的内容和态度与过去一贯的行动表现相比，突然来了个一百八十度大转弯，可以信得过吗？是不是又在耍花招，骗我们回北平？”另有人说：“说的也可能是真的吧？宋哲元和二十九军是原属冯玉祥西北军系统的，不是蒋的嫡系，冯是主张抗日的，宋在古北口长城抗战，还是很坚决英勇的；只是由于南京政府坚持执行‘先安内而后攘外’的反动政策和先后签订了丧权辱国的《塘沽协定》、《何梅协定》，才造成目前平津两市和冀察两省的特殊局面。让我们‘听其言、观其行’吧！”根据原来已定的回北平计划和当前的实际条件，总团就按当政官员在讲话会上所承诺的话，第二天在保定休息了一天，第三天坐他们安排的火车回到北平。我们到达北平后，又分乘几路公共汽车回到学校。平津学联所组织的南下扩大抗日宣传第二团，历经一个多月的在农村的抗日宣传活动，就此胜利结束了。

从洛川会谈到延安会谈

戴镜元

洛川会谈前的形势

西安事变前，蒋介石在日本帝国主义加紧向我国进行侵略，全国人民抗日救亡运动日益高涨的形势下，仍然顽固地坚持其“攘外必先安内”的政策。1935年秋，逼令张学良、杨虎城率东北军和十七路军打头阵，进攻红军。

1935年9月到11月下旬，红军在陕北消灭东北军三个师：即10月1日，红十五军团在劳山消灭一一〇师，击毙师长何立中；10月22日，又在甘泉东南榆林桥消灭了一〇七师的六一九团团部和四个营，生俘团长高福源；中央红军到达陕北后和十五军团会师，11月21日，在鄜县西南直罗镇消灭一〇九师，在黑水寺又消灭一〇六师一个团。这样，就彻底粉碎了敌人对陕甘革命根据地的第三次“围剿”，整个军事形势发生了重大变化。在政治上，中央政治局在1935年12月召开瓦窑堡会议，决定建立抗日民族统一战线。瓦窑堡会议结束后，毛主席在党的活动分子会议上作了《论反对日本帝国主义的策略》的报告，系统地阐明了党的抗日民族统一战线政策，对于促进形势的发展，具有重大意义。

东北军六一九团团长高福源被俘后，根据中央优待俘虏的政策，给他治伤，生活上倍加照顾，政治上经常给他讲红军北上抗日，打回东北去，收复失地，停止内战，一致抗日的道理。彭德怀同志和程子华同志等先后做过高福源的政治思想工作。在红军政治思想工作影响下，高福源主动请求放他回去，宣传红军抗日救国的主张，说服东北军，包括张学良在内和红军联合抗日。他首先向红军保卫局（中央联络局）局长李克农谈了这个想法，李克农同志把高福源的想法和请求报告了毛主席和周副主席，毛、周都同意。周副主席还指示：要高福源多住几天，多看看，多听听，回去之后，多讲讲红军联合一切抗日力量，停止内战，共同抗日的主张。

1936 年 1 月初，高福源回到东北军，通过他的同学佟铁肩（时任六十七军参谋处处长）转达，才与王以哲见了面。以后又见到张学良，面报了这几个月在苏区听到的、见到的情况，并表示完全赞同红军抗日救国的主张。张、王也表示同意他的看法，要他赶快回瓦窑堡，请红军派一位正式代表前来会谈。

1 月 16 日，高回到瓦窑堡，向李克农汇报后，李又带他去见毛主席和周副主席。

中央决定派李克农为代表去会见张学良、王以哲。

我原在中央军委机关工作，临时抽出来随李克农同志一起去洛川。大约在 2 月 10 日左右，李克农同志和我去见了周副主席。周副主席说：根据目前政治形势和军事情况，这次去和东北军张学良会谈停止内战，联合抗日的问题，会谈成功的可能性很大，但也要考虑到有一定困难和一定的危险，要作两方面的精神准备，不管出现什么情况，力争谈成，一定要谈和。要努力做好团结工作，团结一切可以团结的力量。会谈要按照中央政治局瓦窑堡会议的决议来谈。同时还指示可以根据具体情况，先商谈局部合作抗日和经济通商问题；这次去，任务很重，重大问题要及时电报请示中央。

周副主席还指示：克农同志是正式代表，是总的负责人，镜元同志负责机要工作，并指定了通讯联络的工具，研究了携带隐蔽的方法。当时，我们的心情都很激动，精神振奋，深感任务艰巨，决心竭尽全力，克服一切困难，不怕任何危险，坚决完成中央给予我们的艰巨任务。

我们出发前两天，党中央又以毛主席和彭德怀司令员的名义，致电张学良、王以哲：我方代表李克农等四人于2月21日由瓦窑堡启程，25日可抵洛川，望妥为接待，并保证安全……

洛川会谈

2月21日，我们从瓦窑堡出发。李克农同志是正式代表，身穿中山装；我负责机要工作，着学生装；钱之光同志是苏维埃政府国民经济部贸易总局的局长，他负责采购物资和药品，当时戴礼帽穿长衫；还有一位警卫员，是中华苏维埃中央政府机关总支书记，他负责保卫工作，穿便服；高福源带路，他是农民打扮，头包白毛巾。我们全都骑马，另外还有几位护送人员和马夫同志，也都是农民打扮。

我们去洛川会谈，当时是完全秘密的，整个会谈都是党中央和毛主席直接领导，恩来同志亲自部署指示的。毛主席于1936年1月，周副主席于2月，先后离开瓦窑堡东征去了。我们会谈的情况、请示报告都直接以密电发往东征前线山西石楼。

25日当天下着鹅毛大雪，路滑雪深，行走困难。中午到达富县，在城外山下一个小村休息。高福源先进城联络后，山上守城部队东北军一个团长立即出来迎接我们进城，另外由一位师长出面宴请我们。中午饭后，护送我们的同志和马夫等牵着马回瓦窑堡去了。我们骑东北军骑兵用的马，一色纯白，由东北军护送，当天下午5时左右到了洛川。

王以哲的六十七军军部在洛川，王和他的参谋长赵镇藩热情地接待我们，安排我们住在离军部很近的一座独院里，这是一座四进的深院，我们住在最里院。当天晚上，电告中央："李等四人已安抵洛川。"我们没有带电台，电报是由东北军六十七军的电台发往山西石楼的。

同时，王以哲亦于当晚电报张学良，汇报我们到达洛川的情况。张学良回了一个电报，说他因事要去南京，一下子回不来，要王以哲、赵镇藩先同我们商谈六十七军和红军之间的局部合作问题，其余重大问题等他回来再谈。

这样洛川会谈即分为前后两个阶段，前一段从2月26日开始到28日，经过两三天的会谈达成口头协定如下：

一、为巩固红军与六十七军共同抗日，确定互不侵犯，各守原防之原则（包括六十七军在陕甘边区及关中地区之防地）。

二、红军同意恢复六十七军在鄜县、甘泉、延安之线的公路运输及经济通商。

三、延安、甘泉两城现驻六十七军部队所需粮秣、柴草、蔬菜等物，可向当地苏区群众购买。红军为便利延安、甘泉友军起见，可转告并发动苏区群众运粮、柴等物进城出售，以恢复正常通商关系。

四、红军同意在甘泉被围半年之久的东北军两个营换防。

五、恢复通商：红军采办货物前往洛川、富县等地，六十七军有保护之责；六十七军入苏区办货，红军有保护之责。为临时保密起见，红军去白区办货，东北军入苏区办货，均须穿便衣出入。

当时东北军在连损三个师之后，在陕北只困守延安、鄜县、甘泉几个孤城，一出城就挨打，粮秣、柴草等十分困难，在甘泉的部队半年没有换防，穿得破破烂烂，根本没有多大战斗力。

2月28日上午8时，我们将会谈情况电报中央，当晚11时中央回电同意会谈结果和协定。当时双方还商定3月5日将协定下达部队，开始实行。

在谈判期间，王以哲曾派人掩护我们的采购员两次到西安采购物资，并收集了北平、天津、南京、上海、西安等各大城市的报纸。他们还送给我们河北、山西、绥远、察哈尔四省的军用地图。

此外，红军在东征中打了许多胜仗，中央经常电告我们，我们也把电报内容稍加修改后告诉王以哲并转告张学良。例如：我军2月20日20时开始，胜利渡过黄河。21日占领三交镇，歼守敌一个营。22日占领留誉镇，歼敌一个营，同时占领石楼，歼敌一个营。26日在关上村歼敌独立第二旅一个团。3月初，我军越过吕梁山，进至兑九峪，逼近同蒲线，并迫使原先进占陕北根据地“围剿”红军的晋军四个旅全部撤退回援。于是，我军军威大振，政治影响增大，我们越打胜仗，会谈就越顺利，他们越热情地接待我们。当我们到达洛川第二天（2月26日）早上，王以哲来看望我们，互相寒暄后，王以哲说，在日常生活、接待方面有不周到的地方，请随时转告副官长和参谋处处长。其实在整个会谈期间，对我们招待得非常周到殷勤，生活供应也十分丰盛。当时经常陪我们的是两名副官，参谋处处长佟铁肩和副官长宋学礼也常来。每天晚饭后还经常在一起下围棋，对围棋我只略知皮毛，不过以下棋为名，便于继续交换意见，互相了解，增进友谊而已。记得有一天佟铁肩对我说：三民主义主张世界大同，共产党讲共产主义不也是世界大同吗？我当即回答说：三民主义和共产主义不完全一样，孙中山的新三民主义，“联俄、联共、扶助农工”的三大政策是好的，可是他不承认有阶级，不主张阶级斗争，只认为中国有大贫小贫之分。共产党认为中国有阶级，有地主、资产阶级，有工人和贫雇农阶级，我们要消灭阶级，消灭剥削制度。不消灭阶级，不消灭剥削制度，怎么能达到世界大同，实现共产主义？对此，佟、宋二人表示赞同。

3月初的一个晚上，我正同佟铁肩在外屋下棋，听见里屋一个副官正向宋学礼报告说：军部特务营长今天下午向他报告，特务营一个连长在大街上遇见一个士兵没有向他敬礼，就打了士兵，他认为这个士兵看不起长官。被打的士兵却说，他当时正向另一位营长敬礼，来不及同时向连长敬礼。他事后还对旁人说，如再遭责打，就跑到山北边（红区）去，那边长官和气，不打骂士兵。宋学礼听后说：要转告特务营的官佐，今后对士兵要讲明道理，不要动辄就打骂。我听了他们这一段简短的谈话，联想到我军在劳山、榆林桥、直罗镇等战役中，俘虏了数千名东北军官兵，经我们优待和思想教育后，愿留下的，参加红军，愿回原部队的，每人发给三元路费，释放归队。这些被俘又释放回去的东北军官兵，几乎都成为我们的义务宣传员，致使东北军上下思想发生了变化，他们认识到红军是抗日的，东北军应该联合红军共同打日本，打回东北去。因此，两军前线逐渐由敌对变成友邻。我深切体会到遵义会议后，中央路线、方针和政策的正确性，它已经和正在显示出巨大威力。

3月3日，张学良由南京回到西安。4日，他自己驾飞机，飞到洛川，一下飞机就到住地看望我们。他是化了装的，身着银灰色长袍，外套黑绒马褂，戴礼帽、墨镜，手提文明棍，颇似富商模样。他来到我们住地大院，有王以哲陪同，虽是第一次见面，但大家都很亲切，不感拘束。

会谈开始前，王以哲、赵镇藩把同我们前一阶段商谈情况和红军与六十七军合作抗日的口头局部协议内容，向张作了汇报，张表示完全同意。吃过午饭，下午3点开始谈判，这是洛川会谈的第二阶段。张学良首先说，他完全同意关于红军同六十七军的口头协议。并说：我这次来是趸销而不是零售。李克农同志笑着说：张将军解甲从商了吧！会谈气氛十分融洽，风趣盎然。接着张学良提出以下几个问题：

一、为什么共产党的抗日民族统一战线不包括蒋介石？

二、要抗日如何抗法？共产党对国防问题的看法如何？

三、共产党为什么不去宁夏，反而东渡黄河去山西？他认为宁夏靠近绥远前线，又接近苏联，担心东征会吃阎锡山的亏。

四、红军和东北军如何派出代表去苏联，请苏援助中国抗日？

李克农同志根据中央瓦窑堡会议精神和党的政策做了以下说明：

一、蒋介石坚持其“攘外必先安内”的政策，专打内战，不抗日。九一八事变以来，蒋介石把东北三省送给了日本，华北也岌岌可危，内战从未停止，还残酷镇压全国人民的抗日救亡运动，所以我们不能把蒋介石列入抗日民族统一战线之内。如果蒋介石放弃反共、反人民和不抗日的反动政策，我们是可以考虑的。

二、抗日主要依靠全国人民的力量，同时也要争取国际援助。战争的胜负不决定于武器，而决定于人。发动全国人民一致对敌，这个力量是巨大的，是不可战胜的。另外，抗战是长期的持久的，不可能速胜，投降论和速胜论都是错误的。中国地广人众，有利于长期作战，最后胜利是我们的。

三、红军东征是出于政治上的考虑，为了推动全国抗日民族统一战线的形成，到山西、河北政治影响大，到宁夏对全国影响小，我们对东征胜利是有把握的。东渡黄河去山西，还可以适当解决我军军需和兵源问题。后来事实证明：东征作战两个半月，除歼敌近 2 万人外，还扩大红军 8000 人，筹款 40 多万元。

会谈的气氛是坦率、融洽、诚恳的。在第一个问题上，张学良和李克农有时争得面红耳赤，在其他几个问题上，张完全同意李克农的看法。

会谈达成几项口头协议：

一、为了进一步商谈抗日救国大计，张学良提出：中共派一位全权代表，最好在毛泽东、周恩来中推出一位，与张再次商谈。地点在肤施（延安），时间由中共决定。

二、红军代表经新疆去苏联，由张学良负责和盛世才交涉通道问题。

三、中共派一位联络代表常驻西安，由张学良给予适当名义作掩护。

3月5日凌晨5时，会谈结束。我们立即将会谈结果电告中央，并请示下一步行动。3月6日上午，中央复电嘉勉，并完全同意会谈结果和口头协谈，要我们到山西石楼汇报。

洛川会谈，我们贯彻了中央指示，取得一定成果，不仅对于当时我军东征和巩固陕北根据地有利，而且对于以后的延安会谈打下了基础。也有利于推动全国抗日民族统一战线的建立，实现国共第二次合作。

由洛川到石楼，返回瓦窑堡

3月7日，李克农同志和我，以及一位警卫员，离开洛川，北上经延长、清涧的河口（无定河入黄河口）过黄河，3月16日到达石楼（钱之光同志已去西安采购物资和药品）。我们见到了毛主席、周副主席以及张闻天、彭德怀等同志。李克农同志汇报了洛川会谈的详细经过和张学良的种种要求。3月27日，党中央在石楼附近召开会议，认为张学良的态度是诚恳的，同他进一步会谈，对建立抗日民族统一战线是非常重要的。中央会议决定由周恩来副主席为全权代表，偕李克农同志去延安同张学良继续进行谈判。

会后，3月28日，周恩来副主席、博古、邓发、李克农等同志和我，还有电台机要人员以及一个警卫排，离开石楼回瓦窑堡。在返回瓦窑堡途中，博古、邓发、克农同志和我每天晚上同住一个窑洞，睡在一个炕上。因为住宿的村子小，周副主席也和我们挤在一个窑洞的火炕上。同住、同吃、同走路，大家格外亲切。

我们在行军走路或在窑洞吃饭时，经常一起唱革命歌曲《三大纪律八项注意》，讲长征故事，或说这次东征胜利和未来的抗日战争，边走边说，边吃边说，非常兴奋。4月初的一天，大家又都挤在一个窑洞里，愉快地畅谈起来。邓发同志首先说，这次东征取得很大胜利，意义重大。周副主席接着说，东征胜利不仅在军事上消灭了敌人六七个团，1.6万多人，迫使进占陕北苏区的晋军四个旅全部撤退回援，有利于陕北革命根据地的巩固与发展；更重要的是在政治上扩大了我们的影响，推动了华北和全国的抗日高潮的到来；其次对洛川会谈也起了作用。克农同志也说，这次东征胜利，对于洛川会谈顺利进行有很大帮助。

4月5日，我们回到瓦窑堡。本来约定4月初到延安会谈，因张学良患喉疾未愈，才推迟到4月8日。

延安会谈

4月7日，周恩来同志和李克农同志带着电台和警卫部队，从瓦窑堡出发去延安与张学良会谈，我也随行。

4月6日，毛泽东、彭德怀致电张学良，主要内容是：我方代表周恩来偕李克农于8日赴肤施，与张学良先生会商抗日救国大计。7日启程，8日下午6时前到达肤施城东北20里之川口，以待张学良先生派人到川口来引导入城。并请张学良先生妥为布置入城后之安全。

关于双方会商之问题，我方拟定为：

全国军队不分红白，停止一切内战，一致抗日救国；

为抵抗日帝侵略，全国红军集中河北；

组织国防政府、抗日联军具体步骤及其政纲；

贵我双方订立互不侵犯及经济通商初步协定；

联合苏联及先派代表赴莫斯科；

双方需要商谈的其他问题。

我们从瓦窑堡出发时，天就阴着，8日到达川口附近，先是大雪，后下大雨。电台和东北军联系不上，中央的电台（在石楼）和东北军联系上了。9日，晴空万里。上午，张学良随带王以哲、刘鼎由洛川飞到延安。下午张学良派专人到川口来接。这时周恩来同志和李克农同志均换上便衣，周穿黑色中山装。周、李随来人进城会谈，我们在川口等着。飞机场由我们的警卫部队控制着，在会谈结束前，任何飞机不得起飞。

会谈地点是在城内一座教堂里（这个教堂在抗战时期被日本飞机炸毁）。当时，周恩来同志和张学良先生就在教堂的一个套间里作了恳切的竟夜长谈。

会谈开始，张学良首先把他对国家前途的看法坦率地说出来，请教周恩来同志。他说他对国民党不抱什么希望了，中国只有两条路可走，一条是共产党的道路，一条是法西斯道路。两年前他从意大利回国，曾相信法西斯可以救中国，现在开始有了怀疑，想听听周恩来先生的意见。

周恩来同志说：法西斯主义是资本主义发展到帝国主义最后阶段的最反动的产物，是独裁、是专制，在中国是绝对行不通的，中国只能走中国共产党指引的道路。中国要抗日必须首先改变蒋介石的“攘外必先安内”的反动政策。要抗日还必须实行民主，要发动全国广大人民。全国人民群众的力量是无比巨大的，依靠全国人民的力量，才能获得抗日的最后胜利。

张学良又问，假如我们能够联合抗日，应如何对待蒋介石？他认为蒋介石是现在中国实际统治者，中国现有的主要地方都是他统治着，全国主要军事力量被他掌握，其他如财政、金融和外交大权也都掌握在他手中。张学良说，根据他回国两年来的观察，蒋介石还有抗日的可能。此外，张学良对于要抗日必须首先改变蒋介石的“攘外必先安内”的错误政策，表示完全同意。他说目前最主要的问题是设法把蒋介石的政策扭转过来，并说他现在不能反蒋，如果蒋介石投降日本，他一定离开他另作打算。他派人去新疆联络盛世才，就是为打通西北，为自成抗日局面作准备。他主张他在里面劝，共产党在外面逼，内外夹攻，一定能把蒋介石的错误政策扭转过来。张学良还提出，东北军部队亟须进行抗日教育，切望红军给予帮助。同时，他对东北军缺乏抗日干部，深感焦虑。

周恩来同志说：在改变蒋介石“攘外必先安内”的反动政策的斗争中，对逼蒋抗日或联蒋抗日问题，是可以考虑的，是有道理的，这是一个重要方针政策问题，他个人不能决定，愿意把张学良先生的意见带回去，提请党中央郑重考虑，再作最后答复。周恩来同志还说：缺乏抗日干部，可以采取举办训练团的办法，在培训中选拔，这对张学良启发很大。后来他和杨虎城将军共同举办了王曲军官训练团，以抗日为目的，训练了东北军和十七路军的连长以上团长以下的军官。恩来同志还表示同意红军帮助东北军部队进行抗日教育。1936 年 8 月，叶剑英同志受党中央的委派，作为红军代表常驻西安，协助张、杨改造部队，进行抗日教育。周恩来同志对张提出的其他问题，也一一做了具体答复。张学良对周恩来同志精辟的论述、科学的分析、高度的政治修养和政治家的风度，十分敬佩。

此外还达成口头协议如下：

一、我方赴莫斯科的代表由新疆去苏联，东北军的代表由欧洲去苏联。后中央派邓发同志去苏联。

二、双方一致同意：停止内战，联合抗日。

三、张学良没有公开表示抗日之前，不能不接受蒋介石的命令，进占苏区，六十七军准备进驻延安以北。1936年6月，我方主动让出瓦窑堡，即是恪守延安会谈之一例。

四、双方互派常驻代表。

五、张学良认为红军主力去山西恐难立足，出河北为时太早，最好出绥远靠外蒙。如红军坚决东进，他可以通知东北军万福麟部不加阻挠。

六、互相通商。采办普通货物，由共方设店自购，军用品由东北军代购，子弹可由东北军供给。

张学良对会谈表示满意，先拿出2万银元，说是他私人的钱，用以支持红军抗日。会谈后，他又送给我们20万元法币。

会谈至10日晨4时结束。这是一次成功的会谈，对张学良走上联共抗日的道路起了决定性的作用，对我党抗日民族统一战线的建立和扩大作出了重大贡献。这次会谈成功是周恩来同志对抗日民族统一战线工作的重大杰出贡献。在会谈中，他是高度的原则性与高度的灵活性相结合的典范，使张学良心悦诚服，敬佩不已。

4月10日，周恩来同志和李克农、刘鼎同志一起回到川口。当天下雨，在川口住了一天一夜，立即就给中央和毛主席、张闻天、彭德怀等同志发了一个电报，简要地报告会谈的顺利经过。11日，又发了个长电，较详细地汇报了会谈内容和情况。电报是周恩来同志亲自起草的，及时发往山西石楼。

4月12日，我们由川口动身，很快回到瓦窑堡。从上海到西安的刘鼎同志，由张学良带到延安，这次随我们一起回到瓦窑堡。后来，他作为我方联络代表常驻西安。到瓦窑堡后，我们各回原单位工作。

从洛川会谈到延安会谈、西安事变爆发及其和平解决、逼蒋抗日、实现国共两党第二次合作，直至全国抗战开始，这一系列政治的、军事的斗争实践证明了党中央、毛主席关于建立广泛的抗日民族统一战线这一科学论断和党的统一战线政策的完全正确。

西安事变前后争取东北军工作的回忆

刘培植

九一八事变以后，日本帝国主义的铁蹄践踏我神圣的中华国土，东北三省沦陷。国民党蒋介石对外实行“不抵抗”主义，对内继续疯狂“围剿”我工农红军，顽固地推行“攘外必先安内”的反动政策。

1935 年秋，蒋介石调动几十万军队对陕甘苏区发动第三次“围剿”。这时，高双城的二十二军、高桂滋的十七军、邓宝珊的新一军、傅作义的三十五军从北面来；马家军从西面来；阎锡山所属陈长捷的六十一军，王定国的十九军，孙楚的三十三军和赵承绶的骑兵军从东面来；西北军从西南面来，形成包围圈。当时的东北军是奉命参加“围剿”的主力军，在第一线直接参战的就有 7 个师，分两路进攻，气焰嚣张。我红十五军团声东击西，突然围攻甘泉守敌，调动延安的东北军出来增援，使援敌在劳山中我埋伏，一举全歼一一〇师，击毙师长何立中和参谋长，俘敌 3700 多人，缴获大批武器。我军乘胜扩大战果，强攻甘泉境内的榆林桥，又消灭了一〇七师的四个营，团长高福源被俘。这个团是一〇七师的主力，团长高福源曾当过张学良警卫营的营长。打了这两次胜仗后不久，中央红军长征到达陕北，与十五军团会师，联合作战，又在直罗镇和黑水寺消灭了东北军的一〇九师，打死师长牛元峰，并击溃了一〇六师。军事上的接连胜利，彻底粉碎了敌人的第三次“围剿”，为巩固陕甘苏区奠定了基础，使东北军得到了应有的教训，逐步认识到“剿共”是没有出路的。

东北军虽然在政治上有过反动的历史，在鄂豫皖苏区“围剿”过红军，之后又尾追北上红军，充当蒋介石对陕北红军实行第三次“围剿”的急先锋。但是，东北军是“杂牌军”，深受歧视，同蒋介石的矛盾由来已久。更主要的是东北军的官兵多系东北人，九一八以后流亡关内，怀念故土，厌烦内战，要求抗日，因而有争取东北军和我们共同抗日的可能。

1935 年 12 月，党中央瓦窑堡会议决定实行抗日民族统一战线政策。为了团结一切抗日力量共同反对日本帝国主义的侵略和挫败蒋介石消灭红军的阴谋，我们党决定争取东北军共同抗日。

成立东北军工作委员会

为了争取东北军，中央专门成立了东北军工作委员会，由周恩来副主席亲兼主任，李克农、朱理治等同志协助工作。

周副主席对于争取东北军的工作非常重视，在他的亲自指导下，东北军工作委员会成立训练班，培训做东北军工作的干部。与此同时，把在劳山、榆林桥、直罗镇三次战役中所俘虏的东北军三个师的中下级军官 120 余人，集中在瓦窑堡，成立“解放军官学习班”（即“白军军官连”）。中央领导同志亲自讲课。毛泽东同志在讲课中讲了党的优待俘虏的政策，指出：“拿着枪是敌人，放下枪就是朋友。”博古同志讲马列主义的基本知识和抗日的形势。邓颖超同志在讲课中，驳斥了国民党诬蔑共产党“杀人放火、共产共妻”的谣言。彭德怀同志在讲课中，揭露了蒋介石所谓“攘外必先安内”的反革命卖国阴谋。学习期间让他们观看了红军和赤卫队的阅兵式。我们党不仅在政治上不歧视他们，在生活上也给予优待，在吃的穿的方面他们都比红军官兵要好。通过教育，俘虏军官的思想和政治态度有了明显的转变，对我党我军有了较正确的认识。他们表示：再不能打共产党了，只有联合才是出路，并纷纷加入抗日同盟会，个别人还加入了共产党。组织上给他们发了路费，让他们回到东北军去。东北军骑兵六师十七团被我红军全歼，经教育后，将该团人马枪支全部送还给东北军。对此，蒋介石十分恐惧。被俘团长董道源回到西安后，蒋迫令张学良把董枪杀了。但这也消除不了共产党和红军的影响。周副主席、彭总还亲自找高福源（被俘后已成为我党党员）谈话，交给任务，派回东北军，向张学良、王以哲等重要将领宣传我党的抗日主张和政策，收到了良好的效果。与此同时，周副主席又指示在党的活动分子中，挑选政治可靠、勇敢坚定的同志，以红军代表名义，秘密派往东北军的所属部队，做中、上层人物的统战工作和秘密建党工作。当时中央和苏区地方党政军都十分重视争取东北军工作，加强了对这一工作的领导。据我所知，苏区直接间接参加这一工作的有李克农、朱理治、欧阳钦、曹力如、萧劲光、朱瑞、白坚、聂洪钧、潘振武、萧向荣、周桓等领导同志。同时，白区党包括上海党组织、北方局、东工委都做了大量工作，刘澜波、刘鼎、宋黎、苗渤然、高崇民、孙达生、郭维城等同志，都为争取东北军作出了重要贡献。我当时任陕甘晋苏维埃政府和省委白区工作部副部长兼红二十九军政治部工作，也被派去做争取东北军的工作。

在争取东北军的过程中，周副主席总是不断地鼓励和指导我们，使我们在环境险恶，斗争复杂的情况下充满信心和勇气。1936 年春，陕甘晋省委派我到瓦窑堡向中央汇报和请示工作，除洛甫同志接谈外，周副主席在军委办公室接见了我，张云逸同志也在座。当时军情紧急，敌人包围苏区，蒋介石命令东北军占领我中央所在地——瓦窑堡。我们党为了争取东北军，准备有计划地让出一些地方（包括党中央所在地的瓦窑堡在内），让东北军来占领（后来占领瓦窑堡的不是东北军，而是被高双成的二十二军抢占去了），给东北军“立功”留面子的机会，使其好向蒋介石交差。这对于我们争取东北军的工作是有利的。敌人已经逼近瓦窑堡，中央正准备撤离，周副主席的马也备好鞍，邓大姐在门口等着。周副主席仍然镇定自若，取出地图来挂在墙上，面对地图给我分析敌我形势，亲自给我部署了三项任务。第一，在敌强我弱的情况下，洛河川撤退不算退却逃跑（因洛河川撤退曾引起省委内部分歧，有的同志认为是逃跑，向中央告状），但仍要坚持洛河川的游击战争。第二，省委内部要团结起来，共同对敌。第三，要坚定不移地把20万东北军争取过来，克服动摇思想，不要以为敌人一进攻，东北军就不可能争取过来了。当时，确实有人因敌军的不断进攻而动摇了争取东北军的信心。周副主席的指示给我们拨开疑云，坚定了信心。周副主席还就如何进一步争取东北军的问题，作了具体指示：要我们在苏区周围设立20个办事处，动员苏区地方的力量和红军的力量，广泛接触东北军官兵，积极主动地有计划地做工作。如：不失时机地组织火线喊话，与东北军交朋友、认老乡，建立感情。

我曾与红军指战员一起在两军对峙的战场上，通过喊话，使局部地区的东北军部队停止了向我们的进攻。利用东北军的俘虏喊话，也收到了较好的效果。在进行了一系列的工作之后，周副主席派我去甘泉城内，做东北军一〇七师刘翰东师长的工作，打通了关系，获得了成功。该师在榆林桥被红军消灭一个团另一个营，受到了沉重的打击，军心涣散，不敢再轻举妄动。广大官兵响应我党停止内战，一致抗日的号召，由下而上地推动上层人物转变思想，改变了对我的敌对态度。刘翰东师是东北军和红军建立友好关系的第一个师，不仅不主动进攻我们，我们出入白区还给予方便。我几次都从甘泉师部和哨兵阵地穿过，并经常使用他们的汽车送人和运送大批军用物资。

接着，我被派到鄜县东北军一二九师做周福成师长的工作。此人顽固不化，扣押我一个星期，没做出有效成果。紧接着，我又被派去洛川做六十七军军长王以哲中将和一〇五师（军的编制，后改为四十九军）师长刘多荃中将的工作。刘多荃代表王以哲在洛川县飞机场秘密接见我，答应了我们提出的三个条件：一是停止对红军进攻，万一进攻枪口朝天上放；二是万一蒋介石命令要进攻时，进攻前要先通消息；三是互派代表来往，建立联系，苏区被封锁，物资困难，设法替红军从西安购买补给一批军用物资。条件谈妥后，刘多荃当夜派特务连长用大卡车从洛川护送我回苏区。我立即向陕甘省委和周副主席作了汇报，因完成了任务，他很高兴。我回到苏区后不久，王以哲、刘多荃信守诺言，在敌人封锁特严的情况下，从西安给我军买运了 40 辆大卡车的军用物资，为我红军解决了全军冬装困难问题。我深深感到，周副主席对东北军兵运工作的指导既能统观全局，高瞻远瞩，掌握斗争大方向，具有无产阶级革命家的气魄和胆略，同时又能洞察入微，细致周到，令人惊叹不已！

兵运工作是在敌人眼皮底下开展工作，众目睽睽，极其艰苦困难，甚至有牺牲的危险。我在五十一军做党的秘密工作时，公开的身份是该军一一〇师六二九团的传令兵。因军官身份不便掩护，传令兵很自由，可以到处与党组织联系，并且安全。我随身挂着“小黄包”，党的文件也装在里边，坐火车不要票，过关口不受检查。有一次，我去开党的会，两天未回来，传达长得知后很愤怒，以不请假外出问罪，罚我下跪，当着官兵的面，狠狠打我 50 军棍，打得我疼痛难忍，皮开肉绽。团长贾陶（党员）看到我遭毒打，又不便阻止，十分难过。事后，他含着眼泪对我说：“你受苦了，我无能，对不起你”。我安慰他说：“这不怨你，不要难过，挨打也是为了党的事业，为了革命！”公开场合贾陶是我的上级，背地里我是他的上级。

1936年春，周副主席派我去洛川进一步做王以哲军长、刘多荃师长和几个旅长的工作。临行前，我化装成军官，换上东北军军服，佩上“67A”臂章“107D”胸章，去到一〇五师（张学良的卫队师）。我持周副主席的信到师部，一位副官长接见了我。我当时不熟悉国民党军队里下级见长官的礼节，见副官长没有立正，引起怀疑。他那一双贼溜溜的眼睛从头到脚打量我，并当即撕开信一看，大声吼叫说：“你是共匪代表。”我亮明身份。敌副官长暗中通知政训处主任密报蒋介石。这时王以哲、刘多荃不敢接见我。我被看押起来。先关在洛川城的一家布店里，后转移到飞机场附近，情况紧张，我下决心同他们作斗争。在扣压期间（21天），几个敌旅长威胁我，放肆地攻击苏联和我们党，我严词反驳。敌旅长高云鹏说：“你们共产党人杀人放火，共产共妻！”我说：“这是你们的老调！苏区的房子被烧，军民被杀，杀人放火的不正是你们吗？共产党人实行一夫一妻制，你们刮民党实行多妻制，蒋鼎文不就有九个小老婆吗？”他们的舌战失败了，进而以死相威胁：“枪毙你怕不怕？”我说：“来者不怕，怕者不来。来得光明正大，死了光荣。”他们无可奈何，只好秘密关押。这时也有秘密来看我，表示同情我党主张的人，如王甲昌。敌连长武文祥，排长唐玉峰、葛宜芳、丁毅等四人负责看守着我，防我逃跑和别人接近。三个排长朝夕看守，正是我做工作的好机会，我给他们宣传党的抗日政策，赢得了他们的同情。一天夜里，三个排长悄悄地要保护我逃跑，我谢绝说：“来得光明，去得正大，死了光荣，我不能逃走，我不能给红军丢脸。万一我在这里牺牲了，请你们给红军捎个信。”不料，这几句话使这三位排长大受感动，他们向我郑重地提出入党要求（以后经过培养考察，这三位排长经周恩来同志批准加入了我们的党）。一天半夜三更，看守连长突然叫起我来，说是要请我吃饭。按照旧社会的习惯，杀人前吃一顿“禄粮”是断头的信号。我气愤地说：“要杀便杀，别来这一套，不要糟蹋人民的粮食。”连长笑道：“你别介意，没别的意思，今夜师长要见你。”原来如此！师长总算知道我在这里。刘多荃师长来到飞机场看押我的地方，一见面就歉然道：“刘老弟，对不起你……”后来我才知道，这次我被扣，不是王以哲和刘多荃的本意，因为副官长被国民党收买了，他通知政训处主任，并密告蒋介石。蒋下令枪毙我。张学良知道后，一面对上级说已把我枪毙了，一面暗中营救，给王以哲、刘多荃打电报说：“最好秘密放回去，否则因小失大。”我当夜脱离虎口，到甘泉见到了一〇七师师长刘翰东，他很友好地对我说：“你在洛川遇难，消息不好打听，现在回来了就放心了，我好向红军交代。”

深入做东北军的工作

1936年夏秋间，正当我东征红军胜利回师，西进甘、宁，准备迎接红二、四方面军会合之计，卖国贼蒋介石飞抵西安，下了消灭我军的反动命令，并要把东北军全部从陕北苏区南撤，开往甘、宁省境以南，阻拦我红一、二、四方面军的大会合。由于形势的变化，周副主席指令我随东北军六十七军和一〇五师南下，然后再去红一方面军彭德怀同志身边工作，当中央的联络员。

我刚出苏区，在甘泉县的城门附近，碰上叛徒李金堂。李表面上应付我，然后狗一样尾随着我，一同进城时，叛徒给城门口的卫兵使了个眼色，通风报信去了。进城后，找不到躲藏的地方，我就藏在一位老妈妈家的磨盘后面，销毁了我带的党内文件。入夜，全城戒严。半夜，敌营长武敬三带许多敌兵破门而入，当即把我捆绑，问我是干什么的，我说是一〇五师情报队的。敌人不信，咬定我是“共匪”。我要求打电话给刘师长，问一问有没有我这个人，敌人撒谎说：“电话线断了”。我说：“电话线断了，我的命也断了，随你们的便吧！”随后搜身，搜出我在日记本上写的两句骂蒋介石的话：“要抗日必须反蒋，不反蒋抗日不能胜利。”敌人审问，我坚持不招认真情，说这是我去苏区侦察时用的护身符，万一抓住了好脱身。敌人不信，因为叛徒李金堂在身边，我的身份暴露了。敌人把我关在一间小屋子里，以死来威胁。一直关了十几天也未从我嘴里掏出什么口供。

一天，敌旅长高鹏云出现了。他和三旅从延安开拔路过甘泉县来见我，此人与我打过交道。一见面就开玩笑说：“小共匪又来了！你什么任务？”我说：“东北军、西北军、红军要实现西北大联合，一起抗日，望你认清形势。”高鹏云摇摇头，将信将疑，不表什么态，最后说：“刘老弟，给你一匹马，一同行军到洛川县军部再向甘、宁进军！”我飞马去洛川见王以哲军长和刘多荃师长。但王军长当时有些屈服于蒋介石的压力，以为红军真的不行了，可能被“一网打尽”，所以态度动摇，对建立统一战线信心不足。对此，我给他做工作，要他们相信红军是有力量的，不可战胜的，要坚定西北大联合的信心，不要上蒋介石的当。尽管王以哲动摇不定，但对红军仍持友好态度。他和刘多荃认为有人已知道我是红军，和他们一起行军不便，目标太大，先派车送我去西安他们的办事处，等他们到平凉驻防后再电告我去。

在西安，我住在西安市南广济街门牌45号一〇五师的印刷所。这时，我常和所里的印刷工人接触谈心，宣传抗日。印刷所负责人是个军需官，叫颜广汉。他发觉我常和工人接触，对我很反感，于是，我转移到远东大旅社住，因为找不到组织关系，又没钱，两天多没吃一顿饭，幸好在西安街头巧遇朱理治同志。我们秘密地去珍珠泉洗澡吃饭，朱理治把他身上仅有的三块钱给了我，我用它度日，每天只吃一块“锅盔”。好不容易才盼到刘多荃来电报，要我去平凉他们的军、师部，并安排我坐政训处的车。车过彬州，突然车翻人伤，许多人倒在地上昏迷不醒。我趁此机会从地上拾到一枚政训员的证章，以备不时之需。

到平凉后，我住在恒顺成大布店，见到了刘多荃，向他宣传西北大联合的趋势，劝他识时务。第二天，我去七团团部见王甲昌，此人原是一〇五师的一个营长，我在洛川被捕时他来看过我，表示进步。在西安时朱理治同志说王甲昌表现不错，可以入党，因此我去找他，做他的工作。见面时，王开始还应付我，桌上摆着鲜桃要我吃。我试探性地和他谈话："王团长，祝贺你高升了！我在洛川被扣押时感谢你的同情关切。"不料我的话引起他的恐慌，马上翻脸，严声厉色地说："刘先生，你来干什么？你来对我的地位有影响。"我也马上改变态度："我来看看你，没有别的意思，又不抢你团长的饭碗。"王甲昌翻脸嚷道："你是共匪！"我镇定而严厉地回敬他说："现在红军三个方面军几十万人要大会合，东北军和我们关系很好，你不要破坏团结。"他继续狂叫。我说："别吓唬人。"王甲昌想拿我请功，叫来两个政训员和一个排长带两个士兵将我捆绑，进行搜身，搜出政训处的证章。政训员厉害起来："你不是政训处的人，证章是从哪里来的？你偷证章，要搞什么鬼？"王甲昌立即要把我解往政训处。从平凉东关一直走到西关，约五里路，我以为要暗杀我，心里着急，因为周副主席要我去彭总身边工作，现在还未见到彭总怎么就可以这样牺牲呢！于是，急中生智，我站住不走，对押送的人说："我是一〇五师情报队的，要去师部。"他不让，我说恒顺成大布店就是我们的机关，他信以为真。进大布店后，由情报班的负责人高某证明说："刘先生是我们师长的朋友，你们要干什么？"骂了押送的人。押送的人莫名其妙，只好把我放了。后来，刘多荃责怪我说："刘老弟，你怎么随便去活动我们的人呢？"我否认说："我在洛川被扣押时他来看过我，今天在路上巧遇，一见面就把我扣起来。"刘多荃还打电话骂了王甲昌……

红一方面军的司令部设在豫旺、固原两县交界处七营子对面的一个土围子里。彭总住在一个窑洞里，土炕上放着门板，这就是彭总睡党的地方。我来到彭总身边，就像到了自己的家，亲亲热热。彭总说："小刘，你就住在我这里！"他亲自为我搭床，让我读中央文件，传达中央如何争取和联络东北军的指示，分配我在政治部工作。我在彭总和政治部主任朱瑞同志的直接领导下，除继续做王以哲军长和刘多荃师长的工作外，还去做骑兵第二军军长何柱国、骑六师师长白凤翔的工作，并和这些部队中的一些党员同志周泽民、王敏球、丁毅等取得联系。

奉彭总指示，我曾去平凉市约请王以哲、刘多荃与固原县骑兵军部的何柱国，同车到豫旺县七营子唐君尧二旅旅部，商量停战事宜。因为马鸿逵的白团两个步兵营被我军团团围困在豫旺堡，马家骑兵也遭到我红军的不断打击，损兵折将。马家兄弟跪在蒋介石面前哭诉，恳求营救解围。蒋介石令东北军（刘多荃指挥）解救，借以考验东北军的行动。当然，东北军感到左右为难，解救么，要与红军打仗，心里不愿意，也打不赢，要损兵折将；不解救么，又不好向蒋介石交代。抓住这个矛盾心理，我对刘多荃和唐君尧说："白团我们围住了，但不准备打，马家军我们也要争取，我们围而不打，你们也打不进去。为了给你们留面子，好交差，我们准备让开一条路，你们去把白团接走。"举棋不定的东北军当然高兴，双方达成了东北军与红军打假仗的君子协定。刘多荃任指挥，我作为红军督战代表在围子上面观战。打仗那天，刘澜波同志也从西安赶来观战。一切都事先安排好了，东北军官兵从上到下都知道是打假仗。我方主动让开去豫旺堡的大路，放敌人出来，让东北军把白团接走。我看见敌炮向右前方彭总住的寨子上射击，立即要刘多荃制止。刘命令转移目标向正前方射击，避实就虚，后来炮弹都落在空地上，当时，还有敌机五架向空地上猛烈扫射。白团走了以后，我们在大路两旁贴标语，送开水，唱歌演戏，夹道欢迎东北军，对东北军表示友好，进行广泛的政治宣传和争取工作。事后，西安国民党报瞎吹他们的"战功"，说是消灭了"共匪"多少人，胜利突围，真令人好笑。

1936年冬，西安事变前夕，蒋介石坐镇西安，调兵遣将，分五路向我进攻，妄图把红军“一网打尽”。打头的是东北军。我红军总部未及撤退被敌包围，彭总急令我设法阻止敌军前进。我衣服也来不及换就出发了。跑不多远碰上敌人的尖兵，将我抓住，说我是红军探子，乱打耳光。我说不是探子，是一〇五师情报队的。敌人说：“你不是红军的探子，为什么穿红军服？”我说：“红军服是我的护身符，我不穿红军服怎么到红军那边去探听情报？我刚从苏区刺探军情回来，红军满山遍野都设下了埋伏，赶快往后转，不要冒进。”敌人多次中过红军的埋伏，信以为真，不敢再前进一步。于是停滞了两个多小时，我红军总部得以安全转移。

以后，我回到平凉，住在一〇五师。一天，张学良来电报让刘多荃和骑六师师长白凤翔急赴西安，我预料要出什么事情。果然，当天晚上，东北军、西北军发动了西安事变，在临潼华清池把蒋介石抓起来了。消息传到平凉，军民奔走相告，开庆祝大会。事变的第二天我就赶到西安。但是，匆忙而至，一时找不到组织，饿了好几天肚子，最后只好去到刘多荃的公馆。刘多荃告诉我说，周副主席来西安了，我高兴得跳起来，多想见到周副主席啊！刘陪我到金家巷张学良公馆，由张学良的秘书应德田带我见了周副主席。当周副主席知道我在饿饭时，便亲切地慰问我，并指示我参加西安东工委工作。临分手时，他对我说：“没时间细谈，留下地址，晚上有人找你！”当晚，我在远东大旅社静候。10点以后，周副主席派罗瑞卿同志给我送来30元生活费，并给我介绍组织关系，要我移住西板坊门牌15号黄显声副军长的公馆，同东望小学一位女教师以姐弟关系住机关。我当时的任务是分管总部通讯大队、辎重大队、兵工团、总部电台、军官差遣队等直属单位以及一一五师、一〇五师、抗日先锋队、骑二军、六十七军等单位中党的工作。以后，周副主席和朱理治、刘澜波同志还来看我，并在我住的地方开会。事情已经过去多年了，每当我回忆这一段不寻常的斗争生活，周副主席对我关怀备至的情景历历在目，心情总是难以平静。

随东北军东调

按照党中央和毛主席的主张，西安事变和平解决。蒋介石被迫停止内战。当时红军、东北军、西北军实现了三位一体的大联合，形势很好。但是，蒋介石被释放后，将伴送他回去的张学良将军囚禁起来，并对西北的三位一体采取了军事压迫和政治分化双管齐下的方针。汉奸、托派乘机挑拨红军与东北军、西北军的关系，造谣说红军出卖了东北军。东北军内部，以孙铭久、应德田为首的一批少壮派中下级军官，认为当时代理张学良负责领导东北军的中将军长王以哲等人怀有异心，不积极设法营救张学良而将他们杀死，造成东北军内部的分裂。这时，守潼关的西北军四十二师师长冯钦哉投向国民党中央军，引中央军开进潼关，入驻西安。东北军、西北军内部一片混乱。中央军从东门进，我乘马占山将军的汽车从西门出，随总部撤到彬州一带，在党的东北军工委领导下加紧进行工作，应付突然事变。1937 年 3 月间，东北军东调河南、安徽、江苏等地，蒋介石对东北军进行限制、歧视、虐待，企图借日本侵略者的屠刀来消灭东北军。三位一体被拆散，西北大联合遭到破坏。形势骤然变坏，对我极为不利。

东北军东调后，我党争取东北军的工作又不得不从公开转入秘密。过去设立的东北军工作委员会撤销了，重新以军为单位建立党的秘密组织，独立作战。工作重点是进行坚持抗战，反对投降，坚持团结，反对分裂，团结友军，抗战到底的教育，改造旧军队，壮大抗战力量。这是西安事变后新形势下的新任务。

1937年3月间，我和欧阳钦同志到三源县云阳镇红军办事处，向叶剑英同志汇报请示陕西省委和东北军工作，我把地方党（宜君县委）和东北军党的组织关系交给了剑英同志。他指示我暂时离开红军部队，随东北军东调去安徽、河南、江苏、山东，参加由抗日先锋队改编的一一〇师和五十一军党的工作。参加这项工作的还有伍石甫、贾陶、解方、王西萍、汪洋、张岗、王再天、徐瑞林等同志。我们遵照组织的指示，积极创造条件开展争取东北军的工作。主要有以下两个方面：

一是在东北军中秘密发展党员，建立党的组织。这项工作从1936年就开始了，如五十一军上自军、师、旅、团，下至营、连，逐级建立党的秘密组织系统。当时，国民党、蒋介石限制我党活动甚严，特别是1938年国民党五届五中全会《限制异党活动办法》实施后，我们开展工作更为困难。在蒙城时，国民党特务瓦解由抗日先锋队改编的一一〇师，拉走了一个连投向国民党。敌人猖狂，许多人在政治上动摇不定，我们发展党员就很不容易，唯恐找错了对象而暴露党的组织。我们派进去的党员同志一般都是当兵的，或者职务很低。当兵的发展当官的，下级发展上级，就更困难。为选准发展对象，我们细心地与发展对象接触，注意观察、分析他平时的言论是否有进步性，在一些政治问题上立场是否正确，是否倾向共产党。经过反复观察，确定好对象，再经组织批准，才去“捅窗户纸”。有一次，我们七八个党员在麦地开党委会，被连长刘明显发现了，我们来不及躲避，虽然表面镇定若常，但心里有些紧张。我们当机立断，决定要么把他突击成党员，要么枪毙了他。他走到我们面前，神色自然，问道：“你们在干什么？”我说：“不干什么，天热，出来乘凉、散散步。”他笑笑说：“你们是共产党开会。”从他的话音里听得出来对我们不怀恶意，便没有对他采取武力手段，只是意味深长地对他说：“我们很了解你，你原来是抗日先锋队的，很有爱国思想。”说罢便让他走了。事后，我们注意看他的动态，看他是否向上级告密。经我们调查，他没有告密，这说明他是同情和支持共产党的，后来经过教育培养，他被接纳为党员。

在发展问题上，我们的方针是绝对隐蔽，长期埋伏，提倡党员积极争取掌握兵权。党员和组织采取单线联系，党员间、组织间不发生横的联系。尽管发展工作很艰难，但由于我党在全国人民中和广大官兵中的威信很高，我们做秘密工作的同志在平时和战时又能起模范作用，使一些发展对象愿意暗中主动靠近我们，往往一拍即合。一一三师六七七团文书周怒涛同志职务并不高，他经常与团长王协一接近，以进步的思想诱导和影响自己的上司，结果王协一成了党员。之后，王协一和另一位同志又把一一三师三十四旅旅长张炳南发展成党员。除高级将领之外，还有一批营长、连长、排长都是相互发展或由战士发展成党员的。东北军的五个军都分别建立了党的领导机构和组织，三个军即五十一军、五十七军、四十九军建立了工委。党派了一批得力干部在各军搞建党工作。我在五十一军任工委副书记兼组织部长，书记是王西萍。五十七军党的工作由谷牧、伍志刚、王振乾、郭维城、赵志刚同志负责。在六十七军负责的是郑里坚同志。在四十九军负责的是邹鲁风、杨西光、赵天野同志。在五十三军工作的是吕正操同志。在骑兵二军工作的是周北峰同志。由于全体同志的艰苦努力，在东北军中发展党员约近千人，其中五十一军发展的党员人数最多（数百名）。当年，五十一军中建立了秘密的组织系统：军一级成立了工委，师一级成立了特委，团一级成立总支，各营成立特支，各连成立支部。担任各级党组织的负责人还有：伍志刚、张岗、汪洋、李震、范离、曲径、王学明、项鄂、李亚光、阎振兴、孙毅、张和如、张炳南、王协一、韩林英、张玉璞、张彬、张紧、刘放、林千、杨国治、赵久春、李长汉、王琳英、苑金勋、方树栋、于维哲、杨在田、苏恩启、丛芝发、丛树人、张鄂、任永安、毛真、张树华等同志。敌人监视严密，我们的地下工作小心翼翼。在五十七军工作的伍石甫同志以文书身份掩护自己，我是传令兵。我们经常接触，通过各种暗号在传达室、厕所、饭馆、麦地里接头，有时在野地里和海岛（青岛的薛家岛）上开会。

1937年10月，工委的几位同志（王西萍、王学明、敖北风、伍石甫等）在济南的一家旅馆被捕。我当时在青岛法海寺五十一军一一四师三四二旅旅部掩护，得知这一消息后，立即采取紧急措施，通知各级党组织隐蔽转移，互相调动，改名换姓，准备口供，进行保卫党的教育。我把党员名单改写成新文字埋在法海寺和尚庙附近，脱下军装，换上平时准备好的一套便衣（长袍、礼帽、皮鞋），去军部掩护，不幸在高密县车站被军警督察处抓住。敌人搜遍我的全身，把鞋底都撕开了。先是没有搜出什么把柄，后来从我的衣角里搜出一个我党中央迎接对日抗战的指示，当即遭到毒打拷问。后来是二四二旅旅长李币林（东北抗日将军李杜的弟弟）出面，说了好话，才放了我。但是总的说来，由于我们有群众基础，由于东北军官兵同情我们，耳目灵通，因而能化险为夷。五十一军的参谋长解方同志和王再天同志被叛徒告密，国民党要抓他们，军长于学忠知道后，立即告诉他们撤退。一一四师营长于维哲更是热心为我党工作，多次主动为我军送情报，并自己花钱买了14间半房子，专门给我地下党开会。1939年春，我回到延安，中央政治局委员、组织部长陈云同志和我长时间谈话，为我们总结这段工作时，肯定过这个成绩。

二是争取东北军积极抗日，坚持抗战。东北军东调以后不到半年抗战就开始了。日本侵略者大举进攻，国民党节节败退，韩复榘不抵抗就丢掉了全山东，形势发生了极大的变化。我党争取东北军的工作，就是要把这支军队变成抗日的军队，使之在思想上愿意抗日，在行动上英勇作战，抗战到底。为此，我们利用合法的形式，在广大官兵中散发宣传品和进步书刊，进行抗战爱国的政治宣传。由吴琨、刘放、黄玉齐等同志负责组织了战地服务团，在连、营、团、旅成立抗战室、救亡室和俱乐部。这些政治宣传活动，大大激发了东北军官兵的爱国热忱，增强了他们的抗战决心。表现最为活跃的是一一〇师，这支队伍是抗日先锋总队改编的新军。师长张政坊同情共产党，参谋长赵龙韬很进步，六二八团和六二九团的团长都是党员。这支队伍高举抗日爱国的旗帜，官兵团结一致大唱救亡歌曲，走到哪里就宣传到哪里，对淮河两岸人民很有影响。国民党蒋介石说这支军队“赤化”了，不给发饷。这也难不了他们，他们就自己打土豪，借钱借粮进行抗日。蒋介石恨之入骨，把这个师解散，分编到五十一军其他各师。蒋介石弄巧成拙，反倒把爱国抗日的种子撒遍全军，更有利于我们在全军开展争取工作。

东北军中有个学兵队，共200余人。他们是一二九运动后，平津地区南下请愿的流亡学生，多系进步爱国的青年。西安事变后，学兵队的大部分成员被发展成共产党员。他们随东北军东调，被分配到各军、师、旅、团、营和连里，由于他们有文化，能说会写，在改造东北军的过程中发挥了很好的作用。

为了对付政训处的特务，我们派一些同志分别打进去，掌握敌人的活动，使其阴谋破产。张树华同志（五十一军工委的秘密交通）打进政训处后，做了很多工作。他多才多艺，弹拉吹唱样样都会，又善于接近群众。他利用自己公开的身份与合法的手段，在敌人内部也组织了抗战室，进行政治宣传，并随时送回情报。军中担任一定职务的地下党员则利用职务之便，提出各种积极的建议或方案，影响军中的当权者，使之作出有利于革命的决定。

东北军在淮河大战、保卫武汉的大别山战斗、台儿庄会战中获胜后，向苏鲁敌后挺进。历次战斗中，我们的党员同志都表现得很勇敢。1938年4月，徐州大突围时，国民党指挥无能，部队溃不成军，秩序一片混乱，国民党军官扔下部队不管，自己化装穿便衣跑了。在兵败如山倒的情况下，我们的地下党员挺身而出，一一四师的副旅长贾陶同志、一一三师的旅长张炳南同志出来收容残部约万人，然后集中到河南整训，准备了向敌后挺进的力量。我们在大别山召开了军工委扩大会议，决定向苏鲁敌后挺进，到山东和一一五师会合。我们的党员英勇抗战，以身作则，深得东北军广大官兵的信任。在党的影响下，一般说来东北军的抗战是英勇的，不少官兵在战斗中壮烈牺牲。向苏鲁敌后挺进时，由我党力量强的一个营掩护全军挺进。日本鬼子两个旅团包围了我们的驻地——大店镇，房子被打平了。日本鬼子密集成环形冲杀过来，该营营长、共产党员张玉璞面对强敌，英勇战斗，直至壮烈牺牲。在这次战斗中，我负重伤，突围而出，和起义部队取得了联系。

国民党蒋介石对东北军越来越不信任，一直想暗算它、搞垮它、消灭它，这一险恶目的部分地实现了。1937 年冬天，六十七军（西安事变时和红军关系最好的一个军）在上海抗战失利。蒋介石借机要搞垮这个军，不补给、不增援。该军由于战场上损失惨重，剩余部队过江时不幸全军覆没。四十九军被东调西调，在江西会编缩编后也被吞灭了。在国民党顽固地推行消灭东北军的反动方针和我党正确政策的影响下，五十七军的一一一师于 1943 年 8 月 3 日起义，师长常恩多把他的部队交给八路军，成立了我山东滨海军区（解放战争初期改为一纵队）。五十三军的一部分人，在吕正操等同志的领导下，后来成立了冀中军区，坚持了平原抗战。

在争取东北军的同时，我们党还派出一些同志去开展地方工作，争取其他友军和地方武装，壮大抗日队伍。例如，范离同志去西北军二十六路军开辟工作；张何如同志去微山湖开辟根据地；伍志刚、王再天、邹鲁风等同志去高密县争取地方武装头子蔡晋原；我在东北军掩护下建立了宜君县委，并劫狱救出县苏维埃主席，我曾九次被捕被扣，虎口余生，险些丧命。

1939 年，由于形势的变化，中央决定凡是在友军中的党组织撤出，不再发展。这时，我已回到延安，在各友军中做工作的同志，潘纪文、韩立中、陈友三、邹大鹏、栗又文、李士原、谢仁杰等同志也陆续回到延安。回延安后通过总结工作，我们与总参谋部会编写出《中国军队概况》、《友军与友军工作》、《兵要地理》，还编写出国民党 102 个军和 240 个师的系统材料，供中央和军委对敌斗争参考。

在民族生死存亡的关头，我党为争取东北军进行了极其艰苦的工作。争取东北军的成功，对于推动全民族一致抗日，反对日本帝国主义的侵略，具有很大的作用，这是我们党的统一战线策略的伟大胜利，也是我党兵运工作史上光辉的一页。

争取十七路军联合抗日的谈判经过

汪锋

1935年10月初，党中央和毛主席直接领导的中央红军主力，经过二万五千里长征终于到达了陕甘苏区根据地。当时蒋介石为了进攻红军和陕甘苏区，在西安成立了所谓“西北剿匪总司令部”，调动东北军、十七路军和一部分蒋嫡系部队对陕甘苏区发动了第三次大“围剿”，以东北军为主力，由南向北疯狂进攻。中央红军一到陕甘苏区，就同十五军团一起，参加了反“围剿”的斗争。毛泽东同志直接领导了这次反“围剿”斗争。有名的直罗镇战役，便是在毛泽东同志亲临指挥下，取得胜利的。

中央红军到达陕北的伟大胜利，给面临亡国惨祸的中国人民带来了希望，给全国人民争取抗日与民主的群众运动以巨大鼓舞和有力推动，人民群众的爱国热情像烈火一样熊熊燃烧起来。党的巨大影响，不仅在人民群众中深入人心，也影响了统治阶级的中上层。不但在统治阶级政界发生影响，对那些具有爱国思想的国民党军人也有很大的震动。特别是在西北地区，对于被蒋介石驱赶到陕甘前线进攻红军的东北军和西北军，对于两军的统帅张学良将军与杨虎城将军，都产生了极其深刻的影响。这时候，我党中央分析了东北军、西北军的处境和现状，认为争取两军共同抗日是完全可能的。从此，党对张、杨以及东北军、西北军（即十七路军）广大官兵开始进行耐心细致的争取工作。

红二十五军到达陕北前，我曾长期负责十七路军地下党的工作。红二十五军到达陕北后，由于受王明“左”倾路线的影响，把刘志丹等一大批执行正确路线的同志抓了起来，造成陕北革命根据地的严重危机。中央红军刚到陕甘苏区南部鄜县一带的时候，我们还被关押在瓦窑堡。党中央派贾拓夫、王首道同志把我从红二十五军政工队释放出来。

11月间的一天，贾拓夫同志通知我，要我赶到前总驻地——鄜县西边的套通塬东村谈工作。我由瓦窑堡星夜赶到前线总指挥部。其时，直罗镇战役刚结束，全歼了东北军牛元峰的一〇九师，大量物资和俘虏需要处理，前方异常忙碌。前总政治部主任杨尚昆同志招呼我住下，告知我来这里是毛主席调的，工作将由毛主席当面指示。

在我到达前总的第二天晚上，毛主席约我谈话。我怀着极其兴奋的心情去见毛主席。毛主席住在一个群众住的土窑里。毛主席一见到我先问了陕北许多同志的情况，然后谈到了将要分配我去做的工作。毛主席要我前往西安，代表红军同十七路军谈判，争取他们同红军互不进攻，联合抗日。

我向毛主席汇报了我所了解的杨虎城将军和十七路军的情况。我说，十七路军参加过北伐战争，受过大革命的洗礼。从大革命以来，有不少知名的共产党员如魏野畴同志等在这个部队中做过工作，还有不少党员至今在十七路军中做秘密工作，在杨虎城将军周围还有一些同情我党的进步朋友（如杜斌丞先生等）。谈判成功的可能性是很大的。我长期在陕西省委的军事委员会做负责工作，对这个部队的历史和人物情况比较熟悉，我愿意尽力做好这项工作。

在那几次谈话中，毛主席反复分析了全国的政治形势，阐述了我党的政策。毛主席说，由于日本帝国主义妄想独霸中国，变中国为它的殖民地，国内阶级关系发生了新的变化。当前，民族矛盾上升，国内阶级矛盾下降了。在此民族危亡的关头，全国人民一致要求抗日，敌人阵营也会发生变化甚至分裂。在这种形势下，我党与民族资产阶级重新建立统一战线是完全可能的。我们不能实行那种狭隘的关门主义政策，我们的国内政策要作适当的调整：要改变消灭富农的政策；要团结一切爱国的开明绅士；要争取中产阶级和地方势力；要大量吸收知识分子。对军阀，我们要向前看，对他们过去反人民的坏事，不要耿耿于怀，更不要只看他们生活怎么腐化，只要现在有一点民族气节就好，要在抗日的旗帜下团结他们。我们要体谅他们的难处，打共产党是蒋介石胁迫让打的，不打他就完了。为了争取他们，在发生冲突的时候，我们甚至可以暂时让出一些地方。

接着，毛主席对东北军和西北军的情况作了精辟的分析。毛主席说，东北军和西北军都是地方势力，不是蒋介石的嫡系部队，是受蒋介石排斥打击的。蒋介石让他们打红军，以达到两败俱伤的目的。由于蒋介石排斥和削弱杂牌军，他们与蒋介石之间的矛盾是不可调和的。东北军要求“打回老家去”的愿望很强烈。西北军是典型的地方势力，他们要扩大实力，控制地盘，对抗“中央”，同“中央”胡宗南部的矛盾必然日益突出；杨虎城和中下级军官都有反蒋抗日思想。我们的方针是保存东北军、西北军，在抗日的旗帜下争取张学良、杨虎城，壮大抗日力量。在他们不觉悟的时候，还是要打他们一下，直罗战役就是这样。但打不是目的，目的在于促使他们觉悟，使他们认识到“剿共”是没有出路的。毛主席说，目前政治形势对我们很有利，我们提出“西北大联合”，争取同张学良、杨虎城将军搞好关系，然后才有全国的大联合。

最后，毛主席谈到派我去西安的任务。毛主席说：谈判成功的可能性是大的，但也有一定的危险性。谈判一定不要决裂，要谈和。我表示，完全接受主席的指示。这次出去，当力争谈判成功，如果谈不好，有危险，也不惧怕。主席说，你说得很对，现在的时机是好的，我们连续打胜仗，他们一定很动摇，成功的可能性很大，但困难和危险是有的；我们把各方面都想到，有了精神准备，事情就好办了。主席还具体指示，对杨虎城部队要有个分析，多鼓励抗日士气，少谈以往的不愉快事情，多看进步的，少看落后的……

听了毛主席对形势的分析和对我党政策的深刻阐述，我感到耳目一新，豁然开朗，思想大解放。在王明路线统治时期，实行狭隘的关门主义策略；四处树敌，“为渊驱鱼，为丛驱雀”，把自己搞得很孤立，路子越走越窄，工作被动，损失很大。现在，毛主席来了，端正了党的政策和策略，革命道路开阔了，工作好开展了。我信心百倍地去完成党中央、毛主席交给的艰巨任务。

毛主席同我谈话结束，我在前总又住了几天，毛主席和周副主席又给我不少指示和办法。等毛主席写给杨虎城、杜斌丞、邓宝珊三人的亲笔信交给我以后，就从前总出发，经过张村驿赶到关中特委所在地九头塬蓝衣村。

关中特委许多同志是我很久不见的老战友，为了保密，没有一一见面。我只同有关同志积极地进行准备，找化装衣物、证件，研究选择外出路线。关中特委特从边境调了一些地方干部提供情况，参加研究。有的同志主张经赤水（苏区新建县，地在今旬邑县西部）出苏区，有的主张经正宁县由庆阳出苏区。这些主张都有缺点。后来，我同邠县北后区工作的地方干部赵洪同志谈话之后，决定从邠县与长武县之间出苏区。这个地区没有正规部队驻守，虽有民团，但晚上不敢出来骚扰。只是我路不熟，需要找个带路的同志。路线决定以后，便起身，当晚到达赵洪家中，由赵洪找到了一个在乡苏维埃政府工作的人为我带路。我们研究了边界情况，便和带路的同志向长武出发。天明前已出了苏区到达泾河东岸。

从离开关中苏区，一气走了大约150华里，虽然有些疲倦，但却是一帆风顺的。在距长武县25华里的地方，碰到了两个便衣特务，对我进行了仔细的盘问和搜查，缝在我的皮衣里边的毛主席写给杨虎城等先生的信，也被搜了出来。幸好这俩是“土特务”，当看到信是写给绥靖公署主任的，便有些瞠目结舌，不知如何发落。我就装出一副国民党大官的神气，大声问他们是谁派出来的，并吓唬他们说：你们这样乱搞，杨主任知道了，对你们和你们的上司都是不利的。这两个家伙更加发慌，说他们是长武县政府派出来的。我知道长武县县长是党伯弧，乃十七路军中的老人，是忠于杨虎城的。这时，我比较放心，对两个便衣说：我是十七路军的高级特情人员，是杨先生派到苏区边界做工作的，现在回西安去报告工作，同你们的党县长也是老朋友。他们相信了，请我们到附近村子休息，吃饭，并把他们搜出的信件还给我。

当时我考虑，把这些信秘密地从长武县带到西安，是很不容易的，同时，这两个便衣也难免不走漏消息，但估计党伯弧还不至于破坏我们的事，因为这件事暴露出去，对于十七路军是很不利的。于是，我决定设法和党伯弧见面，争取他的同情，以免泄露秘密，顺利到达西安。长武县的城门是由“中央军”守卫的，这一关如何通过，就是一个问题。为了避开进城的检查，我给党伯弧写了个信，诈说奉杨先生之命，有要事商量，要他到城外相会。此信由一个便衣先送去。大约下午6时，我们到达长武县北门外，党伯弧果然在路边等我。党伯弧命令便衣离开以后，我对党从实说明了来意，简略地讲了红军主力到达西北后的形势，蒋介石不信任并削弱十七路军的事实，杨先生同我们已有多次来往等。强调此事关系国家大局，也关系到十七路军的前途，要他加以协助。我谈完以后，党伯弧县长表示帮助，并说他同十七路军是利害相联的，一定想办法平安地送我到达西安。党伯弧所顾虑的是两个便衣知道了，不好保密，长武到西安300多里，万一出了岔，不好办。我告诉党伯弧可以按我告诉便衣的说法，对付便衣。至于护送方法，可以选择可靠人员用押解的办法，可以保证安全，万一出了事，也可以避免连累他。他同意了，同我一块进城。第二天清早，党伯弧选派他的亲信——保安队队长带了四个兵，用大卡车“押送”我往西安，汽车一直开到西安新城绥靖公署。杨虎城先生见到了毛主席的信以后，让十七路军军法处长张依中接待我。此人曾参加革命，渭华暴动时，我们曾经认识，后来，他消极了，但还认识我，表现特别亲热。他们把我安置在西华门军法处看守所。张依中向所长吴怀仁介绍，我系十七路军的特情人员，是被红军俘虏后逃回来的，需要审查以后才能复职。看守所长是一个年近60的老狱吏，习惯于奉迎，他看到我同他的长官平出平入，便尽量向我献殷勤，安置我住在一个较好的房间里，每天单独开饭，极表关怀。我名义上虽然是“犯人”，实际上却是比较自由的，可以到张依中、吴怀仁的办公室里去闲话，了解情况。谈话中张依中一再表明他之所以脱离革命，只是同某些人有不同意见，没有做过坏事，如有需要他的地方，他一定尽量帮忙。一次，谈起渭华暴动，张说他对刘景桂（刘志丹）同志印象极深，详细问了刘的情况。

大约一周后的一天晚上，张依中来说，杨先生约我谈话。并开来一辆小车，送我到新城。杨虎城先生在新城大楼门口等候，接我入西客厅谈话，没有别人参加。首先由我代表毛主席向杨先生问好，说明了来意，谈了形势，和红军联合抗日的主张。没有等我说完，杨先生就提出了三个问题。

第一个问题：十七路军认为红军不讲信用。他说：我部孙蔚如驻防汉中一度和红四方面军有过来往。但是红四方面军无故地攻击汉中地区，我部许多人至今还有不满情绪。

第二个问题：十七路军警三旅旅长张汉民，中央（指国民党）一再指责我，说张是共产党员，陈立夫对我也亲自谈过。我认为张有魄力、能干，没有理他们的指责。但是红二十五军徐海东部在柞水九间房设伏击，并把张汉民杀害了，这是我们很不满的。

第三个问题：你们红军主力北上抗日，主张联合一切抗日部队，这个主张很好，但是如何帮助东北军和十七路军呢？

我对这些问题作了详细的回答。我说，贵部孙蔚如先生同我红四方面军有来往，我们是知道的。贵部派的张含辉，到过通、南、巴苏区，我红军四方面军，保证了安全，双方并取得了谅解，因而贵我两军在两年中，没有大的磨擦，孙部得以安驻汉中，兵员有了很大的发展，说明红四方面军是信守了协议的。后来中央军第一师胡宗南部，依靠天水地区，积极向南扩展，势力伸张到四川西部，不仅我军侧面受到威胁，同时孙部也受到威胁，而孙部对胡宗南部不加抗拒，任其发展。特别是中央红军到达川西时，胡部已伸入到嘉陵江西岸一带，阻碍红四方面军和中央红军会师。红四方面军为了顺利地同中央红军在川西会师，必须安全地渡过嘉陵江，要安全渡江，必须设法调离沿江驻守的胡宗南军队。所以才决定采取声东击西的办法，明攻汉中，威胁天水（胡军后方），调动胡军返回天水。胡部果然以为我军攻打汉中、天水，撤回了川西部队，集中天水防我进攻，给了我红四方面军回师西进的良好机会，安全地暗渡嘉陵江，完成了和中央红军会师的任务。这种军事行动，说清楚了，先生是会谅解的。杨先生知道，汉中是个盆地，红四方面军如果决心消灭孙部，就可以依靠川北苏区，三路出击，东路依万源、城口进攻镇巴、西乡；中路依通、南、巴翻越巴山进攻南郑；西路依广元进攻宁强、沔县。东、南、西合围南郑，汉中地区腹背受攻，不是更容易得手吗？何必单从西路一线进攻汉中呢？这点也正充分说明了我军攻击汉中地区，只是调动胡军之手段，并不是以歼灭孙部为目的。

红军二十五军，从鄂、豫、皖苏区突围后，长期行动，得不到补充和休整，有困难。该部到达陕豫边地区后，是准备休整的。可是贵部柳彦彪旅，天天尾追，逼得红二十五军不得不自卫，山阳一战该旅溃败，而贵部警三旅张汉民部又接踵而至，并且张部尾随比柳旅更为接近。红二十五军误认该部再寻机攻击，遂于柞水之九间房接火战斗。在战斗中，张旅长被俘。由于红二十五军自从突围以后，和上级失掉了联络，不了解张汉民同志的情况，所以被误杀了。这首先是我们共产党人的沉痛损失，因为张汉民确是我党党员，现在我党中央已追认张汉民同志为革命烈士。这个事件，对于十七路军说，当然也是一个沉痛的损失，但却可以用来作为同国民党进行斗争的有力材料，以张汉民同志被杀来反击国民党陈立夫等的指责，说明十七路军并没有什么共产党打掉蒋介石削弱十七路军的借口。

至于红军的态度，我党在《八一宣言》中有明确说明，毛主席给杨先生也写了信，想必杨先生也是清楚的。今后贵我双方如果不相互攻击，就会互不伤亡，这对十七路军之发展壮大和对抗日救国事业都是极为有利的。我们认为西北军和东北军都是要求抗日的，这些军队的扩大，就是抗日救国力量之发展，也就是蒋介石卖国势力的削弱，所以我们只有帮助成长，防止损失，这就是我们对西北军和东北军的明确态度。

杨虎城先生在谈话中多次暗示十七路军上下官兵都是齐心的，能够听他的话。但对谈判的具体内容没有明确态度。从语气和神态看来，他对联合抗日，互不进攻是赞成的，对这次谈话也是满意的。杨先生最后向我说，他今后不能多和我谈，指定王菊人先生（当时任杨的机要秘书）和张依中先生继续同我接谈。并说如果事情完了，有一位老朋友要我带往苏区。此后杨先生还接谈过两次，是礼节性的。一次是（王菊人先生在坐）同意王先生同我谈话的内容和所定的联络办法。一次是我要返回苏区时的寒暄，表示代问毛主席、周副主席的好。

同杨谈话以后的第三天，王菊人先生约我到中柳巷他的家里谈话。王在大革命时期参加过革命组织，我们是相互知道的，但这次见面，王却表示很疏远。他一开口就说红军经过长期行动，到达陕北可能很疲倦了吧？分明是暗示红军联合他们是出于不得已。我说：红军主力已顺利到达目的地陕甘边区了，初进苏区便打了几个胜仗，吴旗一战歼灭马步芳的野骡子旅大部分；直罗镇战役，东北军牛元峰一〇九师全部歼灭，王先生大概听到了吧！因我这样回答，王就转换话题说：贵部到西北后，对马家军如何对待？马家军以强悍著称，搞不好，很麻烦。我说：马家部队也不是蒋的嫡系，如果他不积极骚扰，我军亦愿意互不攻击。同时，马家部队也和红军较量了一下，并未占到便宜，看起来也不像传说的那样勇猛。接着王菊人先生表示同意同红军建立关系，但极力宣称十七路军是有革命传统的，这次和红军建立关系，是为了革命，望双方都能抱定互相谅解、互相尊重的原则。我说：我们都是西北人，十七路军的情况，我还知道若干。为了国家的利益，两军的利益，为了西北人民的利益，我们都应为两军的联合尽一份力量，促成两军的合作。

从王菊人家里出来，回到军法处，张依中早在他的办公室等我。他一见面，就对我说，王菊人不够朋友，爱弄小聪明，要我多加注意。张说这话的用意何在，我一时弄不清楚，只好随口应答几句。从张后来的谈话我才了解到他是在极力表示要重新参加革命工作。由于张依中的帮助，我能够自由外出访朋探友了。于是我就设法会见杜斌丞先生，从朋友那里知道杜斌丞先生住在大湘子庙街。在一个晚上，张依中先生约我到他家谈话，张住在正学街。由张依中家中出来，我就去杜先生家中，杜先生亲自出门迎接。我告诉杜先生，毛主席有信给他，都在杨先生那里，不知收到否？杜说没有接到。他估计可能是被杨先生扣押了。杜先生表现很热情，问了陕北许多熟人的情况，继而分析了杨先生的态度。他说杨敢干，直爽，对蒋介石统治不满，也有一些进步思想，但有些简单，抱有统治陕、甘的“雄心”。杨先生对红军有些害怕，宜多作解释，以打消他的顾虑。随后杜先生也提到张汉民的问题，并说朋友们都很关心这件事的真相。我便老老实实地告诉了张遇害的经过，说明这个误会是大家的不幸，党中央已追认张为革命烈士。杜先生听了以后表示说党处理的很适当。对于争取十七路军联合抗日的问题，杜先生说，他是不准备离开十七路军的，今后当极力促成两军合作抗日。我辞出时请求杜先生代我约邓宝珊军长，他慨然答应了。以后也还多次设法去杜先生公馆，了解西北各方面的情况。有天晚上同杜先生谈完话回到住处，天已很晚了，张依中派人请我到他的办公室。张对我说，你近来活动的太多了，已引起一些人的注意，杨先生也知道了。不知什么人出的主张，杨先生已令我处庞志杰队长监视你的行动，怕你出岔子。如果在外边被中央发觉，立即设法把你抢回来；假如不可能，要先开枪伤害你，千万不能让国民党把你活捉了去。我很担心，所以才秘密告诉你。杨先生这样布置，是为了十七路军的利益。张这样告诉我，是真是假，不太清楚，不几天庞志杰也把杨决定的内容秘密告我。但是说明了我的行动是被十七路军方面大为注意了，必须小心一些。过了几天，王菊人又约我到他家谈话，这次王的态度比较客气。他说你可以返回苏区了。杨先生认为红军和十七路军都是抗日部队，双方力量都不应削弱，要互相谅解，双方都应当避免冲突，行动尽量告诉对方；如果遭遇，双方都不要采取包围追击。你需要什么东西，可以买点，前次杨先生告诉的××先生和你一块去，请你多加照应。

在西安住了约一月，到此告一段落。临行前到杜斌丞先生家里辞别，传达说杜先生去了三原，他代我约会的邓宝珊先生也没有可能见到了。

过了一天，张依中通知行期和路线。他说，明天就走，同行人在北门外会齐。坐马车经三原去淳化，淳化驻军是特务二团，团长阎揆要。我听后内心确实高兴，因为我和揆要同志可以见面了，我们分别已有一年多了。张还说，杨有电话给阎团长，说你们是中央派去陕北谈判的大员，要阎亲自接待，要我不可露出马脚。送我们的又是庞志杰。真凑巧，送的和接的都是共产党员和与共产党有关系的人，哪有不放心的呢。早 7 时在北关集合了，杨先生要我带往苏区的那位先生在三原，我俩住在一间房子内，才知道这位“代表”也是一个共产党员，他的名字叫王世英。

次日下午 4 点左右，到达淳化县，阎揆要团长在城南门外等候，庞和阎是老同事，先由庞介绍了王世英同志是杨部高参，介绍我是“中央大员”赵仲远先生。阎团长摸不清头脑，只是点头。回到团部后，阎说，原来“中央大员”就是你。在阎揆要同志的团部住了一夜，由雷展如同志送我们到苏区边界，雷当时任连长，也是一位陕西军委领导的老共产党员。

我们进入苏区走不到二里路，就被一支武装包围了。他们是当地的游击队，看我们穿着长袍，戴着礼帽，不由我们分说，硬要捆我们到队部去，我们怎样解释也不听，队员叫我们“反对派”（陕北苏区群众把国民党叫反对派）。到了队部，见到队长，他笑着说：“我的汪政委，几乎把你当反对派了”。队长姓杜，是红军二十六军的班长，他是认得我的。休息吃饭以后，由杜队长派人送我们去关中特委所在地蓝衣村。

记西安事变

申伯纯

1936年12月12日清晨，西安附近的华清池畔，响起了一片枪声，揭开了震动中外的西安事变的序幕。这里，只是这次事变的概略叙述。

一

西安事变的爆发不是偶然的。它集中地表现了当时在日本帝国主义加紧侵略的形势下，我国国内阶级关系和国际关系的深刻变化。从九一八事变以后，特别是1935年华北事变以后，我国国内形势的基本特点，正如党中央瓦窑堡会议所指出的，是“日本帝国主义要把全中国从各帝国主义的半殖民地变为日本的殖民地”，“向着四万万人的中华民族送来了亡国灭种的大祸”。在这种形势下，国内各阶级、各党派及其武装力量之间的关系正在迅速改变；不但工人、农民、小资产阶级要求坚决抗日，在统治阶级营垒中一部分人也有抗日要求。中日矛盾已成为主要矛盾，国内阶级矛盾则降到次要地位。新的革命高潮即将到来。我党中央根据这一新的形势，确定了建立抗日民族统一战线的方针，发表了“停战议和、一致抗日”的通电，采取了逼蒋抗日的政策。党的救国主张得到全国人民的热烈拥护。但是，蒋介石仍然坚持反共内战，继续进攻红军。

当时在陕北前线的，是张学良所率的东北军与杨虎城所率的十七路军。这两支部队都不是蒋介石的嫡系，平时备受歧视。张学良和他手下的东北籍官兵，因为东北沦陷，都怀有切肤之痛和抗日要求；十七路军本是陕西的地方势力，一向同蓄意消灭异己的蒋介石有深刻矛盾。这两支部队，在“剿共”内战中，都先后受到红军的严重打击，张、杨两军上下，都认识到红军不可战胜的威力，较普遍地感到和红军打下去没有前途。他们为本身利害打算，也必须从这条死胡同里脱身出来，寻求新的出路。

正因为这样，张学良、杨虎城在我党的抗日民族统一战线政策影响与全国抗日运动的推动下，并且由于党从多方面所进行的争取工作，他们于 1936 年春，都不约而同地接受了停止内战、一致抗日的主张，各自同红军秘密订立了互不侵犯、抗日友好协定，实行了局部停战。

东北军和十七路军的广大官兵，在红军的威力和争取下，也都接受了“中国人不打中国人”的口号，救国情绪普遍高涨；特别是东北军对于“打回老家去”的口号更表示热烈响应。他们同前线红军不仅接触频繁，而且在某些物资供应上互通有无，有时还实行阵地联欢。

张学良、杨虎城在联共抗日的道路上携手合作以后，他们就在共产党员的协助和参与下，着手进行了一系列的抗日准备活动，例如采取各种措施整顿内部，派出代表与各地方实力派系进行联系，以壮大联共抗日的声势。同时，他们对于中共西北特别支部在西安领导的群众抗日运动，也给予有力的支持。

他们所进行的这些活动，虽然是极端秘密的，但是总不免要被蒋介石在西安的特务机关闻到一些气味，听到一些风声。况且东北军、十七路军对红军的战事已经停下来了，更无法瞒过蒋系势力的眼睛。特别是5月以后，张、杨部下与蒋系特务机关、省党部发生几次冲突之后，矛盾已经达到了十分尖锐的地步。但蒋介石因为当时两广事变还没有完全解决，一时腾不出手来，所以只好暂时隐忍不发。

到了10月间，两广事变结束后，蒋介石便杀气腾腾地调集了30个师的兵力，摆在平汉线南段和陇海线西段，并亲自飞赴西安，压迫张、杨继续"剿共"，然后回到洛阳进行军事部署。12月4日，蒋介石准备就绪，再度来到西安，提出两个办法向张、杨"摊牌"，逼迫他们表明态度：第一个办法是，将东北军与十七路军全部开赴前线，向红军"进剿"，中央军在后面接应督战；第二个办法是，如果张、杨不愿打内战，立将东北军调到福建，十七路军调到安徽，将陕甘两省让给中央军。

这两个办法，都是张、杨绝对不能接受的。他们深知，受了红军影响的广大官兵是不会再听蒋介石驱使"剿共"的，何况他们本人也不愿继续内战。如果走第二条道路，离开西北、离开红军，两军再分开，结果必将为蒋介石分别击破，无异是自投陷阱，自取灭亡。在这种形势之下，张、杨除了"逼上梁山"，再没有路可走了。于是，西安事变便以必然出现的局面而爆发了。

二

张学良按照和杨虎城既定的决策和步骤，第一步先向蒋介石实行

“善说”。12 月 7 日，他抱着破釜沉舟的决心，来到了华清池，向蒋介石“哭谏”；希望以至诚来感动、说服蒋介石。他先则慷慨陈词，声泪俱下，继则同蒋介石展开了激烈的争辩，共历三小时之久。蒋介石厉声斥骂他年轻无知，受了共产党的“迷惑”，最后把桌子一拍，说：“现在你就是拿手枪把我打死，我的‘剿共’计划也不能改变。”

“哭谏”失败了，张学良当晚回到西安，同杨虎城商量，按照预定的第二个步骤实行“兵谏”。他们决定：到华清池活捉蒋介石的任务，由东北军担任，十七路军则负责拘禁西安城内蒋系军政大员，解除城内蒋系部队的武装，控制飞机场和火车站。部署大体就绪后，具体的行动时间还未决定。

12 月 9 日，西安 1 万多学生，为纪念一二九运动一周年，举行了示威大游行，要求团结抗日。当游行队伍集合时，国民党特务竟开枪打伤了一个 12 岁的小学生。这一事件更加激起了学生的愤怒，于是整队冲出中山门向华清池进发，去向蒋介石请愿。蒋介石听到消息，亲自打电话给张学良，令他用武力制止，“格杀勿论”。张学良急忙乘汽车赶上请愿的群众，进行劝阻，说他们去见蒋介石，将有牺牲流血的危险。有一学生冲到张学良面前，慷慨激昂地说：“张将军，东北沦亡五年啦，你还忍心打内战吗！我们不怕流血，愿为救国而死！”说罢放声大哭。接着 1 万多人都放声痛哭起来。悲痛之声，震动山河。张学良爱国之心，受到激发，他挥去脸上的热泪，激动地对群众说：“同胞们，我和你们站在一条线上，你们回去吧，你们的要求，我在一星期内用事实答复！”

果然，到了第三天，张学良就以非常举动实践了他的诺言。12 月 11 日午夜 12 时，张学良召集他的亲信，宣布实行“兵谏”的决心和行动计划，随即率领他们前往新城大楼杨虎城公馆，设立临时指挥部，与杨虎城共同指挥这一行动。他们还指定几个人草拟了一份通电稿，准备在捉蒋以后发出。通电稿内列举了八项政治主张：一、改组南京政府，容纳各党派，共同负责救国；二、停止一切内战；三、立即释放上海被捕之爱国领袖；四、释放一切政治犯；五、开放民众爱国运动；六、保障人民集会结社之政治自由；七、切实遵行孙总理遗嘱；八、立即召开救国会议。

12日清晨5时，白凤翔、孙铭久等带了一连亲信卫士，乘车赶到了华清池。经过一场激战，他们冲进了蒋介石的卧室。室内空无一人，床上的被子还有余温，桌上放着蒋介石的衣服、帽子、皮包，地上还有一只鞋子。孙铭久立刻带人上山搜索，在一块大石头后面草丛里找着了蒋介石。

蒋介石瑟瑟缩缩，从草丛里露出头来，这时，他只穿一件绸夹袍和一条单裤，光着双脚，冻得直打哆嗦。当他弄清楚了来捉他的是东北军部队，死也不走。士兵们一拥而上，推推拉拉，把他架下山来，装进汽车，一直开到新城大楼。

与捉蒋介石的同时，十七路军也按照计划，把集中在西京招待所的南京来的军政大员陈诚等数十人逮捕起来。

蒋介石这个人，有一套熟练的流氓手法。他在被捉到新城大楼后的三天中，施展了不少花招——收买、挑拨和撒赖。他明明不知道孙铭久，却一再向孙铭久说："我知道你，有人给我报告过。我知道你是个好青年。"当杨虎城的副官给他送来衣服时，又连忙恭维说："我们现在是共患难的朋友，你们叫什么名字，开个名单给我，将来我不会忘记你们的好处。"他被拘禁在新城大楼，每天只见张学良，不见杨虎城，暗中幻想张、杨之间一定有矛盾可以利用，并提出要单独和杨虎城见面。见面时他向杨虎城提出一连串的发问："这次事变，你预先知道不知道？""你们干这样的事，究竟听了什么人的话？""你若以国家为重，就马上设法把我送回去！"如此等等。当然，这些伎俩都碰壁了。

新城大楼环境比较复杂，张、杨决定把蒋介石搬到一个官员的公馆里去。14日晚上当孙铭久要蒋介石搬家的时候，他看孙铭久腰间横插左轮手枪，以为要拉他出去枪毙了，霎时脸色变白，浑身发抖，一歪身倒在床上，把头蒙在被子里，战战栗栗地连声说："我不去，我不去，我死也死在这里。"孙铭久向前走了几步，准备向他解释，他更着慌了，连声说："你不要靠近我，你快出去。你要打死我，就在这里打死我吧。"一面说，一面又紧紧地往床里面缩去，把搁在床边上的一碗牛奶也碰翻了。孙铭久虽然再三解释，他还是蒙着头打哆嗦。孙铭久无法可施，只好苦笑了一下，退了出去。

三

把蒋介石拘禁起来以后，张、杨便立即向全国发出了关于八项主张的通电，同时打电报通知陕北红军，请红军立即派代表团来西安，共商抗日救亡大计。他们还令一部分亲信文职军官组织了一个设计委员会，负责研究政治方面的问题；令一部分武职高级军官组织了一个参谋团，负责军事。

当天下午设计委员会就成立起来，并讨论了当前最迫切的问题：第二步怎么办？怎么处置蒋介石？对这个问题，张、杨并无成竹在胸。还在11日夜张学良宣布行动计划时，就曾有人提出这个问题，他当时的答复是："第二步怎么办？捉住以后再说。只要他（指蒋介石）答应我们抗日，我们还拥护他做领袖。"设计委员会在讨论时，也都提不出成熟的意见。有人主张杀蒋；有人主张送给红军去杀；也有人根据张学良的说法，认为只要蒋介石答应抗日，就可以释放他。讨论到最后，大家认为这个问题关系重大，既然我们没有个成熟的主张，共产党在政治上比我们高明，不如等红军代表团来到后，听听他们的意见再作决定。

第二步怎么办？虽然大家还捉摸不定，但当时的主流思想是，“应该把蒋介石交付人民公审”。不论上下内外，绝大多数人都认为这样办是理所当然、势所必至的结局。设计委员会并向西安各界和军官作了这样的宣传，得到群众和军官们的一致拥护。

蒋介石被扣的消息传到南京后，国民党统治集团内部一片混乱。亲日派以何应钦为首，主张明令“讨伐”张、杨，轰炸西安，阴谋用这种手段置蒋介石于死地，以便取而代之。英美派则以宋美龄、宋子文为首，竭力主张先设法营救蒋介石，反对马上进行“讨伐”。

国民党统治集团的内部分歧，反映着日本帝国主义和英美帝国主义的矛盾。日本帝国主义指望乘机扩大中国内战，以便实现其灭亡全中国的野心。12 月 17 日，日本外相发表声明，威胁南京政府：“绝对不能与张学良妥协，否则日本政府不能坐视。”它除了公开表示支持何应钦打内战以外，还唆使韩复榘、宋哲元等亲日派主张杀蒋，同时勾结希特勒支持在欧养病的亲日派头子汪精卫回国，与何应钦组织亲日卖国政府。英美帝国主义也从它们的切身利益出发，主张把蒋介石营救出来。因此，事变发生后，一面是何应钦调集兵马“讨伐”张、杨；一面是宋美龄、宋子文、孔祥熙等与英美大使馆密切联系。奉行着英美旨意行事的蒋介石的顾问端纳，往返南京、西安，积极从事活动。当 12 月 14 日端纳第一次飞抵西安时，带来了宋美龄给蒋介石的信，信上说：“目下南京是戏中有戏”。蒋介石看到这句话，咧着嘴抽抽噎噎地哭了起来。

事变爆发后，各地方实力派系头目也因为他们的切身利害不同而表现出不同的反应。广西李宗仁、白崇禧从反蒋立场出发，在给张、杨的电文中说：“虽救人自溺，亦在所不惜”，对事变表示同情和支持。亲日派韩复榘、宋哲元，一面公开来电表示“请保护委员长之安全”，一面又在暗地派遣与土匪汉奸有关系的分子徐维烈来西安极力主张杀蒋，并挑拨西安方面的内部关系。老奸巨猾、投机取巧的山西军阀阎锡山，在事变前曾经拍着张学良的肩膀说："汉卿，光劝不行啊，我们自己要想另外的办法。"张学良曾把他当作可靠的同路人。不料事变之后，他给张学良来电满口官腔，一派责备，并把张学良给他的电报抄送南京，同时在报上发表，企图借此向南京方面讨好，从中渔利。后来，他又以居间调停为词，主张把蒋介石送到太原，企图投西安事变之机，把蒋介石掌握在手，作为由他操纵摆布的一张王牌。

西安事变爆发后的局势，是十分险恶的！前途是十分令人忧虑啊！

四

正当这个时候，党中央和毛主席像一座巍然屹立的灯塔，指引着西安事变这只处于飘摇不定、危荡震撼状态之中的航船，使它穿过了惊涛骇浪，绕过了危险暗礁，胜利地到达了团结抗日的目的地。

党中央和毛主席对西安事变作出了正确的分析，认为这是中国一部分民族资产阶级的代表，也是国民党中的实力派之一部，不满意南京政府的对日政策，要求立刻停止"剿共"，停止一切内战，一致抗日，并接受了共产党抗日主张的结果。因此必须抓紧这个时机，以西北的抗日统一战线去推动全国的抗日统一战线。但是，因为这一事变采取了军事手段，扣留了蒋介石及其主要将领，以致把南京置于西安的敌对地位，而造成了对民族存亡有极端危险的新的大规模内战的可能，妨害了全国反日力量的团结。

党中央和毛主席正确地分析了事变的前途，英明地决定了党的基本方针：坚决反对新的内战，主张南京与西安间在团结抗日的基础上和平解决；用一切方法联合南京国民党左派，争取其中间派，反对和揭破亲日派利用拥蒋的号召发动内战的阴谋，以推动南京政府走向抗日的立场；同情张、杨并给予积极援助，切实做好准备，对付亲日派的武装进攻。

关于如何处理蒋介石的问题，党中央和毛主席认为，蒋介石是英美帝国主义在中国的代理人，由于日本帝国主义独吞中国的侵略行动与英美帝国主义在中国的利益发生冲突，因此，使蒋介石抗日的可能性是存在的。同时，现在全国主要的地区和军事力量仍掌握在蒋介石手中，应该设法运用这个力量去抗日。只要蒋介石同意停止内战，一致抗日，就应当释放他。

党中央和毛主席正确地分析了局势，决定了和平解决西安事变的方针以后，就派由周恩来、叶剑英、秦邦宪三同志组成的代表团前往西安。12 月 15 日和 19 日，党中央又先后发出两次通电给南京政府和国民党，劝告他们接受张、杨主张，停止内战，召集和平会议。同时集中主力红军开向西安附近，准备与张、杨部队共同抵抗亲日派的武装进攻。

正在紧要关头，以周恩来同志为首的中共代表团于 12 月 17 日来到了西安。他们带来了党中央和毛主席的英明主张，这才使张、杨以及参与事变的一部分人如同拨开重重迷雾而见到晴空一样，看清了方向，找到了正确处理事变的途径。但是，也有一部分人，思想一时转不过弯，甚至抵触情绪很大。代表团向他们进行了多次艰苦、耐心的说服解释工作，才使事变的和平解决获得了顺利发展。

12 月 22 日，在宋子文、宋美龄先后到达西安以后，就以张、杨通电提的八项主张为基础，举行谈判。中共代表团在会外进行了帮助。经过两天的时间，谈判就达成了协议。蒋介石被迫接受了六项条件后，由张学良送回了南京。尽管蒋介石后来没实现他所接受的全部条件，并且囚禁了张学良，迫害了杨虎城，但是，西安事变终于成为中国现代历史上的一个重要转折点。它正像毛主席所指出的:“国民党当局被迫地放弃了内战政策,承认了人民的要求。西安事变的和平解决成了时局转换的枢纽:在新形势下的国内的合作形成了,全国的抗日战争发动了。”

我所了解的八路军南京办事处成立前后国共合作的有关情况

钱之光

八路军南京办事处，是抗日战争开始后，我党、我军设在国民党政府所在地的一个公开的办事机构。

在第二次国内革命战争时期，我党在国民党统治区领导人民群众进行地下斗争，所有机构都处于严格的秘密状态。如果说在国民党统治区建立公开机构，那么还应该从在西安设立红军联络处开始。

早在1936年春，我党已应张学良将军的要求，派有代表常驻西安，与东北军联络。1937年2月，周恩来、叶剑英在西安与顾祝同谈判，经国民党政府同意，在西安设立了红军联络处。地址在七贤庄一号，由叶剑英负责，李涛、宣侠父都在联络处工作。

七七事变后，国共两党就两党关系以及我党合法地位问题，还在继续进行谈判。在8月9日周恩来、朱德、叶剑英应蒋介石之邀飞抵南京参加国防会议期间，国共双方就红军改编问题达成了协议。8月22日，国民政府军事委员会正式任命朱德、彭德怀为国民革命军第八路军正、副总指挥，并同意设立总指挥部。8月25日，中共中央军委发布命令，将西北主力红军改编为八路军，朱德、彭德怀为正、副总指挥，叶剑英为参谋长。由叶剑英在南京组设八路军南京办事处。当时，国民党统治区的各大报纸，包括《中央日报》、《申报》、《新闻报》等都以大字标题，登载了朱德、彭德怀8月25日发出的就职通电，并报道了“该路军现已派叶剑英组设办事处”的消息。实际上，办事处在这之前，已经开始工作，不过，这时才正式公布成立。9月12日，按战时序列，八路军又改称第十八集团军，朱德、彭德怀分别担任正、副总司令，办事处也称为十八集团军南京办事处。南京办事处设在市区鼓楼附近的傅厚岗66号，原南开大学校长张伯苓的公馆里面。这是因为周恩来与张伯苓有师生关系找到的一幢楼房。南京办事处成立之后，由于西安当时仍然是边区与国民党统治区联系的一个重要枢纽，所以西安的联络机构仍予保留，只是把原来的红军联络处改名为八路军西安办事处。

我是在8月下旬到达南京的。自从1936年3月我与李克农到洛川同张学良、王以哲会谈，就红军与白区通商事宜达成协议后，就时常奉派到白区处理有关经济事务，往来于延安、西安等地。1937年夏，我又奉派到上海协助毛泽民把国际工人为支援中国人民抗日斗争而捐募的外汇，设法由上海转去西安。七七事变后不久，有一天在上海毛泽民家中吃饭，在座的有周恩来、秦邦宪、林祖涵、毛泽民，还有我和刘少文、钱希钧。恩来同志向我们谈了当时的形势。他说：现在卢沟桥已经打起来了，看来全面抵抗不可避免。国民党反共的本质是不会改变的，但现在因为抗日，在政策上不能不有所放宽。我们要充分发动群众，充分开展抗日民族统一战线工作，把抗日战争变成真正的全面抗战。仗一打起来，就不是短期所能结束的。将是艰苦的、长期的战斗。我们要注意积蓄革命力量，既要反对关门主义，也要反对冒险主义。在这次谈话后，周恩来就同秦邦宪、林祖涵到庐山同国民党谈判去了。我协助毛泽民完成了任务返回延安后不久，大约在8月

20日左右，就接到周恩来的电报，要我立即去西安。这时，他已同朱德从南京参加国防会议回到西安。在西安他对我说：南京办事处只有叶剑英、李克农几个人，工作忙得不可开交，你马上动身到南京办事处去协助他们工作。于是我就立即匆忙就道。

在西安上火车和我同行的有刘长胜。当时他穿了一套柞蚕丝的西服，戴着一副眼镜。面孔晒得黑黑的，看上去有点像日本人。加上他在车上很少说话，引起了坐在我们对面的一个国民党空军军官的怀疑。我和他攀谈并拿出恩来同志写给国民党谈判代表张冲的名片给他看，当这个军官知道我们是周恩来派到南京去的之后，立即对我们肃然起敬，态度变得很热情、友好。后来，我们一同在徐州下火车，他还特地为我们找旅馆，并代我们付了旅馆的房钱。第二天，我们也给他代买了去上海的火车票。这一事实反映了当时国民党爱国军官厌恶内战、赞同国共合作抗日的心情。

我到了南京办事处，这时在办事处看到的人有：叶剑英、李克农、童小鹏、夏之栩、熊天荆、张月霞等。当时南京办事处的人不多，叶剑英是八路军驻南京的代表，他要同国民党谈判，又要同各方面联系；李克农是办事处处长，外勤内务他都要管，因此，有关军需、财务等工作，他们要我负责。8月底，秦邦宪也到了南京，这时党中央刚开过洛川会议，他是中共中央代表。随同秦邦宪一起到南京的，有齐光、康一民、吴志坚等，这几个同志也都参加了南京办事处的工作。

这时，华北战场上平、津已经陷落，国民党军队节节败退，八路军已改编完毕，正开赴抗日前线。上海方面战事在激烈进行，全国各地抗日救亡运动空前高涨。在这举国沸腾的日子里，在南京，我们党要做的工作是多方面的，也是十分紧张的。就其主要的来说，一是同国民党继续谈判，就八路军作战、国共两党关系及陕甘宁边区等悬而未决的问题进行讨论，要求国民党承认我们党的合法地位，承认我们的边区和解决我们的防地等。二是要求释放政治犯。当时“七君子”虽已获释，但张学良仍被软禁。我们在白区的党组织被破坏后，许多同志被捕。要把被捕的同志营救出来，要重建党的组织。三是开辟宣传阵地，宣传我们党的抗日救国的纲领和开展统一战线工作。此外，办事处还有领取军饷、军用物资，采办和运输陕甘宁边区所缺乏的物资等任务。

一、关于国共谈判

1937年2月至9月，国共两党代表先后在西安、杭州、庐山、南京等地，进行了多次关于国共合作抗日的谈判，建立了抗日民族统一战线。下面，我对国共谈判这段史实，以问题为主，谈谈我个人所了解的一些情况。

我到南京办事处时，国共合作抗日的谈判，已经进行了多次，时间也不短了，但是由于蒋介石坚持“限共”、“溶共”和妄图对红军与陕甘宁边区实行控制的顽固立场，在一些实质性的问题，如在有关红军的编制人数、指挥机构、出发路线和作战区域等重要问题上还迟迟不能达成协议。

九一八以来，日本帝国主义对中国的侵略步步加紧，中日矛盾成为主要矛盾，国内阶级矛盾降到了次要地位。西安事变中，蒋介石被迫接受了联共抗日的条件。1937年2月10日，党中央为了具体地建立国共两党的合作，致电国民党五届三中全会，要求国民党向共产党保证停止内战实行民主自由，召开国民大会，迅速准备抗日和改良人民生活；共产党也向国民党保证取消两个政权敌对，红军改变名称，在革命根据地实行新民主主义制度和停止没收地主的土地。中共中央这个电报发表之后，得到全国各方面的热烈拥护。国民党在五届三中全会宣言中表示愿意“和平统一”。蒋介石在谈话中，也表示将有限度地开放言论，集中人才和释放政治犯。

2 月 26 日，国民党派张冲到西安，与周恩来谈判，解释了国民党五届三中全会的经过。3 月初，中国共产党代表周恩来、秦邦宪、叶剑英就国共两党关系问题，陕甘宁边区问题和红军改编问题与国民党代表顾祝同、贺衷寒、张冲开始会谈，双方意见大体趋于一致，决定由周恩来将双方谈判的问题作一总结，变成条文，电蒋作最后决定。但事隔两天，顾祝同、贺衷寒单方面将条文进行修改，如将“陕甘宁行政区”改为“地方行政区”，直属省政府，取消“民选制度”；将红军“服从统一指挥”改为“服从一切命令”等等，提出一个我方根本不能接受的方案。双方发生激烈的争论。周恩来电告党中央，指出“这些争执，基本仍然是民主政府与红军独立领导问题，不是与顾、贺可以能解决得了的”；并致书顾祝同，说明“一切有根本动摇的可能”，要他仍以原来商定的条文电告蒋介石，否则请张冲回南京向蒋介石当面陈述。

3 月下旬，周恩来赴杭州与蒋介石本人会谈。党中央提出谈判条件确定为 15 条。主要是中共方面承认孙中山先生的三民主义为中国今日之必需，本党愿为其彻底的实现而奋斗；重申前提的四项保证。对国民党方面，则要求保证彻底实现和平统一，团结御侮的方针，实现人民的民主自由权利，释放政治犯，修改国民大会组织法及选举法等等。周恩来与蒋介石会晤时，将 15 条当面提交。这次会谈，蒋介石未提出具体意见，表示几个月以后，中共可参加国民大会和国防会议；关于陕甘宁边区，“行政区可以是整个的”，不隶属于陕西省，但为应付各方，要我方推荐南京方面的人，充当正职，要我方担任副职。

6 月初，周恩来到庐山与蒋介石再次会谈，对两党合作问题，商谈结果为：中共发表宣言；边区政府由国民政府派正职长官（由中共推荐国民政府方面的人），边区自己推荐副职，事情仍由边区自己办理；在狱中共人员由中共开名单，分批释放；中共派代表出席国民大会；

中共干部可参加国防会议等等。7月4日，周恩来、秦邦宪、林祖涵到西安（以后到南京和上海），代表党中央起草共同合作宣言。15日到庐山与蒋介石、邵力子、张冲会谈，面交了《中共中央为公布国共合作宣言》。我方向蒋介石提出：中共宣言应允许各报刊载，国民党中央应发表书面谈话，赞成此项宣言；释放中共在狱党员，中共有调查之权；容许人民公开讨论宪法草案及救亡大计；召开国防会议，中共参加。蒋介石把我党起草的宣言，交邵力子看，邵表示无意见，蒋又交康泽研究。

8月初，蒋介石从庐山回到南京后，听从了康泽对中共中央宣言的修改意见，认为宣言提出四项保证以后，只要说明为什么共赴国难就够了，后面所提的政治纲领应该删去。当时我们党没有同意，中央决定“不忙于要求发表”。在8月9日南京的国防会议上，康泽对中共宣言提出不要提民主和取消对民族、民权、民生的解释的意见，当即受到周恩来、朱德的批评。9月初，秦邦宪到南京后，向国民党提出，要求早日发表我党宣言和蒋介石的谈话，使我党取得合法地位，并迅速解决陕甘宁边区问题。9月中旬蒋介石又派康泽与秦邦宪谈判，康泽仍然坚持原来的意见，说“后面说的一大堆政治主张是多余的”。对此，双方曾发生激烈的争论。后来，党中央指示，宣言可以修改，但绝不照康泽的意见办。宣言经过修改后，有关纲领部分，基本上仍维持我党原来提出的三大纲领的精神。最后双方同意，于9月22日，中央通讯社播发了《中国共产党中央委员会为公布国共合作宣言》。23日，蒋介石也在庐山发表谈话，承认中共的合法地位。这样，两党合作的基础就算正式确立。29日，毛泽东发表署名文章，说：“共产党的这个宣言与蒋介石氏的这个谈话，宣布了两党合作的成立，对于两党联合救国的伟大事业，建立了必要的基础”。9月24日，孙夫人宋庆龄也在上海发表《国共统一运动感言》，高度赞扬国共两党重新合作。

关于红军改编的问题。西安事变期间，周恩来在与蒋介石、宋子文谈判时，曾表示红军愿在共同抗日的前提下，改编为国民革命军，接受南京军事委员会的指导。当时就商定这个问题由张学良负责与周恩来洽商解决，原则上按实有人数改编。以后因蒋介石回南京后扣留了张学良，这个问题被搁置起来。1937年2月，顾祝同进入西安，才又把这件事提到议事日程上来。当时，在我党代表周恩来、秦邦宪、叶剑英同顾祝同谈判期间，蒋介石为缩小红军编制，曾密电顾祝同，只准按四团制师编两个师，计八个团，兵力为1.5万人，不能再多。并提出各师的参谋长与师内各级的副职，都要由"中央派充"。当时陕北红军实有人数，有3万多人，即使按南京乙种师编制（每师2旅、6团，兵力1万人），至少也应编3个师。由于顾祝同不敢违背蒋介石的电令，坚持只准编4团制2师，多次商谈，均无结果。3月下旬，周恩来在杭州会见蒋介石时，蒋同意编3个师，人数4万多人，并表示总指挥部可以成立，他不派人来参与我们的部队。但6月8日，周恩来在庐山与蒋介石会谈时，蒋却推翻了在杭州会谈时的诺言，表示在红军改编后，师之上不设指挥机构，只设政治部统率，由周恩来任主任，康泽为副主任。并提出"请毛先生、朱先生出洋"的荒谬主张，当即被周恩来严词拒绝，谈判无结果。后来，双方同意由国民党政府发表中共部队3个师的番号，并委任师长，照12个团编制，人数4.5万人，设立政训处。但对指挥机构，仍未明确。6月18日，周恩来返回延安。22日致电蒋介石，指出，中共中央认为："红军改编三个师，上边如无指挥机关，无法进行改编。"同时表示："朱德去留，影响极大，不能离开军队。"7月中旬，周恩来、秦邦宪、林祖涵到庐山同蒋介石、邵力子、张冲会谈时，蒋又令张冲转告，说中共部队改编后，各师直属行营，政治机关只管联络。蒋介石使用这些手段，意图很明显，无非是想借此把红军主力分散，使改编后的红军各师变为脱离共产党的领导、缺乏统一指挥的各个孤立的部队，可以任他调遣、摆布。为此，周恩来致函蒋介石，表明："这与我党主张，出入甚大，事难行通。"7月下旬，我党为做好抗战准备，主动将主力红军自行改编为三个方面军，每个方面军1.5万人。到8月22日，因战局越来越紧张，蒋介石才正式同意，颁发了一一五师、一二〇师、一二九师三个师的番号。要红军沿绥东察北向热河推进。但对在三个师之上是否设置指挥机关的问题，仍未解决。8月9日，周恩来、朱德、叶剑英飞抵南京参加国防会议期间，经过协商，才最后确定在三个师之上设八路军总指挥部，由朱德、彭德怀任正、副总指挥。原来，蒋介石还曾指令康泽物色人选，担任八路军政治部副主任及三个师的参谋长。康泽已拟派复兴社的李秉中为政治部副主任，并从“特训班”、“别动队”里挑选三个师的参谋长。当时，我方拒绝派政治部副主任，对参谋长问题，也只同意派联络参谋。这时，因八一三上海战争已经爆发，蒋介石急于催促红军开赴华北前线作战，所以只好同意派联络参谋；对派遣各级副职的问题，也就不了了之。

我军为了迅速开赴抗日前线，早在8月4日，于红军改编问题尚未与国民党全部达成协议之前，周恩来、朱德、秦邦宪、林祖涵、彭德怀、任弼时等就在陕西三原云阳镇，研究了部队整编，就红军主力参加抗战的问题，向党中央提出报告。确定我军的方针是：参战不迟疑，但要独立自主担任作战任务，发挥运动战、游击战、持久战的优点；红军主力出动，但要有补充与使用兵力的自由；不反对开赴察绥，但要求在察绥晋三角地区有便利补给联络的后方；作战序列坚持我军只属于一个方面指挥的原则，由陕西韩城、平民两路渡河，经同蒲路北上作战，后方分设于包头、大同。8月中旬南京国防会议后，周恩来与朱德于8月19日返西安时，我军大部分已集中三原，待命出发。按照国民党参谋本部白崇禧、黄绍竑的意见，确定我军以两师由渭南上车，经风陵渡沿同蒲路至代县附近下车，到察南蔚县一带集中；另一个师沿陇海路转平汉线在徐水下车，到冀东玉田、蓟州、遵化一带开展游击战争。当时我党中央认为国民党的这个方案，意在将红军主力分割出动，我们不能上这个圈套。所以坚决未同意。我们坚持作战序列只属于一个方面指挥的原则，最后确定大部分由韩城渡河，沿同蒲路北上，不走陇海、平汉线。9月初，我军开赴山西前线，这时汤恩伯、刘汝明等部数万之众，已从南口、张家口退到蔚县一带。而任第二战区司令长官的阎锡山，则先拟派一二九师到忻口，后又要红军开赴阳原、大同，都是意在使红军担任正面堵截，企图假手日寇，消灭我军。毛泽东当时电告周恩来，指出汤、刘等部集中察南，我原定防区已无法立足，对红军有利地区，应是繁峙、五台、浑源、涞源、阜平、唐县、平山等地。根据这样的战略部署，我军向晋察冀前线挺进。9月下旬在平型关首战告捷。这一次大捷，同国民党部队在华北战场接连溃败，形成强烈的对照。不但大大鼓舞了全国军民的士气，而且极大地提高了我党、我军在全国军民中的威望，在国际上也引起了强烈的反响，使许多国际人士看到红军的作战能力。我们在南京宣传我军在前方的胜利，人民群众看到八路军的人，都投以敬佩的目光。说到八路军，人人都翘大拇指，当时我们在南京的八路军工作人员无论走到哪里，都受到人民群众的热情接待。到10月份，我军在晋察冀成立了军区司令部，开创了第一个敌后抗日根据地。

在谈判当中，我们对国民党作了一些必要的让步，但同时我们也连续挫败了国民党顽固派企图控制、分割红军的各种阴谋。在整个抗日战争中，我们党始终坚持了抗日民族统一战线中独立自主的原则，既统一，又独立。

关于南方八省13个地区的红军游击队，当时大约有1万多人。1937年9月下旬，秦邦宪、叶剑英与国民党谈判时，商定将南方各省游击队的主力，编为一个军，以叶挺为军长，项英为副军长，党中央也基本同意。叶挺提议，红军游击队改编后叫新四军。北伐时，叶挺是国民革命军第四军的独立团团长。当时第四军共产党员比较多，作战英勇，是北伐军的劲旅，号称“铁四军”。现在用新四军的番号，就是表示要继承铁四军光荣传统的意思。10月12日，国民党政府正式颁布了改编南方八省红军游击队为国民革命军陆军新编第四军的命令，任命叶挺为军长，项英为副军长，张云逸为参谋长，袁国平为政治部主任。由于项英长期与外界隔绝，对全局形势不甚了解。他在9月份到南昌与国民党江西省政府进行谈判，准备将游击队改编为抗日义勇军。9月29日，又发表了《告南方游击队公开信》，要各地游击队"立即集中，听候点编"。当时党中央张闻天和毛泽东致电秦邦宪和叶剑英，要他们电告项英到南京一行，把中央的有关政策告诉他，指出南方游击队不宜无条件集中，应该保存在南方原有的战略支点。认为"项英同志似乎还不明白在统一战线中应保持独立自主的原则，他在江西的做法是上了国民党的当"。并要他到南京后，再去延安同中央进行讨论。项英于10月23日到达南京，秦邦宪、叶剑英向他传达了中央的指示，他于11月7日到延安。叶挺是在11月下旬又到南京办事处的。这时南京形势已经紧张，他同叶剑英晤面后返回武汉，曾于12月赴延安。以后叶、项由武汉赴南昌，新四军军部于1938年1月6日在南昌正式宣布成立。在南京时期，新四军还处于组建阶段。

关于陕甘宁边区的问题。实际主持国共两党关系谈判的陈立夫，对边区政府的隶属问题，一直主张隶属于陕西省政府，不同意隶属于行政院。前面说到，1937年3月间，杭州会谈时，蒋介石表示"行政区可以是整个的"，可以不隶属于陕西省，但正职要由我方推荐国民党方面的人担任。在这以后，我方推荐张继、宋子文、于右任，表示可以在三人中任择一人，任命为边区行政长官，副行政长官由我方林祖涵担任。后来，蒋介石按照康泽的意见，改派丁惟汾担任正职，但也迟迟未发表。只是在7月17日发表讲话，表示承认陕甘宁边区。可是，后来他任命朱德为十八集团军总司令后，曾对朱德说过，"你抗战了还要边区！"他想给个总司令的名义，就可以取消边区，所以多方面设置障碍。这个时期，讨论的焦点除了行政长官的人选以外，还有边区的地位问题，边区行政首长是称长官还是称主任，边区政府是设厅还是设处，另外边区包括哪些县等等。9月22日，党中央张闻天和毛泽东致电秦邦宪、叶剑英，提出边区问题我们还是要林祖涵任正职，边区行政首长称长官不称主任，边区机构设厅不设处；边区应包括鄜县、洛川、淳化、栒邑、正宁、宁县、西峰、镇原、预旺、安边、清涧、河口、瓦窑堡、宜川在内；边区每月经费，应为15万元；要设保安部队8500人；国民党不得干涉边区内部事务；等等。秦邦宪、叶剑英按这些意见与国民党谈判。一直到9月下旬八路军在平型关大捷后，国民政府行政院在10月12日第三百三十三次会议上，才通过丁惟汾为陕甘宁边区行政长官，林祖涵为副行政长官的任命，并说：在丁惟汾未到任前，由林祖涵代理。但行政院在通过此项决议时，又注明：因边区问题"尚无章制以资依据","俟章制规定再发表"。以后所谓边区的章制，一直未见下文，所以对边区的任命，也被束之高阁。至于每月15万元经费和保安部队8500人等，也均未承认。对边区问题，国民党虽采取拖延的方针，但我党中央已在9月6日将陕甘宁工农政府正式改称为陕甘宁边区政府，并在1937年11月，决定民主选举特区代表大会代表，1938年正式召开特区代表大会。从此，陕甘宁边区成为全国民主政治的先导。

二、营救"政治犯"和重建长江中下游党的组织

"释放一切政治犯"，是我党提出的实现国共合作共同抗日的一个重要政治条件，也是要求国民党政府开放党禁、各党派一律平等、实现真正民主统一的一项重要政治主张。每次谈判，我党都要提出这个要求。但国民党方面，也是采取拖延的办法。像释放沈钧儒等爱国七

君子问题，本来在西安事变蒋介石离开西安时，已表示同意，但以后迟迟未见行动。至于释放我党被关押的同志，在我党催促很急的情况下，陈立夫等人往往以“你们开出名单来”加以搪塞。直到1937年6、7月两次庐山谈判，就释放政治犯问题达成协议，我方提出“释放中共在狱党员，中共有调查之权”以后，再加上抗日战争日益扩大，情况才逐步改善。

7月31日，江苏省高等法院对被关押在苏州的沈钧儒等“七君子”首先宣告开释。8月18日，周恩来、叶剑英乘在南京参加国防会议之便，曾亲自到“首都反省院”探视在押的政治犯，向他们作了政治报告，并当场保释了王根英、夏之栩、熊天荆三个同志。本来，当场要求保释张琴秋，但院方借口张琴秋是顾祝同方面委托代管的，不便立即开释，所以改保熊天荆。当时，由童小鹏把她们接到傅厚岗南京办事处。王根英转移到别处，夏之栩、熊天荆就留在办事处工作。以后又陆续接出张月霞、黄文杰、陶铸、方毅、王鹤寿、钱瑛、吴仲廉、刘顺元、彭康、黄杰、周惠年、曹瑛、潘梓年、陶万蓉等，他（她）们出狱后，有的参加了办事处工作。陈独秀是在8月21日由国民党政府宣布从原判有期徒刑八年减为执行有期徒刑三年后释放的。

从8月下旬到9月上旬，国民党军政、司法部门先后颁布了一些法令。如8月下旬国民党军政部指定苏、浙等15个省为军事犯（包括被关在军人监狱的政治犯）保外服役暂行办法的施行区域；国民党司法行政部也决定原判五年以下徒刑的人犯，都可以交保释放。9月上旬，司法部又批准江苏高等法院临时处置监犯办法：“五年以上人犯，得酌商当地军事长官，编作输送队，派往战区服役”；情形紧张时，十年以下者也可“迳予开释”；“有病及年老、体弱者，除死刑、无期徒刑外，经过批准，也可以释放”。

根据以上这些规定，刑期较短的政治犯，于8月下旬陆续释放；刑期较长的，就由八路军南京办事处以朱德、彭德怀或叶剑英的名义，写信给军政部长何应钦，指名要求调往战区“服役”。多是一封信写十来个名字，一般能放出七八个人。8月下旬到9月上旬，刑期不足15年的，绝大部分都被营救出来，他们有的是办事处派人接出来的，我和童小鹏、齐光、黄文杰、夏之栩、熊天荆等，都到南京监狱接过人。张琴秋、陶万蓉、吴仲廉等就是我接出来的。也有的是出狱后看到报上有八路军南京办事处的消息，主动找到办事处来的，像张恺帆、林李明、林若冰、陈离、黄先、桂蓬等，就是主动同办事处联系，接上关系的。

9月中旬，国民党军政部以“疏散”为名，下令把关在江东门中央军人监狱的100多名刑期在15年以上的重要政治犯和少数军事犯，集中解送安徽和县姥下镇；余下的100多名政治犯，全部关到“狱中之狱”的南监。经过狱中的同志不断斗争，办事处的全力营救，加上战局日趋严重，这200多名政治犯也在9月下旬、10月上旬陆续分批获释。到安徽和县去接大批政治犯的是萧桂昌，他刚从中央军人监狱中获释没有几天，就以八路军南京办事处的副官的身份，带着少校军衔，代表南京办事处去接人的。

起初，出狱同志很少，大都还住在傅厚岗办事处，有的参加了办事处工作。以后，获释人员增多，就在西流湾一号租了一家旅馆。出狱人员一般先安排在鼓楼旅馆中，由办事处派人前往登记、发钱，让他们更换衣服，并送文件和《解放》周刊供他们学习。还让他们书面汇报狱中情况和一些同狱人员的具体表现，进行一般了解。此期间，从南京、苏州、上海、杭州出狱的大约有1000多人，其中大部分转送延安，少部分留在南京、上海、西安工作，也有一些让他们回本地开展群众工作。对少数自首、叛变的，就发路费让他回家。

在营救大批被关押的中共党员出狱的同时，在秦邦宪的领导下，又开展了重建长江中下游党组织的工作。当时办事处协助秦邦宪搞组织工作的是黄文杰；夏之栩、王凯负责秘密交通联络。

开始重建党组织时，首先是就近建立南京市委。原中共南京市委自1934年8月被敌人破坏以后，南京只有很少几个党员在活动，但组织已不存在。1937年八九月间，大批平津的流亡学生在党组织和民族解放先锋队的领导下，陆续到达南京。秦邦宪指示由北平来的几个同志组成南京市委，以后又陆续发展了一批人入党。

为了恢复和建立长江中下游各省党的组织，在秦邦宪、董必武的统筹安排下，将在南京出狱的陶铸、钱瑛、方毅等派到湖北，与中央派往湖北的郭述申共同组成湖北省工作委员会，郭述申任书记，钱瑛任组织部长，陶铸任宣传部长。刘宁一、刘顺元出狱后，有一段时间在南京帮助工作，以后被派往上海。11月，刘顺元又由上海被派往浙江，到嘉兴因火车不通，折回南京，以后去了武汉。由苏州出狱的张恺帆、林李明等六人，因找不到组织关系，就同到张的家乡安徽无为搞抗日宣传。他们在无为听到中共在南京设有办事处的消息，主动写信来联系，办事处发电报要他们来宁。后来，派张恺帆回家乡工作。11月，又派李世农去无为，同张恺帆、桂蓬组成皖中工委，李世农任书记。黄文杰对他说，你们先成立皖中工委，恢复一个县的组织就建立县委，有三个县委就组成特委，有三个特委就成立省委。到1938年五六月，成立了安徽省工作委员会，由彭康任书记，李世农任组织部长。当时，党的许多工作不但对外是由办事处联系，对内有许多事情，如恢复党组织问题，也都是用办事处的名义传达、布置。

经过这一段建党工作，使我党在长江中下游的活动，又重新活跃起来。

三、开辟宣传阵地与开展统战工作

在国民党统治区出版党报，也是我党与国民党长期交涉的一个问题。因为陈立夫坚持不允许我党公开办报，一直未能解决。当时南京办事处主要靠散发《解放》周刊和油印宣传品以及通过邹韬奋主办的《抵抗三日刊》等，不断宣传我党的抗日救国十大纲领和各种政治主张，宣传八路军前线的战绩以及传达各种消息。9月下旬，经过交涉得到国民党中央宣传部长邵力子的同意，开始在南京筹办《新华日报》。因为邵力子对中共的态度比较温和，所以问题比较容易解决。《新华日报》社由出狱不久的潘梓年负总责，有章汉夫、许涤新、徐迈进、吴敏（杨放之）等参加。经理部由我负责，还有寿松涛、赖祖烈等参加工作。筹备期间，我出面请于右任先生写了《新华日报》的报头。此外，由王超北到上海买了大批白报纸；又在中山路租了一处房子作为营业部，还通过地下党员沙文威（史永）请原南京《朝报》的同学租到一个印刷厂。这些筹备工作已大体就绪，但因战局逆转，邵力子打电话给潘梓年，要他等撤退到武汉以后再筹备出版，因此，潘梓年、章汉夫、杨放之、徐迈进等人，在10月19日就离开南京前往武汉筹备。《新华日报》是在1938年1月11日在武汉正式创办出版的。因为在南京不能出版，所以就把买来的大批白报纸，还有其他一些物资，派赖祖烈、寿松涛、钱生甫押车运往西安，再由西安设法转运延安。为这件事，我曾亲自出面交涉，到铁道部和下关车站联系。这时，下关码头已极为拥挤，还随时有敌机空袭。我找到下关车站的站长，让他协助，他们很快调拨了车皮。搬运工人们听说是八路军的东西，他们不辞辛苦，不怕空袭，而且还只肯收一半运费。工人们讲："拥护抗日，有钱出钱，有力出力。"从这里，可以看出八路军抗日，到处受到人民群众欢迎和拥护的情景。

这个时期，我党的统战工作还比较多的是与国民党上层人物接触。周恩来在南京与宋美龄、宋子文、邵力子、张治中、孙科等来往比较多。他同蒋介石谈判，就是在孔祥熙家中。周恩来、朱德、叶剑英因北伐时期，同国民党高级将领、黄埔军官接触很多，有不少熟人。周恩来在南京时，白崇禧、黄琪翔都曾到他的住处拜访或回访。朱德也曾到龙云住所拜访龙云。叶剑英因参加军队将领的宴会，也接触许多高级将领。他在军事会议上，几次阐述了我们党在对日作战问题上的战略思想。在南京，我们办事处没有电台，就是借用第二战区阎锡山驻京办事处的电台。

除了对上层人士的统战工作外，我们在日常工作接触中，也做统战工作。当时南京办事处要向国民党军需署及兵工署领取军饷及军械，还要采购物资转送延安。向军需署领饷是由我负责的，每月军饷大约是 50 万元。领饷的手续很烦琐，要填写五联单，盖 17 个图章。因为当时军需署长周骏彦，曾任两浙（浙东、浙西）盐运使，军需署里盐运使署的人不少。我因曾在盐运使署工作过，所以周骏彦和他下面的许多工作人员和我都是熟人。通过这个关系，工作联系比较方便。我们采办的布匹、纸张、军鞋、药品等，都是通过火车运往西安转运延安或前线的。对这许多物资或军用品，只要说是八路军的，车站很快就给我们拨车皮。当时同铁路及军需、兵工、军医等各方面联系工作，都比较顺利。

南京办事处当时已十分注意对青年的工作。在抗日救亡的形势下，大批革命青年询问如何去延安。办事处就在《抵抗三日刊》上以公开答问的方式，详细介绍抗日军政大学、陕北公学的情况。有些青年到解放区去，办事处为他们开介绍信。这时八路军的通行证，是沿途通行无阻的。

我们在傅厚岗 66 号（现在是青云巷 41 号）大约待了三个多月。1937 年 8 月间，周恩来、朱德、叶剑英到南京参加国防会议时住在傅厚岗姚琮的公馆。姚琮是国民党军事委员会办公厅的副主任，负责接待。因此，就在姚宅的附近找到这所张伯苓的公馆。当时住在傅厚岗的有秦邦宪、叶剑英、李克农还有我和童小鹏、齐光、李应吉、吴志坚、康一民等。袁超俊在 10 月下旬，由上海到南京就留在办事处工作。黄文杰、刘顺元、王鹤寿、钱瑛、方毅、喻屏、夏之栩等搞党的工作，住在西流湾 1 号。

1937年11月12日上海失守，19日苏州又沦陷。国民党政府在20日宣布以重庆为陪都，迁都重庆。同时国民党的行政院和军事委员会一些主要部门都迁往武汉办公。因此，八路军南京办事处也决定分批撤往武汉。

《新华日报》的人员在10月19日已先期赴武汉。秦邦宪是同章汉夫一起乘船先去武汉的。我和齐光、李应吉、康一民、夏之栩等在11月19日乘火车赴徐州经郑州转赴武汉。叶剑英、李克农在11月20日写信给毛泽东和张闻天汇报，信中说："在现在的情况底下，京中负责人员均已离京，我们留此已无意义，将于22、23日由陆路经芜湖转赴武汉，小廖（指廖承志）同行，钱之光等先头人员业于19日前赴武汉。《新华日报》在京已无可能开办，报馆人员均先赴武汉，汉夫先去，梓年随后亦到，到武汉后即继续办理合法手续。"

叶剑英、李克农、廖承志、童小鹏、袁超俊、吴志坚还有司机王应絮共七人，于11月底乘两辆旧小轿车由南京经芜湖、南昌、长沙转赴武汉，在12月10日到达长沙。因为汽车坏了，袁超俊、王应絮留在长沙修车，叶剑英等改乘船去武汉。南京于12月13日陷落。

八路军南京办事处虽然从成立到撤退总共不足四个月的时间，但我们党在此期间做了大量的工作。在周恩来、秦邦宪、叶剑英的领导下，在两党谈判、建党、军队改编、统一战线以及宣传与动员群众等许多方面，都取得了重大的进展。我党高瞻远瞩的政治远见，八路军在前线旺盛的战斗意志和灵活机动的战略战术所取得的光辉战绩，我党工作人员艰苦朴素、同群众打成一片的革命作风，拆穿了国民党长期歪曲我党形象的反动宣传，给国民党统治区带来了崭新的革命气象。各阶层人民群众，包括许多国民党上层人士，都对我党另眼相看，加深了对我党的认识，对我们党寄予了很大的希望。这段时间的工作为我党进一步团结广大群众，巩固和发展抗日民族统一战线，打下了基础。

西安办事处工作片断的回忆

孔石泉

西安办事处是我党1936年在西安事变和平解决后，为了适应统战工作的需要而设立的一个公开办事机构。在红军改编前叫红军联络处，红军改编后，改名为八路军驻西安办事处。它既是为了便于和国民党当局联系，开展抗日民族统一战线工作的机构，也是我党在西安的一个秘密据点，是国民党统治区地下党联系党中央的桥梁。全体工作人员上下一心，艰苦奋斗，紧密联系群众，给群众以良好的影响。办事处在当时国民党统治的地区积极宣传抗日救国的主张，犹如一座明亮的灯塔，使人们看到了光明和希望。

在西安办事处工作过的有周恩来、叶剑英、林伯渠等中央领导同志。

西安办事处的机构和人员情况如下：

处长（主任）：李克农、李涛、伍云甫（先后任职）。

秘书科：童小鹏、孔石泉、何侠、王宇等。

总务科：莫钧涛。

机要电台：吴振英、赖奎、刘成青、范希贤、林青、罗树芬等。

会计科：曹根全。

延安总部供给部派驻西安采购委员会的人员有：叶季壮、吴习智、张元培、殷承祯、喻杰、王政、邱南章、吕继才、阙桂兰等。

保卫：陈有才、王辉、曾广梅、张耀祠、颜泰隆、古远兴、吴志坚等。

当时办事处的主要任务有以下几个方面：

转送地下党给党中央的报告。常常是地下党将给中央的报告用米汤密写在一部小说的背面，再原样装订成册。我们接到后就拆开用碘酒涂抹，密写的字就显出来了。抄好后再送往延安。为了便于联系地下党，西安地方党还介绍了两名青年来办事处工作。一方面他们可做些文字的书写工作；另一方面他们熟悉本地情况，便于联系群众，也是在实际工作中培养干部。这两位同志就是何遇辅同志（即何侠同志）和王宇同志。

招收青年学生，介绍去抗大、陕公学习。抗战爆发后，日寇疯狂向我华北、华东大举进攻。而国民党军队节节败退，充分表现了国民党内战内行外战外行的丑态。亡国论的各种谬论充满了国民党内部。在大敌当前的紧急关头，国民党却仍在高唱“读书救国”，不准学生参加抗日救亡活动，镇压各地的学生运动。国民党的所作所为，引起了广大人民群众的不满。另一方面，人民看到了共产党坚决抗日的主张，八路军纷纷开往抗日前线，深入敌后打击日本侵略者不断取得胜利。民族危机深重，人民不愿坐等亡国当亡国奴。为了寻求抗日救亡的真理，国民党统治区的许多青年学生不畏国民党的阻挠和恫吓来到西安办事处要求去延安学习。办事处就成为招收青年学生的基地。经过谈话和初步的考试就介绍他们去陕公和抗大学习。他们热情很高，不怕艰难困苦，没有车辆就步行数百里去延安。抗大、陕公培养了大批的干部。他们经过战争烽火的锻炼，许多同志成为我党的高级干部。

接待西路军我军被俘人员。红军西路军在河西走廊经过浴血苦战，最后弹尽粮绝，失败了。他们有的分散跑回边区根据地，有的被国民党俘虏了押解去南京，有的被送到西安。西安监狱关着40多个营以上干部。他们在监狱里向看守人员宣传我党我军的主张，得到卫兵的同情。卫兵帮助他们送信给办事处并说明我被俘干部的情况。我们知道后立即报告了周恩来副主席。经过交涉，国民党才不得不把他们放回。在放回来的人当中，有当年和我一起在红军总部一局工作过的黄鹄显同志，还有一些是女战士。他们受尽了国民党的种种虐待，衣服破烂不堪，面黄肌瘦。组织上给他们换发衣物，治疗疾病，受到了热情的接待。以后，又将他们送回了延安。

采购运输各种军用物资器材和买大米等生活物资，领军饷，定做服装，接收华侨和各地进步人士捐献的物品和医疗药品。这些都是由供给部派驻西安的同志办理的。他们住在西安七贤庄四号，经常来往于延安、西安之间。他们的工作是既重要又艰苦的。西安到延安的公路那时很坏，汽车跑一趟得三天时间。遇上阴雨大雪，路途十分难走，有时就被阻在荒岭或途中。他们深知这些物资来之不易，沿途非常小心谨慎，千方百计保证把这些物资器材安全迅速的送到延安。到了延安还未歇息，就又开车返回西安，准备第二个往返了。

和特务作斗争。办事处设在国民党统治区的心脏——西安，国民党反动派对办事处恨之入骨。迫于舆论的压力，不敢公开取缔和明目张胆的破坏，就采取各种卑鄙的手段进行捣乱和破坏。他们在办事处的周围布满了特务。有的伪装成拉车的，有的伪装成卖纸烟、糖果的小贩。在周围房屋上设置瞭望点。他们常派特务伪装检修水电的工人，到我驻地刺探我内部情况。用各种办法对我进行盯梢，监视我进出人员。他们还故意制造困难，对我办事处的供给多方刁难，对办事处人员无端纠缠，设置种种障碍。特务对宣侠父同志的秘密杀害更是一起严重的事件。宣侠父同志是黄埔军校一期学员、我党党员。他有不少同学、同事在国民党内工作。为了开展抗日统一战线工作，调来西安办事处以八路军高级参议名义进行工作：宣传我党我军的抗日主张，积极进行抗日的统战工作；揭露国民党反共、摧残抗日爱国进步力量的罪行；为我采购和劝募军用物资。国民党反动派把宣侠父同志看作是眼中钉，于1938年秋，乘宣侠父同志外出工作时，秘密地逮捕了他。我们党向国民党提出严重抗议，指出：在光天化日之下，在国民党统治的地方，我方高级将领竟然失踪！要他们立即交出人来，并要保证宣侠父同志的安全。但国民党反动成性，对此置之不理。以后了解到宣侠父同志受尽了各种刑罚。国民党反动派对他进行威逼利诱，他义正词严的宣传我党团结抗日的主张，毫不为之所动。国民党反动派就把他秘密杀害了。我们在舆论上揭露国民党这一罪行。这是国民党特务欠下的一笔血债。

党中央对西安办事处的工作是极为关心的。周恩来副主席、叶剑英总参谋长当时就住在办事处内。他们日夜操劳，为巩固和发展抗日民族统一战线，多次出入国民党军政要人的官邸，接待社会名流，团结一切可以团结的力量，做了大量的工作。他们经常教育办事处的工作人员，要为扩大和巩固抗日民族统一战线出力。不仅口头宣传，还要以实际行动扩大办事处的影响。要大家研究如何把公开工作和秘密工作很好地结合，如何接待从全国各地来的青年学生和各界知名人士；想方设法打开门路争取多送一些物资药品到延安去。他们常常教育我们，西安与延安不同，情况复杂，要防止国民党特务和其他坏人的破坏和捣乱，要站稳立场，提高警惕，注意安全保卫工作，保持我军的光荣传统。要把八路军西安办事处建设成为矗立在国民党统治区的红色堡垒。

西安办事处的工作人员，在周副主席等中央首长的关怀教育下，日以继夜、兢兢业业地工作着。他们坚持党的光荣传统，积极努力，艰苦朴素，谦虚谨慎，诚恳待人，积极宣传党的抗日救国的方针和政策，给大家留下了极为深刻的印象。

全国抗日战争全面展开，许多工作都开展起来了，西安办事处的任务更繁重了。它又成了一个从延安到前方和敌人后方，以及国民党统治区的中转站。

1938 年春，我离开了西安办事处转到了八路军驻武汉办事处，新的任务又开始了。

从九一八到七七

温济泽

九一八事变时，我17岁，正在上海读书。1931年9月18日晚，日军制造柳条湖事件，旋即以此为借口悍然攻占沈阳。第二天，我们就从报纸上看到这个惊人的消息。接着，日军又占据本溪、安东、辽阳、营口、抚顺、长春等近20个重要城镇。此后仅四个月，日军即占领了我东三省大部分国土，3000万同胞遭到残酷的蹂躏和野蛮的屠戮。是可忍？孰不可忍！我们都是中国人啊！

当时中国东北驻军大部执行了蒋介石“不抵抗”的命令。即便如此在日军进攻沈阳的当天夜里，仍有部分官兵和警察、公安部队违令奋起抵抗。此后，日军铁蹄所到之处，反抗侵略的义师如潮，烽火四起。几个月内，东北爱国军民组织起30多万抗日义勇军和其他形式的武装。张学良将军受着“不抵抗”命令的压力，也暗中从北平军分会批拨枪弹、现款、物资援助义勇军。中国人是不可侮的！

日本帝国主义的侵略，蒋介石的不抵抗主义，激起全国人民汹涌澎湃的抗日怒潮。各地各界纷纷到南京向国民党政府请愿，要求出兵抗日。学生抗日运动的声势尤为浩大。规模最大的请愿是1931年11

月26日那一次，上海、北平等地请愿学生约2万余人集中于南京向国民政府请愿。这次请愿，我也参加了。我们这些从各地来的学生代表在国民政府大门外的广场上，我在前几排上海复旦大学学生的队伍中间，在凄风苦雨中站了一整夜，到第二天下午1点钟，蒋介石才出来接见。在激愤的群众面前，他敷衍地答应“三天之内出兵”。学生要求他写下字据以便带回去出示广大同学，他借口“回去写”就退走了。一会儿，送出一个“手谕”，以“对于诸生请愿，自可接受”，“望转告各同学，安心求学，拥护政府”等空言搪塞，只字不提出兵抗日。学生知道上当，到12月17日，又有2万多人集中到南京，这次不再是请愿，而是各地学生联合大示威。国民政府竟派军警开枪镇压，在南京珍珠港桥造成流血惨案。上海文生氏英文专科学校学生、共青团员杨桐恒当场牺牲，伤百余人。我亦是现场目击者之一。

日本帝国主义在强占我国东三省之后，为了转移国际视线，掩护它炮制“满洲国”，把我东北变成它独占殖民地的步骤，又在上海制造事端，于1932年1月28日晚，发动进攻，企图占领上海，这就是一二八事变。

当时驻在上海的十九路军，在总指挥蒋光鼐和军长蔡廷锴的率领下，奋起抵抗。第五军军长张治中在促使蒋介石认可后，也率部参加了作战。在我国军队的英勇抗击下，日军屡战屡挫，伤亡惨重，被迫三易统帅，并不断增兵，使其侵略上海的兵力从数千人增加到六七万人。而我军人数不足四万人，要求增援，竟被蒋介石拒绝。这样，我军经过一个多月的浴血抗战，终因敌众我寡，被迫于3月1日撤退。国民政府从战争一开始就惊慌失措，开战两天后迁都洛阳，并暗中与日本妥协，经过谈判，于5月5日同日本签订丧权辱国的停战协定。

在淞沪抗战期间，全国人民和海外侨胞热烈支援。各地各界参战的义勇军就有5000多人。其中由中国共产党领导的民众反日救国义勇军有2000多人，它的前方办事处设在十九路军前线指挥部的隔壁，在执行救护、运输、募捐、宣传、慰劳等任务中，同十九路军配合得很密切。全国同胞和海外侨胞捐助现款、食品、日用品、药物、器材等也非常踊跃，仅捐款一项，就达700多万元，而军政部欠发十九路军的军饷竟达600多万元，蒋光鼐将军曾感慨地说："淞沪之役，我军得民众莫大之帮助，近者箪食壶浆，远者输财捐助，慰劳奖励，永不敢忘。"

淞沪抗战失败以后，群众抗日运动继续高涨。运动的中心内容是反对上海停战协定和继续援助东北义勇军。5月，上海市各界成立民众反对停战协定援助东北义勇军联合会（简称"民联"）。我这时是共青团复旦大学支部书记，被选为民联青年部部长。6月，由上海市民联等80多个抗日团体联合成立全国和江苏全省民众援助东北义勇军反对上海自由市代表大会筹备处，我又被选为筹备处的青年部部长。接着，筹备处又于同年的7月17日召开了民联的江苏省代表大会，但事机不密，当场被捕88人，我在其中。被捕后，经龙华淞沪警备司令部押解到国民政府军政部军法司转南京警备司令部，按《危害民国紧急治罪法》判决，萧万才、曹顺标、邱文治等13个同志牺牲于雨花台，70个同志被判处无期和有期徒刑，除两个女同志留在南京坐牢外，其余都被囚禁到苏州军人监狱。政治黑暗如此，爱国竟然有罪！

我们身陷囹圄，心系祖国命运，被锁在高墙囚室之内，仍不时伺机买通看守，高价秘密地断断续续地买进报纸。这使我们零星地得知：1933年初，日军侵占热河和进犯长城各口，当地军民奋起抵抗；同年11月，福建成立人民革命政府，宣布反蒋抗日，不久失败；1935年，签订《何梅协定》，致使河北和察哈尔的主权大部丧失；日本帝国主义又策动汉奸搞起"华北五省自治运动"，使华北形势危急达到极点；在这种形势下，北平学生于12月9日爆发了一二九运动；1936年，张学良、杨虎城将军发动了西安事变。我们得到这些消息，片片断断而不连续，隐隐约约而不清楚。狱中生活，浑如隔世。然而，我们的心却时刻系念着祖国的安危。

1937年8月，狱中仍是一片死寂，但监狱上空不断有作战飞机飞来飞去。我们开头还不知道发生什么事，后来向看守打听，才知道发生了七七卢沟桥事变，八一三事变中国军队在上海也同日本侵略军接火了。这时狱外带进信来，暗示我们"大哥二哥多年不睦，近已握手言和"我们猜想国共两党可能第二次合作，共同抗日了。

国共两党谈判的条件之一，是国民党释放全国政治犯。当时我们党的谈判代表是周恩来、秦邦宪、叶剑英同志。在达成协议之后，他们到南京监狱里看望过一些同志，这些同志当即释放了。其他同志也很快释放了。我们在苏州的，要晚一些。此时关在苏州军人监狱的政治犯约400人，是按刑期长短分批释放的。我的刑期较长，在8月30日第三批释放。五年多不曾呼吸新鲜的空气，没有见到明亮的阳光，一朝除去脚镣，走出囚笼，还感到不大适应，但毕竟获得自由了，顿觉心花怒放。

上海一带正在炮火纷飞，交通受阻，我和另一位出狱的同志克服种种困难，绕道嘉兴，回到上海。我找到了半公开的八路军办事处，很快同江苏省委取得联系。当时党的组织正在恢复中，省委决定我留在上海，同省委单线联系，负责党内文件和党刊的发行工作。11月初，上海将沦陷，省委为作好准备，决定只留下少部分同志隐蔽起来，把多数同志分散到上海以外去开展工作。

当时我的叔父温崇信在昆山，后又到太仓当县长，因支援八一三抗战有功，被调往安徽六安，任安徽省第三区专员兼保安司令。李宗仁先生出任安徽省政府主席时，省政府迁到六安。党便利用这个关系，派我到叔父那里参加抗敌后援会的工作。其后，我在六安参加创办了抗战训练班，招收当地男女中学生100多人，接受抗战的政治和军事训练。当时，当地的党组织还没有恢复，我就和武汉八路军办事处董必武同志联系，训练班用的政治形势、游击战争、战地服务、战时救护等教材，也都是董必武同志寄给我的。当时年轻学员的那股抗战热情，两党合作和全民团结抗战的那火热的局面，今天想起来仍令人兴奋。1938 年 2 月，李宗仁先生去职，我的叔父也去职往重庆北碚复旦大学教书（他原是复旦大学教授），我则径奔革命圣地延安，投身于中国共产党领导的火热的敌后抗战中去。

誓师抗日东渡黄河

李达

三原誓师

1937年7月7日的卢沟桥事变，触发了中国人民伟大的抗日战争。

8月6日，中国工农红军前敌总指挥部命令红军集中于陕西省三原地区，整装待命。

我们援西军此时正驻在甘肃省镇原县的屯子镇地区。接到命令后，8月7日，援西军由司令员刘伯承率领，从屯子镇出发，途经甘肃省的西峰镇、宁县，陕西省的栒邑（今旬邑）、淳化等地，于8月下旬，到达陕西省三原县城以西的石桥镇。

8月25日，中共中央军事委员会根据与国民党政府谈判的结果，颁布命令：中国工农红军主力改编为国民革命军第八路军（以后又称第十八集团军），辖一一五师、一二〇师、一二九师三个师。朱德、彭德怀于当天发表了就任八路军正副总指挥的通电。

我们援西军改编为一二九师。刘伯承任师长，徐向前任副师长；

张浩任政训处主任，宋任穷为副主任；倪志亮任参谋长。当时，我担任参谋处长。

援西军原由中国工农红军第四方面军和陕北红军一部（罗炳辉领导的一支队伍）组成。改编后，红四方面军的第十师、第十二师编为第三八五旅的第七六九团、第七七〇团；红三十二军的第九十一师、第九十三师改编为第三八六旅的第七七一团，第七七二团。陕北红军的第二十九军、第三十军，独立一、二、三、四团和第十五军团骑兵团改编为师直属特务营、工兵营、炮兵营、辎重营、骑兵营。还有一部分干部编成了教导团。全师共1.3万余人。按照中央军委命令，三八五旅除七六九团外，连同师属炮兵营、辎重营、特务营、工兵营，脱离本师建制，留防陕甘宁边区。一二九师开赴抗日前线的，计有9160余人。

部队整编完毕，准备9月6日召开全师指战员奔赴抗日战场誓师大会。徐向前副师长和倪志亮参谋长尚在延安，此时还未到职。刘师长和张浩主任指定三八六旅旅长陈赓担任誓师大会的总指挥，要我协助他工作。刘师长特别嘱咐我们说，这是我们一二九师第一次阅兵，也是我们开赴前线抗日的第一次誓师大会，会场要布置得简朴一点，但要庄严；主要是把部队组织好，要造成抗日救国、杀敌立功，为挽救祖国的危亡不惜牺牲个人一切的气氛。

我们选定了石桥镇附近的一片空旷的田野，按我们陕西的习惯，叫作“休闲地”。这片小“广场”面积不小，是作会场的理想地方。按照刘师长的指示，我们立即进行准备工作。我组织师直属队的一些同志搭检阅台。这检阅台很简单：先用四根木桩埋到地里，然后在上面架上几块木板。在这个简单的检阅台的四根立柱上，又贴上了几条标语，烘托着会场的气氛。

6日清晨，我们刚刚通知各部队到会场集合，天空中乌云密集，随着阵风，零零星星地下起雨点来。看样子，这雨是要越下越大。这时，驻地离会场近的部队已经到了。陈赓和我看雨暂时停不了，就商定先让部队回营房待命，再请示刘师长可否将誓师大会改期举行。说罢我们便上了马，分头通知已经进入会场的部队。

刚好，刘师长和张浩主任骑着马到会场来，和我们走了个迎面。他们没有穿雨衣，身上都淋湿了。一见面，刘师长就问我们：

“怎么部队又往回走了？”

“报告师长，因为下雨，我们想请示一下誓师大会能不能等雨停了再开？”

“不行！”刘师长干脆而又坚决地说，“军人嘛，就是要风雨无阻，定了的就不能随便改。今天是我们出师抗日的誓师大会，更不能改，要按时举行！”

“是！”陈赓和我马上按照刘师长的指示，又分头去追赶往回走的部队。

刘师长这一年 45 岁了。这个年纪虽然并不算大，但在我们这些三十几岁的人看来，他是一位德高望重的长者。他年轻时就是川军中的一员名将，以带兵严格、骁勇善战著称。从他参加著名的南昌起义时起，多年担任红军参谋长之职，自 1928 年到 1930 年，曾在苏联高级步兵学校、伏龙芝军事学院刻苦研读军事学。他性格坚毅，对部下要求很严。他平时总是讲，作为一个军人，就要风雨无阻，有一股无往而不胜的气概。尽管我们早就了解这一点，但这一回我们的体会更为深刻。

这次雨中誓师，场面庄严、壮丽。

近万人的队伍，分列在检阅台的四周，队伍又长又宽，摆了方圆四五里，一眼望不到头。那时还没有什么军乐队，我们就把号兵集合起来，组成了一个临时的“军乐队”。

雨果然越下越大，到临开会时，已经是倾盆而泻了。师首长们在大雨中泰然自若地站在检阅台上，宛如一株株挺拔的松树。首长的以身作则，感染着全师将士。全师指战员整整齐齐地列队站在雨中，秩序井然，上万颗红星帽徽在迷茫的雨雾中闪着一片红光。干部、战士一个个英姿焕发，等待着师首长检阅。

陈赓旅长宣布誓师大会开始，请刘师长讲话。这里，还有一段故事。就是红军改编成国民革命军的番号后，我军从上至下，都要换上国民党军队的标记。对于我们来说，主要换帽子和帽徽。这对于红军广大干部战士来说，可谓一大转变，一时很难接受。有些战士听说要换帽子，心里非常憋气，在睡梦中还常常哭醒。不少同志说：过去我们是打白军的，现在我们自己却戴上了白军的帽子，接受不了。还有的同志一时冲动，甚至要求退伍不干了……经过各级党、团组织做工作，部队中的一些糊涂想法虽然消除了，但在感情上，是难以转变过来的。为此，刘师长在讲话中，特别讲了换帽子的问题。刘师长向前走了几步，开始讲话："同志们！今天是我们开赴抗日最前线的誓师大会。"他魁伟的身躯，昂然屹立在雨雾中，洪亮的声音压过了风雨的喧啸。接着，他简短地讲了一下全国抗日的形势，然后说："经过我们共产党的努力，抗日民族统一战线建立起来了。我们共产党人要把祖国和人民的利益看成最高的利益。现在大敌当前，国家民族危在旦夕，我们要把斗争的矛头指向日本帝国主义，为了抗日救国，挽救国家民族的危亡，我们要把阶级的仇恨埋在心里和国民党合作抗日。从今天起，我们就是国民革命军第一二九师。"说到这里，他提高了嗓音，激动地接着说："同志们，换帽子算不了什么，那是形式，我们人民军队的本质是不会变的，红军的优良传统不会变，我们解放全中国的意志也不会动摇！"说着，他拿出一顶缀着青天白日帽徽的黄色军帽，用手指了指，"这顶军帽上的帽徽是白的，可我们的心永远是红的。同志们！为了救中国，暂时和红军帽告别吧！"说罢，他把那顶黄军帽戴在自己头上，然后发出命令："现在换帽子！"一声令下，全师同志一齐从挎包里取出昨天准备好的帽子，又依依不舍地把红星军帽脱下来，小心翼翼地放进挎包里。没有一个人把红星帽丢掉。

换帽之后，举行授旗仪式，颁发第二次国内革命战争纪念章。这时，同志们振臂高呼：“打倒日本帝国主义！”“发扬红军的光荣传统！”“中国共产党万岁！”这慷慨激昂的口号声，响彻云霄。紧接着，进行宣誓。

誓词是这样的：

日本帝国主义，它是中华民族的死敌，它要亡我国家，灭我种族，杀害我们父母兄弟，奸淫我们母妻姊妹，烧我们的庄稼房屋，毁我们的耕具牲口。为了民族，为了国家，为了同胞，为了子孙，我们只有抗战到底！

为了抗日救国，我们已经奋斗了六年，现在民族统一战线已经成功，我们改名为国民革命军，上前线去杀敌。我们拥护国民政府及蒋委员长领导全国抗日，服从军事委员会统一指挥，严守纪律，勇敢作战，不把日本强盗赶出中国，不把汉奸完全肃清，誓不回家！

我们是工农出身，不侵犯群众一针一线，替民众谋利益，对友军要友爱，对革命要忠实，如果违犯民族利益，愿受革命的纪律制裁，同志的指责。

谨此宣誓。

刘师长读一句，同志们跟着重复一句。雨声和宣誓声交织在一起，久久回荡在田野上空，激动着全师将士的心弦。这次雨中誓师的豪壮气概，永远印在全师将士的心中。

巧拒蒋介石的调令

誓师大会之后，9月16日，一二九师奉命进驻陕西省富原县的庄里镇地区，准备向晋东南进发。一一五师向晋北进发，一二〇师开往晋西北。这样，八路军的三个主力师就可以建立以太行山为依托，进可攻、退可守，又能互相联系、互相支援的巩固的抗日根据地。这是我党中央经过慎重研究而作出的战略部署。

我师到了庄里镇后，立即投入了紧张的筹备工作。如军事训练、组织先遣队、进行侦察、了解华北地区的风俗习惯、进行政治教育等等。

正当我师准备按八路军总部的预定计划，东渡黄河北上的时候，国民党驻西安的战区司令长官蒋鼎文派了一个叫乔茂才的高级参议来到我师。这是一位不速之客。我们既没有请他，师部事先也没有接到通知。

值班参谋告诉我，乔茂才来到师部，自称认识刘师长，要求见。我想，刘师长早年参加辛亥革命，毕业于重庆将校学堂，曾在熊克武的部队任过团长。他是川军中被誉为“刘伯温”的有名的常胜将军，知道他的人一定不少。这个乔茂才可能在四川时跟刘师长共过事，也许他仅仅见过刘师长的面，或者只不过闻名而已。到底见不见他呢？我立即向刘师长报告了此事。刘师长说：“乔茂才我认识，可是我们已经多年没有来往了，他来干什么呢？还是先弄清来意再说吧。我暂时不好出面，你先去招待一下，跟他谈谈，就说我到前边部队去了，有什么事等我回来再说。”

我领会了刘师长的意图，便来到师部那间简陋的会客室。我打量了一下这位不速之客。他年纪约有40多岁，头戴礼帽，身着便服，见我来了，立刻起身相迎，伸过手来，自我介绍说：“乔茂才，我过去在四川时，认识刘师长。此次来到贵师，是想拜望一下。”

“我叫李达，参谋处长。”我说了这么一句，跟他握了握手，算是礼节。“唉呀，实在不巧，刘师长到外面视察部队，到现在还没回来。”

乔茂才露出着急的样子，问：“那几时才能回来呢？”

我说:“很抱歉,刘师长行前没有说回来的日期。”

接着就是一阵沉默。我想:你是“无事不登三宝殿”,反正你总得讲话。果然,干坐了一会儿,乔茂才终于沉不住气了,说:“李处长,我此次来贵师,一是来拜访,二是有公事相商。不知您可否转告刘师长?”

我说:“这几天,刘师长正忙着到部队交代准备出征的事,行踪不定,一时很难找到他。乔参议如有公事,等刘师长回来,我一定转告。”

乔茂才打开随身带的公文包,取出一封信来递给我说:“请李处长先过目。”

我接过来打开一看,原来是蒋介石亲笔签署的一个命令。命令的大意是,要一二九师经陇海路转平汉路北上,加入石家庄方向作战。我边看,乔茂才边说:“你们爬雪山,过草地,吃了不少苦。这回贵师到了陇海路上,可以先休息一段了。”

我看过后,觉得这个命令大有文章,就问乔茂才:“蒋委员长的命令,朱德总指挥看过没有?怎么我们没有接到八路军总部的指示呢?”

“没,没有。”乔茂才尴尬地说。

我想,这个命令我不能接,就把它还给了乔茂才,说:“乔参议,这个命令还是等刘师长回来交给他为好。我先给你找间房子,休息一下。我这就去找找刘师长,请他尽快回来。您看怎样?”

乔茂才不得不表示同意。我也就趁机辞了出来,把这个情况向刘师长作了汇报。刘师长沉吟了一下,说:“‘来者不善,善者不来’,他不是找我叙旧,而是要向蒋介石邀功请赏。”他边说边走到地图前边。“一一五师已经到了灵丘、广灵、涞源、阜平、曲阳和行唐之间;一二〇师正在神池、宁武、朔县一带活动。日本鬼子呢?9月13日占了大同,以20万兵力沿着平绥、同蒲、平汉、津浦几个方向推进。照国民党这种打法，用不了几天，日本鬼子就会攻下石家庄和太原。我们师如果按照蒋介石的命令，加入石家庄方向作战，我们同一一五、一二〇师的联系就很容易被日本人切断。”

“这么一来，我们师就得被迫孤军作战，不得不担任正面防御。而目前按我们实际情况恰恰应该尽量避开正面防御。”我插了一句。

“这是个大阴谋，是蒋介石要借日本人的刀杀我们。老子不上这个当啊！我要马上报告朱总司令。”

“这个乔茂才怎么打发呢？”我问。

“看来，他已经当了国民党的特务，我不能见他。你就说找不到我。过去我们是共过事，现在他是为蒋介石出谋划策，充当引我们上钩的钓饵。国共谈判的时候，已经定了的，对八路军的指挥一定要通过八路军总部，谁也无权越级下命令。蒋介石这么干，不符合这个协议嘛！我们不理睬他，让他等着，等得不耐烦了，他就回去了。”

就这样，第一天我陪他吃饭，散散步。第二天、第三天仍是如此。彼此再没有什么话好说。过了几天，乔茂才看看刘师长就是不见他，心里也就明白了八九成。再等下去，更是自讨没趣。他为了下台阶，就对我说：“我还有事回去要办，等刘师长视察回来后，我再来拜访。”

“既然乔参议有要事在身，我就不好留您了。”

这位不速之客，就这样被送走了。他本想来一二九师显显身手，没想到碰了刘伯承的软钉子，不得不灰溜溜地回去“述职”了。以后，再也没敢来。蒋介石原以为乔茂才与刘伯承有旧，可以利用这个关系，做一做一二九师的文章，企图假日本人之手消灭之，结果是错打了算盘。

蒋介石的阴谋被粉碎了。我师仍然按照原计划，东渡黄河，沿同蒲线北上。

东渡黄河

出发前，师里组织了一个先遣队，由师前方指挥所和七六九团组成。为了在师主力到达前搞清敌、我、友三方的情况，先遣队由刘师长亲自率领，陈赓旅长随同，9月24日由庄里镇出发，比大部队先行一步。每到一地，刘师长都要亲自看地形、摸情况。行军时，他总是尽量向前靠。这已成了他多年来的习惯。我随张浩主任跟大部队走在后面。

先遣队行军四天，到了韩城县的芝川镇。这里是黄河的一个渡口，河面窄，水流也较缓些。再往北60华里左右，就是著名的黄河龙门古渡口。龙门是司马迁的故乡。在芝川镇南边，有司马迁的祠和墓。但是，此时谁也无心去光顾这些名胜古迹。大家心急如焚，只想早点找到船只，渡过黄河。

但是，奇怪得很，参谋人员在河西岸都跑遍了，也没有看到一条船。究竟河西岸的船让他们弄到哪里去了呢？为什么这么巧，偏偏八路军要过河的时候，竟然连一条船都找不到呢？这里面一定有鬼。一一五师首获平型关大捷的消息，早已传到我师。指战员们求战心切，恨不能插翅飞到抗日前线去痛击日军，怎么能让一条河拦住而耽误时间呢？

刘师长更是十分焦急，马上派人去找负责芝川镇和渡口的国民党地方官。等把这两个地方官找来后，天已经很晚了。刘师长先是问他们为什么河西岸没有船？这两个人油腔滑调，支支吾吾地说：“我们不知道贵军今天要过河，实在抱歉。明天一定想办法。”不用说，这是含糊其词地搪塞我们一下。很难说这不是他们故意给八路军制造麻烦，好让我们承担贻误战机的责任。

刘师长对这两个老奸巨猾的家伙非常恼火，气得使劲儿一拍桌子，厉声问道：“你们认识我吗？”

那两个家伙摸不着头脑，连说：“不认识，不认识。”

“这就是国民革命军第八路军一二九师师长刘伯承。”一位参谋向他们介绍了一下。

一听这个，两人的气焰收敛了。忙说：“刘伯承将军大名，我们早有耳闻，今天能见面，非常荣幸。”

“啪！”刘师长又狠狠地拍了一下桌子，语气十分严厉地说：“什么荣幸不荣幸的。告诉你们，我们是奉了蒋委员长、第二战区司令长官阎锡山将军的命令，要渡过黄河去抗日前线的。我们必须明天拂晓全部过河。限你们一小时内把船给我调齐。不然我就把你们当汉奸论处！听清楚没有？”

“当汉奸论处”，在那时就是枪毙的代名词。那两个家伙这时吓得脸都变了颜色，战战兢兢地答道：“我们一定照办，一定照办。”

刘师长叫过两位参谋，说：“你们陪他们一块去找船吧。”

这一招真灵，那两个家伙果然在个把小时就把所有的船都调到了河西岸。第二天，即10月6日，先遣队便渡过了黄河，比预计时间，晚了一天。

事后，有几位同志问刘师长：“师长，我们可从来没有见你发过这么大的火啊？”

刘师长说：“你们看，国民党政权腐败成了这个样子，上上下下都是如此，还能不打败仗？我在旧军队里混过几年，知道国民党这些当官的脾气。他们欺软怕硬，看势头办事，何况这次是故意刁难我们。吓唬他几下子，他就知道八路军不是好惹的了。”说罢，刘师长和几位同志会意地大笑起来。

敌后抗战的开端

——忆八路军总部开赴华北抗日前线

傅钟

1937年8月，日本帝国主义加快了侵华战争的步伐。中国人民的心情万分焦虑，屈辱和灾难一层重过一层的压在头上。天津失守了！北平沦陷了！全国最大的工业城市上海又受到日军的重兵包围！中华民国的首都——南京已危在旦夕……这时啊，长城内外，大江南北，硝烟弥漫，哀嚎连天，真是寇深矣！祸亟矣！中国人民处于水深火热之中，中华民族到了存亡绝续的关头。

就是在这样的危急形势下，中国共产党缔造和领导的、经过长征二万五千里的、为直接对日作战集结在黄河之滨的红军，遵循全国人民的意愿，改编成了国民革命军第八路军。这支用马克思列宁主义武装头脑的新型的人民军队，出师华北前线，挺进敌人后方，创建抗日民主根据地，开展了人类历史上罕见的人民游击战争，为争取民族解放和世界反法西斯战争的胜利，立下了不可磨灭的历史功勋。

八路军总部在这个辉煌业绩开端的几个月里，有许许多多动人心弦的情景，至今仍然历历在目。

一、洛川受命

红军改编为八路军的命令，是在著名的洛川会议上宣布的。

洛川会议，是卢沟桥事变后中共中央举行的一次政治局扩大会议。它制定了领导全国人民进行全面抗战的伟大纲领——《抗日救国十大纲领》；为全军由国内战争转变到民族革命战争、由正规战争转变到游击战争，指明了道路；在我党的建军史上掀开了崭新的一页，对发展壮大人民革命力量有划时代的深远意义。

洛川会议，从8月22日到25日，整整开了四天。会址设在陕西渭北高原的洛川县冯家村。当时我在中国人民抗日军事政治大学任政治部主任，接到出席会议的通知，和萧劲光等五位同志，从延安乘汽车前往。

到达冯家村，天已黄昏。村里只有一条街，四五十户人家。见到从云阳总部和第一、第二、第四方面军来的同志，个个是风尘仆仆，壮怀激烈，恨不得立刻纵马疆场，把日本侵略军赶出中国去！在这样一个偏僻小村庄讨论关系中华民族命运的大问题，同志们都说会址选得好，既安全，便于保密，又比去延安少走路，可以节省一两天的时间。战争年代，时间就是军队，就是胜利。党中央的时间观念，可以说是全党全军的楷模。

会场设在村西北角一所私塾里。胡同口有棵枝叶稀疏的老槐树，矮粗而弯曲的树干，形如一头狮子蹲在那里，开会的人们来来回回都从它身边经过。

私塾的院子里，中间有个小花坛，院子的一侧有一株桑树，正当面是两孔砖砌的窑洞。毛泽东同志在私塾先生那孔窑洞里办公、居住，会间修订文件的同志也到那里去。另一孔窑洞是教室，中间放了些长的、方的、粗糙的、古朴的桌子，拼成整齐的一排，20多个人挤在周围坐下，便算是会场了。到会的有张闻天、毛泽东、周恩来、博古、朱德、任弼时、凯丰、彭德怀、刘伯承、林彪、聂荣臻、贺龙、关向应、徐向前、张浩、林伯渠、萧劲光等同志，犯有严重错误、被解除军事职务、当时还是政治局委员的张国焘也到会了。会上还有李富春同志，承担了记录之劳。他们都是我所认识和熟悉的，抗日出征前夕这样一起共议党的、军队的大政方针，仿佛有种很强的引力把大家的心绪凝聚得格外热烈和昂扬。

也有两个同志我认不得，一问才知道，一个是周建屏同志，赣东北苏区的创始人之一，曾在粤赣边坚持游击战争，1936年冬才辗转到达陕北的；一个是张文彬同志，黄埔军校一期毕业生，多年在三军团工作，长征到陕北后，是东北军、西北军中我党组织的负责人，曾为营救西路军被俘同志做了大量工作，准备会后去广东、香港，加强那里的党的领导，开展抗日民族统一战线工作。吸收从南方来的和到南方去的两位同志到会，不仅表明党中央对南方工作的关注，也表明党中央对领导全国人民进行全面抗战的部署，考虑得非常周密、细致。

会议是在日军不断增兵华北，国民党军队出现溃退趋势，全体红军整装待发的情况下进行的。邓小平同志留在了云阳红军总部主持工作，没有到会。第一方面军已经出动，罗荣桓同志正率领部队东进，也没有到会。同我一起在抗大工作的罗瑞卿同志到会了。“抗大”、“抗大”，抗日战争全面爆发后确实是越抗越大，天天有四面八方包括海外来的热血青年涌进学校。部队开赴华北前线，需要后方源源不断地输送大批军政干部。让抗大的负责同志到会，可以看出党中央对学校教育的关怀和准备持久作战的远见卓识。

会前最为同志们注目的是周恩来同志。在我看来，他仍像十多年前在旅欧总支部那样英姿勃勃。西安事变和平解决之后，为了实现国共两党的再度合作，结成最广泛的抗日民族统一战线，从春天起，他不仅奔波于西安——延安之间，而且一去杭州，两上牯岭，同蒋介石等国民党要人反复进行会谈，直到会议前夕还和朱德、叶剑英等同志到了南京，参加了国民政府的国防会议，提出了阐明我党的军事主张的重要文件——《确立全国抗战之战略计划及作战原则案》。由于他不辞劳苦，据理力争，终于使我党同国民党的政治谈判取得了重大成果：中国共产党在全国的合法地位得到确立；红军——当时全称为中国人民抗日红军，改编为国民革命军。从此，蒋介石窒息红军的闸门被打开了！我们可以汇入民族革命战争的汪洋大海，在惊涛骇浪中大显身手，将中华民族这只飘摇欲沉的航船驶往胜利的彼岸了！

主持会议的是在党中央负总的责任的张闻天同志。从遵义会议到洛川会议，他都是中央军委成员。当年3月国内和平一实现，他和毛泽东同志就及时提出，红军的任务是“巩固国内和平，准备对日抗战”，“加强内部政治上的与军事上的训练力量，加强党在红军中的堡垒作用……学习群众工作，使红军成为抗日军队中的模范”。会前几个月，他和毛泽东、朱德同志等一起，更是夜以继日地操劳，对红军如何改编，如何对日作战，作了精心的筹划、周密的部署，完成了出师抗日的大量准备工作。7月下旬，由朱德、彭德怀、任弼时等同志主持，在云阳红军总部召开全军党的政治工作会议，就红军改编的意义、任务和保证党对红军的绝对领导，在干部中作了深入动员，使全军思想同党中央保持了高度一致。8月初，他又和毛泽东同志一起明确提出了红军独立自主的作战原则，以游击运动战协助友军的作战方针。

在会议开始以及8月24日，张闻天同志都有较长的发言和报告，会议通过的《中共中央关于目前形势与党的任务的决定》，是他起草的。他还主持通过了《中共中央公布“抗日救国十大纲领”》的正式文件。8 月 25 日毛泽东同志作总结报告，精辟地分析了日本进犯中国的近因及其前途。其中，完整地阐述党的“抗日救国十大纲领”的部分，也就是会议讨论并通过的主要文件——《为动员一切力量争取抗战胜利而斗争》。这是党的宣传鼓动提纲，也是全党全军的行动指南。它的深远意义，正如张闻天同志讲的，在民族革命战争中，争取无产阶级领导权的基础，是指出胜利的道路。“十大纲领”就是争取抗战最后胜利的具体道路。毛泽东同志在总结报告的最后呼的口号也是：“拥护中共争取抗战胜利的十大纲领！坚决实行中共争取抗战胜利的十大纲领！”他的激越、清亮的声音在窑洞里震荡，表达了会上几乎所有同志的共同意志。在我看来，这“十大纲领”就是红军进行全面的民族抗战的鲜红旗帜！我们高高举起这面旗帜，就会召唤并团结广大抗日军民沿着胜利的道路奋勇前进。

会议讨论得最热烈的，是战略任务、方针、作战指导原则和部署等重大问题。毛泽东同志高瞻远瞩，用形象的比喻阐明雄伟、深远的战略思想，给人以不可磨灭的印象。他说，我们已采取“山雀满天飞”的办法，撒出了大批干部，到华北敌后各地组织群众开展游击战争。我们的主力部队到华北，要像下围棋一样做几个“眼”，“眼”要做得活，做得好，以便和敌人长期作战。他特别提到紧邻东北的冀东，在抗战中的地位非常重要。明确指出，红军要有一支部队以雾灵山为根据地，发展游击战争。贺龙同志动作快，把这个任务抢到了手。虽然由于国民党军队很快撤出了南口，我们不得不改变这项计划，但同志们那种一往无前、敢于向敌人深远后方挺进的英雄气概，充分表明我军人人都有到抗日的最前线，为保卫祖国流最后一滴血的崇高精神。

张闻天、朱德、任弼时、彭德怀等同志对抗战的长期性和可能出现的曲折、危险，出师华北的战略部署和群众工作等问题，都发表了重要意见。张闻天同志说，要很好地使用我们的力量。红军是党军，抗日是持久战，眼光要放远些。朱德同志指出，持久战主要是发动广大群众，首先是发动华北的 1 亿多人；军事上是发动游击战争。即使各友军都退下来，我们也能在华北坚持。任弼时同志也谈到，抗战是长期的战争，红军要发挥自己进行山地战、运动战、游击战的特长；在有利条件下集中力量消灭敌人，这关系到增强我们的领导和部队的扩大。

关于战略方针和部署问题，毛泽东同志深刻阐明了我军进行独立自主的山地游击战，包括新条件下消灭敌人兵团与在平原发展游击战争。对此他详细解释说，所谓独立自主，就是在整个战略部署下，我军有依照情况使用兵力的自由，执行统一战略意图的灵活机动权；有发动群众创造根据地、组织义勇军的自由。所谓山地，不只是就地形而言，而是指首先在山区创建根据地，依托山地开展游击战争，尔后向平原发展。所谓游击战争，是指分散以发动群众，集中以消灭敌人；通过广泛的游击战争，达到开辟敌后战场，支援正面战场，战胜日本帝国主义的目的。他对于党的战略方针的完整阐述，使大家的思想提高了一步。关于兵力部署，彭德怀同志完全同意毛泽东同志的意见，指出：红军出兵在恒山、太行山山脉，有重要战略意义，给日本南进或西进以很大的困难，要力争实现。他还说，红军主力出动是对的，留下若干兵力在陕北是必要的，这是我们的战略预备队；红军出动基本的是要打胜仗，树立声威，开展统一战线，只有这样才能提高我党和红军的地位。其他同志也发表了不少好的意见。总之，会议开得热气腾腾，大家齐心协力，团结一致抗敌的决心是无比坚定的，作战思想和行动方向是非常明确的。会议确定，新的中央军事委员会由以毛泽东为主席，朱德、周恩来为副主席的 11 位同志组成。

最庄严的时刻到了！会议通过中央军委主席、副主席的命令，宣布红军改名为国民革命军第八路军。前敌总指挥部改为八路军总指挥部，朱德为总指挥，彭德怀为副总指挥，叶剑英为参谋长，左权为副参谋长。总政治部改为八路军政治部，任弼时为主任，邓小平为副主任。

八路军所辖的三个师是由三个方面军为基础改编的，各师的主要领导干部是：林彪为第一一五师师长，聂荣臻为副师长，周昆为参谋长，罗荣桓为政训处主任，萧华为副主任；贺龙为第一二〇师师长，萧克为副师长，周士第为参谋长，关向应为政训处主任，甘泗淇为副主任；刘伯承为第一二九师师长，徐向前为副师长，倪志亮为参谋长，张浩为政训处主任，宋任穷为副主任。

至此，红军虽然放弃了自己用血与火铸造的光荣称号，却实现了从九一八事变以来为之奋斗了六年之久的直接对日作战的宏愿，与会同志无不为之振奋。对于军委命令中要求全军改编后必须加强党的领导，坚决执行党中央与军委会的命令，为党的路线和政策而斗争，使自己“成为抗日民族战争的模范”，大家充满了信心。

8 月 25 日是会议最后的一天，也是最紧张的一天。会议连续通过了朱德、彭德怀同志的《就职通电》、《八路军出师抗日誓词》、《八路军抗日三大纪律》、《八路军抗日八项注意》等文件，使这支即将出征的新型的人民军队，从最高指挥员到每个战斗员都有了一个行为准则。这是坚持和发扬红军光荣传统的重要保证，也为在斗争中发展壮大人民革命力量预示了美好前景。

短短四天的洛川会议，在中国革命征途上树起了一座雄伟的里程碑！从此，万千红色健儿——八路军将士，“受任于败军之际，奉命于危难之间”，带着人民的希望，奔赴民族解放的疆场去建功立业。深夜，我走出会场后，回头看那窑洞的灯光，在渭北高原的苍穹之下，红彤彤的，像团正在燃烧的火……

二、云阳誓师

洛川会议期间，政治局委员任弼时同志代表中央同我谈话，要我担任八路军政治部的民运指导部（简称民运部）部长。他说，这是很重要的一个部，专门负责对外宣传，做居民和友军的工作，面很广，党政、军事、外交事宜都要做。我无条件地接受了这个任务。弼时同志鼓励我要大刀阔斧地干，重要的是抓统一战线，团结一切抗日力量，把局面打开。

会一结束，要到前线的同志没有再回延安，立即赶往云阳总部和各师驻地。我随朱、彭、任等领导同志行动，开始是坐一辆卡车，但走出几十里以后车子坏了。

和我们同行的还有聂荣臻同志，30 年代初我们曾在上海的中央军委一道工作过，是大同乡（都是四川人），又是三十七八岁的同龄人，走在一起免不了说说笑笑。处此境况，他像搞“智力赛”似的问我：“老傅，四川话在这里怎么说呀？”我说：“有这么一句，‘图相因买老牛，爬坡过坎要人搊’哟”。荣臻同志和大家笑了起来。有的说：“不错！贴题！”有的说：“铁牛，不是老牛，搊不起来哟！”有的说：“怎么办？走吧！”有的说：“先到村子虽吃点饭！”最后大家按总司令的话行动：“吃过饭就走！”

临到中部县（今黄陵县）城，有人高兴地喊道：“桥山，桥山，桥山到了！”是啊，黄帝陵就在那片郁郁葱葱的山上，有机会看到它能不高兴吗？这是海内外炎黄子孙共同向往和瞩目的地方。几千年来，历代王朝直到民国，每年清明节，都要派出官员来扫墓、祭奠，表示对先祖的虔诚和敬仰。今天，我们就要上前线了，去抗击日本帝国主义侵略军对先祖开创的中华大地的野蛮掠夺和残酷蹂躏，都有一颗“壮士一去不复还”的杀敌决心，也就格外想去看看黄帝陵。

看过之后，从桥山上下来，进了轩辕庙，朱德同志说，今年清明节，我们还派人来给轩辕黄帝送了祭文哩！果然，一到正殿就看到黄帝塑像脚下的大供案上陈列着不少祭文，毛泽东主席、朱德总司令的祭文也在其中。祭文写得非常好，抑扬顿挫，铿锵有力，动人肺腑。大家拥过来看，我竟情不自禁地读出了声：

“维中华民国26年4月5日，苏维埃政府主席毛泽东、人民抗日红军总司令朱德恭造代表林祖涵，以鲜花束帛之仪致祭于我中华民族始祖轩辕黄帝之陵：赫赫始祖，吾华肇造；胄衍祀绵，岳峨河浩。聪明睿智，光披遐荒；建此伟业，雄立东方。世变沧桑，中更蹉跌；越数千载，强邻蔑德。琉台不守，三韩为墟；辽河燕冀，汉奸何多！以地事敌，敌欲岂足；人执笞绳，我为奴辱。懿为我祖，命世之英，涿鹿奋战，区宇以宁。岂其苗裔，不武如斯，泱泱大国，让其沦胥。东等不才，剑屦俱奋，万里崎岖，为国效命。频年苦斗，备历险夷，匈奴未灭，何以家为。各党各界，团结坚固，不论军民，不分贫富。民族阵线，救国良方，四万万众，坚决抵抗。民主共和，改革内政，亿兆一心，战则必胜。还我河山，卫我主权，此物此志，永矢勿谖。经武整军，昭告列祖，实鉴临之，皇天后土。尚飨！”

朱总司令说，这是我们建军十年第一次向老祖先明志。大家也都称赞祭文写出了全军指战员的情怀，表明了我们代表着全民族的利益和未来。同志们还一致认为，这是我们开赴抗日前线的《出师表》哩！

8月30日晚上，我们徒步行军到达铜官城（今铜川市）。彭副总司令接到指示要去西安（聂荣臻同志和他同行）。彭是要准备9月1日同周恩来副主席等乘火车去山西太原，与第二战区司令长官阎锡山会谈。一同前往的还有林彪、萧克、徐向前等各师的负责人。他们是最先一批到达华北前线的八路军。

朱总司令到达云阳镇后住北街毛家大院，红军总司令部在那里。

我随任弼时同志见到邓小平同志，他在西南角文家大院，总政的同志住这里。

云阳属泾阳县，距西安60多公里，南临泾河，北靠嵯峨山，西（安）兰（州）公路从村南穿过。村里虽只一条街，但长达一二公里，俗称“十里烂云阳”。当时这里已成为军事重镇，中共陕西省委也在这个村子里。西边驻陇东西峰、镇原的红军，北边驻正宁、耀县的红军，东边驻三原、富平的红军，继一一五师出动之后，正在集结，准备出动。一时之间，这片纵横二三百里的国土上，山山岭岭里，大路小路上，四处有战马奔驰，有步兵跋涉。嘹亮的军号声，高昂的抗战歌声，飞扬在正要收割的田野里，震动着每个爱国军民的心。

民运部的人手不多，工作显得格外忙碌。从国民党区域和海外来的进步青年去延安，这里是第一站，迎送接待任务日益繁重。开始每天不过三个、五个的，现在则常常是成组成队的，而且一批接着一批，人们笑称：往北去的大道，全是他们“走”宽的。

自从7月14日，中央军委、毛泽东同志给各方面军、各军团、各军、各师、各团及各军事学校的首长下达命令，要求十天之内做好开赴抗日前线的准备以后，尤其是开过全军政治工作会议以后，总政治部编印了《抗日紧急动员课本》、《抗日军人读本》，以及东北四省、华北五省地理常识，还有日本情况、日语教材等，发给部队进行战前教育。从军团长、师长直到伙夫、马夫都参加了军事、政治训练。整个红军变成了大学校。洛川会议后，为了顺利开赴华北前线，八路军政治部立即发布了《关于东进抗日行军中的政治工作指示》，编发了《八路军军人必读》等教材。

当时，红军广大将士对于北平、天津失陷非常焦急，对南京方面非常不满，要求立即出动抗战，甚至整连整团整师的指战员签名上书，表示不等待南京政府的命令了。当听说改编还要取下红军帽徽换上国民党军队的，更是火上加油，有的摔帽子，有的流泪，甚至有的骂娘。

为了妥当解决这个问题，转好思想弯子，领导干部分别下到部队进行解释。左权同志到了随营学校各团，耐心地给同志们讲，我们取下‘红星’不是要丢掉它，这里有烈士的鲜血和我们的理想。要往远处看，为了抗日救国，可以把红星保存起来，把它放在心坎里！红星在我们心里，我们就不会迷失革命方向。在换帽徽的同时，总政还给全军颁发了“红军十年艰苦奋斗”奖章。广大指战员收起红军帽徽，得到了红军“奖章”，思想情绪才渐渐稳定下来，适应了新形势的要求。

八路军总部的出师抗日誓师大会，在云阳镇的大操场里举行。司号员们的军号声，随营学校的威武队列和“坚决与敌决死战”的歌声，震荡了整个村镇。整齐雄壮的队伍从四面八方走来，一幅幅醒目的“拥护军委命令”，“为保卫国土流尽最后一滴血”的大字横标，高高举过头顶，随着队伍进入会场。队伍四周围满了手举“打倒日本帝国主义！”“收复一切失地！”小彩旗的各界代表和群众。这里的政权还在国民党手里，他们限制群众和学生到场，就是到场的代表里也有不少是他们特意选派的。但即使如此，也还是挡不住群众的抗日热情和他们对红军的热爱。人们大胆地拥进会场，有的爬到了附近的树上、屋顶上，观看这个有重大历史意义的场面。邓小平副主任主持大会，全体指战员跟随朱总司令高声复诵《八路军出师抗日誓词》：

“日本帝国主义，是中华民族的死敌，它要亡我国家，灭我种族，杀害我们父母兄弟，奸淫我们母妻姐妹，烧我们的庄稼房屋，毁我们的耕具牲口。为了民族，为了国家，为了同胞，为了子孙，我们只有抗战到底。

“我们是工农出身，不侵犯群众一针一线，替民众谋福利，对友军要亲爱，对革命要忠实。如果违反民族利益，愿受革命纪律的制裁，同志的指责。谨此宣誓。”

掷地有声的誓词，是从每个同志的肺腑中喷涌而出的，声若洪钟大吕，所有同志的心情都激动异常，会场四周的观众无不为之震惊和感动。

《八路军抗日三大纪律》的内容和红军时期明显不同的，是把"实行抗日救国纲领"作为第一条。弼时同志郑重宣布的"三大纪律"和"八项注意"，受到群众热烈欢迎。这"三大纪律"与"八项注意"总起来不过11条，但却包括了争取民众，影响友军，创造模范抗日军队的大道理，是我们这支新型的人民军队区别于其他军队的根本标志。

表示杀敌决心和欢送八路军上前线的军内外代表讲话之后，当地国民党政府的专员也讲了话。最后一项是国际友人讲话。穿着八路军服装的乔治·海德姆（即马海德），一到台前，台下便响起欢迎的掌声。这位美国炼钢工人的儿子，1936年一、四方面军在会宁会师时同我相识，第二年2月已加入中国共产党。面对出征的战士，他用汉语说，我们欢送八路军到哪里去？到华北前线去。去干什么？拖住日本侵略军的尾巴，打他的"后沟子！"这句把脊梁骨称为"后沟子"的陕西土话，大家听着非常亲切、生动、有幽默感，会场上立即迸发出欢快的笑声，随后是狂风般的掌声，此起彼伏的口号声，震天动地的抗战歌声，气氛显得十分昂扬、热烈。

三、东渡黄河

一一五师主力到达黄河东岸之后，一二〇师主力即由富平县庄里镇出发东进。紧接着，八路军总部从云阳镇出发了！殿后的是早已整装待发的一二九师主力，到9月底也从庄里镇开往晋北前线。这时，以萧劲光为主任的八路军后方留守处（12月改为留守兵团）已经在延安成立，统一指挥各师留守部队担负起保卫陕甘宁边区的任务。

总部出发那天，蒙蒙细雨压住了道路的尘埃。我们的队伍除机关外，有随营学校的三个团，一个警卫总部的特务团，浩浩荡荡的劲旅，在秦川大地上疾进，引起沿途收秋，秋种农民的注目。队伍经过村子，人们不顾国民党的种种限制，拥到街上送茶水、梨子、桃子、鸡蛋。队伍过后，群众手里有了红色绿色的传单；墙上贴了雪白的八路军布告和《抗日救国十大纲领》，街头巷尾传诵着八路军爱国抗日、待人和气、买卖公平、损物赔偿的故事。尽管我们规定了沿途不许扩军，但广大爱国青年还是纷纷要求加入我们的行军行列里。

前线接连传来令人焦虑的消息。继南口、张家口失陷后，平绥线上的天镇、雁北重镇大同失守了！津浦线上，日军在攻击泊镇、沧县；平汉线上，涿县落入了日军手中，保定已岌岌可危！国民党军队还在节节败退……形势的险恶令人愤慨，全体指战员心急如火，恨不得插翅飞上前线，煞住日军猖狂进攻的气焰。

9 月 16 日，总部到达韩城芝川镇，决定在此渡过黄河。先头两个师都是从这里渡过黄河的。

芝川镇西南司马坡上有座司马迁祠，趁候船的间隙，我和几位同志去看了看。祠内碑碣林立，铭刻着对这位太史公的赞词颂语，使我想起他的巨著《史记》。从《五帝本纪》到《太史公自序》130 篇，我在年轻时逐篇读过，确实像鲁迅说的，是“史家之绝唱，无韵之《离骚》”，代表着我国文化的高度成就。司马迁忍辱负重，用笔为中华民族的统一和发展作出的贡献是伟大的，不朽的。我们今天，则要用刀枪和自己的血肉去搏斗，收复被日本帝国主义践踏的土地，书写中华民族雄立于世界的光辉篇章。

我随朱总司令、任弼时、左权同志等同船过河。木船在汹涌翻滚的波涛中前进，船工们驾驶大船的强健体魄，使人感到自己身上也仿佛增添了无穷的力量。这天风和日丽，再过几天就是中国人民一年一度庆祝团圆的中秋节。天气已有些凉意，使人觉得爽快、舒服。随着大船靠岸每个人的脸上露出了兴奋、自豪的神情：我们终于又踏上了美丽富饶的山西大地——打击日本侵略者的重要战场。

1936年春天，毛泽东、彭德怀、叶剑英、杨尚昆等同志，曾率军渡过黄河，在山西的几十个县撒下了革命的种子。那时是借路去河北、东北打日本，由于国民党重兵拦阻，壮志难酬，只得回师河西。现在日本大军压顶，国民党军队一触即溃，却是急切地盼望八路军早日开到晋北去堵住日军的进攻，救他们出困境。

我们的队伍向着晋南重镇——同蒲线南端侯马跑步前进。沿途国民党军政人员的惊恐神态表明：战火已越烧越近。但我军将士却如蛟龙临海，英姿勃勃，直奔中央军委指定的目标。

到了侯马，火车站里站外挤满了人。一些小孩子骑在大人的肩上，仰着头，张着嘴，观看八路军上火车。其中有不少从沦陷区逃来的难民，衣服褴褛，眼含热泪，期待八路军去收复他们的家乡；本地群众则祝愿我们能挡住日军，使家园免遭战火。有许多送茶水的，端糖果和中秋月饼等慰问品的，挤上去接到战士手里，递到战士嘴边，其亲切之情在别的军队是见不到的。红军东征给这里的人们留下了深刻印象，如今强敌压境，危难中重逢，真像多年未见的知心朋友。目睹这番军民亲如家人的情景，人们无不由衷地称赞：八路军才真是老百姓自己的军队啊！

火车在吕梁山东麓、汾河东岸向北开进，沿途的车站越来越多地站满了欢迎的人群。无论商人、学生、工人、农民，都拼命往前挤，要看看红军——八路军的朱总司令。朱总司令的四川话人们听不懂，但看到那位向人们招手的长者，衣着和别的军人一样，脸色比别人黑一点，像长年辛劳的庄稼汉，面容纯朴，慈祥……人们便以喜悦的神情、亲切的语言，表明自己的感触：八路军的总司令不像国民党军队的长官，老百姓是可以亲近的！这，便是一个伟大的开端，像一座桥使八路军和人民的无穷力量相连接起来。在车站，在车里，老百姓们送来的中秋月饼、瓜果、枣子，堆了很多，大家都吃得饱饱的。人们议论着：这样的老百姓，这样的军队，如此齐心，如此亲热，打不胜日本，谁能相信！

到了太原，总部的领导同志都倍加忙碌。天天有兴奋的座谈会，热烈的欢迎会，彭德怀等同志应邀去群众大会上讲演；周恩来、朱德同志准备到太和岭口会见阎锡山；邓小平同志去了第二战区革命战争战地总动员委员会商谈工作。山西省牺牲救国同盟会（简称牺盟会）的，东北学生救亡委员会的，从一二九运动中产生的中华民族解放先锋队的，都有人到总部来过。整个太原城的抗战气氛，由于八路军总部的到来，陡然高涨了几倍。面对此情此景，使许多革命战士和爱国青年流下了兴奋、激动的眼泪。

在成成中学——八路军驻晋办事处，我见到了久别的杨尚昆和李伯钊同志，他们身着便装，和刘少奇、彭真同志一起在北方局工作，还没有公开身份。尚昆同志告诉我，北方局正准备开会传达、贯彻洛川会议精神。刘少奇同志提出，共产党员要脱下长衫去打游击战，今后华北的主要任务就是组织群众武装展开游击战争。他还要求华北地区党组织三个月内“扩红十万”。

周恩来同志完全赞成这个计划，并指示把薄一波同志领导的山西青年抗敌决死队（简称决死队）和牺盟会游击队包括在内。此时，决死队已有了四个总队（团）。我随总部过定襄时见到了薄一波同志。不久，朱总司令指示他们去晋东南建立抗日根据地。出发前夕，有些年青同志到了总部执意要求参加八路军，以为戴着阎锡山的帽子抗日，不如在八路军的旗帜下进步快，更光荣。我和民运部的几个同志去做说服工作，一直把他们送归决死队，还在会上讲了话，说明决死队和八路军都是抗日先锋，共同站在民族解放的旗帜下，一样光荣！鼓励他们安心在决死队夺取抗战的最后胜利。第二年夏天，决死队由四个总队发展到四个纵队（旅）。在沁县西林整训时，朱德、彭德怀和左权同志去给他们讲游击战术，我去讲部队政治工作。经过这次整训，部队进步很快。当1938年秋，日军进攻时，阎锡山慌忙逃过黄河，躲到了陕西宜川县的秋林镇一线。与此相反，决死队、牺盟会提出响亮的战斗口号："共产党员誓死不过黄河！"他们同在黄河以东站稳了脚跟的八路军主力部队一起，高擎民族解放的大旗，挡住了日军西渡黄河。

四、首战晋北

先头出发到达晋北平原一线的一一五师、一二〇师主力，按预定部署向冀、察、晋、绥四省交界的恒山山脉（31个县）挺进，准备侧击沿平绥线西进、沿平汉线南进之敌，援助国民党军队的正面作战。但是由于国民党军队连连败阵，日军察哈尔派遣兵团占领大同后，一部飞速向归绥、包头攻击，打通平绥线，实现其所谓切断中、苏联系之目的，主力则沿同蒲线南下，向雁门关、茹越口进攻。与此同时，华北的敌军一部则由平绥线东段之宣化、怀来向晋东北追击，占领广灵、涞源后，正向平型关进犯。

据此形势，毛泽东同志及时发出了改变原来部署的指示，这也是总部领导此时所议、所忙的头等大事。毛泽东同志指出，敌人的战略计划是以右翼大迂回姿势企图夺取太原，威胁平汉线上的国民党军队而最后击破之，夺得黄河以北地区，威胁河南、山东之背，而利于最后夺取山东，完成其鲸吞华北五省之企图。这样，"恒山山脉必为敌军夺取冀察晋三省之战略中枢"，而阎锡山指挥下的傅作义、杨爱源、刘汝明、汤恩伯各军已失锐气，使我们不能作出这些军队能够在现阵地根本破坏敌人战略计划之结论。因此，过去决定红军全部在恒山山脉创造游击根据地的计划，如依旧执行，"将全部处于敌之战略大迂回中……陷入被动地位”。显然，战场情况变化了，必须改变原来的部署。

毛泽东同志明确指出，为战略上展开于敌人侧翼，钳制敌人进攻太原与继续南下，使晋绥军不过于损失力量，也为我军广泛发动群众创造游击根据地，拟变更原定部署如下：一二〇师转至以管涔山山脉为依托的晋西北地区；一一五师以自觉的被动姿态，进入恒山山脉南段活动；一二九师开往恒山山脉南端，逐渐展开于太行、太岳两山脉中。

没过几天，毛泽东同志进一步指出：“今日红军在决战问题上不起任何决定作用，而有一种自己的拿手好戏，在这种拿手戏中一定能起决定作用，这就是真正独立自主的山地游击战（不是运动战）。要实行这样的方针，就要战略上有有力部队处于敌之翼侧，就要以创造根据地发动群众为主，就要分散兵力，而不是以集中打仗为主。”

毛泽东同志所以这样三令五申党中央的战略方针，因为由国内战争后期的正规战争向此时要进行的游击战争转变，是领导全军在广大的新天地里沿着正确方向前进的崭新课题。总部领导对党中央、毛主席的战略方针的领会是深刻的全面的，在基本点上是息息相通的。他们带领全军从实际出发，适时地完成了这个转变，创造了辉煌的战果。

9 月 22 日，总部到达晋北前线，驻五台县城东北的南茹村、东茹村。随营学校在不远的苏子坡村。真是旗开得胜！朱、彭指挥一一五师主力首战平型关，歼敌 1000 多人，打破了所谓“皇军不可战胜”的神话，给在正面防御的晋绥军以有力的配合，给广大抗战军民以有力的鼓舞。在全国人民心目中树起了八路军英勇善战的形象。

但敌情仍然十分严重。东面平汉线上的日军已占领保定；沿内长城西进的日军正猛攻繁峙；沿同蒲线南进的日军夺取了朔县，正向代县、雁门关逼近……

总部在这三面是日军进攻的炮声里，在国民党军队溃败南逃的混乱局面中，稳如泰山，指挥若定。此时，迎着日军的长驱直入，我东北方向有杨成武部，打到了冀察边界；东南方向有王震部，已到达战略要地石家庄附近的平山县；北面、西北面有一一五师、一二〇师的主力在日夜奋战。各部队斗志昂扬，锐不可当，纷纷传来捷报。平型关战斗一结束，朱总司令即带领一些同志到一一五师驻地参加总结此次作战的经验教训。总部机关的工作十分紧张，除了指挥部队向敌人的侧翼、后方挺进外，还天天接收来自四面八方的贺电、贺信，接待来慰问的各界代表，来采访的新闻记者，来参军的热血青年和知识分子，来请求派人指导和给予援助的抗日团体、义勇军、游击队领导人……个个忙得不可开交！

根据党中央、毛主席的一系列指示精神，八路军总部于9月21日、25日，先后对各师、各旅、各团发出指示和训令，要求部队以机动灵活的袭击消灭敌人小部的同时，立即在我军所到之处，独立自主地担负起群众工作，在战区的村庄城镇取消苛捐杂税，实行减租减息，合理负担；没收汉奸和日本帝国主义财产分给抗日人民和抗日军人家属；动员群众，开展游击战争。对于各部队进行群众工作的负责区域，总部有明确划分：一一五师在涞源、灵丘以南，五台、盂县以东，灵寿、曲阳以西的晋察冀三省边界地区。一二〇师主力于左云、清水河、保德、宁武、平鲁等晋西北地区，该师三五九旅（一个团）于柏兰镇、定襄以南，盂县，井径以北，平山县以西地区；一二九师的预定地区在正太铁路以南。总部明确要求，全军每个指战员要利用一切机会宣传党的抗日民族统一战线纲领；在地方工作中，要吸收进步分子首先是工农分子加入中国共产党，培养他们成为联系群众斗争的骨干。

任弼时同志召集会议传达、部署了上述任务。朱德、彭德怀同志以身作则，每到一地就召开群众大会，出席讲演，宣传八路军的胜利和中国共产党的抗战方针，指明保卫山西，保卫华北的正确道路。在太原，彭德怀同志举行记者招待会，把平型关战斗缴获的战利品分给他们作纪念，有力地扩大了我军的政治影响。在五台县城的群众大会上，彭德怀同志的讲演，气壮山河，振奋人心。他说，日本军队每占我们一座城池，就是陷入人民的一层包围。华北每个不当亡国奴的人都是一颗炸弹，日本人吞下去是会炸死他自己的！这些话，对鼓舞群众拿起武器打游击战起了很大作用。五台县短短几天就成立了四支游击队。朱总司令有时也出席群众大会，还常和群众交谈，他的艰苦朴素作风，待人和蔼可亲的态度，本身就有很强的感染力。在南茹村的街头、胡同口、打谷场上，都有他和群众拉家常的身影。在处理军机大事的空隙，他还参加了培养青年积极分子入党和建立村党支部的工作。

按照总部要求，民运部派出王逸群、洪水、胡开明、罗亦军等一批同志，在繁峙、代县以南，同蒲路以东广大农村，展开群众工作。他们和当地的党员赵鹏飞、朱卫华、李力安等同志一起，到各县、区、村建立战地动员委员会，组织自卫军、担架队、运输队，支援部队作战，收容友军溃散人员，保护群众利益，安定社会秩序，受到人民赞扬。随后，王逸群同志负责建立了中共晋东北特委，并调来祖籍山西原平的红军将领赵尔陆同志，率总部特务团的两个连，组成晋东北游击司令部。部队很快发展起来，转而在聂荣臻同志领导下，参加了创建敌后抗日民主根据地——晋察冀边区的伟大斗争，成为晋察冀的第二军分区，同聂荣臻同志直接指挥下到达察南、平西的杨成武部建立的第一军分区，联在一起，互为依托。在平山县以西，是三五九旅旅长王震同志直接率领的一个团。王震同志向来作战机智、果断，这次上得前线更是主动、勇猛，一直插到了平山。他们按总部要求在正太路以北开辟广大地区，随后便成了晋察冀的第四军分区。

平型关战斗后，罗荣桓同志率领一一五师政治部到阜平一带开展群众工作。10 月 10 日，敌人刚刚占领石家庄，我骑兵营即攻克了曲阳县城。罗荣桓同志派民运部长潘振武同志去当了县长，和他同去的还有宣传队的十余个同志。他们团结爱国人士和进步青年，组织起动员委员会、抗敌后援会，发动了成千上万群众，把日军在曲阳兵站囤积的大批物资，全部运到了阜平。那几天里，从曲阳到阜平50多公里的公路上，满是挑担子的、抬箱子的运输大军，浩浩荡荡，蔚为壮观，极大地振奋了敌后军民的抗战热情。与此同时，阜平县已组织起400多人的抗日义勇军；至10月中旬，阜平各区和邻近的行唐、曲阳等县，也组织了抗日义勇军，总数达2000多人。按聂荣臻同志的指示，义勇军编成三个大队，为建立晋察冀第三军分区打下了基础。

在此期间，朱、彭、任、邓等总部领导同志，曾找王平、刘秀峰同志谈话，按北方局决定，要他们和李葆华同志一起去阜平，组成晋察冀临时省委，统一领导三省边界各县的工作，并积极向冀中平原发展。这样，在八路军到达前线后的短短时刻，从平绥线到正太线之间的广大国土上，便燃起了熊熊的抗战烈火，“晋察冀”这块巨大而坚强的抗日民主根据地在抗战烈火中骤然崛起了！

在此之前，9月28日，总部即指示一二〇师的宋时轮支队，向日军占领的怀仁、左云、大同地区挺进。他们首战井坪镇告捷，鼓舞煤区工人、群众组织起来猛打游击战，在同蒲路北段西侧开辟了钳制敌人南进的战场。

由于我军在晋察冀绥四省边界连战告捷，发展迅猛，促使国民党政府和阎锡山下决心进行忻口战役。在忻口战役的20多天中，我一一五师和一二〇师主力在敌人侧翼和深远后方，作战40多次，收复县城10多座，一克再克平型关、团城口，雁门关，伏击敌人的运输部队，切断敌人的交通线，使得敌人增援受阻，供应困难，有力地援助了友军的正面作战。

10月中旬，一二九师到达晋北前线，第七六九团夜袭阳明堡飞机场，毁伤敌机20多架。由于日军沿正太线的攻击异常猛烈，刘伯承同志率主力驰援娘子关一线的友军，在正太路以南的七亘村、黄崖底、广阳等地多次伏击敌军。挫伤其进攻锋芒，取得的战果为中外人士所注目。第二战区前线总指挥卫立煌，盛赞八路军是“复兴民族的最精锐的部队”，对忻口战役有极大的帮助。朱德、任弼时同志都曾撰文高度评价忻口战役歼敌过万，“是华北抗战中最激烈的战争”，“是国共合作中我军与友军联合作战的范例”；在战斗中郝梦龄、刘家麒两将军的牺牲，许多忠勇战士的英勇奋斗，“是值得每个同胞永远纪念的”。

平型关大捷以前，我军每到一地，都寻找和说服躲藏在深山荒野的群众回到村子里。忻口战役期间，战地群众参加战勤，非常踊跃，以至担架队往往超过需要，抬下战场的不是伤员，却是缴获日军的武器装备和罐头、饼干、奶粉、纸烟等物资。

10月22日，八路军总部要离开南茹村、东茹村了，环顾四野，和一个月前到达时已大不相同。万千八路军健儿已在华北前线开拓了自己的活动天地，亘古少见的敌后战场在日益扩大。这史诗般的业绩，使日本帝国主义灭亡中国的美梦，碰得粉碎；使海内外炎黄子孙看到了光明和希望，坚定了“中国不会亡的胜利信心！”

五、吕梁山下

总部从五台县转移时，分成了三路行动。朱德、任弼时同志带领总部机关，穿过正太路，10月27日进至太行山区的和顺县马坊镇。另一路是彭德怀同志率精干的指挥所，经忻口前线、太原前线，于11月初也进驻太行山区的马坊镇，同朱总司令会合一处。与此同时，邓小平同志率政治部机关和韦国清同志等领导的随营学校，穿过同蒲路，跨过汾河，进入吕梁山下的汾阳、孝义一带进行群众动员工作，为创造晋西南抗日根据地开拓道路。我和黄镇等宣传部、民运部的同志随这一路行动，经太原到了孝义县城。

这是总部领导根据党中央、毛主席的指示作出的部署。毛主席曾来电指示："游击战争主要应处于敌之翼侧及后方，在山西应分为晋西北、晋东北、晋东南、晋西南"，"不宜集中于五台山脉一区，集中一区则难以立足的"。对于吕梁山脉，毛泽东同志在忻口战役期间就指出，吕梁山脉之晋西南，虽然目前距敌尚远，然亦不可不于此时作适当之部署。太原一失守，他进一步指出：吕梁山脉是八路军的主要根据地，一一五师的徐海东旅、陈光旅和总部均宜立即开始西移。这样，朱、彭、任等领导同志，便于11月11日在和顺县的石拐镇，同友军将领开过军事会议以后，于下旬到达吕梁山、太行山之间的洪洞县马牧村一带。邓小平同志率领我们这一路，是12月底由孝义一带到达马牧村归总部建制的。

我们路过太原时，败阵的晋绥军惶惶不可终日，汉奸特务却在城里猖獗活动，国民党达官贵人在搬家逃难，街上的电线横七竖八，房子的门窗玻璃碎裂不堪，满街烂纸破布，商店门户紧闭，工厂汽笛长声嘶鸣，出城防空的老百姓扶老携幼、呼儿唤女……一片灾难景象惨不忍睹。给人以光明和希望的，是牺盟会和决死队的大字标语"反对仓皇失措退却逃跑！"战地总动员委员会张贴的动员3000万民众保卫山西的告示。还有刚从延安到太原的西北战地服务团，正在街头、学校演出，他们的救亡戏剧与歌声，给人们以极大的宽慰和鼓舞！一批批平津和东北流亡学生在集结，在奔走呼号："誓死保卫华北！""誓死保卫山西！"使人觉得这个城市还有斗志和活力。

9月，一二〇师路过太原时，王震同志抓得紧，请求北方局帮助动员青年学生、知识分子到部队工作。消息一传开，有不少人跑到八路军驻晋办事处填表申请，王震亲自和他们谈话，于是一下子接纳了40多名男女知识分子入伍。贺龙同志见了非常高兴，称赞“王胡子”办了件好事，给一二〇师增加了新生力量。他把一半留在了师部，让刘亚生、郭小川等20来个同志到了三五九旅。我们这次到太原，立刻贴出了随营学校的招生广告，指明愿学军事的可报考教导队，愿学政治的可报考学兵队。在八路军驻晋办事处，和孝义县城都设了报到站。

在太原集结的东北流亡者特别引人注目。他们有东北大学的，也有东北中学的，还有些东北军退职的军官。其中最著名和有影响的人物是张作相的儿子张廷枢将军。他是在卢沟桥事变后从天津到南京营救张学良将军未成，到武汉由东北救亡总会介绍到太原的。他们同东北学生合在一起有八九十人，在八路军连战皆胜的鼓舞下，殷切希望组成部队参加抗战。周恩来同志关心他们、支持他们，给他们讲过话，并指示总部帮助他们。我们在太原时，一批按党的指示由济南辗转来的平津学生已加入他们的行列。他们离开太原到达总部驻地附近后，朱、彭给他们讲过话，授予他们正式番号——第一游击纵队，还派组织部长周桓同志兼任纵队政治部主任。他们在太行山东麓的邢台一带发动群众，建立了一支2000多人的游击队。后来编入了一二九师三八五旅独立团；同时还收编了国民党东北军溃散部队500多人，第一游击纵队有了很大发展。高扬、顾卓新、吕东、关山复等同志曾是这支部队的骨干，也在这支部队受到了严峻的战斗洗礼。

孝义县城西关有八路军兵站，我们到孝义后先住在那里，但天天到城里中阳楼下边的县牺盟会去，接待报考随营学校的人。青年学生们非常可爱，一被录取就毅然告别家乡父老投入艰苦的战斗生活。不久，孝义牺盟会的曹诚、平遥牺盟会的李文炯，分别组织了两支游击队。平遥县城被日军占领后，两支游击队合并为八路军晋西游击支队。邓小平同志考虑到统一战线关系，让他们改称牺盟会晋西游击支队。八路军政治部和随营学校派了些干部去加强工作，很快便发展到

2000人，一一五师到达后，他们编成了游击第三团。

邓小平同志离开太原后，先在汾阳城西的栗家庄，不久转到三泉镇。他指示随营学校抢运、疏散兵站的粮食、布匹、棉花；布置各个地方工作团发动群众防止国民党撤退时的骚扰、抢劫。再后来，他和我们一起住在孝义县的下堡。

按照报呈总部的计划，邓小平同志以兑九峪、大麦郊一线为中心，全面负责领导开展孝义、平遥、介休、永和、石楼、蒲县、隰县、大宁等八个县的工作。其中因石楼、永和靠近陕西，距离孝义较远，那里的工作由黄镇同志主持。在上述八个县里，我们的地方工作团同当地牺盟会一起，发动群众参加抗战，在青年积极分子中进行党的教育，发展党员，建立或恢复党的组织。1936年红军东征时在这里培育的骨干，已随军过河西的这时也回来开展工作，更有力地扩大和加强了党的领导力量。当时，阎锡山有个口号叫“铲除坏官、坏绅、坏人”。我们抓住这个口号进行改造旧政权的工作，维护群众利益，调动群众的抗战积极性。到年底我们离开时，把发展的党员、建立的党组织全部交给地方党委。1938年2月，日军向晋西南发动进攻，介休、孝义等地被侵占，国民党军队纷纷逃向晋南和黄河西岸，吕梁山脉广大地区也成为敌后，被阎锡山阻隔在赵城、洪洞地区的一一五师得以进军吕梁山脉，先后在兑九峪、大麦郊、午城、井沟连战连捷，狠狠打击了敌人。到四五月，杨尚昆同志率总政后梯队即北方局，到达禅房头，领导成立了晋西南区党委，林枫同志任书记，毛泽东同志为区党委的报纸《五日时事》写了报头。晋西南根据地在党政军民共同努力下迅速发展起来，为壮大山西抗战力量、保卫陕甘宁边区河防的安全作出了贡献。

太原失守前夕，10月底，八路军政治部曾根据周恩来、刘少奇同志的意见，再次发出指示，要求各部队用高度的热情进行地方工作，创造抗日民主根据地，切实建立地方的党组织，为完成每个动员计划而斗争，并再次明确了各部队的工作区域。太原失守后，邓小平同志指出，一二〇师的工作团同程子华同志负责的战地总动员委员会的干部，在离汾公路一线开展工作；公路以南的地区由政治部、随营学校负责。这时：

——在恒山、五台山、燕山山脉，由聂荣臻同志领导建立的晋察冀军区，已胜利地粉碎了日军的“八路围攻”，打击了由平汉线西犯之敌，由正太线北犯之敌，使边区所辖的县扩展到30多个，部队发展到2万多人，开始了敌后第一块抗日民主根据地的建设。

——在管涔山脉，一二〇师的关向应同志，正率领师直机关和教导团700多人，分散在宁武、朔县以西各县开展工作，到翌年初，各县均建立了党组织，动员了1.1万青壮年参加游击队、自卫军，普遍建立了工、农、青、妇救国会等群众团体，部队由出征时的3个团8200人，扩大到6个团2.5万人，为建立晋西北乃至晋绥抗日民主根据地准备了条件。春天，全区部队英勇作战，粉碎了敌人的围攻，并先后围困岢岚、五寨、宁武，夜袭三井镇，追歼逃敌，连克7城，把敌人赶出了根据地。

——在太行山脉，一二九师由宋任穷同志率领3000多干部组成了若干个地方工作团，在晋中、晋东南和冀豫边界各县开展工作，同样取得了很大成绩。翌年3月，主力部队破袭了邯长公路，成功地进行了神头岭、响堂铺伏击战，粉碎了敌人的“九路围攻”，歼敌4000多，收复县城12座，根据地得到发展。随后成立晋冀豫军区，下辖5个军分区，一二九师参谋长倪志亮兼司令员，黄镇任政治委员。主力部队由出征时的3个团，发展到6个团另6个游击支队。

这样，在山西境内和晋察、晋冀、晋豫边界的几块根据地互为犄角，彼此支援，形成了四面包围着敌占城市和交通要道的广阔战场。这个战场犹如不可逾越的高山，挡住了日本帝国主义的战车，显示出中国共产党坚持全面的全民族抗战方针的强大威力！

我们回到总部不久，1938 年 1 月，邓小平同志调任一二九师政委，我接任了他在八路军政治部的职务。继他走上太行山之后，2 月，总部也开往太行山区。我们的队伍朝着太阳升起的东方前进，敌后战场也在向东发展，它对于中国人民的未来，如照亮东方的霞光。

山西抗战的回忆

任弼时

一、晋北战线的形势与山西在抗战中的地位

当八路军进入山西的时候，平绥线上的敌人已经攻破了南口、张家口，占领了大同，正向晋北屏障——雁门关东西长城各口进攻，企图乘势攻破长城隘口，逼取太原。而在平汉线上亦正积极进攻保定，期与平绥之敌取得配合呼应，齐头夺取石家庄。据平型关战斗中夺取的文件说明，当时敌之主力还是用在晋北方面的。

因为雁门关及其东西附近地势险要，而且构筑了比较坚固的国防工事，敌知正面攻夺之困难，仍以攻占南口、大同之经验，在正面以其一部向雁门关及其东西之杨芳口、茹越口佯攻，用其主力绕由蔚县向国防工程较为薄弱之平型关进攻。企图突破平型关绕至雁门关以南，则雁门关可不攻自破。

当时的形势是严重的。因为前线退守雁门，长城各口的军队已相当疲劳，如果雁门长城各口被突破，敌有很大可能逼近甚至夺占太原，这将要影响整个华北的战局。

山西自雁门以南、井陉娘子关以西系高原多山，对保卫华北、支持战局有极重大的意义。敌人要完成其军事上占领华北，非攻占山西不可。如山西高原全境保持我军手中，则随时可以居高临下，由太行山脉伸出平汉北段和平绥东段，威胁敌在华北之平津军事重地，使敌向平汉南进及向绥远进攻感到困难，故山西为敌我必争之战略要地。

依托山西宽阔而复杂的地形条件，不仅便利于防阻和迟缓敌之前进，且利于我们部分地消灭敌人。因为敌人的攻击要依靠其重兵器——坦克、大炮、飞机，发挥其性能。这在山西的地理条件上，大大地减少了作用，甚至失去作用（如坦克、重炮在某种地形限制下不能使用），而极利于我们进行运动战来打击或部分地消灭其有生力量。在全国范围来说，上海、津浦和平汉三方都是平原，交通便利，利于武装齐备之日军进攻，山西方面地形交通限制了敌人之长处，恰又补足我们的短处，便利于我们的防守、持久斗争与打击敌人。

如果我们从研究抗战经验教训的观点出发，我们觉得，在整个抗战布置，至少是华北抗战布置中，没有清楚认识到保卫山西的重要战略意义，而未能以更多的精锐部队首先使用于山西的保卫，这是造成后来山西失利致使整个华北局势处于不利的一个重要原因。否则，雁门关长城各口也不致那样快就被突破，还可能在比现在有利的局势下支持更长久的斗争，并且可给敌以更多的打击，华北局势也必比今天不同。

二、八路军作战的方针和平型关的胜利

八路军是在支持华北抗战的斗争任务下开进山西的。它是编入第二战区战斗序列，协同该区内一切我国抗日友军来进行战斗的。

在晋北战线严重局势下，八路军成为这一战局的一支生力军。所以八路军入晋时，得到了群众的热烈欢迎与拥护，同时对于华北前线抗战军队与全国人民是一种极大的兴奋。同时，华北前线的抗战军队和全国人民对我们寄托着极大的期望。路透社的电报也带着警告式的口气说，日军还没有开始与中国有名的红军作战，而红军正准备着与日军长期奋斗。

当时我们认为，与日本军队作战是一种弱国劣势兵器的军队与优势兵器的帝国主义国家的侵略军队作战，单纯采取正面防堵，依靠坚固阵地与敌对战是不适宜的，而且我们的消耗将比敌人还要大。我们认为应当采取新的战法，求得能消耗敌人，使敌人疲于应付，使战争能持久，这就是利用山西有利的地形和群众条件，发挥我军历史上养成的特长——机动、果敢、迅速、秘密的运动战和游击战，同时组织和武装广大的民众，开展广泛的民众游击战，以这样的作战方针来配合我其他部队，达到保卫山西、支持华北战局的任务。

在这样的作战方针下，取得了平型关战斗的胜利，以及在敌人侧后取得了大大小小的战斗的胜利。平型关战斗，的确是给了敌人主攻方向以有力的打击，部分地更动了敌人的作战部署。可惜在这一战役中的军队，没有取得很好地配合，未能一举将敌歼灭，使我们能够顺利地扩大战果，绕击进攻茹越口之敌。而茹越口终于在几天后被敌人攻破。敌人从茹越口绕至雁门、平型险口之侧，后使这些险口终不能保，晋北屏障乃为敌所占。

平型关的胜利告诉我们，日军并非是不可战胜的敌人。它虽是组织完备有训练有战斗力量的军队，但是它仍有很多的弱点。它的步兵攻击精神并不旺盛，它疏忽于侧后的警戒，它占的阵地并非不能攻破，它运动起来很迟钝，在它轻敌的观念下产生许多可乘之机。特别是山地作战，以中国军队的勇敢牺牲精神，是可能给它以打击和战胜它的。平型关的胜利，给抗战的军队和爱国人民一种很大的兴奋，并且大大地提高了自信心。

敌在平型关受挫，发现劲敌是八路军以后，也就不得不相当地改变自己的战术。它常用的支队包围或远离主力迂回我军侧后，逼我正面混乱撤退的战法，因怕我们在运动中消灭它，也就不敢轻易采用了。当它久攻忻口不能突破的时候，也未曾采用两侧山地迂回的战法，而在别种情况下是必然采用的。

三、忻口抗战的经过

在雁门关长城各口失陷后不久，保定、沧州相继失陷，平汉线上的国民党军队撤至正定、石家庄，敌进攻华北的第二步作战计划已完成，并开始了它的第三步计划——攻占太原、石家庄、德州，驱逐中国军队于黄河以南，完成其军事占领华北的侵略意图。为着最后努力保卫太原，主力部队于此时向晋北开进。在晋北之崞县、原平、忻口的激烈战斗相继开始了。崞县、原平都经过一星期的固守。我们对于崞县，特别是原平守城的晋绥军那种英勇壮烈牺牲精神是非常钦佩的。由于他们的英勇抵抗，从正面迟缓了敌人的前进，使增援的生力军得有充裕时间集结于忻口，使忻口后来能够坚持将近一月的抗战。

敌深入雁门关以南作战，其后方交通愈加延长。当时，不仅同蒲路北段因车辆南移不能利用，且平绥路因被破坏一时也不能利用，它依靠汽车和牛马车的力量运输。其主要运输线是经雁门至大同和经平型关、灵丘、广灵、蔚县至张家口的两条汽车路。敌人不仅要供给前线大量的弹药、汽油（坦克车和飞机用），而且粮食、菜蔬也靠后方供给，因此，后方交通成了敌人前线军队作战的重要生命线。

我们把扰乱敌之远近后方，破坏、切断敌之交通运输，阻断敌之接济与增援，作为我们配合我国主要部队作战的主要任务；而以一部协同我主力军作战，以期陷敌于孤军苦斗，求得在较长的斗争中，削弱以至最后消灭其主力，从而改变晋北不利的战局。

这时候，如果在晋北有充裕的生力军，能够抽出适当的精锐兵团组织得力的野战军，沿太行山伸出保定、南口间地区，作有力的活动，威胁敌平汉、平绥线策源地北平，断绝敌后路，调动敌于运动中给以打击，则是增加敌之困难，配合正面作战最有效的办法。在顺利情况下，可以逼迫敌人改变其作战计划，引起战局的变化，至少使敌难于迅速完成预定计划。可惜，当时缺乏这种精锐兵团来组织这样远出的野战军。

敌曾以全力猛攻忻口，遭到了忻口抗战部队猛烈之打击。忻口战斗是华北抗战中最激烈的战斗，郝（梦龄）、刘（家麒）两将军在前线阵亡，卫立煌将军指挥下的全线部队，虽遭受重大伤亡，毫未动摇。许多忠勇将士的英勇奋斗，是值得每个同胞永远纪念的。

我深入敌远后方，在平型关、灵丘以北及在崞县、雁门关、大同间活动的部队，经过无数次的战斗，打击敌之掩护部队和运输队，夺获很多辎重汽车，彻底破坏公路。首先，将平型关、蔚县至张家口的交通线完全截断，并乘势克复平型关、繁峙、沙河、大营、灵丘、广灵、涞源、浑源、蔚县、阳原、易县、完县、唐县、行唐、平山等广大地区，进而搞乱与破坏平汉、平绥铁路。在雁门南北活动的部队，曾几次占领雁门关，将大同至崞县之汽车道上的桥梁、险隘、电线尽行破坏，阻挠、迟缓敌之增援，袭击敌之飞机场，迫使敌人疲于奔命，无法保持其安全。因交通中断，敌辎重部队亦不得不停止行动；或者用大的兵力，附工兵与重兵器掩护辎重部队节节修路前进；然中途仍须遭受我们不止一次之袭击，始能到达。待通过后，其交通联络仍被破坏如前。

敌攻忻口遭受严重打击，后路又被截断与扰击，曾陷于非常孤立、困难状况之中。弹药和一部分粮食，依靠飞机运送。因为炮弹、汽油缺乏，大炮、坦克不能大肆活动。士兵依靠抢劫当地的小米杂粮充饥。它当时已无力量攻破忻口阵地。但同时，我守忻口部队经过20余天的战斗，又无新的生力军增援，要迅速消灭它亦不可能。但如果有长久的时日，逐渐消耗其力量，断其后方接济、增援，在我方增加新的生力军的条件下，消灭其大部或逼其向后撤退，不是不可能的。

在晋北之敌处于危困待援的情况下，石家庄、德州相继失陷。敌乃以平汉线上的全部力量及津浦线上之一部沿正太路向娘子关、太原进攻，以策应和解除晋北敌人之危，完成其攻占太原的任务。由于晋东战况日益严重，我八路军为挽救东线危局，协同其他部队保卫山西大部领土之完整，乃以一部主力由五台以北急向东线转进。但在部队尚未到达预定地区以前，娘子关、旧关已被敌突破。我军虽有广阳，估尚有几日之战斗，然已无法挽回战局。寿阳失陷，太原已危，忻口抗战军队乃自动撤退，东北两面之敌得以会攻太原，太原亦相继失陷。

四、我们动员群众的基本方针

对日抗战是一种自卫战争，也就是一种革命的战争。只有动员起全民族的力量，经过长期艰苦奋斗才能获得最后胜利。因此，我们把动员、组织和武装民众，视为在抗战过程中最重要的工作。几个月来的努力，在战区和敌人后方，发动了广大的民众，建立起大批的民众游击队和义勇军。这些民众的组织和武装，已逐渐成为抗战中一支强大的力量。

根据几月来的经验，动员、组织和武装民众，虽然需要艰苦和深入下层群众工作，但收到动员群众的实效，并不是艰难的。

日寇的进攻，特别是日军的残暴，是我们动员、组织群众最好的资料。

日寇在疯狂的侵略政策下，采用一切征服殖民地最野蛮凶恶残暴的行为来对待我被占区域的同胞。每到一个城镇，多将未逃走的居民杀去半数以上（崞县县城被杀者2000余人）。对政府职员和抗日领袖分子，则用火烧和活埋的方法处死。二三岁的小孩亦为其俎上之肉。房屋大部被其焚毁。青年妇女几无不被其轮奸，奸死者不知其数，未死者亦多遭杀戮。且大批强征青年妇女以汽车运去（仅朔县“维持会”，就为日寇强征3000青年妇女）。最残酷者，莫过于最近高邑县之惨案。其经过是：12月29日，日寇到东塔镇强奸妇女，激起当地群众愤怒，群起抵抗。20日，开来日军，将该村群众100余人均以铁钩悬于树上，割开肚子，提出肠胃，复将人头击破，灌以洋油，燃火焚之，然后将房屋焚毁而去。

这种悲惨残酷的事实，是最能激发同胞的民族仇恨的。只要我们能够很好抓住这种日本的“王道”，加以“宣扬”，是容易把群众发动起来的。

要把发动起来的群众组成为武装斗争的力量，要使壮丁离开家庭参加游击队、义勇军，要使妇女抽出时间参加洗衣队、看护队，要使群众参加放哨、侦察，组织担架运输队等。只要有人去指导、推动和帮助，群众是愿意的。我们看到，山西的人民是负担着繁重战争勤务的，然而要使他们参加抗战的积极性提得更高，使他们无所顾虑地向前干去，则应从各方面减轻他们自身的经济负担，减少一些捐税、地租和利息，在可能范围内改善人民的生活，优待直接参加武装斗争者的家属，这又成为发动、组织群众坚持斗争最重要的方法。

然而，要使抗战的军队能够成为动员群众的组织者和领导者，首先决定于这个军队是否能够为群众所爱戴。如果这个军队处处脱离群众，侵犯群众利益，甚至抢劫奸淫，使群众望而远避，这就无法接近群众，更无法进行动员、组织群众的工作，而且对军队本身的行动增加许多困难。因此，严明军队纪律，使每个战士都了解军队是人民的，自觉地爱护群众，使群众感觉为和蔼可亲的自己兄弟，这又是军队动员、武装民众的先决条件。

我们是本着这些方针与方法，协同当地政府、抗日团体与各军去进行群众动员工作的。在第二战区及山西当局阎百川先生领导下，所颁布的一些进步法令和战地动员的组织方式——战争总动员委员会，更给群众动员工作以极有利的条件。

五、敌人远近后方的游击战争与敌人对晋察冀地区的"围剿"

有些人感觉抗战中群众动员工作是重要的，但总以为这非三个月半年之后不能见效，但事实上并非如此。我们到晋后不到一个月工夫，在东北和西北区极大地激发了群众参战的热情，成立了大批游击部队。这些群众武装组织，今天还留在敌人的远近后方，协同我们的正规军队在晋察冀地区、晋西北及正太路以南地区进行着顽强的斗争。他们已不仅能够配合正规军的游击部队行动，而且可以独立行动打击敌人。那些区域，可以说是军队与民众亲密结合起来，创立了与敌人持久斗争的坚强根据地。

在那些区域活动的我军及群众武装，开展了模范的游击战争。由于他们的积极行动，不仅使敌人后方交通时刻受到破坏与威胁，而且在广大的领域内，敌人无法建立其伪组织。敌人的小部队不敢进入游击区域，而游击区域又随着游击部队的积极活动更加扩大，游击队也繁殖得更多。几百万同胞，在这些武装力量的掩护下保全了性命和财产，没有遭受亡国奴的惨痛。

敌未攻入太原前，虽已感受到其远近后方被破坏骚扰而带来各种损失与困难，然而为着达成其攻占太原的军事计划，不能分出大的力量以对付后方。在占领太原以后，迫使它不得不以大的力量进行肃清后方的工作。它以将近2万人的军队，配备骑兵、大炮、坦克车、飞机，对晋察冀地区，分成八路，举行“围剿”，另以五个支队向晋西北地区进攻，以若干支队向正太路以南进扰，企图消灭晋察冀地区的军队和游击队，驱逐晋西北及正太路附近的游击部队，以便将来向南继续进攻。

一个多月的斗争，我们部队配合当地游击队，以灵活的游击战术，给进攻之敌以重大打击。虽有某些城市已被敌人占据，然而乡村仍在我游击部队手中。每次战斗的结果，敌人伤亡总是远远大过我们的。有些城市，敌来之时，进行了坚壁清野；敌进之后，被我游击部队四面包围，断其交通接济，敌在非常困难与不断削弱情况下，又将城市放弃。在那些区域，我们就是这样地正在与敌相互争夺着。

游击队在斗争过程中，学得了许多战斗的经验。他们与当地群众有亲密关系，熟悉当地地形道路，能常常给敌人以奇袭。有一次，敌千余由寿阳向盂县进攻，事前被盂县游击队侦知。他们就埋伏于险道，待敌深入突然袭击，敌伤亡五六十人，我游击队仅伤五人。敌人被迫停止前进。后敌查明是当地游击队，次日复进。然此时，附近正规部队已得游击队之报告赶来增援，又给敌以严重打击，敌伤亡百余人而退。这里可以看出，游击队不仅是正规军作战最有力的助手，而且时常成为正规军的耳目。

地方群众在斗争的过程中，也学习了许多斗争的经验。在敌人奸淫烧杀抢劫之下，群众情绪愈加激昂。他们逐渐学会了坚壁清野和种种对付敌人、封锁消息、肃清汉奸的斗争方法。有一次，敌两三千，以坦克为前导，由易县向紫荆关方向进攻。沿途群众坚壁清野，逃避于两边山地。敌进入后，正规军队袭击其先头，两侧群众协同游击队登山袭扰。敌疑被我大军包围，仓皇后退。是役敌伤亡甚大，我缴获步枪数十支，并夺坦克一辆。

在群众斗争开展的条件下，汉奸不敢抬头活动。敌人进到之处，已不能顺利地建立伪组织和伪军队。因为群众相信可以与敌坚持斗争，敌人无法欺骗，汉奸分子亦畏惧群众力量，不愿出头组织。敌这次进占涞源将近一星期，伪政权始终没有建立，经过游击队配合群众包围袭击，敌乘夜逃退。

晋察冀边区乃太行山脉、恒山、五台山脉纵横交接，复杂险要之广阔地区，极利于游击战争之开展，群众已经发动起来，敌人的“围剿”是无法征服我们的。相反，时日愈久，基础必愈巩固，将成为支持华北抗战的一个坚固的堡垒。

就在这样的形势下，迫使敌占太原后，不得不暂时停止南进，至少，这也是敌未即南进的一个重要原因。这就使得山西抗战过于疲劳的部队，得着机会收容整理与补充，保持晋南大块土地，直到今天还是完整的。

六、山西抗战的几个经验教训

几个月的抗战，虽然有些地区与城市暂时被敌人占去，但是敌人还是付了很大代价的，而且占领地区只限于交通要道和重要城市，大块地区仍然无法统治。抗战的军队与人民中的自信心，却在斗争中大大地提高了。那种认为日寇为不可抵御之洪水猛兽的恐日观念，逐渐消失。在山西抗战的军队，大家思想着如何巩固与加强抗战力量，怎样努力向敌人进行长期持久的斗争。这的确是一个极大的收获，将成为最后战胜敌人的保障，中华民族解放的基础。

战争的经验告诉我们，要同日寇长期斗争，必须改善我们的作战方法。我们要依靠于持久抗战去消耗敌人，来争取最后胜利。单纯防御的正面抵抗是不能达到目的的。由于在敌人侧后积极活动的配合，忻口支持了将近一月的抵抗，而且还可以继续支持。敌占太原后不得不停止前进而去肃清其后方，这就使战争能持久，敌人的消耗愈大。平汉线的战斗，以绝对优势的兵力不能抵御敌人的进攻，如果当时将主力使用于平汉线之西，依靠太行山脉侧击或扰击敌侧后以配合正面抵抗，这种积极的防御，我们相信，敌人决不能在突破保定后能够不遇抵抗地突进300余里，而达正定、石家庄。这样不仅平汉线可以持久抗战，而且能够配合晋北抗战获得胜利，以扭转华北的抗战局势。

敌占南京、杭州、济南后，中国不屈服投降，它是不会停止向华中、华南进攻的。但敌人战线愈长，兵力愈分散，困难愈多，弱点愈容易暴露。根据山西抗战经验，我们认为今后的抗战，除正面必须选择要点，依托坚强工事，加以顽强抵抗外，应以精锐部队组织野战兵团，深入敌侧后，抓住敌之弱点，求得运动战给以打击，或诱敌于运动中消灭之。战争的运动性增大，是只利于我而不利于敌人的。

抗战的军队要有坚强的统一的指挥，并且严格军队的作战纪律，军队间应有坚强的互信心，以求作战中切实协同与配合。抗战军队，应在忠诚于民族国家前提下去执行自己的战斗任务，一方面保障每一个命令的完成，同时又须要能够见机而动，不失每一个能够打击敌人的机会。高级指挥机关应给前线指挥员以机动的可能，对其机动处置所得的胜利，加以表扬，稍有过失则不应责之过甚。

山西抗战经验又告诉我们，不仅在敌人后方可以发展人民的游击斗争，而且能够收复广大领土，成为持久抗战中一个极为重要的力量。敌人以正规战从正面击退我军比较容易，而肃清后方游击战争则成为不可能。在今后抗战过程中，要以更大的注意和努力开展群众运动，特别是派出许多小的游击队，配带大批民运和军事工作干部，下定与人民同生死共存亡的决心，深入敌之远近后方，领导组织民众游击战争，是一个急迫的战斗任务。

抗战军队与人民关系急需求得改进。军队侵犯群众利益的现象，必须从加强部队政治教育和严格军队纪律的方面去加以消除。纪律好的军队，要进一步在自己活动区域加紧地方群众动员组织工作，要使一切抗战军队不独成为群众亲切爱戴的人民武装，而且成为动员群众的组织者和领导者，真正达到军民合作，一致抗战的要求。破坏群众利益，客观上帮助了敌人欺骗民众。“这样不如让日本军队来”的怨言，足够使我们警惕其危险！

最后，一切抗日军队必须建立健全的政治工作。应视政治工作是巩固和增强战斗力量的武装，是抗战军队的生命线。这首先要建立健全的政治组织，应把政治工作的基础建立在连队之中。要提高政治机关在部队中的威信，这又依靠于政治机关自己负责的实际工作和军事指挥人员对政治机关的重视与尊重去达到。政治机关应当对部队进行系统的抗战教育，提高战士的胜利信心，保障战斗任务的完成。应当发动和指导部队进行居民中的工作和瓦解敌军工作。

战地总动员委员会的成立

程子华

战地总动员委员会的纲领

七七事变后，日军很快占领了北平、天津、保定、石家庄；同时由平绥铁路攻到大同。阎锡山为保自身，希望借助八路军抵挡日军的进攻。当时周恩来同志代表党中央到太原，后在太和岭前线，同阎锡山进行了多次谈判，商定了八路军三个师开赴山西的晋东北、晋西北和晋东南抗日前线，对日作战。同时提出了成立战地总动员机关，发动组织和武装群众，开展敌占区游击战争，配合我军正面防御战，变全面抗战为全民抗战的建议。阎锡山同意，于是成立了第二战区民族革命战争战地总动员委员会（以下简称“战动总会”）。这是我们党和阎锡山建立的抗日民族统一战线地方组织。

战动总会的“工作纲领”是周恩来同志得到阎锡山同意发布的。纲领的主要内容有：战动总会管辖地域和动员范围是雁门关长城内外18个县，察哈尔南部五县和绥远全省。以后因战区范围扩大，工作范围扩大到察哈尔全省和晋北的五台、岢岚、兴县等11个县。战动总会的任务有：在敌占区开展游击战争，动员新兵上前线，组织人民自卫队，组织民众团体，侦察敌情和铲除汉奸等七项。“工作纲领”还规定了组织原则和具体办法。此外还确定了战动总会同各地政府和部队的关系，以及同各群众团体的关系。纲领规定各地政府应积极帮助战动总会的工作，不得阻抗或破坏；各部队得在总计划下向各级动委会提出粮秣、新兵、夫役等要求，但不得干涉动员事务；各群众团体可选举代表参加和协助动委会工作，动委会应尊重各群众团体的独立等。

当时还商定战动总会的委员会由阎锡山、我们党以及各方面派代表组成。正主任由续范亭担任。续范亭早年参加孙中山的同盟会，是国民党内有名的左派。他主张抗日，蒋介石却叫嚷“攘外必先安内”；他提出反对意见，蒋介石不听。1935 年，他在南京中山陵前剖腹自杀，用这办法向全国人民表示挽救民族危亡的愿望，但蒋介石不悔改。续范亭经救护未死。西安事变期间，他接受周恩来同志的建议，以杨虎城代表的身份，回山西推动阎锡山抗日，任二战区行营的高级参议。现在共产党和阎锡山结成统一战线，由他出来当战动总会的主任委员，双方都可以接受。战动总会设组织部、宣传部、人民武装部、动员分配部、铲除汉奸部和总务处。共产党方面参加总会委员会的委员有：邓小平、彭雪枫、南汉宸和我。我和南是常驻委员，南任组织部长，武装部长一职经过了一番争论，因为武装部是抓枪杆子抓军队的，阎锡山要派他的军官担任，我们要派我们的干部担任，周恩来同志对阎锡山说：战动总会要在敌人的后方打游击战争，我们的干部有经验，你们的军官就不行。阎锡山没有办法，只好由我当武装部长，郭宗汾当副部长。我们党还通过各种渠道派了一百多同志到战动总会工作。当时我在战动总会还担任党团书记。战动总会副主任委员是山西晋西北二区的杨集贤，除奸部长由国民党左派郭任之担任（郭后来参加了中国共产党），阎锡山方面派梁化之任组织部副部长；阎方公道团团长薄右丞任宣传部副部长，部长是救国会七君子之一的李公朴，李未到任，后由未公开的共产党员赵宗复作为阎方的人代理，后期由段云负责。动员分配部长是阎方的省政府秘书长王尊光，副部长武新宇同志，总务处长郝梦九。

战动总会的工作纲领简要为以下几条：

1. 积极组织民众、武装民众。

2. 实行减租减息、合理负担，改善人民生活。

3. 实行民主政治，扶植抗日言论、出版、集会之自由。

战动总会成立以后，日军已进到太原以北的忻口附近。总会立即在群众中进行了广泛的宣传活动，组织宣传队、剧团、慰劳队等，深入晋北前线慰问战士、救护伤员，并到各县组织和成立县、区、村各级动员委员会，还帮助建立农民、青年、妇女等各种抗日救国的群众团体。战动总会协同牺盟会和各群众团体一起开展群众运动，实行减租减息和合理负担，有钱出钱，有力出力。为了补充战斗中兵员的损失，扩大抗日队伍，战动总会还有计划地动员农民参军，仅1938年四五月间，一次就动员了2万多新兵参加八路军的一二〇师、决死队、战动总会所属游击队和当地的晋绥军。此外，还动员粮食、布匹、毛皮等物资和动员妇女做军鞋，支援八路军和其他部队。

当时的武装建设工作

作为战动总会的武装部长，我想着重介绍一下当时的武装建设工作。战动总会在太原成立时，平型关被敌人突破了，绥远、察哈尔省、雁北等地，完全成了战区。为了组织游击队，到战区去开展游击战争，武装部首先开办了游击干部训练班。因为战争发展很快，急需干部去组织游击队，课程只是游击战术和游击队政治工作，上课用大报告形式，学员听完课分组讨论。第一期一星期结业，名额100人；第二期10天结业，名额100多人；第三期时间较长，名额200人。（后来战动总会到了离石又办了第四、第五两期共400多人）这一时期受训人员是各种人都有的：中学教员、大学生、文艺工作者、工人、农民、机关职员、商人，还有少数军官和士兵。但主要是全国各地当时来到太原的青年学生。这些学员受训结业后，有的回他们原来工作的地方，有的走上战场到雁北和晋察冀边区，参加或组织游击队。

中央很重视战动总会的武装部队建设，先后由红军大学派来几十名红军老干部到武装部，武装部就把他们分成多批，每批三五人带领一批结业学员去组织游击队。这些老干部有打土豪、筹款的经验。这时按有钱出钱、有人出人的合理负担的办法，组织起了游击队。枪支来源是收缴抢掠老百姓的逃兵的武器。我对游击队的建设是在保证党的领导下，按照八路军制度组织的。

太原失守后，山西敌占区的主要战争形式，是游击战争。战动总会先后成立了八个游击支队。战动总会从太原撤到离石不到一个月工夫，就成立了六、七、八、十等四个游击支队；同时把战动总会除奸部的服务队改编为第五支队，把离石县公安局来参加战动总会的几十个武装同志编为第二支队。从太原到离石这一段，很快组织起五六支游击队，加上一二〇师组织的共有十几支游击队。这些游击队活动在太原以西和忻口一带。还有的是在交城、文水、汾阳一带交通线上组织起来的，它们破坏日军的交通线，战斗比较多。打得激烈的是文水游击队（后来叫一支队），仗打得多，战斗力锻炼得也最强，牺牲也大。派到文水游击队工作的红军三个支队长刘森堂、谭公强、周平等同志，在不到一年的时间内，都在作战中英勇牺牲了。

在此，我想讲一讲太原成成中学师生游击队和工人武装自卫旅。

太原成成中学校长刘墉如，在太原未失守时就到战动总会找我，他说他们学校的教员和学生，一致要求组织游击队，问我的意见怎么样，我当然欢迎。成成中学退出太原到了清源县。我就到清源县去同他们一块商量成中师生游击队怎样编制，怎样开展工作。为了整训成中师生游击队，就让他们开到岢岚附近，编为第四支队。以后党中央令一二〇师由李井泉同志带一个支队到大青山开辟根据地，要战动总会出一部分干部和一支武装，战动总会决定由武新宇带一部分干部和成成中学师生游击队去。成中的同志在创建大青山根据地中是有成绩的，锻炼出有战斗经验和创建根据地经验的好干部，也牺牲了不少好同志。

工人武装自卫旅是以郭挺一为首的部队。郭和我是国民师范时同期不同班的同学。大革命失败后，郭投降了阎锡山，抗战初是阎锡山总工会的负责人。我们两个机关都在国民师范办公。有一天，他找我说："我这里工人很多，想组织武装，我不懂军事，不好组织。"我说："我帮你把武装搞起来。"我又对他说："你有了一支武装，以后在阎锡山面前讲话，分量就不一样了。"郭要利用我的军事知识，帮他组织武装，我则利用他需要我的军事帮助，便于对工人武装自卫旅进行工作。太原失守后，他带着工人武装自卫旅退到中阳县，我跑到那里去找他，问他今后打算怎么办？他说要继续往南去靠近阎锡山。我就和他谈，你往南走，老叫日本人追着你，而且越往南，汾河与黄河之间的地区就越狭小，打游击不方便。往北是日军的占领区，汾河与黄河之间地区宽广，好打游击战争。郭挺一同意了我的意见，把部队开回到文水、汾阳一带，同文水游击队靠在一起。他们互相往来，一起在交通线上打仗。以后我和郭说，战争发展，我俩难以见面，我可以派一个红军老干部帮助你，职位由你定，他给你提的意见，你同意就采纳，不同意就不采纳。郭说："好，同意。"我就把卓雄同志派去，改名张英，我还让他和康永和、周子祯等同志接上了党的关系。

阎锡山的联共并不是真诚的，抗战也不是真正坚决的。太原失守前后，他就对抗战失去信心，对国共合作开始动摇，他看到不能控制战动总会，便存有戒心，撤走他派到战动总会的人员，使战动总会孤立起来，失掉统一战线的合法名义。刘少奇同志在太原时，曾找我和黄敬同志讲了抗日战争的各种政策，又对南汉宸说：“你们拿到阎锡山的委任状，这是块合法的牌子，决不要停留在阎锡山限定的范围内，但是也不要超出范围太远，以免过早同阎破裂，要把我们力量发展起来。”太原失守前，战动总会撤退到汾阳时，周恩来同志对我指示说：“阎锡山撤走他的干部，要拆台，我们不要上当。战地动委会的组织形式还需要，我们要继续坚持下去。战地动委会顾名思义，就是要活动在敌人占领的‘战地’，开展游击战争。他撤走干部也好，便于我们更好地发展。你们要放手发动群众，组织武装群众，扩大抗日武装，开展游击战争，创建抗日根据地。”当时邓小平同志也在汾阳，他指出：“在兵荒马乱时期，要广泛发动抗日势力，大锣大鼓地打起来，造成一个声势浩大的抗日局面。”当时有人说：汾阳不属战动总会的动员区域。小平同志果断地说：“我们要当仁不让，他们逃跑不干，我们干。”续范亭经过周恩来同志对他做工作，我们战动总会内的同志都尊敬他，也对他做工作，他看到：阎锡山领着他的军队溃逃，日军继续进攻前进，敌后空虚，战动总会的共产党员和大批青年，坚决在敌占区开展游击战争和各种抗日斗争，收复失地的决心和勇敢精神，使他的抗日态度更加坚决，他坚持和我们一起打游击，坚持把战动总会这一统一战线组织的工作继续下去。郭任之部长也主张战动总会应当坚持在战地打游击，这就打破了阎锡山孤立我们的阴谋，反而使他自己孤立了起来。

战动总会在汾阳只停了十天，撤到离石，在离石的时间有三个月。它在晋西北、雁北及绥远、察哈尔南部等59个县开展工作，在这些地区建立了县、区、村各级动委会，配合八路军和牺盟会，发动广大人民群众，组织工、农、青、妇等抗日救国团体，组织自卫队、游击队等抗日武装，积极摧毁敌伪政权，建立抗日政权，并同阎锡山的旧地方政府、旧军队的阻挠破坏，进行有理、有利、有节的斗争。当时，在这些地区动委会的工作，实际上同党的工作是密切不可分的。党的机关隐蔽在战动总会和各级动委会之内，许多县、区党的书记就是县、区动委会主任或组织部长。党通过战动总会进行活动，这就加强了动委会的工作。战动总会作为半政权性质的机构，有威望，群众拥护，实际上代替了政权工作。党通过战动总会进行建党、建政、建军而外，还通过战动总会进行对傅作义和阎的其他部队的统战工作。战动总会还兼管察绥游击军 1800 多人，总共发展由我们党领导的抗日武装近 2 万人。这些部队在晋中平川，在晋西北地区和长城内外，积极开展游击战争，打击日本侵略者。

当日军向离石县城和黄河东岸的军渡进攻时，中央指示我在太原到军渡的交通沿线，进行游击战，袭击敌军，破坏交通。我即到文水县境，指挥第一支队执行这一任务。忻口失守后，晋中各县已直接处于炮火之下，各县自卫队组织成游击队，第一支队是以太原游击队和文水游击队为主发展起来的，后来发展为一个团。第一支队自 1937 年 11 月到 1938 年 12 月一年多时间中，进行了以下战斗：

12 月 23 日文水西城村战斗。

这是一支队与敌作战的第一仗。我二营于这一天晨 2 时许，到达西城村。老百姓报告，离此 8 里的武良村，有敌 60 人到 70 人，是昨晚到的。我二营决定予敌以打击，把队伍部署在村东坝堰上。二营有 88 人，步枪 30 多支，一半是不管用的大口枪。约半小时，敌成二路纵队过来，进入我埋伏线。战斗打了约一小时，我因火力太弱向村西撤退，敌不明情况，也同时撤退。这第一仗打死敌十余人，我阵亡 1 名，伤 2 名。

1938 年 1 月牛家口战斗。

我一营探得敌人汽车由南面返太原，即于牛家口伏击，打坏敌汽车 1 辆，得步枪 6 支，敌死伤四五名，谭公强同志在战斗中英勇牺牲。

1月23日源后岭战斗。

我驻交城草庄头的三营，探得敌常到涧沟运炭，决定伏击。23日清晨，敌20余人掩护大车50辆行进，不料我伏击部队被敌发觉，敌逃跑，我获骡马20匹。下午3时，敌300余，扛轻重机枪分两路向我包围。因我警戒疏忽，山头为敌占领，战斗三小时，黄昏时敌始撤退。我队长刘森堂和队员一名阵亡，受伤三名。

2月2日交城郭家社战斗。

敌分两路进攻古交，我三营驻郭家社，得悉后埋伏在后山上，但目标为敌侦知，战至下午1时退出。敌仍向古交前进，到李家社与我三大队接触，又因我警戒疏忽，为敌包围，敌以大炮向我三大队猛烈轰击，该队与敌肉搏，天黑才冲出包围。我阵亡九人，伤九人，失踪六人，敌伤亡七人。

2月15日交城覃村战斗。

敌100多人5时从清源出发，携大炮一门，机枪五挺，到交城覃村抓壮丁，抢民女。6时我一营三连得到消息，即抽两个排由连长率领，跟踪追赶，7时许在覃村附近与敌接触，至下午3时，敌向高白镇退却。我一营追到高白镇，向敌猛烈冲击，敌向南逃走，亡四名，伤11名，我无损失。

8月2日文水马坡战斗。

驻扎在神堂马西一带的我支队得到报告，说文水之敌百余人，乘汽车五辆，携轻重机枪向汾阳方向前进。我即调三个连到汽车路旁埋伏，二营五连隐蔽在上贤村，三营十连与十一连隐蔽在马村。晚11时敌进入我埋伏线内，到相距约30米远处，我机枪步枪同时发射，冲锋时十连长吴克宽牺牲。周支队附率三营向敌作第二次冲锋，敌混乱后退，我亦撤退。这次毙敌47名，敌驻文水司令受重伤，我还缴获不少战利品。

对战动总会的正确认识

在战动总会一周年时，续范亭、南汉宸、郭任之等讲了话和写了文章。我也写了一篇文章，题目是《战动总会的过去与当前工作的正确认识》。我在文章中，写了战动总会的产生与任务，战动总会的工作和工作的总结，最后我批驳了当时的两种有害的说法：一种说战动总会是八路军的。我批驳说：战动总会成立时，八路军派了四个代表，经阎司令长官委派，参加了委员会。我们是代表八路军在阎司令长官领导下，协同其他军、政、群众团体的代表，站在抗日民族统一战线的原则上，为中华民族的解放事业而尽自己的一切努力，来动员民众参加抗战的。

我们自从参加了战动总会工作以来，对于这一光荣的伟大的事业，未尝稍有懈怠，深怕辜负了阎司令长官和我党以及爱国人士和人民对我们的希望。我们从未想过将战动总会变为八路军的：1. 因为我们在战动总会的委员中只占很少数，即在目前在会的委员七人中，我们仅占两人，想把战动总会变为八路军的机关，是一件不可能的事情。2. 我们在战动总会里是本着我党的立场，依据统一战线的原则，提出对于工作上的意见。可是我们的意见，也只有在大家同意后，才能去执行，我们没有任何权利强制别人服从我们的意见。同时别人也不会盲目地同意我们的意见。3. 我党自从九一八事变以后，为了停止内战，团结对外，发表了痛切的《八一宣言》。双十二事变以后，我党为了中华民族的利益，不计十年来血的仇恨，坚持主张释放蒋委员长。西安问题和平解决以后，我党为了全国一致统一对外，将红军改名为八路军，将苏区改为边区，取消推翻国民政府的暴动政策。卢沟桥事变以后，全国共产党员领导着自己的群众与日军周旋，八路军与日寇进行着最坚决的抵抗，这都证明我党数年来为了中华民族的解放，为了统一战线的成功，自己在原则上作了很大的让步。今天在统一战线的战动总会里工作的八路军代表，他还能够不爱惜他所艰苦奋斗得来的结果——统一战线吗？他还能违反全国民众的要求，违反我党的主张而狭隘地固执地一意孤行吗？请大家放心吧！我们总不会施行这种自杀自欺的策略。4. 战动总会在一贯的工作中，未曾分过界限与党派，尽自己的努力帮助一切军队，只要它是抗日救国的。八路军是一个坚决抗日的部队，受到战动总会的帮助是应该的，可是战动总会从未在工作上对八路军有过特别帮助的地方。几次新战士的动员，大多数是补充了晋绥各军，一部编入八路军所组织的游击队，一部编为山西保安第二区的游击队。铁的事实，总可胜过雄辩吧！

或者部分具有自私自利思想的人，想要我们离开中华民族的利益，来为其部分的私利而努力，想要我们离开统一战线的原则来为某一部分人的私利而尽忠，那我们今天不会这样做，并且永远也不能这样做的。因为那样主张会破坏统一战线，给敌人以挑拨离间的便利，给中华民族解放事业以损失。

我们八路军的人们，诚恳地要求一部分人员放弃对于八路军的成见，共同努力，共同负责，来反对我们共同的敌人——日本帝国主义、汉奸的挑拨离间，不要制造和扩大不必要的磨擦，而为敌人所利用所称快。

另外一种是取消战动总会的观点。他们说战动总会的组织不充实，并造谣说拒绝其他各军代表参加。不错，战动总会的原来委员已有不少不在会了，这是因为阎锡山把他们撤回（如梁化之、薄右丞、王尊光等），并非战动总会的排挤。同时战动总会为了充实组织，曾经多次请求阎司令长官委派新的委员，要求各军速派代表，除了很少数军队在当时为了与自己工作有关而选派临时代表外，其余皆无允准。我们并未、并且不能将战动总会的门关起来。

另外是将战动总会的工作成绩一笔抹掉，而将战动总会的工作中的缺点尽量扩大。

我们并不希望别人夸我们的功，因为这是我们的责任所应当；同时我们也不愿别人掩盖我们的缺点，因为这会使我们重复错误，得不到大的进步。这都会给中华民族以有害。可是对战动总会的成绩没有足够的估计，对它的优良点不能给以发扬光大，对各级干部的积极性创造性不能给以鼓励，对它的缺点作了扩大的指摘，这不是为了纠正其错误，帮助其工作，而是要打击它，使之消沉灰心，不能为抗日事业而努力。

我们竭诚欢迎一切爱国的人们对战动总会作善意的批评，使战动总会更加健全，能够在目前严重的时机，尽它更大的努力。

我们诚恳地老实告诉一部分具有成见的人们，这样的做法不但得不到战动总会人们的同意，反而将受到社会舆论的谴责，受到抗日救国人民的反对。抗日救国的事业，是每一个中华儿女的权利，任何人都不能剥夺的。

我们只希望不要作“仇者所快，亲者所痛”的事情。

1938 年 8 月间，我到延安去参加六届六中全会，中央决定我到冀中军区去工作。我回到岢岚战动总会移交了工作，又向贺龙、关向应同志汇报了战动总会武装部掌握的武装部队和工卫旅的情况，这些武装就由一二〇师指挥了。

战动总会从 1937 年 9 月成立，后被迫结束于 1939 年 7 月，历时将近两年。

我当牺盟会特派员的回忆

曹诚

1937年2月，我到太原军政训练班第十二连学习。连里的军事生活很正规，政治生活也很活跃。当时全连每人都自觉地填表参加了“山西省牺牲救国同盟会”，表示有牺牲救国的抗日决心。牺盟会会长是阎锡山，实际上是由薄一波等共产党员领导的山西抗日统一战线组织。不久，阎锡山为了对抗中国共产党领导下的“民族解放先锋队”（简称“民先”）在山西的活动，以争夺群众，又在牺盟会的基础上，组建了“抗敌救亡先锋队”（简称“抗先”）。我们经党内动员，又参加了“抗先”。从此以后，我们每次开“民先”或党的小组会，总是说在开牺盟或“抗先”小组会。在这种形式掩护下，党的活动几乎是半公开地进行。

尽管在太原可以公开地、合法地进行抗敌救国活动，但它毕竟是国民党阎锡山的统治区，受到阎锡山的种种限制。因此，当时连里有不少同志想到延安去，在人们的思想上，总认为在太原不如到延安“革命”。一天傍晚，我和几个同志被约定到饭堂里谈话。不一会儿，薄一波同志来了。大家听他讲过课，都认识他，但不很熟悉。经指导员介绍，薄一波同志直截了当地说：听说有些同志想到延安去，延安当然是个好地方——革命的灯塔，但是，革命不能都到延安去。我们不能只要一个延安，我们要的是全中国。现在山西有这么好的条件，我们不坚持这个阵地，叫谁坚持？山西地处前线，形势这么紧迫，眼看着日本人步步侵略，这里急需要我们，我们能丢下不管吗？能向后走吗？希望你们认真考虑考虑，在小组里认真讨论讨论，看到底哪个正确。薄一波同志讲的话不多，但语重心长。我们在小组里讨论过多次，最后完全同意薄一波同志的意见。在此之前，我们连里约有 20 人要去延安，在这之后，再没人提去延安的问题了。大家基本上安下心来，自觉自愿地听从组织安排。

1937 年 5 月，我被调到七队——牺盟特派员训练队，学习了一个多月。学习期间，我被介绍参加了“山西自强救国同志会”（简称“同志会”）。这是阎锡山 1936 年迫于形势，将他所属的群众团体合并起来，统一组成的高级核心组织，阎自任会长。当时，在我们党内动员大家参加。据说，参加后到县里凭组织介绍信，可以与县长、公道团长编在一个同志会小组，便于开展工作。

1937 年 6 月，我在训练队的学习结束，被分配任孝义县牺盟会县分会特派员，同时任中共地下党孝义县工作委员会书记。同去的还有张希康同志，他是山西介休县人，我们同在十二连当兵，同到特派员训练队学习，同时任孝义县牺盟会县委会特派员。

我们从太原乘火车到孝义县，满希望能够顺利地开展抗日救亡工作，没想到孝义虽离太原市不远，情况却大不一样。孝义县在旧政权和反共组织公道团的统治下，不仅不积极开展抗日救亡运动，还对抗日活动进行阻挠和压制。据说，孝义县很早就有党的活动，是有革命的光荣传统的。1936 年红军东征时毛泽东、彭德怀同志都到过孝义，许多孝义青年参加了红军。1937 年春，村政协助员高星照等 17 名同志到孝义宣传抗日，发展牺盟会员，轰轰烈烈地工作了三个月，很有成效。问题是他们工作结束时全部撤走，一个人也没留。他们走后，县长、公道团长大肆镇压抗日救亡运动，所以县城里冷冷清清，连个抗日救亡的歌声都不容易听到。

我们到了孝义县，先到县长那里报到。县长安排我们住在文庙前院三间小平房里，后院便是公道团团长、副团长的住处，我们开会、来人谈话很不方便，工作一开始就受到旧政权和公道团的冷落排挤。

七七事变爆发后，县城里召开了抗敌救国动员大会，县长、公道团长和我都讲了话。我大讲日本帝国主义侵华暴行，号召大家组织起来，抗日救国，实行合理负担等等，这引起了公道团的反对。他们散布说牺盟会"言论偏激"，并监视我们的行动，常常派人调查我们做什么。我们经常出去访问学校、机关、家庭，他们便劝说人们不要接近我们，使我们的工作受到很大阻碍。孝义在外地工作的职员、工人或学生，回到家乡搞抗日宣传活动，也常受到公道团的打击。敢于接近我们的只有少数进步教师和学生。他们劝我们搬家，免得群众来牺盟会受到公道团的监视。我们接受了大家的意见，搬到一个停业的商号——永顺魁，住宿、办公都在一间屋子里。

公道团是1935年阎锡山在山西省各县普遍建立起来的群众性反共团体。孝义县各区村都有公道团，区有区团长，村有村团长、村"防共自卫队"，此外，全县还有"防共保卫团"，自成体系，互有联系，反动势力是很大的。

我们在县城的工作很难开展，决定分头下乡。我先到三区兑九峪。区长尹娴邪支持抗日，我就住在区上，到兑镇学校做教师和学生的工作。兑镇高小校长已参加牺盟会，表现进步，我可以到学校讲话，教唱革命歌曲，发展牺盟会成员等。以后我又到二区。与县城工作比较起来，区里的工作好开展，群众抗日积极性很高，对日本侵略中国的暴行无不愤恨，问题是受到压抑，没人领导。

有一次县教育局在城里集训小学教师，我想借此机会讲讲抗战形势，动员教师参加抗日救亡工作，却遭到公道团的反对，县长也不同意。我们想召开座谈会，组织抗日救国联合会，他们不同意；我们想建立和健全各区、村、学校的牺盟会组织，发展牺盟会会员，他们阻挠；我们想训练自卫队骨干，组织游击队，他们不给房子、粮食、经费；宣传减租减息、合理负担，光我们讲，他们不动。总之，抗日救亡工作因受旧政权和公道团的压制，很不容易开展起来。

孝义县县长韩致温是一个老官僚，年老体弱，思想保守；公道团团长王正表是五台县人，阎锡山的老乡，自恃根子硬，态度顽固；副团长侯俊德鬼点子多，到处钻。他们都靠反共起家，一贯打击进步人士，欺压人民群众。

一天，上级党组织派人来传达指示，叫孝义县与介休县的中共地下党成立特委，由我任书记，负责建立通往晋东南的地下交通线，并领我到介休与地下党的负责人见了面。我们共同认为：深入发动群众，广泛开展抗日救亡运动，创造群众条件是根本。我们决定先分头准备。当晚我就回到孝义。

形势急剧变化，日本人已打进山西了。眼前的工作怎么办？我心急如焚，迫切需要请示上级，遂决定到太原一趟，向牺盟总会请示。到了太原，前去牺盟总会的时候，在大门口碰上杨蕴玉等同志，她领我到大礼堂听周恩来同志作抗日救国十大纲领的报告，徐向前同志也讲了话。这是我第一次见到中共中央的领导同志，感到非常兴奋，听了他们的报告，受到极大的鼓舞。散会时，已经深夜了，杨蕴玉同志送我到戈力同志处住了一夜。

第二天找到牺盟总会，他们对我反映的情况和所提出的问题很难具体答复。太原不断遭到日本飞机轰炸，我心里非常焦急。回到孝义后，即到汾阳，找到教二团政训处主任刘玉衡同志，同他谈了孝义的情况。刘玉衡同志给我出了一个好主意，叫我用“孝义人民打倒王、侯二贼团”的名义来惩治公道团，这使我高兴极了。

我赶回孝义和张希康等同志商议后，得到他们的积极支持。孝义县公安局有几十名武装警察，我们怕他们在斗争公道团时受县长指挥出来干涉，就几次去公安局做局长、巡官和警察们的工作，争取他们中立，不出来干涉，或干涉而不当真，以利斗争公道团大会的顺利进行。我们选定利用孝义县城赶集的机会召开斗争大会。头一天晚上我们干了一个通宵，准备好传单、标语，组织了两个抓人的战斗小组，并选定了联络员、宣传员，准备在抓人成功后，紧急通知各学校、团体，整队到县政府前广场上开大会。另外，我们还与汾阳教二团约定，请他们第二天派人赶来参加大会，给予支持。

第二天早晨，教二团郭实甫等同志背着冲锋枪，骑着自行车来到孝义县牺盟会。早饭后，联络员继续观察情况，两个战斗小组分头进入文庙公道团团长、副团长住室，“请”他们去开会。他们看到势头不对，问开什么会，说着就去拿墙上挂的宝剑。战斗小组的同志们扑上去夺下宝剑，抓住他们的手腕扭到背后，拖到文庙的大门外，给他们戴上高帽子游街。那天县城里赶集的人很多，宣传员们一边喊“打倒日本帝国主义！”“打倒汉奸！”“打倒卖国贼！”等口号，一边张贴标语、传单，群众争先恐后地赶来观看。队伍走到县政府前的广场停下，搬了几张方桌当会台，群众越来越多，总有好几千人。批斗会开始，公道团长、副团长戴着高帽子，低头站在台子前边。张锡九等同志讲话，大讲日本帝国主义侵占华北、打进山西的暴行和我们的任务，揭露了公道团团长、副团长打击抗日进步活动的罪行。会场上口号声不断，群众情绪高涨。批斗对象集中指向王正表和侯俊德，不牵涉任何别人和公道团组织。教二团的同志们背着冲锋枪，在会场转来转去，给群众助威。我到会场看到秩序很好，公安局根本没人出面，才放了心。批斗会开了两个小时，会后群众将团长、副团长交县政府看押。开始新来的县长刘怀伟拒不接收，张希康同志代表牺盟会出来说：你不接收，群众打死他们你负责。县长当然不敢负责，只好答应先找个房子，由群众派代表看管。几天后，我们不派人去看管，完全交给县政府，实际上是县政府将他们保护起来。我们适可而止，就不再过问了。

这次批斗会后，把公道团几年来在孝义反共、反人民的气焰一下子打下去了。随着日本人的疯狂进攻，群众抗日情绪日益高涨，反共分子再也不敢公开出来反对抗日救亡活动了。1938 年，公道团与牺盟会合并，这是给阎锡山留个面子，也是给他一个台阶下，因为阎锡山是公道团的总团长，实际上是解散公道团。从此公道团在人民群众中的影响大大地降低了。

我们批斗了公道团团长、副团长以后，抓紧时机通知各区来人开会，加强抗日宣传教育工作，放手发展牺盟会组织，培训各村抗日自卫队骨干，发展抗日自卫队，成立了孝义县武装抗日自卫队（即游击队）。抗日救亡的高潮很快在群众中掀起，牺盟会在群众中的声望越来越高。

我当牺盟会特派员期间，除坚持与公道团的斗争外，还开展了与旧政权的斗争。

1937 年七七事变后，孝义县老县长韩致温被调走，新来的县长刘怀伟是山西寿阳人，原在山西省政府财政厅任科长，三四十岁。他虽表示支持抗日，允许宣传抗日救亡活动，但当我们要组织抗日救国联合会，组织抗日自卫队和游击队时，他却不给经费，不给粮食，更不发给武器。斗争了公道团后，虽然形势好多了，但经费只能从商会临时筹措。

9 月下旬，八路军一一五师取得平型关战斗胜利。10 月下旬，政治部副主任邓小平同志率总部机关一部分人员及总部随营学校到达汾阳、孝义一带，进行群众动员工作，“为创造晋西南抗日根据地开拓道路”。当时傅钟同志是政治部民运部长，他带着党的关系，直接到孝义县牺盟会找到我。他穿着蓝灰色的棉军衣，臂上戴着八路军臂章，左胸前挂着政治部颁发的圆型金属纪念章，风尘仆仆，亲切和蔼地自我介绍，说明来意，希望了解情况，与牺盟会密切合作。我们当然求之不得，太高兴了。他给我们带来平型关作战及前方的很多情况。通过他的介绍，我们和八路军驻孝义的兵站关系更密切了，我们可以经常看到延安发行的《解放周报》及其他一些书报、宣传材料。从此，我们得到了八路军的直接支持和领导，工作也好做了。

11 月初，太原失陷前，日军进逼平遥县城，离孝义县城只有几十里路。平遥牺盟会特派员李文炯带着平遥牺盟会干部和游击队，随平遥县长到了孝义。当天下午，孝义县长刘怀伟通知我说，日军快到了，准备晚上撤离孝义县城南下。我要他给游击队发枪，他不答应。这天，傅钟同志住在孝义城西关八路军兵站，我立即去报告他。他指示，县长撤走后，打开监狱，释放犯人，特别是政治犯，并召开群众大会讲话。我们都照办了。

刘怀伟听说我们把监狱门打开，放走犯人，很不高兴，找我质问。我说：总不能将中国人送交日本人杀掉。刘怀伟走后，我们发现他将带不走的枪、手榴弹扔到井里，非常气愤。当夜，我们带着游击队尾随刘怀伟到了下堡，向他提出抗议。

在下堡我们见到邓小平副主任和傅钟部长。傅钟同志指示我们和刘县长谈判，劝他留下坚持抗战，与汾阳、平遥县政府合署办公，成立汾、孝、平联合办事处，推举办事处主任。我们在其中成立秘密党团，叫我任书记。还说如果他们实在不愿意留下坚持抗战，就请他们把公款、枪弹留下。当天下午，我们和刘怀伟谈判，刘顽固坚持要去找阎锡山，实际是要带着家属和县政府的人员逃跑。我们提出把公款留下作抗日经费，把枪支留下武装游击队，他不答应，我们就缠住他拖时间。与此同时，总部随营学校晚上加强岗哨，实行戒严，防止他们夜间逃跑；还派来八路军干部带领游击队利用开会方式，和平地、巧妙地下了公安局的枪，武装了游击队，并扣留下公款。第二天下午，由我主持，在下堡小学召开会议，斗争刘怀伟，揭露他大敌当前，擅离职守，弃地逃跑，把武器丢到井里，不发给抗日自卫队、游击队，破坏抗日的行径。这时，平遥县长也已被李文炯同志缴械。其后，随营学校发现县长给大麦郊打电话，说八路军扣留了他们。大麦郊离下堡六七十里路，驻有阎军一个旅。这样一来形势就严重了。随营学校立即切断了他们的电话线，加强了侦察、警戒，做好了战斗准备。游击队也立即整编、扩大，加强训练，准备迎击阎军。县长既不愿留下，就放他走了。公安局的人，愿参军的参军，不愿参军的资遣回家。这件事，当时被阎锡山称为“曹诚事件”，下令旧军准备“围剿”，一时气氛非常紧张。根据傅钟同志指示，我随部队行动，重点抓部队工作；张希康同志回孝义县城，主持牺盟会的日常工作。

小平同志为了照顾国共合作的大局，不影响八路军与阎锡山的统一战线关系，将我和李文炯同志叫去。他说，阎锡山从太原撤退，路过大麦郊，要我俩赶快去大麦郊向阎报告，说明县长擅离职守，弃地逃跑，把枪弹扔到井里，几经劝说仍不留下守土抗战。所以我们将枪支、公款留下，将人放走。并说，阎锡山可能将你们抓起来，党会营救你们。我们连夜步行到宋家庄，离大麦郊还有五里，小平同志派骑兵通讯员追上我们，告诉我们阎锡山已离开大麦郊，叫我们回来。回来后，小平同志让我们发电报给阎锡山，并亲自为我们起草电文。以后据李文炯同志告诉我，他去离石开会时，听到牺盟总会负责人牛荫冠同志当面讲，要不是电文来得及时，就打起来了。阎锡山正和十九军军长王靖国、六十一军军长陈长捷商量“围剿”我们的问题，经牛荫冠和梁化之说明情况，又见到电报，局势才缓和下来。

当时，第二战区里阎锡山的县、区长听到日本人打来的风声，再加上国民党军队的打、骂、抓夫，往往距日本人还有几十里就逃之夭夭。旧政权瓦解，新政权没有建立，国民党中央军作战没有地方政府的支持，吃没吃，喝没喝，伤兵没人抬，到处骂街、告状。阎锡山对此也很恼火，痛恨他们不争气，不给他“守土抗战”，不给他留面子，使他没法向蒋介石、中央军交代。阎锡山出于无奈，只得一批又一批地批准牺盟会特派员担任县长。这样，阎锡山对我们也就没再追究，只要我们把公款交他了事。小平同志指示我将公款亲自送到阎锡山指定的中阳县城教二团团部。我用牛车拉着，亲自送到中阳，交给教二团政治处主任刘玉衡同志。送交的公款，有现洋三万元，经刘请示阎，转交给工卫旅旅长郭挺一了。

1938 年 1 月，我们带游击队到赵城，见到决死二纵队政治委员张文昂、政治部主任韩钧。他们叫我见梁化之（阎锡山的心腹，派到牺盟会的负责人），当面报告扣留县长的问题。梁化之听到了后，叫我随他乘车到土门见阎锡山。到土门，我先见到牛荫冠同志，由他引我去见阎锡山。他先向阎介绍了情况，阎问了我几句，看了我几眼就走了。之后，梁化之要把我“留下”。张文昂、韩钧说，把曹诚留下，这个部队就散了。这样梁化之放弃了“留”我的意见，但仍然说：以后有机会把曹诚“换了”。

我从土门返回赵城的路上，搭乘阎锡山民政厅长丘仰竣的汽车。丘以为我是“自家人”，在车上闲谈中说：我们最大的失策是提出“合理负担”（即有钱出钱、有粮出粮、有枪出枪、有人出人……）“被八路军利用了”。我觉得很新鲜，先后把这件事报告给傅钟和林枫同志，他们都笑了。可见阎锡山提出“合理负担”，只是为了欺骗人民，而共产党、八路军真的实行了，他们就认为是被“利用”了。

1937 年 11 月 8 日，日寇占领太原，进抵平遥后，即收缩兵力，从平遥撤退，以巩固太原，没有马上南下。孝义县在八路军总部工作团、工作组的领导下，社会秩序得到了恢复。以后，刘怀伟又回到了孝义县城。我也进城看了看，在县政府见到了他。刘怀伟虽然回来了，但县政府的旧法令已经不起作用了。由总部派人领导并组织的战地总动员委员会开始活动了。我们可以经过城镇、区、村、政权和牺盟会组织，放手组织自卫队和扩军，人员食宿不经过县长、区长、村长就可以办理了。我们所到之处，搞减租减息，合理负担，很受群众拥护。

不久，傅立民同志到孝义县任县长。有一天，介休县牺盟县长张德含同志到了孝义。在县政府，他跟傅立民和我畅谈牺盟会工作的经验，以及如何当好“抗日县长”的问题，我们谈了一个通宵。孝义县政府的工作，开始有了根本性的转变。

汾、孝地区的抗战局面，在邓小平、傅钟同志的亲自领导下，轰轰烈烈地开展起来了。1938 年初，八路军一一五师主力部队来到孝义。孝义及晋西南的抗战形势更加向好的方向发展，我们更加有了依靠。

回顾我在孝义当牺盟会特派员期间所经历的这两件事——斗争公道团和扣县长，都属于抗日民族统一战线中比较大的两个问题。不斗争就不能打开抗日运动蓬勃发展的局面。但是，另一方面，若一味斗争就会影响国共两党的关系和共同抗日的大局。我们高举抗日大旗，紧跟着形势的发展，充分利用日军进攻山西，攻占太原、平遥的紧急而又十分严重的时机，狠狠地打击了反共顽固势力，推动了形势向有利于抗日的方向发展。而这种斗争在当时的历史条件下，只能运用抗日民族统一战线的形式，由牺盟会出面，用人民群众的名义比较有利。这就是：要拥护阎锡山当牺盟总会会长，拥护阎锡山“守土抗战”、“牺牲救国”的进步主张，参加牺盟会的组织，以牺盟会会员的身份、地位，运用公开合法的形式，既要团结阎锡山及其领导下的旧机构、旧势力，争取他们进步抗日，又要斗争、打击其中顽固不化、死不悔改、严重影响形势发展的反共反人民势力；利用形势发展的有利时机，冲破障碍，放手发展革命力量，以推动阎锡山进一步与我们合作，共同抗日。合作时间越长越有利。历史已经证明，这是最有利最正确的办法。牺盟会的胜利，就是我们党领导的抗日民族统一战线政策的胜利，是党的胜利，人民的胜利。回忆 1937 年春初到太原时，不愿“戴阎锡山的帽子”，不愿在阎锡山地盘工作的想法，正是由于不理解民族解放战争中统一战线政策的精神及其重要性所致。当然，党的抗日民族统一战线政策在山西所取得的胜利，与八路军挺进山西，坚持抗战，创建根据地，是密不可分的。从我到太原军政训练班到当牺盟会特派员，至今每次回忆起来，总是感到无比亲切，并从中汲取无穷的力量。

出师大捷

——回忆平型关之战

杨得志

1937 年卢沟桥事变发生后，日本侵略军分数路大举南下，进逼山西。全国各族人民，为了抗日救国、挽救民族危亡，掀起了抗日热潮。

这个时候，中国工农红军改编为国民革命军第八路军，开赴华北抗日前线。当时，我正在“抗大”夜以继日努力学习。为了抗日，我们提前结业了。我被聂荣臻同志要到一一五师三四三旅六八五团任团长。

我离开“抗大”去一一五师师部见聂荣臻同志。他看到我头一句话就是：“嗬！我们‘窑洞大学’的毕业生回来啦，好，来得正好！你看！”他指着桌子上一厚叠用五颜六色纸张写成的东西，抑制不住内心的兴奋说，“全是战士们要求上前线的决心书噢！现在可以说是刀出鞘、弹上膛，盘马弯弓射大雕。部队情绪好得很呀！”

“我们的具体任务呢？”我问。

聂副师长说：“要你到六八五团有两个原因：一是这个团是你原

来工作过的师改编的；二是这个团是全师的先头部队。现在部队已经到了黄河西岸韩城、合阳之间的芝川镇。我们的任务是过黄河进入山西。如今山西以及整个华北吃紧得很呐！”

聂副师长简要地向我讲述了华北的形势。他说：北平、天津失陷后，日军沿平绥、平汉、津浦三条铁路线大举进犯。已经侵占了南口、张家口、大同、涿县、保定、沧州等地，矛头直指归绥、包头、石家庄、太原、济南等地。进入山西的日军已由大同到了广灵。周恩来和彭德怀等同志曾和阎锡山面谈，鼓励他抗日。日军进了山西，阎锡山当然紧张。但是要打仗，要抗日，我们还是要有“以我为主”的思想，既要拉着阎锡山，又不能完全依靠他。

聂副师长的谈话虽然简要，但总的形势、敌我态势和我们的任务、基本方针已经交代得十分清楚了。特别是我们那个团已经到了黄河岸边的芝川镇，我必须尽快赶上部队。谁知走出师部碰到了原红一团改编的独立团的几位老战友。他们听说我要去六八五团，都动员我到独立团去工作，说：“这是老红一团嘛，你为什么不回来？”

我那时年轻，转身就去找聂副师长，说：“我还是去独立团当副团长，六八五团的团长让别人去干吧。”

“为什么？”聂副师长耐心地听完我的理由，然后严肃地说：“你去六八五团是命令。命令下达了就要执行。形势这样紧张，部队在等你，你马上去六八五团！”

我火速出发，日夜兼程赶到芝川镇时，部队已经渡过了黄河，一直赶到山西侯马才见到了陈正湘、萧远久和邓华等同志。

9 月下旬，朱德、彭德怀、任弼时、左权、邓小平等同志率八路军总指挥部进驻五台山区的南茹村，直接指挥我们作战。这时，日军分兵向太原方向推进：一路由大同进攻雁门关，南下直取太原；一路由蔚县、广灵西扑平型关，目的也是夺取太原。这后一路来势极凶，已经攻到离平型关不远的灵丘。灵丘一失，必将兵围平型关。两关一旦失陷，太原必然难保。把守边关的蒋阎20万军队惶惶不可终日，直退至两关一线。我党以民族利益为重，决定援助他们作战。朱总指挥和彭副总指挥号召八路军全体指战员以“与华北共存亡”的决心，兵分两路迎战日军，一路由贺龙、关向应同志率领一二〇师，驰援雁门关；另一路就是我们师，从侯马乘阎锡山派出的接兵车，沿同蒲路日夜向平型关疾进，迎击进犯之敌。

侯马在晋西南，平型关在晋东北。也就是说，从侯马到平型关几乎要穿越整个山西南北，大家坐着闷罐车长驱不停，但仍感速度太慢。当时秋雨连绵，狭窄的车厢里人很拥挤，闷热潮湿，空气污浊，再加上不停地颠簸，不少同志忍不住呕吐起来。大家为了驱散这旅途的困扰，便讲笑话，唱抗日歌曲，情绪相当活跃。

最使我们感动的是，车过洪洞、临汾、霍县、介休等车站时，成千上万的群众，携带着慰问品，在风雨中迎送我们。

“热烈欢迎抗日的八路军将士上前线！”

“打倒日本帝国主义！”

“用鲜血保卫我们的每寸土地！”

“中华民族万岁！”

“抗战胜利万岁！”

此起彼伏的口号声，冲破风帐雨幕，震撼着祖国的大地！

指战员们受到了极大的鼓舞和深深的教育。民族的需要，人民的希望，自己的重任，一切的一切都摆在了眼前！那些在列车开动中一闪而过的人影，深深地留在了我们的记忆中。有的战士开玩笑说：“谁说洪洞县里无好人？胡扯，好人多得很嘛！”

好人当然是多得很，但是我们在沿途也看到一些令人气愤的现象——大批溃逃的国民党官员，置人民群众生死于不顾，带着搜刮来的财物，你拥我挤，仓仓皇皇地爬上南去的列车。群众骂他们是民族败类。我们的战士气愤地说：“要不是‘联合’了，非毙了他们不可！”

我在介休车站接到通知，要我在车到太原后进城去师长林彪处接受任务（当时林彪住在太原阎锡山的一个招待所里）。午夜，车到太原站，我便带着两个警卫员往太原城内赶去。在城门外我见到许多穿着破衣烂衫的群众聚在风雨中，一打问，原来他们是从大同、广灵、蔚县、灵丘一带逃难出来的。然而，城门紧闭，不许他们入内，只好忍饥挨冻，盼着天明，再想法子。我的警卫员向门卫说明了情况，我们才进了城。

由于不认识路，我们只好雇了人力（黄包）车。这种一人坐一人拉的车我是第一次也是最后一次坐。看着骨瘦如柴的人力车夫在风雨中拉着我，心里真不是滋味。他听说我是八路军，高兴地说："先生，拉你们我欢喜！你们不来我们就要当亡国奴了！"

车到招待所门口，我们先后下了车。可是两个门卫硬是不让我们进。车夫急了，高声喊道："他们是八路军，打鬼子的，你们咋不让进？"门卫不但不理，反而举起枪托要打车夫。我和警卫员一边拦阻一边说明情况，特别是警卫员告诉他俩，我是团长，他们才不发横了。警卫员拿出钱给人力车夫，那车夫怎么也不肯收。他说："你们来山西帮我们打鬼子，我再要钱，还有良心吗！"还是我把钱硬塞到他手里，说："这不是给你的车费。就算我请你吃顿饭的钱吧。"他这才收下，眼巴巴地望着我们进了招待所。

林彪见了我，问了一下部队的情况，交代我要加快北上的速度，把部队开到平型关一线。

赶回太原车站，天刚亮。风停了，雨也住了。我们又乘火车急速前进。谁知列车离开太原才三四十公里，日本飞机就来轰炸我们了。敌机扫射把列车车厢穿了不少洞，我们有多位同志负了重伤。动员他们下车转后方医院休养，他们怎么也不听。有个战士甚至哭着对我喊："团长，还没见着鬼子的面你让我有什么脸回后方？不！我不走！死也要死在前线上。"时间紧、任务急，我只得命令他们留在后方。其实，我当时心里也很矛盾：这样的好战士，我舍不得离开他们，但又必须离开他们。

列车继续奔驰着。傍晚，进入原平车站时，由于前边的铁路被炸毁，无法通行了。这里离平型关还有100多公里，为了抢时间，我们奉命改乘汽车前进。这时，全团上下只有一个信念，就是天塌地陷，也要及早赶到平型关！

担负输送任务的是国民党军队的一个汽车团。这个团全是美式装备，连卡车也都一律带帆布篷子。条件虽不错，但考虑到前面道路险要，又是夜间行车，而且随时会有敌情，我不禁对这个汽车团能不能安全、迅速地把我们送到目的地感到担心。部队上车前，我和陈正湘、萧远久、邓华等同志分别向营、连干部交代，一定要做好司机的工作，防止发生意外。

我正要上车，一个司机走到我面前说："首长，这一带全是山路，颠得厉害，您到驾驶室里坐吧。"

听他叫"首长"，我感到很奇怪——国民党士兵对上级从来是称职务或"长官"的，这个司机却非常自然地用了我军上下级之间的称呼，不知为什么。我说："你的驾驶室里还有副手哩，我坐后边可以。"

"不，不。"那司机急忙解释说。"副手已经到另一辆车上去了。您来坐吧，不会出事的。"这后一句话显然是怕我对他不放心。

我看这司机近40岁的样子，长得粗壮结实，比较纯朴，没有老兵油子的味道。汽车开动后，我问他："你是哪里人呀？"

"河南。"

我看他的车开得很稳，便说："是个老把式了吧？"

他打着方向盘，叹了口气，说："摆弄这个'圆圈圈'13年了。"

"到过不少地方吧？"我又问。

"怎么说呢？"他燃上一支烟，猛吸了两口，没头没尾地说："你们到过的地方，我也到过一些。"他见我不解，惨然一笑，"最后一次'围剿’你们，我就开车到了江西，后来，你们长征——我们长官说叫‘西窜’——我又开车跟过你们，不久前才调到山西来的。我开车，没打过仗，可见过你们。我曾想跑到你们那里去，可又一想：共产党没有汽车，我又不会打仗，去送死呀？你想，我被抓来当兵，家里上有爹娘，下有老婆孩子，我死了他们咋活？现在，我虽然活着，但也不知道他们还喘不喘气哩！这回好了，共产党和国民党不打仗了，大家一块打日本鬼子，打完日本鬼子我就可以回家了。我不是当着您说好听的，要真的正儿八经打鬼子，还得靠你们呀！要是我跟着你们，让鬼子打死了，那也不屈。中国人嘛，还能让个小东洋欺负着！”

黑夜里我看不见这司机的表情，但他朴素、真诚的语言使我感动。他当了多年国民党的兵，对国民党的本质认识不清这是难免的，但他仍有一颗爱国之心应该说这是可贵的。我由他想到了接触过的东北军、西北军的普通官兵，庆阳县的县、镇长们，特别是从侯马到太原一路上见到的人民群众。是呀！偌大的一个中国，拥有4.5亿同胞的伟大民族，只要真正团结起来，日本侵略军还够打的吗！当然，我也想到了党中央和毛主席确定的，建立广泛的民族统一战线，共同抗日的政策和策略是何等的英明和正确啊！

天明，我们到达了离平型关不远的大营。在从大营转赴平型关外东南边的冉寨、上寨地域的途中，我们遇到了从灵丘败退下来的国民党官兵。他们只顾向平型关内溃逃。有些逃兵竟跑到我们的驻地来抢老百姓的东西。我问他们中的一个老兵：

“你们为什么不在前方打日本？”

那个老兵魂不附体似地说：“日本人太厉害了，太厉害了！”

“你们打上了吗？”我又问。

“没有。”那老兵摇晃着脑袋，“连鬼子的影儿还没见着，上头就命令我们撤了。”

真是可耻、可悲、可气！

日军侵华精锐部队坂垣师团占领灵丘不几天，便向平型关扑来。

平型关位于山西东北部古长城上，自古以来是晋、冀两省的重要隘口。关内关外，群山峥嵘，层峦叠嶂，沟谷深邃，阴森幽静。关前有一条公路，蜿蜒其间，一直通向灵丘、涞源，地势煞是险要。这是坂垣师团二十一旅团侵占平型关的必经之路。从关前至东河南镇之间的公路北侧山高坡陡，极难攀登，路南侧山低坡缓，易于出击。上级决定，我们六八五团和六八六、六八七等三个团，埋伏在南侧一线。

为了赶到伏击地域，我们连夜从上寨出发。当时大雨如注，狂风不止，加上天黑路滑，行动十分困难。全团上下衣服被淋得透湿不说，几乎都成了“泥人”。深秋，山区的夜晚已是很冷，指战员一个个冻得直打哆嗦。

拂晓时分，我们终于到达了目的地——李庄，我把一营刘德明营长、二营曾国华营长、三营梁兴初营长叫到一起，在大雨中指着前面的公路说：

“这就是我们的攻击地段。坂垣的二十一旅团要进平型关必须通过这条路，这里居高临下，地形好得很呀！”我又指着东面说，“从这里往东是六八六团，再往东是六八七团。”

我们团的三个营都是有着光荣历史的部队。一营是朱老总从南昌起义带出来的；二营是跟着毛主席参加秋收起义上井冈山的；三营是黄公略同志领导的老三军的底子。许多战士都是经过长征的老同志。三位营长都是红军干部，都做过团一级领导工作，可以说是身经百战的了。有这样的部队，这样的指战员，对打好这一仗，我是信心十足的。但考虑到这毕竟是我们第一次和日军作战，不熟悉敌人的脾性，更何况对手又是气焰十分嚣张、“赫赫有名”的坂垣师团二十一旅团，尽管我们都浸泡在雨水里，我还是耐心地提醒他们说：

“一定要告诉所有的同志——从干部到战士，以至炊事员——这次战斗非同一般，政治意义更巨大。国民党军队的溃逃不仅助长了敌人的嚣张气焰，而且对热心抗战的人民群众是个很大的打击。如今人民的希望寄托在我们身上，他们在看着我们哪！党中央、毛主席，朱、彭等首长也在等着我们的胜利消息。所以，这一仗一定要发扬我们敢打敢拼、不怕流血牺牲的传统，彻底消灭这帮侵略者！打出八路军的威风来，打出中国人民的志气来！”

三位营长刚走，陈正湘、萧远久和邓华等同志就冒雨来到了我的身边。他们刚分头到各连作了战前动员。我问他们下这么大的雨，部队情绪怎么样。邓华同志说：

“一句话，劲头都集中到刺刀尖上，就等吹冲锋号了。战士们说：日本鬼子嗷嗷叫，国民党兵往后跑，人民群众在吃苦，我们这口气死了也咽不下去！这样的奇耻大辱、深仇大恨怎么也得雪，怎么也得报。要不，就不是中国人，更不是共产党领导的八路军战士！”

天亮后，风停了，雨住了。除了平型关方向传来稀疏的炮声外，公路上仍不见日军的踪影。怎么搞的？情况有变化吗？一营长从山头左侧跑过来，有点着急地问我：

“团长，鬼子怎么还不来？”

我说：“打伏击嘛，就要沉得住气，有点耐性。怎么？你认为鬼子不会来吗？”

一营长摇摇头，说：“拿不准。”

“没有什么拿不准的。”我说：“你赶快回到自己指挥位置上去！”因为他那里集中了全团十多挺机枪，我特别嘱咐他说，“要注意你那些机关枪噢！”

那时候我们都没有手表，不知道确切的时间，大约上午8点多钟吧，先是听见远处传来汽车的马达声，接着隐隐约约出现了汽车的影子。汽车越来越近，这才发现后面还有马车等一大溜。只见头一辆汽车上插着一面“太阳旗”，坐着几十个日本兵，头戴闪光发亮的钢盔，身着黄呢大衣，上着刺刀的步枪抱在胸前。汽车一辆接一辆地开进了我们的伏击地域。这些家伙装备精良，侵华以来还未遇到过什么真正有力的抗击哩！他们在车上指手画脚，叽里呱啦的不知讲些什么。在我们的国土上，他们旁若无人似的，真有些不可一世的味道。

战士们上好刺刀的枪膛里压满了子弹；机枪射手们已经在瞄准了，他们都不时地望着我。我好像感到了大家的心在剧烈跳动，而我的双眼却只盯着公路的拐弯处。当日军的头几辆汽车开到我们阵地的山脚下时，按照师部的部署，我立刻命令：

“全体冲锋，打！”

顿时，机枪、步枪、手榴弹一齐开火，指战员们暴风骤雨般地向敌人冲去。日军最前面的汽车已被打坏，着了火，后边的汽车、大车、马匹等互相撞击，走不动了。日军们嗷嗷地叫着跳下车来四处散开。我想他们大概没有想到，会在大白天遇上这样突然勇猛的打击。日军的精锐旅团惊慌失措了。

应当说坂垣二十一旅团还是支很有战斗力的部队。他们从懵懂中一清醒过来，其骄横、凶狠、毒辣、残忍的本性就发作了，指挥官举着军刀拼命地嗥叫着，钻在汽车底下的士兵爬出来拼命往山上爬。敌人想占领制高点。我立即派通信员向各营传达命令：“附近的制高点一个也不准鬼子占领！”这时，刘营长已指挥一营把公路上的敌人切成了几段。他接到我的命令后，马上指挥一、三连向公路边两个山头冲去。山沟里的日军也在往山上爬，可是不等他们爬上去，迅速登上山头的一、三连紧接着又反冲下去，一顿猛砸猛打，把这群日军报销了。这个营的四连，行动稍慢一步，被日军先占了山头。连长在冲锋中负了伤，一排长就主动代替指挥，他用两面夹击的办法，很快把山头夺了回来，将日军逼回沟底全部消灭。

正当部队同敌人反复争夺制高点时，两架日军飞机顺着公路来回盘旋。战士们看到这情景，一股劲地靠近日军，同敌人混在一起拼杀起来。敌机大概看到双方交织在一起，无法扫射，也无法投弹，只好飞走了。

最激烈的白刃格斗在二、三营的阵地上展开了。二营五连连长曾贤生同志，外号叫“猛子”。战斗打响前，他就鼓动部队说：“靠我们近战夜战的光荣传统，用手榴弹刺刀和鬼子干，让他们死也不能死囫囵了。”发起冲锋后，他率先向敌人突击，20 分钟内，全连用手榴弹炸毁了 20 多辆汽车。在白刃格斗中，他一个人刺死十多个日本兵。他身上到处是伤是血，一群日军在向他逼近，他——我们的英雄连长曾贤生同志拉响了仅有的一颗手榴弹，与敌人同归于尽。他的壮烈行为鼓舞着我们，更鼓舞着他身边的战友。这个连的指导员身负重伤，依然指挥部队；排长牺牲了，班长顶替，班长牺牲了，战士接上指挥。就这样，前仆后继，打到最后，全连只剩 30 多位同志，仍然顽强地与敌人拼杀！三营的九连和十连，冲上公路后伤亡已经很大，但他们依然勇敢地与敌人拼杀，以一当十，没有子弹了就用刺刀，刺刀断了就用枪托，枪托折了就和敌人抱成一团扭打，哪怕只有几秒钟的空隙，他们也能飞速地拣起石块将日本兵的脑壳砸碎。战斗到最后，两个连队眼睛都打红了，尽管伤亡都超过了半数，战斗情绪却依然旺盛得很。这是血战，是意志的搏斗，也是毅力的考验。

日军士兵由于长期受军国主义的欺骗宣传和所谓“武士道”的影响，成了一帮亡命之徒。他们负了伤仍然顽抗。战士们喊“缴枪不杀，优待俘虏”，不知他们是听不懂，还是根本听不进去，毫无反应。1937 年的日军，战斗力还是蛮强的。也许，日军几个月要灭亡全中国的神话在他们的头脑里还起着作用。但神话毕竟不是现实。战斗进行到下午，以我们的最后胜利结束了。据后来的统计，此次战斗共歼敌 1000 余人，日军在中国人民的铁拳下，遭到了毁灭性的打击，被砸烂了！

平型关一战，震动了野心勃勃的日本帝国主义。九一八事变，甚至更远一些如甲午战争以来，他们还没有遇到中国人民这样有力的、巨大的、歼灭性的打击。“不可战胜的皇军”，居然败在了他们认为是“一盘散沙”、“不堪一击”的中国人的手下，说这个震动“如雷轰顶”，恐怕不算过分吧！

平型关一战，震动了矛盾重重的国民党各派势力。“灭共派”看到了被他们“灭”了十多年的共产党的真正实力和气魄，不能不做进一步的思考和谋划了；“联共派”应该说受到了不小的鼓舞，似乎觉得“联共”的“资本”大大地增加了。作为一个整体，国民党在进一步地分化。

平型关一战，也震动了一些对中国共产党了解不深，难免存有观望情绪的人士。从四一二反革命政变，经过从未休止的军事“围剿”、“聚歼”和白色恐怖的大屠杀，以及被宣传为“溃不成军的西窜”（指长征）之后，他们觉得中国共产党已经是伤痕累累了；但是今天他们亲眼看到的却是一个无比健壮的、傲然屹立的巨人。这就大大增添了他们对中国共产党的信任和希望，尤其是在民族危亡的严峻时刻。

平型关一战，也震动了世界。那时，距第二次世界大战全面爆发虽然还有近两年的时间，但希特勒已经撕毁了《凡尔赛条约》并同意大利法西斯分子一起干涉西班牙的内战。英、法、美集团采取绥靖政策，力图把战火引向社会主义的苏联。在这法西斯侵略势力日益猖獗的时刻，被视为“东亚病夫”的中国人居然“敢”打日本人，而且打了它的精锐师团，取得了谁也不能否认的胜利，他们不得不“刮目相看”了。而对那些被德、意帝国主义奴役和受到他们严重威胁的人民，不能不说是一个鼓舞和支持。

当然，平型关一战最大、最直接的影响，还是在中国国内，它使全国人民看到了貌似强大的日本帝国主义的虚弱本质；它使全国人民看到自己不可战胜的力量；它使全国人民更加信赖中国共产党和她所领导的、坚决抗日的八路军。真是打出了中华民族的威风，打出了中华民族的志气，打出了全国人民对“驱逐日寇出中国”、“打倒日本帝国主义”，取得抗日战争最后胜利的坚强信念和信心！

就我个人来说，平型关一战，起码使我更加深刻地认识到党的坚持统一战线下的独立自主政策是无比正确的；“唯武器论”不但不可信，而且是注定要破产的；单纯的防御是必定要失败的；主要是游击战，配合以运动战，灵活机动地运用，在当时条件下，是可以取胜的。

平型关是英雄关，因为她是先烈们用鲜血洗染过的！

平型关是难忘的关，因为她记载着中国人民抗击日军第一次伟大胜利！

平型关已经载入了光荣的中国人民革命的史册！

追忆平型关血战

孙毅

1937 年 8 月 25 日，根据国共两党谈判达成的协议，中央革命军事委员会正式下达命令，红军改编为八路军，下辖一一五、一二〇和一二九师。一一五师师长林彪，副师长聂荣臻，参谋长周昆，政训处主任罗荣桓。该师下辖三四三旅和三四四旅。我被任命为三四三旅参谋长，旅长陈光，副旅长周建屏。

未待改编就绪，一一五师即分作两个梯队，离开陕西三原地区，渡过黄河，奔赴抗日前线。由于正、副师长去参加洛川会议，第一梯队由陈光率领，所带部队为三四三旅和独立团；第二梯队由三四四旅旅长徐海东率领，所带部队为三四三旅直属队和三四四旅。我在第二梯队，同三四三旅直属队一起行动。

洛川会议结束后，聂荣臻在侯马赶上了我们第二梯队，这时得知日军正兵分两路向太原推进，20 余万蒋阎军节节败退。干部战士听到这个消息，一个个义愤填膺，恨不得插上双翅飞到前线。我们乘火车到达原平后，为了不让国民党军队的溃兵影响我军的行军速度和士气，改变了原定经代县沿大路向平型关的行军路线，绕向五台的山间小路前进。

9月22日，日军第五师团一部，进占平型关以北东跑池地区。23日，八路军总部命令第一一五师向平型关、灵丘间出动，侧击向平型关进攻的日军。

我们第二梯队于23日到达上寨地区，先期到达的师长林彪等人刚刚看地形回来，在师部院子里，林彪和聂荣臻进行了交谈。林彪说，日军大队人马正向平型关方向运动，可以考虑利用这里的险要地形打一仗。接着，他摊开地图，同作战科长王秉璋、侦察科长苏静把平型关周围的地形和初步的作战设想作了说明，征求聂荣臻的意见。聂荣臻听后，果断地说："打！为什么不打呢？利用这么好的地形，居高临下，伏击气焰骄纵的敌人，这是很便宜的事嘛。现在不是打不打的问题，而是要在与日本侵略军的第一次交锋中，打出八路军的威风来，给全国人民的抗日情绪一个振奋！"在平型关侧翼山地打一个大仗的部署就这样定了下来，并当即电告了八路军总部。

当天，全师连以上干部会在距平型关东南十公里的上寨小学召开，林彪、聂荣臻到会讲话，布置战斗任务。因师参谋长周昆未到职，我这时仍留在师部，聂荣臻对我说："老孙，周昆到现在还不来，你不能走，你走了就没人了。"我说："副师长，你放心开会去吧，我不走，我在家值班。"他们走后，我在家守电话，处理事情，并具体负责师直属队的工作，遂行师参谋长的职能。

会议结束后，一一五师主力连夜赶往平型关东南15公里的冉庄待命。

我从师部文件中看到了以下战斗部署：三四三旅两个团为主攻，三四四旅一个团断敌后路，一个团作师预备队。攻击部队全部在平型关东南山地设伏。同时，派出独立团、骑兵营向灵丘方向活动，牵制日军，保障主力翼侧安全。

24日，林彪、聂荣臻又组织营以上干部进行了现场勘察。傍晚，师部接到阎锡山部队送来的一份作战计划，说由他们担任平型关正面的出击。

当晚，天降大雨，我同林彪、聂荣臻分别住在老乡家。睡觉前，林彪、聂荣臻根据侦察员得到的情报，叫我通知部队：今夜12时出发，天明前进入埋伏阵地。并强调：“暴露与否，是胜败关键。”我立即交代参谋电话通知，直到通知完毕我才回房休息。

睡到后半夜，外面的风雨声将我惊醒。我想着部队是否已经出发，出发后是否遇到了困难，是否已经进入埋伏阵地，想着想着，怎么也睡不着了。鸡叫时，我坐起来穿好衣服，轻轻来到林彪、聂荣臻住的房前，推开门一看，林彪的铺位空着，被子已经叠了起来，再朝里一看，煤油灯还亮着，林彪正戴着健脑器坐在桌前看地图呢。我轻轻走上前，小声说：“师长，你起得这么早？”林彪打了一个哈欠，又看了地图一眼说：“要熟悉地图，了解地形地物，才能指挥好。”聂荣臻听到我们说话，也匆匆起了床，对林彪说：“你看了这么久，该熟悉了。你到炕上睡一会儿，有什么事情我来处理。”林彪看看手表说：“时间不早了，不睡了。”

天亮了，雨也停了，雨后的山村显得宁静，清爽。早饭后，我们立即出发去师指挥所，一开门，一股凉风吹来，林彪打了一个冷颤，警卫急忙拿来一件雨衣给他披上。

师指挥所和三四三旅指挥所在一起，位置选择在平型关东南方向石灰沟南山头一个小山顶上，那里长着几棵树，站在山顶，用望远镜可以清楚地看到沟底那条公路。我拿起望远镜向远处望去，但见群山之上，蜿蜒着古老雄伟的内长城，平型关坐落在群山之间。这一带山势不高，但是山连山，峰接峰，利于部队隐蔽。从平型关山口至灵丘县东河南镇，有一条由东北向西南伸展的狭窄沟道，沟道两侧，是刀削似的危岩绝壁，再上面是比较平缓的沟岸。这时沟底空无一人，两侧的山崖上，凋零的树木在秋风里瑟瑟发抖，枯黄的草丛上，雨珠闪着寒光。

在十里长沟的东南山上，左面埋伏的是杨得志、陈正湘率领的六八五团，右面埋伏的是李天佑、杨勇率领的六八六团。徐海东的三四四旅六八七团奉命隐蔽地穿过沟道通路，占领了东河南镇以北的高地，以便切断敌人后路。六八八团作为师预备队暂未进入阵地。杨成武的独立团和刘云彪的骑兵营已分别向平型关东北和以东开进，配合主力作战。

战前的十几分钟，林彪和聂荣臻对前来受领任务的六八五团团长杨得志和六八六团团长李天佑讲明敌情和战场注意事项。两个团的指挥员便疾速地返回阵地。

上午 7 时前，鬼子来了。只见右前方先是出现一个小红点，慢慢地向前移动，后面黑压压一片，还能听见轰隆隆的马达响声。这是日军坂垣师团第二十一旅团的辎重和后卫部队。小红点越来越近，用肉眼也能看得清清楚楚。为首的高举着一面太阳旗，接着是三路纵队的鬼子，往后是载着日本兵和军用物资的 100 多辆汽车，200 多辆骡马大车拉着九二式步兵炮、炮弹和给养跟随其后，压阵的是骑着大洋马的骑兵。日本兵脚穿皮鞋，头戴钢盔，身穿黄呢大衣，晃晃荡荡，不可一世地走着。

伏击部队的报告同时汇集到师指挥所：敌军已经全部进入伏击圈。这时林彪喊："发信号弹！""砰，砰，砰！"三颗红色信号弹升上天空。顿时，沉默的群山怒吼了！满贮深仇大恨的枪弹和迫击炮弹带着啸音飞向敌群，手榴弹雨点般地飞进沟道，炸得日本侵略军鬼哭狼嚎，血肉横飞。日军汽车撞汽车，人挤人，马狂奔，指挥系统一下子就被打乱了。

当聂荣臻发现日军正利用汽车作掩护，进行顽抗，并组织兵力抢占有利地形时，连忙跟林彪研究，决定把敌军切成几段，分段吃掉它。随即命令部队出击，杀入敌阵地，并指令六八六团团长李天佑派出一个营，冲过公路，抢占在设伏前因怕暴露目标而来不及占领的老爷庙制高点，以便两面夹击敌人。

山谷间骤然响起激昂的冲锋号声和惊雷般的冲杀声。八路军勇士呐喊着向敌人扑去，同敌人展开了白刃肉搏战。战斗进行得异常惨烈。我透过望远镜看见那群经过武士道训练的日军虽然失去指挥，被分隔开来，仍然利用汽车和沟坎，进行顽抗。八路军官兵前仆后继，以更加猛烈的攻势对付顽固到极点的敌人，只见枪托飞舞，马刀闪光，连伤员也与敌军官兵扭打在一起，互相用牙齿咬，用拳头打。六八六团副团长杨勇在激战中负了伤，仍继续指挥部队作战。六八五团五连连长曾贤生，带领战士们冲入敌群，在肉搏中壮烈牺牲。

战斗进行到大约 8 点多钟，林彪对聂荣臻说："老聂，你亲自出马好不好？"聂荣臻回答："好啊！"林彪说："你到六八五团去，督促他们把这一仗打好。"聂荣臻站起来说："好吧，我现在就去。"说完，他拄了一根棍子，带了一个参谋，一个警卫员和一个通信员，大步朝山下六八五团阵地走去。聂荣臻走后不久，为了安全，林彪立即转移到附近山沟隐蔽指挥。在隐蔽部里，就我和林彪两个人，他守着电话，随时询问部队情况，我同他面对面坐着，不时地聊点别的闲话。

鬼子拼命地争夺老爷庙制高点。几架敌机在上空盘旋。由于敌我双方距离很近，敌机不敢扔炸弹。经过一番激战，老爷庙制高点等有利地形全被我军占领。

中午时分，被堵截在辛庄、老爷庙、小寨村一线山谷中的 1000 多名日军全部被歼灭。缴获敌人步枪 1000 余支，机枪 20 多挺，击毁汽车 100 多辆，马车 200 多辆。坂垣组织的增援部队被独立团和骑兵营阻击在灵丘以北和以东地区。独立团还在灵丘与涞源之间的腰站，击毙了增援的日军 300 多名。林彪和聂荣臻遂令部分部队打扫战场，其余部队乘胜向东跑池之敌发起攻击。由于国民党军未按预定作战计划出击，致使东跑池的日军由团城口突围。

下午2时许，林彪说："孙毅，辛苦你一趟，到山下电台去，给八路军总部并延安的毛主席发个电报，除报告目前战果外，告知我部队仍在积极围歼中。"我说："好，我马上就去！"我走出隐蔽部，随后拿起一根棍子准备出发。林彪说："你同聂荣臻一样，也爱拿根棍子。"我说："我是从长征开始拿的。"林彪好奇地问："长征到现在拿几根了？"我说："至少有七八根了。有根棍，上山下山，等于增加了一条腿。"

我沿着下山的羊肠小道，一路小跑，心里打着腹稿，大约半个小时就到了隐蔽在山下土地庙里的电台，我将心中拟好的电稿很快写在纸上，大约有150多个字，交给译电员，叫他立即发给八路军总部并报延安的毛主席。我坐下等着，直到对方回电已收到电报时，我才往回返。电报发出后，完成了一项任务，心里轻松了许多。这时才感到身体有点累，用了近50分钟才回到师指挥所。

这时已是下午5点多钟了，沟中的战斗早已结束，只有远处还不时地传来枪声。尽管这时我已经很累，但我急于想了解一下战场情况。便拄着一根棍子，带了两名参谋下到沟底，只见战后的十里长沟，日军人仰马翻，尸体狼藉。燃烧的汽车，遗弃的武器，散落的文件、作战地图、写有"武运长久"的日本军旗及各种罐头食品，满地皆是。我军也付出了不小的代价，牺牲了几百个同志。当我看到有不少是经过长征过来的老同志牺牲在战场上时，心中十分难过。

当天晚上，我和林彪、聂荣臻住在距平型关几里路的一个小山村，这个村子只有三四户人家，我们进房时已是晚上9点多钟了。因房子少，我和林彪、聂荣臻睡在一个土炕上。林彪说："今天打了胜仗，精神好，睡不着觉。"聂荣臻说："是啊，我也睡不着。"聂荣臻还说："日本鬼子搞武士道精神，死不投降，我们要研究如何对付他。"林彪说："我原来还想多抓些俘虏，结果一个也没有抓到。"我说："敌人不了解我们的俘虏政策，而我们的战士却还像国内革命战争时期对待白军一样对待鬼子，结果吃了不少亏。”就这样，我们聊着，不知不觉鸡就叫了，谁也没有睡好，只是在天亮前迷糊了一会儿。

平型关大捷，是八路军出师华北前线的第一仗，也是中国人民抗战以来打的第一个大胜仗。这一仗粉碎了日军不可战胜的神话，大大增强了全国人民的抗战决心和信心。战斗结束后，师参谋长周昆来了，我向他简单交接了一下，就打算到旅里去。聂荣臻对我说:“老孙，你再待两天。”两天后，接到命令，原一一五师教导大队大队长陈士榘同我对调，他担任了三四三旅参谋长，我担任了师教导大队大队长。不久，根据师里指示，我带教导大队1000多人，深入到阜平、平山、行唐等地，进行扩兵、筹款和做群众工作。

（仝玉林　整理）

神兵巧伏雁门关

贺炳炎

1937 年 10 月，我八路军第一二〇师挺进到同蒲路北段的宁武、神池、朔县一带，在敌后发动群众，开展游击战争。

残暴的日军，在这一带进行了极其野蛮的屠杀。复仇的火焰在部队中炽烈地燃烧着。一天，我正在翻阅着各连的求战书，忽然接到师部通知，要我们第七一六团的领导干部去受领任务。我当时任这个团的团长，接师部通知后，就和廖汉生政委急忙驱马，奔向师部驻地。

师部在神池县城以西的一个村子里。当我们走进师首长的房子时，贺龙师长和关向应政委正围着地图研究情况，一见我们来到，关政委便关切地问："到达这一带，部队情绪怎么样？"我们说："看到敌人的暴行，同志们都非常气愤，总盼着有机会狠狠地收拾他们一下！"

贺师长一听放声大笑起来，连连说："很好很好。要收拾敌人，机会有的是！"他叫我们靠近地图，指着一块密密层层的山区说："准备把你们调到这里去。"我俯身一看：一个长长的红箭头，正指向历史上著名的隘口——雁门关。

贺师长分析当前情况时谈道：忻口战役正在进行。敌人每天从大同经雁门关，不断地给忻口前线输送弹药；这是敌人一条重要的运输线，但他们很嚣张，自以为那一带已是后方，警戒相当疏忽；我们要利用敌人的弱点，到那一带发动群众，寻找机会，给敌人一个打击！接着，关政委也作了指示。最后，贺师长又再三叮咛我们：现在打的是日本侵略军，不是内战时期国民党的军队了，在战术思想上要扭得快，一定要遵循毛主席规定的山地游击战的作战原则。到达目的地后，要紧密联系群众，搞好侦察工作。

领受了上级交给的任务，我和廖政委怀着兴奋的心情，扬鞭策马，很快返回驻地。

听说去打仗，谁不高兴？部队立即向雁门关方向疾进。一路上，到处可以看到敌军的暴行：许多村镇被夷成了瓦砾，无数同胞遭到了屠杀。仅宁武一个县城，就被杀害了不知多少；差不多家家的菜窖都成了日军活埋人的土坑；许多水井，都填塞着被刺刀挑死的男人、小孩和被奸淫后复遭杀害的妇女们的尸体……血债要用血来还！战士们眼睛都红了，行军不愿休息，住下不想吃饭。队伍披星戴月，日夜兼程地向雁门关方向赶去。

经过三天的急行军，部队到达雁门关西南六七公里的老窝村。驻下以后，果然发现敌人的汽车不时从雁门关上开过。南面还时而传来隆隆的炮声。我们立即派出人员沿公路进行侦察。

老窝村四面环山，十分隐蔽。但村里的人为了逃避日军几乎都跑光了。按师首长的指示，我们立即组织了工作队，四处寻找群众进行宣传；同时，派出部队帮助群众秋收。第二天，我带着一个连正在一片莜麦地里收割，一个60多岁的老大爷颤巍巍地朝我们走来，边走边揉着眼睛。我走过去，问："老乡，你有什么心事？"老人家长吁了一口气，揉着泪湿的眼睛说：你们哪知道啊！国民党的兵只知道抢老百姓的东西，见了鬼子，就像老鼠见了猫一样，跑得比谁都快。鬼子来到这儿又烧又杀，你们要不来，老百姓可真没有活路啦！

八路军的威名，风似地传开了。不到两天，逃到各地的群众陆续回来，和我们相处得水乳交融。他们自动给侦察员带路，帮助我们搜集情报；公路上一有点儿汽车动静，他们就跑来向我们报告。短短几天，我们不但熟悉了雁门关一带的地形，连敌人汽车过往的规律也掌握了。

10 月 16 日，群众送来情报：大同的敌人集结了一个车队，有许多辆汽车满载武器弹药，有经雁门关南开忻口的样子。这些日子，每隔四五天就有敌人的车队通过，看来情报可靠。我们立即召开连以上干部会，进行动员。会上，廖政委问大家："怎么样？你们说打不打？"廖政委刚刚说完，三营营长王祥发霍地站起来说："我发表意见。我永远也忘不了敌人在宁武犯下的滔天罪行！十一连连部驻的那个院，一家八口人，被杀了七口，一个不满三岁的小孩，也被刺刀活活戳死，现在只剩下一个被打得半死不活的老大娘，她眼泪都哭干了，拉着我们，要我们为她全家报仇。这是她一家的仇，也是全中国人民的仇！"他愈说愈气愤，脸色铁青。接着，他又百倍激昂地说："要叫敌人以血还血！为死难的同胞报仇！这是我的决心，也是我们全营同志的决心！"十一连政治指导员胡觉三同志也站起来说："我代表全连同志，请求上级把最艰巨的任务交给我们。我们一定把雁门关变成日本侵略军的鬼门关！"会场气氛严肃紧张，干部们纷纷表达决心，争着要当突击队。最后，廖政委说："是的，我们一定要为死难的同胞报仇！要把敌人血洗宁武的罪行，作为向部队进行战斗动员的材料，在全团掀起复仇的怒潮。"

第二天拂晓，我和廖政委带着干部去看地形。到了黑石头沟，爬上山顶一看：一条弯弯曲曲的公路，从雁门关盘旋而下，在这里由西向东绕了一个大圈；公路西面是悬崖绝壁，北面是一段陡坡；顺公路向南不远有一座石拱桥。这真是一个理想的设伏地形。廖政委和我商量了一阵，决定把一、三营分别埋伏在陡坡南北，由三营担任主攻，再由一营派出一个连向阳明堡方向警戒，三营十一连埋伏在桥西，断敌逃路。我们总的计划是：全团一起突然动作，力求把敌人全部消灭在黑石头沟内。任务布置下去，大家都满意地回去了。

18日鸡叫头遍时，部队沿着崎岖小道，插入了石墙沟。黎明前的黑夜分外沉寂，只有南面偶尔传来几声炮响。进入阵地之后，一切准备停当，单等着敌人的大队汽车越山而来。

我虽然经过了多少次战斗，但是像这样严阵以待地等候日本法西斯军队还是第一次。“现在打的是日本侵略军，不是内战时期国民党的军队了。”贺师长的指示又在耳边响了起来。我心里有些紧张。为了防止出现差错，我决定再到阵地上检查一下。

战士们看见我，都显出几分神秘的笑容。这时我发现有几个文书、炊事员也上来了，便惊奇地向他们问道：“怎么，你们也上来了？”他们调皮地回答我：“打鬼子人人有责，团长，这是第一次和日军交手，不参加，心里不好受！”有的说：“老大哥部队在平型关给鬼子吃了个大苦头，这回也叫他尝尝咱们的厉害！”我想听听他们的决心，故意说：“别想得太容易了，要知道这是一个车队啊！”战士们一听，纷纷抢着说：“甭说一个车队，就是十个车队也别想漏过去！不信打起来看！”见部队情绪这样高昂，准备也很周到，我放心地返回了指挥所。

太阳高高升起，我站在山顶上用望远镜观察，只见公路上冷冷清清，毫无动静。有的战士不耐烦了，不时抬头张望。我立即通知各营：耐心等待，绝对防止暴露自己。

10时左右，北面公路上突然腾起一股尘土，接着，隐隐约约传来汽车的马达声。战士们抑制不住内心的高兴，悄悄地说：“来了，来了！”每一个人都揭开手榴弹盖，聚精会神地瞅着北面的公路。

敌人的汽车毫无顾忌地开过来了。引头车上坐着掩护部队，一个腰挂军刀的敌军官，还不时用望远镜四面了望。敌车队愈走愈近，车上的敌人一个个趾高气扬,“哇里哇啦”地乱喊叫。好骄横的日本法西斯强盗！我强抑制着满腔怒火,待敌汽车开入狭窄的黑石头沟时,立即发出命令:“打！”王祥发同志把驳壳枪向前一挥,带着全营的同志向敌人扑去。步枪和轻重机枪一齐狂吼,只见敌弹药车被打着了,响成一片,顿时,黑石头沟天翻地覆！

敌人遭到这迅雷不及掩耳的袭击,一个个从车上往下跳,但有的还没跳下来就送命了。一刹那的混乱之后,敌人整顿了一下,端着枪企图反扑。但没等他们散开,十一连的勇士们便冲上了公路。双方展开了激烈的白刃战。我军战士勇猛地和敌人对刺,有的索性用在二万五千里长征时使过的“鬼头刀”和敌人拼杀。指导员胡觉三带领三排刚冲过去,突然看见一名战士被三个敌兵包围,他挥起大刀冲去,一连砍死两个,剩下的一个被那个战士刺死。他继续向前冲去,见日军大部已被消灭,只有少数还在顽抗,忽然发现车下趴着一个,胡觉三同志想抓活的,不料刚一迈步,被那家伙打中前胸。胡觉三同志鼓起全身力气最后喊了一声:“同志们！坚决地打,为宁武的老乡们报仇！……”说罢,就光荣地牺牲了。

新仇旧恨,在战士们心头燃烧。他们高喊着“为指导员报仇！”猛扫残敌。

枪声渐渐稀落下来。公路上的火药味浓烈扑鼻,敌兵的尸体横七竖八地躺着,有的被车上的弹药崩得五体分家。哼！这就是野蛮、残暴的侵略者的下场！

黑石头沟里,一片欢腾。战士们怀着兴奋的心情打扫战场,附近的老乡们也乐呵呵地赶来,帮助我们搬运战利品。我巡视着,见一名战士正用铁锹狠狠地砸着汽车,一面砸,一面气呼呼地说:“我叫你再跑！我叫你再跑！”我笑着对他说:“这么多的汽车哪砸得完？”廖政委也说:“不要砸了,应该炸掉！”

响声四起,烟火弥漫,不一会儿敌人的汽车便在雁门关下焚烧起来。

正在这时，一营警戒部队报告：阳明堡的敌人增援来了。我们按照预定计划，迅速撤离战场。

这次伏击战，一度切断了从大同至忻口的公路交通，有力地配合了国民党军队在忻口对日军的防御作战。

当我们到达山顶时，远远望见雁门关附近又开来几十辆汽车，一队敌兵正沿着公路搜索；天空出现两架敌机，在黑石头沟上空盘旋。为被燃烧的汽车和日军的尸体“吊丧”。想来，敌机上的驾驶员，一定能看到他们的“武运”是个什么样子了！

我军的游击战，到处为敌人安排了坟墓！

夜袭阳明堡飞机场

陈锡联

日军在平型关吃了苦头之后，变更了作战部署，从平型关与雁门关之间的茹越口突破了晋北防线，接着，又气势汹汹地沿同蒲路直下太原。

在日军的进攻面前，国民党军队中，有的在共产党及其领导下的军民抗日救国运动的影响下奋起抵抗；有的一战即溃，节节败退；有的闻风丧胆，不战而逃。在城市，在乡村，到处可以看到那些穿灰色军装的士兵，三五成群，倒背着枪，拖着疲惫的双腿南逃。

就在这时，我一二九师七六九团奉命由东冶向原平县东北山地挺进，侧击从雁门关向忻口进犯的日军。10月中旬的一天，部队来到山西省代县以南的苏郎口村一带。

苏郎口是滹沱河东岸一个不小的村庄。顺河南下便是忻口。战事正在那里进行，隆隆的炮声不断由南方传来。敌人的飞机一会儿两架，一会儿三架，不断从我们头顶掠过，战士们气得跺脚大骂："别光在天上逞凶，有种下来和老子较量较量。"

从敌机活动的规律来看，机场可能离这儿不远，问老乡，才知道隔河十里外的阳明堡镇附近果然有个机场。各营的干部纷纷要求："下命令吧，干掉它！"

打，还是不打？在北上途中，刘伯承师长曾专门向我们传达了平型关战斗的经验，刘师长再三嘱咐：到晋北后，每战都应加倍谨慎。这些话使我立刻感到，必须很好了解敌情，然后才能下定决心。

最初，我们打听到附近驻着一个晋绥军的团长，据说他和日军打过仗，是前两天才带着少数部队从大同方面退下来的。我决定去访问访问他，一来听一听与日军作战的经验，二来了解一下周围的敌情。

寻遍了附近的大小山沟，好容易才在一个偏僻的山脚下找到了这位团长。不料我刚说明来意，他便谈虎色变地说："日军实在厉害呀！天上有飞机，地下有大炮，他们的炸弹、炮弹都像长了眼睛一样，我们的电台刚一架上，就遭轰炸了！"

我强制住心头的憎恶，问他："那你们是用什么方法打敌人的呢？"这位堂堂的晋绥军团长竟毫不知耻地说："我们还没有看见日军，队伍就垮了下来，现在敝部只剩下一个连了……"

没有必要再问下去了。这家伙除了能散布一些恐日情绪以外，是不会再谈出什么有用的东西的。于是，我便起身告辞。刚转身要走，他又嬉皮笑脸的轻声对我说："抗什么战！抗来抗去只不过抗掉了我们的小锅饭而已……老弟，放明白点！看你们那副装备，和日军真干起来，还不是'白送礼'？"

真是十足的怕死鬼！亡国奴！无怪乎他们一触即溃。

为了设法弄清敌人机场的情况，第二天我们决定到现地侦察一下。一路上，几个营长听我谈起昨天访问那位团长的事，心里直冒火。三营长赵崇德同志唾口骂道：

"孬种，简直不是中国人！"

"抗战是全国人民的要求。不管他们怎么样，我们绝不能辜负人民的期望！"一营长不胜感慨地插上一句。

是的，抗战决不能指望那些政治上腐败军事上无能的军队，挽救民族危亡的重担只有我们共产党领导的军队及其他爱国志士来挑！我想到这里，顿时感到自己的责任更加重大。

我们顺着一条山沟边走边谈，很快来到了滹沱河边。登上山峰，大家立时为眼前的景色所吸引：东面是峰峦重叠的五台山，西边的管涔山在雾气笼罩中忽隐忽现，滹沱河两岸，土地肥沃，山河壮丽，只可惜，如今正遭受着日本帝国主义侵略者的浩劫！……

突然，二营长叫道："飞机！"

我们不约而同地举起望远镜。顺着他手指的方向看去，果然发现对岸阳明堡镇的东南方有一群灰白色的敌机整整齐齐地排列在空地上，机体在阳光映照下，发出闪闪刺眼的光芒。

正当我们仔细观察机场的时候，忽然发现一个人从河边走来。从望远镜里看到：这人蓬头垢面，衣衫褴褛，打着赤脚，看样子是个农民，但神情很紧张。

等他走近一些，我们忙迎上去喊："老乡，从哪里来？"

那人听到喊声；身子一怔，马上停住了脚步，两眼不住地四下观望。及至见到我们这几个陌生的军人时，更是惊慌不安，两眼狐疑地上下打量着我们，好半天才哆哆嗦嗦地吐出了两个字："老总！"

"老乡，不要怕，我们是八路军，来打鬼子的。"

他听到"八路军"三个字，马上"啊！"了一声，一下扑上来抓住我们的手，激愤地向我们诉说起他的遭遇。

原来他就住在飞机场附近的一个小村庄里，自从日军侵入山西以后，国民党军队的抢劫，日本兵的烧杀，弄得他家破人亡，一家三口，只剩下他孤苦伶仃一个。后来，日本兵又把他抓去做苦工，逼着他整天往飞机场搬汽油、运炸弹。每天从早到晚，常常是饿着肚子干活，还得挨打受气。他受不了敌人的折磨，才由机场偷偷跑了出来。最后，他指着敌人的机场狠狠地说：

“去收拾他们吧，我给你们带路！”

听了这位老乡的控诉，大家更加气愤。赵崇德同志握着老乡的手，恳切地说：

“老乡，我们一定给你报仇，给所有受难的老乡报仇！”

接着，这位老乡又向我们详细介绍了敌人机场内外的情况。

经过侦察，我们了解到的和老乡介绍的大体一致：平时，机场上飞机分三列停放，每列8架，计24架。白天轮番去轰炸太原、忻口，晚上都停在这里。日军的一个联队大部驻在阳明堡街里，机场里只有一小股守卫部队。看来，敌人正忙于夺取太原，根本想不到我们会绕到背后来揍它。这正是歼敌的好时机。如果我们出其不意，给它以突然袭击，胜利是有把握的。我们决定马上下手。

袭击机场的任务交给了三营，并以一、二营各一部破坏崞县至阳明堡之间的公路和桥梁，阻击崞县、阳明堡可能来援之敌；团迫击炮连和机枪连则在滹沱河东岸占领阵地，准备随时支援三营。

19日下午，整个苏郎口村都沸腾起来了。各营、连纷纷召开支部大会、军人大会进行动员。干部、战士个个斗志高昂，决心如钢。老乡们听说八路军要去打日军，几个钟头之内就扎起了几十副担架。

傍晚，我和几个团的干部一起来到了三营十一连，战士们见到我们都围了上来，争着表示决心。

“准备得怎么样啦？”我问大家。

“没问题，团长，只要摸进机场，保证把龟儿子的飞机敲个稀巴烂！”战士们纷纷回答。

我指着面前的一个小战士又问：“飞机全身包着铝皮，子弹穿不透怎么办？”

这个小战士毫不犹豫，举起右拳在空中摇几摇，干脆而响亮地回答：“我们研究好了，用手榴弹捶它！”

这时，赵崇德同志向战士们说：“同志们，有人说我们拿着这些武器去打敌人是‘白送礼’，这回我们一定打个漂亮仗给他们看看！”

人群中走出来一个粗壮的小伙子，手里提着机枪，气呼呼地用大嗓门说：“他们自己长了兔子腿，听见炮响就跑，还有脸耻笑人！我定要缴架飞机回来给他们瞧瞧！”我一看，正是全团有名的机枪班长老李。

有人笑着问：“那样大的家伙，你能扛得动吗？”

他辩解道：“扛不回整的，砸个尾巴也行！”

战士们被他逗得哄然大笑。这真是初生的牛犊不怕虎，虽然是第一次与侵华日军作战，而且又是去打从来也没打过的飞机，但谁也不把这些困难放在眼里。

夜里，部队悄悄地出发了。

三营在土地革命战争中，能攻善守，以夜战见长，曾得过“以一胜百”的奖旗。今天他们继承红军时期的优良传统投入了新的战斗。战士们一律轻装，棉衣、背包都放下了，刺刀、铁锹、手榴弹，凡是容易发出响声的装具，也都绑得紧紧的。长长的队伍，顺着漆黑的山谷行进，神速而又肃穆。

向导就是先前我们遇到的那位老乡。他对这一带的道路了如指掌。在他的引导下，部队很快涉过了滹沱河，来到了机场外边。

机场里死一样沉寂。大概这时敌人睡得正酣吧？部队爬过了铁丝网，神不知鬼不觉地摸进了机场。赵崇德同志带着十连向机场西北角运动，准备袭击敌守卫队的掩蔽部。十一连直向机场中央的机群扑去。

十一连二排的战士们最先看到了飞机，它们果然整整齐齐地分三排停在那里。多少天来大家日夜盼望着打日军，现在猛然看到飞机就摆在眼前，真是又惊喜又愤恨。不知谁悄声骂道“龟儿子！在天上你耍威风，现在该我们来收拾你啦！”说着就要接近飞机。突然，西北方有个敌兵哇啦哇啦地呼叫起来，紧接着响起一连串清脆的枪声。原来十连与敌哨兵遭遇了。就在这一瞬间，十连和十一连在两个方向同时发起了攻击。战士们高喊着冲杀声，勇猛地扑了上去。机枪子弹、手榴弹一齐倾泻，一团团的火光照亮了夜空。正在机群周围巡逻的敌哨兵慌忙赶来，和冲在前面的战士绕着飞机互相角逐。机舱里值勤的驾驶员被惊醒了，他们惊慌之中盲目开火，后边飞机上的机枪子弹接连打进了前面的机身。

战士们越打劲头越大，有的边打边喊："这一架算我的！"也有人七手八脚地往机身上爬。机枪班长老李早爬上了一架飞机的尾部，端起机枪向机身猛扫。

正打得热闹，敌人的守卫队号叫着向我扑来。在20多架飞机中间，敌我混在一起，展开了白刃战。

赵崇德同志跑前跑后地指挥部队。突然，他看见一个敌人打开机舱，跳下来抱住了一个战士，那个战士回身就是一刺刀，结果了他的性命。赵崇德同志大声喊道："快！手榴弹，往飞机肚子里扔！"只听"轰！轰！"几声，两三架飞机燃起大火。火乘风势，风助火威，片刻，滚滚浓烟卷着熊熊的烈火，弥漫了整个机场。

正在这时，老李的那挺机枪不响了。原来他正举着铁锨猛砸，嗬！他倒真想砸块飞机尾巴拿回去哩！赵崇德忙跑过去喊道："快打！砸什么！"他又抱起机枪扫了起来。

敌人守卫队的反扑被杀退了。赵崇德同志正指挥战士们炸敌机，突然一颗子弹把他打倒了。几个战士跑上去把他扶起，他用尽所有力气喊道："不要管我，去炸，去……"话没说完，这位"打仗如虎，爱兵如母"的优秀指挥员就合上了眼睛。他的牺牲使同志们感到万分悲痛，战士们高喊着"为营长报仇"的口号，有的端起枪朝飞机猛烈射击，有的把一颗颗手榴弹投向敌机，还有的把集束手榴弹绑在自己身上，冒着密集的枪弹，爬上飞机，拉响手榴弹，与敌机同归于尽。

几十分钟后，守卫队大部就歼。大部分敌机燃烧在熊熊的烈火之中。当驻在阳明堡镇里的日军装甲车急急赶来增援时，我们已经撤出了战斗。但是机场里的残敌却把增援他们的部队误认为是我军又发起了攻击。于是，日军双方对打起来。他们自相残杀好一阵才发现是误会。

夜袭阳明堡飞机场的胜利消息，通过无线电迅速传遍了全国。那些国民党官儿们，开始根本不相信。他们仍说："就凭八路军那破武器还能打飞机？不可能！"可是自从10月20日起，一连几天忻口太原都没有遭到敌机的轰炸，那些畏敌如虎、胆小如鼠的官儿们方才张口结舌了。

夜袭阳明堡机场是我团出征抗日的第一仗。这次战斗，毁伤敌机20余架，毙伤日军100多名，使其在晋北战场上一时失去了空中优势，有力地支援了国民党军队在忻口的防御作战，并以事实驳斥了"唯武器论"和"亡国论"，扩大了我党我军的政治影响，增强了全国军民抗战的信心。

巧妙设伏　出奇制胜

——忆七亘村大捷

刘志坚

1937年9月下旬，日军在侵占我北平、天津和保定之后，气焰更加嚣张，大举南下和西进，企图占领整个华北和中原地区。为了保卫太原，国民党政府军事委员会和第二战区急调十余个师，在太原以北的忻口地区组织防御。同时，又调集八个师，据守娘子关，以配合忻口之战。

日军猛攻忻口十多日，连遭我国守军沉重打击，伤亡惨重。日军虽三易其指挥官，也未能挽回败局，不得不急令其沿平汉路南犯石家庄的第二十、一〇九两个师团，由正太路西进，企图先夺取娘子关，后占领太原，以解忻口之危。

娘子关，坐落在太行山中麓——山西省平定县城东北45公里处，是晋东著名关隘，出入山西的咽喉，也是正太路沿线的重要关卡。如果娘子关失守，不仅使坚守忻口的国民党军队腹背受敌，而且也会使太原处于晋东、晋北两路日军的钳击之中，难于防守。因此，我党中央对坚守娘子关非常重视。1937 年 10 月 6 日，中共中央军委主席毛泽东就向国民党政府军事委员会指出，日军攻占了石家庄，必将沿正太路西进。所以，晋东的娘子关和九龙关，须预先集结重兵把守。事实果然不出我党中央所料。10 月 10 日，日军占领石家庄以后，立刻派川岸的第二十师团和鲤登的第一〇九师团，沿正太路西犯。该线国民党守军数万人未能阻住日军的进攻，相继溃退，晋东门户娘子关告急。为阻止日军西进，支援国民党军队作战，保卫太原，我一二九师根据八路军总部的命令，在师长刘伯承的率领下，以昂扬的战斗意志，火速向娘子关东南及以南日军的侧后进发，寻机歼敌。

10 月 18 日，我一二九师师长刘伯承和政训处主任张浩率师部及第三八六旅进抵山西省平定县地区。那时，我任一二九师宣传部长，随师部及三八六旅搞宣传鼓动工作。师部和三八六旅进驻平定县马山村后，刘师长立即召开营以上干部会议，传达了中共中央军事委员会华北分会的指示，介绍了平型关战斗的经验，并分析了抗战形势。此时日军已攻陷娘子关东南的旧关及附近高地，该地国民党守军曾万钟部的 1000 余人被围困在旧关以南山地之中。接着，日军用炮火正面猛攻娘子关，受到国民党守军孙连仲部的坚决抵抗。日军屡攻不克，就以一〇九师团继续攻击娘子关，而以二十师团一部由河北省井陉县测鱼镇向正太路以南山地进犯，妄图对娘子关守军实行迂回攻击。这时，国民党的一些部队，因害怕日军断其后路，纷纷撤退。晋东前线，情势危急！

在此危急情况下，刘师长当即令三八六旅第七七一团在平定县的桃家岭、七亘村一线采取运动防御战法，阻止日军西进。同时，速调第七七二团回马山村，准备侧击西进的日军。

为巧妙设伏，出奇制胜，10 月 25 日午饭后，刘师长带着师司政机关干部和警卫班 30 余人到七亘村附近察看地形。他选好一处高地，让警卫员架好望远镜，仔细进行观察，并不时地让参谋在地图上标出要点。忽然，对面山后传来稀疏的枪声，枪声越来越近。十分钟后，从七亘村东的山谷中冲出一股日军，向刘师长等人射击。刘师长即令参谋处长李达指挥警卫班抗击敌人。李处长指挥警卫班，很快将敌人打退了。不一会儿，又有一架敌机在空中盘旋，大家劝刘师长早点离开这里，他却坚定地说："别忙走，我们再看看。"他又认真观察了一番七亘村四周的地形之后，才满意地笑了。

七亘位于太行山脉中段、晋冀两省接壤处，又是平定、昔阳、井陉三县的交界地带。古称"太行八陉"之一的井陉，有两道大门可穿过太行山进入山西平定县。北门是娘子关，南门就是七亘。该村四面环山，重峦叠嶂，沟壑纵横，峡谷陡峭，道路奇险，素有"龙虎环抱"之称，实为屯兵设卡之要地。该村东邻山西省平定的甲南峪、东石门村，直通河北省井陉县的测鱼镇；西邻改道庙、营庄，直达平定县城。村边有一条宽不足两米的大道，路南边是高约十米的土坎，路北是几十米探的山沟。经过对七亘村实地调查和对敌情的分析，刘师长认为，七亘村是日军二十师团进犯平定、太原的必经之路，也是我军伏击日军的理想之地。

事情果然不出刘师长所料。25 日下午，日军二十师团开始向平定方向进犯，还有辎重部队 1000 余人，在距七亘村十公里的测鱼镇宿营，刘师长听到这个消息，马上对师部作战人员说："七亘村是测鱼镇通往平定的咽喉要道，日军明天一定经七亘村向前方运送军需物资，送到嘴的'狗肉'，一定把它吃掉！"讲到这里，他拿起铅笔，走到地图前，在"七亘村"三个字周围果断地画了一个红圈，接着又说："就在这里设伏"，"切断日军二十师团的交通，夺其辎重。"说完，他拿起电话命令陈赓旅长调集部队在七亘村路南的土坎上设伏，准备痛击敌人。

依据刘师长的命令，陈旅长马上派七七二团副团长王近山，带领第三营进抵七亘村，进一步详细察看地形，选择伏击地，进行战前准备。

在战前动员大会上，陈旅长对大家说：“同志们，抗日以来，‘大哥’一一五师，在平型关打了大胜仗，‘二哥’一二〇师在雁门关一带也打了胜仗。我师七六九团，在夜袭阳明堡机场的战斗中，歼灭日军100余名，毁伤敌机20余架，有力地配合了忻口防御战。我们呢？我们进入晋东以来，还没有打仗。刘师长在电话里对我说：‘你三八六旅也要打胜仗。’现在，就看我们的了！”他还号召：“全旅官兵要迅速掀起一个打胜仗的比赛热潮，一定要打好七亘村这一仗！”陈旅长这富有强烈感染力的讲话，进一步鼓舞了三营指战员的斗志，大家摩拳擦掌，等待着出击的命令。

10月26日拂晓，王近山副团长带领三营进入伏击地区。他将两个连又一个排布置在七亘村至甲南峪间的大道南侧，把另外两个连作为预备队，控制七亘村以南高地，并派出侦察分队，在东石门村一带活动，及时掌握敌情。营指挥所设在离大道约300米的青垴北边的山头上，从那里俯瞰山下，七亘村及大道两旁的景物，尽收眼底。指挥所配备重机枪一挺，作为伏击战斗的火力指挥信号。

天高云淡，秋色宜人。上午8时左右，王副团长带着三营营长郭国言、副营长雷绍康等人，爬到一个最高的山头，察看敌情。突然，他们从望远镜里看到，约距三公里处有一股日军正向七亘村运动。随后，又得到侦察人员的报告，说日军的辎重部队有300多人，前后各有100余名步兵掩护，向七亘村开来。得到敌情，王副团长马上向陈旅长报告，并立即召集郭营长、雷副营长、教导员罗明海、副教导员尤太忠、九连连长刘臣须、十连连长罗绍起、十一连连长李春山、十二连连长邓世松及九连指导员何开生、十连指导员梁天喜等人开紧急会。王副团长指出：“我们的任务是伏击日军，夺取辎重。”他根据日军行进队形，进一步明确了各连的主要战斗任务：十二连担任正面突击日军辎重部队，夺其辎重；十一连担任穿插、阻击和包围，配给轻机枪三挺。战斗打响以后，十一连要沿山沟迅速占领七亘村南大道两侧，切断前面敌步兵同辎重部队的联系，并阻击敌步兵对其辎重部队的援助。然后，要以一部分兵力，抢占七亘村西南边不到100米高的定盘山，形成对敌军步兵的包围，防止敌军步兵抢占和利用村庄负隅顽抗，力争将其全歼于大道上，以保证十二连顺利消灭敌军辎重部队，特务连的一个排负责阻击后退之敌。接着，各单位跑步进入阵地。战士们为了搞好隐蔽，灵活地利用地形地物，有的钻进草木丛，有的用野草和树叶把自己伪装起来，有的藏在土坎、岩石后，个个严阵以待。

从测鱼镇出来的日军辎重部队有300多人，一匹匹骡马，一峰峰骆驼驮着各种军用物资。前面开路和殿后的各有100多名步兵，耀武扬威，大摇大摆地朝七亘村方向走来。

日军沿正太路西犯以来，一直未受到任何阻击，所以他们十分麻痹，警戒搜索也相当疏忽。先头步兵与辎重部队约距300米，后面掩护的步兵距辎重部队更远一些，从远方望去，犹如黄蛇蠕动。走在队伍最前面的一个日本兵，扛着一面日本旗，昂首挺胸，神气十足。但他们根本没有想到，就在前面的七亘村，我八路军勇士们早已给他们挖好了葬身的坟墓。上午9时左右，日军步兵开始进入我伏击区，埋伏在草木丛中的我军战士，双手紧握钢枪，两眼怒视着相距只有几十米的日军，个个恨得咬牙切齿。

日军先头开路部队接近营庄时，辎重部队正好行至我十二连伏击地前面。王副团长即令重机枪向日军扫射，伏击部队随之向日军猛烈射击。刹那间，成群的手榴弹，密集的子弹，像从山崖上泻下来的瀑布倾向敌群。正在行进中的日军，被这突如其来的袭击打懵了，还没搞清是怎么回事，就死伤了一大片。这时候，我十一连按照原定计划，迅速抢占了七亘村南大道两侧及该村西南的定盘山，将日军步兵和辎重部队拦腰切成两段。当日军先头步兵企图掉头增援辎重部队时，遭到我十一连的阻击；后面的掩护部队，又被十二连击毙的横躺竖卧的马匹、骆驼及抛弃的军用物资挡住道路，被截击在中间的辎重部队，上天无路，入地无门，完全丧失了控制能力。骡马和骆驼受到惊吓，四处奔跑，畜撞畜、人撞人，人畜相撞，在狭窄的道路上自相践踏，尘土飞扬，血肉四溅。残存日军一窝蜂似的朝东石门方向逃窜，刚跑到甲南峪，又遭我预先埋伏在那里的特务连一个排的猛烈袭击。这时，王副团长命令九、十连投入了战斗。紧接着，我十一、十二连在副教导员尤太忠的带领下，一个个犹如猛虎下山，奋不顾身地扑向日军，展开了白刃格斗。冲在最前面的十二连战士杨绍清，面对向他包围过来的七个敌人毫无惧色，左刺右挑，愈战愈勇，一连刺死六个，捅伤一个。还有一名战士在同敌人拼杀中，身上五处受伤坚持不下火线。当他同一个日本军官搏斗时，已精疲力尽，但他急中生智，嗖地一下将手中的步枪向敌人掷去，在敌人一愣的瞬间，猛扑过去将其压倒在地，用牙咬掉敌人的鼻子，并趁敌痛不可忍之时将其击毙。

在我军与敌人进行激烈战斗的同时，平定县城的中学生组成的战地服务团，在牺牲救国同盟会的领导下，冒着枪林弹雨投入了紧张的战地服务。七亘村、马山村附近的民兵和群众也在地方党的领导下，投入了战斗和战地服务工作。年过半百的董三元老汉，机智勇敢地从日军那里夺到一挺轻机枪，立即送到七七二团团部，交给教育股长卢仁灿。事后刘师长称赞他是“老英雄”，并赠给他一床军毯。

激战至 11 时左右，日军除一部分掩护部队逃回测鱼镇外，其余均被我歼灭。

这次伏击战，共歼灭日军 300 余名，打死、缴获骡马和骆驼 300 余匹以及大批军用物资。

战斗结束之后，七亘村及附近村庄的群众，都纷纷前来向我们祝贺胜利。下午 6 时左右，陈旅长来到七亘村。当时搬运战利品的指战员和人民群众，一下子把他围拢起来。陈旅长面带笑容，对大家说：“同志们，七亘村这一仗，打得干脆利落，是一个漂亮的伏击战，以很小的代价取得这么大的胜利，打得好哇！以后，还要多打这样的胜仗，直到把日本军队全部赶出中国去！”此时，战场上还堆放着很多战利品，有日军的骡马、炮弹、子弹、无线电器材、药材、毯子、黄呢子大衣、日本罐头和压缩干粮，等等。战士和群众看着这些胜利品，都乐得合不上嘴。有的战士把日军的钢盔戴在头上，把呢子大衣穿在身上，腰间还挂上日军的洋刀，模仿日军的模样和腔调，逗得大家哈哈大笑。这时，郭营长牵来一匹日军大洋马，对陈旅长说：“旅长，这是我们营送给你的战利品。”陈旅长说：“好！我收下这匹战马。还要请你们挑一些最好的马，送给我们的刘师长，还要送一些到延安，向党中央报喜。”郭营长回答说：“请首长放心，我们一定照办！”当时，老百姓都没见过压缩饼干，有的认为它是大麦花。陈旅长笑着对大家说：“这是压缩饼干。”当场让七七二团团长叶成焕搬出几箱，叫大家品尝。

10月27日晚上，七七二团在昔阳县东冶头村召开大会，庆祝七亘村大捷，并悼念在战斗中牺牲的烈士。有上千名群众参加大会。会上，陈旅长亲自把一面红旗奖给了第三营。第二天，又召开了七七二团班长以上干部会议，叶团长作了总结报告，陈旅长讲了话。陈旅长说：“这一仗打得很漂亮，但这仅仅是个开头。我们要认真总结这次战斗的经验，再接再厉，创造更大的战绩！”

可是，就在我们狠揍日军的当天，国民党第二战区前敌总指挥兼第十三军军长汤恩伯却给刘师长打电话说，他们已经决定放弃娘子关，并劝说刘师长也赶快撤兵。刘师长果断地回答：“我们还准备在七亘村一带再打一仗。”汤恩伯听了后说：“好，好。我们等着贵军的捷报。”之后，汤恩伯硬是带着他的部队撤走了。

日军遭到我军伏击以后，退到测鱼镇。第二天，他们一面派出部队在七亘村附近收殓尸体，一面整顿部队，调集兵力，准备继续西进。刘师长认为，日军侵犯华北以来，作战一直比较顺利，七亘村的失利，对他们来说是微不足道的。他们目空一切，并没有把八路军放在眼里。特别是二十师团正向平定进犯，急需军用物资；要运送军用物资，在其打通正太路以前，唯有从七亘村通过。据此分析，刘师长当机立断，指示陈旅长继续利用七亘村的有利地形，准备再次伏击日军。

这次伏击地点选在七亘村西边。10月28日，七七二团副团长王近山奉命带领三营进入伏击阵地。他把九连和十连埋伏在七亘村至改道庙间的大道南侧，将十一连、十二连及特务连一个排作为预备队，并派出侦察分队，侦察测鱼镇日军的动静。

上午10时左右，侦察分队发现一股日军辎重部队向七亘村开来。这次，日军接受了前次遭我袭击的教训，加强了对辎重部队的保护，以100余人的骑兵开路，300余名步兵在后掩护，继续沿大道西进。王副团长当即将这一情况报告陈旅长。陈旅长在电话中命令："近山，坚决出击！"并派第二营和第一营的一个连火速赶去增援。11时左右，日军先头骑兵开始进入我伏击区。这次日军的警戒搜索，较上次严密，凡可疑之处，他们都先用炮火轰击，然后才向前推进。日军边走边打，大道两侧不断响起轰隆轰隆的爆炸声。但我三营指战员由于有了第一次作战的经验，人人沉着镇静，个个隐蔽巧妙。即使呼啸的炮弹掠过头顶，炸在身边，大家也严守纪律，纹丝不动。不一会儿，下起了秋雨，战士们爬在泥水里，隐蔽如初，一动也不动。一个骑在马背上的日本兵，看到山上山下均无动静，便得意地吹起口哨，朝后面打"旗语"，通知辎重部队大胆前进。当日军骑兵通过改道庙到达营庄，辎重部队进入我军伏击圈时，王副团长一声令下，我伏击部队一起向日军辎重部队发起猛烈的火力袭击，顿时，打得日军人仰马翻，狂呼乱叫。刚刚爬上营庄的日军骑兵，看到辎重部队受到袭击，马上转过头来增援，并集中火力袭击我营指挥所。我侧翼部队发现后，当即予以猛烈的还击，日军骑兵部队被打得稀里哗啦，乱作一团。这次伏击，由于日军加强了掩护部队，加上风雨交加，道路泥泞，我增援部队未能按时赶来，所以，战至黄昏，日军的骑兵和步兵拼死掩护其部分辎重部队，向平定和测鱼镇逃去。

这次战斗，我歼灭日军 100 余名，缴获骡马数十匹。

七亘村连续两次伏击战，共歼灭日军 400 余人，打死和缴获骡、马和骆驼 400 多匹（峰）及大批枪支、弹药、粮食和衣物。我伤亡 30 余人。

记得我师北上抗日刚到太原时，周恩来副主席亲自同国民党军第二战区司令长官阎锡山交涉，要求供给一些武器装备，但阎锡山只给几门迫击炮和一点子弹、手榴弹，子弹还不够一人一发。这次我们用缴获来的枪支，替换了部分新战士手中的红缨枪。事实充分说明，我党独立自主，自力更生的方针是十分正确的。正如《游击队歌》中所唱的："没有吃，没有穿，自有敌人送上前。没有枪，没有炮，敌人给我们造。"特别值得一提的是，在这些战利品中，还有一个意外的收获，就是缴获了一份我们渴望已久的山西省和华北地区的军用地图。具有讽刺味道的是，这些军用地图都是中国印的。显然，这是日军从阎锡山的部队里得到的。前些时候，刘师长途经太原时，曾经向阎锡山要几份山西省和华北地区的军用地图，他回答说没有。我们只好用中学生的袖珍本地图代用。现在，当我们把缴获的军用地图送给刘师长时，他喜出望外，风趣地说："没想到日本人用中国印的地图打中国人。怪不得阎锡山说没有地图了，原来是跑到日本人手里了。他对八路军这么小气，对日本人却是如此大方。"

在日军疯狂进攻太原的情况下，我军三天之内以一个营的兵力在七亘村两次成功地伏击日军，沉重地打击了日军不可一世的狂妄气焰，提高了太行山区广大人民抗战的胜利信心。七亘村大捷之后，当地群众中流传着这样一句民谣："日出东海，日落西山"。意思是说，日军从东海来犯，要在太行山西边落下去。就连一直怀疑我军游击战的国民党高级将领汤恩伯也受到了很大震动，当他在电话里听到七亘村战斗的胜利消息时，很佩服地对刘师长说："看来，还是你们的游击战行啊！”

七亘村伏击战，虽然不算很大的战斗，但它是一二九师先头部队进入太行山以来打的第一个胜仗，人们叫它“开门红”。的确，这一仗对于打击日军嚣张气焰，振奋民心，支援友军作战，鼓舞我军士气，丰富对日军作战经验，创建太行山抗日根据地都有重要意义。

威震广阳

陈士榘

1937年深秋，我八路军第一一五师三四三旅奉命由五台山南下，驰援娘子关，寻机歼敌，以配合忻口会战，保卫太原。

连续七天的行军开始了。战士们顶着寒风，踏着泥泞，在崎岖不平的道路上急速行进。由于平型关大捷，部队士气很高，一路上，“为保卫山西而战”、“为保卫太原而战”、“发扬平型关战斗精神”的口号声此起彼伏，在山谷里久久回荡。

日军坂垣师团在平型关遭我师沉重打击后，即改变战略部署，由平型关与雁门关之间的茹越口突破了晋北友军防线。当其到达忻口时，遭到友军和我八路军第一二〇师、一二九师各一部的猛烈抗击被迟滞于忻口以北。为摆脱忻口受阻被围的处境，日军从平汉线把主力第二十师团、一〇九师团调来，由石家庄沿正太路西犯娘子关，企图突破晋东防线直下太原，以解忻口之危。我们识破了日军的诡计，决定寻找机会，给它一个沉重打击。

我们部队开往平定途中，突然听到一个消息：娘子关地区的国民党军在日军进攻时，抵抗不住，日军于10月26日占领娘子关后，沿正太路及其南侧的大道向榆次、太原进犯。据情报，日军从娘子关西进的是由川岸文三郎率领的二十师团。该师团除以主力沿平定、阳泉、寿阳县进逼榆次，直取太原外，又以一个旅团的兵力出动于正太铁路左翼，沿公路与正面部队齐头并进；另外，一〇九师团的一个大队由九龙关进逼昔阳县。为配合国民党军队保卫太原，我三四三旅奉命向昔阳县以西的沾尚镇附近进发，待机打击左翼进犯之敌。

10月30日，我旅到达正太路南之沾尚地区。此时，日军已占领了平定及其以南的白家掌一带。预计日军左翼必经沾尚、松塔向榆次开进。于是，我们决定在广阳巧设伏兵，痛击敌人。

为了选择有利地形，我们翻山越岭，进行察看。广阳地处沾尚至松塔之间，是个不到200户人家的小村镇。附近都是南北走向的山岭，山峦重叠，沟壑纵横，有的山沟长达几十里，便于我们运动作战。从沾尚经松塔至榆次，虽有条碎石泥结公路，但由于年久失修，加上山洪暴发，沙石冲击，已经破坏得不成样子，似路非路，似河非河，不便于日军机械化运动。这里地形复杂，又有疏落的树木，便于我部队隐蔽，正是打伏击的好地方。经过一番认真勘察，各部队都找到了理想的设伏地点。山上虽然很冷，但我们的军装都被汗水湿透了，当想到这里将变为敌人的坟场，大家的心里都有说不出的高兴。

11月3日，侦察人员向我报告，日军正向广阳方向开来。于是，我们连夜进行兵力部署，将部队埋伏在广阳到松塔之间的大川里：以六八六团的一、三营为主要突击部队，进入前小寨、离村以北高地；六八五团进到狼沟北山，除以主力一部配合六八六团出击外，其余部队要选择好阵地，准备打击日军回头增援的兵力；我带旅部部分参谋人员随主要突击部队六八六团行动。

旅指挥所设在三营背后的山头上，电话刚架通，铃声就响了。通信参谋接过电话，轻轻地对我说："参谋长，师长请你讲话。"我刚把听筒对准耳朵，就听到了师长林彪的声音："陈士榘吗？你们那里布置得怎样了？”“按照原定计划，部队已进入设伏地点。”我简短地回答。“千万注意，不要暴露了目标。天气冷一点，告诉大家坚持一下，不要因小失大。”师长嘱咐说。

“是的，一定告诉部队注意隐蔽。”我接完电话，刚想转告六八六团团长李天佑同志，哪知，一抬头，我俩的目光却碰到了一起。不知什么时候，他已经来了。没等我说话，李天佑就说：

“我现在就出去看一看，顺便告诉各营注意隐蔽，特别是天亮以后，更要加倍警惕，不能露一点痕迹。”

“对！我和你一起去，先看看大家的情绪怎么样，再把师首长嘱咐的话传达给大家，让部队坚持住，克服眼前的困难，打好明天这一仗。”说着，我们两人走出指挥所。

初冬的夜空，群星闪烁，寒风将山头上的树摇得呼呼作响。我们站在山头上仔细观察部队埋伏的现场，看不到一个人影和一丝亮光，夜色中，周围的大山默默地耸立在祖国的原野上，和我们一样静静地等待着敌人，等待着将日军埋葬在它的深沟大壑之中的那一刻。

我和李天佑同志走到三营阵地，警惕的哨兵悄悄问过口令后才放我们过去，当走到离公路只有一二百米的山沟时，我们转了一圈才发现树林中的战士三三两两挤在一起，背靠着背取暖。由于天冷，谁也睡不着，有些人在小声地谈论着什么。我们怕惊扰了他们，便悄悄从树林边绕过，到了另一个山沟，又见七八个战士聚集在一起，有一个人在讲着什么，其他人都围着他，聚精会神地听着。被这情景吸引，我扯了李天佑同志一下，和他一起慢慢走近这些战士，听他们谈话的内容。原来是参加过平型关战斗的同志，正给周围几个新战友讲自己打日军的经验。

“不是说日军很难打吗？”一名战士问。

“这都是那些恐日派造出来的。”又是那个讲故事的战士的声音：“他们不敢打，就说日军厉害、难打。其实日军也是人，子弹照样打得进，刺刀照样穿得过，只要勇敢地打，一定能把他们消灭掉。”

“这么说，明天我们一定能打胜了！”

“当然啦。只要隐蔽好，事先别让敌人发觉，那就保准打个大胜仗。”

听到这里，我和李天佑同志暗暗为有这些信心十足、士气旺盛的战士们而高兴。

我们在阵地上走了一圈，发现各连战士都在休息待命。完全看得出来，大家对即将到来的战斗都抱着必胜的信心，这对我们这些临战前的指挥员是个极大的鼓舞。看完埋伏隐蔽的情况，我们满意地转到营指挥所，李天佑同志把师都的关怀转达给营的领导干部，又一再嘱咐大家，一定要照顾好自己的部队，好好隐蔽休息，迎接明天的激战。

夜色消散了，黎明到来了。

11 月 4 日早晨 7 时，日军举着太阳旗，气势汹汹地从沾尚向松塔行进。先是侦察搜索的骑兵部队，随后是主力部队，其中有步兵、炮兵和少量装甲车。他们自从在平型关吃了苦头，比较鬼了，行军时总是把辎重部队夹在中间，前有骑兵开路，后有步兵保护，天上还有飞机掩护。队伍缓缓行进，蛇一样向前蠕动。它们每通过一个地方，我们的观察哨就甩动帽子或摇动树枝，发来信号。

到晌午时分，日军第二十师团主力 4000 余人大部分进入了我们的伏击区。川里公路上尘土飞扬，人喊马嘶。隐蔽在山头上的我军指战员目睹着这些骄横地践踏着中国土地的日本侵略军，不由怒火心中烧。但为了整个战斗的胜利，只能强压下满腔怒火，耐心等待着总攻时机。我和李天佑同志都举着望远镜，不住地向敌人来路方向观察瞭望哨发出的信号。战士们也和我们一样，个个怀着紧张、兴奋的心情，像猎人一样静静地等待着野兽的到来。

“叮铃铃”、“叮铃铃”……

架在山洼里的电话不断地响，师首长和旅指挥所不停地联系。

时间一分一秒地过去。大战前夕的焦灼心情是难耐的。

终于，远方观察哨那里发来了信号：日军二十师团殿后的七十九联队后卫已经离开沾尚，后面只有两个步兵连，再没有后续部队了。好，进口袋了！我们的心一下子兴奋了起来。

时间已是下午 3 点多钟了。太阳稍微西斜的时候，这条蛇的头部已伸到松塔镇，而它的尾巴还在广阳附近慢慢地拖着，一步一步地爬进了我们为它设下的陷阱。

“咣！”一声信号枪响，我英勇的六八五团、六八六团的各路伏兵从山间、林中猛虎般地杀了出来，喊杀声，机关枪声，步枪声，手榴弹、迫击炮弹的爆炸声响成一片，震撼山谷。

这一突然的袭击，使日军无不惊慌失措。他们还没弄清是怎么回事，就被我军压在山沟里，欲进不成，欲逃不能，加上辎重队的骡马一乱，队伍霎时就变得七零八落，人仰马翻。有些日本兵虽然一边跑，一边射击，但也无济于事。他们总算在乱了一阵之后，才清醒过来，重新组织力量，利用山沟洼地进行抵抗。

我们的战士在公路上东冲西杀，将这伙日军切成数段，分别围歼。山谷中，我们的战士和日军展开了白刃格斗，刺刀反射着落日余晖闪来闪去。日军也使出他们的招数，做垂死挣扎。可我们的战士为着民族存亡而战，一身正气，斗志昂扬，愈战愈勇，日军哪是我们的对手！

杀了一阵，我从望远镜里发现对面山脚下有少数日军逃到路北洼地，便命令随行的警卫排排长带两个班冲下去抓它几个俘虏，以便今后做瓦解敌军的工作。警卫排个个配有短枪和长枪，打仗勇猛而灵活。我用望远镜目送着警卫排长带着战士冲下山去，期望他们能出色地完成这一任务。

我正在观察，忽听山脚下响起一阵激烈的枪声，从枪声辨别出是冲锋枪和驳壳枪在响。几分钟后，枪声停止了。我想，一定是警卫排把敌人压到北面山脚下了，这回大概能抓到几个日本兵了。我集中精力朝北山脚下瞭望。不一会儿，警卫排长他们就回来了，只带来几支缴获的大盖步枪，却没有抓到一个俘虏。原来，那些日军由于受武士道精神的毒害，一个个顽固不化，我们的战士只好将他们消灭掉。

枪声渐渐疏落下来。经过半小时的恶战，山谷中大部分日军被消灭，但还有一些零星日军藏在石崖下企图顽抗。六八五团的战士们，一部分从正面用机枪向敌人扫射，一部分绕到土岔村和广阳村北面在敌人背后扔手榴弹，很快把这些日军从石崖下轰了出来。逃到小河边的敌人像没头苍蝇一样来回乱窜，不一会儿就被报销了。

天色不知不觉暗了下来。各营不断用电话报告胜利的消息，我们也不断将战斗进展情况向旅部和师部报告。当我们将战斗进展迅速、战果十分可观的消息报告给师部时，电话里传来了师首长喜悦的鼓励声音：

"好！我们祝贺你们的胜利！希望你们尽快地肃清残敌，将负伤的同志迅速转移下去，战利品也要马上运走，免得明天遭到日军报复。"

我还没有放下听筒，六八六团三营的通信员就来报告说，我们的部队已进入广阳镇，街内除极少数散兵负隅顽抗外，包围圈内再没有日军的踪迹了。

听完报告，我和李团长当即决定将指挥所转移到广阳镇里，以便指挥消灭最后的残敌和组织转运伤员。师部同意我们的决定，并让我们尽可能抓几个日军俘虏。

进入广阳镇，天已完全黑了。街上有两处房子还被少数日军占据着，不时传出几声枪响，我们走近时，战士们已经用手榴弹消灭了一所房子里的日军，只剩下一个日本兵藏在一所小院子里，不时向外打枪，我们不便马上进去。有人主张用手榴弹炸死他算了，我马上制止说："不能炸死，要抓活的！现在要消灭他很容易，一颗手榴弹或几粒子弹就够了。可是，上级一再要求我们最好能抓到俘虏，这就要请大家想想办法了。”“对！”李天佑同志也同意我的意见。还没等大家开口，我便对李天佑同志说：“我还能说几句日语，让我带上几个人去看看。”说完，我便带师侦察科科长苏静等同志去了。

那个日本士兵躲藏在一所小院子里的南房的里间屋。我让战士们先将小房子团团围住，然后我利用夜幕隐蔽，悄悄地移到了窗口，接着用不久前才学会的几句日语向里喊道：“缴枪不杀，宽待日本俘虏！”几个战士也随我用生硬的日语喊开了。这个日本兵不但不肯出来，还向外打枪。

我们又喊了一气，那个日本兵才不向外打枪了，屋子里静得没有一点声音。为了防止他拼命往外冲，战士们端着枪紧紧地把住各个门窗。我们又向他喊了几句“缴枪不杀！”才听见他用生硬的中国话回答：“明白，明白！”但等了一会儿，不见他出来，于是我们冲进屋去，原来那家伙站在老乡的粮食筐里，欲动不能，挣扎无用，吓得浑身发抖，两腿打战。我知道这是不了解我们的政策所致，想给他解释解释，可除了“缴枪不杀，宽待俘虏”、“不要为日本军国主义卖命”等几句话以外，别的日语我们就不会说了。正当着急之时，我突然想起汉文和日文有许多字形字意是相同的，马上掏出一个笔记本，借着灯光在上面写了“你不要怕，我们是共产党领导的八路军，宽待俘虏”、“只要你放下武器就不伤害你”几个汉字。他看了之后，也连忙写出“理解”。我一看他不仅认识汉字，而且写得不错，心头很高兴，又写字问他是哪个部队的，叫什么名字？这回我连本子带笔一起给了他。他看看字，又抬头看看我，然后拿起笔在本子上写下“七十九联队辎重兵军曹加藤幸夫”。他的汉字写得很好，看来文化程度不低。

通过笔谈，加藤幸夫供出所属部队是二十师团等情况后，我又向他交代了我军的俘虏政策，他不住地点头表示信任。这时，我告诉他，现在要带你到师部去。他问多远，我答十公里。我们把他带至六八六团指挥所。李天佑同志一看我带了个活的日本兵来，高兴地笑着说：

“好啊！你到底抓了个活的回来了。你走了以后，师里打电话问你，我说你抓俘虏去了，师里还说你是个‘冒失鬼’，让告诉你注意安全。”我说：“不入虎穴，焉得虎子？你不冒险，能抓到俘虏？”一句话说得大家都哈哈笑了起来。

我马上给师部打电话报告抓俘虏的经过，师首长表扬了一番，然后和蔼地批评我这个指挥员不该太冒失，并告诉我不要难为俘虏，等一会儿我们就派人去把他带到师部来。我放下电话，进了里屋，看见炕上这个俘虏正大口大口地吃日本饼干和方块糖。原来这是李天佑团长让警卫员从缴获物品里拿给他的。他吃完了，便叽里呱啦地说了许多我们谁也难懂的话，看上去他的恐惧心理已经消失了。幸好旅政治部有个宣传干事林兆星懂日语，他一见到日本兵，便用日语和他交谈起来。他用日语宣传我军宽待俘虏的政策，这下可使那俘虏的情绪更加安定了。不一会儿，师部来人把俘虏带走了。

这次伏击，我们歼灭日军1000余人，缴骡马700余匹和大批军用物资。战斗结束，打扫完战场，我们部队又向松塔镇方向追击了一天。然后，我军连夜转入山区。

11月7日，我兄弟部队一二九师三八六旅，在旅长陈赓的亲自指挥下，以七六九、七七二、七七一团再次于广阳以东的大寒口、中山村、户封村等地设伏，又消灭了日军250余人。

广阳两次伏击战，沉重打击了西犯的日军，有力地支援了友军作战，对保卫太原起了重要作用。

一二〇师与晋西北抗日根据地

王震

在八年全国抗战的艰难岁月里，八路军第一二〇师广大指战员，在师军政委员会的统一领导和贺龙、关向应、萧克等领导同志的组织指挥下，坚决贯彻执行中共中央、中央军委的战略方针和政策、策略，坚持统一战线，紧紧依靠各阶层人民群众，英勇顽强地抗击日本侵略者，创建和发展晋西北抗日根据地，为中华民族的解放事业作出了巨大的贡献。一二〇师的战斗历程作为八路军历史的光辉一页，有必要加以回忆并记录下来。

这是一个大题目。我虽然参加过这场斗争，也是一二〇师军政委员会和晋西北军政委员会的领导成员之一，但是，当时在旅一级任职，其局限性是显然的，好在有大量的历史资料供参考。为了缅怀贺龙、关向应等长期在一二〇师和晋西北艰苦奋斗的许多老同志，特别是那些用鲜血和生命谱写这段历史的英烈们，我就以参加者和见证人的责任感来回溯这段可歌可泣的历史吧。

一、肩负民族希望，挺进敌后抗日

我们一二〇师同八路军各兄弟部队一起，诞生在山河破碎、民族危亡的关键时刻。根据中共中央军委 1937 年 7 月 14 日、8 月 25 日的命令，一二〇师由原红二方面军第二、六军团和陕北红军的第二十七、二十八军，独立第一、二师，赤水警卫营及总部特务团一部编成。师长贺龙、副师长萧克、参谋长周士第、政训处主任关向应、副主任甘泗淇。下辖第三五八旅（旅长张宗逊、副旅长李井泉，辖第七一五、七一六团）和三五九旅（旅长陈伯钧、副旅长王震，辖第七一七、七一八团），以及教导团、特务营、骑兵营、炮兵营、工兵营、辎重营，全师共 1.4 万人。

为加强中国共产党对八路军的绝对领导，根据 8 月 29 日中共中央公布的决定和中央军委的指示，在前方军事委员会分会的直接领导下，各师成立了军政委员会，负责领导全师的军事、政治和党的工作。我们一二〇师的军政委员会，由贺龙、关向应、萧克、甘泗淇和我五人组成，贺龙同志为书记。10 月，中共中央决定八路军恢复政治委员制度和政治机关制度，关向应为一二〇师政治委员，甘泗淇为政治部主任，我为三五九旅旅长兼政委。

在组织改编的同时，我们在干部中传达学习了洛川会议精神，使大家明确了中日战争是一场艰巨的持久战；八路军到华北抗战的基本任务是，创建根据地，钳制与消耗敌人，配合友军作战和保存与扩大自己；争取共产党在抗日战争中的领导权；执行独立自主的山地游击战的战略方针。这就为我们东渡抗日提供了重要的思想武器。

1937 年 9 月 3 日，我们一二〇师主力（三五九旅陈伯钧旅长和七一八团以及师直属的五个营留在陕北，担任河防和保卫陕甘宁边区的任务）肩负党的重任和民族的希望，从陕西省富平地区出发，9 月 8

日渡过黄河，13 日到达山西省侯马，17 日到达榆次。这时，正值日军三个师团沿平绥路东段分三路向南进攻，并于 13、14 日先后占领大同、广灵、蔚县，企图通过平型关、雁门关，直取太原。

在日军的猖狂进攻下，平绥路沿线国民党军纷纷向南撤退，战线已南移到察南和晋北。根据需要和可能，我们师及时进行了补充，三五九旅吸收一些散兵游勇，组成了新的七一八团。随即根据中央军委决定，全师北上，集结于太原以北之忻县（今忻州市）待命，准备转至晋西北管涔山地区作战，并向大同、绥远地区发展游击战争，创立敌后游击根据地。

此时，晋北的国民党军已退至雁门关、平型关一线。为配合友军固守平型关、雁门关及内长城各隘口，尽可能保住太原，争取华北局势之持久，八路军总部决定，一一五师主力向平型关疾进，准备给进犯之敌以打击，我们一二〇师驰援雁门关。于是，师部率三五八旅于 9 月 28 日到达神池县地区集结。我们三五九旅开到五台地区活动。

当师主力到达神池地区时，大同之敌已相继占领左云、右玉、平鲁、朔县、阳方口和宁武等地；另一路逼近雁门关，晋北形势十分危急。师部立即命令三五八旅七一六团团长宋时轮同志率领该团第二营组成雁北支队（简称宋支队），星夜赶赴雁北地区开展敌后游击战争。宋支队于 9 月 29 日到达雁北，10 月 1 日攻占平鲁县的井坪镇，4 日收复平鲁县城。此时，由大同南犯之日军主力绕过雁门关，从应县茹越口突破长城防线，并先后攻占了繁峙、代县、崞县（今原平县崞阳镇）与原平地区。10 月 10 日逼近忻口，准备攻夺忻口，直取太原。

忻口位于崞县与忻县之间，是晋北通向太原的门户，是保卫太原的最后一道防线。国民党军为保卫太原，在这里集结重兵，由卫立煌任前敌总指挥，组织忻口会战。

为配合忻口防御作战，阻止日军对太原的进攻，八路军总部命令我师主力在忻口、原平之线以西及崞县周围地区袭击敌之侧翼。同时，周恩来、任弼时等同志当面指示我，率三五九旅速回晋西北，参加保卫忻口的防御战。我旅去五台地区期间，在河北省平山县的王家庄打了一仗。随后又根据聂荣臻同志的指示，留下刘道生等300名干部战士，与周建屏等同志一起组成工作团，开赴平山、井陉地区，发动群众开展游击战争，后组成晋察冀第四分区。旅主力迅速返回晋西北。

10月10日，三五八旅逼近崞县城，12日攻占崞县以北的十里铺。14日，七一五团（团长王尚荣、政委朱辉照）袭占南北大常村，并攻入永兴村，击毁敌坦克及装甲车各一辆，毙伤敌100余人。宋支队于10日在南辛庄伏击敌汽车运输队，歼敌200余人，击毁汽车18辆，炸毁道路桥梁，截断了怀仁至朔县间的交通。在宁武地区活动的游击部队连续袭扰宁武，迫敌于13日夜突围逃走，我军收复宁武。

10月16日，三五八旅向忻口西北大牛店方向出击，以钳制敌军对忻口阵地的进攻。这时我三五九旅也由五台、平山地区到达忻口以西。根据师的命令，当即同三五八旅夹击大牛店之敌，歼敌一部，迟滞了敌人对忻口的进攻。随后，我三五九旅和三五八旅七一六团挺进至雁门关、崞县地区，截断敌军后方交通线，阻击敌之后续部队，进行了一系列的战斗。

10月18日，七一六团在团长贺炳炎、政委廖汉生指挥下，于雁门关以南之石墙沟设伏，歼敌一部，毁伤敌汽车20多辆，取得了我师首战雁门关的胜利。

10月23日，七一七团（团长刘转连、政委晏福生）在阳明堡西南之王董堡伏击敌运输汽车队，歼敌20余人。

10月24日，在忻口以西活动的七一五团，在北岗上村歼敌骑兵一个中队。

在这段时间内，我们一二〇师各部队先后收复了宁武、阳方口、平鲁、井坪等城镇，并三度占领雁门关，切断了南下进攻忻口之日军的后方主要运输线，给日军的援兵和补给等方面造成很大困难，大大削弱了日军的进攻力量。同时，参加忻口防御战的国民党军广大官兵也进行了坚决抵抗，使忻口防御战坚持了20余日。但是，由于日军沿正太路西进时，娘子关地区的国民党军激战不支而退，娘子关、平定、寿阳县等地相继失陷，忻口地区的国民党军也于11月2日弃守，于是11月8日日军占领太原。

11月12日，毛主席指出："在华北，以国民党为主体的正规战争已经结束，以共产党为主体的游击战争进入主要地位。"并说："共产党和八路军决心坚持华北的游击战争，用以捍卫全国，钳制日寇向中原和西北的进攻。"

根据党中央和毛主席的指示，八路军立即实施战略展开，分兵发动群众，创建抗日根据地。我们一二〇师以管涔山脉为依托，开始了创建晋西北抗日根据地的斗争。

晋西北根据地，位于同蒲路以西，平绥路以南，汾离公路以北，黄河以东的地区。1938年9月以后，又建立了大青山地区抗日游击根据地，与晋西北联结组成辽阔的晋绥抗日根据地。这块根据地的战略位置十分重要。它西凭黄河，屏障陕甘宁，拱卫延安，是党中央的前卫阵地；东襟汾河，虎视同蒲，隔同蒲路与晋察冀、晋冀鲁豫两边区相接，成为全国各解放区与陕甘宁边区和党中央联系的重要通道；北越平绥路，迄包头、百灵庙、陶林、武川一线，控制平绥路和长城要塞。全区丘陵起伏，土梁盘结，沟壑蜿蜒，道路四通八达；境内有吕梁山、大青山、管涔山、洪涛山、云中山、蛮汉山、黑茶山等山脉；有黄河、汾河、大黑河等河流。山河交错，既有利于建立根据地，又便于迂回歼敌。

为建设好这块根据地，在1937年9月下旬，贺龙、关向应、萧克等同志就商定，由关向应率师政治部大部和教导团700余人到岢岚县，组成工作团，于11月1日分赴晋西北各县，在"山西省牺牲救国同盟会"（简称"牺盟会"）和"第二战区民族革命战争战地总动员委员会”（简称“战动总会”）的配合下，开展群众工作，使地方政权工作和人民武装工作迅速展开。关向应同志并受中共中央北方局的委托，负责组成了以赵林同志为书记、罗贵波同志为副书记的晋西北区党委，统一领导晋西北及绥远地区党的工作。

11 月，全师实行战略展开，分兵进行全面建设根据地的工作。除宋时轮支队继续在雁北地区开辟工作外，我们三五九旅在雁门关、崞县、忻县以西地区展开，三五八旅在忻县至太原以西、汾离公路以北地区展开，深入发动群众，宣传抗日救国十大纲领，提高人民的抗战热情，恢复和建立党的组织，建立抗日民主政权，组织游击队和抗战团体。至 1938 年 1 月，县以下的共产党组织均建立起来，普遍成立了群众性的工、农、青、妇、儿童等组织。同时，通过游击战，使人民武装得到了很大发展。到 1937 年底，晋西北 14 个县，游击队和脱产民兵发展到 1.1 万余人。一二〇师也由东渡时的 8000 余人发展到 2.5 万余人。两个旅各辖三个团，每团辖三个营。经几个月的艰苦奋斗，为创建晋西北抗日根据地奠定了基础。

二、收复七县城，巩固根据地

1938 年 2 月，日军为保障其后方安全，集中日伪军 1 万余人，分路进犯我晋西北根据地。驻雁北的日军第二十六师团黑田旅团 8000 人分两路：一路为千田联队，由朔县出发，23 日占领宁武、神池，然后又分两股，一股向西，于 28 日陷我黄河渡口保德县城，另一股向南占领五寨；一路为竹内联队，由井坪出发，26 日占偏关，28 日攻陷黄河东岸之河曲，国民党军何柱国[1]部节节败退，逃到黄河以西；另有伪蒙军李守信[2]部3000余人，24日占绥远之清水河，然后南下与偏关敌军会合。由太（原）汾（阳）公路向西进犯的一路敌军占汾阳、离石后，26日进至黄河东岸的军渡、碛口，并炮击黄河西岸我陕甘宁边区的河防阵地，有渡河进犯迹象。此时，一二〇师主力正在配合国民党第二战区拟反攻太原、石家庄，在同蒲路北段进行破击战。面对这风云骤变、敌情复杂的紧张局势，贺龙师长首先指挥部队脱离险境，转移至机动位置，然后观察分析敌人的意图。截至3月3日，他看到：南面从军渡炮击我陕甘宁边区河防阵地的敌人，只是虚张声势，并无跨河作战迹象；北面敌人虽从保德渡过黄河，但只是为数不多的伪军，最多起一点骚扰作用；日军的真正主力是从雁北出动的第二十六师团黑田旅团，分路直扑我晋西北腹地，然后占领我五寨、岢岚县城。至此，敌人乘我后方空虚，已占我宁武、神池、河曲、偏关、保德、五寨、岢岚等七座县城。日军的明显企图在于围攻我晋西北根据地，压迫我军渡过黄河。

判明了敌情，师领导便下定决心，发起收复七城战役，打破日军的狂妄计划，为巩固晋西北抗日根据地而战斗。

战役开始前，为了具体执行抗日民族统一战线政策，争取阎锡山军队同我军一起并肩作战。贺师长先到驻在岚县东村镇的阎军第三十三军军部，商请军长郭宗汾出兵参战。郭露出一副可怜相拒绝说：“我这个烂军队，连自己手里的武器也保不住，怎么敢去同日军作战呢！”争取郭不成，贺师长、关政委又领着甘主任、续范亭和我，一同到静乐县阎军骑兵第一军军部开会，商请军长赵承绶出兵参战。赵承绶答应出一个炮兵连带两门山炮配合我军作战。当谈到战役指挥时，贺师长向赵承绶说：“你是军长，我是师长，当然应该你来总的指

① 何柱国，时任国民党军骑兵第二军军长。

② 李守信，时任伪蒙古军总司令。

挥喽！”赵难为情地说：“我这个属军长的老底，你还不清楚？你当军长的时候我还是个小连长，我怎么能指挥你的队伍呢？”他俩互相推来推去。最后决定两人共同指挥，并叫我担任前线指挥。事实上阎锡山四个军驻在晋西北，而且这两个军就驻在我们师部附近，明明是来和我们搞磨擦的，想要他们在对日作战中起多大作用，本来就无可指望。但我们这样做，是真心实意地执行统一战线政策，而且拉上赵承绶向抗日方面走，在政治上也是很有意义的。

收复七城战役的决心已定，采取什么打法呢？3月6日，毛主席来电，指示我师应集中主力打击敌人一路，以打破敌人的进攻计划，巩固晋西北根据地。

贺龙师长运用毛主席的战略思想，坚持“基本的是游击战，但不放松有利条件下的运动战”，指挥我师和所有晋西北的抗日武装，首先分散到敌人侧后方，袭击据点，破坏交通，伏击和奇袭运动中的敌人，把闯入我根据地的敌人分割成许多小块，把日军对我根据地的分割包围，转变成为我军对日军的分割和围攻。然后选择敌人最突出于我根据地的一路，集中优势兵力进行猛烈攻击。

当时选择的第一个进攻点是岢岚县城。我率三五九旅两个团从同蒲路急行军，于3月7日赶到岢岚，把敌人紧紧地压缩在岢岚城内。

3月8日，我主持召开了旅作战会议。决定控制岚漪河，断绝城里的水源，使敌骑兵和马匹陷于绝境。然后我以围困袭扰的手段，压迫敌人撤出岢岚，在运动中把它消灭。同时，立即派部队堵塞了流向城里的叉渠，并把各部队的工事向前推进，以便袭击抢水的敌人。这样围了敌人三天三夜，每天都要打死一些敌人及其军马。

3月10日下午3时，敌人弃城向北逃窜。这条路是我们有意给他留下的。敌人一跑，我们立即变成“敌逃我追”的姿态，猛追不舍。惊慌的敌人，逃至岢岚与五寨之间的三井镇附近时，被三五八旅拦住去路，吓得缩进镇内，赶修工事，企图固守待援。当我三五九旅追到三井镇时，天已经黑了，只见镇内到处是火光，敌人正在架锅做饭，烤火取暖。这正是“敌疲我打”的好时机，也是发挥我军夜战近战特长的好时机。我下令强攻。疲惫不堪而又立足未稳的敌人，被我军勇猛骤然攻击，一下就乱了营。我们的战士一个个跃身冲入镇内，和敌人展开了逐街逐巷的肉搏战，杀得日军鬼哭狼嚎，死伤过半。最后剩下300余人，龟缩在镇北的几座坚固房子里，负隅顽抗。次日拂晓，我军继续勇猛冲杀。眼看歼灭战快要胜利了，不料赵承绶部的那两门炮，突然向三井镇盲目射击，妨碍了我们的最后攻击，敌人趁机突出重围，朝五寨方向逃去。此次战斗，共毙伤敌300余人，俘敌28人。

11日，我三五九旅跟踪追击由三井镇逃跑之敌直到五寨城下。三井残敌会同五寨敌军共有1000余人，据城固守。怎样解决这部分敌人？我们仍然运用收复岢岚的经验，用少数部队围困和袭扰五寨城，把主力放在机动位置，待机打击来援之敌。果然，3月17日下午，在义井镇附近的虎北村，我三五八旅和三五九旅主力拦住了由神池来增援五寨的敌人，激战六小时，歼敌400余人，其余狼狈溃逃，我跟踪至义井镇。这一仗不仅扩展了反攻战役的战果，而且大大震憾了被分割围困的敌人，吓得孤守在保德、河曲、偏关、五寨四县城的日军，于20、21日同时弃城逃窜，四座县城遂被我军收复。当保德敌人会合三岔堡之敌向神池撤退时，在田家洼被我三五九旅截击后，窜往义井镇。3月22日，敌乘夜向神池撤退，正碰上三五八旅在凤凰山下的伏击部队。他们向敌拦腰猛冲，歼敌300余人，其余敌人逃向神池。我们又追至神池城边。敌人不敢再据守县城，仓皇逃往朔县，神池也被我收复。

至此，日军侵占我晋西北的七座县城，只剩下宁武了。宁武县城处于宁武关口，是同蒲路北段的一个重要车站，也是大同至太原公路的一个咽喉要地。日军在城内留驻精兵1500余人，企图长期固守，以控制同蒲路。这时我军取得连克六城的战果，士气正旺，攻势正猛，岂能让敌人在我根据地里栽上这颗毒钉子！根据贺师长的命令，我们仍然采用围点打援的办法，以少数部队和游击队牢牢围住县城，以三五八旅、三五九旅主力分布在同蒲路东西两侧，形成“二虎拦路”的阵势，切断宁武至阳方口的交通要道，单等敌人就范。3月31日，阳方口之敌步、骑兵共600多人，在飞机掩护下向南进犯，企图接应宁武之敌突围。当该敌进至石湖河与麻峪附近时，遭我三五八旅和三五九旅一部夹击，敌抢占有利地形顽抗。战斗一打响，宁武城内之敌以为援兵已到，乘机出城反扑，企图向我三五九旅侧后进攻。此时三五八旅七一五团主动出击，协同三五九旅夹击该敌，激战竟日，我歼敌300余名，敌千田联队长亦被击伤。黄昏时，宁武之敌退守城内，石湖河之敌回窜阳方口。困守宁武之敌看着死守不成，求援又无望，遂于4月1日晚弃城向北逃窜。我军展开猛烈攻击，沿途斩获颇多。残敌终于与阳方口敌人会合，一起逃往朔县，我当即收复宁武县城。

至此，日军侵占我晋西北的七座县城全部收复，敌人企图扼杀我晋西北抗日根据地于摇篮中的阴谋被彻底粉碎。整个战役共消灭敌1500余人，缴获山炮1门，汽车14辆，步机枪200多支（挺）。

收复七城战役的胜利，是贯彻党中央、毛主席关于开展游击战争，创建敌后抗日根据地的军事思想的光辉胜利，是坚决执行“基本的是游击战，但不放松有利条件下的运动战”，实行“独立自主的山地游击战”的方针，以及“集中主要力量，打破敌人一路”的原则所取得的丰硕成果。它标志着我们一二〇师由第二次国内革命战争时期的运动战向抗日游击战争的胜利转变。这次战役的胜利，扩大了我党我军的政治影响，鼓舞了广大群众的抗日斗志，提高了敌后军民战胜日本侵略者的坚强信心，对巩固与发展晋西北抗日根据地，具有决定性的意义。

三、利用战机大举袭敌，猛烈扩大根据地

1938年春，日军在占领华北五省的重要城镇和交通要道之后，把战略进攻的主要方向指向中原，企图夺取徐州、武汉，迫使国民党投降，以达迅速结束侵华战争的目的。5月19日，国民党军放弃徐州。日军打通了津浦线，随即调集主要兵力沿陇海路西进。

由于日军侵华战线延长，兵力不足的弱点日益暴露。毛主席于5月26日和6月15日先后指出：敌之主要进攻方向在武汉，对华北、西北均暂时无力顾及，给我们以放手发展游击战争的机会。目前为配合中原作战，为缩小华北敌之占领区，为发展并巩固华北根据地，都有大举袭敌之必要。5月间，毛主席先后发表了《抗日游击战争的战略问题》与《论持久战》两篇杰出的军事著作，驳斥了党内外存在的轻视游击战争的战略作用，而把希望寄托于正规战争和依靠国民党军队作战的错误观点，再一次指明了抗日战争时期的战略方针和作战指导原则。

我们一二〇师根据毛主席的指示，当即向广大的敌占区实行战略展开，深入敌后开展游击战争，开辟与扩大抗日根据地。

在晋西北根据地内，以七一四团、警备第六团、独立一团、独立二团、独立第六支队等部组成新三五八旅（旅长彭绍辉、政委罗贵波，简称彭三五八旅），坚持晋西北的游击战争。

在晋西北的东北面，将三五八旅第七一六团、警备第六团、师骑兵营等部，先后开到朔县以北怀仁以西地区，与当地的第六支队配合，接替宋时轮支队，继续坚持雁北地区的斗争。

在晋西北东面，师组织了第二、三两个独立支队，在忻县、崞县地区开展斗争。

为使晋西北根据地向绥远方向发展，由李井泉、姚喆、武新宇等

同志率领大青山支队，于1938年8月向绥远挺进，开辟了大青山游击根据地。

早在4月下旬，我们师就根据毛主席的指示，对平绥路沿线及其以北的武川、陶林、集宁、丰镇、兴和、张北、康保、商都等地区的情况做了调查并写了报告。5月14日，毛主席指示："在平绥路以北，沿大青山脉建立游击根据地，甚关重要。"7月下旬，师决定选派三五八旅七一五团，师骑兵营一连，战动总会领导的独立游击第四支队共2000多人，组成大青山支队，由五寨地区出发进到雁北之平鲁、左云、右玉、怀仁、大同长城内外发动群众，开展游击战争，并积极准备挺进大青山地区。8月下旬，该支队北进，于9月1日夜越过平绥路，2日胜利到达武川县的大滩、甘沟子等地区，稍后，与杨植霖同志领导的蒙汉抗日游击队会合。9月3日，该支队袭击陶林城，歼敌一部；10日夜又克乌兰花镇，全歼守敌。两次胜利，为开展群众工作创造了有利条件。20日夜主力进至武川、百灵庙以西地区，打开了绥西的局面。12月上旬，日伪军六七千人分三路向我军主力进行连续一周的围攻。我军在马场梁、大沟、德胜沟等地不断给敌打击。同时当地游击队也不断袭击武川、萨拉旗和百灵庙等据点，使围攻之敌被迫撤退。从9月上旬到12月底，历时三个多月，在大青山地区开辟了绥南、绥中、绥西三块游击根据地。

在巩固与发展晋西北根据地的同时，还根据中央和军委的部署，积极向晋察冀和北平地区发展。

根据中央和总部的指示，宋时轮支队于5月初由雁北地区出发，25日到达河北省宛平县（今北京市丰台区宛平镇）以西的杜家庄，与晋察冀军区的邓华支队合编为八路军第四纵队。随后，该纵队深入到冀东蓟县一带，开辟冀东抗日根据地。1938年底，该支队拨归晋察冀军区建制，为坚持晋察冀根据地而斗争。

根据中央军委的决定，由贺龙师长、关向应政委率领师直属队及三五八旅主力、独立第一支队等挺进冀中，执行巩固冀中，帮助第三纵队和扩大自己的三项任务。1938年12月22日由岚县出发，于1939年1月26日到达河北省河间县城西北的惠伯口，与冀中军区会合。随即根据中央军委的指示和北方局的决定，一二〇师与冀中的党政军共同组成了“冀中区军政委员会”，以贺龙、关向应、周士第、甘泗淇、吕正操、程子华、王平、孙志远为委员，贺龙同志为书记，统一领导冀中区的党政军民工作。一二〇师在冀中的八个月中，同冀中军民一起，经历了第三、四、五次反围攻的斗争，进行了曹家庄、大曹村、邢家庄、黑马张庄、齐会等116次战斗，共歼敌4900余人。部队从冀中返回恒山地区整训时，又同晋察冀四分区部队一起，进行了陈庄战斗，五天内歼敌1000余人，取得了保卫晋察冀边区的一次重大胜利。在冀中期间，还通过以老部队带新部队，派干部去三纵队帮助工作，以及整训等办法，帮助三纵队提高战斗力。经过八个月的战斗和扩军，一二〇师在冀中的部队，由开始进入时的6300余人，扩大为2.1万余人，圆满完成了中央军委赋予的三项任务。

1938年5月下旬，我三五九旅奉命开赴恒山地区，在晋察冀军区指挥下，全旅在蔚县、广灵、浑源、灵丘地区开展游击战争，开辟桑干河两岸的抗日根据地。

当时，部队情绪很高，三个团的团长、政委都求战心切。

敌后游击战争的广泛开展，抗日根据地的不断扩大，严重威胁了敌人的后方。因此，日军在华北集中兵力5万余人，从9月21日开始，由平汉、正太、同蒲路沿线分25路向晋察冀边区北岳区大举围攻。敌军的主力从东、南、西三面向阜平地区进攻。北面则从蔚县、广灵、浑源地区分两路南下，企图打通蔚县至涞源，广灵至灵丘以及易县至代县的公路，以分割我根据地。

为粉碎敌人的围攻，聂荣臻同志主持召开了分区司令员、政委会议，讨论制订了统一的作战计划。我也参加了这次会议。晋察冀根据地的广大军民进行了充分的战斗准备。我三五九旅负责钳制北路及西路敌人的任务，不断以夜战、伏击打击敌人。

9月25日，北路由广灵出发的敌人步骑兵共4000余人，在飞机掩护下，分三路向灵丘进攻。我七一八团在团长陈宗尧、政委刘子奇率领下，在广灵、灵丘间的直峪口、冯家湾、聂家沟、晏子村等地区，节节阻击该敌，经六昼夜激战，共毙伤敌800余人，缴山炮一门，我军也伤亡200余人。

10月5日，东路敌军进占阜平县城。晋察冀军区命令第七一七团进到阜平城郊，配合晋察冀军区第一、三分区主力，积极寻机打击敌人。经两夜一天激战，收复阜平县城，毙伤敌300余人，缴获汽车12辆及大批军用物资。

我军收复阜平县城后，日军北路总指挥官独立第二混成旅团长常冈宽治少将自蔚县抵广灵。我判断该敌必将去灵丘，即命令七一九团及七一七团第九连埋伏于灵丘以南十公里的张家湾、邵家庄地区。七一九团团长贺庆积、代理政委谭文邦率部迅速完成了设伏准备。同时，令七一八团埋伏于灵丘以北十公里的黄台寺、贾庄地区。28日上午，常冈宽治率日军300余人，乘汽车十多辆，由广灵出发，10时进入邵家庄以南我之伏击圈。经一小时激战，将敌大部歼灭。我缴获山炮1门，轻重机枪7挺，步枪50多支，烧毁汽车5辆。11时许，广灵敌四五百人乘汽车十余辆，在轰炸机掩护下赶来增援，行至张家湾，遭我七一九团三营阻击。我杀伤敌一部，完成阻击任务后，主动撤出战斗。同日，七一八团在黄台寺、贾庄地区，伏击了自灵丘北犯之敌，毙伤敌200余人，烧毁汽车5辆，缴步马枪30余支。邵家庄战斗使敌人受到一次严重的打击。我三五九旅受到晋察冀军区首长的嘉奖。

敌人遭我不断打击后，企图在我根据地内占领几个城镇扎下据点，留一部分兵力修筑工事固守，主力逐渐向平汉线调动，准备大举围攻我冀中区。晋察冀军区于11月2日指示各部，乘敌转移兵力之际，向敌发动反击。我三五九旅奉命配合晋察冀军区杨成武率领的第一支队，收复河北省涞源县和山西省灵丘县，并与平西挺进纵队连成一片，向北打开更大的局面。自11月上旬起，我三五九旅三个团分别集结于涞源、蔚县、广灵、灵丘之间的公路沿线，不断伏击向北调动之敌。

为了加强对敌反击的力量，贺龙师长令三五八旅张宗逊旅长率第七一四、七一六团，也于10月底进到五台以南寨里村、中庄村地区集结待机。

11月2日晚，驻五台县城之敌第一〇九师团第一三五联队蚋野大队700余人袭击我高洪口。三五八旅首长判断该敌孤军深入，到达高洪口后，可能在3日晚或4日晨返回五台县城，决定抓住战机，消灭该敌。旅部遂率七一六团于3日下午经过25公里的急行军，以预期遭遇的充分战斗准备，进到五台县城与高洪口间的滑石片两侧高地设伏。令七一四团以急行军赶到滑石片西北的南院村地区，准备打击五台县城可能来援之敌。七一六团进入阵地不久，敌人果然来了。经终夜激烈战斗，毙伤日军500余人，俘敌20余人，缴获大小炮6门，轻重机枪30挺，步枪300余支，电台一部，战马100匹及其他大批军用品。

我们两个旅在直接参加晋察冀边区粉碎敌人25路围攻的作战中，共歼日伪军3000余人。

1939年5月9日，日军第三、第九混成旅团各一部5000余人，由五台、繁峙、沙河镇、大营镇等地分四路出动，企图合击我驻阜平以西龙泉关地区的军区领导机关。聂荣臻同志把我叫去开会。他说，要趁敌人疲惫之际，彻底把它消灭。随即命令我七一七团向龙泉关方向转移，靠拢军区领导机关，阻击由五台、豆村向东出动之敌，令第二军分区四团及六大队向豆村、台怀方向游击，迟滞敌人的行动，由我旅部率七一八团等部打击大营镇的敌人。5月10日，由大营镇南进之敌1000余人，遭我旅连续打击，辗转于五台地区。我从军区开完会议，于5月12日赶到七一八团驻地青羊口。我们研究判断，日军经我连续打击，可能经上下细腰涧以南的楼房底向大营镇逃窜，遂决心在楼房底地区消灭该敌。当即命令七一八团三营与该敌保持不断接触，监视敌人的行动。14日晨，该敌大部到达下细腰涧，与我七一七团仅一山之隔。我七一七团迅速抢占山梁，阻击敌之去路。此时旅主力已从南面包围了敌人，攻占了下细腰涧附近高地，与七一七团形成南北夹击之势，将敌700余人压缩在山沟内。经七八次冲击后，于夜晚发起总攻，战斗至15日结束，毙伤敌500余人，俘敌10余人，缴92步兵炮2门，山炮3门，轻重机枪22挺，步马枪300余支。

我三五九旅在晋察冀军区首长的指挥和二分区部队的配合下，粉碎了敌人的四路围攻，并取得了上下细腰涧歼灭战的胜利。为表彰我们的灵活指挥和部队的良好战斗作风，晋察冀军区首长给予了通令嘉奖。

四、坚持反顽斗争，大力支援新军

一二〇师在晋西北坚持抗日游击战争，创立和发展根据地所以取得成功，是与师的领导和广大党员干部密切协同山西党组织，正确贯彻执行党的抗日民族统一战线的方针政策，大力支援新军分不开的。可以这样说，晋西北根据地是在党的统一领导下，实行武装斗争与统一战线紧密结合的产物。

统一战线在山西的特殊形式，主要表现在共产党领导下的八路军、新军同阎锡山及其旧军的又团结、又斗争上面。对于其抗日的一面，积极支持，而对于其妥协、投降、反动的一面，则本着“有理、有利、有节”和“人不犯我，我不犯人；人若犯我，我必犯人”的原则，进行坚决的斗争。周恩来、朱德、刘少奇、任弼时、彭德怀、邓小平、左权、杨尚昆、彭真等同志，都在这方面做了大量工作。具体到山西和晋西北，薄一波、续范亭等同志作出了重要贡献。

早在1936年10月，在中共中央北方局的领导下，便组成了以薄一波同志为书记的中共山西省公开工作委员会，在阎锡山允许的合法斗争中，积极在山西开展抗日救亡运动，发展进步力量。在接办和改组牺盟会的基础上，陆续成立了各种训练班和国民兵军官教导团、军士训练团等，积极培养与训练进步青年，为组建抗日武装进行准备工作。抗战一开始，阎锡山的晋绥军，有的吃败仗，溃不成军；有的闻风而逃，丧失了战斗力。雁北及绥远大部地区沦于敌手。阎锡山在惊魂未定，束手无策的情况下，接受了中共山西省公开工作委员会的建议，同意组建新军，并委托薄一波负责这一工作。于是从1937年8月1日起，先后在山西成立了山西青年抗敌决死队第一、二、三、四纵队和山西工人武装自卫队（即工卫旅）。其中决死队第四纵队和工卫旅长期活动在晋西北地区。

与此同时，1937年初，著名爱国将领，原西安绥靖公署驻甘行署参谋长、陆军新编第一军中将总参议续范亭，接受周恩来、南汉宸同志的建议，以杨虎城将军代表的身份回到山西，去做阎锡山的工作，推动山西的抗日救亡运动。周恩来同志主持起草了战动总会工作纲领，经阎锡山同意后，于9月在太原成立了战动总会，由续范亭任主任委员，我党派邓小平、彭雪枫、程子华、南汉宸等参加战动总会的领导工作。

太原沦陷前夕，战动总会辗转到达晋西北的中心岢岚，密切配合一二〇师和牺盟会的部分武装，共同建立晋西北抗日根据地。续范亭和在战动总会工作的共产党员，在一二〇师的帮助与支持下，在晋西北、晋中以及绥远、察南广大地区，放手发动群众参军参战，在短短一年时间里，便组建了十余个抗日游击支队，共1万余人。后改编为暂编第一师，由续范亭任师长，一直活动在晋西北地区。

牺盟会和战动总会，决死队和暂编一师，是国共两党合作抗日统一战线在山西的产物，它们在建制上属于阎锡山领导，称为山西新军，实际上是由共产党、八路军领导和指挥的。到1939年夏天，整个新军发展到五万多人，成为一支重要的抗日武装。一二〇师同晋西北区党委、战动总会和牺盟会，合作得是很好的，根据地建设的许多工作，都是通过战动总会这个统战组织去进行的。它在一些地区实际上起着政权的作用。在山西新军开展游击战争、组建游击队的过程中，得到了八路军主力部队的大力支持和帮助。八路军曾派一批军事干部到决死队工作。八路军总部和一二〇师曾向战动总会人民武装部派去红军时期的干部150多名。他们同当地的共产党员和优秀知识青年结合，成为这些游击队的骨干，为学习与继承八路军的建军路线和优良传统，建设一支新型的人民军队奠定了基础。

对于革命武装的迅速发展壮大，阎锡山非常畏惧，千方百计地进行阻挠、限制和破坏。因而共产党和八路军同他的斗争是不可避免的。

1939年3月下旬，阎锡山在陕西宜川的秋林镇召开晋绥军政民高级干部会议，目的是为了消灭山西的进步势力，以实现其对日军妥协投降的预谋。他提出一个把山西新军统一于旧军的“统一方案”，要取消新军番号，全部按照旧军体制改编；取消新军的政委制，直接由阎锡山指挥；同时还提出取消战动总会和控制农救会等各种群众组织。薄一波、续范亭等对阎锡山的妥协投降谬论和倒退行为，进行了坚决的批判和斗争。

1939年11月，国民党五届六中全会决定了以军事限共为主，政治限共为辅的反动政策，命令当地国民党顽固派军队进攻抗日军队。

为此，阎锡山企图乘机掌握晋西南与晋西北两区，充当了国民党顽固派掀起的第一次反共高潮的急先锋。他一面派人与日军试行所谓“和平谈判”，一面委任国民党军第一军军长陈长捷为“剿叛”军总司令，并于29日部署驻在晋西南的六个军，准备向决死第二纵队及我一一五师晋西支队发动军事进攻。他对晋西北则一面指示赵承绶假意同我谈判，以为缓兵之计；一面命令赵承绶骑兵第一军与郭载阳的三十三军适时集结于兴县、临县地区，依城筑阵，囤积粮弹，监视晋西北新军及我八路军的动态，待解决决死第二纵队后，乘第十九军、六十一军由晋西南越离（石）军（渡）公路北进时，再合力消灭晋西北新军。

阎锡山的阴谋计划部署完毕后，于12月3日，首先在永和地区解决了决死第二纵队一九六旅旅部，并先后杀害隰县、蒲县、石楼、永和、洪洞、赵城等县政府和牺盟会的干部及我晋西支队隰县后方医院的伤病员数十人，制造了十二月事变。

山西旧军对新军的武装进攻，表明了山西顽固派对抗日的叛变。

面对这场严重的斗争，中央指示我们八路军在新旧军的武装冲突中以调解的方式出现，并严加警戒，以防意外；如果旧军敢于公开向我军进攻时，则联合新军予以消灭。总之，我党我军的中心任务就是通过对顽固派的坚决斗争，团结一切抗日力量，争取时局的好转，避免大规模内战的爆发。根据党中央的上述方针，晋西北各县广泛召开了反妥协投降的群众大会，揭露了顽固派投敌叛国，分裂统一战线的阴谋。各地群众纷纷要求阎锡山、赵承绶严惩制造磨擦分裂和叛国投敌的分子，给顽固派以极大威胁。

晋西北区党委为了防止叛军对决死第四纵队的进攻，将该纵队调到岚县地区，靠近一二〇师彭三五八旅旅部，进行清理内部，加紧巩固部队，并布置了应付突然事变的各项工作。在军事上决定集中优势兵力以运动战消灭叛军的方针，由新军各部及八路军代表组成最高指挥部，续范亭、雷任民分别担任军政总指挥。

面对国民党顽固派发动的第一次反共高潮，党中央、毛主席从维护统一战线的原则立场出发，积极地从多方面进行工作。当时我率三五九旅驻防陕甘宁边区的绥德地区，担任河防任务。为配合晋西北的斗争，毛主席把我叫到延安，当面交代我去做邓宝珊的工作，从而促成高双成、傅作义等国民党地方势力在十二月事变中保持中立。即使对顽固派，我们仍然实行“人不犯我，我不犯人；人若犯我，我必犯人”和“有理、有利、有节”的原则。当晋西北的武装冲突迫在眉睫时，12 月 23 日，毛主席来电指示，阎锡山已令赵承绶向决死第四纵队进攻，晋西北的武装冲突势不可免，应立即准备作战。但是，武装冲突不应由新军先发动，而应当在赵承绶进攻时，新军占有利阵地，取防御姿态反攻而消灭之。

晋西北区党委根据毛主席的指示，抓紧赵承绶发动公开进攻之前的机会，一方面加紧调整军事部署，决定控制兴县，切断保德与临县叛军的联络；另一方面，则推动新军加强与赵承绶的联络工作，并于 12 月 25、26 日，在兴县召开了统一战线座谈会。续范亭和彭三五八旅政治部主任刘惠农同志参加了会议。

这时，决死第二纵队与一一五师的晋西支队，在晋西南已与叛军苦战兼旬，击溃其两个旅，取得了很大的胜利。但是，由于弹药奇缺，而且地区狭小，无回旋余地，经中央同意后，决定向晋西北转移，以保存军事力量，配合晋西北新军给叛军以更大的打击，然后再收复晋西南。

12 月底，中央军委电令彭绍辉、罗贵波同志率领所属部队，接应决死第二纵队与晋西支队继续北上；同时，命令贺龙、关向应同志率领的一二〇师主力由恒山地区星夜赶回晋西北，以便集中力量反击叛军的进攻。晋西北区党委根据中央的指示，召开了紧急军事会议，将所有部队分编为左右两纵队，对如何接应决死第二纵队和晋西支队北上，如何保障与陕甘宁边区的交通，如何消灭叛军与警戒日军等，作了具体部署，并决定成立晋西北拥阎抗日讨逆军总指挥部，以续范亭为总指挥。

1940 年 1 月上中旬，我八路军和新军对叛军进行了一系列的反击战。军委滕代远参谋长也到达指挥部，组织了晋西北行动委员会，统一指挥晋西北我军和决死第二纵队、晋西支队作战和处理军事行政问题。

1 月 10 日，我指挥部乘晋西南叛军尚未北上的时机，决心集中兵力，消灭叛军赵承绶、郭载阳两军于临县地区。经我晋西北各部、决死二纵队、晋西支队和七一七团的连续打击，使临县地区的叛军处于弹尽粮绝的境地，陷于恐慌混乱之中。赵承绶为了保存实力再图反扑，遂于 1 月 13 日夜弃城逃窜，其主力越过离军公路向晋西南逃去。

1940 年 1 月底，贺龙、关向应同志率师主力五个团，由晋察冀边区返回晋西北，统一指挥晋西北的八路军及新军。2 月初，根据中央和毛主席的指示，集结师主力、晋西支队、决死二、四纵队共 14 个团的兵力，准备在阎锡山发动新的进攻时，相机反攻晋西南。同时派遣三五八旅主力以新军的名义及暂编一师的三十六团，肃清盘踞在河曲、保德、岢岚等地的叛军。叛军被我打击后全部逃过黄河以西。至此，晋西北地区的顽固派势力全部被我肃清。

十二月事变发生后，蒋介石进一步向山西扩张，阎锡山既对蒋介石顾虑重重，又自知武装解决新军已非力所能及，不得不接受我党主张，继续谈判，于 4 月初正式达成了停止武装冲突的协议，以汾阳经离石至军渡的公路为晋西南和晋西北的分界线，晋西南为旧军活动的区域，晋西北为八路军及新军活动的区域。从此，晋西北地区就成为完全由我党领导的抗日根据地。

五、加强全面建设，将晋西北变为巩固的抗日根据地

1940年初，晋西北结束了抗战以来两种政权、两种军队并存的局面。师主力回到晋西北后，大大地加强了抗日进步力量。同时也引起了日军对这一地区的更加重视，加紧准备大举进攻。而我根据地内部，由于阎锡山的长期盘剥与日军的烧杀抢掠，社会秩序混乱，军政经费和吃穿都非常困难。因此，加紧巩固与建设晋西北抗日根据地，已成为非常迫切的任务。

为此，党中央和毛主席一再来电指示，要求晋西北迅速完成政权改造，建立真正的抗日民主政权，并颁布具体的施政纲领，制定全区的财政经济计划；积极帮助新军巩固内部和提高战斗力。对统一战线中的策略问题，指示着重指出：牺盟会、新军与新政权，要在一定程度上表示尊重阎锡山的领导，拥护其进步的纲领、口号与命令，以利于争取阎锡山继续留在抗日阵营内部，避免其公开投降日本帝国主义。为了贯彻党中央和毛主席的指示，加强党的统一领导，团结一切抗日力量，建立晋西北抗日民主根据地，首先成立了晋西北军政委员会，以贺龙、关向应、甘泗淇、周士第、王震、萧克、林枫、赵林、张宗逊、李井泉、陈士榘、彭绍辉、罗贵波为委员，贺龙、关向应同志为正副书记，统一领导党政军各项工作。晋西北与晋西南两个区党委，合并组成晋西区党委，以林枫、赵林为正副书记，统一领导晋西南、晋西北与绥远地区党的工作。为了统一晋西北新军的领导，成立了晋西北新军总指挥部，以续范亭为司令员，罗贵波为政治委员。同时确定，新军在作战时受一二〇师统一指挥。随即又成立了统一战线性质的军政民联合委员会，以贺龙、关向应、甘泗淇、林枫、续范亭、牛荫冠、罗贵波七人组成常务委员会，以贺龙为主任委员。

2月1日，由牺盟会和新军的领导人主持，在兴县召开了第一次

行政会议，通过了晋西北抗日民主政府的施政纲领，并决定正式成立晋西北行政主任公署，作为新政权的领导机关，推举续范亭为行署主任，牛荫冠为副主任。各专员公署、县政府及部分区村政权，早在十二月事变中已被进步势力所掌握，随着行署的成立，各级政权在组织上工作上迅速建立与健全起来。

新政权成立之后，立即着手进行财政经济的恢复工作，确定“开源节流，自办更生”的财经工作方针，颁发了发展生产、改善民生，减租减息、公粮政策等进步法令。为保障我军的给养供应和迫切的战备需要，实行了钱、粮、鞋、兵的四大动员。我们一二〇师抽调300余名干部，组成了19个工作团，分赴各地参加根据地建设和扩兵工作。四大动员是按照合理负担的原则进行的，一般是动员地主老财出钱、出粮、出鞋，基本群众参军参战。由于四大动员符合广大群众的要求和战争的需要，所以在大部地区，迅速形成了献金、献粮、献鞋和参军的群众热潮，基本上完成了预定的任务，有力地支援了战争。

新的抗日民主政权成立后，为地方武装的建设创造了良好条件。晋西区党委于3月9日发出了《地方武装的两个月整军计划》，10月又发出《关于群众武装工作的指示》。各地在我师派出的地方工作团的协助下，根据一面整顿一面大量发展的方针，积极整顿了地方武装与群众武装，至5月止，游击队共扩大到3200余人，枪1000余支。每个专区编一个独立营，共编为五个独立营，辖32个连。在各县、区的中心区和有党的基础的地区，建立模范自卫队；在敌占区和游击区，除建立脱离生产的游击队外，并建立不脱离生产的群众性的游击小组。同时，整顿自卫队员7500余人。行署并颁布了自卫队组织条例。

晋西区党委根据党中央3月6日《关于政权问题的指示》及毛主席3月11日在延安党的高级干部会议上所作的《目前抗日统一战线中的策略问题》的报告精神，于5月中召开了扩大干部会议，检查与总结了反顽斗争与根据地建设中在执行抗日民族统一战线政策上的经验教训，肯定了成绩，检查纠正了某些“左”的倾向，使抗日民族统一战线得以巩固和扩大。

2月10日，党中央和中央军委发出了《关于战略方针的指示》，要求晋西北“将南起汾离公路，北至大青山脉之间的地区，化为巩固的根据地，以建立西北与华北的战略枢纽。”晋西北军政委员会根据上述指示，确定了晋西北我军的任务是：开展文水、交城、孝义、太原、阳曲、平遥的游击战争，与晋东南相呼应；发展绥远的游击战争，并加强地方工作，以切实掌握绥远。

2月26日，在临县窑头村召开了一二〇师和新军旅以上干部会议。会上根据晋西北的战略任务，对军事工作作了统一部署。

3月10日至19日，师召开了参谋会议，总结了1939年的整军经验，制定了1940年的整军计划。一二〇师经过四大动员及各部开展的扩军运动，以及部分地方武装升级，共补充主力部队1.2万余名新战士。经补充后，一二〇师驻晋绥部队共达3.94万余人。

4月，师召开了政治工作会议，总结了抗战以来全师的政治工作经验，决定进一步加强部队的政治工作，并颁发了《政治工作条例》。

新军的整顿工作，3月份即开始进行，以巩固与扩大党的组织，保证党对新军的领导，提高政治质量与战斗力，整顿组织与建立制度为中心，达到巩固新军的目的。为加强对新军整军工作的领导，八路军政治部考察团以晋西北新军总指挥部的名义，帮助新军整训，共派出5个工作队，分赴新军决死第二、第四纵队、工卫旅、暂编一师、总指挥部的特务团等部，具体帮助工作。经过整编，晋西北新军共编为7个大团和4个小团，大团辖3个营，每营辖3个连，小团直辖5个连。作战连队由40人至50人增加到90人左右。以连为单位统一调整了武器，每连均有轻机枪五六挺。总计晋西北新军共有12092人，长短枪5500余支，轻机枪215挺，重机枪14挺，迫击炮6门。

在我们党的正确领导下，经过半年多的努力，各项建设工作都取得了明显的成绩，晋西北抗日民主根据地得到了进一步巩固。

一二〇师部队在整训期间，为了打退日军和顽军的进攻，还执行了频繁的作战任务。自2月下旬至3月下旬，我师部队共与日军进行了大小战斗53次，打退了敌人的袭扰与进攻。4月中旬以后，晋西支队开赴山东，归还一一五师建制。我师留在冀中的第二、三、四、五支队也陆续返回晋西北，四支队随之开赴绥德，归还三五九旅建制。独二旅七一四团也返回晋西北。

经一系列战役准备之后，日军于1940年6月，以2万余兵力对我晋西北根据地进行了规模空前的大“扫荡”，企图寻求我军主力作战，一举摧毁我晋西北根据地。这次反“扫荡”战役，自6月8日起至7月6日止，我军主力与地方武装共与敌进行大小战斗251次，毙伤敌4500余人，俘日军11人，伪军42人，缴获各种枪支700余支，彻底粉碎了敌人妄图消灭我军主力的企图。

1940年秋，我们一二〇师和晋西北各抗日武装，还根据总部的指示，同晋冀鲁豫和晋察冀兄弟部队一起参加了著名的百团大战。总计战役前两个阶段，我一二〇师和新军以及地方武装，共与敌进行大小战斗200余次，共消灭日伪军2500余名，破铁路40余公里，公路270余公里，缴炮三门，长短枪100余支及其他军用品一部。

百团大战打响后，为了适应新的斗争形势，迫切需要成立一个领导全区武装力量的军事领导机关，以便使武装建设、对敌斗争与根据地建设密切地结合起来，经中央军委批准，成立了晋西北军区，并于1940年11月7日，在兴县李家湾举行了晋西北军区成立典礼大会。

根据中央军委的决定，由一二〇师领导机关兼晋西北军区的领导机关，贺龙为司令员，关向应为政治委员，续范亭为副司令员，周士第为参谋长，甘泗淇为政治部主任。又依据行政区划、地理条件与作战需要划分为六个军分区。由各旅或纵队之领导机关兼军分区领导机关。晋西北军区所辖范围，北起大青山，南起汾离公路，东至同蒲路，西至黄河。总面积约13万平方公里，人口250余万。晋西北军区的成立，对加强这个地区人民武装的建设起了重大作用。

在晋西北军区成立前的10月间，为了加强对陕甘宁边区与敌后各根据地来往人员、物资、经费的护送任务，根据军委指示，成立了晋西北交通司令部，并由三五八旅和决死第二纵队各组织了相当于一个营兵力的交通大队，担负护送任务。

从1940年冬至1942年，我们一二〇师部队和新军各部队，在中央和军委的关怀下，在晋西北军政委员会领导下，同晋西北人民一起，度过了极端困难时期。在日军的连续“扫荡”和残酷的“三光”政策之下，根据地的人力、物力、财力遭到了严重的破坏。从1941年春，日军又开始了对我根据地实行“治安强化运动”、“蚕食”政策和“扫荡”三者相结合的进攻，特别是“蚕食”政策对我危害最大，曾使我一时处于被动地位，根据地面积大大缩小，人口大大减少，使根据地处于极端困难的境地。在这个极端困难的阶段中，根据地的党政军民，坚决贯彻了党中央和毛主席提出的各项政策和指示，大力加强反“蚕食”斗争，逐步改变了军事上的不利形势；认真地执行了整顿三风、精兵简政、统一领导、发展生产等一系列的重要政策，在思想上、政治上得到了提高与加强，物质方面也得到了改善，从而能使我们在极端困难的条件下，坚持了晋西北抗日根据地的斗争，最后把敌人挤出了根据地。

为了加强各抗日根据地的统一领导，党中央于1942年9月1日发出了《关于统一抗日根据地党的领导及调整各组织间关系的决定》，确定以中央代表机关（中央局、分局）及各级党委（区党委、地委）为各地区的最高领导机关，统一领导各地区党政军民的工作。为此，于10月正式成立了中共中央晋绥分局，根据中央政治局的决定，以关向应、贺龙、林枫、周士第、甘泗淇、王达成、龚逢春、赵林、吴亮平等九同志为分局委员，关向应同志为书记，林枫同志为副书记。分局代表中央统一领导晋西北及绥远地区的党政军民工作，取消原来的晋西北军政委员会及晋西区党委。同时将晋西北军区改为晋绥军区，统一领导上述地区的军事工作。至此，晋绥根据地实现了党的一元化领导。在分局的统一领导下，晋绥根据地开始了恢复和发展的新阶段。

挫其锐锋　击其惰归

——忆晋西北1940年夏季反“扫荡”战役

廖汉生

1940年六七月间，我八路军第一二〇师和山西新军暂编第一师、工卫旅、决死队第二纵队、第四纵队等部队，在贺龙、关向应和续范亭的统一指挥下，采取以游击战为主，相对集中主力寻歼孤立分散之敌的战法，粉碎了日军的大规模“扫荡”，对巩固晋西北抗日根据地起了重要作用。

当时，我任三五八旅七一六团政治委员。我们团在师、旅首长的组织指挥下，担负机动作战任务，参加了这次反“扫荡”战役的全过程和米峪镇、二十里铺两次主要的战斗。现根据我的经历和有关资料，对这次反“扫荡”战役作如下回顾。

一

在抗日战争过程中，晋西北地区一直是敌我双方激烈争夺的战略要地。1937 年 9 月，我们一二〇师开赴华北抗日前线后，即奔赴晋西北开展敌后游击战争，同时开辟抗日根据地。到 1940 年春、夏，晋西北抗日根据地西起黄河，东近同蒲铁路，南抵汾离公路，北临长城，远到内蒙古大青山，统辖着 49 个县（其中我占有县城并建有民主政权的有 6 个县，敌占领县城而我在农村建立政权的有 43 个县）。这块根据地，既是华北敌后抗战的主要阵地之一，又是保卫陕甘宁边区的屏障，同时也是连接党中央所在地与各敌后抗日根据地的枢纽通道，其战略地位至关重要。因此，贺龙师长在 1940 年 5 月 30 日师召开的运动大会上，向晋西北军民发出号召：我们要打败日本鬼子，夺取抗战的胜利，就一定要按照党中央和毛主席的指示，巩固和发展我们的抗日根据地。只有把晋西北这块地方建设好，我们才能像鱼在水中游、虎在山中行，任我们自由地开展抗日工作，使敌人变成聋子、瞎子、瘸子，到处碰壁，寸步难行。

晋西北抗日根据地建设事业的蓬勃发展，使日本侵略者大为震惊。在 1940 年春，日军先后出动兵力 5000 余人，分路“扫荡”我晋西北根据地，其目的在于侦察我军情况，为尔后进行大“扫荡”作准备。我抗日军民与敌人进行了英勇的斗争，先后战斗 50 余次，毙伤大批日伪军，打退了敌人的进攻，并收复了被敌人侵占的 3 座县城和 11 个集镇。但是，日军在这次“扫荡”失败后，愈加穷凶极恶，不久，又向我晋西北根据地发动了规模空前的夏季大“扫荡”。一场更为残酷的斗争摆在晋西北军民的面前。

二

从1940年5月下旬至6月初，日军为夏季大“扫荡”进行了一系列的准备。先是在我根据地周围加修公路，增设据点，刺探情报，频繁骚扰；随后又集结重兵，从东、北、南三面对我根据地形成战役进攻态势：东面，有集结于忻县、崞县、五寨、神池、宁武等县和太原一带的日军独立混成第三旅团，以及集结于清源、文水、交城和静乐等县一带的独立混成第九旅团；北面，有集结于大同市、朔县、偏关、平鲁、左云和右玉等县一带的第二十六师团之千田联队；南面，有集结于汾阳、离石、柳林、大武等地及汾离公路沿线的独立混成第十六旅团。为了重点加强南面的进攻力量，日军还从晋南抽调了第四十一师团一部，集结于离石、柳林一带。连同伪军，这次“扫荡”之敌的总兵力有2.5万余人。

面对敌人重兵压境的严峻形势，我一二〇师首长冷静地判断：日军这次“扫荡”，将首先以其主力攻占我岚县、岢岚两城，企图驱逐文水、交城西北山区的我军部队，进而以南面为重点，从东、北、南三个方面对我军进行分进合击，并占领黄河东岸几个渡口，以达到对我军的分区包围和各个歼灭之目的，从而一举摧毁我晋西北抗日根据地。然而，日军这一狂妄企图，不过是一厢情愿罢了。敌人一旦深入我根据地，必然战线拉长，间隙增大，侧翼暴露，造成协调与补给上的困难，成为我军打击敌人，消灭敌人的有利条件。

经过对敌我情况的深入分析，师首长确定我军反“扫荡”战役的方针是：以广泛的分散的游击战为主，尽可能杀伤与消耗敌人，并相机歼敌一部，争取在战役末期集中我优势兵力，抓住有利时机，歼敌一路于运动之中。

据此，我军作了如下部署：一二〇师机关及新军总指挥部设在兴县李家湾、蔡家崖地区；三五八旅并指挥第二支队，活动于岚县、静乐以南地区；独立第一旅并指挥第五支队活动于临县以南及西南地区。当敌向兴县进攻时，三五八旅、独立一旅相机进至临县、岚县、兴县之间；独立第二旅和暂编第一师活动于岢岚、五寨县之间及其西北地区；师特务团及工卫旅活动于文水县西北及交城地区；决死队第二、四纵队主力活动于临县、方山以南及汾离公路沿线，破坏敌之交通线；独立第三支队由静乐、娄烦地区转至岚县以北河口地区集结；三五九旅驻守黄河以西之绥德、米脂、葭县、吴堡、清涧地区，担任河防与警备任务，其七一八团相机派兵东渡黄河，在柳林县军渡至离石公路线上配合作战。

对这次反“扫荡”战役的作战方针和战斗部署，各参战部队都认真进行了传达讨论，并抓紧进行了各项准备工作：深入进行思想动员，反复研究行动方案，补充弹药器材，勘察地形道路，破坏敌人必经的道路。地方党和政府也积极组织动员群众参军参战，征集军粮，缝制军鞋，空室清野，使整个晋西北根据地筑起了一道道铜墙铁壁，日军胆敢来犯，必将碰得头破血流。

三

果然不出我军所料，日军这次大“扫荡”，是从攻占岚县开始的。6 月 7 日下午，驻静乐县日军分两路向岚县发起进攻，8 日 8 时占领该城，随即连夜赶筑工事，抢修遭我破坏的公路，运送补给，增调兵力，企图为其大规模进犯我根据地建立起第一个“桥头堡”，并不断以三五百人四出活动，向东土峪、东村等地区进犯。我独立第三支队不断袭击岚县敌军，伏击静（乐）岚（县）公路上往返之敌运输车。在我打击下，敌少数人再不敢外出。此时，我三五八旅以第四团进至东村东南地区活动，控制静乐至东村的大道，破坏道路，准备伏击静乐、岚县来往之敌，以威胁进占岚县之敌退出该城。

6月12日，驻静乐之敌又派出村上大队南下，与文水、交城出动的日军共2500余人，分九路向双龙镇、对久地区合击，企图歼灭我特务团、工卫旅和第八分区党政机关。当时文水交城一带，敌我各占一半地盘，平原地区被敌人占据，山区则是我们的天下。敌人首先在这一地区对我进行九路合击，企图为其深入我根据地大“扫荡”建立一个后方基地。为了粉碎敌人的合击，当时我军采取了内线作战与外线作战相结合的战术，当敌人进攻时，我集中兵力给予痛击，然后我又迅速跳出包围圈，转移到敌人占领的平川地区，开展敌后游击战，使敌之九路合击扑了空，挨了打，只好又返回各自据点。

自称为日军最精锐部队的村上大队，自恃装备精良，行动敏捷，竟敢独当一面，行程百里，深入我山区根据地，烧杀劫掠，无恶不作。该敌在对久地区“扫荡”扑空后，于16日回窜米峪镇。

米峪镇，四面环山，一条峡谷，有利于我军攻击而不利于敌人机动，且敌远离巢穴，短时间内难以得到增援。因此，这是我军歼灭该敌的有利地形和有利时机。

当时，我三五八旅作为反“扫荡”战役的机动部队，正在静乐西南的曲井、上马铺地区待机，得悉上述情报后，立即根据“无机不恋，有机不放”的原则，旅长张宗逊和政委李井泉指挥七一六团、独立第四团和独立第二支队，于6月16日，火速进至大夫庄西北山区设伏，决心在米峪镇地区全歼该敌于运动之中。

6月17日拂晓，担任左路纵队第一梯队的四团，在米峪镇北面国练村，与行进中的敌人迎面接了火。一听枪响，我马上率全团（欠一营）跑步投入战斗。我们一上去，看到四团已插到敌人侧后，占领了南面和西面的两个山头。“他们的动作好快啊！”我说着，立即指挥全团抢占了北面几个制高点，拦住了敌人的去路。骄横的村上大队，妄想凭借其精良装备快速夺路逃跑，与我军展开了逐个山头的激烈争夺。经过反复较量，到中午时分，四面的高地全部被我军占领。这时敌人才意识到他们已身陷险境，只得退据几个小山包和国练村中，固守待援。

担任右路纵队的第二支队和我团一营也都赶了上来，形成了对敌重重包围的绝对优势。为了歼灭该敌，张宗逊旅长利用战斗间隙，在一个高地上召集各团指挥员开会，研究了总攻击的方案。正在我们开会时，突然随风飘来阵阵令人恶心的臭味，我们循风望去，只见敌军阵地上升起团团黑烟。举起望远镜仔细观察，发现原来是敌人正忙着焚烧尸体。这表明，敌人要突围逃跑。根据这一情况，我军又及时调整部署，做好总攻击的各项准备，决心一举歼灭该敌。我们七一六团是这次总攻击的主力部队之一，全团经过思想动员，指战员们人人信心百倍，纷纷请求参加突击队，最后，从一营、二营各选了30名勇士，分别编入由投弹班、刺刀班组成的两支突击队。

下午3时，旅指挥所发出了总攻击的信号，我各部队一齐向敌人阵地开火。顿时，我迫击炮和机枪组成的火力网撒向敌阵，在我猛烈火力的打击下，敌人连头都抬不起来。突击队趁势发起冲击。投弹手们在距敌三四十米的地方投出了颗颗手榴弹；刺杀手迎着滚滚硝烟，端着寒光凛凛的刺刀，直插敌群……

在我军沉重打击下，黄昏时分，敌人已全线崩溃。被我七一六团击溃的一股敌人退到山下以后，以骑兵为先导，企图乘夜掩护突围，却又遭到我四团预伏部队的迎头痛击，打得逃敌在大川里乱窜，最后纷纷毙命。经过约一个小时的战斗，各处相继发出了被我军占领的信号。这时，我们又发现在国练山和国练村仍有少数残敌。为了待天明时消灭这股残敌，我们除派出小部队严密监视敌人行动外，其他部队分别在米峪镇、国练村等地宿营休息。

18日清晨，随着太阳的升起，原来借黑夜躲藏起来的残敌偷偷摸摸地露出头来。据观察员报告：国练山上，有四五十个日本兵拖着两挺机枪龟缩在工事里；国练村中还有100多名日军伤员隐藏在几孔窑洞里。根据这个情况，我军一方面继续休息，一方面向敌军喊话，劝其投降；但敌人还是负隅顽抗。黄昏，我七一六团和四团分别发起猛攻，两处残敌彻底被歼。

米峪镇一仗，我军一举全歼日军500多人。曾经不可一世的村上大队，做梦也没想到会落得个全军覆没的下场。当我们打扫战场时，缴获了敌人丢下的两个鼓鼓囊囊的麻袋，打开一看，全是一只只血污的断手。原来日本兵在作战前都按下了手印，以便死后以此核对姓名，因为在这次战斗中伤亡惨重，他们要运走死尸是不可能了，于是就把每个死尸的手掌砍下一只，准备带回去“销账”。

在这次夏季反“扫荡”初期，我军趁敌人大的合围圈尚未形成之时，果断地抓住一路孤军予以歼灭，初战告捷，狠狠地挫击了敌人的锐锋，大大鼓舞了我根据地军民彻底粉碎敌人大“扫荡”的信心。

四

正当米峪镇战斗进行时，日军已从东、北、南三面大举进犯，对我根据地纵深施行分片包围和连续合击。在这样的形势下，我军反“扫荡”战役进入了第二个阶段。在这个阶段中，我军的作战方针是：暂避锋芒，分散游击，适时转至敌之侧后，打击、消耗、疲惫敌人，使其无法立足，迫其撤退，为我军在战役后期运动歼敌创造有利条件。依据这一方针，我一二〇师暨新军各部队，在晋西北广阔的区域内，向各路日军展开了积极、广泛的游击战。

东面，日军独立混成第九旅团，因其村上大队在米峪镇的覆没而恼羞成怒，急急忙忙从静乐、文水、古交等县出动2500余人，于20日合击米峪镇，扑空后立即分三路向赤坚岭、马坊、开府进犯。普明之敌400余人，大武之敌1000余人，也分别向赤坚岭和方山县开进，企图再次合击我三五八旅。我三五八旅为避敌锋芒，在赤坚岭与敌人进行激烈战斗之后，于6月21日迅速突出合击圈，到达阳坡、寨上地区；接着，在兴县康宁镇附近，与岚县出动之敌相遇，经过一场苦战，将敌军击退，随后顺利转至兴县附近同师部会合，摆脱了敌人。

北面，日军4500余人，于6月16日由偏关、五寨、宁化堡分头出动，先后侵占岢岚、河曲、旧县镇、沙泉镇和保德等城镇。我独立第二旅和暂编第一师，在岢岚至保德大道沿线，频频出击，有意吸引敌人西进，减轻了敌人对我晋西北领导机关的压力。

南面，是日军“扫荡”的重点。由大武、柳林、离石出动之敌3500余人，其主力于6月20日进占三交、碛口。面对数倍于我的敌人，我独立第一旅留下七一五团和二团各两个连队迟滞、袭扰敌人，在敌行进途中给以突然、猛烈的杀伤，而主力部队则趁机转移。当敌人从蒙头转向中清醒过来时，我袭扰敌人的小分队也已安全转移。21日，日军占领临县，并开始对我独一旅进行连续合击，22日又兵分三路向清凉寺扑来。我独一旅迅速将主力转到梁家会，同时派出四个连进行阻击。敌军与我阻击分队激战一小时，才进占了清凉寺。当晚敌军又遭我军夜袭，整夜不得安宁。次日，疲惫不堪的日军向黄河沿岸继续扑去，途中又接连遭到我军的伏击和侧击。而此刻我独一旅主力又转至侧翼的刘家塔地区集结。此外，由大武出动之敌1000余人，在6月21日侵占方山县，并对驻兴隆湾地区的决死队第二纵队追踪袭击。23日，该敌与临县之敌会合。到25日，南面之敌已陆续占领了碛口、克虎寨、罗峪口等黄河东岸的主要渡口，并隔河向我陕甘宁边区河防部队炮击。

至此，东、北、南各路日军均向我根据地中心集中，形成了合击的态势。日军自“扫荡”以来，每前进一步都付出了很大代价，但始终未达到寻歼我军主力的目的，因此，这时敌人决心要对我中心区作最后的合击。尤其是敌独立混成第九旅团，一直对其村上大队在米峪镇被歼耿耿于怀，所以进攻气焰十分嚣张。该部纠合了临县白文镇北上和从保德南下之敌4000余人，在其旅团长越生虎之助亲自指挥下，于6月28日分四路扑向我晋西北党政军领导机关驻地——兴县，30日占领兴县城。敌人哪里知道，我党政军机关和群众早已安全撤离，留给他们的只是一座空城。

在这一阶段的反“扫荡”作战中，我军避敌锋芒，寻其间隙，巧妙地从内线跳到外线，转移到敌人侧翼和后方，抓住有利战机，采取游击战的方法，对敌人进行了袭击、伏击、侧击、尾击，从而大大消耗了敌军；同时地方武装和民兵也运用地雷战、破袭战和钻山林骚扰敌人等方法，打击消耗敌人，掩护群众安全转移。在陕甘宁边区担任河防任务的我师三五九旅，也不时派出部队由碛口渡过黄河，在柳林、招贤一带不断袭扰、威胁敌之后方据点。截至6月26日，在短短20天的时间里，我军各部队与日军作战200余次，使深入我腹地“扫荡”的敌人始终无处立足，疲于奔命，消耗日增，难以为继。他们除占领了几座空城和一些村镇外，一无所获，其攻势已如强弩之末。

五

日军费尽心机进行的1940年夏季大“扫荡”的破产已成定局。南、北两面的日军除以少数兵力配合攻占兴县的行动外，大部于6月26日开始后撤。到6月30日，南面敌独立混成第十六旅团和第四十一师团一部，撤离至柳林地区；北面敌独立混成第三旅团和第二十六师团一部，也撤向岢岚、偏关等地；唯有东面的敌独立混成第九旅团在兴县城内纵火烧房，掠劫财物，疯狂发泄着兽性。

7月1日，我一二〇师首长命令外线各部队积极打击仓皇撤退的敌军；同时，估计在兴县的敌人已成孤立状态，必然会很快向东撤去，于是决定集中三五八旅、独立第一旅、第三支队、第五支队共六个团的兵力，在兴县以东的二十里铺地区，选择有利地形，伏击东撤之敌，以彻底粉碎敌人的夏季大“扫荡”。

二十里铺地区，山高林密，一条干河蜿蜒而过。这是敌人自兴县向岢岚县东撤的必经之路，也是我军伏击歼敌的好战场。接到师部命令的当天夜里，我三五八旅和独一旅便分别由康宁镇和清凉寺向二十里铺急速开进。

一路上，高山连绵，沟壑纵横，荆棘丛生，再加上大雨滂沱，山路泥泞，真可谓困难重重。但是，我军指战员由于自反“扫荡”以来所目睹的日军暴行，早已在心中燃起熊熊怒火，激励了歼敌的坚强意志。因此，大家自觉发扬吃大苦、耐大劳的革命精神，顶风冒雨，脚踏泥泞，爬山越沟，奋勇向前。经过两昼夜的强行军，三五八旅和独一旅分别按时到达冯家沟和明通沟以南伏击地域。

7月4日上午，兴县城内的日军果然向东撤退。2000多敌人分成三个梯队，沿着山川大道涌来。11时，我独一旅二团一营和七一五团二营先期进入明通沟至奥家坪以南伏击位置，只见敌第一梯队1000余人已进入我伏击圈，正在路旁休息，后边的第二梯队也缓缓拥来。“打！”一声令下，我军立即向敌部队猛烈开火。顿时敌军中人喊马叫，队形大乱。七一五团二营乘机发起冲锋，勇猛地冲到敌人面前。但这股敌军毕竟是训练有素的部队，很快从混乱中稳住了阵脚，就地开火，顶住了我军的冲锋，并随即展开战斗队形施行反冲击。敌我双方激战冲杀数次，伤亡都很大。二营为避免更大伤亡，撤回原阵地。

敌军更加疯狂，他们凭借着炮火和兵力的优势，一窝蜂地向我军阵地反扑。我军虽只有两个营，但不畏强敌，奋力顽强地堵击敌人东退之路。13时，我独一旅部队主力赶来，并迅速在两个营阵地的左右展开，抗击了敌人一次又一次的凶猛进攻。在激战中，七一五团团长顿星云、二营营长罗坤山皆负伤，二团一营的连排干部也伤亡不少，敌我双方形成了对峙状态。17时，三五八旅七一六团进到二十里铺至石槽沟一线山梁，并立即从敌侧后发起突然袭击。战至黄昏，敌人又被我杀伤一部，被迫退入阳会崖、明通沟等村落，转入防御。我军也抓紧时间进行休息和调整部署。夜晚，我军趁敌不备，冒雨发起总攻。当时我们参战的各部队分别隐蔽到山下，又悄悄摸到村边，然后突然冲进村去向敌人猛烈开火，给敌人以很大杀伤。天明前，我军又主动撤回原阵地。

二十里铺战斗打响后，贺龙师长很快就赶到驻洋湾里的师部前线指挥所，他详细了解了战场上敌我双方的情况，并联系整个反“扫荡”战局的发展变化，作了许多指示。5日拂晓，师前指获悉：由保德南下之敌1000余人，经兴县向二十里铺增援而来。这样，敌军总兵力已达3500余人，而我军实际参战部队未能达到原定的数量，且又经过长途行军后仓促投入战斗，不可能全歼这股敌军。为避免打消耗战，贺龙师长当机立断，命令各部队以少数兵力牵制敌人，主力迅速撤出战斗。天明时分，兴县日军1000余人携小炮数门进至二十里铺与贾家坪之间，与我七一六团接火。三架敌机也飞临战场上空，并向我七一五团正在转移的部队轰炸扫射。我军各部队交替掩护撤出了战斗。两股敌军会合后，不敢恋战，匆匆向东继续撤去，沿途又遭到我第三支队、第五支队的尾击、侧击，于6日狼狈逃回岚县普明地区。至此，我军以歼敌700余人的战绩，结束了二十里铺战斗，从而也胜利结束了整个晋西北1940年夏季的反“扫荡”战役。

晋西北1940年夏季反“扫荡”战役，前后历时一个月，进行大小战斗 250 余次，共歼日伪军 4500 多人，收复了除岢岚、岚县以外所有被敌侵占的城镇，使晋西北抗日根据地进一步得到巩固。

此次反“扫荡”战役的胜利，充分地证明我军的战役指导方针是完全正确的，证明毛泽东同志关于抗日游击战争的战略战术是完全正确的。在反“扫荡”战役的初期，我军首先以米峪镇歼灭战挫敌锐锋；在中期，则以广泛的游击战大量消耗、疲惫敌人；在末期，趁敌撤退时在二十里铺歼其一部，击其惰归，彻底粉碎了敌人的大“扫荡”，创造了将游击战与运动战有机结合的成功经验。

此次反“扫荡”战役的胜利，是在我根据地各项建设急待发展的形势下取得的。我晋西北的党政军民在对敌斗争中，统一领导，相互支援，共同御敌，从中得到了锻炼，积累了经验，为建设巩固的抗日根据地，开创了一个新的局面。

此次反“扫荡”的胜利，进一步巩固了晋西北根据地，使之更好地发挥屏障与枢纽作用，也相应地配合了其他各敌后抗日根据地的斗争，在中国人民抗日战争史上写下了光辉的一页。

口述抗战

魏海生 高永中 主编

第四册

中共党史出版社

第四册目录

山东纵队的整风运动

华楠

1942年在全党开展的整风运动，是中国共产党历史上第一次大规模的整风运动，是一场全党范围内的马克思列宁主义的教育运动。它不仅过去是、而且今后仍将是推动我们党的建设和革命事业胜利的巨大动力，它在国际共产主义运动中也是一个伟大创举。山东纵队的整风运动，在党中央、中央军委领导下，同全党全军一样，也取得了显著成绩和宝贵经验，产生了深远的影响。

撰写此文，有两点需要说明：一是山东纵队（下称“山纵”）于1942年8月1日改为山东军区，山纵机关大部编为鲁中军区，但整风运动这场“好戏”，在山纵原辖各部队中继续“演出”，因此这里不能不涉及1943年以后；二是这里主要根据我亲身参加山纵一旅（后编为八路军一一五师教导一旅）和鲁中军区整风的情况，也参照了山纵其他部队的一些整风情况。由于接触的范围有限，难免有局限性。但是，如果此文能引起当年身历其境的和后来参加工作的同志们的思考、充实和提高，使这次整风的宝贵经验和优良传统，能结合新的形势，代代相传，将会具有更重要的意义。

历史的必然

为什么要开展这场整风运动？这是我们党的历史发展的必然，是党领导中国革命事业前进的需要。

当时我党经历了20多年艰苦卓绝和困难曲折的斗争，积累了成功和失败的经验教训。1935年遵义会议确立了毛泽东在党内的领导地位后，毛泽东思想进一步形成、发展和成熟，这就有必要和有可能系统地批判纠正党内历史上“左”倾和右倾机会主义的错误及其影响，尤其是对中国革命损害极大的以王明为代表的教条主义。由于遵义会议在长征途中召开，当时的环境只能先解决最迫切的王明路线在军事方面的错误，而对其政治路线等方面的错误就放后解决。1938年党召开扩大的六届六中全会，虽然系统批判纠正了王明在土地革命战争后期的“左”倾错误和抗战初期的右倾错误，但还没有来得及在全党范围对党内历次“左”、右倾错误和它的根源进行系统的批判，特别是从思想方法和理论的高度上进行清理整顿。所以，党内在指导思想上和若干问题上，仍然存在某些分歧和错误思想的影响。因此，必须进行整风。此其一。再由于这时抗日战争正处在最困难的阶段，形势更加复杂，日本侵略军加紧了对我抗日根据地的“扫荡”和“蚕食”，国民党顽固派先后发动了三次大规模的反共高潮，党内发生过右的和“左”的错误思想，我们党领导的人民民主力量经历了上升、下降、再上升的局面。斗争任务越艰巨，越需要我们党从思想上、政治上、组织上进行整顿，齐心奋斗，渡过难关，争取胜利。因此，必须进行整风。此其二。还由于我们党的队伍迅速扩大，一大批出身于农民和其他小资产阶级以及剥削阶级的新党员，带来了许多非无产阶级思想，这就必须解决党内无产阶级思想和非无产阶级思想，即马克思主义思想和非马克思主义思想之间的矛盾，否则党就不能顺利前进。因此，必须进行整风。此其三。

鉴于以上种种，党中央决定于1942年春开始，在全党开展反对主观主义以整顿学风、反对宗派主义以整顿党风、反对党八股以整顿文风的整风运动；从而在全党树立一切从实际出发、实事求是、理论与实际相结合的马克思主义的思想作风；在马列主义、毛泽东思想的基础上，使全党统一思想、统一步调、团结一致，为迎接党的第七次代表大会的召开、争取抗日战争的胜利和建设新中国，奠定牢固的思想基础。

上述情况和问题，山纵党内同全党是一致的，但也有自己的特点：一是新，即土生土长新建立的革命武装。党在山东虽有悠久的斗争历史，然而部队中仍是新党员新干部多，对党的历史和经验教训了解少，都不同程度地受到党内"左"、右倾错误思想的影响，存在主观主义包括教条主义、经验主义，缺乏唯物主义和辩证法的根底；还存在着宗派主义、官僚主义和个人主义，新老干部之间、知识分子干部和工农干部之间、新老部队之间、主力和地方武装之间，存有一些不够协调的情况，等等。另一方面，他们又像一张白纸刚在上面绘画，经验少，热情高，迫切希望学习革命理论，迫切希望学习老红军的宝贵经验和优良传统，具有强烈的求知欲望。因而，整风运动的开展，使他们如鱼得水，自觉性特别强。二是在敌后。当时正处在极其严酷的战争环境，敌人加紧了对我们的"扫荡"和"蚕食"，国民党顽固派也加紧了进攻，敌情重，顽军多，敌顽我的三角斗争形成复杂的局面，斗争任务繁重。这就更需要以整风为动力，统一思想，自觉地理解和执行党的各项方针政策，使整风紧密地和艰巨复杂的斗争相结合，随着斗争的发展又把整风运动引向深入。三是部队整编变动大，高度分散，整风必须结合这一实际。

综上所述，可以看出，开展这场整风运动，可以说是大势所趋，顺理成章的。

基本的情况

以毛泽东为首的党中央，对于整顿党的作风，很早就从思想上、理论上作了酝酿准备，为整风提供了强有力的思想武器。

早在1935年12月和1936年12月，毛泽东针对以王明为代表的“左”倾错误，运用辩证唯物主义和历史唯物主义，系统地分析了第二次国内革命战争时期党的政治路线问题，和中国革命战争战略等方面的问题，写了《论反对日本帝国主义的策略》和《中国革命战争的战略问题》；1937年7月和8月，他又进一步针对党内的教条主义和经验主义——特别是王明的教条主义，精辟地运用和发展了马克思主义的唯物论和辩证法，写了《实践论》和《矛盾论》两篇哲学巨著；1938年10月和11月，毛泽东在党的扩大的六届六中全会上作了《论新阶段》的政治报告和结论，深刻分析批判了王明在抗战初期的右倾投降主义错误，并提出了“两条战线的思想斗争必须切合于具体对象的情况”、“使马克思主义在中国具体化”等重要指导思想；1940年12月写了《论政策》，其中充满了唯物辩证法，对具体情况作具体分析的科学态度，既总结了历史经验，又全面透彻地阐明了党的各项政策。毛泽东在1941年5月作了《改造我们的学习》的报告，指出：“中国共产党的二十年，就是马克思列宁主义的普遍真理和中国革命的具体实践日益结合的二十年”，尖锐地批评了那种“不愿作系统的周密的调查和研究、仅仅根据一知半解、根据‘想当然’，就在那里发号施令这种主观主义作风”；和这个报告相应的，1941年三四月发表了《农村调查的序言和跋》，1941年8月党中央作出了《关于调查研究的决定》（以下简称《决定》），《决定》中指出：“党内许多同志，还不了解没有调查就没有发言权这一真理，还不了解系统的周密的社会调查是决定政策的基础，还不知道领导机关的基本任务就在于了解情况与掌握政策，……”

党中央和毛泽东十分重视党的思想建设和党员的思想教育，并把1941年7月党中央作出的《关于增强党性的决定》和刘少奇的《论共产党员的修养》、陈云的《论怎样做一个共产党员》等列为整风学习的重要文件，对于加强党员的党性修养起了重大作用。整风开始时，党中央规定了22个学习文件，后来又补充规定了一些学习文件。

毛泽东为首的党中央为整风学习提供的一系列文件，深入浅出，亲切感人，是马列主义与中国革命实际相结合的典范，是这场整风运动坚实锐利的思想武器，也是这场运动取得胜利的根本保证。

1942年2月，毛泽东在延安先后作了《整顿党的作风》和《反对党八股》的报告；4月，中央宣传部发出《关于在延安讨论中央决定及毛泽东同志整顿三风报告的决定》。这些报告和决定，全面论述了整风的宗旨、内容和方法。从此，这场整风运动就在全党逐步展开。1942年6月，中央军委和总政治部发布了《关于军队中整顿三风的学习与检查工作的指示》，《解放日报》于7月1日发表了《关于军队的整顿三风》的社论，整风运动遂在全军展开。

根据党中央、中央军委和山东分局的指示精神，当年6月1日，山纵政治部发出《关于整顿三风的指示》，提出了“总的要求”、“组织领导”和“具体办法”；号召把思想改造工作进行到底，不惜精力、时间、费用，以达到目的；指出这次整风“要使山纵青年党军更加提高党性”，“对于山纵青年部队尤为需要”，“把握紧自己什么都还幼稚”，并强调这是“使自己成长的秘诀”；要求以整风文件为思想武器，切实把握文件的立场、观点、方法、精神与实质，以理论之“矢”射中工作和思想之“的”；要“掀起高度的学习热潮”，尤其是领导干部和领导机关要“以身作则”等。

山纵各部队的整风，从1942年夏动员开始，大体上经历了3个阶段：一是，着重学习文件，同时结合实际领会文件的精神实质；二是，着重反省检查，在提高认识的基础上，开展批评和自我批评，检查自己的思想、工作和历史，同时紧密联系实际加深对文件的理解，“坦白反省”活动也在这个阶段；三是，着重审查干部，包括举办整风轮训班，1944年冬的民主检查，在高级干部中学习党中央编发的《党的路线问题选集》。这三个阶段，随着形势的发展不断加深，互相联系，而不是截然划开。一旅的整风学习，1942年10月以前为学习文件阶段，包括粗读和精读；原来打算10月以后进行反省检查，但当年秋到次年春，由于进行反“扫荡”，同时贯彻执行党中央关于精兵简政和实行党的一元化领导的指示，教一旅的机关和大部分部队合并到鲁中军区，整风学习的部署随之变动。

1943年后，斗争环境更加复杂，作战更加频繁，党中央和山东分局多次发出继续加强整风学习的指示。分局规定，整风为山东的四大任务（对敌斗争、经济建设、群众工作、整风）之一，而且是保证其他三大任务的决定性任务。山纵各部队的整风，紧密结合斗争实际，不断深化。1943年5月，鲁中区党委和鲁中军区在沂水县的中高湖村召开科团级以上干部大会，动员继续认真学习党中央规定的整风文件，加强批评与自我批评，开展“坦白反省”活动。当年11月，鲁中区党委和鲁中军区联合发出《关于迅速掀起整风学习的指示》，指出：整风是全党今后一年中根本任务之一，各级党政军民领导同志，要在政治上充分认识整风的伟大意义，学会用马克思主义的立场、观点和方法，改造思想和工作，英勇斗争。这期间，还学习和贯彻山东分局根据刘少奇的指示精神所作的工作总结。1944年12月，鲁中军区召开直属机关整风动员会，罗舜初政委作了题为《发扬民主、检查领导、转变作风》的报告，总结了过去的整风学习，指出：目前除战争外，学习是第一位的任务。罗舜初带头作自我批评，军区机关开展了民主检查活动（这次活动在一些机关一度出现过头现象，但很快得到了纠正）。山纵的整风运动，实际上到1945年转入学习和贯彻党的七大文件时才结束，历时近三年。

随着形势的发展和斗争的需要，根据党中央的指示，还不断增加了若干学习文件，使整风学习更加生动实际而富有活力。如学习《在延安文艺座谈会上的讲话》，不仅鲁迅艺术宣传大队（即“宣大”）和做各项宣传文化工作的同志，认真检查改进思想作风，而且所有参加整风的干部都学习领会《讲话》中如何运用马克思主义的基本观点和唯物辩证法去分析和解决问题，用文件精神检查和解决“为什么人服务”和“如何去服务”的问题，把思想感情真正从一个阶级（小资产阶级或剥削阶级）转变到另一个阶级（无产阶级），促进世界观的改造。在学习《关于领导方法的决定》（即《关于领导方法的若干问题》）中认识到，这既是推动整风的经验总结，也是推动各项工作、改进领导方法的“钥匙”；其中启发尤深的是：斗争愈是艰苦，就愈是需要共产党人的领导和广大群众的要求、一般号召和个别指导密切地结合，从而粉碎和纠正主观主义和官僚主义的领导方法。各级领导干部和机关通过学习和检查，在领导作风和方法上有了明显改进，更自觉地深入下去作调查研究，有计划、有目的地到一两个连队作系统的调查，运用典型推进工作，学习如何抓好中心工作、克服事务忙乱等，这些在当时已形成了风尚。如学习《中共中央关于统一抗日根据地党的领导及调整各组织间关系的决定》时，先检查对形势看法上的主观主义和组织观念上的宗派主义倾向，以统一思想，进而自觉服从党的一元化领导，保证领导机关的合并、调整顺利进行，党政军民机关协同配合得很好，当时实行公安和锄奸部门合并，宣传部门合署办公等，都进行得很顺利。再如学习郭沫若的史论《甲申三百年祭》和苏联高涅楚克写的剧本《前线》（该剧，一一五师战士剧社于1944年到鲁中军区演出）时，大家对照这次中宣部和总政治部的通知中的：“郭文指出李自成之败，在于进北京后，忽略敌人，不讲政策，脱离群众，妄杀干部，‘纷纷然，昏昏然，大家都像以为天下就已经太平了的一样’，实为明末农民革命留给我们的一大教训。”“《前线》指出总指挥戈尔洛夫之倚老卖老，粗枝大叶，喜人奉承，压制批评，而不肯虚心向新鲜事物学习，向科学学习，向敌人学习，向青年知识分子学习，在战争中屡犯错误，终于被撤职，而让位于新人物欧格涅夫，这是红军在苏德战争中大改革‘军事上与人事上的改革’之缩影”，和学习《通知》后面向全党发出的语重心长、很有远见的忠告，颇受感动和启发，并检查了骄傲自满、自以为是、学习不虚心等思想。同志间交谈时常常半认真半开玩笑地说：“可不要当李自成！”“不要像戈尔洛夫那样”，“不要纷纷然、昏昏然”，“不要搞克里空（克里空是《前线》中一个说假话好吹捧的记者）”。可见，这次学习的收获已生动地浸透到生活之中。在学习《学习和时局》时，许多同志对其中指出的“对于任何问题应取分析态度”、“对于具体情况要作具体分析”等思想，加深了理解，直接指导分析当时复杂的三角斗争形势，加强了边沿区的斗争，大力开展了争取瓦解敌伪军和争取改造伪政权的工作，在同敌伪顽尖锐复杂的斗争中逐步争取了优势；同时也启示了如何分析具体情况，团结同志，贯彻好“惩前毖后，治病救人”的方针。在学习刘少奇的《论党内斗争》时，进一步认清了对待同志实行“残酷斗争，无情打击”错误方针的危害，加深了对毛泽东倡导的“既要弄清思想，又要团结同志”、“团结——批评——团结”正确方针的理解。

参加整风学习的范围，考虑到战争环境，逐步扩大，开始为团以上党员干部、机关干部参加，战斗部队少数营的干部参加，后来逐步扩大到营和连的干部。对少数文化程度低、阅读文件难的干部，采用上课、组织互助和集体阅读等方法加以辅助。整风学习以在职为主，同时也重视进学校短期轮训。1944 年 6 月后，鲁中军区以营的干部为主和少数团和连的干部参加，单编一个轮训队，在鲁中区党委的党校学习，团以上的干部进山东分局党校学习。在职的和轮训的干部都在学习文件的基础上，以写“自传”的形式，向党组织说明历史情况，检查入党、入伍的动机，检查工作、作风和各种非无产阶级思想。检查中根据各人不同的工作和环境，重点有所不同，较普遍地检查了主观主义方面的各种问题，有些同志侧重检查工农干部与知识分子干部、新老干部之间的团结问题，有些同志侧重检查个人主义、个人英雄主义，也有的侧重检查其他方面的问题。

整风的组织领导上，根据党中央规定，山纵和鲁中军区都成立了学习委员会，并设学习秘书。山纵学习委员会书记由山纵政委黎玉担任；鲁中军区学习委员会书记由鲁中军区政委兼区党委书记罗舜初担任，副书记先后由鲁中区党委副书记霍士廉和高克亭担任，我任学习秘书。一旅（教一旅）成立中心学习组，由旅政委周赤萍（后为政委王麓水）和政治部主任丁秋生分别任组长和副组长。宣传科负责具体组织工作。各团也成立了中心学习组，由政委和主任任正副组长。学习中，机关还常派出检查组，推动学习，交流经验，各级都很重视，抓紧组织领导和思想领导。

这次整风，并没有因为战斗频繁而发生时间不足的问题，而是有机地把全部的作战过程和其他斗争过程当作整风实践的广阔天地，寓整风于实际斗争；也没有因为整风时间不断延长和增加新的学习文件，有所松懈，而是更加结合斗争的发展，发挥思想武器的巨大作用，推动各项任务的完成。整风学习愈深入，领导愈是不断加强，工作方法和斗争艺术也就不断改善，工作成绩和斗争成果也就不断扩大。

主要的经验

山纵的整风运动，发展很健康，取得了宝贵的经验。这些直到现在仍具有重大的现实意义。下面仅就若干主要做法和经验作些粗浅的回顾。

1. 以反对主观主义，树立唯物主义、辩证法思想为中心

整风学习文件的内容很丰富，一般分几个部分学习：一是反对主观主义以整顿学风，反对党八股以整顿文风。这当中深受教益的，如：什么是理论、知识、知识分子，什么是实事求是，没有调查就没有发言权，理论必须与实际相结合，做宣传和指导工作必须看对象，凡事采取分析态度，对于具体情况作具体分析等。学习中不少知识分子干部用“墙上芦苇，头重脚轻根底浅；山间竹笋，嘴尖皮厚腹中空”这副对子，虚心诚意地和自己对照，并认真地把它贴在墙上或写到笔记本里。二是反对宗派主义以整顿党风。这当中更加领会到团结的重要，解决团结的基础是把思想统一到认识大局、服从大局和党的方针政策上，同志之间要互相取长补短，这些都要反对主观性和片面性。在各种关系中，工农干部与知识分子干部的关系解决得比较好，知识分子干部检查对工农干部的尊重和学习不够，工农干部检查对知识分子干部爱护和帮助不够；当时提出的“知识分子工农化，工农分子要知识化”，进一步促进了团结，也提高了总结经验的质量，从而更好地继承发扬了红军的优良传统，提高了部队的战斗力。三是学习中央关于增强党性的决定，刘少奇、陈云关于党员修养及怎样做共产党员等论述，着重检查个人主义、个人英雄主义，解决“思想上入党”的问题。在学习《关于领导方法的若干问题》和《学习和时局》等文件时，也进一步联系反对主观主义和坚持唯物主义、辩证法。总之，在学习和检查的过程中，无论是反对主观主义、宗派主义、党八股，无论是反对个人主义、骄傲思想，无论是布置检查工作，总结经验，都把反对主观主义、树立唯物主义和辩证法的思想，作为中心，作为基础，贯穿始终。同时进一步认识到，毛泽东当时就鲜明强调宣传唯物主义和辩证法的重要性，《解放日报》的社论中特别阐明这个思想是“我们民族的思想上的救星”，这的确是切中要害又富远见的。整风证明，只有紧紧抓住这一环，才能在学习中掌握精神实质，才能在检查和总结中有向导，也

才能对党的方针政策有全面准确的理解并自觉地去执行。如精兵简政，当时大家从分析形势统一思想入手，就比较顺利地领会毛泽东讲的：气候变化了，衣服必须随着变化，要把我们变成“孙行者”和“小老虎”等道理，因而在部队缩编、建制变动、大批干部降职使用的时候，同志们积极执行，自觉服从，精神抖擞，战斗和工作都很出色。

经过整风学习，进一步证明了毛泽东指出的“这种反科学反马克思列宁主义的主观主义的方法，是共产党的大敌，是工人阶级的大敌，是人民的大敌，是民族的大敌，是党性不纯的表现。大敌当前，我们有打倒它的必要。只有打倒了主观主义，马克思列宁主义的真理才会抬头，党性才会巩固，革命才会胜利”的确是千真万确的真理。许多当年参加整风的同志亲切感到，反对主观主义，树立唯物主义和辩证法的思想，解决思想路线方面的问题，这是自己一生中受教育最深的、有决定意义的一课，真是“终生受益”。

2. 惩前毖后，治病救人

在整风中，大家对这个方针感受很深，认为这是对待犯有错误的同志，行之有效的团结的基石。对于当时有些坦白反省出有政治历史问题的同志，没有歧视，而是继续信任和使用；对于过去没有检查过和检查不深的错误，或干部关系中隐藏的错误念头和大的疙瘩，或作战中指挥失当，畏缩怕死，或其他思想上政治上的错误，一般都是以启发自我批评、群众性的自我教育为主，批评帮助为辅，不搞“斗争会”，不捕风捉影，不无限上纲；当反省检查不足或隐瞒错误时，批评者采取与人为善、认真分析、热情帮助的态度，被批评者则不计较别人的言词和分寸，严于律己，采取有则改之、无则加勉的态度；当有的同志暂时不承认或不检查某些错误时，也采取等待和循循善诱的原则，而不鲁莽从事，如有微小的进步，一律热情欢迎和鼓励；对犯有严重错误或违反纪律的，坚持对人的处理采取慎重态度，不轻率对待；对同志批评帮助时，一方面要恰当分析其错误缺点的情况和原因，同时又如实肯定其成绩和优点。贯彻惩前毖后，治病救人的方针，受《学习和时局》的启示很大。总之，做到既以科学的态度严肃认真地批评错误，弄清思想；又坚持与人为善，治病救人，最大限度地团结了同志；而决不允许借机打击别人以抬高自己，或借机抛出别人转移目标以掩护自己，不允许把人整臭整死。整风中这些维护团结的方针和原则，体现了严肃认真，生动活泼，这的确是解决党内矛盾的成功经验，也是我们党兴旺发达的标志之一。

3. 掌握思想武器

整风学习的文件，包括补充的学习文件，是革命斗争经验的总结，是宝贵的思想武器。这次整风的一个特点是，每个阶段都把学习文件、掌握思想武器放在首要的指导的位置。学习文件时，努力领会和掌握立场、观点、方法，并联系思想和工作，加深对文件的理解；在反省检查和总结中，又继续学习文件，以掌握思想武器为基础，使检查和总结减少盲目性，提高自觉性。可以说，整风的过程，就是“思想领先”、不断提高认识能力、不断掌握和运用思想武器的过程。学习文件的一个有利条件是，继续坚持了从1940年开始的干部平均每天两小时的学习制度，不论行军打仗多么频繁，都要抓紧点滴时间学习，如果有几天没有完成，就要在后几天补上。同志们的学习热情很高，经常聚精会神地在微弱灯光下挑灯夜读。在频繁严酷的战争环境中，大家总是把整风文件的小册子和学习笔记随身带上，当作头等机密一样来保护和珍藏；一有空隙，就拿出来阅读，真是手不释卷。坚持两小时学习制度，已形成习惯，也是党的生活的重要内容，在党的小组会上和党员汇报时，都要检查学习情况。这次整风，所以没有做那种为检查而检查、为读书而读书的表面文章，没有走过场，而能够一步一个脚印地深入发展，重要的原因就在于，始终把掌握思想武器放在首位，并作为强大的动力。

4. 粗读与精读

学习整风文件有粗读、精读两步。粗读，就是浏览，就是了解文件中讲的是什么？了解“门牌号码”、轮廓和文件之间的联系。不懂的问题先记下来，不被拦住。除学习规定的文件外，还学习了相关的哲学著作、联共党史和社会科学概论等。精读，就是在粗读的基础上，把联系密切的文件划分为单元去读，重点文件反复读、逐段逐句读，钻研文件的精神实质，边读边联想，边做笔记写体会。通过反省和解决几个实际问题，加深对文件的理解，为系统检查作准备。粗读和精读是辩证的关系。粗读时，大约看一两遍文件，像是“狼吞虎咽”、“一目十行”，其实是为了使读的面宽些、博些、广些，为精读准备了条件。精读时，对一个文件至少看四五遍以上甚至更多，对重点段落反复阅读、反复联想，似乎“咬文嚼字”，其实是为了把文件钻得更深、更透，又启发了进一步去博览。仅有粗读博览，就得不到提高，不能领会其精神实质，掌握不了原理，也就谈不上应用；仅有精读，就会造成知识面窄、视野小，不容易发现许多事物之间的联系，很难举一反三，触类旁通。由于大家有强烈的整风愿望，有如饥似渴地学习热情，甚至到了入迷的状态，有空就学，有问题就提，尤其是主动联系自己的思想和工作问题去读书学习，这就使粗读和精读得到了很好地结合，收获很大。在粗读和精读时，教一旅政委王麓水，要求加强对连队的调查研究，立即转变作风，并提出连长指导员点名时，放下花名册，不仅能叫出每个战士的名字，还能知道每个战士的籍贯、家庭出身、思想变化和爱好等。这又反过来推动了整风学习。整风学习中的粗读和精读，为我们留下了科学的读书方法。

5. 漫谈和笔记

各级领导很重视并倡导搞好漫谈和写好笔记。漫谈就是谈心交心，把学习中的心得体会，反省检查中的问题，抱着“无事不可对党言”的精神，敞开心扉，无拘无束地自由交谈。漫谈开展得很生动、很灵便、很普遍，在同志之间，上下级之间，两三人或一个小组在一起，利用作战和工作的空隙，在行军途中，在饭前饭后，内容或多或少，时间或长或短，人数、地点、时间、环境都不限。漫谈时很亲切，真是“知无不言、言无不尽”，有的甚至从天黑谈到天亮。罗舜初等领导同志常找下级漫谈，既询问探讨学习和工作中的心得，又摆出自己的缺点和问题，征求意见。作学习笔记也是贯穿整风始终的，把学习的心得，工作和思想的反省，漫谈中的启发和联想等，随时记到身边的小本上。整风开始时，传阅了从延安转来的一些笔记，还把参加学习的同志记得好的笔记进行交流，有些选到小报上刊登。漫谈和笔记，是打开思路、推动学习和自我检查的好方法，它有利于密切上下之间和同志之间的关系，有利于推动批评和自我批评，有利于理论和实际的联系，它体现了党的三大作风，既推动了学习，也丰富了党的生活。

6. 是什么？为什么？我怎样？怎么办？

这是在粗读和精读阶段大家反复议论探讨出来的四句话，是对如何加深文件的理解、紧密联系实际的简明提炼，一些同志叫它是“四句经”。所谓“是什么？”是弄清文件主要讲的什么内容，明白其要领和互相关系；“为什么？”是理解文件的针对性，即为什么要这样讲，弄清来由和背景；“我怎样？”是以文件的基本内容和精神实质，对照自己，哪些问题认识错了或没有跟上，哪些自己没有做到，原因是什么；“怎么办？”是根据文件中领会较深的问题，联系自己，初步找出几条改造思想和改进工作的措施，有所行动，加深学习，避免落空。有的同志曾在学习《改造我们的学习》中，联系自己，写了《改造我的学习》，分析了自己工作和学习的情况，找了“病根”，提出了“为什么要改造”和“学习的范围和方法”，拟订了学习理论、时事政策和业务的计划，制订了做若干方面的调查研究的方案，以及如何在斗争中学习的措施。

7. 有的放矢

同志们把这句关于理论联系实际、实事求是的形象而精辟的概括，深深印在头脑里，在整风和后来的岁月里，经常用来指导思想和行动。大家着重领会三点：一是要掌握“矢”，即学好整风文件，学好马列主义、毛泽东思想，没有这一条，就没有方向和前提，一切都谈不上。二是要调查研究，要认识分析中国革命的、包括本地区本部门的和自身的情况与问题，没有这个“的”即“靶子”，“箭”也就无目标可射。三是要“放”，即“联系”、“求”、“结合”、“应用”，归根到底是“解决问题”。没有这一条，文件和理论学得再多也没有用，调查研究也就成为没有方向的盲目活动。整风中，除了个人的反省检查外，提倡“用整风的精神布置、检查和总结工作”，这样做很有成效。如讨伐伪军吴化文战役和攻打沂水城、蒙阴城等战斗，以及部队整训等，都有意识地这样做，特别重视总结工作，及时接受经验教训，使之成为下一步打胜仗的动力。这方面，鲁中军区王建安司令和罗舜初政委都亲自动手，抓得很紧，带动了各级干部和部队也重视总结经验。在学习贯彻刘少奇检查山东工作的指示精神，和山东分局作的四年和五年的工作总结时，大家也联系分析鲁中军区的情况，应用“有的放矢”的原则，去检查怎样正确认识山东敌顽我的三角斗争，并联系吸取类似“太河事件”（即山纵三支队南下的受训干部及护送部队在太河遭受顽军的袭击）的教训，执行好对敌伪顽斗争的各项政策，早日实现党中央指示的“在山东争取优势”的任务；检查和推进部队如何在党的一元化领导下，进一步发动基本群众，搞好减租减息，发展生产，加强政权建设和统一战线工作以及锄奸工作等；检查和贯彻好主力地方化，整训工作，加强地方武装和民兵建设；从学习中联系检查山东分局指出的主观主义、宗派主义、形式主义、党八股、清谈主义的作风，检查“缺少灵活的马列主义的战略眼光”等思想，从中吸取教训。这些做法，针对性强，联系实际紧，收获很大。

8. 提出问题、分析问题、解决问题

通过学习《反对党八股》，后来又联系学习《关于领导方法的若干问题》、《学习和时局》等文件，许多同志深感这三个文件是克服主观主义、官僚主义和形式主义的一剂良药，是学习运用唯物主义和辩证法、改进思想方法和领导方法的一把钥匙。尤其是，当时正处在极为复杂的斗争环境，尖锐地摆在面前的是，仅有“提出问题”，作“大略的”调查研究不行，停留在这一步就会在复杂紧迫的斗争面前受惩罚。必须适应形势作“系统周密的”调查研究，很快很好地“解决问题”，也就是既要在领导上有“一般号召”，更要有深入下去针对具体情况作“个别指导”。从“提出问题”到“解决问题”，关键是做好对于具体情况作具体的分析。如当时在执行山东分局书记罗荣桓提出的敌进我进的“翻边战术”（即把我们的力量适当配置在边沿地区，敌人打到我们这里来，我们就打到敌人那里去）过程中，所以能较快地取得胜利，一方面是由于理解制定这个方针是怎样具体地分析了形势，因而执行得比较自觉；同时也由于在执行中对当地的边沿区和敌占区的敌情民情，作了具体分析，对日军伪军之间的矛盾、伪军之间的矛盾、国民党顽固派和日伪军之间的矛盾与勾结、顽军之间的矛盾等情况，也作了具体分析，从而具体制定了包括组织武工队斗争的等项有区别对待的灵活实际的政策，和“解决问题”的具体办法。这样就不仅有效地打击了日军，而且瓦解争取了大批伪军投诚和起义。各级领导机关还加强了调查研究工作，运用分析“比较积极的、中间状态的和比较落后的”方法，大力抓了培养宣扬典型和表彰英雄模范，带动中间，改造落后，推进工作。鲁中军区政治部推广了尊干爱兵模范班长陈双太的经验，并号召“开展陈双太领导方法的学习运动”。这些都是由于经过了一系列的调查和分析工作才做到的。再如讨伐吴化文战役，特别是第三次，我们在战前和战中运用了多种侦察手段，对敌情做到了“了如指掌”，作战指挥、政治攻势和具体政策都处理得很恰当，从而取得了重大胜利。以上也可证明，如果搞形式主义、作表面文章的作风得逞，那就必然在复杂的斗争面前，处处碰壁。

9. 领导带头

整风进展的过程，又是各级主要领导以身作则、亲自动手、起带头作用的过程。山纵政委黎玉不仅亲自布置检查整风学习，还在学习文件、反省检查时也事事以身作则。整风开始不久，他给我信，要他过去的讲话和谈话记录（我曾作他的秘书），说他正准备作反省检查，并征求我的意见。教一旅政委王麓水、政治部主任丁秋生、鲁中军区政委罗舜初和区党委副书记霍士廉、高克亭等带头学文件，带头写学习笔记，有的还拿出来互相交流，征求意见；带头反省检查、作自我批评，还常和同志们漫谈。讨吴战役和其他战斗，罗舜初亲自用整风精神布置、检查和总结工作。整风中主要领导干部带了头，同时抓紧了司政供卫等部门领导，形成了领导骨干与群众的结合、一级带动一级、从群众中来到群众中去的生动活泼的局面。这场在残酷战争环境下开展的整风运动，如果没有领导带头，以身作则，不仅不会取得丰硕成果，而且很可能走过场，出偏差。

10. 改造思想

党中央在整风运动中一直强调改造思想。山纵政治部明确指示："一定要把这个思想改造工作进行到底"。参加整风的干部在当时和后来正是这样认真做的。事实上，所谓改造思想，绝不是像"文革"和其他一些政治运动所歪曲的那样，强制的、无限上纲或另有目的去整人。改造思想，是科学的、前进的，是指用无产阶级思想，包括它的立场、观点、方法，去克服非无产阶级思想及其立场、观点、方法；用马列主义、毛泽东思想的基本原理（包括党的路线方针政策）武装头脑，使之与中国革命的具体实际（包括本地区、本部门的工作，个人的思想和工作）相结合；在改造客观世界的同时改造主观世界，使之符合客观发展规律，从而能动地改造客观世界；也就是树立一切从实际出发、理论与实际相结合、实事求是、辩证唯物主义的思想路线。

改造思想，随着客观事物无止境地发展而永不停止，要像天天洗脸、天天照镜子那样，经常去做。正如周恩来要求自己的“活到老，学到老，改造到老”。可见，改造思想，是同守旧、死板、僵化完全相反的。当年毛泽东号召放下包袱，开动机器，他要求：使自己的精神从主观主义、教条主义的蒙蔽中解放出来，放下背上的包袱；“要去掉我们党内浓厚的盲目性，必须提倡思索，学会分析事物的方法，养成分析的习惯。这种习惯在我们党内是太不够了。如果我们既放下了包袱，又开动了机器，既是轻装，又会思索，那我们就会胜利。”这个指导思想，不仅当年参加整风的同志感到很亲切，受到很大的教育，直到现在仍然有着重要的现实意义。可见，改造思想，同党的十一届三中全会以来继续提倡的解放思想、实事求是是一脉相通的；而同那种假借和歪曲解放思想，丢掉实事求是，否定四项基本原则，贩卖资产阶级自由化的思潮，是截然对立的。

整风中，同志们从学习文件到检查思想、工作、历史以及参加战斗，都自觉地、满腔热忱地贯穿着改造思想。在检查主观主义等方面的同时，还检查是否解决了“思想上入党”、“立足点移过来”、思想感情“来一番改造”等问题。在整风中进行思想改造，使山纵和原辖各部队从思想上、政治上、组织上得到了有力的整顿，培养了大批德才兼备的干部，部队的发展和战斗力的提高都比较快；同时，也和全党一致，的确是有力地巩固了马克思列宁主义思想在党内外的阵地，使广大干部在思想上大大提高了一步，使中国共产党达到了空前的团结。

历史的呼唤

山纵的整风是全党整风的一个部分。从山纵整风联系到全党整风，从山纵整风的收获和意义联系到全党，从整风的优良传统联系到当前的国际国内形势，重温毛泽东当年的论述，倍感亲切。我们听到了历史的呼唤。毛泽东说："只要我们党的作风完全正派了，全国人民就会跟我们学。"这里，指出了我们党的作风同全国人民的关系。他说："只要我们共产党的队伍是整齐的，步调是一致的，兵是精兵，武器是好武器，那么，任何强大的敌人都是能被我们打败的。"这里，指出了我们党的作风同国内外敌人的关系。在发表郭沫若的史论《甲申三百年祭》时，他又说："近日我们印了郭沫若论李自成的文章，也是叫同志们引以为戒，不要重犯胜利时骄傲的错误。"当时中宣部和总政治部根据毛泽东的意见，在印发《甲申三百年祭》和《前线》的通知中指出："这两篇作品，对我们的重大意义，就是要我们全党首先是高级领导同志，无论遇到何种有利形势与实际胜利，无论自己如何功在党国、德高望重，必须永远保持清醒与学习态度，万万不可冲昏头脑，忘其所以，重蹈李自成与戈尔洛夫的覆辙。"这里又指出了现时和今后的关系，其中讲的干部政策，尤其对党在夺取政权和巩固政权的条件下，给全党，首先是高级干部的思想作风敲响了一直到现在还振聋发聩的警钟。我们重新学习这些宝贵思想，对于在新形势下，在党的十一届三中全会以来不断取得胜利的基础上，怎样全面贯彻执行党的"一个中心、两个基本点"的基本路线，抓住当前有利时机，加快改革开放的步伐，集中精力把经济建设搞上去，沿着有中国特色的社会主义道路奋力前进；对于加强党的建设，纠正"左"的和右的倾向，反对腐败现象；对于团结一致反对敌对势力的"和平演变"等等，都具有重大的现实意义和深远的历史意义。正如1945年春毛泽东谈到整风时指出的："我们是能够在马克思主义的思想原则下更好地掌握未来的发展了。"

军民难分一家人

吴岱

1940年5月，我们部队遵照党中央指示和八路军总部命令，从晋西北出发，经过太行山、豫北、冀南等地区，东进山东。沿途进行大小战斗40余次，跋涉3000余里，于11月上旬到达鲁南，与一一五师主力会合，被编为师教导二旅四团。从此，四团与滨海人民并肩作战，无论是在同敌人浴血奋战的战场上，还是在粉碎敌、伪、顽封锁、“蚕食”的斗争中；无论是在消灭敌人取得胜利后的欢乐时刻，还是在暂遭挫折总结教训之时，我们都是患难与共，骨肉难分。多年过去了，但那种悲壮热烈，可歌可颂的战斗生活，至今记忆犹新。

老四团的来历

四团是一支老部队。1937年9月底平型关大战，歼灭日寇坂垣师团一个旅团后，从晋东南、晋中、晋南等地扩充了新战士，于同年12

月底在洪涸河西组成了这个团，其中有两个连队和所有排级以上的干部在红军时期曾参加过五次反“围剿”和二万五千里长征。多年革命斗争的锻炼，使四团养成了密切联系群众的优良作风。全团指战员深深懂得：人民军队来源于人民，服务于人民。记得当时，我们问一些新战士：“你们为什么当兵呀？为什么打仗呀？”他们都不约而同地回答：“为老百姓当兵，为老百姓打仗！”正是因为有这样一个明确信念，所以，当人民群众的利益遭受敌人侵犯的时候，就能够英勇果敢地去战斗。

1940 年 11 月下旬，四团刚到达蒙山区还未来得及休整，敌人就在武安、大汶口、小卞桥一带向我进攻。四团不顾疲劳，英勇奋战，首先狠狠打击了占领武安之敌，继而又组织了小卞桥阻击战，七天时间，就消灭敌 600 余人，缴获日寇九二式重机枪一挺及大批武器、弹药。四团出师报捷，震动了当地的敌、伪、顽，鼓舞了根据地军民抗日的信心。1941 年初，四团挺进郯城、邳县地区，组织了重坊、胡集战斗，重伤敌伪，打击了他们的嚣张气焰，扩大了我军的影响。紧接着，四团奉命东进，星夜兼程，边走边打，一路上拔除敌人据点数十个，收复了郯城、赣榆、东海地区百多个村庄，为以后建立和扩大滨海抗日根据地打下了基础。1941 年 4 月至 8 月，四团到鲁南天宝山、抱犊崮山区配合兄弟部队组织了三次大的讨顽战斗，共消灭敌人 1000 余人，对打击顽固投降派，争取中间派起了重大作用。同时，解除了人民群众痛苦，稳定了群众情绪，有力地支持了抗日根据地建设。1942 年 8 月，国民党一一一师在甲子山区举行起义，孙焕彩率其一部叛变，我团配合兄弟部队给盘踞在甲子山的叛军以沉重打击，歼敌千余人。这一战斗的胜利，对稳定起义部队，瓦解敌军发生了重大影响。1942 年冬季，四团参加海（东海）、陵（马陵山）地区反“蚕食”斗争，拔除伪军据点十余个，巩固扩大了根据地。1943 年初，四团在教二旅的直接指挥下，参加了著名的郯城奔袭战。经过 20 天的战斗，摧毁了敌人苦心经营两年之久的城防工事，消灭敌伪军600余人，拔除大小围沟、榆林、归义、马站等据点数十个，缴获大批武器、物资。尔后，又配合地方武装，积极打击牵制敌人，有力地策应了赣榆战斗，为兄弟部队取得全歼赣榆守敌2000余人的胜利创造了有利条件。1944年10月，在山东军区的直接指挥下，四团参加了莒县战役。战斗中，四团配合兄弟部队，把政治攻势同军事进攻有机地结合起来，受到山东军区的嘉奖。1945年，我军进入大反攻阶段，敌人并不甘心失败，特别是盘踞在鲁南重镇的大汉奸王洪九负隅顽抗。8月中旬，四团协同兄弟部队，向临沂之敌发动进攻，经过26天的激战，全歼守敌，从而彻底摧毁了敌人在滨海的最后一个反动堡垒。

四团为了民族的解放，为了人民的利益，召之即来，来之能战，因而赢得了人民群众的真诚拥护和赞誉。每次战斗胜利后，群众都纷纷前来慰问。在一次祝捷大会上，当地政府和人民群众奖誉我们为英雄“老四团”。

枪声就是命令

1941年秋，岌山前群众同敌人进行了一次残酷的战斗，四团因情况不明未能及时赶到，人民群众遭受了严重损失。事后，四团的干部战士忍着万分悲痛总结了教训。大家纷纷表示：为了人民的生命财产，情愿献出自己的一切。我们团军政委员会也专门召开了会议，进行了认真的研究。我和团长一再强调，人民的军队在任何情况下，都要与群众同生死共命运，只要在根据地内发现敌情，就要跑步参战。从此以后的多少年里，四团只要听到枪声，就立即出动，一听到群众有危难，就一口气奔赴现场。1944年春节前，沭河西的朱村群众正忙着准备过年，业余戏班子、妇救会、儿童团也在抓紧时间搭戏台，排练节目。年三十清晨，天蒙蒙亮，大哨据点的日伪军突然出动向朱村扑来。驻沭河东的三营八连发现朱村有情况，立即跑步出发，三营的七、九连也随即向朱村进发。当八连赶到河边时，天已亮了，只见乡亲们提篮拿筐，推车牵驴，扶老携幼，到处奔跑。八连鄢思甲连长见此情景，二话没说跳下河去，全连战士紧跟着也跳进河中。他们踏碎了冰层，忍着刺骨的疼痛，迅速到达河对岸。八连赶到朱村时，正与敌人碰了个对面。他们一声怒吼向敌人猛扑过去，伪军一触即溃，剩下的几十个鬼子狼狈地退出村去，抢占了树林坟地组织还击。鄢连长领着战士从村西头打过来，在树林中，同敌人展开了激烈的争夺战。一排长秦家龙负了伤，一班长焦锡模带领大家继续战斗，他虽然一只胳膊被打断了，仍坚持不下火线，直到牺牲。一排副排长安吉然同一个鬼子扭打在一起，鬼子手里握着冒烟的手榴弹，妄图把安吉然吓倒，以便借机逃命。可是安吉然却死死抓住他不放手，鬼子害怕了，将手榴弹抛出，俯首就擒，当了俘虏。鄢连长脖子上负了伤，他只包扎了一下，继续指挥战斗。二排四班长李宝胜，被子弹穿透了脖子，虽然呼吸艰难，还是吃力地告诉排长："千万不要放走了敌人！"午后两点多钟，敌人放出了烟幕弹，背着伤员狼狈逃跑了。

战斗刚刚结束，朱村的乡亲们陆续赶回了村庄，他们争先恐后地拉住八连同志的手，让到自己家里过年，八连怕给群众添麻烦，决定立即赶回驻地。朱村的男女老少，倾村出动，含着激动的眼泪，把八连送出很远很远。从此，朱村群众逢人就夸："多亏了俺八连哟！朱村是俺八连给救下的！"战后不久，群众自发组织起来到八连慰问。在慰问大会上，他们赠给八连一个光荣称号"钢八连"。在滨海部队战斗英雄大会上，山东军区政治部主任萧华代表军区正式命名八连为"钢八连"。

四团不仅对敌、伪、顽斗争坚决，对残害人民的土匪也毫不留情。

1941年5月，四团在民兵的配合下，向盘踞在陈家埠、李家末疃后宅的数股土匪，连续进行了三次围剿，先后歼匪130余人。1941年6月，四团又配合兄弟部队，对马陵山区、赣榆西部和玉山、磨山地区的土匪进行了全面清剿，半个月歼匪200余人，保证了人民群众生命和财产的安全。有时，一些土匪趁我们正和敌寇战斗，出来敲诈百姓，群众顶撞他们说："别神气，老四团正等着你们呢！"土匪一听说老四团还在，就乖乖地溜走了。人民群众扬眉吐气地说："老四团就是硬，有老四团在，我们什么都不怕了。"

一切从人民利益出发

四团对人民群众的赤胆忠心，不仅表现在对敌作战勇敢顽强和勇于献身的精神上，而且反映在平时许许多多的拥政爱民活动中。特别是每年的麦收季节，为了保证人民群众的劳动果实不遭敌人抢劫，我们像指挥打仗一样地保卫和参加麦收。根据地方的需要和周围的敌情，我们把部队分成劳动组和警戒组，劳动组同群众一起割麦子，警戒组分布在敌人据点的周围，用机枪封锁据点的出入口。据点里的敌人看到群众抢收小麦，想跑出来捣乱，只要一出炮楼，我们就开枪射击，把他们打回去。

1943年夏天，驻在醋大庄的日寇小队长岩上，精心策划了一个夺麦计划，扬言要搞"速决战"。因此，老乡们心神不安，盼望着保卫麦收的部队快来。6月1日下午，我们四团七连开到了一溜贺城。这消息很快传到了周围村庄，乡亲们喜形于色，奔走相告："快准备麦收吧，咱们的老四团来了。"七连到达贺城之后，马上和地方上的同志一起，研究如何动员群众，如何组织劳动，如何部署兵力等问题之后，决定2号晚上开始收割。

2日夜晚，七连的一个排和一个区中队，摸进了醋大庄的土围子，把岩上小队的据点三面包围起来，机枪封锁了唯一的出入口，另外的两个排和四个区中队在外面分散警戒。数不清的当地群众和根据地中心区来的麦收队，一声不响弯着腰紧张地割麦，一捆捆的麦子安全地运到根据地。当我们的队伍和群众撤走时，炮楼里的鬼子才零星地放了几枪。战士们风趣地笑着说："把这家伙关了一夜'禁闭'。"

第二天夜晚，我们又继续割麦。靠近据点的麦子已基本收完了，炮楼里的鬼子沉不住气了，曾几次从据点里跑出来扰乱，每次都遭到我们部队、区中队、游击小组的合力打击，只好夹着尾巴跑回去，岩上小队长在炮楼的窗户里瞧着4000多亩小麦运往沭河东，虽然气得直跺脚，但也只有"望麦兴叹"了。

为了减轻人民群众负担，我们四团积极响应党中央"精兵简政"的号召，从机关中缩减了三分之一的工作人员，充实到战斗连队，抽出大批人员，开荒种地，发展生产，并号召全体干部战士，厉行节约，为根据地人民节省一粒粮、一分钱。当时我们部队夏天没有衣服可换，冬天穿得也很单薄。吃的是豆饼、黑豆、地瓜干、地瓜秧，有时连豆饼都吃不上。记得1941年春节时，一位教导员给我打电话说："政委，你来看看吧，不少战士都饿病了，怎么办呢？"说着说着，他竟握着电话哭开了。我赶忙安慰他说："困难是暂时的，我们一定能战胜。"为了渡过难关，我们不仅开荒种地，种麦子、花生、蔬菜，而且开油坊，办合作社，运盐。1942年春节前，为了让大家过好年，我带领二营两个连星夜奔袭陇海路北六里的乔团村，消灭伪军20余人，将日本株式会社准备运回日本的肥猪赶来了500多头。除送旅部、兄弟部队和分给各营以外，还送给了地方政府一部分。大家看到过年能吃上猪肉，真是高兴极了。

军民智拔敌据点

我们四团为人民利益战斗，为人民利益流血牺牲；人民群众把四团当作子弟兵，热情关怀帮助部队，积极支援反侵略战争。

有一次，上级命令我们拔除敌人设在黄庄附近的据点。这个据点安在一家地主的大院里，设有几道封锁沟、封锁墙。接受任务后，我们和群众一起研究拔据点的办法。50多岁的赵大爷提出先派人去据点侦察一下，摸清敌人的分布情况和活动规律，然后进行突击。大家同意他的意见，许多人争着要去侦察。赵大爷说："别争了，还是我去好。我妹妹就住在黄庄，离敌人据点只有三里地，可以帮忙。"大家听赵大爷说得有理，就决定派部队侦察能手韩强和赵大爷一块去。

第二天，赵大爷带着孙女和韩强，扮作一家人走亲戚的样子，向据点出发了。到了黄庄，就能看见敌人的炮楼了，怎样才能进去呢？赵大爷的妹妹和村里的群众想出了个办法：敌人经常要黄庄的群众给他们送菜，让赵大爷和韩强扮作送菜的打进去侦察。

第二天下午，赵大爷和韩强挑着两担菜，向敌人据点走去。站岗的哨兵看了赵大爷和韩强的"良民证"，见他们是送菜的，也没有多问，就让进去了。赵大爷和韩强把菜挑到地主大院里一看，院内有30多间房子，土墙有两米多高。墙四角有炮楼，一个炮楼上有两个哨兵，院中还有一个流动哨兵，指挥所设在院中心炮楼，靠指挥所不远的五间房子是日本鬼子和伪军住的地方，做饭的炊事班是伪军。为了进一步摸清情况，赵大爷一面给炊事班长递烟，一边和他聊天。他们从伪炊事班长口里知道：这个大院驻有一小队日寇和一个中队的伪军，炮楼一晚上换四次哨。赵大爷故意对伪班长说："这阵子八路闹得厉害，他们晚上加岗加哨吗？"炊事班长不以为然地说："这地方是保险区，量八路也飞不进来，还用得着加岗加哨！"当天夜晚，赵大爷和韩强从据点赶回驻地，把侦察的情况详细述说了一遍，我们立即研究，组成了一支精干的突击队，由赵大爷和韩强带路，静悄悄地向敌人据点插去。半夜，靠近了敌人据点，只见地主院的大门紧关着，炮楼上的哨兵时隐时现地闪动着身影，尖刀班的同志搭人梯悄悄跳进了院里。院里的流动哨兵正在打盹，战士上去抓了活的，问明了当天晚上的口令，然后四个炮楼各派去两个同志，以换岗的方式俘虏了炮楼上的岗哨。尖刀班把院门打开，突击队敏捷地插进了院里，赵大爷带一部分同志直捣敌指挥所，活捉了伪军连长，打死了日本小队长。剩下的同志冲进敌宿舍，敌人还在睡觉，战士们先把枪收过来，然后大喊一声："不准动，举起手来！"敌人从梦中惊醒，看见我们的战士端着枪，举着手榴弹，早就吓呆了。有个敌人不老实，被韩强一枪打死，其他的乖乖地举手当了俘虏。不到半小时，就顺利地结束了战斗，战士们押着俘虏连夜返回。

天快亮的时候，部队顺利地回到了驻地。军民们载歌载舞，欢庆胜利，高唱军民团结战斗的胜利凯歌。

鱼水难分一家人

毛泽东同志曾说过，"战争的伟力之最深厚的根源，存在于民众之中。"四团在滨海抗日的几年中，深深体会到，滨海人民是养育四团的"母亲"，是四团从胜利走向胜利的坚强靠山。四团坚持滨海对敌斗争，在临沭、海陵活动时间最长。临沭县的人民群众，对四团的战士可以说是爱兵胜子。战士负伤后从战场上下来，家家都在争抢，唯恐轮不到照顾伤员。有的群众把仅有的一床被子让给伤员盖，有的老乡腾出最好的房子让伤员住。为了伤员的安全，有的大娘、大爷通宵不睡守在床前。有一位60多岁的张大娘，当伤员离开自己家后，想得坐卧不安，提着一篮子鸡蛋，步行二十几里去看望，感动得战士光掉眼泪说不出话来。

当时，在部队里传颂着许多十分感人的事迹。有个伤员讲了这样一件事：

“在一次执行任务中，我左胸中弹，顿时失去了知觉。后来，我被一阵疼痛搅醒，发现自己躺在炕上，刚挣扎着要爬起来，却被两只粗大的手按住了。只见一位花白胡须的大爷亲切地对我说：‘同志，放心吧，离敌人越近越保险，鬼子来了由我们对付。’一位头发半白的大娘，手里端着一碗热腾腾的汤，凑到炕沿上对我说：‘孩子，一天没吃东西了，先喝口汤吧。’说着把汤送到我的嘴边。

“‘哎！有白面吗？’一个粗野的声音从院中传进房里，大娘一听，急忙放下碗，又给我蒙上一床厚被子，坐在炕沿上给我按肚子。两个伪警察闯进门来。‘有白面吗？’大爷连忙说：‘孩子病啦，都没吃的，哪有白面哪！’伪警察大声说：‘他妈的，八路来了就有啦。’这时一个小孩走来倒水，大爷忙说：‘二柱子，上你叔叔家借借，有的话，多给老总几斤。’接着大爷又转过身对伪警察说：‘老总，这里有病人，不干净，咱们到他叔家去拿吧！’那两个贼头贼脑的家伙在屋里打量了一番，就跟着大爷出去了。

“大娘掀去我身上的被子，用手摸着我的头，长出了一口气，脸上泛起慈祥的笑容。不一会儿，大爷回来了，大娘问道那些东西走了没有，大爷小声地说：‘打发走了，我把买种子的钱给了他们……’听到这里，我赶忙说：‘大爷，你怎么……’大爷和大娘几乎同时说：‘孩子，咱一家人可不能说两家话！’

“当天夜里，我被转到另一个村子，住在村头王大爷家。王大爷有儿子、儿媳和一个六七岁的小孙女。全家人住着一间破屋，到处漏风，他们把我让到热炕上以后，又把一床较好的粗布被子给我盖上，他全家就剩一床破被了。我实在过意不去，执意不盖，谁知大嫂竟难过得哭了。大嫂说：‘好容易才轮到俺家照顾一次伤员，你却……’看到这些，我只好同意了。第二天吃早饭的时候，王大爷一家吃的是苞米稀饭，却给我送来三个荷包鸡蛋，还有一碗糖水。我决心和他们一起吃。大嫂说什么也不肯：‘看你这同志，为啥负伤，还不是为了咱老百姓？快吃吧……’

“在这里住了两天，我又被转到别的庄子，住在刘大爷家里。村里的群众还给我送来许多慰问品：一双新鞋、一条毛巾，还有十个写着‘抗日救国’的熟鸡蛋。这次养伤，使我深深感到，人民是我真正的母亲。”

回想当时，临沭人民对部队的关怀真是无微不至。我们每住一个村庄，老乡们就主动为我们腾房子，送柴火。村干部详细地给我们介绍周围情况。民兵自动同我们一起站岗放哨。儿童团跑来争先恐后地领受任务。有一个民主人士叫吴文轩，自愿当了我们的联络员，一有情况，他就来报告。乡亲们经常开他的玩笑，说他是四团的“候补兵”。特别是连队的一些司务长，他们和村里的干部、老乡相当熟，只要走到老乡的院子里叫一声大娘，群众就能听出是谁来了，甚至光听脚步声就能分辨出人来。我曾记得当时流传着这样一首歌曲：

红旗展，
歌满山，
滨海来了老四团，
打鬼子，
捉汉奸，
军民并肩齐抗战，
鱼水难分心相连。

回顾四团在滨海抗战的战斗历程和生活情景，我进一步领会到

“军民团结如一人，试看天下谁能敌”的深刻含义。今天，同战争年代相比，虽然条件不同了，但军民一家的光荣传统仍需发扬光大。我们要继承和发扬军政团结、军民团结的优良传统，同心同德，齐心协力，为加速我国四个现代化建设而努力。

回顾建立胶东与滨海战略交通枢纽的艰巨斗争

贾若瑜

1943 年 7 月，中共中央山东分局和山东军区（一一五师）首长决定由胶东和滨海两个军区协同作战，开辟由胶东至滨海的战略交通线，并且创建诸（城）胶（县）高（密）边抗日游击根据地，作为连接两个战略区的交通枢纽。经过胶东、滨海两军区协同作战和诸胶高党政军民团结奋战，历时八个月的艰巨斗争，于 1944 年 2 月胜利地完成了任务。现在就这场艰巨复杂的斗争作一扼要的回顾，以纪念在这一斗争中英勇献身的革命烈士；同时增强对于山东军区首长指示的“指导战争要善于捕捉战机、抓住战略关键来组织战役行动”这一重要战争规律的认识。

一

胶东半岛位于渤海、黄海之滨，与辽东半岛隔海相望，有众多岛屿作为海上屏障和前哨阵地；有青岛、威海卫等优良军港，形成了对平、津地区的海上门户和关内通往东北的咽喉要道。而且地域辽阔，人口众多，物产丰富，气候宜人，经济、文化和水陆交通都比较发达，在军事上具有极为重要的战略意义。

抗日战争时期，日军、伪军及国民党顽固派同我党领导的胶东抗日军民，在胶东地区进行了反复的、剧烈的争夺，形成了长期的、残酷的三角斗争。当时日军除派遣独立第五混成旅团、部分海军和警备队为骨干，配合伪华北治安军第八集团军侵占胶东的城镇、矿山和交通线外，还利用汉奸，组织伪军，建立伪政权，并同国民党顽固派勾结反共，以图控制胶东。据 1942 年统计，他们侵占了胶东约 1/3 的土地，统治和压迫着胶东约 47% 的人口，使胶东人民处于水深火热之中。

国民党顽固派则以反正的伪满军赵保原部（改编为陆军暂编第十二师）为骨干，统一指挥胶东区的国民党地方游杂部队三万多人，组成“抗八联军”，与日、伪互相勾结，共同反共反人民。

当时我胶东军区有主力三个团（第十三、十四、十六团）、四个军分区；军分区各辖一个独立团和县、区地方部队及民兵。我根据地面积为 16330 多平方公里，村庄 6700 余个，人口 295 万多人；与敌人相比较，总体上还不居于优势。而且我们又远离山东军区（一一五师）主力，突出在胶东半岛。那时从胶东根据地中心到山东分局和山东军区的驻地滨海区，必须绕道清河区、鲁中区，通过重重封锁线才能到达，时间需要 20 多天。这不仅使山东军区（一一五师）主力很难及时支援胶东，而胶东丰富的人力、物力、财力也难支援全局。所以山东军区司令员兼政治委员罗荣桓同志把胶东军区比作“一把没有上在枪上的刺刀”。因此，开辟胶东——滨海的直接交通线，并建立这条战略交通线的交通枢纽，提到了山东分局和山东军区的议事日程。

1943 年 7 月，日军独立第六混成旅团调离山东，使其在山东津浦路东的第十二军所辖日军只有 3.4 万多人。而伪军却由 17 万人猛增为20多万人（主要是国民党军队大批投敌所致）。日军兵力虽然减少，但仍进行频繁的“扫荡”和“蚕食”，使其兵力更为分散，战斗力也较过去削弱，特别是日军机动部队减少，就便于我军作战行动。同年蒋介石发动了第三次反共高潮，并命令其嫡系第九十二军李仙洲部入鲁，接替原来的山东实力派于学忠部，而且把李仙洲所辖第九十二军升格为第二十八集团军，以便统一指挥山东顽军部队。1943年3月上旬，李仙洲部由皖北进入鲁南，提出“驱逐逆流，收复失地”的反共口号，对原属于学忠部的暂十二师（赵保原）、保安第二师（张步云）、新编第三十六师（刘桂堂）等部均编入第二十八集团军序列，同于学忠争夺实力，造成了李仙洲和于学忠的尖锐矛盾。导致于学忠于1943年7月不待李仙洲到达，就利用青纱帐升起，放弃山东战略要点——沂（山）鲁（山）山区和诸（城）日（照）莒（县）山区，撤到皖北。当时李仙洲部入鲁未成，于学忠部又撤离山东，这样，在山东国民党军主力数量减少，地方军一部公开投敌（如张步云的保二师第二次投敌），伪军数量增加；日、伪军也都企图抢占于学忠所放弃的战略要地——沂鲁山区和诸日莒山区。

分析当时形势，中共中央山东分局和山东军区（一一五师）认为，我军如能控制由于学忠所放弃的沂鲁山区和诸日莒山区，对于改善我军斗争态势具有重要的战略意义。时不我待，机不再来。山东军区首长当即定下决心，部署与日、伪军抢夺这些战略山区的战役。战役任务以鲁中军区、滨海军区为主，击退进攻的日、伪军，抢占沂鲁山区；在清河军区配合下，打通鲁中区与清河区、滨海区与鲁中区新的联系。并于7月12日电令胶东军区派一个主力营插入诸（城）胶（县）边，与滨海军区配合打通胶东区与滨海区的战略联系。对李仙洲部的进攻，在自卫原则下给以歼灭性的打击；对于学忠撤离山东进入皖北的部队给予便利。这是山东军区（一一五师）第一次指挥全军区协同作战的战略性战役。

二

1943年7月中旬，胶东军区首长根据山东军区的统一部署，命令我率十四团第一营（后来由该团第二营与第一营轮换），配属电台一部，执行开辟胶东——滨海战略交通线的任务。当时既无诸胶高边地图，又没有同山东军区和滨海部队联系的电台呼波和密码。对于诸胶高边的敌伪和投降派、顽固派军队的情况全不了解，加上又值雨季，执行这项任务困难很大。我把任务向十四团领导和十四团一营营长姚琪、教导员鲁泉、副营长高学仁等同志作了传达，经过充分研究，一致认为：战略先机不能失，协同滨海作战任务不能误时，困难虽多，但我们却是一支精干的有战斗力的部队，突然出现在敌占区，能够取得出敌不意的效果。接着，我们分别向十四团一营的全体干部、战士进行动员，提出于两天内完成在敌占区长途行军的准备。大家一致表示，要以坚决、果敢、迅速、突然的动作，插向诸胶高边区。

我们部队于7月下旬由牙山区出发，经过200多公里的雨季行军，7月25日进到平度东南的许丘一带时，适遇暴雨。这里是平度有名的洼地，平地水深一公尺以上，我南海军分区又曾在此挖了很多阻碍日军活动的“抗日沟”，沟深一公尺以上，在这种地方水深几乎达到三公尺，加上南面的胶莱河水陡涨，各个村庄之间的交通均已隔绝。这时我们进退维谷，前有洪水阻隔，后受洪水包围，可是任务紧急，胶东军区首长又一再催促。为了克服这一困难，我们找到当地群众了解了“抗日沟”的各方走向和它的大体位置，然后派出十几个会游泳的战士带些树条在水中插出一条通路，部队沿着这条通路踏水前进，向第一个目标——胶济铁路接近了。我们在道望丘以南越过胶莱运河，在大栏附近越胶济河进到胶济路北毛家屋子隐蔽，准备越过胶济铁路。这天正好是八一建军节。

我们必须迅速通过胶济路。但是，由于我们没有诸胶高边地图，对敌情一点也不了解，仅靠夜间在敌占区行军已不可能，只好昼夜兼程，边走边弄清情况。如果前方是日、伪军或顽军的据点，就绕道通过；万不得已就打遭遇战。这虽是一种“冒险”，实则比较安全。

8月1日晚，我们经过充分准备后，从毛家屋子一带沿张鲁寺向韩五屯前进，进到韩五屯已经是8月2日凌晨2时了。这里距胶济铁路只有两公里左右，我们随即部署从芝兰庄车站以西的芝兰屯越过铁路，向西南方向的诸胶高边前进。由于情况不明，道路不熟，夜间又无法找向导，只能在茫茫的夜里沿着大道前进。凌晨4时许，大路上已经有了行人，由于我们是在敌占区行军，一般的群众都没有想到是八路军，高密东南是一片小丘陵地，青纱帐已起，倒也便于我们活动，还可以观察周围情况。但是这里道路纵横交错，而且通汽车的大路也多，我们于晨5时以后才到夏家沟附近。这是一个较大的村庄，距芝兰庄车站不到十公里，不宜在此逗留，我们找了一些农民群众了解情况后，继续向西南方向前进。下午1时许，我们在东化山附近一个庄子休息，这时哨兵送来一些骑自行车送信的人，他们是胶县和高密边区的一些伪乡长派来的，询问我们这支部队是属于“哪方面”的，好“准备接待”。我要十四团一营以八路军的名义各回他们一封信，告诉他们：我们是八路军，是抗日救国的军队，是来打日本鬼子的。日本鬼子长不了了，要他们自己放明白点，不要当日本军阀的殉葬品。只有弃暗投明，帮助抗日，才是唯一的出路。如果他们要干坏事，必将受到应得的惩罚。与此同时，我们向当地群众进行了抗日救国的宣传，并以我们严格遵守“三大纪律、八项注意”的实际行动，给群众留下了深刻的印象：一是他们看见共产党领导的八路军确实是一支威武的抗日军队，心中有了希望；二是八路军纪律严明，使他们感到亲切。接着我们继续前进，到窝乐子宿营。

当天夜里，我们从窝乐子向障日山区前进，8月3日拂晓到达鲁山沟、花沟一带，从群众口中只了解到这个地区西面有伪军张步云部，南面有伪军李永平部，东面是六汪伪据点，但具体情况仍不清楚。早饭后，山上的哨兵报告，南面有一支头戴钢盔、身着黄色军服的部队正向花沟前进。我们部队立即准备战斗。当这股敌人刚刚接近我们的阵地时，我们便突然用火力与运动配合、正面出击与主力从敌侧背迂回相结合的方法，给以反击。在我轻重机关枪、掷弹筒和步枪、手榴弹的打击和部队的突击下，敌人丢盔弃械，四散奔逃，除被毙伤数十人外，还活捉了30来人。经过审问，才知道这股敌人是伪滨海警备军第二团（主力团，团长刘钧）。他们是在接到当地"谍报员"（每个村庄都有）的报告后，特意赶来"消灭"我们的。但当他们知道我们是八路军时，一个个吓得面如土色，跪下喊"饶命"。我们要他们起来，向他们宣传抗战形势、我党我军的抗日主张和宽待俘虏的政策。他们说，他们的长官讲，八路军抓住日、伪军，都是要处死的。经过我们的解释，他们半信半疑。这时我们考虑：为了戳穿敌人的反动宣传，消除他们的疑虑，决定把这批俘虏释放，并把其中的伤员给予包扎后一并送回。接着就将他们全部释放了。

花沟战斗结束后，我们转移到障日山东的阿乐子，继续打听滨海部队的消息。由于我们一时与山东军区和滨海军区的电台接不通，加上对敌情、地形不熟悉，所以决定先在这个地区一面进行游击活动，一面想法与滨海部队取得联系。

三

正当我们在阿乐子十分焦急的时候，哨兵报告滨海教导十三团的便衣侦察员给我送信来了。我立即接见了他们。他们给我带来了滨海军区教导十三团团长梁兴初、政委覃士冕写来的信，信中说：山东军区首长要十四团部队先到日（照）诸（城）公路以西的马耳山区休息，我到山东军区接受任务。教导十三团把我们安置在长城岭，他们驻洪凝，并且给我送来了一幅五万分之一的诸胶高边军用地图。这几位侦察员说，他们已两次到路东来找过我们，可是没有找着。以后听见东面的枪声，估计是我们部队来了同日、伪军交战，于是他们沿着障日山区寻找，最后在阿乐子找到了我们。

8 月 4 日晚，我们在教导十三团侦察员的引导下，从日诸公路的柳树店伪军据点北侧越过封锁线，于 5 日凌晨到达前马耳山区的前长城岭。当天，我去洪凝找梁兴初、覃士冕同志，并请他们向山东军区和滨海军区发一电报，说明十四团部队已经到达马耳山区，我即去军区接受任务。随即得山东军区首长要我立即去十字路军区司令部接受任务的电报。下午，我即向莒县的十字路出发，走了 100 多公里，于 8 月 6 日到达军区驻地。

在军区作战室里，罗荣桓司令员指出开辟胶东区—滨海区交通线和建立战略交通枢纽的重要意义，说：胶东战略位置很重要，但它远离主力，是一把没有上在枪上的刺刀。现在要把它上在枪上，任务是打通胶东和滨海的联系，创造诸胶高边抗日游击根据地，建立一个连接胶东和滨海的战略交通枢纽，把这两个战略区连接起来。对此，山东分局和山东军区决定成立党的诸胶高工委和一个游击支队。黎玉副政委插话说：那个地区原来是山东纵队第二支队活动的地区，二支队在那里有影响，是否仍叫第二支队？罗司令员说：那就叫滨海第二支队。并说分局和军区已决定由我担任工委书记和滨海第二支队支队长，统一指挥该区的军事斗争。罗司令员特别强调二支队一定要在这个地区站住脚。怎样才能站住脚呢？他说：一是要确定作战目标，那里有日寇、伪军，伪军中主要是李永平和张步云两股，除打击日军外，伪军中先打谁？要确定。当然情况也可能发生变化，要慎重初战，初战必须打胜，才能树立群众的信心。二是要从减轻人民群众的负担入手，宣传群众、组织群众、团结群众，千方百计保护人民利益。三是要研究当地情况，搞好统一战线工作，特别要继续做争取姜黎川部的统战工作和开展杨家山联庄会的统战工作。对于杨家山联庄会的上层人物，只要他们不降日、不反共，可以尊重他们的现状。这些都决定滨海二支队能否在该区站住脚和打开局面的方针、原则问题。同时他还指示，为给我在诸胶高边活动以较大的机动条件和锻炼机会，在我向山东军区请求的电报发出 12 小时后无回电时，即可根据当时情况机断处置。

黎玉副政委补充说，这个地区还有一些遗留问题，需要很好处理：一是原山纵二支队有些人自动离队回家，也有一些伤病员寄留在群众家中。这些人后来的表现各不相同，不要把他们都当作“叛徒”，要经过认真的调查研究，区别对待；准许他们中犯有错误的立功补过，允许这种人重新参加革命工作。二是这个地区有一批军、烈、工属，他们长期受压，要做他们的工作，他们也将会成为我们的依靠力量。群众中还有一些抗日积极分子，他们这些年有的受压，有的也有变化，都要慎重处理。三是要做好当地道会门的工作。这个地区有黑旗会、红枪会和“一贯道”，等等。其中“一贯道”同日伪有勾结，但对其反动的坛主和一般的道众要有区别。黑旗会同我们有联系，有的已参加了抗日工作。红枪会曾同山纵二支队打过仗，互有伤亡，要我去找刘勇同志介绍这方面的情况。

萧华主任根据山东军区首长指示作了具体安排。他说，罗司令员提出减轻当地群众负担问题，非常重要。诸胶高边区由于日、伪和顽军的勒索抢掠，已经到了民穷财尽、民不聊生的地步，滨海第二支队进入该区活动，要自带粮食、油、盐，不要在当地筹粮筹款。如果自带粮食吃完，后方补给来不及时，也只能花钱购买。一定要公买公卖，不仅不能损害人民群众的利益，而且还要给群众带来好处，用战斗去保护他们的利益。这样，人民群众就会真心实意地拥护我们。他指出，工委要精干，要加强团结，二支队要搞好同当地党、政、军、民各方面的关系。他说，为了开展这个地区的敌、伪军工作，军区派参议员牟宜之同志到滨海二支队和教导十三团帮助工作。又说，罗司令员要二支队选择的打击伪军的首要目标是当地最反动的伪滨海警备军李永平部。他是一个死心塌地的汉奸，日寇对他也很器重，他还没有遭到我军沉重打击，反动气焰十分嚣张，而且也很孤立。李永平部同张步云部也有矛盾。我们打李永平时，张步云不会积极行动，因为张步云部已经遭到我教导十三团的打击。但是，对李永平部我们还不够完全了解，不能轻敌。第一仗一定要打好，才能坚定群众的信心，才能打出军威，站住脚跟。最后他说，诸胶高边区是一个新开辟的地方，群众还没有发动起来，敌情也很严重，日、伪军和顽军的数量都比二支队占优势，他们绝不会让我们按部就班地开展工作，战斗将是频繁和艰巨的。因此，要注意保持部队的体力，关心部队的生活，让部队吃饱和休息好。

根据分局领导和军区首长指示，我到分局组织部找李林部长谈关于党的工委组织问题。他说，分局已决定由我任书记，郭友邻同志任副书记，由胶东区党委选调原在杨家山做过地下工作的于光同志任组织委员，即调与杨家山联庄会有关系的杨凌波同志任宣传委员。工委一些工作人员均已由山东分局和滨海区党委调配。

接着，军区情报处和作战科向我介绍了该区的敌、伪和顽军的情况：在诸胶高边的日军，属于敌独立第五混成旅团的第十八大队。大队部驻高密城。伪军在日（照）诸（城）公路以东地区，在理务关、石门等地的为伪张步云的一个师。在泊里、于家官庄、夏河城等地的为伪滨海警备军李永平部三个团，约 3000 人枪。在六汪等地的伪军则属于胶县的伪地方团队。顽军在高密境内的主要有蔡晋康部（实际已同日、伪勾结），在铁镢山以北的有姜黎川部。同时军区给我发了无线电联系的电台呼波和密码。

从山东军区接受任务以后，我又去滨海军区向陈士榘司令员、符竹庭政委、何以祥参谋处长、刘兴元主任报到和请示工作。他们也都作了原则指示并向二支队发给了无线电联络的呼波和密码。当我返回长城岭后，工委的同志也都到齐了。我同郭友邻同志又去教导十三团拜会了教导十三团的领导，共同研究了开辟路东根据地和二支队的物资供应问题。之后，召开了党的工委和十四团一营主要干部联席会，传达了山东军区和滨海军区首长的指示，研究了到诸胶高边区开展工作的部署，准备向东进发。

四

8月10日，我们支队和党的诸胶高工委经柳树店北侧的日、伪封锁线，进入诸胶高边的鲁山沟。随即开展宣传群众、组织群众的工作，同时准备打击从据点中出来的日伪军和向我进攻的顽军。我们主要以伏击、袭击的进攻手段主动地打击敌人，不轻易去进攻敌、伪军的据点。对于顽军则采取自卫原则，在有理、有利、有节的条件下给以回击。对于姜黎川部，坚决按照山东军区首长指示做好争取、团结的工作。并积极设法做好杨家山联庄会首领的工作，争取同他们直接联系。我们在诸胶边的活动，引起日、伪和顽军的注意。于是日军要胶县伪区长向明忱出面给我军写信，要我军“不要在胶县境内活动”，说什么胶县南部山区，由于连年战争，各种军队很多，人民负担奇重，现在又增加了八路军，人民负担不起；胶县毗邻青岛，八路军在此活动，势必引起日军的进攻，等等。对此，我军予以严正驳斥，指出：胶南人民的生活困境是由日寇侵略和日、伪军的掠夺所造成的，而向明忱本身就负有一定的责任。我们军队到这里来，正是为了解救人民的疾苦，是来打日本鬼子的。如果日寇胆敢向山区进攻，这里的山山水水都是他的坟墓。我们既然来到胶南，不把日寇驱逐，不把汉奸、伪军、伪政权扫除，决不罢休。同时给向明忱指明，日寇失败已成定局，要他认清前途，立功赎罪，留条后路；如果坚持与人民为敌到底，必将受到人民的审判。这时驻泊里的伪滨海警备军头目李永平感到我们支队进入诸胶高边地区，主要是在他的地盘内活动，对他威胁很大，于是他决心趁我们支队立足未稳之际，将我歼灭或赶出诸胶高边区。他令其主力第二团刘钧部，并配属一些迫击炮向我进攻，以求一战决胜。刘钧率部从于家官庄伪据点出发，在市美和贾家沟一带展开，向我驻台家沟、花沟的十四团进攻。由于8月3日刘钧部曾在花沟遭我打击，这次作战行动采取了新的部署，即是首先占领贾家沟北山作为依托，然后兵分两路，一路从正面进攻花沟，另一路沿贾家沟北山、王家夼东山向我花沟阵地右侧隐蔽前进。我们在台家沟南山观察所早已发现敌军的这一行动，于是以一部兵力坚守花沟阵地，吸引其主力，集中我主力以待伏手段对敌迂回部队的翼侧实施突击。正当花沟正面战斗激烈之际，敌迂回部队急向花沟我军右翼合围，而我军却早已给他们布下了一个口袋，敌先头一个连钻进口袋，遭我伏击部队截击，大部被歼。后面跟进的敌人立即转身向南逃窜，我主力随即从进攻花沟南山之敌左侧发起进攻，又把敌主力团刘钧部打得落花流水，四散奔逃。在花沟南山和台家沟南山，敌军遗尸50多具，还有一些伤兵，有40多名官兵（不包括伤兵）被我俘获，缴枪数十支。我军初战告捷。我们对俘虏来的李永平部官兵进行教育后，连同他们的伤员（经过包扎）一并释放，并要他们把伪军尸体全部带回（俘虏抬一部分，动员群众帮助抬一部分）。李伪虽遭打击，仍不服气，几天后又向我十四团一营进攻。又遭一次更沉重的打击，他才领到的仅有的两挺崭新勃朗宁机枪中也有一挺成了我军的战利品。这两次战斗对李永平部震动很大：一是我军连战皆捷，迫使他的主力部队不敢同我交锋；二是我党我军的抗日主张和宽俘政策，对他的士气影响很大，把他原来所说的八路军杀害俘虏的欺骗宣传彻底揭穿了。这样，李伪军不敢再轻易进攻山区寻求我军作战。当地群众已逐渐相信八路军是能打仗的，不会走了。

由于我军的行动，引起了日军的恐慌，要伪军张步云、李永平等部配合行动，把我军赶出诸胶高边。于是，伪张步云部在我活动的障日山区插旗崖增设据点，伪李永平部在丁家大村设立昼去晚归的流动据点，伪胶县保安队在市美设一临时据点，加紧限制我军的活动。这些据点，不仅给我们的军事行动带来不便，而且直接影响到群众的信心和切身利益，增加了发动群众的困难。我们分析了敌伪军的情况：伪李永平部遭我两次打击，龟缩至泊里、于家官庄、夏河城等据点后，新设的丁家大村活动据点和市美临时据点工事很弱；六汪伪军据点，由于长期处于与顽军相互勾结的条件下，工事也不坚固。打掉这些据点，可以扩大我们的活动区和保护群众利益，还可以从据点中取得一些物资补给和夺回群众被抢去的粮食、牲畜，将它发还群众，有利于生产救灾。于是，我们首先以十四团部队向东打掉了市美伪据点，向南打掉了丁家大村的李伪流动据点，把六汪伪据点孤立起来。尔后，经过短暂的准备，又突袭了六汪伪军据点，将它拔除。我们的活动区同杨家山连接起来，为开展杨家山联庄会的工作创造了条件。接着，我们和教导十三团协同打了石门、理务关和插旗崖等伪张步云部的据点，使我们在西面与教导十三团仅隔一条日诸公路就联系起来了。这些战斗的胜利，不仅扩大和巩固了诸胶高边抗日游击根据地，而且对于建立连接胶东—滨海战略交通枢纽起了极为重要的关键作用。这是山东军区（一一五师）和滨海军区首长英明决策指导的结果，也是诸胶高边党政军民协调一致、艰苦奋战的结果。在此期间，牟宜之同志在开展伪军工作中也取得了一定的成效，对我军作战起了相应的作用。但军事胜利仅是创造诸胶边抗日游击根据地的一个良好的开端，还有许多艰巨工作等待着我们去完成。

五

遵照山东军区首长指示，军队除了以打仗为主的任务外，还必须做群众工作、统一战线工作和帮助地方建立抗日政权、组织群众乃至建立党的组织的工作。特别在党的工委人手缺少的情况下，军队的担子就更重了。我们支队在诸胶高边是怎样进行群众工作的呢？首先，我们对诸胶高边区进行了调查研究，发现这里群众长期在封建势力的统治下，加上遭受日、伪军和顽军的抢掠，不仅生活贫困到了民穷财尽的境地，而且文化十分落后，封建宗法思想相当严重。加上道会门的活动，日、伪军和顽军的威胁，原山纵二支队遗留问题等的影响，团结广大群众抗日，建立广泛的抗日统一战线，都很不容易。因此，我们支队进到一村就做一村的工作，住那一家就做那一家房东的工作，从严格遵守“三大纪律、八项注意”，节衣缩食救济灾民，与群众同甘共苦做起。如我们平时把每天吃三餐干饭改为两稀一干，打起仗来也是两干一稀，并把饭菜分给一些有病而又缺吃的群众；把自身的军服除留下换洗的外，用于救济缺穿的群众；不仅不在当地筹粮筹款，并且还把打开据点夺回的粮食、牲畜和一部物资发给群众。我们还以战斗的胜利保卫了人民的利益，摧毁了伪乡、村政权和反动组织。这样不仅减轻了人民群众的负担，而且使他们得到利益，从而真心实意地拥护我们。我们的一些伤员，临时寄托在群众的家中休养，当日、伪军前来搜查时，没有一个被敌人抓去的。有一次部队断炊，群众都主动地把各自埋藏的红薯送来，保证部队吃上饭。我们在用缴获的日、伪军据点的粮食物资进行救灾时，除优先照顾困难的烈、军、工属外，不管贫下中农、红枪会、黑旗会的会众都一视同仁，只要确有困难的都给予救济，从而打消了部分红枪会人员怕报复、离队人员怕挨整的疑虑。

我们在诸胶高边区开展工作时，注意到尊重群众的风俗习惯，并且通过一些活动去教育他们改变那些旧的传统观念。例如我们支队初到贾家沟，看到这里的祠堂保存很完整，贾家列祖列宗的“神主牌”照旧得到供奉。当有人听说我姓贾时，便立即向我攀谈宗族关系，让“族长”——一位年近古稀的私塾老先生当面恭维我。当我们向该村一些贫苦群众发放救济物资、粮食，并且不在当地筹粮时，也认为是因“家族”关系的结果。经过我们做过细的工作，使他们逐渐懂得了团结抗日、为老百姓办事是共产党和八路军的一贯主张，并非是某一族姓的“官”对某一族姓的“照顾”。而且当地姓贾的也有干伪军和伪村谍报员的，这些人都是六亲不认。可见即使是同一宗族，如果经济地位不同，政治信仰（观点）不同，切身利益不同，他们相互关系也就不一样，甚至是生死对立，不可能调和的。我们共产党和八路军对抗日的人民群众，不分民族、阶级、信仰、姓氏，都是一视同仁；对汉奸卖国贼，也不分民族、阶级、信仰和姓氏，都将按其罪恶轻重分别惩处。因此，决不能把一个族姓的利益置于抗日利益之上。由于这个村的群众摆正了宗族与抗日的关系，不久即出现了不论什么姓氏，只要打鬼子除汉奸，都能团结一致的新局面。

对于原山纵第二支队留下人员的问题，遵照山东军区首长的指示，我们每到一个村庄都做过细的调查工作。有些烈属、军属长期受压，他们见到自己的部队回来了，受到很大鼓舞，主动地向我们倾吐受压迫的苦难，也向我们提供了他们知道的留下人员的表现。经过许多村庄的调查，我们对原山纵二队留下人员的情况，形成了“两头小，中间大”的概念，即积极而又隐蔽进行抗日活动或者开展党的地下工作的同志少，真正当叛徒的也少，而处于中间状态或者表面应付敌人、实际不干坏事的人居多。针对这种情况，我们着眼于争取大多数，大张旗鼓地宣传党的政策，对他们当时的处境表示谅解，欢迎他们归队；对其中的积极分子，吸收他们参加当地的基层政权工作或群众团体的工作，通过他们和烈、军属去争取更多的同志。对叛徒则分别情况给以惩处。经过一段时间的工作，终于把原山纵二支队留下的离队人员，大多数争取归队参加当地地方工作了。

做好道会门的工作就更为复杂。当时，这里的“一贯道”同日、伪均有勾结，但是他们有坛主和一般道众之别。特别在障日山区有的村庄相当多群众参加了“一贯道”，甚至有小孩一生下地就由“点传师”把他收作徒弟入了道门。坛主、“点传师”多是当地比较有钱有势的人，一般道众多是贫苦农民，由于他们文化落后，迷信仙佛，对坛主、“点传师”的反动面目认识不清，如果没有真凭实据，贸然行动，那就会产生严重后果。后来我们在障日山区逮捕了一个向诸城日军报告我军活动情况的坛主，通过公开审判，揭露了他利用“一贯道”组织勾结日、伪进行卖国的罪行，教育和争取了广大道众，对“一贯道”的瓦解起了很大作用。

对红枪会和黑旗会，我们也都根据党的政策，尽量做好争取、改造和团结的工作。一是宣传“抗日一家、天下农民是一家”的道理，消除两个会门间的矛盾，促进他们合作。特别是对同我们党有关系的黑旗会，劝说他们的姿态更要高些。二是说明过去红枪会的会众受会首的欺骗，参与了反对八路军的军事冲突，导致双方都有伤亡，做了亲者痛、仇者快的蠢事，应由有关的会首负责，与一般会众无关，就是会首有的也没有责任。当前是中华民族存亡的关头，要消除前嫌，团结抗战。而且我们在保卫群众利益、减轻群众负担和生产救灾方面，对红枪会的一般会众都是一视同仁，从而逐步消除了红枪会会众的疑虑以及同各方面隔阂。当然，工作也是不平衡的，有的地方出现过小反复。但从总体上看，黑旗会与红枪会双方取得了谅解，把问题基本解决了。

由于群众工作的开展，各种群众性的抗日团体建立起来，后又逐步建立了基层政权和秘密的党组织，这对于我们支队站住脚跟和创造诸胶高边抗日游击根据地奠定了基础。

六

我们还大力开展了与杨家山联庄会的联系和争取姜黎川部的统战工作。

杨家山是胶南的一个大山区，这里有几十个村庄，山高路险，地瘠民贫，交通不便。日军侵占胶县后，以其主要兵力维护交通动脉——胶济铁路和控制城镇，而且主要是以我军为对手对胶县北部地区进行“扫荡”，因此无暇南顾。杨家山各村相继组织的联庄会群众性武装，几乎是能打仗的人都有枪支。他们曾经打退过数百名日、伪军进攻，也歼灭过国民党军进攻部队的一个营。这里有些村庄种植鸦片，并以此向青岛、胶县等地的各类人员交换物资，其中也包括武器（日、伪军收缴的民间武器和战时缴获的武器用以换取鸦片和现金）。这里既没有日、伪政权，也没有国民党军队和政权，是一块比较特殊的山区。抗战初期，莱阳县的共产党员于光同志曾在这里进行过地下活动，结识了联庄会的首领之一杨凤林，发展了一些群众抗日团体、个别的地下党员。杨家山也有一些人到济南上学，同我们党发生了关系，并被吸收为党员。这次我们工委派组织委员于光同志到杨家山与杨凤林联系，向他宣传我党的抗日主张和抗日民族统一战线政策，讲解了抗日战争的形势、杨家山联庄会的将来。并明确表示，只要杨家山联庄会不依附日、伪，不参加反共，我们尊重其现状；如果他们愿意同我军合作，我们欢迎，也同样尊重他们的现状。经过于光同志的工作，杨凤林先生深知民族大义，也看到日、伪军和国民党顽固派军队将会再次进攻他们。同时，我们支队在诸胶高边连续打了胜仗，已同杨家山连接起来，联庄会员中不少人也主张只有同八路军联合才有依靠。特别是我军纪律严明，优待伪军俘虏政策，减轻群众负担，深得人心，使山里多数上层人物和农民群众都相信我党我军是真正抗日的，是为人民办好事的，同我们合作，对他们是有好处的。但是，杨家山上层人物意见并不完全一致，群众中也还有对我党我军不甚了解的，特别是各个集团、宗族都有各自不同的利益，谁侵犯了他们的利益，他们都不干。因此，我们在同杨家山联庄会打交道时，既要他们理解民族利益同他们利益的关系，又要考虑到他们联庄会整体利益和各个集团、宗族间的个别利益，同时根据上层人物在政治上的不同表现，对进步的、保守的或个别反动的，加以区别对待。经过协商，我们同联庄会达成了双方互利和谅解的协议：联庄会不依附日、伪，不同国民党顽固派勾结反共，我八路军不进驻杨家山，不向山里筹粮筹款；杨家山联庄会可以为八路军采购武器、药品和物资，八路军用现金支付或实物交换；杨家山联庄会可以掩护八路军不带武器的伤病员，由他们保障其安全，杨家山遭到日、伪军和国民党顽固派军进攻时，八路军给予大力支援；杨家山同诸胶高边抗日游击根据地可以实行双方有利的物资交流，等等。就这样，我们与杨家山联庄会的联系工作逐步开展起来了。

对国民党原山东保安第一旅旅长姜黎川，我们积极地进行了统战工作。姜黎川从抗战初期开始就同我军有过统战关系，其中也有反复。1942 年春，他在胶南山区，由于日、伪军压迫，国民党顽固派的分化，内部不稳（第一团团长隋永谞被任命为保一旅旅长，姜黎川改任陆军挺进第二纵队司令），曾要求我们将其部队开到胶东区中心区休整。经山东分局、山东军区同意，并由胶东派一个主力团到平（度）胶（县）边的胶济路北侧接应。但是他的第一团投靠了赵保原，由胶南开到莱阳东南的左村，在1942年5月20日，为我军在讨伐赵保原的五龙河战役中将其全部歼灭。同年7月1日，胶东军区成立，姜黎川才率领其部队进到胶东根据地中心——牙前县的郭城，靠近军区机关（驻战场泊）进行休整、补充，我军将左村俘虏的叛离该旅的原第一团的官兵交还给他。同时胶东参议会选举他为胶东区参议长。不久，日军对胶东区中心根据地进行“扫荡”，姜黎川率部到我南海军分区平度东南地区活动，因同我南海军分区发生磨擦，又率部回到胶南山区六汪一带。当我支队进入诸胶高边区后，扫除了一批日、伪乡村政权，包括六汪据点在内，这时姜的活动区也被缩小了。特别是国民党正规军第二十八集团军李仙洲部入鲁失败，姜黎川为保存其实力，便派他的妹夫张浙九（姜的军需处长、开明人士）来我支队联系。张浙九同我见面后，对姜黎川与我南海军分区磨擦一事作了解释，要求与我们划分活动区，给他一块地区活动，而且还要在日、伪军（主要是伪李永平部）向他进攻时给以支援。我根据山东军区首长指示，对姜黎川部愿意继续同我军联合抗日表示欢迎，彼此应当相互支援。对姜部现行驻区我军可以不进入，但他应保证不得与日、伪军勾结和反共反人民，更不能再次向杨家山进攻和阻止、破坏我军同杨家山联系的交通。经过一番艰苦工作，我们支队同姜黎川部再也没有发生过军事冲突。

只是短短的八个月，我们支队即在诸胶高边完成了与滨海军区部队协同开辟诸胶高边抗日游击根据地，建立连接胶东与滨海两个战略区的战略交通线和战略交通枢纽的任务。从此，由胶东区到山东分局和山东军区所在地，只要两天就可到达了。这是由于山东分局领导和山东军区首长英明决策、正确领导的结果。山东军区首长不仅在开辟诸胶高边区前提出明确的方针、政策，并且给予最大的关怀。同时于1943年11月10日发出了关于坚持障日山区斗争的指示，再次提出“创造诸胶高边游击根据地巩固与缩短我战略联系”斗争的方针，从而指引我们沿着正确的方向前进。滨海军区首长陈士榘司令员、符竹庭政委还亲自到我们支队检查指导工作，并给予鼓励。我们还得到滨北地委、军分区（教导十三团）和滨北专署的直接支持和配合，使我们有了依托。再由于诸胶高工委和滨海二支队全体同志坚决执行上级指示，同心同德，艰苦奋斗，以自己的模范行动和战斗胜利的实际成果，宣传了党的抗日主张、政策，从而得到了边区人民的拥护。特别是十四团第一、第二营和滨海在这个地区活动的部队，不怕困难，艰苦奋战的结果。

我们这个支队在完成上述任务后，1944年初，奉山东军区命令，把诸胶边划归滨北军分区领导，滨海第二支队撤销，我率十四团部队返回胶东军区归建。我们于1944年春节后，奉命到山东军区驻地附近休整，并接受山东军区首长的检阅。当时罗荣桓司令员十分高兴地说："胶东这把刺刀现在上在枪上了！"

挺进五莲山区开辟滨北抗日根据地

梁兴初

1943年，日本侵略军仍以打击我党我军为主，但由于他们发动了太平洋战争，从山东战场调走了第六混成旅团，剩余兵力据守3000多个据点，兵力越显不足，且又更加分散。

就在此时，国民党消极抗日、积极反共的反动政策，更加变本加厉，在全国掀起了第三次反共高潮。因此，我与敌伪顽的斗争仍然很紧张。但整个反法西斯战争的国际形势好转，国内形势也发生了有利于我的变化。敌人为求最后挣扎，采取“强化治安”和“蚕食”政策。我则采取分散坚持、统一配合和敌退我进的作战方针，抓紧有利战机，扩大抗日根据地。

1942年12月，第三次甲子山战役后，教导五旅十三团、十四团和旅直一部合并为滨海十三团，原教导五旅旅长梁兴初为团长，原十三团政委覃士冕仍任政委兼主任，黎有章任参谋长。滨海十三团的主要任务是巩固甲子山区，随时打击日照及滨北敌伪顽的侵扰。并在党的领导下，充分发挥地下党员的作用，配合我武工队、侦察分队，积极查明滨北敌伪顽的兵力分布和活动情况，特别查明朱信斋、张步云、孙焕彩等伪顽的情况，以便随时受命北上开辟滨北五莲山区根据地。这一情况的侦察，从 2 月开始至 5 月基本完成。

东北军于学忠部，自 1939 年春以来一直控制着沂蒙山区和莒日诸山区。该部非蒋介石嫡系，且由于日军“扫荡”及部队逃亡，实力减少，防区缩小。蒋介石责难其反共不力，难以在山东为各顽军之统一核心。遂以调整部署为名，于 1943 年 6 月令其撤至安徽阜阳休整，而由其嫡系李仙洲部接防。此消息传出后，该区土顽气焰甚嚣尘上。于部对换防不满，故在李部未到山东之前，便先期撤出。在五莲山区之孙焕彩部，亦先期撤至沂蒙山区。这样，于学忠部所盘踞之地区，一时成为“空白”，土顽和日伪军均欲先机抢占。据此，山东军区罗荣桓司令员兼政委命令“对于学忠西撤给予方便，争取先敌占领于部放弃之阵地”。

当顽军孙焕彩部于 6 月 20 日下午撤离五莲山区时，山东军区首长根据这一准确情报当即决定，由滨海军区司令员陈士榘、十三团团长梁兴初率领滨海十三团、滨海六团三营和四团一个连迅疾向滨北挺进，先敌伪抢占孙焕彩部撤走后的空白阵地，并讨伐叛国投敌的国民党将领张步云。由万毅同志率领新一一一师，接替甲子山区防务，并积极向日照方向活动，以牵制、打击日照敌伪军，策应我在滨北的行动。

陈、梁决定：向滨北挺进，首先袭击朱信斋部，以求歼灭其一部。而对顽军张里元部，他如向我动手，我则自卫还击，相机歼灭之；如他不动，我则置之不理，主要抢占街头、洪凝、石场、叩官庄地区。首先力求得手后站稳脚跟，如敌伪来袭，我坚决打击并相机歼灭之。6 月 23 日晚，我首先向鸳山东南之窝疃朱信斋部进击，因该地区山高林密，敌人一发现我，即四散而逃，仅毙伤敌 30 余，俘敌 50 余，未能全歼，但我控制了邱家沟、李家沟、马家沟一带阵地。随即对付由街头、大洼来犯之顽军张里元部。该顽一触即溃，我遂以得力部队跟踪追击至石场、桑园以西地区，歼灭其一部，即停止追击。后来，张里元以管帅日伪据点为依托，集合残部，于7月14日窜入沂水以西地区。

至此，我主力直指街头、洪凝、松柏林、马耳山等地，毙伤敌伪30余，俘伪80余，缴获各种枪100余支。经十余天战斗，我控制了诸日间山区及莒北大部，完成了军区给予的先敌抢占阵地的任务。

粉碎日伪万人“扫荡”，最终站稳脚跟。敌伪军原准备在顽军孙焕彩撤离五莲山区之际，来抢占这一空白地区，终因敌伪内部各怀鬼胎，矛盾重重，都想抢占，又都一时抽不出力量来。加之由于对孙焕彩撤走的这么快和对我八路军北上进展如此神速都未能料到，故敌伪抢占“空白”比我晚了一步，但却仍不死心，妄图趁我立脚未稳之际，进行“扫荡”，将我歼灭或赶走。

敌伪从7月13日起，急速纠集万余兵力，“扫荡”五莲山区，对我实行分割、穿插、多路合围，寻找我主力决战，以求一逞。而我以机动灵活的战略战术，掌握敌情，找敌人岔子，钻敌人空子，跳出敌人合围圈子，择弱而击之，集中兵力打敌人最弱的一路或牵制大股，孤立小股，进行包围，速战速决，聚而歼之。7月16日，敌人五路合围街头。这时，我早已跳出合围圈，转移到了洪凝以东松柏林一线，敌人又扑了空。7月，正值炎暑季节，敌伪转战五莲山区，不仅没有达到目的，反而吃了亏。到7月17日，日军已被拖得精疲力尽，同时误认为我主力已被赶走，于是分别由石场、街头窜回莒县和日照县城。伪张步云则留下与我周旋，其第五旅占据三关口，一旅占据街头，另一部占据叩官庄、户部岭、焦戈庄等地。根据此情况，我决心对张步云用各个击破办法，先集中兵力歼灭三关口之第五旅，而后再移兵打街头。

16日，当敌伪合围占领我街头时，就在当日晚上，我军以十三团主力包围了三关口伪第五旅。17日拂晓，我军冒雨向该敌发起攻击，一营从东北，二营从正南，七连从西南，均先后突入村内。我军打入该敌内部的一个新兵连，战斗一打响，即抢占了有利阵地，调转枪口向敌人射击。我军在向敌军进攻的同时，又以政治攻势相结合，动摇和瓦解敌人。伪旅长张文政眼看败局已定，即带护兵狼狈逃窜。这时，敌人失去指挥中心，在我军勇猛打击下，纷纷向沟底溃逃，正好进入我伏击圈，又遭迎头痛击，敌人只好乖乖投降。历时 9 个小时，激战胜利结束。此役毙敌 112 名（其中包括副旅长 1 名），伤敌 76 名（内副营长 1 名），俘敌 588 名（内有连营长 10 余人）。缴获长短枪 407 支、机枪 5 挺、子弹 3000 余发、电台一部。

为打击张步云的后方，于 17 日晚，滨海六团三营袭击了敌诸城南之仁里据点，激战一夜，俘伪军中队长以下 100 余人。17 日结束三关口战斗后，我十三团即移兵街头。19 日黄昏围攻竹园、街头、叩官、户部岭、焦戈庄地区。街头战斗中滨海十三团二连指导员李义宾同志身先士卒，率突击排突进庄内壮烈牺牲。街头战斗结束后，我军继而又横扫高泽，张家沟伪军据点，又歼灭敌人一个先遣支队和伪张步云一旅一部。

至此，我军冒炎暑，发扬不怕艰苦、不怕牺牲和连续作战的作风，近一个月时间进行了大小战斗 40 余次，毙伤俘敌为千余人。

7 月底，万毅同志也奉命率一一一师，由甲子山区挺进滨北。在开进途中，六六二团和六六六团在莒（县）日（照）公路上的三庄与千余敌伪遭遇，我军当夜三面向敌发起攻击，毙伤敌伪 200 余人，俘 40 余人，未能完成攻下三庄，拂晓退出战斗。敌察觉后，尾追出村转向我军进攻，我军退回滨南。三庄战斗后，于 8 月初，六六六团和独立团越莒日公路，进至街头以南地区，与伪张步云的一个营激战一夜，歼敌 200 余。8 月上旬，一一一师部署于街头以东、罗家丰台、老君堂地区，主要对付沈疃、日照之敌和盘踞叩官庄、焦戈庄之伪军张步云部。

至此，滨北局势已经打开，并彻底粉碎了敌伪欲将我消灭或赶出五莲山区的企图，且大大震慑了各据点敌伪，使之不敢轻易出扰。这时，我军已占领了五莲山区8000平方公里的土地、300多个村庄，30多万人民获得了解放。

为了巩固滨北抗日根据地，很快先后建立了莒北、日北和诸城县县区村抗日民主政府。与此同时，先后组建了县大队、区中队。莒北县大队主要活动于石场、桑园和莒县城、管帅、招贤等地。日北县大队主要活动于沈疃、日照、两城和叩官庄、老君堂地区。诸城县大队主要活动于高泽和靠近许孟、仁里、马耳山之间及诸日公路两侧地区，协同武工队坚持边缘斗争，打击敌伪特务活动和配合主力作战。

胶东区减租减息运动的回忆

谢华

胶东抗日根据地地处山东半岛，在抗日战争中，屹立于日伪占领的沿海重镇青岛、烟台、威海和潍县的环形包围之中，是山东重要战略区之一。

抗战爆发后，中共胶东特委坚决执行中央和上级党组织的指示，领导广大人民群众开展了敌后游击战争，坚持抗日民族统一战线，团结各阶层进步人士。从 1937 年 12 月到 1938 年 3 月，各地党组织先后在文登天福山、黄县、蓬莱、即墨、莱阳、掖县等地举行武装起义，建立了抗日武装和蓬黄掖三县抗日民主政权。此后，在日伪与国民党顽固派、投降派的包围夹击之下，进行了长期的艰苦卓绝的斗争，不断地打击敌人，发展壮大自己的力量，扩大抗日根据地，巩固抗日民主政权，直到夺取了抗日战争的最后胜利。

我党我军之所以能够在胶东坚持抗战，由弱变强，由小到大，最终战胜敌人，决定的因素是党中央正确的战略策略和方针政策。“战争的伟力之最深厚的根源，存在于民众之中”。在当时的历史条件下，在日伪军严密封锁、疯狂“扫荡”，企图消灭我敌后根据地的严重关头，抓住减租减息、改善雇工待遇这个重要环节，改善了农民的生活，激发了他们抗日和生产的热情，提高了广大农民的阶级觉悟，树立起基本群众的优势，对于扭转困难局面，夺取抗战胜利，起了关键性的作用。时间过去愈久，回忆起来，感到愈加深刻。

胶东抗日根据地的环境和土地关系

抗日战争时期，胶东区辖东海、北海、西海、南海四个专区，24 个县和烟台、威海两市。除黄县、福山、荣成外，其他各县大都划小，以利于坚持斗争。整个区划包括现在的烟台、威海两市全部，青岛市所属的莱西、即墨、胶县、胶南、平度等六县，潍坊市区及所属昌邑、高密两县。总面积 35700 余平方公里，人口 980 余万。

胶东根据地当时处于敌、顽、我三角斗争的局面。1942 年，我根据地面积 16300 余平方公里，有村庄 6700 个，人口 295 万余人；敌占区面积 10260 余平方公里，有村庄 3900 余个，人口 401 万余人；顽占区面积 1740 余平方公里，有村庄 840 余个，人口 61 万余人。我根据地与敌、顽据点及其控制的村庄犬牙交错。

胶东地区由于三面环海，交通便利，历史上帝国主义势力侵入和资本主义萌生较早，商品经济比较活跃，土地相对分散。在半殖民地半封建的旧中国，不堪压榨的胶东农民外出谋生，到东北及各大城市的较多。由于人多地少，大部是山区丘陵，多种经营较为发展。胶东盛产花生、果品，许多农民从事捕鱼、晒盐、养蚕、采金等业。花边、发网、绣花、草帽缏等供出口的手工编织也较普遍。部分沿海平原实行井灌，使用化肥，间作套种，单位产量和收入较高。这种特点，反映在租佃、息借和雇佣关系上，也存在一些复杂情况。现在还没有当时土地关系的全面统计资料，但从个别县，如地处胶东腹地有一定代表性的栖霞、文东两县的历史资料和典型调查，可以看出大概情形。

据历史资料，栖霞县1936年共有耕地114.3万亩。其中：占总人口1.8%的地主占有15万亩，占耕地总数的13.12%，人均28.1亩；占总人口3%的富农拥有土地16.6万亩，占耕地总数的14.52%，人均占有18.8亩；占总人口55.7%的中农拥有土地63.37万亩，占耕地总数的55.44%，人均占有3.88亩；占总人口39.5%的贫农仅有土地17.6万亩，占耕地总数的15.4%，人均仅有1.52亩。其他用地1.73万亩，占耕地总数的1.51%。以上所说的中农，按胶东腹地山丘地区农村一般情况，其中上中农占少数，多数为下中农。如将贫农与下中农合计，占总人口的70%左右。这同山东和全国的情况基本是一致的。

栖霞县虽然土地比较分散，地主阶级的户数和占有的土地总数比重不是很大，但存在拥有特大数量土地的大地主。胶东最典型的也是最大的封建地主——牟氏庄园就出在栖霞县的古镇都村。这家在清代中叶，趁灾荒之机，高利盘剥，兼并土地起家的大地主，到清末民初进入鼎盛时期，拥有土地6万余亩，山岗13万亩，房屋5500间，佃户村153个。年收租在3700石以上，经营油坊8座，在烟台开有工商业。此外，还实行大量超经济剥削，常年雇工146人，丫鬟、老妈子30余人，账房先生40余人，木瓦匠54人。过着奢侈腐朽的寄生生活。

据胶东区党委宣传部长、“双减”工作团团长吕明仁在文东县“双减”试点时的调查，地主阶级虽在日趋没落之中，但仍拥有大量土地，并以地租剥削为主要收入。万家庄梁宅八大家是文东县最大的封建堡垒。梁氏先人明朝曾任山西巡抚，搜刮人民血汗起家，极盛时期拥有土地6万余亩，到1942年仍有土地26000亩，分布在文登、荣成、牟平等县，设有庄子多处。万家庄有184户，土地2000多亩，梁氏地主即占去75%的土地，143户贫农、雇农仅占有7%的土地。梁宅据有3条大街，设有6个岗楼，40多个打手看家护院，并私设监狱牢房，统治森严。一般的地主大都兼营工商业，买卖多在东北，部分的兼放高利贷。

至于沿海地区敌占城镇周围，有些封建地主兼营典当业和钱庄。地主兼工商业资本家和资本家兼地主的也不少。也有少数雇工耕作和从事多种经营的经营地主。此外，还有一些因主要劳力外出充当学徒、店员，而出租小量土地的小土地出租者。

贫农在残酷的封建剥削下生活十分困苦，有相当部分连最低生活也无法维持。以文东县万家庄和沙柳村为例，这两个村子平均地主每户占有土地425亩，每人50余亩；而贫农平均每户只有3.7亩土地，每人只有六分多地。租种地主土地，租子既高，又不分丰歉，一律照收。收租时用大斗大秤，有的每斗还要加租两升。另外还有花样繁多的劳役。栖霞牟氏庄园，除收租外，凡砌地堰、除松毛虫、打兵差、修坟墓、红白喜事诸般工匠。以及洗衣服、看孩子，都派佃户及其妻女当值。这些地主还动辄抽地毁约封门，断绝贫农生路。加以贫农过去被地主兼并去的土地只带走部分田赋，余下小量土地田赋畸重。劳苦终年，不得温饱。一遇天灾人祸、生老病死，只得靠借高利贷救急。一般春借一斗，秋还三斗。借款利率月息高者四分，年息高者五分。到期无力归还，利息加倍。花生产区的农民和沿海渔民更深受花生行和渔行买花生青苗和贷款还鱼的超高利盘剥。不少农民被迫出卖土地房屋，甚至卖儿鬻女，逃荒东北。高密县25个乡镇，就有8296户，35310人逃荒东北；14567户，36237人乞讨谋生；4890户卖儿鬻女。

当时根据地贫农身受的封建剥削还没有得到多少减轻，明显影响了他们抗战和生产的积极性。在敌人“扫荡”封锁日益加剧，抗战面临严重困难的形势下，开展减租减息，改善雇工待遇，已成为广大农民的强烈要求和抗日根据地的当务之急。

减租减息运动的发展过程和主要特点

胶东区减租减息群众运动大体可分为三个阶段。第一阶段是1938年抗日民主政权建立至1941年。这一阶段虽然颁布了一些减租减息的法令，但大都停留在一般号召，除个别地区有零星斗争，基本上没有发动群众，因而收效甚微。第二阶段从1942年开始到抗战胜利。这期间才真正有领导大规模地开展起来，紧接着在1943年和1944年连续进行查减，运动逐步深入，取得显著成果。第三阶段是1945年抗日战争胜利以后。结合反奸诉苦，在新解放区普遍进行减租减息改善雇工待遇，直到1946年中央发出“五四指示”，转入实行土地改革。本文主要谈谈第二阶段的情况。

1942年1月28日，中央发出《关于抗日根据地土地政策的决定》，2月4日，又发出《关于如何执行土地政策决定的指示》。这年春天，刘少奇由苏北返延安途经山东抗日根据地，他经过调查研究，指出山东忽视群众工作，不甚关心群众利益，改善群众生活，和平“双减”，没有很好地发动群众，树立基本群众优势。山东分局根据中央和少奇同志的指示，总结了山东抗战四年工作，作出《关于减租减息改善雇工待遇开展群众运动的决定》，要求各地把这项工作作为第一位的中心任务。

当时胶东区的形势，虽然经过1941年3月开始的反投降战役和1942年4月至5月从李福庄战斗开始的五龙河战役，反顽斗争在军事上取得重大胜利，开辟了大片根据地，但日寇加紧“扫荡”，我敌后抗日根据地环境恶化，困难日益加剧。区党委于驻地海阳朱吴后庄召开会议，认真讨论了中央和分局关于减租减息、改善雇工待遇的指示，迅速作出具体部署。一场大规模的群众运动，既深入细致又轰轰烈烈地开展起来了。

1942年，初步打开了减租减息局面，但各地发展很不平衡，不少村庄群众还没有充分发动，仍有明减暗不减现象，基本群众优势还没有真正树立起来。1943年春夏，为克服根据地的经济困难，普遍开展了大生产运动和组织互助。秋冬进行查减，运动进一步深入了。1944年继续查减，把斗争锋芒普遍指向继续抵抗和破坏“双减”、恶迹昭彰、民愤极大的恶霸分子，掀起反恶霸斗争的高潮。在经济上对他们不仅减租增资，而且进行了清算，让其偿还非法霸占掠夺农民的不义之财，并以土地折还。在政治上彻底揭露其反动本质，打掉了他们的威风。打倒了这些封建势力的凶恶代表，拔掉了这些负隅顽抗的“钉子”，广大农民扬眉吐气，基本群众优势才真正树立起来。1942年据东海、北海、西海三个专区不完全统计，减了租的土地共22.46万亩，其中东海、北海共减租粮624万余斤。增资的雇工有39000余人，共增粮885万斤。1943年和1944年的查减，所减租额，都大体与此数相当。各县经过反恶霸斗争，都清算出一部分土地，分给了无地少地的农民。文登县收回4500多亩，荣成县收回4100多亩。在第二阶段的三年中间，运动逐渐深入发展的过程，表现出几个鲜明的特点：

一、真正把减租减息改善雇工待遇作为第一位的中心工作，党、政、军、民全面动员，以农会面目出现，深入基层调查研究，指导推动运动。

根据区党委的决定，成立了胶东区减租减息改善雇工待遇工作指导委员会（简称“减委会”），由林浩（区党委书记兼军区政委）、林一山（胶东党政军委员会委员）、张修己（区党委民运部长）、宫维桢（区党委宣传部副部长）、彭嘉庆（军区政治部主任）、李耀文（山东纵队五旅政治部主任）、张英勃（抗大胶东支校政治部主任）七人组成。下设组研、宣教两部，以区党委组织部、宣传部为工作机构，由张修己、宫维桢分别主持。另设秘书一人，由我兼理，在正副主任领导下负责处理日常工作中的具体问题。各地县均成立减委会，由党、政、军、民主要负责干部组成，负责总的领导。上下级减委会直接发生领导关系。

组织工作团。由胶东党政军机关及党校、抗大抽调200名干部组成三个工作团，由吕明仁（区党委宣传部长）、刘仲益（胶东农救会长）、张进（胶东总工会主任）、林江（胶东青联主任）率领，分赴东海、北海、西海帮助“双减”工作。南海因环境关系暂不进行。工作团下去与地县干部合编，由当地干部任正职，到区以下一律以农会面目出现，以树立地方干部和农会的威信。工作队队员均经过训练。要求各级领导机关干部都必须参加这项工作，每人最少要做一个村的“双减”工作。军队根据当时当地情况，派一部分干部参加，或着重在驻防区负责配合。区党委直接领导海阳县的运动。各地县都要选定中心地区，包括其中不同类型村庄，进行试点，调查研究，取得具体经验，然后逐步普遍推开。并强调干部要群众化，深入群众，反对强迫命令简单化的作风。

根据区党委的决定，胶东行政公署和胶东参议会分别作出部署，号召和组织各级政府和参议会，团结各界人士，积极支持和配合减租减息改善雇工待遇的群众运动。

这在当时是一个非常重大的举措，党政军民大批干部深入基层，同群众打成一片，开展双减运动，造成强大的声势。

二、从农民切身利益入手，通过算“谁养活谁”的账，启发群众阶级觉悟，组织起来，与地主阶级斗理、斗力、斗法，达到既实行减租减息增加工资，改善群众生活，又壮大农会组织，树立基本群众优势的目的。

工作团进村后，首先通过党支部和农救会、职工会、青救会、妇救会，广泛宣传减租减息改善雇工待遇的政策法令。从调查了解阶级状况和群众生活入手，教育群众，发动群众。抓住当时群众最迫切的要求和最愤恨的事件、对象为突破口，引导群众组织起来同地主展开斗争。一般先从增加工资改善雇工待遇开始，有的从反对地主抽地毁约开始，进而普遍进行减租减息。先在点上打开局面，然后在其他村庄全面展开。

减租减息改善雇工待遇，直接触动地主经济利益，削弱封建势力，遇到一些地主的强烈抵抗。有些态度特别顽固的地主采取各种手段，造谣威胁，收买拉拢，挑拨离间，企图分化瓦解，搞垮农会，破坏减租。只有把群众充分地发动组织起来，才能在这场激烈的阶级斗争中取得胜利。但在发动群众时，却遇到一个最大的障碍，就是几千年的封建剥削制度和统治阶级灌输的传统观念，严重地束缚着农民的思想。他们虽然对地主恶霸欺压农民的凶残行径十分痛恨，但对出租、放债、雇工的剥削性质却认识不清，把这看成是靠地主养活着自己，受穷遭罪是自己命里注定，因而不能理直气壮地要求减租减息、增加工资，甚至认为这是做亏心的事。解开这个思想的“扣子”，就成为发动群众的关键。为此，普遍联系实际，开展了“谁养活谁”的算账教育。

栖霞县大刘家一带的村庄，都是大地主牟氏庄园的佃户村，是县委减租减息实验区。县委书记丁方明，县各救会长王益生，在这里领导开展运动，通过典型事例。引导佃农算了一笔账：租种一亩上等地，产量 300 斤，扣除地租、种子、肥料、用工等成本，秸草与耕畜粪互顶，总算起来，佃农只能得 30 斤粮食。遇上灾年歉收，租子如数照交，农民辛苦一年，不但颗粒不得，还要欠下一笔债。这明明是农民养活了地主，哪里是地主养活了农民？！这个账一算，揭开了农民终年劳动，吃不饱饭，还要卖房卖地受穷，而地主不劳动，却吃香喝辣，买房买地发家的秘密，唤醒了广大佃农，一些动摇的人也坚定起来了。周围村的佃农纷纷向牟氏庄园开展斗争，决定在辛庄村开群众大会。牟家是胶东最大的封建地主，不但有残酷的超经济剥削，而且还有资敌行为。胶东减委会决定对他要特殊对待，重点打击。当时牟家地主居住的古镇都村，距栖霞城很近，还是敌占区。他听到佃户减租减息的声势，离家躲了起来。为了要牟氏庄园的人到会，大寨村村长、“双减”组长史国忠带领四个人，夜间进入古镇都，不顾日军在房顶用机枪扫射，持枪进院，将六名账房先生带出，到辛庄大会听取佃农控诉。佃农们纷纷上台揭露牟家大地主残酷剥削欺压农民的罪恶行径，群众纷纷要求同牟家算账。会后，这种算账会又进行了多次，大家一致认为不是佃农世世辈辈欠了牟家的债，而是牟家世世代代欠了佃农的债，只有廉价将土地折卖给佃农，才能还上这笔欠债。账房先生代表地主立约盖章。到 1943 年春耕生产时，牟氏庄园在大刘家一带 18 个佃户村的房屋土地，全部转到了农民手中。其他村庄则都按“二五减租”、“分半减息”的政策减了租息。

有些村庄，政权实际上仍然掌握在地主手中，斗争就更为尖锐复杂。掖南九区留驾乡路响村反动地主张世民，是该乡两面政权的乡长，实际倾向敌人。周围五六个村都有他的出租土地，在青岛、龙口开有商号。这个村的政权一直掌握在他手里。他残酷剥削压榨农民，仗势奸污妇女，民愤极大。1940 年农民曾自发组织了贫农会，杀鸡盟誓，等共产党过来同张世民算账。共产党过来了，有些干部还依靠张世民，同他很亲热。带头组织贫农会的张学孟等人见此只得逃往东北。当九区区委书记魏坚毅进村发动群众开展“双减”时，群众都远远躲开不敢接近。张世民则指使他的爪牙送肉送烟，企图拉拢工作组。魏坚毅等同志坚决拒绝，并给予严厉批评。他们不听放下东西就走。老魏拿着这些东西顺原路送回，在大街上边走边宣传共产党、八路军不拿老百姓一针一线的群众纪律。以后工作组白天帮助群众干活，晚上登门走访。群众看在眼里，开始有人接近。这时苦大仇深的贫农张学武主动约老魏晚上来他家，倾诉了张世民的种种罪恶行为，并集合了四五十人，要老魏讲话。这些积极分子争先恐后地发言，许多人痛哭流涕，决心同张世民斗争。工作组以他们为骨干，发动周围村群众，共同召开斗争张世民的大会。但张世民仍顽固对抗，利用他收买的我部队一个情报员，持枪到会企图威吓群众。当即被我区中队缴械送交县“双减”工作团处理。群众情绪人为振奋。后来又经过许多斗争，终于彻底打垮了这个封建堡垒，实行了减租减息，改造了村政权，真正树立起基本群众的优势。

在发动群众开展运动的过程中，自始至终重视掌握政策，注意斗争策略，适时纠正右的和“左”的偏向，使运动得以健康发展。为了取缔地主非法行为，保护农民利益，胶东行署及时颁布了有关法令，对租赁、借贷及历史形成的典押土地、死契活约、学田、祭田、庙地、荒地、蚕山的处理作了具体政策规定。总的说来，做到了既减租减息，改善了群众生活，树立了基本群众优势；又交租交息，照顾地主合法利益，继续团结地主抗日。

减租减息运动对根据地各项建设的推动

减租减息改善雇工待遇的群众运动，有力地推动了根据地各项建设的全面深入发展，成为坚持抗战夺取胜利的重要保证。

一、减租减息改善雇工待遇，使根据地内的广大贫雇农的生活得到改善，调动了他们生产的积极性，成为开展大生产运动的强大动力。随着1943年和1944年“双减”和反恶霸斗争的不断深入，整个胶东抗日根据地的大生产运动蓬蓬勃勃地开展起来。开垦荒地，种植棉花，纺纱织布，组织互助，形成热潮。农业，林业、畜牧、渔业、蚕桑、工矿各业都因地制宜有所发展。适应发展生产的需要和群众的迫切要求，胶东行署实业处的同志克服种种困难，进行了创造性的工作。从各部门抽调了一批有一定科学知识的人才，组建起胶东区和一些重点县的农业技术指导所，向农民传授生产技术。为推广植棉技术，还聘请了一批特约农户，进行典型示范。在推广优良品种、防治病虫害、打井灌溉、兴修水利、增施肥料等方面做了大量工作。还筹建了一批农业事业单位，有胶东农业试验场、胶东农校、昆嵛山林场、桃村、方山、黄山寺、丛麻院等蚕丝桑改良场，龙口果林场（即大兴公司）和玲珑金矿等，对培养农业人才，开展农业科技推广事业发挥了积极作用。

二、随着运动的深入发展和基本群众优势的确立，农村基层党支部、村政权、工农青妇各群众团体和民兵组织都进行了普遍的整顿。纯洁了队伍，充实了新鲜血液，领导权牢牢掌握在可靠的骨干分子手中。在各条战线培养了大批积极分子，造就了大批优秀干部，涌现了许多可歌可泣的英雄事迹和模范人物。到1945年2月，在牙前县港里村（现属海阳）召开胶东区群英大会时，农业、工业、军工等劳动界和民兵共300余名代表与会，选出各业劳动英雄38名。其中有农业劳动英雄张富贵，纺织劳动英雄王文英，民兵英雄于化虎、赵守福、孙玉敏等。代表们充满豪情壮志。大会除了号召全区人民开展大竞赛，人人争当英雄模范外，还发表通电，要求成立联合统帅部，选举人民代表出席旧金山联合国成立大会。

三、在“双减”运动深入开展的同时，根据地群众参军参战热情更加高涨，民兵战斗力日益增强，战争连续取得重大胜利，根据地不断扩大和巩固。1942年8月我军攻克海阳留格庄据点，全歼顽固派一个团，俘800人；9月中旬，先后攻克滕甲庄、海阳城，全歼顽固派丁綍庭、秦毓堂基本力量，俘2000余人；11月到12月粉碎了日寇由华北派遣军司令官冈村宁次指挥15000余人、历时40天的拉网大“扫荡”。1943年拔除敌伪顽据点24处，并遵山东军区命令，派部队西进，开辟诸（城）胶（县）高（密）游击区，打通与滨海区的联系。1944年乘胜前进，扩大战果，先后发起春季攻势与秋季攻势，攻克据点189处。仅秋季攻势即解放了文登、荣成两座县城，2500多个村庄，140多万人口，扩大根据地5000余平方公里。12月又解放了栖霞城，使东海、北海、西海、南海四个地区连成一片，并沟通了与鲁中区、渤海区的联系。1945年2月，胶东军区集中兵力，一举攻克投降派赵保原的老巢万第，歼灭12000余人，其残部南窜投降日寇。至此，胶东投降派势力已全部消灭。

减租减息运动给人们的几点启示

减租减息运动对巩固抗日根据地，夺取抗日战争的胜利有着重大意义，减租减息群众运动是一个大学校、大熔炉，教育锻炼了一代人。现在回忆起来，有几点印象极深，难以磨灭。

一、群众观点。“共产党员无论什么时候，什么地方，都要依靠群众，加强和巩固与基本群众的联系。”一切为了群众，一切从群众切身利益出发。这些道理对于当年我们大批青年干部来说，似乎懂得，但却缺乏实际体会。参加到减租减息改善雇工待遇的斗争中来，同农村中最贫苦的雇农、贫农睡在一个炕头上，推心置腹地无话不谈，对他们的痛苦才有了切身感受。又同他们一起劳动，一道同地主进行说理斗争，同享斗争胜利和生活改善的欢愉，思想感情发生了很大的变化，认识到群众的才智和力量。这是一个同工农群众相结合的过程，也是世界观转变的过程。在这个基础上和战争环境里，同广大农民建立起来的鱼水关系和血肉联系，是最宝贵的东西。这是真正的铜墙铁壁。

二、阶级观点。减租减息运动是在抗日民族统一战线条件下农民阶级对地主阶级的一场阶级斗争。共产党员“无论什么时候，什么地方，都要以共产主义思想教育基本群众，提高他们的觉悟，并把他们组织起来。”但是不能包办和恩赐，要启发引导农民自己觉悟起来，团结起来，进行斗争，由于长期受着传统观念的束缚，农民认不清地主出租放债的剥削性质。开这把“锁”的“钥匙”，是算谁养活谁的账。这实际上就是通俗化地向农民宣传马克思主义劳动创造世界的理论和剩余价值学说，用它来武装广大农民。这把“锁”一开，农民的思想顿时获得极大的解放。长期压抑和郁结在胸中的革命热情一下子迸发出来，人也聪明了，胆子也大了，小农生产者习惯个体活动的性格也改变了。他们在党的领导下组织起来，向地主展开了斗争，由自在阶级变成自为阶级，显示出自己的力量和才干。一批又一批的优秀干部，就这样从斗争中产生出来。

三、政策观点。减租减息这场运动，具有很强的政策性，涉及正确处理阶级矛盾和民族矛盾的关系。既要向地主阶级进行斗争，减轻封建剥削，削弱封建势力；但又不是消灭封建剥削，消灭封建势力。还要照顾地主阶级的合法利益，继续团结地主阶级抗日。不敢斗争的右的倾向和过火斗争的“左”的倾向，都会使革命受到损失，必须加以避免。同时，要把资本主义性质的富农经济和资本主义工商业同封建剥削加以区别，而给以必要的保护和扶持。对地主要区别大中小，一般地主和恶霸地主，政治上开明的地主和政治上反动的地主，对抗日进步人士、士绅名流和侨属还要给予特殊的照顾。党的政策是从种种区别中产生的。没有区别就没有政策。对于各种区别，都要从亲身深入的社会阶级调查中得来。在执行政策中，则要看具体的时间、地点、条件，灵活掌握，力求收到预期效果。

四、生产观点。生产是人类最基本的社会实践活动。在战时的农村根据地，人民和军队要生存，要作战，没有生产的发展和经济力量来支撑，是不可想象的。在实行减租减息改善农民生活的同时，还必须把注意力放到发展生产上。当时全国各根据地，在党中央的号召下，与实行精兵简政同时，在减租减息的基础上，普遍开展了大生产运动，组织互助合作，自己动手，丰衣足食。对战胜严重困难，密切联系群众，起了决定的作用。毛主席曾经严肃地指出："如果我们做地方工作的同志脱离了群众，不了解群众的情绪，不能够帮助群众组织生产，改善生活，只知道向他们要救国公粮，而不知道首先用百分之九十的精力去帮助群众解决他们'救民私粮'的问题，然后仅仅用百分之十的精力就可以解决救国公粮的问题，那么，这就是沾染了国民党的作风，沾染了官僚主义的灰尘。"那时官僚主义是一句非常重的话。这是多么深刻的道理呀！

五、战争观点。抗日战争时期，坚持战争，赢得胜利，是最中心的问题。我们所进行的是人民战争，八路军的士兵主要由穿起军服的农民组成。只有依靠群众才能进行战争，才能赢得战争。"双减"运动的开展，提高了农民的觉悟，改善了农民的生活，就大大激发了他们的抗战和生产的积极性。当时胶东抗日根据地大批大批的青年踊跃参军参战的动人情景，至今令人难忘。民兵迅速发展，战斗力大为增强，开展地雷战，封锁敌人据点，荣成民兵击落敌海军飞机，海阳海上民兵俘获敌军运输船只。到解放战争时，大批基干民兵编成子弟兵团，奔赴前线配合主力部队作战，并成建制地转为正规军。成千成万农民支前，随军前进，跨淮河，过长江，所向无前。充分显示了"兵民是胜利之本"这一真理的强大威力。

历史的经验值得注意。事物永远在发展，时代永远在前进。许多经验随着时间、条件的变化不再适用了。但历史展示的一些规律性的东西，却经久而愈见其价值，是值得我们记取的。

在山东抗日根据地的经济工作实践

薛暮桥

留在山东抗日根据地工作

1943年初，为了适应华中敌后日益艰苦的斗争局面，中共中央华中局和新四军军部决定进一步贯彻精兵简政的方针，暂时停办华中局党校和抗大华中总分校。同时，还决定抽调一批高级知识分子干部，按中央规定的指示，送往延安工作。陈毅军长（当时为代军长——编者注）派我领队。我明白，这因为我是中央来电指名抽调的，又是懂得一点军事知识的文人。我率领的这队文化战士，预定从淮南出发，经淮北、苏北去山东，再经晋冀鲁豫、晋察冀、晋绥等解放区，到陕甘宁边区，估计行程约需半年。

我们这支队伍的成员，都是从各个机关、学校调来的文职人员，有些人不习惯于行军。护送的部队感到很棘手，需要我多做工作。走了一段路程，军部派的护送部队回去了，由淮南的地方部队护送。他们的战斗力比较弱，幸而一路没有遇到敌情。只是在淮安附近，发生过一次误会。

那天，我们正在走着，忽然四周围的村庄都鸣枪阻止我们前进。我没有听到机枪声，估计是当地的民兵。这里各个村庄之间都挖了交通壕，以防日伪军“扫荡”。我就告诉大家不要惊慌，指挥队伍进入交通壕内隐蔽。前面村庄的民兵还是阻拦，不许我们进村。这时，主力部队派了一个参谋来侦察。我出示军部发的公文。这位参谋说：“好危险呀！两天前有一队伪军穿了新四军的军装，到村里来抢掠。所以，今天他们误认为你们是伪军，报告了主力部队。驻军已经派出一个营来包围歼灭你们。”他领我们到淮北部队的指挥部。部队同志热情地招待我们。次日，改派主力部队护送我们。又过了几天，我们安全地通过陇海铁路两侧的敌占区。

我们在深夜通过陇海铁路时，两旁站着十几个伪军为我们作掩护。华中地区的统一战线工作和敌伪军工作做得比较好。我军与许多伪军据点都建立了关系，他们常常暗中掩护我们。很多伪乡镇长和维持会长在就任前要征求我军同意，如果他们作恶多端，就会被我们的便衣处决。回忆两年前经过苏南，我们从句容去镇江时，途中也是住在伪乡长的家里。那位伪乡长得意地告诉我们，伪政府已有两年不到这里来收税，因为两年前有两个税收员被我军的便衣击毙了。由于民族感情和我军铁的纪律，即使在敌占区，我军也是深得民心，日军是很孤立的。

过了陇海路，就已进入山东抗日根据地。同山东八路军联系上以后，他们就派部队来欢迎我们。这时是 1943 年 2 月，已到春节，部队还送来许多食品慰劳。山东分局书记朱瑞同志亲自来看我们。他知道我是研究农村经济问题的，请我给分局几个机关的干部作报告。我以《中国土地问题和土地政策研究》为题讲了三个问题，其中第二部分是党的土地政策，主要阐述决定土地政策的一些重要原则，强调认识中国革命现时所处的战略阶段，认识中国是个半殖民地半封建的国家，认识中国土地关系的特点，以及革命与改良，等等，以便于把握土地政策的基本精神。

朱瑞同志指定分局政策研究室的同志向我汇报工作，请我提意见。当时山东对农村经济政策提的口号不是“减租减息”，而是“增资减租”。我问现在雇工有多少？他们答，一增资就大部分被解雇了。我说现在我们是反封建，不反处于萌芽状态的资本主义经营和地主、富农。朱瑞同志赞成我的意见。

在旧中国，很大一部分知识分子集中在上海和江浙一带。抗日战争爆发后，许多人撤退到武汉等地。武汉沦陷后，除少数人退往重庆、桂林等国民党地区外，大多数到了新四军。所以，新四军中知识分子比较多。相对说来，山东要少得多，知识分子犹如凤毛麟角，视若珍宝。朱瑞同志对我说：“你们再前进，就要改穿便衣，分组出发，不需要你领队了。”他知道我是中央指名调的，罗琼又在延安，不便强留，向我提出要我留在山东工作三个月，帮助他们解决货币斗争问题、减租减息问题和征收公粮问题。我在华中一直是做教育工作的，当时华中已经建立抗日民主政权，发行自己的货币，征粮、征税，研究这些经济工作中的实际问题，我很有兴趣，于是同意留下来工作一段时间。

山东有抗大一分校，校长是周纯全，我要求去参观。当时山东正起草新的征粮办法，大家在热烈讨论。我去抗大一分校参观，没有研究他们的教育工作，而参加了他们关于征粮办法的争论。我觉得他们争论的是次要问题，而不是主要问题。山东的征粮办法，是按实产量征收，不按应产量征收。税率是累进的，最高达到实产量的35%。我计算了一下，如果一亩地的实产量从100斤增加到200斤（那时亩产量一般只有一百几十斤），税率提高了，每亩要多交几十斤公粮。留下的不够投入增产的成本，因此增产不增收，农民就不会愿意增产。应该把按实产量征收改为按应产量征收，应产量的调查比实产量的调查也容易得多。所以，回到山东分局后，我就把这个意见报告朱瑞同志和黎玉同志。黎玉是省政府（当时称战时工作委员会）的主席。他们同意我的意见，要我为报纸写一篇社论，按此意见改订征粮办法。事后我到滨海地区去调查，专员谢辉同志兴高采烈地告诉我，新的征粮办法一宣布，农民就忙着送粪锄草，生产积极性大大提高。我能为山东尽些微力，自己也很高兴。

当时山东根据地的范围，西至津浦铁路，东至黄海，南迄陇海铁路，北抵天津附近，共设置六个行政区。由于是在抗日战争最为艰苦的岁月，我们八路军和民主政府主要是在广大农村活动，大多是在山区建立小块抗日民主根据地，以及它们外围的游击区。各个地区尚未连成一片。从1941年起，山东分局和省政府一直在滨海区坚持斗争。

1943年，中央决定加强山东党、政、军的领导，采取了一系列措施进行组织上的调整。首先是统一军事领导，在1943年3月将八路军一一五师与山东纵队（1942年8月改称山东军区）两支部队的领导机关合并，成立新的山东军区，任命罗荣桓同志担任山东军区司令员兼政治委员、一一五师政治委员兼代师长。8月，朱瑞同志奉命回延安，准备参加党的七大。9月，由罗荣桓同志担任山东分局书记。黎玉同志兼任山东军区副政委，主要分管地方党、政工作。

朱瑞同志原来兼任山东分局政策研究室主任。他去延安前要我接替他的这一工作。我到政策研究室时，工作人员贺致平、王耕今、杨波等同志都刚刚出去作农村调查。我看了他们的调查表格，知道调查的对象是生产力，不是生产关系。我急忙赶到他们的调查地点，为他们另外设计一套调查表格，告诉他们调查的对象应先是生产关系，重点是研究土地问题、租佃关系、借贷关系、雇佣关系，等等，以及减租减息政策执行的情况，这样才符合目前农村经济政策的实际需要。租佃、借贷、雇佣等制度是很复杂的，不但各地区不同，而且每个地区都可能有几种不同的制度。因此，如何执行减租减息，等等，应按当地具体情况决定，才符合党中央的方针政策。他们作过几次调查，写出几份有价值的调查报告，对于山东分局掌握实际情况很有用处。

为了稳定物价，除了银行加强货币管理以外，还必须有一个能够控制市场的商业机构。1943年10月，省政府决定成立工商局。黎玉同志要我担任工商局局长，我因没有实际工作经验，建议由黎玉同志兼任局长，我任监委，实际上我来主持工商局的工作。这一建议取得他的同意。滨海区的工商局长石瑛同志是很有工作经验的，他对建立工商局工作起了重要作用。我们将滨海区这方面的经验研究加工，向全省推广。

这年冬天，我有一天路过罗荣桓同志的住所，罗邀请我到他家里去下围棋。我是不喜欢下棋的，只能跟着进去。其实他也并不想下棋，主要是利用这个机会找我谈谈。因为原来朱瑞同志说留我在山东帮助工作三个月，期限早已超过，中央也有电报来催。罗荣桓同志一面复电中央，要求将我留下，一面还要征求我的意见。他说，党中央几次来电要你去延安，我知道罗琼同志也在延安。但我们是要你帮助解决吃饭问题的，不能让你走啊！你自己的意见怎么样？他又语重心长地说："山东的经济工作还需要你呀！这一年你在山东工作成绩很大，我就不必多说，只想强调一点，经济斗争是我们整个斗争不可分割的一个重要部分。我们很需要有你这样的专家来帮助我们啊！"我回答说："一切由山东分局决定，要我在这里工作多久，我就工作多久。"这样，我就正式成为山东的干部了。

1944年夏季，省政府召开县长以上干部会议，有许多做群众工作的干部参加。在讨论减租减息问题的时候，黎玉同志委托我就如何具体执行减租减息政策问题作报告。这一年来，我通过政策研究室的农村调查，对山东各地农村生产关系已有所了解，就结合各地实际情况作具体分析，指出减租减息政策的具体执行方法。报告连续讲了三天，约12小时。省政府印发了我的全部报告。后来经过修改，又在《民主导报》上用黎玉的名义发表。这样就能作为组织上的意见，要各地参照执行。山东各地租佃、借贷关系很复杂，各种各样的土地纠纷也不少，不掌握我党土地政策的基本精神及政策界限，不了解具体情况，就不可能正确解决复杂的具体问题。我的这个报告，以《关于土地政策和减租减息工作》为题，收入山东人民出版社1984年出版的《抗日战争时期和解放战争时期山东解放区的经济工作》一书。

山东抗日根据地的形势，经过1943年的奋战，到1944年春天已有很大改善。渤海、鲁南地区基本上改变了过去被敌军严重分割、封锁的状态，鲁中、滨海、胶东地区也有很大发展。一年内共解放1.9万平方公里的土地。根据地的面积已恢复并超过了1940年的状况。1944年，山东部队发动了一连串的战役攻势，开始了抗日战争时期实行大反攻之前的局部反攻，屡战屡胜。1944年共收复县城九座，解放人口930万。

1945年山东的形势更好了，至7月初，五个战略地区已互相打通，连成一片。根据地拥有1700万人口，20万八路军正规军和游击队。8月份全区展开大反攻。8月15日日本宣布投降，9月11日解放临沂城。9月20日，山东分局和省政府迁到临沂。这时，原省府秘书长刘居英派赴东北，由我继任省政府秘书长，兼任实业厅长。石瑛同志继任省工商局长。

在临沂，省政府办了一所山东大学。我常常抽空去讲课。我既没有讲政治经济学，也不是讲中国革命问题，而是讲思想方法和学习方法问题。1942年我在华中参加整风运动，在讨论整顿学风的时候，曾经学习了毛泽东主席的《改造我们的学习》、《实践论》和刘少奇同志在华中局党校讲的《人为什么犯错误》等著作，写了许多学习笔记，到山东后整理补充，在《山东文化》杂志陆续发表。这时再做修改，用作教材，在山东大学讲课。这本教材曾由新华书店出版，书名为《思想方法与学习方法》。此时解放战争正日益扩大，大家注意力集中在战争上，所以这本书在国内没有受到多大注意，想不到日本共产党却把它翻译成日文，作为共产党员学习的课本，发行数比国内大得多。这还是新中国成立后，日共代表团来我国访问时我才知道的。因为书中所述不属于经济范围，没有选进《薛暮桥学术精华录》。写这本回忆录的时候，我特意把那本书找来重读一下，觉得此书对青年的思想教育可能还有些用，特将它的目录抄录如下：

（1）人为什么犯错误

（2）怎样认识客观世界

（3）理论与实践

（4）立场和方法

（5）我们的学习方法

（6）知识分子的思想改造

那本书写于抗日战争的后期和解放战争前期，书中所根据的事实，由于几十年形势巨变，有些已不复存在，有些内容需要调整。所以此书不宜原样再版，只能供写哲学通俗读本或政治思想教育教材的同志参考。

抗日战争后期，我在山东工作期间，正是党中央发动全党整顿党风，开展大生产运动，准备并召开党的七次代表大会之际。山东解放区在党中央正确领导，特别是在党的七大路线指引下，在军事、政治、经济、文化教育等各个领域取得了重大胜利，这是党的事业胜利前进的硕果。

1945 年秋，罗琼在七大胜利闭幕、抗日战争取得全面胜利的时刻，从延安来到我身边，阔别近六年的夫妻终于团圆。我们的工作一如既往，各就各位，她被选为山东解放区妇女联合会宣传部长。她请求党派她到基层去，取得了贯彻执行党中央 1943 年决定“妇女工作要以生产为中心”方针的第一手经验。她先是在临沂办生产推进社，组织妇女纺织生产。后来办合作干部训练班，其中大部分是女同志，组织学员同当地人民一起，发展榨花生油生产，以支援人民解放战争。正当沂蒙大战时，我们的第二个女儿小沂降生了。由于我工作十分紧张，无法抽出时间照顾她们母女两人。罗琼在产后一个月，本应休息，但因战争环境，不断转移，生活艰苦，医药缺乏，母女都病了。一直到她们基本恢复健康的时候，我才有条件把她们接到我的驻地。相聚的喜悦却使我们更加怀念远在国民党占领区受煎熬的刚满十岁的大女儿宛琴和我们的母亲。

对敌货币斗争和工商管理

我留在山东解放区工作，起初主要任务是协助领导进行对敌货币斗争。早在1938年，胶东抗日根据地就自己发行货币，称作“抗币”，作为国民政府规定银行发行的钞票“法币”的辅币。由于根据地干部缺乏办银行、发放纸币的知识，抗币的信誉不如法币。胶东区下设东海、南海、西海、北海四个专区。北海区的掖县有一个商人在青岛开设过地方银行，青岛被日军占领后，他的银行被日军没收，便回到家乡。北海专区聘请他担任北海银行的行长，因为他有一些知识，所以，北海币的信誉很好。1940年山东成立省银行时，不称山东银行而称北海银行，发行的货币称“北海币”。

1941年太平洋战争爆发以前，法币仍受英、美两国支援。日军在占领区准许法币流通，以便大量收集法币，送到上海的英、美银行去兑换英镑、美元。所以，法币的币值还比较稳定。太平洋战争爆发后，上海的英、美银行被日本没收，法币已不能换成外汇。日军就在其占领区排挤法币，把法币驱逐到国民党占领地区和我们的抗日根据地来。法币币值大跌，物价猛升。抗币不能再作法币的辅币了，而要降低法币与抗币的比价，以保持根据地的物价稳定。

那时，省政府不了解货币和物价的规律，仍允许法币在市场上流通（因为我党仍承认国民党的国民政府），用行政手段强压法币的比价，宣布要用两元法币兑换成一元抗币。但这一法令丝毫不起作用。由于法币能在全国流通，抗币只能在各根据地流通，人民乐于收藏法币，黑市上法币的比值反而高于抗币。日本扶植的伪政府所发行的伪币，我们可以禁止流通。但在敌占区的黑市上，伪币比值又高于法币。在游击区，三种货币同时流通，伪币币值最高，法币次之，抗币最低。

怎样才能够改变这种劣势？这是我们迫切需要解决的问题。我同财政厅长艾楚南、北海银行行长洒海秋反复讨论，大胆地提出，要稳定根据地的币值、物价，唯一办法只有驱逐法币，使抗币能够独占市场。当时我已经认识到，纸币所代表的价值决定于它的发行数量，只要不发生通货膨胀，就可以保持物价的稳定。如果我们准许法币在市场流通，法币大量涌进，我们就无法消除市场上已出现的通货膨胀，无法避免物价猛烈上涨。所以要稳定抗币的币值和根据地的物价，唯一办法是驱逐法币。

我的建议得到山东分局和省政府的同意。1943 年 6 月初在报纸上宣布，自 7 月 21 日起停止使用法币，动员人民把法币向北海银行兑换抗币，或到敌占区换回物资。北海银行也把原来用作发行准备金的法币，大量到敌占区换回物资，以免因法币跌价而受到损失。这个消息一公布，市场上法币的比价立即跌到一元法币合抗币六角，7 月起跌到五角。到这年年底，法币六元才能换到一元抗币。许多地主、商人原来不相信抗币能够占领市场，大量收藏法币，至此后悔莫及，只能把法币按市场价抛出去了。排挤法币使我们换回大量物资，能够用于支持抗币，在物价上涨时抛出物资，回笼货币，提高抗币的币值，物价就自然回落。

驱逐法币后，由于抗币的流通数量满足不了市场流通需要，物价从稳定趋向下落。我们的公营商店和新办的合作社担心物价继续下落，非但不增发抗币稳定物价，反而抛出物资回笼货币。加以进入秋冬农产品收购季节，农民急于出售农产品，物价跌落将近一半，不但使农民受到损失，许多新成立的合作社也因亏损而纷纷倒闭。那时我正赴沂蒙区调查，闻讯立即赶回滨海区。省政府的许多干部把物价的大跌视为喜讯，纷纷向我祝贺。我指出物价上升是坏事，物价如此下跌也是坏事，报告分局应当增发抗币，大量收购农产品，制止物价下落。分局同意我的意见，指示北海银行增发抗币，让新成立的工商局收购农产品，使物价回升。但因银行印刷力量薄弱，新成立的工商局也力量薄弱，错过了秋冬时期大量收购农产品的大好时机。年末物价比停用法币时仍下降一半。1944 年春荒时期，因为政府手里没有足够的农产品来回笼货币，物价上涨到还略高于原来的水平。

由于根据地是在农村，货币发行应当有季节性。秋冬增发抗币，大量收购农产品。到春荒时期，则应抛售农产品，回笼抗币。这样来保持物价的常年稳定。因此，省政府决定加强工商局，使它有力量吞吐物资，稳定物价；并决定银行发行的货币必须以一半交给新成立的工商局，用来收购各种农产品，随时吞吐，以此稳定物价。我们发行的货币没有用黄金、白银、外汇作储备，是用物资来作储备的。随着物价的涨落，工商局随时吞吐物资，调节货币流通数量，以保持币值和物价的稳定。当时各资本主义国家都实行金本位制，不会发生通货膨胀问题。我们这种从实践中取得的规律性的认识，可能是货币学说史上的一个新的发现。

根据地内可以停用法币，但对敌占区的贸易仍然要用法币、伪币，因此，必须规定它们同抗币适当的兑换比率。起初，根据地与敌占区接壤的银行往往强压法币、伪币的比率，引起贸易入超，法币、伪币供不应求，比率回升。我与石瑛同志研究后规定，要按根据地和敌占区物价的变化和各种货币的供求情况，来灵活规定兑换比率。遵守客观规律，不能主观行事。抗币与法伪币的比率，在很大程度上取决于贸易的入超与出超。1942 年前为着保护物资，我们曾经盲目禁止土产出口，引起入超。后来改为鼓励有多余的土产出口，主要协助商人经营进出口贸易，以减少日军“扫荡”时的损失。

山东有丰富的出口资源，第一是海盐，这是津浦路两侧人民的必需品；其次是花生油，是上海人民的必需品。过去滨海产盐，由盐商承包，盐商转手倒卖，剥削生产者和消费者，而且没有一个机关来统一组织运销。石瑛同志建议食盐由工商局专卖。过去滨海产盐地区盐税很重，盐民偷税抗税，与政府矛盾很大。专卖后降低产地盐税，以鼓励增产。工商局每隔七八十里设一排盐店，鼓励农民用独轮小车运盐，保障运盐农民能得到合理的运费。运到靠近敌占区时就高价出售，约比当地价高 50%，使敌占区人民也要分担根据地政府的盐税。当时山东根据地有 1000 多万人口，食盐专卖利润成为公粮以外最大的财政收入。运盐的劳动者远远多于海盐的生产者，他们也得到大量的运盐收入，比产盐的收入多好几倍。由于食盐专卖，对外贸易经济出超，法币、伪币供过于求，它们对抗币的比率可以完全由边缘地区的银行和工商局操纵，更有利于保持根据地的物价稳定。

花生油是第二种出口商品，也由工商局收购，以私商身份运到上海销售，换回军需民用的重要工业品。上海日军也知道这些花生油来自山东抗日根据地，但因市场必需，暗中保护。我们印钞票用的纸张、器材和部分军用物资，就都是用出口花生油的收入从上海采购来的。

与食盐一样专卖的还有烧酒。山东政府原来禁止烧酒，但山东人民喜欢喝酒，从敌占区走私流入，损失很大。石瑛同志建议烧酒专卖，由工商局设立许多酒场，用地瓜（番薯）干酿成烧酒，供应喝酒的人。这也成为财政上的另一项重要收入，在根据地内回笼大量的抗币。山东由于工商局的收入很大，可以适当减轻农民负担。在财政收入中，工商收入和税收合占将近一半，其余的收入是公粮。而华北其他根据地公粮占财政收入的 75% 到 80% 上下。

1945 年四五月间，我们召开了工商管理工作会议，经过一个多月讨论，总结了两年来工商工作的宝贵经验。我向山东分局、山东省政府作了请示报告，还作了十多个小时的会议总结报告。这个报告是根据党中央关于发展经济、保证供给的总方针，又从当时的山东抗日根据地实际情况出发，内容比较实际。报告指出："工商管理局是对敌经济斗争的统一领导机关，从对敌经济斗争中来发展经济，保障供给，为战争服务，为群众服务。它的具体工作按其发展次序来说是：货币斗争，贸易管理，扶助生产，保障供给。也可以说，对外争取对敌经济斗争（包括货币斗争和贸易斗争）的胜利，对内扶助生产建设。通过这样工作以达到发展经济，保障供给的目的。"报告分析生产建设同对敌经济斗争的关系说，生产建设是基本的，如不发展生产，便无丰富的物资来争取贸易出超（增加输出，减少输入），来支持货币斗争。但对敌经济斗争是主要任务，如果对敌经济斗争失败，物资被敌抢夺（如日顽倾销法币伪钞换回我们的宝贵物资，或以一块钱的东西换我们三块、五块钱的东西），生产受敌摧残（如用倾销洋布来打击我纺织业，用压低油价来打击我轧油业），则我发展经济，保障供给便将十分困难。"因此我们提出货币斗争、贸易管理、生产建设三大任务，从货币斗争人手，并用贸易管理支持货币斗争。只有首先争取货币斗争胜利，完成停法（币）禁伪（币）的工作，保护物资，稳定物价，克服经济危机，才能进而谈到发展经济，保障供给。"

我们的工商工作才进行两年，前一年法币猛烈跌价，后一年伪币也猛烈跌价。1943 年 5 月，1 元法币换 1 元抗币。1945 年 5 月，1 元法币换 0.05 元抗币。同一时期，伪币从换抗币 1.5 元跌落到换抗币 0.1 元。如果不是货币斗争的胜利，根据地的经济将受到很大的损失。

报告在全面回顾了过去所取得的成绩、工作中的缺点及思想认识上的不足之后，专就货币斗争、贸易税收、工矿企业等方针政策着重作了阐述。

关于货币斗争，报告指出："排挤法币、伪钞，完成单一的本币、抗币制度，这是我们稳定物价，消灭经济危机之一主要关键。货币政策的基本方针，应当是保持币值，稳定物价。"报告中称我们的货币制度是"物价本位制"，这就是说，"我们的本币既不是同金银保持一定联系（今天金银已经失却交换作用，成为投机对象，它的价格极不稳定，不能用作货币本位），更不是同法币、伪钞保持一定联系。我们的本币是与物价联系，是把物价指数（不是某一种商品的指数，而是若干种重要商品的总指数）作为我们决定币值高低的标准"。

"保持币值和物价的稳定，主要在使本币的发行数量能与市场流通需要保持一定的比例"。至于如何掌握本币与法币伪钞的比价，报告指出，"比价变化"基本上是各种货币币值变动的结果。如果本币币值不变，那么外汇比值便应当随法币伪钞本身币值的跌落而跌落。我们压低法币伪钞比值的目的，是在保护本币，使它不至于受法币伪钞跌价的影响。报告又说，货币斗争的目的是争夺物资。"在我货币斗争胜利以后，我们不但防止物资外流，而且把几万万元法币、伪钞排挤出去，换回几万万元物资"。我们的对外贸易最初通过法币，法币猛跌后我们直接与伪钞交易，伪钞猛跌后我们限定要用本币交易，使敌占区商人不得不储存一定数量的本币，我们的本币深入敌占区市场。"过去我们抵制法币伪钞来保护物资，同时掌握物资来支持货币斗争。今后我们应当进而扩张本币流通范围，通过货币斗争去争夺敌占区的物资。"

这项政策执行的结果，使我们的货币斗争从防卫战进入了进攻战，取得了很大胜利。1945 年 8 月日本投降后，美国有个经济学家以记者名义来山东访问。他问我山东的货币既无金银作储备，又无外汇作储备，为何能够保持币值和物价的稳定，这是不可思议的奇迹。我说我们有物资作储备。你们有 40% 黄金储备，我们有 50% 物资储备。"我们每发行一万元货币，至少有五千元用来购存粮食、棉花、棉布、花生等重要物资。如果物价上升，我们就出售这些物资来回笼货币，平抑物价；反之，如果物价下降，我们就增发货币，收购物资。我们用这些生活必需品来作货币的发行储备，比饥不能食、寒不能衣的金银优越得多。”

我还告诉他，在实行纸币制度以后，货币所代表的价值决定于它的流通数量。流通量增加十倍，如果其他条件不变，物价也上升十倍。法币、伪币如此贬值，原因是他们滥发纸币。我们物价相对稳定，原因是我们适当控制货币流通数量。这个道理现在已经是经济学的常识，但当时欧美各国还保持金本位制，这个货币理论似乎还是创见。我同他谈了四个小时，他才懂得这个理论。接着他问我，你认为美国能不能实行这样的货币制度？我说美国现在掌握着世界三分之二的黄金，还可以实行金本位制。当时我万万料想不到，30 年后美国也被迫放弃金本位制，也要用控制货币发行数量来稳定物价，并因此而产生弗里德曼的货币主义学说，但比我们解放区迟了 30 年。

日本投降以后，法币占领敌占区市场，其币值暂时上升是我们预料到的。奇怪的是伪币的币值也突然上升，敌占区物价下落，抗币与伪币的比率相对下落。许多同志不理解，有人认为：“我们军事上打了胜仗，经济上打了败仗。”我立即召集会议进行讨论，说明伪币币值上升，敌占区物价下降，是因为日军准备回国，把过去掠夺的大量物资在市场上削价抛售，这种现象是暂时的。我们应当利用时机，动员新解放区人民用伪币去抢购物资，避免不久以后伪币跌价的损失。我们自己也乘机在伪币尚未涨价地区（偏僻乡村）大量收集伪币，到物价下落的地区去抢购物资。果然伪币升值不久，就跌为废纸。我们乘此机会向敌占区购得一大批物资。根据地的物价始终稳定，避免大起大落。事实证明，我们在经济战线上也是胜利者，不是失败者。

我在 1945 年山东工商工作会议上所作的总结报告着重阐述的第二个问题，是关于贸易政策。报告指出，成立工商局后“明确规定对外贸易管理，内地贸易自由的原则”。取消外贸的以货易货，内地的粮食统制。对外贸易管理是为“掌握重要物资争取高价输出，免被敌人廉价掠夺”。如滨海区在食盐管理后，把输出盐价提高一半，花生油管理后，输出油价也提高 50% 至 100%，使政府和人民都得到极大的利益。这样还可以扩大贸易出超，支持货币斗争。内地贸易完全自由，工商局插手仅仅是为调剂供求，稳定物价，减少季节性的变动，同时也为扶助群众生产的发展。例如工商局用以合理价格购销棉花、棉纱和棉布的办法来扶助纺织工业的发展，便是一个成功的例子。“所谓贸易自由，也不等于放任自流。为着扶助生产，保证人民需要，我们仍应随时注意各种物资的供求状况，注意物价变化，并作有计划的调剂，保持物价稳定。”用吞吐粮食来稳定便是一个重要例子，同过去的粮食统制完全不同。总之管理内地贸易的目的，是为“掌握物价，扶助群众生产，保证军民生活需要，调整生产者与消费者的利益”。

此外还值得一提的，是工商局办的纺织手工业合作社。山东土纺织业没有基础，抗战爆发后洋布不易进口，而且价格昂贵，连军衣供应也很困难。工商局奉命发展纺织手工业合作社，并提倡种植棉花。按照合作社的原则，合作社应由社员自筹资金，自己来购买原料，销售产品。但由于农民缺乏资金，且无购销经验，发展很慢。工商局就组织农村妇女分组（小合作社）向工商局领棉花，交棉纱；领棉纱，交土布，由工商局发给工资。这样公私结合办社，发展很快，仅用了一年时间，土布已经全部自给，包括军衣在内。我曾总结这个经验，写了《山东抗日根据地的纺织手工业》一文，由新华社转发各报登载。

当时有些同志说，这不是民办而是官办，不能称合作社。山东的主要农产品，大部分也由工商局收购销售，这也不符合合作社原则，因而发生争论。日本投降后，临沂工商管理局组织失业人民发展纺织，为军队制作布鞋等，半年时间解决了大部分妇女的失业问题。但不敢称合作社，而称“生产推进社”。直到刘少奇同志在 1948 年提倡组织以公营为主的供销合作社后，这个争论才算解决。

对于私营商业的政策，我在1945年工商管理工作会议上的总结报告指出，“对商人要一面团结，一面斗争，奖励其一切有利于抗战和人民利益的活动。”“新民主主义经济并不反对私营经济，而是公营、私营和合作社经济的共同发展。我们今天需要削弱封建经济（因为它会阻碍社会经济发展），但不削弱资本主义经济，承认资本主义经济在中国今天还是较进步的生产方式。”“商业资本是国民经济之一必要构成部分，如果商品经济继续发展，商业必然也就跟着发展。”“另一方面，我们又应认识商人唯利是图，他们的活动对于抗战和人民有时有利，他们的政治态度同样也是两面性的。”应当“把商人分成几种类型，研究适当对策”。报告还说明公营商店与一般私营商店的关系，“我们应当掌握公营商店对敌经济斗争这一特殊任务，把它布置在进出口的重要道路上，并使它的工作比较单纯（仅仅掌握几种重要物资），便于集中力量进行对敌贸易斗争。过去有些地区把大多数的公营商店放在中心地区，使它变成一个大杂货铺”，“甚至排挤私营商店，与民争利，这是完全要不得的”。

我的这个报告受到其他根据地的重视。除山东外，晋察冀根据地也大量翻印，分发各根据地。报告全文有四万多字，我已稍加删节，收入《抗日战争时期和解放战争时期山东解放区的经济工作》一书。

在这一时期经济工作实践中，我对经济科学的一些基本问题，特别是货币、物价问题，逐渐形成了自己的理论观点。我提出的关于抗币的“物资本位”理论、关于纸币流通条件下物价与货币发行同步变化的规律、关于纸币流通中不是“劣币驱逐良币”而是“良币驱逐劣币”的规律，以及通过控制纸币发行进行宏观调控的政策等，都是在实践中形成又反过来对实践起了指导作用。当时，世界上各国货币还都是以金或银为本位，同金银完全脱钩的纸币的流通规律还是经济科学的新问题。我在战争环境和繁忙的工作中，无暇去写专门著作，但在汇编成《山东解放区的经济工作》一书的文件中，多次从工作需要出发予以阐述，并以成功的实践证实它的正确性。到新中国成立以后，在我的经济工作和理论研究中，又得到进一步的发挥和深化。

日本投降以后，国民党反动派立即策划发动内战。毛主席亲自赴重庆同蒋介石举行和平谈判，签订了双十协定。山东也同其他解放区一样，曾有一段时间和平空气上升。各个根据地大量发行货币收购中小工厂，建立公产 1946 年的前九个月，各根据地物价普遍上升三四倍，后经中央制止而平抑下来。1946 年蒋介石在全国范围内挑动内战，我奉陈毅同志之命，到淮阴去同苏皖边区政府商量山东部队的供应问题，从此投入伟大的人民解放战争。

鲁南人民抗日战争的艰苦历程

林乎加　吕志先　李青

（一）

抗日战争的鲁南地区，是指1940年成立的中共鲁南区党委所领导的地区。它南起陇海铁路，北至滋临公路（中间有一段时间还包括公路北蒙山之南地区），东临沂沭河，西靠微山湖。鲁南区东西长150余公里，南北长200余公里，面积3万多平方公里，人口400余万。鲁南多山，山势险峻，地形复杂，抱犊崮、天宝两大山脉南北相连，封建地主势力强大，对农民剥削残酷，人民生活十分艰难。

鲁南地处陇海、津浦铁路交接点的徐州东北，历来为兵家必争之地。在抗日战争时期，是日军华北派遣军和华中派遣军的联结点，是国民党山东省政府和军队与其大后方联系的主要通道。同时，也是华中新四军与华北八路军的一个结合部，也是华中和山东与陕北党中央的联络枢纽。它在抗日战争期间具有十分重要的战略地位。

鲁南人民具有光荣的革命传统和顽强的战斗精神。历史上曾经多次揭竿而起，反抗统治者的压迫和外来的侵略者。抗日战争前，中国共产党就在鲁南一带从事革命活动，播下了革命火种，在广大农村和枣庄矿区领导工农进行革命斗争，积蓄了不小的革命力量。当时，在中共山东省委和江苏省委分别领导下，鲁南各县分散、陆续地建立了党的组织：以徐州为中心在峄县、邳县、沛县等地和枣庄矿区；以曲阜为中心在兖州、济宁、邹县、滕县、泗水等县；以郯城、码头为中心在临沂、费县、郯城等县，领导农民、工人、教师和学生开展革命活动，建立农民协会和赤色工会，发展党的组织。在枣庄矿区开展过罢工斗争，在临沂、郯城的农村发动过苍山农民暴动。

直到 1937 年 7 月抗日战争全面爆发前夕，鲁南地区的党组织虽然在国民党政府的军、警、特的残酷镇压、反复破坏下，经过多年的艰苦卓绝、复杂激烈的斗争，继续坚持革命活动的仍有中共河南省委领导的由郭子化任特委书记的苏鲁豫皖边区特委及其下属临沂中心县委、沛县县委、枣庄矿区党委、萧铜工委，丰县、铜山、邳县、临城、永城、滕县等地的区委、特支和支部，以及中共山东省委领导下的费县工委，曲阜、兖州、邹县、泗水等县的党组织。这正是全面抗日战争爆发后，我们党领导下的鲁南地区人民抗日运动迅速蓬勃发展起来的重要基础。

（二）

抗日战争全面爆发后，鲁南人民在中国共产党领导下，积极开展抗日游击战争。在八路军主力一一五师支援下，逐渐创建了敌后鲁南抗日根据地。

1937 年 7 月底，日军相继占领平、津，然后分兵四路向华北进犯，其中一路沿津浦线进犯山东，国民党山东省主席韩复榘率部不战而逃，12月27日济南被日军占领。虽然在滕县城、临沂县城，尤其在台儿庄等地的川军、桂军、西北军、东北军的官兵，在当地人民的支援下，曾一度奋勇战斗，进行了保卫战，取得了很大的战果；但在国民党片面抗战的错误路线领导下，抵抗不了日军的大规模进攻。1938年3月至5月，滕县、临沂、徐州相继沦陷；鲁南地区的津浦、陇海铁路，滋临、临枣公路沿线，均成为日伪军的占领区。

日军占领徐州后，继续向南、向西进攻。国民党留在鲁南敌后的专员、县长和封建地主武装，除一部分投降了日军，组织伪军、伪政权外，其余的也相继打起抗日旗帜，成立抗日保安部队等各种名目的抗日游击队。国民党中央政府又重派沈鸿烈入鲁，为山东省主席，还派西北军石友三部，东北军五十一军、五十七军先后进入鲁南和鲁中地区，支持当地封建地主武装，限制和破坏我们党的抗日武装活动。1938年8月初，反共专家秦启荣就指派他的二哥秦启梅在邹西制造了“南亢埠事件”，杀害了我邹县县委书记彭建华，并扣押我抗日武装的人枪。1938年7月，国民党第七游击司令申宪武部在滕县围攻我们党领导的苏鲁人民抗日义勇总队，杀害我义勇总队政委兼鲁南中心县委书记何一萍，后又逼迫中共山东省委机关和八路军四支队撤出鲁南。他们经常制造磨擦，破坏团结抗战。

鲁南各地的共产党组织，在中共山东省委和苏鲁豫皖边区特委领导下，从秘密走向公开，响应党中央关于发动全民族全面抗日战争，开展独立自主的游击战争的号召，从各方面运用各种方式积极进行抗日活动，组织各种抗日武装，领导鲁南人民奋起抗战。当时主要有以下几种方式组织抗日力量：一种是各地党组织直接发动武装起义，建立八路军游击队；一种是各地党组织向本地原有的区、乡政府和地方开明士绅进行统一战线工作，筹集武器、款项，建立武装，逐步改造为抗日部队；一种是从上海、济南等地国民党监狱里释放的党员、进步人士，回到家乡进行抗日活动，建立抗日武装；一种是以北平流亡学生中的党员、民先队员、从国民党主力部队中撤出的共产党员，以及党中央从红军抽来的军政干部，到鲁南开展抗日活动，建立抗日武装。通过这些方式，经过一年多的积极工作，鲁南各县的党组织有了很大发展，各种抗日的群众团体也纷纷成立，部分县还成立了半政权性质的动委会、办事处。1938 年 9 月上旬，苏鲁人民抗日义勇总队在临枣公路旁的胭脂山进行伏击战，歼敌约 70 人。1938 年 10 月临郯费峄四县边联的抗日游击队，进行了 40 多天车辋包围战，迫敌撤出车辋。1938 年 7 月中共中央决定苏鲁豫皖特委划归山东省委领导，以后陆续建立了鲁南特委和尼山特委。这些，都为创立敌后抗日根据地打下了基础。

1939 年 9 月，八路军一一五师代师长陈光、政委罗荣桓率师部和主力一部进入鲁南，推动和领导鲁南各级党组织贯彻执行党中央扩大的六届六中全会决议精神，明确提出进一步独立自主地开展敌后抗日游击战争，在鲁南创建了抱犊崮和天宝山为中心的抗日根据地。

八路军一一五师进入鲁南之后，在鲁南地方抗日部队配合下，先后攻克滕县山亭和伸向抱犊崮山区的白山、上下石河等日伪军据点，攻克抱犊崮反共堡垒孔庄。1939 年 10 月本着又团结又斗争的方针，在临沂、郯城地区打退国民党顽固派阎丽天的进攻，先后攻克码头镇和郯城县城。11 月，在邹、滕两县的东部打退了国民党申宪武部的进攻。1940 年 2 月至 8 月，一一五师集中两个团的兵力和地方武装一部，攻克白彦镇，全歼勾结日伪军的封建地主武装孙鹤龄部，并连续三次打退日伪军对孙部的支援，控制了白彦周围村庄，解放了费县西部广大地区。这些战斗，为鲁南抗日根据地的巩固和发展奠定了基础。这期间，一一五师和地方抗日武装都进一步扩大了，一度改为山东第三区保安司令部直辖四团的苏鲁抗日义勇队正式改编为八路军苏鲁支队。

我们党坚持独立自主的原则，放手建立抗日民主政权，放手扩大各界抗日群众团体。这时，邹县、峄县、边联（临、郯，费、峄）县、临沂县、费县、郯城县及邳县均先后成立了抗日民主政府，民主选举了县长。建立和健全了各县的工、农、青、妇抗日救国会的领导机关。

1940年4月，中共鲁南区党委宣布成立，赵镈任区党委书记，下设一、三两个地委和一部分直属县委。1941年6月又成立四地委（1942年3月，中共山东分局决定，将鲁南四地委和鲁中五地委合并为滨海地委，直接归山东分局领导）。这样，鲁南地区的党进一步实现了统一领导，党的组织有了更大的发展。

1940年6月，召开了鲁南人民代表会议，成立了鲁南参议会。通过选举，建立鲁南专员公署，所属各地方先后成立三个行署办事处，进一步使鲁南抗日民主政权实现了统一领导。专员公署还先后发布了征收公粮的合理负担政策，征收工商税的政策，建立工商管理机构，以保证根据地抗日人民和军政人员进行抗日的各种物资需要。

为了加强对地方抗日武装的领导，成立了鲁南军区和三个军分区，并成立独立团、营的直属部队，各县、区均成立大队和区中队，地方武装大大地扩大了，并在根据地内普遍建立了民兵组织。

随着鲁南地区党政军各级组织的建立和健全，鲁南地区人民群众抗日救亡运动更加蓬勃发展，各级群众团体均普遍建立起来。到1940年鲁南全区的职工抗日救国会，农民抗日救国会，青年抗日救国会，妇女抗日救国会的领导机关均先后成立，并联合成立了各界联合救国会。

至此，经过艰苦、复杂和残酷斗争建设起来的鲁南抗日根据地，进一步得到发展和巩固。

（三）

日军占领武汉、广州之后，便停止了对正面战场国民党军的战略进攻，改为对国民党军以政治诱降为主、军事进攻为辅的方针。抗日战争进入了相持阶段。

鲁南地区抗日根据地建立较晚，在建立时已是日军回师巩固其占领区的时候。从1940年冬到1943年春，日伪军疯狂地向鲁南各地抗日军民进行“扫荡”、“蚕食”、分割、封锁，并多次进行“治安强化运动”，在铁路、公路两侧修筑封锁沟、墙，不断在我根据地增设据点和碉堡。同时，也运用军事进攻和政治诱降政策迫使国民党顽固部队投降，改编为伪军，企图消灭鲁南抗日的八路军，巩固其占领区。

1940年10月，日军“扫荡”郯城、邳县根据地，占领我郯城、码头、重坊等城镇，设立据点。1941年10月，日军又集中万余人的兵力，对我沂河地区中心根据地反复“扫荡”，并在中心地区庄坞、层山、涌泉等村镇设立多处据点。1942年4月，日伪军又在与其勾结的国民党梁仲亭、王化云等部配合下，进攻我驻在邳县铁佛寺等地的沂河地区的地方部队。我军突围撤至滨海地区，临郯地区抗日根据地一度为日伪军控制。1941年10月，日伪军4000余人反复“扫荡”我运河南北地区的运河支队。1942年4月，日伪军奔袭我峄县支队，支队长孙伯龙等30余位同志壮烈牺牲。同时，日伪军3000余人包围微山岛，我军百余人壮烈牺牲。在此期间，日伪军还加紧对我运河黄丘套山区“蚕食”。至此，临枣公路以南，枣庄以西，运河以东的平原地区的几块根据地均沦为游击区。日伪军自1941年起对鲁南山区进行了频繁“扫荡”。1941年12月，日军3000余人分九路合击费南天宝山区。山东纵队一旅三团四连三排，坚守费南县苏家崮，毙敌200多人，该排除八名战士突围外均壮烈牺牲。1943年1月，日伪军万余人对鲁南山区进行大“扫荡”，接着在白彦、埠阳、九女山、白山等村镇安设了据点，使鲁南山区分割为几个小块。据不完全统计：1942年，日军在鲁南设立据点440处，比1941年增加177处，平均每12个村庄有一处日伪军据点。

在抗日战争相持阶段，国民党的内外政策也作了很大改变，实行消极抗日、积极反共的方针。1939 年 11 月国民党五届六中全会进一步确定军事反共为主，政治反共为辅，并发动了第一次反共高潮。1941 年 1 月又在皖南茂林设伏围歼新四军军部及所属皖南部队，制造了震惊中外的皖南事变，发动了第二次反共高潮。

在鲁南，国民党主力部队和地方土顽势力，在日伪军向我在沂河区、运河区及邹、滕西等平原地区的军、政机关和部队“扫荡”、“清剿”时，趁火打劫，配合日伪军向我袭击，并多次向我山区根据地进攻和袭击，使我遭受重大损失。

1941 年 4 月 25 日，国民党五十七军三三四旅、五十一军六八三团以及地方顽军王洪九、李以锦、李子瀛等部一度占领我边联县全部地区，残害我县委宣传部长杨彬等地方干部和群众 70 多人，劫去民兵武器数百支。5 月 8 日，国民党五十一军六八三团和土顽李以锦部 6000 多人，突袭我驻南马口的费南县机关和六区区中队，残杀我县委宣传部长张志让等 50 余人。1941 年 5 月，国民党申宪武、周侗等顽军联合向津浦路西的我湖东县党政机关和部队进攻，迫使我湖东县委撤退到邹县城东。1941 年 7 月 25 日，国民党土顽王洪九部配合五十七军三三四旅两个营攻击驻车辋、东白山的我军区机关，制造了“七二五事件”。1941 年 10 月 27 日拂晓，国民党五十一军六八三团突袭我驻银厂村的鲁南区党委机关，区党委书记赵镈及机关干部、村干部、战士等 20 多人被俘和牺牲。赵镈被捕后英勇不屈，力斥顽酋，正义凛然，于 11 月 13 日被活埋于九女山下。

1943 年 1 月，国民党派九十二军李仙洲部入鲁与五十一军于学忠部换防。3 月初，九十二军一四二师进入鲁南。我们派双山（原滕峄边）县常山区区长陈正寅去欢迎慰问，表示了加强团结、共同抗日的愿望。他们仍然派兵袭击我军政人员、地方武装和民兵，占领双山县属三个区，抢掠粮食财物；并进犯我赵镈（原边联）县七区和费滕边区，以后又进犯费南县，企图继续北犯我沂蒙山区。

国民党在鲁南的部队，虽然积极反共，但日军仍以军事和政治手段，迫其投降。1943 年 2 月，日军“扫荡”鲁南山区时，也“扫荡”了五十七军荣子恒旅和五十一军刘国桢团，该部伤亡很重。到 6 月，在日军诱降下，他们投降了日军，被编为伪和平救国军第十军，荣为军长，刘为第二师师长。

在相持阶段中，鲁南抗日军民受到日伪军和国民党顽固派部队的频繁进攻和两面夹击，处境十分艰难。当时，党、攻、军机关和部队的干部、战士以及广大人民群众生活极其艰苦，1941 年至 1942 年，因缺少棉花，许多人没有棉被，难于抵抗严寒；在春荒期缺乏粮食，常以糠菜豆饼拌少量粮食做的饭食来充饥，过着半饥半饱的生活。但是，在中共鲁南区党委的正确领导下，在八路军鲁南军区的坚强指挥下，按照党中央关于积蓄力量、加强团结、坚持斗争的指示精神，采取灵活的战略战术，进行了极其艰苦、复杂和残酷的斗争，胜利地度过了抗战中最艰苦的阶段，为战略反攻打下了基础。

一、加强一元化领导，各级党委和军队指挥机关合并，鲁南区党委和军区机关合并。1943 年 4 月，中共山东分局和山东军区派王麓水到鲁南任区党委副书记兼军区副政委，不久改任区党委书记兼军区政委。机关进一步精兵简政，充实基层。原山东纵队一旅三团和一一五师教二旅五团均划归军区建制，以实现统一领导和指挥。地委、专署，县委、县政府的部长、局长、科长，下放到区里当书记和区长。各级党、政和群团领导机关的干部均配备武器，既能进行工作，又能随时参加战斗。少数体弱有病的干部就到滨海区暂时工作或利用各种关系到敌占区暂时隐蔽。

二、军事上实行敌进我进方针，组织精干武装，突袭日伪薄弱地区，打击日伪军；组织小型武工队，深入敌占区和铁路、公路沿线两侧地区，打击小股敌军，向伪军、伪政权开展政治攻势，发展两面政权。1941 年 6 月，我运河支队、微山大队、铁道游击队联合攻克微山岛，歼灭日伪军200余人，保障了鲁南去华北和延安的交通线。同年10月，铁道游击队化装成伪军突袭临城东火车站，击毙日军头目高岗石川；并利用日军与伪军之间的矛盾，使日军将伪阎成田团解散，伪团长阎成田、郭玉田被处死。1943年1月，我一一五师教二旅突袭郯城，一举攻克该城，毙伤日伪军千余人，缴获甚多。对日伪军在我根据地新安设的据点和碉堡的地方，当地游击队和基干民兵昼伏夜出，运用“麻雀战”的方式，迫使日伪军困守在碉堡内。

三、坚持抗日民族统一战线，按照有理、有利、有节的原则，坚决反击国民党顽固派军队向我根据地的进攻，保卫根据地。1941年五六月间，我军发起反击国民党五十七军、五十一军一部及王洪九、李子瀛等土顽的战斗，收复在“四二五事变”中被其占领的边联（临、郯、费、峄）县地区。1942年7月，我一一五师教二旅和山纵一旅各一部，在地方武装的配合下，反击刘桂棠、李以锦等土顽的进犯，收复了被其占领的费南县地区。1943年六七月间，按照中央军委“对友好者坚决团结之，对我们进攻者则坚决反击之”的指示，在于学忠率五十一军离鲁时，主动协助其顺利通过津浦铁路西去；在九十二军先头部队侵占我鲁南的滕、费等县根据地时，则坚决予以反击。

四、利用战斗的空隙整风、审干，进行巩固党的工作。深入发动群众，开展减租减息，改善雇工待遇。加强对党员和群众的形势和阶级教育，提高他们的阶级觉悟和坚持抗战的信念。

五、经济上一方面在根据地开展生产运动，保卫秋收，贯彻合理负担；另一方面在敌占区进行筹粮筹款，武装截击日伪军的物资，以补充我物资的需要。1941年12月，我军在临、滕间津浦铁路线上，截下两节运货车厢，获得布千余匹，军装800余套，毛毯、药品一批。

到1943年春，鲁南地区的国民党顽固部队有16000多人，日军和伪军共约3万多人，而我军的主力和地方武装不到4000人，根据地的村庄缩小到大约500个，人口也降到12万人。但是，在过去的根据地，我们仍然坚持游击战争，而且在敌占区开展了游击战争，这样，游击区反而扩大了。抗日部队和干部的战斗素质大大提高了，对敌斗争的经验更加丰富了，各级干部的领导艺术和各部队、民兵的战斗力更加坚强了。

（四）

1943 年，国际上反对德、意、日法西斯战争发生了根本变化。欧洲战场，苏联红军胜利结束斯大林格勒会战后，从防御转入反攻。太平洋战场，日军已由战略进攻转为战略防守。1944 年初，日军在太平洋战场不断遭到失败，便企图依靠大陆进行垂死挣扎。它制订出打通大陆交通线的作战计划，从 1944 年 4 月 18 日开始至 1945 年 1 月，仅九个月时间，日军以 20 万兵力打垮了国民党的百万大军。国民党损兵折将五六十万人，丢掉了 20 万平方公里国土和 6000 万人民。

1943 年下半年开始，鲁南地区和其他抗日根据地一样，也开始进入局部反攻阶段。1943 年 8 月，鲁南军区调集部队反击国民党十二军一四二师向费南县根据地的进犯，将其大部歼灭，其残部过津浦路向西逃窜；我军乘胜击退地方顽军，全部恢复了原滕峄边根据地。1943 年 11 月，鲁南军区集中主力，发起讨伐伪十军第三师刘桂棠部的战役，击毙惯匪刘桂棠等 200 多人，生俘千余人，同时击溃伪军李以锦的增援，解放了由费县城至梁邱间的地区。从此，鲁南区的抗日战争形势产生了大转折，度过了最艰苦困难的阶段。

1944 年，我军继续扩大战果。2 月我军击退伪十军对赵镈县的进犯，5 月发动对伪十军的大讨伐，歼灭其第二师，击毙师长刘国桢以下 200 多人，俘 500 余人，全部解放崮口山区。随之梁邱、大安、九女山、埠阳等据点的日伪军均纷纷逃窜。在滕县东，我军攻克枣庄西北的西集等日伪军据点，切断了枣滕公路。在临、郯、邳地区，1944 年 4 月，我军策动几股伪军反正，6 月在邳北攻克日伪军据点 18 处之后，大部地区从游击区变为根据地。同月，运河地区的军民在新四军的支援下，峄、滕、铜、邳总队攻克涧头集等七八个日伪军据点，从此，该地区也进入恢复发展阶段。1944 年秋季，我军还先后攻克和迫退日伪军设在费南、邹东的重要据点冯卯、平邑、地方、铜石等地，使鲁南、鲁中两战略区连成一片。1944 年，在反击勾结日伪军的国民党顽固派军队的战斗中也取得了歼灭李子瀛、周侗、马光汉等部和痛击巩振寰等重大胜利。这样，使邹县城东，微山湖东西两侧，兰陵北、峄县城东等地区，从顽军统治中解放出来。据不完全统计，这一时期，鲁南地区收复土地约 2 万平方公里，摧毁伪区、乡组织 360 多个，解放敌占区人口 140 万人。我军发展到 1.2 万多人，日伪军减至 2 万多人，国民党顽军减至七八千人。

随着解放区的扩大，中共鲁南区委一方面继续领导全区各级党组织深入进行整风，进行党内教育，提高党的素质；另一方面建立新的党、政领导机关，在对敌斗争、减租减息和开展大生产的群众运动中发展新党员，培养新干部。到 1944 年底，据不完全统计，鲁南区共有三个地委和专员公署，13 个县委和县政府，92 个区委和区公所，1460 个党支部，17600 多名党员。

我们还深入开展减租减息、反奸诉苦的群众运动。经过八个月的时间，普遍发动了群众，削弱封建势力，树立了基本群众的优势，有力地促进生产运动和群众参军运动的开展。全区工、农、青、妇、民兵等群众组织有了很大发展，据 11 个县不完全统计，工会有 18036 人，农救会有 142482 人，青救会有 39533 人，妇救会有 135323 人，民兵有 43748 人。

我们进行了扩军工作和加强对日伪军的政治瓦解工作。为准备大反攻，迎接全面抗日战争的胜利，必须大力补充八路军主力部队和发展地方武装。一方面，将参加过战斗的基干民兵动员到县、区地方部队中去，并将县、区武装升级，补充军区和军分区的主力部队；另一方面，在开展双减群众运动的后期，发动参军运动，动员青年直接参加八路军。据 1944 年底 11 个县不完全统计，参军人数共达 11064 人。与此同时，进一步加强对伪军的政治瓦解工作，并将俘虏的伪军士兵，经过教育后直接补充我军部队。

另外，还领导群众开展大生产运动，建立和健全各级工商、税收机构，正确执行合理负担政策，力争粮食和工业品自给，以满足全区党、政机关和部队的物资供应，改善人民生活。

1945 年，鲁南抗日军民继续扩大反攻战果。2 月攻克泗水城，毙伪十军长荣子恒等 200 余人，俘 1500 多人。3 月在郯邳地区围歼勾结日伪军的张里元部，全歼其第十六纵队共 2000 多人，余部向西逃往萧县。5 月攻克邳县城及其周围地区，歼伪军 480 余人。6 月在滨海军区四团配合下，歼伪匪梁钟亭部 500 余人，攻克码头。7 月发动临费边战役，全歼日军一个小队和伪军 500 多人，全部控制临费公路。8 月在滕县城西地区发起讨伐勾结日伪的申宪武部的战役，歼 3300 余人。至 8 月日本宣布投降时，在鲁南地区的日伪军只龟缩在津浦、陇海铁路沿线和峄县城、枣庄、临沂等几个县城内。

1945 年 8 月 8 日，苏联对日宣战，9 日，毛泽东发出号召，对日寇进行最后一战；接着，朱德总司令连续发出进军命令，各解放区立即进行大反攻。

鲁南地区按照山东军区命令，将鲁南军区所属部队组建为第八师，警备第八旅和第九旅，由区党委书记兼军区政委王麓水任八师师长兼政委。8 月 10 日山东军区命令，由鲁南部队组成第五路大军，由张光中任前线指挥，王麓水为政委，向徐州和铁路沿线开进，按朱德总司令的命令，接受日伪军投降。但是由于国民党蒋介石妄图篡夺共产党领导人民艰苦抗战的胜利果实，准备发动大规模内战，命令伪军“负责维持地方治安”，阻止人民军队受降，所以徐州等地的日伪军，拒绝向我投降。我军遵照朱德总司令命令，对拒降之敌，坚决加以消灭。8月19日，我军攻克邹县城。8月25日收复台儿庄。9月7日，我军攻克峄县城。9月11日，我们配合山东军区主力攻克临沂城。10月19日，我军再克邹县城并解放大汶口。10月26日，我军向韩庄、滕县线和临城、枣庄线的日伪军据点全面进攻，歼日伪军2000余人；国民党西北军冯治安一部2000余人起义，开赴解放区。11月3日，我军发起界河战役，歼伪军吴化文部3000人，俘其军长于怀安。11月22日，我军在枣庄全歼王洪九部。12月14日攻克滕县，歼伪保安二师7000余人。在此次战斗中，对坚持鲁南抗日战争有重要贡献的王麓水英勇牺牲。12月16日，我军向临枣铁路中段伪军据点进攻，全歼该敌；陈大庆部暂编第一旅旅长何志斌率部起义。12月30日，攻克曲阜县城，全歼伪保安团。1946年1月7日，我军解放济宁。从日本宣布投降时起至1946年1月13日，国共双方宣布停战时的五个月时间里，鲁南地区的抗日军民英勇战斗，终于将除徐州市和兖州市周围的小块地方以外的被日伪军占领的地区全都解放了，鲁南的抗日战争取得了伟大胜利。

湖西抗日根据地创建时期的回顾

陈璞如

湖西地处陇海、津浦两大铁路干线交叉点附近的平原地带，临近战略要地徐州。在抗日战争中是华中与华北根据地的联络枢纽，战略地位十分重要。全国抗战一开始，中共山东省委领导的鲁西南工委（不久改称特委）和中共河南省委领导的苏鲁豫皖边区特委，在这一地区发动群众，进行抗日救亡活动。1938年5月19日徐州陷落，7月鲁西南特委与苏鲁豫皖边区特委领导下的徐西北区委合并为苏鲁豫特委，在苏鲁豫皖边区省委领导下，发展抗日武装，开始创建根据地。1938年底，八路军主力一部进入湖西，湖西抗日根据地进入了大发展时期。为适应形势的发展，1939年5月，成立了苏鲁豫区党委，此时，是湖西抗日根据地所辖范围最大时期。但是，正当形势蓬勃发展之际，发生了错误的“肃托事件”，使湖西抗日根据地遭受了严重挫折。1940年11月3日，中共山东分局决定将苏鲁豫区党委降为湖西地委，划归鲁西区党委领导。1941年7月，当鲁西与冀鲁豫边区合并时，湖西地委又划归中共山东分局直接领导。1942年10月，湖西划归中共冀鲁豫区委，直至抗日战争和解放战争结束。

（一）

1937年7月，卢沟桥事变后，全国的抗日民族统一战线形成，中国共产党在湖西地区恢复、发展党的组织。10月，中共山东省委决定成立鲁西南工委，领导济宁、金乡、鱼台、单县、曹县、成武、定陶、郓城、菏泽、巨野等县的党组织。工委成立后，又在单县、金乡县少数党员的基础上发展组织，到徐州沦陷前，发展了200多名党员，并建立了单县县委、曹县工委、郓城中心县委。

1938年2月至5月，鲁西南各县开始组建抗日武装。单县县委组建了张寨抗日自卫团联队和单县抗日自卫队；郓城中心县委组建了郓城抗日自卫团；金乡县工委组建了一支抗日武装。在鱼台县，共产党员马霄鹏、郭耕夫等人动员民主人士聂峨亭成立了抗日救国司令部，至7月，建立了抗敌自卫团，队伍发展到千余人。在曹县，也建立了一支抗日自卫大队。这些队伍，就像星星之火，点燃在鲁西南大地上。

这一时期，抗日救亡团体在鲁西南各地蓬勃兴起。全国抗日战争刚爆发时，金乡县各界爱国进步人士即成立了民众抗敌后援会。9月，金乡县党组织直接组建了农民救国会、民众动员委员会。1937年8月，成立了济宁学生抗敌后援会，发展会员80余人，10月扩大为济宁各界抗敌后援会。在鱼台县党组织发动组织下，于10月成立了鱼台县抗日救国运动委员会。这些救亡团体积极宣传抗日，组织募捐活动，慰问抗日将士和难民，为抗日战争作出了贡献。

1937年8月，国民党在津浦路南段的鲁南、苏北地区设立第五战区，初期蒋介石兼任司令官，后由李宗仁继任。李到任后即建立第五战区总动员委员会，中共苏鲁豫皖边区特委书记郭子化，以地方名流身份被聘为委员，特委秘书郭影秋任动委会组织部总干事。特委在动委会中，一方面在基层群众中组织各界群众抗日救亡团体，宣传、发动群众积极投入抗日救亡运动；一方面积极进行上层人物的统战工作。特委以总动委会的名义在徐州举办了第五战区青年训练班，共办了两期，约300人参加。学员受训之后，到各县成立民众动员工作团，有力推动了各地抗日救亡运动的发展。1938年3月，郭影秋以总干事的身份召开青年代表会，成立青年救国团。该团迅速发展到苏、鲁、豫、皖四省边的30多个县，参加的青年达万余人。各县的上层人物，如单县的朱筱舫、朱鸿铎、金乡的杨汉章，鱼台的聂峨亭，丰县的王茂岭、刘铭盘，沛县的张天易，砀山的孟仰陶，都积极拥护共产党的抗日主张，在当地的抗日救亡运动中起了重要作用。

1937年11月，中共苏鲁豫皖边区特委在萧县黄口召开了扩大会议，传达了中央洛川会议精神，分析了苏鲁豫皖边区斗争形势，决定广泛发动群众，开展统一战线工作，创建抗日武装，进行独立自主的敌后游击战争。1938年3月，为加强抗日工作的领导，中共苏鲁豫皖边区特委决定建立徐（州）西北区委。区委成立后，即召开五县工委负责人联席会议，讨论加强对动委会的领导和发动群众、组建抗日武装等问题。

1938年5月19日徐州失陷后，整个湖西地区沦为敌后。在徐州会战期间，正面抵御济宁方面之敌的金乡一带国民党政府守军。后路被敌包抄，他们于5月12日急速撤离，但撤离时没有通知城内修筑工事的各乡民工和居民，日军占领县城后，将民工2000余人大部屠杀，制造了惨绝人寰的“金乡惨案”。

从全民族抗战爆发到徐州失陷，湖西地区中共组织的恢复与发展，抗日民族统一战线的形成，抗日群众团体的建立，抗日武装的创建，为开展抗日游击战争、创建根据地奠定了基础。

（二）

徐州失陷后，湖西地区在中国共产党的领导下，发动群众，扩建武装，开展打击日本侵略者的斗争。为在抗日民族统一战线中取得合法的地位，早在1937年10月间，中共苏鲁豫皖边区特委从第五战区游击总指挥李明扬处，争取到“沛县人民抗日义勇队”的番号。之后，便在沛县县委早在1935年组织的一支地下武装的基础上，组建了百余人的队伍。1938年3月，特委再次与李明扬协商，取得了“苏鲁人民抗日义勇队”的番号，并在滕县、临城、峄县等地分别组建抗日武装。徐州失守后，特委决定将各县抗日武装合并，正式组建了苏鲁人民抗日义勇队第一总队，共600余人。义勇队成立之初，就配合台儿庄和徐州会战，破袭敌铁路、公路，伏击敌军辎重队。后来又在临城、韩庄一带破坏铁路，打击敌人。不久，总队转移至鲁南抱犊崮山区，成为鲁南抗日武装中的一支劲旅。1938年6月，我们党领导的沛县、丰县、砀山、单县的抗日武装，汇集在丰县南渠楼，正式组建了苏鲁人民抗日义勇队第二总队。第二总队成立不久，进入了丰县华山镇尹小楼一带，与其他抗日武装会合，总计有5000余人。7月，他们在单县、砀山县边，截击一股日军，毙其七人，缴获汽车二辆。8月5日，在丰县华山镇附近截击日军，毙日军小队长一名、士兵数名。8月23日，奇袭陇海路附近之日军黄庙据点，毙日军21名。第二总队不断打击敌人，深得人民群众拥护，威扬湖西。

由于共产党的影响日益扩大，抗日义勇队的迅速发展，坚定了敌后湖西人民的抗战信心，统一战线工作也有了进一步发展。1938年七八月间，中共湖西地方组织与国民党沛县县长冯子固、丰县县长董玉珏、丰县常备队长黄体润、砀山县县长窦雪岩等，先后建立了五县联防办事处及抗日联军，并组织了对陇海路的联合出击。同时，选派了大批共产党员干部到国民党政府、军队工作。这期间，湖西党组织只在萧县建立了抗日民主政权，还未能在其他地方抓住有利时机，建立抗日民主政权。

我们党坚持原则，对于破坏抗战的反动顽固势力进行了斗争。曾当过旧军阀师长的王献臣，纠集土匪盘踞在丰县北部，暗中与日军勾结，扰害人民，制造磨擦。8月间，义勇队第二总队以丰、沛、鱼三县联防办事处名义，联合冯子固、黄体润等部，出兵4000余人，举行了讨王战斗。苦战月余，未能将王部歼灭，加之冬季来临，衣食匮乏，弹药不足，遂于9月27日主动撤出战斗。

日军占领广州、武汉后，停止对正面战场国民党政府军的战略进攻，回师华北，集中力量对付敌后抗日力量。这时，王献臣率部公开投敌，并向丰（县）北抗日根据地疯狂进犯。正在这时，八路军一一五师三四三旅六八五团遵照中央军委决定挺进湖西，改编为苏鲁豫支队。为了稳定湖西局势，苏鲁豫支队决定立即歼灭王献臣部。12月29日，部队突袭王部驻地崔韩庄，将其一举歼灭，毙伤俘800余人，王献臣被击伤。战斗结束时，日军300余人前来增援，在我军英勇阻击下，死伤数十人。崔韩庄战斗，使八路军在这一地区声威大振，人民的抗战热情空前高涨起来。继之，苏鲁豫支队又在单县消灭了土匪刘则岭部，在虞城打击了汉奸周子刚部，又派部队进至砀山以北、丰县西南地区和鱼台以南、徐州西北地区，在那里宣传抗日，发展武装，打击日伪军。这时，湖西抗日根据地进入了大发展时期，人民抗日武装迅速发展壮大。1939年1月，苏鲁人民抗日义勇队第二总队改编为八路军山东纵队挺进支队。2月，挺进支队在陇海路以北的部队改编为苏鲁豫支队的一部分，陇海路以南的部队仍以原番号继续活动，到5月扩大到2000余人，并于5月13日也改编为苏鲁豫支队的一部分。到1939年7月间，苏鲁豫支队总人数达到8000余人，战斗力也有了提高。1939年3月间，日军4000多人在湖西进行“扫荡”，苏鲁豫支队第三大队与日军600余人遭遇，经激烈战斗，以很小的伤亡取得了毙伤敌200余人的胜利。3月中旬，苏鲁豫支队一部南跨陇海路，同新四军游击支队相互配合，开辟陇海路南地区，并向苏皖边发展。4月中旬，部队进至津浦路东，袭击日伪据点。五六月间，在皖北先后粉碎日伪军的七路合围和五路合围，开创了皖北抗日斗争的新局面。七八月间，苏鲁豫支队重新部署，一部在湖西，一部在淮北，一部在豫东，积极打击日伪，发展武装，建立政权。苏鲁豫支队的英勇斗争，对苏皖边抗日根据地的建立和巩固发挥了重要作用。1939年7月，苏鲁豫支队一部挺进南阳湖东，开辟邹（县）西抗日根据地。9月19日，日伪军2000余人向我驻地“扫荡”，经军民英勇斗争，使敌之“扫荡”归于失败。

中共湖西组织用主要精力领导武装斗争，不断取得胜利，为建立统一战线、民主政权奠定了基础。1939年1月，丰、沛、鱼、单、砀五县抗日领导人决定建立苏鲁豫皖边区联防抗日后方司令部，并开办各种抗日训练班，吸收各界抗日骨干参加学习，造成了一个合作抗日的好局面。苏鲁豫特委和苏鲁豫支队为团结各种力量抗战，还积极开展对丰、沛两县国民党县长的统战工作，帮助他们恢复政权和武装，派干部到其部队和区政府工作。中共山东分局根据湖西形势的发展，1939年5月14日决定，将苏鲁豫特委改为苏鲁豫区党委（亦称山东分局第五区党委），下辖两个地委，三个中心县委，三个直属县委，涉及苏、鲁、豫、皖四省边区22个县，方圆400公里。到8月底，全区有中共党员1万余人。政权建设也进入了一个新的阶段。1939年4月，邀请沛滕边各界人士参加建立沛滕边联合办事处；7月，建立了铜北办事处。办事处建立后，推行政令，实行新税收，支援武装部队活动，根据地一步步走向巩固。7月1日，在活捉一再向我进攻的鱼台县顽固县长朱启森后，成立了鱼台县抗日民主政府。与此同时，群众团体发展也很快。1939年1月7日，苏鲁豫边区青年抗敌救亡协会成立，紧接着又成立了妇女救国联合会、农救会、工救会。5 月，苏鲁豫边区总动员委员会成立，统一了全区的群众工作。

（三）

1939 年 8 月，发生了“肃托事件”，湖西抗日根据地蓬勃发展的大好局面遭受了严重挫折，整个湖西中共组织在极其艰苦的环境中建立起来的工作基础受到了严重破坏。11 月，山东分局书记郭洪涛、一一五师政委罗荣桓赶赴湖西，制止了事态的发展，稳定了湖西根据地的抗日局面。

这时，国民党顽固派不断制造磨擦，袭击我军，杀害中共抗日人员。在湖西出现了反共逆流。1939 年 11 月 21 日，国民党铜山县北保安团长耿继勋，率部包围了我铜北办事处驻地千里井，我 20 余人壮烈牺牲。1940 年 4 月 28 日，在国民党政府军第三十九集团军总司令石友三的策动下，国民党山东第十一区行政督察专员兼保安司令朱世勤，命令部队袭击我军驻地蔡溜村，扣留中共采买人员，并勾结苏北各县顽军对八路军和地方部队进行夹击。1940 年 6 月 13 日，国民党沛县县长冯子固，武力镇压因反对他撤销共产党员李剑波五区区长而举行请愿的群众。自此，湖西根据地乌云蔽日，遭到敌伪和国民党顽固派的三面夹击。我抗日军民在极其困难的条件下，为坚持抗日根据地而进行英勇顽强的斗争。

1940 年 6 月 5 日，苏鲁豫支队奉命南下华中，6 月 10 日，一一五师三四三旅黄河支队进驻湖西。8 月，山东分局派潘复生到湖西接替区党委书记白子明的工作。11 月 3 日，山东分局决定将苏鲁豫区党委改为湖西地委。这时，湖西党组织和主力部队一方面同敌伪顽进行着艰苦的斗争；一方面在根据地内恢复发展党的组织，开展民主建政工作。1940年7月，建立了湖西专署，进一步地开展统一战线工作，特别是扎扎实实地开展群众运动，实行合理负担，进行减租减息。1942年8月，刘少奇同志路过湖西，作了一系列重要指示，有力地推动了湖西以减租减息为中心的群众运动，使之进入了一个新的阶段。

1942年12月，日伪军万余人对湖西根据地进行残酷的大“扫荡”，在根据地内挖封锁沟、筑碉堡、建公路，把根据地分割成格子网，使湖西抗日根据地再度出现艰难的局面。但是，不屈的湖西军民，在中国共产党的领导下，一刻不停地进行坚决的斗争，坚持团结抗战，终于巩固了根据地，并从1944年开始进行攻势作战，使根据地又进入了新的发展时期。1945年8月，同全国人民一起夺取了抗日战争的伟大胜利。

湖西人民为夺取抗日战争的伟大胜利，谱写了光辉的篇章。湖西根据地的斗争历程，在抗日战争的胜利史上占有光辉的一页。

战斗在胶东抗日战场的日日夜夜

王彬

1939 年 9 月，在我担任八路军山东纵队参谋长期间，接到中央指示：在胶东区党委军事部的基础上成立八路军山东第三军区，并任命我为司令员，王文同志为政治委员。胶东军区的范围：潍县以东的山东半岛，包括青岛、烟台、威海等城市。

胶东是富有光荣革命传统的地区。七七事变之后，英雄的胶东人民在共产党的领导下，举行了天福山武装起义，成立了“山东省人民抗日救国第三军”，打响了胶东抗日战争的第一枪。此后，各县陆续举行武装起义，建立抗日游击队，开辟抗日根据地，有力地打击了日伪反动派的嚣张气焰。到 1938 年底，胶东已经建立了一批抗日民主政权，并形成了蓬（莱）、黄（县）、掖（县）部分地区连成一片的抗日根据地。当时，胶东地区的抗日人民武装，除山东纵队第五支队外，还有各县的抗日游击队。

成立山东第三军区的目的是统一管辖胶东各县的游击队，组建正规部队，发展和壮大抗日武装，巩固和扩大抗日根据地。当时还规定，各县设抗日游击大队，区设抗日游击中队，乡设抗日游击分队。在我去胶东上任前夕，中共中央于1939年12月6日曾发出《关于山东工作方针的指示》，指出山东工作的总方针：坚持对日寇的游击战争，坚持自己已得的阵地，发展自己的力量，开展群众工作，与顽固分子进行坚决斗争。不久，毛泽东又明确指示：中共山东分局必须把发展武装力量作为一切工作的中心。纵队领导同志根据中央指示精神，也对第三军区成立后的工作提出了要求。中心内容：要坚持胶东的游击战争，敢于同国民党顽固派和日伪军进行斗争，在斗争中扩大武装力量，巩固和发展抗日根据地。

1939年底，我带着上级的指示精神，来到胶东军区的所在地招远县西南部的山里曹家（区党委住附近的掖县东来儿夼）就任新职。

1939年胶东人民的抗日战争取得了很大成绩，但也出现了一些曲折。在1月16日至3月7日的蓬、黄、掖保卫战中，胶东军民先后作战十余次，为保卫新生的抗日人民政权作出了贡献。但是，另一方面也存在着在执行统一战线政策上的右倾倾向，如与只在口头上表示抗日的国民党顽固派组成"联军"，并把正副总指挥的领导权让给顽固派头目赵保原和秦毓堂。同年6月，在日伪集中兵力"扫荡"鲁南而胶东暂时缓和时，胶东的顽固派便猖狂起来，杀害共产党八路军人员的事件不断发生。赵保原在莱阳大肆捕杀抗日人员家属，杀害共产党员200余人，"抗日联军"宣告破裂。10月，日伪军增兵胶东，对国民党顽固派实行诱降，顽固派便公开打出"先打八路，尔后抗日"、"抗日其次，抗八正经"的反动旗帜，并配合日伪军对我"扫荡"和进攻。由于当时领导思想上的右倾和过高地估计顽固派的力量，未能及时教育我党我军，并给顽固派以应有的打击。甚至想用蒋介石"抗日诺言"来说服他们，希望"精诚团结，安危共筹"，并在报纸上发表讲话，讲什么在"抗日高于一切，一切服从抗日"之最高原则下，应把握住"大事化小，小事化了"的态度。这种过分退让的指导思想，不仅没有取得和平团结的结果，而且使顽固派更加猖狂起来。年底，顽固派首领赵保原竟纠集胶东大小顽固派司令组成“抗八联军”，专与我军作对。在日伪军和国民党投降派的联合进攻下，我八路军五支队和胶东抗日根据地面临着严峻的考验。在日伪军占领了牟平、掖县、龙口、莱阳、栖霞等几个主要城镇之后，开始合击我蓬（莱）、黄（县）、掖（县）根据地。我们的活动范围缩小了，根据地受到了严重的威胁。

反击反共顽固势力　发展巩固抗日根据地

了解了上述情况后，我深深感到反击国民党顽固派的斗争任务很重。但是，刚刚宣告成立的第三军区又没有可供打仗的武装力量。不仅指挥机关不健全，就连一个营的兵力也凑不齐。怎么办？我就去找黎玉同志请示和商量。当时，他作为山东军政委员会代表和我一起来到胶东，任胶东军政委员会的负责人。他说，要打顽固派，看来只有请五支队出兵。黎玉同志旋即召集我、王文同志和五支队司令员高锦纯同志等开会，研究反顽问题。我提出：应该在招远南部打一仗，那里的顽固派徐叔明（国民党苏鲁战区第二十六支队司令）经常杀我们的交通员，骚扰我们的部队。但是，有的负责同志不主张打。结果，这次开会没作出什么决定。又过了些日子，我把第三军区的部队整顿成一个营，400 余人，另加一个骑兵连，第三军区总算有了直辖的基干武装力量。

我刚到职不久，碰上了日本鬼子的冬季“扫荡”。当时，突然接到报告：日伪军已经到达上东庄和下东庄，距我们军区机关和胶东区党委机关只有五六里路了。当时我掌握兵力只有一个警卫连。为了掩护两个机关转移，我命令二排三排立即进入阵地，准备阻击敌人，争取时间，掩护军区机关转移。我亲自带一个排，掩护区党委机关撤退。

刚到胶东，敌人就给我们来了个“下马威”，一气追了我们三天三夜，从掖招（远）边区的山里曹家和来儿夼，经过招（远）莱掖边区直到平度北山区的小块根据地转到大泽山处，又从葛门口转回来，我们好不容易才甩掉了敌人。这次转移，机关把全部家当都带上了，什么文件、档案，还有一项很重要的东西就是我们根据地银行的北海币和金条。那时我们有金矿，许多财政支出全靠它。这次转移，使我深深感到：要抗日，没有巩固的根据地不行，没有强大的武装力量也不行，非得和国民党顽固派和日伪军做坚决斗争不可。

现有的边区根据地范围大小，群众说是“一枪能打透”的一片地方，也有的说像“驴脊梁骨”那么窄。为了给反共顽固派以应有的反击，打开抗日局面，我又去找黎玉同志商量。黎玉同志又召集我和高锦纯、王文等同志开会，研究打仗问题。最后，初步决定要打，由五支队打徐叔明的司令部，徐大约有一个团的兵力；我们攻打顽固派焦舜卿的招远县政府（这个县政府并不在招远县城，而是在招南的农村）。但是，就在部队已经开进快要打的时候，五支队的指挥员又来电话了，说据侦察敌人情况又有变化，还是不打的好吧？这回我可有点火了，在电话中说：“咱这是打仗，不是下棋，会上决定的东西，怎么能随便更改呢？”后来终于打了。具体时间是 1940 年 2 月 21 日，作战地点在招远南部的曹孟、黑都泊、黎儿埠一带。这一仗，打死打伤顽军 100 余人，俘虏二三百人，还缴获了一批枪支弹药。五支队对徐叔明的仗也打得不错，最后徐叔明只带领百余名残兵败将投靠顽固派头目赵保原去了，还有百余名顽固派到大龙口投靠了日伪军。这一仗之后，招远南部广大地区与东北部我蓬、黄根据地和西部我掖县根据地连成了一片，大大鼓舞了人民的抗战热情。

招南反顽战斗胜利之后，我们获得了一些武器装备，并以俘虏补充了兵员。为了扩充武装力量，部队进行了休整，组编了第三军区第二营。

当时，掖县东南部的大泽山区北寺口驻着顽军司令高玉璞的一支部队，其首领叫王席珍。高玉璞原是掖县的伪军头目，占领北寺口后，杀害我方交通员，袭击我抗日游击队，作恶多端。我们决定拿下大泽山的北寺口。3 月 1 日晚，我们从高玉璞预料不到的一个山间小路迂回过去。记得当时带路的有掖县大队长王候山同志，他对这一带的道路很熟。拂晓前，我军居高临下对北寺口形成了一个半包围圈。打响之后，天已大亮。高玉璞的部队还在睡大觉呢。可惜兵力太少，没有四面包围，眼看着多数顽军狼狈逃走了。这一仗，击毙顽军不到 100 名，俘虏了 350 多人，缴获枪支 300 多支，电台一部。

这一仗，不仅打开了通往鲁中的一个关口，打击了顽固派的反动气焰，鼓舞了人民群众的士气，而且收复了掖南的大泽山区，使大泽山和掖东、招南、蓬莱山区连成一片，从而大大巩固和扩大了胶东根据地。

部队回到山里曹家，我们召开了一个祝捷大会。王文同志讲了话，热烈祝贺胶东的反顽斗争的重大胜利。我召集全体干部开会，总结了作战经验和教训。

打完北寺口，我们已经有几门迫击炮和一挺轻机枪了，于是我们成立了一个机炮连。成立的方法还是和过去一样，八路军游击队的老战士加上新过来的俘虏兵。

这时，又着手组建第三营。人员不够怎么办呢？当时只有向各县大队抽调。抗日战争以来，胶东各县的党组织和人民群众，不断为八路军输送兵员。后来，这就形成了一条不成文的制度，每打一仗，缴获的武器都要分一些给地方游击队和民兵，以促进他们的发展。各地民兵、游击队也踊跃参加八路军，整个胶东人民武装便迅速发展起来。

第三营成立之后，昌潍大队暂时也没让他回去，留在军区准备再打一仗。当时，盘踞在平度的国民党保安十八旅陈兵大泽山至旧店一线，经常骚扰我平（度）、招（远）、掖（县）根据地。这个保安司令叫张金铭，自称兼平度县长。他投靠赵保原，参加反共联军，向我八路军发起进攻。

1940年3月7日，以赵保原为首的“抗八联军”向我进攻。我五支队将其打退，并于3月中旬解决了赵保原的县政府。3月20日，我率军区的三个营和昌潍大队，围歼了张金铭驻在北大田的一支小部队，攻占了张金铭的两个后方基地，缴获很多物资。

这一仗打通了大泽山区与我平（度）北根据地的联系，使平度县的小块根据地连成一片，使我们控制了从掖县到平度的整个山区。上述这些战斗规模显然不大，但密切配合了反对国民党顽固派掀起的第一次反共高潮的斗争，在军事上、政治上都具有重要的意义。当时，区党委通过报纸提出了“坚持抗战，坚持团结，反对分裂”的口号，用事实揭露顽固派的种种罪恶，并发通电动员广大群众和各人民团体参加各县的临时参议会。5月13日，莱阳县宣布罢免了赵保原的“县长”职务；随即以我们党为主组织了抗日的招远（招南）县政府，栖霞（栖北）县政府，不久又组成了平度（平北）及文登抗日县政府，极大地推动了人民抗日民主政治运动，扩大了党的影响，推进了胶东抗日游击战争的发展。

1940年4月下旬，吴克华同志来到胶东任五支队司令员，高锦纯同志改任政委，使胶东部队增添了领导骨干。5月初，五支队率十三团活动在栖霞的观里集一带，又遭到赵保原的袭击。十三团奋起还击，打死打伤赵保原精锐部队数百人，从此赵保原的气焰才暂时有所收敛。

努力抗战　军民抗日力量愈战愈强

1940年夏天，第三军区组编了一个正规团，周光任团长，张环旭任政委，萧平任副团长。周光和萧平都是山纵从一一五师调来的骨干。除一团之外，还有一些军区直属队，如警卫连、骑兵连、机炮连等。这时，军区机关也比较健全了，政委王文同志到职了，司令部、政治部、供给部、卫生部人员也比较齐全了。抗日根据地和政权扩大了，抗日群众运动也大大地发展了。

当年7月，日伪军三四百人从掖县出来到郭家店一带“扫荡”。根据确切消息，敌军必然要经过青山和两目山之间的通道。青山在西，两目山在东，都高四五百米，相距不过两三里。我们把主力埋伏在两目山上。为了防止敌人往青山逃窜，还请五支队一部在青山配合我们。

当敌人进入我们的埋伏圈时，几个营一齐开火，当场打死打伤一些敌人。日军遭到阻击后，立即卧倒在地，然后绕到我们这个高地的西南方，一步一步向高地攻了上来。由于是梯田形的山坡，便于敌人隐蔽，再加上敌人的迫击炮、掷弹筒，一齐开火，火力很猛，我们的部队吃不住了。为减少伤亡，我命令部队收缩了一下。这时，我在指挥所突然闻到一股奇怪的气味，用望远镜一看，不好，敌人正在利用西南风向我们施放毒气。好在平时训练中讲过，我连忙下令：用水把毛巾浸湿，捂在口和鼻子上，撤出阵地；没有水的撒点尿代替水，不要嫌脏。结果，凡是这样做的，都没有中毒，很快撤出了阵地。

这一仗没有打好，我心里很生气。本来五支队说在青山配合我们一下，一直也没见到他们的动静。我们眼看着敌人退下去，通过去了。当然，作为新成立的一个团，首次打鬼子，给敌人以创伤，我们自己也没有什么伤亡，总算不容易。几位营的领导干部向我汇报作战情况，还谈了许多杀伤日伪军的战绩。不少干部战士还高兴地谈论着自己杀敌的经过。一次并不理想的对日伪军的作战，却激发了干部战士极大的抗战热情。

为了把这种抗战热情变成练兵的实际行动，我把部队集合起来进行了讲评。接着让大家回去讨论，总结经验教训。最后，又把部队拉到青山和两目山之间原来打阻击的地方，搞了一次实地演习。两个连伪装成敌人前进，其余的打埋伏。通过这次演习，把教训变成了经验，提高了部队的实战本领。

随着胶东根据地的扩大和人民武装力量的不断增强，各主力部队和地方武装弹药的要求更高了。为适应这种情况，1940 年 3 月，成立了胶东兵工生产委员会，统一领导兵工生产和分配武器弹药。我任委员会的主任，王本贤（新中国成立后曾任上海市交通局局长）任专职副主任，其他委员有五支队参谋长贾若愚，后勤部长高达三，军区参谋长李发，区党委财务处长孙揆一等。

胶东的军工生产在全国的抗日根据地中是比较有名的。早在 1938 年 4 月，在黄县圈杨家村就成立了胶东人民抗日武装的第一个兵工厂。1939 年秋冬之间，兵工厂迁到一条名叫“老庙后”的大夼里，这里林木茂密，人迹稀少，很利于隐蔽。同年冬季，兵工厂遭到顽固派头目蔡晋康的破坏，又搬到了蓬、黄、栖、招四县交界处的根据地。当时，兵工厂驻在前寨、后寨、曹高家、苗家、大蔡家等山村，虽然离敌人据点很近，经常遭到骚扰，但由于我们党的群众基础很好，仍然使军工生产坚持发展下来了。从 1940 年到 1941 年，胶东的兵工生产随着武装斗争的胜利和根据地的扩大，更获得进一步发展。老的兵工厂改为兵工一厂，先后又在掖县建立了兵工二厂，在昆嵛山区建立了兵工三厂，在牙山区建立了兵工四厂，在牟平鹊垛山区建立了兵工五厂。生产规模也逐渐扩大，由开始修修补补发展到每月能生产近万枚手榴弹，数千发迫击炮弹以及各种类型的步枪、机关枪、迫击炮和掷弹筒等。这些武器弹药除供给胶东地区的抗日武装外，还运往鲁中南、冀鲁豫、苏豫皖等抗日根据地，供给那里的八路军、新四军和地方武装。

在坚持胶东兵工生产的斗争中，涌现了许多可歌可泣的英雄人物和动人事迹，许多干部、工人、战士献出了生命。在 1940 年的“六一大扫荡”中，兵工一厂工人曲德明到后寨侦察敌情，不幸中弹牺牲。

1941年5月，兵工四厂一名站岗的工人发现敌人偷袭工厂后，及时鸣枪报警，使绝大多数同志安全转移，自己却壮烈牺牲。在一次冬季反“扫荡”中，兵工一厂警卫队一个排，在连长、指导员带领下，为掩护干部、工人的转移英勇战斗，大部分人壮烈牺牲。为了克服材料、设备严重缺乏的困难，兵工厂的干部工人更是千方百计进行艰苦卓绝的努力。兵工一厂总务科副科长王谟同志为搞材料，被敌人抓住活埋在即墨县。为了解决柴油缺乏的困难，大家创造了用花生油发动柴油机的经验。柴油机坏了，一时修不好，干部工人便用人力拉皮带轮，一连坚持二三十天不停产。他们还因陋就简，在山沟里办起一个硫酸厂，自己生产出盐酸、硝酸、硫磺，满足了炸药生产的急需。这个使敌人的化学专家瞠目结舌的消息，不仅鼓舞了根据地人民，而且鼓舞了敌占区人民。手榴弹里的雷管本来是铜片制作的，可我们当时硬是用牛皮纸加胶水制成了雷管。这一件件奇迹，又都是在胶东人民群众的掩护和关怀下取得的。胶东人民群众为发展兵工生产立下了汗马功劳，付出了巨大的代价。可以说，没有胶东人民群众的掩护和支援，胶东的兵工生产是不可能得到如此迅速的发展的。

为了在反“扫荡”中保存和发展兵工厂，胶东军民积累了许多宝贵的经验。开始，敌人来“扫荡”了，我们便把兵工厂的机器设备埋起来，等敌人“扫荡”过后再刨出来继续生产。因为有时敌人来得很突然，机器来不及掩埋，结果被敌人破坏了一批。后来，我们又想了一个办法，就是敌人来得突然时，我们先把厂房炸掉，用厂房把机器掩盖起来。这样就又多保存了一些机器设备。但这个办法也有缺点，就是容易使机器受损坏，恢复生产比较困难。不久，发动群众动脑筋想办法，又找到一个更好的办法。我们把厂房的地下挖空，机器座在木板上坚持生产。敌人来了，立刻把机器“下放”到地下室，然后把厂房一炸，机器可完好无损，敌人也找不到。另外，还通过在厂房各处及门窗内设置地雷炸弹的办法，在敌人“扫荡”时保护工厂设备。

1940年9月，山东纵队所属部队在第四期整训中进行了整编。第四期整训计划要求山东纵队一年内主力部队要扩大到54000人，并要大力扩充县、区、乡的游击队武装，实现各主力支队全部正规化。这时，整编后的山东纵队下设一、二、三、五旅（到1941年又成立四旅）和一、四、五支队及独立支队。原来胶东地区的五支队编成第五旅，由吴克华任旅长，高锦纯任政治委员，我们第三军区主力部队编为新的五支队，我兼任五支队司令员，王文同志任政治委员。这次整编之后，胶东的八路军以五旅为主，对日伪军打了两次胜仗：一次是10月15日至24日的上夼、良蒙山战斗，另一次是12月5日至10日的郭家店战役。这两仗打乱了日伪军进行冬季“扫荡”的准备，保卫了平、招、莱、掖根据地，鼓舞了人民的抗战热情；另外，也对正在制造分裂的国民党顽固派和投降派是一个严厉的警告。

1940年日伪冬季“扫荡”过后，国民党顽固派被敌人吓破了胆，他们的大小“司令”们，投降的投降，插枪的插枪，溃逃的溃逃，枪支弹药扔得到处都是，这就为我军的发展提供了有利条件。我东海地委书记于克功同志领导当地农民拿起武器，举行了武装起义。这在历史上叫东海二次起义（第一次起义是指抗日战争初期的天福山起义）。早在第二次国内革命战争时期于得水就在这里领导过一次武装暴动，起义失败后一直坚持游击战争，这里党的基础群众基础一直是好的。东海二次起义不到十天，就编成了1000多人的抗日武装部队。于克功同志任东海军分区司令员。

起义后不久，于克功同志带领的起义队伍接连受到当地顽固派的围攻。为了巩固和扩大东海二次起义的成果，我派张怀忠同志（新中国成立后曾任一机部副部长）率北海独立大队（相当于加强营）从艾虎山区出发，直奔昆嵛山前去支援。两支队伍会师后，并肩作战，力量大大增强了。但是，1941年4月，在林村的一次战斗中，于克功同志不幸壮烈牺牲。为了加强对东海部队的领导，胶东军区决定派北海军分区司令员兼县长孙端夫同志和地委书记梁辑卿同志去东海担任领导职务。他们到那里之后，把起义部队整编一下，正式成立了第三军区的第二团。这个团共2000多人，孙端夫为团长，另派一团副团长萧平去当副团长。这个团的队伍很整齐，年纪轻，觉悟高，素质好，特别是大多数人还有点文化，每人胸前插一支新钢笔，整整齐齐，一看就叫人喜欢。不久，又从五旅调来了蔡永泉同志来当团政治委员，梁辑卿同志仍任专职东海地委书记。

1941年春，我接到山东军政委员会的一份电报：命令我带一团轻装去东海与二团会合。并指示我：不带军区机关。当时，我们第三军区的指挥机关已经比较健全了，司令部、政治部、供给部都是健全的。我当时想，就这么一个团被我一带走，甩下军区机关，一旦有事，机关不好办；再说，到东海开辟根据地，既要打仗，还要做政治工作、地方群众工作、后勤工作，离开了机关也不好开展。于是，我又回电请示山东纵队，建议允许把机关都带上，并表示只要途中组织好就不会发生大的问题。罗荣桓同志很快回电同意了，并让我带去五旅的十四团（团长于得水对东海很熟悉）。

上级是同意了，但真正组织好这支数千人组成的队伍的长途行军可不那么容易。当时沿途一带密布着日伪军和国民党顽固派。我们的任务是以尽快的速度安全地插入东海昆嵛山区。这么多的人，除掉要求快速保密之外，很重要的一条就是选择好行军路线。我们几个领导同志经过反复研究，决定宁可靠近日伪军，走北线。因为日伪军多龟缩在大的城镇，中间“空当”比较多，便于我们穿插通过。相反，南线虽然没有日伪军，但国民党顽固派多，他们熟悉环境，岗哨密布，占地为王，容易发现我们。

确定行军路线之后，便开始集结。由于机关、部队都分散在各个村子，我们便在山里曹家、扒头张家、张格庄和山后几个村子把大家集中起来，然后开到艾虎山区的黄城阳开了一个动员大会。记得政治部主任仲曦东和我在广场的台子上进行了动员。第二天我们就出发了。

将近三个团的兵力通过敌占区，只有夜行军最好。傍晚从黄城阳出发，第一夜走了80里，到达福山南部的张格庄一带。第二天白天隐蔽休息，封锁消息。第二天夜里，为了迷惑敌人，我们只走了25里路，在烟台南部的回里一带宿营了。当时我们有两个顾虑，一是怕敌人知道我们的底细，二是怕他们伏击我们。还好，前两天都安全地过去了。第三天夜里，长驱直入，搞了个急行军，一夜走了100多里，直插昆嵛山。在山西南脚下东于疃一带地区宿了营。

机关和三个团在东海会师之后，那个高兴劲就甭提了。但我们没开会师大会，尽量不惊动周围的敌人，不让敌人知道我们又开过来两个团。

我们到东海之后，五旅的十三团、十五团留在原来的西海大泽山一带。这样，胶东地区我八路军的两大主力部队五旅和五支队，便开始分处东西配合作战。这时胶东军事力量的布局是：北是日伪军，南是国民党土顽，东西都是我八路军，形成了我军东西两处配合作战的战略态势。

严惩顽固派　克服投降内战危机

1941年春，我接到山东分局和纵队指示：命令渤海地区的三旅旅长许世友带一个团于3月底到胶东与五旅会合，并组织胶东军政委员会统一指挥五旅和五支队，为“配合全国克服投降内战危机”，“以反投降的胜利转变胶东局面”，开展一次反投降的战役。当时，皖南事变刚刚发生，国民党顽固派在全国掀起了第二次反共高潮。我们在胶东打几次反对顽固派、投降派的胜仗，就是对全党粉碎第二次反共高潮的有力支援。

由于当时胶东的八路军被分割成东西两个部分，所以这场反投降战役是从东西夹击开始的。西线五旅十三团、十五团和清河独立团由许世友、林浩、吴克华同志率领由西往东打；东线五支队一团、二团和五旅十四团由我和王文同志率领由东往西打。

当时在东线我们的目标有三个：一是驻午极的安廷赓；二是驻崖子的苗占魁；三是驻胡八庄的丁綍庭。先打哪个呢？我们决定先打国民党游击第六纵队司令丁綍庭。因为丁綍庭对我们威胁最大。他的兵力有1000多人，号称东海地区的一霸。丁既是地主豪绅，又握有军权，坚持与共产党八路军为敌。安廷赓就差些了，名义上有一个团，其实只有国民党山东省政府主席沈鸿烈的一些海军陆战队，不到1000人。苗占魁虽然也号称司令，但只有几百人。

任务定了，怎么打呢？最后决定从胡八庄丁綍庭司令部所在地动手，他的部队也主要驻守胡八庄。

主攻点确定之后，就是怎么部署兵力的问题。我一再考虑并和王文政委商量：想叫一团主攻，十四团配合，歼敌把握大些。因为十四团一方面是兄弟部队，另一方面这个团不健全，兵员不足，只有1000多人。一团是我们亲自组建起来的，战斗经验多，老同志多，兵员充足，让它担任主攻把握性大一些。但是，当我们提出一团担任主攻任务后，二团不同意，团长政委非要把主攻任务夺过去不可。我们也考虑过，二团在东海刚组建，热情高，兵员充足，都是20岁左右的小伙子。团长孙端夫是个大学生，很勇敢，政治委员蔡永泉也很精明能干，又是在东海地区作战。只是二团作战经验较少，若担任主攻，多少有点儿顾虑，但他们热情很高，保证完成任务。最后，我们改变了原来的打算，把主攻任务交给二团，让他们在战斗中锻炼、摔打一下。为了确保无误，我抽掉一团最强的一个营作预备队，万一打不下来，就把这个营拿上去。然后把特务营交一团指挥，补充抽掉的那个营。特务营老跟机关跑，打仗少，这次也想锻炼它一下。

一团的任务是攻打午极安廷赓的部队，同时也是为了防止别的顽军增援丁綍庭。在发起攻击之前，二团已经三面包围了胡八庄，只给它留下了一个西逃的退路。

战斗在拂晓打响，部队很快攻进了村子，消灭了大部分顽军。跑掉的都到十四团那里“报到”去了。但是，天亮之后，还有丁綍庭司令部所在的大院和周围几个碉堡没拿下来。我们一个院子一个院子地争夺，仗打得很残酷，一时很难攻进去。为了早点儿结束战斗，以免拖到晚上顽军便于逃走和外部顽军增援，我派副团长萧平进村子里面去侦察。萧平在敌人封锁线上用一根棍子把衣服挑起来晃几下，顽军便朝“假人”连开几枪，枪刚响过，他乘顽军拉枪栓之机飞身跃过了封锁沟。萧平过去之后，蔡永泉政委也非要下去不可。我拦他没拦住，结果在通过封锁线时负了重伤，后来没有治好伤，牺牲了。

萧平同志侦察完毕回来报告了情况，因为顽军的碉堡封锁很严，白天看来不能结束战斗了。于是我下令：严密围困，原地监视，晚上攻击。

当天晚上，我们用火攻占领了丁綍庭的司令部，他的老婆孩子和他的父亲全被俘虏了，电台台长也被活捉了，可惜丁綍庭本人从水沟里逃走了。丁的老婆孩子和他的父亲经过一段时间的教育释放了。结果，在后来的一次战斗中，他们又当了我们的俘虏，还说：“我们知道八路军优待俘虏。”

这一仗共歼丁綍庭部队1000多人，两个团俘虏800余人，缴获枪数百支和子弹一批。

胡八庄战斗结束后，我接到情报：3月10日，赵保原为首的胶东大小投降派、顽固派在午极开了反共会议，乘日伪军正在“扫荡”我平、招、莱、掖边区根据地，而我主力在西部反“扫荡”之机，决定以赵保原为总指挥分兵三路，号称12000大军，向我东海地区大举进犯，企图歼灭我东海部队，扼杀东海二次起义的结果。

为了迎头痛击投降派和顽固派的猖狂进攻，我们五支队二团留两个营在昆嵛山区的冯家一带消灭残余敌人，宣传群众，组织民主政府，部队主力则集结完毕严阵以待。

在胡八庄战斗中，负责进攻午极的一团没有抓住安廷赓的部队而扑了空，心里很懊悔。这时，我决定派他们去打苗占魁。苗只有七八百人，一团完全可以歼灭他。这时，有情报说进击我昆嵛山区的顽固派左路军洪彪部2000余人在朱车受到我二团的迎头痛击后，缩回到下雨村。于是，我命一团北上截击。一团以突然的行动北上，和二团一起两路大军合击下雨村，结果洪彪率部队窜逃了。这时，二团一营又攻打冷格庄，活捉了陈煜部三营营长姚金海，收容80多名俘虏，缴枪70多支，但该部大部逃散了。在冷格庄休整一下之后，又发现牟平县的顽固派司令陈煜正驻扎在观水镇。于是3月18日命二团一营于当天下午5时半一举攻克了观水。陈煜部除少数窜逃外，其余全部被歼灭。这时，西战场许世友、吴克华指挥的五旅和清河独立团已在牙山区攻克了北亭口和桃村，我东西两路大军在桃村一带会师。胶东抗日根据地从此东西连成一片。

打完观水以后，我们在铺西头休整了一下。3月20日，我五支队一团又围歼了驻崖子的顽固派苗占魁。至此结束了胶东打通东西战役东部战场的全部战斗。

这时，日伪军除了占领着牟平、烟台、福山、栖霞等孤立的城镇之外，其余大片农村领土都是我们的根据地，部队活动范围大了。国民党顽固派的司令们有的被歼灭有的逃跑，只有赵保原等少数顽固分子还有些实力保存下来，企图长期与我对抗。

胶东军政委员会开会研究下一步该怎么打。许世友同志主张乘机打赵保原，于是决定消灭赵保原这个冤家。开始，军政委员会也没有预计要打那么大的仗。但是，一经打起来，就由不得自己了。很快形成了骑虎难下，长期僵持，犬牙交错的阵地战局面。这就是后来长达半年之久的榆山会战。尽管对这次会战的战略价值在认识上有分歧，但作为军政委员会的委员、会战的参加者和一名指挥人员，我有责任谈出我所了解的当时的实际情况。

对这一仗到底怎么看？当年在莒县山东分局总结抗战五年经验和延安整风时，都有过分歧意见。现在恐怕也没有完全统一。我认为，在1941年春夏的历史条件下，在胶东的客观环境内，打这样大规模的阵地战，是不符合抗日游击战争的战略原则的。当时党中央也要求我们以集中兵力，速战速决的游击战为主，以消灭敌人有生力量，缴获武器，发展壮大自己为主。这一仗，虽然也沉重打击了顽固派，消耗了他们的力量，但我军伤亡和消耗也太大。因此说在战略上我们是有些失策的。当然，如果从积极的方面总结，这一仗的意义和作用也可以讲出许多条来，总之对这一仗的分析应用两分法，两点论。一概肯定或一概否定都是不对的。

参加榆山会战的部队主要有五旅的十三团、十五团和清河独立团，五支队的一团、二团，共五个主力团。这一仗实际上是和赵保原决战。

4月2日，我一团占领榆山。4月4日又占领了吉格庄以南的阵地。我五支队司令部和二团集结在下劳泊、泉水头一带，控制和监视万第的敌人。五旅十四团占领仓山后，也向吉格庄方向进逼，对吉格庄形成了包围之势。4月4日上午9时，吉格庄守敌700余人分三路向我一团阵地进攻，当即被我击溃，便缩了回去。5日，赵保原从发城派主力500余人于早晨6时窜到吉格庄来为守卫在那里的郑维屏、赵汉卿及海阳保安团助战。10点钟，在吉格庄集中的2000余人开始分路向我占领的周围高地进攻，都被我一一打退了。这时，海阳保安团见势不妙，乘机逃离了吉格庄。赵保原的助战队也逃回了发城。

吉格庄粮草断绝，内部恐慌。4月20日，赵保原又派其黄团和二十七支队刘景川部共2000余人由发城出发向吉格庄强送给养。走到槐树底，与十三团接触，打得异常激烈。这时，我五支队二团迅速从敌人左翼迂回过去，夹击敌人，刘景川的二十七支队全部被歼灭，黄团也受挫惊恐而逃。

吉格庄的敌人被我们围困了20多天，想出出不来，赵保原几次增援又进不去，因此非常恐慌。赵保原本人也像热锅上的蚂蚁，急得团团转。为了挽救其失败的命运，便乞求国民党五十一军于学忠部支援，此外来增援的还有伪军、顽固派张步云、厉文礼。于学忠当时是国民党鲁苏战区总司令，曾经是张学良的部下。我们从延安来的时候，曾携带毛主席写给石友三、于学忠的亲笔信，希望他们同我们共同抗战。4月下旬，五十一军一个营（号称一个团）由鲁南到达万第，张步云、厉文礼也派兵来为赵保原助战。4月27日，赵保原的主力加上秦毓堂部1000多人，共4000多兵力，分三路向榆山我军阵地进犯。我军以清河独立团两个营分别固守榆山山脚下顾家夼和神家夼一带的阵地。然后将五旅十三团、五支队一团、五支队二团二营作为出击部队，二团的一营、三营分别防守榆山、仓山一带阵地，继续严密包围吉格庄。

赵保原的4000人从万第到了泉水头，便分成三路前进。中路有赵的主力和五十一军的一个营，还有张步云的2000余人。拂晓，开始向我顾家夼南山区阵地猛攻，激战一个小时，我军撤退到神家夼一带固守，敌人几次强攻，我都紧守阵地。右路军有秦毓堂1000多人，由拴马岛向我进攻。中午12时，左路敌军占领了七寨南山，企图继续向我进攻，但犹豫不前。左路赵保原的一部分人配合曹支队进犯我榆山夼一带阵地，结果被我卧龙南山阵地和榆山阵地守军击退。下午2时，我军组织全线反击。二团一营以闪电式的动作，将右路军秦毓堂部击溃。二团二营配合独立团将进攻神家夼一带阵地的敌人也击退了。同时，十三团两个营由东格庄出击，除将小于山的敌人击退外，还歼灭了中路一部分敌人。十三团二营和二团二营由卧龙村出击，打退了敌人的左路军。到下午5时，敌人全线溃退。

5月1日晨6时，赵保原再次组织3000人马向我榆山以北的阵地进犯。我军用五支队的一团、二团固守榆山一带阵地，并负责包围吉格庄。五旅全部集结在晶山一线。上午，敌人的进攻没有奏效，中午继续猛攻。下午3时，我军组织了全线反击。一团由槐树底向北猛打，双方当即展开激战。我攻过去，敌攻过来，反复冲杀，胜败难分。二团二营由榆山南向顽军方向迂回，旋即把进犯卧龙村以南阵地的顽军击退，并继续进攻赤山，驱逐顽军，直逼吉格庄。这样，就对顽军的侧背槐树底的西北山造成很大威胁，迫使顽军全线撤退。战斗到晚8时半结束。在这次激烈的战斗中，赵保原的邓团团长被我击毙，吉格庄的困守之敌几次企图逃窜，都被我二团守军击退。

我军与赵保原的顽军已经在吉格庄和榆山一带阵地对峙了很长时间。为了尽快结束战役，许世友提出：由我指挥以五支队两个团坚守榆山吉格庄一带阵地，继续与敌人对峙；他与林浩和吴克华带领五旅两个团和清河独立团撤出阵地，经两夜急行军，用三个团的兵力突袭赵保原的后方基地——发城。这是比较危险的一着棋。如果当夜三个团撤出后，第二天拂晓顽军向我进攻，我们五支队两个团是很难坚守阵地的。为了预防万一，我和许世友订立了联络信号：如果第二天拂晓顽军进攻，我们即在山顶上放一堆火。在我们三个团抽走的第二天拂晓，果然赵保原纠集1万余人的兵力向我反攻过来。我们按预定的计划在山头点火，许世友、吴克华立即将十五团调了回来。

这天的战斗打得很激烈。在各个村子里，顽我之间，你咬住我，我围住你，犬牙交错，层层包抄，内线外线都搅到一起了。十五团返回来之后，我把它放在北铺后和南铺后，争夺槐树底的120高地。记得是上午他们团一赶到，没有休息，我就把团长梁海波、政委李丙令找来交代了一下任务，接着把部队动员了一下就开上去了。这个团是个老团，有战斗经验，结果一下子就打上去了。140.3 高地、100 高地，都被我夺过来了。当时我们从望远镜上看到，像电影一样，一幕一幕，短兵相接，战士用手榴弹、刺刀展开肉搏战，打得很激烈。敌人的兵力将近 10000 人。赵保原不仅得到了于学忠的增援，而且把胶东地区国民党的一切顽固势力都集结起来了。这是赵保原有计划、有组织的一次大的反攻。十五团打上去之后，由于兵力太悬殊，敌人又反攻过来，把这些高地、村庄占领了。接着，我们又组织第二次反攻。当时，十六团、十七团都守在阵地上不能动，因为在吉格庄你抱着我，我咬着你，互相都脱不开身。第二次反击，我们又攻上去了。两次反攻每次用的时间都不长，也就是一个小时左右。但是第二次攻上去之后，又一次被敌人反攻下来了。这时，我考虑顽我力量悬殊太大，不能硬攻了。于是，我命令十五团原地构筑工事，坚守已占阵地，连吃饭都由炊事班送到阵地上。这样做的目的是稳住敌人，准备夜里打。因为敌人的士兵许多都是抓壮丁抓来的，从内心里不愿为反动派卖命，最怕打夜战。当时，我最大的顾虑是顽军抢修碉堡。因为我们还没有打破碉堡的武器。当我从望远镜里看到顽军在最北面的 120 高地开始修碉堡时，便命令部队向这个地方组织扫射，顽军也就不敢继续修了。当天晚上十五团第三次反攻，将顽军全部打退，收复了榆山以北阵地。

就在这个时候，我疲劳得支持不住了，我对王文政委讲，你看一会儿电话吧，我实在需要“迷糊”一会儿。话刚说完，就手扶电话机睡着了。实际上就睡了几分钟。与敌人短兵相接的交手仗我也打过不少，可从来没有像这次这么紧张和疲劳。

为了歼灭吉格庄吃反共磨擦饭的投降派，我们后来又采取了以碉堡对碉堡的战斗，步步紧逼，向村沿压缩。由于不断挖地道、战壕，修筑工事，双方的前沿阵地相隔很近，甚至可以互相交谈。在战斗间隙，我们的干部、战士对顽军开展了政治攻势，喊口号、唱歌、喊话，用事实揭露其头目投降日寇的罪行，对他们的士兵进行宣传教育。有的还给顽军士兵送纸烟、送馒头，对他们进行感化教育，瓦解和削弱顽军的斗志。当时的政治工作很有效果，顽军开小差或到我方来的投诚者时有发生。

许世友、林浩、吴克华同志率领两个团到发城一打，这等于在赵保原的后院里点了一把火。后来形势急转直下，吉格庄的顽军溃逃，赤山被我军占领。至 7 月 27 日，我军又解放了发城。到此，榆山会战宣告结束。这长达五个月的战役，在胶东历史上叫“五个月反投降”。

勇敢作战　坚持反“扫荡”斗争

榆山会战结束不久，我们的司令部移驻胶东海阳县的战场坡。1941 年 11 月 7 日，在崖子以东地区为纪念十月社会主义革命 24 周年，我们五支队举行了一次阅兵式。参加部队有五支队的三个团、军区直属部队和附近地区的民兵万余人，在敌后能举行这样规模的阅兵式是很可观的。

榆山会战打击了国民党顽固派的军事力量，同时也暴露了我军实力，给日伪军以很大的震动。因而 1941 年冬季日伪军的“扫荡”来得特别早。这次“扫荡”是先从鲁南开始的。为了配合鲁南的反“扫荡”，10 月份我们五支队在胶东地区主动出击，对日伪军打了几个胜仗，前后共拔掉十个日伪军据点。开始，我们把攻击地点定在张梦、于家和朱村，直接的目的是扩大根据地，建设政权，牵制敌人的力量，配合反“扫荡”。但是，当战斗命令下达后，又发现日本鬼子在牟平以南和南海之间的任士桥修了一个据点，于是又决定先打任士桥。

记得正是 1941 年中秋节的晚上，任士桥的鬼子和伪军都喝了酒，醉醺醺的，正睡大觉。我们过节也多少喝了点儿酒，但不影响作战。一团二营担负了攻击这个据点的任务。他们从东往西打，恰巧碰上了个敌人，抓了个“舌头”，弄清了当夜的口令是“攻击”。巧极了，那一天夜里我们的口令也是“攻击”。结果一下子我们的那个营全攻上去了。只几个小时，便结束了战斗。这一仗俘虏了七八十个敌人，缴获了几十支枪，打死了为数很少的几个伪军、汉奸。大概是因为新修的据点的缘故，一挺机关枪也没有缴获。

这一仗打得很干脆。总结时大家说有“三巧”：第一刚巧是中秋节，第二恰巧都喝了酒，第三碰巧口令都一样。这就是巧取任士桥。打完这一仗，参战部队发来电报汇报情况，我和王文同志都很高兴，立即回电表扬，并要他们乘胜前进，完成进攻张参、于家和朱村的任务。这时的分工是：张怀忠带三团两个营打张梦，车学藻带一团一营五个半连打朱村，黄振东带四个排打于家。张梦有鬼子的陆战队，力量比较强，难打一些，我又把警卫连100多人调去，另配有三挺机枪，协助张怀忠打张梦。

结果，车学藻先打朱村，用三个小时结束战斗。俘敌五六十人和枪支弹药一批。黄振东那里也打下来了，但打得比较残酷。我方伤30人，敌人伤亡四五十人。打扫战场时，把敌人的伤兵都从炮楼上背下来了。那时卫生队条件又差，在这次战斗中卫生队长也受了伤，共七八十个伤号，可把他们忙坏了。抬担架时，还抬了两个装死的鬼子。张怀忠打张梦遇到挫折，又派田时兴率一个连去支援他。结果，发现张梦的敌人夜里突围逃跑了。在追击中只抓了不到20人，其余全跑掉了。张怀忠带部队打进去，缴获不少敌人逃跑时不能带的弹药和物资。接着，我们又打了宋村北、大水泊、成下三个日伪据点。

这时，有人反映老母猪河边上有个回龙山据点，是日本鬼子在这一带的重要据点之一，对我军的安全威胁也比较大，应该把它拔掉。我打电报给一团二团，和他们商量看能不能打回龙山？两个团劲都挺足，果然一下子拿下来了。因为我不在前线，具体打法记不得了。电报回来后，我和王文政委高兴得不得了，一方面回电表扬他们，一方面向上级报告，为他们请功。

在这期间，我们五支队一共拿下敌人十个据点，狠狠打击了日伪军，有力地配合了反“扫荡”。山东纵队曾两次电令嘉奖参战部队，特别是对打回龙山和任士桥的评价很高。电报精神传达到部队，大家欢欣鼓舞。打完仗，部队凯旋，我和王文政委到五里路外迎接他们。在庆功大会上，对各团有功人员都进行嘉奖，特别表彰了十六团。

1942年的反“扫荡”

榆山战役之后，清河独立团打得只剩下1500人左右，我们五支队那两个团每团也打得只剩下1700人左右。这时，五支队一团、二团、三团正式改称十六团、十七团、十八团。当时，五支队也拟改为山东纵队第六旅，因中央提出精兵简政而作罢。不久，清河独立团也返回渤海。

其后，为落实党中央提出的精兵简政，以及主力部队地方化的政策，我们把主力部队分散开来，坚持斗争，保存实力，保存干部。1941年和1942年敌人“扫荡”非常残酷。渤海地区最后连一个连都不能集体活动。只能十个八个人一起活动。有时，一晚上需要更换两个地方宿营。但胶东地区还好些，成团的部队还可以分散开活动。

1942年6月，中央批准成立胶东军区：许世友为司令员，林浩为政治委员，我为副司令员，彭嘉庆为政治部主任。这时，五旅归胶东军区建制，吴克华为旅长，高锦纯为政委，赵一平为参谋长，欧阳文为政治部主任。我们五支队仍属胶东军区。

为了对付1942年的日寇“扫荡”，我们当时分了一下工：五旅到大泽地区，活动在西海一带；许世友、林浩带军区机关在牙山、桃村一带；我带一个主力营掩护区党委机关，活动在东海一带。我临时组织了几个参谋，没要其他机关人员，想在乳山口一带坚持斗争。胶东区党委的部长、副部长们都在我那里。

有关1942年胶东区反“扫荡”的回忆已经不少了。小说《苦菜花》写的就有许多情节是真实的。实际上，这次“扫荡”中，受损失最大的还是我们五支队的十六团。当时，十六团正处在敌人“扫荡”的重点地带，马石山是敌人搞所谓“铁壁合围”的地区。团长周光率领部队多次身陷重围，政委张怀虚不幸牺牲。记得当时有人向我汇报：日军追赶八路军和人民群众，有的妇女抱着小孩子跑，加上又是爬山，实在爬不动了，为休息一会儿就把小孩子包扎起来，挂在树上像个摇篮。日本鬼子竟惨无人道地把孩子当活靶子打。马石山被包围之后，敌人从周围搜捕收缩，最后把几千名干部、战士、民兵、群众合围到马石山上。当时敌人给它起了个名字叫“拉网扫荡”，据说是从冀中学来的。白天包抄前进，逐步缩小包围圈，晚上点起火堆，几十米远一堆火，派人值勤，不准有人从包围圈中逃出来。最后被包围到马石山的，就有我们十六团的一部分部队。周光团长率领部队突围到午极与乳山县之间，集中兵力，先将包围圈的火堆打灭，结果大部分都突围出去了。只有一个排没突出来，在马石山浴血奋战，最后弹尽粮绝，全部壮烈牺牲。

我率领的一个营掩护区党委机关也遇到许多麻烦。开始，区党委的同志们告诉我，海阳所一带我们党的工作做得很好，渔民群众基础也比较牢靠。当时“扫荡”还未开始，为了了解当地渔民的组织情况，他们建议我们从海上过去，先去海阳所半岛，那个营的部队和机关则从陆地上绕道过去，然后我们再到海阳所以北乳山附近会合。这样，我就只带了一个警卫班和区党委的几个部长们乘船渡过乳山口，来到了海阳所半岛，住在岛南部最大的一个村子——姜格庄。当天夜里，我们找地方党的同志汇报了解情况，一直到深夜。汇报完毕，我们准备连夜出发北上找部队。当时，我的身体很不好，本来渔民想用船送我们北上。但这时突然听到海面上马达声响，敌人的军舰把我们半岛包围了。我们赶快从陆上走。天黑得伸手不见五指，冷风飕飕，深一脚，浅一脚。走了一会儿，我实在走不动了，怎么办呢？那时又没有马。最后我们商量，决定休息一下，明天拂晓再走。第二天天还没亮，敌人就从海阳所登陆了。这下子可严重了：敌人提前"扫荡"，把我们和掩护的部队分割开来了。日军海陆空部队从海阳所登陆后，把半岛的"瓶口"部分卡死了。外边是军舰，内海是汽艇，乳山口通往陆地的水面也被封锁了。敌人的飞机在这个小半岛上反复侦察。这么个四五里宽、20 里长的小半岛，敌人搜索了整整一天。

这一天，我们的脑袋好像比平时膨胀了很多，绞尽脑汁考虑问题，动员每个同志都做了最坏的打算。我向全体干部讲：能突围的要突围出去，不能突围的要在子弹打完之前留一颗给自己。我们的办法是和群众混在一起，不在万不得已时谁也不准开枪。这样我们和老百姓一起埋伏到了姜格庄西南的一座小山上。山上都是松树。地图上这个地方叫"葛子岭高地"。这一带梯田、丘陵也很多。我们一些伤病员就藏在梯田下面的山洞里，但敌人连这些山洞都不放过，我亲眼看到他们用探针进行刺探。

敌人挖空心思进行搜索。一个个村子，一间间房子，一块块梯田都不放过。由于搜索得很细，速度自然就不会太快。当太阳快要落山的时候，敌人正好搜索到我们埋伏的半山腰。当时我给警卫班的具体命令是：随时把手枪、步枪、机关枪、手榴弹准备好，待敌人靠近我们 100 米左右，实在不能再隐蔽时，听我的命令，一阵激战，能突出去几个算几个。搜索的敌人离我们只有 200 多米了。周围鸦雀无声。敌人都在我军火力有效射程之内。大家早已做好了拼搏的准备，焦急地等待我的命令。但是，就在准备开火而又没有下命令的时候，敌军的旗舰突然在杜家岛发出了信号（火堆），敌人开始往下撤了。北部的敌人也开始向南靠拢，企图登船。这样，在左边的一个山沟内便留下了一个空隙，那里的敌人早撤走了。于是，我下令：分散行动，个别突围，一个个转移出去，到指定地点集合。开头，我先一个人由葛子岭来到莱山，没情况，我便招手让大家向这里靠拢。于是大家一个个地转移出了敌人的包围圈。这时已是薄暮时分，我们从莱山出去，往那个大村子转移。最后，那挺机枪还是被敌人发现了。因为当时天还没完全黑，敌人还只当我们是老百姓呢。发现有机枪，可不得了啦，紧跟着追了过来。我们连忙进了村子，敌人又来村子里搜捕。我们跑出村子，敌人又从屁股后头追出村来。但这时已是夜幕沉沉，敌人在夜里也怕挨打，不敢轻举妄动。我们便连夜北上找部队去了。当天夜里，在马庄附近的无极山南部，我们和警卫营会师了。

会师后，我得到了十六团的消息：周光团长率全团突围出来了，政委张怀虚牺牲了。敌人由西南向东部合围、“扫荡”。但我没见到周光的十六团过来，便用电报布置了一下任务。当时的情况很紧急。我考虑在大批敌人合围马石山的情况下，我们不能西去，于是决定再往东走一段路。第二天我们东进跨过了老母猪河，住在靠东岸的村子，可能是草埠。这时，得到情报说：2000 多名基干民兵被敌人自西往东平推过来了。民兵坚持不住，转移到这里来了。于是，我布置部队要收容这批民兵。连民兵带老百姓，共 2000 多人，原地住下，动员大家和我们一起返回去。我说不能再往东走了，东面是大海。在天还没黑之前，我们吃完饭，准备往回突围。这时，又有消息传来，老母猪河全部被敌人封锁了。这条河是由北向南流的。西岸被敌人全部占领了，从南海边到北部的河上游，二三十米就有一堆火，火堆处派兵把守，防止我军往西突围。

怎么办呢？只有薄暮时出发过河向敌封锁线之后突围，不然天亮后会被敌人合围歼灭。怎么突围呢？我先向干部做动员，把马全部扔掉，当时区党委的部长们全有马，我的一条很好的警犬也杀掉了。最后只剩下我骑的一匹马。我动员部队脱掉棉裤，蹚水过河。好在河水不深，最深齐腰，过河后穿上棉裤，也不冷。为了越过敌人的封锁线，我们没有采用打灭火堆的老办法，而是明目张胆地在两个火堆之间突围。因为我们事前进行了一些侦察。民兵和老百姓走得比较慢，过封锁线的时间比较长，但并没有引起敌人的注意。也因为有的火堆旁并没有敌人，只是虚张声势，吓唬人的。而且，伪军内也有同情我们的。记得我们有的队伍通过封锁线时，被伪军哨兵发现后不仅不鸣枪报警，反而说："慢一点儿，慢一点儿，不要慌，不然你们过不去。"看来，封锁这条河的前边是伪军，后面才是日军。我们过了河，穿上棉裤插敌人的空隙，突出去，往西南走了 40 里，到了乳山口，部队才停止前进，原地休息一下。这时，到村里找老百姓了解情况，发现前面两个村子约住有 2000 名日军。这下子又紧张起来，我命令部队再检查一遍水壶、缸子、枪支，把衣服扎好，马蹄子捆上棉花，采取侧敌行军的办法，在月明的夜里，从两村之间插过去。我们静静地行军插过去之后，还蹚过一条小河，水到膝下。过了河，又走了 50 余里，天就大亮了。这一夜，我们足足走了 120 里。敌情严重，心情紧张，当时也顾不得累了。到了天亮宿营时，才感到精疲力尽。后来，敌人在老母猪河以东的"扫荡"扑了个空。

1942 年冬季，敌人对胶东的"扫荡"极端残酷，军民伤亡千余人，破坏惨重。但以后直至日军投降，敌人再未出动。

1943 年 3 月，我绕道渤海去鲁中出席山东分局会议，总结五年抗日战争经验。会后，又奉命去延安整风学习。经过半年的艰苦行军，通过许多封锁线和铁路，从冀鲁豫边区、太行山、晋西北于 1943 年的除夕晚上到达延安。直到 1946 年 2 月才再次返回胶东军区。人民解放战争爆发后，我又在这里组织和指挥了十三纵队，即后来的三十一军。

海阳地雷战

赵守福　于化虎

抗日战争时期，山东省海阳县的地雷战威震敌胆，闻名中外，为取得胶东抗战的胜利建立了功勋。当时流传着这样一首歌谣：

海阳的铁西瓜，

威名传天下。

今天炸，明天炸；

今年炸，明年炸，

轰轰轰，

直把那日军，打发回“老家”！

……

每当我们唱起这首歌，心中就充满了战斗的激情和喜悦，情不自禁地联想起抗日战争时期大摆地雷阵的一件件往事……

1940年农历正月初五，人们刚刚吃了“送年”饺子，大人小孩正忙着梳洗打扮到亲戚家拜年，突然传来一个消息：日本兵打进来了！

此时，盘踞海阳县的国民党顽固派秦毓堂、丁綍庭部及其爪牙，在日军进攻面前吓得丧魂落魄，一枪没放，撒腿就跑。日军很快占领了行村、大山所、鲁古埠和风城等沿海村庄，疯狂实行烧光、杀光、抢光的“三光”政策。西野口村间房子被烧毁218间；赵疃村一次被日伪军掠走粮食2万斤，钱2万元，被子80余床；入侵海阳的当天，500多名日伪军闯入战场泊村，杀害群众73人，制造了“战场泊惨案”；第二天清晨，一群日军又窜到海阳东乡霞河头村，将村民押解到东围子门外，用刺刀刺死19人，刺成重伤十余人。海阳人民陷入水深火热之中。

日军的暴行激起了海阳人民的反抗。县委遵照东海地委指示，发动群众积极组织各种抗日武装。被日军蹂躏的村庄纷纷成立起青抗先、青妇队、职工会、农民自卫团、儿童团等抗日救国团体。赵疃、文山后、西小滩、瑞宇、纪家店、笤帚夼、亭儿崖、槐树底、摆架岭等村庄分布在青（岛）烟（台）公路两侧，距敌据点近，人民群众受害最深，抗日也最坚决。他们凭着熟悉地形，神出鬼没地在日军眼皮底下活动起来。民兵们拿起土枪、土炮、大刀、长矛，积极开展“反封锁”、“反资敌”、反“扫荡”活动，贴标语、撒传单、割电线、偷武器、捉伪军，打“麻雀战”，搞得日伪军神魂不安，最使他们闻风丧胆的则是“地雷战”。

1943年春天，在保卫麦收的战斗中，瑞宇村民兵队长于凤鸣把两颗12.5公斤重的大地雷埋在青（岛）威（海）公路上，炸中了由行村出动的五个日本兵，消息传开，邻村民兵交口称赞，摩拳擦掌地说：“啥时候我们也弄几个地雷，叫鬼子尝尝‘铁西瓜’的味道！”这年秋天，赵疃村民兵队长赵同伦到区上开会，武委会主任托着两颗地雷说：“这家伙很厉害，一炸一大片，谁要？”不等别人答话，赵同伦跳到台子上，把两颗地雷抱了去。回村后，他马上找赵守福、赵乾江、赵新瑞等民兵骨干一起研究埋地雷的方法，琢磨使用地雷的“道道”，朝思暮盼亲手炸死一片日军。开始，他们在大道上挖个深坑，把地雷放进去，伪装好。敌人的马蹄子踏上了，但不爆炸。等日军走过去，赵守福和赵同伦把地雷起出来。分析不爆炸的原因，原来是雷埋得太深。于是他们研究改进了埋雷方法。

一天，行村据点里窜出200多个日伪军到寨头一带抢粮食。赵疃民兵估计日伪军下午要顺原路返回据点，便提前来到村西南山枣埠顶，在通往行村的道上埋下两颗绊雷。下午两点多钟，日伪军带着抢来的粮食和猪、羊等物得意扬扬地往回走，刚到山枣埠顶端，只听“轰”的一声，走在前面的一个日本兵踏响了石磊里那颗地雷，四五个敌人飞上了半天空。后面的日军慌忙向东跑，地瓜地里那颗地雷又被绊响，炸倒了七八个。事后，区委书记宋金民特意赶来祝贺，说：“你们炸得好哇，今后要想方设法让地雷遍地开花，叫敌人寸步难行！”民兵们当即要求上级多发几颗地雷，区委书记说：“现在我们的兵工厂条件差，一时难以大量生产地雷，大家要开动脑筋自己想法解决。”赵守福和他的战友们根据放炮打石头的原理，很快研制出一颗石雷，经过试爆，效果很好。此后，民兵们就地取材，在石头上凿上圆洞，填进炸药，安上导火索，制成拉雷、绊雷、滚雷等各种石雷杀伤敌人。

与此同时，其他村庄的民兵也都积极行动起来，广泛开展了“地雷战”。

文山后民兵队长于化虎，1943年夏天被派到胶东军区独立营学习埋地雷技术，并带回两颗地雷。我们组织民兵埋了几次，都因日伪军行动路线没有摸清，未能奏效。后来经过仔细观察，发现日军“扫荡”不断变换行动路线，去的时候排着长队走大道显威风，回来的时候分成小股，鬼鬼祟祟地绕山爬岭。掌握了敌人的行动规律，我们便选择地形，巧埋地雷。

深秋的一天，行村的日军到寨头、小纪一带“扫荡”，我们就在文山后西面野虎岭上巧妙地埋下了三颗地雷，然后隐蔽在树林里，观望等待。日头平西的时候，“扫荡”的日伪军从小纪方向转回来，走到文山后村分成三股朝野虎岭爬去，刚到后坡，便踏响了一颗地雷，四五个日军坐了“土飞机”。民兵们站在山头高兴地大喊:“喂,吃西瓜要留下西瓜钱呀!”日军慌乱成一团,当官的一看山上有民兵,急忙吩咐士兵向前追赶,走不多远,“轰”地一响,又有几个倒了下去。敌人不敢再追,那个当官的就叫士兵到赵疃村下门板抬尸,抬尸的敌人走到山坡前,又被第三颗地雷炸死炸伤七八个,其余的吓得心惊胆战,丢盔弃甲逃回据点,好长时间不敢出来。

小滩村的女民兵孙玉敏,当时是个16岁的小姑娘,别看她身体瘦弱,貌不惊人,打日伪军可是个“机灵鬼”。她常说:“要想多杀敌,没有点子不行!”她和姐妹们见日军经常通过小滩村东的石板桥到外地“扫荡”,就开动脑筋在石板桥上做文章,把原来的石板桥加以改造,使桥石间的距离加宽,走起来格外费力,然后把地雷埋在桥头上。一天,一长串日伪军来到桥边,前边的拖拖沓沓走得很慢,后边的拥挤在一起,“叽里呱啦”直嚷嚷。民兵们抓住时机牵动雷弦,一下子炸死炸伤九个。消息传开,周围的群众没有不跷大拇指的。

坐落在小纪北边一道山夼朝阳坡上的摆架岭、槐树底、亭儿崖、笤帚夼、纪家店五个村庄,结成了一道坚如磐石的联防线,用土枪、土炮、石雷,不仅打退了伪军赵保原的多次侵犯,而且把日军打得屁滚尿流,寸步难行,成为闻名全省的“五虎村”。当时,整个海阳县都这样唱:

张老山,李老大,
埋好地雷把敌杀。
日军来了弦一拉,
“西瓜”眨眼开了花。
轰轰轰,
打得敌人丢盔弃甲,连声叫妈妈!

一时间,地雷热掀起来了,全县在各级党组织领导下,几乎村村都自制地雷,不仅造出了大批石雷,还进一步研制出了铁雷。铁雷是先用木头做成模型，中间装上沙袋，将熔化的铁水倒进模子里，冷却后掏出沙子，装上炸药，安上雷管和导火索就成了。经过试验，效果跟上级发的差不多。于是，一传十、十传百，各村的民兵很快掌握了制造铁雷的技术。造出了石雷、铁雷之后，文山后村的民兵经过反复研究试验，又创造出一种飞行爆炸雷，由大雷引爆小雷，大老远就飞过去，追着日伪军的屁股炸。他们还在雷坑里埋上石子、铜片、碎锅铁之类的东西，大大增强了杀伤力。赵疃村的民兵发明了一种空中绊雷，挂在敌人必经路的树杈上，单炸日军的指挥官和骑兵。此后，大家进一步开动脑筋发明创造，使地雷的品种不断增多，由开始的拉雷、踏雷、绊雷，发展到头发丝雷、水雷、标语雷、飞行雷等30多种；埋雷的方法也不断改进，由预埋待炸法发展到引诱、激怒、诱逼、飞行等爆炸法；由单一布雷发展到大摆地雷阵。同时，民兵们还在敌人据点里暗设耳目，掌握情报，提前在大小路口、山坡、树杈、河套、瓜田、菜园里埋上地雷，甚至连住户的台阶下、水桶底部、衣箱里都装有地雷，敌人走到哪里哪里有雷声，吓得敌人风声鹤唳，草木皆兵。

为了对付地雷，狡猾的日军想出了鬼点子。1943年秋后的一天，行村的日军要抢粮食，便从驻地抓来一些老百姓，强迫他们牵着牲口在前边踏雷开路，日伪军畏缩在后面，妄图达到既能保住性命又能抢到粮食的目的。见到这幅情景，民兵们又气又急，为了不伤害群众，只得强压心中的怒火不拉预埋的地雷。敌人见阴谋得逞，洋洋自得。第二天故伎重演。哪知民兵们连夜想出对策，发明了一种长藤雷。等前面的群众走过雷区以后，埋伏在旁边的民兵迅速扯动长线，随着几声巨响，后面的敌人一个个被炸得血肉横飞。

为了更有效地打击日伪军，在县、区武委会的领导下，整个海阳县村与村结成了联防，形成无数道防线。有一次行村的日军到小纪一带“扫荡”，赵疃、文山后和瑞宇联合行动，村村布下地雷阵，敌人返回时全部炸响了。“五虎村”实行联防以后，团结得像一个人一样。

1943年5月9日上午，一小股日伪军耀武扬威地闯进“五虎村”。“五虎村”的联防队员堵住山头，敌人刚刚爬到半山腰，民兵纪云纲埋的两颗夹子雷便“轰轰”两声开了花，四五个日军丧了命，其余的狼狈逃窜。隔了十天，日伪军再次出动，妄图报复。哪知民兵们提前上了山，凭着熟悉地形和松林的掩护，分成五个战斗分队轮换跟敌人交锋。这个队打一阵转出去，另一队接上火继续打，不给敌人喘息的机会。最后四面合围，把敌人打了个落花流水。

日伪军连遭打击，兵力损伤很大，不得不把原来分散在各地的兵力全部集中于行村据点，筑起高墙，挖深壕沟，拉上挂铃铛的铁丝网，龟缩在据点里，强迫周围村庄的老百姓往里面送给养。为了把敌人引出据点加以歼灭，民兵骨干们就深入到东山、鹏化庄、南泊子等村，教育发动群众卡断敌人的供给，并组织那里的民兵建立武装，教会他们埋雷方法。据点里的敌人断了粮草，只好用汽车从青岛往这里运输，民兵们便在赵疃村西的青威公路上埋下几颗丁字雷。敌人运粮汽车刚开到那里，只听“轰”一声，跑在前面的一辆汽车立刻瘫痪了，司机见了阎王；其余的三辆汽车掉过头来慌忙逃走。民兵们一拥而上，把汽车上的大米、白面全部卸下来交给区委。敌人见陆运不成，又改从海上运送，轮船开到何家以南的海面，那儿没有码头，船靠不上岸，日军便吩咐伪军下水扛粮。我们摸清了敌人扛粮的往返路线，提前把水雷埋在敌人返回的路上，待伪军扛着粮食靠近岸边时，水下的连环雷一齐爆炸，伪军们纷纷倒毙水中，民兵们乘机把粮食搬走。日军饿急了就改用飞机空投食品，飞机飞高了怕投不准，飞低了怕我们揍它，投了三四次只丢进西寺日军那里一包罐头，其余的全丢在围墙外边，成了我们的战利品。

1944年夏天，我们得到消息：日军将从青岛用汽车运兵配合行村据点向我解放区反扑。常言道：打蛇打七寸。如果不把青岛来的日军威风打下去，他们就会为所欲为。一天，文山后的民兵队长脱掉衣服，用黑泥抹遍全身，把两颗地雷套在脖子上，一只手抓着一颗。四颗地雷重 50 多公斤，压得他喘不过气，但他咬牙坚持着，在夜幕的掩护下摸近敌人据点。不一会儿，日军从穴坊下了车，排着队进了围墙门。他不慌不忙地尾随着跟了进去，趁着敌人点名的机会闪进厕所藏起来，等敌人熄灯睡下以后，他悄悄地来到操场用刺刀挖好坑，熟练地埋下四颗地雷，然后翻过高墙，跃过壕沟，用钳子剪断了铁丝网，顺利返回村庄。第二天 9 点多钟，敌人整队集合，四颗地雷接连爆炸，黑烟腾空而起。民兵们站在高处亲眼看到 30 多个日军被炸倒了，心里乐开了花。

我民兵爆炸队和主力部队、地方武装密切协同，对各据点周围的敌人实行封锁、围困、袭击，并展开强大的政治攻势，致使敌人恐慌不安，一片混乱，一连数日不敢出动。为了控制残局，日军便把行村的四个围墙门堵死三个，只留下一个南门进出，并在南门旁边设了个登记所。所长崔国英外号“大麻子”，是个杀人不眨眼的坏家伙，凡是从南门进出的人，稍不顺眼，轻则拳打脚踢，重则关进监狱治罪。民兵们看在眼里，恨在心里，决定除掉这个罪恶累累的家伙。一天深夜，赵疃民兵掩护一名埋雷能手带着四颗地雷来到行村据点附近，用泥土涂抹全身，然后携雷匍匐前进。先在东南角碉堡下边的门口埋下一颗地雷；又顺着壕沟爬到南门外的围门下埋了一颗；然后爬到登记所，一看门锁着，便撬开木棂窗跳进屋里，先拴了一个开门雷，最后把一颗地雷放进了大麻子办公室的废纸筐里，雷弦拴在椅子腿上，然后从容不迫地顺原路返回。第二天早晨，敌人开围门，“轰”地吃了个开门炸。碉堡上面的敌人听到响声慌忙下来询问情况，脚没站稳就给报销了。大麻子担心皇军找到算账，惊魂未定就赶到登记所，准备严查行人，立功赎罪。哪知刚一推门，就被炸倒在地，脑袋开了花。几个伪军战战兢兢地进来收尸，又弄响了废纸筐里那颗地雷，转眼之间也成了死鬼。

1945年3月28日，盘踞青岛的日军纠集3000多兵力卷土重来，进行报复性“扫荡”，先后在东索格庄、西索格庄、北索格庄、东野口、西野口、孙家夼、夼里等村庄设下据点，企图控制海阳境内的青威公路和这一带沿海海面，进行垂死挣扎。他们走到哪里，哪里便是腥风血雨，制造了400平方公里的“无人区”。在县委统一部署和领导下，全县人民紧急动员起来，造成强大的声势，给敌人以致命打击。一天，敌人杀气腾腾地闯进赵疃，隐蔽在村口的民兵迅速闪出，挂好雷弦，然后向村内转移诱敌上钩。不大一会儿，村头的夹子雷、连环雷一齐开了花，五六个敌人应声倒下，其余的连滚带爬，四散逃命，慌乱中又踏响了几个大地雷，刹那间，硝烟滚滚，尸横遍地，剩下几个丧魂落魄地趴在地上，连口大气也不敢喘。民兵们对准他们就是一阵土枪，那个骑马的日本军官像输红了眼的赌棍，“哇啦哇啦”地狂叫几声，抽出洋刀，逼着喽啰们向村里追赶。民兵们进村后分片挂好雷弦，故意在100米远的地方暴露一下目标，敌军官一见人影拍马就追，刚到牌坊下边，一声巨响，特大的箱子雷正好在马肚子下开了花，大洋马和日军军官倒毙在血泊中，另外三四个日军也一块上了西天。事后，赵疃民兵把马肉分送邻村的民兵，连十公里外的“五虎村”的民兵也吃到了他们送去的马肉，大伙说：“马肉又香又鲜！今后我们也要炸几匹东洋马吃吃！”

5月26日上午，盘踞索格庄的日伪军遭到我主力部队强袭之后，分三路向南逃窜。文山后村民兵立即在敌人必经的路口预埋了20多颗地雷。下午3时许，从西北汪格庄过来200多个伪军，刚到文山后村西，就一连踏响了三颗地雷，死的躺在地上挺尸，活的吓得不敢动弹。不一会儿，200多个日军从瑞宇窜来，他们拿出“武士道”精神，气势汹汹地朝村里闯去，哪知刚到村西北角就踏响了一颗地雷。他们不肯罢休，硬着头皮继续往村里钻，很快进了雷区，顿时响声四起，震天动地，吓得他们六神无主，朝着空中放了几枪，便翻山越岭逃窜了。

打这以后，文山后村的民兵更加坚定了斗争信心，男民兵向女民兵传授埋雷技术，年轻人向老人传授埋雷方法，全村人人都争当埋雷能手。赵石奎和他爱人刘淑花，还有他弟弟，全家人先后爆炸四个地雷，成为“模范爆炸家庭”。村里的儿童于希水也爆炸四颗地雷，孙家夼、夼里、文山后、赵疃四个村，八天爆炸地雷 103 颗，炸死炸伤日伪军 230 余名。

女英雄孙玉敏的家乡小滩村，地雷战开展得轰轰烈烈。6 月中旬，孙玉敏出席了中海军分区英雄会，上级领导奖给她一支崭新的小马枪和一些子弹。她高兴极了，一口气走了 30 公里路，黄昏的时候赶回家，正好碰上村长和民兵要到行村大道上埋雷，她不顾长途跋涉的疲劳，背起地雷就走。刚跨过公路，忽然行村据点窜出几个敌人骑兵来。孙玉敏灵机一动“扑通”一声跳进海里。追赶的敌人无可奈何地朝大海里放了几枪，就勒马回去了。孙玉敏上岸后，跑到预先商定的地点，和爆炸队员一起，趁着夜深人静，在青烟公路上布下了地雷阵。第二天清晨，日军大队人马出动。孙玉敏和民兵们隐蔽在公路两旁的土丘上，眼看着敌人走进了雷区。骑在马上的日军小队长挥舞着指挥刀催着士兵:“快快的！”喊声未落，马蹄子踏响了一颗地雷，队伍顿时乱了营，慌慌张张地向公路两旁逃命。这下可乐坏了孙玉敏，她埋下的夹子雷、连环雷正等着呢！她故意从石硼后边闪出来，边跑边打枪，引敌上钩。敌人一窝蜂似地扑上来，孙玉敏凭着熟悉的地形左躲右闪，很快把敌人引进雷区，霎时间雷声大震，炸得日伪军丢盔弃甲，落荒而逃。

“五虎村”结成联防以后，防守更是坚如磐石。一天上午，莱阳城的 500 多个日伪军来到北口子。“五虎村”的联防队员提前把雷弦挂好，在几个山头张开天罗地网。日军一进入山口，四面便响起枪声，吓得敌人胆战心惊，刚要向外突围，又绊响了地雷，“轰轰”的响声震荡山谷，日伪军被炸得血肉横飞。原来的长蛇阵被打得七零八落，就像没头的苍蝇乱撞，撞到哪里都免不了挨打、挨炸，从上午9点到下午3点，六个多钟头的时间才走了二公里多路，好不容易逃离了“五虎村”。

麦收后下了一场大雨，赵疃的民兵担心埋在地里的地雷受潮失效，就取出来搬到北山顶上晾晒。行村的敌人乘机对赵疃进行了一次偷袭，抢去了一批财物。民兵们气愤难忍，爆炸队长赵同伦说：“狡猾的日军钻了我们的空子，大家不要灰心，要想个法子治他们！”说来凑巧，第三天下了一场大雨，雨刚停，赵同伦便指挥爆炸队员先在路面上布下三角形胶皮连环雷，每组拴上三个大号地雷，路两侧布满了100多个踩雷、绊雷、夹子雷；为了迷惑敌人，故意在村头留着几个雷坑；知道敌人来要进家抢东西，就在显眼的地方找几户人家把门反扣上，在门里边拴上地雷；菜园里长着土豆，就选择几棵在根部埋上地雷。尔后用水把整个雷区喷洒一遍，不留半点痕迹，又把黄泥、粪土均匀地撒在路面，造成到处都埋着雷的假象，给敌人布下了迷魂阵。

中午时分，上次雨后偷袭占了便宜的日伪军又向赵疃扑来。他们探头探脑地走进疃北头，见到处埋有“地雷”，便缩回头朝疃东头摸去。有个敌兵见一户人家反扣着屋门，想进去捞一把，刚一推门，“轰隆”一声被炸飞；几个日本兵跑进菜园里拔土豆，也在巨响中倒下；路当中的连环雷怒吼了，“轰！轰！轰！”连声巨响，炸死炸伤十多名；余下的慌忙向两边躲闪，又踏响了两旁的连环雷。爆炸声接连不断，吓得日伪军魂不附体，除了损兵折将外，什么油水也没捞着。

敌人在赵疃连吃败仗，到文山后村也是同样下场。1945年农历六月的一天上午，日伪军400多人扑向文山后村，全村群众暂离村庄。民兵骨干神出鬼没地活跃在村子周围，摸清了日伪军放哨的地点和换岗的时间，晚上分头行动，干掉敌人七道岗哨，扒下他们的服装穿在自己身上，端着枪佯装放哨，第二批敌人来换岗，不等近前就被收拾了。另一些民兵乘机潜入村里埋好地雷，边打枪边往村外撤退，诱敌上钩。日军听到枪声慌忙应战，黑夜中看不清目标，民兵们迅速撤离，敌人互相射击，脚下的地雷也不断敲响丧钟。一夜工夫，日伪军死伤47人。

日军被“铁西瓜”吓破了胆，以后“扫荡”中，便叫伪军在前边寻雷、起雷。敌人有鬼主意，我们有锦囊计。为了保证埋雷的“成活率”，我们和民兵们很快研制出一种真假子母雷，在一个坑里，上边放个假雷，下边放个真雷，中间用线连在一起，并在地面故意留下埋雷的痕迹。伪军发现了，得意扬扬地起雷，一提上面的假雷，下面的真雷立即爆炸，瞬间便见了阎王。日军吃了苦头不敢再起雷，碰见可疑的地方，便用石子、面粉、食盐之类的东西撒上个圆圈，一个传一个地向后面报信：“地雷的有！”他们还在怀疑的地方压上写有“雷田”的纸条，后边的人见了圆圈和纸条就绕道而行。

民兵们将计就计，在日伪军撒过圈的路面上再撒上一些圈儿，在“圈”与“圈”之间埋上地雷，并压上若干张写有“雷田”的纸条，在纸条旁边布上雷群。敌人再次从这里经过，东躲西闪，又蹦又跳，地雷就在他们的脚下“轰隆”、“轰隆”连续爆炸。

敌人见画圈不灵，又想出一个鬼点子，用一根长长的竹竿，前头钉上一些铁钩子，由几个伪军战战兢兢地推着它排雷。我们爆炸队就把夹子雷加以改装，用胶皮连着绳子，绳子再连着胶皮，把夹子和地雷的距离拉长。当伪军推着带钩的竹竿排雷时，铁钩挂住胶皮向前一推，后边的地雷恰好在脚下爆炸。敌人仍不甘心失败，又从青岛搬来一批工兵，用探雷器开路。开始，我们埋下的地雷被挖出一部分。但是，“魔高一尺，道高一丈”。经过几个昼夜的试验，我们又研制出一种灵敏度极强的头发丝雷。探雷器一触即炸，日军还没反应过来就粉身碎骨了。

地雷战是人民战争的奇迹。全县涌现出“爆炸大王”11名。赵疃、文山后、小滩村被胶东军区誉为“特等模范爆炸村”，县被胶东军区授予“战斗模范县”的光荣称号。

猖狂一时的日军，在我民兵爆炸队的沉重打击下，闻风丧胆，见雷失魄，士气低落，节节败退，最后只得夹着尾巴逃入老巢。这真是：

海阳的铁西瓜，

神力无比大。

四面八方开了花，打发日军回“老家”。

轰轰轰！

迎来抗战胜利，东方出彩霞！

铁道游击队的创建与发展

杜季伟

1937 年 7 月 7 日，日本帝国主义发动了卢沟桥事变，企图以武力吞并全中国。当日军进攻山东时，国民党山东省主席兼第三集团军总司令韩复榘率 10 万大军退却逃跑，使山东大好河山沦入敌手。1938 年 3 月，枣庄失陷后，日军、汉奸大肆奸淫烧杀、掳夺资源，无恶不作。吃“两条线”(即铁路)的工人不堪日军的屠杀和蹂躏，洪振海、王志胜等投奔峄县东北墓山地区，参加了抗日武装。之后，即编入苏鲁人民抗日义勇队第三大队三连。年底，洪、王被派回枣庄矿区，到敌国际公司当铁路工人，隐蔽在车站附近，在共产党的领导下，组织抗日活动。

1939 年，第一次打日本洋行。王志胜因工作关系经常接近洋行的三个日本人，了解洋行的情况，他与洪振海研究，杀掉洋行日本人，搞到武器，扩大影响。当时，洪、王两人只有一支枪，为了完成任务，又联络了一人，借了两支枪。三人于夜晚进入洋行院内，将正在开会的三个日本人击毙两人，打伤一人，缴步枪、手枪各一支。尔后，又发展了铁路工人李金山、李荣兰、赵连友三人进行隐蔽活动。一天，日军在枣庄车站装运军火，王志胜、李金山、李荣兰发现敌人装上车的是机枪和步枪，便研究决定夜间行动，由李金山把火车搞坏，将下午5点开车延迟到晚8点以后再开，让自己的人员隐蔽好，约定在距枣庄车站1.5公里的铁桥处开始行动。火车开出后，行驶到约定的地点，洪振海把车门打开，将机枪和步枪推下火车。这次，共获步枪12支、机枪两挺，他们将武器送交山里八路军苏鲁支队，支队奖予他们500元和两支枪。搞到敌人武器后，他们又发展了六名铁路工人为队员，取名叫铁道游击队，洪振海为队长，王志胜为副队长。为进一步发展力量，他们合伙在枣庄车站北陈庄开设炭厂，掩护抗日活动。1940年2月，由苏鲁支队正式命名为铁道游击队，苏鲁支队并派我到该队任政委，为了便于活动，安排我在炭厂当管账先生。不久，全队由八名队员发展到15名。我们利用炭厂作掩护收集敌人的情报，后被特务告密，我和洪、王迅速转移到齐村（枣庄西北）进行活动。1940年4月，以孙茂生为首，在临城至韩庄的铁路线上，又组织起第二支铁道游击队，共21人，由滕沛办事处正式命名为临城铁道游击队，活动于临城至韩庄一线。他们白手起家，靠夺取敌人物资，购买武器装备自己，救济当地贫苦群众。在临城一带群众的帮助下，收缴地主20余支枪，在微山、迟山一带积极打击敌人。5月，在枣庄、临城铁道游击队的影响下，在临城北辛庄又组建了第三支铁道游击队，共20余人，李文庆为队长，活动于临城以北辛庄、水寨、王福楼、丁桥一带，不断截击敌人火车，破坏交通，打击小股出扰之敌。枣庄铁道游击队于1940年8月第二次打日本洋行。经第一次袭击后，洋行人数增多，由原三个日本人增到12人，院墙也加设了铁丝网。为完成任务，不暴露目标，决定从洋行南房背后掘洞进去。分成四个组，每组四人，配三把大刀、一支短枪。洪振海、梁传德、王志胜、徐广田各带一个组，从齐村出发，直奔枣庄日本洋行，这次行动共杀死日军12人和翻译一人。日军得悉后，企图包围齐村，但铁道游击队已转移铁路以南进行活动。

1940年6月，我们决定截击日军押运的混合列车。经侦察得知，车上有布匹和日用百货。洪振海、曹德清从王沟跃上车头，打死司机，掌握列车的驾驶。梁传德、王志友等人化装成商人，从峄县泥沟上车。王志胜带一个短枪班，化装成农民事先在预定地点设伏。当火车开到预定地点后，铁道游击队员立即在各车厢行动，客车上的八个日本兵全部被杀死，缴获步枪、手枪各四支。游击队员驾驶火车到郑店四孔桥停下来，把车上的物资卸下，运送给抗日根据地的八路军。

根据形势发展，为了加强统一领导，更加有力地打击敌人，1940年6月，奉鲁南军区指示，活动在枣庄、临城地区的几支铁道游击队合编为铁道游击大队，洪振海为大队长，我为政委，王志胜为副大队长。大队下辖四个队，枣庄铁道队为一队，临城以南铁道队为二队，临城以北为三队，铁路技术工人编为四队，全大队共100余人。合编后，明确了分工，一队活动于临枣支线；二队活动于津浦铁路临城以南；三队负责兖州段；四队负责破坏交通运输线。下半年形势恶化，日伪军加紧了对临城、微山根据地的“扫荡”；国民党顽固派一面制造反共高潮，一面勾结日军向我进攻；枣庄、峄县伪军组织自卫联防，限制铁道游击队活动，企图消灭八路军铁道游击队。为了保存有生力量，游击队转移到微山湖一带。1941年1月，铁道游击队在津浦铁路两侧地区，以微山湖为依托进行活动。晚上住在小船上，白天隐蔽在湖边芦苇丛里，坚持对敌斗争。8月，在敌我兵力悬殊的情况下，由运河支队褚雅清、铁道游击队王志胜为总指挥，以猛烈地攻击，攻克了微山岛，打死打伤伪军100余人，俘40余人，其余逃窜。缴获枪100余支，伪军服100余套，还有其他一些物资。该岛的解放，打开了局面，建立了根据地，为以后我军活动创造了条件。10月12日晚上，铁道游击队化装成伪军进入临城火车站，打死日军高岗、石川两人，尔后冲入武器库，缴获步枪36支、机枪二挺、短枪四支。撤出车站后，扔掉一些伪军军服，制造了日、伪军之间的矛盾。11月，在沙沟火车站得知，开往上海的一列客车后尾挂三节货车。当该车通过沙沟车站时，由沙沟站副站长张云骥剪断风管，拔下插锁。货车脱钩后，组织250余人搬运，缴获布1200余匹、皮箱200件、日军军服800余套及呢料、毛毯、医药器材等，支援了鲁南、滨海军区部队，并救济了贫苦群众和渔民。1942年4月的一天，铁道游击队在刘店开会，被坏分子告密，敌特企图活捉洪振海。敌人进村后被郝贞及时发觉报告，游击队立即追捕，打死二人，缴枪三支。日军特务松尾藏在秫秸堆里，企图越墙逃跑，正巧，逃到郝贞身边，郝将他抱住搏斗。松尾挣脱逃跑，郝贞掏出手榴弹，因不会使用，甩出去未爆炸，松尾乘机逃掉。我们返回驻地黄埠庄的第二天夜晚，临城日伪军纠集1000余人，包围了黄埠庄。在阻击、突围中，大队长洪振海不幸牺牲。后由刘金山任大队长。这时，铁道游击队已发展到四个中队，200余人。徐广田、曹德清、陈有吉、张建中分别任一、二、三、四中队中队长。

1942年1月，山东日军纠集徐州、济南、青岛各地日伪军“扫荡”鲁中南地区。游击队分成四路破袭津浦、临枣线，由王志胜带五人到枣庄制造火车头相撞；由陈有吉带70人在临城以南破坏敌电线；由徐广田带一个组，破坏铁路五公里多，阻止了敌人前进，使我军赢得时间进行安全转移。5月，“扫荡”鲁中南的日伪军回师“扫荡”微山湖地区。当时，敌我兵力悬殊，决定突围转移。铁道游击队为掩护兄弟部队转移，换上伪军服装，上好刺刀，从东北方向突出重围，跳到铁路以东进行活动。6月插入敌心脏铲除汉奸特务。铁道游击队化装成伪军，摸到迟山据点，将微湖“剿共”司令尹华平（叛徒）杀死，尔后由孙茂生带七人，化装成农民进入韩庄，将特务褚兰田（叛徒）从据点抓出杀死。镇压了汉奸特务，断敌耳目，使我活动地区扩大，形势好转。

1942年7月，护送刘少奇同志过铁路。当时，刘少奇同志在检查指导山东工作之后，由滨海区返回延安，随同干部很多。上级指示我们护送刘少奇同志一行，在临城以南通过铁路到鲁西。铁道游击队经过侦察，决定走沙沟至临城间一条干沙河路，由三队队长徐茂生带路，刘金山、王志胜和我护送。侦察组对敌岗楼进行封锁，控制铁路两侧敌人的活动。

我们顺利、安全地护送刘少奇同志到达了鲁西。

1943 年春，根据形势的发展，为了加强统一领导，将微湖大队、铁道游击队、滕沛大队合编为鲁南军区独立支队，支队长董明春，政委孟昭煜。支队下辖三个队：微湖大队为第一队 300 余人；铁道游击队为第二队 400 余人；滕沛大队为第三队 300 余人。第二队（原铁道游击队）队长刘金山、政委杜季伟、副队长王志胜，辖四个连。由于武装力量发展壮大，根据地随之扩大，建立了滕沛峄抗日人民政府，由鲁子全、张庆林任工委书记。这一年的冬季，由于不断出击，拔掉了滕沛峄地区除临、枣车站以外的据点，微山、夏镇均被收复。鲁南独立支队编入二军分区（滕沛峄为中心）的一至四大队，铁道游击队仍保持原建制，在军分区领导下，活动于临枣和津浦铁路沿线。

1944 年，因工作需要，我离开了铁道游击队。这支队伍一直保持着勇敢善战的传统，不仅同全国军民一道夺取了抗日战争的胜利，而且高举着战斗的旗帜，驰骋在祖国解放战争的疆场上。

忆葛庄战斗

孙继先

1944年9月，我军在鲁中抗日反“扫荡”中，组织了葛庄战斗。这是一次伏击战，也是一次歼灭战，我军以极少的牺牲，取得了大量歼灭敌人的胜利，这是山东抗日战争史上在运动中歼灭日军的一次比较成功的战例。它对于巩固和发展沂蒙山抗日根据地，迎接抗日战争全面大反攻，具有重要意义。从葛庄战斗至今，虽然相隔多年了，但当年我军指战员面对日寇侵略军，同仇敌忾，气壮山河的歼敌战斗场景，仍然历历在目。

叫敌有来无回

1944年8月底，我鲁中军区三分区机关和所属主力一团、十二团，参加了鄌郚战役后，住在沂水北部马站一带休整。这天拂晓，接鲁中军区司令部急电，要我赶赴司令部接受任务。在这之前，我们曾接到情报:“扫荡”滨海区之敌，正向莒县麇集，将由莒县向沂水进犯，企图再次“扫荡”我鲁中山区。我和副政委李耀文同志估计，这次要接受的任务，十有八九是对付目前这股来犯之敌。我当即带着一个警卫员，骑马向鲁中军区司令部驻地孙祖急驰。

从我部驻地到孙祖，相隔几十里山路。时值夏末秋初，晴空万里，烈日炎炎。我们跃马奔驰在山间小道上，路两旁是无边的青纱帐，田野散发着即将成熟的农作物的芳香，庄稼人在战争环境里勤耕细作，真是一个难得的丰收年。

中午，我们到达目的地，鲁中军区司令员王建安同志当即接谈。他对敌情了如指掌，首先介绍说：这股敌人，有鬼子五十九师团四十三大队，即草野清大队450人，另有伪军一七九团郝全仕部500余人，还有伪武定道县警300余人，共1200余人。敌人“扫荡”滨海，窜犯鲁中，有两个意图：一是最近沂水被我攻克，拔掉许多据点，他恼羞成怒，妄图对我根据地实行报复；二是虚张声势，掩盖他兵力不足，后方吃紧的困境，趁机将鲁中南分散之兵力向北抽集，以保胶济线。表面上看，敌人凶恶狡猾，其实虚弱而又愚蠢。他笑了笑接着说：“目前敌人进犯沿线，山峦叠嶂，青纱帐起，敌孤军深入，破绽毕露，犹如送上门的一块肥肉，正给我们提供歼灭它的机会。”我说：“这叫困兽犹斗！”“对！目前日本侵略军的日子很不好过，但还要作最后挣扎！”王建安司令员接着说：敌人由莒县北进犯鲁中，沂水是必经之地。窜抵沂水，有三条路供他选择：一是向北的沂青路（沂水至益都），一是向西的沂蒙路（沂水至蒙阴），一是向西北的沂博路（沂水至博山）。敌如果取道沂青或沂蒙路，需长距离通过我根据地腹地，他知道这里靠近我军区主力，必胆怯而避开。沂博路上葛庄、东里等地，是他不久前放弃的据点，据敌情报告，他们已决定舍远求近，沿沂博路向西北窜犯。鲁中军区决定，命令你们三分区所属主力，在沂博路上选择有利地形，打敌一个伏击，力求全歼。说着，王建安同志嘴角又露着微笑，问我道：“这个仗，你说能打不能打？”我说：“这样的仗不打，我们就没有能打的仗了！打伏击，我在暗处，敌在明处，我攻退自如。打好了，就全部消灭他；打不好，就让他跑掉几个！”王建安同志说：“可不能让他跑掉！这是伏击战，可你要把它打成歼灭战，打歼灭战才算胜仗哩！打伏击而让敌人跑掉，那叫消耗战嘛，打消耗战不算胜仗，我们划不来！总之，这一仗，一定要叫这股敌人有来无回！”

接着，司令员会同参谋人员，跟我一起查看地图，研究地形，决定以葛庄为中心地带，组织这次战斗。在兵力部署上，除我分区所属主力一团十二团外，又将鲁中军区直属二团暂时调配我指挥。同时又分头组派一部兵力，于沂青、沂蒙两条路侧和莒县至沂水间的四十里堡一带隐蔽戒备，以阻击莒县增援之敌，掩护我伏击部队两翼。

从孙祖返回我部，已是午夜了。我们连夜召开分区党委紧急会议。我传达了鲁中军区关于葛庄战斗的军事部署和有关指示，同志们非常振奋，都说这个战机抓得好。经研究决定：军分区政委兼三地委书记霍士廉同志分工组织支前和调集地方武装配合。我和副政委李耀文同志，参谋处长张耀辉同志，组成战斗指挥部。尔后，对部队各级指战员的动员，对战场地形的实地查看核实，对各团的任务区分，以及封锁消息，命令部队夜间向葛庄一带隐蔽运动等一系列的战前部署，都相继紧张地展开了。

激战镢头岭

葛庄，位于沂水城西北30余里处，是沂博路上重要乡镇，是通往东里、南麻等鲁中地区的咽喉地带。为了控制我沂蒙山腹地，日寇1939年在这里修筑据点，常驻一个中队，至1944年2月被迫放弃。

由沂水蜿蜒而来的沂博路，到这里拐了个弯，穿过葛庄。以葛庄为中心，从东到西是三里的一片狭长洼地，东临跋山，西接乔山和松山，南有沂河，北面是通向下山的一条宽阔的山峪。这里坐落着小诸葛、大圈、小峪等一带村庄。我们进入阵地后，除派一个警卫连隐蔽于沂河西侧的河奎村，监视沂河方面的动静外，把主要兵力部署成三面伏击圈：二团埋伏于西面乔山坡一带担任阻击；十二团隐蔽于北面青纱帐准备侧击迂回；一团埋伏于东面跋山一带担任收口堵击。这样，既能迫敌背水作战，又能使我攻击部队充分展开火力。各团都组成三级战斗梯队。我们判断：当敌进入我伏击圈，战斗打响后，发现地形不利，一定拼命突围。南有沂河，北有青纱帐，西有阻击部队，而且离接应据点太远，从这三个方面突围的可能性很小，他一定调头向来路沂水方向突围，以企求距沂水只有70里的莒县据点接应，所以有红军基础、战斗力强的一团在此次战役中将首当其冲。

葛庄东面的跋山，向西伸出一个支角，叫镢头岭。此岭宛如平地凸起的一块完整的巨石，悬崖峭壁，坡陡石滑，沂博路就横贯岭下。路西侧是一片干涸的河沙滩，原是沂河的一支小河汊，叫南阳河。这镢头岭雄踞路东，是控制公路两端的制高点，遗憾的是岭上光秃秃无树无草，而且距公路太近，战斗前无法在这里布置伏兵。因此，我命令埋伏于金银官庄的一团二连，要他们在战斗打响后，迅速抢占镢头岭，控制公路，扎住口袋头，坚决堵住敌人向东南突围之路。我向一团钟本才副团长（团长李福泽外出开会，这次战斗由钟本才指挥）特别强调，能否及时抢占镢头岭，是此次战斗成败的关键。

我们指挥部，设在葛庄北面的大峪南岭。通往各团指挥部的电话架通了，从望远镜里，可以俯瞰战场全貌。

9月2日上午8时，侦察人员报告说，敌人已出沂水城。10时，我再次从电话上询问各团隐蔽情况，他们回答隐蔽得很好，问到战士情绪，一团政委王文轩同志说："请司令员放心！早就上好刺刀，拉开手榴弹的弦了！”

上午11时刚过，敌人沿沂博路过来了。前面打着太阳旗，是一队队鬼子，先头部队已过了南阳河。鬼子队伍中间，夹着骡马拉的两门山炮和骑在马上的几个鬼子指挥官。鬼子后面，是队形凌乱的汉奸，有的斜背着枪，有的歪戴着帽，有的枪上挑着行李，有的肩上背着包袱，那都是“扫荡”中抢来的财物。鬼子先头部队进入葛庄稍停，似想休息片刻。后面的汉奸已大部进入我伏击地段，情况进展顺利。我立即命令参谋人员，向一团阵地上空打了一颗信号弹，因为原定战斗将首先由他们打响。可是第一颗信号弹打过后，一团阵地上沉寂无声。我立即抓起耳机询问，钟副团长回答说，还有少量后续敌人未进入伏击地段，需要稍等一下。我有点儿焦急，十几分钟后，又抓起耳机问：“喂，敌人全部进入伏击圈了吗？”

“东南公路上已经看不见敌人了。”对方说。

我在耳机上大声命令道：“攻击开始——打！”

指战员们久盼的时刻到了。一阵嘎嘎的机枪声，划破四周的静寂。接着，我埋伏于三面阵地上的火力，密集地向敌人猛烈射击。霎时间，机枪声、步枪声、手榴弹声，搅成一团，震撼着山谷。拥塞在公路上的敌人，被我这突然袭击打昏了，惊慌失措，东奔西窜，战马惊鸣，鬼哭狼嚎。

但是，草野清毕竟是个老手，惊魂稍定，便猛然醒悟。当他的先头部队遭到我二团一营猛烈阻击后，他断定西进之路是难以逾越了，马上命令炮手，调头向我一团阵地轰击。在炮火掩护下，他一面组织两个中队的鬼子和大部伪军，在公路北侧同我十二团展开激战，一面组织一个中队鬼子，占领葛庄水母娘娘庙，抢修工事，然后又组织鬼子第五中队，向东猛攻，企图抢占镢头岭，待机突围。

当敌第五中队攻到镢头岭下时，我一团一连也正以迅雷急电之动作，同时逼近岭下，在南阳河滩上同敌相遇，双方立即展开白刃肉搏。

抗日战争初期，经过长期武士道训练的侵华日军，枪法准、善拼刺。随着抗日战争进程的推移，敌人战斗力已不复当年，怎是我一团二连勇士们的对手！我战士如猛虎下山，100多把明晃晃的刺刀，勇猛地扑向敌人，只一个对刺，前面的一排鬼子，就号叫着倒下了。

但敌人并不示弱，格斗仍然十分激烈。一个粗矮的鬼子，端着刺刀，雄赳赳地上来迎击，被我战士一刺刀将他手里“三八式”震掉在地。他摆动着手哇哇叫，想伸手向地上捡枪，我战士趁势来个前进直刺，让他的小肚子开了“花”。刚患过痢疾的战士雷耀臣同志，朝着面前一个鬼子刺了一刀，因为用力过猛，刺刀折成了弓形，刀把被对手抓住死死不放。雷耀臣同志急忙向身旁喊道：“三排副！快着！快着！”三排副排长侯英俊刚刚刺死了第三个鬼子，闻声蓦地将刚缴获的机枪和掷弹筒扔下，飞步扑过来，一枪刺进了这个鬼子的后背。有个小鬼子，大概是个新兵，见我八路军的刺刀如此厉害，吓得直哆嗦，他右手急忙举到帽檐上，不断地行礼，左手忙着放下“三八式”，解下身上子弹盒、刺刀鞘、背包，嘴里还不住地咕噜着：“统统的给你的。”他乖乖地当了葛庄战斗中第一个俘虏。经过一阵激烈肉搏，鬼子有50多人在我战士刺刀下倒下了。敌第五中队长冈田健红了眼，赤膊上阵，被我三个战士围困不放，最后头部中刺而死。余敌被迫退却，南阳河滩上留下一片鬼子的尸体。我一团二连胜利地占领了镢头岭。

草野清不甘心失败，当即组织鬼子第一中队、第四中队200余人，在猛烈炮火掩护下，向我镢头岭阵地反扑。镢头岭上，硝烟弥漫，弹火横飞。我一团二连指战员们，以有我无敌的战斗精神，迎着敌人炮火，顽强地坚守阵地。当敌人攻到相当距离时，就立即组织反冲锋，展开近战肉搏战，使敌人炮火失去作用。敌连续冲锋与我反冲锋达五次之多，我镢头岭阵地依然屹立。敌锐气顿挫，只得凭借炮火掩护，退至河滩西侧临时工事里，同我镢头岭阵地形成百米距离对峙局面。黄昏时，我指挥部一声令下，全线开始攻击。我各团部队，以轻重机枪和集束手榴弹开路，跃出阵地，冲向敌群，在沿路的一条狭长战线上激烈搏斗。有的地段，敌我展开近距离冲击；有的地段，敌我展开白刃格斗。此时汉奸已大部就歼，鬼子也伤亡惨重，敌尸狼藉遍野，我战士前进时稍一不慎，即会被绊倒。经过一阵激战，敌纷纷败退，抢占镢头岭的企图成为泡影。草野清见抢占镢头岭不成，又组织残部，企图西窜李家营，遭我二团一营迎头痛击。敌复北窜，又遭我十二团两面夹击。在我四面压缩下，残敌只得夺路逃至葛庄水母娘娘庙，负隅顽抗。我当即命令各部，紧缩包围圈，将娘娘庙团团围住。此时暮霭苍茫，天已渐渐黑下来了。

夜攻娘娘庙

葛庄西北角有个小岭，叫桔山岭，是葛庄的制高点。岭上有座庙，叫水母娘娘庙，原来的鬼子葛庄据点，就安在这个庙里。此庙原有大殿、后殿和厢房十多间，每年二月二十九逢会，有一番香火热闹。自打鬼子在庙里安了据点，拆除了后殿，四周筑了石头围墙，香火也就断了。今年二月鬼子撤离后，我民兵破坏了这个据点，仅剩残垣断壁。狡猾的草野清，今天一面组织兵力抢攻镢头岭，妄图突围；一面分兵占领娘娘庙，利用残垣断壁，抢修工事，以备突围不成，固守此庙，等待时机。

残敌被围，许多逃难老乡和支前民工，纷纷要求我们部队尽快拿下娘娘庙，消灭敌人。人们的心情是可以理解的，鬼子盘踞葛庄期间，经常袭击附近乡村，讨粮征柴，奸淫烧杀。娘娘庙后面的岭坡上，就是鬼子开辟的杀人场，无法计算他们在这里究竟杀害了多少中国同胞，仅 1942 年中秋节夜里，他们就从老猫窝村一次抓来 31 个无辜群众，全部用刺刀刺死在杀人场上。

群众还诉说着一件带有神话色彩的故事：娘娘庙东南角，有一眼泉水。自古以来，一年四季，潺流不息，庙里和尚和村里群众都饮此泉水度日，此庙即因此泉而兴建。自那年鬼子在庙里安下据点，此泉突然干涸了，庙里从此断了水源，害得鬼子只得用马车到远处拉水吃。有人说这是水母娘娘显灵，惩罚日寇；有人说这是因为鬼子修筑工事，破土凿石，破坏了水路。当时，无人去考查此事科学根据。不过目前庙里断水，确属事实（后来听说，新中国成立后，沂水县人民政府在此庙址兴建一处蚕场，泉水复出了）。

今夜是否强攻娘娘庙，消灭残敌，这是我们指挥部要迅即加以抉择的。这时，正是农历七月初，高空一钩弯月，四周夜色沉沉，除了娘娘庙四周阵地上不时响着断断续续的枪声外，整个战场上是一片激战后暂时的沉寂。我们把指挥部移至松山坡上一间草棚里，我和李耀文、张耀辉同志经过一阵紧张地磋商，对当前战况和敌情作出如下几点分析：一是白天战斗进展顺利，被围残敌不足300人，而我伤亡轻微，士气高昂；二是娘娘庙缺粮断水，残敌不能久守；三是据上级通报，莒县敌人举棋不定，目前尚无前来增援解围的征兆；四是残敌还有充分火力，他凭借娘娘庙临时工事，居高临下，易守难攻，我若强攻，必将付出较大伤亡；五是根据鬼子过去一贯的作战规律，在此山穷水尽的势态下，他惯于孤注一掷，拼命突围。根据上情我们判断：残敌将于明天，最迟于后天向南突围，涉水渡河，也在所不顾。因为他们深知：固守或向其余三个方向突围，生路和希望更是微乎其微。据此，我们指挥部作出如下决定，并立即分头部署：今晚实行车轮战法，改后队为前队，交换阵地；在娘娘庙四周抓紧抢修临时阵地，今夜对敌实行火力攻击，以封锁和杀伤敌人为目的，不强攻，不强占娘娘庙，其目的是迫使敌人突围；从十二团和一团抽调兵力一部，部署在沂河东西两侧，隐蔽待命；通知在南面包围娘娘庙的部队，要他们在敌人向南突围时佯打让路，然后再予迅猛追歼。我在向十二团团长交代任务时，打了个比方说：“狼在山洞里，捕杀它要费些手脚的，甚至有可能被它咬伤！现在我们逼残敌下山，逼它过河，陷它于狼狈挨打之境地，我群起而攻之，打死也罢，淹死也罢，都是一个目的，减少我军伤亡，彻底消灭敌人！”

晚9时，我兵力调整就绪。后续部队今天白天在二线或三线，战斗力没得到充分施展，现在要显显身手了。他们进入前沿阵地后，立即对娘娘庙展开一阵猛烈的火力攻击。轻重机枪、集束手榴弹，一串串在敌人临时工事上爆炸，大殿东南角起火了，映红了一片夜空，鬼子在火光里乱窜怪叫。我十二团二营三班副班长刘君同志，用新缴获的一挺歪把机枪，得意地向火光里的鬼子猛扫，几个鬼子应声倒下，另外几个鬼子连滚带爬地躲到石碑后面，向我还击。

抗日战争中，我军习惯夜战，在夜色笼罩下行军打仗，指战员都有一股子亢奋的战斗激情。此刻，他们一个个双目圆睁，透过夜色，死盯着对面工事里的敌人，只要对方有一点风吹草动，就会遭到我一阵火力袭击，压得敌人动弹不得。有几个鬼子大概因为口渴难挨，提着小铁桶，悄悄溜出大殿，四处寻水。刘君喜形于色，屏住呼吸，对准目标，一阵机枪扫射，小铁桶滚到岭下，发出尖利的响声，寻水的鬼子再也爬不起来了。

这一夜，对于被围的鬼子来说，是一个恐怖的夜，一个漫长的夜。到了午夜，月牙儿隐没了，黑夜更加深沉了，庙里敌人一阵骚动，用猛烈的炮火向我阵地袭击。但敌在明处，我在暗处，其炮火毫无命中目标。就这样，敌我火力对峙，时紧时慢，整整持续了一夜。

歼敌沂河滩

沂河流到葛庄东南面的跋山脚下，因山势阻隔，河道绕了一个弯，由西北折向正南。河湾西侧有个河奎村，有百多户人家，三面环水，一面依山，此山叫无儿崮。我预伏在河奎村的一个警卫连，任务是在敌人向南突围渡河时，予以迎头痛击。

9月3日上午8时，娘娘庙残敌，突然集中炮火，向我北面阵地狂轰，接着30多个鬼子拉开队形，气势汹汹地从北面向岭下冲锋，造成向北突围之势。针对这一情况，我立即告诉各个前沿阵地，这是敌人佯攻向北突围，实际是要向南突围，务必作好追歼准备。果然不出所料，当向北佯攻的小股之敌被我击退后，至9时许，敌人全部人马，在密集炮火掩护下，从娘娘庙南面冲下来，分数路向沂河方面突围。按照既定部署，我南面阵地上的部队，向东西两侧且战且退。当敌人全部冲出后，我四面阵地上的各路部队，如龙腾虎跃，以凌厉之攻势，扑向敌人，跟踪追歼。

能否全部歼灭这股来犯之敌，在此最后一举。战斗发展到此时此刻，作为此次战斗的指挥员，尽管长期的战斗生涯使我们保持着头脑清醒和行动沉着，但心情却是异常激动的。随着追歼部队的飞速推进，我们指挥部也移进到靠近沂河北侧的一个秫秸团里。此时敌人的先头部队已开始渡河，我各路追歼部队已抵河岸北侧，一面射击，一面向敌靠近。我隐蔽在沂河东西两侧的十二团和一团之一部，由东至西，沿河岸平行向敌夹击。预伏于河奎村的警卫连，也绕过河南岸，对敌展开迎头痛击。我从四面八方，向渡河之敌展开聚歼。步枪、手榴弹，组成了火力网，暴风雨般地射向敌人，枪弹和手榴弹在水面上横飞爆炸，激起无数浪花，掀起高高水柱。

这时，二团团长陈奇突然跑到指挥部来了，他满脸杀气，神态焦灼，埋怨指挥部没有及早通知他，让他们二团也来参加追歼突围之敌。他说："兄弟部队在河滩上吃肉，你让我们在山上喝汤呀？！"我解释说："你们二团的主要任务是阻击！"他说："阻击！阻击！阻而不击！我们等了敌人几天，可是昨天他攻两攻就缩回去了！"我说："好！你马上把一营带上来，参加战斗！其余部队，还在原地警戒！"

其实，二团一营指挥员和他们团长一样急不可耐，早就冲到河滩上来投入战斗了。

可惜当时我们没有电影摄影机，把我军在沂河滩上歼敌战况摄下来，以飨后世。尤其是敌人渡河时被我军打得那种狼狈状态，真是可笑而又可悲！时值夏秋多雨季节，沂河中心水面齐腰深，而且水流湍急，河面宽阔，河两岸连接着几十米开外的一片沙滩。不足300名鬼子，突围的路上已经丢下几十具尸体。眼前这200多鬼子，带着炮车、辎重和大批弹药，被围聚在不足一里的狭长河滩上，面前河水滔滔，四周没遮没挡，我军步步逼近，子弹、手榴弹铺天盖地而来，真是上天无路，入地无门，只有招架之功，没有还击之力了。许多鬼子穿着皮鞋跳进河里，犹如陷进泥沼，笨得像狗熊一般，精灵一些的鬼子，脱掉皮鞋，连滚带爬，涉水乱窜，一阵子弹打来，只听哇哇号叫，水面上立即沉浮一片尸体。接着，片片血污、饭盒、钢盔……漂浮而起，顺流而下。其中一小队鬼子见势不妙，索性在沙滩上卧倒，架起机枪，向我还击。我北岸几个战士中弹倒下，但我东侧沿河夹击部队已经逼近，一串手榴弹扔去，敌人的机枪再也不响了。沙滩上，敌人辎重、尸体，狼藉一片。我一个战士，从躺倒的一匹洋马的马鞍上，解下一个挺软和的包袱，他想这里面准是敌人的机密文件，后来解开一看，竟是一堆又腥又臭的人手指。原来这是敌人从他们伙伴的尸体上一个个割下来，准备带回去火化，留下点骨灰送回国安葬的！

时近中午，敌人大部被歼了，但残敌仍在挣扎。一个鬼子指挥官扔下指挥刀，窜进深水里，光露着头，子弹在他头顶上吱吱叫。他急忙举起胳膊，伊哩哇啦喊叫，也许是呼救吧？然而终于头部中弹，藏匿到深水里去了。

敌人拉炮的几匹洋马，有的淹死在深水，有的在岸上中弹躺倒。几个鬼子正在岸边拆卸一门大炮，准备向河里扔掉。这时我冲锋在前的战士已接近敌人，一团一连三排副排长、战斗英雄侯英俊同志，眼尖手快，一纵身，拣起一把鬼子指挥刀，再一个箭步跳过去，一连砍倒三个拆炮的鬼子，缴获了这门日造四一式山炮，这是我军在鲁中战场第一次缴获的日寇重武器。这门山炮，从此跟随我军，从抗日战争到解放战争，转战华东战场，在千百次战斗胜利中，发挥了重要作用，可谓身经百战，屡建战功。在战斗中它负过六次伤，换过四次护板，三次车轮，肚皮上留着伤痕，大架上还深深地嵌着一颗枪弹。新中国成立后，这门满载我军胜利记录的日造四一式山炮，被誉为“功劳炮”，送进了上海博物馆。

至此，从战斗打响到残敌在沂河滩被歼，葛庄战斗历时一天半，胜利结束了。除敌大队长草野清带领残敌 14 人，趁突围混战之机，潜逃无儿崮，后为莒县敌人派飞机援救而漏网外，敌伪 1200 余人全部被歼，其中汉奸大部被俘，鬼子被俘 20 人。敌各类武器弹药和各种辎重，除战斗中被击毁外，均为我缴获。

9 月 3 日午后，我主力部队按照预定计划，撤离战场。清理战场和处理俘虏等善后工作，交由霍士廉同志，会同地方武装和抗日政权进行处理。

欢腾沂蒙山

葛庄战斗胜利的捷报一经传开，人心大振，沂蒙山区一片欢腾。新华社向全国发出电讯，公布鲁中军区关于葛庄战斗的公报。当时的《大众日报》和各抗日报纸，连续发表消息、社论、通讯、特写。沂水和鲁中、滨海等许多地方，频频召开祝捷大会，敲锣打鼓，鸣放鞭炮，人山人海，盛况空前。人们把葛庄战斗的胜利消息和战斗事迹编成歌，排成戏，载歌载舞，广泛演唱。战后漫长的年代，直到现在，在沂蒙山区，特别是沂水县一带，人们还在传颂着葛庄战斗的英雄业绩和战斗故事，其中“功劳炮”的故事，新中国成立后曾被编入小学课本，传颂全国。

葛庄战斗的胜利，充分表现了我军顽强无畏，英勇善战，也充分证明以王建安同志为司令员的鲁中军区，洞悉敌情，判断准确，从而下定决心，抓住战机，作了正确的军事部署。另一方面，它和沂蒙山区老根据地人民大力支援主力，密切配合作战分不开的。那时候，虽然根据地不断扩大，抗日政权推行减租减息，发展生产，但由于敌伪顽长期践踏、破坏和封锁，沂蒙山人民的生活仍然是很艰难的，但听说主力部队要消灭来犯之敌，老百姓欢天喜地，奔走相告。一两天内，仅北沂蒙几个县就由3000多民工、几百副担架，组成了浩浩荡荡的葛庄战斗支前大军，为我军送弹药、运粮草、抬伤员。因为山路崎岖，大部分运输民工都用扁担挑，白天不便行动，到了夜晚，在通往葛庄的条条山道上，一串串灯笼、火把，一队队扁担大军，人流如同赶山会一般，向着葛庄四周汇集。为了保证军队在战斗中及时吃上饭，周围各村群众，连夜赶做熟饭送往前线。战斗进行中，许多老乡冒着敌人炮火，担着一罐罐热气腾腾的小米绿豆粥和一包包煎饼，一直送到前沿阵地的工事里。战士们打开一看，一卷卷煎饼里，都包着炒鸡蛋、芝麻盐，喷香可口。

当时，我们部队没有重武器，靠手榴弹爆破工事，杀伤敌人。支前民工把大批手榴弹源源不断地送往前线。有的民工不顾劝阻，扛着一箱箱手榴弹，直接送到前沿工事里。有的民工看到战斗打得激烈，就在工事里打开盛手榴弹的箱子，一个个揭开手榴弹的盖子，拉出了弦，供战士及时使用。

葛庄村有个老大爷叫赵路祯，全家五口人被鬼子杀害四口。村里组织民工没让他参加，他夜里偷偷跑上前线，一夜帮助军队背了三趟伤员。

在战斗进行中和战斗结束后，有些溃散的鬼子、汉奸，钻进青纱帐，妄图趁机潜逃。我各乡民兵，早就在战场外围站岗放哨，布下天罗地网。沂河岸一带村庄，村村流传着捉俘虏的笑话。有五个鬼子，带着一挺机枪，在高粱地提心吊胆混了一夜，企图化装逃奔博山。天明时，刚走到石埠子村前，就被我民兵团团围住，当场被击毙两个，其余三个扑通跪下当了俘虏。有个鬼子躲进老乡秫秸团里，被秫秸团的主人发现了，马上吆喝了几个人，拿着镰刀镢头，把这个鬼子砍得血头血脸，绑送到了区公所。仅沂北县参战的民工和民兵，两天中就捉住化装潜逃的汉奸 120 多人。

为了扩大宣传，提高军民抗日斗志，同时教育汉奸，战斗结束不久，鲁中区党委决定，将葛庄战斗中被俘的伪军军官一部，解至鲁中、滨海各受灾地区，令其向受害群众悔过与赔罪。我们分别于 9 月 17 日至 23 日，在滨海区的十字路、坪上、安东卫和鲁中的沂水、朱墩等地，召开千人大会，让受害群众申冤诉苦，令被俘伪军官交代罪恶，坦白被俘经过，表示悔过决心。抗日军民，群情激愤；大小汉奸，胆战心惊。汉奸少校团长陈子玉、孙即文等人在悔过认罪时说："沂蒙山根据地民众力量这样大，特别使我们惊奇。这在中国历史上是少见的。八路军的军民关系，我实在佩服。民为邦本，八路军得民心。""通过葛庄战斗，我真知道八路军的厉害了。机关枪一响，手榴弹就扔到头顶上，这样打法，谁不害怕？！""八路军的宽大政策，我实在感动！以后再也不吃那碗汉奸饭了！"

葛庄战斗的胜利，充分显示了人民子弟兵一不怕苦、二不怕死的革命精神和敢于斗争、敢于胜利的英雄气概，在沂蒙抗战史上，写下了光辉的一页。

回忆抗战时期山东解放区的货币斗争

杨波

全国抗日战争以前，山东省各地市场上流通的货币，主要是南京国民政府通行的法币；同时，韩复榘主持的山东省政府"山东民生银行"发行的纸币也在全省使用。1937年七七事变后，当时分驻于山东各地的国民党地方部队，趁机在其驻防区内大量印发地方流通券，强迫群众使用，掠夺物资，中饱私囊，发国难财。据我所知，当时发这种流通券的山东国民党部队计有：胶东区的赵保原、蔡晋康、苗占魁、郑维屏、秦毓堂、张金铭、陈昱、李德元、姜黎川、高玉璞、丛镜月、王兴仁等；渤海区的刘景良、张景月、杜孝先、周胜芳、朱仲山、王馨堂、张景南等；鲁中区的秦启荣、张天佐等；鲁南区的申徒周、周侗、李以锦、李子瀛、荣子恒等；滨海区的许树声、尹鼎五、董玉佩；等等。这些大大小小的司令、专员、县长以至团营长，发行了50种以上的地方流通券。如再加上各地方的大地主趁战争混乱时期私自发行的各种辅币，其数量之多，种类之复杂，则更难以计算。这些纷纷出笼的、五花八门的"纸币"造成了山东各地金融市场的严重混乱，物价上涨，群众叫苦不迭。当时胶东文登、荣成各县的老百姓，对郑维屏、王兴仁等所发的地方流通券，称之为“破被单子”（意指该种纸币票面很大票纸很差，既不耐用又不值钱），“地瓜票”（意指用地瓜也可作票版）。“活人使冥票”，成了群众普遍的新俗语。

1939年以后，各地国民党地方政府，在日寇“扫荡”中随其军队的溃散而逃跑。当地人民在中国共产党的领导下，相继成立了民选的人民政府。人民政府为建立抗战的经济阵地，促进经济发展，保障军需民用，很快就肃清了国民党部队和地方政府滥发的各种纸币，稳定了金融市场。这时，市场上流通的主要是法币，同时人民政府也开始发行自己的本币——“北海币”（开始时只发行票面为一角、二角、五角的小面额货币，作为法币的辅币）。

此时，日本帝国主义加紧对我敌后解放区进行军事进攻和经济掠夺，在华北开始大量印发伪“联合准备银行”纸币，并到处以武力胁迫群众使用，以此来盗取我解放区的物资。太平洋战争爆发以前，日寇还利用推行伪钞，贬价吸收法币，进而套取外汇，购买军事物资，以支持其侵略战争。针对敌人这一阴谋，这时期我山东解放区人民政府，及时地采取了保护法币，严禁使用伪钞，部分地发行本币，以及限制法币出境的办法，与敌人展开货币斗争。这样做的结果是既保持了法币币值的相对稳定，也稳定了市场的物价。

1941年太平洋战争爆发后，上海、天津等大城市之英美租界相继沦陷敌手，而滞存于各租界的大批法币，随即被敌人不用分文代价唾手而得。这时，由于国际关系的新变化，法币对日寇已失去当作外汇使用的作用，于是他们便限制法币在其占领区流通。与此同时，他们还大量印发汪精卫伪“南京政府”的伪法币进而向我解放区渗透，企图扩大伪钞的流通范围。日寇还企图将大量伪法币压缩于我解放区，以掠夺我区物资，实现其在经济上“困死”我敌后军民的阴谋。本来物资输出，贸易出超，是一件好事，对解放区人民是有利的，但在敌人这种以货币作为其掠夺手段的情况下，给我区人民带来了灾难，即大批法币流入、物资输出的结果，造成了解放区的恶性通货膨胀，物价飞涨，人民生活十分困难。当时山东解放区以法币计算的粮食、棉花、布、花生油等人民生活必需品的物价指数，以1937年为100，1938年为135，1939年为275，1940年为903，1941年为2327，1942年为8595，1942年为47656。这就是说，六年中上涨了470多倍。其中上涨最快的是1942年、1943年两年。

为粉碎敌人的经济掠夺，缓解当时这一严重的经济危机，发展和保护解放区的生产，保障人民群众的基本生活，支援抗日战争，这时我人民政府不得不重新考虑自己的货币政策，加强对敌货币斗争。从1942年下半年开始，我们采取限制法币流入，提高本币币值的办法，与敌进行货币斗争。结果失败了。失败的原因，主要有两个：一是当时我们是在维持法币仍在解放区市场上流通的原则下与敌进行货币斗争的。这样，虽然我们自己的本币（北海币）发行量很小，但因其仍与法币保持着密切的联系，因之市场上的货币流通量我们便无法控制，本币的币值随着法币的流入和贬值而难以稳定提高，市场物价亦随着法币的恶性通货膨胀而继续暴涨。二是只用行政办法进行斗争，即由政府出布告限制法币流入，规定本币与法币的比价（为一元北海币等于多少法币），没有采取经济办法，没有集中必要的物资力量作后盾。因此也就没有达到预期的效果，本币的币值也就随着法币的贬值而贬值，政府布告规定的比价几乎不起什么作用。总结失败的教训，我们得到两点最重要的启示：一是必须执行独立自主的货币政策，使本币与法币脱离关系。事实告诉我们，如果继续使本币与法币保持密切联系，两者同时在市场上流通，本币就会成为法币的附庸，而法币又已成为敌人掠夺我解放区物资的桥梁，长此下去，非但无法克服我们面临的经济危机，反而便利了敌人的经济掠夺，加深我们的经济危机。二是必须以经济办法为主，辅之以必要的行政手段，才能收到对敌货币斗争的胜利。从1943年下半年开始，我们首先在滨海区停止使用法币，采取的措施是一方面由政府明令公布在本区内停止使用法币，同时动员群众把手中的法币推向敌占区，换回必要的物资；另一方面由政府管辖的公营经济单位（当时是工商管理局所属的各公司）集中必要的物资力量，来支持保证本币的币值，如规定一元北海币等于二元法币，相应地群众用北海币买东西比用法币就便宜一半，并且保证供应。商人如要法币，我银行和公营经济的单位同样以一元北海币兑换两元法币，并做到要多少兑换多少。我们采取的这项措施，叫作“用法币打法币”。当时解放区内有些地主、商人不相信我人民政府能够停用法币，不相信北海币的币值能够高于法币，便乘机秘密收藏法币，结果大吃其亏。如1943年7月我们开始停用法币时，一元法币兑换北海币七角，到当年年底，六元法币才能换到一元北海币，即一元法币只能换到一角五分北海币。这时，他们也不得不忍痛抛出法币了。

根据滨海区对敌货币斗争取得胜利的经验，山东解放区人民政府决定从1944年开始，在鲁中、鲁南、渤海各地区相继停用法币（当时胶东区基本上已不用法币，市场上流通的主要是北海币），并将各区内原有的法币排挤到敌占区，换回我军民所需的物资。到1944年底，我对敌货币斗争在全山东解放区的各地区取得了全面胜利。

货币斗争的胜利，使北海市完全占领了山东解放区的市场，并保持了币值的相当稳定。停用法币，使本币最终脱离了法币的影响。市场上的货币流通量我们可以完全控制，因之我解放区的各种物价也即随之下降和稳定了。如滨海区1943年7月停用法币以后，到当年12月的半年中，物价指数平均下降了一半。1944年以后全省各地普遍停用法币，市场上流通单一的北海币，不但改变了过去各地物价不平衡的状况，逐步使各地物价大体上一致，而且保持了物价的相当稳定。这从以下各地本币的物价指数中便可以看得很清楚：

	1944 年 1 月	1945 年 1 月	1945 年 8 月
滨海区	100	98	127
鲁中区	100	69	139
鲁南区	100	75	147
胶东区	100	264	296
渤海区	100	69	91

（注：胶东区物价指数上涨幅度比别区高，是因为该区 1944 年 1 月的物价比其他地区大约低一半，全山东解放区统一流通本币后，其物价也相应上涨快些。实际上胶东区 1945 年 8 月的物价与其他地区大体相同）

如果我们不停用法币，则物价不但不会下降和保持稳定，而且会继续大幅度上涨。例如，以 1944 年与 1943 年比较，法币的物价指数竟上涨了五倍以上就可以说明这一点。

货币斗争的胜利，使法币及伪币币值下跌，我北海币币值相对提高。当本币与法币等价流通时，法币贬值也使本币随之贬值；停用法币后，本币与法币脱离关系，不受其通货膨胀的影响，本币的币值即可自主地保持稳定。这样，不但提高了本币与法币的比价，也提高了本币对伪钞的比价，如 1943 年上半年，伪钞一元换本币七八元之多，经过货币斗争之后，到 1943 年底，伪钞一元，就只能兑换本币一元五角，待到 1944 年则五六元伪钞才能换一元北海币了。记得 1943 年秋季，日照县有一个敌占区的商人，因不堪敌伪的压迫，携其资金伪钞 3 万元来解放区营业，当时他把伪钞依法兑换了北海币，三个月后他的营业尚未开始，他的北海币已值伪钞 9 万元了，即已比原本多了两倍，喜得他逢人就称赞北海币的好处。下面是 1944 年以后伪联币币值跌落的情况（一元伪联币兑换北海币的数额）：

	1944 年 1 月	1944 年 6 月	1944 年 12 月	1945 年 8 月
滨海区	1.50	1.10	0.16	0.03
鲁中区	2.00	1.00	0.20	0.03
鲁南区	8.00	1.00	0.20	0.03
胶东区	0.5	0.8	0.25	0.02
渤海区	3.00	1.07	0.25	0.025

这就是说，到 1945 年日本投降时，一元伪联币只能值北海币三分钱。

货币斗争的胜利，彻底粉碎了敌人向解放区倾销法币伪钞，掠夺我解放区物资的阴谋。我们停用法币，严禁伪钞流入，并将解放区内原有的法币推向敌占区，不但避免了法币继续贬值给我解放区人民带来的巨大损失，而且用法币换回了我区军民必需的物资，支持了抗日战争，改善了人民生活，克服了经济困难。同时，由于本币币值稳定，威信提高，不但巩固了其在解放区内市场上的地位，而且扩大了其流通范围，使北海币在游击区以至敌占城市公开或秘密的广泛流通。正因为如此，日寇投降后，我北海币迅即占领了新解放地区和城市市场，深为广大群众所喜爱。

山东文协工作的回忆与体会

刘导生

我到省文协工作是1943年初，1944年夏即调做其他工作。前后约一年半的时间，这一段工作虽然时间不长，但对我还是留下难忘的印象。

省文协的初创时期

1940年7月26日，中共山东分局在莒南县青驼寺召开联合大会。这次大会的任务是选出省参议会，省战时工作推行委员会，全省工、党、青、妇、文各界总会，省动员委员会等。大会经过一个月的努力，胜利闭幕。从此，山东在分散的游击环境中有了统一的政权和统一的群众运动，为山东抗日根据地的建设奠定了基础。

省文协在8月6日选出执委25人，8月11日召开第一次执委会选出常委九人，并进行了分工：李竹如为主任，杨希文为副主任，刘子超、刘导生为组织部正副部长，张凌青为宣传部长，张立吾、袁成隆为副部长，孙陶林、袁也烈为战时教育部正副部长，于寄愚为秘书长。

省文协选出领导机构后，于同年9月通过了山东省文化界救亡协会组织总章和山东省文化界救亡协会工作纲领。但是由于当时处在频繁的战争环境，又没有配备专职干部，也缺少在敌后游击环境下农村文化运动的经验，因此工作进展还不够理想。

1943年省文协"重整旗鼓"

1942年是不平凡的一年，一方面是日伪军对我各个抗日根据地不断进行"扫荡"，和我军民的反"扫荡"战，我根据地缩小，如鲁南抱犊崮山区当时就有"东西一线连，南北一枪穿"之说。2月1日，毛泽东同志在延安中共中央党校开学典礼上作了"整顿党风"的报告。2月8日在延安干部会上又作了《反对党八股》的讲演，延安开始整风。中共山东分局书记朱瑞同志传达了中央关于深入整顿学风、党风、文风的报告。山东开始学习文件，引起了震动。另一方面，还要贯彻中央《关于如何执行土地政策的指示》，进行减租减息；同时山东分局发出《关于实行精兵简政的决定》。这些任务都是较为繁重的，同年4月中旬，中共中央华中局书记、新四军政委刘少奇受中共中央和毛主席的委托，由苏北到达山东检查工作，山东分局根据少奇同志的指示精神作出了《山东抗战四年工作总结》，主要有：减租减息的开展还没广泛深入，基本群众还没有深入发动和组织起来，政权还未成为真正拥有广大群众基础的民主的统一战线的政权，首先在成分上，"三三制"还未开始执行，等等。

为了贯彻以上精神，山东在工作部署上和组织上有了很大调整。

原抗敌同志协会（简称“抗协”，为我党领导下的统战组织）山东省会、部决定改变“抗协”的半政党性质为广泛性的统战组织，其基层组织逐步解散，各级会、部的专职干部，安排到政府机关参加经济、文化部门的实际工作。另外，由于部队精简机构，原抗大一分校的文艺工作团划归地方领导，他们首先分散到临沭县参加减租减息工作。原抗敌自卫军（抗协领导的武装部队）也划归八路军一一五师领导，其所属的自卫军宣传大队，交给地方领导。在这一形势下，省文协才得以充实组织机构，重整旗鼓。

1943年初，遵照山东分局宣传部的决定，省文协重新改组，在离莒南石门涧不远的村庄建立工作机关。改选的结果是：会长姚尔珏，副会长杨希文、张凌青。下设编辑部，部长张立吾（未到职），副部长李向群；组织部长袁成隆（不久调离），副部长李佐长；研究部部长高赞非（未到职），副部长马培卿。我任秘书长。文协设党组，我为书记，成员还有袁成隆、李佐长、李向群。这时，有人戏称文协的驻村为“文化村”，称我为“村长”。

编辑部的主要任务是编辑出版《山东文化》，作为省文协的会刊。总编辑是燕遇明，副总编是刘知侠，编辑还有张云非、尚力科等同志，由于当时战工会教育处编审科已并入省文协的编辑部，他们也承担编辑通俗读物、小学课本、冬学及妇女识字课等教材。原战工会教育处编审科出版的《教师之友》停刊，在《山东文化》上专设一栏《教师生活》。编辑部还出版一种儿童读物《儿童之友》，文图并茂，由鲁彦同志主编，为了配合减租减息，由任迁乔同志执笔，出版了几种连环画，如《平鹰坟》等。由于故事性强，绘图生动，这在当时很有影响。

组织部的主要任务是领导文工团、京剧团实验剧团以及指导各地文协的工作。当时的文工团是由抗大一分队文工团与自卫军宣传大队合并而成，团长李永淮，副团长马刺，党支书采责，全团60余人。这在抗日根据地算大剧团了。不久，临沭县有个职业性的京剧团，原归省文协领导，我们决定接收这个 20 多人的戏班子，并派文工团的李林为团长，阮若珊为指导员，张革非、柳成行以及战士剧社的京剧爱好者仇戴天等同志到该团进行京剧改革并加强政治思想工作，定名为实验京剧团。

文工团是一个很有战斗力的文艺团体，他们很多人能编、能唱、能演、能画，而且参加双减群众工作、动员参军、备战、大生产运动以及建立农村俱乐部、剧团、识字班、秧歌队等活动，都起过很好的作用。如他们演出的小调剧《亲家母顶嘴》就是莒南、临沭一带群众所欢迎的，像这样短小精悍为群众喜闻乐见的节目很多。他们还帮助农村建立剧团，为他们培养骨干，排练节目，据 1944 年的统计，戏剧活动比较发达的县为莒南、沂南两县，各建有村剧团 100 多个，而且自编剧本数百件。

实验京剧团有 30 多人，经过改造充实，他们负担很重的演出任务，不但可以演出一些传统的节目，而且还改编排练了对抗战有现实意义的《花木兰从军》、《反徐州》以及反对封建迷信的《童女斩蛇》等剧目，很受滨海地区广大群众的欢迎。

关于研究部的工作，他们主要搞教育辅导团，培训小学教师，在莒南县搞实验区，办“庄户学”，进行文化普及活动。这一工作主要是战工会教育处抓的。“庄户学”是莒南人民的一大创造，它的主要特点是与当时的战争和政治运动密切结合，又与群众的生产劳动相结合。组织形式和教学方法因时而异，因人而异。农闲时集中学，农忙时分散学，大忙时停止。教师不足，就采取“小先生”制度，识字的教不识字的，识字多的教识字少的。原则即民办、互教、自学，这在今天的扫盲和普及文化中仍是一个可以借鉴的宝贵经验。

1943 年冬直至 1944 年夏，约半年多的时间，省文协集中整风，学习中央的整风文件，提高马列主义的思想水平，对照检查，并进行民主检查，写出自传，进行工作总结。这是一场极为深刻的思想改造和自我教育运动。我们这些知识分子出身的干部都程度不同地存在着非无产阶级意识，按照中央和毛泽东同志的要求，主观主义、教条主义、宗派主义在我们头脑中都是存在的。经过整风学习和检查，感到像吃了一副良药。认识到决不能以非无产阶级来改造党，而必须以布尔什维克的要求来改造自己的头脑，使党的肌体更富有战斗力。特别是文艺工作要为工农兵服务这一方向，正是文化工作的灵魂。一切违反这一方向的，都将把人们的思想引入歧途，脱离广大群众，为人民所反对。在战争间隙期间能集中半年时间进行整风，对于我们这批文化工作干部的成长，起了关键性的作用。

几点体会

我在省文协工作的时间虽然只有一年半，但有不少深刻的体会。

1. 当时省文协是处在敌后农村，抗日根据地还不巩固，又是战争频繁的游击环境，特别需要党的一元化领导。文化工作只能在这一条件下开展。省文协是文化工作者的救亡群众组织，它不应该也不可能建立从省到县、区、乡的组织，实行垂直领导。如 1940 年 9 月 1 日通过的山东省文化界救亡协会组织总章中第四章规定："各地方（即专员区）成立地方文化界救亡协会以及县、区、乡各级文化界救亡协会，服从上级（注：指当地党政领导）之领导。"特别是农村的文化教育组织和活动，文协只应协助与指导，否则，在农村中便与农、青、妇组织争群众，背离党委的一元化领导。同时，农村的小学教育和扫盲识字运动，也应是政府教育部门的业务范围，为编写出版教材，培训小学教师，办冬学，等等，文协不应取而代之。在这方面，文协尽管做了工作，对党的一元化领导和政府的系统领导，在客观上就不能不发生闹独立的偏向。

2. 党的文艺方向是为工、农、兵服务，这是在整风以后才成为自觉认识的。1940年9月，经省文协执委通过的《山东文化界救亡协会工作纲领》中只笼统地提出“开展新民主主义的文化运动”，至于为什么人服务、普及与提高等问题并不清楚。尽管工、农、兵喜爱富有政治内容的生动活泼的短小节目，但是对干部来说还认为不过瘾。要求演大戏，演员们为了提高演出水平，也要求演大型节目。所以，1941年抗大分校文工团演出《李秀成之死》，山东纵队宣传大队演出《七擒孟获》，战士剧社演出了曹禺同志的名著《雷雨》，并于同年6月还举行了八大剧团联合会演，最后遭到敌人的突然袭击，有一次我和曹禺同志说起，他的大作《雷雨》、《日出》在山东抗日根据地上演过，他也感到惊异。这些大型剧目是好戏，只是由于当时处于紧张的战争环境，更需要为当前政治斗争的短小精悍，为群众所喜闻乐见的有教育内容的文艺形式，在普及的基础上提高，也才适合工、农、兵的欣赏层次。

3. 文协是党领导下的文化统一战线组织，它应当争取、团结一切愿意抗日救国的文化工作者。但团结的目的是为了改造，以适应新民主主义政治的需要。特别是文协的主要领导，正如1944年4月30日中共山东分局对各地文协工作的指示中，在肯定文协工作成绩之后指出：“由于党委领导上的薄弱及对文协性质上的模糊，致产生出以下的偏向：其中之一是：不积极掌握任其自流，甚至把这一任务推给非党人士，使文化建设与党的政治方针与群众路线联系不够密切，甚至脱离。”我作为党组书记是不能辞其咎的，但会长决定的问题，党组也很难改变，特别在京剧团演出的剧目上有原则分歧时，也就不得已而从之了。毛泽东同志1942年《在延安文艺座谈会上的讲话》中把当时全国分成文、武两条战线。对于文化战线，在整风后才引起山东分局的重视。这应当是一个很重要的教训。

从延安到七里坪

程启文

七七事变前夕，我在延安抗日军政大学学习，临近结业的时候，接到毛主席交给的一项任务，跟随郑位三、萧望东同志到红二十八军参加改编整训、东进抗日的工作。

1937 年 7 月 2 日那天，我正在课堂听课，五队苏振华队长的通信员来叫我，带我到中央招待所去找郑位三同志。路上，通信员机灵地问我是哪里人，我说是湖北人。他眨了眨眼说："听苏队长讲，很可能调你去工作。"我俩来到郑位三同志的住处，只见萧望东和张体学同志早已在座。张体学问我为什么才到，是不是通知晚了。郑位三同志说："不晚，我们这就到毛主席那里，接受毛主席的指示。"一听说要去见毛主席，我忙捅了张体学一下，真有说不出的高兴。

不多久，我们几个人来到了毛主席的住处。这是一座用砖石砌成的窑洞，中间是个会客厅，左边一间可能是警卫员或秘书住的，右边一间就是毛主席的卧室兼办公室。

毛主席穿一身旧灰色军装，裤子上打了两个补丁，有一尺多长。他满面笑容，操着湖南口音说："欢迎你们，我在这里专等你们来。"毛主席拍了拍体学同志的肩膀，问他是哪里人，多大年纪，参加红军几年了？体学同志一一做了回答。接着他又向我问了一遍，我也立正回答了。位三同志向毛主席介绍说："他俩在红二十五军时，都曾在高敬亭同志部下工作过，高敬亭对他们很熟悉，很信任。"毛主席说：那太好了。此时，我还搞不清为什么提起高敬亭。

毛主席接着说，中国工农红军主力长征后，还有大批留在南方各个苏区坚持游击战争的同志。他们不怕敌人的围追、堵截、烧杀、抢劫，在极端困难的情况下与强大的敌人作殊死的奋战。这次请你们四位同志来，就是派你们到鄂豫皖边区，找到红二十八军政委高敬亭同志。你们四人先去，中央随后再派一些干部去。毛主席指着郑、萧两位说：你们两位为党中央的代表，由你们向他们传达党中央有关抗日的主张和指示。毛主席又望了望体学和我说：你们两位必须先一步找到敬亭同志，联络好以后，再回程接位三、望东同志去与敬亭同志会合。

接着，毛主席说："红二十八军有位同志派人找到红二十五军，向党中央转交了一个报告。"位三同志插话说："是的，那位同志叫何耀榜，是皖鄂特委书记。"

毛主席说："从报告看，他们与敌人斗争得很有成绩，很了不起。请你们代表党中央向他们表示敬意和问候！"对于我们到红二十八军后如何开展工作，毛主席作了许多具体交代，并强调说，找到高敬亭同志以后，切记不要高唱什么"主义"。他们长期脱离党中央的领导，会有各种各样的具体情况和问题，那要由他们自己去认识，去总结。他们在红二十五军长征以后，收集分散人员成立红二十八军，经过艰苦斗争，保存了这么一支红军队伍，是很不容易的，这是一个很大的胜利。千万不要把在延安批判张国焘那一套去套他们。各地有各地的不同情况，不能用一个样式去套。要很好地团结他们，统一在党中央的路线、主张之下，一道抗日，发展胜利。

我们全神贯注地聆听着毛主席的指示，认真地默记着他的每一句话。这时毛主席好像是讲完了，又像是察觉到大家的心情有些紧张，忽然转向体学和我亲切地问道："你们在延安学习、生活怎么样？饭能吃饱吗？"我们回答说："生活过得很好，不仅吃得饱，还能吃到南方运来的大米呢！"毛主席笑了，说："那就好，学习很紧张，又能吃饱饭，这就不错嘛。你们要记住，南方大米是比陕北的小米好吃，可不要忘记陕北人民全力支援了我们，为革命做了大贡献。小米很有营养，你们吃了都长得这么结实。"毛主席这么一说，我们的心情轻松了许多，屋子里荡漾起欢快的笑声。

毛主席用手拢了一拢他那长长的头发，给位三、望东两位同志递了烟，自己也点燃一支烟吸着，继续说道：日本帝国主义想要霸占中国的野心是不会改变的，我们誓死保卫每一寸神圣领土的决心是下定了的，我们中华民族同日本侵略者进行一场殊死决战是不可避免了！我们的党，我们的军队，必须有一个较大的发展，要真正成为抗日的主力军，成为争取民族解放的中坚力量。我们的红军要扩大，还要大量吸收青年知识分子参加我军，到我们党内来。接着，毛主席又为我们阐述了抗日民族统一战线中独立自主的原则。他说，这次我们提出国共两党重新合作，共同领导全国人民抗日，但是我们要坚持独立自主的原则。谁抗日我们就同他联合，就支持他；谁不抗日，谁准备投降日本侵略者，我们就和全国抗日人民一起声讨他，揭露他。我们估计南方红军游击队还会有一段艰苦的斗争，在同国民党联合抗日的时候，必须保持高度的警惕，既要讲联合，又要同他们的破坏、捣乱行为做斗争。说到最后，毛主席又谈到了我们内部的团结问题，他说，我党我军内部要亲密团结，从延安到红二十八军去工作的同志，要同那里的同志搞好团结。我们内部的团结搞好了，就能团结、带领全国人民夺取抗日战争的胜利。

毛主席从上衣口袋里掏出一只钢壳怀表，看看快到11点钟了。

他问："你们有什么要说的？大家都说一说。"郑、萧两位都说，毛主席的指示非常正确，对形势分析非常深刻，受到了很大的教育。毛主席又问体学和我："你们二位有什么意见？"我们齐声说："坚决按照主席的指示，做好工作。"毛主席高兴地说："今无就谈到这里，祝你们工作顺利，一路平安！你们找到敬亭同志以后，尽快报告中央，并请你们代表党中央和我，向敬亭同志以及红二十八军全体指战员、老根据地的地方干部和革命群众致意，向大家问好！"我们四人起立向毛主席告别，他把我们送出屋外，同我们紧紧握手，久久地站在门口目送我们归去。

回到郑位三同志住处，他说："大家先回去吃午饭，下午仍来这里学习讨论毛主席的指示，只有领会毛主席的指示，才能顺利完成他交给我们的任务。"我在回校的路上边走边想，任务太重要了，为什么要让我这么一个小干部去执行呢？下午讨论了毛主席交给的任务，休息时，我就问位三同志："我去能起多大作用？请您给我说一说，不然我闷得慌。"他说："高敬亭同志和红二十八军与党中央长期失去联系，必须有一两个高敬亭同志所熟悉的、信得过的同志随我和萧望东同志一起去，而且要先搞好联系，这样就想到派你和张体学同志去了。为了稳妥、慎重，前两天毛主席找原红二十五军在延安学习的高级干部谈了话，问大家派什么人去好？如何去法？我就提出，你和体学同志最合适。"

当时，从延安到鄂豫皖去，要先到西安再作具体安排。由于天不作美，一连下了几天大雨，从西安来的汽车困在延安不能往回开，我们只好耐心地等待天晴、路干。

过了几天，发生了卢沟桥事变，全国军民奋起抗日。7月8日，中共中央发布《中国共产党为日军进攻卢沟桥通电》，号召全国同胞和军队团结起来，筑成民族统一战线的坚固长城，抵抗日本侵略者。这天下午，延安举行了一万多人参加的声援卢沟桥抗日将士的群众大会，广大军民发出了抗日的怒吼。从报纸上看到，全国各地也同延安一样，各界人民开始行动起来，一致要求团结对敌，把日本侵略者赶出去。这迅猛发展的形势，使我们更加坐不住了。好不容易等到7月15日，我们一行五人（加上郑位三的秘书荣维轩）才坐上一辆载重汽车从延安出发。由于道路不平，汽车颠簸得厉害，爬行三天才来到云阳镇。由于西安办事处没有电报来，我们只好在云阳红一方面军招待所住下。

8月15日，我们到了西安，18日由办事处派了一位姓张的同志带我们乘火车到南京办理去大别山的有关事项。由于害怕敌机轰炸，火车上旅客很少，到了开封以后，往东行的大概只有几十个人了。8月20日下午到达南京，找到了设在南京傅厚岗32号的八路军办事处，叶剑英参谋长亲切地接待了我们。他说，你们是办事处的第一批客人，从延安到南京很不容易，很辛苦，要好好休整一下。西安办事处的张同志汇报说，由于旅费不足，我们在车上每天只能吃两顿饭。叶参谋长听了，急忙吩咐多做一点儿饭菜。

南京的办事处才建立起来，一共只有三个人，加上一个做饭的女雇员，大家忙乎了好一阵子，才把我们安顿下来。晚上我们打地铺睡觉。临睡前，叶参谋长召集我们六个同志说，目前日军在上海打得很激烈，南京天天有空袭，很不安全。明天大家到南京中央商场去买些日用品，待我们同国民党的顾祝同联系办好护照后，争取早日离开南京。

21日上午，我们添置了衣物，叶参谋长看了很高兴，他拿着一封信交给郑位三说："这是你们到安徽六安豫鄂皖边区督办公署的接洽信，护照由八路军办事处开给你们，希望你们早日同红二十八军高敬亭同志取得联系，我在这里等待你们的佳音。"西安办事处的张同志被留在南京办事处工作，我们五人在当日下午又踏上了征途。

8月25日前后，我们来到六安，据国民党六安督办公署的一位处长说，红二十八军在岳西境内同国民党军队达成了停战协议，已向湖北七里坪、宣化店集结。郑位三和萧望东立即将这一情况用明码电报报告叶参谋长。我们办完了一切手续，立即上路，经正阳关、三和尖、固始县到达潢川。在潢川停留一天，郑、萧就派体学和我先到七里坪去找高敬亭同志。

从延安到七里坪，我们经过一个半月的行程，绕了大半个圈子，终于来到了鄂豫皖根据地的中心，会见了红二十八军的首长和战友们。郑位三、萧望东同志向高敬亭同志等传达了党中央、毛主席的指示，并在七里坪举行的平型关大捷庆祝大会上，向坚持三年艰苦斗争的红二十八军全体同志以及老革命根据地的人民群众，传达了党中央、毛主席的关怀和问候。会后，我们同第二批从延安派来的30多名干部一起，根据党中央的决定，开始协助高敬亭同志整训部队。部队经过整训，战斗力有了很大提高。不久，红二十八军改编为新四军四支队。于1938年4月开赴皖中，奔向了抗日前线。

抗战中的竹沟

张旺午

竹沟是河南省确山县的一个小镇，坐落在桐柏、伏牛山脉连接地带，是确山、泌阳、桐柏、信阳四县交界地区。在抗日战争初期，这个小镇一度闻名于全国。

竹沟镇同其他山区小镇一样，非常平凡，只有一条老式民房组成的东西街，一条残缺不全的土城墙环绕在小镇四周，城外有一条沙河，岸边有一些破旧的茅草房。全镇住有300多户人家，1000左右的人口。多年来竹沟深受军阀混战、土匪骚扰之苦，人民群众生活在水深火热之中。

竹沟地区富有光荣的革命传统。在土地革命战争时期，豫鄂边区是我们党在南方八省中坚持游击战争的15个地区之一，周骏鸣、张星江、王国华同志领导的红色游击队，到1936年底，已经发展到近200人。

西安事变以后，全国掀起了抗日的新高潮，豫南桐柏山区的革命斗争，也进入了新的发展阶段。

到1937年，红色游击队已发展到300多人。省委根据中央指示精神，将红色游击队改编为豫南人民抗日独立团，由周骏鸣同志任团长，王国华同志任政委。独立团积极执行党中央指示，从消灭和争取改造土匪的斗争中，大力扩大游击队的武装。那些年，河南土匪遍地，民不聊生。国民党杂牌军多是利用土匪来扩充他们的部队，根据枪支人数发给土匪头子委任状。当地有句俗话："想当官，就淌杆（拉杆子当土匪头）"。土匪头子大都有政治野心，而匪众则多是贫苦农民，为土匪头子所控制、利用。我们坚持争取教育和改造他们之中的大多数人，促使他们参加抗日。1937 年 10 月间，周骏鸣、王国华同志率豫南人民抗日独立团，驻进竹沟。边区省委机关随即搬入竹沟。从此，竹沟就成了豫鄂边区的中心。以竹沟为中心，在方圆百里的确山、泌阳、桐柏、信阳四县边区，包括泌阳的邓庄铺、高邑、马谷田、王店、冷水铺，确山的竹沟、石滚河、孤山冲、瓦岗寨、老庄、前城、玉皇顶、王山、陈楼、高庄，桐柏的龙窝，信阳的吴家尖山、邢集等大小集镇，就都为我们所控制。在这些集镇里，反动武装大部被歼，党领导的抗日团体如雨后春笋般纷纷建立。我豫南人民抗日独立团在 1938 年初发展到了 1000 余人，纵横驰骋于桐柏山区，已成为一支不可摧毁的力量。

1938 年初，经过周恩来同志和国民党谈判，豫南人民抗日独立团组成新四军第四支队第八团，东进抗日。竹沟留有 70 余人的两个排和 140 余人的教导队，对外称第八团留守处，由王国华同志担任留守处主任。

党中央和毛主席十分重视竹沟在中原的战略地位。在八团出发之后，派遣了彭雪枫同志担任河南省委的军事部长，并驻在竹沟。1938 年 5 月，河南省委书记朱理治同志带领省委机关由开封迁来竹沟，豫鄂边区省委就改为豫南特委。省委根据中央的精神，把开展独立自主的敌后游击战争作为党的中心任务。当时省委提出了为准备 10 万武装而斗争的口号，决定吴芝圃同志在豫东、刘子久同志在豫西、刘子厚同志在豫南、朱理治同志沿着平汉线南下，分别进行准备。

1938年夏，日军发动对豫东的进攻，新黄河以东的县相继沦陷。9月，中央和省委决定彭雪枫同志将竹沟留守处和教导队共373名指战员组建成新四军游击支队，由彭雪枫同志任司令员兼政委，张震任参谋长，赴豫东西华县，与豫东吴芝圃领导的第三支队，以及原由萧望东同志从竹沟带去的先遣大队一同合编，使游击支队发展到1000多人，并增补吴芝圃任支队副司令，更好地开展豫东敌后抗日游击战争。

省委十分注意贯彻执行党的统一战线政策。朱理治、彭雪枫同志根据不同对象，制订了周密的统战工作计划，抽调王恩九、刘贯一、夏农台、刘子厚等同志具体负责统战工作。分工刘贯一、夏农台两同志到五战区做李宗仁的工作，彭雪枫同志直接做泌阳县士绅王友梅的统战工作。同时，我们还与国民党信阳县长李德纯、桐柏县长朱锦帆、汝南专员张振江建立了统战关系。后来，李德纯县长率信阳常备队，参加我军编入挺进队（李以后到延安）。此外，我们同国民党十三军、十五军、六十八军、三十三军、四十一军、四十七军、七十七军以及确山、泌阳、西华、镇平、南召、内乡、汝南、南阳、舞阳、扶沟、桐柏等县的国民党游击队都建立有统战关系。在七十七军工作的我们党地下党员朱大鹏同志与彭雪枫同志取得联系后，用七十七军名义组成200多人的“七十七军工作团”，由朱大鹏任团长，在桐柏山区开展抗日救亡活动，动员组织青年到竹沟、延安学习。

中原局和河南省委在努力发展壮大抗日武装时，非常重视党训班、教导队、青训班、新兵队的工作。1938年夏秋之际，徐州失守，武汉告急。河南、湖北等地的青年学生抗日热情很高，纷纷来到竹沟学习工作，他们高唱着抗日救亡歌曲：“别了，别了，同学们，我们再见在前线”；“到敌人后方去，把敌人赶出境”；“我们都是神枪手，每一颗子弹消灭一个敌人”；“冒着敌人的炮火，前进！前进！前进进！”后方的教授范文澜、嵇文甫、王之克、王洋、高维进也都来到竹沟。党中央还给竹沟陆续派来不少的八路军干部和政治文化工作者。

党训班、教导队以延安抗大为榜样，一切都自己动手。没有房子，彭雪枫同志就领着学员们上山砍树、割草，做砖打窑，在东城门外盖起了茅草校舍。没有粮食，同志们常常吃糠菜、豆腐渣。领导同志和广大学员克服重重困难，在竹沟学习、训练。在近两年的时间里，共训练、培养了3000多名革命干部和战士，先后分批输送到新四军的二师、四师、五师同敌人浴血奋战。同志们在离校时，高唱着党校的校歌：

你听抗战的号声四起，
你看大旗在火光中高举，
我们热烈的相聚，也热烈的别离。
学习斗争、斗争学习，在工作中锻炼自己。
我们锋利的武器——马列主义，
抱定坚定的立场——无产阶级，
稳定地站在抗日民族统一战线上，
拿无情的铁锤击碎汉奸、土匪、日本帝国主义。
努力，努力，党在热望着你，
到前线去，到广大群众中去。

竹沟地区还组织了农救会，青救会，妇救会，儿童团，号召有人出人，有钱出钱，支援抗战，把各阶层群众团结在党领导的抗日民族统一战线周围。

这个时期的竹沟成了党中央到敌后的中转站。那时，由于我们同国民党形成统战关系，从延安派往敌后工作的同志，可以戴着八路军一一五师、一二〇师、一二九师的符号，从延安经灵宝、洛阳来到这里，转赴敌后；敌后去延安的同志可以来到这里，循经同样线路北上。延安运来一口一口的大木箱，装满了马列主义书籍和枪支弹药，从这里分送到了敌后各个战场。

1938年10月，党召开了六届六中全会。中央为了加强对中原地区的领导，决定成立中原局，派刘少奇同志为中原局书记。又派李先念同志带领30多位经过长征的团级干部和一个排的老红军战士从延安来到竹沟，并参加了河南省委的领导工作。1939年1月17日，李先念同志从留守处抽调七八十名战士和60余名干部，组成新四军独立游击大队，继续南下挺进到湖北敌后。

1939年1月28日，刘少奇同志到达竹沟。他一来到这里，就向河南省委和留守处的领导同志传达六届六中全会精神，批判了王明的“一切经过统一战线”的右倾机会主义错误，坚决执行了坚持独立自主的抗日统一战线的方针，对中原地区的抗日游击战争，进行了全面规划。他还作了有关党史、党的建设、党内斗争、论共产党员修养等报告。

为了适应形势的发展，中原局决定：撤销河南、湖北两个省委，成立豫鄂边、鄂豫皖、豫西、鄂中、鄂西北等地的区党委，分别领导敌占区和蒋管区的工作。沦陷区党组织要以发动群众，积极扩大抗日武装力量，广泛开展游击战争为中心任务。蒋管区党组织要做好统战工作，建立精干隐蔽的党组织，广泛开展抗日救亡活动，输送干部支援敌后抗日游击战争。

为了开展武汉外围敌后游击战争，必须创建一支足够数量的人民武装。为此目的，继李先念率部挺进鄂中地区之后，4月陈少敏同志又带300多名干部战士，从竹沟出发南下，到湖北敌后同李先念部会合，会合后将部队整编为新四军豫鄂独立游击支队。11月，刘少奇同志派朱理治代表中原局从竹沟带领600余人到敌后与独立游击支队会合。从此，鄂中、豫南两支武装统一整编为新四军豫鄂挺进纵队。由李先念任司令员，朱理治任政委，任质斌任政治部主任，刘少卿任参谋长。

1939年10月，刘少奇同志指出：党在两年中以竹沟为支撑点，广泛地开展统一战线活动，组织培养和输送党的干部到新四军四支队八团、新四军游击支队和豫鄂独立游击支队，有力地支援了敌后游击战争。竹沟已光荣地完成了历史任务。目前蒋介石特务和河南地方反动当局，正在策划进攻竹沟的阴谋。为了加强敌后和蒋管区的工作，应当分批撤退，留在竹沟的同志们要提高警惕，一有情况就与四望山联系。果然不出刘少奇同志所料，1939 年 11 月，国民党三十一集团军总司令汤恩伯令少将参议耿明轩指挥确山、汝南、泌阳、信阳四县保安团约 2000 人围攻竹沟。11 月 11 日他们诈称是送往六十八军的壮丁队，强行进入东城门，将守卫门楼的一班战士全部打死。这时顽军已有 100 余人拥进城内，占了竹沟镇东边半截街。我警卫营一个排的指战员冲下街头阻击。东门两侧炮楼上我守卫部队则封锁东门外的沙河，一面阻击顽军增援部队，一面回头攻击进城的顽军。在我前后夹击下，顽军断水断粮，遭受伤亡，逃出城外。

当时，我们在竹沟镇仅有两个连的兵力，面对数倍于我之顽军，干部战士奋勇作战，群众全力支援，青壮年扛上大刀、枪、长矛协助防卫，妇女们组织起来用斧头砸铁，碾碎，装在土枪、土炮里射击敌人，砖、石头也当作武器，一担一担送到城墙上。战斗一直持续到第二天傍晚，顽军没有再前进一步。但因我们子弹不多，加上电台失灵，与四望山的部队又联系不上，为了保存革命力量，省委书记刘子久和王国华、危拱之等同志在西门楼开会，商定突围。12 日晚，我们在寨墙周围挂满灯笼，司号员吹起集合学习的号声，王国华等同志集中部队到西寨门内佯装准备固守，消灭了寨内七个内奸特务。半夜后，我们冒雨从西城门冲出来，通过敌人的封锁线，突出重围。第二天上午，我们到龙窝和回龙寺之间与齐光、周春明、周老母等同志的地方武装会合，向四望山方向进军。

在这次惨案中，我军民 200 余人惨遭顽军杀害。省委统战部长王恩九同志去确山向顽军抗议途中，也在谷山冲被捕杀害。这就是有名的竹沟惨案事件。具有光荣革命传统的竹沟党组织和革命群众，没有被吓倒。竹沟惨案发生后不久，各级党组织都很快恢复活动。为了打击敌人，鼓舞革命群众，豫鄂边区党委先后派我和周庆鸣率领武装部队，回到竹沟地区一带活动。

1944 年，日寇为打通平汉线，占领了河南的大片土地，我们党以竹沟地区为基地，开辟了敌占区的确山、泌阳、桐柏、正阳、遂平、西平、舞阳、叶县等地方党的工作，发展扩大了武装。7 月间，新四军第五师十三旅三十八团组成河南挺进兵团北上，到泌阳、确山、遂平、舞阳等地，收复了豫南抗日根据地。后来又发展成为河南挺进兵团，纵横驰骋于辽阔的中原大地，迎接抗日战争的伟大胜利。

江南敌后游击战争中的军队政治工作

袁国平

一、江南军队政治工作的重要和困难

抗战正进入新的阶段，无疑的江南敌后游击战争的意义，比较以前是更加重要了。在这里游击战争的坚持与开展，它震撼着敌人在长江下游战略要地的上海、南京、镇江和芜湖。它有力地威胁与破坏敌人主要军事交通线的京沪铁路、京杭国道和长江水道。它吸引与牵制敌人很大兵力，以配合全国战局的胜利开展，它动摇与摧毁敌人在江南的统治，使丰富的江南人力物力不为敌用。同样地它将生长起新的抗战力量，在江南准备好反攻南京、上海和收复一切失地的铁军与炮垒。

但是要保证江南敌后游击战争的坚持与开展，健全诸挺进队与游击队的政治工作是先决的条件。依据八个月在江南的作战经验教训，我们可以说军队没有政治工作是不能担任江南敌后游击战争的任务，军队没有坚强的政治工作，江南敌后游击战争的坚持是很困难的。

在这里我想来谈谈江南敌后游击战争中的军队政治工作。

从地形与敌情看来，开展与坚持江南敌后游击战争，并不是一件很容易的事。这里是中国地理上有名的长江三角洲，是中国经济上最重要的平原地带；地势非常平坦，有许多河流交错贯通着；并有许多沟渠和湖泊，如太湖、长荡湖、石臼湖、丹阳湖、固域湖、南漪湖等。差不多有十分之一的地方，是有水沼泽地；故有水乡和中国荷兰的称呼。山地很少，并且很小，如云台山、太平山、茅山、鸡笼山、横山都不大便利游击队隐蔽、作战和转移。在这样地形条件之下，又加上敌人依据坚城利兵，不时向游击队举行所谓“围攻”、“扫荡”，游击战争环境的困难，是无可否认的。所以有些军队开始挺进敌人占领区域是一鼓作气，很自信的；但是遭遇了一些困难挫折，就立刻心灰意冷，畏难引退了；或者因为纪律不好，脱离群众，遭受敌人袭击和经不起敌人“扫荡”而失败了。

在这样情况之下进行游击战争，从政治上保证军队以坚持不屈的英勇气慨〔概〕，忍苦耐劳的斗争精神，以及切实提高纪律与民众打成一片，更加加重了它的意义。

因为在这种情况下，只有具有最高度政治觉悟和自我牺牲精神的军队，才能忍受困难，克服困难，战胜困难，持久地坚持奋斗到底。同时也只有与民众打成一片，真正做到军队如鱼，民众如水，造成克服环境困难的另一有利作战环境才能胜利，在这里更加显示出游击战争的主要根据地，不是高山和峻岭，而是在成千成万的群众中，同样更加显示出游击战争胜利的最主要因素，是依靠于游击队的坚定、英勇、顽强和不怕一切困难危险的牺牲精神。

江南环境的另一特点。江南是有名的所谓“温柔乡”，农村在帝国主义经济侵略、封建剥削的双重压榨下极度的破产了，但同时又深深地从都市过度文明中传染着奢靡腐败的痼疾，所以农村市镇中触目皆是的，烟馆、赌场和妓寮。社会的颓废，风俗的萎靡，确实比别地不同些。所以进入这种环境作战的军队，如果没有坚强的政治工作，以保证部队的克〔刻〕苦自励，奋发向上，最易为声色货财所诱惑动摇，以致腐化堕落的。大则逃散归农，小则挫折斗志，败坏军风纪。所以有些军队一挺到江南区域，不到几个月，部队并未作战，就逃亡了大半；有结队落荒入湖当匪的，有逃散民间经商渔利的；也有卖了枪支讨了老婆，过着“此间乐，不思蜀”的生活的。

军队挺进到敌人后方，执行分散游击的任务，是最易脱离上级掌握的。所以在“天高皇帝远”的情况之下，就最易助长流寇主义、军阀主义与游击主义的生长，加上江南敌后情形复杂，游击队如无坚强的政治领导、政治制度与政治工作保证，很难担保整个游击队不变成土匪。过去江南朱永祥、陈德功等游击队，就是最标本〔准〕的例子，他们拥兵自卫割据一方，不游不击，专门借端敲诈、抽捐、抽税，以至奸淫掳掠，无所不为，结果是祸国殃民，帮助了敌人。

敌人对游击队的进攻阴谋是很多的，他除了军事上的进攻外，常常不断造谣，夸大宣传中国的抗战失利，和制造和平诱降的空气，以动摇游击队的信心；有时利用游击队内部不团结的弱点，挑拨离间，煽动游击队相互间的恶感，阴谋造成游击队的对立与内讧。有时用金钱美女引诱与收买游击队的动摇分子，拖枪叛变。不幸得很，敌人这种奸计也曾收得部分的效果，如镇江谭绍宗部及当涂夏明才、张德海部的叛变，以及金坛、丹阳间地方武装的不睦，和武进、江阴、苏常间游击队的内讧，便是极显明的例子，从此更加严重反映出江南敌后游击战争中军队政治工作是如何的重要了。

二、江南游击战争胜利开展的基本因素

虽然江南敌后游击战争有如上述的许多困难，但是却万万不能忽

视江南游击战争胜利开展的基本的因素。

第一，敌人以异民族侵入我国领土，战争是反动的，行为是极其残暴的，所以他政治上非常孤立，民众是非常痛恨敌人的。除少数汉奸外，谁都拥护着中国的军队。江南民众虽然很少受过斗争的锻炼，但是感谢敌人的炮火与兽行，帮助我们容易把民众唤醒起来，并激发他们的义愤与斗志。过去八个多月的作战中，我们在向导、侦探、运输、交通、锄奸和救护伤病兵等方面，获得江南民众极大的助力，有些地方并会不断动员广大民众，参加破坏铁路、公路，和直接参加到游击战争中来。

第二，对日作战是民族的革命战争，在官兵爱护祖国，仇恨日寇这一民族天性的基础上，是更便利我们以〔从〕政治上唤起部队敌忾同仇的心理。提高民族意识，坚定抗敌决心，和发扬吃苦耐劳，英勇牺牲的精神。八个多月的作战中，部队在政治陶冶，领袖感召，国策鼓舞民众激励之下，终于在面江背湖，四面皆敌的穿插游击环境中以劣势装备与优势之敌坚持血战了200多次，并不断获得胜利。这主要依靠于将士的政治觉悟，刻苦自励，和英勇坚持的牺牲奋斗精神。这就说明了政治坚定的部队，并不能为恶劣环境所动摇，与社会恶习所沾染的。

第三，敌人的深入，战争的坚持，与战线的扩大，敌人的困难正在与日俱增着；如交通线的延长，后方的空虚，兵力的分配不够，以及由于兵力补充困难，敌军鲜台满蒙士兵成分的增加，和伪军的被迫利用，都在减弱敌人的素质与战斗力，并增长着敌军的困难与危机。从江南实战中看来，敌人并不是那么不可战胜的顽强，活捉俘虏，攻破据点，击溃敌军，以及伪军零星哗变也是常见的事情。

第四，在群众拥护的基础上，再加上部队的艰苦奋斗，江南上述环境的困难，也有它便利于我们的另一方面：如交通的便利，物产的丰富，可以容易取得游击队的给养，使敌人困难封锁游击队，河流交错，湖沼纵横，有时也可利用实施阻绝战术，阻碍敌人的前进与转移。再加上游击战术的灵活、机动和巧妙，地形与敌人兵器优势对我的困难，也不是无法克服的。事实上我们已经在这一带人们所视为游击战争无法开展的区域，坚持苦斗了八个多月。

所以在江南敌后担任游击战争的部队，一方面应正确估计可能遇到的困难，另一方面也应坚定胜利的信心。最重要的是真正要把政治工作，看为军队的生命线，依靠着坚强的政治工作，可以战胜困难，追求胜利，把困难和失败送给万恶的敌人。

三、确立与健全军队的政治工作制度

为了加强敌后游击战争中的军队政治工作，那么确立与健全军队的政治工作制度，便是最先决的条件。

首先，应该百倍加强政治领导，一切挺进队、游击队的首长，应该都是最忠实国家民族和富有政治觉悟，民族热忱，作战勇敢和牺牲决心的干部，以保证无论在任何环境中，都不会动摇和腐化，更不会为敌人利诱欺骗和收买。

为了从制度上保证部队的坚定性，在部队中实行党代表或政治委员制度，那更是最好的办法，团以上应该有坚强而有工作能力的政治机关，并须保证有适合对部队居民与敌军的工作的组织部门，所以在政治部中，应该有组织宣传，对敌与民运等科或组，同时还应有相当的工作人员，派出巡视部队和担任居民中的地方工作。

政治部主任的权力，应该提高，使能在政治上行使职权，与下级政治人员，建立直属的工作指挥系统。能够在政治上对所属发号施令。有人主张为改变旧日部队对政治人员的轻视观念，和增高政治人员信仰，拟以政治人员兼任副的军事指导员，我想这也是可以施行的进步办法，自然政治工作已经树立信仰的部队，则不必一定如此。

连队中应该普遍设立政治指导员，使能深入士兵，不间断地进行连队政治工作，以树立连队政治工作的基础。

为了发扬士兵的积极性，和加强连队中政治文化教育与吸引士兵参加政治工作，连队中有设立士兵委员会或救亡室的必要，吸引士兵自动地学习政治、文化、军事、监督经济、纪律、注意卫生体育以及参加居民宣传和对敌伪军宣传等工作。

估计到敌后游击战争中政治工作的艰巨任务，政治干部应该具备高度的政治觉悟，坚定的革命意志，克〔刻〕苦的工作作风，勇敢的牺牲精神，并能深入士兵，事事以身作则和士兵同甘苦、同生死，只有如此，才能从工作中建立政治工作的信仰，改变素来轻视政工人员，把政工人员视为卖狗皮膏药的坏习气。

没有这样多好的政治干部吗？在敌后广大流亡的革命青年中，在游击队无数英勇的官兵中，正潜在着无限的革命政治干部的源泉，在抗战的伟大时代中，在敌后游击战争的实践中，时代的熔炉，革命的战场，将陶冶和教育出无数我们所需要的新的人才。

四、部队自身政治工作的任务

敌后游击战争中，军队本身政治工作的任务，首先在加强部队的政治领导，加强部队的政治宣传教育，使部队具有高度的政治觉悟，战斗热忱，和严肃的纪律生活。只有如此，才能在持久的抗战中，在敌后坚持不屈的斗争到底。

要达到这样的目的，部队中的政治工作，仅仅停顿在战斗鼓动上，是万分不够的。它还必须有系统地建立起部队中的经常宣传教育，因为“持久的战争，仅凭着激烈的奋发的个人热心，是不能达到胜利的，这种战争要求须有组织准确，觉悟和严格的制御”。

估计敌后游击战争的诸特点，对部队的宣传教育的主要方针应该是：

1. 提高革命觉悟，提高民族意识，使官兵服膺主义，爱护国家，仇恨敌人，信仰领袖，并忠诚执行拥护政府长期抗战的既定国策和清楚认识与谁作战，为何而战的最后目的。

2. 耐心而又深入地宣传中日战争持久战的性质，敌我形势的有利变动，及过去的经验教训，与最后胜利的光明前途，以提高部队持久战争的信念，坚定抗战必胜，建国必成的最后信心。

在敌后中国报纸、书籍是很不容易看到的，这种基本的宣传教育，非常重要，否则最易因抗战局部失利和敌人造谣煽惑，致动摇了作战的信心。

3. 着重宣传敌后游击战在持久战中的政治意义与战略意义及致胜的因素，使部队懂得敌后游击战争的任务重大，特别在现阶段，游击战无论在作战范围与作战作用上讲都比过去更为重要，所以领袖说过，现时是游击战重于正规战，同时要使部队不仅相信全国抗战前途的最后胜利，而且信赖自己的部队能够克服自己所处敌后环境的困难，坚定完成自己任务的信心。反对在敌后游击战争中的悲观失望，和动摇厌倦的倾向。

4. 加强革命军人操守与纪律的宣传教育，培养与发扬部队的革命精神，坚决肃清对敌人任何动摇妥协的心理，反对脱离群众，违背国家民众利益的军阀主义、流寇主义；并养成革命军人坚决、勇敢、积极、负责、勤俭、廉洁和克〔刻〕苦自励的革命作风，反对与预防一切腐化堕落的现象侵蚀到部队中来，最近我们部队中所提倡的发扬优良传统运动，就是要把我们军队一贯的官兵平等，友爱团结艰苦奋斗，英勇牺牲，自觉纪律，与民众打成一片等传统的革命精神更加发扬光大起来，只有如此才能加强革命队伍的抗毒素，做到在任何环境中，都能不动摇、不腐化。

必须在上述深入地政治宣传教育基础上，不断提高士气，发扬行动积极性，保证部队思想行动的一致，和每一战斗任务的胜利完成，这是政治工作中最基本的任务。

政治工作第二个任务便是百倍巩固自己的部队，在敌后游击战争中，由于斗争的残酷，环境的复杂，以及部队的流动与分散，这便更增加了巩固部队的困难，同时也就更加反映这一工作的重要性。

过去敌后诸游击队、挺进队、逃亡减员现象是很严重的，特别在战争失利时候更加严重。过去江南散兵游勇之多也就是这个原因。怎样克服这种严重的逃亡和减员现象呢？一般的，应该注意：

（一）在深入政治宣传教育的基础上巩固部队的政治情绪，并着重反逃亡的宣传鼓动，在群众中造成反对逃亡的公论，使大家认识逃亡是可耻的罪恶行为。吸引官兵大家参加反逃亡的斗争。

（二）取缔逃亡的纪律，应该获得官兵一致的拥护，对临阵逃亡拖枪逃亡与逃亡的组织者、煽动者，应该受到最高纪律的制裁，但对于政治觉悟不够，偶然逃亡的徒手兵，应该从轻处分，并着重对他们的教育和争取。

（三）提高部队的政治警惕性，严防敌人奸细混进部队，进行破坏，并须经常注意官兵政治上的审查，对潜藏在部队中的不忠实于国家民族的分子，应该坚决地检举、洗刷，乃至施以必需的制裁。

（四）改善管理方法，绝对废止肉刑，废除打骂，并从积极方面发扬官兵友爱团结精神，克服部队中官兵对立，或老兵欺侮新兵的现象。

（五）尽一切最善的努力，改善部队给养、卫生；亲切地关怀到士兵生活要求和痛苦，并尽可能为之解决。同时注意伤病员的救护，落伍人员的收容，使无一个非战斗的减员。

政治工作的第三个任务，在保证部队纪律的提高。

在敌后游击战争中，军队纪律的主要要求是：（一）严禁官兵通敌。（二）严禁擅抽捐税和侵犯人民利益。（三）保证坚决执行上级一切命令克服阳奉阴违现象。（四）不杀俘虏与投诚敌兵，正确执行俘虏政策。

军队纪律保证的主要条件，依靠于干部的以身作则，以及从政治上建立革命的自觉纪律。

在游击战争条件下，对部队纪律应保证进行严格地经常检查，同时号召一切官兵大家注意与违犯纪律的现象作斗争。

军队与人民关系的增进，首先是依靠于军队的模范纪律行动。所以军队应该视群众的利益为自己的利益。最低限度，须切实保证军民合作公约的执行，并随时体贴入微地倾听民众意见，改正部队的行动，保证军队与民众最亲切地打成一片。

在纪律执行中，一方面要防止放任倾向，致纵容败坏纪律现象的生长。另一方面单纯与过度的惩办制度也是不对的，因为这便离开了自觉纪律的原则。

政治工作的第四个任务，是从政治上保证军事技术的提高和战斗力的提高，这必须：

（一）发扬部队在游击战争中勇敢、坚决、机动、敏捷和灵活的战斗作风，在这一方面应常常宣传模范的战例并表扬部队中的模范将士，把他们的名字在报上或墙报上表扬出来。

（二）号召官兵细心研究敌人作战的特性，正确估计敌人作战能力的优缺点，克服与防止轻敌或怕敌的心理。

（三）我们部队的武器是比较敌人差的，所以应特别注重克服与预防害怕敌人技术兵器的心理。并鼓励大家学习如何对付乃至夺取敌人的新式武器，来武装我们自己。

（四）鼓动官兵努力学习战术，学习实战经验，并保证有方法的适合情况，在行动中建立不间断的学习和教育，提高大家学习热忱，发动各种科目的学习竞赛。

在这方面政治人员必须相当地通晓军事，和虚心地学习军事，使政治工作更适应军事工作的配合，保证军队战斗力的不断提高。在敌后游击战争中军队本身的政治工作应抓紧上述最主要的任务，彻底实施到连队中去，政治工作在这方面表现得越坚强，军队战斗力也就更加巩固，战争的胜利也就更加有了保证。

五、军队在敌后居民中的工作

敌后游击战争中的民众运动是非常重要。民众运动与游击战争是不能分离的，没有民众运动的开展和深入，游击战争的胜利与坚持，是不可能的。在这里不想讲到整个敌后民运工作的问题，而只是讲到军队在敌后居民中的工作。

军队在敌后居民工作中的任务，在协助政府推行敌后政令，巩固与扩大我国政权，摧毁敌伪统治，加强政权机关对抗战的领导，增进政府与人民的关系，协助党政机关动员与组织民众积极参加抗战，培植地方武装，发展群众的游击战争。

过去江南敌后民众动员和组织工作，还是很弱的。主要原因是党政军尚未能密切合作，最有配合地进行工作，故敌后民运开展的重要前提，是促成敌后人民及一切抗日势力的团结。军队在这一方面，应该从自己的模范行动中，尽最善的努力。军队应该尊重政府党部，并从各方面给以一切可能的帮助。因为在敌后环境中，政府与党部失掉军队帮助，是很困难进行工作的。同时政府与党部的工作，也应该在一切为了战争胜利的精神下，贯彻中央政府的既定国策，与军队亲密地协同动作。

过去敌后民众中的抗战动员还是很薄弱的，部分失败情绪的生长，与动摇妥协心理的存在，是相当的严重。军队游击所到的地方，应该扩大民众中坚持长期抗战坚持敌后游击战争的宣传。宣传的主要内容，应该是：(一) 着重宣传拥护领袖，拥护政府长期抗战国策。并明示政府与军队坚持敌后游击战的决心，以坚定民众斗争的信念。(二) 广泛宣传领袖驳斥近卫声明的训话，揭破敌人在占领区软硬兼施政策的阴谋毒计，并以具体事实暴露之。(三) 提高民族意识，反对动摇妥协倾向，打击各种两面派幻想。(四) 宣传汉奸罪恶，拥护政府惩治汉奸法令，反对汉奸汪精卫叛党、卖国并号召误入敌人圈套者反正来归。(五) 着重宣传持久战意义前途及敌后游击战在持久战中的意义作用和胜利的因素，提高民众对持久战的信心，号召群众积极参加敌后的游击战。

军队在居民中的工作，应该适合战争形势的需要，在深入上述的宣传鼓动中，动员民众组织起来，武装起来，吸引与发动群众直接参加游击战争中的一切实际抗战工作。如当向导、侦探敌情、破坏敌人交通、救护伤兵乃至武装配合军队、扰敌、困敌、截敌和袭击敌人，从实际的斗争锻炼中，培植群众武装的发展，发动与扩大群众的游击战。

为了加强军队在居民中的工作，应该首先深入连队中居民工作的政治动员，教育与鼓励官兵积极参加居民中的政治工作，并依据军队流动的特性，规定连队可能进行的工作任务，如：

(一) 建立连队的纪律检查，改善增进军民关系，真正做到每一连队均能以行动为宣传。

(二) 建立每一连队进入宿营地与离开宿营地的进出宣传，使居住民众不致因军队来去，发生惊疑、恐慌和其他的误会，并且更加促进军民的接近与团结。

（三）在驻军时选派官兵进行驻地附近的家庭访问，并按环境召集一个村庄的军民联欢会。

（四）有组织地分配官兵进行社会调查，使军队每至一地迅速知道当地的一切情形。

（五）优待向导、伕役，并指定专人向他们进行抗战的宣传。

（六）在驻地居民中，扩大锄奸宣传，并经过保甲严查户口，盘查来往行人，使汉奸、敌探无法匿迹。

（七）加紧住户中的工作，鼓励住户参加当地抗战团体、自卫武装和响应政府兵役、征募、节约等抗战的号召。

（八）在居民中选择勇敢的分子为军队担任固定的交通侦探、救护等任务。

这些工作都是每一个连队都可能担任的，要在连队中动员官兵积极参加这些工作，把它造成一个运动，这对于军队执行游击战争的任务一定获得极大的助力，使军队不仅自己担负游击战争的任务，而且成为群众中游击战争的宣传者、组织者。

六、对敌伪军的工作

我们在江南对敌伪军的工作大致获得如下的成绩。

（一）优待俘虏政策已能为部队执行，并能做到活擒俘虏。（二）散发了许多宣传品到敌人后方去，南京、镇江、芜湖、江宁等城市中，都常发现我们的宣传品；从敌军日记与俘虏调查中，已证明发生了相当影响。（三）对敌喊话发生了部分作用，在镇江析柳桥捕获的两个俘虏，就是被包围时听到喊话口号而动摇缴械的。（四）增加了伪军的动摇，削弱了伪军战斗力，常常大批捉到伪军俘虏，并且引起敌人对伪军不信任，最近在江宁敌人就因此杀了百多伪军。

但是这些成绩是非常的不够的，更广大推动敌伪军瓦解与反正的潮流，正待于我们今后更大的努力。

就江南过去作战经验看来，敌伪军工作并不是那么十分困难，他有如下的便利条件：

（一）因为游击范围的宽广，宣传品极易散发到敌方去，敌人并命令收集我们宣传品，故又极易为敌兵所看到。

（二）由于敌人政治上的孤立，和群众拥护的条件，很易经过群众工作，把对敌伪军工作，广大开展到敌伪营垒附近，乃至营垒内去。

（三）敌人兵力消耗甚大，敌军中补充的新兵，鲜台兵很多，如最近我们捉到的俘虏，都是新征入伍的。

（四）敌在江南兵力使用上，常常驱使伪军打先锋，这便增加了我们争取伪军反正的便利条件。

在敌后作战的部队，应该非常重视对敌伪军的工作，并提高对敌伪军工作的信心，一切部队中应该有专门的组织与负责人来进行这一工作，如在政治部中设对敌工作科，在连队中成立对敌工作组，并且健全这一工作系统，建立起实际的工作。

为了把这一工作广大开展起来首先须要部队与群众中造成热烈的参加对敌伪军工作的群众运动，在军队中更应着重把这一工作实际的建立到连队中去。

为了健全连队对敌伪军的争取和瓦解工作，必须：

（一）首先在连队中把争取和瓦解敌伪军工作意义、方法，更作深入地宣传教育，保证人人重视和个个参加这一工作。

（二）连队中对敌伪军工作组，他是对敌工作在连队的基础组织，应该健全地建立起来；应该给以一定的任务，并必须经过对这一工作的特别训练，使在连队起着实际的工作作用。

（三）深入宣传优待俘虏的政策及战时对待俘虏的办法，保证这些政策与办法在连队中的切实执行，并号召官兵努力争取多多地活擒俘虏。

（四）指导连队爱惜对敌伪军的宣传品，并使知道如何保管，如何适合情况的散发，使每一张宣传品都能对敌发生作用。

（五）一切连队应努力查明当地敌伪军的内部情况，特别是他们内部的政治情况，及时刻向上级政治机关报告，以便适时研究具体的对策。

（六）喊话宣传在一定的时机和场合，是可以发生效力的，特别是对伪军。但必须熟练准确，和善于利用时机，因此平时在连队应注意这一方面熟练的训练。

此外每一个连队应该训练三个至五个会写日文标语的人，有计划在接近敌人区域和敌人必到的区域，写演对敌伪军宣传标语。

对敌伪军组织与破坏工作应在政治机关指导之下，指定专人进行，并且须与一切党政机关、群众团体取得适当配合，协同进行。目前在地方机关团体乃至一般民众还是非常忽视这一工作的。这就依靠着军队在这一方面的更大注意，必须在地方一切居民、一切团体之中造成广大参加争取与瓦解敌伪军的热潮，这样才能使对敌伪军工作得到更实际的效果。

七、部队政治工作的实施

部队政治工作的实施，要求准确适合敌后游击战争的实际情况。

这首先要求大量提高政治工作的紧张性，政治人员应有最高的革命热忱，不疲倦、不辞劳瘁的工作精神，以提高工作的效能与速度，适应战斗的紧张环境。

因为战争情况是时常变化的，部队每天都在作战、备战，或移动的环境中。所以政治工作人员须敏锐地注意情况变化的分析和判断，根据情况变化，灵活地决定工作内容和方法最机警地进行工作，一切呆板迟钝与懈怠的工作现象，都是不应该有的。

为达到上述要求，连队政治工作人员的工作自动性，自主性须要大量的发扬。要做到每一个连队都能独立自主地遵照上级总的意图与方针，机动而又积极负责地进行工作。因为在游击战争情况下，是最易与上级失却联系的，要事事等待和得到上级指示，那简直是很困难的。

在行军中政治工作的要求，是保证部队动作的迅速、静肃、秘密，并须随时保证有紧张的战斗准备。久驻不动，图安逸，不顾安全的倾向，是常易发生的，在这方面政治人员应保证行动命令的坚决执行和准时执行。

出动前应切实派人检查纪律，保证借物送还损坏赔钱诸项规定的执行，使居民中没有丝毫不满的现象。

出动前应争取时间作队前简短的谈话与鼓动，发扬官兵行动的积极性，并使了解应知道的行动任务，及行动中注意的事项。

行军中政治人员应敏锐注意防止逃跑，并注意落伍人员的收容和妥善的安置。遭遇敌人时，保证部队迅速地展开，和沉着坚定的应付战斗，克服可能所发生的惊惶现象。

到达宿营地首先保证严密警戒，与驻地秘密的保守，并密切注视增进军队与居民关系，同时应照情况定出驻军工作计划，争取一切可能条件充分进行部队中的宣传教育工作。

游击战在战略战术上都是力争主动，所以每次战斗之前都有可能获得比较充裕的时间进行战斗的政治准备。因此战前按照部队任务，分别在官兵中进行充分的战斗动员，使大家深刻了解作战意义，及各自在战斗中应尽的职责，鼓励官兵最英勇地完成任务，并坚定其完成任务的胜利信心。

战斗中政治人员应以身作则的英勇参加和领导战斗，并以自己勇敢坚毅的模范作用，团聚士气，鼓励部队，坚持地战斗到底。

战斗中每一个胜利，即使是最小的胜利，都应抓住鼓动大家英勇进取的信心，相反的一切失利现象，则应适当激励忍耐坚持，以克服可能发生的颓丧与动摇的情绪。

最敏锐地注视战斗激烈时可能发生之逃跑，自伤，借故脱离火线，因循不进，惊慌慌乱等现象，并采取果断而又恰切的办法克服之。

战斗中伤兵的哭喊，是极易动摇士气的，在这里应依靠平时教育与战时鼓动做到重伤不哭，轻伤不下火线。

在现时游击战争条件下，敌人对作战的增援是很快的，所以在战斗结束之后，应以最紧张的工作，动员部队与群众迅速救护伤兵，后送，打扫战场，收拾战利品，不能运走的迅速发给群众，或者彻底破坏使不资敌。

对俘虏一律不许杀害，不论官兵应解送上级处理。

部队伤亡干部及连队中因伤亡破坏的组织，应迅速指定代理人，使指挥骨干与部队组织得着最快的整理，以保证迅速恢复战斗力，和迅速转移地区，与加紧连续作战之一切准备。

转移地区后，如无连续的战斗发生，应领导部队详细检阅战斗经过之一切经验教训，并以之教育官兵。

总之，战斗中的政治工作非常重要，他是保证战斗胜利主要因素，战斗中政治工作的特点在于适合情况的紧张，敏捷灵活自主自动而又准确地进行。

八、政治工作的重心应该放在连队

政治工作的重心应该放在连队，深入到连队中去，因为连为战斗单位，战斗又为战争胜负的关键，在敌后游击战争条件下连队单独行动之时特多，故连队政治工作之健全关系非常重大。

要健全连队中的政治工作，主要依靠培养与加强连队政治指导员的政治领导，并提高其独立自主的工作能力，推动连队干部积极协助政治工作的进行，并从各方面健全连队中的政治组织，如政治战士、救亡室、民运组、敌工组等，吸收全体官兵参加政治工作，并发扬其积极性、创造性。

政治机关应如何加强连队政治工作领导，并使连队政治工作健全起来呢？这是游击战争中政治工作的困难问题，同时也是极重要的问题。

依据过去经验教训，兵团与诸挺进队政治机关，在游击战争中应注意从下述工作中加强对连队政治工作的领导。

（一）抓紧与加强诸游击队政治领导，保证经常给下级以政治上的指示和建立起部队中经常政治宣传教育工作，并敏锐注意部队中所已经发生及可能发生之不正确倾向，及时刻从政治上组织上给以预防与克服以保证部队政治上的坚定性和一致性。

（二）对于派出的挺进游击队，应于出发前派得力干部进行组织上的严密鉴定整理与政治上深入动员并依据他们的作战任务，在政治工作上给以必需的具体指示。

（三）对于派出外面的游击队，应尽可能有计划地派人前往巡视实地检查工作，纠正倾向，和指示以后及工作改进的努力方向与方法。

（四）协同司令部对派出之游击队定期轮换的调回，进行短期的整理、训练，借此更深入地对每一连队在外行动与工作有一详尽而深刻检查，同时有系统地进行政治上的宣传教育，以不断提高部队的政治进步。

（五）对附近诸连队应直接加强其领导，经常派人检查工作出席会议，并帮助训练连队干部及连队各种政治组织中的积极分子。

（六）工作基础薄弱之连队，政治机关更应以大力派人进行突击地检查指导和教育，以期在一定期间达到一定的进步与转变；派出挺进游击时，应临时加派得力干部加强领导。

（七）为了推动诸连队的进步应采取竞赛及其他方式，在上级指导帮助下创立作战勇敢，纪律严肃，部队巩固团结和一切工作健全的模范连队，运用建立模范连队的经验，发扬到整个部队中去，以推动诸连队平衡的发展和进步。

为达到上述工作，要求政治机关本身应该有健全的组织与健全的领导，他应该克服一切困难，密切与连队的联系，迅速了解连队情形，并适时给以具体指导，纠正过去游击战争中政治机关与连队的脱节现象。

游击战争的环境使上级对下级的集中指导，是受到相当限制的。但是不可因此放任连队行动存着自流主义的倾向，所以他的指导应该集中重要原则上的指示和诸连队每一时期大的任务的规定，并保证对下级工作有经常的检查以提高工作的计划性，但同时，工作又要有弹性给下级以必需的自动自主的工作机会，以发扬下级创造性、积极性，使能灵活地适应工作情况的变化。

战争正在全国开展与坚持着，我们必须百倍加强军队的政治工作，以提高军队战斗力，发展群众的游击战争，开展瓦解与争取敌伪军的潮流，以达到江南敌后游击战争的坚持，粉碎敌人对江南游击战争的镇压围攻与“扫荡”的企图，并制敌人的死命。

伟大力量的源泉在民众之中

——回忆苏中根据地的抗日斗争

陈丕显

伟大的抗日战争，是19世纪40年代以来，中国人民反对外敌入侵第一次取得完全胜利的民族解放战争。这场全民性抗战，规模之大，动员之广，持续时间之长，为中外战争史上所罕见。我们党在领导人民坚持抗战的斗争中，开创和建设了抗日民主根据地，积累了丰富的经验，它是党的建设和政权建设的一份极其宝贵的历史财富，对于我们今天正在进行的社会主义现代化建设仍然有着重要的教育意义。

抗战时期，我绝大部分时间在苏中解放区工作。回顾苏中抗日根据地的开辟、巩固和发展的艰苦历程，依然记忆犹新，激奋不已。江苏省委党史资料征集研究委员会已将苏中根据地抗战阶段的历史编写出版，这是一件十分有意义的事。我就苏中抗日根据地党的工作作一简要回顾，作为对这段历史的深切怀念。

苏中区是我们党领导的全国19个解放区之一，是华中抗日根据地的重要组成部分。它地处长江北岸，东濒黄海，西临古运河，北连苏北解放区，同南京、上海隔江对峙。它的地理位置很重要，是插向敌人腹背的一把钢刀，又是连接我苏南、苏北、淮南、淮北抗日根据地的枢纽。在敌人占领的心脏地带能不能开辟抗日根据地？在平原河网地区能不能发动群众坚持抗日游击战争？根据地建立起来后能不能巩固、发展？当时斗争的形势向我们提出了这些崭新的课题，斗争的实践也肯定地回答了这一课题。

1937 年 12 月南京、上海失守后，日本侵略军相继占据了苏北沿江一线的扬州、南通、如皋、靖江等城镇和交通要道。国民党江苏省代主席韩德勤所辖八万军队据守苏北一隅，节节败退，消极抗战。苏中广大人民在敌伪顽压迫下，处在水深火热之中，渴望我新四军在敌后领导人民进行抗日斗争。党中央正确分析了当时的形势，于 1938 年 5 月 4 日在《对新四军进行游击战的指示》中指出，江南新四军"在茅山根据地大体建立起来之后，应分兵一部进入苏州、镇江、吴淞三角地区去，再分一部渡江，进入江北地区"。1939 年 2 月，中央政治局委员兼南方局书记周恩来同志来到皖南新四军军部，传达了党的六届六中全会的精神，与军部主要负责同志商定了新四军"向南巩固，向东作战，向北发展"的意见。陈毅、粟裕同志于 1938 年五六月间，亲率新四军一、二支队东进至苏南敌后，仅一年时间，就获得大小数百次战斗的胜利，狠狠打击了日本侵略者的嚣张气焰，为新四军向苏北发展创造了良好的前进基地。1939 年 11 月，新四军一支队老六团叶飞部与管文蔚部在扬中合编为挺进纵队，于翌年初进入江都县吴家桥地区；陶勇率老四团一部北渡至天（长）六（合）仪（征）扬（州）地区，与梅嘉生团合编为苏皖支队。新四军这两支部队的北渡，在江北建立了强有力的桥头堡。与此同时，苏北特委惠浴宇、韦一平和江北特委唐守愚、吴佐成、陈伟达等同志在苏中沿江一线开展党的秘密工作，初步发动了群众。我新四军主力部队的北上和群众工作的开展，点燃了苏中人民奋起抗日的熊熊烈火，为开创苏中抗日根据地准备了十分有利的条件。

开创苏中根据地的奠基礼

1940年5月，东南局决定派我和薛尚实等同志赴苏皖地区巡视工作。我从皖南到达苏南后，在太（湖）滆（湖）一带打了两个月的游击。当时敌我斗争形势十分严峻、复杂。日本侵略军为了大举进犯华北、华中，强化苏北占领区，而驻守在苏北的国民党正规部队和杂牌武装又各据一方，对日军节节退让，对人民苛捐暴敛，对新四军限制、围堵，处心积虑地不让我军北上抗日。为了坚持抗战，为了动员和壮大抗日力量，必须冲破国民党顽固派的阻挠，按照党中央1940年5月4日关于《放手发展抗日力量，抵抗反共顽固派的进攻》的指示精神，“尽可能迅速地并有步骤有计划地将一切可能控制的区域控制在我们手中，独立自主地扩大军队，建立政权。”在当时的情况下，要开辟苏中抗日根据地，任务是十分艰巨的，这不仅是因为敌人依恃长江天险，占领沪宁要地，拥有强大兵力，而且是因为我们受到苏北日伪顽的四面夹击，多方钳制，必须应付各种复杂局面，在“三角斗争”中求生存，求发展。

陈毅同志坚决执行了党中央的正确方针，亲自部署我军北上抗日，在江都塘头建立新四军苏北指挥部。7月，我接到陈毅同志从苏北发来的电报，要我迅速赶到江都参加开辟苏中根据地工作。7月底我到达江都地区，见到陈毅、粟裕同志和苏北特委书记韦一平和副书记兼江都县长惠浴宇同志。不久，我就随陈毅、粟裕同志率领的部队东进黄桥。

一进入苏中地区，看到广阔的平原，富饶的物产，特别是人民高涨的抗日热情，顿时信心百倍，感到这里确是开展抗日斗争的大好战场。我和一些同志通过了解情况，对当时形势作了初步的分析。我新四军东进部队虽已渡江，但兵力仅数千；我地方工作的同志虽已建立了个别地方的抗日政权，初步开展了群众工作，但还未造成很大的政治影响。特别是敌我军事斗争形势十分严峻，日军侵占重要城镇，封锁交通要道，虎视眈眈地妄图消灭我们；数倍于我的国民党部队又四处阻挡我军北上，也企图把我军消灭在立足未稳之际。我军背靠长江，面对强敌，前进困难，后退不能。陈毅、粟裕等同志经过反复考虑，并征得党中央批准，决定以黄桥为基点，开辟和建立苏中抗日根据地。黄桥镇虽不大，但位于靖（江）泰（州）之间，在第二次国内革命战争时期我党曾在这一地区领导过农民暴动，群众基础较好。东可向（南）通、如（皋）、海（门）、启（东）地区发展；南可控制长江通道，与江南新四军联系；西北部是国民党地方部队李明扬、李长江和嫡系部队韩德勤的防区，也可利用他们之间的矛盾，在既团结又斗争中争取我军的发展。这个弹丸之镇，当时成了敌顽我激烈争夺的中心，是我军开辟苏中抗日根据地的要冲。

我到黄桥后，在陈毅、粟裕同志直接领导下负责地方工作。我们高举团结抗战的大旗，广泛宣传我党我军北上抗日的主张，极大地鼓舞了苏中人民抗战的斗志和信心。同时在黄桥周围，立即着手建立抗日民主政权。1940 年 8 月成立了通如靖泰临时行政委员会，管文蔚同志为主任。这是苏中地区第一个具有小省体制雏形的抗日民主政权，下辖江都、泰县、泰兴、靖江、如皋五县抗日政府，都由共产党员担任县长。政权一建立，及时颁布了抗日民主的初步施政纲领、减租减息法令和群众团体组织法，鲜明地亮出旗帜，扩大政治影响。新四军和地方党都派出大批干部到农村开展群众工作，宣传抗日，组织群众。9 月，苏北区党委成立，陈毅同志任书记，我任副书记兼组织部长，记得委员有粟裕、刘炎、叶飞、刘先胜、韦一平、吴仲超、陈光等同志。同时，将江北、苏北两特委撤销，成立如皋、泰兴两中心县委，下辖若干县委和工作委员会。至此，苏中地区党组织由原来秘密活动状态逐步转向公开。在共产党领导下，以新四军为支柱，开始了苏中地区抗日斗争的新阶段。

苏北区党委机关设在黄桥镇边一座不大的寺院里，我和区党委的几位部长赵毓华、韦一平、俞铭璜等同志一起办公。陈毅同志在紧张部署战斗的空隙，经常和我们共同研究如何开展地方党的工作。他向我们多次指出，必须迅速改变过去秘密党时期小手小脚的工作方法，要大胆放手地发动群众，注意培养大批地方干部，支持部队打仗，建立根据地，不断扩大群众基础。他要求我们做领导工作的同志，十分注意掌握和运用毛主席为中国民主革命制定的三大法宝。他说，在开展苏南敌后斗争中，就是依靠了这三大法宝，才迅速创立了以茅山为中心的抗日根据地，今天的苏北平原，比苏南那一小块狭窄地带发展余地大，更可以有大的作为。

为了抵抗韩德勤部集中兵力向我侵犯，新四军苏北指挥部决定在黄桥地区进行自卫战，以鼓舞苏中军民的抗日热忱，粉碎国民党顽固派的反共阴谋。那时我们区党委主要抓两件大事：一是充分发动地方党组织和广大群众，支援新四军苏北主力作战，保证战斗的胜利；二是大力开展统一战线工作，团结一切可能团结的力量。陈毅同志统筹全局，在军事指挥上粟裕同志是得力助手，叶飞、王必成、陶勇同志是智勇双全的战将。陈毅同志在百忙之中，还用许多时间亲自做统一战线工作。他多次拜访身居黄桥、曾担任国民党师长的朱履先先生，几次亲笔致函曾担任江苏省省长和代理督军的海安韩国钧（紫石）先生，向他们解释我党团结抗日主张，希望他们站到抗日民主阵营中来，一起制止顽固派制造磨擦、挑起内战的阴谋。韩老先生读了陈毅将军的“新四军求仁得仁，除抗敌救民外，绝无他求”的言辞恳切的信，深受感动，严斥韩德勤的倒行逆施。他激愤地说：“贼子无信，天必灭之。”我和管文蔚同志也随陈毅同志去拜访过朱老先生。朱克靖、黄逸峰同志还遵照陈毅同志指示，分别去联系国民党地方部队李明扬、陈泰运等部，晓以抗日救国大义，争取他们中立。同时，地方党组织的同志深入广大农村，做艰苦深入的群众工作，广泛发动群众，支援主力打退国民党顽固派的进攻，从各方面准备黄桥决战。

陈毅、粟裕同志遵照党中央指示精神，在南下八路军黄克诚部及新四军第四、五支队的战略配合下，作出了迅速歼灭韩德勤主力，解决苏北问题的决定。1940 年 10 月 4 日，保卫黄桥的战斗打响了。韩德勤不顾各阶层人民的反对，悍然动用 26 个团，总兵力三万多人，由他亲自指挥向南猛扑过来。当时叶飞、王必成同志分别率领第一、二两个纵队在黄桥外围阻敌打援。陶勇同志率第三纵队坚守黄桥镇。陈毅司令坐镇在黄桥附近的严徐庄，粟裕副司令负责在黄桥镇前线指挥。我和管文蔚同志在黄桥镇内组织民众支前工作。黄桥这一仗，引起各方瞩目，它是我北上抗日新四军能否站稳脚跟的一仗，也是能否打开苏中根据地局面的关键一仗。广大人民抗日热情很高，把胜利的希望寄托在我新四军 7000 将士身上。各阶层爱国人士也密切注视着我们，他们将通过这一战斗来检验新四军是否能够肩负起领导苏中人民抗战的重任。战斗打响后，我军广大指战员个个摩拳擦掌，喊出“决战决胜”的响亮口号。黄桥镇及附近各乡镇人民踊跃出民工、抬担架、送军粮，前方后方打成一片，形成男女老幼齐动员、各界人士齐支前的雄壮场面。朱履先老先生也和我们一起，在黄桥街头巷尾四处奔走，动员居民支援前线。他挨家挨户地喊：“大家去慰劳新四军啊！”镇上几十爿烧饼店日夜赶做香味扑鼻的烧饼，成筐成箩地送给前方将士做干粮，有名的《黄桥烧饼歌》就生动地记叙了这一难忘的动人情景，反映了苏中人民对新四军的鱼水之情。

黄桥战斗打了整整四天，消灭韩德勤部主力 12 个团，共 1.1 万余人，俘虏韩部官兵 4000 人。这一辉煌胜利，是苏中军民共同奏出的凯歌，是八路军、新四军战略配合作战的硕果。黄桥战役的胜利向苏中人民显示了新四军以弱胜强，以小胜大，战无不胜，攻无不克的坚强意志和作战本领，显示了我党我军坚持抗战必胜的决心和力量。

黄桥战役的胜利，是开创苏中抗日根据地的雄壮威武的奠基礼。正如刘少奇同志在讲到黄桥战斗的意义时所指出的："我党在华中工作已取得决定性胜利，打开了苏皖广大敌后地区建立抗日根据地的局面。"也正如陈毅同志在党的第七次代表大会上发言所总结的那样："遵照毛主席的指示，大胆东进，以模范的纪律、灵活的游击战术、抗日民族统一战线政策三大法宝，到敌后去创造抗日游击根据地。这个指示立即在实践中取得了伟大效果。"

在建设中巩固，在斗争中发展

黄桥战役的胜利，极大地鼓舞了苏中人民的抗战热情。广大农村基本群众纷纷要求组织起来，要求新四军派工作队去，要求建立抗日民主政权，要求参加新四军、共产党，新四军的威信和政治影响迅速扩大。各阶层爱国人士和友军也逐渐靠拢我们，抗日民族统一战线不断扩大。在这一大好形势下，如何不失时机地巩固和发展胜利成果，迅速开展根据地全面建设工作，成了我们党的工作的中心任务。

当黄桥地区人民群众欢唱着《黄桥烧饼歌》，沉浸在胜利的喜悦之中时，陈毅、粟裕同志已率领部队继续东进，北上饮马串场河；区党委机关也随苏北指挥部迁至苏北另一重镇——海安。继续发动群众，开展根据地建设的工作，轰轰烈烈地展开了。

根据党中央指示，在反磨擦斗争中要掌握“有理、有利、有节”的原则，我军没有攻击韩德勤老巢兴化；并同意李明扬、陈泰运等友军的要求，在曲塘周围划出一块地盘作为缓冲地带，于10月中旬成立“联抗”部队，由黄逸峰同志任司令。陈毅等同志代表新四军出席了在曲塘召开的苏北抗敌和平会议，与绅商学各界著名人士、工农代表、各抗日部队代表，共同商定了“苏北各部队团结抗日的临时办法”四项，“基本改造苏北的办法”八项。这次会议，进一步揭露了国民党顽固分子消极抗日、积极反共的阴谋，广泛地争取、团结了各阶层爱国人士。同时，陶勇、刘先胜同志奉苏北指挥部之命，率三纵队进入通如海启地区，协助地方工作同志建立各县抗日民主政权，推行抗战法令，进行初步的民主改革，并大力开展统战工作。在短短的几十天时间里，各乡各村普遍建立起各种抗日协会等群众组织，广大群众高举红旗，敲锣打鼓，唱着抗战歌曲，集会游行庆祝。此情此景，真是“江淮河汉今谁属，红旗十月满天飞！”

使我难忘的是11月7日这一天。在海安东门串场河的码头上，陈毅、粟裕同志和党政军机关干部、战士热烈欢迎刘少奇同志和黄克诚同志的到来。几天后，在海安召开了有14个县代表参加的苏北临时参议会，宣布成立苏北临时行政委员会。这次会议，是在共产党领导下苏中抗日民主政权建立的标志，也是各民主党派、各阶层爱国人士组成广泛抗日民族统一战线的标志。在这次会议上，少奇同志作了报告，详尽阐述了我党提出的抗日民主施政纲领。他指出：各党派要团结一致抗日，实行民主政治，实行“三三制”政权，贯彻民主集中制；要实行“二五减租”；要大力发展生产，肃清贪污盗窃行为，提倡廉洁奉公的作风。少奇同志的讲话，受到各界代表的一致好评。他们纷纷表示拥护共产党的领导，拥护新四军坚持敌后抗战。我党我军在苏中敌后的领导地位从此确立了。

少奇同志还在党政军负责干部会议上，对如何在新形势下建设抗日民主根据地问题，作了许多重要指示，使我深切地感受到建立抗日根据地，除了军队是支柱外，主要的标志就是我们有自己的政权组织，这是核心问题。我虽然参加过第二次国内革命战争时期的苏区工作，参加过赣南三年游击战争，但那时打游击，往往被分割在几个山头，基本上没有巩固的政权组织，当地还是国民党的白色政权。我们有党组织，有团组织和妇女组织，等等，就是没有我们自己的乡长、区长。在新四军挺进苏南后，政权组织也不巩固，不少地方是游击根据地和“两面派”政权。如果不建立我们党领导下的抗日民主政权，根据地建设便成了一句空话。少奇同志打了个比喻教育我们：“没有根据地，好比没有家。没有根据地，敌后抗日游击战争是开展不起来的”。记得在此之前，我曾读过北方局书记杨尚昆同志谈华北抗日根据地建设的小册子，这次听了少奇同志的讲话，又仔细阅读了少奇同志秘书刘彬同志送给我看的中央文件、电报，包括少奇同志写的《抗日游击战争中的政策问题》等文章，理解就更加深刻了。特别是关于根据地的财政经济政策、土地政策、群众运动政策等问题，在思想上更明确了。

由于我们对抗战时期的经济政策既缺乏了解，也无实践经验，初到苏北时，还不太懂得如何征公粮、收税。苏中地区盛产大米，我们身在“鱼米之乡”，却吃了一年多的苞谷和大麦。后来，建立了政权，民政、司法、税收这一套机构也建立了，部队吃饭、给养等问题也都顺利解决了。

我们的抗日根据地开辟不久，震惊中外的皖南事变就发生了。国民党顽固派掀起一股反共逆流，日伪军也乘机对我华中各根据地加紧“扫荡”。1941 年 1 月 25 日，中央军委命令重新组建的新四军军部在盐城成立，陈毅同志为代军长，少奇同志任政委。新四军军部提出，进入敌我相持阶段的总任务是：“坚持华中敌后抗战，阻止反共军的进攻，迅速加强根据地的建设，积蓄力量，准备进行长期斗争。”决定新四军第一师坚持在苏中地区抗敌。原苏北指挥部所辖部队改编为新四军第一师，师长粟裕，政委刘炎，下辖三个旅：一旅旅长兼政委叶飞；二旅旅长王必成，政委刘培善；三旅旅长陶勇，政委刘先胜。新四军第三师在盐城以北，开辟苏北根据地。

3月间，一师师部及我们党政机关进入东台地区，撤销苏北区党委，正式成立苏中区党委，刘炎同志兼书记，我任副书记。同时，又将苏北临时行政委员会改为苏中行政委员会。为发展地方武装力量，成立了苏中军区，军区领导机关由一师师部兼。各个军分区和各地委紧密配合，独立自主地坚持敌后斗争，在统一领导下，开展巩固根据地的各项建设工作。在通如海启一师三旅活动地区建立苏中四地委，地委书记是向明同志；在靖（江）、泰（兴）、泰（县）、如（西）一师一旅活动地区，建立苏中三地委，地委书记是韦一平同志；在兴化、东台、台北一师二旅活动地区，建立苏中二地委，地委书记是章蕴同志；在江（都）高（邮）宝（应）原新四军十八旅（后划入一师建制）活动地区建立苏中一地委，地委书记是惠浴宇同志；还在“联抗”活动地区成立兴东泰特委，特委书记是黄逸峰同志。

1941年，是刚刚建立的苏中根据地经受严重考验的一年。日伪军向我各个地区乡镇不断“扫荡”，烧杀抢掠，实行“三光”政策，使人民遭受不少苦难。苏中是平原河网地带，敌人碉堡林立，新四军一师及各分区主力部队在粟裕等同志指挥下，开展了英勇卓绝的反“扫荡”斗争，努力创造各种条件，有力地支持了我们进行根据地的各项建设工作。4月，我们在泰东县浒澪召开军、政、党扩大会议，着重讨论夏收、减租与开展群众性武装斗争问题。从当时的斗争形势看，要坚持敌后斗争，要巩固根据地，就必须依靠群众，放手发动群众，而要动员群众抗日，又必须维护和保障广大群众的切身利益，把保国与保家保乡紧密联系起来，让广大群众自己组织起来，投入到坚持抗战、保卫胜利果实的斗争中来。我们按照党中央指示精神，用大刀阔斧的方式发动群众，实行减租减息，依靠贫雇农，团结中农，争取一切拥护抗日的爱国人士，掀起轰轰烈烈的群众运动，在这个基础上，进一步开展政权建设、加强县区地方武装和统战等工作。在这一年的夏收运动后，我们曾作过一个不完全统计，苏中根据地参加保卫夏收和“双减”运动的群众达100万人；得益群众约十万户；参加各级农抗组织的群众由原来13万人增加到61万人；培养和锻炼了一大批能与群众密切联系的土生土长的干部；共产党员也从年初的3000人发展到9600余人。同时，在一师主力部队的支持和帮助下，逐步组建了十个县的独立团、警卫团，发展到6000余人；不脱产的自卫队员发展到16万人。

日伪对我苏中根据地的“扫荡”是残酷的。我们区党委机关平时随师部一齐行动，以青纱帐、芦苇荡为行军的天然屏障，穿公路，驾渔船，与敌人来回周旋。在斗争紧张的时候，区党委机关将组织部、宣传部、民运部、报社等都分散开来行动；保安处长周林同志带着人数不足的一个警卫连的武装保护着机关和电台，在敌人大小据点的空隙中穿插。由于开展了减租减息的群众运动，建立了地方武装，广大群众组成抗日的钢铁长城，广泛开展游击战，一次又一次地粉碎了敌伪的“扫荡”、“清剿”。环境紧张时，我们经常分散吃住在农民家里，话家常，问寒暖，亲如家人。当年我们能把群众工作做到敌人碉堡的周围，在敌人眼皮底下开展宣传攻势，许多伤病员、干部家属在群众的掩护下安全转移，靠的就是深厚的群众基础。在紧张的斗争中，有的同志也曾经怀疑过，在山区好打游击，苏中是一片平原，河网交叉，敌伪据点犹如梅花桩，能不能长久坚持斗争？实践经验告诉我们，民族解放战争是正义的战争，战争的伟力之最深厚的根源，存在于民众之中。只要我们坚持党的领导，紧紧依靠和发动群众，就有了坚持斗争、克敌制胜的根本条件。当时人民群众创造了许许多多对敌斗争的方法，如麻雀战、地雷战，开展各种瓦解伪军的政治攻势，敌人“扫荡”时处处扑空，敌人一走，我根据地建设工作仍生机勃勃。斗争越艰苦，群众的斗志越高昂，根据地的各项建设工作，围绕一切为前线这个中心，更加蓬勃地开展起来了。

1942年2月，我与管文蔚、叶飞、钟期光等同志出席了在阜宁县单家巷召开的华中局第一次扩大会议。我代表苏中区党委向大会作了工作汇报。大会结束时，少奇同志代表华中局作了华中工作总结报告，提出“继续坚持华中敌后抗战，完全巩固各根据地，加强与积聚力量，以便在适当时机反攻敌人，争取中国抗战的最后胜利与中国人民的彻底解放”的总任务、总方针。少奇同志在报告中，充分肯定和高度赞扬了苏中根据地的各项工作。他说：几年来，在我军中以第一师部队作战最多，战果最大，而华中几次反磨擦的主要决战，又是一师部队担负或有一师部队参加的。一师与苏中地方的党，基本上正确地执行了统一战线政策，团结各阶层人民共同抗战，建立了根据地，并初步发动与组织了群众进行减租减息，建立了不大的人民武装，发展了地方军，开始了敌伪工作。在财政上帮助了其他根据地。部队与人民的关系，一般是好的，并且经常保持着高度的战斗情绪。

我们从军部回来后，将会议精神向粟裕同志作了详细汇报（刘炎同志当时有病，粟裕同志兼任区党委书记）。当时华中局给予苏中的主要任务是：“要切实、迅速地巩固苏中根据地；聚集与加强力量，以便将来应付国内外的事变；建立独立作战的地方军，主力部队应地方化；广泛建立群众性的游击队与不脱产的民兵。”接着，我们在海门县海复镇召开了苏中军、政、党第二次扩大会议，就党的建设、军事建设、政权建设、夏收运动与群运工作等方面问题，进行了认真研究和讨论，并通过了相应的决议。

9月1日，苏中区党委召开夏收运动总结扩大会议，检查半年来对华中局会议各项决议的执行情况。我在会上作了《夏收运动总结》报告，对夏收运动中反“清剿”、夏收运动、减租减息、建党工作等作了回顾。会议刚结束，就传来谢家渡战斗的捷报。粟裕师长亲自指挥三旅七团歼灭了日军南浦旅团五十二大队一部，击毙大队长保田中佐以下 110 余人，生俘三人。这是 1942 年间反日伪“清剿”斗争中取得的一次重大胜利。

从 9 月开始，一师兼苏中军区各部队开始了主力地方化工作，实行统一整编。各旅组织一个主力团，为苏中机动兵团；其余部队均划归苏中地方军，充实各地方兵团，作为地方武装的骨干。经过重新编组，一师（包括原六师十八旅）15 个团建制，只保持四个主力团，其余 11 个主力团都分别以营、连为单位与各县团合编，以充实地方武装。这是苏中根据地军事建设中的一次重大变革，使师部、军区有主力在手，各县也有主力巩固边区。当日伪“扫荡”、“清剿”时，主力兵团属于大突击和大转移的部队；各地方兵团属于坚持原地斗争或小转移的部队。主力地方化是在新的斗争形势下，进一步加强地方武装建设的重大措施。正如陈毅同志指出的：“这是走的加强其地方性以最终消灭其地方性转化为主力的道路，这一辩证的发展，便把主力地方化，地方军主力化的矛盾正确解决了。”

由于主力地方化，地方武装迅速发展，尽管敌人反复“扫荡”、“清剿”，我苏中根据地打不垮，推不倒，巍然屹立在黄海之滨，苏中军民的抗日斗志越来越高涨。10 月下旬至 11 月中旬，苏中军、政、党委员会在如皋南坎镇又召开了第三次扩大会议，检查总结半年来的工作。谭震林同志、粟裕同志、我与管文蔚同志都在会上讲了话。这次会议确定的指导思想是：“充分发挥主观力量，广泛开展游击战争，处处打击日伪。同时在不利条件下适当进行各种不同的辅助斗争，以达到武装公开坚持之目的。”并对精兵简政，冬防、冬学、冬耕工作和党政军一元化领导问题，确定了具体方针和实施步骤。就在这次会议上，宣布将原苏中区各级军、政、党委员会撤销，建立统一领导的党委，精简了机构，准备迎接更艰苦的斗争任务。

南坎会议结束后的一天，突然得到报告说，爱国的文化名人邹韬奋同志已经到了三分区的靖江。我与粟师长等喜出望外，立即派人前往迎接。韬奋同志辗转重庆、香港、上海来到苏中、苏北解放区参观考察，计划再由军部转道赴延安。他身着古铜色呢袍，架着一副黑边眼镜，瘦弱的中等身材，十分和蔼可亲。在与他的交谈中，我们了解到有关沦陷区、国统区各阶层人民抗日救亡的情况。他还向我们讲述了苏中根据地英勇的抗日斗争在沪宁人民中引起广泛的传播和称赞。后来，陪同他的刘季平同志告诉我，韬奋同志在苏中地区考察期间，曾向他恳切地提出要求加入共产党。我感到十分高兴，并立即向华中局作了汇报。可惜，他不幸患癌症秘密返沪治疗。他在生命的最后一息，依然顽强地追求自己的信念，呼吁全国“坚持团结抗战，早日实行真正的民主政治，建设独立自由幸福的新中国”，再次向党提出请求，望身后能被追认为共产党的一员。韬奋同志热爱共产党，主张团结抗战的坚强信念，对坚持敌后抗日斗争的苏中人民特别是广大知识分子，是一个有力的鼓舞和勉励。想不到那次与韬奋同志见面竟成永别！

经过1941年、1942年根据地全面建设工作，在紧张的对敌斗争中，广泛深入地开展了减租减息运动，建立了主力部队、地方武装和民兵自卫队三结合的武装力量体制；逐步建立和健全了党的基层组织，充实了各级“三三制”政权，苏中抗日民主根据地在斗争中巩固了，发展了。

坚持原地斗争，迎接和准备反攻

1943年开始，国际反法西斯斗争形势发生了根本性的变化。在欧洲和太平洋战场，德、意、日法西斯已由战略进攻转入战略防御。日本侵略军在敌后大力强化伪军，控制伪政权，并把“清乡”的重点由苏南转向敌后的苏中根据地。日军疯狂地掠夺占领区的人力、物力、财力，妄图实现其“以华制华”、“以战养战”的目的。

面对即将到来的严酷斗争形势，根据华中局、军部的多次指示精神，苏中区党委发出了“一切工作为了坚持原地斗争与保存有生力量”的号召。为帮助各分区实行精兵简政，粉碎日寇“清乡”、“清剿”的阴谋，我们几个人重新作了分工，粟裕同志留四分区，管文蔚同志赴二分区，我去一、三分区，帮助做好坚持斗争的各种准备。

日伪经过长期策划，将四分区的南通、海门、启东三县和如东作为苏北第一期“清乡”的地区。艰苦的反“清乡”斗争开始了。在一年零七个月的时间里，在党中央、华中局的关怀下，区党委和四地委直接领导了这场斗争。在一师主力和苏中其他分区的全力支援下，四分区军民坚持以公开武装斗争为主，结合实行隐蔽斗争的方针，主力部队在外线寻机歼敌，地方武装在内线原地坚持，运用机动灵活的战略战术，广泛开展群众性游击战争，一次又一次胜利地粉碎了日伪在军事、政治、经济、文化等方面的“清乡”阴谋，涌现了许多可歌可泣的感人事迹。

面对敌人疯狂的“清乡”，四分区人民针锋相对地英勇地进行了斗争。日伪妄图用竹篱笆来加强对其“清乡”区的封锁，隔绝四分区军民与其他根据地的联系，但三、四分区成千上万的群众、民兵在主力部队掩护下，在长达200余里的敌伪封锁线上，同时开展破击，用冲天大火于一夜之间就将大片篱笆焚毁、拆除，并锯倒电线杆，挖毁公路，给敌人以沉重打击。各分区还抽调短枪队员支援四分区，深入敌据点镇压作恶多端的“清乡”人员，开展大规模的锄奸斗争，震慑了日伪，振奋了抗日群众。在反“清乡”斗争中，英雄人物辈出。如皋掘马南区区长、共产党员白桐本，斗争机智勇敢，日伪曾出布告悬赏40万元伪币捉拿，在一次战斗中负伤被俘后，坚持民族气节，壮烈牺牲。部队团以上干部中，严昌荣、王澄、鲍志椿、殷逸等同志，身先士卒，英勇地献出了生命。据统计，在反“清乡”中，仅四分区主力、地方武装和民兵就与敌作战2600余次，毙、伤、俘日伪军5600余人，缴获枪支2700余支。反“清乡”斗争是对苏中抗日根据地的严峻考验，是对根据地军民政治觉悟、武装力量的极大锻炼，也是对根据地党组织领导作用的重要检验。苏中四分区党、政、军、民具体运用毛主席关于抗日游击战争的战略、策略和战术思想，开展敌后群众游击战争所取得的伟大胜利，对全苏中乃至华中地区反“扫荡”、反“蚕食”的斗争，起到了很大的鼓舞和推动作用。

在艰苦的反“清乡”、反“清剿”中，苏中根据地继续在斗争中巩固和发展。为了顺利度过面临的困难，做好反攻准备，迫切要求我们提高党组织的战斗力，改善党的思想作风和工作作风。1944年2月，苏中区党委在东台三仓河召开了第五届扩大会议，作出了开展整风运动的决定。在讨论形势和任务时，粟裕同志作了深刻的分析，他说，目前德寇已被苏联红军逐出国境，日军在太平洋战场连续失利，使华中敌后形势也相应地发生了变化。但敌人以相对优势兵力在重点区域加紧“清剿”、继续“清乡”，我苏中根据地各分区被分割的局面还没有改变，斗争仍然很复杂、艰苦，要求我们在思想上政治上军事上组织上有充分准备，准备反攻，迎接胜利。会议作出了准备发起车桥战役的决定，并分工由一师副师长叶飞同志负责战役指挥。

3月5日凌晨，车桥战役打响。攻坚、打援，激烈的战斗进行了两天，我军共歼日军三泽大佐以下460余人，伪军500余人，生俘日军24人，缴获大批武器和军用品。车桥战役创造了华中敌后战场歼、俘日军的最高纪录。这一胜利，充分显示了我苏中部队的强大战斗力，既能打攻坚战，又能打运动战，在野战中大量歼灭日伪军。我军解放了车桥地区，使苏中、苏北、淮南、淮北根据地连成一片，同时也巩固和扩大了苏中解放区，揭开了苏中战略反攻的序幕。

车桥战役的辉煌胜利，使根据地广大军民欣喜若狂。正在热烈庆祝之时，却收到了当时华中局领导人之一的饶漱石发来的电报。他批评指责说，“不宜主动的过分暴露自己的力量”，“过分刺激了敌人”，“很可能引起敌人的大报复”，等等。对此，粟裕、叶飞同志和我立即回电，详细申述了组织并发起车桥战役的理由。与此同时，延安新华社向全国播发了新四军收复车桥的消息，高度赞扬“粟师以雄厚兵力”，“打了一个大歼灭战”。延安解放日报社还发表社论祝贺胜利。陈毅军长还从延安给粟、叶师长发来嘉奖令。

在这一年里，我们为巩固发展大好形势，一面号召部队向日伪军发起夏秋季攻势，扩大解放区，一面开展了大规模的整风运动。区党委党校、苏中公学、地委整风队、机关轮训队等单位，采用集中干部进行整风学习的方法，区党委本身也以扩大会议形式进行整风学习。整风运动是一场开展马克思列宁主义思想教育的运动。由于在整风中发扬了理论联系实际的优良学风，认真开展了批评与自我批评，因而党内的主观主义、宗派主义、党八股得到了较好的纠正。这一年有3000名干部参加了整风学习，使广大党员、干部的政治觉悟、政策水平有了显著提高，为战略反攻作了思想上、组织上的准备。

党中央为发展东南各省的抗日斗争，9月决定新四军一师主力渡江南进，执行向东南敌后发展，控制苏浙皖地区，准备反攻的战略任务。11月，党中央来电指示：“粟裕南进后，可以成立苏浙军区，统一指挥江南斗争”，“应以发展苏浙皖地区为主要任务”。12月27日，粟裕同志率七团、特务一团、特务四团8000余人及地方干部300余人从苏中出发，首批渡江南下，同行的还有陶勇、刘先胜等同志。粟裕同志率部南进后，叶飞同志即担任区党委书记，我继续担任副书记。不久，根据党中央指示，叶飞副师长于1945年4月又率一团、军分区特务团等及一批地方干部，南下苏浙皖边区与粟裕同志会师。

粟裕、叶飞等同志和我们暂时分别了，一师主力大部南下了，但他们还是给苏中留下了二个主力团和大批地方武装，经过一段时间扩军，苏中武装部队达到2.7万余人，民兵也增加了一倍。在这个基础上，我们还建立了独立旅，成为苏中地区的主力。经党中央批准，华中局宣布了苏中区党委，由我任书记，管文蔚、姬鹏飞同志为常委。管文蔚同志任苏中军区司令，我兼政委，张藩同志任副司令兼参谋长，姬鹏飞同志任副政委兼政治部主任。军区下辖独立旅和一、三、四、五、六这五个军分区，共有20多个团。至此，为实现战略反攻，实现游击战向正规战的战略转变的条件成熟了。

4月至6月，中国共产党第七次全国代表大会在延安召开。大会制定了党的政治路线，即“放手发动群众，壮大人民力量，在我党的领导下，打败日本侵略者，解放全国人民，建立一个新民主主义的中国。”在七大精神的鼓舞下，苏中军民更加积极地展开对日伪的攻势。不久，毛主席发表了《对日寇的最后一战》的声明，号召全国人民举行全国规模的反攻。

在国际、国内革命力量的强大攻势下，日本帝国主义于8月15日被迫宣布无条件投降。但国民党蒋介石企图独吞抗战胜利果实，演出了与日伪合流的丑剧。在华中地区的日军不向新四军投降；伪军亦驻守原地，抵挡解放区军民的反攻。我苏中军民遵照党中央的部署，集中部队首先向运河沿线城镇发起攻击。在短短两个月的时间内，接连收复宝应、金沙、靖江、启东、黄桥、兴化、东台、泰兴、海安、大中集、如皋、盐城等十余重要城镇，犹如秋风扫落叶，每战必胜，每攻必克。12月间，又收复了邵伯镇与高邮县城。整个苏中地区，除扬州、泰州、南通、海门少数几个据点由日军交国民党军队外，全部解放。经过八年抗战，苏中军民以热血和生命，谱写了抗日战争的一曲胜利凯歌。

苏中军民的抗日斗争，在党中央、华中局的正确领导下，在华中其他战略区的密切配合和支持下，经过长期艰苦的奋斗，终于战胜了强大的敌人，取得了伟大胜利。回顾六年半苏中根据地的开辟和巩固、发展过程，从我军秘密北渡到普遍建立抗日民主政权，从新四军主力作战到遍地建立地方武装，从原地展开反“清剿”、反“清乡”斗争到全线进行战略反攻，从一小块立足点发展到欣欣向荣的苏中解放区，我们取得的每一个胜利，都是依靠党中央的正确领导、依靠广大人民的共同奋斗得来的。陈毅同志在七大发言中，对新四军抗日斗争作过十分精辟的总结。他说：“我们以政治上的民主设施来对抗敌伪之黑暗虚弱；以解放区生产建设、安居乐业来对抗敌人的经济掠夺……以我党领导的全体军民的坚持抗战来粉碎敌人的‘扫荡’；以敌后抗战的艰苦成就来遏阻敌伪所掀起的投降潮流”。“这就是我华中军民抗战中做出的榜样”。陈毅同志还指出：“不打破敌人‘扫荡’，则我党我军根本不能立足，大好河山已非我有，一切无从说到。但如仅仅在军事上解决了立脚点的问题，而不从事各种必要的建设，则这种军事斗争也绝难持久。”这是“我党我军在华中敌后的工作贯串交织着的基本特点”。

一师二旅在苏中

王必成

新四军第一师第二旅是在皖南事变后重建新四军军部的时候建立的，由原来苏北指挥部所属部队第二纵队编成。原二纵队所属二团、六团、九团依次编为二旅四团、五团、六团。旅长王必成，政委刘培善，参谋长杜屏，政治部主任陈时夫。师部规定我们旅活动范围是东台、兴化和盐城以南地区。1941 年至 1942 年底的两年内，经全旅同志的共同努力，较好地完成了上级赋予的各项任务。虽然相去甚远，但不少军事斗争的场面至今还留在我的记忆中。

参加"讨李"战役

李长江原是国民党鲁苏皖边区游击总指挥部副总指挥，总指挥是李明扬，他们是苏北的地方实力派，和国民党江苏省主席韩德勤之间有矛盾。在我军进入苏北前后，陈老总曾亲自出马，三次进泰州和李明扬谈判，对“两李”进行统战工作。终于在韩德勤顽固派进攻我军时，争取了“两李”的中立。后来，国内形势变化，日本帝国主义对国民党加紧诱降活动，国民党顽固派亦消极抗日，积极反共，掀起第二次反共高潮，鼓吹“曲线救国”。在蒋介石的默许下，李长江发生动摇，准备背叛祖国，投降日伪。苏北指挥部得悉这一情况后，即在海安以西地区隐蔽集结主力，待其一旦公开投敌，即予以讨伐。当时，部队进行了深入的思想动员，求战情绪很高，各项准备工作也做得很充分。1941 年 2 月 15 日，李长江果然公开率部投敌，在泰州城挂起了太阳旗。我旅奉命和其他兄弟部队一起于 18 日发起“讨李”战役。部队连克姜埝、苏陈庄，以猛虎扑羊之势，首先从东北角攻入泰州城，继而向北追击逃敌，攻克港口、淤溪，俘获甚多，人员、武器和弹药，得到了很大的补充。“讨李”战役只花了三天时间，即一举攻克泰州城，俘虏了伪军 3000 余人，狠狠地给日伪军以当头一棒。战役胜利结束后，我军按预定计划，于 21 日主动撤出泰州，进入敌后，进行反“扫荡”作战。

反对日伪“扫荡”

黄桥决战以后，新四军在苏北的部队已成为苏北抗日的主要力量，对日军的威胁很大。为此，日军即加紧了对我军的进攻，不断地对我刚刚建立起来的根据地进行“扫荡”。仅在 1941 年，大的“扫荡”就有两次：第一次是 2 月 20 日，日军调集镇江、扬州之南浦旅团配合第十七师团共 7000 余人，对苏中进行“扫荡”，侵占东台、海安、曲塘、姜埝、泰州一线，并以南浦旅团接替第十七师团防务，统一苏北军事指挥，整编伪军。我旅撤出泰州后，主力机动转移至盐城以南、盐东、台北等地。五团在东台外围及东台至海安线，频频出击，四团在盐城以南地区活动，使日伪军未能深入我中心区。同时，六团三营在兴化芦洲伏击日军巡逻艇，击沉一艘，全歼日军一个小队，生俘日军两人，我们曾授给该营“捉鬼子第一”的奖旗一面。第二次是7月20日，日军调集江南的第十三师团以及宝应的第十七师团各一部，配合苏北之日伪军共1.7万余人，由东台、兴化、射阳、陈家洋四路进犯盐城，这是自徐州沦陷以来，日伪军对华中地区“扫荡”规模最大的一次。两天占领盐城，28日晚占领阜宁。军部早有准备，于十天之前即主动撤出盐城。我旅的任务是从正面阻击由东台北进之敌，牵制纠缠。在敌人占领盐城后，我又积极破坏盐城至东台之交通线，打击来往敌人，阻止其建立盐城、东台间的联络据点。在敌侵占伍佑、刘庄、大中集、裕华镇等地之后，我旅四团三营和特务连于8月16日主动出击，攻克裕华镇。裕华镇地处黄海公路（北起连云港南到长江边）的中心，在军事上和经济上具有重要的战略意义，为敌我必争之地。裕华驻有日军一个小队和伪军一个连。由于当时我军的武器装备较差，火力不强，开始一天一夜屡攻不下，后来由十多个战士组成“敢死队”，冒着敌人的炮火，向日军盘踞的气象台冲去，用手榴弹炸开了气象台的门，一个战士钻进气象台，拉响了挂在身上的手榴弹，终于强攻成功。四团一营、六团一营还击退了由大中集两次增援的日伪军，并乘胜合攻大中集，歼灭伪军一个营。裕华这一仗，共歼灭日军70余人（其中活捉七人），伪军400余人（其中活捉160余人），缴获日式重机枪一挺，轻机枪四挺，长短枪100余支。对裕华战斗的胜利，陈毅军长曾于17日来电传令嘉奖。战后，四团在盐城大岗一带，六团在兴化大垛、竹横港一带，五团在三仓、潘家镦一线，继续坚持斗争，不断出击敌人。由于三师和一师部队的密切协同作战，终于粉碎了日伪这次空前的大“扫荡”。

1942年，日伪的“扫荡”更加频繁。但由于太平洋战争爆发后，日军战线延长，兵力分散，苏中日军只能在某一时期，集中一定兵力，对我某一地区进行“扫荡”、“清剿”。例如：6月初，日军南浦旅团一个大队配合伪军3000余人，对我四分区启海地区进行“清剿”。为了配合四分区反“清剿”，相机发动攻势，作战略策应，我们决定四团攻击丁家垛据点，从敌人的侧后进行突击。丁家垛是盐城县境的中心据点，也是深入我中心区的据点，驻有伪军一个营，230余人。战斗于6月25日打响，激战24小时，终于攻克了丁家垛，使日伪蒙受重大损失。

反对日伪抢粮

武装保卫夏收和秋收，防止日伪军下乡抢粮，是部队一项经常的任务，这不仅是保卫人民的劳动果实，也是保证部队供给的需要。记得当时在部队和群众中曾传唱着“当心鬼子来抢粮”的歌。四团政委郭猛同志就是在1941年12月29日，部队在盐城县港沟河与下乡抢粮的敌人遭遇，不幸中弹牺牲的。我还记得一件事，那就是1942年6月，我们获悉日伪军由于粮食恐慌，在秦南仓连续开了几天会，策划调集兵力，进行一次大规模的抢粮。为了粉碎日伪这一企图，我们决定先发制人，集中四团和六团的部分兵力，攻击顾殿堡，给予敌人以有力的打击。顾殿堡是一个新的据点，驻守的是伪二十二师八十七团第二营，战斗力虽然不强，但工事却很坚固。17日发起战斗，经过七小时激战，俘伪营长以下87人，缴获甚多。这一仗，进一步提高了我军在人民群众中的威信，提高了群众抗战的胜利信心，使日伪军不敢轻易以少数兵力下乡抢粮、骚扰。

开辟新的地区

日军在1941年“八一三”大“扫荡”之后，占领了我苏中地区差不多所有的重要城镇，企图进一步封锁和分割我军的基本活动地区。一师领导考虑到抗战的长期性与斗争的复杂性，在坚持原地斗争、巩固老区的原则下，决定积极开展新的游击区，在战略上变包围为反包围，变内线为外线，以改变斗争局面。我旅在师部的统一部署下，于10月初，以六团一营西进，用“高宝支队”的名义进入兴化、高邮、宝应交界地区的临泽西北一带活动，一度攻克临泽，并积极向淮海地区发展。为了加强对该营的领导，我们派参谋长杜屏同志前往，掌握新区工作的政策。开辟新的游击区，是按照当地的日伪情况、所处环境和群众要求来决定活动方式的，特别要注意团结地方实力派；一切战斗行动，要依当地群众情绪而定；对于新区的武装，决不能吞并，也不能要求其新四军化，而应以外围军形式对待。1942年2月8日，该营攻克王通河伪军据点，歼伪二十二师刘湘图部300余人，缴机枪两挺，长短枪200余支。与此同时，在三分区，张藩同志于9月中旬亲率二团西开，与江都独立团会合，控制了邵伯以东及高邮东南地区；在四分区，梅嘉生、彭德清同志亦率领七团和南通警卫团一部组成的南进支队，由三余镇南下，经历20余次战斗，直捣南通城郊的狼山。由于我苏中各部队积极主动地挺进新区，进行开辟工作，这就打乱了日军的部署，使其陷于穷于应付的被动局面。

阻止韩顽南下

国民党顽固派韩德勤部自黄桥惨败后，退据西安丰、曹甸、车桥一带，深沟高垒，积蓄实力，固守待援，伺反共军进入苏北时以夹击我军，并乘日伪向我“扫荡”时，同时向我进攻，以扩张其地盘。我们的对策是长期围困。对其出扰侵占我地区之部队，则以坚决的军事手段予以消灭或驱逐。到了1942年，韩顽部八十九军，经过长时期的整理，已经组成了三个师和一个独立旅，共1.9万余人，盘踞在南北有70里、东西有60余里的地区，不断向我建阳、湖垛之线积极活动，经常进犯我边区。同时，在南面的顽三旅张星炳部亦有3000人左右。为打通南北联系，韩顽积极向南发展，张顽又积极向北发展。在上半年，还有国民党“忠义救国军”千余人从江南北渡，进入我三分区，亦企图打通与韩顽的联系。另外，顽固派以东台地区的四个区和兴化的19个乡为基地，经常对我根据地进行各种破坏活动。所以，我与顽固派的斗争形势是相当严重的。在这种形势下，我旅的主要任务就是严密地监视韩顽，阻止韩顽向南发展。我们所控制的地区与韩顽比较起来，不论在政治上、军事上、经济上都占有绝对优势，而且还有强大的三师部队在北面牵制，所以，韩顽始终没敢轻举妄动，作大规模的军事挑衅。

扶植地方武装

坚持根据地斗争，没有主力不行，光有主力，没有地方武装也不行。在黄桥决战前后，苏中党政军领导即很重视发展地方武装。苏中军区成立后，曾专门召开地方武装会议，对地方武装的发展和建设，提出了明确的要求。以后，苏中军政党委员会、苏中区党委、苏中军区又多次发出决定、指示、通知，及时指出地方武装发展中的问题以及加强的办法。从主力部队来说，我认为最重要的是统一领导思想，真正认识到地方武装的作用，以及自身担负的职责，处处爱护地方武装，扶植地方武装。扶植的办法，第一，是做好群众工作，协助地方搞好“二五减租”，建立群众组织，建立人民自己武装，使主力有强大的后备力量，有不竭的兵员补充。第二，就是不能“割韭菜”，把地方武装吃掉，相反的要舍得花本钱，把主力一部编到地方武装中去，加强地方武装，使其逐步提高到主力的水平。我们在 1941 年 5 月间，即将五团二营编入东台独立团，将六团三营编入兴化独立团。1942 年 10 月以后，苏中部队实行主力地方化，我旅将四团和五团合并为四团，作为全苏中的机动兵团；六团一部与台北独立营合编为台北独立团，另一部与兴化地方武装合编为兴化警卫团；二分区原直属部队一部与东台地方武装合编为东台独立团。这样，使地方兵团能担负起地方性的任务，使主力能够形成“拳头”，有力打击敌人，并能有更多的时间进行整训，不断提高战斗力。第三，就是从主力抽调必要的干部到地方武装中去，并为地方武装开办干部训练班，提高地武干部的军事、政治水平。第四，就是在战斗中带分配地方武装适当的任务，放手让它在战斗中锻炼，在战争中学习战争。由于全党重视地方武装建设，主力重视扶植地方武装，结果，使地方武装和主力部队都得到了发展。1942 年 10 月，旅部在台北县万盈墩和二分区机关合并。这样，对地方武装的领导就更加统一了。

抓紧部队整训

二旅部队成立以后，发展较快，俘虏和地方参军的新成分占有很大的比例，新的干部为数不少，加以战斗频繁，经常处于分散游击环境，所以，抓紧一切时机，集中尽可能多的部队进行军事、政治训练，是非常必要的。同时，一师司令部、政治部对整训也有具体的计划和要求。从我旅的整训实施情况来看，不管环境再艰险，任务再繁重，每年都抽出一定数量的部队参加整训，而且整训是很认真的。在军事方面，总的原则是以基础训练为主，应用训练为辅，游击战与正规战的教育并重。基础训练又以“四大技术”（即射击、投弹、刺杀、土工作业）为主，并从应用训练开始。干部教育则有“四大技术”教练法及特种战斗。训练中坚持从实战需要出发，着重于野外教练，在干部中还研究日伪军对我“扫荡”的特点以及我们的对策。在政治方面，着重是根据《论持久战》和《新民主主义论》等毛主席著作，以及党中央的有关指示，紧密联系实际，进行形势教育，讲清每一时期的斗争形势、任务，我们胜利的条件和存在的困难；整顿部队纪律，反对不良倾向，增强军政、军民和官兵之间的团结；开展创造模范党支部活动，发挥党支部的战斗堡垒和党员的模范带头作用。同时，还进行文化教育，开展识字运动，扫除文盲。这样的整训，在各县团中亦普遍进行。部队每经一次整训，面貌就为之一新，军政素质均有提高，因而完成各项任务就更加有了保证。

主力转移南下

1942 年 12 月 25 日，军部由盐阜区向淮南津浦路东盱眙县黄花塘地区转移，我旅保卫军部的任务已经解除。同时，当时苏中斗争形势比较紧张，主力部队比较集中，回旋余地较少，而苏南的形势则相对安定，有利于我之发展，但兵力不足。为了加强苏南的军事力量，进一步开辟两溧地区，伺机向南发展，遵照军部命令，我于 1942 年 12 月 31 日，率四团全部和旅教导队、兴化警卫团、盐城警卫团各两个连，共2000余人，由盐阜地区的蒋家机米厂出发，敲冰夜渡兴化湖，一路水陆兼程，向苏南转移，于1943年1月13日，在纷飞的大雪中顺利抵达延陵、九里一线。在里佳山与十六旅部队会师，合编为新的十六旅，四团改为四十八团，我任十六旅旅长，江渭清同志任政委。从此，我们和原十六旅的同志们一起战斗，开始了新的征程。我们南下以后，二分区留下的地方武装尚有东台、台北独立团、兴化警卫团和旅特务营共13个连的兵力，由二旅副旅长段焕竞同志（1942年9月调任）负责，继续坚持斗争。

我谨以此文，献给我旅为开辟和坚持苏中斗争而英勇牺牲了的战友们，献给和我旅在共同战斗中而献出了生命的兄弟部队的战友们，地方工作的同志们、同胞们。他们的光辉形象，永远活在我们的心中！

我在苏中抗日根据地的一段经历

章蕴

1941年1月，震惊中外的皖南事变发生后，我和一批同志由东南局经苏南转移至苏中。

向北发展，开辟苏北敌后根据地，这是党中央的重要战略决策。从1938年起，新四军主力就为向东、向北发展做了大量的工作。陈毅和粟裕同志是1940年7月率大部队来苏中的，8月初，东南局青年部部长陈丕显同志等也北渡到了黄桥，9月间成立了苏北区党委，陈毅同志兼书记，陈丕显同志任副书记。黄桥决战的胜利和两军会师，标志着新四军、八路军初步打开了苏北抗战的局面，但建立和巩固这块敌后根据地的任务却异常艰巨，党、政、军、民等方面有大量的工作需要我们去做。记得翌年1月，我刚抵苏中，组织上就分派担任苏北区党委妇女部长。

1941年3月，苏北区党委撤销，成立了苏中区党委，刘炎同志任书记（以后由粟裕同志兼），陈丕显同志任副书记，我还是妇女部长。与此同时，原靖泰地区的泰兴中心县委撤销，成立了苏中三地委；原通如海启地区的南通中心县委撤销，成立了苏中四地委。为了解决部队的吃粮问题，区党委派我去三分区临时担任征粮队总指挥，干了近三个月时间；接着又去靖江任代理县委书记。

1941 年 10 月，东泰中心县委成立，我调任书记，杨辛同志任副书记。下辖兴化、东台、泰东三个县委及台北分县委。东泰中心县委成立仅一个月就撤销了，代之正式成立苏中二地委，我任书记兼组织部长，宣传部长是徐志仁，敌工部长是宋之光；同时还成立了苏中二专署，专员是刘季平同志。地委、专署机关建立后，所辖各县也逐步组建起了县独立团武装，在这个基础上我们才着手组建苏中第二军分区领导机关。苏中军区又派来了乔信明、钟明、李干辉等同志，我即向他们移交武装。第二军分区成立时，司令员是苏中行署主任管文蔚同志兼任的，政委是钟明同志，副司令员是乔信明同志，政治部主任是李干辉同志。

1942 年下半年，主力地方化和党政军领导一元化时期，苏中二分区在组织、人事方面有几次较大的变动。9 月，一师二旅王必成部以第四团和第五团合编为主力第四团；以第六团一部与台北独立营合编为台北独立团；第六团另一部与兴化地方武装合编为兴化警卫团；原二分区直属部队一部与东台地方武装合编为东台独立团。同时，苏中三分区将一旅第三团与泰东独立团合编为泰东独立团，划归苏中二分区建制。12 月底，王必成同志率二旅主力渡江南下两溧地区与六师十六旅会合，此时，刘季平同志调抗大九分校任副校长兼苏中党校校长，也渡江南下，二专署专员由陈同生同志接任。党政军一元化时，原二旅政治部主任陈时夫同志调任二地委书记兼第二军分区政委，我改任地委副书记；乔信明同志去盐城军部养病，原四分区参谋长梅嘉生同志调任第二军分区副司令员。

1943 年 11 月，陈同生同志又调区党委工作，泰东县委书记陈扬调二专署接任专员。

1944 年 11 月，苏中二地委、二专署撤销，所辖各县分别划入一、四分区，我调回苏中区党委担任组织部长，接替了周季方同志的工作。此时，原区党委书记粟裕同志率新四军一师主力一部及数百名地方干部正首批南下发展苏浙地区，一师副师长叶飞同志接任区党委书记，副书记还是陈丕显同志。1945 年 4 月，叶飞同志率部南下后，陈丕显同志即任区党委书记。

1945 年 7 月间，我奉命参加华中代表团，并担任华中代表团的支部书记，离开苏中去延安参加解放区人民代表会议。途经安徽濉溪时获悉党中央来电，说日本侵略军快投降了，代表会议暂不召开，各代表团返回原地。也就在这时，上级决定我调华中分局任委员兼妇女部长，至此我离开了苏中地区。

全国抗战八年，我在苏中根据地就工作了五年，对那里的一草一木都是有感情的。在当年艰苦复杂的敌后游击战争中，苏中区的人民群众曾付出巨大的代价，作出过重大贡献。我认为抗日战争的胜利就是人民战争的胜利，是共产党正确的路线、方针、政策和人民群众真心实意拥护相结合的必然结果。群众支前，积极参军，掩护部队，反奸反特，参加对敌斗争，等等，和共产党、新四军是鱼水之情，这就是我党我军之所以能战无不胜的社会基础。直到现在，我还清楚地记得这么一件事，即是二分区的妇女、儿童如何反奸反特的事。在东台县的一个村子上，村头有我们妇女和儿童组成的秘密岗哨。他们很有觉悟，也很机灵。一天，有个叫花子进了村口，担任秘密岗哨任务的妇女一面纳鞋底，一面留神观察，为什么穷人要饭还用新布做口袋？她怀疑其中有鬼，在趁着给他粮食的时候，又顺手伸进叫花子的布口袋里，抓了一把出来看看，发现里面一色的粮食，而不是“千家饭”。她按照事先规定好的暗号，在她身边的孩子屁股上拍了几下，小儿童团员就跑来给我们送信了。后来将叫花子抓起来一审，果然是日伪军派来根据地搞侦察的特务。这说明，群众发动起来了，才是真正的铜墙铁壁。

如何发动群众、组织群众、依靠群众，是建立、巩固和发展根据地的一个关键。当年，苏中地区的群众工作搞得很好，发动群众有许多好的条件：一是人民群众不愿当亡国奴；二是不能忍受国民党顽固派和地方杂牌部队的蹂躏；三是要求减轻封建地主的剥削。所以，我们进入苏中地区之后，又打日本侵略者，又同顽固派进行斗争，并且搞了“二五减租”，这样就顺应了广大人民的要求，群众很快被发动起来，而我们在发动群众的同时也注意了斗争策略。群众奋起抗日了，我们才能很好地着手建党、建政、建立群众武装和群众组织。

在根据地的诸多方面工作中，武装斗争是很重要的方面，打仗是第一位的，一切要服从战争。然而，根据地的斗争又不单纯是军事斗争，还有其他方面的工作，如党的建设工作、政权工作、统战工作、群众工作、财经工作、城市工作、敌伪军工作、宣传文艺教育工作、保卫工作、生产工作、干部教育和培训工作、交通工作、情报工作，等等，缺了哪一个方面都不行。就拿军事斗争本身来说，也不光是打仗，而且还要注意军队自身的建设，对主力兵团、地方兵团和区队、民兵自卫队的要求也不一样。不光讲打仗勇敢，而且要讲究战术。建设巩固的抗日根据地，要靠各方面工作的密切配合，要靠党政军民全体人员的共同努力齐心协作才能实现。

苏中根据地的开辟、建设过程的一个显著特点，特别是前一阶段，都处在“三角斗争”的形势中。这个斗争非常复杂。我党我军进入苏北以后，对国民党顽固派进行了一系列针锋相对的斗争，但那是因为顽固派不但自己不抗日，而且阻碍新四军抗日，甚至妄图以武力消灭我们。为了肃清抗日的阻力，我们进行反磨擦是完全必要的，是符合党中央“发展进步势力、团结中间势力、孤立顽固势力”的指示精神的，而且在同顽固派的斗争中，始终遵循“人不犯我，我不犯人，人若犯我，我必犯人”以及“有理、有利、有节”的原则。因此，苏中军民对日伪军作战，消灭汉奸，始终是斗争的主线，在抗日战争的整个时期，民族矛盾始终是主要矛盾。

在统一战线工作中，既有团结的一面，又有斗争的一面。统一战线的主要对象是地主、士绅。我在二地委当书记时，曾教育过一个表现不太好的泰东县士绅。此人一方面做了一些对新四军有益的事，但背着我们又欺压当地的老百姓，引起民愤。为此，我在二地委机关报《滨海报》上发表了题为《真进步还是假进步》的文章。在泰东县召开的参议会上，我又讲了话，表扬了一些表现较好的士绅，同时也不点名地批评了那个有点民愤的士绅。这一来他紧张了。会后，他买了点心和兔子肉托人送给我，并在信中写道："章地委"在会上的讲话对我教育很大，指明了前途和方向，真是"威如严师，恩同慈母"，云云。我将东西如数退还，并复了信，进一步对他教育，当然，也写了几句鼓励他的话。从此，他就老实多了，再也不敢胡作非为了。

坚持苏中地区的斗争有某些特点，即拿自然条件来说，苏中是平原、水网地区，和太行山区以及华北平原有显著的不同，无山可凭，也无地道可钻，在这里开展游击战争要比那些地区困难得多，但我们毕竟还是坚持下来了。怎样坚持的呢？我记得，兴化是水网地区，很典型，出门就要乘船。我们那时就发动群众在河沟里打起了许多暗坝，我们可以顺利通过，而敌人则行动维艰。

苏中敌后斗争的环境是非常艰苦的。在很长一段时间里，我们是天天搬家，夜夜行军，每到一处就对敌人封锁消息，有时一夜要走几十华里路。苏中军区、行署、区党委机关也是一样，非常艰苦，夜晚行军，白天还要坚持各种工作。敌人一"扫荡"，机关还得分散，女同志打埋伏全靠群众掩护，有时甚至在敌人据点附近也能埋伏下来。当时结婚条件是"二八五团"（即28岁，五年军龄，团级干部），生活上是供给制。当然苏中也有相对稳定的时期，如在南坎会议期间，我们就住原地一个多月。在这个时候，大家也尽可能组织些文化娱乐活动。宋之光同志的爱人（指张如同志）演过《魔窟》中的小白菜和《刘桂英是朵大红花》，等等。郭沫若的《甲申三百年祭》出版后，夏征农、吴天石、沈西蒙还改编成话剧演出过。施平等人还演过反映苏联契卡工作人员的话剧《巧克力》，这些都说明我们的同志，既是革命的英雄主义者，也是革命的乐观主义者。

抗战时期在皖南

李一氓

1937年7月7日卢沟桥事变爆发，全国抗日战争开始了。国民党把散在江南各省的红军游击队的编制和防区，当成一个问题向我们提了出来。我们只想把它变成当地的保安团队，国民党则坚持要把这些红军游击队集中起来，调离本地。因此，就有编一个新四军的说法，又有要叶挺当军长的说法。

1937年10月底叶挺到了延安，11月初项英也到了延安，可能都是涉及江南游击队的事情。他们两人在延安的时候，我没有去看他们，因为这件事情同我没有关系。他们走后，李富春才把我找去说，江南游击队准备编为新四军，由叶挺当军长，项英当政治委员性质的副军长。叶挺临离开延安时，向中央要求派几个与他在大革命时期熟悉的干部去新四军工作。他曾点名要周士第去当参谋长，他们都是广东人，都属于国民革命军第四军，都经过南昌起义，但中央没有考虑。另派了张云逸（广东人）去当参谋长，周子昆（广西人）去当副参谋长。周是叶挺当独立团团长时独立团里的一个排长，后来当连长、营长。冯达飞，广东人，是黄埔一期学生，也被派到新四军工作。还有我去当秘书长。武汉时期，我们都同在一个军队党组织。李富春还提了一个问题，因为项英、叶挺我都熟悉，要我作为他们之间的缓冲人。当时我听了也没有什么大的反应，但后来真正做起来，却不是那么容易了。

我们在延安做了一些准备工作，中央为新四军配备了一些中级干部。军事工作人员由赖传珠带队先走，30 人左右。政治工作人员由我带队后走，30 人左右。1938 年 1 月，我们从延安到西安，从西安到汉口。安顿了一下，根据武汉办事处的要求，这批干部先送南昌。于是又从武汉到九江，由九江到南昌。在武汉我见到一些长久不见面的朋友和同志，如郭沫若、潘汉年、梅龚彬等，也见到由四川到武汉的韩伯诚，当然也见到了叶挺。在我们到武汉以前，新四军军部已在汉口大和街 26 号正式成立，挂有军部的牌子。新四军的战斗序列属第三战区，因此军部第一步由武汉移南昌，准备第二步由南昌移安徽歙县的岩寺。南昌军部设在南昌的三眼井一号，那是北洋军阀时期著名军阀张勋的私宅。军部移至岩寺以后，就把它当作新四军驻南昌办事处了。

新四军的作战区是在皖南，面对长江和京沪线的左侧面，所以军司令部也设在皖南。1938 年 4 月 5 日，军部从南昌搬到安徽歙县的岩寺。

岩寺是歙县的一个大市镇，明朝李日华的《礼白岳记》就曾记了一条："十里至岩市镇。街衢纵横，车毂凑集，聚落之雄胜者，以礼岳，故不敢迟徊流览。入一小肆中午餐，几案楚楚，薰炉砚屏若苏人位置。壁有文太史画一帧，题句云：秋色点霜催木叶，清江照影落扶疏。高人自爱扁舟稳，闲弄长竿不钓鱼。长洲文璧。"一个酒店居然挂上文征明的山水，可见崇祯年间这个地方商业是很繁荣的。查弘治本《徽州府志》卷二地理部分，即有岩寺镇之名，是宋代设官收酒税的地方，李日华把"寺"念为"市"是错的。

我们在这个地方进行了全军的集结和整编工作。任务完成以后，5月初又搬到太平，住了将近一个月，国民党不答应，认为那个地方太靠近大路。最后，6月中旬进驻泾县章家渡以北的云岭。军部在这里一直住了两年半的时间，到皖南事变前夕为止。云岭是一个小山村，周围有同样规模的村庄，如罗里村驻军部，丁家山驻东南局，章家渡驻总兵站，新村驻战地服务团，汤村驻政治部，肖村驻军医处，还有陈家祠堂、南堡村等地方，也驻有新四军的部队。

皖南这个地方明清之间是雕刻、印刷出版业比较集中的地方，其中又以徽州为最。同时，由于山上的古松树很多，所以用松烟制墨的手工业也很发达，集中在休宁和歙县，这就是有名的徽墨。宣城还出产有名的宣纸，泼墨作画，挥笔写书，唯此纸最佳。同时徽州商人还经营茶叶、食盐。这些商业资本，又在各地经营典当业，进行高利贷盘剥，所以徽商在全国的商业市场上是很有名的。

皖南多山，满山都是很高大的松树，但不值钱，可能是战争的原因，100块钱就可以包一座山。部队就是这样包山取得炊事燃料的。但要砍成烧柴，颇不容易，还得花100块钱包给农民。他们把树全部砍倒，树枝锯掉，这些树枝就无偿归属他们了。然后把树干锯成两尺长一段，再劈成木柴，很整齐地码在山上。这个过程的劳动量是很大的。部队还得自己上山去运回营地。都是些上百年的松树了，木质很好，现在想起来，也就算是不可避免的浪费了。

青弋江流经皖南，到芜湖入长江。水产丰富，物价也很便宜。鱼很新鲜，不过一角钱一斤。叶挺曾经花十块钱，买了100斤鱼，慰劳教导队的学生，大受欢迎。

皖南产茶，主要是绿茶，也有人做花茶。从军部到太平，不论是乘竹筏或步行，一般都经麻岭坑小河口。到太平前大多在铜山的山门歇脚。那里有一位刘敬之老先生，拥有大片茶园、林场，在屯溪、芜湖等地设有茶庄，在山门自置一座陈设讲究的庄院。他对我军友好，是一位开明士绅。从军部到太平路上，军部人员来往经过，都在刘家吃饭、休息，有时还在他家借宿。刘家从不收取我们的钱粮报酬，完全无代价供给。1939 年 2 月下旬，周恩来一行到军部。3 月 14 日从章家渡返回，途中曾在刘家用餐、休息。周恩来见过刘家父子，还题了词送给他们。刘老先生送他的儿子刘寅参加新四军，刘寅在皖南事变后，长期在苏中、苏北工作，后离休在南京。我因公离开军部外出，或从外面回到军部，都要经过他的庄园门口，都在他那里休息和吃午饭。这个庄园，三面是茶山，出门隔一条大路就是青弋江。客厅很堂皇，家具非常雅致，墙上有些字画，阶前还有盆栽的花草。看起来不单是地主兼资本家的住宅，还带有书香门第的味道。刘家所供给的午饭，菜很丰富，味道也很好，临时能做到这样也很不容易了。皖南事变当中，我们从阵地上跑出来，曾设想过先到刘家，看看他有什么办法。但随即听说国民党军队曾到他家里搜查过，所以最后我们还是没有去。1958 年泾县在陈村建陈村水电站，中间曾停建、续建，1975 年全部建成。水电站就在陈村以南拦河筑坝，坝高 76 米，长 419 米，上游成为太平湖，山门和更上游的小河口（新四军后方）都被淹了，刘家那座清雅建筑也被淹没在湖底了。

从岩寺到太平要经过黄山脚下，可那个时候没有游山的雅兴，也没有登山的时间。我同邓子恢两人曾经过黄山脚下，从汤口进山，在中国旅行社的招待所住了两晚上，除了洗温泉之外，没有上山。

皖南的山水景色优美，黄山是很有名的了，还有九华山、齐云山。从地区来讲，宣城、广德、旌德、绩溪都有山水名胜。春天满山的杜鹃，秋天都是红叶的乌桕，松林很密，山径弯窄，当然还有一些小桥流水，看来是很好的风景。但是就是这样一个优美的地区，1941 年我们万般无奈，被迫地把它作为战场，攻不能前，退又无据，只落得一个全军覆灭的悲惨结局，至今想起来，还是一件恨事。

新四军是由南方各游击区的红色游击队组合起来的。1934 年 10

月，中央红军撤离江西进行长征，留下来的部分红军和游击队就地坚持斗争。这些游击队分布在江西、福建、广东、浙江、湖南、湖北、安徽、河南八个省15个地区。跨省界的有八个游击区，为赣粤游击区、闽赣游击区、闽粤游击区、皖浙赣游击区、湘鄂赣游击区、湘赣游击区、鄂豫皖游击区、鄂豫游击区。不跨省的独立游击区共七个，为闽西游击区、闽北游击区、闽东游击区、闽中游击区、浙南游击区、湘南游击区、琼崖游击区。各游击区的红色游击队集合起来，组成了新四军。长江以南的编成了三个支队：第一支队司令员陈毅，包含湘鄂赣傅秋涛部队和浙赣、湘赣各部队；第二支队司令员张鼎丞，包含闽西、闽南、闽赣各部队；第三支队司令员张云逸（兼），包含闽东、闽北和闽北黄道的部队；长江以北编成一个支队，即第四支队，司令员高敬亭，包含鄂豫皖高敬亭部队、鄂豫周骏鸣部队。湘南李林、刘厚总两部约300人编为军部特务营。刘厚总的游击习气很浓，部队改编时曾把他调出来拟送到延安学习，他到了武汉就不愿走，甚至要求回家，武汉办事处无法，又把他送回军部。皖南事变时他谋害了项英。

新四军跟八路军的兵力构成大不相同。八路军是由一方面军、二方面军、四方面军的正规部队组成的。主要成分是来源于江西、福建、湖南、湖北、安徽、四川的农民，这些农民不但抗日坚决，而且经得起大的战斗。这一点八路军比新四军强。新四军装备差、新兵多、游击习气浓厚，抗日战争的政治军事思想准备不够。其次，抗战一开始，由于国内政治生活的要求，新四军从上海、江苏、浙江吸收了上千的男女青年知识分子，从文化水平的构成来看，八路军就不如新四军了。八路军知识分子主要来自当时的北平，但为数不多。

新四军的领导机构——军部，主要领导干部是从延安派来的，勉强可以组织成一个参谋处及后勤部、政治部的一部分。因此形成了这么一种情况：由个人介绍来的干部较多。如医务处的医务人员全是由叶挺介绍来的，没有一个党员，当然业务水平比较高。延安派来的一个医务人员戴济民，业务水平不高，年纪比较大，只能负责教导队的医务工作。不过这些医务人员后来有很大发展，新中国成立后，在医务行政部门、医务教育部门、解放军医院里，都担任了领导工作，全都入了党。新四军军医处的吴之理医师，在抗美援朝时成为志愿军的卫生部长，他对近代战争的战地救护工作有着很丰富的指挥和组织经验。新四军军部的副官处成员也是叶挺介绍的，有的还是他的亲戚。后勤部门，包含兵站，有叶挺的叔伯兄弟，还有上海煤业救护队的主要工作人员，延安来的同志如宋裕和等，实际上占少数。政治部的宣传部、组织部、民运部、保卫部的负责同志，如李子芳、朱镜我等倒都是党员。敌工部长是由叶挺介绍的，任用林植夫当部长。说来奇怪，林植夫是国家主义派《孤军》的总编辑，在国家主义派里面是极为反共的，但他参加了1933年的福建事变。因他是日本留学生，日文不错，由于叶挺的介绍，而他本人又愿意参加新四军对敌宣传工作，于是参加了新四军。1941年皖南事变时，他被国民党俘虏，1945年日本投降他才被释放。后来他参加了中国民主同盟。新中国成立后他是中国人民政治协商会议全国委员会的委员，又是福建省政协副主席。

从上面情况看，八路军和新四军指挥机构有很大的不同。开始时，应该说统一战线的色彩是比较浓厚的。当然经过抗日战争的整个过程，把这批同志锻炼得甚为成熟了，其世界观发生了显著变化，从爱国主义思想发展到共产主义思想，并且都入了党。

军部在南昌时，正是上海煤业救护队由上海战场撤退到南昌的时候。这个救护队，是上海煤业工会组织的战地救护队。开始的目的是支持在上海作战的国民党部队。等到上海一放弃，它也跟着国民党部队西撤，先到金华，后到南昌。为着工作方便，他们又在煤业救护队前加上一个中国红十字会的名义，意在标明自己是中国红十字会领导的一个上海煤业工会的救护组织。他们到南昌后，知道新四军成立了，这个组织里面有的同志就想把救护队归属新四军，为新四军服务。

但当时的江西省政府主席熊式辉也看上了他们的几十辆汽车，想把他们划归江西省政府管辖。我们知道这个情况后，就找了他们的负责人叶进明，这是个老党员，但那时还没有党的关系。通过他居然说服了全队，摆脱了熊式辉，跟新四军合作。那时叶挺、项英都在南昌，由他们两个人出面，请他们吃了一次饭，并且讲了些抗日道理来争取他们。

上海大小煤炭业的经营店主都是宁波人，因此这个救护队的成员，自然就都是些宁波人。但他们于抗战开始后，在上海、浙江进行工作的时候，吸收了一些上海、浙江的青年来参加工作，因此其成员到后来也不完全是宁波人。全队总数一百二三十人，其车辆都是当时上海煤店营业的运输车辆捐凑成的。自从这个救护队归属新四军以后，首先利用这些车辆，从福建、江西、浙江把参加新四军的红军游击队接运到安徽的岩寺集中，以便进行整编。利用这些车辆，我们建立了浙江温州到安徽太平的兵站线，太平到军部没有公路，是不通车的。在兵站的建设上，除了一个延安来的同志当站长外，其他工作都由他们负责了。

其实他们对于新四军建设贡献最大的还是筹建了一个印刷所。设备最完整的时候，有全套的铜模，有一二三号的轮盘机三台，有四开机一台，石印机一台，甚至还有打纸版和胶版的全套设备。排字、铸字、刻字、印刷、装订、校对这些工种都是完备的。它承担的任务主要是印《抗敌报》三日刊。这是一张八开报，后来又增加成两张。“抗敌报”三个字是请周恩来写的。这个印刷机构，名为战地文化服务社，除了印《抗敌报》外，还印《抗敌》半月刊，这是政治部宣传部编辑的一种综合性刊物；还印《理论与实践》，全是翻译涉及联共党史、马列主义的文章；还印《学习》半月刊，这也是政治部编辑的指导政治工作的刊物；还印《战地青年》，这是东南局青年部与政治部合编的；还印《抗敌画报》，这是在新四军工作的一批画家和木刻家共同编辑的，也是政治部宣传部的刊物；还印一个《建军》季刊，是军部自己编辑的。无论写稿和译稿都是利用延安的材料重新编的。当时正是学斯大林的《联共（布）党史》的热潮时期，因此印刷所还印过《联共（布）党史》及一些马列主义理论和文艺方面的小册子。不过《抗敌报》的影响最大，在那么一个农村地区能发行好几百份。它主要宣传八路军在华北的胜利和新四军在江南的胜利。后来纸张用量大，从上海买报纸不容易，我们就利用本地出的竹纸。但是需把纸幅的宽窄、纸张的厚薄加以改善，使它适合印书报。这不但降低了成本，同时还支持了皖南山区特有的手工造纸业。煤业救护队的叶进明当印刷所所长，忻元锡当副所长。

我同救护队从南昌开始就有接触。救护队列入新四军的编制后，除了兵站系统以外，他们的成员，特别是年轻的，都送到教导队学习半年，然后分配到军部的其他单位工作，以到政治部的人为最多，也有少数人调到东南局，这时他们大多数都已经入党了。他们几个负责人如叶进明、忻元锡、陈昌吉，有什么事都来找我。因为我对办印刷所的兴趣很大，也就找他们一起想方设法把印刷所办起来。他们来往于上海和皖南之间，对这个工作出的力量最大，也最有成绩。后来印刷所只有陈昌吉一个人负责，他当所长，我们又调黄源去当副所长。

《抗敌报》是政治部为了搞好对部队的政治工作和对群众的政治宣传而创办的。开始印刷条件不具备，出的是油印报。后来在屯溪弄到了几台石印机，就出石印报，还是不定期。大概在1938年底，才从上海弄来铅印机，改出铅印报。因为印制条件不好，开始出的是五日刊，后来器材、人员、技术条件都有所改善，就正式改出三日刊了。现查1939年6月的《抗敌报》还是五日刊，那么出三日刊可能是1939年下半年的事了。这个报一直出到1940年底皖南事变的前夕，它无论在新四军当中，还是在安徽、江西、江苏新四军力量所及的群众当中，都有很大的影响。它报道了欧战中苏联红军的胜利、华北八路军抗战的胜利，对新四军的各个支队对敌作战的胜利，更做了详细的报道。对全国的群众运动、统一战线的发展，也作了同等重要的报道。政治部的宣传部长朱镜我主管报纸，对于它的编辑、设计，特别是一些社论、专刊、署名文章的组织安排，都费了很大的力气。

我对于这个报纸也很感兴趣，有时也在报纸上发点议论。现在这个报纸无论南京、合肥，都找不全了。据我所知，现在安徽博物馆藏有《抗敌报》八期，其中有一期是1939年的，有七期是1940年5月的。安徽省档案馆藏有96期，其中1939年5月至12月的共约20期，其他都是1940年各月份的，共约70多期，最迟的到12月13日（第214期），已经是皖南事变前夕了。《抗敌报》的总期数大概接近220期，现在保存下来的不过是一半罢了。

我记得当时给报纸写了好几篇东西，如今只找到四篇。第一篇是1939年10月11日为纪念新四军成立两周年而写的。就在这时候，欧洲战场发生了重要的战局变化，希特勒进军波兰，同时苏联也命令红军进占波兰的东部。当时在新四军中对苏联进军波兰有一些糊涂认识，为了澄清事实，有必要对这个事件作一次分析，于是我就写了《漫谈苏联红军向波兰进军》的一篇短文，结果很解决问题，在全军得到较好的反应。第二篇是1939年11月11日为祝贺团参谋长王槐生50大寿而写的。我引用了当年3月斯大林在联共第十八次代表大会上关于老干部的评论，并借此对老干部和新干部的对比作了一点发挥。第三篇是1939年11月16日写的，题为《皖南的粮食，农民与军队》。因为当时国民党地方势力不准农民把稻米卖给新四军，国民党CC派的报纸《东南日报》也造谣说新四军压低粮价，并强迫封仓。对此，我们不能不公开予以反击。第四篇是1939年11月26日写的《两种说法，还他两个例子》，涉及满洲国和波兰的问题，做了对比。

这个小报几乎每期都有社论，其中涉及国际问题和欧洲战争形势问题的我写过一部分。但是因为社论都不署名，现在也很难回忆和分辨出哪篇是我写的，哪篇是别的同志写的了。我当时给我在《抗敌报》

和《抗敌》杂志上发表的那些短文章起了一个统一的标题，叫“运甓营房随笔”，并且编了“之一”、“之二”、“之三”的号码。现在仅在《抗敌》杂志上找出了一篇。我把在军部睡觉、办公的地方，叫作“运甓营房”，意思是学陶侃。现在听起来，可能幼稚可笑，而我自己则认为当时确实是正正经经的。我在《抗敌报》上发表署名文章用的都是“李一氓”。

《抗敌》杂志是个综合性的刊物。主要内容以国内的抗日战争为主，尤以新四军的抗日战争为主，也涉及新四军战时政治工作，有些文章则转载自延安的出版物。大体上是有关全国性的政治问题或者战术性的军事理论，也发表一些涉及战斗的或地方的文艺通讯。这个杂志有一个编辑委员会，一共七个人，他们是：朱镜我、林植夫、夏征农、黄源、冯达飞、薛暮桥和我。基本上是以政治部为主，教导队也参加。从创刊到停刊共出了 19 期，18 本。现在缺七期，实存 12 期。

这个杂志说是半月刊，实际上并没有按期出版。它是在 1939 年“五一”出的第一期，加上 1940 年全年，应该出 40 期，实际上它只出了 19 期。根据现有的目录，我在第三期上写过一篇《在游击区内用军事方法与日寇作经济斗争》，主要是主张破坏敌占区的铁道、公路和水运，以瘫痪它的交通运输。在第七期上写了《民主、宪法、抗战》，在第八期上写了《反汪述旨》，在第九期上写了《炸药和哲学》，主要是反对张君劢的理性主义和二元论，因为他在《近代思潮的特征》上，针对辩证唯物论进行攻击，我的题目之所以叫作《炸药和哲学》，不过是拿炸药的物性作为比喻来反驳他。在第十期上我写了《我们的艺术和我们的艺术家》，在第 11 期上写了《泛论思想》，在第 12 期上写了《欧战新形势》。我在第二卷第二期上写过一篇《认识和拥护中共中央的“七七宣言”》，这篇宣言的正式名称叫作《中央为抗战三周年纪念对时局宣言》，我不过用 4000 字来阐述我的认识和表示拥护，也算是在全军内部进行一次宣传。

19期中我可能不止写了这八篇，但现在其他的查不到了。这些文章不过都是为了当时的实际问题提出一点儿看法，没有离开现实的空论。文章除署名“李一氓”之外，还用过两个过去用过的笔名，一是“叶芒”，一是“德谟”。提起这些报刊，我总回忆到煤业救护队的同志，替我们作了很好的物质安排。而朱镜我则是这两个刊物最尽力、最有见识的总编辑。他原是日本留学生，后来在上海主持党的文化工作。全国抗日战争开始后被党派到新四军来，一下就适应了军队的特殊环境，这是颇不容易的。

关于皖南事变的全过程，我曾向中央有一个系统的报告，这个报告是我到香港以后请廖承志同志代发的，但要把各方面的情况都包含在内，还是不够的。多年之后，各种文字材料发表了不少，特别是当时的档案材料（包括国民党部分），尤为丰富。此外，当时一些亲历其事的同志的回忆和一些研究新四军的历史学家，对皖南事变做了历史性的分析和论断。现在我更没有必要去追述那11天的更为详细的过程了。因此，我的回忆就从战争的最后时刻说起。

我找机要员译出叶挺署名的向延安发的最后一份电报，并要求电台立刻拍发。拍发完这份电报后，我就招呼电台台长立刻把这套电台的所有设备全部砸毁。回头我又招呼机要员把所有的密码本全部烧毁，为求烧得快些，分成两处烧。等到我去检查完电台砸毁情况，回头来那些密码本已经烧光了。我就带着这两批人从后院出来。但是作为军部指挥所的前院，上至军长下至勤务员，一个人都没有了。

当晚天色很暗，伸手不见五指。出大门后，只看见山坡上密集的人影很纷乱地在奔跑。最后我也爬上山追上了一个战士，我问他军长他们哪里去了，他就用左手指了一下。我要跟着上去的时候，后面的人也不知是谁把我挡住，不准我向那个方向去，说：“不要去增加他们突围的困难，人多了，目标大。”那时已经跑得很乱，我身边报务人员已经没有几个，机要人员也跑散了。我就同少数人跑到一个山沟里面。我估计现在乱跑也跑不出名堂，还不如找个茅草多、树木多的山腰隐蔽下来，等天明了再想办法。

在行动中，我遇到了一个警卫班，我立刻要他们跟我一路走。住下来的时候，在路上捡到一支全新的俄国式的手提机关枪。同行的还有几个干部，我就说服他们同我在一起，反正只要我们没有什么动静，不被国民党的包围部队发觉，是绝对安全的。当然，从这时起只好挨饿了。听到山沟里有流水的声音，找人弄点儿水来解渴还是完全办得到的。就在这个时候，听见左面二里外的山上山下枪声非常密集，但是没有几分钟枪声逐渐停止了，我猜想叶挺去的那个方向发生了问题。后来证明，大概就是那阵枪声后，叶挺就被俘了。叶挺是怎么被俘的，有不同的说法，我不在场，也弄不清楚。当天晚上，我把图囊里面所带的一些重要文件，如我回四川时毛泽东写给我的指示信，叶挺和项英之间互相不满意，叶挺写给我的一封长信，还有我那本仅仅整理了《从金沙江到大渡河》一段的，其他还是素材的长征日记，都埋在皖南的山上了。埋的时候是很舍不得的，现在也还是很后悔的，但是后来下山的时候，也未必能把它们带出来。

实在太疲劳了，我也就在茅草里睡熟了。但醒来向左右一望，又少了好多人，各奔前程去了。特别是那个警卫班都是短枪，是很有战斗力的。当时我留他们在一起，意思是即或冲不出去，有这么一班人，我们也会在皖南的山里活下来。他们这一走，使我全然不知所措。我问那时还在一起的人，这个警卫班怎么走的，说是因为李志高。他是军参谋处的作战科科长，以后他跟项英他们碰在一起，等到刘厚总谋杀项英，他又从皖南渡江到皖北，到了新四军第七师，后来不知为什么他又自杀了。因为他已经自杀了，我也就不愿说什么了，反正在一个重大的历史事件中，偶然的事情太多了。

在这个时候，我依然想的是多找些人在一起，找到地方党的关系，做有组织的突围。但是白天只能躲在茅草丛中忍饥挨饿。注意一下周围山头的情况，看来国民党的部队已经开始撤出战场。当天晚上，我们就试着摸下沟去，想找个单独的农家去弄饭吃。但是就在那个沟里面，这个山坡、那个山坡都下来一些人，有二三十个。这些人中有胡金魁，他原来是江西国家保卫局的人，长征以后在瓦窑堡入党，后来在保安当中央的交际处处长。斯诺访问陕北时，所有的接待工作都由他安排。《西行漫记》的中文版上有他的照片，但是他的名字译错了。新四军成立的时候，他当三战区所在地的新四军的上饶办事处主任。这时我们大家就都推举他带一两个人，到农民家里弄饭，弄到后拿到这个山脚下来。但是我们左等他也不来，右等他也不来，究竟过了多少时间也很难算定。一下要弄二三十个人的饭也不容易，但是这些饿了一两天的人，总觉得等的时间已经很长了。因为在战争环境下，有人怕出问题，所以这顿饭没有吃成，大家就散到各自的山上去了。据他后来说，他把菜饭都弄好拿来时，一个人都看不见了，他还非常惋惜。这个同志新中国成立后一直当湖北省委的统战部长，工作做得很不错。

这顿饭没有吃成，又爬上山去过了一个夜晚。等到天亮就陆续下山了。山沟的水很清凉，大家都饱喝了一顿。有的人又洗脸，又漱口。当然今天遇见的人，也不完全是昨天晚上等那一顿饭的人。估计周围已没有国民党的军队，就想大胆地闯进农民家里去弄饭吃。去的人还算警觉，看出有个小村有地主武装，就赶快回来了，说不行。但为时已晚，他们已经被地主武装发现。地主武装跟上来了，虽然人数不多，不过两三个人，但我们不能公开抵抗。他们首先开枪，这一来在水沟旁边的人就乱跑一通，把原来那个没有形式的组织打乱了。不知道为什么跟我跑在一起的是余立金、钱俊瑞和三个教导队的学生。今后这六个人就要共同度过一个短暂时期的困苦生活。而且由于钱俊瑞在内，余立金和我两个人后来在“文化大革命”当中糊里糊涂地白白吃了一场长达五年之久的官司，这是后话。历史就开了这么一个玩笑。

虽然当时地主武装开枪没有伤人，也没有继续进攻，却把我们的一顿饭给弄吹了。我们在山沟里隐蔽了一会儿之后，决心转移目标，到另一个山沟里去。大概在新的山沟里住了两三天（1 月 20—22 日），找到一家对我们很同情的农民，每天晚上都能弄到饭吃。

我们估计国民党部队已经撤走了，于是商量一起下山到徽州，然后分散。我决定去桂林转重庆，余立金、钱俊瑞去宁波转上海回苏北，三个青年要求回家去，这样也比较好。时间离过旧历新年不远了，我们白天躲在树林里，晚上到一个农民家里吃饭。我们向他提出要下山的计划，要求找几套冬天农民的衣服来改换便装，他满口答应好办。果然，在晚上他拿来一些棉衣棉裤，大家选择了自己适合的棉衣，当然都是粗布的。我们脱下了军服，并把所有涉及军队嫌疑的东西，不管有用没用全丢给主人了。其中包括我用了十年的一支红色派克笔，实在有些舍不得。有些短武器，没有告诉主人，都悄悄塞进他的粮食堆里面去了。主人还替我们设计了一些道具，如钱俊瑞提个竹篮子，里面放一些香烛，表示要回家过年。我拿一个竹竿子，上面挂了一些小的野兽皮，如黄鼠狼之类的皮，可以冒充上山收皮毛，现在年底应该回家了。余立金搞个什么名堂，那三个青年又是怎样装扮的，时间过得太久我也说不清楚了。

这些事情办妥以后，由主人带我们走了三四里路，指给我们一个去太平的方向。为感谢主人，我们送给他 50 个银元。我们六个人分为四股，一个教导队学生在前，余立金、钱俊瑞第二，我第三，再有两个教导队学生殿后。中间各相隔二三百米。只要前后能够照顾到就行了。这不过是一空话，实际走起来，前边的人是走得很快的，有时你根本看不到前面的人。一个晚上，一个白天，这四股人就各不相顾了。我是走得最慢的。第二天下午绕过太平城下山上公路，就连走在我后面的两个青年都超过去了。我拼命地赶，傍晚到了公路旁边一个小茅店的时候，他们已在那里吃过饭睡觉了。当然我们装作不认识，互不相干，他们睡他们的。第二天早晨，他们比我起得早，从此之后一直到徽州，我就再没有见到他们了。

一路只有我一个人，为着不使自己过分引人注意，我连那皮毛竿子都丢在公路旁的草丛里了。走了两天，脚上打了泡，越走越慢，但也无可奈何。最担心的是有两次遇见国民党七十九师向浙江撤回的部队在公路旁边休息，为了防止出现意外情况，我拼命地赶到他们前面，摆脱他们。原来相约第三天都到徽州，但我实在走不动了，天已经黑下来，我才赶到潜口。

潜口镇外有一个小茅店，是人力车夫晚上寄宿的地方。我就要求在那茅店里借宿一晚上，店主显然分辨出来我不是一个人力车夫。他就说这个地方过些时候是会来查店的，查起来不方便，不如我先借一个烘炉给你，你到对面山坡下面一个茅棚底下去等一下，等查过店，我再把你找回来。我向他说，我也没犯什么事情，怕什么，我实在是走不动了。也不知他怎么想的，就说那好，我们到街里找个地方去住。随后他把我带进一个面馆说，你反正饿了，先吃饱我们再去找住的地方。饥者易为食，我居然吃了两大碗，吃得饱饱的。然后他把我带上街，摸黑走进一所像是祠堂一类的大院。

在一个空空荡荡的厅堂里，隐隐约约地看见有几张缝衣服的案子。当时正是阴历十二月的最后两天，当然不会有月亮。房屋又大又深，有点儿什么声响，外边也不会有人听见。他让我等一下，他去租两床棉被来。我们就睡在一张缝衣服的案子上，他睡一头，我睡一头。我自然难以入睡，心里暗自盘算，他会不会怀疑我身上有点儿什么钱。假如他心术不正的话，要谋财害命是很轻而易举的事。我想还不如透露一点儿给他，看他有什么反应。皖南驻有两个军的四川军队。我就说我是川军的，因为想家开小差了。他反而安慰我一句，说你安心睡吧，有事情明天早晨再说。我就更拿不准他在想什么了。从他说话的口气听来，似乎还不至于拿刀对付我。可还是睡不着。由于一连走了三天，实在太疲劳了。最后精神还是松懈下来，一觉睡到第二天早晨。我自己设想的那一场谋财害命的血案，并没有真演出来。

醒来后，他又要我等一下，他去把棉被还了，回头就向我要棉被的租钱。并说他有办法搞到通行证，问我究竟要去哪里。我就说回四川总得经过桂林，你就给我搞一张从潜口到桂林的通行证。他说这个通行证恐怕要多费一点儿钱。我问他要多少，他伸手就要 80 块钱，这种事情也不好讨价还价，我就给了他 100 块钱，包括棉被的租费在内。然后他又提出来，说是明天就过新年了，大家交个朋友，能不能让他把新年过得宽裕一点儿。我心想，昨晚那样天黑地寒，没有死于非命，总算大幸了。我又拿出 100 块钱送他，看样子他是很满足了。因此又带我去吃了两碗面，算是一顿早餐。然后，把我送出潜口。

那个店主为我雇好了一辆人力车，可以一直坐到徽州。临分手时，那个人明白地告诉我，你不是川军，你是新四军的，我们没有恶意，你放心走吧。我既不能承认也不能否认，只是含糊其词，感谢他帮了许多忙。我就一个人坐人力车到徽州去了。

这时，就是我一个人。余立金、钱俊瑞他们在我前面，现在都不知到哪里去了，等我下了人力车，进到徽州街上，才看到他们两个人。他们已在徽州的估衣铺换了一套新衣服。两个人匆匆忙忙地对我说，他们立刻就要上船去宁波转上海。我们事先曾经讲过，他们两个人去上海，再回到苏北军部，我一个人直接去桂林，准备回重庆，向办事处报告事变经过。从部队失散，我们三个人突围出来，一路下山，到此就分手。

我也学他们，在徽州街上买了一套新衣裳，又买了一个小箱子，买了一些徽墨和一些茶叶，准备作为做贩卖茶叶生意的借口。但那时已是阴历除夕（1941 年 1 月 26 日），不仅当天没有交通工具，就是第二天也没有交通工具可以去金华。我只好租住在徽州城外的一家旅馆楼上，熬过年初一，到初二再说。因为要过年，旅馆的店员都把大门关上赌博，也没有什么人来，我一个人耐着寒冷躲在自己的房间里，就这样平安地度过了除夕和初一。

第二天请旅馆的人帮忙，在去金华的出租小汽车上买了一个位置。大概 9 点钟的时候，就上车去金华了。车上有四个客人，跟汽车司机同排的人大概是个普通人，同我坐在后排的两个人就是七十九师段茂霖部的两名下级军官，大概是战事结束以后他们回浙江去。两个人还议论谁缴获得多，但是都说想不到新四军的装备这么坏。我同他们坐在一排，只好听着。车子到了金华，下车以后，我就住到金华的花园饭店。乘机又在金华街上买了一件绸面的丝棉袍子，还买了一床丝棉棉被，那时物价不高，总起来不过 20 多块钱。临走时，在徽州买的那件布棉袍就丢掉了，这件丝棉袍我一直穿到香港。以后我就坐浙赣路的一段火车到了江西的鹰潭，这一段火车没有煤炭作燃料，烧的是木柴，因此车速很慢。窗外一片战时的后方景象。从鹰潭又改乘长途汽车到湖南的衡阳，又坐火车从衡阳到桂林。

在徽州买了旅行皮箱，在金华换了衣服，而且在潜口已经弄好了一份通行证，所以一直到桂林旅途上还算顺利。即或在什么地方有什么检查，有了一张通行证，也就能够大胆地敷衍过去了。

1941 年春节过后，元宵节（2 月 10 日）前几天，我从衡阳乘火车到桂林，时间已很晚了。我要去八路军驻桂林办事处找李克农同志，但八路军办事处在哪里，我不知道。于是我想，先去找桂林的救亡日报社，找着救亡日报社自然就会找着八路军办事处。但救亡日报社在哪里，我也不知道。《救亡日报》是公开的报纸，报头上印有报社地址是不成问题的，而报纸是可以从报摊上买来的。我下了火车，在车站站口不远的地方，买了份《救亡日报》。看清报社明确地址是桂林太平路 21 号，但我没有来过桂林，不知道如何走法，于是叫一辆人力车，把我拉到救亡日报社。

报社大门是关着的，我敲门进去，看见一位工作人员，我既不能自报姓名，也没有问他姓甚名谁，我就说想打听一下八路军办事处在什么地方。他随即回答我："办事处已撤退了。"这一回答使我心凉了一半。我就又问夏衍呢？回答："到香港去了。"又问长江呢？回答："也到香港去了。"这两个回答使我另一半心也凉了。当时我想，只好铤而走险，直接告诉他区区何许人也，请他想法帮忙；或者即刻离开报社，去找李济深的桂林行营。又一想，觉得两者俱不妥。于是我又问总还有什么人留在桂林，没有去香港。他沉默片刻回答："秋江没有走。"听了这句话，我心里的一块石头才落了地，立刻请他把秋江找来。他打了个电话，一下就把秋江找着了，我和秋江通了话，作了我是谁的暗示。过了一会儿，秋江来到报社，见面后不需三言两语，就把我带走了。

这位和我在救亡日报社对话的人，我始终不知道姓名，也说不清其相貌。大概在 1983 年有一个人偶然向我透露，就是他，诗人、擅长写日本俳句的林林是也。我感谢他，要是没有他的帮助，我可能在桂林碰壁。

当晚，由秋江安排了一个临时住处。一个小院落，似乎没有人，进入一个房间，仅一桌一椅一木板床，幸好我还带有勉强可以过得去的卧具。他则替我张罗了两碗面，然后告别说，明天再想办法。

第二天一早，他来了，给我一个资源委员会的证章，冒充资源委员会的职员，并搬到当时在桂林算是上好的旅馆——环湖旅馆。这个旅馆在桂林环湖路，可以说是仕宦行台，谨慎一点儿，可以掩护下去。因此我大部时间住在旅馆，不大出去，以免碰见熟人。我的原设想是从桂林到重庆，向周恩来同志报告皖南事变经过。我托秋江找李济深，要求利用桂林行营和重庆来往的交通工具，或至少利用这个关系办妥交通手续。但李济深认为去重庆太冒险，还是回苏北新军部好，他保证把我送到香港。事情只能如此。他要我在桂林等一个人，由他送我去韶关，再转乐昌机场乘去香港的飞机。等的人是李章达，我认得他，是广东人，曾任孙中山元帅府的警卫团长，1927 年夏天北伐由广州出发时，他正任广州的公安局长，曾请客为我们送行。他来送我正好。

在桂林闲住，不想去找什么人，以免麻烦，只弄到一本什么词，闲翻。有个晚上忽然发现是元宵节，从元旦在徽州度过，第二天离徽州，辗转到桂林，一下就半个月了。不无感触，就写了一首《绛都春》的词，写好后忽然决定不加上下款，寄给在重庆的郭沫若，他定会猜出来写此词者为谁，可以代报平安。后来知道，词真的寄到了，他也猜出写词的人了，并汇了几百元钱到桂林来接济我。可惜我已离开桂林，没有亲收。但我还是感谢他，所以 1942 年底在苏北解放区时，我又曾寄给他一首词《念奴娇》，其中有“桂林邮汇，感君慰我穷蹙”之句。

秋江把李章达领来和我见面后，也没有更多的什么寒暄，一切由他定。第二天，我们就搭火车由桂林返回衡阳，又由衡阳搭车到韶关。李章达似乎很熟悉韶关情况，我们到韶关后，租住在一条作旅馆的大木船上。那是战时的新发明，住在北口的船上，一有空袭警报，就把船撑离韶关，摇到人少、目标小的下游，等空袭警报解除了，又摇回到韶关市岸边抛锚。把船包用了，也不会有别的旅客，因此船上又清静，又安全。我们把三顿饭包给船上，广东船娘极会做菜，色清味香，李章达这位广东人都大为称赞，我则更为欣赏了。去香港的飞机不是什么班机，说有就有，说没有就得等好几天甚至十来天，所以我们在韶关等了将近一个星期。

在韶关的时候，广东省委书记张纯清（张文彬）不知怎么得到了消息，知道我到了韶关，托李章达转告，他要见我。李章达的说法是：“你们党有个姓张的同志找你去，他会派人来接你。”于是约好联系办法，在一个下午，来一个人先见李章达，李让我随他前去。我随他走出韶关城，在一个郊区进入一家瓦房民居，张纯清热烈地同我握手。

安顿下来后，问起皖南事变的情况。我简要地叙说了事变经过，并附带说明我突围出来的情况，他深为震动。听完我的简要叙述之后，他把皖南事变后中央《关于项袁错误的决定》给我看了。

自突围以来，大概已近一个月了，由于切身关系，这个决定对我有很重要的意义。我就要求他替我发个电报给中央，说："我已安全脱险到粤，经过间接关系找到了文彬同志，我对中央的决定完全接受和拥护。由孟秋江介绍李章达送我到韶关，即准备由韶关飞香港，转道上海回苏北。"

他答应将这个电报发中央，就先离开这个民房走了。还是那个同志把我送回到韶关船上。这时是2月24日。这个电报广东省委替我向中央发了，即作为我打给中央电报的第一号。张纯清是湖南人，在江西苏区我认识他，因为他当三军团的保卫局局长，在保卫局系统有工作关系。1945年抗日战争胜利以前，广东省委在韶关遭受国民党反动军阀破坏，他被捕入狱，从广东转押到重庆。他患有严重肺病，后病死在狱中。廖承志被国民党拘押在重庆的时候，曾和张纯清同在一个监狱。

在韶关，李章达把我介绍给他的一个好朋友，名字叫什么现在忘记了。那个人也要去香港，李就托他在路上照顾我。在韶关等了一星期后，终于有飞机去香港。那时飞机场并不在韶关，而是在乐昌，还要坐汽车向北走好几十公里。飞机是中美航空公司的一架小飞机，不过坐三四十个人。下午从乐昌起飞，晚上才到香港。因为我在桂林就已问好了夏衍他们在香港的电话，所以一到香港，我就在航空公司的办事处打电话找到夏衍他们。他们就从航空公司的办事处把我接到半山道的半山饭店。

后来，在我还停留在香港的时候，大概是1941年4月，李章达本人也到了香港，廖承志要我向他道谢。我在半山饭店请他吃了一顿饭。新中国成立后，他常因公来北京，我都去住处看他。李和廖承志很熟，廖很尊重他。因为在同盟会期间，李常闲住在廖家，当过廖承志的启蒙老师，是我们很好的一个朋友。

那时在香港负责的是廖承志和潘汉年，我有责任向他们详细地报告皖南事变的经过。他们两个人大概听了我好几次报告，听完以后，要我写成电报报告中央。我把电报编了号，以在韶关发的电报为第一号，在香港发的就从第二号算起，一共发到第六号。现在依顺序把这些电报稿抄在下面：

报告第二号

一、我军之编组：

（一）第一纵队以第一团、新一团编成，人数约三千，司令傅秋涛，副司令赵凌波（原军参谋处长），参谋长赵希仲；

（二）第二纵队以第五团及军部特务团编成，人数约二千余，司令张正坤，参谋长黄序周（军副官处长）；

（三）第三纵队以第三团及新三团编成，人数二千余，司令黄火星；

（四）军直属队（包括教导队一个营）人数约一千。

二、敌军军力：

（一）总指挥上官云相，原三十二集团军总司令，副总指挥唐式遵，原二十三集团军司令，在太平设指挥所；

（二）第一四四师唐明昭，川军，隶五十军；

（三）第一〇八师戎纪五，原东北军，隶二十五军；

（四）第五十二师刘秉哲，中央军，隶二十五军；

（五）第四十师方日英，中央军，由苏皖边调来；

（六）第七十九师段茂霖，中央军，由浙江诸暨绍兴前线调来；

（七）第六十二师冷欣；

（八）新编七师（预备队）田仲毅，川军；

（九）野战炮总队之一部，附炮六门；由浙江前线调来。

三、我军行动路线：

（一）走原来三战区指定到苏南的路线，必须通过五十二师及一〇八师的防地，那时该两师兵力及六十二师冷欣部，已分别集中。同时，经过地区均已筑好工事。

（二）稍偏南走五十二师及一〇八师之背面，仍须打两个师。

（三）再南，走泾县、宁国以南，旌德之北，脱离五十二及一〇八师，有与四十师遭遇之可能，但只打四十师，我估计力量有余。

（四）故决定走第三条路。

四、我军行动迟缓之原因：

（一）自决定北移后，项英同志始终动摇不定，有时想苏北，有时想皖北，拿保全力量作为不坚决迅速行动之掩护。我个人曾三次进言，催促行动，少数损失可毋庸顾忌，皆被拒绝。且以“从苏南你可以穿便衣走，而枪杆子不能化装”之语加以斥责。并在一次干部会议上，暗中指出某些干部不顾保全力量的观点不正确云云。而叶希夷始终想得点子弹，后来闹僵。战区则非行动后才发子弹，而叶则非子弹到手后才走。虽中央电道：谓得到战区的子弹与饷款只能认为是例外，叶笑语说“留一点情（指顾祝同），就发一万也是好的”。

（二）只有到后来中央书记处给项袁周的斥责电到了之后，同时得到情报四十师已进到泾县、旌德之线，才决定行动。那时还是十二月二十九日，但如果决心快，在三十一日或一月一日就出发，事情也不会闹到如此之糟。

（三）我三十日曾往催语袁国平促项行动，并向周谈，行动既决定应即作行军部署。但不知何故，决定到四日晚出发。

（四）四日大雨，晚间青弋江水涨，原来决定徒涉，此时不得不搭浮桥，而工兵计算河幅有误。搭好后还差二十米，又拆后重搭。加以军部由云岭出发到过渡点竟会走错了路。由云岭到茂林四十里，连过江耽搁，到五日正午才到齐。

（五）五日又大雨，晚上未能行动，到六日晚才行动，又迟了两天，使敌人有时间准备好而我反变为被动。

报告第三号

一、六日下午决定作战部署，以第一纵队出涵岭向南攻击榔桥河，以第二纵队出高坦向北攻击星潭，并且钳制三溪之敌，以第三纵队出中岭直攻星潭。军部随第三纵队前进。

二、七日晨，第三纵队下中岭，为百户坑，坑口已为四十师以工事及火力所阻塞。道路窄狭，山势陡峭，攻击不能得手。而当天第一纵队攻击虽已冲出求岭、剪口，但终为敌所阻止，并为当前河道（雨后水涨）所钳制。而五十二师后军亦到，遂不能南攻星潭，至第二纵队亦在高岭坑口，与敌肉搏。至此，战局已出意料之外，处于被动及不利地位。

三、当日下午开会二小时，叶希夷提出二个方案：

（一）立即后撤，循来路回茂林，再渡青弋江，打太平、洋溪、石埭、青阳，甚至再南出祁门、景德镇。袁认为可以考虑，项反对，认为政治上说不过去。叶反称此时求生存第一，政治上说得过去否，其次。但终被打消。

（二）翻百户右侧山梁，由另一坑口打出，但要翻无路的山，右侧坑口是否亦为敌所封锁不知道，待侦察地形与敌情后再出发，此时天已黄昏，非次日晨不能决定，耽搁时间而无把握。亦被打消。

四、参谋处李志高及叶超提出第三方案，决心继续攻击正面，任何牺牲在所不惜，项亦反对，认为损失力量。

五、至此不得不提出第四方案，即由高岭南之园岭翻出，避免与四十师作战，可与第二纵队会合，以便转至太平、洋溪间丘陵地带，而任第一纵队与四十师及五十二师相持，但必须与七十九师遭遇。会议情形并不顺利，反复讨论而项本人则无具体意见，但又反对别人的意见。

六、七日午夜撤退，选派第五团于八日占领园岭，下午我虽占领园岭，而七十九师亦于当日到达山脚，向园岭攻击前进。

七、现在战局更形不利，园岭既占不成，正面攻击星潭之机会又已失去，遂迫得只有向原路退回茂林，进至铜陵、繁昌，相机北渡皖北之唯一出路。

八、此时在军部掌握中的队伍，只有一第三团，一特务团及一教导队了。七、八日晨（还是九日晚记不清楚了）得情报，刘雨卿已令一四四师由茂林封锁我之来路，以收夹攻之效。我遂仓皇出动，此时三团尚未吃饭（特务团尚未撤下，第五团尚在园岭），军部与教导队先行，距离茂林十五里遂与一四四师发生战斗。时深夜大雨，敌情不明，第三团赶上很迟，项袁动摇脱离部队而去，亦在此时。

报告第四号

一、打星潭未奏效，转移阵地。又因七十九师赶到园岭，未如愿。同时又接到情报，上官云相令一四四师由茂林堵我后路合围，以收夹击之效。故于十日晚，决定先期由来路退回茂林，仍转至铜（陵）繁（昌）地区作战及准备渡江，但此时军部已与第一纵队、第二纵队及第三纵队之新三团失去联络，同行动者只有教导队及第三团。项于是日晨即丧失信心，命令军需处将现金进行分配。自己并将马背上的行李分交四个卫士随身携带，一切机要文件，概行烧毁。

二、晚上行动至离茂林二十里山谷出口处，即与川军（一四四师）接触，我军行动太迟，但时当黑夜，敌我不分，且下大雨，而第三团尚在军部序列之后，久等都没有赶上，使战局增加困难，不可能当晚达到突围企图。

三、我此时因情况不明，同时多次离开队伍，向前去探听消息。晚十时左右，项忽派人叫我几次，皆未找着。等我回到我的位置，知道项派人来找过我，遂去项处，那时袁国平、周子昆皆在。项一手握我，一手握袁，周在其前左不作一语，即匆匆向后走，此外同行者仅二三卫士。我初不知他是何用意，我还以为找地方开会，决定最后处置。但又不见有老叶，行数十步后，袁始说他的卫士没有来，周又自语说，他没带钱，我才恍然，项又要来他三年游击战中在油山那一套。我即追问项叫过老叶没有，项仅答叫了他不来。此时我对项此种行动不大赞成，我当即表示我不同他们走。项即反问，那你怎样办？我说，我另想办法打游击，也要带几支枪脱离队伍，也要想法救出几个干部，我还想把军法处、秘书处及胡立教等设法从铜陵、繁昌过皖北，项当即表示赞成，与我握手，并说把 ××（电文不清）也带走，他身上还有钱。袁当时表示愿同我走，又听说今晚无把握，须等明天看清情况再决定。结果仍与项、周同走，因同行之猎户是他们唯一之向导，于是分手，他们继续前进。

四、我一个人转回后，因找张元培、胡立教及军法处、秘书处的人未找着，首先遇见李步新（皖南特委书记），我告诉他说老项他们走了，后走到河边祠堂叶之指挥所。当时我想告诉他这个消息，但又觉得太突然，刺激太甚。我想留下与叶一块，但又觉得项袁周党军政都是负责的，我没有与叶共存亡的责任，即或算开小差吧，也是奉命的。遂决定不告诉叶，仍然退出。找着张、胡、杨（帆）（军法处）等，并与李步新的地方党同志共三十余人，也就离开了队伍。过了一晚，十一日下午，在石井坑的谷道中，我们下山吃饭，遇见第五团全团撤退出来，向石井坑口出去，大家遂决定不管其他队伍在哪里，我们决定随第五团打游击。十二日后出至坑口才晓得，军部已打到石井坑来了。

五、项袁周他们也在附近山上，跟在第五团以后，下来与军部会合。

六、我承认我当时没有坚决反对项袁等的动摇，只是简单不满意、不与他们同行动而已。

七、我受了他们的影响，没有到最后时机，便脱离部队，这是我的错误。

报告第五号

一、经过几天行动及连续战斗与转移后，大部分部队已失去联络。军部于十二日晨转到石井坑时，教导队也不知去向。又当日五团三团特务团教导队及一团之一部皆会合于此。总计人数尚有四千，唯已建制零乱弹药缺乏。

二、石井坑口有居民百余家，地形相当开阔，四围山地可守，粮食可吃一星期。

三、此时项袁初回，对整个局势不能表示意见；小饶（漱石）不懂军事；叶坚主守，以为能拖延四五天看延安有无办法，或能从蒋身上得出一线希望。

四、唯当日六个师已将我团团围住。仅石井坑南之东流山尚在我手中，守兵只有一排，且未筑工事。

五、合围为一圆形，大坑（茂林北）系我特务团阵地，稍形突出。但在十二日战斗中，为五十二师所截断，特务团牺牲殆尽。

六、当日得情报：上官命令当晚总攻击。未见实行。十三日上午八时起，枪炮声齐作，总攻击开始了。上午特务团阵地既失，而东流山亦为敌所夺（固守兵过少，增援过迟）。此时我毫无突击力量，加以敌已重围，突围全不可能，而弹尽粮绝坚守亦不易矣。

七、下午军部指挥所也无法移动，延到黄昏前，指挥阵地上亦流弹纷飞，至此叶亦不得不提出分散突围。会议未定。而任光（音乐家）为流弹所中，人心动摇，即草草分批四走。

八、此时四面阵地仍在我手中。天渐晚，我已艰苦坚持二日一夜，战至天明，手榴弹打完，且未退一步，不惜与敌人拼刺刀，敌牺牲亦大，疲困亦甚，故当晚战斗稍松。

九、十四日战斗当系各自为战，我军或被俘或牺牲或冒险冲出，总之战斗于此结束。

报告第六号

（二十四日午）这次战役的失败主要的当然是项的政治领导的错误，但如单就军事来说，也犯了极大的错误。

1. 出动太迟，假如能提早四五天，结果也不会如此之难堪；

2. 估计敌人太低，估计自己太高，以为四十师不堪一击；

3. 在地形选择上当把自己放在高山上，放在深谷中毫无作用；

4. 战斗准备不足，非战斗员太多，行装太多；

5. 行军过久，行军力不强，敌人是每天一百里路，我们仅四十里路；

6. 使用兵力不恰当，兵力分散，假如全军作一路攻击，不会感到兵力不足与彼此脱节；

7. 缺乏大兵团作战经验，过去三年，战斗都是团为单位，这次六个团一齐打，毫无协同作战可言；

8. 因过去子弹多，不注意节省弹药，到后来有枪无弹；

9. 参谋长工作差，周子昆只能管后方勤务与教育工作，对作战部署与指导毫无把握；

10. 项毫无指挥山地攻坚作战之经验；

11. 战时工作全无计划，对连指导员只要求单纯的鼓动工作，缺乏整个战役的组织工作。

这是我对于这次战役失败的意见，中央军委如别有查问的，我当据实回报。

皖南事变是从1941年1月4日起到14日止，历时11天。我写电报是3月间的事，中间隔了不过五六十天，是我亲身经历的一件大事变，因此记忆非常清楚。要我现在再做详细的回忆，达到电报的程度就很困难了。

皖南事变是有结论又没有结论的问题，在项袁错误决定上，已经指出了那些错误，但最后又说这个问题要由党的七大作出决定，而七大和七大以后的各次代表大会，都没有涉及这个问题。现在争议很多，我不愿意卷进去，我的看法还是保持我向中央作出的报告。因为那是我亲身经历的实际情况。我承认在新四军当中工作的错误，没有在叶项之间做好工作，更重要的是我知道了项袁准备离开队伍，既没有劝说他们不能这样做，也没有去找叶挺报告这件事情，反而自己学他们的样子，也找了几个军队干部和地方干部，脱离了部队。其实也没有跑出包围圈，被迫依然返回军部。虽然时间很短，从黄昏到半夜，不超过十个钟头，但总是一件这一生都感到遗憾的错误。后来华中局向中央报告，要给我一个口头警告的处分，我二话不说，决然接受下来。所以1942年以后，党内多次填表，在处分一个栏目上，我总是规规矩矩地写上皖南事变口头警告。至今想起来，不知为什么当时会错走这一步，作为一个共产党人，可能还差点儿什么。

淮南抗日根据地的开辟

张云逸

新四军成立后，我在皖南军部担任参谋长。当时党组织在大别山有一个中共安徽省工作委员会，书记彭康，不久就改为鄂豫皖区党委，郑位三任书记。新四军在江北有一个第四支队，是由两支武装合并组成的：其第七团和第九团是高敬亭领导的原鄂豫皖中国工农红军第二十八军，第八团是周骏鸣从河南竹沟带来的原桐柏山红军游击队。

1939 年 5 月初，军长叶挺到江北来视察，于 5 月中旬在庐江东汤池宣布成立江北指挥部，由我担任江北指挥部指挥，徐海东任副指挥（时在延安），邓子恢担任政治部主任，赖传珠担任参谋长，统一领导新四军江北部队。7 月，以第四支队的第八团为基础，又成立了第五支队，司令员罗炳辉，副司令周骏鸣，政委郭述申。第五支队是我们独立自主搞起来的。

抗战初期，江北的地方党和新四军的关系是相互关系，不是领导和被领导的关系；地方党受长江局领导，军队受皖南军部领导。1937 年以后，由于上海、南京失守，不少青年学生从城市撤退到农村，要求武装抗日。如果我们当时向敌后发展，这是一个最好机会。但是由于王明右倾机会主义的影响，不敢独立自主地发展武装，强调发展武装要经国民党批准、承认。因此，虽然发展了一些武装，但都不是新四军领导的。其实，我们是完全可以独立自主地发展武装的，并不需要国民党承认，国民党也不会承认的，只要群众承认就行了。我到江北后，便将第四支队第九团、挺进团和游击纵队恢复起来，并扩大了游击纵队。但王明主张精兵主义，说一个支队只要两个团就够了。当时国民党安徽省政府主席兼二十一集团军司令廖磊也说："你们没有钱，兵要精，不要多。"在这点上，右倾机会主义者与国民党的观点是一致的。我曾当面驳斥廖磊说：我们的力量并不是多，而是少。你为什么要往大别山，而不到安庆、合肥去呢？蒋介石为什么要到四川而不到上海、南京去呢？这是因为你们的力量不够，怕日本打！由于东南局主要负责人什么都讲合法，怕破坏统一战线，所以皖南军部的武装一点也没有扩大。

在江北时，国民党无理扣减我们的弹药，我们就搞税收，还办了一个教导队，把干部训练一月或半月后就放出去搞武装。我们武装抗日是为了打败日本侵略者，为了无产阶级解放事业，虽然是国共合作抗日，但国民党始终是想消灭我们的武装力量的。我们要求得生存，磨擦是一定会产生的。我当时与东南局负责人争论说：我们现在之所以有磨擦，是国民党欺侮我们力量太小，什么事都还要向廖磊请求，如果我们的武装发展到十万人，那时国民党就不敢与我们闹磨擦了，什么事情还要反过来请求我们，不然他的省主席就当不成。

党中央的指示是要我们向敌后大力发展，独立自主地发动群众，扩大武装，建立根据地。但东南局负责人却要一切通过国民党，向国民党要委任状，不执行中央向东发展的指示，硬要把已到苏南的部队调回皖南。当时国民党为了割断新四军和八路军的联系，命令我们皖东的第四支队和豫皖苏边区彭雪枫的第六支队调到江南去。廖磊还无理限制我们皖东部队只准在津浦路东西30里之内进行活动，企图借刀杀人，让日军打我们。当时我们没有接受国民党这个命令。针对这种右倾错误，毛泽东有过指示：对国民党不合理的命令，要进行抗议，不仅中央可以抗议，哪个军队都可以抗议，我曾故意对廖磊说：如果我们与日本打仗失败了，你当司令也不光荣。

以国民党的面目来进行革命，大革命时期我们搞过，但由于陈独秀的右倾机会主义，只搞表面宣传工作，不敢争取领导权，同国民党右派进行针锋相对的斗争，结果使大革命失败。抗日战争时期，毛泽东的正确方针是：坚持抗日民族统一战线，又斗争又团结，以斗争求团结，采取有理、有利、有节的斗争原则，达到团结的目的。王明只讲团结，不讲斗争，这是重复陈独秀的错误。他们害怕破坏统一战线，不敢独立自主地发展武装、建立抗日根据地。他们不了解抗战是全民的要求，不是少数人的要求。为什么蒋介石在表面上也要抗战？因为他也懂得，不抗战人民会起来反对他。毛泽东说过：人心向背，是革命成功与否的关键，右倾机会主义者就是看不到人民群众的力量。当时华中比华北的发展机会好，完全可以在华中敌后大力发展武装，建立根据地。但由于右倾机会主义的错误，没有这样做，失去了在华中发展的最好时机。

1939 年 11 月底刘少奇来到皖东后，右倾机会主义的错误才开始得到纠正。刘少奇来之后，传达了党中央的正确指示，批评了王明的“苦力政策”，指出不发动群众，不发展武装，不建立政权，做国民党的工具是极端错误的。他还指出，要抗战一是要有枪杆子，二是要有“家”——建立根据地，只有这样才能把群众发动起来。他还向江北的广大干部介绍了华北工作的经验，从而扭转了局面。

1939 年 12 月，日军有二三千人向我们发动“扫荡”，江北指挥部把第四支队全部兵力调上去反击敌人“扫荡”。我们的装备虽然比较差，但因为在战斗中采取了“敌进我退、敌驻我扰”的战术，战士们作战又勇敢，所以最后在全椒县周家岗一带粉碎了敌人“扫荡”，并乘胜追击到古河。在日军“扫荡”开始不久，驻古河的国民党专员李本一部队都跑掉了，我们占领古河后，李本一才敢回来。这一仗是随刘少奇从延安来皖东不久的江北指挥部副指挥徐海东指挥的，此战政治影响很大，给群众的印象很好。群众从国民党部队和我们新四军对日军“扫荡”两种不同的态度上认识到：新四军是真正打日军的抗日部队。

这一仗以后，在刘少奇领导下，我们在皖东地区进行了发动群众、扩大军队等一系列工作。邓子恢当时说：我们就是要发展“人、枪、款”，我认为是很对的，革命就是要建立武装、建立根据地，才能有立足点。自从刘少奇来传达了党中央、毛泽东的指示后，皖东的抗战局面才彻底打开。我们江北党和军队的同志都一致拥护刘少奇为首的中原局的正确领导。

1940年春天，国民党桂系军队在淮南津浦路西向我们发动进攻。我们调第四、第五两个支队主力在路西反击，从藕塘镇打到定远县城，先后建立起定远、凤阳、滁县、全椒、合肥、含山、和县等县政权。我们在路西反磨擦斗争正激烈进行之时，国民党江苏省主席韩德勤以十个团的兵力进攻半塔集，我方仅有五支队后方机关和一个教导大队及少量留守部队，在地方游击队的配合下，顽强坚持了一个星期。后来路西的主力调到路东支援，陈毅也派叶飞的挺进纵队赶来配合，打垮了韩德勤的进攻。这一仗是建立淮南抗日根据地决定性的战斗。战后，在路东先后成立了嘉山、来安、盱眙、天长、六合、高邮、仪征等县政权，自定远和半塔自卫反击战以后，桂系李品仙部再不敢轻易向我们发动进攻了。

各级政权建立以后，立即发动群众搞减租减息。津浦路东反动地主出自对新政权的仇恨，组织武装暴乱。当时来安县屯仓区我们的区长被地主杀死了。因为这关系到新政权能不能站住脚的问题。我们对反动地主武装进行了坚决镇压，把地主武装暴乱迅速地镇压下去了。

经过减租减息，广大群众发动起来了，群众组织扩大了，有了自己的政权作依托，很短时间内，新四军武装力量就得到了很大的发展，打开了华中抗日的新局面，在淮南津浦路两侧广大地区建立了淮南抗日根据地。

上海地下党与新四军

王尧山

上海地下党的恢复和重建

5月，通常与鲜花和欢笑联结在一起。1937年5月的上海，鲜花虽然不负时令，照常开放着，人们的脸上却没有一丝舒畅的笑容。在面临民族存亡的关头，各行业的救国会组织，把不甘祖国沦丧的同胞团结起来。他们请愿示威，发表宣言，以唤起民众，同仇敌忾。

一天，从人声喧闹的北火车站走出一对青年男女，男的身穿长衫，手提皮箱，女的着一身素雅的旗袍，挽着男子的手臂，俨然一对小夫妻回家探亲的模样。他们从容地走过国民党设置的一道道关卡，在四马路老正兴旅馆以林庚汉夫妇的名义住了下来，在人口众多的大上海，没有人注意他们。然而就是他们，从延安带来了党中央的声音。这位化名林庚汉的男子就是日后成立的中共江苏省委书记刘晓；她，是他的妻子，张毅同志。他们的任务是同冯雪峰同志和我（时为上海“左联”党团成员）一起，把各阶层的救亡运动统一领导起来，迎接更为艰巨的任务。

1935年的血雨腥风，把上海地下党组织几乎破坏殆尽，劫后余生的党员，虽仍在"黑云压城城欲摧"的环境里坚持斗争，但由于失去中央的领导，只能是在摸索中独立战斗。上海周围的苏州、无锡、常州、嘉兴、湖州及其农村，形势更险恶，破坏也更严重。在人们深感沉闷压抑的时候，1936年春天，党中央派冯雪峰同志到上海来恢复中断已久的地下党的领导。他郑重谨慎地把原来各自独立作战的"文委"、"共青团临时江苏省委"、"工会联合会"、"武装自卫会"和情报系统的力量汇集起来，年底成立了以我为书记，沙文汉、林枫为委员的"临时工作委员会"。刘晓同志来沪后首先找到冯雪峰，两位老战友重聚于申江之畔，自有许多话要说，但重任在肩，只能从简。为了便于工作，刘晓同志见到冯雪峰同志提出的第一个要求就是请雪峰搞一套像样点儿的衣服，以便在上海滩各种场所进出自如。在以后几个月中，中央又相继派刘长胜、张爱萍到上海，协助刘晓工作。1937年11月，中断两年之久的上海地下党组织——江苏省委终于重新建立起来了，刘晓任书记，我任组织部长，沙文汉为宣传部长，刘长胜任工委书记，张爱萍任军委书记。省委下面按不同系统先后设立军委、工委、学委、文委、职委、妇委、教委、难委、外县工作委员会等。从此，上海抗日救亡运动有了党的坚强领导。

我党中央从当时的实际情况出发，指示重建不久的江苏省委把支援新四军的工作作为上海党的一项重要任务。根据党中央的指示，江苏省委在人力、物力、财力上全力支援新四军。这种支援以太平洋战争爆发为界，可分前后两大阶段。开始由于日军刚占领上海，还存在租界这个特殊的"孤岛"环境，使支援新四军的工作处于公开、半公开状态。而在太平洋战争爆发后，上海的"租界"也全部沦陷，敌伪势力渗入，整个支援工作便完全转入秘密状态。但无论公开、半公开或秘密阶段，上海党和人民为把各种人才，包括战斗员、医务工作者、大学教授、艺术家、各类技工等；各类物资，从大型机器、钢管、印刷原料、医疗器材、电影放映机到各类书籍、文化用品、寒衣等送往新四军根据地，不惜任何代价，克服了重重困难，胜利地完成了党中央交给的任务，为中华民族的解放事业作出了重要贡献。

慰劳，宣传，义卖义演

“八一三”的炮火，使具有光荣革命传统的上海人民迅速行动起来。在上海地下党的领导下，抗日救亡成了全市人民的最高呼声。但由于国民党当局封锁消息，上海人民对我们党的各项政策和新四军还不甚了解。为此，上海地下党利用外商名义所办的《每日译报》、《导报》、《译报周刊》等报刊，从各个角度宣传中国共产党的抗日民族统一战线政策，报道新四军在皖南、江浙一带的战绩。为了对新四军有一个真切的了解，1938 年 12 月，地下党组织了第一批上海各界民众慰劳团，赴皖南新四军军部慰劳、参观。为了免遭国民党的阻挠破坏，打出了“上海地方协会派赴第三战区慰劳团”的牌子，并请思想开明、同情抗战、在地方协会中有一定地位的姚惠泉出具介绍信，组成了以文化界救亡协会理事、进步新闻记者顾执中为团长，职业界救亡协会王纪华（共产党员）为副团长，妇女界代表姜平（即孙兰）、朱立波，江海关代表陈琼、王赞及农民代表姚惠滋等为团员的慰劳团，另外同行的还有美国进步记者杰克·贝尔登，新四军派来与慰劳团联系的陈昌吉及陈的妹妹陈言。

慰劳团带着在苦难中奋斗的上海人民的情意，登上了上海到温州的轮船。他们利用在温州转船的两天空隙，定制了两面锦旗，一面锦旗写着“变敌人的后方为前线”九个雄健有力的大字，以献给浴血奋战的新四军；一面锦旗写着“抗战到底”四个字，以应付国民党第三战区。慰劳团在青田换乘了由新四军安排好的红十字会专车，向着三战区司令长官顾祝同的驻地——屯溪开去。慰劳团团长代表大家把“抗战到底”的锦旗交给了顾祝同，双方稍作寒暄后便挥手告别。为了迷惑国民党，汽车向着上海方向驶去，不久就调转方向，直奔新四军的接待站太平镇。次日旭日东升，慰劳团全体团员登上了前往新四军军部的竹筏。碧绿的山，碧绿的水，整个青弋江宛如一幅绚丽的图画，使久住城市的团员们心旷神怡。突然，不知谁喊了一声“看！我们到了！”新四军的副军长项英同志亲自率军部的干部战士到岸边迎接代表团。欢迎行列中还有美国著名的进步记者艾格尼丝·史沫特莱。

章家渡是新四军总兵站所在地，这天，从章家渡到云岭的 13 华里山径路上显得格外热闹。一队队英武的战士，向着中心会场——云岭陈家祠堂拥去。“欢迎上海民众慰劳团”的标语横挂在主席台上，一阵热烈的掌声响过后，项英、袁国平、邓子恢、李一氓、赖传珠、傅秋涛和上海民众慰劳团的同志们一起登上了主席台。项英首先代表新四军，向远道而来的代表们表示热烈的欢迎，接着由慰劳团献上了“变敌人的后方为前线”的锦旗，会场上掌声经久不息，气氛达到了高潮。慰劳团团长顾执中和副团长王纪华先后代表上海人民向新四军全体指战员致以亲切的慰问和崇高的敬意，美国记者杰克·贝尔登也登台讲了话。

为了把新四军的真实情况形象生动地转达给上海人民，慰劳团的同志们拍了大量照片，并带回了一些实物。1939 年初，一个宣传新四军、呼吁支援新四军的热潮在上海掀起。慰劳团首先借《译报周刊》这一阵地，出了一辑特刊，封面选用了新四军军长叶挺的大幅照片，封二刊登了新四军参谋长张云逸、政治部主任袁国平的照片，封三是新四军缴获的战利品、叶军长与日俘谈话等照片。在总题目为《转战江南的新四军》的一组文章中，有杰克·贝尔登的《新四军印象记》，吴蔷的《史沫特莱在皖南》，哲庸、严速写的《欢迎“上海民众慰劳团”

大会特写》。《申报》、英文《大美晚报》、《文华》和《良友》画报等也刊登了杰克·贝尔登提供的关于新四军的报道与照片。此外，慰劳团的同志又在各自战线上介绍新四军，如副团长王纪华到药联会，介绍新四军战斗的英勇、环境之艰苦及缺医少药、很多伤员因得不到及时治疗而致残、严重的则捐躯的情况，听众无不感动，当即提出征药救难，捐募药品、现金，经过两个多月的努力，新药业职工和资方人士共捐得价值 1.1 万元左右的药品和现金，秘密送到了新四军一支队。

1939 年 2 月中旬，上海地下党又派出了第二批民众慰劳团，团长吴大琨、副团长殷扬（扬帆），团员主要是上海戏剧界的一批青年，他们是白蚀、王元化、王婴（王曼秀）、高敏、梁山、梁世平、巴西、蒋若虹、田荒（白沉）、干戈（干惠如）、黎吟（林非）、司徒扬、曾舟、贝岳南、舒湘、康宁、周克勤、郑大方（王戟）、甄励、顾廷华（顾华）等 20 余人。慰劳团基本上沿着第一批开拓的路线行进。但国民党设置的种种障碍，使队伍在温州、金华一带停滞了两个月，幸得周恩来同志到皖南军部视察时，亲自到金华指点才得以离开，于 4 月底抵达皖南军部。5 月 1 日，新四军再次召开了盛大的欢迎上海民众慰劳团大会。

以慰劳团为纽带建立起来的深厚的军民情谊，很快发展为一个声援、支持新四军的热潮。在上海地下党领导下，一个节约救难、劝募寒衣、义卖义演的群众运动轰轰烈烈开展起来了。当挂英商牌子的公开报纸《每日译报》登出代收捐款的消息后，工人、学生、店员、妇女以至儿童，到报馆捐款者络绎不绝。母亲带着孩子，献上拾废品所得的钱；大一点儿的孩子则自己跑到报馆，将平日节省下来的零用钱捐上；妇女们动手制作各种简单的工艺品、玩具，举办义卖会，如益友社女友部的女社友，就自己动手制作了“八角西洋镜”、小黄花、儿童绒线衫裤、鞋帽，在手帕上绣上“V”字，进行义卖。第一笔 178565.39 元的捐款，很快由新华银行副经理孙瑞璜秘密汇出。

大凡在“孤岛”上生活过的人，都不会忘记1939年上海职业妇女俱乐部的“物品慈善义卖会”，更不会忘记她的领导人茅丽瑛同志为此英勇捐躯，血洒浦江的情景。

“职妇”举办的“物品慈善义卖会”，是当时众多义卖会中规模较大的一次。“职妇”举办义卖会的消息一传出，首先得到了中国国货公司、永安公司、先施公司等56家公司及厂商的支持，他们捐献了大批物资。为了把义卖会扩大到全市规模，年轻的共产党员茅丽瑛亲自到大陆广播电台主办平剧大会唱，把义卖消息传到千家万户。老太太拿出自己年轻时的漂亮衣衫；年轻妇女退下手上的金戒指；女工则递上她们仅有的一双新鞋、一块新布料；女学生也献上了她们的礼物，一位少女手捧她积蓄了12年的储蓄盒送到电台，为抗战献上她一分力量。义卖的规模震惊了76号（梵皇渡路76号是汪伪特务机关）特务们。他们先以夹带子弹头的恐吓信，企图以此恫吓妇女们，继而使出了最卑劣的暗杀手段。12月12日晚上7时30分左右，茅丽瑛在会所的弄堂里遭到了七个特务的阻击，三颗罪恶的子弹射入了她充满青春活力的躯体。

茅丽瑛的被害，激起了上海人民的强烈义愤。地下党考虑人民的安全，暂时停止了大规模的义卖义演活动，但上海人民对新四军的支援并没有因此停止，而且范围更加广泛了。

输送人员去新四军

1938年夏天，新四军的领导同志项英、袁国平、周子昆、李一氓、曾山等和上海地下党负责人刘晓、沙文汉相聚在云岭山下罗里村和丁家山，项英同志坦率地提出：希望地下党在经济上、人员上给予援助。

看着战友殷切的目光，刘晓、沙文汉同志慨然允诺。

事实上，在此之前，上海地下党在力量极其有限的情况下，已开始做这方面的准备。“八一三”的战火，使上海闸北一带战地的大批难民进入了租界，被收容在难民收容所。难民中大都是工人、店员和其他劳动人民，是我们党依靠的基本群众。此外，还有一批从狱中出来的同志因没接上关系，也在难收所。因此省委决定成立难民工作委员会，负责难民工作。难委在几十万难民中广泛开展了抗日救亡教育。这次会议后，省委立即决定，在动员难民中年轻力壮的同志参加新四军的同时，以“难民”的名义，把大批有技术专长的人才动员到新四军，为国效力。

1938年夏，一批特殊的乘客登上了停靠在爱多亚路（现延安东路）太古码头边上的“北京号”客轮。这700多人虽然表情严肃保持沉默，但仍掩盖不住内心的激动。当“北京”轮一声长鸣驶出吴淞口时，压抑在内心的激情一下喷发而出，整个船上，抗日救亡歌曲此起彼落。这些生活在十里洋场最底层的平民百姓，第一次笑得这样的欢畅、轻松。

为了保证第一批大规模向新四军输送人员工作的成功，队伍中成立了以汤镛同志为首的秘密党支部，30多位党员团结在支部的周围。船顺利地到了温州，汤镛、丁公量同志及时与军部派来的余立金、刘先胜同志接上了关系。考虑到从温州到军部要经过国民党的多处防地，700多人集体行动目标太大，决定把全部人员分成12个大队，由党员骨干带领，先后沿温州、青田、丽水、金华、寿昌、歙县、岩寺、太平步行到泾县云岭。如此长途跋涉，对城里人来说，不能不是一大考验，长时间的行程，鞋磨烂了，脚起泡了，但大家的情绪很饱满，经过十多天的行军终于到了他们向往的地方——新四军军部。由于这批人员中有数量不小的党员，特别是那些从狱中出来的党员，经历过严峻的考验，因此，经过教导总队的短期训练，被输送到军队和地方后，很快成了军事、政治、后勤的骨干力量及地方的负责干部。1938年底及1939年初，上海地下党又先后两次动员了近500人的难民去了皖南。以后省委又以组织难民回乡垦荒的名义，先后输送了有二三千名难民和工人、学生去苏北、苏南、杭嘉湖以及郊县开展武装游击工作。1938年6月，陈毅同志率领新四军一支队挺进江南，建立了以茅山为中心的苏南敌后抗日根据地，上海地下党在得知这一消息后，又动员了一批失业工人和难民参加了一支队。上海地下党在组织重建不久，就取得如此巨大的成绩，受到了党中央的表扬，指出上海“能从日寇包围的情况下从租界中送出大批难民支援新四军，这是上海地下党成功的壮举！”

1941年3月，中共中央中原局在上海设立了“新四军上海办事处”（简称“沪办”）。原东南局青委委员杨斌同志主持办事处的工作。为了使“沪办”尽快开展工作，上海地下党给予了许多支持，为办事处配备了一批经验丰富的地下交通，如荣健生、张达平、王建中、叶锦田、李子明等优秀战士，使“沪办”很快打开了局面。上海地下党全力配合“沪办”的同志，把从皖南突围出来的同志、从苏南和大后方撤退人员，以及上海地下党输送的大批人员安全地护送到了苏北。其中有新四军及东南局的重要负责人，如曾山、余立金、李一氓、钱俊瑞、薛暮桥、夏征农等，有杰出的文化战士刘季平、吕振羽、骆耕漠、姜君辰、贺绿汀、关建等，共计一千六七百人。

开展游击战争

江苏省委成立不久，就组织了以沙文汉、林枫为正副书记的外县工作委员会，具体负责上海四郊及苏（州）常（熟）太（仓）澄（江阴）

锡（无锡）虞（常熟）苏北等地区的游击活动。1938 年初，刘晓、刘长胜溯江而上，到了长江局所在地——武汉，周恩来同志亲自交代了有关开展上海郊区游击战争的方针、政策。周恩来再三嘱咐：要动员城市的工人、学生、革命知识分子下乡，对已建立的游击武装要加强领导。

上海四郊从国民党军队撤离之日起，即有不少共产党员和爱国志士挺身而出，发动群众收集国民党军队丢弃的枪支，组织游击队，抗日反伪。在沪西的青浦地区，共产党员顾复生拉起了一支二三百人的青东抗日自卫队。在嘉定外岗地区，青年中医吕炳奎用七村联防的形式，拉起了 300 多人的嘉定外岗游击队。在浦东地区，南汇区长连柏生也拉起了一支部队。在崇明，当地进步青年瞿犊与八路军驻沪办事处的王进同志带领当地的青壮年与敌人周旋，大伤了敌伪势力的元气。为了使这些游击队在敌伪统治区能生存下来并发展壮大，省委先后派遣了共产党员顾德欢、顾德熙、张松年到青浦，李森、邱生凡到嘉安，茅珵、陈国权、韩念龙到崇明领导抗日武装，开展游击斗争。

除上海四郊外，为配合新四军东进，江苏省委又着手东路和苏北地区的开辟工作。省委曾先后派骨干分子林枫、张英、李建模、杨浩庐、赵伯华、何克希、王敬业、翁迪民、周克等同志到东路的苏州、太仓、常熟、无锡、常州、江阴等地发动群众，建立党组织，组织游击队。通过统战和策反，把无锡的张学曾、邓本殷部队，江阴的梅光迪、朱松寿部队，常熟的胡肇汉部队，都吸引到抗日民族统一战线的旗帜下，成为党领导的一支抗日武装力量——江南抗日义勇军，人员从 400 人很快发展到 4000 多人。当 1939 年 6 月叶飞同志率新四军老六团东进时，“江抗”4000 多人及与之毗邻的青浦、嘉定游击队全部并入老六团，大大充实了新四军的力量。

与此同时，上海地下党又不失时机地陆续派遣周一峰、郭守信、赵毓华、钟民、洪泽、王本英、崔德耀、赵峰、胡莘华等同志到苏北，通过南通、海门、如皋等地的“特务总队”、“保安一旅”、“抗支政工队”

的关系，站住了脚跟，打开了局面。当日本人调重兵包围崇明岛，企图把崇明自卫队扼杀在孤岛上时，上海地下党即刻通知崇明部队迅速撤往苏北，并与苏中四分区根据地的游击队一起成为新四军一师粟裕部队的一部分。在浦东坚持抗日的游击队，趁1942年春日军刚占领浙东之际，南渡浙东，开辟了浙东敌后游击根据地，为1944年1月新四军浙东游击纵队的建立，奠定了基础。

支援根据地的经济、文化、军事建设

新四军成立伊始，上海地下党就给予了物资上的支援。当新四军宣布成立并确定以皖南为根据地后，上海地下党派叶进明同志带领煤业救护队，把第一批物资——十几辆卡车及一批药品、医疗器材运到了那里，并带去了第一批技术力量：驾驶员和救护员，这对刚刚成立的新四军来说，无疑是雪中送炭。

当新四军决定在小河口设立留守处，建立各种小型工厂，上海红十字会救护队的蒋传沅、乐时鸣动员原任上海工部局顾问的工程师金芝轩出资，在上海购买了一套办蜡烛厂必需的原料和机器，在岩寺办起了蜡烛厂。原上海童子军团团员张渭清筹备了建立纱布厂所需的各种机器，亲自运至章家渡，办起了小型纱布厂。当时新四军没有印刷厂，上海地下党及时为新四军采购到全套的印刷设备，并动员了部分技术工人，在红十字会救护队的帮助下安全运抵麻川和云岭，办起了新四军第一家铅印所。

1943年春新四军军部移驻淮南根据地后，为了提高根据地军民的文化水准，军部决定在淮河之滨建立江淮大学。消息传到上海后，上海地下党动员了一批有名望的爱国教授、学者和部分学生前去办学。之江大学、大夏大学的教授韦悫，国难教育社负责人张宗麟，经济学家何封，哲学家李仲融，都是这批前去的。

军部决定建立卷烟厂，派曹达同志回到上海，负责购买敷料、卷烟纸，并设法找关系设计“飞马牌”烟盒的图案。进步画家张雪父闻讯后毫不犹豫地接受了设计任务。一匹骏马腾空跃起，象征着新四军勇往直前的英姿。

上海有大批爱国民主人士，上海地下党通过各种形式，发动他们对浴血奋战在敌后的八路军、新四军提供援助。如“星四聚餐会”九人核心小组成员之一的姚惠泉，一次就为新四军募集了7000匹龙头细布和1.8万双胶鞋，并亲自组织汽车运往新四军。茅麓公司的经理纪振纲，在国民党退出上海时收买了一批枪械，有步枪五六百支，机枪20挺及迫击炮若干门，八路军办事处负责人刘少文同志代表上海地下党出面与之洽谈，纪振纲毫无保留地献出了全部的枪械。

当时上海到根据地的交通工具除了铁路运输外，便是水路运输，但无论铁路水路，都有日伪严密把守，物资要出上海，均须受到严格的检查。而根据地所需的机器设备、材料（如钢管、油墨、纸张等）均属禁运品，一旦发现，不但货物要没收，人命也难保。但这并不能难倒我们英勇奋斗的战士。由张渭清、郭熙炜、吴明义、方国风组成的采购队，就是一支集智勇于一身的精练的战斗小组。他们出没于敌伪眼皮之下与各种伪化地方势力周旋，在近三年的日子里为根据地运输了约3000吨的物资。

当浙东根据地建立后，日军从吴淞口至杭州湾筑起长达200多里的“篱笆”，实行所谓全线封锁，妄图把新四军困死在四明山。年轻的码头搬运工张金根挺身而出，想方设法，打通了运输线。张金根是个有为的青年，他为了了解新四军，曾只身前往四明山地区，新四军生活的艰苦，战斗的英勇，给了他深刻的印象。他抓住南桥宪兵司令部密探队副队长徐顺庆见钱眼开之弱点，拉徐当了“沪海运输公司”的经理，公司设在拓林西街王阿五茶馆店楼上。一时间，各种南北“山货”云集而来，浙东“商人”也不断地前来洽商买卖，电线、电讯器材、云南白药等禁运物资，就在这公开的买卖中，由张金根悄悄地运到了四明山根据地。

上海地下党在极其艰难险阻的条件下，正确地执行了党中央的方针政策，充分利用上海的特殊条件，发挥上海多方面的优势，依靠人民群众，全力支援了新四军这支人民的英勇军队，谱写了一曲曲军民团结、血肉交融的凯歌，载入了中华民族抗日战争的英雄史册。

新四军第一师的战斗历程

叶飞

新四军第一师，是抗日战争初期率先东进抗日驰骋大江南北的一支主力部队。它是由坚持南方游击战争的红军游击队改编的新四军第一支队第二团，第二支队第四团，第三支队第六团等部和苏南、苏中的地方抗日武装发展起来的。皖南事变以后，中共中央军委将苏中各部队编为新四军第一师，苏南各部队编为新四军第六师。翌年，第六师划归第一师建制，原番号不变。随着抗日战争的发展，第一师除坚持苏中抗日根据地的斗争外，主力三个旅先后渡江南下，会合第十六旅和浙东游击纵队，建立苏浙军区，抗日旌旗直指会稽山下，东海之滨。

新四军第一师，坚决贯彻执行党中央的两个“五四指示”（即1938年5月4日关于发展华中敌后游击战争的指示和1940年5月4日关于放手发展抗日力量抵抗反共顽固派进攻的指示），高举抗日救国大旗，迅速开赴江南敌后，向东作战，向北发展。在日、伪、顽严密控制的京（宁）沪杭心脏地带和大江南北广阔水网平原，披荆斩棘，生根立足，坚持抗战，坚持统一战线，坚持独立自主，对国民党顽固派的进攻，实行自卫的胜利的和休战的原则，即有理、有利、有节的原则，坚韧不拔地完成党中央赋予的重大战略任务。

新四军第一师，与各兄弟师并肩作战，密切协同，经历了充满艰苦性、复杂性和特殊性的斗争。一师全体指战员特别是数以万计的英勇献身的烈士，为抗日战争的胜利，为苏中根据地和苏浙根据地的开辟、建设和发展，作出了历史的贡献。

挺进茅山　站稳脚跟

1938 年 4 月 28 日，南方的红军游击队改编为第一、第二、第三支队在安徽歙县岩寺集中还不到十天，没有来得及整训，就奉命从三个支队中各抽一个加强连组成先遣支队，由第二支队副司令员粟裕率领，向苏南敌后挺进，进行战略侦察。

六天以后的 5 月 4 日，毛泽东同志电报指示：在敌后进行游击战争虽有困难，但比在敌前同友军一道并受其指挥反会更好些，方便些，放手些。敌情方面虽较严重，但只要有广大群众，活动地区充分，注意指挥的机动灵活，也会能够克服这种困难。……在侦察部队出去若干天之后，主力就可准备跟行，在广德、苏州、镇江、南京、芜湖五区之间广大地区创造根据地，发动民众的抗日斗争，组织民众武装，发展新的游击队，是完全有希望的。在茅山根据地大体建立起来之后，还应准备分兵一部进入苏州、镇江、吴淞三角地区去，再分一部渡江进入江北地区。在一定条件下，平原也是能发展游击战争的……

一支队司令员陈毅坚决执行这一指示，6 月 1 日即率部从南陵出发，东进苏南，8 日在溧水新桥同先遣支队会合，随后在溧阳、武进公路以北，京杭公路以东，镇江、金坛以西展开，6 月 14 日进入茅山地区。

这时日军已侵占了上海、杭州、南京、芜湖、徐州等战略要地，控制了京沪杭、京杭、京芜各主要和次要的交通线。国民党军队一溃千里，地方政权望风解体，日军所至烧杀奸淫，无恶不作，汉奸敌探为虎作伥，肆意横行，江南大好河山沦于敌人铁蹄之下，成了人间地狱，人民处在水深火热之中。

我军指战员亲眼看到这些情景，怒火中烧，热血沸腾，决心以浴血奋战的行动，惩罚侵略者和卖国贼；以战斗的胜利，唤醒人民的觉悟，提高抗日必胜的信心。

6 月 15 日，先遣支队经过三个雨夜的急行军，到达南京与镇江间的下蜀街，当天晚上完成了破坏铁道的任务。第二天上午日军一列火车就在下蜀街出了轨。6 月 17 日，先遣支队又冒雨急速向东，埋伏在镇江以南 30 华里的韦岗，伏击日军车队，击毙日军少佐土井、大尉梅泽武四郎等十多名，打伤八名，击毁敌军车四辆，缴获长短枪 20 多支及其他军用物资一批。这是先遣支队的第一仗，是新四军给江南人民的“见面礼”。仗不大，意义很大，解决了两个问题：一是新四军能不能跟日本侵略者打？江南人民亲眼看到了，能！大大振奋了人民的抗战热情和胜利信心，敌伪汉奸开始胆战心惊；二是新四军在江南能不能站住脚？这一仗也做了响亮、明确的回答。连当时的国民党中央政府也向新四军军长叶挺发了嘉奖电。电文说：“所属粟部，袭击韦岗，斩获颇多，殊堪嘉尚”。

接着，7 月 1 日，我军又发起了新丰车站战斗。韦岗战斗是一次伏击战，新丰车站战斗却是一次攻打日军驻地的攻击战。

新丰车站位于京沪线上镇江与丹阳之间，根据侦察，有日军“广江部队”两个排 40 多人驻守在车站的坚固碉堡内。镇江、丹阳和铁路沿线有日军 1000 多人，还有少数伪军，他们之间电话畅通、交通方便。但日军占领南京后，骄横不可一世，新丰车站守敌，警戒疏忽。

当地人民遭受日军蹂躏，对敌人非常仇恨，积极配合我军行动。

我一支队二团一营于午夜顺利进入作战地域。突击队摸近碉堡时触响了警铃，把已睡的敌人惊醒，枪声、榴弹爆炸声顿时响成一片。突击队杀伤了十多名敌人，其余的敌人凭借碉堡上下楼层顽强抵抗，我军实施火攻。不一会儿，敌人碉堡四周烟火弥漫，火舌卷过窗口，爬上堡顶。敌人在堡内绝望地嚎叫，有十多个日军窜了出来，突击队员们奋勇冲上去展开肉搏。这十多个日军，逃走三个，其余都被消灭。

“新四军火烧东洋兵！”这一捷报又一次惊呆了敌伪，鼓舞了人民，扩展了新四军的声威。

就在7月间，第二支队司令员张鼎丞率部也进入苏南，在高淳、溧水、江宁、当涂一带展开敌后斗争。

在韦岗、新丰战斗胜利的激励下，7月、8月两月，第一支队和第二支队又接连取得了新塘、句容、珥陵、小丹阳、永安桥、当涂、禄口等大小100多次战斗的胜利。南京的城郊机场、雨花台、麒麟门外，也响起了新四军游击健儿的枪声，大片失地被我收复，江南人民看到了抗日必胜的曙光。

这一期间更为重要的是，一支队和二支队一面作战，一面在茅山地区开展地方工作，宣传党的方针政策，发动群众起来抗日。当地有一批民间武装，在我军胜利的影响和党的正确政策引导下，纷纷接受我军领导。由管文蔚领导的丹阳抗日自卫总团，7月间接受第一支队指挥，扩编为丹阳抗日游击纵队。还有茅山许维新部，镇江孔庆哲部，金坛吴甲寅、朱春苑部，句容巫恒通、洪天寿、樊玉林等部，由我军派进一批干部，经过整顿、改造，都成了抗日武装，对那些勾结日伪、祸国殃民的反共武装，我军在争取无效时，坚决予以歼灭，人民拍手称快，对新四军更加拥戴。在这同时，我军十分重视开展抗日民族统一战线的工作。陈毅司令员亲自登门拜访，以民族大义为重，争取了纪振纲等一批社会名流、开明士绅、民族资产阶级代表人物站到抗日的行列中，广泛团结了各种社会力量，共同抗日。

一、二支队在苏南的发展和茅山地区的开辟，使南京日军惶惶不安，不得不承认："新四军是共产军，很是灵活，容易生根。"1938 年 9 月，他们将本土新调来的第十五、第十七师团和在杭州的一一六师团，还有东北的伪满军 5000 多人，增调到江南，使南京、镇江、芜湖地区的兵力，由三个联队增加到三个师团，不断对我军多路围攻，反复"扫荡"。我一、二支队采取避实就虚、敌进我进的方针，紧紧依靠群众，出其不意地打击敌人，9 月至 12 月，先后粉碎敌人几十次进攻和"扫荡"。以茅山为中心的抗日根据地建立起来了，新四军在江南敌后站稳了脚跟。

架起"跳板"足跨天堑

根据毛泽东同志在 1938 年 5 月 4 日的电报指示，这年 9 月，茅山根据地初步开辟后，陈毅同志即派一支队二团一部东进澄（江阴）锡（无锡）虞（常熟）地区实施侦察，并在 11 月亲自到丹阳北面沿江一带视察，准备分兵东进北上。

就在这一期间（1938 年 9 月至 11 月），我们党召开了六届六中全会，会议指出抗战是长期的、持久的，共产党要成为全民族共同抗战的坚强核心，决定党的工作重点是在战区和敌后农村开展游击战争，建立抗日根据地，会议还强调把反对妥协投降作为当前的紧急任务，在统一战线中必须坚持独立自主的原则。

1939 年 2 月，中央派周恩来同志到达皖南新四军军部，向担任东南局书记、新四军副军长的项英同志传达六中全会决定，并与项英商定了新四军的战略任务是："向南巩固，向东作战，向北发展"。周恩来同志还明确提出新四军独立自主向北发展的三个原则是：哪个地方空虚，就向哪个地方发展；哪个地方危险，就到哪个地方去创造新的活动地区；哪个地方只有敌伪军，友党、友军较不注意，没去活动，就向哪里发展。而项英同志却于1938年10月，将一支队的一团和二支队的三团调回皖南受军部直接指挥。经过陈毅同志力争，才将三支队的六团调入苏南，归一支队指挥，我任六团团长。

按照党中央和周恩来同志的指示，1939年4月底陈毅同志决定派我率领第六团向东路地区江阴、无锡、常熟、苏州、太仓地区开进，并向项英作了报告。但是就在部队准备开进的前一天下午，项英来了电报，反对六团东进。理由是两个：一是那个地区是敌人的心脏，铁路、公路、河网非常复杂，部队到那里会被敌人消灭的；二是冲破了国民党的限制，会破坏统一战线。陈毅同志接到电报，打电话要我马上到他那里去。支队部在溧阳县水西村，只十多里路，我骑上马没半个钟头就到了。看到陈司令员坐在椅子上很沉闷，不说话，老是抽烟，一根接一根。我问他有什么指示，他也不吭声，站起来走来走去，后来他从口袋里掏出项英副军长的电报给我看，我也愣住了，像一盆冷水浇了一头。屋里更沉闷了，就这样过了十几分钟，陈司令员走到我面前突然停住了，问我："叶飞同志，你看你们到东路会不会被消灭呀？"我说："不会被消灭，我有把握。"我还说："这不是我一个人有把握，我们全团已准备好了，还派人去联络和了解过，大家都有把握。"他说："只要你们有把握，你们走，按原定计划走。"我还愣着，项英副军长的电报是两条，现在解决的是第一条，还有第二条破坏统一战线的问题怎么办？陈司令员的回答非常痛快："这个你不要管，这不是你的事，是我的事。部队到东路被消灭了你负责。破坏了统一战线，我陈毅负责。"他把手一挥："走，你们走，就这样定了！"5月1日，六团毅然向东开进。陈毅同志为了照顾皖南军部和国民党第三战区关系上的处境困难，六团东进时不用新四军的名义，用了当地一支武装“江南人民抗日义勇军”(简称“江抗”)的番号,我也改了名,叫叶琛。

5月5日,我带了部队到达武进县戴溪桥一带,同在那里活动的“江抗”梅光迪、何克希部会合,成立了江抗总指挥部,梅光迪任总指挥,我和吴焜(改名吴克刚)、何克希任副总指挥,六团改称江抗第二路。

5月31日,六团进入江阴和无锡交界地区,午夜到达小镇黄土塘。前哨刚进街头,就发现人声嘈杂,群狗狂吠。原来和日军“扫荡”部队遭遇了。吴焜指挥五连抢占了一线房屋,把机枪架上屋顶,先敌开火,掩护部队向敌人冲击。日军在混乱中稳定下来后,掷弹筒弹呼呼飞来,向我军进行反扑。敌我反复冲杀,激战至6月1日中午,毙伤日军30余名。正当我军聚歼残敌时,反动的国民党特务武装“忠义救国军”竟然攻我侧后,以致敌军得以逃窜,可见东路地区斗争的复杂性。

6月24日,我部又夜袭苏州附近的浒墅关车站。侦察排冒着暴雨,踏着泥泞,在暗夜中行进,神不知鬼不觉地摸掉了东桥的伪军排哨。午夜1时,二连跟随在铁路上巡逻的日军从后门摸进了兵营;另一路则直扑日军宪兵司令部。一排排手榴弹扔进了窗内,在昏睡的日军中间爆炸。随着隆隆爆炸声,兵营起火,敌兵乱作一团,死的死,伤的伤。另一处,我军炸毁了铁路桥,熊熊的火焰烧红了半边天。此战非常顺利,全歼山本队长以下55名日军及伪军一个中队,迫使京沪铁路三天不能通车,胜利消息传遍了南京、上海和京沪沿线各地。

7月,我部逼近上海近郊。进军路上,与常熟、江阴、无锡、嘉定、青浦等地的地方党领导的抗日游击队会合,声势大振。吴焜率领二营和“江抗”五路在青浦观音堂地区伏击敌人,缴获一条小汽轮,击毙十余个日军。随后,又粉碎了日军的报复“扫荡”。23日,吴焜和二营营长廖政国各率两个连追击伪军许雷生部。廖政国这路追击60余里后，攻入虹机飞机场。

六团东进不久，第一支队又派出一批干部开辟宜兴、武进南部的太湖、滆湖地区。第二支队也派出第四团主力一部加强这个地区的抗日游击武装，使游击战争得到迅速发展，扩大了新四军的机动回旋余地。

为了向北发展，1939 年 2 月，按照陈毅同志命令，由丹阳游击纵队改编成的新四军挺进纵队，进击镇江东侧、地居长江航道的扬中，歼灭了盘踞扬中的伪军。4 月，挺进纵队在一支队二团配合下，进入长江北岸扬州以东的仙女庙（今江都）、大桥地区，解除了方钧部 1000 多人的武装（方钧原是国民党部队的一个营副，上海失陷时率残部逃到丹阳，被丹阳游击纵队收容，编为这个纵队的第二支队。到江北后，被国民党收买，杀害新四军派去的干部，企图投靠国民党军队，控制了这一地区）。从此，江南部队往返长江南北有了渡江“跳板”，在江北也有了桥头堡。

1939 年 11 月 7 日，第一、第二支队领导机关合并为新四军江南指挥部，陈毅、粟裕分任正、副指挥，统一指挥苏南的各部和全区的地方武装。同月，我奉命率“江抗”西返扬中，与挺进纵队合编，仍称挺纵，管文蔚任司令员，我任副司令员，也是这个月，二支队第四团北渡长江，挺进到苏皖边境扬州、仪征、天长、六合地区，改称新四军苏皖支队，陶勇任司令员，卢胜任政治委员。12 月，挺进纵队也北渡长江，进至扬州、泰州地区开展游击战。这样，到 1939 年底，进入苏南抗日的新四军各部，不但没有被消灭，而且已从当初的 6000 多人发展到 2.1 万人，形成了足跨长江两岸，随时可以向北发展的有利态势。

“江抗”西撤后，留下的伤病员和少量地方武装，在夏光、杨浩庐和任天石等同志的领导下，又成立了“新江抗”、“新民抗”，继续坚持东路地区的斗争。

独立自主 开辟苏北

八路军、新四军对日军的英勇作战和敌后抗日根据地的开辟，使广大人民欢欣鼓舞，但国民党顽固派对人民力量的发展感到恐惧和仇恨。1939 年 1 月召开的国民党五届五中全会，竟然通过了所谓《防制异党活动办法》。2 月，蒋介石又秘密颁发《共产党问题处置办法》和《沦陷区防范共党活动办法》。于是，国民党部队不断在各地挑起事端，制造磨擦，袭击我军，破坏根据地建设，甚至接连制造屠杀我军政人员和抗日群众的平江、竹沟等惨案。

我党中央及时揭露了国民党消极抗战、积极反共的反动政策和对日本侵略者妥协投降的严重危机，同时批判了党内在统一战线中只讲团结不讲斗争的右倾错误，重申了全党独立自主地放手组织人民抗日武装斗争的方针。1939 年 7 月 7 日，党中央发表《为抗战两周年纪念对时局宣言》，提出“坚持抗战，反对投降；坚持团结，反对分裂；坚持进步，反对倒退”三大政治口号，动员全党和全国人民为克服国民党内的反共逆流，争取时局好转而斗争。毛泽东同志还提出了对任何投降派、反共派、顽固派的进攻，实行“人不犯我，我不犯人，人若犯我，我必犯人”的严正自卫原则。

1939 年 11 月 19 日，党中央就江北新四军发展区域问题向胡服（即刘少奇，当时任中原局书记）等同志发出指示：整个江北的新四军应从安庆、合肥、怀远、永城、夏邑之线起，广泛猛烈地向东发展，一直发展到海边去，不到海边，决不应停止。根据这一指示，中原局提出了积极发展苏北、坚决反磨擦、创建根据地三大方针，对江北部队作了向西防御、向东发展的部署，并建议中央指派江南新四军一部北上，华北八路军一部南下，合力开辟苏北。中央同意了中原局的部署和建议。

1940年是敌、顽、我争夺华中十分激烈的一年，也是新四军开辟苏北取得决定性胜利的一年。日军停止了对正面战场的进攻，抽调重兵转向八路军、新四军，对国民党则加紧诱降活动。

针对国民党在日本侵略者诱降政策下，大力推行“以军事反共为主，政治限共为辅”的反动方针，也鉴于项英对中央开辟苏北发展华中的战略部署顾虑重重。1940年5月4日，党中央向东南局发出了《放手发展抗日力量，抵抗反共顽固派的进攻》的重要指示，其中特别指出：“在江苏境内，应不顾顾祝同、冷欣、韩德勤等反共分子的批评、限制和压迫，西起南京，东至海边，南至杭州，北至徐州，尽可能迅速地并有步骤有计划地将一切可能控制的区域控制在我们手中，独立自主地扩大军队，建立政权”。指示还说：“在国民党反共顽固派坚决地执行其防共、限共、反共政策，并以此为投降日本的准备的时候，我们应强调斗争，不应强调统一，否则就会是绝大的错误”，“他们要向我们举行军事进攻，我们就实行军事反攻以打破之。”

党中央还在其他指示中反复强调：华中是我最主要的生命线，我军必须尽快夺取华中，有了华中，抗日力量会大大发展，有了华中，华北的八路军同长江沿岸的新四军就能连成一片。中央并具体地要求：整个苏北、皖东、淮北为我必争之地。发展苏北，不只是新四军的一个局部性的任务，已是有关争夺华中、影响我党我军对日军、对国民党顽固派斗争的全局性的大事了。

当时苏北有四种军事力量：一是日伪军，驻守长江和运河沿线重要城镇；二是国民党军，江苏省政府主席兼鲁苏战区副总司令韩德勤部5万多人，控制着东台、兴化、淮阴等地，处心积虑要消灭北渡长江的新四军；三是泰州地区的鲁苏皖边游击总指挥李明扬、副总指挥李长江的1万多人，曲塘一带还有国民党财政部所属税警总团陈泰运部4000多人，都是地方实力武装，受韩德勤指挥，又受韩的排挤和打击；四是新四军，当时在苏北的主力部队，只有挺进纵队和苏皖支队共3000多人。

陈毅经过深思熟虑，确定了“击敌、联李、孤韩”的策略方针。他身体力行，从1939年夏到1940年春，三次亲赴泰州城，与李明扬、李长江谈判，提出“团结抗战，互助互让，共同发展”的主张，为新四军打开苏北局面，取得了重要的有利条件。

韩德勤得知新四军挺进纵队已过长江并控制扬州、泰州沿江一线阵地后，立即命令李明扬、李长江和三个保安旅等“讨伐”新四军挺进纵队，限期夺回扬中和沿江地段。由于陈毅同志向“两李”解释了共产党和新四军的抗日政策，说明了新四军到江北与友军合作抗战的诚意，取得了谅解，“两李”同意以大桥、吴家桥、嘶马为中心的长30华里、宽20华里地区为挺进纵队活动范围。“两李”按兵不动，保安旅等也就观望不前，不敢轻举妄动。韩德勤的这次“讨伐”也就告吹。

驰援半塔　晋见胡服

1940年2月，蒋介石竟命令在安徽的国民党第二十一集团军总司令李品仙，在苏南的国民党第三战区前敌总指挥冷欣和苏北的韩德勤，从三面同时向在这些地区坚持抗日的新四军进攻，国民党参谋总长何应钦3月8日给李品仙的密令中露骨地写着:“把新四军压迫于大江之南或一举歼灭之，或将其向倭寇较多之地区压迫”，居然使用“借刀杀人”的毒计。

李品仙调集顽军5000多人，3月4日向在津浦路西合肥以北和定远以南地区的新四军江北指挥部、新四军第四支队发起围攻。在津浦路以东的新四军第五支队主力集中到路西反击顽军。新四军江南指挥部指挥陈毅当即命令陶勇率领苏皖支队赶赴路西增援。

韩德勤乘我路东兵力空虚，调集了八个团共 1 万多人的兵力，3 月 19 日向第五支队后方机关所在地、苏皖边境的来安县半塔集进攻。由于我主力都去路西，半塔集和附近村庄只剩下少数部队，大部分是机关、学校和后方人员。作战部队加在一起不到一个团，千把人。但是，他们英勇顽强苦战七昼夜，击退了韩德勤的多次猛攻，守住了半塔主要阵地。

3 月 23 日，我接到陈毅同志电令，当即带了挺进纵队一团和四团一部及特务营，从江都吴家桥出发，西渡运河，穿越天（长）扬（州）公路，日夜兼程驰援半塔。26 日，我们赶到半塔东南的马集，与前来阻击的韩军主力独立六旅十六团遭遇，激战三个多小时，歼灭其一个营，余部被击溃，威胁韩军的侧背。

3 月 27 日，路西的反顽战斗胜利结束，歼灭李品仙部 2000 多人。刘少奇、张云逸、罗炳辉等同志立即率领得胜的第四、第五支队和苏皖支队回师半塔，韩德勤仓皇后撤，我军在追击中歼灭韩军 1000 多人，取得半塔集保卫战的胜利。

战后我仔细地看了守卫半塔的阵地，了解兵力的配置，访问指挥保卫战的领导同志，学习半塔战斗的经验。过去打游击，打得赢就打，打不赢就走，这次是人家四面围攻，而我们坚决守卫。半塔保卫战，创造了以少胜多、以弱胜强、固守待援的范例。

我第一次同少奇同志见面就在半塔集。少奇同志那时化名胡服，是党中央代表、中原局书记。他要我回到苏北驻地后独立自主地放手发动群众，减租减息，建立抗日民主根据地。少奇同志说，现在的任务就是解决苏北问题。发展华中，开辟苏北，这是全党的问题。这不光是为了保证抗战的胜利，还为了抗战以后中国革命的前途。少奇同志说，现在解决苏北问题有很大麻烦，国民党的策略变了，不像华北那样让我党我军在敌后发展了。当然，文章还是好做的。国民党顽固派迫不及待地要进攻八路军、新四军，特别是妄想消灭新四军，我们就有理由起来自卫，消灭他们。如果你们被顽固派围攻，北边的八路军，西边江北的新四军，南边江南的新四军，会来增援你们。少奇同志还说，你们只要坚守一个星期，一个星期之内是你们的事，一个星期之后，不是你们的事。后来的郭村战斗就是事出有因的。

刘少奇同志为了交给我重要任务，把全国形势和中央关于新四军东进北上、发展华中的战略方针讲得很透彻。他明确讲了项英同志的错误，项英不积极执行中央的指示，对国民党顽固派无原则退让，不敢到敌后放手发展抗日力量，更不敢在反磨擦中消灭顽固派。项英的错误已给革命事业造成损失，如再不改变，损失就会更大。少奇同志还把党中央、毛泽东同志与项英来往的一些电报给我看。我原来只知道项英反对"江抗"东进，不知道到底是怎么回事。少奇同志一谈，再一看电报，全明白了。我便把陈毅同志顶住了项英的错误命令，毅然让我带部队东进的事简要地谈了一下。少奇同志说：是的，陈毅同志对项英同志的错误是有斗争的。他又说：中央还在争取教育项英同志，对他的错误目前还不公布。我这时想到，陈毅同志从来没有在下级面前讲项英同志的错误和他与项英的矛盾，他模范遵守党的纪律，严格要求自己，使我深为感动和深受教育。

保卫郭村　东进序曲

我们回到江都吴家桥没有三天，1000多日军和伪军来"扫荡"。我们常处在日、伪、顽三方夹击之中。我们坚决迎敌，激战一昼夜，给了日伪军严重杀伤。可是吴家桥地区狭小，没有回旋余地，为防止敌人报复，部队撤到泰州西北30华里的郭村休整，郭村是鲁苏皖边游击总指挥部李明扬、李长江的防区，我们给两李去了信，说明部队作战疲劳，暂借郭村休整。

韩德勤见有机可乘，利用他的地位和两李对我们挺进纵队在江北发展的疑惧心理，挑拨离间，又压又拉，表示要与两李“捐弃前嫌，重修旧好，共同反共”，极力煽动两李用武力吃掉我们。

6月下旬，由李长江出面，限令我们挺纵三天内退出郭村。

情况紧急，冲突在即。

新四军江南指挥部陈毅、粟裕接到挺纵报告，认为李长江进攻的兵力达13个团之多，挺纵在郭村只有两个多团，力量对比太悬殊；江南的部队正同来犯的国民党军冷欣部激烈交战，不能过江增援；西边的新四军五支队，北面的八路军，都在300里以外，一星期之内赶到增援，谈何容易！打起来，挺纵是孤军应战。陈毅连发三电，要求挺纵尽量避免冲突，避免不了就退到吴家桥、扬中，实在不行，就退回江南。

接到陈毅同志第二次口气严厉的电示，我连夜找挺纵和苏北特委的领导同志共同慎重研究，后来又扩大到团以上干部参加。苏北特委书记韦一平、副书记惠浴宇都说郭村的群众已充分发动，挺纵来到后减租减息，建立民主政权，搞得很好，打起来群众一定全力支援。挺纵司令员管文蔚、参谋长张藩、政治部主任吉洛（姬鹏飞）和团的干部们都认为如果这时脱离郭村既设阵地，仓促转移，必然会遭到李部阻击和追击，再加上日军的封锁，我军将很被动，一直讨论到半夜，各种利弊强弱都分析到了。

我们一面作紧急应战准备，一面按照陈毅同志的指示，派政治部副主任陈同生，以江南指挥部秘书长身份，带着陈毅署名的言辞恳切、呼吁团结抗日的电报，前往泰州谈判，争取和平解决。但是，李明扬以开会为托词避到兴化去了，李长江则骄横狂妄，将陈同生等扣留，冲突是难以避免了。

我深思很久，团结中间力量，事关发展苏北大局，陈毅同志三次电令我们避免同“两李”的冲突，无疑是正确的。但是，现在情势紧急，和平解决已经无望，必须迅速决断，不能犹豫等待。我们在第一线的指挥员具体了解当面敌情，我军士气和群众条件，应该敢于独立负责，再说，对中间力量的消极方面，也要有所斗争，在斗争中求团结。我也想到刘少奇同志在半塔集对我说过的话，半塔固守待援取得了胜利，我们在郭村也能够做到。

我决心下定。给陈毅同志的最后回电是：决心固守郭村。

陈毅同志看到这个电报十分焦急，立即命令在皖东的苏皖支队火速驰援郭村，由粟裕同志指挥江南部队作战，他自己便衣简从，秘密渡江，想在战斗打响之前赶到郭村，亲自为避免冲突做最后的努力。

正在此时，在李部第三纵队第八支队任支队长的共产党员陈玉生来电告急：李长江准备在向郭村进攻之前解决该支队。情况紧迫，我一面电告江南指挥部，一面复电陈玉生，同意他把部队拉出来，并派四团夜渡通扬河前去接应。

6 月 27 日，韩德勤向李长江下达将挺纵“一鼓而歼之”的命令，李长江当即在泰州召开紧急军事会议，认为我军在郭村只有九个营，正是攻歼良机，做出全面部署，决定第二天发动进攻，当天晚上，在“两李”部队第二纵队政训处工作的女共产党员郑少仪，带着泰州县委书记陈扬交给她的一封重要情报信，混出泰州西门岗哨，在没有月色的黑夜，转田埂，涉河流，半夜时分到达郭村，将情报信面交给我，信上写着李长江进攻郭村的确切时间和兵力部署等，使我获得了最后调整部署迎战顽军的宝贵时间。

6 月 28 日拂晓，战斗打响。郭村被四面包围，李长江指挥他的主力第四纵队陈中柱部和第六纵队陈才福部轮番进攻。预有准备的挺纵，将其击溃，上午就抓了 200 多俘虏，黄昏又歼灭其两个大队，其中有陈中柱的精锐“青年突击大队”。

6 月 29 日，陶勇、卢胜同志率领的苏皖支队神速地赶到郭村，他们从安徽、江苏边境，跨越天（长）扬（州）公路，夜渡邵伯湖，勇猛机智地在大白天边打边走，闯过日军封锁的仙女庙至高邮的公路，又巧妙地绕道通过李部的西北防区，昼夜兼程200里，赶到了郭村。于是，这两支部队密切协同，在郭村人民群众的全力支援下，采取积极防御、灵活机动的战术，逐次打退进攻的顽军。

打到第三天，6月30日，接到少奇同志电报，说八路军南下部队在陇海路受阻，不能按时到达；第二次电报，又告知新四军五支队向东增援，到高良涧受阻也过不来，要我们独立自主作战。现在只有独立自主打下去。这天晚上，我同陶勇、卢胜商定，从挺纵一团抽出两个营，夜间主动出击，这两个营的防区都由苏皖支队接替。一团团长乔信明、政委刘先胜带领这两个营出敌不意地突然横扫扬（州）泰（州）公路中段，把沿线的李军后方打得鸡飞狗跳，歼灭了他们的三个团部，攻占了重镇宜陵，打开了一个缺口，李长江大为震惊。

第四天，7月1日，是党的生日，我军士气高昂，纷纷表示要以战斗的胜利纪念建党19周年。这天，好消息接连传来：陈玉生率部起义，到达郭村西面长江岸边的大桥地区，控制了长江南北的交通。另在李部第二纵队第五支队的共产党员王澄、姚力，在郭村东北的港口镇率领一个大队战场暴动成功，带过来一个机枪连，有四挺重机枪、一批轻机枪和充足的弹药，这又使李长江慌了手脚。

7月2日拂晓，李长江孤注一掷，限令陈中柱、陈才福当天拿下郭村，大骂其他团队迟迟不前，命令督战队用机枪逼着士兵冲锋。顽军蜂拥而来，打下去一批、又拥上来一批，几度突入前沿阵地，最紧急时，挺纵一团参谋长廖政国、苏皖支队参谋长张震东，都亲自带队同顽军进行白刃战，一次次把他们拼垮。中午，王澄、姚力率领暴动部队赶到郭村，带来轻重机枪和充足的弹药，大大增强了我军火力。出击的一团两个营也从宜陵回头，从顽军背后杀过来。这时，我们趁势猛烈反击，转守为攻，李部纷纷后撤，阵脚乱了，许多人缴枪投降，陈中柱也被我军活捉，李长江退到了塘头。

7月3日，陈毅同志赶到郭村。他的焦灼心情已为部队打了胜仗所缓解。他综观全局后，着重指出：我们要打开苏北局面，非把韩德勤打败不可；要打败韩德勤，就必须争取“两李”中立，必须坚持“击敌、联李、孤韩”的策略。他说，李长江背信弃义进攻我们，理该给他应得的惩罚，他打我们如此卖力，我们回敬也要隆重一点儿。不过打也是为了争取，下一步怎么办？他主张再扩大一下战果，打下塘头，但不得进攻泰州城，收兵于泰州城郊九里沟的面粉厂，随即言和。我们一致赞成。

7月4日，我军全线出击，战局急转直下，李军全线溃退，我军迅速拿下塘头，到达九里沟，占领面粉厂，眼看就要打进泰州城。

李明扬赶紧从兴化返回泰州，陈毅司令员同他直接通电话，再次主动言和，李明扬求之不得，连忙赔礼道歉，恭恭敬敬把陈同生等送回。我们释放了全部被俘人员700多人，并送还部分枪支，为了表明我们的诚意，又归还宜陵、塘头、郭村，但要李明扬协助我军东进抗日，如果以后韩德勤进攻新四军时，他们应当保持中立，李明扬对此一一答应。

郭村保卫战，取得了政治和军事的双重胜利。我们在陈毅同志的正确领导下，贯彻执行了党的方针政策，争取了“两李”，巩固了苏北桥头阵地，打开了江南部队北渡长江向黄海之滨奋勇东进的大门。

攻取姜堰　决战黄桥

按照党中央1940年5月4日的指示，粟裕同志率领新四军江南指挥部及第二团、新六团等部，在歼灭向我进攻的冷欣部两个团和突破日军公路、铁路、运河、长江等几道封锁线后，7 月 8 日胜利到达苏北吴家桥地区，与挺进纵队、苏皖支队会合。江南指挥部改称新四军苏北指挥部，仍由陈毅、粟裕担任正副指挥。部队整编为三个纵队，第一纵队由我任司令员兼政委，下辖一、四、五团；第二纵队司令员王必成，政治委员刘培善，下辖二、六、九团；第三纵队司令员陶勇，政治委员刘先胜，下辖三、七、八团，共 7000 多人。通过整编，统一了指挥，统一了建制，行动协调，面貌一新。这对开辟苏北局面有重要意义。这时，东南局派了青年部长陈丕显同志率领一批干部来到苏北，协助陈毅同志领导地方党的工作。

留在江南的部队，组成新的江南指挥部，罗忠毅任指挥，廖海涛任副指挥，下辖四个团，3000 多人。

从此，苏北形势开始发生质的变化，与韩德勤的斗争由争夺中间力量进入正面交锋阶段。

对我军在哪里建设中心根据地问题，苏北指挥部有过三种议论：一是北进兴化；二是扼守原地；三是东进黄桥。陈毅、粟裕权衡利弊，比较得失，认为：兴化是水网地区，不利于大兵团运动；扼守原地，地区狭窄，向外发展势必与“两李”发生冲突，不利于联李孤韩；黄桥地处靖江、如皋、海安、泰县、泰兴等县中心，东可以向南通、如皋、海门、启东发展，南可以控制长江通道，与我江南部队相呼应，威胁日军和切断韩德勤与冷欣的联系。占据黄桥的是韩德勤的保安第四旅何克谦部，一贯勾结日伪，积极反共，苛捐杂税，敲诈勒索，早失人心。黄桥一带有党的工作基础和土地革命战争时期建立过红十四军的影响，群众条件好。东进黄桥，政治上有理，军事上有利。

7 月 25 日，苏北指挥部挥军东进。26 日、27 日通过口岸到泰州公路上的巷口、缪湾一带“两李”防区，“两李”遵守协议，给我们让路，他们只是朝天开枪，我们装作夺路而过。29 日凌晨我军解放黄桥，歼灭何克谦部主力近 2000 人，何部的两个团在团结抗日的号召下举行起义。我军乘胜攻克靖江东北的孤山、西来镇等日伪军据点，粉碎了日伪军两次报复性“扫荡”，狠狠地打击了日本侵略者。黄桥人民欢天喜地，不但除掉了“见鬼子就逃，见百姓就抄”的反动队伍，还亲眼看到英勇打敌人、纪律又好的红军“后代”。我们走到哪里，哪里就一片笑声、掌声。

8 月初，黄桥军民联合办事处成立，一纵队政治部副主任陈同生兼任办事处主任，主持地方行政工作和战勤工作。8 月上旬，成立（南）通如（皋）靖（江）泰（县）临时行政委员会，管文蔚、陈同生分任正副主任。9 月中旬，根据中原局指示，成立中共苏北区委员会，陈毅、陈丕显为正副书记。撤销苏北特委和江北特委，成立泰兴、如皋两个中心县委。行政委员会颁布了抗日民主施政纲领，二五减租法令和群众团体组织法。成立了苏北军政干校，吸收大批知识青年，培养军政干部。出版了《抗敌报》苏北版。部队抓紧整训、扩军，建立地方武装，8 月份扩大新兵 3000 名。这样，以黄桥为中心的根据地建设已初具规模。

9 月 3 日，韩德勤在蒋介石严令下，开始进攻。以李明扬、李长江、陈泰运部及保安第三旅为右翼军，以八十九军的一一七师（欠一个旅）、独立第六旅（欠一个营）、保安第一旅（欠两个营）为左翼军，左右两军分别经蒋垛、古溪向黄桥攻击前进。

右翼军的“两李”和陈泰运部在我军争取下态度犹豫，行动缓慢，左翼军则大胆进犯，陈毅决定严守自卫立场，采取诱敌深入、后发制人。粟裕同志指挥我一、二、三纵主力分割围歼顽军。9 月 5 日，保安一旅占领营溪，一一七师进攻古溪，由于我们求战心切，未待顽军深入，过早于 9 月 6 日就出击，攻克营溪，歼灭保安一旅两个团，韩军主力立即后撤。我们没有让一一七师进占古溪，放他再进十里，而是反击过早，让他缩回海安，没有达到歼灭韩军主力的目的。这次战斗中，我九团团长徐绪奎、一团三营营长李振斌，身先士卒，光荣牺牲。战后，我们释放了保一旅副团长以下的全部被俘人员 1000 多人，对他们宣传合作抗日，争取了这个旅在以后的黄桥战斗中保持中立。

营溪战后，韩德勤采取封锁政策，指令投靠日军的汉奸部队保安第九旅张少华部进驻原陈泰运部防地姜堰，严密封锁，不准一粒粮食南运到黄桥一带。

而在韩军向营溪、古溪进攻的同时，日军在天长、六合地区增兵 1500 多人，骑兵数百人，9 月 5 日，攻陷津浦路东中心区的马家集、半塔集、竹镇等地，使我新四军四、五支队难以及时东援苏北。

苏北指挥部决定攻取姜堰。部署第二、第三两个纵队东西钳击，以第二纵队主攻。第一纵队在白米、马沟一带，阻击海安方向援军。

9 月 13 日，我军发起攻击。第二纵队组织“勇敢队”，砍开电网，突进镇内，直扑保九旅司令部。张少华负隅顽抗，激战一昼夜，歼守军 1000 多人，缴获大批武器、弹药、布匹、粮食，张少华只身逃跑。

9 月 14 日，姜堰解放，封锁突破，粮道畅通，人心大快，但是这下不仅打痛了韩德勤，还打痛了蒋介石。蒋介石一再命令韩德勤继续进攻，“坚决打到底”，还严令“两李”、陈泰运与韩德勤“合作”，进攻我军。

韩德勤在民族危亡之际排斥异己，反共倒退很不得人心。苏北各界知名人士以韩国钧、朱履先为首奔走呼吁，希图打灭内战火焰。而韩德勤却趁机提出，新四军必须退出姜堰才能议和。

韩国钧，泰县海安镇人，是苏北首屈一指的社会名流，已是 84 岁高龄的老人。民国初年他当过安徽省民政长，民国十一年（1922 年）当过江苏省省长，他和韩德勤有联系，八十九军的一些军官，都对他表示尊敬。朱履先，在清末当过新军第 34 标管带，在南京响应过武昌起义，反对过张勋复辟，担任过孙中山的陆军第二师团师团长。陈毅同志在黄桥解放后，与他多次交谈，纵论全国和苏北抗战形势，他表示支持新四军团结抗日主张。他虽然退隐在乡，还是颇有影响。

9月中旬，由韩国钧主持，在海安召开了“停止苏北内战，一致团结抗日协商会议”，会后，由韩国钧领衔，朱履先、胡显伯、黄辟尘等知名人士以及泰县、泰兴等八县代表联名发出三封函电，分别向苏北各方军事长官、重庆政界人士并转蒋介石，呼吁制止内战，团结抗日，并揭露了国民党军队扰民害民的一些恶行。这三封函电，代表了苏北中上层人士的意愿，使韩德勤的重要社会基础发生了动摇。

韩德勤却乘机要挟说：“新四军如有合作诚意，应先退出姜堰”，以此作为向我进攻的借口。中间人士也很担心，认为韩德勤要价太高，新四军一定不会答应。可是，完全出乎他们意料，9月27日，陈毅同志慷慨陈词，断然表示：我方为了团结抗日，顾全大局，忍让求全，愿意让出姜堰，但是如果韩德勤仍旧进攻，“我们就要采取必要的自卫，为祸为福，只好以将来的事实作证明。”

9月30日，我军履行诺言，撤出姜堰。这种光明磊落的态度和行动，使各界深受感动。朱履先说：“如果省韩还要进攻，则是欺人太甚，万分无理，不但欺骗了你们，也欺骗了我们，省韩必遭到苏北人民共弃！”

韩德勤打错了算盘。他认为我军让出姜堰是因为他的几万大军压境，不敢同他作战，胡说什么“匪胆已寒”。9月30日，他下达作战命令“应不惜牺牲达到最后目的”，将新四军“包围而歼灭之”。对社会人士则狂妄宣称：“新四军一定要撤出黄桥，开回江南，才可进行谈判。”各界人士都十分愤慨，韩国钧老先生气极了，忿怒骂道：“贼子无信，天必殛之！”

韩德勤下了狠心，集中了26个团共3万多人的兵力，由他亲自指挥，要在黄桥地区同我决战。他以嫡系李守维为军长的第八十九军和翁达为旅长的独立第六旅为进攻的主力组成中路军，攻我黄桥东面和北面地区；以“两李”、陈泰运部为右路军，以五个保安旅为左路军，掩护中路主力，攻我黄桥以西及以南地区，目标是占领黄桥，歼灭我军主力。

1940 年 10 月 1 日，韩德勤的几万人马向黄桥大举进犯。出动不久，天下雨，械弹尽湿，道路泥泞，只得停止开进，就地宿营。

我军在黄桥只有 7000 多人，实际作战部队是 5000 多人。我军在黄桥是孤悬东南一隅，离北面的八路军和西面的新四军四、五支队都有七天以上的行军距离，不但路远，而且天雨水大，日伪阻拦，难以作战役的配合，只能作战略的配合。如果我军集中兵力固守黄桥，只把韩德勤击溃，没有歼灭他的主力，他还会卷土重来，结果是苏北战事长期延续，对我开辟苏北、发展华中很不利。要打，必须力求歼韩主力，一举解决苏北问题。我们与敌人作战，经常是在战略上以少胜多，在战役、战斗上是以多胜少，这是一个原则。但是当前要求我们不仅在战略上，而且在战役上要以少歼多。怎么办？

陈毅同志全局在胸，精心运筹。他根据中央、中原局的不断电示和战场的实际情况，同粟裕、钟期光（苏北指挥部政治部主任）、王必成、陶勇和我反复商计，最后，以他的胆识和气魄，果断地作出在八路军南下部队和新四军四、五支队的战略配合下，独立决战，歼韩主力的勇敢决策。他又制定了以黄桥为轴心，诱敌深入，各个击破的作战方针，决定以 3/4 的兵力作为突击力量，仅以 1/4 兵力守卫黄桥。他召集纵队领导干部会议，分配一纵、二纵担任突击、三纵队守卫黄桥。

我感到黄桥镇不小，有五里路长，三纵兵不满两千，火器也差，任务艰巨。我向陈毅同志提议，由我一纵抽一个团归陶勇指挥守卫黄桥。陈毅同志不愿削弱突击力量，未加采纳，粟裕同志说："我去坐镇。"陈毅同志同意了。于是，陈毅同志率司令机关驻严徐庄指挥全役，粟裕同志在黄桥加强防守的指挥。

10 月 3 日，天气放晴，韩德勤严令各部继续扑向黄桥。李守维的八十九军三十三师孙启人部打头阵，攻势很猛，我少数阻击袭扰部队节节抵抗后主动后撤，敌人付出了伤亡代价，4 日，扑到了黄桥东门。

这一天，早晨 4 点钟，八十九军向黄桥东面发起了更猛烈地进攻。从这时起，过去并不出名的黄桥镇，成了全国各方注视的中心。延安、云岭（新四军军部所在地，安徽泾县境内）、重庆、南京、我、顽、日、伪都急于了解黄桥战况发展。苏北的各种力量，更是神经高度紧张。除了交战双方，李明扬守在电话机旁，随时听取战况汇报，李长江派出当副官的亲侄子，带了参谋驻在陈毅指挥部附近村庄，随时飞骑报告情况，陈泰运派人伏在运盐河堤上眺望，及时传报黄桥消息。有些保安旅旅长也不断打听军情，以定自己的进退。黄桥周围的伪军都在据点里集合待命，大小头目在碉堡顶上用望远镜观望。泰兴的日军一部也前出到黄桥以西 15 里的石梅（又称失迷）观战待机。就这样，在一望无际的平原上，出现了中国近代战争史上少见的一个战场、两方激战、多方围观准备应付突变的奇局。

派到“两李”指挥部的我方代表报告说：李明扬在午后听说黄桥吃紧，就“谢绝会客”，中止了同我方代表见面；李长江那里，南京来的“和尚”（汪伪密使），兴化来的“参议”（韩德勤的说客），进进出出，气氛异常。陈毅曾与“两李”、陈泰运约定，为了他们应付蒋介石、顾祝同、韩德勤的“严令”，准许他们朝天开枪，每天“攻击前进”五华里。但是，如果战局发展对我不利，他们是否变卦毁约，向我军背后插刀？这就要看战局发展对我有利与否了！

我带着一纵隐蔽集结在黄桥西北、高桥以南的顾高庄、横港桥地区专等独六旅的到来。战士们隐蔽在一个个才收割下来的架在地里的高粱尖垛中间。

下午近 3 点钟，终于把独六旅盼来了。后来才知道翁达采取了“乘人两伤，后发制胜”的策略，故意迟到。他打算等新四军主力在黄桥以东拼得焦头烂额，他就可以直入北门，抢个头功！

我激奋地向陈司令员电话报告：“翁达来了！独六旅来了！”“好

啊！沉住气不准过早出击！”陈司令员的声音显然充满了欢快之情，但又担心我们性急，像营溪战斗那样，再犯过早出击的毛病。

下午4时，独立第六旅先头部队已接近黄桥北门，后尾部队已过了高桥。我即电话报告陈毅同志，提议立即出击。陈毅同志同意出击，命令二纵队配合一纵队首先歼灭独立六旅。

一纵指战员们跃出高粱垛，分成四个箭头突然杀到独六旅跟前，顿时将这条长蛇斩成几段。独六旅确实是有战斗力的，一阵仓皇混乱、局部被歼灭之后，迅速收缩到几个村庄固守。担任后卫的第十八团马上回头抢夺高桥，企图控制退路，我一团三营动作迅猛先机占领高桥，一场血战，把十八团打垮。一团团长乔信明发现顽军队伍中有一批挎皮包、拎箱子的军官拥着骑马的头头奔跑，判断必是旅部，立即率领一营扑去，紧紧咬住不放，果然就是独六旅旅部。一团二营配合三营，围歼顽抗的顽军，二营营长张锡能在近战搏斗中英勇牺牲。战士们怒喊着“为营长报仇”的口号冲进顽群进行白刃格斗。我一纵一、四、五团分别围歼独立六旅残部。

二纵队配合一纵队出击，其任务是迂回占领高桥，断其退路。二纵队见我一纵队已占领高桥，并正在围歼独立六旅，即由高桥南下迂回，配合三纵队围歼顽八十九军。

独六旅的覆灭，斩掉了韩德勤中路的右翼，使李守维的八十九军完全暴露和孤立了。4日下午，李守维得知三十三师被挡在黄桥东门，便亲自率领精锐的一一七师第三四九旅，经八字桥向黄桥疾进增援，当进到黄桥东北十来里的野屋基时，听说独六旅被围，危在旦夕，他既不救援翁达，也不继续前进，命令三四九旅在野屋基村一带紧急构筑工事固守，李守维久历戎行，有作战经验，他立刻判断：新四军必有大量主力用在翁达方向，黄桥守军必少，正是乘虚猛攻的好机会！他连夜调整了部署。

10月5日一早，八十九军军部、师部、旅部的炮兵群，从各种距离、各种角度集中轰击黄桥，我军阵地被炮击的硝烟吞没。三十三师以营为单位乘机实施集团冲锋。三四九旅也开始出动向黄桥推进。三纵伤亡很大，预备队陆续投入战斗。三十三师一部居然在尘土硝烟中突进了东门，情况异常紧张。

就在这时，地方党一位同志骑自行车前来报告：江南来增援的老四团三营已到了季家市南边，离黄桥只有20多里了。

粟裕同志赶到东门附近，在激烈的对射中，他挥臂高呼："同志们，江南增援部队过来了！"陶勇同志也喊："坚决打退顽固派，迎接江南主力！"陶勇把上衣一脱，拔出战利品——一把锋利的日军指挥刀，纵队参谋长张震东也挥起马刀，带领部队勇猛反击，东门街上杀声惊天动地，战士们一往无前地冲去，硬把顽军杀出东门，赶过河沟，又立即架起机枪，把东门死死封锁住。

就在东门转危为安时，我二纵队在王必成、刘培善带领下，由八字桥插到分界，截断了李守维的归路，并与三纵队协同动作，夹击、围歼顽军三十三师孙启人部。战斗仍很激烈。陈毅同志战后向中央报告说："拼刺刀七八次"，"空前恶战"。

我率一纵队指挥所，到达距离野屋基七八里的独立小屋时，只听得野屋基方向枪声绵密。原来，四团团长廖政国发现李守维及其军部麇集该处，立即发起攻击；随后，一团、五团也相继投入战斗。这一突然性的打击把八十九军军部打得大乱，我军楔入野屋基村内，逐屋争夺。

李守维的八十九军，是韩德勤赖以横行苏北的主要军事支柱，是韩军中最有战斗力的主力之一。他虽然已被包围，仍然拼命抗击我军的进攻。5日这一天，战斗十分激烈。敌人凭着充足的弹药，机枪火力如同暴雨一般。敌人还组织敢死队，一手快慢机，一手大砍刀与我军拼杀。白天进展不大，我军调整部署，准备晚上总攻。

当晚，我军继续进攻。李守维见势不妙，匆促下令向西北突围。

这时已近午夜，那年10月5日正是农历九月初五，一弯新月已经西斜，田野昏黑，八十九军不善夜战，这时人心惶惶，建制也乱了，边打边逃，到10月6日清晨，八十九军军部完全被歼，李守维想渡河逃跑，被混乱的溃兵一起拥入挖尺沟（曾误称八尺沟）河中淹死了。三四九旅还拼死抵抗，最后也被我全部歼灭。我二纵队赶到营溪追上了逃跑的一一七师余部，不久便传来了将其歼灭的捷报。我军奋勇前进，二纵队攻克海安，紧接着又向韩德勤的鲁苏战区副总司令部所在地东台疾进。

从10月3日到6日，我军共歼灭韩德勤主力八十九军、独立第六旅等12个团，外加保安十旅全部、保安三旅、保安五旅各一个团，共计1.1万多人。俘虏师、旅、团军官十多名，下级军官600名。韩德勤带了残部1000多人逃回兴化。陈毅、粟裕本着有理、有利、有节的原则，我军到达东台，便停止向西北追击，给韩德勤留下一条后路，以便争取更多的人抗日。

10月10日，八路军进抵盐城，新四军进抵东台，两军的先头部队在盐城、东台间的白驹镇狮子口胜利会师。

后来，方毅、郭述申等同志撰写的回忆文章中，特别提到了陈毅同志高度评价半塔、郭村和黄桥三次战斗的一句概括的话，他们写道：陈毅同志说，在华中先有半塔，后有郭村；有了半塔，就有了黄桥。

1940年11月7日，正是党中央第二个“五四指示”下达刚满半年，苏北的天空一片晴朗。这天，秋高气爽，风和日丽。下午，粟裕、钟期光、陈丕显、惠浴宇、管文蔚和我，还有其他许多领导人和机关的干部战士，齐集在海安东门串场河的码头上，迎候刘少奇、黄克诚等同志的到来。他们正由陈毅同志亲自乘小汽艇从盐城接来海安。

就在这一天，陈毅司令员写下了这首气势磅礴的诗篇：“十年征战几人回，又见同侪并马归。江淮河汉今谁属？红旗十月满天飞。”

皖南痛折　雄师重振

黄桥决战胜利后，为了统一指挥陇海铁路以南、长江以北的八路军和新四军，党中央决定成立华中总指挥部。1940 年 11 月 17 日，华中总指挥部成立大会在海安召开，刘少奇同志在会上宣布中央军委任命：叶挺为总指挥，陈毅为副总指挥，刘少奇为政治委员，赖传珠为参谋长。叶挺未到达前，由陈毅代理总指挥。

就在这时，国民党当局强令华中我军在一个月内全部开赴黄河北，同时密令汤恩伯、李品仙的先头七个团自皖东向东进犯，占领津浦路西中心区周家岗、界牌集等地；东北军一一二师霍守义部以"武装调停磨擦"为由，从山东南下，进至淮阴以东苏家嘴一带，韩德勤力图东山再起，会同一一二师先后攻占益林、东沟等地，并图继续扩张。为了保卫苏北，华中总指挥部集中新四军一、二纵队和八路军第五纵队一支队等十个团，1940 年 11 月 29 日发起曹甸战役，经 18 天战斗，给了顽军重大杀伤，粉碎了国民党东西夹击我军的阴谋。但因战斗准备不充分，缺乏水网地区攻坚经验，曹甸没有打下。

1941 年 1 月，发生了举世震惊的皖南事变。新四军军部和皖南部队 9000 多人，在北移途中的茂林、石井坑地区被国民党重兵包围，除 2000 多人分散突出重围外，全部损失。叶挺同志被扣，项英同志被害。

1941 年 1 月 17 日，蒋介石发布反动命令，取消新四军番号，将叶挺交付"军法审判"。党中央针锋相对，1 月 20 日，我中央军委发布命令，重建新四军军部，任命陈毅为代军长，刘少奇为政治委员，张云逸为副军长，赖传珠为参谋长，邓子恢为政治部主任。

1 月 25 日，新四军新军部在苏北盐城成立。陈毅代军长发表就职演讲，他说：皖南事变我们有几千个指战员牺牲，但我们今天还有 9

万人的强大力量。他满怀信心地宣告：有了民众及抗战军队一致团结的力量，我们一定有把握打倒日本帝国主义。

新军部以华中总指挥部为基础组成，将华中各地的新四军和八路军南下部队统一整编为七个师和一个独立旅。

由原苏北指挥部所属部队编为第一师，师长粟裕，政治委员刘炎。原第一、第二、第三纵队依次编为第一、第二、第三旅。第一旅旅长兼政治委员由我担任。第二旅旅长王必成，政治委员刘培善。第三旅旅长陶勇，政治委员刘先胜。苏南部队编为第六师，师长兼政治委员谭震林。茅山地区的部队编为第十六旅，旅长罗忠毅，政治委员廖海涛。东路地区的部队编为第十八旅，旅长江渭清，政治委员温玉成。其他各师、旅领导人也一一任命。

党中央根据皖南事变后的形势，对新四军新军部成立后的行动方针，连续发出指示，指出：目前中、日民族矛盾仍是主要矛盾，日、蒋尚未公开妥协，人民反对投降，国共合作尚不会全面破裂。因此，党的政策中心出发点，仍需坚持国共联合抗日，华中敌后将是长期性的三角斗争。中央要求新四军着重于巩固长江以北、津浦路以东根据地，粉碎日伪"扫荡"，击退顽军进攻，积聚力量，准备于条件成熟时向西、向南发展。新军部确定第一师的任务是：坚持苏中，建设巩固的根据地，建立强大的地方武装，主力准备机动作战。

1941 年 4 月 27 日，根据党中央决定，中原局与东南局合并，组成中共中央华中局，刘少奇为书记。同时组成中央军委华中分会。在华中局组成前后，各根据地按照战略区的划分，组成了相应的党委。

5 月中旬，华中军分会召开扩大会议，陈毅同志作了建军工作报告。会议按照中央的历次指示，检查和总结了新四军成立三年来的建军工作，清算了过去工作中的错误，提出了建军新任务，强调从三个主要方向进行建设：一是加强政治委员和政治工作制度，加强党的领导，健全党的组织，充分发挥连队党支部的堡垒作用，加强政治思想教育，增强干部的党性；二是加强军事训练和司令部工作建设，提高干部的组织指挥能力，提高部队的战术、技术水平，实行严格的政治、军事纪律；三是加强行政管理，健全后勤工作。

新四军新军部的成立，是全国抗战中的一件大事，意义深远。它宣告了新四军是国民党顽固派取缔和消灭不了的；证明了新四军是中国共产党领导的得到人民拥护的抗日武装；表明了新四军将独立自主地肩负起华中敌后抗战的重任，进入一个新的发展时期。

保卫军部　粉碎“扫荡”

新四军新军部的成立，对日军是个巨大的威胁。1941 年 1 月下旬，日军第十三军命令第十一、第十二、第十七三个混成旅团，在扬州、高邮、南通、如皋等地集结，加强苏中沿江和运河沿线兵力，叫嚣要在新四军新军部立足未稳之际，对盐城地区进行大规模“扫荡”。

就在这时，发生了一起重大的国民党军公开投敌案。在日军的胁迫招降、汪伪汉奸的重金收买和国民党的“曲线救国”无耻政策鼓励下，国民党鲁苏皖边游击副总指挥李长江率部 1 万多人，2 月 13 日在泰州公开投敌，被委任为伪军“第一集团军总司令”。总指挥李明扬率千余人离开泰州出走。

为了伸张正义，讨伐叛逆，2 月 18 日，陈毅代军长、刘少奇政治委员下达《讨伐李逆长江命令》，任命粟裕为讨逆总指挥，刘炎为政治委员，我为副总指挥，率领一师出征讨逆。我一、二、三旅协同配合，勇往直前，沿海安、泰州公路向西横扫。2 月 20 日晨攻克泰州城，俘虏李部人枪 4000 多，争取了李部两个支队战场反正。李长江率残部逃窜。日军为了援救李长江，20 日陆空配合，向泰州急进。我军讨李战役的目的已经达到，21日主动撤出泰州，转入反“扫荡”作战。我军讨李战役的胜利，沉重地打击了反共投降势力，鼓舞了敌后军民坚持抗战的信心，打乱了日军的“扫荡”计划，推迟了日军进犯我盐城军部、“扫荡”苏北的行动，改向苏中的东台、海安、泰州等地进行报复性“扫荡”。

1941年4月20日，苏中军区正式成立。粟裕兼任司令员，刘炎兼任政治委员。下设四个分区，各旅的领导人兼任分区领导人。我一师和苏中根据地军民将工作重心由城镇转入农村，在长江以北，东台、兴化以南，运河以东直到黄海边的2万多平方公里范围，对日伪顽的频繁“扫荡”和进攻，展开了广泛的、尖锐激烈的斗争，在斗争中，进行根据地的各项建设工作。1941年上半年，一旅先后攻克泰州附近的古溪、蒋垛、苏陈庄、孤山等日伪据点，袭击了靖江附近的宣家堡、毗卢市、西来镇等敌人据点，还在泰兴以东姚家岱击毙泰兴城日军警备司令以下20余人，活捉日军三人。一旅并会同二旅一部在江都、高邮、宝应开辟了新区。二旅在东台外围积极开展游击战，迫使侵占东台的日军在长时间内不敢出来，三旅在南通、如皋、海门、启东地区袭击林梓、余西、金沙、北刘桥等敌伪据点，三次攻袭海安，并在如东沿海组建了海防团，开辟了海上抗日战场。苏中各地方武装在斗争中发展壮大，根据地建设也取得了显著成绩。

1941年6月，德国法西斯进攻苏联，德、意、日侵略势力猖獗一时，第二次世界大战规模空前。日本侵略者为了准备太平洋战争，把中国变为进行太平洋战争的后方基地，急于巩固占领区，稳定中国战局。他们对蒋介石采取“尽政略和战略的所有手段……竭力摧毁重庆政权的抗战意志，以图迅速使其屈服”，诱蒋投降，同时，调集重兵大举进攻八路军、新四军。

1941年7月，日军经过充分准备，集中了独立第十二混成旅团全部，第十五、第十七师团各一部以及伪军，共1.7万多人，由第十二混成旅团旅团长南浦襄吉指挥。7 月 18 日开始对盐城地区发动空前的大“扫荡”，企图一举歼灭新四军新军部和第三师主力。7 月 20 日，敌人由东台、兴化、射阳、陈家洋分四路直扑盐城，又利用夏季河港水涨汽船易于行驶之便，以 100 多艘装甲汽艇往来冲击，飞机低空扫射，使我军白天难以行动。我军在盐城外围阻击和杀伤敌军后，主动撤离盐城。7 月 22 日日军占领盐城，扑了个空，28 日占领阜宁，29 日又占东沟。我三师主力，跳出敌人包围，转到侧翼打击敌人。令人痛心的是，正当我军与日伪军在阜宁、东沟激战时，韩德勤竟乘机猛攻我益林阵地，使我军陷于腹背受敌的境地，增加我军反“扫荡”作战困难。军部直属单位和后方部门，如鲁迅艺术学院华中分院、抗日军政大学五分校学员和后方医院伤病员等非战斗人员，在转移中遭受了一些伤亡，文艺工作者邱东平、许晴和李增援，都不幸在这时牺牲。

我和一旅几位领导人看到军部那边情况紧张，而沿江各据点敌军都抽调向北“扫荡”，兵力空虚，一致决定在三分区发起进攻，调动敌人，以配合盐阜区反“扫荡”。根据我手上只有一、二两个团的兵力，便选择三分区的敌军中心据点古溪作为第一个攻击目标。古溪驻伪军一个团，攻歼该点可以触动敌人，待得手后再扩张战果。时间紧迫，决定于 8 月 2 日晚 7 时发起战斗。

我把作战计划报告师部。临战前收到师部回电，不同意攻击古溪的战斗行动，认为攻坚不利，要避免打硬仗、拼消耗，至于是否在运动中歼敌为宜，由我据实定夺。时间已是下午 5 点，离发起攻击时间只有两个小时了，把敌人引出来打已不可能。打还是不打，必须立即作出决定。我考虑再三，想到执行上级指示，应该领会精神实质，根据实际情况切实贯彻。我立即召集参战各团指挥员开紧急会议，征求大家意见。大家一时都不吭声。我就问：“你们看，打下古溪究竟有没有把握？”这一问，大家都开腔了，纷纷说：部队从讨李战役后，经过整顿，士气更高，求战心切，技术、战术都有提高，攻坚器材也做了充分准备。大家还分析了强攻的有利条件和不利条件，一致认为打下古溪完全有把握。我见将士同心，就下决心说："保卫新军部，我们责无旁贷，既然有把握，就不能坐失良机，打！"

指战员们在"保卫新军部，粉碎敌人大'扫荡'"的口号下，个个奋勇当先，迅速攻入古溪。经过彻夜激战，8月3日拂晓全部扫清古溪街道之敌，消灭伪军两个营。最后据守在古溪西寺庙坚固工事内的伪军团部和所属部队，天一亮就狼狈逃跑，遭到埋伏在路旁的我军阻击和民兵追杀，全歼该敌。

一旅乘胜扩张战果，又收复季家市、加力、孤山、石庄等据点，泰兴独立团奔袭攻克天星桥，直接威胁敌人长江交通线。8月5日，一旅主力开始围攻泰兴城，占领了四关，守城日伪军日夜呼救，但是在北线的南浦襄吉未为所动。我决定除留下一个营会同地方武装继续包围佯攻泰兴外，调主力一团、二团全部和地方独立团突然包围泰州。泰州是日军第十二混成旅团部所在地，我们炮火猛烈，攻势凌厉，守城敌伪军惊恐万状。南浦终于沉不住气，回师救援。在北线的我军乘机反攻，收复阜宁、东沟等地。这时由军部直接指挥的二旅袭击了敌伪东台至盐城的交通线，攻克深入我根据地，割断我苏中、盐阜两大根据地南北交通的重要据点裕华镇。驻在大中集的日伪军水陆两路增援，又遭到二旅迎头痛击，并乘胜攻入大中集，歼灭日伪军400余名，还活捉了七名日军。三旅在南通、海门、启东地区也连续攻克敌伪据点多处。

陈毅、少奇同志给我们直接来电，向一旅全体指战员祝贺胜利，并予嘉奖。同时还指示我们，要当心回头敌人的进攻。我旅得悉南浦率部南来，约距我半天路程时，就撤了泰州、泰兴之围。并采取"蘑菇战术"，机动灵活与敌周旋，使敌疲于奔命，顾此失彼，到处扑空，损兵折将，最后，苏北大"扫荡"以敌之失败告终。

9月17日，新华社发表的新四军发言人关于苏北反"扫荡"的谈话，生动扼要地叙述了当时的情景。发言人说：此次苏北反“扫荡”，由于我军在南线发动凌厉攻势，迫敌南调，我北线部队乘机反攻，收复失地。开始，敌得之于北者而失之于南，转瞬间，得之于北者亦不能全部保持而被我收复。发言人说：日寇“扫荡”的主要目的是消灭我新四军新军部，而今“军部仍巍然屹立于敌后，不可动摇”，“敌伪之伎俩窘矣！”

咬紧牙关　战胜困难

1942 年和 1943 年，华中敌后抗战处于严重困难时期。新四军和各根据地人民经历了更为艰巨的反“扫荡”、反“清乡”、反伪化和反磨擦斗争。党中央号召敌后军民咬紧牙关，坚持斗争，做好准备，迎接反攻。

1942 年，日军对苏中地区的“扫荡”有增无减。500 人左右的小“扫荡”平均每周都有，1000 人以上的每月就有一次。日伪据点大量增加，苏中根据地日益缩小，国民党军队也不断挑起事端，制造磨擦。年初，新四军军部任命我为一师副师长。在这之前，中央军委决定第六师第十八旅划归一师建制，第十六旅受一师指挥，番号不变。这时，我军以团为单位活动比较困难，常以营、连小部队分散开展游击战争，伺机打击敌人。

仅以一分区为例，日军在较短期内就连续进行了三次 1000 人以上大“扫荡”，仅 4 月 7 日，在郭氏桥地区火烧 30 多个村庄，毁民房 2000 多间，增设据点 18 处，给当地军民造成极大困难。

除了日伪军的“扫荡”，国民党的特务武装“忠义救国军”汪浩然部 1000 多人，从江南北渡进入三分区，企图打通与韩德勤的联系。5

月中旬，“忠救军”公然配合伪军独立十旅丁聚堂部进占宣家堡，经我一旅两次作战，将“忠救军”逐回江南。

在这期间，二旅四团在苏北冈沟河打击从盐城、伍佑出来的日伪军抢粮部队，激战四小时，俘伪军副旅长以下700多人，战斗中，四团政委郭猛同志英勇牺牲。三旅还进行了夏家渡战斗，歼灭南浦旅团52大队大队长保田中佐以下110名，活捉日军三人。一师和苏中军区部队还对日伪军进占根据地中心区的一些战略基点，进行了反复争夺。东台的三仓，是师部和区党委机关所在地，北通盐阜，东南联三、四分区，战略地位重要；丰利镇是如东县重镇。我军七次保卫三仓，三次争夺丰利。由于战斗激烈，三仓成焦土，但始终未被日伪军占领，使我赢得时间，掩护了各项工作的开展，也使苏中主力部队有了回旋的余地。

由于日伪军和国民党军对我敌后抗日根据地的疯狂进攻与封锁，各根据地都出现了十分困难的局面。

为了战胜困难，一师根据党中央和华中局的指示，主要抓了三项措施：一元化领导、精兵简政和主力地方化。

1942年，苏中地区为了贯彻党中央《关于统一抗日根据地党的领导及调整各组织间关系的决定》，把实行党的一元化领导体制作为最重要的工作，于12月间，撤销各级军政党委员会，建立了统一领导的各级党委，作为党政军民的最高领导机构。粟裕兼任苏中区党委书记，副书记陈丕显。各分区政委兼任地委书记：一地委书记韦一平，二地委书记陈时夫，三地委书记是我，四地委书记吉洛。在斗争实践中，各级党的组织逐步形成了坚强的领导核心，党政军民之间的团结进一步加强，党的各项方针政策得到贯彻执行。

苏中地区的精兵简政工作前后历时一年，随着斗争形势的发展，认识逐步提高，工作逐步深入，至1943年3月底基本完成。做到了紧缩领导机构，合并和裁减工作部门，减少非战斗人员、勤杂人员。苏中区党委、行署、一师兼苏中军区三大机关原有400余人，精简后只剩72人，师部和军区机关只留下了必不可少的26人。一、二、三、四分区的地委、专署、旅部兼分区机关，原有1000多人，精简后为300余人。苏中14县党政军机关原有1568人，每县平均98人，精简后平均43人。既减轻了人民的负担，又加强了基层，而且党政军民领导机构合并办公，集中领导，统一指挥，更能灵活机动，适应战争环境。

苏中军区实行主力地方化，建立精干、正规的主力兵团和能分担主力任务之一部或全部的地方兵团。一、二、三、十八各个旅保留一个主力团（一、四、七、五十二团），作为苏中机动兵团，其余部队都充实地方部队。主力地方化之后，大大提高了地方武装的战斗力，他们单独作战，或配合主力行动，都不断取得胜利。

与此同时，大力开展了各项建设工作，特别是比较深入地进行了减租减息运动，调动广大群众的抗日积极性，涌现出成千成万的积极分子，培养了大批经过敌后斗争考验的新干部，为党的建设、军事建设、政权建设以及统一战线工作，提供了雄厚的群众基础，圆满完成了华中局的要求：既取得对敌作战的胜利，又坚持原地斗争，巩固根据地，并且积蓄了力量，为1943年残酷的反“清乡”斗争做了准备。

坚持斗争　击败“清乡”

“清乡”是日本帝国主义对华政策中的一项重要内容，早在1941年1月，日本侵华派遣军总司令部就提出了以长江下游为起点，逐步进行“清乡”的方案。这年3月，汪伪政权成立了“清乡委员会”，汪精卫自任委员长。1941年夏至1942年夏，日伪首先在苏南的苏常太和无锡武进江阴地区“清乡”。我军主力第十八旅撤出了上述地区，转移到苏中一分区。留下精干武装，组织武工队，坚持原地斗争。

1943年，国际反法西斯斗争形势开始发生转折，在欧洲和太平洋战场，德、意、日法西斯已由战略进攻被迫转入防御。为了应付盟军在远东地区的反攻，日本侵略者更急于巩固在中国的占领区，把侵华日军的一半以上用来进攻坚持抗战的八路军、新四军和各根据地，同时大力强化伪军，控制伪政权，更大规模地进行“扫荡”和“清乡”。在华中，把“清乡”重点由苏南转向苏中根据地。1943年4月，日伪纠集1.5万余人的重兵，首先对苏中四分区进行残酷“清乡”。

苏中四分区辖南通、如皋、海门、启东等地。日军选择四分区“开刀”，作为“苏北第一期清乡实验区”，因为这一地区临长江，濒黄海，易于封锁分割；与上海隔江相望，盛产粮棉鱼盐，可以抢劫掠夺。日伪的所谓“清乡”，以“三分军事，七分政治”为方针，采用军事、政治、经济、文化、特务等各种手段，达到彻底摧毁抗日民主根据地，全面推行伪化的目的。

1943年1月28日，华中局发出《关于坚持敌后艰苦斗争的指示》，指出形势的严重性和坚持斗争的有利条件，明确提出反“清乡”斗争的总方针：必须坚持原地斗争。指导思想是：以积极斗争为主，充分发挥主观力量，广泛开展游击战，处处打击日伪；同时在不同条件下适当地进行各种不同的辅助斗争，以达到武装坚持的目的。

为了适应分散的游击环境，开展群众性游击战争，“清乡”区内建立了短小精干、坚强统一的领导机构；加强农村党支部，作为领导群众坚持斗争的核心和堡垒，开展边沿区和敌占区秘密工作，配合公开斗争，并从主力部队抽调兵力充实区队，使之能独立作战，坚持原地斗争，还从苏中领导机关和各分区抽调大批干部、战士和一批短枪，组成政治保卫队，重点打击敌特人员，主力部队则大部配置在“清乡”区外围，策应内线作战。为了打乱日伪的“清乡”部署并预先将敌深入我根据地的据点摧毁，我一团于2月23日一举攻克如皋县曹家埠伪军据点，全歼伪军一个营，乘胜拔除了孙家窑伪军据点。我三旅主力又乘敌军调防之机攻入金沙、余东、三阳、悦来、小洋口等十多处据点。还进抵长江边，掩护群众烧毁了日伪用以封锁“清乡”区的大批毛竹。

日军第六十一师团师团长小林信男担任苏北“清乡”最高指挥官，他从苏南调来了有“清乡”经验的菊池联队和大批特工、汉奸，携带大批毛竹等封锁器材，4 月 11 日，分成十余路蜂拥进犯四分区，开始了“军事清乡”。日伪军用密集的“梳篦”、“拉网”战术，寻歼我军主力，合击我党政机关；沿“清乡”区边缘修筑竹篱笆，实行武装封锁；在“清乡”区内增筑据点、“检问所”，三五里即有一处，据点林立。日伪军与特务、汉奸混编的“清乡”队，不分昼夜挨村挨户搜捕我党员、干部、民兵。敌人所到之处，捕捉壮丁、抢掠财物、奸淫烧杀，实行“三光”政策。

四分区我军主力一师三旅，大部适时转到“清乡”区外，使日伪军屡屡扑空。我军相机在外线打击日伪军，策应“清乡”区内军民的斗争。5 月，三旅七团进袭兴化的钓鱼庙，攻克大邹庄、顾殿堡，强袭海安、东台地区的富安、草堰、戴家窑等据点，歼灭伪军数百名。如皋警卫团、苏中军区特务团先后在海安的小洋口、东台的三灶河歼灭日伪军 200 多名。

在内线坚持的少数主力部队、地方武装和民兵，依靠群众掩护，就地坚持，露宿荒野，昼伏夜行，在日伪军空隙中灵活穿插，攻击敌人防守薄弱的据点。大批精干的政治保卫队、锄奸队（群众称为短枪队）和由党员、民兵为骨干组成狙击队，潜入敌占区和据点内，袭击“清乡”机关，创造了“钓乌龟”、“赶鸡入窝”、“老鹰抓鸡”、“扎粽子”、“包馄饨”等十多种捕敌杀敌手段，严厉打击了“清乡”和汉奸、坐探，使日伪人员胆战心惊，20 多个伪区长躲在南通城内不敢到职，不少伪职人员请长假，开小差，一去不返。

四分区军民开展的反封锁斗争，极为出色。民工们怠工、窝工，拖延日伪修筑封锁篱笆的时间；篱笆修成之后，就不断袭击日伪“检问所”，开展群众性的破击战。四五两月，就有10多万人次参加了100多起破击活动。最使人难忘的是7月1日这天夜里，在三旅旅长兼第四军分区司令员陶勇和政治委员吉洛的统一指挥下，各级武装分段警戒，几万群众分成几十路，在东起南通的南坎、西至如皋的丁堰，北到岔河镇，南达天生港，同时联合行动，锯倒电杆，割断电线，挖毁公路，焚毁篱笆。这条长达300多里的封锁线上人声鼎沸，浓烟滚滚，火光烛天，日伪惨淡经营了三个月用了大约500万根毛竹的封锁篱笆，一夜之间化为灰烬。

两个月过去了，日伪的“军事清乡”没有达到预期目的，又急忙实施“政治清乡”。强行登记户口，编组保甲，张贴门牌，实行连保连坐，进行欺骗宣传和奴化教育，离间我党我军与人民群众的关系，企图摧毁抗日民主政权，建立伪化统治。四分区军民开展各种形式的反“政治清乡”斗争。7月3日，启（东）西地区进行反保甲统一行动，同时焚毁保甲户口簿、壮丁册。8月17日，扩大为全分区统一行动，家家户户一起烧毁门牌。到9月份，据不完全统计，全区毁户口册5万多页，毁门牌7万多张，杀伤日伪保甲编查人员53名。四分区民兵和群众以主力部队为后盾，向日伪开展政治攻势，在据点附近摆宣传阵，上抗日课，写警告信、劝告书，散发和张贴民主政府颁发的《清乡人员自首条例》。许多伪乡保长和“清乡人员”纷纷找我方联系，找出路，留后路，使不少伪基层机构陷入瘫痪。全区军民从9月6日起，又发动了群众性的武装示威行动。9月14日（正是中秋节）夜，海门、启东民兵在部队掩护下，围困日伪据点几十处。9月18日，又组织了2万多群众包围据点11处。后来在南通，包围据点六处，参加群众2万多人次；在如皋，群众游行示威八次，4万多人参加，出现了群众性游击斗争的高潮。

日伪的“政治清乡”也破产了，不得不宣布“延期清乡”，以后又有掠夺战争物资的“经济清乡”和“高度清乡”。所谓“高度清乡”就是日伪以极其残酷的屠杀政策力图达到第一期“清乡”未能达到的目标。日军在南通一个不足100户的十总店地方，搜捕干部、群众200多人，枪杀五人，活埋53人，制造了“十总大惨案”。10月间，日军大队长山本率部在石港镇土山脚下一次用马刀砍杀群众23人，制造了又一惨案。

敌人的血腥屠杀，更加使四分区军民同仇敌忾，英勇战斗。从4月到年底的九个月内，共对日伪作战2100多次，毙伤日伪军及“清乡”人员2400多名，争取了1700多名伪军和伪职人员反正、投诚。根据地军民也付出了重大代价，我军指战员牺牲300多人，县、区、乡党政干部牺牲、被捕200多人，群众被杀1000多人，房子被烧5000多间，被抢被毁财物难以数计。

1944年1月苏中主力部队配合各县团，在一、二、三分区发动攻势，连续攻克大官庄、王营、永安、张甸、古溪、蒋垛、运粮河、季家市、铁家荡、南新街、鞠顾庄、西团、安丰、黄庄等据点17处，有力地配合了四分区反“清乡”。

与苏中反“清乡”斗争的同时，苏南人民也胜利地展开了反“清乡”斗争。丹北地区采取隐蔽斗争为主的游击坚持方针，进行了顽强的斗争，从而挫败了日伪的阴谋。

车桥攻坚　反攻序幕

1944年2月，农历春节前后，苏中区党委在东台县三仓沙召开扩大会议，安排1944年的工作。这时，世界反法西斯战争已发生根本性的转折，意大利宣布投降，苏联红军已基本上将德军驱逐出国境，日军在太平洋战场连续失利，在中国敌后战场遭到八路军、新四军沉重打击，日子也越来越不好过了。华中敌后形势也发生了变化，反“清剿”、反“清乡”取得了决定性的胜利，我军已逐步取得战争主动权。“今年消灭希特勒，明年打败小日本”的响亮口号传遍各地，但是斗争仍是艰苦的，苏中当面日伪军的力量仍很强大，各分区被分割的局面还没有改变，集中干部整风和调集部队整训，也没有相对稳定的环境。为了解决这个问题，迎接反攻的到来，区党委扩大会议研究决定，发起一次以夺取车桥地区为目标的攻势作战，并决定我负责指挥这一战役。

车桥，是淮安城东南20多华里的大镇，位于淮安城、泾河镇、泾口镇、曹甸镇之间，是日伪控制淮安东南宝应地区的重要据点之一，分割了我苏中一、二分区，又封锁了苏中和苏北根据地。这一地区又是日军华中派遣军驻扬州第六十四师团与驻徐州第六十五师团的结合部。车桥镇内密布大小碉堡53座，构成交叉火力，又有暗堡封锁地面。外围还有十多个据点，拱卫着车桥。

敌人深沟高垒，我军必须攻坚，同时准备打援，攻坚和打援并举。我抽调一师一团、七团、五十二团和苏中军区教导团、地方武装共五个多团兵力参战。组成三个纵队，一个纵队攻坚，两个纵队打援。以七团为第二纵队，担任主攻，完成攻占车桥据点的任务；以一团、三分区特务营和泰县独立团一个营为第一纵队，担任对淮阴、淮安方向的警戒，完成歼灭或击退援敌的任务；以五十二团和江都、高邮独立团各一个营为第三纵队，担任曹甸、宝应方向的警戒，完成歼灭援敌的任务；以师教导团和四分区特务团组成总预备队。

3月5日凌晨，战斗打响。担任主攻的七团采用远距离奔袭，宽大正面，多路突击，突然猛扑核心据点车桥镇，在炮兵大队支援下，仅用20分钟就突破围墙。接着强攻碉堡，经一昼夜激战，全歼伪军，然后向日军碉堡猛烈进攻。

我军攻打车桥后，驻淮阴、淮安、泗阳、涟水等地的日军第六十五师团所属部队，先后集结淮安，由三泽大佐率领，分五批驰援车桥。

5日下午4点，师指挥所接到一团报告：淮安来援日军乘坐七辆卡车，约240多人，已进到周庄。我打援地点选择在车桥西北的芦家滩一带，这里南有涧河，流水湍急，河岸险陡；北有草荡，芦苇密布，淤泥陷人，中间是狭窄口袋形地域，淮安到车桥的公路就从这里穿过。我打援部队就隐蔽在附近。

这天东北风大起，黄尘蔽日，飞沙扑面。我一团警戒分队在周庄与日军接触后引敌深入，日军果然继续进到韩庄附近的我伏击阵地，一团团长廖政国指挥部队猛烈开火，迫使敌人进入我预设的雷区，雷群接连爆炸，敌人后续部队不敢再沿公路前进，企图绕过草荡向我迂回，我军立即阻击，日军缩回韩庄固守。

不久，日军第二批增援部队约200人到达，下午5点30分，第三批援敌也赶到，接着第四批、第五批又到来，在受到我军打击后，都挤在韩庄。我命令一团等部对韩庄日军发起攻击，当天夜里，我军先后从西、北、东攻入韩庄，把日军截成四段，同敌人展开了白刃战。晚上10点多钟，被一团三营俘虏的日军军官中，有一个身负重伤狂呼乱叫的家伙，身挂银鞘指挥刀，把他抬到包扎所时已经死了，经俘虏辨认，他就是日军来援部队指挥官三泽大佐。

3月6日清晨，战斗胜利结束。我军取得了攻坚打援双胜利，共歼灭日军460多人，其中活捉山本一三中尉以下24人，歼灭伪军780多人（包括朱圩子伪军300多人），缴获大批武器军用品。后来，第十八集团军总政治部宣传部编印的《抗战八年来的八路军与新四军》一书中这样写道：车桥战役“在抗战史上，这是1944年以前，在一次战役中生俘日军最多的一次”。新华社向全国播发了新四军收复车桥的消息，赞扬“粟师”打了个“大歼灭战”，延安《解放日报》发表社论热烈祝贺。

在这里，我还想提到在车桥战役中，中国人民的朋友、“在华日本共产主义者同盟苏中支部”成员、“在华日人反战同盟苏中支部”宣传委员松野觉，他勇敢地参加了战斗，在火线喊话光荣牺牲。苏中军民召开了追悼会，深表怀念。

车桥战役胜利后，苏中军民连续不断地向日伪发起攻势作战，展开局部反攻。

四分区军民先后发动了夏季和秋季攻势，攻克和逼退日伪据点60多处，取得大量收获。到1944年10月，不仅恢复了“清乡”以来被日伪占领的地区，而且还有扩大。第一、二、三分区军民也不断主动进击，收复长江沿岸的港口新生港、永安沙、张黄港和根据地腹地的新坝、戴家窑、洪家垛、河口等据点，大量杀伤日伪军。

6月23日，我三旅七团在如皋耙齿凌附近与奔袭我根据地的日伪军500余人遭遇。七团团长彭德清果断指挥部队将敌人三面包围，敌人疯狂反扑，展开白刃血战。当地游击队、民兵和群众纷纷赶来参战，经过三小时激战，打死日军中队长加藤大尉以下日军100多名，伪军100多名，活捉日军小队长以下十余名，伪军200多名，成为车桥之战以后的又一大胜利。

1944年，苏中军民的攻势作战，取得了重大战果，收复据点165处，扩大根据地6500多平方公里，96万人民得到解放。

这一年，苏中区党委利用比较安定的环境，开展了大规模的整风学习。区党委成立了整风学习委员会，粟裕为主任委员。采用在职学习、离职学习、开扩大会议等多种办法，全苏中约有3000多名干部参加了学习。学习中发扬了理论联系实际的学风，从而增强了党性，树立了全心全意为人民服务的观点，党内的主观主义、官僚主义、自由主义得到了较好纠正，个人主义等非无产阶级思想得到不同程度的改造。广大干部提高了马列主义水平，实事求是的思想路线得到发扬。

苏中的整风学习，为战略反攻做了思想上、组织上的准备，进一步促进了党和军队的建设。

进军苏浙　血染孝丰

1944 年秋，国民党军队在豫湘桂战役中节节败退，南方出现了大片新的沦陷区。党中央确定了在巩固华北、华中的同时，以主要力量向南发展的方针。这一方针包括三方面的内容：王震、王首道率三五九旅主力南征，会合东江纵队，发展华南；八路军一部南下，新四军一部西进，发展河南；长江以北的新四军主力分批南下，发展东南。这个战略方针，对于创造大反攻的有利条件，配合盟军最后打败日本侵略者有重大的意义。9 月 27 日党中央指示：华中在西进发展河南、南下发展东南的两大任务中，应以南下为主，江北兵力尽可能抽调南下，一切工作首先着眼保证南下任务的完成。特别是浙江工作，应视为主要发展方向。

10 月 9 日，党中央要我带领一个主力旅渡江南下，会合十六旅，恢复六师建制，由我担任六师师长。粟裕同志自告奋勇，请求亲率部队南进。24 日，中央军委复电同意，改为由我留苏中主持工作。

12 月 27 日，粟裕率领第七团、特务一团、特务四团和地方干部 300 多人，由苏中渡江南下，1945 年 1 月 6 日到达浙江长兴地区，与在这个地区坚持斗争的新四军第十六旅会合。

还在 1942 年 11 月 28 日，在苏南溧阳塘马的第六师第十六旅旅部，突然遭日伪军 3000 多人合围。虽然奋勇抗击，血战终日，毙伤日伪军数百人，终因敌众我寡，除一部突出重围外，第六师参谋长兼第十六旅旅长罗忠毅、旅政治委员廖海涛以下指战员 270 多人，壮烈牺牲。

1943年1月，按照党中央指示和军部命令，一师派王必成、刘培善率领二旅四团、五团和旅教导大队、特务连，以及泰兴独立团、兴化独立团、盐东独立团各两个连从苏中渡江南下到达苏南溧水地区，与在当地坚持的第十六旅合并，仍称十六旅，王必成任旅长，江渭清任政治委员，展开了顽强艰苦的苏南敌后抗日斗争。先后粉碎日伪军的“扫荡”和“清乡”，还发动了杭村、长兴、周城、泗安等一连串攻势作战，共歼灭日军一个中队，伪军十个营，毙伤俘日伪军2000多人，缴获炮七门、轻机枪54挺、长短枪1400多支；拔除敌伪据点30多处，一度攻入溧水、溧阳、长兴三座县城，给了日伪军严重打击。特别是杭村之战，稳定了郎溪、广德新区；周城战斗把郎溪、广德和茅山地区连成一片；长兴、泗安战役的胜利扩大了根据地2000多平方里，使苏南分散坚持的小块游击区变成了拥有300万人口的大块根据地，为一师主力南下向东南发展，打通了前进的道路，建立了可靠后方。

1945年1月13日，中央军委电令成立苏浙军区，任命粟裕为司令员，谭震林为政治委员（未到职），统一指挥苏南、浙东部队。

当时，中央考虑为配合美军登陆及准备夺取上海、南京、杭州等大城市，除粟裕已率部南下，决定再派第二梯队南下，军部也南移皖南，陈毅同志由陕北回来主持，组成“江南大营”，向东南大发展。第二梯队为两路：一路，由谭震林同志率二师五旅南下皖南，向皖浙赣老苏区发展；另一路，由我率一师一个主力旅南下天目山，渡富春江，与浙东游击纵队会合，进入闽浙赣老苏区。但日军收缩兵力，非但停止向正面战场的进攻，还先后撤出南宁、柳州、福州以及新昌、兰溪等地，中央决定暂缓执行上述计划。谭震林同志和我都暂缓率部南下。

但是，国民党军第三战区主力各部在日军进攻浙赣铁路、占领浙江沿海时向闽北、江西逃跑，日军停止进攻后，却回头向我军发动进攻。苏浙皖挺进军第六十二师及忠义救国军、保安团等五个团，2月

12日向我军发起进攻。2月16日，我军奋起自卫。2月18日，战斗结束，我军歼灭顽军1700多人，解放孝丰县城，粉碎了顽军第一次进攻。第三战区不甘心失败，3月1日纠集了第一九二师、五十二师、六十二师各一部及杂牌部队共12个团，又向孝丰地区猛烈进攻，我军以一部在孝丰周围担任运动防御，英勇抗击，集中主要兵力适时全力反击，至3月12日，再次粉碎了顽军进攻，又歼灭顽军2000多人，乘胜占领了东、西天目山和临安县城，取得了第二次反顽自卫战役的胜利。

很明显，国民党顽固派决不会就此罢休，必然要出动更大兵力来从我军手中夺取天目山这块逼近京、沪、杭的重要阵地。粟裕同志向中央建议：第一、二次反顽战役，由于兵力不足只能击溃，不能歼灭，建议由我率苏中一个主力旅南下。1945年3月中央军委复电同意。我遂率由一团、特二团和江高独立团组成的教导旅，金明、章蕴等同志带领地方干部约200余人，于4月7日渡江南下。为稳定苏中根据地，南下前我决定：一、苏中军区人员不带走；二、特务一团、五十二团不带走；三、建议调张藩、姬鹏飞分任军区副司令、副政委，协助军区的军政领导。

苏浙军区所属部队已有四个纵队，两个军分区。第十六旅改称第一纵队，司令员王必成，政治委员江渭清，下辖第一、二、三支队。浙东游击纵队改称第二纵队，司令员何克希，政治委员谭启龙，下辖原第三、第四、第五支队和金萧支队、淞沪支队。第三旅改称第三纵队，司令员陶勇，政治委员阮英平，下辖第七、八、九支队。教导旅改称为第四纵队，司令员廖政国，政治委员韦一平，下辖第十、十一、十二支队。以茅山地区、太滆地区分别组成第一、第二军分区。

浙东部队是1941年5月由我党领导的第三战区淞沪游击队第五支队等小股游击武装逐渐发展起来的，在日、伪、顽夹击中成长壮大，除了坚持上海外围浦东浦西地区的斗争外，建立了以四明山为中心的抗日根据地。1943 年 12 月 22 日，新四军军部发布命令，浙东游击队正式编为新四军浙东游击纵队，何克希为司令员，谭启龙为政治委员。到 1944 年春，浙东游击纵队主力已发展到 2000 多人，根据地面积扩大到 1 万多平方公里，建立了三北（余姚、慈溪、镇海三县北部）、四明、会稽、浦东四个行政区和 14 个县级政权，完成了中央赋予的建立浙东战略支点的任务。

5 月 19 日，第四纵队十一支队南渡富春江，奉命调任第二纵队副司令员的张翼翔等一批干部也随同赴浙东，与第二纵队谭启龙率领的三支队会师，打通了浙西、浙东的联系。这样，苏浙军区已控制了浙西大片地区，包括长兴、安吉、孝丰、广德、武康、德清、吴兴、余杭、临安、于潜、富阳等广大地区。在中共浙西区委领导下，先后建立了天（目山）南、天（目山）北地委、专署和杭嘉湖工委以及八个县的抗日民主政权。

5 月中旬，日伪军出动十个团的兵力，向我苏南江宁、茅山地区“扫荡”；下旬又从杭州、湖州等地集结两个师团，向莫干山、天目山地区“进剿”。国民党第三战区乘机调集 14 个主力师，42 个团，共 6.6 万多兵力，企图聚歼我苏浙军区主力于天目山地区。

这次进攻的顽军，大多是三战区的“精锐”，其中有全部美械装备的突击第一、第二纵队，有在皖南事变中偷袭新四军充当主要打手的第五十二师、第七十九师；而我苏浙军区能够集中的兵力，只有三个纵队、十个团、2 万多人，不仅数量和装备上处于劣势，而且部队连续作战十分疲劳，粮食又极端缺乏。

我军事前并未察觉上述顽军进攻部署，在反击日伪军进攻之后，为了打开浙东局面，决定派我率四纵队由新登地区渡富春江南下，到浙东与浙东部队会合，一、三纵队担任掩护。到达新登时，与顽军（李觉任前敌指挥）接触，激战一天。5 月 20 日，我第一、七、十支队击溃顽七十九师，乘胜占领新登城，随后又击退突击第一纵队等十个团反扑。从俘虏口供及缴获的文件中方查清顽军大举进攻的兵力和部署。因情况变化，遂决定停止渡江，并决定不在新登地区与顽军决战，诱敌深入到离我后方较近的孝丰地区决战。6 月 4 日撤出新登，8 日撤出临安。9 日，顽军以左、右两个兵团，开始大举进攻。为避免在不利条件下作战，6 月 15 日，我军全部撤出东、西天目山地区，向孝丰以北地区转移。

顽军误判我主力北移是“溃退”，分兵向孝丰急进。我军决心诱敌深入到孝丰地区集中优势兵力歼灭敌人。

6 月 19 日，顽军仍步步向我进逼。它的左兵团已突出到我孝丰外围阵地附近，而它的右兵团才到孝丰东南的港口地区，两个兵团之间，东西相距约 20 公里。战机已经出现，粟裕司令员当机立断，命令四纵队迂回首先攻歼顽军左兵团。这天夜里，我四纵队于夜间急行军向左兵团突击，指战员们高喊着“歼灭五十二师，为皖南事变死难烈士报仇”的口号，一往无前，经一昼夜激战，将五十二师两个团和三十三旅一个营全部歼灭。我军迅速调转兵力围歼右兵团，6 月 21 日晚上，将顽军压缩到孝丰城南的草明山至港口、白水湾的狭小山谷地区内。23 日，我军发起总攻，将号称“王牌”的突击一纵全部歼灭，突击二纵也大部分被歼，其残部连同七十九师残部慌忙向临安方向逃跑。我军勇猛追杀，多路分割穿插，将顽军截成几段，逐段捕歼。由于我军连续苦战，体力消耗很大，部队追杀到黄湖镇奉命停止追击。第三次反顽自卫战役胜利结束，共歼俘顽军五十二师副师长韩德考、七十九师参谋长罗先觉、突击一纵队副司令胡旭以下 6900 多人，彻底粉碎了国民党第三战区聚歼我苏浙军区主力、驱逐新四军出天目山的狂妄企图。

在我军作战期间，苏浙地区的党政机关和广大人民，尤其是苏南人民，进行了全力支援。天目山地区产粮少，历来主要依靠芜湖地区经宁国供应粮食。宁国粮道被敌人封锁后我军粮食主要靠苏南供应，浙西人民也节衣缩食积极支援。苏南各级支前委员会有组织的随军民工就有6200多人，在几百里的运输线上翻山涉水，日晒雨淋，运送粮食、军用物资和伤员，极度辛劳。特别是第三次反顽战役时，军粮更加困难，有的单位断了炊，苏南党政机关又紧急动员了3000多名民工，还有300多头牲畜运送了16万斤大米赶到前线，为保障战役的胜利立下了功勋。

在第一、第三、第四纵队奋战浙西期间，第二纵队除以金萧支队西进加强富春江以南地区斗争外，主力依托四明山逐步向西发展，歼灭伪军1000多人，解放了上虞城，击溃顽军第三一三师为主力的约十个团的进攻，争取了挺进军第五纵队张俊升部的起义，进一步巩固了四明山根据地。

另外，4月下旬，苏中部队又在三垛、河口伏击日伪军获胜。事先我军得到日伪军调防的情报，知道了敌人必经路线，4月28日，苏中部队在三垛至河口间大河两岸埋伏。日伪军进入伏击圈后遭到两面夹击，激战一昼夜，歼灭日伪军1800多名，打死日军中队长以下240名，活捉日军七名，俘伪军孙良诚部少将团长马佑铭以下900多人，新四军军部为苏中军民颁发了嘉奖令。

历史业绩　彪炳千秋

1945年8月9日，毛泽东主席根据远东局势的急剧变化，发表《对日寇的最后一战》的声明，号召中国人民的一切抗日力量应举行全国规模的反攻，指示八路军、新四军及其他人民军队，应在一切可能条件下，对于一切不愿投降的侵略者及其走狗实行广泛地进攻。

8月10日至11日，朱德总司令发布受降及配合苏军作战等七道命令，令华北、华中和华南各解放区的人民军队，迅速前进，收缴敌伪武器，接受日军投降，并命令在冀热辽边区的人民军队迅速深入东北。我军在东北、平津、归绥、太原、平汉、陇海、济太、胶东、沪宁、运河、广九各前线向日伪开展了全面反攻。

8 月 15 日，日本帝国主义被迫宣布无条件投降。

蒋介石在美国的支持帮助下，命令八路军、新四军“原地待命”，而空运军队抢占了上海、南京、徐州等大中城市和重要交通干线。许多汉奸头目、民族败类被蒋介石委以各种头衔，继续为非作歹。各地日军按蒋介石的命令也拒不向八路军、新四军缴械投降。实行蒋日伪合流，中国人民又面临严重的内战危机。

8 月 13 日、16 日，朱德、彭德怀总副司令致电蒋介石坚决拒绝其错误命令和警告其收回错误命令。8 月 15 日，朱总司令致美、英、苏三国说帖，坚持受降权利，并命令冈村宁次投降。

华中局和新四军军部向华中各地的日伪军送出通牒限期缴械。同时，公布了江苏省主席黄克诚、浙江省主席叶飞、安徽省主席罗炳辉、上海市市长刘长胜、南京市市长粟裕等名单，下达了《关于进入城市与交通要道后的工作指示》。

此时，我接到紧急任务：率领四纵队主力，横渡太湖，配合上海地下党的起义，任命我为上海起义军总司令，武装解放上海。正当我要上船出发，党中央来电停止这一行动。

8 月 10 日，陈毅同志电示苏浙军区：江南方面应立即有计划地分路进攻，占领吴兴、长兴、宜兴、溧阳、溧水、郎溪、广德、金坛、句容、高淳诸城镇间太湖西岸各地敌后各县，创造一整片农村局面，作为迎接内战，坚持斗争的基地。根据这一指示，停止了向南京、上海等大城市进攻，迅速就地发展武装力量，夺取中小城镇。

苏浙军区军民在大反攻中，先后收复长兴、溧阳、金坛、溧水、句容、安吉、郎溪、广德、高淳、宜兴十座县城和苏南、浙北大小集镇 100

多个。在浙东的第二纵队拔除了宁波外围的鄞江桥、西城桥、周巷、庵东、观海卫、浒山、墩胜山等30多个日伪军据点。所属淞沪支队还逼近上海西火车站，攻入北新泾、大团、七宝镇，收复南汇县城。

苏中军区8月23日攻占宝应县城，歼灭伪军孙良诚部106团及宝应保安团等全部，俘伪县长以下5000多人。9月12日，攻克泰兴城，生俘伪军十九师师长蔡鑫元以下4000多人。9月13日攻克东台大中集，打死伪军十九旅旅长谷振之，俘伪军1500多人。9月21日攻克如皋城，歼灭伪军3000多人。靖江、东台、启东、海门等县城，湖垛、栟茶、丰利、刘庄、草堰、白驹等市镇100多个也都宣告解放。

苏南东路地区抗日军民也发起了凌厉攻势，将江阴、无锡、常熟三角地带内的日伪占据的市镇全部攻克。长江跳板扬中和长江口的崇明岛，也为苏中军民收复。坚持在皖南的皖南支队，扫清了芜湖周围的日伪据点，一度攻入芜湖市区，控制了北至当涂、南至青弋江、东至宣城的大片乡村，打通了皖南与苏浙军区的联系。

1945年8月14日至23日，蒋介石三次电邀毛泽东主席去重庆谈判，企图利用谈判，迫使我们党交出军队和解放区，同时以谈判转移视线，掩盖准备内战的阴谋。党中央采取“以谈对谈，以打对打”的方针，8月28日，毛泽东、周恩来、王若飞等同志到重庆与蒋介石谈判，同时指示全党，做好对付内战的充分准备。在谈判中，国民党表面上不得不同意我们党提出的和平建国的基本方针。实际上却顽固坚持取消我们党领导的人民武装和敌后军民用鲜血创建的解放区。为了促使和谈成功，揭露国民党发动内战的阴谋，我们党做了重大让步，主动提出撤出广东、浙江、苏南、皖南、皖中、湖南、湖北、河南（南部）八个解放区。10月10日，签订了《政府与中共代表会谈纪要》，即双十协定。国民党虽然承认了协定条文，但进攻解放区的准备一天也没有停止。

针对国民党发动大规模内战的各种露骨行动，党中央作出了“南撤北进”的战略部署，一面组织有力部队和干部进军东北，一面部署南方八个解放区的撤退。9 月 20 日，党中央电示：浙东、苏南、皖南部队北撤，越快越好，此事已在重庆谈判中，当作一个让步条件向对方提出。22 日，华中局电示：粟率一、三纵王、陶部迅速集结完毕，立即出动。叶率四纵及江南可能转移之部队及地方干部，为第二梯队，作两批转移，时间在浙东纵队转移至安全地区及宣传、秘密工作准备适应完之后。粟裕同志率部北渡长江，到达苏中泰兴地区，我则率四纵集中长兴地区。原拟派十一支队插向海盐、澉浦，接应二纵队渡钱塘江北上，但国民党二十八军和四十九军正向天目山推进，前锋已进至武康、德清，因此，十一支队停止向澉浦前进，四纵队全力阻击国民党军前进。

10 月 2 日，二纵队由杭州湾北渡，遭国民党一二四师、七十九师、七十师十一个团的合击，激战至 10 月 4 日拂晓，我军一部北渡至澉浦登陆，又遭七十九师围攻，战至下午，制高点扇子山峰攻夺战达六次之多，我军始打开血路，突出重围。二纵大部队渡过钱塘江口后，我率四纵队经宜兴、溧水、句容等地，渡江至泰兴地区。四纵队一部在夜渡长江时，因超载发生轮船沉没事件，纵队政委韦一平以下 800 多人不幸遇难。这时，顾祝同、汤恩伯、李品仙已进入徐州，积极准备发动内战。

伪军孙良诚部第四军 1 万多人仍盘踞盐城，准备配合国民党军向华中解放区进攻。10 月底，苏中军区两个旅协同苏北部队共同发起盐城战役，先扫清外围据点，歼伪军 3600 多人，11 月 8 日攻城，伪第四军军长赵云祥、师长戴心宽率部起义，盐城解放。

苏浙军区北撤部队和苏中部队，根据党中央赋予不同的任务，分为两大部分：一部分留在华中，坚持华中的斗争；一部分组成远征军，开赴东北。

1945 年 10 月 25 日，经中央和军委批准，成立华中分局和华中军区。邓子恢为华中局书记，谭震林为副书记。张鼎丞为华中军区司令员，粟裕、张爱萍为副司令员，邓子恢为政治委员，谭震林为副政治委员兼政治部主任。11 月 8 日，按照中央军委命令，新四军原一师、四师、六师主力组成华中野战军，司令员粟裕，政治委员谭震林。野战军编成第六、七、八、九共四个纵队。第六纵队由原苏浙军区第一纵队及苏南两个地方团编成，司令员王必成，政治委员江渭清；第七纵队以苏中新编第三旅及新编第二旅两个团编成，司令员兼政治委员姬鹏飞；第八纵队由原苏浙军区第三纵队及苏南两个地方团编成，司令员兼政治委员陶勇。另由原四师十一旅、十二旅及淮北津浦路东一个团编成第九纵队，司令员张震，政治委员未任命。

12 月初，原驻扬州的日军 3000 人及伪军第二方面军一部，进至高邮，不但不缴械投降，而且扬言要配合国民党军“收复失地”。国民党军第二十五军当即进占扬州、泰州，企图打通与高邮日伪军的联系，沿运河线进入我根据地，将华中地区切为两块。华中分局和华中军区决定发起高邮战役。12 月 19 日晚上 7 点整，在南北 80 里，东西 40 里的高邮地区战场上，我军同时发起攻击。华中野战军第七纵队向驻有日军左田部队及伪军 1500 余人的邵伯镇进攻，激战两天，守敌大部被歼，残部向南逃往仙女庙，被我苏中部队全部活捉。12 月 26 日，高邮解放。生俘日军第九十旅团岩奇大佐以下 891 人，伪军第四十二师师长王和民以下 3493 人，缴获大小炮 80 多门，轻重机枪 200 多挺，步枪 6000 多支。我军还击退从扬州出来增援的国民党军队，攻克了扬（州）泰（州）公路上的宜陵、塘头、郭村等市镇 16 处。高邮战役胜利后，除南通、泰州、扬州由日军移交国民党军占领外，苏中地区全部解放。

远征军由原苏浙军区第二纵队、第四纵队和苏中军区教导第一旅合编组成，中央军委任命我为司令员、赖传珠为政治委员，谭启龙为副政委兼政治部主任。下辖三个旅：第一旅由第四纵队编成，旅长廖政国，政治委员阮英平；第二旅由教导一旅编成，旅长刘飞，政治委员彭林；第三旅由第二纵队编成，旅长张翼翔，政治委员何克希。部队在苏北涟水整编完成后即北上山东。

12 月上旬，我部到达滨海地区休整，待命进入东北。此时，国民党两个军在秦皇岛登陆，占我山海关、锦州，切断了我军华北与东北的联系，并进占沈阳。党中央根据东北形势的变化，命令我部和晋冀鲁豫的杨得志纵队停止进入东北，我部留在山东地区作战，加入山东野战军序列，为山东野战军第一纵队。不久，即奉命向津浦线推进，包围了兖州、大汶口、泰安等地伪军，在华丰地区迫使日军洼田旅团向我部缴出全部武器。

新四军第一师和各兄弟师自 1937 年 10 月在皖南岩寺开始组建，在长达近十年的极其艰难、复杂、曲折的斗争中，贯彻执行党中央制定的路线、方针、政策，经历了发展、挫折、再发展的过程，不仅依托山区创建了抗日根据地，而且在敌占中心城市周围，在平原水网、河湖港汊以及海滨岛屿等地创造了神奇业绩，完成了敌后八年抗战的历史任务。抗日战争胜利后，又顺利完成新的战略转变，担负起华东地区粉碎国民党军进攻，夺取解放战争胜利的历史重任。一师创建的业绩，彪炳千秋，为民族独立，为人民解放、社会幸福而献出生命的英雄烈士们，永远为人民所景仰缅怀。

最后，我节录陈毅同志 1945 年 5 月 1 日在中国共产党第七次代表大会上发言的一段话，作为本文的结束：我新四军“8 年来支付了极巨大的牺牲。在与敌伪的战斗中，有数万名战士捐躯殉国。其中包括党员和许多非党同志。”“这些损失，皆四方英才，十年精锐，贡献抗战事业铸就了伟大的成绩，其壮烈英勇，照耀人间，永志不忘。”

新四军第四师与淮北抗日根据地

张震

新四军第四师是淮北人民的子弟兵，于民族危难之时，奉党中央、毛主席之命，高举抗日救国大旗，从河南竹沟镇出发，深入敌后，转战豫皖苏三省边区，同中共地方组织和抗日武装密切配合，先后创建了豫皖苏边区和淮北苏皖边区抗日根据地，在中华民族抗战史上写下了光辉的篇章。

一

1938年夏，日军先后陷我蚌埠、徐州、开封，国民党30万军队纷纷溃退，郑州吃紧，中原告急，国民党军队为掩护其逃跑，竟不顾人民的死活，在花园口炸开黄河大堤，使豫东、皖北数十县尽成泽国，数百万人民陷入苦难深渊。国民党军政人员溃逃之后，汉奸、土匪、地主、豪绅、国民党的失意军人等，拉起了一股又一股武装，成立了一个又一个组织，什么“维持会”、“良民区”、“自卫团”、“游击队”（群众称他们为杂八队，或呼隆队），三里一个队长，五里一个司令，还有自封委员长等，名目繁多，不一而足。日军的烧杀淫掠，汉奸的为虎作伥，杂八队的打家劫舍，使豫皖苏三省边界地区一片混乱，人民群众流离失所，无家可归。

5月，党中央、毛主席根据当时中原的战况指出：徐州失守以后，河南将迅速陷入敌手，我应准备向豫、皖、苏、鄂四省敌后发展，华中各地党委要动员城市中大批学生、工人、革命知识分子和党员到农村去发动群众，组织游击队，开展抗日游击战争，建立游击区。根据党中央、毛主席的指示，河南省委迅速组织抗日武装，开展敌后游击战争。在豫东特委书记沈东平的领导下，组建了西华县抗日自卫军，秘密党员、西华县长楚博任司令员，胡晓初、屈申庭、侯香山任副司令员，沈东平任参谋长。自卫军渡过黄泛区，深入豫东敌后打击日伪军。在睢县、杞县、太康组成由吴芝圃领导的豫东抗日游击第三支队，在敌后开展游击斗争。为加强豫东抗日力量，1938年7月，省委在豫南确山组成一个连，称“萧大队”，由萧望东带领，进入睢、杞、太地区，配合吴芝圃部活动。

1938年9月，周恩来、叶剑英指示河南省委：将武装斗争重心转向豫东，创造苏鲁皖边新局面，与八路军冀鲁豫部队沟通联系，当时豫皖苏地区是华北、华中我军联系的纽带之一，是我军发展华中敌后抗战，向东挺进苏北，向西连接中原的前进阵地，具有重要的战略地位。经党中央批准，由中央军委、毛主席决定，在河南省委部署下，由彭雪枫动员、组成了一个大队，为取得合法地位（因国共双方协议规定陇海线以南是新四军游击区），命名为新四军游击支队，向豫东挺进，建立敌后根据地。

1938年9月30日（后为便于纪念改称10月1日），彭雪枫率领游击支队373人由河南确山竹沟出发，抵达西华杜岗后，与吴芝圃、萧望东领导的第三支队和萧大队会合，进行了第一次整编，全支队编为直属队和三个大队，共945人。彭雪枫任司令员兼政治委员，吴芝圃任副司令员，萧望东任政治部主任，我为参谋长。同时成立了支队党政军委员会，确定的任务是：继续向柘城、鹿邑、亳县、夏邑、永城、涡阳、蒙城一带挺进，积极打击敌伪，消灭汉奸武装，宣传动员群众，开展统战工作，发展人民抗日力量。自此，我们便展开了新的艰苦曲折的英勇斗争。

10月27日，游击支队渡新黄河东进，首战窦楼，毙日军林津少尉以下10余人，再战西陵寺、陈寨、宋庄、芦家庙、亳北坞墙集、永东大回村，初步打开了豫东抗战局面，扩大了我党我军的政治影响。1939年1月，支队第一、二大队进入永城县境，在永城、萧县、宿县地方党组织、革命知识青年、人民群众及友军的支援下，积极打击日伪军和杂八队。马村桥战斗，重创日军。在永城、萧县地区先后歼灭杂八队共1000余人。西征杞县的第三大队，在瓦岗附近粉碎了日军2000余人的“扫荡”。这一系列战斗的胜利，极大地鼓舞了豫东人民，许多青壮年踊跃参加我军，部队得到迅速发展。到3月份，部队再次进行整编，建立了三个团和随营学校。

1939年7月，游击支队党政军委员会派张爱萍赴皖东北地区，与国民党皖六区专员盛子瑾谈判，达成了合作抗日的协议。6月，游击支队主力进军淮上，开辟怀远、宿县、蒙城、凤台地区，并于8月底返回涡阳以北之新兴集。在此期间，永城县地方抗日武装领导人鲁雨亭受其父鲁紫铭老先生教育，在我党的团结争取下，毅然接受我党领导，遂将其部队编为游击支队第一总队，辖两个团，共960人。随后，因国民党企图消灭我党领导的西华部队自卫军第七路，豫东特委决定率部东移豫皖苏边区，改编为游击支队第二总队，辖两个团，并将我党领导的萧县、宿西地方武装整编为游击支队第三总队（耿蕴斋任总队长），辖两个团。这时全支队已有三个正规团，六个简编团，连同地方武装共12000余人。在作战胜利，壮大部队的同时，地方党政建设也取得了新的成绩。豫皖边省委改为豫皖苏边区党委，发展了各级地方党的组织，先后建立了永城、夏邑、萧县、宿西、亳北五个县的党组织。还较广泛地开展了群众工作，卓有成效地进行了统一战线工作，团结了各界爱国人士，争取了一些会道门组织。并在打击日军，清除汉奸，保卫家乡，减租减息，发展生产，改善人民生活各方面都取得了一定的成绩。

1939年11月，刘少奇经河南竹沟到达涡阳北新兴集，检查豫皖苏边区的工作，并在11月7日纪念十月革命节大会上检阅了游击支队大部分主力。他指出：游击支队的斗争实践证明，党中央、毛主席的方针是正确的。游击支队今后的工作应做如下布置：在淮河以北陇海路以南的党所领导的一切武装部队统一归彭雪枫指挥，集中力量创造永、夏、萧、宿四县根据地；要加强地方工作，健全区党委，发展地方党；加强部队的正规化，进一步巩固和扩大主力部队；在一二个月后，主力部队及区党委干部要抽一部分过津浦路东去，创建苏北根据地，在皖北建立秘密党和群众工作，准备游击战；在睢、杞、太、鹿、商、亳等地建立小块根据地，以便将来连成大块。

刘少奇离开新兴集赴皖东后，我们即进行了根据地的巩固和扩大工作：一是抽调大批干部到永、夏、萧、宿、亳五县建立和巩固政权，进一步发动群众，巩固和扩大工、农、青、妇、儿童团、老人指导团等群众组织，大力巩固基本区，并建立了豫皖苏边区联防委员会，作为边区的最高行政机构。二是以五个主力团向商丘、亳县、宁陵、夏邑和砀山敌占区开展游击活动，建立新的游击区，扩大根据地，并成立了砀南县政权。三是发展和扩大地方武装，先后成立永城、萧县、宿县三个独立团，并抽调一批地方武装充实主力部队。四是派主力第一团开赴皖东北开辟抗日根据地。五是将随营学校扩建为中国人民抗日军政大学第四分校，招收边区内外知识青年，培养初级军政干部。这些措施，对豫皖苏边区的巩固与扩大，起了重要的作用。

1940 年 2 月 1 日，新四军军部命令，将游击支队改番号为第六支队，我们立即公布。

1940 年 3 月中旬，日伪军 3000 余人“扫荡”我永城、萧县地区，我支队英勇奋战，粉碎了敌人的企图。这时日寇深感我军的壮大，已成为他们的“心腹之患”。遂于 4 月 1 日纠集巨伪军共 3000 余人，对我第一总队进行合围，企图消灭第一总队。总队长鲁雨亭率部于芒砀山西南之李黑楼与日伪军展开血战，激战竟日，打退了日军的数次进攻，给敌人以大量杀伤，但鲁雨亭等 200 余人亦以身殉国，壮烈牺牲。6 月 1 日，我支队于新兴集召开五卅纪念大会，日军趁机分数路袭击我军，我参加大会的各部队，分数路与日军激战于新兴集周围，打得敌人首尾难顾，不得不于黄昏败退。6 月 3 日，我军在新兴集附近的鸭子刘家，继续召开了五卅纪念大会，表达了我军誓雪国耻的坚强意志。“六一战斗”后不久，萧县成立了萧县抗敌纵队，各县均成立了自卫团司令部。与此同时，又成立了豫皖苏边区保安司令部，统一领导地方武装，加强地方武装建设。至 1940 年 7 月，六支队共有一个特务团、三个主力团、四个总队（每总队辖两个团）及萧县抗敌纵队，永城独立团、宿县独立团、睢杞独立团和亳北独立大队共 19500 余人。以永城县为中心的豫皖苏边区抗日民主根据地已建立五个县政权，淮上办事处和五个县的办事处。各级党的组织也得到了很大发展。此时为豫皖苏抗日根据地的全盛时期。

二

自 1940 年夏天起，国民党在苏北、皖北制造的磨擦事件接连发生。中共中央令八路军一部南下，协同新四军坚持华中抗战。据此，黄克诚同志率八路军三四四旅及新编第二旅共五个团12000余人，及教导营500余干部，南下豫皖苏边区，6月20日到达涡北新兴集，与第六支队胜利会师，并按八路军总部命令，合编为八路军第四纵队，彭雪枫任司令员，黄克诚任政委。辖第四、第五、第六旅，共八个团17000余人，执行“向西防御”的任务。8月，黄克诚率两个团东进皖东北，与津浦路东的八路军苏鲁豫支队、陇海南进支队及新四军六支队第四总队合编为八路军第五纵队，辖第一、第二、第三支队，共九个团，近两万人，由黄克诚任司令员兼政治委员，执行“向东发展”的任务。将抗大总校华中派遣独立团，担任坚持巩固根据地的任务。

1940年8月，桂系国民党军及骑八师马彪部共四个师的兵力在我四纵队开辟淮上根据地之际，对我形成三面包围的态势。国民党骑二军何柱国对我态度亦趋恶化，豫皖苏边区磨擦有一触即发之势。第四纵队利用国民党第一战区和第五战区的矛盾，采取区别对待的策略，开展统一战线工作，并对国民党军作了某些让步，同时也作了自卫还击准备，使局势暂时得到了缓和。11月中旬，蚌埠、宿县等地的日伪军2000余人，附坦克20余辆，在空军配合下，“扫荡”我蒙城、涡阳地区。我四纵第五旅和特务团在蒙城以北的板桥集等地与敌激战三昼夜，毙伤日伪军1000余人，击毁汽车、坦克十余辆，击落飞机一架，沉重地打击了敌人。四纵队以军事打击和政治分化等手段，巩固和扩大了豫皖苏边区根据地。

1940年底，国民党顽固派发动第二次反共高潮，华中局势日趋紧张。在第四纵队主力开辟淮上、永城以北地区主力较少的情况下，国民党第九十二军利用其萧县、永城地方关系，于1940年12月12日策动豫皖苏边区保安司令耿蕴斋、第六旅十七团团长刘子仁、第六旅副旅长兼十八团团长吴信容等部叛变。这是国民党顽固派蓄意破坏抗战，阴谋策动所致，也是耿、吴、刘这些人抗日动机不纯，幻想升官发财的剥削阶级本质所决定。由于我们在地方武装的改造政策以及干部使用上发生某些失误，对他们可能叛变的警惕性不够，致使在他们策动叛变的时候，未能采取有效的措施加以防范，并挫败其阴谋。耿、吴、刘的叛变，使永城以北地区我方政权大部变色，豫皖苏边区形势迅速恶化。

1941年初，继皖南事变之后，蒋介石又调集30万反共军向华中新四军发动进攻，妄图首先"肃清"淮北津浦路以西之我军，尔后向苏北、山东深入，以实现将我军"驱逐"到黄河以北，配合日军聚而歼之的毒计。当时进攻的主要矛头是直指我新四军第四师（皖南事变后八路军第四纵队改编为新四军第四师）及豫皖苏边区。国民党军汤恩伯部第九十二军与骑二军、骑八师等部，加上国民党收编的保安团、地方部队兵力为我第四师的七倍，向涡河以北挺进。耿、吴、刘叛军及地方的其他反动武装在我根据地附近骚扰，再加上日伪军的"扫荡"和突袭，使我们处于日、伪军及国民党反共军夹击的严重形势之下。

党中央、毛主席预计到华中反磨擦斗争的长期性，指出：必须在这场斗争中，逐渐削弱反共军的力量，逐渐锻炼与壮大我们的力量，才能最后击破反共军的进攻。为此，既要紧张地对付反共军大举进攻的严重局面，又必须耐心地作长期计划，不要过于急躁，不要企图在短期内就能取得全部胜利。华中局和新四军军部根据上述指示和华中面临的情况，于1941年1月，对反磨擦斗争作了全面的部署，其中赋予第四师的任务是：坚持豫皖苏边区阵地，抵抗反共军的进攻，不让其向津浦路东和陇海路北深入，并着重指出了政治上的斗争策略，军事上战略战术的运用，如万一不能坚持时，可退到皖东北地区。

第四师及豫皖苏边区党政民根据上述指示，坚持军事游击战和政治宣传战的反磨擦斗争方针，展开了艰难困苦的三个月反磨擦斗争。集结在皖北、豫东的反共军，在日军发动的豫南战役结束后，分三路向四师猛烈进攻。反共军渡过涡河以后，即策动日伪军对我进行"扫荡”，四师一面对日伪军进行反“扫荡”，一面奋勇抗击反共军的进攻。尽管在多次战斗中，对日、伪及国民党反共军均给予大量的杀伤，但未能阻止国民党反共军的进攻。4月中旬，国民党第九十二军一四二师四二五团，在该团团长——我党秘密党员陈锐霆率领下，在淮上的褚集举行反内战的战场起义。4月20日，我军又趁势集中两个团的兵力，在大小郭家歼灭反共军一个支队，其他部队在反磨擦斗争中，也先后取得了不同程度的胜利。但是，由于敌强我弱的军事对比，反共军有适合平原作战的骑兵参战，又由于根据地还不是很巩固，正值春荒季节，军需民食均很困难，再加上我军轻敌麻痹和指挥上的某些失误，以致在三个月的反磨擦斗争中，先后几次遭受重大损失。3月初，在蒙城以南的半古店、罗集战斗中，我十旅二十九团损失较大。4月上旬，在永城西南的万楼战斗中，我十二旅三十四团的一个营全部壮烈牺牲。4月下旬，在宿县以南的大小营集战斗中，与国民党骑八师遭遇，我十一旅三十二团与师直属队遭到严重损失。这时，反共军的进攻更加凶猛，叛军、地方反共势力更加猖狂，敌伪军与反共军相配合，对我的袭击与“扫荡”也更加频繁，作战失利，人心不稳，部队疲劳，给养奇缺，根据地中心区被敌侵占，我军的处境已十分困难。

1941年4月25日，华中局和新四军军部，鉴于四师的危急处境，并为照顾抗战大局，指示我们留一部分兵力及地方武装坚持豫皖苏边区的游击战争，主力和地方党政机关转入皖东北地区，巩固和扩大皖东北根据地。但由于形势的继续恶化，武装坚持甚为困难，四师不得不告别豫皖苏边区的广大群众，于5月份先后撤至皖东北地区。在三个月的反磨擦斗争中，豫皖苏边区的党政军民各机关部队共伤亡失踪4000余人，撤到皖东北的不足万人，枪不足5000支。至此，艰苦创建的豫皖苏抗日民主根据地，除睢杞太及萧县的部分地区尚有党的组织和部分武装公开活动及永城等县党的组织转入地下活动外，其余全部丧失。

三

四师撤到皖东北后，遵照华中局的指示，于 1941 年 7 月中旬在洪泽湖东岸淮宝县仁和集召开了军政委员会扩大会议，在新四军政治部主任邓子恢参加下，彭雪枫作了专题报告，认真总结与检查了反磨擦斗争失利的经验教训。这次会议，对于尔后巩固和扩大皖东北根据地有着十分重要的意义。

仁和集会议之后，邓子恢任四师政治委员、军政党委员会书记，加强了党的领导。取消了四师党政军委员会，成立中共新四军第四师委员会。同时成立了淮北区党委和淮北行政公署。刘子久为区党委书记，刘瑞龙任行署主任。工、农、青、妇等群众组织，也得到了巩固和加强。四师大力开展了建军和作战训练等项工作，进行整编，充实连队，将十一旅三十三团和十二旅三十六团补充第十旅；以师特务团与十一旅、十二旅各一部成立宿东游击支队，开展宿东地区的游击战争；汲取了平原作战的教训，成立了骑兵团，作为师的机动力量。9 月，四师十旅与三师九旅对调了建制，将开创皖东北的三师九旅改属四师。11 月，以十二旅机关为基础成立了淮北军区机构，主管地方武装的工作，加强了部队的整训，提高了军政素质。这时，整个淮北地区的武装力量共有 13000 余人。在进行整编和整训的同时，淮北区党委提出“枪换肩”任务，即将原地主阶级所掌握的武装转移到工农群众的手中。部队进剿了睢宁、宿迁、泗阳等县的日伪军，在二师五旅的配合下，开辟了泗五灵凤和泗灵睢等新区。进一步发动和组织群众参军参战，开展有利于抗战和根据地巩固的斗争，并加强了争取伪军和建立两面政权等工作，使淮北根据地得到了全面的巩固和发展。

反共军汤恩伯集团，在侵占豫皖苏根据地后，又妄图东犯淮北及苏北根据地，国民党江苏省主席韩德勤亦调动兵力接应汤恩伯部东进。1941 年 7 月，韩部以保安第三纵队的两个团，侵占我淮海区泗阳县西北之陈道口，修筑工事，企图以此地为中心，控制运河两岸。我军为粉碎国民党反共军东西对进的计划，决定攻占陈道口。10 月 14 日，我军在陈毅代军长亲临前线指挥下，以第三师七旅十九团与山东教导第五旅攻歼该敌，21 日，我军攻占陈道口，俘国民党军 800 余人，残部突围逃走。我军乘胜扩大战果，横扫了运河沿线的地方反共武装。陈道口战役的胜利，不仅巩固和扩大了淮海与淮北根据地，而且严重地挫败了韩德勤接应汤部东进的计划。但是，顽固分子反共的本质难改，1943 年春，蒋介石命令在皖北阜阳、太和地区的李仙洲部北犯山东，王仲廉部向我淮北根据地进攻，并令在苏北的韩德勤部侵占淮北根据地，接应王仲廉部东越津浦路，东西对进，妄想夹击我第四师于洪泽湖以西地区而歼灭之。3 月 15 日，韩部侵入淮北中心区的金锁镇、界头集、山子头一带。为了再次粉碎国民党反共军东西对进的计划，制止蒋介石扩大内战的阴谋，保卫华中抗日民主根据地，经军部批准，由彭雪枫、邓子恢统一指挥第四师九旅、十一旅、第二师五旅、第三师七旅，于 3 月 17 日夜对山子头地区的国民党江苏省主席韩德勤部发起自卫还击，至 18 日上午，战役胜利结束。歼韩部总指挥部、独立第六旅、保安第三纵队全部，生俘韩德勤以下官兵 1000 余人，击毙专员王光夏、独立旅旅长李仲寰。已经越过津浦路进至灵璧县以北地区的王仲廉部，闻讯仓皇逃回津浦路西。韩德勤被俘后，陈毅代军长由淮南赶来半城，对韩晓以大义，韩甚为感激。我发还电台及人枪 300 余，礼送出境。山子头战役的胜利，彻底粉碎了蒋介石东西夹击我军的计划。

淮北根据地的巩固与扩大，游击战争的广泛开展，对日伪据点的不断拔除，使日本侵略者惶恐不安。1942 年 11 月中旬，日、伪军 6000 余人，在骑兵、坦克、飞机的配合下，向淮北根据地中心区发动进攻，企图打通公路交通，增筑据点，烧杀奸淫抢掠，反复进行“搜剿”，破坏和分割淮北根据地。淮北党政军民，在区党委和四师的统一部署与指挥下，进行了历时33天的反“扫荡”作战，大小战斗30余次，其中以12月9日的朱家岗（宿迁南）战斗最为激烈。我九旅二十六团，在朱家岗与千余日伪军展开激战，先后打退敌人十余次的冲锋，毙伤敌280余人，迫使日军弃械遗尸，狼狈溃逃。我十一旅三十二团马公店（泗县东）战斗，袭击了进犯日军，使其死伤甚重。后来，我们又提出了敌进我进的作战方针，部队乘胜扩大战果，拔除据点，收复失地，胜利地结束了33天的反“扫荡”战役。日军大规模“扫荡”失败以后，为巩固其以徐州为中心的战略枢纽地带，对淮北地区采取了“蚕食”和伪化的政策。首先在政治上进行欺骗，实行怀柔政策，组织上编组保甲，成立“反共自卫团”。其次是在上述手段无效时，即烧杀淫掠，摧残我根据地。淮北区党委于1943年夏总结了各地斗争的经验教训，进一步采取了以武装斗争为主的方针。我写了《“蚕食”与反“蚕食”》一文以指导部队反“蚕食”斗争。主力、地方武装和民兵相配合，组成武工队深入敌占区，全面开展反“蚕食”、反伪化的斗争，拔除敌伪据点，恢复被占领的地区。开辟新的区政权，建立了70多个乡的游击区，坚决打击出扰的日伪军，各方面都取得了很大的胜利，基本上制止了日军的“蚕食”和伪化活动，从而使淮北根据地得到了进一步的巩固发展。

四

1944年4月，日本帝国主义在太平洋战场节节失利，在中国的敌后战场连遭八路军、新四军的严重打击，战局对它非常不利。日军为了打通大陆交通线，支援太平洋战场的作战，在中国各个战场上抽调五万兵力，发动了中原战役。当时，驻守在平汉线两侧的国民党汤恩伯部30余万人，采取消极抗战，积极反共的政策，在日军的进攻下，迅速土崩瓦解，一月之内，丢城30余座，失地千余里，损兵数十万。河南千百万人民，在日军的铁蹄下惨遭蹂躏和屠杀，亟盼我党我军解救他们。党中央、毛主席为了给日军以打击，开展河南敌后抗战，拯救沦陷区的广大人民于水深火热之中，从战略上将我华中、华北、陕北三大地区连接起来，制定了向河南敌后发展，控制中原的战略方针，并先后确定了各有关地区部队的行动方向和具体任务。

1944年7月下旬，党中央、毛主席在部署这一战略行动时，令"新四军第四师西进豫皖苏边区，首先恢复萧县、永城、夏邑、宿县根据地，然后打通与睢杞太地区的联系，相机控制新黄河以东地区"，并对某些具体政策作了指示。华中局和军部据此作了具体兵力部署，命令四师以淮北路东为基地，主力西进豫皖苏边区。自1941年5月，我们撤到津浦路东后，在三年多的艰苦岁月里，豫皖苏边区人民遭受日伪军及国民党反共军残酷的压榨和剥削，家破人亡，民不聊生。原由吴信容率领叛变的第十八团，后改编为国民党的一个支队，对受刘子仁指挥很不满，吴信容病死后，由其弟吴信元继任。在我党工作影响与地方抗日开明绅士影响下，吴信元决定率部起义，重新回到革命队伍中来，并派人与我们联系，表示愿意策应我军西进。第四师部队的大多数指战员，均为豫皖苏边区人民的子弟，对打回老家去，恢复豫皖苏，有着极高的战斗热情，当得知我师将进军路西时，无不欢欣鼓舞，整装待发。8月15日，彭雪枫率四师主力西进，首战小朱庄，全歼顽、伪合流的王传绶支队三个团。吴信元派其参谋长孙子仁到小朱庄我指挥所来联系起义，随即遵照军部命令，改为新四军第四师独立旅，仍留萧县维护我后方交通。我九旅二十五团、骑兵团继续西进，先后击溃耿继勋、刘子仁两个纵队，我十一旅进驻王寨（萧西）休整时，又击溃了日军骑兵的袭击。

为进一步作好准备，迎击国民党反共军进攻，彭雪枫率领第九旅二十五团、骑兵团于9月11日向夏邑附近八里庄进攻，全歼顽、伪、土匪三位一体的李光明支队。在八里庄战斗中，亲临前线英勇指挥的彭师长不幸中弹牺牲。中央军委遂令张爱萍为第四师师长，韦国清为副师长，继续指挥西进部队作战。为迎击国民党军反扑，军部又增派第三师七旅西援。经过数次激烈的战斗，粉碎了日伪的“扫荡”，我军战果逐步扩大。10月中旬，国民党王毓文暂一军并十四师洪显成部与骑兵第八师马彪部向永城以北进攻，与我在永城东北保安山形成对峙。为保证战役胜利，新四军军部命令组成临时指挥部，由韦国清任指挥，彭明治任副指挥，统一指挥七旅、十一旅、九旅二十五团和骑兵团。同时发电请冀鲁豫军区杨勇、苏振华派兵支援。尽管当时他们反“扫荡”十分紧张，经中央军委批准，还是派王秉璋率部南下配合作战。在和国民党反共军对峙中，我七旅二十团一个营夜间袭击，一下打到洪显成的师部，使敌人惊慌失措，发生误会，自己打了一个晚上，拂晓时全部溃退。我即转入全线追击，并歼灭了涡河北岸之敌，这样不仅彻底粉碎了反共军把我四师赶回津浦路东的企图，而且我军将反共军赶回到涡河以南，基本上恢复了原豫皖苏边区失地。我七旅、十一旅、九旅二十五团、骑兵团于11月6日在涡阳东北曹市集同冀鲁豫军区王秉璋率领的南下支队第七团、第十团、骑兵团会师。这就是现在流传的八路军、新四军在曹市集大会师。八路军南下部队虽未参加战斗，但对支援我军，鼓舞士气，震撼敌人起了重大作用。

保安山战役结束不久，日军打通了粤汉铁路，国民党战场发生严重危机。党中央指出：国民党反共军暂时不会再次向我大举进攻。应抓紧这一有利时机，巩固涡河以北阵地。随后四师指挥机关及九旅主力和三师七旅先后返回津浦路东，冀鲁豫军区的部队返回陇海铁路以北。我率第十一旅留在路西工作，组成十一旅兼路西分区，统一指挥独立旅、骑兵团。吴芝圃任路西地委书记，我和赖毅分任司令员和政治委员。在恢复原豫皖苏边区失地的作战中，我军共歼灭了日伪军和国民党反共军13000余人，并先后争取起义、投诚共7起，计3700余人。日军“扫荡”的被粉碎，国民党反共军进攻的被打垮，顽伪地方武装的被消灭，顽伪地方行政组织的被铲除，使我根据地的建设得以顺利进行。通过减租减息，增加工资，发动和组织群众，改善群众生活，提高了群众的政治觉悟和斗争积极性，建立了各级农民救国会，组织了青年、妇女等群众抗日救国团体。在发动群众斗争的基础上，发展了3000余名党员，恢复和整顿了党的各级组织。建立了淮北第二专员公署，共8个县政权、53个区署、315个乡政权。组建了3个独立团及8个县总队，组织民兵万余人，广泛地开展了统一战线工作，进一步分化瓦解了地方顽固势力，使淮北抗日根据地得到巩固和发展。

1945年8月8日，苏联对日宣战。8月9日，毛主席发表《对日寇的最后一战》的声明，号召全国一切抗战力量，应举行全国规模的反攻。8月10日，朱德总司令命令各解放区的武装部队，向敌人发出通牒，限期投降，如遇反抗，即予歼灭。8月11日，各解放区部队开始了反攻的作战行动。我淮北根据地军民，响应毛主席的号召，执行朱总司令的命令，开始了大反攻。先后攻克永城县，歼伪军自卫团全部，俘伪团长杜春台等数百人；攻克孙町集，歼伪军第十五师一部700余人，迫使双沟伪军全部投降。在四师政治部敌工部长王子光的联系和安排下，驻鄼城伪军第十八师师长杜新民率全师4000余人起义，由新四军军部命令编为解放第二军，杜新民任军长。同时四师主力在路东收复宿迁、泗阳、泗县，攻占曹村、夹沟、四堡、符离集等9个车站，歼伪军1000余人。随后，又攻克灵璧县城和时村集、永安集、灰古集。我路西部队又攻占萧县县城。总计歼伪军支队司令以下4000余人，8月10日，日本政府发出乞降照会，15日，宣布无条件投降，9月2日签署了投降书，至此，中华民族伟大的抗日战争取得了最后胜利。

新四军第五师的抗战历程

任质斌

新四军第五师是我们党在1938年日寇占领武汉、全国抗战转入相持阶段的艰难时刻才着手在鄂豫边区创建的。

鄂豫边区原是革命老根据地。这里的人民经过了两次国内革命战争的洗礼。红军长征后，这里又是南方八省游击区之一，“是我们和国民党十年血战的结果的一部分，是抗日民族革命战争在南方的战略支点”之一。这里的人民群众有优良的革命传统，有武装斗争经验。

五师部队的前身，是以个别红军排、少数红色便衣队员和党中央先后派来的100余名红军干部，以及党的地方组织与散处在边区的共产党员，通过发动群众和利用统一战线关系，组织起来的一支支小游击队。这些游击队逐步汇合起来建立了新四军豫鄂独立游击支队，后扩建为豫鄂挺进支队、豫鄂挺进纵队，最后扩编为新四军第五师。像“滚雪球”似的“滚”起来的。它是一支土生土长的人民军队。

五师在抗日战争中的战斗历程，前后经历了四个阶段。

第一阶段，自1937年7月至1938年冬。这是准备与发动阶段。抗日战争全面爆发后，上海、太原失守。以后，南京、徐州又相继失陷，日寇步步进逼武汉。正面战场上的国民党数十万大军，节节溃退，国民党各种机构土崩瓦解，国民党溃军到处乱丢武器。一块钱，一套便衣，甚至一碗稀饭，就可以换到一支枪。

徐州失守后，党中央和毛泽东同志及时指示长江局，在长江以北、陇海路以南这一地区，要把广泛发动群众，壮大人民军队，开展敌后抗日游击战争当作中心任务；动员住在城市的学生、失业工人、革命知识分子到农村去；在农村发展党的组织。但是，由于王明右倾投降主义的束缚和影响，当时长江局在武汉虽然做了发动群众的工作，但没有拿更大的力量去组织武汉周围的游击战争。虽然也派了一部分人员到农村去工作，但没有强调独立自主地去掌握武装，所以，有些地方的党组织怕“破坏统一战线”，不敢组织武装，甚至不准所属干部收集国民党溃军丢掉的武器。有些搞起来的武装片面地追求利用国民党的“合法”地位，而没有对国民党保持必要的阶级警惕。有些地方，党组织虽然搞了武装，却由于“一切经过统一战线”而被国民党“吃掉”。这样，就使我们党错过了在鄂豫边区大力发展抗日游击战争的良好时机，同时，也给了鄂豫边区各地的牛鬼蛇神以招兵买马的机会。一时间，牛鬼蛇神都抓起了枪杆，自封“司令”。“司令”多如牛毛。这些“司令”大多数后来成为民族敌人和屠杀革命群众的刽子手。然而，鄂豫边区的党组织，并不是完全都处于上述的那种状态之中。部分地区的党组织和领导同志，在实际工作中，不同程度地抵制了王明的右倾投降主义错误，贯彻执行了党中央和毛泽东同志的正确路线，因此在豫南、鄂中、鄂东、鄂西、鄂南的部分地区，燃起了武装抗日的烽火，为鄂豫边区抗日根据地和五师部队的创建，打下了最初的基础。

豫南确山竹沟镇，是我们党发动和组织中原地区抗日游击战争的重要战略支点，是中共中央中原局机关驻地。党在这里以新四军八团队留守处的公开名义，在豫南各地进行了广泛的抗战动员，建立了地方党组织，开办了各种训练班，培养了大批干部，开展了统战工作。特别是放手发展了武装并陆续派赴敌后，展开抗日游击战争。在信阳地区，党争取和支持了国民党信阳县长，组织起信阳抗日挺进队，协同党所领导的七十七军军士训练团，在信南四望山地区建立了抗日根据地。

鄂中的党组织通过民主人士的关系，在应城的汤池举办了农村合作事业人员训练班，实际上是我们党的干部训练班。训练了300多个进步青年，为抗日游击战争准备了干部。接着以应城党所控制的八条枪为基础，通过进步的应城县长，组织起应城抗日游击支队（简称应抗），在应城地区建立了抗日游击根据地。

孝感中和乡的共产党员，和本地爱国青年一道，赤手空拳，收集国民党溃军丢下的武器，组织了湖北省抗日游击大队，在当地建立了小型的抗日游击根据地。

鄂东党的组织，在黄冈以红色便衣队加上所收藏的七条半枪为基础，积极搜集国民党溃军丢下的武器，动员党员、积极分子带头参军，组织了鄂东游击挺进队（以后改为独立游击第五大队），并在黄冈建立了一块根据地。新四军四支队驻黄安（红安）七里坪留守处的一个警卫排，加上黄陂地方党所组织的梅店自卫队，组成了新四军第六游击大队，在黄陂、孝感、礼山（大悟）边界，建立了抗日游击根据地。

上述我们党所发动和组织起来的武装，为新四军第五师的成立打下了初步的基础。

第二阶段，自1939年初至1940年冬。这是部队由小到大，从分散到统一的阶段。

党的六届六中全会重申了党中央和毛泽东同志的正确路线，批判了右倾机会主义错误，撤销了长江局，成立了以刘少奇同志为首的中原局（以后改为华中局）。刘少奇同志南下，坐镇华中，从此华中的抗战局面为之一新。鄂豫边区的抗日战争，也跨入了一个新的阶段。这时，鄂豫边地区的党组织所面临的局面是：敌人已在沦陷区遍设据点，并大肆搜罗民族败类，拼凑伪政权，组织伪军；国民党也利用其社会基础——反动封建势力，或在其龟缩深山的数十万正规军的卵翼下，组织反动地方武装，或采用“曲线救国”办法，投降日寇，充当伪军，妄图恢复其反动统治。把沦陷区变成了人间地狱。当时，我们党所发动和组织的人民抗日武装，还十分弱小和分散。1939 年 1 月，党中央和中原局派李先念同志带领 160 多人（包括干部 60 多人）组成的新四军豫鄂独立游击大队，从河南竹沟出发，向武汉外围敌后挺进。4 月间，又派陈少敏同志率 200 余人向鄂中敌后挺进。李先念等同志在 1938 年 11 月六届六中全会胜利闭幕后，从延安动身到鄂豫边区之前，毛泽东同志和少奇同志指示他们，到鄂豫边区的任务是：“第一是武装，第二是武装，第三是武装”。为了打开武汉外围敌后抗战的局面，建立敌后抗日民主根据地，首要的任务，就是要创建一支党直接领导的足以打开局面、承担这一地区战略任务的人民军队。

1939 年 6 月，先念同志率领新四军独立游击大队，绕道鄂东，联系了那里党的组织及其领导的武装后，到了鄂中。陈少敏同志也率部到达鄂中。这时鄂豫地区的形势十分吃紧。国民党五中全会为准备妥协投降而制订的“防共”、“限共”、“溶共”的反动政策，已在这里付诸实施。1939 年 4 月，国民党解散了 1938 年 11 月成立的进步力量占优势的统战组织——鄂豫边抗敌工作委员会。5 月，国民党军队吞并了我们党发动和组织起来的人民抗日武装——铁道破坏大队。6 月，国民党制造了平江惨案。而在鄂中，当新四军的旗帜刚一出现，蒋介石即电令新四军军部和五战区当局说，鄂中非新四军防区，必须撤走，否则“以武力解决”。与此同时，国民党三青团和鄂中专署，则阴谋策动原我党组织和领导的抗日武装——“应抗”第二支队李又唐部叛变。真有“黑云压城城欲摧”之势。在这关键时刻，鄂中区党委召开了养马畈会议。李先念、陈少敏、杨学诚同志领导了这次重要会议。会议当中刘少奇同志发来电报，指出：目前鄂中党的中心任务是在最短时期内创立一支5000人以上的、党直接领导的新四军。只有完成这一任务，才能应付各种事变，确立我党在鄂中的地位。会议根据中原局刘少奇同志指示，决定整编豫南和鄂中党的武装，统一打出新四军的旗帜，成立新四军豫鄂独立游击支队，坚持统一战线中的独立自主原则。养马畈会议作出了正确的决策。

新四军豫鄂独立游击支队一经建立，所属四个团队在统一战略部署下，高举着抗日旗帜，深入鄂中、豫南、汉水和淮河两岸敌后，广泛而勇猛地展开机动灵活的游击战。1939年8月，二团队在大别山北麓的罗山县朱堂店首战告捷，一举歼灭了日寇80余名。9月，一团队在二团队一部的配合下，严惩了前来鄂中京山新街镇“扫荡”的日寇，打得敌人弃尸数十具，突围逃窜。与此同时，我军还抓紧时机，消灭鄂中孝感、应城等地的伪军，以迅雷不及掩耳之势，在两天一夜的时间，全部解决了叛军原“应抗”二支队李又唐部3000余人。从而树立了军威，振奋了群众，使应城、云梦、孝感地区的几块根据地连成一片。四团队还飞越汉水，一度攻克汉阳蔡甸镇，痛击伪和平救国军九十二师熊光部，把抗日游击战争的烽火，燃烧到武汉近郊。鄂东的第六游击大队也以少胜多，全部击溃了伪和平救国军第八军李汉鹏部。10月，刘少奇同志再次到达竹沟，做了应付突然事变的部署：由朱理治同志率领驻竹沟的豫鄂边区党委机关及其直属部队共600余人，迅速转入鄂豫边区敌后，只留少数部队在竹沟坚持。朱理治率领的这支部队是抗战初期我党我军挺进到鄂豫边区敌后最大的一支骨干队伍。

1939年9月，国民党蒋介石在日寇诱降和英美劝降下，更加加紧推行反共政策，作为投降日寇的准备。9月1日，国民党反动派在鄂东制造了“夏家山事件”：国民党桂系军队一七二师两个团，纠合鄂东地方顽军程汝怀部，围攻我们党领导的抗日武装独立游击第五大队。

11月11日，国民党反动派制造了“竹沟惨案”。

为了统一党对这一地区的领导，党中央和中原局决定撤销鄂豫皖、豫鄂、鄂中三个区党委，统一成立新的豫鄂边区党委。新的豫鄂边区党政军领导人，于11月在四望山召开会议。根据党中央和中原局决定精神，研究了具体部署，把鄂中、鄂东、豫南三个地区党领导的武装统一整编成六个团队，建立新四军豫鄂挺进纵队。李先念同志仍任司令员，朱理治同志任政治委员。另由陈少敏同志任区党委代理书记，主管地方党政工作。

对于豫鄂挺进纵队能够在第一次全国反共高潮中诞生，中共中央认为，这是一个伟大的成绩。这一经验证明，一切敌后地区，我们党均可建立武装部队，并可存在与发展，其先决条件是地方党要有组织武装的坚强信心，要有不怕与顽固派磨擦的勇气与意志。中央还对纵队的活动方针，及时作出指示说：挺进纵队是一个有重要意义的独立战略单位，一时还不能与八路军、新四军取得地域上的联系。因此，必须努力扩大自己，务求扩大到4万人枪。主要发展方向是鄂东。要加强根据地和游击队的工作，建立民主政权，分别建立农民、青年、妇女救国会。尤其重要的是建立自卫军，还要发展党。军队工作必须发展与整军交替进行。要在武汉等敌占区建立秘密党的堡垒，要加强对周围国民党军队的统战工作。实践证明，党中央的指示，是完全正确的。

纵队创建不久，1939年12月5日，日寇千余，附炮三门，在飞机掩护下，“闪击”我领导机关驻地——京山马家冲，妄图一举毁灭我指挥武汉外围敌后战场作战的神经中枢。经过抗击以后，敌人的进攻被打退了。

国民党鄂东专员、鄂东游击队总指挥程汝怀的二万多地方顽军，继续依附桂军，勾结敌伪，破坏抗战。他们在围攻我们党在鄂东的武装——独立游击第五大队后，进一步疯狂屠杀共产党员和抗日群众，并残酷摧残我地方党组织，成为开展鄂东抗日游击战争的积极破坏者。纵队为了配合兄弟根据地击退第一次反共高潮，反击程汝怀部对我党我军的猖狂进攻，并牵制进攻我新四军第四、五支队的桂军，从1940年1月至4月，李先念同志指挥纵队主力，曾三次出击盘踞大、小悟山的程汝怀部，歼灭了他的第十九纵队的部分有生力量，为开辟鄂东抗日根据地打下了基础。与此同时，纵队的另一部高举着抗日旗帜，以机动灵活、跳跃回旋的英勇姿态，于2月中旬飞越汉水，初战汉阳侏儒山，进击伪军汪步青部，直叩武汉门户，使武汉敌人戒严三天。

5月，日寇集中了六个师团的兵力，对鄂西北国民党正面战场发动了一次战役性进攻，以压蒋介石投降。6月1日侵占襄樊，6月15日占领宜昌。根据形势的发展，为了牵制敌人，配合正面战场作战，改善我军在鄂中的阵地，扩大回旋地区，纵队主力于6月回师路西，进军白兆山和京（山）钟（祥）以南山区。7月进军襄（河）西，8月进军天门、京山、潜江边界地区，并于7月至10月在白兆山腹地，胜利地粉碎了日寇对平坝镇的三次进攻，给敌人以重大的杀伤，使其企图在大洪山的支脉——白兆山安上钉子的阴谋被粉碎了。

在我们党正确政策的影响下，汉阳伪中国人民自卫军两个旅于8月13日反正，参加我军抗日。

为了贯彻中央关于“部队发展与整军交替进行”的指示，充分利用战斗间隙进行整军工作，边区军政委员会于8月份召开了军政干部大会，运用批评与自我批评的武器，集中地反对了干部思想作风上的本位主义、分散主义等不良倾向，从而使边区的部队从思想上真正地达到统一，保证了正确的政治路线和军事路线的贯彻执行。这在新四军五师的建军史上，具有极为重大的意义。

在这一阶段中，边区随着武装斗争的开展，根据地的建设工作也迅速地开展起来。1940年1月鄂中根据地的基本区内开展了民选运动，改造或重建了乡、保政权。同年9月，召开了第一次军政代表大会。会上按“三三制”原则，成立了全边区的最高政权机关——军政联合办事处。10月，召开了边区财经会议，试发了流通券。民兵与基干队的组织纷纷成立。文教事业亦大力开展。这年秋收之后，信阳和应城还进行了减租减息试点工作。

至此，边区已扩大到十几个县的范围，建立了九个县的民主政权，部队也从一支支分散的游击队，发展为拥有15000人的游击兵团，民兵发展到约10万人。

第三阶段，自1940年冬至1943年冬。这一时期国际国内形势风云变幻，是边区我党我军坚持敌后抗战最艰苦的阶段，也是部队和根据地进一步巩固与扩大的阶段。

从1940年10月起，国民党蒋介石发动了以消灭黄河以南的八路军、新四军为目的的第二次反共高潮。1941年1月，制造了震惊中外的皖南事变。针对国民党顽固派的反共阴谋，我们党进行了针锋相对的斗争。蒋介石宣布取消新四军番号，中央军委及时发布了重建新四军军部的命令，并决定将华中部队统一整编为七个师和一个独立旅，其中新四军豫鄂挺进纵队整编为第五师。在迎击第二次反共高潮的暴风雨中，我师在挺进纵队的基础上，边作战、边建军。4月5日，全师组建完毕，师长兼政委李先念同志在白兆山中通电就职。

皖南事变后，新四军第四师由豫皖苏边区转移至皖东北，鄂豫边区的地位更加突出和孤立，敌、顽、我三角斗争也日益尖锐化。日寇虽然为了迫蒋投降，在边区周围发动了几次对正面战场的战役性进攻，但其经常性的活动则是对边区进行频繁的“扫荡”、“清乡”和“蚕食”。国民党军队多次伸入边区，某些顽军更进一步与敌伪勾结，联合对我。我军遭到空前严重的敌、顽夹击。与此同时，边区由于遭受敌、伪、顽长期的掠夺和破坏，特别是1940年与1941年连续发生了旱灾，五师部队遇到了严重的财政经济困难。因而，这一阶段边区的斗争处于十分艰苦紧张的境地，我党我军面临着严峻的考验。

但是，鄂豫边区的人民和五师的指战员们，没有被困难所吓倒。五师诞生后便以崭新的战斗姿态，配合地方武装和民兵，加强了对敌斗争。为了更有力地打击敌人和解决部队的财政困难，五师于1941年6月进一步开辟了直逼武汉近郊的汉（汉阳、汉川）孝（感）（黄）陂地区。在1941年12月至1942年2月，我师选择了太平洋战争爆发后，武汉日寇兵力减弱的有利时机，向敌后作战略展开，以相当兵力南下汉川、汉阳、沔阳地区，发起了侏儒山战役。我军三打侏儒山，每战皆捷，歼灭了驻守在这里实力最强的伪定国军第一师汪步青部，解放了武汉西郊的大片国土。侏儒山战役震动了武汉，给予武汉人民以极大振奋，也给予武汉日寇极大的威胁。1942年5月，日寇开始进攻浙赣线。为牵制日寇的新进攻，我师又以一部兵力从鄂东跨越长江天堑，挺进鄂南敌后，打开了鄂南抗战的新局面。这就扩大了我军的回旋地区，创造了从南线战略包围武汉的敌后战场。同年12月，日寇以三师团全部、四十师团和伪一师一部共万余人，附炮80余门，分14路合击“扫荡”我大小悟山，企图围歼我豫鄂边区领导机关和主力部队。我军趁各路敌、伪军尚在运动之际，连夜分数路向平汉路西和陂安南等地区突围，粉碎了日寇的万人大“扫荡”。1943年2月，为配合鄂西正面战场作战，牵制与打击日寇，扩大我敌后抗日根据地，我军又进军襄南，进一步从西线推进对武汉的战略包围，发展河、湖、港汉地带的抗日游击战争，建立了以老苏区洪湖为中心的襄南敌后根据地。在此基础上，我军进一步向湘北敌后发展，于11月挺进到洞庭湖滨和桃花山地区，开辟了湘北敌后抗日根据地。

在反顽斗争方面，边区我军首先配合全国粉碎了第二次反共高潮，坚持了鄂中、信南等基本区，继续发展了襄西地区。而且在大小悟山建立了边区的指挥阵地，打开了鄂东局面；并一度与战斗在皖西的新四军第七师部队取得了联系。1941年9月至11月，当桂顽第七军三个师及地方顽军大举向皖东新四军第二师地区进犯时，我师遵照军委命令东进鄂皖边，从战略上策应了兄弟部队的反顽斗争，并且发展了鄂皖边地区。当鄂东桂系势力与程汝怀的矛盾激化时，我军就利用这一矛盾，对程汝怀各部队进行了广泛的争取工作，以孤立桂军。当程顽依附桂系疯狂反共时，我军则果断地还击了程汝怀部队，于1942年1月至3月先后进行了浠水、广济、蕲春漕河镇等战斗。1942年5月至12月，更是风狂雨暴的八个月。在这八个月里，国民党五战区对我全边区发动了疯狂的进攻，先后投入进攻边区的兵力，计有12个正规师、四个保安团、11个游击纵队和五个独立支队，人数达10万之众。顽军还无耻地勾结日、伪军向我夹击。面对这种严重的局面，我们确定了“咬紧牙关，熬过困难”，沉着应战，坚持自卫的方针。首先对深入根据地的顽军，广泛开展游击战争，然后主力以运动战相机歼灭反共而孤立的顽军。五师的主力部队十三旅，转战四方，配合各军分区部队给顽军以歼灭性打击。其中8月底至9月初的礼北战斗，我军歼灭了保安第四旅旅部及两个团，该旅旅长蒋少瑗、三团团长刘亚卿、礼山县长钟锦德等均被我俘获（战后将其释放）。军部首长曾来电嘉勉这一战役的胜利。经过八个月的生死搏斗，虽然我白兆山、天汉湖区和襄西等地一度被敌、顽侵扰，但边区我党我军不仅没有被顽军的“清剿”所消灭，反而在战斗的烈火中又得到了新的发展，特别是新建立了鄂南敌后抗日根据地。

1943年3月，蒋介石发表了反共反人民的《中国之命运》，这是他发动第三次反共高潮的信号。接着，他就一面酝酿准备进攻陕甘宁边区，“闪击”延安，一面部署进攻其他解放区。5月，他亲自下令以国民党五战区部队主力，与鄂豫皖三省地方顽军协同“进剿”五师。5月下旬，五战区“进剿”部队进入划定地区，发动了以我鄂东地区为重点的猖狂进攻。6月初，我师集结主力，对侵入我陂安南中心区的蒋嫡系部队三十九军五十一师发起反击，重创该顽，将其驱逐。然后，乘胜挥师东进，于6月中旬发起浠水白石山战斗，反击顽鄂东挺进军第十七纵队，歼灭该顽一个团及纵队直属队一部。6 月底至 10 月，五战区继续纠集兵力大规模进攻我边区，并勾结敌伪对我实行夹击，妄图“围歼”我军。我五师健儿在根据地人民的支援与配合下，以游击战术机智英勇地与顽军作战数十次，粉碎了顽军四次极其猖狂的“进剿”，为制止第三次反共高潮作出了应有的贡献。当时，国民党五战区“长官”李宗仁在给李品仙的电报中哀叹说，这次军事行动，“不惟无多结果，反使共匪流窜我防地。似此情势，言之实堪痛心。”

五师在这一阶段还加强了部队建设。当 1941 年击退第二次反共高潮后，师军政委员会于 6 月召开了全师政治工作会议。这次会议总结了部队政治工作经验，提高了干部的政治工作水平，对巩固部队，加强政治工作建设，提高部队战斗力，起了重大作用。政工会议后，部队更加注意了提拔工农干部担任政治工作和加强知识分子新干部的锻炼。为了大力培养干部，以适应部队发展和提高的需要，于 10 月间在随营军校的基础上成立了抗日军政大学第十分校。还加强了军事训练和司令部工作建设，加强了行政管理和后勤建设，进行了一系列巩固部队的工作。1942 年 4 月，为了适应对敌斗争的需要，在全边区建立了三个军分区，由地委书记兼军分区政治委员，统一了各地区党、政、军、民工作的领导。师部除十三旅仍作为师的主力部队担负全区战略机动任务之外，其他正规旅都基本上固定在一定地区作战。还将一部分主力转化为小团，分布到各军分区以便在敌、顽夹击的严重局势下，能够独立、分散地开展游击战争。由于五师与军部的交通联系一直没有打通，毛泽东同志于 7 月 21 日亲自拟电稿，同意华中局意见，决定由中央军委直接指挥五师的行动。1943 年 2 月，五师召开了军事工作会议，总结了五师诞生以来的军事斗争经验，讨论了新形势下的军事建设问题。会后，又采取了一系列措施，进一步加强部队建设，抓住战斗间隙进行军事训练和阶级教育，提高了广大干部、战士的阶级觉悟和军事素质。

边区的根据地建设，在这一阶段也全面展开。为统一与加强边区抗日民主政权，1941年4月间召开了边区第二次军政代表大会，按照“三三制”的原则，正式选举产生了边区抗日民主政权的最高行政领导机关——鄂豫边区行政公署。各地结合战争动员，加强了改造政权、组织群众、发展地方军和人民武装等各项工作。为支持长期抗战、战胜严重财政经济困难，边区党委于1942年1月做出了关于经济建设的决定。3月，召开了边区首届抗日人民代表大会，公布了《鄂豫边区施政纲领》，进一步调动了各阶层人民抗日的积极性，使边区掀起了根据地建设高潮。1943年1月，边区党委在大悟山蒋家楼子召开了扩大会议，会上宣布了党中央关于李先念同志任边区党委书记兼五师师长和政治委员的决定，边区自此全面实现了党的一元化领导。蒋家楼子会议，根据中央有关指示的精神，解决了增强战争观念的问题，统一了对进一步发展军事力量同迎接抗战胜利之重大关系的认识，通过了1943年边区军事建设计划。会后，边区党、政、军、民在党的一元化领导下，都以“一切服从战争”为最高原则，保证了军事斗争和军事建设计划的顺利实施，使政权工作、群众工作与军事建设更紧密地结合起来，并互相促进。

新四军第五师和鄂豫边区，经过几年的艰苦卓绝斗争，胜利地形成了从东、西、南、北对盘踞武汉之敌的战略包围。截至1943年冬，我主力军与地方军由1940年底的15000余人发展到近4万人，地区由1941年初的10余县扩大到51县（其中基本区14个县、游击区37个县），边区人口由1942年的473.5万余人（基本区216.4万余人，游击区257.1万余人）发展到1020余万人（基本区420余万人，游击区600余万人）。

第四阶段，自1944年初至1945年8月日本投降。这是边区在胜利与失误交织中取得抗日战争最后胜利的阶段。

为了加强对鄂豫边区党、政、军、民的领导，华中局于1943年底派遣郑位三同志来边区任华中局代表。在郑位三同志的倡议和边区党委的同意下，从 1944 年起执行了“以巩固为中心”的方针，进行了整风、生产和组织群众等工作，取得了一定成绩。其中特别是在整风运动中，郑位三同志传达和介绍了延安整风情况，使长期孤处敌后的广大党员干部，进一步认清了毛泽东同志的正确路线与王明“左”、右倾错误路线斗争的实质及其重大意义，从而大大提高了无产阶级觉悟和马克思列宁主义、毛泽东思想水平。同时，由于认真贯彻了党中央、毛泽东同志关于“惩前毖后，治病救人”,“既要弄清思想，又要团结同志”的方针，始终采取了理论联系实际与和风细雨的方法，所以运动的发展一直是健康的。

1944 年春，日本帝国主义在太平洋战场上节节败退，为摆脱困境，急图将中国大陆变作它垂死挣扎的基地，接连发起了河南战役和湘桂战役。四五月间，日寇以五六万兵力进攻河南。国民党汤恩伯和胡宗南的 40 万军队，一触即溃，在 37 天内，失城 38 座。在这种情况下，中央及时指示五师和华北、华东兄弟部队同时向河南敌后进军，完成绾毂中原的战略任务。但当时边区领导指导思想上过分寄希望于华北多派八路军南下，同时对日本很快就会投降的形势估计不足，因而在抗战形势发生了重大变化和中央指示下达后，仍坚持实行“巩固为主、发展为辅”的方针。只派遣了一支千余人的部队挺进河南敌后。这支部队在不到一年的时间里，迅速发展了豫南、豫中七个县的新区，开辟了东西宽 140 余里，南北长 200 余里的敌后抗日根据地；地方武装发展到 8000 余人，一度打通了与华北八路军的联系。事实说明，河南敌后形势确实极有利于我军的发展。如果五师当时能拿出主力进军河南，完全可以使中原、华北呵成一气，实现席卷中原的战略任务。这样，不仅使边区长期力图解决的“改变孤悬敌后处境”的战略目的能够实现，而且可以为五师由抗日战争转向解放战争进行战略转变时，造成背靠华北，威逼武汉，进可以攻，退可以守的极为有利的局面。同时，扩大我之活动地区，也大大有利于解决部队财政困难。

1944年下半年，在“以巩固为中心”的方针指导下，五师大部主力继续陈兵大悟山中，一则固守大悟山阵地，一则进行长期整训和进行“组织群众大多数”的实验工作。1944年5月和8月，国民党广西军集中了几千人的兵力两度向我大悟山进行了猛烈的进攻。我军则以打阵地战的作战方法，死守硬拼，进行了壮烈的“大悟山保卫战”。这就使一部精锐主力陷于被动挨打的窘境，受到完全可以避免的消耗；加上坐吃山空，财政上也出现了严重的困难。

当伟大的抗日民族解放战争跨入1945年时，正是德、日法西斯处于总崩溃的前夕。为了争取在中国人民面前出现一个光明的新中国，党中央和毛泽东同志号召全党放手发动群众，壮大人民力量，打败日本侵略者，建立新民主主义的新中国。1945年1月，从延安奉命南下发展华南抗日根据地的八路军三五九旅，胜利地到达边区，带来了党中央和毛泽东同志的又一次的指示。至此，边区党委才确定将工作方针改为以发展为主。派出鄂东军区的一部兵力，配合三五九旅向江南进军，创立了湘鄂赣根据地。但五师的主力仍驻守在大悟山中未向河南进军，故对大局未起决定作用。

三五九旅南下，为边区送来了大批红军老干部，大大增强了五师的骨干力量，这对提高五师部队的素质起了重大作用。但边区领导在调整和配备部队的各级领导骨干时，对一部分原来经过长期斗争考验而又与群众有密切联系的知识分子干部未做适当安排，这对以后更为艰巨的斗争，带来了一定程度的不利影响。

1945年8月15日，日本帝国主义在中国人民及世界反法西斯力量的沉重打击下，被迫宣布无条件投降，9月2日在投降书上签字。至此，中国人民庄严神圣的抗日民族解放战争胜利结束。在整个抗日战争期间，英勇转战武汉外围敌后战场的新四军第五师，由于党中央、华中局的正确领导，在敌、伪、顽夹击的复杂斗争中，团结了抗日的各阶层人民，经过长期艰苦卓绝的斗争，开创了以鄂东大、小悟山为中心的纵横千里的鄂豫边区抗日民主根据地，解放了9万多平方公里的国土和1300多万人口，建立了39个县的民主政权。部队由开始的几支小游击队发展到5万余人的人民武装。这支英雄部队，同边区地方武装和广大民兵一道，抗击着武汉地区日寇各师、旅团的大部或一部和伪军全部。据不完全统计：抗战期间，新四军五师部队曾对敌、伪军作战1035次，共歼灭敌、伪军41667名，其中毙、伤、俘敌、伪军30110名，敌、伪军投诚与反正11557名。作战中缴获炮23门、掷弹筒39个、机枪218挺、长短枪11556支。新四军第五师和鄂豫边区人民的抗日斗争，对于全国的抗日民族解放斗争，起了重大的战略配合作用，做出了不可磨灭的贡献。

新四军的军工生产

孙象涵　李仲麟　王新民　田汝孚　吴运铎

新四军的军事工业，从1938年4月创办军部修械所开始，到抗战结束为止，经历了八年时间。

八年中，新四军的军工生产，大体上可以分为四个时期。即：皖南军部及各支队修械所时期；盐城军部军工部时期；各师各旅组织军工生产时期；黄花塘会议之后军工生产大发展时期。

分布在江苏、安徽、湖北、河南和浙江等省广大地区的新四军各部队的几十个修械所、兵工厂的数千名兵工大军，在党的领导下，白手起家，艰苦创业，自力更生，团结奋斗，修复了大批枪械，制造了大量武器弹药，及时武装了部队和民兵，为打败日本侵略者，夺取抗日战争的胜利，作出了重大贡献。

皖南军部及各支队修械所时期

1938年4月，我军在安徽岩寺成立了新四军最早的修械所，该所设在上渡桥的江家祠堂内，由30多名工人组成。朱遵三任所长（后为李友生），贾冠军任副所长。后来，军部迁驻泾县云岭罗里村，修械所也随军部搬到泾县小河口，分散住在老百姓家中。当时的主要任务是修理枪械、制作刺刀等。皖南事变前，修械所奉命北撤，于1941年1月抵达新四军军部所在地——苏北盐城县。

1938年三四月间，新四军第一支队以原豫、鄂、皖、赣红军游击队修械所为基础，在安徽省泾县黄村组建了修械所，焦立德被任命为修械所主任。不久，焦立德奉命去安徽宣城狸头桥任二支队修械所所长。1939年夏，李先念、陈少敏部南下鄂中，建立了新四军豫鄂独立游击支队。不久，就在鄂中丁家冲组建了修械所，所长严春山。1940年秋，独立游击支队扩编为豫鄂挺进纵队后，又以该修械所为基础建立了纵队修械处，共有50多人，处长徐锡煌。修械处成立不久，纵队司令部决定在平汉路西侧之赵家棚成立后勤部，变修械处为后勤部兵工厂，直属后勤部领导。这时，全厂有六七十人，厂长陈鹏，指导员李平。1939年底，彭雪枫领导的新四军第六支队，抽调部队爆破训练班毕业的学员，招聘走村串户的工匠，在安徽省涡阳县的白庙、小宋庄先后成立了手榴弹制造所和枪械修理所。李仲麟任制造所所长，董玉武、刘文汇任修理所负责人。同年12月31日午夜，制造所制成首批30枚手榴弹。新四军第五支队和江北指挥部修械所分别在1939年秋和1940年夏成立。1940年秋，两个修械所合并成为修械厂，隶属五支队供给部领导，厂长王茂林，指导员罗文卿。1939年秋，叶飞同志领导的江南抗日义勇军在常熟东塘市一带组建了修械所，所长苏剑雄。1940年10月，八路军第五纵队第一支队（新四军三师七旅前身）

解放阜宁县东坎镇以后，缴获顽军一个修械所，有近百名工人和一些设备，便以此为基础建立了支队修械所，由支队作战参谋田汝孚任该所所长。

军部修械所和各部队修械所都是在极其困难的情况下建立起来并开展工作的。广大兵工战士在党的领导下，在军政首长的关怀指导下，克服了各种困难，冒着生命危险，不分白天黑夜地赶修枪械，支援前线作战。这个时期的修械所和初期的制造厂主要任务是修理枪械，同时也制一些大刀、手榴弹等土武器。由于生产设备极为简陋，既无像样的厂房，又缺少必需的设备和机器，加之材料短缺，全靠用自己制作的钳子、锉刀、钻头等工具在老百姓家里或在渔船上，有的在露天广场进行操作。在行军转移时，用骡马驮上工具材料，休息时还争分夺秒地抢修枪械。这就是新四军军事工业史上早期的所谓家庭修械所、水上兵工厂、露天兵工厂、马背修械所的由来。

盐城军部军工部时期

皖南事变以后，军部决定组建新四军的军工部，以便集中精力进行较大规模的军工生产。

经过筹备，军部军工部于 1941 年 1 月在盐城县岗门镇宣告成立。韩振纪任部长，吴师孟、孙象涵任副部长。军工部机关设立四个科和一个党总支，负责军工生产的各项具体工作和思想政治工作。四个科是：工务科科长程望，副科长田汝孚；材料科科长喻松岳，副科长成登明；总务科科长戴剑溪；人事科负责人吴容。机关党总支书记为李友生。

军工部的人员和设备，大体上来自以下各个方面：①来自军部供给部的，如吴师孟、喻松岳。②来自皖南军部修械所，如朱遵三、李友生、吴运铎等。③焦立德同志带领的原第二支队修械所。④陶勇部队在曹甸战斗中缴获的顽军薛承宗部的一个修械所。⑤陈玉生起义部队的手榴弹厂。⑥八路军第五纵队第一支队解放阜宁县东坎镇接收的一个顽军修械所。

军工部下辖七个工厂：一厂为机械加工厂，厂长焦立德，政治指导员管墨林。二厂为手榴弹厂，厂长房林，政治指导员杨松先。三厂为子弹厂，厂长朱培荣。四厂为铸造厂，厂长吴大贵。五厂为零件厂，厂长王天华。六厂为木工厂，厂长邹奎胜，郭浩然负责党的工作和思想工作。七厂为修械厂，厂长朱遵三，政治指导员庄大铭。

军工部所属各厂当时的主要任务是制造地雷、手榴弹，翻造枪弹，修理枪械，研制内装黄色炸药的八二迫击炮弹等。

新四军领导人对军工部的工作非常重视，对军工生产寄予厚望。孙象涵任命为副部长，到刘少奇处报到的时候，少奇同志说：我们军队的武器弹药，光靠打仗缴获是远远不够的，必须自力更生自行制造。这些指示给了我们极大的鼓舞和鞭策。国际友人希伯的夫人路过盐城去上海的时候，刘少奇、黄克诚、韩振纪等都委托她通过国际关系为军工部解决一批无烟火药，以改善我军弹药的性能。刘少奇还曾指示我们，要从部队战斗在水网地区的实际情况出发，来改善我军的装备，研制各类武器。

军工部成立不久，日本飞机轰炸岗门镇，军工部便迁往盐城以东的大佑棉垦三区（私立大佑棉垦公司第三棉垦区）继续组织军工生产。驻盐城南洋岸的三师七旅修械所遭日军飞机轰炸后，也迁往大佑三区，并入军工部。不久，日军又轰炸大佑棉垦三区，军工部奉命于5月间迁往盐城西小阜庄一带。军工部各厂在小阜庄地带生产了大批地雷、手榴弹和八二迫击炮弹，并着手包铜子弹头的研制工作，还专门成立了包铜子弹头车间，吴运铎任车间主任。在小阜庄期间，在工务科曾设火药组，组长马步青，副组长金岗。在雷汞配制改进黑火药和研制硝化棉方面做了大量的工作。7月，日军对盐城地区的水网地带进行“扫荡”，工厂经常转移，无法生产，只好将笨重的机床设备沉入水底或埋入地下，经过一个月的反“扫荡”斗争，军工部奉命迁往阜宁西南的小陈集、董家舍一带集结待命。

1941年8月5日，陈毅、刘少奇同志向华中各地通报了军部机构的调整决定，指出敌人“扫荡”以后，根据地缩小，工厂受到损失，不能全部恢复，不宜集中生产。军工部的设备、人员就近分配到三师、二师和一师。军工部撤销以后，各师、各根据地必须自行训练干部，自行解决财政经济，自行开办手榴弹厂，子弹亦须自行设法解决。

军工部从成立到撤销，虽然只有八个月的时间，但成绩是很大的，特别是它培训的一批军工技术骨干，对以后各师发展军工生产起了重要作用，尤其是为一、二、三师军工部的建设奠定了基础。后来，这些骨干研制成功了用雷汞起爆、装黄色炸药的八二迫击炮弹，并很好地解决了子弹头铜壳的冲制技术，等等，还培养了一批新的技术骨干，为以后新四军军工事业的发展输送了新的血液。

各师组织发展军工生产的时期

军工部撤销后，各师各旅自力更生、艰苦奋斗，分头开办军工生产，这是新四军军工事业的一大特点。

一师军工部和军工生产

1941年2月，一师供给部在江苏东台县成立修械所。1942年4月，在启东县海复镇成立军工部，罗湘涛任部长（后程望任部长），程望、顾吉祥任副部长。部机关设立工务科、材料科和总务科。程望兼任工务科长，顾吉祥兼任总务科长，吴本祥任材料科长。军工部下辖修械所、子弹厂和榴弹车间，干部、工人约100人。军工部成立不久，便从海复镇迁往东台县的枯树洋。同年九十月间，日伪军“扫荡”我苏中地区，军工部被迫转战东台、兴化、如皋、盐城、阜宁一带，先后在姜家机米厂、老黄河口大淤尖和苴镇、三乐仓等地，组织军工生产。

1943年上半年，日军在苏北、苏中一带进行“清乡”、“围剿”。粟裕师长指示军工部为每个连队装备50毫米的迫击炮三门，75毫米迫击炮一门。为了完成这项任务，军工部派张渭清等去上海，利用吴淞口“宝丰鱼行”的帮会关系采购军工物资，同时利用地下党关系将300门迫击炮的闷头、六根炮管，在上海一家机器厂秘密加工后运回军工部。张渭清等从1942年到1944年共采购钻床、铣床、刨床20多台，无缝钢管1000多尺，白铁管1万多尺，还先后动员150多名技术工人来一师军工部工作。由于领导重视，材料有来源，兵工战士们艰苦奋斗，创造了日生产迫击炮弹100发的最高纪录，有力地支援了部队作战。

1944年1月，军工部从枯树洋搬迁到宝应县林上庄。这里环境安定，军工生产迅速扩大，生产了73毫米口径的轻型迫击炮50门，52毫米口径的270门和大量炮弹，创造了一师军工生产的全盛时期。

兴化解放以后，一师缴获了伪军刘湘图一个修械所，使自己的军工厂设备增多，人员也扩大了。全体干部、工人570余人。不久，军工部迁入油坊头开展生产。1945年12月，程望、罗湘涛奉命带领技术骨干近20人，前去山东组织军工生产。

二师军工部和军工生产

1941年8月，吴师孟率郭浩然、朱遵三、任承康、吴运铎、马步青、邹奎胜等200余名干部、工人来到二师组织军工生产。经过短期筹建，于同年9月下旬，在淮南盱眙县旧铺乡翟庄成立了二师军工部。吴师孟任部长，方立中任政委。军工部下辖子弹、榴弹和修械三个厂。

吴运铎任子弹厂厂长，郭浩然任榴弹厂厂长，朱遵三任修械厂厂长，成登明任军工部特派员。11月吴师孟部长因病去世。

1942年春，根据中央军委和新四军军部的统一部署，二师军工部实行精简整编，取消军工部建制，三个工厂划归五旅领导，五旅成立了军工科，吴运铎任五旅军工科科长。秦永祥任子弹厂厂长。这一时期，除翻造子弹，生产地雷、手榴弹以外，吴运铎、秦永祥等还成功研制了枪榴筒和枪榴弹。1943年4月，四旅兼路西军分区也成立了军工科，科长为程远，下辖三个工厂。

1943年8月，遵照谭震林、罗炳辉同志的指示，又重建了二师军工部，部长王新民，副部长王文值。军工部下设工务科和材料科。吴运铎任工务科科长，程远任材料科科长，蔚之华任军工部协理员。1944年4月起，军工部下辖四个工厂：一厂负责生产枪榴筒、枪榴弹、迫击炮弹、平射炮弹，厂长秦永祥，指导员江峡；二厂负责生产地雷、水雷、手榴弹，铸造各种弹壳等，厂长郭浩然，指导员李铁诚；三厂负责生产掷弹筒、六〇迫击炮和炮弹，并翻造各种枪弹等，厂长朱遵三，指导员王惠平；四厂负责生产平射炮，厂长洪泽，指导员江峡（兼）。

二师军工部的厂子规模比较大，产品比较多，质量也比较好。1944年末到1945年上半年是生产的全盛时期，月产手榴弹达2万多枚，七九步枪子弹3万发，六五步枪子弹3000发，驳壳枪子弹约4000发，信号弹约200枚，八一、八二迫击炮弹约500发，地雷约400个，五〇枪榴弹9500发，四五平射炮四到五门，平射炮弹500发，六〇轻型迫击炮约十门，六〇轻型迫击炮弹1000发，五〇枪榴筒30门，五〇掷弹筒30门，刺刀200把，大刀50把。

二师军工部除有自己直属工厂以外，所辖四旅的军工科还有子弹厂、炮弹厂和榴弹厂，也生产了不少武器弹药。到1945年初，师军工部及下属工厂已达900余人，四旅军工科及所属三个厂达500余人，合计1400人左右。1945年9月，王新民、吴屏同调出，王文值任二师军工部长，吴运铎任副部长，蒋养民任政治处主任。11 月，路西四旅军工科及所属工厂合并到师军工部。

三师军工部和军工生产

1941 年 8 月，三师军工部在江苏阜宁大施庄成立。部长孙象涵，工务室主任田汝孚，研究室主任孙克定，材料科由曲啸威负责，总务科由黄自元负责。军工部下面有三个厂：一厂（机工厂）焦立德任厂长，管墨林任政治指导员；二厂（铸造厂），孙允三任厂长，徐健任党支部书记；三厂（子弹厂），朱培荣任厂长，杨敬庭任政治指导员。

军工部在驻大施庄期间，除进行修械，生产地雷，手榴弹以外，突出的还有三件事：一是研制成功第一代碰炸式带尾枪榴弹，射程 200 多米。二是研制成功用铜板制造铜子弹头，把复装子弹头由铅质变为铜质，克服了铅质弹头发射时同枪膛沾粘的缺点。三是经师部批准，举办军工部技术干部培训班，从七旅、八旅、十旅共抽调 16 名党员参加培训班。师防化参谋申醒民任班长，田汝孚、孙克定、金岗、乔铎等分别讲授理论、技术方面的有关课程。师参谋长彭雄在开学典礼上讲了话，他要求大家努力学习，提高理论和技术水平。

1943 年初，军工部奉命转移到阜东县老黄河口勾股甸（现滨海县）开展生产。在这里研制成功了用枪榴筒发射的第二代枪榴弹。在反“扫荡”关键中，师部决定军工部从海上转移。当军工物资与人员登船以后，敌人从海陆空三方面包围我海船，为避免海船、物资被敌方利用，军工部当机立断，将海船炸沉，工厂人员由孙象涵、田汝孚带领分别转移到射阳河以东地区和盐东地区打游击。

反“扫荡”结束后，孙象涵带领的军工人员进驻阜宁县南湾，恢复军工生产；田汝孚、金岗等在盐城东组织生产。在南湾期间，军工部研制成功了平曲射两用迫击炮、枪榴弹定炸引信，改第二代枪榴弹为空炸榴弹，并制造了拉发、踏发两用地雷，还制成了烧铸枪榴壳的钢模。空炸枪榴弹在战斗中威力较大，敌人称之为“火老鼠”。继任参谋长洪学智来南湾军工部检查工作时，观看了枪榴弹射击表演，他鼓励大家多造武器，支持前方，消灭敌人。

1943年8月，军工部机关进行了调整，原工务室和研究室合并成立工务科，田汝孚、金岗任正副科长，杨振营任材料科科长，邹国宏任管理科科长。机工厂厂长焦立德，指导员王福英；铸工厂厂长申醒民，指导员刘月；弹药厂厂长胡庆仁，副厂长董宜方，指导员刘月（兼）。机构调整以后，军工部组织了劳动竞赛，开展创劳模活动，涌现出刘新民、张金富、陈汉明、胥联祥等劳动模范。

1944年3月，罗龙生调师军工部任政委，田汝孚任三师军工部副部长。1945年5月，孙象涵调淮北行署工作，田汝孚任军工部部长。在奋儿庄时期，军工部研制成功枪榴筒、第三代枪榴弹、三七平射炮等新产品。两年中共生产迫击炮弹2万余发，各种枪榴弹4万余发，手榴弹30万至40万枚，三七平射炮12门，此外还修理了大批枪械和部分火炮，有力地支持了前方作战。1945年9月，新四军三师奉命向东北进军。田汝孚率36名军工技术骨干随军北上。

四师军工部和军工生产

四师军工事业也是自力更生、白手起家创办的。1939年在安徽省涡阳县的白庙村和小宋庄先后创建了制造所和修械所。1941年1月，制造所和修械所合并成为制造厂，厂长李仲麟，政治指导员李云池，制造厂下设修械、弹药、木工翻砂和材料四个股，月产手榴弹1500枚到2000枚，同时制造地雷和翻造子弹。

1941年上半年，工厂在三个月反顽斗争中受到重大损失，机器设备、工具材料大部丢失，工厂人员大部走散。5月到达淮南根据地的张夏庄以后，又重新招聘技术人员，重新购买工具、设备、材料，第二次白手起家，很快就恢复了生产。

1941年9月至10月间，工厂开展了纪念十月革命节生产大突击活动，全厂职工团结奋斗，日夜苦干，使手榴弹日产由原来的20枚至

30枚猛增到100枚左右。突击生产中还翻造子弹4000余发。根据当时的统计，1941年1月到10月共生产手榴弹10521枚，大刀片5675把，刺刀254把，修理步枪2660支，驳壳枪108支，轻机枪21挺，重机枪七挺。

1942年5月30日，当时任四师供给部留守处副处长的李仲麟在纪念五卅运动17周年大会上宣布：工厂已进入机器生产的新时期。在继续生产地雷、刺刀、手榴弹等武器的同时，要利用已有的技术人员、机器设备，研制攻击力强、杀伤力大的掷弹筒和弹。同年11月6日，在半城举行的纪念十月革命节大会上，李仲麟、徐根宝等用四师生产的20门掷弹筒做实弹射击表演获得成功。受到指战员们一致好评。

1942年底，成立淮北军区，下辖三个军分区，每个军分区都成立了军工股。进入1943年以后，除修械外，月产手榴弹均在2000枚左右。1943年1月，留守处和军工厂由淮南张夏庄迁到淮北勒东村以后，机器设备和材料供应都有较大的改善。两年生产掷弹筒150余门，全师每个连队装备一门，在战斗中发挥了它的威力。

1944年10月，在师供给部驻地召开了全师军工生产会议，传达了华中兵工生产会议的精神，检查了师直工厂和分区工厂的产品质量，部署了今后军工生产的任务，会上宣布成立师军工部，李仲麟任副部长，刘文汇任副政委。军工部成立不久，从勒东村迁往半城附近的王沙村。

从1945年开始，淮北根据地除军工部直属的一厂、二厂、修械所及各军分区所属的榴弹厂以外，12个县均有了修械所，生产能力大大提高，总人数达1000多人。军工部从王沙村迁到刘铁庄以后，各厂除继续生产主要产品外，又开始生产三刃刀。这种刺刀的设计方案是经张爱萍师长审定以后投入批量生产的。因为它长而锋利，在与敌人白刃格斗中占有明显的优势，对夺取战斗胜利起了很好的作用。

1945 年 12 月，华中军区军工部成立以后，四师军工部在青阳镇以北的大楼子同从苏南撤回苏北的六师军工科合编为华中军工部第二总厂，李仲麟兼任厂长，张心宜任副厂长。

四师军工部所属工厂，据不完全统计，从 1939 年底到 1945 年底，六年中间共生产手榴弹 12.3 万多枚，大小地雷 10 万多个，刺刀 7000 多把，迫击炮弹 2.7 万多发，掷筒弹 2.3 万多发，掷弹筒 300 多具。修配各种炮六门，翻造子弹数万发。此外，还生产子大批炸药，修复了大批武器，为装备四师部队，夺取抗战胜利作出了重大贡献。

五师军工部和军工生产

五师组建以后，豫鄂挺进纵队后勤部改变为五师后勤部，并成立了军工科、罗叔平任军工科科长。师兵工厂厂长是罗叔平，政委是胡仁，全厂职工 200 余人。1942 年夏，胡仁调部队工作，张明接任兵工厂政委。兵工厂迁往平汉铁路东大、小悟山以后，职工增加到 300 多人，生产也迅速扩大。五师活动的地区，日、伪、顽军据点林立，斗争十分艰苦。要想从大后方和其他兄弟部队取得粮饷十分困难，必须自力更生修理枪械，制造弹药。经工人们刻苦钻研，研制成功了射程远、杀伤力大的枪榴弹和碰炸式手榴弹等武器。为解决原料不足的困难，兵工厂在民间收购纺织机、弹棉机及铜铁等作为材料来铸造枪榴弹、手榴弹、信号弹。

1945 年 1 月，王震、王首道率八路军三五九旅南下到豫鄂边区同五师并肩战斗。师首长考虑到抗日游击战争已扩大到豫、鄂、湘、皖、赣五省地区，兵工生产极需大力发展和加强领导，决定成立师军工部。1945 年 5 月，师军工部成立，陈康白任部长，甘元锦为副部长，邱静山任政治委员，罗叔平任技术主任，张明为政治主任，胡昌春为技术协理员，梁灿煌为政治协理员。军工部设材料科、供给科和事务科，黄克强、程振东、张定国分别任科长，军工部下设三个分厂：一分厂（修枪）厂长芦开华，指导员詹汉林；二分厂（装弹）厂长杨松亭，指导员黄炎；三分厂（翻砂）厂长赵殿元，指导员卫金钊。军工部成立后不久，召开全师军工生产会议，总结了前几年军工生产的经验教训，布置了今后军工生产的任务，号召军区、军分区各兵工厂大力生产武器弹药支持前方抗击日军。同年“五一”劳动节期间，师首长在大悟山检阅部队的射击和投掷表演，兵工厂制造的拉火弹个个爆炸，受到首长的好评，就连观看的美军观察组人员也表示赞赏。

五师兵工厂，包括各军分区及地方兵工厂，几年中生产了20种军工产品，主要产品产量是：马尾弹5000枚，碰火炸弹1万枚，拉火炸弹3万多枚，枪榴弹10万发左右，迫击炮弹1000余发，信号弹1000余发，各种地雷1000多个，改装子弹4万多发，十子连手枪200支，土步枪200多支，撅把子1000多支，刺刀1500余把。这些武器弹药的修造，增强了部队的火力，提高了指战员的士气，保障了战争的胜利。

六师军工科和军工生产

1941年5月25日，六师师部在无锡的张缪舍成立师军实科，科长王新民。六师师部同十八旅渡江北上以后，军实科在江都小纪镇组织生产。短短的几个月就生产了近千枚手榴弹供主力部队使用。1941年12月，谭震林师长决定将军实科一分为二，陈学勤、王家波等人留苏中十八旅搞军工生产；王新民等同志回到江南十六旅驻地的延陵、茅山一带开展军工生产。王新民、李中兼任十六旅军实科正副科长。他们生产的手榴弹、枪榴弹性能比较好，射程比较远，命中精度也比较高。

1942年9月，师旅首长决定撤销师军实科，原六师十六旅的军实科改为旅军工部（先是后勤部），部长陈耀华，副部长王新民。十六旅军工部成立以后，在新品研制，提高产品质量方面做了大量的工作。从1942年下半年到1943年上半年，共制造轻型迫击炮59门及大量其他武器。1943年1月，日伪3000多人“扫荡”我延陵、茅山一带时，军工战士奋勇杀敌，黄福林、金文兴、许金元、徐兆忆、朱联根等同志英勇献身。

1943年5月，十六旅军工部撤销，王新民等同志去淮南二师，重建二师军工部。留下的同志组成十六旅军工科，科长张心宜，副科长程铿，指导员赵光。1944年2月以后，十六旅军工科活动于江宁、郎溪、广德、长兴等苏、浙、皖三省交界处，日本投降后军工科迁驻宜兴县张渚镇，是时军工战士已达200多人。1945年12月同四师军工部合并，成为华中军区军工部第二厂。

六师十八旅军工科于1942年1月成立。陈学勤任科长（后刘赤任政委）。下设工务股和采购股，朱兆衍、倪鸿昌任工务股正副主任；王加宝、陈良任采购股正副主任。

十八旅军工科在苏中四年中，大体上分为两个阶段：1943年上半年是调整组织打基础时期；以后由于环境稳定，条件改善，开始大生产时期。他们在旅首长温玉成、夏光等领导下很快发展壮大。从六师军实科留下的60余人发展为七个分厂700余人的一支军工队伍。他们艰苦奋斗，土洋结合，生产了大批地雷、手榴弹和迫击炮弹等产品，翻造子弹5万多发，三角刺刀2000多把，60毫米、62毫米口径的轻型迫击炮150多门，平曲射两用炮15门，修理各种枪械1万多支。1945年12月至1946年1月，十八旅军工科奉命在东台县伍佑镇同苏中军区军工部合并。

七师军工部和军工生产

1941年7月，七师根据中央军委关于加强兵工建设的指示，师政委曾希圣同志决定调十九旅供给处副主任张昌龙等人筹建七师兵工厂，稍后不久，曾希圣提出兵工生产的五条意见：要从现有的基础去发展，着重生产需要品——手榴弹、地雷、子弹；在地方上或各团与独立地区建立新厂，制造简单的手榴弹和地雷，修理枪支；要帮助他们提高技术，保留人才，走上制造掷弹筒与步枪的阶段；加强购买各种子弹火药工作，购买枪、弹价钱要统一。

经过筹备，师兵工厂于1942年6月在巢县李家山洼一带宣告成立。张昌龙任主任，朱岩任党支部书记，王世忠任副主任兼研究室主任，刘振华任管理科科长，程添福任材料科科长，炸弹厂厂长徐建良，子弹厂厂长孙学信。兵工厂成立后，工人们自造工具设备，很快就能生产复装子弹和手榴弹了。

1943年3月，在兵工厂基础上成立师军工部（对外称生产部），主任张昌龙，政委陈茂辉，党总支书记吴同基。军工部下设研究室、材料科、管理科。将原炸弹厂、子弹厂改为三个队，干部工人发展到200多人。到同年6月底，军工部已自制了六英尺车床，四英尺车床一部，装弹机一部，冲床六部，复制子弹7500发，炸弹1.2万多枚，底火2万发，子弹头2万只。

1942年和1943年，师部从上海、南京和兄弟部队调来一大批军工骨干和技术工人，军工队伍日益扩大。1944年初，军工部下辖五个生产队（即五个厂）：一队制造工具、设备，二队制造子弹，三队制造手榴弹，四队制造地雷、枪榴弹，五队修械。各队分工协作、共同研制生产掷弹筒、铁壳子弹、美式12.7毫米大口径子弹等，并革新各项生产专用工具，使军工生产迅速发展。根据当时的统计，1944年共生产手榴弹近3万枚，步枪子弹1.7万发，地雷380个，铁尾弹8700发，枪榴弹6500发，刺刀766把，枪榴筒108门，掷弹筒11门，修短枪155支，长枪929支，机枪36挺，另外还改制和生产了一批机床设备。

1944年底，军工部进一步扩大编制，成立三个大队（一、二大队又下设六个分队），军工部主任张昌龙，政委林立，军工部机关设立工务室、管理科、材料科、门诊所。工务室主任乔坚，管理科科长徐建良，材料科长万国帆，一大队队长石明林，协理员蒋祖同。二大队大队长孙允三，协理员周吉。三大队大队长王仁杰，协理员王树基，人员发展到800多人。

1945年上半年，七师根据地的斗争变得十分残酷，各生产大队经常转移，在转移中，仍坚持生产。在第二次争创生产模范者运动中，各队评选出生产模范96人。军工部还发出号召，开展了向朱兆卿、刘洪根、邱福成等11位英模学习的活动，推动军工生产进一步发展。据统计，军工部于1945年9月开始分三路北撤，于1946年底抵达山东临沂傅家庄，至此七师军工部告一段落。

浙东纵队军工股和军工生产

浙东纵队的军工事业，最初是在“鲁苏战区淞沪游击队暂编第三纵队”随军修械小组的基础上建立发展起来的。从1941年9月的随军修械小组开始，到1945年8月抗日战争胜利止，四年多的历程中，兵工人员从几个人发展到三四百人，设备由十分简陋的手工修械工具发展到已拥有车床、刨床、冲床、工作母机等近十台机器的规模，并有了用作机床动力的柴油机以及大批的工具设备，等等。兵工厂从仅能搞简单的修械到能够批量制造刺刀、手榴弹、地雷、子弹、枪榴弹、平射小炮、60弹和各种引信、炸药等近20种的武器弹药，成为浙东纵队的一个可靠的军火补给基地。在发展兵工生产的过程中，先后有20余位兵工干部战士献出了宝贵的生命，为抗战胜利做出了自己的贡献。

随着兵工生产规模的不断扩大，组织管理也逐渐加强。1944年11月正式成立了军工股，朱连根任股长，杨根石任指导员。军工股下设翻砂厂、榴弹厂、机械制造部、炮械间、子弹间、刺刀间、制药间、车木间等部门，对外统称兵工厂。

1945年9月下旬，浙东纵队接到北撤命令，中止了兵工生产，埋了原有设备，就地疏散了大部分兵工人员，只留下70余名骨干、技术人员组成工人大队，分别由朱连根、陈鸣治率领，于10月初分两批从海上撤到苏北，后由上级军工部门统一分到各兵工单位。

黄花塘兵工生产会议

1944年9月21日至10月初，新四军军部在淮南黄花塘召开了华中兵工厂生产会议。一师程望、二师王新民、三师田汝孚、四师李仲麟、六师程铿、浙东纵队朱连根分别率各师（纵队）代表参加了会议。

这次会议的主要议题是调动数千名兵工大军的积极性，努力生产武器弹药，保障抗日战争大反攻作战的需要。各师代表在会上交流了军工生产的经验教训，汇报了生产的规模、主要产品的产量以及今后的设想和打算。一师生产的小迫击炮，二师生产的三七平射炮、瞬发炮弹与延期炮弹，三师的枪榴筒及枪榴弹，四师的掷筒，六师改装的平曲射两用炮都在会上做了实弹射击表演。

会议展览室里摆满了各师、各旅生产的武器弹药：有经过修理的机枪、步枪、手枪和驳壳枪；有工厂生产的刺刀、地雷、手榴弹等各式自制武器；有自行研制、仿制、改装的枪榴筒、掷弹筒、小迫击炮、平射小炮、平曲射两用迫击炮，以及山炮等重型武器；还有炮弹、枪弹、信号弹、枪榴弹、马尾弹等各类弹丸。品种繁多，琳琅满目，展览会使到会代表们大开眼界，信心倍增。

张云逸副军长、赖传珠参谋长，从始至终参加和主持了这次会议，张云逸副军长给大家作了形势与任务的报告。他指出：新四军的军工生产已经到了新的发展阶段，手榴弹、地雷、刺刀、大刀、复装子弹等不仅各师军工部都能生产，旅和军分区的军工部也能成批生产；我军在战斗中发展起来的这支规模不小的、相当优秀的军工生产队伍，不但能制造出上述土武器，还研制成功了枪榴筒、掷弹筒、枪榴弹、掷筒弹、迫击炮、平射炮、平曲两用炮以及各类炮弹，等等，在战争中发挥了强大的威力，为夺取战争胜利立下了功劳。为了争取对日作战的最后胜利，必须进一步总结经验，互相学习，共同提高，加快生产步伐，造出更多更好的武器弹药来支持前方多打胜仗。会上，刘长胜同志就工会工作和工人运动方面的问题也讲了话。他说：军工厂要搞好生产，必须做到工厂行政、党的领导和职工工会“三位一体”，在党的领导下齐心协力，团结奋斗。工人应该是工厂的主人，有责任有义务协助工厂搞好各方面的工作。刘长胜同志还介绍了苏联工会工作的情况和一些好的经验。

赖传珠参谋长在会议上作了总结报告。他谈了华中兵工生产的情况和特点，谈了过去几年兵工生产的成绩和弱点，谈了应该记取的经验教训，对今后的工作作了指示。他再三强调：各级领导一定要关心和重视军工生产，要充实各级军工部的组织机构，为扩大生产提供先决条件；各师军工部门要组织生产委员会和技术研究委员会，来解决生产中和技术上发生的各类问题；要吸收有文化知识、懂科学技术、有研究兴趣的人参加两个委员会；要加强计划管理，根据战争需要来生产适用的武器。

黄花塘会议的召开，对华中抗日根据地的军工生产是一个极大的推动。对于会议的精神，对于军首长的讲话，各师代表回去后立即作了传达贯彻，普遍加强了对军工生产的领导，进一步充实了军工部门的力量，具体解决了军工生产中存在的问题。在会议精神的推动下，华中抗日根据地的军工生产又有了新的发展，到抗日战争胜利前后，新四军各师各旅的军事工业都有新的进展。出现了拥有100人以上、大设备在十台以上、并有固定厂房的兵工厂达50多个。这是抗日根据地军事工业的大发展时期。

1945年10月、11月，根据国共两党达成的双十协定，我军让出江南地区。江南的六师、七师、苏浙军区和浙东地区的军工部先后渡江北上。除七师军工部撤到山东以外，其余均在淮阴、淮安集结待命。12月，在淮安成立了华中军区军工部，孙象涵任部长，李仲麟、王新民任副部长，罗龙生任政委，吴屏周任副政委。原一师军工部改为华中一总厂，厂长许斌，政委王季芬。原四师军工部和六师军工科合并为华中二总厂，李仲麟兼厂长，张心宜任副厂长兼总支书记。原三师军工部，除田汝孚带领部分同志去东北外，留下的人员改为华中三总厂，胡庆仁任厂长。原苏浙军区军工科改为军工部直属工厂，厂长魏锋。原苏中军区各军分区的军工部门合并成立苏中军区军工部（业务上属华中军区军工部领导），部长何衣，政委杨巩。

新四军和华中抗日根据地的军事工业，经历了从无到有、从小到大、自力更生、团结奋斗的艰难而光荣的历程。兵工战线的各级领导和广大工作人员以他们惊人的毅力、杰出的智慧，乃至用鲜血和生命创造了人类历史上的奇迹，为抗日战争的胜利做出了不可磨灭的贡献。

新四军军工生产之所以能够发展起来，并取得伟大的胜利，是同党中央和中央军委的正确领导分不开的。

1938 年 6 月，毛泽东对抗日根据地军工生产就发表过重要讲话，他指出：抗日游击战争的军火接济是一个极重要的问题。刘少奇在 1940 年、周恩来在 1941 年都对根据地军工生产发出过重要指示，提出要建立小的兵工厂。1941 年 4 月 23 日和 11 月 7 日，中央军委两次发出关于根据地兵工建设的指示，明确指出发展兵工建设的方针、道路和根本任务。中央领导同志的指示和中央军委的文件，对根据地军工生产的开展起了巨大的推动作用。

在建设兵工厂和修械所的过程中，叶挺、项英、陈毅、刘少奇、张云逸、赖传珠、粟裕、谭震林、黄克诚、彭雪枫、李先念、张爱萍、罗炳辉、曾希圣、何克希等军政首长都十分关心和重视。他们曾多次去军工厂视察工作，了解情况，帮助解决具体困难。叶挺军长曾亲自写信给八路军驻武汉办事处，谭震林写信给上海地下党，要求他们为根据地的军工厂输运技术人才和购买军用物资。粟裕、黄克诚、曾希圣等曾派人去上海秘密加工武器零件，购买并秘密运回军用器材，动员说服技术人员来解放区参加军工生产，扶持了人民兵工的成长壮大。

兵工战线上广大职工，为了抗战的胜利，为了民族的独立，为了人民的解放，不怕难、不怕苦、不怕死，白手起家，艰苦创业。他们没有工具自己造，没有材料四处找，没有厂房用广场。在敌人“清乡”、“扫荡”中，有时没有粮食吃就吃野菜，没有固定的后方，就跟着主力部队打游击，克服了无数的困难，发展了军工生产。根据地的军工生产，是在战争的环境中，在极其简陋的条件下进行的，由于缺乏必要防护设备，很多同志因工致残，不少同志献出了年轻的生命。

人民群众是根据地军工生产的铜墙铁壁。我们的战争是人民战争，我们的军工是人民的军工。工厂的人员，除一部分来自上海、南京等敌占城市的技术工人外，大部分是根据地群众自愿参加的；工厂的厂房，除少数是部队自己修建的以外，绝大部分是老百姓的住房或打晒稻谷的广场，生产的工具和生活的用具，在建所、建厂的初期，相当一部分也是向老百姓借用的。在工厂遭受到敌人的进攻和袭击时，人民群众千方百计地帮助我们突围和转移。当来不及转移时，军工人员就分散隐蔽在群众家里，遇到敌人搜查时，常有老大娘认儿子、新媳妇认丈夫来保护我们军工人员的动人事迹。总之，在战争年代，没有人民群众的支持和帮助，新四军的军工生产将是十分困难的。

奋战在沪杭甬三角地区的四年

谭启龙

1941 年 2 月 1 日，党中央和毛泽东同志在给刘少奇、陈毅的电报中指出，目前华中指导中心应着重三个基本地区，即鄂豫陕地区、江南地区（包括苏南、皖南、浙东及闽浙边）、苏鲁地区。其中明确指出：关于浙东方面，即沪杭甬三角地区，我们力量素来薄弱，总指挥部应增辟这一战略基地。这是党中央一个新的战略决策。为了贯彻这一指示，中原局（后改为华中局）决定将开辟浙东浙西两地工作的任务，暂归苏南区党委书记谭震林负责。同时，又决定我在上海组织闽浙皖赣四省联络站，负责打通这四个省地方党的联系。1941 年 4 月，日军为了控制东南沿海，发动了宁（波）绍（兴）战役。国民党军队一触即退，绍兴、镇海、宁波、慈溪、余姚为敌占领，杭州湾以南、杭甬路两侧全部沦陷。1941 年 6 月，华中局来电要我去无锡会见谭震林接受任务。谭震林在无锡寨门向我介绍了当时的斗争形势，并说："区党委决定将路南特委、浦东工委，包括我军在伪十三师五十团里的关系，全部都交给你领导。任务有两个方面，一方面是以浦东作为跳板，向南发展，开辟浙东的抗日游击战争；另一方面是敌伪在浦东'清乡'时部队可以向南转移以便保存力量。”苏南区党委随即指示路南特委要浦东工委组织力量向浙东敌后挺进。因此，浦委一方面坚持浦东进行反“清乡”斗争，一方面把能够掌握的大部分武装力量有准备地渡海到三北（余姚、慈溪、镇海三县姚江以北地区）敌后，协同当地党组织，创立新的游击根据地。

当时浦东工委掌握的有两支武装：一支是“第三战区淞沪游击队第五支队”，一支是在伪军十三师二十五旅五十团中由我们党员控制的一部分力量。根据党的决定，从 1941 年 5 月开始，浦东武装先后由蔡群帆、林有璋、朱人俊、方晓、姜文光率领分批南渡杭州湾到达三北。通过统战关系，取得了国民党“宗德指挥部第三大队”（简称“宗德三大”）、“淞沪五支队第四大队”（简称“五支四大”）和“鲁苏战区淞沪游击队暂编第三纵队”（简称“暂三纵”）等番号。浦东部队到三北地区共 700 余人。这支部队，后来发展为新四军浙东游击纵队的骨干。

浦东武装南渡到浙东后，立即开展了抗日游击战争，先后与绍（兴）属特派员杨思一和宁（波）属特派员王文祥等建立了联系。6 月 18 日、25 日，“五支四大”在“宗德三大”配合下，于相公殿两次伏击日军，两战皆捷，揭开了浙东抗日武装斗争的序幕。接着，游击队各部转战三北，又在长溪岭、施公山等战斗中连歼日军。10 月 10 日，“暂三纵”在登州街之西袭击由周巷出扰之日寇，迫使敌人逃回据点。10 月 22 日，“宗德三大”在横河与日寇血战，大队长姜文光和副大队长姚镜人等 29 人光荣牺牲。11 月，游击队在梅园丘与日军遭遇，经激战后，敌逃回五夫据点，大队长陆阳等 16 人英勇牺牲。我军经过半年的艰苦奋战，震动了三北地区，鼓舞了人民群众抗日斗争的信心。

1941 年 7 月，我在上海分别约见了顾德欢、连柏生、吕炳奎、王仲良（即王耀中）、朱人俊等同志，决定成立浙东军分会，以吕炳奎为书记，统一领导三北地区的抗日斗争，并在“暂三纵”和“五支四大”

分别建立了党的工作委员会。同时，与在三北地区的国民党薛天白、顾小汀等部队和地方开明士绅建立统战关系。“五支四大”在地方党的支持下，设立了总办事处，并在慈（溪）东、镇（海）北建立了古窑浦、海甸戎家、龙头场、蟹浦觉渡寺、沈师桥等办事处。“暂三纵”也在（余）姚北建立了道路头、长河市、临山等办事处（政权性组织）。我军在三北地区已初步站住了脚。

浦东武装之所以能够很快在三北立足，是与浙江地方党的工作基础、全力支持和密切配合分不开的。早在1939年6月，定海沦陷后，县工委负责人王起等，即在东区农村组织了吴谢乡自卫队、东区警察队。1941年4月，宁绍地区沦陷后，镇海县工委在（甬）江南组织了王博平、林勃领导的横贺乡抗日自卫队（后改称江南独立中队）。原余姚中心县委委员王益生（即赵树屏）到国民党三十四师残部孙彦龙连工作，并把孙部与缉私营合编为宁绍游击大队。朱之光、赵继尧等也组建了四明游击指挥部独立大队。1942年5月，日军发动第一次浙赣战役，会稽、金（华）萧（山）地区沦陷。在诸暨特派员朱学勉领导下，6月下旬，地下党员何文隆组织了诸暨泌湖乡抗日自卫队，9月扩大为八乡抗日自卫大队。义乌沦陷后，在金（华）属地区特派员陈雨笠和义乌特派员江征帆等领导下，在金东、义西组织了一些游击小组，7月，取得了“钱南军别动队第一支队第八大队”的番号（简称“八大队”，群众称为“吴山民部队”）。彭林在浙江保安队里建立党的工作，陈流等在建德组织了一支抗日武装，名为“建德部队”或“严州部队”。为牵制日军的南进，并发展会稽地区的武装，浦东南渡部队和四明地方游击队200余人组成南进支队，在蔡群帆等率领下，于6月6日从余姚游源出发，挺进会稽。中旬，与绍兴特派员杨思一会合。下旬，在杨思一主持下，在诸暨枫桥江下村召开了会议，决定以枫桥为中心建立会稽山游击根据地。会后，南进支队即进驻枫桥，并在枫桥建立了会稽地区第一个办事处。南进支队转战诸暨、义乌、浦江、东阳、嵊县等地，英勇抗击敌人。后来，浙东其他各县的抗日自卫武装也相继建立，1943 年 5 月，镇（海）北建立了以戚铭渠为队长、杜生甫为指导员的龙山自卫队。鄞县组建了林一新抗日武装。7 月，嵊（县）东在张平山领导下成立了“侠义部队独立中队”，9 月，正式成立了嵊东抗日自卫独立大队。这些武装都是后来浙东游击纵队的重要组成部分。他们的抗日游击活动，为浦东武装南渡并在三北立足进而开辟浙东抗日根据地，创造了必要的条件。

1942 年 2 月，浙江省委机关在温州遭到国民党顽固派破坏，省委书记刘英等被捕。不久，刘英在永康方岩被杀害。5 月，华中局和新四军军部根据党中央、毛主席的历次指示和浙赣战役爆发后浙东地区的严重形势，确定了进一步发展浙东敌后地区游击战争的方针：扩大与发展武装，大刀阔斧地进行工作，创造敌后抗日根据地。5 月 31 日，陈毅、曾山电令要我立即去浙东主持工作。6 月中旬，我和连柏生同志到达浙东。不久，路南特委书记顾德欢也到了浙东。我们到浙东后，根据华中局的指示，成立了浙东行动委员会，我任书记，统一领导浙东部队的党组织和地方党组织。同时，在三北地区成立了三北工委，王仲良任书记。7 月 18 日，在慈（溪）北宓家埭召开了浙东敌后第一次干部扩大会议。我代表浙东行动委员会作了《目前国内外形势与我党发展浙江敌后游击战争建立根据地的方针》的报告。这个报告传达了党中央和毛泽东同志关于开展敌后游击战争，建立巩固的敌后抗日根据地的一系列重要指示，传达了华中局关于浙江敌后游击区工作的基本方针，分析了发展浙江敌后游击战争、建立抗日根据地的主要基础和条件，规定了发展浙江敌后工作的各项具体政策。紧接着，华中局和新四军军部及一师师部增派何克希、张文碧、刘亨云、罗白桦、张季伦、余旭等一批干部到达浙东。7 月 28 日，华中局电令正式成立浙东区党委，由何克希、杨思一、顾德欢和我四人组成，我任书记，何克希分管军事，杨思一分管组织，顾德欢分管宣传。12 月 2 日，经中央批准，区党委改为何克希、张文碧和我三人为委员，我仍任书记。1943 年 9 月 30 日，华中局又批准增补杨思一为区党委委员。区党委成立后，根据华中局的指示和浙东的实际情况，确定了“独立自主地放手发动群众，发展敌后游击战争，建立抗日根据地，打击日寇，争取抗战最后胜利”的总方针，并规定了实行总方针的各项基本政策，这就为浙东根据地的开辟和坚持指出了明确的方向。为了加强党的领导，区党委对宁绍地方党做了调整，除继续领导浦东特委外，还分别建立了四个地区级的工委，即三北工委、四明工委、三东（鄞县、镇海、奉化三县以东地区）工委和会稽工委。不久，各工（特）委改成地委：三北地委书记王仲良；四明地委书记王文祥（后陈洪），副书记罗白桦；会稽地委书记杨思一，副书记马青；浦东地委书记姜杰；三东工委书记昌炳奎，副书记王起。区党委还设立了敌军工作委员会，书记金子明（后朱人俊），设海上工作委员会，书记周一光，副书记张晓初。区党委还将以前各部队的办事处正式转为地方政权，成立三北总办事处，王仲良为主任，金如山等为副主任。

1942 年 8 月 19 日，经华中局批准，区党委成立了浙东军政委员会，由何克希、张文碧、刘亨云、连柏生组成，何克希任书记。同月，在慈北鸣鹤场成立了第三战区三北游击司令部，何克希（更名何静）为司令，连柏生为副司令，我（化名胡志萍）为政委，刘亨云（更名刘云）为参谋长，张文碧为政治部主任。统一整编浙东的主力部队为三、四、五支队（简称“三五支队”）。三支队林有璋（林达）为支队长，蔡群帆为政委（对外仍称教官），华一鸣（即夏光表）为副支队长，余龙贵为参谋长。四支队吴建功为支队长，吕炳奎为政委（后为朱人俊），张季伦为副支队长。五支队由连柏生兼支队长，张席珍为参谋长。此外，还有南进支队、特务大队、新国民兵团、海防中队、教导队和特务连。共计 1510 人（包括各办事处人员）。有轻重机枪 36 挺，长短枪 878 支。另外，又派朱亚民等 12 人组成一支精干的短枪队，回浦东地区继续坚持武装斗争。

1942年8月，日军退守金华、兰溪，并在宁波、绍兴、三北地区恢复和增设据点。日寇一面对国民党加紧诱降，一面对我三五支队发动“扫荡”。国民党顽固派则乘机加紧反共。根据新的形势，华中局和新四军军部于9月5日对浙东斗争方针问题作了指示。区党委根据华中局和新四军军部指示的精神，作出了《关于长期坚持浙东斗争的决定》，制定了“坚持三北，开辟四明，在四明山完全占领后，再争取控制会稽山”的工作方针。华中局批准了这个方针，并强调应迅速取得四明山、会稽山为主要阵地，这是长期坚持的基点。区党委决定，由何克希、张文碧和我率司政机关、四支队及教导队，挺进四明，控制姚南、慈南的一部分地区；由刘亨云率五支队坚持三北；由连柏生、林有璋率特务大队和新国民兵团，开辟慈东、慈西地区。

10月间，日伪军以上千兵力分三路对三北地区进行“扫荡”。我军经过河头市、杨觉殿、竹山岙三战三捷，毙伤敌伪百余名，重挫日军气焰。10月下旬，我军于慈北七三房，伏击了由慈城出扰的伪十师一个营，将其全部歼灭。国民党乘日军向我“扫荡”之机，派忠义救国军1900多人，并纠集金山、平湖两县的抗卫总队和土匪王八妹部等，共计3000余兵力，由艾庆璋指挥，于10月下旬自金山、平湖，乍浦一带南渡杭州湾，分别在临山、段头湾等地登陆，向我姚北进犯，妄图乘我立足未稳，将我军消灭在三北沿海狭小地区。11月中旬，我们通过统战工作，争取了三北的顾小汀、魏显庭和孙云达等部队保持中立。区党委为了贯彻我们党“坚持抗战，反对投降；坚持团结，反对分裂；坚持进步，反对倒退”的方针，决定集中全部军事力量，进行自卫反击。

这次反顽自卫战自11月28日开始，至12月15日止，我军在地方党和广大群众支持配合下，经周家路、登州街、黄家埠、谢家塘等战斗，将艾顽大部歼灭。最后又将逃入伪军据点之残部歼灭，取得完全胜利，巩固了三北根据地。华中局、新四军军部和一师师部根据形势发展的需要，又先后增派黄知真、陆慕云、陈洪、王胜、邱相田、钟发宗、魏善成、谢飞、徐放、江岚、丁公量、唐炎、黄源、于岩、李国斌、田森等一批干部来浙东地区，加强了党政军各方面的领导力量。

反“扫荡”战斗和反顽自卫战斗胜利结束后，我军主力于 1943 年初再度挺进四明。为了打开四明局面，我决心以三支队、特务大队等部，拔掉驻四明重镇梁弄的伪十师一个营的坚固据点。各部于 4 月 22 日夜，从晓岭出发，分三路奔袭梁弄镇。翌晨拂晓发起进攻，经 17 小时激战，拔除了梁弄伪军据点。梁弄战斗的胜利，对于开创浙东抗日根据地具有重要意义。梁弄是四明山的心脏，是向南发展的重要门户。攻克了梁弄，就控制了整个四明山区。梁弄的攻克，迅速地推动了姚江两岸和四明山区的政权建设，成立了四明山总办事处。四明山根据地已初步建成，随即区党委和三北游击司令部进驻梁弄和横坎头。该地从此成为浙东抗日根据地的指挥中心。

1943 年春，日伪调集 2000 余兵力，对三北地区进行大规模的“清乡”。地方党委充分发动群众，配合五支队大力开展了反“清乡”斗争，先后给予黄沙湖、郑巷、天元市、三灶等地之敌以打击，连战皆捷，取得了反“清乡”斗争的胜利。在会稽地区，自南进支队和诸（暨）北八乡抗日自卫大队奉调到三北参加反顽自卫战斗后，马青率领十余个伤病员，发动群众，重建武装。到 1943 年四五月间，诸北抗日武装又发展到六七十人。12 月建立了诸北办事处。不久，杨思一、蔡群帆率部返回诸暨与马青会合，开辟了会稽山游击根据地。后来，又开辟了由寿松涛、张子敬领导的路西游击根据地。在金（华）属地区，原来在金东义（乌）西活动的八大队，在成立一年左右的时间里，发展到 500 余人。1943 年 6 月，成立了金义浦（江）抗日自卫委员会办事处，开辟了以义乌西乡吴店为中心的金义浦游击根据地。后来，发展到兰溪北乡，金义浦办事处改称金义浦总办事处，根据地也扩大为金义浦兰游击根据地。1943 年 7 月，江征帆、楼觉率八大队进入诸义东，开辟了以义乌北乡为中心的诸义东游击根据地。这样，金萧地区的局面打开了。在浦东地区，由朱亚民领导的游击队返回浦东后，在反“清乡”斗争中，采取了隐蔽、坚持的方针，以灵活的战术，机敏地打击日伪，保存和发展了自己的武装力量，坚持发展了浦东抗日游击根据地。

自浙东区党委和三北游击司令部成立后，广大军民经过艰苦奋斗，取得了一系列胜利，不仅坚持了三北根据地，保存发展了浦东原有阵地，还开辟了四明、会稽和金萧三块新根据地。这时我军初步建立了以四明山为中心的浙东根据地，主力部队也发展到近 3000 人。

浙东抗日武装的壮大和浙东抗日根据地的初步建立，一方面使日伪更加恐惧，同时也招来国民党顽固派的仇视。他们不仅自己不履行对国土的守卫之责，而且不许共产党和人民抗日，对我发动了又一次规模更大的进攻。

1943 年 10 月，国民党第三战区司令长官顾祝同，电令三十二集团军在天台设立前进指挥部，派三十二集团军副总司令竺鸣涛代行指挥职权，统一整编了浙东地区的国民党游杂部队。11 月 4 日，前进指挥部向“挺三”和盘踞在四明、会稽间的“挺四”、“挺五”等部下达了向我进攻的作战命令。随后又增调了有美式装备的精锐部队第一突击纵队进入四明山，对我军进行大规模进攻，对我根据地人民进行残酷的杀烧洗劫。

浙东区党委和三北游击司令部始终坚持以抗日救国为最大的民族利益，接连发出三次通电，呼吁制止内战，团结抗日，冀挽危局。可是国民党顽固派置若罔闻，疯狂向我进犯。我军被迫奋起自卫反击。为公开树立中国共产党坚持敌后抗战的旗帜，新四军军部于 1943 年 12 月命令浙东抗日游击队武装正式编为新四军浙东抗日游击纵队，并任命何克希为司令员，我为政治委员，刘亨云为参谋长，张文碧为政治部主任。下辖三支队、五支队、金萧支队、浦东支队（后改为淞沪支队）、三北自卫支队、四明自卫总队和直属教导大队、警卫大队、海防大队等。三支队支队长余龙贵，政委林有璋。五支队支队长王胜，政委邱相田。金萧支队支队长蔡群帆（后为彭林），政委杨思一。浦东支队（淞沪支队）支队长朱亚民，政委姜杰（后为陈伟达）。三北自卫总队总队长兼政委王仲良。四明自卫总队总队长罗白桦，政委刘清扬。浙东游击纵队是浙东敌后抗日根据地的主力部队，是开辟、巩固和发展浙东抗日根据地的强大支柱。区党委为了团结浙东敌后各阶层人士、各党派、各团体，抗击日伪，反对内战，巩固和扩大抗日统一战线，逐步改造旧有的基层政权，于 1944 年 1 月 15 日，在四明山茭湖村成立了浙东敌后临时行政委员会，连柏生任主席，作为浙东根据地最高行政机关，同时制定和颁布了《浙东敌后临时行政委员会施政纲领（草案）》。

浙东反顽自卫战，从 1943 年 11 月 19 日的蜻蜓岗、大俞战斗开始，经历了东西岙、章家埠、前方、后杜桥等大小 91 次战斗。到 1944 年 6 月初，因日军发动了第二次浙赣战役，再次攻陷龙游、衢州等地，并企图打通温州、丽水一线，国民党驻守的金兰前线突告紧张，同时，我苏中大军向浙西挺进，因此，进攻浙东抗日根据地的顽军不得不匆忙撤退。

这个时期，我们不仅要反击顽军的进攻，而且要对付敌伪乘机进行的“扫荡”和“蚕食”，斗争是非常艰苦和残酷的。四明地委书记陈洪、鄞江区委书记李敏（女）和樟密区的徐婴等英雄儿女，都牺牲在顽军的刀枪之下。朱学勉在墨城坞战斗中英勇牺牲，陈行知等 43 人在后杜桥血战中献身。海防大队有 42 名勇士在大鱼山岛与敌海陆空军血战中壮烈殉国。

这次反顽自卫战持续九个月之久，我军虽然取得了一些战斗胜利，但未获全胜。在客观上，由于双方力量悬殊（1∶11）、战场狭窄回旋不易，主观方面则由于兵力分散，战斗组织有缺点，有些仗没有打好。外线出击会稽地区是正确的，但过早返回四明山区。这时根据地遭到很大破坏，部队共减员891人，一度处于被动局面。但党政军民在艰苦斗争中经受了严峻考验。我们在顽军的围攻和日伪的“扫荡”、“蚕食”的斗争中得到了锻炼，保存了有生力量，坚持了浙东阵地。

1944年到1945年初，世界反法西斯战争迅速发展，德意法西斯在欧洲的失败已成定局，日军在太平洋战争中也处于崩溃之中。根据形势的变化，国民党退出四明山区。1944年8月30日，华中局来电指示：目前我在敌后主要任务是扩大与积蓄力量，争取时间进行整风及整训部队，更加发展游击区与根据地和更加发展我党我军力量，以准备将来反攻。区党委为了贯彻党中央、华中局的指示，于9月25日至11月5日召开了浙东首届军政会议。会议总结了经验，对如何加强部队建设、动员组织群众进行政权建设进行了研究。1945年1月21日至31日，在梁弄召开了浙东敌后各界临时人民代表会议，选举浙东行政委员会，以连柏生、吴山民、何克希、张文碧、郭静唐、王仲良、罗白桦、朱人俊、黄源为委员。产生了浙东参议会，选举我为议长，郭静唐、何燮侯为副议长。会后浙东行政公署正式成立，以连柏生为主任，吴山民为副主任（后增选王仲良为副主任），以罗白桦、王仲良、杨思一、顾复生为四明地区、三北地区、会稽地区、淞沪地区专员。还分别任命了四明、三北、会稽、浦东四地区的各县县长。

根据党在抗战时期实行的总政策及浙东施政纲领，区党委领导根据地军民，在频繁的战争空隙中，进行了可能和必要的各项建设。在军政会议和临代会前后，浙东区党委领导了整风学习和大生产运动，提高了党员干部的思想水平，增强了物质条件。这时，华中局、新四军军部和一师师部又增派涂峰、徐端、钱刚、周毅、邱子华、汪志华、周瑞球、朱光等一批干部到浙东工作。为了加强部队建设，纵队司令部成立了作战科、侦察科、通信科、管理科、人事教育科和机要科。1945年3月，区党委决定金萧支队两个大队和三支队合并，组成新的三支队，蔡群帆任支队长，钟发宗任政委；并组建了新的金萧支队，彭林任支队长，杨思一任政委。7 月 1 日，恢复了四支队建制，林有璋任支队长（后陈业棠为支队长、林有璋任政委）。同时，为提高部队的战斗力，全纵队开展了以苦练射击、投弹、刺杀、土工作业四大技术为中心的大练兵，增强了部队的军事素质。

1944 年 12 月 27 日，粟裕根据新四军军部关于江北部队分批南下的部署，率一师三旅陶勇部南下，于次年 1 月 6 日与先期到达的王必成、江渭清部会合于浙江长兴地区。1945 年 1 月 13 日，华中局奉中央军委电令，决定成立苏浙军区。粟裕为司令员，谭震林为政委（未到职，由粟裕兼政委），叶飞为副司令员，刘先胜为参谋长，钟期光为政治部主任。下辖三个纵队（后增加为四个纵队），浙东纵队编为第二纵队。苏浙军区的成立，加强了对苏南、浙西、浙东地区的统一领导，形成了浙西与浙东打通联系的战略态势。

3 月下旬，苏浙军区曾多次派部队至富阳、新登地区侦察，预作南渡富春江的准备。为配合浙西新四军主力南下，5 月 10 日，我率领三支队一部西进。5 月 20 日，在富阳中埠，与胜利渡过富春江的苏浙军区四纵队十一支队会师。新派到浙东任纵队副司令员的张翼翔等也同时过江会合。不久苏浙军区对各纵队的任务做了新的部署，四纵队十一支队返回浙西。我和张翼翔即率领所属部队日夜兼程赶回四明山。

国民党顽固派在抗战即将胜利的前夕，阴谋抢夺人民抗战的胜利果实，妄图消灭我军。顾祝同再次策划对我根据地发动更大规模的进攻。此时，驻浙东的国民党田岫山部第三次公开投敌。田部原是国民党杂牌军暂编三十师所属八十八团，曾先后两次投敌，两次“反正”。1945 年 5 月 20 日，田岫山命其参谋长郭玉鑫率领所属特务大队，前往庵东伪中央税警团指挥部接洽投敌。田岫山的部队改编为伪中央税警团第三特遣部队，驻上虞、许岙、第泗门，专事反共反人民。为粉碎敌顽阴谋，浙东游击纵队决定争取张俊升的“挺五”保持中立，集中兵力发起讨田战役。5月29日，我军拔除了田部第泗门据点，揭开了讨田战役的序幕。6月7日至22日，取得了攻打田岫山老巢许岙的胜利，歼田伪1000余人。6月30日，乘胜解放了上虞城。7月5日，在嵊县开元附近把田伪残部大部歼灭，又俘田伪200余人。讨田战役取得了全胜。

国民党顽军在田岫山投敌后，不去讨伐田部，反而在我发起讨田战役时派兵增援田部。国民党顽固派乘机又在天台设立绥靖指挥部。国民党三十二集团军副总司令陈沛和浙江保安处处长王云沛调集以三十三师为主力约十个团的兵力，向北推进，妄图与日伪军遥相呼应，南北夹击，消灭我抗日武装。顽军首先向由中立、而逐步靠拢我军、反对内战的张俊升部开刀。6月21日，分头袭击张部于章镇、南堡、汤清等地。22日占领汤清。接着，顽军转兵北上，妄图增援被围困上虞城的田岫山。27日顽军侵占我丁宅街和官山村阵地后，浙东纵队被迫奋起自卫反击，击退顽军的进攻。29日，我军进占章家埠、南堡，解救张俊升部于困境。接着，张翼翔副司令员率主力一部西渡曹娥江进入会稽地区，在西谢、下岙一带追上顽军残部，将其击溃，俘顽数百人，残顽南逃。

讨田战役和粉碎国民党军队又一次进攻的胜利，使上虞地区10多万人民获得解放，三北、四明和会稽三块根据地连成一片。不久，区党委和浙东纵队司令部自横坎头进驻上虞。上虞成了浙东抗日根据地后期的指挥中心。

在党的抗日民族统一战线政策的感召下，在新四军不断取得巨大胜利的影响下，国民党挺进五纵队全体官兵1000余人，由张俊升率领于7月11日通电起义，投向我军。7月13日，新四军军部命令张部改编为浙东纵队第二旅，任命张俊升为纵队副司令员兼二旅旅长，王仲良为旅政治委员，张景南为副旅长，徐学道为参谋长，朱人俊为政治部主任。原三、四、五支队编为第一旅，纵队副司令员张翼翔兼第一旅旅长，纵队副参谋长谢忠良兼一旅参谋长。

苏浙军区在取得浙西第三次反顽自卫战役胜利后，决定四纵乘胜南进，再渡富春江与二纵队主力会合，准备扫除浙江中部浙赣线两侧敌伪势力，然后大举跃进，联络浙南，以实现打开东南局面的战略意图。8月2日，蔡群帆率领的三支队一大队和彭林率领的金萧支队一部等接应部队，在富阳大章村附近，与再渡富春江的四纵队主力会师。不久，蔡群帆率三支一大队和苏浙军区派来的汪大铭等干部返回四明山。四纵队主力在金萧支队和地方武装的配合下，积极作战，给敌伪以沉重打击。因日军投降，四纵队主力奉命北返。

8月12日，浙东纵队根据延安总部朱德总司令的命令，向附近城镇日伪军及伪政权发出最后通牒。8月15日，日本政府正式宣布无条件投降。浙东区党委为了迅速收缴敌伪武装，于当日成立了“动员委员会”，动员解放区一切军民，为坚决消灭顽抗的日伪而斗争。8月17日，浙东纵队开始对敌伪发起大反攻。在不到半个月的时间内，浙东纵队在广大民兵的配合下，除铁路沿线几个主要城市外，基本上消灭了盘踞在四明、三北、金萧、淞沪地区顽抗的日伪军，使浙东广大地区的人民获得解放。

9月2日，日本政府正式签署了投降书。抗日战争取得了最后胜利。但是，国民党顽固派为了抢夺胜利果实，准备发动一场反革命内战。在浙东，正当浙东纵队各部在反攻中取得一连串胜利时，国民党顽军在鄞西、浦江等地向我军发动了进攻。陈沛亲自率领八十八军，从天台日夜兼程赶来浙东内战前线。至9月下旬，国民党正规军几个师分别向四明、三北、金萧地区的浙东纵队各部进逼。浙东的内战危机十分严重。

1945年8月28日至10月10日，国共两党在重庆谈判。为了击破国民党真内战、假和谈的阴谋，取得国内外广大人士的同情，我们党在谈判中做了必要的让步，决定主动撤出广东、浙江、苏南、皖南、皖中、湖南、湖北、河南（豫北不在内）八个解放区。

9 月 20 日，华中局转发中共中央命令：新四军浙东纵队及地方党、政干部，除留下少数武装人员外，全部撤离浙东开赴苏北。9 月 23 日，区党委在上虞城召开了扩大会议，传达了党中央、华中局和新四军军部关于北撤的命令，并对北撤工作做了具体布置。区党委决定主力北撤后由朱洪山、黄明等组成新四军浙东纵队留守处，以公开合法的身份与国民党谈判，处理我军北撤后的善后事宜。同时，决定留下刘清扬、邢子陶（不久去苏北）、马青、王起等一批党员干部，领导坚持原地斗争。

9 月 30 日，区党委和纵队司令部、政治部、浙东行政公署，在上虞召开群众大会。即日起，浙东纵队和党政机关及地方工作人员约 1.5 万人，分路分批渡杭州湾北撤，并散发了《忍痛告别浙东父老兄弟姐妹书》。北撤部队在澉浦登陆时，遭到国民党大军阻击。我军背水作战，伤亡很大，最后突出重围。在南丰又击破了伪中警团的阻挡，歼其一部，胜利越过沪杭铁路、京沪铁路，渡过黄浦江、长江，进入苏北解放区，完成了北撤任务。至 11 月中旬，在涟水实行整编，全纵队除第二旅改为新四军独立一旅外，其余统一整编为新四军一纵队第三旅（后为第三师）。

浙东抗日根据地是华中八个战略区之一，是华中抗日的东南前哨阵地，拥有四个地区，16 个县级政权，人口 400 万。据不完全统计，从 1941 年 5 月到 1945 年 8 月底，大小战斗 643 次，光复县城两座，攻克大小据点 110 余个；毙伤日军官兵 610 名，俘敌少佐以下 21 名，毙伤伪副旅长、团长以下官兵 3062 名，俘伪团长、支队长以下 5504 人，并缴获了敌伪大量的武装弹药和其他军用物资。浙东根据地军民在沪杭甬三角地区，在四明、会稽山巅，高举抗日大旗，为中华民族抗日战争的历史，增添了光辉的一页。

忆淮南抗日民主根据地的创建

周骏鸣　成钧　赵启民

淮南抗日民主根据地，在华中敌后抗战中具有重要的战略地位，是插在日伪背上的一把尖刀。蚌埠是日军华北和华中两支侵华派遣军的结合部。津浦铁路是日军南北交通的动脉。浦口南岸的南京，是日军华中派遣军的总司令部和汪精卫伪中央政府的所在地。这一地区与淮北抗日根据地南北隔河相望，又与苏中、苏北等兄弟地区东西呼应。在抗日战争中，国民党顽固派对日军畏之如虎，而对我党领导的八路军、新四军及一切抗日武装和根据地则极端仇视，不断制造磨擦，发动武装进攻，妄图消灭之。我新四军江北部队（后改为新四军第二师）和淮南抗日民主根据地的人民在抗击日本侵略军的同时，还承受着撤退到大别山的国民党安徽省政府主席李品仙部和逃避到苏北临近东海的江苏省政府主席韩德勤部的东西夹击和进攻。特别是淮南抗日根据地的津浦路西地区，便成为防御国民党顽固派由西面进攻的支撑地和第一线。因此，淮南抗日根据地的一切战斗和建设，对华中各兄弟地区的战斗和建设，无不息息相关。至今回忆起淮南抗日根据地开创的这段历史，仍然如在眼前。

在刘少奇领导下，粉碎日伪顽的进攻，创建淮南抗日民主根据地

1938年到1939年间，新四军第四、第五支队战略展开于皖东地区时，就着手抗日民主根据地创建工作。由于受王明右倾投降主义错误的影响，成效甚微。1940年以前，还只是一块游击根据地，这里的政权还掌握在国民党顽固派和日伪手中。虽然人民武装力量有些发展，但数量不多，和当时形势的发展可能和需要相距很大，吃饭、穿衣都非常困难。

刘少奇于1939年11月底到达皖东定远县藕塘镇附近新四军江北指挥部，12月到1940年1月、2月，连续召开了三次中原局会议，决定了向东发展的方针和建立根据地、发展人民武装力量的任务；批判了右倾投降主义错误，在李品仙、韩德勤对我发动东西夹击的前夕，及时制定了对国民党顽固派作战的方针，树立了敢于反磨擦的思想和坚持有理、有利、有节的原则；明确了放手发动群众，独立自主地建立抗日民主根据地的思想；批评了“精兵主义”的错误，放手发展人民武装力量。中原局和刘少奇的这些决定和工作，极大地调动了广大干部和群众的积极性，经过三个多月（1939年12月到1940年3月）的奋斗，取得路西、路东两次反日伪“扫荡”的胜利和影响，群众发动起来了，游击队遍及各地，部队扩大了一倍，为坚持敌后抗战和反磨擦斗争打下了良好的基础。

1940年3月到4月，反击李品仙、韩德勤东西夹击的进攻，奋战月余，取得路西定远县自卫反击战和路东半塔集保卫战的全胜后，即着手建立民主政权，制定一系列抗日的法令、条例。

在津浦铁路以东地区，建立了八个县政权和联防办事处，由贺希明、邓子恢、方毅先后任办事处主任；路西地区同时也建立了定远、凤

阳、全椒、滁县等县政权和联防办事处，由黄岩、童汉璋先后任办事处主任。由大别山撤出的1000多名干部，和从部队抽调的大批干部，投入建立县区乡政权，发展工、农、青、妇、商各种群众组织，建立和发展党的基层组织的工作。此外，还吸收了大批知识青年，经过短期训练即参加基层工作。抗日民主政府逐步制定了减租、减息、惩治汉奸、组织农会、组织人民抗日自卫队等规章草案，公布了财政、贸易、征收公粮等法令。召开了各界人民代表会议，并按照“三三制”的原则，吸收了开明士绅参加各级政府工作。采取“用旧人，行新政”的办法，吸收了旧政权中愿意与抗日民主政府合作的进步分子参加政权工作。

同时，又大力建立地方武装。路东、路西分别成立了联防司令部，负责领导地方兵团、自卫队（民兵）的建设和战斗。路东联防司令部杨梅生为司令，刘元顺为政委；路西联防司令部郑抱真为司令，谭光廷为政委。

为了加强领导两地的抗日民主根据地的建设工作，中原局决定撤销中共苏皖省委，分别建立了路东、路西两个省委。

接着就开展了以减租减息为中心的轰轰烈烈的群众运动。中原局根据淮南地区的具体情况，制订了“三七分租”、“分半给息”、旧债停息还本等政策。随着群众运动的深入发展，劳动人民的优势很快形成，群众生活得到初步改善。各级政权相继建立，农、工、青、妇等群众团体、抗日民众武装自卫队和模范队也建立起来了。党和政府引导广大群众开展生产救灾运动，实行减租减息后，教育群众保证交租交息，调整租佃关系，处理债务纠纷，既保护了群众的利益，也争取了大部分中小地主和开明士绅参加抗战工作。在广泛和持续的群众运动中，涌现出大批积极分子，党和政府从中选拔和培养了一批干部。有了这批当地干部，党与群众的联系更加密切了，基层政权和人民武装的骨干力量加强了，吸收了一批优秀分子入党，普遍地建立了农村党支部。由于正确贯彻执行了党的方针政策，很快就建立起我党领导的淮南抗日民主根据地。到1940年8月，县区武装发展到9000多人，不脱离生产的人民自卫军发展到近十万人。人民武装的迅速成长，增强了根据地的自卫能力，是主力部队作战的有力助手，也为兵员补充打下了坚实的基础。由于有了自己的政权，抗日经费和军队供给基本上得到保证。

在反“扫荡”、反磨擦、反暴乱中巩固淮南抗日民主根据地

淮南抗日根据地的巩固，是我们同日伪军、国民党顽固派和一切反动势力，进行尖锐复杂斗争并取得胜利而实现的。

淮南抗日根据地的迅速建立，直接威胁日军占领的南京等城镇和两条铁路、两条内河运输线，日军甚为惊恐。他们立即在津浦铁路南段和淮南铁路、长江、淮河沿线，增设据点，扩大敌占区，“蚕食”我根据地，纠集日伪机动部队进行残酷的“扫荡”。1940年5月，日伪军向我路西根据地“扫荡”，在我第四支队打击下，被迫撤退。接着又“扫荡”我路东根据地：北线由明光出动占领津里，骚扰破坏我盱（眙）嘉（山）地区；南线由滁县、沙河集出动的日伪军，27日占领来安城。我第五支队第八、第十团于29日开始向津浦路和来安城反击，于30日夜进行了闻名的“火烧来安城”的战斗。31日，日伪增兵来安城，闭门不出。6月初，我第五支队对津浦铁路南段，开展了破袭战，袭击了乌衣、担子街、滁县城、沙河集、张八岭、嘉山集等日伪据点，破击津浦路，迫使日伪军撤出来安城。

李品仙乘日、伪军对我根据地“扫荡”之机，居然于6月初调其龟缩在大别山的桂军第一三八师进入路西，协同国民党第五专员公署专员李本一和皖北行署主任颜仁毅两部，兵分两路向我进攻。南路进攻

我含（山）和（县）地区的江北游击纵队；北路进攻我津浦路西中心区藕塘镇。我第四支队和江北游击纵队在忍无可忍的情况下奋起反击，第五支队第八团及第十团一部亦驰赴路西增援，27 日配合第四支队与李品仙部激战于栏杆集一带，迫使桂军退回古河。战后我第五支队返回路东。

国民党顽固派对我进攻的失败，是不甘心的，对我抗日民主政权的建立，更为仇视。武力进攻不成，便策动反动地主恶霸势力，利用我根据地初建，基层政权尚不巩固的时机，于六七月间，在路东地区发动了反动暴乱。在来安县屯仓区，由地主佘大胖子带头暴乱。另外，由国民党党棍叶一舟主谋，以大通镇恶霸地主曾象坤及其四个儿子曾玉廷等（号称曾家五虎）为主在大通、马坝等地发动暴乱，暴乱很快蔓延到路东各县。韩德勤为配合暴乱，派了两个团偷渡三河，企图进犯盱眙；同时盘踞在宝应湖西岸靠近金沟镇的小龙岗一带和长江沿岸的特务武装“忠义救国军”，配合封建迷信组织小刀会、大刀会，向金沟、铜城地区以及天长、仪征、六合三县辖境进犯。桂军李品仙亦由路西古河派出特务部队窜入来安地区策应暴乱。这些不抗日专门反共的民族败类，残酷地杀害我地方干部和抗日群众，破坏基层政权和群众组织。整个路东地区一时乌云密布。刘少奇当即指出：“胜利后敌人一定要进行反扑。地主暴乱，就是这种反扑的一种表现，这是阶级斗争的规律。只有坚决扑灭地主暴乱，根据地才能巩固。”根据刘少奇的指示，我第五支队和抗日民主政府坚决镇压了暴乱。我军首先击溃了偷渡三河策应暴乱的韩德勤部，消灭了龙岗、金沟一带的特务武装“忠义救国军”。进犯天、仪、六辖境的特务武装，被我歼灭一部，大部逃往江南。窜入来安地区的李品仙特务武装在唐家圩子被我军歼灭一部后，纷纷溃逃。配合暴乱的小刀会、大刀会在我镇压与争取相结合的方针下纷纷瓦解。我公安机关和人民武装在广大群众的配合下查清了暴乱的地主和反动会道门的头子。抗日民主政府坚决镇压了首恶分子，对协从分子和悔过自新的小头目则从宽处理，并给予立功赎罪的机会。对受害的人民群众进行了抚恤救济工作。波及路东各县的反动暴乱，在一周多的时间里，就平息下去了，进一步巩固了抗日民主根据地。

召开党代表大会，明确军队建设方向和任务

1940年7月1日，在半塔附近之大田郢举行的纪念建党19周年的干部会上，刘少奇作了题为《作一个好的党员，建设一个好的党》的报告，对根据地创建后在某些党员干部中产生的不良思想倾向和错误行为，"有的放矢"地敲了警钟。他还指示第四、第五支队分别召开党代表大会，总结战斗和工作经验，讨论建军问题。

第五支队7月上旬召开了党代表大会，总结了支队成立一年来的战斗及工作，提出了正规化、党军化、群众化的建军要求。正规化的内容包括建立正规的军队组织系统及制度；提高部队军事技术和指挥素养；养成服从命令听指挥的良好作风。党军化的内容包括保证部队执行党的路线和决议；加强干部的党性修养；加强部队中党的领导，建立坚强的小组及支部工作；保证部队成分纯洁，以工农为建军骨干；建立坚强的政治工作。群众化的内容包括一切为了群众的利益，保护群众的利益，关心群众的痛苦；遵守群众纪律，帮助群众；切实遵守政策纪律。这次会议及时地同支队党内和干部中存在的本位主义、游击习气、享乐思想、腐化行为等不良倾向作了坚决有效的斗争，大大提高了支队党员和干部的思想水平，明确了建军方向和任务，对支队建设和提高战斗力起了极重要的作用。会后支队根据会议发展地方武装的决定，以第十五团三个营及支队特务营和几个游击队编成三个独

立团划归路东联防司令部建制，还抽调一批干部到县、区搞武装工作。路东、路西同时动员了6000多新战士补充了主力部队。

向东发展，向西防御

向东发展，是开辟华中敌后抗日民主根据地的既定方针。对西防御，体现我党我军团结抗日的精神。对李品仙一面力争合作抗日，一面坚决执行“人不犯我，我不犯人；人若犯我，我必犯人”的自卫原则。

向东发展，要开辟淮（阴）宝（应）地区。该地区处于淮南、淮北、苏北、苏中的中间，是联系淮北、苏北、苏中的枢纽地带。韩德勤依托淮宝，不断派遣特务武装侵犯我淮南根据地。因此，开辟淮宝地区，对发展华中敌后根据地和巩固淮南抗日根据地都具有重要的意义。

1940年6月下旬，我苏中地区的叶飞、陶勇两部胜利地进行了郭村战斗，击溃了国民党李明扬、李长江部的进攻，使我军由苏南进入苏中的部队站稳了脚跟，并继续向东、向北发展。同时，黄克诚率领的八路军南下部队同在淮北、豫东的彭雪枫部和皖东北的张爱萍部合编为八路军第四、第五纵队。彭雪枫率领第四纵队坚持发展淮北、豫东地区。黄克诚率领第五纵队已进入皖东北，继续向苏北挺进。我江北部队经过反“扫荡”、反磨擦作战，镇压暴乱和整训，政治觉悟和战斗力有了较大的提高。兵员发展到1.6万多人。地方兵团和人民武装已较普遍地建立起来，初步经过战斗锻炼，在一定的条件下能担负起保卫根据地的任务。而顽固派韩德勤部第三十三师和秦庆霖常备旅千余人，勾结日伪军，占据淮宝地区。并煽动小刀会协同防守三河，但他们是处于分散被动态势。开辟淮宝地区在政治上、军事上我都处于优势。

中原局和刘少奇根据这一形势，决定集中第五支队第八、第十团和第四支队第七团，在罗炳辉为首的淮宝战役指挥部指挥下和八路军第五纵队第一支队配合下，向淮宝进军。

7月中旬，第五支队第八团（新老第八团合编）、第十团和第四支队第七团在第五支队党委统一领导下，集结在三河南岸的黎城地区整训，帮助群众生产救灾，侦察敌情，收集船只，演练强渡三河的战术，做北渡的准备。8月1日，我们举行了阅兵式和纪念八一建军节的晚会，检查渡河准备工作，进行了战前的政治动员，号召部队掀起“打胜仗比赛”运动。会后利用夜间进入渡河点隐蔽，做好突然发起进攻的准备。

三河上游连接洪泽湖，下游直达宝应湖，河水很宽，不能徒涉。日军汽艇经常在宝应湖上巡逻。

当时渡河部署：第七团为第二梯队，在金沟、银集担负宝应湖方向的警戒，保障渡河部队右翼安全，在第八、第十团渡河成功后，再进入淮宝地区；第八团在衡阳滩、第十团在曾家渡隐蔽集结，为渡河第一梯队，8月2日夜间，发起强渡三河，进军淮宝的战役。

战斗发起后，第十团首先渡河成功，迅速占领了高集，向新集追击前进，指挥所随第十团前进到新集。第八团登陆时遇敌顽强抵抗，经过激战，击溃阻拦之敌，于3日拂晓在北岸登陆，向新集推进，与指挥所和第十团取得联系。我第一梯队强渡三河成功后，迅速扩大登陆区，在新集巩固既得阵地，并调第七团北渡，为继续向前进做准备。经过一系列的战斗，到8月底，基本上完成了开辟淮宝地区的任务。随即委派李斌为淮宝办事处主任，在军队配合下进行政权建设、发动群众和组建地方武装的工作。群众纷纷传说：新四军内有个“活佛”（刘少奇当时化名胡服，群众误称“活佛”），还有个“罗汉”（指罗炳辉），破了小刀会的法，真正爱护老百姓的是“四太爷”（新四军），只有跟着民主政府才能得安宁。我们可以理解，群众的语言虽带有迷信色彩，但确实表达了他们的亲身感受和真实感情。

淮宝地区的开辟，沟通了淮南和苏北、苏中、皖东北的战略联系，造成了继续发展苏北的有利态势。

8月下旬，日伪军趁我主力进入淮宝之机，开始调集一万多人，在20多架飞机配合下，于9月初开始对淮南津浦路东地区进行大“扫荡”，企图用一个月的时间摧毁我根据地。为了粉碎日伪军的大“扫荡”，我江北指挥部指示：路东地区军民在路东内地开展游击战，实行空室清野。路西和淮宝的各部队则积极向敌占交通线和据点进攻。路东我军在主力、地方武装、自卫队密切配合下，灵活穿插，不断伏击，袭击敌人，使日伪军到处扑空，处处挨打，特别是竹镇附近伏击敌军指挥机关的胜利，造成了日伪军心理上的极大恐惧。17日，日伪军被迫分路窜回原地。至此，路东反“扫荡”的战斗胜利结束。这次反“扫荡”进行大小战斗65次，给日伪军以沉重打击，丰富了我反“扫荡”的经验，锻炼了淮南根据地的全体党政军民，有力地保障了根据地建设和发展。

粉碎日伪“扫荡”后，我军留第十团担负巩固淮宝的任务。

10月，韩德勤调集重兵进攻黄桥，企图消灭我苏中部队。安徽的李品仙为策应韩德勤的行动，调集第一三八师、第一七六师和保安团、游击纵队，进攻淮南抗日根据地。他们妄图先占我路西地区，得手后再进攻路东。中原局和刘少奇给江北指挥部的任务是不惜一切牺牲，对西防御，务必打退李品仙的进攻。并尽量抽调兵力开赴苏中参战。江北指挥部遂调集第四支队全部和第五支队第八团、江北游击纵队主力，于路西准备打击李品仙部的进攻，命令第十团和独立第一、二团统归第十团团长成钧、政委赵启民指挥，开赴苏中参战。我苏中部队在陈（毅）、粟（裕）的英明指挥下，英勇顽强地与敌搏斗，取得了黄桥决战的重大胜利。因而，东援已进到运河线上的第十团和独立第一、二团停止了行动。此后，江北部队即按作战部署，以第四支队全部、第五支队第八团、江北游击纵队等主要兵力执行对西防御任务，以第五支从的第十团后加第十五团（独立第一、二团合编）担负配合兄弟部队向东发展的任务。

随着国民党蒋介石掀起第二次反共高潮，桂军提出要我江北部队交出皖东地区的政权，韩德勤提出要我苏中、苏北部队恢复到黄桥战役前的态势等无理要求。我江北部队为防御李品仙的进攻，集结主力于淮南津浦路西地区。我江北、苏中部队为反击韩德勤的进攻，于11月29日发起兴化、曹甸战役。第五支队第十团为配合作战，东渡运河，击溃据守平桥、经河地区的顽军常备第六旅。旋即奉命在运河线上构筑工事防守，掩护苏中部队侧翼安全。连续五天击退驻宝应日军的进攻，完成了掩护任务，提高了对阻击日军的作战能力和经验。

淮南抗日民主根据地是在中共中央中原局和刘少奇直接领导下，经过一系列反“扫荡”、反磨擦、反暴乱斗争的胜利而建立起来的，是华中敌后较早建立起来的一块根据地，对华中敌后根据地的建立起了先导作用。这块根据地的建立、巩固和发展，直接促进了军事斗争的开展和武装力量的壮大，为实现向东发展，对西防御，抵抗日伪军和国民党顽固派的进攻与夹击创造了有利条件，在华中敌后的斗争中具有重大的战略意义。

地方游击队是怎样产生的

——记一个丹阳游击队

石西民

记者这一次从溧阳越过敌军封锁线，到京沪路迤北地域旅行，主要目的是去访问在铁路线以北长江以南丹阳、镇汇、武进三县境内作战的地方武装。这一地方游击队是由一个前进的知识青年管文蔚先生率领的。这一游击队产生至今将近一年半的历史，人数从几十人发展到几百人现在已有3000余人了。他们因为都是本地人，地理熟识，加上自得战区司令长官允许改编成为新四军挺进支队后，经新四军方面派遣大批军事政治干部参加部队中工作，军事技术、政治认识，及军纪都飞速进步，记者这次到达×××附近的那一晚，正值敌军动员镇江、丹阳、武进、金坛以及沿铁路线奔牛陵口吕城一带所有敌军3000余人配备一部钢炮，还有一架飞机分六路围攻倪山（即×××以北，为游击队根据地）的时候，敌军搜索埋伏布置非常精密，到处搜集麻绳，敌人企图一夜荡平我游击队，预计一定可以活捉大量游击战士用麻绳捆回去。可是由于我游击队事先准备，利用熟悉的地形，使敌寇数千大军劳碌了整整一天一晚，结果是空手回去，游击队之不能战胜，这一次是给敌人一个很好的教训。

记者于3月22日晤见了管文蔚司令，在那里逗留了三天，除了与负责的同志详谈该方面情况外，并略略参观了部队，得到了许多新鲜的知识，记者在此愿将所见所闻，笔录下来，一供后方爱国同胞以及正在各地开展游击战争的志士参考。

一、沦陷后的丹阳是一幅人间地狱的缩影

1937年11月间丹阳失陷，长江北岸敌军更侵入扬州，我军陆续向西撤退，在那样一个风声鹤唳的战争环境中，丹阳乡间的人民，恐慌到了极点，行政组织全部瓦解了，汉奸土匪继起，你只要登高一望，便可以看见遍地火光，老百姓扶老携幼逃亡于途，络绎不绝。丹阳沦陷后，经过七日，敌机械化部队沿镇澄公路源源西侵，毫无阻挡侵入镇江，龟山炮台也旋告失守，敌人遂即分队下乡搜索，大摇大摆，凡遇老百姓即随便打死，白天路上碰到女人，即于光天化日下随便宣淫，杀人放火奸淫掳掠，无所不为。

老百姓这时的痛苦，可以说是达到极点，白天怕日寇，晚间又怕土匪抢劫，那时期的老百姓，每天只在家烧一顿饭，即到处潜逃，不敢在家居住。过了一个月，敌军搜索队过去，除了在城镇交通线据点各驻一部敌军外，虽然还要不时下乡要花姑娘，打鸡子，可是一般比起来，因敌人大军正在前进，没有多量的军队留在后面，所以骚扰相对减少一些，老百姓在这时也暂时归来了一部分。然而敌军下乡虽然少了，但在那样无秩序状态下，汉奸土匪是格外地猖獗了。社会秩序完全改变，过去乡间的统治者是豪绅地主，现在代之而起的却是地痞流

氓，士绅多数被绑票勒索。当时土匪的猖獗，我们举一个例子就可以说明。流氓土匪代买妇女的风气，是到处都有，土匪将各村镇未婚的妇女都加以登记，收入定洋，数十块钱便可向土匪去买一个老婆，土匪指示你家姑娘要嫁与谁，毫无商讨余地，要是女家不肯，便白天强抢去与人结婚。不仅如此，即已嫁妇女，土匪流氓也要强抓来卖人，当时路上时常可以看见流氓抢来的妇女，哭哭啼啼被迫嫁人，人生的悲剧，恐怕这也是别开生面的。沦陷后的丹阳就是在这样一种人间地狱中挣扎着。

二、游击队是怎样产生的?

管文蔚先生这时正住在倪山家里，而且是病后初愈，本来计划是三兄弟准备了大概1000块钱拟往内地工作。但在当时看到民众太苦痛了，当时便将离乡的念头打消，将准备作川资的1000块钱拿出，作组织武装之用。江南人民向来以文弱著名，民间枪支，是一条也没有的，好在国军西撤时，铁路沿线散留有少数枪支，当时以十多块钱一条，买到了十几条长短枪、少数手榴弹，编成了12人的一个特务队，这便是游击队的前身。

管文蔚先生这时分析当时的环境，认为民众现在最迫切感到需要的是：生命的保障，其次是财产的保障，再次是家庭的保障即是父母妻子儿女的保护。管氏就根据这三个民众迫切要求，提出肃清土匪保卫家乡的正确口号，因此民众闻风兴起。当时自卫团的组织在防匪的口号下，民众纷起组织。管自任总团长，凡45岁以下16岁以上的人民都可参加，组织以村为单位，十个人成一分队，三个分队成一中队，三个中队成一大队，每三大队成一团队，每一团队受总团长的指挥，当时不到一二月，差不多只有三二户人家的村庄都有自卫团的组织，每一自卫团最低限度有300壮丁，最低限度出钱买十支枪组一特务队，凡遇土匪汉奸皆可格杀不论，晚间每一个乡村都由自卫队派人放哨，凡没有口令者绝不允许行走，当时土匪汉奸几无活动余地。

在另一方面，因民众拥护的增大，民众组织的纷起，管氏所组织的特务队力量也渐渐增加，对于当时的土匪，管氏感到实力不克胜任剿灭，乃故意放出管有五六百人枪的空气，使匪徒畏惧，另一方面则与他们接洽收编，土匪既怕管部实力，答允收编一部，还有一部分始终不肯归诚，后管利用封建收徒弟的办法，将土匪收为徒弟，结果土匪几乎全部被收编，实力因此更增。

那时候村庄怕匪，都要管派武装去保护，管一方面将土匪改编的将他们分散，驻防各村庄，另外更积极设法将特务队的实力加强。土匪的匪性难驯，管虽加以许多训话，要他们保护百姓，但土匪仍抢劫如故，无可奈何，枪决了主犯七名，另一部全体缴械，土匪解放，地方秩序大定了。

土匪肃清了，地方秩序恢复了，汉奸无法活动了，民众组织起来了，游击队的力量也一天天在增长着。到了去年的春天，壮丁组织了十多万，管部所统率的特务队也有四五百人了。这时候管部派遣他的特务队到倪山以北地区孟河阜城一带去，肃清该地区的大股汉奸土匪队伍，从此由于在民众间威信的建立，才正式揭起抗日的旗。

1938年的3月间，管部特务队出动至孟河一带，破坏镇澄公路（由镇江到江阴），并决定肃清郑俊豪、何济清等股，将蒋该项汉奸消灭，因此不多久，土匪队伍全被击溃，还缴了不少的枪支，到五六月间，长江北岸土匪乘隙大股侵入江南，无恶不作，民众恨之入骨，管部派特务大队，并将各自卫团特务队集中编成三大队配合作战，又将张少华、贾长富等部逐回江北，由此整个长江以南铁道线以北区域局势大定，而在战斗中又将地方自卫团的分散武装集中，力量更为雄厚了。

三、从战斗中壮大起来

1938年4月间第一次破坏镇澄公路获得胜利以后，5月间在孟河敌据点外与敌作战，打死了两个敌军，这是他们的处女战，而且得到了小胜后，鼓舞了战士们的战斗热情。但是地方组织起来的农民游击队，战斗经验与战斗能力是很弱的，有一次敌军数百进占访仙桥，管部与敌对战两小时，力量渐感不支（本来长期间与敌作硬战是游击战术所不敢的），管连忙再派一连人抄到敌人后方去，结果总算解围，敌我双方都死伤了十余人，经过这一次作战，战士们懂得了在作战中包抄的有用。

7月间在镇江东面30里处，管部伏击敌百余人，战士作战很英勇，但总因战斗力弱些，结果敌我双方各死七八人。8月底打新丰车站，将铁轨搬去一段，敌巡逻手摇车不知，有一列车在那里翻车，车厢里坐着30多个敌军官和装运大批军用品，可惜当时管部埋伏距离铁道太远了一些，等到士兵冲锋过去，敌人已有准备，作战两小时敌由各据点抽来的援兵也到了，因此管部就且战且退，全部撤回，总计这一次击毙敌寇十余人，敌军伤亡十余名，我方也牺牲了七八个，军用车上的大批军用品也无法缴回，就在这时候开始，管文蔚氏便派人与新四军接洽，由新四军派遣不少军政干部前去，经过短期间的休息整理，军纪和战斗力都飞跃的进步了。从去年七八月起到今年3月21日记者去拜访时止，敌人四五百、五六百、千余人、二三千人，一连六次对倪山围攻，都给敌人扑了空回去，镇澄公路也在该部顽强战斗下，敌人至今未能修复通车。用数目字来表示便是："作战49余次，毙敌二百数十名，我伤亡90余名，保全了丹阳镇江武进三县的一大部分土地的完整，汉奸无法活动，伪组织不能产生。"

记者最近参观了管部的战士生活，战士们战斗热情很好，大家没有饷发只有饭吃也都愿意干下去，每一连队都有政治指导员，政治工作相当强，新四军的三大纪律、八项注意也切切实实在教育着全体战士，军纪也做到了不扰民的地步，所以民众与他们的关系是非常密切，也正为这样才能在那样四面受敌的地区坚持下去。最难能可贵的是战士们高度英勇牺牲精神的发扬。今年 3 月 9 日，管部派 40 余战士到丹徒镇附近伏击敌军军用汽车，因被敌发觉，被 200 余敌军包围，他们坚决顽强抵抗，机关枪手一个打死，另一个上去，第三次大队长亲自进入机枪阵地作战，敌人高喊缴枪，但无一人动摇，最后冲出重围，虽然一天一夜不曾合眼，可是战士杀敌情绪仍然高涨。这种情形，真可钦敬。

四、经费的来源

脱离生产的游击队，没有饷银，都还不要紧，但是没有饭吃是不行的，因此关于经费问题，是一个游击队发展的重要问题。自从丹阳、镇江相继沦陷，地方政府负责人员已经不在，所有省府税收全部停止，在管文蔚氏组织游击队后，买枪乃至伙食费的支出，依靠少数过去省政府所颁布的营业税，和田亩捐规定在五亩以上的业主每亩抽一角五分，一年收一季，比过去当然轻了许多，而且被害区域不征税，因此人民也乐于出钱。最近自各区公所、乡镇公所恢复后，所有自治经费也从此项收入中支出，一般说来，经费是很困难的，幸而他们还能做到公开和平等的程度，所以并不严重。

还有一种办法是他们组织了一个统一战线的团体，定名为江苏互助社，所有乡间人民不分阶层只要他是抗日的分子都可加入，这一组织相当发展，对民众间上下层的磨擦，给予很多调解，所有战士都是加入互助社的，因此部队经费方面，可得到富有的帮助不少，而伤兵也很能得到互助社的救济，现在这一组织已有社员 8000 余人，这一组织不仅在经济上给军队以帮助，就是放哨、侦察等方面社员也很努力，据管文蔚氏说，在有一次被敌四面包围中，有一个 78 岁的老头子，他自动地一夜不睡在外放哨，到第二天他们才知道有这回事情。

五、民众自卫组织的成效

上面讲过民众自卫团的组织对防匪维持乡村治安，获得了很大成绩，而且更成为游击队发展的源泉。现在记者愿将他们组织的详细情形以及成效介绍于国人。自卫团的组织采取“三三制”，一个团有正副团长，是由团员选出来的，义务职也没有公费，由总团部加以委任。团部有一个文书、两个政治指导员、几个教官、两个通讯员、一个侦察员，这些都是支给薄薪的，人选都是本地的知识青年和有军事知识的分子，政治指导员上课，讲些抗战形势，历代民族英雄故事之类，教官则教操。团部每星期开会一次，由团长任主席，职员都参加，报告检讨并布置各种工作。

大队部有正副大队长、一个文书、一个政治指导员，每人一律支十块钱的薪水，每星期开队务会议一次，中队长以上参加，中队部也一星期开会一次，分队长以上参加，分队长则每星期召开队员大会一次。他们的会报时间，每天上午 8 点多钟大队长到团部会报，接受指示，9 点半中队长赴大队部会报，10 时半分队长赴中队部会报，因此上下层的联络是很密切的。

有了这个样组织，当时这的确生气勃勃，晚间要是没有总团部的通行证，绝对不能走出乡村一步。有一个无锡的绸贩，由倪山晚间到访仙桥去，在十几里路中间，连扣了三四次。更有一次，丹阳一个姓金的汉奸出城，伪装为一小贩，带东西到访仙桥来探听消息，出城不到三里即被捕，到现在为止，捉了160多个汉奸。有一次，动员了七万多人挖公路。

自卫团所以能够发生这样大的作用，主要的原因照记者个人的观察，第一个是真正的群众自发的民主的抗战组织，由保卫家乡防止土匪到防止汉奸抵抗敌人，这一发展是很可注意的。第二个是自卫团是军事和行政的统一组织，所以力量更能发挥。

可是，最近省政府坚令恢复保甲制度，因为是省令而加上这两种组织重复，所以一方面帮助保甲还乡组织的建立，另一方面便自动将自卫团工作取消了，也正因为如此，民众的组织和情绪已不如过去的严密热烈，这是一个值得注意的地方行政机构问题。据记者考察的结果：自卫团的组织是抗敌组织，所以敌人只有仇恨而无法利用，在目前江南游击区内，敌企图利用中国原来的保甲制度来统治中国人民，有许多地方还利用原来的保甲长做伪村长乡董之类。为什么有些保甲长会被利用呢？因为保甲制一向被看作地方行政机构，任务限于供应民夫之类的，许多保甲长为了幻想保全地方，不受糜烂，是会向敌人敷衍的。

六、几点经验教训

丹阳的地方游击队，从几杆枪发展到现在成为敌人眼中的一支巨钉，威胁着敌人后方，记者认为他们有几点经验教训是值得我们注意的：

第一，部队是从民众中产生出来的，从民众斗争中产生出来的，所以特别表现出他们的纯洁英勇，因此记者认为在敌后发展游击战争，绝不是过去招兵买马式的办法，而是真正抓住群众迫切要求，推动群众进步，从这种斗争中产生的游击队，才能真正担负起敌后艰苦作战的任务。

第二，答复了人民不能抗日的谰言，问题所在，不在人民能不能抗日，而是领导者能不能领导得正确，譬如说，在丹阳假使领导者首先高唱抗日，不注意到肃清土匪保障生命财产，像现在壮大的抗日部队是不容易产生的。

第三，有人说游击队是土匪（汉奸日寇的反宣传），其实恰恰相反，游击队从肃清土匪中产生出来的。

第四，平原地带最困难的地形条件，不能证明动摇，悲观分子的不能发动游击战争的空论，同时反过来更可以鼓励全国在敌后奋斗中的志士们，增加更大的信心。

东路武装斗争史实纪要

夏光

第一部分　老六团的东进

一、越过沪宁路

1939年5月，新四军第六团奉令越过沪宁铁路，宣传抗战十大纲领，扩大抗日民族统一战线，动员群众，组织群众，武装群众；团结一切抗日阶层和迅速壮大发展我党我军的力量——是自有其明确的战略目的。而蒋介石令我新四军挺进沦陷区，仍然划定活动范围，而且一不给武器装备，二不发粮食军饷，断绝接济，一切要我自筹。其主力则集中山区安全地带待机，让强大的日军力量来消灭我们。同时还收买、委派、组织各式各样反动武装，挂着抗战招牌，时常与我纠缠，实际阻挠破坏抗战，想达到消灭我党我军的目的。这是针锋相对的尖锐复杂的斗争。为此，第六团与梅光迪、何克希部队越过沪宁路后，部队番号即沿用梅，何原部队名称“江南抗日义勇军”，成立总指挥部，简称“江抗”。总指挥是梅光迪，副总指挥是叶琛（即叶飞）、何克希，我是作战参谋。第六团原一、二两个营，以第一团第二营欠一个连为六团的三营。加上梅光迪、何克希地方武装约200人，总计不足1100人。共有21挺轻机枪，其中有苏联圆盘机枪一挺、自动步枪一挺。排以上干部每人有一支德国造新的短枪。第六团是经过三年游击战争的老红军，上述新组的三营是湘鄂赣的老红军，它们共同进入茅山地区对日作战已一周年，保持了老红军的传统作风。

东路地区，自1938年起，即有我党的组织。1939年5月第六团进入东路时，有东路特委，书记林枫，组织部长张英；有常熟县委，书记李建模；有无锡县委，书记王承业。这是我方的简要情况。

当时东路敌伪顽及地方武装的情况是：

1. 日军：所有县城、重要市镇及水陆交通要线，均为日军或日伪配合建立据点守备，从而封锁隔断，划大块成为小块。

日军1939年在东路地区的番号待查。1940年的情况是：无锡有五十四联队，联队长田坂十七（大佐）。常熟有警备队，中队长武藤束（少佐）。支塘有警备队，队长长冈国义。浒浦有警备队，中队长高桥，指挥梅李和白茆口。太仓有警备队，队长小林。沙溪有警备队，队长大龙。浮桥有警备队，队长山川督一。璜泾有警备队，队长真吾。茜泾有警备队。浏河有警备队，队长罗泽。昆山有九十一大队，大队长中山。又，羊尖、吴塔有警备队，队长乡原。但日军亦经常调防的。

2. 伪军：汪精卫和平救国军。与日寇相互配合，占领城镇据点，不时下乡“扫荡”和抢粮。常熟县城徐凤藻任“绥靖”司令，势力较大；浒浦、福山为赵培芝、赵培芳、吴文信、仲炳炎。

3. 顽军：其正规军撤驻宜兴、长兴山区。其外围武装忠义救国军第一、第二支队（相当团）主力，亦随顽主力驻宜兴山区，其地方部队即穿便衣的忠救第五支队袁亚承部1000余人，在江阴地区。第十支队周振纲部千余人，在无锡地区。国民党常熟县长安蔚南两个保安中队，在杨舍、沙洲地区活动。江苏省保安第四团王士兰部人枪千余，在太仓岳王市、沙溪、浏河地区。赵北、马乐鸣、金南屏千余人在练塘、杨树园地区活动，后为江苏省保安第三纵队。

4. 地方武装：可分两类。

一类是有我们党的同志在其中工作和受我党影响的部队。

计有：

无锡地区邓本殷部队，200 余人。

无锡地区强学曾部队，300 余人。

苏州地区胡肇汉部队，300 余人。

苏州地区杨忠（杨筱南）部队，300 人。

苏州地区周嘉禄部队，100 余人。

常熟地区殷玉如部队，100 人。

另一类是由我党直接领导指挥的部队。计有：

常熟地区任天石、薛惠民部队（即“民抗”），一个大队三个中队，400 余人。

常熟地区陈震寰、周文在部队（新六梯团），约 200 人。

江阴地区朱松寿、张志强部队，300 余人。

以上除敌伪武装外，各部总共 7000 人左右。

东路地区的地形是：东临大海、北界长江，西为沪宁铁路、运河及太湖，东南为上海、阳澄湖、淀山湖，自然划成大块。其间又有澄锡公路、苏常公路，沿公路又有河流，这样再将大块划成小块。澄锡虞地区大部分为丘陵地带，宜于中小型运动战；苏常太地区则遍布湖汊河网，部队行动及交通需要船只，适宜于小型部队的游击战。整个东路地区，物资丰富，人口众多，大革命时期及大革命失败后，均有过革命的农民暴动的影响。以上都是我们开展工作，创建游击根据地的有利条件。

二、江抗进入东路后

日军占领上海、南京后继续实行杀人放火的政策，广大人民同仇敌忾，加上以“抗日”为名的地方武装的肆意践踏，派捐派税，层层压迫剥削，群众更加忍无可忍。如忠救及其他便衣部队，当驻防移营时，总是要保甲长通知下去，要烧好多少人的饭菜，要多少被子，按户收集，因为这些部队每个人只背一条步枪，只带一张大嘴巴，其他什么也没有，而我党我军在茅山地区的模范行动、群众纪律、军民关系的影响是巨大的。因此，江抗进入东路之后，广大群众都知道是新四军，是共产党的部队，表示热烈地欢迎与拥护。

在宣传工作上，我们以大量的日寇侵华、实行“三光”政策的事实唤起不愿做亡国奴的广大群众及有民族正义感的各阶层，一致起来抗日；而以建立抗日民族统一战线，坚决实行抗日救国十大纲领为宣传的重点。部队以执行三大纪律、八项注意和发扬党的优良传统的实际行动，建立崇高的政治威信。

在军事行动上，则是积极地打击日军。如黄土塘战斗之后，组织沪宁铁路上袭击日寇浒墅关据点的战斗，全歼日寇一个小队，烧毁据点，夜阑火光冲天，使沪宁线一天不能通车；挺进青浦、嘉定及上海虹桥，进袭机场，烧毁飞机。同时，横扫大陆泾、徐市、梅李、福山等敌伪土匪的据点。这些战斗，对敌伪震动很大；而在群众中树立了军事威信，群众认为，只有共产党领导的新四军，才是真正抗日力量，是中华民族的希望。

为此，在地方党的协助下，我们分析了迎面的各种地方武装力量，确定了这样的方针：发展进步的，争取中间的，孤立和打击顽固的与消极抗战的。同时广泛开展群众工作，动员贫苦农民参军，对个别自愿参军的，进行民族教育后即编入连队。青年学生认为只有参加新四军，抗战才有出路，也纷纷要求参军。为此开办教导大队，进行短期军政教育并加以审查之后，即分配到连队基层。当时由我兼任大队长，具体地组织训练工作，由宣传股长时雨、干事汪大年、参谋陈剑雄等同志负责。

我们的军事行动、群众纪律、群众工作，刺激了日军，也震惊了国民党顽固派。顽固派加紧了对我党我军的诬蔑和破坏，致使磨擦战斗开始。我们的战法是各个击破，分次解决。首先，解决邓本殷部队于无锡安镇地区。其次，集中力量对付忠救十支队周振纲部，因该部系本地人，穿便衣，所以除俘获部分外，余均溃散。旋又趁机向忠救五支队袁亚承部队发起反击，顾山一战，将其大部击溃，略有缴获，该部经突破后即溃散隐蔽。是役，我政治处主任刘飞同志负伤。

接着，部队进行整编，并继续与忠救战斗。

我们于扩大武装宣传与组织对日寇的歼灭战斗之际，首先号召我党领导下的和我党有影响的地方武装集中行动，准备对日军作战。如部队挺进上海郊区活动时，带动嘉定吕炳奎部队及青浦顾复生部队的一部分，于主力回师时，随同进入东路地区。常熟任天石、薛惠民领导的民抗，常熟陈震寰、周文在领导的新六梯团，苏州地区的周嘉禄部队，江阴朱松寿、张志强领导的游击队等，均随主力行动。此外，有些中间力量，看到当时东路的政治军事形势，并在我党我军不断进行抗日救国的教育之下，有了明显的倾向性，我即进行收编。还正式任命强学曾、胡肇汉、杨忠等为支队司令，任命殷玉如为独立二大队大队长，保持建制，随主力行动。

由于情况的发展，为了适应行军作战的需要，我们用以老带新的办法，实行整编，编为五路（相当团）：一路，虚设。以新六梯团等部队并入六团一、二营编为二路，王萱椿、廖政国负责。以梅光迪、何克希部队及常熟民抗编为三路，何克希为司令。以强学曾、胡肇汉、杨忠部队编为四路，乔信明为司令，李一平为政治处主任。以朱松寿部队、周嘉禄部队及六团梁金华营合为五路，朱松寿为司令，梁金华为副司令，张志强为政治处主任，我兼任五路参谋长。各路由老的连队抽调连排干部到新的连队，以加强基层领导。另外成立两个重机枪连，直属指挥部。

为了开展东路的游击战争，解决部队干部的成分问题，上海党积极动员上海工人、青年、学生及革命知识分子，下乡参加新四军。他们三个五个分批分组地到来，不断给部队增添了新的力量。

至此，在东路地区，除太仓的江苏省保安第四团等尚需继续进行工作外，其余地方游击队基本上均为我们收编、控制，编入战斗序列。虽然时间很短促，工作极粗糙，但尚能投入战斗。

三、江抗部队奉令西撤

由于江抗在浒墅关歼灭日军一个小队，使沪宁线交通断绝一天；由于江抗挺进上海虹桥，进袭机场，烧毁敌机；也由于江抗与国民党忠救五、十支队发生磨擦战，因之，一方面，使敌占沦陷区和日军心脏地带的各阶层群众，看到了国家民族有希望，抗战救亡的情绪异常高涨；另一方面，使日军、伪军、国民党大受惊动。日军惯用“以华制华”的手法，在沪宁铁路线的无锡与常州间，打开封锁，撤除据点，让出路来，致使国民党在宜兴山区的主力第一、第二支队（相当团）2000余人，由杨蔚副总指挥统一指挥，越过铁路，进入澄锡地区。而忠救袁亚承、周振纲第五、第十两个支队，又复集结其残部，并有迷信武装“大刀会”配合，寻求与我军磨擦作战，双方展开了师级规模的战斗。而日军则“坐山观虎斗”。

锡北鸿山、鞋山战斗，发生于1939年8月中，战斗延续一天一夜，敌我双方互有伤亡。我方所处地形不利，部队整编任务尚未完成，仓促投入战斗。忠救则增援部队新到，战斗力较强，弹药充足，且有当地武装五、十支队配合。我们为了避免消耗战，确保有生力量，同时为请求增援，补给弹药，于是相机退出战斗，另选阵地，只待我增援部队到达后，即行决战。在我待机回旋行动过程中，该顽敌不断侧击，迎面施放冷枪阻击骚扰，如后卫部队搜索戒备不够严密时，即要受损失。在一次向青旸以东地区行军过程中，原六团副团长（团政委）吴焜同志随先头部队行进时，遭受袭击，光荣牺牲。工作人员中不少落伍者及有些伤员，被俘后惨遭杀害。部队对副团长的牺牲深为悲痛，对顽敌的侧击行为极为愤慨。忠救中便衣短枪人员特别多，均携带快慢机。在行军中，我们的战士上厕所，也能缴到敌人的快慢机。

同年9月中，江抗部队到达江阴东南的峭岐以北、定山以南的丘陵山区，与我增援部队二团会合。

我奉令赴二团驻地，汇报当面敌情及我方现状，并领取补给的弹药，回到指挥部。由于连续行军作战，经常彻夜不得休息，我终因体力不支而病倒。经首长研究，确定我暂回阳澄湖治病休息。我将所有作战文书记录等全交参谋处，化装穿便衣，带了个通讯员，通过忠救控制的地区，回到阳澄湖的肖泾、陆巷，在后方医院与刘飞、黄烽同志见面，与其他养伤治病人员及工作人员见面。

事隔不久，听我驻东塘市办事处主任蔡悲鸿同志说："为了团结抗战，避免磨擦，经军部与国民党三战区谈判决定，双方撤兵——忠救增援部队第一、第二两个支队全部撤回宜兴山里，江抗全部撤至丹北扬中地区休整。现部队已全部西撤了。"

自1939年5月越过铁路至9月西撤为止，计五个月时间，东进部队及已收编的地方武装共4000余人，其中两个重机枪连。

江抗在东路地区紧张的短促突击，在政治上、军事上给东路广大人民留下极其深刻的印象，同时给敌伪带来了莫大的重创和震惊。大部队的作战行动，至此暂时告一段落。

第二部分　重建武装，坚持原地斗争

一、敌伪动向

日军为实行其南进战略计划准备，自忠救增援部队撤回宜兴山里之后，仍然加强其交通沿线的据点守备和严密封锁。汪伪则与之紧密配合。

国民党忠救主力第一、第二两个支队由杨蔚率领撤离澄锡之后，其第五、第十两个支队残部仍然恢复活动，但活动方式较前隐蔽，并观察情况，设法割断我们与茅山主力的交通联系，迫使我交通人员化装带“通行证”，有时从铁路上往还。

国民党顽固派的另一部署是：加强其党的活动。同时，利用其合法政权，趁我收编部队随江抗西撤的时机，利用被收编部队的领导对新四军的不满情绪，大肆歪曲宣传，挑拨离间被收编部队的领导同我们的关系。他们还企图收编东路残存的地方武装，加紧控制，例如：委任马乐鸣、赵北为江苏省保安三纵队司令，委任丁松林为江苏省保安六纵队司令，并遣派得力干部，帮助招兵买马；利用太仓县党部对江苏保安第四团王士兰部队进行控制；对胡肇汉、杨忠等积极诱惑、收买，进行破坏工作。常熟县长安蔚南则积极组建其保安武装。

二、我方情况

我们当时的情况是：

1. 江抗主力西撤，对所有地方游击武装，凡是能够带走的全部带了一起西撤。因之，东路地区一时成为“真空”，苏常太、阳澄湖在短暂时间内平静无波。而广大群众对于西撤这一措置，确有一种莫测高深和难于言宣的感情。

2. 常熟民抗部队以及其他被收编部队，都随江抗西撤。何家市殷玉如二大队，闻讯后部队解散，武器埋藏，我派去工作的闽东干部黄德清，也只好暂时穿上便衣。除任天石、薛惠民于部队西撤时有意留下外，其他如胡肇汉、杨忠、强学曾、周嘉禄，仍各驻守原地，未随部队西去。他们由于积累的“资本”被江抗带走，全都心怀不满，认为新四军“没有良心”。陈震寰部的某些领导人也不太乐意。于是都不得不谋求新的出路。这样，便增加了我们坚持原地斗争的不利因素，而给顽伪提供了争取利用的良好时机。

3. 当时阳澄湖所谓“后方医院”（实际上在沦陷区是无后方作战）里有几十个伤病员，有盛立、张贤、张力、梁玉贵、赵熙等几个医生（六团卫生队长林震开始也在那里，不久调回苏北），还有一些护理工作人员，总计 100 人左右，完全没有武装掩护、分散隐蔽在昆承湖与阳澄湖之间，以及梅李、淼泉地区。由于常熟地区党的基础、群众关系较好，后方医院完全依靠组织、依靠群众，流动着为伤病员治疗。

4. 常熟民抗除任天石、薛惠民外，尚留有一个教导队二三十人，以及塘南、塘北不脱产的自卫队。

5. 江抗部队西撤后，东路特委书记林枫同志离去，书记由张英同志代理。常熟县委书记仍是李建模；地方党的工作处于半公开状态，采取隐蔽方式开展活动。

1939年10月初，上级派原常熟民抗政治处主任杨浩庐同志返回苏常太，传达如下指示：“为执行抗日民族统一战线的政策，主力西移待机。留在‘东路’部队人员与地方党配合，重新组织武装，坚持原地斗争。”当时举行会议，由东路特委代书记张英主持，地点在东塘市以西约三里的庙里。到会人有民抗司令任天石、参谋长薛惠民、常熟县委书记李建模、江抗驻东塘市办事处主任蔡悲鸿、民抗政治处主任杨浩庐、特委代书记张英、江抗指挥部作战参谋兼江亢五路参谋长夏光。当由杨主任传达上级指示，随即大家分析了当时坚持原地斗争的有利条件和不利因素，以及排除克服不利因素的斗争方法。经过讨论，大家一致同意上级指示，重建武装，坚持原地斗争。当研究具体执行时，有人提出用民抗的名义对外，有人提出用江抗的名义对外。有人提出，要坚持苏常太的阵地，在武装建设上，至少要准备组建一个加强营，即四个连的武装，控制基点，逐渐巩固发展，待主力回师，再全部恢复东路阵地。讨论结果，决定成立江抗东路司令部，由夏光任司令，杨浩庐任副司令兼政治处主任，黄烽任政治处副主任（以后又委任胡肇汉为副司令，委任原五路二支队支队长周嘉禄为参谋长）。江抗东塘市办事处保留原名义，仍以蔡悲鸿为主任，负责内外联系，并将这次会议决定向上级组织汇报。会议还确定，常熟民抗恢复活动，重建部队，仍以任天石为司令，薛惠民为参谋长。

以上所述，即系“新江抗”、“新民抗”组织的由来。

新江抗虽有名义，但是无部队，无武器弹药，无通讯设备，无作战地图。组建的实际工作是艰难的。

我们首先将留在后方医院但已治愈可以出院的伤病员吴立夏、张世万、叶成忠（均原六团的老红军）等十余人，组编为一个班。拟由此起步，先建一个特务连，以吴立夏为连长，以张世万为排长。经动员周嘉禄把寄藏在他朋友家的一挺轻机枪和十条步枪拿出来，武装上述出院的那一个班。刘飞同志去上海治伤时，将警卫员何彭福并一支驳壳枪全交了我，这样又有了短枪。

坚持方案的第一步，首先是确保对东塘市这个大镇的控制，以此为基点，征收税款，解决小部队给养。其次是巩固肖泾、陆巷、徐家浜等小镇。复动员周嘉禄将尚未随部西撤的少数人员、武器归队组编，陆续建成一个排。加上地方党几个群众工作人员，暂编为东路民运工作队。

10月中的一天，我们获悉，常熟日伪知道江抗部队已全部西撤，企图到东塘市抢粮，其行进路线，我们也已知道。当即确定在北桥水路设伏阻击，以破坏其抢粮计划，保护东塘市镇群众利益。此举出敌意外，当我设伏小组机枪开火，舱面伪军纷纷落水，敌汽艇仓皇靠岸，于是步枪、机枪、掷弹筒（群众叫它小钢炮）一齐开火，巨大声响冲破阳澄湖上空。此次行动虽无缴获，但达到了给日伪以警告，粉碎了它抢粮的企图。并且用事实证明了：新四军并没有完全撤走，仍在打鬼子，仍在为抗战、为群众利益而战斗。当天宗家浜一带群众，在枪声中主动出船出力，帮助小部队人民子弟兵送饭送水，令人感动。

通过这次枪声，我们趁机再次宣传抗战十大纲领，宣传抗日民族统一战线，反对打着抗战招牌，实际鱼肉人民的破坏抗战的分子。

在我们重建武装的同时，被我收编的部队的负责人，也各在原地收集残部、重搞武装，有些人还准备接受国民党的委任。为了使他们不致结成联盟来对付我们，同时促使国民党对他们产生疑虑，我们采取了个别对待的办法。例如，胡肇汉以洇泾、湘城为活动中心，忠救企图委他为先遣支队司令，我们便委任他为东路副司令，并令其在原地活动，守备阳澄湖大门。对周嘉禄，委任他为参谋长，以求确切控制肖泾、陆巷、横泾地区，作为我们活动的基点，因为周是陆巷人，有其社会基础。对甘露、荡口的杨忠，保持一定的联系。而对赵北、马乐鸣和王士兰等，主张暂不惊动。对强学曾，则由无锡县委继续做工作。一切手段，均为了赢得时间，使新江抗有组建的条件。

可是，马乐鸣、赵北的中心活动区，同我们只是一河之隔。他们知道我们地区钱粮丰富，部队甚少。据说曾两次召开干部会议，准备向我们进攻；周嘉禄是本地人，消息灵通，他告诉了我。我说，不要怕，他来，跟他干，事实上情况确很严重，他们有人枪千余，且均系地头蛇，而我们重建武装，只有一个排兵力，力量悬殊甚大。对此，我们必须有信心，有决心，必须注意策略，灵活斗争。可是那个周嘉禄，借口有病要治，却离开了部队。另一次，据可靠消息，赵、马要过河东来。我们立即秘密离开东塘市、肖陆地区，转到常熟县的东部何市地区；而要东塘市办事处主任蔡悲鸿，代表我们欢迎、接待，并慰劳了两头猪、几担米和一些毛巾之类的日用品，表明了我部队另有任务，隔几天就回来之意。赵、马看到目的不可能达到，且自觉理亏，两天之后，便退回原驻地。我们则暂时记下了这笔账，等待尔后再算。

省保安四团王士兰，人枪千余。知我部队正在重建，并欺我无力东顾，有向我们何市地区进扰的企图。

为了巩固基点，扩大武装宣传，我们进行了一系列的“小动作”。例如为我控制的主要市镇东塘市，是苏常鱼粮和阳澄湖螃蟹向上海出口的重点，旺季搞得好，每天可收入税款三四千元。大家对它看得眼红，昆山巴城的敌特、苏州敌特、常熟日伪常来骚扰抢粮。地方小股土匪也到石牌破坏我们的税卡，甚至公开到李市抢劫我们地区群众的耕牛，焚烧房子。在这种情况下，我们就分别对待。

我们使用初建的两个班武装，开进东塘市镇，公开宣布抓特务；晚上要每家商店在门口点上灯笼，并在街道桥梁布置岗哨，大叫“口令”，然后以小组武装挨户检查，从而造成紧张空气。坚持到天亮后，小部队悄悄开进附近小村庄睡觉休息。如此不定期地检查、抓特务，消息远扬，果然收到了效果，使敌伪、汉奸、特务对这个基点有所顾虑，减少了他们活动的程度。有一次，也确实抓住了伪军派来的游击司令，查明实据，公开处决。

对抢劫耕牛、焚烧房子、损害我们地区群众利益的小股土匪，则趁群众愤恨之际，根据确切的侦察，立即予以歼击。一次在李市附近的战斗中，除打伤打散一些外，还抓住两个活的，当即在镇上召开群众大会进行示众，并交国民党县长去处理。这样，也就起到了宣告国民党祸国殃民的作用（当时我们尚未建立政权，仍然利用原保甲长、乡镇长那套组织）。

另外一种斗争方式，是在群众中公开宣传，虚张声势，说我江抗主力是为了执行新的任务暂时西移，不久即将回师东路地区。还要求地方征集军鞋和毛巾等慰劳品。这是基于群众对新四军深刻怀念的心理，运用江抗在群众中的政治军事威望，以昭告于周围远近对我心怀不满和阴谋欺我的敌人、仇人，意思是说："你们今天欺侮我们，明天我们主力回师后再来收拾你们！"如此虚虚实实，用声威控制，也收到了一些争取时间的效果。

当部队逐渐建成一个连队时，我们注意了对边沿地区进行武装宣传：召开群众大会，宣讲抗战十大纲领和抗日民族统一战线，散发传单标语。如一次挺进长江边的吴市，一方面，布置持枪武装进入街道巡逻警戒；一方面，将原江抗存放着的黄色军服，给常熟塘北不脱产的抗日自卫队200余人穿起来，叫他们在市镇附近的大路两旁，这样造成声势，使群众知道新四军留在东路的人还不少。宣传目的达到后，自卫队即脱下军衣各自回去，军衣收起存放，主力连随即转移营地。运用这一方式，部队曾经活动到阳澄湖南边的悬珠、太仓的双凤和昆山的周墅附近进行宣传。部队到悬珠时才早晨8点，伪维持会以为是"皇军"，出来迎接，却不料是新四军。

在财政经济方面，除支付部队及地方党的开支，供应工作人员所需外，还尽量给主力部队以经济上的补充。我们商定，由杨浩庐同志抽出一定时间，协助常熟县委及东塘市办事处，集中力量，搞好捐税的征收。这一工作很艰巨，可是成效甚大。当时东西交通主要是由张志强同志冒着生命危险去完成任务的。

三、部队的成长

自 1939 年 10 月起，后方医院已愈的伤病兵员随愈随编。原五路二支队少数未曾西撤的人员，陆续动员归队整编，前后集中约一个排。又经逐步扩充，初步建成一个特务连，有两挺机枪，步枪齐全。

国民党省保安第四团，人枪千余，驻太仓岳王市、牌楼及沿江之线，看到我们部队少，伺我对东西地区难于兼顾之机，企图侵入我何市地区。讵料日军为南进做准备，巩固其战略后方，对省四团进行一次“扫荡”，该部被一扫即溃。我们闻讯后，因该部有我们地下党的工作，我和杨浩庐同志就以支援友邻部队、代为收容为名，率特务连连夜冒雪跑了 80 里，于拂晓到达岳王市地区，由当时任国民党区长、进步青年浦太福同志当向导。部队刚到，就被国民党太仓县书记长知道。对方着特务将与我们有关系的人暗杀，并与我们谈判。彼责难我们乘人之危。我们以团结抗战、大义为重等语作教育，说明所以及时远道而来是为了代为掩护收容，并表示可以让该部暂时到我们地区休整。嗣后，我们即将其第三营一部人枪数十（由其副营长郭曦晨、连长李超率领）带回何市地区，对郭、李所部，既保持原来建制，又加强政治思想教育。以后由于情况变化，将它编入东路战斗序列（组建成一个连）。

对何市殷玉如独立二大队，经过耐心动员和教育之后，我们从特务连抽出一个排，不带武装，派去帮助，将殷玉如埋藏的四挺轻机枪、几十条步枪拿出来，又令其将分散人员召集回队进行整编。该部保留二大队名义，仍以何市地区为基点，有时配合东路部队行动（实际组编成一个连）。

原青昆游击大队随江抗西撤后，在顾复生、吕炳奎同志领导下，又组成几十人的部队。因活动地区情况紧张，由连长刘××、指导员刘子荣（人称小刘）奉令率部队进入苏常太，整编为一个连。以后编入东路战斗序列。

常熟民抗自恢复活动后，从原常备队及不脱产的自卫队中，选优上升，组成第一连，由连长薛村率领，随东路部队训练作战，一起行动。尔后上升主力，编入战斗序列。

此外，发动群众，参加人民子弟兵队伍，上海党亦帮助动员工人、学生下乡参军，使部队逐渐扩大。

这样，从 1939 年 10 月至 1940 年 4 月，江抗东路司令部及部队共有 500 余人，在数量上，已达到了建立一个加强营的目的，唯战斗力还有待于在实践中逐步提高。

对于锄奸保卫工作，在入伍审查时即予以注意，以保证部队的巩固和纯洁。对于受敌伪顽间接或直接影响和破坏我们部队的分子做到一经发现，随即清理。如一次在十善村，对企图集体带枪逃跑者，枪毙七名。又如发现王士兰派人前来瓦解我们从太仓收容改编的部队，于 1940 年夏坚决将来人镇压。

据我保存的当年的战斗统计：自 1939 年 10 月至 1940 年 10 月，新江抗经历大小战斗共计 47 次。接触敌军 2250 名、伪军 3900 名。击毙敌军 147 名、伪军 357 名。击伤敌军 112 名、伪军 433 名。生俘伪军 298 名。缴获步枪 266 支、轻机枪 13 挺、驳壳枪 29 支、手枪 6 支、各种弹药 1.6 万发。

我方阵亡军官 22 名，战士 165 名。负伤军官 30 名，战士 89 名。

第三部分　谭震林同志到达东路后

一、谭震林同志的到来

1939年10月，我们接受上级指示，在东路地区重建武装，坚持原地斗争。首先是苏常太地区，在地方党与部队党的领导下，依靠广大群众的支持和部队指战员的英勇奋斗，它由小到大，由被动转为主动。有了武装就有了发言权，通过短促的半年时间的工作，使日军又增加了对其战略区的顾虑，使伪军重被压缩在有限的骚乱范围，使反共的顽固分子不断增加新的创伤。另一方面，部队和地区逐渐恢复，而领导这一斗争的干部的政治思想水平和作战经验，以及连队基层干部的配备，等等，均已与现实的复杂尖锐的斗争不相适应，这对我党我军战略任务的完成，带来了不少问题。特别是杨浩庐同志因在1940年春节负伤转后方医院后，领导力量更感不足，因此请求上级派人前来加强领导。经上级同意，于1940年3月，派吴仲超、何克希两同志来东路，搞经济工作的张最真同志，则先于3月中就到来。4月，军部派谭震林同志到东路来负责全面领导，他带来了一批团营干部，先后来到东路，其中有张开荆、温玉成、刘飞、张鏖、戴克林、俞求清、樊道余、白书章、阮文光、丘布、王坚、王澂明，等等。

谭震林同志和一大批团营干部的到来，是东路新的变化的开端。

二、谭震林同志初到时所作的一些部署

谭震林同志到来后，认真听取了各方面工作的汇报，经过检查、

分析，作了一些新的部署。就我所知和记忆所及，有如下数端：

1. 加强党的建设，统一党的领导。

原东路特委直属上海地下党领导，老江抗进入东路后，部队党和地方党共同商议解决当时有关的重大问题。建立新江抗后，领导关系没有明确，小部队的诸方面工作，都尊重地方党的领导。但正因为如此，多少影响了部队的发展壮大。谭震林同志经与有关方面协商后，确定成立苏南区党委，东路特委归苏南区党委领导。区党委由谭震林同志兼任书记，邓振询同志任副书记；吴仲超同志任委员兼秘书长（皖南事变后，东路特委改组，他任东路特委书记）。这样，就既统一了又加强了党对沪宁路以东和以西地区的领导，有利于部队的作战，有利于地区的巩固与发展。

东路特委领导下的地区，正式建立或加强了各县的县区级组织，为建设政权，扩大武装部队等各项工作做准备。

上海党先后增派了不少干部，以加强党的领导，其中有冯二郎、吴达人（顾准）、赵秀英（肖英）、浦清、吴志诚、王新民、徐克强等。

2. 扩大武装，从苏常太出击。

部队方面，将原江南抗日义勇军东路司令部这个番号，改为江南抗日救国军。谭震林同志化名为林俊，任司令员兼政委。

依据当时东路地区各地方武装的活动情况，林司令着何克希、夏光，率领原东路部队，从苏常太向澄锡虞地区出击。

当时地方武装的动态是：马乐鸣、赵北已接受国民党江苏省保安三纵队司令的委任。胡肇汉也已重新组织百余人的队伍，仍在湘泾、湘城地区活动；而忠义救国军在积极争取胡部作为它的先遣支队，国民党江南行署方面也在活动，企图把胡部编组成保安纵队。甘露、荡口的杨忠也已重建几十人的队伍，杨本人曾到国民党主力驻地宜兴地区受训。无锡强学曾、陈凤威等均已建立小部队。

依据上述情况，采用了分别对待的方针。确定先解决马乐鸣、赵北部队，并充分利用其内部矛盾，审察得失利害，又确定了首先歼灭其下属第三支队——原乐三、乐四部队。因为乐三、乐四原系昆山巴城以北的土匪，曾几次对我们地区进行破坏和攻击，但未能将其歼灭。自被马、赵收编后，调驻虞西顾山地区。1940 年 6 月，我们派一个支队，从常熟塘北出发，绕过常熟城，经大义桥，进入顾山地区，发动战斗，将马、赵的三支队大部歼灭。当时我军对外宣传：我们专打三支队，不打一支队、二支队；对于在战地抓到的人员，首先盘问“你是哪个支队的？”只要他说是一支队或二支队的，就立即放掉。这样，就麻痹了一、二支队，孤立了三支队。战斗时一、二支队距离很近，却按兵不动，不去支援三支队。三支队解决后，我们又在 7 月 27 日发动港下战斗，将其一、二支队全部击溃，俘获一部；赵北被击伤，马乐鸣、金南屏逃回到练塘、杨树园地区。以后，我们又进行过几次扫荡，将其老巢倾覆，最终地解除了腹地大患。

在解决赵、马三支队之后不久，我们还在锡北夏庄，解决了江苏省保安六纵队司令丁松林部队数十人，作为对其 5 月份破坏抗战行为的惩罚。当场处决忠救特务七名；丁松林缴枪认罪，予以释放。

同年 9 月，谭震林同志和我率二支队，从肖泾、陆巷地区出发，经渭泾塘，通过苏常公路封锁线，到达新安、羊尖之线，可能目标被发现，当天下午，与日军战斗半天。第二天，在甘露、荡口镇上召开了群众大会。谭震林同志在大会上讲了话，并对杨忠、安蔚南（国民党常熟县长）晓以抗战大义，进行教育争取。在新安镇地区时，还曾与无锡地方党的同志取得联系，听取有关该县各方面情况的汇报，任务完成后，即返回苏常地区。

3. 部队调整组编。

为了有利于部队的行动、战斗、发展，对部队进行了调整组编，并将指挥机构西移至澄锡虞地区。具体情况和措施是：

以原常熟常备队上升组成的第一连，及后续上升的两个连，合组成第一支队（相当于营），由戴克林同志负责。

以原特务连为基础，并入二大队（连）及省四团收容过来的部队（连），组成第二支队，由陈挺同志负责。

以原青昆支队的一个连为基础，将东塘市常备队上升组成一个连，另以由上海陆续参军的青年工人、学生，新老调配组成一个连，组成第三支队，由温玉成、夏光负责加速组训。

从常熟塘南、塘北脱产常备队中择优上升，组成三个连，编为第五支队，由薛惠民同志负责。

以在太湖地区活动的顾复兴部队与部分地方武装合组成第四支队。

以原无锡强学曾、陈凤威、严振山组成的游击队，加上江阴部分地方武装，组成第六支队。

以原在澄西活动的部队编为第七支队。

4. 组织战斗，开展活动。

为配合江北主力，争取黄桥战斗的胜利，曾派一支队由戴克林率领渡江增援。人数虽不多，但影响甚大，群众说："江南新四军增援了！"我一支队到达战地时，战斗刚结束，当即奉令帮助打扫战场，押送俘虏。任务完成后，陈毅、粟裕、叶飞诸首长发给我一支队每班一挺轻机枪，每人四个手榴弹，步枪都配上刺刀，并补充了几个干部。部队胜利返回江南澄锡虞，成为装备最好的部队。

二支队、四支队和六支队在澄锡地区，积极开展对原忠救五支队袁亚承、十支队周振纲残余部队的搜剿，该残部已经隐蔽，未敢再次集结。陈挺所率二支队，着重对青旸公路两侧进行搜剿；高杏宝残部被肃清，少数人进入伪据点。在桐岐，与日军、伪军打响了遭遇战，俘敌伪七名，缴获部分弹药。此外，逐渐打通了常州、丹阳地区的交通，并控制了申港这个与苏北交通的重要渡口。

虞西常备队在顾山、长泾、北涸地区开展活动，清除了该地区忠救

五、十支队的残留人员。

1941 年初，由夏光率领三支队全部，进入杨舍、鹿苑地区，对日伪据点进行了袭击。同时，顺利地解决了国民党常熟县保安部队两个中队的全部人枪，以及收编了地方武装杨行方部数十人和全部武器。事后回锡北。

8 月初，一、五支队由夏光率领，在苏常活动。三支队由温玉成率领，在无锡甘露、荡口，对杨忠重新武装的部队，进行了几次搜剿，将该部击溃，俘获其电台工作人员，缴获其电台及部分武装。但其残留人员，分散隐蔽，久久未能予以肃清。

在近一年的时间里，小部队经过调整组编，积极行动作战，其人员由于从战斗俘获人员中得到补充，从地方上个别动员，从县区常备队中上升，特别是从上海由地下党秘密动员工人、青年学生下乡参加新四军，使部队逐渐得到充实和发展。至 1941 年初，整个东路，澄锡虞、苏常太地区全部恢复，约计控制大小乡村市镇 94 个，人口 200 余万；与路西、太湖、茅山地区连成一片。当时江抗部队共有六个支队（营），另有一个教导大队（抵一个营），以及 11 个常备队（连）。支队下所属大队（连）平均 80 人左右，常备队 40 人至 50 人不等，实额仍感不足。

当时一、二支队为主力，三、四支队比五、六支队战斗力较强。澄西的第七支队，归路西指挥。主力每排有轻机枪一挺，步枪齐全，弹药亦较充足；三、四支队平均每连有轻机枪两挺；五、六支队火器配备较差。

此外尚有：（一）淞沪游击纵队，由周达明率领，活动于青浦、沪郊一带；（二）浦东支队，由连柏生率领，活动于浦东。均无电台联系。淞沪游击纵队在 3 月间遭到顽军袭击，周达明同志及该部大部分人员牺牲；小部分人员突围，经昆山并入一支队。日伪在浦东开始“清乡”后，浦东支队转移到浙东，以三北地区为立足点；以后活动于余姚、四明山一带，开辟新区。

三、部队的改名、改编和战斗、训练

（一）部队的改名和改编

1940年11月间，江抗部队在指挥部与支队之间增设了纵队（相当团）一级的战斗序列，所属各支队的序列不变。

以一、五两个支队合编为一纵队，夏光为司令，刘飞为政委。

以二、六两个支队合编为二纵队，陈挺为司令。

以三、四两个支队合编为三纵队，温玉成为司令。

1941年皖南事变后，于2月上旬，奉令改变部队番号，将"江南抗日救国军"改为"新四军第三支队"，谭震林任司令。下属建制不变。

江南保安司令部亦于斯时正式成立，何克希为保安司令。以常备队上升，组成两个警卫团——警卫一团、警卫二团，和两个警卫营——警一营、警三营，共14个连；每连平均40余人，能作战者仅四五个连。

同年8月中旬，又奉令将新四军第三支队改编为新四军第六师第十八旅。六师师长、政委均由谭震林同志担任。十八旅旅长为江渭清，政委为温玉成，参谋长为夏光，政治部主任为张英。

原新四军第三支队的一纵队改为十八旅的五十三团，刘飞任团长；原江抗一、五支队分别为该团的一、二营。二纵队改为五十二团，陈挺任团长；二、六支队分别为该团的一、二营，属西路指挥的七支队为该团的三营。三纵队改为五十四团，吴泳湘任团长；三、四支队分别为该团的一、二营，警卫三营为该团的三营。

另成立五十一团，归十八旅指挥。

（二）部队的战斗和训练

新江抗自1939年10月成立起至1940年4月止，在半年的时间里，中心任务是重建部队，控制基点，逐渐扩大发展，坚持恢复原地的斗争。在策略上，既要保持并提高广大群众对抗战胜利的信心，又要不过分“刺激”敌伪，以免引起他们不断下乡骚扰、抢劫和“扫荡”，更要保存和发展有生力量，准备迎接全面恢复东路地区的斗争和新的战略任务。因此在这段时间里，依据中心任务、当面敌情以及主观条件，进行了一些小型的战斗（其中有些是被动的），如北桥的伏击，李市的歼击，以及12月13日的沈浜战斗，1月25日的陆家桥战斗，1月27日的华村战斗，2月6日北桥的第二次伏击，2月8日的杨沟淡战斗，4月25日的北港庙战斗。

杨沟溇战斗的时间，刚好是旧历春节。我们没有经验，思想上麻痹，认为年初一不会有什么敌情，可是这一考虑正好为日军所利用。由于我们没有得到什么情报，当天早晨，监视侦察员派出较迟。上午7时，巴城日军一小队配合伪军共约60人，乘汽艇直驶我们驻地。警戒哨兵鸣枪报告，我跑到庄沿时，敌已登陆，并已架好轻机枪。战斗刚打响，警卫员何彭福负了伤。双方展开激战，由前沿战转为争夺屋脊和发生巷战。后我翼侧部队抄到敌后，日军指挥萨一岛队长被击毙，敌即停止攻击并后撤。我们分析，来敌不止一路，须防其合击，加之副司令杨浩庐同志负伤，于是立即临时就近动员船只，打扫战场，慰问群众，部队白天转移。此次战斗，毙敌十余人，伤敌二十余人；我们负伤十余人，指导员褚学潜等17位同志光荣牺牲。教训是，如果情报灵，有准备，这是一次对日军进行歼灭战的大好战机——可是没有抓住，至今犹令人惋惜。

再说北港庙战斗的情况，北港庙在归家市北二里，距东张市三里，距北新闸敌人据点约六里。县城里的敌伪，因为没有完全了解常熟东乡部队的情况，故每隔两三天，就指派武装部队从各据点分路配合，实行巡逻示威，骚扰乡村的战术。半月前，我们民抗工作人员截获敌伪包运上海的大米600包后，更引起了敌人的疯狂报复。4月25日上午9时半，敌伪兵分四路，向我驻白茆塘东、陈家角之江抗一部，及设营于北港庙附近江家宅基、蒋家港之民抗部队出击。因我方没有歼灭战条件，敌我对峙，战斗6小时，均无进展；及黄昏，敌人仓皇撤逃，我方亦退出战斗。此役敌死伤约30名，弹药消耗甚多；我方牺牲8名，伤6名，无缴获。通过战斗，我们部队士气很高，对群众影响很大。可是未能获得良好战果，主要原因是：情报不确切；通讯联络太差，缺乏协同作战精神；指挥不灵活，不符合速战速决的原则；战士不善于利用地形地物，射击不准确。

尔后，在1940年12月13日的张家浜对日军作战中，赵熙同志光荣牺牲；1941年3月，在东塘市以东对县城日军作战中，教导员陈岳章同志光荣牺牲。

由于敌伪据点林立，我活动地区狭小，很容易遭受敌人的分进合击，所以，我们组织部队进行训练，非常谨慎和机动灵活。

例如，天不亮就起床跑步，不叫口令，不数番号。吃饭完毕，打好背包，枪靠肩头，坐待天明。拂晓前派出侦察人员，于交通要道严密监视，如有敌情，鸣枪报警，驻地哨兵亦用枪声为号。部队首长、战士，全神注意枪声，决定是否作战斗或转移。到了天明，如无情况，便放好便衣岗哨，按预定计划，进行工作和学习操练。

由于一有情况，便要转移，因之，在一个庄子，每次顶多只能住三天。而有时一天中要转移两次。为了迷惑敌人，有时部队往往在黄昏前集合，从甲村转到乙村宿营，有意暴露一下目标，进行唱歌和游戏，可是到了夜半时，部队却悄悄地转移到其他庄子里去了。进了这个庄子，随即封锁消息，只准进不准出；侦察员立即到指定监视点，执行监视任务。这种警戒，要到拂晓以后才能除。部队首长进庄以后，则首先调查并实地侦察村庄通往各地的道路，估计敌人可能选定的进攻方向；确定部队于紧急情况下的集合地点，预定运动方向；并弄清驻地可以利用的地形地物。其次是检查岗哨的位置是否正确，哨兵是否尽其职责。所有这些，主要是为了对付敌人的分进合击、夜间运动、拂晓包围攻击的战术。部队长期处于紧张的备战状态。故虽遭受敌人的袭击，但终究没有遭到敌人分进合击，造成大的损失。

由于上述情况和条件，开展部队训练，在平时，进行政治思想和党的优良传统方面教育较多。至于军事训练，除军事常识教育外，着重于夜间教育，还有村落战斗，游泳、渡河、撑船，射击、投弹、刺杀等的训练。这些，在有限的场地或范围内均可进行，而且，以在村内、室内学习训练的时间比较多。此外，在农忙时，还穿了便衣，帮助驻地群众从事各种劳动。

部队在装备方面，也在非常困难的条件下，想办法逐步改善。我们从由上海党动员下乡参军的人员中，选择曾经搞过金工的工人，组织他们修理枪支，将旧子弹翻造改装，并逐步发展收集废铁翻砂，自造手榴弹，自打刺刀，终于成立了小型修械所。我们又先以少数人组成被服修理小组，逐步发展为小型被服厂，以解决部队服装等的问题。唯医药品及应用简易器械，则有赖于地方党的多方设法筹措。

在江南游击区，总的说来，斗争比较紧张。但相对来说，物产丰富，生活比较好。不过部队仍以红军为光辉榜样，即使有钱，也不多花。每人每天伙食费，柴米油盐菜一应在内，开始只开支九分钱，以后也只提高到一角二分，每逢过年过节，才稍有增加。当地群众时有慰劳，能吃到猪肉。在平时，如果听到炊事员说："好消息，今天吃咸菜烧黄鱼"，大家就很高兴。部队没有什么军饷，每人每月发津贴，先是五毛钱，以后加到一块钱。指挥员、战斗员一样待遇，同等生活，没有什么官兵之分。大家同吃一锅饭，同穿一样衣，行军作战同坐一条船，同一个战斗目标，为祖国、为民族，既准备共享抗战胜利果实，也准备随时付出宝贵的生命，很少想到其他个人问题。大家日子过得很富有生活气息，很乐观，很愉快。

在苏常太，部分是水网地区，行军作战，甚至放哨，均要用船，这就必须依靠当地群众的支持与配合。对此，苏常水乡群众的负担很大；特别在战斗中，群众帮助救护伤员，同样遭到伤亡。在战士的帮助下，水乡群众也学得了一些水上行军战术，懂得了一点接敌运动要求。如接敌或通过封锁线时，不得讲话，不能吸烟（因为一有火光，就容易暴露）。在运动中要排成一路或两路纵队，曲身隐蔽，静悄悄地快速前进；在水上，只允许有节奏的扳艄推艄和撑竹篙的声响，要保持严肃和紧张。

回想当年，水上黑夜行军，我们的船队，宛如一条长龙，迎风前进，激起水面微波。如遇明月当头，水光摇曳，映衬着远近的点点捕鱼捉蟹的灯光，如此富有诗情画意的夜景，更觉得祖国河山秀丽可爱。但严酷的现实是：铁蹄纵横，河山破碎，又不免激起更大的心潮。

丹北地区抗日斗争的回顾

陈光

抗日战争期间，我在丹北地区工作了三年。在中国共产党的领导下，丹北地区广大干部、群众艰苦卓绝的斗争业绩，一直深深地留在我的记忆里。

丹北地区位于镇江和无锡之间，管辖范围包括江都曹王寺以南，三汊河以东，锡澄公路以西，京沪铁路两侧的地方，呈狭长的口袋状。在党的领导下，丹北地区人民凭借这块南北交通跳板的战略位置，演出了许多有声有色威武雄壮的活剧，为民族解放和人民解放事业作出了重大贡献。

受命于艰难之时

我到丹北地区工作，是苏皖区党委的决定。临行前，即 1940 年 4 月 25 日，区党委书记邓振询同志同我一起到江南指挥部见了陈毅同志。陈毅同志着重分析了丹北地区的斗争形势和地理特点，提出今后的主要任务。丹北地区东通大上海，西通汪精卫的伪首府南京。敌人竭尽全力要控制这个地区，而这个地区又是我新四军南来北往的交通要道，是大江南北交通的跳板，军队到苏北要经过这里，苏北的军队南下也必须经过这里。陈毅同志说，现在那里是国民党顽固派、日本侵略者、汪精卫三股反动势力企图牢固控制的地方，再加上传统的封建势力及其影响，社会情况和政治情况十分复杂，斗争很激烈，处于敌强我弱的状况。因此，苏皖区党委决定派你去担任丹北中心县委书记，主要任务就是放手发动群众，壮大我们的力量，巩固这块游击根据地，确保长江南北、铁路南北这个交通咽喉。我就是在原来的中心县委书记周苏平同志陷入日寇包围被捕、武进县委书记周志贞同志遭到国民党顽固派残杀后的这种斗争非常复杂、艰苦的条件下，带着这个任务到丹北地区的。

我奉命于1940年5月1日到丹北地区，同我一起过京沪铁路的还有洪天成、彭炎等同志，5月2日到达丹阳访仙桥附近。

从1940年5月至9月，我担任丹北中心县委书记。当时，丹北中心县委和澄锡武中心县委均属苏皖区党委领导。1940年秋黄桥解放后，成立了苏北区党委。为了确保长江南北、铁路南北交通畅通无阻，形成统一的领导系统，将丹北中心县委和澄锡武中心县委合并，1940年9月底在丹阳县界牌母子圩成立京沪路北特委，归苏北区党委领导。特委成立时，苏皖区党委书记邓振询同志和江南指挥部政治部主任刘炎同志出席了大会。会上。刘炎同志作了政治形势的报告，我作了今后工作任务的报告。特委书记是我，组织部长钱敏，宣传部长彭炎，妇女部长凌菲，青年部长周彬，敌工委员会书记王龙。路北特委辖武进县、澄西县、山南县、山北县、江镇工作委员会（江就是江都县一部分地区，镇就是镇江县长江以北地区）。铁路工委和长江工委属县级机构，是在1941年11月底东路“清乡”以后成立的。这就是丹北地区党组织沿革的大概情况。

我到丹北地区之前，这个地方随着群众抗日斗争的日益发展，在党的领导下，建立了当地的抗日武装组织，已为根据地建设打下了一定的基础。1940 年 1 月，成立了“四抗会”（丹阳、镇江、扬中、武进京沪路北地段），主任是管寒涛，副主任韦永义；“三抗会”（江阴、无锡、武进县的东北地段），主任梅光迪，副主任张志强。“四抗会”、“三抗会”名义上是个抗敌委员会组织，实际上是在我党领导下具有政权性质的组织，但还没有真正发挥政权的作用。当时，我们一些地方干部还不太懂得怎样运用这个政权去发动群众，进一步开展对敌斗争。

我到丹北地区以后，根据陈毅同志的讲话精神，按照这个地区的地理条件和斗争特点，运用各种斗争形式开展工作。千方百计巩固这个抗日根据地，确保这条交通线，使我新四军和地方干部，北进，能到达苏北；南进，能去皖南、浙西。我来丹北的时候，新四军一支队的老二团就在这个地区活动。粟裕同志于 1940 年 6 月到丹北中心县委检查部队渡江前的准备工作，我在二十七圩同粟裕同志见面，并向他汇报了长江两岸交通线的情况，随后粟裕同志带领部队顺利地渡江北上。

三年艰苦卓绝的斗争

从 1940 年 5 月 1 日起到我离开丹北时为止，这三年我们主要做了五件事：

第一，深入发动群众。我到丹北地区以后，首先碰到一个问题，就是要不要通过减租减息来放手发动群众，组织群众。1940 年 5 月 4 日，中共中央给东南局发出指示，要求“在今年一年内，在江浙两省敌后地区扩大抗日武装至10万人枪和迅速建立政权”，并指出，“过去已经失去了时机，若再失去今年的时机，将来就会更困难了”。根据中央指示精神来检查这个地区的群众发动工作，应当说是远远不够的。因此如何把群众充分发动起来，是当时摆在我们面前的首要课题。当时在丹北地区有个区委书记，富农家庭出身，对减租减息有抵触情绪，他家里就没有实行减租减息。为了解决这个问题，中心县委起草了一个放手发动群众实行减租减息、交租交息的文件。这个文件着重强调了凡是出身于地主富农家庭的共产党员要带头实行减租减息，同时批评了这个区委书记，通过实例教育党员干部。接着，由钱敏同志负责筹组了一个服务团，周彬同志任团长。中心县委并派钱敏同志到上海，通过上海党的外围组织，吸收进步知识青年参加服务团工作。这批青年，经过实际斗争的锻炼，例如到各县大力宣传党的政策，深入发动和组织群众，组织妇抗会、农抗会、青抗会一类的群众性抗日组织等，成为党的工作助手。

与此同时，我们亲自到各县传达贯彻中央的指示，并巡视指导工作。对各县的领导同志主要是进行思想教育工作。启发他们怎样放手发动群众和组织群众，实行减租减息，交租交息。在整整一年之中，我自己背了个文件包和一些换洗衣服，带了两个警卫员，走到哪里，宣传到哪里，住在老百姓家里，吃在老百姓家里，整天同群众在一起。在做干部思想工作的同时，我们经常同老百姓谈心，宣传党的减租减息、交租交息的政策，宣传日寇侵华必败，我们抗战必胜的道理，使减租减息运动一步步地深入下去，让群众得到实惠，把群众的抗日积极性充分调动起来。

在1940年到1941年之间，我们在发动和组织群众的基础上，扩大了地方武装。1941年3月底，组建了新四军六师五十一团，团长是张开荆同志，我兼任政委。地方上建立了保安司令部，司令为韦永义，政委由我兼任。保安司令部下设县大队。在群众中建立基干民兵。

当时有的干部对于在发动群众的基础上建立主力部队和地方武装的重要性认识不足，不理解群众斗争是武装斗争的基础，而且只有在充分发动和组织群众的基础上，使武装斗争和群众斗争相结合，把这两项工作紧密联系地抓起来，我们才能长期坚持这个地区的斗争。所以，我们当时主要是抓这两件大事，在发动群众的基础上，迅速建立武装力量，使丹北地区的抗日形势越来越好，也使广大干部从中受到很大教育。

第二，开展武装斗争。黄桥战役后，苏北区党委确定我和吴仲超同志在长江以南坚持斗争。我负责地方工作，任京沪路北特委书记，吴仲超负责军队工作，是江抗西路司令部的政委，司令是梅光迪，副司令是韦永义。

从 1940 年 12 月到 1942 年 4 月，日本侵略军对丹北抗日根据地进行了几次大“扫荡”，我军民英勇地针锋相对地进行斗争，粉碎了敌人的“扫荡”。

第一次大“扫荡”，是 1940 年 12 月，也就是皖南事变的前夕。在我新四军和地方武装的打击下，敌人的一些据点都撤到重要集镇、铁路沿线和县城周围农村附近，埤城据点撤销了，孟河、魏村、姚家桥都没有据点了，圩塘、西石桥、焦溪等一大片地方也没有据点了。1940 年 6 月，新四军江南指挥部北渡长江后，9 月在丹阳县界牌母子圩成立了新的江南指挥部，指挥罗忠毅，政委廖海涛。罗忠毅和苏皖区党委书记邓振询同志，于 10 月离开了丹北地区，把指挥部移到了铁路以南，留下一个主力营，坚持丹北地区的斗争。这个主力营在敌人大“扫荡”后，于 12 月离开了这个地区。这时敌人看到我们新四军江南指挥部带着主力部队北进，只留下了一些地方武装，估计我们站不住脚，妄图一举消灭我们，发动了这次大“扫荡”。敌人在姚家桥、埤城、高桥、访仙桥、孟河、栏木桥、阴沙口、黑木桥、油坊桥、八字桥、石桥、魏村等地方增设了一批据点。为了粉碎敌人的“扫荡”，我们就依靠这个主力营和地方部队同敌人作战。这次敌人来得很猛，直到12月，西路战斗才结束，相持了20多天。到了1941年2月，敌人又在澄西开始“扫荡”了，自魏村以东，直至西石桥、焦溪、龙头桥、三河口、横山桥等地方。我们的部队是打穿插战，当时没有主力部队，只有江抗西路的地方部队。但是我们终于坚持下来，地方干部经受了严重的锻炼和考验。这次大“扫荡”从1940年12月到1941年2月，经历了两个月之久。

第二次大“扫荡”，是1941年8月底。东路敌人“清乡”以后，谭震林同志率领六师师部和十八旅，由澄、锡、虞地区撤到澄西地区。忠义救国军配合日寇、汪伪军跟踪追击到焦溪。谭震林率领六师十八旅和五十一团，在西石桥附近打了一仗，击退了敌人追击。随后，谭震林率领六师十八旅从澄西地区转移到长江以北。

敌人发动第三次大“扫荡”，是在1942年的4月下旬。我们在4月以前就得到情报，知道敌人要来“扫荡”。后来敌人声东击西，先来个兵力大集中，把部队插到铁路以南，而后突然调头转入铁路以北地区，以此迷惑我们，妄图使我们措手不及。敌人这次大“扫荡”，规模很大，调动了常州、镇江、丹阳等几个县的兵力，还动用了扬州、泰兴的部分兵力，封锁了萌沙口到姚家桥这一地区的港口，江面上汽艇来回巡逻，从东西两面夹击，南面堵截。反“扫荡”的战斗是从中心县委驻地腰坝前面的卢家新桥打响的。战斗打响后，我们立即通知机关作准备，让报务员拆了天线，收拾好电台准备转移，并确定了转移方向。一切准备就绪之后，向预定的二十七圩方向突围。当部队前进到二十七圩时，侦察员回来报告说，敌人已封锁了长江的渡口，占领了童家桥，正向二十七圩方向移动。根据这个情况，我当机立断，决定向南突围，率领部队向巴斗山方向前进。在离巴斗山1000多米时，又发现敌人已占领了巴斗山，堵住了我们的去路。为了突围，我命令部队集中火力压住敌人。在战斗中，突然一颗子弹打中了我的右脚，警卫队长丁文龙背着我随部队一起冲破敌人的包围。在这次战斗中，我们歼灭了一批日伪军，击毙了日寇的一个中队长。我们终于顺利地转移到黄山的西南地区。由于我们的部队向巴斗山突围，把敌人从童家桥吸引到巴斗山方面来。中心县委和专署机关干部得以乘机利用青纱帐掩护，分批做了转移。

从1941年起，我军主动拔掉了敌人的一些据点。现在记得的有扬中县的老郎街、油坊桥；武进县的小新桥、横山桥、石桥；无锡的玉祁等据点。在斗争中地方武装得到了锻炼和发展，五十一团也成为主力团。

第三，加强党的建设。加强党的建设，是长期坚持丹北地区抗日武装斗争的关键。而党必须在斗争中建设，在群众斗争和武装斗争中建设，使党真正成为领导抗日斗争的坚强核心。为了加强党的建设，丹北中心县委对丹北地区的政治情况和地理情况，作了详细的调查了解，进行了认真的分析，认为当时丹北地区的社会情况和政治情况是复杂的，军事、政治、经济几方面的斗争十分尖锐。在这种错综复杂的斗争中，在一定时间内，当然必须把主要精力放在军事斗争上。但这不是绝对的。要使军事斗争建立在坚固的基础上，就要放手发动群众、组织群众，取得群众的支持，特别重要的是要有一个坚强的党组织和正确的领导。然而，在党的建设问题上，当时曾一度存在着认识上并不一致的情况，例如1940年10月，在京沪路北特委成立后的第一次会议上就有争论。分歧点是：在敌人占领区的城镇和交通沿线，在游击活动中心区的部分集镇，要不要搞党的单线领导的组织系统。有的同志说不要，理由是党章上没有规定，在一个地区党的组织系统只能有一个，要有两个就不符合党章；有的同志说要建立，理由是这个地区斗争形势复杂，党员在各种群众斗争中容易暴露，一旦暴露，组织就会遭到敌人的破坏，有必要建立秘密的单线领导的党组织系统。虽然党章上没有明文规定，但是从斗争需要出发，为了积蓄力量，等待时机，迎接我军反攻，为了确保交通线的畅通，为了迅速传递情报，必须建立秘密单线领导的党组织。这样做，党内也是有先例可循的。当时，我和钱敏同志主张建立党的单线组织领导系统和半公开的县区党委组织系统，并且把这两个系统绝对分开。尔后的实践表明，这个地区从抗日战争到解放战争，直到百万大军渡长江，单线党组织没有遭到破坏，武工队也一直坚持下来，其原因除了群众基础较好以外，主要是单线联系的党组织领导系统始终存在，组织的隐蔽性和斗争的灵活性都解决得比较好。在党的建设问题上，大家有一个认识过程，最后，通过实际斗争的教育，统一了认识。

第四，加强抗日民主政权。根据党中央、毛泽东同志关于政权建设的指示，我们对丹北地区的抗日政权进行了改造。抗日民主政权的组织形式有个演变、发展过程：1940 年 1 月到 1941 年 4 月，政权组织形式是“四抗会”、“三抗会”。1941 年 1 月国民党顽固派发动皖南事变以后，政权组织形式是专署。1941 年 4 月，正式成立江南第四行政专署，韦永义任专员。根据当时的地理条件，在敌人分割的情况下，重建了县制。第四行政专员公署下辖澄西县、扬中县、山南县、山北县、武进县、江镇办事处。县下设区、乡政权。

在政权演变中还有这么一段情况：从 1940 年 1 月成立“四抗会”，到七八月这一段时期，在县一级政权里都是我们自己人，而在区一级政权里就不同了。区长中，有我们共产党员，也有不少是国民党的老区长。“四抗会”里的人，除少数科长是共产党员外，相当大一部分是国民党留下来的老行政人员。他们的政治态度基本上是倾向于国民党的，在某些关键问题上少数人是反对我们的。在乡政权里，大部分是原来的人马。县级政权虽掌握在我们手里，但实际上我们说了不算，还是他们说了算。为了改变这种状况，从 1940 年 8 月以后，我们就对政权着手进行改造，派了一些共产党员参加政权工作，撤换了一批国民党顽固派和抗日不坚定分子，并吸收党外进步人士和赞成抗日、坚持进步的国民党员参加政权组织，真正建立起共产党领导的抗日民族统一战线的政权。

在敌人占领的中心区，我们派共产党员打进去，做他们的乡长，以对付敌人，积极进行抗日活动。对一般敌伪军占领区，我们实行分化瓦解的政策，通过争取、利用、打击、限制等一系列灵活策略，将完全倾向于敌人的人，逐步转化为两面派，形成两面政权，既应付敌人，也给我们做工作，最后使一些两面派倾向我们，这些人表面上应付敌人，实际上听从我们指挥。这是我党的抗日民族统一战线政策的胜利。

在1940年到1941年上半年的时间里，我们牺牲了一些县级干部。他们当中有的死在日本鬼子手下，有的死在国民党反共顽固派的手下，有的死在反动封建刀会手下。当时，敌人非常猖獗，不仅日伪军和国民党反共顽固派，就连反动封建势力都向我们进攻。造成这种事态的原因，一是有的同志还没有把群众真正发动起来，工作中搞单枪匹马；二是有些基层政权操纵在不可靠的人手里，个别的甚至由顽固派和封建势力把持政权，压制群众；三是我们的一些同志缺乏斗争经验，还不善于开展有理有利有节的斗争。为了改变这种被动局面，当时我们遵照中央关于“锄奸工作必须根据党的民主政治方针，真正提高革命警惕性，使反奸斗争成为群众性的运动”的指示，在武装斗争的支持下，在1941年1月皖南事变的前夕，开展了一场反汉奸、反特务的锄奸斗争，大力进行宣传教育，提高干部群众的革命警惕性和识别奸细的能力。当时我们打击和镇压的是下面三种人：一是死心塌地为日本侵略者效劳的汉奸；二是坚决反共反人民，又投靠日本侵略者当汉奸的“双料货”；三是为敌人效劳、反共反人民的封建把头。我们一方面派陈志同志专门带一个武工队惩治上述三种人，狠狠地打击最坏的汉奸卖国贼；另一方面在军事上主动出击，拔掉了敌人的一些据点，从而显示了我们的力量，使敌人感到共产党的威力。这是我们给日、伪、顽的第一个打击。

对敌人的第二个打击，是反“清乡”斗争。日本侵略军对我苏常太地区搞“清乡”，是1941年7月1日。为了粉碎敌人的阴谋，中心县委在江阴县西石桥的一个地方，召开了反“清乡”斗争的动员大会。出席会议的有县委书记、县长、区委书记、区长、乡长等200多名地方干部和部队的部分干部。会上，我作了反“清乡”斗争的动员报告，报告中提出了开展反“清乡”斗争的要求：一是广泛组织和训练群众性游击小组，采取地方武装和民间游击小组相结合的方针，对敌人作佯攻，牵制敌人，围攻敌人的据点；二是破坏敌人的公路和桥梁，切断敌人的交通线；三是宣传反“清乡”斗争的意义，揭露敌人“以华制华”的阴谋，暴露敌人的狰狞面目；四是锄奸，动员群众揭发汉奸、亲日分子的罪行，提高对汉奸、特务的警惕性，劝告人民不要上他们的当。这些活动的广泛开展，长了人民、干部和军队的志气，灭了敌人的嚣张气焰。

1941年8月，谭震林同志指示我们：要着重加强长江南北、铁路南北这条交通线的工作，要物色合适的人选，打入敌人内部，确保这条交通要道在任何困难条件下不致中断。根据这个指示，我们派遣了一些党员干部打入敌人的据点，开展敌占区城镇和交通要道的工作。由于这些同志的忠诚和机智，积极完成了党赋予的使命。

在这期间，我们对敌伪军政人员、地方实力派和封建道会门做了大量的分化瓦解和争取的工作，大批的伪乡长、伪保长先后被我们争取过来。在这里，我再略举几例：1942年2月，我们争取了汪伪警护军营长陈震起义，他起义时带200多名汪伪士兵过来。我们把他的部队改编为保安司令部独立营，任命他为该营营长。以后又让他到新四军军部抗大学习，现在这个人还在。还有一个大刀会头子钱显生，是武进县郑陆桥那一大片地区大刀会的总台主，也被我们争取过来，从而分化瓦解了这个地区的封建势力，发动了群众，壮大了抗日力量，进一步扩大了抗日游击区。他直到解放战争都跟着我们，新中国成立后，当了我们武进县的副县长。驻扎在镇江县和尚洲的伪自卫团，在一次遭遇战中全团官兵为我们所俘。经过耐心细致的政治工作后，我们将人枪全部放回，原团长仍当团长。在党的政策的感召下，这个团长名义上是伪自卫团团长，实际上听从我们的指挥。这样我们就在敌人的心脏安了个点。日寇投降后，他把部队带了过来，并接受了我们的改编。驻防在新丰车站一带的伪自卫团长被我们争取过来后，对掩护我们的部队过铁路，起了很大作用。抗日胜利后，这个团长也把部队带了过来。我们就这样化敌为友，化险为夷，保障了大江南北交通的畅通。对坚持与人民为敌的顽固分子，我们则坚决打击。敌伪人员经过我们又打又拉、打中有拉、拉中有打的斗争，内部开始分化。事实说明，在斗争中，如果没有群众的支持，没有军事实力作后盾，没有正确的政策和策略，在敌强我弱的情况下，是不可能制服敌人的。

我们当时的困难那么大，为什么能把工作做到敌人的心脏地区，又能够坚持下来？其中重要的一条，就是我们正确地掌握和运用党的斗争策略。我们在做敌伪军和两面派、帮会、大刀会工作中，充分发挥统战政策的威力，并根据时间、地点和不同对象，灵活地运用斗争策略。还有一条就是干部地方化。干部地方化很重要，但只有干部地方化，不用党的纲领和策略思想武装他们的头脑也是不行的。当时我们的情报为什么那么多，同情我们的人为什么那么多？就是因为我们的专员、县长、区长，以及其他许多同志采取各种方式，做了大量的统战工作，做了大量的争取、改造的工作。当时我们很清醒地意识到，对有些人不能太天真，他们今天是我们的争取对象，明天又可能是我们的打击对象。斗争的经验表明：只要我们始终保持清醒的头脑，善于捕捉和利用敌对阵营中的一切矛盾和缝隙，争取和团结暂时的同盟者，以对付主要的敌人，就能使我们在错综复杂、瞬息万变的斗争形势下，取得主动地位，立于不败之地。我们就是根据不断变化的情况，做好这些人的转化工作，团结了一切可以团结的力量，坚持抗日斗争。

第五，训练和培养干部。为了进一步发展抗日力量，争取中间势力和团结一切可能团结的同盟者，尽管当时斗争任务十分繁重，我们还是利用一切时机，对干部进行训练。1942 年 2 月，我们召开了有各县县委书记、县长参加的一次扩大会议。在这次会议上，我作了关于开展对敌伪军和两面派工作的报告，组织到会同志专门学习和研究了统战工作中的方针政策和当前存在的问题，对如何打击分化、瓦解敌人的工作做了新的部署。通过这次会议，使干部的思想更加明确统一了。

同年 3 月，为了提高干部的政策、策略思想水平及领导能力，专门办了一个县级干部训练班。我到训练班给同志们讲课，主要讲党的政策和策略，公开斗争和秘密斗争的关系等，共讲了五课。我们还开办过区委书记、区长训练班，对他们进行党的基本知识教育和党的斗争策略教育。干部通过这些训练班的学习，阶级觉悟和政策思想水平都有新的提高。

为了提高广大党员和群众的政策思想水平，宣传党的方针、政策，我们于 1940 年底创办了《前进报》；1942 年春，出版了《支部生活》。由于斗争形势的变化，《支部生活》出了两期就停刊了。

总之，在 1942 年这段时期，丹北的斗争形势是比较好的。当年 12 月底，王必成、刘培善带领新四军一师二旅过江到茅山地区，经过丹北地区时，受到群众的热情欢迎。老百姓给部队送猪肉、鸡蛋，主动打扫房子，情景相当感人，部队战士受到很大鼓舞。1944 年底，粟裕同志率新四军一师部队过江进军天目山；1945 年双十协定签订后，我苏南部队北撤过江，千军万马经过这里，都平安无事。1942 年丘陵山区遭到了严重旱灾，群众连水都没有喝的，我们就发动群众捐款、捐物，救济灾民渡过了难关。总之，这一年确实是我们斗争活动开展得比较全面、活跃的一年，这个形势后来又有所发展。

基本的经验

抗日的烽火，燃遍了大江南北，燃遍了祖国的大地。这场正义的战争锻炼了人民，赢得了进步。丹北地区的斗争从抗日战争初期开始，一直坚持到全国解放，其经验是很丰富的。我从1940年到1943年，在丹北地区坚持斗争了三年，做了一点工作，就这三年的经验来说，我认为可以归纳为以下几条。

一、党组织团结一致，积极做好党的建设工作。丹北地区的抗日斗争，所以能一直坚持下来，就是党组织团结一致，坚决执行了党中央的方针、政策，并且在实际斗争中灵活地、具体地加以运用，不是死抠教条，照搬照抄。我们坚持边斗争、边探索、边学习、边总结、边提高，一切从丹北的实际出发，创造性地贯彻执行中央的指示。艰难困苦的战争环境教育了我们：团结是根据地的安危和存亡所系，团结是党的生命和力量所在。丹北地区广大党员干部为了抗日胜利，荡涤私心杂念，捐弃个人恩怨，自觉地维护党的团结，不断增强上下级之间、干部之间、党群之间的团结。这是我们在被敌人分割的极端困难的状况下排除万难去夺取胜利的基本条件。三年来，我们在党的领导下，充分发挥了地方干部的作用，有计划有步骤地改造基层政权，正确地开展对敌伪军的工作，分化瓦解敌人，不断壮大我们的力量。同时，我们在军事斗争和群众运动中挑选苗子，发展党员，特别注意在地方干部中发展党员，做好党的组织建设工作。这些同志绝大多数对革命事业忠心耿耿，在纷繁复杂的残酷斗争中经受了严峻的考验，为党为人民做了许多有益的事。在组织形式上，鉴于丹北地区的地理位置和斗争特点，建立了双重组织系统，即公开、半公开的县、区组织系统和单线领导的党的秘密组织系统，利于长期隐蔽，坚持斗争，积蓄力量，等待时机，迎接战略反攻阶段的到来。

二、紧紧地依靠群众，发动群众，扎根在群众之中。发动群众的过程，也就是群众从“自在”阶段转变为“自为”阶段的过程。群众中蕴藏着极大的抗日和革命的积极性，但是，旧的传统观念和国民党的虚伪宣传对群众仍有一定的影响，日本侵略者还利用“同文同种”、“大东亚共荣圈”的谎言蒙骗群众。因而，相当多的群众对日寇既仇恨，又害怕，对国民党顽固派既怀疑，又抱有幻想，不容易很快接受共产党的抗日纲领和政策。要群众自觉地抛弃旧观念接受新思想，就要经过实践来教育群众，启迪群众。我们正是靠党的政策和党的领导，靠军队和干部的模范行动，一点一滴地做工作，使群众从切身的经历和现实的对比中逐步体会到，国民党顽固派代表黑暗和腐败，而共产党则代表光明和进步，是坚决抗日，真心实意为人民谋福利的，从而取得了群众的信任。在反“清乡”斗争中，我们狠狠地打击了敌人。对地主、富农实行减租减息、交租交息政策，让群众得到实惠，也受到中小地主和开明士绅的拥护，取得各阶层的同情，团结了一切可以团结的力量，一致对敌。

三、建立抗日民族统一战线。统一战线，是克敌制胜的法宝。丹北地区的党组织遵照党中央的指示，高举团结抗战的旗帜，坚持抗战，反对投降；坚持团结，反对分裂；坚持进步，反对倒退，同国民党顽固派进行了有理、有利、有节的斗争。首先组织干部认真学习党的统战方针和政策，武装他们的头脑，使他们懂得统战工作“既不是一切联合否认斗争，又不是一切斗争否认联合，而是综合联合和斗争两方面的政策”。在提高干部思想认识的基础上，加强对抗日爱国人士的宣传教育，并根据时间、地点和斗争的需要，灵活运用斗争策略，不断变换斗争方式，积极开展对各阶层的统战工作，打击和孤立了顽固派，争取了中间派，壮大了抗日进步力量。

四、认真做好敌伪军政人员和地方实力派的工作，利用封建帮会的下层组织，采用多种斗争方式，争取团结同情者，分化瓦解敌人。

在组织上，成立了长江工委、江镇工委和铁路工委，使大江南北、铁路沿线形成一个整体，确保丹北地区这条南北交通要道的畅通无阻。

五、干部地方化。在丹北地区的对敌斗争中，我们重视选拔、培养和使用地方干部，实现干部地方化。这些干部土生土长，熟悉当地的风土人情，和当地的群众有着深厚的感情，便于坚持长期而复杂的斗争。我们注意用党的纲领、方针和原则武装他们的头脑，提高他们的政治觉悟、政策水平和领导艺术，使他们胜任愉快地担负起党和人民赋予的抗日斗争重任。

口 述 抗 战

魏海生 高永中 主编

第五册

中共党史出版社

第五册目录

在日机轰炸中坚持斗争

童小鹏

1938年9月，日本帝国主义开始向武汉大举进攻。国民党中央和国民政府及其军事委员会由武汉迁往重庆。根据中共中央指示，我们党在武汉的《新华日报》和八路军驻武汉办事处也搬到重庆继续工作。

10月25日，武汉失守。中央决定，原设在武汉的中共中央长江局撤销，在重庆建立以周恩来为书记，博古、董必武、凯丰、叶剑英、邓颖超等为领导成员的中共中央南方局（对外不公开，机关设在八路军驻渝办事处内），统一领导西南和南方的地下党组织、统一战线工作和八路军驻渝办事处，以及《新华日报》的工作。南方局于1939年1月正式成立，并立即开展各方面的工作。

为动摇中国军民的抗战决心，日本帝国主义采取对重庆进行空中轰炸的办法，尤其是1939年5月3日和4日两天，日军派出几十架轰炸机对重庆市中心进行连续地狂轰滥炸，使得重庆变成一片火海，许多街区成为废墟，市民遭受重大的伤亡和损失。这期间还因为国民党官僚对人民的生命财产不负责任，防空洞内无通风设备，警报未解除，又不准群众出洞透气，以致造成在一个大防空洞内窒息死亡4000多人的大惨剧。

当时中共南方局和八路军办事处的驻地机房街、棉花街也都遭到轰炸。因为我们事先做好准备，在几个月之前就征得爱国人士饶国模女士的同意，在城郊化龙桥红岩嘴、她创办的大有农场内开始为八路军办事处修建一幢办公楼。

5月3日大轰炸后，饶女士即欢迎我们搬到她家里（一幢三层小楼）和雇工宿舍、柴草房里去暂住。这样除周恩来、邓颖超和叶剑英仍住在曾家岩50号“周公馆”外，博古、凯丰住在饶国模女士楼上，董必武及夫人何连芝、两个小孩则住在一间草房里，我和机要科、电台的同志就住在对面山坡上的破瓦房。安排妥当后，我们立即架起电台，同延安党中央和桂林八路军办事处等地恢复了电台联络。各部门的同志也各就各位，继续进行各项工作。

《新华日报》事先也在化龙桥设立了营业部，并在附近的虎头岩下建立了一些简易工棚，挖了防空洞。5月3日和5月4日的大轰炸后，即将人员、机器迅速搬到化龙桥，并加紧扩建办公室和宿舍。当时国民党当局下令重庆各大报只联合出一张“联合报”。《新华日报》一边积极参加“联合报”的工作，一边积极准备恢复自己的版面，把印报机架在防空洞里，在敌机轰炸中仍然可以印报操作。不久，《新华日报》就恢复出报。

日本帝国主义为了破坏、干扰重庆机关和市民的工作和生活秩序，几乎每日甚至夜间都从武汉派少数飞机到重庆来丢几个炸弹，弄得重庆整天甚至夜间都在飞机警报声中过日子，搅得大家经常进出防空洞，不得安宁，也很疲劳，所以大家叫它“疲劳轰炸”。可是，中国抗战军民是英勇不屈的，不管日机怎么样轰炸，仍旧坚守岗位工作，特别是江北兵工厂的工人日夜加班生产军火支援前线。后来大家对飞机警报逐渐习以为常了，除了敌机快靠近时才躲避一下（当时大路旁边就有防空洞），敌机一走，仍照常行动、工作。

南方局和八路军办事处的工作人员，有许多是经过长征的老红军，他们在土地革命时期就有一套躲避飞机的经验，现在又住在重庆郊区，有防空洞，对少数的敌机更是无所谓了。在曾家岩“周公馆”的小院内，也挖了一个小防空壕，可通到室外的江边，当听到敌机声音后才临时进去躲一下，平时照常工作和学习。

叶剑英一直坚持在曾家岩50号办公、住宿。周恩来、董必武、邓颖超则因工作关系来往于曾家岩、红岩之间。为了不受敌机干扰，八路军办事处就在防空洞门口搭了一个席棚，周恩来、董必武常在这里接见外宾或谈工作。为了不耽误同延安党中央的无线电联络，在敌机频繁轰炸时，我们还在防空洞里临时架设了一架15瓦的电台，用手摇马达发电通报，译电员便在防空洞内点上蜡烛翻译电报。

日本帝国主义的狂轰滥炸，国民党反动派的破坏，不仅不能丝毫动摇共产党人的意志，相反，使我们更加斗志昂扬。在以周恩来为首的南方局直接领导下，无论是八路军办事处、《新华日报》，还是地方党组织，都坚决执行党的抗日民族统一战线政策，团结了全国的爱国力量，为把抗日战争坚持到底，取得抗日战争的彻底胜利，准备了充分的条件。

我对皖江人民的怀念

李步新

皖江抗日根据地从始建至今，已多年了。虽时隔半个多世纪，但往事如昨，仍经常萦绕于怀，早想写点什么来抒发这怀念之情。不久前，读了原皖江区党委书记、新四军第七师政治委员曾希圣的遗作《皖江的抗日斗争》，这更激起我对往事的缅怀。曾希圣在遗作中对根据地的创建、巩固和发展及其意义，均作了较完整的记述，基本上再现了历史的真实。为了避免重复，本文仅就皖南特委的沿革以及我调皖江地区任区党委副书记兼组织部长时分管的整风运动、参议会和财经建设等方面的工作再作一些补充，并借此寄托我对曾希圣、孙仲德等和在皖江抗日斗争中英勇献身的烈士们的深切怀念之情。

皖南事变前后

七七事变以后，中共长江局通过沈钧儒先生以“全国救国会”名义，介绍黄诚、谢云晖、刘烈人、方休等中共党员到国民党第七战区司令长官刘湘处做川军部队的统战工作，成立了由黄诚负责的党的特别支部。黄诚等人以“七战区政治部”的名义，在皖南的歙县、休宁、太平、黟县、屯溪、石台、青阳等地开办青年训练班，先后培训了四五百人，并吸收了一批青年入党，为以上各县党组织的建立奠定了基础。同时，我党还派中共党员鲁自成为七战区参谋长。余华（余纪一）也在1937年12月和王丰庆取得了联系，回到屯溪、黟县、休宁等地，积极与吴立奇、魏今非等一起，开展了广泛的抗日宣传活动，恢复和发展了皖南地方党组织。次年2月，我奉陈毅命令，率江西抗日义勇军第一支队300余人到岩寺集中，后编为新四军第一支队二团三营。同时，领导由黄诚负责的特别支部，并和余华、吴立奇新发展的党组织取得了联系。我部到岩寺时，即与泾县地下党员赵允保、曹传忠二人联系上。赵、曹旋即回到泾县发动群众，开展抗日宣传活动。

1938年4月，中共皖南特委成立，我任书记，陈时夫任组织部长，黄诚任宣传部长（后为黄祖炎）兼秘书长，余华任统战部长。同时，成立了中共徽州中心县委，余华兼任书记。随后，特委及岩寺改编的部队随新四军军部移驻泾县云岭，军部周围和长江沿岸各县抗日救亡活动因此得到蓬勃开展，各级党组织和群众抗日团体也普遍建立。到1940年12月新四军军部准备北撤时，泾县、南陵、繁昌、铜陵、青阳等地的地方武装和农、青、妇组织已发展到三四千人，新四军将这支地方武装组建成三个新团，各编入新四军一、二、三支队（原一、二、三支队各有一个老团）。每个支队两个团。

在北撤前夕，中共东南局指示皖南特委先派一批干部过江到无为，特委机关也随军部撤离。撤离前，为继续坚持在皖南地区开展抗日斗争，又组建了以黄耀南为书记的中共皖南秘密特委。特委驻休宁县，下辖铜（陵）繁（昌）芜（湖）、南（陵）芜（湖）宣（城）、泾（县）旌（德）太（平）、徽州四个中心县委。

新四军军部在北移时，突然将路线改向苏南。但国民党当局蓄谋已久，早筑好工事，堵截围歼我新四军，终而酿成了震惊中外的皖南事变。新四军第七师就是在皖南事变的血泊中诞生的。它是由从皖南突围到无为的部队约 700 人，林维先率领的三支队挺进团约 500 人，孙仲德率领的无为游击纵队约 800 人所组成。师长张鼎丞，政委曾希圣，政治部主任何伟。我在皖南事变中负伤，后突围到铜陵敌后养伤。这时，章啸衡即向我反映：我军某部错将我地下党领导的一支游击队领导人谢节之（中共党员）、夏光普（川军过来的）杀害，并将这支武装全部缴械，罪名是他们“假借新四军名义招摇撞骗”。此举引起了沿江地区帮助新四军工作过的抗日爱国人士的不满。我过江后，即和曾希圣、孙仲德商量，公开作出承认“错杀”的决定，并按当时传统礼节，对谢、夏举行隆重的安葬仪式，以挽回社会影响，终而扭转了因一时失误所造成的不利局面。后来，成立了长江游击总队，章啸衡任司令员，我兼任政委。总队的任务是做好敌伪军和团结川军的工作，使沿江一带的统战工作得到健康发展。

春节后，张伟烈从无为来铜陵敌后，接我到无为县白茆洲与曾希圣、孙仲德等会合。其后，我和张伟烈负责收容与组织由皖南突围过江的人员，并与在皖南山区坚持抗日斗争的胡明、孙宗溶等取得了联系。为加强对皖南地区抗日活动的领导，我向中共华中局请示并得到批准，撤销皖南秘密特委，重新组建了由我任书记、黄耀南任副书记兼组织部长、张伟烈任宣传部长的中共皖南特委，方彬任秘书长。特委下辖南芜宣中心县委，书记孙宗溶，副书记沈鹰，泾旌太（皖南山区）中心县委，书记胡明；徽州中心县委，书记崔思权（冯定）。同时，还成立了皖南行政委员会，主任张伟烈。1941 年 9 月，我调七师巢无根据地工作。皖南特委书记由黄耀南接任，组织部长先为陈洪，后为孙宗溶，宣传部长张伟烈，秘书长兼敌工部长王敬之。

1942 年 4 月，根据中共华中局指示，在皖江地区成立皖鄂边区党委。不久，改称为皖鄂赣边区党委（即皖中区党委），书记何伟，副书记兼组织部长由我担任，宣传部长周新武，民运部长黄先。该地区干部队伍的基础是由皖中、皖南地区的干部组成，皖南特委隶属皖中区党委领导。1943 年 3 月，皖江地区在粉碎日伪大“扫荡”和国民党顽固派“清乡”之后，逐步形成了巢无、沿江、和含、铜繁、巢北五块较完整的敌后根据地，并在沿长江两岸建立了大片游击区。为适应新的斗争形势的需要，根据中共华中局决定，根据地实行党的一元化领导，区党委改组，书记曾希圣，副书记兼组织部长仍由我担任，宣传部长何伟，社会部长李丰平，军事部长傅秋涛，秘书长兼敌工部长段洛夫。此时，皖南特委改为皖南地委，书记黄火星，组织部长孙宗溶，后为陈洪，宣传部长张伟烈，宣传部副部长吴立奇。6 月，黄火星调往第七师含和支队工作，地委书记由黄耀南接任。9 月间，何伟、傅秋涛奉调去延安，宣传部长职由周新武接任，谭希林来七师任代师长兼军事部长。曾希圣、谭希林和我三人组成一元化领导核心。年底，皖南地委成立了城市工作部，部长谭伟。

皖江地区的整风运动

皖江的整风从 1942 年夏陆续开始，到 1945 年春基本结束，前后历时三年，大体可分三个阶段。

1942 年夏至 1943 年 6 月，为学习整风文件阶段。区党委和第七师师部根据中共中央《关于在全党开展整顿三风学习运动的指示》及中共华中局、军部的具体部署，从 1942 年 6 月起，县以上党组织均成立了学委会，并根据干部的具体情况，分别编成学习小组，学习中共华中局统一布置的 22 个整风文件，重点学习了毛泽东的《整顿党的作风》、《反对党八股》、《改造我们的学习》，刘少奇的《目前形势，我党我军在华中三年工作的基本总结及今后任务》、《论共产党员的修养》以及中共中央颁发的《关于调查研究的决定》、《关于抗日根据地政策的决定》、《关于反对主观主义、教条主义，反对宗教主义，反对党八股给各级宣传部门的指示》等。方法是在学习之前，由主要负责干部作辅导，而后个人粗读、精读、座谈讨论、写心得笔记等。方式以在职学习为主，每天两小时或半天。县团以上干部另有少数进华中局党校学习。

皖江的整风起步并不算迟，但这一地区长期处于敌伪顽的包围和分割之中，“扫荡”、“围剿”不断，很难有一个相对安定的学习环境。1942 年夏秋季节，沿江一带又洪涝成灾，因而学习也就时断时续，拖延较久，成效也不甚显著。

1943 年 4 月，中共中央发布《关于继续开展整风运动的决定》，要求各级领导应以极大的责任心亲自动手抓好整风工作，以身作则，认真纠正干部中的非无产阶级思想，肃清暗藏的反革命分子。刘少奇对华中地区高级干部的整风工作也作了重要指示，他要求大家在学好文件的基础上，相互开展批评与自我批评，严格检查各级的思想认识和党性，以便改善领导，增进领导干部的团结。5 月，郑位三在由淮南根据地调往豫鄂边根据地任职途经七师时，分别在和含、巢无地区介绍了淮南地区整风的情况与经验教训。6 月，中共华中局召开由各战略区负责人出席的整风会议，明确提出“整风、审干是 1943、1944 两年的中心任务”，要求以区党委为核心，健全整风学习委员会，并由负责人挂帅，紧密结合实际，加强对整风学习的领导。同时，还提出“用战斗掩护整风”的方针。

根据中共中央和华中局的指示，参照其他地区整风的经验，区党委决定自 1943 年 7 月 1 日起，在皖江地区重新开展深入整风。华中局调朱讯任区党委组织部副部长，主管整风运动，健全了整风学习委员会。各地、县委和支队党委也相应成立学分会。区党委首先组织县团以上党组织主要成员重新学习整风文件，并以此为骨干，组织县、团级干部集中办了三期整风学习班，分别对基层干部进行轮训。学习方法一般分三个步骤，即首先解决学风问题，检查和批判主观主义的危害；其次解决党风问题，从剖析宗派主义、自由主义和个人主义入手，促进党内团结；再次结合检查开展审干。在此同时，还结合进行传统教育和时事教育（也称时事整风），加强党的思想建设。

1944 年夏，皖江的整风进入全面审干阶段。这时，抗日战争已度过了严重困难，转向局部反攻的新时期。全面完成整风和审干工作，是夺取抗日战争最后胜利的重要保证。为此，区党委成员和根据地党政军各方面的主要领导干部，认真学习了党中央关于整风和审干的有关方针政策，尤其是学习了毛泽东提出的“一个不杀、大部不捉”和“首长负责，自己动手，领导骨干与广大群众相结合，一般号召与个别指导相结合，调查研究，分清是非轻重，争取失足者，培养干部，教育群众”的审干方针，联系皖江地区的实际，反复讲清“审干的目的是为了发现干部的优点和长处，使工作分配得更合理，以解决干部的不足；是为了把干部历史上的一些问题搞清楚，使干部安心工作，消除误会，互相了解，增强团结。从思想上、组织上纯洁我们的队伍”。在提高认识的基础上，皖江地区各级党组织广泛开展了党员要忠诚地向组织报告自己入党前后的思想演变过程和自己在历史上曾犯过的错误，并要求人人严守纪律，严禁“小广播”。在方法上，我们坚持自我交代与组织调查相结合，群众揭发与部门审理相结合，严禁“逼、供、信”。再通过本人交代和同志们相互帮助，写出个人自传和整风小结。

皖江的整风因战事频繁而时断时续，皖中、皖南地区的进展也先后不一。但总的说来，掌握政策是稳的，发展的过程是健康的。特别是在后期审干中，我们根据党的政策和兄弟地区的成功经验，对人的处理始终是比较慎重的。对个别问题严重、证据确凿者，均按政策作了处理；少数人签上“相信本人交代，今后如发现新问题由本人负责”的意见；大部分则由本人写出整风小结和自传，经所在党组织签署意见后存入本人档案。这项工作到奉命北撤前已基本结束。

关于参议会

参议会是民意机构，是抗日战争期间我党团结各阶层人民的一条重要纽带，更是广大爱国人士表达自己意志的场所。1942 年夏，区党委决定成立皖中参议会，以求进一步贯彻党的抗日民族统一战线政策，广泛吸收各阶层爱国人士参政。当时，被邀请的无为、和县、含山、巢县、庐江、桐城、繁昌、铜陵等县的代表云集无为县，共同磋商成立参议会的具体事宜。1942 年 7 月，皖中参议会在无为恍城正式成立。民主人士金稚石任议长，周新武、陈可亭（民主人士）为副议长。在参议会上，还通过成立皖中行政公署的决议。行署主任吕惠生，副主任唐晓光。同年 9 月，唐调任皖中财经委员会副主任。不久，由张恺帆接任行署副主任职。1943 年 3 月，日伪军大举向我皖江根据地巢无中心区“扫荡”。副议长陈可亭在反“扫荡”中不幸遇难，后补选金笑侬（民主人士）任副议长。

从 1942 年皖中参议会成立到 1945 年我七师部队奉命北撤，参议会共开过两届代表大会。第一届于 1943 年 7 月 25 日至 28 日召开，共通过临时议案二件，政治教育类议案 28 件，财政经济类议案 14 件，军事保安类议案 11 件。第二届于 1944 年 9 月召开，推选我任议长，金稚石、周新武任副议长。这届参议会共通过政治类议案 32 件，财政经济类议案 12 件，军事保安类议案七件，文化教育类议案七件。

参议会员产生的办法分为区域选举和职业选举两种。区域选举由各乡推举一候选人，再以区为单位，由区选举委员会召开选民大会普选。边区和游击区难以进行普选，则由区选举委员会按照规定的名额，遴选三倍之候选人报县参议会圈定。职业选举则由县、团级抗日团体、机关、部队为选举单位选举。在参议会人员构成分配方面，党员占44%，进步人士占21%，中间分子占35%。因此，各级参议会均具有广泛的群众性和代表性。

在抗日民族统一战线旗帜指引下，我根据地广大军民粉碎了敌伪顽多次发动的“扫荡”、“围剿”和“清乡”，有力地牵制并大量歼灭了日伪军有生力量，遏制了国民党顽固派掀起的反共逆流。到1944年底，战斗在皖江地区的新四军第七师控制了700里江防，皖中解放区与皖南解放区连成一片。整个根据地已地跨长江两岸30余县。为适应这一新的形势，迎接全面反攻，皖中行政公署改为皖江行政公署，吕惠生继任主任。张恺帆因调往皖南地委任副书记兼组织部长，魏文伯接任行署副主任职。这时，皖江地区已先后建立了皖中、和含、皖南三个专员公署和沿江行政办事处。皖中参议会也改为皖江参议会，无为、临江、湖东、和含等县也先后建立了参议会。

皖江地区参议会的建立，对全面贯彻党的抗日民族统一战线政策、团结社会各阶层人士一道抗日，对巩固和建设皖江抗日民主根据地均起到积极的作用，并作出重要贡献。更令人怀念的，是一大批积极参加根据地建设、为皖江的抗日斗争作过许多贡献的爱国民主人士，如根据地初创时，就投身到抗日洪流任皖江行署主任的无为籍的吕惠生，北撤途中，惨遭国民党杀害。桐城籍的陈可亭，原在天津英国商行任要职，后任皖中参议会副议长，为民主政治之实现奔走呼号而不辞劳苦，不幸在反“扫荡”中壮烈牺牲。还有桐城籍的史大化、太平籍的刘敬之以及徐东保、齐丹九等，都在多方面为抗日救国作过贡献。

蓬勃的财政工作

皖江抗日根据地曾有“富七师”之称。

七师所在的皖江地区，虽然区域不大，根据地创建又较晚，但这里濒临长江，内含巢湖，河网纵横，淮南铁路贯穿其中，且土地肥沃，有山有圩。盛产稻米、茶、麻和其他农副产品。同根据地中心区一江之隔的芜湖，更是驰名全国的米市之一。以上条件对开展财经工作来说，可谓得天独厚。然而，在我根据地创建之前，这一带水旱不断，战火连年，经济萧条，民不聊生。1941 年后，我新建的党政机构就致力于发展工农业生产，不断加强财经建设和培训财经人员。1941 年 6 月，成立了皖中财经委员会，选派了谙悉财经工作的唐晓光、后奕斋、林立等人担任委员会正副主任。委员会下设货检处和税务局。分别征收过境税，管理土特产销售及征收地方税等。为便于财务管理，又建立了经济委员会，下设审核委员会，负责执行预决算和对税则修订的审批等工作。1942 年，财经委员会设立金库。1943 年初，财经委员会并入皖中行政公署，成立财政经济处，由叶进明、蔡辉分任正副处长。财经处下设粮食总局、货物管理总局、合作事业指导室等。4 月，在临近长江的内河港汤家沟镇兴办商业网点，成立了“集成号”商行（北撤后改为“大成公司”），负责人蔡辉，以加强对内、对外的贸易。6 月，又成立了大江银行，发行在根据地内统一使用的“大江币”，控制了根据地的金融市场。

在建立健全财经机构的同时，区党委和行署设立了各级生产委员会和生产小组，发动和组织变工队、互助队；成立垦荒局和水利委员会，号召群众开垦荒地和大兴水利建设；开办工厂、作坊和各种形式的生产、消费合作社，生产和销售军需民用商品。由于我们采取了这些措施，不仅战胜了敌伪对我们的严密封锁，解决了军民日常生活的必需，同时，还极大地调动了广大人民的生产积极性，增加了生产和财政收入，改善了人民生活。

在大力发展生产的同时，我们还及时地培训了一大批财经人员，成功地开展了对敌占区和国民党占领区的贸易。一方面，我们利用各种社会关系，借助多种渠道，经常派出采购人员出入芜湖、南京、上海等敌占区购进日伪对我严加封锁的物资，如医药、军械、钢材、五金、机器零件、化工原料；用“以物易物”方式，换取我兵工厂、军服厂、印刷厂、香烟厂所必需的机械设备以及枪支弹药，等等。另一方面，我们采取灵活有效的税收政策，对根据地必需的军需民用物资，则鼓励大量进口，并组织护商队加以保护；对日常生活必不可少而根据地又奇缺的食盐、火柴、五金、布匹等，则降低税率，吸引行商大宗转入；对资敌物资，则由缉私队查禁没收。皖江地区财经收入的来源，主要依靠当地农副产品的出口和收取过境税。

皖江财经工作的蓬勃发展不仅大大巩固和发展了根据地，还有力地支援了新四军军部和兄弟师。据统计，1942 年，我们的财政收入近 2480 万元，上缴军部的各类物资和钱财约 750 万元。1943 年上半年，我沿江一带洪涝灾害虽十分严重，反“扫荡”、反“清乡”战斗又接连不断，我们仍支援军部 190 多万元。

1945 年日本无条件投降后，吕惠生奉命由水路沿长江北撤，后遭敌伪军阻截而被捕牺牲。区党委决定由我到无为汤家沟负责布置北撤工作。这时，我七师部队已向巢南集中，驻九江的日军在投降时也向芜湖集中缴械。日军经过无为时，派人找新四军联系。我们抓住时机，由魏文伯以七师参谋长的名义，与段洛夫一道并带领原日本总力社芜湖分社高级顾问楠木同日军进行交涉。日军答应到芜湖后即给我们机枪和子弹。其后，吴锦章、胡德荣、陈力生等和楠木过江到芜湖，接收日军轻机枪 55 挺，子弹数万发。最后，我和魏文伯、段洛夫以及“集成号”商行负责人蔡辉等到无为石涧埠，集中烧掉了“大江币”，而后赶到巢湖边。这时天已傍晚，我们和部队一起横渡巢湖，北撤到苏北淮阴。

1945 年七师北撤时，中共华中局指示：在皖西、皖南地区留下一部分武装力量，继续坚持武装革命斗争。中共皖江区委遂作出决定：派桂林栖到大别山地区，与原在大别山一带坚持武装斗争的钟大湖会合，并成立了中共皖西工委，由桂林栖任书记；派杨明等率两个主力连共 200 多人返回皖南地区，与在黄山地区的胡明等取得联系，继续开展皖南的武装斗争。

战斗在地下运输线上

刘燕如

1937 年 11 月，日本侵略者占领上海后，中共上海地下组织通过建立水、陆、邮等秘密交通运输线，将重要物资源源不断地运往周边的抗日根据地，为支援抗战做出了不可磨灭的功绩。经典老电影《51 号兵站》讲述的就是这段历史，作为片中“小老大”的原型之一，刘燕如老人撰文披露了他所经历过的那段惊心动魄的往事。

1938 年 5 月，中共上海地下组织调我到益友社工作。1940 年，为了取得职业掩护，党组织通过社内党员陈春宜的介绍，我进入了益友社中层骨干赵家彬所在的永大运输公司当职员。

1941 年 6 月，我受赵家彬的委托，通过新四军二师后勤部的交通员马良夫，护送伤员石雪书（石凌鹤胞妹）从上海乘火车经龙潭过长江进入苏皖边区津浦路东抗日根据地（简称淮南路东）新四军二师地区。在赵家彬的侄儿赵卓的介绍下，认识了当时联防办事处的主任方毅、副主任汪道涵，从而开始了协助输送人员、物资等交通运输工作。1942 年，我正式由上海地下党调至华中局城工部，在刘长胜同志指示下从事淮南行政公署的上海至淮南的秘密交通运输工作。在水、陆、邮三条线路上，共战斗了四个春秋。

一、打开陆路通道

当时我首先打开了京沪铁路从上海到镇江的运输渠道。我通过在闸北宝山路开小押店的益友社典当业社友、原职业界救国会成员郭亨昭（郭明）的辗转介绍，结识了宝山路一家海龙园茶馆的老板、当地青帮头子李淦荣。此人是北站“黑帽子”（日伪时期车站站务员的通称）、“红帽子”（车站搬运夫的通称）的“老头子”。其经营的茶馆，就是专供偷越日伪车站检问所检查的“单帮”人员的集合、歇脚藏物之所。

我开始也以跑“单帮”的身份托他利用关系将“货”运到镇江，我再到站取“货”。几次之后，由他派人在天黑以后通过“黑帽子”从宝山路的道口进入铁路送“货”上车，我带“货”到镇江，由该站熟悉的“红帽子”从站台外侧铁路，绕过车站出口所设的检问所送“货”出站。但以后“货”的数量越来越多，体积越来越大，已不是单身手提所能解决，我决定与李谈判以合伙做布生意为名（当时布匹是日伪当局统制，不能自行运输出境的），将大箱“货物”由李通过“黑帽子”送进车站行李房作“行李”托运，随夜行列车的行李车运抵镇江车站后，再由李吸收入伙的镇江车站的地头蛇，也是“红、黑帽子”一把抓的青帮成员吴玉楼（绰号吴驼子），负责从车站行李房越过检问所提出“行李”交我。

当时为了便于在镇江运输，经益友社的赵家彬、赵家元、钱碧城等人集资，在镇江马厂一个比较隐蔽的巷子内，开了一家专营批发的生大布号作为中转站。所有从上海用火车运抵镇江的西药、边区银行印制钞票的印版、手提英文打字机、发报机的圆桶电池、制造炸药用的废电影胶卷、手风琴、大量仿制的“良民证”以及陆志仁、梅洛同志去淮南参加整风时所要带的雨衣，等等，都在这里进行改装并中转过江。城工部张承宗交运的在根据地印成的几麻袋宣传品，也从淮南运到这里改装中转去上海。

我在这条线上跑“单帮”带“货”，基本上是顺利的，但也出过险情。有一次，我带着“货”坐在车厢里，当车驶过常州之后，突然日军抄车检查。他们从我座椅背面方向抄过来，离我的位置尚有一段距离，这时我暗暗思索：第一，不能走动，一走动就会自我暴露目标；第二，迅速考虑隐藏措施。我低头细看了放在椅下的货位情况，发现我背后旅客座椅下空着没放东西。我熟悉日军抄查的顺序，总是先抄行李架上的东西，后抄座椅底下的物件。我决定利用空间，日军抄完我背后旅客，转向我这边来时，坐着暗自用脚将我座椅下的“货”使力朝后踢向我背后旅客已抄过的座椅下。这样，当日军抄到我时，我已经是一个没有行李的单身旅客，使我闯过了险境。

二、突破长江封锁

从上海运出的“货”到镇江后，接着就得设法突破长江南北两岸的敌人封锁。我经常是通过镇江驶往南京的班船小火轮运至长江北岸沙漫洲上岸，越过两头检问所安全进入我游击边区。在这条交通运输线上，主要依靠边区农民李必静老先生的关系，结识了这趟班船上的船员和镇江码头上的地头蛇单子华以及沙漫洲码头上的管理员。在镇江由当班船员利用班船靠岸停驶的空隙，在日伪检问所撤岗之后，将“货”先运上船，藏在舵手的脚板下，直至次日早晨按班驶离镇江口岸。当船抵沙漫洲拉响第一次汽笛后，以我站在船头甲板上为信号，沙漫洲码头管理员就派两条驳船至江心傍靠轮船。一条载送客货上岸经检问所伪军检查，另一条则专供装载我携带的人和“货”，不经过码头检问所而直接驶进港内管理员家门口上岸，然后步行至我游击边区沙窝子农民李必静家进入根据地。

1943 年初冬，淮南行政公署主任方毅亲自交给我一项大规模秘密运输军用物资的任务，要求将当时淮南兵工厂急需制造迫击炮的炮筒和柴油发电机、旧电影胶卷以及淮南路东日报印刷厂需要用的圆盘印刷机、铸字炉、浇字的全套铜模、铅锭，在上海采购并运入根据地。

我考虑到这是一批数量多、分量重、体积大而又无法伪装的物资，必须用特殊的方法来解决这项特殊的任务。我到镇江找了几位和我合作共事过的船老大商量，向他们交了底，请他们出点子。大家商定利用由日本船老大掌管的小火轮从南京装煤运到上海后，然后利用其空船返回南京的机会，从上海装货直驶龙潭对岸我淮南根据地边区沙窝子卸船的办法比较稳妥。

迫击炮必需无缝钢管，是这次采购和运输的重点。当年只有美国货，也是日军竭力搜购的军用物资。商店有货也都隐藏了起来。我通过益友社五金业社友疏通了资本家，终于买到手，又通过我外甥刘士熙工作的中国船厂，秘密将钢管截成兵工厂指定的长短规格，整整装了一卡车，在一个傍晚，偷运到武定路我婶母家密藏起来。另外还通过时代出版社的关系，购买了印刷器材和电影废胶卷，并将这些物资密藏在江西北路一家存放棺材的会馆里。

1944 年春，已经联系好的那艘船运煤抵沪，停靠在日本海军码头卸船，于是我在浙江路孟渊旅馆开了两个房间，一间供船老大、二副（即联系人老陈）住，一间由我作谈判用。大家商定了装船日期、卸船地点、运输酬劳以及船抵镇江后的晤面地点，为了防止意外，我决定不派押船人员。

确定装船的前一天，我通过益友社社友、我所在职单位永大运输公司的经理刘琦，以永大运输公司的名义向卡车运输公司预租了三辆大卡车装“货”。装船的当天早晨，三辆卡车分赴三个密藏地，将“货”分别起出，集中到永大运输公司门口，准备直驶日本海军码头。为了防止市区途中警察查阻，通过流氓张某的关系，买通了沿途各地段的地头蛇流氓势力，由他们分段押车护送，不料就在“货”已集中的时候，三个汽车驾驶员看出卡车上装运的东西是军用物资，纷纷叫嚷不敢装运。其中一个驾驶员打电话给自己的公司老板，讲了物资情况，对方向刘经理提出停止装运，并责问：“出了事怎么办？车子充公，人抓起来怎么办？”刘经理回过头看了我一眼，问我：“你看呢？”我因所有的物资和密藏地点都已暴露，不能再放回去，而这次船运机会错过，可能要拖延时日，因此我下决心向刘经理表示：“车子充公了，我赔。人被抓了，我保。今天一定要装出。”刘经理向对方传了话，对方提出要刘经理书面保证。当时，我推了推刘经理说：“你写，我负责。”就这样，三辆卡车开始发动，我和张某一齐登车，由张某沿途招呼押车，卡车终于安全驶抵日本海军码头。

我向二副交付了三卡车“货”，催他快卸车装船。只见早已准备好的船工紧张地搬运起来。忽然有几名日本海军士兵走到卡车边摸摸车上的麻袋和用草绳缠裹的钢管，叽里咕噜地说着话，我心里不免担忧，考虑着万一出事的应变措施。那些驾驶员和张某在一旁也显得很紧张。幸而这些日本兵咕噜了一阵就走了。他们万万没有想到，新四军和地下党会在光天化日之下，公开地在日本海军的军用码头，由日本海军征用、日本船老大掌舵的船，装运新四军的军用物资，运到新四军地区去。

我刚回到旅馆，流氓张某跟着进来，阴阳怪气地招呼了我一下。我冷静地问：“有什么事？”我估计这些流氓来意不善。他终于开口了，“哈哈，刘先生，你运什么东西，你自己知道”。我说：“什么知道不知道，你们不都是亲眼看到的吗？”张某亮出了底说：“刘先生，打开天窗说亮话，你运的这些东西，一定要有日本宪兵司令部的通行证才行。”我随着也以轻蔑的口吻说：“笑话，我运的东西还在日本船上，船还没开，去报告宪兵司令部还来得及嘛！”顿了一会儿，我加重了语气说：“去报告吧！告诉你们，日本宪兵司令部会有好处给你们的，去吧！”这一下他闹不清我能用日本人的船在日本海军码头装运的来头了。于是嬉皮笑脸地打圆场讲：“刘先生不要误会，我们弟兄不是这个意思，我们是说装运军用物资没有通行证，我们押车的也是担风险的，请你让弟兄们多抽几包香烟吧！”我也就趁此转口道：“好吧，既然你们讲了，就加一点辛苦钱，好来好散。”当时我把流氓打发走了，立刻付清旅馆房钱，也匆匆离开了旅馆，以防再生枝节。

按照预定计划，小火轮是在第二天启航，第三天到镇江，约定船到镇江后停泊在江中心，二副乘驳船上岸，在预先指定的旅社和我见面后再继续航驶。我在船从上海启航的当天乘火车到了镇江，第三天上午二副如约来到，一进门就发现他的脸色不正常，倒茶敬烟之后他开口了：“刘先生，这事不好办，日本老大看到你这批‘货’里面有大量无缝钢管，这是日军司令部绝对禁运的军用物资，日本老大说一定要把船停靠镇江码头（含义是船靠码头，日本宪兵就会来检查）。”我发觉他在耍花招，于是我抢着说：“不是事先讲明是五金器材嘛，而且事先讲好船到镇江停泊在江中心，你我虽是初交，但都有熟人介绍，我也不是第一次运货，在外面交朋友干事，不能讲话不算数，船靠码头不行。”稍顿了一会儿，我拍了一下桌子站起来说：“你去告诉日本老大，他一定要把船靠码头的话，我也不怕。我固然没命，他也逃不了杀头。他是船老大，他不同意，我的‘货’会自己飞上船吗？他日本人私通新四军偷运军火该当何罪？有他好看的。”二副愁眉苦脸地垂下了头说：“刘先生，这事你看怎么办？”我停了一会儿，以息事宁人的口气说：“我们是初交，在这事上不会让你为难的，日本老大的态度，据我看来，无非想增加一点运费，那也不是不可以商量的，今天你们在镇江休息，陪日本老大到岸上玩玩，洗个澡，消遣消遣，明天清晨，你们船照常向南京航行，船到龙潭对面沙窝子卸‘货’，一言为定。至于增加运费，运好了再算，你看着办吧！”这样，二副也趁此转舵落篷同意了。

次晨开船，为了便于识别，约定船到长江北岸沙窝子附近，双方以白旗为号，船开慢由我派驳船接近轮船靠帮卸“货”。当天下午，我乘火车去龙潭摆渡过江到了沙窝子，傍晚赶到游击边区农民李必静老先生家，写信急送30里路的仪征县月塘集陈西舫，要他赶快组织人员第二天到江边抢运，并约定了具体步骤。陈接到我信后迅即组成了一支100余人的民工运输队伍，为了解决整体柴油发电机的扛抬，还拆了房屋的一根梁柱作“龙骨”，以便像抬棺材的办法扛运。为了防止当地汉奸走漏风声，通知游击队封锁了通向六合和仪征东、西两边通道，并布置部队准备武装接应，使物资安全进入根据地。而我则在沙窝子江边，通过我方税收人员的帮助，准备了两条驳船，守在江边等候。

第三天下午，一艘扯着白布的轮船在远处出现，我就脱下白衬衣向它挥动。这时，轮船果已减速驶到了沙窝子，我的两条驳船早已摇至江心，遂紧绑在轮船的北舷边慢驶卸“货”，船过龙潭，货物已全部卸完，轮船才开足马力向南京方向驶去。驳船在沙窝子靠岸，时已傍晚，隐蔽在李必静家的100余人运输队伍，快步奔到江边抢运，至夜深才毕。

由于这次抢运物资的规模较大，一路上人声嘈杂，不能不惊动附近村落，当抢运人员离开江边，撤除武装警戒后，仪征城内敌人得到了消息，天亮后，从30里远的城内赶来追击，一时枪声大作。我抢运人员加快步伐，把绝大部分物资都安全地运抵边区月塘集，只有那十多人抬的有方桌大小的柴油发电机体积大、分量重，田埂小路难行，临时找到农家场地上的一个凹塘，把发电机连木箱放了下去，上面盖上稻草掩护起来，等敌人被我武装队伍击退后，这批军用物资终于全部安全运抵目的地。

三、发展绿色邮路

由于根据地需要，我经常到斜桥弄（今吴江路）时代出版社去购买该社销售的俄文《真理报》、《消息报》和中文《时代》杂志以及苏联文艺小说等寄到淮南去，所以同该社职员蒋裴之搞得很熟。虽然互不明言，但也心照不宣，都知道对方是干什么的。

随着寄往淮南的东西越来越多，为了不引起检查邮件的敌人注意，我商之于蒋。他告诉我一个诀窍，投向同一地址、同一收件人的书报数量凑满一邮袋，就可以由邮政分局自行装袋并扣上铅封发出，任何人（包括日军）都不再开封检查。但这必须与邮局封发人员做好联系。而时代出版社由于寄发的书报数量大，所以和同地段的卡德路（今石门一路）邮局的业务人员很熟悉，因此，我就常将要寄的书、报，通过蒋向该邮局寄出。从此，生活书店、三联书店、读书生活出版社的许多进步书刊，都从这一绿色邮路源源不断地流向淮南“汪道源”处（即当时行署副主任汪道涵与我约定的化名）。

1942 年下半年，日军占领租界后的形势发生变化，所有进步书店都受到敌人压制，无法继续工作。一天，蒋裴之介绍读书生活出版社的张汉卿等两人和我认识，并提出该社拟将在沪人员和书籍都迁往淮南路东根据地去，要我协助，我欣然接受了这一任务。但鉴于寄书的数量很大，不仅要搞好上海卡德路邮局的关系，而且必须搞好中转站镇江邮局的关系。我与蒋商量的结果，由蒋通过卡德路邮局的那位关系人，介绍我认识镇江邮局的陆志远。于是我专程去镇江与陆联系挂钩，并明白告诉他我是新四军的身份，请他帮助将上海寄到仪征县月塘集的邮袋，不要拆检而径送码头发出，并允予相当报酬。至于月塘集是我淮南路东根据地游击区的一个重要集镇，设有邮政代办所，所长陈西舫在政治上靠拢我民主政权，因而这个代办所就成为根据地与上海建立通信联系的一个可靠渠道。而仪征县城当时正处在新四军的包围之中，县邮局也不敢刁难我们，所以月塘集的邮运业务一向顺畅无阻。对于这次读书生活出版社迁往根据地，我们又事先向仪征县邮局打过招呼。经过以上的安排，一条从上海—镇江—仪征—月塘集的秘密邮路贯通了。读书生活社的几百包进步书籍，就在“汪道源”的名义下，顺顺当当地送进了淮南路东根据地。在结束了运书任务后，张汉卿等人都由我护送到淮南行政公署，并在行署附近一家老百姓的农舍里开办了书店。它为新四军二师、淮南行政公署地区的军民，提供了宝贵丰富的精神食粮，受到群众的欢迎和赞扬。

与此同时，大量运往上海采购物资的钞票，成捆、成麻袋地在月塘集装入从仪征县邮局取来的邮袋，用铅封加以封口，大模大样地用驴子驮向仪征县城，并通过城门口的日军岗哨越过仪征邮局直上码头，装上南京到镇江的下水班轮运抵镇江，再由镇江邮局陆志远在码头越过邮局，直送我镇江的另一个秘密点（中药材行），以他们的账户汇往上海大和钱庄转手。

以后华中局城下部张承宗交运的几麻袋封面经过伪装的宣传品，也以同样的办法，通过这条绿色邮路先运到镇江，然后再通过火车的秘密运输线运进了上海。

到上海去扩军

张鏖

晚霞，映红了西天，阳澄湖畔又出现一队人影，由远而近地向我们五十二团团部走来。我高兴地放下碗筷，跑步迎了上去。

“张主任，又一批新兵到了！”新兵接待站的指导员张家信同志乐得合不上嘴了。

面前，站着一队队热血青年，有的穿着学生装，有的穿着油污的工作服，还有几个穿花布衣服的姑娘……他们带着热情、欢喜和希望，远离了上海和亲人，来到了这抗战的前方。

1940 年秋冬之际，在谭震林同志的领导下，我苏南东路抗日根据地已有了很大发展，东自太仓、昆山，西至澄锡公路东侧，我新四军健儿扫清了大批日、伪、顽军据点，广泛发展了抗日力量。澄锡虞、苏常太已初步连成一片，形成一块较为巩固的抗日民主根据地。部队也由三个支队（第三支队是 1940 年夏季组建的）发展成为三个纵队，即一纵队、二纵队、三纵队，每个纵队辖两个步兵营。皖南事变后，军部重建，苏南新二支队组成了第十六旅，长江以南、京沪路以北的部队编为十八旅，三个纵队便改编成三个团，即：一纵队为五十三团，二纵队为五十二团，三纵队为五十四团。两个营的团当时称作乙种团。

为了巩固、发展和壮大人民抗日武装力量，上海党组织花费了巨大的心血，经常输送来新鲜血液，这些新兵经过党的教育，由上海乘火车到昆山或苏州，再步行到我抗日根据地。由于当时京沪路上的日伪警察检查监视非常严，稍有不慎，就会给党组织带来不可估量的损失；况且，这样的兵员补充量，远远满足不了部队发展和斗争的需要。这样一来，扩军问题就成了部队建设的一个严重问题。

1940 年 7 月的一天，谭震林同志把我叫到他那里，高兴地说："最近，党中央指示我们，要在苏南迅速发展起 10 万人枪的抗日武装力量……"他高兴地拍着我的肩头又说："为了上海地下党的安全，这个扩军的任务，我们各个支队都要承担起来。"他还说："到上海去扩军，大量吸收工人、学生、城市无产阶级，会大大改变部队的成分，更好地提高部队战斗力。"他还详细地布置了具体的方法，提出了严格的要求，并要求各个支队的政治处主任亲自抓好这一工作。

领受任务后，我及时向我们支队领导陈挺同志作了汇报，并且迅速商订出了一个扩军方案。我们分析了各方面的情况，有利和不利的因素，组成了三个扩军小组。

第一组由二营教导员张梦莹负责，带三四个人；

第二组由王志明负责，也带上三四个人；

第三组由陈浩、肖牧负责。

一、二组常驻上海，第三小组来往于上海与根据地之间，三个组统由我负责，单线联系，各小组之间不发生任何横向联系，也不与小组之外的任何其他组织发生关系，请示汇报采取秘密工作的方法。

在敌人盘踞的上海，在日伪眼皮底下扩军，是一件既光荣又艰险的任务，犹如虎口夺宝，需要勇敢、机智。经过思想教育，执行扩军任务的同志都表示：要胆大心细地为扩军工作做出成绩。

由于上海人民饱受着侵略战火和日伪反动统治、奴役之灾，大量的失业工人、部分学生和店员成了扩军的重要对象。一群群流落街头、面黄肌瘦、衣着褴褛、蓬头垢面的青年人，带着痛苦、仇恨和求生的欲望，在寻觅着自己的归宿。根据各个扩军组的侦察汇报，我们决定扩军人员要深入到社会最底层的人群中去，了解他们，启发、引导他们的阶级觉悟，宣传革命道理，使他们自觉走上革命之路。于是，各组扩军人员日夜深入到曹家渡、小沙渡、外白渡桥等失业工人群集的地方，开展群众工作。除此之外，我们还通过串连、熟人关系，使扩军伸向部分工厂、商店之中。

不久，一批批觉悟的青年投入了革命的怀抱，向着抗日根据地涌来了。运送新兵到达根据地便成了一个十分重要的大问题。开始，每批十多个人，乘火车到苏州，再步行进入根据地，输送还算方便；后来，每隔五天至七天，就有三四十名新兵输送。况且，次数多了，目标大了，极易被敌人发现。怎么办呢？经过研究，我们又开辟了一条水上运送路线。

当时，驻沪日军陆军控制把持着京沪铁路，敲诈勒索，搜刮了中国人民的大批财富。日军海军控制了吴淞口及长江口。我们通过敌伪军工作，利用德国做生意的五艘轮船，将新兵送到根据地，从而解决了大批量的运送问题。这五条船，我们一直利用到扩军工作结束为止。

但是，扩军当中也出现了一些质量不高的问题，除了政治上不纯者外，有些带病者也扩了进来。为了提高质量，在上海又不便也无力进行认真的体检和政审，便在护漕港成立了一个新兵接待站，指导员为张家信同志，负责整个接待工作。派出医务人员对每个新兵进行体检，同时进行政治教育和政审，发现不合格者，便由港口的船再送回上海。这样一来保证了质量。为了搞好新兵的训练和教育工作，后来在根据地中心，还建立了一个新兵连，专门负责新兵的军政训练工作，并同时进行深入的政治审查。新兵连干部都是由连队临时调来的富有工作经验的连排干部，他们有长期连队工作的经验，较好地完成了新兵训练工作。

每批新兵到来后，我都要逐个找其谈话，并在新兵接待站的教育中加以考查。这些受苦求生的青年来到革命队伍后，生活有了保障。有一次来了12个新兵，第一餐用饭竟吃掉了100多碗米饭，真叫人难以置信。他们普遍向组织汇报了真实思想，开始钻研革命道理。有的是初、高中学生，文化基础好，抓紧阅读革命书刊和军事知识，成长很快。

从上海来的新兵，年轻而文化高，知识面相对广一些，接受能力强。但要在农村扎下根，还要过“三关”。一是学会走田埂关。由走城市里的大马路到步行乡间小路，尤其是雨夜行进，大都滚一身泥巴。二是生活关。紧张艰苦的战斗生活，不可能有什么好的个人卫生条件，几乎每个人都生疮。三是打仗关。出生入死的战斗锻炼了每一个人，不断地从战争中学习战争，在战斗中成长。对于这“三关”，这些有文化的青年战士，很快就适应了。

从1940年九十月开始，到1941年“清乡”止，在这近一年的时间里，我们五十二团扩军1000余名，为兄弟的五十三团、五十四团输送去各200多名，大大巩固和提高了战斗力，发展了人民抗日的武装力量。这些上海招来的新兵文化高、知识面广、接受能力强，各方面进步都很快，为培养后备干部提供了优良的条件，使得基层干部很快成长起来。扩来的新兵，大多有文化，爱看书读报，带动了整个部队的文化学习，使部队的文化素质和文化生活，有了很大的改变，连队工作也变得生动活泼起来。当时，十八旅的文化水平，在全新四军里是比较高的，我们五十二团基本上没有文盲。在第一营里，高中毕业生就有30多名，在那个时代，是很了不起的。他们唱歌，出墙报，成立小皮球队，写诗歌、小说，画漫画。一到宿营地，就把墙报挂出来，使部队文化生活十分充实。为此，全团还进行过小皮球队的比赛。

由于文化素质的提高，连队战斗力全面得到加强。一个班，一个三四人的战斗小组，都能单独地开展民众工作，宣传群众、组织群众的工作搞得十分活跃。战士们常常把哲学小组学得的体会和政治教育的收获，用来向群众宣传，帮助建立乡、村政权。如一营五连的一个班，就在肖岐以西的澄锡公路东侧组织过农抗会，当时传为佳话。那时，团里有闻名的“三浩”，即20岁刚出头的宣教股长潘浩，十六七岁的指导员陈浩和17岁的连队文化教员陆浩。他们努力学习，积极宣传，英勇作战，成了名声较大的年轻人。

由于文化水平的提高，大大提高了军政素质，从而提高了人们的觉悟，增强了遵守革命纪律的自觉性。每每行军出发之前，都很认真检查群众纪律，买卖公平，借东西一定归还，为群众做好事，受到群众的赞扬。

有一次，谭震林同志听了部队的情况汇报后说：“十八旅文化水平高，产业工人多，建议给中央当警卫团，那该多好啊！”

可惜，由于敌人“清乡”来势很猛，我们只好转移到江都、高邮、宝应地区，因而中止了上海的扩军工作。否则，创造10万以产业工人为主的抗日大军，是完全可能的。

新“江抗”战斗在阳澄湖畔

夏光

阳澄湖方圆120多平方公里，位于江苏省吴县（苏州）、昆山交界处。抗日战争时期，人们习惯将阳澄湖及其毗邻的常熟县、太仓县称为苏常太地区，1939年夏至1941年夏秋，我曾先后在叶飞、谭震林同志领导下参加了创建苏常太抗日根据地的斗争，与苏常太人民结下深厚的鱼水之情。回想当年在阳澄湖畔行军作战，我们的小船像游龙一样神出鬼没。尤其使人难忘的是月夜行船游击的情景，水光摇棹，小船鱼贯似的从捕鱼捉蟹的灯光边闪过，随即消失在芦苇丛中……

重返阳澄湖

1939年5月至9月，我参加了江南抗日义勇军东进抗日的行动，担任“江抗”总指挥部作战参谋。6月下旬，夜袭浒墅关车站战斗以后不久，“江抗”总指挥部从无锡梅村转移到阳澄湖一带驻扎。中共东路特委机关也设在阳澄湖西岸的太平桥、甘露等地。“江抗”和东路特委密切配合，使这一地区的抗战形势蓬勃发展。“江抗”民运工作队和地方党吸收了一批积极分子入党，“江抗”在东唐市设立了办事处，开办了教导大队，成立了后方医院，一大批来自上海等地的知识青年、医务人员在此接受短期培训，被分配到部队、民运、医务等各个岗位。阳澄湖畔已初步成为东路抗日游击根据地的中心区。

1939年9月，国民党忠义救国军对我们的挑衅磨擦不断加剧。“江抗”为团结抗战，撤离苏常地区，向西转移。我奉叶飞同志之命赴新四军二团，汇报当面敌情及我方现状，并领取补给的弹药。由于东进以来连续行军作战，经常彻夜不得休息而病倒，严重的眩晕使我无法坚持工作，连走路都很困难。在这种情况下，首长研究确定我暂时离队，回阳澄湖治病休息。于是，我将工作移交给参谋处其他同志，化装穿便衣，由通信员护送，回到阳澄湖畔的肖泾、陆巷，在“江抗”后方医院与“江抗”政治部主任刘飞及其他医护人员、伤病员同志见面。

所谓“江抗”后方医院只不过是人们当时习惯上的称呼，“江抗”东进作战根本就不存在什么后方。医院里有几十个伤病员，有盛立、张贤、张力、梁玉贵、赵熙等几个医生（六团卫生队长林震开始时也在后方医院，不久调回部队），还有一些护理人员，总计100多人。后方医院既没有房舍病床，也没有武装保护，完全靠常熟地方党组织和人民群众帮助，分散隐蔽在阳澄湖与昆承湖之间的水网地区，由医护人员流动治疗，因此，把它称作“游击医院”也许更为恰当。

这里我要简要介绍一下号称“阳澄湖王”的胡肇汉的情况。胡肇汉是湖南省岳阳县人，生于1906年，初中文化程度。抗战前在青浦县警察局任职。1938年流落到阳澄湖一带打游击，先后在国民党忠义救国军第七支队、国民党独立第四十五旅第三团任副官、连长。后因对上司不满，将所部拉到太平桥独立，自称民众自卫队，与当地的地主恶霸相互勾结，成为阳澄湖的一霸。“江抗”东进时，胡肇汉部被收编为“江抗”独立一支队，胡任支队长，“江抗”总指挥部派东路特委军事部长周达明同志到该部任参谋长。“江抗”西撤时，胡肇汉将部分人枪打了埋伏，他本人途中装病，要求离队休养，获准后即带几个警卫回到阳澄湖地区。

“江抗”东进时，我与胡肇汉有过多次接触，再加上我也是湖南人，与他是老乡，因此私交不错。于是，我回到阳澄湖不久，即给他写了封信，告诉他我回来治病了，等病好了去拜访他。当时，我并未料到自己要留在阳澄湖打游击，给他写信的主要意图是继续团结争取他，和他保持原有的关系。

成立新“江抗”

事隔不久，“江抗”驻东唐市办事处主任蔡悲鸿同志来告知，为了团结抗战，避免磨擦，经军部与国民党第三战区谈判决定，“江抗”和忠救军同时撤兵。现在，“江抗”主力已全部西撤扬中休整，不回东路地区了。这消息对我来说是十分意外的。本来我是暂时离队休息的，打算病一好就回部队，而现在大部队远离而去了。下一步怎么办？我们这些留在阳澄湖畔的伤病员和医务工作人员都在焦急地等待着上级的指示。

正在这时，上级派杨浩庐同志来了。他向我们传达了如下指示：“为执行抗日民族统一战线的政策，主力西移待机。留在阳澄湖地区的部队人员与地方党配合，重新组织武装，坚持原地斗争。”因刘飞同志伤势未好，我便和杨浩庐同志一起到东唐市，找到了东路特委组织部长张英、常熟县委书记李建模、常熟“民抗”司令任天石等人见面商谈。1939 年 11 月上旬，由张英同志主持，在东唐市旁边的一座破庙里开了一次会议，到会的同志有李建模、任天石、蔡悲鸿、杨浩庐、薛惠民（“民抗”参谋长）和我。杨浩庐同志首先传达上级指示，随即大家共同研究怎么办。经过讨论，一致同意上级指示，重建武装、坚持原地斗争。当研究具体执行时，有人提出用常熟“民抗”名义对外，有人主张沿用“江抗”名义。这两种意见各有千秋，“民抗”是当地抗日武装，根植群众之中，坚持原地斗争基础深厚；“江抗”是新四军主力部队，有广泛的军事政治影响，重建武装沿用这个名义号召力更大。讨论结果，决定成立“江抗”东路司令部，由我任司令，杨浩庐任副司令兼政治处主任，黄烽任政治处副主任。继续保留“江抗”东唐市办事处，蔡悲鸿任主任。常熟“民抗”恢复活动，扩大部队，仍以任天石为司令，薛惠民为参谋长，李建模为政治处主任。为了区别原来的“江抗”、“民抗”，我们将其简称为新“江抗”、新“民抗”。

新“江抗”的旗帜打出来了，可是，我们既无成建制的部队，也无枪支弹药，更无电台和作战地图。一切都得从零开始，组建部队的工作是十分艰难的。我们首先将后方医院治愈出院的老红军吴立夏、张世万、叶成忠等十余人组编为一个班，不久即扩充为特务连，吴立夏同志任连长。我们陆续收集到一批枪支，刘飞同志因伤势严重，由地方党组织转送上海抢救治疗，临行时将警卫员何彭福并一条驳壳枪留给了我。这时，常熟城日伪军摸清“江抗”已全部西撤了，他们便出动汽艇到东唐市一带来抢粮。我们的情报人员及时将敌人的行动路线和时间传递给我们。我和杨浩庐同志等人当即确定，在敌汽艇必经的北桥水路设伏袭击。敌艇招摇而至时，我设伏小组的机枪首先开火，艇面伪军纷纷落水，汽艇也顾不上他们，仓皇掉头逃走，并不停地用机枪、掷弹筒还击，激烈的枪炮声打破了阳澄湖往日的平静。这次伏击虽无缴获，但是它粉碎了日伪军的抢粮计划，也以事实说明新“江抗”是坚决抗日、保护群众利益的武装。战斗还在进行之中，宗家浜一带的群众即出人送饭送水，使我们受到极大鼓舞。

捉放胡肇汉

就在新“江抗”、新“民抗”艰难起步之时，苏常太地区的各种地方势力也处在窥测观望、谋求东山再起之中。特别是那些被“江抗”洗刷下来的游击队领导人，他们因“资本”被“江抗”带走而心怀不满，对我们采取不合作态度，这就给我们坚持原地斗争增加了不利因素，而给日伪、国民党顽固派收买利用他们提供了机会。国民党顽固派以“正统”、“合法”自居，加紧收编或控制这一地区的游击队。如将常熟西乡杨墅园一带的马乐鸣、赵北部收编为江苏省保安第三纵队，将无锡、常熟交界的丁松林部收编为江苏省保安第六纵队。甚至派人到新“民抗”送来委任状，要将“民抗”改编为江苏省保安司令部第三十一团，委任任天石为团长。那天我去“民抗”谈工作，正好遇见送委任状的人，任天石同志问我如何处置。我一把抓过委任状将其撕碎，并对那人说：“两国交兵，不斩来使”。你回去告诉派你来的人，手不要伸得太长了。从以上情况我们清楚认识到，高举抗日的旗帜，做好地方势力的统战工作，对我们的生存、坚持和发展是至关重要的。

常熟何家市的殷玉如部曾被“江抗”编为独立第二大队，殷玉如任大队长，“江抗”总指挥部派老红军黄德清同志任大队副。“江抗”西撤时，独立二大队未跟上队，殷玉如害怕损失，便将部队分散了，把四挺轻机枪和几十支步枪埋藏起来。我们了解他想恢复部队，就对他进行耐心地动员和教育，并和他商定，他的部队仍然以独立二大队的番号在何家市活动，我们派陈岳章同志去当他的教导员，加强领导，还派一个排的人员去加强巩固这支部队。于是，他取出埋藏的枪支，召回分散的人员，重新恢复活动。我们司令部转移何家市时就与他的部队一同行动，司令部移驻别处时，仍留其在原地活动。这样就消除了他的顾虑。殷玉如从此也逐渐信任我们了，并主动将独立二大队交给新“江抗”指挥。

对陆巷的周嘉禄部也是用同样方法争取过来的。“江抗”东进时，周部曾被编为五路第二支队，我当时兼五路参谋长，是他的“顶头上司”。我在陆巷养病时，了解到他的部队不是开小差的，而是西撤途中掉队返回陆巷的，便和他交上了朋友，向他宣传抗日道理，讲解党的政策，打消他的埋怨情绪。新“江抗”成立以后，武器缺乏，我们便委任他为参谋长，他也很慷慨地将收藏的一挺机枪和十条步枪交给我们，还动员原来的部下献枪归队。对周本人，我们尊重他，总是请他随队行动。但是，他过不惯部队艰苦生活，经常推说身体不好而离队休息。他几次得悉国民党江苏保安第三纵队召开干部会，准备进攻我们，这下把他吓坏了。他一方面及时向我通报消息，另一方面提出要去上海治病。我对他说，不要怕，他敢来，我们跟他干。周嘉禄很佩服我们的胆量，又交给我们好几条枪。同时还是坚持要离开，我们也不勉强他，赠送500元钱给他治病用。我们这样做对团结争取其他地方人士起了很好的作用。

新“江抗”成立后不久，我们听说国民党忠救军打算委任胡肇汉为先遣支队司令。项庄舞剑，意在沛公。顽固派企图通过收编他来敲开我们南面的门户。我和杨浩庐同志商量对策，决定联名写信给胡肇汉，委任他为新“江抗”副司令。但是，一连好几封信给他，他既不回信，也不见面。我们想，不管怎么样，胡肇汉曾接受过“江抗”总指挥部的委任，还是朋友，应该耐心争取。我们好几次有意识地把部队移动到他的活动区域，希望来个“邂逅”，以便当面做他的工作。可是，不知何故，就是“巧遇”不上。后来，我们仔细打听，知道胡肇汉在阳澄湖北岸的车渡有个秘密的家，他经常去那旦过夜。一天黄昏，我们带部队移驻车渡。部队安置好以后，我便到村口湖边查哨，远远看见一条小篷船，船头挂着一盏灯，向我们驶来。船快要到岸时，忽然停了下来，既不进，又不退。我们警惕地喊道："靠船靠船，不靠船就开枪了！"船缓缓地靠了过来。这时，我又诈问了一句："是胡司令吗？"胡肇汉神情不安地钻出篷船，身着长皮袍，头戴皮帽子，连声向我们打招呼问好。这下总算"巧遇"上了。晚上，我们与他同住在一家地主的大屋里，向他说明"江抗"主力西去执行任务，不久就要回来。现在上级命令我们组建"江抗"东路司令部，并委任他为副司令。这天夜里，胡肇汉住在后屋，吓得睡不着觉，我和杨浩庐同志则住在前屋，反复商量如何处置胡肇汉？是乘机扣留他，强迫改编他的部队；还是表明诚意，消除对立情绪。我们权衡利弊，当时我们力量有限，即使解决了胡肇汉，也无力控制阳澄湖，反而可能让日伪势力乘虚而入，于我不利。不如让他在阳澄湖独自行动，一定程度上接受我们领导，必要时我们可转移到阳澄湖活动。于是我们决定第二天放他走，今晚就不惊动他了。谁知，第二天一大早，胡肇汉便主动来找我们了，只见他两眼充满血丝，对我们说他的部队就在附近，打算通知他们下午来车渡，请我们"训话"。我们提议开个联欢会，他惊喜万分，连声说好。我们准备了饭菜，下午，两方部队集合在一起唱歌、表演、聚餐，联欢会上我和胡肇汉先后讲了话。当晚我们同胡肇汉告别，然后率部返回东唐市地区。从此，胡肇汉的态度明显转变，经常来信与我们联系。我们部队到阳澄湖活动时，他总要来跟我们见面谈谈，还为我们提供了一些给养。虽然胡肇汉以后转向反共立场，但在新"江抗"重建初期，我们团结争取他，扩大了统一战线，缩小了对立面，这对我们坚持苏常太地区的斗争是起了积极作用的。

扎根东唐市

东唐市是常熟一个较大的市镇，是苏州、常熟交界地区的粮食集散地，又是阳澄湖鲜鱼、螃蟹向上海运送的码头。旺季中每天可收税款三四千元，素有“金唐市”之称。“江抗”东进以后，曾在此设立办事处，东唐市成为重要的财源地。正因为如此，日、伪、顽、匪都对它非常眼红，常熟城的日伪军、苏州敌特、昆山巴城日伪军经常窜扰抢劫，地方上的小股土匪也时常偷袭我们的税卡，危害群众。新“江抗”成立以后，东唐市成为我们活动的中心区，又是筹款发展部队的主要地区，所以，我们千方百计地要控制东唐市。开始，我们把最早组建的两个班武装开进东唐市，公开宣布搜查汉奸特务，晚上我们规定每家商店门口点上灯笼，并在街道桥头布置岗哨，实行宵禁，武装小组巡逻检查，造成紧张气氛。天亮时，部队悄悄转移到附近村庄休息。这一招很有效，日伪汉奸不知虚实，不敢贸然前来“扫荡”，这就使我们地方民运工作得以顺利展开。地方党和民运工作队深入到群众中进行宣传，说明“江抗”主力暂时西去，不久即将回师，群众得知后更加安心了，还纷纷自发地捐献毛巾、鞋袜等慰劳品。

由于我们力量小，日伪军、顽固派真的来了，我们不能硬拼，还得斗智。一次，国民党江苏省保安第三纵队倾巢出动向我扑来，我们得到消息后，立即秘密离开东唐市，转移到常熟何家市，同时派东唐市办事处蔡悲鸿同志代表新“江抗”欢迎接待。蔡悲鸿同志领着欢迎的群众送去几担米、两头猪，还有毛巾之类的慰劳品，并对保三纵队司令马乐鸣、副司令赵北等人说明部队另有任务，隔几天就回来。马、赵见我们已有提防，心中自觉理亏，只待了两天便悻悻退回河西原驻地。

我们在巩固东唐市中心区的同时，还积极向外发展，逐渐扩大游击区。有一次，我们带部队挺进到长江边的老吴市镇，一方面布置部队持枪在市镇上巡逻警戒；另一方面将“江抗”东路指挥部没带走的200多套黄军装发给常熟塘北不脱产的抗日自卫队员穿起来，列队坐在大路两旁休息待命，以虚张声势，使群众看到“江抗”仍有大队人马留在东路地区。部队政工人员和地方民运干部配合散发传单，张贴标语，向老百姓宣传抗日救国十大纲领，壮大声势。宣传目的达到以后，悄悄收回军装，部队即向新地方转移。运用这种武装宣传方式，部队曾活动到太仓县双凤镇、昆山县周墅镇、阳澄湖南岸的悬珠镇等地。有趣的是到悬珠那一次行动，部队早晨8时到达，伪维持会以为是“皇军”来了，连忙跑出来迎接，谁知道来的却是新四军。我们则对其进行教育，警告他们不得危害老百姓，否则新四军决不轻饶。

风雪岳王市

岳王市在太仓县境内，国民党江苏省保安第四团王士兰部在这一带活动。“江抗”东进时，吴焜、何克希等同志亲自做王士兰等人的统战工作，促使保四团配合“江抗”进袭伪军。“江抗”还应王士兰之邀，派朱慕陶等数名干部到保四团政训处工作，东路特委还增派党员干部到保四团工作，在第三营建立了党小组。秘密发展了团政训处主任唐纳民、三营副营长郭曦晨等人入党。“江抗”主力西撤后，保四团又回到“抗敌不足、扰民有余”的老样子，太仓县绅民怨声载道。1939年底的一天，我们得悉保四团遭日寇袭击，部队溃散，王士兰逃到上海躲避，士兵流落街头，扰乱岳王市一带乡里。唐纳民、郭曦晨等人收集了第三营流散人员，同时请求新“江抗”帮助整顿。我和杨浩庐同志闻讯后立即率特务连出发。当时天正下大雪，我们顶风冒雪夜行军 80 多里路，终于在第二天拂晓赶到岳王市，见到唐纳民等同志，接着就以代为收容为名整顿散兵。可是，我们刚开始工作，国民党太仓县书记长就知道了，他派特务将唐纳民同志暗杀，还责难我们乘人之危，不准我们收容。我们与他谈判，说明我们是应邀而来的，三营官兵衣食无着，在此流连将被日寇歼灭。我们愿意提供掩护衣食，并可暂时到新“江抗”地区休整。三营官兵早就对王士兰等人的所作所为不满，很愿意跟我们走。我们即与郭曦晨同志、连长李超等人密切配合，将八九十人和近百支枪带回何家市休整，并仍保留保四团名义。到 1940 年春，由于情况变化，才正式改编为新“江抗”的一个连队。

就在我们到岳王市去的时候，土匪罗大有部窜到东唐市、李市、白茆等地烧杀抢掠，常熟“民抗”积极部署反击，我们接到告急信立即从太仓岳王市返回，两面夹攻罗匪部，在南浜附近击毙和俘获十多人，缴获一批枪支，追回群众的粮食衣物，罗匪连夜逃窜。国民党江苏省保三纵队一部本想趁火打劫向我进攻，结果在李市附近遭到“民抗”的反击，损兵折将逃回杨墅园。从这件事也反映我们当时所处的环境十分险恶，斗争十分复杂。

水乡游击军

新“江抗”在日伪军据点间穿插战斗，不时地袭扰敌人，使鬼子汉奸枕席难安。日伪为消灭我们采用了分进合击、水陆并进、夜晚出动、拂晓攻击等战术。因此，我们宿营训练都必须非常小心谨慎和机动灵活。部队天不亮就起床跑步，不叫口令、不数番号。吃完早饭，打好背包、枪靠肩头、坐待天明。拂晓前派出侦察人员到交通要道监视敌情，如有敌情，鸣枪报警。天明后如无情况，便布置便衣岗哨，部队则按预定计划进行工作、学习和操练。军事训练除军事常识教育外，着重于夜间战术教育，还有村落战斗、游泳、行船、投弹、刺杀等军事技术训练。由于条件限制，军事训练多在村内、室内进行。政治教育开展得十分生动活泼。经常开展歌咏、戏剧、游戏、墙报等文娱活动，把文娱宣传与政治教育结合起来，收到了寓教于乐的效果，使指战员始终保持高昂的斗志。

由于我们活动地区狭小，敌情紧张，一有情况，部队就得立即转移。在实践中我们练就了一套与日伪兜圈子的过硬本领。为了迷惑敌人，部队在黄昏前集合，从一个村庄移住另一个村庄，并有意暴露目标，进行唱歌和游戏活动。可是到了夜半时分，部队悄悄集合转移到预先选定的村庄。进庄后马上封锁消息，只准进不准出，侦察人员到指定监视点执行任务。我们作为指挥员，平时非常注意考察交通地形，摸清可供利用的地形地物，并教育干部战士遇到敌情后如何化整为零活动。

在苏常太地区打游击虽然艰苦，但相对来说，这里物产丰饶，部队生活给养比较富裕。我们教育指战员以红军为光辉榜样，以苦为乐，以苦为荣，尽可能多留一些经费支援主力部队。部队不论干部战士，同等生活，一样待遇。每人每天伙食费只花一角钱上下。到了过年过节才稍有增加。老百姓对我们十分关怀爱护，时有慰劳，有时送糯米团子给我们吃时，连煮团子的稻草都一齐送来。我们也时刻注意群众纪律，帮助老百姓扫地、抱小孩、田间劳动，部队转移时坚持做到三不走，即：门板不上好不走，稻草不捆好不走，水缸不挑满不走。在平时，如果听炊事员说“今天改善生活，吃咸菜烧黄鱼”，大家就很高兴。部队官兵没有薪饷，每人每月发点津贴，开始只有五角钱，以后加到一元钱。官兵同吃一锅饭，同穿一样衣，行军作战同坐一条船，为中华民族生存、为祖国独立解放的共同目标奋斗。水乡的游击生活充满欢乐融洽的气氛。

血战洋沟溇

新“江抗”成立之初，我曾提出，为坚持苏常太阵地，必须建立一个加强营，即四个连的主力部队，以此控制基点，逐渐巩固发展，迎接主力回师。经过一段时间的艰苦努力，我们先后组建了特务连、独立二大队和保四团，加上“民抗”组建的一个连，基本上实现了预期目标。在确保达成中心任务的同时，我们依据当面敌情及主观条件，进行了一些小型战斗。除了上面提及的北桥伏击战、李市反击战外，还有12月13日的沈浜战斗、1月25日的陆家桥战斗、1月27日的华村战斗。其缴获虽然不大，但对提高部队战斗力、增强人民群众的信心、震慑打击日伪军下乡骚扰等方面，均起到一定作用。

新“江抗”最关键的一次战斗是发生在1940年2月8日（农历春节）的洋沟溇战斗。这年春节前两天，我们在横泾、东唐市之间八字桥伏击了一艘由常熟城里下来侵扰的鬼子汽艇。当晚我们把部队转移到阳澄湖边的洋沟溇宿营。洋沟溇地属吴县、近靠昆山，是三县边界地区，敌人不大注意。我们打算隐蔽在此，过个愉快的春节。新年除夕夜，乡村中充满了节日气象。大人、小孩换上了平日舍不得穿戴的新衣裳，锣鼓鞭炮、走亲访友，自是不在话下。为了加强军民关系，向群众宣传抗日，我们安排了春节军民联欢会，由文艺宣传队表演文娱节目。由于前日伏击战的胜利，加上想让部队休息过年等因素，我们思想上有些麻痹，情报侦察工作没做好，也没有做转移的准备。大年初一上午8点钟左右，我们正搭戏台时，昆山巴城镇的日军汽艇向我们偷袭过来。警戒哨兵鸣枪报警后，我立即跑到庄沿观察，只见敌人有百余人，正在登岸架机枪。我们的特务连随即赶到，双方展开激烈战斗。洋沟溇是典型的水网地区，双方都凭村落房屋背水一战。敌人的火力比我们强，可是我们特务连的指战员沉着应战，与敌逐屋争夺，开展巷战。战斗中杨浩庐同志负伤，连级干部曹得清、褚学潜等人也负了伤。于是，我们一面打，一面架船桥撤退。当地群众冒着生命危险为我们转移救护伤员。这时，我侧翼部队抄到敌人后路，将日寇指挥官、巴城警备队队长萨一岛击毙，敌人被迫停止攻击，登艇离去。我们分析来敌不止一路，须防其合击，也随即打扫战场，安置伤员，慰问群众，向常熟苏家尖一带转移。这次战斗毙伤日军20余人，我们也付出了血的代价，杨浩庐同志等十余人负伤，褚学潜等17人英勇牺牲。但是，我们粉碎了敌人企图消灭新“江抗”的阴谋。部队在战火中经受了锻炼和考验，苏常太游击区更加巩固了。

1940年1月20日，中共中央东南局发出指示，明确提出：东路地区甚富庶，可筹大批款项供给新四军。加强苏锡一带工作，以阳澄湖为基点，努力扩大充实现有部队，灵活开展游击战争。洋沟溇战斗后，新四军江南指挥部先后派陈挺、吴仲超、何克希等同志前来充实加强领导。新“江抗”领导成员进行了调整，何克希任司令，吴仲超任政委，我任参谋长。1940年4月，谭震林同志从皖南来到苏常太地区组织东路军政委员会，将“江南抗日义勇军东路司令部”改名为“江南抗日救国军东路指挥部”。此后苏常太地区的抗日斗争进入了一个新阶段。

掘港保卫战前后

季方

黄桥决战以后，韩紫老（即韩紫石，名国钧）还要我同韩德勤通电话，要求停止军事行动，一致对外。这个时候，韩德勤表示：“我现在已没有主动权了，新四军要是停止军事行动，我没有异议。”同时韩德勤说，第四专区南通专员吴春科要撤回去了，他希望我到南通去接替吴春科的专员职务。我说：“看来通海地区的情况春科都没有办法维持了，我这个赤手空拳的人有什么办法维持呀？”他说：“你们是地方关系多，好办一些。”我没接受。他就转而找我弟弟、原来已经担任海门县长的季强成（季刚）去接替，季强成接受了。

事后我向陈毅同志汇报此事，他批评我：“你为什么不接受它呢？哎，你总是浮在上面，不踏踏实实地干。你有什么困难，我们也可以支持你。你为什么不接受它？”我就反过来问：“南通地区在黄桥决战后，尚有南通常备旅、保安一旅、游击第六纵队、通海实业警卫团、工人纵队，以及原在海安一线，没有同新四军交手的保安五旅，也缩回了南通地区，虽有四、五万人，但人心惶惶，将无统帅，兵无斗志。我军假使乘胜东进，可以长驱直入，如入无人之境，为什么不继续东进呢？”陈毅同志说：“‘人不犯我，我不犯人；人若犯我，我必犯人。’这是我们既定的方针，不变的。第四区既然没有举兵来犯，我们当然不会去打他们。”我说：“我回去做一点民主协商、合作抗战的工作还是可以的，我的兄弟的思想也可以同我一致的。”陈毅同志就说：“那好，你要不要带点部队去呀？”我说：“带了新四军的部队去倒不好做工作了，顶好给我一个得力的政治工作同志，帮助我去，商量商量。”他就介绍陈同生同志，以新华社记者的身份同我一起去掘港。我笑说：“陈同生同志和我去，比带一个团好！”

这样我们就到了掘港。我用中国国民党军事委员会战地党政委员会指导员的名义，召集第四专区军政负责人的联席会议，说明同新四军合作抗战的意图，但是，希望我们同新四军合作要表里如一，精诚团结。并要求做到：军事统一指挥，政治统一领导，财政统筹统支，大家一致表示同意。还组织了一个江苏省第四区游击指挥部，由我担任指挥，保安一旅旅长薛承宗、第六纵队司令徐承德任副指挥。专员仍由季强成担任，财政经济委员会由地方上的一个士绅王已劲负责，并以陈同生同志为政治部主任。这样总算和平解决了第四区的问题。我们为培养干部，还办了抗日的教导团。

但是游击指挥部既不受国民党的委派，表面上又不属于新四军领导，似乎是中立的，这样一种局面不可能长期维持。隔了不久，韩德勤就来挖墙脚。本来第六纵队在新四军东进时，韩德勤要调它阻击新四军，它不干；到了这个时候，韩德勤又来给它送参谋，送粮饷。同时第六纵队，一方面向指挥部要粮要饷，一方面仍在其驻地石港地区收捐收税。韩德勤指责季强成没有气节，不够朋友。我们还发现各县的军政电台同韩德勤暗相勾结的情事，加以日寇飞机来轰炸掘港，觉得局势不稳，就用群众团体的名义，电请新四军苏北指挥部接管第四区，统一指挥，统一领导。苏北指挥部就派陶勇、刘先胜同志，带了第三纵队到掘港，协助建立抗日民主根据地（陶勇率部到掘港，是在游击指挥部成立之后，不是在 10 月下旬，游击指挥部成立之前）。

徐承德恐慌起来了，就掘壕据守，请他到指挥部来也不来，陶勇同志打电话亲自同他联系，也不来。我和陈同生同志曾经单车匹马到石港去说服他，请他调调防，调整调整，他也不干，但也没有把我们扣留。回来以后，我和陶勇同志到海安新四军苏北指挥部去开会，三纵主力七团也调到海安担任警戒任务，准备日本鬼子“扫荡”，徐承德就乘机来打掘港。那时崇明自卫纵队，就是韩念龙、茅珵的部队，已编为崇启海常备旅，就靠这个部队维持地方秩序，抵抗徐承德的进攻。我同陶勇同志也赶回掘港。陶勇同志带了部队，在返回掘港时一个反攻，就把徐承德部队击溃了。后来徐承德投降日本鬼子，在海门的悦来镇构筑据点。我们的三旅八团（王澄的部队）去把他的碉堡摧毁了，徐承德被当场击毙。

掘港保卫战以后，1941 年（具体时间记不清了）就正式成立了新四军苏中军区第四军分区司令部，我任司令员，刘先胜同志为副司令员，向明同志为政委，陈同生同志为政治部主任，梅嘉生同志为参谋长。此后日寇的据点不断增加，我们的游击活动受限制，于是在四分区东南角设海启行署，陈同生同志兼行署主任，海门县长沈维岳、启东县长钱柏荪为副主任；梁灵光任南通县长兼警卫团长，叶胥朝任如皋县长兼警卫团长；并在通西设行署，任天石为主任（后由茅珵负责）。以后人事上虽有许多变动，并经历 1942 年至 1943 年“清乡”与反“清乡”的残酷斗争，但苏中第四军分区这一抗日民主根据地，一直坚持到抗战胜利。

忆板桥集战斗

滕海清

板桥集战斗是我八路军四纵队五旅成立不久进行的一次较大的战斗，经历了阵地防御战、进攻战和遭遇战，与数十倍于我的敌人激战两昼夜，以极小的代价成功地阻遏了5000多日伪军向涡阳、蒙城的进犯。此次战斗共歼敌1000余人，击毁敌汽车、坦克十余辆，击落敌机一架，是一次极为成功的以弱胜强的战例。

1940年的下半年，抗战进入了艰苦阶段。蒋介石掀起了第二次反共高潮，在我豫、皖、苏边区，他将一〇五师、一三五师调集涡阳境内，沿涡河南岸构筑工事；令马步芳的骑兵八师进到蒙城南望町集、吕望集一线：令原东北军的骑兵第二军渡沙河进至张铺村、高公庙一线；又令广西军的一二七师进到正阳关地区，与日军驻徐州的二十一师团、驻蚌埠的独立十三旅团及驻宿县、固镇的日军形成对我根据地夹击的态势。

当时，五旅刚刚成立，组织很不健全，旅的政委、参谋长、主任都没有，只有我一个“光杆司令”。10月下旬，我率旅部机关和警卫营进驻板桥集。

板桥集位于蒙城东北25公里处，是通往宿县、蒙城的要道。进驻板桥集后，我们抓紧利用围墙和壕沟构筑了防御阵地，并破坏了宿（县）蒙（城）公路，以防敌人的进攻。

11月17日，宿县、蚌埠的日军500多人和南坪集伪军十五师沿宿蒙公路向板桥集进攻。8时，敌先头部队抵进板桥集，并迅速展开部队，呈半包围态势。10时，敌人兵分两路，在猛烈的炮火掩护下，从东南角和南边发起冲击。战士们沉着冷静，待敌进至围墙根时，成包的炸药和成束的手榴弹急雨般地倾泻敌群，炸得敌人尸横遍地，敌人的连续几次进攻均被我击退。下午1时，敌人发起了更加疯狂的进攻，强烈的火力压得战士们抬不起头来，有的敌人趁机爬上围墙。我英勇的战士奋力反击，激战至黄昏，在敌人一次又一次的冲击面前，我阵地坚如磐石。敌人付出了惨重代价，但仍不甘心，便调动部队企图包围板桥集。这时，我决意趁敌未完成包围前，迅速撤离板桥集，不与敌人争城池，以消灭敌人的有生力量为主。坚守板桥集的警卫营只三个连队，战士们抗击敌人整整一天，若被敌包围，那是非常被动和危险的。于是部队便趁着夜色，顺西门外的抗日沟迅速撤到板桥集西北的大赵家，会合我十三团一个营，准备吃了晚饭后再向曹市方向转移。

部队吃过晚饭正准备转移时，纵队司令部作战科长白浪同志带特务团突然赶到，命令我部坚守板桥集。当时，我真有些莫名其妙，因我从未接到坚守板桥集的命令，也没有要求部队增援啊。白天的战斗在我脑海里浮现，我正沉思着，白科长对我说："你撤出板桥集，纵队不知道，板桥集不能让敌人占去，今夜将它夺回来。"我不由长舒了一口粗气说："板桥集高墙深壕，易守难攻，我三个连队坚守了一天，2000多敌人奈何不得，现在由我们现有的这点部队去攻，恐怕难以奏效，况且部队既无攻城的准备，又缺乏登城的工具，仓促投入战斗，势必徒增伤亡！"白科长坚持要攻，我从锻炼部队的角度出发，袭击立足未稳的板桥之敌也是可以的，便同意白科长的计划。

晚11时，部队进到板桥集南边围墙外，特务团在东，我带的两个营在西，同时向敌发起攻击。敌人依据工事拼命防守，火力很强，加之月亮照得透亮，几个小时过去了，攻击未果。近凌晨时，我问白科长："夺取板桥还有没有希望？"他沉默不语，良久才摇摇头说："没有希望了。"我当即决定，拂晓前，部队迅速撤出战斗，以防敌人天亮后反击。

18日拂晓，部队向安全地带转移，在唐集南突遇敌人。原来，17日下午，徐州、蚌埠日军1000多人，伪军2000多人，在宿县西南的南坪集集中。18日拂晓，敌军分两路，一路经芦沟集、赵集、唐集南；一路经双堆集、陈集、王集，在飞机、坦克的掩护下，向蒙城、涡阳前进。

狭路相逢勇者胜。我命令部队迅速抢占有利地形，打敌一个措手不及。顿时，炮声隆隆，枪声大作，敌人惊慌失措乱作一团，坦克到处横冲直撞，飞机也慌忙地爬到高空，我趁机命令部队出击，英勇的战士们如同猛虎出山，吼叫着杀向敌群，激战至10时，敌人慌忙边打边向涡阳前进。与此同时，我特务团在王集也与另一路敌人展开了激战，打毁敌坦克和汽车数辆，击落敌飞机一架，歼敌一部。

至此，板桥集战斗胜利结束，敌人付出了1000多人的代价，进犯蒙城、涡阳的行动也被彻底粉碎了。

挺进苏北与黄桥决战

粟裕

这段历史，发生在1940年。多年来，回忆和歌颂这段历史的作品已经不少。我愿以这场斗争的亲身经历者的身份，为读者提供一些背景材料。我的回忆，将侧重在一些重大问题的决策和军事指挥方面。

执行东进北上抗日方针，江南新四军挺进苏北

苏北地区在抗日战争中具有特定的战略地位。它是一个有2000多万人口，盛产粮、棉、盐等战略物资的重要基地，是控制日寇沿江进出的重要侧翼，又是连接我新四军同八路军的重要纽带。苏北抗日局面一旦打开，向南可以与我江南抗日根据地相呼应，扼制长江下游，直接威胁设在南京的日本侵略军总部和汪精卫伪政府；向北、向西发展，可以与山东、淮南、淮北抗日根据地连接，分别直通华北、中原。控制苏北，对于我发展和积蓄抗战力量，更沉重地打击日寇，以及制

止国民党顽固派反共投降都具有极其重要的意义。所以，苏北是日、顽、我必争之地。

新四军向苏北发展，是党中央早就确定了的方针。1938年春，党中央、毛泽东同志对江南新四军的发展方向有过明确的指示："目前最有利的发展地区是茅山山脉。"5月4日又指示："在茅山根据地大体建立起来之后，还应准备分兵一部进入苏州、镇江、吴淞三角地区去，再分一部渡江进入江北地区。"

这个任务的提出，是对蒋介石的险恶意图做了充分的估计的。自主力红军长征，蒋介石便想彻底消灭我坚持南方的红军游击队，但是未能得逞。全国抗日战争开始，蒋介石迫于形势，不得不同意将我坚持南方八省14个地区的红军游击队编成新四军，开赴抗日前线，但又将我主要力量限制在面临长江天险和日军侵华心脏的南京附近地区。实行借刀杀人之计，企图借日军之手消灭我军于这一狭窄地区。党中央、毛泽东同志采取了将计就计的方针，要求各部迅速深入敌后。因为我军一经开到敌后和人民群众相结合就如鱼入水，蒋介石将无以售其奸。

遵照党中央的方针，我新四军江南部队于1938年4月在皖南歙县岩寺集中后，即派先遣支队向苏南敌后挺进，接着，第一、第二支队于六七月间挺进苏南敌后。约两个月，便取得了韦岗、新丰、新塘、句容城、珥陵、小丹阳、永安桥、江宁、当涂、禄口等大小百余次战斗的胜利，与新四军皖南、江北部队的英勇抗敌行动遥相呼应。

项英同志从右的立场看待国民党蒋介石借刀杀人的阴谋，不敢到敌后去，希望通过谈判在第三战区范围内得到一个"较好"的防区。党中央、毛泽东同志曾多次向他做工作，说明"在敌后进行游击战争虽有困难，但比在敌前同友军一道并受其指挥反会要好些，方便些，放手些。敌情方面虽较严重，但只要有广大群众，活动的地区充分，注意指挥的机动灵活，也会能够克服这种困难"。但项英同志对党的独立自主的敌后游击战争的方针仍然顾虑重重。当时，苏南敌后空隙很大，群众在日本侵略者蹂躏下，迫切盼望抗日领导力量的到来，是我军获得大发展的好时机。项英同志却把过多的力量，其中包括经过战争锻炼的许多骨干力量和大批知识青年留在皖南。后来还把已在苏南敌后取得了一定作战经验，并初步改善了装备的主力部队第一团、第三团先后调回皖南，在一定程度上影响了我军在敌后的迅速发展。

1939 年 2 月下旬，周恩来同志亲自到皖南来对项英同志做工作，同他商定了新四军"向南巩固、向东作战、向北发展"的一致意见。此后项英同志派了一些干部到苏南、江北加强敌后工作，但他常常屈服于国民党蒋介石的压力而动摇。

当时蒋介石、顾祝同划定我第一、第二支队的防区非常狭窄。如第二支队的防区，被划在南京、天王寺、秣陵关这个三角地带，最长距离不过 30 公里。为了发动群众，抗击日军，我们不断冲破蒋介石的束缚，打到防区之外。向南打到高淳、郎溪，西南打到芜湖，东北打到镇江、金坛一带。"抗日有罪"，每次打击日寇的行动，都遭到顾祝同的追查、警告。项英同志不仅不敢理直气壮地给予对方以反击，反而责难我们"破坏统一战线"。1939 年 5 月，陈毅同志决定派叶飞同志率领第六团挺进到澄（江阴）锡（无锡）虞（常熟）地区活动。项英同志得悉后十分恐惧，急电制止。那一天，陈毅同志把项英同志的来电交给叶飞同志看。电报中说了两点：澄锡虞是日军控制的重要地区，交通便捷，部队去了会被消灭；那里不是国民党划定的防区，我们去了，会破坏统一战线。这时，陈毅同志面色阴沉，一言不发地在室内来回走动。稍停，突然问道："你带部队到澄锡虞，会被敌人消灭吗？"叶飞同志坚定地回答："不会的！我们不会被消灭，而且还会发展。"陈毅同志严肃地拍着胸说："好！部队被消灭由你负责；破坏统一战线由我负责。决定去！"以陈毅同志为代表的广大指战员是这样坚决地抵制项英同志的错误主张。

这时在陈毅同志的领导下，茅山抗日根据地已初具规模，我们就陆续派主力部队北渡长江。

1939年初，陈毅同志派出第一支队第二团一部，协同管文蔚同志所领导的地方抗日力量丹阳游击纵队，积极向扬中和长江北岸发展。他们消灭了企图叛变的丹阳县游击纵队第二支队，加强了梅嘉生、韦永义两个支队，控制了扬中和江都所属的大桥一带江北沿岸阵地。这里的位置十分重要，控制了这个地区，使我军获得了向苏北发展的跳板。

10月下旬，苏北地方实力派李明扬请求我军协助其运送部分弹药过江，我们即派陶勇、卢胜同志率二支队第四团一部分北渡长江，进入苏皖边区以后与梅嘉生部合编，命名为苏皖支队，活动于扬州、仪征、六合、天长地区，并向北发展，同新四军第五支队取得了联系。

11月底，为加强苏北力量，又决定叶飞同志率江抗二路（原第六团）到达扬中，与已发展改编为江北人民抗日义勇军挺进纵队的管文蔚部合编，然后渡江北上，向吴家桥周围地区发展，积极打击敌伪。

到此时为止，江南敌后我军已有数支主力部队到达苏北，控制了长江渡口，造成了我军足跨长江两岸、随时可以发展苏北的有利态势。

此时，我新四军江北、江南指挥部已先后成立。第一、第二支队由江南指挥部统一领导。

在派出主力部队的同时，苏北地方工作也在积极开展。1938年下半年，惠浴宇同志由延安分配到苏南，陈毅同志了解到他是苏北人，就派他到苏北扬州、泰州地区开展工作。以后协助韦一平同志组织了党的临时工委（后改为苏北特委）。随着抗日形势的发展，苏北革命群众也逐步活跃起来。泰州、泰兴、如皋、南通一带，是1930年土地革命战争时期红十四军的主要活动地区。当年的武装斗争虽然失败，但是党在人民群众中的影响很深，“野火烧不尽，春风吹又生”，一些革命分子开展宣传活动，收集武器，组织和发展抗日武装。同时，上海地下党（江苏省委）也陆续派出党员、干部到通、如、海、启一带，并组成江北特委，发展进步势力，利用社会关系开展对友军的工作。由北而南的工作也在开展。赵毓华、钟民、朱群、陈伟达、周一峰、洪泽、韩念龙、梁灵光、许家屯、俞铭璜等同志都已从各方到来。各路力量汇于苏北，给予我军挺进苏北以有力的配合。

1939 年底和 1940 年初，抗日战争形势有了进一步的发展。日本侵略者在对国民党加紧诱降的同时，集中主要兵力打击我们党和敌后抗日军民，首先是华北敌后军民。国民党顽固派在日军的诱降政策下，加紧推行“以军事反共为主、政治限共为辅”的反动方针，在第一次反共高潮被我粉碎后，将磨擦中心逐步由华北移向华中，以顾祝同、李品仙、汤恩伯、韩德勤从苏南、皖中、皖东、豫东和苏北等地大举向我进攻，作为其准备投降的重要步骤。

党中央、毛泽东鉴于国共第一次合作时的血的教训，及时地要求全党同志提高警觉，从思想上、政治上、组织上全力巩固我们的党，巩固党所领导的军队和政权，以准备对付可能的危害中国革命的突然事变，并作出了大力发展华中的战略部署。明确提出：鉴于日寇大量增兵，华北敌占区日益扩大，我方斗争日益艰苦，以及国民党可能的公开反共和投降，全国性突然事变可能到来，我军决不能限死在黄河以北不入中原，故“华中是我最重要的生命线”。“整个苏北、皖东、淮北为我必争之地。凡扬子江以北，淮南路以东，淮河以北，开封以东，陇海路以南，大海以西，统须在一年以内造成民主的抗日根据地”。在军事上做了这样的部署：派八路军主力两万余人由冀鲁豫分路南下，会同新四军第四、第五、第六支队和江南指挥部已到达苏北的挺进纵队和苏皖支队共同完成发展华中的任务。

党中央关于大力发展华中的战略部署，不仅在当时对坚持抗战、反对投降，坚持团结、反对分裂，坚持进步、反对倒退具有关键性的作用，而且对以后革命形势的发展，也有着深远的影响。

为了贯彻这一战略任务，中共中央代表、中原局书记刘少奇同志于1939年11月进入华中敌后，在淮南路西与张云逸同志会合。在刘少奇同志的领导下，中原局经过前后几个月的调查研究和不同意见的讨论，着重分析了大别山、伏牛山和苏北平原的不同条件，进一步明确了苏北是当时华中最有利、最能发展的地区，是我军的战略突击方向。这样，发展苏北的任务便由关系新四军发展方向的一个局部上升到关系我们党对日、对顽斗争的全局的位置上来了。

1940年3月，顾祝同调集五个师、一个旅，连同地方保安团队约18个团的兵力，主要部署在贵池、青阳、绩溪、宁国、宣城、繁昌、南陵、泾县一带，还加强了溧水、高淳、郎溪、广德、宣城之线，企图切断我皖南、苏南之联系，造成围歼皖南、威逼苏南我军之势。同时，在大军压境的态势下，勒令我将江北四、五支队和叶、陶部队南调。皖南并非敌后，处在三战区包围圈中。苏南是我军对日作战和向东向北发展的基地。而且以当时我军的兵力来看，暂难在皖南、苏南两处应敌。为此，我们建议皖南军部率部即向苏南靠拢。当时，蒋顽对形势也作过分析，认为“叶、项在皖南，如瓮中之鳖，手到擒来；陈、粟在苏南，如海滨之鱼，稍纵即逝”。4月26日，中央复电同意我们的建议，指示皖南军部速移苏南为宜。从我们控制的郎溪、宣城地区到军部驻地泾县云岭仅160公里左右，双方对进，一昼夜就可会合。我们布置了三个团去接应他们北进，并将电台呼号、通信联络约定好了。但项英同志竟又动摇起来，以种种借口拒绝北移，反而再三要求中央批准将叶、陶等部调回皖南。

党中央断然拒绝了项英同志的要求，于1940年5月4日发出《放手发展抗日力量，抵抗反共顽固派的进攻》的重要指示。其中指出：在国民党反共顽固派坚决地执行其防共、限共、反共政策，并以此为投降作准备的时候，我们应强调斗争，不应该强调统一，如果不斗争，就将再犯1927年的错误。中央还就我在敌后地区的发展方针着重指出:“不应强调特殊性”,“在江苏境内,应不顾顾祝同、冷欣、韩德勤等反共分子的批评、限制和压迫,西起南京,东至海边,南至杭州,北至徐州,尽可能迅速地并有步骤有计划地将一切可能控制的区域控制在我们手中,独立自主地扩大军队,建立政权”。

这些指示是对项英同志右倾思想的再一次教育,又是对以陈毅同志为代表的坚持敌后游击战争的广大指战员的鼓舞与支持。陈毅同志当即召集县团干部会议作了传达,并提出了今后的努力方向。广大干部了解到“五四指示”的精神后,群情振奋。同时,陈毅同志以中央军委新四军分委会副书记的身份,再次向项英同志提出建议,促其北上。但项英同志说中央的“五四指示”表明他的领导已有了路线错误和不执行中央方针,他“当然不能继续领导而且无法领导”。

6月,国民党蒋介石部署的由顾祝同、冷欣、韩德勤、李品仙从南、北、西三个方向向我新四军进攻的阵势已步步进逼,由于项英同志的坚持,我皖南、苏南部队已无法集中;江北几支部队协力发展华中的步伐因种种原因进展不够顺利,我军现有的力量已不可能求得在大江南北同时对付顽固派的进攻。形势的发展,已经到了最后抉择的关键时刻,机不可失,时不再来。6月15日,陈毅同志当机立断,急电中央,决心部署移往苏北,“再不决定,必致苏北、苏南两方受损”。这时,我们同延安已有了直通电台。

争取中间势力,全力对付韩德勤

江南新四军主力部队挺进苏北,是抗日战争开始后的第三年。这时,苏北敌后广大地区大都为国民党所统治。蒋介石派顽固派、反共专家韩德勤担任江苏省政府主席兼鲁苏战区副总司令。在蒋介石的支持下，他依靠其嫡系主力第八十九军和独立第六旅等武装，实行苛政重赋，鱼肉人民，极力镇压爱国行动，摧残抗日力量。如1939年春，突然围攻我东海县抗日武装——八路军独立第三团，杀伤该团团长以下数百人。同年夏，又围攻我活动于高邮湖北闵家桥地区的抗日游击队，惨杀该游击队领导人陶容以下数百人，其中大部是共产党员。类似大小血案，遍及苏北各地，时有所闻。苏北国民党部队内部爱国官兵的抗日要求，也受到韩德勤的压抑。日军在其兵力不足的困境下，乐于利用韩德勤作为其镇压苏北抗日军民的统治力量。日、顽双方信使往还，狼狈为奸，人民陷于水深火热之中。韩德勤已成为苏北抗战的主要障碍。要坚持和发展苏北抗日战争，建立抗日民主根据地，必须从韩德勤手中夺取苏北抗战的领导权。

当时，苏北地区由韩德勤指挥的国民党总兵力共有16万人，其中韩德勤系统8万人，号称10万。但派系繁多，矛盾重重。驻在泰州及其附近地区的鲁苏皖边游击总指挥部李明扬、李长江及曲塘一带税警总团陈泰运等部，都是深受韩德勤排挤和歧视的中间势力。他们的处境和具体情况与韩德勤的嫡系部队和保安旅有所不同，因而政治态度也有差异。李明扬是老同盟会员，资历比韩德勤老，他和李长江原是国民党江苏省保安处正、副处长，自从顾祝同、韩德勤包揽江苏军政大权以后，保安处长由第八十九军军长李守维取代，“两李”的地位一落千丈，后来得到桂系的扶助，才维持了当时的地位，他有一定的民族意识。他企图借助于我新四军的抗战声威，以抵制韩德勤的压迫与兼并。而贵州籍的苗族人陈泰运，属于宋子文系统，是以同乡关系得到何应钦的支持而维持了今天的地位的。他也有一定的抗日意识。1939年，他曾一度被韩德勤软禁于兴化。在季方、黄逸峰等同志的帮助下脱险归来后，曾暗中联李反韩。

我们认为李、陈等地方实力派与韩德勤之间的矛盾，虽有其自身的利害关系，但包含有坚持抗战与破坏抗战的矛盾。在苏北顽、我之间，李、陈等地方实力派处于重要的地位。如果他们能中立，就便于我们同韩德勤做最后的较量。1940 年 1 月 28 日，中央曾明确指示：对于中间势力，如李明扬等，我应采取中立他们的政策。所以我们把同韩德勤争夺中间派作为扩大抗日统一战线，解决苏北抗日领导权的一个重要环节。

在苏北争取中间势力以孤立韩德勤这个问题上，陈毅同志表现了高超的策略思想和领导艺术。早在 1938 年 7 月 1 日的新丰战斗之后，丹阳县抗日自卫团的负责人管文蔚同志前来要求新四军领导时，陈毅同志就指示政治部主任刘炎同志派一批干部去加强该部的建设和改造，将该部扩编为丹阳抗日游击纵队，并利用广泛的社会关系向扬中及江北大桥地区发展。其后，陈毅同志了解到李明扬部第二纵队司令颜秀五是苏北人，就要惠浴宇同志以同乡关系与他联络，并且经颜秀五的疏通，与李明扬、李长江取得了直接的联系。1939 年，陈毅同志曾写信给李明扬，用毛泽东、朱德同志的名义向他致意，措词恳切，李明扬看了非常感动，以后对人夸口："我在这里打垮了，到延安去，玉阶（即朱德同志）会招待我的。"从此开始了与李明扬的信使往还。1939 年 5 月以后，陈毅同志由惠浴宇、管文蔚等同志陪同，三次到泰州和"两李"见面，表达我军团结抗战的诚意。陈毅同志特地从我军的战利品中挑选了 30 支三八式步枪送给颜秀五。选了一匹好马，配上新鞍鞯，送给李长江。还向李明扬赠送了指挥刀。"两李"待陈毅同志为上宾，在泰州街贴标语："欢迎四将军光临指导！"他们以"四将军"称呼我新四军，既表达了他们对我党领导的抗日军队的敬重，又以此避免韩德勤等反共顽固派对他们的刁难。还集合队伍请陈毅同志训话，并将韩德勤的反共密令告诉我们。陈毅同志也面告"两李"，由于苏南顾祝同、冷欣对我逼进，我军不得不到苏北抗日。"两李"也表示谅解，有助我东进抗日反韩的意愿。这一切，为我挺进苏北创造了有利条件。

可是，对“两李”的统战工作并不是一帆风顺的。事实表明，由于“两李”在抗日反韩这一根本立场上存在一定程度的摇摆性，因此对他们的争取工作要准备“和”与“打”两手并用，“和”是为了争取，“打”也是为了争取。

当我方积极争取“两李”时，韩德勤利用“两李”对蒋顽压力的畏惧以及对我挺进纵队在江北发展的疑惧心理，又打又拉，表示要与“两李”“捐弃前嫌，重修旧好，共同反共”，使“两李”动摇而倒向反我。

1940 年 5 月 17 日，我挺纵为粉碎敌伪“扫荡”，移往郭村休整。“两李”在韩德勤的挑唆下，说是占了他们的地盘，竟向我挺纵下最后通牒，限三天退出郭村。在顽军保安第三旅的配合下，调动其第一、第二、第四、第六纵队向郭村进逼，总兵力达 13 个团。其第二纵队踞于塘头、宜陵、丁沟一带，隔断郭村与大桥地区和苏南我军之联系；第四纵队在泰州、刁家铺、口岸一带由东对我；保三旅则在郭村以北之小岐一带，妄想一举围歼我挺进纵队于郭村、大桥地区。

此时我方政治、军事态势急迫。一方面挺纵兵力单薄，顽我兵力对比悬殊，如作战不利，我将失去大江南北交通的枢纽地带，势必严重影响我主力北上。另一方面，即使打败了“两李”，但如果处置失当，“两李”倒向韩德勤一边，造成韩、李反共大联合，对我发展苏北也极为不利。加之此时在有的领导干部中对党的统战政策和争取“两李”的方针认识不尽一致。在此关键时刻，陈毅同志一面令在天仪扬地区的苏皖支队星夜赴援，一面电示挺纵：他将立即着便衣渡江北上，亲临决策。电报发出后，他便换了中式夏布衫裤，戴上凉帽，匆匆向江北赶去。

挺纵领导叶飞、管文蔚、姬鹏飞、张藩等同志接到陈毅同志的指示后，一面做紧急应战的准备，一面派政治部副主任陈同生同志为代表，前去泰州向“两李”倡言和平。可是，李明扬却以开会为由离泰州去了兴化，李长江则扣留了陈同生同志。6月28日，开始了对郭村的大举进攻。李部先后到达兰家桥、白塔河、杨家桥、董家桥、庄家桥、吴家桥、黄毛墩、麻村等地，形成四面包围、十路进攻之势。我军收缩于郭村、西周庄坚守。在地方党和人民群众的全力支援下，我军利用李部各路互不配合的弱点，采取积极防御，逐次杀伤其最突出的一路，有效地稳定了郭村阵地。这时，奉命增援的苏皖支队已由陶勇等同志率领，跨越天扬路，夜渡邵伯湖，穿过日军封锁线，日夜兼程200余里，突然进入了李部防区的杨家桥、麻村一带，与挺纵取得了联系，并于当夜进入郭村，分担了部分防务。

6月30日，我军以挺纵第一团两个营于夜间隐蔽出击，突然袭入李军后方重镇宜陵，消灭其一个营和一个团部，李军大恐。此时，共产党员陈玉生同志率领了一个团（该团是我地方党领导的部队，为适应斗争环境，当时公开用李明扬的第三纵队第八支队番号），共产党员王澄同志率领了一个营（该营是李明扬的第二纵队第五支队第四大队，是我地方党所控制的），在我第四团接应下立即起义，进一步改变了战场形势。我军反守为攻，对李军实行内外夹击，歼其三个团，迫使李军全线溃退。

7月3日陈毅同志被迎到郭村，他给部队以热情的慰问和鼓励。但他又说：战役和战术上的胜利，不等于战略上的胜利。我们要打开苏北局面，非把韩德勤打败不可；要打败韩德勤，就必须争取“两李”中立，不使他们投奔韩德勤。这一打，究竟是把“两李”打到韩德勤一边去，还是打到我们这边来，这就要看我们政策和策略的威力了。

这时，有的同志主张驻守郭村，不再前进；有的同志又主张直下泰州。陈毅同志认为郭村地区过于狭小，将来势必还会发生磨擦；而打到泰州又会逼得“两李”非倒向韩德勤不可。他决定乘胜打下塘头，控制交通要点，解决部队给养；又在泰州城唾手可得的态势下，适可而止，收兵于泰州城郊的碾米场，并派代表去见李明扬，表明我顾全大局，灭敌、反顽、联李的方针不变，要他以“互助互让、共同发展”八个字来推动抗战。这时，李明扬从兴化赶回来收拾残局，听说我们不攻泰州，还派来代表倡导和议，正是求之不得，连忙向陈同生同志赔礼道歉，派专使陪送返回挺纵。电话架通后，陈毅同志亲自同他通话，再次表明我军为了团结抗战，愿意与他们重修旧好，将俘虏他们的人员全部释放，归还缴获的部分枪支，并愿将郭村等地全部让出交给他们，但要求他们团结抗日，助我东进；如果将来韩顽不以民族利益为重而向我进攻时，希望他们保持中立。李明扬难中得救，全部答应。

郭村战斗是巩固苏北桥头阵地的一仗，也是同韩德勤争夺“两李”的关键一仗。至此我们取得了政治和军事的双重胜利。

进军黄桥，建立以黄桥为中心的根据地

1940 年 6 月中旬，我江南指挥部率领第二团、新六团等部准备经溧（阳）武（进）路向长江边北移。顾祝同、冷欣以其第四十师主力一部及“挺进军”第五团等部对我突袭。我军奋起自卫还击，歼其两个团于西塔山地区，余部溃逃。我军随即越过公路、运河、铁路、长江等日军的几道封锁线，于 7 月 8 日前胜利到达苏北吴家桥地区，与挺进纵队、苏皖支队会合。

江南指挥部率部过江后，苏北顽、我斗争进入新的阶段。在此以前，双方以争夺中间力量为中心，此后即将进入正面的交锋了。我们分析形势，蒋介石、韩德勤绝不会允许我们在苏北敌后建立和发展抗日根据地。顽、我之间势将有一次决战，必须积极做好准备。至于对

韩德勤的斗争方针，我们认为，在韩德勤军事实力数倍于我的形势下，要争取我在苏北全局的优胜，必须坚持自主的原则；但这时正处在顽固派两次反共高潮之间，全国人民心向缓和，力促团结抗战，从顽、我斗争的全局出发，又必须运用“以退为进”的策略。

对我军以何处为中心建设根据地的问题，在指挥部到达苏北后有过三种议论：一是扼守扬（州）泰（州）地区；二是北进兴化；三是进取黄桥。我们主张东进黄桥。第一，黄桥处于靖江、如皋、海安、泰县、泰兴等县的中心，以黄桥为中心建立根据地，便于向通、如、海、启发展。而只有控制通、如、海、启才可以与我江南部队相呼应，控制长江通道，威胁日军和切断韩顽与江南冷欣的联系。第二，吴家桥、郭村一带，原为“两李”范围，地区比较狭小，如果向外发展，势将与“两李”发生矛盾，影响全力对韩，与我统战方针违背。水城兴化，是韩德勤盘踞的中心，周围全是水网，对我进出不利，且地域偏西，对日军威胁不大。第三，盘踞黄桥一带的保安第四旅何克谦部，一贯勾结敌伪，积极反共，敲诈勒索，久失人心，而且战斗力较弱，易于歼灭。第四，该地区有我们党的工作和影响，群众基础好。我军东进抗日，能获得地方党的配合和广大人民的热烈拥护。

这时我们遵照中央指示，将渡江北上的江南指挥部改为苏北指挥部，仍由陈毅同志任司令员兼政治委员，我任副司令，刘炎、钟期光同志分别任政治部正、副主任。此时刘炎同志尚在苏南，政治部工作由钟期光同志主持。部队整编为三个纵队，每个纵队三个团。第一纵队以叶飞同志任司令员兼政委，下辖第一、第四、第五团；第二纵队以王必成同志任司令员，刘培善同志为政委，下辖第二、第六、第九团；第三纵队以陶勇同志任司令员，刘先胜同志为政委，下辖第三、第七、第八团。全部共7000余人。数量虽还不大，但统一了指挥，行动协调了，部队面貌一新，这对开辟苏北局面有重要意义。

苏北指挥部随即发布政治动员令，提出团结、抗战、反顽口号，要求全体指战员做好打运动战、歼灭战的充分准备，严格执行纪律，宣传党的政策，开展群众工作。

部队在扬泰地区休整了一周，7 月 25 日出发，采取远道奔袭和各个击破的战术，直指黄桥。我军以战斗姿态于 7 月 26、27 两日通过口（岸）泰（兴）线上的寺港口、缪湾等“两李”防区，李部如约让路，并朝天鸣枪，我军佯作夺路而过。

韩德勤得知我东进的消息后，即令何克谦率保安第四旅由黄桥及其以南地区向北攻击，同时命令陈泰运率税警团由曲塘南下至北新街一带，妄图南北夹击，消灭我军于运动中。

我们对于何克谦、陈泰运两部，决计采取不同对策。当我军东进到北新街以南时，突然掉头向北，击溃陈泰运部两个团，歼其一个多营。当陈泰运碰得头破血流时，我方如数遣还了俘虏，还主动地送了部分枪支给他，警告他不要跟着韩德勤制造磨擦打内战，应该团结抗日。

在对付陈泰运的同时，我们以第二纵队占领黄桥以北及东北的蒋垛、古溪、营溪，以第一纵队占领搬经，截断何克谦的退路，第三纵队攻占黄桥及其以南地区。28 日一夜激战，各部胜利完成了任务。我军于 29 日凌晨，解放了黄桥。此战歼何部主力近 2000 人，在我党团结抗日号召之下，何部两个团由陈宗保等同志率领于战后起义。

我军到达黄桥时，沿途群众夹道欢迎，并热烈要求我军长期驻扎，保护地方，打击日军。这时陈丕显同志已从东南局来到苏北，协助陈毅同志抓地方工作，加强根据地建设的领导。指挥部也派出干部、民运工作队和服务团，协同地方党组织发动群众，积极进行抗日民主根据地的建设。工作进展异常迅速。8 月 10 日，我们向中央报告：“我占领黄桥以后，便分兵发动群众，清剿散兵游勇，委派了泰县、如皋、靖江、泰江、江都 5 县县长，筹建苏北临时行政委员会，成立苏北军政干校，出版石印的《抗敌报》（苏北版）；建立 4 个税卡，10 天内扩大新兵100余名……”接着，我们又派部队攻下了黄桥以南之孤山、西来镇等敌伪据点，我党我军声威大振。以黄桥为中心的根据地已初具规模了。

韩德勤对我进占黄桥，创建以黄桥为中心的抗日民主根据地，以及部队猛烈发展，群众运动轰轰烈烈，感到莫大的威胁。在军事失利之后，他表面上同我划定防区，韩部驻姜堰、曲塘、海安一线，不再南下，我军驻黄桥、蒋垛、营溪、花园桥一带不再北进，实则处心积虑准备向我进攻。他利用秋水暴涨、我军各部不便相互支持的时机，调动兵力，调整部署，补充弹药，焚烧涟水、淮阴间老黄河各渡口的船只，阻止我八路军第五纵队继续南下，妄图消灭我军于立足未稳之际。

黄桥根据地的建立，为以后与韩德勤决战准备了一个比较理想的战场。我方为加速准备决战，指挥部、军分委联合下达了《对于创建黄桥大根据地的指示》，着重指出:“目前的工作任务是积极充实主力，严格整训部队，努力民众运动，建立民主政权工作的基础，随时准备迎接反‘扫荡’、反磨擦的胜利。”指挥部政治部颁发了《9月份政治工作方针的训令》，明确提出了“准备决战是中心”，“决战决定一切”的口号。

果然韩顽不顾人民的愿望和我党团结抗日的呼吁，调集大军，破坏协议，于9月3日开始向我发动进攻。以“两李”、陈泰运部及保安第三旅编成右路军，在姜堰附近集结，以军参谋长郭心冬指挥第一一七师(欠一旅)、独立第六旅(欠一营)、保安第一旅(欠二营)为左路军，在曲塘、胡家集、海安附近集结，计划分别经蒋垛、古溪向黄桥进攻。其右路军的“两李”和陈泰运部在我争取下态度犹豫，进展缓慢。左路军则大胆冒进。我决计严守自卫立场，坚持不先放第一枪，逐步收缩，等到第八十九军一一七师、独立第六旅、保安第一旅深入我防区，再集中兵力，予以各个歼灭。

9月6日，顽左路军进到营溪以南，我即展开英勇反击。一举歼其先头部队保安第一旅两个团，余部回窜。

保一旅原有我江北特委的工作。此次战后，我军释放了所俘该旅副团长及其以下全部人员，对他们宣传合作抗日，不应反共之大义，使该旅旅长薛承宗大为震动。争取该旅在以后的黄桥决战中保持中立。

营溪之战，是韩德勤对我的一次试探性进攻。韩德勤在受挫后改取“堡垒推进”方针，指令姜堰顽军保安第九旅张少华部严密封锁我区粮食来源，并挟制李明扬、陈泰运两部，企图逐渐压缩我于沿长江狭小地区，勾引日伪对我合击。我们已经注意到在营溪战斗的同时，天长、六合等县及津浦路苏皖段沿线敌伪相继增加，天长、六合两据点的敌人已增加到1500余人，骑兵数百。9月5日，即韩顽进犯营溪的前夕，日军攻陷了我路东中心区之马家集、竹镇集、舜山、半塔、汊涧等地，每到一处，抢掠烧杀，无恶不作，与韩顽遥相呼应。形势表明，与韩顽长期相持对我十分不利。我为打开局面，本着自主原则，决定进取姜堰。

姜堰原是陈泰运的防区，韩德勤为了向我进攻，将陈部调往曲塘，而令保安第九旅张少华部进驻。张少华曾当过汉奸，虽声明“反正”，其实仍然和日军互派代表，保持联络，是一个身兼顽、伪的双料货。他进驻姜堰后，依托南面的运盐河，构筑了以36个碉堡为核心的防御工事，加设了电网，以求固守。

9月13日，我以第二、第三两个纵队围攻姜堰，二纵队主攻，第一纵队在白米、马沟一带打援。我攻击部队挑选了优秀战士组成“勇敢队”两个排，担任突击任务。他们由共产党员带头下水渡河，自镇东北突击。队员用橡皮包裹马刀把子，奋力砍开铁丝网，从碉堡的夹缝中猛插进去，以“孙行者钻进铁扇公主肚皮里去”的战术，先打掉张少华的司令部，再由里向外打，内外夹攻。经一昼夜激战，攻克了姜堰，歼守敌1000余人，缴获了大量武器和军用物资。

我为继续保持政治上的主动与优势，在占领姜堰、打开粮源之后，再次表明我停止内战、团结抗日的初衷不变，只求救国有份，抗战有地，派朱克靖等同志四处奔走，联络各界绅民代表继续呼吁省韩重开谈判，以求合理解决纠纷。

由于事关大局，我方团结抗战的旗帜鲜明，陈毅同志登高一呼，韩紫石等许多上层人士和八县代表同声响应，四五十个留胡须、穿长袍的人奔向黄桥与我会谈。这些人中，有的确是本着团结抗战好意来的；有些则是希望顽、我力量均等，以便在中间立足；有的则和韩德勤有不可分离的利害关系，眼看韩德勤再打就会失败，所以出来劝解。尽管各自的动机不同，但他们出面斡旋，对促进团结抗日是有利的。

当士绅代表向韩德勤呼吁“停止内战、团结抗日”时，韩顽竟乘机要挟说：“新四军如有合作诚意，应先退出姜堰。”在他看来，“金姜堰、银曲塘”，我军以革命同志的鲜血换来的抗战阵地是决不会退让的；如果不让，他就有了向我进攻的借口。中间人士也很担心，认为韩德勤要价太高，我军必不答应，和谈必将失败。出乎他们意料的是，我方断然答应让出姜堰。陈毅同志在姜堰召开的各方代表会议上慷慨陈词，表明我方顾全大局、忍让求全的苦衷，但也要求对方履行诺言。如省韩必欲置我党我军于死地，我方也只有出自自卫一途。陈毅同志义正词严，博得所有代表的同声赞叹。如黄桥朱履先老先生说：“如果你们退出姜堰，省韩还来进攻，则是欺人太甚，万分无理，不但欺骗了你们，也欺骗了我们，省韩必遭到苏北人民共弃！”

9月30日，我军履行诺言，撤出姜堰。为争取中间势力，通知李明扬、陈泰运来接防。李明扬喜出望外，单独接管了姜堰。我又主动送给陈泰运100多条枪。韩德勤一无所获，与李、陈之间的矛盾越发加深。

我军自攻取黄桥到让出姜堰，把军事仗与政治仗、自主的原则与以退为进的策略结合得十分巧妙。尤其是姜堰，如不夺取，便没有让出的文章可做；而让出姜堰，对我是“一举三得”；既揭露了韩德勤积极反共、破坏抗战的罪恶阴谋，在政治上赢得了社会各阶层的极大同情，造成我党我军完全有理的地位；又加深了苏北国民党军队内部派系之间的矛盾；还使我适时集中了兵力，在军事上对付韩顽的进攻处于有利地位。这些处置，是陈毅同志对党的斗争策略的杰出运用。

决战黄桥，一举解决苏北问题

我军自北渡以来，经过四次战斗，连克黄桥、姜堰，控制了东西200里、南北数十里的较大地区。但从夺取苏北全局来说，还只是初步的胜利。虽然我们已给顽军以一定的打击，但是同韩德勤的主力还没有交锋；虽然我们已经控制了一些地方，但苏北抗日民主政权还没有确立；虽然我江南主力已经过江，但与八路军的联系还没有打通。所以我们还没有在苏北站稳脚跟。在这几个迫切需要解决的问题中，第一个问题是核心；只有同韩德勤的主力做了决定性的较量，其他的问题才能迎刃而解。

这时，南下的八路军第五纵队第一、第二支队已抵达涟水以北地区，新四军第五支队已列阵于宝应湖、大运河西岸，与我新四军苏北部队形成了由北、西、南三面夹击韩德勤的有利战略态势。针对国民党顽固派、特别是韩德勤的反共阴谋，中央公开提出了“韩不攻陈（毅），黄（克诚）不攻韩；韩若攻陈，黄必攻韩”的严重警告，使我军处于政治上的有理有利地位。

韩德勤深惧八路军与我会师，又以我退出姜堰为虚弱，决心采取“先南后北”的方针，先歼我苏北新四军，然后回师对付南下的八路军。于是亲自指挥26个团共3万余兵力南下，妄图与我决战，歼灭我苏北部队于黄桥地区。韩德勤主动寻衅，正是我一举解决苏北问题的良机。但我军全部人员仅7000余人，其中战斗人员不过5000余人。

大敌压境，顽军多我数倍，能不能打歼灭战呢？从发展苏北的任务来看，我们是必须打歼灭战的；如果只把韩德勤击溃，没有歼灭他的有生力量，他还会卷土重来，其结果会使苏北战争长期延续下去，对我开辟苏北、发展华中、反磨擦很不利。但是在实际上能不能达到目的呢？毛泽东同志说，我们与敌人作战，在战略上是以少胜多，在战役上、战斗上是以多胜少，这是一个原则。但当前的形势要求我们不仅在战略上，而且在战役、战斗上要以少胜多。我军军政素质是敌人所不可比拟的，我军又处于“哀兵”的地位，“哀兵必胜”。但是，要克敌制胜，还需要发挥灵活机动的军事指挥艺术。

韩德勤的进攻部署是：以其嫡系李守维第八十九军和翁达独立第六旅为这次进攻的主力，组成中路军，经营溪、古溪和祖师庙、加力攻我黄桥北面和东面地区。以鲁苏皖边游击军“两李”部及苏北游击第八军（由税警团等部编成）陈泰运部组成右路军，以第一、第五、第六、第九、第十共五个保安旅组成左路军，掩护其主力之两翼，攻我黄桥以西及东南地区。目的是占领黄桥，消灭我军主力。

我军自退出姜堰后，兵力已经集中。我们对顽、我形势作了认真的分析研究：黄桥地区北面是通扬河，南边是长江，西面有一条从泰州到口岸的运河，周围有泰兴、靖江等日军据点，如果放弃黄桥，我军就没有回旋余地了，而且对民心、士气必将产生极为不利的影响。但是从我军当时的人才、物力来看，我们没有条件采取集中兵力、坚守黄桥的方针；而且集中兵力坚守黄桥，最多只能击溃敌人，而不能歼灭其主力。于是，我们决定以黄桥为轴心采取诱敌深入、各个击破的作战方针。有了黄桥这个轴心，既可以大量吸引、迟滞、消耗敌人，又便于我观察全局，机动使用兵力，达到各个歼敌的目的。

在各路敌军中如何选择首战歼灭对象，对战局的胜败关系极大。

我们选择了翁达旅作为首战歼灭对象。这个选择的主要根据，一是“两李”和陈泰运虽然已表示中立，但在韩德勤大军向我进逼的形势下，疑虑很大，如果我首战歼灭了翁旅，对于拉开“两李”、陈泰运同韩德勤的距离，稳定李、陈的立场将起重要作用。这样就使韩德勤的右翼失去了掩护。二是翁旅是韩德勤中路右翼，把它消灭了，就把韩德勤的中路军打开了缺口，使我军可以实现对韩军主力的包围与迂回。三是翁旅是韩德勤嫡系主力，如首战被歼，可以给敌军士气以严重打击，并使其他杂牌军不敢动作。所以如果首战歼灭翁达旅，对战役的转变会起决定性影响。

选择翁旅为首战歼灭对象，是一着奇兵。因为翁旅在韩德勤的战斗序列中，是战斗力最强的部队之一。全旅3000多人，一色的“中正式”七九式步枪，每个步兵连有崭新的捷克式机枪九挺，号称“梅兰芳”式部队（指装备漂亮），军官大都是“军校生”，是强敌。一般作战原则是先打弱敌，后打强敌，而这次我们是先打强敌。我们认为这是可以办到的。我们可以利用青纱帐的掩护，隐蔽接敌，对行进中的翁旅实施突袭，把它截成几段，使其首尾不能相顾，这就能发挥我军优势，达到速战速决的目的。

对于日军，我们分析，当顽军向我大举进攻时，它会采取坐山观虎斗的态度，而韩德勤也不敢公开要求日军直接参与向我进攻。只要此战能速战速决，日、顽联合攻我的局面不会出现。

在兵力部署上，我们决定以3/4的兵力作为突击力量，仅以1/4的兵力守卫黄桥。

我们充分注意发挥各个纵队的特点。这三个纵队都是善于勇猛攻击的。其中第一、二纵队兵力比较充足，用于突击方向，隐蔽集结于黄桥西北之顾高庄、严徐庄、横港桥地区待机；并由第二纵队派出主力两个营配置于古溪至分界一线，实行运动防御，诱敌深入；另以一纵队一个营化装进入敌后，配合地方武装袭扰敌人。第三纵队全部人员不足两千，用于防守。这个纵队的作风顽强，指挥灵活，是可以胜任正面阻敌任务的。

陈毅同志召集各纵队领导干部开会，很快统一了认识。部署既定，便对党政军民进行了深入的动员。政治部印发了军分会的《敬告指战员同志书》，反复强调打好这一仗的政治、军事意义，号召全体同志为打败顽军的进攻而战，为巩固和扩大苏北抗日民主根据地而战。全军上下斗志昂扬，紧张地进行战斗准备。地方党政机关和人民群众，纷纷声讨顽固派破坏抗日的罪行，掀起了支援我军作战的热潮。数千民兵和人民群众扛着门板和各种器材帮助部队赶修工事。在支前委员会的组织和领导下，救护站、担架队迅速组成，待命行动，家家磨面、烧水、烙饼，仅黄桥镇上就动员了60多个烧饼炉为前线烘烧饼。由此诞生了以后广为流传的《黄桥烧饼歌》。

即将来临的是我军在苏北进行的一场前所未有的大战。它的胜败，关系到党中央开辟苏北、发展华中抗战局面的整个战略任务，是有决定意义的一仗，所以称之为“黄桥决战”。而且我军从东进开始，方向的确定，战场的选择，战役的部署，各项准备工作的进行，都是指挥部根据党的方针紧密地结合当时的具体情况来安排的，目的全在与韩顽决战，成败的责任完全在我们。在敌众我寡的条件下，肩上的担子是很沉重的。陈毅同志有一挑珍贵的书籍文稿，从皖南挑到茅山，又从江南挑到苏北，从来不肯丢开，可是这时也从铁皮箱里拿出来“打埋伏”，显然是做了“破釜沉舟”的打算。但当时，我们的干部都是20多岁、30几岁的人，连陈毅同志也还不到40岁，恰是风华正茂、精力充沛的时候，全都抖擞精神，迎接严峻的考验。

陈毅同志坐镇严徐庄掌握全局，我到黄桥前线，负责战场指挥。

黄桥周围，全长约四华里。我和陶勇同志商量：防御兵力不足，只能保证重点，机动部署。从当时的敌情出发，西边、南边不派部队，由后勤、伙夫担子担任警戒；北门只放一个班；其余兵力全部集中在东门之南、北一线。

顽军出师不利，9 月 30 日出动后，受阻于暴雨。10 月 3 日雨过天晴，才又向我攻击前进，分兵几路，扑向黄桥。10 月 4 日，攻城战幕揭开。

这时，苏北各种政治势力的注意力都集中到黄桥这块弹丸之地上来了。4 日下午李明扬宣布“谢绝会客”，中止了和我方代表见面（一直到 6 号我军已取得全胜，他才又开始会客），日夜询问战况；陈泰运则派人伏在通扬运河堤上向南眺望；泰兴日探也进到黄桥以西 15 华里的石梅（失迷）观战；周围伪军据点中的汉奸队伍也在注视黄桥风云变幻。一时，在以黄桥为中心的苏北战场上，出现了一幕两方对战、多方围观、准备应付突变的奇局。这一切情况都要求我们，必须在军事上迅速歼敌取胜。

正当顽军第三十三师一部向我黄桥东门进攻进入高潮时，翁达旅也从高桥南下了。对于这个首战歼灭对象，我军选择在什么时候突击最为有利呢？这又是极其重要的一着。如果突击过早，只打到它的先头部队，而没有打到它的要害，顽军不但可以退缩、避免就歼，而且会暴露我军的部署和意图；如果失之过晚，顽军多路会攻黄桥，我军难以坚守，观战各方就可能争先扑杀过来。4 日下午 3 时，据报翁旅的前锋已抵黄桥以北五六里处。为了进一步判明情况，确实把握最有利的出击时机，我赶到北门，登上土城高处观望。但见北面五六里路远的大路上，有许多群众惊慌地向西南奔跑，判明独立第六旅的先头确已来到。我们计算，独立第六旅采用一路行军纵队前进。如果两人之间的距离为一米半，全部 3000 多人的队形将是长达八九华里的一路长蛇阵。从黄桥到高桥的路程约 15 华里，其先头部队抵达黄桥以北五华里时，后尾必然已过了高桥，完全进入了我伏击地段，我军此时出击，正好可以将独立第六旅拦腰斩断。我决心采取“黄鼠狼吃蛇”的办法，多路向其突击，将它斩成几段，然后各个包围，力求首先歼其首脑机关。

我在征得陈毅同志同意后，马上下令出击。

我一纵为主要突击力量，分为四个“箭头”猛插过去，将独立六旅切成几段，首先歼其旅部和后卫团，迫使其先头团回援，然后以一部从侧翼迂回到翁旅后方，乘势将其包围。经过三小时的激战，全歼独立第六旅，中将旅长翁达自杀。

我军一举歼灭了独立第六旅，斩掉了韩德勤中路的右翼，使顽军主力第八十九军完全暴露和孤立了。

翁旅被歼后，战场重点立即转到黄桥城下及其以东地区。顽军为扭转不利的局面，拼命猛攻黄桥，以猛烈的炮火掩护部队向我东门进攻。我军防御工事大部被毁，部队伤亡颇大。敌人三十三师一部居然在尘土硝烟中突进了东门。情况异常紧张。如果黄桥失守，对李守维的包围圈被突破，在我完全无预备队增援的情况下，将无法达到围歼敌人的目的，不仅战役任务不能完成，我几个纵队势将被敌人分割，被迫分散活动，形成打游击的局面。因此，必须动员部队人员以有我无敌的战斗精神，坚决迅速地把突入东门的敌人就地消灭或驱逐出去。恰在这时，听说奉命增援的老四团一个营由江南过来了，离黄桥镇还有20里路。我便振臂高呼：“同志们，江南增援部队过来了！”同志们受到鼓舞，士气大振，都兴奋地回答：“我们坚决打退敌人的进攻，迎接江南主力！”陶勇同志和纵队参谋长张震东同志把上衣一脱，挥动马刀，带领部队硬把顽固派杀出东门，然后架起机关枪，把敌人死死顶住。

当翁达旅被歼，攻入黄桥的敌人又被反击出去后，战场出现了对我极为有利的转折。我第二纵队已经八字桥插到分界，第一纵队已由八字桥与黄桥之间南下，与我守卫黄桥之第三纵队完成了对已经进入黄桥以东地区的李守维部的合围。我军已完全掌握了战场的主动权。

原来，顽军三十三师于4日下午在黄桥东门进攻受挫时，第八十九军军长李守维便命令他的预备队之大部在古溪待命，自己亲自率第三四九旅经八字桥向黄桥疾进增援，刚刚到达黄桥东北之野屋基村附近，得知翁达旅正被我包围于高桥及其以南地区，危在旦夕。李守维非常惊恐，既不敢救援翁旅，又不敢继续前进，遂令第三四九旅在野屋基村附近构筑工事固守。而我第二纵队在王必成、刘培善、杜屏等同志的带领下，于当夜悄然向东南穿过八字桥，插至分界，截断了顽军归路，接着，第一、第二纵队两路夹击，将三四九旅和三十三师全部分割包围于黄桥东北地区，并首歼三十三师主力于小二房庄。然后向东，全力围攻野屋基村附近的第八十九军军部及第三四九旅。

正当围歼战激烈地进行的时候，陶勇同志从守备部队中抽出力量，把包括炊事员在内的所有人员都组织起来，从黄桥的东门及其两侧地区打了出去，配合第二纵队聚歼顽第三十三师，活捉了该师师长，加强了对李守维的围歼。

顽军第八十九军李守维部，是韩德勤赖以横行苏北的主要军事支柱，人多、武器好，是顽军在苏北最有战斗力的主力之一。虽然已被包围了，但李守维还想作困兽挣扎，拼命抗击我军的进攻。由于敌人火力猛烈，我军多次攻击，进展不大。我军组织力量，调整部署，黄昏后发起总攻。

经过一夜激战，6日清晨，顽八十九军的军部被彻底歼灭了。李守维妄想渡河逃窜，失足落水，淹死于挖尺沟河中。

顽军失去了指挥，但第三四九旅仍在拼死抵抗，在野屋基村附近与我展开逐屋争夺战。我军经多次白刃格斗，终将顽军反抗气焰彻底压倒，第三四九旅大部歼灭，其残部沿原路溃退。但因地形复杂，桥梁早被我人民武装所控制，陷入我人民战争的汪洋大海，在一片“缴枪不杀”、“宽待俘虏”的呼喊声中，纷纷缴械投降。

奉命增援三十三师的顽军预备队进至分界以西，因三十三师被歼，便转守营溪。我第二纵队追至营溪，把它包围，激战半天，歼其大半，残部向海安方向溃逃。韩德勤纠集来的各保安旅团见势不妙，也争先撤退。为了囊括通、如、海、启，控制长江，向大海边发展，我们把海安作为追击战的首要目标。在作战命令中规定：“不顾伤亡，不计俘获，占领海安就是胜利。”因为海安是个十字路口，控制了海安能割断如皋、南通、海门、启东四县顽军与海安以北顽军主力的联系。当时我曾对江南增援来的部队说：“你们才从江南赶来，本来应该让你们休息一下的，现在任务紧急，只能先执行任务了。”他们立即出发，和各兄弟部队争先前进，逢水过水，见桥夺桥，不怕疲劳，边打边追，直奔海安。海安的顽军逃了，我军胜利占领。

至此，顽军第八十九军及独立六旅几乎全军覆没。最后清查，我军自10月3日起至6日止，共歼顽军主力12个团，保安第十旅全部，保安第三旅、保安第五旅各一个团，共计1.1万余人。其中第八十九军中将军长李守维、独立第六旅中将旅长翁达及旅、团长数人毙命，俘三十三师师长孙启人、九十九旅旅长苗瑞林，一一七师参谋长等师、旅、团军官十余名，下级军官600名。据不完全统计，主要缴获有长短枪3800余支，轻、重机枪189挺，山炮三门，迫击炮59门，还有大量弹药和军需物资。

韩德勤见大势已去，率残部千余人向兴化狼狈逃窜。我本着有理、有利、有节的原则，到达东台，便停止向西北追击，给韩德勤留下一条后路，以便争取更多的人继续抗日。我军派出一支部队，继续沿通榆公路北进，准备迎接南下的八路军。10月10日，我苏北部队前锋与黄克诚同志率领南下的八路军先头部队会师于东台县之白驹。

11月7日，恰好是新四军江南指挥部成立一周年的日子，刘少奇同志及八路军南下部队的领导同志来到海安，陈毅同志率苏北指挥部及地方党、政领导同志举行了隆重的大会热烈欢迎。盼望已久的大会师终于在决战胜利之后实现了。陈毅同志曾慷慨赋诗：

十年征战几人回，又见同侪并马归。

江淮河汉今谁属？红旗十月满天飞。

血战朱家岗

罗应怀

1942 年冬天，淮北正是寒风刺骨、雨雪交加的季节。日军以它的精锐部队平林十七师团的清水旅团、十三师混成旅团一部为基干，纠合伪军十五师窦光殿部、二十八师潘干臣部以及伪苏淮特区绥靖军郝鹏举部两个团，总兵力 7000 余人，对淮北抗日民主根据地进行疯狂的大“扫荡”，妄图一举歼灭新四军第四师主力及淮北党、政机关于洪泽湖畔。

当时，我和四师十一旅的几个领导同志正在师部学习。有一天，彭雪枫师长和邓子恢政委突然来到，对我们说：“敌人开始‘扫荡’了，你们赶快回去，准备反‘扫荡’，任务由你们旅部具体布置。”听到这个消息，我立刻纵身上马，一口气从半城跑到九旅旅部驻地新行圩子。

见到韦国清旅长后，我向他请求任务。韦旅长从容不迫地给我倒了杯茶，然后严肃地说：“敌人这次纠集了近万人部队，其中有：骑兵 600 人、各种炮百余门、汽车近 200 辆、汽艇 20 多艘、坦克近 10 辆、飞机 8 架，由徐州、泗县、宿迁、淮阴、盱眙、五河等地出动，以半城、青阳为目标，分 5 路向我淮北抗日民主根据地分进合击。我们决定主力部队先跳出敌人的包围圈，由内线作战变为外线作战，争取主动，向敌人侧后迂回，猛击其尾部，迫使敌人回头，然后在运动中集中力量寻机歼灭敌人一路或两路。这就是我们淮北区党委和师党委决定的这次反‘扫荡’作战计划。”

“好！避其锐气，击其惰归。”我感到豁然开朗，不由得想起了《孙子兵法》上的这句话。

韦旅长笑了起来，接着说：“要达到这个目的，总得有人来牵牛鼻子，旅党委考虑再三，决定由你们团在内线作战，掩护党、政领导机关撤退，你们的任务是吸引敌人，拖着敌人在根据地里转，消耗它、疲惫它，把它搞得焦头烂额，精疲力竭。到那个时候，我们割了它的尾巴，砍了它的后腿，再掏它的心脏！”

最后，韦旅长语重心长地说：“当然，你们团今后所处的局面必然是困难的、复杂的，斗争也将是异常残酷的。你们要在思想上作最坏情况的准备！老罗，你看还有什么具体困难吗？”

要讲困难，自然很多，别的不说，单讲装备，我们团每个指战员除了三四排子弹，七八枚手榴弹外，就是每人一把大刀。用这样的武器去对付日军的飞机、大炮，能说没有困难吗？但是，我们是党领导的具有光荣传统的新四军，就是天大的困难，也能克服。

于是我肃然起立，大声回答：“请首长放心，有我二十六团在，平林师团进来了就别想再出去！”

11 月 15 日，日军的铁蹄踏进了淮北根据地。他们以步兵、骑兵、快速摩托部队和坦克混合编队，在飞机掩护下，多路推进，严密搜索，步步安设据点。所到之处，烧杀淫掠，无恶不作。

我团紧紧地依靠根据地人民，派出小分队或侦察组，配合地方武装、民兵，实行“敌进我退，敌驻我扰，敌疲我打，敌退我追”的游击战术，和日军两日三战。我团与敌人相隔只有三四里路，敌人找不到我们，我们却不断地袭击敌人，搞得敌人吃不上饭，睡不好觉，晕头转向。

这样和敌人周旋了20多天后，我团于12月7日强袭青阳镇，激战三个小时，在大量杀伤敌人后撤了出来。这一仗像挖了平林的心，使他恼羞成怒，千方百计地寻找我团决战。

12月8日，我们接到韦旅长、康（志强）政委的命令：10日晚配合外线主力拔除日军金锁镇据点。这就是说，外线主力打回来了，这把钢刀已磨得锋快，要砍它的“后腿”，掏它的“心脏”了。全团指战员无不欢腾雀跃。

9日黄昏，我们到达朱家岗，这里离金锁镇只有12里路，部队一个急行军就能赶到。我和谢（锡玉）政委、严（光）副团长带参谋人员观察地形，以防敌人偷袭。朱家岗东临洪泽湖，西靠安河，位于淮北根据地的腹地，是一个东西走向的稍高于平原的土岗子，上面坐落着曹圩、张庄、孙岗等几个自然村，除了南北各有一条抗日交通沟外，都是一望无际的开阔地。

部队在朱家岗宿营后，我们立即转入为攻击金锁镇的战斗做准备工作。开完了连以上干部会议，已是凌晨一点了。

朱家岗“沉睡”了，就在这朔风刺骨，墨一样黑的夜晚，狡猾的日军金子联队三个大队加上少量伪军共1500多人，正偷偷地从青阳镇、归仁集、金锁镇兵分三路，把魔爪伸向朱家岗，伸向我二十六团。

10日拂晓前，一阵尖厉的枪声把我从梦中惊醒。有情况！我正待起身，枪声突然密集起来，这时，驻孙岗一连的一个同志，一头撞进来报告说：“日军包围了孙岗，现在正一路向曹圩，一路向张庄逼近。”

我和严副团长一面观察情况，一面将二营调至曹圩待命，并令三营以一个连的兵力坚守朱家岗，挡住南边的敌人，一个连向北侧击包围孙岗之敌，一营二连由岗北交通沟向一连增援。5时10分，东西南北四面枪响，朱家岗被敌人包围了。

怎么办？有人提议突围，有人主张坚守。根据十年前红四方面军在第四次反“围剿”中进军陕南竹林关的战斗经验，我冷静地分析了形势：打，危险！走，更危险！如若突围，必将被强大的敌人分割包围于开阔地，后果不堪设想。如若坚守，我们有依托，可以以一当十，以十当百，只要咬紧牙关，坚持下去，夺取最后胜利是有把握的。而且，送上门的“疯狗”，比躲在洞穴里好打，我们可以趁机在朱家岗拖住敌人，以掩护外线主力更有效地打击敌人，彻底粉碎其“扫荡”计划。于是，我坚定地提出了“坚守阵地，战到天黑，等待援军，待机歼敌”的主张，意见很快得到了统一。

团领导的决心迅速下达到营、连，部队立即开动起来，一场异常激烈的守备战在淮北大平原上打响了。

一阵阵天崩地裂般的枪炮声，撕破了黎明的幕帐。冲击与反冲击，争夺与反争夺，使不到三里长、一里宽的朱家岗，烟柱四起，火光冲天，断木、尘土满天飞扬，密如冰雹的弹片疯狂地横扫过来。6点20分，天已大亮，但整个朱家岗却隐没在滚滚的烟尘之中。

紧张、残酷的阵地争夺战，首先在曹圩北面的交通沟东、西两端激烈地进行着。我命令五连一排接替二连坚守交通沟西端的任务，将二连移至西小庄二线阵地待命。

五连一排长王康，这个刚满20岁的青年，操着浓重的灌南口音，身材小巧，性格活泼，每临战阵，总是一听枪声就精神百倍，作战十分机警顽强。8时许，日军一个小队再次组织冲击。小王运用诱敌之计，让两名战士隐蔽在交通沟西端的横垛下，将成束的手榴弹盖全部打开，他率领其余战士稍作抵抗，便向后撤，愚蠢的敌人，蜂拥冲来，隐蔽在横垛下的战士，突然向敌群猛掷手榴弹，炸得敌人血肉横飞，抱头乱窜。小王乘势率全排反击，歼敌小队大部，残敌狼狈退回孙岗。不多久，十几个伪军带着日军又向交通沟冲来。小王拔出大刀，往沟崖上一插，骂道：“不怕死的，上来吧！”吓破了胆的敌人纷纷退了回去。

曹圩是我团指挥机关的驻地，离交通沟东端只有十几米远，日军摸清了这一情况，便集中优势兵力，企图占领我交通沟东端阵地。此阵地若被敌突破，曹圩就要受到东、南、北三路夹攻，出现非常险恶的局面。为了加强交通沟东端的防御，我来到阵地上，只见敌人正顺着东北交通沟向我进攻。五连二排长王洪儒率全排战士用大刀、手榴弹与敌展开了拉锯战，突然，一颗敌弹击伤我的右腿，骨折的剧烈疼痛使我头晕目眩，鲜血浸透了棉裤。当我醒来时，严副团长告诉我，交通沟东端曾一度被敌人突破，在这危急情况下，王康率领一个班赶来增援，机枪手余献忠用准确的点射，把十几个日军送回了他们的“东洋老家”。终于击退了敌人，夺回了阵地。

硝烟笼罩着曹圩北面的整个交通沟，沟崖上和路沟里敌尸狼藉，我方也有很大伤亡，同志们脸上烟痕缕缕，血迹斑斑。经过五个小时的激战，百余名日军对付我们一个排20余名战士，付出了巨大的代价，都未能进占我方一寸阵地。

交通沟东端的日军重新集结兵力准备反扑，从界头集又赶来了一路日军增援，为了加强防御，我和严副团长商量，把二连再拉上去。二连孙连长接受任务时豪迈地说：“请团长放心，人在阵地在，我孙存余只要还有一口气，敌人就休想在我面前前进一步！”

进入阵地后，孙连长带领一个加强班和五连二排、一排一班的战士杀退了敌人三次冲击。班长陈明宽、副班长娄芝信、战士米炳开都是特等射手，他们弹不虚发，每人都打死了五六个日军。

接着，20多个日军哇哇乱叫着又冲了上来。孙连长只剩下一发子弹了，他对战士们说：“把手榴弹盖子全部打开，准备大刀！听见了枪声一响，就杀他个人仰马翻！”敌人在逼近——50米、40米、30米……“砰！”孙连长的枪响了，日军的小队长惨叫一声，倒在地上，回了“东洋”。敌人还没来得及后退，一阵劈头盖脸的手榴弹就在他们中间爆炸了。浓烟未散，孙连长带领战士们挥舞大刀冲入敌群，左砍右杀，20 多个日军全部被歼灭。经过三个多小时的激战，阵地上最后只剩下孙连长和战士米炳开两个人了，而他们却像两座巍峨山峰一样，使敌人无法前进一步，一直坚守到援军赶来，战斗结束。

一场更激烈、更残酷的战斗，同时在张庄大院进行着。

张庄大院紧挨着曹圩，原是第一营营部驻地。战斗打响后，我便命令五连戴副连长带第三排去一营营部换防。进入阵地后，戴副连长命令战士们把手榴弹准备好，注意节约子弹，沉着应战，说话间，100 多个日军已冲到阵地前，见院内没有动静，就放着胆子像疯狗一样，一窝蜂似的向大院冲来。离院墙只有几米远了，戴副连长命令："手榴弹，打！"一阵手榴弹飞向敌群，随着不断的爆炸声，敌人惊叫着、呻吟着，横七竖八倒了十几个，没死的掉头就跑，戴副连长又命令："机枪，打！"早已愤怒的机枪张"嘴"了，子弹像一阵疾风扫过，二三十个日军像稻草个子似的纷纷倒下去。

紧接着，敌人又发动了三次冲锋，在浓烟烈火中，我五连三排战士凭借大刀和手榴弹，与鬼子短兵相接，展开了激烈的肉搏战，刀光闪处，血肉横飞，我军越战越勇，敌人抱头逃窜。

金子联队先后集中了三个中队兵力，连续向我张庄阵地进行了 14 个小时的冲击。机枪、大炮、燃烧弹能炸毁张庄大院的一切，但却奈何不了我们的战士，他们像磐石一般坚强，在他们面前，任何强大的敌人只能是像海潮一样，涨上来，又退下去，再涨上来，再退下去。

值得一提的是，在守卫曹圩东南门的战斗中，英雄的"小鬼班"在关键时刻建立了殊勋。"小鬼班"就是四连九班，这个班的战士年纪都只有十五六岁，都是淮北根据地贫苦农民的孩子，他们怀着阶级和民族的深仇大恨，自动参加了新四军。同志们都亲切地称他们这个班为"小鬼班"。

由于曹圩是我团指挥机关的驻地，因而成为敌人进攻的首要目标。150 余名日军，在机枪、山炮等火力掩护下，向曹圩东南门发起猛烈冲击。守卫东南门阵地的四连三排指战员们，在严副团长的亲自指挥下，与敌人展开了殊死的拼搏，接连打退敌人五次进攻。敌人不顾伤亡惨重，继续纠集残部以求一逞，向我猛扑，在这万分紧急的时刻，严副团长决定将“小鬼班”调出来参战。

“谁怕死，谁狗熊！副团长，布置任务吧！”

“我们一定能守住东南门，一定能打退敌人！”

“小鬼”们个个坚强勇敢，他们的英勇气概无异于身经百战的老战士。

激烈的战斗打响了，“小鬼班”在机枪、步枪火力掩护下，先向敌人投了一阵手榴弹，把敌人打乱，接着挥舞大刀，高呼着“为烈士报仇！”直冲敌群。当敌人被这突然袭击搞得晕头转向，狼狈逃窜时，“小鬼班”乘势把两辆大车抢了回来，将炸毁的圩门堵塞起来。“小鬼班”以这两辆大车做依托，十进十出，反复冲杀，使敌人始终未能跨进圩门一步。在最危险的时刻，这些十几岁的孩子都成了坚不可摧的勇士！他们不愧是毛主席、共产党教育出来的中华优秀儿女。

下午4时许，我躺在担架上，突然听到外面战士高呼：“韦旅长带着骑兵部队增援我们来了！还有很多民兵，也正向朱家岗一带集中。”

韦旅长真的来到了，一股暖流传遍了我的全身，我一直悬到嗓子的心放下了。

敌人开始溃退，我们立即组织部队追击，晚上10时，我英雄的二十六团，经过18小时的血战，抗击了装备精良，数量上也占绝对优势的日本法西斯军队，取得了朱家岗守备战的辉煌胜利。

朱家岗战斗的胜利，对淮北军民粉碎日军33天大“扫荡”起了决定性的作用。在彭雪枫师长、邓子恢政委指挥下，新四军四师各部队在外线对敌人展开猛烈攻击，捷报不断传来，青阳镇、金锁镇等据点的日军仓皇撤回徐州老巢，再也不敢轻举妄动了。

重建军部　誓缚天狼

邓逸凡

1940 年 5 月，我跟随八路军三四四旅由冀鲁豫边区南下，奉党中央命令，支援兄弟的新四军。10 月中旬和新四军胜利会师不久，组织上调我到华中新四军八路军总指挥部工作。接到命令，我便带上警卫员、马夫等一行五人，一路上骑马、坐汽划子、步行，直向盐城奔去。

这时，华中总指挥部的后方政治部刚刚成立。少奇同志指示我，先到各单位走走，多了解些情况，这才有工作的发言权。我便迈开了双脚，赶紧熟悉各方面的情况。华中总指挥部是 1940 年 11 月成立的，由于邓子恢同志尚未前来，政治部还未建立起来，但工作又很多，鉴于此种状况，便于 12 月建立了后方政治部。

当时，抗大、鲁艺，也都正在组建之中，虽然都刚刚开始，却令人神往，充满了伟大的力量和希望……

10 月，国民党顽固派公开发表皓电，大江南北笼罩着一层内战阴影。我们都为皖南军部的处境担心。听说军部要过江来，我们都很高兴，却不知道为什么军部还没有开动。每每工作之余，我的心就飞过了长江，想起了我的老上级——原红一军团组织部长李子芳同志。他是福建人，高高的个子，闪烁着亲昵的目光，念过大学，早年就参加了红军，我们一起打过漳州，一起东渡黄河。抗战开始后，我便调到一一五师组织部长李子芳处当组织科长，直接在他的领导下工作。后来，他去抗大学习了。毕业后，党分配他到皖南新四军军部当组织部长。他作战勇敢，艰苦朴素，既平易近人，又很严肃，对干部很关心，很爱护；他信任干部，大胆放手地让干部工作，做得好的就热情鼓励，做错了就帮着找原因，找教训；他的为人和公道、正派的作风赢得了大家的尊重和信赖……一想到不久就能见到这位首长，怎么不心花怒放呢？每当晚霞映照着天边的时候，我却情不自禁地登上高坡，向江南眺望，心想：快了，时间一天天接近，他们快来了！

军部终于行动了。1941 年 1 月 1 日军部电告，1 月 4 日开动。可是，万万没有想到噩耗却频频传来。

1 月 9 日，新四军军部来电说，叶挺军长在指挥战斗，项英等失去联系；10 日，军部电台在石井坑电告部队仍在茂林固守；11 日，军部电告被重重包围，已激战五昼夜，陷入绝境；12 日，盐城军分会讨论作战部署，午后联系中断，情况不明。13 日未接军部通报，盐城军分会开会讨论援助军部的办法。这些电文，有的我亲眼见到，有的是领导传达给我的。在这些日子里，一些领导同志彻夜难眠，个个摩拳擦掌，真是心如火焚，恨不得插翅飞到皖南前线，同国民党决一死战，救出新四军皖南部队的战友。

面对这种情况，华中总指挥部于元月 16 日召开干部会议，由赖传珠同志向广大干部作了有关皖南事变的情况报告，号召广大党员干部随时做好战斗准备。

皖南事变后，蒋介石的阴谋一时得逞，进而于 17 日公开发布了反革命通令和谈话，宣布新四军为“叛军”，取消新四军的番号，将叶挺军长交付“军法审判”，通缉项英，勒令华中部队退至黄河以北。与此同时，在皖南实行血腥的白色恐怖，加紧搜捕我军失散和隐蔽坚持斗争的人员；在江西上饶设法西斯集中营，残酷迫害我军被俘人员。同时又部署华中各路“剿共”军20余万人向我华中新四军、八路军大举进攻，企图各个消灭我军，实现其投降日军的罪恶目的。这样，1940年10月开始的第二次反共高潮便达到了最高峰，从而把国共合作推向了全面破裂的边缘。

华中的日军趁国民党制造皖南事变的时机，于1月11日出动飞机17架轰炸盐城，向我华中总指挥部及抗大宿舍投弹百余枚。与此同时，调整部署和兵力，扩大伪军，向我进攻。其所辖的第十一、第十三军，共十四师团，21万人，其中用于对我作战的约11万人。华中伪军约15万人（大部是国民党的军队整军、整师投敌的）在国民党策划和日军、汪逆的驱使下，全部对我作战。华中敌后的抗战从此进入了一个极其艰苦的斗争阶段。

皖南事变引起了国内外各界人士的震惊。宋庆龄、何香凝、柳亚子等，在香港发起抗议运动。民主党派多数人士对我表示同情。一些著名华侨领袖都曾发表通电，反对蒋的倒行逆施。连国民党的军队中，也有一部分主张抗日的将领，特别是杂牌军和地方实力派，不赞成蒋介石的投降分裂活动。

英美方面担心中国的团结破裂，不能钳制日本，因而也要求改变现在的恶劣局势。苏联更是坚决反对国民党掀起内战。

面对这种复杂的国内局势，我们怎么办呢？怎样做最正确呢？面对蒋介石欠下的笔笔血债，有的同志火了，“打到江南去！为牺牲的同志报仇！”有的同志说：“我们就是来支援新四军的，现在不去支援，还等到什么时候？！”

当时我们多么需要作出一个科学的、理智的、英明的决策啊……一想到这里，我们大家的心一齐飞向了党中央，不论是磨刀擦枪，还是整装待发，我们都时刻听候着党中央的指示。

这个时刻终于盼来了。

我党中央对国民党发动的第二次反共高潮，采取了军事上坚决自卫、政治上猛烈反攻的方针。1月18日，中共中央发言人就皖南事变发表谈话，全面揭露蒋介石制造皖南事变、摧残抗战力量的罪行，痛斥其1月17日的反动命令，号召八路军、新四军及全国的抗战力量以民族利益为重，坚持抗战，粉碎国民党顽固派的反共高潮。同日中共中央向全党发出《关于皖南事变的指示》，指出：国民党这一政治步骤，表示自己已在准备着与我党破裂，这是七七抗战以来国民党第一次重大政治变化的表现。1月20日发表了毛泽东同志亲自起草的中共中央军事委员会《为皖南事变发表的命令和谈话》，谈话提出了取消1月17日反动命令，严办皖南事变祸首，办理善后事宜等12条办法。周恩来在重庆除同国民党进行面对面的斗争外，还用多种形式，在各界人士和广大群众中揭露国民党蒋介石破坏抗战、制造分裂的罪行，并在重庆《新华日报》上发表了“千古奇冤，江南一叶，同室操戈，相煎何急？！”的题词。叶剑英主持起草了《新四军皖南部队惨被围歼真相》，驳斥了国民党当局对新四军的种种诬蔑。这种理直气壮针锋相对的斗争，赢得了全国人民的支持，使蒋介石在政治上陷于狼狈不堪的境地。蒋介石为了摆脱政治上的困境，企图通过召开第二届国民参政会，诱骗我们党参政员出席会议，以掩饰其分裂国共合作的罪行，逃避国内外的责难。党中央为了揭露这一阴谋，于3月2日提出了国民党立即停止军事进攻和政治压迫，承认陕甘宁边区和敌后抗日民主政权，扩大人民革命武装，防地维持现状，释放皖南被俘人员等12条临时办法，作为我们党出席参政会的条件。两个“12条”的提出，在政治上给予蒋介石沉重的打击，博得了广大中间势力的同情。3月6日，蒋介石在参政会上发表反共演说，故意把皖南事变说成是军令、军纪问题，不牵涉党派和政治问题。正如毛泽东同志指出的：3月6日蒋介石的反共演说和参政会的反共决议，则是此次反共高潮的退兵时的一战。

实践证明，党中央在皖南事变以后，对蒋介石采取尖锐的针锋相对的政策是十分正确的。只有这样，才能团结全党，团结全国人民，才能争取中间派，才能孤立亲日派，才能经过严重斗争之后，争取时局好转。但是，在一个民族敌人深入国土，国共两党合作关系还没有全面破裂的形势下，我们对抗日民族统一战线的基本立场并没有改变，所以，当时也反对认为“皖南事变是四一二事件重演”，“要痛快干它一下，打到顽固派后方去”的错误认识，从而坚持了抗日民族统一战线，坚持了以斗争求团结和有理、有利、有节的原则，既打退了第二次反共高潮，又迫使国民党不敢完全破裂。党中央正是在反对右的和“左”的错误倾向中，把握着正确的航向，绕过各种暗礁，获得一个又一个胜利。

当时，党中央从全局出发，指示华中我军，迅速重建军部，统一整编部队，动员全体指战员化悲痛为力量，继续坚持抗日民族统一战线政策，反对国民党反动派的投降分裂活动，独立自主地坚持华中敌后抗战，坚决击退反共军的进攻。中央还指出：在日、蒋矛盾未解决之前，反共军要深入华中敌后，放手向我进攻还有一定困难。华中敌后将是长期性的三角斗争，敌、顽、我任何一方均不能迅速达到自己的目的，我军的战略部署应适应这一根本情况，做长期打算，并要求我军将战略指导中心着重于巩固长江以北、津浦路以东的基本根据地，并以此为基地，大力经营苏南，坚持皖南，发展皖中，准备于条件成熟时向西向南发展。

1 月 23 日，新四军将领就职给全国各友军发了通电，24 日新四军将领声讨亲日派向全国人民发了通电，当时，24 日的《江淮日报》还发了如下消息：庆祝陈代军长就职，苏北各界举行大会，明天午后在盐城召集。民众闻讯，欢欣若狂。原定 23 日举行的反内战反投降大会亦于 25 日一并举行。

1 月 25 日（旧历除夕的前一天），在盐城的游艺园隆重举行了重建军部的庆祝大会。为了防止敌人的空袭，大会定在下午举行。会场布置得庄严而简朴，主席台不过是临时摆放的几条木桌，上面铺了块台布，四周张贴了一些坚持团结、坚持抗战，反对内战、反对投降的标语。下午2点钟，军部直属队、华中局直属单位、抗日军政大学第五分校、华中党校及盐城县人民政府领导同志、各界群众团体的负责人等，近两千人接踵而至，纷纷步入了会场。声讨蒋介石罪行、为死难烈士报仇的口号声和团结抗日的歌声不时在会场上空荡漾。

会上，首先宣读了中共中央军委关于重建新四军军部的命令，接着又宣读了新四军领导人的命令及新四军领导人的通电。然后，陈毅代军长发表了就职演说。

陈代军长这天换上了一件新一点的军衣，他庄重地走到了讲台前，用热烈和沉重的目光扫视了一下四周的会场，没有马上讲话。这时会场上静极了，几乎能听出人们的呼吸声。

“同志们！乡亲们！反共顽固派1月14日消灭了军部，但是，1月25日我们的军部又成立了……”随着陈毅同志的话声，会场上响起了一阵阵掌声、欢呼声。陈代军长表示他要率领全军9万官兵，誓与日本侵略者、汉奸、反共投降派斗争到底。抗日战争无论经历何等艰难困苦，必须争取最后之胜利。

接着，刘少奇同志讲了皖南事变的经过，义愤填膺地痛斥了国民党顽固派的反共罪行，号召全军要坚持抗日民族统一战线，坚持团结，坚持抗战，提高警惕，随时准备粉碎敌、伪、顽的进攻。

大会上，群情振奋，军民和各界人士，共同声讨了反共顽固派的罪行，纷纷表示，要在新军部的领导下，在江淮湖汉地区坚持抗战，打开新的局面。新军部以华中总指挥部为基础组成，华中总指挥部的后方政治部改为军政治部。不久，我被任命为新四军政治部的秘书长。

对于这次具有历史意义的盛会，同志们感慨万千，一直谈论到深夜。它标志着新四军将会有一个伟大的发展，有一个胜利的将来。

1 月 28 日，军分会向党中央、军委发电拟将新四军部队组成四个师（即后来编成的第一、二、六、七这四个师）。

2 月 26 日，中央军委发布命令，将活动于陇海路以南的八路军部队也列入新四军的建制，全军扩编为七个师并一个独立旅。为了坚持华中敌后斗争，党中央对各师的抗战任务和活动地区，做了统一而明确的部署。同时任命了各师的主官。一师师长为粟裕，政委刘炎，该师由苏北指挥部所属部队编成，原第一、二、三纵队改编为第一、二、三旅，活动于苏中；二师师长由张云逸兼任，罗炳辉任副师长，政委郑位三，该师由江北指挥部所属部队编成，原第四、五支队改编为第四、第五旅，江北游击纵队与淮南津浦路西一部分地方武装合编为第六旅，活动于淮南；三师师长兼政委黄克诚，由八路军第五纵队编成，原第一、二、三支队改编为第七、第八、第九旅，活动于苏北；四师师长兼政委彭雪枫，由八路军第四纵队编成，原第四、第五、第六旅改编为第十、第十一、第十二旅，活动于淮北；五师师长兼政委李先念，该师由豫鄂挺进纵队编成，辖第十三、十四、十五旅，活动于武昌周围；六师师长兼政委谭震林，由江南指挥部所属部队及江南人民抗日救国军编成，辖第十六、第十八旅，活动于苏南；七师师长张鼎丞，政委曾希圣，由无为游击纵队、原第三支队挺进团及皖南突围部队编成，辖第十九旅及挺进团，活动于皖中。独立旅由八路军教导第五旅编成。军部直辖抗大第五分校、特务团，全军共计 9 万余人。

国民党反动当局取消新四军番号的反动措施，宣布新四军被消灭了，而事实上新四军不仅没有被消灭，反而比过去更加发展壮大了；新四军不但没有因军部被消灭受到影响，而且新四军的领导更加坚强，华中广大民众团结在我军周围，公认新四军为国家民族解放的抗战部队。革命的新生力量是伟大的，不可战胜的。

为了适应新的情况，1941 年 5 月，中原局改为华中局，刘少奇同志为书记，同时组成中央革命军事委员会华中分会，刘少奇同志为书记，陈毅、张云逸、邓子恢、赖传珠为委员。华中局组成前后，各根据地的党，按照战略区的划分组成了苏中、淮南、盐阜、淮海、淮北、鄂豫皖、苏南、鄂皖等区党委。华中局和军分会成立后，为了加强我军的政治思想建设，使华中全党全军更坚决地贯彻执行中央和毛主席的正确路线，先后召开了华中局高级干部会和新四军军分会扩大会议，各区党委、各师的主要领导同志参加了会议。会议传达了中央《关于项袁错误的决定》，由少奇同志就皖南事变的经过及其经验教训作了报告。

6月6日，华中新四军军分会又召开了扩大会议。陈毅同志作了建军工作报告。会议号召为把新四军建设成为正规化的党军而奋斗。建设正规化党军的基本目标是加强党对军队的绝对领导，保持和发扬我军无产阶级的本色及光荣的优良传统。建设正规化党军的基本要求是：绝对服从党的领导，成为党的政策的宣传和执行者；有高度的军事素养和坚强的战斗力；有模范的军事纪律和群众纪律；有严格的管理制度，积极负责的工作精神和科学的工作方法；有积极热情，好学上进的作风和先声夺人的革命气魄。为了达到这些要求，必须加强政治委员制度和政治工作制度，充分发挥连队党支部的战斗堡垒作用，加强政治思想教育；加强军事训练和司令部建设，提高部队的战术、技术水平，养成坚决服从命令的作风；加强行政管理，健全后勤工作。

会议还确定要建立地方兵团，大量发展自卫军，以保卫地方，配合主力作战。

新军部建立以后，经过华中局和军分会的高干会，在陈毅代军长、少奇政委的领导下，坚决执行党中央制定的各项方针、政策，进行了一系列艰苦工作，使华中地区的形势迅速好转，并且逐步走向正规。但是，日军这时加紧了对我各根据地进行“扫荡”，妄图围歼我军部主力，占领我苏中、苏北根据地。在华中局、军部的领导下，军部确定了全面的对敌对顽斗争部署，除了一部准备防御国民党顽固派的进犯外，集中主力粉碎敌伪“扫荡”，进行了讨伐公开投敌的李长江的战役。与此同时，还加强了各根据地的抗日民主政权的建设，开展了群众减租运动，实行各阶层人民合理负担的政策。颁布了公粮、田赋和税收制度，努力生产建设，开展人民武装，全华中发展了农民抗日救国会，会员104万人，组织了脱离生产的地方武装和不脱离生产的自卫军30万人；创办文教事业，华中局开办了党校，加强了抗大总分校，成立了鲁迅艺术学院。各师、各根据地也办了抗大分校，军政干部学校，大力提高工农干部的政治文化水平，同时大量吸收青年知识分子，培养各种人才。华中敌后根据地经过顽强坚持，在“扫荡”与反“扫荡”、“清乡”与反“清乡”、“蚕食”与反“蚕食”的艰苦斗争中，不断壮大自己，终于战胜了困难，并为战略反攻积蓄了力量。经过整风运动和大生产运动，大大提高了部队军政素质，使华中我党我军和根据地更加巩固，最后终于打败了日本侵略者，取得了抗日战争的伟大胜利。到日军投降为止，新四军已经发展到30多万人。为夺取人民解放战争的胜利奠定了坚实的基础。

新四军军部重建，在中国革命史上写下了光辉的一页，意义极其深远：它统一了华中的人民武装力量，统一了指挥和行动；它重振了军威，使人民抗日武装由游击兵团发展成为正规兵团；它把苏、皖、鄂、豫敌后的抗日根据地连成一片，巩固并更加扩大了华中根据地；它极大地鼓舞了人民抗日的胜利信心，使根据地的政权建设、生产等各项工作得以健康地发展；它组织领导华东军民，粉碎了敌、伪、顽的多次“扫荡”和进攻；它为夺取中国人民解放战争的胜利准备了华中战略基地，并被以后的实践证明发挥了伟大的战略作用。它正如江苏盐城新四军重建新军部纪念塔碑文所铭刻的那样：“皖南奇冤，蒋日猖狂；重建军部，誓缚天狼；莽莽海疆，浩浩串场；将星云集，万众慨慷；政委少奇，勋业辉煌；雄才大略，陈毅军长；江淮河汉，纵横决荡；砥柱华中，铁壁铜墙。”

回忆延安《解放日报》

田方

1941年1月，国民党顽固派发动皖南事变，掀起了第二次反共高潮，由我党领导的国际新闻社，被国民党勒令封闭。我经组织介绍，从重庆经洛阳和西安的十八集团军办事处，于8月间辗转到达延安，被分配到当年5月创刊的《解放日报》，担任采访通讯科编辑兼记者。报社地址在清凉山，社长博古，总编辑杨松、余光生。当时，采通科不到10人，科长是郁文，后来他调到《晋绥日报》担任领导，便由杨永直继任科长。我在采通科以编辑工作为主，除处理通讯员来稿外，兼作采访工作。那时，县、区、乡通讯员很少。夏天，洪水暴涨，延河水位上升，南关外通讯站的邮递员不能过河投递邮件，冬天，冰雪封山，交通邮递受阻。每到这时，我们做编辑工作的同志，便要出去采访。我们沿着延河的东岸和北岸，往北经王家坪到杨家岭；往东经飞机场到桥儿沟、柳树店一带去采访机关学校有关学习、生产的动态新闻。有时，一个记者一天要写五六条新闻，才能填满“边区版”的篇幅。由于报社无人参加西北局和边区政府的会议，又没有基层通讯员，地方党政的中心工作和人民群众的生产、生活我们很难知道，所以很难写出受读者欢迎的好稿子。

当时，在延安除中共中央机关报《解放日报》外，还有《边区群众报》。此外，延安以外各专区的地委也大都有机关报，如绥德专区的《抗战报》、三边区的《三边报》、陇东专区的《陇东报》、关中专区的《关中报》等，延属专区因为已有《解放日报》和《边区群众报》，所以没有办报。各专区的报纸除《抗战报》是铅印的以外，其他都是油印或石印的四开小报。由于稿源的关系，有时候，我们也从专区报纸上选录一些重要的新闻在《解放日报》上转载。

我从 1941 年 8 月起一直在边区从事新闻工作，直到 1949 年 6 月由担任新华社一野前线分社社长任上调到新华社西北总分社工作为止，前后历时八年，亲身经历了解放日报社的整风运动和《解放日报》改版等重要事件。

1942 年，我党进行了伟大的整风运动，《解放日报》也发生了重大的变化。4 月 1 日《解放日报》的宣告改版，也可以说就是延安整风运动伟大历史作用的直接体现。

一、《解放日报》为什么要改版？

1942 年 4 月 1 日，《解放日报》发表《致读者》的社论，对报社以往的工作进行了自我批评。社论指出：《解放日报》“没有完成真正战斗的党的机关报的责任”，“未能成为党中央传播党的路线、贯彻党的政策与宣传组织群众的锐利武器”。社论最后特别检讨说：“对于边区各种巨大的群众运动，我们至多只记载了一些论断，而没有全面的反映，更说不上推动与倡导。”社论列举的这些缺点，具体表现在当时报纸版面的安排上，即：一版欧洲，二版远东，三版国内，而党中央所在地的陕甘宁边区却只占四版的上半版，下半版则是副刊。任何重大新闻报道，一律按上述安排“对号入座”，就连当时毛主席在中央党校作《整顿党的作风》和《反对党八股》两次报告的新闻，也只能在三版左下角一隅。所以，整风学习一开始，读者对《解放日报》就提了很多批评和建议。他们批评报纸“立论空泛”，“同日常工作与生活联系太少”等等；希望报纸今后能“密切联系边区建设的实际”，“帮助解答每天碰到的困难和问题”。党中央根据毛主席于1941年5月所作的《改造我们的学习》报告的精神，也一再指示《解放日报》，要克服新闻宣传工作的主观主义作风。据此，《解放日报》编辑部多次进行了认真的研究讨论，形成了报纸改版方案，又在《致读者》的社论中，宣告了《解放日报》改版的开始。

改版首先要解决的是：党报的性质和任务是什么？如何实现？在《解放日报》改版当天发表的《中宣部为改造党报的通知》和《致读者》的社论中，在《解放日报》于这年9月发表的《党与党报》的社论，于1944年2月发表的《本报创刊一千期》的社论，以及其他几篇社论中，先后明确提出：党的报纸也是人民的报纸，党报是党的喉舌，同时也是人民的喉舌。在《致读者》这篇社论中，还从四个方面论述了“党报所必须的品质”为：第一，要贯彻坚强的党性；第二，要密切与群众联系；第三，要洋溢战斗性；第四，要增强组织性。这就明确提出了以党性原则为首的办报方针。《解放日报》并根据毛主席于1942年3月在边区文化教育工作座谈会上提出的“全党办报”的指示，通过一篇题为《把我们的报纸办得更好些》的社论，直接向各部门的干部和党员提出了要求：“请你们也记着，把我们的报纸办得更好些，这也是你们不容回避的责任”，“只有大家来动手动脚，我们的报纸才能办得更好”。

1942年9月，党中央决定《解放日报》同时兼为中共中央西北局的机关报，西北局为此发出了《加强〈解放日报〉工作的决定》。《解放日报》也配合这一决定发表了《党与党报》的社论，着重从党的领导的角度谈了帮助党报的问题，强调指出：如果只是依靠少数编辑、记者的意见和兴趣办报，“那就一定党性不纯，一定闹独立性，出乱子，对于党的事业，不但无益，而且有害”。

1945年5月，《解放日报》在《提高一步——纪念本报创刊四周年》的社论中再次强调：毛主席提出的中国共产党三大作风——理论和实际相结合、和人民群众紧密联系以及批评与自我批评，“同时也是报纸的作风”，“是我们今后努力的目标”。所有这些，都是党的报纸所必须具有的本质。

二、《解放日报》改版后的新气象

《解放日报》改版第一天的头版头条，登载了陕甘宁边区参议会关于减征公粮4万石，公草1000万斤的决定。这件关系全边区百万群众切身利益的大事，立即引起广大读者的热烈欢迎。从这一天起，《解放日报》整个版面作了调整，出现了崭新的气象，即：一版，以解放区消息为主的要闻版；二版，陕甘宁边区和国内消息版；三版，国际消息版；四版，综合副刊版。这样，大大扩充了报道解放区和陕甘宁边区的篇幅。改版两年后，《解放日报》编委会又提出了进一步调整版面的计划：一版，要闻及战况；二版，生产、政治、战斗通讯；三版，国内消息和副刊；四版，国际新闻。这两次调整版面绝非一般技术性措施，而是反映了《解放日报》编辑指导思想的重大变化，它使报纸的报道同客观实际结合得更紧密了。特别是第二次版面调整时，恰值延安整风进入全面铺开阶段。于是，《解放日报》突出地增加了对整风运动，大生产运动，以及英雄模范事迹和劳动竞赛情况的报道，这对提高全党学习马列主义的热情，促进大生产运动的开展，均发挥了积极作用。由于紧密联系实际，《解放日报》所发文章也逐步树立起新的文风，对废除党八股文风起到了示范作用。在这同时，《解放日报》还下大力抓了记者和通讯员队伍的建设。报纸改版后不久，博古在一次报社编委会议上，谈到通讯员工作时提出：今后这项工作从批稿子，看卷子转到组织工作方面去，《解放日报》随后也发表了《展开通讯员工作》的社论，论述了通讯员工作的重要性，指出："我们的报纸不仅需要有能干的编辑和优秀的记者，尤其需要有生活在广大人民中间，参加在各项实际工作里面的群众通讯员。"陆定一也在《解放日报》发表了《我们对于新闻学的基本观点》的文章，指出：专业新闻工作者和广大通讯员相结合，"是《解放日报》建设报纸的路线和方针，又有共产党的领导和以共产党的组织为依靠，我们就可以办出一张头等的报纸，使任何资产阶级报纸望尘莫及，开中国报界的新纪元。"为了培养通讯员和记者，报社除通过所发社论和文章进行思想指导外，还和青年记者学会延安分会合编了《新闻通讯》专刊，以加强对通讯员的业务指导。

通过一系列的努力，到 1944 年 11 月，全边区通讯员已近 2000 人，其中工农兵通讯员 1100 多人。他们为报纸提供的地方消息，占地方消息总数的 1/2 左右。这就使《解放日报》有了广泛的群众基础，大大加强了报纸和实际以及和群众的联系。

1942 年 9 月，解放日报社的组织机构也进行了调整。我们采通科扩大为采访通讯部，从鲁迅艺术学院调来了近十位同志担任记者，部主任相继由缪海稜、丁浩川担任，以后还从地方上调来担任党政领导的裴孟飞当部主任。报社还先后在延属、绥德、三边、陇东、关中五个分区设立了常驻通讯处。一批青年记者被派往各分区《解放日报》通讯处工作。我和另两位同志被派到绥德分区。行前，社长博古和我们进行了热情的谈话。他说：要以小学生的态度，虚心请教的精神去接近群众，丢掉旧新闻记者的架子。我们不是无冕之王，不是居高临下的社会舆论的指导者。我们的新闻工作是党的事业的一部分。要尊重地方上的领导，在工作中求得人家的信任和帮助。这是你们下乡工作的任务之一。

接着，博古又讲了“写什么”和“怎样写”的问题，说：我们要去发掘埋藏在群众生活中的积极的东西，在平凡的群众里，去找出他们正在创造的新事物。浮光掠影、走马观花的作风要丢掉。只有深入地了解事物，才能浅出地把它反映出来。写作的形式和文字要打破老一套的格式，废除新闻八股，要写出老百姓的语言。但我们也要反对庸俗化的通俗。

博古特别强调地讲了培养地方通讯员的问题。他指出：我们不仅是带了笔自己去写，更需要培植当地的通讯员；只有依靠广大通讯员，报纸才能有群众基础。他们熟悉当地情况，了解本身业务。我们必须虚心向他们学习，细心地帮助他们，组织他们。除了现有的特约知识分子通讯员以外，更要注意培养工农兵通讯员。

说到这里，他打了一个十分贴切的比喻：作为一个党报记者到地方上去采访，千万不要像公鸡那样跳到墙头上，咯咯咯地高啼几声，就拍拍翅膀跑掉了！而要像母鸡那样，每到一个地方就要下蛋孵小鸡。

最后，他再三叮嘱我们：要做一个新闻战士，勤勤恳恳为人民服务，这就是我们的天职。

博古接见后，“到群众中去！到实际工作中去！”成了我们响亮的口号。不久，我们满怀激情告别了延安，分赴各个专区去了。

三、报纸要深深扎根于群众之中

1942 年 9 月底，我们一行三人来到了绥德，直到 1946 年调回延安。在三年多时间里，我在绥德专区各县农村和通讯员一起，对整风学习、大生产运动、劳模人物、减租减息、民主选举、移民运动、文化教育、保卫边区等重大问题，都进行了采访报道，同许多通讯员、农民交了朋友，学习了许多活的知识。当时的地委书记习仲勋对报纸宣传工作很关心，经常了解我们通讯处的工作情况，帮助通讯处解决具体问题，让我们参加地委有关会议；最使我难忘的是1943年四五月间，我参加了习仲勋带领的一个调查组，去绥德县郝家桥调查。调查组的成员还有县委书记宋养初、地委宣传部长郐文宣、宣传干事梅行等同志。下去之前，反复学习了《中共中央关于调查研究的决定》。经过学习，使我们进一步懂得了没有调查就没有发言权这一真理，认识到进行系统的周密的社会调查是决定政策的基础。之后，我们遵照这一精神，到郝家桥进行了为期一个月的调查。围绕大生产运动这个中心，根据绥德地区人多地少的特点，调查了移民运动、组织变工队以及锄草、夏收中的农作物和劳动力组织等问题。调查方式灵活多样，有分有合，有时和农民一起劳动，边干边谈。边区劳动英雄刘玉厚就是在调查中发现的，是郝家桥群众在一次由习仲勋同志主持的调查座谈会上把他推举出来的。就这样刘玉厚的名字很快从郝家桥、绥德县、全专区以至整个陕甘宁边区传开了。我除了结合农时报道了刘玉厚和郝家桥的模范事迹外，还在《解放日报》上相继发表了《劳动人民的旗帜》和《刘玉厚的光辉》等通讯。

关于移民问题的调查，也给我留下了深刻的印象。当时，延安以南地区人少地多，而绥德地区则是人多地少。为了合理调剂劳动力，发展生产，陕甘宁边区政府根据陕北群众素有“下南路”的历史习惯，发动组织开展移民运动。历史上陕北一般的雇农、赤贫者常因没有土地、无法生存，只得下南路去开荒种地。边区政府实行了减租减息后，农民生活相应地得到了改善，但广大贫农的生产力并没有获得彻底的解放，生活还相当艰苦。所以，经过边区政府的鼓动和奖励，经过各级干部的具体组织，广大贫农响应政府号召，向南路进军，去开发那里大片肥沃的荒地。为了在整个绥德专区开展移民开荒运动，我们就移民对象，他们在生活、生产上可能和应该解决的实际问题，进行了一次周密的调查。经过调查，了解到贫农中，唯有下贫农劳动终年，解决不了全家吃粮问题。对他们来说下南路移民是从根本上改善他们生活的最好出路。在明确了移民的主要对象后，我们还明确了需要帮助他们筹划路费，准备口粮和衣被等等问题。就在从郝家桥调查结束回到绥德后不久，我草拟了一份关于在绥德专区开展移民工作的方案，送仲勋审阅，得到了他的赞许，并让我和地委干部一起，参与具体的移民工作。在组织发动过程中，我陆续写了米脂县开展移民工作等新闻报道和《马丕恩在召唤》等通讯。1944 年春，佳县李增正率领的移民大队，扛着红旗，唱着《东方红》民歌，路经绥德去延安。绥德专署杨和亭副专员专门主持了热烈的迎送晚会，移民们即席编唱了多首陕北民歌。我当时兼任地委《抗战报》的主编，参加了这次晚会，并请记者陈柏林采写了一篇《移民歌手》的通讯，详细介绍了《东方红》的全部歌词，发表在《抗战报》上。歌词内容含有陕北农民朴素的感恩思想，在当时更是真实地唱出了陕北农民的心里话。

我在《解放日报》工作了六七年。1947 年保卫延安自卫战争开始时，我被任命为《解放日报》和新华通讯社派驻人民解放军第一野战军的随军记者，从此告别了延安。

回忆抗战时期的《拂晓报》

庄方　戴邦

《拂晓报》创刊于1938年9月30日，是新四军第四师的前身——游击支队政治部的机关报，油印四开，开始是不定期出刊，稍后，努力做到了三天一期。

游击支队奉中共中央军事委员会命令，由河南省确山县竹沟镇革命老根据地出发，向河南东部敌后睢（县）、杞（县）、太（康）等县挺进，《拂晓报》即于誓师东征前夕创刊。此后，随军转战于豫、皖、苏边区及淮北苏皖地区。《拂晓报》积极宣传中国共产党团结抗日的主张，为争取千百万群众进入抗日民族统一战线而斗争。初期，虽然印数有限，但政治态度鲜明，刻印技术精细，深受军民欢迎。《拂晓报》除在军内和抗日民主根据地发行外，也秘密地传送到敌占区人民手中，还公开发行到国民党统治的大后方去，使陷入水深火热的广大豫皖苏边区人民，知道了中国共产党、毛泽东团结抗日的号召，增强了各阶层人民抗战胜利的决心和信心，是当时一张很有影响的党的报纸。

随着抗日人民武装的壮大，抗日民主根据地的发展，抗日民主政权的建立，报纸的宣传内容日益丰富，读者也更加广泛。1941年5月报社到达淮北地区后，又分别出刊了《拂晓电讯》、《拂晓丛刊》、《拂晓增刊》，更大地发挥了《拂晓报》的战斗作用。

1942年冬，为贯彻执行中共中央关于党政军一元化领导和精兵简政的指示，新四军第四师党委和中共淮北区委员会正式决定，《拂晓报》与兄弟的《人民报》合并，成为淮北区党委的机关报，仍命名为《拂晓报》。另出刊《拂晓报》部队版在军内发行。1944年秋，我军恢复和发展了津浦路西宿县、永城一带的抗日根据地，报纸又出刊了《拂晓报》路西版。由于油印设备的改善和刻印技术的不断提高，一张蜡纸可以印到4000份以上，套印色彩达到三四种，这时的《拂晓报》，因为内容丰富，版面新颖美观，已成为边区军民喜爱的一张报纸。

经过整风运动，根据地更加巩固，我军进入反攻阶段。1945年春，报纸脱离了手工刻写的生产方式，改为铅印四开两日刊。与此同时，在区党委关怀下，在著名记者范长江协助下，在新华社淮北支社的基础上，成立了新华社淮北分社，分社兼任报社采访部。《拂晓报》一身两任，担负着报纸和新华社淮北分社的任务。

先由两三个同志后由七八个同志编印的这张报纸，这时已具有相当规模，报社拥有近百名工作人员，有编辑部，有采访、通联部，有收发新闻电讯的电台，有设在洪泽湖芦苇丛中木船上的“水上印刷厂”，资料室也有了分类剪贴的资料和近千册参考图书，发行量五六千份。日本投降后，拂晓报社迁入泗县城。

一

抗日战争初期，《拂晓报》一进入敌后，就把宣传党的纲领路线、方针政策，宣传战争的胜利作为中心任务。报社的七八个同志中只有李波人等三位同志有过在地下秘密进行宣传工作的经验，其他都是十几二十几岁的青年，从未办过报纸，更没有打过仗。他们革命热情很高，但在如何准确地宣传党的方针政策，如何通过报纸加强党和群众的联系，如何把报纸办得引人入胜等方面缺乏经验。所以工作中出过不少差错。可以说，报纸工作人员的成长是在接受党和人民的教育，克服困难，改正缺点，逐步总结积累经验的过程中锻炼出来的。

记得在我们工作中曾发生过这样两件事：一件是大约在报纸出刊到十几期的时候，第一版上有过这样一个大标题：《我们到敌后来的任务是消灭汉奸土匪武装》。另一件是1939年春，部队在永城县书案店经过整训后，士气更加旺盛，但在向安徽涡阳、蒙城地区进军途中，报社一位编辑忽然要回大后方去继续上学，离开部队走了。

当时，游击支队司令员彭雪枫、政治部主任萧望东在解决这两个问题上，对我们的帮助和教育，是十分感人的。对于那个大标题，领导机关发现后，立即通知停发这期报纸，要求重新刻印。然后召开会议，彭雪枫和萧望东都来参加，他们没有一上来就批评我们不懂政策，而是和我们一起讨论党的政策和报纸宣传的中心任务；和我们一起控诉敌人的罪行，分析敌人的凶狠、残暴以及敌、伪、顽之间的勾结和矛盾。就在这样自由讨论中，由我们自己得出一个结论：我们报纸所反对和打击的主要对象是日本帝国主义，至于那些汉奸土匪武装固然可恨，但必须运用分化瓦解的斗争策略，孤立和打击其中最顽固的分子，决不能不分罪恶大小一律消灭。最后彭雪枫、萧望东语重心长地谈了他们自己在二万五千里长征中反对"左"、右倾机会主义路线的事例和教训，给我们上了一堂生动的政治课。

在讨论忽然回后方去的那位编辑的问题时，开始我们都很不耐心，因为在他未走以前我们心里早就明白，他就是怕艰苦，怕牺牲。

况且当时报纸只有四个编辑，每个编辑刻写一版，他走后马上就成问题。所以更加看不起他，认为他是个软骨头。但在整个会议过程中，彭雪枫和萧望东始终没有说一句责难那位编辑的话。而是用冷静地解决问题的态度，把我们的注意力引导到三个方面来：一是，那个编辑虽然走了，但我们帮助一个人走上革命道路既要有耐心，又要有负责的精神，设想他回到大后方以后，必然会遇到一些个人克服不了的困难，只要有可能，我们还建议八路军驻重庆办事处给他以帮助；二是，我们的报纸在当时当地已经产生了哪些影响和作用，还要再进行哪些改革使它发挥更大作用；三是，王明、张国焘推行极左路线，排斥和打击知识分子干部，给党和红军造成了哪些危害？

同样，对这些问题的结论，也是在稍后，由我们自己逐步得出的：在长期的和残酷的民族解放战争中，在建立新中国的伟大斗争中，必须大量吸收知识分子参加，我们知识分子自身的一些弱点，也必须在与广大工农群众的结合中，去努力改造。

二

1939年12月间，报纸在安徽阳县新兴集出版了四开12版的第100期纪念专刊。在第1版正中，用红色通栏套印着毛泽东为报纸的题词："坚持游击战争"。第2、3版上还分别刊登了王稼祥、谭政、左权、滕代远等同志的题词。这对全军和根据地的党政干部，人民群众都是极大鼓舞。报社全体同志更是无比兴奋激动。

100期专刊出版的当天，真是喜气洋洋，部队和地方党组织召开了干部会，大家对编辑、采访、印刷、发行工作说了好些勉励的话，也直率地提出了批评：来自战士自己写的作品还不够多；内容还不够通俗，文章有些学生腔；出版还不够及时，等等。政治部也在当天晚上召开了党员大会，认真讨论和商量用什么样的具体行动来回答党中央、毛泽东以及根据地人民对报纸的关怀和期望。不久，报纸增辟了“支部生活”栏和“文艺副刊”，专门刊登基层干部和战士的来稿。政治部和地方党组织也作出决定：部队连队的政治指导员、文化教员，地方县、区的主要干部，都应聘为报纸的通讯员。还规定了报社干部轮流下连队和地方体验生活及采访、写作的制度。

1940 年新年过后不久，又接到毛泽东亲笔写给彭雪枫的信和陈云的来信。毛泽东在信里说，延安的同志们听到我军不断胜利的消息和看到《拂晓报》都很欢喜，称赞《拂晓报》办得好，希望大家继续努力。信里还提到，派人送来《论持久战》的样本，要求我们翻印，要求我们详细校对，每一个字每一个标点都不要错，而且嘱托我们，书印好后，分送附近各抗日根据地。此后，凡有新同志调到报社来工作，党支部的同志总是先把毛泽东题词和那两封信珍重地拿出来给他们看，使他们了解党中央是怎样鼓励和殷切期待我们报纸更好地发挥战斗作用的。我们怀着兴奋的心情，加班加点，完成了《论持久战》一书的刻写、印刷、装订工作，严肃认真地完成了党中央交给我们的光荣任务。

我们永远也不能忘记，远在重庆的周恩来对我们这张小报的扩大发行工作，也十分关心。报纸之所以能够公开在国民党统治区的大后方发行，扩大敌后抗日根据地建设和我军抗日战果的宣传，这主要是在周恩来直接领导下进行的。周恩来还特别关心我们的学习，克服重重困难，用各种办法，从重庆给我们送来一批一批的报纸和书籍。

由于报纸能在重庆等地发行，影响更大了。当 100 期纪念专刊发到重庆的时候，大公报的一位老报人看后，以同业身份写来一封热情洋溢的贺信，和我们相约共同为民族解放事业而努力。当时，还曾传来一些消息，说我们的《拂晓报》同敌后其他根据地的兄弟报刊一起，为一位反法西斯的国际友人带往国外，举行展览；青年记者协会在西安也把《拂晓报》公开展览。党的关怀，同志和朋友们的鼓励，都极大地激励着我们。

三

《拂晓报》有两种记者，一种是由编辑兼做记者工作，一种是专职的记者。《拂晓报》在很长一段时间里，三天一期，四个版面有固定的四个编辑。做编辑的，其实也不只是做编辑工作，三天当中，一天编稿，处理稿件；一天刻写蜡纸；还有一天时间，或者学习，或者外出采访，有时一天来回四五十里，回家还要把稿件写出来。还有件十分有意义的工作，编辑、记者都愿意积极参加，那就是在驻地参加驻村工作。在参加实际工作的过程中，了解工作中的问题和经验。这样就有利于了解情况，研究政策，处理稿件，组织稿件。

专职记者，他们既做实际工作，又当记者，例如在地方上采访的记者，他们参加区党委组织的实验工作团，既是工作队员，又是记者。这个工作团由区党委直接领导，队员挑选有实际工作经验的同志参加，区党委的领导同志也参加研究工作，具体指导，大凡边区党的中心工作，总由这个工作团选点实验，取得经验后，再逐步推广。这是区党委了解情况，研究政策，制定政策，指导实际工作的重要领导方法，也是我们《拂晓报》从事宣传报道工作和培养干部的重要据点。根据地的减租减息，组织农会，组织民兵，冬季扩军，冬学，冬耕，冬种及征收救国公粮等项工作，都是先在这个工作团实验之后，在边区逐步推广的。我们的记者，首先是学会做具体工作，学会接近群众，发动群众，参加工作团的会议，听情况汇报，研究问题。这样就掌握了情况，提高了对事物的分析能力。正因为他了解情况，又懂政策，又知道领导机关的意图，所以他不要向别人采访就可以写出稿件。某项工作的试点结束以后，他可以到附近的一两个点看看，做些对比分析，了解面上的情况，这样心中更加有数，写出来的稿件，针对性更强，对指导实际工作更加有用。

我们的记者，直接参加实际工作，和基层干部、群众中的积极分子朝夕相处，同吃一锅饭，同睡一个草铺，有了困难一起想办法解决，敌人来了，并肩战斗，与群众同呼吸，共命运，和他们建立了深厚的战斗友谊。

四

至今，曾在豫皖苏边区及淮北苏皖地区战斗过的老同志相遇时，总禁不住津津乐道当时《拂晓报》的油印技术。也往往共同回忆那种艰苦奋斗、自力更生的创业精神。

我们报纸创刊初期，是继承了白区地下党印刷宣传品的方法。把刻写好的蜡纸的一端，用预先裁好的约一公分宽的一条硬纸板卷两三下，再用四五个图钉把它固定在稍平的木板或桌面上。用右手握着油滚子，左手拇指轻轻按住蜡纸的下角，即开始印刷。这样的印刷方法，一张蜡纸也不过只印100多份，如果再多印，不是字迹模糊便是蜡纸漏油点。如果油墨调的较稠或蜡纸上的分栏横线划得较重的，往往印了几下就会断裂。一出现这种情况，同志们总是和睦地说一句：“重来！”谁也不会埋怨谁的。

1939年五六月间，政治部通过统一战线的关系，从国民党统治区买回一架油印机。这件事，几乎轰动了全政治部和驻村的群众，都到报社来看“机器”。但那是一架什么样的“机器”啊！一个用三合板钉的简陋木箱，从外表看有点像油印机，内部却几乎无一可用的部件，垫板稍稍用力一压就弯成弓形；调油墨的一块铁皮凸凹不平；橡皮油印滚子一头粗一头细，推起来方向总是斜的；上蜡纸的框上没有铜网，嵌上蜡纸一印就断成两截。

但大家并没有为此而小看了它，这毕竟是可以使我们改进油印技术的起码条件。于是群众献计献策，一齐动手来改造它。驻村有一位修理箩底的老工人，帮助我们的蜡纸框上张了一面丝箩底代替铜网；一位抗日民主人士把自己书桌上的一块玻璃板赠给我们做了垫板；橡皮滚子也在群众指导下经过蒸煮，整得粗细均匀，真正成了一架颇为好用的油印机了。

在蜡纸刻写和印刷技术上也随之进行了一些改革，例如统一版面的栏数和行数，规定标题字的大小型号，选定各种花边线条的式样，研究钢板网纹与刻写字体轻重的关系，试验油墨调制方法，探讨修补蜡纸的技术，成功地创造了套印几个颜色的方法，因此可以印出酷似网纹铜版的插图和漫画。从此，我们《拂晓报》的发行数量逐步增至4000份以上。在《拂晓报》的历史上，算是一项技术革命。

我们印刷技术上的每一点进步，都是和群众的智慧和人民的支持分不开。《拂晓报》的成长进步，同志和朋友们看了高兴，敌人却十分恐慌。有过这样一个小故事：《拂晓报》传进敌占区以后，一位勇敢的爱国人士在日军占据的河南永城县城门上贴了一张。这一下吓破了贼胆，日军以及大小汉奸一齐出动追查，关起城门三天没敢出来。还有一次，这张小报居然飞到国民党某一司令长官的办公桌上，那个愚蠢的家伙断言，新四军既然有这样最新式的印刷机，必然也有最新式的武器，于是下令部属侦察，终于也不得要领。是的，我们共产党人，八路军、新四军，确是有着他所不可思议的最新式和最锐利的武器，那就是用马克思列宁主义、毛泽东思想为武装，宣传人民，教育人民，组织人民，并且为人民的根本利益而奋斗的人民报纸。

五

我们敬爱的军长陈毅创作的《新四军军歌》中有这样一段：

“……千百次抗争，风雪饥寒；千万里转战，穷山野营。获得丰富的斗争经验，锻炼艰苦的牺牲精神……”

拂晓报社同志们的工作、学习和生活也是这样的。从一开始，就自然形成了一个制度，油印所需的各种用具都是由各人分散携带保管，视同武器一样重要。在行军行列中，有些人背上背着钢板，胸前挂着两瓶墨，好像手榴弹一样；有些人扛上报纸，好像迫击炮筒一样。这便是我们军队里的特种兵，走到哪里都受到同志们的欢迎，都要问我们下一期有什么好消息。

在激烈的战斗生活中，报社同志发扬了艰苦奋斗的革命精神，严格遵守疏散和集中的纪律，只要还留下一个人也要坚持报纸出版。1940 年“六一战斗”时，日伪军向我突然袭击，报社临时分散随部队作战。当敌军于夜间龟缩进据点以后，一所留下的三个编辑连夜出刊了一期报纸，戳穿了敌人大肆叫嚣“全歼共军”的谎言。1942 年秋天的 33 天反“扫荡”中，报社只留下了两个同志随指挥机关行动，不仅坚持了出版报纸，还用大字印刷了若干张布告，传贴到敌人的据点周围，坚定了根据地人民群众必胜的信心。

这里，我们还必须着重谈一谈 1941 年皖南事变后的《拂晓报》。当时，全师将士和根据地人民怀着悲愤的心情誓为皖南死难烈士复仇，在豫皖苏地区抗击着十余倍于我的日、伪军和国民党反共军的进攻。报社经常处在作战、转移当中。那时只要能在一个地方停留半天或一夜。我们马上就在群众的灶前或场院草垛之间借几张桌子或支起一扇门板动手刻写或印刷，一张可容纳3600多字的蜡纸，即便连续不停地刻写也要七八小时，更何况是断续地工作呢！所以保证报纸的及时出版，是和作战胜利紧紧相连的艰巨的政治任务。有一次，敌人已经距离报社所在的村庄很近了。但最后一版的报纸却刚印刷到一半，在这随时都有可能遭受破坏和牺牲的时刻，指挥机关派出了一个连为报社警戒，直对报纸全部印完后，才完全撤离。负责发行工作的同志，也就在撤离途中随走随分发报纸，一刻也没有耽误。

虽然工作紧张，生活艰苦，但从一开始，报社全体同志在领导机关带动下，一直坚持了集体的和个人的学习制度。1942年到1944年，报纸及时发表了整顿“三风”的文件，同对报社同志还轮流参加了整风轮训班学习。这对于改进我们的党风、学风、文风，都起了显著的作用。

党对我们的亲切关怀，人民群众对我们的大力支持，特别是彭雪枫在这方面所灌注的心血，远远不止我们所追述的这些片断，这只不过是《拂晓报》的一角而已。今天，依然奋战在新闻战线或其他岗位上的拂晓报社的同志们，让我们共同缅怀先烈，回忆《拂晓报》的传统和作风，激励我们在为实现社会主义祖国四个现代化中加倍努力，让我们这些老兵像当年那样，斗志昂扬，一息不停地前进吧！

抗日战争初期的新华社

叶蠖生

独立工作阶段

1937年抗日战争爆发时的新华通讯社，是个组织很小的机关，却担负着向党中央提供世界信息的重任。它政治上由中央书记处领导。书记处的日常工作归洛甫同志管，因此他也是新华社政治上的领导人；社内的日常业务和行政工作，由一名秘书长负责，他就是大家日常接触的机关首长。这一年，秘书长的人选换了好几位，先由廖承志同志担任，不久换了李初梨同志，很快又换了沙可夫（陈微明）同志。

1937年11月，我从南京的敌人监狱中出来到了延安，分配在新华社工作。我刚到时，李初梨同志正在向沙可夫同志移交工作，因此我同李初梨同志相处不过一周左右，对他如何工作是完全不了解的。

那时新华社的人手，包括勤杂同志在内，只有十来个人，从事业务工作的只有七个人，其中有一位兼职的马海德同志。马海德同志是医生，却每天到新华社来把法文电讯稿译成英文，再由别人译成中文。当时他能说汉语，却还不能使用中文。其余六人是沙可夫、黄药眠、林仲、徐南云、李柱南和我。沙可夫同志负责领导全面工作；他为人和气，工作十分放手，任凭同志们自己去干，很少过问和督促。他的兴趣在于文学，常常参加一些文艺活动，如朗读诗歌，演出话剧，等等。黄药眠和林仲两位同志负责把英文电讯（包括由法文电讯译成的英文稿）译成中文。黄药眠同志是位原籍广东的华侨，曾在莫斯科留学，在上海中央局任宣传部长，后来被捕，与我同关在南京军人监狱里，并同时出狱去延安，但在狱中我们两人并不相识。他工作能力强，每天的工作完成得很轻松。林仲同志是福建华侨，也曾在莫斯科留学，翻译能力似乎赶不上药眠。徐南云同志负责把日文译成中文，她留学日本时为《大公报》写过不少通讯。她工作不久便到陕北公学去学习了。1938 年 2 月丁拓同志调到新华社，顶替南云同志的工作。丁拓同志当时对日语并不算精通，但工作十分认真，整日沉默寡言，埋头苦干，是一位可爱的青年。

李柱南同志负责翻译中文电码。他是从白军中解放过来的，在长征后入了党。他译电的本事很大，可以不查电码本，因此得了个绰号叫“本子”。不管我们叫他老李还是本子，他都同样答应。后来他到前方去工作，过封锁线时不幸牺牲。

所有电讯译出后都归我处理。我每天做两件工作：一是把前一天下午和当天上午译出的电讯挑选分类，加上标题，编成《参考消息》付印，供中央领导同志参考。这份印数极为有限的油印刊物，每期二三十页，就是今天篇幅浩繁的大本《参考资料》的雏形。

另一件工作是把所有电讯进行归纳，改写成一篇 3000 字左右的综合报道，由电台播发，供陕甘宁边区二十几个县的各机关使用；当时电力有限，广播还不能传播到边区以外的各解放区去。那时候新华社的机构极小，还没有收发电报和印刷的能力。抄收电讯和播发新闻都由军委三局协助完成，因此通讯员每天要步行数十里取送稿件。印刷工作由边区政府的油印科担任。这个油印科的科长是一位长征老战士，每天他收到《参考消息》的稿件后就分配人力进行刻印、校对、装订、分发等工作。我的责任是及时编好稿件，督促通讯员及时送出。

当时延安城内机关不多，我们机构虽然很小，住的房子却很宽敞，前后两进院落，有20来间平房，当中是四大间砖窑。西首一个单间后期由药眠一人居住养病，东边三间是通连的，西间是秘书长的办公室兼住房，东间归林仲和药眠居住，当中一间前后隔开，后面由徐南云居住，前面是集体办公场所，房中放一张长木桌，大家围坐在四周办公。时值冬天，集体办公室有风门，又烧着旺旺的大盆炭火，人在那里，身手不觉得冷，只是一双脚踏在土地上冻得厉害。有时大家把脚搁在火盆上，往往把棉鞋烤焦了。后来我学到了陕北人的办法，在脚上套一双隔寒的厚底毡鞋，这才解决了问题。

当时日常生活是很艰苦的，但也大有乐趣。我们享用的菜金曾经三变，先是由军委发，因优待红军，菜金每天有七分；后来改为由边区政府发，政府最艰苦，每天只能发菜金四分；最后归党中央发，每天菜金增到五分。五分钱供一天三餐吃菜之用，尽管边区物价便宜，也很难宽裕。我们的管理员老刘同志是四川来的长征战士，他为了让我们吃得好些，费尽了心机。由于有他的尽力操持，我们每周总可以吃上一顿肉包子或饺子。老刘经常教导仅有的几个服务人员——通讯员、炊事员和勤务员，说：我们的职务就是努力做好服务工作，让同志们安心做好业务工作。老刘真是一位出色的后勤工作者。1938年我和他分开后，就再也没有得到过有关他的消息，不知他后来到哪里去了。

生活艰苦，但并不单调。工余时间大家常聚在一起谈论政治形势，讨论理论问题，评论文艺，等等。有时大家争得面红耳赤，最后，谁也不把争论时的事记在心上。

当时每人每月领取两元边币零用津贴费。钱虽然很少，因为衣食住行都由公家供给，拿到津贴之后，总可以小饮几次，半只烧鸡、一杯烧酒、一块大饼，只要几角钱就可以得到。两三个同事围在火盆边，饮酒畅谈，乐在其中。

三个新闻机构的合并

当时在边区的新闻机构，除了新华通讯社外，还有两个。一个是新中华报社。《新中华报》的前身是《红色中华》报，创刊于中央苏区，国共合作后改名为《新中华报》，是边区政府的机关报，报社机构不大，由向仲华同志领导。社址在延安南门外，与边区政府在一起。另一个是解放杂志社。除出版《解放》杂志外，还负责书籍的出版和发行，机构规模较大，设有编辑、校对、发行等科和一个拥有近百名工人的印刷厂。也和我们的社一样，政治上归中央直接领导，日常工作由一位秘书长管理。当时的秘书长是徐冰同志。工厂的厂长是祝志澄同志，他原是商务印书馆的印刷工人，后来党派他到中央苏区，是位经过长征的老同志。党利用国共和谈之机，派他回上海。他依靠老关系，邀请一批老工人来延安，其中包括排版、打纸型、刻字等方面的能手，因此这个厂就成为一个拥有一定技术能力的中型工厂。解放社设在延河东岸的清凉山上。这里是延安名胜之一，山上刻有许多自北宋以来名人的诗文、题记，还有许多大大小小的岩洞。山脚下有个洞最大，是个极好的天然防空洞，整个印刷车间就设在这个洞里。

1938年三四月间，中央决定合并这三个机关，归中央党报委员会统一领导。这样，新中华报社和新华社都搬上了清凉山。合并后，新华社的工作人员也作了一些调整。秘书长沙可夫同志调去搞文艺工作了。黄药眠同志患了肺病，因当时还无特效药，他遵照马海德同志的嘱咐，卧床养病，加强营养。经过三个月的休养，身体恢复健康后便到大后方去了。走了两人，又来了两人。一位是刘秀兰同志，她是王学文同志的女儿，她的工作是帮助李柱南同志译中文电码。另一位是王养三同志，他的真名是浦化人。他是我们党内一位很特殊的人物。他出身于贫苦家庭，到20来岁才由教会送到圣约翰大学去学习，毕业后当了牧师。由于宗教关系，他后来成了冯玉祥将军的亲信助手。1926年，冯将军在南口战败后，退处五原地区，自己到苏联去求援和游历，养三是随员之一。在这以后，他思想逐渐转变，加入了共产党。他参与冯将军的机要工作，有一次，他得知要逮捕一批共产党的地方领导人，立即设法帮助这些同志脱险，自己则因暴露了身份，逃往上海，为党做秘密工作。他在上海中央局任宣传部长时，正值上海我党受到大破坏，他也被捕入狱，后为冯玉祥将军保释出狱。抗日战争爆发后，他带着夫人、儿子、儿媳和小女儿到了延安，先在抗大教书，不久就到新华社任英文翻译。养三同志的夫人来自鱼米之乡的江南，来到陕北，处处都感到不习惯，尤其不能吃小米饭，为此总吵闹着要回南方。养三为人憨厚，他以身示范，总是大口吞咽小米饭，并连声说："好吃，好吃"，希望以此来说服夫人，但效果不佳。当时他们的小女儿新吾已参加了共产党，在二局做机要工作。每遇妈妈讲要回南方时，她总说："我和爸爸不怕苦，留在这儿，你怕苦，你一个人回家去吧。"母亲不愿离开小女儿，就只好在延安留下了。

三家合并后，业务上还是各干各的，彼此很少联系。中央党报委员会秘书长是徐冰同志，他做领导工作十分放手，很少干涉具体工作。《新中华报》的业务领导仍由向仲华同志负责，我们则因为沙可夫同志已离去，尚无新的负责人，处于群龙无首的状态，好在大家都能努力完成自己担负的工作。那时候我除了做原来的工作外，还增添了不少社会活动。每周我要向工人同志讲一讲一周大事。那时大家最关心、最爱听的是前方战争形势的发展，八路军和新四军的胜利消息，因此我的听众很多，往往一条胜利消息就能赢得自发的欢呼和如雷的掌声，整个会场洋溢着感人的爱国热情。

三个机构合并后，常常举行文娱活动。记得有一次开会，毛主席也来参加了。青年工友曹国兴同志刚从武汉开会归来，唱了他在武汉学来的一支歌，歌中说："城头上站着两位大将军，威风凛凛是哪个？朱德毛泽东！"对着毛主席唱毛主席，引起全场的欢笑和鼓掌，毛主席自己也不觉大笑起来。

机构合并后，业务虽然是各自独立的，党的生活却是统一过的。支部很大，新华社的同志编成一个小组，马海德同志是这个小组的成员。当时大家每月领两元边币，马海德同志则每月领40元白洋，成了"大富翁"。他来开会，常常请大家吃西瓜，会后还常约大家去小酒家一聚，花上两三元，就能欣然一醉。

1938年8月我调去马列学院学习时，新华通讯社的情况还是如此。1947年夏天，我到晋冀鲁豫大区去开会，得知新华社设在那儿的一个山沟里。我前去看望，得知它已成为一个规模较为庞大的独立机构了，社长是廖承志同志。

第一座红色广播电台

傅英豪

1940 年的一个秋夜。

从那一排排错落不齐的窑洞里，透出来的灯光愈来愈稀少了，延安度过了紧张的一天后渐渐地进入了睡乡。可是就在这时，王皮湾的一孔石窑洞里，通信班的战士们正围着一部机器进行着最后一次试验。汗水从同志们的额角渗出来，就像窑洞石壁上的水珠一样，在煤油灯光下晶晶闪闪。片刻，人们轻轻地吁口气，立起身来，只听得电源组组长苟在尚同志说了一声“开动”，机器立刻呜呜地转动起来。同志们几乎是同声呼叫着：“行啦！”几个月来我们焦急地期待着的发电设备终于装制成功了。明天，它将为我们党的第一座语言广播电台开始供电了，大家的情绪随着机器的转动欢腾起来。

我们党虽然早就有了用无线电报发出的文字广播，但是还不曾有过语言广播，因此党中央非常重视语言广播电台的建设。周恩来副主席从苏联养病回来时，克服了运输中的各种困难，带回了苏联援助的一部无线电广播机。于是，这第一座语言广播电台的安装任务就交给了我们。

我们这群工作人员中，无论是参军不久的知识青年，或者是久经征战的红军战士，谁都没有安装广播电台的经验。但是同志们却有一片雄心壮志，接受到这个任务，人人都兴奋异常，立即提出一个响亮的口号：“一定要使这部机器迅速发音，让党的声音传遍四方。”

要让电台发音，首先就要解决动力问题。这时延安正处在日军和国民党层层包围和封锁中，根本不可能得到一部现成的发动机。因此，我们只好要来了一部坏汽车头，边拆修边学习，用它改造成了电台所需要的发动机。没有汽油做燃料，同志们就用木炭产生煤气来代替。木炭怎样烧才能得到需要的煤气，煤气又怎样使汽车头发动起来，这些对于我们来说全是新问题。但是依靠党的领导和集体的智慧，终于把这些难题一一解决了。

面对着已经调整好的广播机，我的心激动得久久不能平静下来。我想起了来延安以前在国民党统治区做地下工作的那段日子。那时候，打开收音机，听到的不是露骨的反动宣传，就是麻醉人民革命斗志的靡靡之音。我们几个做地下工作的同志，不知发过多少感慨：“什么时候，一扭开收音机，能听到我们自己的声音就好了！”现在，这个愿望就要实现了！从今后，我们这部红色电台，将成为新华文字广播台的一个兄弟，它们将相互配合在一起，向全国和全世界人民宣传党的抗日主张，传播根据地内军民在敌后坚持斗争的实况。不管日军和国民党有多大的本领，挖多少封锁沟，筑多少封锁墙，他们都无法阻止我们的红色电波飞出延安！

第二天，天刚蒙蒙亮，同志们就起了床，喧喧嚷嚷，像准备参加什么庆典似的。从同志们一双双发红的眼睛里可以看出，这一夜同志们和我一样，兴奋得没有好好入睡。广播员徐瑞璋和姚雯很早就来到播音室，再一次收拾那个实在没有什么好收拾的工作环境。我们的播音室，是一孔新挖好的土窑洞，一走进去还可以嗅到新土的芳香；拱形的窑洞内壁和门口挂着深灰色的军毯（这是当时边区生产的质量最好的羊毛毯)，用来隔绝从远处传来的鸡鸣犬吠和消除洞内的回音。窑洞里只放着一张白木桌子和一条板凳，桌上的麦克风虽然很旧，但被擦得一尘不染。

吃过早饭，文字广播台报务主任汤汉璋同志带着极大的兴奋来到播音室门前。他特地穿了一套干净整齐的灰军服，背上背着一部自己装制的小型无线电话机，大块的干电池把军装下方的大口袋挤得鼓鼓的，俨然一个就要开赴火线的全副武装的战士。他这是为了及时知道试播的效果被派出去收听情况的。当他那精神抖擞的背影消失在我们视线中的时候，电台开始了试播。

“延安新华广播电台，XNCR……”广播员反复呼叫着，然后用洪亮悦耳的声音读着报纸上的一篇短文。我们所有的人都静静地站在一旁，等待着收听者发回的报告。

“我在裴庄，声音很好。”突然传来了老汤的声音。

声音传出去了，这是一个很好的开端！隔不多久，又听到了老汤从无线电话机里传来了洪亮的声音：“我已到枣园附近啦！声音清楚得很！”从声音里可以感觉到老汤的那副高兴劲儿。我们在电台上的人一听到枣园这两个字，个个喜形于色，因为枣园是我们敬爱的领袖毛主席常来住的地方啊！“要是毛主席这个时候打开收音机，一定会听到我们的播音呢！”有人竟在麦克风旁边轻轻地说出声来。我心里激动地想，等我们试播全部成功后，说不定还能请毛主席到电台上来向各个根据地的军民、向全国人民讲话哩！

老汤离开广播电台愈来愈远，而我们的播音他始终都听得很清楚。当天从安寨那边传来消息说，那边也用收音机听到了延安广播电台的声音。

我们向各个根据地搜集反映。打电报问离延安较近的晋西北各电台，想不到那里的回电说没听到，有的电台说只偶尔听到一两个字，很不清楚。大家多么希望无线电波像一根根从延安射出的红线，把党中央以及八路军总部所在地同各个根据地的军民紧紧地连在一起。调配组的唐旦等同志和我反复检查了机器和天线，把我们认为可能造成的收听障碍全都消除了，各个根据地回电说仍然听不到或听不清楚。试播工作就这样被卡住了。

大家的心情开始焦急起来，就连一向爱唱爱跳、性情非常活泼的广播员小徐和小姚也突然变得沉闷了。一年前，这两个江苏姑娘像许许多多的青年一样，怀着极大的热情奔来延安。她们原希望到前线去做宣传员的，延大毕业后，却被留下做了广播员。她们知道这是革命工作的需要，很愉快地接受了。而且觉得，凭着自己的革命热情和清楚流利的口齿，也一定能够在人民广播事业中做出一番成绩来。她们在试播工作中是那么认真，一篇稿子播送前总要经过反复地揣摩和预播，生怕表达不出原稿的感情。在业余时间，除了参加种地、纺线等劳动以外，一有空就钻研业务；为了矫正某些汉字的发音，电台上仅有的那本小字典快要被她们翻烂了。可是时间过了这么久，广播来、广播去，各根据地竟听不到她们的声音。辛勤的劳动没有得到应有的收获，她们更是十分心焦。

党中央的许多负责同志一直关心着试播工作的进展情况。邓发同志曾专门到电台来视察，他鼓励我们不要被困难吓住，不要乱撞盲干，要发挥集体的智慧，根据科学道理逐步进行试验。我们根据电波传播的理论，意识到问题的产生可能和电波的波长选用不当有关。那么要用什么样的波长才能克服某些地方收听不到的障碍呢？文字广播电台的同志们说可以做这样一个试验：把这部语言广播电台调到文字广播电台所用的波长上拍发新闻电报，看看各根据地新华分社的电台能不能听到。试验的结果，各个根据地的电台都给了回电，说听得和往常一样好。我们就进一步在这个波长上进行语言试播。

这天，我亲自在广播机旁掌握机器的调整，让汤汉璋同志在报房里守着收报机，及时收听各根据地的反映。这时大家仿佛成了等候发榜的考生，既感到有一定的把握，又担心可能遭到意外的失败，心情非常紧张。一会儿，我身旁的电话铃响了，听筒里传来了汤汉璋同志激动而有点不连贯的声音，第一句就是“队长，问题解决啦！”接着他告诉我，晋察冀、晋东南、山东、晋西北都先后发来电报，说广播的音质清晰、音量良好。同志们听到这个消息，都欢喜得跳起来。几个月的辛勤劳动现在终于结出了果实。从这回试验中，我又一次深刻体会到集体智慧的巨大力量。

我们的第一座红色广播电台，从此开始了每天定时的试播。在试播中，我们不但播送新闻和报纸上的重要文章，而且还播送“文艺节目”。一开始电台上连一部唱机都没有，所谓文艺节目，常常就是广播对着麦克风唱几只流行的革命歌曲。不久，弄到了一部破破烂烂的手摇式唱机。但因为边区没有条件制唱片，而从国民党统治区买来的片子内容健康的又不多，所以放来放去，总是“义勇军进行曲”等几张片子。后来，我们便请鲁迅艺术学院的同志来播送“黄河大合唱”等节目，他们的大队人马一来，常把小小的窑洞挤得水泄不通。

为了使电台能早日正式播音，通信战士们在接踵而来的多种技术问题上刻苦地钻研着。女调配员徐路同志在窑洞里长时间值班，被发动机煤气管漏出来的煤气熏倒了。等到同志们把她抬到窑洞外救醒，她又立刻跑回自己的工作岗位继续进行未完成的试验。后来当机器上某个重要的电子管失效而又没有备用品更换的时候，我们在党和上级的鼓励下，又拆掉原机器的部分结构，重新改装，终于利用了手头现有的电子管使电台继续工作。

1941 年 1 月下旬的一个下午，新华社的通讯员骑马来到电台，送来了当天的广播稿。从通讯员紧张的神色中可以看出，今天准有重要的文章需要广播。打开稿件，我的眼前跳出了“中国共产党中央革命军事委员会发言人对新华社记者的谈话”一行大字。这是党中央就皖南事变发表的重要谈话啊！我立刻打电话给广播员，告诉她们今天有特别重要的文件要播，同时贪婪地读起来。几天以前，我们在报纸上就读到了国民党亲日派袭击皖南新四军部队的消息。看了这篇谈话对于日军和国民党亲日派丑恶面目的揭露，就更加使我义愤填膺；而当读到谈话对于国内外进步力量的精辟分析的时候，我又对于阻止敌人阴谋的实现增加了百倍信心。我放下稿件，思绪又回到了我曾经工作过的“大后方”。那里的各种反动宣传机器，一定配合着这次反共事变，对我党我军极尽造谣污蔑的能事。可是今天，我们不但可以通过自己的通讯社、报纸，而且有可能利用自己的广播电台，对敌人反动宣传予以有力的回击了。

我把广播稿件交给了小徐和小姚。她们连晚饭也没有心思吃了，早早地进了播音室，点上小油灯，轻轻地放下了挂在窑洞门口的毛毯，然后走到麦克风前，静静地坐在那里。当播音时间一到，小徐打开麦克风开关，作了几分钟的呼叫以后，开始播送毛主席亲自起草的那篇谈话。为了使真理的声音传播更广，小徐播完一遍后，小姚又再播一遍。在整个广播过程中，她们几乎拼出了全身的力量，使每一个字音都深深地印入听众的心里。你听，她们播出了对国民党亲日派的严重警告：“如若他们怙恶不悛，继续胡闹，那时，全国人民忍无可忍，把他们抛到茅厕里去，那就悔之无及了。”那种充满了对敌人的蔑视和对人民力量的自信的语调，至今还深深地留在我的记忆里。

冬天夜晚的窑洞是寒冷的，可是这两位姑娘在播音机前竟汗流满面。当她们从窑洞里走出来时，一种从未有过的幸福的感情从她们的脸上流露出来。是啊，这正是另一条战线上的胜利啊！

完成这次播音之后，我们更深深感到，自己是战斗在一个光荣而极为重要的岗位上。各个根据地，经常以各种方式，把收听的效果告诉我们，从各方面鼓舞着我们。特别使我们难忘的，是这样一件事：一天，突然接到从国民党统治区邮来的一封信，署名是昆明学联。信上说，昆明的进步青年常常偷听延安的广播，从广播中，他们知道了敌后根据地的军民许多英勇斗争的事迹，知道了边区人民正过着丰衣足食的生活，知道了延安正在掀起一个轰轰烈烈的整风运动。这一切都使他们加深了对共产党、对革命的了解，产生了对革命圣地延安的向往。特别使他们感动的是，我们红色广播电台播送了当时昆明学生运动的真实情形，而这是国民党的宣传机器所绝对做不到的。这封热情洋溢的远方来信，给我们带来了莫大的鼓舞。正如电台工作人员在自编的《延安广播电台进行曲》里所唱的：“我们要让党的声音自由奔放，让党的光芒照射四方……”是的，我们电台的几十个同志，包括日日夜夜警卫着电台的战士们，都为着这个目的贡献出了自己的最大力量。

我们的红色广播电台的试播工作继续着，后来虽然因器材设备供应困难，曾经停播，直到抗战胜利才正式向全国播音，但初创时期的这段工作，却为后来的正式播音打下了良好的基础。现在，每当我回忆起这第一部红色广播电台在那样困难的条件下创建、工作的情景，就觉得有一股力量在推动着我，要我在新的历史时期，更加努力不懈地从事新的战斗。

从第三厅到文化工作委员会

阳翰笙

第三厅的成立

1937年七七事变后，日本侵略军大举进攻中国。国民党军队在正面战场上望风披靡，节节败退。不到半年时间，北平、天津、上海、太原、南京等大城市和大片国土相继沦丧，国民党中央、国民政府和军事委员会也被迫迁至武汉。

全国人民、各民主党派，对国民党的腐败愤怒已极。中国共产党向全国提出了抗日救国十大纲领，要求国民党结束一党专政，实行国共合作，改组政府，共同抗日。共产党的要求立刻得到了全国人民、各民主党派、各人民团体的热烈拥护，纷纷表态坚决要求国民党改组政府，共同抗日。蒋介石迫于民心丧失、大敌逼近的形势，不得不作出一点“改革”的姿态，取消了原军事委员会下面专搞特务活动因而声名狼藉的行营政训处和军委第六部，恢复了北伐时期负有盛名的政治部。蒋介石请共产党的重要领导人周恩来任政治部副部长，请北伐时期政治部副主任郭沫若任第三厅（宣传厅）厅长，完全是为了挽回声望、收揽人心而打出的“改组政府”的招牌。

我党对蒋介石的反动意图是很清楚的，但是认为争得一点政权机构对突破国民党的片面抗战，推动全面抗战是有利的，所以我党同意了周恩来同志任副部长，同时积极将第三厅筹建成由我党领导下的抗日民族统一战线机构。

围绕着第三厅的组建及其以后的发展，我党与国民党之间的斗争一刻也没有停止过。这是一场在抗战时期国统区文化宣传战线上的斗争。这场斗争，是由武汉时期的中共中央长江局和重庆时期的中共中央南方局所领导的，由周恩来同志直接负责的。

在三厅的组建过程中，我党与国民党之间控制与反控制的斗争非常激烈。

在确定郭沫若为三厅厅长后，蒋介石派复兴社特务骨干刘建群来充当副厅长。显然这是派他来控制三厅的实权，把郭沫若架空。对此，郭沫若向政治部主任陈诚提出要潘汉年做三厅副厅长。但国民党坚决不同意，并企图用既成事实的办法硬将刘建群塞进三厅。于是，郭沫若愤然出走长沙。

郭沫若的出走，使蒋介石的这台戏唱不成了。所以国民党不得不撤走刘建群，但也不同意潘汉年当副厅长。后来我们就采取了一个折中办法：由郭沫若推荐无党派学者、武汉大学教授范寿康当副厅长。国民党同意了。之后，陈诚又派范扬来做第二副厅长，范虽是国民党员，但起不了多大作用。这样，第三厅虽然在国民党控制的政府机构里，却可以相对地在我党领导下进行工作了。

党组织多次开会研究第三厅的工作。讨论和确定了：第三厅的任务，是根据我党提出的抗日救国十大纲领来进行宣传工作；机构设置，在三厅下面设文字宣传处、艺术宣传处和国际宣传处，各处下面再设三个科；必须把第三厅建成以共产党为核心的，动员各民主党派、人民团体和民主人士参加的抗日民族统一战线的机构；三厅的领导干部成立一个党的秘密小组，直接由周恩来同志领导，成员有郭沫若、阳翰笙（我的公开职务是三厅的主任秘书）、杜国庠、冯乃超、田汉、董维键；基层党员成立一个特别支部，由冯乃超任支部书记，刘季平任组织委员，张光年任宣传委员。党组织是全部秘密的。同时，周恩来同志指示我和湖北省委宣传部长何伟同志联系，一起行动，内外一致，互相配合。

一切工作就绪之后，第三厅于1938年4月1日在武汉正式成立。

抗战扩大宣传周

三厅成立后的第一件大事，就是举行了抗战扩大宣传周。这是抗日战争爆发后我党在国统区所领导的第一次大规模抗日宣传活动，也是三厅成立后和国民党顽固派在宣传战线上的第一次较量。

当时的形势：日军主力逼近徐州，准备几路配合夺取武汉。南京傀儡政府成立，投降派更加跃跃欲试。国民党表面上喊团结抗日，背地里搞磨擦，在外地公开查禁救亡书刊。面临这种形势，号召全国人民紧密团结起来坚决抗战到底，这已是当时国统区宣传工作的当务之急。于是三厅党组织在周恩来同志领导下决定自4月7日起举行一个抗战扩大宣传周。

关于如何搞好这次宣传，周恩来同志和三厅各处的领导一起研究了多次。周恩来同志指示说：这次扩大宣传，一要扩大宣传的对象，二要扩大宣传的范围。要深入到劳动阶层中去，要到工厂、农村去，到前线、战壕里去，提高广大工农的抗战意识和鼓舞激励战士们的杀敌情绪。文字宣传要力求具体、通俗和生动；口头宣讲要力求普遍、通俗和扼要；艺术宣传要更加普遍、深刻和激越感人。街头标语，要多用易于使人记忆的语句。无论漫画、电影、演剧都要使人看了听了印象深刻，难以忘怀；要使看戏的、听唱的感动得当场落泪，矢志报仇。宣讲队要由本地人与外省人混合编队，宣传要注意对象，说他们能懂的话，提出他们可以接受和可以做到的办法。还应该印发小型的宣传刊物及画报，迅速送到前方去。必须派宣传队分赴前线慰劳。必须募集药品和经费支援前线和伤兵。要做好救济儿童和救济难民的工作。而且还要使这次抗战宣传活动，扩大到敌占区和敌人的队伍中去。

随后，三厅全体人员即投入了紧张的工作；同时依靠省委领导下的“中国工人抗敌总会”和数以百计的群众团体，如“青救”“民先”“蚁社”等的密切配合，宣传周的活动就广泛地开展起来。十万人的火炬游行；几十个演剧队和几百个口头宣传队深入武汉三镇的大街小巷、工厂、码头、郊区农村进行抗日宣传（他们的活动延续了很久）；上万人的歌咏游行，使雄壮嘹亮的抗日救亡歌声响彻整个武汉上空；特别是抗日画灯火炬游行和夜晚几百条船相连数里的水上火炬歌咏游行，蔚为壮观，使人们产生自豪感和增强胜利的信心。剧院、电影院全部上演抗战话剧、抗战戏曲、抗战电影，免收门票，特别招待伤兵和难民。还把抗战电影用卡车送到从未看过电影的穷乡僻壤去，配合演讲。经过几天的扩大宣传活动，整个武汉三镇的人民都动员起来了。

宣传周最后一天的活动是60万人大游行，这是人民群众对自己力量的检阅。在人民声势浩大的抗日热潮面前，国民党顽固派惊恐万状。当几十万群众集合起来准备冒雨游行时，陈诚、康泽之流竟用放假空袭警报的卑劣手段破坏了这次游行大会。尽管如此，还是有许多队伍冒雨各自举行了游行。这说明，已经高涨起来的群众爱国热情是压制不了的。

全国慰劳总会

继抗日扩大宣传周之后，三厅党组织又在周恩来同志的领导下，开展了“七七”周年纪念活动。在这次活动中，有一项重要的内容就是群众献金，结果收到意想不到的成果。广大爱国同胞拿出自己的积蓄争先捐献，码头工人、人力车夫甚至乞丐，都尽力捐献。其热烈与感人的场面，令人难以忘怀，也使陈诚之流瞠目结舌。最后把群众所献财物折合现款，共计100万元以上。

为了使这笔献金可靠地用于慰劳前方将士和赈济难民，第三厅派地下党员罗髫渔率领简泰梁、张肩重、程步高、陈泽民等筹建了全国慰劳总会。由陈诚任会长，马俊超和郭沫若任副会长。同时还成立一个全国寒衣委员会。这两个单位都直接由三厅领导。

“慰总”办的第一件大事，是向政府请准了20万元的外汇，派阳翰笙、程步高和会计雷平一到香港采购了大批前方急需的药物和医疗器械以及十辆大卡车。我们带着这批宝贵物资，绕道越南，历尽了千辛万苦，终于安全无损地运抵重庆（这时政治部第三厅已迁到重庆，在重庆郊区赖家桥办公）。“慰总”迁重庆后，又为前方将士赶制了20万套暑衣。接着又赶制了40万套棉衣。这些任务，是在四川省委书记罗世文的积极协助和各工会地下党组织的努力下完成的。这批寒衣分给八路军5万套。

1940年春，“慰总”又赶制了20万顶蚊帐送到前线。

“慰总”还组织了大规模的慰问活动。郭沫若等同志亲自带慰问团上前线慰问。

当时水上交通全被日军阻断和封锁，而我国的各大战场又都在边远山区，因此我们与前线联系十分不便。自从“慰总”从香港买来十辆卡车以后，三厅都是用这些卡车运送宣传品和慰劳品；送演出队、慰问团、摄影记者、画家、作家上前线。因此，各种抗日宣传工作都更加活跃起来。

发动慰问信运动，成立战地文化服务处

三厅的文字宣传处拥有很多笔杆子。该处党小组的同志和胡愈之、张志让（皆“救国会”领导人）始终合作得很好，一切工作都是在一起商量着干。当时，国民党对文字宣传压制、封锁得很厉害。针对这种情况，文字宣传处向三厅领导建议，采取了两个措施，对冲破国民党的压制、封锁起到了很大的作用。

一个措施是以“慰总”的名义在武汉三镇发动大规模的慰问信运动。这项工作由三厅文字宣传处负责。慰问信运动展开以后，有上百万封慰问信潮水般涌到文字宣传处。为了防止汉奸、坏人利用慰问信搞反动宣传，文字宣传处的同志对每封信都要看（信都写得很动人，没有发现坏人），并且在每封信里都放进小小的慰问品。通过写慰问信，直接向前线广大官兵进行坚持抗战、反对妥协投降和鼓舞士气的宣传，产生了深广的影响。

另一个重要措施是成立战地文化服务处。由何公敢任处长，他是政治部的设计委员；三厅文字宣传处的地下党员刘明凡担任秘书。

战地文化服务处在长沙、宜昌、上饶、西安四个地方设了总站。每个总站在全省许多县城里又成立了战地文化服务站，这些“站”星罗棋布，形成了一个书报刊物发行网。三厅通过这个发行网，把各种宣传抗日的小册子和宣传材料，源源不断地送到前线去，送到国民党的军队里去和散发到广大的中小县城里去。国民党开始对这些小册子并未注意，但后来发现这是一股鼓动坚决抗战到底的力量，于是有

的战区的顽固派就下令不准他们的军队接受这些宣传品，也不准地方邮局受理邮寄。但是国民党军队里的一些进步官兵，和我们服务站的工作人员已经搞熟了，他们就自己跑到服务站来要。所以，尽管顽固派实行封锁，但这些宣传品仍然在国民党军队里和大小县城里广泛流传。

战地文化服务处还曾起过一个非常重要的作用。这就是在 1938 年 5 月徐州失守以后，由于武汉形势日益紧张（武汉于 10 月沦陷），周恩来同志和以董必武同志为首的湖北省委，抓紧部署湖北省沦陷后开展敌后游击战争的准备工作，主要是研究和整顿各地区的党组织，建立各区委、县委；并研究和确定哪些党员将转移到解放区或是撤退到长沙、重庆，哪些党员将留下来进行敌后斗争。为使各区各县留下的同志能以公开的身份在社会上活动，就需要有一个公开组织的名义作掩护。周恩来同志和湖北省委找来三厅特支组委刘季平，决定以战地文化服务处的名义作掩护，对公开身份活动的同志，委以各地大小县城的战地文化服务站的站长或副站长。整整一个月，每天晚上开会研究。然后刘季平同志把研究决定的名单带回来，由刘明凡同志背着何公敢连夜以国民政府军事委员会政治部战地文化服务处的名义写好委任状，盖上公章，第二天由刘季平带去交给湖北省委。这件事情在当时是绝密的，我们任何人都不知道。后来，新四军第五师迅猛发展起来，和这一重要部署是有密切关系的。

国际宣传

三厅集中了一批研究国际问题和擅长日语、英语、俄语、世界语的人才。

三厅的国际宣传工作，以研究日本情况和对日宣传为重点。由一位精通日语的同志，每天监听日本电台抄写情报资料，分送八路军武汉办事处（后来是重庆办事处）和国民政府军事委员会各部门。另外一些同志，则专门从由香港转来的日本报纸和杂志上，研究日本的政治、经济和社会各方面问题。他们编的内部资料《敌情研究》，也是送到办事处等单位，很受重视。此外，编写日语宣传品也是一项经常性的工作。自 1938 年三厅成立到 1940 年，平均每月有一至二次用飞机在前线散发日语宣传品和投降通行证，号召日本士兵起义。还曾用飞机将日语传单载到东京上空散发，号召日本人民起来反战，引起了很大震动。

在武汉时期，三厅左派的英语人才还很少，但却做了大量的工作。特别是叶君健同志，当时只要是进步的国际友人来到武汉，或是途经武汉到延安去参观访问，都是由他作翻译。当时，外国记者云集武汉，通用英语。宋美龄主管的国民党对外宣传部门，向他们提供中央通讯社的英语新闻资料，三厅国际宣传处则向他们提供《新华日报》英语新闻资料，斗争很尖锐。国民党有印刷条件，我们没有，国际宣传处的几位同志就自己打字印发，然而我们的资料却比国民党的更受到外国记者的欢迎。武汉时期国民党每周分给我们两次到三次对外英语广播时间，所以国际宣传处的同志还要忙于写英语广播稿，自己去广播。三厅撤到重庆后，国统区的英语对外宣传被国民党垄断。三厅国际宣传处就全力搞日语和世界语的对外宣传。

三厅搞世界语的总共只有叶籁士、乐嘉煊等四五个人。三厅在武汉时期无印刷条件，完全靠自己打字印发世界语资料。后来到重庆在赖家桥建立了一个简陋的排字房和印刷厂，于是搞世界语的几位同志就办起了一个定期的世界语杂志《中国报导》半月刊。每期印五六千份至八九千份，自己发行，寄给四五十个国家的世界语组织和个人，宣传中国的抗日情况，宣传八路军、新四军。当时，全世界许多人对中国遭到日本侵略虽然都十分同情，但是由于敌强我弱，国际上盛行着“中国必然灭亡”的论调。因此当有人收到寄自中国的杂志时，非常高兴，特别是《中国报导》及时地节译了毛泽东同志的《论持久战》，大大鼓舞了国际友人们的信心，产生了积极的政治作用。懂世界语的人，在每个国家虽然不多，但却几乎遍及世界上大多数国家。他们收到我们的世界语杂志，就立即翻译成本国文字进行传播，产生了很好的、广泛的影响。

艺术宣传

1938年在武汉，几乎人人都唱抗日救亡歌曲。三厅的音乐家们组织和领导了整个武汉三镇汹涌澎湃的抗日救亡歌咏运动。这个运动很快波及全国。冼星海和沙梅等人早在1938年1月就组织了“全国抗敌歌咏协会”。后冼星海、张曙、沙梅等人又办了一个歌咏训练班，教基本乐理、歌曲作法和指挥。为抗战培养了一批新音乐工作者。星海脍炙人口的抗日群众歌曲（不是指大合唱）几乎都是在三厅武汉时期写的。

从四面八方汇集到三厅的美术家真可谓人才济济。倪贻德、李可染、罗工柳、力群、沈同衡等许多人都创造了很多蔚为壮观、独出心裁的宣传鼓动杰作。他们还就地取材，创造了巨幅“布画”和布画连环画，张挂起来，配合宣传队宣讲，极受群众欢迎。

三厅美术科还有一个由叶浅予任队长、张乐平任副队长的漫画宣传队。在抗战时期，漫画是美术中最活跃、最富有战斗性的。他们画的漫画、宣传画、连环画，广为散发。从城市、乡村到部队都能看到他们画的辛辣讽刺、寓意深刻的漫画宣传品，对教育人民，鼓舞人民的斗志起了很大作用。国民党顽固派对第三厅组织和开展的艺术宣传感到十分棘手，于是企图利用成立“中华全国美术界抗敌协会”来束缚和排斥进步的美术工作者。这个“美协”的幕后人是张道藩，操实际大权的是国民党行政院秘书汪日章。当时为了避免分裂，许多进步的美术家勉强地加入了这个协会。但没过几天，这些同志就成立了自己的协会——“中华全国木刻界抗敌协会”和“中华全国漫画界抗敌协会”。这两个协会都是全国性（包括陕甘宁边区在内）的组织，它们的成员在政治倾向、艺术思想上并非完全一致，但革命的、进步的力量占主导地位。三厅的漫画家和木刻家都是这两个协会的骨干。这两个协会成立后，就肩负起了团结一切爱国民主画家从事抗战宣传工作的任务。

三厅的戏剧队伍，是由田汉负责领导的，拥有很多人才。他们做了大量工作，主要有：

第一，派话剧团奔赴前线演出鼓舞士气。年轻有为的赵曙同志，就是在徐州失守突围时中敌弹牺牲的。

第二，推动话剧宣传运动。阳翰笙、田汉、洪深都写出了抗战题材的话剧。业余剧团不断要求三厅派人辅导，洪深、应云卫、马彦祥这些名导演十分忙碌。张光年还给第一纱厂的工人业余剧团进行了辅导。田汉主编了《抗战戏剧》杂志。

第三，大力进行戏曲改革。为帮助各地方剧种改革，使它们能演出鼓舞民心士气的戏曲，精通戏曲的洪深、石凌鹤、马彦祥做了很多工作。特别是田汉，他创建了平剧、湘剧两个“实验宣传队”，并亲自率领这两个队到长沙、衡阳、桂林一线，用群众喜闻乐见的形式进行抗日宣传。田汉和大家同甘共苦，源源不绝地创作出新型的戏曲作品，有《土桥之战》《新雁门关》《江汉渔歌》《新儿女英雄传》（共三集）、《岳飞》（共两集）、《双忠记》等十多部大戏，还有十多部小戏；创作了《怒吼吧，漓江》戏曲活报剧，还有许多平剧活报剧。他为我国的戏曲改革铺垫了一块又一块基石。

第四，团结、教育、组织了大批戏曲演员投入抗日宣传活动。三厅成立后，周恩来同志特别提出要重视对地方戏曲艺人的了解和团结、支持和帮助，并指示配备管理戏曲工作的专职人员。这是国统区的戏曲艺人第一次在政治上受到重视。

三厅举办的“战时歌剧演员讲习班”，由郭沫若任班主任。有十多个剧种、曲艺、杂技团体的900多名艺人参加了讲习班。他们经过近三个月的学习，大大提高了政治觉悟，获得了某些新的戏剧艺术知识。在结业典礼上，学员们发出了“坚决不替敌人歌舞升平”,“坚决为民族存正气、与抗战共始终”的庄严誓言。讲习班结业时，发了由李可染设计绘制的毕业证书，每张都有郭沫若亲笔签名。许多艺人至今还珍藏着这份证书。

这时武汉已经吃紧，周恩来同志特地通知郭沫若邀请一些主要戏曲演员在汉口邦可花园开座谈会。周恩来同志向大家说:“在强大的日本军阀面前，我们打的是一场持久战，即使武汉作了战略性的转移，我们也一定能够坚持下去，直到取得抗战的胜利。”他还说:“第三厅组建的抗敌演剧队，是要到战区去、到前线去的。希望地方戏剧团体在大后方把宣传群众、动员群众的工作担负起来。这是全民族抗战的需要，也是我们对民族、对子孙应尽的责任。”会后有上千人报名，要求撤退。他们提出的口号是“绝不给敌人演戏！”于是，一个前所未有的民间地方戏曲艺人的大转移开始了。仅楚剧和汉剧就有16个队，几乎包括全部知名演员，统统撤离了武汉。

第三厅为支持地方剧团撤退，用三厅的名义将民间剧团组建为流动宣传队，并签发了番号、军用护照和补助了旅费，帮助他们全部撤退到湘鄂边境和川滇黔地区进行抗日宣传的演出。这些民间剧团一直苦苦坚持到抗战胜利才还乡。

中国电影制片厂

第三厅成立后，原属军事委员会政训处的电影股改组扩充为“中国电影制片厂”(简称“中制”)，归三厅艺术宣传处领导。阳翰笙兼任“中制”编导委员会主任委员。三厅又将大批进步电影工作者调进了“中制”，从而使进步势力在“中制”占了统治地位。

自1938年1月至1940年10月第三厅“改组”后(1940年8月蒋介石为了控制三厅，罢免了郭沫若的厅长职务、委任以挂名的部务委员，任命国民党党棍何浩若为三厅厅长，并勒令三厅全体人员加入国民党。以郭沫若同志为首的三厅人员愤而提出集体辞职以示抗议，退出了三厅)，“中制”总共拍了11部故事片和几十部新闻纪录片。其中，史东山编导的《保卫我们的土地》和阳翰笙编剧、应云卫导演的《八百壮士》，曾在纽约、菲律宾、缅甸以及法国和瑞士举行的反侵略大会上放映，反响强烈。武汉时期拍的几十集《抗战特集》，不仅在国内鼓舞了人民群众的抗日斗志，而且在国际上也产生了影响。苏联、美国、英国、新加坡、越南、缅甸、菲律宾等地都上映过这部片子。其中有的新闻素材，被美国各影片公司所采用；很多英国观众看完以后，自动捐款支援中国抗战。

1939年《塞上风云》摄制组去塞北拍外景途经延安时，受到延安文艺界欢迎。全体成员参观了延安，受到很大的教育和鼓舞。因为这是一部表现蒙汉民族团结抗日的影片，于是受到国民党反动当局的多方阻挠和破坏，他们将有些拍好了的外景拷贝毁掉了。一直到1942年，经过力争，该片才得以放映。反映东北抗联活动，受到观众热烈欢迎的影片《日本间谍》，更是遭到国民党反动当局的篡改和删剪。甚至蒋介石亲自出马，派蒋纬国坐镇，勒令将已经公映的片中的东北义勇军，都改成穿国民党军官学校学生制服，把影片搞得面目全非。

1940年10月，蒋介石命令改组三厅后不久，国民党解除了阳翰笙“中制”编导委员会主任委员的职务。同时借口器材来源缺乏，取消了一系列进步抗战影片的摄制计划。这样，“中制”实际上陷于停顿。为了适应新形势，大部分进步电影工作者，在党的领导下投入到戏剧战线，开展了话剧运动。一部分电影工作者，根据党的指示远赴香港，继续开展抗战影片的拍摄工作。

抗敌演剧队和抗敌宣传队

第三厅成立后不久，就着手建立了10个演剧队和4个宣传队，准备分赴10个战区的前线。成员是从上海地下党组织的12个救亡演剧队和被国民党强迫解散的“青救”“民先”几个最有影响的救亡团体成员中选拔的。

在成立大会上，周恩来同志谆谆告诫全体队员：“要坚持艺术为政治服务，为抗战服务。宣传方法和形式要合民众口味，你们要入乡随俗，老百姓才能喜闻乐见，才能收到宣传的预期效果。你们是演剧队，工作队，也是战斗队，除了演戏，还要做许多工作。”

这14个队成立以后，加上“孩子剧团”一起进行了短期集训。由郭沫若、胡愈之、田汉、洪深、石凌鹤、马彦祥、应云卫讲课。各队在集训结束分赴各战区前线之前，周恩来同志亲自给他们作关于形势与任务的报告。周恩来同志亲自制订14个队分赴各战区前线的计划和行动路线。有的路线，他亲自布置地方游击队或八路军部队接应和护送。孩子剧团因为年龄小，留在后方流动。

为了加强国民党地方实力派的统战关系，以利于深入战地展开抗日宣传工作，三厅派演剧一队到张发奎所属第二方面军总部，由洪深亲自带队前往。演剧三队由张光年带领到阎锡山任司令长官的西北二战区去。

周恩来同志和三厅党组织，以国民政府军事委员会政治部的名义组织和派遣演剧队和宣传队到各个战区前线去，到国民党军队中去，这是巧妙地利用合法手段突破国民党的禁区，宣传党的全面抗战方针的重要途径。这是抗日战争时期，我党在国统区的宣传斗争和抗日民族统一战线斗争中的一项重大措施。周恩来同志给各演剧队党的秘密组织的指示是："随军行动，深入前线，向战地军民宣传党的主张，占领文化宣传阵地，坚持原则立场，开展统战工作；利用合法身份，争取自主条件，进行坚持抗战到底、反对妥协投降的宣传。"各演剧队在国民党统治区机智顽强地展开了抗日宣传，有力地配合了我党的抗日宣传斗争和巩固扩大抗日民族统一战线的斗争。

各演剧队建立了秘密的党组织，坚持了人事自主权。各战区无权撤换演剧队、宣传队的正副队长；队员的去留由队务会议讨论通过，无须上报。这些措施，是周恩来同志严格执行我党在国共合作中坚持独立自主原则的具体表现。

抗敌演剧队、宣传队成立之初，就在各个队建立了秘密的党支部或党小组，个别未建立党组织的队，选派秘密党员任指导员随队工作。各队党组织或指导员，直接与第三厅特别支部联系。四个宣传队的党组织，由第五处的徐步负责。演剧三队派到大西北二战区工作，离延安近，为了便于和组织联系，三队的组织关系从武汉转到延安中央组织部，编为直属中组部的特别支部。在各队分赴各战区之前，周恩来同志召见了各队党组织负责人，他说，如遇重大问题，可以通过各地八路军办事处向他汇报请示。武汉撤退前，他把各队的党组织关系交给各地八路军办事处负责人，要他们指定专人和各队的党组织负责人联系。李克农、夏衍和李亚群等同志都曾负责过演剧队的组织联系工作。

在演剧队成立后的11年间，周恩来同志对演剧队的领导和关注从未间断过。每逢政治形势发生重大变化，他总是派专人或通过各地八路军办事处向演剧队的党组织传达中央的方针政策和指示。每遇关键时刻，他都直接给予指示，并亲自领导演剧队应付各种复杂的局面，继续进行斗争。三厅“改组”后，国民党反动分子何浩若当了三厅厅长，三厅落入了国民党的手中。但是抗敌演剧队的编制仍属三厅，国民党企图把他们的人派进演剧队，但各队用种种办法进行了抵制，即使有的队里派了人进去，也被挤出来或是受到孤立。演剧队在周恩来同志的领导下，始终坚持了党的独立自主原则，始终贯彻党对演剧队的坚强领导，所以尽管处境艰难，被包围在蒋介石反动派限共、溶共、反共的险恶环境之中，但队员除了个别人以外，他们既没有被压垮，更没有被溶掉，而是经受了考验和锻炼，始终立场坚定地坚持战斗。演剧队不但完成了党所交给的光荣任务，而且也使自己锻炼成了一支坚强的革命队伍，为新中国的文艺事业准备了一批骨干力量。

国民党对第三厅的迫害

蒋介石虽然被迫抗日，也口头承认共产党合法，但他真正想的是消灭中国共产党。日军占领武汉以后，开始对蒋介石、国民党采取以政治诱降为主，而把军事重心指向八路军、新四军的新战略。日军发表宣言和声明，一再公开要求和蒋介石一起反共、反苏。蒋介石虽然没有像汪精卫那样公开投降，但是在1939年1月召开的国民党五中全会上，却制定了一个《限制异党活动办法》，提出了“溶共、防共、限共、反共”的反动方针，设立了专门的“防共委员会”。从此，蒋介石就毫不掩饰地搞消极抗战、积极反共的反动勾当，先后掀起了三次反共高潮。

实际由共产党领导的第三厅，夹在国民党的政府机构里。虽然不断受到蒋介石反动派的挤压、刁难和破坏，但是由于党的工作植根于人民群众之中，坚持抗战、反对投降，坚持团结、反对分裂，坚持进步、反对倒退的思想已普遍深入到国统区的人民群众中去，因此抗日民族统一战线的工作仍在蓬勃开展。

第三厅的工作越有成绩，蒋介石就越感到不舒服。开始时，他以为第三厅可以为他装潢门面，宣传他这位“抗战领袖”，但是随着第三厅工作的展开，他越来越感到这是扎在他内脏里的一颗钉子，于是想方设法把它除掉。从1939年起，蒋介石对第三厅的迫害，日益加深。

首先，由陈诚亲自出面，将三厅赖以开展抗日宣传活动的十辆卡车夺去。然后，陈诚和谷正纲又阴谋策划用军事委员会的命令将全国慰劳总会和全国寒衣委员会从三厅夺走。与此同时，他们在各地逮捕、监禁三厅所属演剧队、宣传队的队员，对各地的战地文化服务站加以压制、捣毁；甚至对三厅派到前线去放映抗战电影的放映队，也横加迫害。到1940年夏，蒋介石强令取消了战地文化服务处。他妄想把三厅在国民党军队、地方和人民群众中的各种组织和机构统统搞掉。

蒋介石对三厅人员步步紧逼，采取“溶共”政策，先后三次逼三厅全体人员加入国民党。

第一次是在1938年底。当时三厅的同志都还分散在撤往桂林途中，国民党要三厅全体人员加入国民党。由于大家不予理睬，国民党的阴谋未能得逞。

第二次是在1939年下半年。当时周恩来同志暂时离开了重庆，郭沫若也正好回乐山奔丧。陈诚、贺衷寒、张励生便再次策划要三厅全体人员加入国民党。我得此消息后，立即派人到乐山请郭沫若火速返渝，同时和冯乃超一起到南方局汇报。和我们谈话的是博古同志

（当时他是南方局的组织部长），他听到这个消息后也十分气愤。我说：“三厅绝大多数人都坚决不愿意加入国民党，是不是我们就撤出三厅？”博古迟疑了一下说：“三厅的工作是恩来同志管，现在他不在，这个问题，要等他回来以后才能决定。”我问：“不撤怎么办？”博古激动地说：“不撤困难当然很多，但你们要顶住！就是死，也要死在这个岗位上！”我们回答说：“好！就这样办！”

一天深夜，新提升为政治部秘书长的贺衷寒，率领了一二十个喽啰，突然来搜查三厅存放宣传品的堆栈，把一捆捆书报翻得个铺天盖地。我一听说这个情况，知道这是国民党企图抓三厅的辫子，要向三厅开刀。我便气冲冲地找到贺衷寒，提出质问：“你们要搜查，为什么不通知我们一起去搜查？如果有坏人借搜查之名塞些什么东西进来诬陷三厅，怎么办？三厅从武汉到现在为抗战作了许多工作，不辞辛劳，这是有目共睹的，而你们竟这样对待我们，还要不要抗战？”贺衷寒支支吾吾，十分尴尬。

这时郭沫若赶回来了。他听到这些情况后，气愤地提出辞职以示抗议。由于三厅在社会上的影响很大，国民党在没有任何证据的情况下，也不便于公开搞三厅，所以没有批准郭沫若辞职。于是强迫三厅全体人员加入国民党的事也就暂时不提了。

第三次是在 1940 年 8 月。蒋介石免去了郭沫若的厅长职务，让他当一个挂名的部务委员；派国民党反动分子何浩若任三厅厅长；同时又第三次逼三厅全体人员加入国民党。蒋介石亲自下手谕：“凡在军事委员会各单位中的工作人员一律均应加入国民党。”这是蒋介石肆无忌惮地公然大搞“一个政党、一个主义、一个领袖”的法西斯专政。国民党以蒋的手谕下最后通牒，声称：“凡不加入国民党者，一律退出三厅。”他们在赖家桥三厅每个人的办公桌上都摆上一张填写加入国民党的表格，并对许多人进行威胁利诱。但是三厅人员中的进步人士（占绝大多数）都坚决拒绝加入国民党。某副厅长气焰嚣张，竟召开全体动员大会，在会上以威胁性的口吻说："要革命要抗战，就必须留在三厅。要留在三厅，就必须加入国民党！"郭沫若气愤填膺，立刻站起来严正抗议。他针锋相对、慷慨激昂地说："入党不入党，抗日是一样抗的；在厅不在厅，革命是一样革的！"而且当场打电报向当局辞职。郭沫若这几句响当当的誓言，至今同志们记忆犹新，被誉为"金刚矢誓，坚似金刚"。当时郭老的言行，极大地鼓舞了三厅全体进步人士的斗志，随即大家也纷纷提出辞职。

郭沫若在大会上誓毕，就在会场摆开书画台，挥笔题赠诸同志。他在严酷的白色恐怖下与诸同志告别，大有"易水寒"的气概。

在三厅的工作人员中，绝大多数是进步人士，他们宁愿受着失业和政治迫害的威胁，也绝不向国民党反动派屈膝投降，与之同流合污。如翁泽永是陈布雷的外甥，他不顾各方面的压力，一再拒绝了张治中和何浩若对他的利诱，坚决追随郭沫若。有的民主人士拖儿带女，家累很重，也毫不迟疑地提出了辞职。他们这种坚持真理、坚持进步、坚持革命，不怕个人牺牲的精神，使我们从事地下工作的同志们，受到极大的鼓舞。

退出第三厅，成立文化工作委员会

周恩来同志返渝听了我们的汇报后，指示我们要先沉住气，随即去找新上任的政治部长张治中晤谈。张治中曾问周恩来同志：三厅哪些人是共产党员？他一一点名问郭沫若、阳翰笙、田汉、杜国庠、冯乃超是不是共产党员？周恩来同志机智地笑着回答说：他们都不是共产党员。他们是文化人。但是他们拥护共产党，因为共产党抗日，如果国民党抗日，他们也一样拥护国民党。三厅只有一位女演员陈波儿是共产党员，还有一位学电影技术的钱筱璋是共产党员。我已经将他们撤回延安了。三厅这些人都是有名的文化人，都是为抗战而来的。你们居然搞到他们头上来了。好！你们不要，我们要！请你借几辆卡车让我把他们送到延安去。张治中一听，感到事情严重，连忙说：等我报告了蒋委员长再说，这事情还要好好商量一下。

没隔几天，蒋介石突然召见郭沫若、阳翰笙、冯乃超、杜国庠、田汉及“慰总”的总干事简泰梁。蒋介石假心假意地说：现在正是国家用人之际，你们不能离开。我们表示：我们在朝也是抗战，在野也是抗战。我们离开了政治部也一样抗战。蒋介石说：我们想另外成立一个部门，还是由第三厅的人参加，仍然请郭先生主持。详细情况由李维果同你们诸位商谈。

李维果是蒋介石的机要秘书。我们到了外面会客室，他说：诸公都是学问渊博的知名人士。委员长的意思，部里成立一个文化工作委员会，其宗旨是对文化工作进行研究。现在研究工作也很重要，仍然请郭先生主持，请诸公参加。这样也就是离厅不离部嘛！

这显然又是蒋介石的羁縻政策了。蒋介石知道，如果这一批人真的到延安去了，不但他面上无光，反而给共产党增加了威望。于是，他变换花招要我们搞研究，一方面是为了挽回面子；另一方面更主要的是束缚我们的手脚，不让我们在群众中进行宣传活动。我们回答说：我们这些人本来就是搞研究工作的，在朝在野一样可以抗战。现在委员长要我们参加另外一个机构，让我们考虑考虑再说。

回来以后，我们向周恩来同志汇报了情况，并说：“蒋介石分明要把我们圈起来，怕我们去延安，你看怎么办？”周恩来同志说：“就答应他吧！他划圈圈，我们可以跳出圈圈来干嘛！挂个招牌有好处，我们更可以同它进行有理、有利、有节的斗争，展开我们的工作。”大家认真地研究以后，决定答应蒋介石。

就这样，我们在周恩来同志机智灵活而又坚持原则的领导下，退出三厅之后，又建立了文化工作委员会，继续和蒋介石反动派进行斗争。

文工会更扩大了文化界抗日民族统一战线的范围。

文化工作委员会（以下简称文工会）时期的斗争，是第三厅斗争的继续。由于政治形势的变化，文工会斗争的任务、重心、策略都具有新的特点。文工会是学术研究性团体，不是政权机构，在行政关系上已不能领导剧团、宣传队和演剧队，不可能再开展轰轰烈烈的抗日群众运动的工作。但是我们却可以利用这个机构继续揭露国民党的投降、分裂、倒退政策，贯彻我党坚持抗战、坚持进步、坚持团结的方针。继续利用合法斗争，团结爱国、进步的文化力量，扩大党的影响，贯彻党的统一战线政策。除此以外，我们还可以跳出圈子，以个人身份到社会上进行活动。周恩来同志鼓励我们说：我们处在无权无势时还能在地下干，现在有一个地盘给我们站住脚，难道还怕干不成吗？中共南方局通过组织讨论和磋商等方式，用上述策略思想武装了文工会的干部和左派朋友们。

1940年夏秋之际，我们开始筹建文工会。文工会于10月开始工作；12月7日在抗建堂举行招待会，向社会各界宣布正式成立。

文工会的主任委员为郭沫若，副主任委员为阳翰笙、谢仁钊（是国民党派来监视的）。10名专任委员为沈雁冰、沈致远、杜国庠、田汉、洪深、郑伯奇、尹伯休、翦伯赞、胡风、姚蓬子；10名兼任委员为舒舍予（即老舍）、吕霞光、张志让、邓初民、侯外庐、卢于道、马宗融、黎东方、王昆仑、吕振羽。文工会下设三个组。第一组从事国际问题研究，组长为蔡馥生；第二组从事文艺研究，组长为田汉，田汉到西南工作后，由石凌鹤代理；第三组从事敌情研究，组长为冯乃超。在文工会的委员、研究人员、工作人员中，除了保存第三厅时期的骨干外，还包容了更广泛的各界代表人物，如著名作家沈雁冰、舒舍予，历史学家翦伯赞、邓初民，自然科学家卢于道，“七月派”文艺家胡风，国民党方面作家姚蓬子等，比第三厅更扩大了文化界抗日民族统一战线的范围。

在文工会内，党的组织和第三厅时期一样，分为领导干部小组和基层支部两部分。领导干部党小组的成员为：郭沫若、阳翰笙、杜国庠、冯乃超、田汉等人，由周恩来同志直接领导。基层支部由冯乃超负责，还有张光年、臧云远等人。由于斗争形势恶化，一般实行单线联系。

学术研究和文艺创作硕果累累

文工会的工作可以分学术研究、文艺创作和社会活动三个方面。从学术研究来说，文工会是一个新型的学术研究机构。在各专任委员、兼任委员和各组人员中，有历史学家、文学家、戏剧家、社会学家、经济学家、自然科学家、音乐家、美术家、电影艺术家，等等，在社会上享有很高的威望，被人们称为“齐之稷下”。这一批进步文化人士在国统区极其艰苦的条件下，或著书立说，或讲学论争，或从事文艺创作，在文化运动中作出了巨大的贡献。

文工会的理论研究和文艺创作有着鲜明的特点：同志们能自觉运用先进的世界观去研究问题、指导创作，因而在文史研究和文艺创作方面有新的建树和开拓；他们学风严肃，注重联系实际。

文工会的历史学家们，从我国社会发展的客观规律出发，科学地论证了抗日战争的必胜前途。吕振羽的《简明中国通史》上册，郭沫若的《青铜时代》、《十批判书》，还有文工会委员邓初民的《中国社会发展史教程》，侯外庐的《中国古代思想学说史》等，都是用唯物史观来研究历史的著作，各具特色。1943 年 3 月，郭沫若写的《甲申三百年祭》，深刻总结了明末农民革命战争的历史经验，具有高度的科学性和战斗性，为毛泽东同志所称赞，并被中央列入整风学习文献中。在哲学研究方面，杜国庠写的《先秦诸子思想概要》、《先秦诸子的若干问题》，都是很重要的著作，尤其是他对冯友兰先生的《新原人》的批判，充分体现了高度的原则精神。

文艺创作也是硕果累累。郭沫若的《屈原》、《虎符》等五个剧本就是在文工会写的，他还写了《沸羹集》、《天地玄黄》两部文艺论文集。

田汉在桂林写了话剧《秋声赋》、《风雨归舟》等；石凌鹤写了话剧《乐园进行曲》等。我在重庆时期的创作有《天国春秋》、《草莽英雄》等四个话剧和《塞上风云》等三部电影。美术、音乐方面的同志也有很多好的作品，特别是漫画和木刻，利用辛辣讽刺的表现手法，具有高度的战斗性。这些文艺创作，大多是直接针对蒋介石的反动统治的，在国统区产生了巨大的影响。在文艺理论研究方面，蔡仪的《新美学》、文工会委员王昆仑的《〈红楼梦〉人物论》，都是很受群众欢迎的著作。

此外，文工会的同志继续编译《国际问题资料》、《敌情研究》，发挥了重要作用。

在党组织的领导下，文工会内部十分重视自我教育，提倡切磋学问、砥砺品节。当时物质生活十分艰苦，政治上国民党又实行专制高压，周恩来同志多次强调“在革命退潮时保存实力，埋头研究，补充自己也就是为革命作了贡献，准备了新的力量”。据此，我们提出“多研究、多学习、多写作”的口号。可以说，文工会为革命文化事业培养了一批坚强的骨干。

跳出圈圈以学术活动、文化活动的方式进行斗争

我们还以个人名义到社会上进行学术文化活动，广交朋友，联系

群众，加强统战工作。如郭沫若同志的住处天官府四号，就成了重庆进步人士、民主党派交换意见的场所。各方面代表人物、各地的文化人士络绎不绝地出入郭府，周恩来同志和董必武同志也是这里的常客。大家在一起分析形势，交换意见，很自然地就形成了比较一致的认识。

文工会经常举办各种讲座、演讲会、报告会，以学术活动的方式联系群众、宣传群众、鼓动群众。主讲人都是著名的学者、专家。如郭沫若开的“古代社会讲座”和关于文艺问题的演讲，邓初民讲的“清国政治史”，翦伯赞开的“新史学讲座”，冯玉祥讲三国故事，张志让、潘念之讲国际形势，老舍讲小说，田汉讲戏剧，贺绿汀讲音乐等。请来主讲的还有著名民主人士沈钧儒、张澜、张友渔（当时未公开党籍）、王芸生，国民党左派人士冯玉祥、邵力子、王昆仑等，深受大家欢迎。常常因为人多座位不够，而要临时加座或更换会场。特别是针对时局的演讲，例如邓初民讲《团结》，讲者激昂慷慨，听者热血沸腾。气氛之热烈，令人至今难忘。我们还通过时事座谈会的形式，驳斥国民党的反动谬论，获得很好的效果。

由于国民党的限制，文工会没有办成自己的刊物。文工会的同志除了在《新华日报》发表一些文章外，在《新蜀报》有文工会的同志负责主编《国际问题周刊》和《七天文艺》；在《新民报》和其他报刊上，文工会的同志亦发表了许多文章。叶籁士等同志办的世界语刊物《中国报导》，向全世界报道了我国艰苦抗战的情况，取得了世界人民和爱国侨胞的同情与支持。

文工会作为学术机构不能直接领导群众团体，但在南方局周恩来等同志的领导下，却和“中苏文协”、“抗敌文协”互相配合开展工作。在“中苏文协”主持实际工作的王昆仑、刘仲容、侯外庐、屈武、许宝驹等，“抗敌文协”的实际主持人老舍、罗荪、丰村、梅林等，在斗争中和我们完全能保持默契，配合得很好。由于在三厅时期，我们许多同志和各种文艺团体就有着密切联系，所以到文工会时这些有威望的作家、艺术家仍继续发挥他们的作用。南方局主要是通过文工会来领导国统区的抗日文艺运动。

国民党反动派组织的文化运动委员会，企图和我们争夺中间群众，争夺文艺界的领导权，破坏抗日的群众文艺运动，斗争十分激烈。张道藩、潘公展、王平陵等是一些反共老手，有相当的政治经验，他们既坚持反共反人民的本旨，又不肯拉下假面具，对我们采取敷衍、欺骗、磨擦、压制的手段。在周恩来同志的领导下，我们采取"有理、有利、有节"的方针，进行了巧妙的斗争。我们对他们举行的一般性呼吁抗日的庆祝会、纪念会，就同他们合作，并注意保持自己的主动；对其有投降、反共倾向的活动，就坚决抵制、反对。同时我们自己也举行各种活动，如纪念鲁迅逝世时，强调不屈的斗争精神，纪念孙中山、钱亦石逝世时，宣传联苏、联共的政策；给苏美发通电，谴责国际法西斯和各国反动派。我们还通过发表文章、组织座谈和总结一年文艺工作等方式，提出对未来形势的展望，发挥了指导文艺运动的作用。

从文工会成立起，我们就处在国民党特务的监视、包围之中。在城区天官府七号和乡间赖家桥两处会址附近，都有特务的据点；文工会内部也有敌人安插的特务。那个所谓的"鲁迅研究专家"荆有麟就是特务（解放以后荆有麟被查获，搜出电台，被处决）。但我们巧妙地进行了斗争和防范。

皖南事变以后新的斗争方式

1941年1月，蒋介石、何应钦制造了震惊中外的皖南事变。山城重庆，为法西斯白色恐怖所笼罩。新华日报社、红岩村、曾家岩50

号都处在武装特务监视之下，街上到处都是便衣、巡警。面临这样严酷的形势，我们在周恩来同志的领导下，与国民党进行了针锋相对的斗争。

皖南事变的消息传来，周恩来同志当即向何应钦严词抗议，并领导《新华日报》公开揭露国民党破坏抗日的滔天罪行，发动各民主党派、人民团体谴责他们的倒行逆施，挫败敌人反共反人民的阴谋。同时，南方局提出为了防止四一二事变重演，强调要执行“荫蔽精干、长期埋伏、积蓄力量、以待时机”的方针，在党内外骨干中进行斗争形势教育和气节教育，同时有计划地迅速转移力量，以防遭受严重损失。

周恩来同志亲自领导了保护文化界革命同志和朋友的工作。党组织经过周密考虑，决定欧阳凡海、林默涵、刘白羽等一些同志回延安；田汉、光未然、石凌鹤、贺绿汀、徐步等一些同志去昆明；夏衍、柳亚子、杜国庠、叶籁士、宋之的、章泯、舒强等不少同志去香港。至于我自己，恩来同志则让我回川南家乡隐蔽一个时期。

1941 年夏，周恩来同志又领导我们重新部署力量，向反动派进行回击。11 月 16 日，文工会和文化界爱国进步人士发起的庆祝郭沫若 50 寿辰和创作 25 周年活动，就是周恩来同志创造的一种斗争方式，意在冲破敌人在政治上、文化上的法西斯统治。

参加这次纪念活动的，包括文化界、新闻界、文艺界的知名人士，各民主党派、人民团体的代表人物，无党派爱国人士和进步青年，国民党左派人士等，体现了广泛的统一战线。纪念活动热烈盛大，宣传报道达到空前规模。在党组织统一部署下，延安、成都、桂林、昆明、香港等地也都举行了庆祝活动。各地报刊发表纪念文章达半年之久，影响十分广泛。通过这次活动，我们冲破了国民党统治的白色恐怖，喊出了坚持抗战、坚持团结、坚持进步的正义呼声；各种爱国进步力量团结一致，表明了我党统一战线政策深得人心。通过这次庆祝活动，我们在禁止群众集会的国统区找到了一种扩大影响、团结战斗的方式。此后，我们又为沈钧儒、茅盾、冯玉祥、老舍、洪深作生日或进行创作纪念活动，借以宣扬爱国主义精神，歌颂不畏强暴、坚持原则的政治品节，提倡讲大局、求团结、抗战到底。

以戏剧为突破口，反击蒋介石的法西斯统治

皖南事变以后，为了避开敌人的“刀锋”，我党有计划地从重庆转移了大批同志。我在川南老家隐蔽了两个多月之后，又回到了重庆。这时的重庆在蒋介石高压政策之下一片阴森沉寂。我一直怀着悲愤的心情在考虑：蒋介石屠杀我新四军，我们在这里也得想个办法对他进行反击。当我了解到戏剧界有些朋友有演戏的愿望，我就产生了用戏剧来反击蒋介石同室操戈和法西斯专政的想法。这就需要写出新的剧本，需要组织一个新的剧团（因为现有的剧团都从属于官方的电影厂或机构）。周恩来同志十分赞同和重视这个想法和计划。于是，在郭沫若和戏剧界一些老朋友的支持下，经过一番艰苦的努力，于10月份成立了以名导演应云卫为社长的中华剧艺社。

鉴于政治环境的恶劣和经济条件的艰难，中华剧艺社的基本队伍只有30人左右；其他演职员都作为业余参加，不脱离自己的原单位，这样工作比较灵活主动。剧社成立后打头炮的戏是《大地回春》（陈白尘著）。继而演出了《天国春秋》，该剧明显是针对蒋介石的同室操戈和独裁的。为了避免国民党的注意，周恩来同志指示不要在报上宣传。然而观众是敏感的，《天》剧引起了观众强烈的共鸣，热烈的反响。连演25场，几乎场场爆满，取得了很好的效果。1942年4月，中华剧艺社以第一流的阵容演出了郭沫若的巨作《屈原》，犹如万钧雷霆，爆发出人民群众对蒋介石反动派的愤怒，轰动了整个山城。许多

观众，为了买到戏票，头天晚上搬着铺盖排队等候。大学生们步行几十里进城看戏，晚上坐在观众席上过夜。后来中华剧艺社又演出了夏衍的《法西斯细菌》、于伶的《长夜行》等。“中万”（中国电影制片厂演员剧团“中国万岁剧团”的简称）、“中青”（青年艺术剧社的简称）、“中电”（中央电影制片厂演员剧团的简称）、孩子剧团以及后来夏衍领导的“中术”（夏衍同志领导的“中国艺术剧社”的简称）也相继演出了《升官图》、《两面人》等揭露蒋家王朝的戏。在短短三四年内，仅在重庆上演的新创作的大型话剧就有 40 多个，掀起了戏剧运动空前未有的高潮。这时重庆整个戏剧界几乎都控制在我们手里，连三青团的剧团导演也是我们的人（马彦祥，他提出的应聘条件：他不同意的剧目他不排）。

强大的戏剧攻势使国民党惊恐万状。他们到处派特务捣乱、破坏；猛加苛捐杂税；加紧扼杀上演和出版自由的措施。他们将郭沫若、阳翰笙、夏衍、于伶、陈白尘、田汉、石凌鹤等许多人写的 160 多个剧本，列入《取缔剧本一览表》，禁止上演和出版。1943 年潘公展又亲自挂帅主管图书杂志审查委员会。（在此以前，审查委员会里有我们的朋友吴茂荪，他为了使有的剧本能获准上演，明着大加删改，暗地向我们打招呼，让我们在台上照原样演出。）这时，我们在重庆活动就更加困难了。党组织决定转移力量。周恩来同志指示起带头骨干作用的中华剧艺社离开重庆到成都、川西一带中小城市去演出。昆明和桂林在田汉、欧阳予倩、熊佛西等人的领导下，早已蓬蓬勃勃地展开了戏剧活动。当蒋介石反动派在重庆大加绞杀戏剧运动时，于 1944 年 1 月，在桂林举行了西南剧展，有 8 个省的 26 个团体，1000 多人参加，演出了好几十台戏。检阅了力量，产生了巨大的影响。这是南方局领导下又一个斗争胜利的战场。

我们在重庆则发动争取民主的舆论攻势，揭露当局扼杀言论、出版自由的黑幕，致使潘公展及其审查机构声名狼藉，1944 年潘公展又拉起了一个“中国著作人协会”。我和郭沫若、夏衍、洪深等事先商量了对策，在成立大会上，提出三项议案，要求重新审查被禁的一百多种剧本；要求废除剧本演出审查，等等，在讲台上进行了说理斗争，揭露和谴责了当局扼杀言论、出版自由的反动措施。争取了一些中间作家随同我们一起退出了会场。

另外，我还应该提一下，我们党利用文工会这个合法学术机构掩护和埋伏了我们党的一些同志，保护了一批进步文化人士。在中共南方局的正确领导下，文工会成为国统区的一个革命文化基地。许多同志美称它是“第二红岩”、“第二（八路军）办事处”。

文工会在战斗中结束

1945 年 1 月 25 日，周恩来同志自延安返回重庆，代表中共中央对时局发表了纲领性的谈话，提出废除一党专政、成立联合政府，取消特务活动、保障人民权益、停止内战、承认解放区和抗日军队等一系列主张。周恩来同志的讲话，受到人民群众的热烈拥护。各民主党派、人民团体纷纷发表声明、宣言，一时造成强大声势。我们根据南方局王若飞同志的建议，郭沫若、冯乃超、杜国庠和我，按照党中央的精神讨论拟定了六条提纲，由郭沫若执笔，写成《文化界对时局进言》。宣言中要求国民党政府“改弦易辙”、“及早实行民主”、“结束党治，还政于民”。要求召开党派会议，“组织一战时全国一致政府”、“使人民享有集会结社言论出版演出等之自由”、“取消一切党化教育”、“停止特务活动”、“释放一切政治犯及爱国青年”、“枪口一致对外”，等等。我们决定以秘密方式发起签名运动，郭沫若和我以及文工会所有领导干部都投入这项工作，四处奔走。2 月 23 日，《文化界对时局进言》在《新华日报》上发表，有300多位文化界代表人物签名，其中不仅包括了在重庆的进步文化人士，还包括了不少中间的文化人士。显示了文化界统一战线的威力。这使蒋介石大为震怒。当他们的特务追查出文工会是这次签名运动的发起者和组织者时，蒋介石暴跳如雷，下令立刻解散文化工作委员会。

对于国民党反动派这一招，我们是早有思想准备的。根据南方局的指示，我们研究决定文工会以战斗的姿态结束，以揭露国民党的法西斯专政，扩大统一战线力量，促进民主运动的新高潮。同时，尽可能妥善地安排好文工会工作人员，保护革命力量。4月1日晚，文工会招待重庆新闻界、文化界和民主党派的代表及国际友人，宣布文工会解散。4月8日，重庆各民主党派、人民团体以沈钧儒为首设宴慰问郭沫若和文工会全体人员。在这两次会上，各方面进步人士热情赞扬了郭沫若和文工会的贡献，控诉了反动派摧残文化、绞杀民主的罪行。重庆市的许多进步青年爱国人士纷纷到文工会致意。延安、香港、昆明、桂林、成都等地的文化团体，都来电来信对郭沫若和文工会工作人员表示敬意和慰问，并进一步提出民主自由的要求。文工会就这样以战斗的姿态结束了，在国统区人民心中留下了极为深刻的印象。

从第三厅到文工会，经历了七个年头。在长江局、南方局和周恩来同志的领导下，在国民党的心脏地区进行了一场特殊的战斗。第三厅和文工会成为国统区抗日民族统一战线的一个战斗堡垒，而且团结了国统区整个文化艺术界，不畏白色恐怖，对蒋介石反动派反共反人民的法西斯统治进行了针锋相对的斗争，在中国新文化运动史上写下了辉煌的一页。

不久，抗战胜利，我们又面临着两种命运、两种前途的斗争。在党的领导下，我们投入到争取民主的运动中去，和广大人民群众一起迎接新中国的曙光。

动委会在皖西

张劲夫

一

抗日战争爆发以后，由于国民政府实行片面抗战路线，国军败退，华北及京沪杭地区的大片河山丧失殆尽。1937 年底，日军占领南京后，又调集部队从南北两面夹击徐州，企图打通津浦线。

这时国民政府已迁驻武汉，安徽省政府由安庆迁到六安，时任第五战区司令长官兼安徽省政府主席李宗仁指挥津浦路南段国民党军队抗战，大别山地区的战略地位更加重要。根据这种情况，为了实行我党的全面抗战路线，中共中央及时地发出了开辟大别山区工作的指示。我受中共中央长江局的派遣，于 1938 年 1 月，从武汉绕道信阳前往安徽六安。当时，在大别山区坚持游击战争的中共皖鄂边区特委和红二十八军同国民党地方当局政治谈判已取得成功，区域性的国共合作已经建立；由红二十八军以及游击队、便衣队、桐柏山地区的游击队改编成的新四军四支队正准备东进皖中抗日前线；皖西及皖中地方党的组织开始重建和恢复。我到达六安以后，党组织又先后派彭康、李世农、谭光廷等来到这里。

这时，国民党在安徽的政治力量主要有三个方面：一个是安徽地方势力，一个是控制安徽省政府和军队的桂系，还有一个是控制安徽省党部和省教育厅的CC系。三种力量相互有矛盾，竞争激烈，形成了复杂的政治局面。中共安徽省工委采取团结进步力量，争取中间力量，反对顽固势力的方针，以巩固、扩大抗日民族统一战线，开展抗日民族运动。

当时，安徽党组织还处在秘密状态，国共两党的合作，抗日民族统一战线方针的贯彻，主要通过组建民众总动员委员会（简称“动委会”）来实现，一直与我党保持联系的老同盟会员、国民党左派朱蕴山及其他爱国进步人士，向李宗仁建议组建民众总动员委员会。此时桂系刚主皖政，为了求得各界人士的支持，李宗仁当即采纳了朱蕴山等的建议。

经过朱蕴山等人的具体筹划，安徽民众总动员委员会于1938年2月23日在六安正式成立，由李宗仁兼任主任委员。通过在桂系上层做统战工作的中共地下党员谢和赓的推荐，李宗仁还特地把著名的救国会七君子之一的章乃器请到安徽担任动委会秘书。章乃器从香港来安徽途经武汉时，周恩来要求他到安徽后敦促李宗仁彻底释放政治犯，搞好同新四军的合作，他接受了这一要求。李宗仁虽兼任省动委会主任委员，但在开了成立大会之后，就到徐州前线去了，日常工作由委员兼秘书章乃器代行。动委会内设五个部，其中四个部的部长由皖籍爱国进步人士担任：朱蕴山、沈子修、光明甫、常恒芳分别担任总务、组织、宣传、后勤部长。副部长则由共产党员或党的同情分子周新民、狄超白、童汉章、朱子帆担任。由于德高望重的老先生们参加，增强了动委会的号召力。我当时曾在一篇文章中谈道，“诸先生参与主持其事，一时人心振奋，青年问首，可谓自北伐以后，在安徽省政上第一次得到全皖民众热烈的拥戴和企望。”现在看来，这一评价也还是切当的。

省动委会成立后，各县市相继成立了动委会，进步力量在其中占绝对优势。我党为了充分运用动委会这个公开机构和合法形式，开展统一战线工作，长江局和安徽省工委先后派了陈国栋、魏文伯、孙以瑾、麦世法、詹运生（詹大悲的弟弟）、史迁、田兰田、刘鸿文、汪胜文、杨思九、曾谋等一大批共产党员到动委会工作，担任省动委会的主任干事和县动委会指导员。我则以省动委会组织部主任干事的公开身份，负责动委会里地下党工作。党在省动委会内建立了地下党支部，各部都有党的小组。地下党与动委会内的爱国民主人士一道工作，推动了全省抗日救亡运动的开展。

动委会在县以下的抗日动员工作，则以抗日工作团为基本力量来开展。为了组建工作团，省动委会迁到立煌后，中共安徽省工委以动委会的名义，在桃树岭举办了训练班。参加学习的大多数是爱国进步青年，我和章乃器、童汉章等给学员做报告，经过短期训练，即组成工作团。先后组织了 40 多个省直属工作团派往各地。此外，还组织了 30 多个委托工作团，以及妇女战地服务团、少年抗日宣传队等。中共地下党员大部分在工作团中工作，成为各工作团的骨干，多数工作团的负责人由地下党员担任。他们以工作团为单位成立支部，有的由我直接联系，有的则和地方党组织联系。外地到大别山区或途经皖西地区开展抗日救亡运动的“上海文化界内地服务团”、“江都文化界救亡协会流动宣传团”、“北平救亡服务团”、“留日学生抗日救亡团”等，还有随桂系部队来皖的第二届广西学生军及政工队，这些团体的成员都是热血青年，其中不少人是中共地下党员。仅广西学生军中就有党员十名，省工委接到长江局转来的这些同志的组织关系后，即在学生军中建立了党支部，直接向我汇报工作。他们和省、县工作团一道，形成一股巨大的社会力量，推动了抗日救亡运动的蓬勃发展。

二

动委会名义上由安徽省国民政府主办，实际上是我们党领导的抗日民族统一战线组织，从1938年春成立到1940年春，工作搞得轰轰烈烈，开创了大别山区八年抗战中最生动活泼的政治局面。

在各级动委会和工作团的领导和协助下，各地普遍成立了工人、农民、青年、妇女、商民以及文化、教育界等抗敌协会。其中以农民抗敌协会人数最多，声势最大；青年抗敌协会最为活跃，最为积极。各抗敌协会根据各自的特点，或组织武装，侦察巡逻，维护社会治安；或组织报告会，教唱歌曲，演出戏剧，进行抗日动员；或组织救护队、运输队，开展募捐活动，支援前线。

各级动委会和工作团，开展声势浩大的抗日总动员。我和章乃器、狄超白等在各种群众集会上发表演说，撰写文章，宣传抗日救国的道理。各县动委会还利用三八妇女节、五一劳动节、五四青年节、七七抗战周年等纪念日发表宣言及《告农民士兵书》，开展抗日宣传活动，青年抗敌协会举行火炬游行，妇女抗敌协会还组织洗衣队为抗日战士服务。省动委会还协助生活书店在立煌开设分店，发行进步书刊。毛主席的《论持久战》、《论新阶段》，延安出版的《解放》周刊，以及鲁迅、高尔基、茅盾等作家的作品在大别山区广为传播。《论持久战》一书，不仅广大群众喜爱阅读，而且连桂系军队内部也有人在暗中阅读。

那时，在宣传战线上的斗争也是激烈的。国民党CC系安徽头目方治办了一个《皖报》，动委会就推动桂系办了个针锋相对的《大别山日报》。中共安徽省工委派几个地下党员到大别山日报社当编辑，并主办副刊。皖西各县动委会也推动县政府创办抗日小报，如《六安报》、《立煌抗日报》、《舒城战报》、《霍邱日报》、《霍山日报》等。编辑人员大都是中共地下党员和进步知识分子。报纸除报道抗日消息外，还发表文章，声讨日军侵华暴行，批判汉奸投降言行，激发人民同心同德抗战到底。

在动委会影响下，通过整顿安徽财政，保证了抗战的军政费用。1938年3月，章乃器接任省财政厅长时，由于战乱，以及国民党的一些军政人员贪污浪费，安徽财政已陷于绝境。我们党通过章乃器的关系，及时把一批地下党员和靠近党的进步知识青年派到财政厅及各地货物检查处工作。章乃器经李宗仁同意在全省开展铲除贪污浪费运动，惩办贪官污吏。安徽财政状况迅速好转，按月补助新四军三万元军费。

我们党以动委会为掩护，不断扩大党的组织。当时我们不少县委就秘密设在县动委会或工作团内，以举办训练班等形式，发展共产党员，培养党的干部。1939年2月，鄂豫皖区党委成立以后，区党委在民运部和宣传部下面又专门成立了青年工作委员会、妇女工作委员会、文化工作委员会。这三个党的工作机构就是通过动委会公开组织并开展活动的，培养了不少干部，壮大了党的力量。1939年初夏，桂系省政府举办皖政干部训练班，培养财政、保甲、军事骨干。我们在动委会工作的地下党员在训练班中积极开展工作，把它变成培养、团结和联系进步青年的一个阵地。我们还通过动委会将一些地下党员派到国民党县区政府任职，如刘宏担任立煌县政府秘书，后文瀚担任麻埠区区长，杨效椿担任六安县政府军事科长，杨刚担任舒城县城关区区长，李绥保担任霍山县城关区区长。同时又把那些思想进步、具备党员条件的国民党政府人员吸收入党，如霍邱县县长谢骙，合肥县县长唐晓光。

我们党在独立组建抗日游击队的同时，还通过省动委会推动省政府组建了安徽抗日自卫军，增强了抗日武装力量。但是，由于担任中共中央长江局书记的王明实行新的右倾投降主义，一度封锁了《中共中央关于徐州失守后华中工作的指示》，我们没能够及时了解党中央的指示精神，失去了大量发展我党直接领导的抗日武装、建立大别山抗日根据地和人民政权的良机。

1938 年 5 月，日军进攻合肥，当时设在六安的省政府机关十分惶恐不安，国民党省党部首先迁到皖南，教育厅也借口学校内迁，随同省党部逃走。不久，桂系省政府迁至立煌，省动委会也迁至立煌，主张坚守皖西，顶住了逃跑歪风，稳定了抗战情绪。

日军集结十多万兵力继续西犯，取道六（安）霍（山），进攻鄂豫，包围武汉，省、县动委会和工作团号召与组织广大人民群众全力支援抗战。新四军第四支队立即投入抗日救国战斗，深入前线，先后在巢县蒋家河口和安（庆）合（肥）公路、舒（城）六（安）公路、六（安）合（肥）公路沿线英勇杀敌，阻敌西犯。当日军侵犯到国民党驻军防区时，第五战区驻六霍地区部队和地方保安团队也相继投入战斗。安徽抗日自卫军和我党直接领导的游击队奋起杀敌，破坏敌人交通运输，袭击敌军运输队，形成全民抗战的大好局面，对迟滞日军进攻武汉的军事行动，保护人民生命财产的安全起了一定的作用。

三

武汉失守以后，抗日战争进入战略相持阶段。由于国内方面中国共产党领导的人民武装力量有了迅猛的发展，国际方面日本诱降和英美劝降，国民党顽固派转而采取积极反共、消极抗日的政策。统治安徽的桂系顽固势力开始占上风，由联共抗日，抗衡蒋系转入破坏抗日民族统一战线，进行反共反人民活动。1938 年 10 月，廖磊接任安徽省政府主席兼动委会主任委员之后，便开始限制动委会工作范围和权力，排挤动委会中进步人士，先后逼走章乃器、朱蕴山、周新民等动委会主要负责人，并以“改编”为名解散安徽抗日自卫军。章乃器离开安徽后，财政系统进步青年就逐渐为桂系和CC分子所打击，有的被逮捕，有的被杀害。桂系还特别注意新四军四支队的活动，拖欠和克扣四支队的军饷，并诬蔑新四军是“游而不击”。

1939年1月，国民党召开了五届五中全会，制定了所谓《限制异党活动办法》等一系列政策，加紧了反共反人民的步伐。

7月，中共鄂豫皖区委根据党中央关于顽固派可能向大别山我后方机关发动进攻，区党委机关应转移的通知精神，将机关由立煌白水河转移到庐江东汤池。不久，区党委在东汤池召开了党代表大会，着重研究对付桂系反共逆流的措施，决定有计划地组织共产党员和进步人士由皖西撤到皖中、皖东，参加建立抗日根据地工作。

10月，廖磊患病猝死。李品仙接任安徽省政府主席，反共活动进一步猖狂。李品仙竟指使《皖报》社长杨绩荪炮制了《动员委员会怎么动？》一文，诬蔑动委会是“乱动、盲动”，为迫害动委会制造舆论。1940年春，李品仙以办集训班为名，企图将省、县动委会和工作团及广西学生军中的共产党员和进步人士一网打尽。在这紧急关头，我们党立即组织大批同志分批向皖中、淮南、豫皖苏抗日根据地转移。我是和郑位三、彭康、谭希林同志一起于1939年7月撤至东汤池的，只留下何伟同志，作为新四军办事处参议留下坚持工作，到1940年春他才撤离。广西学生军一部分转移到皖东，另一部分转移到皖东北。一些著名的民主人士被迫离开动委会，隐蔽下来。至1940年春末转移的人数总数3000多人。当时，我们还根据工作需要，有计划地留下一批有一定社会关系作掩护的同志，继续坚持在大别山区工作，其中有詹运生、史迁、麦世法等。后来这些同志被桂系发现，英勇牺牲了。

由于桂系执行了反共政策，大批共产党员和爱国民主人士被迫撤离，动委会就成了被桂系军阀所控制的反动组织，失去了它原来的作用。

1940 年 3 月以前的安徽省动委会，作为抗日民族统一战线的一种特殊的组织形式，为抗日战争胜利作出了不朽的贡献，在安徽抗日战争的历史上占有重要的地位。

回忆苏北特委

惠浴宇

1938年8月，我在延安抗大学习结束后，组织上分配我来新四军工作，几经辗转，于同年10月到达丹北地区。中央军委新四军分会副书记兼一支队司令员陈毅同志与我长谈，从党中央要求新四军“向敌后发展”的指示精神，谈到当时大江南北的斗争形势。指出，新四军不仅要在苏南敌后创建抗日根据地，而且还要继续向苏北发展，打击国民党顽固派势力，开辟苏北抗日根据地。他了解到我是苏北人，便派我去江南抗日义勇军挺进纵队做党的工作。

此时，我们已经有意识地进行了开辟苏北的工作，与苏北地区的一些地方实力派也有了初步接触，但尚未形成系统化和连续性。在我到达丹北前，挺进纵队的二支队方钧部已先头北渡，控制了江北三江营、大桥一带地区。不久，江都其他地方亦开始有了我党个别党员的活动，但还未正式建立起党的组织。

为了加强苏北沿江地带的工作，1938年底，成立了挺进纵队第三支队，韦永义同志担任支队长，吕镇中同志任政治处主任。后我调三支队任政治处主任，吕镇中任副主任。

方钧率二支队北渡后，在大桥、新老洲至仙女庙一带活动，渐渐与挺纵断绝联系，另立山头，分裂革命队伍，甚至公开挂起了“长江九省游击总指挥部”的招牌，并与国民党顽固派韩德勤勾勾搭搭，企图叛变。上级考虑到韦永义同志在八一三事变后曾接待过落难中的方钧（当时方是国民党败兵），故利用这层关系，得到方的应允，派遣我三支队渡江北上。当时，三支队成立不久，号称三个大队，但人枪不过300，既无被服又无粮草，长袍短套参差不齐。方钧虽同意三支队过江，却不准我们开展活动，更不准三支队武装人员进入大桥镇，把我们的活动范围限制在大桥周围方圆不足十里的弹丸之地中。就在这种极其艰难的条件下，我们办起了长江军政学校，收留先进青年，培养骨干力量，宣传党的抗日主张，开展统战联络工作；并积极发展地下党员，着手建党工作。

1939年初，我们建立了苏中地区第一个党的基层组织——中共江都县工作委员会，属挺纵三支队政治处领导，陈扬同志担任工委书记。与此同时，我又派金求真、俞铭璜同志分别去泰兴的陈玉生部队和泰州一带活动，积极发展党员，建立党的组织。不久，金求真同志发展了黄云祥、谢克西等人入党，同时建立了党的泰兴县工委，金任书记；俞铭璜同志在泰州发展了盛坚夫、戴为然等同志入党，也建立了党的泰县工委，俞任工委书记。1939年春，三县工委的相继建立，为苏中建党工作奠定了基础。

1939年4月，方钧的分裂活动变本加厉，为防止他投靠韩德勤，陈毅同志着令新四军一支队老二团一部配合挺纵一、三、四支队，对方钧支队实行了武装缴械，消除了心腹之患，加强了挺纵三、四支队的力量。至此，我们控制了嘶马、大桥、新老洲一带地区，使之与扬中连成一片，为大军渡江向北发展创造了稳固的立足点。

5月初，在解决方钧问题的几天后，陈毅同志亲自来苏北沿江地带视察工作，我到江边迎接了陈老总。在江都县焦家荡（距花家荡三里路的一个村庄），陈老总问我发展地方党组织工作的情况，我将三县工委的建立以及在高邮、宝应、兴化、东台、如皋、泰州等地着手组织发展党的工作情况，作了详细汇报。陈老总听后，明确指示要立即建立党的工作委员会，加强整个苏北地区地方党的统一领导，继续加速党的建设和发展。所谓苏中工委就是这样产生的。我是工委书记，委员有：吕镇中、金求真、俞铭璜等同志。不久，我们又派吕镇中同志去高邮湖西的三路二团陈文部队开展党的工作。

1939 年 7 月，挺纵政治部主任陈时夫同志来江北检查工作，指示我们将苏中工委改为苏北临时特委。临时特委仍是原班人马，我还是书记，但委员们大多分散在各县开展工作，机关是非常简单、精干的。到这时，我们党的组织关系仍属挺纵政治部领导。

1939 年九十月间，东南局组织部长曾山同志送韦一平、施月琴等同志来苏北，正式成立了中共苏北特委。韦一平同志任书记，我任副书记，周爱民同志任组织部副部长，俞铭璜同志任宣传部长、青年部长，施月琴同志任妇女部长。从这时起，苏北特委改属东南局领导，不久，又改属新成立的苏皖区党委领导（书记陈毅），原江都、泰兴、泰县三县工委也改成了县委。

1940 年 1 月，挺纵从扬中北渡，在吴家桥一带整编，我们特委机关也驻在吴家桥。4 月间，我们派周文在、鲍志椿同志到地方实力派李明扬、李长江所部颜秀五纵队，与颜部地下党员朱群接上了关系，他们利用政训处教官的公开身份开展党的秘密工作，建立了党的秘密总支。周文在为书记，朱群为组织委员，鲍志椿为宣传委员。后周、鲍二同志调陈玉生支队工作，由朱群、王澄、姚力等人组建了颜部新的秘密党总支。

1940 年 5 月，日伪军大举“扫荡”我大桥、吴家桥地区，特委机关即随挺纵转移到郭村。6 月底发生郭村保卫战。7 月中旬塘头改编成立新四军苏北指挥部。8 月初进驻黄桥。陈毅同志指出：地方党的工作方法要适应新形势的要求，为支持部队抗日反顽战斗打好深厚的群众基础。

1940年9月，在黄桥成立了中共苏北区委，陈毅同志兼任书记，陈丕显同志任副书记。同时，撤销了苏北特委和江北特委，分别成立了泰兴中心县委和如皋中心县委。这时，我又调泰县任县委书记、县长。黄桥战役后，泰县县政府进驻海安。

在抗敌剧社的日子里

白林

绛紫色的丝绒帷幕徐徐拉开，悦耳的乐声缓缓升起，随着辉煌耀眼的灯光闪现，随着《长征组歌》那雄浑激越的乐曲、洪亮高亢的歌声，我热血沸腾，心潮澎湃，奔涌的思绪又飞回到那战火纷飞的年代。

参军

1937 年 8 月，八路军主力挺进华北抗日前线，在平型关打了一个漂亮的大胜仗，歼灭日军坂垣师团 1000 余人。紧接着，八路军的一部分人马由聂荣臻同志率领，在五台山地区开展游击战争，发动群众，建立了政权。并于同年 11 月成立了晋察冀军区，领导华北人民开展抗日救亡斗争。我就是在这时参加了八路军，来到军区宣传队……

那是一个深秋的晚上，大约 9 点钟光景，我和一个叫王艮顺的小鬼被领到五台城郊一个普通的农家小院里，说是聂荣臻司令员要接见我们。聂荣臻司令员见了我们，又听了介绍，向我和王艮顺微笑着点点头，热情地招呼我们坐下，又问了年龄和家庭情况后，便对我们讲宣传队工作的重要性，还嘱咐我们到宣传队后要安心工作。好好学习，为抗日多贡献力量。讲完，聂司令员叫进来一个青年战士，让他领我们去伙房吃饭，安排住下，从那天晚上起我们就成了正式的军区宣传队员了。

军区宣传队

军区宣传队其实只有五个人，还不全是专职的。徐队长是兼任，还管着别的事，整天在外忙，经常不照面，实际上只有我、王艮顺和另外两个小鬼。那两个小鬼是长征过来的“老红军”，一个叫黄日生，一个叫杨晋涛。年龄和我们差不多，都是十几岁。但他们办事成熟老练，考虑问题细致周全，待人也热情周到，一看就知是经过风雨，见过世面的。他们帮我们打背包，扎裹腿，教我们学文化认字，连吃饭睡觉和洗脸洗脚这样的生活琐事，也都一一照顾到，那亲热劲真像大哥哥对待小弟弟，让人感到特别温暖。我们暗下决心，一定要干好宣传队的工作。

宣传队的家当少得可怜，没有乐器，没有布景，也没有服装道具。我们的装备也很简单，不发枪，不发子弹，每人只有一个背包、一个挎包和一个写标语用的小铁桶。笔刷子是从老乡那里找的黄麻，自己用绳子绑扎的。一个月以后，晋察冀军区机关从五台向冀西的阜平转移，宣传队随机关同行。我们四个人背上背背包，肩上挂挎包，手里还拎只小铁桶。小铁桶里放着一把麻刷子，里面盛着锅底灰调成的黑浆水。出发的路上，“老红军”黄日生指着我们手里的小铁桶说，“可不要小瞧它哩！红军爬雪山过草地，它是一宝！那时我们走一路写一路，石崖上呀，大树上呀，村子寨子里呀，全写上标语，贴上传单，作用可大哩！”我们越发感到肩上担子的沉重。一路上，我和王良顺积极做宣传，凡能写字的地方，都写上了大字标语。每到一地，我们就提起小铁桶，拿上麻刷子，沿大街小巷写满“打倒日本帝国主义”“坚持抗战到底”等口号。字儿虽不算太好，但白墙黑烟墨，字大笔道粗，还是挺醒目惹眼的，一里多地外也能看得见。

为了多写几条标语，使更多的乡亲受鼓舞，我们忘记了寒冷，顾不上劳累，一写就是大半天，天黑得看不见了才停笔，回到住处也不休息，忙着到老乡家铲锅底灰，准备好下一次用的“墨汁”。从五台到阜平行程数百里，经过数十个大小村庄，我们一路行军一路写，把革命的火种深深地播撒在冀西辽阔的土地上。

到了阜平，军区首长交给宣传队的任务是宣传党在抗战期间的方针政策，宣传抗日救国十大纲领，动员广大青年参军参战。我们的活动范围扩大了，活动内容也丰富了，除了写标语，还唱革命歌，演革命戏。饱受日军欺凌的人民特别爱听我们唱歌，爱看我们演戏。

记得在阜平城演出，演唱《松花江上》时，全场一片肃静，一个说话的都没有，连咳嗽声也很少。其实，我们的演技并不高，没有乐器伴奏，没有灯光照明，也没有帷幕，整个舞台就是一个大土台子。演员是入伍不久，没有经过专门训练的农村青年，可是一个个感情真挚，深深打动了每一个人的心，当唱到“爹娘啊，爹娘啊……”时台下一片哭噎声，台上的演员也满脸是泪。歌曲唱完了，全场高呼：“打回东北去！打回老家去！”群众情绪激昂，一些青年小伙子，当场要求参加八路军，上前线打鬼子。那情景万分感人，至今回忆起来，依然令人激动不已。

抗敌剧社

仅仅几个月时间，根据地就有大批青年参了军，有一些还补充到我们宣传队里来了。我们的队伍扩大了，还有了一点简单的服装道具。不知是谁，也不知从哪里还搞来了两把口琴。嗬，这下可阔气了！轰动了整个宣传队！没过几天，上级又分配来一批从大城市出来的青年学生，他们有文化，有知识，还带来一些乐器。宣传队这时正式改名为抗敌剧社，并分成戏剧、歌舞、音乐、美术四个队，成了综合性的部队文艺团体。我编在音乐队，开始学识谱，练习吹笛子。

抗敌剧社仍是一边战斗一边演出。我们所有的工作都是在战斗中进行的。在硝烟弥漫的阵地上搞创作，在枪炮隆隆的行军路上背台词，在宿营地排练演出。演出还像过去一样，从黄昏到深夜，有时通宵达旦。经常是舞台演出结束，收拾完服装道具，只闭上眼打个盹，天就亮了，接着又踏上行军的路程。剧社还到敌人据点附近演戏，进敌县城书写日文标语，深入火线前沿开展政治攻势。当然，完成这样的工作是艰难而危险的，往往要付出血的代价。一次，我们在五台定襄一带前沿阵地搞瓦解敌军的政治攻势时，女战士方壁不幸中弹牺牲了，还有的同志负了重伤。我在抗敌剧社工作的三年里，剧社成员流血牺牲时有发生。但大家虽苦犹乐，虽险犹荣，对未来充满了希望，满怀信心地战斗着。

抗敌剧社所有的创作和演出都紧密围绕“抗日救国”这一中心任务，反映广大军民“打日本、救中国”的战斗生活。因节目来自火热的斗争实际，生活气息浓，反映现实快，深受边区军民的欢迎。当时有两支“催眠曲”，其实是两首儿歌，就特别受欢迎。

一首是：“孩子别哭了，妈妈哄你来睡觉，爸爸上前线，去杀狗强盗。等他回来了，带匹大洋马，（拴个绳儿）你牵着。”

另一首是:“麦子多么高，军民合作有功劳，今年收成好，妈妈给你做个大棉袄，有吃有穿，眉欢眼又笑。睡觉吧，宝宝。”

歌词通俗易懂，朗朗上口，曲谱也简单易记，几乎人人都会唱。当时千千万万个老人和妇女，怀抱咿呀学语的婴儿，嘴里唱着这两首催眠曲，哄着他们的儿孙们睡觉，在无数孩子幼小心田播撒下了爱国的种子。

活跃在反“扫荡”的舞台上

就在抗敌剧社诞生的当年秋天，日军发现阜平驻有晋察冀军区指挥机关，便调集重兵，在飞机、坦克的支援下，对晋察冀边区进行疯狂的“扫荡”和“围剿”，妄图摧毁刚刚创建的抗日根据地。为了更有效地打击敌人，保卫边区，军区部队开始了艰苦的反“扫荡”斗争。在那严酷的日子里，剧社虽没有接受战斗任务，但一天也没有离开过战斗。冬季，我们雪里行军，风中露宿;春天，我们翻山越岭，日夜兼程。跟随部队转战突围，每天要走几十里、上百里，忍饥挨饿是常事，能吃上几个土豆就算是上等美餐了。但不论严寒酷暑，雪地冰天，我们总是一边战斗，一边创作和演出，从不间断。那时我们都是轻装，白天身上穿的戴的，就是晚上铺的盖的。说走就走，说停便停，苦点累点不算什么。我不会演戏，也没有好嗓子，分到乐队也不是什么骨干。但我身强体壮，许多打杂的事都由我去做。如打前站号房子，当后卫负责收容，宿营地警戒巡逻，行军路上赶牲口押运服装道具等。

1940年冬季日军大“扫荡”，我们连续几天同敌人周旋，一天拂晓前来到唐河边一个渡口，正打算过河，发现木桥被敌人炸毁。河水浑浊，水流湍急，怎么办？大家谁也没有犹豫，纷纷脱下衣裤，跳下河，向对岸游去。我牵着骡子走在最后，同志们都顺利地过去了，我却被困在河中心。那头骡子被冰水一激，趴卧在水里，任怎么拖拽、鞭打也不起来。追击我们的敌人在后面“叭叭”地打枪，情况十分紧急。个人牺牲倒没什么，可是骡背上驮着服装道具，那是剧社的全部家当，要是有个闪失，就会影响以后的演出！我很着急，使劲“驾！驾！”吆喝着，用力拼命拖驮子。但那骡子像被冻在水里，一动也不动。没有办法，我只好把驮子掀掉，拉着骡子先过河，然后再回去拖驮子。我在冰水里挣扎时间过长，体力消耗过大，这时身上没有多大力气了，加上驮子进水，岸边结冰，那驮子又重又光滑，怎么也拖不动！追击的敌人越来越近，“乒乓”乱打枪，“呀呀”乱叫。我咬了咬牙，使出身上的最后一点力气，两手拖，外加上膝盖顶，终于把驮子推上了冰层。可我也累得站不起来了，正在焦急的时刻，剧社来了人，把驮子架上骡背，大家离开河心。这时，天亮了，敌人也追到河边，朝我们胡乱打枪，子弹在身前身后乱飞，我们一点儿也不怕，因为敌人怕冷决不会蹚水过河。

在反“扫荡”的日子里，根据地没有后方前线之分，同敌人遭遇是经常的。我负责“打前站”，碰到的危险也更多，常常是敌人前脚离村，被烧的房子还在起火冒烟，我们“打前站”的就进了村，这时就要设法侦察清敌人的去向，给剧社寻找和安排安全的宿营地。有一天拂晓，我们进了村，敌人也在村子里，相距很近，只因雾很大，敌人才没有发现我们。我们互相间连个招呼都不敢打，只能打手势，然后悄悄撤离了。

上演《日出》

抗敌剧社一切围绕“抗敌”。演的是战斗的戏，唱的是战斗的歌，连每一场演出都是战斗化的。我们还上演过大型话剧《日出》。

1941 年除夕，剧社随军区机关住在平山县陈家院，晚上大家正凑在灯光下包饺子，庆祝边区粉碎敌人大“扫荡”的胜利。社长汪洋同志突然召集全队开会，布置紧急任务，说军区正在召开军事会议，聂荣臻司令员觉得参加会的各分区领导常年战斗在前线，生活紧张激烈，需要在开会时松弛一下脑筋，便想犒劳犒劳他们，请他们看话剧《日出》，并指示剧社三天后拿出戏来。三天，这在今天看来，能背熟台词也算不错了。可那时是要我们登台演戏。下达任务时剧社没有服装，没有道具，甚至连剧本都没有，还要到几十里外的联大文艺学院去借。几十里路又全是山地。宣布完任务，首先要去找剧本，汪洋社长大声问：“谁会骑马？”我立刻站起身：“我会。”其实，我的骑术并不高，但当时任务急，顾不了那么多了。汪洋同志看着我问：“连夜赶回来，有把握吗？”“保证完成任务！”说完，我骑上马离开了陈家院。夜深人静，山路崎岖，当时反“扫荡”刚刚结束，山区还有汉奸特务出没，可我一点也不害怕，心里只想尽快取回剧本。不知翻了多少道山坡，越过多少条河谷，半夜，终于赶到了文艺学院找到了沙可夫院长，说明来意后，沙院长立刻翻箱倒柜，一连翻了几只木箱，才找到剧本。我带上剧本，一口水也顾不得喝，骑上马就往回赶，拂晓时返回陈家院。这一夜在家的同志们也没睡。导演汪洋组织分配角色，领着大家研究设计服装。我回来了，赶忙将剧本拆开，分头刻蜡版，印台词。有些人连这都等不及，在刻写剧本的同时，把自己的台词抄走，开始背记。三天后如期演出。

那天是正月初三晚上。村头一片宽敞的空地上，我们选了一块三间房子大小、半人高的土台子，搭起了“帐篷舞台”。数九寒天，滴水成冰，而剧情要求演员只能穿单衣。演员们冻得直打哆嗦，说话时牙齿打战。但照样坚持演，演得特别认真。首场演出获得了成功。三天三夜没合眼了。戏一演完，有些同志没等卸妆，便困倒在冰冷的舞台上，睡着了……

（王凤长　整理）

华中的抗日革命熔炉

洪学智　薛暮桥　谢云晖

抗日战争时期，新四军及其所属各部队在华中敌后抗日民主根据地内，先后创办过中国人民抗日军事政治大学的六个分校。按创办时间先后为序，它们是：1940 年 3 月新四军第六支队在豫皖苏地区成立的抗大第四分校，1940 年 11 月华中新四军、八路军总指挥部在苏北地区成立的抗大第五分校，1941 年 5 月新四军第二师在淮南地区成立的抗大第八分校，1942 年 2 月新四军第五师在豫鄂边区成立的抗大第十分校，1942 年 5 月新四军第一师在苏中地区成立的抗大第九分校，以及 1945 年 4 月新四军七师在皖中地区成立的抗大第十分校，1942 年初以抗大五分校的主要部分为基础在苏北地区成立抗大华中总分校，由新四军军部直接领导。其余部分仍沿用五分校校名，则归新四军第三师建制。

新四军教导总队沿革

新四军教导总队是新四军创建时期由军部直接举办的一所培训军政干部的抗大式的学校，从 1938 年 1 月到 1941 年 1 月皖南事变，历时整整三年。在教导总队学习和工作过的新四军各级干部约有四五千人。它对新四军广大干部军政素质的提高，对新四军的建设和发展，以至对华中各个抗日民主根据地的开辟和巩固，都起了一定的历史作用。军部于 1938 年 1 月在南昌筹建成立教导队，由赵希仲任队长。1938 年 2 月 15 日，教导队第一期在南昌开学，当时只有一个军事队，一个政治队。队的负责干部有袁大鹏、程业堂、刘品玉、刘先胜。学员大多是从各个游击队陆续抽调的骨干，朱云谦、彭加珠、张日清等同志即曾在这一期学习；也有一部分是刚参军的知识青年。

1938 年 4 月 4 日，教导队随同军部进驻皖南岩寺。4 月 10 日，新四军江南部队的三个支队在岩寺集中改编完毕。教导队扩建为教导营。营长刘世湘，副营长谢祥军，教导员龙树林，辖三个队，学员 300 余人。8 月间，教导营随同军部经太平向泾县开进，移驻石坑云岭附近，它已扩大到四个队。

1938 年下半年，上海及浙南温州地区的党组织向皖南新四军输送了一批党员、近千名工人和青年学生。他们大多数有一定的文化水平，有抗日爱国热情，其中相当一部分人不同程度地接受了革命思想，参加过各种形式的抗日救亡活动。他们早已向往延安抗大的学习生活，迫切希望到皖南新四军军部以后也能够有一次像进延安抗大那样的学习机会。

此时，新四军各个支队相继进入苏南、皖中敌后和皖南前线。江南部队 6 月 17 日在镇江西南韦岗首战告捷，随后接连攻进新丰车站、句容县城，两个月内进行百余次大小战斗均获胜利，军威大振，并极大地鼓舞了我军活动地区人民群众的抗日斗志。苏南地方党领导的抗日游击武装也相应地有所发展，其中管文蔚领导的丹阳抗日自卫总团正式改编为新四军丹阳游击纵队。江北部队5月12日在巢湖以南蒋家河口首战获胜。1938年冬，张云逸同志由军部渡江北上，指挥新四军江北部队展开了皖中地区的抗日游击战争。苏皖敌后抗战形势的发展和部队的扩大，大批知识青年和工人参军，使得大规模地加紧培训干部成为我军建设的重要环节。

在上述情况下，1938年9月，军部决定将教导营扩建为教导总队，由军副参谋长周子昆兼任总队长，冯达飞任教育长，余立金任政治处主任，赵希仲、薛暮桥任训练处正、副处长，主持军事、政治、文化教育工作。名称是教导总队，实际上是抗大分校。无论教育方针、课程设置、培训目的以及学校传统和作风，教导总队都依据抗大总校的有关规定，参照抗大总校的办学经验，结合新四军部队的实际情况来制定、实施和大力提倡、培育和发扬的。教导总队的主要负责人周子昆同志是井冈山时期我军第一个教导队的副队长，调新四军以前曾在抗大第二期学习和在训练部工作过。新四军军部在南昌成立后，中央从延安派出多批干部加强新四军，有不少抗大的干部和毕业生分到教导总队。教育长冯达飞曾任抗大总校的大队长，教导营的教导员龙树林，在薛暮桥未到前曾担任训练处副处长，后改任教导总队大队长。担任大队一级军政干部的还有谢祥军、贺敏学、刘文学、程业堂，担任大队主任教员的王淑明，担任队长、指导员的杜屏、周星五、朱诚基，以及女生队队长于晶等同志，都是从延安抗大调新四军后分配到教导总队工作的。只是当时新四军的主要负责人项英同志出于对皖南地区新四军所处地位的特殊考虑，避免给予国民党政府和第三战区以干涉的口实，才不用抗大分校的名义，而由新四军军分会报请中央军委批准成立教导总队。

教导总队学制一般为半年。在总队成立以前教导营原有的四个队，作为第一期，于1938年9月毕业。从1938年10月到1939年3月为第二期。这一期，有的队毕业早些，有的队迟些，到5月间才毕业。全总队有两个大队，十个队，学员1000余人。学员来源除前述上海等地党组织输送参军的党员、工人和青年学生以及各部队抽调的干部之外，从国民党统治区的浙江、江西、福建等东南各省，甚至远及南洋各地的华侨当中，也有不少知识青年前来参军，其中从菲律宾来的就有数十人，多数分到教导总队学习。

第二期两个大队主要负责人和各队培训对象是：第一大队为军事队，大队长贺敏学，教导员刘文学。一大队辖三个队。学员从部队抽调，很多是老红军干部或战士。一队培养训练连级军事干部。二、三队培训排级干部。第二大队为政治队，大队长乔信民，后由饶守坤接任，教导员谢祥军。二大队也辖三个队。四队学员全部是党员，大多数是老红军，培训连级政工干部。五、六队是知识青年队。

直属总队部的有四个队：七队、八队、入伍生队和青年队。七队、入伍生队也是知识青年队。1938年10月开学以后报到的学员一般不插队学习，一部分到七队，一部分到入伍生队学习一段时间，然后转入第三期学习。女生队编为八队，队长于晶，副队长乐群，支部书记王仪，驻队政治教员罗琼。青年队的学员年龄都不到15岁，实际上是少年队。

从教导营扩编为教导总队时起，总队部移驻中村。两个大队部和十个队分别驻在沿中村河一带的村庄。

第三期是教导总队学员最多、规模最大的一期。一方面，我军在敌后展开，开辟了大片游击区和游击根据地，新参军的青年干部大量增加；另一方面，武汉失守后，南方各省去延安交通不便，加上国民党顽固派蓄意阻止拦截，有相当一批本来打算奔赴延安的爱国青年转往皖南参加新四军。

从1939年四五月至10月为第三期，各队开学和毕业时间前后有些交错，有的队到12月间才毕业。这一期共13个队，学员1200多人。第一大队三个队，大队长林维先，后由张日清接任，教导员程业堂。一队培养连级干部，二队是知识青年队，从二、三期几个知识青年队学员中考试挑选政治文化素质较好的100余人，准备重点培养为部队军事干部，这个队于1939年6月1日开学，到12月毕业。分配时有少数人留在教导总队担任军事教育干事或政治教育干事，如严振衡、金冶、周蔚昌、陈安羽、阮世炯、夏光亚等。三队培养训练班、排长。第二大队三个队，大队长饶守坤，教导员彭德清，四、五、六队的培训对象同第二期。

总队部直属有七个队，由四五月间开学后报到的学员组成。女生队分为两个队，即8—1队、8—2队。8—1队主要是红军时期参军的老同志，30余人，队长李桂英，指导员张明秀。多数学员于1939年四五月毕业，有一部分学员后来转入抗日军人家属子弟学校继续学习。8—2队也是知识青年队，有少数产业工人。这个队成立于1939年初，9月毕业，队长于晶，副队长乐群，指导员王仪。另外，还有九队、文化队和青年队。

新设上干队即中高级干部队，编为九队，培训对象是团营级干部，队长黄元庆（原三支队六团参谋长）、支部书记曾昭铭（原三支队五团政委，1940年在皖北无为地区牺牲）；支部委员有曾昭铭、黄元庆、张藩（原一支队一团副参谋长），卢胜（原二支队四团团长），钟国楚（原二支队三团政治处主任）、钟德胜（原二支队四团组织股长，50年代任赣南行署主任期间病故）。这一期上干队学员有30余人，除黄元庆、阙中一等两三人是随主力红军长征到陕北，后来调新四军工作的之外，大多数是坚持南方三年游击战争的老红军干部；也有几位知识青年干部。

文化队队长何士德，副队长邵惟，指导员殷扬（扬帆）。文化队在原戏剧训练班的基础上扩建。学员有70余人，除原戏剧训练班学员外，还有一些是从部队文化工作者或教导总队各队学员中考试挑选的。

正当教导总队蓬勃发展、影响日益扩大之际，国民党当局极力限制和削弱我军，由第三战区长官司令部出面对新四军进行无理指责，要求缩编教导总队。说新四军地处敌后前线，不应有教导总队这样庞大的训练机构，着予整编；军队中更不应组训妇女，八队应予裁撤；军队任务是作战，不应训练唱歌演戏的文化队，等等。与此同时，国民党军队严密封锁从浙江、江西进入皖南的通道，阻止国统区爱国青年前来参加新四军。教导总队学员的来源受到一定影响，转为主要从各部队和游击区抽调学员。因此，军部在1939年9月间决定将教导总队改名为教导队，训练处改名总教室，训练处长薛暮桥改称总教。女生队在8—2队毕业后停办。在此之前，文化队已于6月底改为军部战地服务团第二队。

尽管如此，教导队第四期仍有十个队，学员近1200人。第一大队大队长张日清，教导员程业堂，一、三队培养对象与第三期相同，二队改为培训排级军事干部。第二大队大队长张闯初（后任军特务团政委）、教导员罗福佑。四队培训对象与第三期相同。五、六队培养排级一般政工干部和连队文化教员，仍有不少青年学生。上干队仍称九队，队长林维先（原四支队参谋长），还有张铚秀（原二支队营长）、王直（原三团政治处主任）。总队部直属的还有机枪队（后改称机炮队）和工兵队。机炮队有重机枪两挺，八二迫击炮两门，训练部队的机炮手。工兵队训练排级工兵干部。

在八队和青年队撤销以后，八队学员中有些老红军及游击队战士的随军家属，青年队有些年龄太小的学员，另外，军部还有一批八路军烈士的孤儿，这三部分人50人左右，需要专门给予学习机会，以提高政治文化水平和工作能力。因此，军部决定举办新四军抗日军人家属子弟学校，隶属于教导队编制，相当于教导队的一个部。以学习文化为主，辅以必要的政治理论教育和军事训练。这个学校的主任是赵霞君。

1940年1月到3月间，教导队还办过一个指导员训练班，从前线抽调在职的正副指导员30多人进行短期训练。队长俞炳辉，指导员王集成（原二支队政治部主任）。此外，军部有一个特务连（警卫连）归属教导队建制。

第四期于1939年10月起，先后分批开学。1940年三四月毕业。第五期接着开学。此时，教导队恢复教导总队的名称，周子昆仍兼总队长，冯达飞任副总队长兼教育长，余立金任政治处主任，薛暮桥任训练处长，朱毅、张元寿任队列处正副处长。由于皖南形势日趋严重，军部开始疏散家属和非战斗人员，抗日军人家属子弟学校于四五月间解散。上干队亦停办。包括机炮队和工兵队在内，全总队共两个大队，八个队，学员800余人。各队培养对象未作变动。

上干队停办后，1940年6月至10月办了一期军政教员训练队。下设军事、政治两个分队，队长梅嘉生，支部书记杨进（原教导总队政治教育干事）。学员近50人，一部分是原来从部队抽调准备到上干队学习的团级干部，有林维才（原一纵参谋长）等十余人，一部分是浙江等地因环境恶化而撤到皖南的地方县委一级干部，有舒文、杜大公等十余人；还有一部分是从教导总队抽调的政治教育干事，有陈安羽、陈敏之等。这个队进行了比较系统的基础理论教育，开设了列宁主义基础、政治经济学、党的建设、统一战线等课程，并有哲学辅导。讲课时，总队部和各队的干部可以旁听。它又叫干部训练队。

第五期的各队始终处在紧张备战和进行战斗的环境之中，原定学习期限6个月，后宣布延期毕业。11月初，有一部分学员分配到皖南新建的部队工作，也有少数人回原来部队。全总队缩编为六个队，大部分学员继续留在教导总队直到皖南事变。

1940年10月19日，国民党当局限令黄河以南的八路军、新四军于一个月内撤到黄河以北，同时密令其数十万军队准备进攻华中新四军，由此开始了抗日战争时期的第二次反共高潮。在中共中央、中央军委多次指示和催促之下，新四军军部决定北撤。1940年12月，军部后方机关人员分两批先行北撤，每批约 1500 人。第二批由宋裕和、汤光恢率领。教导总队的撤离干部由薛暮桥率领，总队部机关和训练处所辖教育干部编成干部队，临时集中的皖南地方干部编成地干队，共约 300 余人，为第二批先遣支队的一个大队，12 月 8 日离开中村驻地，前往苏南。干部队中有不少人后来到达盐城，在抗大五分校工作。

1941 年 1 月初，新四军军部及其直属部队北撤。教导总队改称教导团，编入中路纵队（其中主要是军部直属队及东南局机关），随军部一同行动。此时，冯达飞调任中路纵队副司令员兼参谋长，教导团由余立金统一指挥。皖南事变发生后，教导团较好地执行了中路纵队的后卫任务。当所有作战部队被分割包围之后，教导团依然保持完整的战斗力，成为叶挺军长直接指挥用来进行突围作战的部队，在最后几天进行了激烈的战斗，1 月 9 日高坦战斗，10 日至 12 日，东流山战斗，13 日火云尖突围，教导团全团奋勇作战，非常顽强，一直战斗到最后时刻。

皖南事变结束后，教导团有少数人突出重围，到达长江以北我军活动地区。因分散突围而不幸被捕的同志在上饶集中营进行了英勇斗争，坚贞不屈。有不少同志积极参加了 1942 年 5 月 25 日的茅家岭暴动和 1942 年 6 月 17 日的赤石暴动。这两次暴动的规模之大，在我们党组织的狱中斗争史上是空前的。暴动的组织者与参加者当中，多数是教导总队的干部或学员。他们用生命和鲜血为教导总队的历史写下了辉煌的一页。

抗大五分校和华中总分校概况

抗日军政大学第五分校的成立，是新四军华中部队在刘少奇、陈毅同志领导下，坚决执行中共中央向华中敌后发展的战略方针而赢得一系列重大胜利的结果。

1940 年 11 月，华中总指挥部决定成立抗日军政大学第五分校，陈毅兼任校长、政治委员，赖传珠兼任副校长，冯定任副校长，谢祥军任教育长，贺敏学任副教育长，谢云晖任政治部主任，刘毓标任副主任兼组织科长。五分校是以江北军政干校和苏北抗日军政干校为基础组建的。江北军政干部学校隶属新四军江北指挥部，由张云逸兼任校长，赖传珠兼任副校长，谢祥军任教育长，刘毓标任政治处主任，共辖三个大队。其中两个大队由谢祥军、刘毓标率领，随同刘少奇从淮南地区到达苏北盐城。淮南地区还保留一个大队，1941 年 5 月在它的基础上扩建为抗大八分校。苏北抗日军政干校隶属新四军苏北指挥部，由陈毅兼任校长，冯定任副校长，谢云晖任政治部主任，于 1940 年 9 月开学。随军到达盐城，与江北干校合并成立抗大五分校。

1941 年 1 月皖南事变后，中共中央和中央军委决定重建新四军军部，于 1 月 20 日任命陈毅为新四军代理军长，刘少奇为政治委员。以新四军八路军华中总指挥部为基础组成新四军新军部。抗大五分校改为隶属于新四军军部，由军部直接领导。

抗大五分校成立后，由于南北两个方面大批干部的到来而加强了各级领导骨干和教学力量。从皖南新四军军部教导总队先后到达抗大五分校工作的，估计约百人。他们之中一部分是由薛暮桥率领先期撤离皖南的教导总队部机关干部和训练处所辖教育干部，除少数人途中被留在一师或二师地区工作外，大部分到了抗大五分校。如训练部的军事教育科副科长王太然，政治教育科科长姚耐，担任医务所所长的戴济民（原军部军医处副处长兼教导总队医务所所长），政治教员张韵芝、汪溪、吴义琛等。还有一部分是以余立金为首的、经历皖南事变突围的原教导总队干部，如原政治文化教育科科长陶白、军事教员陈铁军、唐炎等。

1941 年 6 月初，从华北抗大总校派来的华中大队，由洪学智率领到达苏北盐城，经陈毅代军长、刘少奇政委接见后，决定都到抗大五分校工作。抗大五分校在6月8日召开了盛大的欢迎会。为了支援华中抗大分校，总校于1940年6月曾派遣一个华中大队到淮北地区加强四分校。这是第二个华中大队，于1940年11月组成，由原抗大总校四团团长洪学智负责，并配备了政治处主任吴盛坤，军事主任教员杜剑华，政治主任教员孙达生等。全大队连同工勤人员在内，有130余人。经总校代校长滕代远、教育长何长工、政治部主任张际春开会动员之后，华中大队于11月9日从河北邢台县浆水镇出发，经过6个省，在路上走了半年多，行程2500里，终于战胜艰难险阻，全部平安抵达盐城，胜利地完成了支援华中分校的任务。

上述两方面的干部调到抗大五分校之后，军部重新确定了五分校的领导干部。校长、政委仍由陈毅兼任。任命冯定、洪学智为副校长，谢祥军、贺敏学为正、副教育长，余立金、吴胜坤为政治部正、副主任，薛暮桥、谢云晖为训练部正、副部长。在此之前，赖传珠从1942年2月起，已不再兼任副校长，但仍过问抗大五分校建设的重大问题。

抗大五分校共举办两期。第一期从1940年11月到1941年5月。因为有部分学员是陆续到来的，开学典礼在1941年元旦举行，中间有一段时间进行反“扫荡”，到5月1日举行毕业典礼。教学时间约6个月。这期学员共1478人，其中江北军政干校编来400余人，苏北抗日军政干校编来400人，其余600多人系新招收的学员。当时学员的来源，包括两个干校招收的学员，一部分是从部队调来的连、排、班级干部，以及少数营团级干部；一部分是从上海、苏南以及苏北、皖东地区招来的青年学生，还有不少爱国华侨青年。上海地下党有计划地从已暴露身份的党员和进步群众中抽调保送的部分学员。同时，原苏北干校和抗大五分校先后在营溪、黄桥、海安、东台等地设立了招生处，欢迎各地青年学生前来报考。大体上，由上海党组织动员输送的学员沿途有交通站派人接送，有些人还带了用密写药水书写在衣襟或旧报纸上的组织介绍信；自动前来报考的上海和当地青年，则要经过简单的考核，录取者必须具有初中文化水平。

五分校第一期共 11 个队，另有两个连，编为三个大队。一大队是军事队，以部队抽调的学员为主，辖四个队，大队长严昌荣，教导员黄瑛。一队和四队分别培训连级军事干部和政工干部，二、三队培训班排级干部。二、三大队是政治队，各辖三个队。二大队大队长金××，副大队长殷逸，教导员石炎，辖五、六、七队；三大队大队长周长胜、教导员朱讯，辖八、九、十队。二、三大队以招收的知识青年为主，也有少数地方干部。其中五、六队学员文化程度高些，高中生不少。直属校部的是女生队，队长钟平，指导员克宁、张西雷，支部书记王丽英；还有军部责成代管的炮兵连和一个警卫连。五分校第一期的学员经受了 1941 年二三月间春季反“扫荡”的考验。一大队调到盐城以北配合三师进行反“扫荡”作战，参加了收复上岗的战斗。二大队也担负战斗警戒任务。校部和其他各队撤到盐城以西，并抽调一部分干部和学员支援盐城地方工作。在上岗战斗中，一队队长程贤义等四位同志壮烈牺牲。后来全校举行了追悼会。在春季反“扫荡”中，五分校作战伤亡、失踪及其他减员 216 人。第一期各队于四五月间陆续结束，实际毕业分配的学员 1262 人，内女生 129 人。

第二期从 1941 年五六月到 1942 年初。全校在 7 月正式开学，中间经历了约两个月的夏季反“扫荡”，教学时间亦近半年。这学期招收学员 1526 人，全校共 12 个队，另有一个警卫连。培训对象与第一期相同。新设一个培训营、团级干部的上干队。大队建制，开学初期与第一期一样。大队干部在 3 月份进行了调整，一大队大队长何东家，教导员黄瑛；二大队大队长张兴发，教导员于辉；三大队大队长田培芳，教导员朱讯，后由吴凡吾接任。1941 年夏季反“扫荡”期间，训练部副部长谢云晖带领三大队的两个队前往苏中地区活动。三大队只留下一个队，随即撤销。

1941年7月，日军以独立混成第十二旅团全部，第十五、十七师团各一部，加上伪军共1.7万余人，在盐阜地区进行夏季大“扫荡”，企图围歼华中我军领导机关和主力部队。7月20日，日军分四路进攻盐城。军部撤到阜宁地区。抗大五分校副校长洪学智已兼任盐城卫戍司令员，此时负责率领五分校抗击进犯盐城日军，掩护军部后方机关安全转移。由于日军进攻时乘坐汽艇，洪学智亲率一大队的一队在盐城城内登瀛桥等几个地方布设水雷，并组成若干游击小组在城区分散活动滞扰敌人，以争取时间，保障尚未撤离单位尽快撤退。一队在城内的一天战斗中炸伤日军汽艇一艘，胜利完成阻击任务。

我军撤离盐城后，在盐城东北狭小地区集中了军卫生部和供给部等后勤单位人员达2000余人。他们没有武装部队保护，一时处于困境之中。洪学智率领五分校一大队和警卫连，负责保护这一部分后方机关人员，在三天之内，分批送他们从盐城和上岗两个敌人据点之间的新兴场附近安全通过封锁线，前往阜宁。整个夏季反“扫荡”期间，抗大五分校主要在串场河以东的盐东、台北、台东沿海狭长地带活动，行军途中，几次发生与敌人的遭遇战。有一次是洪学智带警卫连不到一个排的兵力突然遭遇敌人，20余人两次打退敌军100余人的攻击。另一次是在斗龙港出海口龙王庙打击抢劫财物的敌伪军，保卫了群众的利益。但七队单独行进在盘湾镇附近遇到敌人，有一个排因缺乏战斗经验遭到一些损失，30余人伤亡，抗大五分校在夏季反“扫荡”中，战斗伤亡和非战斗减员有60余人。

1941年9月，抗大五分校除了前往苏中的两个队未归还建制外，全部回到靠近军部的阜宁王桥口、硕集休整，并恢复上课。洪学智调任盐阜军区司令员，后改任新四军三师参谋长。冯定调军政治部工作。由韩振纪任副校长。五分校进行了夏季反“扫荡”的总结之后，迁往阜东县的东坎、八滩。二期各队在1941年12月底以前先后结束。全校在1942年元旦举行了毕业典礼。这一期毕业学员共1257人，其中女生240人。

到1941年12月，中央军委华中军分会和新四军军部作出决定，以抗大五分校为基础成立抗大华中总分校；再从原来的五分校抽调一部分干部组建新的抗大五分校，划归新四军三师领导。

经中共中央和中央军委批准，抗大华中总分校仍由陈毅兼任校长，韩振纪任副校长，谢祥军任教育长，薛暮桥为代理政治部主任。1942年1月4日，总分校召开全校干部大会，陈毅同志前来参加并讲了话，祝贺总分校正式成立。抗大华中总分校的任务是：统一领导华中各抗大分校的工作，建立华中统一的军事学校教育制度。总分校同时接受抗大总校的领导，成为总校的组成部分，各旅、团教导队受各分校的领导，成为各分校的组成部分。要求由上而下，由下而上建立完整的、统一的军教制度，建立工作报告制度和检查制度。

新建立的总分校比较精干，只招收少量学员，主要轮训军队团营级干部，培训参谋、工兵干部。全校共五个队，一队即上干一队，培养团营级指挥员，二队为上干二队，培养团营级政治干部，三队培养连级军政干部，四队培养团级司令部参谋，五队培养工兵技术干部。学员约300人，5月1日在阜宁空寺阴举行开学典礼。原定学制，一、二队为一年，其余三个队为八个月。总分校办了一年，只招收一期学员。

为了加强对抗大华中各分校培训工作的指导，1942年8月1日，在苏北阜东（今滨海）县东坎召开了华中抗大总分校与各分校的工作会议。会议的主题是研究总分校和各分校的教育内容，包括教育方针、制度、计划和教材，总结过去的工作并交流各分校的教学经验。陈毅同志参加了这次会议，并对会议中发生争论的问题作了总结。

陈毅同志在会议的总结中，根据党中央关于整顿三风和关于学校教育的决定精神，着重阐述如何正确理解抗大的教育方针，批评了教学中的主观主义和教条主义倾向。他说，理论与实际一致，所学与所用一致（做什么学什么），教育与作战联系，这是我们军队教育上、学习上应该采取的三大原则。华中各抗大应根据实践去讲授理论，根据理论去总结实践，作为教育与学习的总方针。教员的任务不仅限于讲解书本，而在于帮助学生如何去运用书本知识，以总结其本身的工作经验。学生的任务，不仅限于照读讲义和课目，而在于能领会课目讲义所包含的精神和实质，并能进一步启发他对实践经验的了解并提高他今后指挥作战和处理问题的能力。为了实践而学习理论，为了打胜仗提高工作而进学校，为了养成一批军队工作干部才办抗大。

1942 年 12 月，日军又在苏北地区集结兵力，准备以盐阜区为重点，对新四军军部及其直属队进行“拉网”大“扫荡”。新四军军部决定机动指挥作战，于年底向淮南地区转移，1943 年初抵达盱眙县黄花塘。抗大华中总分校随同军部一道转移，到达牛沛湾。这时，根据华中局和军部关于精兵简政、缩小机关、减少单位、加强基层的指示，将总分校的干部、教员和学员全部分配到部队和各分校。副校长韩振纪调二师任参谋长，政治部主任余立金调任二师政治部副主任，训练部长薛暮桥奉调率领抗大总分校和华中局党校的 50—60 名教员、干部前往延安。华中总分校就此结束。薛暮桥在路过山东时被山东分局留在山东工作。

三师抗大五分校，开始由三师师长黄克诚兼任校长。几个月后改由钟伟担任校长，吴盛坤任政治委员，张兴发任副校长，庄林任教育长，于辉任政治处主任。1942 年只招收训练了一期学员。全校共设九个队，有学员 1200 多人。其中三个队 400 多学员，来自部队干部；另六个队 800 多学员，是知识青年报考录取的。1942 年底，为了对付敌人“拉网”大“扫荡”，实行精兵简政，三师师部决定暂时停办五分校。

1944 年 9 月，苏北敌后形势大为好转，经三师师部决定，抗大五分校恢复建制，任命谢祥军为校长，吴盛坤为政委，张兴发、沈铁兵任副校长，庄林任教育长（后由王信虎接任），唐克任政治部主任。五分校这一期在苏北地区扩大招生，苏北根据地以至上海、南京等地青年学生闻讯纷纷前来报名，全校学员有1000多人，组成11个队，一至四队为军事队，五至十队为政治队，十一队是外籍人员队，主要是朝鲜人。这一期一直办到1945年8月抗日战争胜利，学员全部毕业分赴前线。有两个知识青年队随同新四军第三师北上，到东北后分配做地方工作。抗大五分校的校部改建为盐阜区独立旅的司令部。这样，抗大五分校也就完成了它的历史使命，宣告胜利结束。

新四军各师办的抗大分校，以四分校历时最久，共五年半，招收七期学员，培训了4000—5000名干部。它于1940年3月18日建校，校长由新四军第六支队司令员彭雪枫兼任，副校长吴芝圃、张震，政治部主任萧望东，教育长方中铎。同年6月，抗大总校派出支援华中抗大分校的第一个华中大队到达，有教职员工200余人，加强了四分校的领导和教学力量，改由刘清明任教育长，李干辉任政治部主任。彭雪枫于1944年9月11日牺牲后改由四师师长张爱萍兼任校长，四师政委邓子恢兼任政委，张震、冯文华任副校长。1945年3月24日，四分校更名“雪枫军政大学”，抗战胜利后结束。

八分校的前身是1941年2月成立的新四军二师军政干部学校，它由原江北军政干校并入抗大五分校时留在淮南地区的一个大队扩编组成。张云逸副军长兼任校长，二师罗炳辉副师长兼任副校长，冯文华任教育长，高志荣任政治部主任，黄一平任训练处长（后由杨采衡接任）。八分校学员大多数文化程度较低，文化教育所占比重较高。1942年有一期办了三个月文化预科，先扫除文盲，再转入本科学习。1942年底以前办了四期，第一期毕业学员512人，第二期351人，第三期365人；第四期有七个队，648人。1943年春，八分校改称二师教导团。华中总分校结束时曾分配一部分较有经验的干部和教员，加强八分校。它所在的淮南天长地区环境较为安定，办学时间也长。八分校和它的前身，连同后来改称教导团时期在内，先后共培训干部4000余人。

九分校是在抗大苏中大队的基础上扩建的。1941 年 9 月，由谢云晖率领的抗大五分校的两个队与一师干部学校合并，称作抗大苏中大队，吴肃任大队长，谢云晖任政委，下辖四个队，学员 500 余人。1942 年 4 月毕业时，已发展到八个队，900 余人。5 月间正式成立九分校，一师师长粟裕兼任校长和政委，张日清任教育长，谢云晖任政治部主任、校委书记。九分校 1942 年在苏中地区，敌情严重，参加战斗频繁，经常转移。在此时，提出了一面战斗、一面学习的口号。1943 年 2 月，九分校南渡长江，粟裕仍兼校长、政委，刘季平任副校长，杜屏任教育长（1942 年 9 月接替张日清），张崇文任政治部主任，姚耐任副主任。在苏南进行整编，设三个大队，九个队，有学员 1200—1300 人。同年 4 月，配合十六旅进行了溧水反顽战役。4 月奉命北返，抵达淮南地区，九分校从 1941 年 9 月抗大苏中大队起到 1944 年 6 月转为苏中公学止，历时二年八个月，辗转于一师苏中的一、二、三、四各分区，三师盐阜地区，六师苏南地区，二师淮南地区，四师淮北地区，参加大小战斗 20 余次，行程 7000 里，前后毕业学员五期，共 3300 余人。

十分校前身是新四军豫鄂挺进纵队随营学校，1942 年 2 月建校。五师师长李先念任校长兼政委，冷新华任政治部主任，张水泉任训练部长。1943 年秋调整领导成员，杨焕章接任副校长，余潜为政治部主任，邝林为教育长。十分校于 1945 年 9 月结束，先后办了五期，每期学员 1000 人左右。

新四军七师办的抗大十分校于 1945 年春建校。校长由七师师长谭希林兼任，政委由七师政委曾希圣兼任，陈仁洪任教育长，杜剑华任副教育长，阙中一任协理员，负责政治工作。七师十分校办了一期，五个队，学员 600 余人。抗战胜利后，它在 1945 年 10 月改为七师随营学校。

教学计划的实施

无论新四军教导总队，还是抗大五分校和华中总分校，都是遵照中共中央和中央军委确定的教育方针及有关规定，以抗大总校为榜样来实施教学计划的。

毛泽东把抗大的教育方针集中概括为：坚定正确的政治方向，艰苦朴素的工作作风，灵活机动的战略战术。他指出：这三者是造成一个抗日的革命的军人所不可缺的。他还说过，抗大之所以最革命、最先进，是由于它有中国共产党英明、正确的指导，有革命的教职员用马克思列宁主义的先进思想哺育青年。因此，它才能像一座革命熔炉，把成千上万的革命青年锻炼成钢，成为全心全意为民族、为社会的解放而英勇奋斗的抗日干部和共产主义战士。毛泽东这里说的是抗大所以名闻遐迩的原因，实际上，也揭示了它的性质和教育目的。抗大是中国共产党领导的以马克思列宁主义哺育青年的革命的军事学校，用形象的比喻就是一座革命熔炉。这就要求正确地把阶级教育和民族解放教育结合起来，使它所训练的学员能够确立远大的革命理想。既是全心全意为民族解放而奋斗的抗日干部，同时又是全心全意为社会解放而奋斗的共产主义战士。

1939 年 7 月中共中央军委《关于整顿抗大问题的指示》也着重强调把知识青年训练成为无产阶级的战士或同情者。它指出：学校一切工作都是为了转变学生的思想。政治教育是中心之一环，课目不宜过多，阶级教育、党的教育和工作必须大大加强。指示提出教育知识青年的原则是教育他们掌握马列主义，克服资产阶级及小资产阶级的思想意识；有纪律性、组织性，反对组织上的无政府主义与自由主义；决心深入下层实际工作，反对轻视实际经验；决心为工农服务，反对看不起工农的意识。

正确贯彻抗大教育方针的关键，在于真正做到理论与实际的密切联系。我们注意了从实际出发，根据战争环境发展变化的需要，军队建设的需要，发展华中的战略方针的需要，分别不同的教育对象和训练要求来制订和实施教学计划。在教学实践中，讲授理论知识密切结合国内外形势的实际、部队作战的实际、学员的斗争实际和思想实际，针对学员的思想状况和特点，提高他们的思想认识和政治觉悟；运用中国革命和中国共产党的丰富历史经验来加深对理论知识的理解；启发诱导学员整理总结自身的战斗和工作经验，上升到理论高度，运用前方作战和根据地建设的新经验来充实理论教学，提高理论水平。使理论与实际密切联系的原则贯穿在学校的一切工作和一切活动之中。

战争时期办学，部队迫切需要。学员面广而水平参差不齐，加上皖南接敌区和苏北敌后不时遇到敌人“扫荡”，决定了新四军教导总队和抗大五分校以至华中总分校教学方面的一些特点。例如，学制很短而且常受战事影响和干扰，教学条件只能因陋就简，而教学内容需要军政并举，注重应用；教育方法上采取多种形式，强调因材施教，等等。自觉地掌握这些特点，从实际出发，才能在较短的时间内把各种不同对象的学员训练成为一名合格的抗日军人和新四军干部，使其在思想、政治、军事以至文化诸方面比原先明显地提高一步。记得 1942 年 1 月 4 日庆祝抗大华中总分校成立的干部大会上，陈毅同志在讲话中提醒说，抗大是军队办的学校，学员来自部队或者毕业后将要分配到部队去工作，他们是要带兵打仗的。所以，既要加强政治理论教育，也应该注意加强军事训练。陈毅的这一番话富有教益，对我们全面地理解和执行抗大的教育方针很有帮助。

在教育内容和课程设置上，总的要求是贯彻教育方针，有重点，少而精，根据各队不同的培训对象而分别确定不同的具体要求。教导总队和五分校以及后来的总分校，都是以军事队和政治队居多，其他各队大致可以归入这两种性质的队。如工兵队、机炮队、参谋训练队等属于军事队；女生队相当于政治队。凡是军事队，以军事教育的课程为主，军事教育和政治教育的比重一般为7∶3。政治队以政治教育的课程为主，军事教育与政治教育一般为3∶7。上干队的情况不同一些。除了总分校的上干队分别编成军事队和政治队以外，教导总队和抗大五分校的上干队大体是军政并重。教育比重的课时分配按每周五天半计算，即周一至周五上课。周六上午会操或演习，这半天也作为军事教育时间。

此外，各期都有几个队有一部分学员文化水平较低，不到初中程度的学员需要拿出一定的时间补习文化。提高文化水平成为接受军政教育的前提。我们力求做到每个毕业的学员能够具有初步的阅读和写作能力，懂得一些基本的算术和自然科学常识。

政治教育包括锻炼党性、整顿三风的思想教育；国内外形势和任务的时事教育；抗日民族统一战线和根据地建设的政策教育；马列主义基础知识或政治常识的理论教育以及党的建设、政治工作、群众工作等党的工作教育等几个方面。这些教育渗透在学习期间的各项活动中，有一部分内容设置正式课程，其余的通过专题课、报告会、自学文件、读报活动、日常的政治生活和组织生活来进行。

在各个军事队，政治课有《社会发展史》和《中国革命问题》两门主课。《社会发展史》从人类起源讲起，阐述人类社会各种社会形态，重点弄懂资本主义社会为何必然要转变为社会主义、共产主义社会。这门课帮助学员理解人类社会发展的规律，确立历史唯物主义的基本观点，进而树立或者巩固共产主义的世界观和人生观。

《中国革命问题》的一部分内容，原先在教导总队初期定名为《统一战线》课程。后来毛泽东的《中国革命与中国共产党》的讲义传到皖南，才把课程定名为《中国革命问题》。这门课程讲授《中国革命和中国共产党》、《新民主主义论》、《〈共产党人〉发刊词》的基本内容，帮助学员了解中国历史和中国社会，认清中国革命的性质、任务、动力、对象和特点等各个基本问题，中国共产党在新民主主义革命时期的政治纲领和历史经验，抗日战争时期的任务和统一战线，等等。在政治队，政治课还要加一门《政治经济学》作为主课，也有一些文化程度较高的队开了哲学课。政治经济学帮助学员进一步理解阶级和剥削的实质，特别是资本主义社会发生、发展直至灭亡的规律，认清资本家剥削的秘密。培养连级政治工作干部的队，增加了《党的建设》、《政治工作》等课程。各个政治队以及文化程度较高的军事队还有一些专题讲座性质的课程，如《三民主义与共产主义》、《国际问题》、《民运工作》、《敌军工作》，等等。

政治课的教材，一部分有中央领导同志的著作和抗大总校传来的讲义，大部分是依靠自力更生，自己编写的。有的课先编教学大纲，讲过一两次就形成讲义，以后继续修改。薛暮桥讲《政治经济学》，第一本教材是在皖南教导总队的讲稿，1941 年在反“扫荡”中不能上课，利用行军间隙进行修改。薛暮桥还写了一本《中国革命基本问题》，它与经过修改的《政治经济学》不但被新四军各抗大分校所采用，而且在香港等地出版。其中《政治经济学》，在新中国成立前，经刘少奇同志审阅决定，作为高中的教科书，影响较大。

军事教育以学习毛泽东同志的军事著作和战术课为重点；而在战术课中，又以进攻战、游击战、近战、夜战为重点。各门课程是讲授、演习和日常的操练结合进行的。大体上，每个政治队都有四五门军事课。军事队则要增加专题军事课和各门军事课的教学分量、操练演习时间。各队都要学的一般军事课有：(1) 每个军人必须遵行的共同条令。(2) 单兵战斗动作。学习各个跃进，利用地形地物、射击、投弹要领，以及侦察、警戒、防空、防毒等。(3) 战术训练。包括班、排、连、营的进攻、防御、退却、追击等。(4) 战术理论。有行军概则、宿营概则、遭遇战斗概则、进攻战斗概则、防御战斗概则、夜间作战概则等。(5) 游击战术。

另一门主课是讲授和学习毛泽东军事著作，主要是：《论持久战》、《中国革命战争的战略问题》、《抗日游击战争的战略问题》以及《战争与战略问题》等。要求营以上干部多学一些，连级干部学主要内容；班、排级干部结合其他课程讲授要点，不作为专门课程。

军事课还有《兵器学》、《筑城学》、《地形学》等专题课，作为相应的队必须学习的军事教育内容。

军事教育有很大一部分时间用于操练和演习。全校每周星期六上午要集合起来大会操，操练从单兵到连的队列动作和刺杀动作，演习队形。每月有若干次紧急集合，进行夜间战斗演习。每一期还有实弹射击和投掷手榴弹演习，有几期在毕业前还举行过团的攻防对抗演习。

毛泽东曾经说过，一个军事学校，最重要的问题，是选择校长教员和规定教育方针。新四军军直抗大分校及教导总队教员的阵容相当强。这首先是因为军首长和军政治部的领导同志关心培训干部，亲自讲课。在盐城时期，陈毅同志在军部干部大会上讲皖南事变问题，刘少奇同志在华中局党校作《论党内斗争》、《人为什么犯错误》、《论共产党员的修养》等报告，抗大五分校很多干部都去听了。有一部分可以在较大范围内讨论的内容回来及时向学员们作了转述。不仅如此，陈毅还到五分校来作时事报告，回答干部、学员们提出的问题；赖传珠讲授了《游击战术》。在皖南，项英、陈毅、袁国平、周子昆、粟裕、李一氓也到教导总队来讲《目前的形势和任务》、《政治工作》、《游击战术》等专题报告。军政治部的几位部长讲课较多。组织部长李子芳讲《党的建设》，宣教部长朱镜我讲《三民主义和共产主义》和《列宁主义基础》，敌工部长林植夫讲《敌军工作》，统战部长夏征农讲《统一战线》，秘书长黄诚讲《青年工作》等。教导总队和五分校的负责人冯达飞、余立金、薛暮桥、冯定、谢祥军、谢云晖等也都讲课。讲得多的有：冯定主讲的《哲学》，薛暮桥主讲的《政治经济学》，最多要同时给三个队分别讲课，或集中上大课。

教员的配置由训练部、处主要负责。军事课和政治课都有主任教员、驻队教员和集中在训练部、处机动讲课的教员。一般情况下，大队有军事、政治主任教员，队有驻队军事、政治、文化教员。有的队驻队军事教员由队长兼任；也有的教员要兼管两个队。知识青年的队不设文化教员。各队还配备了军事、政治、文化教育干事。在教员讲课后、学员讨论时，由教育干事进行辅导。

在教导总队初期，政治课有两门课设置了课程的主任教员：《社会发展史》是张崇文，《统一战线》是夏征农。抗大总校派出加强五分校的华中大队也配备了军事主任教员杜剑华和政治主任教员孙达生。担任过主任教员的，还有陶白、姚耐、陈一诚、王淑明、袁慕华、石坚、方克等。新四军教导总队和抗大五分校都拥有一批抗日战争前在上海等地从事救国运动的社会著名人士担任专职或兼职的教员，如夏征农、罗琼、张崇文、钱俊瑞、石西民等。

当时从军首长起直到队里的干部对教员都是很尊重的。教导总队初期曾经有少数老红军干部对重用知识分子干部以及在生活方面的照顾或多或少流露过某些不满的情绪。总队部和军部的领导同志很快注意到这种倾向，召集了干部大会，由袁国平主持，他强调工农干部和知识分子干部之间应该相互学习，加强团结。项英在讲话中还从新的角度指出，在教导总队应该提倡“尊师重道”。尽管那个时候生活相当艰苦，学员每人每月只发一元五角津贴费，团以上干部每月只发四元津贴费，但对教员还是给以照顾，发一点讲课津贴。其中薛暮桥、夏征农、罗琼、陶白等少数几位，经军首长批准每月发给 15 元，可以算得上是“优厚待遇”了。

正确对待知识分子不仅表现在生活待遇这些事情上，重要的是政治上给予充分信任，工作上大胆付以重任，关心并迅速解决入党问题，而且在上下级之间、同志之间树立了一种相互尊重、团结融洽的气氛。

在几十年后的今天，每当我们回忆起当年同志之间的真诚亲切的革命友谊，都往往会为之激动不已。

在实施教学计划的过程中，采取良好的教学方法是我们一直努力关注和探索的问题。由于学员来自四面八方，不但文化程度高低不同，社会经验和思想意识也各不相同，所以必须因材施教，把他们编在不同的队进行不同的教育。对于行之有效的方法，及时地进行总结、推广，并逐步使之制度化。教学方法上所力求掌握的基本要点，是贯彻理论与实际的联系、教育与作战的联系、所学与所用的联系的原则，提倡启发的、研究的、实验的教育方法，反对注入的、强迫的、空洞的教育方法。启发的方法要求将学员自学与教员辅导适当结合，教员讲课后提出问题，引导学员自己思索钻研，作出结论，而不是教员夸夸其谈，学员死抄硬记。教员根据学员在讨论中提出的问题，针对他们的思想情况来修改和补充教育内容。研究的方法是提倡自由思想，追求真理，发扬学习中的民主精神，课堂上允许质疑，讨论中鼓励争论；反对武断盲从、思想统制等强迫方式。实验的方法，是把学的理论拿到实际工作中或从实际经验中去检验、证明。反对脱离实际的空洞的理论学习。

为了保证教学质量，每开一门课程，要实行教员备课制度。首先教员在教育干事的协助下，通过与学员个别谈话或举行座谈，了解掌握学员对这门课程原有的基础，关心的问题以及教学中可资引用的为他们所熟悉的材料。然后，由训练部、处或主任教员组织试讲，邀请讲这门课程较有经验的教员参加，一同改进讲课内容和提出注意事项。

讲课时，实行课堂讨论和问答制度。由教员自己掌握，在每次讲课时留下一些时间让学员提问、教员答复；或者由教员提问要学员答复。也可以在这门课程的某一单元讲完之后出题，开会组织讨论。这个方法便于帮助学员加深理解，抓住中心，而且师生之间对答、平等地讨论交流，会收到更好的效果。

讲课后实行辅导制度。这由教育干事负责。辅导办法可以是上辅导课，起复习作用；也可以专对程度较低、不很理解课程内容的部分学员进行重点辅导，帮助学员消化教员讲的内容，回答某些疑难之点。

还有一些主要由学员自己组织的形式多样、生动活泼的学习方法。例如出墙报介绍学习笔记、学习心得，举行问答晚会、猜谜竞赛等等，鼓励学员发挥主动性和创造性，通过各种途径来复习功课，加强理解。

文化课也与政治时事教育课相结合，通过文化课提高部队来的学员的政治时事常识。许多军队老干部看到了世界地图，知道了中国、日本、苏联和欧洲各国的地理位置，加深了他们对抗日战争和世界反法西斯战争的认识，感到顿开茅塞。

事实证明新四军教导队，抗大五分校和华中总分校的教学实践是成功的，有成效的，教学质量是经得起历史检验的。陈毅同志曾在华中局和华中军分会的一次扩大会议上评价过抗大五分校和华中总分校所起的作用，说它们“就像春风满园的苗圃”，为各分校培养了许多师资，也为部队培养了大批人才。

发扬革命优良传统

抗日战争时期，在皖南的丛山间，在苏北的原野上，常常回荡着《抗大校歌》的嘹亮歌声。由于抗大五分校成立时的校址盐城濒临黄海，不知出于哪位提议，并且得到大家赞同，将歌词开头的“黄河之滨”改成了“黄海之滨”。

《抗大校歌》中有一段话:“同学们！努力学习，团结紧张严肃活泼，我们的作风。同学们！积极工作，艰苦奋斗英勇牺牲，我们的传统。”这同样是新四军教导总队、抗大五分校、华中总分校以及新四军所有抗大分校的校风和传统。当我们在几十年之后的今天再来回顾这些学校的战斗历程的时候，这一方面将是更值得珍惜和更具有现实意义的精神财富。

从皖南的教导总队到苏北的五分校和总分校，学习条件和生活条件都是相当艰苦的；学习和训练是非常紧张、严格的。无论是干部、教员或学员，对自己的思想言行，都认真严肃对待，大家亲密无间，团结一致，一心一意要在短短的教学过程中获得丰硕的成果。归根到底就是要树立共产主义的世界观，加强组织性纪律性，掌握更多的理论知识和军事技术，更有效地为打败日本侵略者、建立新中国而奋斗。

在战争环境下办学校，不可能自己盖校舍和教室。在皖南，几乎每个大小村庄都有祠堂，教导队各队就驻在这些祠堂里。大的祠堂要住两个队。每间屋子上下大通铺，用稻草作垫。在苏北，抗大分校的各队要借住一部分民房，但尽量借住寺庙、停课的学校和其他公共房舍，也是一概铺稻草、麦秸、秫秸、玉米秸，睡通铺，盖得很少。新参军的学员不远千里迢迢前来，不可能多带衣物。实际上，每个人要随时准备把自身全部衣物用品连同武器通通背上进行演习或长途行军，多了也背不动。在皖南，有海外爱国华侨捐赠新四军的一批军毯，军部军需处把每条军毯裁成两半，给教导总队的学员和干部每人发半条御寒。打背包、行军，它很适用。但冬天太冷，只好门上挂个草帘，把稻草铺厚些，大家挤一挤。到了热天，一个班、一个排睡大通铺，既闷热，又有蚊虫咬。在这种环境下，有些同志难免生“革命虫（虱子）”、长疥疮、患疟疾和痢疾的也不少。

吃的主食，有糙米就很不错了。在苏北，以杂粮为主，玉米糁子、大麦糁子、山芋干、高粱或黑豆，掺些大米做饭。供应困难时全吃粗粮，菜金在皖南是每人每天一角二分。连这样菲薄的伙食费也因国民党当局扣发新四军军饷而难以保证。穿的也一样，每到秋去冬来，棉衣经费筹措无着，需要补充棉衣的人很晚才能发到。穿鞋几乎全靠自力更生。每个人都学打草鞋。能找到破布撕成条打“草鞋”，那简直就像有了一种奢侈品，而冬天赤脚穿草鞋毕竟是很冷的。

上课没有教室，多半在露天、野外，只有雨雪天才设法在驻地大一些的屋子挤挤。没有桌凳，学员把背包当凳子，在膝盖上记笔记，用稻草编成圆形的草垫子也可以当凳子坐。

在军事训练方面的严格要求，仅举一两个例子即可见一斑。教导总队以及五分校在盐城时，每周有半天大会操，第一个课目是跑步。每个学员全副武装，背步枪、子弹带、手榴弹和背包，有时还加上3斤重的米袋，负荷量超过20市斤，要在操场上列队跑步20至30分钟。对于刚参军不久的知识青年来说，如果没有健康的体格和坚强的意志，很不容易坚持下来，更不用说接着还要做一系列军事动作和变换队形的操练了。

最紧张而且最消耗体力的是“遭遇战”演习。全队都全副武装一口气从常行军变为急行军走十多里。一边走，一边教员提出各种情况，让学员回答发生遭遇战时如何下决心。要求掌握遭遇战的“四先”原则，即先敌展开，先敌占领有利地形，先敌开火，先敌发起冲击。演习中大致都要抢占山头，夺取制高点，组织火力，发起冲击，往往一次要爬几个山头，人人汗流浃背，喘不过气来，个别身体差的有时就昏倒在地，而部队仍要继续跑步前进。

尽管物质生活和军事训练都很艰苦，学员们的政治热情却很高昂，学习的内容充实而又丰富，日常生活也是绚丽多彩。作为文化活动的组织者，每个队都建立了自己的救亡室，后来通称为俱乐部（全名是革命军人俱乐部）。它组织本队的体育、歌咏、戏剧活动，负责墙报或黑板报，管理书报，举办一些测验或问答竞赛，主持文艺晚会等。

歌咏活动相当普及，每当全总队、全校或军直属队集会，欢迎各队轮流唱歌的“啦啦队”声此伏彼起，歌声整齐而雄壮，气氛特别活跃。学员们经常引吭高唱《抗大校歌》、《八路军军歌》、《新四军军歌》、《我们是战无不胜的铁军》、《我们站在父子岭上》、《黄桥烧饼歌》，以至《渡长江》、《勇敢队》等歌曲，这也是歌颂我军光荣历史和重温优良传统的一种形式，有利于激励士气，培育革命情操。队里的戏剧活动主要是排演小的活报剧，有时也与批评表扬结合起来。

教导总队的政治处和五分校的政治部都设立了总俱乐部，负责组织推动全总队、全校的文化娱乐活动，在皖南事变中牺牲的优秀文艺工作者毛中玉担任教导总队的总俱乐部主任。《霓虹灯下的哨兵》剧作者沈西蒙也曾在教导总队的总俱乐部工作。举办大一点的晚会，教导总队有文化队可以演出，五分校则有校文工团，主任是吴凡吾。他们不仅演唱大量革命歌曲，而且自己排练或与军部战地服务团、鲁迅艺术工作团合作演出大型话剧。如《魔窟》、《一年间》、《台尔曼》、《自由万岁》，等等，当年在军直轰动一时，深受学员们和军直指战员们的喜爱。

对学员的思想政治教育，既渗透在军政教育的课程中，同时也贯穿在整个培训期间的其他各项活动中。各队的日常管理，无论是起居作息，点名讲话，以及班排活动，每时每刻都着眼于养成团结紧张严肃活泼的校风。教育与实际相结合，还表现在教学与实战、与群众工作相结合等方面。教导队和五分校参加了反“扫荡”、反对顽固派进攻的多次战斗，五分校还配合地方进行了剿匪战斗。经常组织短时间的民运工作队、宣传队，或派人临时协助驻地群众工作。每年夏秋两季，组织各队学员帮助群众收割稻麦。这些，都充实了教育的内容，密切了军民关系，使学员们得到了多种多样的锻炼机会。

教导总队和抗大五分校都建设了健全的强有力的教育训练机构和政治工作机构，有一批富于军政教育工作和军队政治工作、知识青年工作和思想文化工作经验的优秀负责干部，除了本文前面提到的一批军政教育负责人之外，在教导总队政治处先后担任过组织、宣传、保卫科长的，有刘先胜、邱一涵、张崇文、夏征农、张孤梅、刘兴、梁国斌、张福标、丁公量等同志。在抗大五分校和华中总分校政治部担任过这些机构负责人的有刘毓标、蒋润观、江岚、吴强、黎力坚、许西、周彬等同志。在这许多优秀的负责同志具体主持下，教育训练和政治工作的各方面做到了深刻的内容与生动的方式相统一，有的放矢，深入细致，从而取得很好的效果。

在教导总队和抗大分校，队是进行教学和一切活动的基本单位，党的工作和思想政治工作也是一样，每个队都建立了党的支部。队里的干部，除了队长、指导员，有些队还配备了专门负责党的工作和思想政治工作的副指导员，或者专职的支部书记。排里有在学员中指定的政治战士，一般都由能力较强的党员担任。政治战士的职责就是通过自身的模范作用带动群众，了解群众的思想情况，关心他们的困难，随时进行日常的思想教育和鼓动工作。

在各队的政治工作中，发展党的工作抓得很紧。它不仅意味着对发展对象本人必须进行认真的考察和细致的教育，而且需要党组织在普遍深入地了解学员思想政治状况的基础上确定发展对象。同时，它对没有入党的群众有着启发、推动和教育作用。尽管每一期在校学习时间很短，仍然有很多同志在教导总队和抗大五分校、总分校入了党。各队的党组织大量吸收新鲜血液，也使得自己的工作更加富有朝气、工作方法更加生动活泼。

正是由于向广大的学员比较集中地进行了一次马克思列宁主义和中国革命实际相结合的基本的理论知识教育，进行了基础的军事知识教育和战术训练，通过多方面的思想政治工作和日常管理对学员进行了革命优良传统和抗大校风的熏陶、培养，在教导总队和抗大分校学习的同志在军政素质上都有了明显的提高。尤其是新参军的知识青年，更是经历了一次终生难忘的革命启蒙教育，学习了革命理论，确立了共产主义的伟大理想，加强了组织性纪律性，在革命熔炉中冶炼成钢。绝大多数经过学习的同志是经得起革命战争的实践考验的。

皖南事变是我军建军史上一次重大损失。然而，在皖南敌军重兵围攻中，孤军奋战的新四军广大指战员的英雄气概，却真是足以“惊天地而泣鬼神”。教导总队在1月9日参加高坦战斗之后，从10日至12日一直固守东流山。当时，军部及所有未能突围部队有几千人被困在南北均有大山的石井坑狭长山谷地带。东流山是保卫军部的最后屏障。一旦东流山阵地全部丢失，国民党军队即控制了所有制高点，可以居高临下以火力大量杀伤我被围部队。最初死守东流山的教导总队、工兵队伤亡很大，又派机炮队及一、三、四队增援。12日傍晚，由余立金亲率教导总队余部发起最后的反击，终于夺回东流山的三个山峰，先后点燃预先约定的三堆烽火。教导总队的学员几乎都是干部，有枪却没有配备刺刀，对武装精良的顽军作战就依靠智勇双全和发挥手榴弹的威力。尤其是所有教育干部原先都没有武器，他们平时教育人，战时作榜样，夺取顽军武器以武装自己，同学员一起投入战斗。兄弟部队的指战员看到教导总队攻守有方，英勇顽强，纷纷称赞不愧是经过严格训练的教导总队。叶挺军长也予以表扬。

皖南事变中因弹尽粮绝、负伤被捕囚禁在上饶集中营的近700名新四军干部，有不少人是教导总队的干部和学员，或者曾在教导总队学习和工作过。同志们并没有因为战事失利而灰心丧气，而是进一步坚定了革命意志。他们生死与共，坚贞不屈，顽强斗争，大义凛然，因而遭到国民党的残酷迫害和血腥屠杀。其中有原副总队长兼教育长、新二支队副司令员冯达飞同志。教导总队的文化教育干事、革命先烈张太雷的儿子张一阳，牺牲时才17岁，临终前，他把工作、学习中使用的钢笔尖和自己的手指甲交给难友，并嘱咐说，如能越狱归队，一定把他的遗物交给其姐张西雷。曾在女生队学习过的施奇烈士，有病卧床还做联络工作，1942 年 6 月 3 日被敌人活埋。

在 1942 年 5 月 25 日和 6 月 17 日集中营胜利地举行了茅家岭暴动和赤石暴动，以鲜血谱写了我党组织的监狱斗争史上极其光辉的篇章。连同未成功的中秋暴动在内，几次暴动的参与者和组织者有不少是教导总队的干部。赤石暴动的军事指挥员是队长兼军事教员王羲亭同志，几次暴动的领导者中有特派员丁公量、指导员陈念棣、政治教育干事阮世炯、文化教员赵天野（史沫）等同志。

6 月 19 日，敌人在赤石附近虎山庙后面的茶树林里，对 60 余位革命志士实行集体大屠杀。教导总队的文化教员杨瑞年（女）挺起胸膛，跨出一步，向敌人喊道："来吧！开枪吧！共产党员是杀不尽的。"她在枪声中用尽最后的力气高呼："打倒国民党反动派！""共产党万岁！"身上连中 7 弹，倒在血泊中。她的弟弟杨华年也在教导总队工作，才 20 岁就在赤石暴动中献出了年轻的生命。这次牺牲的，还有教导总队的文化教员李捷（女）、学员汪企求（女）、瞿祖辉、曹维新、孙崇斌，二队指导员洪德生，供给科长史进，军事教育干事郭声等。

在苏北，抗大五分校有不少同志在同日军作战中光荣牺牲。五队排长吴邦东在阻击战中，为了掩护学员转移而献身。六队指导员江维在敌人追击时，一面命令已被冲散的二排赶快撤退，一面自己向敌人射击，进行火力掩护。队伍撤下来了，江维却左腿负了重伤。他只好把枪扔到河里，爬进青纱帐隐蔽，但被伪军发现。他在牺牲前断断续续喊道："我是共产党，我是指导员！中国人不做亡国奴！当汉奸可耻！"

抗大的教育之所以成功，抗大的传统精神之所以值得提倡发扬，其关键就在于它的确帮助了学员也帮助了他的干部真正确立共产主义思想，实现思想的革命化，解决了为无产阶级革命事业而奋斗终生的问题，有了坚定正确的政治方向。这个问题至今仍然是摆在从事社会主义现代化建设的人们面前的一个根本问题。在中国的条件下，这个问题如果不能抓紧解决，再好的环境，再高的技术，也是不可能真正造福于人民的。

在新四军教导总队、抗大五分校和华中总分校以及华中各分校存在的近八年中，这几所学校为新四军和华中各个抗日民主根据地培养训练了2.8万多名革命干部，其中大部分是新参军的知识青年。老干部的提高，大批新干部的充实军队，无疑都加强了新四军各部队的战斗力，保证了部队的不断扩大，也保障了根据地的开拓和巩固。党在抗日战争时期为造就一代新的革命干部而进行的努力之中，新四军的抗大分校及其前身教导总队作出了不可磨灭的历史贡献。

忆新四军战地服务团

谢云晖　胡明　王于畊　林晖

在南昌

抗日战争时期，有两支中国共产党领导的文化工作队伍，一支是西北地区丁玲领导的西北战地服务团，一支是东南地区朱克靖为团长的新四军战地服务团。他们由进步文化工作者和青年学生组成，用进步文化工作直接为抗日前线部队和战地群众服务，在海内外产生过颇大的影响。新四军战地服务团是 1938 年 1 月军部由武汉迁到南昌时成立的。

在回忆新四军战地服务团之际，我们首先怀着崇敬和哀思之情，追念后来牺牲在国民党屠刀之下的朱克靖团长。他自新四军成立起，到黄桥决战和泰州讨伐李长江之役止，历时三年，带领新四军战地服务团，奔驰在大江南北，恪尽职责，为党和人民的事业，作出了卓越的贡献。他 1895 年 10 月 29 日出生于湖南醴陵一个贫民家庭。1922 年加入中国共产党，北伐战争时期任国民革命军第三军党代表。南昌起义后任第九军党代表。1937 年秋末冬初，他在南昌与分别十年的叶挺同志和叶剑英同志重逢，受叶挺军长之邀，就任新四军战地服务团团长。团的领导还有秘书长、党支部书记、后任副团长的白丁（徐平羽）。开始，战地服务团只有韦布、杜宣、李增援、吴晓邦、王国征、沈光等十多位进步的文化工作者和几位党员，二三月间，从各地到战地服务团的人员就多起来了。有从延安抗日军政大学和中央党校来的胡明、潘田等同志；有由明仁宗和张伟烈同志领队从赣南游击区来的红小兵舞蹈队 20 余人，他们多是十三四岁的少年，穿着宽大的军装，十分活泼可爱；有从山西临汾八路军学兵队来的十多位同志；有从江西、湖北、湖南、上海、南京、浙江、福建等地来的数十位青年同志；还有从东南亚各地来的华侨青年。以后人员有进有出，大体保持了 100 多人的规模。为了便于开展工作，战地服务团成立了戏剧组、歌咏组、绘画组、舞蹈组、民运组等。为了便于生活管理，行政上分三个队：男队、女队和少年队。

在南昌的三个月（1938 年 1 月初至 4 月初），新四军战地服务团以崭新的姿态，积极地开展抗日宣传活动。戏剧组、歌咏组、舞蹈组联合举行了多次晚会，他们演出的大合唱，唱出了民族的最强音；他们演出的小型话剧、活报剧和歌剧，使观众耳目为之一新。吴晓邦同志自编自演的舞蹈《义勇军进行曲》，更是一个鼓动性很强的节目。当他以矫健的身姿登台起舞时，台下观众齐声伴唱，台上台下气氛热烈。当时，在江西省战时青年服务团任大队长的音乐家何士德常到新四军战地服务团来教歌。新四军战地服务团还和江西省战时青年服务团、江西省保安处政训队、以戏剧家邵惟为指导员的话剧队同台演出。当时任南昌市保安处副处长的蒋经国偕同他的夫人也在台下观看演出。抗战初期的南昌，以国共两党为主的——抗日民族统一战线的形势是令人鼓舞的。

南昌是我军八一起义的诞生地。在十年内战中，它又是国民党蒋介石“剿匪”总指挥部所在的反共大本营。在当时国共两党再次合作、团结抗日的新形势下，新四军战地服务团的同志，穿着灰色的军装，佩戴印有持枪冲锋战士图样和“抗敌”字样的蓝色臂章，踏着整齐的步伐，唱着雄壮的抗日救亡歌曲，行进在南昌街头，两旁聚观的群众莫不为这支朝气勃勃的队伍欢呼，为国共两党合作抗日而额手相庆。

向岩寺集中整编

1938年4月4日，新四军战地服务团随军部告别南昌，奉命向皖南岩寺集中整编。我们登上了火车，沿浙赣路从南昌经金华至兰溪。在车厢里，大家讲故事、唱歌、献演小节目，情绪十分高涨。我们就这样勇气百倍地奔赴“炮火连天响”的抗日前线去！

第二天（5日）清晨，列车到达兰溪车站，遇到了从前线撤下来的一列车国民党军伤兵。他们有的唉声叹气，有的吵吵嚷嚷，用粗鲁的话语，骂他们的长官。朱克靖团长和白丁（徐平羽）同志商量后，决定战地服务团为他们作慰问演出。所唱的第一个歌，就是《慰劳伤兵歌》。这首由田汉作词、聂耳作曲的歌被战地服务团同志唱得那么亲切、真挚、动人，使伤兵们抑郁不平的心情得到了舒展。演出结束后，伤兵们含着热泪和服务团的同志们握手，并且高兴地说：“谢谢你们为我们演唱！欢迎你们再来！”当他们得知是红军游击队改编的新四军时，显得更为兴奋。

我们从兰溪经建德，坐木船溯新安江北上皖南歙县，再步行到岩寺。一路春风荡漾，景色如画，新安江水清见底，两岸山花烂漫。祖国儿女怎不为保卫这大好河山而甘心抛头颅、洒热血！

岩寺是歙县的一个小镇，不远的绿色群山，从旁流过的潺潺溪水和镇东的古塔，给人以宁静、秀丽的印象。4月间，军部和来自长江以南八省的红军游击健儿陆续来到这里集中整编。在岩寺附近的潜口、西溪南等村子分驻一、二、三支队。在这里接受了第三战区司令长官顾祝同派来的点验官的点验。他们分别授予各支队带着黄色穗带的顶部有个“旅”字的三角形军旗。不久，各支队的宣传队、服务团都集中编入新四军战地服务团，全团人数增加到200人左右，编为7个队，成立了党支部。支部书记是章蕴同志。行政上设立总务科、宣传科、民运科，分别由熊振作、方休、胡明等同志任科长。各个业务工作组，如戏剧组、绘画组、歌咏组、舞蹈组、通讯组、民运组等继续广泛开展各项工作。每到一地总要调查当地社会情况，和群众谈心、交朋友，广泛宣传我党我军的抗日主张和抗日民族统一战线政策。晚上召开群众大会之前，大家一齐动手，搭台，挂幕布，点汽灯。会上，朱克靖团长总是亲自向群众发表热情洋溢、富有鼓动性的讲话。

在岩寺，最激动人心的是4月下旬的一个晚上，那是粟裕同志率领先遣支队和陈毅同志率领一支队将要挺进江南敌后的前夕，朱克靖团长和白丁同志动员团员们报名上前线。大家脸涨得通红，争先恐后地举手报名。最后由领导确定了几十位同志，他们中多数是江苏、浙江和上海籍的同志，和江南人民语言相通，比较熟悉民情风俗，便于接近群众，开展敌后民运工作。选到先遣支队的十位同志由潘田同志率领。青年作家丘东平同志，虽是广东人，因要求随军体验生活、积累创作素材，经批准也参加了。到一支队的一个分队20多位同志，由余伯由、赵则三率领，向陈毅司令员和刘炎主任报到，受到了他们的热情接待。

战地服务团在岩寺驻地召开了欢送上前线晚会。王于畊同志代表服务团全体同志在会上热情洋溢地致辞：

“亲爱的同志们！你们都是祖国最优秀的儿女，正当国民党百万大军抵挡不住日军对上海、南京、杭州等地的进攻的时候，你们勇敢地随陈毅、粟裕同志率领的部队到江南敌后开展游击战争。你们一定会在江南敌后，战胜一切困难，作出巨大的贡献；你们也一定会和部队一道，在游击战争中获得伟大的胜利！现在请允许我代表服务团留在皖南的全体同志向你们致以亲切的崇高的敬意。同志们！我们不久也会到前线去！当新四军、八路军和全国军民一道，打败日本侵略者的时候，我们将会在南京、上海会师！”

王于畊的讲话发自内心，她的眼中，热泪夺眶欲出；大家的眼中也闪着兴奋的泪光，异常热烈地鼓起掌来。

进驻云岭

5月初，战地服务团由岩寺出发，经潜口、洽舍，到汤口。汤口是我国著名风景区黄山的门户。我们在汤口作了短暂的停留。尔后途经谭家桥、三口，到达太平县甘棠镇一带，又驻扎了若干时日。这时服务团又派出两个分队分别随二支队和三支队出发到江南敌后和皖南前线。每个分队出发时，全体团员总要列队欢送。

5月下旬，战地服务团随军部继续前进。离开太平县，翻过樵山岭，进入泾县铜山村。泾县是军部计划驻扎的山区县。途经的最大镇子茂林（就是后来皖南事变的发生地）。这个镇有上千户人家，抗战军兴，这个镇子繁华了一个时期，人称“小小泾县城，大大茂林镇”。1934年，方志敏率红军抗日先遣队——红七军团北上时，在谭家桥遭国民党军优势兵力的围攻。在战斗中，七军团军团长、22岁的寻淮洲同志负重伤后，用担架抬到茂林时牺牲，埋葬于茂林西边的山坡上。随一支队的服务团分队，途经茂林，做社会调查时，发现寻淮洲同志的墓地已败落不堪。陈毅司令员得知后，连夜起草了寻淮洲同志墓志铭，刘炎主任用正楷书写，请石工刻成墓碑。初升的太阳照着重新整修好的寻淮洲墓和新刻成的墓碑，全支队排成讲话队形肃立在墓前，军号齐奏，警卫排鸣枪三响致敬。陈毅同志在墓前讲话。这是一次庄严肃穆的挺进敌后前的誓师大会。战地服务团一支队分队的同志们第一次听陈毅那铿锵有力的讲话，决心继承方志敏、寻淮洲等红军先烈的遗志，誓死完成北上抗日的历史重任。

战地服务团随军部经泾县城、茂林，进到泾县和南陵县交界处的土塘村。8 月初军部进驻云岭，战地服务团则驻新村。

开展民运工作

8 月间，战地服务团抽调了几十位适合做民运工作的男女同志，组成民运工作队，分派到军部等领导机关驻地及茂林、田坊、孤峰、汀潭、马岭坑、小河口、水东乡一带，任务是宣传群众，组织群众，把群众发动起来，分别组织在农民抗敌协会（农抗会）、工人抗敌协会（工抗会）、青年抗敌协会（青抗会）、妇女抗敌协会（妇抗会）等抗日群众组织之中。

军部首长十分重视指导服务团的民运工作，开始由军政治部副主任兼民运部部长邓子恢同志直接领导这一工作。邓子恢同志是我党农民运动的著名领导人之一，有着丰富的农村工作经验。而服务团大多是 20 岁上下的青年知识分子，抗日热情虽高，却缺乏农村群众工作的经验。7 月中旬，邓子恢同志亲自向他们作报告，帮助他们总结这一段工作，传授我党群众工作的丰富经验。集训后重新部署工作，成立了两个工作委员会，一个是以章家渡为中心的泾三区工委会，主任章蕴同志，抽调 20 多位服务团员参加工作；另一个是以南陵县三里店为中心的南三区工委会，主任胡明，也抽调了20多位团员参加工作。9月秋收后，发动群众开展了“二五减租”运动，使群众得到了切身利益，在群众中，涌现了很多积极分子。

战地服务团民运工作队的同志们和农民在生活上打成一片，很能吃苦耐劳，受到了当地农民、手工业者的热爱。他们和群众促膝谈心，调查研究农村社会情况，为群众排忧解难，成为群众的知心朋友。在实际工作中，他们的政治素质得到了提高，很多同志就在这一时期入了党。随着群众运动的深入，也开始在泾县、南陵一带的积极分子中发展党员，开始了地方上的建党工作。秋后，从服务团的党员中，抽调了张伟烈、胡明、李桂英（经过长征的女同志）、林菲、洪琪等同志到皖南特委工作。同时还有一批服务团员被调到驻防在繁昌、铜陵前线的三支队和老一团、老三团政治机关民运工作部门做驻地民运工作。

在大江南北积极开展抗日宣传活动

新四军战地服务团不仅在皖南开展民运工作，而且用进步的文化艺术工作，在大江南北的战地军民中，积极开展抗日宣传活动。

战地服务团的多数成员是做戏剧工作的。先期为戏剧组，后为剧团。戏剧组组长是南京戏剧专科学校的毕业生李增援同志，编剧、导演、演戏都很能干。战地服务团戏剧工作的成就，和他艰辛的创造性的努力是分不开的。后来在苏北的一次反“扫荡”作战中，他献出了年轻的生命。他是一位受大家尊敬并且永远铭记在心的革命烈士。1938年夏季，战地服务团随军部到达泾县云岭后，吴强同志来到新四军政治部，他常到服务团参加编剧、导演，也参加演出。1938年秋，原南国社的老戏剧家邵惟同志也来到服务团，他主要任导演，也当演员。

由他导演和主演的《马百计》是很成功的，曾多次演出，受到观众的欢迎。从此，战地服务团的演出水平也有了很大提高。

戏剧组（剧团）演出的剧目有军外剧作家编的，但更多是自己写的。集体创作是常用的形式，这种形式适应了及时为现实斗争服务的需要。大家讨论一番，指定一二人去执笔，写出来后一面排、一面修改；演出后往往连夜开座谈会征求领导和部分观众的意见。新四军政治部主任袁国平就多次主持这种会议，大家说说优缺点，他做个总结，再修改，再演出。《送郎上前线》就是这样移植西北民歌创作出来的第一个小歌剧，从皖南演到皖北，从苏南演到苏北，到处受到欢迎。皖南前线和大江南北敌后战场军民的英勇奋战，提供了可歌可泣、丰富生动的素材，服务团深入群众之中，广泛收集这些材料。例如多次演出的《人财两空》、《繁昌之战》、《一条扁担》、《兄妹》、《夜袭奔牛车站》、《红鼻子》，等等，都是这样写出来又到处演出的，效果很好。后来的剧目、大型剧目，多在云岭军部礼堂（坐落在云岭西南的陈家大祠堂）演出，如夏衍的《一年间》、陈白尘的《魔窟》、鲁迅的《阿Q正传》，等等。在敌后，当根据地情况相对稳定时，如一师战地服务团也演出过曹禺的大型名剧《雷雨》、《日出》等。

战地服务团演出的艰辛是今天的青年文艺工作者难以想象的。服装、道具几乎全部是向驻地群众借用的，也有自己动手制作的。日军这个角色的服装、枪支等全部是部队作战缴获来的战利品，所以演起来也特别逼真，有时演员还受到某些控制不住自己情绪的观众掷来的仇恨的土块和石子的袭击。音响效果是服务团员们用种种土办法创造出来的。如用黄豆滚动的声音代替沙沙沙的雨声，点燃一串鞭炮放在“煤油桶”内发出噼噼啪啪的声音代替枪声。剧团仅有幕布数块、汽灯两盏而已。所到之处，白天搭台，晚上演戏。部队观众坐在背包上，枪靠在肩上；当地群众自己搬个凳子，或捡块砖、拿把草一坐，台上汽灯一亮就演出了。

晚会前，先教部队和群众唱抗日歌曲，或部队自唱。这个单位和那个单位之间互相“拉歌”，会场热气腾腾，反映了抗日军民的乐观情绪。演出开始，大幕一拉，在热烈的掌声中，就开始了大合唱，有时台上台下一道齐唱。1939年的纪念七一晚会，是在正午日军12架飞机轰炸云岭和中村等地之后，晚上仍然坚持演出的。这场晚会是由战地服务团和教导总队文化队联合演出的。当音乐家何士德同志指挥演唱了两部合唱《新四军军歌》和四部合唱《国际歌》后，坐在台下观看的美国记者史沫特莱女士兴奋地称赞说:“奇迹！奇迹！”

在敌后的演出更令人难忘。1938年6月初，随同一支队出发的一个分队，经过一夜强行军80多里，通过日军占领的江南铁道封锁线。那夜天黑云密，伸手不见五指，一路时跑时停，到下半夜时，边走就边打起瞌睡来。拂晓到达苏南的东门渡，已是人困马乏。部队在这里要休息一天，政治部主任刘炎就通知服务团在这江南敌后召开第一次军民联欢晚会。在王国征同志（南京戏剧专科学校学生，后在苏南反“扫荡”作战中光荣牺牲）的指导下，大家从稻草铺上起床，拖着疲惫不堪的身体，振作起精神分头去借汽灯、门板，还到陈毅司令员那里，经他同意，把插在他门口的那面一支队军旗也借了来。当活报剧演出到新四军的一支游击队击毙日军，胜利地挥舞军旗时，台下军民兴奋地鼓掌，并且高呼:“打倒日本帝国主义！”“把日本强盗赶出中国去！”受尽日军烧杀掳掠欺凌、饱受“国军”散兵游勇敲诈勒索之苦的江南敌后人民，第一次看到人民军队誓死抗战的精神面貌，受到了极大鼓舞，荡涤了因国民党百万大军狼狈溃逃而带来的对抗战的失望情绪，增强了抗日必胜的信心。人民的眼中饱含热泪，连老大爷、老大娘也嗫嚅地说:“好呀！好呀！真好呀！”

服务团的同志们在演出后常常是高高兴兴地喝上一碗稀饭，说说笑笑地回到宿营地。尽管演出条件艰苦，但效果良好，鼓舞着大家更加忘我地努力工作，何况常常还受到群众杀猪宰鸡的慰劳，部队指战员的热情赞扬。团员们的情绪总是很好的。

战地服务团的歌咏组（后称音乐组），人数虽不多，却在抗战时期的音乐工作中，作出了重要贡献。音乐家章枚、沈亚威等同志是负责这项工作的重要成员。他们认真地写词、作曲、教歌，反映了千百万抗日军民的心声。在皖南、皖北、苏南、苏北、浙东各个抗日民主根据地中，敌占区那种靡靡之音，始终无法渗透进来，而抗战的歌声，却在部队和群众中如江海怒潮，一浪高过一浪。音乐家何士德同志参加新四军后，先后在教导总队文化队任队长、军政治部宣传部任文艺科长，他经常到服务团指导音乐工作。这一时期，也是他创作的旺盛时期，如《反“扫荡”》、《繁昌之战》、《我们站在父子岭上》、《渡长江》等，都是他的力作，深为群众喜爱。由陈毅起草的《新四军军歌》歌词，经过项英、袁国平、李一氓、黄诚等集体讨论、修改后，经何士德同志配曲。这是一支思想性、艺术性统一的杰作，于1939年七一晚会首次正式演唱后，至今久唱不衰，已成为我国著名的历史歌曲。服务团的大合唱几乎是全团同志都参加的。他们大多数人上台能唱歌、下台能教歌。歌声遍地，反映了部队和群众虽在极其艰难困苦的战斗环境中，却始终保持了朝气蓬勃、生动活泼的革命乐观主义情绪。

绘画组的沈柔坚、涂克、李绚（鲁莽）、孙从耳（孙竦）等同志，在新四军战地服务团和以后几十年中，始终坚持革命的美术工作。他们运用美术这个武器，为人民大众服务。他们在战地服务团绘制大幅油画、宣传画，也创作木刻画。木刻画用手拓，每次约拓200幅，张贴于军部驻地云岭以及中村、章家渡、茂林等各个村镇。他们还集体创作了《新四军军歌木刻组画》，手拓200份，其中100份装订成册，作对外宣传用，史沫特莱为广为宣传曾带走一部分。她还嘱托沈柔坚绘制《为了正义》大幅布画，赠给国际红十字会总部。绘画组的同志在驻军南昌和皖南各地、在行军沿途的墙头上绘制巨幅抗日宣传画。每到一地即在广场上开办画展，有时画在布上，挂在墙上，还有人讲解。

这种画展吸引了大量观众，发挥了以绘画这个武器来宣传抗战、教育群众、打击敌人的作用。

创作组有著名作家聂绀弩，以及辛劳、林琳、菡子等同志，他们在《抗敌半月刊》等报刊上发表了《山芋》（聂绀弩作）、《捧血者》（辛劳作）、《五个鸡蛋》、《一天》、《阶段》（林琳）等作品。在一支队工作的战地服务团团员丘东平创作的《在茅山下》等作品，有力地反映了新四军在江南敌后的英勇斗争。创作组的同志和副团长谢云晖、白丁一道，创作了话剧《圣诞节之夜》，表现了周恩来同志在西安事变中的功绩。因碍于统一战线，未能演出，但由菡子抄写在稿纸上，用红绸带扎好，送给了正在皖南军部视察工作的周恩来同志。

深入前线、深入敌后

战地服务团的同志们以到前线去、到敌后去、到工农兵群众中去为荣，从团长朱克靖，副团长吴仲超、白丁、谢云晖起，直到所有团员，总是争着上前线、上敌后。“为了民族独立，为了社会解放”，人人抱着“马革裹尸还”的决心，一批一批地奔赴战场。他们从来不计较地位、待遇，吃士兵的伙食，穿战士的服装。开始，组织上把他们当知识分子优待，发给他们较多的津贴，当他们发现团长只有五元钱的津贴，一般干部只有三元钱的津贴后，就坚决要求减少津贴，和基层干部一样，拿三元钱的津贴。他们真诚地拥护中国共产党的领导，所创作和演出、展出的戏剧、歌曲、绘画、舞蹈，实践了“大众化的方向”、“打破了小资产阶级在亭子间里的空想”。从1938年4月起，战地服务团多次派出分队到先遣支队和一、二、三、四支队去。属于正面战场的皖南铜陵、繁昌、南陵前线有他们的足迹，苏南、苏北、皖北等地也都留有他们的足迹。

1938年秋，战地服务团由团长朱克靖率领到南陵前线慰问刚从江南敌后调防回来的老一团。冬天，由副团长吴仲超率领一个队深入江南敌后，到一支队司令部和老二团作慰问活动。一支队司令员陈毅、政治部主任刘炎，二团团长王必成、副团长（政委）刘培善同志，都热烈地欢迎他们，并且分别向他们讲话，介绍了敌后作战情况，说了许多生动的故事，这对服务团同志的鼓舞和教育是很大的。接着又到了新四军第二支队司令部和四团，受到了司令员张鼎丞、副司令员粟裕、四团团长张道庸（陶勇）的亲切接见。他们也分别作了报告。这次他们遇到了日军的“扫荡”，服务团的男同志随部队一道行动，女同志分散到农民群众中去工作。日军“扫荡”被我军粉碎后，服务团又集中起来，对部队进行慰问演出。1939年，战地服务团又派出新组建的一队赴苏南前线，并渡过长江到新四军挺进纵队活动。接着又组成三队由团长朱克靖率领，随叶挺军长、邓子恢副主任和张云逸、罗炳辉同志，经铜陵、繁昌前线渡江到皖北。先在舒城山区，接着到津浦路西侧，随江北指挥部和四、五支队活动并分出部分人员在定远、合肥地区做群众工作，长达半年之久。

1939年秋，服务团在组织上作了一次调整。从教导总队文化队调来了沈亚威、常竹铭、顾宝璋等十多位同志。调出了一部分同志到后勤部门工作，剧团分为两个队。一队队长余伯由，副队长林琳；二队队长夏时，副队长王于畊。

冬天，一队到繁昌前线，给部队演出了三幕话剧《繁昌之战》。这个戏就是在前线搜集的材料，表彰了我军在抗日战争中的革命英雄主义精神，揭露了顽固派闹磨擦的阴谋，因而受到了部队指战员的极大欢迎，也受到了袁国平主任的称赞，并在《抗敌半月刊》上著文评述。

1940年三八妇女节，军部举行了较大规模的纪念活动。战地服务团女同志集体创作并演出了《大时代的女性》，是从新四军女同志中收集素材，着重宣传妇女只有在共产党领导下，参加抗日斗争和革命工作，知识妇女必须与劳动人民的斗争相结合才能得到解放。通过纪念三八节的一系列活动，如听取项英同志的报告，参加纪念大会（大会上表扬了一批模范女干部和三对模范夫妇），参看画展，比赛篮球等，使女同志们受到了革命教育，从而更加热爱革命部队。

在江南指挥部和苏北指挥部

1940 年 4 月，战地服务团的主要部分 100 余人，在团长朱克靖、副团长谢云晖率领下，离开皖南军部，又一次通过日军封锁线，到达苏南敌后溧阳水西村新四军江南指挥部。以后就在以陈毅同志为指挥的江南指挥部领导下，活动于日军据点林立的“梅花桩”之间。

这时服务团组织上又作了调整。团部秘书兼支部书记于晶；剧团队长夏时、副队长林琳；绘画组组长沈柔坚；音乐组组长沈亚威。另成立民运工作队，队长王于畊。

1940 年 5 月，服务团由团长朱克靖率领随粟裕副指挥去国民党第三战区冷欣的指挥部活动。服务团表现出革命队伍和革命文化团体的优良作风，演出了数场戏，举行了画展，开展了歌咏活动，在这个地区引起了轰动。致使苏南的顽固派头子冷欣惊讶，他在服务团团员座谈会上进行煽惑，还找几个服务团员个别谈话，妄图瓦解这支革命的文化队伍，这些都使他碰壁。服务团同志们政治上坚定，作风严肃，演出节目精彩，文艺活动形式活泼多样，使蒋管区人民耳目一新，增进了他们对新四军的了解和拥戴之情。冷欣曾向朱克靖团长惊讶地询问：“你们是怎样训练这班青年人的？”朱团长笑着回答说：“我们是共产党领导的队伍啊！”

苏南地区的斗争极其尖锐复杂，日军反复“扫荡”，顽军不时磨擦。反“扫荡”和自卫还击的胜利消息鼓舞着大家。6月初，新四军江南指挥部率部向江北转移，服务团也轻装随同行动。过宁沪路日军封锁线时，服务团随指挥部政治部行军，受到了日军的袭击。在过日军密集火力封锁的石桥时，徐莹同志手臂负伤，王于畊同志急忙撕下自己的半条毛巾把她的伤口包扎好。这时天已昏黑，常竹铭同志又走近王于畊，轻声说：“李珉同志也负伤了。”王于畊走到李珉跟前问道：“你哪里受了伤？”李珉喘着气说：“好像是在……”王于畊顺着她手指的地方一摸，左胸上湿了一片。只得用剩下的半条毛巾和李珉身上的毛巾环着她的左上肩把她的伤口包扎好。这时李珉喘着气说：“于畊，我是不行了，你们别管我，赶快去找部队！快去！快去！”这几位女同志无法把她抬走，只得先去找部队。待找到部队后，立即派出两位身强力壮的男同志去桥边找李珉。这时她已被当地群众送到由崔义田同志主持的战地医院。这个医院隐蔽在一个小村子里。朱克靖团长等三人就到医院去探望她。同志们见她伤势这么重，脸色苍白、双眼无光，不禁流出眼泪来。李珉却平静地说：“同志们！革命流血不流泪！”当李珉同志说完这句刻骨铭心的话后就停止了呼吸。这句话多么震撼革命志士们的心啊！后来，陈毅同志“闻而壮其言，诗以志之”，诗云：“革命流血不流泪，生死寻常无怨尤。碧水长江流不尽，一言九鼎重千秋。”

李珉同志是战地服务团许多献出宝贵生命的烈士们的一个典型代表。先后为抗日战争和中国革命事业而捐躯的还有：朱克靖、王国征、李增援、丘东平、罗天、黎彬、杨瑞年、汪波、戴庆哲、柳肇珍、邹兆华、张东、张祖尧、司徒扬、白桐本等亲爱的战友，他们的精神光照千秋，他们的英名永垂不朽！

战地服务团随江南指挥部夜走40公里，跨过了公路、运河、铁路三道日军封锁线，到达京沪路北，稍事休息即渡过长江，到达江北江都地区，那里是新四军挺进纵队所辖地区，临近汤头镇的王家河。这时苏北郭村反顽自卫战胜利结束不久，陈毅同志为郭村战斗的胜利写下了歌词《保卫郭村》，由章枚同志配曲，在服务团同志的教唱下，这首歌很快地响遍了苏北。服务团一面休整，一面慰问演出，并在这一地区开展群众工作，为开创苏北抗日民主根据地贡献着青春和力量。

郭村自卫战，我挺进纵队和兼程东援的苏皖支队，在叶飞同志指挥下，孤军作战，打垮了国民党鲁苏皖边游击总指挥部副总指挥李长江13个团的围攻，歼李部三个团，直逼泰州城。在泰州城唾手可得的情况下，陈毅同志为继续争取鲁苏皖边游击总指挥部总指挥李明扬、副总指挥李长江团结抗日，特派服务团朱克靖团长赴泰州谈判。朱克靖同志利用他与李明扬在北伐战争时期的袍泽关系，李明扬与江苏省主席韩德勤的矛盾，晓以利害，争取了李明扬，取得了团结抗日、助我东进的协议。

7月下旬，服务团随指挥部东进。7月29日黄桥解放，服务团在黄桥地区展开了轰轰烈烈的宣传活动。当韩德勤发动大军向我进攻，迫使我军进行黄桥决战时，黄桥人民点燃了60多个烤烧饼的炉子，几天内烤制了数以万计又黄又香的烧饼送上前线部队，以示慰问和鼓励。李增援同志为这种军民协同和顽固派作战的革命精神所激励，当即挥笔写下了《黄桥烧饼歌》歌词："黄桥烧饼黄又黄嗳，黄黄烧饼慰劳忙哩！烧饼要用热火烧嗳，军队要靠老百姓帮，同志们呀吃个饱，多打胜仗多缴枪！咳呀咦哟咳嗬嘿！多打胜仗多缴枪，咦呀嘿！"

这首歌共有6段歌词，由章枚谱曲。在服务团同志的热情教唱下，当即在苏北军民中广泛传唱，极大地鼓舞了军民的斗志。陈毅司令员精心指挥的黄桥战役，成为新四军以少胜多的模范战例而载入我军战史；《黄桥烧饼歌》也以抗战歌曲的范例而载入《抗日战争歌曲集》和中国革命音乐史中。这是一首40多年来久唱不衰的形象生动、为士兵和人民所喜爱的新型革命民歌。

在黄桥决战前夕，陈毅同志又特派服务团团长朱克靖赴李明扬总部，深入虎穴，争取了李明扬中立。在黄桥决战的前前后后，朱克靖同志在统一战线工作上，为黄桥决战的胜利，作出了贡献。

在黄桥军民联合办事处（抗日民主政权的雏形）成立后，服务团的民运工作队全部投入了政权建设和组织群众的工作中。

这一时期，即 1940 年 7 月到 1941 年 2 月，苏北地区反顽、反伪斗争频繁，经常连续行军作战。歌咏活动仍然十分活跃，沈亚威创作的《坚持苏中疆场》、《打个胜仗哈哈哈》等歌曲，成为部队宣传鼓动工作的有力武器。服务团在指挥部领导下，做了大量工作，不但宣传群众、组织群众，而且参加救护伤员、打扫战场、管理教育大批俘虏等战地服务工作，受到指挥部首长的赞扬。

战地服务团是培养干部的熔炉

1941 年 1 月皖南事变后，新四军新军部成立，战地服务团撤销，部分团员调到新四军一师，改建一师战地服务团。

三年来，新四军战地服务团不仅以艰苦卓绝的战地服务工作载誉大江南北，而且为新四军各部队输送了大量干部，也为地方党输送了一批生力军。经过服务团培养、教育、锻炼、输送的干部共 400 余人。其中大部分成为我军的优秀政工干部和文化工作干部。也有不少人成为我军各级指挥员。在新四军活动过的地区，都有服务团调出的人员在工作。他们中有的成为党、政领导干部，有的成为文化界、教育界等各方面的著名人士。新四军战地服务团是一个培养干部的熔炉，另一种形式的大学校。它经受了战火的严峻考验，它的革命精神和优良作风像金玉一般，永远璀璨夺目。

回忆《挺进报》

谢中峰　齐光　马焰

一

《挺进报》是抗日战争时期新四军第五师的机关报，日常工作由师政治部直接领导。

1940年1月，新四军豫鄂挺进纵队在大洪山南麓的京山八字门建军后，为了适应形势发展的需要，纵队党委决定创办一份报纸，并确定以挺进纵队的“挺进”作为报纸的名称。纵队政治部迅即着手筹备组建挺进报社。任命谢中峰为社长，调来戴君鲁、吴律西、苏玉诚、余海涵、马焰、李建安、王仁等分别担任编辑、记者和负责刻版、印刷工作。2月初就出版了创刊号。它是一种用蜡纸刻写的油印四开四版报纸，以后大约每隔七天出一期。纵队政治委员朱理治为《挺进报》题了报头，司令员李先念为创刊号题了词。政治部主任任质斌在中央苏区办过《红色中华》报，他详细给我们介绍了办报的经验，使我们这些没上过新闻学校、没有办过报纸的人，也办起报来了。

当时的办报方针是：宣传中国共产党抗日主张、统一战线政策和游击战争理论。本着“从群众中来，到群众中去”的精神，反映部队的战斗、训练和生活，总结作战的经验教训，表扬英雄模范人物，鼓励士气，巩固部队，提高战斗力，把《挺进报》办成纵队政治工作宣传鼓动的有力武器。根据上级指示，《挺进报》自初建之日起，即在部队建立通讯网和读报小组，不断扩大不脱产的特约通讯员，连队也普遍建立了读报制度。

《挺进报》创刊时，正值国民党第一次反共高潮的阴云笼罩的时期。从创刊的那天起，它就处在敌伪顽夹击的极其艰险动荡的环境里。在湖北京山县的八字门创刊后，就因日军“扫荡”，转移到京山安陆交界的大山头一带随军打游击。记得3月下旬，有一天遭受敌伪三次袭击，转移了五个地方。后来，谢中峰因病休养，齐光接替他担任《挺进报》总编辑。

为了坚持出版报纸，编辑人员随身带着稿件文具；刻写的同志则将钢板、铁笔、蜡纸装在自制的布袋里背着；报务员把收报机背在身上；纸张、油墨和油印机让骡子驮着，印刷人员紧紧跟在后面。敌情紧张时，就将油印机拆开，去掉箱子，背着行军。部队打仗时，采访编辑人员常亲自参加战斗，在战斗中采写新闻，及时报道。部队住下时，办报人员不管多么疲劳，放下背包，摆开文具、器材就干，敌人来了，收起就走。

1940年6月，报社随军由大、小悟山回师平汉路西的白兆山区，攻克了从山区通往鄂中各县的交通要冲——京山县的坪坝镇，全歼了投敌反共的丁巨川部，才把大小山头与白兆山连成一片。我军先后经过三次粉碎日军进攻坪坝的战斗胜利，牢固控制了坪坝镇。纵队直属机关部队，遂相继进驻白兆山区的钱家冲响堂湾一线。《挺进报》也进驻门板山脚下的王家湾，当时的发行量仅仅1000余份。

在消灭投敌反共的丁巨川部和三次粉碎日军的进攻中，《挺进报》记者都亲到前线指挥部，随时发布战报和号外。平日报纸的国际、国内新闻，都改写成为短文，报道战斗消息也很短。报纸一开始就注重对部队的建设开展表扬和批评，《挺进报》成为指战员日常必读的出版物了。

记得一次国民党川一军二十二集团军一二七师李团，在敌情不明的情况下，进入我根据地，并被日军包围在安陆的李家冲，情况万分紧急。我纵队首长派主力驰援，敌军撤退，友军因而解围。当我军派卫生人员包扎了他们的伤员，送回牺牲官兵之时，受到了该团官兵的热烈欢迎。李团长在讲话中表示诚恳感谢。他说："国民党报纸宣传共产党、新四军这样那样，我们再不相信了；我姓李的绝对不会再打新四军。"这次援助川军使他们解围，是用我们的实际行动表示了国共团结，一致对敌。不仅对国民党反共宣传是一次有力的回击，对我纵队全体指战员也是一次活生生的统一战线教育。《挺进报》作了详细报道，很多指挥员和战斗员都认识到，在抗日前提下，许多中间势力是可以争取的。不管国民党当局如何反共，我军和友军团结对敌，仍是共同任务。这样客观上就孤立了顽固分子。

随着部队迅速扩大，《挺进报》发行量逐渐增加。我们通过关系，从武汉日商手中买来了卷筒油印机，一张蜡纸可以印刷2500份，清晰度也比以前大大提高。这时应敏等参加编辑工作，赵康担任印刷科长，赵志刚任新闻台长，从组织上加强了人员，《挺进报》进入了正规化阶段。除了因战斗而误期外，一般保证7天出版1期，交由发行科统一发行。

为了加强报纸的战斗性，充分发挥报纸的指导作用，《挺进报》每期都突出一个中心。配合中心和重要新闻，还撰写短小精悍、富有战斗性、鼓动性的短评。1940年春，在以揭露国民党鄂中专员曹勖制造反共流血罪行为中心的一期报上，任质斌主任亲自写了一篇短评，内容是"顽固分子杀了人！顽固分子杀了人！！顽固分子杀了人！！！杀了我们的人应该怎么办？我们准备用革命的法律手段去制裁他们。”文章短短50来个字，就像一团烈火，一把匕首，义正词严，理直气壮，揭露了曹勖的反动嘴脸，激起了全军的革命义愤。

记得这年，我们驻钱家冲王家湾，王翰副主任亲自指导编辑工作。他经常为报纸定中心内容，审定社论和重要稿件。指示报纸在一定时期内要明确提倡什么，批判什么。要求编辑标题醒目，语言通俗生动；记者采访要深入细致，脸要厚（不怕碰钉子），腿、手、嘴要勤（不怕苦和累，多问多记），眼要尖（细心观察发掘材料）；刻写字体仿宋化，印刷要清楚。

当时为突出反映一个方面的问题，每期都有社论，提出当前的中心工作。每逢部队重大事件，重要战役、战斗，《挺进报》都出版号外、特刊或“火线版”。1940年曾出过歼灭伪军柳昂部、袭击侏儒山以及我军袭入云梦城等战斗的号外，编过“锄奸”和“巩固部队”专号，报道过国际友人史沫特莱和作家安娥来我边区采访的新闻消息。

二

1941年1月皖南事变后，中央军委下令重建新四军军部，并将全军整编为七个师。豫鄂挺进纵队被编为新四军第五师，李先念任师长兼政治委员，任质斌任政治部主任，随后任代政委兼政治部主任，刘少卿任参谋长。五师的建军，标志着豫鄂边抗日游击战争进入了新阶段。随着五师政治工作的加强，《挺进报》在部队中的作用也日益增大。在部队整编中，《挺进报》随时报道部队整编经过，对整编工作的顺利开展起了一定作用。12月报道了侏儒山战役歼灭伪定国军汪步青部的经过。这次战役曾威震武汉三镇，对提高部队的士气，起了重要作用。

这一年，豫鄂边区因要创办建设银行印钞厂，齐光调离了《挺进报》，由应敏主持编辑工作。以后由蒋立继任社长。随着形势的发展，《挺进报》加强编辑力量，编制了专职记者，报纸也由油印改为石印版，以后又改为铅印三日刊了。为了印刷报纸，我们曾在平汉线西侧云梦县北部的农村中建立了一处秘密印刷所。印刷所的工作是在当地党组织和群众的掩护下进行的。当报纸改为石印和铅印以后，编辑和缮写工作人员仍随军行动。每逢重大消息，要出《挺进报》号外，随军印刷分发。与此同时，我们还出版了铅印的《挺进》杂志。这时，我们报社除了编辑部、电台和自己的印刷厂外，还设有负责发行工作的交通站。我们的交通站遍布全边区部队活动的地区，东到黄梅、广济、宿松、太湖一带，西到襄河以西，北到信阳、罗山一带，南达长江、洞庭之滨。《挺进报》就依靠交通站的同志们，冒着生命的危险，突过敌人重重封锁线，送到活跃在全边区各个角落的指战员手中。

1942 年，是豫鄂边区最艰苦的岁月，一方面日伪军“扫荡”日益频繁，另一方面国民党顽固派也加紧制造磨擦。在反对日伪军“清乡”、“扫荡”中，《挺进报》突出报道了部队坚决打击“清乡”、“扫荡”的日伪军，解救被日伪抓去的群众，夺回被抢去的财物、粮食、耕牛等的战斗消息。在反顽斗争的宣传中，强调“有理、有利、有节”的自卫原则，宣传多交朋友、少树敌人是政治工作的重要内容。这样对深入开展交朋友工作，孤立顽固分子，起了良好作用。8 月间，我五师部队反击鄂东保四旅，歼其旅部和两个团，俘获旅长蒋少瑗。《挺进报》派记者参加火线采访，随时报道作战情况。胜利后又详细报道释放官兵，抢救伤员，为战死的官兵买棺送回的情况等。这使我军指战员深入了解在自卫原则下，打击顽固派的反共政策和优待被俘官兵，是平行不悖的。团结友军，共同作战，仍是我们不变的方针。

1943 年 2 月，日军发动了湘北战役，歼灭了国民党一二八师王劲哉部。我军进击日军侧后，进军襄南，打击金亦吾伪军。《挺进报》报道了我军进军战斗的胜利消息。同月五师在蒋家楼子召开了军事工作会议。《挺进报》在一切为了军事胜利的标题下，作了详细报道，强调了壮大部队，加强主力，保证供给，军民团结，军政团结等，统一了意志，鼓舞了士气，对打退全国第三次反共高潮起了积极作用。同年冬，主持编辑工作的黄先调离，马仲凡接任挺进报社社长。

1944年春，为突出军报特点，《挺进报》实行改版，取消了国际国内新闻，扩大报道部队工作的版面。头版除报道重要新闻、重要战斗、重要训练活动外，还设置两个专栏。一个是《时事述评》栏，综合报道一周国内外大事；另一个是《半月军事动态》栏，报道边区敌、伪、顽、友军事动态和我军综合战报。二、三版介绍兄弟部队工作经验和边区地方部队消息。每期有重点，有评论，强调报道的连续性和指导作用。四版具有副刊性质，力求文图并茂，版面活泼。

这一年秋冬，驻华美国空军加强对武汉日军的轰炸，我边区军民不断营救被日军击中跳伞的美军飞行员。《挺进报》在这一阶段，突出报道了我营救美军飞行员和美驻华空军感谢我军的新闻，还刊登了美飞行员对我抗日根据地友好的观感文章。

1944年8月，部队进行第三次大悟山反顽自卫战斗，报社派出编辑、记者到前线出版《挺进报》“火线版”，及时报道战况和英雄事迹。他们冒着枪弹深入前沿阵地，采访了坚守七天七夜的大山寺防御战，先后出“火线版”十来期。记者曾言所写的火线特写《前线无战事》，严正所写的被敌刺穿腹部不下火线的英雄战士事迹《盘肠大战》，张彩文写的关于桐子岩反击战中的青年突击队和坚守桐子岩光荣牺牲的八连指战员等专题报道，受到干部、战士们的极大欢迎，很多指导员还拿它做宣传鼓动的教材。

1945年初，王震、王首道率领八路军南下支队，与五师胜利会师。报纸编辑出版了对开四版、套红印刷的欢迎特刊，对两军会师的盛况作了全面详尽的报道，鼓舞了边区军民的胜利信心。

三

战斗中诞生、战斗中成长的《挺进报》，在五师享有很高的威信，在豫鄂边区人民中间也有广泛的影响。

五师的指战员都很爱看《挺进报》，大家把它当作良师益友。基层干部用它作为政治课本、文化课的教材和宣传鼓动材料。在学习会上，在行军途中，甚至在战斗间隙，也开展读报活动。单独驻在边远地区的部队，也常派人到交通站领取报纸。它是部队不可缺少的精神食粮。指战员们从它那里接受阶级教育，爱国主义和国际主义教育，学习抗日杀敌本领和群众工作经验。成千上万的干部战士，从它那里得到了鼓舞，学到了知识，交流了经验。

记得创刊不久，就出了一期以开展文化学习为中心的版面，曾激起了许多连队学习文化的热潮。1940 年夏秋，以巩固部队为中心编的一期报，也受到连队同志的普遍欢迎。战士们把《挺进报》亲热地称作“我们的报”。战斗年代中的《挺进报》，的确起到了“集体宣传者和组织者”的作用。

《挺进报》的战斗性，还可从敌人方面得到证明。豫鄂边区的敌、顽都很重视《挺进报》。日军不惜高价到处收买《挺进报》。国民党安陆县国民兵团团长杨弼卿，率部侵占我白兆山地区，骚扰群众，阻我配合正面战场作战。《挺进报》以“人来犯我”的通栏大字标题，揭露其罪行。在还击战斗中活捉了杨弼卿。当他见到我们李先念司令员时，恬不知耻地说：我们关系本来不错，就是《挺进报》把我说坏了。李司令员把那期报纸拿给他看，问他哪一点不是事实？他无言对答，只得低头认罪了。

经过长期的艰苦斗争，许多困难被克服，敌人也被战胜了。但是，在走过的胜利历程中，也付出了很高的代价。在《挺进报》的战斗集体中，最早的两位编辑——苏玉诚、代君鲁以及最后一任社长马仲凡，先后被敌人杀害。记者廖挺和负责刻钢板工作的程香卿，也在战斗中英勇牺牲。他们无限忠于革命的献身精神，永远值得人们怀念和学习。

《挺进报》自1940年2月创刊，至1945年9月抗日战争胜利后与《七七报》合并而停刊。在近六年的艰苦奋斗中，共出版油印、石印、铅印报纸300余期，忠实地记录了五师的光荣战史，胜利地完成了党所交给的宣传工作任务。

我做八路军情报工作的岁月

林一

岁月的流逝，时代的风雨，没能斩断我对往事的回忆。1940 年冬，我受命带领七人组成的情报保卫工作组，从延安到八路军前方总部开展工作，执行搜集敌伪情报的任务。此后近八年时间，我一直战斗在太行山上，先是情报部门，后是城工部门，对我党我军情报人员冒着重重危险，潜伏在敌人心脏开展工作的机智勇敢，体会最深，始终不能忘怀。

打开八路军情报工作局面

自 1938 年从苏联学习回到延安，我在延安中共中央社会部（包括其前身中央特别工作委员会）学习和工作近三年。有一天，中央社会部领导找我谈话，大意是说，抗日战争已进入第三个年头，我们军队对日军作战打了很多胜仗，为了配合战争，在隐蔽战线上，还需要加强斗争，决定组织一个工作组到八路军前方总部开展工作，任务是搜集敌伪军、政、警、特和社会各方面的情况，供领导参考。工作方法上，可以派人打入敌占区，潜入敌伪内部，长期埋伏，以待时机。他又说，工作组共七人，由你负责，张箴协助，给你们配备两名电台报务员、一名译电员，便于和我们联系。另外，物色了两名干部，他们在敌占区有社会关系，到前方后设法派出去。你们到前总后，由中共北方局直接领导。你有什么意见？

我听后，感到担子很重，因为当时我在中央社会部任秘书长，主要抓行政工作，对业务工作很少接触，心中无底。我提出对这项工作毫无经验，很难做好，是否另派个负责人，我可以协助。他说不另派人了，经验是从实践中得来的，有党的领导可以随时请示嘛！

我决心接受这一繁重的任务。我们一行七人，1940 年秋从延安出发，经过战火纷飞的晋西北，越过敌人层层封锁线，用两条腿行军，走了两个多月，于 12 月到达八路军前方总部驻地——晋东南辽县武军寺村。

到前总后，我立即向中共北方局代理书记彭德怀副总司令、北方局组织部部长刘锡五、野战政治部主任罗瑞卿汇报。我把在延安时领导上分配的任务、人员状况、工作关系一一向他们汇报。几位领导当时商定，工作组由彭总直接领导，具体工作向刘锡五部长请示。工作组建制属前总司令部秘书处，我负责工作组的领导工作，我和张箴、宗韬对外称秘书，两个报务员编在司令部第三科，业务由我指挥，两名外出人员设法派出。

随着抗日战争形势的发展，我们的工作也逐步展开了。首先是选择符合打入敌人内部条件的派遣对象。领导上帮助选调，我们又到抗大去挑选，抗大总校领导很支持，前后选调了 20 多人，由张箴、席一先后负责办了三期训练班，学习结束后逐个派出。

1941 年下半年，工作组改为司令部参谋处情报科，我任科长，直接受左权参谋长领导，不再向中央社会部直接汇报了。这年9月20日，中央军委决定在各战略单位建立情报组织，要求八路军前方总部、一一五师、一二〇师、一二九师等各司令部成立情报处，任务是搜集敌伪、国民党的军政情报，调查研究其动向，进行部队侦察，查明敌伪军番号、兵种、武器、行动企图等，以便为领导提供决策的依据。1941年底，前方总部在原情报科和原来的技术侦察科（对外称新闻台）的基础上组建了情报处，处长左权（兼）、副处长项本立（原一二九师敌工部部长），处以下设四个科（1942年实行精兵简政，改为两个科），我任第一科（派遣科）科长。第一科的工作任务是：选调干部进行训练，确定派出方向、任务，为派出人员办理化装、经费、“良民证”等具体工作，规定联络点及接头暗号，组织回来的外边同志进行汇报，接收送回的情报，翻译往来密信，派一科人员到敌占区巡视工作，传达指示等。

潜伏在敌人的心脏

我们先后派出一批符合条件的干部，打入华北敌占区大、中城市和伪军、伪组织中，搜集情报，发展地下武装，对伪军进行策反，联络爱国进步人士掩护工作。据不完全统计，由情报处直接派出的干部有75人，在敌占区建立了情报站和交通站。在城工部时期，他们又发展党员70多人，当时有140多名共产党人，分散在敌人心脏里活动。在派出人员中，先后有六人被捕牺牲，地方政府已追认为烈士，有两人被捕叛变，一人脱离关系。

情报工作并非一帆风顺，被派出人员克服不少困难、艰险，才站稳脚跟，隐蔽下来。例如，1942年从抗大选调的军事主任教员王文治和政治文化教员王伯彦夫妇，由总部情报处派去青岛，经过曲折，才搞到青岛“良民证”。因王文治离开家十几年，刚一回去，亲友们都有戒心，王文治只好跟一个卖菜的同乡学习卖菜。他每天整夜到远郊区买菜，拂晓到市里集市上卖，每天推着三四百斤菜车，来回走四五十里路，一夜不睡，上午卖完菜，回来只能睡四五个小时，每天只能赚到二三元伪币，勉强维持两个人的生活，这样才转变了亲友们的态度。亲友们认为他肯吃苦，是个老实人。他父亲托人给他们办了“良民证”。他们夫妇这才成了合法“良民”。到年底又经人介绍，他潜入河北省遵化县，在伪治安军第三集团军第六团书记处补了个勤务兵。书记官看他字写得好，让帮文书抄写，称“帮写”。团部不设参谋处，一切收发文件、资料保管、拟定文稿、伪军调动、通讯联络、电台密码、人事变更等业务，均由副团长指挥书记处办理。王文治利用“帮写”后又提升为上士文书之便，搜集了不少伪军资料，由王伯彦带回总部情报处。王文治要求总部再选派一人，安插到伪军六团任职，我们又选派前总后勤部秘书科长邓芳钦随王伯彦到了遵化。经王文治推荐，邓芳钦潜入伪军六团书记处，王以后转移到另部伪军。邓芳钦能写一笔好字，工作积极，深受团长器重，由上士文书升任准尉司书。华北伪治安军是日军亲手组建的所谓正规部队，号称近20万人，治安军总部头目是大汉奸齐燮元，下属几个集团军。建制团是基层单位，从一个团的编制、武器配备、人员情况可以了解到集团军全军情况。王、邓二人职务虽然较低，但岗位重要。他们先后埋伏了三年之久，获得许多有价值的情报。

为了在伪军里发展地下武装，1942年我们又从抗大上干科调军事教员张鸿烈和刘筱萍夫妇，派到敌占区北平工作。张鸿烈毕业于东北讲武堂，曾任过张学良部上校副官，参加过青年党，阅历丰富，军事素质好。到北平后，张鸿烈没有找到可靠的社会关系，后经他在保定的老师推荐，到河北省献县任伪军干部训练所所长，又由所长升为大队长、伪警备团副团长、伪县长兼保安联队长。张鸿烈虽然职务步步高升，但并非处处顺利，用他本人的话说：“三年中日本人对我时时怀有戒心，用各种方法试探我，我也用各种手段和他们周旋，他们始终没有发现我有什么破绽，艰难地度过了这三年。”比如，1944年5月，天津宪兵队来了个儿玉少佐，突然找张鸿烈说：“你的八路军说话。”翻译说：“让你把通八路军的事详细说出来，说了没事，不说不行。”张鸿烈听到后感到十分震惊，因为日本人对他曾有过多次考验，他不显山、不露水地处处表现出为皇军“效劳”的“忠心”，得过几次嘉奖。他和我冀中八分区地委有联系，数次派人商量打假仗。在一次打假仗中，伪军损失惨重，为了消除日本人对他的怀疑，他勇敢地用自己的手枪打伤过自己右小腿，以表现对八路军作战的“坚决”。当时他想，今天是怎么了？是否有人叛变告密？他表面上很镇静，对日本人说：“我的情况，木村大队长最清楚，每次讨伐，我都走在前头，保安联队积极出去讨伐，这是有目共睹的，我对皇军没有二心，没想到今天竟落个通八路的罪名。”儿玉仍紧紧追问，他急中生智，以攻为守，不管三七二十一，摘下身上的战刀，卸下手枪，扔到桌子上，又扯下军衔和领章，扔到地上说：“我不干了，皇军愿怎么处理就怎么处理吧！”张能听懂一些日语，当时日本木村大队长替他说了许多好话，并说谷部队长（中将旅团长）还奖给他一把战刀等。儿玉一听，他还有些来历，面孔有些缓和，从皮包中拿出四封匿名信给张鸿烈看，内容是：送出的情报收到了，枪、子弹、药品均收到，以后换个地方送，等等。张鸿烈只看了两封信就冷笑说：“这信不值得一看，这是八路惯用的圈套，想借你们手把我杀掉，你们日本人那么有办法，怎能相信这些信呢？”终于让日伪打消怀疑，他们又是让张鸿烈坐下，又是倒咖啡……以后张鸿烈分析，这是日本宪兵故意拿信来诈他，诈出东西来，可向上级报功，诈不出也没有什么关系。

1945 年 8 月张鸿烈得到上级同意，率 1200 余官兵起义归队，投入我冀中军区部队，编为第二纵队，张鸿烈为纵队司令员。军区党委发了慰问电，前总参谋长滕代远发了嘉奖电。

情报人员不为名、不为利，为了不辜负党的使命，克服重重困难去完成任务。在这方面我深有体会。1944 年冬，我曾到敌占区开封、北平、天津等地检查工作，亲眼看到开封情报站为了建立和前总联系的电台，他们煞费苦心地在卧室墙上挖开一个洞口，装上木板，放着妇女用的针线笸箩，打开洞口门，掀起后边木板，出现不到一人高的小房间，刚好放下电台和发报员。电台曾和总部接通，发过电报，后因配备了交通员，为了防止被敌人发觉，就没再继续使用。

难忘彭老总

几年来，我们工作取得了一些成果，我体会最主要的一条，是领导对情报工作的重视和支持。开始时，情报工作受彭总直接领导，我们到抗大调干部，他亲自写信给抗大总校副校长滕代远、教育长何长工、政治部主任张际春，得到校方大力支持。我们在办训练班时，每期不到十人的训练班，彭总骑着马，到小山沟村亲自去讲课，学员们都深受感动。敌占区同志回来汇报工作，我清楚地记得，彭总盘着腿坐在老乡的炕头上，仔细听取贾建国对伪军头目齐燮元的争取工作，不时插话询问，最后指出："齐虽已下台，在伪军中仍有影响，对这个工作不做，有点可惜，但不能抱过高希望。齐是封建、半封建产物，我们是搞社会主义的，思想上没有共同基础，但他是汉奸，到一定条件下，他是要找出路的，所以有可能成功。"

又如，情报处开始是左权参谋长兼处长。1942 年 5 月在敌人"扫荡”中，左权不幸牺牲。8 月，滕代远调前总任参谋长兼处长。他们对派出的主要干部，走之前亲自谈话，回来又亲自听汇报作指示，对重要情报亲自批示。

领导的关心和重视，不仅使情报工作能顺利开展，也给被派出人员增强了决心和信心。

两年多的北平地下抗日斗争

崔月犁

我从1943年接受了晋察冀城工委的派遣，到敌占区的北平做地下工作，在党的精干隐蔽方针的指引下，由革命同志掩护，长期埋伏到1949年北平和平解放。在这里，我只谈谈抗日战争时期主要从1943年3月到1945年8月我在北平是如何开展地下工作的。

接受派遣的先决条件

我生于河北省深县的农村，参加革命前只读了高小，抗战前在农村参加了革命。组织上为什么派遣我到敌占区做革命知识分子的工作呢？这里主要的原因是我在入党前后做过医务工作，有可能在敌占区找到掩护的职业，尤其是1937年在北平住了好几个月，比较熟悉北平的情况，有都市生活的体会和经验。

我的中农家庭原本是由祖父劳动起家的，在我很小的时候家境还不错。可是由于我的父亲性格豪爽，重义气，广交朋友，乐于助人并好喝酒，因而时常负债，渐渐地把田地卖了不少，以致家道衰落，到我高小毕业时，就无钱供我继续读书了。我不得已只好由表哥刘锡九医生介绍到中西医院去当学徒。中西医院是由河北医学院毕业的赵子厚开办的，在束鹿县位伯镇，医疗体系属德日派，还比较正规。在那里，我除了消毒、打针、换药、取药、为做手术的医生打下手、做护士的工作外，还得扫地、做饭、沏茶、倒水，特别是当院长在晚间同富人们打麻将时，也要我在一旁伺候。我非常不满意这种低人一等的工作，因此，我在学徒期满的1936年底旧历大年三十的晚上，就一个人偷偷地逃跑了，经辛集到石家庄，辗转到了北平。

我到北平是为找职业而投奔我的小学同窗好友冯湘水（现为四川科技大学教授）的。当时冯在北平市立五中读高中，住在北新桥一家公寓里。他的同屋同学叫刘衍峰（新中国成立前参加革命，“文革”前在四川某厂任党委书记，“文革”中被迫害致死）。他俩都对我很好，我就同他们住在一起。以后我也住过在北新桥开油墨厂的同乡崔玉峰家，崔对我也很好。他们除管我吃、住，有时还给我买一些必要的衣物，千方百计帮助我找工作。在北平的几个月里，虽然冯湘水、刘衍峰和崔玉峰都东找门路西托人，但怎么也没办法为我找到工作。甚至还有一次我经人介绍，跑到察哈尔省独石口的二十九军中去，也没找到工作。这时我深深体会到失业的烦闷与苦恼。

我在北平闲来无事时，主要从事两方面的事情：一是埋头读书，我读了鲁迅、巴金、茅盾等的许多进步文艺书籍和杂文，使我更加痛恨黑暗的旧社会，立志寻找光明。二是到大街上游逛，我往往徒步从北城走到南城，从北新桥经东四、东单、前门到天桥，不知不觉地熟悉了北平的一般情况。

当时目睹国土沦丧，我们的心情和许多爱国青年一样很不平静。

冯湘水、刘衍峰的思想也比较进步，我们在一起议论时局问题。我在农村时，无形中也受到了共产党宣传的影响，思想上支持张学良、杨虎城在西安事变中的“兵谏”；反对国民党迫害爱国七君子；特别是对蒋介石的不抵抗主义极为不满，对共产党的坚决抗日主张极力拥护；对朱德、毛泽东更是从内心里敬佩。

因为在北平找不到工作，我就在1937年5月去了安平县的耀西医院分院。当时表哥刘锡九正在这里主持工作，并且已经同共产党的地下组织取得了联系，参加了地下抗日斗争。领导表哥的共产党人叫吴健民，他正准备以耀西医院分院为活动点，大力开展工作。吴健民了解了我的情况后，也像对表哥一样很是信任，所以我很快也被吸收参加了革命。我们在一起学习党的刊物《火线》，在群众中进行抗日宣传。七七事变爆发后，经吴健民和刘品端介绍，1937年10月我和表哥一同加入了中国共产党。从1938年到1942年，我先后在冀中与冀南合办的抗战学院和晋察冀北方分局党校学习和工作，任医生、指导员、学校机关党支部书记等职。

扎根北平的过程

1942年底，晋察冀北方分局党校解散，我被调到了城工委，驻地平山县老坟沟村。这时刘仁同志决定派我到敌占区做党的地下工作。我因自13岁离家，本来就没有什么地域观念，投身革命后更是自觉地遵守纪律服从分配。在根据地工作是革命的需要，到敌占区去开辟工作也是革命的需要，没考虑会遇到什么困难。因此，刘仁同志同我一谈，我就愉快地接受了。刘仁同志给我的任务是，争取在天津或者北平待下去，首先要设法站住脚跟，再做工作；发展组织要精干；要树立长期埋伏的思想，等待时机——准备配合反攻阶段收复大城市时起里应外合的作用。在城工委的一个多月里，我听了形势报告，学习了党的隐蔽政策和城市建党等问题。负责化装的李雪同志为我化了装、拍了照片，仿制了伪居住证，我化名李春和。

1943年初，我带上党交给我的几个工作关系的地址就上路了。先到周铭负责的设在曲阳县南管头村的秘密交通站，由秘密交通员高金栓护送，从定县上火车，到了敌占区的天津。到天津的目的是投奔周铭的哥哥、第一医院内科主任周隆高（周子栋，大革命时期曾入党）。原打算通过周隆高给我找一掩护职业，可是我在天津住了一个多月，也没找到工作。我就转到北平，住在崔玉峰家里。崔玉峰同情抗日，对我也很支持。在北平，我按照组织的交代，找到了下述同志和工作关系：王世光的爱人王新（王兰芳），她在反“扫荡”中被俘，组织上让我把她接回去；原燕京大学医务室主任吴继文大夫和大汉奸殷同之子殷一新（刘仁同志的中学同学，大革命时期的共青团员），他们俩都积极支持共产党抗日；另外，我还看望了王世光的母亲董洁如，等等。1943年4月，我回到了晋察冀城工委，向刘仁、余涤清做了汇报。刘仁同志听后很感兴趣，认为我在敌占区站住脚跟的可能性很大。于是又交给我两个工作关系，决定马上派我出来。

我第二次出来仍是先到天津，住在周隆高家的地下室。这时周为我找了一个临时性的工作——到天津防疫大队搞预防注射。我尽量深入下层，到工厂、商店、街道乃至妓院去打针。这一工作使我具体了解了旧社会下层人民的困苦生活。夏天过去预防注射搞完了还是找不到工作，于是我又到了北平。起初仍是住在崔玉峰家里，1943年秋冬之际搬到了黄化门40号郑老太太家。1944年秋天，我到骑河楼中西医院当医生。就这样，我一步步地在北平扎下了根。

在北平的地下抗日斗争

我从1943年开始，集中在北平进行地下抗日活动。最初联系上的是陈凤桐和阮慕韩二同志的家属，这是组织上交给我的关系。陈凤桐早年留学日本，抗战前在冯玉祥的抗日同盟军中工作，七七事变后赴敌后抗日根据地，当时任晋察冀边区政府农业局长。阮慕韩在天津某大学任教时也在抗日同盟军搞统战工作，抗战后到晋察冀，当时任边区人民法院院长。两家都是革命家庭，积极支持我的地下活动。他们介绍我认识了已故抗日同盟军某将领的夫人郑老太太。郑家和陈、阮两家都是“通家之好”。郑老太太为人诚恳、热情，积极拥护中国共产党。她安排我住到她的家里，我们对外称：她是我的姨母，我是她的外甥。她家人口简单，只有一个女儿，是很好的掩护条件。

我在北平站住了脚跟之后，在完成长期埋伏的同时，白天在中西医院当医生，看门诊，业余时间开展地下工作。这时我同晋察冀城工部保持着比较密切的联系，如我每隔三四个月就回根据地去汇报工作，听取指示；另外组织上也有时派徐欣来传达指示。所以我的工作是在晋察冀城工部直接领导下进行的，主要工作是：发展党的组织在日本法西斯的残暴统治下，我们在地下发展党的力量，根据精干隐蔽的原则，只能是秘密串连，个别发展。当时我发展的11名党员可分为三个方面：一是医务工作者，如我通过陈凤桐的大女儿陈仙菊认识了北池子东华医院的护士潘焕凤，并发展潘焕凤入党。在潘的周围还团结了东华医院的会计魏保贤。魏在解放战争时期入党并且掩护我。通过郑老太太认识了她丈夫的弟弟郑剑庵。郑是南满医科大学毕业生，曾在内蒙古德王李守信手下任医务处长，后在骑河楼中西医院主持工作。我到这所医院当医生，就是郑剑庵的关系。经我介绍，郑剑庵在1944年入了党。二是向学生中发展，我先发展了郑老太太的女儿、女二中学生郑洳慧入党，经过郑洳慧认识了她的同学王蕴学、王用琴、徐秀英、于志嘉以及王用淑，并发展她们入党。郑洳慧等六人分别考入中国大学和辅仁大学，在解放战争时期的学生运动中起了很好的作用。1945 年夏天还发展了北大医学院的学生王光和入党，并且团结了辅仁大学的王光美。三是点点滴滴地在伪组织中发展，如通过潘焕凤认识了在伪新民会中任职的张德吾，发展他入党；通过王用琴、王用淑认识了她们的哥哥、伪治安军少校王用孚和他们的母亲。王家是东北人，有亡国之恨，全家都支持抗日。我发展了王用孚入党。

我联系的党的工作关系有组织上交给我的，也有我自己发展的。组织上交我的除吴继文、殷一新外，还有香山慈幼院的女院长 ××× 及职员梅相銮。我自己发展的有通过郑剑庵认识的于贻倜、侯扶桑（刘士杰）和李世英。他们都是南满医科大学毕业的。解放战争时期我之所以能够掩护在同仁医院当医生，就利用的是李世英的文凭。这些工作关系有的为我们提供接头地点或收藏文件，有的在群众中宣传抗日。他们大都在解放战争时期入了党。

输送革命知识分子去根据地在两年多的时间里，我通过曲阳的秘密交通线送走了十几个人。他们是王新；陈凤桐的子女陈仙菊等三人；阮慕韩的子女阮若琳、阮崇武、阮若 ×；通过王用琴送走的东北建国大学学生三人（他们原计划去国民党大后方，经做工作，参加了共产党领导的抗日斗争）；通过潘焕凤送大学教授蓝公武先生及他的夫人和他们的小儿子到了晋察冀城工部。

向敌占区运送秘密宣传品。由于张德吾、王用孚都有伪职身份，刘仁同志就指示他俩从根据地往敌占区带秘密宣传品，如《晋察冀画报》、《新民主主义论》、《论联合政府》等。这一工作都由他俩直接到城工部去取材料，然后带到北平。

将医院设备送到解放区骑河楼的中西医院原是内蒙古德王李守信投资 30 万元开办的，由郑剑庵负责。这所医院掩护了我，从 1944

年秋我就在这里工作和居住；也掩护过王新，如组织上派她到敌占区做她父亲、伪锦州省长和王光美等的工作时，也住在这里。日本投降后，为了支援解放区，郑剑庵就把该院的全部设备送到了晋察冀城工部。

两次遇险

抗战时期，我在北平做地下工作时，曾经两次遇险。第一次是1944年初。有一天我到东城干面胡同东口吴继文大夫家去取《晋察冀画报》、《新民主主义论》。那时我的公文包有两层，我把秘密宣传品放在里层，外层放有听诊器、注射器、体温表等医疗用具以及我的居住证和名片，等等。提包就挂在自行车的车把上。当我骑车刚一出干面胡同西口，正准备穿过马路以便向南拐弯时，突然从北面开来了一辆日本军车，我猛一捏闸，不料“咔嚓”一声车闸的钢条一下子断了，车子刹不住，直冲到马路中间日本军车的面前，险些撞上。这时车上的日本军官勃然大怒，一边骂骂咧咧，一边从车窗里伸出军刀来砍我。我一躲，没砍着，连忙骑上车就跑，敌人开着车子就追。敌人边追边砍，我边跑边躲。我跑进金鱼胡同东口，趁敌人车子拐弯时，把自行车扔到派出所的门前，钻了小胡同。当我跑到协和医院北面一条胡同时，看见一所大庙。正巧里面有位40来岁的和尚，我向他说：“日本人正在追我，用刀砍我！”和尚用手向大殿一指，示意我藏在那里。我三步并作两步奔入大殿，爬上殿堂，藏在了大佛身后。我屏声敛气，细听外面的动静。过了好一阵子没发现异常，我才慢慢地从大佛的身后走了出来。这时我不仅担心丢了自行车，更关键的是担心我的手提包。但是，我又不能贸然前往去找。于是我委托那位和尚先到金鱼胡同派出所附近看看日本人是否走了，还有没有我的自行车。和尚看后回来说：“没有日本人了，还有辆旧自行车。”这时我估计日本鬼子很可能没有拿走我的手提包，于是我边走边观察，没发现特殊情况，就到了派出所。在院子里找到自行车后，恰巧遇到一位警长。我说明原委并向他要手提包时，他把我叫到屋里，狠狠地训了我一顿就把手提包还给我了。这一迹象表明我的秘密文件没有暴露。我回到家里打开手提包一看，果然秘密宣传品依然存在，真是高兴极了。可是回想起当时被日本鬼子追赶的情景，真是危险啊！

第二次遇险是1944年春天。本来我每次去城工部汇报工作，一般都是一个人单行，从定县或保定、永乐店下火车，通过游击区到曲阳南管头村的秘密交通站再到城工部。这一次我带上了王新、郑剑庵、于贻倜。我们从定县下火车后，由交通员带到了南管头村。在交通站吃饭时，被到根据地抢粮的伪治安军逮捕了。敌人把我们带到曲阳县的伪军营部，并且盘查我们。我说是和王新为逃婚而离家出走的，郑剑庵、于贻倜说是走亲戚、看朋友。敌人虽怀疑我们，却又查无实据，但非要我们取保才能释放。我于是提出张德吾，这样就由张德吾以与我是表兄弟的名义，把我保释出来。保王新的是她的哥哥；保郑剑庵、于贻倜的是伪华北禁烟协会。我们几个人总算脱险了。

忆抗战初期济南的地下斗争

王见新

1937 年，黄河铁桥被日寇炸毁的当天下午，整个济南市乱成了一团。商店都抢着关门，满街碰碰撞撞的汽车、人力车，拉着最后一批国民党官员和有钱的男男女女，老老少少，以及他们装满金银细软的箱柜，拥向火车站，我们山东省委和平津同学会最后一批同志同打着“前线慰问团”旗帜的同志也一起爬上了挤得透不过气来的车厢，随着悲鸣的汽笛声，告别了即将失守的济南市，转移到发动人民武装抗日的新战场。山东人民在共产党的领导下，相继在徂徕山、天福山、黑铁山、牛头镇等地，迎着严冬飞雪，举起了抗日义旗。抗日烈火在山东大地上燃烧起来。

一

1938 年冬，我在中共山东分局任敌占区工作科长。当时虽急于派干部打入济南，但是，从发动抗日武装起义的干部中抽调人员十分困难。次年 3 月，山东分局书记郭洪涛指定我和韩文一、黄在（我的爱人）三同志组成济南市工作委员会，由我任书记，黄在任组织委员，韩文一任宣传委员。我们打入济南的工作方针是短小精干，积蓄力量，到了 1940 年底，才有了毛主席提出的“隐蔽精干、长期埋伏、积蓄力量、以待时机”的方针。

韩文一在济南、青岛两地都有家，并有许多上层关系。1939 年 3 月底，我们约定，他先去青岛的家，到济南后去他的朋友鲁麟洋行经理毛晓亭那里会面。

黄在的大舅在济南当火车司机，这是我们预想的落脚点。为应付敌人盘查所预备的“口供”是：荒乱中流落于山东亲友同学家，现在时局较稳，转回原籍谋生。我们以小学教员的身份化好了装。

在一个晨光熹微的清晨，我们怀着对根据地无限留恋的心情，告别了郭洪涛、赵笃生等同志。我一边在崎岖的山路走着，一边琢磨着进入济南后会遇到的问题以及解决的办法。

当我们走近南麻的时候，太阳已经落山了。村头有八路军的岗哨，我们没有受到盘问，找了一家店房住下。吃罢晚饭，我们正要休息，突然来了三个八路军战士查店。一位带手枪的同志开口问我：“你们是干什么的？从哪里来？到哪里去？”我想，正好趁此机会考验一下我们编好的口供是否得当，能否经得住盘查。我对答如流，没有破绽。三位同志点了点头走了。这时我们以为准备的“口供”还是过硬的，就高兴地躺下睡觉了。不料刚躺下，就进来一个班的八路军，手持步枪，喊我们：“快起来！”一个战士还用步枪对准了我的胸口，好不紧张！我心里既感到好笑，又有点担心，一面起身，一面不由自主地说了一句：“同志，别走了火！”接着他们追问了很多话，我们仍然对答如流。但是，他们不放心，非要我们到他们营部去一趟不可。到了营部，我判断他们确是自己的队伍后，就把随身携带的秘密护照给营长看，算是过了盘查“第一关”。

第二天到达常庄军分区司令部，在徐化鲁处住下。从这里再前进，就进入敌占区了。怎样才能顺利进入济南呢？我们请徐化鲁帮助，他琢磨了一会儿说：“有一个为我们采购药品的张大夫，经常来往于泰安、济南之间，可通过他把你们带进济南。”于是，经徐的介绍，我们到张大夫家里住了三四天，就和张大夫一同起身去济南。从泰安上火车，在济南车站下车，没有受到盘问。出站之后随张大夫到了“美以美会”张牧师家，他们一家人对于我们“流落异乡”深表同情。第二天，我们去找黄在的大舅家，可到了官扎营，一看面目全非，已无踪迹可寻。怎么办呢？我们临时商量，只好先回黄在的老家天津，再作计议。

到了天津，也是几经周折，才找到黄家。住了些天，黄在留在天津养病，我按照与韩文一同志的约定，回济南同他会面。

4 月初的一天下午，我到达济南，到纬十路东鲁麟洋行接头。我进门对看门的老头说：“我找毛经理。”老头问：“你贵姓？”我告诉他姓王，他说：“请你等一等。”他走进去一会儿，很快回来告诉我说：“请你上楼。”我上到二楼，毛晓亭正迎着楼梯站着伸出右手，自我介绍说：“我是毛晓亭，你是？”我回答说：“我是王见新。”毛晓亭说：“久仰，久仰，请屋里坐！”我们手拉手走进他宽敞的办公室，毛经理让我在一个圆形茶几旁的紫红色丝绒沙发上坐下。他说：“文一兄来信说过了，我很欢迎您来，住处已给你安排好了。不过文一兄还要过几天才能来，韩大嫂神经不大正常，他要做些安排。”毛晓亭一边说着一面递给我一支烟，我说：“我们分手后还没有通过信，对他的近况不清楚，这一来可给你增加麻烦了。”他说：“不要客气，我和老韩是老朋友，我对他是了解的。这两年我们虽然没见面，但是我知道他的行踪，我敬佩你们。既来之则安之，我们虽然是初识，但一见如故，不必见外，只要我能办到的，我当尽力而为。”毛经理很诚恳地讲了这些话，我感到他对我们完全清楚。他敢于接待我们、掩护我们，固然是由于他和韩文一同志是老友，但当前民族矛盾尖锐，日本帝国主义的侵略，中华民族受辱，民族资产阶级的利益亦受损害，这样，他与我们在抗日救国问题上，站到了同一立场。既然如此，对他就该以诚相见，不要遮遮掩掩。所以我接着他的话说："知己不套，朋友之交贵在志同，国家兴亡，匹夫有责。老兄对我们慷慨相助，我很感激。当然这也是我们的共同事业。"毛经理紧跟着说："我只是希望不要把我这个摊子搞垮。"说着，我们都哈哈大笑一阵。我说："我们当十分小心从事。"经过热情地交谈之后，他引我到一间宿舍住下。

毛经理很希望知道一些抗日的情况和前途。我就给他介绍一些情况，并把《论持久战》等书给他看，对他表示信任，同时又从政治上启发诱导，这样我们的关系有了较深的政治基础。

二

大约是5月初，韩文一从青岛来了。他来了以后，我们首先研究的就是职业掩护问题，这件事又要靠毛经理帮忙。当我们向毛经理提出这个问题时，他的意见是叫文一做他的副经理，我们当然很满意了。那么我怎么办呢？当时鲁麟洋行经营着一个复兴印刷公司，毛经理说："我可以帮你搞一个小印刷局。"接着他介绍李伯玉给我当助手，又借给我两台印刷机，在毛经理的支持下，我在城隍庙街开办了一个印刷局。我和文一的职业都有了，文一在东门外找了几间房子，把老伴和女儿接了来，我在王榜副斜街找了两间东屋，也通知黄在来济南。这样，我们工委的三位同志，算正式站住了脚。

当时，和我们最接近的还是鲁麟洋行的职工，可是毛经理早已暗示我们，不要在洋行里的工人中发展组织。但事实上很难避免，经常来往于洋行，工人对这些陌生的客人总是要打听一下来历。时间长了若明若暗知道一些我们的为人，甚至政治面目。特别对韩文一是个什么人，他们是略知一二的。我们认为应该深入到他们中间去和他们交朋友。

我们和有些工人熟悉之后，一谈起时局，他们就表示了对帝国主义的仇恨。在这种情况下，我们对他们讲国际国内形势，和他们一起读报分析问题，还把从旧书摊上搜集来的进步书刊，如《帝国主义论》、《第一次世界大战后的世界政治》、《新哲学大纲》、《三个叛逆的女性》等，送给他们看，我们还把从根据地带来的《论持久战》、《论新阶段》等书，送给他们传阅。经过一段时间的工作，我们在鲁麟洋行先后发展了成本会计刘瑞庆、检字工李尔文、绘图工李伯玉、王在位加入组织，这是我们进入济南发展的第一批党员。之后，王在位又发展了学徒工王俊仁，李伯玉发展了他叔叔、小学教员李惠东，毛晓亭介绍他亲戚铁路工人张立谔来为我们做情报工作，经过一段时间也被发展为党员。韩文一又介绍曾在《进德月刊》任过编辑的董绶青和仁丰纱厂职员于寿亭入党。与此同时，我发展了在德生润染料庄做店员的我本家同学王澄湘和曾跟我念过书的某染料庄的店员王继曾为党员。因为我的活动他们都清楚，特别是王继曾和我见面后，一再说："我现在想起来，过去在学校的斗争中不够积极，从实际生活体验中，才明白老师走的道路是对的，我愿积极参加革命工作。"这是进入济南发展的第二批党员。

又经过一段时间，于寿亭发展了仁丰纱厂的小职员唐守松，唐守松又发展了仁丰纱厂的工人李健吾；韩文一发展了东门外莪雅坊小学的教员徐子常；通过董绶青的关系又发展了复兴印刷公司的营业员马鹏九、日本商行的店员郭界娱（是董的妻妹）；后来又发展了泰安的张琢庵。这是进入济南半年多以来发展的第三批党员。

这期间，我还认识了韩文一的妻表弟宋荫培，这人当时在水道局做事。有一天文一对我说："宋荫培和我谈起了斯大林是'干部派'，是'独裁者'等等。"我听了对文一说："要注意，这个人不简单，似乎像托派。"文一又说："过去这人在青岛大学读书，曾经参加过共产主义青年团，被捕过。"他这一说，更引起我的警惕。从此我们就注意了这个人。

1939 年夏天，我和文一在纬五路一带逛大街，忽然有人叫住了老韩，我定睛一看，原来是周兰田。我问："你从哪里来？"他说："我是来找你们的，几个月没见到你们三位，家里不放心。"我问他："住在哪里？"他说："住在表哥家里。"他写了一个地址给我，要我晚上找他。晚饭后我到了南岗子木工王瑞庆家里，找到了周兰田。我与党组织离开了半年，见到组织派来的人感到分外亲热。他把后方反"扫荡"的胜利和政权建设等情况告诉了我们，并说："分局要我来，是因为鲁西区党委交给我们一个有十多个党员的支部，我负责来接这关系，并把这个支部转交给你们。王瑞庆就是这个支部的党员。这个支部的书记是蔡之程。"我听了之后非常高兴，并把我们的工作情况向周兰田作了汇报。随后我们就研究如何接收这个支部，我们的意见是不要按一个完整的支部来接收，而是要采取个别接头、谈话的方式，经过一段时间的工作考察，一个一个地接收。周兰田同意了我的意见。

第二天，我和周兰田一起到了蔡之程家里。他家是一个比较幽静的四合院，房舍不甚宽大，但古朴典雅，正房窗明几净，满屋都是字画图书。之程同志的父亲是一位文质彬彬的老夫子，之程是一位精干而带有点骄矜气的还没有职业的青年。经周兰田介绍之后，我们听取了之程的汇报。他首先谈到这个支部原来的支部书记是陈隐仙。陈隐仙是一个很严谨朴素的人，早些时候被捕入狱，在狱中一直英勇顽强地坚持斗争，最后壮烈牺牲了，而我们的组织没有遭到破坏。我们听了肃然起敬，潸然泪下，表示要向陈隐仙学习，并决定在同志中进行气节教育。随后之程又逐个介绍了该支部每个党员的情况。最后我们根据之程同志的汇报，分析了当时的情况，讲了讲城市工作的方针政策，并拟订了一个短期工作计划。于是我们就按计划开始分工谈话，进行接收党员的工作。该支部的14个党员，按照条件，我们接收了12个。

不到一年的时间，我们已经有28个党员，除去到根据地工作的五人，还有23人。在这个基础上，我们的工作就有了一个较快的发展。我们深入到群众中宣传抗日救国的道理，并针对不同对象把从根据地带来的《论持久战》、《论新阶段》以及其他小册子，给他们阅读。在居民中有从农村来的客人，我们借此向他们问长问短，引导他们说出根据地的情况。还和群众一起阅读报纸，议论一些日常发生的政治、经济情况。我们还散发传单，并曾用铅字在一二分钱的纸币后面印上标语口号散发。在宣传教育的基础上，我们同一些进步群众建立了一定联系。例如：我们在火车站、个别的日本洋行、新民会都有了一些关系，并派人到国民党驻济南华北办事处等地建立了关系，通过他们收集有关情报。随之我们又进行组织发展工作，赵沱同志发展了铁路工人王云程和一姓陈的老工人入党。我亲自和他们谈了话，还举行了入党仪式。辛树声发展了在鹊华侨开饭铺的张强和王林。黄在同志发展了辛树声的爱人刘敏，董绶青介绍了王鹤，后来吸收他入了党，送抗大分校学习。

三

既要隐蔽，又要开展宣传工作和发展党组织，暴露是难免的，时间一长，有的同志警惕性就松弛了。我们发现，韩文一同志有些暴露，他住在东门外一个大花园式的杂院里，早晨起来散步，有时竟唱起了《国际歌》，他以为人家不懂。因此，于9月间决定让文一回到了根据地。

不久，我的身份也有些暴露。有一次我到德生润染料庄去找王澄湘，一进门正看见县国民党书记长王铁甫坐在账桌前。此人是地主兼资本家，与我们村相距六里路，他完全知道我的政治面目。抗战之初，国共两党开始合作时，他代表国民党，我代表共产党曾一块开过会，研究抗日后援会的成立问题。他见我进去装作没看见，站起来转向右面照镜子，我也装作没看见他，找到王澄湘办完事就走了。没过几天，又发生了一件事，当时，德生润染料庄作为我们与后方通信联系的地址，有一封从分局寄来的信落到了他们经理手里，这位经理把信送到了日本宪兵队。为此，王澄湘很快离开了德生润染料庄。

我在王榜副斜街住的同院有个干染料的阎某，他和王德盛很熟，有一天，王澄湘同志告诉我，王德盛和你同院的阎某说过，王见新的钱不是好来的。我们也发现阎某的老婆行踪诡秘，曾数次到我窗下偷听。

另外，有一天下午，毛晓亭带领他的一位朋友到我家，我很紧张。事后毛晓亭说："他是靠得住的朋友。我说我认识一位共产党，他不相信，说如果是真的，我倒想会见一下，因此，我就带他到你那里去了。"以上几件事，迫使我从王榜副斜街搬到了岳庙后兴隆街6号。

不久，我和黄在在中山公园又遇到宋荫培，他再次问我住在哪里。我含糊地说，住在董绶青那一带。

这使我意识到再长期留在济南，肯定要出大问题。同时鉴于离开根据地已一年半时间，也很需要回山东分局汇报工作。于是，决定9月份回根据地去。当时，辛树声资历比较老，工作积极热情，赵沱、于寿亭也都担任了一定的工作。所以，决定由他们三人组成新的工委会，辛树声任书记。7月，和他们一起开会研究安排了8月份的工作，把全部工作都移交给了他们，从此开始由他们独立进行工作。我一面观察他们的工作情况，一面开始做回根据地的准备工作。

临走前三天的一个晚上，我回到董绶青家，董大嫂说："今天上午宋荫培这小子忽然来了，正好老董不在家，他问起你的住处，我说不知道，他气呼呼地说他弟弟因抗日嫌疑被抓了，把他也打了，脸上还有两道血迹，我看这小子不是好人，得注意。"

我一听这个情况，当天又搬回到庙后街去了。天刚蒙蒙亮，忽然听到轻轻的叩门声，我连忙披上衣服起来，悄悄地掀开窗帘，往外瞧了瞧，见是郭界娱，我轻轻地把门拉开，郭界娱快步进来，凑在我耳边紧张地说："昨天夜里宪兵队到姐姐家里去抓你了，绶青也没在家，把姐姐抓去了。你可别去他家了。"说完她就走了。我当机立断，带上已经准备好的东西，叫了辆人力车，就去辛树声家，想和他做一个交代，立刻就走。

董绶青住在南马道，从仁和街到辛家去正好路过南马道西口，当我坐车走到离南马道西口还有三四十米的地方，只见辛树声坐着一辆人力车进了南马道。这时我心急如火，怕南马道口上有便衣特务，不敢喊叫，于是立即叫车停下来，下车后也不敢跑步，只好大步紧走，追上了辛树声。我"哎"了一声，辛回头看见我问："怎么啦？"我挥了一下手说："到你家去说。"他回转头，我们一起到了他家，我把情况告诉了他，要他把与董的关系都断开，不再与他们联系，注意从侧面了解事态的发展。并让辛去王澄湘家通知黄在同志，尽快到商埠某旅馆去找我。我在旅馆那里给黄在他们留了出城后会面的地址就走了。晚间我们如约相会，一同回到了根据地。

四

我回到山东分局任城工科科长。1941 年，城工科合并到敌工部，我任敌工部副部长兼城工科长，负责济南、青岛、徐州三大城市的地下工作。与济南市委的联系，由1941年5月调来保卫干部训练班的王继曾同志任政治交通员，并决定由他协同抗大毕业的王瑞庆同志在济南南郊锦绣川王的老家建立一个联络站。联络站由王瑞庆负责，任务是负责济南工委与根据地联系。联络站建立起来之后，王继曾就到济南与辛树声接了关系。住了几天，王带着济南工委的工作报告回到分局。7月初，王继曾带着分局的指示第二次去济南。王继曾到济南住在辛树声和鲁中区采购员单景春合开的联友商行里。不久，商行经理刘某被捕。王继曾回到分局汇报工作时，汇报了以上情况。分局考虑到辛树声的父亲经常介绍人到济南找辛树声办事，这对济南地下党很不利，于是决定调辛树声迅速回根据地学习，工委工作暂由王继曾同志接管。1942年2月，王继曾同志第三次到了济南。但是，在王继曾还未到济南的时候，辛树声被捕了。后来才知道，1941年反“扫荡”中，山东分局某干部被俘。她在武山的特务机关里想与分局取得联系，便派同时被俘的陈显给辛家送信，岂知陈显此时已叛变，把信送给了特务头子郭同震，因此，辛树声被捕了。辛树声在敌人的诱逼下，交出了我地下党组织的名单，敌人和辛树声约定，要辛照常以书记身份进行活动，对党员都暂不捕，和分局照常联系，要放长线钓大鱼。辛树声是1月7日被捕的，10日就回到了家里。这时，辛树声思想斗争激烈，心情也十分沉重，最后决定不跟日本人走，立即向党组织汇报。于是，当天他就给山东分局秘写了一份报告，11日交张琢庵（张不知辛被捕）送山东分局。张中途病于泰安家中。辛很久等不到分局的指示，最后决定把一切情况向比他年龄大、经验比较多的工委委员徐子常同志说清楚，共商对策。约于1月20几日，他同徐子常谈了被捕的过程及其前后情况，并研究了如何撤走全体党员的问题。徐说，几十个人一齐撤走不容易，还要先稳住敌人，再想办法。1月底，政治交通张清池（即王继曾）也来到济南，徐的意见是春节后再把全部情况和张清池以及工委说清楚。此间张清池先去青岛和刘瑞卿接头。大约2月底，由徐子常主持召开了一次会议，参加者有张清池、赵沱，辛树声的爱人刘敏站岗。会上，徐、辛把前一段发生的问题作了汇报，讨论中，张清池同志主张立即撤退。徐子常说贸然行事危险很大，最后决定，还是让张清池去假自首，张不同意，要自己走脱，徐子常以整个组织的安危说服了张清池，让其按辛已供的名单，进行了假自首。4月份，徐子常、辛树声、张清池、赵沱又在一起商量，以长时间不去分局汇报，怕引起分局怀疑为理由，要求派人到分局去。结果，敌人不同意张清池回去，最后决定由徐子常回去。徐到分局后，立刻向分局作了全面汇报。分局决定，徐子常回济南抛开辛树声，由徐子常任书记，张清池、赵沱为委员组成新工委，利用敌人放长线钓大鱼的阴谋，将计就计，暂时稳住敌人，相机组织撤退。当时，徐子常是不愿意回去的；但是，他不回去，敌人就要逮捕全体党员，徐还是接受了这个任务。分局也知道徐子常回到济南，被捕是不可避免的，于是，决定在执行任务中如被捕可以用假自首应付敌人。徐回济后，虽然建立了新工委，但实际上很多工作还是和辛共同研究。在这段时间里，敌人逮捕了青岛的刘瑞庆，还逮捕了我父亲，并要我父亲写信对我进行劝降，我父亲坚决不写，我也没理睬这件事。这时，辛树声、张清池和徐子常商议，又以张来了多时，不回分局汇报会引起分局怀疑为理由，取得了张清池回分局的机会。敌人还要辛树声写了信，说他暂时不能离开工作到分局学习，希望见欣同志到济南检查工作。我们听了张清池的汇报，认为夜长梦多，必须火速把全体党员撤出，因此决定，要张清池迅速回济南完成这个任务。在张清池来分局的这段时间里，徐子常已经被捕了。张到济南后和辛、赵立即布置撤退，原估计徐子常在一周内可能出狱，但等了两周仍无希望。最后，为保全绝大多数同志，还是忍痛按时分六路同时撤离济南。遗憾的是，复兴印刷公司的一路失掉联系。

据说，济南党组织被破坏后，武山英一连升两级，及至济南党组织撤出后，武山英一连降两级。因此，敌人疯狂地逮捕了许多外围群众和个别没有撤出的党员。徐子常同志在狱中没有进行假自首，而是同敌人进行了顽强的斗争。据父亲回来说：敌人给徐子常布置了一个整洁的单房间，还给他挂上了蚊帐，每顿饭都给他搞四个菜。但是，徐子常每吃一顿饭就砸一次盘子，还大骂一通。敌人审问他，他说什么也不知道，敌人找人去劝降，他大骂不止。徐子常同志同未能撤出的于寿亭同志被敌人杀害了。

济南党组织撤出后，市内又成了空白，我向山东分局提议，应利用大城市的近郊区、接敌区、边沿区的广大群众与城市千头万绪的关系，以多种形式从组织上和宣传方面向大城市渗透，地、县委都要开展城市工作。鲁中区党委于1943年派出张洪涛、武中奇、商景才组成济南工委，在济南南面仲宫、柳埠一带，建立了市政府办事处，开展济南的工作。从此，济南党的工作出现了一个新局面。

战斗在敌伪广播电台

刘新

接受特殊任务奔赴北平

1940年底，我在抗日军政大学总校任政治教员。一天，抗大保卫部长吴格成同志找到我说："现在党急需在敌人交通要道和大城市开展地下工作的同志，组织上准备派你打入敌占区北平，你在北平有没有旧的社会关系？"我是1935年北平师范大学毕业的，在北师大读了六年书，在北平有不少老同学。我如实做了汇报。吴格成同志说："这是非常有利的条件。"当时交给我几项任务："首先要在北平找到公开职业，站住脚，扎下根；第二，发展党员，建立地下党组织，逐步壮大队伍，开展对敌斗争；第三，搜集敌伪情报。"随即带领我去见八路军总部保卫部部长杨奇清同志。他们对我说："组织上委派你担任八路军总部保卫部北平地下党负责人。你的直接上级是杨奇清同志。"又告诉我到敌占区后和组织的联系方法，在敌占区工作的重要性和艰巨性以及如何利用自己的社会关系开展工作、如何化装避开敌人耳目、如何个别开展工作、单线联系，等等，然后又严肃地讲了严守党的机密和纪律、严防敌人混入组织和坚持革命气节的要求。他们说:“假如发生意外,必须保持革命气节,宁可自己牺牲,绝不暴露组织,绝不牵累同志。”

杨部长又叫我想个可靠的关系,先去信联系一下。我在北平师范大学读书时,有个好朋友叫王栋岑,他住在北平崇文门外花市下四条20号他的岳父家里。他的岳父是个老北京人,住的是自己的几间小屋。我估计王栋岑不会搬家,就给他寄了一封信。不久接到他的回信,欢迎我到北平去。

1941年春,我脱下了紫花土布军装,换上了便衣,告别了首长,离开了八路军总部驻地——山西武乡县蟠龙地区,沿着太行山的崎岖小路向东北走去。在游击区通往敌占区的道路上,敌人设下一道道防线,碉堡林立,警戒森严。我依靠当地抗日民主政府,在老百姓的掩护下,有时化装成农民,有时化装成小学教师,闯过了敌人的重重封锁线。在一个漆黑的深夜,绕过最后一个炮楼,登上平汉路火车。在火车上,日寇带着汉奸特务对旅客们一次次盘查、恫吓,我镇静巧妙地应付过去,终于来到了敌占区北平。

打入敌人要害部门——广播电台

北平到了。临别时,首长的嘱咐,我牢记在心:“首先要找到公开职业,站住脚跟。”我想,我必须先找到王栋岑。

我来到王栋岑家,一敲门,开门的正是王栋岑。好几年不见了,他看到我十分高兴,拉着我走到屋里,我俩就亲切地交谈起来。谈到日寇的残暴兽行时,他表现出来的仇恨,使我深深感到抗日的怒火真正燃烧到每个热血青年的心中。我说:“我在北师大毕业后,就在定县教书，日本鬼子来了后失了业，为了填肚子，到处奔波。这次到北平来，想在北平找碗饭吃。”他说：“我在敌伪广播电台当个职员，过着将就饿不死的生活。你先住在我这儿，咱们慢慢想办法吧！”我在王栋岑家住了几天，王的岳母早上出去买菜，邻居就问她：“你们家来了个客人，是干什么的呀？”“他是从哪儿来的呀？”……这究竟是善意还是恶意？是无意还是有意？不能不引起我的警惕。

一天，王栋岑和我说，沈忻吾在某中学教书，咱们去找找他看，能不能让你教几个钟点课？沈是我在河北第六师范读书时的同学，也是我的好朋友。我们到了他家，他很高兴，知道我在找事做，还没地方住。他说：“到我这里来住吧，工作的事咱们一起想办法吧！”他家住个小独院，我为谨慎，搬到了沈家。他家人口倒也简单，夫妻二人，有个儿子上中学，但有个女佣人，爱东说说、西问问的，使我感到很不安全。我想关键是要尽快找到公开职业，有了掩蔽伞，才便于开展工作。广播电台是敌人的要害部门，王栋岑在那里工作，能不能让他想办法使我打入电台里去呢？

一天晚上，我和王栋岑在一起商量，我说：“你在电台干了几年了，电台里的人都很熟悉吗？能不能在电台给我找个事干呢？”他说：“广播电台录用人的权力都在日本人手里，看来比较困难。想想办法吧！”

这天，他下班后来到我这儿，一进屋就高兴地说：“机会来了，今天广播电台考查科长山崎所管的工作出了点问题，山崎为推脱责任，提出考查科缺个审查讲稿的人。山崎在广播电台有实权，他嗜酒如命，贪污受贿，咱们想办法，多买些礼物给他送去，我再极力保荐你，看看他能不能录用？”我们又仔细商量了见到山崎后的对策。

星期天，我们买了四瓶山西汾酒、四筒罐头来到山崎家里。王栋岑为我大大吹嘘了一番，他说：“刘先生是北平师范大学毕业的，过去在报纸杂志上发表过很多文章，很有才学，一直在中学当教师，因为生病失了业。现在病好了，想找点事做，请您帮帮忙吧！”山崎看到这四瓶汾酒，眉开眼笑地说："老师大毕业的，大大的好。"叫我第二天就到电台找他。

次日，王栋岑带我找到山崎。山崎抱来一大堆过去广播过的新闻底稿和一些汉奸们讲过的演讲稿，让我找找这些稿件中有哪些错误的地方，把我的修改意见写出来。他说："你的一个星期写出交来的好！"

我把这一大堆稿件抱回家去，意识到这是敌人在考我。我用了两天时间仔细地从中找出了100多处逻辑、语法、文字以及人名、地名等错误的地方。每个错处我都用纸条标出来，说明错在哪里，应该怎样改正。第三天一上班，我就给山崎送去了。山崎本来让我在一周内做完，没想到我只用两天时间就办完了。他抽出几处，仔细看了看我所挑出的错处和改正意见，满意地伸出大拇指说："大大有才干的！"又说："你的先回去，等通知的好！"没过几天，就通知我被录用了，职务是在考查科审查广播稿件。

王栋岑帮我租了一间小东屋，到晓市去买了一个旧床、一张桌子、两把椅子和一些做饭用的炉子、锅、碗等，又从他家给我抱来两床棉被。从此，我有了公开职业，有了掩护工作的"合法"身份，为开展党的地下工作创造了有利条件。我这颗革命种子在北平能迅速地扎下根是和王栋岑的帮助分不开的。

找到职业后，我立即按照总部告诉的联络方法，给武安县祥记百货店经理韩梓林（我党的地下交通站）写了一封信，用暗语汇报了我走上征途的初步成果——打入敌人要害部门广播电台，站住了脚跟。

日寇严密控制的广播电台

沦陷时期，日伪在北平设有华北广播协会，管辖着华北所有敌占区各大城市的广播电台，如北平、天津、太原、济南、石家庄等。这些敌占区的广播电台均以转播北平广播电台的节目为主，而北平广播电台与华北广播协会实为一体，当时北平广播电台所有职员佩戴的都是“华北广播协会”的证章。华北广播协会会长是周大文，他同时又兼任北平广播电台台长。张作霖统治时期，周大文曾经当过北京市市长。北平沦陷后，日寇借他的社会地位与名声，让他担任华北广播协会会长兼北平电台台长。广播电台对外是“社团法人”，不是“政府机关”，而实际统治电台的是日本情报局。电台台长名义上是周大文，实权则由专务理事日本人葭村掌握。

北平广播电台下设的主要部门为：

监督室，以后改为考查科。科长是日本人山崎。这个部门负责审查广播稿件与监听。监听又分为两部分：一部分是监听所谓的“敌台”（指延安电台、重庆电台、苏联电台、美国电台），收听记录整理后向日本情报局报送；另一部分是监听他们自己的广播电台播放的内容。

放送部部长是日本人木村。放送科科长是中国人武鸿谦。武是旧中国交通部广播电台的播音员，日本统治时期继续留用。放送部的实权掌握在木村手里，武只做播音等具体工作。

文艺部管京剧、相声、京韵大鼓、评书等文艺节目的联系、播放工作。部长是颖川信德。他本是中国台湾人，原名陈信德，娶日本人为妻，改名颖川信德，是日本东京帝国大学毕业生。据说他的后台是日本特务机关。当时日本大特务白鸟统管敌占区所有的煤矿，而颖川信德与白鸟关系很密切。在文艺部，颖川信德是以日本人的身份掌握实权的，人们叫他“第二日本人”、“准日本人”。文艺部的油水很大，如每次“治安强化运动”，都以募捐为名，找一些名角搞京剧大会演或曲艺大会演等，票价昂贵，收入很多。颖川信德靠组织这些活动捞到不少油水，并因此引起他和当权日本人的矛盾，常常看到他们相互争吵。以后颖川信德被排挤到一个小院去办公，但当文艺科改成文艺部时，颖川信德被提升为文艺部的部长。后来，他虽又被排挤出电台，可是另组织了一个唱片公司。这说明颖川信德是有硬的后台的。

文教科实权掌握在日本人白神和千秋手里。文教科管辖着新闻、演讲、“儿童时间”、“妇女时间”等几个节目。新闻节目由日本人小西负责，小西经常跑日本情报局和日本特务机关取来资料，由几个中国人具体写成报道稿。

敌人对电台广播节目的控制主要通过审定计划、审稿和监听来进行。电台放送的节目，事先都有计划，定节目内容，定演放单位，定人选。

在订计划时，要将日本人指定的任务（如根据每次“治安强化运动”的具体纲领制定的宣传项目）和一些狗腿子为日本人出谋划策而被日本人采纳的意见汇合，提出方案，再经日本人山崎、白神等审定。

计划制订后，就由做具体工作的中国人去联系。演出人的稿件要经过本单位的日本人审查后交到电台，一般是一式二份。一份交经办的中国人，一份交日本人，经考查科审查定稿后，盖上考查科的印章，方可播放。播放时的接待工作是由中国人担任的。

监听虽然由中国人监听，但也必须做监听记录，由日本人检查。

利用电台搜集情报

我被敌伪广播电台录用后，即负责在考查科管理演讲节目的联系、审稿和接待演讲人员的工作。演讲内容、主讲单位和演讲人是已由日本人安排好的。如当时敌人搞的几次“治安强化运动”，每次的宣传内容，敌人都有规定。

当时伪政权的一些头面人物如伪华北政务委员会委员长王克敏、

王揖唐，伪剿共委员会主任荣臻，伪新民会副会长喻熙杰，伪治安总署督办齐燮元，伪建设总署署长周迪平等，由日本人指定轮流到电台来演讲。讲的内容不外乎是“肃奸反共”、“建立大东亚共荣圈”、“日本必胜”等。他们为了表示对日本主子的效忠，都是按时来讲。通过这些大汉奸是很难搞到情报的。像王克敏、王揖唐本人根本不到电台，由电台播放录音；其他大汉奸来演讲时，也都有跟随的人，经常是来了就讲，讲完就走，没有接触闲谈的机会。但是可以从他们的演讲内容中分析出敌人的动态，因为他们都是按当局的需要来讲的。

二等角色情况就不同了。他们来电台没有跟随的人，为了讨好日本人，常常早早就来。在他们播音完毕回到会客室时，按照当时电台规定，要赠送他们一些纪念品，如日本产的瓷花瓶之类。我借他们早来和赠送纪念品的机会就可以和他们闲谈。他们看到我是接待人，又是考查科的，误以为日本人重视我，愿意和我应酬往来，在谈话中也不提防，什么都说。我有意识引着他们谈其活动内容、汉奸内部的倾轧以及哪些人是真正的铁杆汉奸，甚至要采用什么花招、搞什么奸计，等等，他们都对我说。我利用这个有利条件，得到了不少敌人内部的机密情报。当时，我在电台的上班时间是每天下午 5 点到深夜 12 点。为了发展地下党组织，我更多地去接近青年学生。白天我在北平市立女一中、女二中两校兼课，逐步发展壮大了地下党组织，先后发展了白羽、余铭玖、柏淑卿、李泮林、滕杰等青年学生和教师入党，并吸收王栋岑加入了党组织，还发展了几个商人入党，成立了一些支部。北大工学院支部由李泮林负责，北大法学院支部由管思负责，中国大学支部由白羽负责，女二中支部由何中洲负责，男三中支部由常振舆负责，男四中支部由王慎青负责，机关支部由王栋岑负责，商人支部由梁宏宽负责，总的组织、宣传、联络由白羽负责。

为了便于搜集敌方情报并增添一层保护色，我曾设法让王栋岑以中国大学讲座教授的社会地位接近伪广播电台台长周大文，当了周大文的私人秘书；又利用周大文的关系认识了伪新民会宣传部长陈宰平。于是，我和陈宰平及新民会另两个部长熟悉起来，这样使我们能及时了解到新民会的一些动态，又开辟了一条搜集敌伪情报的捷径。

通过陈宰平，我们了解到了敌伪组织和旧军阀、学术界的一些接触活动。如探听到“中日亲善协会”里一个名叫张绍昌的人经常到电台播送日语讲座，这个人是一个善于伪装的文化汉奸，以日本情报局为后台，一方面与旧军阀靳云鹏（曾任北洋时期的国务总理）关系很密切；另一方面与柯政和（北师大音乐教师、汉奸）关系也很密切，同时又与国社党头子张君劢有密切联系。张绍昌在东城石雀胡同5号靳云鹏住宅内办了《日本研究》、《青年与读书》等四种刊物，吹捧日寇，毒害青年。靳云鹏在敌伪统治时期表面上虽没当汉奸，可是却将房子租给张绍昌办刊物，给他提供各种方便。我们将所有这类情报都及时向总部作了汇报。

当我们了解到伪建设总署有很多重要的军事情报，而陈宰平和伪建设总署署长周迪平关系密切时，我们就找到陈宰平，请他帮忙把王栋岑推荐到那儿去。王到建设总署后，与周迪平谈了谈，周以《土木工程与人生》为题，让王写篇文章，后来王被录用为“委任科员”，分在文书科管起稿工作，这就为进一步搜集情报创造了有利条件。王在文书科看到伪建设总署的绝密文件《工程月报》，内容多系敌人的军事工程，就趁其管理不严之便，冒着生命危险经常偷出交给我，我又设法送到总部去。这是当时通过电台渠道取得的重要情报。

有时，为了搜集某些特殊情况，我就故意找有关人员闲谈或一起吃饭，如当时敌伪文化协会理事长范宗泽经常到电台广播，我通过吃饭闲谈，有意接近他，搜集到了不少文化汉奸的动态和日寇对文化汉奸的要求等。

这样，敌伪广播电台成了我党搜集情报的基地了。

公开与隐蔽的斗争

为加强我地下党在电台的力量，我们利用敌伪广播电台招考播音员的机会，叫白羽同志报考。我们打听到，这次播音员的录取，颖川信德能起很大作用。王栋岑与颖川很熟，知道他很喜欢美术工艺品，就把自己家里一幅镶着金光闪闪镜框的绣屏送给了他。这个绣屏上有王的爱人用手工绣的两只猫，绣得十分精致，颖川见到十分高兴。以后颖川把白羽向山崎推荐了一番，这样白羽也打入了电台。白到电台后，分在文教科管"妇女时间"，王栋岑管"儿童时间"，我们经常在一起研究对敌斗争的方式方法。因为在敌人的严密控制下，明显的抗日宣传不可能播放出来，我们就采用讲历史故事、童话故事、唱歌、宣讲科教知识等，一方面较隐晦地进行爱国教育，一方面排挤和压缩那些毒害儿童、妇女心灵的节目。

那个时候，每天都有"儿童时间"，在这个节目里，充斥着"大东亚共荣圈""中日亲善，共存共荣"的反动歌声。我们虽不可能完全排除这类反动宣传，但却尽量想办法冲淡其内容和排挤减少其播放时间。当时北平汇文一小音乐教师孙敬修有爱国思想，善于讲故事，我们就想办法把"儿童时间"里讲故事的时间拉长，挤掉和压缩反动歌曲的播放时间。当时王栋岑去找孙敬修，请他在"儿童时间"多讲几次故事，把故事讲长些。孙敬修听了有些犹豫，说："就怕没那么多新鲜故事可讲，万一孩子们听了打盹儿，就没意思啦！"王栋岑对他说："我给您找资料，供您编故事，保证您有新故事讲。"王栋岑帮助孙敬修找来商务印书馆出版的《小学生丛书》，让他按照书中的内容编写了长篇故事《琳琳环游世界记》，介绍世界各地风光及风土人情，连续播放了几个月。孙敬修的故事几乎占据了大部分"儿童时间"，他讲的故事绘声绘色，能使孩子们听得入迷，连大人都爱听。这样既给孩子们灌输了许多自然科学知识，也让日本人找不出任何“毛病”来。有一次，孙敬修在“儿童时间”里教唱了他自编的一支《灭蝇歌》，其中有这样几句：

有微生虫瘟疫霍乱何等凶，
一个蝇子带着几力数不清，
你若不信显微镜里看分明。
留神蝇子是仇敌，它是大仇敌。
快设法，除去它！
莫留后患再萌芽！
讲卫生，要干净。
灭蝇子，不生病。

播音完了，我们都很高兴。这声音传到千家万户，对受屈辱、受压迫的人民，将产生多么大的激励！但是孙敬修刚刚走出播音室，就被日本人千秋喊去。她气势汹汹地质问他：“谁的是‘大仇敌’？什么的‘快设法除去它’？你的是什么意思的？”孙敬修装作莫名其妙地回答：“那歌里唱得很清楚呀，苍蝇传染疾病啊！……”“这样的歌，以后统统的不许唱！”千秋说罢，又把王栋岑喊去训斥了一顿。尽管如此，日本人却抓不住什么把柄。

还有一次，电台请了一个小学音乐女教师来教唱歌，节目表已经印发，报纸也登载了。但当歌词送来时，一看歌名是《不要怕歌》，歌词为：

前边有豺狼，
后边有虎豹。
不要怕，
拿起枪来打死它！

这比《灭蝇歌》对日本人的刺激更大，弄不好我们的阵地都保不住了。所以当时我们决定压下来不播放，临时改播了音乐唱片。这天，日本人突然把王栋岑和播音员都喊到周大文的会客室里，王刚进门，几个日本特务拿着枪对准他逼问："你们什么的干活？放送《不要怕歌》，你们死了死了的！"王和播音员都一口咬定没有播放过什么《不要怕歌》。他们又查了考查科的监听记录，发现也没有，特务才走了。以后侦知，这个女音乐教师有个男朋友，两人关系闹崩了，男的知道她要播放这个《不要怕歌》，就向日本特务机关告发了。这件事发生后，我们更加重视方式方法。

有一次，我们在"儿童时间"里请绒线胡同的小学生演出唱歌，由该校音乐老师宋哲敏带队。在唱歌中，我们发现小学生温可铮唱得很好，就专门约请他来演唱。我们接受以往的教训，指定让他唱如"秋风急，燕子飞……""好大的西北风啊……"等更加隐晦一些的歌曲，用温可铮那童稚美好的声音挤掉"大东亚共荣圈"的反动歌声。

白羽管的"妇女时间"也是在日本人千秋控制下的。我们利用这个时间播放我国历代妇女光辉事迹的故事，以引导妇女奋发向上，从敌伪奴化教育的毒害中解脱出来。如当时讲孟母三迁择邻、断机教子的故事，启发做父母的要好好教育子女；又如把"染于苍则苍，染于黄则黄"的典故编成故事，说明教子慎于交友的重要性。我们还请一些医务人员在"妇女时间"讲妇女卫生知识，从而也排挤压缩了敌伪的宣传时间。

这样，我们利用"演讲"节目扩大情报来源，利用"儿童时间"、"妇女时间"节目开展对敌斗争。

爱国的热血沸腾在每一个有民族自尊心的人的胸膛，人民也采用多种多样的方式开展对敌斗争，这在电台表现得非常尖锐突出。如文艺节目方面，京剧、相声、评剧等在电台只安排个节目表，没有具体内容；特别是相声，很多节目都是顺口说来，没有讲稿，所以日本人对文艺方面只审查节目，不审查内容。我记得在敌人搞"治安强化运动"时，有一次相声演员常宝堃（艺名小蘑菇）演出相声时，说到几次"治安强化运动”，他从第一次数到第五次，说“治安强化”一次比一次“强”，面粉就一次比一次“便宜”，再搞一次“治安强化运动”，面粉就几毛钱一袋了。捧哏的问他：“这么便宜？什么袋呀？”他说：“牙粉袋。”这件事后被特务告发，常宝堃也被日本宪兵队抓去。这件事反映了北平艺人热爱祖国的抗敌呼声。

传递情报交通历险

我到北平后的第二年春天，敌人对解放区残酷“扫荡”，在城市推行“治安强化”，疯狂搜捕革命群众。一天清晨，天气很冷，飕飕的北风刮着，我正在家中，突然传来了敲门声。我打开门一看，一个商人打扮的陌生人站在门口。我问：“你找谁？”他说：“祥记百货店掌柜的让我来找刘××。”我说：“是韩掌柜吗？”他说：“是，是韩梓林叫我来的。”我说：“请进来吧！我就是刘××。”他进屋来，回身看了看外边，把门关好，小声说：“我叫何中洲。杨奇清部长派我来的。”随即把棉袄袖口扯开，从棉花里掏出了杨奇清部长的亲笔信交给我。杨部长指示：“要注意隐蔽，建立组织，扩大组织，积蓄力量，以待时机。”并突出提出“搜集敌伪情报”的任务。指定“何中洲同志担任交通”。老何同志向我谈了总部情况，并转达了杨部长对我的关心和嘱咐。我把搜集到的敌伪内部情报和我们在电台对敌斗争情况都详细告诉了老何同志，并要他记在脑子里，回去向杨奇清部长汇报。这是我们第一次接头的情况。

我们的交通员身负重任，他们化装成跑单帮的商人，往返于敌占区北平与太行山八路军总部之间，把我搜集到的情报送到总部，并把总部指示传达给我。递送情报或传达总部指示，有的是牢记脑中，有的是在有韧性的薄纸上写成密密麻麻的小字，揉软，藏在棉袄的棉絮中或别处。他们当时走的路线，是从我这里取得情报后，登上平汉路火车，经保定、石家庄，到达邯郸。在火车上，一路要经敌人多次搜查，常常是一到半夜，车厢里的多盏电灯突然同时亮了，日本人带着一群特务、翻译，涌进车厢，大喊大叫，挨个搜查。旅客经常有被打的、被抓的。我们的交通员以商人身份带着货物，有时向敌人应付对答，有时向翻译塞些钱或塞个金戒指以混过敌人的搜查。到邯郸后，再换乘小火车到武安县。武安县靠近太行山边缘，仍是敌占区，但它紧靠着根据地，有我八路军地下交通站。像我后来的交通员梁宏宽，就是武安县人，地下交通站祥记百货店就是利用他的经商收入和武安交通站长郝少白的钱开设的。所以到了武安，他们就比较安全些了。但从敌占区武安再到解放区阳邑还有100多里，还需通过敌人封锁线。经过这一段路程，经常会碰到敌人“围剿”、“扫荡”，这就要靠老百姓的掩护才能通过。阳邑在解放区边缘，有我八路军总部的交通站，当时站长是乔献捷同志。我的交通员到了阳邑，就可以见到杨部长了。当时何中洲同志和后来的交通员梁宏宽同志都是化装成跑单帮的商人，靠着对党的无限忠诚，靠着机智勇敢，突破敌人重重封锁线而完成任务的。

（白羽　整理）

忆抗日战争时期党在东北的秘密工作

钟子云

1938 年 8 月我从苏联回到延安后，被分配到中央党校工作，任干部部干事，二十四、三十班班主任，并为二十八、二十九、三十班讲党的建设课程。1939 年党中央成立了中央东北工作委员会，其成员有王明、康生、杨松、张松（李范五）、李延禄、刘澜波和我（可能还有王若飞同志）。不久，我即离开党校到东北工作委员会去工作。1939 年的五六月间，中央决定派我到晋察冀边区，专门负责联系东北抗日联军的工作。

1938 年以前东北抗联和党中央的联系主要是靠我们党驻莫斯科的代表团，1938 年之后，中央代表团的所有成员都回到国内（延安和新疆），故抗联和党中央中断了联系。党中央为了加强东北的工作，成立了中央东委会，并抽调一批东北籍干部成立了东北干部训练队，派我和张发到晋察冀边区去建立交通站，物色比较熟悉东北情况和能在东北活动的干部去东北工作。我在晋察冀分局领导和帮助下，抽调了孔力、岳武等同志去东北工作，同时中央东北工作委员会又陆续派来东北籍的干部王东、王松、朱鸿恩、倪景阳等人，先后于 1939 年和

1940年将他们派到哈尔滨、牡丹江和密山一带去建立交通站和联络站。由于当时敌人的统治严密，活动猖獗，他们花了两年时间，仍未与抗联取得联系。在这段时间内，有的干部因叛徒出卖而被捕，有的交通联络站（如设在孔力家的联络站）也遭到敌人的破坏。

1941年初，中央社会部决定将我负责的这部分工作与晋察冀分局社会部的工作合并。这样，我除继续担负寻找东北抗联的工作外，还受分局社会部部长许建国同志的委派，到涞水县计鹿村建立平西交通联络站。这个联络站的主要任务，是接送中央社会部和分局社会部派出的人员和从当地党委中寻找适合去平津、保定等敌占区工作的人员，建立交通站、联络点，以及深入敌占区进行各种情报工作，并为社会部代管所有在平、津、保、唐、山海关和东北各地区的一切打入敌伪内部的情报组织。而继续寻找、联系东北抗联，只是我负责的一部分工作了。这期间，凡是由东北情报组织派交通送到联络站的密写情报，均在我负责下用电台向中央社会部和晋察冀分局社会部转报。

正义之战得道多助。平西交通联络站的活动不仅受到当地党政军同志和人民群众热情支持，还受到国际友人的大力帮助。英籍老朋友林迈可便是很出色的一个。林迈可于1938年至1941年之间在燕京大学任经济学导师，在这段时间内他与我们北平党组织在燕京大学的地下党员肖再田、肖芳等同志建立了较密切的联系。他和他的夫人李效黎积极支持中国人民的抗日斗争，给我们提供情报，掩护我们党的工作人员进出北平城。1941年秋季，我代表晋察冀分局社会部部长许建国同志进入北平城内检查工作，就是林迈可同志用摩托车把我送进城里的。他还将过去二十九军留在天津外国租界的一批军用物资，几经辗转，送交八路军。林迈可还利用燕京大学校长司徒雷登的汽车为我抗日根据地购买和运送各类药品（如奎宁）和通讯器材、电台等，做了不少工作。

当时在日军统治下的北平市内购买西药和无线电器材是极其困

难的。林迈可为我们购买这类军用物资，每次都要冒很大的生命危险。他就是在这种情况下帮助中国人民的抗日斗争。我深切地怀念这位可敬可爱的国际朋友。

我在晋察冀边区六年，主要是负责与我在敌占区（包括东北在内）敌伪上层的情报点线进行联络工作。在这一时期，东北许多长期埋伏在敌伪高层机关的同志，多是原留学日本各大学的学生，他们最初在日本组织了抗日同盟会和读进步书籍的读书会，后来建立了党的组织。1937 年七七事变后，他们就转入我们党的情报系统，成为我们党在东北秘密情报组织的工作人员。

这个情报组织的前身是 1935 年在日本成立的“东京反帝大同盟”。以失掉联系的共产党员张为先为中心，由丁宜、陈卓毅、赵家宾、于静纯等人参加。1937 年又由侯洛、田琛、丁非、高亮、马昆山等人参加，成立了“社会科学研究会”。这两个组织于 1938 年合并为“东北留日青年救亡会”，其宗旨是根据马列主义进步思想开展抗日斗争。他们在日本从同乡、同学、同宗、亲戚、好友中培养和发展了许多坚定的抗日分子为会员。以后，这个组织又先后改为“东北青年救亡会”（其外围组织为“新知识研究会”，国内部分名为“党社”）、“晋察冀东北救亡总会”、“东北人民解放同盟”等。

这个组织的成员继 1938 年和 1939 年从日本分两批回国后，到 1940 年春季，其骨干都已陆续回国。这些同志并根据党组织的决定，利用自己的家庭和社会关系（这些同志大部分是伪满政权上层人物的子弟）为党从事情报工作。他们的工作先由华北联络局后转由晋察冀分局社会部管辖，主要的任务是搜集战略情报，深入卧底，严守秘密工作纪律，不同一般地方党组织发生任何横向联系。因此，这个组织在长达十年的隐蔽过程中，除个别同志因打入国民党内部而在国民党东北情报组织被日伪破坏时受牵连、被当作嫌疑犯遭逮捕外，未受到其他破坏。这样，在相当一段时间内，在我们党于东北城市和农村所建立的其他秘密革命组织被破坏殆尽的情况下，唯有由中央社会部领导的这一情报联络组织一直保存下来。1944 年初，毛主席看到他们写的《满洲工作报告》后高兴地说：满洲不是铁板一块。满洲的工作大有可为。

到 1945 年日本帝国主义投降时，这个情报组织已发展到 70 多人。他们以沈阳、长春和哈尔滨三个大城市为中心，辐射大连、锦州、山海关、长春、吉林、扶余、图们、四平街、哈尔滨、密山等地，形成网络。其成员由于特殊的家庭和社会关系条件，可以直接获取重要情报。如伪满国务总理大臣张景惠的儿子张梦实（原名张绍纪）和侄子丁非（原名张绍维）；伪满地方自治指导部（直属日本关东军）部长于冲汉的儿子于静纯（他是伪满军校中校教官，其兄于静远是伪满经济部大臣）；伪满皇帝溥仪的侍卫少将处长佟济熙儿子佟志彬（本人是伪军中校）；溥仪的当家侄子伪高射炮兵团长宪东；伪满军法处少将处长的儿子王诚（原名王恒烈）和侄子王谦（原名王恒绪）；伪满哈尔滨军管区上校旅长的儿子孙为（原名孙仲元）等。

该情报组织成员潜伏在伪满重要军政部门的有：海军方面的金有声（伪海军上尉、江上军司令官宪原的秘书）；陆军方面的石迪（伪陆军中校，曾任军事部参谋，后调任黑龙江省密山军管区参谋），于静纯（伪陆军中校、伪军官学校教官），张进（伪军官学校少校教官），于清淮（伪军少校教官），佟志彬（伪陆军中校），宪东（炮兵中校团长），马凡（伪哈尔滨军区学校教官）；空军方面的关明修（伪空军上尉、沈阳航空部队飞行军官）；警察方面的张克诚（任过黑龙江省黑河讨伐队队长，后调任伪吉林省扶余县警察署长）。此外，还有关克（伪军事部次长秘书官室文官秘书），巩天民（志诚银行常务董事），张为先（志诚银行董事会监事）等。

还有些情报人员任伪满各机构的中层职员，能接触机要。有的任伪满国务院总理秘书室及八大部等机构的专职采访记者，有的在伪满军需局、协和会、中央本部、交通部公路总局、图们海关、伪满图书公司、中央银行、兴农金库、工商银行、志诚银行、商工会、奉天省广播电台等机构内任职。

这个情报组织在抗日战争中，恪尽职守，积极工作，向抗日根据地送回一系列的重要情报，如：(1) 关于日本关东军在东北地区的战略部署和战略思想。(2) 关于住在伪满地区的日本人的反战思想。(3) 关于伪满陆海空军的编制、兵力、武器装备、军事部署、军队训练、作战能力、军官士兵的思想动态。(4) 关于海军舰种、数量、性能、航线、港口要塞设施的情况。(5) 关于空军的机种、性能、机场、基地的情况。(6) 关于港口要塞设施和机场基地的详细地图。(7) 关于辽宁、长春（新京）、沈阳、鞍山等地区的重要设施，对武器生产工厂、交通要道等目标则画有详细地图，以备供空中轰炸时使用。(8) 关于从伪满陆军、警察方面搜集到的日伪军对我东北抗日游击队袭击的情报。(9) 关于敌军、警、特联防镇压、防谍等方面的措施。(10) 还有伪满财政、金融、预决算，重要经济和文教政策等方面的情报等。这些情报送到延安，甚得毛泽东、周恩来、刘少奇同志称赞。毛主席说：我们的情报工作突破了伪满洲国的“钢铁国防线”，是我党对东北工作的先锋。

日本帝国主义投降后，这个情报组织的大部分同志未公开自己的身份，有的打入敌人内部继续从事秘密情报工作。他们在搜捕日军和伪满要犯，侦破国民党特务组织以及东北解放战争中发挥了重要作用。如张梦实同志向苏联红军提供情报，将以张景惠为首的伪满内阁大臣级汉奸一网擒获。之后，他又随末代皇帝溥仪等要犯一起在苏军押解下去了苏联，在那里担任翻译和读报工作六年之久，中华人民共和国成立后，才回来接上了党的组织关系。又如国民党军统特务头子戴笠直接派到北满和哈尔滨等地开展特务活动的军统滨江组少将组长张勃生，也是靠他们提供的准确情报抓获的。在解放战争中，他们策划驻防在南满的国民党部队的师长王家善起义，在辽沈战役消灭廖耀湘部队的作战中，他们也发挥了重要作用。

我们党在东北的情报组织在长期的秘密革命活动中，曾经发挥积极主动精神，组织过各式各样的群众性组织，如上面提到的东京反帝大同盟、东北留日青年救亡会以及各种读书会等，对于宣传抗日思想，激发爱国主义精神，培养革命骨干，团结爱国青年起了重要的作用。这些组织虽然未经过上级党的领导机关批准，但实际上为党做了大量的工作，应当在革命斗争史册上记下它们光荣的一页。抗日战争胜利后，在哈尔滨建立的北满临时省委也是类似这样的组织，虽然它存在的时间很短，但同样为党做了大量革命工作。

踏破兴安万重山

王明贵

1941年3月初，我们三支队在黑夜和风雪的掩护下，艰难地通过了冰封的黑龙江。秘密地从坐落在江边的哈达沿和红毛鸡之间通过。为了防止敌人发现我们的足迹，在队伍的最后边，用马拖着一些树枝，把走过的脚印拖平，不一会儿，飞舞的大雪又把树枝拖的痕迹掩盖得无影无踪了。

当时，三支队每一个人的负荷都很重，每匹马也都驮着许多粮食和子弹，不停脚步地走了一夜，还未出敌人的防御区。当时，孙吴县驻有二三万日军，我们的行动万一被人发觉，后果是不堪设想的。

天渐渐地亮了，大雪仍然未停，狂风还在呼啸，忽然从敌人的阵地上传来了一阵叫喊声。因为我们穿的是日军服装，敌人哨兵一时弄不清是什么队伍。又由于大风大雪的掩护，我们侥幸通过了敌人边防阵地，过了一座叫四不漏子的小桥，离开了公路，沿着毛兰河（现名茅栏河）向上游走去。

大雪仍然铺天盖地地下着，积雪厚得贴在马肚子上，人骑在马背上，两只腿却插在雪地里。我们用两匹日本大洋马轮流在前面开路。

毛兰河是逊河的一条支流，200多里长，一二十米宽，弯曲度大，两岸长满了柳树毛子。我们试图抄直道走，但离开了河道都是草甸子和柳树毛子，积雪有两尺多厚，根本就无法前进，只得沿着弯曲的河道行走。奔波了三四天才到达峰峦起伏、林木丛生、渺无人烟的毛兰顶子。

转战辰清

我们在小兴安东山的炭窑窝棚，曾向工人调查了这一地区的敌情。我和王钧、徐宝和、白福厚等认真地分析了部队的处境，研究了下一步的行动：我们原计划通过此地，穿过北黑线挺进到朝阳山以西的嫩江平原开展游击活动，但这特大的风雪给我部队行军造成很大困难。部队在没膝深的雪地上走两天的路程，还不够敌人骑兵半天追的。粮食仅够吃三四天了，马匹经过了一个冬天的战斗也都瘦弱不堪了。此刻，天上有飞机轰炸，地上有骑兵追击，汽车堵截，从这里到嫩江地区，还有500多里行程，如果我们按原计划向西挺进，必将遭到敌人的大规模围追堵截，陷入万分危险的境地。因此，只有改变原计划，采取相应的措施，才能冲破敌人的"围剿"。当时，最迫切的是要解决粮食和战马，而附近的炭窑和小兴安车站存粮不多，不能完全解决部队的困难。我们侦察得知，在东山北面有一个较大的火车站——辰清，那里有许多粮食和马匹。我们决定：攻打辰清，夺取粮食和马匹，然后再穿越北黑线。经过对敌情的分析，大家一致认为，辰清的敌人不会有防备，出其不意，攻其不备，夜袭辰清有可能成功。于是，增强了指战员的胜利信心。

辰清是北黑线上一个较大的火车站，有警察署、铁路警察，有日本人的仓库，还有马爬犁运输队。根据实际情况，制订了攻打辰清站作战计划，部署了战斗任务。

部队在小兴安东山炭窑窝棚休息了一整天。夜幕降临了，我向部队下达了战斗任务后，部队便向辰清出发了。

3月13日夜晚，一轮明月挂在树梢上，茫茫的白雪映着皎洁的月光，我们沿着公路向辰清站前进。当我们的先头部队登上一处山岗的时候，突然与日军本原“讨伐队”遭遇了。在雪夜里，敌我双方对射还击，由于我们前头部队占据有利地形，敌人打了一阵枪又撤回了辰清。

在这次遭遇战中，七大队长白福厚同志不幸英勇牺牲。白福厚同志，在1937年8月率伪满军三十八团二连和机枪连起义，加入抗联六军一师六团，任连长。1939年冬白福厚带领的部队编入三支队，任第七大队长。几年来，在枪林弹雨中，白福厚与我们同生死、共患难，结下了深厚的革命友情。在三支队智取克山、奇袭北兴镇、奔袭霍龙门等一系列战斗中，白福厚同志总是冲锋在前，撤退在后。他作战勇敢，遇事机智灵敏，十分果断，是一个优秀的指挥员。他平时十分关心同志，爱护群众，从不计较个人得失，是一位忠诚的共产党员。白福厚同志为抗日民族解放事业洒尽了鲜血，至今我们仍然深深地怀念着他。

战斗结束后，我们清点了人数，除牺牲四名同志外，由于天黑，指导员姚世同与部队走散了。后来，当我们再次路过小兴安东山炭窑时，炭窑工人告诉我们：辰清遭遇战后，他一个人撤到了东山炭窑窝棚。第二天，大批敌人突然把他包围了。姚世同临危不惧，打死了不少敌人。敌人为了捉活的，向他喊话劝降。姚世同机智地回答说：“上来一个当官的，可以谈判。”利令智昏的敌人，以为可以活捉抗联，回去请功领赏。此刻，姚世同满腔怒火，一枪将一个走上前去的官打倒在地。敌人如梦初醒，知道中计了，疯狂地向姚世同射击，他把青春的热血洒在祖国可爱的土地上。

这次偶然的遭遇战，破坏了我们夜袭辰清并穿过北黑线直奔朝阳山的计划。此刻，迫在眉睫的问题仍旧是要解决粮食和马匹。有了马，我们在林海中才可能行动自如。有了粮食，在雪原里才能坚持斗争。据烧炭工人介绍：孙吴县有日军一个师团的兵力，每年都修建营房和工事，需要大量的木材。在孙吴东山里设有木营，每天早上从孙吴派出来两三百张马爬犁，到东山木营往城里运输木材。东山木营里还有粮食和物资仓库，只有少量的日本军队保护。我们大家商定：敌人此时估计我们会穿过北黑线，向北安、德都方向前进，而我们趁敌不备迂回到孙吴东侧，在敌人的鼻子底下，先截取敌人运输队的马匹，然后再袭击东山木营的仓库。于是，一个截马夺粮的作战方案确定了。

我们在辰清东炭窑窝棚里隐蔽了一天。天黑后，部队顺着杜德河东岸通往孙吴的马爬犁道迅速前进。天亮前终于赶到了孙吴的东山脚下，杜德河附近正好有座小山包，挡住了孙吴方面的视线。我们就把马匹隐蔽在山后小河汊旁的树林里，部队隐蔽在山坡后面，派了一个小队埋伏在杜德河右岸爬犁道的一旁。

天渐渐地亮了，透过蒙蒙的晨雾，眺望远方，孙吴县的轮廓依稀可辨。这时，天空忽然又飘起了小雪花，我拿着望远镜，全神注视着孙吴方向的动静。不一会儿，爬犁大队从孙吴县来了。每个爬犁上只有一个老板子，没有武装保护。我判断：他们就是日本伐木公司的运输队。爬犁队渐渐走近了，有 100 多张爬犁进了埋伏区，我一挥手，战士们跳起来冲上爬犁道。一个战士端着枪，跳上了打头的爬犁，顺手抢过老板子的鞭子，赶进山后坡的河套里。赶爬犁的人认出我们是抗日联军了，一点儿不惊慌，个个顺从地把马爬犁都交给了我们。马爬犁鱼贯进入山后坡河套，隐蔽在山后的战士们迅速卸下 200 多匹马。

群众告诉我们东山有日本木营，只有少量日军保护，没有什么坚固的工事。敌情查明了，更坚定了我们去袭击东山木营的决心。我们骑上新缴获的马，来到东山日本木营，守在那里的20多个敌人，早已闻风而逃。我们一枪未放，冲进木营，打开仓库，获得许多大米、白面，还有豆油、食盐等，每人背了三袋子粮食，立即撤向辰清方向。跑了20多里，然后离开公路进入原始森林。这时，雪也越下越大，越往林子里走雪越深。我们仍然依靠那两匹日本高头大马，轮流在前面踏雪趟道。战士们牵着马跟在后面艰难地前进，一直走到中午时分，战士们又累又饿。我们判断敌人绝不会善罢甘休，一定在后面跟踪追击，此刻战士们虽然疲劳，绝不能停止前进。中队长安永化是个朝鲜族同志，个子不高，不小心脚下一滑摔倒在地上。我上前将他扶起，问道:“怎么样，肚子饿了走不动了吧？”安永化拍了拍屁股上的雪，倔强地说:“支队长，咱们取得这么大的胜利，就是三天不吃饭，咱也不叫饿！”安永化的一句话，逗得大家哈哈大笑，战士们顿时感到浑身有劲。我们忍着劳累和饥饿，边走边在雪地里埋“地雷”，把手榴弹埋在雪里，把导火线引出来，用细绳系在路旁的树干上。下午时分，敌人果然追上来了，爆炸声在森林里回荡。

我们甩掉了敌人的追击，蹚着三尺深的雪地向毛兰顶子前进。大约又走了两三天，实在不能走了，我们决定在毛兰顶子一带隐蔽一段时间。于是选择了一处靠山近水、背风向阳的地方露营。战士们吃着喷香的大楂子干饭时，马却没有草料吃，战士们用手在雪底下费了九牛二虎之力，抠出一点草，也解决不了马的饥饿。我们望着濒于死亡的战马，异常心痛。面对这种困境，我们决定：每人留下一匹好马，其余的全部杀掉吃马肉，节省粮食喂马。后来马肉吃光了，就派人去打狍子，以补充粮食的不足。就这样，我们在毛兰顶子原始森林里，迎着寒风眼望着满山的冰雪和灰蒙蒙的天空，盼望着春天的太阳！

1941年4月下旬，小兴安岭的春天来了，满山的冰雪开始融化，向阳山坡露出了一块一块的土地。

我们决定在离开这个地区之前，攻克辰清。一方面破坏敌人的铁路运输，给侵略者以狠狠地打击；另一方面补充部队的粮食。我们辗转来到辰清附近的炭窑窝棚，通过烧炭工人摸清了敌人的兵力情况：辰清伪警察署有四五十个警察，火车站有十几个站警，辰清伪政府只有几个武装警卫。我们的作战方案是：由七大队攻辰清火车站，八大队攻打警察署，利用夜间突然袭击，如果敌人不交枪，就用机枪和手榴弹消灭他们。

4月25日出发前，召开了动员大会，宣布杨利荣同志为七大队长，布置了战斗任务。下午，部队出发了。我们在泥泞的林间毛道上前进，路过洼地或沟塘还要蹚水，鞋和裤脚沾满了泥浆。

4月26日夜，我们在距离辰清约二里路的地方，打好马桩子，步行向辰清接近，八大队的共产党员、支队副官吴法川走在队伍的最前头，在向警察署冲锋时，不幸身受重伤。敌人的枪一响，八大队的战士们立即俘虏了敌人的哨兵。然后翻身跳过铁丝网，纷纷冲进营房院内，四五十个伪警察全被堵在屋里乱作一团。接着，战士们冲进屋内，缴获了全部枪支、弹药。

在辰清伪火车站，七大队以同样的战术，把十几个站警堵在屋里，全部缴了械。同时，还顺利地占领了辰清伪政府，那里的武装警卫也一个个束手就擒，并缴获了部分伪币和一万份大烟（有好几箱）。这些大烟，当时既可以当钱花，也可以作药用。

在辰清伪警察署的拘留所里，我们解救了一个20多岁的鄂伦春族同胞，名叫莫桂林，他被日本人以反满抗日的罪名抓进了牢房，用皮鞭打得死去活来。敌人的百般毒打折磨，促使他更加深了对敌人的刻骨仇恨。他听了我们的爱国宣传深受感动，从人群中站了出来，激动地说：“回家我也是逃犯，让日本鬼子抓住了，早晚也是个死。我愿意参军同你们一起打日本！”莫桂林迟疑了一会儿，又说：“我的耳朵有点病，不知你们要不要？”还没等我回答，他又恳求说：“我会骑马，能打枪，就收下我吧！”我被他的恳切要求所感动，抗联队伍就是需要这样的战士。我微笑着说："好，我们批准你参军。"就这样，在抗日联军队伍中，又多了一个鄂伦春战士。在莫桂林参军的同时，还有一个青年姜海波也参加到三支队。

撤离前，我来到支队副官吴法川身旁，战士们正在帮助他包扎伤口。只见吴副官仰卧在地上，伤势十分严重，子弹穿透了腹部，殷红的鲜血浸透了棉衣……吴法川用微弱的声音对我说："支队长，不要因为我拖累部队的行动……"听了吴副官的话，小战士叶青林和宋喜林难过地哭了。我安慰他说："不要紧，我们背也要把你背回去！"吴副官转过头去，深情地望着两名小战士说："战士流血不流泪，打仗就要有牺牲，我的伤势很重，不能拖部队的后腿，你们快转移吧！"尽管当时环境十分危急，我们绝不能丢掉身受重伤的战友，大家用两根木杆做成担架，轮流抬着吴法川，撤出了辰清。在行军路上，吴法川同志终因流血过多停止了呼吸。在一座小山下，战士们砍来白桦树枝，火化了吴法川同志的遗体。同志们低头默哀，悼念亲密的战友。安息吧，祖国的好儿子吴法川同志！

我们胜利地离开了辰清，本拟西渡辰清河，奔向朝阳山，返回三支队的后方基地。由于雪融化了，河面变宽了，寻不到船只，无法过河，只好又返回毛兰河左岸，等待转移的时机。

几天后，孙吴和北安的日军骑兵"讨伐队"，顺着我们的足迹，分南北两路夹击而来。在这万分紧急的时刻，我军前面有一块二三百米宽的开阔地，我们的先头部队正在那里通过，如果遭到敌人的袭击，后果不堪设想。为了掩护部队的安全，我和任德福组织十几名战士埋伏在大树后，用机枪猛烈的火力阻击敌人。敌人立即下马向我还击，无数子弹打断了树枝，落在我们的头上和身上，但无一人伤亡。此刻，我们十几个人翻身上马，冲过了开阔地，飞快地跑到王钧已布置好的阵地上。我一见地形，觉得这个战斗部署得太好了。这回叫敌人尝尝我们的厉害！霎时，敌人追上来了，离我们只有100多米远，全都暴露在这块开阔地之中。“打！”一声令下，我们的四五挺机枪突然向敌人开火，中弹的人掉下马来，中弹的马也嘶叫着，先后都摔倒在地上。敌人骑在马背上，无法向两边分散，只能沿一条道向后撤。狡猾的敌人躲在林子里喘息了一阵，又重新组织进攻。我们边撤边在雪里埋下地雷。可是到了傍晚，也不见敌人的影子，也没有听见敌人踩地雷的爆炸声。

天渐渐地黑了，我们估计当晚敌人不会再来了，通知部队就地露营，四面派出了警戒。第二天、第三天，仍然不见敌人追踪的迹象。我们派了十几个战士回去侦察敌人动静，顺便把地雷起回来，晚上侦察员们回来报告说，他俩边走边起地雷，一直走到前天阻击敌人的开阔地，只见满地血迹斑斑，也分不清人血和马血。这次伏击战的胜利，不仅摆脱了敌人重兵的追击，同时，也极大地鼓舞了士气。

挺进朝阳山

同年5月中旬，三支队来到小兴安东山附近，我们研究了部队下一步的行动。指挥部发给我们的电台，在辰清遭遇战后就失灵了，与指挥部失去了联系。于是，我决定派李国军、李俊等四名同志去北安东边的南北河地区寻找九支队，检查电台究竟出了什么毛病。约定一个月后，在朝阳山边河西岸某地接头。李国军等人走后，我们通过北黑线，从辰清河上游涉水过到右岸，逼进小兴安火车站。

一个夜晚，我三支队突然占领了小兴安火车站，几个站警没有来得及反抗就成了俘虏。我们速战速决，带着缴获的粮食，立即越过铁路，穿过树林，涉过科勒河，登上小山，准备给予追来的日本兵（200多人）以狠狠地打击。但由于天黑敌人不敢过河，又受到我军两挺机枪的射击，悄悄地撤走了。此后，我三支队日夜兼程来到了小兴安岭西麓——朝阳山地区。

朝阳山山峦起伏，沟壑纵横，渺无人烟。从1939年起，我抗联部队就在这里建立了后方密营，有20多个同志留守在这里，战士负了伤，可以送到这里医治。北安一带的地方党组织还通过这里与部队和上级党组织保持联系。我们到这里是为了与地方党组织取得联系，以便顺利地向大兴安岭挺进。

可是，当我们寻找到这个密营时，看到的只是烧焦的房框子和一些被砸碎的盆盆罐罐，还有散落在房框子四周的一些子弹壳。可以判断，在这里曾进行过战斗。留守这里的20多个同志生死如何呢？我们非常惦念他们。直到新中国成立以后，我才得知：1940年冬，日军冬季“大讨伐”时，这个密营遭到了突然袭击。部分战士冲出了敌人的包围，在南北河地区继续坚持抗日武装斗争。到了1941年夏季，他们竟发展到40多人。但是，由于一直未能与上级取得联系，孤军奋战，其中大部分同志都英勇牺牲了。

在那次突围战斗中，特别要提到的是北满省委秘书徐紫英同志，在严冬岁月里风餐露宿，冻掉了双脚，以后被留在朝阳山密营做些力所能及的工作。就在那次突围中，为了掩护战友而被俘，受尽敌人的严刑拷打宁死不屈，最后终被杀害。我们幸存者深切地怀念着他。

朝阳山密营被敌人破坏了，我们含着泪水，依依不舍地离开了这里。

5月中旬，我们从朝阳山转移到讷河县东一个叫赵家窝棚的屯子。老游击区的乡亲们见到自己的队伍又回来了，怀着喜悦的心情向抗联战士问寒问暖。从一位老乡那里得知，讷河地下党组织负责人方冰玉、尹子奎、女陈、高木林等同志和抗日救国会的负责人，都先后被敌人逮捕了。讷河县委遭到破坏，给我们的抗日游击战争带来了很大的困难。但这一带的群众，仍然实心实意地把自己家仅有的口粮支援抗日部队，有的冒着生命危险，牵着马、驮着粮，送到了指定地点。我们的部队进入朝阳山20余里，隐蔽在边河与科洛河汇合处的悬崖陡壁下。这时，一股200余名日伪军“讨伐队”跟踪而来，但一无所得，大失所望，沿着原路返回了。

5月25日，从科洛河下游驶入边河两只小木船，四个渔民同我们进行了友好的谈话，并专为部队捕了几天鱼，以补充粮食的不足。直到5月30日，李俊、李国军陪同陈雷同志从九支队来到三支队。陈雷同志原为六军军部组织科长、抗联西北临时指挥部一支队政治委员，这次受三路军总指挥张寿篯的派遣，到三支队担负政治工作。他的到来受到全体同志们的热烈欢迎，这加强了三支队的领导力量。

我召集了支队领导干部会议，研究了下一步的行动计划，决定沿着小兴安岭北上，袭击嫩江东侧的罕达气金矿，然后西渡嫩江，直插中东路。

夜袭罕达气

春风吹遍了大小兴安岭，白桦吐翠，红柳抽枝，青草也长得快半尺高了。战士们把脱下的冬装和一些不需要的东西，全部扔在边河口附近，蹚过科洛河，轻装前进。这一带都是大平岗，白天时有敌人的飞机出来侦察，我们一般是夜间行军，白天隐蔽，轻易不点火，以防暴露目标。

经过几天跋涉，我们绕过塔溪（四站）和蔺家屯，到了门鹿河附近的王家耳营子。我们在罕达气南面30多里处发现了一个炼桦树皮油的窑，住有三四个中年男人。从他们那里得知，罕达气金矿局有个大院套，四周有铁丝网，围墙有一丈多高，并有四个炮台。武装矿警有

100多人，金矿局西侧100米处有一座日军大营，估计有百八十个日军，在金矿局北边的一大片房子里，住着1000多金矿工人。

对罕达气金矿局的情况基本摸清后，我和王钧、陈雷同志召开了大队以上的干部会议，并研究了作战方案。在会上我强调了罕达气金矿是黑河省最大、产金子最多的矿。日本侵略者掠夺我国的大量黄金运往日本。我们这次必须把罕达气金矿打下来，破坏敌人的采金设施，消灭日本人，缴获矿警的武器，夺取马匹和粮食。

6月23日深夜，我们的队伍到达罕达气金矿局附近。天黑得伸手不见五指，在向导的指引下，七大队长杨利荣、八大队长徐宝和分别带领部队向各自指定的进攻目标行进。

狡猾的敌人在金矿局围墙外边的铁丝网附近，扔了许多铁罐头盒，不知谁一脚踩上了，当啷一阵响，敌人的哨兵大声喊道："什么人？口令？"战士们立即向进攻目标冲锋。敌哨兵鸣枪报警。顿时，枪声、喊杀声划破了寂静的夜空。最前面的战士用钳子迅速剪断铁丝网，拉开了一个通口，后边的战士们紧跟着冲了进去。在火力掩护下，我部队冲到了东南和东北两个炮台的墙根下，枪眼里的机枪向外猛射，对我威胁很大。战士们向炮台里扔了几颗手榴弹，机枪顿时"哑巴"了，我们迅速占领了炮台。被堵在屋里的警察听了我们的喊话："中国人不打中国人！交枪不杀！不交枪我们就扔手榴弹了！"敌人知道负隅顽抗是死路一条，都乖乖地交了枪。

攻打日本西大营的战斗很不顺利。虽然八大队的战士十分勇敢，但日军凭借工事发疯似地射击，强攻不行，于是，我方撤出金矿局大院内，凭借西南、西北两个炮台，向日本兵营猛烈射击，把日军堵在里面。

乘此机会，另一部分战士从金矿局收缴战利品。有步枪百余支，子弹万余发、黄金十余两，还缴获了许多大米、白面和腊肉，分别装上了马车。这时，东方已放亮，金矿局的大楼被西大营的日军击中起火，浓烟滚滚，火光冲天，不宜恋战。我们牵出三四十匹好马，赶着拉运物资的大胶轮马车，迅速撤出了金矿局。

部队向北走了二三里地，见到了一个大采金船，有二层楼那么高，几名战士跳上去，找到几把大铁锤，砸坏了一些机器部件。战士们愤怒地说："我们中国的黄金，绝不能再让日本人抢走！"当时，我们还打算用炸药炸毁采金船，但又舍不得炸药，只好作罢。

这时，日本鬼子已经追了上来，我们骑上缴获的大马，顺着公路向东北方向安全撤退了！

八站腰站遭遇战

罕达气之战以后，我们的队伍翻山越岭向嫩江上游前进。一天遇到一个采木耳的人，我向他了解嫩江边有没有日本人？他说：在九站和八站之间有个地方叫八站腰站，那里有两户人家，可能了解情况。当时，我们急于了解清楚嫩江边的情况，准备西渡嫩江，所以就按着他指出的方向，朝八站腰站走去。

6 月 29 日晚上 10 点多钟，前方隐约出现两户民房。一个战士前去敲门说："老乡！开门，我们是抗日联军。"房子里面一点儿动静也没有，再敲还是没有反应，门关得很紧推不开。突然，"砰"的一声枪响，一颗子弹从窗户里射了出来，敲门的战士急忙闪在墙边。接着，子弹从窗户和门缝嗖嗖地往外飞，王钧和陈雷同志不幸负伤。我们赶紧后撤，组织反击。原来，这个屋子里住满了日本"讨伐队"，是奉命"围剿"我们的，没想到在这里遭遇了。

另一所房子里住有伪军，小队长郭成章刚走到门口，枪就响了，机警的郭成章迅速冲到窗下，听见屋里慌乱的嘈杂声夹杂着枪支的碰撞声。据声响判断里面住的是伪军。小郭灵机一动，把枪往窗上一伸，大吼一声：“不许动！你们被包围了，快交枪吧！”这屋里住的果然是伪军，已被外面的枪声和手榴弹的爆炸声吓破了胆，一听说被包围了，他们也不知道有多少抗日联军。一支支步枪从窗户扔出来，乖乖地做了俘虏。

这时，一个日本军官从日本人住房后面跑了出来，他听伪军这里没有枪声，便跑来观察情况。郭成章发现一个人跑到了眼前，原来是挎着战刀的日本军官。这个日本军官同时也发觉了郭成章是抗日联军，立刻抽出战刀向小郭砍去，小郭一闪身向鬼子开了一枪，枪响了，刀也砍了下来，小郭躲闪不及，胳膊被削下一块肉，日本军官也中弹倒下了。

被围困在房子里的日军还在拼命顽抗。这时，邓满林同志英勇牺牲了，为了减少伤亡，我们主动撤出了战斗，到东南方向几公里处的树林里隐蔽起来。

第二天中午，从罕达气出发的100多伪军骑兵，向八站腰站方向追击而来，我们立即向嫩江边转移。

滔滔的嫩江水流湍急，在七八个放木排的工人帮助下，顺利渡过了嫩江。再往前走，还有数不清的河流，因找不到船，我们想办法自己动手试作帆布船。果然成功了！一次可坐七八个人。战士们高兴地说：“有了帆布船，再宽的河也挡不住我们了。”

7月6日，我们来到嫩江的一条支流那都里河边。又是在七八个放木排的工人帮助下过了河。这几个工人都是朝鲜族，我部战士安永化也是朝鲜族，同他们亲热地攀谈起来。我们宣传抗日救国的道理，他们讲述自己的苦难经历，越谈心贴得越近，其中有三个人要求参军，我们立刻同意了。这样，我三支队又增加了三名朝鲜族战士。这几位朝鲜族工人住在那都里河上游，那里不仅有房子，还有粮食。于是，我与王钧同志研究决定，由王钧同志带领伤员到那里去养伤，同时留下20多个战士保护伤员。一个月之后（阴历六月二十左右），都到阿荣旗木奎山李万金家会合。随后，我和陈雷带领着三支队大部分战士，继续向大兴安岭中东铁路一带挺进。又走了一天多，来到多布库尔河边。多布库尔河是嫩江的支流，也是嫩江流域流放木材的一条主要河流。日本人为了控制木排的流放，沿河每30里设一放木站。我们在河边截住一个木排，顺利地来到一个放木站。这里有两栋房子，一栋住着放木排工人，另一栋是粮库，存有上万斤粮食。我们向工人做了抗日宣传，然后把上万斤粮食用马驮上，运到附近的山林里，分散藏起来，准备以后需要时来取。工人们还告诉我们："日本人不让再放木排了，说是要封江打抗联。我们这是最后一趟了！"

辞别了多布库尔河，我们快马加鞭，来到了甘河旁。此时正值夏季，甘河水涨平槽，不见人影，看不到木排。于是，我们自己动手做帆布船，渡过了甘河、奎勒河、诺敏河，终于来到了毕拉河畔。

我所经历的营救工作

张友渔

皖南事变后，由于国民党顽固派对主张抗日、要求民主的进步人士的迫害加剧，中共南方局决定把当时在重庆、桂林等地活动的左派文化人撤退到香港去，并派我和夏衍、胡绳等党员同志，去做这批左派文化人的联络工作。

我在1941年2月到香港，主要是在八路军驻港办事处负责人廖承志同志领导下，搞救国会和文化工作。后来，周恩来同志指示香港分局，要在香港建立宣传据点，出一张我们自己的报纸。但不要办得太红，要灰一点。根据恩来的这一指示，我们创办了《华商报》。意思是华侨商人的报纸，由胡仲持担任总编辑，范长江主持报纸日常工作，廖沫沙任编辑主任，由我担任主笔，负责社论的撰写和审定。写社论的分工是：邹韬奋写民主运动方面；夏衍、茅盾写文艺方面；胡绳写思想方面；乔冠华、金仲华写外交和国际问题方面；我写抗日、民主宪政、日本问题方面。所有社论最后由我定稿。这张报纸本来是想办得灰一点，但不管写作上如何讲究技巧，文字如何小心，办起来还是被敌人认为“红”了。因为我们坚持团结、坚持抗战、坚持进步的方针，就不能不骂汪精卫卖国，就不能不批评蒋介石搞分裂、投降和倒退，就不能不呼吁建立反法西斯统一战线，动员广大群众抵抗日本侵略者。我们这种鲜明立场，当然为国民党顽固派所忌恨。日本法西斯和汉奸走狗，更是把我们视为眼中钉。因此，当1941年12月香港一沦陷，我们这些党内外的文化人，就处于十分危险的境地。

当时，我们对港战爆发的紧迫性估计不足。日军攻占香港后，我们仓促应付，停办了《华商报》，分头疏散转入地下。我自己就搬了好几次家。我原来和胡绳住在文委机关，后来搬到铜锣湾附近一个小院里。日军从九龙打炮，打中了这个院子，把我住的房子都炸毁了，幸好我和韩幽桐不在家。八路军驻港办事处负责人连贯同志得知后，派一个姓杨的同志在一家商店楼上又为我们找了房子。一天夜里，有几个伪军突然闯进来，气势汹汹地用刺刀顶着我的胸口，要搜查。我以前去过日本，会几句日本话，就用日语喝斥道:“你们要干什么？”他们一听就软下来了，大概是以为我和日本人有关系，不敢贸然得罪，慌里慌张地跑了。事后，为了防止意外，我又在连贯同志领导下的潘柱同志的帮助下，搬到波斯富街一个工人家的阁楼上住。

从这以后，潘柱同志经常与我联系。他原来准备安排我尽快离港的，后来我听说还有好多文化人尚未与党组织联系上，无法组织他们撤离香港，便主动提出我先不忙走，留下来帮助联络。

战争爆发以来，为了躲避敌人的耳目，好些人都像我一样，搬过多次家，失却了联系，找起来很不容易。我记得找胡绳时，好不容易打听到他的住址，但敲了半天门，出来开门的却是一个不相识的女人。她说了声“没有这个人”，就把门“啪”的一声关上了。我悻然地走到楼底，刚要离开，忽听到背后有人叫我，回头一看，正是胡绳。当时情况很复杂，确实不能不这样谨慎。以后，我又在一个胡同里碰上了戈宝权，在跑马地见到了于毅夫，在铜锣湾灯笼街找到了邹韬奋，等等。我把这些联络上的文化人及时提供给潘柱，由他和香港党组织分批组织转移。在这之后，我和韩幽桐也离开了香港。

撤离香港的文化人，都是在深夜乘党组织准备的小船，偷渡到九龙。我们偷渡那一次，正赶上日本哨兵在九龙的渡口检查。为躲避敌人的检查，我们所乘的小船不能在渡口靠岸，只好划到岸边一个僻静的崖壁下，由护送我们的交通员先上去，然后吊一条绳子下来，我们就紧紧地抓住这条绳子，慢慢地沿着崖壁的石缝爬上岸去。

登岸后，我们在九龙地下党早已准备好的秘密住处，化装成商人模样，又到一个叫西贡的小港上了游击队的船，准备从海湾渡到对岸的沙鱼涌，进入惠阳游击区。正当我们在海上航行的时候，迎面开来一条大船，挡住我们的去路。大船上是全副武装的土匪，一个个凶神恶煞，大喊大叫要“买路钱”，不然就要动武。我们船上的游击队员早有准备，一下子亮出了武器。顿时间剑拔弩张，针锋相对，气氛非常紧张。那些土匪先是一愣，对峙了一阵后，见我们也不是好欺负的，就把船闪开，让我们过去了。

我们到达惠阳，地下党组织安排我们住在田心村一个老海员家里。那老海员只有一个孩子，把我们当家人看待，每天给我们煮红米、白薯吃。我们知道，在那战争年代，这也是难得的啊！

我们在田心村住了十多天，然后由游击队交通员带领，步行去茶园。茶园是叶挺的家乡，游击队在那里设有秘密交通站。在路上，我们又碰上了一帮土匪，他们站在半山腰上，手里拿着枪，喝令我们把带的东西留下给他们。护送我们的两个小交通员毫无惧色，“唰”的一声拔出了手枪，用客家话喝令他们放老实点，说我们是打“日本仔”的游击队，这一带到处都是我们的人，谁要惹麻烦，日后定饶不了他！这一番话义正词严，土匪们听后面面相觑，随后不声不响地溜了。

在茶园，我们意外地碰到了茅盾夫妇，还有与他们同行的胡风、宋之的、叶以群、廖沫沙等。他们和大多数文化人一样，都是从九龙走陆路先到达宝安游击根据地白石龙，然后再从那边过来的。我们两队会合有20人左右，记得还有许幸之、周钢鸣、沙蒙、葛一虹等。大家见面，喜出望外，互相倾吐这一段流离颠沛的生活的感受。

当时，日本侵略军正在惠州城烧杀抢掠。而惠州是我们前行的必经之路，我们只得暂时在茶园隐居下来。一个星期后，日军撤离了惠州，茶园交通站站长兰造同志（惠州区委书记）带着游击队员护送我们上路。组织上指定由我负责带队。

从茶园到惠州有90多里路，为了保证安全，必须一天赶到。我和大家一路上跌跌撞撞，疾行赶路，茅盾夫人不慎还掉到一丈多深的干涸了的河道里。幸好河道里草多泥多，没有伤着身体。经过艰苦跋涉，我们终于在当天夜里赶到惠州。我们一到惠州，地下党的卢伟如同志就把我们分别秘密安排在东湖酒楼和一家商行住下，并通知我，廖承志已从惠州去曲江（即韶关），留下了联络地址，要我到曲江去找他。

两天后，我们从惠州坐装盐的木船溯江而上去老隆。船到老隆时，在这里负责接应文化人的连贯同志已在岸上等候。他以接待逃难的“香港商人”的名义，安排我们住下，并很快通过地下党组织，联系了四辆贩私盐的汽车，送我们去曲江。我乘的那辆汽车，走到半路听说缉私队在前面查私盐查得很紧，就急忙折回老隆，不愿冒险走了。可是这时我已找不到连贯了。在这里人生地不熟，很容易引起国民党特务的注意。怎么办？我只好给盐贩子求情说好话，还给了他一些好处，他这才答应待缉私的过去了，再设法用车把我送到曲江。

到曲江后，我和韩幽桐按预先告知的联络地点，找到了在这里负责接应文化人的乔冠华。他带我到一条船上，会见了廖承志。廖承志告诉我，从香港来的大多数文化人都要从曲江坐火车到桂林。南方局已派一个秘密代表李亚群和先期到达的夏衍在桂林负责接待他们，安排他们的生活和工作。最近南方局决定要夏衍回重庆，让我去接替他的工作，到那里后有什么问题直接向南方局请示。

当时，国民党当局对桂林控制得很严，派了许多特务监视共产党与左派人士的活动。我到桂林与夏衍交接工作后，就以参加书店编译为掩护，出面接待文化人。李亚群一直没有公开活动。我每天早上同李亚群在一个桥头接头商量工作。周恩来同志有什么指示，都是带信给李亚群，然后他在接头时再转告我。我们把大部分文化人送往重庆，如茅盾、胡风、胡绳、戈宝权等同志，都是经我手送走的。记得高士其已瘫痪，行动很不方便，我找了个姓谢的保姆照顾他，还护送他去重庆。张铁生当时身体不好，从香港辗转到桂林，一路上劳累患了重病，我把他安排在七星岩附近一个姓王的教授家住，找人给他治疗，待他病好转后才送走的。此外，像邹韬奋、范长江这些同志，国民党顽固派对他们恨之入骨，到重庆危险性大，就没有来桂林，而由另一条路线送往苏北抗日根据地去。还有一些能暂时留下的文化人就留在桂林，如千家驹、狄秋白、萨空了、司徒慧敏、廖沫沙，等等。我经常组织他们秘密集会，谈谈形势，讨论一些问题。常参加的人，记得还有邵荃麟、杜宣等。茅盾和田汉夫妇去重庆前，也参加过这个学习活动。

为了保证在桂林活动的左派文化人的安全，我还注意同国民党左派人士李济深保持联系。并通过另一个国民党左派人士陈此生，结识了李宗仁、白崇禧的两个亲信，一个叫李任仁，是白崇禧过去的先生；另一个叫陈劭先，是李宗仁的幕僚。我通过他们对桂系领袖李宗仁、白崇禧施加影响，争取他们支持或默许我党领导的抗日救亡活动。

我在桂林待了约一年。1943年春，一方面接待左派文化人的工作基本告一段落；另一方面国民党即将发动第三次反共高潮，恰在这时又有一个叫郭乾的党员叛变。郭乾这个人，廖承志曾派他从广东到桂林与我党联系过，知道我的底细。在这种情况下，我继续留在桂林很不安全。因此，周恩来同志来信，叫我赶快回重庆。我把事情清理安排好后，通过司徒慧敏找了一家私人运输的汽车，迅速离开了桂林。

我走后，原来留在桂林的一些文化人，也陆续到了重庆。只有萨空了没来得及走，被捕了。至此，在桂林营救文化人的工作全部结束了。

这次大规模地秘密营救左派文化人士的行动，最充分体现了抗战时期我党我军同革命知识分子患难与共、血肉相连、肝胆相照的亲密关系，是中国革命史上的伟大事件，是中国共产党光辉的一页，将永远留在广大人民的记忆中。

忆从香港脱险到东江的日子

戈宝权

记得1981年9月中旬，我在美国加利福尼亚州参加了“鲁迅及其遗产”学术讨论会之后，取道香港回国。当18日从九龙乘上火车，路经旧日的宝安、今天的深圳时，看到车窗外面的一山一水，一草一木，就有如回到了阔别多年的家乡似的，因为它们使我回想起40年前在太平洋战争爆发和香港沦陷以后，从香港脱险来到东江游击区的那些难忘的日子！

及至到达广州，我高兴地又在20日先后见到原东江纵队的政委尹林平、副司令员王作尧和政治部主任杨康华等同志，老友重逢，倍感亲切。当时王作尧同志正撰写《东纵一叶》的革命回忆录，承他把回忆录中的“香港脱险记”一章签名送给我，还为我画了一张东江游击区的示意图，在上面标明出梅林坳、望天湖、白石龙、深坑、龙华圩和阳台山等许多地名，这都是我当年曾经到过和生活过的地方。王作尧同志在回忆录中这样写道：

“在这一条秘密交通线上，我们的同志冒着生命的危险往来穿梭般地奔走于其间，克服了重重困难，终于一批接一批地把文化界人士安全地送到白石龙。

“白石龙的绿水青山，留下了爱国文化名人纷至沓来的足迹。白石龙的清风明月，又伴随着他们的笑语欢声渡过东江，转移到内地去了，谁会想到这满山荆棘的白石龙，偏僻荒凉的阳台山上，曾经住过这么多闻名中外的名流学者呢！”

读到这些话，多少难忘的往事又重新涌上心头，浮现眼前。记得1983年12月初，当惠阳市和深圳市举行东江纵队成立40周年的隆重纪念活动时，我还为《深圳特区报》写了一篇《何期重返阳台山》的文章，来回忆这段难忘的历史。

一

为了要讲清我们怎样从沦陷的香港脱险来到东江游击区，就不能不先从1941年的皖南事变谈起。

记得从1940年10月起，国民党顽固派配合了日本的诱降和劝降的阴谋，疯狂地掀起第二次反共高潮，大肆污蔑八路军和新四军，并强令在黄河以南和长江南北坚持抗战的八路军和新四军都撤到黄河以北。当时我党为了坚持团结，顾全大局，同意将在安徽南部的新四军撤到长江以北。就在1941年1月6日这一天，国民党顽固派竟冒天下之大不韪，对在向北移动时到达皖南泾县茂林地区的新四军部队9000多人，进行了突然的包围和袭击，大部分人员壮烈牺牲，军长叶挺同志被俘。接着又公然在1月17日发布了反革命的命令，诬蔑新四军为“叛军”，宣布撤销新四军的番号和发出新的进攻命令。这就是当年震惊中外的皖南事变。

这时我正在重庆《新华日报》的编辑部工作，记得在17日到18日这一夜，敬爱的周恩来同志怀着满腔义愤，写了“为江南死国难者志哀”的题词和“千古奇冤，江南一叶。同室操戈，相煎何急？！”的题诗，刊登在1月18日出版的《新华日报》上。尽管题词和题诗一共只有25个字，但它们揭露了皖南事变的实质，而且冲破了国民党当局的层层新闻封锁和审查制度，把皖南事变的真相公布于世，向国民党顽固派提出了强有力的抗议。

就在皖南事变发生以后，形势非常紧张。国民党顽固派更进一步迫害《新华日报》，报纸上的社论、专论和重要新闻全被审查机关扣压，报纸被扣留和没收，报童被殴打，想借此来阻挠《新华日报》的出版和发行。这时邹韬奋主编的《全民抗战周刊》也被迫停刊，不少工作人员被逮捕和拘禁。鉴于国民党顽固派可能随时随地对民主党派和文化界的人士进行大规模的逮捕与屠杀，周恩来同志当即根据党中央对在国民党统治地区要实行“荫蔽精干，长期埋伏，积蓄力量，以待时机”的方针，为了爱护革命干部和保存革命实力，他不顾个人的安危，亲自领导和组织了大规模的隐蔽和疏散的工作，把党的南方局、八路军办事处、新华日报社的工作人员，还有社会上的大批民主人士、进步的文化界和文艺界的人士，从重庆、桂林等地疏散和转移，其中一部分人去到延安和苏北新四军的根据地，相当多的人则去到香港和南洋一带，建立新的文化阵地，继续同国民党顽固派进行斗争。

我当时也在疏散人员之列。记得2月下旬周恩来同志找我谈话，要我做去香港的准备，临行前我还到曾家岩周公馆去看望过他，他千叮万嘱，语重心长，至今难忘！

二

我经过贵阳、柳州到了桂林，在3月中旬由桂林飞往香港，在这里见到《新华日报》比我走得早一些时候的几位同事。这时候，邹韬奋、茅盾、夏衍、张友渔、胡绳等许多文化界和文艺界的人士，都已先后到了香港，在廖承志同志的领导之下开展工作。首先是出版了由邓文钊主办，范长江任社长，胡仲持任总编辑的代表进步舆论喉舌的《华商报》。接着宋庆龄主办了《保卫中国大同盟》英文半月刊；邹韬奋主编了《大众生活》；茅盾主编了《笔谈》；张铁生主编了《青年知识》；张明养主编了《世界知识》；周鲸文和端木蕻良主编了《时代文艺》。到达香港的话剧和电影工作者演出了话剧。我协助叶以群在九龙创办了文艺通讯社。香港的文化生活和青年学生的文艺运动也顿然活跃起来。

孰知我们在香港的好景不长，到了这年的12月8日，日军偷袭珍珠港，揭开了太平洋战争的序幕。就在同一天的清晨，日军沿广九铁路进攻九龙，空袭九龙的启德机场。12日日军占领了九龙；17、18两日开始渡海，在北角、太古船坞及鲤鱼门等地登陆。到了12月25日圣诞节这一天，港督杨慕琦正式宣布向日军投降，守卫香港的英军也挂起了投降的白旗。

从港九战争开始时起，我们苦心经营了大半年的工作就全部停止，大家不得不迁居和隐蔽起来。我和叶以群，还有在文艺通讯社工作的高汾，就从九龙偷渡过海到了香港，和茅盾夫妇，还有宋之的夫妇等人，都躲在香港轩尼诗道的一家停业的跳舞厅的三层楼上。我们在炮弹的呼啸声和爆炸声中，度过了15个艰苦的白昼和黑夜。在英军投降的前夕，我们考虑到这个跳舞厅不是个能够久留的安全之地，就先搬到德辅道中的大中华旅社。在日军举行入城式后，我们又分别到几个地方去借住和避难。茅盾夫妇和叶以群到了西环，我就住在皇后大道东的贫民窟里去，这是在文艺通讯社工作的陈紫秋安排的地方。这时我们每天都相互保持联系，研究如何早日逃离香港的路径和办法。

三

自从日军占领香港后，立即封锁了港九之间的交通，实行宵禁，并在全市进行搜查，强令文化人前往“大日本指导部”或“地方行政部”报到。记得我们当时曾看到敌伪出版的报纸上，有日本特务机关借用内山完造（上海内山书店的老板，鲁迅生前的好友，与不少我国的文化人有交往）的名义刊登的启事，说他已来到香港，希望能同郭沫若、田汉、茅盾等诸位先生见面，并约请他们谈话。其实在启事中提到的有许多当时并不在香港（即如郭沫若、田汉等），从此也可以看出敌人的情报之不准确了。

我们现在从有关东江党史的资料中知道，就在这紧急的形势之下，党中央和周恩来同志急电告八路军驻香港办事处和南方工作委员会，其中指出，由于国民党顽固派掀起皖南事变的反共高潮后，许多民主人士和文化与文艺界的人士不得不撤退到香港；现在日军占领香港和九龙，他们又被困在当地，处境至危，要求想尽一切办法，克服一切困难，把他们全部抢救出来，转移到后方的安全地带。

当时我党在港九的负责人，有八路军驻香港办事处的廖承志、连贯，有东江游击队的政委尹林平，有南方工作委员会来港开会的张文彬、梁广，以及香港地下党的负责人刘少文等。战争爆发后，由于他们分处港、九两地，一时相互间失去联系。在英军投降后的12月28日，尹林平派李健行等人从九龙秘密偷渡到香港，几经曲折，终于将他的秘信送到刘少文手上，进而同廖承志取得联系。29日廖承志、连贯等偷渡到九龙，在一艘小艇上同张文彬、尹林平等人见面，廖承志当即传达了党中央和周恩来同志的指示，共同分析了当时的形势，研究了对策，决定利用敌人尚未站稳的局势，迅速营救文化人脱险。这一工作，一方面虽然很艰巨，但另一方面也有有利的条件，这就是东江游击队的力量。

东江游击区正介于东莞、惠阳和宝安之间，处于日、伪、蒋的包围之中。自从1938年10月广州沦陷后，在党的领导下，惠（阳）宝（安）游击队就在这里建立了称为东江游击总队的根据地，英勇地打击敌、伪的进攻和蒋顽的侵犯。游击队的活动范围，一直远伸到九龙和香港，特别是在日军进攻港、九以后，游击队就派出精干的短枪队人员进入港、九一带活动，打下了一定的基础。当时的部署是：廖承志等人由江水护送到西贡，经水路回内地；刘少文留在香港组织抢救工作；尹林平、张文彬等人回到游击区与曾生、王作尧、杨康华等人，具体部署抢救和撤退文化人的措施。

据王作尧同志的回忆录中说，当时他们派出了两支队伍进入九龙：一支由曾鸿文、黄高阳带领，他们陈兵大帽山下，活动于九龙的元朗十八乡和荃湾一带；另一支由黄冠芳、江水、刘黑仔等人带领，活动于九龙城以东和西贡、坑口、沙头角一带。他们打击敌伪汉奸，消灭土匪，发动群众，开辟了两条交通线：一条是由九龙的青山道，经荃湾、大帽山区、元朗进入宝安游击区的陆上交通线；另一条是从西贡通沙鱼涌的海上交通线。通过这两条交通线来抢救文化人脱险。从荃湾到元朗，这是东江游击队三年来与港九保持联系的主要路线，现在就作为最重要的一条交通线。游击队决定把领导机关设在这条交通线上的白石龙，而且派遣了游击队中最精干的交通员谢愚照、麦容、赵林等人来负责这条交通路线上的接送工作。

在当时的情况下，何香凝、柳亚子等人是经水路撤离香港的。夏衍、金仲华、司徒慧敏、金山、郁风等许多人也是由水路经长洲、伶仃洋到澳门，然后由台山返回内地的。至于邹韬奋、茅盾夫妇和我们绝大多数人，则是经荃湾、元朗、宝安到达东江游击区，因为只有100多里的路程，这在当时是比较安全的。

四

1942年1月9日这个难忘的日子终于来了。这天上午我先到西环去通知茅盾夫妇和叶以群，中途又接了高汾，把他们带领到我暂时借住的那处贫民窟。大家都拥挤在楼上的后房里，换上了广东和香港一般市民穿着的所谓“唐装”。每个人带了一个简单的包袱，下午就紧跟着领路的“向导”来到难民的队伍中，沿着皇后大道东和轩尼诗道向铜锣湾前进。我们在途中经过了一道敌军的封锁检查站，还看到在路边等待领路人的于伶夫妇。

傍晚时，我们到达铜锣湾，先后分别乘上小船，绕过密密层层的大小船只，来到一条有如画舫的大驳船靠下，当我们走进宽敞和设备讲究的船舱时，得到了在香港负责安排偷渡工作的连贯同志的接待。想不到的是我们在这里又见到了多日未见的邹韬奋！他取掉了眼镜，穿着一身灰法兰绒的“唐装”，要是走在大街上，谁能立即认出这就是韬奋呢？此外还见到胡绳夫妇。后来我才知道，我们都是最早被从香港撤退的第一批人，大家相见之下，交谈了在18天战争中的各自经历，真是相逢如隔世，无不感到惊喜交集！

我们在船上过了一夜，第二天黎明以前就做好安排，爬进三只小木船，准备偷渡过海。当在铜锣湾出口处巡逻的日本哨兵换岗时，我们的小船就箭也似地冲出去，进入了深阔的海峡。为了防备敌人开枪射击，我们都伏在船舱里，或是藏在舱板下面。我们绕过了被击沉的船只，当太阳从东方升起时，我们已经到了九龙的红磡。这时有几个专向偷渡的人索取“买路钱”的“烂仔”（地痞流氓），拦住我们的船，问我们是什么人，当我们说明是“唐人”（中国人）时，每人交了一元港币，这才被允许上岸。

我们这一队十多个人，按照事先的安排，由邹韬奋提着一小包米，跟着领路的“向导”走在前面，我就跟在他后面照顾着他。在我们后面，是茅盾夫妇、叶以群、高汾、胡绳夫妇和于伶夫妇等人。我们一直跑到窝打老道，在路旁的一座楼房前休息了一会儿，等待新的领路人。过了不久，我们又继续前进，来到一座四层楼的住宅，受到房主人的热情接待，原来他们都是办理我们“撤退”的地下工作人员。三层楼有铁门锁着，外人不能进去，比较安全。我们在这里休息了一夜，又做了些准备，缝了新的包袱，好在第二天上路。

11 日的清晨，我们这十几个人就离开九龙市区，夹在成群结队的难民当中，向青山道出发。我们一边走着，一边回头眺望香港，想到这是我们辛勤工作和生活了大半年的地方，真有些依恋不舍之感，尤其是想到它现在是被日军占领和玷污了的地方，心里更是非常难过！ 10 点钟左右，我们到了荃湾，拐进路旁的一家农舍，这是事先安排好接待我们的地方。我们喝了水，吃了一顿红米饭，下午就离开大路，进入九龙的大帽山区。

从这时起，我们要经过一些“绿林好汉”管辖的地区。当我们爬上山口时，我看见一个持枪的人坐在路旁，面前摆着一顶帽子，我们每个人都丢了一块港币作为“买路钱”。接着我们走进了荒无人烟的山谷，沿着乱石滚滚、溪涧横流、长满羊齿类的枯枝和矮小灌木丛的山路攀行。我们幸好得到一个名叫“曾大哥”的人来迎接。他穿着便装，手里拿着一把系着红绸子的盒子炮，为我们开路。一路上我们还碰到两个年轻的拦路抢劫的“烂仔”，被“曾大哥”缴了械。这一带山路不好走，邹韬奋滑了一下，扭伤了脚。黄昏时，我们来到元朗镇外的一所又高又大的红漆大门的住宅，据说这原是一位“南洋伯”（华侨）修建的宗祠，现在已成为一位名叫“王大哥”的人管辖的领地。后来我才知道，东江游击队已先向他打过招呼，要保护我们这一行人安全过境，他这才招待我们，当晚还为我们做了一顿白米饭。在我们到达之后不久休息时，就有人向我们打听，问邹韬奋和茅盾等人是否已经来到，因为沿路情况复杂，我们提高警惕，以免发生意外，就说他们早已过去了，其实他们正坐在我们当中呢。

我们休息了一夜，12日清晨背上包袱，先到了元朗镇的市场，等人来领路。当时领路的人关照我们，如有人询问，就说我们是难民，要回到广东东莞北面的石龙去。我们这一队人当中，除原来的十个人之外，又加了胡风夫妇。我们沿着公路向宝安（深圳）的方向前进，沿途碰到好几辆日本军用卡车，他们停下来，说可以带我们走，但我们谢绝了。我们路上渡过深圳河，在傍晚到了宝安县境，就在一所破旧的民房里过夜。13日早晨，一位“白皮红心”的维持会长，带来了四个日本兵，说明我们是回乡的难民，要我们排好队，报了数，然后这四个日本兵就押着我们走了七里多路，到了一个用木板搭成的瞭望哨，才放我们自由地向前进。谢天谢地，我们总算越过了这七里日本兵守卫的地区。这时我们就像自由的鸟儿，直奔上叫作梅林坳的林木茂密的山岗，经过一段困难的攀登，我们来到了山顶，跨过山脊，看到山那边的望天湖树林，才坐下来休息。这时带路的“向导”唱起我们熟悉的《游击队之歌》，告诉我们快到家了，原来我们已进入了东江游击区。

这天傍晚我们来到一个相当整洁的名叫白石龙的村庄。它比东莞北面的石龙只多了一个“白”字，我们这才懂得，为什么要说我们是去石龙的，因为石龙是在东江游击区范围以外的地方了。正当我们休息时，有人来请韬奋和茅盾夫妇，还有我们少数几个人，到离村子不远的一所两层的小白楼房去。这原是一位姓刘的中医的房子，现在就成为游击队的指挥部。我们在门口见到一个身穿“唐装”，头发长得很长的中年人在迎接我们，他就是东江游击队的司令员曾生同志。我们在这里还见到了游击队政委尹林平、副司令员王作尧和政治部主任杨康华等领导同志。当晚他们请我们吃了一顿美味可口的狗肉。据他们说，广东人做狗肉是不请客的，因为狗肉的香味飘得很远，所以客人都是“不请自来”。我们在煤油灯下，喝了一点酒，吃了狗肉，当晚就盖着日本军毯睡在楼板上。经过四天的长途跋涉之后，我们终于在我们党领导下的游击区里，度过了第一个平静而又安全的夜晚！

五

我们到了白石龙之后，第二天就住在距离村子不远的一座山坡旁的草寮里去。这种草寮是用稻草盖成的一种“人”字形的茅舍，可住八九个人，大家都睡在用稻草铺成的泥地上。尽管游击队的条件很困难，我们每天还可以吃到粗糙的白米饭，干炸小鱼或是虾酱之类的东西。部队也很关心我们，还常把煮好的“番薯泡糖水”(红糖煮的番薯汤)，用水桶挑来送给我们吃。有时还烧好热水，要我们到队部旁的树林和河边去洗澡。

就在白石龙停留的时间，邹韬奋还为东江游击队题了字：

保卫祖国　为民先锋

曾生大队长以文士奋起，领导爱国青年组成游击队，保卫祖国，驻军东江。韬以文化游击队自港转移阵地，承蒙卫护，不胜感奋。敬书此奉赠，藉志谢忱。

韬奋

一九四二年一月廿日于白石龙

过了不久，我们又搬到深坑去住。这时听说敌人要进攻，我们还参加了一次夜晚的急行军。大家背上包袱，攀着藤萝爬上山坡的平坝子。游击队的领导人都在场，他们已做好了布置，前面是开路的队伍，接着是挑着锅灶的炊事班，我们这一批人就跟在后面，前后都有持枪的游击队员保卫着。这对我们来说，也是一次带考验性的行军演习。

这时候从香港进入东江游击区的人愈来愈多，不少人是住在蕉坑的草寮里，我曾去过蕉坑，看望葛一虹、盛加伦、丁聪等人。茅盾夫妇、叶以群、廖沫沙、胡仲持等人是最早离开游击区，经惠阳转赴内地的。其他到达东江游击区的人，也先后分批离去。

六

邹韬奋因为国民党顽固派密令要“就地逮捕和惩办”，就只好暂时留在东江游击区。部队考虑为了安全，就把我们这一批人又转移到阳台山上去。阳台山位于宝安的西北面，距离龙华圩不远，地方比较隐蔽，可以防备日军和国民党顽军的袭击，从此我们就又和阳台山结下了不解之缘！这里新建了两座较大的草房，每座可住二三十人，我们只占用了一座，另一座供吃饭和休息之用。我的铺位正好和韬奋的铺位相对。

我们住在阳台山上的人，除邹韬奋（后来他的夫人和子女也都来到）之外，还有沈志远夫妇、于伶夫妇、胡绳夫妇、叶籁士、袁水拍、高汾等许多人。在我们草房的山坡下面，有一些村舍，乡亲们还常做一些粗点心和糖果卖给我们。我们就在这个山村里，度过了一个不平凡的春节。

就自然环境来说，阳台山又是非常令人留恋的。我时常一个人爬上阳台山的最高峰，仰望苍穹，俯览群山，真有“一览众山小”之感。从这里可以看到宽阔的珠江，还可以远眺万顷茫然的南海，至于近处的南头、深圳湾和稍远的九龙、香港以及大屿山岛则如在眼底。当看到眼前的伶仃洋，心里不禁想起南宋的伟大民族英雄文天祥的名字，脑海里就浮现出他在过零丁洋时写的名句："惶恐滩头说惶恐，零丁洋里叹零丁。人生自古谁无死，留取丹心照汗青。"

我们在阳台山上前后生活了两三个月，既无书，又无报，更无纸墨笔砚，但我们还是很好地安排了生活。为了锻炼身体，韬奋每天早晨教我们大家做一种健身体操。由于这种体操可以躺在床上或是地铺上做，他称这是"懒人体操"。他还教我们做面部的按摩，这也是他当年的容貌显得青春年少的原因。我们早晨先到山边的水泉和溪边去洗脸，洗衣服，然后大家吃过早饭，就坐在地铺上漫谈，上天下地，中外古今，往事回忆，无所不谈。记得有一次我们偶然借到一本《斯大林选集》第一卷，正好是讲列宁主义问题的，我们大家很有兴趣地传阅起来，而且还开会讨论。这时东江游击队从香港运进一架手摇发电机，就在一对年轻的新婚夫妇的操纵之下建立起东江的无线电台，同延安、重庆取得了联系，这样我们多少才知道了一些外面的消息和情况。记得有一次，队部送来一份无头无尾的电文，其中提到"语言无味，像个瘪三"两句话。我们在上海生活过的人，都知道"瘪三"是什么意思，但在这里又作何解呢？直到后来我们离开东江，读到毛泽东同志当年2月8日在延安干部会上所作的"反对党八股"的演讲时，才知道这原来是党八股的第四条罪状。

我当时和胡绳、黎澍等同志，因为参加游击队政治部的一些宣传和文教工作，因此经常来往于阳台山和离白石龙不远的政治部之间，而且多少学会了几句广东的客家话。记得每次来回，都要背着包袱经过龙华圩，碰到赶集时，圩上是人山人海，没有赶集时，圩上就空无一人。过了龙华圩，就进入山区，跨过山脊，再走上几段路，就可以看到我们住的草房了。每次回到阳台山，大家马上都围拢过来，打听各种消息和朋友们的情况。到了这年4月，我们接到周恩来同志的电报，叫我回重庆去，于是我就和沈志远夫妇一同下山。这时阳台山上已走了不少人，草房里空出不少铺位，变得寂寞起来。我和韬奋、邹师母，还有他们的子女们握手话别。临别之情依依难舍。承韬奋祝福我的远行，当爬上山坡时，我还多次回过头来向他们招手。谁能想到，自从香港脱险来到东江，我和韬奋相处了三个多月，而阳台山一别竟成了永别！

七

下了阳台山之后，还承游击队的领导买了酒、肉和鲜蚝等，为我和沈志远夫妇饯行，以壮行色。我们先步行到了惠阳，再乘船到了老隆，然后经曲江、衡阳、桂林、贵阳等地回到了重庆。

当我回到重庆之后，周恩来同志要我到红岩村去，向八路军办事处的全体同志介绍我们从香港脱险的经过以及在东江游击队生活的情况。当天我是换了衣服去的，恩来同志说，他事先忘记告诉我，要我穿那套“唐装”去，好让大家看到我们当时的情形。恩来同志还要我就东江游击队的见闻写了一篇报道文章，译成为英文，分发给驻重庆的各国新闻记者。

自从1942年1月我们从香港脱险以来，匆匆已是40多年了，但东江游击队当年在最困难的条件下抢救民主人士和文化人的壮举，始终深深地铭刻在我们的脑海里。根据不完全的统计，当年东江游击队，在三个月当中，抢救出的民主人士和文化界人士达七八百人之多，此外还抢救了一些国民党的官员，不少国际友人，数千名工人、学生和一万多难民，曾得到党中央来电嘉奖。茅盾同志在1948年写成了一本《脱险杂记》，其中给予了东江游击队所组织的抢救工作以高度的评价，认为这是“抗战以来（简直可以说是有史以来）最伟大的‘抢救’工作”，它在我们党的历史上也将永远是辉煌的一页！

回顾新四军的整风运动

钟期光　张凯　张崇文　汪大漠　刘志诚

一

新四军的整风运动，是全党全军整风运动的重要组成部分，经历了 1942 年至 1945 年四个年头。

1942 年 2 月，毛泽东作了《整顿党的作风》、《反对党八股》两篇重要报告，指出整风的任务是，“反对主观主义以整顿学风，反对宗派主义以整顿党风，反对党八股以整顿文风”，其中又以反对主观主义为重点。4 月 3 日，中央宣传部号召学习讨论毛主席关于整顿“三风”的报告。4 月中旬，新四军军部举行干部动员大会，组织整风学习。6 月 4 日，成立新四军直属队整风学习检查总委员会，在陈毅代军长领导下，由曾山、赖传珠、彭康、邓逸凡、薛暮桥、宋裕和、刘毓标、崔义田、张闯初为委员，曾山为主任，彭康为整风文件研究总指导员。整风总委员会成立时，陈毅代军长报告了党中央整顿“三风”的意义，说明了“三风”检查要针对着每个党员、干部在思想方法、观察事物和执行任务时，对事对人对同志是否犯有主观主义、宗派主义、党八股的毛病，充分发扬自我批评的精神，洗刷“三风”不正的余毒，以整顿“三风”作为推动实际工作的武器。随后，各师组成整风学习检查委员会，粟裕、谭震林、黄克诚、邓子恢、李先念、曾希圣等为主任，负责组织和指导整风学习。6月16日，中央军委与总政治部发出《关于军队整顿三风的学习与检查工作的指示》，7月2日，延安《解放日报》发表《军队中的整顿三风》的社论，进一步明确开展整风运动的方针、原则和方法步骤。并特别强调军队开展整风运动对于提高部队战斗力的特殊重要性。经过将近一年的整风学习，部队的思想面貌发生了很大变化。但由于处在战争环境，日伪军频繁对我发动“扫荡”与“清乡”，顽军不断挑起磨擦，各大单位整风运动发展不平衡。

1943年4月3日，中共中央作出《关于继续开展整风运动的决定》。这时，新四军军部机关和直属部队，已由苏北阜宁县陈家集西南一线的停翅港、郝周、夸周转移到淮南路东根据地的江苏盱眙县黄花塘、大王庄、泥沛湾一线，淮南、淮北连成了一片。各师也一再粉碎日伪军“扫荡”与“清乡”，打退顽军的磨擦进攻，敌后抗日根据地不断扩大，环境相对稳定。根据中央决定和华中局的统一部署，1943年6月重新计划部署了整风运动。上半年，新四军的整风运动转入联系实际，检查思想和工作，开展批评和自我批评阶段，华中局、军部直属队和各师分别成立整风审干总会，在整风的基础上进行一次普遍的审查干部。陈毅代军长和到华中治病的八路军山东军区罗荣桓同志以及粟裕、谭震林、黄克诚、邓子恢、彭雪枫、钟期光、潘汉年、曾希圣等同志，先后给军部机关干部做过整风报告或时事报告，联系我党我军的历史，从正反两方面阐述党内思想教育和思想斗争的经验教训。

从1944年1月起，军直和各师吸取华中局党校的整风经验，在反省阶段采取“机关学校化”的办法，举办整风队和坚持在职整风两者并举，除留下部分干部边工作边整风外，抽调干部到整风队集中进行整风。如军直整风队在特务团驻地岗村举办，抽调干部105人参加，由军直整风审干总会主任张凯主持，选择配备骨干，研究确定典型，掀起了思想反省的热潮。到1944年底，军直、各师和浙东游击纵队举办的整风队先后基本结束。此外，还有200余名营团以上领导干部，分别参加了华中局党校和各地区党校的整风学习，获得很好的效果。

1945年3月，新四军政治部对全军发出了整风善后工作的指示，对整风审干中的遗留问题作了具体规定。经过一系列认真细致的工作，到1945年党的第七次全国代表大会开幕前，新四军的整风运动全部胜利结束。

二

新四军的整风运动，一般分为学习文件提高认识、联系实际反省检查与审干、鉴定总结和善后工作等阶段。

整风学习的内容，是党中央规定的22个文件，一般分为粗读阶段和精读阶段，要求大家认真领会文件的精神实质，掌握思想武器，并根据文件的精神实质同自己的实际行动对号，各人按文件逐条写出有反省内容的学习笔记，或写自我批评提要，交上级批阅，在学习小组中分类进行讨论，有的还通过办墙报或整风小报等形式，登载大家的学习心得体会，交流情况，指导学习。军政治部宣传部还创作了一首《整风歌》:“三风不正害死人，劝我同志快猛醒……”普遍教唱，配合整风学习。从而，使整风学习既轰轰烈烈，又扎扎实实，每个参加学习者真正有效地提高了马克思主义的思想认识水平，有利于整风检查，有利于后来的工作，使人终生难忘。

整风的对象，重点是科团以上领导干部。原则上，连和科员以上干部都要参加整风检查和审干，分别编为甲、乙、丙组，甲组系中心组，主要是科团以上干部参加，既是整风运动的领导中心，又是整风的主要对象。如军政治部，就将部长一级的干部邓逸凡、钱俊瑞、刘贯一、李亚农、范长江、于毅夫、徐雪寒、冯定、李代耕等同志，单独编为一个组，作为军部机关整风的重点，由邓逸凡任组长，开展批评和自我批评，进行反省检查；乙组系中级组，为整风审干扩大对象，凡相当于营、连级的军政干部和机关干部都参加；丙组系特别组，凡有斗争历史，有实际工作经验而文化程度很低、没有阅读能力的干部编入特别组，由总会派人讲授整风文件并上文化课。此外，班排干部和战士进行正面教育，将整风文件列为政治课和党课内容，每月讲授1—2次，或由各级领导作关于整风问题的报告。

整风检查与审干结合进行。在深入学习文件提高思想觉悟、明确方针原则的基础上，个人反省，小组互助，开展批评和自我批评；每个人写出思想总结，形成自传；再由小组会议讨论各人的自传，根据大家的意见，加以补充修改，个人签名和小组签署意见；然后报整风审干委员会审查。在整风检查中，贯彻1943年8月15日党中央《关于审干运动的决定》中提出的九条方针。这样，在小组讨论中，大家能从爱护的愿望出发，虽然意见提得很尖锐，但都很诚恳；被提意见的同志能耐心听取，虚心检讨，认真改正。那时大家都是从残酷的斗争环境里打出来的，同过甘苦，共过患难，生死相依，阶级感情特别深厚。因此，总的来说运动的开展比较健康顺利。

组织鉴定是根据个人检查材料和小组意见，加以分析研究，作出客观的简要结论。不仅指出缺点错误，同时也指出优点、长处和努力方向。但在文字措词上注意分寸，指出问题不宜过于尖锐，不戴政治帽子，并同本人见面，采纳本人的合理意见。自传和鉴定一式两份，一份交组织存档，一份个人留存。当时由于处在敌后环境，对有些较复杂的问题，不能做广泛调查，就根据个人反省和平时一贯表现，相信本人意见，并在自传鉴定中注明：“相信本人交待，日后如发现新的问题，由本人负责。”这样，既对组织负责，又对同志负责，有利于调动积极因素。

三

整风运动的深入开展，给新四军部队的政治、思想、组织和作风等各方面的建设，带来了深远的影响。

新四军的干部队伍，大体可分为两个部分。一部分是来自南方八省红军游击队的老革命干部和领导骨干。他们政治立场坚定，革命意志坚强，斗争经验丰富，领导方法灵活。但有的经历复杂曲折，有的存在山头宗派情绪，有的工作方法简单生硬，个别的在新的环境中发生新的动摇，等等；另一部分是抗日战争开始以后，从华中华东各地投身革命的青年知识分子。他们当时不辞艰辛，突破重重封锁，冒着生命危险投奔新四军，革命热情很高，思想活跃，精力充沛，有较高的文化知识水平。但斗争历史短，缺乏经验，并由于旧思想旧习惯的影响，有的存在不同程度的个人主义和自由主义倾向，有的遇到艰苦挫折容易发生动摇，有的思想方法片面，甚至有个别坏人或动机不纯分子混进部队，等等。不论新老干部，通过参加整风审干，普遍受到深刻的教育，各种非无产阶级思想得到系统的清理。可谓思想、组织双丰收。

政治上，增强了党性，提高了执行正确路线的自觉性。不少科团以上领导干部，尤其是师以上干部，经历了红军第五次反“围剿”的失败到抗日战争的发展、皖南事变的挫折到重建军部以后的壮大这两个重大转折。整风中，大家以正反两方面的历史事实为根据，批判王明

“左”、右倾错误，肯定了以毛主席为首的党中央和中央军委的正确路线，坚定了夺取抗战胜利和中国革命胜利的信心。如军政治部部长小组，大多是在苏区或白区长期从事革命斗争的老同志。他们对王明先“左”后右给中国革命带来的危害感受极深。由于“左”倾教条主义在党中央的统治，导致红军第五次反“围剿”的惨痛失败，丧失了绝大多数用鲜血凝结成的革命根据地，并使党的广大白区工作遭受破坏。党中央改变和纠正王明的“左”倾教条主义以后，才迎来了我党我军在抗日战争中的大发展。但项英同志对抗日民族统一战线中独立自主的原则认识不足，不敢大胆发动群众，不敢建立与扩大革命根据地；对国民党顽固派的反共阴谋缺乏警惕，以致在皖南事变中犹豫动摇，处置失当，使新四军皖南部队遭受严重的损失，这是血的教训。幸亏党中央处置果断正确，陈毅代军长和刘少奇政委率领全军执行党中央正确路线积极主动，很快开创了新四军的新局面。铁的事实使大家深刻认识到，各级干部特别是高级干部的党性观念强弱和执行正确路线自觉性的高低，是建党建军和革命成败的关键。

思想上，增强了免疫力，提高了马克思主义水平。整风是一次马列主义的大学习，也是一次非无产阶级思想的大清理和无产阶级思想的大发扬。党中央规定的整风22个学习文件，集中了马克思列宁主义的基本观点，是马列主义与中国革命实践相结合的理论概括，联系实际学习这些文件，大家都感到“文件是对着自己讲的”，“心里开窍了，耳聪目明了，过去多年想不通的问题，现在搞通了”。过去有的干部看问题往往简单化、片面性；通过整风，头脑“有了道理”，能从事物的表面深入到里层去分析解剖，遇事问个“为什么”，处理问题讲个“1、2、3”，比较全面正确了。不少干部头脑里“马列主义多了，个人主义少了”，全局观念和革命意志大为增强，先进典型层出不穷。如军部参谋处二科谍报员李公园同志，1944年秋从整风队结业后，即到嘉山县游击区执行侦察任务，不幸被捕，敌人刑讯逼供，他威武不屈，壮烈牺牲，为共产主义流尽了最后一滴血。他牺牲后，军首长很重视，张云逸副军长步行十余里到二科驻地参加追悼会，在《新路东报》上宣扬其英雄事迹，成为对部队进行人生观教育和革命气节教育的典型。

作风上，扫除了歪风邪气，提高了部队的战斗力。整风中，开诚布公的思想交锋，实事求是的自我反省，理论联系实际的马列主义学习，心悦诚服的组织结论，使广大干部武装了头脑，明确了方向，对己对人有了正确的认识，各种非无产阶级思想和不良作风得到一次较好的克服。在同志和上下级关系上，过去新老干部之间、工农干部和知识分子干部之间，有的互相瞧不起，影响工作，整风后，都认识了自己的缺点和不足，彼此消除了隔阂，各向自己所欠缺的方向去努力；原来有些技术干部或者鄙薄技术工作，或者有单纯技术观点，整风后对军事技术工作的作用和地位有了正确的认识，热爱本职工作，并重视政治学习和积极参与政治活动了；闹地位观念的，安心积极工作了；爱犯自由主义的，注意组织纪律了；感情用事的，懂得讲原则了。更为突出的作风转变有两个：一是军阀主义残余得到比较彻底的清扫，阶级感情和爱兵观念普遍增强。如四师针对特务营政指过小秋、政教马正信误杀新战士的事例，先在该营开展了反军阀主义残余的斗争，然后在师直属队召开全师性的反军阀主义残余的会议，与会者 400 余人，师首长亲自主持，对军阀主义残余从思想上政治上展开了热烈的批评和揭发。会后在全师各部队继续进行的反军阀主义残余的斗争，收到了很好的效果。二是搞臭了“克里空”，调查研究之风大兴。为了配合整风学习，华中局党校排演了苏联著名话剧《前线》，在部队演出后对干部教育很深。剧中塑造了两个作风不正的典型人物：一个是不接受新事物，拘守狭隘经验的将军戈尔洛夫，一个是夸夸其谈、弄虚作假的新闻记者克里空。整风中，大家都以这两个典型人物为镜子，对照自己的不良作风，都以不要做“戈尔洛夫”和“克里空”而互相勉励，掀起了深入实际，调查研究的热潮。上上下下，歪风邪气普遍没有了市场，正派作风发扬光大，各单位呈现一派新的气象。这是部队战斗力提高的重要因素之一。

组织上，全面考查了干部，纯洁和巩固了干部队伍。各部队在思想整顿的基础上，有计划有领导地进行了组织上的整顿，普遍地审查了排级以上的所有干部，基本弄清了干部的历史、政治面目和各种社会关系。如军直有个别干部，在白区担任交通工作时，曾被敌人秘密捕捉而自首，过去未向组织交代，在整风队通过学习提高了觉悟，经过激烈的自我思想斗争，终于幡然悔悟，主动彻底作了交代，放下了包袱，获得群众和组织上的公正结论。同时，通过整风，也进一步了解了干部的工作和思想情况，发现了大批德才优秀的干部，他们对党忠诚，作战勇敢，作风正派，联系群众，在整风中受到培养锻炼，成为运动的骨干，有的后来被提拔到重要岗位上，为党的工作做出了优异成绩。

总之，广大干部经过整风，精神面貌焕然一新。在几次精简整编中，不少同志离开领导机关，有的被分配到下属部队，有的转业到地方工作，有的复员回家求学、做工、务农，都能自觉服从组织决定，遵守军政纪律，使各级领导机关精干、轻便、高效，部队战斗力大为提高，胜仗一个接着一个，为夺取抗日战争的最后胜利和解放全中国奠定了思想和组织基础。

四

新四军的整风运动，成绩和收获是重大的、主要的；但也有偏差。主要是受到康生在延安搞“抢救”运动制造冤假错案的影响，发生了一些“左”的错误，个别地区、个别单位发生过错斗、错捕现象。

在1943年秋至1944年整风审干期间，华中局本身就发生了饶漱石打击陷害陈毅同志的事件。军部三科电训队在整风审干中，在饶漱石亲自掌握和具体布置下，贯彻执行康生搞“抢救”运动的那一套，以秘密反特斗争的一套方式，采取“突然袭击”和“车轮战”等逼供信方法，搞出了一些所谓“特务、反革命分子”，而且逮捕了几个“反革命分子”，弄得人人自危。淮北地区也曾发生过“反特”的假案，把总共只有200多人的淮北中学，搞出“特务、反革命分子”达56人。淮南第二师五旅某团，把审干工作扩大到连队战士，在新战士中“查出”不少受过“特务训练”的人。历史证明，当时被诬为“国民党员”、“三青团员”、“特务”、“反革命分子”的同志，绝大多数都是好同志，对党是忠实的，对敌斗争是坚决的。当然，也确实有个别的敌人钻进我们内部，进行各种破坏活动，但为数极少。

在整风最后的总结和善后工作阶段，对审干工作进行了甄别。被诬为“特务、反革命分子”的同志，有的本人如实说明了是在逼迫之下，为了早日过关而胡编乱说的前因后果；有的则是在学校中参加的国民党和三青团的外围组织，但没有活动，主动作了交代，反而挨了整。经过整风审干委员会核查，并报上级总会批准，给这些所谓“特务、反革命分子”平了反，使他们放下了包袱，轻装前进。另外，对在整风运动之前被怀疑或已内定为所谓“托派分子”作过平反结论的人，经过审查，再一次为他们彻底平了反。

五

回顾新四军的整风运动，有以下几点主要经验。

第一，整风以思想改造为主要任务。长达四个年头的整风运动，始终注意思想教育，反反复复学习和讨论整风文件，针对“三风”不正的实际，开展批评和自我批评，以提高干部的政治觉悟和马克思主义理论水平为目的。即使在整风结合审干、防奸阶段，也是从思想教育入手，引导干部忠诚老实，襟怀坦白，向党说真心话，使某些有政治历史问题的人自觉反省，主动交代，放下包袱，轻装前进。有一段时间，有的单位过于强调了审查干部和防奸，而忽视了改造思想与转变作风这一主要任务，军首长立即通报各师，在实际工作中及时纠正了这种偏差。

第二，整风以各级领导干部为主要对象。从计划部署，到编组学习和反省审干，始终把科团以上领导干部作为整风的主要对象。陈毅代军长带头作自我解剖，动员各级领导干部“脱裤子，割尾巴”。有的师就公开发动群众对师的领导提出批评意见，不少干部反映这是自己参军以来所没有的。各旅、团的首长也照此办理，直到连队也召开民主大会，虚心听取战士对干部的意见。过去，有些领导干部一听到群众批评，就“一申明，二驳斥，三打击”，搞得所在单位“万马齐喑”，“鸦雀无声”。通过整风，这种局面得到较好的改变。各级领导干部带头整顿“三风”，为广大干部树立了榜样，使绝大多数单位的运动健康发展。

第三，整风以自我反省为主要方法。领导动员，群众互助，目的在于启发自觉，指点方向，有利于个人自我反省。只有个人思想真正通了，疙瘩解开了，“三风”的界限划清了，经验教训找准了，整风的目的才能真正达到。凡是搞逼供信、强制思想改造、不以自我反省为主的，效果都不好。

第四，整风以“惩前毖后、治病救人”为基本方针。“三风”不正的矛盾，是无产阶级思想同小资产阶级思想、资产阶级思想和封建思想等非无产阶级思想的矛盾，是党内和革命队伍内部的思想是非问题，属于人民内部矛盾。对犯有某些缺点错误的同志，普遍纠正了过去两种极端做法：一是防止过火过激，习惯于动不动就开“斗争会”，而是注意从团结的愿望出发，对犯有错误的同志满腔热情地帮助其改正；二是防止迁就姑息，只讲团结，不讲斗争，而是在关心爱护的前提下，认真严肃地开展必要的思想交锋，以理服人，不拿原则做交易，这是整风运动成功的关键。

第五，整风以提高部队战斗力为根本目的。当时是在战争环境，在敌后根据地进行整风，各级领导都能以整风的精神，分析和认识敌后斗争的形势，坚信党中央领导的正确，树立了克服暂时困难、抗战必胜的信心，并且始终掌握整风不要妨碍战斗，不准削弱部队战斗力的原则。尤其是第一师和第六师面对敌伪残酷的“清乡”与“扫荡”，战斗更为频繁。他们就轮流将部队调到环境较为稳定的地方，把干部分批集中轮训与整风。通过整风促进战斗，在战斗中检验整风成果。

粉碎日军“铁壁合围”

罗文坊

1941 年秋，日本侵略军为了扭转在华北战场屡遭挫折的局面，由冈村宁次接替多田骏出任华北方面军总司令官。冈村宁次是个极其狡诈凶残的家伙，上任伊始，便极力推行“治安强化运动”，即所谓军、政、会、民为一体的“总力战”。在这一方针指导下，日军先后调集七万余兵力，采取“分区扫荡”、“梳篦式清剿”等所谓“新战术”，对我晋察冀抗日根据地的北岳、平西地区，发动了一次秋季“铁壁合围”大“扫荡”。

我晋察冀军区在聂荣臻司令员的指挥下，运用毛泽东军事思想，采取灵活机动的战略战术，把内线作战与外线作战巧妙地结合起来，并广泛开展群众性的游击战，使敌人的“铁壁合围”接连扑空。这次反“扫荡”斗争的胜利，沉重打击了敌人的“治安强化运动”，保卫了晋察冀抗日根据地。我当时任晋察冀军区司令部侦察科长，作为这次反“扫荡”斗争的直接参加者，对那场惊心动魄的斗争，回忆起来仍激动不已。

一

为发动这次大“扫荡”，日军第二十六、一一〇师团，独立混成第二、三、四、九、十五旅团，早在二三月间，就不断对我根据地边沿地区进行小规模的进袭、分割、封锁，并在晋东北与冀西边境建立起一条南北250多公里长的封锁线。7月上旬，日军又开始向我第一、二、四军分区的易县、满城、五台、井陉、行唐、平山等地发动连续进攻。

7月下旬，敌人又在石家庄、正定、娘子关、寿阳、盂县、五台、广灵、浑源等地集结了大批部队，还在铁路沿线大修公路，挖封锁沟，建碉堡。到8月，仅在北岳、平西地区，敌人的碉堡就由283个增加到613个，公路由2000公里增加到3000公里，封锁沟由219公里增加到800多公里。同时，到处建立伪政权，强化伪组织，疯狂镇压人民群众，并大肆实行“三光”政策，制造无人区，企图毁灭我根据地。

鉴于敌情有这些重大变化，我晋察冀军区领导遂于7月22日发出了反“扫荡”训令和政治工作指示。训令下达后，各部队立即抓紧时间进行反“扫荡”准备工作，还主动配合地方武装广泛开展游击战，有力地打击敌人。第一军分区于8月1日至9日，在易县、满城间，易县、涞源间展开了大规模的破击战。九天中，摧毁敌碉堡四个、桥梁九座，破坏公路数十公里、电线杆100余根，平毁封锁沟近百公里。第三军分区于7月底到8月15日，展开了破路、填沟和收割敌电话线活动，并主动打击敌人，先后进行大小战斗20余次，歼敌107人。第四军分区于7月下旬至8月初，进行大小战斗24次，歼敌330余人。第二军分区第四团8月中旬，伏击从五台县城开往柏兰镇之敌，阻击从横岭增援狐峪沟之敌；第二十六团伏击从盂县城开往上社之敌；察绥支队在白水岭袭击搜山之敌；第十九团袭击上社之敌等，均给敌人以有力打击。

8月13日，敌人的“铁壁合围”大“扫荡”开始了。这次大“扫荡”，日伪军集中了七万余人，分三步进行，第一步是“分进合击”。敌军以二万余人，分别从正太路西段和同蒲路北段的灵丘、五台、代县、繁峙等地出动，由西向东，进占冀晋两省边界的上寨、下关、高洪口、柏兰镇、上社至娘子关各点，控制恒山、五台山主峰，居高临下，逐步压缩，欲将我第二军分区和其他军分区割裂，并沿线建立据点，不断对我进行“扫荡”、“清剿”，同时向平汉线以东我第七军分区投入万余兵力，进行佯攻，使我造成错觉，以隐蔽其主攻方向，妄图将我晋察冀军区领导机关和主力部队合围在长城两侧加以消灭。

面对敌人的疯狂“扫荡”，我各部队遵照上级的指示，一面化整为零，适时分散、隐蔽，与敌人周旋；一面采取广泛的游击战，运用伏击、阻击、袭击等手段，积极打击进犯之敌。在此期间，敌人曾数度寻找我第二军分区第十九团、二十六团决战。我十九团、二十六团则避开敌主力，巧妙寻机主动打击分散之敌。同时我第四团在横岭、狐峪沟及门限石附近先后阻击和袭扰进犯之敌。我特务团和第四军分区第九区队在滹沱河南岸辛庄、建都口一带阻击北犯之敌，歼敌60余名。我第三军分区第七区队在羊山庄歼灭小股进犯之敌30余名。我第七、九团在易县、涞水一带，结合开展地雷战，先后与进犯之敌激战五次，毙伤敌150余人。由于我广泛开展游击战，灵活机动地打击敌人，迟滞了敌人的进犯，使敌人的第一步合围“扫荡”落了空。

8月21日，军区根据第一阶段反“扫荡”的经验，发布命令，指出敌人在“扫荡”第二、七军分区之后，其主力将转向我第一、三、四军分区及平西地区。要求各部队要及时侦察敌情，加强作战准备，防敌突然进攻。

8月23日至28日，敌人的第二步“扫荡”开始。果然，这次敌人的“扫荡”目标是我北岳、平西地区，运用的战术是分区“扫荡”。敌人一面以万余人，控制我冀晋边界从南向北的纵断线，待机而动；一面以主力分别对我第一、三、四军分区和平西军分区连续进行“分进合击”和“铁壁合围”。敌调集其在平汉线上的第二十一师团和第一一〇师团，共8000多人，对以易县娄山为中心的我一分区领导机关和以水泉为中心的后方机关进行“分进合击”；敌第三十三师团和独立混成第八旅团1.5万余人，则由南向北，对以阜平、灵寿、平山三县交界处的陈家院、陈庄、六亩园为中心的我北方分局、晋察冀军区政治部、第四军分区等机关和抗大第二分校实行包围合击。8月26日，控制在冀晋边界的敌第四十一师团，独立混成第三、四旅团，共5000多人，也分别从马家庄、东峪、上社等地出发，配合东南方面进犯的敌第三十三师团、独立混成第八旅团，向平山县蛟潭庄、古道、湾子里为中心的我军区机关及二、四分区的后方机关，进行压缩合围。在平西，敌人出动兵力合击以房山十渡为中心的我冀热察挺进军第七、九团等部队。敌人所到之处，占领要点，封锁要道，实行“三光”，企图消灭上述地区我党政军机关和主力部队。

为了粉碎敌人的第二步“扫荡”计划，晋察冀军区于8月23日及时发出指示，要求各主力部队按地区范围适当分散（以营为单位）、隐蔽，极力避免与敌决战，但可派出部分兵力，配合地方武装广泛开展游击战，机动灵活地主动出击，阻击、侧击敌人的“清剿”搜山活动，袭扰敌据点，破坏交通运输，迟滞、疲惫、迷惑、消耗敌人，掩护我领导机关和主力部队转移。同时，加强侦察警戒，严密监视敌人行动，防止敌人突然合击。转至外线的部队，则应积极向敌人据点和封锁线展开活动，平毁沟墙，破坏交通，钳制和分散敌人兵力，同内线部队互相配合，粉碎敌人的合围“扫荡”。

军区的指示下达后，各部队立即投入紧张的战斗准备。北岳区党委为了更好地落实军区指示，也于8月24日发出了《为粉碎敌寇秋季大“扫荡”的指示信》，要求各地区把粉碎敌人第二次“治安强化运动”

和反合围“扫荡”紧密结合起来。要充分利用青纱帐，普遍开展群众性的游击战，困扰、袭击和疲惫敌人；发动群众破坏交通，积极配合主力部队打击与歼灭敌人；肃清敌探、特务，根除敌人在边区内部的耳目爪牙；武装保卫秋收，彻底坚壁清野，使敌人进入根据地以后食无粮、饮无水、用无物。

敌人第二步合围“扫荡”，首先向我一分区所在地易县娄山地区实施了远程迂回，层层合围。8 月 23 日，敌第二十一师团从徐水出发，迂回至易县、金波、紫荆关一线，又转回进至解村、姚村，从东、北两面进行合围；24 日，敌一一〇师团一部，由保定乘车向南绕到望都，再转向西北，经完县、杨各庄进到刘家台，从南面合围过来；同日，金波之敌也进至娄山西北的苑岗和上下铺。同时在满城的 1500 多名敌人，也于 24 日由东向西北，经白堡、龙门庄向娄山进犯，形成了对我娄山地区的层层合围。8 月 25 日，各路敌人向我发起猛烈进攻，先以炮火轰击，然后在飞机的掩护下，各路敌人同时向我进犯。在接近合围目标时，又一路变两路，两路变四路，最后分成十几路，从四面八方直扑娄山，形成“铁壁合围”。为了割断我友邻各区的相互支援，敌还对正太线、平汉线等，以重兵严加封锁。但当各路敌人进到娄山时，我驻娄山地区的一分区机关和第二十团、第一区队，早于 24 日夜间按照预定计划向外转移到煤斗店地区。我第二、六团和第三、四区队也同时跳到了外线，所以当敌人到了娄山后，除了疲惫、困惑之外，什么也没有捞到。向其他地区合围的敌人，也像绿头苍蝇一样，到处碰壁。相反，我军在适时转移跳出敌人合围的同时，选择有利地形和时机，在敌人对我合击时的必经之路，巧妙地进行伏击、阻击，给敌以很大杀伤。

8 月 23 日，敌人合围的第一天，就先后遭我教导团和第九区队两次伏击。24 日，在干河、南城寨、滩子、红姑娘、沈家庵等地，又接连遭我第七、九、二十团的袭击和伏击。8 月 27 日，敌 600 多人从平山县温塘出发，分两路北渡滹沱河，当敌渡至中流时，分别遭我第八区队和第五团的猛烈打击，敌人狼狈逃回。

总之，敌人在第二步合围“扫荡”中，始终处在我抗日军民的夹击和打击之下，最后又以失败告终。

二

8月29日至9月6日，敌人倾巢出动，又开始对我进行第三次合围“扫荡”。敌军首先对以阜平为中心的沙河两岸地区和以蓬头、小峰口为中心的平西地区，进行多纵队多梯次的大合围，企图以重兵同我最后决战，一举消灭我晋察冀党政军机关和主力部队。

反“扫荡”以来，军区机关一直只带一分区一团留在中心区，这既是指挥全局的需要，也是为了吸引敌人，以便主力部队和各军分区部队跳到外线作战，打击敌人。8月下旬，当敌第三步“扫荡”向纵深发展时，为了指挥方便，军区机关开始由阜平县娘子神向西南方向转移，27日夜到达马驹石村时，遭到敌人飞机的轰炸，当场亡七人。为了进一步观察情况，军区在这里停了四天。8月31日，情况发生了很大变化，除西线、北线的敌人仍在原合围地区进行反复“扫荡”外，合围一分区的敌军，分两路进到涞源县的银坊、齐家佐；合围三分区的敌军到达阜平县的迷城、五丈湾；合围四分区的敌军，占领了团泊口、陈庄、岔头、口头一线，并有一股敌军已绕道王快进到平阳。这样，三方面的敌人，距我军区机关所在地马驹石只有20公里至25公里左右，平阳一路只距十来公里。因此，军区首长马上决定率领机关南渡沙河，跳出敌人的合围圈，转向四分区的西部去。傍晚我们出发了，过了沙河走了40多公里到达马兰，遇上了准备北渡沙河的中共中央北方分局和北岳区党委机关，他们说沙河以南地区的敌人已集结，设下了层层包围圈。显然，敌人是要在此与我决战。面对这种情况，如我仍继续向西南转移突围，则要冒更大危险。军区首长当机立断，决定停止南下，军区机关和北方分局、北岳区党委一起折回沙河以北，首先摆脱当前的不利地位。于是9月1日，我们走了一夜，二渡沙河转移到阜平县城以北30公里处的雷堡。在这里我们又遇上了先转移来的边区政府机关。这样，在这个地区的我党政军机关和部队已达4000多人，还有北方分局党校、北岳区党校、抗大二分校等单位，总共有近万人。

中午刚过，又遭到敌机连续轰炸、扫射。侦察员也接连报告，情报站的电话一个接着一个地传来。东面，敌人已到达距雷堡只有五公里的柏崖；南面，敌人已到达马棚、温塘一线；西面，敌人已占领安子岭，距雷堡只有十公里；北面，敌人已进到距雷堡只有一山之隔的段庄。我们摆脱了沙河南岸敌人的合围，又陷入了沙河北岸敌人的包围圈，而且目标已经暴露。敌人封锁很严，逼得很紧。当时，如果我们全是战斗部队，应付这种情况困难不大；如果只是我们军区司、政机关，也比较容易处置。可是，现在此地有男男女女、老老少少将近万人，而且还带有许多辎重马匹和其他物资。在这种情况下，一旦遭敌人合击，打不好打，行动也不好行动，其后果是不堪设想的。

敌人的飞机又擦着山头轮番低空侦察、轰炸，周围的枪炮声也越来越近，越来越密集，情况十分紧急。此刻，摆在军区首长面前最迫切的问题是如何设法迅速跳出敌人的包围圈。正在这时，警卫员突然跑过来对我说："罗科长，聂司令员请你去。"我立刻意识到一定有重要任务，拔腿就向聂司令员住地跑去。

这时天色已晚，我走进一间低矮的小屋，屋内点着一支蜡烛，墙上挂着地图，聂司令员正在和几位领导同志商议决策，见我来了，他转过身来问我："有什么情况吗？"我回答后，聂司令员像平时一样，十分沉着地对我说：边区领导机关在反“扫荡”开始时留在中心区，这是指挥全局的需要，也是为了吸引敌人，好让我们的主力和各分区的部队跳到外线打击敌人，现在这些目的都已经达到了，但是我们还要继续设法拖住敌人。要想法做到像毛主席在《论持久战》中讲的那样，“我们要把敌人的眼睛和耳朵尽可能地封住，使他们变成瞎子和聋子，要把他们指挥员的心尽可能地弄得混乱一些，使他们变成疯子，用以争取自己的胜利。”最后聂司令员严肃地对我说：“从现在起，把敌人拖住的任务就交给你了，当前的情况你是知道的，再让边区领导机关吸引敌人是有点不利了。敌人已经从军区电台的方位上，侦听到我们的位置，他们就要对这个地区进行合击，因此，我们研究，决定今天黄昏后党政机关开始向阜平县城以西的常家渠转移。”说到这儿，他伸手指了指图上的常家渠，这里距雷堡有30多公里，靠近五台山边界。他稍停了一下，又加重语气继续说：“敌人既然侦察到我们的位置，我们就将计就计。你们的任务是，利用电台诱敌坚定合击的决心，掩护机关转移。从今天开始，军区所有电台暂时停止对外联络，由你带一个侦察排，一部电台，在机关向西转移的同时，留在雷堡东边不远的台峪，架起电台，仍用军区的呼号，不断和各方面联系……”“给敌人留个空中目标，让他们向你们几十个人合击，把他们拖住。”听了聂司令员这个巧妙的决策，我简直控制不住心中的敬佩和激动，没等他说完，便接了上去：“对！”司令员满意地点了一下头，脸上露出了微笑。接着他又用十分关切的口吻指示说：“这是个艰巨的任务，也是个特殊的任务，你们一定要做到既使敌人向你们合击，又要叫他们合击扑空；既要让敌人跟着你们走，又要叫他们追不上。这样，你们的处境将特别危险，稍有不慎，就会吃亏。”

“请首长放心，一定圆满完成任务！保证不会吃亏。”我说完就转身往回跑。

三

回到侦察科，我立即按照聂司令员的指示，组织起一支通信、机要、侦察等人员参加的50多人的小分队。当大家知道了我们的任务之后，莫不欢欣鼓舞，一致表示坚决完成这一光荣的任务。电台的一个小鬼打趣地说：“司令员可真想得妙，用我们的电台指挥起敌人来了。”侦察参谋廖明证，是个知识分子，他斯斯文文地接上去说：“有什么武器打什么仗嘛！现在我们有无线电台，因此，司令员便从空中投下一条无形的绞索，要用电波来套住敌人的脖子。”

入夜，边区各领导机关在聂司令员的指挥下，擦着段庄的南山脚，从离敌人不足半公里路的空隙中，神不知鬼不觉地向西走去。我们的小分队，同时也向着相反的方向出发。这里的地形我们熟得很，不用看地图，也不用找向导，不到两个钟头便赶到了五公里以外的台峪。

到了台峪，得悉最近的敌人住在大石门，我们一边迅速向四周派出警戒，控制了道路和山口；一边把电台在台峪附近一个叫井儿沟的小庄上架起来，立即开始工作，用这个“空中目标”先拢住敌人。然后我带领着其余的人，向大石门后面的大山奔去。

登上山顶一看，只见山下的河滩上，敌人煮饭燃起的野火，足有五公里长。侦察队的刘大明副队长，一见敌人如此嚣张，便对我说：“科长，让我带几个人去干他们一家伙，杀杀他们的凶气！”廖参谋也插话说：“对，再来个地面暴露，就有可能把鬼子的脖子全套住。”我觉得这些意见很有道理，就让他们俩带侦察排一部分人下山去袭扰敌人，并要他们造成一种企图突围的架势。如果敌人火力一展开，立即撤回来。他俩马上把侦察员们分成几个小组开始行动。

不一会儿，燃烧着野火的河滩上，同时从几个地方响起了一阵密集的手榴弹爆炸声、枪声和喊杀声。顷刻间，只见密密麻麻的火堆旁人影乱窜，接着传来日本兵惊慌失措的喊叫。一阵混乱过后，敌人的轻重机枪、步枪一齐扫射过来，掷弹筒也叮叮哐哐满山爆炸。刘副队长和廖参谋立刻又装成突围不成的样子，带领侦察员们迅速撤了回来。这一下，敌人把我们的“空中目标”和“地面目标”都捕捉到了。

9月2日天刚亮，好几架敌机便出现在台峪上空，轮番轰炸扫射。与此同时，日军的炮弹也纷纷向台峪飞来。霎时，台峪和周围的大小山头、山沟、隘口，到处黑烟滚滚，炮声隆隆。这时我们已转移到台峪东北面一个险要的山嘴子上，炸弹和炮弹不断在我们身旁爆炸。硝烟和尘土虽然呛得大家不好喘气，但有的同志却意味深长地说：“让日本鬼子来炸吧，他越炸得厉害，咱们心里越高兴。”是啊！当时我们每个人的心情，确实是这样的。

电台那个小鬼，这时一声不响地摇晃着脑袋，手指飞快地按着电键。每当敌机俯冲下来的时候，他那按电键的手指，就像扣动扳机似的狠狠按几下，仿佛这样能使飞机上的日本兵听到似的。

我一面督促大家注意隐蔽，一面却在想：为什么还不见敌人的步兵呢？莫不是敌人琢磨出什么味道来了？难道敌人已经识破了我们的意图？

下午，敌7000多步兵，从段庄、石门、柏崖等地分头向台峪压过来。透过望远镜可以清楚地看到，敌人摆出一副“决战”的架势。在离台峪还有一二公里路时，突然一路变成两路；再往前走，两路又变成四路，剃头似的漫山遍野搜索着、前进着。那种多纵队、多梯队的严密程度，确像“铁壁”和“梳篦”。当他们快接近台峪村时，忽然又原地停了下来，构筑工事。一直沉默着的廖参谋，看着这些情形，幽默地说：“咱们成了参观团了。”

敌人一直磨蹭了好几个小时，才开始向台峪逼近（事后才知道，他们是因为从平房来的一路部队没有赶到，唯恐我们乘隙突围，所以谁也不敢贸然进占台峪）。天已近黄昏，有一股敌人忽然加快脚步跑在最前面，看样子是想独获首占台峪的大功。这时候，一个问题突然在我脑子里掠过：我们把合击的敌人引向自己的任务已经完成，但如果我们一枪不发让敌人进占台峪，就有可能使他很快清醒过来；这样，想继续拖着敌人走，让领导机关安全地跳出合围，就会发生困难。要是我们能在敌人未彻底清醒之前，再来一次“地面暴露”，迎头给他一棍，那就有可能使他继续懵下去。“要把他们指挥员的心尽可能地弄得混乱些，使他们变成疯子”，聂司令员给我们讲过的这句毛主席的话，我在此时此地回味起来，越发感到有着深刻的意义，得到莫大的启示，便立刻要刘副队长带领一部分人迅速插到台峪，给抢先的敌人一个突然打击。等刘副队长他们完成任务返回来，我们立即乘着敌人惊魂未定，离开了台峪，继续东进。

我们向东走，日军主力一部果然也跟上了我们。为了继续迷惑敌人，我们除了不断架起电台向各方“联系”以外，还在沿途故意用许多不同的番号贴路标、号房子，有时还丢下几张不关重要的字纸。同时，我们在路上还收容了其他单位一些零散人员，队伍也增加了。这一带的群众都认识我们，见了就问：“罗科长，咱们司令部又回来啦？”我也就顺口答应：“回来啦！”于是军区机关向东走了的消息，自然就越传越神了。

敌人虽然被我们吸引过来一部分，但整个反“扫荡”的进展如何？边区领导机关是否又会遭到敌人的再次合击？这些问题，不断地在我头脑里翻腾着。9月4日，我们到了唐县的合家庄，派人到山顶找到事先架设的秘密电话线，接上电话单机，叫通了常家渠附近的情报站，我随即和军区机关通了电话。从电话里，知道边区各领导机关这两天都安全地隐蔽在常家渠一带，他们不露烟火、不露行迹，使敌人无从察觉。电话里还说聂司令员非常关心我们这支小分队的行动，表扬我们任务完成得很好，并要我们继续拖住敌人、迷惑敌人。

打完电话，心里顿时感到轻快了许多。军区的电台虽然暂时停止发报，但军区首长还是用电话照常指挥着全区的反“扫荡”。聂司令员很早就非常重视情报、通信工作的建设，他经常指示我们说：“扫荡”与反“扫荡”，将是抗日战争第二阶段的主要作战形式；要取得反“扫荡”的胜利，最重要的是依靠广大人民和根据地有利的作战阵地。他说我们的情报、通信工作，也必须和广大的人民群众结合起来。遵照他的指示，根据地内建立了一套完整的通信情报网，许多重要村庄设情报站，基本群众都是情报员。电话线有公开的，有秘密的，有平时用的，有战时用的，群众千方百计地保护着全区电话的畅通。现在，很明显地发挥出它应有的威力来了。敌人合击台峪扑空后，仍试图在沙河两岸寻找我领导机关和主力部队，于是把主力两万多人分成了三个集团，分别集结在台峪、合家庄地区和阜平城、王快、龙泉关、城南庄地区，以及团泊口、陈庄、岔口、口头地区待机；同时不断派出小部队，在各集团之间穿梭搜索。敌机还多次在我党政军机关驻地常家渠顺着山沟低空侦察，但由于我们隐蔽得好，敌人什么也没有发现，而我们的新闻电台则收到敌人在北平发出的一段可笑的广播，说什么“聂总部”的电台已被“英武皇空军”的勇士炸毁了，今天已是第三天听不到“聂总部”电台的出现了，等等。

我们小分队完成了第一阶段拖住敌人、迷惑敌人的任务后，到达唐河边与第三军分区司令部会合。以后，又按照聂司令员的指示，一面迅速查清西大道的敌情，一面继续设法牵动敌人，迷惑敌人。

敌人虽然被我迷惑，但情况仍然十分严重。因为集结在阜平地区及东西大道上的敌人主力，距我领导机关隐蔽地区的前哨部队仅有五六公里了，敌人派出了小股搜索部队，常常同我哨兵只隔一个山头。长久隐蔽很困难。特别是党中央、八路军总部和各军分区的电台无时无刻不在呼叫，而军区的电台则为了隐蔽不能回答，这种情况延续下去显然是不行的。因此，军区机关必须迅速离开，转移到有利的机动位置上去。

为使转移行动灵活轻便，军区决定，除分局、边区政府与北岳区党委等主要领导同志随军区指挥机关一起行动外，其余人员均分别向几个不同方向分散转移。军区机关仍按原订计划转向四分区西部滹沱河两岸地区机动。

9月5日黄昏，部队集合出发了，走了三公里左右，便发现从阜平县城出动之敌正沿东西大道向西开进，我如再继续前进，必然要和敌人遭遇，所以军区首长即令各部队返回原地，继续隐蔽。

9月6日黄昏，部队再度出发，但又发现由阜平西进之敌都宿营在西大道上的法华、安子岭、东西下关、大教坊一线村庄，堵住了我军西行路线，我们的部队只好又返回常家渠。

9月7日，经侦察发现龙泉关方向有几个小口子，夜晚没有敌人把守，于是我领导机关和部队数千人马才乘夜从龙泉关顺利冲出了敌人重围，这就是人们以后常说的"三进三出常家渠"。

我领导机关经过三进三出常家渠，摆脱了敌人的合围。至此，日军动用七万多兵力的三步"铁壁合围"，被我彻底突破，我晋察冀边区党政军领导机关和主力部队均先后安全转移到了外线和深入到敌后，寻机打击敌人。

四

在我军领导机关和主力部队冲破敌人"铁壁合围"的转移过程中，我先后转移到外线或分散到外线的部队、游击队和广大人民群众，与内线反"扫荡"斗争密切配合，乘敌人后方空虚，广泛开展游击战，也给了敌人以狠狠打击。

8月25日，我二分区、四分区，在五台城以北伏击了由大峪口向豆村进犯之敌；27日，我一分区侦察营在劳山、东邵地区阻击了由姚村、解村出动之敌，均给敌很大杀伤。8月28日，日军2500多人企图合击两岔山区，我第五团一个连分散隐蔽在约2.5公里长、二公里宽的一个山岗上，29日，当敌人进到两岔山区时，我隐蔽在山岗上的战士立即开火，打乱了敌人的阵脚。接着，全连分成七八个战斗小组，用“麻雀战”，到处开火，声东击西，进一步迷惑敌人。敌人以为围住了我主力，于是盲目地从四面八方调集兵力向山岗上猛攻。我小分队则趁机转移。各方敌人攻到山岗时，才发现是自己打了自己，死伤100余人。

8月29日，我三分区二团乘敌人后方兵力薄弱之机，以突然行动摧毁了位于望都到唐县的常早据点，歼灭日伪军一部。9月3日，我二分区寿阳县基干游击队和公安人员，在正太路芦家庄至段廷间，袭击了敌运送物资的火车一列，炸毁火车头一个、车皮五节和装载的坦克一辆及大批物资。

根据地各地民兵也积极展开了斗争。有的突袭敌住村庄，有的袭扰敌人据点，有的破坏敌人交通，有的在敌必经之地埋设地雷，阻击敌人的行动等，配合主力部队不断给敌人以杀伤。平山县洪子店民兵20天就摧毁敌伪组织八个，捕捉汉奸20多人。还有一个村庄的民兵，持铁锹伏击敌人，打死敌军官一名，敌兵五名，还活捉三名日本兵。平山县米汤崖一带民兵，利用有利地形开展“麻雀战”，先后歼敌60多名。所以，日军当时曾惊呼：晋察冀边区的民兵同八路军有同等重要的意义。

晋察冀是个老根据地，广大群众早已发动起来，组织起来，武装起来。因此，反“扫荡”一开始，广大群众就马上和我们一道同“扫荡”之敌展开了顽强的斗争，坚壁清野，站岗放哨，除奸反特，支前，抢救伤病员，并积极向我军报告敌人动向，主动为我军当向导。所以我军作战不用地图，在狂风暴雨的夜里也不会迷失方向。给养、弹药、医药到处都可得到补给，伤病员能及时救治。冀中军民为配合山区反“扫荡”作战，发动了大规模的交通破击战，在平汉、石德线上积极开展了炸车活动，炸毁了由保定开出的列车，使平汉路一度中断。

为了配合晋察冀军区的这次反“扫荡”作战，一二〇师、一二九师的部队，在八路军总部的统一命令下，也连续向敌展开猛烈的进攻。一二九师于8月31日发起了邢（台）、沙（河）、永（年）战役，经过三昼夜激战，克敌据点8处，碉堡53个，歼灭日伪军1300余人。冀南军区的部队先后攻克广平、隆平、南和、沙河、清河5座县城，歼灭了大量敌人，缴获大批武器，并破坏了清河至王官屯段公路。一二〇师部队也接连袭击同蒲路北段之敌，攻占了忻口镇和宁武车站，歼敌大部，破坏了铁路。

经过两个多月的艰苦奋战，敌人对我晋察冀抗日根据地的“铁壁合围”大“扫荡”被彻底粉碎。在这次反“扫荡”中，我北岳和平西地区的部队先后同敌人进行了大小战斗800多次，毙伤敌5500多人。民兵作战，仅北岳区就毙伤敌480多人，俘敌30人，破坏敌交通线800多公里。在边区军民的英勇抗击下，敌人的企图再次成为泡影。组织指挥这次“铁壁合围”大“扫荡”的日军最高指挥官冈村宁次，最后也不得不承认“肃清八路军非短期所能奏效”。

回忆冀中平原抗日根据地的一段斗争

杨成武

冀中人民艰苦卓绝的抗日战争取得了伟大的胜利，这是毛泽东同志人民战争思想的伟大胜利，是中华民族爱国主义和革命英雄主义的集中体现。这是一部可歌可泣的、光荣的、胜利的历史。

这一伟大胜利，首先应当归功于党中央、毛泽东同志的英明领导，是党中央、毛泽东同志规定了正确的路线，制定了一系列的方针、政策、战略、战术和策略，从而指引斗争不断从胜利走向胜利。

在整个抗日战争期间，毛泽东同志从1935年12月的《论反对日本帝国主义的策略》到1945年8月的《对日寇的最后一战》，写了一系列文章、著作，代表党中央对抗日战争的各种问题作了全面的、深刻的论述。这些科学的论述，始终贯穿着的一个思想，就是人民战争的思想，这是我们前进的指南，行动的依据。例如毛泽东同志在《论持久战》一文中说："战争的伟力之最深厚的根源，存在于民众之中。日本敢于欺负我们，主要的原因在于中国民众的无组织状态。克服了这一缺点，就把日本侵略者置于我们数万万站起来了的人民之前，使它像一匹野牛冲入火阵，我们一声唤也要把它吓一大跳，这匹野牛就非烧死不可。”冀中人民在抗日战争时期的一切斗争，都是在这一光辉的人民战争思想指引下进行的，所以说冀中人民取得的伟大胜利，是毛泽东同志人民战争思想的伟大胜利，是毛泽东同志论持久战战略指导思想的伟大胜利，是党中央路线、方针、政策指引的必然结果。

这一伟大胜利，是在中央分局、晋察冀军区聂荣臻、彭真等同志直接领导下取得的。

这一伟大胜利是在党领导下的全国人民的抗日斗争、各兄弟根据地的斗争紧密配合、互相支持、互相援助下取得的。冀中抗日根据地的开创，是同冀中地下党的组织和吕正操等同志领导的人民自卫军的斗争分不开的，同1939年贺龙、关向应同志率一二〇师主力到达冀中河间，打了胜仗，对于冀中根据地的巩固与发展起了及时雨的作用分不开的。

这一伟大胜利，也是冀中党政军民全体一致，长期坚持，共同努力，流血牺牲，英勇奋斗的结果。

1942年“五一”大“扫荡”后，冀中的形势是很严重的，到了1943年，冀中区党委、军区撤销，地委直属晋察冀分局领导，各分区直属晋察冀军区领导。当时冀中的抗日斗争就是依靠各分区、县、区、村党政军民的共同奋斗，坚持了下来，这是很不容易的。能在那里站住脚，实现毛泽东同志讲的：“人自为战，村自为战。”各地区不怕牺牲，不怕付出任何代价，硬是坚持到底并取得最后胜利，确实是很了不起的。

总之，党的领导的正确保证了我们的胜利；群众是真正的英雄，没有群众寸步难行。这是基本的两条，是已为历史一再证明了的。

现在，我们简要地回顾一下冀中平原抗日根据地的战略地位及1942年“五一”大“扫荡”后的形势。

冀中平原抗日根据地是晋察冀边区的重要组成部分。晋察冀边区包括冀西（即北岳区）、冀中、冀东等主要地区和冀热察辽地区。冀中平原又具有地区广大，物产丰富，人力雄厚，文化比较发达，群众觉悟高等有利的条件，对晋察冀根据地能否坚持到胜利，有重大作用。冀中和冀西互为依托。如果冀中不能坚持，冀西处境就会很困难。在“五一”大“扫荡”前，我们在冀西穿的衣服是高阳布做的，布要到冀中去背，吃的粮食有的还是从冀中背过来的，兵源也主要靠冀中补充。所以，冀中的战略地位很重要。

冀中处在北平、天津、保定、石家庄、沧州、德州之间，是敌伪统治华北的腹心地带。如果这个地区敌人不能掌握，它占领的平、津、保、石、沧、德等大中城市都会不得安宁，并时刻受到很大威胁，那就更谈不上侵占冀西和其他地区了。冀中周围有平汉、平津、津浦、德石四条铁路，抗日根据地的存在和发展，不仅对敌人的交通命脉构成致命的威胁，而且使敌人想确保华北占领区也成为不可能的。因而敌伪在华北驻屯了庞大的武装力量，从 1938 年起不断调集重兵对抗日根据地进行围攻、“扫荡”、分割、封锁、“蚕食”，而冀中平原根据地则成为敌伪主要围攻和“扫荡”的重点。

太平洋战争爆发后，日军急欲变华北为“大东亚战争的兵站基地”，企图首先确保冀中。冈村宁次纠集五万余兵力从 1942 年 5 月 1 日起，进行了空前残酷的大“扫荡”。

在这种情况下，冀中我军主力和领导机关撤到了外线，只留下少数部队，依靠广大人民群众坚持了冀中平原的斗争。

“五一”大“扫荡”后，冀中形势发生了剧烈的变化。敌人为了达到其总的战略目的，进一步强化军事、政治、经济、文化“四位一体”的“总力战”，采取点、线、沟、墙相结合的堡垒政策，在冀中 8000 多个村庄，六万多平方公里的土地上，建立了 1700 多个据点，修筑了 7500 多公里的公路，挖了 4000 多公里封锁沟。据点周围碉堡成群，铁路、公路沿线岗楼密布，点、碉、路、沟互相连接密如蛛网。把我冀中根据地分割为 2000 多块，每一块都置于严密火网封锁之下。然后分区逐块进行“清剿”、“剔抉”。村村建立伪政权，加强特务组织，扩编伪军，大肆抢掠，实行奴化教育。冀中平原成了“抬头见岗楼，迈步登公路，无村不戴孝，到处是狼烟”的恐怖世界。

我到冀中当军分区司令，一直到日本投降为止，没有穿过军衣，都穿便衣；总是十几个人一块行动，有侦察科科长原星同志，作战科科长高存信、周自为同志，几个参谋，加上一个警卫班，每人一辆自行车，一天跑百把里路，多是晚上活动。林铁同志不会骑自行车就骑毛驴。为防备党政军主要领导干部被敌人一网打尽，我和林铁、金城、罗玉川、沙克、李志民等同志行军不在一起，而分为三路。每到一村住的都是堡垒户，不是村支部书记家就是副书记、委员家，最低是党小组长家里，不仅政治上可靠，而且有比较好的地道，一进村，就把自行车印扫掉。我一般睡在房里顶楼上，警卫员放哨，拉条绳子通到我的房子里，拴一个铃铛，拉几响是发现情况，几响是敌人进村了，几响是钻地道。那时候，总之是一条：紧紧依靠群众，没有群众寸步难行。群众是真正伟大的，群众是真正的英雄。回顾 50 多年的斗争历史，有两个时期，一个是二万五千里长征时期，一个是在冀中平原的抗日斗争时期，感受最深刻。冀中斗争最艰苦，整个平原一泻千里，一望无边，无险可据，敌情又那么严重，我们就是依靠人民群众战胜敌人渡过难关的，核心是党员、干部。冀中的群众好得很，有什么给我们什么，无微不至地关心爱护子弟兵。在敌人最疯狂的时候，冀中一望无际，好像全无隐蔽，其实我们更好地隐蔽于群众之中，隐蔽于地道之内，表面看一个八路军都没有，其实到处都有，而且坚持了犬牙交错的武装斗争。侵华日军高级军官当时曾经说：有两个冀中，一个地上冀中，一个地下冀中。

那时我们全部穿便衣，衣服是紫花布、高阳布做的，头上扎个毛巾。我不多说话，一说话就露馅了，因为我不是北方口音，为此，还调了几个人随我们行动，一个是保定附近的，一个是天津附近的，一个是饶阳的。晚上睡觉手枪都放在床头，因为环境险恶嘛！

“五一”大“扫荡”后，在异常残酷、艰难困苦的环境里，冀中平原上的游击战争还能不能坚持？怎样坚持？

很多同志认为：能坚持！不仅能坚持，还能取得最后胜利。也有的同志对此有疑虑。

毛泽东同志早就预见到并回答了这个问题，指出：由于地区的广大，人口的众多，共产党政策的正确，人民动员的普遍和敌人兵力不足等条件，平原游击战争是能够坚持的，并提出要保持许多小的游击队，分散处于广大平原各县各区，采取流动作战的方式，打击敌人，坚持斗争。这就明确地告诉了我们：游击战争能够坚持以及坚持的办法是什么。

晋察冀分局、晋察冀军区和聂荣臻同志根据毛泽东同志的指示，针对冀中地区的严重形势，提出：我们在冀中有了五年的工作基础，有政治上的绝对优势，有广大的群众作依托，目前日军在冀中的军事优势是相对的。今后只要坚决贯彻党中央一元化领导的决定，到敌后之敌后，广泛开展群众性的游击战争，转变组织形式和斗争形式，冀中平原的斗争是完全能够坚持的。聂司令员告诉了我们坚持的条件，怎么坚持，连组织形式斗争形式都讲了。搞两面政权开展敌伪军工作，正确贯彻党的除奸政策，把党政军民拧在一起，鱼水相依，以武装斗争为中心，依靠广大人民群众，采取不同斗争形式。我们坚决执行了中央、中央分局、晋察冀军区的指示，所以越打形势越好！

这场战争有它的特殊性和复杂性，有各种各样的矛盾，敌我之间的斗争非常残酷和复杂，必须以辩证唯物主义的认识论和实事求是的态度，即辩证的方法去分析问题，解决问题，指导各方面的斗争，去争取胜利。其中最重要的问题，就是认真学习和坚决贯彻毛泽东同志《论持久战》的思想，把战术性质的游击战在具有特殊性的敌后抗日战争中提高到战略地位，坚持以游击战为主的持久战，达到消灭敌人壮大自己的战略目的。以此方针指导冀中的斗争，我们逐步取得了主动，完成了坚持平原抗日根据地的任务。

1944年，根据党中央的指示，恢复了冀中区党委、行署、军区。林铁、罗玉川、金城和我都到了冀中。当时赋予我们的任务是：恢复、发展、巩固冀中平原抗日根据地，积极准备战略大反攻。在冀中区党委一元化领导下，坚决依靠群众，紧紧掌握武装斗争为主的中心环节，把留下的一小部分主力分散到各个地区，地方党政干部和部队统一编组，展开高度分散的群众性的游击战，并与各种斗争形式相结合，来对付敌人的“总力战”。

为完成恢复、发展、巩固冀中平原抗日根据地任务，结合冀中当时的情况，我们研究拟定了五条方针：

（一）继续放手发动群众进行游击战争

面临新的形势与任务，必须在过去工作的基础上继续放手发动群众。

斗争是在极其险恶的环境下进行的，在无险可据的冀中平原上，唯一的靠山是广大革命群众，如果没有群众掩护，就无立足之地，寸步难行，有了群众，则“如鱼得水”，活动自如。今天在座的当时的主要领导有罗玉川、旷伏兆等同志。旷伏兆同志所在的那个地方是最艰苦的，正处在平、津、保三角地带。敌人采取了“掏水捉鱼”等很多残暴的手段，妄图割断我党政军同广大人民群众的密切联系。因而更紧密地依靠群众，更深入地组织和发动群众，就成了坚持平原游击战争的根本问题。

经我党长期教育的冀中人民，具有高度的政治觉悟和爱国主义精神。许多群众以身家性命保卫子弟兵，例如深南县王家铺村的群众为掩护子弟兵表现了崇高的革命气节。群众被抓了20多人，逼迫说出八路军藏在哪里，他们坚强不屈，虽然14个人连遭杀害，杀一个不说，又杀一个还是不说……直到最后，一个字也没有吐露。

日军的"大东亚新秩序"和连续不断的"强化治安运动"给冀中人民带来了长期的极大的苦难。在这种情况下，如果我们只强调隐蔽待机，不领导群众进行武装斗争，保卫人民群众，就必然会脱离群众，群众的斗志也不能持久；或者只图一时痛快，轻率而战，又会引起敌人更残酷的镇压，也要脱离群众。因此，在游击战争的策略上既要反对不敢领导群众进行武装斗争的保守主义，又要反对盲目蛮干的冒险主义。当时冀中区党委、军区注意了这两方面的问题，正确地掌握了对敌斗争的高度的坚定性和策略上的灵活性，既敢于在敌重兵围困之下，为保卫群众利益，坚决打击敌人，又讲究斗争的艺术，坚持积小胜为大胜的原则，首先打击对群众危害最大的小股敌人和铁杆汉奸。冀中子弟兵和人民创造了"挑帘战"、"院落伏击"、"捕捉战"、"化袭与偷袭"等多种对敌斗争方式，保卫了群众，锻炼和壮大了群众武装。坚持冀中斗争的广大人民、广大妇女、广大民兵是有着很大的突出贡献的。1944 年，美国考察小组的杜伦中尉从冀中军区司令部去九分区司令部驻地皮里村考察，上半夜刚到，下半夜就被驻任丘、河间两县的日伪军千余人突然包围了。全村 100 多户的群众和九分区司令部、政治部领导机关全部人员都钻进了地道，其中就有美国考察组杜伦中尉等。为了打退敌人的进攻，八、九分区小队及其他部队在外边钳制敌人，里外夹击打了一天，敌人伤亡几百人，我只伤亡一大一小，一小是九分区司令员魏洪亮刚生下来的儿子，在地道里怕他哭叫暴露地道，捂死了；一大是一个老大娘，没来得及下地道，被敌人抓住，敌人让她说出地道在哪里？她坚决不说，被敌人剁了好几个手指头，晕死过去了。把敌人打跑后，老大娘经我们抢救脱险了。杜伦回到军区司令部对我说：共产党伟大！八路军伟大！地道了不起！共产党、八路军一定胜利！佩服得五体投地。

（二）把武装斗争与党对敌伪军的政策和革命的两面政策相结合

用敌人的拳头敲敌人的脑壳是冀中军民对日军斗争的又一成功经验。分区、县、区、村各级党组织进行了大量的工作，把许多伪组织变成“白皮红心”，同时我们有计划地派一些人到伪组织中去，为党的利益进行工作，两种办法，一个目的，就是表面应付敌人，实际掩护抗日斗争。

经过大量的艰苦工作，许多伪组织成了抗日的两面政权。我们利用它来监视、侦察敌人，取得情报；利用它来掩护我们的部队、群众，使我党政军干部和部队在敌占区畅行无阻；利用它来掩护我伤病员，甚至使伪军的点、碉成了我伤病员的隐蔽医疗所；利用它来欺骗敌人，把敌人引诱到预定作战地点，予以歼灭。

当日伪军联合行动时，我们经常放过伪军，专打日军；对少数“铁杆汉奸”和对我危害大的伪军头目，采取“单打一”、“掏老窝”等手段予以除掉。“单打一”不是不分轻重地打，而是拣要害打；对最反动的部队，坚决打掉；对一般被俘伪军，经过教育，能争取的争取过来，给予任务，当场释放；发挥全民的力量展开政治攻势，教育伪军。伪组织人员“身在曹营心在汉”，立功赎罪；扩大日伪矛盾，分化瓦解伪军、伪组织，经过反复斗争，逐渐地把一部分伪军、大部分伪组织置于我控制掌握之下。有一次，我们过平汉路以西开会，提前通知沿路伪军哨卡：我们几点过路，在什么地点过路，要他们监视日军，保证我们的安全。就这样，我们一路安安稳稳地经新乐附近到达开会地点。

冀中党、政、军、民善于把合法的和“非法的”、军事的和政治的、经济的和文化的斗争巧妙地结合起来，从而粉碎了日军“以华制华”的阴谋，陷星罗棋布的敌点、碉于我人民战争的汪洋大海之中，使它形成一个个的孤岛，使敌人处处挨打。

（三）开展冀中平原地道斗争

在粉碎日军“驻屯清剿”的斗争中，冀中人民创造了地道战，大显神威。

“五一”大“扫荡”前，人民群众就挖了许多土洞和地窖，以防备敌人的抢夺、强奸妇女，坚持对敌斗争。

“五一”大“扫荡”后，随着斗争的日益残酷，党领导人民把简单的土洞和地窖发展成各家相通，环绕全村的地道，然后又发展成村村相连的地道网。但此时，地道还存在不少问题，关键的是地道只能隐蔽不能进攻，同时人多了进入地道，如何对付敌人的水攻、火攻、烟攻、毒攻、挖掘以至吃饭、喝水、大小便、照明等都存在着许多问题，亟待解决。否则，大量干部、群众进入地道，敌人来了，就可能产生很大的危险。为此军区进行了考察，做了调查研究，冀中平原最好和最差的地道我都钻过，还先后去任丘、蠡县、大城、饶阳、安平等县考察地道。除上面存在的问题之外，还发现因通风不好或地道过低，人进去就透不过气来，人多了更不行。在调查研究的基础上，总结和推广了一些地方如米家的经验，将单纯隐蔽的、防御性的地道进行一番改造，改造成了能守能攻的战斗堡垒。

后来，许多地区把发展地道与改造地形、改造村落结合起来，形成了“天地人”三通，构成了房顶、地面、地道和沿村、街道、院内纵横各三层的交叉火网，再以野外地道为纽带，把村庄、野外、地道组成一个连环的立体的作战阵地。既可打村落战，又可野外出击。形成了对付敌人的地下长城，对坚持人自为战，村自为战，人不离地区，发挥了巨大作用。

地道战的高度发展，保证了党政群干部的安全，有了地道，许多顾虑都解除了。没有山做依托，但有了“地下长城”做依托，胆子就壮了，办法就多了，斗争的条件就大大地改善了。使我军在敌碉林立、路沟如网的平原上，到处都有巩固的后方。它既利于小分队活动打击敌人，也利于较大部队集结隐蔽突然地歼灭敌人；既利于防御，也利于进攻，还可以依托四通八达的野外地道，封锁敌人的岗楼和据点。有一次在霸县、固安附近的米家，我十分区部队利用地道作战，打了一个星期，结果粉碎了日军一个大队、伪军一个团的进攻。

冀中全区到底挖了多少地道？这是难以作出确切回答的。仅1944年下半年以后（这以前挖了多少无法计算），就挖了一万多里长。

在战争最残酷的年月里，英雄的冀中党政军民，以英勇的战斗精神和无比的智慧，筑成了一道“地下长城”，把无险可守的平原变为不可攻克的要塞。从这里可以看出群众是真正的英雄，群众的智慧是取之不尽、用之不竭的。只要相信群众，依靠群众，各种各样的困难都能够战胜，都可以得到克服。冀中的广大民兵在坚持地道斗争中起了重要作用，它配合区小队、县大队，保卫了我们的党组织、政权组织、群众组织，他们是立了大功的。每个村党支部的领导也有很大功劳，没有他们的领导，那样大的工程是不可想象的。在斗争中，不仅青年男同志起了重大作用，女同志也起了很大的作用。

（四）组织“拳头”，准备游击战向运动战转化，巩固、发展、扩大根据地，变游击区为巩固的根据地，积极为战略大反攻作准备

为了达到中央、分局、军区的恢复、发展、巩固冀中根据地，准备大反攻的要求，仅有上述三个条件是不够的，还有一个问题必须解决，那就是要组织“拳头”。因为“五一”大“扫荡”后，冀中主力的十几个团都走了，有的到北岳区，有的到冀鲁豫，有的到晋西北，剩下的只有一个团，即二十四团，还是一个小团。如何把“拳头”组织好，是个很重要的问题。冀中军区及时地研究和决定了这个问题，并积极地进行

了工作。

1943年，我们的斗争更加深入，各项政策充分发挥了作用。部队由高度分散逐渐走向集中作战。日军为了防备被我各个击破，被迫收缩兵力，并采取了以攻为守的方针，不断地向我奔袭合击。在这种形势下，我们遵照毛泽东同志的要把敌人的根据地变为游击战争的根据地的指示精神，在地委和分区的领导下，地区队、县大队和区小队，采取三级武装联合作战的形式，坚决向敌占区挺进。但是"拳头"还不大、不硬。于是军区和区党委决定，从六、七、八、九分区各抽调一个地区队（团），包括二十四团（当时团长张英辉、政委梅成章同志），组成训练团，到路西进行了四五个月的训练，组织了军区的"拳头"。另外为了统一作战思想，又组织了一个教导团，在路西专门轮训干部。练兵团团长由军区司令兼任，参谋长是黄寿发同志，政治部主任是王奇才同志。从1944年冬天到1945年春天，经过四五个月的时间，军区有了五个团，各分区也有几个区队，"拳头"就大了。此后，进一步组织三级武装紧密配合，向敌人展开进攻。民兵广泛出击、武工队插向敌后之敌后打击敌人，主力部队穿插于敌点线之间，袭取敌伪据点，消灭驻守之敌。并以伏击手段消灭运动之敌。进攻矛头指向敌孤立之据点，有的采取围点打援，有的采取爆破形式。我们依靠深厚坚实的群众条件、绝对的政治优势，封锁敌人，欺骗敌人，造成敌人的许多错觉，把敌人变成聋子、瞎子，然后挥拳猛击，进行了若干战役，使冀中平原的游击战一步一步地取得了主动。

那时，日军开展了"新国民运动"，首先在我九分区的任丘、高阳进行"突击示范"，围我群众三万多人。在长达60里的任丘、高阳公路上，每隔十步放一个"新国民"，架了一条"人电线"，企图以此来监视和封锁我军活动。冀中人民利用了敌人这一阴谋，利用"人电线"为我们站岗、放哨，监视敌人，使我们的部队，党政军干部畅行无阻，帮助部队打击了敌人。不但使敌人的"新国民运动"彻底破了产，而且把它变成了我们对敌斗争的新形式。这雄辩地证明了毛泽东同志的论断：战争的性质和人心的向背是决定战争胜负的根本因素。我们的战争性质是正义的，人心是向着我们的，向着共产党的。人民群众对敌斗争的坚定意志和高度的智慧，使我军的战斗活动更加自如，胜利一个比一个大，把敌人打得无法招架。

1944年春，日军被迫由“一县联防”到“数县联防”，我军则从一个地区的三级武装联合作战到几个地区的主力协同作战，加强了进攻的威力。到1944年冬初，西起平汉线，东抵平大（名）公路，北自大清河北，南达沧石路的广大农村已基本上连成一片。

这种气势磅礴的发展，是在根据地不断巩固的基础上进行的。正如毛泽东同志所指出的：不可忘记根据地的巩固，而其主要的工作是发动和组织民众以及游击部队和地方武装的训练。这种巩固是支持长期战争所必需，也是向前发展所必需的，不巩固就不能有力地向前发展。我们是根据毛泽东同志这一指示办的。在根据地发展到一定程度时即转入以巩固为主；新区到巩固起来可以作为依托时再进一步向前发展。巩固与发展相结合。有的地区在发展中求巩固，有的地区在巩固中求发展。军队所到之处，党、政、民的工作立即全面展开。像八分区、九分区、十分区在区党委、军区和行署的统一领导下，兵马未到，工作先行，发动群众，除奸肃特，建党建政，减租减息，互助互救，发展地道，扩大民兵，壮大部队，做了不少工作，使主力部队得以轮番整训，交替出击。

恢复发展根据地的过程，也是不断克服保守主义，增强敢于胜利思想的过程。冀中地区由于“五一”大“扫荡”后敌我力量过于悬殊，斗争非常残酷，因而克服保守主义问题就显得更为重要。克服保守主义的根本问题，是要使党、政、军、民全体，特别是领导者要树立大智大勇精神，要具有洞察战争全局的能力，又要根据本地区实际情况，来处理是打还是不打，以及斗争策略和战术问题。冀中区在党的正确领导下，既及时地防止了在敌我力量悬殊的情况下的急躁蛮干和在胜利发展的情况下轻敌冒进的思想，又始终抓住了反对不敢放手发动群众向敌人进行斗争的右倾保守思想，因而较快地扭转了“五一”大“扫荡”后的严重局面。到1944年秋，我之攻势愈益猛烈，有的地区已发展到攻城夺镇、占领县城，形势是很好的。冀中各地委、各分区的领导同志、各县、区的领导同志为恢复、发展、巩固冀中抗日根据地付出了极大的代价和作出了重大的牺牲。当时六分区司令员王相臣同志就在这场战斗中牺牲了。当时在冀中坚持斗争的同志，六分区还有叶楚屏、裴铁英、张逢时、吴树声同志等；七分区有张达、于权申、吴西、甘春雷、杜文达同志，还有苏锦章、姚振林、于世言同志等；八分区有周彪、张逊之、李弗畏、王念基同志等；九分区有陈鹏、魏洪亮、王道邦、刘光裕、李健、贾桂荣同志等；十分区有旷伏兆、刘秉彦、张如三、李大卫同志，还有金城、杨英、王之、吴砚农、王亢之、周宠、帅荣同志等。冀中军区的各个团，还有各分区的地区队、县大队，各县、区的干部还有很多很多，他们都为冀中斗争付出了心血、作出了巨大的牺牲，都是有功劳的，我们不能忘记他们。

在上述四项工作有了一定基础之后，于1945年春天，我们开始了扩大解放区、缩小敌占区的斗争，决定在冀中区内线发动六个战役。这六个战役我们完成了五个。最后一个战役即安（国）博（野）蠡（县）战役，在即将进行时，我的老秘书陈子端收到了莫斯科的广播，说苏联向日本宣战，出兵东北。根据这一情况，军区就下了命令，部队停止行动，原地待命，准备迎接大反攻。

1944年冬天，日军在我解放区军民的严重打击下，面临总崩溃的前夜，但仍疯狂挣扎，在冀中地区增调大量伪治安军，不断向我反扑“扫荡”。其重点是大清河以北地区即旷伏兆、刘秉彦同志那个十分区。为迎接新的斗争，取得战争的最后胜利，必须进一步壮大“拳头”，提高部队战斗力，积极准备从游击战向运动战的战略转变。毛泽东同志指出：战争既是长期的和残酷的，就能够使游击队受到必要的锻炼，逐步地变成正规的部队。因而其作战方式也将逐渐地正规化，游击战就变成正规战了。游击战争的领导者们必须明确地认识这种必要性和可能性，才能坚持向运动战发展的方针，并有计划地执行之。在实行战略转变的过程中，我们遵循着毛泽东同志“由执行游击战的游击部队化为执行运动战的正规部队，须具备数量扩大和质量提高两个条件”的指示，区党委和军区、行署在一元化领导下，把各地区的游击队逐步地上升为各分区的主力，地区队变为野战团；把县游击队变为区队，区游击小队变为县游击大队，一步一步往上提。同时把各分区的主力部队集中起来进行政治整训、军事训练和干部轮训，开展大练兵运动。用毛泽东同志集中兵力打歼灭战的思想教育部队，统一作战指导思想，统一作战要求和战斗作风。树立敢于超越地区作战和打大仗的思想，树立敢于彻底胜利的雄心大志，敢于一次一个营、一个团地歼灭敌人。

1945 年春天，毛泽东同志发出了“扩大解放区、缩小沦陷区”的号召，鼓舞了冀中区的全体军民。冀中区党委、军区、行署立即决定在全区范围内放手地开展扩大解放区的战役。战役的总方针是：发挥人民战争的威力，贯彻毛泽东同志集中兵力打歼灭战的思想，以军事打击为主，以政治攻势和经济封锁相结合为辅的方针，先由西而东，从白洋淀指向渤海边；尔后由南向北，席卷北平以南，天津以西，进而穿过永定河、子牙河，切断北宁线、津浦线，协同冀东、冀察部队夹击平津。

整个战役是以北平至大名的平大公路为中心展开的。第一仗是打平大公路上敌人的坚固据点辛中驿，揭开了战役的序幕。这一仗事前做了两手准备，一是攻坚，用地道爆破的办法攻下辛中驿，一是攻点打援，集中我之主力，打击河间、任丘来援之敌。结果两处敌人都没敢来援，我们就占领了辛中驿。把任丘到河间这一段的敌人全部消灭干净，滹沱河以北就连成了一片。这个胜利之后，紧接着就打任丘和河间两个县城，进行第二个战役。为了迷惑敌人，其他军分区的部队进行佯动；七分区在西面，八、九分区打梁各庄，十分区在北边，六分区在南边。在各分区部队的配合下，我们胜利地占领了任丘和河间两个县城。当时我们冀中区党政军领导机关在饶阳的五公，大家还骑马到河间去看了一下，那时打下个河间府不简单呀！以后我们又进行安平、饶阳战役。战斗还未打响，饶阳的敌人自己发妖风，往安平逃跑。于是我们命七分区副司令杜文达带分区的三个团、加上六分区徐信、李克忠同志那个团在安、饶之间的韩村打了个伏击，敌人大部被歼。残部逃到安平，又与安平之敌逃到深县，这样我们就解放了饶阳、安平。与此同时，分区一个游击队攻占了献县，一下子就夺回三个县城，解放了滹沱河南面的广大地区。此后九、十分区的主力又攻占了文安县和新镇县，打开了向信安、胜芳进军的大门。随后又展开了子牙河东、大清河北战役。八分区部队在南边佯动，九、十分区主力主攻，连克子牙镇、大城县、信安、王庆坨等城镇，占了好大一片地方。

在整个战役中，我们使用“拳头”的总方向始终只有一个，就是集中几个分区的部队主攻，其他部队配合，打敌人的突出部、接合部、翼侧等要点和要害，同时从多方面钳制了敌人，使敌人一时摸不清我们的动向，陷敌于迷惑、混乱、恐慌之中，以保证我军行动的秘密和迅速、突然。在战术上，我们将奔袭、围攻敌人据点和伏击敌人援兵三者灵活地结合起来，使得敌人跑也跑不了，增援也进不来。由于巧妙地采取了这种作战方法，任丘、文安及大清河北的信安、堂二里、王庆坨等处的敌人都没有跑掉。我们还把军事攻势和政治攻势结合起来瓦解敌人。记得在攻任丘城时，敌人很顽固，一时攻不下来，我们就宣传优待俘虏的政策，起了很大作用。在攻深泽城时，敌人的堡垒在河堤上，很不好攻，敌人不缴枪我们就用爆破的办法一下子把炮楼子端了，剩下的敌人全都投降了。那时我们作战没有什么教条主义，比较灵活机动。在总的战役下边，各个团、各个分区、各个区队、各个县大队、民兵都互相主动地出击配合主力作战，取得了较大的胜利。真是攻无不克，战无不胜，所向无敌，有秋风扫落叶之势。冀中广大人民群众积极支援战争，参加战争，出现许多“妻子送郎上战场，父母送子打东洋”的动人场面。我们的部队、民兵、群众连营百里，民兵、担架队，给部队送东西的群众人山人海，晚上到处是烟火，敌人心惊胆寒，动都不敢动。当冀中区党委和冀中行署发出“一切为了前线胜利”的号召后，广大人民群众积极响应。罗玉川同志还记得吧，在苏联宣布对日作战前我们全是便衣，你这个主任下命令让老百姓给做军衣，仅一个星期所有的人都穿上了军衣，你看看群众的力量多大！他们在抗日战争中、解放战争中不仅经受了考验，而且建立了丰功伟业！

五个战役，我们一共消灭日、伪军一万多人，解放县城 12 个，将解放区扩大到北平、天津、保定、石家庄近郊和津浦路至渤海边的广大地区。不久，我们在胜芳召开誓师大会，这个大会上宣布了延安电台广播的让我们拿下天津的命令，还传达了朱总司令的命令，任命杨成武为天津警备司令。此后我们打下了堂二里、胜芳、杨柳青、杨村、北仓、天津西站、灰堆、大沽口、岐口。

从被敌人细碎分割、严密封锁，到置敌人于我军民重重包围之中，这是一个极大的变化；从“五一”大“扫荡”后的昼伏夜出到白天昂首阔步地战斗，从屋内、院内打起，到拔点、夺线、攻城陷镇，从消灭一个敌人缴一条枪开始，到成营、成团大量消灭敌人，这又是多么大的变化啊！这种变化的原因：一是有党中央正确的领导；二是有冀中广大人民群众的支持；三是有从“五一”大“扫荡”以后一直在冀中坚持斗争的许许多多的同志们的努力。没有党的正确领导，没有广大干部和群众的努力，这么迅速的变化是不可能的。

在党的领导下，我们基本上是以广大群众为基础，以党员为骨干，以军队为核心进行广泛的群众游击战争。在游击战争中不断积蓄力量。在战争过程中，我们的部队不断壮大。到日本投降时，已由“五一”大“扫荡”后的一个小团（二十四团）发展为九个地区队，又由九个地区队发展为二十六个团，编为冀中纵队，即晋察冀三纵队，后又组织了第二纵队即新三纵队，开赴张家口、归绥、大同、承德、热河执行野战任务，接着冀中军区又组织新的野战兵团支援前线。至此，我们已胜利地完成了恢复、发展、巩固冀中平原抗日根据地的光荣而艰巨的任务。

我们取得上述的胜利，完成了恢复、发展、巩固冀中平原抗日根据地光荣艰巨的任务，为战略大反攻作了准备。这是毛泽东同志人民战争思想的伟大胜利，是党中央、中央分局、晋察冀军区在军事、政治、经济、文化等各方面采取了正确的政策和策略的结果，是冀中广大干部坚决地执行了党中央、毛泽东同志、中央分局和晋察冀军区的指示、决定的结果，是冀中广大军民英勇奋斗的结果。胜利应归功于党的正确领导，归功于广大干部、战士，归功于冀中人民。实践证明，毛泽东同志的人民战争思想和论持久战的战略方针是完全正确的。

当然，在抗日战争这样一个尖锐、激烈、复杂、高度分散、瞬息万变的情况下，由于我们对党中央、毛泽东同志、中央分局、晋察冀军区的指示理解不够，水平不高，在斗争过程中这样那样的缺点也一定会是不少的。这些，也都要认真地加以回顾，加以总结。

在敌后武工队的日子里

胡庚生

1942年秋，抗日战争正处于最艰苦的相持阶段，但世界反法西斯战争已露出胜利的曙光。为争取抗日战争的早日胜利，根据党中央的部署，驻扎在华北的各主力部队纷纷抽调大批优秀指战员，组成一支支精干的武工队，从四面八方插向敌人的心脏。

我当时在八路军总部后勤部警卫营担任营长，被抽调到太行军区第六军分区任第一武工大队队长，到武安县开展工作。

武安县是敌占区。敌人力量强大，群众基础差。前两任队长就是在敌人"扫荡"中被害的。剩下的50多名队员，都奉命撤离了敌占区。我们的任务不是去同敌人打大仗、打硬仗，而是去那里建立隐蔽的根据地，成立两面政权，发展壮大我方力量，破坏敌人的"蚕食"政策。

组织群众抗粮

秋季正是收获庄稼的季节。群众都在忙着收割，连六七十岁的老人和几岁的小孩子也都在田边地角忙。看着到手的粮食，大家心里既高兴又担心，怕日寇和伪军把粮食抢走。我和武工队员通过敌人设置的道道封锁线，来到敌占区西马项村的群众当中，帮助收割，组织抗粮。

这天吃中饭的时候，武工队员小陈从县城气喘吁吁地跑回来，报告了一个不好的消息：伪武安县公署发出了征收粮食的布告，今年一亩地要交粮食 45 斤，从 10 月 8 日开始，限三天缴到保公所，不缴者要严查。

乡亲们听后，气红了眼。我心里更是着急。敌人要粮是迟早的事，但没有想到敌人要得这么快。民以食为天。粮食是老百姓的命根子。如果粮食被敌人抢走，就等于增加了敌人的力量。而老百姓对我们武工队寄予很大希望。如果我们不能帮助老百姓保住粮食，以后的工作势必更难做。于是，我召集队员紧急开会商量对策，经过一番讨论，最后决定采取“真截假交”的办法，就是乡亲们把好粮食藏起来，把秕子交到保公所，三天后再装车送到乡公所，等车队快到炮楼时，武工队鸣枪将送粮的乡亲们赶到另一条道路上。估计炮楼里的几个伪军也不敢出来，只能在炮楼里眼睁睁地看到武工队把老百姓的“粮食”截走。这样保公所交了差，日寇也没有理由再来抢老百姓的粮食了。

晚上，队员们分头通知乡亲们抗粮的办法。到交粮的那天，村里集中了几十辆大大小小的马拉车，车里装上一袋袋秕子。当车队浩浩荡荡地来到炮楼前时，忽然枪声四起，乡亲们赶着车拐了弯。炮楼上的伪军真以为是八路军来抢粮食，他们不敢出来，只朝天放了几枪，并派人报告伪县公署。等伪县公署派人赶来时，我们人马和粮食早就无影无踪了。

瓦解伪军

武工队对伪军采取的策略是分化瓦解、各个击破。

有一次，我去五湖村执行任务，看见八九个伪兵在街上抢完一个小贩的花生后，在一家小店里边吃花生边喝酒。当他们喝得有几分醉意时，我装成看热闹的，故意凑到瘦子班长跟前。他凶神恶煞般地对我说："老子都吃不饱，你也想吃吗？走开点！"我一手掏出手枪，一手狠劲地扇了他一耳光。他被打得踉跄栽倒在桌下。我从容地把帽子一取，亮出个和尚头。当时武安人都习惯留发，唯独我剃着光头。伪军都知道有个和尚八路，叫胡队长。此时，他们如梦方醒，一个个战战兢兢。我命令他们放下武器，面朝墙，要他们仔细听着。这时，我给他们上政治课，讲抗日的形势，我说日本很快就要完蛋了，要他们别再执迷不悟，要为自己留条后路……一口气讲了一个多小时，才叫他们回去。

当天晚上我又找到伪军班长谈了两个多小时，从国内讲到国外，从过去讲到现在，直讲到他动了心。当晚我在伪军兵营过夜，这位班长还亲自为我站岗。第二天一早，我对伪军班长说："回去给你们张司令（伪军队长张茂西）说说，我们派人到他那里去当兵，如何？"没过多久，张茂西果真接受了孙森同志去当"参谋"。经过孙森的宣传、启发和教育，张茂西经常给武工队递送日军活动情况，掩护我武工队的活动。几个月过去了，他的行动被日军知道，张茂西也闻到点风声。他与孙森商定，赶快采取行动。就在一个漆黑的夜晚，他亲自带领50

多个伪兵，越过封锁线，投奔了八路军。

矿区警备队的小队长名叫张贵堂。我带领武工队在矿区一带活动时，有一次亲眼看见张贵堂和日军指手划脚的不知在说什么。第二天，我给他送了一封信。我在信中写道："昨天我亲眼见到你给鬼子出谋划策，本想一枪毙了你，考虑你有妻儿父母，想再给你一次机会，望你自己好好选择。"他看了信后，吓出了一身冷汗，当晚即给我写了回信，并提出了四条保证：保证辖区内武工队员的人身安全；保证不劫八路军的布匹和食盐；保证鬼子有情况及时报告；保证自己跟鬼子进入根据地时对老百姓不抢、不杀。

后来，张贵堂确实做到了这几点，但时间一长，引起了日本人的怀疑。当鬼子准备对他下毒手时，我派武工队员火速给他送信告诉他这个消息，并敦促他当机立断，投奔八路军。他刚看完信，两个全副武装的鬼子进来了。他见势不妙，掏出枪把两个鬼子干掉，然后集合全队 40 多个伪兵，连夜投奔八路军。

改造乡伪政权

武工队在西石门、八里湾、东寺庄、西马项村等地站稳了脚之后，根据分区首长的指示，尽快将敌占区的乡村伪政权、伪组织改造成为我所用的两面政权，以打击敌人，保护自己。

西寨子村离县城有 20 多里，是武工队进城的必经之地。5 月日军大"扫荡"前，这里的群众抗日情绪高涨，建立了各种抗日救亡团体。大"扫荡"后，这些团体遭到了敌人的破坏，村里完备了伪保甲制，并实行了连坐法。我几次派人进村，都被堵了回来。为了打开局面，我决定自己去一趟。

这天天刚蒙蒙亮，我带着武工队员庄同来到村口，遇到一位60多岁的老头在地里割草。从他那里得知：西寨子村的保长李万义向着老百姓，日军“扫荡”前曾到邯郸为八路军买了一台油印机，并亲自送到根据地。

我和庄同高兴地找到李万义。李万义知道我们是八路军的武工队，立即把我们拉进了屋。突然，屋外一阵犬吠声，接着一阵急促的敲门声。李万义要我们到后面茅屋里躲一躲。原来是伪军队长刘阎王来了，他开门见山地说：“村里来了八路，你为何不报告？”刘阎王说完径直向屋里走去。

李万义堵住屋门，故作气愤地说：“听刘队长的话音，像是八路军跑到我这儿来了，你什么时候看到的？可以搜，但丑话说在前面，搜不出来怎么办？”

刘阎王也不想得罪保长。于是连连解释说：“李保长，我不是这个意思，你不要多心。”

李万义趁机说：“这年头兵荒马乱的，还是搜的好。”

刘阎王忙赔起了笑脸，“唉！兄弟算啦，吃咱们这碗饭的也有难处。”说完转身就走了。

我见李万义机灵地对付刘阎王，觉得他可信任。从茅屋里出来，便和他商量着今后如何建立两面政权。李万义说：“过去我人单力薄，你们来了，今后就好办了。”

我们在西寨子村连住了数日，工作进展顺利。一天，我接到上级指示，敌人在峦村抓了一个八路军通讯员，准备送往县城，会路过西寨子村，要我设法营救。我把此事告诉了李万义，他想了片刻，说：“你们放心，到时看我的。”

第二天吃罢早饭，李万义在自己地里摘了三个西瓜，在院子里捉了只鸡，便向村头的观音庙走去。在庙里等到快晌午时分，看到三个伪军押着八路军通讯员走来。可能是走累了，他们把八路军通讯员捆在庙外的一棵树上，自己则到庙里歇脚。李万义自我介绍是本村的保长。三个伪军见了西瓜，心里乐滋滋的，立即狼吞虎咽地吃起来。这时李万义装着若无其事地走出庙门，故意对捆在树上的通信员说：“哟！这不是大盛粮行的伙计小六子吗？”并给通信员使了个眼色。一个伪军出来说：“你认识他？他是八路。”李保长说：“他哪是八路。他是大盛粮行徐老板新来的小伙计，也是徐老板的第六个伙计。我们都叫他小六子。”

“你敢担保？”伪军对李保长说。李保长当场写了“担保书”，按了手印。三个伪军接过“担保书”就往回走。一个伪兵顺手把那只鸡也拿走了。当然李保长很快给通讯员松了绑，并连夜送他过了封锁线，返回根据地。

我对李万义给予了表扬，后来通过他将周围各村的“自卫团”“维持会”等伪组织都争取过来，成为支持抗日的力量。

借刀除奸

1944年夏天，我和几个区干部来到贾家庄。这里住着200多户人家，群众基础比较好。我想把即将成立的临时区政府设在这里。

一天，我召集几个积极分子在一位老大娘家里议事。会议刚结束，有20来个伪军气势汹汹地包围了整个村子，挨家挨户地搜查。在外面放哨的老大娘见情况紧急，连忙进屋，卷起炕席，掀开一个洞，叫我和几个区干部藏到炕下。然后老大娘搬来一部纺车搁在炕上，吱吱呀呀地纺起棉花来。没多久，几个伪军士兵窜进来，在屋里翻箱倒柜地搜查，老大娘装作什么也不知道。敌人搜来搜去，连个八路军的影子也没见着，只好无奈地走了。晚上，我和几个区干部分析了情况，断定有奸细。并初步认定是郭大麻子。

第二天，我带领武工队员陈杰前往执行除奸的任务。我们直奔郭大麻子家里。快到门口时，我装出气喘吁吁、十分难受的样子。郭大麻子见状，忙说：“哟，是胡队长，今天怎么啦？”陈杰双手扶着我回答道：“胡队长刚才走得好好的，忽然肚子痛得厉害，请你烧壶开水，让他在这里休息休息。”

郭大麻子“热情”地急忙将我扶进屋里。陈杰故作神秘地叮嘱道：“胡队长在你家暂避一下，千万不能让外人知道啊！”郭大麻子满脸奸笑，说：“不会的，谁敢做那种昧良心的事，谁就要遭枪子打！”说罢，就要我们上楼去休息。

我心想，楼上更好对付敌人。郭大麻子把我们引上楼后，说：“我给你们烧点开水来喝。”趁下楼烧开水的机会，他指使女儿到炮楼向敌人报告。没过多久，来了十多个日军和伪军。我和陈杰在楼上看得十分清楚。这时，郭大麻子早已溜之大吉。敌人杀气腾腾地包围了郭大麻子的房子。我和陈杰扔下几枚手榴弹，随着几声爆炸声，敌人不知从哪里丢下来的，慌乱地退出院子。我们趁势举枪向敌人射击，打得敌人抬不起头，院外留下五六具尸体。敌人遭到出其不意的伏击。又见火力这样猛，一时弄不清究竟有多少八路军。剩下的几个敌人，只得狼狈地逃回炮楼。

第二天，炮楼的敌人把郭大麻子抓去，日军小队长亲自审问，认为他提供假情报，与八路军串通一气，想害“皇军”。郭大麻子自知情况不妙，大喊“饶命”，但无济于事。他很快就被枪毙了。

人们知道了郭大麻子的下场，都高兴地说：武工队这是借刀除奸。

经过几年的艰苦工作，到1945年春，武安的抗日斗争形势发生了很大变化，全县大小几百个村庄基本控制在八路军手中。1945年4月，我奉命调回延安。乡亲们闻讯后，纷纷前来和我告别……

我所知道的渤海回民支队

张树金

部队初建时期

七七事变发生，日本侵略军开始了大规模的侵华行动。天津以南，济南以北，津浦路以东至渤海的河北、山东两省的边界地区——青县、沧县、盐山、东光、南皮、宁津、德县、乐陵等20多个县，在中国共产党领导下，组织了抗日救国军。1938年，抗日救国军改为国民政府军委会别动总队第三十一抗日游击支队，共产党员刘子芳（回族）任支队第一路指挥。居住在这一地区的许多回族青年纷纷到三十一游击支队第一路部队参军。1939年，这支抗日武装奉令南调改编成八路军冀鲁豫部队一部分，原冀鲁边区的抗日武装基本上被调空了。因此，这个地区的一些回族青年，要再参加中共领导的抗日部队，就得跑到远离家乡的地方参军。有的人由于回族饮食禁忌等方面的原因，参军不久又返回家乡。根据这种情况，当地党组织经研究决定，在这块回民聚居地区重新组织一支回民抗日武装。

1940年春，沧州地委和冀中一分区把津南游击支队和沧县县大队中的回族干部、战士抽调出来，组建了一支回民抗日武装。同年6月，津南游击支队又抽调张文林、孙宝岐、张九江、丁玉起和刘玉和等人由津南支队六大队大队长刘震寰带队离开津南支队来组建回民抗日部队。刘震寰在沧县、盐山县一带是有影响的共产党人，是这个地区早期开展革命武装斗争的领导人之一，在回、汉两族人民中享有一定声望。抗战初期他任沧县抗日政府区长时，曾率领二三十人的一个区中队，在沧县、盐山公路上仵龙堂附近抗击日军骑兵，一举击毙日军大佐以下十余名。击毙的日酋大佐，是冀鲁边区抗日武装力量打死的日军最高指挥官，使敌人受到沉重打击。沧县大队也抽调刘金龙、张国民、杨金山、王国全等到回民武装部队参加组建工作，他们是由刘金龙带队来的。由各部队先后调来的总计不足20人，其中刘震寰、张文林、张景祥、刘金龙、王国全、张国民、孙宝岐和丁玉起是中共党员。

这支回民抗日武装除孙宝岐是汉民外，其余都是回民，而且都是本地人，他们对这一带的情况都比较了解。在组建回民抗日大队时，有些同志利用回乡探亲的机会，宣传组建回民抗日武装是为了救国救民的道理，这样又有20多人跟随探亲的同志来到部队，部队人数增至40人左右。

我是河北沧县徐市村人，就是这年6月由回民抗日武装里的乡亲介绍参加回民抗日大队的，后来成立手枪队时我担任该队副指导员。

1940年7月初，在山东省乐陵县魏家庵村，由刘震寰主持宣布正式成立冀中军区六分区（沧州军分区）回民抗日大队。记得同时还宣布成立了抗日群众团体回民抗日救国总会。新成立的回民抗日大队，由刘震寰任大队长，张文林（沧县东赵河村人）任政治指导员，丁玉起（沧县孟村人）任中队长，张景祥（沧县东河人）任一班长，刘金龙（沧县刘家庙人）任二班长，张国民（南皮县徐庄子人）任三班长。

抗日大队成立后，便组织部分干部、战士深入到可能到达的村庄，宣传中国共产党的抗日民族统一战线政策，动员青年参军。经过20多天的宣传工作，群众参军的积极性很高。大家在回族村镇中，除了积极宣传成立回民抗日大队的意义和重要性外，还辅导教唱抗日歌曲。这些抗日歌曲，对当时宣传群众、组织群众参军，起了启蒙号召作用。到各村做宣传工作的同志，任务完成得非常出色，他们带回来新参军的青年人成群结队，每人最少带来有二三人。如沧县六区西赵河村，一次就有近20人前来参军；盐山县新县镇一次也来了十七八个；原救国军三十一游击支队因各种原因没有随部队走的20多人，由原三十一支队第一路营长张凤亭（张系盐山堤东村人）带领也来参加了回民抗日大队。沧县六区原土匪旅长刘芳庭部队的特务营营长刘洪臣（回族，沧县西越河村人），被汉奸"华北皇协护民剿共军"司令刘佩忱杀害，刘洪臣的伯父刘金友为给侄儿报仇（刘洪臣父亲早亡，由其伯父刘金友养大），毅然拉起几十个人的武装，发誓与日军豢养的回奸刘佩忱势不两立。刘部经过刘震寰多次争取，终于集体携械投奔回民抗日大队。在不到一个月的时间里，回民抗日大队发展到100多人。

为了适应新情况，回民抗日大队重新组织了机构，调整了干部配备。原来的大队领导不变，新增加了刘金友为副大队长，王立潮（盐山县王毛圈村人）为大队参谋主任，刘××为军事教练。以津南支队来人为基础编为第一中队，中队长为丁玉起；以沧县县大队来人为基础编为第二中队，中队长为刘金龙，副中队长是沧县西赵河村人，绰号叫瞎草奎；以张凤亭带来的人为基础编为第三中队，中队长为张凤亭，副中队长王恩荣。另外还编了一个手枪队，队长为张九江（沧县高尚村人）；还有一个十余人的宣传队。

为了进一步扩大影响，回民抗日大队于1940年8月1日在沧县的新县镇清真寺召开了群众大会，隆重举行了回民抗日大队建队仪式，附近几个村镇的群众有近千人参加，当场就出现了送子参军的动人场面。此次会议前后，为了扩大抗日救国的影响，振奋人们的抗日斗志，回民抗日大队还特地组织了几次战斗。如巧袭沧州捷地伪军哨所，将伪军一个班全部俘获；攻打李天水幸庄据点，将守敌全歼。当地群众人人称快，送粮送羊慰问部队。还在留舍一带村庄进行剿匪，安定社会秩序，群众感激地称赞道：回民抗日大队是“咱们的回民队”。

大约在1940年9月底，副大队长刘金友因不能忍受我军组织纪律生活的约束，再加上大队领导在一些问题上处理欠妥，刘金友与他带来的部分人以及与他有某些关系的个别人，共计20多人离开了部队。

为了巩固这支新生的抗日武装，1940年10月，刘震寰奉命把部队带到鲁北惠民地区，从政治思想上进行了整训。经过三个月的思想整顿，部队基本稳定了下来。1940年末，回民抗日大队由隶属冀中六分区改属在冀鲁边区的八路军一一五师教导第六旅领导。1941年1月，回民抗日大队又回到河北的沧县和盐山一带。

沧县、盐山县一带，有股几十人的土匪，匪首叫张文和，回族，是抗日大队政治指导员张文林的胞兄。这股土匪曾一度受回奸刘佩忱的“招安”，张文和任伪团长。久而久之，张文和感到在日本人面前低三下四受制于人，于是又叛离刘佩忱，自己干起旧行当来。1940年10月，回民抗日大队赴鲁北时，为了争取张文和，特意将张文林留在沧县、盐山县一带，作争取张文和的工作。1941年1月，大队返回沧县、盐山县后，张文林已做通了张文和的工作，遂将这股六七十人的土匪武装改编，名称是“回民抗日武装队”，张文和任队长。

这时部队情绪较高，但武器弹药很缺，每个战士只有几颗或十几颗子弹。为了解决弹药困难，经刘震寰做工作，住在韩村县常郭镇的伪军大队长李信文（绰号叫李九钩子），于1941年除夕晚上，借夜幕掩护，用大车给我们部队送来一车武器弹药（主要是子弹）。这些弹药真是部队的及时雨，后来我们多次与日军作战，使用的就是这批弹药。另外，刘震寰通过敌工关系，还弄来一挺七九轻机枪，这是回民抗日大队的第一挺轻机枪。

1941年春节后的一天，我们部队住在距孟村镇十几里的孙家楼村。次日上午9时，日伪军的“扫荡”队与我军接触，仗打到午后1时许，敌人转到孙家楼村南边的宣惠河。经在河套里一阵激烈战斗，将敌人击溃，把他们抢掠来的十几大车粮食和物资全部缴获，击毙敌人十几名，其余敌人抱头鼠窜。我们也牺牲了二三名同志。战斗结束后，我们将缴获的粮食和物资，原封不动交给受害群众。

1941年春天，回民抗日救国总会干部刘喜山，利用各种社会关系，将刘佩忱伪军中一个名叫王国华（回族）的中队长争取过来。王过来时带来20多人，后经过做思想工作，将其编入部队，王国华被任命为中队长（实际未到职工作过）。王国华原是土匪出身，后来又离开部队重操旧业。事隔不久，王国华在与日本人的一次战斗中死去。

盐山县至天津市公路上的重镇旧城镇，是日伪军占据的一个重要据点。这个据点驻有30多个日军、40多个伪军，还有一些伪警察和维持会的伪职员。这些敌人经常危害群众，当地群众莫不切齿痛恨。为了拔掉这个钉子，大队领导决定于1941年8月1日对敌人进行袭击。当时据点内的40多个伪军，分别驻守在东碉堡和西碉堡内；30多个日军另驻在一座碉堡内。日军的碉堡因在村外，周围设有民房和其他隐蔽物，不容易接近；伪军驻守的两个碉堡因在村内，且靠近市场便利攻击，再加上日、伪军所处的位置，彼此不容易用火力支援。根据这种情况，我军采用端掉两座伪军碉堡以监视日军的战术，对伪军予以歼灭性打击。

8月1日这天，正是旧城镇的集日，周围村庄赶集的人络绎不绝。回民抗日大队战士装扮成赶集的农民，有的肩上搭着钱褡子，有的推拉着小车装满甜瓜，随着赶集的人群向前滚动着，有的头围白毛巾，携带农副产品作掩护。走到伪军碉堡门前时，手枪队长张九江使了个眼色，有个战士将一车西瓜故意倒在西碉堡门前。两个伪军哨兵一见，便笑嘻嘻离开岗楼弯腰去捡“便宜”，这时我们的战士猛喊一声“不准动”，随着将枪口顶在哨兵腰间，哨兵乖乖地缴枪当了俘虏。与此同时，其他手枪队员一起闯入碉堡，伪军还没来得及弄清真相，便全部举手当了俘虏。东碉堡的敌人知道后妄想顽抗，被埋伏在村外的部队迅速攻入。这时手枪队又从西碉堡赶来东碉堡，不到半小时，又将东碉堡的敌人消灭。东西碉堡的伪军除击毙七八人外，其余均被俘虏。此次战斗缴获长短枪40余支、掷弹筒（小炮）一门。在战斗中，我手枪队队员王国祥、张九成英勇地献出自己的宝贵生命。

我们攻打伪军的东、西碉堡时，日军龟缩在他们的碉堡内没敢出来，没敢放一枪。到8月2日，盐山县城的日军出动十几辆汽车来到旧城，接走了旧城岗楼上的日本士兵，旧城遂被解放。这次战斗，得到了上级军区的通令嘉奖。

事隔不到20天，回民大队又一举攻克了盐山县到沧州公路的要冲于桥据点，俘虏伪军30多名，缴获长短枪30多支。就这样，回民抗日大队在当地回、汉族人民的积极支持下，粉碎了敌人一次又一次的“扫荡”，拔掉了敌人一个又一个据点，对扭转这个地区抗日局势，坚定广大人民的抗日信心起了重大作用。

1941年秋初，回民抗日大队奉上级命令与兄弟部队配合，围歼叛离我津南游击支队的一个大队。叛逃的大队长名叫王凤义，所部100多人，一年多来不服从津南支队的命令，他们打着抗日的旗号，在天津附近到处打家劫舍，胡作非为，在群众中造成极坏影响。党组织虽一再对其做政治思想工作，但王凤义始终执迷不悟。回民抗日大队与兄弟部队接受任务后，经过五六天的围歼追击，将其部队全部歼灭，匪首王凤义被击毙在白草种村。

1941年9月27日，冀鲁边区军区党委决定：以回民抗日大队为基础，将其他几支回民抗日武装合编为冀鲁边区回民支队，军队的序列为八路军一一五师教导第六旅回民支队，仍隶属于冀鲁边区军区（教导第六旅）领导。我们回民抗日大队改编为回民支队第一大队，由张文林任大队长兼政治委员（不久，军区派李文学接任大队长，张文林任政治委员）；以原回民抗日武装队为基础改编为回民支队第二大队，张文和任大队长，张玉清任副大队长，张玉书任政治指导员；将原回民抗日救国总会在鲁北地区的分会抗日武装，改编为回民支队第三大队，李玉池任大队长兼政治委员，李登五任副大队长；将回民抗日救国总会河北津南地区的抗日武装合并，改编为回民支队第四大队，刘喜山任大队长（不久，军区派刘华任政治委员）。冀鲁边区回民支队支队长由刘震寰担任，王连芳仍任回救会主任兼回民支队政治委员。

上级党组织非常关怀和爱护这支少数民族部队，为了加强这支部队的政治建设和军事建设，又抽调津南支队参谋长何仕兴（汉族，是一位有战斗经验的老红军）任回民支队参谋长。原回民抗日大队参谋主任王立潮调往军区。原军区政治部的刘济民（汉族）调任回民支队副政治委员兼政治处主任，因王连芳主管回民救国总会工作，实际由刘济民主持回民支队政治工作。原军区政治部李子华（回族）调任回民支队政治处副主任，不久，刘济民不兼任政治处主任，由李子华继任主任。大队手枪队改为回民支队手枪队，仍由张九江任队长，调原回救总会的韩景正任手枪队的政治指导员。原回民抗日大队宣传队改为回民支队宣传队，队长由韩来义担任。

庆祝冀鲁边区回民支队成立大会在沧县徐市和杨桥村召开，会议开了两天（那时因环境限制，很少在一村能住两天）。回民支队第三大队，因路途远没有参加成立大会，但一、二、四大队都参加了。从此，这支回民抗日武装，在冀鲁边区一带与敌人的战斗中不断成长壮大。

严峻的考验时期

1941 年 6 月，希特勒撕毁了《苏德互不侵犯条约》，发动了全面侵苏战争。日本帝国主义为了配合欧洲战场，积极准备在太平洋地区发动对美国和英国的战争。因此，日本帝国主义在中国战场上，对抗日根据地派重兵进行疯狂的军事进攻。是年 7 月到 9 月份，日军在华北推行第三次“治安强化运动”，并在我抗日根据地和抗日组织之间造谣煽惑，派奸细对我抗日人员进行诱惑，对那些在政治上意志薄弱、动摇不坚定的分子搞策反活动。回奸刘佩忱因为对回民支队的情况比较了解，所以在对回民支队搞策反活动时更是不遗余力。结果在 1941 年冬将回民支队第二大队大队长张文和及他带来的大部分人员拉过去了。支队党委对第二大队剩下的人员作了适当安排，第二大队的建制暂时空缺。

张文和率部叛逃后不久，在 1942 年早春的一天，回民支队驻沧州东南方向杨家桥村的部队，与张文和部队及 100 多名伪军相遇。由于日伪军从几路派兵增援，我们才撤出战斗。杨家桥战斗虽未全歼张文和部，但其伤亡惨重。回民大队指战员总算出了一口气。

1941 年 12 月珍珠港事件后，日本为了支援太平洋战争，急迫需要从已占领的中国土地上，大量搜刮侵略战争所需要的一切物资和人力。敌人开始向各级伪政权征派物资时，我们采取针锋相对的办法，封锁一切物资进入敌占区。为了有力地打击敌人，通过各种社会关系，与敌人“维持会”中的一些人员取得联系，做好他们的思想工作，使他们成为“白皮红心”或者变为两面人物。对在当地回、汉族中有影响的上层人物，以及伪政权中的核心成员，我们则晓以大义，使其不要忘记自己是个中国人，不要成为铁杆回奸和汉奸。对与人民为敌到底的汉奸顽固分子，予以打击镇压。回奸刘佩忱为了效忠其日本主子，曾利用伪回教联合会，提出伊斯兰教信徒要“争教不争国”的卖国口号。我们针对这一类反动口号，及时揭穿敌人阴谋，针锋相对地指出“争教必争国，国亡教也亡”的宣传口号。

根据中共中央指示，为了适应斗争形势需要，部队于1942年上半年进行了精兵简政，把老年弱小的战士精简下来，或动员回乡，或交地方政府给予安置。支队机关也将一部分人员精简下来充实连队。精兵简政后，部队虽然人数少了，但战斗力、机动性却大大提高了。

1942年春，敌人集中了日、伪军一万多人，以掠夺物资、粮食为目的，对我冀鲁边区进行疯狂的“扫荡”。针对敌人的抢掠计划，边区党委号召根据地的党政军民“空室清野、治死敌人”，将能埋藏的物资全部埋藏起来，不能埋藏的东西设法转移到安全地方，不使任何物资落到敌人手中。部队宣传队还深入到各村寨进行宣传和组织工作。敌人“扫荡”时，穷凶极恶，见鸡抓鸡，见狗打狗，到哪个村寨，哪个村寨就被敌人一扫而光。1942年，因天旱小麦收获不好，根据地群众辛辛苦苦刚收获的小麦，还没有来得及埋藏，辛店和西赵河两个据点的敌人，便来塔上、东河、帮张家等村抢粮，这时回民支队正驻在距敌人抢粮的村寨不足十里路的高寨村，当得知敌人抢粮的消息后，一口气便跑到塔上等村打击敌人。敌人虽比我们人多，装备好，但由于我们精兵简政以后士气高昂，与敌人一接触就把敌人冲垮了。敌人只好抛弃粮食，鬼哭狼嚎地抱头逃窜，我们直追到辛店据点跟前，才奉命收兵。这次战斗，缴获了十几支枪，并把敌人抢到手的粮食、物资夺了回来，全部交还给受害群众。部队在凯旋回师的途中，群众送茶送饭，还有的将熟鸡蛋向战士兜里塞，呈现出一派箪食壶浆欢迎亲人的动人场面。

值得追述的一件事是，早在2月间的一天拂晓，我手枪队员张文凯、萧宝金在执行任务时，在牛进庄村被这伙抢粮的敌人包围。当时萧宝金被俘。25岁的张文凯临危不惧，与围困他的70多个敌人战斗，在边打边撤过程中，被他击毙、击伤敌人七八人，连续战斗了六七个小时，最后由于子弹打光，张文凯才被敌人抓住。敌人将他带到旧沧州据点后用烧着的木棒将他脸和身上烧得惨不忍睹，用刀子把身上的肉割得露着肋条，但年轻的张文凯视死如归，未向敌人屈服。敌人在无可奈何的情况下，最后下毒手杀害了他。他在光荣就义时，高呼："打倒日本帝国主义！""打倒卖国贼！"等口号。

时隔不久，回民支队第二大队副队长张凤亭因病于1942年5月在家乡小堤东村疗养时，被敌人堵在房子里，他抄起手枪打倒三个敌人后，冲出房门，边打边撤，最后因子弹打完，不幸被敌人捕获。敌人把他带到盐山县城后，用尽酷刑逼他说出部队的秘密，张凤亭宁死不屈，凶残的敌人便割下他的耳朵。张凤亭忍着剧痛高声大骂敌人，敌人又砍掉他的四肢，当他还有微弱呼吸的时候最后高呼："打倒日本帝国主义！""中国共产党万岁！""回回民族永远不屈服！"他为祖国的独立和中华民族的解放，流尽了最后一滴血。

日伪军经过几个月的疯狂"扫荡"，其"强化治安"的手段越来越残酷。敌人在冀鲁边区集中了大量兵力，建立了456个据点，平均每两平方公里就有一个据点，以村庄算每八个村庄就有敌人一个据点。回民支队常活动的盐山、沧县和新海县边界地区，以高寨为中心方圆不到40里的地方，便建立了边务、许孝子、旧城、常廓、辛店、张官店、西赵河、牛进庄、龙潭以及盐村、新县、姚庄等20几个敌人据点，比人们常说的"五里地一岗楼，十里地一据点"的密度还要密。有的县与县、区与区的交界处还挖了封锁沟，敌人称"鸿沟"。仅冀鲁边区的封锁沟、墙，加起来共有1300多公里长。各县、区被分割成若干碎块，每走30公里就要过八条公路、五条封锁沟，真是"出门见碉堡，处处是公路"。几乎没有一个村庄不被迫向敌人交粮、纳税，每天每个村庄还得给敌人送一次情报。

因此，原来的抗日根据地变成了不巩固的抗日游击区，我军活动极度困难。尽管我们冀鲁边区的部队，在几个月的反“扫荡”中，打死打伤2000多敌人，但我们的部队也受到重大损失。到1942年秋收以后，由于没有庄稼的掩护，在辽阔的渤海平原上找个藏身之地都非常困难。为了适应已变化了的新情况，部队不得不将部分人员的军装更换成便衣。1940年到1942年上半年，部队活动由一般夜行军一次、昼宿一个村，到这时变成一般夜行军二次、天黑时部队得迅速离开村庄。深夜到一个村寨以后，马上派出侦察人员，寻找各种关系了解周围敌人动态，分析敌人明天的动向，然后再选择部队下步行动。拂晓前，得离开这里到一个安全的村庄。为了封锁消息，部队要在所住的村庄周围设上隐蔽岗哨，村中的人们一般不允许出村，而外村来的人只让进村，等到傍晚才允许离村，因为傍晚敌人一般不敢与八路军交锋。在部队离开村庄时，为了保护村民的安全，让村长照事前与我们共同商议的情况，到据点去向敌人报告。

敌情吃紧时，部队在野外露营。如有青纱帐，则在青纱帐里露营。战士在一夜两次行军间隙还可睡点觉，而部队的领导连这点觉也很少睡，幸亏那时干部战士练得都能在行军途中走着睡觉。后来环境进一步恶化，到1942年末，部队活动的地域由原来的抗日根据地逐渐深入到敌占区，弄得敌人在原抗日根据地的“扫荡”队到处扑空。这样，敌人不得不把兵力撤离抗日根据地，回到敌占区的村镇或据点周围与我们纠缠。我们部队要集中打仗时，临时通知迅速集结，打完仗后部队又迅速化整为零，以躲避敌人的报复。那时部队的人员，因环境艰苦和战斗频繁，各大队都有很大减员。部队的弹药也奇缺。所以，当时部队党委指出“三不打”：其一，消耗战不打；其二，打不着敌人不准开枪打；其三，小部队以户居住封锁消息，多是占据住户一间或几间住室，在这种情况下，提出敌人不撩门帘不开枪打。这“三不打”在当时成了克敌制胜的法宝。小部队活动时谁要违背“三不打”的方针要受处分。

中共中央1942年“七七宣言”称:“熬过今明两年，这一难关渡过，胜利就在眼前。”“只要百折不回地奋斗下去，最后的胜利必属于我们。”我们回民支队面对艰苦困难的环境，根据中央指示精神和战斗形势的变化，为了鼓舞群众的抗日情绪，随时在捕捉战机，打击敌人。

1943年春节，日伪军的“扫荡”队正住在姚庄（现属孟村回族自治县）周围。除夕之夜，我们利用内线关系，深夜钻到敌人“扫荡”队的驻地中间，一枪没放，就把姚庄据点端掉了，早晨8时我们顺利离开了据点。这次共缴获各种长短枪40余支，轻机枪一挺，小炮（掷弹筒）一门。我们押着40余名俘虏和一部分伪军眷属转移时，被日军的“扫荡”队发现了，我们与敌人周旋了一天，到晚上才将敌人甩掉。吃掉姚庄敌据点收获虽不甚显赫，但钻到敌人“扫荡”队的驻地深处，吃掉敌人据点，对敌人的威慑作用是很大的。

姚庄据点被拔除后，敌人一提起回民支队便不寒而栗，敌人的士兵互相当奇闻传说:“回民支队都是沧州武术界的人，能蹬萍渡水，踏雪无痕，蹿房越脊，飞檐走壁。”敌人“扫荡”队在抗日根据地内天一黑就点烧火堆，不停地放枪放炮。日军驻沧州的司令官长谷川，曾贴出赏银洋千元的布告捉拿回民支队长刘震寰，并集中重点，妄想寻找战机进行报复。

我们为了更有利地与敌人进行斗争，在拔掉姚庄敌据点以后，于1943年初又进行了部队整编。以手枪队为基础与第一、四大队抽调的部分指战员重新组建了回民支队第二大队，大队长由军区派来的石苏担任。第一、二、四大队（第三大队在鲁北单独活动另述）的人员均不过百人。将大队下设的中队撤销，每个大队下设四五个小队（大于班小于排的建制）。各小队除设正、副小队长外，还设一名政治工作人员，称政工员。小队长多由原来的正、副中队长担任，每小队有十几个人组成。这样便于把部队化整为零，以适应在敌人据点、碉堡间进行机动灵活的作战或活动。整编工作结束以后，部队冬装全部地改变成便服，将原来的军大衣（那时部队没有被子，都是全副武装睡觉，大衣白天穿着晚间当被子盖）改变成棉袍，装扮成当地群众装束，这样便于活动隐蔽，更有利于骚扰打击敌人。

1942 年，田间的青纱帐消失后，环境更加艰苦。敌人利用这一望无际的大平原，实行残酷的“三光”政策，进行冬季大“扫荡”。1943 年 2 月下旬的一天拂晓，我们在现属黄骅县的弯洼头村与敌人的“扫荡”队遭遇，当时敌、我双方都情况不明。敌“扫荡”队的伪军队长王永升（回族，绰号叫“王二”）带领的伪军先发现我们，王二为了向其日本主子邀功，攻势凶猛。我们沉着应战，将其击退后，日军又集中优势兵力扑来。我军因不了解敌情，故未敢恋战，天亮以后敌人才发现我们已撤退，使敌人失去了追击目标。

由于敌人不断地对冀鲁边区进行大规模的“扫荡”和实行“三光”政策，这里的军民生活极度困难，回民支队的主要食物，就是将棉籽磨粉蒸团团吃。冀鲁边区因临渤海沿岸，将在碱滩地上生长的植物——黄柴的叶子和籽，磨成面子蒸团团吃。群众则以棒棒骨朵（玉米棒心）、榆树皮和槐树叶子等送给回民支队指战员充饥。有的群众还将留给老人和小孩吃的红薯送给部队吃。遇到这种情况时，同志们只好默不作声地将食物退还给群众。副政委刘济民当时有病，警卫员费了很大劲给他寻得了一个窝窝头。他接过窝窝头后，忍着自己饥饿，转身把窝窝头给了有病卧床的宣传员王 ××（回族）。刘济民副政委不仅从生活上无微不至地关怀回族同志，而且在政治上对大家也很关心，在宣传队的回族青年中发展了一批又一批党员。刘济民这位汉族干部，在回民支队的工作中，就是以他的模范行动，来体现党对少数民族的关怀。

1943 年 6 月 30 日，冀鲁边区军区司令员邢仁甫叛变，使我军的困难更加深了一步。邢仁甫叛变后，他派其心腹将副旅长黄骅等五位负责同志杀害于大赵村。敌人借此发动谣言攻势，使局面一度非常混乱。在一段时间内，包括某些领导人，也弄不清谁叛变，谁投敌，互相戒备，互不信任。这时根据地过去对我军支援非常积极的回、汉族群众，也开始躲避我们。回民支队在这种情况下，始终听从冀鲁边区区党委的指示，一方面抗击日寇，一方面清剿叛徒邢仁甫部。这时环境非常艰苦，回民支队第一大队大队长李文学因年龄大调军区工作，任命军区派来的辛文祥为第一大队大队长。

1943 年 11 月，回民抗日救国总会主任兼回民支队政委王连芳，在敌人“扫荡”时，在旧城附近被捕。11 月 9 日，回民支队第二大队因领导指挥错误，又在盐山县到天津公路以西小徐庄村南被敌人的“扫荡”队“围歼”（当时第二大队的机枪、手枪两个小队不在场），除牺牲的同志外，30 多人和青城（后改黄骅县）县政府的部分机关人员均被敌人俘去，同时被俘的还有第二大队大队长石苏（重伤被俘），政治指导员韩景正，青城县副县长侯瑞甫。日军借此大搞谣言攻势，当地群众一时真假难辨。这时支队长刘震寰、副政委刘济民正率其他几个大队和手枪队，在渤海沿岸围剿叛徒邢仁甫，他们得知王连芳被俘，第二大队受损失等消息后，奉军区指示，由刘震寰率手枪队（手枪队编制属第二大队，实际上一直跟随支队部活动）越过盐山至天津公路，进入路西地区。经过一段时间的斗争，将敌人破坏的抗日政权又恢复起来，使当地回、汉群众的抗日情绪重新振作起来。此后，回民支队第二大队的手枪小队，隶属支队部为手枪队，其余队员拨归第四大队领导，第二大队的番号出现空缺。

1943 年下半年，有些抗日根据地的对敌斗争形势已有明显好转，但冀鲁边区由于邢仁甫叛变，直到 1943 年冬，仍然十分艰苦。日伪、国民党顽固派的军队以及叛军互相勾结起来，轮番“扫荡”、“清剿”我抗日军民。针对这种情况，我军也由过去的昼宿夜行，改变为拂晓把部队安置在交通沟或野地里，这样既防敌人包围又便于伏击来犯敌人。冬天，一望无际的渤海平原上，越是大雪纷纷，越是部队活动的好时机。经过一年多艰苦环境的斗争，回民支队虽由原来的 500 多人减为 200 多人（不含第三大队），但政治素质与战斗力却大大提高了。

邢仁甫叛变后，冀鲁边区与山东省清河区合并，成立了渤海区党委、渤海军区。回民支队改属渤海军区领导，名称亦改为渤海回民支队。因政委王连芳被捕，渤海区党委派渤海三地委委员李援（原名李玉璋）继任回民支队政委。同时将无棣县与新海县大队合并，编为回民支队第五大队，周德宝任大队长，娄剑锋任政治委员。几个月后，娄剑锋调走，由第四大队副政委刘鲁香继任政治委员。

1942 年的艰苦，1943 年的困难，特别是 1943 年下半年，敌人利用邢仁甫叛变的机会，大、小“扫荡”队像穿梭一样，使回民支队付出了不小的代价，尤其是深受干部战士敬爱的王连芳同志被俘，是回民支队的一大损失。在这种残酷的环境下，回民支队经受住了考验。以新的姿态，迎来了 1944 年。

消灭敌人，壮大自己

1944 年春节后的一天晚上，回民支队住在渤海沿岸赵高庄子村（今属河北省海兴县）。这时敌人“扫荡”队集中在赵高庄子以西小山据点周围的几个村庄，距赵高庄子约十里。我们在赵高庄子刚住下就被敌人发现了。赵高庄子东临渤海，北、西、南三面是一望无际的海滩，在这种环境下作战，对我军非常不利。如果我军白天转移，他们便可以利用比我军大几倍的兵力及火力优势，全歼我军。敌人认为胜利在握，第二天早饭后，毫无顾忌地向赵高庄子村扑来。这次敌人战斗序列部署与以往大不相同，以往是伪军在前打头阵，这次日军把伪军放在后边，亲自上前打头阵。赵高庄子有残缺不全的土围墙，围墙外有沟，沟内有不深的积水。回民支队就利用这一地形，将第一大队布置在西围墙上，将第四大队布置在南门以西的南围墙上和南门外边的一条南北向的交通沟内。上午10时前，敌人前进到西围墙下，敌我相距已达手榴弹投掷有效距离。开火后，我们的战士首先用手榴弹打退了敌人第一次冲锋，敌人再冲，又被我军打退。日军两次冲锋失败后，恼羞成怒，第三次便一窝蜂冲上来，这时已是下午2时左右。我军奋勇击退敌人第三次冲锋后，跟着便来了个反冲锋，冲出土围墙与日军短兵相接。伪军没与我军接触，见此便逃之夭夭。日军终于经不住拼杀败退西逃，我军乘胜追击到小山据点脚下才奉命收兵。这次战斗打死敌人40多人，缴获日军歪把子机枪一挺、步枪40余支、其他战利品一部分。

1944年3月，回奸刘佩忱的伪军中，有一姓刘的连长和姓李的副连长，因与上司不和，便在连队中挑选50来个人，携带全连的三挺轻机枪、三门小炮（掷弹筒）、40几支长短枪，由鲁北的惠民地区向天津方向逃走。他们沿途自称独立大队，原计划到天津附近为匪。但途中必须通过我们占据的盐山、沧县和新海（后改黄骅）等县抗日根据地。我们得知这伙人进入我们地区后，遂派人到盐山县潭庄以南的小庄与这伙人接触商谈。这伙人中有一些是本地回民，经过我们十几天的积极争取和宣传教育，在思想上有了转机，表示不愿再去为匪。队长刘某是学生出身，年龄较轻，在我们晓以利害之后，愿意弃暗投明。只有土匪出身的副队长李某，性情鲁莽粗暴，经过半个多月的政治思想工作，他仍无悔改之意。因此，我们只得将其除掉，而后才把这伙人争取过来。他们过来以后，起初仍称独立大队，不久即对人员进行了调整补充，改编为回民支队第六大队。原来的刘队长要求回乡务农，我们便给了安家费欢送他回乡（刘某系古北口一带人，在1945年日本投降后回民支队驻防古北口时，刘还来队探视）。任命原独立大队班长张凤祥为第六大队队长，韩景正（韩被敌人俘虏后，此时已被我们营救出来）为政治指导员。

1944年夏季，记得是麦收以后，回民支队手枪队在刘济民副政委的率领下，巧取了盐山、沧县公路重镇辛店据点，将罪恶多端的伪队长当场正法。当地群众欢欣鼓舞，无不拍手称快。1944年5月，回民支队干部又一次做了调整。这时回民支队实有五个大队（相当于连的建制）。

1944年，我军展开夏季攻势，捷报频传。回民支队第一大队首先攻克敌人苏基（现在是河北省海兴县县城）据点，敌无一逃走，全部被歼，缴获全部军用物资。在鲁北庆云县汾浏杨村，歼敌一部，缴获轻机枪一挺、小炮一门、步枪几十支。

在夜幕的掩护下，回民支队手枪队对沧县东部白头镇伪军据点进行强攻。手枪队员在火力的掩护下蹬云梯上围墙时，云梯被敌人的集束手榴弹炸坏，使第一次冲锋失败。第二次冲锋仍架云梯攻击，当手枪队战士蹬上敌围墙时，发挥了手枪的威力。敌人据点被攻克，消灭了敌人70多人，缴获各种枪支60多支。对敌据点进行强攻硬打，最后攻而克之，这在回民支队之前两年间是不多有的。

1944年7月，张皮庄敌据点伪军，由于受到我抗日力量的威慑，日夜惶恐不安，恰逢雨水把据点房子冲塌，该部伪军便借机并到小山据点内。回民支队于8月集中兵力，围困小山镇据点，意在围点打援。小山据点被我围困后，果然敌人从新海县城派来了四五百名伪军支援。途中被我第四、五、六大队截击，经过几个小时的激烈战斗，敌援兵被我歼灭一部，其余抱头鼠窜。战斗中缴获意大利造机枪一挺，长、短枪近百支。小山据点内的敌人见援兵被我击败，待援无望，在突围逃跑时，被我大部歼灭。因小山镇系敌人沿海地区中心据点，储存的军事物资较多，我军攻占后，一切物资全部交给地方政府处理。

9月10日，回民支队一部协同三分区部队，进攻新海县城以东的杨庄据点，此仗打了几天，新海县城内的敌人由于增援小山被围敌人受挫，这次再没有敢出来增援。后因回民支队与分区部队在协同作战时有所失误，敌人乘夜突围了一部，但大部被歼。杨庄被解放。

1944 年秋，回民支队住在新海县的大赵村、中赵村一带，一天上午 10 时得到情报：新海县城内和羊二庄据点的敌人，为抢掠粮食来到沿海一带“扫荡”。这股敌人有伪军 100 多人、日军 20 多人，共计不到 200 人。由于敌人近期频繁出来抢掠，当地群众强烈要求打击敌人。根据敌我兵力情况，大队党委决定，坚决消灭这股敌人。那天中午 12 时，我部集结于敌人返回新海县城的必经之路花寨村。战斗打响后，发现原情报失实，战场上光日军就有 100 多人，伪军竟达三四百人，轻机枪五六挺，重机枪三四挺，小炮也有七八门，敌人不仅在兵员上超过我们，而且武器装备也比我们强得多。面对这种意外情况，我军毫不惧怕，战斗一打响不少人就冲了上去，在完全没有工事的平川地上，攻击占据着一条道沟的强硬敌人，几次冲锋都不奏效，我军伤亡很大。仗刚打响时，100 余敌人突围逃走，我第五大队把已逃出包围圈的敌人硬堵截回来，仍欲全歼敌人。打到天黑，敌人终于强行突围。这次战斗共击毙敌人 50 多名，俘获日军士兵一名。敌抢掠的 20 多大车物资全部缴获，如数交回给群众。这一仗尽管缴获的军用物资不多，但群众认为，回民支队这一仗打得好，给他们出了口气。

1944 年秋季的一天，回民支队手枪队住在沧县道安区的孔家店村。从离孔家店村十余里的夏庄子据点出来 18 个伪警察骚扰群众，我手枪队得知后，在孔家店将这伙伪警察全部俘获。手枪队迅速换上伪警察服装后，不费一枪一弹，巧取自来屯据点，缴获长短枪 50 多支。

转眼间已经到了 1945 年。新海县三区（因三区政府在齐家务镇亦称齐家务地区）位于县城西北。当时敌人把新海县三区和静海县、青县东部、沧县东北地区划为天津外围区，其政权机关和军事指挥系统都设在齐家务，多受命于津敌指挥。这是敌人为把抗日根据地与天津市隔开，而筑起的一道几十里宽的屏障。这一地区的伪政权人员大多经过敌人的培训，非常顽固。敌人的军事组织总称为民团，分为两种，一种是脱产民团，他们身着军装，有完整的战斗组织，如营、连、排、班，武器装备较优良，而且经过严格的军事训练，在政治上相当顽固。其成员多系本地人，外来人在他们中间不容易站住脚。其任务是对外机动防御，并在边沿地区和他们认为不稳定地区设置据点；第二种是不脱产的民团，他们身着便衣，虽也有班、排、连、营组织，但纪律比较松弛，枪械多是用摊派民间的钱购买。不脱产的民团属脱产民团管辖，其主要任务是维护社会“治安”。二者共计 2000 人左右。

为了打通抗日根据地到天津市区的通道，上级党委决定，设法消灭这批敌人。此前，回民支队政委李玉璋就已在敌人内部发展了我们的内线关系。1945 年农历五月初五晚上，我方集中了回民支队全部兵力和军区、地方武装的一部分兵力，对敌人占领的几十个村庄进行全面攻击。回民支队主攻齐家务、吕桥、李村等据点。在战斗过程中，由于各兄弟部队配合得力，一夜之间就把几十个村镇全部攻克。脱产的伪民团官兵除起义投诚外，其余全被俘获。不脱产的伪民团人员，见机不妥，减枪匿弹，装扮成百姓，不敢出头露面。但也有少数人携械跑到野外或天津躲藏起来，后来经过我们做工作，多数都回来了。我们将愿意参加我军的人员，根据他们原来所属系统，进行了改编。解放新海县三区一仗，共缴获长短枪近 2000 支、轻机枪九挺、各种炮 11 门，其余军事物资不计其数。新海县三区解放后，我们建立了抗日民主政权，把不脱产的伪团人员改编为我们的民兵团，以后这部分武装人员就隶属地方政府领导了。

这块敌占区解放后，我军事力量已直接威胁着天津。正当我们喜庆胜利时，敌人兵分多路向新解放区扑来，与我们展开了争夺战。这时三分区部队已奉令南调，保卫新解放区的任务，完全落在回民支队的肩上。可能是敌人内部指挥矛盾，敌各路部队到达时间不一，给我们创造了对敌人各个击破的良好机会。首先到达的是伪军季虎臣部队，这伙敌人过去从没有和我们作过战，因此对其战斗力不了解。我军因刚打胜仗，斗志正旺，当即在减河岸上向敌人发起全面攻击，经过激战，敌军全线被我击破，敌军官兵伤亡狼藉，不少人当了俘虏。第二天又由东边扑来第二股敌人，是新海县城来的伪军李景文部，其人数共五六百人。战斗在小刘庄打响，一开始我军就采取猛打猛冲的战术，敌人难以招架，缩回老巢内，再不敢出来。又过了一两天由南而来的敌军到达，那天上午 10 时，我军主动迎之于官拉屯，敌人见势不妙调头就跑。回民支部也接受两次经验，为不使敌人跑掉，事先派出部队，在敌人逃跑的路线上，埋伏截击。因此，残敌遭到截击后，只好钻到村寨里，利用房屋进行垂死顽抗。我军攻入村内又与敌人展开巷战。经过一个多钟头的战斗，除部分敌人突围外，歼敌 200 余人，缴获八二迫击炮一门、轻机枪一挺、长短枪近 200 支，其余军事物资几大车。这次只用了四五天时间，即击溃各路来犯之敌，回民支部威名大振。

这时，回民支队一个不幸的事情发生了。支队参谋长老红军何仕兴同志，率部队夜行军至山东省无棣县魏庄，遭国民党顽固军突然袭击。何仕兴同志中弹牺牲。在为何仕兴同志开追悼会时，回民支队干部、战士无不垂泪痛哭。

4 月初的一天，回民支队住在减河岸上的燕吴庄子村一带，由于没及时得到情报，拂晓时我军遭到沧州派来的五六百敌军的突然袭击。敌军多系日本士兵，他们选择的袭击对象，正是刚被我军改编的减北大队。战斗结果，我减北大队长赵秉瀚牺牲，共伤亡四五十人。待组织力量再赶到时，敌人已逃之夭夭。减北大队大队长一职，由原副大队长袁世昌继任。

这次战斗失利，主要是因为我们部队近期连续取得胜利，而产生了骄傲情绪、轻敌思想所造成的，敌人利用了我们这一弱点，打了我们一个措手不及。

6月，回民支队一部奉命调往鲁北地区，其余由支队长刘震寰带领留在天津附近，主要任务是在新解放区建立民主抗日政权及时对天津市区进行工作。7月11日，部队在李村镇召开大会，庆祝伟大的中国共产党成立24周年，参加庆祝会的军民有几千人。支队长兼黄骅县县长刘震寰代表部队和地方党组织，在大会上作了报告。会后演出了文艺节目，部队还召开了各种类型的座谈会和故事会。这天，还特地为全体指战员改善生活。

7月7日，为纪念抗日战争八周年，中共中央号召解放区军民向敌人占领区发动广泛的进攻，扩大解放区，缩小沦陷区，准备配合盟军反攻，收复一切失陷的土地。回民支队响应党中央的号召，于7月中旬第二次攻打吕家桥敌人据点。吕家桥据点本来已被我攻克，后来又被黄骅县城里的伪军李景文部占据。守敌伪军中队长王长友非常顽固。打到第二天，正逢阴雨，我军工事里水深过膝。敌人乘暴雨之夜，在我刚组织起不久的民兵团防御处突围。我军追击时歼其一部，其余敌人逃窜到黄骅县城里去了。

回民支队调往山东的部队，在副政委刘济民率领下，与兄弟部队配合，经过连续几天的激烈战斗，攻克了惠民县城。附近庆云县城与盐山县城的敌人，闻听惠民县城被我军攻克，弃城而逃。庆云县城、盐山县城获得解放。

8月15日，日本侵略者宣布无条件投降。但是，多年盘踞在山东省无棣县的国民党顽固军仍在袭扰我抗日军民。回民支队何仕兴参谋长，就是被他们杀害的。在无棣县的国民党顽军号称万人，实际上只有5000人左右。这时，回民支队奉命调往无棣地区，与山东部队配合。在消灭这伙顽军的战斗布置中，回民支队负责围攻小安城的敌人。小安城镇是国民党顽军的军工生产储备基地，有近千名顽军依靠多年建造的工事固守。我回民支队经过几天的攻坚战，全歼守敌，解放了小安城镇。

无棣县全境解放后，部队经过短暂休整，又奉命北上河北省，准备围歼黄骅县城的敌军。经过几天的急行军，到达黄骅县。回民支队与渤海三分区部队配合，首先扫清了黄骅县外围的敌人，然后奉劝盘踞在城里的伪军保安司令李景文（抗日战争期间，李与回民支队一直保持着来往关系）弃暗投明。李景文拒绝反正，我们即将县城包围起来。经过几天的围攻，全歼守敌，李景文潜逃。1945 年 9 月 28 日（农历八月十八日），黄骅县城解放。

饥饮刀尖霜，困在雪地眠

——坚持“无人区”的几则故事

王定国

1942 年，日本鬼子实行惨无人道的“三光”政策和“壕沟堡垒政策”。在冀东，他们强迫老百姓，沿万里长城内挖了条宽八米、深五米的大壕沟，美其名曰“惠民壕”，实则是“害民壕”。在害民壕上边，每八里设置一个碉堡。在城镇和交通要道口，由鬼子和伪军联合把守，设置障碍、关口，不让人们进出。此外，他们在冀东平原上，还挖了许多纵横交错的壕沟，像打豆腐一样，把我解放区割成许多大方块，小方块。

为切断我八路军和人民群众的联系，敌人在长城内外地区强行集家并屯，把老百姓撵到“人圈”里居住，将原来的房屋放火烧毁，喂养的牲畜杀掉，连锅碗瓢盘也砸了。敌人这一措施确实够毒辣的。它使长城内外几十里地成了“无人区”，给我游击队活动造成很大的困难。

在这艰苦、恶劣的环境下，上级党组织指示我游击队要“北靠万里长城，坚持在无人地区，打击敌人，武装自己”。这一年冬天，遵照党的指示，我们开进了“无人区”，坚持斗争了七八个月。

“我们都是天文学家”

鬼子“集家并屯”，把房子的门窗拆了，屋顶烧了。但房子四周的墙壁还在，火炕还在。我们每到一地，首先将炉子生着，把土炕烧得热热的；再找来些苞米秸子，绑上两根木棍就是门。我们住在这临时房子里，睁眼就能看到满天星斗。

我躺在无屋顶的土炕上，望着星光灿烂的夜空在遐想：将来抗日胜利了，把小日本赶出国土，我要当个天文学家，好好研究研究天空的奥秘。那时，有天文望远镜，有设备齐全的天文馆，不用露宿在这无屋顶的土炕上了……我望着，望着，感到脊梁骨被火炕烫得厉害，便轻轻侧了侧身子。

“大队长，天上星星有多少颗？”睡在我身边的通讯员张玉保也翻了个身，靠近我的耳朵悄声问。

“地上有多少人，天上有多少星。”小张的问话虽轻，却被睡在旁边的战士杨恩庆听着了。小杨马上抢着回答。

“那么，你是哪一颗星？”不知是谁又问杨恩庆。

“我是那颗最明亮的星！”杨恩庆自豪地回答。

“最明亮的星是什么星？”

“紫微星。”

“紫微星是什么星？”

“北斗星。”

“哈哈哈！”黑暗中有谁大笑起来：“不对。紫微星不叫北斗星，叫北极星——你没听说‘紫微星不动，北斗星转动’吗？”

“南斗‘六郎’，北斗‘七星’……”

“东斗是个‘梯’，西斗是个‘鸡’……”

突然，一颗流星拖着尾巴，向西天逝去。这一下，战士们又有了话题。有的说，“天上掉一颗星，地上死一个人。”有的说，“星落西山，日本鬼子就要完蛋了。”有的学着旧戏里人物的腔调道：“今夜吾观天象，只见紫微生辉，天狼灰暗，掐指一算，天皇日本大气已尽，华夏国土贵人出世。”

“哈哈哈！我们都是天文学家！”原来，大家都没有睡着觉，都在夜观天象呢！

年饭

1942年除夕，下了一天的大雪仍在纷纷扬扬地飞舞着，丝毫没有停息的意思。北风像个毡匠，把积雪一层一层地卷过来，吹过去，越卷越厚，越吹越平，天地变成了一片银白的世界。

我站在雪地里，迎着寒风，等待着去取猪蹄的通讯员王中同志归来。十分钟过去了，半小时过去了，还不见小王的人影。举目远眺，四野茫茫，只有风雪在发疯地厮打着。此刻，我的心里也在厮打着……

进入“无人区”以来，我们遇到的最大问题是没有军粮。战士们经常吃不上饭，空着肚子行军打仗。一次，我们在一个叫柏树沟的地方活动了一天，天将黑了还没吃一点东西。这百十多号人不能白白等着饿死。于是，我就发动大家走村串户找东西吃。鬼子把老百姓撵走了，房子烧了，但不可能把所有的东西全部弄光。找啊，找啊，我突然发现在一户人家的墙外边，堆放着许多像皮球一般大的、圆圆的东西，上面落了一层很厚的尘土。再仔细一看，原来是些冻豆腐渣。北口外的老百姓有吃豆腐的习惯，经常用手推磨做豆腐吃，剩下的豆腐渣堆放在墙角处，喂猪用。

我拿起一个豆腐渣球用手捏捏：外面软软绵绵的，里边是个冻冰疙瘩。用嘴吹吹上面的灰尘，咬了一口，虽然牙碜，但凉滋滋的，吃起来很香，和冻豆腐差不多。这时，另外几个战士从老百姓收过萝卜的地里挖了一些指头般粗细的冻萝卜来。我们将冻豆腐渣和冻萝卜过了秤，记下账，然后每人分了一个小萝卜，一个冻豆腐球，吃了一顿萝卜就豆腐渣饭。后来，豆腐渣吃完了，我们便将各庄老百姓秋天割下来的玉黍秆子收集起来，用碾子压碎，然后用这种带渣子的玉黍面熬粥，当主食。再把秋天存下来的干树叶用水煮沸，返青还原，当菜吃。这样，又对付了一阵子。

眼下除夕到了，怎么过这个年呢，总不能还吃树叶子粥吧！再说，同志们苦了这么久，该给他们改善改善生活了。我正没辙呢，几位老乡从“人圈”里跑了出来，对我说：“大队长，过年了，你们买头猪吃，改善改善生活吧！”老乡的话正中我的意，我们便请老乡帮忙花了13块大洋买了一头老母猪。大年三十上午将猪杀了，猪肉都分给各班、排的战士，大队部只分了一个猪头，四只猪蹄。猪头中午吃了，猪蹄放在半壁店。

除夕的傍晚，大队部的几个通讯员围在一起“熬年”。我见大家没事干，就派18岁的通讯员王中到半壁店去取猪蹄。大队部到半壁店不到五里地，王中天没黑就出发了，怎么还没有回来呢？我焦虑不安，怕发生意外，就叫上另一位通讯员同我一起沿路寻找。

雪很大，道路十分难走。我们俩一步一个雪坑，走出约二里多地，发现从半壁店方向走来一行脚印，不知何故向东拐去了。

“肯定是小王迷路了。”张子玉蹲在雪地上瞅了瞅脚印说。

我也蹲下去看了看被雪埋掉一半的脚印，觉得小张的分析是对的。

“跟踪寻人。”我向小张一挥手，便跟着脚印找起来。我俩向东走出约 200 米远，脚印不见了。听到不远处传来“呼哧呼哧”的声音。

“王——中！”我两手作喇叭筒，高声喊起来。

“大——队——长！快——来——救——我！”风雪中，隐隐约约传来王中的呼救声。

“王中——你在哪里？”

“我——掉——井——里——啦！”这时，我才记起离这里不远处有一口水井。循着王中的声音，我们找到了水井的位置。原来，王中取上猪蹄往回返时，因雪大看不清方向，结果掉到了井里。王中掉下去后，一手提着猪蹄，爬了好久爬不上来，只好站在井里等人来搭救。待我们把他拉上来后，他裤子的下半部已冻成冰铠甲了。

风飕飕，雪漫漫，天黑黑。我们八个人疾步向着连部驻的方向走去——同志们还在等着吃猪蹄熬年哩！

“先缴鞋子后缴枪”

为了踏冰河，
为了走山岗，
为了抗日上战场，
先缴鞋子后缴枪。

这几句顺口溜，是我们的一位战士在“无人区”时编的。1943 年春节刚过，敌人就派大部队搜山，进入“无人区”。这天一大早，从南边开来了伪治安军一个营，企图抢占山头。当时，我们30多个游击队员隐蔽在山脚下一个低洼处。如果山头被敌人抢去，我们就有被消灭的危险。为此，我们也组织人员抢先占了山头，待我刚把阵地布置好，山北边来了100多个鬼子，也正准备抢占山头！说话工夫，鬼子的炮已轰到了山上，一时间，尘土飞扬，鬼子和伪军山南山北配合行动。这座山南北狭窄，只有几里宽；东西走向却很长，有几十里地。为了避免与敌人正面冲突，减少不必要的伤亡，我们必须从东西两侧下山突围，冲破敌人的包围。于是，我让孙富带一部分人沿东半山腰下山，我带一部分人从西半山腰下山，傍晚在百十里外的丁格庄会合。

傍晚，我带着从西侧下山的队伍赶到丁格庄时，长腿孙富已带着大伙站在村头了。一见面，孙富二话没说，就把一只大脚一下子伸到我的眼前，乐哈哈地道："大队长，你看我的脚！"

我低头一看，嗬！穿了一冬烂鞋的孙富神气地穿着一双新胶鞋，咧着嘴笑哩！再看别的战士，也穿着一色的新胶鞋。我数了数，共12双。

"鞋子是从哪里弄来的？"我问。

"是他们送来的。"孙富用下巴朝人群里一指，说道。

我扭头一看，才发现战士们后边押着12个伪军。伪军们低着头，光着脚板站在地上。

这时，几个战士围住我，笑着介绍了事情的始末：原来，孙富带着他们从北山东侧下了山，正朝丁格庄走，恰巧迎面碰上了要到北山去的12个伪军。孙富一眼瞅见伪军脚上穿着一色的新胶鞋，便有了打算。他端着刺刀冲上前去，大喝一声："不许动，脱下鞋子来！"战场上哪有这样喊话的？伪军一个个莫名其妙，不知如何是好。孙富一看伪军愣在那里不动，便火了。他"哗"地推上了一梭子子弹，又大声喝道："先缴鞋子后缴枪！不缴的枪毙！"伪军们这才反应过来，赶快把鞋子脱下，扔给了孙富。

听完，战士们都大笑起来，那几个被俘的伪军也偷偷笑了。孙富羞红了脸。

“先缴鞋子后缴枪”，乍听起来是个笑话，仔细品味起来，这里边包含着我们游击战士多少艰辛啊！那时，我们最发愁的是鞋子问题。吃的、住的都好凑合，我们苦惯了，怎么都行；枪支弹药也还好办，打一仗缴获一批武器，三五个月够用了。可没鞋子不行。每天要行军打仗，要爬高山，过冰河，短途出击，长途奔袭，有时一走就是一二百里地。老百姓做的鞋子，穿到脚上奔袭几个一二百里地就磨穿了。为此，大家都很伤脑筋。

行军、打仗全靠两只脚，没有鞋子怎么行？就拿长腿孙富来说吧，这个战士打起仗来十分勇敢，能吃苦耐劳，不惜流血牺牲。可他腿长脚大，比别人活动量大，鞋子也烂得快，经常没有鞋子穿。有时不得不只穿着袜子行军。我经常把鞋子给他穿，也解决不了他的困难。有次长途奔袭，孙富的鞋子破了，有一只不能穿了。他光着一只脚走了半夜路，那只脚不幸碰伤了。不几天伤口便化脓感染了，脚脖子肿得像观音庙里菩萨的脚。

当天夜里，我们就住在了丁格庄。同志看着缴来的新胶鞋，又摆开了龙门阵。有的说，抗战胜利了，孙富“先缴鞋子后缴枪”的事一定能编进我军的抗日战史；有的说，这件事讲给作家听，一定是篇生动的小说素材；也有的说，再过若干年后，孙富的事讲给儿孙们听，一定会当作今古奇闻，笑掉后代的大牙。

孙富待大家议论得差不多了，突然高声唱道：

我孙富脚板大，

我孙富两腿长，

我孙富缺少鞋穿常受伤。

为了过冰河，

为了走山岗，
为了抗日杀敌上战场，
我才先缴鞋子后缴枪！

孙富唱完，逗得大家哈哈大笑。

（李再新　整理）

惨绝人寰的长城“无人区”

李运昌

抗日战争期间，我在冀热辽地区工作。日本侵略军曾在冀热辽长城线南北制造五万平方公里的“无人区”。使用了种种法西斯残暴手段摧残人民群众，使中国人民遭受了惨绝人寰的浩劫。我作为历史见证人，将亲闻目睹日军制造“无人区”的暴行揭露于世，使后人永远牢记那段惨痛的历史，清算日本军国主义的罪行，驳斥日本某些人矢口否认侵略中国的谰言，维护历史正义。

逐步扩大的“无人区”

冀热辽抗日游击根据地，是共产党领导下在敌后战场创建的19块抗日根据地之一，处于华北连接东北的战略地位，肩负着挺进东北的战略任务：以冀东为基本区，以长城为战略中轴线，向热河、辽宁地区出击，最终收复东北。1938年，根据中共中央洛川会议决定，八路军第四纵队挺进冀东，冀东党组织成功地发动了十万武装抗日大暴动。虽然由于西撤的错误，使起义的队伍受到严重损失，但是为开展冀热辽敌后游击战争打开了局面，奠定了基础。经过1939年隐蔽发展，1940年又形成了新的局面，建立起冀东抗日根据地。于1941年和1942年间，连续发动战役行动向长城外的伪满辖区出击，在热河、辽宁开创出大片的游击区，相继在长城外兴隆的雾灵山、狗背岭、五指山，青龙的王厂沟、都山、老岭，平泉的光头山，绥中的加碑岩等深山区建成抗日游击根据地。以这些根据地为依托，先后建立丰（宁）滦（平）密（云）、承（德）兴（隆）迁（安）青（龙）平（泉）、承（德）平（泉）宁（城）、凌（源）青（龙）绥（中）等抗日联合县政权。并且与冀东基本区联合一片，形成了冀东、热河、辽宁三角地带的战略格局。

然而，作为冀热辽战略中轴线的长城线，当时被日本侵略者划为伪满洲国的“西南国境线”，而满蒙地区则被日本视为“生命线”。冀热辽八路军向东北出击，就像触动了日本侵略者最敏感神经和最致命的要害。日军竟然丧心病狂地贼喊捉贼，信口雌黄叫嚣：“满洲国主权被侵犯”，要“封死中共党政对满洲国的侵略进攻”。于是，将在东北地区对付东北抗日联军的“集家并村”制造“无人区”的毒辣措施搬了过来，变本加厉地实施。1939年和1940年间，抗日游击队在热南地区活动，日军就连续两年在局部地区“集家并村”制造“无人区”，但受到抗日游击队的打击和群众的反抗而失败。

1941年，冀热辽八路军对热南地区发动战役出击，立即引起日本关东军的严重警觉，于5月17日由日本关东军宪兵司令部发出《西南地区特别肃正》作战命令，出动重兵“扫荡”，开始大规模制造“无人区”。9月15日，又升格由关东军防卫司令部发出《时局应急西南地区特别肃正》作战命令。

在日本关东军防卫司令部的指挥下，从1941年下半年，将在东边道进攻东北抗日联军的日伪军政骨干全部调到热河。并且从吉林、辽宁、黑龙江等地抽调日伪军及专搞“集家并村”的特种部队——警察“讨伐”大队布置到热辽长城线上。1942 年至 1944 年制造“无人区”高潮期间，聚集在长城线上的日伪军达十万之众。

从 1941 年 9 月，日伪军在热辽地区实施《特别肃正》和《国境地带无人区化》措施以后，即全力以赴建设集团部落，强迫群众“集家并村”，全面制造“无人区”。为了支援群众开展反集家斗争，八路军曾不断发动战役出击，向辽西、热中纵深发展，但日伪军依仗雄厚兵力，不断强化措施，凡是八路军所到之处，立即同步实施“无人区化”措施。将抗日游击区制造成“无住地带”，将抗日游击根据地划为“无住禁作地带”，彻底摧毁。“无人区”的地域范围逐步扩大，按现在区划，包括青龙、宽城、承德、兴隆、滦平五个县的全境；丰宁、隆化、平泉、宁城、建昌、凌源等七个县的大部分地区；绥中、喀喇沁旗、围场局部地区。据测算，“无人区”总面积约五万平方公里，其中“无住禁作地带”约为 8500 平方公里。被集家的自然村 1.7 万个，共建立 2506 座“人圈”，被驱赶集家的群众约 140 万人。

为了配合日本关东军在长城外侧制造“无人区”的行动，日本华北方面军在冈村宁次亲自策划指挥下，从 1942 年 9 月起，在长城线内侧，东起卢龙县的桃林口，经由迁安、遵化、蓟县、平谷、密云、怀柔至昌平县的桃峪口，制造了一条长 600 公里的封锁带。其中“无人区”1400 多平方公里。还在迁安、遵化、丰润、滦县山区抗日游击根据地，制造了八片“无人区”，如盘山、鲁家峪、潘家峪、莲花院。

就这样，在东起九门口、西抵独石口（约长 850 公里），北起围场、南至长城内侧，构成了一个庞大的绝缘体式的特殊战略封锁带。

丧心病狂地“攻伐民众”

日本侵略者制造“无人区”的毒辣措施，完全是针对共产党团结人民群众发动人民战争的战略策略，妄图用“集家并村”和驱逐群众的办法，切断共产党、八路军同人民群众的鱼水关系，竭泽而渔，摧毁抗日游击根据地，消灭抗日力量。

根据日本关东军防卫司令部《时局应急西南地区特别肃正》作战命令，于1941年9月间，日军西南防卫司令部制定出《西南地区肃正工作要纲》，承德日本宪兵队本部拟订出《国境地带无人区化》实施方案。其文件中分析说：

“中共现在所采取的对日战略，是扩大强化抗日民族统一战线。为了坚持抗战，获得最后胜利，积极地动员民众参加协力于抗战工作”。

“所谓集家，即将可能成为敌人游击区的国境地区内的居民，集结于我方据点，或其近旁地区，使之与敌人的活动完全隔离，而由我方掌握控制，乃可彻底封锁扼杀敌人之所谓人力、物力的动员工作”。

“民众的支持，乃是彼等的依靠，这样就能切断其与民众联系的纽带，救命之纲绳，此实乃致命的打击”。

日本侵略军为了彻底摧毁抗日游击区，将一般的抗日游击区划为“无住地带”，毁掉村庄，逐赶群众“集家并村”。而对抗日游击根据地，则划为“无住禁作地带”，实施最彻底的“三光”政策，进行灭绝人性的摧毁，并称之为“拔根断缘式的摧毁”。

日本侵略者制造“无人区”，就是以血腥屠杀开始的。从1941年开始大集家，就伴随着疯狂的大屠杀。对抗日根据地的人民群众见一个杀一个。1942年冬，日军“扫荡”雾灵山根据地苇子坑村，全村共70多口人，被围住50多人，一次被杀绝，只有十几人外出幸免。

1943年冬季，日军集中万余兵力“扫荡”五指山根据地，漫山遍野搜索了半个月，搜出800多老人和妇女儿童，几乎全部就地屠杀了。

宽城县孟子岭、王厂沟、石柱村一带，是日军制造“无住禁作地带”的重点地区。1943年9月10日，驻喜峰口的日本宪兵队第二游击队对这一带“扫荡”，从这一带逮捕了580人，屠杀了380人，200人被送往东北当劳工，80%死于苦役之中。从1943年12月，石柱村被划为“无住禁作地带”以后，遭到日军连续摧毁，全村700多人，被屠杀300多人，有22户（100多人）被杀绝。

兴隆县是日军制造“无人区”的重点，全县划为“无住禁作地带”地区占面积的40%多，特别是1943年以后，在几块根据地里，不要说是中国人，就连牲畜、家禽，凡是有生命的东西全都不放过。到后来，在热南区根据地里，连一头驴、一只鸡也难以看到了。

日本侵略者制造“无人区”的过程中，毒辣手段之一，就是彻底摧毁群众的一切居住条件，对一般的集家区，划为“无住地带”，强迫群众将房子彻底拆毁，搬进“人圈”。在“人圈”以外，绝对不准居住。而对划定为“无住禁作地带”的抗日根据地，从一开始就是纵火焚烧，片瓦不留。据统计，整个“无人区”的1.7万个自然村落，全部被夷为废墟，总共烧毁、拆毁380万间房屋。

为了摧毁抗日军赖以隐蔽的山林，日军在每年冬春之际，到处纵火焚毁森林。大面积的森林被焚毁殆尽，连一般山场的树木、植被也大部毁于战火，郁郁葱葱的壮丽河山成了片片焦土。

日军对抗日根据地的掠夺更是疯狂到了极点。从制造“无人区”之日起，就伴随着疯狂的烧杀，彻底的抢掠。本来生活就极为穷苦的山民，经过日军几年连续的“扫荡”，一切生活用品早已荡然无存了。可是日军每次进山“扫荡”，依然是到处搜索抢掠，连半口破锅、一只空瓶也不留。搬不动的碾子、磨盘，也用炸药崩碎。据统计，在抗日战争期间，热河省（重点是“无人区”）被日军抢走粮食96亿斤，牲畜24万头，其他物品难以数计。

最为根据地人民所深恶痛绝的手段，就是日军连年“割青扫荡”。所谓“无住禁作地带”，就是不但不许居住，而且禁止耕作。然而，根据地人民为了生存，为了战斗，就得坚持生产，日军就割毁庄稼，破坏生产。据调查，兴隆、承德、宽城、青龙、滦平几个县，从1942年起，割了第一次青苗；1943年割青苗范围更大，在重点地区割了两遍；1944年在不少地区割了三遍。1945年8月，在五指山、雾灵山根据地“割青扫荡”的日军是得到日本投降的消息才下山的。

特种集中营——“人圈”

日本侵略军制造“无人区”的中心环节，就是建设特种集中营——“集团部落”，实行“集家并村”控制民众，把群众像猪、羊一样“圈”起来，过着暗无天日的生活，所以群众都称“集团部落”为“人圈”。

群众被驱赶出家园集并到“人圈”后，失去了赖以生存的土地，生活立即陷于绝境。据冀热辽行署1946年调查报告，因日军制造“无人区”共荒芜了600万亩耕地。即使老百姓在“人圈”附近准许耕作的范围内种点庄稼，打下粮食也要缴纳各种“出荷”和苛捐杂税。吃穿及一切日用品只能靠“配给”。老百姓吃的是配给的“共和面”，是用豆饼、苦橡子和霉烂的粮食磨制的，又臭又苦又涩。

百姓穿的就更到使人难堪的地步，按规定配给的布很少兑现，最多每人三四尺，不少地方多少年一尺也没给过。而且配给群众手里布料，都是质地极为低劣的人工纤维，或是和旧布烂棉絮重新纺织成的再生布，下水一揉搓就烂了，群众称之为“唾沫缎”或“还魂布”。男人外出或下田劳动，有一条破裤子就是好的了，不少人只是身前挂一条破布围着一片麻袋。女人们不论老少，就是十七八岁的大姑娘，也常年打光身。无奈何，就在屋里挖一个洞，来了人就藏进洞里，顶着锅盖或树枝遮蔽身体，名叫“遮羞坑”。像这样凄惨的景象，我们在“无人区”里活动时屡见不鲜。

“人圈”里是划定范围由各户自建住房的，可是已经一贫如洗的老百姓，连糊口生计都难以维持，又哪有能力建房，多半是搭个马架子窝棚。不少人家从被赶进“人圈”直到日本投降，几经寒暑，还是住着破烂窝棚。冬天，塞外的暴风雪袭来，满屋飞雪，冰冷彻骨。到了夏季，屋里、院里、街里一个样，遍地是泥泞、污水、垃圾、粪便，臭虫、虱子、蟑螂等恣肆繁殖。伤寒、霍乱、疟疾、痢疾、鼠疫等可怕的传染病连年广泛流行起来，吞噬了千千万万的生命。据各地不完全的统计，平泉县127个部落村，共七万多口人，死于瘟疫一万多人。建昌县“集家并村”后，共死于瘟疫7700多人。兴隆县在1943年夏季一次瘟疫大流行中，就死了6000多口人。大水泉部落，一次流行鼠疫死了300多人。现已发现线索，可能是日军搞细菌战所致。

尽管“人圈”外有高墙、碉堡，内有严酷的统治制度，然而，日本侵略者深知，仅仅靠这些手段是隔不断共产党同人民血肉相连的鱼水关系的。要彻底切断共产党同人民的关系，必须从根本上切断共产党同人民群众的“纽带”。所以，从1942年大规模“集家并村”之时起，就一次一次地搞大“检举”，搜捕基层党员干部，破坏基层抗日组织，血腥镇压人民群众，以强化部落中的反动统治。

日伪在初期搞大“检举”时，还要立些名目，如“匪团组织大检举”、“通匪家族大检举”，等等。对被“检举”的人，也要加上一些罪名，什么“国事犯”、“思想犯”、“经济犯”、“密输犯”以及“通匪”、“济匪”、“资匪”，等等。而到1943年以后，就采取一网打尽的办法。如承德日本宪兵队本部统一指挥的“二一”工作计划，就是从1943年2月1日开始全热河省的大“检举”。根本不讲什么原因和罪名，而是将部落中18岁至60岁的男人全部逮捕，然后逐个“剔抉”。兴隆县一次被抓捕5000多人，半壁山警察署辖境就捕去2000多人。楸木林、大莫峪两个小部落村，共有122户，被屠杀了104名青年男子，成了“寡妇村”。在“无人区”里，出现了许许多多这样的“寡妇村”。

在频繁的“检举”搜捕中，被抓到的群众都遭到严刑审讯，反复折磨，当场屠杀一批，释放一部分，余下的大部分特别是青壮年男子，都被关进各县设的“置留场”，再审讯逼供，过一遍筛子，又送到承德和锦州监狱，再一遍一遍地过筛子，反复酷刑拷问。

日伪在各地的“置留场”和监狱，就是残害中国人的一座座魔窟。而以承德监狱最集中、最残酷。在那里，像灌凉水、压杠子，已是一般化的刑罚了，什么电磨粉身、军犬撕尸、挖肝摘心、活拔神经等酷刑就有十多种。

著名的旅游胜地承德离宫避暑山庄的西墙外的水泉沟，就是日本法西斯集体屠杀中国人和陈尸的“万人坑”。累计有几万多中国人被屠杀在那里。

日本侵略者对大“检举”中撒大网捕到的青壮年男子，经过层层过筛子，屠杀的屠杀，判刑的判刑，最后对那些实在找不到“罪证”借口的人，也不放过，绝大部分被送往东北各地或日本劳工集中营去服苦役。据1946年热河省救济委员会调查，到1945年日本投降止，共从热河省抓走劳工15.2万人。抗战胜利后，只有20%回到了家乡，80%下落不明。

大批劳工除陆续被虐杀于苦役之中外，更有被集体屠杀者。最为残忍的是，日本法西斯将被抓捕的老百姓供新兵“胆量教练”的活靶子，更有的送往731部队作细菌武器活体实验之用。

据《热河抗战简史》记载：日本侵略者在热河地区制造“无人区”过程中，共屠杀、虐杀十万多人。这是当年估计数字，实际上是远远超过了的。如前所述，日本侵略者先后共从热河省抓走劳工就有15万人之多，按比较可靠的统计，80%死于苦役或被集体屠杀。

在日本法西斯“无人区”政策统治下，中国人民的生息繁衍都难以为继了。据统计，日军统治热河12年半，各地区人口锐减。如兴隆县，1933年统计，总人口15万，按旧中国正常人增长率，到1945年，起码应增加到20万左右。然而，由于日本侵略者制造“无人区”的疯狂摧残，全县在根据地被屠杀的有1.4万人，在“人圈”中遭杀害的二万人；死于瘟疫和冻饿的一万余人，再加上生活极为困难与战乱等因素，绝大多数妇女丧失了生育能力，到抗战胜利时，人口已不足十万人了。

日本侵略者制造“无人区”的罪恶行径，是世界战争史中罕见的重大战争犯罪公案，必须彻底清算，将被牢牢地钉在历史耻辱柱上。

顽强的战斗　最后的胜利

由于日本侵略者对“无人区”里根据地的连年摧毁到了灭绝一切生机的程度，要坚持住根据地，头一个紧要任务，就是必须创造最低的生活条件，千方百计地生存下来。抗日军民在山野里架帐篷，山洞、废窑、长城烽火台，都是安身之处，有时就像原始人一样穴居野外。

为了适应“无人区”的特殊环境，能够在异常频繁的战斗情况下坚持生产，各根据地在大生产的组织形式上，基本采取了“劳武结合”和“变工互助”的办法，一切服从于军事斗争。党政机关的干部、子弟兵也都参加劳动。这种组织形式，当时大家都称之为“军事共产主义”，然而，它绝不是空想的“乌托邦”，而是个实实在在的战斗整体，是民族精神凝聚的结晶。

还有，要坚持住热辽地区的抗日斗争，必须一面顽强奋战保卫根据地，一面加强“人圈”的工作，打破牢笼，解放“人圈”人民群众。在有条件的地方，就采取游击队袭击，“人圈”里人民响应，里应外合，捣毁“人圈”，使人民冲出牢笼，回到根据地。在日军控制严密的地方，就采取隐蔽渗透的方法，秘密开展“人圈”里的抗日斗争。据兴隆县的调查统计，到1944年，全县199座“人圈”中，60%由日伪绝对控制而转变成隐蔽抗日地区，20%转变成抗日两面政权。其中不少部落已完全为抗日政权所控制，抗日干部及游击队可以开会或住下。不少地方重新建立了党组织。

在共产党的坚强领导下，抗日军民前仆后继，顽强奋战在“无人区”里，终于在热辽地区坚持住抗日游击战争。然而，在极端艰险的斗争中，也付出了极大的牺牲，相继牺牲的党政军领导干部500多名，战士6000多名。仅在兴隆县境内，就牺牲党政干部300多名，战士、民兵3000多名。

为了实现中共中央挺进东北最终收复东北的战略部署，于1943年和1944年间，我们又连连发动战役出击，支持“无人区”群众坚持斗争，并向热辽地区纵深推进。于1944年底，经中共中央批准，建立冀热辽军区，创造了新的局面。1945年6月，根据中共中央举行局部反攻的战略计划，冀热辽军区子弟兵组织三路挺进支队，向热西、热中、热东及辽西出击，吹响了对日反攻作战的前奏。

1945年8月10日上午6时45分，日本外务省发出乞降广播，延安八路军总部立即发出七号受降作战命令，其中第二号命令为“现驻河北、热河、辽宁边区之李运昌所部，即日向辽宁、吉林进发”。中共冀热辽区党委立即进行部署，先后出动1.2万部队和2500名干部，向热河、辽宁进发，迅速控制热河全境，进驻承德、朝阳、赤峰、锦州、沈阳等大城市，并由冀热辽军区十六分区的司令员曾克林同志偕同苏联马林诺夫斯基元帅代表飞往延安，向中央直接汇报了东北情况，并经过谈判，与苏方达成谅解，由八路军接管热河、锦州，允许八路军进入东北。中共中央当机立断，由原来“向南发展”转变为“向南防御，向北发展”的新的战略方针，向东北派出十万军队、二万名干部，为争取东北取得先机之利。

战斗在狼牙山

葛振林

每当想起中华民族的优秀儿女，在民族生死存亡的危急关头，用血肉筑成新的长城，抗击日本侵略军的可歌可泣的动人事迹时，我的心情就久久不能平静，那悲壮的战斗历程就又清晰地浮现在眼前。

我的老家在河北曲阳县。我八岁失去了母亲，从小给地主干活，受尽了压迫和剥削。1937年4月，我在地下党的领导下投身革命，斗地主，斗恶霸。后来八路军来到我们村，帮助我们成立了各种组织，我便当上了民兵队长，带领民兵减租减息，征粮运粮，拥军优属，支援前线。1938年2月，我参加了八路军，被分配在晋察冀军区一分区一团七连六班，直接投入反抗法西斯、打击日本侵略军的战斗。在抗战期间，我曾参加过宋城、阜平、东庄、大龙华、黄土岭、南坡头、狼牙山、百团大战等大小几十次战斗。

1941年8月，华北日军总司令冈村宁次调集十余万兵力，对我晋察冀根据地实施规模空前的大“扫荡”，进攻狼牙山地区的日伪军是由敌酋旅团长高见指挥的部队。

狼牙山因其峰峦状似狼牙而得名，地势险要，是晋察冀边区的东线大门。它不仅在军事上有重要地位，而且是我根据地的仓库，山上存放着许多弹药、装备和粮食。

9 月 23 日，我们团长接到分区司令员杨成武的通报，得知正在“扫荡”的敌人，对狼牙山周围可能有大的行动。他便立即进行部署。当时，团主力调出去保卫军区机关了，留在狼牙山只有我们七连和部分民兵。我们驻扎在林泉，连长刘福山和指导员蔡展鹏接到要保卫狼牙山的命令后，立即集合部队出发。

9 月 24 日凌晨，3500 多名日军，带领着伪军在飞机大炮的掩护下，从四面八方向狼牙山包抄。被合围在狼牙山上的地方党政机关干部和周围村庄的群众达三四万人。团长部署我们七连担任后卫，掩护党政机关和群众突围，等大家安全转移后，留下一个班拖住敌人，最后转移。

我们班长马宝玉得知这一消息，便跑去找指导员求战，要求把最后拖住敌人的任务交给我们。连长和指导员一商量，同意了我们的请求。当时，我们班除因伤病住院的同志外，只剩下五人：班长马宝玉，战士胡德林、胡福才、宋学义，还有我。我是副班长。

24 日午夜，团长接到杨成武司令员命令：“敌人口子已开，马上突围。”

眨眼工夫，在清冷的月光下，三四万名干部和群众由部队掩护着，井然有序地顺着盘陀路，悄悄地向碾子台方向转移。

团长临走时，特地看望了我们班，并对我们说：“突围的队伍和连主力能不能安全地跳出包围圈，全看你们能不能把敌人死死拖住。从现在起，你们一个人要对付敌人几十个，甚至上百个，如果你们充分利用狼牙山的天险和改造过的地形，灵活机动地打击敌人，就一定能完成任务。”

我们异口同声地回答：“请首长放心！”

1941 年 9 月 25 日，天刚蒙蒙亮，突围部队和群众已神不知鬼不觉地跳出了以狼牙山为中心的敌包围圈，敌人却认为我们的主力被他们包围住了。天一亮，便像群饿狼一样，恶狠狠地扑了过来。我们七连和留下的民兵密切协同，分兵把口，灵活御敌，在敌人必经之路埋下地雷，从各个方向朝敌射击，造成漫山遍野都是八路军的假象。从东西水村往棋盘陀爬上来的敌人，一路上伴着地雷的爆炸，死了四五十人。日军指挥官高见和伪军头目赵玉昆硬是确信网了一条大鱼，于是更加疯狂地进攻。

在激战中，连长刘福山负了重伤。他带领的二班和机枪班大都牺牲了，情况危急。指导员把连长转移到草丛里，让一个战士守着，然后对我们说："你们在山上掩护，争取让转移的同志走得更远些，保证连队的主力安全突围。你们坚持到中午，然后看情况，能往哪儿撤就往哪儿撤，明天到规定的地点集合。"说完后给我们补充了一些弹药，并留下所有的地雷，接着就带着连队主力向龙王庙方向突围。

这时，我们班的五个人赶紧在各个要道口上埋上地雷。指导员带人刚刚钻出敌人的火力网，我们就跟敌人打响了，为了吸引敌人，我们站着举枪向敌人射击。500 多名日军和赵玉昆的伪军嗷嗷叫着，向我们扑来，他们踩响了地雷，炸得鬼哭狼嚎，尸体横飞。未死的战战兢兢地挪动脚步，但仍然穷追不舍。见此情景，班长马宝玉趴着身子悄声说："注意！没有我的命令，谁也不许开枪，在这儿，每人最多只许打五颗手榴弹。"

日军越来越近，我们死死盯着那一张张狰狞的面孔。

突然，班长马宝玉抬起半截身子，猛地甩出一颗手榴弹，大喊："打！"

手榴弹和子弹呼啸着飞向敌人，鬼子被炸得东倒西歪，退下去了。

打退敌人后，却招来一阵猛烈的炮火，山上的石头炸得满天飞，硝烟把我们笼罩着，啥也看不见。五人都彼此担心战友们遭到不幸。好不容易挨到敌人炮击停止。班长仔细一看，嗬！五人都在，谁都没伤一根毫毛。

我们一边用稀疏的枪声吸引敌人，一边往棋盘陀山峰爬。突然，碰到一个叫冉元同的老乡，就赶快喊：“老乡，鬼子来了，赶快找个地方躲起来吧！”

冉元同便问：“你们上哪儿去？”我告诉他上棋盘陀。他便劝我们不要上那儿去，说是附近有山洞，鬼子找不着，叫我们跟他去。我们感激地告诉他，我们不能躲，要把敌人引上棋盘陀。

这时，传来了日军的怪叫声，我们赶紧往棋盘陀山峰上爬，谁知那儿早已上去了敌人，机枪一个劲地朝我们打。我们只好攀上棋盘陀附近的另一个山峰。

这个山峰叫牛角壶，异常险要，那凌空而起，伸出来像只牛角的悬崖叫人望而生畏。牛角壶三面是悬崖峭壁，我们等于走向了绝路。冉元同远远望着发呆了，日军发现了他，向他开枪，他连忙藏进牛角壶附近的大莲花瓣山上去了。

我们往牛角壶爬了一阵又停住了。大家知道，前面是一条绝路，这时我们仍可沿着隐蔽的盘陀路摆脱敌人，但是，大家担心部队和群众还没走远，敌人还会继续追击。

班长瞅着周围的地形说：“在这儿顶一阵子吧！”大家便卧倒，打开手榴弹盖，在前面摆了一溜。这里有小树，有半人多高的草，藏下百八十人完全没问题。正因如此，敌人摸不清虚实，不敢贸然行动。对我们来说，又为主力部队转移赢得了时间。

扑向牛角壶的几百名日军，头一回冲上来七个，两人在前，五人在后。只听到“啪”的一声枪响，一个端机枪的日本兵往后一仰，旁边的那个赶紧扶住他，把他放到一块小草地下，用布给他缠头，然后把他背下去了。有个鬼子一摇小旗，又上来30多个鬼子，并在松树坨摆上小炮，在东西水村架上了重机枪，往牛角壶猛烈射击。

一阵炮火过后，敌人开始冲锋。我们连打退了敌人四次进攻，五个人一个也没少。“鬼子又上来了，打！”班长马宝玉喊道。宋学义抓起手榴弹就扔，我打一枪就换一个地方，好像有使不完的劲。半人深的山草被炮火打着了，火苗蹿得好高。胡德林推了我一把：“班副，着了！”我一看棉袄背上冒火了，连扣子也顾不得解，使劲一撕，脱下扔掉。敌人的第五次冲锋又被击退了。

太阳偏西了，亲人和战友早已远去，掩护突围的任务早已完成，现在该撤了。可是，已经走不脱了。

一个指挥官指使敌人把日本旗插在地上，将另一面日本旗铺开，我们看得莫名其妙。忽然，空中一声巨响，两架敌机俯冲下来，我们刚卧倒，敌机便射出一串子弹，呼啸着擦地而过，弄得小树像醉汉似的直摇晃。接着山下的敌指挥官战刀一挥，敌人又冲上来了！我们往悬崖顶上爬，敌人紧跟着往上爬。为了不让敌人跟得太紧，凡是到了能射击的地方，我们都举枪向敌人射击。就这样，牵着敌人的鼻子往山顶上带。

太阳西斜时，我们登上了险峰之巅，再也无路可走了。三面都是万丈悬崖，一面堵满了鬼子兵。

“八路的，跑不了的……”秋风送来了鬼子得意的叫嚣。我们的手榴弹、子弹都打光了，大家非常着急。

“哎！”胡德林叫了一声，从地上捡起一颗手榴弹，他扬起后正要往下扔，班长马宝玉夺过来，别在腰上。大家明白，这是留给自己的。敌人呀呀乱叫，我们站起，举着石头往下砸，大的搬不动，就两人抬。石头滚下去砸得敌人乱叫。敌人像蝗虫一样，一批一批地往上涌。最后连石头也没有了，班长马宝玉拔出仅有的一颗手榴弹，用一种异常严峻的目光望了望，我们四人全明白，一齐靠向班长。

“八路的，投降！”

“抓活的，抓活的——”

班长扭头一看，吼了一声：“去你娘的！”将那颗手榴弹甩向爬上来的敌人。

“轰”的一声，前头的几个日军被炸翻了。

“撤！”马宝玉同志说。其实这只不过是他下意识涌到嘴边的一句话，周围三面悬崖，从前崖到后崖，只有十来步，往哪里撤？

我走在最后，等我赶上去，班长带着其他三人已经站在崖边了。这时大家的表情都异常平静。班长抓住我的手臂断断续续地说：“老葛，咱们牺牲了，有价值，光荣！”我明白班长的意思。我是副班长，五个人中只有我们俩是党员，应该做出榜样，便说：“人牺牲了，枪也不能叫敌人得。”

敌人上来了，班长随手一扔，那支崭新的三八大盖飞到悬崖下去了。我举起手中的枪往石头上砸，没砸烂也随后甩下悬崖。宋学义他们三人噙着泪，举起心爱的枪，狠狠地摔了几下。

敌人疯狂地号叫。

我们五人昂起头，一步一步走向悬崖边。

狼牙山像巨人一样耸立着，易水河像条玉带飘向远方。在这座狼牙山上，我们学习、练兵，欢迎新来的战友，不止一次地消灭过敌人；在这座山下边，我们吃过老乡们慰问时送来的棒子、红枣，听分区领导讲过古代壮士荆轲的故事，那“风萧萧兮易水寒，壮士一去兮不复还”的慷慨悲歌，一直回旋在耳边；我们在易水河畔洗过澡、做过饭，阻击过日本侵略军；如今我们又在这座山峰上掩护战友和乡亲们突出了重围，并消灭了一百多个敌人，任务完成了！我们可以无愧地与祖国的山河诀别了！

敌人来到跟前想活捉我们，马宝玉正了正军帽，像发起冲锋一样，大声喊道：“同志们跟我来！”顿时，狼牙山的群峰峡谷回荡着一阵阵气壮山河的口号声——

“中国共产党万岁！”

“中华民族解放万岁！”

“同志们，乡亲们，永别了！”

惊得目瞪口呆的日本兵，望着我们五人纵身跳下悬崖……

我和宋学义侥幸被树枝挂住，绝处逢生。跳崖时的腰伤治好后，我继续跟随部队行军打仗，以后还参加了彭老总指挥的百团大战和后来的平津战役。

（周迅　整理）

沂蒙军民反“扫荡”

梁必业

1941年冬，日军为消灭我山东党政军领导机关和主力部队，摧毁鲁中（亦称沂蒙山区）抗日根据地，调集五万多兵力，以多路多梯队分进合击的战术，对沂蒙山区进行毁灭性“扫荡”。我军民在山东分局和山东军政委员会的领导下，经过50多天的艰苦作战，胜利地粉碎了敌人的“扫荡”，取得了歼敌2300多人的重大胜利。

审时度势　周密部署

1941年，日本帝国主义在德、意法西斯承认其建立所谓“大东亚新秩序”霸主地位的策动下，在德、意威逼英伦三岛及希特勒发动侵苏战争的刺激下，决心乘机发动太平洋战争，占领东南亚诸岛。为此，日军急谋在巩固其侵华既得利益的前提下，结束对中国的战争或稳定在中国的战局，以把中国变成它南下夺取东南亚和南洋群岛的后方补给基地，达到“以战养战”的目的。于是，日军一方面继续加紧对国民党的诱降、逼降，以迫其屈服；另一方面集中力量对共产党领导下的抗日根据地进行更加频繁、更加残酷的“扫荡”。

党中央审时度势，及时发出指示，号召全党、全军和根据地人民，在思想上、政治上、军事上，加速准备一切条件，准备对付最黑暗、最困难的局面。1941 年 9 月，根据中共中央军委的指示，山东纵队（简称山纵）和一一五师两个军政委员会合组为山东军政委员会，罗荣桓为书记。山纵归一一五师首长指挥，从而加强了山东地区的军政领导和统一作战指挥，为在最困难的条件下坚持抗战奠定了基础。

1941 年 7 月，以残酷毒辣著称的冈村宁次调任敌华北方面军司令官。冈村宁次上台后，即加紧对我华北各抗日根据地进攻。日军在大规模“扫荡”我晋察冀之北岳、平西和晋冀豫之太行、太岳，以及山东清河、鲁南等抗日根据地之后，调集日伪军五万余人，于 11 月 3 日向中共山东分局、山东军政委员会、八路军一一五师和山纵等党政军领导机关所在地——鲁中抗日根据地发动了空前规模的“扫荡”，企图以绝对优势兵力，以“铁壁合围”、“辗转电击”、“分割封锁”、“剔抉”、“清剿”等作战手段，一举歼灭我山东党政军领导机关和主力部队，彻底摧毁我沂蒙山区抗日根据地。指挥这次“扫荡”的是日军第十二军司令官土桥一次中将。

敌人非常重视这次“扫荡”，把它看成是在山东推行第三次“治安强化运动”的重大军事行动，对这次“扫荡”作了严密部署。除 10 月下旬将“扫荡”晋察冀根据地的第二十一、三十三师团调来参战外，还调驻山西日军第一军一部接替泰安等地的守备任务，以增强“扫荡”兵力。具体部署是：

以第十七师团主力、三十三师团一部，集结于临沂地区，向临沂以北及东北进击；以第三十二师团主力和独立混成第十旅团，集结于新泰、蒙阴地区，向蒙阴以东及以南进击；以第三十二师团一部集结于大平邑（今平邑县）、费县地区，向西蒙山进击；以第二十一师团主力和独立混成第五、六旅团各一部，分别集结于沂水和莒县地区，向沂水西南进击，从而，对我鲁中沂蒙山区构成合围态势。另以一部协同临沂之敌抢修莒县、临沂间公路，防我向东南转移；一部于沂水、东里店之线防我军向北转移；各县伪警备队分别参加各路日军的“扫荡”，并担负“清剿”、构筑守备临时据点、遮断壕沟，推行“治安强化运动”等任务。

根据对形势的分析和敌人对晋察冀边区等地发动“扫荡”的情况，中共中央北方局和八路军华北军分会于1941年9月11日发出指示，指出整个华北正处在敌围攻的严重形势当中，各根据地应当紧急动员起来，发动广泛的群众性游击战争，采取正确的作战指导方针，粉碎敌人的围攻，以坚持华北的抗战。

山东分局和山东军政委员会认真研究了中共中央北方局和华北军分会的指示，并结合敌情，于10月7日向全区发出备战指示，要求党政军民各界紧急动员起来，实行空室清野，发动群众积极参战与支前，紧缩机关和后方，加强民兵的地方武装；同时，确定了反“扫荡”的作战方针：（一）发展群众性的游击战争；（二）以小部队配合地方武装坚持内线的游击战，主力部队适时跳出敌之合围圈，转到外线，寻机打击敌之一路，或乘虚袭击敌之后方，相机攻克一些据点；（三）当敌“扫荡”某一地区时，其他各区应积极对当面之敌进行破袭，或挺进敌之侧后，打击和牵制敌人，断敌交通和补给。

13日，一一五师又发出反“扫荡”指示，强调要加强对分散的群众性游击战的领导；要掌握跳出敌之合围圈的时机，情况未查明前，先以敌为轴心转动，不宜跳得过远；要加强情报工作，力争独立地了解、掌握敌情，这是对付敌人“扫荡”的重要一环；要切实保护群众，动员坚壁清野，注意掩护群众撤退，不使敌人残害人民和抓走壮丁；要做好后勤保障工作。

这时，山东分局、一一五师师部驻青驼寺一带；山纵机关驻马牧池；山纵第一旅（不含第三团）在沂（水）蒙（阴）公路以北抗击顽军的进攻，第二旅在滨海北部；一一五师教导第二旅（简称教二旅）在滨海南部；抗大一分校和蒙山支队分别在蒙山的西部和东部活动。

为了有力地进行反“扫荡”作战，11 月 2 日，山东军政委员会又就敌人“扫荡”开始后，我各部队的具体任务作了研究，决定：山东分局和一一五师直属队适时转移至鲁南地区；山纵直属队转移至泰山地区；山纵第一旅转向敌合击圈的外围，待机作战；抗大一分校转向泰安、泗水、宁阳地区；鲁中军区、分区和县、区武装则在当地领导民兵武装坚持斗争。同时，要求教二旅在滨海区南部；山纵第二旅在滨海区北部，第一旅一部在鲁南及泰山区，第三旅在胶济铁路线上，第四旅在新泰以东地区，第五旅在烟台一带，对当面之敌积极展开攻势，破路炸桥，袭击据点，造成敌人后顾之忧，全力配合沂蒙山区反“扫荡”作战。

军民同心协力　巧破敌人合围

11 月 2 日，敌开始对我沂蒙山区进行“扫荡”。首先行动的蒙阴、沂水、莒县之敌，以大纵深包围的战法，于 4 日拂晓突然偷袭我军驻马牧池的山纵指挥机关。山纵机关遂分散向东转移至南墙峪，经激战又转移至新泰西南的石莱一带，跳出敌人的合围圈。

5 日黄昏，敌从临沂、费县、平邑、蒙阴、沂水、莒县出动二万余人的兵力，采取“铁壁合围”，即所谓的“全面包围滚推式”战法，在七架飞机、十辆坦克、数十门大炮配合下，分多路向临沂北的青驼寺、孙祖、留田地区进行合围，企图聚歼我山东分局和一一五师等领导机关。

同时，敌根据以往“扫荡”时我军多向滨海地区转移的规律，在沂河沿岸的河阳、葛沟一带预伏重兵，布成口袋，待我向东南转移时予以歼灭。

师部和分局机关，是11月4日晚从青驼寺转移到留田牛家沟的。5日，机关和警卫部队隐蔽在山沟里，警卫部队化装成老百姓在山头警戒。派出去的各路侦察员穿梭似的跑来向师首长报告敌情。我当时任一一五师政治部组织部部长。那天，我觉得天特别长，太阳迟迟落不下山。

在牛家沟东头一座破旧的房子里，师首长一面听取接连不断的情况报告，一面仔细地查看着摆在条桌上的地图，沉着镇静地思考着，同时令机关和部队提前吃晚饭，做好走远路的准备。

下午4时左右，罗荣桓召集分局和师部的领导同志开会，认真研究了获得的全部情报。考虑到东面的沂河、沭河和台（儿庄）潍（县）公路都被敌人严密封锁着，并布置了一个口袋阵，我们若东移，正中敌计；北面敌人正疯狂地向南压来，且有顽军阻挡，我军北移，必受敌顽夹击；西有津浦路，敌人碉堡、据点林立，戒备森严，不易通过；只有西南面，敌人兵力正向我中心区合围，后方必定空虚，这就给我们闪出了突围的空隙。罗荣桓集中大家的意见，定下决心：向西南方向突围。师特务营担负掩护任务。

黄昏后，敌人在留田周围燃起堆堆大火，枪声、炮声、马嘶声不断传来。山东分局和一一五师师部机关人员及师特务营指战员经过紧张的简单准备后出发了。罗荣桓、陈光等领导同志率领侦察连和特务营的一个连走在队伍的最先头，亲自观察情况，选择突围道路。

部队逢山过山，遇水蹚水，从留田东南十余公里的铁山子附近东西不过1.5公里的间隙里迅速秘密地通过了敌人第一道封锁线。这是敌人由东西进的一条主干线，敌人刚通过不久，在村子里烧的开水还是滚热的，大家顺手舀满茶缸，边喝边赶路。

接着又在一个2.5公里的间隙中通过了敌人第二道封锁线。这是临沂到蒙阴的公路，也是此次敌人“扫荡”的主要交通线。当时敌人的大批汽车刚从南向北驶去，我们即乘机而过。

三星垂西，部队折转向西，越过临蒙公路。正如罗荣桓同志判断一样，敌人后方空虚，戒备不严。6日拂晓，我军没费一枪一弹，胜利地突破了敌人的重重包围，安全转移到留田西南50公里的外蒙山南端的黄埠前，而合围之敌却同时纷纷向空空的留田扑去。

这次突围成功，改变了我们的不利地位。随军采访的国际友人德国记者希伯同志，曾热情歌颂这次突围是“无声的战斗”，称赞突围的指挥神奇。

各路敌军合击留田扑空，随即以一部兵力在我们根据地内建立临时据点，主力反复寻我军决战。8日，敌人合击卢山地区，鲁中军区司令部被袭，遭受一些损失。12日，敌人转而对我们实行“清剿”。

内外线紧密配合　反击敌人的“清剿”

敌人合击扑空，即将沂蒙山区划分为四个“清剿”区：以南墙峪为中心的“北蒙山”区，以孙祖为中心的“西蒙山”区，以铜井、界湖为中心的“东蒙山”区，以诸满为中心的“南蒙山”区，其中又以“西蒙山”区与“北蒙山”区为重点。敌人每“清剿”一地，都挨户搜查我们的地方干部、失散人员和伤员，大肆捕捉壮丁，实行“三光”政策。敌人各据点周围，都有机动兵力，发现我军，立即合击。我们基本区内很多村庄被洗劫一空，或被烧成一片废墟。仅在马牧池一村，敌人就三次纵火，房舍化为灰烬。沂南130户的南寨村被付之一炬，青壮年被抓走80余人。

为了反击敌人“清剿”，并考虑到我军留在内线作战的部队过于薄弱，根据地会遭受更大损失，山东分局和一一五师首长断然决定师部暂不向外线转移，改向沂蒙山中心区挺进。同时决定：调山纵第二旅一个营、抗大一分校两个队、蒙山支队一个大队和分局警卫连也挺进沂蒙山中心区，协同地方武装和民兵反击敌人的“清剿”，坚持根据地里的斗争。

11 月 14 日，敌人集中 7000 余人的兵力，对山东分局和一一五师所在地西蒙山区进行合击。17 日，师首长判断敌人主力在西面，决心出敌不意率部东越临（沂）蒙（阴）公路，进入沂蒙山区。当晚，我们的机关、部队由西向东进发时，正遇敌人的大队人马由北向南，沿临蒙公路运动。我部队、机关即退至路旁的山林中隐蔽，严令全体人员不许高声说话，防止马嘶叫；凡易发出响声的东西，都要采取措施。大队人马虽然挤在一个小山窝里，但万籁无声，人们手握刀枪、棍棒，随时准备战斗。待敌通过，我们迅速由西向东疾进。天亮后，正遇满天大雾，我军如同腾云驾雾般地越过公路，突破了敌人的重围。

山东分局和一一五师师部重返沂蒙山区后，立即抽调大批干部分赴各地，加强反击敌人“清剿”斗争的领导。师部直接指挥特务营和山纵第二旅四团三营，在垛庄、旧寨、三角山、绿云山等地，用伏击、袭击、阻击等手段，连续给分散“清剿”的敌人以打击。活动于东西蒙山地区的蒙山支队和抗大一分校的部队也多次打击“清剿”的敌人，使敌人不敢轻易离开据点。由于内线部队力量的加强和积极打击敌人，有力地配合了地方武装和民兵的对敌斗争，鼓舞了群众的斗争情绪，逐渐改变了被动的形势。

11 月底，山纵机关进入坦埠一带，山纵第一旅也转回北沂蒙地区，其中一部插入南沂蒙地区，参加反“清剿”斗争。

在主力部队支持下，根据地的基层政权、地方武装和群众游击小组积极活动，展开了破袭敌据点、公路及反伪化、反捉丁、反抢掠、反搬住敌占区等斗争。群众斗志不断高涨。有的实行三空（搬空、藏空、躲空）以对付敌人的“三光”政策。沂水县一名党员率领30余人的游击小组，坚持在卢山、艾山、牧虎山，神出鬼没地打击小股“清剿”的敌人。费县南部的徐庄民兵一直在村周围坚持斗争，阻击出入抱犊崮山区的敌人，保证了我南北联络道路的畅通。沂南鲁山后、艾山后等5个村庄的群众冒着生命危险，分散掩护了我们1300余名伤病员。沂水西五拱桥村长因保存我军大批重要的军用物资，被敌抓去。敌将他三次投进铡刀，刃破脖子，逼他交出物资，他宁死不屈，一言未发。蒙山区鞋厂女工，在敌“清剿”中，带着鞋料，长期居住山洞，坚持军鞋生产。抗日群众的英勇业绩，极大地鼓舞了我主力部队的斗志。

这次反“扫荡”战斗中，一一五师特务营和分局特务连的指战员，在保卫机关和与敌作战中起了重要作用，特别是特务营，是很值得称赞的。这个营只有三个连队，一、二连是红军连队，特别是一连，从1930年起先后为红四军、红一军团的特务连，参加过反“围剿”和长征以及直罗镇、平型关等著名战斗，是个功绩卓著的连队。三连是抗日战争开始时组建的连队。全营三个连人员充实，武器较为齐整，训练有素，战斗力强，班排连都可以独立作战，曾在三角山战斗中，以一个班坚守阵地，抗击敌人，掩护机关顺利转移。在绿营山战斗中又以全营主力夜袭敌人骑兵部队，给敌人以打击。在这次反“扫荡”中，他们十天连续作战七次，都很好地完成了任务，为人民立下了新的战功。

与在内线部队坚持艰苦斗争的同时，我山东地区各部队也都广泛展开打击当面的敌人：教二旅在滨海区南部多次进行了破袭战；山纵一旅在鲁南及泰山区多次袭击敌据点，截击向沂蒙山区调运的敌兵；二旅在滨海区北部攻克临（沂）莒（县）公路上的小梁家、塔墩、批石头等据点七处；三旅在胶济线的张店、周村间多次伏击敌人；四旅在新泰以东的土门一带阻击配合敌人向我进犯的顽军；五旅一度袭入烟台，并攻克市郊的四个据点；鲁南铁道游击队在徐州以北炸毁敌机车一辆，缴获大量军用物资。这些斗争，都有力地配合了沂蒙山区的反“清剿”斗争。

11月29日，山东分局和一一五师师部先向东蒙山转移的部分人员遭敌合击，机关干部战士在较少的警卫部队的掩护下，按战前组织的机关战斗班、排、连，英勇战斗，分散突出敌人包围，并在突围后迅速集中归回建制。战斗中，省战时工作推动委员会秘书长陈明、山纵政治部宣传部部长刘子超、鲁中军区司令员刘海涛、一一五师敌工部副部长王立人等同志以及德国友人希伯同志光荣牺牲。机关中也有干部战士牺牲和负伤，他们以自己的鲜血争取了反“扫荡”的胜利。

12月4日，敌人又向瓮城子、大沟、王林一带我军指挥机关合击，我军指挥机关迅速分头向北和向西转移，摆脱了敌人。

为了保证指挥的安全，山东分局和一一五师首长决定向外线转移，内线斗争由山纵统一指挥。此后，敌人在我内外线密切配合的打击下，被迫据守临时据点，“清剿”计划宣告破产。

乘胜追击　恢复和保卫根据地

12月8日，太平洋战争爆发。敌人除留6000余人兵力在沂蒙山区巩固点线、防我反击外，以部分兵力分别向天宝山区和滨海区进行“扫荡”，掩护其主力撤出沂蒙山区。退集费县之敌3000余人，分九路合击天宝山西南的常庄、白彦一带。我山东分局、一一五师师部及鲁南军区及时安全转移。担任掩护任务的第一旅三团，与敌人激战，在苏家崮两个连又一个排顽强地与敌人搏斗，歼敌200余人，最后，坚守阵地的30余名战士，抱敌投崖，壮烈殉国。不久，敌即南撤。山东分局和一一五师等领导机关也由天宝山区转往滨海区。

12 月中旬，临沂的敌人对滨海区进行“扫荡”，遭到我教二旅和山纵二旅的内外夹击，遂纷纷撤走。11、12 日，莒县残敌 1800 余人分路合击马鬃山，撤退时，将山内十多个村庄全部烧毁。莒县西南的渊子崖村群众不甘受敌迫害，奋起自卫，以土炮、土枪英勇抗击敌军 500 余人的进攻，歼敌近 100 人。

12 月 23 日，敌主力开始分路撤退。我军乘势收复蒋庄、诸满、大桥、马牧池、岸堤、河阳等村镇，至 28 日，我们基本恢复了沂蒙山区根据地，历时 50 余天的反“扫荡”战役终告结束。

在这次反“扫荡”战役中，我军共作战 150 余次，歼敌 2300 余人，连同邻近各根据地的配合作战，共歼敌 4400 余人，攻克据点 160 余处。这次战役，我军民付出了很大的代价：我军伤亡 1400 余人，群众被杀害和抓走 1.4 万余人，鲁中根据地面积缩小 1/2。但是，我们胜利地粉碎了敌人妄图消灭我山东领导机关和主力军，彻底摧毁我鲁中根据地的计划，并取得了反对敌人毁灭性“扫荡”的重要经验。这一胜利，对于坚持和发展山东的抗日斗争有着重大的意义。

战牙山

许世友

1941年春天，乌云遮盖着天空，国民党亲日投降派发动的第二次反共高潮，卷向全国各地。继皖南事变以后，华中、华北各抗日根据地的八路军和新四军，无不遭受国民党军队的进攻。

在山东，国民党顽固派头子山东省主席沈鸿烈，在李仙洲、庞炳勋的策应下，大肆叫嚣："一地反共胜利，各地全部进攻。"他们调兵遣将，向鲁南、滨海、冀鲁边和胶东我军发起了疯狂进攻。尤其在胶东，以亲日投降派国民党整编十二师师长赵保原为首，聚集起几十支国民党投降派的队伍，组成了所谓"抗八联军"。他们公开宣布："配合皇军打八路军"，"皇军驻城里，我们驻乡村，互助互让，互相帮忙"。国民党九区专员蔡晋康，首先趁日军"扫荡"我大泽山地区之际，占领了我胶东军民坚持抗战的心脏阵地牙山，切断了我东西的联系。接着，他们又以牙山为依托，分兵三路，向我东海根据地发动了全面的进攻，妄图"把八路军消灭在东海地区！"严重地威胁着胶东我军和抗日民主根据地。

就在这时，山东分局决定要我带清河独立一团，由清河地区去胶东，统一指挥胶东我军第五旅和第五支队。分局指示：“以胜利的战斗粉碎投降派的反动进攻，收复牙山为中心的广大地区，使根据地连成一片，改善我军阵地，为继续坚持胶东斗争奠定基础。”3 月 13 日，我到达蓬莱黄泉洋南村，会见了胶东区党委的领导同志。

这时，国民党投降派在力量对比和态势上占着极大的优势。以赵保原为首的二三十个大小司令，共约五万人，分别占领着胶东的主要城镇；而我军约有一万人，五旅与五支队又被分隔在蓬莱、黄县、栖霞、招远边境和文登的昆嵛山区。投降派继续压向我军，又占我鹊山、上朱东，局势非常危急。

从胶东区党委书记林浩同志给我的一些材料上，也可以看到投降派的另一面。这就是他们卖国求荣不得人心，内部的利害矛盾极为深刻。赵保原本来是军阀张宗昌的一名小爪牙，九一八事变后，在东北投降日军，被编为“皇协军”。抗战后，赵部随日军侵入胶东，由于权力之争又投奔了国民党，取得了整编十二师的番号。然而，他与日军仍然信使不绝，暗中接受日军的番号：“伪剿共第七路军”。就连他们的臂章也两面是字：下乡抓丁、派款，戴着“国民党整编十二师”的臂章；遇上鬼子或者配合鬼子“扫荡”时，随手一翻，就成了“剿共第七路军”。另一个国民党的大头目李先良，挂着鲁东行署的招牌，却策动他属下的七区专员郑维屏，大部投敌，名为“留东支队”，还公开宣言拥护大汉奸汪精卫，说什么“非汪先生出任大计，不足以挽救此危局”。并兴办“反共保甲”，组织“反共保卫团”。盘踞福山的陈昱，竟公开向当地人民宣扬：“你们看我与皇军多亲善。他们不来‘扫荡’，咱专打八路军。”他们各霸一方，驻到哪里，哪里便“夜夜有枪声，天天添新坟”。群众对他们恨之入骨，骂他们是“活阎王”、“鬼子的干儿子”。材料上还记载着这样的事情：反复无常的赵保原，依仗其兵多武器精良，自立盟主，觊觎其他各部；其他各部也希图在其联合向我进攻中，抢夺地盘，发展实力。蔡晋康占了我牙山之后，赵保原红了眼，急忙致电蔡晋康："余在西方剿匪，虽颇多斩获，但亦疲惫不堪，因此愿以部队一部，开至牙山休息整理，以图再举。"蔡晋康大为吃惊，一面给赵复电，说什么"牙山地瘠民贫，不宜整军，请于西方休整……"一面急令所属部队："赵保原企图进占牙山，我应严阵以待。"国民党七旅旅长姜黎川，本来盘踞海阳，与赵保原发生利害冲突，被赵逐走。他们虽然在反共方面是一致的，但内部争权势、抢地盘的斗争却时刻都在进行。

区党委在14日开了一天会，充分研究了党中央、毛主席和山东分局的指示，并根据分局决定，成立了胶东指挥部。大家认为：就胶东的情况来看，国民党投降派不仅"坚决地执行其防共、限共、反共政策，并以此为投降日本的准备"，而且有的已经明目张胆投靠在日军卵翼之下。在这种情况下，我们决不能无原则的退让，必须坚决执行毛主席指出的"对于顽固派的军事进攻，必须坚决、彻底、干净、全部地消灭之"的原则，也只有如此，才能彻底改变胶东的局面，壮大我们自己。我们也分析了敌我力量。虽然国民党投降派的力量暂时较我军强大，但他们不得人心，内部矛盾，这就给我们造成了各个击破的机会。我军力量虽然较弱，只要我们按照毛主席指示的：弱军要胜强军，弱军的"一切突击兵力以全部集中为原则"，加上"优良的阵地"、"优越的人民条件"，是可以使我们从弱者的地位，改变成战斗中的强者，并取得反投降的胜利。大家一致表示：坚决拥护和执行党中央、毛主席和山东分局的指示，立即反击。

根据大家的意见，我提出：事不宜迟，趁投降派气焰嚣张之时，出其不意发起反击是有利的。盘踞牙山的是投降派中较弱的蔡晋康，且有兵工厂。首先夺取牙山，既符合毛主席的"先拣弱的打"，又可以缴到大量枪械、子弹，利于今后作战。牙山又是胶东的磨子心，夺取牙山之后，就可以居高临下，四面出击，打通东西两块根据地，控制胶东的心脏地区。然后再在海、莱边歼灭赵保原主力，解决李先良，全盘掌握胶东。这个作战方案，大家一致同意，并决定15日准备一天，做好政治动员工作，当瞬就发起战斗。

15日夜，我西路的五旅，东路的五支队和清河独立一团，像两个拳头，同时砸向蔡晋康和陈昱部，开始了反投降战役。

西路四个团由指挥部率领，分三路向牙山反击。部队从牙山侧后的山间小路直扑蔡晋康的司令部。16日全部占领了牙山，歼灭蔡晋康大部，缴获了大批的枪械、弹药。蔡晋康带领残部东逃桃村，我军跟踪追击。18日下午，桃村又被我军攻克。同时，东路五支队的三个团，也在18日歼灭陈昱大部，攻下灌水，控制了福山。

牙山，又名锯齿牙山，山势险峻，峰峦矗立，有如锯齿，而且土地肥沃，物产丰富。1648年（清顺治五年），于七起义抗清，就曾以牙山作为重要根据地。1664年（清康熙三年），清将济什哈带兵包围牙山，两军对峙两个月后，于七才突围而走。于七起义的这段史实，很少在满清官方的记载里得到反映，但却流传在人民中间。就在区党委开会的间隙里，林浩、高锦纯同志和我一起在庄头散步，有个老年人还告诉了我们于七的故事，并且说："当年于七所以最后离开了牙山，就因为清军抄了牙山的后路。"他的话启发了我们，我军也由侧后奇袭，一举成功。

我军初战得手，形势也就起了变化。敌军调动忙乱，指挥失当，一时就像被捣了窝的马蜂。赵保原看到牙山被我攻克，左路进攻部队也遭到反击，急忙将其主力三个团西撤郭城。区党委和指挥部根据这一变化，紧接着提出："背靠牙山，南下海阳"，向赵保原部发起反击。于是我军便直扑赵保原部侧背，3月22日拂晓，五旅和清河独立一团，便将郭城包围。

五支队反击陈昱部获胜之后，紧接着又向国民党投降派右路进攻的部队，发起了强大的反击。他们首先攻克崖子，歼国民党顽固派六旅大部，生俘旅长苗占魁。这个由国民党警官出身、趁敌后混乱拉起了队伍的“麻子头”，欺压人民，进攻我军，自知罪行不小，因此被俘后，面如土色，言语木讷。在严词责问下，他连称：“死罪，死罪。”并且表示：只要能够宽大释放，他再也不敢反共反人民了。为了分化顽固派军队中的头目，我们向其进行了教育后，当即释放了他。继攻克崖子之后，我五支队又于22日下午，击退了继续向我军进攻的秦玉堂、郑维屏、安廷赓、赵汉卿等部，控制午极一带。至此，投降派的三路进攻便到了树倒猢狲散的地步，大小反动头目纷纷率部逃向海阳境内。26日，赵保原也率部逃窜，当即被我歼灭一部，郭城亦告解放。

攻克郭城后，我五旅与五支队便胜利会师了。这时候，赵保原和其他各部，一面困守发城、吉格庄、玩底一线，一面派人向日军和其他顽军求援。我军虽然已经掌握主动，但强行攻坚仍是不利的，而且其他顽军必定来援，只有再一次给予其歼灭性打击，才能彻底打掉其反动气焰。基于以上情况，部署重新作了调整：以一部继续围困发城和吉格庄，另以有力的一部控制于山阵地，采取围城打援的战法，求得在运动中歼灭敌人。

果然，4月27日，国民党五十一军派部自鲁南来援，其先头部队一个营到达发城地区；国民党地方反动部队厉文礼、张步云部，也伸到莱阳边境。赵保原等见有人撑腰，一时气焰又上升了。他们立刻纠集了4000多喽啰，大举向我进犯，高叫“于山大会战”。五十一军这个营，不但起了为大小反动头目壮胆的作用，而且他也以“正规军”自居，非常嚣张。根据这个情况，如果能给这个营以严重打击，不但可以使其他顽军不敢来援，而且会使全线顽军动摇。这天，这个营疯狂地向我指挥部的阵地发动了进攻。他这一动作，来得正好，我当即率一个营发起了反击。战士们手端刺刀，嗷嗷叫着，一个泰山压顶，便把他打了个稀里哗啦，并缴获三挺机关枪。紧接着，清河独立一团、五旅、五支和各县的县大队，也在全线发起了反击，随军民工和附近群众，也手舞叉、锄和扁担赶来助战。激战数小时，其他顽军也被我军歼灭或击溃。“于山大会战”又以敌人的失败而告终。

伤亡惨重的五十一军先头营逃回沂蒙山区。赵保原见形势不妙，急忙构筑碉堡，巩固防守体系。这一手，赵保原自以为是得意的一着。据俘虏的赵部官兵说，他曾屡次讲：“土八路没有炮，看他们怎么办？只要皇军下乡‘扫荡’，我们就可以得救了。”

我们没有炮，但我们有无畏的战士！我们在敌军的碉堡之间，也修起碉堡，把其分割开，逼使他向我进攻，在运动中杀伤他们。

每当夜幕降落，机枪射手和狙击手们，便秘密地进入阵地，各自封锁分工的敌碉枪眼。接着，战士们背着枪，推着装满泥土的木箱和柳条筐，从四面八方匍匐前进。敌碉枪眼火光一闪，我们的机枪手和狙击手便立即还击。战士们在敌人的碉堡之间，把木箱、柳条筐堆起来，再围上积土，于是一座简便的碉堡便筑成了。碉堡越来越多，敌人的防守体系，被这些简便的碉堡分割得七零八落。战士们依托着这些碉堡，把敌人死死地围困起来，使他们不敢外出、不敢露头。同时，我们又大力向敌人开展政治攻势。无数张油印传单，散发到敌军内部去；醒目的大字标语，贴在席子上，竖在敌人的围子前。每到晚上，我军政治工作人员便动员、组织顽军家属、顽军俘虏喊话，告诉顽军士兵们，有血性的中国人，决不能随投降派头子去投降日本人！跑到八路军这边来！抗日是每个人的神圣责任！

赵保原和他的大小头目有什么办法呢？他们得意的防守体系，不但防不住我们，连他的士兵也防不住。每到夜里，顽军士兵们便悄悄扔下碉堡，跑到我们这边来。为了预防士兵逃跑，他们又想出一个“绝招”，把士兵像拴螃蟹一样一串串地拴在一起。谁知道，本来是一个个地跑，后来竟一串一串地溜。

赵保原在我围困下，上天无路，入地无门，被迫于7月27日夜，率残部突围。突围中，除了他的基本骨干——流氓、地痞们以外，士兵们每五六个人用一条绳子捆着。这倒给了我们许多方便，一下子就俘虏了他2000多人。

赵保原的主力遭到了惨重打击，其他的大小司令们，有的被全歼，有的带着残兵败将，纷纷逃出莱阳、海阳地区。这样，胶东心腹地带，重新成为抗日民主根据地。我军也在斗争中壮大了一倍以上，与顽军在数量上相等了，迫使投降派再也无力发动进攻。

牙山之战，胶东军民把它称为“五个月反投降”。这一仗，不但打开了胶东的新局面，也证明了“斗争是克服投降危机、争取时局好转、巩固国共合作的最主要的方法”。

变伪化区为抗日民主根据地

余纪一

1941年春，我到淮南津浦路东区党委主持敌工部工作，曾配合路东联防司令兼独四团团长罗占云同志，针对扬州方向的日伪军，开展对敌斗争。

这年秋初的一天，我接到路东区党委刘顺元书记的通知，要我马上到颐庄区党委驻地商量要事。我立即来到区党委，李世农和方毅同志都在那里。刘顺元同志说："现在我们开个小会。"他随即摊开了一张淮南地图，上面用笔勾画得非常醒目的一块地区，立即映入了我的眼帘。"这不是邵泊湖以西地区吗？"我还没来得及继续往下想，刘书记即对我说："纪一同志，组织上决定你去执行一项重要的任务，要你深入湖西地区，发动人民群众，发展党的组织，开展对敌斗争，建立抗日民主政权，变这块伪化区为抗日民主根据地。"他边说边用手指着地图上的标记继续说："这个地区现在的斗争形势十分复杂。过去，陶勇的苏皖支队、叶飞的挺进纵队和五支队的部队都先后在这里活动过。1940年下半年，我们在这里建立过湖西办事处。后来，敌人伪化了这个地区，并把这里称之为'和平模范区'。国民党顽固派在这个地区也有活动。你去那里以后，一定要先摸清情况，然后提出一个工作方案来。”我接受任务后脑海里一天到晚琢磨：到那里后在何处落脚？找谁了解情况？今后的任务如何完成……我想了许多许多。

一天清晨，晴空万里，秋风宜人。我装扮成小商人，向湖西进发了。一个从湖西找来的农民给我当向导。我们俩沿着必须经过的大仪—陈家集—谢家集一段公路前进时，突然发现前方有四个人在徘徊走动，我定眼一看，他们身穿便衣，走起路来挺腰摆肩，摇摇晃晃，不人不鬼，心想：“一定是日军的便衣特务。”这时，有几个商人赶着驮货的骡子，从大仪方向过来了，那几个家伙立即拔出手枪，挡住他们检查盘问。我的向导见此情景，神情非常紧张，我镇静地对他说：“不要惊慌，不要偷看他们，只管向前走。”我们离日伪便衣越来越近了，200米，150米，100米，这时靠近了一个岔路口，我俩谈笑自若，装作小便，然后走上了小路。我边走边小声地嘱咐向导：“不要回头窥视敌人。”就这样走着走着，很快进入了高粱地，避过了敌人，闯过了进入湖西的第一关。

当晚，我们来到离大仪日伪据点七八里路的一个小村庄，在一个过去与我们有过联系的伪乡长家里歇了脚。夜里，我找来了原来的湖西办事处主任李梦甲，他介绍了湖西地区的斗争形势和敌人的情况。第二天，我又找到了陈仁刚。这是个知识青年，原来入过党，这个地区伪化后，思想一度消沉。经过我做工作后，他表示继续革命下去。其兄陈仁术，是当地有影响的实力派，他对我们的政策有疑虑。为了团结、争取进步青年和地方实力派共同抗日，我即以陈仁刚的家作为开展工作的依托，每天晚上深入到一些伪乡保长、伪自卫团长以及地主士绅家里，宣传我党我军的抗日主张，揭露敌人的罪恶，并以坚持抗战，“自卫保家”，争取胜利的口号，来激励他们的抗战热情。经过一个多月的活动，我除争取了14个伪乡长、伪自卫团长和一批士绅，团结了十多个进步知识青年外，更大的收获是摸清了湖西地区的情况。

湖西地区有70万人口，是个比较富庶的地方。它东起运河，西迄天长—仪征公路，南濒长江，北抵高邮湖，和淮南津浦路东根据地紧密相连，是沟通我路东根据地与苏中、苏南根据地的交通要道。迅速把这个地区变为抗日根据地，对我淮南抗日根据地与苏北、苏中、苏南根据地连成一片，对保卫华中和新四军军部，对支援抗战，改善淮南抗日根据地军民的生活，都具有重要的意义。

日伪军在这个地区的主要部署是，第十二混成旅团的指挥机关设在扬州，除对付苏中我军外，还指挥天长、仪征的战事。伪军二十四师驻天长、扬州、高邮地区。敌人沿着天长—扬州、天长—仪征公路，在甘泉山、大仪、秦栏镇、天长、仁和集、金家集、谢家集、仪征、十二圩等地设有据点。各乡都由伪乡长、伪自卫团控制。日伪军的据点里，日军并不多，主要是伪军和伪自卫团。因此，我们只要把大多数的伪乡长、伪自卫团长争取过来，敌人就会失去耳目，难于行动。

湖西人民在日伪军的残酷蹂躏下，处在水深火热之中，过着亡国奴的生活。敌人经常下乡抢掠，强迫群众送吃送喝，还要群众选送妇女，美其名曰“慰问”。当地的群众说：“我们恨鬼子，盼着新四军快来打鬼子，现在我们没有办法，只好‘唬鬼子’。”

国民党韩德勤乘敌人伪化湖西地区之机，委派顽扬州县长张济传到这个地区活动，设立顽区、乡政权。他还有一支县的地方武装，常在黄珏桥一带为非作歹。国民党顽固派在湖西地区设立了秘密政权组织——湖西办事处，这个办事处的主任糜光国，表面上不干政事，暗地里进行活动，并在陈家集设有情报站。此外，顽固派还利用一种叫“菩提善道”的反动会道门组织，来蒙骗、麻痹湖西人民。国民党在这里的势力虽然较弱，但还能使一部分人对其抱有幻想。

我党我军在湖西地区的影响是很大的。过去，我们的部队在这一带活动时，广泛宣传群众，争取、团结了不少开明士绅和进步青年，给湖西人民留下了良好的印象。特别是1940年春，我在半塔集守备战中，打败了韩德勤的进攻，建立和巩固了路东抗日根据地，这对湖西地区的人民影响很深。这个地区的形势，总的来说，对我开展斗争是有利的，同时也是尖锐复杂的。为取得斗争的胜利，掌握运用好党的政策和策略，显得尤为重要。

我摸清湖西的情况后，立即向路东区党委作了汇报。根据湖西地区的形势，提出的工作方针是：发展进步势力，组织进步的知识青年，积极投入抗日救亡斗争；争取当地的伪乡保长、伪自卫团长和地主士绅及地方实力派同情抗日；孤立国民党顽扬州县长张济传，将其势力挤出湖西地区；打击那些死心塌地投靠敌人的汉奸特务，相机歼灭日军。同时，我们也分析了湖西地区的不利形势，主要是不具备马上将这个地区转变成抗日根据地的群众基础，应该首先发展党的组织，建立两面政权，开展统一战线工作，组织秘密武装，为建立抗日民主根据地创造条件，并制定了具体的工作步骤。区党委批准了这个工作计划。

1942年初，我带着便衣队回到湖西开展工作。头一件事就是恢复湖西办事处，重建湖西工委，李梦甲任办事处主任，负责联系上层人士；陈仁刚任副主任，分工做进步青年工作。我以天长、仪征、高邮、扬州四县督导专员的身份，召开了伪乡保长会议，宣布湖西办事处正式成立。湖西工委由我、程震文和李唯知三个同志组成，我是书记，程震文任组织部长，李唯知负责敌伪军工作。后来，姚一青、葛鸿同志也先后参加了工委。

湖西办事处和湖西工委成立后，湖西人民的抗日斗争有了领导核心。我们首先深入到长江边、扬州城附近，以及高邮湖以南地区，组织青年读书会，宣传抗日救国十大纲领，发展进步知识青年，扩大抗日力量。第二，积极开展武装斗争，打击亲日势力，争取可以争取的投靠敌人的分子。这年春的一天，我带便衣队突袭了我们活动中心区内的刘家集伪自卫团，缴了他们的枪，逮捕了伪自卫团长和派出所长，随即向他们宣传我党我军的抗日政策和抗战必胜的形势，并对他们说，你们是中国人，又都是本地人，应该调转枪口打日军，保护湖西人民。他们经过宣传教育，表示愿意为我方工作。这个伪自卫团，虽然是谢家集敌人控制这一地区的工具，但为了争取更多的伪军政人员同情抗日，我们还是释放了伪自卫团团长，并把枪支还给了他们。那个派出所所长是扬州伪警察局派来的，他回去后，为抗战做了不少有益的工作，经常为我们送情报，还为我们争取了扬州日军司令部里的一个翻译。敌人一出发，这个翻译就把情报送给我们，有时敌人突然行动，来不及送情报，他就派情报员走在前面，给我们示意打招呼。有一次，我们侦察到大仪日伪据点里有一个日军翻译正在家里。他的家住在乡下。我带领便衣队突然闯进他的家，抓住了他，经过教育，他表示愿意为我方做些工作，我们也释放了他。我们在分化瓦解伪军汉奸的同时，镇压了几个死心塌地投靠敌人的分子，打击了敌人的反动气焰。

我在湖西的活动使敌人感到恐惧和震惊，日军遂挑选了一批特等射手化装成“便衣”来对付我们。我们的一个指导员，因不熟悉情况，在古井寺遭到日军的突然袭击，壮烈牺牲了。为反击日军便衣队的袭击，我们的便衣队经常深入到敌人据点附近，伺机打击、捕捉日军。有一次，我们便衣队化装成农民，在离大仪日伪据点二三里路的田间劳动，把衣物和吃的东西放在田边公路旁，引诱敌人，日军果然上了勾。正当他们洋洋得意、毫无戒备之时，我们来了个出其不意，活捉了两个，并随即送到了师部。这次行动给敌人震动很大。日伪军看到我们已建立了抗日民主政权——湖西办事处，人民抗日情绪不断高涨，伪乡保长及地方实力派日益靠拢我们，他们感到日渐孤立，就采用收缴民间枪支、扩大伪军等手段来削弱抗日力量。7月的一天，日军以检阅伪自卫团和检验枪支为名，企图乘机收缴枪支，改编乡、镇伪自卫团为伪军。我便衣队得知这一情报后，遂埋伏于刘家集以北的张家洼一带，在独四团一个班的配合下，袭击押送枪支的伪军，冲散伪自卫团，破坏了日军的缴枪计划。接着，我们开展了反缴枪斗争，我以四县督导专员的身份，召集伪乡保长、伪自卫团团长和有枪支的地方实力派开会，向他们指出，日军收缴你们的枪支，主要是为了扩大伪军，这对你们自卫保家危害极大。希望你们以抗战大局为重，把枪支交给我军，支援抗日。于是，当天晚上，不少人就自动地把枪送来了，我们一过数，共有长短枪近百支。我们遂挑选了三四十支好枪送给了后方，其余的装备了一个七八十人的湖西办事处警卫连。

湖西地区的斗争是犬牙交错的，特别是当地的亲日势力和叛变投敌分子，对我们开展工作威胁极大。为扫除前进道路上的障碍，我们采取了“挤”、“拉”、“打”的三字策略。一是把国民党顽固派在这个地区的势力挤走。当时，顽固派经常派遣特务来湖西活动，收集情报。如一个自称是“菩提善道”道长的湖南人，经常出入扬州敌人的据点，连日军的哨兵都要向他敬礼。这个人以扬州为据点，每月来湖西一次。我们经过多方观察，断定此人是个“双皮”特务，决心将他赶走。有一次，他胸前挂着“菩提善道”的徽章，嘴上留着长长的胡须，伪装成一个老道长，窜来湖西，每天晚上，召集当地的男女老少，齐聚一堂，口念所谓的“七字真言”，通宵达旦地愚弄群众，麻醉人民的抗日意志。一天，我们侦察到他在刘家集一个实力派陈玉琦的家里活动，我带了便衣队突然把他抓住，经过审问，他承认是国民党江苏省党部委员。我严厉地斥责他说，我们在这个地区发动群众抗日，你搞这个东西，诱骗群众当顺民，与我们唱对台戏，以后不许你再来干扰我们的工作。他连连点头说：“是是是。”我要他立下字据，撤销“菩提善道”，不再来湖西扰乱人心。他写了保证书，按上了手印。我们释放了他。自那以后，他再也不来湖西了。为消除其影响，我们随即组织进步青年深入到群众中去，揭露顽固派的阴谋，宣传我党的抗日政策。

顽固派的势力被我挤走后，伪乡保长及一些地方实力派进一步向我们靠拢了。二是争取一切愿意抗日的人共同对敌。我们了解到国民党组织的地下湖西办事处主任糜光国，表面上装着不干事，暗地里却与顽扬州县长张济传联系，为其提供情报。但他竭力否认这些。我在此情况下，为团结其抗日，对其采取了“拉”的政策，经常教育他，使其暂时不做坏事。三是打击亲日势力和叛变投敌分子。当时，顽固派有一股残留武装在黄珏桥地区活动，它的头目叫吉庆铭，是我方叛变过去的分子。一天，我便衣队将他活捉后，在杨家庙轰轰烈烈地召开了群众公审大会，处决了他。从而振奋了湖西人民的精神，提高了湖西办事处的声威。

为进一步发动群众，增强地方实力派和进步人士的抗战信心，1942 年春、秋两季，湖西工委先后两次组织爱国的知识分子、进步青年和地方实力派到路东根据地参观。参观团受到张云逸、方毅、汪道涵等领导同志的热情接待。他们在根据地，亲眼目睹了官兵平等、军民团结、发展生产等的动人情景，深有感受地说，百闻不如一见，真受鼓舞，真受教育。

为迅速将湖西地区建成抗日根据地，1942 年，湖西工委先后建立了古井、二五、黄珏、公道四个区的民主政权。在扬州城、十二圩、施家桥等地发展党员十余人，建立了地下党组织和秘密交通线，用以获取敌人兵力增减和军事动向的情报，护送往返于苏南、苏中的我党负责人和交通员等。施家桥这个联络站，是我们与苏南、苏中新四军经常联系的一个秘密工作点，当时由孙鹏同志负责。我们在扬州的秘密联系点设在侯锦文的家里，这里是我进出扬州的隐蔽点。在对敌伪军工作方面，我们也做了不少工作。有一次，汪伪“和平军”一个团，派人和我联系，要求我们把他们的部队拉过来。我随即派李唯知同志到城里伪团部商谈具体事宜。条件谈好后，我回二师师部报告了情况。师首长指示，把部队拉过来难处理，还是留在那里为宜，给他们任务，要他们为我方工作。我根据师首长的指示，作了妥善处理。为获得南京日军司令部和汪精卫政府的战略情报，我们派周铸（陈德钧）同志打入伪江苏省粮食局后大椿（原属汪伪中央政府、国民党特务头子李士群系统的）那里，获取敌伪的情报。此外，我们还在长江水陆交通要道的十二圩，建立了地下党支部，配合湖西地区的开辟工作。

一年多来，湖西工委和湖西办事处进行了艰苦不懈地斗争，为把湖西地区迅速变为抗日民主根据地准备了必要的条件。

1943 年 6 月，淮南区党委和二师师部决定将湖西工委和水南工委合并，成立甘泉县委和县政府，并抽调路东军分区警卫营一个连和一个便衣侦察队作为基础，组建甘泉支队，胡炜同志任县委书记兼甘泉支队司令、政委，我任县委副书记，程震文同志任县委委员兼组织部长，民主人士董筱川同志任县长。县委成立后，即公开提出把伪化区（当时称为同情区）转变为抗日根据地的任务，发动组织群众，扩大抗日武装力量，建立区乡抗日民主政权，积极开展对敌斗争，取缔伪组织，废除伪捐税，收缴伪自卫团的武器。7 月底我便衣侦察员在铁牌店、杨兽坝各抓获一名出来赶集闲逛的日军，我们的工作引起了敌人的重视。8 月上旬，驻大仪集的日伪军约 200 人，偷袭我县委驻地，由于我事先转移，敌人扑空，我集中一个多连的兵力，在敌人撤回的路上伏击敌人，激战三个多小时，毙伤敌人 60 余人。接着甘泉山日伪军 200 余人，出扰古井寺、铁牌店，我将敌击退，毙伤敌人 30 余人。战斗的胜利，鼓舞了军民，推动了各项工作的开展，也震撼了敌人。8 月下旬，驻扬州的伪二十四师派出一个多团的兵力，进占黄珏桥、公道桥、杨兽坝等地，到处抢掠抓人，群众恐慌，地主士绅动摇，情况一时显得很紧张。在这种情况下，不给敌以有力的打击，是无法稳定和发展形势的。于是县委发动和组织群众，积极地和敌人进行斗争，同时寻找敌人弱点，争取歼敌一部。黄珏桥在二十四师腹心地区，当时了解到敌仅有一个连驻守，10 月初我集中两个多连的兵力，经

80里的急行军，奔袭黄珏桥，将敌歼灭，俘70余人。战斗胜利后，部队又协同刚组建起来的区、乡武装，不断地袭扰公道桥、杨兽坝的敌人，断敌交通运输，阻敌出扰，在我围困和打击下，该两处敌人，被迫于10月下旬撤回扬州。接着仪征日伪军二三百人，出扰龙河集，又被我击退，毙伤敌30余人，夺回被敌抢走的粮食和群众的财物，打退伪二十四师和仪征敌人的进攻后，群情振奋，我乃利用有利时机，放手发展自己。到1944年春，除动员600名青年参军补充主力外，甘泉支队发展到1500余人，建立起十个区、40多个乡的抗日民主政权，发展党员200余人，农抗会员1.4万多人，组织民兵3000余人，实现了把伪化区变根据地的计划。

山子头自卫反击战

韦国清

抗日战争期间，国民党顽固派发动的第一、第二次反共高潮被打退后，我党我军为争取改善国共关系，加强抗日团结，从多方面作了许多努力。但是，蒋介石不仅不对他的反动政策作丝毫改变，而且变本加厉地推行其消极抗日，积极反共反人民的政策。1943 年 3 月，他发表了臭名昭著的《中国之命运》一书，大肆宣扬封建法西斯主义，极力诬蔑我党我军和我党领导的敌后抗日根据地，为掀起第三次反共高潮进行政治动员和舆论准备。这一年是华中敌后抗战处于最困难的一年，也是淮北地区斗争最艰苦的时期。

1942 年底，淮北军民刚刚粉碎了日军的 33 天大“扫荡”，蒋介石命令驻阜阳、蒙城地区的王仲廉部越津浦铁路东进；鲁苏战区副司令长官、江苏省主席韩德勤率部渡运河西犯，侵入我淮北根据地中心区，接应王仲廉东进，企图东西对进钳击我军，得手后在洪泽湖畔建立新的反共阵地。为了粉碎国民党顽固派东西对进对我夹击之阴谋，新四军军部决定在韩、王两部会合前，首先给韩德勤部以痛击，然后再转移兵力阻止王仲廉部东进。1943 年 3 月 17 日夜，新四军第四师第九旅、第十一旅，第二师第五旅和第三师第七旅，在我第四师师长彭雪枫、政委邓子恢统一指挥下，对侵占我山子头一带之韩德勤部进行自卫反击，激战至18日下午2时，全歼国民党军鲁苏战区副司令长官部及保安第三纵队、独立第六旅，生俘韩德勤、韩总部参谋长吕汉卿、参谋处长陈沛浩、保五团团长赵成壁、独六旅十八团团长苏祖武以下官兵1000余人。击毙保安第三纵队司令王光夏、独六旅旅长李仲寰。缴获轻机枪40挺，重机枪16挺，炮二门，掷弹筒六具，长短枪750余支，并缴获到蒋介石与韩德勤预谋合击我新四军四师和淮北根据地的电报。山子头战役的胜利，粉碎了国民党以韩、王两部东西夹击我军的阴谋，最后铲除了国民党反动派留置在我华中根据地内的反共堡垒，保卫了华中抗日民主根据地。

山子头战役期间，我第四师第九旅担任了主攻韩德勤总部和王光夏的保安第三纵队的任务。

韩德勤背信弃义

1940年黄桥战役后，韩德勤的副司令长官部及其所属的部队分别驻扎在苏北兴化、曹甸、车桥地区，并侵占我东沟、益林、凤谷村一带。由于韩德勤率部不打日军，专事反共反人民，所以，与日军虽近在咫尺，却相安无事多年。1943年初，国际形势发生了重大变化，苏联红军和英美盟军在欧洲和太平洋战场转入反攻，德、意、日法西斯已处于不利地位。日军为了“粉碎英、美反攻的太平洋总体战”，不允许“渝、共再盘踞在富于战争资源的长江下游”，决心“予韩德勤总部、江苏省政府及新四军军部以毁灭性的打击”。因此，1943年春，日军万余人对我盐阜区和韩德勤部所在的淮安以东地区发动了大“扫荡”。

在敌伪“扫荡”前，韩德勤致函我新四军第三师黄克诚师长，要求派代表与我方谈判。经我方同意，韩德勤于1月8日派潘良甫、梁国栋、徐义承三人到达我第三师师部。我方给予热情接待，经过数日商谈，双方约定如果日军向韩部“扫荡”，我军即配合作战，牵制敌人，韩部在不得已时可向我之防区指定地点转移。韩德勤的代表向我方保证：(1) 敌向其“扫荡”而向我区转移时，对我地方政权、民众团体不予侵害，予以保护；(2) 敌“扫荡”停止时，其转移我区之机关部队即返原防；(3) 对我非指定的其他地区不得进入，以免妨害我军的作战部署。

2月12日，日军由湖垛、宝应、淮阴、淮安及涟水等地出动，向韩德勤部合击，迅速占领了凤谷村、车桥、曹甸和泾口。韩德勤不战而溃，一部投敌。我军信守诺言，在新四军军部统一命令下，向敌伪据点频频出击，分散日军兵力，切断日军退路，勇猛打击了敌人，从而使韩德勤部免遭全军覆没的危险，并且还掩护韩部退入我淮海根据地之淮阴、涟水、苏家咀之间休整，同时，又在粮草、经费等方面给予接济。我党我军这种光明磊落的行动，博得了各阶层舆论的赞扬和韩德勤部广大士兵的感激。

为了支援韩部，在淮北地区，我四师九旅部队分三路强袭洋河敌据点，激战五小时，摧毁碉堡20余座，将敌伪全部歼灭。在攻下洋河敌据点之后，九旅部队积极扩大战果，又强袭了海（州）郑（州）公路沿线的田河、邱圩子敌伪据点，摧毁其全部工事，将敌全部歼灭。在苏中地区，一师部队进袭南通东北孙家窖、曹家埠敌据点，激战五小时，将敌伪全部歼灭。我军打击日军、支援友军的行动，韩德勤被俘后，他和陈毅代军长交谈时也不能不亲口承认：“我部在反‘扫荡’突围之际，贵军确对我有实际战斗配合。”

然而，在日军“扫荡”停止后，韩德勤、王光夏却背信弃义，恩将仇报。他们不仅不“即返原防”，却在“南返原防，收复失地”的烟幕下，于3月1日，突然向西侵占我苏北淮海区宿迁以东里仁集、程道口等地。我方婉言规劝其遵守协议，但韩德勤仍执迷不悟，又于3月中旬，亲率八十九军、保安第三纵队、独立第六旅等部，偷渡运河，侵入我淮北中心区青阳镇（今泗洪县）以北之金锁镇、界头集、山子头一带，并令第八十九军赶赴安徽省灵璧县以北地区接应王仲廉部东进。韩德勤部侵入我山子头地区后，对我地方政权、民众团体也不是“不予侵害”，而是逮捕我泗阳县中扬区的副区长，缴了我中扬区区队的枪械，杀害我伤员、地方干部和群众，并召开什么“士绅会”，妄图委任他们的区长、乡长。韩德勤忘恩负义的罪恶行径，激起了我根据地军民的无比愤慨，纷纷摩拳擦掌，要求严惩韩部。

与此同时，蒋介石命令在津浦铁路以西的王仲廉部在3月5日前东进。3月11日，王仲廉率领五师李守正部3个团及苗秀霖部保三团和保八团，共5个团兵力，由蒙城出发，越过津浦铁路于22日进至灵璧以北地区。淮北地区是华中抗日根据地的西大门，是华中与山东、华北联系的枢纽，其战略地位非常重要。王仲廉已闯进了我们的西大门，韩德勤又深入我们的后院，东西夹击的态势已经形成，我军处在腹背受敌的困难境地，严峻的局势迫使我军不能不奋起自卫。

军部下令反击

为了粉碎韩德勤部和王仲廉部东西对进对我夹击的阴谋，制止蒋介石扩大内战，保卫我华中抗日民主根据地，3月14日，新四军军部向四师、二师和三师发出了聚歼韩德勤部的预先战斗号令：为击破顽韩在洪泽湖边建立根据地之企图，并粉碎王仲廉之东进，巩固我现阵地计，第四师主力及二师五旅、三师七旅与淮海军分区部队归第四师彭（雪枫）邓（子恢）统一指挥，歼灭该顽。

3月15日，军部正式下达了作战命令。命令的主要内容是：

1. 顽韩亲率王光夏纵队及八十九军一部进占程道口、里仁集一带地区，企图与路西王仲廉部会合于洪泽湖沿岸建立根据地，以图与我抗衡。如若韩、王企图实现，将引起淮北、淮南形势严重变化，则对我今后华中斗争任务亦受极大影响。

2. 兹为打破韩、王建立洪泽湖根据地之企图，决定在韩、王未会合前首先集中打击韩德勤部以达我各个击破之目的。

战役组织部署动作如次：

（1）此次战役部队编成，除四师以一部担任警戒，阻击顽东进部队外，该师主力与二师五旅、淮海临时指挥部及三师十九团、二十团，淮海军分区部队等统由四师彭、邓指挥。

（2）淮北四师阻顽东进之部队，目前应积极活动……阻击与迟滞其东进。

（3）我对顽韩作战兵团应立即集结于韩军周围适当地点部署完毕。同时，四师一面派遣代表与韩说明当前淮北形势之严重，敌之“扫荡”即将到来；同时霍师长（指国民党五十七军霍守义的一一二师）所率部队路过淮北时纪律极坏，沿途扰乱民众，逮捕我工作人员种种不轨行为，地方损失颇重，引起群众不满，同时霍部声言韩主席即将率大队来洪泽湖岸一带，引起群众异常惊慌。表示：如韩擅自行动发生误会，我概不负责等理由以拒之。同时淮海部队应即以各种方式劝导韩德勤、王光夏部按照其代表与黄（克诚）师长前定之诺言立即归返原防。如其不受劝告或故意敷衍以拖延时日，则绝勿受其欺骗，我即给予迅速的坚决的打击并歼灭之……过去我方对韩、王之援助仁至义尽，强调团结是应该的，现在已到不武力驱逐韩、王则更要妨害整个抗战团结前途。故前线各部队首长应迅速动作，完成驱逐韩、王，根本粉碎其盘踞运河两岸之目的。

(4) 各部接电后限17日前行动。临时指挥部及五旅电台立即与四师切取联络，听候四师彭邓指挥。彭邓应即进行具体部署并具报本部。各级政治机关即本此电意旨进行内部动员，揭破韩王阴谋及本军之必要的自卫处置，不武力驱逐韩王则更要妨害整个抗日团结前途。

接到军部的反击命令后，四师首长火速集中部队，部署反击。15日当天，四师首长发布了作战命令，通报了敌情，确定了各部队的作战任务。17日下午2时，彭、邓首长召集了由我和十一旅旅长滕海清、七旅政治部郭主任、五旅十四团政委、四师骑兵团首长参加的作战会议。会上师首长首先分析了顽我态势。截至17日12时止，敌情已经查清，据我各方侦察报告，占领我山子头盛圩等地系韩德勤总部和王光夏的保安第三纵队，独立第六旅，共2500—3000余人，其外围尚有顾锡九部千余人。我方情况，由于日伪军对我“扫荡”，当时部队比较分散，除九旅二十六团和四师骑兵团比较集中外，二十五团只有一个营在附近，还有一个营远在泗灵睢地区，三师七旅大部在淮海地区，只有二十团第二营和旅直属队，由郭主任、黄参谋长率领在泗阳地区。二师五旅直属队率十三团正在由淮南北移中，其十四团则分散在淮泗地区。而十一旅部队因分散活动仅集中到两个营。到16日为止，我方集中起来的部队只有二十五、二十六团，骑兵团，三十一、三十二团各一个营。为及时给韩、王以打击，决心遵照军首长电令，不待主力全部集中即以现有兵力向山子头、盛圩等处顽军攻击。这次会议上决定了如下部署：

1. 第九旅主力（二十五、二十六团）由我指挥，歼灭山子头地区之韩德勤总部和顽保安第三纵队保五六两团及王本部，得手后即北移会攻独六旅。

2. 第十一旅三十一团、三十二团各1个营及五旅十四团4个连统一归十一旅旅长滕海清、政委赖毅指挥攻击独六旅。

3. 淮海南下部队除电告外，另专函由郭主任带去寻找，预定其向仓集以南攻击前进，得手后会攻独六旅。

4. 十三团到达后即作总预备队。

5. 彭、邓等师部首长在界头集开设前线指挥所。师首长要求已经到达的部队，黄昏进入攻击位置，零时发起攻击。为了加强主攻部队九旅的兵力，师首长确定师警卫营附属九旅指挥。

冒雨发起进攻

在接受军师首长交给我旅的主攻山子头战斗任务后，旅召集各团首长作了认真的研究和部署。这次战役，在总兵力的对比上我军不占优势，在我旅的攻击方向上同样是这样，据守山子头地区的顽军，有韩德勤总部及其警卫部队，有王光夏保安第三纵队纵队部率第五、第六团。而我攻击部队只有第二十五、二十六团两个团。军、师首长指示解决战斗要迅速，不要打成对峙，不能拖延时间。为了圆满完成上级交给的任务，我们经过反复研究，最后定下了集中兵力，各个击破，“擒贼擒王”，速战速决的决心。在作战部署上，以小部（一个连）的兵力牵制顽军，集中二十五、二十六两个团的大部兵力，攻歼韩总部、王光夏的纵队部及其主力。

山子头是成子湖西北岸的一条西南—东北走向的土岗子，岗上有孙圩、韩圩、王圩、裴庄等主要村庄，韩德勤总部和王光夏的保安第三纵队分别盘踞在这几个圩子里。韩德勤的总部设在王圩比较坚固的地主庄院里。为了出奇制胜，我军隐蔽在离战区较远的朱湖、许圩、马宅地区，采取远途奔袭的战术，直捣山子头。

出发前，部队进行了远程奔袭的准备，精简了装备物资，补充了弹药。各团分别召开了干部会议，使全体干部认识到，打好这一仗重要的军事意义和政治意义时，明确了各单位的战斗任务。17日下午3点多钟，九旅部队在马宅东边田野里集结，由我进行了战斗动员，揭露了国民党顽固派东西夹击我军的阴谋和韩德勤背信弃义的罪行，激励了广大指战员的求战积极性。为了加强战斗中的组织领导和保证党的政策的贯彻执行，旅、团政治机关的很多干部下到营、连，随部队行动，他们和战士一起行军，同时又做深入细致的政治思想工作。

17日晚8点左右，各部分别由驻地出发，取捷径向山子头方向前进。到了夜里11点多钟，突然，天空乌云密布，顿时，雷雨交加，指战员们满身湿透，在泥泞不堪的道路上疾进。在漆黑的雨夜中，同志们斗志昂扬，顶着冷雨寒风，走在溜滑的泥浆路上，滑倒了爬起来继续前进。为了防止掉队和迷失方向，按时到达攻击位置，战士们干脆后面的人扯着前面人的衣服，一个紧跟一个往前走，终于在预定时间内到达攻击出发地。我与副旅长张震球同志也到达山子头西南赵家沟旅部指挥位置。

这时，雨渐渐小了。原来韩顽驻地均设有固定哨和游动哨，警戒颇严，因下雨，顽军撤回房内躲雨，在二十六团攻击方向，我军接近到咫尺之处，顽军仍未发觉。夜里12点钟左右，各部先后投入战斗。

18日零时，二十六团首先打响。该团一营率先插入山子头北侧，三连迅速对唐马圩方向构成警戒阵地；二连迂回到孙圩东北，一连在孙圩西北，同时向顽保三纵五团发起猛烈攻击。二连长带部队冲至一所院子，正遇上顽军哨兵在烤火抽烟，当即将其俘虏，一枪未放即突入房内，大批顽军在睡梦中惊醒，束手就擒。唐马圩之顽军向东北逃窜，三连实施追击，歼其一部，缴获全部战斗物资。

10分钟后，二十五团攻击方向也传来了枪声。该团一营直插韩圩，三营七连由西南侧向裴庄发起攻击，八连和九连分别由东西两侧对王圩实施合围。经过各分队大胆穿插，孙圩、韩圩、王圩、裴庄之顽军被我分割，使其不能互相支援。18日2时，孙圩、韩圩之顽逐个被我全歼。韩总部盘踞的地主庄院，易守难攻，顽军据守顽抗。二十五团三营第八连二排健儿奋不顾身，在连长齐德宽率领下，登上韩总部所在屋顶向院内扫射和投弹，八连指导员孙长兴率领三排以机枪封锁院门，将顽军全部压缩在院内。他们仍仗着坚固房屋拼命顽抗。八连战士当即在顽军据守的房顶上扒开几个洞口，向房子里扔手榴弹，随着一阵轰轰的响声，顽军惊慌万状，纷纷逃入院内，变成了我军的俘虏。八连指导员孙长兴从俘虏的口中得知韩德勤、王光夏仍龟缩在房内，他头部负伤，未等包扎好伤口，就率领四个战士冲入房内，击毙了双手沾满苏北人民鲜血的反共分子王光夏，活捉了韩德勤，迫使其余顽军全部投降。韩德勤的警卫营依托裴庄坚固院墙继续顽抗，经二十五团七连两小时激战将其歼灭。晨4时许，山子头地区之顽军被我全部歼灭。

盘踞山子头北侧的顽独立第六旅，听到山子头方向的枪声后，即开始收缩。受十一旅首长指挥的五旅十四团及三十一、三十二团部队，于18日零时30分左右，对河涯庄、西盛圩等地发起攻击，或扑空，或歼顽一部形成对峙，即进入白天战斗。10时许，我十四团四个连与三十一团两个连强攻小王庄之顽，将其全部歼灭。盘踞小王圩之顽独六旅旅部及十六团和东盛圩之顽十八团尚负隅顽抗，但因其主力先后被我歼灭，他们甚为恐慌。四师首长遂决定，从山子头方向抽调九旅部队加入战斗，配合十一旅部队，决心于18日14时前解决战斗。并派四师张震参谋长到现地具体组织指挥。当九旅部队赶到时，三师七旅二十团和二师五旅十三团先后到达，他们坚决要求参加攻歼独六旅的战斗。后来师首长改变决心：以七旅二十团主攻东盛圩，三十二团两个连配合，并以十一旅炮兵支援，二十六团部队撤回休息；以五旅十三团主攻小王圩，十四团配合；以九旅骑兵连、师属骑兵团一个大队，控制在张圩、西盛圩附近，准备追击和歼灭其突围部队。各攻击部队统于午后发起攻击。五旅十三团和十四团各一部于13时许强攻小王圩，十分钟即解决战斗，全歼独六旅旅直及十六团一个营。七旅二十团和十一旅部队于14时对东盛圩发起攻击，二十团以五挺重机枪利用房屋向顽军瞰射，十一旅以迫击炮密切配合，部队发起冲锋，迅速解决战斗，全歼了独六旅十八团二营。

从攻击开始直到战斗结束，整个山子头战役共计15个小时，韩德勤、王光夏所率的顽军，除少数逃窜或溃散外，全部就歼。

韩德勤在苏北，最初辖一个军三个师，十个常备旅，十个保安旅，但他不和我军一道团结抗日，反而和新四军磨擦，如今总崩溃，这就是反共专家的必然下场。

已经越过津浦路，进到灵璧以北的顽军王仲廉部，与接应王部之韩德勤八十九军会合后，得悉韩德勤、王光夏所部被我全歼，当即逃回津浦路西，其东西合击我军的阴谋被我彻底粉碎。

礼送韩德勤出境

韩德勤被我二十五团八连俘虏后，在战地释放他，但他不走，自己承认是“副司令长官”、“江苏省主席”，要求见四师领导人彭雪枫、邓子恢。但是，当我军战士要送他离开战场时，他又耍赖皮不走，反而责问我军战士:“你们为什么要打国军，是韦国清下的命令，还是彭雪枫下的命令？”我接到团里的报告来到了现场，只见韩德勤背靠着墙狼狈不堪地站在那里。这时，我不由得想起了1931年中央苏区第三次反“围剿”。当时，我在红七军五十五团当连长。反“围剿”一开始，我军就接连取得了莲塘、良村等战斗的胜利，我军乘胜向白区挺进。蒋介石的嫡系部队韩德勤的五十二师和另外几个师，乘我军脱离根据地之机，迂回切断我军后路，妄图将我军消灭于苏区与白区之间。我军以急行军的速度直奔东固，一举歼灭了先行到达的韩德勤的五十二师，抓到了他的参谋长，韩德勤这个师长是混在散兵中逃走的。这个老对手，如今又成了我军的俘虏。历史的逻辑就是这样，谁要反共反人民，谁就逃不出人民的法网。我见韩德勤时没有公开我的身份，交代了二十五团的领导干部，对韩德勤既要讲政策，又要讲我军的尊严，派干部带队将韩押送师部。

当日，韩德勤被送到四师师部。当时，师部驻在洪泽湖西岸半城镇。听师部的同志讲，韩德勤到半城后，首先表演了一幕所谓“不成功便成仁”的假自杀的丑剧，连续吃了十几根火柴头。他知道就是把一盒红头火柴全部吞下，也不会致命，于是又开始了假绝食。我军在极端困难的敌后根据地为这位“副司令长官”准备了上等饭菜，但是，韩德勤早、中、晚一口不吃。到了第二天，韩德勤结束了绝食。后来他又摆出“副司令长官”的架子，责问我方为什么要打他？我方为了给这位“副司令长官”、“省主席”留个面子，开始把一切责任推在王光夏身上，说明我军发起山子头战役，是因为王光夏背信弃义在事先毫无通报的情况下，突然进入我淮北根据地中心区，所以要忍痛自卫。这时，韩德勤还不识相，十分强硬地说：“王是我的部下，打王即仇我。”既然“副司令长官”要赤膊上阵，我军在原则问题上是决不能让步的，我四师首长对韩德勤的“抗议”，理直气壮地予以驳斥。彭师长、邓政委、吴芝圃主任在和韩德勤及其参谋长等人谈话中，列举了新四军几年来孤军作战，忍辱负重，坚持抗日，援助友军的大量事实；历数了韩德勤、王光夏一贯反共反人民，制造磨擦，以及他们的无数使亲者痛、仇者快的罪状。然后又义正词严地表示：“尽管如此，新四军仍然以大局为重，从不愿扩大事态，轻启事端。即以这次山子头事件，也是你韩德勤与王仲廉勾结于前，新四军迫不得已，才起而自卫于后。”彭雪枫师长又以四师自成立以来，始终处于国民党军队两面夹攻的状态为例，厉声责问道：“你们把我们从淮北路西赶到路东，现在又对我们东西夹击，难道只有我们主动跳到洪泽湖淹死，才算我们执行协议吗？”韩德勤被问得哑口无言，手足无措。

3月28日，彭师长、邓政委和韩德勤谈话时，韩德勤不敢再横蛮了，而是提出给他“留面子”、“给出路”的要求。他开始向彭师长、邓政委诉说自己的“苦衷”，说他虽为蒋介石之嫡系，但是国民党内的旁系“极力竞争”他这个“江苏省政府主席”。在蒋介石之下汤恩伯一直在“监视着”他，对他有“加害之意”。韩德勤说，由于蒋（介石）与中共争夺敌后的方针不变，他对与我方订立的协议也“难守诺言”。韩德勤承认，这次山子头事件，由于他的过错，才引起了我军的“问罪”。

由于韩德勤的态度有所转变，3月31日，新四军陈毅代军长在四师驻地半城镇与其会见。会见时，陈军长首先说明我党我军对抗战合作的基本主张，接着谈了山子头事件起因。陈军长最后表示：我方对韩“主席”坚持敌后抗战，采取帮助态度，即令将来局面演变，不幸有大规模的磨擦发生，也力求与韩“主席”保持友善态度，不受大局牵累。

对一个罪行累累的俘虏，陈军长不计前恶，宽大为怀，韩德勤也不得不表示：“彭邓与陈军长之表示，均坦白诚恳，贵党贵军确有顾全合作的诚意，对本人的优待，至为感激。”韩德勤承认，从黄桥到曹甸战斗后，他屡遭失败。“陈军长曾多方托人向我示意，我认为彼此无商讨余地……故未理会，现在想来，这也是我的错。”韩德勤表示：陈军长说的彼此以地方的、局部的、中下层的相融来争取国共全局的好转，不宜在各地制造磨擦，影响大局。这话我同意去干。

鉴于韩德勤对其反共反人民的罪行表示检讨和认错，根据党中央的指示，我军对韩德勤实行宽大处理，将其释放，发还其部分人枪，并划出江苏省睢宁县、宿迁县的凌城、埠子集、邱集一带为其驻地，以促使他从此觉醒，共同抗战。

4月1日，韩德勤回拜陈军长。陈军长设宴为其送行。韩德勤临行时，留其参谋长吕汉卿代表他的“总部”与我方代表彭雪枫师长继续会商，达成一个“合作抗日的协议”。

在协议达成之时，陈毅军长就告诫过我部队指战员：韩德勤是个老牌反共分子，他们反共本钱输光了才同意和我们订立共同抗日的协议，当有了反共本钱时他就会撕毁协议。果不出所料，1943 年 5 月，蒋介石掀起的第三次反共高潮达到顶点时，在我党我军恩赐的一席之地上苟延残喘的韩德勤，又妄图趁机死灰复燃，策动宿（迁）北及淮海地区的土顽控制运河线，开辟向运河以东通路。我四师部队采取坚决措施，对灵（璧）北和运河两岸地区的土顽反复进行了清剿。在我四师部队不断打击下，反共军的东进行动被迫停止，处于穷途末路的韩德勤，也悄悄地逃往津浦铁路以西阜阳地区，在安徽省的地盘上去当他的“江苏省政府主席”去了。

塞北抗日回顾

高克林

1942 年 6 月，中共中央西北局组织部长陈正人跟我谈话，说中央决定叫我到绥蒙任区党委书记。

绥蒙地区是我党一个战略要地。它北靠蒙古、苏联，南是晋西北抗日根据地，东是晋察冀，西南是陕甘宁边区。所以，这个地区是陕甘宁边区的后大门，晋西北根据地的前哨阵地，晋察冀的侧背，是通向蒙古和苏联的要道，对于坚持华北抗战，保卫党中央都有至关重要意义。

兴县会议

我接受党的任命，于 1942 年 8 月到达兴县以后，中央晋绥分局召开扩大会议，专题研究绥蒙问题。参加这次会议的有分局书记林枫、军区参谋长周士第、军区政治部主任甘泗淇、组织部长王达成以及罗贵波等。绥蒙参加会的有我、张达志、苏谦益等。这次会的目的是分析斗争形势，总结经验教训，确定绥蒙工作方针。张达志在会上作了汇报。

当时国际上反法西斯战争和国内抗战，正处于十分紧张艰苦的时期，国际法西斯势力极端猖獗。德国希特勒攻占了欧洲十几个国家以后，撕毁了《苏德互不侵犯条约》，于1941年6月22日，悍然发动对苏战争。同年12月7日，日本又发动了太平洋战争。日本侵略者为实行其“以战养战”的政策，对我敌后抗日根据地，不断发动残酷地“扫荡”。它把绥蒙作为进攻苏联的跳板和侵华的基地，在“蒙疆”地区推行“治安强化运动”和“施政跃进运动”，采取所谓“分进合击”、“铁壁合围”、“梳篦式”、“穿梭式”的暴虐手段，频繁地进行惨绝人性的“三光”、“扫荡”。日军对大青山根据地一方面进行频繁的“扫荡”，一方面实行军事、政治、经济、文化一齐进攻的所谓“总力战”。在大青山和蛮汗山周围修筑了几十条公路和100多个据点，并在主要山口沟道挖封锁沟，筑封锁墙。为了断绝群众和我军的接触，敌人大规模烧房并村，派兵驻守。由于敌我力量的悬殊，在日军1942年大“扫荡”后，除部分游击队、武工队外，我主力部队从大青山突围，转移到偏关一带。

在这一时期，坚持大青山抗战的同志进行了艰苦的斗争，作出了英勇的牺牲。但从工作上来检查，正如《晋西北区党委关于绥远工作的指示》中所说：“绥远区党委没有认真地研究与执行1940年4月中央对于绥远敌占区工作决定，对于绥远敌占区形势认识不够，在隐蔽政策的执行上不坚决、不明确与不彻底。领导作风上粗枝大叶，党政军干部间存在不团结现象。由于这些原因，不仅妨碍了更大成绩的获得，而且使某些工作受到了不必要的损失。”

面对严酷的斗争现实和我们工作上的失误，兴县会议重新确立了绥远斗争的总方针和基本任务。会议重申“坚决执行隐蔽政策是绥远党的总方针”，确定“绥远党的基本任务应该是坚决依靠群众，团结各种抗日力量，坚持游击战争，蓄积准备力量，以待有利时机。”

为了加强对绥远区和雁门区的统一领导，会议决定将绥远和雁门两区合并为塞北工委。取消绥远和雁门区党委名称，原雁门地区设塞北工委辖下的雁北地委。我是工委书记，胡全是副书记，委员有姚喆、张达志、白成铭、苏谦益、曹振之；成立塞北军分区，姚喆为司令员，郭鹏为副司令员，我是政委，张达志为副政委；取消大青山骑兵支队番号，原骑兵第一、第二、第三团番号不变；原晋西北第五军分区部队编成塞北军分区雁北支队。塞北行政公署由杨植霖、苏谦益为正副主任。党政军机关暂驻偏关。

渡河谈判

1942年10月前后，我到偏关不久，晋绥分局派我到府谷县和高致凯谈判。高致凯是驻守府谷县城的国民党二十二军的一个团的团长。府谷和晋绥边区二分区一河之隔，影响我一、二分区和总后方的安全。为此，分局派我和高致凯协商搞好统一战线关系，共同抗日。

高致凯原是我党领导的许权中旅的教导营营长，当时我是旅党委书记兼教导营教导员。渭华暴动初，他投靠国民党。这次我去见他，是有一定危险性的。为了给谈判增加友好的气氛，分局决定王希宁同志（我的爱人）随我一同渡河谈判。以拜访老朋友的名义去进行谈判。我们对谈判成功充满着信心，同时也做好了发生意外的准备。

北风萧萧，黄河水寒。吃过早饭，我戴着棉帽、穿着旧棉衣，和希宁一起渡过黄河。黄河西岸的便衣特务星星点点，把我俩置于严密的监视之中。高致凯没有把我们带到团部，而是作为老朋友带到他的家里，他避开他的随从人员，和我们进行了友好的谈话。我说的大意是：

“大敌当前，抗日为重。枪口要对着日本兵，不要和共产党、八路军过不去。”高致凯身披武装带，不安地坐在太师椅里。可能出于爱国的心理，也可能出于对过去的忏悔，他痛快地答应了。他说：“依你说的办，我是够朋友的，请你们放心。”我和高致凯就这样达成了口头默契。王希宁和高致凯夫人谈天说地，我们完全处在朋友的热情之中。随后，高致凯叫他夫人亲手为我们擀面。吃了一顿家乡细长碱面。饭后，高致凯提醒我们说：“时间不早了。”我知道这是是非之地，不可久留。我们起身和他告辞。高致凯一直送我们到黄河边，等我们的渡船走远了，他才回去。我们就渡河直返保德县。第二天，返回到偏关县。

11 月我到偏关后，召开工委会议，传达贯彻兴县会议精神，落实毛主席“把敌人挤出去”的指示。参加这次会的有苏谦益、张达志、曹振之和从敌后突围出来的有关同志。根据会议决议，我们向绥南发了指示信。11 月 20 日，我们又就落实兴县会议精神向中央晋绥分局写了汇报信。

偏关会后，我先后到党、政、军的机关单位看望干部和战士，给他们讲形势，讲政策、鼓士气、增强胜利信心。随后，我和苏谦益到雁北地区看望干部和战士。骑马到老营堡时，我的胡须已结了冰碴，冻成一团，连说话都感到困难。我用手把胡子上的冰珠搓融，才把嘴“解放”了。到了雁北地委，见了雁北支队长刘华香和地委诸同志，向雁北的干部传达了兴县会议精神和塞北工委要求。在这里我住了三四天。我随二营到前线视察后，又回到了偏关。

晋绥分局的指示信

兴县会议之后，我们对塞北工作的总方针有了较深刻的认识，但在一些具体问题上似乎还有问题。11 月 24 日，中央晋绥分局及时向我们发来了指示信。

克林同志并转工委：

11 月 20 日的信与工委给绥南的指示信，都看过了。关于塞北工作，我们有下列意见：

（一）在斯城红军的胜利与轴心军在北非失败的情形下，日寇北进侵苏的危险是减少了（只是在目前），对中国的压迫必然加重了，对华北抗日根据地扫荡是会更加残酷的。日寇的侵苏危险虽是减少了，但并未放弃北进的企图，尚未放松侵苏的准备。这是必须认识清楚的，即使在日寇不立即侵苏而仅仅备战的情形下，是不会允许我在侵苏前线的绥远站稳脚步的。侵苏之前，必先驱逐我在大青山之势力，今年大举清剿绥中即是明证。因此，今后之活动地区的缩小，民兵的减少，财政粮食的更加困难等，必须充分地估计到，一切工作布置应依据这种形势出发，才不至在困难到来时惊慌失措，悲观失望。从给绥南的指示信与工作布置中可以看出你们对日益增加的困难局面尚有认识不充分之处。三、四年来敌人向我内地进攻时给了我们在绥远很好的发展机会，这种有利时机现在已过去了。今天绥远党的面前是摆着日益困难的局面，但有利的时机也许还有，只有在今天保存了自己，蓄积了力量，才能在有利的形势下再求发展。但今天最重要的还是准备应付严重局面的到来，准备在最坏的形势下，坚持工作与布置工作。

（二）今年二月区党委关于绥远工作指示中已明确地指出"坚决执行隐蔽政策，是绥远党的总方针"，对于这一方针不应有丝毫的动摇。给绥南的指示信中采取"积极开展对敌伪全面的政策攻势"的方针是不合隐蔽政策的。这并不是说对敌伪不要进行宣传工作，而是宣传方式不应该是"突然地进行全面的进攻"，因为任何突出暴露力量，都会遭受不必要的损失，不合长期埋伏蓄积力量以待时机的方针。动员秘密党员以群众面目出现实行优抗，必然会使这些党员突出，同样是与上述政策不合。指示信中把干部教育与群众教育放到政治攻势下面，亦欠妥当。对于隐蔽政策，希工委能好好研究，务使各种斗争形式，组织形式适合于隐蔽政策。根据地的做法，铺张的作风，应从思想上有所转变。

（三）关于目前工作，除了以前谈了的外，尚有下列补充意见：

1. 为了能够在恶劣的环境下坚持工作，必须改善与群众的关系，深入群众工作，更进一步地依靠群众，使群众从自己的经验中，认识共产党、八路军与他们的利益是一致的，使他们自觉地爱护我们，帮助我们。这里减轻人民负担是很重要的。这就必须从根本上解决问题，认真地精兵简政，实行正确的财政政策，在绥远同样是重要的。组织上更加一元化，把任务相同的机关力求合并，取消一些空架子，如财政机关与供给机关之合并，党的机关与司令部合并，后方杂务人员特别是马匹的大量裁减，要痛痛快快主动地精简一下，以适应新的困难环境。绥南征粮一万二千石，是否可能？绥南能负担公粮的人口有多少？其中给敌伪负担的有多少？在全体人口中真正负担公粮的占百分之几？今年收成如何？公粮以外其他负担多少？总之，把你们的公粮政策和其根据以及征收中的反映，把以上材料请与去年比较，详告我们。减轻人民负担，蓄积民力，仅仅是群众工作的消极方面，主要的是积极地深入地进行群众工作，把群众工作提到党政军的重要工作日程上。领导机关必须根据当地的具体情况，指导下级如何进行群众工作，帮助群众尽可能地解决农村中的各种问题。应恢复红军时代群众工作的光荣传统，每到一宿营地，必须找群众深谈，逐渐提高其觉悟程度，每个干部应找群众领袖深谈。如果能在我们所活动地区从思想上教育成数千个甚至万数个共产主义的同情者，八路军的同情者。这不仅是伟大的工作成绩，而且对于坚持绥远工作，克服困难有决定的意义，这必须使每个干部深刻的了解。但这一艰巨的教育工作，不是一朝一夕轻而易举的事。首先要在干部中进行教育，经常给以积极指导，及时地检查工作，纠正工作中发生的缺点，逐渐充实工作内容。如果千篇一律，以一套抗战八股生硬地给群众灌输，会起相反的扰民作用，绥远党的基础还很薄弱，应在深入群众工作中，在有战略意义的地区建立党的据点，进行深入的教育。过去，我们得罪了群众，应去道歉，损害了群众应给以赔偿。

2. 开展伪军工作对于坚持绥远工作有重大的意义，对于过去伪军工作中的经验教训，望作细密的总结，以教育干部。对防共第一师采取争取方针是对的，但指示中笼统地提出“伪防共第一师是民族敌人”的口号，似又与争取方针相矛盾。过去许多伪军关系是我们自己作坏了。

3. 在今后绥远的环境下再不是像过去那样进行如何扩大的问题，而是如何在更加困难的环境下保持力量坚持武装斗争，以待有利时机的问题。一九四三年虽是接近胜利的一年，但也是空前艰苦更加困难的一年。中央指示我们准备再减少一半部队，保存精干，以待有利时机。因此，主力减员后不再补充，两连合为一连，干部抽出来送后方学习，部队采取小连制。这就需要培养和提拔地方干部，更加依靠地方干部，把好的地方干部派回重要地区组织秘密不脱离生产的小武装，并给以武器。至于群众性的游击战争，绥远的环境下（四周是敌占区的游击区）亦应改变其内容，不是像根据地那样，普遍地组织民兵建立游击小组，而是使各种武装都群众化、地方化，与群众建立密切联系，同群众关系弄好，以得到群众的掩护。

4. 干部教育是目前的重要工作。干部的不安心与缺乏信心，主要是由于对形势与工作方针没有透彻的了解，以及对过去领导上的不满。这就需要对目前形势，我们的任务方针，工作方法，按级适当的传达，在干部中进行解释。工委对过去的工作应进行适当的自我批评，使上下级干部互相信任。因此，不要急于派干部、部队出去，首先要进行深入的教育，使其在思想政治上有了转变再派出去。派出去的部队以短小精干为宜，干部要强。对地方干部应有计划地培养，任何不信任地方干部的观点都是不对的。

只有在困难环境下，保存了力量，才能在有利时机到来时，大量发展；只有今天的工作做好，才能准备更好的条件迎接顺利的环境。

（四）最后要求：

（1）工委把如何深入进行群众工作当成领导上的重要任务去深刻研究。

（2）塞北地区应基本上执行晋西北行署所颁布的各种法令，但工委应根据塞北各地的具体情况加以研究，提出修正方案，一般地要求应较根据地不同些。

（3）保存干部是今后领导上应注意的重要问题，应有计划地送一些干部到延安与分局党校学习，以备新的环境下的需用。

（4）应设法使姚喆早日回来，并把各种新的布置给绥西传达，使其及早有准备。

（5）必须彻底肃清在供给制度上不正规的现象和向群众抓一把的自杀的政策。否则，所谓节省民力积蓄力量，依靠群众坚持工作等等都是空话。

中共中央晋绥分局

分局的信从国际形势的高度分析了隐蔽政策的正确性和重要性，并给我们工作进行了具体而明确的指导。这是塞北抗战胜利的有力保证。

艰难的岁月

1942 年到 1944 年是大青山抗战最艰难的岁月。在新的形势下，我们依照中央晋绥分局指示信精神，坚持隐蔽政策，积蓄革命力量，创造有利条件。

我们根据过去的经验教训，采取了一系列有效的隐蔽政策。首先，实行精兵简政。党政军机关合并，使机关人员减少了34%；军分区精简整编，使战斗人员、生产人员增加到了84%；把骑兵三团的两个连改编为步兵团，使主力更加地方化和群众化。这样，不仅适应隐蔽斗争，而且减轻了财政困难。其次，改进组织形式。建立了地委以下的秘密党委，使党的公开工作与秘密工作分开；政权与武装相结合，专员兼县长随地方武装活动，县长、区长分别兼县、区游击队长。同时，改变斗争策略。主力军开展游击战争，地方武装改为便衣活动，区以下政权干部以群众面目出现，党员干部完全职业化（以各种职业为掩护）、社会化（在群众中认亲交友，建立社会关系）、群众化（便衣化）。

日军残酷的“三光”政策和经济封锁给抗战工作造成极大的困难。后方机关干部每人每天只能吃到七两黑豆，口都吃黑了。一匹马的料由一天四升减到两升。在敌后工作的同志更困难。他们经常靠挖野菜充饥，许多同志脸色变青、浑身浮肿。长时间的缺油缺盐，许多同志都得了夜盲症。有时搞到点粮食，因无磨子只得用石头砸碎煮成面糊吃。在绥西的石虎子山上，姚喆带领部队在零下20多度的雪地里，掘土三尺，搭起茅庵御寒。他和战士以野菜充饥，用冰雪止渴，在山上共同度过了1943年的春节。

我们的部队在这样困难的条件下还得以生存，是与人民群众的支持和保护分不开的。他们冒着生命危险给部队运粮食、送情报、养伤员。武川县的群众白生宝得知部队没有石磨，吃不上面粉，竟把300多斤的两扇石磨偷送到40多里外的部队驻地。蒙古族人民利用日军不进群众家的条件，经常掩护我军人员，为我军保存粮食、布匹。为了打破敌人造成的经济封锁，我们从1944年春开始了大规模的生产运动。

我和偏关整风的干部一起到山坡开荒种地，种了很多莜麦，获得了大丰收。部队除种地外，还养猪、磨豆腐，使部队生活得到了改善。

偏关整风

1942 年，毛主席在延安作了整风报告后，在全党开展了有历史意义的整风运动。1943 年 1 月，晋绥分局根据中央统一部署发出《关于整顿三风的指示》。塞北工委和塞北军分区于 1943 年 3 月到 1944 年 7 月，以分批轮换的方式，在山西省偏关县开展了整风运动。

参加整风的区以上干部共约 200 多人。在工委的领导下，组成了三个整风大队。塞北工委、塞北行署直属机关干部编为一个大队，大队长先期是苏谦益，后期是杨叶鹏；雁北地区党政军干部编为一个大队，大队长先期是胡全，后期是李登瀛；军队干部编为一个大队，大队长先期是张达志，后期是曾锦云。11 月，从大青山陆续调回的干部也分别编入整风队。

偏关整风开始时，我把绥中地委书记贾长明同志调到工委任秘书长，并由他负责整风的日常工作。

偏关整风共分三个阶段：

第一阶段从 1943 年 3 月到 7 月。这一阶段是学习整风文件，总结对敌斗争经验，更好地坚持敌后游击战争。工委负责同志和大家一道学习毛泽东同志的《整顿党的作风》、《改造我们的学习》、《反对党八股》等文章，对照《中共中央关于绥远敌占区工作的决定》和晋绥分局给塞北工委的《指示信》，检查工作中的失误，明确今后工作的正确方针。通过整风学习，广大干部和党员对绥蒙地区和雁北地区敌占区形势及坚决执行隐蔽政策的意义有了更进一步地认识。对如何开展敌占区斗争思想上有了根本性的转变；认识了群众观点和群众路线的重要性，批判了不关心群众利益在财政上“抓一把”，不充分发动群众而片面强调“武装打天下”等错误作风；认清了教条主义和经验主义的危害性，批判了某些忽视大青山地区特点而生搬其他老根据地经验的做法。这段整风运动使党员和干部思想上的收获很大。普遍受到了马列主义和毛泽东思想的教育，进一步认识了过去工作错误的根源，找到了克服的途径和方法，为抗日斗争的胜利奠定了坚实的思想基础。

第二阶段从1943年8月到1944年2月。这一阶段把整风和审干结合起来，错误地进行了“抢救失足者”运动和“反特”斗争，给整风运动带来很大的恶果。1943年5月，晋绥分局发出了《关于整风学习中配合审查干部的指示》。8月，中央发出了《关于审查干部的决定》，要求参加整风的人都要写历史自传和揭发材料，开展坦白运动。并要求首长负责，自己动手，领导骨干与广大群众相结合，调查研究，争取失足者。绥蒙地区干部担负着抗战的繁重任务。我担心抢救运动会把干部队伍搞乱。于是，我请示晋绥分局：“绥蒙干部整风是否以学习为主，弥补过去游击战争学习较少的缺陷，或者推迟抢救运动。”晋绥分局给我的答复是：“抢救运动是全局性的配合行动，是中央的统一部署。”我的意见受到当然的否定。后来，我们才知道抢救运动完全是康生一手炮制的。康生以极左的面目干扰整风。他说我党内特务如麻，把许多抗日的先进组织和我党的外围组织都划到敌人的阵线，竟把河南、陕西等地党组织也打成打着红旗反红旗的“红旗党”。10月中旬，偏关也开始了“抢救运动”。康生把在延安用逼供信得到的不实之词，不时向偏关发电报。说某某人是“叛徒”，说某某人是“反革命”，搞得人人自危。起初，我对这些电报半信半疑。一天，延安来一份电报说高鸿光同志原是河南“红旗党”的党员，我问高鸿光：“你是不是红旗党员？”他说：“是！”就这样，高鸿光同志成了

"特务"。1943年12月到1944年1月，整风队以班为单位，分别对每个同志进行审查。不少人被打成了"特务"、"叛徒"。许多人行动受到限制。有的同志从敌后回来，还没来得及汇报工作，就被打成"反革命"。过春节时，偏关一片沉闷景象，大家心情都十分忧虑。我作为工委主要负责人，对偏关整风出现的错误应负重要责任。究其原因，一是马列理论水平不高，对党中央政策没有真正理解；二是初到游击区，对干部底子不清；三是轻易放弃了自己主张不搞"抢救运动"的正确意见。后来，毛主席纠正了"抢救运动"的错误，提出了9条甄别方针。我们立即转入甄别阶段，迅速纠正整风中的失误。以后，我对错误处理的同志多次表示过歉意。

1944年2月到7月，是偏关整风的第三个阶段。这个阶段的中心内容是消除"抢救运动"的不良后果，对坦白运动中提出来的问题一一甄别，作出结论。各整风队都成立了甄别小组，对整错了的同志进行平反。不少同志甄别后离开整风队，重新回到前线。7月，工委召开了民主大会，对整风运动进行了总结，号召大家放下思想包袱，振奋革命精神，把主要精力转到对敌斗争方面来。偏关整风虽基本结束，但由于"左"的思想影响，有少部分同志的问题还没有及时作出结论。1945年8月，一些同志尽管背着沉重的包袱走上了前线，但在对敌伪的英勇斗争中表明了他们是真正的共产党员。

黄树坪战斗

1944年中秋节刚过，晋绥军区七月剧团到偏关东川向群众慰问演出。正看戏时，群众报告驻在五寨方向的日军向偏关方向"扫荡"。

当时，司令部只有一个警卫连的兵力。塞北工委、塞北军分区机关及警卫连只有在山地与敌人周旋。家属、后勤人员向河曲县方向转移。我们部队急行军从下午一直到第二天拂晓，到达偏关东南方向的黄树坪村北山上。正准备吃饭时，发现了敌人。当时敌人打了信号弹，我们才发现司令部已撞入敌人的包围圈。我军在十分疲劳和毫无准备的情况下，受到敌人猛烈地袭击。张达志和白成铭带领一路突围，我和苏谦益也带领一些机关的同志分头突围。我的警卫员官宝子把他的马让我骑，他被敌人俘去，以后听说被杀害。太阳快落时，我到了河曲县的崔家地堰村。在这里，我们的部队又集结到了一块。经清点人数，政治部主任曾锦云、组织科长谢礼荣、侦察科长姚典训、副官处主任张丰福等 40 多名干部、战士壮烈牺牲。这是大青山我军一次重大损失。

游击根据地的恢复

在贯彻毛主席关于“挤敌人”方针的过程中，塞北工委进行了不懈地努力，游击根据地不断恢复和发展。

在日军疯狂“扫荡”的艰难岁月里，大青山的几十支抗日游击队遭到一定的损失，我一、二团被迫转移偏关一带。但抗日的游击战争仍在坚持和继续。姚喆带领的三团和教导大队化整为零，在哈拉沁一带打游击。白成铭、奎壁（蒙族）等仍在绥西坚持斗争。归武县李容玉领导的游击队也同日军不停周旋。

为了加强党对敌后工作的领导，塞北工委多次向敌后分派得力干部。1942 年 12 月，我们派绥中专员程仲一带领部分干部重返绥中地区恢复工作，坚持抗日斗争。后因形势恶化，他转入绥南进行抗日活动。1943年夏，我们又派任建斌等同志到绥中开展工作。他在归绥东北一带进行了很有成效的抗日活动。同时，我们学习晋西北“挤敌人”的斗争经验，不断向大青山地区派小部队、武工队、工作组。1943年4月，我三团派一个连和两个工作组到绥中地区活动。同年6月，我一团向和林、归绥、凉城三地交界地区派出和林武工队；我二团向归绥平川派出武工队。这些武工队、工作组在我地下工作者的策应下，一方面依靠群众开展游击战争；另一方面广泛建立抗日统一战线，争取伪军、伪组织人员、中小地主和开明人士。活动在归绥城郊的武工队以茂密的高粱为掩护，昼藏夜出，开展抗日宣传，打击特务汉奸。敌人惧称他们是“高粱王”。和林安正福武工队剿匪安民，取得群众支持；巧用计谋，发动群众进行合法斗争；方式多样，争取伪军和伪政权为我服务，使活动区域不断扩大，队员由九人发展到100多人。党中央、晋绥分局高度评价这个武工队。毛主席称安正福武工队是敌后斗争的方向。到1943年秋，我武工队已同伪保安二团四大队、旗下营警卫队、榆林子警察队等都建立了一定关系，并通过这些关系给我们送情报、买军用物资。

1943年冬，副团长黄厚率领第二团的两个连自偏关进至蛮汗山地区，并依托绥南常到绥中活动；第一团从右玉西山进至蛮汗山地区活动；第三团自萨拉齐山区向北活动。在大青山地区坚持斗争的游击队，由化整为零转为集中兵力，开始公开出击敌人。到年底，绥中地区南自平绥路、东至拐角铺、北至韭菜沟、西至蜈蚣坝的地区内，我们都可以活动了。绥南的蛮汗山和绥西的井儿沟一带的工作，也开始恢复起来了。

1944年，世界反法西斯战争进入了全面反攻阶段。苏联红军取得了对德的决定性胜利。日军也陷入中国人民战争的汪洋大海之中。他们为了进行垂死的挣扎，拼命集结日伪军对大青山进行野蛮的“清乡”。这时，我们抓住有利时机，坚持反“清乡”斗争，使日军龟缩在归绥城内，不敢轻举妄动。经过一年八个月的艰苦抗战，到1944年8月，绥西、绥中、绥南三块游击根据地已恢复到1942年7月日军大“扫荡”之前的局面。

1945年6月，毛主席在党的七大提出了“放手发动群众，壮大人民力量，在我党的领导下，打败日本侵略者，解放全国人民，建立一个新民主主义的新中国”的总路线。中国人民的抗日武装力量在各解放区战场上，对日军连续出击。绥蒙地区也进入了抗战的反攻前夜。在八路军进攻归绥之前，党中央和晋绥分局对绥蒙反攻态势进行了认真研究，并作了一些组织准备。1945年2月，中央决定将塞北工委改组为中共绥蒙区委员会，我任区党委书记。同年7月15日，中共中央和中央军委决定，在晋绥分局之下设三个区党委，在晋绥军区之下设三个二级军区，在晋绥边区行政公署之下设吕梁、雁门两个行署和绥蒙政府。张宗逊任吕梁区党委书记、军区司令员兼政委，解学恭任区党委副书记兼军区副政委；我任雁门区党委书记兼军区政委，吕正操任军区司令员，许光达任军区副司令员，孙志远任军区副政委；张达志任绥蒙区党委书记兼军区政委，姚喆任军区司令员，苏谦益任区党委副书记。同时，中央军委还决定设立南北两线两个指挥部。南线指挥部由张宗逊、罗贵波、解学恭负责，指挥三、四、七、八分区部队；北线指挥部由吕正操、高克林、许光达、孙志远负责，指挥二、五、六、十一分区部队。晋绥军区司令部直接指挥一分区等部队，机动使用。

8月9日，毛主席发表《对日寇的最后一战》的声明。接着，朱总司令连续向解放区各武装部队发布进军令。从8月11日开始，我晋绥军区南线和北线同时行动，攻占归绥。经过四天战斗，我军连续攻克了归绥外围的毕克齐、察素齐、旗下营、陶卜齐、白塔等地。8月18日，我军开始攻打归绥旧城。我晋绥军区九团、二十七团在猛烈的炮火掩护下，勇敢地攻入旧城大什字街口，把敌人主力包围在小教场。这时，国民党三十五军三十一师和挺进队会同由包头东退的日军，与归绥城内的伪蒙军里应外合，夹击我军。我军被迫撤出城外。归绥城被国民党傅作义部夺走。

抗日战争终于胜利了。但一场和平、民主、进步与内战、独裁、反动的斗争又开始了。

甄家庄歼灭战

周士第

一

1943年7月，国民党发动了第三次反共高潮。他们以3个集团军的兵力包围了陕甘宁边区。内战大有一触即发之势。就在这个时候，日军一面派密使与蒋介石频繁接触，一面以武装配合，对敌后各抗日根据地开始了大规模的“扫荡”。我晋绥根据地与陕甘宁边区唇齿相依，近年来又开展了轰轰烈烈的“挤敌人”运动，给予敌人非常沉重的打击，因之日军的“扫荡”则更加残酷，他们还得意地称这次报复性的行动为“反挤扫荡”。从9月1日起，日军五十九旅团、独立第三混成旅团，及大量伪军，先后对我文水、交城、静乐、岚县、临县、方山、五寨、岢岚、河曲、保德等地区，进行了灭绝人性的摧残。兽蹄所至，财物被抢劫，村庄被烧毁，无数同胞遭到惨杀。

在敌人“扫荡”初期，我主力部队分散在各地，一面帮助群众抢收，一面伺机打击进犯的敌人，武工队则采取“敌进我进”的战术，深入敌后，破坏交通，袭击据点。经过“挤”敌人斗争锻炼的广大民兵，在保卫群众秋收的同时，组织群众进行空室清野，广泛开展了神出鬼没的麻雀战，并积极配合主力侦察敌情、封锁消息、捕捉汉奸，使敌人的一举一动，我们了如指掌；而我们的情况，敌人却摸不清。9月16日，敌五十九旅团被迫撤回据点，只留下八十五大队配合独立第三混成旅团，在保德地区继续“扫荡”。

9月27日，八十五大队从白文镇、寨子村分两路出发，以强行军奔袭我驻兴县的领导机关，扑空之后，又向兴县西北之魏家滩、马普滩地区“扫荡”。10月4日，敌人又转到黄河东岸之黑峪口，并炮击我驻盘塘的河防部队。我河防炮兵当即还击，敌仓皇逃窜，黄昏前到达赵家川口。

此刻，我晋绥军区指挥机关正驻在赵家川口南约20里的一个村。据侦察得知，八十五大队共约800人（内伪军百余），炮四门，骡、马各300匹。几天来，敌人由于深入我根据地腹心，完全陷入了草木皆兵的境地，虽未遭到致命打击，但沿途经我军民伏击、袭扰，已伤亡八九十名，部队疲劳，士气低落；我军在“挤”敌人胜利的鼓舞下，士气高涨，斗志昂扬，有根据地广大人民的支援，地形熟悉，而且可以集中十倍于敌的兵力。根据这个情况，我们认为完全有可能在运动中把敌人消灭。毛主席教导我们：“基本的是游击战，但不放松有利条件下的运动战。”现在，正是打运动战的好机会，不能放松，于是决心消灭这股敌人。决心下定，马上进行了战斗部署。估计敌人明天可能经小善畔、小善村、大善村向康宁镇方向前进，当即命令三十六团、十七团、二十六团和军区警卫营，埋伏在以上村庄两侧的山上，准备乘敌在运动中予以歼灭，并对其他各部队都作了相应的部署，同时，将这一作战计划迅速报告了中共中央晋绥分局和贺龙司令员。

分局和贺龙司令员很快便批准了这个计划。分局并指示各地党政机关，紧急动员起来，支援前线，配合主力作战。于是，这个歼灭敌人八十五大队、彻底粉碎日军“反挤扫荡”的战斗行动，便从4日夜里开始了。部队迅速地进入了作战位置，兴县、方山、岚县的游击队和民兵，连夜向指定的地点集结；广大群众加紧筹粮备草。

果然不出所料，5日2时左右，敌人便从赵家川口出发，向康宁镇方向前进了。但敌人进到吕家湾之后，又分为两路，其主力翻山越岭奔向小善畔，只派百余人沿大道向冯家庄、大善村前进。因此敌人主力没有进入我伏击圈，却在小善畔一带高地上，与我担负警戒的三个连打响了。

战斗一开始就非常激烈。敌人集中兵力与火力向我警戒阵地猛烈攻击。我们的三个连，在敌众我寡的情况下，奋勇抗击。排长高歧同志手榴弹打光之后，率领战士用刺刀同敌人展开了肉搏，光他一个人，就接连刺死敌人数名。机枪射手孟献斌勇敢沉着，枪口指向哪里，哪里的敌人便应声而倒。战士们边打边互相鼓励："兄弟部队马上就会把敌人包围起来，不能让敌人跑掉！"

正当战斗进行得非常激烈的时候，转移到山沟里的老乡们，都纷纷回来。我们问小善村的几个小孩："鬼子快到了你们村，你们跑回来干什么？"他们说："干什么？你们打鬼子，我们帮忙来啦！"另一个老汉插上来说："是啊，乡亲们见你们的电话员来回架线，就估定要打大仗，在这儿揍鬼子，全都回来帮忙啦！"往常，当我军以游击战打击敌人的时候，他们也可以看出来，现在，凭着他们丰富的经验，又看出我们要打大仗，自动跑回来支援我军，可见我军的战略战术是深入人心的。这时候，附近各村的干部和民兵，也都陆续赶来，要求任务。根据地人民殷切的希望与大力支援，更加提高了我们消灭敌人的决心。

天明后，我担任警戒的三个连，在给了敌人很大杀伤后，主动撤出了阵地。敌人占领了我警戒阵地，继续向大善村、小善村方向前进。他们哪里知道，我二十六团早已等候他们了。一个迎头痛击，打得他们晕头转向，企图夺路逃窜。他们集中了200多人，在猛烈火力掩护下，扑向我二十六团某连三排坚守的一个小山头。三排战士在连指导员李中林同志指挥下，激战三小时，打垮了敌人数次冲击。最后，三排只剩下六个同志，这才奉命撤出了阵地。敌人乘机占领了我两个山头。可是，他们的脚跟还没站稳，我十七团犹如一把钢刀从侧面猛砍过来。敌人招架不住，仓皇后退。失去的阵地收复了，敌人的第一次进攻失败了。

下午，东方传来了“嗡嗡”的马达声。不一会儿，五架敌机，向我七连阵地投掷炸弹。霎时，阵地上烟尘迷眼，对面不见人。七连指战员已估计到敌人一定会在飞机掩护下向我进攻，迅速做好了各种战斗准备。当敌人前进到距我前沿30米左右，遭到我正面部队的火力杀伤时，第二梯队的部队乘机从翼侧向敌反冲击。敌人见势不利，立刻后退。第二次攻击又被打下去了。

恼羞成怒的敌人，稍作整顿以后，又集中大量的火力与兵力，发动了第三次攻击。战斗更加激烈。我们的工事被摧毁了，阵地在燃烧。有的同志的衣服被火烧着了，有的身上烧起了血泡，有些同志负了伤，但他们仍坚决不下火线。在战斗最紧张的时刻，七连指导员程德新同志指挥部队与敌人搏斗时，英勇牺牲了。“为指导员报仇！”的口号，立刻响遍了整个阵地。青年班长王先芳同志负了重伤，连长要他下去，他说：“只要我有一口气，就决不离开。”敌人又冲上来，他鼓起最后的力量，扔出了最后一颗手榴弹，也牺牲了。在战士们的英勇抗击下，敌人连续五次攻击全遭到了失败，夺路逃跑的梦想已破灭，最后只得退守小善畔东北高地。

这时候，我们的人群散布在敌人四周的大小山头上。枪声时紧时松，喊声此起彼落，连我们也分不清哪里是正规军，哪里是游击队，哪里是民兵，哪里是群众。八十五大队这匹“野牛”已经被团团包围，要想冲出这个火阵，已是不可能了。

二

敌人绝不会就此束手被擒。我们判断，他们可能向东南的杨塔村、王家圪坮、曹家坡、刘家庄一线突围。我们连夜派出部队，在王家圪坮和刘家庄附近，组成了两个伏击圈，等待敌人自投罗网。

6日下午2点钟左右，从敌人阵地上飘来一股腥臭气。我们立刻意识到，这是敌人在焚烧死尸，是准备突围的征候。工夫不大，敌炮便向小善畔以北我西集阵地猛烈轰击。同时，100多敌人也向小善畔西北之冯家庄搜索前进。敌人真是"黔驴技穷"，妄想玩弄"声东击西"的把戏，但它怎能骗得过我们呢？夜9时许，敌人果然向东南突围了。于是，敌人完全按照我们的意图，被团团包围在刘家庄到康宁一带。

激战一直持续到8日拂晓，敌人收容起残兵败将，不顾死活地突围，继续南逃。我二十一团特务连排长常金娃，没等上级下达命令，带领全排勇猛直追。他们赶到花子村附近，眼看距白文镇只有20里路了，如果让敌人到了白文镇，要想消灭它就困难多了。追击的部队正急得不行，忽然前面响起了密集的枪声。原来是花子村、雷家沟、马家村等村的民兵，发现敌人要逃跑，立即抢占了有利阵地进行阻击。民兵同志们的行动，为我追击部队赢得了时间。敌人的逃路又被我刚赶到的二十一团切断。

敌人还不死心。他们稍加整顿之后，又集中兵力企图抢占我阵地前的一个小高地，以便作为依托向我进攻，夺路而逃。我二连副指导员发现这一情况后，就率领一个排前去抢占这个高地。于是，在小高地的前后，敌我展开了一场紧张的赛跑。当我们刚踏上小高地山顶时，敌人也迎面爬了上来。战士们还没站稳脚跟，一排手榴弹便飞进敌群。敌人就像王八吃西瓜一样，滚的滚，爬的爬，垮了下去。正在这个时候，我三十六团、特务团、十七团、二十六团也赶到了，把敌人又一次包围起来。敌人向白文镇突围失败后，黄昏时又向东逃跑，在甄家庄附近再一次被我包围起来。

敌人走投无路，最后只得爬上甄家庄东南高地固守。至此，八十五大队这匹野牛，已被打得角折头破，被歼的时刻已经不远了。

三

怎样才能以较小的代价把敌人吃掉呢？敌人在甄家庄的高地上拼命加修工事，强攻显然对我不利。最好的办法是把敌人调出甄家庄，在运动中予以消灭。可是，战场选择在哪里好呢？甄家庄再往东走是敌人控制的岚（县）离（石）公路，距敌赤坚岭、王狮据点又不远，判断敌人可能往东突围。我们便把军区特务团埋伏在甄家庄东面的郑家岔，三十六团埋伏在东北面的阳放里和碾墕里，并且严密封锁消息。为了诱敌上钩，迫敌就范，我们又令各分区部队和武工队到处破路，袭扰敌人据点，使各据点的敌人自顾不暇，无力增援；负责包围敌人的部队不断向敌袭击，并在甄家庄南、北、西三面的大小山头上积极加修工事，虚张声势，逼敌东逃。

战斗进行了三天三夜。困守在甄家庄高山上的敌人，没有粮食，没有水喝，几天来，都是凭借飞机空投的一点点粮食在那里做垂死挣扎。而我军却有广大群众的支援，虽然群众的粮食也很困难，但他们为了消灭敌人，仍然设法找到粮食，日夜忙着为部队磨面、蒸馒头，运往前线。兴县四区的群众挑着馍馍紧跟在追击部队后面，跑了一天，翻了八个山头，直到战士们追上了敌人，吃了馍馍，才高高兴兴地回去。战地附近的群众，更是不断冒着炮火把饭菜送到战士们的手里。

特别是甄家庄的群众，不管男女老幼，更是忙个不停。伤员每到一处，群众便纷纷送水、送鸡蛋，给伤员喂饭、盖被，亲如家人。兴县二区和三区的民兵，在枪林弹雨中抢救下40多个伤员。兴县全县组织了一支1600多副担架的担架队。他们只用了十个多小时，便把100多名伤员安全地转移到百里以外的贺家川后方医院。由于广大群众的积极支援，部队士气愈战愈旺，纷纷提出口号："坚决把敌人消灭在甄家庄！"

经过三天三夜的围困，敌人已陷于饥寒交迫的绝境，而其他据点的敌人由于我武工队和民兵的积极袭扰，不敢前来增援。10日夜里10时左右，敌人终于顺着山沟向东突围，走上了我们给他们安排的道路。

埋伏在郑家岔的特务团的战士们，早就等得不耐烦了。当敌人的主力完全进入我伏击圈之后，四、七连拉响地雷，九、十连从两侧用手榴弹投向敌群。霎时，郑家岔的山沟里，火光闪闪，响声隆隆，敌人死伤遍地。一部分侥幸活下来的敌人，见中了埋伏，不顾死活地吼叫着向我冲来，梦想杀出一条血路。战士们哪肯放过他们，在每一寸土地上与敌人展开了激烈地争夺。九连战士王治国，手榴弹打完以后，冒着危险，用追击炮弹当手榴弹使用，炸得敌人东仰西翻。十连的战士们用石头、用刺刀顽强阻止敌人前进。敌人连续冲击五次，均未越过"雷池"一步。

不一会儿，我追击的部队赶到了，游击队和民兵也赶到了，把敌人密密层层包围起来。此刻，八十五大队真如一头浑身着了火的野牛，横冲直撞，四处乱窜。但是，四面八方都是铜墙铁壁，漫山遍野都是喊声雷动。敌人真是上天无路，入地无门，一个个被消灭在山沟里。这种战斗的威力，诚如毛主席在《论持久战》里指出的："……把日本侵略者置于我们数万万站起来了的人民之前，使它像一匹野牛冲入火阵，我们一声唤也要把它吓一大跳，这匹野牛就非烧死不可。"

11日拂晓，三架"吊丧"的敌机前来寻找被围的鬼子，他们在甄家庄附近的上空盘旋了很久，却看不到地面上的联络信号，也找不到"皇军"的影子，便扫兴而归了。八十五大队除少数溃散之敌摸黑逃脱之外，其余全部被消灭了。

由于八十五大队的被歼，敌独立第三混成旅团也急急忙忙撤回了据点。日军原定配合国民党反共和向我"反挤"的两个月"扫荡"计划，只进行了40天，就被我完全粉碎了。

从山东到太行

萧华

抗日战争时期，我们的许多根据地孤悬敌后，处在敌伪势力的分割包围之中，相互间的往来极其困难。广大地下党员和游击区的干部，凭着党的群众路线和统战政策，在这些根据地之间迎送各级领导同志，为赢得战争的胜利，发挥了重要作用。在抗日战争最艰难的时期，我曾从山东去太行山八路军总部汇报工作，横跨晋、冀、鲁、豫四省交界处的敌占区。沿途那充满传奇色彩的日日夜夜，至今还深深留在我的记忆里。

那是1942年秋天，山东分局和一一五师领导机关研究决定，由我前往太行山，向中共中央北方局和八路军总部汇报山东分局对敌斗争的形势和五年来的工作情况；在前往太行山的途中，就便检查一下湖西、鲁西的工作，传达刘少奇同志当年春天对山东抗战工作的指示精神。

我们处于敌后的敌后，穿越鲁西等游击区和敌占区进入太行，其间要跨越封锁严密的津浦铁路和平汉铁路。在日本帝国主义进行大规模的疯狂“扫荡”之后，特别是在华北我军百团大战之后，敌人仅在山东地区就安了2400多个据点，在主要城镇及铁路干线推行“强化治安运动”，建立维持会，扶植伪政权，到处修筑封锁沟、封锁墙，加紧巡逻和盘查，从各个方面加强了对游击根据地的“蚕食”和经济封锁。这一路敌情紧张，要经过许多关口。与我同行的有一个警卫员和两个秘书，警卫员叫徐登坤，秘书一个是康茅召同志，一个是我的夫人王新兰同志。

二

当时山东分局和山东军区机关住营南县十字路。我们从十字路上马启程，秋高气爽，马疾如飞，渡过沂河，便迅速进入了鲁南的抱犊崮山区。

在费县的一个小村庄里，鲁南军区司令员张光中、政治委员王麓水向我们详细汇报了鲁南的斗争情况。由于日本侵略者采用“分进合击”、“清剿剔抉”、“铁壁合围”等各种毒辣手段频繁地进行“扫荡”和“蚕食”，我们的根据地被分割成若干碎块。我鲁南基本区被压缩在东西长40里的狭窄地带，当时仅占有村庄1734个，人口64620人，土地面积2255平方公里；而敌顽占据的村庄却有5583个，人口228.75万人，土地面积7312平方公里。我们根据地南北最宽的地方十余里，窄处仅仅一二里，对面打枪，这边能听到清晰的枪声。面对这样的局面，我概括了一句话：“鲁南的党政军民是站在一条线上”，把张光中、王麓水给逗笑了。

艰苦沉重的战争重担，也压在根据地人民群众的肩上。我们住在庄子里，老乡只好用糁子煎饼来款待。在一般群众家里，妇女们头一天晚上将糠皮、红薯根和小小的山梨泡进水里，到鸡叫时分就爬起来推转着沉重的石磨，在小油灯下把它磨成稀浆，然后用柴火烧起鏊子，烙成一张张又酸又涩，难以下咽的煎饼来充饥。大清早起来，辛苦了半宿的女人形容憔悴，眉眼也被柴烟熏黑了。生活是艰难的、辛酸的，但人们的意志是坚定的，神色是严峻的。

我们下一步就要越过津浦线，进入湖西地区。因为沿途的枣庄及铁路沿线是日本侵略者重点控制的地区，所以铁道游击队政委杜继伟便带了十多名武工队队员，亲自赶到鲁南来迎接我们。他们身着便衣，腰插驳壳枪，个个精悍、利落，他们大都是铁路工人和枣庄的煤矿工人，对津浦线韩庄至滕县一带的情况了如指掌，非常熟悉。

在铁道游击队的掩护下，我们换上了便衣，经过一晚上的夜行军，在拂晓时分赶到了枣庄、峄城之间的丘陵地带。这里离枣庄只有七八里地，因为天亮了，不能走了，必须隐蔽下来，静等天黑。杜继伟同志将我们四人安排在一间麦秸搭的看庄稼的小窝棚里，叮嘱了注意事宜，便和游击队员们分散到远远的公路边上警戒去了。小窝棚底部是凹下去的，尽管铺着麦草，仍然湿乎乎的。窝棚低矮，周围又远离村庄，十分僻静。中午饿了，我们就啃几口自带的苞谷面饼子，喝几口凉水。为了隐蔽目标，在野地里，我们是不能起烟火的。

天黑下来了，游击队带领我们继续前进，在曲曲折折的小路上奔波一宿，赶到了南沙河附近的一个小村子里。这儿离津浦铁路只有五六里地，不时听得到火车奔驰的声音。进村后，我们住进了伪村长的家里。村长40岁上下，瘦瘦的，他名义上是伪村长，实际上是铁道游击队安排下的我们的情报员。他见我们接连走了两个晚上，忙烧水让我们洗脚。为了给我们让出地方，村长自个儿到村公所去了。趁此机会，杜继伟同志详细汇报了铁道游击队在这一带的活动情况：他们主要活动在兖州、枣庄、滕县一带。车站上的职工，经常给游击队送情报，如火车几点到，开往何处，装载的是什么货物及数量多少，游击队都掌握得清清楚楚，准确无误。开火车的司机也有游击队的内线。

他们时常将运载军火弹药的车厢，开到预定的两个车站之间时，故意放慢速度，卸开车厢挂钩，让埋伏着的游击队以闪电般的速度全数搬走，或者炸掉。武工队员们主要是当地工人，他们化整为零，分布在附近的大小村庄，机智勇敢地活动在铁路沿线，对那些罪大恶极的敌伪汉奸，有目的有计划地进行袭击。搅得铁路沿线的敌人心惊胆战，寸步难行。在鲁南，在铁道游击队的家乡，老百姓是大海里的水，游击队员们就是水里的蛟龙……听了杜继伟同志的介绍，联想到路上的所见所闻，事后，我怀着激动的心情，为铁道游击队的战士们写下了一首诗歌：

神出鬼没铁道旁，袭敌破路毁沟墙。
深入兽穴斩虎豹，飞越日车夺械粮。
汪洋大海游击队，怒火熊熊敌后方。
条条铁轨成绞索，寇灰满载运东洋。

后半夜，乘着茫茫夜色，我们疾速越过了津浦线。身后不断传来维持会派人巡逻的梆子声及“没有事哟”的报平安的唤声。一行人摸黑走了十余里，与微山湖游击队派来迎接我们的张队长（张新华同志）接上了头。杜继伟带领的游击队完成了护送任务，与我们分手。黎明时分，来到了微山湖畔，张队长领着我们跨上了预先准备好的渔船。渔船在密如墙堵的芦苇荡里折来转去，载着我们进入了水气弥漫的微山湖里。天放亮了，水青苇碧，看得见七八里外湖中的小山，山上有敌人的碉堡。回看湖岸，周围也是碉堡林立。日本侵略者用他们的魔掌，在我们的土地上留下了多少罪恶的标志呀！张队长他们从小渔船的篷子里端出事先预备好的早餐，有干粮，有热水，有烧好了的鲜鱼。这时候，我们才感到又渴又饿，饱餐了一顿。船隐在芦苇荡之中，我们必须在船里隐蔽上一天。碉堡上那罪恶的“眼睛”，像秃鹫一样，整天搜索着湖上的动静。张队长告诉我们：“放心休息，周围的群众都是我们的人，湖上的敌人有我们游击队监视哩，芦苇荡中水路复杂，深浅不一，敌人不熟悉水道，是不敢轻易往进闯的。”其实，在斗争的初期并不是这样。那时，湖上游击队公开活动，敌人动不动就开着汽船进行“清剿”，甚至狡猾地化装成渔民袭击我们。从斗争中吸取教训，我们把游击队分成小股，分散开来进行隐蔽的斗争，加之又做了大量瓦解敌人争取维持会的工作以后，日本侵略者就无能为力了。我们的游击队员都是本地渔民，如张队长就是沛县人，对微山湖上下的情况十分了解，依靠群众，行动自如，可以不断主动地袭击敌人。敌人只好龟缩在据点里，反而不敢轻举妄动了。

夜幕降临了，小渔船拐出芦苇荡，将我们很顺利地送上了微山湖西岸。弃舟登陆，走了七八里地，在沛县以北，湖西军区司令员邓克明和政委张国华派了一个骑兵排来迎接我们。无风无月，一片漆黑，30 多骑马在弯弯的小道上鱼贯而进。因为走得急，天又黑，迷失方向，撞到了敌人的一个据点附近。望着据点上鬼火一样的灯光，我们急忙拨转马头，往回折。领头的张队长，夜暗之中，在路旁看到了斗大一块卧着的石头，跳下马辨了辨方位，很快就弄清了我们所在的位置，确定了我们该去的方向。在他的带领下，鸡叫时分，我们顺利地赶到了丰县、单县之间的湖西军区司令部。

铁道游击队和湖上游击队是连接山东根据地和太行山根据地的重要枢纽，少奇同志 3 月从苏北进入山东，在山东工作了四个月后，返回延安时，也是从这条交通线上秘密通过的。从表面上看，敌人是凶恶的、强大的，它们控制了交通干线和重要村镇，建立了伪政权、维持会，到处设置了密如蜘蛛网的封锁沟、封锁墙，严密盘查，耀武扬威。实际上，他们是空架子，当地的人民群众才是真正的英雄。八路军在根据地群众中影响很大，群众衷心拥护八路军，信任八路军，想尽各种办法保护它、支持它，这才是真正牢不可破的铜墙铁壁。这一次，我们能够从敌人的眼皮底下安然通过，真切地感受到了人民怀抱的温暖，看到了广大群众的力量是伟大的、坚不可摧的。

在湖西，我们住了一个星期。邓克明同志、张国华同志和我们一起东奔西走，听取各单位的工作汇报；同时，又由我传达了少奇同志对山东工作的一系列指示。1939 年，湖西地区出现过令人痛心的“肃托”扩大化的现象，一次就抓了 100 多人，许多好干部和统战人士受到了无情地打击。罗荣桓同志得知情况后，亲自赶到湖西进行处理，果断地撤换了领导，才从危难中挽救了湖西地区党的组织和抗日根据地。当我传达少奇同志的《党内斗争同题》的报告时，同志们联系亲身的经历，对湖西在抗战初期发生过的“左”倾错误及其严重危害，进行了回顾和总结。

天气一天天凉了，我们身上也都换上了棉衣。在湖西的工作告一段落后，邓克明和张国华同志又派骑兵连护达我们向北行进。不久，赶到了郓城以南的冀鲁豫军区所在地，司令员杨得志、政委苏振华、区党委书记黄敬热情地迎接了我们。冀鲁豫军区是以原来鲁西军区为基础扩大起来的。鲁西是我战斗过的地方，所以这里的党政军各部门里，都有许多我所熟悉的战友和同志。这里的山山水水，我觉得分外亲切。在这里，我们进行调查研究，了解工作情况，传达少奇同志的指示，大约用了半个多月的时间。

二

我们下一步是要从晋、冀、鲁、豫四省的交界处，越过敌占区，跨过平汉线而进入太行山。可以说这是最困难、最艰苦的一段行程了。通过敌占区，当然也可以采取武装通过的方式，眼下要经过平汉线，起码要一个团以上的兵力掩护，才能突得过去。为了不引起敌人的注意，我们决定采取经过内线工作、隐蔽通过的方式。我们人少目标小，这样通过也是很安全的。从范县出发前，组织上就派来了给少奇同志和陈毅同志带过路的敌工部部长王乐亭同志。他是河南安阳人，个儿不高，生就的圆脸，白白的，年纪30岁上下，神态安详、文雅，像个教书的，又像是个经商的。

动身前，我们将携带的有关文件全数交给了王乐亭，由他从另外一条更隐蔽的地下交通线送走了。我们清理了身上的物品，连常用的钢笔也留下了。头两天，我们乘马而行，经清丰，过南乐，顺利地赶到了内黄的大沙窝。大沙窝是绵延30余里的干旱区，到处丛生着灌木，人们的生活是艰苦的。这里离平汉铁路只有百把里地了，属于游击区和敌占区的交界处。我和王乐亭、康矛召、徐登坤都脱下军装，换上了可体的便衣。王新兰也换了装束，下面扎上了黑腿带，头上扎起了红头绳，骑一头小毛驴，乔装成回娘家的新媳妇。王乐亭同志叮嘱我们，一路上要尽量少开口，少说话。因为我和康矛召、王新兰都不是本地人，口音南腔北调，说话多了就容易引起怀疑，容易出事。

我们以商人的身份进入敌占区了。这里在敌人的严密控制之下，老百姓很少往来，路上行人也很稀少，加上经常有土匪绑票、抢劫，苛捐杂税又多如牛毛，村庄里、田野上到处是一派凋敝荒凉、民不聊生的景象。与解放区、根据地生机勃勃的气氛形成了明显的对照。走在路上，我们感到心情很压抑。

进入敌占区前，我们隐了真名，各人起了个化名。我的化名叫“春涛”。进入敌占区的第一个晚上，我们住在离内黄不远的一个房屋零散的小村落里。村里住着伪军一个小队，王乐亭通过内线，将王新兰同志安排在伪军小队长（这个伪军小队长是我们的内线）太太的屋里。我们四人在村里没法住，被安排在村外一间看场的小土房里。房里空荡荡的，只有一个土炕，炕上铺垫着麦秸。王乐亭买来几个馍馍，带来一壶凉开水，我们胡乱填饱了肚子，将棉袄裹在身上，准备在麦草上过夜。正在这时，又来了两位往来于游击区和敌占区之间做生意的商人和一个从外地来的伪军士兵。小土炕上要挤七个人，只好横成一排睡，我们每人寻了一块砖当枕头。那两个商人问我们："请问你们是干什么的？"王乐亭笑着答："做小买卖嘛。这年月，胡乱混一口饭吃。"他怕那两个商人寻我搭讪，放砖头时给我使了个眼色，让我靠墙，睡在最里边。王乐亭自个儿睡在我们和那三个陌生人的交界处。那两个商人转过头又问那个伪军士兵："你老兄是从哪儿来呀？有公干么？"那个伪军唉地叹了一口气："这儿有个排长是我的朋友，我是从冀南到这儿来找他帮忙，投靠来啦。"

上炕以后，两个商人旁若无人地谈开生意经啦，谈这一带的出产，谈什么最赚钱，谈怎么样和日本人及当地的地痞、土匪进行周旋，从中渔利……那个伪军翻了几个身，一下子睡不着，又觉得无聊得不行，也就和两个商人掺和在一起，有一句没一句地扯起来了。扯到热火处，两个商人问伪军："你在冀南当兵吃粮，有啥不好，干吗跑到这么个鬼地方来了？"伪军说："唉，别提了。我们在冀南是配属皇军'扫荡'陈再道、宋任穷的八路军的。八路军可厉害啦，我们1000多人马跟八路军一接火，眨眼间，他们的手榴弹、刺刀就闪到眼前了，我们的人兵败如山倒，被人家打了个稀里糊涂。幸亏我丢了枪，跑得快，才保住了这一条活命。如今在冀南是待不成了，我只好到这儿来投朋友，寻碗饭吃。"两个商人补充着说："嗨！日本人那么厉害，也不是八路军的对手，你们算什么？"

我们四人静静地躺着，听着，不敢笑，也不敢吱声。他们哪里知道，就在这条土炕上，与他们一块睡着三个共产党员，一个共青团员呀！

夜深了，王新兰同志不放心，特地从村里赶出来，悄悄地敲了敲土房的门板，唤了声"春涛"。听我答应了一声，她知道我们安然无事，才放心地回村去了。为这事，第二天早晨，王乐亭同志特别告诉新兰："往后，晚上你一个人不能随便走动，这里是敌占区，伪军很不讲理，最容易出事。”从这个小村庄出发之前，王乐亭同志又作了新的安排：“下一步要出大沙窝了，为了缩小目标，不引起敌人的注意，我们五个人得分成两路走。”在他的指点下，康矛召和徐登坤同志从北面一条交通线上走了，我们三人仍按原定路线行进。

黄昏时分，我们赶到了一个百多户人家的村庄。村边上是一个程姓人的土围子，这家地主兼商人，是个开明士绅。为了保住产业，他虽然表面上应酬着日本人，但毕竟是具有爱国心的。我们八路军主动地争取他、团结他，做了许多工作。这天晚上，地主本人外出了，由一个同我们有内线关系的管事，安排接待我们。

王新兰同志进了土围子，准备和七姨太一块儿住一个晚上。进围子之前，王乐亭悄悄地叮嘱她：“进围子后不要大意，说话要小心。七姨太有文化，见过世面，现在又是掌家的，与她接触，手脚放大方点儿，千万别露出什么破绽来。”王乐亭和我就在围子外面的另一个管事的家里过夜。他家里房子不大，桌凳齐备，炉火暖烘烘的，热气扑人，比起昨晚上那个冷落的小土炕，好得多了。

在敌占区的这第二个夜晚，最让人担心的是在围子里的王新兰同志的处境。

进了围子，有人领着王新兰向七姨太的住屋走去。

屋子建筑是新式的，锃亮的玻璃窗，挂着十分阔绰的金丝绒窗帘，给人一种富丽堂皇的感觉。从这房屋就可以想见，这个地主走南闯北兼做生意，经常出入北平城，是个见过世面的人物，不是一般的土老财。在静悄悄的屋子里，王新兰见到了七姨太，她年纪20上下，穿着镶金边的紧身旗袍，烫头发，穿丝袜，着半高跟黑布鞋，秀眉秀眼，人样儿也挺俊气的。方才从院里经过，王新兰也偶尔看到过其他几个姨太太，满身绫罗绸缎，表面上是富贵气象，但与七姨太比较起来，反而显得有点土气。因为王乐亭事先已经打通了关系，七姨太对王新兰倒很热情。她将王新兰让进屋里，笑着说：“今夜晚给我做个伴儿，咱俩就睡一个床吧。”说着指了指干净整齐的大双人床。接着又问王新兰从什么地方来，到哪里去。王新兰说：“我先生是个买卖人，到处经商，我顺便随他出来走走。”七姨太又问王新兰：“这样说你先生从前读过书喽，看样儿，你从前也念过书吧？”王新兰点点头。“你从前在哪儿上学呀？”王新兰答：“在北平一个女子中学。”其实，王新兰根本就没有去过北平城。在部队时，因为有两个医生是从北平的学校出来的，经常在闲谈中提说起北平的学校，在这儿，王新兰随机应变，就胡诌了一句。谁知这么一说，七姨太反而大大地高兴起来了：“好呢！我也是从北平的学校出来的，今儿个算是逢见老同学了。”

七姨太这一高兴，反叫王新兰心吃一惊。她生怕七姨太刨根问底，察出破绽来，就连忙主动应酬：“在家靠亲戚，出门靠朋友。我们在外做生意，路上不安宁，不好带什么东西。第一次见面，就给你添麻烦了，我这儿有点钱，你留着买点自己喜欢的东西吧。”一面说，一面迅速从兜里抓出十块银元塞给七姨太。七姨太推辞了半天，推让不开，就感慨地说道：“唉！你倘若不是念过书的人，在钱财上也不会这么大方的。这里的人哪，眼皮儿浅，见一个铜板就眼红。还是咱读书人想得开，明白一些。”

正说着，女佣人提来木制的大食盒，摆晚饭来了。王新兰觉得身上发热，额角上沁出了细汗，这时她才留意到，屋正中有一个明亮亮的可以照见人影儿的黄铜火盆，盆里架着红艳艳的木炭火。晚餐十分丰盛，有鸡有鱼有肉，就她们两个人，桌上满满地摆了七八个菜。七姨太屋里是很严格的，除了贴身女佣，别人是不敢随便进入的。女佣摆好饭，悄悄地退出去了。

她俩一面吃饭，一面拉家常。七姨太似乎是难得逢见个可以倾诉心事的人，话也显得特别多。她说道：“我原来在北平是个中学生，当家的看上我有文化，讨我来给他管家务。可业这么大，头绪这么多，他经常在外面跑，而别的太太们见我年轻、貌美，又有文化，嘴里不说，心里嫉妒我，暗地里有意与我为难。说是管家，实际上是受不完的窝囊气……唉！回想我当学生的时候，多自在啊！”说到伤心处，七姨太眼圈儿都红了。

七姨太抬起头来，忽然望着王新兰：“你多好呀！你先生是读书人，志同道合，跟着他到处走，又自在又自由，哪儿像我们，命运不好，落到了这步田地……”临睡前，七姨太又悄悄地对王新兰说：“一回生，二回熟，咱俩都是学生出身，又都是中国人，现在这年月，中国人的心还是向着咱中国人的，谁都不愿意当亡国奴。咱俩交个朋友，下次回来从这儿路过，还是住到我的屋里来吧……”

在抗日战争那最艰苦的年月里，国内的阶级压迫、阶级矛盾依然存在着，可是，关系到中华民族前途和命运的民族矛盾毕竟已上升为主要矛盾了。国内的每一个阶级，每一个爱国人士，在一定条件下是可以联合起来共同对付日本帝国主义的。而抗日战争只有在中国共产党的领导下建立起民族的统一战线，才能夺得伟大胜利。在敌占区所经历的这一不寻常的夜晚，加深了我们对这一重大问题的思考与理解。

翌日清晨，吃过早饭，我们三人又上路了。这一次不同既往，我们坐进了程家的轿车。轿车上有帘子，帘子上有明镜，三个骡子，几串铜铃，由一个专门赶车的车夫挥鞭吆喝。我望着坐在身边的敌工部部长王乐亭，暗暗钦佩他的精明和能干，佩服敌工部的统一战线工作做得出色。

夕阳西下，在敌占区的第三个夜晚快要降临了。

天黑时分，车子进了安阳附近的一个小村庄。这里离平汉线已经很近了，可以清晰地听到火车的奔驰声、鸣叫声。车子三拐两拐，停在一个收拾得挺漂亮的小院里。王乐亭悄声告诉我，这是一个伪政人员的家庭。

这家两口子很热情，给我和王新兰同志专门腾出了一间屋子，炕上的新棉被花色艳丽，靠里墙整整齐齐横叠了七八床。8点多，天黑严了，村外的公路上一阵响声，突然出现了一束汽车的灯光。那位伪政人员即拔出驳壳枪，镇静地说：“万一是鬼子进来了，你们迅速从窗子跳到后院躲藏起来。这儿有我应付，你们放心好了。”汽车没有进村，沿公路向远处驶去了。他收起了驳壳枪，蔑视地说：“别看日本人飞扬跋扈，实际上他们没什么了不起，我们的八路军和老百姓才是天罗地网。在我们这儿，日本人是瞎子、聋子，只有挨打的份儿。”这话说得多好呀！

他的太太忙着为我们收拾晚饭。王新兰上去帮忙，正拉风箱时，那太太忽然凑近王新兰的耳根，悄声说道：“你大概是刚学会梳头的吧？看看，头发没裹好，掉下来了，要是在外面，这该多危险！”王新兰感激地点点头。这位太太又补充道：“下半夜动身时，我来帮你梳头吧。”吃完了饭，我们忙去休息了。

鸡叫时动身，那位伪政人员亲自带路，拂晓前赶到了临近铁路的一个村子里。铁路边有丈把深的封锁沟。他打算带我们到村公所去，村公所可以放下吊桥，使我们尽快通过。我们几个人转过几条街，快要走到村公所门口时，突然从一堵土墙的角上伸出一只巴掌，惊得他倒退一步，赶忙拔枪。墙后转出一个汉子，一面将我们往边上的一户门里推，一面急惶惶地说：“快躲起来！日本小队长刚进村公所，正到这里查路哪！”好险呀，转过墙角就是村公所，再差上几秒钟，或者我们几个人的响动大一点，就非出事不可。我们捏了一把汗，静静地躲进老乡家里，度过了这最危险的时刻。

等这一小队鬼子走后，村公所的人才偷偷地摸出来放下吊桥。在迷蒙的晓色里，我们从安阳和磁县之间顺利地越过了平汉铁路。过铁路不久，就进入了游击区。天亮了，秋末冬初的朝阳格外暖人，照得迎面的太行山清晰如画。

在敌占区的三天三夜终于结束了！这是惊心动魄的三天三夜，是我们终生难忘的三天三夜。我们踏着阳光，长长地舒了一口气……

三

当我们赶到涉县的一个主管敌占区统战工作的办事处时，从大沙窝与我们分头行动、走另一条交通线的康矛召、徐登坤同志已经提前赶到了，正在等我们。战友重逢，分外高兴。办事处主任王伯屏，胖胖的，40多岁，安排我们休息了一天一夜。我们脱下便衣，重新换上了军装戴上了军帽，一下子找不到合体的新衣，我就穿了一身炊事员同志换下的旧衣，大伙围着我笑，说我像个伙夫。

换上军装骑上马，我们当天就赶到了一二九师师部所在地——黎城。邓小平同志听说我们来了，十分热情。我问怎么不见刘伯承同志，小平同志说到麻田八路军总部开会去了。紧接着，小平同志就关切地询问罗荣桓同志的身体情况，而且问到了从上海赶来的奥地利医生罗生特为罗荣桓同志治病的情景。革命战友是心心相连的，千里关山，战争烽火，隔不断革命的情谊。我向小平同志详细报告了罗荣桓同志的身体状况，同时又汇报了山东根据地斗争的情况。在黎城，我们停留了两天，小平同志让政治部主任蔡树藩同志亲自招待我们，并向我们仔细地介绍了一二九师及当地的有关情况。

第三天，告别了黎城，师部派几匹马护送我们到了总部。过清漳河时，在河滩上有七八个人随着一匹马迎面而来，马上那人腰扎皮带，背着手枪，愈走愈近了，啊，是刘伯承同志！刘伯承同志也认出了我，立即跳下马来，热情地迎上来："萧华，你们来了呀！山东是敌后的敌后，你们远道而来，辛苦啦！"刘伯承同志那时候才50岁上下，身体结实，满面喜悦。长征路上，我随他一起翻越大凉山，一块渡过大渡河，相互间是很熟悉的。从那时分手，天南地北，我俩有七年没有见面了，在太行山突然相逢，我们心情很是激动。刘伯承同志紧紧地握着我的手，问长问短，我们漫步在河滩上，简直有说不完的话。我北去麻田，他南返黎城，总不能不分手喽。我问他："这儿到总部还有多远？"刘伯承同志望着我，风趣地说道："难走的路还在前边，渡过这一段困难后，就是宽板大道了！"分手之后，他上了马，从马上还回过头来说道："从总部回来，到我这里来住，我们好好谈谈。"弹指间，多年过去了，当年相逢于清漳河河滩上的情景，至今还历历在目。

麻田是太行山里的普通小镇，坐落在长年流水的清漳河畔。我们八路军总部司令部驻在麻田，政治部驻在离麻田五六里地的桐峪。那一天，我们赶到了桐峪。一到那里，野战政治部主任罗瑞卿同志和他的夫人郝治平同志在村口迎接我们，并想办法拿出最好的饭食来招待我们。在那么艰苦的条件下，每天都准备有小米干饭，肉炒山药蛋。我们在桐峪住了四天，第五天又搬到了麻田，在一个村长的家里住。总部的负责同志彭德怀、滕代远、张际春、周桓、刘锡武等同志经常来看望我们。

1943年1月，八路军总部在麻田召开了北方局会议。在会上，由我详细汇报了山东地区敌顽我斗争的形势，根据地的建设情况，群众工作，统一战线工作，开展敌占区工作的情况，也汇报了一一五师进入山东和整个山东军区部队的建设以及刘少奇同志对山东工作的一系列重要指示。我记得，我向与会同志汇报了三个半天，同志们讨论了两个半天。会议期间，彭总与到会的领导同志对山东工作给予了很高的评价，作了许多宝贵的指示。会后，又由北方局起草发出了《中共中央北方局给中央山东分局的指示信》。

在麻田工作的日子里，我永远忘不了彭德怀同志所留给我的亲切印象。

在那艰苦的年月里，总部的同志们吃的是黑豆、苞谷、洋芋，彭总优待我们，特别给我们匀出小米来。他经常到老乡家里来看望我们，进门找不到坐的，他就坐在门槛上与我们交谈。老乡见到他，就像见到自家人一样，总是老彭长，老彭短的。丝毫看不出副总司令的架子。

有一次，彭总请我们吃饭，浦安修同志外出了，由滕代远与他的夫人林一同志作陪。那天吃的是二米饭，搞了个小火锅。彭总拿出一个别人送给他的从日本侵略者手里缴获的牛肉罐头，平时舍不得动的，因为我们是远道而来，彭总一定要打开它。山里没有开罐头的工具，彭总拿起了一把刀子又砍又撬，一不小心，刀子将手划破了，弄得鲜血直流，赶忙找纱布包扎了起来。那一天，彭总的兴致很高，我们在座的也都很高兴，大伙一边吃饭，一边说笑。

我抽暇也到彭总的小屋里去过，这是他和浦安修同志的住室，同时又兼作他的办公室。屋里陈设极其简朴。书籍只有一套，是中华书局出的万有文库。墙上挂着一幅铅笔素描，是别人为浦安修同志画的肖像。屋里摆着一桌一床，就是当地老百姓的家常什物。就在这样的小屋里，彭总穿着洗得发白的打着好几块补丁的衣服，脚蹬一双布鞋，像拉家常那样，和我细聊了两个半天。谈了他童年、少年时代的遭遇，谈了他 18 岁入湘军当兵，杀了恶霸地主，躲在船上渡过湘江，还谈到了参加北伐战争，谈他怎样组织平江起义，又怎样率领起义队伍走上井冈山……他谈得很细，很深情。从他身上所闪耀出来的那种正直、顽强，不畏强暴、不怕艰难与挫折的革命精神，对我教育很大，是终生难忘的。

后来，彭总又要我们在太行山根据地进行参观。我们参观了兵工厂和农场，尝了自制的饼干，同时又在附近的乡村进行了访问和调查。在清漳河里，总部的同志们堆石垒坝，建立了一个小型的发电厂，司令部用上了电灯来照明。在这里，我们第一次看到了自己的电灯，打开了眼界。

时隔不久，中央太行分局在黎城附近召开地委以上高级干部会议，分局书记邓小平同志在会上作了关于目前形势的报告。他的这个报告非常精辟，分析总结了根据地、游击区、敌占区历年来的工作情况，针对日本帝国主义对华政策转移之后的新的局势，提出了许多方针政策性问题。会议期间，邓小平同志、刘伯承同志、罗瑞卿同志又让我用两个小时讲了讲山东的形势和根据地的建设经验。在太行山参加了这个盛会，听了首长们的谈话，收获是很多的，对我个人的教育、启发也是很大的。会议期间，我还见到了陈赓、薄一波等许多老战友。

会后，我们又回到了黎城，刘伯承同志详细地询问了我们在敌后的工作情况，罗瑞卿同志还专门就我军的政治思想工作提出了自己的看法和意见。

在太行山工作期间，由于各级首长的亲切关怀，我们顺利地、圆满地完成了汇报山东工作、听取北方局和总部首长对山东工作的意见和指示的任务。

1943 年 2 月，寒冷的北方大地上已经有了早春的消息，我们四人告别了巍巍太行山，告辞了总部和一二九师的各位首长，分作三路，以急迫的心情踏上了返回山东的里程。我们要把从太行山取来的“经”带回去，推动山东抗战工作的进一步开展。山东根据地在党中央和八路军总部的领导下，要作出更大的贡献。

雁翎队里的日日夜夜

张杰

1943年春的一个夜晚，区委书记刘刚找到我，通知我去雁翎队当文书。我听后高兴得在屋里地上蹦起来。

雁翎队是一支战斗力很强的水乡游击队，它活跃在的芦苇塘中，打鬼子包运船，端敌人炮楼，剷除汉奸特务，袭击日伪军据点，冀中男女老少都知道它的大名。

来到淀北"莫斯科"

我焦急地等待着雁翎队来人接。这天中午，我正在村东苇塘边一个黄瓜园里"防敌"，忽然一个身穿毛蓝褂、紫灰裤，头上扎条羊肚手巾的青年人，摇着小船顺着壕沟驶过来。我一眼就认出那是雁翎队侦察员赵波。他是下赵庄村人，和我很熟。我在下张庄当教员时，他就常来找我。我调到下赵庄后，更是亲如一家人，晚上睡一铺炕，白天吃一锅饭，他还常把当天的敌情说给我听，我给学生们讲形势课用的材料几乎全是他供给的。

我高兴地钻出芦苇丛，跑到寨篱门口。

“哦，今天就走？”我问。

“对。同志们听说你去当文书，都盼你呢。”

“嗯——”我很感激雁翎队对我的信任，看看村中庙台高处的“消息旗”头向下垂着，知道村中没有敌情，便跟他一起进了村，到家收拾了一下东西，告别了村干部，就坐船上路了。

赵波驾驶的是一只放鸭子、打水禽用的小木船。一人独乘，轻捷灵活，疾驰如飞。现在增加了一个人，我又坐在船头，小船有些吃不住劲，船身被压低，船体直摇晃，走起来很吃力，像头低头拉犁的老牛，“嘎吱吱、嘎吱吱”地向前行驶。小船穿过大清河主航道，过了半截河，沿着大道壕一弯不打地直奔前面水势浩淼的莲花淀。

“这是去哪儿呵，赵波？”我望着前面不远处古庄头村的岗楼和左侧的下李庄岗楼上的太阳旗，奇怪地问。

“莫斯科。”他笑着回答。

“莫斯科？”我更加不明白。

“嗯，”他点点头，“莫斯科。”

我感到既新奇，又很有趣，想问个究竟。刚要张口，忽然一群水鸟从荷叶丛中惊起，扑棱棱拍打着翅膀从船头飞走，把涌到舌尖的话给压了回去。小船这时调头转弯，追踪着飞鸟的方向，朝着莲花淀北面的大汗地驶去。

驰过一片宽敞的水面，钻了几片芦苇塘。小船来到了芦苇丛夹起的水面长廊。水渐渐浅了，小船行驶很困难。赵波放下棹，换上篙去撑，一篙一篙，十分艰难。又过了一会，用篙也撑不动了，只好跳下水去推。我要下船帮忙，赵波不肯，只得由他一个人向前推着。

推了一阵子，小船再次进入一片大苇塘。在进口处，一个光脊梁、低头猫腰倒虾篓子的小伙子和赵波打招呼。赵波笑着向他点头，然后扭转身对我说："这是警卫'莫斯科'的流动哨，叫张红，一班的。"我往苇塘深处望去。啊，那芦苇又高又密，上接天下连水，逶迤连绵延伸开去，形成一片浩淼的芦苇荡。苇丛中，许许多多不知名的小鸟在苇叶间钻穿跳跃，有时竟立在苇尖上，站在船头上，聚精会神地瞧着船上忙碌的人们。看着这战乱中难得的升平景象，我恍然大悟，真是莫斯科——一块红色革命根据地。

小船绕过流动哨，又钻了几丛芦苇，就正式进入了莫斯科——雁翎队的宿营地。这里停着许多船，有"三舱"、"四舱"，有赶鸭子小船，还有一只"大五舱"。船整齐地排列着，围成个半圆形，中间放一只"枪排子"(打野鸭用的猎船)，舱内安了一口大锅，里面盛满水，水底白糊糊的。再往苇塘里面看，只见一条用苇叶铺垫的小道由船头向深处伸展，尽头处还搭了个窝棚，上边遮着苇叶、莗草和树枝，像个小房子，隐蔽在绿水绿苇子丛中，不细看，还以为是掩映在芦苇荡中的水柳丛呢！

小船刚刚停下，人们就从船舱中、苇塘里钻出来，呼啦一下子围住我。队长郑少臣首先代表全队表示欢迎，接着又给我介绍雁翎队眼下的情况：雁翎队分淀北、淀南活动，这里是淀北莫斯科，淀南由指导员槐泽民负责。他要我留在淀北。讲完情况，他笑着对我说："别看这里是莫斯科，可是很艰苦，白天黑夜都不能进村，全靠老乡送吃的，常常一天只吃一顿饭。碰上敌人'扫荡'，群众出不来，还要靠挖藕块、嚼苇根过日子。睡的是船板，没有被子，要铺地盖天枕苇把子，你这个老师可要克服点哟！"我不假思索地回答："队长，你放心，只要大家能克服，我也能克服！"

淀水鏖兵

艰苦的生活，当晚我就尝到了：小小船板上睡三四个人，头压脚，脚搭腰，不敢翻身，挤得难受，而且随时有掉到水里的危险。到了半夜，困了也睡不着觉，眼望星星呆坐着。一班副张大得见我不睡，叫醒一个靠棹丫子睡的战士，让我躺到那里。棹丫子有棹架子挡住，比较安全，我很快就睡了。可是大淀的凉风一刮，不一会冻醒了，只好坐起来，活动活动身子再睡。就这样，睡下冻醒，冻醒又睡下，一直折腾到大天亮。

白天同样难熬。一天只能吃两顿饭。快晌午了，肚子饿得咕咕叫，早饭也不见有人来送。直到日偏西，古庄头村的老乡才送来饼子。尽管没有菜，没有汤，但两顿饭并成一顿吃，就着淀水吃的还特别香！

这天下午，赵波侦察回来，带回来一个坏消息：敌人从天津、保定调来几十只汽船，对白洋淀进行“扫荡”，津保水上航线周围的村子都住上了敌人。鬼子还封锁了大淀，加强了水面巡逻，今后老乡送饭将更加困难。晚上，我们遥望远处大淀，那里枪声不断，火光一片。时近午夜，郭里口村的一个老乡送来一点饭。一问敌人果真警戒森严，老乡是凫水潜游，躲过敌人的探照灯，绕过封锁线，冒着生命危险送来的。

不久又下起连阴雨，蚊子多得打疙瘩起蛋，咬得人不能入睡。大家把裤子褪下，将裤腿扎住，再把褂子蒙在头上，不露一点皮肉，以防叮咬。即使这样，也还是要不断驱赶嗡嗡叫的蚊子，否则，时间久了，凶猛的蚊虫隔着裤褂也能叮入！一天夜里，我被噗噗的轰打声惊醒，起身一看，原来是放哨的张红正用褂子给我轰蚊子。他见我醒了，抱歉地一笑，劝我躺下继续睡，接着给我驱赶蚊子……

这段时间，雁翎队暂时没有战斗任务，郑队长让我教大家认字。开始我每天教二个字，没有纸往手掌心上写，记住后用指头蘸水在船板上练。后来逐渐增多，每天教四五个。大家学得认真用心，没多久就学会了许多字，有的还学会了写大标语。坚持了一个多月，形势稍稍稳定，我们便转移到淀南。这里环境好些，白天蹲苇塘，晚上进村子，有时能吃上热饭，碰巧还可以在乡亲们的热炕上睡半宿。这时我们搞起军事和政治训练。根据全队文化程度低、缺乏政治素质的实际情况，我教大家突击学文化，从地方找来识字课本，记得教的第一课是，东一村，西一村，村村都有种田人。大家听得认真，学得刻苦，到年底就把课本学完了。政治教育是每隔两三天讲一次课。课本是《论持久战》、《雪山草地行军记》和一些油印小册子。有时也讲形势，如介绍苏德战场、南斯拉夫铁托游击队和边区军民抗日活动情况，让大家了解世界反法西斯斗争形势。每月还上一两次党课，有时还组织测验。

军事训练主要是练习游泳。雁翎队员都是在水乡长大的，水性极好，扎猛子、仰凫、踩水，样样都会。我不大会游泳，常在船上当“啦啦队”。有时也练武装囚渡，衔苇秆练潜渡，在小船上学射击，在窝棚旁练投弹。到了这年秋天，雁翎队不仅经受住了艰苦生活的磨炼和考验，粉碎了敌人的封锁围困，还先后袭击了赵北口伪合作社、建设总署，端了什方院、大张庄等十余处岗楼，伏击了王家寨外出抢粮的伪军中队，全歼了包运船河防大队。雁翎队战果辉煌，被冀中军分区授予模范单位的光荣称号。

中秋大捷

到了秋天，日军为支援华北山地作战，组织了包运船队将天津、保定的物资源源不断地运往各战场，对我抗日武装力量造成很大威胁。区委命令雁翎队打击过往包运船，切断敌人水上交通运输线。

中秋节前夕，我们得到情报：包运船已从天津起航，农历八月十三日到达白洋淀东赵北口码头。为了摸清情况，郑队长派赵波前去侦察。根据掌握的情况，决定在王家寨以东、下赵庄以西的大清河道北峰的苇塘里打伏击。

农历八月十四日下午，雁翎队在下刘庄召开支委会，晚上又举行了军人大会，郑队长讲了兵力部署及联络信号，槐指导员做了政治动员。具体战斗分工是：一班打敌第一条船，该船有伪军 30 余人，轻机枪一挺；二班打敌第二条船，该船有伪军 30 余人；三班打敌第三条船，该船有日军十多人，伪军十多人，伪军中队长秦凤祥就在这条船上。另外，由赵波和史志刚等十几个人组成突击组，每人还携带十几颗手榴弹。整个战斗由郑队长指挥，他亲自带突击组和一班迎头打。槐指导员带二、三班拦腰堵截。郑队长打敌瞭望哨，为战斗发起信号。为了迷惑敌人，各班均以“连”称呼，“前进”是“冲锋”，“冲锋”是“撤退”。

农历八月十五日凌晨，我们进入阵地。大家伏在苇塘里，因水深齐腰，只好把子弹袋缠在脖子上。中秋的大淀已有寒意，我们浸泡在水里，经凉风一吹，冻得人人瑟瑟发抖。

不大工夫，东方露出了鱼肚白，水面上的雾气渐渐消散，弯曲的大清河和两岸茂密的芦苇现出清晰的轮廓。突然，远处树梢间，露出一根根高大的桅杆，接着传来船工们吱吱的摇橹声和咚咚撑大篙的声响。我们立即做好战斗准备。

8 点多钟，敌船队进入我伏击圈。六七十只“大对槽”、“艕子”货船驶在最前面，浩浩荡荡，黑压压涌入河道。紧接着是敌船。敌人正在吃早饭，大部分人钻进仓里，只有少数在船板上。第一条船的高大桅杆上吊着个箩筐，一个伪军坐在筐内向四下观望。这就是敌人的瞭望哨。敌船队正在慢悠悠行进，突然，郑队长“啪”的一枪，将瞭望哨打下了河，顿时枪声大作，突击组的五条小船箭射一般驶近敌船，甩出一排手榴弹后，便冲上敌船板。一班战士在班长赵大带领下，乘烟雾也跳上敌船。正在吃饭的敌人遭到突袭，死伤过半，乱作一团，没被炸死的慌忙举手投降。几乎在此同时，槐指导员和二班长王贵带着二班战士冲上第二条敌船。一阵手榴弹爆炸后，敌人就喊投降，并打出了白旗。这时，后面的敌人又向我猛烈开火。二班被敌人火力压在船头。郑队长命令史志刚用刚缴获的机枪压住敌人的火力。史志刚一梭子弹打过去，敌人不敢露头了。三班长邸芝科负责打第三条船。但因船工早已跳水，无舵手的船被风吹出二三十米远，加上敌重机枪封锁水面，挡住出击道路，部队无法前进。郑队长命令“三连”冲锋。“三连”刚要摇船出击，副班长李克不幸中弹牺牲。班长邸芝科在推出小船时也被击中。这时候，郑队长一面命令已占领敌船的一班、二班组织火力向敌第三条船射击，一面组织突击组绕道冲向敌船。三班战士见副班长牺牲，红了眼，一颗颗手榴弹向几十米外的敌人投击，顿时敌船烟气弥漫。史志刚借烟雾掩护端起机枪，向敌船猛扫，敌射手被打死了，重机枪变成了哑巴。赵波、赵大等趁机跃上敌船，打倒几个敌人，没死的鬼子吓得钻进舱内。这时伪军中队长秦风祥在船舱里喊投降，战士张明缴获了那挺重机枪。

经过一个半小时的激战，我们全歼了包运船队。清点俘虏时，发现日军伍长不见了，立即搜查，战士张明在船舱里发现一个鼓囊囊的麻袋，用脚一踢，一个鬼子滚了出来。一看那家伙正是日军伍长山世加三郎。

这次战斗大获全胜，共打死和俘虏日伪军 70 余人。我们把俘虏集中到一条船上，郑队长讲了我军俘虏政策后宣布当场释放，只把四个鬼子带回驻地，后来经过说服教育，也释放了。

冰湖上的周旋

1944 年正月，敌人趁白洋淀结冰、芦苇收割的季节，纠集了安新、雄县、任丘等几个县的日伪军，共 2000 多人，包围了白洋淀，妄图一举消灭雁翎队。

正月十五这天，我们在光淀张庄召开军民同乐联欢会。傍晚，侦察员赵波回来报告说古庄头发现了鬼子，还有 200 多骑兵。我们立即向淀南转移。刚到北田庄，听说淀南的村子都驻上了敌人，只好转向去邸庄，谁知走到半路，侦察员报告，邸庄同样有敌人！敌人进行合击了。我们抓住敌骑兵不便在冰上活动的弱点，决定返回淀北，先潜伏在“汕地”内，然后伺机跳出敌人的合围圈，到敌占区去活动。

第二天拂晓前，我们回到淀北荷花淀边季庄子村宿营。晚上，从季庄子出发，直奔郭里口和留通间的陈家地“汕地”。天空飘着鹅毛大雪，我们将棉袍子翻穿着，白色的里子朝外，和雪地一个颜色，在雪地里行军不易被发现，这样安全到达了宿营地。宿营时，以班为单位找一块苇地，在冰上铺些苇叶，把大衣倒过来，袖口扎住，两只脚伸进去，用大衣当被躺下来，上面再用苇子盖住遮挡寒风。躺下没多会儿，我们全被大雪覆盖了。睡到半夜，司务长李荃突然坐起来，说自己尿炕了。原来，是他铺的苇叶薄，身底冰层化了，弄得浑身水淋淋的，又湿又凉，将他冰醒了。

天亮了，雪仍在下，四野一片白茫茫的，刺得人睁不开眼睛。我们在冰上潜伏了整整一天。傍晚，司务长把庄里乡亲送来的饼子分给大家吃。

晚上，雪稍小了些，却又刮起了西北风，地上的雪花也被刮了起来。这一夜似乎比往日都长，都冷。饥寒交迫，有不少人肚子疼。卫生员张鹤松一会爬到这儿，一会儿爬到那儿，没有药品，只能揉揉肚子以减轻痛苦。夜深了，冻得实在睡不着了，队长就给大家讲红军爬雪山、过草地的故事，就这样，大家暂且忘记了饥饿和寒冷。

在冰上卧了两天两夜，队员们一个个都感到腰酸腿疼，手脚也不好使了。第三天黄昏，队长命令大家转移到敌占村。出发前宣布了行军纪律，规定路上不准说话，不准咳嗽，不准动烟火。午夜时分，我们到达千里堤上的马蹄湾村。这个村子距雄县县城有八里，全是旱地。敌人住在村西头，我们住在村东头两家农家小院里。队部和一班住在东院，二班、三班住在西院，两院只隔一道土墙。我们悄悄摸进院子，房东赶紧腾房子，做吃的。队员们见了热屋子热饭，就像过年那么高兴，大家又饿又乏，有人只吃了几口饭，就困得睁不开眼，睡着了。转天我们继续隐蔽在房子里。房东像往常一样进进出出，并主动为我们封锁消息，有串门的乡亲全迎在门外，以免走漏风声。这一天又平安地过去了。

晚上，队长决定离开马蹄湾村，到距雄县县城仅四里地的黄湾村去。半夜，我们进村走进一个高墙深院大宅子，看家的老头是个受苦人，见我们的装束打扮，急忙把家里存的被子全拿出来了。我和卫生员合盖一条新花被，一躺下就睡着了。拂晓时，赵波突然来报告，说雄县敌人的马队来了，正围着村子转。队长命令，立即进入战斗准备。大家拿出手榴弹，枪膛里压上了子弹。过了半小时，敌人走了。就这样，我们粉碎了日军五天五夜的合围。敌人找不到雁翎队，只好懊丧地滚出了白洋淀。敌人刚撤走，我们就回来，又开始了新的战斗。

（王凤长　整理）

“皇军观战团”的覆灭

林克夫

冈村宁次——这个被日本侵略者誉为“三杰”之一的刽子手，眼看着自己精心策划的“铁壁合围”、“捕捉奇袭”、“抉剔扫荡”等“绝妙战术”一个接一个地被粉碎。懊丧之余，绞尽脑汁，又制定了一个穷凶极恶的“新战术”，这就是1943年秋季对我太岳根据地进行的所谓“铁滚扫荡”。

日军调集了二万多兵力，分三线摆在东起白晋线、西至霍山的一二百里的正面上，企图以第一线兵力分路合击，寻找我主力作战；以第二线兵力“抉剔扫荡”，烧毁村庄，抢掠物资；第三线兵力分散“清剿”，捕捉我零散人员及小股部队。整个战役行动，先是由北向南横扫，迫使我军退到黄河边背水应战，尔后再由南而北滚扫回来，以“扫荡”我可能突围之部队，这谓之“大滚”；担任“抉剔”、“清剿”的部队，又每天前进40里，后退十里，谓之“小滚”。为防止我军向两侧转移，还沿着同蒲线、白晋线，构成了严密的封锁线。冈村宁次得意地把这种战术命名为“铁滚式的三层阵地新战法”，亲自担任了“扫荡”总指挥，又命其第一军团参谋长临阵督战。他还向东京参谋本部夸口说：

这次要“迫使共军在黄河岸边背水作战，不降即亡！”在太行山区建立一个山岳“剿共”实验区。

敌东京参谋部对冈村宁次这一“雄谋大略”，寄望尤深，为研究“铁滚战术”和瞻瞩“皇军”的“赫赫战果”，特从华北各地抽来180余名军官，组成军官观战团，由服部直臣少将带领，前来太岳前线。

“铁滚扫荡”于10月1日开始。太岳区全体军民立即投入了紧张的反“扫荡”斗争。就在这个时候，国民党反动派却无耻地与日军呼应，策动内战，掀起了第三次反共高潮，并把进攻的主要矛头指向陕甘宁边区。这样，我们三八六旅十六团就不得不将反“扫荡”的任务交给兄弟部队，赶赴延安，保卫陕甘宁边区。

一个漆黑的夜晚，部队迅速地秘密向外线转移。敌人已深入根据地腹心，正在东扑西撞，寻找我军主力作战。我们遵照临行前陈赓司令员的指示，部队集中行动，只派一些小部队在侧翼钳制敌人。一路上，担任钳制任务的部队，忽而出现，给敌人一阵猛烈杀伤；忽而隐蔽，让敌人找不到踪影，掩护着团的主力向西南方向猛插。

22日傍晚，我们终于跳出了重重封锁，乘虚逼近敌人“前敌指挥部”所在地——临汾，进驻临汾附近的岗头村。次日黄昏，一股敌人又跟来了，我们突然掉转矛头，逆敌北上，转到敌人背后，一直插向韩略附近。

韩略是临（汾）屯（留）公路上的一个小镇，距临汾只有几十里。这一带物产丰富，群众条件很好。老乡们听说我们来到，都喜出望外，忙着腾房子、烧水、做饭，把最好的东西拿给我们吃。民兵们也围上来说：“你们来得正好！敌人天天在公路上过，狠狠地揍他一顿，给我们解解恨吧！”为了保守军事秘密，民兵们主动在村周围站岗放哨。地方党的负责同志，也向我们介绍敌人的动向：每天早上，总有一两批汽车，满载着部队或物资由这里经过，下午再载着从根据地抢劫的物资返回来。天天如此，少有例外。经我们研究，认为这里地形很好，既利于隐蔽也利于出击，加上有可靠的群众掩护和民兵的配合，真是个理想的作战地点。而韩略之敌，以为左有苏堡、前有古县据点的相互支援，十分麻痹，做梦也想不到八路军的主力部队会来到这里。虽然我团的主要任务是赶赴陕甘宁边区，但战机不可坐失，正好乘敌不意，攻其不备，打一个胜仗，来答谢哺育我们的太岳根据地的人民。因此，我们决定就在这里设伏痛击敌人，把拳头狠狠打在敌人的鼻梁上。

群众和民兵听说要打仗，都积极行动起来，给我们蒸馒头，准备担架，纷纷要求参战。当地的武委会主任兼民兵队长，还亲自带领我们侦察人员一连几次去伪军据点侦察。23日下午，我们又组织了营连干部化装成农民，到韩略去观察地形。

韩略村边有一条山沟，公路正从三四米高的陡壁中间穿过。这确是一个理想的伏击阵地，我们只要埋伏在两侧，敌人一进口袋，就真像战士们说的：要“包饺子”了。

当天晚上，部队便悄悄进入工事。一直等到第二天早饭时候，仍不见敌人的踪影。战士们等得耐不住了，甚至有人提议：“不要再等了，干脆把据点里的狗杂种收拾了吧！”

正在这时，隐约地传来了隆隆的声音，公路远方立即腾起滚滚烟尘。我拿起望远镜观察，共有13辆汽车。真是巧，多了，吃掉它费劲；少了，不大过瘾。我高兴地注视着汽车一辆接一辆，像跛驴一样，一颠一摆地向韩略爬行。车上满载着鬼子，摇摇晃晃，又说又笑，看那得意扬扬的样子，俨然把这里当成他们的“王道乐土”了。我耐着心头的愤怒回视阵地，见战士们个个紧握枪杆，已作好了出击的准备，并低声传着：“准备好！准备好！……”

顷刻间，敌人的汽车驶到了沟口，高傲的敌人，连观察也不观察，不停地往“口袋”里钻，一刹那，13辆汽车全部进了伏击圈。信号一发起，六连先动手，打烂了最后一辆汽车，斩断了敌人退路。班长赵振玉带领全班，跃出阵地，从陡壁上飞下公路，从汽车上夺过重机枪，顺着公路猛扫。领头的鬼子如大梦初醒，急速驶车，想一鼓气冲出去。可是九连像一道铁门，迎头把敌人截住。公路两旁的轻重火力，紧随着压了下来。顿时，一条凹道变成了火沟，打得敌人晕头转向，连还枪都来不及。好大一会儿，才有敌人一个大佐带着十几个鬼子军官，举着战刀，狗急跳墙似的扑向六连阵地。这时沟道前面的敌人也端着枪，"呀！呀！……"地怪叫着，顺公路向九连冲来。班长杨发喊了一声"冲！"全班九人，踏着敌尸迎上去，在遮天蔽日的烟雾中，与敌人厮杀在一起。

参战的男女老少也都拿着菜刀、棍棒、锹镐跑来了，在阵地的四周高呼："鬼子被包围了！""鬼子跑不了啦！""同志们！狠狠打呀！"山鸣谷应，威势倍增。

敌人在一阵猛烈的火力下，死伤了大半。剩下的敌人被切成了数段，互相得不到支援，东撞西闯，团团乱转。敌人见夺路逃生无望，就收拾残兵，企图争得一个立脚点以便负隅顽抗，等待来援。如果让他们拖延下去，对我们这一支深入敌区单独作战的部队，将是十分不利的，必须毫不犹豫地速战、速决、速离。部队立刻开始了猛烈地攻击，发起了冲锋。

战斗中，我们发现沟中间有一群带指挥刀的敌人，四周的鬼子兵向他们靠拢，看样子是想拼命把这一堆带指挥刀的"长官"救出去。这使我们找到了鬼子为什么这样顽抗的答案，估计被围的可能是个指挥机构，便立即命令部队集中力量，尽先消灭这股敌人。

冲锋信号一发起，五连指导员郑光南同志抱起一堆手榴弹就扑向敌人一个火力点。一声巨响，敌人机枪哑了，郑光南同志也倒在那里。同志们高呼着："报仇呀！……"随着吼声，突击队像狂风般地扑向敌群。

鬼子端着枪、举着刀，三五成群，背靠背掩护着与我扭杀。民兵和群众也拥了上来，呐喊着，和我们一起战斗。

一直想为带指挥刀的军官们解围的那个指挥官，见大势已去，切腹自杀，“效忠天皇”了。残存的敌人，“武士道”的精神也立即烟消云散。一个钟头战斗便结束了，除三个敌人逃脱外，其他均死于这条沟内。

这一仗，使敌临汾“指挥部”慌了手脚，冈村宁次气得暴跳如雷，号叫着：“再牺牲两个联队也要吃掉这一股共匪！”于是把担任战役侦察的六架飞机，全部调来追寻我团的踪迹，又从“清剿”安泽、浮山、沁水、沁源、翼城等县的联队中抽调了几千人，星夜赶来合击我团。这一来，敌人“扫荡”的兵力被扯开了，部署打乱了。而那些被调来合击我团的鬼子，又被我们拖了几天，结果是一无所得，空受了多日风霜之苦。

就在韩略战斗的前后，我太岳区的其他兄弟部队和民兵在白晋线、同蒲线上，连续出击歼敌，到 11 月中旬，冈村宁次蓄谋三月之久的“铁滚扫荡”，终于被我太岳区军民彻底粉碎了。我十六团则胜利地奔向延安，执行保卫陕甘宁边区的任务。

“扫荡”一被粉碎，根据地内万民欢腾，庆祝胜利。而这时的冈村宁次恼羞成怒，并认定此次败北，定是出了内奸。于是又亲自出马对六九师团司令部及其周围的敌伪人员，来了一次大“甄别”。结果是鬼子师团长清水中将撤职了，第一军团参谋长调职，二鬼子伪冀宁道（临汾）“道尹大人”丢了官。冈村宁次这才息了怒。他那“迫使八路军背水作战，不降即亡”的计划，一时使蒋阎群丑们欢呼的“铁滚扫荡”，像一幕自我嘲讽的闹剧一样地结束了。

事后情况弄清楚了，从缴获的文件上查明，原来这些“万死不辞”的敌人，就是那准备随“铁滚扫荡”的“皇军”到战地观光和吸取“扫荡”经验的“军官观战团”。这 180 多个观光者中有旅团长一名，联队长八名，少佐十余名，他们想不到当临汾“指挥部”正在拍电报向东京报告“赫赫战果”、“皇军如入无人之境”的时候，还没有走到战地，就尸横遍野了。

攻克八滩　全歼山本中队

谢振华

1943年，抗日的战火漫卷大江南北，苏北军民紧紧地团结在一起，如火如荼地展开了反“扫荡”、反“蚕食”的斗争。这时，我们二十四团正在阜宁东北的东坎、八滩及滨海地区活动。3月下旬，刚刚占领了东坎的日军一个大队，就迫不及待地于该月29日派出山本中队和200多伪军在八滩安上了据点。八滩在东坎东北，相距约60里。这里盛产鱼虾，又是海盐集散地，商业比较发达，每年的税收也不少。当地人民常用“金东坎银八滩”来比喻这两个地方的富庶。敌人占领八滩，正是想从政治上、军事上、经济上控制和扼死我们。为了粉碎敌人罪恶企图，在敌人占领八滩的当天，黄克诚师长就来电指示我团准备战斗。

开始，师里还计划从佃湖以南调二十二团来配合我们歼灭这股敌人。但是从佃湖到八滩需要两三天的行程，而且要通过敌人几处据点，这样敌人就会从我们推迟的行动中得到喘息机会而加强防御工事。有经验的猎手都明白这样一个道理：打平地的狼要比打森林里的狼省事得多。现在的情况正是这样，因此29日下午，黄师长又命令我们乘敌人落脚未稳，先下手为强，明天晚上就敲掉它，并增派师特务营的两个连来参加战斗。

按理说，以一个团兵力，对付日军一个中队和200多伪军，可真是杀鸡而用牛刀。其实不然，因为我们一方面攻打八滩，一方面还要分兵去阻击东坎来援的敌人，同时，我们的火器也远远不如敌人好。

当晚，战前准备工作都妥帖了，师里在批准我团的战斗决心和作战计划的电报中特别强调时间，要求我们在第二天早晨结束战斗。

黄昏时，部队在苍茫的夜色中沿着田间小道，从各个集结地奔向八滩。团指挥所在八滩西头一座孤单的小房扎下，这里离八滩镇不过半里地。警卫员点起一支蜡烛，我和参谋长尹捷峰以及几个参谋，挤在桌子周围，铺开地图来看。我们再一次查看了原定的攻击方向和进攻道路。生怕出什么差错。在跳动的烛光下，作战地图上几只红色小箭头显得特别耀眼，我们就要依照箭头指示的方向，四面合击，给这些侵略者一个措手不及。

9点钟，部队悄悄地完成了对敌包围的计划，四处仍像死水一般平静，静得连呼吸都怕冒出声来。大家静坐着，沉默不语。我不时地看看表，计算着难熬的时间，心情真是急呀！一分钟似乎比一天还要长。

秒针刚刚接近9点30分，我就令通信参谋发出攻击的信号。立刻，红色信号弹划破夜空，枪声，手榴弹的爆炸声，战士们豪壮的冲杀声，从八滩四面响起，最激烈的是二营的冲击方向。他们由南向北进攻，一进去就和日军展开了恶战。二营副营长王光汉率领的突击队，真是一把利刀，一直逼近到日军的中队部，砸坏了敌人的报话机和电台装置，逼得敌人没办法，只得接连放出三只军用信鸽，向外求援。一营是由西往东攻，打的是伪军，犹如快刀切豆腐，仅仅20分钟，就把这20多个替鬼子挡枪子的货色消灭了大部分，剩下的残部都溃散了。

镇里的伪军被消灭后，我们把团指挥所移到镇东的一条堤旁。这里离日军的核心据点不到200米，中间是一些矮小的民房，借着日军打出的照明弹，可以把据点西面的情况看得清清楚楚。为了把东西的情况弄明白，参谋长向我打了声招呼，就跑向师特务营的攻击方向去了。

日军分住在三个大院里。黑夜，鏖战就在这三个院子的四周展开了。敌人的优势火力得不到发挥，只好一个劲地打照明弹，使我们完全暴露在敌人火力网之下，增加了很大伤亡。有十多个战士火了，不顾枪林弹雨，勇敢地冲上一个院子的房顶。正准备揭开瓦盖往里送手榴弹时，院里的日军一阵朝天开枪，房上我们的人就全给打倒了。20多个敌人乘势冲出了北面的包围圈，向团指挥所扑来，叽里哇啦地乱叫。我一面把手枪里的子弹顶上火，一面喊司号员调一营的二梯队三连进入战斗。

三连的奋勇队在连长米富珍的率领下，及时地向日军冲了上去。他们打得真利索，20多个敌人一个活的也没留下。

下半夜1点钟左右，我们夺下敌人最东头的两个大院，将全部敌人压到中队部所在的一个大院里。虽然日军死伤不小，可是他们仍在坚持，这就告诉我们更残酷更激烈的战斗还在后面。

日军凭借厚实的砖石围墙，守住枪眼，拼命向我们射击，我们的迫击炮由于距离太近，不能发射，一些战士气不过，就翻过围墙，和敌人展开肉搏，但是寡不敌众，不是牺牲了，就是逼出了院子，浑身血污。

2点钟左右，通讯员喘着气向我报告说："二营副营长王光汉同志牺牲了。一营长毛和发和几个连的干部也都负了重伤。"我们和敌人相距不过一箭之地，然而要接近却比过千重水、万重山还困难。在这狭小的地段上，我们流了多少血，牺牲了多少个亲爱的同志啊！

"司号员吹号请参谋长回来！"我感到需要进一步研究一下打法，

老这样下去只会对敌人有利。时间——这是师里再三强调的，马上就要天亮了。

参谋长头上缠了一条白布，急急地跑了回来。

“老尹，头怎么的！负伤了？”我着急地问他。

“没关系，一点擦伤。”他毫不在意地说了一句。我们俩人伏在堤埂上，眼望着前面的攻击部队和日军机枪吐出的火舌，心里火烧一样。

“团长，敌人火力太猛了，我看最好使用火攻！”

“对。”我回答说。用火攻这是我们战斗方案中最后一着！

引火物在战前已做了准备，部队在接到火攻命令后，立时把蘸了煤油的棉花球绑在马尾手榴弹上，投进大院里，或者把棉花球绑在长竹竿上，抛向大院的房顶，火熊熊地燃烧起来了。这是战斗的火焰，这是复仇的火焰。火焰燃烧着万恶的强盗，也燃烧着战士们的心。敌人狼狈地在火里滚着，拼死想杀出一条血路，可是哪里有路给他们呢！大门口给五连的两挺机枪紧紧地看住，敌人一露头就被击毙。尸体都快把门洞堵住了，里面烈火烧，外面机枪打，这一阵真叫人痛快。

拂晓，东南方突然传来阵阵低沉的马达声，几架大肚子敌机，嘶叫着从头上掠过，他们一定是给敌人壮胆的，可是晚了一步。这时率三营在新港子打援的副团长陈玉才同志派人送来一份报告说：原来东坎的鬼子大队，昨晚两点多钟就分两路增援，现在已和三营打响了。

天亮了，日军住的大院只剩下一片灰烬。有几条白色的火苗子，尚在幽幽地搅动，但是枪一直没有停过，围歼战仍在激烈地进行。忽然西北角一阵混乱，十多个敌人不知用什么方法推倒围墙，从二营和特务营的接合部企图向东坎方向逃跑。我连忙跑过去想组织部队收拾这帮家伙，跑着跑着右肩头像被什么东西撞了一下，身子一软倾倒在地上，血水顺袖筒流出来，一会就浸透半边军服。警卫员赶来扶了我一把。我使劲站起来，向前面望去，我们的战士，正追赶溃逃的残敌。

来八滩增援的日军，害怕遭到同山本中队一样的下场，没有立足，便急急忙忙败走了。这一次战斗我们击毙山本中队长以下日军80余名，八滩又获得了解放。

第二天，获得解放了的八滩人民群众由地方干部带领，敲锣打鼓，抬着猪、羊、鸡、鸭等数不清的慰问品来看望我们的队伍。指战员们和前来慰问的群众欢呼着、簇拥着、跳跃着。当时我兼任团政委，告诉政治处的同志一方面热情接待前来慰问的干部、群众；另一方面也要婉言谢绝送来的慰问品，因为当时人民的生活还是很困难的。当我们谢绝接受慰问品时，有位老大爷站出来含着热泪说："同志们啊！你们流血牺牲是为谁呀！我们被日本鬼子害得好苦啊！他们奸淫烧杀、鸡犬不留。是你们拼着生命来解救我们。你们是我们的救命恩人啊！这点东西算什么？只能表表我们一点心意，你们不收下，让我们回去怎么向乡亲们交代呢？"他的话刚说完，群众就振臂高呼口号："请收下我们这点心意！"这种深情厚谊我怎么能拒绝呢？

人民在欢庆胜利的时刻也深深怀念着为解放八滩而献出生命的烈士们。当地政府为烈士们修建了烈士陵园并建了一座纪念塔，将王光汉等40余名烈士的名字全刻在上面，让八滩地区的人民和子孙后代，永远铭记着为中华民族的解放而献出宝贵生命的烈士们。

口述抗战

魏海生　高永中 主编

第六册

中共党史出版社

第六册目录

延安岁月：我的第一份“委任状”

杨尚昆

1944年，第二次世界大战的局势发生了急转直下的变化，德、意、日法西斯集团走向土崩瓦解。但日军在远东仍垂死挣扎，以40万兵力发动豫湘桂战役，企图打通纵贯中国大陆的铁路交通线，进行顽抗。在日军的进攻面前，国民党军队一败如水，而八路军和新四军却在华北、华中和中原地区对日军发起局部反攻。中外有识人士对蒋介石政府深感失望，延安成了他们瞩目的焦点。美国政府也希望盟军在中国登陆作战时能得到八路军和新四军的配合。在这种情况下，中外记者西北参观团、美军观察组等接踵来到延安。中央决定我协助军委参谋长叶剑英接待来客，在接待美军观察组时用的对外身份是军委秘书长。抗战胜利后，叶剑英同志要到北平参加军事调处执行部的工作。他看我没有把家搬到王家坪军委的院里来，以为我有什么想法，事先没有和我商量，就到毛主席那里给我讨来一个第十八集团军总部秘书长的委任状，郑重其事地对我说：你看，毛主席都签字委任你了，你赶快搬过来吧！那时，我们调动工作通常都只是口头交代，这是我平生第一次得到委任状。可惜延安撤退时丢了，不然，倒是很珍贵的文物。

接待中外记者西北参观团

1943年初，美英等盟国记者向重庆当局提出要到延安等抗日根据地进行采访的要求，各国驻华使节也积极支持。蒋介石当然不愿意他们到八路军和新四军的敌后抗日根据地及其总部延安来访问，但他不好断然拒绝，只能尽量拖延。到1944年夏天，实在拖不下去了，只好答应，改用派人参加进去严密控制的办法，并将采访的名称改为"中外记者西北参观团"。正、副领队是国民党外事局副局长谢宝樵、新闻检查局副局长邓友德。邓是四川人，早年在成都时和我有过一点接触。他是中法学校的学生，1926年出川，考入上海的立达学院，后来毕业于燕京大学，是国民党宣传系统董显光的下属。国民党中央宣传部又派处长魏景蒙和一名助手，负责检查记者的稿件。还有一名是专搞党务工作的杨西昆。外国记者有六人，中国记者九人。《中央日报》的记者是CC分子张文伯。中央通讯社的两名记者中，有一名"临时记者"叫杨家勇，是个冒充的记者，真实身份是中统特务。经过西安时，他们又派进来一名冒充工作人员的特务科长。记者团内，还规定了统一的行动纪律。

我们看到这个阵势，明白重庆当局的用意，但泰然处之，小心应对。政治局决定，由周恩来同志主管这一工作，由我担任交际处处长，副处长是金城。恩来同志批示的交际处工作方针是八个大字："宣传出去，争取过来。"

6月5日，记者团到达延安。我们安排他们住在南门外新市场南边的30多孔新开的窑洞里。当天下午，我们向记者团全体人员提供了在延安参观的日程，时间约一个月，然后去晋绥等根据地，共参观三个月。

第二天，斗争果然就开始了。一清早，随记者团来的国民党电台人员要将电讯器材搬入交际处，准备架设电台。这件事，头一天晚上我们已听到消息，金城曾来电话问我是否允许。明摆着，他们这样做是为了控制发报权。我说：边区政府保证记者团能迅速、准确地拍发新闻稿，不同意他们自己架设电台。交际处的传达室就把电台人员挡住了。邓友德气势汹汹地责问金城："我是国民政府派来的领队，你凭什么干涉我们的工作？"金城不卑不亢地回答说：我是交际处的干部，未经边区政府批准，交际处内不得架设电台。把对方顶了回去。

几天后，美联社的记者斯坦因向我们提出，要求单独会见毛泽东主席。我们答应给予安排。有一天出发参观时，邓友德发现斯坦因没有参加集体活动，又来责问金城：我们记者团有纪律，斯坦因为何单独活动？金城说：我们这里新闻采访自由，你们团内的纪律我不想干涉，请你自己去和斯坦因交涉。邓友德讨了个没趣。后来，伦敦《泰晤士报》的福尔曼也提出要会见毛主席、朱总司令、恩来同志等，一些中国记者也有同样的要求。我们一视同仁，满足他们的要求。这一来，他们约束记者采访自由的"纪律"被冲破了。

记者团在延安参观一个多月，会见了毛主席、朱总司令。恩来同志经常到交际处来检查工作，看望中外记者。叶参谋长详细地向记者们介绍了八路军和新四军在敌后抗日的情况。参观的单位包括边区政府、新闻单位到中央医院，兵工厂、难民工厂到光华农场，自然科学院到日本工农学校等。还会见了文艺界许多知名人士。一个长期被严密封锁以致被严重歪曲的新世界，终于展现在世人面前。国民党当局派来的记者团领队当然十分恼火。中外记者参观团原计划参观三个月，结果，在延安活动的日程刚刚结束准备去晋绥根据地参观时，谢、邓这两个领队强令中国记者必须迅速返回重庆，不准到其他地区去。这使一部分原来想到其他地区看看的中国记者只得悻悻然离开延安。

7 月初，连日大雨。12 日，中国记者们准备起程离开延安乘车去西安。恩来同志和我都担心劳山公路可能被大雨冲坏，特别叮嘱金城，将交际处的两辆汽车提前检修好，同时准备好四辆胶轮大车，以备万一的需要。留在延安的外国记者，不理那个领队的约束，在8月间动身去晋绥抗日根据地。毛主席亲自到交际处为他们饯行。

中外记者参观团对这次采访反映很好。后来，爱泼斯坦为《纽约时报》、《时代》杂志写了不少文章，斯坦因出版了《红色中国的挑战》一书，路透社的武道出版了《我从陕北回来》，《新民报》的赵超构出版了《延安一月》。他们把延安和敌后根据地的新面貌如实地介绍给世界。这是继斯诺的《西行漫记》之后，对红色中国规模最大的一次报道。

延安外事工作的开端

外国记者还没有离开延安，美军驻延安观察组的第一批人员又在7月22日飞抵延安。

美军观察组的派出，是史迪威将军和蒋介石冲突的结果。史迪威是中缅印战区美军中将司令，兼中国战区最高司令蒋介石的参谋长。他对国民党的腐败无能，对蒋介石把美国援华的军火不用于抗日而留着准备打内战，非常不满。美军要对日本发动反攻，曾计划在中国的山东半岛、连云港和大亚湾等地登陆，但这些地方，大部分是在八路军和新四军开辟的敌后抗日根据地的范围内。为了作战的需要，美方要求派遣一个军事代表团，到延安直接同我们商谈合作事宜，并了解各解放区的军事实力。蒋介石却不愿意美方和中共直接建立任何合作关系。后来，在罗斯福总统的压力下，蒋无可奈何地同意了，但仍要降低规格，把“代表团”的名称改为“视察组”。我们说：“视察”的名义不妥，因为美国不是我们的上级。最后，经过三方协商，定名为“美军中缅印战区驻延安观察组”，代号“迪克西使团”。

当时美国是我们在反法西斯战争中的盟国，中央欢迎同他们合作，由朱德、周恩来、彭真、林彪和叶剑英出面商谈。在这种情况下，决定在延安设立外事组。

外事组原来在重庆有一个，由周恩来兼任组长，叶剑英任副组长，成员有章汉夫、乔冠华、王炳南、龚普生等。延安的外事组成立时，毛泽东、周恩来在六届七中全会的主席团会议上提议由我兼组长，王世英和金城为副组长。成员有柯柏年、陈家康、黄华、凌青等。黄华是朱总司令的秘书，柯柏年是大革命时期很出名的老同志。还有一个马海德同志。我对外以军委秘书长的身份出面。这个外事组实际上就是做接待美军观察组的工作。

美军观察组由 18 名军官和陆军、航空、通讯、医疗等人员组成，有几个人是“中国通”：领队包瑞德上校是中缅印战区美军参谋部的情报官员。谢伟思、戴维斯是史迪威将军的政治顾问。谢原是美驻华使馆二等秘书，父亲是传教士，他出生在成都，在上海的美童学校受教育，后来毕业于美国奥伯林学院，1933 年来中国任外交官。德木克战前在山西太谷孔祥熙办的铭贤学校当教员，抗战初到过延安。他们都能讲汉语。还有十四航空队的斯特尔、二十航空队的多伦等。观察组的任务是了解我方政治、军事的实际情况，以便同我方商谈合作，并准备在有关的敌后根据地内建设飞机场。那时，美军已用 B—29 重型轰炸机对日本进行“穿梭轰炸”。这些轰炸机从冲绳岛的机场起飞，轰炸日军占领的太平洋诸岛，投弹后飞回成都江油机场，休息一天，又去轰炸日本本土，然后返回冲绳。如果在我沿海的敌后根据地建立机场，自然可以大大缩短飞行的航程。

观察组到来前，我向外事组全体人员传达了毛主席和周副主席的指示精神：第一，我们和美国是反法西斯的盟友关系，政治上是平等的，工作上既要积极帮助他们，又要坚持原则。他们提出的问题，凡属于我们职权范围内的事，要坦率地正面解答，不要回避，要开诚布公地交换意见，不亢不卑。第二，生活上要热情周到，给予优待和照顾，但也要量力而行，不铺张浪费。第三，要广交朋友，建立友谊。观察组不是短期的，必然要同我们的干部和群众交往，广泛接触。要掌握好分寸，教育干部和群众维护国家和民族的尊严，又应当提醒对方尊重我们民族的风俗习惯。

8 月 7 日，观察组的第二批人员到达。15 日，《解放日报》发表《欢迎美军观察组的战友们》的社论。这篇社论是经毛主席改定的，标题上“战友们”几个字是他加上的。社论预祝观察组“工作成功”，将“会使美军统帅部对于中国共产党始终坚持团结抗战、实行民主政策，和共产党领导下的敌后抗战力量，获得真实的了解，并据以决定正确的政策”。

在这样的背景和气氛下，我们同观察组真诚合作，友好相处，协商共事。他们初到延安那天晚上，提出要架设电台，我和剑英同志商量后，同意他们的要求。第二天清早，金城就组织人帮他们树立了装天线的电杆。当天上午，观察组和重庆的中缅印战区美军总部建立了电讯联络。包瑞德高兴地说：“你们的工作效率真高，这是重庆没有法子比的。”观察组曾提出要在各根据地同样设立观察组。我们婉言相告：前方环境不安定，观察组的总部在延安，你们要去前方，我们可以随时给予安排。他们接受了我们的意见。观察组初到时，住在交际处。考虑到他们工作的长期性，贺龙同志和联防司令部特地腾出一批石窑洞给他们，把自己的办事地点从新市场搬到了北门外。

美军观察组在延安住了两年多的时间，应当说，在罗斯福总统任期内，双方的合作是比较顺利的。

第一，我们可以通过观察组同美国政府沟通。7 月 26 日，在欢迎观察组的宴会上，毛主席对坐在身边的谢伟思说：美国是否可以在延安建立领事馆，不然抗战一结束，观察组会立即撤出延安。以后，毛主席和恩来同志经常同谢伟思谈话，阐明解决国共两党关系的症结和战后两党合作、和平建国的条件，使观察组成为同美国政府沟通信息的一个渠道。叶剑英参谋长常常向他们详细地介绍八路军、新四军的现状，友军和在华日军的状况，还请陈毅、贺龙、刘伯承、聂荣臻等将领先后向观察组作报告，并组织观察组部分人员到晋西北、晋察冀和冀中等根据地考察。在王家坪军委所在地，我们还布置了一个作战室，墙上挂着各种军事地图和图表，请他们参观。后来马歇尔来延安时，也参观了作战室。马歇尔看后，觉得不可思议，说：共产党领导100多万军队，延安山沟里的统帅部却只有这么点儿大！毛主席说：我这个统帅部，只发布作战命令，其他什么也不发；要衣服没有，要粮食也没有，要钱也没有，要枪要炮也没有。他们确实发现，我们这里没有苏联提供的武器弹药，部队使用的武器是作战中缴获的和自己兵工厂内土造的。

这年8月20日，美军二十航空队的一架B—29重型轰炸机，返航时在苏北盐城、阜宁上空爆炸，坠落在新四军防区内苏北建阳的金家桥。当地军民营救出五名飞行员。把他们护送到延安时，一下飞机，他们就跪在跑道上，亲吻延安的大地，说感谢你们救了我们的命，还捧起一包黄土，带回国去作纪念品。这样被救的飞行员，先后有20多名，经过这一系列工作，观察组对我们的反映很好。第一，他们佩服毛泽东和普通人一样，平易近人，而且很讲民主。第二，边区虽然很穷，但是，自己开荒，自己打窑洞，丰衣足食，大家的精神面貌很好，总是乐呵呵的。史迪威将军的政治顾问戴维斯在报告中这样写道：“中国的命运不决定于蒋介石，而决定于他们（指中共）。”

第二，观察组有定期的航班，我们可以搭乘他们的飞机来往于延安、重庆以及抗战胜利后的北平军事调处执行部、上海的中共办事处。当时，我和包瑞德等都很熟，只要我们带去的人，他都让搭乘飞机。特别是日本宣布无条件投降那一次，党的七大刚闭幕不久，我军许多重要将领包括刘伯承、邓小平、林彪、陈毅等还在延安参加七届一中全会，消息传来，他们急于返回前线指挥部队。如果从地面走，从延安到太行就得一个多月，更不用说到华东和华中前线了。我就和观察组商量，坐美军的飞机走。他们同意了。但是，飞机比较旧，要搭机的人又多，他们要求每人背一顶降落伞登机，以防万一。临登机时，大家照相。陈毅同志诙谐地说：如果摔死了，就用这张照片开追悼会！后来，张闻天、高岗、李富春去东北工作时，也是乘一架美军飞机离开延安的。

第三，扩大了延安对外部世界了解的信息量。十年内战时期，我们一直在山沟里转来转去，对外部世界的了解受到很大限制，所以，每攻下一个地方，毛主席就注意从邮政局收集国民党统治区和外国的报刊。长征快结束时，就是从国民党的报纸上看到陕北刘志丹有一块根据地，才很快找到落脚点。抗战后期，蒋介石对延安进行封锁，重庆寄来的邮件和书报，常常被国民党在邮检时扣住。观察组建立后，消息相当灵通，不但可以从他们那里看到大后方出版的《中央日报》、《扫荡报》、《大公报》等，还可以看到外国的出版物。我们让柯柏年、陈家康等利用各种外国出版物提供的信息，编印了一种内部刊物，名叫《供你参考》，很受大家欢迎，相当于后来的《参考消息》，但发行范围很小。许多紧缺的物资，如药品、电讯器材等也可以托他们带到延安。他们经常放映带来的新影片，请我们去看。我们也招待他们欣赏民间音乐，听《黄河大合唱》，看话剧《日出》等。他们听了《黄河大合唱》后，惊讶地说："在偏僻的山沟里居然能听到如此激动人心的大合唱！"冬季，我还陪他们到延安附近的地方去打猎。

1945 年 7 月中，日本投降前夕，国民党胡宗南部开始向陕甘宁边区的南线调集兵力，并进犯我爷台山一带。我方向他们交涉，他们矢口否认。为了揭露事实，中央决定组织国民党驻延安的联络参谋和美军观察人员共同前去耀县作现场调查。这件事由我和联防司令部参谋长张经武带队。但这时罗斯福总统已经逝世，杜鲁门上台，美国对华政策日趋反动，公然宣布只同蒋介石合作，不同中共合作。驻延安的观察组人员日渐减少，谢伟思、戴维斯等先后离开，留下的人对我方的态度也起了变化。到1947年胡宗南进攻延安前，观察组只留下三个联络员。4月11日，美军来了七架飞机，把观察组大部分东西撤走，留下的几辆中小型吉普车和手摇马达的发电机，折价移交给我们，由军委三局验收。他们一走，当天下午蒋介石就派飞机来空袭延安。毛主席第一次和谢伟思见面时的预言，不幸而言中！

延安外事组一直保持到我们进北平。在国共关系破裂以后，内战重开，重庆办事处的人撤回来了，北平军事调处执行部的人也撤回来了。我们把所有外事人员集中在一起，撤离延安时，成立一个小分队，随后方委员会到晋西北，由薛子正任队长，黄华任副队长。进北平后，我才把外事组的工作交出去。筹备成立中华人民共和国外交部时，重庆外事组、延安外事组、北平军事调处执行部的外事人员三部分人，加上李克农同志那里的一部分人，就成为外交部的基本队伍。

至于谢伟思和戴维斯，50年代杜鲁门搞"整肃"，说他们是共产党的间谍，被赶出了美国国务院。直到1959年，谢伟思才重返美国国务院，后来成为尼克松总统的座上客。1971年和1984年，他两次访华，先后受到周总理和胡耀邦、李先念的接见。

抗战后期延安的外交活动

胡乔木

我们党的外交工作在抗日战争后期有很大发展。从 1944 年中至 1945 年抗战结束，有三件非常重要的事情：中外记者团访问边区，美军观察组派驻延安和美国总统特使赫尔利斡旋国共谈判。那时的外交工作是与这些事情联系在一起的。

那时的外交虽然还不是正式的，但我党在态度上、方法上非常郑重。外交工作是高度集中的，参与外交方针政策制定的只有毛主席和恩来等少数几位中央领导同志。事实上，凡涉及外交，事无巨细，都要汇报到毛主席那里，有时甚至连一些细小的事务也由他亲自布置安排。毛主席的高度重视表明，对外政策问题已成为党的整个革命策略中的一个重要组成部分。

接待中外记者团

由于国民党的长期封锁，红色根据地在外界看来是一个十分神秘的地方。随着我党力量的增长，许多英美在华人士特别是一些新闻记者对了解抗日根据地的真实情况产生了越来越浓厚的兴趣。1944 年 2 月 16 日，驻华外国记者联盟直接上书蒋介石，要求国民党政府允许外国记者到陕北及延安访问。几天之后，蒋介石出人意料地批准了外国记者的请求。3 月 4 日，重庆八路军办事处给延安发来一份电报，详细报告了有关情况。

对于外国记者的来访，党中央、毛主席从一开始就很重视。收到八路军办事处的来电后，毛主席当即批给十几位同志传阅。4 月 30 日，记者团的行程大体确定，毛主席又特地致电董老，请他转告外国记者："诸位来延，甚表欢迎。"

在外国记者起程之前有一段精彩的过门，它从一个侧面反映出我们党与国民党在宣传上的尖锐斗争。蒋介石批准这次访问实际上是迫于国内外舆论的压力，因此他竭力想把这次访问控制起来，以便为他的反共目的服务。按照蒋介石的布置，原定的外国记者旅行团由国民党官员带队并安排一些中国记者参加。国民党当局还规定，旅行团要先到西北国统区考察，然后再到共产党边区访问，期限是三个月，写出的报道必须送交国民党宣传部审查之后才能发表。同时，蒋介石还训令西安地区国民党军政要员，要他们收罗所谓"中共叛徒"、"受害者"、"知情者"等事先准备材料，专门向外国记者进行反共宣传，"以造成中外籍记者对中共知其如何可恶，而无足重视之心理"。西安地区国民党当局秉承这个旨意积极布置特工人员炮制伪证，乔装准备。不料，蒋介石的训令和其他有关情况很快被我党掌握了。4 月初，毛主席和恩来同志打电报给董老，请他把这件事迅速透露给各位外国记者，使他们在精神上有所准备。这样，蒋介石的反共把戏还没来得及上演就露馅了。

中外记者团5月17日离渝，6月9日抵达延安。

记者团共有21名成员，实际上只有六名外国记者。这六人之中，一人是苏联塔斯社记者，名叫普罗岑柯；其余五人差不多每人都兼任英美等国二三家有影响的报社的记者。这五个西方记者的政治倾向很不一样，爱泼斯坦和斯坦因是中国人民的真诚朋友，福尔曼是个很严肃的记者但对政治不感兴趣，武道与国民党宣传部有较密切的关系，天主教神甫夏南汉则对共产主义思想抱有敌视态度。

10日，朱总司令设欢迎晚宴。晚宴后还举行了盛大的音乐会，演出以雄壮的《同盟国进行曲》开始，以气势磅礴的《黄河大合唱》结束。这些隆重的活动一半是为了欢迎记者团的到来，另一半则是为了庆祝盟军终于在欧洲开辟了第二战场。12日下午，毛主席会见中外记者并解答了他们提出的问题。看到中外记者终于来到延安，毛主席很兴奋，觉得总算是打开了局面。会见时，他畅谈国际国内形势，并对记者们说，要战胜日本法西斯，中国必须实行民主。

以后，毛主席还抽空与一些外国记者进行了深入的个别交谈。在这些谈话中，毛主席除比较详细地介绍中国的抗战形势和我党的各项基本政策外，还根据每个记者的不同情况有针对性地讲了一些问题。例如，向苏联记者普罗岑柯谈了中共的组织和发展，我党在抗战胜利后将要采取的方针路线及中国革命前途等；向美国记者斯坦因阐述了中国共产党的外交方针，批评国民党片面亲美而对苏联抱有敌意的政策，主张中国与美苏都保持友谊的关系，以便使中国在战后能成为美苏之间的一座桥梁。毛主席有一段著名的话——“我们的权力是人民给的”，也是在同斯坦因谈话时讲的。通过与我党领导人的交谈，外国记者对我党的各项政策有了比较深入切实的认识。同时，我党领导人也通过他们了解到一些比较重要的情况。例如，英美人士对国共两党的观感和对中国局势的看法，盟军有可能向八路军提出配合作战的请求，美国政府已开始考虑战后对华政策，等等。有的外国记者还十分友好地向我党领导同志提出了一些改进我们对外宣传的建议和办法。

外国记者不仅访问了延安，还到了晋绥抗日根据地和其他一些地方。经过几个月的访问，记者们发现边区是一个与国统区完全不同的新天地。根据亲身经历，他们每个人都写了不少描述根据地斗争生活的生动报道。特别是福尔曼写的《来自红色中国的报道》和斯坦因写的《红色中国的挑战》，是两部在当时产生了很大影响的书。对于外国记者的反映，毛主席非常注意。他曾在一些指示中说：外国记者对我党抗战发展甚感兴趣，对国民党腐败专制甚为不满，对国共关系甚为关心；他们从延安所发出的电讯，大多描述我党民主实施、抗战工作及生产建设之努力和成绩，夏南汉神甫亦认为边区是好的，国民党想利用他反共，没有成功。由于外国记者访问的结果完全出乎蒋介石的意料，国民党当局重新对陕甘宁边区实行了新闻封锁。

对美军观察组的争取

与中外记者团的访问相比，美军观察组的到来是一件更重要的事情。抗战后期，中国在同盟国中与美国的关系是最密切的，我党外交工作的主要对象也是美国。自从太平洋战争爆发之后，党中央、毛主席一直十分重视对英、美的统一战线工作，希望在共同的抗日战争中与这两个国家，特别是与美国发展关系。不过，有很长一个时期，美国政府并不重视我党的力量，而是把国民党视为中国抗战的主力。虽然恩来同志早就向美方人士提出过一些合作建议，例如向我党领导的抗日根据地派遣军事观察组等，但美国方面迟迟没有作出回应。直到1944年初，美国政府的态度才出现了转变。

毛主席得知美国政府准备向延安派遣一个军事观察组是在1944年3月初。当时，八路军驻重庆办事处给党中央发来一份电报，说一位在国民党政府内担任顾问职务的美国人士告诉我们，罗斯福总统已致电蒋介石，要求派遣一个军事考察团去西北。据这位友人介绍，蒋介石起先拒绝了，稍后又勉强表示同意，但条件是不得与中共接触。以后，罗斯福又来电说明派遣军事考察团到西北的目的就是要考察中共军事，但蒋介石却迟迟不作答复。这件事一直拖延到6月下旬美国副总统华莱士访华时才得到解决。在与蒋介石的会谈中，华莱士几次提出要向延安派遣美军观察组，迫于无奈，蒋介石最后总算同意了。6月28日，林老、董老电告毛主席，美国军事人员赴延安一事已确定，不久即可起程。毛主席当即复电表示欢迎。

美国政府派遣一个军事观察组到延安来等于是和我党建立起一种官方联系，这同以前我党驻重庆八路军办事处人员与美国官员之间的个别接触很不相同。当然，观察组级别不高，并不算外交，但具有外交性质；它的主要任务是收集情报，不能决策。最初来延安的美军观察组共有成员18人。他们分两批到达，一批在7月22日，另一批在8月7日。观察组最初的成员对我们党的态度基本是同情的、友好的。观察组组长包瑞德在离开重庆前曾私下向八路军办事处的同志表示，他感到这次与中国新生力量合作，任务重大，如果做得不好，这一生就完了。

毛主席对美国军事观察组的到来格外重视。延安机场非常简陋，在美军观察组到来之前，只偶尔使用一下，大飞机起降很不安全。为保证美军观察组安全抵达，毛主席亲自草拟了一份电报，详细说明机场的情况，包括规模、走向以及各种标记。他对宣传工作也抓得很紧。观察组来延前夕，适逢美国建国168周年。7月4日，延安举行了很热烈的庆祝会。我党主要领导同志和在延安的外国人以及中外记者团的记者们都参加了。为了这一天，毛主席特地指定为《解放日报》写了一篇社论，题目是《庆祝美国国庆日——自由民主的伟大斗争节日》。写好后，毛主席又亲自提出修改意见。这篇社论对美国独立战争、南北战争的意义作了很高的评价，对华盛顿、杰弗逊、林肯等人在世界自由民主运动中的影响也很赞许。社论中还有一段话，表达了我们对美国外交的希望："罗斯福总统、华莱士副总统的外交主张，是美英苏中的战时团结和战后团结……这个外交路线是符合于美国利益，也符合于全人类利益的。我们中国不但在战时要求国际反法西斯的团结，以求得民族的独立；而且在战后也要求国际的和平合作，以推进国家的建设。所以，我们在庆祝美国国庆目的今天，深望罗斯福总统和华莱士副总统的这个外交路线，能够成为美国长期的领导路线。"在美军观察组到来之后，为表示郑重欢迎，毛主席亲自修改了《解放日报》8 月 15 日的社论。这篇社论的题目是《欢迎美军观察组的战友们》，其中"战友们"这三个字是毛主席修改时所加。在社论中，毛主席醒目地提出美军观察组到达延安，"这是中国抗战以来最令人兴奋的一件大事"；因为经过七年的抗战，中国共产党所领导的八路军、新四军以及解放区军民的力量终于逐渐被同盟国所认识，"国民党想要永远一掌遮天，已经困难了"。毛主席预祝美军观察组的工作成功，并希望这一成功会增进中美两大盟邦的团结，加快最后战胜日本侵略者的进程。

为了使美军观察组尽快了解抗日根据地的情况，党中央和中央军委组织安排我军的高级将领向他们作了有关敌后战场的全面介绍。彭德怀、叶剑英、陈毅、林彪、聂荣臻、贺龙等都参加了。这些介绍是非常细致的，例如彭总的报告就讲了三天。此外，还召开了一些专门问题的座谈会，组织了各种参观活动。美军观察组也向我方提交了他们所需要的各种情报的清单。负责接待工作的叶剑英同志根据他们的要求，很快向各军区下达了详细指示。中央军委还决定在敌后各战略司令部增设联络处，专门担负向盟军提供战略情报的工作。

在令人鼓舞的形势下，党中央、毛主席以极其冷静的态度进行了分析和思考。当时看来，美国政府主动采取措施，急于与我党建立联系有三个原因：第一，美国政府对蒋介石抗战不力且要价越来越高甚为不满，美蒋之间的矛盾有所增长。南方局从一些中外友人那里了解到，华莱士访华期间曾说，美国尽力武装蒋介石的军队，但他的军队一战即溃；而华北及华中等地的抗日军队又被封锁，不能得到美国的援助。华莱士还说，以前关于蒋介石的传闻虽然很坏，但不能十分肯定；这次来华亲历后，乃知所见比所闻更坏。第二，我党领导的抗日力量已不容忽视。当时，美军为轰炸敌后日军迫切需要我军提供情报和营救降落在敌后的飞行员；更重要的是为最后击败日本，美军正考虑在华北、华中沿海大规模登陆作战，此举需要八路军、新四军配合。这些军事上的需要从美军观察组向我方提出的要求中可以看得很清楚。第三，美国政府政治方面的一个重要意图是，全面了解我党情况，以便为制定战后对华政策作准备。林老和董老在6月28日致毛主席的电报中明确指出："美国之积极要求派人常驻延安与华北，不仅是为了今天轰炸日本的需要，必然还另有目的"，这就是"详细了解我与苏联的关系，现在是否受苏联支持"，"详细了解我们的建设方向，战后是否与美国合作，这是很多美国人心里的问题"。

8月16日，党中央收到南方局打来的一封长电，内容是对我党外交的意见及对中央的建议。毛主席非常仔细地阅读了这份电报，并用笔勾出重点。特别引起毛主席注意的两个问题是有关美国对华政策两面性的分析和对我党外交政策基础的看法。南方局来电中指出：目前美英人士已逐渐认识并承认有两个不同的抗战中国，今天美英对华政策，对太平洋战略，乃至对战后的世界和平计划，已不能不在蒋政权外同时估计我党的动向，了解我党的意见。但是，在对华政策问题上，美国政府的态度十分谨慎。对于国民党，罗斯福一面不满意蒋介石的法西斯倾向及抗战不力，一面仍在政治上、军事上、经济上支持他，希望他用实行宪政的方法争取多数人拥护来和我们对抗。对于我党，美国今天为着打日本，必须联共，并强迫国民党联共，但同时又怀着很深的戒惧。美国决不会放弃对中国的控制和影响，不会赞成中共成为中国的政治中心，不会赞助中共领导的新民主主义在全国取得胜利。因此，我们要实际成为中国政治的中心必须经过一个新民主主义与旧民主主义斗争的过程，只有在现实已经造成我党的中心地位，而美国不能否认时，它才可能被迫承认。关于我党外交政策的基础，南方局同志认为，必须以自力更生为主，争取外援为辅。我们的出发点是争取民族民主革命的彻底胜利，建立独立、民主、统一、和平、繁荣的新中国，无论今天和将来，我党都不是走南北分治的对立，而是坚持自己的阵地与坚持新民主主义的方向，促成全国进步，为承担起这一责任，我们必须使自己力量更加强大，成为决定中国问题的主要因素，只有如此，才能主动地利用外援，而不是被动地受人支配。对于南方局同志所作的深入分析，毛主席是肯定的。应该说，我党当时对美国对华政策的认识是非常清醒的。

8 月 18 日，恩来同志草拟了《中央关于外交工作的指示》，经毛主席批准，下发给各中央局和各区党委。这份文件很好地说明了我党外交工作的性质、内容和我们的民族立场。恩来同志指出，我们的外交政策是在国际统一战线的思想指导之下的，其中心内容是共同抗日与争取民主合作，扩大我们影响。他还指出，我们的外交目前还是“半独立的外交”。这是因为一方面，重庆国民政府还挂着中央政府的招牌，我们的许多外交往来还须经过它的承认；但另一方面，国民党不愿我们单独进行外交活动，我们与同盟国家只有冲破国民党种种禁令和约束，才能开展外交往来，所以它又具有独立性。尽管那时我们党还缺乏足够的外交经验，但从一开始，毛主席和恩来同志就提出，共产党人办外交首先必须站稳民族立场，反对百年来在民族问题上存在的排外和惧外媚外两种错误观念。一方面，要加强民族自尊心、自信心；另一方面，也要学习人家的长处，善于与人合作。这些最初确定下来的原则对我党以后的外交斗争具有很重要的指导作用。

9月初，根据形势的发展，党中央、毛主席作出了两个重要决定：一个是放手与美军合作，同时也向美国提出援助我们的必要；另一个是在国民参政会和国共谈判中提出改组中央政府，废除国民党一党专政的要求。这两个决定是互相配合的。当时，从总的形势上看，中国战场和太平洋战场的问题正随着欧洲战争接近结束而突出出来。中国局势的特点是，一方面，蒋介石领导下的国民党军队在日军进攻下接连遭到惨重的失败，大西南形势极度危急。一时看来，昆明乃至重庆都有可能不保。朝野人士纷纷要求蒋介石尽快作出重大改革以挽救时局。另一方面，我党领导下的八路军、新四军在敌后战场不断发展壮大，在抗日战争中发挥着日益明显的决定作用。9月初美国总统特使纳尔逊和赫尔利抵达重庆访问，9月中旬美、英两国首脑罗斯福和丘吉尔将在加拿大魁北克举行会议，这两个会谈显然都关系到对日战争的前途。在中外记者团和美军观察组抵达延安之后，党中央、毛主席希望抓住这个新出现的时机，进一步推动我党与美国合作关系的发展，并借此推动一直停滞不前的国共谈判的进程。

为了推动与美国的军事合作，9月9日，毛主席和少奇同志提出："放手与美军合作，处处表示诚恳欢迎，是我党既定方针。"对于开展与美军的合作，各抗日根据地是积极的，但也存有一些顾虑。例如，新四军有些同志就担心，美军人员经常来往华中可能引起敌人的注意和"扫荡"，对我们害多利少。毛主席打电报去解释说：我们应对美军人员的到来表示欢迎，"一则美我配合侦察敌情，有利现时轰炸与将来配合作战；二则了解我情可争取军火援助，此点可能性很大；三则现时可打破国民党反宣传，将来国民党举行内战，新四军首当其冲，可争取美方赞助。虽可能引起日寇‘扫荡’，但比较全局，利多害少”。

任何有效的合作都必须是相互的，在向美军提供帮助的同时，我党也慎重地向美方提出给予我军援助的要求。9月8日，党中央电示董老，请他向史迪威、赫尔利、纳尔逊提出援助我们的必要，同时，代表我党我军向赫尔利等人表示，欢迎他们来延安访问。几天以后，毛主席又两次致电林老、董老和王若飞三位同志，说明我们在原则上主张按照抗战成绩分配盟国援华物资，美国援华军火至少应分1/2给八路军、新四军。《解放日报》也按照这些指示的精神于9月15日发表了新华社电讯《延安有资格人士评论盟国援助物资分配问题》，稿件经毛主席亲自修改。这些情况表明，毛主席对外援问题是非常重视的，是极力争取的。抗战期间，我们常说“自力更生为主，争取外援为辅”,“为辅”的外援究竟来自哪里呢？这对我们始终是个问题。苏联从来没有给过我们什么援助。抗战后期在舆论上对我们的支持是有一点，登了几篇文章；但那时国际舆论已对蒋介石政府群起而攻之了，在这种情况下苏联才有所表示。美军观察组到来之后一度出现了获得一些外援的可能性。当时看来，这种想法并非不切实际，因为美国人确实有求于我们。我们党向美国提出援助问题还有其他两方面的意义，一个是打破国民党在接受外援方面的垄断地位，另一个是测试美国与我们进行合作的诚意。不过，后来情况有所变化，我们最终还是没有得到什么外援。

为了推动与美军的合作，毛主席不仅制定了有关的方针政策，而且还亲自作了周密细致的部署。八九月间，他曾指示山东我军迅速提供有关青岛、烟台、连云港等地日本海军的各种情报；指示太行、山东、华中三地区各开辟一个飞机着陆场，并说明这一工程必须由首长负责专门指导；美军观察组成员考林和琼斯赴晋西北、晋察冀考察亦是由他拟电向当地作交代。毛主席还批准陈纳德率领的美国驻华十四航空队在我新四军五师所辖范围内设立一个无线电网。此外，像营救盟国飞行员一类的事情，他也时常过问。当然，毛主席考虑更多的还是怎样从战略上作好准备。针对美军有可能在战争最后阶段在华东沿海大批登陆一事，毛主席在8月下旬要求新四军总部认真布置吴淞、宁波、杭州、南京间，特别是吴淞至宁波沿海及沪杭甬铁路沿线地区的工作，广泛地发展游击战争及准备大城市的武装起义。11月初，毛主席再次指示新四军，美军可能在杭州湾登陆，要他们采取步骤以配合美军登陆及准备夺取杭州、上海、苏州、南京等大城市。同时，他还提出了一些建议请新四军领导同志考虑。例如，增调部队南进；抽调大批干部进行训练，陆续派往苏浙；必要时设立中央分局以统一指挥苏浙地区的斗争；等等。后来，虽然情况发生很大变化，美军放弃了在中国登陆作战的计划，但毛主席这些战略部署的意义并未因此丧失。这是因为毛主席的部署一方面固然是为了配合美军，反映出我党对发展与美国关系的重视程度；另一方面，这些战略部署还有更为重要的意图，那就是在抗日战争进入最后的反攻阶段时，使我军掌握先机，发展和壮大我党力量，以便应付各种复杂局面。

在延安，毛主席、恩来同志和我党其他领导同志还多次与美军观察组成员谈话，直接做他们的工作，使他们对我党的各项政策主张有更深入的了解，争取他们同情和赞助我党领导的抗战事业。例如大家所知道的毛主席与谢伟思的谈话就非常重要。遗憾的是我方的记录还有待查找。从谢伟思的记述来看，毛主席与他谈话的内容不仅包括国共关系、我党与美国的关系，而且还涉及战后中国的经济建设。这表明毛主席考虑我党的对美关系不仅是从战争时期的现实需要出发的，而且有更为长远的设想。毛主席强调说，共产党对美国的政策是寻求美国对中国民主政治的友好支持和合作抗日。战后，中共将继续寻求美国的了解和友谊。中国战后的最大需要是发展经济，中美两国经济上可以互相取长补短，双方将不会发生竞争。在这些谈话中，毛主席也直率地表示了他对美国对华政策的担心，批评美国只向蒋介石提供援助的政策，并警告说这将促使蒋介石选择内战道路。这些谈话中阐述的政策思想，可以说是为我们党对美国的外交政策奠定了基础。

当时，我们与那些来到根据地的美军人员的关系是相当融洽的。我方的周密安排和坦诚合作的确赢得了他们的心。美军观察组成员认为，我方所提供的材料“超出了他们的希望”。观察组组长包瑞德的评价是：“八路军给予美国陆军的衷心合作和实际协助几乎是尽善尽美的。”一位被我根据地军民营救的美军飞行员临走前曾恳切地说，“中国共产党前途之大，除苏联外无可比拟，而蒋介石的不进步为世所闻。”他甚至表示，蒋介石在战后必然向八路军进攻，造成内战；如八路军有所需要，他愿以个人的一切来相助。当时还没有人发明出“洗脑筋”这个词。如果说美军人员来到根据地后在思想感情上发生了变化，那并不是因为我们进行过什么说教，而是耳闻目睹的事实使他们深受触动。不是洗脑筋，而是开眼界。

毛主席同赫尔利会谈

在发展我党与美国的关系时，党中央、毛主席原先的设想是先从军事合作入手，然后再根据情况和可能逐步开展其他方面的合作。但是，赫尔利来到中国以后便急于插手国共谈判，这就使整个情况发生了很大变化。与赫尔利的谈判是毛主席亲自主持的，也是他亲身参加的为数不多的几次重要谈判中的第一次。可以说，这次谈判对国共关系、对我党与美国的关系、对这段历史的进程都产生了巨大影响。

1944 年是战时国共谈判最关键的一年，毛主席对国共谈判问题一直抓得很紧。年初，毛主席在致董老的一封电报中指出：“观察今年大势，国共有协调之必要与可能，而协调之时机，当在下半年或明年上半年。”年中，华莱士访华以及美军观察组的到来促使党中央决心加快与国民党谈判的步伐。9月初，党中央判断我党向国民党及国内外提出改组政府主张的时机已经成熟，决定由林伯渠同志在国民参政会公开提出我党建议，召开有各党各派参加的国事会议，改组中央政府，废除国民党一党专政。

我们党与赫尔利的接触是从10月开始的。在重庆的林老和董老曾于17日、18日和24日三次与赫尔利会面。在前两次谈话中，赫尔利作了如下几点表示：第一，他说蒋介石对我党的态度已经缓和，蒋介石允许他与我党接触，也允许他必要时去延安；他对我们党欢迎他去延安表示感谢。第二，蒋介石是全国公认的抗日领袖，但中国现政府不民主；他认为中共应得到合法地位，中共武装组织训练都好，力量强大，是决定中国命运的一种因素。第三，他代表罗斯福来帮助中国团结，决不对党派有所偏袒，分配援华物资也决不偏重某一方。第四，他准备在国共两党谈判代表之间撮合，得出合作的初步结果再与蒋介石商谈；蒋同意后他便到延安来与毛主席商谈，求得双方合作的基础；最后，由蒋介石与毛主席见面，发出宣言，两党便合作起来了。在第三次见面时，赫尔利告诉董必武和林伯渠同志，蒋介石已于21日交给他一方案，被他当场退回了。他打了个比喻，说蒋介石的方案是叫你们在前面打，他们在后面打，意思就是要消灭你们。赫尔利还说，他告诉蒋介石，如果他是共产党也不会接受国民党的方案。他问蒋介石，为什么不可以并肩作战？蒋介石回答说，无适当的人指挥。赫尔利说，我去，但我不是指挥，而是作两军的连锁。最后，赫尔利表示，蒋介石现在正起草新的方案，他看过之后将带往延安。为拉拢国共谈判，赫尔利最初力图摆出一副公正的面孔，对我们讲了不少好话。

在接到关于董老、林老与赫尔利第一次谈话情况的报告后，毛主席、党中央对谈判前景作出了比较乐观的估计。毛主席认为，蒋介石对罗斯福、丘吉尔的压力硬抗了几个星期，现在又软下来，对美国软，对我方亦随着软些；蒋最怕指名批评他，美国亦怕我们不要蒋，故在许蒋存在的条件下，可以作出一些有利于我们的交易来。11月6日，中共六届七中全会主席团会议讨论了赫尔利来延安进行谈判的问题。这是我党第一次涉外重要谈判，中央领导同志共同出谋划策。毛主席说，蒋介石要赫尔利来调停，想给些小东西而对我们加以限制，谈判的中心还是政治问题、联合政府、政治纲领等。根据朱老总、恩来、弼时等同志的意见，会议确定谈判是可以的；基本问题是要改组政府，会议还确定我方应对谈判采取积极态度，因为如果赫尔利来而谈不成，则过在我方，使蒋介石可以振振有词，但我们对国民党仍要批评。

11月7日，赫尔利飞抵延安。8日上午，毛主席、朱总司令和恩来同志与赫尔利举行了第一次会谈。这次会谈时间不长，只有50分钟，以赫尔利的发言为主。

赫尔利首先申明：他是受罗斯福总统的委托，作为总统的私人代表来谈判关于中国的事情，他到延安来也得到蒋委员长的同意和批准。他表示，美国不愿意干预中国内部的政治，美国相信民主，中国亦相信民主，他本人也是民主主义的信徒。他的任务是帮助中国统一一切军事力量来与美国合作，以击败共同的敌人。赫尔利说，他曾和蒋委员长详谈，蒋愿与共产党取得谅解，愿意承认共产党的合法地位，也愿意承认中国其他一切政党的合法地位，蒋将考虑吸收共产党员参加军事委员会的问题，也承认有必要在公平的基础上成立统一机构，在这种机构里，共产党军队将获得和其他军队一样的平等待遇。接着，赫尔利拿出一份提纲，并说：这个提纲蒋委员长认为是可以同意的，愿请毛主席、朱总司令考虑以此作为谈判基础，提出应该增改或不同意的地方。说完，他便读了起来。

这份题为《为着协定的基础》的文件内容是：一、中国政府与中国共产党将共同致力于统一中国的一切军事力量，以便迅速击败日本与重建中国。二、中国共产党军队将遵守与执行中央政府及其军事委员会的命令。三、中国政府与中国共产党拥护在中国建立民有、民治、民享的孙中山原则，双方将遵行提倡进步与发展政府民主程序的政策。四、中国将只有一个国民政府和一个军队。共产党军队的所有军官与士兵，被中央政府改组时，将依照他们在全国军队中的职位，得到一样的薪俸与津贴，共产党军队的一切组成部分，将在军器与装备的分配中得到平等待遇。五、中国政府将承认中国共产党作为一个政党的合法地位。中国一切政党，将获得合法地位。

赫尔利宣读完毕，毛主席立即问："赫少将刚才所说的基础究竟是什么人的意见？"赫尔利没有理解毛主席的意思，解释说原来的草案很长，他把它压缩成五点，他相信这五点可以作为谈判的适当基础，但这五点并不是必须接受的，而是试验性的方案。包瑞德这时提示说，毛主席是要知道赫少将所说的是他自己的意见，还是蒋介石的意见。赫尔利回答，原来是他的意见，后来蒋委员长作了若干修改；他尽力提出民主自由，希望中国实行多党政治。然后，赫尔利又讲了一些罗斯福如何希望中国团结自强以及蒋介石如何爱国并愿与毛主席见面之类的话。随后，他建议会谈暂停，以便毛主席考虑他的建议。毛主席答称："感谢你到中国来，帮助中国团结抗日。团结一切力量，快快打倒日寇，重建民主、自由的中国，这是我们的共同意志。"

8 日下午、9 日下午和 10 日上午又分别举行了三轮会谈。其中，以 8 日下午的会谈最为重要，毛主席发言阐述了我党的基本主张，并针对赫尔利所带来的五条提出了我党的意见。

8 日下午会谈一开始，毛主席开门见山地指出：中国的事情很难办，这一点在中国多年和来延已有一些时候的包上校知道得很清楚，还有许多美国朋友也都知道。中国有丰富的人力物力，我们所需要的就是团结。但是要团结必须有民主，也就是说，我们需要在民主基础上团结全国抗日力量。现在全世界反法西斯战争都打得很好，唯有中国的正面战场打得不像样子，这是因为中国缺乏民主。现在赫尔利将军来到，想帮助中国人民，促进中国民主团结，我们极表欢迎。尤其是在今天，日寇向中国西南进攻，美军打到菲律宾需要中国配合，但国民党当局所负责的正面战场却天天打败仗。中国人民和盟国朋友都非常着急。希望经过赫尔利将军的努力援助，中国局势能有一个转机。今天上午赫尔利将军说要自由的、公开的、坦白的谈话，现在我就按照你提的方法来谈一谈。

毛主席说，现在国民党还是一个大政党，拥有庞大的军队，这支军队在抗战头两年打仗打得比较好，现在总算也还在打日本，国民党当局还没有最后破坏民族团结，这是蒋介石先生领导的党和政府好的一方面。因此我们一向愿意与蒋先生合作打日本，从未放弃这一条。但是，还应当看到另一方面，那就是中国的困难、缺点与严重危机。如果不看到这方面，就不能解决问题。现在中国政府的政策是不利于全中国人民团结的，是妨碍全国人民起来打日本的。

接着，毛主席简略介绍了敌占区、解放区和国统区的情况。毛主席说：对于敌占区，国民党当局是不管的，如何在这个地区内组织地下军以期配合同盟军登陆作战，国民党当局也是不管的。对于解放区，国民党当局则是拼命妨碍、限制、缩小、消灭，但解放区还是天天生长，这是八年来广大人民艰苦战斗的结果。他们前面打日本，后面又有国民党破坏，处于被前后夹击的非常困难的环境中。国民党对解放区施行的包围、进攻、派遣特务捣鬼，等等，可以说是千方百计，一言难尽。在国统区，存在着严重的危机，尤以军事危机为甚。自今年4月起，在日寇进攻面前，国民党军队已由300万减至195万。大部分国民党军队是打不得仗，一触即溃的。在大后方，民不聊生，土匪横行，人民对政府的信任从未有像今天这样低，各界人民包括大学教授、学生、小党派人士以及国民党党员都对当局满怀不满和怨恨。

针对赫尔利带来的五条，毛主席说：赫尔利将军曾提出几个要求，希望作为形成协定的基础。我们感觉还有这样一些问题，虽然还没有形成条文，但值得提出来谈一谈。

毛主席强调的第一点是："必须改组现在的国民政府，建立包含一切抗日党派和无党派人士的联合国民政府；同时，现在政府的不适合于团结全中国人民打日本的老政策必须有所改变，而代之以适合于团结全中国人民打日本的政策。"毛主席说：中国大多数人民，包括我们共产党人在内，首先希望国民政府的政策和组织迅速来一个改变，这是解决问题的起码点。如果没有这一改变，也可能有某些协定，但是这些协定是没有基础的。国民党统治的各种机构，腐化达于极点。国民党总埋怨盟国军火接济不够，可是如果政府不改组，老的政策不改变，虽有大量坦克、飞机等新式武器，也无济于事。对此，蒋先生历次表示的是拖，想拖到战争结束一年以后来办这件事。有人向他提出改组政府和成立联合政府的问题，他便一巴掌打回去。如果国民党自以为大权在握，不肯改变，只有把危机拖长和扩大，使国民政府有崩溃之危险。对于这一危险，不只我们共产党人，就是外国朋友，如许多外国记者，都是感觉到的。毛主席强调说："国民党统治区域的危机来源，在于国民党的错误政策与腐败机构，而不在于中国共产党的存在。"我们共产党人在沦陷区组织地下军，准备配合盟军作战；在解放区实行民主，坚持抗战。我们从不妨碍国民党，而国民党却来妨碍我们抗日民主活动，195 万国民党大军里面有 77 万多被用来包围我们，其中有一部分在进攻我们。在国民党区域，当局见到共产党人非捉即杀，我们在那里的党被迫成为地下党，只有在重庆和西安的少数共产党人可以公开活动。虽然如此，我们一不罢工，二不罢市，三不罢课，我们还是拥护国民政府打日本。我们在敌后战斗的 63 万军队和 9000 万人民，拖住了日寇的"牛尾巴"，这样保护了大后方。假若没有这个力量拖住日寇的"牛尾巴"，国民党早被日寇打垮了。今年 6 月间，国民党当局提出了一个方案，要取消我们军队 80%，还要取消解放区的民选政府。这方案如果实行，就没有人拖住日寇的“牛尾巴”，就只有害它国民党自己。

毛主席强调的第二点是关于军队的问题。他说：“赫尔利将军所提的要点中，有一条说改组我们的军队，在改组后我们的军官和战士将获得和国民党军队一样的薪俸和津贴。这一条主要的恐怕是蒋先生自己写的。我以为应当改组的是丧失战斗力、不听命令、腐败不堪、一打就散的军队，如汤恩伯、胡宗南的军队，而不是英勇善战的八路军、新四军。现在美军观察组，参观边区、晋西北、晋察冀等抗日根据地。我们在敌后有几十个根据地，大的有十七个。我们愿意你们组织几百个人的观察组，到各根据地去看看来作出结论，应当改组的究竟是哪一种军队。中国人民的公意是：哪个军队腐败，就应该改组哪个。关于薪饷待遇，国民党军队的士兵饥寒交迫，走路都走不动，士兵月薪五十元，只够买一包纸烟。我们的军队，吃得饱，穿得暖，走起路来蛮有劲，现在要我们拿和国民党军队一样的薪俸，那不是要我们军队也和他们一样吃不饱、穿不暖、走路都没有力吗？这如何使得呢？”

最后，毛主席和缓地说：“我们的意见大要如此。对赫尔利将军为帮助中国不辞劳累，长途跋涉的热忱，我们在延安的人深表感谢……在不破坏解放区抗战力量及不妨碍民主的基础上，我们愿意和蒋介石先生取得妥协。即使问题解决得少一些，慢一些，也可以。我们并不要求一下子解决所有的问题，但是要破坏解放区抗战力量和妨碍民主，那就不行了。很愿意和蒋介石先生见面，过去有困难，没有机会。今天有赫尔利将军帮助，在适当时机，我愿意和蒋先生见面。”后来，毛主席讲他同赫尔利的谈判说，我与赫尔利谈话的章法是先把国民党攻一攻，把赫尔利带来的五点中心内容驳掉，指出目前局势不民主造成了各种危机，强调国民党政府有崩溃的危险因而需要改组。

毛主席刚一讲完，赫尔利便说，毛主席把问题精彩地提出来了。但是，他显然没有料到毛主席会对国民党政府提出这样尖锐的批评，因而言谈中露出了颇为失望的神色。在替国民党政府辩护了几句之后，赫尔利说，直到今天上午，他还没有了解到在国共之间存在着这样深刻的鸿沟和这样严重的对抗，如果局势已经无望的话，那他何必枉费心力。他曾要求蒋介石合理一些，以期有助于全中国的利益；现在，他也要求毛主席合理一些。赫尔利还指责说，毛主席刚才的话有重复敌人所说的地方，是不公平的；蒋介石抗战八年，他的周围的贪污腐化分子利用了他。

毛主席问："你承认那里有贪污腐化分子？"赫尔利答："是的。"接着，毛主席以严肃和沉重的口吻说："我所重复的，在外国是罗斯福总统和丘吉尔首相的话，在中国是孙夫人和孙科先生的话。我想重复这些人的话，是可以的吧！说我重复敌人——日本人的话，那是不合事实的。"赫尔利解释说，他指的不是日本人，而是那些希望中国继续分裂的人。毛主席接着说："正因为不团结，我们才谈团结，正因为不民主，我们才谈民主。如果中国已经团结，已经民主，那么又何用我们来谈它呢？说中国不团结不民主的，有两种人。一种人的确希望中国继续分裂；还有一种人希望中国团结民主，他们批评中国的缺点是为了克服这些缺点，使中国团结民主。我的话决不反映前一种人，而是反映后一种人的意见，就是反映希望中国团结民主的人们的意见。"

听完毛主席的话，赫尔利又高兴起来："现在我们有一致的意见了！"他带着歉意说："在几分钟以前，我误解了毛主席的意思，现在我了解了！你是要团结民主的。如果毛主席和我一起工作，我们可以使蒋介石和我们一起工作，我们就可以促成中国团结，发展民主，肃清贪污。为此我们必须一起工作。""现在我们所应做的，就是设法找寻毛蒋可以会面的基础。他们两人知道中国情形，当然非我局外人所能及，以他们的智慧和他们手中的材料，他们可能得到协定。我现在再问毛主席，是否可以给我一个声明。"

于是，毛主席就对赫尔利所携带的《为着协定的基础》逐条表示了意见。毛主席说："赫尔利将军所提的《为着协定的基础》有几条我是同意的。""第一条很好，我们完全赞成。"然后，毛主席建议把原先的第三条放在第二条之前，以强调提倡进步与民主的政策，确立各种自由权利。恩来同志补充说：这包括"言论自由、出版自由、集会结社自由、信仰自由、居住自由和人身自由"。赫尔利接上去说："再加思想自由，向政府请愿要求平反冤屈之自由。"这样，修改后的第二条成为国共双方所需遵循的共同原则。在讨论关于政府的问题时，赫尔利说："关于改组政府的问题，现在请毛主席写一条，作为修改后的第三条。"毛主席提出："将现在的国民政府改组为由各抗日党派及无党派人士参加的联合国民政府；并宣布和实行关于改革军事、政治、经济、文化各方面的民主政策。同时，改组统帅部，成为联合统帅部，由各抗日军队代表参加。"毛主席增写的这一条其实是最重要的，但赫尔利显然没有意识到这一点；所以，他当即表示："可以加这一条，我们应尽可能公正，以期取得国民政府之同意。"随后，毛主席又建议将原先的第二、四两条合并，作为新的第四条。内容是一切抗日军队将遵守与执行联合国民政府及其联合统帅部的命令，由联合国得来的物资将被公平分配。第五条没有什么变化，仍是关于中国共产党及一切抗日党派的合法地位问题。经过第二次会谈所形成的修改稿与最后的定稿基本是一致的，只是后来又将第二条和第三条的顺序颠倒了一下，并作了一些文字上的处理。

会谈结束时，毛主席说："就是这几条，为了妥协不再多提了。"赫尔利说："从今天的谈话中，我感觉到毛主席的热忱和智慧。我刚才误解了毛主席的意思，后来明白了。请各位将我误解毛主席的话，从记录上完全勾去。"

9日下午，双方举行第三次会谈。我方提出经过修改的协定草案，然后，双方就各自认为的关键问题进一步交换了意见。

毛主席首先说，"我们所同意的方案，如蒋介石先生同意，那就非常好”;“以前未解决的问题，今天如能解决，那是中国人民之福”。赫尔利回答:“我将尽一切力量使蒋接受，我想这个方案是对的。”他表示，毛主席不仅有非凡的智慧，而且有公平的态度。他这次能和毛主席一起工作，实为平生快事。尤其使他感到庆幸的是中国人民已经得了这样一位大公无私、一心为人民谋福利的领袖。赫尔利还提出，如果蒋介石表示愿意见毛主席，他愿意陪毛主席去见蒋。不管会谈成败如何，他将以美国的国格来担保毛主席及其随员在会谈后能安全返回延安。毛主席回答说:“我很久以前就想见蒋先生，过去情况不便未能如愿。现在有美国出面，赫尔利将军调停，这一好机会，我不会让它错过。”

接着，毛主席表示了自己的担心:“我还不了解蒋先生是否会同意我们的五要点。他如同意，我即可与他见面。我总觉得在我和蒋先生见面时，要没有多大争论才好。”“我很希望在赫尔利将军离开中国以前见蒋先生，问题也解决了。”赫尔利当时十分兴奋，他根本没想到还会有什么麻烦。他再次表示回到重庆后当尽力使蒋介石接受五要点，并问:“如蒋接受了，毛主席愿意做些什么？与蒋见面在什么地方？不要在重庆见面，是否可另选一地点？”毛主席回答说:“见面地点当然在重庆。”赫尔利高兴地说:“顶好！就这样解决吧。”

随后，赫尔利提出:“毛主席是否可签字于五要点之上？”毛主席说:“可以。”赫尔利说:“那我也要在这上面签字！”毛主席说:“今天把文件准备好，明天签字，不知蒋先生愿意签字否？”包瑞德插话说:“这五要点，在赫尔利将军见证之下，毛主席已予以接受，蒋如拒绝，赫尔利将军就可以很清楚地告知罗斯福总统，‘这五要点，我认为很公平，毛同意了，蒋不同意’。”这时，赫尔利提出:“如蒋问，‘接受五要点，是否是不要我在政府里面了？’对这问题，请毛主席告我如何答复。”毛主席说:“仍要他在政府里面。”赫尔利还不放心，又问:“我要再证实一下，你是否和他合作，要他当政府主席？”毛主席再次回答:

“要他当主席。”赫尔利这才放心地说：“很好！”以后，双方又交换了一些有关文件修改的意见。

这次会谈是在融洽的气氛中结束的。毛主席再次感谢赫尔利为帮助中国人民所作的努力。赫尔利作答说：“我们的谈判进行得这样顺利。我敬佩毛主席的宽大态度。你所希望的各种改革，我完全同意。”他还愉快地说：“明天早晨我们签字后我还要赶回重庆去。请毛主席不要笑我迷信，明天星期五是我的吉日，我生日是星期五，结婚在星期五，第一个小孩子生于星期五，获得第一个勋章也在星期五！”

10日上午，毛主席与赫尔利举行最后一次会谈。毛主席首先讲了三点：第一，请赫尔利将双方商谈的协定转达给罗斯福总统；第二，这个协定已经获得中共中央委员会的同意；第三，周恩来同志将和赫尔利将军一同去重庆与蒋介石谈判。毛主席说：总之，我们以全力支持赫尔利将军所赞助的共同纲领，希望蒋先生也在这个纲领上签字。抗战八年来未能得到的东西，今天在赫尔利将军帮助之下，有了实现的希望。在这个纲领下，全国一切力量团结起来，打倒日本，建立新中国。随后，赫尔利提出，请毛主席立即写一封信由他带给罗斯福总统；同时，他也将交给毛主席一封感谢信。他还表示愿意设法使毛主席和罗斯福总统商量问题，以使全世界承认毛主席的地位。

中午12时45分，双方举行签字仪式。毛主席与赫尔利在文件上签字，并交换了信件。最后达成的《延安协定草案——中国国民政府、中国国民党与中国共产党协定》内容如下：

一、中国政府、中国国民党与中国共产党应共同工作，统一中国一切军事力量，以便迅速击败日本与重建中国。

二、现在的国民政府应改组为包含所有抗日党派和无党无派政治人物的代表的联合国民政府，并颁布及实行用以改革军事政治经济文化的新民主政策。同时，军事委员会应改组为由所有抗日军队代表所组成的联合军事委员会。

三、联合国民政府应拥护孙中山先生在中国建立民有民享民治之政府的原则。联合国民政府应实行用以促进进步与民主的政策，并确立正义、思想自由、出版自由、言论自由、集会结社自由、向政府请求平反冤抑的权利、人身自由与居住自由。联合国民政府亦应实行用以有效实现下列两项权利即免除威胁的自由和免除贫困的自由之各项政策。

四、所有抗日军队应遵守与执行联合国民政府及其联合军事委员会的命令，并应为这个政府及其军事委员会所承认。由联合国得来的物资应被公平分配。

五、中国联合国民政府承认中国国民党、中国共产党及所有抗日党派的合法地位。

会谈结束后，赫尔利于当日下午2时乘机离延返渝，恩来等同志与他同行。

对于这次会谈及所达成的协议，党中央、毛主席是满意的。在致罗斯福的信中，毛主席写道："这一协定的精神和方向，是我们中国共产党和中国人民八年来在抗日统一战线中所追求的目的之所在……我们党的中央委员会已一致通过这一协定之全文，并准备全力支持这一协定而使其实现。我党中央委员会授权我签字于这一协定之上，并得到赫尔利将军之见证。"在信的末尾，毛主席对罗斯福的努力表示感谢。他说："我们中国人民和美国人民一向是有历史传统的深厚友谊的。我深愿经过你的努力与成功，得使中美两大民族在击败日寇，重建世界的永久和平以及建立民主中国的事业上永远携手前进。"事实上，赫尔利并没有及时地将这封信电告罗斯福，而是用军邮投递，结果过了很长时间才到华盛顿，以致罗斯福迟至1946年3月10日才给毛主席复信。

在毛主席与赫尔利达成的协议中，我们党作了重大让步。11月9日晚，在中共六届七中全会的会议上，毛主席在报告同赫尔利会谈的情况时指出：我们的极大让步是与极其腐败的政府合作，他们的目的是不要踢开蒋；我们是在不破坏解放区，不损害民主的原则下同蒋妥协。我们应当知道国民党有200万军队，得到国际国内承认，我们还只有63万军队，因此在现有条件下，我们还不能不予妥协；但是，我们承认一个联合的国民政府，并不妨碍将来我们自己组织解放区的政府。在国民党方面，如果蒋介石签字承认，即是最大的让步，因为我们得到了合法地位，这是前所未有的。尽管与赫尔利所进行的谈判看上去是顺利的，但是我们党的领导同志预料蒋介石绝不会轻易同意这个协定。恩来同志在这次会议上指出：蒋介石所谓的让我们参加政府和我们主张的建立联合政府是有区别的；但赫尔利却把二者混而为一，他以为蒋介石不至于为难，我们则估计蒋介石必定会对这次会谈所作出的协定提出修改。

赫尔利斡旋期间的斗争

果然不出所料，恩来同志到重庆后，蒋介石对在延安商定的协定草案迟迟不表示态度。一直拖到11月21日，国民党方面又另行提出了一个三条反建议，由赫尔利转交给周恩来同志。它的要点是：一、国民政府允将中共军队加以改编，此后，承认中共为合法政党；二、中共应竭诚拥护国民政府，将其一切军队移交国民政府军委会统辖，国民政府指派中共将领以委员资格参加军委会；三、国民政府之目标为实现三民主义之国家。这三条建议实际就是要我党交出军队，接受国民党的“招安”。

与此同时，赫尔利也改变了态度，一屁股坐在蒋介石一边。在当天的会谈中，周恩来同志询问蒋介石对于联合政府的态度，赫尔利回答说："啊，这件事情已经过去了。"他告诉周恩来同志，蒋介石一定不会接受。他还表示，他原来不知道实际情形，所以在延安时，毛泽东提出意见之后，他也添上了一大堆；现在，国民党的这个建议也许是个基础。当周恩来同志追问赫尔利本人是否仍同意我党组织联合政府的主张时，赫尔利狡辩说："我不能使用同意的字眼，因为我不是谈判的当事人，我只是见证人。我认为你们联合政府的主张是适当的，但我并不处在同意的地位。"为劝说我党接受国民党的反建议，赫尔利唠唠叨叨地说："我们是准备帮助你们的，成百架飞机的东西等着帮助你们；但是没有这一协定，我就无法帮助你们。"由于国民党毫无改变一党专政的诚意，赫尔利亦背弃了他在延安与我党签订的协定，国共谈判再次陷入僵局。

面对这种情况，在坚持联合政府主张的前提下，我党有两种选择：一个办法是使谈判继续下去，并设法寻找一个折中方案，作为成立联合政府的准备步骤；另一个办法是固守五条协定，不怕谈判陷于僵局。当时，在重庆主持谈判工作的恩来同志和董老比较倾向于前一个办法；毛主席态度很慎重，一时没有作出决断。所以，恩来同志就先起草了一个复案。这个复案的主要内容是：改组国民政府国防最高委员会为包含所有抗日党派参加的联合的国防最高委员会，由其颁布各项新民主政策，改组行政院为各抗日党派的联合内阁，改组军事委员会为各抗日军队组成的军委会；承认中共和所有抗日党派为合法政党；中共军队编列为正规国军，由联合国得来的物资公平分配等。这一方案的特点是以三点的形式放入原先五点的内容，但不直接提出建立联合政府。因估计到蒋介石仍不会接受这一复案，所以恩来同志还建议，我党可同时向国民党提交一份备忘录，说明国民政府如一时不能改组其国防最高委员会及其行政院与军事委员会，中共将根据战争需要和人民的要求先成立解放区联合委员会；同时，提出在中国战场设立联军统帅部，由美国方面的代表担任统帅，中国所有抗日军队应有负责代表参加。这后一点以往外国人士曾提出过，我党领导同志也一直表示赞成，只是没有作为我方正式建议提出过。当时，恩来同志的考虑是以要求建立解放区委员会来逼蒋同意成立联合政府，并设法扩大美蒋之间的矛盾。他估计，目前美国作统帅利多害少，将来我们力量壮大了，而且有“北方”（指苏联）的加入，美国束缚不了我们。这些想法，他在12月29日和30日致毛主席电中作了说明。

恩来同志在前台谈判，在后台决策的还是毛主席。复案写好后交不交，这是要由毛主席来拍板的。关键的问题是究竟哪一种办法更符合我党目前的和长远的战略利益。在作出重要决策的时候，毛主席总是集思广益。收到恩来同志的复案后，他请来延安参加七大的陈毅同志做参谋，专门研究这个问题。陈毅同志看过各种有关材料后，连夜把自己的看法写成了一封长信，于12月1日送到主席那里。

在这封信中，陈毅同志首先分析了国共谈判两种可能的趋势：第一种是蒋介石顺利地在赫尔利和毛主席的提案上签字；第二种是按照蒋介石目前的做法，一不签字赫毛协定，二则提出符合他愿望的办法。陈毅同志认为，第一种情况仍然挽救不了西南大局，反而增加了美国对蒋的幻想，帮助他骗骗人；因为蒋介石的病症是一针强心剂不能挽救的，它的整个封建腐朽的法西斯机构不会因签字而能改善。在国民党方面，签字后能允许共产党加入一二个阁员，已算是大大让步；但仅有我党一两名阁员并不能挽救西南大局，要来一个带革命性的改良就必须在几个部门起用国民党进步人士和大批共产党员，这一点蒋是不能做的，美国的压力再大也达不到。至于蒋介石目前的做法，目的只在和缓空气，使全部腐烂的机构原封不动，其结果只会更促进其腐烂，加速日寇的进攻。陈毅同志说：本来如蒋决心改变，学唐德宗下罪己诏，起用良将，西南危急是可以缓解的；但蒋鉴于大革命和西安事变后两次控制不住中共的发展，这一回更是恐慌、动摇、害怕，他决心不这样做而宁愿走上反动的绝路。关于赫尔利斡旋，陈毅同志分析，美国的企图不过是着眼其军事利益，认为我党的军事力量必须动用；但其全部政治见解仍是保持蒋的体系，并无诚意要改革政治。赫尔利与毛主席的谈话着重高兴我们要蒋那一点，而不高兴毛主席所提出的改革政策的本质，对此批评十分明显。如谈判顺利，赫尔利可能把每月两万吨让美国航空队先动用的其“残汤剩水”分一点给我们，叫作公平分配，同时要我在敌后反攻，以极廉的代价而达到大量花费中国特别是我们的目的。这是美帝国主义弄得极其精巧的商业手法，这是他们的传统，口惠而实不至，惯会牺牲别人替自己打仗，而外表装潢得十分漂亮。陈毅同志强调，我党抗战以来亦是本着取之于敌寇的办法，这是非常对的；而赫尔利与我党谈判所涉及的全部是挽救西南大局，而不是抗战全局；今天抗战全局逐渐转到敌后和我，它是在蒸蒸日上着，并不依赖那个协定有所裨益。依照我党目下和将来的战略利益，蒋不走第一条赫毛蒋合作的路而走现时的第二条路，反而对我们的战略利益好得多。陈毅同志的结论是，肯定蒋无望，蒋不愿自救，美救亦无望，我们不能做为其“殉葬”之事。陈毅同志建议，我党应付赫尔利和蒋介石所选的现局的办法是：五个原则，暂作整案，即“五点协议”所包含的内容不拆开提出；同时我不入阁，也不宜急于成立解放区联合委员会。我党应继续在敌后争取一二年的时间大发展，“招美依我，而我取得全局的中心地位”。

看了陈毅同志的信，毛主席立即致电恩来同志，指示他坚持五条协定，并说明过早提交复案是不利的，准备七大开过之后再议复案。随后，毛主席又给陈毅同志写了复信，说：“来示读悉，启示极多，十分感谢！今日已电渝不交复案，周董均回，拖一时期，再议下着。至于基本方针，如你所说那样，除此再无二道。”

12月2日，在返回延安之前，恩来同志约见赫尔利，转达毛主席就国民党提出的三点方案的复电：第一，政府方面所提建议三项与我们在延的五条协定距离太远，我们认为联合政府与联合军事委员会是解决目前时局问题的关键。这既不能获得蒋委员长的同意，因此也就无法挽救时局。第二，国民党的态度至今未变，仍宣称中国目前所需要者只是军令统一，至于党派合法问题，须待战后一年再议。第三，根据目前形势，我党中央必须召开会议，我这次回延安后要留下开会，不再随原机返渝。恩来同志讲完后，赫尔利仍不断劝说要我党参加未经彻底改组的国民政府，并说你们“先踏进来一只脚”，便能得到美军援助。恩来同志回答说：我们参加政府，就要替人民负责；现在要我们参加进去而不能负责，这样的政府我们拒绝加入。

为向国民党施加压力，毛主席曾考虑发表五条协定草案，并为此征询赫尔利的意见。赫尔利听说后大为震怒，认为我党故意使其难堪；同时，美方还怀疑我党态度转趋强硬是因为苏联施加了影响。12月12日，毛主席指示当时在重庆的王若飞同志，请他转告美方，说明我们毫无与美方决裂之意，五条协定草案赫尔利不愿发表，我们即可不发表，至于赫在五条上签字以及他与毛主席交换的信件，我们自始即无公布之意。我们所想发表的仅是我党向蒋建议的五条，因其态度强硬无理拒绝，无法实现中国人民一致要求的联合政府，故想公开于人民，让人民起来向蒋要求实现之。毛主席强调说：“牺牲联合政府、牺牲民主原则，去几个人到重庆做官，这种廉价出卖人民的勾当，我们决不能干，这种原则立场我党历来如此，希望美国朋友不要硬拉我们如此做，我们所拒绝者仅仅这一点。”在获悉毛主席的来电后，包瑞德向我方表示，赫尔利原误以为我已将协定全部发表，现在完全释然了。为消除赫尔利的疑虑，12月15日，毛主席给他去信，说：“11月间，罗斯福总统选举胜利时，我曾去电祝贺他。他在回给我的电报上说：为着击败日本侵略者，愿意和一切中国抗日力量作强有力的合作。请你转达给罗斯福总统，我对于他的这个方针表示完全同意，并向他致谢。”此后，双方继续就国共谈判问题交换意见。

1945年1月20日，赫尔利致函毛主席，说他深信国民政府已准备作出重要的让步，建议我党再派周恩来同志到重庆谈判。1月24日，恩来同志再次前往重庆谈判。这一次，我党提议首先召开党派会议，作为国事会议的预备会议，以便正式商讨国事会议和联合政府。尽管我党又一次采取了积极态度，但国民党无意作出任何实质性让步，僵局仍然无法打破。2月初，英美苏三国首脑会议在雅尔塔召开，赫尔利急于搞出一点东西。2月10日，他起草了一份联合声明，谎称“谈判已有趋于一致之良好进步”。对于这种掩盖事实的声明，周恩来同志理所当然地拒绝了。恩来同志说：如果发表声明，就要说明中共的要求和国共双方意见不同之点何在，以明真相。2月13日，周恩来同志与赫尔利一同会见蒋介石。蒋介石在会谈中傲慢地宣称他不会接受联合政府的主张，并说党派会议等于分赃会议，组织联合政府无异于推翻政府。鉴于蒋介石的顽固态度，谈判已无法进行，恩来同志随即返回延安。直到抗战结束，国共双方才又重新恢复了谈判。

1945年初，美国疏远我党的种种迹象已显露出来。1月中旬，在重庆的王若飞同志向党中央报告说：美国各报对重庆的批评突然缓和下来；对我党持友好态度的包瑞德、戴维斯已被调离美军观察组，不再返回延安；同时，美国正增加援华物资，以加速装备重庆军队。当时，有的美国人向我们透露说，美国政府的政策是：“第一个朋友是重庆，第二个朋友是延安，不能因延安得罪重庆。”赫尔利用软的一手拉拢我党不成，又反过来使用硬的一手。

出现这些情况之后，毛主席出于全局的利益考虑，采取了十分谨慎的政策，依然重视与美国的关系。在政治方面，国共谈判陷入僵局之后，我党对赫尔利的态度还是有所保留的，我们虽然对他在联合政府的问题上出尔反尔十分不满，但没有公开批评他，而是继续与他保持联络。在军事方面，我党仍旧执行与美军合作的政策，已开始的合作项目继续进行，其他可能的合作也仍在接洽之中。例如，1944年底，毛主席、朱德、恩来和剑英同志曾与包瑞德和美国战略情报局的伯德上校就美军向敌后派遣特种部队以及在山东半岛登陆后的军事合作问题进行磋商，美方试探我方可能提供何种支援，并表示最低限度可向我军提供 2.5 万人的武器装备。不过，当时参加谈判的美方代表和我们都明白，双方进一步发展合作关系已经很困难了；因为赫尔利一心想拿援助作诱饵，换取我们同意蒋介石的谈判条件，而我党是绝不会这样做的。尽管以后的合作并不顺利，但美军观察组与延安总部一直保持着比较好的工作关系。直到抗战结束前夕，双方仍有一些关于军事合作问题的磋商。总的来看，这种合作是我们单方面向美军提供帮助。据八路军总部的不完全统计，到战争结束时，我们提供给美军经过整理的情报书面报告有 120 多份；营救盟军人员主要是美军人员共 102 人，为此，我方付出牺牲军民 110 余人的代价。

由于情况的变化，我党在与美国保持关系的同时也提高了警惕。在内部讨论配合美军登陆作战的方案时，恩来同志强调我们的配合必须是有条件的，双方事先要订立协定，美军要为我军提供武器装备，并必须服从中共的政策法令，不得带国民党军队入境建立政权。1 月底，赫尔利在国共谈判中提出，要为中共军队设一美国军官做总司令，恩来同志当即拒绝。毛主席亦指出，这个方案是“将中国军队，尤其是我党军队隶属于外国军队，变为殖民地军队的恶毒政策，我们绝对不能同意”。2 月初，毛主席又指示恩来同志，今后“史迪威式之指挥全国军队，请勿强调”。

在抗日战争的最后几个月里，美国对华政策日趋反动。首先，赫尔利扶蒋反共的真面目完全暴露出来。4 月初，他在华盛顿举行的记者招待会上宣称：“美国政府全力支持蒋介石政府”，而“不支持任何武装的政党和军阀”。同时，我解放区发现了大批由美机散发的宣传蒋介石为抗战领袖的传单。6 月，美国又发生“美亚事件案”，主张与中共保持友好关系的美军观察组成员谢伟思及其他五人以“通共间谍罪”遭到逮捕。

面对美国政策的变化，毛主席最初仍采取了留有余地的做法。赫尔利讲话以后，重庆《新华日报》立即发表评论，批评他的讲话有助长中国分裂与内战的危险；同时，毛主席决定“延安暂取不理的态度”。直到6月底，“美亚事件案”发生之后，《解放日报》才发表文章点名批评他。那时，我们批评赫尔利还是与美国政府分开的。7月，毛主席撰写了《赫尔利与蒋介石的双簧已经破产》、《评赫尔利的政策的危险》等几篇文章。党中央决定在这个时候严厉抨击赫尔利是为了发动中国人民及民主党派一致起来，批评美国的错误政策，反对美国专门援蒋助长内战的危险。我们的目的仍是迫使美国政府改变政策。由于此后不到一个月战争就结束了，国共谈判问题、我党与美国的关系问题都在悬而未决的情况下进入了一个新的历史时期。

回顾这段历史，可以说，在我党与美国接近的过程中美方更主动一些，而我党则看到当时美国确有此种需要，因而抓住时机，采取了积极姿态。当时，国际国内都要求中国民主、团结、进步，中美两国面对共同敌人，在这种情况下我党希望发展与美国的合作，解决国共关系问题，是很现实的考虑。当然，美国政府的政策到底怎样，我们原先不很清楚，要有一个摸底的过程。现在有一种说法，好像我们那时抱有幻想，受骗上当，这不符合事实。在这个过程中。毛主席和我党的其他领导同志始终保持着清醒头脑，处置得当。我们积累了初步的外交经验，国际影响也扩大了。以后情况发生变化，我们党的政策也及时得到调整。

忆中外记者参观团访问延安

金城

第二次世界大战全面爆发后，英、美等国为了最后战胜德、意、日侵略者，需要充分利用中国的军力与物力，不得不重视我党、我军、我敌后根据地强大的有生力量。英、美特别是美国为了它自身的利益和需要，于1944年3月向我党提出要求，希望能允许英国、美国、加拿大、奥地利等国记者，到延安及黄河以东解放区了解我军力量及敌后斗争情况，并考察我陕甘宁边区及敌后根据地实施各种政策的情况。目的是为了使我能配合反攻日本。

美、英两国提出了这个要求之后，经党中央同意，由我党常驻重庆的中央代表董必武及重庆办事处向他们表示欢迎。

3月9日，周恩来打电报给董老转外国记者团，电文中说："我受毛泽东、朱德两同志及中共中央委托，特电你们表示热烈欢迎。"同时，周恩来请董老通知当时驻渝的《新华日报》记者龚澎及十八集团军驻渝办事处交通科长龙飞虎护送记者团赴延。

国民党顽固派生怕外国记者冲破他们的新闻封锁，揭穿他们对我党、我军、我解放区的种种造谣诬蔑，因而设置重重障碍，加以刁难、拖延。但是这一要求主要出自美国、英国记者，并得到各国外交使节的支持，国民党不敢公然拒绝。在外国记者们一再追逼下，国民党最后只得表示同意。以CC分子为主体的国民党中宣部，为了加强控制，想出一个办法，提出把外国记者团改为中外记者团，主要由国民党中央社、《中央日报》、《扫荡报》等记者参加，并派CC特务骨干加强“领导”，派他们的人担任团长、副团长，并制定了中外记者都必须在他们的领导下统一行动的纪律。

由于中外记者团是到延安并准备到前方去的大型团体，有国内外各大报著名记者参加，党中央对这次接待工作十分重视，中央政治局决定由周副主席亲自负责。我们交际处政治、业务上划归当时的军委秘书长杨尚昆同志领导。

周副主席亲自召集延安党、政、军、民、学等参加接待工作单位的负责同志和干部，开了动员会，介绍了记者团的情况及其采访的目的，交代了我们接待的方针、政策。指出：外国记者在重庆已经向我们透露，他们这次来希望了解（1）各边区的施政纲领；（2）关于生产、物价、贸易、行政、教育、卫生保健计划；（3）日本俘虏情况；（4）参观人民代表机构；（5）赴黄河以东访问抗战前线军队等。多数中国记者也有同样愿望。周副主席指示各有关单位必须由主要负责同志亲自出面接待。既要准备好全面介绍本部门的材料，主动介绍实际工作情况，又要准备解答他们临时提出的问题，属于本部门本单位业务范围内的问题，必须明确负责地解答，不要回避敷衍。属于别的业务机关的问题，可请他们向别的直接负责单位提出要求。中国记者中的个别顽固分子，也可能提出一些故意刁难或挑衅性的问题，大家可以自己预先设想一下，以备解答或回击。周副主席指出：他们访问参观，要让他们看到我们的工作成绩，也要让他们看看我们尚有不足之处，说明或解答我们前进中的困难和错误。为了做好这次接待工作，周副主席、尚昆同志向各机关借调了一批优秀干部和翻译人员。

我所在的交际处，由杨尚昆同志召开了全体干部大会，请周副主席再一次作了具体指示。会上，周副主席首先指出：交际处工作的根本任务就是“宣传出去，争取过来”八个大字。就是要把中央的各项政策、方针和我党、我军、我解放区党、政、军、民、学各条战线在具体实践中的具体政策和具体成绩宣传出去。我们除有计划地组织他们参观访问外，还要准备对记者团在参观访问过程中反映出来的各种思想，多做解答、解释工作，揭穿国民党的一切造谣诬蔑，提高他们对我们的认识，加深他们对我们的了解。要以诚恳、坦白、交往的精神同他们交朋友，以利于进一步开展国内国外的统一战线。只有提出具体材料，说明具体事实，才能取信于人。周副主席再次着重指出：宣传工作，要实事求是，介绍我们的成绩，也要说明我们工作中有错误、有缺点，说明我们有克服错误、缺点的办法，切不可虚张浮夸，更不可弄虚作假。中外记者、特别是外国记者中的中间分子，在重庆、在大后方对国民党的宣传反感甚深，认为国民党真是“好话说尽，坏事做绝”，所以听到国民党的宣传人人头痛。交朋友要站稳自己的立场，以诚待人，在公开讲明我们自己观点的同时，也要听取别人的观点，互相交流，才能澄清分歧，争取尽可能地取得一致。要善于求同存异，只求他们能在团结一切可以团结的人，集中全国一切人力物力，共同打败日本侵略者等重大问题上和我们取得一致，其他方面，不能以我们的观点强加于人。这样，我们交的朋友就会更广泛，更深入。

周副主席指出：中外记者，既要一视同仁，也要有所不同，要明确工作的重点。一般集体访问、参观、请客、宴会、欢迎晚会等以及生活待遇方面，中外记者一律平等。至于记者中有人要求个别采访谈话。我们应当欢迎，以便我们打破国民党的控制，使我们能区别对象，分别对待，达到深入宣传、争取的目的。

周副主席还指出：这次我们的工作重点，应放在外国记者身上。外国记者中又要更加重视对斯坦因、福尔曼等人的工作。斯坦因是位很有政治见解，有活动能力的记者，他在苏联多年，后被当作“托派分子”赶了出来。但是他在中国多年，我们并没有发现他有什么托派活动。福尔曼是美国人，为人比较正直、单纯，政治上对国共两党也有明显偏见。他们在外国或中国影响作用较大，至于塔斯社记者普金科当然也有较大影响作用，他是共产党员，政治立场、观点基本上和我们一致，不必我们去多费精力争取了。至于带领中外记者来的国民党人员，我们要坚持独立自主的方针，对他们要强调宣传抗日、坚持民主、坚持团结，防止他们挑拨，并打破他们的控制。

周副主席最后指出：生活方面的接待，要热情周到，在物质上我们尽量予以优待。但切不要搞铺张浪费。宴会也不用山珍海味。我们的工作人员都是立场坚定、工作积极、刻苦耐劳的，在这次工作中更要发扬这些优秀品质。

记者到来以前，我们全处工作人员一起动手把交际处院内的草坪打扫得干干净净，客房布置得朴朴素素。周副主席在检查我们的准备工作后表示满意。他特别欣赏我们自制的土沙发。这种所谓“沙发”，有的只不过在开凿窑洞时，在墙壁上按照沙发的样式挖凿而成的土靠椅，再加上棉垫子，有的是木板加棉垫的长木板椅，上面绷上蓝、白两色土印花布，显得挺漂亮。周副主席也很赞赏我们交际处对当时同盟国“四大领袖”画像的挂法。我们的挂法是，既要从表面上看无高低之分而实际上则有高低之分，使国民党不能挑剔，又要表达我们自己的立场和倾向。我们的挂法是：从右到左为蒋介石、罗斯福、丘吉尔、斯大林。按中国人的习俗是以右为大，因此看起来是把蒋介石放在了首位，罗斯福第二，丘吉尔第三，斯大林放在了最后。而按外国人的习惯是从左向右排列，第一位是斯大林，把蒋介石、丘吉尔放在后面了，对外国人也不会产生不好印象。周副主席对这种安排很欣赏，他说这虽是一个技术问题，但体现了我们的立场和政策，后来延安其他单位挂像也都按这样的顺序。

记者团于1944年6月9日到达延安，我们向正、副总领队谢宝樵（国民党外事局副局长）、邓友德（新闻检查局副局长）索取了全体记者及工作人员的名单。

外国记者有：美联社、美国基督教科学箴言报的斯坦因，美国《时代杂志》、《纽约时报》、同盟劳工新闻的爱泼斯坦，合众社、伦敦《泰晤士报》的福尔曼，路透社、多兰多明星周刊的武道，美国天主教信号杂志、中国通迅的夏南汉神甫及塔斯社的普金科。

中国记者有：《中央日报》的CC分子张文伯，中央社记者徐兆镛、杨家勇（杨是国民党中统特务，临时以中央社记者名义参加进来），《扫荡报》采访主任谢爽秋，《大公报》记者孔昭恺，《时事新报》记者赵炳良，《国民党公报》编辑周本渊，《新民报》主撰赵超构，《商务日报》总编金东平。

成员中还有属于国民党中宣部的人员，负责检查外国稿件的国民党宣传处长魏景蒙及他的助手陶启湘，管业务工作的张湖生，搞党务工作的杨西昆。他们还带了电台。代表团路经西安时，他们安排了一个特务科长化装成一般工作人员混在记者团内搞电台。这个特务科长的真正任务是与国民党埋伏在延安的点线取得联系。一看国民党来员名单，及其所带的电台，就可知道，顽固派和特务在大后方控制中外记者一切采访、写稿和行动自由的人马全部出动了。他们企图把国民党在大后方压制人民民主，破坏国共合作，窒息新闻出版自由的反动办法，不折不扣地搬到延安和解放区来，而且企图利用这个机会大施其特务破坏活动的手段。

记者团在到达延安之前，曾先到南泥湾访问了四天。外国记者到延安的当日，即纷纷到邮电局向他们的通讯社或报刊社发电报，报道他们进入边区后，特别是在南泥湾的所见所闻。

原来，记者团在5月下旬由重庆飞到西安后，领队坚持要先到山西看看，再去延安。所以记者团是从山西进入陕北的。

5月31日晚，住在陕北的凉水崖。6月1日晨，三五九旅王震旅长亲自从延安带着一大批牲口来接，同来的还有翻译陈家康、徐克立夫妇。记者团即跟随王震行走，当日宿营于固临。第二天下雨，记者团滞留固临，由王震旅长召开茶话会，向记者们介绍开发建设南泥湾的经过。

6月3日记者团到达延安，记者们参观了延安油田。6月4日准备启程时，一件不愉快的事情发生了。原来，《中央日报》记者张文伯、中央社的杨家勇和《商务日报》的金东平等，自进入边区后经常单独乱窜，企图找出一点可资攻击共产党的岔子来，王震同志看出他们的恶意，即当众宣布："那个《中央日报》记者要想搞什么名堂，就请他留下来！"说话时，瞪着眼睛，目光直逼着张文伯等人。他又说："你们来采访新闻，我们很欢迎，若来干特务破坏，我们不欢迎！"弄得张文伯很狼狈。

或许有人要问，王震同志这样做是不是太"厉害"了一点？其实不然。大家知道，王震同志是我们党内既善于打仗，又精通生产，还擅长做统战工作。他对于一切革命知识分子的关心、爱护和重用，很早就在党内外出了名。他对于党的上层统战工作"又团结又斗争，以斗争求团结"的策略方针十分谙练，表现得有圆有方。在原则问题上，坚持立场，严肃斗争，寸步不让，表现为原则性的"方"；在非原则的问题上，则求大同，存小异，妥协让步，表现为灵活性的"圆"。

记者团于6月6日到达南泥湾。当晚三五九旅旅部的指战员在金盆湾举行欢迎晚会。会上，王震首先向大家报告一个刚收到的振奋人心的消息：盟军已在法国的诺曼底登陆，开辟了欧洲第二战场。与会者不分中外、不分党派，莫不欢欣鼓舞。

第二天，记者团参观了南泥湾伤兵医院。当外国记者看到边区医院在国民党的封锁下，缺医少药，甚至连"磺胺"为何物也不知道时，十分不平。塔斯社记者普金科和时代杂志记者爱泼斯坦，当场提议以记者团名义电请国民党政府运输药品到边区，部分中外记者表示一定要将此情况反映出去。

以后，记者团又参观了三五九旅开展大生产运动的成果以及该旅在前方作战时缴获的日军兵器，还参观了南泥湾干部休养所等。最后于6月9日满意地离开南泥湾，到达延安。

记者团到来的当天，首先由我军总部秘书长杨尚昆同志出面，与正副总领队谢宝樵、邓友德及全体中外记者商定他们访问参观的概略日程安排，确定程序是先在延安参观访问，然后去前方。在延安期间可边访问边参观，具体单位和时间由交际处负责与各方面联系安排，到时通知。中外记者完全赞成，谢、邓等人也表示同意。

下午5时，叶剑英以我军参谋长名义设宴为他们洗尘。出席宴会的还有杨尚昆秘书长，边区政府刘景范厅长。

为了打破谢、邓对记者的控制，在记者团到延的当晚，我即用电话请示杨尚昆同志，说明我们不能让他们擅设电台，得到尚昆同志同意。为此我们与谢、邓的第一次斗争开始了。

10日早餐前，住在交际处旁边客店的国民党电台人员，把他们带来的电台，搬进交际处，预备架设发报。我们传达室的传达人员把他们挡住了，发生了争执。邓友德从住的窑洞直跑到交际处门口，气势汹汹地说："电台是我叫报务人员进来架设的。有我的命令，不得阻挡。"硬要让我们的传达人员放行。我见邓友德在交际处门口大声恶言争吵，也走去与邓讲明不准他们架设电台的理由。邓竟蛮横地责问我："我是国民党政府派来的领队，你们有什么道理不让我们工作？"我也不客气地告诉他："我是陕甘宁边区政府派来接待你们的工作人员，我只能按边区政府的法令办事。没有经过边区政府批准，谁也无权在边区境内架设电台。"邓友德一时语塞，但摆出一副凶狠架势，支支吾吾地还想说什么。谢宝樵见势不妙，忙知趣插话说："不要为此小事，有伤和气。"一面说着一面把邓友德拉走了。电台终于没有架成。

早餐时，中外记者见到一面盆一面盆牛奶或稀粥，一盘盘的鸡蛋、面包、馒头、酥油（土制奶油）和小菜，兴致勃勃，狼吞虎咽，选其所嗜各自饱餐了。这时正是我解放区开展大生产运动两年之后，延安已初步达到了丰衣足食。

这时，我们交际处早已不是抗战初期由苏维埃外交部招待科遗留下来的状况，在新市场南边向东的半山腰，已打了30多孔冬暖夏凉的窑洞，在山脚下建造了20来间客用房、工作人员的宿舍，还建造了可供七八十人使用的餐厅和会客厅。交际处的厨房能做中餐和西餐。为了响应党中央“自己动手，丰衣足食”的号召，我们参加了边区政府组织的开荒、种菜、背柴的农业生产，而且自己办起了一个食品商店“足食园”。自己用土产作牛奶糖、梨脯、饼干、核桃酥、鸡蛋糕、月饼、葡萄酒、梨子酒等，除供应交际处本身所需外，还向市场供销。

国民党顽固派劝阻外国记者不要来延安的谎言之一就是“延安生活艰苦！去不得。”中外记者们来到实地一看，国民党顽固派的种种捏造，不揭自穿了。原来外国记者在重庆，早餐时也只是稀饭、馒头和咸菜，对牛奶已经“久违”了，有时偶尔买到一个鸡蛋，也就心满意足了。

在早餐中间，我用勺子击盘向记者团宣布当天的工作日程及注意事项：

（一）今天下午朱德总司令接见和宴会，邀请中外记者团全体出席。

（二）外国记者先生们的新闻稿，按战时各国惯例，需经过检查才能发出。为了做到方便迅速，我们委托翻译组组长浦化人负责，由他审阅签发。

（三）中国记者的新闻稿亦须经柯柏年同志检查。

10日下午5时，朱总司令在王家坪礼堂设宴款待中外记者团。为了欢迎该团及庆祝第二战场的开辟，还特请延安大学文工团举行了音乐晚会，在中、美、英、苏四大盟国人士欢谈之际，高唱四国歌曲，会场洋溢着反法西斯的战斗友谊。

在欢迎会上首先由叶剑英参谋长代表朱总司令致欢迎词。致词后，爱泼斯坦代表外国记者讲话，他首先开诚布公地说："来到延安是件很不易的事，因此我们感到很愉快。"他说："在同盟国家阵营里，不应该有任何一个地区关闭起来，对于职业的新闻记者，也不应该有任何一个地区不让他们看一看，因为他们是全世界人民的眼睛。"他说："这个地方很久以来是被关闭着的，这一次，我们打开了一个缝隙，从今以后要再强制地关闭起来是不可能的了。"他的这番话是委婉地抨击了国民党对我边区的封锁政策。他接着又诚恳地说："为了共同的事业，我们对你们的缺点是会批评的，对于你们的优点是会赞扬的。"最后，他对我国国内团结表示了热忱的希望，他说："只有团结，中国才能成为四大强国之一。"他的讲话，博得了热烈的掌声。

孔昭恺代表中国记者讲话，他在略述了进入边区后沿途参观的情形以后说："我们一定要把见到的一切忠实地报道给全国。"

讲话之后，举行了盛大的音乐会。第一首曲子是《同盟国进行曲》，然后演奏了各种民歌及《黄河大合唱》。

11日全体中国记者参观了新华社、解放日报社及中央印刷厂，并进行了新闻业务上的座谈。

12日下午5时，毛主席在中央礼堂后面客厅接见了中外记者代表团，毛主席首先致词，对记者团的到来表示欢迎。毛主席说："我们的目的是共同的，就是打倒日本军阀和打倒一切法西斯。全中国、全世界都在这个共同基础上团结起来。"毛主席对代表团来延适逢第二战场开辟表示热烈庆祝。毛主席在谈到中国国内情况时再次着重表明："我们拥护蒋委员长，坚持国共与全国人民的合作，为着打倒日本帝国主义，建立独立民主的中国而奋斗。中国共产党的这种政策始终不变，因为这是全国人民所希望的。"在致词之后，毛主席逐一回答了记者们提出的问题，归纳起来有三点：一、关于国共谈判；二、关于第二战场；三、关于中共的希望和它自己的工作。毛主席在回答第三个问题时，着重指出：“远东决战快要到来，但是中国还缺乏一个为推进战争所必须的民主制度。只有民主，抗战才能够有力量。民主必须是各方面的，是政治上的、军事上的、经济上的、文化上的、党务上的以及国际关系上的。只有民主统一，才能打倒法西斯，才能建设新中国与新世界。”

会见后，毛主席宴请了记者团，很多领导同志出席作陪。晚间并请记者们观看了平剧（即京剧）。

中外记者都想不到毛主席能这样快地接见他们，并且详尽地回答了他们的问题，回到交际处，大家都感到十分兴奋。

几天后，记者团中有人在酝酿要求单独见毛主席，先由斯坦因私下向我们的翻译同志探问，说他想单独见一次毛主席。我们的翻译根据周副主席的指示，认为可以。并答应代为报告，斯坦因非常高兴。

一天，毛主席决定个别接见斯坦因，因此斯坦因未参加全团的集体活动。当全团人员出发参观上车后，邓友德在清查人数时发现没有斯坦因，他问我方人员，我们的翻译人员告诉他，斯坦因已声明他今天不去了。邓友德立即大发雷霆，当众叫喊说，我们这个记者团，在重庆出发时，已宣布了纪律，所有人员必须统一行动。斯坦因为什么不去？他转过脸来责问我。我对他说：“你们团内的纪律，我不想干预，斯坦因去不去我们只好听他自便。我们解放区记者有新闻采访的自由，你们团有你们的纪律，你是队长，可执行你的职权，请你亲自去请斯坦因迅速来上车就是了。”邓友德还是嚷嚷不休，但并不行动，他很清楚，即使他自己去请，也会在斯坦因那里碰一鼻子灰。我示意司机等邓友德，但是许多中外记者却等得不耐烦了，急着要求开车。司机就把车开出门外向北转弯而去。只见邓友德久久仍悻悻然地带着他那副可憎的尊容，在车上摇晃着。

经过斯坦因这么一冲破，又加上邓友德在上车时的一场吵闹，记者们敏感地察觉到，以后他们可以不受邓友德的控制而单独行动了。从此，所有外国记者都陆续要求单独见毛主席、周副主席和朱总司令。继斯坦因之后，接着福尔曼公开提出来，我们立即表示同意。接着几个中国记者也提出，我们一视同仁地表示同意。

25 日上午和下午，朱总司令和叶参谋长应美报记者斯坦因和英国记者福尔曼的要求，分别与他们进行了四个小时的谈话。谈话中朱总司令和叶参谋长向他们说明了几个问题：（1）从军事观点说明共产党军队在战时战后的潜在力量；（2）共产党对国民党的关系、态度及与国民党、美国及英国武装力量合作能够采取或应该采取的形式；（3）战后共产党军队为保持远东和平，在军事方面能负何种任务等。

从 11 日开始，中外记者团正式访问陕甘宁边区政府、自然科学院、日本工农学校、兵工厂、被服厂、难民工厂、皮革工厂、振华纸厂、光华农场、中央医院、和平医院、洛杉矶托儿所等单位，对我边区各方面的情况进行了全面地了解。

22 日，叶剑英参谋长在王家坪礼堂向中外记者参观团作了报告。为了使外国记者正确地听清这个重要报告，我们分发了译成英文的小册子，其中附有说明八路军、新四军七年来抗战的成绩，民兵的分布及八路军、新四军发展情况的图表。还特别列举了八路军、新四军中与我军共同抗日而牺牲了的国际友人的名单。叶参谋长开宗明义地说：“为使各位中外友人便于研究目前中国共产党抗战的具体情况，我向各位做一个关于敌后战场军事情况的一般介绍。这里所指的敌后战场，就是我八路军、新四军在华北、华中、华南坚持抗战的战场。自 1938 年武汉失守以后，敌后战场实际上成了中国的主要战场，但是由于国民党采取压制言论的政策，不但外国人不了解此种情况，就连中国也有很多人不了解。”叶参谋长说：“我八路军、新四军在这个敌后战场上，坚持了七年抗战的过程是极其残酷、紧张，并且是极其复杂、曲折的。”

叶参谋长在报告中分敌、伪、友、我四个方面介绍了敌后战场截至1944年3月前的基本情况。

在敌情方面，叶参谋长说：在华北、华中、华南三大敌后战场上，日军兵力共34个半师团，约56万人。从国共两党抗敌的情况看，我们八路军、新四军抗击了敌人64.5%，友军（国民党军队）抗击了35.5%。其原因是“1938年10月武汉失守前，日军的主力是向着国民党正面战场的。但在武汉失守以后，日军改变了政策，对国民党以政治诱降为主，以军事进攻为辅，而移其主力于敌后战场，残酷地进攻共产党。而国民党的政策则是招架与观望，袖手旁观。”

在伪情方面，叶参谋长介绍说：由于一部分国民党军卑鄙无耻地投降与做伪军，使伪军在敌后战场有78万之多。投敌将级军官有67人之多。在抗战以前，老伪军只有2万人，至1938年止也只有6万余人。到1942年春开始，伪军猛然增多，这些伪军反对八路军、新四军特别坚决。国民党不但不对投敌伪军加以讨伐，反而暗中联络勾结，搞“曲线救国”，使他们不仅现时反对共产党，而且准备在将来，在日军失败退出大城市及交通要道之时，好让这些伪军打起“国旗”，宣布反正，配合国民党军队进行反共战争。日本投降后的事实，完全证实了叶参谋长的预言。

叶参谋长说：“我们的友军在抗战初期，还能配合作战。但自1939年以后，即集中力量对中共搞磨擦。在正面战场上，都丧失战斗力。”我党担负抗击的敌人，占全部敌伪总数134万人中之110余万，即84%，或5/6以上。而国民党抗击的敌人仅占16%，即不足1/6。究其原因，就是因为国民党的方针是厉行专制，压迫民主。抗日依赖别人（国际依赖英美、国内依赖共产党），自己保存实力，准备铲除异己。叶参谋长义正词严地对记者们指出：“假如这种方针不变，中国不但不能反攻，就连保存现状也是不可能的。”

最后在谈到“我情”时，叶参谋长指出：中共领导的一切部队，都执行中共抗日民族统一战线的政策，执行孙中山的三民主义及中共1937年9月间宣布的共赴国难宣言。在华北、华中、华南三大敌后战场上团结各界人民，创立了15个以上抗日民主根据地，军队发展到47万，民兵200余万，人口为8600万。在各根据地，都由人民选举抗日地方政府，执行“三三制”，减租减息，发展自卫军、民兵突击队，发展生产，肃清汉奸等项政策。由于我们密切地依靠群众，党政军民结合一体，我们能在七年当中毙伤敌军351113人，毙伤伪军239952人，使敌我伤亡比例总计为2∶1。叶参谋长还专门宣读了在八路军、新四军中，为中国人民的抗战伟业而献出了生命的国际友人名单，并对历年来盟国朋友对我国的援助表示感激。

叶参谋长在揭露国民党派遣军队对我根据地进攻、包围、封锁，派遣成千特务进行破坏，断绝一切接济，并阻断国际朋友对我们的援助，封锁我党我军抗战与民主建设的消息，不使国内人民与国际友人明白真相等恶劣做法后，于报告结束时，诚恳地表示：“我们希望尽可能迅速地结束这种状况，改善国共关系，而开辟一个真正团结抗战的新环境来。”

这是一次全面介绍情况的报告，在中外记者中反应十分强烈。在回交际处的路上，在饭厅里，多数人喜形于色。外国记者饭后立即回到自己房间埋头打字发稿了，但也有的中国记者装成“不以为然”的样子，环顾左右而故意另找话题。更有甚者故意乘机进行挑衅活动。如中央社记者徐兆镛，在听完报告发电稿时，有意进行歪曲。叶参谋长在报告中有这样一段话：“我们可以断言，只要我们得到最高统帅部的命令，我八路军、新四军就能将国旗插到北平、天津、上海、南京、武汉城头。”而徐在发稿中却有意去掉了“只要我们得到最高统帅部的命令”这一至关重要的句子，而将这句话篡改成：“在战略反攻时，一旦时机成熟，八路军、新四军可以开入北平、天津、上海、武汉。”将插上国旗篡改为“悬挂我们的旗帜”。这完全是一种蓄意挑衅的行径。

我们与之进行了针锋相对的斗争，要他根据叶参谋长的报告进行更正。然而这个国民党顽固分子仍不老实，继续玩弄花招，他在更改时加上这样一句话：“据此间当局通知”。想造成是我们更改的原文，他不得不随之更改的假象。我们再次严厉驳斥了他的谎言，他才不得不老老实实地根据原报告做了更正。

叶参谋长的报告通过中外记者传播到中国大后方和世界许多国家以后，引起了全国人民和世界许多国家政府和人民的强烈反响。国内外舆论对中国共产党在抗战中的地位和作用给予了新的评价，特别是对国民党已失望的美、英、法三个国家，开始关注共产党敌后战场。中国战区参谋长史迪威将军一再强调美国政府必须给共产党军队以与国民党军队同样多的援助。就在中外记者团访问延安以后一个月，美军即派观察组常驻延安，以加强联络。美国新任驻华大使赫尔利，初来中国时也一再主张国共调解，发挥中共的抗战力量。总之，叶参谋长的报告在当时的形势下起了很重大的作用，意义十分深远。

除此之外，我们还组织了多次报告，如罗迈（即李维汉）的报告，谭政关于部队政治工作的报告，边区政府李鼎铭副主席及各厅局长的报告，等等。

24 日上午，延安文艺界在边区银行大楼举行了中外记者的集会，会上挂着联合国国旗。这是一次别开生面的聚会，人们三三两两地谈论着哲学、文学以及边区生活等各种问题，会场上充满了轻快气氛。在分散闲谈一阵之后，诗人柯仲平介绍了延安文艺协会的一些情况，随后由丁玲、吴伯箫、艾青几位作家向记者讲了几件有意思的事情。丁玲说：“有位先生问我，在延安发表一篇文章需要什么手续？初听这句话，我感到奇怪，因为在我们这里不需要任何手续的。但是想起重庆的作家们反对出版法，就恍然大悟。原来这位先生是习惯了重庆的不自由了。”吴伯箫在发言中告诉记者们，听说在西安有一批小人扮作他的朋友，在 3 月份为他开了一个追悼会。“大家看，我现在不是还健康地活着吗？”听到这里，记者们都不由得捧腹大笑，但是吴伯箫严肃地对记者们说：“这是对我的一种侮辱，希望记者先生们把我的抗议带到西安去。”艾青在吴伯箫讲话之后也发表了一个抗议性的发言。他说，大后方有个名叫《良心话》的刊物，实际上是发表些没有良心人的话。他们在那里造谣说什么我要逃出边区，走到鄜县被保安队捉回了。艾青愤慨地说：“这真是活见鬼！现今的中国，哪里还有比边区、比共产党建立的根据地更好的地方呢？我为什么要逃呢？”

记者中有正义感的人，对于西安、重庆这种追悼活人、说没有良心话的行为，也感到愤愤不平。而被国民党派来控制记者的那些人听到这些话则如坐针毡，低头不语。

座谈会结束后，大家一起到大众戏园去看秧歌，记者们和在场的延安两千老百姓一起，不断为精彩节目鼓掌，笑声不断。有些记者十分喜爱秧歌这种形式，有的甚至提出希望能学会秧歌。

周副主席这段时间很忙，对外要集体或个别地接见记者，对内要审阅各单位的报告。我们除了有事随时向中央领导同志做书面报告外，为节省周副主席的精力，总向尚昆同志请示。但周副主席每隔一两天就到交际处来探望一次。并帮助记者解决工作上的问题。他还分别约记者谈话，对我们的工作给予指示。我因为工作繁杂，一天电话不断，晚上更多。为了方便，我把内线电话搬在自己床边。一天早晨6点多钟，电话响了，我拿起话筒一听，是周副主席的声音，他问我今天上午记者团采访日本工农学校，准备了几个日语翻译，我如实回答。他表示满意。他听我说话带着睡意，就问：“你还没有起床？”我只好承认自己尚躺在床上接电话。我知道周副主席每晚睡得很迟，但起得很早，内心感到惭愧。

中国记者离开延安前的那几天，正是连日大雨。在记者团离延的前一天，我接到尚昆同志的指示，说崂山公路可能被雨冲坏，要我们把交际处的两部汽车送到兵站检修好，另外准备四辆胶轮大车，万一汽车过崂山发生故障，可改用胶轮大车送记者团过山去。翌日黎明，电话铃又响了。我很快接起电话，是周副主席，问我汽车检修得怎样，胶轮大车出发了没有？我答汽车已经检修好了，四辆胶轮大车，5点钟即将先行出发去崂山，在上山的路旁等着。看来天气不会下大雨，汽车过去不会出什么问题。周副主席又问，你对负责胶轮车的同志是怎样布置的？我答：让他们在山下等着，看到汽车上山，才可回来。周副主席又问，汽车上了崂山，你认为下山会不会出问题。我答："大概不会。"周副主席对我这一回答很不满意，说："你只知上山会有困难，就不想想下山也可能出问题吗？你真是齐桓公用兵，既想兴师动众，又怕劳民伤财……做统战工作是和打仗一样的，一切工作要预想到底，为什么只想其一不想其二呢？"听了周副主席的批评，我自知不对，很快回答说，我立刻设法转告带领胶轮车的同志，必须跟着汽车上、下崂山，保证把汽车送上平路。周副主席严肃、认真、细致、周密的工作作风，给了我极大的教育。

在一个多月的参观访问中，中国记者由于国民党的压力，一般表现得谨小慎微，不多言语。唯有副领队邓友德到处挑毛病，如到医院参观，我负责人介绍边区缺医少药的情况时，他极不耐烦地说："你们老说没药没药，大后方也不是王道乐土。"一次在《解放日报》看剪报时，他不仅随手乱翻，而且挑衅地说："你们的报纸不报道中央社的消息，有也不全，而且还放在很不重要的位置上。"对这种恶意挑衅，我有关单位负责人都毫不客气地予以回击。

谢宝樵、邓友德、杨西昆等看到中外记者们在解放区真正得到了民主自由的采访和招待，特别是外国记者敢于报道的真实情况越来越深入，对蒋介石为首的国民党"消极抗日，积极反共"的政策越来越不利。他们便改换伎俩，最后甚至不择手段，企图拉他们在延安的亲友回国统区。邓友德有个弟弟邓友信，是个革命青年。杨西昆有个女同学金鹤是个革命干部，那几年经过整风学习，他们对我党的信念更加坚定，见面时，邓、杨用转弯抹角的方法，想从他们口中套取一点可资他们作反共宣传的材料，可是结果也都落了空。邓友德苦劝硬拉，要弟弟邓友信离延安去重庆，也遭到坚决拒绝。

访问参观到7月上旬，中外记者都希望赴八路军前线访问，谢、邓等怕扩大我党我军的影响，竭力阻止，后来又采取分裂中外记者团的办法，要把全部中国记者拉回重庆去。由《中央日报》、中央社记者从中活动，逼迫态度中间的《大公报》记者出面，提出立即回重庆的要求。他们离延前，向朱总司令辞行，总司令接见他们并讲了话。7月6日，周副主席为他们饯行。11日，朱总司令再次在交际处为中国记者饯行，他们于7月12日离延返渝。

防民之口，甚于防川。中国记者回到重庆后，许多人在报上或私下仍如实地介绍了他们在陕甘宁根据地的所见所闻。《新民报》记者赵超构公开出版了《延安一月》，比较客观而巧妙地介绍了他在延安访问参观的所得和感受，在国民党特务统治下没有新闻报道自由的重庆，这也可以说是“透露出一线新民主主义新中国一角的曙光”了。1945年3月，董必武同志在一次报告中还提出：“一个外国新闻记者对我说，他在来延安前，觉得我们的宣传，有些夸大，来延后，他觉得我们的宣传太不够了。”

外国记者除夏南汉随中国记者返渝外，其余的都留在延安未走。经过我们一番准备工作之后，他们于8月离开延安，赴晋绥抗日根据地参观。离延前，毛主席亲自到交际处为他们饯行。

外国记者在王世英、朱明、王再兴和翻译柯柏年、凌青的陪同下，东渡黄河，来到晋绥军区第八分区的防地。他们曾到离汾阳五里远的一个山头上，观看了我八路军拔日军据点的一场战斗。据爱泼斯坦回忆，那是9月一个晴朗的白天，在山头上看汾阳看得很清楚。战斗是罗贵波指挥的。我八路军战士冒着敌人密集的炮火，以坑道为掩护。将炸药送到了敌人碉堡底下。一声巨响，敌碉堡炸毁了，八路军指战员高喊着杀声冲向残破的碉堡，打死和俘虏了很多日本兵。指战员将日本俘虏押到外国记者面前，外国记者还和日本兵进行了交谈，了解日本兵的思想情绪。除了参观拔据点的战斗外，外国记者还参观了袭击日伪火柴厂的战斗。当堆满了火药和木料的火柴厂被我军点燃时，冲天的大火映红了半边天，十分壮观，给外国记者们留下深刻的印象。

此外，记者们沿途考察了我党政机关工作情况和人民群众努力生产，支援抗战的情况，均留下了良好的印象。

外国记者返回大后方和本国后，许多人以翔实的文字，大量宣传延安和解放区欣欣向荣的面貌，以及八路军、新四军的伟大战绩。如福尔曼 1945 年在美国出版了一本《红色中国的报道》，引起了美国普遍的关注。以后斯坦因又写了一本比福尔曼更好更深刻的书——《红色中国之挑战》，于 1946 年在美国出版。他还写过《中国共产党与解放区》、《860 万人民随着他的道路前进》等文章，在美国、英国的报刊上发表，影响很好。武道也写了《我从陕北回来》等文章，态度比较客观。特别突出的是爱泼斯坦，他曾给《纽约时报》、《时代杂志》写过不少文章，有说服力地告诉人们，中国共产党领导的抗日根据地是中国希望之所在。又写了《中国未完成的革命》一书，1951 年在美国出版。以后他参加了中国的社会主义建设事业，作出了可贵的贡献。在全国政协第六届一次会议上，他被提名为全国政协委员。

总之，中外记者团延安之行，冲破了国民党的新闻封锁，将我党我军和抗日根据地的真实情况宣传到了大后方和世界许多国家，对大后方人民和世界人民以及美、英、法盟国政府对我们的重新认识和估价，起到了一定的作用。

北行漫记

[美]H. 福尔曼

延　安

今天，延安这座炸不垮的窑洞城，是边区人民毅力和决心的伟大象征。延安有3000年的历史，在古代，它是抵抗北方野蛮游牧民族入侵的一个重镇。它繁荣了许多世纪，直到将近100年前回民大起义。结果是整个大西北亿万人民被屠杀，成了广阔的荒废地区。城市本身是重建的，正不断地在成长。1938年和1939年，声名狼藉的日本人为了发泄对中国共产党的仇恨，对延安进行了接二连三的轰炸。当他们炸完以后，古老的延安成了一堆瓦砾。

但是，对城市建筑的摧毁，既没有赶走共产党政府，也没有赶走人民。他们只是走出城，进入山谷，在1000多英尺高的黄土山坡上挖出一个个窑洞。所以今天的延安成了一座名副其实的窑洞城，完全能防御重磅炸弹的轰炸。一排排窑洞开着拱形的门，在山坡上依次排列，窑洞与窑洞之间以拱柱分隔。陡峭的小路弯弯曲曲呈Z字形，从一层到另一层，将最低层和最高层连接起来。每座窑洞前都有一小块平地，窝在山坡上，可作鸡舍、猪栏、菜园或小孩游戏的地方，或许还有一串洗好的衣服在炎热、干燥的阳光下摆动着。可以看见妇女在下面山谷中泥泞的延河边洗衣。马、骡子、哼哼着的猪和装满沉重货物的高轮车滚滚而过，扬起阵阵尘土。在这种情况下，行人和马夫都得戴上薄纱面罩，以滤去空中的灰尘。

我们被安置在延安宾馆，每个人分有一个舒适的窑洞，比我们在重庆居住的记者招待所还好得多。在我们首先遇见的人中，有两个外国人——林迈可和马海德。林迈可是一个身材高大，略现秃顶，三十五六岁，戴着眼镜的英国人。他1931年在牛津大学毕业（其父是巴利奥学院的院长），随后在中国北平燕京大学任教授。1940年他当过短期的英国驻重庆的新闻参事。这工作不合他意，他回到燕京。在珍珠港事件的那天，他匆匆离开北平，逃到附近共产党游击队作战的山区。虽然林是燕京大学的历史和英语教授，但他长期的嗜好却是无线电。共产党劝他留下来，制作和修理他们的设备，并训练报务员和技术人员。他在前线待了两年半，和日本人捉迷藏，因为日本人特别想捉到他或杀掉他。他比我们早一星期到达延安。

马海德是一个美国人，出生在布法罗市，受教于北卡罗来纳州和瑞士（他在那里获得医学学位），马海德和共产党在一起已经七年了。他用中国名字马海德（他拒绝披露他的美国名字），这样他就更可以全身心地投身于中国共产党军队的卫生服务工作。他也是30多岁，充满天真活泼的幽默和热情。他会毫不犹豫地放下一切活来当翻译。他是一个热情支持中国共产党的人。

马海德说："在这地方我最喜欢的一件事就是这里绝对没有职业上的嫉妒。这在很大程度上是由于这里没有金钱刺激，不必为特殊荣誉和恩宠而勾心斗角。大家一起工作，像一个大家庭的成员，并共同分享满足和失望。这样做就把医药恢复到了其本来应该承担的角色，即为人类服务的一门科学。"

马海德告诉我一种新的疾病，这种病把他和他的中国同事们都难倒了。由于没有更好的名字，他们暂时把它称为跛脚病。这种病在临床上有一特定的症状，但是他们在医学史上找不出任何有关它的记录。它流行于延安正东、黄河沿岸约3600平方英里的地区。

“所有患者病情相同，仿佛他们都是集装线成批生产出来的一样。”他解释说。“胫骨头肿大，膝关节僵硬，形成特有的跛足，造成明显的残疾。这种病是在从青春发育期到二十一二岁骨骼停止生长期间某些骨骼生长受阻造成的。骨骼组织生长过度，尤其是在承受压力的关节部位。关节表面生出一层薄膜，腿、前臂、手指和脚趾骨骼变短——有时与身体相比，只有正常长度的1/2或2/3。”

不管是本地居民还是从外地迁来的，这种疾病袭击这个年龄组里所有的男孩和女孩。虽然这种病不会使人完全残废或死亡，但它大大降低了患者的体力及劳动能力：患者不能挑重担，不能走远路。而且他们那短而粗的手指需要特别细柄的农具。

“因为缺乏必需的设备来进行化学和生化分析，也因为对变化过程中的骨骼缺乏研究，我们无法确定这种疾病的病因。由于缺乏可使用的与骨骼生长有关的钙及维生素，我们的研究也严重受阻碍。我们怀疑是水的原因。”他继续说：“那地区的树木磷含量很高，晚上木头在水下能发光。由于这地区的农民饮用这种水，我们推测是水打破了血液里钙和磷的平衡，这也许就是骨骼致残的原因。”

这疾病不是战争所致，因为它在当地已有相当长的历史。那时，人们得了这种病后很少有办法治疗。他们目前正从根本上对付这一问题，劝当地人把易患病年龄组的孩子送到别处去。农民们对此有些抵触情绪，因为他们不愿和他们的小孩分离太久。

“但是，那些我们能够从该地区迁出的年轻人，到目前为止还没有任何得这种病的迹象——这证明该病不是遗传，而肯定是当地某种因素造成的。”他肯定地说。

我将这神秘的新疾病用电报通报后几天，海外电报像潮水般涌来，美国各种组织纷纷询问这种新的跛脚病的详细情况。对此，除了已经告诉我的那些话，马海德和他的同事们没有什么可补充的。他们所需要的——最最需要的——是X光机。尽管有几个组织，包括美国红十字会，准备供应这种设备给八路军，然而国民党封锁着这个地区，阻止这种设备送到延安。

几个月后，问题解决了。美国空军在延安建立了一个临时的邮局，定期有飞机从重庆飞来，美国的红十字会这时才能空运一部X光机到延安，同时送去的还有供应给八路军的几吨药物。我离开延安时，全套的设备还未到齐，所以对这种跛脚病的进一步研究还为时太早。

马海德隶属白求恩国际和平医院，这所医院坐落在延安郊外。医院设在一排窑洞内，是为纪念诺尔曼·白求恩而建立，并以他的名字命名的。白求恩在第一次世界大战期间是加拿大皇家空军的军医，1939年在为中国共产党军队服务时献身。医院是孙中山夫人发起，部分由海外捐助的。白求恩国际和平医院举世无双——不是因为它起的作用，而是因为它在一无所有的条件下所作出的贡献。因为受到日军和中央政府军的封锁，在过去三年中，除了我们行李中从重庆带去的少量药品外，医院没有得到过任何外来药品供应。

医院职员大都是眼睛晶莹、有才智的人。设备和供应的缺乏没有把他们吓倒，反而激发他们去进行独特的设计，去寻找能用的替代品。中国药草、药剂和化学药物被科学地试验过。结果，发现许多药不仅能替代西药，而且药效显然更好。他们日趋减少的西药存货珍藏在一个单独的抽屉里，他们宝贵的几颗磺胺药片，只有在最紧急的时候，经过全体医药员工协商讨论后才能使用。

受过西方训练的中国医生，穿着草鞋和护士们一起在窑洞的实验室里工作。他们用窗玻璃碎片为医院唯一的一架老掉牙的显微镜做承物玻璃片。小茶壶的壶嘴插上灯芯就成了洗眼器。把一段橡皮管的一端塞上就成了滴眼器。细菌培养则放在厨房火炉烟囱边的架子上。曾用来装他们最后一点点西方制造的羊肠线的小玻璃瓶，现在被用作试管。把烂了的玻璃注射器针头那端塞上就成了分度量杯，外科器械大多是从日本人那里缴获来的，包括简陋的手术室里那台摇摇欲坠的金属手术台。他们把两只普通试管放在架子上，旁边贴上从普通印花纸边缘剪下来的以毫米为单位的比例尺，来进行血液沉淀试验。自制的熟石膏粉储藏在不通气的土罐中。药棉是用本地产的棉花制的，纱布是医生和护士自己在古老的纺车上织出来的。医院工作人员还种植并照料自己的菜园，自己从下面很远的山谷中的河里挑水，自己洗衣服。

因为缺少麻醉物和葡萄糖之类必需的药物，他们不得不常常给病人输血，而献血的往往是职工成员。整个医院没有钟表，只好靠烧香来计时，一炷香刚好一小时，或者是让水一滴滴地滴进瓶子里，由一个看守人敲钟报时。

“我们这里最缺的是新的医药杂志和有关战地外科新发展的专题论文，这些能使我们跟上医学的发展。”曹培齐大夫说。曹大夫在广西一所军医院受过德国医生的培训。他那简陋的窑洞实验室的白墙上挂着钢笔画像，有路易斯·巴斯德、罗伯特·科奇和其他一些人，都是他在旧医药杂志上找到的。

从医院走过山谷便是延安医学院。院长为王平，一位才华出众、严肃认真的优秀医生。在我们去参观时，那里有210名学生，其中有54人是女性。教科书都是手抄本，从日本、美国、英国和德国的著作中翻译过来的。墙上挂着医学图表，大多是学生自己动手画的，也有几张平版印刷的专业图表。眼科诊室有很好的眼检验仪器，是从日本人那里缴获来的。这里同样缺少外科和其他材料，从而限制了这所学院。教员可以诊断但不能开药方，这里甚至连眼镜也配不到。他们用普通修指甲的剪刀动手术，验光灯是用通用石油（即美孚）公司的油灯做的，上面有一个用德国废铁罐做的灯罩，里面贴着日本香烟的锡纸。由于缺乏福尔马林，解剖用的尸体泡在白干（一种中国威士忌）中等待上解剖课时解剖用。

从1月到6月，全体学生每天至少得花三小时纺线或从事其他形式的生产。男女生都一样，一排排有秩序地坐在大厅里的纺车前。当我访问结束时，王平和他的同事们问我有何评论和建议。在边区任何场合中，人人都请你，几乎是强求你提出批评和建议。我坦率地说，我认为每天要这些学生花三小时纺线（尽管他们说这能给别人树立一个好榜样）是浪费时间。时间和脑力太难得、太珍贵，不值得浪费在这种工作上。

“每天用这三小时让他们多学点东西，或者至少让他们到你们贫乏的图书馆读点书，比坐下为懒惰的农民做榜样而去纺纱，更有价值。”我说。“这纯粹是浪费和无效的。”

后来证明，他们认真接受了批评。在延安的一个医学会议上，这问题被提了出来，结果下令取消了每天参加三小时生产的规定。

民兵的故事

王东克和赵方看上去像一对父子，虽然他们没有血缘关系。无论在外表，还是在智力上，他们都没有什么特别的地方。他们只是普通农民，却代表着华北几百万勇敢的人民。

王是冀中地区他那个县的人民武装部队的领导人，而赵则是日占区保定附近的青年先锋队员，也是在冀中。

一个小时接一个小时，一天接一天，差不多整整两个星期，我坐在那儿听王和赵讲述晋察冀的人民战争。他俩轮流谈着，情绪高涨时，便同时滔滔不绝地讲。在整个过程中，我完全被他们所讲的故事迷住了。他们不停地讲，我让他们随意讲下去，偶尔才插上一个问题。今天，当我想起华北的战争时，记住的也只是他们的声音。对我来说，华北战争的故事永远是这两位农民讲述的。

从一开始他们的工作就是发展和协调农民在人民战争中的力量。在每个地区，八路军都派了得力的领导开展这项工作。这些人曾受过八路军的培训，然后便在各自居住的村子里组织自卫队。这里的人民有用炸药做鞭炮的传统，现在他们把黑色炸药装进陶罐、茶壶、瓶子和锡罐，再装上一个简单的导火线，便成了原始的地雷。王和赵以及许多其他受过培训的人，教老百姓熔化庙钟，制作金属壳来改进他们的地雷。他们掌握了更好的埋设和伪装地雷的方法，以及摆弄这些地雷时必须注意的事项。鬼子曾威胁要血洗那些被怀疑埋设了地雷的村庄，因此最重要的是鼓励老百姓去蔑视日本人，对他们的威胁嗤之以鼻。当人们看到，鬼子在行军时总是远远避开那些埋设了地雷的村庄时，消息立刻传了开来。今天，在通向成千村庄的道路上都层层布雷，小路上、溪流中，甚至庄稼地里都巧妙地埋设了地雷。所以，在很多地方，鬼子再也不敢随便乱动，哪怕是个看似无害的南瓜，也不敢去碰，因为曾有过摘下南瓜时爆炸的例子。

有些地区，地雷战已经成为一门高超的艺术。公路两旁的战略要点都有地雷区，从每一个雷区的每一个地雷上引出一根绳子，穿过地下一个砖砌的通道系统，一直拉到附近一家农舍或其他观察点中间的一个简陋“开关”上。当惊慌失措的敌人到处乱跑，企图从雷区脱身时，一个个地雷犹如弹球机中的灯光一样频频“开花”。

数不清的饵雷遍布乡村，如跳雷、延时雷、倒挂雷等。倒挂雷是一种部分暴露在外的普通雷，看上去像是埋雷者遇到意外情况，来不及把它完全伪装就逃走一样。日本工兵小心地拿起地雷，把它翻过来检查。这时地雷里面一小瓶硫酸被打翻，地雷就在他们的手中爆炸了。现在，日本人如果没有严密的防范措施，决不敢轻易去碰任何地雷。更有甚者，鬼子的磁性探雷器根本无法探出路边那些石雷。这些石头看上去绝对安全，其实却是辛辛苦苦凿空而做成的地雷。

随着时间的推移和地雷战的成功，老百姓胆子越来越大。而今他们用写在旗帜上或挂在田里稻草人身上的标语来激怒、侮辱日本人。当日本人试图把这些扯掉时，它们中许多轰然“开花”。这以后，鬼子只好忍气吞下自己的傲慢，装作没有看见这些标语。其结果是，这类标语成千地涌现，其中极少真正埋了地雷。

任何看得见的东西都有可能是地雷。在有些地区也的确几乎一切都是地雷。路上的一只篮子，田里的一只犁头，路边的一只纸包，这些都可能是地雷。挖开一段路辙，小心翼翼地埋下一个地雷，然后再用一只旧汽车轮胎在灰土飞扬的路面上轻轻碾过，留下轮印。几辆日军汽车挨了炸，后面的驾驶员只好沿着车辙之间的路面颠簸行驶，而这些地方也埋了地雷。甚至连儿童也参加了地雷战，他们会在路上堆起一个个小土堆，看上去像是没埋好的地雷。日军司机看到这些土堆，便费力地绕道。车开到泥泞的农田里，孩子们却得意地躲在一旁窃笑。一旦汽车陷进泥坑，游击队员常常从天而降，子弹、手榴弹会雨点般落下。

“我们晋察冀最闻名的地雷战英雄是年轻的李勇。”王说。“想听听他的事迹吗？”

“那当然。”

“嗯，李勇鼓舞了整个华北地雷战战士。他是个小伙子，才 20 多岁，特别精通地雷战战术。去年冬天，在日军发动对北岳地区为期三个月的大‘扫荡’中，李勇领导他的小组打死打伤日伪军 364 名，还炸毁了 5 辆卡车。”

“李勇最喜欢的战术之一是诱敌深入，引诱日本人进入布置好的陷阱。他毫不在乎日军对他的巨额悬赏，一有机会，会故意暴露在鬼子队伍面前。”

“他会大叫：‘嗨！我是李勇，有胆的就跟我来！’”

“鬼子急于抓住他，一时忘乎所以，跑进了李勇布下的雷区。有时他会在日军经过的路上布下一系列地雷。当鬼子走到某一地点时，他会向走在最前面的敌人打一梭子弹，迫使他们分散到路两旁，进入雷区。”

鬼子常常会驱赶牲口或老百姓先走进雷区。在这种意外情况下，村民们就会安上拉雷。王告诉我，他们的习惯做法是，等那些牲口或百姓完全通过雷区后，再拉响跟在后面的鬼子脚下的地雷。

“如果日本人不惜一切代价冲过了雷区，他们就会在村口遭到我们木炮的轰击。”赵方说。

我举起手来，我不能肯定自己是否完全听懂了他说的话。

“请等一下……你是说木炮？”

“嗯，是的。”年轻的赵停顿了一下。“哦，当然，木炮对你来说是新家伙，对我们来说却不稀罕。”

赵于是描绘了这种武器。一根坚硬的圆木，通常约十英尺长，被挖空用作炮筒，有时里面还衬上金属。炮筒外面是用偷来的日本人的电线紧紧缠着的，以防被炸开。装料重量起码在五磅以上，全是些碎罐、烂锅、玻璃、石头之类的坚硬尖锐的东西。在房子的墙上掏一个洞，伪装好了的炮口便与外墙齐平，对着村口。一个指挥者从瞭望孔或房顶上察看，当敌人到达村口或其他特定地点时，他便下令开炮。鬼子对这些木炮有种莫名其妙的恐惧，因为这闻所未闻的装料，即使炸不死人，也会留下难看的伤痕。

一旦鬼子越过木炮攻进了村子，他们便会在大街小巷里以及试图进入的房子里遇上数不清的饵雷。每一个房顶都会投下手榴弹，每一个门廊或窗子都会射出子弹，尔后一切都会突然神秘地停止，死一般寂静，就好像这里的人完全消失了一样。

“到这个时候我们就进入了一种新的战斗——地道战。”老王卷起衣袖，喝了一口热茶，示意小赵静下来。王是地道战的专家。

战争刚开始的时候，村民们在自己的屋子下挖个密室来躲避敌人。鬼子轻而易举地发现了这些，把人给赶了出来，肆意强奸、折磨、屠杀。到后来，村民们把他们各自的密室连接起来，一直发展到整个村庄，成为一片名副其实的地道区。但是鬼子再来时，他们就会包围整个村子仔细搜寻每一个地道口，然后用火和水把老百姓赶到地面上来。因此，一些村子便相互协商，决定把各个村子的地道系统贯通。这是一项艰巨的任务，但如果真能使老百姓避免日本人的屠杀，还是相当值得的。

今天，在冀中有着一个惊人的地道系统，它把方圆无数里地的几百个村子连在一起，其建筑规模之大足以使纽约的地铁系统显得像一列儿童玩具火车。这些地道大得能容下老百姓和他们的牲口、财产，同时里面备有足够的食物和水，以应付长时间的围困。

当鬼子发现这些地道笔直地从一村通向另一村时，他们便在庄稼地里挖一条横向的深壕沟，借以暴露和切断地道。这样，他们就可以把一个村庄与周围隔开，使它孤立无援。

在京汉铁路上的保定市以南约 30 英里处的北唐，日本人决定给地道战的战士们一个刻骨铭心的教训。他们挖开一段半英里长的地道，向两端放毒气，使 800 名老百姓窒息身亡。但冀中的老百姓毫不畏惧，又发明设计了一种新地道。地道被挖成“之”字形，时上时下，可以通过紧急出口与不同层次、不同走向、各自独立的辅助地道系统相连。所有的入口都配有简单的防毒装置。一旦地道系统的任何一部分被敌人发现，老百姓都有办法将其封死或隔离。

现在，当日本人强行进入被发现的地道口竖井时，他们会遇上数不清的陷阱。一个鬼子孤身爬过窄窄的地道口，有可能会触发一枚地雷，或脚下活动板被抽动掉进插着尖刺的坑中，或被一个挥动大刀的彪形大汉砍下脑袋。有时候整个一小队鬼子被诱入地道室，身后落下一块隔板把他们困在那里，然后民兵拉动绳子引爆地雷，或者把一颗手榴弹扔进去。

“听我说。”我打断他的话。“也许我最好不写这些。日本人有可能掌握这情况。这对晋察冀你的朋友们大概不利。”

老王轻蔑地哼了一声说：“不要紧，这不会对他们有什么用处，况且事实上我们有几十种不同的地道系统和几百种不同的陷阱。所以，你可以放心大胆地把我们讲的都写进去。”

他停止了讲述。我把一张白纸卷进打字机，并问他以前是否见过打字机。他摇摇头说：“我只是个乡巴佬，对这些时髦玩意儿一窍不通。”他想了想又加上一句：“可我知道怎样打鬼子。”

他不是吹牛，只是认为会打鬼子是理所当然的事。任何一个极普通的人都能打鬼子——这就是他的话中话。

地道是对日本人的挑战，他们想尽了一切办法，试图进入地道，或把老百姓赶到地面上来。他们抓到老百姓，用刺刀逼迫他们钻进地道引爆地雷。然而下面的哨卫却在地雷上装上安全装置，当鬼子跟在后面进入地道时，他们就用遥控来引爆地雷。如果是伪军进来，则缴枪不杀。自卫队员们对一切了如指掌，在那些比较一般的地道口，地道中的哨卫可以通过进入者的脚来区分敌友。赤脚或穿着扣绳便鞋的，意味着一个村民或伪军，而穿皮鞋的肯定是鬼子。

几乎每一颗粮食、每一点燃料、每一样有价值的东西都藏进了地道。对日本人来说，烧毁房子远不能解除他们的心头之恨。此外，日本人不敢离开据点太久，因为八路军正规部队随时都有出现的可能，无处不在的游击队也会从天而降（在人口密集的冀中地区，几千名八路军住在地道里，夜晚出来袭击附近的鬼子据点）。

鬼子曾试过把毒气罐绑在猪尾巴上，在猪背上浇上煤油，点燃后把尖叫的猪赶进地道。在这种情况下，村民们只要在地道中挖一些水坑井，把猪淹死，把毒气中和掉就行了。当然，面对鬼子穷凶极恶的种种新花样，村民们的每一个对策都是在付出了生命代价后才想出来的。

有一次，鬼子在对某个地区的地道进行围困时，搬来了好莱坞的花招。他们在撤走时，留下一支敢死队，还有一台带高音喇叭的唱机，唱片放出卡车来回开动的音响效果，想以此来暗示地下的村民，他们的村庄仍被日军占领，军事调动相当有规模。过了几天，村民们注意到车辆运动的声音很奇怪，地道里一点也感觉不到应有的震动。村民们爬出来，发现了鬼子的花招，抓获了这些鬼子。现在这台唱机成了大伙的消遣品。

“要不要我给你讲讲大丘地村的战斗？”王问我们。“在这场持久的人民战争中，村民们进行了几百次战斗，这次战斗是一个典型。”

“那当然要。”我急切地说。

伊洛区抗日根据地创建经过

张剑石

1944 年 7 月，我受中共冀鲁豫区委十二地委的派遣，回豫西宜阳开辟抗日根据地。

我的家乡赵堡，在宜阳城南 30 里。当时寨内驻着国民党的抗日支队部、乡公所。距赵堡北 15 里的五里坡顶上为日、伪所占领。我到家乡后，为了发动群众抗日，召开了一次中共党员会议。参加会议的有张达人、张瑞修、张兆公、张新民、张宏道等。县城西韩城程远宣是张自安烈士发展的早期党员之一，也是我 1929 年由团员转为正式党员认识较早的老同志，所以也专函请他来参加会议。程接信后，派冯宜亭到赵堡张达人家参加会议。会上，张达人、冯宜亭等都谈到豫西沦陷后，他们各自就近联系所熟悉的中共党员，搜罗枪支，积蓄抗日力量的情况。我传达了上级党组织交给的任务，勉励赵堡、韩城的党员要在原有的基础上，进一步分头活动，积极串联。会后，为安全起见，我和爱人韩侠、女儿华云暂离家乡，到宜阳西南山区的太山庙、濠潭沟、红涧沟等地潜居了一个月左右。这期间，我一直和赵堡、韩城的地下党组织保持着联系。

在玉米将近成熟的九十月间，赵堡党组织给我送信，说八路军一支百十来人的部队北经柳泉过洛河，在东、西赵堡之间的汶河滩，由寺河向东南陟山而去。我当晚回赵堡，约定和我在水东地区打过游击的张介泉一同去追寻部队。经过石祸、伊川县酒后和汝阳县内埠等地，约两昼夜到达偃师县北峪，找到了部队，是皮定均、徐子荣支队。在一个能容七八个人的小屋里，我向支队首长汇报了赵堡一带党的活动及敌、伪、顽各方面情况后，皮定均即指着墙上的地图说："我们要在伊河、洛河之间，即嵩县以北、伊川以西、洛宁以东、宜阳城以南这个框框里，以赵堡为中心，开创抗日根据地，建立中国共产党伊洛区地方工作委员会。"会上，任命我任中共伊洛区工委书记，另派支队副司令员方升普、团参谋长张介民到伊洛区帮助工作。

1944 年秋，我们部队移住寨南十里的下马河。中秋节这一天，地方党员和部队干部在一起开会，方升普代表支队党委在会上正式宣布了中共伊洛区工委、伊洛区办事处、伊洛区独立团成立，同时宣布了职务分工：工委书记张剑石（兼办事处主任），组织部长张介民，宣传部长程远宣；独立团团长张达人，政委张剑石（兼），参谋长张介民（兼）。寨内外即时贴出抗日标语，群众高兴异常，奔走相告。顽方支队长张兆寰还派副官王从谏（共产党员）给下马河送了两担馒头。以赵堡为中心的抗日根据地的建立，震动很大，县城的日军、石村的伪团、西赵的土顽看到我军声势浩大，都恐惧不安。

会后，我们以伊洛区办事处名义，请寨子东北赵庄著名的士绅赵云汉出面，约会附近三壬庄、湾庄的李逢年、任天禄和王焕成、王丕跃、赵尚太（共产党员）等，一起座谈抗日。接着，我们又以办事处名义写了六七十份聘请书，聘请赵堡内外有代表性的人士为参议员，还举行了会议，国民党的支队部、乡公所一些头头也都应邀参加会议。会议上，张介民介绍了解放区情况，确定了我军驻扎的地盘为寨南十四村，生活供给由该保保长张兆义负责。西赵堡绅士吴子祯、吴其俊、何孟月等送来了三牛车粮食，表示慰问。

秋末冬初，天气渐寒，为筹备战士们的棉衣，办事处供给处主任索元理与张新民等筹措借款，购买棉花、粗布，借中学地址，发动过去的“老婆抗日宣传队”一齐动手，在数日之内完成了预定数，解决了战士们的御寒问题。我们选定了赵堡南五六里的桐树湾村作为团部及办事处领导机关的驻地。这地方紧靠小河，北为牌坊岭，南依山坳，向东南是条宽敞直达深山的河滩路，行动方便。我们经常分小部队在大王沟、董五庄、石桥、次古洞一带活动。团部，办事处下设警卫连、武工队、民运工作队。警卫连连长是张广义，武工队队长苗守己，民运队队长刘一凡，秘书为董瑞生、董小干。当地的共产党员赵五洲带了两支枪，加入了警卫连。

为了团结一切力量抗日，我们在争取地方各派势力的头面人物中，也作了不少工作。国民党委派的伊川县长蔡芷生是留日学生，本县白杨镇人，我30年代便认识他。据翟仙萍说，蔡愿同我见面，商谈抗日大计。由翟、蔡密约时间，在白杨镇寨外附近的脚底寨外见了面。相谈不多，主要是双方约定秘密联系，共同对付日、伪，内心一致，形式不妨疏远。

郭绍绪是我1926年加入共青团后结识的好友，曾任王凌云部的营长。日寇占领伊川后，他为地方平安当了伪团长。1944年7月7日，他在伊川白元镇佯邀日军司令官等赴宴，宴间酒酣之际，举枪打死了与宴的日本人。这次行动十分成功，共击毙正副司令官在内的日军军官13名。郭绍绪这一壮举，轰动了临近各县。为防日寇报复，他把部队拉到西岩山，后带警卫人员到次古洞约我见面，我祝贺他杀敌立功，并领他到赵堡我家中暂住。他部虽未接受我部编制，但对我根据地的巩固也起了很大作用。

随着我们力量的不断扩大，敌人总想把我们“吞掉”。一天晚上，我们在桐树湾，突然听到西北方向有阵阵枪声。为了防止意外，当即布置警戒。次日，才知道是日伪团长张海亭把西赵堡占领了，而西赵堡的土顽团队撤到距西赵堡二里的坡底村。我们认为这是日伪和土顽演的双簧，用以威胁我军。于是我带领桐树湾连队驰回赵堡，召开会议，揭露日、伪、顽联合反共的阴谋。我又写信给张海亭，晓以大义，促其觉悟。信交南窑张式信送去，遏止了伪团向东赵堡的进攻。

1944年12月底，董必谦（王震）、王首道支队来到伊洛区，真是喜从天降。董王支队分八个分队，大部分驻在西赵堡（因董王支队势力强大，我们也没有同张海亭发生直接冲突，部队才驻在西赵堡），司令部、政治部及警卫部队驻在东赵堡。司令部就在我家东院，王首道住上房，王震住东房。第二天便是1945年的元旦。赫赫有名的三五九旅指战员由南泥湾来到赵堡，同我们共度元旦，我们真是高兴之极。这一天，我和介民把桐树湾的连队和办事处一些同志都带到寨内来开欢迎会。正值小雪，寒气未退，王震、王首道身着军服，头戴皮帽，虽然有点征途劳累，但神采奕奕，谈笑风生。两位首长召开了各队负责人会议。我和介民在会上对本区及周围有关情况作了简明的介绍，并请求肃清敌伪，帮助扩大抗日根据地。王震讲：我们部队像下山老虎一样，不怕打仗。但本队任务不在河南，军区领导王树声、戴季英、刘子久等，一月之后才能到这里。我们打仗离开，周围敌人涌上来，你们吃不消。他和王首道对我们这块根据地能站住脚表示满意，并对新区应注意事项作了指示。接着，同志们简易化装，在一起扭起秧歌，敲起锣鼓，真是欢天喜地。当地顽方支队长张兆寰亲来商谈，请董王首长和司令部人员去吃饭，王震让政治部写出名单交我转去。我和司令部被邀人员一同参加了宴席，政治部某同志在宴前简述了我军南下抗日政策，并致谢意。

董王支队司令部发出布告，在寨内外广为张贴，内容是六字一句。大意是：“我军奉命南下，一定秋毫无犯。灾害水旱蝗汤，人民生命涂炭。坚决拯民水火……”全文已想不起来了。

支队部在赵堡停住期间，王首道还亲访了中学教师王书阁，向他宣传党的各项政策，询问他的出身、经历及教学、生活方面有没有困难，等等。王书阁是大学毕业生，中学老教师。王震离赵堡之前，曾嘱张介民向我解释没有在此打仗扩大根据地的原因。

伊洛办事处成立洛南第一个县政府，是在董王大军过后，工委接受王震、王首道的指示建立起来的。县长刘一凡，财粮科长张新民。县政府设在赵堡中街，即日开始办公。赵堡区长王云祥，区委书记詹凡。区署设在县政府对门的王家祠堂。

县、区政府公布未出三日，我们就遇到县城的日军一小队，带领张海亭伪团，向赵堡扑来。这天我们部队驻在寨西南的史庄，无意间发现干皇协军的汉奸家属某某鬼鬼祟祟进入寨内。我想，该不是来刺探我方军情吧？此时，张介民去二分区未回，我和达人商量，天黑时节把部队移驻寨内，并召开紧急会议布置防务。接着，寨北龙王庙地方党员武友仁等送来情报说，在北岭脊上听到日本兵洋马蹄子碰击石路的声响，断定是日军出发。我们即通知联村负责人张光祖、王子洲给战士们准备了夜餐。说话不及，响起隆隆炮声，一发发炮弹飞落在寨内中街大院，房屋被炸塌，青年张广池腿部受伤。静夜炮声，惊醒了沉睡的人们。我们一方面抬出大鼓，在街上猛敲，以壮声威，一方面部署连队带领寨内青壮年，进入战斗。达人坐镇西炮楼，照顾寨内，宏道严守东门、南门；李进道把守西门；我和苗守己带领精悍武工队以北门楼作指挥点。战士们分组沿寨巡逻，侦察敌情。将近拂晓时，我命令张广义连长带一班人由西门出寨，向西北方向摸索出击。武工队战士在北门东西面寨上用日语喊“缴枪不杀”，以震慑日寇气焰。天色快亮，刘一凡县长带武装到寨上散发纸烟，慰问守寨官兵。青年男女、儿童团给寨上送茶、运石头。这时，我通知达人给王光明连长下命令，把守寨连队抽下来，由县大队接防。连队在大街上跑步，高喊“一、二、三、四”，借以鼓舞人民杀敌勇气。

白天监视敌伪活动，看得更清楚。汉奸们东面进入张家老坟，接近南河滩，西面一股窜入西下河，采取钳形包围。敌人的企图一目了然。全寨东面最高，东门楼上是个制高点，那里有两挺拐把机枪，一架掷弹筒，不时扫射靠近之敌。午际，敌人炮弹射到东门里南面榆树园内，炸伤儿童团员韩正元，园内拴的一头牲畜也被炸伤。西南面寨墙较低，敌人由北岭射击，击中警卫连一名新战士，当即牺牲。敌伪寨外散兵，三三两两，时远时近。我们枪无虚发，发必命中。下午五六点钟，北大凹敌寇哨所连放两颗照明弹，这是收兵信号。为了搞清敌人真实动向，我先让苗守己带少数武装到敌人哨所附近侦察。接着我带一排人出西门经水沟河到达西北嘴山头的皂角树跟前（当地把此处叫西五里坡），远处可望见敌人爬行北上。跟随的排长建议要穷追一下，我阻止了。遂沿岭折东南经芦家沟、张村凹、张山等地，慰问了受惊的群众。

1945年农历正月上旬，河南军区王树声司令员、戴季英政委、刘子久副政委等来到赵堡，听取了伊洛工委的汇报。军区党委决定将工委扩建为特委，是戴季英在会上宣布的。特委人员组成是：刘建挺任特委书记，张剑石任副书记，吴汉兴任组织部长，颜东山任宣传部长。同时成立伊洛独立支队（也称豫西独立支队），司令员张剑石（兼），副司令员孙光，政委刘建挺（兼），政治部主任颜东山，副主任周绍华，参谋长张介民。支队下设三个团，伊洛独立团，团长张达人，副团长李树成，政委张剑石（兼），参谋长张介民（兼），政治部主任程远宣（未到职）；基干二团，团长张宏道，副团长李进道，政委吴汉兴（兼），政治部主任王采定，参谋长黄焕章；另一个团的番号记不清了，团长钟丹勇，政委张海亭（南下干部，与伪团长张海亭同姓名）。支队负责人姓名、职务由河南省军区以布告张贴公布，并在寺河村广场召开了支队成立大会。刘建挺、张剑石分别向官兵讲了话。

当时军区指示特委的任务是：巩固根据地，扎好脚跟向西南方向发展，并要先打通和二分区（韩均、刘聚魁）的联系，互通情报。军区领导知道，让我们根据地向西及西北方面发展，要经过洛河、涧河、熊耳山等敌伪地面，因此，西赵堡便成了土顽的前哨阵地。军区本着中央抗日民族统一战线政策，让我们于中街大院召开群众大会，王树声、戴季英、刘子久等都到会与群众见面。刘子久代表军区在会上讲了话:“父老兄弟们，我八路军是从延安南下渡黄河来河南的，到豫西山区的任务是打日本保家乡。赵堡这地方我来过不止一次，今到赵堡有异常感觉，好像到了自己家乡一样。特别是正赶春节，父老们欢天喜地欢迎我们，使我们万分感激和高兴。日寇侵入中国后，占领了我大片国土，到处奸淫烧杀，广大人民苦不堪言，现在敌人铁蹄又踏进豫西。党中央号召我们救民于水火之中，咱们这里抗日根据地不是已建立起来了吗？我们还要巩固和扩大这块根据地。至于说西赵堡不让我军进寨，那只是几个土顽头子把持着，不让群众亲近我们起来抗日。听说去年八路军来到赵堡以后，西赵堡人民群众还推选吴其俊、何孟月、吴子祯几位代表拉了几车小麦来慰问。这多好呀！两个寨子这样近，是十亲九故，关系密切。到会的父老兄弟姐妹们，请给西赵群众捎个口信，我们应携起手来共同抗日……”

支队在赵堡誓师后，即到寨南十里的大王沟。那天是大灯节的第三天，虽说是闭塞的小山沟，仍带着春节的热闹气氛。部队一到村头，群众都围上来欢迎我们。开明绅士王荣光先生请我们到他的三间茅屋里，约了本村其他老人来这里叙谈。当时正值农村宗教组织“火神社”集会，我们就借此宣传抗日政策以及解放区有关情况。

为了开展工作，经特委建议报军区党委批准，建立了伊（川）西抗日县政府，地点设在南岭（今董王公社南面）。调办事处武工队长苗守己为县长，军区派马一林任县委书记（后马调走，以李觉民任县委书记），范继文任秘书。伊西县设抗日区政府在石祸（今属白杨公社），区委书记王从谏，区长张广升，区干队长布文杰。

我们在豫西的抗日活动，引起了国民党河南省政府的疑惧。河南省主席刘茂思给宜阳爱国人士张镜如写了一封威胁信，大意是指张通共。信云：“物必先腐，而后虫生。贼有引线坐探，方能盗取财物。”说八路军南下到豫西是有人招引来的，并让他劝说八路军领导人，要及早收兵转移，免受战祸等。张镜如老人很气愤，把信交给我们，并公开表示坚决支持我军（张的长子兆锦，即赵瑾，1938 年参加新四军，曾任华东军区政治部宣传部长）。我们商定，以张的名义写封复信，大意是：八路军来豫西抗日是大义凛然，保家卫国，人心所向。阁下全省主席，守土有责，为何惧日如虎，把河南大片土地沦丧敌手，未免有辱爵宪？沦陷区人民流离失所，怨声载道，能无惭愧？阁下亦系一路指挥，如有本领，也不妨和八路军兵戎相见，作一较量，驱之出境。此信经特委批准，交国民党方面的支队长何申如转交刘茂恩。事隔不久，我方派往徐吉生部工作的共产党员王玉珍提供情况说：敌人已调兵遣将，要围攻赵堡，队伍是李士奇的新编三旅、席祥青四纵队、十五军杨富禄团及徐吉生的四个游击支队——张兆环、郭仲芳、张聚会、何申如部，共数千之众。特委召开紧急扩大会议，向大家讲明敌人企图。虽说敌人人数十倍于我，但多系乌合之众，得不到人民的支持。我方军民团结一致，只要部署明确，各负其责，还是有胜利把握的。最后决定，张宏道团主力守寨，并分派北边熟悉地形的周希哲连防备日伪奇袭，张宏道还要以攻为守，不时出击打外围，派武工队长苗守己及精干交通员王三山向二分区求援，同时把敌情驰报军区。

第一晚作好布置后，我同刘建挺政委、孙光副司令员率主力一部到寨外南江沟集合。随后我们黑夜疾行，经桐树湾、小蒜谷堆，占领了赵堡西南十数里的制高点宋大顶。敌方何申如部李华大队在土顽中比较强悍，是这次围攻我根据地担任攻寨的先头部队。天将亮的时候，李华率领部队从西赵堡出发抢占宋大顶。当敌人走进我伏击圈时，守候在山顶的战士枪弹齐发，鸣号冲锋。敌人伤亡惨重，狼狈溃退。后李华又重整队伍，冒死赤臂反攻，而我们集中手榴弹，居高临下，侧守窄狭的石门山口，又把敌人打退。李华身受重伤，溃逃殒命。我部在这次宋大顶的阻击战中，给敌人以严重打击，全歼了李华大队。

第二天拂晓，我们侦知敌兵分二路要强占赵堡东北豁子山，我打外围的部队就布置在赵庄北岭及豁子山顶，在打退了杨富禄连后，敌张兆环、张聚会支队又想占据豁子山山顶。未料我们那里早有埋伏，当敌人接近我射击点时，指战员们立即给以迅猛袭击。敌人也不甘示弱，两下冲击，枪弹轰鸣，白刃交锋。张支队多是强迫入伍的农民，缺乏经验，短时是内便阵线混乱，丢盔弃甲，溃不成军，向日、伪防地逃跑。支队长张兆环吓得两腿发软，在几个亲近搀扶下逃跑了。两个支队从此土崩瓦解。第三天晚上，听说寺河村之敌制造攻寨云梯，张宏道亲自带领十数人偷袭消灭了敌人一个班。接着司令部命令独立团张瑞功营及青年大队郭高科率部夜袭单村，获得全胜。我们日夜攻守配合，晚上在墙外边悬挂灯笼、火把，照得外壕像白天一样。加以寨内群众过去在旧军队干过事的多，不少人打过仗，还自造了手榴弹，利用土炮、扑拉机，一直守了七天八夜，坚持到援军到来。

记得被围的第六天，天将亮之际，二分区派王成林政委和田永智副团长率领太岳十八团冒雨冲破伪顽地区赶到赵堡。早晨雾气很浓，三米远看不见人影。他们从礼曲过洛河跨越西五里坡，从刘河峡峪的小路进入赵堡镇，未被敌人发现。这天赵堡禁止行人出入，加强了封锁。

当天下午，特委召开会议，向王成林、田永智等介绍赵堡被围情况。会议决定兵分三路：一路由张介民、张达人配合，王成林、田永智率十八团从赵堡经蔡沟、小樊村向南攻打次古洞、大小王沟之敌；一路由张剑石、孙光率领基干一团、青年大队、抗日独立大队等从十字岭向南攻打田沟、东张庄、郭凹、大樊村、黑沟之敌，另一路让基干二团抽调少数人抢布防寨东北温庄一带，阻击敌伪侵犯。

部队分途出发前，得知郭仲芳一支队在十字岭，部队向南打必须经十字岭才能到达后方。通过赵堡区长王云祥的交涉，郭仲芳同意让出一条路，让我部队经过。部队打入大王沟村时，司令部警卫员王学及女党员张承水的母亲，分别利用各自亲友关系做内应工作。

因我部是拂晓攻击，敌人还在熟睡。惊醒后，还以为我们部队从北边攻过来了，盲目向北扫射。我两战士趁敌不备，从后边绕到敌机枪阵地，抓住敌人的衣领，用枪对住敌士兵，让他向西打，随即枪口转向西射，封锁了敌人逃跑的路口，打死了不少敌人。敌团长杨富禄还以为是日本人打过来了，从床上爬起来由大王沟一直向西跑，被迫跳下崖头，护兵把他救了。战斗打到吃早饭时已基本结束。这次战斗缴获敌人重机枪三挺，轻机枪八挺，步枪、手枪 100 多支。俘虏敌人支队长一人，大队长两人，中队长、连长、排长及士兵近百人。

赵堡守卫战的胜利，影响很大。战后，郭仲芳给我们送粮慰问。宜阳城东上下王村地方实力派头目马天朝也通过我们青年大队长郭高科同我军联系，并送来粮食要求收编。还提出想要我们一支中正式步枪，特委研究给他以圆满答复，枪由郭高科专程送去。

豫西抗日根据地建立和发展的片段回忆

张虔

1944年夏季，日军向豫西发动了进攻。当时，豫西周围地区的形势是：在黄河北岸有太行、太岳根据地，东面有豫皖苏根据地，东南面有鄂豫皖根据地。为了打败日本帝国主义，我们需要迅速挺进豫西。这样，我们各个根据地便可以连成片，八路军南下湖北、湖南、广东，便可以不经过山东、江苏、安徽而直线南下。因此，建立豫西抗日根据地意义十分重大。

1944年秋天，中共中央命太行、太岳两军区迅速派部队渡河。太行军区派皮定均渡河，在登封一带建立了豫西第一军分区。太岳部队以刘聚奎为首带领十八、五十九两个团于11月间在新安北部打开了局面。同时还抽调地方干部随军南下建立政权。我本来已分配到晋沁县做组织部长，还未出发，太岳区党委组织部突然又找我谈话，让我随十八团政委王成林、参谋长王波南渡黄河，到豫西工作。这样离老家就远了。我们大约在1944年的11月上旬，从山西省沁水县郎壁村出发，翻过了王屋山，越过了日本鬼子的据点，于11月14日夜渡过黄河。记得过黄河时，已经是天色黎明，大家肚子都饿得很厉害，但又怕敌人追击，所以匆匆渡过了黄河，翻上了山，到新安县乡土庙才吃早饭。下午，我们在新安北面一个山村找到了司令部。

日寇占领豫西后，当地人组织了很多自卫武装，在洛宁有李桂五和贺澍三等。贺是洛宁县河底镇人，开明士绅。贺的儿子贺崇升，是共产党员，地方党组织的负责人。在国民党三次反共高潮时，贺崇升本想北上延安，由于国民党封锁，过不去，就到陕南隐蔽起来。日本占领豫西以后，他父亲在洛宁组织了抗日游击队，任支队长，崇升知道后，即星夜赶回洛宁老家。游击队的头头们便建议让崇升同志任游击队的参谋长，崇升当然同意。从此这个部队的大权便逐渐为贺崇升所掌握。崇升利用他的合法地位和关系，将一些进步青年安插到这个游击支队中，并建立了共产党的组织。

八路军过黄河后，开始驻在新安县北面的山里，贺崇升派马士英越过陇海路到新安找部队联系。司令部答应不久派人去。我刚过河，尚未分配工作，政委刘聚奎便让我到洛宁看一看贺崇升部队的情况及地方情况，并让我化装成国民党军三十八军五十五师的便衣（当时我军与五十五师有关系），经国民党统治区渑池城到洛宁。当时新安、宜阳、洛宁城里都有日军。我未离过家乡，又没有到过国民党地区，心中有点顾虑，但我明白，共产党员是不应该有所畏惧的，党组织分配的工作，哪怕再艰苦、再危险，也应无条件执行。这样我就和十八团的小袁随五十五师的副官向渑池县前进了。

那位副官带着我们翻过了一个个小山，沿途尽是国民党的一些地方团队，其中有新安县非常反动的刘绍唐部队和渑池县的上官子平部队。三十八军五十五师是国民党的正规军，因此他们都不敢刁难。我和小袁都很少说话，一切都由那位副官交涉。记得在仁村附近遇到了地方团队，开始不让我们过，好远就让我们站住。我们回答是五十五师的，他们才让我们到跟前。他们当时对八路军害怕极了，反复查验了证明，然后又问我们："你们从前面来，没有遇到八路军吗？"那位副官说:“我们没有看见,你们可要小心着点,八路军神出鬼没,你一不注意就到你跟前了。”一面说,一面又朝着我和小袁笑起来。

到了渑池城,见到了五十五师的李慕愚营长。他是五十五师孔从周师长的部下,他们的部队比较进步,拥护抗日,反对打内战。日军进攻豫西时,他们在虎牢关前线打得也比较好。他们原是西北军杨虎城将军的部下,蒋介石排除异己,对他们恨得要死,不给他们好武器,还经常把他们摆在最前线。我军过黄河以后,他们即派人来联络,协商如何配合抗日。我们和李慕愚营长交涉,要点子弹(那时我们军队的子弹少得很)。李营长对我们热情招待,又向我们介绍了一些豫西地方情况,还让我们到上戈镇找孔从周师长。他说:“我们只一个营,决定不了什么大事情。最好你们去找孔师长。”我们答复司令部未给我们这个任务。数月后,该师全体人马开到根据地来,此是后话。

当时,渑池城到处纷纷议论共产党、八路军。当我去洛宁县那天,小袁由五十五师的副官陪同到澡堂去洗澡,正好河北民军一个团长也在那里洗澡。一个绅士说:“八路军怎么来得这样快,你们怎不堵住一点?”那团长说:“不要说我们,连阎锡山、日本人都斗不过他们。”“那八路军为啥那么厉害?”绅士问。那团长又答:“八路军善于鼓动,穷人都拥护共产党、八路军。他们打的又是游击战,现在还不知在哪,一会儿就到你跟前了。”

李慕愚营长答应给我们子弹,准备在他们部队转移时把子弹留给我们,以免国民党发觉。

第二天,我离开了五十五师,到洛宁河底镇找地下党员贺崇升。到河底镇西面一个小庄找到了贺支队。贺支队问我从什么地方来,我说从五十五师来,又问我找崇升干什么事,我说:“需要面谈。”他们还不放心,又派共产党员马士英来找我面谈,确实弄清了我是从八路军来的,崇升才见我。

贺崇升是一个精明强干的共产党员。他向我介绍了洛宁一带的政治情况及地方部队的情况，要我速回司令部汇报，让部队迅速南下。因为洛宁城的日军扬言要“扫荡”河底一带，当时部队还不巩固，一“扫荡”，便有被吃掉或打散的危险。这样，我就匆匆地返回新安县分区司令部去了。回去后，详细地向司令部汇报了洛宁情况，司令部又很快派十八团王波参谋长带一个连迅速挺进到洛宁。

1944 年 12 月底，王震带领的三五九旅一部南下广东，途经豫西。党中央还派王树声为河南军区司令员，南渡黄河。王震部队进军很快，在一个非常冷的冬天，长途行军，从陕北来到豫西，他们过黄河的那几天，黄河突然结冰了。这真是多年不遇的事情。王震的人和马都是踏冰过来的，敌人根本没有发觉，连我们也没有料想到，真是神兵天降。在渑池县千秋镇附近，河北民军还以为是我部五十九团，还想堵击我们，消灭我们，没想到是王震大军，一遇到堵击，即分兵三路，将河北民军一个团击垮，其余都向西逃走了。老百姓当时传说：八路军有神保佑。他们说，黄河多少年来没有结过冰，为什么现在结冰了？原来黄河下游并不结冰，只是在特别冷的冬天，上游结冰后，冰块冲到下游来，遇到寒流及狭窄的河谷，即迅速结成冰桥。

由于王震部队打垮了最反动的河北民军，同时河南军区刘子久、韩钧率六支队南下到了豫西，再加地方党贺崇升积极活动组织的游击队武装，并利用同乡关系争取了洛宁王范乡李桂五的部队；五十五师李慕愚营长又用利害关系，从侧面说服了渑池县长兼游击队司令上官子平，他们都表示愿意和我们合作，并同我军配合去追击河北民军。因河北民军十分反动，不打日本，专打内战，从河北退到河南，平时压榨老百姓，还把向老百姓要的军粮偷运到洛阳（当时洛阳被日寇占领）换白面抽。据说，日寇渡河时，是他们出卖的渡口。因此，老百姓对他们恨之入骨。见我们击败了民军，李桂五等即主动出击。这样，我们的根据地迅速扩大起来。渑池全部，新安、洛宁、陕州、宜阳一部分都成了根据地。我们就在这里建立了河南军区豫西二分区。

当时黄河以南、京汉路以西皆为河南军区活动范围。军区司令员为王树声，政委为戴季英，副政委为刘子久。一分区在登封、密县一带，司令员为皮定均；二分区司令员为韩钧，地委书记兼政委为刘聚奎，地委副书记兼副政委为贺崇升。各县也相继建立了县政府与县委会。

豫西局面打开以后，面临的一个中心任务就是如何很快地把根据地巩固起来。各县除建立党政组织外，还纷纷建立了农救会。1945年1月，我被分配到洛宁县做县委副书记兼农会主席。因为党员还不多，我们就把工作着重点放在宣传群众、组织群众、发动群众上。我们初过黄河时，群众由于受了国民党反动宣传，不敢接近我们，有的甚至把我们的军队和国民党军队一样看待，怕我们抓丁、拉夫，见到我们，男青年即躲起来。因之，如何做好宣传工作，便是我们当时一个最重要的任务。我们利用了各种形式进行宣传，说明我党我军的性质，说明我们和国民党军队不一样，说明我们坚决抗日的各项政策，以及还要实行减租减息，等等。穷人们很快地和我们接近了。开始是我们向群众做宣传，以后群众就主动向我们讲了很多关于国民党政府和军队的腐败情况，如国民党如何腐败，如何不打日本，专门剥削压榨老百姓，如何征粮征款、抓壮丁，老百姓实在没有办法，如何组织起来抵抗，等等。讲得非常生动具体，有声有色。我们宣传群众，群众也教育了我们。

记得1945年1月间，大约是农历腊月二十三四，我和延安来的史明到杨坡镇去宣传。先由史明讲话，群众越聚越多，随后我也站在一块石头上讲了话。没料到杨坡镇的庙里，这天上午来了30多名日本的武装警备队，他们正在那里打麻将，并准备吃饭，老乡告诉他们，八路军来了，正在街上宣传，有穿军衣的，有穿便衣的，不知多少，吓得这些警备队持枪就跑。实际上我们只有三个人。以后杨坡镇的群众向我们讲了，我们觉得又好笑，又有些后怕。

经过短期的宣传，群众渐渐不怕我们了。洛宁又有地方党的力量，群众很快地向我们靠拢。我们走到哪里，青年们都跟我们到哪里。老贫下中农见到我们，即向我们问长问短，我们也背着那些保长（因刚去不久，很多还是旧保长），去到穷人家里访贫问苦。在这个基础上，我们成立了农救会。开始，有的村子还是秘密建立的，但很快便公开了。

贫下中农组织起来以后，他们感到自己有了力量，就开始了小规模的斗争。如洛宁刀环村，是先从借粮反霸开始的。刀环村侯家祠堂有不少土地，原定打的粮食救济本村的穷人，但祠堂管理权控制在有钱人手里，从不救穷人，并进行贪污。农会就发动借粮斗争。斗争以后，农会同志反映，手中无枪心中总有些害怕。于是我们又很快地组织了自卫队，把村里的枪转到自卫队手中。

4 月底，地委考虑到时机已逐渐成熟，需要建立豫西统一的政权，便在洛宁西村召开了开明士绅会议，协商建立豫西专员公署。各县农会也派代表参加了会议。我代表洛宁县农会参加了这次会议。参加这次会议的有洛宁的贺澍三、赵振汉，新安的高延柳，渑池的上官子平等共数十名士绅。在会议上，地委、军分区请士绅们对共产党、八路军提意见。有些士绅在会议上说了好多颂扬话，有的士绅则对我们提出：“共产党、八路军偏心穷人，穷人打官司总胜，富人打官司总输。干部见到穿破棉袄的，即起来让座，问长问短，见到穿长袍短褂的，即摆出官架子。”“农会中的人尽是一些锄七倒八的，打牛屁股的人。”还说穷人在灾荒年贱价出卖的土地不应当回赎，等等。

在士绅会议上宣布，经中共中央批准，洛宁贺澍三支队长任豫西二分区专员。从此，豫西也有了我们统一的政权。由于支队长年老，专署事情实际是由贺崇升同志处理的。

总之，经过了几个月的发动，群众逐渐觉悟起来，认识到共产党、八路军是穷人的党，穷人的队伍，从心眼里拥护我们。

中岳狂飙

皮定均

向豫西进军

1944年7月中旬，我们接到党中央、北方局和八路军总部的紧急通知，要我和徐子荣政委立即去总部接受任务。我们驰马赶到总部驻地，总部首长接见了我们，指示说，为了解放豫西苦难同胞，扩大解放区，缩小沦陷区，粉碎日寇打通大陆交通线的计划，党中央决定，从太行地区抽调部队，渡过黄河，挺进豫西，开辟敌后抗日根据地。首长要我们立即着手组织豫西抗日先遣支队，并做好进军的准备，以担负起开辟豫西抗日根据地的先遣任务。首长们强调，目前日寇是否继续西进还不清楚，我们挺进豫西，就可以牵制敌人。同时，豫西抗日根据地的建立，也可使我华北的八路军和中原的新四军携手作战，沟通华北老根据地和豫鄂边根据地的联系，为大反攻创造条件。这是一次具有重大战略意义的行动，必须坚决彻底完成。

当时，我太行根据地正在进行艰苦的反“扫荡”、反封锁的斗争，战斗非常紧张，物质条件非常困难。但是，党不惜从太行各部队抽调最优秀的指战员和最好的武器，组成了一支精悍的、具有坚强战斗力的抗日武装。支队的营以上干部和部分连的干部都是经过长征的红军老战士，战士们是严格挑选出来的阶级觉悟高、身强体壮的豫西或豫北子弟。另外又成立了一个豫西工作队，负责豫西的政权建设。太行军区把历年积蓄下来的银洋全部给我们作为开辟豫西的经费，以减轻豫西人民的负担。根据地军民节衣缩食，为我们每一个同志新制了一套灰色粗布单军装，每个战士还配备了一个缴自日军的黄牛皮子弹匣，军容整齐而威武。

为坚决贯彻党中央的指示，胜利完成这一神圣使命，我们接受任务后，做了一个多月紧张而周密的准备，一方面在部队中开展了党的政策、形势与任务的教育和豫西风俗习惯的教育，进行渡河战术训练；一方面派人偷渡到黄河南岸去实地侦察豫西的情况和敌伪的河防部署，以便确定渡河的地点和进军路线。

9 月 6 日，我们从豫北的林县誓师出发，开始向豫西进军。几天后，到达了渡河集结地——晋南的阳城。我们决定把洛阳以北、孟津以西的蓼坞作为渡河点。太岳军区和地方党组织帮助我们搞到了三只渡船。从阳城到黄河边上还有一百七八十里的路程，而且又是敌占区，为了出奇制胜，保证渡河的成功，我们以神速的急行军，从天明到天黑一下就走完了全部路程，来到了蓼坞渡口。

我和子荣同志走到渡河点，观察地形，并命三团立即组织渡河。我们仅有的三只渡船，每次只能载运六七十人，1700 多人的队伍要往返 20 次才能渡完。为了争取时间，减少往返次数，我们在三只船的船舷两侧系满了大葫芦，以增加船身的浮力，这样可以多载一些人。河中心有一片沙洲，上面伪军安有据点，碉堡里射出的灯光就像是野坟堆中的鬼火，敌人还不时打着枪。我们将全支队的迫击炮架在河边，以便必要时用炮火掩护强渡。方升普副司令员首先率领一队健儿登上船只，划桨前进。他们冲破急流，绕过沙洲，顺利地占领了邙岭，建立了滩头阵地。然后我们增派水手，三只船穿梭般地来回运送。水手们“嗳嗬，加油啊！嗳嗬，加油啊！”的声音，湮没了浪涛的呼啸。敌人当然发觉了，碉堡里的灯光都熄灭了；不过伪军们大概被这声势吓坏了，不知道有多少八路军在横渡黄河，所以始终不敢蠢动。当朝阳升起的时候，我们全部人马胜利渡过了黄河，踏上了豫西土地。

动荡的豫西

邙岭背靠黄河，前临陇海铁路，是一块纵深不过二三十里的狭窄地带。日寇在陇海路沿线的洛阳、偃师、巩县等重要城镇均驻有重兵，在这里是万不能久停的。最后一批部队一登岸，我们就迅速向西穿插，在离洛阳较远的新安附近越过陇海铁路，又涉过洛河、伊河，然后折向东方，朝预定的目的地——嵩山进发。

进入豫西后的行军途中，触目所见，尽是荒芜的土地，逃荒的难民；成群的乌鸦大胆地飞到人们的身边，睁着贪婪的眼睛盯住你；许多破窑洞，看来很久就没有主人了，洞口结满了蛛网，长起了青草；红薯还不到收获的时候，可是人们早已迫不及待地挖出来吃了。除了这凄凉景象之外，就是围寨如林，枪声不断。豫西大部分村庄都是用黄土垒成的土寨，寨墙上有枪眼炮楼，寨外有堑壕，宛如古代的城堡。由于在日寇和国民党长期统治下，群众对我军不了解，我们路过的地方，一村打枪，村村打枪。豫西是个黄土高原，时属中秋，秋风一起黄沙漫天，日光暗淡，又加上四面枪声、喊声，无异置身于辽阔的战场。

我们渡过黄河，越过陇海铁路后，洛阳的敌人就跟踪追击，稍有迟缓，就有被夹击在洛、伊两河间平原地区的危险。我们毫不停留，长距离跋涉，在洛阳以南不远的地方抢先渡过了洛、伊两河，当天晚上到达白沙。这里的群众也同样不了解我们，不让我们进寨，我们只得露宿在树林里。要吃饭，就把银洋放在竹篮里，要群众吊上寨墙内，他们再把饭吊下来。

第二天天不明，我们又继续东进。快到登封的颍阳镇，全国闻名的中岳嵩山已隐隐在望。半路上，我们碰见了三个地下党员。他们告诉我们，地下党中心县委书记张思贤同志就在颍阳镇。这是多么令人高兴的事情！我们一进豫西，情况不明，地形不熟，群众一时又不明真相，处处都是困难。我们迫切需要地方党的配合和支援。我们满怀着希望急急进入颍阳镇。镇上很热闹，群众见到我们也不惊慌。部队展开街头宣传：发传单，贴标语，演说，告诉群众我们是从华北过来的八路军，是专门打鬼子来的，八路军是人民军队，公买公卖等。我们几个人找到了张思贤同志，他已听到八路军渡河南下的风声，正在派人跟我们联系。一见面，彼此有说不出的兴奋。可是一听他汇报的情况，却又不能不使我们忧心忡忡。豫西的险恶局面，比我们所想象的不知要复杂多少倍啊！

沦陷以前，豫西就无异是一个油煎火烙的人间地狱。水、旱、蝗、汤是压在人民头上的四大灾难：黄河水患几乎连年不断，人民已经挣扎在死亡线上，大批大批地出外逃荒要饭，卖儿卖女；而国民党政府和汤恩伯军队的横征暴敛、抽丁拉夫、奸淫掳掠，苛捐杂税名目繁多达三四十种。为了争取生存，这里的人民曾被迫拿起武器和国民党军队作战。以至汤恩伯的十三军不敢再打出十三军的招牌，每到一村就诡称是“八十五军”。豫西人民一想：“不对！八五一十三，还是这帮家伙，打！”十三军就是这样被豫西人民打垮了的。

国民党军队逃跑时，豫西人民群起而攻之，从国民党军队手中夺获的枪械，少说也在十万支以上。豫西本来有我们强大的党组织，爆发过蓬蓬勃勃的抗日救亡运动。但是由于国民党的残酷镇压和疯狂的摧残，很多同志被屠杀或被关进了集中营，有些同志逃亡外地，能够隐蔽在地下坚持斗争的只有很少数同志。因此，这些掌握了大量武器的农民群众，虽有满腔的抗日热忱，但因失去正确领导，大都被地主、恶霸、土顽所利用，变成他们各霸一方、争权夺利、互相残杀的工具。

日寇占领着城市和交通线；山区、乡村土匪横行，“司令”多如牛毛；每个村寨都被地主、恶霸、土顽所把持；人民生活贫困不堪。这就是动荡的豫西，这就是我们面临的局势！但是，不论豫西怎样，我们一定要把这刀山枪林之地变成日本侵略者的坟墓。

春风吹遍黄土高原

我们刚从颍阳镇出发，跟踪追击我们已三天多的日伪军也赶到了。敌人直到现在还没有摸清我们的底细，不知道我们究竟有多少人马，所以他们虽然跟踪追击不放，却又始终和我们保持着一段距离。我们初进豫西，立脚未稳，拖了这条“尾巴”是非常讨厌的，我们命令后卫部队砍掉这个“尾巴”。后卫部队选择了有利地形埋伏起来，等到敌人一接近，一个猛冲，把敌人压在山沟里，把走在前面的这股敌人一下子消灭了，其余的敌人夹起“尾巴”缩回洛阳去了。这是我军在豫西人民面前打击日寇的第一仗。

远望嵩山，群峰挺拔，气势雄伟。可是一进山区，我们却发现嵩山太薄，没有回旋周转的余地，不利于开展游击战争。国民党和封建势力的统治也比较强固。在群众对我们还没有了解之前，在这里活动是十分困难的。我们临时改变了计划，折向东南，深入箕山地区。

我们到了箕山中心地区的东、西白栗坪。这里有围寨，两个村庄相距一二里，中间隔着一条铺满卵石的干涸的河床。这里的地形有前套后套之称，统称作老虎套。群众虽然受了些欺骗宣传，但对八路军并不陌生。他们知道八路军是抗日的军队，就是从前“打富济贫”的红军。当他们和部队接触之后，国民党多少年来煞费苦心在人民群众中散布的欺骗宣传很快就被揭穿了。群众都说：“八路军是毛主席、共产党领导的军队，除了这个军队，哪里能见到这样不打人、不骂人、买卖公平、待人和气的军队啊！”我和徐政委住在一位高大娘的家里，她年轻时候就守了寡，没有子女，孤苦一人。她的满头白发，一双深沉忧郁的眼睛，记录了她苦难的一生。她对我们从不高声谈笑，连说话都很少，表面上很沉默淡漠，可是我们很快就感觉到一种埋藏在心底的关怀和温暖：早晨母鸡咯咯叫了，中午她就会不声不响地端过一盘煎鸡蛋来，凝神地端详着我们黑瘦的脸孔，眼光里充满着关切。

我们来白栗坪的路上就听说，日军从各县强征两万多民夫，在登封修筑飞机场。捣毁飞机场，解放民夫，是扩大我军影响的大好机会。我们派人前去侦察。侦察同志回来说：飞机场筑在登封县城西南五六里的嵩山脚下，那儿原来是一块平坦宽敞的石坪，是农民打麦晒麦的地方，日军企图把它扩大，改筑成飞机场，作为继续西进的空军基地。机场周围的山包上，日军设有岗哨，机场里面有伪军监工，登封城内驻有日军一个中队。两万多民夫被圈在机场上，沉重的苦役，风吹雨打，已有很多人病倒或死亡。根据侦察的情况，在中秋节的前夕，一个皓月当空的夜晚，我们派出第三团，一部分警戒登封县城的敌人，一部分冲进机场，消灭了敌人。战士们在人群里高呼：“我们是黄河北过来的八路军，是专门打鬼子来的。老乡们快跑啊，回家过八月十五吧！”两万多民夫呼啦一声跑得干干净净，机场空荡荡的只留下碎石乱砖和日伪军的尸体。日寇费尽心机赶修的飞机场，就此半途而废，再也没有修成。

解放了的两万多民夫回到各自家园，都把这次战斗说成是“八路军放工”。他们成了我们最有力的宣传员，“华北的老八路过来了”，“‘老日子’的飞机场被八路军踢翻了”，“八路军是神兵，从天而降”等讯息，像一阵春风吹遍了嵩山周围。

红偃师

从少林寺翻过山就进入了偃师南部山区。一接触到这里的群众，就使我们感觉到“红偃师”的亲切的气氛，只要说一声：“我们是共产党、毛主席领导的八路军。”村村都自动开门迎接。我们走到哪里，群众跟到哪里，越跟越多。偶尔碰到有的村子里的伪乡公所不让进寨，群众就一拥而出，迎接战士们。有些老大娘拉住战士，眉开眼笑地说：“喔，你们就是八路军？来，让咱仔细瞧瞧！”有的说：“我早算到嘛，今年收红麦，收红薯，红军一定要来，看，果然来啦！”

这里的群众对我们热情支持，这里的地形又是山地，非常适合于展开游击战争，我们决定首先在这里创立一块根据地。

豫西地方实力派很多，力量雄厚。他们掌握着武装，也拥有一批群众。所以，争取团结他们共同抗日，是建立和巩固根据地的一个重要方面。我们到偃师后，特别重视对实力派人物的调查工作。对各个实力派人物的政治背景、政治态度、手下实力、家庭状况、社会关系、群众反映，甚至于他们的性格、爱好、生活作风，等等，都作了详细的调查。根据不同的对象，采取不同的对策。

裴子明曾是偃师府店乡乡长，他性情刚直暴躁，重个人义气，群众给他取了个绰号叫“裴大炮”。豫西沦陷后，日寇几次诱降，他都没有变节投敌，在偃师实力派和群众中有较好的威信。国民党军队逃跑时，他替西北军三十八军保存了几窑洞迫击炮弹、手榴弹和子弹，始终没有交给日寇。我们进豫西后，远离后方，补给断绝，武器弹药唯一的来源就是从敌人手里夺取。争取到裴子明，可以动员他献出弹药。

我们请地方党组织的同志和支队政治部副主任孔祥祯去动员裴子明出来和我们合作抗日，可是裴子明却在山上避而不见。我们明白，一方面他误信了国民党的诬蔑宣传，对我们存在疑虑和偏见；另一方面他正处在彷徨、徘徊和犹豫中。因为要抗日就不能不解决这一现实问题：依靠谁？依靠共产党、八路军，还是依靠国民党？国民党一败涂地的狼狈相，他是目睹了的。我们进豫西以来坚决的抗日行动，他也在暗中注视，还透露过佩服我党的心情。这种矛盾思想在实力派人物中是有代表性的。我和子荣同志决定亲自去拜访他，为了迎合他的爽直好友，重义气的性格特点，特地携带了一把从华北战场上缴来的日寇军官佩用的指挥刀，准备赠送给他作为见面礼。我们到了他的家里，向他的大哥、侄子说明了来意，要他们劝他回来。他大哥、侄子好不容易找到了他，再三向他劝说："人家司令、政委自己上门来看你了，你好意思不去见一面吗？"裴子明这才把心一横说："走，豁上啦！"他腰带上插了两支驳壳枪，大机头打开，单刀赴宴回来了。见了面，他感到我们的态度完全不是他所想象的那样，戒备心理很快就消除了。我们向他说明了来意和我们党团结抗日的政策，他听了很高兴。最后，我把指挥刀送给他，说："我们知道老兄你不愿意当亡国奴，不愿意出卖祖宗，所以非常欢迎你出来和我们一起抗日。这把刀是我专门杀鬼子杀汉奸的，送给你，祝你英勇杀敌、为国立功！"裴子明"唰"地抽出钢刀，试试刀锋，哈哈地笑着说："啊哟，这把战刀利得很哪！"然后把胸脯一拍说："中！打'老日子'，咱裴子明跟你们干！你们二位这样器重我，咱裴子明死不当孬种！"

白栗坪突围

我们从偃师转回白栗坪，还没有进东白栗坪，就感到一种紧张的气氛：人们在慌张地掩门闭户，有的妇女拉扯着孩子，着急地大叫着："你不要命啦，快回来！"发生什么事情了？我们走到高老大娘家门口，她一见我们，吃惊地连退几步，半晌才镇定下来。我们连问她好几遍："大娘，家里出了什么事啦？"她两眼含着泪水，默默不言。好一会儿，她像突然想起什么似的说："你们还没有吃饭吧？好，咱给你们做。"她转身走到锅台前，不知从哪里取出来一坛白面，坛上蒙了一层厚厚的灰尘，看来一定储藏很久了。她支起鏊子就给我们烙饼。这时候，我们看出她的手在轻轻颤抖。

我们估计一定发生了严重情况，立刻命令警卫连两个排占领对面小山，放上警戒。我们一边给大娘烧火，一边再三问她："大娘，到底出了什么事啦？为什么不告诉我们？"可是我们每问一次，都像钢针刺了她的心似的，她痛楚地望着我们，泪水成串成串地往下掉。她想说什么，却又骤然把话咽了回去，直到烙好饼，把饼塞到我们手里，才长叹一口气，向西指指说："快走，他们要打你们。"恰在这时四面八方的枪声响了起来。我和子荣同志连忙率领支队机关，带着电台，登上了警卫连据守的小山头。展眼一望，我们已经落在敌人重围之中。和我们这个小山连接的高山已被敌人占领，从西白栗坪来的敌人已过了河，正向我们冲来，东南两面的敌人也在积极运动。这些敌人经了解，才知道高山上的是国民党登封县党部书记长杨香亭的特务武装；西面的是当地土顽分子梁敏之胁迫下的东、西白栗坪一带的武装农民；东南两面的是临汝土顽席子猷胁迫下的马峪川的武装农民；北面来的是登封城内的日军。

我们把机关、电台人员隐蔽在小山旁边的沟里，用一挺机枪对付高山上的杨香亭匪帮。这座高山向着我们的这一面很陡，光秃秃的毫无遮掩，因为山水的冲击，石面亮晶晶的，十分光滑。敌人几次冲锋，我们的机枪咯咯一叫，匪徒的尸体就像冬瓜似的滚到沟底，摔得血肉模糊。敌人冲了两次，死伤惨重，就再也不敢动了。我们其余的同志分布在小山两侧，抵挡着东西两面进攻的敌人。从这些人的衣着上看，在前面打头阵和在后面督阵的是土顽分子，打得很起劲，夹在中间的是拿着步枪、红缨枪、大刀等各种武器，衣衫褴褛的农民群众。我们命令战士们：只许杀伤日本鬼子和土顽分子，不许伤害农民兄弟。同时展开了火线喊话。我记得机枪班的杨春保声音最响，像只大喇叭，不断喊着："老乡们，咱们是一家人，咱们的敌人是日本鬼子和汉奸卖国贼！"

我们的警卫连，被同志们亲切地称为"咱们的小黑虎"，战斗力很强。往常，不管敌人再多、再凶恶，遇到多么危急的情况，战士们也不会停止嬉笑。而现在，阵地上的空气非常沉重，战士们的枪口来回移动，一次又一次地校正瞄准点，总怕打偏了，误伤了农民兄弟。可是土顽们的气焰却愈加嚣张起来了，有的居然直起腰，挥舞着胳膊，大喊大叫："冲呀！杀啊！"后面督战的土顽分子也拼命用枪威逼着农民群众："快！快往上冲！"我们看出农民群众的攻击毫不积极，行动很缓慢，但是他们终究一步一步地被赶上来了。高山上的杨香亭匪部也以猛烈的火力向我们射击，我们的处境已到了十分危急的地步。有的战士已准备好手榴弹，期待地望着我，仿佛说："我们再也不能忍受了！"我懂得他们的心情，他们在担心支队领导机关的安危。真的，如果面前全是真正的敌人，这样稠密的队形确是发挥手榴弹威力的最好时机。可是现在不能，决不能用手榴弹，那样会伤害许多农民群众。我鼓励他们说："同志们，沉住气，看我的！"我拿过步枪，一连三枪撂倒了三个土顽分子，其余的有的原地卧倒，有的回头就跑，农民群众也就乘势后退。正在这时，不知谁喊了一声："首长，鬼子来了！"我抬头一看，一大片黄色的人群向这里急奔，刺刀在斜阳里闪闪发光，皮鞋的响声愈来愈近了。好啊，日军也赶来了！敌、伪、顽明目张胆地联合进攻，只能激起战士的无比愤怒。我们几挺机枪以密集的交叉火力向日军射击，战士们激动地喊起话来："老乡们，打鬼子们啊！咱们中国人不打中国人！"

日军被我们的机枪火力封锁住了，他们蹲在乱石后面用迫击炮、掷弹筒咚咚咣咣地向我们轰击，我们这个小山的前前后后爆炸起团团浓烟，弹片、碎石横飞。顽匪一见日本鬼子出来配合他们作战，劲头又来了，杨香亭匪徒得意地叫喊着："八路听好，你们跑不了啦，赶快缴械投降吧！"这时，农民队伍里引起了一阵骚动，显然他们已看清了实情，再也不愿任人驱使了。

战斗坚持到天黑，我们利用两敌结合部的山谷胜利突出重围。事后我们才知道，杨香亭、梁敏之顽匪为了消灭我们，曾向农民群众下了八条杀戒：让八路进屋者，杀！给八路送粮做饭者，杀！向八路通风报信者，杀……一有号令，必须出动作战，一人不到，全家抄斩；一村违抗不听，全村烧光杀绝！他们还欺骗农民群众说："八路军是先甜后苦，将来要共产共妻。"他们就是用这种灭绝人性的和无耻的欺骗手段，强迫农民群众为他们冲锋陷阵，当他们的炮灰。尽管顽匪的屠刀搁在脖颈上，广大农民群众并没有也不可能向敌人屈服。像高大娘这样一个普通的、善良的妇女，甘愿冒杀身灭门之祸，接我们进屋，给我们做饭，这难道不是最有力的证明么！这次战斗产生了巨大的影响，对人民群众是一次具有深刻现实意义的教育。事实教育了他们，使他们认清了谁是敌人，谁是自己人，谁勾结日寇反共卖国，毒害人民，谁真正抗日，处处爱护人民。后来，当我们彻底消灭了梁敏之反动武装时，群众拍手称快地说："梁敏之这孬种该打，八路军真是仁至义尽，几次晓以大义，动员他抗日，他却猪八戒倒打一耙，这是他自取灭亡！"

倒地运动

我们从白栗坪突围出来以后，从各队的汇报中，了解到目前对群众危害最大的就是像梁敏之这样极端反动的封建土顽和敌、伪、顽合流的区、乡公所。不消灭这些地头蛇和伪区、乡公所，不解除捆在群众身上的这条铁锁链，豫西人民的爱国热情就不能发挥出来，我们要想在豫西站稳脚跟也是非常困难的。于是，我们南征北战，东讨西伐，踏遍了穷乡僻壤，把那些群众恨之入骨的伪区、乡公所连根铲除，还立刻召开群众大会，选举成立新的抗日区、乡政府。对那些愿意合作抗日的区、乡公所，则要他们公开在群众大会上宣布抗日，接受上级抗日民主政府的领导，当众烧毁敌、伪发给他们的委任状、印信，坚决和敌伪断绝关系。

经过两个多月的艰苦斗争，我们以嵩山、箕山为中心的抗日根据地形成了。我们成立了两个工作委员会——嵩山区工委会和箕山区工委会，来领导根据地的建设。偃师、登封、伊川、荥阳、巩县、临汝等县的县、区、乡的党组织、抗日民主政府、县独立团及区、乡民兵武装和农会、工会、妇救会等群众组织都逐步建立起来了。

为了调动群众的抗日积极性，我党在抗日根据地内执行了减租减息的政策。但是，豫西地区由于“水、旱、蝗、汤”的灾难，封建地主乘机从农民手中掠夺了大批土地。因之，从地主手中夺回被霸占的土地就成为农民最迫切的要求。是的，土地回家！只有土地回家才能够使广大贫苦农民得到初步解放，才能够发展生产，改善人民生活，也才能够进一步发动群众抗日。地方工作委员会发出了告示：坚决支持群众的要求，实行“倒地运动”。同时为了争取地主阶级抗日，我们采取双方协商、群众评议、政府批准的方式，由农民原价赎回在荒年期间被迫出卖的土地。

“倒地运动”热火朝天地开始了，根据地的生活沸腾起来了。抗日民主政府的干部每到一地，后面总是跟着成百上千的男女老少要求倒地。他们拿着武器，敲着锣，擂着鼓，兴奋地大喊：“倒地啦！倒地啦！”到了村上，我们的干部拣块石头坐下，就立刻办起倒地手续来。卖户和买户当面协商，群众当场评议，政府干部当场做出裁决：该倒多少地，以前几元几角卖去的，现在还是用几元几角赎回来。于是双方一手交钱，一手交文书，这一个解决了，接着办理下一个，这一村解决了，浩浩荡荡的农民队伍又开赴另一村。

由于“倒地运动”使大批农民重新获得了土地，奄奄一息的豫西农村恢复了生气，豫西人民从心坎里唱出了这首民谣：

毛主席在延安，

听说（哟）豫西有灾难；

发来大军三十万，

一心（哟）要想搭救咱！

共产党、八路军，

抗战（哟）“倒地”为人民；

豫西从此见天日，

打败（哟）鬼子享太平！

刚烈正直的豫西人民，当他们认识到共产党、八路军是真正为了抗日、为了民族生存和人民幸福而奋斗的时候，他们以那么炽烈的热情，以无限的信任，拥戴着党和自己的子弟兵。“当八路军”是小伙子们竞相争取的荣誉。他们来参军的时候，大多是自备武器，即使没有枪，也总得设法搞到一些子弹、手榴弹，好像空手来参军有点过意不去似的。就连许多老大娘也常常为儿子缝起干粮袋，装满干粮，骑上毛驴，亲自送儿子到部队，说：“交给八路军管教，比啥都强！”

灿烂的一页

我们挺进豫西，日军恐慌万分。他们知道，八路军、新四军不仅是一支坚决抗日的力量，而且也是最善于发动群众、组织群众、武装群众的队伍。像豫西这样民性强悍善战、武器极多、蕴藏着无穷无尽的战斗潜力的人民，一旦被发动起来，组织起来，一致抗日，将会产生出惊人的力量。所以，当我们一到豫西，日军就慌慌忙忙地向我们发动了连续的“扫荡”。战斗几乎天天在进行，并且一天比一天激烈，一天比一天紧张。国民党顽军一开始就公开配合日寇联合向我们进攻。河南省主席刘茂恩在反共密令中曾说：“日军压境，我辈尚有周旋余地，共匪嚣张，乃为心腹大患……可将我军剿灭共匪的情况和计划，通过地方政府（即指汪伪政权）转告日人，以便协助剿灭共匪。”

偃师的口孜镇分东口孜和西口孜，是两个紧连着的村寨。它的背后是嵩山的出入口东、西九龙角。如果说东、西九龙角像一张嘴巴，那么东、西口孜就是两颗门牙。12 月 4 日拂晓，从偃师城出动的一路日军到了西口孜寨。守卫在口孜村寨上的只有偃师县委领导的偃师独立团一部分和口孜的武装群众。他们早已得到了情报，所以几天来日夜不息地在寨墙上放哨巡逻，严加防备。他们一发现敌人，就擂鼓敲锣，发出警报，东、西口孜和周围几十里内各个村寨的群众，不分男女老少，都自动赶来支援。他们有的拿步枪，有的执红缨枪，有的握大刀，有的持三齿耙，和现代化武装的日军大战了三天三夜。

这正是凛冽的冬天，朔风怒吼，大雪纷飞。战场上硝烟弥漫，杀声震天。“同‘老日子’拼啊！”“打！不要紧，有八路军！”喊声震天动地，真是一个气壮山河、惊心动魄的场面。豫西群众许多人的枪法非常好，他们卧在寨墙上，居高临下，用步枪和土枪打得日本鬼子爬在烂泥里不敢抬头。使用大刀、红缨枪、三齿耙的，都聚集在寨墙下，一声号令，大开寨门，以排山倒海之势扑向敌人，进行白刃格斗。青壮年作战，老弱妇孺在后面送水，送干粮，送弹药，救护伤员，连瞎子王三江老先生也叫孙儿领着，挽只竹篮，挨家挨户地收集子弹送到阵地上。他豪迈地说："我要不是瞎子，不成勇士，就是烈士。"

同一天，我三团一部在口孜以西的二郎庙和从缑氏出动的一路日本鬼子展开了血战。二郎庙附近的群众和口孜一样，也纷纷拿起了武器，配合八路军参加战斗。同时，登封的伪军程天祥部也到了口孜以南的奶奶庙、甘罗寺等山头。佛光峪群众正来口孜助战，一得到这个消息，立即回兵，打退了程天祥匪部的进攻，解除了口孜腹背受敌的威胁。

侵略者往往迷信自己的武力，轻视人民的力量。当他们到达口孜，听到寨上锣鼓喧天，还以为是欢迎他们呢，仍旧大摇大摆地排成三路纵队向寨子前进，结果，被群众一个猛烈地冲杀，弄得措手不及，死伤狼藉。等到查明寨内绝大部分是武装群众，并没有八路军主力，又施展"怀柔政策"，故意不打枪，由一个汉奸大声叫嚷："口孜的良民听着，皇军不打良民，良民也不打皇军，皇军良民统统打八路军！"群众骂道："闭上你的狗嘴！""叭"的一枪，汉奸四脚朝天回了"老家"，寨上的群众哄然大笑。后来日军恼羞成怒了，轻重机枪、掷弹筒、迫击炮发疯似的吼叫着，士兵列成整齐的队形，端着明晃晃的刺刀，发起了连续的冲锋。但是，群众坚守寨墙，寸步不让，激烈的战斗进行了一整天，日军始终无法攻下口孜。第二天（12 月 5 日），指挥这次围攻的日军头目率领另一路日本兵从巩县插到了偃师、登封交界的山坡上，企图从东南方向实行迂回。日军联队长梅协带了 12 名军官先来佛光峪观察地形，恰好被佛光峪群众发现了。他们埋伏在险峻的牛头弯，等日本军官从下面山沟经过时，一跃而下，有的用扁担劈，有的卡住鬼子的脖子，有的把鬼子的脑袋在岩石上碰得脑浆迸裂，眨眼工夫就把 12 名军官全部打死，并缴到了一挺歪把子机枪、一个掷弹筒、七支步枪。日军联队长在混战中只身逃跑，但被一个 14 岁的少年发觉了，立刻跃起猛追。日军联队长转身连发数枪，未打中，手枪里没有子弹了，少年几个箭步就追上了这个敌人，一纵身像壁虎一样爬在敌人的背上，双手死死卡住他的脖子，一口咬住这家伙的耳朵，梅协拼命挣扎也挣不脱，扭打在地上。这时，佛光峪和鸡毛窑的群众纷纷赶到，他们一拥而上，乱棍揍死了日军的联队长。

12 月 6 日，攻击口孜的日军在汉奸的引导下，偷偷地绕到口孜东南，占领了高地，这样就使口孜完全暴露在敌人的火力下面。日军又用烧夷弹轰击东南寨门，寨门在熊熊大火中被烧毁了。但是，就在头一天晚上，偃师县委已及时地作了撤退的布置，老弱妇孺撤到了山上，留在寨内的独立团和武装群众又同日本鬼子打了半天，到傍晚时候，才安全地转移了。日军费了九牛二虎之力，只占领了这座空寨。

第二天，日军又集中兵力攻击佛光峪，想寻找他们的联队长。从口孜进入东、西九龙角到佛光峪，沿途是马涧河上游，两旁都是高山。马涧河很宽，冬天枯水时期没有水，裸露着鹅卵石。我偃师独立团和佛光峪群众顺着这条河床对日军反复冲杀，鹅卵石上到处躺着日本士兵的尸体。有 20 多个日军被逼进了窑洞，他们把机枪架在洞口扫射着。独立团战士们和佛光峪群众在鹅卵石上匍匐前进，想用集束手榴弹消灭洞内敌人，但是他们没有防备另一股敌人顺山脊两侧迂回下来。正当他们跃起身，向窑洞发起冲击的刹那间，山上日军的轻、重机枪响了，使我军民陷入了进不能进，退不能退的困境。正在这时，我们活动在附近的一支部队赶到了，战士们顽强地阻击敌人，争取时间，掩护佛光峪群众安全撤退下来。

日军为了找到他们的联队长，特地以一个中队的兵力在佛光寺扎下了据点，用尽了威胁、利诱、欺骗、恫吓的手段，要群众交出他们联队长的尸体来。群众到这时才知道埋在乱石堆下的那只“死猪”原来是“老日子”的联队长呢！他们坚决不交出联队长的尸体，反而把他更秘密地藏在一个枯井里。

日军在佛光峪扎下据点后，群众性的抗日斗争又以另一种形式进行着。我们的部队和群众天天夜里去摸日军的哨兵，吓得日军不敢在平地上、大门口放哨了。他们在屋顶打了窟窿，只探出半个身体来。但是这样还不保险，哨兵仍时常不知去向。他们又在上面罩了只木格笼子，日军中队长急得大叫大跳说："八路军有本事来打，不要作小偷地干活！"

在日军大举进攻我嵩山根据地的时候，我们支队主力趁敌人后方空虚，在巩县、伊川、洛阳等地展开攻势，拔掉了敌人许多据点，甚至活动到洛阳市郊，积极支援了根据地军民反"围剿"的胜利。日军除在佛光峪扎了据点外，其余的不到一星期就被迫缩回去了。佛光峪是我嵩山根据地的中心，是偃师、登封、巩县的连接枢纽，群众有"一盘碾，转三县"之说。我们当然不会以摸他几个哨兵为满足，更不会让他长期驻扎下去。我们首先派出部队，专门袭击从洛阳、偃师、缑氏到佛光峪来送信、送粮、送弹药的鬼子汽车和人员、马匹，截断敌人的补给线和外界的联系。在我群众性的游击战包围封锁下，鬼子吃水、吃粮都很困难。这样搞了半个多月，佛光峪的日本兵已像堵在洞里的老鼠，只能吱吱叫了。1944 年的除夕之夜，我们发起了佛光峪战斗，最后消灭和驱逐了这个据点的敌人。

我们在胜利中迎来了 1945 年。

度过困难时期，转入局部反攻

宋任穷

1944 年以来，国际反法西斯战争形势发生了巨大变化。随着形势的变化，冀南的残酷环境也逐渐好转。抗日军民咬紧牙关以顽强不屈的斗争精神，战胜了敌人的疯狂进攻，而且又以战天斗地的英雄气概，战胜了饥荒。

抗日军民已度过了最困难的时期。抗日根据地在深入搞好减租减息、广泛发动群众的基础上，掀起了以农业为中心的大生产运动，努力发展生产，发展经济。部队本身除帮助群众发展生产外，也自己动手开荒种地，改善生活，减轻群众负担。

随着攻势作战和局部反攻的开展，战斗十分频繁，各部队的生产只能在战斗和训练的间隙进行。为使战斗和生产两不误，各部队内部开展了生产互助活动。身体强的和弱的同志之间互助，机关和战斗部队之间互助，作战部队和休整部队之间互助等。

部队开荒种地获得了丰硕成果。以军区几个直属单位为例，共开荒地 3000 多亩，收获粮食近三万斤、棉花 1.8 万多斤、花生 8.1 万斤、蔬菜类 20 万斤。此外养了一些猪，有的单位能自给半年菜金，还能保证每个月吃一头猪。我们是一天一天好起来。

敌人却一天不如一天。在我强大的政治攻势和军事打击下，日军思乡厌战，士气日益低落，伪军更加动摇不定。日军在太平洋战场上不断受挫，为改变其不利态势，不得不从中国战场上大量抽调兵力，加强太平洋战场。这样，在华北敌后的日军兵力相对减少，而后补充的多为新兵，战斗力比较弱。部分守备任务由伪军单独担任。斗争形势日益对我有利。

在对敌人斗争的有利形势下，我们逐步开始向敌人发起攻势作战。盘踞在邱县城的敌人，在我军攻势的威慑下，于5月下旬弃城撤走，我军遂收复了邱县城。这是自敌人占领冀南各县城后，我们收复的第一座县城。紧接着很快就解放了邱县全境。这样，邱（县）馆（陶）公路南北的冀南第三、第四军分区连成一片，我们活动的回旋余地比以前大多了。

5月份，我们还收复了清丰县城。驻清丰县城的伪军于5月上旬弃城逃跑，我遂收复了该城。但是，敌人为了掠夺清丰地区即将丰收的小麦，伪冀南道尹薛兴甫抽调所属八个县的伪警备队2000多人，并带领全道13个县的县长及日本顾问，在日军一个中队的掩护下，重占清丰县城。敌人连日开会，演戏庆祝“光复清丰”。我军区根据所获情报，决定由冀鲁豫八分区部队，趁敌疏于戒备之机，袭击清丰县城，打敌人个措手不及，一举击毙日军联络部长以下官兵七人、伪军200余人，俘伪道尹薛兴甫及县长、警察所长等40余人、日军联络员七人、伪军1300余人。仅据原冀南二、五、六、七军分区统计，1944年上半年，敌据点、碉堡被我攻克的和自行收缩撤走的有170多个，约占总数的32.8%。

8月初，打郓城消灭刘本功部。刘是山东济宁人，土匪出身，曾当过韩复榘手下的特务队长。投降日军后，盘踞郓城，杀人放火，作恶多端，成为日伪的模范县长。群众恨之入骨，骂他是杀人魔王。我们一举歼灭了刘部伪军2500余人，解放了几百个村庄，根据地向南推进了几十里。

从8月下旬开始攻势作战到年底，先后收复了邱县、莘县、清丰、内黄、濮阳、朝城、寿张七座县城。攻势作战的胜利，为进一步局部反攻和全面大反攻创造了有利条件。

1944年底，毛泽东主席在延安发表了《一九四五年的任务》的演说，要求各抗日根据地军民“消灭敌伪，扩大解放区，缩小沦陷区”，展开更大规模的攻势作战，“把一切守备薄弱、在我现有条件下能够攻克的沦陷区，全部化为解放区”。

遵照毛主席指示精神，我们发起更大规模的攻势作战。我军局部反攻的作战思想，就是集中优势兵力，在敌人守备薄弱的地方发起反击，着重消灭伪军，相机夺取日伪军合守或日军单独守备的据点或县城。

第一仗是冀南三分区部队攻打大名县城。大名城守敌是伪东亚同盟自治军近1000人，另有日军一个中队。攻打大名前，三分区通过被日军撤职的东亚同盟自治军原军长王天祥的关系，做通了该军突击团的工作，该团决定反正，作为内应配合我军攻城。1945年1月16日夜，我军在内应的接应下，一举攻入城内，击毙伪东亚同盟自治军军长刘坤等死心塌地的汉奸多人，俘伪军400余人。大名之战，揭开了冀鲁豫军区局部反攻的序幕。1月17日，王天祥率反正的突击团开到我解放区元城的张铁集，受到当地人民群众的热烈欢迎。

为进一步扩大解放区，缩小沦陷区，4月下旬，又攻打南乐县城。这也是一个比较大的仗，当时集中了四个军分区的五个主力团、14个县大队及部分区干队、民兵等。八分区司令员曾思玉指挥分区主力攻打南乐县城。九分区政委张国华和副司令员赵东寰率部攻打南乐城西的元村，并准备打击由回隆、楚旺方向来援之敌。七分区司令员赵健民、政委许梦侠和副政委张希才指挥分区主力，一部包围龙王庙据点，一部负责打击大名方向来援之敌。三分区副司令员孔庆德、高厚良和政委李福祥率主力攻取海子、扬桥、金安村三据点，牵制大名、魏县、广平之敌，阻其南下增援。经过几天的激烈战斗，歼灭日军一个小队、伪军3000多人，缴获机枪64挺、重机枪四挺及其他大批枪弹。拔除敌据点30多处，攻克了南乐县城，解放了大名、广平以东大片土地，从而使冀鲁豫解放区南北连成一片。

晋绥边区的爆破运动

吕正操

在1943年以前，其他抗日根据地已经普遍使用地雷打击敌人，而晋绥边区的爆破运动却还没有见到实效。有些地方的民兵虽然也在试着搞，但还没有掌握地雷爆炸的技术，缺乏必要的埋雷经验。在1943年9月上旬晋绥分局召开的群众工作会议上，我介绍了冀中区开展爆破运动的经验。为进一步开展群众性的爆破运动，边区人民武装委员会又在1944年9月间召开了各分区武委会主任联席会议，详细讨论了爆破运动的经验，确定要进一步开展群众性的爆破运动。

爆破运动一经与群众结合，便使边区群众武装斗争热火朝天地开展起来。地雷的爆炸声，吓破敌胆，增强了广大人民对敌斗争的信心。在临南县敌占区的一些地方，因为敌人长期残酷统治，曾有一些人对抗战前途悲观失望，说什么“要打走日本，必须等到山上长起无根树，铁蛋蛋开了花！”爆破运动一开展，说这话的人眉开眼笑了：“现在长了无根树（指民兵的望哨），铁蛋蛋（指地雷）又开了花，是打走日本的时候啦！”60岁的任从厚老汉，年逾50岁的张拴拴的母亲，也学会了埋地雷的技术。郭家山村郭芝旺的母亲，已经77岁，而且瞎了一只眼睛，也带领着全家六口人学会爆炸，影响全村26个妇女很快地都学会了埋地雷。

地雷是民兵保卫生命财产、防御敌寇的好武器，人们称它是“不睡觉的哨兵”。在接近敌占区的那些村庄，随时可能受到敌人的窜扰，经常是一日数惊。自从开展了爆破运动，地雷便封锁住敌人进犯的道路。每晚，村里村外地雷密布，群众可以安然休息，敌人却不敢接近遍布地雷的村庄。

1944年10月5日，从同蒲路上出扰的敌人窜入朔县第四区，6日走到下木角村时，用手去推第一家的门，有两个日本兵即被地雷炸死，一个伪军也被炸伤。敌人只好在窗子里边进出，或者用石头和长杆推门。7日，十几个汉奸到白殿沟去，触发民兵沈存德埋的地雷，为首的汉奸被炸烂了屁股。15日晚上，敌人又从新安庄派一小股敌人到富家坪去骚扰，村里的群众早已转移，家家大门上都挂了地雷，又把地雷埋得满街都是。敌人进了村子，小心地用石头去打门，不料门里的地雷还没响，脚下的地雷先开了花，炸得敌人东倒西歪。

另一次，朔县有一股敌人出扰，有七个日本兵一齐拥到村口油坊里去抢油，不防大号地雷突然在脚底下“开花”，五个敌人应声而死，两个受了重伤。一同进村的伪军以为“没事了”，走进油坊里面去发洋财，一个伸手去开箱子，当即被炸倒；另一个见有一斗小米，用手去端，又是“轰”的一声，负了重伤。在岚县，一股敌人准备在一个村庄里宿营。敌人的马夫拉着大洋马去推一座大门，脚下触发了民兵埋的地雷，洋马被炸成两截，日本兵也倒毙在门边。敌人打算做饭，到处找不见锅，后来在河滩里发现一个小锅，有个敌兵去取，又被炸死了。

1944年秋天，交城的民兵高月明等，为防敌军出扰，在大皮山头上做了三个草人吓唬敌军。有天，古交据点里的日军来到这里，把三个草人都捣毁了。高月明和村里的民兵又扎了三个草人，并且在草人下面埋了大个儿的地雷。敌人二次来到大皮山，又去毁坏草人，结果草人一推，地雷响了，炸死炸伤三人，其余的拔腿就逃，一口气跑回古交据点。

地雷的大量使用，给围困据点提供了一种新经验：地雷不但可以防御，而且能够向着敌人的大小碉堡进攻，在碉堡外面形成囚禁敌伪的罗网。第八分区的民兵围困孤孤山敌人据点时，27 天内在据点四周大规模埋雷十次，爆炸地雷 27 颗，炸死炸伤敌伪军 51 名，每颗地雷几乎平均毙伤两个敌人。使孤孤山和外面完全断绝了来往。围困宁化堡的民兵也曾用一个大地雷在汾河岸上杀伤敌寇七名。敌人恼羞成怒，即在同行的宁化伪区长马善功身上泄愤，当场指着伪区长的鼻子大骂："你的通匪通匪的，该死！"顺手一枪，就把伪区长打死了。从此以后，敌人便不敢再出来进犯。

民兵在据点外面打不上敌人，就进逼到据点跟前去活动。1944 年 11 月 9 日，民兵英雄赵尚高曾率领着村里的民兵到宁化堡据点里埋了地雷，并且在城门口、街道上及无人走的地方挖了许多地雷坑，还把大粪和煤烟倒进敌人的饮水井里，在井口埋了地雷。临走的时候，他们又把一个地雷埋在城门洞下，把雷线拴到门扇上。第二天敌人一开城门，就炸伤了一名伪军。敌人在城墙上一看，到处都像埋过地雷的样子，吓得连门都不敢出。乘此机会，赵尚高又在 12 日带领民兵破坏离宁化堡据点五里的两处煤窑。经过动员，有 100 多个老百姓拿着铁锹赶来参战，四小时便把窑口填平。从那天起，敌人就没有煤烧，也没有水吃。13 日，敌人到水井边和煤窑上侦察，又被民兵埋的地雷炸得逃了回去。敌伪军及其家属的五六十个炉灶无法生火做饭，一场大雪使得敌人的住房都变成了冰窖，他们就强拆民房当柴烧。伪组织人员不堪这种饥寒交迫的生活，加以我军对敌伪人员的政治攻势，纷纷反正。后来，敌人干脆弃碉堡逃走，退出宁化堡据点。

距离娄烦镇二里路的山石梁敌据点，同样遭到民兵的围困，那里的敌人，每隔三两天就得冒着生命危险，钻出碉堡到小河里抬水，并且照例要派出几名敌伪军进入工事鸣枪掩护。民兵英雄郝毛存研究了敌人活动的规律，就把地雷预先埋到敌人掩护部队常去的工事里，结果一次炸倒敌人三名，有一个当场毙命。敌人没有抬成水，而是在碉堡上的炮火掩护下，抬回了死尸和伤员。

1944 年 6 月间，离（石）东县民兵把一颗地雷埋到朱化敌据点两座碉堡中间的路上。第二天早晨，五个敌人出来，炸倒两个，其余跑了回去。直到下午，从信义增援的 30 多个敌人来到后，才把炸死和炸伤的敌人抬走。信义来的这股敌人回去时，在据点东面他们自己修建的桥头上，发现有个地方的地皮划破了，停在那里仔细研究了好半天，不敢从桥上通过。后来在河水里另外摆了石块才渡过了小河。

朱化据点敌人的运输线被我切断后，敌人的给养发生了问题。饿得没有办法，只好在黑夜偷老百姓种的洋芋和萝卜充饥。敌人每次出来活动，都找一个伪军当替死鬼，要他在队伍前面拿一把铁锹试探着走，铁锹偶尔陷在软土里，就忙扔下铁锹逃命。春季地里没有青菜，敌人只得挖苦菜吃。朱化据点碉堡里的敌人每次挑水需要爬过五里长的一座大山，还要用机枪掩护，担来的水要先逼迫老乡喝一口，看有没有毒。后来民兵把粪水倒进井里，不久又把水源堵塞，敌人连臭水也喝不上了，整天钻在“乌龟壳”里，到 1944 年 8 月 9 日，敌人便从这里逃走了。

民兵普遍进行的地雷战，对于敌人在沦陷区的统治成了一种致命的威胁。静乐城的敌人被地雷炸得失魂落魄，又怕民兵摸进城内，每天只开城门三次，每次一小时，后又减到每天只开一次、一小时。敌人的“政令”原来就是走不出城门的，这时连静乐城关都被划成“匪区”，只有日军司令部驻的寺坡上一小块地区才算得是“治安区”。

1944 年 10 月中旬，敌人对边区发动了一次大“扫荡”，总共调集 7000 余人，目的是要破坏晋绥边区的秋收。在侵入我根据地前，日军第三混成旅团长小原一明少将再三说“要小心八路的地雷”，但这并不能摆脱被炸。11 月 7 日，兴县二十里铺民兵英雄李有年摆的一个连环地雷阵被敌人踏响，一次就炸倒 23 个敌伪军，其中有 12 个当场死去。敌人“扫荡”二十里铺杀死的 13 个老百姓中有李有年的父亲。这次，大家围住他说：“这回可替你父亲报仇了。”

因为各地群众进行了彻底的空室清野，敌人要用的没用的，要吃的没吃的。如果发现了用的吃的，一动准得挨炸。敌人在临县路过一个山沟时，路被挖断了，需要搭桥才能过去。敌人东找西找才找见三块搭桥的木板，派人去搬，搬头两块时没发生问题，第三块大，去了四人抬，“轰隆”一声，四人都给炸死了。进犯兴县的敌人到了刘家村，看见全村每间房子都没门窗，空荡荡的，到了村主任的院里，见有一只水桶，一拿又炸了，一个被炸得腾了空，另一个被炸掉一只胳膊，原来桶底下拴有地雷的拉火线。敌人到兴县的碧村，到处找吃的，在民兵小队长王谋家锅台上，找到二斤粉条半斤盐，伸手去拿，又炸了。王谋后来高兴地对人说：“敌人真是粉条炖肉，自炖自吃啦！”在兴县贺家圪台村，尖兵争先恐后地去抢一个小包袱。为首的跑到跟前一拿，包袱炸开了，旁边埋的地雷也从地里跳出来。被炸死的敌人尸体滚下了山坡，原来包袱里包的是民兵的“快火手榴弹”。贺家圪台民兵还在村里合作社为敌人预备了一瓶酒，酒瓶放到桌子上时巧妙地拴在地雷的火绳上。被游击队追击得疲惫不堪的敌人，进村后，拿了一根一丈多长的杆子顶开合作社的门，闻见酒味，奔向酒瓶，一伸手，酒瓶开了“花”，三个敌人全都躺倒了。在蔡家崖村，一个日本军官带着翻译走进一座大院子，看到院中立有一个木牌，上边写着五个大字“此地有地雷”，立即生气地叫道：“八格牙路！假的假的！”说着伸手去拔木牌，木牌下面的土堆炸开了，日本军官当场丧了命。

家里不敢进，院里不敢入，街头巷尾不好走。敌人在活动时，每当遇有新土的痕迹，就画上圈圈，在民兵埋有地雷的地方，画上圈圈，在民兵埋有假雷的地方也画上圈圈，压上块石头，底下是纸条，写着红色的大字:“地雷！”有时赶一头毛驴或别的牲口在前边，或迫令抓来的民夫探路。10 月 28 日，敌人“扫荡”朔县，有 18 个日军走成一条线，但仍踏进尹茂仁、李步洲率领的两个民兵中队布设的雷区，一次被炸倒 13 个。当另外五个没有受伤的日军去收拾炸倒的尸体和伤员时，看见一条小绳子气愤地用力一拉，又炸死两个。另一队敌人由南场村往朔县城走，民兵在路上用六颗踏雷、一颗拉雷布成一个雷网。敌人一出沟口就发现了拉雷的绳子，正准备拿刀子去割断拉绳，民兵已经拉响了。敌人惊呼狂叫，乱成一堆，直等拉雷的浓烟飘散开来，才敢爬起来“开路”。敌人刚一抬腿，又中了踏雷，又是一片恐怖的哭叫声。接着，还来了第三次爆炸。敌人寸步难行，于是先用掷弹筒向前边的道路打去，然后再一步一停地小心行走。

敌人千方百计地防雷，但始终没有多大效果。深入边区腹地“扫荡”的敌军，在拂晓时沿着城北面的山梁进了城。虽然走在前头的工兵，每见一片新土都压一张写着“地雷”的纸片，但当敌人跑到县政府门前的时候，又踏中了民兵埋的地雷，七个日本兵被炸倒。原来民兵郭初让在这里埋了一大一小的“子母雷”。他把地雷埋好后，不但细心地用旧土掩埋好，还故意按下了驴蹄印。敌人的工兵没发现。

敌人从兴县沿蔚汾河北岸退走时，一出二十里铺村口，见是一条平坦宽展的公路，怕有地雷，改走河的南岸。眼前本来有座便桥，但不敢过，伪军都由水里过去了，几个日本兵跑到河水里，试试水实在太冷，就从桥下边的踏石上过，结果踏响了地雷，被炸飞了。敌人卧倒在河水里，过了老半天才冻得颤抖着站起来。从此每逢过桥、走踏石，都彼此警告说:“小心不要坐了飞机，一坐飞机又要洗澡了。”

地雷战不但大量地杀伤了敌人，而且在心理上给敌人以沉重的打击。静乐城敌军参加“扫荡”的有 400 人，活着回去的只有 100 来人，仅剩四分之一。10 月 28 日沿忻（县）静（乐）公路开向忻县的 18 辆汽车，都装满了日军的死尸。敌人在这些汽车上捆绑 15 个化装成我军的伪军，一路吹牛皮说是“俘来的八路军”。但是当地群众和据点的伪军、伪组织人员，都认得这些人是忻县伪保安队的士兵。

边区民兵地雷战中创造了很多奇迹，“地雷进攻”就是地雷战术上的一大发展。开始地雷只是埋在村口、门口与埋藏东西的地方，叫作“看家雷”，基本上是防御性质的。后来民兵在战斗中细心研究，使地雷与各种武器相结合，造成雷群的进攻阵地或防御阵地，威力就更大了。

1944 年 9 月 28 日，东村敌军 270 余人，带着牲口到静乐县抢粮。敌人刚走五里路，就被民兵诱进预先安排好的地雷阵中，炸死炸伤一个敌军军官和五个士兵。敌人提心吊胆地好不容易走到我第三区周家掌、大芦则，以为可以逃脱危险，不料又中了三个村庄民兵的埋伏，地雷和手榴弹、步枪一齐响，打得敌军人马乱作一团。等敌人逃到朝家沟村口时，民兵英雄尤美富埋的拉火地雷又炸了，浓烟笼罩了全村，接着预伏在朝家沟山上和对面小豆梁的民兵也用步枪向敌人射击。到处是地雷，到处是民兵，逼得敌人寸步难行，只好在朝家沟宿营。敌人又累又饥，进村还没驻定，周围三个村的民兵都一齐摸进村来，弄得敌人整夜不得安宁。次日天还没亮，便抬着伤兵悄悄地溜走。敌人害怕踏上地雷，特地在部队前面赶着一匹马探路。行经岔上村的时候，踏着一颗地雷没有响，敌人气愤地把地雷挖出来，打算抬回据点里面去。不料下山时地雷滑落在地上，把两个抬地雷的敌兵炸死，这次敌人一颗粮也没有抢到手，反而死伤了 18 名。

塞北民兵英雄尹茂仁率领的民兵战斗队，在反“扫荡”中曾经背上绳子和地雷积极追击敌人，在敌人行列空隙中间，迎头截住，轰击敌人，用踏雷和用 280 丈长的绳子的拉雷布成进攻阵地，一次炸死敌军 20 余人。

1944 年 10 月间的反“扫荡”战役期间，兴县民兵郭根基曾经使用过一种“活地雷”，在敌人逼近村庄时，翻山越岭，在村庄周围的大道上都埋上地雷，敌人接连被炸，便离开了大路。看见敌人绕道走小路，便把埋在大路上的地雷迅速刨出，埋到敌人要走的小路上。又一次，敌人突然到了郭根基民兵中队的村口，来不及埋地雷，他们便赶快把踏雷板和地雷塞在路边的马莲草丛中，系上一根较长的拉雷绳子，缚在紧靠大路的马莲草上。结果敌人走进草丛，踏响了一颗地雷，炸死两个士兵，吓得敌人赶快逃走了。

边区军民积极打击敌人，民兵曾在东村、普明、岚县地区布置了一条 40 多里长的封锁区，十几个爆炸组，在这一带积极活动，在最初 10 天内，就用地雷炸死敌人 70 多名。3 月 20 日，东村驻敌 50 余出村活动，刚出西门就被地雷炸死 4 人；走到任家庄，又被地雷炸死 4 人和 2 只骆驼。隔一天，东村驻敌出来与岚县出扰敌军在清水河村会哨时，为了避开地雷的轰击，在路上故意挑拣满是稀泥巴的地方前进，还是踏中岚县第三区民兵埋的地雷。3 月 30 日，敌军汽车 19 辆由东村开往静乐，为防我军和民兵袭击，特地派出 80 余名轻装部队在公路两侧伴同汽车前进，还派出 30 余名工兵，走在汽车前面 100 米处细心搜索，让汽车在后面以每小时 2 公里的速度跟进。结果还是被民兵埋的地雷炸翻数次，炸毁汽车多辆。老百姓都兴奋地说:“八路军真好，不但帮助穷人翻身，而且还帮助日本鬼子的汽车翻身哩。”一路上汽车走走停停，停停走走，大半天才到岚县城。老百姓讥笑说:“狗日的，还不如老子的牛车走得快！”走在敌人队伍前头的工兵，地雷炸处，总是先倒霉。1944 年冬，敌人“扫荡”时，光在临县白文、窑头几处，就杀死了自己的 7 名工兵。因为他们没有“拿”住地雷，而且自己没有挨炸，而炸了后边的队伍。

敌人虽然吃地雷的亏非常多，但是他们对付地雷的办法却很少。1944 年，有一次汾（阳）离（石）公路沿线的敌人出扰，走进民兵的地雷阵。民兵在山头上拉绳子，不巧，绳子断了，地雷没有响。敌人听见绳子拉断的声音和民兵低声骂“娘”的声音，就停下来东找西找，发现了拉断的绳头，顺着这条绳子头去找地雷，不料却踩响了踏雷，结果拉雷和整个“连环雷区”也都炸了，敌人被炸倒了十几个，民兵在山头笑着说：“这叫作自拉自炸。”

为对付敌军中工兵起雷，民兵想出很多新办法，从单个踏板雷发展到数个踏板雷区，从铁雷发展到瓷雷。民兵李树禄的地雷被刨走了一个，他气愤地说：“好，索性让你刨。”他又埋了一颗，上边下边安了两个爆发管，故意把爆发管的头露在外面。敌人看见了，命令伪军去挖，结果炸倒了八个。直到抗战胜利，敌人也没有找到什么对付爆破的有效方法。

福尔曼在《来自红色中国的报告》一书中，曾记述晋绥边区开展地雷战的情景：围困日本人的一个常用方法，便是在据点附近安放成百上千个地雷。有一个村庄由于这一方法运用得很成功，以致他们坚信自己摆脱了邻近据点的威胁。据点的四周是一个密布地雷的战场，民兵昼夜巡逻，防止日本人突然袭击。日本人虽然迫切需要水，但是却不能出来取水。福尔曼到达该地时，据点已经被围困20天了。他问村民，他们是否愿意军队留下来帮助他们攻下那个据点。他们回答：“不，我们自己可以处理它。”十天之后，他们攻下了那个被包围的据点，疲惫的守军没有什么抵抗，一半被击毙，另一半投降了。

福尔曼说这个村庄是他曾经见到过的最有战斗力的一个。每一条大路，每一条荒野的山路，都周密地布上地雷。地雷不仅布置在荒野的山路上，甚至小心翼翼的日军可能要走的田野上也布有地雷。警戒日本人可能增援的一种办法，就是在每一颗地雷的上方插有警告的标记牌，敌人接近时，将标记牌撤走。当你骑着马小心地曲折而行，进出于插有标记牌的地雷之间的时候，你一定不寒而栗，有一种恐惧的感觉。你希望他们不会弄错了标记！

村里的街道也布了地雷。村里人毫不经心地随意走着，好像忘记了脚下的致死之物。他们每个人都带着一种武器——或者背上挂着一支来复枪，或在屁股后面挂一颗手榴弹。这种携带武器的习俗已经成为很自然的事，甚至小孩也在腰间缠着一些假手榴弹。

战前这个村庄是以制造爆竹出名的。现在，这里的居民已经把制造爆竹的技术用来制造地雷了。在一个院子里，福尔曼曾经见到一些男人、女人和孩子在制造黑色火药，铸地雷模型，并将装好弹药的地雷排列整齐。因为缺乏金属作地雷的外壳，一些村民就凿空大石头制造石头地雷，有的把火药装在瓶子、罐子甚至茶壶里。有一个人正在制造他自己发明的木炮。

福尔曼说，这些，其重要性并不在于这些原始武器的效果优良，而是在于它清楚地反映出人民的作战精神。一个人有相当大的勇气，才能面对敌人可怕的现代化武器想出这些“微不足道”的抵抗方法。

1944 年 12 月边区第四届群英会上，曾总结了开展爆炸的经验，在技术与战术方面，得出“造、埋、看、疑、拉、打、起、晒”八字诀。

“造”指的是制造地雷的方法。地雷的种类式样先后曾有相当多的变化。第一种是单口圆雷，只有一个引信，是最初使用的地雷样式。这种地雷容易被敌人起去。第二种是双口圆雷，上下各有一个火线，一拉就炸，敌人吃这种雷的亏不少，不敢乱挖。第三种是空中跳雷，能飞跳起来在空中爆炸，炸面广，威力大。第四种是子母飞雷，即在大雷中再装四个小雷，上下左右都有雷口火线，杀伤力特别大。第五种是用泥巴烧的磁雷，可造成酒瓶子、油瓶子、灯台等小家具样式，放在桌上，敌人一动就炸。这种雷最容易普遍推广。第六种是“扳不倒”，又叫“明雷”，也叫“自发雷”，内装硫酸或硝酸管，埋上或明放在地上，敌人不知道，拿起乱转，硫酸水滴在炸药内即行爆炸。离石敌人挨过多次这种地雷的炸，以后曾下命令说：“谁也不准动土八路的地雷！”第七种是易造易埋的石雷。

“埋”是如何使用地雷，也就是地雷的战术问题。主要经验有八点：第一是“到处有”，凡敌人可能到的地方都要埋雷，这需要研究敌人行动的规律和地形的特点；第二是“遍地是”，即敌人拿什么，什么会炸，物物都可炸，处处都会炸；第三是“找不着”，伪装好，这须注意三点：一要和原地相同，不露痕迹；二要假设局面，符合常情；三要改造地形，掩饰场面；第四是“起不走”，除了用双口雷外，在埋法上民兵们使用了“二郎担山”、“套狐子法”、“鬼不挨”等，使敌人根本不能动，一动就挨炸；第五是“不怕风雨”，采用各种方法保护它，除造雷时涂敷防湿药外，埋时还用黄蜡封口；第六是“炸面广”，其方法是雷坑子小，肚子大，下面挖空，或放软草，使炸片向横的方向爆炸；第七是“埋得快”；第八是“埋成雷阵”。根据不同的地形，曾使用过的阵势有：丁字形雷阵，适宜于大道上，单埋法；蛇形阵，适宜于窄路，连环埋；三角形，适宜于交叉路口，单埋；圆形阵，适宜于广场，单埋或连环埋；散埋，但要有组织，而且应估计敌人挨炸后可能走的地点；滚雷或拨雷战术，多用在公路或大路旁边，路旁只要有一两丈高的崖头即可使用，它的特点是组成一系列的雷，最多的曾一次用过十个雷，威力大，操纵灵活，但必须实行“枪雷结合”，掩护爆炸组的安全。

“疑”是斗智，要做到真是假，假是真，真真假假，使敌人摸不着底细。临县民兵刘能则有一次在大路上埋了一颗假雷，故意露出些痕迹，另埋真雷在假雷的旁边，伪装得很好，敌避假就真，炸死八个，敌人的军官气得杀了两个工兵。

“打”是枪雷结合。民兵埋伏在雷阵附近，等到敌人临近，一阵射击，使敌人的阵势混乱，东奔西躲，便容易踏上地雷。打法也有三：一是诱敌中伏，以枪为饵，诱敌追而炸之；二是猝然猛打，逼敌进阵；三是掩护拉雷人。

“看”是埋了雷，必须派人看守，以免炸着自己人，或遭奸细破坏。主要的经验：一要选择胆大心细的民兵去看守地雷，并且要经常检查，以加强其责任心；二要分段分路，各负各责，路线常变，如有汉奸特务偷着进村，必然被炸；三要和防奸结合，一面看雷，一面盘查行人，防止汉奸破坏。

“拉”指拉雷，是地雷战术的新发展，其特点是能准确而有效地杀伤敌人，无论要炸敌人的大队、前哨、军官或伪军，都自行操纵，不仅利于杀敌，而且利于争取伪军。拉雷容易伪装，不用踏板，不易发觉。但须有严密的组织计划，预先选择地形，并须有步枪掩护才行。

“起”是要求起得好，起得快，自埋自起。不仅会起自家的雷，而且需要学会起敌人的雷。

“晒”的意思是要注意保管，经常晒干，防止潮湿，保持它的使用效力。

在这八项里，“埋、疑、拉、打”四项结合，能发挥更大的杀敌作用。

关于爆炸的组织形式，主要有四种：除了变工爆炸外，一种是以联防区为范围，以围困据点为中心，而建立起的轮流出击活动班、基干队。再一种是以行政村为单位而组织的机动爆炸队，平时准备，战时使用。具体办法是由各自然村抽出一定数量的坚强民兵，按条件分编为侦察、射击、爆炸三个组，合称爆炸队。第三种以自然村为单位，组织一个或几个爆炸组，在指挥部的统一指挥下，活动于村内村外，埋设爆炸，保卫村庄。

为了防止敌人的破坏，一切有关地雷爆炸的情报必须严守秘密。否则非但炸不到敌人，甚至可能被敌人利用来炸了自己。因此，军工厂制造地雷的技术与产量，组织雷阵具体的办法等，都应保守秘密。

爆破运动也是只有在人民战争中才能出现。而这一运动的广泛开展，又更加丰富了人民战争的战术，使得人民战争大放异彩。

南征岁月

王首道

一、挥师南下

1944年9月1日，党中央正式决定：为发展湘鄂赣等地的工作，派遣王震、王首道、谭余保诸同志率步兵十个连及干部四个连到六个连，组建“南下支队”，挺进华南，建立抗日根据地。那时候，我虽然只有30多岁，但却患有慢性盲肠炎和痔疮。为了准备长期艰苦的斗争，胜利打到被敌人占领的南方去，防止盲肠炎和痔疮在途中发作，便到医院进行了割治手术。有的同志对我开玩笑说：

“首道啊，你真准备‘破釜沉舟’啦！”

我笑着说：“不，我这是‘轻装前进’啊！”

11月10日，南下支队从延安出发了。一个多月的时间，部队翻吕梁、越同蒲、南渡黄河到达陇海铁路。

12月29日，我军从袁山村一带出发，分两个纵队齐头并进，准备通过陇海铁路。下午2时许，右路纵队前卫第二大队在千秋镇东北地区，左路纵队第一大队在千秋镇北关附近，同时都遭到国民党顽固分子张荫梧所部的阻击。我先头部队坚持党的抗日统一战线的政策，耐心向他们进行解释。说明“我们是八路军，是到敌后去抗日的”，希望他们以国家、民族利益为重，“中国人不打中国人”，让路给我们通过。但是，这些坚决反共反人民的国民党顽军，非但蛮横无理地不听我军规劝，而且继续开枪向我军射击，当即打死打伤我第二大队先头连十余人。我军在忍无可忍的情况下，奋起自卫反击。第二大队很快将顽军打垮，俘敌70余人，缴重机枪两挺，轻机枪一挺，步枪70余支。当地群众对我军惩罚这些“遭殃军”都拍手称快。他们冒着枪弹危险，为我军指引冲锋路线。战斗结束后，又纷纷涌到街头，夹道欢迎我军进城宿营。

第二天，我们在千秋镇附近的石河、峪口一带通过了陇海铁路。下午，部队行进的前方出现一条银白色的带子，在西斜的阳光下闪闪发亮，这就是自古留下许多美丽神话传说的洛河。这时候，洛河靠近两岸处还结着薄冰，河中间的急流处漂着大大小小的冰块。附近只有一只小船，每次仅载20余人。支队司令部遂派第一大队充当前卫先行徒涉，一面架桥，一面掩护主力渡河。由于缺少器材，人员也不够，费了很长时间架桥没有成功，最后我们只得决定，除少数体弱和患冻疮、关节炎的同志坐船以外，其余人员一律徒涉过河。隆冬季节，当指战员们脱掉棉裤鞋袜后，顿时全身冻得直打寒战，再低头一看河里的冰水，牙齿就禁不住咯咯作响。第二大队队长陈宗尧同志看见几个战士行动迟疑，当即喊道：“同志们，快跟我来呀！”话音未落便扑通一声跳进了河里。战士们看见陈大队长带头下水，随后也都跟了上去。

部队过河后天已经黑了。指战员们在河岸上重新穿好棉裤鞋袜，又迈开冻麻木的两腿继续前进。在行进的队伍中，我看见一个连长拉着一个战士，带着责备的语气说：“小马呀小马！我看你穿着这冻得硬邦邦的裤子怎么走路！”原来，在徒涉洛河时，被叫作“小马”的战士怕冷，穿着棉裤就下到水中。上岸之后，棉裤很快冻成了硬块，每迈一步都很困难。连长说着，让两个战士帮助小马脱掉棉裤，自己拿条棉被给他围在身上。大家见小马像个穿裙子的女人，都忍不住笑出声来。

连长回头问大家："小伙子们，你们刚才在水里冷不冷呀？"

一个战士抢着回答："说不冷那是假话！刚一下水，就像好多针一下扎进了肉里，眨眼之间透进骨心，又疼又麻，两条腿简直不像是自己的。可再难受，不过是几分钟的事，洛河横竖就是那么几十米宽，一咬牙也就挺过去了。"

连长又问那战士："现在你还冷吗？"

"不冷啦！上岸一穿上棉裤，不一会就火辣辣地发热了！"

连长笑着像是对小马，又像是对大家说："这是一条经验，往后徒涉过河，天再冷，也不能穿着棉裤下水。你说对不对呀，小马？"

二、第一次大战斗

1945 年 1 月 6 日，部队经煤窑嘴、李窑、朱庄到达黄沟，进入鲁山县境。据多方获悉：早在我军越过同蒲铁路，进入太岳军区，抵近黄河北岸后，日军即得知我军将南下，于是加紧在公路沿线构筑工事，重兵防守，企图阻止我军南进。我军南渡黄河进入河南以后，更引起了日军的注意和防备。

为了顺利通过鲁山地区，王震同志随后将全支队分成两个行军纵队：第二、三大队和支队直属机关为右路纵队，第二大队为前卫，第三大队为后卫；第一、四大队为左路纵队，分别担任前、后卫。两路纵队同时出发，分别沿鲁山县城东、西两侧向南运动，并随时准备投入战斗。

午夜，部队冒着刺骨的北风出发了。这时，天空黑得像锅底，伸手不见五指。地上的积雪在指战员们脚下被踩成雪水和烂泥，溜滑难行。走了一阵，大家身上都热汗涔涔。当右路纵队前卫部队横跨公路时，突然，第二大队长陈宗尧同志低声喊了一句："同志们注意！"指战员们一个个都瞪大眼睛，紧盯住鲁山县城方向。倏地，我们发现在前面不远的公路上，开来了一辆敌人的汽车，和我稍一接触，发现我部队正向前运动，掉头便向鲁山方向开跑。

约莫几分钟后，部队行进的左侧传来了炒豆似的机枪声。显然，这是从鲁山赶来的敌人向我们开火了。

"同志们，快跟上！"陈宗尧同志一边发出命令，一边以神速的动作，带领部队占领了有利地形。顷刻间，夜空中又响起了他那洪亮的呼喊，喊声盖过了敌人的机枪声：

"打！狠狠地打呀！"

很久就压在指战员心头的仇恨、怒火，这时都一下爆发出来了。一道道红色的弹光，划破夜空飞向敌群。无数手榴弹在敌人的阵地上开花，升起了一团团浓黑的烟雾。枪炮声、喊杀声夹杂在一起，如同山呼海啸，震动得大地颤抖……

敌人还在拼死向前蠕动。复仇的子弹，首先飞向那些蠢动的亡命之徒。前面的敌人倒下了一排，后面的敌人再不敢向前挪动一步。

"同志们，冲呀！"

战士们像突然暴发的山洪一样，向着公路猛冲下去。司号员站在山坡上，高昂着头，鼓足全身力气吹响了冲锋的号声。顿时，公路上刀光闪闪，烟雾弥漫。吓呆的敌人丢盔弃甲，哇哇乱叫。受惊的骡马挣脱缰绳，腾空跳起。敌人一下混乱了，再也支持不住，仓皇向鲁山方向逃窜。

部队乘敌溃逃之机，迅速向公路南侧运动。转瞬间，右路纵队的前卫第二大队和支队直属机关全部通过公路，渡过沙河，进入安全地带。接着，当后卫第三大队通过时，突然发现远处有一串灯光迅速朝这边移动。大队长张仲瀚同志机警地判断说：“这像是汽车灯！看来敌人又出动了。”他一边派通讯员向支队司令部报告，一边火速下达了后卫警戒的命令。

果然，鲁山的日军重新组织了兵力，并调动七八辆坦克和装甲车，以更猛烈的炮火向我反扑过来了。

张大队长当即命令一营二连组织一个加强排的兵力，占领有利地形坚决抵抗，掩护其他部队通过公路。随后，他亲自到这个排的阵地上去指挥战斗。

“同志们！你们都准备好了吗？”张大队长问大家。

“准备好了！”排长严正祥同志回答说。“大队长，你走吧，前面更需要你，这里我们顶得住！”

敌人越来越近了。等到敌人进入有效射程之内，严排长立刻一声令下：“同志们，打！”话音刚落，几十条“火舌”便一起伸向敌人。我英雄排同敌人展开了艰苦的激战。日本侵略军企图以坦克开路，用装甲车作掩护，怪叫着冲向我阵地前沿。战士杨正春盯着隆隆开来的敌坦克，轻蔑地说：“哼，好你个小鬼子！你仗着有几个铁乌龟，以为老子拿你没办法？……”说着，他从腰里一下拔出了好几颗手榴弹，全部打开保险盖，然后以猛虎下山之势，飞快地奔向敌人的坦克群。他在全班战友们的炮火掩护和全力配合下，先后用手榴弹炸毁了敌人的两辆坦克。当他准备去炸第三辆坦克时，凶恶的敌人向他开火了。他机警地朝地上一滚，躲过了敌人的射击。但是，敌坦克这时全速向他开了过来，再想躲避已经来不及了。杨正春脸上毫无惧色。他圆睁双目，怒视着那朝他身上轧来的坦克，从容地拉响了最后几颗手榴弹的导火索，只听轰隆一声巨响，人民的英雄和敌人的坦克同归于尽了。

严正祥同志打得两眼冒火，大声喊道：“同志们，替战友报仇，替人民雪恨，狠狠地打呀！”战士们用步枪、机枪和手榴弹英勇地阻击敌人，打退了敌人一次又一次冲锋。日军的坦克和装甲车没有吓倒他们。敌人无论如何想象不到，紧紧钳制着七八辆坦克和装甲车，掩护大部队胜利前进的，不过是30多名手握步枪、手榴弹的战士。

经过大半夜的激烈战斗，我左、右两路纵队都安全通过鲁山至叶县的公路，渡过了沙河。敌人企图堵截并歼灭我军的阴谋彻底破产了。在战斗中，我击毁敌坦克、装甲车四辆。在南征途中与日本侵略军的第一次大战斗，取得了重大胜利。

三、驰骋豫中

过了鲁山，南下支队就驰骋在辽阔的黄淮大平原上了。

自从进入日伪顽区，部队的军粮就成了一个突出的问题。当地群众由于长期遭受日伪军和国民党军队的骚扰劫掠，只要听说是穿“老虎皮”（指黄军衣）的队伍开过来，一声呼哨就全跑光了。开始，当地群众把我们也当成是“遭殃军”，看见部队进村撒腿就跑。在村里找不到人，可把我们的司务长和炊事员急坏了，“巧妇难为无米之炊”，他们向谁去购买粮食呢？有的战士发现屋里存有粮食，立即跑来报告。但是，主人不在，怎样才能运用这些粮食呢？部队政治部反复研究后做出一项规定：部队可在驻地群众家酌情取用一部分粮食，但要留下一部分给主人维持生活；取用部分过秤，按市价留下现金，并附上政治部统一印发的一封信：

诸位父老兄弟姐妹们：

本军作战敌后，瞬达八年。军威所至，日伪丧胆。战无不胜，所向披靡。战绩卓著，中外共闻。军纪严明，买卖公平。借物必还，损坏必偿。军中信誉，遐迩皆闻。迩者奉命南征，途经贵地，军粮缺乏，不得不就地购粮，以供军食。刻临贵府，适值外出，无法洽购。为保证军食无虞，不得不设法向贵府取去红薯若干斤，豆面若干斤，每斤以市价若干元计算，共计法币若干元，谨如数留置于柜中，尚望查收并乞见宥。

即颂

公安！

八路军独立第一游击支队政治部

部队开走以后，老乡们回来，看到自己家里一切都完好无缺，粮食少了一些，却按价留下现金并附信一封。他们看信以后，才知道我们是八路军。“世界上真有这样爱民的军队！”这消息一传十，十传百，很快传遍了远近村镇。这以后，群众只要一听说我们是八路军，不仅不再害怕，而且还热情地欢迎我们进庄，甚至恳切要求我们长期住下，保护他们。

1945 年 1 月 16 日早晨，部队到了一个叫鸭口的地方。附近有个不大的山村，叫作瓦岗寨。第二大队刚走出鸭口，只见前面瓦岗寨浓烟滚滚，火光冲天，从寨子里传出一片粗暴的呵斥声和凄厉的哭喊声。很快，侦察员气喘吁吁地跑来向大队长陈冬晓报告：一队日本侵略兵昨天从确山押运武器辎重到竹沟，今天在返回途中正在这里烧杀掳掠。陈大队长一听日本侵略者糟蹋亲人，顿时火冒三丈，高声对大家说：“同志们，鬼子既然撞到了咱们枪口上，咱们就没理由不打它！要打，就打个漂亮仗，给新四军战友做个见面礼！”战士们巴不得听到他这一句，转眼间携起步枪，扛上机枪，飞快地冲出山口去了。接着，各种爆炸声响成一片。公路上立刻腾起浓黑的烟雾，呛人的火药味弥漫在清冷的雪野上空。

陈大队长带领三营占领了一处山地的有利地形，朝山下的敌人猛烈开火，打得日军人仰马翻，死伤过半。剩下的敌人利用公路以南凹凸不平的地形顽抗，九连的战士们扔出一排手榴弹，先把敌人的机枪打成了“哑巴”，紧接着又炸翻了前面一排敌人。后面的敌人一看站不住脚，就往寨里跑，有几个敌人逃进村边一个空无一人的房里，被手榴弹炸得血肉横飞，有几个钻进茅草丛，我指战员从四面放火，把他们烧死在里面。

这一仗打得干脆利落。战斗从一开始到结束不到一个小时，歼灭日军数十人，缴机枪一挺、步枪30余支，还有几大车无线电器材和军用物资。战斗结束后，我们对损失茅草和炸坏房屋的老乡们，分别进行了补偿，又把敌人抢去的牲畜、大车全部归还物主。当地群众对我军无比钦佩，团团围住我指战员们说：“你们真是解救老百姓的天兵神将啊！”

四、鄂南恶战

2月25日，部队到达鄂南地区。走到程风寺，二大队后卫发现，三辆满载着日军的汽车开到白沙铺附近，下车后即窜入我军驻地。我第二大队派出一部分部队阻击敌人，其余仍按原计划翻过大同山，进抵大田畈、团陵湾一线。

在大田畈，第二大队、第一大队与日军进行了南下以来的一场恶战。

第一大队选择的主阵地，是大田畈地区的制高点。骄横的日军，依仗他们有大炮和其他先进武器装备，有恃无恐地直向大田畈猛扑过去。他们既迷信自己信奉的武士道精神，又迷信自己手里的武器装备，根本不问前面到底有多少敌人，只顾胡乱打枪放炮。一时间，步枪，轻、重机枪和大炮一齐开火，各种爆炸声响成一片。不久，第一大队与敌人就展开了战斗。

天黑了，敌人的炮火继续猛烈地轰击着。一串串耀眼的弹光，交织着从夜空划过。阵前的山岩，被枪弹打成了蜂窝；山上的房屋，被炮火炸成了焦土。到处都弥漫着浓黑的硝烟。我指战员们英勇地坚守着阵地，顽强地同敌人对峙着。敌人眼看夺不下我主阵地，马上又调一大队伪军来增援。日伪军潮水般地不断向我主阵地发起冲锋。我一大队这时全部投入战斗，同敌人展开了一场激烈的阵地争夺战。

午夜时分，王震一面派第二大队一、三连驰援第一大队，一面给第一大队写信，命令他们坚决消灭敌人。第一大队二连连长朱新阳接到命令之后，立即大声宣布："同志们，准备向敌人冲锋！"命令刚出，朱连长首先一跃而起，冒着密集的枪弹，带领战士们向前猛冲。日伪军原本想重新组织力量向我发起攻击，不料突然受到我军猛烈冲击，顿时乱了阵脚，转瞬就被我军追过了几个山头。最后，有一部分敌人被压缩在一条小山坳里。一时杀声震天，刀光闪耀，一把把仇恨的刺刀，刺进敌人胸膛。朱连长一连砍倒八个敌人，身上也被敌人刺伤七处。最后一颗子弹从后面穿腹而过，肠子从肚里流出，他咬了咬牙，左手按住伤口，右手高举战刀，继续指挥战斗。

从驻地赶来增援的第二大队一、三连和第一大队的指战员们，也向敌人发起猛烈冲锋，打得敌人伤亡惨重，仓皇溃逃。一部分日伪军退到东山上，龟缩在四座碉堡里负隅顽抗。我军一鼓作气，开始进攻敌人的碉堡。

在南下时，我们随身携带的都是轻武器，不仅没有大炮，连迫击炮也未带一门。敌人凭着坚固的碉堡和密集的火力，使战士们扔出的手榴弹难以发挥效力。怎么办？陈大队长和各营、连长心里都异常焦急。他们马上召集了一个紧急战地会议，号召大家出谋献策。指战员们你一言、我一语，很快想出了很多巧妙的攻坚办法。在打第一座碉堡时，大家搜集了许多当地特产的干辣椒，同干稻草捆在一起，用火点燃丢在碉堡附近上风处。转瞬间，一股股浓烟顺着风势涌进碉堡，呛得里面的日伪军又流眼泪又打喷嚏，纷纷从碉堡里跑出来。我指战员趁势一拥而上，一排手榴弹扔过去，迅速占领了第一座碉堡。攻打第二座碉堡时，战士们先用机枪把碉堡的所有枪眼都封锁起来，同时将许多炸药装在一个煤油桶里，几名爆破手抱着煤油桶，匍匐前进到碉堡旁边埋好，点着导火索后迅速退回我方阵地。刹那间，听到惊天动地的一声巨响，半边碉堡一下被掀到半空，躲在里面的40多个敌人全部丧命。攻打第二座碉堡时，我指战员们又换了火攻法。大家就地找来大量干柴枯草，成捆成捆地抛到碉堡四周，随后放一把火，顿时风助火势，使整个碉堡陷入一片火海之中，烧得里面的敌人呜哇乱叫，有的逃出碉堡，又被我军扔出一排手榴弹炸得东歪西倒。最后一个碉堡共分里外三层，建筑特别坚固，又配备了很强的火力。我军接连采用了以上几种办法都不能奏效。大家经过反复研究，又想出了一个办法：一部分战士在火力掩护下，迅速挖成一条几丈长的地沟，一直通向敌碉堡的基础部位，在里面埋上大量炸药，点火以后，轰隆一声，碉堡从中间“开花”，几十名日军全被炸得血肉横飞。

当东方出现鱼肚白色，这一场恶战终于结束了。这一仗，我军共歼日军300多名，伪军200多名，缴获大炮7门，轻、重机枪20余挺，手枪、步枪、手榴弹、望远镜等武器和军用物资无数。

大田畈战斗，是我军渡江后打的第一场大仗。这一仗，打出了我军的军威，有力地打击了日本侵略者在鄂南的力量，极大地鼓舞了鄂南人民抗战胜利的信心。在战斗过程中，当地人民群众积极要求参战。他们主动在枪林弹雨中为我军送弹药，抬伤员，还做烧饼、稀饭送到指战员手中。他们纷纷高兴地说：“打日寇，也应该有我们的份，这是我们出气的时候了！”

3月10日，我军在大源召开了一次群众大会。会上，我们向大家说明了我军的宗旨和挺进华南的目的、意义，宣传了我党抗日民族统一战线的方针政策。广大群众亲眼看到我们进军鄂南后痛歼日伪，为民除害，屡战告捷；然后对照我们的宣传，深感我们的每一句话都讲得实实在在，入情入理，真挚感人。他们高度赞扬我军的英勇、顽强，把部队当作自己的亲人。

难忘的1945年

李新

一、太岳区所闻

1944年冬，大约是十一二月间，我随刘锡五到太岳区巡视工作。刘当时是中共中央北方局的组织部长，我是组织科长。到太岳区后，我到阳城等县的乡村去调查；他留在区党委听各地来汇报，有时也就地作些调查。

在阳城的时候，听说王震、王首道的南下支队从延安出来，经过太岳区过黄河，到豫西，往南边去了。群众传说南下支队过河时，天老爷保佑，河水全结了冰，部队徒涉而过，非常顺利。这是因为河南人民对汤恩伯十分痛恨，认为他是“河南四荒：水、旱、蝗、汤”的老总。日本打来，他就跑了。而老八路是神兵天将，这时来救老百姓，所以天老爷特别保佑他们。从这个传说，可见当时民心的向背。听到这个传说不几天，刘锡五就给我来电话，要我赶快回安泽，到区党委去听重要传达报告。

作传达报告的是区党委的代理书记王鹤峰。他说：党中央认为目前抗战的形势很好，所以特别组成南下支队，以三五九旅为基干，王震为司令员，王首道为政治委员，要从豫西经鄂、湘直到桂、粤，筑一道长堤，防止蒋介石由峨眉山下来，从三门峡、三峡抢夺抗战胜利果实。同时，还由王树声、戴季英率两千余人到河南开展工作。

二、赶回北方局

听完王鹤峰的报告不几天，刘锡五就告诉我，邓小平有电报来，要我们赶回北方局。

1945 年 1 月，我随刘锡五回到山西辽县的麻田镇，中共北方局和八路军前方总部从 1940 年就一直驻在这里。回到北方局，看到了中央发来的电报，要北方局加强对冀鲁豫工作的领导。

中央的电示指出：最近冀鲁豫根据地有很大的发展，人口将近两千万，超过太行、太岳数倍。是敌后最大的根据地。但减租息大半尚未进行，各项工作尚未走上正轨，群众基础还不巩固。黄敬（当时任中共平原分局书记）又因病离职。为此，北方局即应进至冀鲁豫根据地工作，并从太行、太岳抽调一批对减租减息工作有经验、作风又好的干部到冀鲁豫，帮助发动群众，进行彻底的减租减息。北方局必须亲自抓平原工作，至少半年至一年。八路军总部及野战政治部仍留太行。随后，中央又通知：北方局去平原工作期间，山东分局、晋察冀分局、河南区党委由中央直接领导；太行、太岳两区党委仍由北方局就近领导。

根据党中央的指示，邓小平立即率领北方局全班人马南下中原。

自 1939 年我率西青救（西北青年救国会）第二剧团到前方后，即在太行山吃小米，我心里是多么地盼望有这么一天，八路军南下平原，实行反攻，把日军驱逐出中国啊！现在，这一天果然来到了！我兴奋得晚上不能入睡，从延安到太行的一切经历，像电影一样，一幕一幕地在脑海里浮现。为安定心情，我依《水龙吟》词调写成了这首词的上阕：

延安万古流芳，
延河送别多悲壮！
挥戈东渡，滔滔黄水，排空浊浪。
高举红旗，仰天长啸，太行山上。
望长城烽火，中原离黍，
凝眸处，增惆怅。

一想，这样写不对，我这时还有什么惆怅呢？惆怅，那是过去的事了，现在不是高兴得觉都睡不着吗？应该改写。正想如何改写，想着想着，一睁眼，天大亮了。于是，赶快收拾东西，准备起程。

三、直下中原

大约在 1945 年春节前，邓小平率领中共北方局全班人马，由太行山上清漳河畔著名的麻田镇起程，浩浩荡荡，直奔已被日寇铁蹄蹂躏将近八年之久的华北大平原——中原。当时所谓的全班人马，其实并没有多少人。因为自从 1942 年 5 月日军大“扫荡”使我们遭受严重损失以后，北方局进行了大精简。组织部除部长刘锡五外，只有部员两人、干事一人。两个部员即干部科长郭森和组织科长李新；一个干事即周金光。而郭森是从冀南调来的，成立平原分局时已回冀南去了。周金光似乎也走了。所以这次南下，就只有刘锡五和我两人。宣传部除部长李大章以外，只有部员朱穆之等二三人，在我的记忆中，朱穆之并没有随李大章南下。统战部和政权工作部自5月“扫荡”、张友清被俘和张衡宇牺牲后就没有再恢复。青委的江明早已离开，周惠则到太岳区担任了士敏县县委书记。妇委自浦安修随彭德怀去延安后，似乎也没有人了。秘书处只有处长陈鹤桥随行，卓琳是否随邓小平一起南下我已记不清了。交通科的人较多，大概有十来个人，但他们有任务，是不能走的。城市工作部的人也是不能走的。为了到平原去加强群众工作，又从太行区把彭涛调来，从太岳区把周惠调回，是否还有其他人，印象也模糊了。不过最多也不过两三人而已。总之，这次的全班人马，有十多个干部，但因有北方局的主要领导人邓小平、刘锡五和李大章，在当时情况下，其声势确也是很浩大的。何况还有护送的部队呢。

这次南下中原，一路顺利。一方面是因为有部队护送（但护送的部队不多，所以我已记不清是哪个部队了）；另一方面，也是主要的，是因为1942年以后，我们对敌占区的工作加强了，许多伪军据点，都是两面派，对我们通过，并不阻拦。这同1942年我率领青委巡视团，随邓小平、戎子和到冀南去的情况大不相同了。那次过平汉路没有成功，返回时还遭到日军的袭击。这次通过不少敌人的沟垒，但没有听见敌人的枪声，如入无人之境。尽管日军1944年经过豫湘桂战役，打通了大陆交通线，但从敌占区的情况看来，中国人心不死，“中原父老望旌旗”，我们的反攻，现在虽然还是局部性的，但最后的胜利已经是不远了。

一踏到平原的土地，我们就欣喜若狂。抬头一望无际，尽是麦田，而且每天都吃白面，这和太行山相比，真有天壤之别。每天一大清早，太阳就出来了，要很晚很晚，太阳才落下去；而在太行山则要很晚才看到太阳，很早太阳就被山遮住了。似乎平原的一天要比山区长得多。不过仔细一想，平原的同志们坚持抗战多么艰苦啊！他们每天都盼望早些天黑，晚些天明，他们真是度日如年。这时我们就觉得太行山可爱了。要没有太行山，我们在华北坚持抗战，不知要困难多少倍呢。

不几天，我们就到了濮阳。当时，中共平原分局就设在这里。

四、在濮阳的争论

我们到濮阳后，受到平原分局同志们的热烈欢迎。邓小平对分局干部的讲话，也使他们受到极大的鼓舞。邓小平说：当前革命形势很好，抗战胜利已不成问题。但必须使抗战的胜利成为人民的胜利，必须防止蒋介石抢夺和独占抗战胜利果实。为此，中央已派王震率部南下，从豫西、鄂西以至湘赣、桂粤，在平汉路西修一道大堤，防止蒋介石那股祸水从三门峡和三峡涌出来。这就像古代修筑万里长城一样，防止敌骑南下，到中原来抢夺秋收果实。今天，中央又要我们到冀鲁豫来，帮助你们巩固和扩大解放区，并向南和新四军的五师、四师打通联系，又在平汉路东再修一道长城，或叫再筑一道大堤，防止蒋介石那股祸水泛滥。黄水在中原是经常泛滥成灾的。蒋介石也和黄水一样，你们这里不是叫“水、旱、蝗、汤”吗？汤恩伯去年被日本人打垮了，我们就是不许他再回来。中原人民是最善于筑堤防水的，现在我们对付蒋介石，说像对付黄水为患一样，这叫作“筑堤防水”。邓小平很会讲话，讲得既深刻，又生动，不时引起大家的笑声和掌声。

随后是分局和各地的同志们来向北方局汇报工作。汇报的中心是发动农民，主要是减租减息工作的情况。这时冀鲁豫各地正在开展“雇、佃、贫运动”。何为“雇、佃、贫”？就是雇农、佃农和贫农。当时冀鲁豫发动农民进行减租减息的群众运动，搞得很“左”，只强调雇、佃、贫，不注意团结中农，甚至对中农连提都不提了。我们这些从太行、太岳来的人，见此当然感到不安。因为现在还在抗日嘛，地主、富农、开明士绅都要团结，怎么连中农都可以不要呢！但是，他们这里的群众运动确是搞得轰轰烈烈，邓小平、刘锡五、李大章不好说话。彭涛是太行来的，周惠是太岳来的，说话也有顾虑。于是他们都推着我出来讲话。那时，分局书记黄敬因病到延安去了。代理书记宋任穷又到前面管军事工作去了，分局管群众工作的是张霖之，驻地濮阳的地青委书记是纪登奎。在汇报和讨论中，平原方面主要是他们三人发言，他们都一致支持说雇、佃、贫运动正确，尤其是纪登奎，分局驻地就是他在那里“坐村”。他讲得很生动，很动听，坚持雇、佃、贫也最坚决。纪登奎是我在北京局青年干部训练班的学生，所以这次从北方局来的人都认为我出来说话最合适。刘锡五还专门为此和我谈过话。我自己也觉得应该说话了。

一到濮阳，我就注意到驻村去了解群众生活情况。会议开始后，我是白天开会，晚上到群众中做调查。尤其是大家要我发言后，我更深入地作了专题调查。经过深入的了解，我发觉这里雇、佃、贫运动，表面上轰轰烈烈，实际上强迫命令很严重。群众每晚上听见敲钢轨的声音（当地群众把破坏铁路拉回来的钢轨吊在树上，敲击它便是号令群众集合的钟声），便跑步赶往会场。就连小脚老太太也都提着马扎，一歪一扭地赶着去开会。会场上鸦雀无声，秩序井然，就像我们的正规部队集合时那样的严肃。我一看到这种现象就怀疑，经了解，果然是强迫命令的结果。雇、佃、贫农，社会地位低下，很容易接受强迫命令。当他们被组织起来，连中农也不要，就感到很孤立，便一心依靠八路军共产党。而经过减租减息，特别是通过清算退租，他们得到很大的利益，便又骄横起来，更不注意团结全村中农以上的群众。这样的地方，如果日军再来，要建立伪组织是很容易的。

我把情况了解清楚后，便在会上作了一次长篇的发言。我根据太行的经验，说明强迫命令不能真正发动群众。说明不团结中农，不争取一切阶层抗日，是经不住战争考验的，由此证明中央既依靠基本群众，又注意统一战线的正确性。而且，基本群众就包括中农在内，只要雇、佃、贫，就会脱离相当多的群众，就会孤立，群众感到孤立，就不会自觉地起来，那就只会是强迫命令了。这时我把调查到的材料，把驻村的真实情况讲了出来，到会的人都大吃一惊，谁也无话可说。纪登奎虽然不服气，有时争了几句，但在事实面前，尤其是在中央明确有政策面前，他也只好忍着不说话了。

最后由邓小平作总结。他首先肯定了平原分局的工作成绩，称赞军队打胜仗，扩大了解放区；地方干部特别辛苦，支援了战争，也发动了群众。在平原地区的地方干部，坚持抗战是很不容易的，我们要特别关心他们。然后着重谈减租减息发动群众的问题。他说：在敌后，只有依靠农民，才能坚持抗战，才能争取革命的胜利。要依靠农民，就必须减租减息，要减租减息，就得依靠雇、佃、贫，冀鲁豫的同志们着重发动雇、佃、贫是对的。但是，今天是抗日战争，不是土地革命，一定要把中农团结好，同时还要注意统一战线，团结一切抗日力量。就是搞土地革命，也是要团结中农的。从前"左"倾路线的错误，就是没有注意团结中农。太行、太岳在发动群众中注意团结中农，有好的经验。总之，我们是来帮助冀鲁豫同志们做工作的。首先，太行、太岳的同志要向这里的同志们学习，这里的同志们也应该学习太行、太岳的经验。现在，我们开始局部反攻了，不久就会大反攻，抗战就会胜利。但是，同志们切勿骄傲，一定要虚心，要团结，争取胜利早日到来。邓小平的总结，面面俱到，一场争论，就此结束，大家都感到满意。

五、难忘的奇遇

在濮阳，我还有一次终生难忘的奇遇。

群众为了欢庆春节，特地请来大戏班唱戏。濮阳虽属河南，但地近山东，群众的性格豪迈粗犷，颇有水泊梁山的英雄气概。集上人们喝大碗酒，吃大块肉。唱戏时声音高亢，尤其是花脸，力竭声嘶地大喊大叫，令人震耳欲聋。

那天我看戏看得正带劲的时候，忽然有人从身后往我肩上一拍，蓦地回头一看，原来是“死鬼”彭梦庾，叫我大吃一惊。我定睛细看，不错，这不分明是活生生的“清谈家”吗？我们不由自主地紧紧地拥抱在一起，许久才放开。这时，我开玩笑地问他：“你不是老早就‘万岁’了吗？今天不能来找我去替死呀！”他轻轻地给了我一拳，于是大家都哄笑起来。

我和彭梦庾1940年一起在北方局青委工作。我担任青训班主任，他当副主任，亲如兄弟。我俩都是四川人，爱吹牛，彼此戏称“清谈家”，别人也都这样称呼我们。1942年5月“扫荡”时，他被俘了，传说他与张友清一起被敌人杀害时，高呼“中国共产党万岁！”其实他被俘后押往太原，敌人审问时，他故意说是河北南宫人，因为他巡视工作时到过南宫，熟悉那里的情况，并学会说几句那里的话，因此连翻译都被他骗过了。这次审问，凡说是南方人的都被认为是老红军给杀了。张友清因为是中共著名人物，敌人有他的照片，所以也被杀了。彭梦庾后来被送往东北做苦工，在黑龙江挖煤矿。在听到又要把他们送到日本作劳工时，他联络了一部分可靠的人组织暴动。暴动虽然成功，但逃到森林里无法立足，于是便分散了。他找到一个地主家当长工，这家人有爱国思想，尤其是那位大少爷是个学生，很同情抗日军队。后来便是在他的帮助下，彭梦庾才能够和一个难友（一二〇师宣传队副队长？）一起回到石家庄附近那位难友的老家。经过打听，他们知道北方局已到濮阳，于是那位难友故意带上他的小侄女，一起赶到濮阳来。那个小女孩不过十一二岁，很机灵，我故意装成敌伪人员来考问她，她回答得一丝不漏，因此我相信他们一路上是很顺利的。

上述情况，是我和彭梦庾谈话后得知的。我向刘锡五做了汇报。锡五说：在前方不便审查，送回延安去吧。在延安，对他这种传奇式的经历也无法做结论。后来到了东北，张闻天经过认真调查，证明他所谈属实，肯定了他们的斗争，恢复了他的党籍，并任命他担任了黑龙江省的一个县委书记。新中国成立后，他调到江西工作。江西省长邵式平很赏识他，让他当了省政府的秘书长，同时还是省委的秘书长。他这时在江西真是红极一时，曾几次邀我到庐山去游览，但我都因工作繁忙，未能如愿。一直到今天，我也未曾亲上庐山，很可能是一生的憾事。

在“文化大革命”期间，彭梦庾这个江西的大“走资派”当然在劫难逃。但他却善于躲避，造反派很难捉住他。有一次造反派追到庐山来逮他，他实在无处躲藏，便躲进了毛主席的住所。造反派明明知道他躲在毛主席那所特别的庭院里，但谁也不敢闯进去，因此得免于难。

“四人帮”倒台后，他被周惠邀到内蒙古任自治区副主席。后来又到东北工作了一段之后便离休了。1994 年秋天，因跌跤倒在地上便仙逝了。听到他的噩耗，我不胜悲悼，现在提笔写到这里，一想起我们在太行山上的真挚友情，我的手便止不住发抖，无法再写下去了。

六、赶赴豫东

在濮阳没有住多久，彭梦庾就起身往延安，我也就起身赶赴豫东去了。

这时北方局决定在平原分局下面，设立一个豫东区党委，辖十二地委和十三地委，十二地委在水东（黄河改道后黄泛区的东面），十三地委主要在水西。我记得区党委书记是戴晓东，组织部长是王一心。

其余的人事安排我已记不清楚了。我现在看到的党史材料，有关豫东区党委的事竟一字也没有。我相信经过认真查考，豫东区党委成立的经过和它的活动情况，总可以搞清楚的。

我到豫东，是刘锡五和我谈的话。他说北方局决定新成立一个豫东区党委，因缺干部，要把王一心从太岳调到区党委当组织部长，把你调去担任十三地委副书记。现在王一心还没有到，你可随部队先走。王一心到职后，由他和你再联系。王一心原来是北方局组织部的干部科长（刘尚志之后，郭森之前），我们曾共事两三年，非常熟悉。因为形势发展很快，部队走得很急，我也赶紧跟着离开了濮阳。这时十三地委在水西，我也随部队过了黄河。但刚一过黄河，又接到通知，要我赶快到水东去。我于是离开部队，由地下交通带领着再渡河东去。经过黄泛区到了水东的中心区杞县。

大约半个月的时间内，我两渡黄河，并且经过黄泛区，使我对黄河两岸人民的苦难，有了初步然而十分深刻的了解。那一带的人民群众，居无定所，随时迁徙。所谓房屋，只不过四根砖柱，另外有一只小船，系在一根砖柱上。黄河水来了，一家人就到船上住，等水涨过砖柱，他们就驾着小船，四处漂流，随遇而安。等黄河水退了，他们又回到老家那四根砖柱内居住。因为砖柱上刻了字，所以能各回各的家。各家的土地，也可以从砖上的字，按方向、距离和面积测量出来，毫无差错。一般情况下，黄河是秋后退水，人们可以赶回家去种麦。他们种麦的方法很简单，前面一个人拉着犁走，后面一个人用手把麦种放进那浅浅的犁沟里面，这就是当地人所谓的“犁沟麦”。因为泛滥的河水淤成的泥土很肥沃，所以“犁沟麦”的收成很不错。不过要早种早收，种迟了或收迟了就有被河水淹没的危险。这一带人民主要就靠这一季麦收过日子，实在穷得可怜。家里什么也没有，穿着之破烂，看起来都像乞丐一般。我们在太行听说平原老百姓吃白面，哪里知道他们比吃小米的山西人还苦得多呢。到黄泛区看到的景象，更令人惊异！天是黄的，地是黄的，连白云经过这里也变成了黄色的。纵长至少一二百里，横宽数十里的黄泛区，大部分地方水都不深，可以步行，但脚一踏进去，浅处拔起来已感困难，越深越难拔脚，到更深的地方，则越拔越深，甚至于有灭顶之灾。这和红军经过的草地颇为相似，而这里是黄天黄地，中间还有深浅莫测的黄河流水，更增加人们的恐怖感。因有交通员引导，我们是从黄泛区上游的边沿到水东去的。上述的情况，大部分只是看到和听说，并没有亲历其苦。在随部队渡河南下的时候，我的情绪很高，曾写下一首诗记行，名曰《南下》：

中原父老望救星，
天上飞来八路军。
万里黄河今夜渡，
千寻江岸几时平？
壶浆箪食迎郊野，
戴月披星奔远程。
胜利归来再相见，
房东休怪未辞行。

等到经过黄泛区到了水东，虽然对抗日反攻的形势仍然感到鼓舞，但人民生活的困苦却使我心中感到很难过，连一点写诗的情趣也没有了。

七、在杞县工作

我赶到杞县时，豫东区党委正在开会。王一心在会下告诉我：因为十三地委在水西，这时河南省委已成立，而河南省委直属中央，水西究竟归河南还是归豫东区，尚未确定。对这个问题，豫东区党委不好说话，北方局和平原分局也要等中央决定。不过，水西还没有一个固定的根据地，他们地委和专署机关人员以及几个县的干部现在都还在水东。因此区党委决定你暂时担任十三地委组织部长，把十三地委在水东的人员全部管起来。至于如何开始工作，等再研究一下才决定。

我虽然列席区党委的会议，但大部分时间是用来了解这一地区的情况。这里本来是河南东部，因为黄河改道，才和河南其他地区分隔了。由于日军占领了津浦路和陇海路，这样，黄泛区以东至两条铁路之间的三角地区便称为豫皖苏边区。从1938年到1941年，这个地区都属于新四军活动的范围。1941年以后，党中央决定这个地区仍归华中局，但由冀鲁豫代管。1944年汤恩伯被日军赶跑后，我八路军分两路（豫西和豫东）南下。到1945年，我豫西部队又向豫中发展，以至成立了河南省委和河南军区。我平原分局成立豫东区党委和豫东军区也正是这个时候。但这时水东地区的根据地，其中心比较巩固的地区也不过睢（县）、杞（县）、太（康）交界处的一百来个村庄。现在，在这个狭小的地方，除豫东区党委、军区和行署外，还住着一个军分区（十二军分区）以及十几个县委、县政府和几个县大队，到处都是机关，到处都是干部，实在拥挤不堪，而且又没有发动群众，以至连给养都发生困难。根据这种情况，我认为当务之急，一是军队趁势向前推进，极力扩大解放区；二是集中干部，把中心区一百来个村庄的群众发动起来，实行减租清算，巩固根据地，以便加速反攻，消灭敌伪，并防止汤恩伯之流的顽固势力卷土重来。为此，我建议区党委组成一个工作团，把所有十二、十三地委的有关干部都集中起来做发动群众的工作。我愿承担这项任务而不必到十三地委去工作了。区党委采纳了我的建议，任命我为杞县工作团的团长（因为中心区大部分都属杞县）、中共杞县工委会书记兼杞县抗日游击大队政委。

这次区党委开会，正值苏联红军攻克柏林，法西斯德国继意大利之后彻底失败，墨索里尼和希特勒都已毙命，欧洲的反法西斯战争取得完全的胜利。在讨论政治形势时，人们无不欢欣鼓舞，认为日军的末日即将来到。但同时也感到蒋介石必将趁日军灭亡之际，从峨眉山下来和我们争夺抗战胜利果实。我们必须赶快“筑堤防水”，以免“祸水泛滥”。眼看平汉路西那道堤修得快，王震部队已到湖北、湖南，快要与两广打通了；而我们平汉路东这道堤，虽说在水西已有很大发展，但至今还没有和新四军的五师和四师打通关系，联结起来。也就是说这道堤还没有筑成个样子，更不用说巩固了。估计到蒋顽必将来犯，我们除军区主力要加紧反攻，努力扩大解放区并巩固和扩大部队外，两个军分区都要抓紧建成自己的地方主力，各县的游击队要赶快建成独立团或比较正规的游击大队，县以下各区都要有游击队，各村都要普遍建立起民兵来。只有这样，才能使豫皖苏解放区得到迅速的发展和巩固。而要做到这一点，首要的任务是要把中心区的群众发动起来，以便在发展中求巩固，在巩固的基础上迅速向外发展。在讨论发动群众的工作时，强调既要依靠基本群众（贫雇农和中农），又要团结一切抗日民主阶层特别是有影响的上层分子，也就是说要注意统战工作。为此，认为用共产党员的名字（无论是烈士或著名人物）作为县名，很难得到社会各阶层尤其是上层的同意。会上决定恢复杞县、睢县和太康的名称。于是，杞南（芝圃县）和杞北（克威县）合而为一，两个县委合成一个县委，由我去担任县委书记；两个县政府和两个县大队也都合并。因为合并必须有人事变动，而我在那里工作不到半年，所以现在连县长、副县长以及县游击大队的大队长和副政委的名字都记不起来了。

杞县工作团共有100多个干部，以十二地委各县的干部为最多，其次是十三地委的干部，再加上区党委和行署机关的干部。另外还有刚从敌占区和国民党统治区来的十几个知识分子。我把全团人员集中起来经过动员之后，又把他们分配到11个基点村去，每个基点村一个工作组，首先在基点村发动群众，然后推广到附近的村庄。把工作团的工作布置好以后，又把两个县大队合并的问题处理好，因为军分区副政委李中一是我在延安就熟悉的老战友，而且还是四川同乡，所以一切麻烦都靠他来帮助解决。随后我把杞县县委和县政府的驻地安放在赵村吴芝辅的大院里。为了争取和团结各阶层人士抗日和建设新杞县，我以工作团团长的身份和县长共同具名邀请杞县各界著名人士来开了一次座谈会。在会上，我做抗日反攻的政治形势报告；县长则阐明有关减租减息的政策问题。刚从开封出来的一位女大学生，是学音乐的，会作曲，会唱歌，也会弹琴，她把我刚写成的一首《眼看日本快完蛋》的歌词，按河南曲调谱成新歌，并且当场自弹自唱地表演，赢得全体与会者喝彩。随即又有两个大学生出来讲话，一个痛诉敌占区人民的苦难；一个痛斥国民党的腐败，前者哭诉得泪流满面，后者激动得怒发冲冠，所有的人听了都十分感动。这次座谈会开得很成功。有几个士绅在会后说，共产党在这里坚持抗战多难啊！现在实行减租减息，也是为了抗日反攻，我们有什么话可说，就是割下一块肉，也只得忍痛了。开完这个座谈会后，全县的领导干部，除留下个别同志照顾日常工作外，其余的全都下到基点村坐村去了。

八、在大李庄坐村

大李庄是杞县南部的封建堡垒之一。当时，敌伪还盘踞着杞县城，大李庄便成为杞南的中心地区，如果不把大李庄的封建势力打垮，要在杞县以至睢、杞、太地区建设抗日民主根据地就很困难，即使表面上建设起来了，也很难巩固。因此，我选择大李庄作为基点，并到那里去坐村。同时，大李庄离县委和县大队的驻地都不远，对照顾全县的工作也较为方便。我到大李庄时，工作组正在准备成立农民组织。大李庄的东西两头历来有矛盾，这一头主张成立农民协会，那一头却主张成立农会，争论不休，工作组也感到为难。而且冀鲁豫那套“雇佃贫思想”也传到这里来了，认为每人平均三亩地以上的农户都不能参加农民组织。我一到，工作组的干部和村里的农民积极分子都要求我解决这一问题。

经过了解，我知道村东头和村西头的矛盾，历史很久，是由于东西头的地主之间的矛盾造成的。这里在大革命时期成立过农民协会，而且参加过武装暴动，人们都说吴芝圃于1927年领导农民起义，打开过杞县城，还坐过几天大堂。这里的党组织，一直保存到现在，全村还有四个秘密党员，组成一个党的小组，长期由外面派人来直接领导（现在已归区委领导）。我首先找党员来商量，随后又和积极分子们讨论，结果大家认为农民协会本来很好，但是农民起义失败后，不仅地主恨透了它，就是农民们提起也有些害怕。现在华北的农民组织都叫农会，有八路军作主，我们这里现在也来了八路军，那么，还是叫农会的好。组织名称很顺利地解决了。关于什么人能参加农会的问题，大家都不赞成中农参加，说中农靠不住。工作组的干部也是这个意见。对此，我进行了详细的解释，说明要打败日本，反对国民党顽固派，非团结大多数人不可，结果总算说通了。不要富农参加，没有不同意见。可是什么是富农呢？都说每人平均五亩地以上的就是富农。我说：那样不好（不科学），是不是富农应该看他雇工不雇工？最后大家同意：五亩地以上又雇工的算富农，五亩以上、自己劳动、不雇工的仍是中农，可以参加农会。党员和积极分子的思想统一后，由他们去串联，很快，参加农会的人就占了全村的大多数。成立农会时，锣鼓喧天，鞭炮齐鸣，热闹极了。

紧接着便展开了减租清算运动。首先，农会会员分片诉苦。然后找出最能说理斗争的积极分子和最需要向他展开斗争的地主对象。

于是，先向容易斗倒的对象展开斗争，等取得胜利并得到些胜利果实、群众情绪特别高涨时，再召开大会向最顽固的地主展开斗争。结果不错，一个最大的、最顽固的地主也低头了。不但承认了错误，并且答应按清算账目的数字退赔给佃户、债户、雇工和全村群众（多年少交的各种负担）。由于把所有的积谷、财物拿来退赔都不够，便把土地拿来折价退赔。这下群众可高兴了，又有几家地主连土地都要拿出来。考虑到当时的情况和当地的环境，我觉得还不宜把地主的土地都给分了。事前我们也曾想到这个问题，所以我们减租减息和各种负担都是从我们在当地正式建立政权之日算起，而不是从抗战开始的1937年算起。但群众很会算账，把各种账目都一一加以清算，结果几乎所有地主的财产和土地都将被算光。怎么办呢？我找党员和积极分子来开会，说明现在就分田地还不是时候，这要等打完日本鬼子以后才可以，希望大家要忍耐。按照现在算账的结果，土地财产本应都退还我们，但我们可以大方一点，只要几户大地主的土地和房屋，其余中小地主的土地一律不动，对有困难的小地主连财物也可以多留些。就是大地主，留下的土地和房屋也要比全村的平均数高一些。大家听了我的话，开始不大同意。但经我反复解释，说如果团结不住大多数村民，如果大批地主都进城去当了汉奸，我们要打败日本就增加了困难，我们减租清算的果实也很难保得住。这里的农民有经过起义而又失败的教训，他们对我的解释终于理解和同意了。有一个老农（积极分子）拉着我的手说：老李同志，你真好，你真是在为我们操心呀。

农会在分财产的时候又发生了问题。东西头得到的财产相差很多。多的一头反对全村平分，少的一头不同意。开始是争吵，后来几乎打了起来。由于这种矛盾，民兵对地主的监视也放松了。那户最大的地主乘机逃跑，工作组领着民兵去追也没有追回来。于是立即召开农会会员大会，说明天下农民是一家，怎么能一个村还分两头呢？从前东西头矛盾是地主在争权，现在再闹东西头，要不是地主在那里挑拨，就是我们农会会员觉悟不高。我们农会会员可不能听地主的话呀，地主怕的就是我们农会团结。我们自己也不要太小气了，见了东西就眼红，总想多分一点，这样地主可要笑话我们啦。经过讨论，决定无论东西头都一样分，贫雇农分得多一些，中农也应按照账目多负担的部分退还给他们，因这是从地主那里退赔的，我们贫雇农不应该去占中农的便宜。这样分配的结果，大家都感到满意。随后又召开全体村民大会，说明减租减息是孙中山的主张，中国政府早有明令，现在抗日民主政府是要坚决实行的。这不仅对农民有利，也是为了打日本，你不能让人饿着肚子抗日嘛。这是对全中国人都有利的，对地主也有利呀。中国亡了，地主不一样当亡国奴吗？因此反对减租减息是不对的，不利于抗日的。地主接受减租清算是好的，逃跑是对减租减息的对抗。如果赶快回来，还可以原谅；如果不回来，就要受到应得的处罚；如果进城当了汉奸，那就是全中国人民的罪人，人民政府是绝对不能饶恕的。村民大会后，还分别向各地主家告诫，以后就再没有地主逃跑了。对地主的逃跑，农会会员们进行了深入的讨论，一致认为农民必须加强团结，防止地主有任何报复的活动。从此，农会更加巩固了，民兵的警惕性提高了。连妇女会、儿童团也更加活跃。

由于运动一开始就注意培养贫雇农积极分子，所以在运动中能逐个地发展党员，不到三个月全村就有党员十几名了，于是建立起支部，并通过党支部去领导全村工作。运动后期，又在全村展开了民主运动，由全村公民来选举村长。选举时，不但农会会员们积极参加；没有参加农会的农民（主要是富农）也表现得非常积极；就连地主家，也都不分男女，只要是成年的全都来参加了选举。全村的妇女救国会也重新经过选举，一个姓任的老党员当选为妇救会主任，她在村里很有威信，人们都叫她任大姐。对民兵的审查很严格，不仅全部都是农会会员、贫雇农；而且几个合格的党员都参加了进去，并由一个身强力壮的支部委员当了队长。

大李庄的群众，经过减租运动是发动起来了。因为我不久就离开了杞县，这里的工作是否经受住战争的考验，我一直很担心，很想有机会再去作一番调查，可惜至今未能如愿。

九、抗战胜利

我这次到豫东，估计我们总得经过一两年的艰苦斗争，抗战才能取得胜利。到那时，我们在平汉路西和路东的两条长堤都修好了，蒋介石被我们挡在中国的西南和西北，华东和华中的大部分都将被我们解放，华北和东北更不用说了。这样，中国革命将通过抗日战争的胜利而同时取得基本上的胜利。谁也没有想到抗战胜利来得那样地快，以至一听到胜利消息，不但感到无比的欢欣，同时也感到无比的惊奇，而且还有些忐忑不安。

太平洋战争一爆发，我们抗战必胜的信心得到了百倍的加强。“今年打败希特勒，明年打败日本”的口号，我们当时都很相信。后来没有实现，有些工农干部泄气了，但我们这些比较有国际知识的干部，仍然坚信日本必败无疑，只是要看苏联反攻德国和美国反攻日本的时间何时到来，以及其发展进程如何。等到 1942 年至 1943 年苏军在斯大林格勒大胜和美军在太平洋瓜岛（瓜达康纳尔）反攻胜利后，日本战败的形势已定。希特勒败亡后，大家都认定日军的末日即将到来。一听到雅尔塔会议的消息，特别是波茨坦公告的发表，更认定日军的日子已屈指可数了。人们这时对时事特别关心，每天都盼望着有新的消息。

从开封出来的两位女学生，身体病弱。我到大李庄坐村时，她俩要求同去。考虑到她俩难于同贫雇农同吃同住，我劝她们先回开封去为我们在城市中工作。开始她们不同意，后来同意了，而且很感动，坚决把一个很好的照相机和不少胶卷送给了我。我根本不会照相也不爱照相，恰好一位刚从水西过来的军队干部很喜欢它，我于是转赠了他，他便把一个收音机送给了我。这个收音机很好，是反顽斗争的战利品，美国货。这下我可高兴了！每天能收听敌伪电台和重庆电台的新闻，天气晴好、夜深人静时还可以收听到延安的广播。听到美机轰炸广岛的消息，我们兴奋极了！接着是苏联红军参战，美机再炸长崎。我们每天都要听到深夜，务求从延安的广播中证实重庆中央电台传出的消息是否可靠。

8月15日，我们也是首先从重庆电台听到日本投降的消息。我们抑制住心里的兴奋，一方面让村干部和民兵准备庆祝；一方面拟就宣传品的文字，派人拿回县委机关大量印刷，准备随时可用。不一会儿，我们从延安电台证实了日本投降的消息。一时，人们兴奋极了，所有的锣鼓响器都敲打起来，所有的爆竹、火炮都放开了，无论男女老幼都走出了家门，在口号声、欢呼声中，人们无不兴高采烈，以至热泪盈眶。周围各村也都得到通知，跟着和大李庄一样地狂欢起来。就在这时，军区、军分区、行署、专署都发来了正式的宣传品，于是，我们也把早已准备好的宣传品到处散发。第二天，各村墙上都贴满了红红绿绿的标语和传单，到处都有人群集合呼口号，唱抗日歌曲。有的村庄还开始唱大戏，比逢年过节还要热闹。这样热烈的庆祝活动一直延续了好几天。

在这一片欢腾的日子里，我的心情非常复杂。我当时写了一首诗，记录下了这一难以描述的心情：

爆竹连天天未倾，
杞人今日尽欢声。
八年流血山河赤，

忽忆英雄泪满襟。

当延安获悉苏联对日宣战后，8 月 9 日，毛主席号召全国军民立即对侵华日军实行战略大反攻，争取抗战的全面胜利。8 月 10 日，八路军总司令朱德在延安总部发布了七道命令，命令解放区军民展开全面反攻，限期要日伪军投降，否则予以坚决消灭。根据这些命令，我冀鲁豫主力部队准备进攻开封。杞县的日军偷偷地撤离了杞县，但伪军却拒绝投降。我军区和分区遂决定以杞县等五个县大队和各区队数千人围攻杞县城。但杞县城池坚固，围攻了十天也未攻克。这期间，蒋介石于 8 月 11 日竟发出电令："中共十八集团军部队就原地驻防待命，勿再擅自行动。"8 月 13 日，我朱总司令致电蒋介石，坚持拒绝了他的错误命令。并于 8 月 15 日日本宣布投降后致电侵华日军总司令冈村宁次，要他命令被我解放区军民包围的日军停止抵抗，向我解放军投降。

正当延安和重庆争取受降权的时候，我党中央得知苏美之间已达成"红军不入关，美军不登陆"的协议，盟军总司令麦克阿瑟已电令蒋介石，要他接受中国战区的日军投降。这样一来，我军解放平、津、京、沪以及武汉、开封等大城市已经不可能了，中央因此电令各解放区立即改变方针，努力攻取中小城镇，占领广大乡村，并破坏便于敌人进攻我解放区的那些铁路。

8 月 20 日，中共中央决定撤销北方局，分别成立了晋冀鲁豫中央局和晋察冀中央局。同日，晋冀鲁豫中央局成立，以刘伯承、邓小平、薄一波、滕代远、王宏坤、张际春、王从吾、杨秀峰等 21 人为委员，邓小平任书记，薄一波任副书记。同时成立晋冀鲁豫军区，刘伯承任司令员，邓小平任政委，滕代远、王宏坤分任第一、第二副司令，薄一波、张际春分任第一、第二副政委（张兼政治部主任），李达任参谋长，下辖太行、太岳、冀南、冀鲁豫四个军区。这样，平原分局、豫东区党委就自然取消了。

晋冀鲁豫军区成立后，根据中央的方针，放弃进攻开封，转而夺取中小城镇，杞县城便成为我豫东军攻取的首要目标。在包围和进攻杞县城期间，我每天骑着一匹快马，来回奔走于指挥部和赵庄、大李庄之间，忙得不亦乐乎。至于本地干部，他们为解放县城而动员一切人力物力，其辛劳比我更甚，不过，他们的兴奋之情，当然也超过我许多。8 月 26 日，我冀鲁豫军区十五团、三十团和二十九团互相配合作战，一举攻克杞县城，全歼守城伪军，杞县城终于解放了！

打开了杞县城，全县人民的高兴就不用提了，我们县委、县政府和所有的干部忙得几天几夜不睡觉，但谁也不感觉疲劳。就在这个时候，传来了毛主席到重庆去参加和平谈判和党内关于和平谈判的通知，似乎国内和平大有可能之势。但这时陇海路上，国民党军队不断从西面开来。很显然，我们“筑堤防水”的计划落空了。豫东在陇海路南，人们深深地感到国民党要打内战的威胁。所以尽管重庆在开谈判议和平，我心中始终忐忑不安，对和平并无厚望，而且担心杞县的工作，能否在国民党大举进攻时经受得住考验。

十、重返太行

毛主席在重庆谈判期间，刘少奇在延安主持中央工作。在了解到东北的情况以后，党中央提出向南防御、向北发展的战略方针。从延安派出了大批的领导干部和干部队伍到东北去。从华北和华东除派出大批干部外，更重要的是调去大量的部队或部队架子（只有干部没有战士）到东北，决心把东北拿到手。我们在谈判中，不惜把陇海路以南的八个解放区让出，我们的解放军可以缩编到 24 个师或至少 20 个师，和国民党军可以保持 1∶7 的比例。

中央要我们从华北到豫东去的干部和部队都撤回到陇海路以北的冀鲁豫区，我们感到很为难。当我们初到豫东时，特别是我们在发动群众时，老百姓怕我们走，怕变天，问我们走不走？因为新四军在这里曾几进几出，老百姓希望我们老八路不要像新四军那样，要顶住国民党。我们当时为了取信于民，曾信誓旦旦地对群众说：我们要永远和他们共患难、同生死，要与豫东这块土地共存亡。现在，我们到豫东不过半年，而且杞县城也打开了，在群众看来，正是大好形势，而我这个县委书记，大队政委，就可能要弃他们而去，我们怎么好说话呢？从区党委到县委，接到这个撤离的指示后都没有立即向下传达，甚至对县级干部中的本地人，也暂时不让他们知道这个指示。

但本地干部很快就知道了华北的同志要走的消息。他们来问我，我不好再隐瞒，只好如实地告诉了他们，并说我本人还没有接到要我撤退的通知。同志们都热情地挽留我，都说杞县人民知道我是个好人，一定会用生命来保护我。我听了很受感动，于是决心留下来，如果在地方上实在待不住了，可以随新四军四师行动。在北方局南下之前，组织上就曾打算派我到敌占城市或回四川去工作。看来我到北方来打日本已完成任务，以后似乎应该在南方工作了。

当我把想留下来工作的意见向组织上提出后，这时中央又转来了对李先念撤离中原后当地应如何在国民党统治下工作的指示。大意是：国民党对撤离后的解放区一定会搞阶级报复，因此一方面要在艰苦的条件，坚持游击战争，一方面也要尽量争取合法，利用合法手段在白区坚持地下工作。因此，只要还不太红的干部，尽可以和群众一道去“自首”，仍然担任着原来或新委任的“公职”。只是不允许用党员的面目去自首，如果那样自首，就是叛变，就要开除党籍。

我向杞县的党员干部传达了中央给中原局的这个指示；并表示我愿和大家一起在杞县坚持革命斗争。同时，我还对在杞县这一段工作做了检查和总结。我说：我们对革命形势的估计过于乐观也过于简单了。从全局来看，抗战胜利了，革命形势很好。但豫东地区，特别是我们杞县很可能变得更加困难。我没有预见到这一点，所以我们在工作中有许多缺点和错误。我们不该把长期保存下来的秘密党员都提成了干部，这就使他们很难在本村、本地继续工作下去。我们在群众运动中打击的面也大了一些，使我们丢失了一些朋友。但是群众发动起来了，我们的力量强大了，国民党再来，本地人也得考虑实际情况，不敢轻易就和我们拼命。在讨论到我能否在杞县工作时，他们都说能够，认为我来的时间虽然很短，但影响很大，名声很好，不仅基本群众拥护，就是在上层人士中印象也不错。因此在偏僻地区，找个学校当教员还是可以的，不走要改个名字，他们说外来人在杞县做事（当教职员）的并不少，还说我已会说河南话，口音和本地人差不了很多，在群众掩护下是完全可以在杞县站得住脚的。我听了这些话很高兴。因为我有一定的白区工作经验，所以我这时对留下来工作的信心更增强了，何况实在不行时我还可以打游击呢，而打游击我也是有经验的。

会后我便和几个县委同志做了认真地研究，哪些人太红了，必须随部队到华北去；哪些人换一下地方到附近区县安置，哪些人可以留下来，根据情况以农会会员、民兵队员以及乡村干部的面目去登记或“自首”；我们研究得很具体，随后就分别和他们谈话，征得本人同意。一切都按中央指示办，进行得还算顺利。谁知后来在“文化大革命”中所谓“揪叛徒”的时候，造反派说中央给中原局的指示是刘少奇搞的，刘少奇是“叛徒”，李先念也是“叛徒”，应该揪出来。造反派也曾来追查我，想把我也打成“叛徒”。我料定他们根本不了解情况，所以并未如实“交代”，只推说我离开杞县很早，后面的情况一概不知，他们追问两次，毫无所获，也就算了。

正当我在杞县布置好工作，准备迎接困难局面的时候，《双十协定》公布了，我党让出陇海路以南各解放区已公之于众。同时又传来了我晋冀鲁豫解放军取得了上党战役的胜利，消灭了阎锡山军队13

个师3.5万余人。中央并指示说，只要能打好几个大胜仗，和平还是有希望的。我这时已拿定主意，不管和平也好，打仗也好，我要在杞县坚持下去，直到革命胜利。并且自以为这次工作布置得早，有预见，而且把困难估计得很充分，因此以后不会在任何情况下束手无策。但就在这时，区党委转来了中央局要把王一心和我调回太行山的通知，说我们两人都是原北方局组织部的干部，现在的中央局是原北方局改组而成的，而组织部的干部全都走了，要我们两人立即返回，不得延误，并且不必经过冀鲁豫区党委了。

这时的陇海路已被国民党军占据，必须随军队才能经过。恰好我撤回华北的第一批部队就要出发，于是决定我们立即随军行动。因这次军队的行动是秘密的，我的行动也必须保密。但在动身的前夜，我还是到大李庄去告诉了那里的四个老党员，要他们按县委的决定办，杞县以后虽然会很艰苦，但最后还是会取得胜利的。同志们一个个都满脸是泪，但又不敢放声大哭，其情其景，令我毕生难忘。直到东方发白，他们才拣最僻静的小路把我送出村。这时两个警卫员牵着马已在那里等候多时，催我赶快上马，别误了部队出发时间，我这才挥泪和村里的同志们告别。

王一心和我一行六人（其中有四个警卫员），随冀鲁豫的部队过了陇海路，因部队别有任务，我们就只好单独行动了。在过去，几个穿着军装的八路军在敌占区公然行走是不可能的。可现在，日军投降了，伪军虽然投靠了蒋介石，但蒋在国共谈判中被迫颁布了《惩治汉奸条例》，因此，伪军很心虚，唯恐八路军去打他们。我们了解到这种情况后，就大胆地穿着军装，戴着臂章，骑着高头大马，带着警卫员大摇大摆地由南而北，直奔邯郸（中央局所在地）。我们经过敌人据点时，炮楼上的日军都已走光了，伪军没有敢向我们挑衅的，有的还故意向空中鸣枪鸣炮，仿佛是向我们致敬似的。我们很快就到了大名，这时才知道邯郸地区正在打仗，中央局不在邯郸而在峰峰煤矿区，于是我们便绕道从磁县赶赴峰峰，找到了中央局。

我们到中央局时，人们正兴高采烈地庆祝平汉线战役的胜利。在这一战役中，国民党第十一战区副司令长官兼第八军军长高树勋率部起义；第十一战区副司令长官兼第四十军军长马法五以下 1.7 万余人被俘，因为他们除 3000 余名伤亡者外，都未曾顽抗，我们便给他们取了一个比较好听的名称，叫作“放下武器”而不叫投降。一次中央局正在开会时，陈赓闯进来向负责同志敬了个军礼后，假装气呼呼地喊道：“报告首长，我想当俘虏。”大家劝他先坐下，然后才问他为什么想当“俘虏”？他回答道：“当俘虏好嘛，受优待，有棉衣穿。当解放军有什么好处呢？活该冻着。”于是大家便讨论开了。觉得先把棉衣发给俘虏而让我们的战士们挨冻不妥，决定现有的棉衣平半分，以后做了新的也平半分，最后每人一套，这样最公平合理。由此并想到“优待俘虏”一词不如“宽待俘虏”一词好。在随后向中央的报告中正式提出了这个建议，中央采纳了。

关于王一心和我的工作问题，王一心因为离开北方局较早，他又坚决要求到东北去，这也符合当时的需要，所以组织上就批准他到东北去了。虽然我也要求到东北去，但这时北方局组织部就只剩下我一个人了，中央局组织部长宋任穷对我开玩笑说：“我一来，你们原来的人，从部长到科长全去了东北（因为刘锡五已早去了东北），这叫我怎么办呢？是不是对我不欢迎呢？”于是我只好留下。不过，留下来以后，中央局组织部也只有部长一人（宋任穷）和科长一个（李新），一共两个人而已。

接着，中央局撤回太行山，撤到武安县的伯延镇。难忘的 1945 年就这样从太行山南下平原开始，又从平原回到太行山告终。

用胜利迎接大反攻

——记 1945 年冀中我军夏季攻势的第二阶段作战

李健

1945 年 6 月 10 日至 7 月 4 日，在冀中军区发起的夏季攻势第一阶段的子牙河东战役中，我八、九分区部队，在杨成武司令、林铁政委指挥下，密切配合，英勇作战，攻克子牙、王口、沙河桥、津南庞家庄等重镇，以及大城、献县两县城，将独流至献县 200 余里的子牙河沿线敌大小据点全部摧毁，使八、九分区根据地，向东越子牙河，推到运河、津浦路沿线及天津以南地区。

冀中我军夏季攻势第一阶段作战结束后，我九、十分区奉命展开了以横扫平津外围据点，把解放区扩大到北平、天津、保定三大战略要点附近为目标的大清河北战役。7 月 1 日是党诞生 24 周年纪念日，冀中九地委在任丘城北八里屯召开纪念大会。地委书记兼分区政委陈鹏和副政委王道帮在会上勉励部队："要胜而不骄，再接再厉，更加英勇地战斗，继续解放被敌人占领的地区。"大会结束了，人们怀着激动的心情，回忆着过去，期待着更大的胜利。

会后，我分区司令部（当时我任参谋长，司令员因病离队休养）立即召开了作战会议。王副政委首先传达了军区首长的指示：“我们不能给敌人喘息的机会，必须立即发起夏季攻势的第二阶段作战——大清河北战役。这个战役由九、十分区并肩作战，以消灭伪治安军第七集团军主力十九团、二十团，争取解放霸县、信安、堂二里、胜芳等城镇据点，彻底打开永霸联县及武清南部地区为目标。九分区为右纵队，攻击天津西面信安、堂二里、胜芳、得胜口等重要据点，争取消灭伪军治安军十九团及伪静海道和武清县武装。十分区为左纵队，攻击霸县、独流、牛坨等城镇据点，争取消灭治安军二十团及伪雄、霸、固地方武装。十分区的战役主要方向，除本分区全部兵力外并加强军区总预备队兵力……”王副政委讲完后，我让侦察股长李盈九扼要地报告了敌我态势：“战役地区除天津外，敌伪共约为4000余人。我参战部队四个团、队，三个县支队，一个县大队，也约有4000人。从敌我数量上来看，大体是一比一。”接着，他又介绍了敌人的优势和弱点。

大家围绕军区首长的战役企图和分区的作战任务，展开了热烈的讨论。分区司令部作训股长雷溪提出了很好的建议。二十四团团长张英辉、四十二区队长李吉高坚决要求担任主攻。三十八区队长贾桂荣和三十四区队政委杨栋梁，在具体打法上谈了各自的意见。我集中大家的意见，提出了围歼伪治安军十九团的作战预案：“以三十八区队附文新支队、二十四团附武清大队为战役打援部队。三十八区队先袭击胜芳，攻克后即向王庆坨北部码头镇、黄花店方向扩大战果，并向永清、安次方向侦察、监视，准备打援。二十四团先袭击得胜口，攻克后迅速进至王庆坨、堂二里之间公路两侧，处于机动位置，并向天津、杨柳青派出侦察、警戒，坚决打击天津、王庆坨西援之敌。四十二区队附任丘支队围攻堂二里，三十四区队附肃宁支队围攻信安。作战方式主要采用强攻和坑道爆破，并以政治攻势相配合。因此，各部队要抓紧时间，认真进行坑道作业准备与强攻演习。”

最后，王道帮副政委作了总结。他同意以上决心、布置和打法，强调要深入做好战役政治工作，防止骄傲轻敌，力争彻底、干净、全部歼灭伪军治安军十九团。并提出由分区政治部刘光裕副主任带一个组到堂二里，宣传科长王功学带人到胜芳，帮助各部队加强内部思想工作和对敌人的政治攻势。

经过近十天的紧张准备，分区参战部队于7月10日夜均已到达战役出发地域，接受了分区的最后检查。12日夜沿着大清河岸分两路向战役目标地区急进，二十四团、三十八区队文新支队，由胜芳以东偷渡老大清河，远道奔袭胜芳、得胜口。四十二、三十四区队及任丘、肃宁支队进至信安、堂二里以南，先准备打击出援之敌。

12日夜晚，天气阴沉沉的，分区指挥所沿着大清河北岸向东挺进。午夜，我们进至处于信安、堂二里、胜芳三角形中间的中口村。在路上，我们已听到三十八区队袭击胜芳的枪声。到中口村时，枪声、手榴弹声震撼大地，好像近在村边。大家很高兴。看来三十八区队打得不错。随之有四个骑兵通讯员先后来送信，报告三十八区队、二十四团都准时开始战斗，并一举袭入村内，正与敌进行激烈巷战。我和王副政委一边了解和掌握作战情况，一边加强与各部队的联系。

指挥所紧张了一夜，谁也没有休息。天刚亮，我到村边观察地形，准备指挥打援。突然听见后面有人叫“零五首长”，回头一看作战参谋白俊卿喘着粗气跑来报告：“二十四团经五小时激战，已攻克王庆坨通堂二里、信安的咽喉得胜口据点，全歼伪保安联队三大队百余人，缴获机枪三挺、步枪百余支。”我说：“好，二十四团打响了战役第一炮。你赶快报告雷股长，立即指示该团迅速打扫战场，后送俘虏，加强侦察警戒，抓紧构筑工事，准备打击由安次和王庆坨出援之敌。”

13日晨6时许，贾桂荣同志报告：“部队已攻入胜芳镇内，攻克碉堡三处，现正准备爆破，内外夹击敌人。今晚可望拿下该镇。”

这时，我们在静候信安、堂二里敌人出动的消息。但侦察员接连报告说，这两个据点敌人，将四门紧闭，只向外放冷枪，却没有出动的征兆。

当日中午，我们断定信安、堂二里之敌不会出援了。就马上命令潘永堤、李吉高同志率部于黄昏后，分别围攻信安、堂二里，争取一举攻克，全歼守敌。

晚9时整，指挥所的东北、西北方向枪炮声震耳，火光冲天，我强攻信安、堂二里的战斗打响了。

指挥所的电话铃不停地响着。

“李吉高同志吗？怎么样？打进去没有？”我问。

“部队动作很猛。火力组织得很好，敌人虽然顽抗，但由于受我机枪和特等射击组的火力压制，大都不敢露头，多系盲目射击。现在我们已从村东、村西打进去了，正向内猛插，争取接近主碉后再挖坑道，进行爆破。”从声音里可以听得出李吉高同志胜利信心很足。

“好！现在一面强攻，一面动手准备挖坑道。你们要和三十四区队比赛，看谁先攻下敌人的据点。”我又给他们加了一把劲。

这边电话机的铃又响了。白参谋递过听筒说：“是三十四区队杨政委。”

我接过机子就急不可耐地说：“杨栋梁同志，你们打得好吧？四十二区队已从两个地方打进去了！”

杨栋梁同志马上回答：“我们也打进去了！但敌人十分顽固，大、小碉堡都有很深很宽的围碉沟，不费较大力量挖坑道爆破，是不容易攻下来的……”

我立即指出：“现在一方面继续向村内攻击，力争夺取有利地形，接近敌之主碉，缩短坑道距离，主要精力应用于组织坑道作业，争取尽快爆破敌主碉；另一方面，预备队要积极改造围村沟，加筑战斗设施，把四面八方围得紧紧的，决不能让敌人跑掉一人一马。”

我立即将这些情况报告了王副政委。我俩马上研究如何迅速结束胜芳战斗，将三十八区队抽出来，对付可能从永清、安次方向来的援敌。这样有两个拳头打援，围歼伪十九团就更有保障了。

恰在这时，贾贵荣同志来电话报告：“敌人很顽强狡猾，逐街逐院与我们打游击，不肯缴枪。但我们已攻克碉堡14座，俘获敌一部。伪军逃跑一部，文新支队正在追击。现只剩西南角两座碉堡未拿下，我正进行坑道作业，今晚可能攻克。”看来，尽快解决胜芳战斗有点困难，但问题不大了。

14日下午6时，胜芳战斗胜利结束，我歼伪静海道教导大队大部，俘百余人，缴机枪三挺、步枪160余支。我们即令三十八区队连夜进至堂二里以北，准备阻击来自永清、安次方向增援之敌，并相机攻歼葛渔城、码头镇敌人。留文新支队打扫胜芳战场，掩护开辟工作，并向杨柳青、独流方向警戒，作为分区预备队。

信安、堂二里的敌人因弹药充足，拼命射击，火力十分强烈，平均每小时打迫击炮60余发，机步枪日夜不停射击。敌人还用挖掘、爆炸等反坑道战术与我对抗。这给我坑道爆破增加了很大困难，使我进攻受阻。

胜芳战斗结束后，我马上带参谋到了围攻堂二里的四十二区队指挥所，和李吉高、王治平、谢才琴同志一起观察了地形，详细研究了战斗动作。当即决定，一面组织突击力量，作好强攻准备；一面采取火力封锁、佯攻及在假坑道埋设地雷等办法，打击和欺骗敌人，粉碎敌人的反坑道企图，加速我坑道作业。要争取几处同时爆破后，以强攻手段一举歼灭敌人。接着，我又看望了民兵和战士们，他们虽然一昼夜没有休息，但是战斗情绪十分高昂，个个都像小老虎，恨不得一口吃掉敌人。我问他们知不知道上级对打好这一仗的要求，他们都响亮地回答:“一定要彻底消灭敌人,不使一人一马跑掉。”

到15日,敌人经过两昼夜的垂死挣扎,已精疲力尽,而我则一切准备就绪。下午3时,我开始爆破和强攻。数声巨响,烟冲云霄,堂二里的群碉被炸得粉碎。随之,突击队像数十支利剑一样刺向敌人。英勇的战士们冲进去以后很快扫清了顽敌,解放了堂二里。这次战斗,我全歼伪治军安第七集团军主力第十九团的二营、三营(欠八连),毙伤伪连长以下官兵百余,其余的从两个营长以下的官兵600余全部被俘。缴获迫击炮三门、重机枪三挺、轻机枪12挺、步枪400余支,子弹1.5万余发。

为了保证三十四区队围攻信安的作战,我们命令四十二区队集结堂二里西北地区,准备打击由永清方向增援之敌,并随时接应三十四区队防敌逃窜。为调动和钳制敌人,命令三十八区队配合武清大队于16日夜开始袭击葛渔城、码头据点,成功后,从黄花店附近进入武清南部;二十四团抽两个连从王庆坨以南进入武清,南北呼应。同时大力发动群众填沟、破路、割电线,捣毁大乡伪政权,调动和钳制武清、安次之敌伪,并令津南支队积极向天津近郊咸水沽、葛沽、小站一带行动,迷惑、钳制天津之敌。

我们刚作好这一部署,接到军区来电,说:“十分区进攻霸县受阻,固安一带敌伪集结1500余,附有坦克、装甲汽车,似有增援解围霸县及信安的企图。”军区除令我们迅速围歼信安之敌外,还应准备抽四十二区队带任丘支队及区小队增援十分区,围攻霸县。

为贯彻军区指示,分区指挥所决定,立即将任丘支队、区小队调给三十四区队进行坑道作业,并从分区机关抽出得力干部到三十四区队帮助坑道作业和加强攻势。

信安坑道作业力量加强后,16日爆破了一个小碉堡,炸后我立即组织冲锋,但被敌人火力压制,未能奏效。从此日起,敌人从天津每天派来两架飞机到信安低空扫射投弹,企图稳定守敌情绪。而守敌所有碉堡及敌团部院内的水井均被我火力封锁，敌人相互不能通行，也不敢下碉堡外出一步，已三天三夜没有起火做饭，加上其电台被我打坏，联系中断，下层开始动摇，先后有十余名伪军从据点内爬出向我投降。但敌上层镇压很凶，发现稍有动摇表现的，立即枪毙。所以敌火力依然很猛，我强攻仍不容易。看来，非爆破敌团部固守的主碉不能解决问题。为此，我们又集中任丘、肃宁两支队及区小队力量，抢挖爆破主碉的坑道。不料数次接近碉堡，都被敌人用挖沟、埋设迫击炮弹、扔集束手榴弹、扇烟、浇水等手段破坏了。问题越来越严重。我们又用佯挖欺骗敌人，吸引敌人注意力，声东击西，将坑道改向另一方向，并尽量轻巧挖掘，避免敌人发觉，同时用严密火力封锁敌人，使其不能接近真坑道的地面。经过两昼夜的艰苦斗争，于17日黄昏将坑道挖到敌主碉下，这时又发现碉基是水泥与柏木桩，挖不进去。如用力凿劈，震动大又易被敌人发觉。我们紧急召开“诸葛亮会”研究，终于解决了这个难题。与此同时，我们还加强了政治攻势，利用在堂二里俘虏之伪二营长，对伪团长孙宾年喊话；同时，我们对敌士兵讲政策，晓以大义，使其士气更加低落。

18日2时整，我军在坑道爆破的同时，发起猛烈强攻，一举成功，敌大部投降，少数抵抗被俘。驻信安的伪治安军十九团团直、一营和三营八连及伪治安军第七集团军指挥所同时被我全歼。生俘伪团长以下500余人，缴迫击炮三门、轻重机枪11挺、长短枪400余支、马100余匹及大批装备物资。

至此，驻堂二里、信安的伪治安军十九团及第七集团军指挥所，经六昼夜围攻，被我干净彻底全部歼灭，未跑掉一人一马。

19日，冀中军区杨、林首长来嘉奖说：“信安、堂二里战斗的胜利，将据守该地之伪治安军第七集团军指挥所与辖十九团团直、三个营部、11个整连全部歼灭，创造了冀中平原歼灭战的范例……”

随着信安、堂二里歼灭战的胜利，三十八区队、二十四团将武清地区彻底打开了，天津以西除王庆坨、黄花店、东府港以外，武清地区全部解放，天津西部完全暴露在我军威逼之下；津南支队也攻克了距天津十余里的咸水沽，逼退了津南大泊据点，控制了塘沽南渤海岸100余里，天津南部也暴露在我军威逼之下，形成了兵临天津城下的有利战略态势。

“八一五”前后的东北抗日联军

王一知

1931年日本侵略者发动了九一八事变。在蒋介石不抵抗政策下，不到半年时间日军就占领了整个东北。九一八事变后，中国共产党领导了东北人民的抗日斗争，创建了东北抗日联军，坚持反侵略斗争。抗日武装力量曾发展到十大联军三万多人。在北满、南满、东满、吉东与日交战中，形成品字之势，互为依托，歼灭了大批日伪军。抗日联军用生命和鲜血谱写了可歌可泣的壮丽诗篇。在1945年“八一五”东北光复初期，我抗联将士又协同苏联红军，为最后击败日寇，并为迎接我十万大军、两万干部出关，解放东北，作出了贡献。

一、在血与火的交织中顽强战斗

1938年以后，我国东北地区的抗日斗争进入最艰苦的阶段。日本侵略者为了巩固东北这一侵略基地，疯狂地进行了定期、定点、定线的

"大讨伐"。他们集中兵力，纵横"扫荡"，来回拉网，采取所谓"篦梳式"、"深踏式"的军事"讨伐"，又通过"治安肃正"、"集团部落"、"三光"政策、"坚壁清野"等法西斯统治的血腥手段，对东北抗日武装力量和人民的反抗进行"围剿"、屠杀和镇压。在日伪严密的封锁与疯狂进攻下，抗日联军喋血苦战，屡遭挫折，抗日游击区遭到破坏，一大批抗日将领如杨靖宇、王德泰、魏拯民、陈翰章、侯国忠、李延平、王光宇、柴世荣、陈荣久、汪雅臣、许亨植、赵尚志、夏云杰、祁致中等相继壮烈牺牲。更为困难的是，从 1936 年开始我们和党中央就失去了联系。在这严重的时刻，为了保存力量，以利再战，1940 年冬，在抗联将领周保中和李兆麟等率领下，率余部陆续进入苏联境内，在位于哈巴罗夫斯克（伯力）等附近的两片大森林中，建立了 A、B 两处野营。1942 年 8 月 1 日，部队进行改编、成立了"国际第八十八独立步兵教导旅"，即抗联教导旅。

教导旅成立后，我们一直轮换派出游击小部队坚持战斗在白山黑水之间，游击小部队活动在北满地区的有三支，在吉东及延吉、敦化地区的有八支，在吉辽边界和中朝边界地区的有两支。这些小部队灵活机动地开展游击活动，不断袭扰着敌人。这样就使得东北人民感到抗日联军仍在不断地打击着日寇，使得生活在黑暗中的东北人民看到了曙光。在抗联小部队活动的影响下，1942 年 7 月，饶河东安镇小佳河的伪满靖安军一个连举行暴动，杀死日寇指挥教官，宣布抗日救国，70 多人越界投奔到我们正在训练的抗日联军本部；没有过界的，就参加了饶河刘雁来领导的游击小分队，这些小部队，在血与火的交织中坚持着顽强的战斗。

二、深入敌后，不惜牺牲收集情报

1942 年以后，我游击小部队怀着崇高的爱国主义和国际主义思想，冒着生命危险，付出重大牺牲，搜集日本关东军的军事、经济情报，提供给苏联远东军司令部。

我们之所以能进行有效侦察，是因为这场战争是在我们自己的国土上进行的反侵略的民族解放战争，我们熟悉东北的敌情、地貌，有游击战的经验。在侦察技术上，经过有组织的训练，人人都能跳伞、会攀登、会游泳和滑雪，部分同志会使用电台收发报、会照相、能测绘、制图、爆破等技术，更重要的是，我们有一颗消灭日寇、还我河山、视死如归的赤子之心。

当时侦察手段主要靠深入敌后，利用东北山高林密的隐蔽地形，长期潜伏，利用无线电技术侦察、侦听、侦收、测向，也不放弃武装侦察和火力侦察。经常在当地地下党和革命群众的帮助下，潜入敌人部署的区域或暴露的目标中进行侦察，有时还伺机捕捉俘虏，经常化装日伪军或劳工打入敌人内部，获得敌方情报。在军事情报中，我们对日寇17个筑垒区的军事意图，敌人沿边界线的一些军事设施，如码头、飞机场、飞机架数、机库数量、伪装情况，都能基本掌握。在经济情报中，我们对日寇在东北的主要军工厂、交通、矿山的规模、日军医院、多少张病床，以及日寇对中国工人、农民的法西斯统治，也有一定程度的了解。我们还将东北的地理、地貌与日军兵力部署的情况制成各类图表。总之，凡是对军事行动有重大影响的情报，都是我们所侦察的项目。为此我们也付出了重大的代价。

我清楚记得，当时由我军供给苏军的各种情报，与苏军从各种渠道收集的情报一起，分门别类制成手册，连同标有敌人防御工事的地图，在1945年7月份发至苏军连以上的军官人手一册。苏军能在远东战场上，在极其艰难的地理条件下和广阔的区域内，能够击破精锐的日本关东军防线，是同我国抗日联军做出的贡献和牺牲分不开的。对此，苏联远东军总司令阿巴纳辛克元帅（应为华西列夫斯基元帅，阿巴纳辛克为教导旅成立时的苏军远东大将总司令，已于1943年牺牲于苏德战场——编者注），曾十分激动地向周保中说：“感谢你们用生命和鲜血换来的宝贵情报，佩服中国的英雄们！”

三、派出先遣部队，进行战前侦察

1945年5月8日，法西斯德国无条件投降。在教导旅驻地，中共东北委员会的全体同志进行了热烈讨论，一致认为抗日战争的形势将会在有利的国际环境下发生重大变化。

东北党委会在周保中主持下，具体拟定了今后东北抗日斗争的方针和任务：

（一）设法和中央取得联系。

（二）以现有的抗联干部作领导骨干，准备建立一支五六万至十万人的武装队伍，配合八路军、新四军，将日本帝国主义赶出中国领土。

（三）当前继续积极派遣小部队，深入东北各地，依靠群众，刺探敌人情报。

对上述作战行动和抗日联军发展计划方案，由于形势突变——苏联决定迅速出兵——而改变了作战方案。

六七月间，周保中连续参加了苏联远东军司令部召集的各种重要军事会议。从此，部队开始进入了更加紧张的军事训练。我抗联战士预感到与日寇决战的时刻到了，所以全体指战员在军事理论、战略战术、军事技术、战斗作风等方面的考核中，都以优异成绩向党作了汇报。同时，中共东北委员会命令所有敌后的游击队、侦察小部队，排除一切困难，不怕任何牺牲，加强对敌侦察。

对苏远东军司令部的作战部署，周保中积极配合。他决定将党交给他的这支军队用在“刀刃”上，首先派出340名指战员作为第一批先遣支队到苏军，进行统一的军事训练。8月8日宣战时，有160人被派到苏联第一方面军，有 80 人派到第二方面军，有 100 人派到后贝加尔湖方面军，作为先头部队执行特殊的战斗任务。

7 月间，为了使中国共产党的同志和朝鲜同志都能更好地回国参加战斗，决定改选中共东北委员会，周保中任书记，由周保中、李兆麟、宋明（卢冬生）、冯仲云、王效明、王明贵、彭施鲁、王一知等 13 人任委员。朝鲜同志 400 多人在金日成率领下回朝鲜参加祖国的解放和建设。我们和朝鲜同志为了打击共同敌人——日本侵略者，曾同生死共患难，并肩战斗了 14 个春秋。大家分手时，真是难舍难分，挥泪惜别。后来，在东北解放战争中，特别是在坚持南满的斗争中，我曾作为吉辽军区党委的秘密使节，两次到朝鲜求助。我们每次都受到朝鲜劳动党的热情款待和积极援助。这是我们永远也不会忘怀的。在战斗中结成的中朝人民友谊，将万古长存！

7 月底，根据革命发展的需要，继派出 340 名指战员到苏军之后，中共东北委员会又决定派出 290 人空降到东北。其中东满地区 55 人，松（花江）牡（丹江）地区 65 人，北满黑龙江地区 90 人，南满地区 80 人，潜入敌后进行战前侦察。

我抗日联军派出的先遣部队，出色地完成了各种特定任务，为消灭日本关东军，发挥了特殊作用。但是，由于任务特殊与艰巨，我军的牺牲也是惊人的。自 8 月 8 日宣战后，仅 20 多天的时间里，我抗日联军派出的几批先遣支队，大部分为民族解放事业献出了自己的生命。这些为光复祖国神圣领土而牺牲的英雄们将永远记在人们心中。

四、战前动员，为返回祖国做好一切准备

我抗日联军在派出先遣支队以后，仅剩下 400 多战斗人员，整装

待发。

8月9日8时，周保中在我军驻地召开了动员大会，首先宣布了苏军对日宣战的消息，并做了配合苏军消灭日本关东军的报告。报告中提出了做好两手准备的具体方针：（一）占领城镇，迎接八路军、新四军，会师东北。（二）如果国民党在美帝国主义支持下抢占了东北，抗联部队要深入农村，发动群众，保卫东北，开展游击战争，配合八路军、新四军粉碎国民党的进攻，最后解放东北，解放全中国。（三）万一八路军、新四军被反动势力隔断，不能进入东北，东北完全被国民党占领，则做好再上山打游击的准备，坚持反抗国民党反动派的统治。最后，他再次强调返回东北后，要坚决服从党中央的领导，服从分配，听从指挥，要配合八路军、新四军，协同作战。抗联指战员回国后用自己的实际行动实践了这一方针。

会后，周保中又召集营以上的干部开会，宣布：时刻准备好，听候命令，整装待发。他并连夜亲自草拟政治、组织、行动三个备忘录：政治备忘录，要求共产党员"坚贞稳定"，爱人民，"对我中华祖国竭诚"；组织备忘录，要求大家团结合作，遵守纪律，"遵守组织规定"；行动备忘录，号召大家同日本侵略者坚决斗争。这三个备忘录的全文油印成卡，要求每个抗联指战员随身携带，放在军衣左上边的口袋中，以备随时检阅。

这时，一切准备就绪，同志们群情激昂，摩拳擦掌，等待接受新的任务。

8月11日，一艘苏联军舰驶近黑龙江边，准备接我们从富锦登岸，参加战斗。当时同志们心急如火，恨不得立即飞回自己祖国参战，请战书、决心书像雪片一样交给各级党组织，一见军舰便欢呼雀跃。正要集合出发之际，突然接到斯大林从莫斯科打来的电报，电报全文如下："东北是你们中国人民的东北，苏联红军的任务是解放东北。建设东北的任务是你们的，待命。"同志们被斯大林的这种崇高的国际主义精神所感动，受到极大鼓舞，求战更切。

8 月 15 日，日本宣布无条件投降。我中共东北委员会当即就苏军胜利占领全东北及由此而产生的苏美、中苏新形势，确定自己的斗争方针。周保中向党委提出，必须抢在国民党之前，对长春、沈阳、哈尔滨以及部分中小城镇共 57 个加以控制，争取群众，重建东北各地党组织，建立政权和人民武装，迎接八路军和党中央所派的干部，以对抗国民党在东北建立反动统治。

党委通过了他的提议，于是立即决定组成 57 个进驻工作组机构。中等以上城市由十人以上组成，大县城由三至五人组成，小县城少的只一人。也还有由三至五人依靠当地的党组织和新扩建的部队，控制一个地区的几个县城或重镇。

进驻工作组在到达指定市县后，要尽快发现有没有我党地下工作者的活动，并和他们建立工作上的联系，如果他们能和党中央抓紧建立联系，应立即通过他们向党中央报告我抗联工作的情况，并听取党中央的指示；如果暂时和中央联系不上，要注意向以长春为中心的中共东北委员会请示汇报。另外，要依靠当地的革命组织和地下党，在苏军的帮助下，建立各种形式的革命群众团体，广泛开展群众性的革命工作，逐步建立党的各级组织和自己领导的武装，准备同国民党反动派进行斗争，又经与苏军商定，经苏联最高统帅部同意，我抗联进驻 57 个据点后，都以苏军卫戍司令部副司令的公开身份进行建党、建军、建政的工作。

五、占领主要城镇，抢运武器和资财

我抗日联军以苏军卫戍司令部副职的身份于 1945 年 9 月上、中旬顺利进驻了57座城市。而这时的东北，局面混乱，形势复杂。当时的汉奸、一些宪兵、警察、特务和家里教徒（“在家礼”，青洪帮的一个分支——编者注）、日伪的散兵游勇，纷纷以国民党地下工作者的身份，在苏军占领地大肆活动，组织省、市国民党党部、三青团团部以及“先遣军”、“挺进军”、“敌产清理委员会”等各种反动组织，用各种方法建立反革命武装，如“长春中国警备军公安大队”，抓印刷和出版机关，制造反动舆论，搞反共反苏的宣传，并进行破坏活动。中共东北委员会指导的各地抗日联军干部，一开始工作便要和这些形形色色的国民党反动派作斗争，鉴于当时形势和东北党委员会的既定方针，抓紧了以建军为中心的建党、建政的“三建”工作。

我们到达长春后，华西列夫斯基当天就来看望周保中，周保中见到这位熟悉的苏联元帅时，第一句话就说：“我要扩军，你要支援我武器。”元帅诙谐地说：“可着你的力量拿，你要多少，就拿多少，你拿走的剩下的归我。这是咱们的战利品，我们分用。”他又说：“中苏友好条约（1945年8月10日国民党政府与苏联签订的《中苏友好同盟条约》——编者注）又没规定将战利品交国民党。所以，我只能交给它（国民党）武器库房，交给它长春市。”他答应：“我立即通知所有苏军把守的武器库，让他们只要见到你周保中批的条子，立即帮助你们运。”于是我们一刻未停，由长春向东北11个大中城市的卫戍副司令下达了十万火急的命令：“抢运武器，扩充军队。”并要求他们在所管辖的地区各县及重镇，立即查封反动报刊、解散反动组织，消灭土匪，维持社会治安。

当时，我正在长春广播电台，每天除了和乔邦信轮流监督接管过来的播音工作，还抽出时间押运武器。苏军的运输队夜以继日地帮助我们往外运。抢运时，为防止坏人半路截车，汽车还要伪装打扮，用布篷蒙上。人手不够，又向赵东黎求援。他当时正在组建我党领导创办的青年训练班。他毫不犹豫，立即派出一批学员参加抢运武器的战斗。抢运武器，在当时来讲，几乎成了无声的命令。有些同志外出执行任务，走到哪里，哪怕是只住一宿，也要参加抢运。抢运的这些武器，为装备扩编新部队和从关内到达东北的我主力部队创造了重要条件。

六、接关系，在东北局领导下积极工作

抗联回国后，最首要的任务就是和党中央取得联系。这是我抗日联军自 1936 年以后日夜思念和盼望的一件大事。9 月 10 日，进入沈阳担任城防副司令的冯仲云，电告周保中："冀热辽军区李运昌部的先头部队曾克林已率 3000 人进驻沈阳。"这一特大喜讯，振奋人心。周保中一面去找华西列夫斯基元帅，求助飞机去延安，向中央汇报，一面又命令我撰写报道，通过长春广播电台火速播出八路军出关的消息，并赶写评论文章，宣传我党中央的英明伟大，宣传共产党、八路军的地位和作用，号召人民紧跟共产党，肃清敌伪残余，为争取祖国的和平、民主、团结而斗争。红色电波传遍了东北的城镇、乡村。东北人民奔走相告，成千上万的青、壮年要求参加我军。

周保中向华西列夫斯基元帅求助飞机，当时就得到苏联同志的赞助。我清楚记得，当周保中一提要求派飞机去延安与中央接关系的事时，华西列夫斯基高兴地说："咱们想到一起去了。"当时华西列夫斯基也正要就八路军出关事宜需要和中共中央取得联系。因此，华西列夫斯基立即命令马利诺夫斯基（东北苏军总司令）（马林诺夫斯基——编者注）备好飞机，并派苏军总司令部的一名懂中文的校官卫斯别夫飞往沈阳，经苏军驻沈阳的卫戍司令部找到八路军进驻沈阳的曾克林，转达了苏联远东军总司令华西列夫斯基元帅和周保中

的意见。在沈阳的冯仲云写了信交卫斯别夫带给我党中央。9月14日，卫斯别夫和曾克林乘机飞到延安。卫斯别夫代表苏军同朱德会谈。曾克林向党中央汇报了东北情况。党中央作出了“向北发展，向南防御”的战略决策，并决定成立以彭真为首的东北中央局。9月18日，新成立的中共中央东北局领导人彭真、陈云等到达沈阳。冯仲云将中央领导同志到达的喜讯迅速电告周保中。周保中等即于9月20日晚至23日清晨，用两个昼夜的时间向东北局领导汇报了东北抗日联军14年的斗争和救助东北57个城市的情况，移交了中共东北委员会的全部工作及档案材料。彭真和陈云对东北抗联坚持14年的抗日斗争的业绩给以很高的评价，并且向周保中、冯仲云等传达了中共中央关于完全控制热、察，争取控制东北的指示精神。陈云明确指出：党中央、毛主席制定了自力更生，放手发动群众，壮大人民力量，针锋相对，寸土必争的方针。我们不交枪，不当官，要准备着打仗。并指示周保中等，要利用你们穿苏军军装的有利条件，控制铁路交通沿线，迎接党中央派驻东北的大批干部的到来。抓紧对已经控制的城市的“三建”工作。并要求：(一)收缴敌伪武装，加紧肃清土匪，发动群众，孤立敌人，彻底镇压汉奸、敌特分子；(二)安定社会秩序，发展生产，把东北变成巩固的根据地；(三)积极发展武装，积极收集资财，准备与国民党打仗；(四)在接管的城市中要派人到农村去发动群众，进行反奸反霸、减租减息斗争。从此，东北抗联指战员正式与党中央接上了关系。中共东北委员会的工作宣告结束，原抗联指战员作为东北我党我军的成员，在东北局的领导下，积极从事各项工作。

对党中央和东北局的指示方针，我们坚决执行。周保中等返回长春后，立即向57座城市的卫戍副司令传达东北局的指示精神，要求原抗联干部发挥自己的有利条件，坚决贯彻中共中央的方针和指示，努力从事建军、建党和建政等各项工作。

以后经和苏方交涉，苏方同意我党在城郊及县、区、乡组建武装。

在我党的号召下，许多贫苦农民参军参战，9月中旬至10月10日，仅一个月的时间，就组建了一支48500人的自卫队，分散在牡丹江、合江、吉林省和今内蒙古的开鲁地区。在扩军工作中，由于对国民党“先八路，后中央”的阴谋缺乏警惕，对加委改编的伪军审查不严，致使后来国民党军进攻时，新扩编的部队曾一度出现严重叛变事件，牺牲了不少干部。这种情况，在东北局的正确领导下，通过整编及时得到了纠正。

自9月到10月20日以前，原抗联干部配合中央派来的干部，在各地积极协助苏军肃清日伪残余和反动武装，开始建立了长春、吉林、延边、牡丹江、合江等市、地委和部分县委的党组织，哈尔滨及黑嫩地区也着手建立地方党组织。

我关内主力和大批干部从10月上旬开始陆续进入东北，原抗联的同志们像见到久别重逢的亲人一样，热情接待，安全护送。当时东北的社会秩序很乱，土匪如毛，国民党又不断制造流血事件，同志们冒着生命危险，出色地完成了护送各级领导同志及广大干部安全到达指定地区的任务。原抗联干部同从关内来的同志们亲密合作，为创建东北根据地共同战斗。

挺进绥东及与苏联红军会师

刘苏

1945年7月初，晋察冀军区奉中共中央指示："令晋察冀派一部分部队和地方工作干部，在平绥路以北开辟一块根据地，务必要在今年结冰以前站住脚。"当时冀晋军区的赵尔陆司令员向我传达了上述指示，并告诉我：军区决定组织一个绥东纵队和分委开展绥东工作，先组织绥东战役，打开局面，以便尔后开展工作。绥东纵队的组成是以六团为主，下辖五个大连，1000余人。赵司令员解释说：为了扩大声势，迷惑敌人，故用纵队这个名称，并任命我为司令员，陈一凡任纵队政委兼分委书记，范志辉任纵队副司令员，葛振岳任纵队副政委，吴靖宇任纵队参谋长，王克任纵队政治部主任。分委的组织和分工是：张柱国任组织部长，安汝涛任宣传部长，任朴斋负责公安工作，侯千之负责政府工作，雷宜之负责人民武装工作。我和范志辉、葛振岳等同志都是分委委员。我们接受此任务后，分别经过短期的思想准备、组织准备和物资准备。纵队和分委机关于1945年7月22日从灵丘的东河南出发，当晚住浑源县境之寒风岭。24日进到大同东南之东浮头。25日从东浮头出发，过了桑干河，傍晚越过了平绥路，拂晓前进到大同城东北的马家梁。当天，与活动于平绥路北采凉山地区的葛振岳所率领的侦察连取得了联系，也初步了解了敌伪的分布情况和社会情况。28日我们进到丰镇东山的亮马台，迅即组织丰镇、兴和两县的联合县政府，任命田林为丰兴联合县县委书记，单振英为县长，下边还派有若干工作干部。7月30日晚，以纵队的主力向兴和西南的张臬镇敌伪据点进行攻击未克。8月1日晚，继向该敌攻击，因敌已有增援，未攻下张臬。此战虽未达到预定计划，但我军所向，迫使张臬和自家营敌人两个据点迅速撤退。我部迅即进占，扩大了我军和地方工作的活动地区，扩大了我党我军的政治影响。8月6日，在兴和以南之大同窑与一股匪伪激战，将敌击溃，小有俘获。8月9日，进到兴和东南之高庙镇。11日，进到兴和以东之二道背村，拟到兴和以北寻机作战和继续扩大我党我军的政治影响，以利开展地方工作。

8月12日接到晋察冀军区电报，告诉我们日军已宣布无条件投降，并命我部去商都与苏联红军会师。全体同志顿时欢腾若狂，奔走相告，大家一致欣喜地说：侵略、压迫我们长达八年之久的日本帝国主义终于有失败的一天，我们终于把抗日的胜利盼到了。当晚，全体同志兴奋得几乎彻夜未眠，积极作入城受降的准备工作。8月13日，我部收复兴和城。14日，召开庆祝抗日胜利军民大会，并在大会上向广大到会军民宣布我党的各项政策和主张，安定人心，清理敌伪和处理入城后的一切善后问题。这时，在城南乡工作的兴丰联合政府负责同志及分委的张柱国、安汝涛都来到兴和城，处理城市的管理和善后工作。8月15日，军区电令我部主力迅速攻克集宁。当时，收听到《解放日报》社论。八路军总部命令我军接管敌占区及交通线主要城镇。坚决大胆地进攻，“勇敢、勇敢、再勇敢”就是我们这时的口号。而蒋介石给我军的命令是“驻防待命”。给他的军队命令是“加紧作战、积极推进，勿稍松懈”。我们根本不听蒋介石的乱令。当时，我们纵队下辖五个连（也叫大队），决定以三连守兴和，由副政委葛振岳和分委的张柱国、安汝涛负责。侦察连由耿淑明率领迅速进军丰镇。我和陈一凡、范志辉率领三个连向集宁进军。8月16日，接到军区电告：日本天皇8月15日晨宣布投降诏书，我部当晚住教友村。8月17日，我部进到小营村，距此相隔约三里，有个印子村，住有伪蒙古军三四十人，他们主动派人找我们接洽投降。我们信以为真，错误地认为他们人数不多，日伪军都已正式宣布投降，他们主动投降，故当晚未解除他们的武装。结果，这群伪军于翌日清晨乘坐骑逃跑了。

8月19日，我们冒雨进到集宁城东十公里之张家村。20日、21日向集宁进行侦察，查明集宁城日伪已经撤退，傅作义主力未到，但集宁城已为傅作义收编的苏美龙匪部千余人所占领。我们决定，于22日以三个连攻袭集宁城。集宁城是土围城墙，丈余高，不太坚固。但城南有一制高点叫卧虎山，距地面高百余米，是日军占领时期构筑的钢筋水泥堡垒永久性工事。我们考虑白天展开明攻容易暴露目标，不易成功，故决定下午部队出发，向城郊秘密接敌运动，黄昏发起攻击。当日下午，首先派出一个侦察班，令其偷袭卧虎山，抢占制高点，主力秘密向城郊开进。侦察班由班长王自强率领。王自强精明、勇敢、机警，于下午5时，率领全班利用青纱帐和山地死角偷偷摸上卧虎山。山上仅有敌人两个哨兵，王自强等偷偷摸到哨兵附近，突然像猛虎扑羊似的一下把敌人的两个哨兵干掉，占领了卧虎山，马上向我们发出了占领的信号。我们迅速将两挺重机枪抬上山腰，猛烈向城内射击，掩护部队向城内攻打，我们的一、二、四连即用梯子搭城，分别向城东、城南发起进攻，一举攻入城内。敌人是土匪部队，战斗力不强，事先也无准备，遭此突然攻击，一时人慌马乱，四处逃窜。一部逃去，大部为我俘获。当时缴获枪支、马匹、烟土、布匹甚多。这是我们首次收复集宁。集宁是绥东的战略重镇，也是日伪长期经营过的城市。我们纵队攻占集宁城后的第二天——8月23日，雁北分区司令员陈仿仁和副政委赵国威率领三十团、三十五团也来到集宁，我们三个团在集宁会师了。当晚，在集宁召开了军民庆祝抗日胜利和解放集宁的大会，并宣传我党的各项政策，安定人心，作城市的善后工作。8月24日，我们接到情报，傅作义已进占归绥，先头部队已到卓资山，集宁周围又新增匪顽千余。当时，分区感到情况严重，光靠我们3个团恐怕难以顶住傅作义主力的东进及与我争夺集宁。故立即决定，由我带一个骑兵连，迅速到商都与苏联红军会师。

我们决定由一连随我执行这一任务。一连连长崔奎龙，政治指导员刘申，副指导员张广友。他们领受任务后，当天作好出发的一切准备工作，将刚缴获敌人的军马选拔了100余匹，分给全连指战员每人一匹。司令部给苏联红军写了介绍我去商都会师和请援公函。8月25日晚，我带上这个刚由步兵变为骑兵的一连，从集宁出发，去与苏联红军会师。

集宁距商都90公里，这个地区基本是平原和丘陵地。我们走了一昼夜，傍晚才进到商都城附近。我骑的是一匹日本洋马，跑到终点还有劲头，其他的马，由于经过日夜的长途奔跑，已经累得精疲力竭，汗流浃背，都走不动了。我们沿途还遇到三股匪伪，住在我们所经过的村庄。当时我们对匪伪的情况不了解，在两军突然相遇时，我们就勇猛冲击。因为我们是胜利之师，匪伪是惊弓之鸟，他们虽然是骑兵，经我们一冲，就迅速地溃逃，逃不及的就被我们俘获。我们是在匪伪沿途不断拦阻的情况下，杀出一条通路到达商都的。

8月26日，我们进到商都城附近。先派翻译持公函进城与苏联红军联络。27日，苏联红军约定我们部队住到城外（因城内既有苏联红军又有放下武器的伪军），让我带翻译和警卫员、马夫进城内。商都原为伪军李守信部的一个团驻扎，苏联红军进攻商都时，将该团伪军全都缴械。驻商都红军的主力是苏联红军一个机械化师。一个机械化蒙古旅南下张北，苏联红军留下一个排守卫商都，看管已被解除武装的伪军。指挥这个排的是一位红军少校，在商都负责看管敌伪军和处理商都地方工作。8 月 17 日上午，我从商都南门进城，门外有苏联那位红军少校带领红军和少数地方人员列队欢迎我们。红军整齐地向我们举手敬礼。他们非常有礼貌，非常严肃，虽然语言不通，但从他们的表情上可以看出对我们是尊重的。我们进城后，他们即领我们住到原伪军的团部。院内都是砖造平房，很整齐。红军少校和红军那个排也都住在这里，红军少校穿的是苏式校官服装，头戴大檐帽，身穿呢料军装，脚穿黑皮鞋，腰扎武装带佩苏式手枪，肩章是两道杠一个花。我穿的是老八路土布灰色服装，腿扎绑带，脚穿黑布便鞋，腰扎窄皮带，带一支手枪，挎一个黄色牛皮图囊，着装显得和他们完全两样，我们是游击队的打扮。我们住的房是一排坐北向南的砖造平房，中间一间是饭厅，东边是一个套间。我和红军少校就住在这个里间一条炕上，并头而眠。少校睡在东侧，我睡在西侧。我俩虽然语言不通，但从红军少校的表情和手势上，可以看出他对我是很亲热很关切的。为了安全起见，晚上，他派了一名红军士兵在我们住的小房间里站岗。

当天晚上，我带翻译在我们住的小房间里向红军少校说明了来意，一方面感谢苏联红军协助中国打败了日军，一方面说明我们任务是来商都与红军会师。我向少校说：现在我们八路军已攻占了集宁，但国民党傅作义已进占归绥和卓资山，并继续向集宁进攻。另外大同城仍被日伪军盘踞。我们现在集宁的八路军仅有三个步兵团，三四千人，恐怕抵挡不住傅作义主力几个师来抢占集宁，故请红军迅速派军支援我们守集宁和帮助我军解放大同。这位红军少校身材细高，40 岁左右，举止沉着稳重，看出政治上是个老练的政工干部。他听了我的上述意见后，经过沉思后向我说："这里红军主力解除伪军武装后，只留下红军一个排守卫商都和看管放下武装的伪军。你们所提出的问题我无权决定，须到张北我们的师团部去请示。明天，我要到十二苏木去处理一件工作，回来我们一起去张北师团部。"8 月 28 日晚，红军少校乘车从十二苏木返回商都，并押回两个日本特务。8 月 29 日晨，红军少校和我及翻译同乘卡车由商都出发，途经化德、康保到达张北。我和少校坐在卡车司机棚里。车厢里坐着我的警卫员马金娃和翻译，还押着两个从十二苏木提回的日本特务。这两个特务双手背绑，低着头，已是地地道道的阶下囚。从商都到化德、康保、张北是一片一望无边的大草原，8 月秋初，正是水草茂盛，马壮、牛羊肥的时候，大草原上绿草茵茵，空气格外新鲜，太阳格外显得明亮，碧空万里，惠风和畅。欣赏塞上草原这样美好的风光，这对我来说还是有生以来的第一次。我们沿途带着胜利的喜悦，伴随着卡车的飞驰，内心有说不出的高兴。我们沿路看到有蒙古旅的坦克、装甲车、卡车、骑兵在公路上川流不息地向南运动着。我们坐的卡车到了康保附近，突然停止，说是没有汽油了。红军少校和司机到附近找回了些酒精代替汽油继续开到张北。张北附近住着红军一个机械化师和一个蒙古机械化旅。他们都不住在张北城内和附近的村庄，而是野外露营，还是战备状态，高射炮、榴弹炮、加农炮、坦克、装甲车都很有秩序地布置在阵地上。我们看到，阵地上的红军有的在放哨，有的在坦克上进行维修擦拭；有的在擦拭火炮、机枪；有的在维护修理汽车。这支红军是从欧洲调来的胜利之师，从他们的表情上可以看出，他们是过着欢乐和轻松愉快的战地生活。红军这些现代化的机械化装备，我还是有生以来第一次看到，如果拿日军的装备和苏联红军装备比，简直是相差太远了。傍晚到张北，我们被安排住在一个帆布圆顶帐篷里。晚上，我们和他们军官士兵一起在露天吃饭。我们和红军一样，每人一碗土豆烧牛肉汤、一盘蛋炒饭、一杯白酒、一碗茶水，面包切成两公分厚的薄片，盛在盒内随便吃。他们的行军锅装在汽车上，做饭时移到地上，一个锅做汤，一个锅做菜或炒饭。面包是统一在张北城里汽车烤炉上做，吃时去车拉回。他们做的饭很简单，也很方便。他们师团部的炊事员很少，才两三个人。这也许是机械化的原因吧！晚上，我们看到红军军官和士兵们，有的睡在汽车里，有的睡在帐篷里，有的睡在汽车底盘下，有的睡在露天，上盖胶皮雨布，浑身露水。我们到的当天晚上，有许多红军军官到我们住的帐篷里问长问短：有的问我们是什么军队？我说："我们是朱德、毛泽东领导的八路军，在敌后打了八年日本。"他们说："我们莫斯科的人都知道，家喻户晓。"并伸出大拇指表示敬佩。我问他们："你们部队为什么不住在城市、村庄，而住野外？"他们说："村落不便于军队机械化展开作战，我们在打德国时也是这样。"我一一问他们战前是干什么职业的？他们有的说战前是在大学当教员的，有的说是搞音乐的，有的说是大学毕业后参军的。我看到红军士兵中有些老的已 40 多岁，问他们为什么这大年纪还当兵。他们说："打仗打得兵员缺了，我们把德国俘虏也弄来了。你看，那个德国俘虏已经当上了我们红军的坦克排长了。"他们指给我看的那个当红军坦克排长的德国俘虏，个子不大，黑瘦黑瘦的，长得不像欧洲白种人，很像东方蒙古人。

第二天上午，少校领着我们去见师团长。师团长中等身材，年龄大约在 40 岁左右，长圆脸，精神很饱满，身穿黄呢军装，未戴军帽，头上留着分头，未扎武装带，肩章上是两条金杠，中间两个花。从肩章军衔上看是中校，也可能是副师团长。经少校介绍后，他和我亲切地握手，随后即在他办公汽车附近的草坪上坐下。我通过翻译，又把来意重述一遍，师团长听后马上坚定明确地回答说："我们到大同和集宁，须有莫斯科斯大林的命令。如果有命令的话，我们师团一天就可以打到大同和集宁。"又说："你们的毛主席和周恩来今天已到重庆了，你们的高级长官已到了张家口，你去张家口请示他们吧。"8 月 31 日，红军师团部就派车把我送到张家口。路经狼窝沟时，我们停车时余，专门为了看看日本在此修建的所谓国防永久工事。狼窝沟北边是平坦地，两侧是山，高度约五六百米，山从北面看不高，从南面看山很陡也很高。山中间是一条能通汽车的隘路，在两边山的正面、侧面，看到打通了许多坑道式的山洞炮口。这里日军曾吹嘘是不可攻克的坚固防线，也是守卫张家口的重要门户。我询问了当地了解红军当时攻击狼窝沟时情况的群众，老乡说："苏联红军进攻时，用许多大炮坦克对准日军的洞口猛烈地开火，打得日军连还击也不敢还击了。红军的坦克就从公路上冲过去了。红军当时也伤了一些人。"当日上午我们到了张家口，住在东山坡。我休息了一下，很快就会见了平北分区政委段苏权，午后，又会见了冀察军区司令员郭天民。我向他们汇报了我们攻克集宁和到商都、张北会见红军的经过以后，段苏权告诉我，集宁已经失守，你们的部队已经退出，同时兴和也已危急。9月2日，我随二十团团长陈宗坤一起到了柴沟堡。9月4日我返回兴和，我们纵队3个连已回到兴和。一连还在商都，五大队侦察连还在丰镇。9月6日，马占山指挥号称两个师一个挺进支队的国民党军包围了兴和，先用迫击炮向城内射击，步兵靠近城墙只喊叫，因我军火力猛烈射击，也来敢向城强攻，我们这样坚持了一天。当时，我们在城内仅有三个连，城墙又是土围，既不高也不坚。兴和又是刚刚解放的城市，内部敌伪尚未彻底肃清，故决定晚上秘密暂时撤出兴和城，退到城东之三里沟、五道沟、上下白窑一线待机反击。马占山部经兴和、营子川，兵分两路直下万全。当其进到渡口堡后，即为我冀察军区主力包围歼灭，其后续部队仓皇向后溃退。我冀察军区司令员郭天民率主力一部追到尚义，肖文玖旅一直经兴和追到隆盛庄，晋绥主力收复集宁。9月16日、17日，肖文玖旅和郭天民司令员先后都到了兴和，我们纵队于9月15日又返回兴和，配合冀察军区主力行动。郭天民司令员特意向我们布置了守兴和的任务后，即返回张家口。

9月22日，冀晋军区政委王平来电，令我们纵队扩编为大团。葛振岳、吴靖宇已到张家口交涉，领到一部分子弹和其他装备。

当日，补充来一个新兵营。27日，我们又从商都领回一批苏联红军缴获的武器。9月28日，大团已基本编成，下辖三个步兵营和直属的特务连，全团共 2000 余人，武器已基本配备齐全。冀晋军区来电指示，兴和划归冀察军区接管。10 月 1 日，冀察军区派来苏克勤到兴和接管党政工作，派四十五团来接受兴和防务。防务交接后，我们率领六团和分委机关回到阳高。六团由范志辉、葛振岳率领归回冀晋军区九旅建制，我调回雁北分区工作。陈一凡调到东北工作，分委机关同志调回冀晋区。

把日本投降的喜讯告诉人民

海棱

1945 年 8 月 15 日，这是一个震撼世界的具有深远历史意义的重要日子，日本政府宣布无条件投降了。整个延安，整个解放区，全中国人民都为抗战的胜利而欢呼。

一

8 月 14 日深夜，在延安清凉山上的窑洞里，暑热刚刚消退，新华社的报务员们还在紧张地工作着，坚守着自己的岗位，监收着从天空传来的外国无线电讯号。忽然，先后收到几家西方通讯社和塔斯社的电讯，说日本天皇已被迫接受美英苏中四国同盟波茨坦宣言，将颁发诏书，并于 15 日中午向日本全国军民广播，停止作战。大家惊喜不已，译电员很快译出电稿，立即报告了社长博古同志，并转报党中央、毛主席和八路军延安总部。

8月15日清晨8时，新华社很快地编发了一条急电，并向各解放区作了广播。当天延安《解放日报》在头版重要地位刊登了几条内容相同而来源不同的消息。其中有一条是新华社的综合报道：

【新华社延安十五日八时急电】据路透社伦敦15日电称："阿特里（即艾德礼）首相于午夜广播：日本业于今日（十四日）投降。"又据路透社伦敦14日电："纽约广播称：官方宣布，华盛顿已收到日方的复文。"又据美新闻处华盛顿14日电：联邦电讯委员会在此间收到之日本同盟社海外广播称：日本政府已接受美国务卿贝纳斯代表美英中苏政府送达东京之照会所规定的投降方案。

《解放日报》同时刊登了塔斯社和中央社所发的有关电讯。

新华社和《解放日报》编辑部里早就沸腾了，人们议论纷纷。有的说，想不到苏联红军刚刚向伪满洲日本关东军发起全线进攻，我解放区、沦陷区各路大军和人民同时向各线日伪军发动猛烈反攻，美军在日本投掷了原子弹，日本当局就感到大势已去，不得不宣告投降了！还是联合起来力量大。有的说，日本侵略者很狡猾，知道再打下去就只有墨索里尼和希特勒的命运……大家都说：胜利来得真快呀！比人们预料的还要快！也有人提起警惕：我们要密切注意国际国内的新动向。怎样接受日本军队的投降，还有斗争……

由于当时延安印刷设备技术落后和交通条件困难，一些单位和基层干部、群众得到当天的报纸比较晚，那时延安机关电话也很少，传递消息很慢，先知道消息的人从一个山头奔向另一个山头，从一个单位奔向另一个单位，互相转告。早得到消息的单位都作了庆祝游行的准备，买鞭炮，扎彩灯，扎火炬，杀猪宰羊，准备会餐，忙个不停。当天下午延安新市乡街头，用红色粉笔在黑板报上大字写着日本投降的特讯，还画了日本鬼子狼狈投降的漫画。顿时，道路为之堵塞，掀起欢腾的热浪。

我怀着极度兴奋的心情和极大的热情赶到新市乡观看和采访延

安各界群众狂欢的场面。我匆匆忙忙地赶写了一篇不满千字的特写式的报道。8 月 16 日延安《解放日报》在头版显著位置刊登了这条新闻。新闻开头是这样写的：

中国人民艰苦奋斗，忍受牺牲，坚持了八年抗战，最后胜利的日子终于到来了！

接着报道了延安各界群众的强烈反应和欢呼情景：

昨日（15 日）上午日皇宣布无条件投降的消息传出以后，全市轰动，万人欢腾，街上张灯结彩，彩旗飘扬……晚间，东南北各区到处举行火炬游行，全市灯火辉煌，欢呼声从各地发出。霎时，鼓乐喧天。无数火炬照亮了山岭河畔。机关与群众的乐队、秧歌队，纷纷出发游行……

最激动人心的热烈场面出现了：

当实验工厂、联政宣传队、大众剧院、延大、完小等十余个秧歌队在新市场十字街口汇合时，市民高呼："中华民族解放万岁！""苏联红军胜利万岁！""动员起来，支援前线，保卫边区！""制止蒋介石发动内战！"声震山谷。斯大林元帅、毛主席、朱总司令的巨幅画像在熊熊的火炬中高高举起……蜂拥来去的人群中，有一位拄着拐杖的荣誉军人被群众拥戴着，他十分感动而吃力地说："八年啦，我的血没有白流……"他是参加有名的平型关大战而光荣负伤的，今天他是亲眼看见胜利了！一个卖瓜果的小贩，欢喜得跳了起来，把筐子里的桃、梨，一枚一枚地向空中抛掷，高呼："不要钱的胜利果，请大家自由吃呀！"群众报以热烈的掌声。庆祝的人潮水一样地涌来，完全卷成一片人海了！

人们唱着："前进，人民的解放军！解除敌人的武装，去恢复交通和城镇！坚决大胆，迅速向前进，谁敢阻挡，就把他消灭得干干净净！"欢欣鼓舞，达于极点。

这一天，驻延安的美军观察组也乘汽车随秧歌队致庆。晚间，朱总司令在延安总部举行鸡尾酒会招待在延安的国际友人，共同庆祝反对日本法西斯战争的伟大胜利。

这一天，延安市人民用各种形式来表达他们庆祝胜利的极度欢乐的心情，深夜人们还在说说唱唱，一些山头窑洞里的灯火和星光通宵一起闪亮。

二

天地转，光阴迫，中国人民在极度欢乐的时刻，没有忘记摆在面前的紧急任务，把在华敌伪军全部解除武装，把八年艰苦抗战胜利的果实牢牢地掌握在自己的手中，时间不容许耽误一分一秒。8 月 15 日 24 时新华社从延安发了一条重要电讯：中国解放区抗日军总司令朱德将军，今日以说帖一件分送美、英、苏三国驻华大使，请其转致三国政府。说帖首先指出一个雄辩的事实，在敌伪侵占而为国民党政府放弃的广大沦陷地区中，共产党领导的抗日武装经过长期苦战，夺回了大片土地，解放了一万万以上的人民。“在作战中，我们至今犹抗击着和包围着侵华日军百分之六十九（东北四省不在内）和伪军百分之九十五”，而国民党政府“对敌伪主要采取袖手旁观，坐待胜利的方针”，“保存实力，准备内战”。因此，说帖提出：

——国民党政府及其统帅部不能代表中国解放区、沦陷区和抗日武装；

——中国解放区和沦陷区人民武装有权接受我军包围之敌伪军投降；

——派遣自己的代表参加同盟国接受日本投降及将来和会与联合国会议；

——请美国政府立即停止对国民党政府之租界法案，不能援助国民党政府发动内战。

同一天，新华社8月15日20时发出急电：朱德总司令致南京日军最高指挥官冈村宁次，命令他所指挥的一切部队向我方投降，并分派代表至指定地点接受我军命令。

在此之前4日，延安总部已迭电命令各路解放军全线对敌人发起总反攻，百万雄师纷纷出动。

当时国民党政府又是怎样行事呢？

蒋介石早已采取一个蒋伪合流，夺取果实的阴谋部署，打了一个“称心如意”的算盘。抗战胜利了，他迫不及待地要从峨眉山上下来摘“桃子”了。新华社及时地揭露了这个阴谋：还在日本宣布投降的前夕——8月11日，蒋介石就给南京政权所属的伪军委派了任务，命令他们以“切实负责维持地方治安，保护人民”为名，实则与我抗日武装对峙，以便调遣他的正规军从大后方迅速赶到目的地，然后协同伪军，向我解放区人民及其武装发动进攻。更加暴露其阴谋的是，就在同一天，蒋介石给八路军各部队发出了“就原地驻防待命”，“勿再擅自行动”的“命令”。两相对比，蒋介石的险恶用心不是昭然若揭吗？

为此，新华社延安8月17日发出一条重要电讯，报道朱总司令发出通电，要求蒋介石制止内战，提出关于国是的六项正当要求。

历史事实表明：在抗战中，蒋介石几次掀起反共高潮，竭力压制抗日民主力量。抗战胜利了，他又妄想独吞胜利果实，挑动内战。中国共产党和中国人民对蒋介石挑动内战的阴谋活动，被迫进行了针锋相对的坚决斗争。

当时，我们报道的一个基本指导思想是：中国人民反对日本帝国主义的正义斗争必然胜利，法西斯的侵略和反动派的捣乱必然失败。胜利成果是属于人民的。

三

历史的车轮是不断向前滚动的。人民的新闻记者总是随着时代前进的步伐而前进的。他们用自己的笔来为革命事业的胜利，为人民的利益而呐喊、斗争。为了争取抗日战争的胜利，中国人民不知流了多少鲜血，牺牲了多少生命！其中也包括新闻记者的鲜血和生命。

人民记者的笔要永远为维护正义，坚持真理，反对霸权主义，保卫世界和平，促进人类进步、发展而战斗。

不同的历史时期，党和人民有不同的战斗任务，党和人民的使命就是人民记者的使命。革命的记者必须听从党的指挥和召唤。

回忆冀东地区对日军反攻作战

李中权

冀东抗日游击战争到1944年下半年，已成燎原之势，整个抗日根据地已有抗日人口560万人，主力部队发展到2.5万余人，还拥有民兵20万人。抗日游击区由冀东发展到整个热河省及辽宁省的西部地区。是年7月，中央军委决定，把冀东军分区（晋察冀军区第十三军分区）改成冀热辽军区，将冀热边特委改为冀热辽区党委，将冀热边行署改为冀热辽行署。李运昌为冀热辽区党委书记、冀热辽军区司令员兼政委；李楚离为冀热辽区党委副书记、军区副政委；张明远为冀热辽行署主任、区党委常委；詹才芳为军区副司令员、区党委常委；彭寿生为军区参谋长；李中权为军区政治部主任、区党委常委；董荣清为军区后勤部长。冀热辽区党委受中共中央晋察冀分局领导，冀热辽军区受晋察冀军区的领导。下辖十四、十五、十六、十七、十八军分区，各军分区有两个团和若干个联合县支队（相当于团）或县大队（相当于营）。

1945年8月8日，苏联政府宣布对日作战。华西列夫斯基元帅率领苏联红军150万人，沿中苏、中蒙、中朝边境，向日本关东军发动了大规模的进攻。

8月9日，毛泽东主席发表了《对日寇的最后一战》的声明。提出："中国人民的一切抗日力量应举行全国规模的反攻，密切而有效力地配合苏联及其他同盟国作战。八路军、新四军及其他人民军队，应在一切可能条件下，对于一切不愿投降的侵略者及其走狗实行广泛的进攻，歼灭这些敌人的力量，夺取其武器和资财，猛烈地扩大解放区，缩小沦陷区。"

8月10日、11日，朱德总司令连续发布第一号、第二号令，命令各解放区部队、八路军、新四军、抗日游击队，消灭日军，收复失地，配合苏军作战。第二号令指出：现驻河北、热河、辽宁边境之李运昌部，即日向辽宁、吉林进发，配合苏军作战，解放东北。

接到朱总司令命令的当天，冀热辽区党委和军区在丰润县大王庄召开会议。会议决定：由李运昌司令员率八个团主力部队、迁青平县支队、一个特务营1.5万余人及四个军分区的军事指挥员，四个地委书记兼军分区政委和地方干部2500余人，于8月12日分东、中、西三路向热河辽宁进发，配合苏军作战。关内近万人的部队，由代书记张明远、副司令员詹才芳和我率领，准备收复尚被日伪军占据的县城和市镇。

据此，我留在冀东区部队对北宁铁路沿线及唐山形成包围态势，我十四分区部队奉命配合冀察军区部队向北平进攻。

西部十四分区副司令兼参谋长曾雍雅、副政委方治平率领分区部队，于8月中旬攻占了通县飞机场，8月23日在西部攻克顺义县城，歼敌500余人，震惊平北城。东部十六分区的卢抚昌联合县武装经四天围攻，于8月26日解放卢龙县城。在中部詹才芳同志和我指挥的三个主力团及民兵游击队，直指唐山，由张明远等同志组成了唐山市接收委员会，并成立了唐山市委、市政府班子，准备收复唐山市。唐山外围许多小据点已被我主力部队和民兵游击队拔除，唐山敌人在我军迅猛攻击下惊恐万状，派出代表与我区党委和政治部的敌工部崔希哲、方飞同志接洽，由三名日军代表和翻译手里打着白旗来到开平近郊，找到我们，说什么：“视贵军武运长久，希望贵军不要攻打唐山，贵国政府要我们向国军缴械，希望能得到贵军的谅解。”

我当即严厉地驳斥说：“不行。我们共产党、八路军在这里抗战，你们投降，必须向我们投降，我们保障你们的生命安全，不然，我们一定要攻打唐山。”

日军代表表情木然，紧搓双手，额头冒汗，沉了一刻，又说：“贵军攻打伪军据点，我们不干涉。开平距我们很近，远程炮火能命中，但是我们没有动作，只希望你们不要攻唐山。”

我说：“要我们不攻唐山，只有向我们投降，没有别的出路。”

日军代表表示要请示上级再作答复，举着白旗向唐山走去。

随后，又有自称为唐山市各界代表者出城和我们接洽，张明远和我在市北面的一个村庄接见了他们。这些人里面鱼龙混杂，不乏汉奸、特务之流，他们摆出一副为民请命的样子，劝我们不要攻唐山，说一攻唐山，就会涂炭生灵，给居民带来灾难。

我们严肃地表示：要他们转告日伪军，必须向我们投降，否则我军攻进唐山，要抓住他们问罪，现在兵临城下，何去何从，请他们仔细考虑。

唐山敌人，一方面派出代表探听我军情况；另一方面将冀东全部日军（除玉田县赖谷大队）集中唐山，又纠集了各处伪军三万余人，共五万余众，依靠坚固的城防工事和装备精良的武器，据守不降。

8月25日前后，我十六军分区部队在昌黎以东，攻克柳江煤矿、石门寨、张各庄车站等敌人的大小据点数十处。8月28日，我军解放乐亭；8月30日，我出关部队第十二团、第十八团在苏军炮火配合下收复山海关；9月1日，我军解放秦皇岛。但是，我和詹才芳却久久下不了攻取唐山的决心。因为我们只有三个主力团共6000多人，加上民兵游击队还不到一万人，而且缺乏攻城的火器。敌人则麇集了五万多人，日伪军居住得错综复杂，不易分割；而且敌人防御体系完整，使我难以下手。为此，我们只好暂时不攻唐山，只搞政治攻势，缩紧包围圈，断绝唐山与外界的一切交通，迫敌投降。此间只有少数伪军携械向我投降。后来日军又派出代表，说上峰不让他们投降八路军，说八路军不是正统。

正当我们踌躇之际，晋察冀军区发来电报，说毛主席 8 月 13 日在延安干部会上作了《抗日战争胜利后的时局和我们的方针》的重要报告。毛主席告诉我们：对国民党反动派不能抱有幻想，他们要从人民手中抢夺胜利果实，挑起新的内战，这是定了的，对此要有充分的准备，我们的方针是针锋相对，寸土必争，绝不让他们轻易地占我们的地方。电报还转来军委指示：要我们尽量广占农村，夺取小城市，扩大并巩固解放区，发动群众，训练部队，准备应付新局面，做持久打算。

毛主席和军委的指示，使我们茅塞顿开，我们认真分析了第一阶段的经验教训，从中悟出：攻打玉田才是我们此次战役的最好选择。因为玉田处于冀东中部，是东部和西部的枢纽，敌人孤立在我根据地的中心，我攻击时，其他据点的敌人很难快速增援。于是我们毅然放弃了攻取唐山的计划，率部直扑玉田县城。

为了配合玉田战斗，我们电令十四分区首长率十六团（团长师军、政委李满盈）、三通香支队（支队长李梅溪）攻打蓟县城，从西部钳制敌人，并逐次打开西部局面。令十六分区地方部队攻打迁安，钳制东部敌人。令十七军分区首长率昌滦乐支队另两个县大队及十八军分区首长率武宝宁支队、蓟玉宝支队另三个县大队，就地消灭各据点之敌，以配合主攻部队行动。

正当我们向玉田疾进的时候，十四分区司令员舒行同志从热河来电说：兴隆县伪满军黄方岗率四个团、七个讨伐队共一万余人向我军投降，并有大批武器弹药，望军区领导火速派人前去处理。我与詹才芳商定：由他率十七团和警卫一连去兴隆，我留下来指挥攻打玉田。我同十七分区参谋长肖全夫同志率十四团向玉田进发，同时电令十八分区十五团，十五分区副司令兼参谋长任昌辉、副政委林茂源率丰玉遵支队开赴玉田。

玉田县城位于通（县）唐（山）公路中段，城高近11米，工事坚固，城外地形平坦开阔，易守难攻，是日伪在冀东腹地的重要据点。城内驻有日军独八旅赖谷胜治大队350余人，伪军1600余人，是当时铁路沿线以外唯一驻有日军的据点。敌人留在玉田的目的，一是要继续控制我冀东根据地中心地区，二是要保证北宁铁路北侧的安全。

我们决心打下玉田，解除敌人对我根据地腹地的威胁，为东、西部的作战和将来的发展创造更有利的条件。

9月17日晚，我军突然向玉田外围发起攻击，十四团攻克玉田城东关大街，利用高房与城内守敌形成对峙，十五团攻占南关。天亮时分，战斗暂告一段落。9月20日，攻城组织工作就绪，正当我们准备于晚间发动攻城的时候，詹才芳胜利完成在兴隆县接受伪满军投降的任务，并带投降的伪军3000多人，率领十七团从兴隆赶到玉田东面亮甲店军区指挥所。我把作战部署和意图向他作了详细汇报，他表示赞同。我们决定把十七团放在城东八里铺一带阻击唐山援敌，在玉田打一个歼灭战。

夜色降临，指挥所发出三颗信号弹，相继城四周各种火器齐发，火光映红了玉田城池。我十四团从城东南角，十五团在南关，丰玉遵联合县支队在北关同时攻城。

肖全夫同志调集十四团数十挺轻重机枪和火炮支援登城部队，二连二排抬着云梯一马当先冲了上去，云梯刚靠上城墙，三连的勇士即飞速登上城去，惊恐的敌人将梯子炸断，二连二排立刻竖起第二架云梯，三连战士奋不顾身登上城墙，城墙上守敌猛烈反击，战斗很难展开。在这紧急关头，三连战士在全团火力支援下，将手榴弹雨点般地投向城墙上的守敌，为登城墙打开了突破口，连续击退敌人四次反扑，疾速插入敌营并占领了一个大院。

三连登城后，因敌人火力太猛，我后续部队行动受阻，而城内激烈的枪声又逐渐沉寂下来，指挥部的气氛骤然紧张起来。

这时三连一个战士突然跑到我们面前，报告说：二排长带领少数几个战士仍坚守在突破口上，指导员带二排控制着一个院子，等待掩护后续部队登城。

情况刻不容缓，胡克仁团长、赵清源政委率团主力冒着弹雨，一鼓作气登上城墙。三连也从城内杀出来接应主力。下半夜时分，十四团全部杀进城内。但是，从南面攻击的十五团由于受地形所限，火力无法发挥，尚未突破城墙。团里已多次组织突击，均未成功，部队伤亡较重。十五团面前的开阔地最难通过，我们没有攻城火器，再打开个突破口代价太大，我遂决定，立即停止南面攻城，留少数部队佯攻，其余兵力从十四团突破口进城。我立即将意见报告詹才芳，他表示完全同意。

黎明时，我军全部杀进城内。这时在东部打援的十七团团长吴华同志打来电话说，唐山援敌已到八里铺一线，敌人十余辆坦克向我团阵地冲来。我告诉他坚决顶住，绝不能把敌人放到玉田来，要保证战斗的全部胜利。电话里传来了吴团长充满信心的回话。随即，我命令十四、十五团坚决消灭一切继续顽抗的敌人，决不给敌人喘气的机会，要夺取彻底的胜利。

在我强大攻势下，1000多伪军很快被歼，身兼伪县长、国民党支部长、新民会会长的汉奸陈锐跳城被我军活捉。但盘踞在大本营里的日军仍在负隅顽抗，在政治争取无效的情况下，我们下令强攻，直到刺刀逼到眼前，敌人才挂起白旗，赖谷胜治等几百名日军被我军俘虏。

唐山援敌遭到我十七团英勇阻击，迟滞在八里铺一线，得知玉田已被我拿下，便急速向唐山撤退，我实施战术追击，给敌以杀伤之后收兵。

玉田战斗共歼敌1800多名，缴获轻重机枪50多挺，迫击炮和小炮（掷弹筒）10多门，长短枪1300支，还有大量军用物资。我军伤亡500余人。战斗中首先攻入城内的十四团三连被授予“玉田战斗模范连”的光荣称号。

玉田解放了，我们立即组织在兴隆投降的伪军军官参观玉田战场，他们称赞八路军作战英勇，战斗力强，我军英勇奋战的气势和克敌制胜的军威，为改编这支部队起到了良好的作用。

在冀东西部，我军攻势也很迅猛。曾雍雅同志率领十六团、三通香支队、蓟遵兴联合县大队，于9月12日攻克蓟县城西重镇邦均，歼灭伪军300余，19日攻克蓟县城，歼灭守敌4000多人，大汉奸李午阶被打死，并在军民大会上就地处决了一批罪大恶极的汉奸。接着十六团和三通香支队又先后攻克香河、宝坻，歼敌2000余人，迫使三河、平谷敌人弃城逃窜。从此，冀东西部境内所有被敌人占据的城镇和乡村全部被我收复。丰润、宁河守敌在我军威力面前，吓得弃城逃跑，两城均被我军收复。

玉田解放几天之后，我同肖全夫、任昌辉、林茂源同志率十四、十七团和几个县支队去打遵化。詹才芳留玉田接待延安和各解放区来的部队及过路干部。

遵化号称京东第一城，墙高城坚。驻守在遵化的4000余伪满洲军讨伐大队（过去在东北专门打我义勇军，血债累累）被我军包围在城内，经我多方争取拒不投降，还枪杀了我派去的代表。我军两次攻城未克，遂改为长期围困的战术。

这时，我们接到十六分区副司令员李道杰来信，信中说迁安城墙下已埋好大量炸药，只要军区领导率一个主力团来，迁安城指日可下。我和肖全夫立即率十四团出发。

10月15日，部队抵达迁安，我们会同李道杰同志一起投入了战前准备工作。16日晚，随着一声地动山摇的巨响，迁安城墙被炸开一大段。十四团和游击队的勇士冲进城里，经过一场激战，歼敌近千名，迁安城宣告解放。我军伤亡数十人，十四团三营营长张义祥同志在战斗中壮烈牺牲。抚宁县城的守敌闻风丧胆，在我十七团围攻时，弃城逃窜，我军随即收复抚宁。

10月底，冀东除北宁铁路线外，所有内地城镇全部为我收复。在我军和苏联红军南北攻势的压力下，青龙县伪满洲队司令张金祥在我们争取下，率部2000余众来迁安向我军投降。

11月底，被我军长期围困的遵化守敌，弃城逃跑，我十四团、十七团和军区特务营将其大部围歼于玉田东部和丰润的三女河一带，杀害我代表的伪司令程斌被我击毙。伪讨伐大队主要头目程天喜带少数人逃往唐山。遵化城回到人民手中，至此，冀东区对日反攻战役告一段落。

自从大反攻开始到11月底，在几个月的时间里，我关内主力部队、各县支队、民兵游击队，在冀东人民的大力支援下，在热河以南、平津以东广大地区，在山区和平原，频频出击，连续作战，先后收复县城18座，攻克敌人据点200余处，除少数地方是敌人在我强大攻势下弃城逃跑外，绝大部分是冀东军队打下来的。此次战役的规模在冀东是空前的，战果是巨大的，共歼敌三万余人，缴获长短枪两万余支，并缴获了大批物资，大大地增强了我军的战斗力。

冲破黎明前的黑暗

杨尚德

1943 年 5 月，晋察冀军区司令部驻地阜平县温塘村突然遭到日军飞机的偷袭。这次偷袭是有规模的轰炸。司令部作战室设在边区参议会大礼堂后边的化妆室，日军飞机的第一颗炸弹就炸毁了，聂司令员和萧克副司令员的房子也同时被炸坏。情况突变，军区机关立即连夜转移到 20 里外的马栏，准备抗击日军的再一次“扫荡”。这时，我发现牛皮挎包不见了，里面放有文件和一张作战布图。唐永健科长非常生气，大声喝道：“给我找去，找不到就别回来。”

我自知责任重大，特地掖了两颗手榴弹，炊事员给我口袋里装了一个玉米面饼子，我一路小跑直奔温塘作战室而去。

温塘的群众已经转移，我进入作战室一看，整个屋子面目全非，炸弹穿透屋顶在地上炸了个一人深的大坑。我找了一根捅灶火用的火箸，跳入弹坑挖起来，不一会儿，先挖出一个饭桶，又挖出一条被子，再向下挖时，找到了牛皮文件挎包，里面的文件和作战布图完好无损。我掏出玉米饼子吃了几口。知道此地不可久留，日军随时可能来，便迅速挎好文件包，将随身武器检查一下走出作战室。正要跑下台阶，一个民兵急吼着跑过来：“你千万站着不敢动，脚下是地雷，我领你绕过来！”

惊骇之余，我非常感谢这个民兵，送他一颗手榴弹即分手。我前脚出了温塘，日军一股300余人后脚进村，挨了炸。

我筋疲力尽、满头大汗、气喘吁吁赶回马栏作战科，把文件挎包交给唐永健科长，报告了找文件包的经过和温塘敌情，唐永健同志突然大笑着说：“是我把你逼上梁山的。”

作战科的几个同志也都哈哈大笑起来，说：“算你小子命大。”

1943年以后，战争的前途于日军日趋不利，由于在太平洋战争的连连失败，日军不得不从华北抽走三个师团，支援南洋的侵略战争，日军兵力严重不足，日伪之间矛盾不断加深。就在敌后斗争形势对我日益有利，我军主动出击之时，国民党当局又调集40万大军包围陕甘宁地区，准备发动第三次反共高潮。晋察冀军区遵照中共中央命令，将主力一部开赴晋绥和陕甘宁边区，保卫党中央。第一批出发的部队是长期在平原作战的第十七、十八、二十二、二十六、二十七、二十九团由吕正操同志率领，于1943年8月底启程去晋绥区；第二批出发的部队是长期在山岳地带作战的第一、五、九、三十四团和独立团、骑兵团，编组为教导第二旅，于1944年3月启程，调到陕甘宁边区，另有一个工兵连和军区炮兵营。两批共计12个主力团。

聂荣臻司令员奉中央命令，于1943年8月底启程去延安参加党的七大会议。他离开期间，萧克代理军区司令员，程子华代理军区政委。

在军区司令部的几年里，虽然战斗频繁、生活艰苦，但是，丰富多彩，令人难忘。在战斗空闲的时候，机关组织我们学习文化，并根据每个人的不同文化程度分组编班，讲授语文、数学、物理……旨在提高我们的文化素质。

军区的抗敌剧社十分活跃，经常来给我们演出戏剧，除《日出》、

《雷雨》等大型话剧外，更多的是演出一些反映抗战的英勇动人故事，给人感染极大，起到了教育人民、鼓舞抗战的作用，充满晋察冀的亲切乡土气息。到了傍晚时分，在村边的打谷场或选一片比较平坦的地方搭起临时戏台，布景也很逼真，点燃汽灯就开演。周围四乡八村的群众扶老携幼来看戏，非常热闹，至今还能感受到当时的那种文化生活带给我们的美好享受。

作战科参谋长范元寿，是我国著名历史学家范文澜先生的儿子，和大家相处得很好。当时生活艰苦，津贴每人每月一块钱，有时数月不发，逢到大家囊中空涩的时候，就聚在一块儿找范元寿同志起哄，搜他口袋里的钱给大家买点花生、扒糕之类的小食品，范元寿也任凭起哄，倾其所有。同志们在一起同生共死地抗击日军，结下了深厚的战斗情谊。

1943 年秋季，日军为了掩盖其抽兵南下的企图，对我晋察冀巩固根据地北岳区进行了大规模的所谓“毁灭扫荡”，对我根据地造成的损失非常严重。

8 月底，聂荣臻司令员在赴延安途中，就已发现日军驻代县、五台、崞县（今原平）的独立第三混成旅团正在勒索民夫和牲口，估计敌人对我边区“扫荡”即将到来，遂于晋西北致电萧克代司令员、程子华代政委。因此，当敌人开始“扫荡”时，我北岳区全体军民——包括四万余部队和 18 万民兵，早已严阵以待。各军分区都准备了 3000 个以上的地雷，民兵进行了爆破、射击、侦察的编组和训练，加强了情报站、电话站的组织，以连队为单位组织了飞行射击组和飞行爆炸组，在群众中进行了坚壁清野和秋收、秋耕、秋种的各种准备。

日军这次“扫荡”，由于兵力不足，战斗力下降，行动较为谨慎、迟缓，与过去有着显著的不同。虽然一开始仍旧采用分进合击，但是当发现我部队外转以后，并不转移兵力实施追击，而是在交通要点建立临时据点作为依托，进行“清剿”。日军只是形成战役合围的态势，实际上不作战役合围，着重于对根据地进行彻底破坏，断绝我边区军民赖以生存的物质基础。先控制我埋藏物资地区挖掘物资，随后控制我产粮区掠夺粮食，到将要撤退时，才有重点地对我领导机关和主力部队实行奔袭。在灭绝人性的“毁灭扫荡”中，制造了一系列惨案，较大的有：阜平的平阳惨案，易县的寨头惨案，涞源的走马驿惨案，平山的岗南、焦农庄惨案，灵寿的大寨惨案，井陉的黑水坪、老虎窝惨案。仅平阳区就被屠杀了1000多人。除了集中扫射、活埋、刀砍、枪挑等惯用手段外，还灭绝人性地开膛破肚、割心挖眼、活剥皮、喂狼狗、点人灯、毒气熏、滚水烫、挂电杆，用尽了一切惨无人道的野蛮手段。致使一些村庄尸体遍地，一片凄惨景象。反“扫荡”一开始，晋察冀军区司令部由河北省阜平花山村转移到山西雁北地区的摩天岭，为了减小目标，更加灵活地指挥战斗，分成两个梯队同日军周旋，指挥北岳区的反“扫荡”作战。在行军作战和转移中，我们经常看到这些法西斯暴行，更加激起我们同日军血战到底的决心。

9月下旬，日军进入我各军分区的腹心地区，总数超过两万，大肆烧房子、杀人、抢粮食、破坏生产工具、捕捉我方工作人员、搜挖我方军民埋藏的物资。根据各军分区的通报，晋察冀军区针对敌情在9月底发出命令，坚决打击三五百人的日军小股部队，迫其缩小“清剿”范围；同时派出精悍的武工队，深入到敌人后方，捣毁伪组织，打击敌人守备薄弱的后方机关，破坏敌人的交通线，有力地牵制敌人的行动。

日军9月29日进占阜平县城。当时阜平已是一座空城，日军600人一进城就陷入地雷阵，死伤累累，仓皇撤退。日军转而集中3000余兵力向我晋察冀军区原驻地城南庄地区，在附近方圆30多里的地方，建立临时据点20多处，每日在飞机掩护下，搜寻我方隐蔽的机关、部队和群众，挖掘我方埋藏的物资，半月过去，不仅一无所获，而且经常遭到我军伏击、袭扰，一夕数惊，伤亡惨重。何家洼一个民兵中队由部队一个班配合伏击敌人，用手榴弹和地雷毙敌38人，伤敌

90人，缴获大批武器弹药，我方无一伤亡。日军长时间陷入四处挨打的境地，伤亡惨重，后方空虚，开始逐步撤退。12月中旬，经盂县、平山地区撤退的敌人，在五天内就触发地雷270余枚，死伤300多人。12月15日，我四分区第五团的几名侦察员潜入平山双石洞据点，歼灭了据点里的日军，缴山炮一门，轻重机枪各一挺，步枪数支。附近纪家沟碉堡的伪军被吓跑，民兵乘势夺取了秋天园碉堡。一连几次胜仗，迫使滞留在平山以西的敌人慌忙撤走。许多县城和村镇的伪情报员，被我军抓捕，敌人耳目不灵，不断遭到打击。

但是，也有些机关、部队以为敌人快要撤退，放松警惕，遭受了不应有的损失。12月初，军区政治部一部、晋察冀画报社、抗敌剧社和火线剧社，在阜平西南一带隐蔽，由于行动过于暴露，从12月3日起，连续四次遭到日军奔袭合击，12月9日又在白崖子被敌包围，虽拼死抵抗，我部伤亡80多人。

敌人的奔袭合击在这个阶段有明显的特点，先向别的地方佯动，然后突然掉转方向连夜直扑我驻地，拂晓进村，并在我可能转移的方向布置伏击，如果扑空，就佯作撤退，突然返回，再行合击。11月20日，阜平以西的东西下关、栗园铺、法华的十三军以重兵合击我驻罗家湾一带的军区司令部及青年支队，结果军区司令部先敌三小时，青年支队先敌仅一小时，从合击的空隙中安全转移，使敌人扑空。

这次反“扫荡”，粉碎了敌人毁灭我根据地的企图，保卫了秋收、秋耕，完成了征粮工作；巩固扩大了根据地，三个月共作战5600余次，毙伤俘日伪军11000余人，毁敌火车18列、坦克三辆、汽车244辆、击落敌机一架、破坏铁桥13座、铁路五公里。同时，我军也付出了伤亡2427人的代价。

为总结和推广斗争经验，1944年2月10日至14日，召开了边区第一届群英大会。由于冀东、冀中、平北各根据地处在日军分割状态，只有北岳区的代表参加。

第四军分区第五团连长邓世军，在平山北岳沟战斗中，带领全连冲破日军 1500 余人的三重包围，胜利地掩护全团突围，被授予“晋察冀边区子弟兵战斗英雄”称呼，授予李勇“晋察冀边区爆炸英雄”称号，授予戎冠秀“北岳区拥军模范——子弟兵母亲”称号，授予李殿冰“晋察冀边区神枪手”称号，授予崔洛唐“北岳区拥军模范——子弟兵大哥”称号。

（杨效民　整理）

攻打平谷县城与恢复蓟县基本区

舒行

1944 年，中国人民抗战胜利的前夜。

我那时任八路军冀东十三团团长，率部活动于冀热边的平谷、三河、密云等县区域。平、三、密地处北平东北面，东靠盘山，北踞长城，形势险要。自 1938 年冀东抗日大暴动起，就一直是我冀东西部党政军机关和部队活动的中心地带。

进入 1944 年，这里的抗日斗争形势仍然十分严酷。日军由于在太平洋战争中节节败退，加紧了在中国战场的挣扎。冀东敌伪考虑到战略上的需要，为确保华北与东北的交通联络，对我抗日根据地的“围剿”、“扫荡”一度更加频繁起来，从而使我局部战场、局部斗争更加激烈和残酷。

我十三分区（后改称冀热辽军区）抓住敌人兵力不足、战线过长的要害，一方面以民兵和游击队的不断侵扰来破坏敌人集中打击我主力的作战企图；一方面对敌人的据点、炮楼采取围困、逼退、攻克、各个击破的办法，进一步恢复和开辟基本区，最大限度地围困、孤立敌人，为全国规模的大反攻积极创造条件。

9月初，青纱帐约摸人头高了。我团一部在平谷县城东面的胡庄一带稍事休整，准备利用青纱帐的掩护，待机打击敌人。一天，我正凝神思索下一步行动，机要参谋小黄送来了分区的电报，令我团迅速出击，挺进到通唐（通县至唐山）公路南面，恢复蓟县第四、五区，并配合东部我军的行动。

蓟县四、五区位于通唐公路南面，1938年抗日大暴动时，抗日群众武装曾在那里开辟游击区，建立抗十三民主政权，但后来被日军逐步“蚕食”掉了。敌人通过四五次“治安强化运动”，修筑大量工事，挖掘封锁壕沟，使蓟县以至通唐公路南面的广大平原地区碉堡林立，壕沟纵横，给我八路军、游击队的行动造成极大困难。我们这次奉命南下作战，除了多如牛毛的敌据点、工事外，还有蓟县、通州、三河等1000多日军的机动部队。如果贸然直入，很可能遭到日军的合围，陷入被动。

那时，我团总共不到2000人（加上二、五、六区队，也不过3000人左右），且装备上远不如敌人。我们把团里的几个干部请来，研究了一下情况，随即找到地分委书记李子光同志商议，召开了地分委会议，我在会上传达完分区的命令后，简单地介绍了当时敌我双方的形势，接着请同志们讨论部队和地方怎样互相配合，来完成上级赋予的这个任务。我在讨论中提出了一个初步设想，即先打平谷，待将南面的敌人调动到平谷以北的山区后，我团主力再挥师南进。由于同志们担心我们一方面攻不下平谷，另一方面过早地消耗了主力，所以，会上没能统一意见。休会后，我决定将自己的设想和地分委一些同志的看法写份电报，请示上级。就在我拟好电报稿，正要拍发时，李子光同志找我来了。他一进门就笑着说：“老舒呀，休会后，我们几人又议了一下，觉得还是你的意见有道理，我看先别发电报，咱们继续开会，把你那个调虎离山计再具体研究一下，你看怎么样？”

我说：“那也好，就请同志们继续开会吧。”

会上，我针对少数同志的顾虑，又将自己的设想、理由、根据，包括敌我心理因素等，重新作了说明。我说，第一，我们如果避开平谷之敌，直入蓟县，由于敌众我寡，即使不被日军机动部队合围，也很可能被挡回来。第二，我们为什么选择平谷这么大的目标首先攻打，而不首先将平谷外围的据点一个一个地拔掉呢？因为一方面，我们若是先打小据点，对日寇来说是不痛不痒，吸引不了其主力，这对我们南下蓟县意义不大；相反，我们如果一举攻克了平谷，周围小据点里的伪军就会害怕动摇，甚至于不攻自破，而日寇则必定要集中主力前来决战、报复，这就正好中了我调敌北上的圈套。第三，平谷城内虽然有三四百敌人，但绝大部分是伪军，士气低落，战斗力极弱，而且他们多次领教过我团的厉害。7月中旬，在熊儿寨、土门战斗中，曾被我围歼400多人，至今心有余悸。我团虽然只有特务连和一、二、五连投入战斗，但这几个连战斗力强，其中有些同志来自陕北红军，是由邓、宋支队作为组建十三团的骨干留下来的。加上今年以来，屡战皆捷，士气高昂，心理上胜过敌人。第四，平谷之敌自认为城外据点密布，附近又有日军机动部队，做梦也不会想到八路军会冒险攻城。我们则正好利用敌人的这种麻痹心理，来他一个攻其不备，打他一个措手不及。

同志们听了我的分析，都点头表示同意，并做了详细补充。会议从下午一直开到晚上，对游击队、民兵的配备，救护队、担架队、运输队的组织，以及进城、撤退等具体行动，都一一作了安排。会后，大家便分头做组织、动员等战前准备工作去了。我带了几个同志去察看地形。我们从胡庄北面的一个小村子出发，经赵各庄到达平谷城下，城外没有挖专门的护河，只有南面一条宽十二三米的小河自东向西流去。其余三面，有些地方的城墙与民房紧挨一片，便于部队接近。城墙有七八米高，可以架梯登城。敌人除了依托城垛防御外，城内还筑有两座炮楼。我们根据地形和敌人防御的情况，决定把部队集结隐蔽在离平谷城不远的赵各庄，把突破口选择在西北面。然后，对部队进行了部署：由特务连和一连分别担任北面及西面的主攻，一部分民兵随后跟进，准备进城后组织群众清扫战场，抢运战利品；二连和五连在南门外火神庙一带防敌突围南窜，并狙击可能来援之敌；指挥所设在北门。部署停当，我又集合同志们做了个简短动员。指战员们战斗情绪很高，大家立即动手整理武器弹药，和群众一道制作登城用的云梯，准备运输工具等。

9 月 5 日零点，部队在夜色和青纱帐的掩护下，悄悄从赵各庄出发了。不一会儿，各连就到达了指定地点。凌晨一点整，特务连和一连分别从北面和西面发起攻击，战士们利用民房隐蔽接近城墙，架好梯子，直到快登上城头了，守城伪军才发现，一边惊叫，一边放枪。我在北门随特务连前进，枪声一阵松一阵紧，城内敌人的叫骂声和慌乱的脚步声也隐约听得见。到了 2 点，我们已由北门攻进城，一连也从西门打进来了。战斗发展很快，约摸到了 3 点半钟时，我们已将敌两个警备中队和伪保安队、警察局全部缴械，并捣毁了伪县政府、日本宪兵队队部和反动组织新民会，砸开监狱，救出了 100 多名被囚同胞。这次攻城战斗，前后只用了三个来小时，取得了俘获敌中队长以下 210 多人、缴获步枪 110 多支、弹药若干的战果。我军则只有几人受伤。军民情绪大振，欢庆胜利。我们还把敌人的粮仓打开，组织居民和附近的农民分粮。拂晓前，我们按事先计划，悄悄撤出城外，折向东面的夏各庄隐蔽起来。民兵和群众则在天亮后抬着担架，赶着驮粮食的牲口和满载其他战利品的大车，排成长队，浩浩荡荡向北面山区开拔。午后不久，日军机动部队果然从通州、蓟县、三河等地陆续开到了平谷城集结，然后，沿着我群众走过的路线，向北追去了。敌人这次集中的兵力有 1000 多人，也就是说，我们已经调走了南面日军机动部队的主力。只要敌人进了山，再回头南援就没那么容易了。我团当时另有几个连和二、五区队及民兵约 2000 人，专门负责牵制、迟滞这股敌人于山区，使其拔不出腿来。

攻下平谷，调敌北上，这对我们此次南下平原来说是非常关键的一步。由于这一步迈得挺顺当，大大地减轻了我们深入蓟县作战的压力。至于剩下的蓟县伪军及小股鬼子，我们“吃”起来就省事多了。

当天，我们把部队隐蔽在夏各庄。这是一座有1000多户人家的大村子，抗日基础好，部队在这里补充了弹药及其他物资，吃过晚饭，天还未完全黑下来就向蓟县进发了。沿途乡亲知道是十三团打回来了，自发地提着盛熟鸡蛋的篮子在路边迎送，不停地往战士们的口袋塞吃的。有一位老大娘拉住我的衣角，泣诉着她一家惨遭鬼子、汉奸杀害的情景，战士们无不激怒万分。不知是谁说了句：“大娘，你等着，我们一定为你报仇！”队伍里立刻响起了一片“报仇！”“报仇！”的声浪。为了不暴露目标，我下令大家保持肃静。队伍在一种愤懑的气氛中继续默默地行进。

晚8点左右，我们在三河与蓟县之间的邦均越过了通唐公路，并顺手牵羊，端掉了敌人在黄土坑的一个小据点，尔后把矛头指向侯家营。侯家营据点是蓟县四、五区伪军的指挥中心，中心炮楼筑在村子西面的一条河堰上，四面各有一座小炮楼，有200多名伪军把守。与其毗邻的是桑梓和尤古庄两个据点，另外还有10来个小据点，由100多名伪警备队分别把守，分布在方圆40里左右的范围内。我把指挥所设在侯家营村西的河堰上，离敌中心炮楼不远，命令特务连和五连主攻侯家营，二连分布于三岔口方向，准备打击宝坻来援之敌。一连攻打桑梓，特务连的武装排攻打尤古庄。此外，派出部分侦察员分头到其余十几个小据点喊话，展开政治攻势，以瓦解伪军。部队从夜间3点钟开始行动，4点钟分别到达进攻出发阵地，随即发起攻击。特务连和五连的战士们在机枪掩护下，很快就把外围的四个炮楼送上了天，只有中心炮楼里的敌人凭借坚固的工事和有利地形，疯狂抵抗，子弹像雨点一样劈头盖脸打来。战士们第一次冲上去，把炮楼炸了个脸盆大的小洞，第二次轰开出一人高的口子，第三次，由五连的两名爆破手抱了一捆20来斤重的炸药包，放在前两次炸开的缺口上，终于让炮楼里未来得及逃出的敌人全部坐上“土飞机”了。

攻打桑梓据点的一连，在连长崔海芝带领下，化装成农民秋收，把武器藏在运庄稼的马车上。接近敌据点大门时，崔连长突然挥手一枪，把守门的敌哨兵击毙了，战士们乘机取出武器，箭一般地冲进了炮楼。敌中队长胡宝义等100多人措手不及，乱成一团，来不及抵抗就乖乖地当了俘虏。我一连无一伤亡。特务连武装排也按预定计划，顺利地解决了尤古庄据点的30多名敌人。不久，派出去的侦察员和游击队，又陆续押来了一批批放下武器的伪军。这些伪军就是分别驻守这一带十几个小据点的，听到我侦察员的喊话和侯家营中心炮楼、桑梓据点等相继陷落后，料难顶住，只好倒戈就擒了。

侯家营一役，我们于一夜之间连克敌人15个据点，从而收复了蓟县西南面被敌人称之为“路南（通唐公路南面）屏障”的四、五区，为我军继续深入南面平原，撕开了一个口子；同时，狠狠打击了日伪军的嚣张气焰，使老区的群众精神大振，为进一步巩固恢复区，我们接着发动群众，重建和整顿了区、村抗日民主政权，组织民兵、妇救会、儿童团等群众团体，镇压汉奸特务，破坏敌人交通线，填平封锁沟等，使这里的抗日群众运动又轰轰烈烈地开展起来了。尔后，我们以四、五区为跳板，忽东忽西，时南时北，运动于蓟县、宝坻、香河、通县、三河等县境内，拔据点，打伏击，除汉奸，所向披靡，连战皆捷。9月底，我部继续南进宝坻、香河，沿途取下赵汉庄，攻克敏庄子等20多个敌据点后，于10月初又一举拿下了号称京东八大镇之一的通县西集据点，不仅顺利地完成了分区首长交给我们恢复蓟县四、五区的作战任务，而且初步开创了蓟县以南广大平原地区抗日斗争的新局面。

忆两淮战役

黄克诚

一

两淮战役是在抗日战争末期我军进入战略反攻后，新四军第三师为肃清苏北敌伪，解放淮阴、淮安，使华中几个解放区连成一片而进行的攻坚战。

1945年8月，日本宣布投降。毛泽东主席和朱德总司令先后发布声明和命令，要求“举行全国规模的反攻”，迫使日伪投降。蒋介石为了独吞抗战胜利果实，一方面命令我军只能“原地驻防待命”，不让我军接管敌占城市；另一方面把大批伪军改编为国民党军队，命令日伪军拒绝向我军投降，对我军的反攻作“有效之防御”。同时，依靠美帝国主义帮助，赶运国民党军队，抢占重要城市和交通要道，向解放区“积极推进”，准备发动大规模内战。

在这种情况下，中央军委于8月22日指示：大城市要道暂时不能属于我们。我们应改变方针，即除个别要点仍应力争外，以必要兵力着重于夺取小城市及广大乡村，扩大与巩固解放区，准备应付新局面，作持久打算。8 月 24 日，毛泽东同志电示华中局：大城市进行和平、民主、团结的工作，争取我党的地位，不取军事占领政策。力争占领小城市及乡村，迅速设法占领运河沿线及串场河沿线各城市，将苏中、苏北、淮南、淮北打成一片。并强调要一切作持久打算，准备于顽军进攻时，坚决彻底干净全部消灭之。

我当时是新四军第三师师长兼政治委员。三师奉命集结主力，准备担负机动作战任务，由地方武装和民兵向苏北境内敌伪发起广泛反攻，先后解放沭阳、宿迁、泗阳、涟水等城镇，迫使苏北敌伪纷纷向主要点线收缩。长期盘踞在苏北地区的伪军潘干臣、吴漱泉等部，受国民党反动派加委，摇身一变，分别改编为国民党第六军第二十八师和淮安独立旅，连同伪保安团、常备旅等地方反动武装，据守淮阴、淮安两县城，同我顽抗。针对这种情况，我们准备组织第三师主力部队，歼灭潘、吴伪军，攻取淮阴、淮安县城，逐个扫清苏北境内残敌，解放全苏北。

正在这时，接到华中局和新四军军部命令，要第三师主力部队向淮南津浦路西出动，与第二师部队会合，准备阻击桂系顽军东犯。我们原定的扫清苏北残敌的计划遂暂时搁置，对部队作如下部署：我率第七旅（已在淮南津浦路西）、第八旅分别进至淮南津浦路两侧的定远、盱眙、涧溪等地区，与第二师的部队会合；而将第十旅留于临近两淮的高良涧、蒋坝地区，以便既能西进作战，也可以回师东返，相机歼灭两淮之敌。在西进途中，考虑肃清苏北敌伪作战的需要，师参谋长洪学智又返回苏北，相机组织领导攻取两淮作战。

第三师和第二师部队集结在津浦路两侧，等候半个多月，未见国民党军队东犯的动静。我估计国民党军队忙于夺取大城市和交通要道，一时还不大可能向我根据地进攻。在这种情况下，我军主力部队旷日持久集结于津浦路两侧，势成守株待兔，却失去肃清根据地内残敌的有利时机。为此，我和当时共同指挥津浦线作战的第二师政治委员谭震林研究后，于9月3日联名向华中局及军部建议，将二、三师主力调回路东，夺取铁路一段，牵制国民党军队；主力一部回师肃清苏北、苏中各城市伪军，创造连成一片的大块根据地，为尔后长期作战准备战场。电报同时报到中央。9月5日，刘少奇同志从中央电示华中局：顽军进占大城市与交通要道，我欲阻止顽军前进已很困难或不可能，而顽军进占城市与要道后，暂时亦不会向我根据地深入进攻我军。因此，我欲求歼灭顽军一路，暂时恐无机会，以此配合谈判更不可能。在此情况下，请你们考虑黄、谭意见将三师部队抽调（或再加二师之一部）向东扫清苏北敌伪据点，造成将来作战的有利条件，似乎是必要的，否则主力部队将陷于无事可做的地位。以前黄克诚主张三师部队首先肃清苏北敌伪后再西调的意见似乎也是对的。据此，第三师主力部队即回师苏北，发起两淮战役，进行扫清苏北敌伪的作战。

人民群众听到围攻两淮的消息后，立即沸腾起来，踊跃支援前线。地方上组织了“反攻动员委员会”、“后勤委员会”和几万人的担架队、运输队、工程队，还组织了木工、铁工为前线修造攻城器材。为了让部队顺利越过城壕，上万民工在三天内挖通30里水道，放完城壕里的水。妇女赶做军鞋，写慰问信。地方医院人员都行动起来担负医护，并用木板、桌凳增设了1000张病床。文艺工作同志连夜赶排节目，到攻城部队演出。民兵赶着牛车，拉着土炮，来到城下，配合攻城。四面八方汇成了人民战争的海洋。

二

淮阴、淮安是两座历史古城，又是苏北政治、经济、文化中心，西北水陆交通枢纽。抗战爆发后，国民党江苏省政府曾迁移到淮阴。日军侵占后，又成为日军屯兵要地，形成分割我苏北、苏中、淮南、淮北各根据地联系的一大障碍，人民群众早已渴望拔掉这颗钉子。两淮县城相距 17 公里，都面对运河，水深城固。淮阴城高八米，淮安城高 12 米。城上有日军经营几年的工事。城四角和城门上筑有炮楼。城内主要路口筑了地堡。城四周在运河及护城河等屏障的基础上，增设了鹿砦、铁丝网。城外围还增设卫星据点，以此构成了以城墙为骨干的防御体系。

经过抗战烽火的锻炼，新四军第三师的部队迅速发展壮大，主力和地方部队已拥有七万余人。此时，在整个苏北地区敌我力量的对比上，我们不但在政治上占有绝对优势，而且在军队的数量和质量上，也明显地超过敌伪。敌伪虽然麇集几座县城，深沟高垒，但是，他们早已陷入解放区军民的重重包围之中，已成瓮中之鳖。根据敌我态势，我们确定采取集中优势兵力，分割包围，各个歼灭的战法。首先以位置距两淮最近的第十旅和地方武装攻取淮阴，然后以相继赶回的第七旅、第八旅和地方武装攻取淮安。

在我第七、第八旅部队尚未东返时，第十旅旅长刘震指挥第十旅及淮海军分区新二团和师特务团，已于 8 月 26 日由高良涧、蒋坝等地出发，向淮阴开进；苏北地方武装射阳独立团和淮阴、涟水警卫团，从东、北两面配合向淮阴逼近；淮安、涟东独立团担负对淮安的警戒和包围。从 27 日到 31 日，夺取了淮阴外围的全部据点，严密包围了淮阴守敌。

8 月 31 日夜，调整了攻城部署。第十旅集结于城东和东南，担负主攻任务；师特务团、射阳独立团、新二团从城南、西、北三面实施包围，担负助攻任务。主攻点选在房屋较多、便于隐蔽接敌，又是守敌两个团的结合部，防守较为薄弱的城东北角和东门。

各部队到达指定位置后，积极进行实地勘察、战前训练和攻城准备。针对地形、敌情特点，修筑了十多座高于城墙两米的机枪制高火力点，挖掘了55米长的地下坑道，直通攻击点炮楼之下，准备实施爆破。赶制了渡河用的浮桥和登城用的云梯等器材。与此同时，向城内守敌展开政治攻势，用弓箭和风筝向城内发射传单，悬挂大字活动标语，进行阵前喊话，并两次向敌伪发出通牒，敦促其缴械投降。但敌伪冥顽不化，自称为“曲线救国的胜利者”，拒绝投降。

9月6日，守敌拒绝我最后通牒，并残忍地杀害了为我方送信的张老汉，广大指战员无不义愤填膺。守敌估计我将在夜间突袭攻城，因而入夜及黄昏、拂晓戒备严密，而白天则较为疏忽。针对这一情况，我们决定将总攻的时间出敌不意地选在白天。整个上午，我炮火时紧时松，守敌紧张了半天，不见动静，便慢慢地松懈下来。14时整，我攻城部队突然开始炮火急袭，并以制高火力封锁敌碉堡。第十旅之第二十八团第一营通过地道对城墙实施重量爆破成功，城墙东北角被炸开几米宽的缺口，对我军攻城威胁最大的炮楼被炸毁，守敌一部被压在倒塌的炮楼下面，附近的敌人也被震昏。我突击分队仅五分钟即登上城头，在东门城头上插上第一面红旗。旋即与守敌展开激烈搏斗，打退敌人的多次反扑，进入纵深，在观音寺将伪淮阴保安团团部消灭。其他方向的攻击部队也先后突破敌城防，勇猛穿插分割，直捣纵深。

从南门进攻的我师特务团，因爆破器材在前进中被敌炮火击中，未能按计划实施爆破排除障碍，便提前五分钟发起冲击。虽遭到很大伤亡，仍前仆后继，奋勇登城。尖刀班班长、战斗英雄徐佳标第一个攀上城墙，把红旗插上城头，在身负重伤的情况下，仍顽强地与敌搏斗。他看到从敌人的一个暗堡内射出机枪火舌，疯狂地向我军扫来，封锁住我军前进道路，便奋不顾身地扑上去，用身体堵住了敌人的机枪射孔，以自己年轻的生命为突击部队开辟了前进的道路。后来，为了纪念这位战斗英雄，当地人民群众把他献身的地方淮阴南门命名为“佳标门”。

在西门，我攻城部队在突破城防后，直冲入敌教导营营部，捉住了敌营长和一个号兵。我突击排长曾当过司号员，他立即令敌号兵供出号谱，从敌号兵手中夺过军号，吹起敌人的集合号，把已经混乱动摇的敌一个营的官兵全部俘虏过来。

15 时许，我第二十八团第二营在一位熟悉情况的理发工人的引导下，取捷径直捣敌指挥部。乘敌恐慌万状，机枪尚未架好之际，投出手榴弹，把敌机枪炸掉，立即发起冲锋，一下突进敌据守的院内，歼灭了警卫部队，敌伪师长潘干臣被击毙。15 时 30 分，城内守敌残部先后投降，一小部分敌人企图从西北突围，也被我新二团、射阳独立团全歼。淮阴遂于 9 月 6 日解放。

三

当淮阴战斗进行时，我各县地方武装即将淮安守敌严密包围。淮阴战斗胜利后，我第十旅主力即于 9 月 13 日开抵淮安城下，紧缩了对淮安的包围。接着第七、第八旅也从淮南东返，先后进至淮安城下，接替了第十旅。当时师参谋长洪学智已对攻取淮安做了筹划，我东返后和他会合，由第七旅旅长彭明治指挥第七旅（代政治委员郭成柱）和第八旅旅长张天云指挥的第八旅（政治委员李雪三）以及射阳、淮安、阜宁、盐城等独立团攻歼淮安之敌。守敌根据我在城北集结兵力，城北地形便于接近诸情况，判断我将从北面进攻，遂将其主力部署在北面。我却将主攻方向选择在城南敌防御薄弱之处。以第七旅之第十九团、二十团，第八旅之第二十二团分别从城东南、城南和西南实施主攻，以第八旅之第二十四团在城西北，射阳、淮安、阜宁、盐城等独立团分别从城西、城北和城东实施助攻。针对守敌依托里运河及高大城墙采用一线设防的特点，我各部队运用淮阴攻城的经验，制作了各种攻城器材，抓紧进行临战训练和准备，构筑了十余个高于城墙的制高火力点，挖掘了直通城墙底部的长达150米的地下坑道。同时，对敌展开政治攻势，发出通牒。守敌拒不投降，并于9月21日拂晓，组织敢死队百余人，由西城墙坠下，向我偷袭，企图突围脱逃，被我第八旅第二十四团一营全歼。

22日8时，对淮安守敌总攻开始。首先向敌实施炮火袭击。我第八旅之第二十二团通过地道，隐蔽地进至城根，以预先运去的重磅炸弹在城西南炸开大缺口，敌炮楼被炸得灰飞烟灭，我部队立即拥入。我各攻击部队的突击分队也在制高火力掩护下，迅速排除各种障碍，发起冲击。第七旅之十九团、第二十团从城东南和南方突破敌城墙一线防御，并向敌纵深突击，快速歼灭了敌人。第八旅之第二十四团、射阳、淮安、阜宁、盐城等独立团也从各个方向突破敌城防。经短时间激战，敌依托高大城墙精心设置的防线全部被我摧毁。我各攻击部队迅即向敌纵深穿插，对敌实施分割包围。战至10时，城内守敌大部被歼，残敌被切割成孤立的几块。我在继续攻击的同时，展开阵前喊话，瓦解敌人。并发动居民群众搜捕化装隐藏的散敌。迫使残敌大部投降，一部就俘。12时，伪旅长吴漱泉、伪专员李云霈带领残部200余人，依托钟鼓楼及楚王殿工事继续顽抗。我遂集中各路部队向其发起猛烈冲击，经30分钟激战，将其全歼，吴漱泉被击毙。15时，号称“铁打的淮安”即告解放。

在围攻淮安的同时，我第十旅及地方武装又于9月18日对响水口一带伪军徐继泰部发起攻击，歼敌近千人，攻克响水口、陈家港、大伊山、新安镇等市镇，控制了灌河两岸，完全解放了苏北盐场。

据当时粗略统计，两淮战役总计全歼淮阴、淮安守敌伪师长潘干臣、伪旅长吴漱泉以下1.3万余人（淮阴战斗歼敌8000余人，淮安战斗歼敌4000余人），缴获炮15门、轻重机枪180余挺、长短枪8870

余支、掷弹筒及各种弹药、车辆、马匹、物资若干，给各孤立据点之敌极大震撼。

两淮战役及以后的胜利，使我苏北、苏中、淮南、淮北解放区连成一片，为华中人民解放战争准备了战场。

阜宁战役

洪学智

一

1945 年 4 月 15 日，苏北大地的严寒早已逝去了，眼前是一片明媚的春光，绿油油的麦苗在微风中漾起千层波浪；金黄色的菜花闪着夺目的光芒；成群结队的彩蝶在菜花、野花中飞舞；和煦的春风夹带着花香阵阵飘来，令人心旷神怡。

我骑着马，一路飞奔，赶回南窑师部。

马长啸一声，在师部门口停住了。我赶忙跳下马，还没进门。就喊了起来："师长，我们打一仗吧！"

黄克诚同志手里拿着文件夹子，迎出门来问："你这个参谋长，又想打哪里呀？"

"打阜宁。"我精神十足地说。

"阜宁？"黄师长笑着重复着，又马上沉思起来。

"是，阜宁！"我赶忙说，"在盐阜区参议会上，大家一致要求三师快快拿下阜宁城！"

“看你这个铁匠！”黄师长笑了，眉梢上挂着喜悦，“你呀，你！就知道打！打！打！”

我笑了。在我们朝夕相处的日子里，我深深知道，黄师长眉梢一笑，便说明我们又想到一起了。

阜宁，地处苏北平原，在射阳河与串场河的汇流处，是南通赣榆公路的交叉点，南毗盐城，西邻两淮（淮安、淮阴），北与连云港接壤，为盐阜区的经济、军事要地。日伪军长期盘踞这个要地，成为突进我盐阜抗日根据地中心腹地的一个钉子，并作为其加强南京外围防卫的前哨。

驻守阜宁之敌，是汪伪第二方面军孙良诚部的王清翰第五军，号称“老中央”，辖四十二师和暂编三十三师（师长孙建言），共七个团，5200 余人，加上地方军警 400 余人，共计 5600 余人。

孙良诚部是西北军的旧部，战斗力较强。这支伪军部队在德、日法西斯面临总崩溃的形势下，于 1944 年 12 月上旬，由河南开封进入盐阜地区。当时，日军迫于太平洋战场的败局，不得不从中国战场抽调兵力，加强太平洋战区和本土。在中国大陆只好收缩战线，集中兵力固守主要交通要地和大城市。中小城市由伪军固守。在此情况下，占驻阜宁地区的日军，除盐城、陈家洋、合德三个据点尚有 300 余人外，其余的均于 1944 年 10 月至 1945 年 3 月先后撤到长江一线。原有的据点，全部由孙部接防。

伪五军王清翰部增防阜宁后，筑有护城河、外壕、铁丝网和巷战掩体工事。在城内外设大小据点 21 个。据点筑有围墙、水圩和炮楼（五个以上），设有地下室和秘密枪眼。各据点间步枪都可以打到，互相支援，策应封锁，构成阜宁城南北约 45 公里、东西 15 公里的狭长坚固的设防地带。南与盐城伪四军赵云祥部相呼，西与两淮的潘干臣部和吴独膀子（吴漱泉）部相应，北与响水口的徐继泰部相邻。用敌军长王清翰吹嘘的话来说，阜宁城是“固若金汤，万无一失”。

黄师长以稳重著称，决策事情都要有充分的根据。此刻，他在小屋里来回踱着步子，沉思着攻打阜宁的有关问题。最后，他终于在小方桌边停了下来，向我投来炯炯逼人的目光，问："你有把握吗？"

一听黄师长问我这个问题，我就把路上早已考虑好的各方情况、布置和打算，掰着手指头，一五一十地向黄师长说了出来。

黄师长听着我的回答，不住地点着头。看得出，他是在权衡利弊，缜密分析。他说："我们打了敌人，敌人会不会来报复呢？"

我说："你是老虎，谁都怕你；你是绵羊，谁都欺负你！对于敌人的报复，我打算……"

黄师长听完我的汇报，忍不住笑了起来，说："你真是个铁匠！火红锤子硬。"他站起来，向我摆摆手，欣喜地又说："那好吧！快把吴胖子（政治部主任吴法宪）叫来，我们再好好研究研究。"

师长同意了，我心里高兴极了。

自 1945 年春季以来，世界反法西斯战争形势发生了根本变化，苏联红军已迫近希特勒大本营柏林城下，开始围攻柏林；英、美、法联军也深入法国腹地，正向法国鲁尔重工业区挺进；亚洲太平洋战场，美军逐岛进攻，日军节节败退，龟缩本土。德、日法西斯的末日将临，已是秋后的蚂蚱，蹦跶不了几天了。

此时，我党中央和毛主席及时作出了"削弱敌寇，发展我军，缩小敌占区，扩大解放区"的指示，并准备在 4 月 23 日召开党的第七次全国代表大会。

在这种新的形势下，新四军首长也要求我们采取积极的作战行动，从实际出发，坚决贯彻党中央的指示，迎接战略反攻的到来。

我们三师所在的苏北地区，在人民群众的全力支援下，经过四年浴血苦战，特别是 1944 年对日伪据点广泛出击，先后发动了高（沟）杨（口）、滨海、陈家洋、合德战斗，每战皆捷，全歼守敌，积累了经验。新四军三师部队具备了夺取中、小城市的作战能力。

在阜宁城境内，伪军、汉奸、特务横行，拉夫抓丁，征捐敛税，抢劫掳掠，奸淫烧杀，无恶不作。当地人民称之为“魔鬼之窟”，迫切要求新四军为民除害，消灭逆贼，拔掉阜宁据点。

阜宁城的敌人虽然设防比较坚固，而且具有一定的战斗力，但敌人的弱点是兵力分散，有利于我各个击破。阜宁伪军已失去日军撑持，且在交接防务之际，王清翰与孙建言矛盾重重，影响协同。城内粮草缺乏，士气低落，难以久守。前几天的晚上，一个光屁股的伪军跑过来说：“长官不让我们穿着裤子睡觉，怕我们逃跑。我们恨死他们了。”这样的部队，还能有什么战斗力？依据周围敌情，两淮、盐城敌人在两三天内驰援可能性不大。如果我集中优势兵力，配合火炮，先扫清外围据点，然后攻城，夺取战役胜利是有希望的。

我对黄师长说：“打阜宁，既是群众的愿望，又符合形势要求，还是我们三师发展壮大的需要。七旅、八旅各缺一个团，装备这两个团的武器，也只有从敌人手中夺取了。”

黄师长强调：这次战役是苏北地区的第一次攻城战，意义不凡，不可轻敌。一定要集中优势兵力。主力部队只有八旅参加不行，要把十旅主力两个团从淮海区调来，两个旅要协同配合好。十旅不是“志愿军”，要当战役的主人。另外，要集结盐阜地区各县的独立团参加，主力部队与地方部队协同配合好。同时，动员大量民兵、民工、人民群众全力支援。

为了充分做好战役准备，黄师长还要我把供给部长刘炳华、卫生部长吴之理找来，布置了后勤保障和战时抢救伤员的任务，并严肃地对供给部长说：“限你在五天以内筹足粮食，送到部队，否则，就开你的公审会。”

军令如山。刘炳华赶紧准备去了。

我们又把敌工部长找来。当时，三师的敌工工作可以说是呱呱叫。秘密工作人员仇学元同志隐蔽在敌人老巢里搜集了大量的情报。

阜宁县的伪代理警察局长田焕是我们的内线。他在阜宁城内上层人士中具有一定影响，人称田大先生，是1942年经敌工部门周密安排进去的。他到任后广交朋友，拜把子，结交"金兰之好"十余人，形成了一股力量，可以随时把我军的信件塞到敌人军政首脑人物家里。

最后，黄师长说："老洪，你担任前线总指挥。"

这样，在兵力部署上，我又具体做了安排，将整个战役分为肃清外围和攻城两个阶段。一是针对敌人兵力分散的弱点，分割包围，各个歼敌，先打城北外围据点，待扫清外围后再攻城。二是在攻打外围据点时，估计敌人可能倾巢增援，因而布置打援。三是对坚固设防之敌，集中火炮突击，加强步炮协同。派参谋李新宇到一师借调山炮，同时将迫击炮改装为平射。四是攻城得手后，估计敌有可能从射阳河南岸突围逃窜，预先在射阳河南布下伏兵。五是令盐阜地区建阳独立团，负责阻击盐城、上岗向阜宁增援之敌；另以淮安、涟水县独立团牵制两淮、涟水之敌。六是各部队的作战分界线，以通榆公路和射阳河为界。射阳河以北，通榆公路以东，由十旅负责。通榆公路以西由八旅负责，射阳河以南，由师特务团（配属阜宁、射阳县独立团）负责。师前方指挥所设于南九灶。战役发起时间为4月24日22时，并吩咐作战科起草作战命令。

我把作战命令草稿送交黄师长审批。师长仔细看完作战命令后，在"攻占阜宁"的"攻占"前加上了"相机"两字，并签上了他的名字。

4月22日，命令下达后，三师主力和地方兵团（师特务团、八旅二十二团、二十四团和特务营，十旅一支队、四支队，盐阜独立团和5个县的独立团），共计11个团的兵力，即悄悄地向苏北重镇阜宁城以及城外各个据点侧翼运动，迅速集结。

与此同时，侦察科长宋振鼎搜集了伪五军四十二师、暂编三十三师和伪军保安大队兵力分布情况，连夜赶绘了阜宁伪军城防工事及轻重武器阵地详图。师部参谋处测绘员汪广贞、八旅侦察股长王少林，深入敌据点观察了敌人城防工事。师部作战科长张兴发，化装成拾草农民，在阜宁据点外围，侦察地形、地物，选择了攻城部队的进攻路线。我们还控制了日伪在阜宁城的四个情报组，使敌人变成了聋子、瞎子，使他们对我们的战役准备，毫无察觉。我十旅远从淮海东调，目标很大，但敌人一无所知。当我打响外围据点时，伪三十三师师长孙建言还在美滋滋地大摆酒宴，举行婚礼呢。

后勤保障和战时抢救伤员的准备工作也在日夜不停地进行。阜宁、阜东、射阳和建阳四县动员组织了数万民工，担负侦察、向导、警戒、押送俘虏及平毁碉堡等战勤任务。尤其是阜宁县的广大人民群众，早就盼望着这一天了，一下子组织了一万多民工随部队服务。战前，各部队对敌展开了政治攻势。从射阳河沿岸的钱庄、路庄，用小木架载着宣传品顺水淌入阜宁城。在各个据点附近组织喊话队，宣传抗日形势，动员伪军官兵向人民投诚。根据伪五军有不少人祖籍在冀鲁豫的特点，选择我军中与伪军同乡的战士对伪军喊话："日本鬼子在太平洋吃了大败仗，孙良诚把你们出卖给日本鬼子当炮灰，难道你们愿意替他们送死吗？"有的唱着河南小调："黄河水黄又黄，黄河两岸大麦香。别人都在打鬼子，你们怎么反把伪军当！"形成四面楚歌。经我强大的政治攻势，仗还未打，先后已有100多名伪军从据点逃出向我投诚。留在据点内的伪军也受到影响，士气低落，斗志涣散。

二

24日天黑后，部队从南窑、板湖、单家港等地急行军到达阜宁城边缘。以公路为界，八旅在路西包围了头灶、七灶、掌庄三个据点；十旅在路东包围了大小顾庄。

当时，三师部队经过一个多月的训练，战斗情绪很高，早就酝酿着打阜宁，现在有大仗可打了，一个个都想显示身手，高兴得很，像过年一样。从干部到战士，自发订计划，挑战应战，积极准备各种攻坚器材，演习各种战术动作，并组织了战斗协同互助小组。

八旅和十旅都是很能打的英雄部队。分配战斗任务时，八旅旅长张天云和十旅旅长刘震还都感到任务少了，不过瘾呢。

那天晚上月色很亮。八旅特务营在阵阵的狗叫声中分三路将头灶包围，迅速构筑工事和炮兵阵地。头灶离阜宁城很近，敌人还以为是民兵骚扰，骄傲地在圩子里唱小调。“妈的，叫你们唱！”特务营用迫击炮“轰隆”一声，炮弹在六米多高的炮楼半腰开花。部队随即以迅雷不及掩耳之势发起冲锋，突破围墙防线。激战不到十分钟，全歼伪三十三师的一个中队，残敌成了阜宁战役的第一批俘虏。

首战告捷，掐断了城北各据点敌人退缩城内的通道，对其他据点的敌人心理上是一个震动。

但是，七灶战斗打得很艰苦。

七灶位于头灶正北三公里处。在解决头灶的同时，二十四团第三营和特务连对七灶之敌完成合围。据点内共有从东西串联一起的三个圩子，驻有伪三十三师的一个独立大队。为防止敌人南逃，主攻方向选择在圩子的西南角，营长田晋杰带领十连担任主攻。临时加强的五门迫击炮置于七灶西南 60 米处，作为发射阵地。

炮火打响后，各连队冒着弹雨，跃过水田麦田的开阔地段，迅速推进。主攻方向依托水沟南面的几座民房，在火炮和机枪的掩护下向敌发起冲击。不料圩子下有一条很深的水沟，指导员杨竹林带着队伍涉水过沟，但由于月亮太明，目标暴露，受到敌人的猛烈阻击。我得知七灶方面不顺利，很焦急，打电话到八旅询问情况。张天云旅长即给田营长打电话，告诉他把火力组织好，选好攻击位置，同时又增调了两门迫击炮，集中全旅的 7 门火炮分别对东南、正南、西南三个方向采取抵近平射。随即，4 个连队同时发起第二次冲击。敌人用机枪封锁水面，十连连长被击中，沉到深水中。特务连对准目标平射，摧毁圩墙和炮楼，随即从西北方向突入，占领了敌前沿工事。十连战士在为连长报仇的呐喊声中，冲上去，将三角勾刺入墙内爬上圩寨。这时，伪大队副还在圩沟里叫嚷：“天快亮了，不要怕，增援就来了。”战士李得胜一枪将他撂倒。后边的战士冲过去把敌逼到一座三合头瓦房里。至晨5时，全歼守敌230余人。

25日零时，十旅四支队包围了大顾庄据点。有一个营进到了小顾庄南，担任对阜宁方向的警戒。大、小顾庄位于头灶东侧，敌人火力强，工事坚固。头灶、七灶已经解决战斗，大小顾庄方向却不见动静。如果搞不下来，影响了攻城，那就造孽了。我骑着马赶到那里，发现强攻对我们不利。经同十旅旅长刘震、支队长钟伟研究，于3时30分开始，组织了一次20分钟的佯攻，消耗、疲惫敌人。拂晓时，突然实施猛烈炮击，连续摧毁敌人七座炮楼和一些火力点，使敌失去依托。这时，伪大队长朱涛偷偷从圩墙上往外看，被我战士一枪击中。敌人失去指挥，军心动摇。我们当即组织战场喊话。在我火力打击和政治攻势双重压力下，25日10时，大顾庄伪军200余人向我缴械投降。我和刘震登上据点的圩墙时，见朱涛的肚子一起一伏，还没断气呢。

15时，掌庄据点在二十四团一、二营攻击下，敌营长率200余人向我缴械投降。

这样，先打外围的作战意图便完全实现了。眼下，阜宁城内的敌人已成为瓮中之鳖。

三

25日清晨，天下起了蒙蒙细雨。雨点打在人们的脸上，有些凉丝丝的感觉，脚下也打起滑来。我和吴法宪及十旅的领导同志都到圩子上用望远镜观察阜宁城，以便掌握战机，夺取全胜。

阜宁城敌人从一早起，就在北门大炮楼内用望远镜观察我军的动态。在阜宁城北300米处，有一片埋着上万人的荆棘丛生的乱坟岗子，野狗常常在那里啃骨头，阴森可怖。二十二团就埋伏在坟包中间。我当即给他们下达命令："敌人可能增援大顾庄，敌人如果出来，就坚决把他们消灭在城外。"

这时，参谋薛毓芳手拿藤棍走过来，想让我们拄着，以防滑倒。我试了试，觉得还不错。可没想到，吴法宪一把将藤棍夺了过去，递给薛参谋，让他离开。原来，是大顾庄投降的200多敌人排着队伍被押了过来。

"看，城内的敌人出来了！"不知是谁喊了一声，我们的目光一齐转向南边。可不，约有1000多敌人黑压压一片，吹着冲锋号，出北门过大桥，呐喊着向大顾庄方向奔来。巧的很，这时距大小顾庄敌人投降只有五分钟。我见此情景，立即让埋伏的一支队往后撤，好让敌人跑远一点再攻击。不料敌人先头部队还没有跑出半里路，就同我攻占了大顾庄的四支队接上火了，早已等待在那里的二十二团、盐阜独立团、十旅一支队也耐不住性子，跳出来从敌人身后像剑一样插过去。敌人一看我军断其后路，立刻惊恐万状，扭头就往回跑。兵败如山倒，伪军督战队鸣枪，也阻止不了潮水一样涌回的伪军。

战前，考虑到攻城的艰巨性，二十二团的一个连化了装，穿上了伪军的黄衣服，由阜宁县大队派向导带队，准备伺机混入城中。这时，双方部队一接火，他们就跃出乱坟岗子，混入伪军中，向着北门大炮楼方向冲去。

二十二团副团长黄经耀随团前沿部队行动，当即下令追击。该团四连是打援的最前哨，战士们忘记了一夜的疲劳猛攻猛冲。排长杜学明冲在最前头。因为一夜没有休息，追击又太猛，敌人跑不动，我们也跑不动了。见此情况，他就指挥战士夺敌人的机枪。四班先夺了一挺，他又指挥六班夺了一挺。两挺机枪一叫，敌人血肉横飞，倒下一片。跑不动的就跪下举着枪高喊:“老乡，我是河北人。”跑在前边的伪军仓皇地跳入护城河，泅水向城内逃窜。杜学明马上想到这是一个进城的好时机，倘若不顺势追击进城，让敌人占据了北门大炮楼，我们再攻城，伤亡就大了。此时，连队已经吹了停止号，他来不及请示连长，带领二排尾随追击。一部分伪军伏在环城河边阻击，企图掩护逃入北门的伪军占领北门大炮楼。杜学明让五班用火力压住敌人。敌人的意图没有达到，被迫过河逃入圩里。

环城河有三米多宽，二米来深。我们的战士大多不会水，站在河边犹豫了。杜学明也不会水，但他跳下河。战士们随后也纷纷下水，从东北角跟踪突入城内。这时，另外两个连也过了河，跃上北门的土圩，从东西两个方向迂回北门大炮楼，猛烈地向炮楼投弹。由于我三个连队的迂回，大炮楼成了凸出部分，敌人不敢占领。十一连六班见敌混乱，乘隙捣虚，一举攻占北门大炮楼，迫敌退守小南门东西地区。这样，我军就抢先占领了北门制高点，把敌人坚固的城防打开了缺口。敌人妄图夺回失守的阵地，逐次增兵，拼命反扑，均被我击退。二十二团又不断扩大缺口，乘机往城里攻，进行白昼巷战和强攻圩塘。不久，就占了位于城北的清静庵。后园守敌处势孤立，在我阜东独立团紧追下，于 25 日 13 时退守城内。

这场伏击战，虽然未能在城外全歼增援之敌，但参战部队顺手牵羊，及时捕捉和创造战机，机动灵活扩大战果，攻占了北门大炮楼和老城部分据点，为下一段的攻城战，打开了一条可以大路直进的方便之门。

至此，胜利结束了阜宁战役的第一阶段。

师指挥所移至阜宁城下的窑桥。

四

我们师、旅的领导都上到北门大炮楼，居高临下，用望远镜观察瞭望城内形势和敌人动态。这座古城，东西长约三里，南北宽约一里，东宽西窄，形状像盒子枪，北面为老城，南面为新城。从大炮楼到新城的小南门约半华里，均为鳞次栉比的砖木结构平房。新城内有一条贯通的南北大街。敌人正在乱糟糟地赶修工事。城东南有耶稣教堂和天主教堂，是敌五军军部。水龙局在城东，大浦桥在城西，是敌人两个重要据点。射阳河像一条光带，从城南蜿蜒而过。

在炮楼上，我们几个人（吴法宪、张天云、刘震和八旅政委李雪三）商量如何攻城。大家都感到战役的态势比预想的要好。谁能想到这么快，就能够站在阜城的制高点上研究如何夺取它呢？

现在，部分城区已被我占领。敌人防御体系被我分割，军心浮动，已造成了我攻城的极为有利的条件。因此，决不能给敌人以喘息之机，应该立即发起攻城战。我当即报经黄师长同意，调整了部署。命盐阜独立团占领南北大街，将阜城拦腰斩断；四支队向大街以东地区进攻；一支队位于城东配合；二十二团向大街以西龙王庙区域攻击；八旅特务连由清静庵向南直插河边，断敌退路；阜东独立团由后园逼进大浦桥河边，配合友邻部队作战；八旅二十四团集结于朱巷附近待命。考虑到巷战和攻打据点的特点，我要求各旅团要注意充分发挥工兵和炮火的作用。攻击时，先用炮火摧毁敌人工事，为步兵开辟冲击的道路，以动摇敌人坚守的信心。

25 日 15 时，战斗打响了。

八旅、十旅主力和盐阜独立团，先后从北门冲进阜宁城，按着各自的攻击方向，以排山倒海之势，向城内伪军发起全面攻击。

当日，天气阴沉。我军步炮配合，与敌展开逐个炮楼激战，逐屋与敌争夺。整个阜宁城淹没在炮火烟雾、枪林弹雨和我英勇战士们的冲杀声中。

小南门龙王庙大圩里的敌人把几座民房连接起来，筑起六米多高的砖圩子。二十二团的前哨部队一接近，敌人就投手榴弹阻击。投弹组冲进圩边同敌人对掷手榴弹，手榴弹炸起的烟雾使人看不清对面的敌人。架梯组的勇士们把梯子架上围墙，第一个勇士猛冲上去，拉出手榴弹，正要投掷，被敌人一刺刀刺中眼睛跌下梯子。紧接着第二个、第三个……我们的战士终于上去了。战士董标登上圩墙，一眼发现一个伪军正准备架起机枪向我扫射，他连忙甩去一个手榴弹，打倒射手，夺取机枪向圩内猛扫，掩护战友冲入敌阵。

敌人顿时乱了阵脚。二十二团乘势突入圩内，冲入敌营房，向左右拉开，越墙走壁，穿墙打洞，与敌展开巷战。到当天中午，二十二团的前哨部队已在离小南门 30 米处筑好了工事。

南北大街是一条二三米宽的街道。在大街作战的盐阜独立团用手榴弹开路，掏墙洞前进，使南北大街两边的房屋互相贯通。他们首先抢占了屋顶制高点，架起机枪，以火力压制敌人后退，掩护后续部队冲入街道。

经过两小时的激战，敌人的阵地和据点逐一被我摧毁，龙王庙和南北大街以及大片城区已被我占领。敌人伤亡惨重，大部被歼。

这时，一个参谋领来一个民兵，说沟安墩方向有大约两个营的伪军增援来了。我赶紧叫一个领导干部带一个营到射阳河南，结果这位同志未能完成任务。增强射阳河南侧兵力的意图没有实现，后来，敌军长王清翰重伤后仍能跑掉，这是一个原因。

25 日 18 时，四支队在炮火掩护下，一举攻占了城东据点三官殿。22 时，该支队向三官殿东侧的水龙局守敌发起猛烈进攻。连续冲击两次，与敌人展开白刃格斗。但因据点内敌人兵力集中，拼命顽抗而受阻。当时部队有些急躁情绪，支队长钟伟让部队先进行近迫土工作业，以便稳扎稳打，逐步推进。他们完成工事构筑，发起攻击时，我告诉钟伟把从一师借来的山炮用上。他们把山炮推到炮楼很近的地方，从炮膛里直接瞄准炮楼目标。第一炮打偏了，打塌了伪军一座营房。第二炮打得准，正好打掉了炮楼的一个角，炮楼一下塌下去了。在炮火轰击下，我冲击部队乘机迅速架梯，像尖刀直插圩墙。但是，敌人依仗其坚固工事和有利地形，与我顽抗。我第一次架梯，五个人亡四个。后续梯队前仆后继，排长负了伤，班长继续冲；班长负了伤，三个副班长紧接上去；副班长负了伤，战士们英勇地自动代替。第一次冲击未成，再组织第二次冲击；两次冲击未成，再增强炮兵火力，加强步炮配合。在我炮火有效掩护下，冲锋战士端着刺刀终于冲上圩墙，与伪军展开了激烈的白刃战。战士们把六个一把、八个一把扎起来的手榴弹，一起拉断导火线抛进敌围。在巨大的轰隆声中，伪军尸体横飞，血溅满地。这场激战一直延续到26日拂晓，陷入绝望中的残敌终于缴械投降。

攻城战斗中，部队充分发挥了炮火的威力。战后，俘虏兵说："开始我们估计你们新四军没炮。谁知你们炮这么多，简直无法应付。"

在四支队攻击水龙局据点的同时，二十二团进攻伪第五军主力一五八团驻守的大浦桥围寨。大浦桥有一道极陡的围墙，还有水圩环绕，敌人据险固守。我军炮手瞄准目标向敌围寨连续发炮，一颗燃烧弹落在伪军营房上，营房顿时升起大火。火光下我军号手吹起冲锋号，战士们冲过水圩，迅速架起云梯。但由于围墙陡峭，架梯失败。敌人早有防御准备，当我军炮击时，他们躲进地堡和工事内，当我军步兵冲击时，敌又以猛烈火力向我扫射，用主要武器封锁圩前。我战士四人抬着云梯到半路都挂了彩，紧接着上去一个班拖梯子，没走几步，又被敌排子手榴弹击伤。二排长带着四班冲上去，靠紧墙根，死命把梯子竖起来，但敌人竟把梯子拖了进去，用火力把道路封死。我攻击部队为减少伤亡，决定暂停冲锋，继续进行土工作业，把交通壕挖到敌人圩墙下和阵地边沿，围而不攻，迫敌就范。

事后知道，由于白天对地形了解不够，选择攻击点不适当，从正北进攻，恰遇敌人工事坚固和四十二师的顽抗，炮火又没起到摧毁作用。如果从西面攻，比较容易奏效。因为守敌是伪三十三师，战斗力不强，而且横沟、碉堡紧连圩墙，集中炮火轰击，可迅速攻进去，直取大浦桥。

26 日凌晨 3 时，伪第五军军长王清翰及三十三师师长孙建言见大势已去，在水龙局据点及射阳河南两个营援兵的掩护下，乘茫茫大雾，先后率残部千余人偷渡南逃。

王清翰和孙建言一逃，就只剩下大浦桥据点。我和张天云赶到那里，同二十二团团长王良太一起，在前沿工事里看了一下，圩子确实高大坚固。于是，我让二十二团向敌人营长喊话："你打死我一个，我打死你十个。你派一个信得过的人出来看看，你们城里的部队消灭的消灭了，投降的投降了，跑的跑了，你还打个什么？"敌营长派连长出来看了，见身陷重围，援军无望，于 26 日 10 时缴械。

五

在阜宁攻城战发起时，我军在厂桥、茆舍以南的盐阜公路两侧，埋伏着特务团一、三营。其任务一是阻击向阜宁城增援之敌；二是截击从阜宁城突围逃跑之敌。

战役发展结果，正如我们所预料。26 日零时 30 分，从阜宁天主教堂、耶稣教堂逃跑之敌，如同惊弓之鸟，越过射阳河沿阜宁公路向南逃窜。当敌行至我一营设伏地带时，该营放过敌先头部队，隐蔽观察，选择敌人要害打。1 时许，敌人后续部队来到后，遭到设伏部队猛烈出击，正好打中伪第五军八大处。敌猝不及防，被我截成数段，双方展开肉搏战，敌支持不住，抱头溃逃。当敌人先头部队进入我三营伏击地带时，三营迅速出击，冲入敌阵。在我猛扑之下，敌溃不成军，残部向南逃窜。遭我一营伏击的伪第五军八大处残余敌人逃到三营阵地时又遭痛击。阜宁、射阳独立团各一部也赶到参加了战斗。

当时，天降大雾，迷迷蒙蒙分不清敌我。

我们的截击部队是师特务团。敌人逃跑的是第五军的特务团。敌人问："哪一部分？"战士回答："特务团。"很多敌人因此靠近来，一看是灰色军服，跪下就缴械，口里说："不要打，不要打，我是山东人！"这样，在我节节围堵、多面截击下，激战三小时，毙敌150余人，俘敌近千，伪五军军长王清翰身负重伤，被抬到上冈。最后，仅王清翰和孙建言等几十人漏网，逃至盐城。

截敌战斗结束后，我们立即命令担负分割、包围阜宁公路两侧各据点之我军各部队，同时向各自的目标发起攻击，乘胜扫荡残敌。各部队先后攻克了施庄、田舍、沟墩、界牌口、草堰口等据点，全歼守敌。射阳独立团乘胜扩大战果，又相继收复了海河镇、靠鱼湾据点。

在整个战役过程中，后勤部提前一天运到了粮食，还超额完成了1000多斤大米，向前线送弹药速度超过平时行军速度。卫生部门组织手术组到离前线一里路内，为重伤员施行手术。抬担架的民工，一直跑到炮位。群众在冲锋部队后面四五十米之内跟进，在几分钟内把负伤的同志抢下火线。离火线稍远的老婆婆，胆大的妇女，抬着米糕送到战壕里。有的地方伪军刚投降，收枪的战士刚跳上圩子，民兵就像冲锋一样也跑上去了。人民群众为战役胜利作出了极大贡献。

整个战役，从4月24日22时发起，到26日10时止，历时36个小时。

这次战役，取得了辉煌战果：全歼伪五军军部和二个师部、七个团，并歼灭了伪阜宁县政府、保安团等反动组织和反动武装。除伪五军军长王清翰、三十三师师长孙建言几十人漏网外，活俘伪三十三师副师长邓立东以下官兵及伪地方军、政、警等近3000人，缴获迫击炮7门，掷弹筒27具，轻、重机枪47挺，步枪1600余支，手枪65支，各种子弹、炮弹共4万余发。除解放阜宁城外，攻克大、小据点21个，摧毁碉堡143个，解放村镇580多个、受难同胞10万余人，收复土地1000平方公里。

六

阜宁是新四军在苏北战场从日伪手里解放的第一个城市。阜宁战役是第一次攻城战斗大捷，也是全华中对日军进行战略反攻的一个大胜利。这一战役，标志着新四军三师从战略相持转入战略反攻，从长期的游击战转向规模较大的运动战和攻坚战，从单一步兵作战开始进入大兵团的步炮协同作战。

阜宁战役的胜利，像春雷震撼着苏北大地，产生着连锁反应。它击中了苏北日伪的要害，切断了通榆线和运河线敌人的联系，威慑两淮和盐城守敌，迫其为惊弓之鸟，瓮中之鳖。我阜宁、射阳、涟水和盐东四县的全部解放，使整个盐阜抗日民主根据地连成一片，掌握了苏北战场的主动权，并为尔后的两淮战役等一系列战略反攻积累了经验，创造了条件。

阜宁战役胜利后，新四军首长立即发来了嘉奖电，其中特别表扬八旅二十二团“善于机动扩大战果进占阜城”。

延安新华社和《解放日报》，专门报道了苏北新四军收复阜宁的消息，高度评价了阜宁战役的胜利意义及其基本经验，明确指出了“苏北解放阜宁城战役中，有许多优异特点”，传达了党中央的声音。

一周后，又从欧洲战场传来了苏联红军攻克柏林的喜讯，希特勒终于垮台了！双喜临门啊！

5月11日，春光明媚。东沟的南面，有1000多亩的乱石滩，长满了荒草。我们在这里搭起了台子，召开了有五万军民参加的“苏联红军解放柏林、我军光复阜宁祝捷大会”。这是苏北人民一个盛大的节日。

盐阜各县的人民群众跋涉百余里，赶到东沟，喜气洋洋，载歌载舞，耍狮子，闹龙灯，锣鼓鞭炮和口号声交响成欢乐的海洋，盛况空前。

会前，供给部长刘炳华走到黄师长面前，风趣地说：“师长，你还开我的公审会不？”一句话引起了黄师长和我们的一场大笑。

开会了。在响彻云霄的欢呼声和掌声中，黄师长说：“苏联红军占领了柏林，欧洲法西斯垮台了。我们要学习苏联红军的英勇战斗精神，加紧准备，迎接反攻，将来还要解放南京、上海、东三省！”

群众的兴奋情绪达到了高潮。

散会后，三师部队高唱着《新四军军歌》，意气风发地离去，各县的人民群众也欢天喜地返回家园，土路上到处烟尘滚滚。

我们骑着马奔向南窖。一路上，祝捷大会令人亢奋的盛景一直回旋在我脑海里。人民群众的笑脸和欢情，是在述说着他们的希望，鞭策着我们去夺取更大的胜利。

我不由得扬鞭催马，向前方急驰而去……

转战淮南淮北

成钧　赵启民

1938年1月，鄂豫边区红军游击队改编为新四军第四支队第八团。在挺进皖中、皖东敌后，积极开展抗日游击战争，建立抗日民主根据地的斗争中，部队由1300余人（包括竹沟留守处送来的300多人）扩大到3000余人。于1939年7月，扩建为新四军第五支队。1941年，皖南事变后，五支队改编为新四军第二师第五旅。旅辖第十三、十四、十五团，十三团由五支队第八团改编，十四团由五支队第十团改编，十五团由淮南抗日民主根据地（简称淮南）津浦路东独立第一、第二团编成。全旅共计5300余人。旅长成钧，政治委员赵启民，参谋长张元寿，政治部主任侯政，后为祝世凤。十三团团长林英坚，政委祝世凤，后为童浩生；十四团团长宋康，后为宋文，政委胡炜；十五团团长饶守坤，政委朱云谦。

对西防御，向东发展

“对西防御，向东发展”是党中央、华中局给二师的战略方针，1941 年 2 月，五旅组成后，奉命率十四团、十五团，配合兄弟部队担负向东发展任务。十三团仍留在津浦路西地区，会同四、六旅，担负对西防御的艰巨任务。

旅部率第十四、十五团先以主要兵力指向淮（阴）宝（应）地区之敌。1941 年 3 月，我十四团突袭盘踞在淮阴城外、运河线上的伪军重要据点高堰及其周围据点。在军事打击与政治争取下，敌人迅速瓦解，我军前锋直逼淮阴城下。此举给两淮日伪和顽军以巨大震动。随后，我又飞师突袭白马湖和宝应湖西岸之顽伪武装。两战皆捷，宝应湖两岸之日伪和顽军势力趋于崩溃。在取得军事胜利的形势下，我十四团分兵发动群众，配合地方政府，实行减租减息，肃清反动刀会残余势力，开展统一战线工作，争取当地开明人士，使我淮宝地区政权日趋巩固。由于白马湖和宝应湖西区的开辟，从而堵住了日伪和顽军依托两湖水域向陆上我区“蚕食”的渠道。

当我集中力量于宝应湖地区作战时，盱眙城、老子山的日军 200 余人乘汽艇经过洪泽湖，偷袭我后方驻地高良涧镇。敌登陆时，被我十四团七连击退。敌又改经两侧迂回登陆，对我高良涧实行夹攻。我十四团七连在自卫队配合下，英勇奋战，激战整日，日军伤亡 50 余人，败退回巢。

经过对日伪和顽军的连续打击，发动了群众，肃清了暗藏的反动刀会残余势力，我淮宝地区得到进一步巩固，为我移师淮（阴）泗（阳）地区创造了有利条件。

巩固与发展淮泗地区的关键，在于歼灭出没于洪泽湖上的顽军水警大队。

洪泽湖处在我淮南淮北两大根据地之间。国民党鲁苏战区副总司令兼江苏省主席韩德勤，精心豢养了一支水警大队，有人枪 300 余、帆船 30 余艘，武器精良，弹药充足。官兵多系淮泗和湖区人，游民成分居多。他们生长在湖上，对湖区情况十分熟悉，以湖为依托，经常窜犯我淮宝、淮泗、皖东北滨湖等地，抢掠残害当地群众，袭击摧毁我区乡政权，对我淮南、皖东北、淮泗根据地的巩固以及各区之间的交通联络，危害极大。我军曾数次进击，均未得手。该顽欺我不习水战，讥我为“旱鸭子”，狡黠顽抗。

5 月，军部命令我旅协同在皖东北的三师九旅和淮泗的一个团，配合地方武装，坚决围歼该顽军。参战各部同心协力，紧密配合，先对湖岸严密封锁，将其围困于湖中，顽军冲破围困，先后向皖东北和淮泗窜犯，遭我九旅和三师在淮泗部队迎头痛击，迫使其退到湖中。我十五团编成数个船队，乘风破浪，齐头并进，深入湖中，一鼓作气，将其团团围住。顽水警大队深陷绝境，在我政治争取下，大队长陈培华被迫率部投降。我将所获战船枪械装备成一支巡湖大队。同时，成立了洪泽湖县抗日民主政府。辽阔富饶的洪泽湖，终于归入人民怀抱，成了我军一块巩固的水上根据地。

我旅在兄弟部队配合下，经过三个月左右的战斗，使白马湖、宝应湖西岸、洪泽湖先后为我军控制，粉碎了日军打通运河线的企图，巩固和开辟了淮宝、淮泗根据地。这是五旅成立后第一次完成党所赋予的重大任务。

1941 年春夏间，国民党汤恩伯指挥的三十一集团军等九个师大举进犯我豫皖苏地区。我第四师部队迎头痛击顽军后撤到津浦路东地区。志得意满的汤恩伯与龟缩在苏北淮安县车桥、曹甸地区的韩德勤遥相呼应，妄图先夺我皖东北地区，再配合韩德勤侵占我苏北根据地。针对这种形势，军部命令四师到淮宝休整，调五旅配合三师九旅及地方武装正面阻遏汤顽东犯，确保皖东北地区，并视情况相机发展。

6月底，旅部率十四、十五团渡过洪泽湖，到达泗县半城镇集结，了解情况，准备向西进军。

皖东北地区包括津浦铁路徐州到蚌埠段以东，陇海路东段以南，运河以西，淮河以北的广大地区，处于日军水陆交通干线之间，日伪顽军据点星罗棋布，犬牙交错。这里地形平坦，极便骑兵和摩托化部队的运动。经过日伪军的反复“扫荡”，加上国民党顽军的不断“蚕食”，当时泗县城南城北大片地区已经伪化或为土顽占据。

依据此种情况，我们决心首先把战场向西推进到津浦铁路东侧，与我留在路西坚持斗争的兄弟部队和地方党政组织取得联系，同心协力，东西配合，共同阻遏汤恩伯部继续向东深入。7月中旬，十四、十五两团分路西进。十四团向泗县以北，十五团向泗县以南，扫除盘踞在泗县外围的伪军和土顽武装。经过旬日战斗，十四团连续拔除苏家圩、罗圩、双蔡圩等20多座伪、顽据点，十五团将泗南地区土顽武装一气肃清，基本上恢复了我原有地区，完成了西进的第一步作战任务。

在完成了第一步作战任务后，部队集结于泗县天井湖东岸之郑集，稍事休整，随后展开了第二步作战。

第二步作战任务，直指泗县、灵璧，孤立两县守敌。这两座县城是日伪进攻我皖东北的重要基地。只有肃清了土顽和顽化伪军（打着伪军的旗子，实际上是国民党军队），控制了广大农村，逼日、伪军困守孤城，才能把防顽军东进的战场推到津浦路沿线。

8月初，十四团一个营首先出战泗县城郊的旗杆杨和霸王城伪军据点。两地俱一战而下，隔断了泗县日军与重镇张楼伪化顽军张海生部的联系。泗县城变成了一座孤城。紧接着，我十五团以两个营的兵力，飞渡沱河，夜袭草沟伪军，进逼灵璧城郊。两战皆以奇袭取胜。泗县、灵璧日军慑于我军声威，紧闭城门，不敢出战。这就为我向西向北发展造成了有利态势。

8 月 24 日，我旅十四团、十五团一个营和三师九旅二十五团，发起攻夺张楼的战斗。张楼镇分为前张楼和后张楼，驻有伪化顽军张海生部 700 多人，工事坚固，粮弹充足，是日军“蚕食”我区的重要阵地，是顽军东进的前哨。拔除张楼据点，对巩固皖东北意义重大。战前决定：九旅二十五团主攻后张楼，五旅十四团主攻前张楼及外围据点，十五团一个营负责阻击援敌。

24 日晚，战斗发起后，九旅二十五团袭击后张楼。十四团袭击前张楼未成，25 日晨改为强攻，经过激烈战斗，攻下前张楼几座大炮楼和部分房屋，张海生率部退据核心工事，死守待援。战斗陷于僵持状态。上午 10 时左右，泗县城日军先后有 500 余乘汽车驰援。十五团一个营在瓦坊一线阻击未成，日军继续北进，战况骤趋紧张。旅部速调十四团三营赶去阻敌。该营善打硬仗的第七连在何宅子（村）依托有利地形与数百日军展开激战。全连伤亡 70 多人，指导员芦平同志壮烈牺牲。连长彭家祥左手拇指被敌人的指挥刀砍断一节，血流不止，但仍率领全连仅剩的 17 人顽强拼搏，坚守阵地，直至黄昏战斗结束。共歼敌 200 余，缴枪 100 余支，战马十匹，完成了阻击任务，受到了旅首长通令嘉奖。

张楼战斗是我旅进行的一次规模较大的攻坚战，对部队锻炼很大。战后，部队在郑集地区整训，认真总结了此次作战的经验，加强射击、投弹、刺杀、土工作业等技术训练，加强打坦克、打骑兵的战术演练。政治工作方面，进行了增强党性教育，开展了创造模范党支部和模范党员的活动。从而部队的军政素质得到了较大提高。

10 月间，陈毅代军长亲临我旅视察，检阅了部队军政训练情况，向全旅指战员发表亲切感人的长篇讲话，给了全旅同志以极大的鼓舞和深刻的教育。

10 月中旬，韩顽一部窜抵泗阳县之程道口（镇）。陈代军长亲自指挥三师、四师和二师各一部发起程道口战役，将顽军一网打尽。五旅在战役中，担负防津浦路西顽军东窜任务。程道口战役结束后，我旅立即向西扩展攻势。11月初，我十五团向浍河以南地区推进，初战园宅集，全歼土顽李慎五部。接着以风卷残云之势，将星散在浍南地区之伪化顽军逐一肃清。部队曾乘虚直捣五河县城，横扫伸出津浦路线外之敌伪据点，敌伪望风而逃。我旅和在淮北津浦路西坚持苦斗的部队和地方党政机关打通了联系，并协助地方党委深入发动群众，恢复了皖东北根据地的泗南、泗北地区，巩固扩大了泗五灵凤地区。

我旅在皖东北进行了近半年的战斗，在四师首长的领导和指挥下，在九旅和地方武装配合下，基本上完成了上级赋予的各项任务。部队在艰苦复杂的环境下得到了锻炼和提高。四师部队对我们的支援配合，淮北地区党、政机关和人民群众对我们的热情支援，是我们完成任务的重要条件。彭雪枫师长对我们部队的关怀爱护和他崇高的风格更使我们难以忘怀。

年底，旅部奉命率十四、十五两团返回淮宝地区休整。我十三团一直在淮南津浦路西配合四、六旅作战。11月中旬，四、六旅部队在安徽定远县大桥（镇）地区，对深入我路西中心区的桂顽发起自卫反击战，创一次全歼桂顽两个营的重大胜利。我十三团根据野战司令部的部署，在顽军重要作战基地广兴集附近，比顽而居，使其不敢向大桥增援。大桥战斗结束后，十三团乘胜出击广兴集，守军弃阵南撤，我即夺回了广兴集。

大桥战斗后，桂顽亟谋报复。11月底，纠集三个主力团及地方保安团队，分路直扑我中心区之藕塘镇。其东面一路由全椒县之周家岗、大马厂一线直指我十三团扼守之主阵地赫郎庙。企图攻下赫郎庙，夺取鸦窝集，从侧后包围我藕塘镇正面的守军，并切断我路西与路东联系的通道。11月28日晨，顽军向我赫郎庙阵地进攻。十三团三营当即给以痛击，接连打退顽军多次攻击。战至下午3时许，三营阵地四面被围，战斗异常激烈。十三团团长林英坚亲率团预备队反击。一时间，赫郎庙杀声满谷，硝烟蔽日，血战酣殷，我毙顽300余人后，于天黑撤出战斗。

在我各路部队的奋战下，顽军攻占我中心区藕塘镇的企图未能得逞。

战后，二师首长对十三团部队给予高度评价。在《二师工作总结》中指出："赫郎庙战斗充分表现出我军为人民事业而英勇顽强的战斗精神"，"十三团是中华民族最优秀的男儿"。在这次战斗中，我党优秀党员，有着丰富作战经验，骁勇出众的指挥员林英坚同志壮烈牺牲。

赫郎庙战斗后，十三团奉命调津浦路东整训，于1942年1月抵淮宝归建。

度过困难时期，巩固和扩大淮南根据地

从1941年开始，淮南根据地也进入了最艰苦困难的时期。"扫荡"与反"扫荡"、磨擦与反磨擦连续不断。1942年又遇到严重旱灾，军需民食严重不足。为了战胜困难，渡过难关，争取胜利，党中央先后制定出"对敌斗争"、"精兵简政"、"统一领导"（一元化）、"生产运动"、"整顿三风"和"拥政爱民"等"十大政策"。

精兵简政，整编部队。1942年春，根据军、师指示，我旅将三个团缩编为两个团，旅的领导干部除增加詹化雨同志为副旅长外基本没变。十三团团长饶守坤，政委童浩生；十四团团长宋文，政委胡炜。撤销了十五团，其一、三营分编给十三、十四团，二营编给六旅十七团。旅供给部同卫生部合并，各团司令部、政治处合并为一个行政单位。旅团其他机关基本保持原有机构，主要精简勤杂人员，充实连队。十三、十四团各增编一个迫击炮连，每营增编一个重机枪排。全旅共

3734人。经过精简整编，精干了机关，充实了连队。同时，协助淮宝、淮泗、洪泽湖三县整编地方武装，精简机构，加强领导，纯洁内部，整顿充实县、区武装。独立第五团（五个连）整顿后仍留淮宝；淮泗组成三个连的独立大队；并调整了洪泽湖巡湖大队领导干部。经过整顿，地方武装能独立坚持游击战争，保卫根据地。

整编完毕后，旅部率十三团、独五团驻淮宝，十四团驻淮泗。4月，日伪企图打通运河线，在陈双庵、三棵树等设据点。十四团乘敌立足未稳进攻陈双庵据点，歼伪军40余人。12日，日伪300余人从淮阴出发，沿运河押送物资去宿迁，十四团在敌前进道上设伏，敌进入伏击圈后，我三面冲杀，歼敌大部，残敌退守高庄据点。我攻击高庄时，敌施放毒气阻我攻击。13日拂晓，淮阴日军来援，我撤出战斗，共歼敌148人，毙日军西本义夫中队指挥官以下70余人，俘日军士兵一名。5月23日夜，十四团发起对三棵树伪据点攻击。在我军事打击和政治攻势下守敌缴械投降。接着，我肃清残存的顽伪武装，建立民主政权，扩大了游击区，粉碎了敌打通运河的企图。

10月，日军十七师团7000余人，伪军2000余，向我淮海、淮泗、淮宝地区“扫荡”。中旬，日伪近2000人合击我旅直和十三团。我主动转到外线，敌扑空后，分三路寻找我主力。在敌距离拉大时，我十三团突然攻击进到马栅庄之敌，打得敌狼狈窜回淮安，其余两路也仓皇撤退。27日，日伪军1000余人，在骑兵和飞机配合下，以闪电的方式突袭我淮泗中心区吴集。我十四团及地方党政机关转入外线，敌连续合击均扑空，即转为“梳篦式”合围“进剿”。淮泗军民坚壁清野，游击困扰，打击内线之敌。十四团在外线破击淮（阴）泗（阳）公路和运河上的敌伪交通。十四团六连一度袭入淮阴城关敌骑兵营地，杀伤敌军一部，缴战马30余匹。在我内线、外线双重打击下，“扫荡”之敌退回老巢。

1943年2月，旅机关和直属部队同路东联司机关合并改为五旅兼淮南津浦路东军分区。旅长兼司令员成钧，政委兼路东地委书记赵启民，副书记李世农，副旅长兼副司令员罗占云，参谋长张元寿，政治部主任张树才，副主任郎清荣。下属十三、十四两个主力团。淮南津浦路东原八个县合并为四个办事处（大县），两个独立团和八个县大队整编为四个支队，即盱嘉支队，天高支队，来六支队，东南支队。6月，又增编一个甘泉支队。县委书记兼支队政委，实行党政军一元化领导。

开展生产救灾工作。路东地区在敌伪“扫荡”破坏和旱灾影响下，春荒十分严重。党政军抽调大批干部到基层发动群众生产自救。政府调剂余缺，厉行节约，并向外区购买薯干、豆饼等接济不足。经过多方努力，度过了春荒。群众普遍反映：“遇此大灾年，只有在民主政权下，才能做到不饿死一个人。”共产党、抗日政府、抗日军队的威信空前提高。

部队利用战斗间隙，积极开展大生产运动，下湖捞鱼，开荒种菜，砍芦苇盖营房，建立卷烟厂、被服厂、修械厂，克服物资困难，减轻人民负担。

3月，成钧旅长率十三团和留在淮宝的十四团参加淮北山子头战役。在四师首长统一指挥下，于3月17日夜发起反击韩顽的战役，经过一天一夜激战，全歼韩德勤部。五旅围歼顽独立六旅，经过攻坚，全歼顽军，毙顽旅长李仲寰以下近百人。山子头围歼战，粉碎了韩德勤和王仲廉东西对进，侵犯皖东北的企图，对巩固华中敌后根据地有重大意义。战后，十三团返回淮南津浦路东，十四团仍留淮宝，并指挥独五团坚持淮宝、淮泗地区。

6月，为扩大根据地，粉碎日军“扫荡”抢粮的企图，我十三团和东南支队相互配合，拔除了仪征谢家集伪军据点，全歼守敌200余人。8月，日军小田大队并伪军共800余人，向东南地区“蚕食”抢粮。14日，日伪军七八百人进犯八百桥。17日，我十三团和旅特务营在六合桂子山给进犯之敌以迎头痛击。经过整日激战，毙伤日伪军300余人，其余敌人逃回六合。我也有较大伤亡，副团长陈宗胜、副主任李秉初同志英勇牺牲。经过这两次战斗，粉碎了敌人“蚕食”、抢粮企图，扩大了根据地，使高邮湖西新成立的甘泉县得到了进一步的巩固和发展。战后，旅兼军分区召开英模大会，奖励英雄、模范，开展杀敌立功运动。

转战淮南津浦路西

为了加强对敌斗争和津浦路西、皖江（七师）地区的对顽防御，军部调我旅到淮南津浦路西兼路西军分区。原兼路东军分区的任务，改由四旅担负。

9月间，成钧、赵启民、张元寿率十三、十四团进入路西地区。旅司、政、后机关和直属部（分）队留路东为四旅兼路东分区机关。六旅撤销，原六旅兼路西分区机关改作五旅机关，六旅十七团改为五旅十五团，成钧任旅长兼军分区司令员，赵启民任政委并任路西地委书记，黄岩任副政委兼地委副书记，副旅长兼副司令员张翼翔，副司令员陈庆先，参谋长张元寿，政治部主任邓少东，副主任肖学林。旅兼路西军分区，除十三、十四、十五团外，并辖定（远）合（肥）总队（由原路西十八团兼）、定（远）凤（阳）怀（远）总队、定凤嘉（山）总队、滁县总队、定远总队、巢（湖）北支队、淮西独立团。1944年，由定远、定凤怀总队拨两个连，加强淮西独立团，到寿县瓦埠湖地区开辟新区。

我旅进入路西之后，面临着日伪顽军包围夹攻的严重形势，边缘区被“蚕食”伪化，根据地范围日趋缩小，财经很困难，社会动荡不安。为打开困难局面，我们决定采取“南防北攻”的方针，即对顽军防御自卫，对日伪进攻。

对陈兵于根据地南缘、虎视眈眈的顽军，我坚决执行党的“人不犯我，我不犯人，人若犯我，我必犯人”的严正自卫立场，号令全区部队决不主动向桂顽主力及其地方武装与区乡政权发动进攻。同时为防顽军攻我，则进一步加强和完善南面一线的堡垒地带。顽军对我区推行堡垒政策，从东面的周家岗（全椒县境）到西边的谢家圩子（合肥境），在长达数十华里的正面，利用险要地点和重要集镇，筑起一处处深沟高垒、炮楼林立的军事据点，以这条封锁线逐步推进“蚕食”我区。针对顽军上述封锁线，从 1941 年冬季开始，我师在罗炳辉师长亲自指挥下，也从东面的鸦窝集、赫郎庙、五尖山到西边的延寿集、占鸡岗一线修筑起野战集团堡垒，作为抵御顽军进攻的支撑点。每一点上派必要的兵力守备。因之，在游击战争的环境里竟出现了顽我两军隔山相望、堡垒互对的奇特场面。我旅接防后，对这条堡垒线，以一小部主力部队和县总队一部为主，加强守卫，同时以防区内各村的自卫队民兵，实行村村设防，军民联防，主力兵团部署于机动位置，可及时支援，组成三层防线。由于有了这条堡垒线，迫使顽军不敢轻易向我进犯袭扰，我对南防线得到相对稳定，群众生产和生活相对安定下来，我主力部队则取得了集中整训，机动作战的机会。这是在当时特定条件下采取的一个特殊防御措施，事实证明它是正确的、有效的。

在南面防线得到了相对稳定后，我们便组织了向北面日伪军和伪化顽军的进攻。这里谈的“北面”包括定远到滁县沙河镇以北淮河以南的凤阳、怀远、嘉山广大地区。这些地方的敌人主要是日军、汪精卫的“伪和平军”和“伪化顽军”，他们依据境内各县间的公路线，占据村镇，修筑堡垒，对我根据地实行分割、包围、“蚕食”，蹂躏群众、掠劫商旅。伪军成员多为无业游民，战斗力虽不强，但因是“地头蛇”，耳目灵通，行动诡秘，我军对其作战，往往可以取胜，而不能彻底根除，即使给予歼灭性打击，则不久便又死灰复燃。

我旅实行“北攻”的头一仗，是在定远城西南东兴集歼灭徐郁堂部的战斗。徐郁堂部原是一支土顽部队，以后投降日军，老巢在定远城郊之东兴集、王圩子、陈圩子等村镇。经过日军精心豢养，该伪日渐壮大，成为一股拥有300余人枪的凶恶匪徒。他们经常向我张桥镇、下马铺等地区进行“蚕食”，几年来，我地方武装无力制服他。为歼灭这股伪军，我以十四团主力配合定远总队，用奇袭将其分别包围于东兴集等三处老巢之内。定远城日、伪军600余人火急出援，被我击溃，退回城内，徐郁堂部尽数受歼。定远城日伪军“蚕食”我中心区北缘的计划被一举击碎。接着，我巢北支队和淮西独立团在淮南铁路西侧纷纷出击，使原有游击区获得巩固，并开辟了新的地区。

正当我主力在北线开展反“蚕食”斗争获得胜利之际，南线顽军以为我有虚可乘，便隐蔽调集其主力五一一团之两个营及第十游击纵队一部，于10月30日向我中心区南面之主要阵地五尖山发动突然袭击，妄图敲开我中心区之南大门，直捣我路西地委和军分区机关所在地藕塘镇。守卫五尖山阵地的十五团一营，予进袭之顽军以猛烈还击。双方在狭小陡峭的山头阵地上，反复冲杀，顽军攻击不能奏效，至下午4时许，以一部迂回到我主阵地侧后的最高峰，企图控制我主阵地。我十五团政委殷绍礼机智果断地率第三营奋力抢先一步攀上主峰，将其击溃，顽军在付出重大伤亡代价后，败阵退回。

五尖山战斗后，桂顽图我之心不死，于11月23日又以2000人之众（四个营）向我定远占鸡岗阵地进攻。我先以村落防御消耗顽军，然后主力出击，顽军遭受较大伤亡后败退。这是我旅在路西进行的第一次占鸡岗战斗。

经过半年左右的奋战，在路西地区党、政、军、民同心努力下，我们取得了一连串的胜利，局势渐趋稳定，我开始由被动地位转入了主动地位。

1944年是路西地区斗争最激烈、最频繁、作战规模最大的一年，也是我旅部队取得战斗胜利最多的一年。这一年作战的最大特点，是日伪顽军公开配合，对我实行夹击。

5月，日伪军3000人，合击我中心区藕塘镇，桂顽则集结兵力于距藕塘镇半日行程（30里）的广兴集，观测风向，伺机出动。在日伪军分三路合击我藕塘镇时，我各主力团机敏地跳出敌合击圈，转向日伪后方的重要据点和交通线展开猛攻。十三团主力奇袭定远县城，突入城内，给守城敌人以重大杀伤，缴获物资甚多。

奇袭定远城后，我又以十三、十四团各一个营在地方武装配合下，奔袭三河集和殷家涧。我乘虚直捣日军老巢的行动，使蚌埠日军指挥中枢受到极大威胁，其主力3000人占我藕塘一座空城，而且陷于我中心区军民困扰之中，惶惶不可终日，于6月3日仓皇撤退。我主力迅即回师中心区，严阵以待顽军的进袭。集结于广兴集的顽军，见无机可乘，只得黯然收兵。日伪顽费尽心机经营的一次南北夹击，乃以失败告终。6月至7月间，我乘日顽均因进攻失败转入调整部署，我有可望暂时稳定的时机，组织部队进行整风学习。

我旅于1944年进行的整风学习运动，是在敌后游击战争条件下，在反“扫荡”、反磨擦不断反复的战斗间隙中进行的。整风学习的内容十分丰富，时间较长，参加学习的有干部、战士和勤杂人员。由于有了全党全军两年来的整风经验，由于淮南区党委书记和二师政委谭震林同志的亲自指导，部队又处在打了一连串胜仗，环境比较安全的条件下，所以，整个学习运动搞得比较扎实稳健。根据部队和干部不同的情况，我们采取了以下几种学习形式：（一）抽调了一批团营级干部参加华中局党校或淮南区党委党校轮训；（二）分批分段调集大批营、连、排干部到路西地委（旅兼分区）举办的整风队学习；（三）团以上在职领导干部坚持在工作中学习，并召开旅的整风会议进行谈心和思想检查，开展批评与自我批评，做到打通思想，统一认识；（四）基层连队采取分期集中组织干部战士进行学习。所有各种形式的学习活动，都把认真学习22个整风文献提高思想觉悟，摆到第一位。特别强调坚持理论联系实际，开展批评与自我批评的优良学风。在政治审查和清理工作中，坚持“一个不杀大部不抓”的政策，对于少数单位少数人员中一度出现过的逼供信等错误，及时地严肃地进行纠正。通过整风运动，领导干部提高了思想政策水平，增强了全局观念、党性观念，思想方法、工作方法有了不同程度的进步和提高。广大青年知识分子干部受到了入伍以来一次最深刻最实际的阶级教育、党性教育，大大激发了改造非无产阶级思想的自觉性。总之，通过整风学习，有力地提高了我旅部队的战斗力，并为部队以后的建设打下了坚实的思想基础和组织基础。

部队的整风学习一结束，立即转入了民主大练兵。广大干部战士把在整风中焕发出来的高度政治热情转化到苦练杀敌本领的军事训练上。我们组织部队学习延安留守兵团的练兵经验，实行“官教兵，兵教官，兵教兵”。在群众练兵的政治热情空前高涨、练兵的民主作风大发扬的基础上，涌现出了大批的先进人物和先进单位。其中，十四团四连班长陶兴发以高度的阶级友爱精神，耐心帮助有病的同志、比较落后的战士，使他们在政治思想上、军事技术上、组织纪律性上都有很大进步，称为战士的知心人。十八团七连排长李广友独创的“暗靶对灯光凭目标练射击瞄准技术”，取得了68发子弹消灭了66个“敌人”的优异成绩，成为全旅（分区）突出的典型。旅机关及时地宣扬了他们的事迹和经验，授予陶兴发同志“爱兵模范”、李广友“神枪手”的光荣称号，部队广泛开展了学习陶兴发和李广友的活动。9月，旅兼分区在藕塘召开规模盛大的练兵竞赛大会，总结了群众路线的经验，检阅了部队四大技术训练的成绩，表扬了练兵中的先进个人和单位。

10月，我对北线日伪军发起进攻。21日，我十四团夜袭凤阳殷家涧日军据点，歼敌一部。天明后日伪军一部来援，被我击退。下午，驻蚌埠日军鲁山大队和伪军一部在飞机掩护下大举来援，又被我打援部队包围，我以猛烈火力予以重大杀伤后，二营六连冲入敌群，展开白刃格斗，毙日军副大队长以下70余人，伪军100余人，援敌溃退，殷家涧守敌也于黄昏后突围逃走。我军收复殷家涧，巩固和扩大了定凤怀根据地。

当我们在北线痛歼日军刚刚结束，南面的顽军与日伪军配合对我夹击。

11月10日，日伪军近万人，分七路合击我藕塘镇。我主力部队及党政军首脑机关及时转移到了外线。日军扑空后，便立即调整部署，以我对付顽军进攻的南缘堡垒线为目标，兵分两路，东西对进，将我所有工事予以摧毁，为桂顽向我进攻扫清障碍。15日，桂顽五一二团与日军配合，在定远县境的曹家岗一带对我十五团实行夹击，我及时发觉，机动转移，使此次夹击落空。16日，日顽各一部又在合肥县境之青龙厂以北地区，对我十四团和巢北支队采取南北对进实行夹击。时值大雾，我主力机敏地跳出合击圈外，留下几支小分队在两面分头阻击日军和顽军。我边打边退，日顽双方逐步靠近，在大雾中碰了头，展开了一场激战，直到日军俘获了桂顽一批士兵，查明情况，才知“发生误会”，方才败兴收兵。

在日军摧毁我南线堡垒地带时，桂顽即隐蔽调集两个团的精锐兵力，分成两路，尾随日军之后，伺机向我进犯。日军于14日、15日将我“南防”一线工事摧毁，16日开始撤退。17日下午，桂顽一七一师五一二团团长蒙培琼率四个主力营长驱直入延寿集以南之郭集、蒋集一线。18日，蒙培琼部在郭集之线徘徊停留一天，窥测日军撤退实情和我之虚实动静。19日攻势展开，首要攻击目标指向我占鸡岗。我军奋勇歼顽，毙伤俘顽军团长蒙培琼以下1900余人，缴获全部武器。

占鸡岗战斗结束后，四旅十团在东线向侵占我周家岗的顽军进攻，顽慑于我军威，不战而逃，大部被我十团追歼，周家岗遂为我收复。

占鸡岗战斗的胜利，对于改变津浦路西斗争形势，巩固扩大根据地，鼓舞军民胜利信心，具有重大意义。我旅部队经过此次较大规模的运动战，不仅在武器装备方面得到了很大改善，更为可贵的是第一次取得了集中兵力打歼灭战的直接经验。陈毅同志说：“一次歼灭桂军四个营在我军战史上还是第一次”，高度地评价了占鸡岗战斗的战绩。

12月，我旅奉命准备渡江南进到皖南、江西、浙江沦陷区去开辟新区，军部免去我旅兼路西军分区的任务。所属第十八团及各县区武装均拨归路西军分区编制序列。旅团领导干部，作了一些调整。旅长成钧，政委赵启民，副旅长钟国楚，参谋长张元寿，政治部主任邓少东，副主任肖学林。十三团团长宋文，政委肖学林（兼），十四团团长兼政委朱茂绪（后谢锐、夏云飞分任团长、政委），十五团团长李士怀，政委殷绍礼。全旅共5900余人。1945年2月，因情况变化，解除了渡江南进任务。

1945年3月，桂顽进犯我在含山、和县一带的第七师部队，妄图截断我二、七师的联系。为了支援兄弟部队，给国民党顽固派的“磨擦专家”们以惩罚，我旅对淮南津浦路西顽军的封锁线，发起攻势作战。半个月内，先后攻克界牌集、王山头、肖家圩等据点十余处，歼顽军五一一团一个营及土顽300余人。在攻坚作战中，我首次使用了二师兵工厂自制的平射炮和将迫击炮改为平射的火器，这种火炮，射程虽近，但直接瞄准，抵近发射，所以几乎每发必中，摧毁敌人土木堡垒甚为奏效。

桂顽在我自卫反击中遭受失败后，又企图进犯我路西根据地。4月，根据军部决定，发起了黄疃庙反顽战役。在此次战役中，我旅担负首先攻取顽军据点王子城的任务。以攻城打援的战法，调动顽军主力增援王子城，为兄弟部队在野战中歼顽创造条件。

王子城为桂顽五一一团一个营和土顽共约800人长期据守的一个重地，深沟高垒，设防甚严，阵地坚固。我十五团两个营将其攻破，顽军全部被歼。王子城战斗一打响，顽军第一批援兵五一三团前来，我十三、十四团将其击溃，俘团长以下800余人。我德才兼优、军政双全的十四团团长兼政委朱茂绪同志在此战役中英勇牺牲。

黄疃庙战役后，全旅部队回到中心区休整。

战略反攻，保卫胜利果实

1945年8月8日，苏联宣布对日作战。9日，苏联红军进入我国东北，进攻日本关东军；中共中央主席毛泽东发表《对日寇的最后一战》的声明。10日，朱德总司令向各解放区军队发布进军命令。新四军二师、淮南军区各部队坚决响应和执行毛主席、朱总司令的号召和命令，立即发起了对津浦、淮南两铁路沿线及敌在我区所占重要城镇的进攻。

8月15日，我五旅展开了对蚌埠以南淮南路上敌据点的进攻，战至23日，解放了凤阳县刘府、定远县炉桥等日军据点十余处，毙伤日军300余，俘20余人，缴92式步兵炮一门及其他武器装备一部。紧接着我对蚌埠展开进攻，蚌埠日军拒不向我投降，协同伪军顽抗。正当我部猛攻蚌埠市郊西南制高点老虎山时，桂顽三个师绕道淮河北岸，进入了蚌埠市，实行所谓"受降"。在此种形势下，我旅奉命停止向蚌埠的攻击，挥师到津浦路东江苏六合县城集结。

日本宣布无条件投降后，蒋介石急忙"下山来摘桃子"，一面下令共产党领导的敌后抗日军民原地待命，不得对日伪进攻；一面下令日伪军坚守原阵地和交通线，不得向八路军、新四军及其他抗日部队投降。又令龟缩在云、贵、川的国民党军赶赴日占城镇和交通线受降。将所有伪军改编为国民党军，配合日军守卫原驻地。美帝国主义派飞机、船只、车辆赶运国民党军向华中、华北急进。美海军陆战队在上海、青岛、天津等地登陆。美第七舰队在海上巡逻封锁。在美帝支持下蒋日伪合流，进攻坚持敌后抗战八年、战功卓著的八路军、新四军及敌后军民的阴谋已暴露无遗。

根据形势变化，中央军委调华北、山东、华中部队开赴东北，协同苏军作战，同时调新四军部队到山东。二师四、五旅奉命由罗炳辉师长率领北上山东，与四师九旅合编为津浦前线野战军（后改为山东野战军）第二纵队，各旅番号不变，五旅共计 7200 余人。

10 月 3 日，五旅由天长县石梁出发，9 日到达淮北宿迁县，休整和补充兵员，19 日继续北上。在途中，十四团全歼窑湾伪军 800 余。全旅于 25 日到达山东滕县东北东廊一带集结。陈毅军长即亲临五旅视察，召开连以上干部会议，传达党的七大会议精神，号召坚决打击进攻解放区之敌。指出“此山是我开，此树是我栽，有人来摘果，把枪缴下来”，希望部队在新的战斗中大显神通。陈军长的指示对部队教育、鼓舞很大，使指战员更加认清了蒋介石的反动本质，明确了主要敌人，增强了保卫胜利果实的信心和决心。

蒋介石以徐州为依托，向山东解放区进攻。令日军作掩护，收编伪军打先锋，抢占城镇和交通线。伪军吴化文部被蒋介石编为第三方面军。吴化文率一、二、四、五、六师在日军 1000 余人掩护下北犯，企图打通津浦路。11 月 2 日进至界河，3 日继续北犯，被我预伏部队歼灭大部。60 多公里长的铁路为我控制，沉重地打击了蒋军北犯的企图，扩大了解放区，鼓舞了军民的士气。这次战斗是陈毅军长在罗炳辉同志协助下，指挥山东八路军及北上的新四军部队打的第一个胜仗。

11 月 25 日，陈毅军长集中山东野战军及地方武装 23 个团发起临枣破击战。五旅担负破击临城以北铁路和肃清临（城）枣（庄）沿线守敌，打通南北交通线的任务。到12月3日，五旅连续攻克石格营、西石沟、西托、薛庄等据点，歼日军200余，伪军400余。

1946年1月5日，蒋介石企图在停战协定生效前，抢夺战略要地，为尔后向解放区进攻争得有利态势，令徐州蒋军倾巢出动分三路大举北犯。五旅在运河北金陵寺、万仙山、小林山一线阻击中路冯治安两个师。冯部连日进攻，均被我击退。11日冯部全线溃退，我追至运河边，十四团在韩庄东刘旺歼顽一个营。十五团在刘旺东郝家湖歼顽一个营的大部。

五旅在抗日战争时期共作战440余次，歼灭敌军2.29万余人，缴获各种炮76门、轻重机枪279挺、长短枪9170余支。

1946年1月13日，国共两党停战协定生效后，五旅遵照党中央和陈毅军长指示，在峄县泥沟地区进行了百日大练兵运动。蒋介石磨刀我们也要磨刀，为解放战争在政治思想上、组织上、军事上作了必要的准备。

回忆兴化盐城之战

管文蔚　姬鹏飞　张藩

一

1945年8月15日，朱总司令向侵华日军总司令冈村宁次发布命令：在华东的日军，应由你派出代表至新四军军部所在地天长地区，接受陈毅将军的命令。

此时，日军在京沪地区及沿海尚集中有15万兵力，其中6000人分驻在泰州、南通、扬州、高邮等地。伪军也有十余万人，郝鹏举的伪淮海绥靖公署兼第七方面军，驻睢宁、沭阳、灌云一带；孙良诚的伪苏北绥靖公署兼第二方面军，驻盐城、淮阴、南通、扬州一带；任援道的伪第一方面军，驻苏州等地。此外，还有吴化文的伪第三方面军之第一军的许树声、贺舫两个师，驻淮安，均在我新四军各部队及广大人民的包围之中。我们接到延安总部朱德总司令就日军投降事向各解放区所有武装部队发布的命令后，即以苏中军区司令员管文蔚、副司令员兼参谋长张藩、政治委员陈丕显、副政治委员兼政治部主任吉洛（姬鹏飞）的名义，分别向我军附近的侵华日军独立第九〇旅团及伪军孙良诚、陈泰运等部的指挥机关发出通牒，限定时间要日军缴出全部武装，要伪军率队反正，否则就坚决消灭之。各军分区有关武装部队首长，也分别向其附近的日伪军发出了类似的通牒。

然而，蒋介石为了夺取我军八年浴血抗战的胜利果实，却电令第十八集团军所属部队“就地驻防待命”，同时又命令冈村宁次“保持原有态势，并维持所在地之秩序和交通”。意思十分明确：八路军、新四军等人民抗日武装不能再去进攻日伪据点，日伪军不能向八路军、新四军投降。

冈村宁次对此心领神会。他于8月16日通告国民党方面：对不法扰乱治安者，不视为蒋委员长统制下的部队，不得已将断然采取自卫行动。同时，他命令所属部队：未得统帅系统命令，对敌人的任何要求，坚决予以拒绝，必要时应断然实行武力自卫，毋庸踌躇。意思也十分明确：坚决拒绝向八路军、新四军等人民抗日武装投降，并准备武力对抗。

在蒋介石的统一部署下，国民党军统头子戴笠收买了汪伪第三号大员周佛海，以军统“上海行动总司令”的名义，负责京、沪、杭地区的“安全”，阻止共产党军队活动；国民党陆军总部则指派汤恩伯的第三方面军、顾祝同的第三战区部队和李品仙的第十战区部队，夜以继日地向苏南、苏中、苏北地区推进。汤恩伯、顾祝同、李品仙等分别派出亲信与任援道、郝鹏举、孙良诚、吴化文等密谈，加官进爵，要他们积极反共，“以赎前罪”。

蒋介石叫嚷“收复失地”，实际上是要“收复”我解放区的根据地。对这言外之意，任、郝、孙、吴等伪军头子心里也是很明白的。

于是，苏南伪军接受汤恩伯、顾祝同的收编，任援道的伪第一方面军被授予南京先遣军、苏浙先遣军的番号。苏中、苏北的伪军接受李品仙的收编，伪淮海绥靖公署兼第七方面军被授予陆军新编第六路军的番号，郝鹏举为总司令；伪苏北绥靖公署兼第二方面军被授予陆军新编第二路军的番号，孙良诚为总司令；其他杂牌伪军分别被授予苏北挺进军第一至第十五纵队及第一至第九独立支队的番号；伪地方武装则改属国民党江苏省政府。蒋日伪完全合流，以对付我解放区的抗日军民。

8月17日，我们接到新四军军部转来中共中央、中央军委的命令，指示我苏中主力部队首先集中力量解决伪军，威迫其投降缴械。24日，又接到军部转来毛泽东的电报，指示我们力争占领小城市及乡村，迅速设法占领运河沿线及串场河沿线各城市，将苏中苏北淮南淮北打成一片。陈毅代军长根据中央的部署，也从延安给我们发来电报，命我们长江以北部队把津浦路以东，长江以北，陇海路以南，运河两岸所有敌伪占领的地方尽可能全部收复，为建设巩固的根据地打下基础。

苏中区党委和苏中军区，根据这些战略要求，对整个地区的军事斗争作了比较全面的分析和部署。

自8月14日以来，敌伪军在我军强大政治攻势和军事威逼下，已纷纷收缩，惶惶不可终日。十天来，我军已收复掘塘、黄桥、官庄、分略、芦庄等重要据点；刘飞的教导旅和一分区部队进攻三垛、周庄，伪刘湘图部之八十六团在三垛被歼一部后，余部在其团长李化南带领下于周庄反正；管文蔚、吉洛率三、四分区部队与军区特三团等共8个团的兵力，进攻海安伪陈才福部，威逼其投降；刘飞、梅嘉生率教导旅和一分区部队共六个团，为配合三师攻打两淮，已于23日攻克宝应城，全歼孙良诚部伪一〇六团和宝应县保安团等共2000余人。经各分区总动员，广大民兵大规模破袭敌伪交通，不少公路均被切断，敌伪大小据点被孤立包围，收复所有敌伪占据地区的条件已趋于成熟。

军区考虑到将来华东形势的发展，认为粟裕、叶飞在江南有两种可能的前途：

一种可能是他们率领苏浙军区部队，很快切断京沪、沪杭两条铁路干线，迫使京、沪、杭地区的日伪军投降。因为我们知道，日本宣布无条件投降的当晚，华中局决定粟师主力进攻上海，淞沪支队3000余人做内应，命苏中陈伟达等去上海组织“上海起义军总司令部”，刘长胜、张执一等也已从淮南赶往上海。

另一种可能是国民党第三方面军汤恩伯部和第三战区顾祝同部，联合所有收编的伪军，向我粟师和苏浙军区部队大举进攻。这两种可能，第一种可能性不大，第二种可能性是很大的。因为京、沪、杭是蒋介石必争之地，无论我军进攻与否，蒋、日、伪三方合流后都会拼命抵抗。

由于江南蒋、日、伪三股合流力量太大，即使我军不去进攻，蒋介石也会拼命向我进攻。到那时，万一我军在江南难于立足，必须退回长江以北。我大军过江，国民党军也可能跟着过来。如果苏北战场没有大块根据地来作为依托，那是很危险的。因此，我们必须在粟裕大军北来之前抢先把敌伪据点全部扫除，腾出地盘，待粟师回来后，有吃有穿，有较大的空间与敌人周旋。这是最好的一着棋。

二

8月下旬，我们部署向拒不投降的日伪军开展猛烈地进攻。区党委和军区鉴于攻克宝应后，运河线上高邮至淮安的180里内已全为我控制，唯有兴化、盐城等几个城市是我解放区内的几颗定时炸弹，因此决定集中兵力，先解决兴化问题，然后再转向东台，并相机收复盐城。

兴化，是我根据地中的一个大钉子。城墙坚固，防御工事星罗棋布，城外四周均系水网地带。那里驻有刘湘图的伪二十二师及兴化县保安团等共6000余人，此时，国民党已授予该军为陆军第二路军第二军第六师的番号。这支部队原是国民党的正规军。刘湘图本人过去曾是二十九军赵登禹部的参谋。抗日战争前期在津浦路东作战，参加过台儿庄之役。后编为鲁苏皖游击二路，同韩德勤勾结。1940年秋，刘湘图在高邮以曲线救国的名义投降敌人。翌年占领兴化，在那里盘踞已近五年之久。如今摇身一变，以“老中央”自诩，命令其部下“与日军互助互赖，达成守土安民之任务”，“固守防地，加紧戒备，防匪侵犯”，反共气焰十分嚣张。兴化县保安团、游击支队等杂牌伪军被改编为第十六、十七、十八等三个主力团和一个特务营后，也自称国军，积极反共。我们决定将这批卖国求荣，丧尽廉耻之徒，狠狠地予以打击，进行正义的惩罚！

我们分析：兴化守军虽然有较强的战斗力，但6000余人中经三垛、周庄、黑高家之战，已被我军歼灭一个正规团，所剩不过5000左右的兵力，而且有三个团系杂牌伪军，其装备和训练较差，此其一；日军已宣布无条件投降，伪军有汉奸的帽子戴在头上，群众痛恨，士气低落，此其二；刘湘图虽名义上属孙良诚部，但刘、孙间矛盾很深，我军攻打兴化，盐城、扬州的伪军可能不会增援，此其三；其四，我军攻克宝应县城后，在我军威胁下，汜水、界首、车逻坝、小纪、老阁、西鲍等日伪据点相继撤走，兴化完全陷于孤立，而我军在自己的根据地内，群众基础很好。打下兴化是有一定把握的。

军区决定集中一旅全部及特三团、特五团、一分区特一团、特三团、兴化团等共七八个团的兵力围攻兴化并准备打援。将一部分兵力部署在扬（州）泰（州）海（安）公路两侧监视扬州之敌，以另一部分兵力布置在三垛、老阁一线，将河道堵塞，道路破坏，以便阻击高邮之敌东援。还有一部分兵力布置在泰州至兴化的大河两侧，用一些杂树阻塞河道，并利用抗日时期筑好的暗坝以防止泰州之敌增援。

管文蔚、吉洛、张藩等都到了兴化前线，由张藩担任攻城指挥。

各部队按照军区的命令，于26日至28日陆续进入阵地构筑工事，准备实施攻击战斗的第一阶段。此时刘湘图已闻风将三子庙、芦州、荀朱庄等突出据点放弃，全部撤回固守兴化县城及城下卫星碉堡里。

我军于是日下午进逼兴化县城。城外全是河道。由于我军有熟悉的向导，避开了敌人城外据点，偷渡至城下民房内，立即发起攻击，扫除敌城外的火力点，很快完成了这一阶段的作战任务。

29日，开始实施第二阶段的攻城计划。兴化留有完整的城墙，韩德勤在此苦心经营了两三年，修筑了不少永久性的防御工事。刘湘图盘踞兴化后，在此基础上又搞了四五年。城墙上每隔数十米就设有钢筋水泥的碉堡。此外还有许多蔽射的地堡、子母堡，均相当坚固。兴化像水城，地下水位很高，我军用云梯多次发起攻击，想爬上城去用手榴弹和拼刺刀解决问题，但经过一天两夜的攻击皆未得手。我们反复研究，吸取教训，决定暂不能采取这办法。要攻进城去，非将城墙打开缺口，摧毁敌人的守城碉堡，然后用火力掩护，组织突击队从缺口冲进去，用手榴弹将敌人突击队打下去，大部队立即跟进，进行巷战，方能成功。

30日，我军继续攻城。守城伪军用榴弹和浇满汽油的布焚烧民房，阻止我军进城。我军云梯不够，便蹚着水车爬城。伪军用马刀等砍我攀上城墙的战士，并以机枪火力、钢叉筒子、刺刀、石灰等阻击我攻城部队。我军前仆后继，皆不奏效。

31日，阴霾四布，天空好像要塌下来一般。风在呼啸着。兴化城的烟火，涂抹着半个天空。两门山炮已经运到。我们聚集在总指挥部内。经过反复研究，我们下达了当晚进行最后决战的命令。我们找来曾指挥过炮兵的胥金城，由他组织会使用山炮的炮兵（当时他们在某团当步兵），叫他们把山炮检修好，把炮弹擦擦，用在主攻方向西门。当晚8时整，总攻开始。先用山炮轰击城墙上敌人苦心构成的几座重点碉堡，将西城墙轰塌了一个大缺口，敌人守城部队死的死，伤的伤，我突击部队以机枪、手榴弹猛击，一面向纵深扑去，一面向两侧扩展，一下冲进城去。伪军见我军用山炮轰塌城墙，非常惊慌，纷纷逃窜。西城守城敌团长企图组织反击，但残余部队，大部逃散，刘湘图立即从东南两门抽调主力前来堵住西门缺口，我东门攻城部队乘机立即发动攻击，特一团六连首先突入城内，接着特二团七连也相继突入，大部队随即进入市区，向敌中心地区进攻。三团长彭寿生报告：敌见大势已去，随即派其参谋处长、政训处主任和教导大队队长三人，举着白旗前来找我攻城部队谈判。张藩命令："继续勇猛攻击！直插刘湘图的指挥部！决不给敌人有喘息的时机！"此时我西门、南门、北门的攻击部队也已先后进入，伪军全面崩溃。我军向西城东北角之伪军指挥所直插，彭寿生带领团部书记员申易、两名警卫员、一名通讯员，五人冲入伪指挥部，活捉了刘湘图等人。

是役经过三天四夜的激战，终于解放了兴化城，毙伤敌伪军 700 余名，俘日军四名及师长刘湘图以下伪军官兵 5000 余名；缴获山炮、平射炮、小炮和各种口径的迫击炮等 64 门，轻、重机枪 122 挺，自动步枪、手提式步枪、短枪等 3324 支，炮弹 20 箱，迫击炮弹 230 发，汽艇四艘，电台六座，榴弹及掷弹筒若干，伪币 125.5 万元。

兴化战斗中，参战民兵共 1 万人，其中仅海河、草冯两个区就动员了 4000 民兵参加战斗。兴化的人民群众为这次战斗作出了很大的贡献。

战后，我苏中军区司令部、政治部，向参战部队和民兵颁发了嘉勉令。新四军军部也以张云逸、饶漱石、赖传珠的名义发来电报：管、陈、吉、张并转全体指战员：军部获悉，此次我军攻占兴化，部队在英勇牺牲的精神下，经数日来的血战，固守城之伪军二十二师官兵 5000 余全歼，至为嘉奖。在延安的新华社和《解放日报》还为此役发表了消息和评论。部队指战员和广大人民群众的情绪极为高涨。

兴化解放后我们任命胥金城为兴化城防司令。兴化二万多民众集会公审了被称之为“火神菩萨”的伪军头子杨作明。此人杀人放火，无恶不作，曾烧毁民房千余户，群众恨不能啖其肉而寝其皮。为惩处战争罪犯，当场将其枪决。

攻克兴化后下一步的作战方案，我们向军部建议转向东台，并相机攻取盐城。新四军军部张云逸、饶漱石复电，同意苏中主力转向东台，同时以地方兵团配合民兵围困封锁盐城，待适当时机再以主力解决之。军部指出：在毛主席赴渝谈判期间，我对伪军之坚决进攻，如顽军来犯予以歼灭性打击，不仅不会受影响，相反在大的胜利下是有助于谈判的。

兴化被我攻克后，东台伪军当天就弃城逃窜盐城方向，我军又收复东台，并进逼东台以北通榆公路线，计克刘庄、丁溪、草堰、白驹、七灶等十余处据点。

9月11日，我苏中军区二分区部队攻克泰兴，泰兴、靖江等地组织了民兵远征队轮流参战，是役共俘伪十九师师长蔡鑫元及团长顾凤山、陈正才以下官兵4000余人。12日，收复海安。21日，我军攻克如皋，消灭伪独立十九旅全部，俘伪独立十九旅副旅长李瑞生、伪清乡公署如皋特署署长赵简子、旅参谋长路天明以下官兵4000余人。苏中除泰州、扬州、高邮、南通外已全部收复。

三

这时，国民党军队有两个正规师正向海州进发。我苏北新四军第三师黄克诚部十旅、八旅、七旅、独立旅四个旅和三个特务团，在解放两淮后，已根据中央确定的“向北发展，向南防御”的战略方针，于9

月经山东，开赴东北。盐城还有伪孙良诚部之第四军一万余人在固守，等待国民党军队到来。孙良诚系冯玉祥西北军的旧部，是国民党的正规军，后投敌。这部队是有较强战斗力的。固守盐城的第四军军长赵云祥，将其部队分别驻扎在盐城、伍佑、南洋岸、新兴场等几个主要据点，形成犄角之势，准备负隅顽抗。这是我华中根据地腹部的一个疔，非拔除不可。

为了肃清华中地区的伪军，夺取盐城这一战略要地，华中局和新四军军部发电报给管文蔚、陈丕显、吉洛，要我们苏中军区抽调主力部队和苏北部队共同发起盐城战役，由管文蔚、吉洛与盐阜军分区司令员谢祥军指挥。我们很快调集了苏中三个旅与苏北四五个团的主力及地方武装，共约两万余人，包围了盐城及其附近的据点。

我们决定先消灭驻守伍佑的伪三十九师。这个师是赵云祥的主力师，师长潘子明。任务分配，是以苏中主力部队解决伍佑之敌，苏北主力部队和地方武装解决盐城东北各小据点之敌。

我们考虑到伍佑被围攻，赵云祥很可能会增援，所以决定以一旅攻打伍佑，二旅佯攻盐城，三旅埋伏于盐城以南准备打援。作好这样的部署后，各部队均于10月30日进入作战区，东面以东包厂、南面以铁绳桥、西面以虹桥口、北面以七星桥为突破口，当日晚发起总攻。部队一边打，一边向伪军喊话。但由于敌人地堡很多，火力又相当强，于是，决定改变打法，准备把潘子明部引出来打，在运动中歼灭之。

先前我军曾俘获赵云祥部下一个连长，经过教育后，此人思想转变不错。我们将他找来，启发他将功赎罪。他慨然允诺，就命他冒充赵云祥的信使，进伍佑给潘子明送信。信是由赵部地下党员根据赵云祥的手迹，模仿其字体，以赵的名义写的，命令潘按时向北门突围。我军则在北门只置一个连假攻，以暗示我火力不强，其他三面皆以数倍兵力猛攻，以增加对潘部的压力，逼他向北突围。我军同时在伍佑至盐城的路上埋伏了三个团的兵力，俟潘子明部全部突围出来并进入我伏击圈内，再围而歼之。

管文蔚和吉洛亲自找那位被俘的连长谈了话，示以真诚。他很高兴。

如何让他进入伍佑呢？

我们决定把从盐城出来增援时被我俘获的几十名伪军释放，让他们去伍佑，那连长冒充士兵模样混在其中，一起进去。

那连长进入伍佑后，我们焦急地注视着伍佑的情况。

31 日夜晚，淡淡的星光映照着暮色迷蒙的伍佑市镇。突然，潘子明部向四周打炮，特别是向北方向，炮火更为猛烈。

我们立即命令北门部队撤退，诱敌出来。潘子明以为我军被打垮，立即率部从北门突围，拼命向盐城方向逃窜。那连长伺机向我们司令部方向奔来。有一些伪军也跟着他跑，有 100 多人。他们进入我司令部附近，我警卫连和一切工作人员均持枪高喊：“放下武器，投降不杀！”那些散兵全部放下武器，一个个乖乖地举手投降。那连长跑到管文蔚面前，立正敬了一个礼。管文蔚将他带回屋子，他报告了进伍佑后的详细情况。

潘子明见他们这批人被俘后释放回来，开始大发雷霆，说：“你们丢了我四军的脸，丢了赵军长的脸！”

俘虏们一个个低着头。他也同样低着头，斜着眼窥视潘子明的表情，装着一种似乎感到愧疚而又惧怕的可怜样子。

潘因连日激战，部队伤亡很大，想将这批人补充自己的队伍。他想了想，问：“你们是怎么被共军俘虏的？”

那伙人异口同声地一致说：“赵军长派某团长带我们出城来救援潘师长的部队，不料出城后只走了八九里路，就遭到敌人猛烈的攻击，部队被截断，团长带了一部弟兄缩回盐城去了。我们被打死了几十人，逃散了百来人，留下的都被共军俘虏了，共军忙着打仗，没有人看守俘虏，就把我们放了。盐城回不去，只好来投奔潘师长……”说的大部分是实情。

潘子明听完士兵们的回答，怒气渐消，叫值班参谋把他们带下去，编入连队。

那连长也跟着大伙下去。他乘机对参谋说："我有要事要禀告潘师长，你能不能带我去单独见一见？"

参谋问："你有什么要事？"

那连长表明了自己的姓名和某团某连连长的身份，说："赵军长命我们团长挑选贴心的人给潘师长送信，团长要我来伍佑，交代我务必要将信送到，千万不能丢失！团长亲自带队伍护送我出城，要我绝对保密。"

"信在哪儿？"

那连长指了指自己的军衣上衣角，说："团长关照信要缝在军衣夹层内的。"

参谋叫他把信取出来。

连长说："团长吩咐，赵军长要我将信面交潘师长亲启的。"

参谋将他带到潘子明处，报告了情况。

潘子明命他将信取出。他撕开军衣，将信递交给潘。潘看信后，问了问情况，叫参谋带他下去休息。

潘子明是一个粗人，一向忠于赵云祥，对来信命其突围一事毫不怀疑。于是，找各团长商量突围计划。他的参谋长反对突围，说孙总司令（孙良诚）答应派军队来救援，只要扬州援兵一到，新四军很自然就会撤走，那时伍佑之围可解，不仅能保存全师的实力，还可以保住盐城的屏障。潘子明深知孙良诚的诺言很不可靠，他相信的是赵云祥，故不同意参谋长的意见，命令按赵军长来信指示部署突围。

潘部突围出来，部队的建制就乱了，一窝蜂争先恐后向北面逃跑，进入我伏击区后，我军埋伏在两边的部队四面合围，将逃敌全部解决。这一仗，伪第四军三十九师两个团及特务营等2300余人被我全歼。

俘伪三十九师师长潘子明以下官兵1700余人，毙伤伪军500余人。我军乘胜攻下了蔡家祠、二墩、三墩、郡河边、北新河桥等14个大小据点，进逼盐城。

伍佑解决后，我军稍事整顿，又于11月8日对盐城发起总攻。赵云祥非常恐慌，和他的参谋长、师长们商量对策。

他的参谋长认为：潘师是四军的主力，竟被一举吃掉，看来共军力量确实不小。

其四十师副师长戴心宽，经我地下党同志做工作，思想上已倾向我军。他对赵说："听说新四军有不少大炮，兴化城四面环水，城墙和工事很坚固，都被攻破了。伍佑工事也很坚固，同样被大炮轰开，看来盐城很难守住，军座还是早拿主意为妥。"

赵云祥举棋不定，连连急电扬州，请求增援，结果杳无音信。

我军一面开展强大的政治攻势，一面由盐阜区敌工部长薛尚实、盐城县委书记周一萍、县长胡扬等继续对赵云祥部做工作。当时的敌军工作是有成绩的。赵云祥见大势已去，在我军兵临城下的形势下，再加上薛尚实等多方面做工作，他同意率部起义，但一定要和我攻城部队最高负责人见一面。

管文蔚和吉洛商量后，答复可以同意他的要求。

11月10日，在盐城北面飞机场附近袁家庄一户老百姓家里，管文蔚、吉洛会见赵云祥。是夜9点多钟，管、吉两人带了参谋警卫人员先期到达。赵云祥怕被捉，也带了一些部队在周围保护。

赵云祥进入那老百姓家的堂屋，见到管、吉就立正行了一个军礼。管文蔚、吉洛未还礼，握握手。赵是按下级见上级的规矩，很拘谨。

管文蔚说："请坐。"

"司令在这里，败军之将不敢告坐。"赵云祥惴惴地回答。

"请坐，没有关系的。"

赵云祥坐下后，管文蔚对他说："你的部队只有两条路，要么打光，要么投降。你想好了没有？你部下有什么意见？”

“我们决定起义，但请求不要将建制撤掉。”

“继续说吧。”

“请保护军官家属生命财产的安全。”

吉洛说：“完全可以。”

管文蔚说：“我们可以同意你的要求，不撤散你部队的建制，也可以不收你的枪，但重的武器必须全部交下。”

赵云祥想了一下，说：“可以。”

“现在你还有多少人？”

“还有 9000 多人。”

“改编时，我们在盐城集中，还是在其他地方？”

管文蔚回答说：“不在盐城，换一个地方，等起义后听命令吧。”

以上这些意见，其实我们早已通过地下党的同志与赵谈妥了的。赵云祥不放心，所以要见一见最高负责人，证实一下。

这次会见，双方共同商量定了五条：

一、部队起义后，调东坎整训，火炮及轻、重机枪全部留下，步枪可以带去，原建制不变。

二、城里仓库及老百姓财产，不能有一点破坏。不能损坏武器和其他公共财产，违者必究。

三、不能杀害老百姓。

四、保护起义人员及家属生命财产的安全。军官愿留则留，不愿留者给资遣散回家。

五、县长以下官员、保安武装及一切特工人员，全部交我们地方政府处理。

我们谈好后，赵云祥即告辞而去。

次日，我军举行入城式。

赵云祥带着他的第四军军直机关和四十师戴心宽部出城。南门外，两边都是我们的部队。赵率部出城后在公路上集合，将重武器全部放下，他的部队全部离开城区。

管文蔚、吉洛随即入城。赵云祥和他的师长戴心宽等跟在其后，一同入城。我盐城县委和县政府等早已入城，接收敌伪党政人员。

这次解放盐城，苏中部队集中力量解决城南伍佑据点，苏北部队解决城北、城西各据点。前后十天左右的时间，胜利地完成了任务。

在盐城战役中，盐阜区党委书记曹荻秋领导的盐阜独立团和盐东、建阳、盐城三县的地方武装，以及敌工、公安等部门，配合苏中、苏北主力作战。盐城县组织了支前民工一万多人，担架 600 多副，运输船 1000 多条。薛尚实、周一萍、胡扬等均做了大量工作。

11 月 16 日，赵云祥部按照命令，按原建制撤离盐城，由我军护送到东坎、八滩一带整训，编成三个团。这支部队以后在革命战争中，是有很大贡献的。其中不少人参加了共产党，有些人成了我党我军的高级干部。

兴化、盐城之役的胜利，拔除了运河和通榆公路上的重要伪军据点，使国民党军队企图利用其作为进攻我华中解放区“内应”的阴谋破产了。我军经过这一系列的战斗，使苏中、苏北、淮南、淮北完全连成一片。粟裕、叶飞率部北撤后有了较大的根据地。这为以后高邮、邵伯之战及苏中七战七捷创造了有利的条件。

抗日战争时期淮北敌军工作的回忆

王子光

一

新四军第四师敌军工作的建立，始于 1939 年初。当时，还是新四军游击支队，在彭雪枫、吴芝圃、张震、萧望东诸同志领导下，向敌后进军，路过书案店，适逢春节，暂时驻军。这时，政治部设立了敌军工作科，着我（宣传科长）兼任敌工科长，过了几天，又分配一位干事白浪同志来，白是广东人，会说普通话，宣传科干事徐宏九同志也兼作敌军工作。敌工科的架子就这样搭起来了。

如何开展敌军工作呢？这对我个人来说，相当生疏，没有作过。但对我党我军来说，敌军工作是三大政治工作之一，有着悠久历史和光荣传统。

以后，收到一本日文小书（32 开大，油光纸印的油印本），是八路军编印的，里面是对日本士兵的宣传资料，有喊话材料、标语和瓦解日本士兵的歌曲。这本书给我们以很大启发，使人联想起“庞涓死此树下”、“张良吹箫散楚军”、诸葛亮“七擒孟获”等瓦解敌军的故事。

于是我们也制作出少量对敌军的宣传品（油印的小标语），开始了对敌军的宣传工作，同时为了及时取得周围某些敌伪据点活动的情报，也开始注意争取伪军组织的工作。

1938年夏天，日本侵略军进攻徐州，国民党几十万守军不战而溃。不仅淮北津浦铁路沿线各大城市（徐州、宿县、蚌埠）为敌军所占领，连宿县以北的曹村、夹沟、符离集，宿县以南西寺坡、任桥、固镇、曹老集等处也为敌军控制，烧杀抢掠，甚至连沿线两侧各集镇也很快为伪军所占据。豪绅地主则纷纷组织维持会、良民区，广大农村，沦为敌占区，老百姓没有良民证，不准通行。日军为了对铁路严加封锁，沿铁路两边增设据点，修盖碉堡，挖护路沟（约二丈宽深），在重要路口设立卡哨，对我津浦路东西两侧交通，妨碍甚大。要解决这个问题，非对伪军伪组织人员进行争取不可。我游击支队于1939年冬改称新四军第六支队，这时已拥有九个团，1.2万多人。特别是我军自进入豫东、皖北地区后，接连打了几个胜仗（如芦家庙战斗、瓦岗战斗等），迅速在永、夏、萧、宿、涡等县建立起革命政权，创建了豫皖苏根据地，这样的形势，对我军进行争取伪军伪组织工作是极为有利的。在伪军伪组织人员中，死心塌地为鬼子效忠卖命的毕竟是极少数，大部分人还是有祖国观念和民族自尊心的，他们大多数由于环境关系，才被迫走入歧途。正因为这样，在我军事威胁和政治影响之下，有可能为我争取，争取他们成为两面派（也为我们办事），以至全部争取过来。所以在鬼子严密封锁之下，通过关系人员的掩护，我方人员仍然可以出入敌占区和通过封锁线。有时，在我方人员过路后，他们也向空中放几枪，那是为了哄骗应付日本鬼子，在鬼子面前好说话。

1940年冬，涡河南顽军企图大举北犯，为了配合顽军行动，原接受改编的边区保安司令耿蕴斋、十八团团长吴信容、十七团团长刘子仁等发动叛变，遥相呼应，致使豫皖苏边区抗日根据地形势急剧变化，彭司令员即调刘贯一同志回部队任敌工部部长（刘原任解放区夏邑县县长）。这时，部队主力正在淮上执行任务，如果顽军北犯，那就很容易形成敌伪顽夹击之势，陷我于几面作战的局面；若能设法打破腹背受敌的态势，变几面作战为一面作战，我们集中力量打击顽军，才是上策。为了实现这一策略思想，组织上曾研究决定，加强敌伪军工作，争取于我有利的局面。所以彭司令和贯一同志谈话时，便提出开展统一战线工作，争取进步人士和开明士绅与我合作，孤立顽固派，并通过统战关系，深入对伪军伪组织的争取工作，争取他们，利用他们。津浦铁路沿线（宿县至蚌埠）的敌军工作，就是在这样的形势下才有计划有步骤地进行的。

贯一同志受领任务后，即派张文华同志到淮上行署（住龙亢集）建立敌工科任科长，欧明海同志当交通。还派姚克、邵光同志去蕲县集工作。总的方面，初由雷鸣同志领导，后由贯一同志直接领导。配合敌工科工作的，有淮上办事处联络科戴亚东科长和三十二团敌工股刘滔股长。工作任务是开辟宿县至蚌埠铁路沿线的敌伪军工作（宿县以北铁路沿线敌伪军工作，也是当年春才加强的）。当时的工作重点是湖沟敌伪据点（日军一个小队，伪军一个团，共有1000余人）和任桥车站南北沿线工作（这一段的伪军主力也是湖沟自卫团的）。因为当时要使我军在浍河南免受夹击，从任桥车站南北来往过路不受阻碍，必须争取湖沟伪自卫团中立。于是派张文华等同志进入该敌伪区，往来于湖沟、固镇、任桥、西寺坡、蕲县集等地，开展活动，进行争取湖沟等伪军伪组织的工作。

为了加强领导，开展上层工作，三四月间，贯一同志亲自去宿南，后住与我有统战关系的张兰州先生家。张是开明士绅，家住蕲县集南不远的一个村庄，他会做生意，常运输电器材料、布匹之类的货物到边区出售。他社交很广，和住在蕲县集街上的王峙宇关系尤密。经张介绍，贯一同志就成了王的座上客。王峙宇是爱国的知识青年，在我军影响和地方同志帮助下，组织当地农民武装抗日部队，被国民党委为第六游击支队，后发展到六个中队约400人（连队中有的指导员是共产党员），和我宿东、宿西、宿南游击部队的关系都很好。王本人同我方淮上独立团团长沈联城、参谋长李文宗、区长余筱仙的关系都很密切。他为了保存实力，不愿暴露力量，不想直接打鬼子，和其他大股伪军如湖沟的单俊卿、双堆集的周大顺等，则各霸一方，互不侵犯，愿以蕲县集为中心，帮助我军打鬼子。他对蒋介石妥协投降的实质认识不够，有幻想，在我军过路后，他投奔骑二军何柱国，路过阜阳时，被国民党驻军杀害了。我们曾通过王的关系，争取当地一些伪军伪组织。

这时，抗日战争已进入相持阶段，八路军、新四军愈战愈强，日本鬼子的日子越来越不好过，伪军头子想给自己留条后路。这些，都为我方争取工作创造了有利条件和良好时机。

1941年4月，涡河南顽军大举北犯。顽军一四二师四二五团团长陈锐霆同志（我秘密党员）在褚集举行反内战起义，我们利用伪军关系，使起义部队顺利地通过津浦铁路封锁和敌占区，到达路东抗日根据地。而且在顽军北犯时，附近的伪军没有配合出动，甚至在顽军深入我方腹地时，我们部分的后方仓库、医院都靠近伪据点，由他们暗中加以掩护。

由于形势恶化，5月初，四师主力和边区机关由路西经西寺坡过路东时，由敌工人员负责掩护，及时做好铁路两侧的伪军工作，做到了每日有情报，过路有向导，特别是这次过路，分三个梯队（彭雪枫同志带第一梯队，萧望东同志带第二梯队，赖毅同志带第三梯队），人多，时间长。这样大的部队，能始终保持安全通过封锁线，的确是不容易的，这是很大的胜利（为此，贯一同志曾荣获新四军军部的通令嘉奖，不久，调他到军部任敌工部长去了）。王岐宇对我军东撤也做了些掩护工作。

掩护大部队和大批地方人员过铁路，是很复杂的工作。不仅要做好路西侧的工作还要做好路东侧的工作，才能保证过路东后的安全，绝不是越过铁路就平安无事了。因为路东侧也是敌伪据点林立，是敌占区和隐蔽游击区，要掩护大部队相当困难。这次能够作好路东宿灵公路和灵固公路两侧伪军伪政权的争取工作，保证顺利通过，安全到达目的地，也与敌工人员动员地方工作同志们充分利用关系，及地方游击部队充分发挥作用分不开的。

二

1941 年夏，仁和集会议后，第四师政治部主任萧望东同志找我（这时，我已随豫皖苏边区联防委员会机关到路东）面谈，于是我又回部队，到敌工部工作去了。原敌工部长刘贯一同志临去军部工作之前，简要地介绍了当时敌军工作的情形和敌工部工作的同志。贯一同志是 1940 年 12 月到敌工部的。当时，专职敌工干部，主要是（6 月份）从延安来的六位同志：赵彤、张文华、吕凤翔、刘滔、吴振中、史克（均系共产党员）。他们都是延安抗大的优秀学员，选调到总政敌工人员训练队受训，经过一年半的专业训练，还学会了日语。这才着手建立敌军工作组织，配备干部，作些印制宣传品，教育俘虏的工作。1941 年春，旅团都建立了敌工科、股，干部多系兼职。宿东独立团（后改游击支队）不久也设立了敌工股（由宿东地区敌工站长张文华、刘滔同志兼股长）。

为了普遍提高部队干部对敌伪军工作方针、政策、工作方法的认识，萧主任曾给我几十份中央关于敌伪军工作指示的电报。让我加以综合整理，编成一本小册子，名为《敌伪军工作》，印发给了各部队。还写了一篇《贯彻执行俘虏政策》的文章，刊登在《拂晓报》上，以提高干部战士对执行俘虏政策重要性的认识。

由于战斗频繁和敌伪军接触的机会日益增多，深感需要培养一批敌工干部。在彭师长、邓政委、萧主任等领导关怀和支持之下，在挑选干部（从抗大分校和部队选调连级干部王若心、王磊、查中尧、李杰、尹传良、朱允弼、张慕尧等20余人）经费以及工作等方面，都顺利得到解决。敌工人员训练班组成后，学习敌伪军工作的方针、政策、工作方法，同时还学点日本常识、日语、喊话材料，还请何启光诸同志来讲课。新四军军长陈毅同志对敌军工作很重视，曾来训练班讲话，那天不仅敌工部全体人员，而且政治部的同志们都来听讲，上午没有讲完，下午继续。他讲话深入浅出，经验丰富，给我们留下了深刻的印象。学员们结业后，有的分配到部队，有的分配到敌工站去了。

我军政治工作的基本原则有三：官兵一致，军民一致，瓦解敌军。敌军工作基本是对敌伪进行宣传，分化瓦解，争取敌伪军转变的工作，它是我军政治工作之一。但是敌军工作的进行，绝不限于敌军工作部门的同志，是群众性的工作，部队广大干部战士都学会了做敌军工作。如战场上喊话，小部队在执行任务时，散发宣传品。在围攻鬼子时喊话（或让解放了的日本弟兄向他们喊话）。在包围伪据点时，发射宣传弹，喊话。一般敌伪军都知道新四军优待俘虏，缴枪不杀。所以凡被我包围的，特别是几十人以上的伪军小据点，听到我军宣传政策，喊话，就缴械投降。至于零星自动投诚的，随时都有。有些日本士兵受我们的宣传后，产生厌战情绪，还有自动来投诚的。例如：有个名叫矢口庄司的，学生出身，怀揣着我们散发的日文通行证，径向我军投诚。

敌军工作的进行，也不限于部队同志，地方工作同志，根据地内广大人民群众和敌占区的人民群众，乃至被释放的俘虏，都能发挥一定的作用。例如，宿县南桃园集有个伪乡长叫邢广福，是王峙宇组织当地人起来抗日的时候，派他当伪乡长的，在我方将王争取过来之后，邢也就替我们工作了。不管桃园集常驻的伪军如何调换，经过邢从中拉拢，一般都能做到不妨碍我军和我方人员的活动。遇到躲不开鬼子的时候，他们就出来掩护或把鬼子骗到别处去。据当地群众反映：一次，地方游击队到桃园一带活动时，被鬼子发觉了，立即派了几辆汽车的鬼子从宿县来桃园“扫荡”，邢广福和驻地伪军一块迎上去，向鬼子撒谎，矢口否认有游击队。鬼子把邢捆绑在汽车前，要砸死他，邢还是坚持说没有游击队。最后鬼子因为查不出实据，只好安慰邢一番，仍让他当乡长。满载几辆汽车的鬼子扑了空，又开回宿县去了（邢广福为我们工作到抗战胜利、新中国成立。不幸，在“文化大革命”中被整死了。粉碎“四人帮”后，才得到平反昭雪。这些在战争年代为我党革命事业作过贡献的人，不管他是活着还是已经去世了，他们的业绩都应承认，并应受到人们的尊敬）。

“缴枪不杀，宽待俘虏”。这是我军的俘虏政策，不论对日军，对伪军，都是如此。只要他们放下武器，表示不抵抗，我们就实行革命的人道主义，一律不杀害，尊重他们的人格，绝不侮辱，不搜腰包，物质待遇与我军同等，愿留者欢迎，愿去者（回家或回部队）发给足够路费，如果再来，则再捉再放。有病或负伤的给予医治。他们的被俘，实际是解放，经短期教育，提高其政治觉悟后，即可掉转枪头，英勇杀敌的。对于俘虏军官，在短期内不能释放的，则进行教育，组织他们开展娱乐活动；释放时还请他们吃饭。对团以上俘虏军官，我们都送到军部的俘虏管理处；由军敌工部管理他们。在抗战初期，很多学生出身的同志，对“缴枪不杀，宽待俘虏”这个政策的重要意义，不够了解。记得我们驻军新兴集时，有一位下连队帮助工作的同志，在行军时，连里让他带一个伪军俘虏，可是这个俘虏很狡猾，想寻机逃跑，故意慢走，与队伍拉开距离，结果掉了队，部队走远了。后来，这个俘虏索性赖着不走了。这位同志在无可奈何的情况下，举起手枪把他打死了。以后，彭司令为了教育干部，即召开直属队全体同志大会，让大家讨论发言，还叫这位同志作了检查，最后，司令员讲话，给大家上了一堂生动的政策教育课。从此引起了大家的重视，提高了对俘虏政策的认识。

三

四师过路东后，皖东北地委撤销，成立淮北区党委。区党委为了加强敌军工作，成立了敌工部（以前没有专设组织机构），并先后抽调一批县级干部，分配到各县设立敌工站（站归师敌工部和地方党委双重领导，对内是县委敌工部，对外称新四军驻 ×× 县联络站）。先后成立的有：泗五灵凤站（郑淮舟，后是吕凤翔、徐崇富兼）、淮宝站（党若平，后是庄进）、邳睢铜站（廖卓之）、泗宿站（张毅）、盱凤嘉站（房少庸，后是陈一民）、宿东站（赵彤，后张力生代理）、宿灵站（张文华兼，后陈新民代理）、淮泗站（胡克明）、泗南站（王士青），等等。区党委敌工部副部长是吴宪同志。当时，各站敌工干部人数都很少。除建立机构，搭架子外，开始对敌伪情况进行了解调查，找线索与伪组织拉关系。这是淮北地区敌伪军工作的初创时期，这时部队与地方的敌伪军工作，在组织领导上是分开的。

到了 1942 年 11 月 33 天反“扫荡”时，四师敌工部与区党委敌工部根据淮北地区对敌斗争形势和中央对根据地工作一元化领导指示的精神，分别下放到淮北二地委和一地委，吴宪同志带区党委敌工部同志去一地委，我带四师敌工部同志去二地委。对外名义是军分区联络部，分地区统一负责淮北地方和部队的敌伪军工作。1943 年初，33 天反“扫荡”结束后，二地委敌工部移住泗南双沟附近的小张庄、小符套。当年 9 月，上级又决定将两个地委的敌工部合并成为第四师敌工部（名义上是部队，实际是统一领导淮北地区和部队的敌伪军工作），我和吴宪同志任正副部长，房少庸同志是秘书兼组织工作（负责管理敌伪军关系和干部配备），颜天池同志负责宣传工作，康明同志负责调查研究工作。此外，先后来部里工作的还有刘廷良、徐宏九、张允中、朱仁泉、吴华、吴彻、胡志坚、许辉、陶涛、蒋树民、辛航同志等。敌工干事中还有一位庄五洲同志，他原籍台湾，母亲是日本人，是华侨子弟，懂日语，为人敦厚。他在日本研究日本美术，有一定的学术修养。在他回国参加抗战时，被日本人抓走。日本人检查他的血型、肚脐扎结……没有查出他是中国人；问他的思想信仰，他回答说：在日本东京帝国大学美术系研究美术，是主张艺术至上的……瞒过了审问他的人。他的画很有功夫，是用左手写字、刻钢板、画宣传画的。他在对日本解放战士谈话和制作宣传品方面曾作了不少的贡献。

我军在反“扫荡”前后，先后俘获了一些日本兵和接收了一些在日军中被迫服役而自动向我军投诚的朝鲜兵。为了对他们进行了解和教育，就集中在敌工部和我们一起生活，同吃一锅饭，同穿灰军装，有病到医务所去诊治，一视同仁。平时对他们进行教育，曾请张景华同志来给他们讲课，有时给他们组织同乐晚会（娱乐晚会）。经长时间教育后，认识逐渐提高了，不仅愿同我们生活在一起，而且对“日本侵略中国是非正义的，日本必败，中国抗战必胜”有了认识，主动要求组织起来，作些贡献，于是我们分别帮助他们成立了“在华日本人反战同盟淮北支部”（后改为“日本人民解放联盟淮北支部”）、“在华朝鲜人反战同盟淮北支部”（后改为“朝鲜独立同盟华中分盟”）。前者由后藤勇负责，后者由孙达（崔达彦）负责（日本投降后，根据上级指示，都欢送他们回国了）。

在争取工作方面，也有进展。在我军多次军事政治攻势之下，伪军伪组织人员，看到了鬼子必败的趋势，也想给自己留个退路，于是在和我军敌工人员接触中，不少人愿为我军提供有关敌伪军事行动的情报，或代购物资器材、药品，甚至想办法掩护我军人员通过封锁线（1942 年，也许是 1943 年春，郑位三同志去延安参加会议，他们一行四人，即由泗五灵凤站负责护送，由敌占区固镇火车站上车，取道徐州去延安，一路上通过几道敌人封锁线，没有出问题）。有的则愿长期隐蔽，以待时机。我们也通过亲朋或熟人关系，派人打进伪军伪组织进行争取工作。特别是经过几次反“扫荡”，给敌伪以大的打击之后，更有利于开展争取工作。在环境更艰苦的地区，争取工作尤为重要。如宿东地区，1943 年，在宿东地委（四地委）敌工委员会主任王凤舞同志（兼）、专职常委张文华、赵彤等同志领导下，配合游击战开辟地区，搞两面政权，掩护部队和人员来往过路；对敌伪大“扫荡”、顽军大部队过路都能事先知道；还进行了打击死心塌地的汉奸，发动群众抗税等工作，群众觉悟很高。宿东同志们在阻顽东犯问题上，出色地完成了“把好西大门”的战略任务。因此，把宿东一带（包括宿、灵、萧、铜、怀等县）的敌军工作誉为淮北地区三个先进典型之一（其他两个是大柳巷修堤和夏陶然教育之路）。当时的宿、灵、萧、铜等地区，如无敌军工作，这些地区革命政权的存在是不可能的。当时，那里几乎上下各级干部都做敌军工作。

在路东，有些敌工站还组织了精干的武装工作队（武工队），数人、数十人不等，携带短枪，深入铁道沿线，敌伪据点内外，执行任务，散发宣传品，行动上忽隐忽现，到处扰乱敌人。有的敌工站，如泗五灵凤站，经常派人出入敌人心脏——蚌埠市内，不仅为掩护我方人员，散发宣传品，购买禁运物资，搜集情报……发挥了一定的作用，而且为大反攻积累了革命力量，一直坚持工作到蚌埠解放。

这些，都为我军在战略反攻中解放大城市和交通要道创造了条件。

1944 年初，国际形势处在大变动中，德、意法西斯已走到了总崩溃的前夜，日寇侵华战争已近七年，由于我军坚持敌后斗争，打击敌伪，日军士兵厌战和伪军逃亡现象日益增多，敌伪之间的矛盾，敌区广大群众对敌斗争情绪，也普遍增长。因此，我们利用春节，对敌伪发动了一次宣传攻势。这次宣传攻势的范围较大，边区各县便衣队、县区乡队及驻地主力部队的一部都参加了，他们深入敌区活动，工作重点是游击区和边缘区。在宣传方式上，利用一切办法，对据点喊话，贴标语，散发宣传品。因为宣传攻势是攻心工作，所以在方式上注意了隐蔽，不给敌军以过分的刺激。在宣传内容上，着重说明国内外时局的变化及其发展前途。我党我军在敌后坚持抗战的胜利，及抗日民主根据地的政策和建设等，以扩大我党我军的政治影响，进一步动摇敌伪军心，争取瓦解敌伪军。在敌后的力量对比上，我比国民党军队占优势，伪区群众人心向我，伪军伪组织中下层也逐渐倾向于我，对我军进行争取工作极为有利。

春节过后，为进一步加强敌伪军工作，边区召开了一次敌军工作会议。在会上，吴芝圃主任作了关于敌伪军工作报告，他指出：我党地位在国内外大大提高，今后的工作方针，是在发展中求巩固，时局突飞猛进，我们工作的发展跟不上。今后县以上的党委要普遍建立敌工部，组织机构一元化。区党委成立敌工委员会，地委敌工部兼部队敌工科，没有地委的地区，各县站直属敌委会，边缘区委可设敌工部或敌工小组。还提到要与顽争伪，说伪军伪组织靠诈骗别人吃饭，互相之间有矛盾，势利眼，只顾眼前。对他们不能一般看待，要具体分析，有真汉奸，也有比较进步的，我不争取，会被顽军争取过去。在谈到敌工干部修养问题时，他说，做敌军工作是向坏人做工作，复杂艰苦，因此要有高度的政治修养：有操守，出淤泥而不染；坚定意志，泰山崩于前面色不变；要气量大，态度好，狙然临之而不惊，无故加之而不怒，喜怒不形于色；要善于待人接物，谦虚，有自尊心，言而有信，合而不流，察言观色，善与人同；还要有提高政治水平，培养组织能力，锻炼党性。运用辩证的方法看问题，从坏人中看好人，从好人中看坏人，从有用中看无用，从无用中看有用。在工作中要调查研究，占有材料；不出风头，不夸张，提倡做埋头苦干的共产主义英雄。这次会议对于进一步加强敌军工作，教育和鼓舞敌工干部都起了很大的作用。

四

1944年春，苏联红军已把德国法西斯赶出国境，日本帝国主义在太平洋战场上也逐渐失利，可是它为了挽救太平洋战场的危机。打通平汉、粤汉铁路，压迫蒋介石投降，它对国民党军队发动了进攻。国民党数十万军队，在日寇进攻面前，毫无抵抗能力，一触即溃，致使河南广大人民又陷于水深火热之中。为了解救淮北路西（豫皖苏）人民，重建家园，1944年8月，四师主力一部在彭雪枫师长、张震参谋长、吴芝圃主任率领下西进。在我军连续军事政治攻势之下，所向无敌。在击溃顽苏北挺进军第一纵队时，争取第三支队起义，起义后，保持原建制，授予“萧县独立旅”的番号。地方政权迅速恢复，建立起第二军分区、第二地委，成立敌工部，在党委统一领导下，敌伪军工作亦随之开展起来，各县先后建立起敌工站和武工队。

为了加强城市工作，淮北区党委决定成立区党委城市工作委员会，由邓子恢、王子光、吴宪、姚克、李云鹤、谢邦治六人组成，邓子恢任书记。旋即将四师敌工部改为（合于）区党委城市工作部，我和吴宪、姚克同志任正副部长。部内设组织科（科长朱鸿祥）、敌伪军工作科（科长房少庸）、宣传科（科长颜天池）、调查研究科（科长康明）、秘书科（科长徐宏九）。同时，将泗五灵凤站改为淮河办事处（对内称蚌埠工作委员会），负责人是徐崇富同志，还有张淑友、张漫萍、李淑明、吴湘等同志。徐州地区的工作机构叫铜山办事处（对内称徐州工作委员会），负责人是赵卓如同志，还有庄进、邵效平同志。邳睢铜地委敌工部长是廖卓之同志。直属的八个县，由城工部直接领导。

1945 年 1 月，淮北区党委根据中央和华中局关于开展城市工作的指示，召开城工会议，总结和布置城市工作。经过热烈地讨论，认清了工作的方针政策和具体做法，为开展城市工作和争取大股伪军起义打下了牢固的思想基础。因而，在会后的半年中，做出了很大的成绩。邓子恢政委对城市工作极为关心，他在大会上做了工作总结及今后任务的讲话。在谈到今后工作总方针时说，要开展大股伪军反正（除战略上必须待机外者）。在谈到具体任务时说，对大股伪军的策略方针，要上下层并重，各级负责同志亲自动手进行上层工作，今后应着重开展上层，通过上层开展下层。军事上打击，政治上争取，经济上封锁，三者要很好联系。联络争取工作与瓦解工作很重要，伪军工作基本上是瓦解工作。在谈到开展地下军工作时说，单搞争取伪军恢复城市是不够的，必须武装群众准备将来起义，因为地下军是领导敌区群众暴动的先锋队，是反攻时内应的秘密武装，所以在城市要初步建立地下军，在交通要道、城郊要普遍建立。现有组织应改造、提高、发展，进一步掌握，向城市发展。派适当干部，加强地下军的领导。为了普遍进行瓦解伪军工作，要彻底登记伪家属，宣传宽大与镇压政策，建立各级调查战争罪犯委员会。谈到力量配备时，他说，原则上，应广泛运用外围干部，大批抽调上层联络干部，培训内线干部，大量派党员干部做内线工作。要大量大胆使用俘虏、反正伪军、流氓头子做工作。还要争取敌占区青年、技术人才参加根据地工作，都应训练后派出。最后，他号召加强各级党委对城市工作的领导，县城市部长由一位县委书记兼。走群众路线，动员党政军民一齐来干，纠正过去孤军奋斗的偏向。

这次城工作会议，对我们以后深入开展城市工作，特别是对几次争取大股伪军起义工作起了很大的推动和保证作用。

由于整个战局对日本鬼子不利，伪军伪组织空前动摇，国民党军队又节节败退，伪军及敌占区人民对国民党的幻想渐被打破，加上我军政治攻势的胜利，路西地区的再次开辟，使他们陷于空前的孤立，这对我们开展城市工作，造成了有利条件。但是，在形势对敌不利的情况下，敌伪对我边缘区“蚕食”、伪化的阴谋活动，也更为积极。他们利用逃亡地主组织武装，破坏我基层政权，偷袭我区乡队、民兵据点，进行特务活动。如伪军团长徐荫堂，在固镇以逃亡地主为中心组织“富人反共团”百余人，给他们以区乡、保长名义，让他们利用社会关系进行秘密活动，建立伪政权，破坏我政权，“扒八路的根子”，甚至打入我乡队，组织叛变。像邱集伪军邱西康，对捉去的群众说：“你们在那边交八路的款子，当模范队长都可以，但我们的款子也要完，以后要完我们的款子，就不去抢了。”一面叫士兵在我地区抢掠，又故意叫军官送回去，进行怀柔政策，争取群众。伪化的结果，如泗五灵凤一个县半年被“蚕食”上百个保，淮泗、宿灵、泗灵睢的边缘区都有部分被“蚕食”。因此，务必抓紧开展边缘区工作。开展边缘区工作，从意义上说，是解放敌区群众，发展我们的力量，以点制面。再说，边缘区是敌我斗争的最前线，是开展城市工作的前进阵地，是保卫解放区的长城，所以必须搞好边缘区的工作。这就是边缘区斗争的复杂性、艰苦性。后来，为适应对敌斗争的要求，重新划分了区乡界，使边沿区专门进行对敌斗争，特别是贯彻一元化领导，主力、区分队、民兵和群众反“蚕食”斗争相结合，实行军事、经济、群众锄奸与城市工作相结合的对敌总力战。为了统一步调，在县委直接领导下，又建立起工作委员会，专门领导这一工作。经过实践进行了认真研究，吸取经验教训，终于粉碎了敌人的新阴谋。

是年 5 月，苏联红军占领柏林，同盟国军队在德国各地会师，迫使德国无条件投降。苏日中立条约废除后，苏联将出兵远东会攻日本，太平洋美军已接近日本本土。敌占区的伪军伪组织在搞“曲线救国”，表面上是汪精卫的人，实际上都与顽军有关系。蒋顽在敌后各大中小城镇活动特别猖獗，因为驱逐日寇出中国的反攻形势快要到来，蒋介石要下山摘“桃子”，形成我与顽争伪的斗争特点。为了在反攻前夜打破伪军伪组织对国民党的幻想，开展边缘区反“蚕食”斗争，鼓舞敌占区人民抗敌情绪，利用时机加紧进行对伪军上下层的工作，我们开展了一次以时事为中心的对伪军伪组织的政治攻势。这次政治攻势，是由县独立团、区乡武装、县区民兵组织的临时武装宣传队，以区为单位，深入敌区进行的，每个战斗员都是宣传员。进行的方式是对伪据点喊话，散发宣传品，在武装掩护下召开群众大会、士绅座谈会、伪属会……同时，在活动中注意隐蔽，注意群众纪律，不准损害群众一针一线。

为了争取抗日战争的最后胜利，1945 年 4 月，党中央召开了具有伟大历史意义的第七次全国代表大会，及时发出号召：“放手发动群众，壮大人民力量，在我党的领导下，打败日本侵略者，解放全国人民，建立一个新民主主义的中国。”在七大精神感召下，6 月，淮北区党委在路东双桥大庙召开城市工作会议。从各地区的情况看，虽然存在一些问题，但半年来敌情变化很大，我们的工作发展很快，取得了很大的成果。如：徐州鬼子收缩兵力（撤离睢宁据点），重点配备。在云龙山、子房山加强工事，挖阻绝壕。徐州日本居留民变卖家具，撤走北上。群众反日情绪高涨，从运河到津浦铁路，群众自发将东西、粮食搬向根据地，组织武装对付敌人。徐蚌段铁路上，连机车的修理、打旗、挂钩、司机都换了日本人，而敌人内部悲观失望的情绪在增长，夹沟集三个鬼子自杀。伪军普遍动摇，日益两面化。睢宁苏保六团团长王登瀛带 70 余人反正。大王集睢保八中队队长郭树田带领 130 人反正。路西伪军黄其明带 40 人反正（他投诚时，将内部坏人打死，喊了一声“新四军来了，赶快跑！”一气跑了 15 里，然后才向大家说明是向新四军投诚的)。灵璧以北尤集据点伪军一个中队为我争取，成为我攻击该据点的内应，使我军得以顺利全歼该处伪军一个团，1600余人。据说蚌埠伪军中上层差不多都接受了顽方的委任，还说蚌埠一带的伪县长为了强化他将失去的政权，实行军政一元化，搞“军人执政”。宿县、蚌埠群众都说，“天快亮了”。商丘伪第二集团军张岚峰已改称第四方面军，他仍任总司令，他表示，日本退出中国前，搞十万人队伍，日本退出后，谁力量大跟谁。他对我方采取两面政策，顽方派人去活动，他给予掩护。同时他对群众采取欺骗怀柔，说新四军不来好，来了要吃你们。可是他们下层士兵则希望我们打，打了起来，他们好跑，认为鬼子不可靠，伪军没出路。至于顽军，自泗灵公路及邱集战役等攻势后，路东顽军基本上垮台。路西伪化顽军刘瑞岐残部，还在做垂死挣扎，组织当地地痞流氓，分小股奔袭我萧县内地，抓干部家属，散布谣言。涡河南顽军正在疯狂地抓壮丁，夜间包围庄子抓(给钱可以不去)，壮丁跑了抓家属(花五万元才能赎回)。怕壮丁在路上跑掉，三人在一起，剃去一块头发作记号，路上吃饭时，脖子上挂块石头。

这时，我们各县敌工组织机构和武工队均已建立，培训干部已有初步成绩，开始运用外围关系进行工作。半年来伪军伪组织关系有发展，比过去增加一倍，内线工作有了初步开展，争取逃亡反正3400多人，携带枪支1000多条。在我军政治攻势和内线配合下，成股伪军反正达15股以上。在淮北路西和路东解放区周围较大的据点、集镇和县城，几乎都有我们的关系，敌伪调动、行动意图，我们基本上都能掌握。但是，打入的人员少，上下层关系少，在思想领导上，思想动员工作作得还不够，有的干部怕人说“通城市”，怕关系暴露连累亲友……从各地的情况看，邳睢铜地委的工作，发展得比较快，收获也比较大。如打入各地区的人员有62人(徐工委26人)，发展的秘密党员102人(徐工委56人)，并成立了各种抗日群众组织140人(徐工委十人），为进一步开展城市工作打下有利的基础。

8月8日，苏联对日宣战，出兵在我国东北境内作战。毛主席号召中国人民的一切抗日力量举行全国规模的反攻。8月15日，日本宣布无条件投降。这一巨大的历史变化，是中国人民、中国共产党、八路军、新四军坚持抗战所获得的成果。我们将朱总司令的命令到处张贴、散发、寄送。还发通知写信给伪军伪组织，限期向我反正，我们给以三大保证：保证不咎既往；保证生命财产安全；保证反正部队不缴械，不编散，不剥夺军权。同时警告那些经通牒劝告还不反正的伪军伪组织，将受到武力制裁和法办。当时，还提出了许多动人的口号，其中有："到徐州去！""到蚌埠去！""解放沦陷区人民，完全收复国土！坚决反对国民党反动派向我'收复失地'，挑拨内战的阴谋！"一切工作人员更加艰苦地进行工作，争取时间完成任务，为祖国的自由和解放，贡献出更多的热情和力量！

由于形势的变化，我们加紧了对伪军特别是大股伪军的争取工作，在淮北路西（二地委），我们集中精力对伪第四方面军（时被国民党改称为第三路军）第十八师和第五十五师进行了争取工作。十八师师长是杜新民，他去十八师前，曾在该方面军总部教导团任团长。那时他已是秘密党员（他的组织关系，原归冀鲁豫边区党委掌握，四师回到路西不久，冀鲁豫边区党委就把杜的关系转到四师来了），已经和邢剑五、王飞霄等同志在教导团秘密地建立起了党支部。为了更好地准备该师起义的工作，四师领导又派了刘鲁民、李杰、郭芸等同志打进去作内线工作，共同掌握这个部队。1945年9月20日（农历八月十五）起义工作准备就绪，在四师部队的掩护下，里应外合，杜率全师5000余人光荣起义，这就是豫东人民自卫队，调离豫东，到达路东后，改称人民解放军独立第二军，简称"解二军"。经大半年整训后，第二年5月，合并于华中野战军第九纵队。

自商亳永敌工站建立后，站长刘廷良同志（后期是胥照五同志）

即通过关系和伪四方面军一团团长王继贤建立了关系，待机起义。不久，王升为该方面军第五十五师副师长。后来，时机成熟，王即率全师 4000 余人起义，向我第四师靠拢。

争取大股伪军郝鹏举的工作，在后期主要的是由铜山办事处（徐工委书记赵卓如）进行的，曾争取郝部一位姓倪的青年窃带该部电台密码来我解放区，经我军部电台侦察，密码是真的。以后铜山办事处，又派马恺明（化名马文浦）打进郝部做地下工作。同时邳睢铜（廖卓之同志负责）与宿东（张毅同志负责）配合进行，在我军反击下，1946 年 1 月 9 日，争取郝鹏举在徐州东北地区起义。

革命斗争的胜利，是来之不易的，它是许许多多革命志士的艰苦奋斗和用生命换来的。仅从敌工部门举几个例子来说：像泗五灵凤站派往敌区工作的张淑友、张漫萍两位科长，都是为革命事业而英勇地献出了自己的生命；像宿东独立团敌工股长刘滔同志，1942 年在工作岗位上（敌占区宿县东关）被捕，宁死不屈，慷慨就义；史克同志 1941 年反顽斗争中被俘，英勇就义；吴振中同志，20 多岁，忠心耿耿，在战场上向敌军喊话时英勇牺牲。还有赵彤同志在工作中积劳成疾，也过早地离开了我们。这几位都是优秀的共产党员。我们敌工人员，经常出入敌区，是相当艰苦的，时刻有牺牲生命的危险。可是他们为了完成党交给的任务，抱着“不入虎穴，焉得虎子”的决心，置自己的生命于度外，知难而进。这种革命精神是值得我们学习的。我们谨向在对敌斗争中不怕流血牺牲而英勇奋斗的革命先烈致深切的悼念！

在新的形势下，华中党政军领导机关和部队，进行了新的编组，成立了华中分局、苏皖边区政府、华中军区和华中野战军，将原苏中、淮南、苏北、淮北各军区划分为八个地委、八个专署和八个军分区，将野战部队编为第六、第七、第八、第九纵队。第九纵队就是在九旅北上山东后，以原十一旅、十二旅和骑兵团及七分区的一部分步兵团为基础组成的，继续活动于灵璧、泗县、双沟、青阳镇一带。

淮北区党委在新的形势下于1945年11月撤销，城市工作部亦随之撤销。华中七地委（即原淮北津浦路东地区）成立后，又成立了新的城市工作部，姚克同志任部长，廖卓之、房少庸同志任副部长。八地委（路西地区）城市工作部由毛更甦、赵彤同志任正、副部长。敌军工作又开始了新的阶段。

收复张家口

段苏权

1945年8月23日，我晋察冀根据地军民经过浴血奋战，从日伪军手中收复了华北军事重镇张家口。但多年来国内外史学界对此情况并不十分了解，有些外国书刊甚至有意歪曲事实，说张家口是苏联军队解放的，这是不符合历史实际的。当时我任中共平北地委书记兼军分区政委，直接指挥前线作战，亲历事件始末，洞悉事情的真相。现将此役的经过作一简要回顾。

势在必争

抗日战争胜利后，国民党反动派要篡夺人民的胜利果实。因此，收复张家口之战，既是我军对日伪军进行的一次收复失地的战斗，也是我党反对国民党抢夺抗战胜利果实的一场斗争。

1937年7月卢沟桥事变后，日本侵略军占领了北平，紧接着于8

月27日攻占了张家口。不久，汉奸于品卿和夏恭在日本侵略者的卵翼下，分别成立了伪察南自治政府和伪晋北自治政府，并分任伪政府主席。1939年，日本侵略者又策划和指使于品卿、夏恭与“蒙古联盟自治政府”主席德穆楚克栋鲁普（简称德王）在张家口拼凑了伪蒙疆联合自治政府，德王任主席，于品卿、夏恭任副主席。张家口成了日本帝国主义奴役察哈尔、绥远地区蒙汉人民的中心。

1937年9月，中国共产党领导下的八路军开赴抗日前线。平型关大战后，八路军一部在聂荣臻同志领导下，开辟了以五台山为中心的晋察冀抗日根据地。同年11月成立了以聂荣臻同志为司令员兼政委的晋察冀军区。1938年夏，八路军第四纵队为配合我党领导的冀东暴动，开辟敌后抗日根据地，深入到冀东、平北地区作战。1939年初，以萧克同志为司令员的冀热察挺进军，经过艰苦斗争，在张家口以东、潮白河以西的平北山区建立了抗日根据地。1940年建立了中共平北地委和军分区。到1943年，平北根据地已建立了七个联合县，抗日武装力量有了很大发展。我军正规部队和游击队经常在崇礼、张家口、宣化地区打击敌人，配合地方发动群众，建立抗日政权。平北抗日根据地的建立，牵制了伪蒙疆、伪满洲及华北敌人相当数量的主力部队。1944年，我抗日武装力量有了更大发展。为了适应新的情况，同年9月，中共中央决定，晋察冀军区成立包括冀察军区在内的四个二级军区。冀察军区（司令员郭天民，区党委书记兼政委刘道生）下辖平西、平北、察南和原北岳一分区四个军分区。张家口是平北军分区的重要作战地区。

1945年4月，抗日战争进入最后阶段。在我党召开的第七次全国代表大会上，毛泽东同志向解放区军民发出了“向一切被敌伪占领而又可能攻克的地方，发动广泛的进攻，借以扩大解放区，缩小沦陷区”的号召。冀察军区部队于5月至7月间相继发动了察南战役和平北战役。5月13日，察南军分区的部队攻克怀安，部分主力深入到万全、兴和、尚义一带活动。7月1日，我军攻克崇礼县城后，张家口周围的张北、崇礼、宣化、怀来等地区的广大乡村已基本为平北根据地所控制。经过三个月的战斗，大大改变了战场形势。日军在我军沉重打击下，被迫收缩在张家口及平绥铁路沿线的重要据点里。至此，张家口实际上已陷入我军四面包围之中。

1945年8月14日，日本政府正式宣布无条件投降。这时苏联已出兵我国东北，其右翼苏蒙联军一部正向张北方向推进。蒋介石为了抢夺抗战胜利果实，于8月11日，即日本政府发出乞降照会的第二天，一连发出三道命令，命令其嫡系部队“积极推进，勿稍松懈”；同时却命令八路军、新四军“原地驻防待命”，不准向敌伪收缴武器；命令日伪军“维持治安”，等待国民党政府派员前去受降。蒋介石又命令第十二战区司令长官傅作义由绥远东进，妄图抢占张家口，在长城一线建立封锁线，防止我军挺进东北。在这个关键时刻，毛泽东同志及时地向全党指出：“目前这个斗争表现为蒋介石要篡夺抗战胜利果实和我们反对他的篡夺的斗争。”并提出了“针锋相对，寸土必争”的方针。同时，党中央作出了“分兵北进”的决策，一面命令绥远的我军阻止傅作义的部队东进，一面命令冀晋、平北和冀东三区的部队迅速分兵北进，与苏蒙联军配合作战。正在延安开会的晋察冀军区聂荣臻司令员兼政委、萧克副司令员、刘澜涛副政委立即打电报给代司令员兼代政委程子华和副参谋长耿飚，命令冀察军区的部队首先攻占张家口。自此，收复张家口的准备工作便紧张地开始了。

进军张垣

1945年8月12日，平北军分区的部队正在围攻赤城，军区转来聂（荣臻）、萧（克）、刘（澜涛）从延安发来的电报，说蒙古人民共和国已对日宣战并出兵，可能直趋张家口，他们命令我察蒙骑兵支队沿张（家口）库（伦）大道与苏蒙联军联络。与此同时，冀察军区命令平北部队立即作好进攻张家口的准备。当时平北军分区有主力部队步兵第十团、第四十团和察蒙骑兵支队（内有两个步兵连）。接到聂、萧、刘的电报后，我们立即命令分散在各地帮助地方建立抗日政权的察蒙骑兵支队集结，同时停止了对赤城的围攻。部队在雕鹗堡（赤城县南）、三岔口（龙关县东）一线集结后，立即进行各项准备工作，主要是补充新兵和武器弹药（部队首次装备了重机枪和迫击炮），同时动员群众组织运输队和担架队，并对所有人员进行了政治动员和入城教育。部队情绪十分高涨，个个摩拳擦掌，准备迎接新的战斗。接着，根据上级指示，在县支队的基础上，组建了新编第四团和新编第六团两个步兵团。

8 月 14 日，察蒙骑兵支队集结了三个骑兵连和两个步兵连，分别从崇礼县的狮子沟和张北县的脑包图出发，到张北至德化（今化德）方向接应苏蒙联军。

8 月 15 日上午 8 时，我们收到冀察军区首长的电报，命令詹大南（平北军分区司令员）和我率领平北军分区主力攻占张家口，钟辉琨（分区副司令员）和陆平（平北地委副书记）指挥各县支队围迫各县城，令敌伪投降。不久又收到冀察军区的电报，命令钟辉琨率领新编第六团在宣化至南口之间破坏铁路，以便断敌退路，迅速迫敌投降。后来，军区又派参谋长易耀彩指挥察南军分区的部队，协助平北部队进攻张家口，但一直没有同我们取得联系。

出发前，我们作了两手准备：一是争取和平受降；二是如果敌人拒绝投降，我们就以武力收复张家口。根据军区的命令，詹大南和我率领第十团（团长李荣顺、政委吴迪）、第四十团（团长杨森、政委刘国辅）、分区教导大队和直属分队立即向张家口进发。平北地区专员、张家口市第一任人民市长张孟旭，率领专署机关随军前往。部队行军速度很快，当晚就赶到张家口以东15公里的青边口。先头部队进至距张家口十公里的羊房堡。我们一面派出侦察分队了解情况，一面进行战前准备。

8月16日，日军司令部派出的两名骑兵，打着白旗寻找我军，联系投降事宜。我们把朱德总司令要日军投降的命令交他们带回。17日，我方派出两名代表前往日军司令部谈判。日方表示，同意我方提出的受降条件，但要请示北平司令官后才能办理投降事宜。第二天我们再去催促时，日方却说，已接到冈村宁次的命令，只能向蒋介石的“合法政府”投降，不准向八路军投降。我方代表据理驳斥，但没有取得任何结果。根据上级通报，日军有可能继续抵抗，伺机撤退；傅作义的先头部队正在向张家口方向开进；活动在兴和、尚义、张北一带的国民党土匪武装，也准备配合傅作义的东进部队抢占张家口；驻张家口的伪军也同傅作义取得了联系。在这种情况下，我们只能靠武力去收复了。

16日晚，察蒙骑兵支队副支队长吴广义，副政委肖泽泉、柴树林打来电报说，他们于15日在张北遇到了苏蒙联军。苏军对他们有怀疑，并索要联络手续。我们将此情况报告了晋察冀军区。军区很快转来中央的电示，要我们派领导同志前去与苏军联系。17日晚，詹大南同志和平北地委常委张克宇即带电台和一个连星夜赶往张北。直到朱德总司令代表八路军、新四军及华南抗日纵队发给他们祝贺电后，才消除了苏军的疑虑。

19日，詹大南同志来电报说，苏军计划于20日进攻张家口，要求我军从东南两面配合进攻。同时要求我军破坏张家口至北平的铁路，以防止敌人逃跑。当晚我召集了团、队干部会议，分析了当前敌情，研究确定了战斗部署。

激战山城

8月20日拂晓，我和分区政治部副主任王启刚，率领各团、队指挥员来到张家口以东一一七七高地察看地形。张家口北傍长城，南接平川，北、东、西三面环山，地势险要。清水河由北向南把市区分为东西两部分。河西为居民区，伪政府机关及敌军司令部都在河西；河东有火车站、油脂公司和部分商店及民房。日本驻“蒙疆联合自治政府”的大使馆和部分后勤仓库设在东山坡下。当时，张家口地区驻有日军第二独立混成旅团和刚从上海调来的第一一八师团，共一万多人。还有伪警察约3000人。日军主力大部集中在张家口西北30公里的大、小狼窝沟及春垦一带筑垒地区，以防御苏军的进攻。张家口没有城墙，只有一般防御设施，守城任务主要由伪军担任，这对我军进攻较为有利。根据地形和敌人的设防情况，我们进行了具体的战斗部署。为了切断敌人退路，派第十团一个连攻占榆林飞机场和十三里敌军营房。

20日清晨6时左右，部队发起攻击。经过激烈战斗，第四十团很快攻下了东山坡南山敌人碉堡，占领了有利地形。然后居高临下，冲下山去。8时左右，占领了日本大使馆。部队冲进使馆时，使馆人员已经跑光了。第四十团指挥所便设在这里。军分区指挥所也进到东山坡。教导大队作为预备队，并担任北侧警戒。部队继续向清水河大桥方向攻击。随后，第十团一部打进日军荒井部队（后勤警卫部队）营房，消灭了部分敌人。该团主力进至火车站附近，经过反复争夺，占领了车站及其周围建筑物。至下午3时，清水河以东地区全部被我军占领。第十团的第二连按计划攻占了十三里营房和飞机场。这一天，我军进展比较顺利。部队坚守在清水河以东一线，等待苏蒙军的消息。直到天黑仍无动静。于是，我令部队撤至人头山、羊房堡一线待命。当晚打电报向詹大南同志通报战况时间及苏蒙军情况，得悉苏军一直拒绝我方人员与其同行，无法及时了解苏军意图。直到21日晚，詹才发来电报说，苏军在狼窝沟进攻受阻；并说苏蒙联军22日仍按原部署进攻张家口，要求我军按原计划行动。

21日，防守狼窝沟的日军开始撤退。15时左右，其先头部队到达人头山以西的甲官坪村，受到我第十团的阻击。战至天黑，敌人丢下一批重装备绕道南逃。这一天，钟辉琨同志指挥新编第六团和延庆县支队攻占了康庄，破坏了怀来到康庄的铁路和公路大桥，截断了敌人退路。接着，察南军分区的察北支队解放了尚义县城。

22日上午，我军再次向张家口发起进攻，部队很快占领了清水河以东地区。侦察分队越过清水河，进入河西市区。

上午11时左右，从大同方向撤下来的大批日军乘火车到达张家口。敌人以铁甲车开道，企图通过张家口火车站向北平撤退。当他们发现火车站已被我军占领时，就在车站以西与我军展开激烈的争夺。我第十团在第四十团一部支援下，凭借有利地形和建筑物，进行顽强阻击。敌人反复冲锋十多次，一直被我军阻于车站以西，不能前进。此后，日军把大炮和重机枪架在敞车上向我军射击，掩护步兵冲锋，对我军的威胁较大。为了避免过大的牺牲，我命令部队稍向后撤，敌人乘机夺路南逃。

下午3时许，防守狼窝沟的日军主力退入张家口，沿着清水河东岸向火车站败退，在油脂公司附近，我第四十团在第十团的掩护下进行顽强阻击，战斗到黄昏，双方伤亡都很大。我军整整打了一天，没有得到苏蒙联军的消息。于是我命令部队撤至人头山一带监视敌人。我军撤出战斗后，大批日军分多路急速向北平方向撤走。夜里，日军的后卫部队一路经过人头山西侧山地时，遭到我第十团的阻击，敌人丢下几门山炮和部分马匹，仓皇退走。

同日，战斗在铁路沿线的新编第六团攻占了怀来火车站；龙宣怀支队和著名民兵英雄何金海带领的游击队攻占了下花园发电厂和沙城；分区副政委吴涛指挥新编第四团在沙河镇北伏击南口至北平日军，缴获卡车两辆；崇礼县支队再度收复了崇礼县城；赤源游击队和民兵收复了宝源县；察蒙骑兵支队一部收复了康保县。这些都有力地配合了主力部队的行动。

23日拂晓，张家口市内的最后一批日本人集中到火车站附近加紧撤退。我侦察分队随即进入市区。接着第四十团从东山坡北侧进入市区，并于12时左右包围了德王府。在我军强大的政治攻势下，龟缩在德王府里的伪军政头目及700多名伪军警全部缴械投降。我第十团一部进攻火车站，另一部越过清水河大桥攻入市区，同伪军展开巷战，俘虏了一批伪军和日军，100多名伪军向万全逃跑，该团乘胜追击，收复了万全。与此同时，从张家口以南23公里的西庄子赶来的察南军分区第二十团两个连攻占了西山坡，该团主力随后进入市区。下午3时左右，市内战斗结束。天黑，冀察区党委和军区的部分领导同志带领一批干部和新华支社记者团从张家口南30公里的吕家庄赶到张家口。事先已组成的市党、政、军机关人员在部队协助下，连夜维持治安，查封仓库，接管银行、电台、报社等，使全市的生产和生活秩序很快恢复了正常。

这次作战，我军共毙伤俘伪军警2000余人、日军200多名；缴获步枪及轻重机枪1万多支（挺），子弹500万发，大炮50余门，炮弹8万多发，军马数千匹及大批军用物资。活捉了伪蒙疆联合自治政府副主席于品卿和伪张家口市市长韩广森。8月24日中午，苏军派库兹尼卓夫上校乘车从张北来到张家口，向我军表示祝贺。交谈中，库兹尼卓夫说，他们上级有规定，部队不能越过外长城。25日，晋察冀军区首长通电嘉奖收复张家口的参战部队指战员。同日，被我们接管的张家口广播电台向全国人民庄严宣告：被日本帝国主义侵占八年之久的张家口，终于回到了人民手中。

后事之师

一、我军收复张家口在军事上和政治上都具有重大意义。张家口的战略地位十分重要，历来为兵家必争之地。当时的张家口地区既是我陕甘宁和晋绥解放区通往东北的走廊，也是傅作义东进的必由之路。美蒋反动派对此觊觎已久。1944 年春，李宗仁曾建议蒋介石“隔离中共和苏联的陆地交通和直接接触”。1945 年雅尔塔会议后，驻华美军总司令魏德迈向蒋介石建议，派傅作义由五原东进建立所谓“绥察热防共隔绝地带”。我党中央高瞻远瞩，早已在这里开展敌后游击战争，开辟了较为巩固的抗日根据地。日本政府宣布投降后，党中央又不失时机地作出了“分兵北进”和“首先攻占张家口”的正确决策，从而打破了蒋介石及傅作义的战略计划。攻克张家口以后，我军乘胜收复了周围十多座县城，为巩固扩大解放区和后来粉碎国民党向我解放区的进攻创造了有利条件。

张家口是日军在华北的一个重要基地，他们在此囤积了大量武器弹药和作战物资。我军进城后，仅接收的各种军用物资仓库就有 60 余处。这批物资不仅装备了晋察冀的部队，还支援了其他解放区。

我军依靠自己的力量一举攻克伪蒙疆政权“首府”，这一重大胜利对全国军民是个很大的鼓舞；在全国人民面前展示了我党我军的力量，同时也给了妄图独霸抗战胜利果实的国民党当头一棒。国民党军队统帅部得悉我军攻占张家口的消息时，非常恼火。他们很快以陆军总司令何应钦的名义向日军侵华总司令冈村宁次递交了“备忘录”，指责日军“应负其责”，并要求冈村宁次“转令张家口附近的日军迅速恢复该地原来状态，并负责维持该地区秩序，直至傅长官作义前来正式接收为止”。

二、我军取得这一重大胜利的原因是多方面的。首先，反法西斯战争的胜利决定了日本帝国主义无条件投降的命运，这为我军收复张家口创造了客观条件。其次，冀察根据地军民经过近八年艰苦卓绝的斗争，壮大了自己的力量。我军曾在张家口周围开展广泛的游击战争，并建立了比较巩固的根据地和一支经过战争锻炼的部队。日本投降时，平北军分区的主力部队已发展到四个步兵团和一个骑兵支队。此外，各县都有 300 人至 500 人组成的县、区游击队。他们在根据地人民群众的支援下，具有同日军正面作战并能整营地消灭伪满洲军、拔除据点、解放县城的能力。这是我军收复张家口的力量所在。第三，苏联和蒙古人民共和国对日宣战，起了加速日本投降的作用；其右翼苏蒙联军一部进攻狼窝沟，对我军收复张家口也起了一定的配合作用。第四，兄弟部队的有力配合。在收复张家口的战斗中，晋冀军区部队攻占了兴和，并活动于丰镇、集宁线；冀察军区主力向北平挺进；冀热辽军区部队向热河挺进，这些都起到牵制敌人的作用。特别是党中央和中央军委在风云变幻、敌我斗争错综复杂的情况下，及时准确地判断形势，作出正确的战略决策，是我军取得这一重大胜利的关键。当时，如果没有党中央和晋察冀军区聂荣臻等领导同志的正确部署，及时指示，我们就有可能坐失收复张家口的良机。

综上所述，可以说，张家口是在苏军能去而没有去，蒋军想去而去不了，日军想等而等不得，伪军想守而守不住的情况下，被我军用武力收复的。这个历史事实是任何人也无法改变的。

我军收复张家口之战已作为中国人民抗日战争的光辉一页载入史册。

同苏军一道解放东北

王明贵

日本投降后，为了适应新的情况，中共东北党委员会决定组成新的临时党委，由周保中任书记。回东北后，在未与中央接上关系时，临时党委地点设在长春，负责领导全东北的党的工作。辖11个地区的党委：长春（周保中负责），松花江（李兆麟负责），沈阳（冯仲云负责），嫩江（王明贵负责）、牡丹江（金光侠负责），绥化（陈雷负责），北安（王钧负责），佳木斯（彭施鲁负责），吉林（王效明负责），大连（董崇彬负责），延吉（姜信泰负责）。中共沈阳地区委员会就近与关内联系，负责与中共中央接通关系。1945年8月上旬，全旅指战员开始分批陆续出发回东北，分赴11个地区、57个大中城市和县镇。我和张瑞麟、王久珍、李长德、史金鹏、王坤、贺金来、吴自明、苏广东、王起有、孙兆志、刘庆丰、李红生、张财、曹庭祥、刘和义等17名同志，于8月20日左右到齐齐哈尔市。我把通行证和上级任命我为齐齐哈尔卫戍副司令员的任命书拿给齐市苏军卫戍司令员，他看后说："苏军刚进城没几天，我们已经接到上级通知。"交谈中，他又向我介绍了一些齐市的情况：日军投降后，3000多伪满俘虏被关押在南大营。日本侨民大约有三四万人，苏军把他们集中了一些，大部分没集中。伪省长申振先和铁路局长豆清林、伪市长张国栋等，组织了伪解放委员会，代替了政府的职责。齐市有国民党活动，详情还没有搞清楚。最后他又说："你是卫戍副司令，中国的事情就由你管理。"

当时的齐齐哈尔市斗争形势尖锐复杂。伪满洲国垮台了，日伪军被缴械了，伪警察、宪兵、特务一部分被缴了械、一部分逃跑了，一些趁火打劫的匪特，也蜂拥而起。白天，大街上熙熙攘攘，佩戴着"解放委员会"红袖章的人举目可见，他们招摇过市，声称是维护社会治安。到了晚上，齐市枪声不断，有扒窃房屋的、杀人放火的、拦路抢劫的。往日，那些骑在中国人民头上凭借日本人努力狐假虎威的汉奸，摇身一变，成了"正统"的国民党了。齐市一下子从地下冒出四个国民党党部，嫩江省各县也相继成立了国民党党部。他们各自发展组织，秘密建立武装，并到处大肆鼓吹："蒋总裁领导有方，办法高明，抗战八年，曲线救国，少流血，少死人，就胜利了。"刚刚光复的齐市人民，对于伪满洲国的垮台充满了喜悦，但对国民党的反动宣传和所作所为，又迷惑不解。对此，许多正直的中国人都对祖国的前途忧心忡忡。面对嫩江省这种形势，根据党的指示，我们首先在机关学校和宗教界，宣传我党的方针政策，争取群众，团结一切可以团结的力量。然后，又向伪政府机关、日本侨民以及伪军俘虏宣传。9 月 3 日，在齐市召开的庆祝抗战胜利的大会上，我作为抗联代表讲了话，揭露了日军在中国犯下的滔天罪行，指出国民党不抗日，却积极打内战，一些汉奸、民族败类充当侵略者的走狗，现在光复了，谁是敌人，谁是朋友，哪些人是爱国的，哪些人是骑在人民头上当老爷的，希望大家三思。通过宣传，扩大了我党的政治影响。

1945 年 9 月中旬，我们组建了嫩江省人民自卫军司令部，统一领导齐齐哈尔市及全省的武装力量，我任人民自卫军司令员。并组建了民主大同盟，同敌人展开了针锋相对的斗争。我们依据《中苏友好同盟条约》规定，摘掉了国民党党部的牌子，不准他们活动，狠狠地打击了反动势力，控制了齐市的政治局面。许多进步青年、知识分子、工人和农民纷纷前来参加人民自卫军和民主大同盟，要拿枪杆子摧毁一切反动势力，建立人民政权，保卫人民政权。人民自卫军组建以后，部队发展很快，我们的部队吸收了当地武装张平洋同志领导的五庙子群众队伍数百人。在甘南地区有几股暴动的劳工武装，我们派李长德同志前去做争取工作，成立了骑兵团，李长德任团长，王俊杰任政治委员。不久，王化一同志带八路军一个连来到齐市，在这个连的基础上扩建了一个团。过了些日子，这个团又扩建为嫩江省人民自卫军第一旅，王化一任旅长，于建亭任政治部主任，以后，又组建了嫩江省人民自卫军第二旅。张汉丞任旅长，尹诗炎任政治委员。这两个旅各有两个步兵团、一个骑兵团，一旅还编了一个炮兵营。讷河分区也组建了两个团，这些部队装备齐全，是嫩江人民自卫军的主要力量。同时，又组建了公安部队和护路军。仅一个多月时间，人民自卫军就发展成为一支拥有数千人的武装力量。

11 月初，党中央派刘锡五、于毅夫等党政军干部来到齐市，正式建立了嫩江省人民政权。刘锡五任中共嫩江省委书记，于毅夫任省长，朱新阳任齐齐哈尔市市长，郭维城任齐齐哈尔铁路局局长，我任嫩江军区司令员，刘锡五任军区政治委员，朱光任副政委，吴富善任齐齐哈尔市卫戍区司令员，兰庭辉任参谋长，贾石任后勤部长。嫩江军区下辖泰来、讷河、龙江、林甸四个军分区。此后，我们根据党中央的战略部署和东北局的指示，消灭日伪残余，肃清汉奸，围剿土匪，建立各级地方人民政权。中共嫩江省委和省军区党委认真分析了当时嫩江的敌情，制定了剿匪斗争方针，决定部队离开大城市，开赴各地剿匪建政，从此嫩江省大规模的剿匪斗争开始了。

东北抗日联军和苏联远东军关系回顾

彭施鲁

东北抗日联军曾在苏联境内组建了自己的教导旅，集训时间将近五年之久。最后又直接参加了苏联红军解放全东北的战役，消灭了日本关东军，从而完成了自己的历史使命。东北抗日联军与苏联远东军之间的关系是在国际主义基础上建立起来的，在中国人民解放军发展史上有其特殊意义。

东北抗日联军是在中共满洲省委的直接领导下创建的。自中共中央于1933年由上海迁至江西苏区之后，满洲省委和党中央的联系只得通过驻共产国际的中共代表团来取得，直到1937年底中共代表团大部分离开莫斯科回到延安为止。当时在苏联的海参崴设有赤色职工国际太平洋秘书处这一机构，东北的党组织就是经过海参崴和莫斯科建立起交通联络的。当时，党驻太平洋秘书处的中国工作人员叫杨春山，也叫斯达干诺夫。

东北党的国际交通员经常来往于牡丹江、绥芬河、海参崴之间。驻该秘书处的另一位中国工作人员吴平同志也多次被中央代表团派到东北各地传达代表团的指示并巡视东北党的工作。由东北的地方党和游击队派到苏联学习的人数先后有300余人，其中少数人学完之后又返回东北工作。但是，直至1937年底，东北抗日联军和苏联远东军或边防军之间没有发生过直接的接触。

1933年，东北的抗日救国军、自卫军、护路军等缺少国民党政府支援，供应得不到保证而无法坚持与日本侵略军的作战，陆续被迫撤退到苏联境内，苏联又转道新疆将他们一批批遣返中国。这些做法说明了当时苏联对中日关系所采取的严守中立的态度。

到了1938年，东北的抗日游击战争形势发生了重大变化，出现了对抗日联军极为不利的态势。由于驻莫斯科的中共代表团已返回国内，东北各省委和我党中央的联系完全中断。这时处在松花江下游的抗日联军几个领导人都想通过苏联的协助和延安建立起直接的联系，同时想试探一下苏联能不能在武器方面给我们一点帮助。在1938年的一二月间，先后有抗日联军第三军军长赵尚志、第六军军长戴洪滨、第十一军军长祁致中越过了黑龙江进入苏联境内。戴洪滨是率部在萝北县境与日军作战失利的情况下，为了免遭围歼而带领500余人的武装队伍越境的。赵尚志和祁致中则都只是仅率少数随从人员进入苏境。由于他们事先和苏方没有任何联系，苏联对他们都是按非法越境者处理的。戴部500余人被集体遣返新疆，交给了国民党政府。到新疆后他们要求去延安，国民党未予理睬。以后他们被分散地安排在当地就业，许多共产党员也从此失掉了组织关系，处境相当不好。三位军长虽未被送往新疆，但被长期拘留，直到1939年夏天才允许他们返回东北。

抗日联军第二路军总指挥周保中也于1938年2月经饶河县境越过乌苏里江。他是利用抗日联军第七军的关系和苏联的边防军接头的，第七军的队伍是从1934年起在饶河地区发展起来的，因为和苏联只有一江之隔，早就有了相互间的来往。军参谋长崔石泉多次进入过苏联境内。但是交谈的内容多限于有关日伪军的情报方面。不过也可以从苏方得知一些国际共产主义运动的发展状况以及中国关内的抗日战争形势。周保中在崔石泉的引导下和苏联边防军的代表见了面，提出要和中共中央取得联系，要求经过莫斯科发电报给延安；或者是去海参崴，设法到赤色职工国际太平洋秘书处找到斯达干诺夫，即杨春山。但是很快了解到杨春山已不在海参崴。苏联人以后又答复说莫斯科和延安之间联系不上，对此苏方表示颇为遗憾。

周保中此行未能达到预期目的。但是由于他在莫斯科学习过两年多，能用俄语和苏联人对话，又有和苏联人交往的经验，因之苏联边防军的代表对周保中产生了信任感，表示愿意保持相互间的联系。苏联人为周保中配备了无线电台和报务员。除此之外，还将他们能够得到的中共中央的报纸和书籍，如《新华日报》、《论持久战》等给了周保中带回东北。从这时起，东北抗日联军和苏联边防军之间的关系才开始有了一点变化。

至于抗日联军的三个军长赵尚志、戴洪滨和祁致中，被苏方关押到1939年6月才准许他们返回东北。是什么原因促使苏联这样做呢？笔者估计可能有如下两个原因：一是苏方不知道东北抗日联军是共产党的队伍，对待几位军长的口头陈述采取不信任的态度，将他们按非法越境者看待。二是苏联在1938年之内正在清党，远东军区司令员布留赫尔元帅是清理对象。赵尚志在去苏联之前，曾派第六军第二师师长陈绍滨先去苏联联系过，当时接待的苏方人员曾向陈绍滨表示过愿意接待抗日联军的军以上负责人。赵尚志是在得知有这样的许诺后才去苏联的。从时间上看，赵尚志进入苏联境内时正是苏联清党开始之后，已经发生了一系列的人事变化。如果是原先许诺赵尚志入苏的有关人员当时已成为阶下囚的话，那么赵尚志等人的长期被关押，就是比较合理的解释了。

这样，在1938年之前，东北抗日联军和苏联边防军之间的关系，只是有个别人之间的联系，其目的只不过是相互交换有关日本关东军的情报而已。

后来，在1938年、1939年的两年当中，苏联和日本之间关系上发生了一些变化。这就是哈桑湖地区和哈尔欣河地区的两次边境冲突。事件是由日本关东军挑起的，也是日本帝国主义入侵苏联的试探行动。笔者认为是出于这一原因而促使苏联方面在对东北抗日联军的态度上发生了变化。1938年底，曾有两批为数不多的抗日联军队伍被迫分别于虎林地区和黑河地区进入苏联境内。苏方对他们只作了短期的拘留审查。当确信他们是抗日联军成员之后就将他们暂时保留在苏联境内。其中有些人经短期训练后被派回东北进行武装侦察活动。原抗联第三军的一个团长李铭顺就长期地带领着三五个人多次进入东北境内执行这样的任务，完成得相当出色。他们的工作直到1945年8月才告结束。

到了1939年夏季，苏联远东军事当局就释放了抗日联军的三个军长赵尚志、戴洪滨和祁致中，还将保留在苏联境内的抗联人员100余人合编为一支武装队伍，其中包括陈雷、于保合和李在德等人。苏联人向这支队伍宣布赵尚志为总司令，戴洪滨为参谋长兼总队长，祁致中为副官长。这支队伍返回东北境内之后第一仗攻打乌拉嘎金矿取得了胜利，还吸收了不少金矿工人入伍，队伍扩大到200多人。但是很快在攻打汤旺河七号桥时损失重大，同时派到绥滨活动的一支队伍也连之失利。到了年底，赵尚志身边人员又仅剩下了二三十人，无法坚持过冬，就重新越过边境进入苏联。这次不成功的军事行动颇使苏联人有些失望。

在同年9月，北满省委常委冯仲云在事先征得同意后也到了苏联，他这次受到了苏远东军代表的友好接待。他此行的目的，一是想知道一下长期被滞留在苏联的三个军长，即赵尚志、戴洪滨和祁致中的情况，他当时还不知道赵等已在6月间返回东北；二是想通过苏联和中共中央取得联系；三是想借苏联的帮助和吉东省委及抗联第二路军的负责人周保中取得联系。因为在1938年遭受严重挫折之后的抗日联军继续处于极端困难的境地，每逢冬季，连起码的生存条件都不具备。苏联人对冯仲云的请求持积极态度并给予了协助，除了表明莫斯科和延安之间的通讯联络尚未沟通并对此表示遗憾之外，为了寻找周保中，苏联人立即派出以李铭顺为首的侦察小分队进入东北，到宝清和依兰一带寻找。周保中11月到达苏联，12月赵尚志也到了苏联。就是在这样难得的机会下，周保中和冯仲云、赵尚志作了长时间的交谈。

但是，很快又出现了意外的情况。在1940年的1月，北满省委通知在苏联的冯仲云，说省委第十次常委会已作出决定将赵尚志永远开除党籍。理由是赵尚志率队返回东北活动期间散布谣言说李兆麟、冯仲云和周保中等都是日本奸细，赵尚志还说北满省委以及三路军的其他几个负责人金策、张兰先、许高植等都有奸细嫌疑。赵尚志还企图以奸细罪名，捕杀上述人员。北满省委要求冯仲云将此情况转告苏方。周保中和冯仲云在和赵尚志谈到北满省委的决定时，赵尚志否认北满省委对他的指责。为此，周、冯二人和赵尚志花了较长的时间进行交谈。赵尚志虽有怨气，但也不得不接受周、冯对他的批评：如他的一贯的“左”倾观点，他对中共代表团的指示采取不应有的抵制态度，他的比较专横的工作作风以及经常以不负责任的态度胡说别人是奸细等。同时，赵对周保中和冯仲云也提出了许多批评。总之，三个人是完全以同志式的坦率态度毫无保留地进行着批评与自我批评，应该说是颇有效果的。经过这样的谈话之后，周保中和冯仲云各自给北满省委写了一封信，表示支持省委的决定，但建议把永远开除党籍的写法修改一下，去掉“永远”两个字。后来北满省委接受了这一建议。苏联人对三人会谈的情况也非常关心，并对会谈结果表示满意。由于赵尚志和北满省委的关系已经破裂，当苏联人征询周保中的意见，可否让赵尚志去第二路军任副总指挥时，周保中虽然也认为赵尚志是个难以与之合作的人，但是在衡量了多方面的利害关系之后同意了这一意见。

在上述问题解决之后，在周保中的继续主持下，周、冯、赵三个人共同研究了东北党及抗日联军的领导机构问题、部队整编问题、武装斗争方针问题以及和苏联的工作关系问题。在领导机构上，酝酿了吉东与北满两个省委合并的可能性，也提出了第二路军和第三路军合并的设想；还希望在与东南满取得联系之后能建立起东北党的统一领导机构。关于部队的整编，鉴于兵员日益缩减，建议各个路军将自己的部队改编为几个支队，支队不设大队、中队。支队番号是：第一路军为一、四、七；第二路军为二、五、八；第三路军为三、六、九。在抗日游击战争的方针上，由于在1939年之内部队遭受的损失依然较大，决定今后应以保存实力为主，尽可能地使部队缩小目标，活动分散一些。

周保中和冯仲云还认为应该借此机会明确东北抗日联军和苏联远东军之间的关系。认为在当时无法取得我党中央的直接领导期间，应争取苏联边疆党委以及苏联远东军对中国的东北党组织以及抗日联军的指导关系。为此，苏方派出了联共远东边疆委员会书记伊万诺夫和远东军内务部长王新林为代表，与周保中、冯仲云、赵尚志等三人进行了会谈。同时苏方还决定伯力和双城子两个地区的部队负责人也列席会议，因为抗联人员穿越国境线的地区都在他们的管辖范围之内。会议确定了联共边疆党委会和远东军司令部对中国东北党及抗日联军的指导关系，同时双方都声明这是在未与中共中央取得联系之前的临时措施，并且明确了苏方不干涉中共的内部事务。除此之外，中苏双方还达成了一项君子协定，即当抗联各部战斗失利或因其他原因而必须转移至苏联境内时，苏方应予接纳并提供生活上的方便条件。

这次周保中、冯仲云和赵尚志以及有苏方代表参加的会议，在抗联历史中称之为第一次伯力会议。在会议结束之后，赵尚志随同周保中经饶河，冯仲云则经黑河返回中国东北。

在1940年9月间，苏联远东军以其联系人王新林的名义给抗日联军一些领导人发出通知，内称：今年12月将召开东北党和游击队干部会议，将有中共中央代表参加此会。预定在此次会议上解决东北党组织和抗日游击队有关的一切问题。各军事领导人、政治委员和党委书记要在12月前到伯力报到。被通知到会的有：第一路军总指挥杨靖宇、政治委员魏拯民，第二路军总指挥周保中、副总指挥赵尚志，第五军（尚未改为支队）军长柴世荣、政治委员季青，第二支队（原第七军）支队长王效明，北满省委书记金策，第三路军总指挥李兆麟、政治委员冯仲云等人。

陆续接到上述通知的抗联领导人都喜出望外。盼望和党中央取得联系，是大家等待了几年的事情。因此，从11月到12月，各领导干部在自己部队的护送下，突破日、伪军的"围剿网"，相继进入苏联境内。但是，杨靖宇已在1940年春季牺牲，魏拯民当时被日伪军围困在桦甸县牡丹岭的密营中。他和苏联人没有建立起无线电联系，无法得到通知。在长时间断粮之后于1941年春去世。在1940年的12月前后，第一路军仅有少数部队冲出敌人的包围并从珲春方向撤退至苏联境内，其中领导人有金日成、安吉、徐哲、崔贤和朴德山（金一）等人。金日成、安吉和徐哲三人被指定为东南满省委和第一路军的代表参加了第二次伯力会议。

当周保中和李兆麟等人到达伯力之后，苏联人才告知实际上并没有中共中央代表要来的事，因为当时苏联和延安之间依然没有联系。苏联人解释了他们的用心，他们认为这样的会议是非常需要召开的，考虑到中共党员的自尊心，认为只有用中共中央代表的名义才能把各位请来，希望大家谅解。

当时抗联同志虽对中央代表未来很失望，也对苏联人的做法不满。但是也认为能够有这样广泛代表性的领导干部在一起开这样一次会议很有必要，而且在冬季最险恶的环境中，使抗联队伍转移至苏联境内度过冬季也是有利的。不过，在会议的酝酿过程中，与会人员发现苏联人有一个关于东北抗日游击队的领导关系和斗争方针的新设想，他们的这些设想是有损于中国共产党和兄弟党之间关系原则利益的。

在尚未正式开会之前，苏方代表王新林先以个别交谈方式透露出自己的方案来试探我们的反应，他的谈话可以归纳为以下几点：(1) 东北抗日联军按目前这样的游击作战方式是难以维持长久的，这样的惨重损失是谁也无法经受的；(2) 日本人的严密封锁隔离政策，使东北抗日联军无法得到人民群众的支持，你们缺少最起码的生存条件，这是游击队屡次遭受挫折的原因，这种情况目前看不出有何转机；(3) 抗日游击斗争的方式应更加小型化，以三五人的小分队单独行动的办法为主，但不是执行一般的游击作战任务，而是以最隐蔽的方式执行武装侦察任务，广泛收集军事情报，为最后解放全东北消灭日本关东军做长期准备工作；(4) 由一名苏军人员担任抗日联军总司令，中国党东北的几个省委则不要再管抗日游击队的事情。

王新林所指出的抗联所处的环境，应该说是符合当时实际情况的。东北抗日联军在1938年之内，人数由三万余人锐减至5000人；到1939年底，总人数可能还有2000人；而到1940年底，抗联撤退到苏联境内的加上仍然留在东北境内斗争的合计起来已不足1000人了。每年夏、秋两个季节里可以打几次胜仗，增加一些兵员；但一到冬季又损失惨重。因此斗争方针确有重新研究的必要，第一次伯力会议虽说是提出了以保存实力为主，但是由于无法抵御敌人冬季的重点“围剿”，损失依然巨大。至于苏联人提出的要把抗联队伍全部改编为武装侦察小分队，虽然总的目标也是对日斗争，但是它改变了东北抗日联军的性质。同时侦察分队有它自己的特点，保密性强，派遣出去和返回必须是极端秘密的，而且又必须是经苏联人实现的，这种情况任何抗联领导人都无法插手，因此无法继续保持和保护抗日联军的行政管理系统。这样下去，有朝一日苏日战争爆发之后，在东北境内就不可能再出现一支东北抗日联军的队伍，在抗日联军中的中国共产党员和青年团员也无法形成政治上的核心力量来领导东北人民的解放斗争。这将有损于中国共产党和中国人民的利益。如果再加上由苏联人担任抗日联军总司令，那显然是剥夺了中国共产党人对自己的武装部队的领导权。让省委和抗日联军分离开来，也是我们无法接受的。

在有关上述问题的个别交谈中，多数抗联同志都感觉到苏联人的意见是不能同意的，不过因为事关重大不便表态。只有苏联代表王新林找周保中交谈时，遭到了周保中的强烈反对。周保中同意王新林所说的东北抗日联军目前的损失过于惨重，因而必须在保存力量方面有些新的措施；但是抗日联军的性质不容改变，不能把它变成苏联人的情报工作队；由党指挥自己的军队是一项不可改变的原则，苏联如此，中国共产党也是同样，由苏方人员担任抗联总司令是不可取的，它违反了兄弟党之间互不干涉内政的原则，抗日队伍必须由中国党的省委领导。王新林仍然想说服周保中，两人甚至争吵起来，但周保中坚决提出，如果王新林一定要坚持己见的话，他只好带着自己的队伍返回东北战场，即使是死，自己也应该面对着日本侵略者的枪口而倒下。王新林和周保中之间的谈话最后陷入了僵局。

与此同时，周保中也和其他抗联领导人普遍地交换了意见，他从理论上阐述了国际主义与爱国主义两者之间的关系。认为日本帝国主义者是中国和苏联的共同敌人，苏联支援东北抗日联军是在履行自己的国际主义义务；同时抗日联军与苏联进行某种形式的合作来搜集日本关东军的情报也是在履行我们的国际主义义务。但是，中国共产党必须是在独立自主的情况下进行反日游击战争，不能放弃我党的自主权。我们共产党人是国际主义者，但同时也是爱国主义者，我们决不能使东北的党组织和它的武装队伍都处于被取消状态。

在周保中的引导下，抗联的其他领导人取得了较为一致的认识，都说原来自己也感到苏联人的意见不对头，只是不能从道理上像周保中说得那样清楚。于是，在12月20日，他们以周保中和李兆麟二人名义，向王新林递交了一份书面声明，其大意是：按你们原来的通知有中共中央的代表参加我们的会议，如果是那样的话，将应由中共中央代表和你们来共同制定东北抗日联军今后的斗争方针，并确定我们和苏联远东军之间的工作关系准则。在12月16日你们告知我们，没有中共中央代表前来。这样我们只能继续依照第一次伯力会议所制定的各项原则办事。也就是说，会议所要决定的，必须是由东北的党组织来进行讨论并加以批准才能有效。因为：第一，东北的抗日游击运动，不论其现在的情势如何，它依然是中国共产党整个革命斗争不可分离的一部分。党领导游击运动，游击运动的一切问题必须由党组织决定。第二，东北抗日游击运动接受你的指导，这是在特殊的条件下的临时措施。第三，按照现实的环境，不论是为了加强中国的民族独立解放斗争，还是为了巩固苏联远东地区的边防而工作，东北抗联与苏联远东军之间的相互支援关系显然都是重要的。为此，中国共产党在东北的组织，必须依照中国共产党的战略和策略的一贯精神，做出自己的决定。因之，要求王新林作为会议召集人，必须对这次会议的性质、任务及范围作出明确的规定，并要求由我们东北党的领导干部和东北游击队领导干部先后开一次预备会议，集中讨论东北的全部问题。

这个声明实际上是对王新林想要直接把东北的抗日游击队控制在自己手中的意见最明确的反驳。而当时参与这一工作的其他几个苏联人都感到周保中的意见有高度的原则性；并且表示支持周保中，致使王新林陷于孤立。苏联远东军也很快作出决定，由另一位负责人接替王新林的工作。但是为了工作上的方便，仍然沿用王新林这样一个中国姓名作为代号。这后一个王新林和原先的王新林有明显的不同，他表示同意由中国同志自己首先开会研究自己需要研究的问题，尔后再和苏联同志共同协商双方有关的问题。

在这样的情况下，第二次伯力会议在1940年的12月下旬至翌年1月上旬举行。会议的参加者，有北满省委和抗联第三路军的李兆麟、冯仲云和金策；吉东省委和第二路军的周保中、季青、王效明、崔石泉和柴世荣；东南满省委和第一路军的金日成、安吉和徐哲，共11人。

这次会议在与会者广泛交换意见之后，逐步形成了以下几点共识：(1)此次会议的性质是全东北党的会议；(2)会议一致同意第一次伯力会议所决定的几个问题和那次会议所规定的东北抗日联军与苏联远东边疆党以及远东军之间关系的几条原则，也一致同意以周保中和李兆麟两人名义致苏方王新林的声明信；(3)提出了一项为统一东北党和抗日联军领导机构的建议报请我党中央批准。

在会议的结束阶段，新的王新林被邀请参加了会议，由周保中向王新林介绍了会议中所研究的几个重要的内容以及大家的共同意见。王新林表示完全支持中国同志的决定，同时他代表苏联远东军声明：他们将依然遵照第一次伯力会议所确定的原则行事，即：远东军对东北抗日联军的指导关系只是临时采取的必要措施，而这样的指导关系又必须是在不干涉中共的内部事务的原则下进行。这样，这次会议便圆满地结束了。

从这次会议之后，东北抗日联军和苏联远东军之间的互相支持与合作的关系一直是很好的。在1941年的三四月间，他们同意了抗联作出的重返东北战场的决定，并用日式轻武器和日军军装把游击队员装备起来，分批通过黑龙江和乌苏里江进入中国国内。但是在4月13日，苏联政府公布了《苏日中立条约》，苏联远东军立即通知了抗联部队停止行动。他们认为出于外交上的考虑，希望抗联同志理解他们的决定。这样，周保中和冯仲云（李兆麟已在此之前率队返回东北）来到北野营和抗联同志共同研究了这一情况，大家认为应该尊重苏联的这一措施，并动员大家扭转思想，准备在苏联境内长期整训，待机再战。

1941年6月22日，德国法西斯突然发动了对苏联的进攻，周保中和王新林立即研究了这一形势，认为日本帝国主义有可能配合希特勒在远东入侵苏联，为此作出决定，抗联人员要加强进行敌后游击战争的战术和技术训练，除轻武器使用外，爆破、军用地图的使用，游泳等训练时间都增加了。此外还在7月以一个月的时间集中在伯力郊外进行了空中跳伞训练，参加此次训练的有200余人，其中包括20多名女同志。

此后，为了不断取得日本关东军的情报，抗联和苏联远东军共同成立了15个战略侦察小分队，他们经常地被派到东北的腹地，以获取飞机场、铁路和公路桥梁、铁路和公路运输枢纽兵营、要塞工事等目标的情报。这15个小分队，一部分归远东军情报部直接掌握，一部分由野营临时派遣。这一工作颇有成效，一直到1945年8月底才告结束。

到了1942年8月1日，东北抗日联军教导旅正式成立。设旅、营、连三级，军政主官都由抗联人员担任，另由苏联军官担任副职，以协助进行军事训练。为了保密，也为了有正常的供应渠道，由苏联最高统帅部授予教导旅以苏联远东红旗军第八十八旅番号。武器装备和物资供应同苏军完全相同。抗联干部都佩戴相应军衔，领取与苏联军官相等的薪金。

与此同时，组成了抗联教导旅中国共产党委员会，与苏联共产党的党委会并存于旅内。这些措施，都是苏联远东军为了保证抗联领导人对抗联人员的领导权以及中国共产党的独立性的具体表现。从1942年8月到1945年8月，在苏联军官的直接帮助下，抗日联军的指战员军事素质和政治水平都有很大的提高。

1945年5月，苏联远东军情报部长索尔金少将（王新林）向周保中旅长传达了远东军司令员普尔卡耶夫大将的指示，大意是：预定在最近几个月之内将有一场苏联对日本的战争。这场战争将会是历时较久的和相当残酷的。八十八旅将编入远东第二方面军的战斗序列。此外，还将有两个方面军的兵力参战。在战争的进程中，八十八旅应逐步扩大自己的队伍，建立起一支为数达十万人的正规部队。进入东北境内之后，八十八旅准备沿松花江两岸西进，初步预定将参加解放佳木斯市这一战役。

紧跟着，15个侦察小分队受周保中和王新林之命加紧活动。8月初，从八十八旅抽出一部分官兵，其中有些被派到第二方面军第一线部队担任翻译和向导；有些被编入第一方面军的空降敌后战斗队，在对日宣战之后立即于8月9日、10日夜晚伞降到牡丹江以西和以北的海林和林口地区，其中有些在空降作战中光荣献身。

8月9日宣战之后，第二方面军司令部立即派出一只运输舰来到八十八旅驻地黑龙江岸边，准备将教导旅输送到东北境内，在同江和富锦地区上岸投入战斗。但由于战争形势出乎人们预料地急转直下，将八十八旅集中使用于佳木斯地区的方案已不相适应了。苏军远东战线总司令华西列夫斯基元帅认为应该使用这批抗日联军指战员协助苏军执行在全东北境内的军事占领任务，同时也在考虑当北朝鲜解放之后将抗日联军中的所有朝鲜同志使用于三八线以北地区的问题。8月26日，苏军远东战线总司令部军事委员会希金中将召见周保中旅长，向他传达了华西列夫斯基元帅的决定：八十八旅所有的抗联成员中的中国人和朝鲜人要分别行动；中国同志要随同苏军的三个方面军分别占领东北各战略要点，其中的主要负责人将被指定为当地苏军卫戍司令部的副司令职务；朝鲜同志将随同苏军进入朝鲜半岛北部，并立即着手建立自己的武装部队和政权机构；在东北境内各苏军卫戍司令部工作的抗联人员的任务是：协助苏军维持占领区的革命秩序，利用自己的合法地位重建中国共产党的组织，开展群众工作，在苏军主要占领区之外建立人民武装和根据地。

在希金中将讲完上述几点之后，周保中表示他完全赞成华西列夫斯基元帅的决定，所有抗联干部将会坚决完成这些任务的。周保中还说：估计我们党中央将会派八路军和成批的党员干部进入东北，我们要准备迎接他们；但也有可能由于国民党的力量较强，八路军会因此受阻不能进入东北，而国民党又取得了对东北的统治权；这样的话，抗联人员将不得不重新上山打游击和国民党作长期斗争。希金中将说：他完全赞同周保中的意见，如果今后有需要的话，苏联会随时伸出援助之手的。希金中将还说，远东军总司令部已准予八十八旅中的一批优秀士官晋升为少尉；同时还为全部军官授勋章，大尉以上军官将被授予苏联红旗勋章，上尉以下军官将被授予苏联红星勋章，以表彰他们在八十八旅工作期间的成绩，周保中对此表示感谢。

8 月 27 日，周保中到远东第二方面军司令员普尔卡耶夫大将的住地，同他商谈了抗联人员返回东北的编组方案以及分批进入东北的日程安排，并取得了一致意见。

8 月 30 日前，授衔和授勋仪式进行完毕。

9 月 1 日至 10 日，苏军分别用飞机和火车将各组抗联人员输送至长春、沈阳、哈尔滨、大连、齐齐哈尔、吉林、牡丹江、佳木斯、延吉、绥化和海伦等地，抗联人员一共进入大中城市以及重要县城 57 个要点，并立即参加了苏军卫戍司令部的工作。

9 月中旬，八路军进入沈阳地区，与在苏军司令部工作的抗联同志取得联系，并和苏军开始接触。苏军根据军事占领期的规定，告知中国同志：中国的正规军队不能停留在占领区之内。但在通过协商之后，在苏军的默许下，由抗日联军干部和八路军、新四军共同组建了若干支地区性人民自治军。到了 10 月底，人民自治军已遍布于东北各地，并从苏军手中取得了大量的日军武器装备，部队迅速地发展壮大。

9 月中旬，由党中央派出的东北局部分领导人员乘苏联派出的飞机从延安飞抵沈阳。从此，东北的党组织和党中央之间中断了八年之久的关系，终于恢复。为此，原东北党委会书记周保中宣布：分散在各地由抗联人员所组建起来的共产党组织机构将陆续移交给新组建起来的省委、地委和县委。这一工作完成之后，原东北党委会的职能将自行停止。

1945 年 12 月，在东北主持工作的苏联元帅马林诺夫斯基向周保中告知了苏军的撤军时间表。据此，周保中向所有抗联同志发出通报，要求他们利用自己的有利条件使人民自治军在苏联撤退的同时立即接管驻地；抗联人员也在此时宣布脱离苏军关系。这一工作，直到 1946 年的 4 月下旬全部顺利完成。至此，东北抗日联军与苏联远东军长达七年之久的相互支持与协作关系，由于已经胜利地完成了这一时期的历史使命，即消灭日本关东军和解放全东北的任务，而光荣地结束。

沂蒙深情

白铁华

在抗日战争最艰苦的时期，我受到最严峻磨炼的时候，是在沂南县得到人民的支持哺育度过的。特别是于大娘（王换于），重新给了我生命，是我终生难忘的。我一想起于大娘，心情就难以平静，时常热泪盈眶。于大娘救我生命的一段经历，也代表了沂蒙山区老根据地人民对待人民子弟兵的深情厚谊。像沂河水一样，源远流长；像沂蒙山一样，巍峨参天。沂南县人民对革命事业的贡献是有口皆碑的。

我最初认识于大娘，是在1939年的初冬。那时我在山东大众日报社经理部发行科工作。初冬报社经理部从牛王庙搬到东辛庄，发行科就安排在于大娘家里。于大娘当时50多岁，她慈祥的面容，健康的身躯，给人以深刻的印象。我当时18周岁，我们和于大娘一家朝夕相处，大娘日以继夜地做抗日救国工作，好像不知疲倦一样。这时于大爷也已经年近花甲，还经常给我们站岗放哨。她（他）们两个儿子，大哥学翠，二哥学荣，担负着繁重的劳动；大嫂、二嫂与大姐于淑琴、小妹妹于淑琪和于大娘一起，每日给我们弄吃弄喝的，而且还要进行抗日救亡活动，组织妇救会、识字班，发动做军鞋、推磨、碾米、送军粮、动员参军等，真是一个革命家庭。家中充满着革命乐观主义的热情，哥嫂姐妹们成天乐哈哈的，我和二嫂在院子里推磨时追逐嬉闹的情景，至今还印在我的脑海里。

1940年3月，孙祖战斗胜利结束后，我们发行科离开了东辛庄于大娘家，搬到了孙祖一带的马山后村，我是在大娘家填表入党后离开大娘家的，所以印象特别深刻。

至1940年下半年，由于日寇对抗日根据地的“扫荡”破坏，并实行严密的经济封锁，书报印刷材料发生了严重的困难。为坚持革命报刊书籍的出版发行，大力开展抗日革命宣传工作，大众日报社决定在沂南县依汶庄成立一个材料采购供应机构，团结商人，在当地采购土产、烟叶、药材等，到青岛换购印刷材料。这个机构取名叫利聚永，我当代表兼做会计工作，团结王雁南、王洪山等人，商店设在王雁南家，工作了近一年，取得了一些成绩。

1941年冬，日寇集中了五万人对沂蒙山区进行大“扫荡”，我们不得不停止了去青岛的生意活动。组织上决定留我在依汶坚持反“扫荡”，负责埋藏好收购物资和印刷材料。我和王雁南、王洪山等人组成一个小组，把东西埋藏好，在依汶北大山一带坚持游击活动。在罗荣桓政委指挥的“留田突围”之后，敌人大部分队伍压到南蒙山一带，汶河以北只有铜井据点的小股敌人还时常出来骚扰破坏，一天下午我主力部队的一部分到了依汶庄河南岸的冯家村一带，在这种情况下，我有点轻敌情绪，就和王雁南等人返回了依汶庄。

就在这一天夜里，敌人突然包围了依汶庄。我发觉敌情后，立即赶去通知王雁南、王洪山、刘琦等同志设法突围。我走得晚了一点，当我从村西围墙豁口突围的时候，被敌人发现了。我全力对付前面的敌人，不料身后的敌人将我抱住，我被捕了。敌人把我押到依汶庄北门外，日寇在那里设了刑场。敌人从我身上搜出了许多北海票（当时我根据地用的纸币）和几张单据，又把我在突围时扔出去的两个失效的手雷找回来，这时翻译官吼叫着，咬定我是八路军一个部门的负责人，或是一个游击队的负责人。敌人审问我，我不回答。翻译官就大声吼叫说："抓着了一个共产党的小头目！"叫周围被捕的群众，指出我是干什么的。群众沉默着，一点声音也没有。翻译官和一群凶恶的敌人又逼我指出群众中谁是共产党员，谁是游击队员，谁是我的部下。我当时已抱定牺牲的决心。我在人群中仔细地搜寻着，没有见到王雁南、王洪山、刘琦等人，我心中暗自庆幸。敌人用鞭抽棍打种种严刑追问我东西藏在什么地方，谁是我们的同伙的时候，我就以一言不发来对抗。敌人妄想从我口里捞到一点东西是不可能的。翻译官狗急跳墙，吼叫着，命令把我的衣服全脱光，用点燃的香烟在我身上一点一点地烧。我怒骂翻译官是狗汉奸、民族败类，这就更激怒了他。他命令烧起一堆木柴，用烧红的刺刀烫我的胸、背、两臂和两腿，我的皮肉的百分之八十几乎被烙熟了，几次昏死过去。敌人折磨了一个上午，从我身上得不到任何一点东西，火刑就停了下来。那个翻译官还吼叫着："不能把他弄死，一枪把他毙了是便宜了他，要把他带走继续审问！"于是敌人给我穿上一条裤子、一件棉袄，用铁丝把我的双手捆扎起来，连拖带拉把我弄到依汶庄游街。我迷迷糊糊，失去知觉。大约在傍晚，敌人又将我带到了依汶北面山村宅科子，将我押在一家农户的小伙房里。晚上，敌人又对我进行诱降、迫降。但为了不把我弄死，敌人没有动大刑，我仍用一句话不说对抗着，敌人无可奈何。第二天敌人又转移到另一个小村里，将我拖出去看刑讯其他被捕的群众和奸污少女的兽行。我不忍看到这些惨状，便忍着剧痛大骂敌人的野兽行为，敌人又把我关起来。第三天，敌人又转移到另一个村子，这时我全身发炎，脓肿起来，各处伤口流血流脓，奇臭难闻，敌人认定我是要死的人了，对我的看管放松了，岗哨离我远远的。

大约是第四天的晚上，我迷迷糊糊地躺在一间小屋里，听见像是一位老人的声音对我低声说:“孩子,你还能走吗?能走就逃命吧!今夜敌人要走了,我们的部队过来了。”然后他把我身上捆绑着的绳子解开,还给我灌上一碗米汤,把我拖到院子里一堆垃圾旁边,用乱草、猪皮等物把我盖好,然后对我低声说:“你要能活着的话,别忘了我是宅科子村姓郭的老头,我是被抓来给翻译官挑东西的。”但我却看不见他的面孔,说完他就走了。

这时,我也不知道从哪里来了一股精神,大概是生存的希望鼓舞了我,一切疼痛都忘了。我全神贯注地听着一阵嘈杂的声音过后,院子里没有声音了。我料定敌人已走,便挣扎着撑起身子,扶着墙,摸着向院外走去。有一堵矮墙是乱石块干垒起来的,挡住了我的去路,我极力爬过去,碰落了石块,“哗啦啦”的声音,惊动了还没撤完的鬼子哨兵,鬼子乱放了一阵枪,吼叫了一阵子。我滚到墙外的一条沟里,待了好长的时间,四周一点声音也没有了,我才挣扎着拼命地顺着沟向北大山爬去。

天快亮了,这时我感到身上剧烈的疼痛,疼痛的双腿一点力气也没有,昏倒在地,我再爬起来。我想,这不是最后的胜利,我一定要爬到依汶北山去,到那里才能找到同志,找到组织。

约过中午,我坚持爬到依汶庄北山脚下,我首先看见了王洪山,我便大声叫喊:“二哥!”可他一看到我,回头就跑,并大声叫喊“活见了鬼”。这时王雁南的三弟和他的一家人都出来了,经过细说,他们才认出了我。原来他们听说我已经牺牲了,所以非常惊奇。他们扶我到北山坡上的一间草屋里,不多时,大众日报社的负责人、管委会主任仲星帆同志,经理部长刘力子同志都来了。原来他们都在这一带活动,极力想法营救我。他们把我沾满脓血的衣服脱下来,找来一盆冷冻的花生油涂在我浑身上下的伤肉上,以防风吹干裂增加疼痛(因为当时一点药品也找不到),再用一床棉被把我包起来。这时远处又传来了一阵枪声,有人报告,有一股敌人又返回依汶庄来了。仲星帆同志、刘力子同志叫王洪山同志用独轮车推着我，顺着汶河边的大路向西去了。

我在车上颠颠簸簸，忍不住疼痛，有时竟喊叫起来，以后浑身麻木，再后就昏迷过去了。

当我苏醒过来时，已经是躺在东辛庄于大娘家的炕上了。大娘正用汤匙给我喂水，我真以为是在做梦。我躺在大娘的怀抱里就像婴儿在母亲的怀抱里吸吮奶汁一样。我流着热泪，心里自言自语道："我总算回到家了。"

从此，大娘一家人轮流守护着我，给我喂茶喂饭。大小便也不准我动，给我端屎端尿。为了安全，防御敌人的突然袭击，大娘叫学翠、学荣在河东岸吉太岩山脚下挖了个地屋子，把我送到那里。于大爷成天守在地屋门口放哨，大姐淑琴每日用山草药煮水给我洗敷伤口。由于我的伤处都发了炎，不住地流脓淌血，发出使人难以忍受的恶臭。后来大众日报社去看望我的同志回忆起来说："老毕（我原姓毕，后改为姓白），你在于大娘家时那股臭气，至今想起来还止不住要恶心呕吐。"我想，大娘一家和我朝夕相处，她们是怎样忍受过来的呢？我从未看见大娘一家流露出一丝厌恶表情。特别是大姐，每日给我洗敷伤口，我实在过意不去，曾对大娘说："别叫大姐这样侍候我了，有些事让我自己做吧！"大娘却说："孩子，你们都是我身上的肉，不能说见外的话，咱们都是在干革命，现在最重要的是把你的伤养好。"老人亲切诚挚的语言，渗透了我的五脏六腑，我不再说什么了，安享着大娘、大爷、哥哥、嫂子、姐姐、妹妹给我的温暖。

于大娘为了尽快地给我治好伤，不知跑了多少路，到处求医，寻找民间治疗烧烙伤的验方。她听说用獾油拌头发灰能治烧烫伤，就迈动两只小脚，爬到南山找猎户给打獾，把自己的头发剪下来烧成灰，兑成药搽在伤口上，但还不能马上见效。后来她又听说一种老鼠油（据说是把初生下来的小老鼠浸泡在麻油里制成的）是治疗烧烙伤的特效药，大娘以她的威望和号召力，很快从群众中找来几瓶老鼠油，她叫大姐每日把我的伤处洗好后，立即敷上这种老鼠油。说来真有效，过了几天，伤口慢慢结了痂，不再流脓流血了。

二十几天过去了，伤处的痂皮一片片地逐渐脱落，露出了鲜红的肉皮，我的胸、背、手臂等部位，像贴上了几张地图。不料又过几天之后，我的腋下和臂膀上生了几处红肿的硬块，使我疼痛难忍，饮食难进。大娘又着急起来，再去四处求医求药，最后找到一种中草药，每天熬两剂给我喝，结果臂膀上和腋下的几块硬疮破了口，出了许多黑血，疼痛也就逐渐消除了。

伤势日益好转，可是我的身体非常虚弱，头昏眼花，四肢无力，行动困难。当时根据地人民的生活非常痛苦，糠和野菜都填不饱肚子，然而大娘为了给我增加营养，她一家人吃糠咽菜，把最好的东西拿来给我吃。大娘每天给我吃小豆腐、花生仁、糖煮红枣水、麦片粥等，我时常含着热泪咽下那些东西。大娘守在我的身旁劝说："孩子，吃呀，别想那么多，身子强壮了，很快出去工作，大娘就高兴了。"

在于大娘一家人一个多月的细心护理下，我恢复了健康，虽然还不能像被捕前一样，但行动自由，可以工作了。看得出于大娘和她一家人，从心里发出了笑声。我的生命的血管里，流淌着于大娘一家人的心血。只要我的生命不息，我只能用革命工作来报答她老人家的恩情。

1943 年春，我因工作需要离开了沂蒙山区，和生死与共的沂南人民及于大娘一家道别时，我痛哭了一场。以后在漫长的斗争岁月里，我一直没有回去看望于大娘。

那是 1954 年，于大娘到北京看望当年战斗在沂蒙山区的抗日健儿，住在她的外甥女婿杨在之处，杨在之也是于大娘救护过的大众日报社的干部（总务科长）。后来到我家住了两天，又到陈沂同志的家里去住。陈沂同志的爱人马楠也曾在于大娘家养过伤。

这次在北京和于大娘见面，我们的心情都很沉重，我这时正遭人诬陷，被开除党籍；于大娘也遭人陷害，停止参加党的活动。这时我们的心情难以用语言来表达，只是相对无言，用沉默表达彼此的思念。分别的时候，于大娘语重心长地对我说："孩子，不要灰心，咱们革命不是为的升官发财，是为了国家，为了人民。新中国成立了，人民翻了身，我们应当高兴。抬起头来干工作，我们对得起组织，对得起人民，任何事情总会弄明白的。只要心里想着党，我们就有盼头。"老人的这番教导，鼓舞了我，给我增强了战胜困难的力量。

1956年，组织上把我的问题调查清楚，给我平了反，恢复了党籍，以后于大娘的党籍也得到恢复。

1983年，我借去江苏省连云港开会的机会，去看望了于大娘。回忆往事，历历在目，思绪万千，我想在于大娘将过百岁大寿的时候，写成这段回忆录，献给沂南县人民和于大娘及其一家。我的生命是沂南县人民和于大娘及其一家重新给我的，这篇回忆文章，就叫"沂蒙深情"吧！

“子弟兵的母亲”戎冠秀

萧锋

“子弟兵的母亲”，这是1944年初晋察冀军区授予拥军模范戎冠秀的一个光荣称号。从此，戎冠秀热爱子弟兵的事迹迅速传遍各地，至今仍被人们传颂。我当时任晋察冀军区第四军分区第五团政治委员。戎冠秀所在的河北省平山县观音堂乡下盘松村，就在四分区辖区内。因此，我与戎冠秀有过多次接触。她热爱子弟兵，一心一意救护伤员的感人事迹，给我留下了深刻的印象。

戎冠秀出生在一个贫苦农民家庭，自幼受尽了地主老财的压迫剥削，饱尝了辛酸苦难。抗日战争中，八路军一到平山，她便积极参加了减租减息斗争和妇女抗日救国会（简称妇救会）的各项活动。1938年2月，她光荣地加入了中国共产党。不久，她担任了村妇救会主任和观音堂乡妇救会委员，领导全村和临近村庄的妇女，积极参加各项抗日活动和各项拥军支前工作。为了让前方的战士安心打日军，她主动担任了代耕团团长，动员各个方面的力量，帮助有困难的军烈属搞好生产，安排好家庭生活。她还经常带领妇女们走访军烈属，帮助解决各种困难。她常说：“人家的孩子为了抗日到前线去了，咱们一定要安排好他们家里的生活，好让他们安心打仗，杀敌立功。”为了解决根据地部队吃粮的困难，她动员组织妇女们积极下田生产。该交公粮了，她带头交好粮，并挨门逐户进行宣传。她对妇女们说：“交公粮，一定要交好粮，把烂米和沙子捡掉，把糠筛簸干净，决不能让咱们的子弟兵吃带沙子的米。”她还积极组织妇女们做军鞋，她对妇女们说：“咱们的子弟兵在前方打仗，整天翻山爬坡，光着脚怎么行！穿着不合脚的鞋也不能走长路。所以，咱们要像给自己亲人做鞋一样，双双都要做得结结实实的。”

1941年春，晋察冀边区政府号召根据地青年踊跃报名参加八路军。戎冠秀又挨家挨户进行宣传。她召开妇女会，动员妇女们不要“拖后腿”。她说：“咱们要明白八路军是咱们自己的队伍，咱们离了子弟兵，就要受鬼子的杀害，咱们的民主生活就没有了，就要当亡国奴。”妇女们回答：“明白啦！”她又说：“明白了，就应该动员自己家里的人参加子弟兵。”在参军动员大会上，她首先替自己的丈夫、共产党员李有报了名。政府考虑到她丈夫已50岁，年龄大了，没有同意他参军。戎冠秀又给三个儿子报了名，但政府考虑，她三个儿子当时最大的刚17岁，所以只同意她送大儿子李聚金和二儿子李春金入伍。后来，她又送三儿子李兰金参了军。李兰金在抗美援朝战争中光荣牺牲。

戎冠秀事事处处关心子弟兵，特别是对前线下来的伤病员，更是千方百计精心照料。1941年秋，日军对我晋察冀的北岳、平西地区进行了大“扫荡”。为了粉碎敌人的“扫荡”，我们五团根据晋察冀军区的指示，化整为零，分成若干小分队深入敌后，寻机歼灭敌人。当时一连连长邓世军率领全连活动在上、下盘松村一带。戎冠秀积极主动配合一连活动，掩护和救护伤员。一次一连与日军激战四个多小时，有四名战士负重伤，其中一名战士抬到下盘松村时，已不省人事了。我听到这个消息后，马上带侦察班两名战士赶到下盘松村看望，伤员已被戎冠秀接到家里救护。当时经常有敌人活动，我担心戎冠秀有危险，想派人把伤员送走。她坚持不肯，说:“为了救护伤病员，我什么都不怕。”我只好同意了。据说她为了救护这位伤员付出很大辛苦。她想方设法为伤员做可口的饭菜。敌人“扫荡”时，她把伤员背进山洞里，自己顶着冷风为伤员站岗。

还有一次，我们团在上、下柳村，上、下观音堂和东柏叶沟一带，与进犯“扫荡”的日军展开了激烈战斗，战斗中有18名同志负重伤。我们派人把重伤员抬到下盘松村转运站，准备转送到古榆树村临时医院治疗。戎冠秀坚决要求留下几名重伤员，由她护理。开始我们考虑日军频繁搜山抓人，怕她遇危险，没同意。戎冠秀说什么也不干。最后我们只好把一连六班战士封建明留给她救护。以后随着战斗不断增多，伤员也多起来了。每次一听说有伤员下来，戎冠秀都跑到转运站照料或争着把伤员接到家里救护。有一次，她听人说，站上有两个伤员想吃点萝卜，就赶紧跑回家拿了八个大梨跑到站上。这时抬担架的民兵正抬起伤员要走，她让民兵们把伤员先放下，亲自把梨放在伤员的胳膊窝里，还一再嘱咐伤员同志说:“想吃时就从胳膊窝里拿。以后如需要可捎信来，我再送去。”还有一次，一个伤员从前线下来走到她们村附近，疟疾突发，坐在路旁不能动了。正在这时，日伪军“扫荡”来了，情况非常危险。恰好戎冠秀领着妇女们走到这里。她忙上前问清了伤员的来历，确认是自己的同志后，马上冒着敌人“扫荡”的危险，扶着伤员爬上北山坡。她想把伤员安置在一处石崖藏身，可伤员自己爬不上去，她就蹲在崖边，让伤员踩着自己的肩膀爬上去，然后她在附近找了个隐蔽地点，监视日伪军搜山队的行动。敌人走远了，她又把伤员转移到一个安全的地方进行治疗。

隔了几天，戎冠秀正在碾米，听说伤员转运站又来了一副担架，她赶紧丢下碾杆子跑到担架跟前。只见伤员有六七处伤，浑身上下尽是血，闭着双眼，一声不哼。戎冠秀摸摸他的鼻孔还有一点气。这时，站长来了，说：“伤这样重，不能耽搁，赶紧转送。”但负责转送的民兵都回去了，站上的同志由于连日来打游击，爬山头，都累倒了。怎么办？这时戎冠秀忙对站长说：“这伤员我来照顾。”站长知道这几天戎冠秀比谁都累，她已两天两夜没合眼了，所以没同意。但戎冠秀坚决要求护理这位伤员。最后，站长只好又找来宋生生的媳妇陪着她守护伤员。这天夜里戎冠秀一直蹲在伤员跟前。开始她不断低声呼唤：“同志！同志！你醒醒！”伤员不吭声。戎冠秀又让宋生生的媳妇端来半碗温开水，轻轻地掰开伤员的嘴一点一点地喂下去。戎冠秀又低声问伤员：“你还喝吗？”这时只见伤员嘴唇稍微动了一下，仍没有说话。接着戎冠秀又喂了一碗水，伤员的嘴开始张开了。戎冠秀忙问：“你还喝不喝？”

“喝……”

见伤员说话了，戎冠秀高兴极了。她问伤员是哪个单位的，什么时候负的伤。伤员回答说，他是五团一连八班战士，叫李栓栓，是在柏叶沟战斗中，与敌拼刺刀负的伤，已经四五天没吃没喝了。于是戎冠秀马上跑回去端了一碗豆腐脑，一口一口地喂伤员。她又问伤员是想吃还是想喝？伤员说：“不啦。”说完就躺下了。这时戎冠秀心里仍不安，她想这伤员四五天没吃饭，喝口汤水怎能充饥呢？所以马上找来点面，和宋生生的媳妇一起做了一碗面片，一口一口地喂伤员吃下，又问：“同志，你想吃玉茭饼子吗？”伤员点点头：“好大娘，我就是想吃块饼子。”“好，好，我去给你拿。”戎冠秀说完马上跑回家烤了一个饼子。她还一再叮嘱伤员说：“先吃半个，吃太饱了不好受。”

就这样，戎冠秀整整忙了一宿，像照顾自己的亲人一样照料伤员李栓栓，终于使李栓栓转危为安。天亮了，李栓栓吃饱喝好了，戎冠秀又把他安置在一家炕上，看着他睡着了，才回到自己家休息。她刚睡下不大工夫，忽听门外有人喊：“那个伤兵下地了！”戎冠秀急忙跑去，只见伤员李栓栓站在炕沿边，戎冠秀赶忙上前扶住他说：“同志，你可不要下来，要好好地躺着！有事我帮你做。”一边说一边把他扶上炕。细心的戎冠秀在扶李栓栓上炕时，发现他的鞋丢了，光着脚踩在地上。这么冷的天不穿鞋怎么行？可这伤员的脚还肿着，穿不了鞋，怎么办？她跑回家想找些棉花给伤员包脚。家里的棉花已经用完了，她就从女儿李荣花的棉袄衣襟里撕下一大块棉絮，把李栓栓的脚轻轻地包起来。她怕李栓栓睡觉冷，又跑回家把自己的棉被拿来给他盖上。此时，戎冠秀已经三天三夜没睡觉，一天多没吃饭了，但她却没想自己，又在想李栓栓醒来后该吃什么。她想，这位伤员伤势重，光吃稀的尿尿多，动弹多，这对养伤不利。所以她又做了一碗小米干饭给李栓栓吃，还做了碗玉米粥；李栓栓一连吃了三碗。李栓栓吃饱喝足了，身上也暖和过来了。正在这时，担架来了，戎冠秀在担架上铺了厚厚的一层干草，又把自己的被子铺上，这才扶着李栓栓躺在担架上。李栓栓感激地说：“好人啊，好人啊，是你救了我的命，我什么时候也忘不了你的好处呀！”戎冠秀说：“咱们军民是一家人。你下次过我们下盘松村时，千万要到我家里坐坐。有你吃的，也有你喝的。”

民兵们抬起担架走了，还听得李栓栓不停地说：“好人啊，好人啊，我的好老人啊！”

戎冠秀时时处处关心和爱护子弟兵，得到了人民子弟兵深切的爱戴和崇敬。她成为晋察冀边区北岳区的拥军模范。

1944 年 2 月 8 日，中共中央晋察冀分局、晋察冀军区、晋察冀边区政府和抗日救国联合会邀请她出席了晋察冀边区群英大会，她的拥军模范事迹得到了与会代表们的一致赞扬。军区聂荣臻司令员，萧克副司令员，程子华、刘澜涛副政委和政治部代主任朱良才，代表晋察冀军区全体子弟兵给戎冠秀送了一面光荣旗。这面旗高高地挂在边区英模大会的正堂上。旗上贴着一个老太太的半身像，像下面写着六个大字：“子弟兵的母亲”。五天的群英会结束了，军区直属队干部战士全副武装列队欢送戎冠秀。军区副政委刘澜涛、政治部代主任朱良才，亲自扶着她跨上一匹大红骡子，并派人护送她到平山县。

戎冠秀回到家乡以后，马上投入了新的拥军工作。她用上级奖给的大骡子给抗日军烈属送粪、耕田；她把上级奖给的布和钱分给了有困难的军烈属。她积极组织群众努力搞好生产，多交公粮，交好公粮。部队来了，冬天，她组织乡亲们腾出暖和的房子给部队住；夏天，腾出凉快的房子给部队住；伤员来了，她跑前跑后精心照料。戎冠秀拥军的模范事迹，很快传遍晋察冀边区，全区迅速掀起向戎冠秀学习，热爱子弟兵的热潮，并涌现出一批新的拥军模范。

刘老庄八十二烈士

胡炳云

一

在硝烟弥漫的抗日烽火中，迎来了1943年的春天。一望无垠的淮海平原上，虽然已经冰化雪消，但依然有点春寒料峭，冷气袭人。日伪的据点星罗棋布，盘踞着大小集镇。再加上不断地“清乡”、“扫荡”，把一个辽阔、富饶的淮海平原，摧残得土地荒芜、疮痍满目。

早在抗日战争初期，淮海区人民就在党的领导下，组织了抗日救亡团体，建立了抗日武装力量，和敌人展开了如火如荼的游击战争。为了巩固和发展这块抗日根据地，上级命令我八路军五纵队一支队一大队（当时我任大队长）于1940年8月东渡运河，进入淮海区，配合那里的地方武装——淮河大队，深入发动群众，建立抗日民主政权，狠狠打击敌人。经过几年来的英勇战斗，淮海区抗日根据地得到了不断的巩固和发展，建立了抗日民主政权——淮海区人民行政公署。由于实行了主力部队地方化、地方部队群众化的方针，使主力部队、地方武装和民兵更紧密地结合在一起，形成了一个有力的铁拳，经常给敌人以沉重的打击。与此同时，根据地内普遍开展了减租减息和轰轰烈烈的大生产运动，广大人民群众的对敌斗争情绪日益高涨，生产运动蓬勃展开，根据地的面貌焕然一新。

由于根据地的不断巩固和发展，迫使敌人龟缩在大小据点里，不敢露面。她像一把锋利的尖刀，牢牢地插在敌人的心脏上面，威胁着敌人的指挥中心和战略要地徐州、淮阴，迫使敌人在淮海区的两大交通命脉——运河、盐河长期处于瘫痪状态；又像一条坚韧的纽带，把我山东抗日根据地与华中抗日根据地紧紧地连成了一片。

但是，由于国民党积极推行消极抗战，积极反共的反动政策，发动了第三次反共高潮，日本帝国主义也加紧了对蒋介石的诱降政策，相互暗中勾结，把大部分兵力用来对付我抗日根据地。1943 年 3 月盘踞在我苏北淮海根据地的日本侵略军，集中步骑 3000 多人，在师团长川岛的亲自率领下，在各个敌寇据点的配合下，采取分进合击的战术，向我淮海根据地中心地带展开大规模的“扫荡”，企图突然合围六塘河沿岸一带的淮海区党政领导机关，并寻歼主力部队，妄想以优势兵力一举摧毁淮海根据地，切断山东与华中两根据地的联系。

敌人的这一阴谋诡计，已经被我们识破了。3 月 17 日，我遵照陈毅同志的指示，把分散在各地的部队迅速集结，星夜向泗洪县的山子头进发，一来赶往山子头围歼企图进犯我根据地的国民党顽固派王光夏部队，二来跳出敌人的包围圈。但是，敌人的计划十分阴毒，行动异常诡秘。3 月 18 日拂晓，敌人突然出现在刘老庄附近，再有一个小时的路程，就可以到达我淮海区党政机关的驻地六塘河。在此，我七旅十九团四连英勇阻击敌人，激战一日，终于彻底粉碎了敌人的阴毒计划，谱写了一曲气壮山河的凯歌。

二

四连是一个具有光荣历史的连队。四连所在的十九团的前身是1927年南昌起义时的教导团，长征时期是红一军团红二师突击四团。皖南事变后，改编为新四军三师七旅十九团。部队番号虽然多次变化，但艰苦奋斗、英勇善战的优良传统却一直继承和发扬着。

3月17日夜晚，四连接到我的命令后（当时我任十九团团长），立即将分散在淮阴县刘老庄周围配合区政府坚持开展工作的各班、排集中起来，准备转移执行新的任务，不料次日拂晓即发现了敌情。不远处断断续续地传来稀疏的枪声，空旷的田野上，转移的乡亲们扶老携幼，哭声遍野。连长白思才和指导员李云鹏研究后认为，在未充分弄清敌情之前，摆在面前有两种可能：一是少数敌人来犯；一是大量敌人进行“扫荡”。如果属于前一种情况，就应抓住战机，设伏杀伤敌人，乘机扩大战果；如是后一种情况，为了掩护党政机关和广大人民群众安全转移，部队就绝不能撤离。因为我们是人民的子弟兵，在任何艰难困苦的情况下，都要把人民的安危放在心头。这是我们这个军队的光荣传统，任何时候都不能丢。

决心一下，全连立即进行战斗准备。连长白思才叫指导员李云鹏集合部队，自己身披便衣，化装成老百姓，大步赶到村头观察敌人动向。他是一位机智善战的连队指挥员，16岁就参加了陕北红军，作战很勇敢。

敌人逐渐出现在他眼前了。走在最前头的是敌人的尖兵部队，后面跟着大股敌人，其中夹杂着几十名骑着高头大马的日军指挥官。白思才同志急忙跑向指挥所，将便衣一甩，伏身在重机枪上。敌人肆无忌惮地大步前进，300米、200米、100米……完全进入了四连的伏击圈。白思才同志紧盯着敌人，当敌人离他们只有五六十米时，便率先用重机枪开了火，全连火力一起朝敌人扫去。敌人尖兵应声倒地，指挥官人仰马翻。敌人遭到这意外的伏击，一时懵头转向，仓皇散开后撤。而在这场伏击战中，四连无一伤亡。

当敌人清醒过来后，立即从四面八方向四连阵地迂回过来，形成了一个大包围圈。这时，白思才和李云鹏同志根据敌人的兵力、四周的枪炮声和敌人急于要北犯的趋势，弄清了敌人的意图：敌人分明要以突然的行动，妄图一举消灭我驻在六塘河一带的领导机关。在当时的情况下，四连是完全可以顺利突围的，但是为了拖住敌人，争取时间，让领导机关和群众安全转移，决定放弃突围的机会，同敌人打一次防御战。打防御战对四连是十分不利的。第一，四连眼前指战员一共只有 82 名，弹药又很缺乏，而敌人却有千余名，武器仅大小炮、掷弹筒就有百余门；第二，庄内的数百群众未撤，敌人炮火打来时，群众将会遭到极大的伤亡。

在这一极大的困难条件下，四连同志下定决心，不论付出多大代价，也要坚决打破敌人的“铁壁合围”计划。为了掩护领导机关转移，为了保护人民群众生命财产的安全，全连立即撤到刘老庄后边一片开阔地带的“抗日沟”里去固守。

上午 9 时左右，急于要北犯的敌人，发起了第一次冲锋，才前进 30 米便被我四连打退了。敌师团长川岛异常恼火，登上刘老庄杨三堂屋顶上察看地形，组织了第二次冲锋。这次冲锋，敌人投入了约一个中队的兵力，集中了大炮小炮，并将数挺机枪一起使用，企图以猛烈的火力把我四连的火力压倒，掩护日军前进。

敌人进攻开始了，炮弹和子弹纷纷飞向我四连阵地。敌人在火力掩护下，爬了过来，距我阵地愈来愈近。当日军离我尚有百十米时，我四连的枪榴弹集中打向敌人的火力点。顿时，敌人的火力点便变成了哑巴。这时，我轻重机枪一齐开火，进攻的敌人大乱，伤亡一大片，往回逃跑的敌人被四连的神枪手一枪一个，当了活靶子。有 20 多个法西斯亡命之徒，冒死爬到我四连阵地的前沿，白思才同志一声令下，四连的战士跃出战壕，端起刺刀，冲向敌人，不消十分钟，敌人便全部变成了刀下之鬼。敌人的第二次冲锋以惨败结束。

这时，四连的弹药已经消耗得差不多了，李云鹏同志焦虑起来。李云鹏是抗日战争初期参加革命的青年学生，由于党的培养和长期连队工作的锻炼，使他成为一个优秀的共产党员和训练有素的连队政治工作干部。他看到距阵地前沿 30 米以内，躺着六七十具敌人的尸体，每个尸体上都有枪和子弹。这些子弹如果能弄到手，就可以狠狠地回击敌人。他和连长商量后，立即号召干部战士到敌人的死尸上去“验收”弹药。最先站起来响应号召的是一排长尉庆忠。他是个老红军，性格十分幽默，他风趣地说：“我在团部当过军需干事，验收弹药是我的老本行！”于是他带领突击小组，边挖沟边接近敌人的尸体。敌人发觉四连的意图后，拼命射击。突击小组冒着枪林弹雨，把前沿敌人尸体上的子弹全部取回。不幸的是，我们这位红军老战士光荣地牺牲了。

紧接着，敌人又发起了第三次、第四次、第五次冲锋。每次都抛下死尸狼狈逃窜。这时日已过午，敌人为了组织再一次的进攻，冲锋暂时停止了。四连为了打好下一个回合，虽然又饥饿又疲劳，仍迅速修补工事，挖掘掩体。党支部利用战斗间隙召开了支委会、党小组会，认真分析了当前的形势，一致认为必须坚持到天黑，继续拖住敌人，等到六塘河附近的党政领导机关和人民群众全部安全转移了，然后再组织突围。

会后，支委们带着支部决议，到各班、排去，号召全体共产党员和全体战斗员，英勇杀敌，争取战斗的最后胜利。四连的指战员们在支部号召的巨大鼓舞下，情绪大为高涨，斗志愈加坚定。

敌人被打怕了，担心再次进攻仍然得到和上几次一样的结果。于是，改变战术，集中所有的山炮、92 式步兵炮、迫击炮、掷弹筒，向四连阵地轰击。一时弹如雨下，烟尘滚滚，大地震动。

四连凭借防御的仅是一段不长的“抗日沟”，哪里经受得住雨点般的炮弹！但四连全体指战员有一种比钢铁更坚硬的东西——革命的意志！工事摧毁了，立即又修复了；掩体坍塌了，马上用背包填上去；人负伤了，包扎起来，继续战斗。任凭敌人炮弹再多，轰击再猛，四连的阵地依旧稳如泰山，使敌人不能前进一步。

敌人炮击一开始，白思才同志就被弹片炸伤了，一只手失去了活动能力，立即昏迷过去。当他苏醒过来后，马上挣扎着爬起来，来往于交通壕内，继续鼓舞士气，安慰伤员，指挥战斗。其间，他又几次被炮弹掀起的土块埋住。有一次，炮弹落在他附近，剧烈的爆炸声和硝烟尘土过去后，他发现身旁的一个战士被炮弹炸断了一条腿，便立即从土里钻出来，用仅有的一只右手，扯开被单，将伤员的腿裹上。这位战士已经站不起来了，嗓子也哑了，但他用期望的眼光恳求白思才同志，两手比划着，请求让他在弹坑里瞭望敌人，坚持战斗。白思才同志含泪拥抱了一下断腿的伤员，迅速回到机枪阵地，又亲自指挥重机枪手，准备给来犯的敌人以更大的杀伤。

这时，李云鹏同志也已负了几处伤，满身血迹模糊。但他仍继续组织全连的特等射手，准确无误地杀伤敌人。他俩会面后，李云鹏同志拿出在炮火中写给营首长的一份报告给白思才同志看。这份报告热情而生动地叙述了全连的战斗情况。白思才同志在报告上面签了字。他俩希望这份报告能落到营、团首长手里，作为他们向党的汇报，请求党审查他们这次的战斗，并要求批准他们在火线上接纳新党员。

炮击仍在继续，白思才和李云鹏同志在炮火中检查了全连情况。经过一整天的战斗，全连只剩下不到一半了。没有负伤的同志，眼睛也都被炮火的硝烟熏得红肿起来，鼻子被硝烟呛得鲜血直流。饭未吃一口，水未喝一滴，喉咙干得冒火，连说话声都微弱得难以听清，全靠打手势助听。更为严重的是，子弹也快用光了。这时，敌人最大的一次冲锋即将开始。白思才同志估计到，领导机关和群众一定都安全地转移了，于是下达命令：把余下的子弹，集中给重机枪和轻机枪使用，其余的步枪全部拆散，安上刺刀，严阵以待，和敌人展开一场肉搏战！

该拆散的枪支，全部拆散了。拆下的完整零件，一一埋入地下，决不让敌人捞到一点武器。机密文件和报刊也全部销毁了。这时，李云鹏同志高声动员，号召全体共产党员和全体战斗员，为了民族解放和党的事业，坚决迎击敌人最后一次冲锋，更多地杀伤敌人！

晚霞满天，战火熊熊，决战前的阵地上，一片肃穆而宁静，四连余下的指战员，连轻重伤员在内，都庄严地从战壕里挺立起来，紧握着枪，迎着血红的残阳，向慢慢围上来的敌人，闪射着火焰一般的仇恨目光。白连长和李指导员领着战友们庄严高呼："中华民族万岁！中国共产党万岁！"

时近黄昏，胆战心惊的敌人，从四面八方缩头缩脑地围上来了。四连的战士们端着上了刺刀的枪，威武不屈地逼视着敌人。当敌人接近阵地后，机枪首先张了嘴，愤怒的火舌，卷起一股狂风，呼啸着向敌群飞射过去。敌人一批批应声倒了下去。可是不久，子弹打光了，敌人重新冲了上来。白思才和李云鹏同志一声呐喊："同志们，冲上去，杀——！"战士们冲向敌群，刀光落处，只听得敌人鬼一样的嚎叫声。

当夜幕降临阵地时，枪声终于停下来。寂静得连一点声音也没有，浓重的夜色紧紧地把一切包围起来。

在战斗结束很久，敌人方才心惊肉跳地走近战壕。他们没俘虏到我军一个人，没获得一件完整的武器，唯一的收获，就是运走了近200具死尸和300多名头破血流、断臂残腿的伤兵。我军以少胜多，使敌人受到重创。更使敌人丧胆的是，我七旅和兄弟部队，在四连拖住敌人激战的时候，与地方武装打到敌人城下，歼灭了留守的伪军，迫使敌人不得不仓皇撤退。我淮海区的领导机关和广大人民群众都得到了安全转移。

三

敌人刚一撤走，我淮阴县张集区区长周文科和联防大队长周文忠同志带领群众，立即赶到阵地。

阵地上，硝烟尚未散尽，战火还在燃烧。晚风萧瑟，寒星惨淡，勇士们的遗容依稀可见。这时候，周文忠同志突然听到一声微弱的“哼”声，啊，是我们的一位身负重伤的年轻战士！周文忠同志赶紧扒开压在他身上的尘土，从一片血污中抱起这位战士，当即找来一副担架送去抢救。这位战士的前胸有三个枪眼，伤势很重。但他仍然以坚强的毅力，忍受着难耐的伤痛，断断续续地向周文科区长叙述了一天来的激战情况，但是，由于伤势太重，抢救无效，我们这位年仅 24 岁的年轻战士，在第三天早晨与世长辞了！

滔滔六塘河，日夜奔流，称颂着 82 位烈士的英雄事迹。莽莽大平原，狂飙怒吼，声讨着法西斯强盗的滔天罪行。从四面八方涌来了乡亲们，流着热泪收殓着烈士们的忠骸，筑起了十米高的烈士墓。陵园正中，修建起一座“壮志亭”，苏北行署主任李一氓同志亲笔写下了纪念碑文，记载着 82 位烈士的英雄事迹。从此，淮阴人民日夜怀念自己的子弟兵，每当细雨蒙蒙的阴雨天，人们仿佛听到烈士陵园内传来一片激烈昂扬的喊杀声和阵阵高亢嘹亮的军号声，大伙说，那是白思才连长和李云鹏指导员正在率领战士们操练，准备迎击敌人新的进攻！

巾帼英杰

——忆赵一曼同志

韩光

赵一曼同志是优秀的中国共产党党员，著名的抗日英雄。她那崇高的民族气节，对共产主义事业忠贞不渝的革命精神，始终激励和鞭策着后人。在艰苦的抗日战争年代，我曾和赵一曼同志一道工作过、战斗过。她的崇高品质和英雄事迹，时时引起我的怀念。

1934 年 4 月，哈尔滨地下党组织遭到破坏，中共满洲省总工会负责人老曹被捕牺牲。在省总工会工作的一曼同志按照组织的决定，转移到珠河抗日根据地工作，任中共珠河中心县委委员和县委特派员，同时负责妇女会工作。当时我作为满洲团省委特派员，在珠河县东北人民革命军第三军协助赵尚志同志做部队政治工作。由于工作关系，我和一曼同志经常见面。起初，她在珠河铁道南三股流做妇女工作，以后又到铁道北第五区侯林乡工作，曾任道北区委书记。在根据地里，她经常走村串户，白天帮助老乡干活，晚上召集群众开会，进行抗日救国宣传，发动群众。在她和同志们的努力下，铁道北的反日会、农委会、妇女会、儿童团都十分活跃，工作成绩卓著。当时省委巡视员在给省委的报告中说："道北一般比道南好，特别是五区一带，几个月来的工作比较深入，相当地巩固及发展。农民自卫队有3000人，那里群众也比较团结……"省委巡视员对道北地区工作的高度评价，实际上也是对一曼同志工作的肯定。

记得在1934年冬，我受伤，一曼同志生病，为躲避日伪军的大"扫荡"，我们几个伤病员被安排掩藏在乌吉密站南山——四方顶子西侧烧过木炭的窑洞里养伤，前后一个月的时间里，我和一曼同志进一步熟悉起来，常常在一起摆摆"龙门阵"，谈古论今，至今记忆犹新。

一曼同志和同志们在一起，从不谈论儿女情长的生活琐事。关于她的儿子宁儿，我还是从她牺牲时留下的遗书里才知晓的。一曼同志最喜欢谈的是历史上的女中豪杰、巾帼英雄。当谈到王昭君为民族团结出塞和亲、女历史学家班昭继承兄业编撰《汉书》的历史佳话时，她曾豪迈地说："可见男人能做到的事，女人也能做到。"她推崇南宋抗金女将梁红玉和丈夫韩世忠并肩拼杀在疆场，成为著名的抗敌英雄。她赞扬秋瑾的革命英雄主义，惋惜地说："可惜秋瑾死得太早，那时马列主义还没有传入中国，她难免遭到旧民主主义革命家的厄运。"一曼同志最为称道和尊敬的是我党著名的无产阶级革命家、早期妇女运动的领导人向警予同志。她特别爱讲向警予同志在狱中与敌人进行顽强斗争直到英勇就义的事迹。从她的言语中表现出，她不是个普通的女性，是一个胸怀壮志、忠于共产主义事业的革命者，是一位意志坚强、满怀革命豪情的"奇女子"。

后来，我逐渐地了解到，一曼同志原来叫李坤泰，出生在四川宜宾的一个地主家庭，从小就顽强地同封建礼教、封建习俗进行抗争，在其大姐夫的影响下，不断接受新思想，逐渐发展到有强烈的革命要求，思想进步很快。她1924年加入了中国社会主义青年团，1926年春转为中国共产党党员。1926年7月，北伐战争节节胜利，大革命的洪流汹涌澎湃，一曼同志因组织革命活动被学校开除。

1926 年 10 月，党派一曼同志去武汉军事政治学校学习。从此，一曼同志离开家乡，踏上了新的征程。在中央军事政治学校被编入女生队，开始了紧张的政治学习、军事训练生活。1927 年 4 月 12 日，蒋介石发动了反革命政变。5 月，夏斗寅在湖北发动叛乱，这时赵一曼不顾自己患肺病的身体，从医院跑回学校，参加了军校学生编成的独立师，奔赴战场，参加了攻打叛军，保卫武汉的战斗。7 月，汪精卫叛变，宁汉合流，轰轰烈烈的大革命失败了。在这种形势下，一曼同志按照党组织的安排于 9 月间去苏联莫斯科中山大学学习。

在中山大学，一曼同志十分珍惜这一学习机会。她积极克服各种困难，钻研马列主义理论，努力学习俄语。1928 年 4 月她与同学陈达邦结婚。同年年末，组织决定让她回国，接受新任务。当时国内革命正处于低潮时期，环境十分恶劣，处境非常危险，生活极为艰苦。一曼同志虽身怀六甲，但她坚决服从组织安排，投入到新的斗争中去，表现了一个共产党员的坚强党性。

一曼同志回国后，先被派往湖北宜昌做秘密工作。以后又调南昌，在中共江西省委机关工作，1929 年 11 月，因叛徒告密省委机关遭到破坏。这时，南昌一片白色恐怖。一曼同志为了让组织及早营救被捕同志，不顾个人安危，不怕疲劳，背着孩子，沿途乞讨，辗转来到上海，向中央报告了事情的经过。1931 年九一八事变后，一曼同志被党派到东北组织、领导反日斗争，先后在沈阳、哈尔滨进行党的地下工作、工运工作。1933 年 4 月，她与满洲省委其他领导同志共同领导了著名的哈尔滨市电车工人大罢工，并取得了胜利。

1934 年冬，我和一曼同志在一起养病的日子结束后，她病愈回到部队。同年 12 月，日伪军对珠河县南山区进行“篦梳”式的“扫荡”，对我游击根据地实行抢光、杀光、烧光的“三光”政策。我养伤的炭窑就在这个地区。一次，一群伪军搜山至炭窑几百米处突然停下来，我在炭窑洞顶上清楚地看到一个伪军头目下令撤退，当时很奇怪。因我有伤在身，不能随军行动，县委为了我的安全，也为便于部队行动，决定秘密送我去哈尔滨治疗。当我在乌吉密镇（火车站）一个爱国商人家里休息时，一曼同志意外地出现在我的面前。在交谈中，她向我谈到了一件鲜为人知的事情，揭开了上面说的敌人来而复退的谜。

原来，一曼同志病愈归队后，在日伪军冬季大“扫荡”中，被一股搜山的伪军逮捕了。一曼同志却不失时机地向带队的伪军连长宣传抗日救国的道理。她开导伪军连长：你毕竟和我一样，都是中国人。现在让你们反戈抗日，可能难以做到。但我希望，除了在战场上我们兵戎相见，死伤难免外，你们绝不可对手无寸铁的自己的同胞进行抢、杀、烧，更不可把自己的同胞抓住交给日本人，不能双手沾满同胞的鲜血向日本人请功受赏。为人做事要想着自己是中国人。至于对我，要杀要砍，由你连长下令，但我决不死在日本人手里。伪军连长被一曼同志大义凛然的言语和行为所感动，当即说出了自己的心里话：俺虽当了伪军，但到底还是个中国人，并不愿意为日本人卖命。前些日子跟日本人搜山，我连负责四方顶子地区，我已发现赵尚志和小孟（即我当年的化名）治伤的窑洞，可我命令部队离开了，不许他们在那条山沟里活动。请你转告赵尚志他们，希望你们共产党到将来成功的时候，能记得1934年冬天在乌吉密南山区，有过一个你们的朋友张连长就行了。至于为什么现在暂时把你看管在乌吉密镇，不放你回去，是为了你的安全。因为搜山活动还未结束，对你们部队目前活动的乌吉密镇南山区的“扫荡”活动至少还要进行20天到一个月，现在放你回去很危险，等我们撤退后再放你回去，就比较安全了。

原来，一曼同志被捕后，张连长就派人把她保护在一个和我们有联系的爱国商人的家里。一曼同志听说我路过乌吉密车站，特意来看我。我上火车前，镇上有几个与我军有关系的人来送我，他们一提到一曼同志，无不充满敬佩之情。特别说到那个张连长对一曼同志非常敬佩。张连长说共产党里真有人才，她讲的道理实在感人，每个有灵魂的中国人都不能不服。1935 年 1 月，伪军从这一地区撤离后，一曼同志就被释放了。我深深钦佩一曼同志在复杂环境中，团结一切可以团结的力量，共同进行抗日的精神和本领。可万没有想到，这次我们在乌吉密镇的告别竟成永诀。1935 年 2 月，一曼同志被任命为中共珠河县铁路北地区区委书记兼东北人民革命军第三军第二团政委，活动于铁路北的侯林乡、宋家店、黑龙宫地区。

这一年，日伪军不断对我山区游击根据地进行“讨伐”、“扫荡”，战斗异常频繁。在艰苦的战争岁月中，一曼同志机智、勇敢，立下许多卓著的战功。一次，我地下工作人员从驻珠河县城的伪军手中买下来一批枪支弹药，但因日军封锁严密运不出来，大家都很着急。一曼同志和另一名女战士主动接受了转运这批武器的任务。她们到城里后，用油纸、油布把枪支弹药紧紧包好，放进一辆马拉的大粪车中，直接向城门赶去。车到城门哨卡，日军嫌臭捂着鼻子，躲得远远的。专管搜查的伪军见是大粪车，也喊着“快走！快走！”车老板猛抽几鞭，粪车也就出了城，这批武器弹药便神奇巧妙地运到了我们的部队。还有一次，东北人民革命军第三军第三团在侯林乡活动，突然被两个团的敌人包围。我军和敌人激战了一天一夜，但敌人不断增援，形势对我极为不利，三团长决定突围。次日凌晨，敌人背后突然响起激烈的枪声，原来是一曼同志带领农民自卫军和群众前来支援，打得敌人溃不成军、仓皇逃窜，使我军化险为夷。赵一曼英勇善战，威震珠河一带。她的英名传遍珠河军民之中，日军对她恨之入骨，说哈东二赵（赵尚志和赵一曼）是哈尔滨地区的最大威胁，必欲除之而后快。

1935 年秋，敌人调动大批日伪军向我游击根据地进行空前的大“讨伐”，推行灭绝人性的“三光”政策。根据珠河中心县委的决定，赵尚志率东北人民革命军第三军主力向东北远征，沿松花江北岸向下到方正、桦川、罗北，以及汤原广大地区开辟新游击区。一曼同志被留在珠河游击根据地坚持斗争，并兼任新二团政治部主任。一曼同志带领地方游击队和二团并肩作战，积极开展游击斗争，牵制敌人兵力。他们在风餐露宿的艰苦环境下与敌人数次血战，有力地策应了赵尚志所率主力部队的活动。

由于敌人动用了十数倍于我们的兵力，疯狂进攻，反复“扫荡”，我军的处境日益艰难。1935 年 11 月 15 日，一曼同志和王惠同团长带领的 50 多名战士在铁道北左撇子沟附近被敌人包围，激战中，我军虽英勇作战，击毙日伪军多名，但也受到很大损失。突围时，队伍被打散，王惠同、周百学等同志受伤被俘后英勇就义。而一曼同志却下落不明，战场上未见她的尸体。是不是受伤被俘了？大家都很担心。1934 年至 1935 年间，我党满洲省委和哈市党组织多次遭到破坏，后来省委也被撤销，消息非常闭塞，一时无从弄清一曼同志的下落。后来才听说，在战斗中一曼同志左手腕被敌人打伤，她和另外几名同志转移至西北沟，在一间空仓房子里养伤。

由于汉奸告密，11 月 22 日，敌人包围了她们的住地，战斗中两名同志牺牲，一曼同志左大腿骨被打断，最后在子弹打光、后退无路的情况下，被敌人俘获。伪滨江省警察厅特务科股长日本人大野泰治为了得到口供，不顾一曼同志伤势严重，对她进行了野蛮的突击审讯，残暴地用鞭子抽打，用鞭杆戳她的伤口，逼其供认共产党员身份和部队情况。一曼同志对敌人的审讯毫不理睬，对组织机密守口如瓶。她强支受伤的身体，义正词严地痛斥日本帝国主义的侵华罪行。当问到为什么进行抗日活动时，她慷慨陈词：“我是中国人，中国人民反抗日本侵略还用得着解释吗！现在，我们中国人除了抗战外，别无出路。”“我的主义就是抗日，正如你们的职责是以破坏抗日、逮捕我们为目的一样，我有我的目的，进行反满抗日运动并宣传其主义，就是我的目的，我的主义、我的信念。”接着，她又对“日满亲善”、“王道乐土”等欺骗宣传和日本侵略者的罪行进行了痛快淋漓地揭露和控诉，把敌人对她的审讯变成了对日本侵略者的审判。

五天后，敌人把一曼同志押解到哈尔滨，关押在伪滨江省警备厅地下室看守所里，大野泰治对身负重伤的一曼同志天天刑讯逼供，但毫无结果。十几天后，一曼同志伤口溃烂，病情严重恶化。敌人为了有所获取，决定为其治伤，梦想着医愈后，“当作破坏抗日组织的‘反间’用”。12 月中旬，他们把一曼同志送进哈尔滨市立医院监视治疗。经过几个月的治疗，一曼同志战伤初愈，就找机会外逃。不幸途中再次被敌人追捕，不久在珠河县英勇就义。

新中国成立后，1954 年，我到黑龙江省任省长，在一次春节团拜会上，见到了哈尔滨市副市长张柏岩同志（党外人士），从他那里我得知了一曼同志在哈尔滨治伤后较为详细的情况。

张柏岩同志告诉我，当年一曼同志被日军送到已由日本人接管的哈市第二医院（张柏岩当时任这所医院的外科副医长），由他负责治疗。一曼同志刚入院时，瘦得皮包骨，伤势很重，流血过多，濒临死亡。敌人梦想从一曼同志身上打开缺口，进而摧毁我党在北满的组织，消灭抗联第三军，因此命令医院一定要治好她的伤。经检查，其左腿是粉碎性骨折，在软组织中有近 20 块碎骨。敌人决定给她作截肢手术，但遭到一曼同志的坚决反对。在张柏岩大夫的精心医治下，伤势逐渐好转，三四个月后她已经能拄拐散步了。

在医院治伤期间，日本特务机关不时派人来“慰问”，诱导她说：“你才 30 多岁，是个女中人才，死了多可惜，我们不仅给你治好伤，还要‘帮助’你实现‘远大前程’。”这一切都遭到一曼同志的严词痛斥。

一曼同志对医院里的中国医护人员并不隐瞒身份。公开宣布自己是共产党员，时刻不忘党的抗日宣传工作。只要有机会，就向他们宣传抗日救国的道理，宣传无产阶级革命理论和共产主义远大理想。大家都很愿意听她讲，很佩服她，有几个护士后来亲切地称她为“赵大姐”。对日本籍的医护人员，只要有可能，一曼同志也有区别地进行争取工作。除了指责日本军国主义者侵略和奴役中国人民的罪行外，一曼同志对他们是有礼貌的，因而也得到大部分日本医护人员的尊敬和同情。同时成功地教育和争取了看护她的警士董宪勋和女护士韩勇义。

据张柏岩同志介绍，一曼同志在医院治伤过程中，起初，她利用一切机会揭露日军侵略者的罪恶行径，每当日本特务机关来人“看望”，她总是横眉怒目，气冲冲地高声怒骂，直到他们退走才住口。后来一曼同志变得沉默寡言，即使对日本特务机关的人，她除了指责日本帝国主义侵略外，也不再高声怒骂了。一曼同志态度的变化，给敌人造成了很大的错觉，仿佛一曼同志可以被软化和利用。于是逐渐放松了对她的监视和防范，而这正是一曼同志所期望的。

随着伤势的好转，一曼同志和争取过来的董宪勋、韩勇义二人制订了周密的外逃计划，并做好了具体准备工作。1936 年 6 月 28 日是个星期天，在一曼同志的精心安排下，他们利用医院公休、守卫松懈之机，悄悄逃离医院，直奔抗联三军活动的地区。6 月 30 日，不幸在仅距游击根据地 20 里的地方，被日军摩托部队追上抓住。

一曼同志再次被捕后，敌人使用各种酷刑加倍摧残她，但她坚贞不屈，毫不动摇。她怒斥敌人道：“你们这些强盗可以让整个村庄变成瓦砾，可以把人剁成肉泥，可是你们消灭不了中国共产党人的信仰和抗日反满、拯救东北人民于水深火热的决心。”

一个月后，敌人在毫无收获，又无计可施的情况下，便决定把一曼同志押解到她曾经战斗过的珠河县处死。在去珠河的火车上，一曼同志写下了那份给幼子宁儿感人肺腑的遗言。临刑前一曼同志镇定自若，挺胸远望，气势昂扬，视死如归，英勇就义，年仅 31 岁。

忆抗日民族女英雄李林

李登瀛　刘华香　屈健　谷奇峰　石磊

在抗日战争期间，我们几人曾经同李林一起，战斗在山西雁北敌后抗日游击区，与她结下了深厚的同志友谊，屈健还与李林结为夫妻。时间虽然过去了多年，可是李林烈士那刚毅勇敢的性格，能文能武的才能，大公无私、舍己为人的品德和她忠于党的事业的坚定信念，都给我们留下了难以忘怀的印象。

在抗日救亡浪潮中锻炼成长

李林原名李秀若，1916 年出生在福建省龙溪县一个贫苦农民家庭。她出生刚 40 天，即被该县石码镇侨眷陈茶收为养女，三岁时随养母远渡重洋，到印度尼西亚爪哇岛上的泗水找到养父李瑞奇。李在当地经商，经济比较富裕。

李林跟养父母在泗水度过十几个春秋。她耳闻目睹荷兰殖民主义者歧视华侨、压迫爪哇人的大量事实，在养父母和侨校教师的启迪下，幼小的心灵里渐渐形成了浓厚的民族意识，她思考着：中国人为什么不能团结？爪哇人为什么不能团结？为什么受人家欺负而不起来反抗？她感到中国人在爪哇不自由，日益盼望回祖国读书。

1929年，李林在华侨学校毕业后，随养母回国，进入了爱国华侨陈嘉庚先生创办的厦门集美学校。在这个风景如画、爱国一家的天地里，她处处感到祖国可爱，欢欣不已。她酷爱文学，希望将来做个文学家。

1931年，九一八的炮声激起了中国人民的民族觉醒，也打破了李林想当文学家的梦幻。集美学校在全国人民抗日救亡的声浪中，成立了抗日组织，发动募捐，支援东北抗日义勇军，开展抵制日货运动。1932年一二八事变后，陈嘉庚先生写信给集美学校，勉励学生参加抗日运动。这时李林的爱国热情迅速增长。她积极参加各项抗日活动，并开始思索自己应该走什么道路。

1934年冬，李林在集美学校初中毕业后，到上海爱国女中就读。

当时，报纸上天天有丧权辱国的消息，这深深地刺痛着李林的心。那时，爱国女中附近就是日军兵营，军事演习的炮声常常使学校上课中断，学生们非常气愤，同时，也激发起学生们的爱国情绪。有一次学生们正在自习，日军的炮声又起，李林实在气愤不过，拍案而起，大声吼道："这还成什么国家！"她紧握拳头说："总有一天要把这些强盗赶出中国！"在这种激愤情绪下，她挥笔写了一篇《读木兰词有感》的作文，抒发了她的爱国情怀，展示了她"甘愿征战血染衣，不平倭寇誓不休"的决心和英雄气概。这篇作文被语文教师破格打了105分，在学校墙报上公布后，轰动了全校。李林在爱国女中，得到进步同学胡文新、贾唯英等人的帮助，受到进步同学们的爱戴，被推选为学生会的宣传委员。此时李林决心要参加抗日救亡工作，把自己的前途和祖国的命运紧紧地联系在一起。

1935年12月20日，李林在上海参加了声援北平一二九学生抗日救亡运动的大游行。1936年春，她在上海参加了党的外围组织“抗日救亡青年团”。

李林投入抗日救亡的洪流，尤其是她参加上海学生宣传团到松江县宣传抗日，挺身而出与国民党警察斗争，被强行送回学校，学校当局是不能容忍的，声明要开除她和贾唯英。不得已，她俩下定决心到五四运动和一二九运动的策源地北平去。就在此时，她改名为李林，取“列宁”二字的中文谐音，表示她要追随列宁，努力争取做一名无产阶级的先锋战士。

1936年暑期，李林和贾唯英到北平。随即，经贾唯英哥哥的朋友秦仲方介绍，她俩参加了民族解放先锋队，李林并考进了民国大学政治经济系。

那时，华北局势进一步恶化，五省亲日势力阴谋策划“独立”，日本帝国主义向华北增兵，其中国驻屯军以北平为进攻目标进行军事演习，竟然携带重炮和坦克穿行北平城。这年11月15日，日军和伪蒙军侵犯绥远，傅作义率部抵抗。可是南京国民政府仍然采取不抵抗政策。对此，李林痛心疾首，义愤填膺。于是，她在民国大学地下党员吕光的帮助下，如饥似渴地阅读马列著作，同时深入平民、士兵和农民中进行抗日宣传。理论学习和实际行动，使她开始体会到，单靠学生的力量是不行的，必须与工农兵群众相结合，才能取得抗日的胜利。

1936年12月，为抗议国民党当局扣押上海七名爱国领袖的暴行，北平学生举行大游行。李林担任民国大学游行队伍的旗手，被反动警察打得头破血流，仍忍着剧痛，高擎红旗，引导游行队伍前进，又一次显示出她勇敢无畏的气概。

李林在抗日救亡斗争中迅速成长。1936年12月大游行后，经吕光介绍，李林加入了中国共产党。从此，她便在党的直接领导下工作和战斗。

到抗日斗争的前线去

李林入党不久，便决意投笔从戎，到抗日斗争的前线去。

1936 年 10 月，我党派薄一波等同志去太原，和阎锡山建立了特殊形式的抗日统一战线关系，接办了山西抗日牺牲救国同盟会（简称“牺盟会”），开展抗日救亡工作。为培养大量干部，牺盟会在太原国民师范学校举办军政训练班和民训团等训练机构。

这年冬天，中共北平市委动员一批青年学生去太原接受牺盟会的军政训练。李林听到这个消息，非常高兴，积极响应市委的号召，于 12 月底，同一批北平、天津的青年学生一起到太原，与中共山西省公开工作委员会（简称山西工委）接上关系，随即进入了军政训练班。李林先编入男女混合的十二连，同屈健在一起。后来，李林又被调到十一连，一面学习，一面兼任（秘密的）党支部书记，同时担任军政训练特区党委的宣传委员。她遵照党的指示，大胆而谨慎地在学员、教官中开展党的工作。

在训练班，李林带头脱下学生装，并亲手拆洗、改做灰棉旧军装，带动一些不愿穿旧棉军装的女学生，变成了飒爽英姿的女战士。

在训练班，李林和其他党员一起，在特区党委领导下，积极解决教官与学员之间的矛盾；帮助从阎锡山军队中调来担任军事课的教官改进训练作风和方法，克服简单粗暴的毛病；帮助一些有抵触情绪的学员，从抗战大局出发，克服怕苦怕累情绪，努力学习军事，为开展游击战争作好准备。

在训练班，李林带头刻苦学习军事技术。她练投手榴弹，甩肿了手臂，仍坚持投；练射击，腿肿了，肘肿了，仍继续操练，使一些原来看不起女兵的军官也为之感动。在这期间，牺盟总会根据大同和雁北地区的重要战略地位，决定向大同市和雁北各县派去特派员，做抗日救亡工作。李林为实现她到抗日前线去同日军作战的志愿，曾向牺盟总会提出要随特派员到大同去，但未得到批准。

七七事变后，山西工委指定阎秀峰、侯富山、李林组成中共雁北工委，由李林担任宣传委员，赴雁北开展工作。接着牺盟总会又决定在大同建立中心区，由吕调元任秘书（主要负责人），阎秀峰负责组织工作，李林负责宣传工作。李林得知此消息，真是喜出望外。

1937 年 7 月下旬，赴大同中心区的人员，在吕调元带领下到了大同。这时日军正在进攻张家口，窥伺着柴沟堡、天镇和阳高。敌机不断空袭御河桥和大同市。大同中心区先后住在城内青年会和大同城东小南头村的大庙内。李林不顾敌机轰炸，亲自编写并和同志们一起印刷传单，宣传全民动员，各党派联合起来打日军、除汉奸，誓死不当亡国奴。经李林建议，雁北工委开会讨论决定，学习毛主席的《中国革命战争的战略问题》，组织农民自卫队，开进山区进行训练，以便在敌人打来时，开展游击战争。中心区委同意这些意见，并协同到附近农村动员青年参加抗日自卫队。到 8 月下旬，自卫队发展到 120 多人。这时的自卫队，两三天集合一次，由李林给他们讲政治课，使他们懂得抗战救国、抗战必胜的一些道理和开展游击战的方法。这时传来了中共洛川会议的消息和抗日救国十大纲领的内容，使中心区的工作明确了方向。

8 月底至 9 月初，中心区召开 13 县牺盟会特派员会议，讨论如何贯彻中共洛川会议精神，动员组织抗日游击队，开展敌后游击战争。然而，这时张家口已陷敌手，国民党军第六十一军在天镇一线败退下来，日军正向阳高逼近，大同吃紧，一派溃败景象。于是中心区结束了特派员会议，决定由李林负责集合并率领抗日自卫队，向怀仁一带山区转移。为防止敌机轰炸，中心区和自卫队于 11 日晚上行军，拂晓到达怀仁县城一个大庙前的广场上休息。由于大家都很疲劳，许多人坐下来就睡着了。突然敌机一阵轰炸，这些未经过严格训练的自卫队员都跑散了。于是李林满怀悲愤，随中心区的同志向关内撤退。后来李林回忆这一段的感受时写道：“因为工作没有基础，同时也没有工作经验，不得已同志们都离开了工作地区。记得我们步行到雁门关的时候，我望着那盘曲的汽车路，那耸立的山岭，我忍不住偷偷流眼泪了。我不明白，我们为什么要退回来，我什么时候再会出雁门关。”

正当阎锡山的军队从雁门关溃败下来的时候，中国共产党领导的八路军正在向前线开进。这时，由中共晋绥边工委书记赵仲池和梁雷同志率领刘华香、柏玉生等30多个干部，配备一部分步枪，并携带一部电台，从太原向雁北挺进，准备在雁北地区开展抗日游击战争，创建敌后抗日游击根据地。李林在雁门关内的阳明堡与赵仲池、梁雷等相遇，感到非常高兴。由于她再三要求去大同，赵仲池答应了，并配给她一支步枪一同北上。于是李林二出雁门关。

驰骋疆场震敌胆

晋绥边工委赵仲池一行走出雁门关，在平鲁县城工作几天后，于日军侵占平鲁前一天转移到偏关县，一面与后方领导机关建立联系，一面在偏关发动群众，组织游击队。晋绥边工委在部署雁北工作时，分配李林筹办党员训练班和偏关县妇救会的工作。李林一再提出还是愿意搞武装工作。工委根据组织抗日游击队的需要，同意了李林的请求，让她在偏关组建抗日游击第八支队。

这支队伍从1937年10月中旬起开始组织，经过李林同偏关县的妇女救国会、工人救国会的同志一起，到农村发动青年农民，到煤窑发动青年工人，在城内挑选外地逃来的青年，还由刘华香、柏玉生到偏关、清水河交界处，发展游击队员，这样逐步组织起了一支几十人的游击队伍。队伍组织起来后，李林亲自物色干部，找住房，筹办伙食单位，编写军事、政治教材。后来党组织又将北伐战争时期入党的老党员王零余同志从东北军何柱国骑兵部队中商调出来，到八支队负责军事行政工作，使第八支队逐步健全起来。随后即任命李林为支队政治主任，王零余为支队参谋长。由于他们合作得很好，这支队伍迅速发展，到12月扩大到200多人。经过严格的军事、政治训练和打击小股土匪的锻炼，支队战斗力得到了较大的提高。李林为提高这支部队的政治素质付出了巨大的心血。她在负责政治训练的过程中，不仅深入浅出、生动具体地讲明抗战救国、抗战必胜以及为什么要当八路军，怎样当好八路军等道理和要求，还非常关心干部战士的思想和生活，一有时间就找战士们谈心。她处处以身作则，和战士们一样吃莜麦面、山药蛋和小米，因而干部战士都非常尊重她、爱戴她。

1938年2月，中共晋绥边特委（由原晋绥边工委改称）在八支队掩护下，向平鲁、右玉西山一带挺进。行军的第一天晚上，在偏关以东20多公里处，与一股伪军遭遇，王零余和李林指挥八支队打垮了敌人，掩护边区特委机关安全到达平鲁县境。

八支队在平鲁西山经过一段整训，随即开赴右玉、左云以北，转战长城内外。一天下午，支队人员行至凉城县天成村附近，得知麦胡图村一股伪军骑兵在一村中驻扎，每天午后有少数士兵带领马匹到村南河边饮马。王零余和李林商定，立即抽出30多个精悍的战斗骨干，换上便衣武装，潜伏在河边，待马群出现时，以猛烈的行动将敌人歼灭，夺得50多匹马、十余支枪。于是，他们将一中队改为骑兵中队，使八支队成为步骑兵混合支队。

鉴于雁北地区在斗争中发展了几个游击支队，一二〇师首长指示，把这些游击支队改编为一二〇师独立第六支队。八支队和右玉县组建的五支队、平鲁县组建的七支队的骑兵，合编为独立第六支队骑兵营。贺龙、关向应等领导同志非常关心李林，考虑一个女同志在部队上长期行军打仗不方便，准备调她到地方上去工作。李林很感谢首长的关怀，一再诚恳表示，愿意留在部队直接和日本侵略者作战。经过晋绥边特委研究，嘉许了她的壮心，答应她的要求，分配她担任骑兵营教导员，王零余任骑兵营副营长（不久任营长）。

李林和王零余率领这支队伍转战雁北各地，接连取得了许多胜利。他俩的名声也渐渐传开来。敌人曾经到处张贴布告捉拿李林，而抗日的人民却对她无限热爱，尤其在根据地的女干部中，她成为人们学习的榜样。

同年7月，由于一二〇师贺龙、关向应首长的关心和工作上的需要，李林被调到新建立的牺盟会晋绥边工作委员会（简称边委会）任宣传委员，并兼管地方武装。9月16日，李林到边委会报到后，感到地方上的民运工作，远比部队工作复杂。全区所辖十多个县，有上千个村子，可是边委会只有七八个人，敌情又紧张，工作确实难以开展。由李林提出，经边委会仔细研究，决定马上举办干部训练班，就地解决干部问题，并任命李林为干部训练班的主要负责人。在敌后办训练班，分散住在群众家里，困难很多，敌情紧张时还要经常转移。由于李林热情地接待他们，逐个地找他们谈心，了解他们的出身、经历和思想情况，并亲自给他们讲主要的政治课，使大家精神愉快，学习自觉刻苦。从1938年8月到1940年初，共办训练班六期，从青年农民、学生和煤炭工人中，先后培训干部260多人。这些人分配到各县区，都成为牺盟会的骨干和领导人，1940年后都转入政府或党委工作。不少同志在与敌人斗争中表现得英勇顽强，有的为抗日事业献出了宝贵生命。李林在主持这项工作中，废寝忘食，呕心沥血，作出了卓越的贡献。

1939年初，组成晋绥边牺盟游击支队，夏天改编为决死队第四纵队十八团二营。柏玉生先后任支队长和营长。李林代表边委会不断指挥这支部队打击敌人。

同年10月25日，日、伪军2000多人，从各据点出动，向我洪涛山抗日游击根据地进行第七次围攻。日伪军集结到我根据地边沿的岱岳、神头、井坪、曾子房、吴家窑，然后采取分进的办法，于25日晚上向我根据地中心地区赵山、孟山一带前进。边委会的李林和屈健、柏玉生带十八团二营主力连（边委会政卫连），直奔敌同蒲线上的重要据点岱岳。26日凌晨到达岱岳后，一部分袭击岱岳车站，一部分袭击伪镇政府。李林带机枪排摸到敌兵营门口，并亲自操作机枪，和战士们一起向敌兵营射击，当场打死敌哨兵一人，打伤数人，缴获战马两匹。由于我乘敌之虚，出其不意地进行攻击，使为数不多的敌人龟缩在据点内还击，并向大同日军师团部求援。大同敌酋立即派铁甲车支援岱岳，还从大同派出两架飞机前来助战，并调回围攻我根据地之日、伪军来追击我们的部队。这时，李林等早已率领部队朝东北方向急进20多公里，转到怀仁山上的陆家窑头，远远地甩开了敌人，胜利地粉碎了敌人的围攻。后来，李林写了《突破敌人的第七次"围剿"》一文，刊登在晋绥边区的《抗战日报》上。文章总结了反"围剿"的经验后写道："敌人企图是要来歼灭我们抗日游击根据地的全部抗日力量，但结果我们不但没有受到损失，而且袭击了敌人的后方，使敌人不仅扑了空，而且惊慌地逃回去了。""总之，我们相信，只要我们坚持下去，我们定会取得最后的胜利。"

李林不仅是对敌斗争的英雄，也是反顽斗争的勇士。

1939年3月，李林奉命到陕西省宜川县的秋林镇，参加阎锡山召开的"晋绥军政民高级干部会议"（即秋林会议）。这是阎锡山召开的一次重要反共会议，其目的是为了消灭山西进步势力，以实施对日妥协投降。其主要阴谋是取消牺盟会，夺取牺盟会所掌握的全部权力，消灭决死队和一切新军武装，取消决死队的番号，取消政委制，把新军改编为旧军一样的编制，把新军的指挥权掌握到他手里。为此，顽固派在会议上制造种种谣言，胡说八路军和新军"游而不击"，污蔑牺盟会“美女”的狐狸尾巴露出来了，等等。李林根据党组织的指示，跟以阎锡山为代表的顽固派进行了激烈斗争。她先后两次在大会上当着阎锡山的面发言，用亲身经历和所见所闻的大量事实，有力地驳斥了顽固派分子对八路军、新军的恶毒攻击。她反驳说：“八路军、决死队、牺盟会在敌后领导人民抗战的时候，有些人名义上拥护司令长官，实际上是破坏抗战，向在敌后浴血抗战的队伍进行恶毒攻击。牺盟会、决死队到底干了什么坏事？究竟谁是狐狸？”她说：“在两年的战斗中，我们历尽艰险同敌人浴血奋战，敌人曾悬赏5000元巨款要我的头颅，可是今天，换来的却是一个狐狸的名声……”“我，我受不了这样的糟踏，我们到底做了哪些见不得人的事，你们说出来嘛！”

李林义正词严而又生动有力的发言，震动了会场。革命同志和进步人士鼓掌称赞，而顽固派一个个哑口无言，连阎锡山也无可奈何地闭上了双眼。

秋林会议后，山西局势继续逆转。这年冬天，国民党顽固派掀起了全国规模的第一次反共高潮，阎锡山大打出手，充当反共急先锋，发动十二月事变，命令山西旧军进攻新军。晋绥边境地区的顽固派也打死打伤我方人员多人。面对这股反动逆流，中共晋绥边特委根据晋西北区党委的指示，决定对雁北地区的顽固派进行坚决反击，由李林统一指挥十八团二营、政卫连和边特委指派前来支援的六支队骑兵营、二营二连等武装力量，首先铲除右玉南山附近四个顽固的县、区政府和保安队。李林把以上两部分武装分别编为四个分队，并作了统一部署和深入动员，于12月28日晚上统一行动。李林亲自带一个分队，突袭设在陆家窑的怀仁县顽固政府，仅用三个小时便结束了战斗。抓获了顽固县长及骨干分子十余人，收缴枪支弹药一部和文书档案等。其他三个分队也都按计划完成了反击左云、右玉、朔县五区等县区顽固政府的任务，共缴获枪支100多支和一部分弹药，抓获顽固政府人员200人，经审理，大部分教育释放，对少数比较进步的分子给安排了工作。对极少数罪恶严重民愤大的，于1940年1月中旬召开反顽斗争胜利大会时，予以镇压。自此，抗日民主政府成立，雁北抗战工作在我党领导下，各方面团结一致地开展起来。

李林在对敌斗争中刚毅不屈，嫉恶如仇；对同志、对人民热情似火，团结友爱。我们在共同战斗、学习和生活过程中，都曾得到过她的帮助和支持，给我们留下了深刻的印象。她在宣传和组织群众的过程中，经常和群众拉家常，做好事，拜了许多“干妈”，结了不少“干姐妹”。在她工作过的地区，人民群众没有不认识她、不尊重她的。

1940年1月，李林参加了晋西北军民代表大会，被选为晋西北行政公署委员。在召开委员会议前，贺龙师长接见了李林，进行了十分亲切的谈话，询问了她的身世，在雁北斗争的情况，赞扬她在敌后斗争中的英勇表现和领导才能。贺龙说：“一个女同志，来自大城市的大学生，能带领骑兵，在长城内外大战日本鬼子，打出了威风，很不简单！”在行署委员会开会时，贺龙特别向全体委员介绍李林。他说：“这是我们的抗日女英雄，一个华侨大学生能在敌后领兵打仗，值得大家赞扬！”

同年2月上旬，根据晋西北行署的部署，雁北专门召开了各界人民代表会议，选举并宣布成立第十一专员公署，牺盟边委会全体人员和武装力量都转入专员公署建制。屈健、武养民分任正副专员，李林被任命为秘书主任，开始了新的战斗生活。

血染江河垂青史

我洪涛山抗日游击根据地，直接威胁着敌战略要地大同和同蒲路北段，成为敌人的心腹之患。因此，从1937年12月起，日军先后八次进行大规模的“扫荡”，妄图把它摧毁。1940年，我反顽斗争胜利后，日军更加残酷地向我游击区的中心地带进攻，并进行政治渗透和经济封锁。从2月19日起，日伪军在进行第八次“扫荡”中，曾施放毒气，残害抗日军民。紧接着又调集日伪军数千人，于4月25日，进行第九次“扫荡”。

这时，雁北地区党政军机关和人民团体，分住在洪涛山西侧的一些村子里休整。25日得到敌人向我游击根据地“扫荡”的准确情报，晋绥边特委赵仲池、姜胜同专员公署李林等立即分析敌情，决定各机关、团体迅速向我第六支队三营靠拢，商量反“扫荡”的对策。于是，立即通知地委机关、抗联和训练班的人员，于晚饭前到专署所在地吴辛寨集合。晚饭后，集合起来500多人，由吴辛寨出发，于当晚10时到达三营驻地乱道沟村。赵仲池、姜胜、李林和三营营长李登瀛以及武养民、康庄等领导同志紧急商定，向敌薄弱地带平鲁县老城方向突围，而后与六支队主力会合，以优势兵力打敌一路，粉碎敌人的“扫荡”。具体部署是：三营三个步兵连为前卫开路，姜胜、李林率警卫排、政卫连和三营骑兵连作后卫，带领机关、训练班和人民团体，紧随三营之后突围。队伍行动前，李林作了队前动员，要求服从命令听指挥，不准掉队拉距离。

三营行动迅速，很快经过平太村南山。当接近张小峰山时，发现左前方山坡上有股敌人爬上来，该营便立即发动攻击，一阵机枪、手榴弹，把敌人压了下去，迅速占领有利地形，并几次派出武装力量与后续队伍联系，但没有结果。

姜胜、李林带的队伍，非战斗人员多，没能跟上三营。当大家爬上张小峰山坡时，山头已被敌人抢占，并向我开枪射击，这时队伍乱了。姜胜和李林商定，趁天还未亮，由政卫连边退边掩护整个队伍退到山下平太村，待机再向北突围。队伍撤到平太村，发现南、北山上也有了敌人，枪声四起，人们更为慌乱，形势万分危急。当赵仲池、姜胜和李林商讨对策时，姜胜提出："只有让骑兵连向相反的方向东面冲去，才能调动敌人，掩护大队人员向北或向西突围。现在是需要有领导同志去指挥骑兵连。"李林听到这个方案后，立即表态说："我带过骑兵，我去指挥！"她一边说着，一边提起驳壳枪，跨上菊花青战马，走到骑兵连面前，大声说："同志们，跟我来！"骑兵连战士们纷纷勒过马头，喊着杀声，向平太村沟东口冲去。一阵尘土飞扬，敌人误以为被围的八路军都向东突围了，也随之从两边山岭上东窜尾追而去。这时，姜胜所带的大队人马便向西突围。一部分走不了的男女同志，有些被平太村群众掩护，有些跑入沟内坎坎洼洼处隐藏起来。

李林率领的骑兵连边打边冲，战斗十分艰苦，人马伤亡严重。她的警卫员王二和的马中弹倒地，他仍要随李林杀敌。李林强令他带上文件，到村中找群众掩护。李林带着为数不多的骑兵连战士，冲到西断川村边，这里地形开阔，已经快冲出包围圈了。可是，西南方向枪声仍紧，她怕大队还未突围出去，又掉转马头，向西南方向冲去。李林脚踏马镫，伏在马背上，用她的驳壳枪连续对敌射击。在冲到小郭家窑村后的羚羊山时，菊花青马不幸中弹，李林被摔下马来。随她的两名战士也牺牲了。她的腿部和胸部也都负了伤。她挣扎着爬行，选择一个地坎，躺着不动。待敌人冲上来，她又连连射击，先后毙伤六个敌人，迫使敌人停下来。这时她已多处负伤，所带的驳壳枪子弹也打光了，小手枪也只有一发子弹。敌人越来越近，她自知已无力冲出去，最后毅然以小手枪内最后一颗子弹，打进自己的喉部，壮烈牺牲！

敌人撤退路经平太村北的小川村时，一个伪军对几个老乡说："在南山同我们打仗的，打死后收武器时才知道是个女的，她打死我们好几个人，日本太君说'女八路的真厉害'！"

李林的牺牲，引起雁北人民的极大悲痛。安葬那天，雁北各界举行了追悼会，几百名群众和干部都流着眼泪向李林的灵柩告别。追悼会上，副专员武养民致悼词，晋绥边特委书记赵仲池讲了话，号召大家学习李林。许多人痛哭失声。特别是李林结交的一些“干妈”、“干姐妹”，还专门带上祭品到墓前祭奠。追悼会后，将李林的临时墓地安设在晋绥边地区抗日游击区的中心地带——洪涛山脚下东石湖村的高崖下边。

为了怀念李林，晋绥边特委和专署根据广大干部和群众的建议，决定在平鲁西山创办李林高小。

李林牺牲的消息传到后方，中共中央妇委从延安发出哀悼讣闻。延安《新中华报》、《中国妇女》杂志、中共中央晋绥分局《新西北报》、重庆《新华日报》，相继刊登了李林英勇殉国的消息、社论和悼念文章。中共中央妇委5月26日的唁电说：24岁的李林同志，“不仅是我们女共产党员的光荣、模范，而且是全国同胞所敬爱的女英雄。今竟英年战死，实我中华民族——特别是我国妇女界一严重损失。”唁电最后：“特号召全体女共产党员同志和全国妇女同胞更加奋起抗战，为完成李林同志等的未竟事业而奋斗，为李林同志及一切抗敌殉国的烈士们复仇而奋斗！”《新西北报》5月26日发表的《悼李林同志》的社论中说：“在这伟大的时代中，虽有不少民族女英雄，然而像李林同志深入敌后，指挥武装部队，领导工农群众与敌冲锋陷阵，血肉相拼，以至坚持3年之久，创造下辉煌永远不可磨灭战绩的恐怕只有李林同志了！尤其是此次在敌人四面包围而来，无法冲出，终不免于一死的坚强信念下，沉着、英勇、顽强地毙敌人6名，最后遂毅然以枪膛中最后一粒子弹打死了自己，而免于遭敌辱杀。这种伟大的壮举，真可动天地而泣鬼神，成为中国民族英雄的最光荣的典型。”

1952年，雁北平鲁县在县领导机关所在地井坪建立的烈士陵园内，专修了墓道，将李林和其他烈士的遗骨安放其间，每年清明节都举行仪式悼念烈士英灵。

70年代，根据周恩来总理的指示，先后出版了《民族女英雄李林》

等多本描述李林英雄事迹的丛书和小册子。

1985 年，摄制了李林的电视纪录片。

1985 年 4 月 26 日，是李林光荣牺牲 45 周年纪念日，山西省委与中华全国华侨联合会联合举办了纪念活动。中顾委副主任薄一波为纪念李林题词：“中华民族的优秀儿女，共产党员的光辉模范”。同日，《人民日报》发表了刘亚雄、牛荫冠、屈健所撰写的《缅怀归侨抗日女英雄李林烈士》的文章。

白求恩在华北抗日前线

叶青山

一

诺尔曼·白求恩同志为了支援中国的抗日战争，受加拿大和美国共产党的派遣，远渡重洋，艰苦跋涉，在1938年6月17日下午，到达晋察冀军区司令部驻地——山西省五台县金岗库村。我当时任晋察冀军区卫生部长，跟随聂荣臻司令员一起热情地欢迎了这位加拿大劳工进步党（即共产党）党员、世界著名的胸部外科专家。这位身材高大、态度非常谦逊的第一流的外科专家，曾随加拿大志愿军参加过西班牙人民反佛朗哥的正义战争。回国刚刚三个月，就启程来中国。当时他身穿灰布的中国式服装，高高的鼻梁上架着一副金丝眼镜，头发虽已斑白，精神却依然十分健旺。

谈话一开始，白求恩便急切地提出医疗方面的一连串问题。那时军区的卫生医疗事业处于初建时期，医务工作人员很少，而伤员却有600多名。更困难的是，我们医务人员的技术水平较低，器械和药品非常缺乏，组织机构和工作制度也不健全。聂司令员介绍了这些情况后，当场请他担任晋察冀军区卫生顾问，以加强军区的卫生工作建设。翻译还没有把话讲完，白求恩同志就一口答应了下来。

他急于要工作，第二天便来到军区卫生部，随后就到了后方医院。一连四个星期，他成天忙着给伤员们进行治疗，并且向院方提出了许多改进工作的意见。他一面工作，一面思考着如何在现有物质条件的基础上，把原来的一所后方医院改建成一所模范医院。他的计划得到聂司令员的热烈赞扬。白求恩立即投入了紧张的筹备工作。他每天一大早就起来，除了给伤病员诊治外，便忙着指挥和帮助工人们盖手术室，做骨折牵引架和妥马氏夹板，打探针、镊子，等等。甚至连裁缝做衣服、床单，他也要亲自过目、查问。晚饭后，他还要给医务人员上课。深夜，山村已经完全沉寂了，他的紧张的工作还没有结束。在暗淡的灯光下，他用极快的速度赶写适合我们医务人员需要的医学教科书，给毛主席、聂司令员和美国、加拿大党组织写工作报告，或是孜孜不倦地学习。有一次我去看他，他正在看书，我说："你年过半百，要注意休息！"他笑嘻嘻地握着我的手说："你们中国有句俗话说得好，活到老学到老嘛！"就是这样，白求恩以极其高昂的热情为中国人民的抗日斗争辛勤地工作着。两个月以后，模范医院建成了。在落成典礼上，他以主人的身份登台讲话。他说："伤员们为我们打仗，我们也必须替他们打仗——我们要打倒的敌人就是'死亡'。因为他们打仗，不仅是为了挽救今日的中国，而且是为了实现明天的伟大、自由、没有阶级的新中国……"

会后，白求恩领大家参观了刚刚落成的模范医院：伤员接待室，内外科室，奥尔臭氏治疗室，罗氏牵引室，妥马氏夹板室，等等。各种设备，虽然简陋，但却整齐、清洁、井井有条。接着，他又在广场上做了一次实际的手术表演和换药表演，人员分工、工作秩序、进行速度，都使人们惊叹不止。这天，来参加医院落成典礼的各军分区卫生部长、各医院院长和医生、护士都得到极大的启发，都说：回去后一定要按照白大夫的做法，把我们的医院办好。

勇于克服困难，艰苦朴素，是白求恩一贯的作风。为了减轻伤员的痛苦，他提倡下病房换药，并创造出一种用木板制成的药篮子（我们称为“白求恩篮子”），下病房换药时用它非常方便。对于敷料和绷带消毒的工作，虽然在白求恩来边区以前我们也做过，但不够完善。有些消毒棉花、纱布使用过一次便扔掉了，浪费很大。他来后经过一段摸索研究，提出了“消毒十三步”的建议。这个办法不但把用过的纱布、消毒棉花更合理、更充分地使用起来，节省了大量材料，而且使敷料和绷带消毒的工作更趋完善。以后，为了适应战地流动环境，他又苦心设计了一种可以用两个牲口驮运的轻便手术室设备，其中包括一张能折叠的手术台，一整套外科器械以及可供做 100 次手术、上 500 次药的药品和敷料。

白求恩同志的工作态度非常认真严肃。有一次，他发现护士换药时，瓶里的药和瓶签不一致，他生气地立刻用软膏刀把瓶签刮掉。护士站在那里愣了一会儿，白求恩同志和蔼地拍拍他的肩膀说：“亲爱的小同志，我刚才做的是对的，就是态度不太好。要知道，这种粗枝大叶的作风会致人死地的，今后绝不允许再有类似事情发生。我们要对病人负责啊！”护士听了非常感动。

当时敌后的生活非常艰苦。党为了照顾白求恩的健康，每月给他 100 元（晋察冀边区币）津贴。但他马上写信给毛主席，谢绝了，而且建议把这笔钱作为伤员的营养费。他的理由是：聂司令员每月才 5 元钱津贴，自己是一个共产主义战士，不应有特殊的享受。他在日记中这样写道：“我不需要钱，可是我万分幸运，能够来到这些人中间工作——我已经爱上他们了，我知道他们也爱我。”

二

1938年9月下旬，日军以步兵、骑兵、炮兵共2.3万多人，配合空军和机械化部队，分十路向我晋察冀抗日根据地进攻。白求恩同志振臂而起，向医生们提出了响亮的口号："到伤员那里去！哪里有伤员，我们应该在哪里！"在他的主持下，军区成立了几个医疗队，分赴各地。

白求恩率领一个医疗队，来到了军区医院第一所。工作还不到三天，就接到第三五九旅王震旅长自雁北打来电报，告诉他前线的战况。他一听到那里战斗频繁，饭也没有顾得吃，黑夜便出发了。11月的雁北已是严寒气候。白大夫走了40公里山路，披着一身雪花，黄昏才到达驻在山西省灵丘县河浙村的旅后方卫生部。一进村他就急忙问旅卫生部顾正钧部长："病房在哪儿？"顾部长说："不远，吃完饭再去吧。"

"吃饭还有多久？"

"20分钟。"

"那太久了，先去看病号。"

他检查了一些伤病员，其中有几个是刚从前线抬下来的。一个叫肖天平的伤员躺在手术台上，脸色苍白，腿上的伤口发出一股腥气，看来是没有得到及时的治疗。白求恩激动地说："是哪个医生负责？为什么不上夹板？中国共产党交给八路军的不是什么精良的武器，而是经过二万五千里长征锻炼的干部和优秀战士，对于他们，我们必须倍加爱护，宁可自己累一点，饿一点，也不能让伤员受痛苦。"说着，他俯下身去，惋惜地对伤员说："时间太久了，腿要切掉的呀，好孩子！"

直到深夜12点钟，把全部手术做完他才离去。当他刚脱下外衣准备吃饭时，又跑回了病房，用生硬的中国话问那些刚动过手术的伤员：

“好不好？”伤员个个很平静，都说：“好！”他快乐得简直跳了起来，对旅卫生部潘世征政委说：“只要伤员告诉我一声好，我就不知该怎么快乐了。”

吃饭的时候，他还在为那个伤员的腿惋惜：“假使一个连长丢掉一挺机关枪，那不消说是会受到处罚的。可是，枪还可以夺回来，而一个生命，一条腿失去以后，就不能再挽回了。我们花了多少年的功夫，工作、学习，就为的是保护自己同志的生命和健康……”这时候，他在想着如何缩短运送时间，使伤员得到及早的治疗，避免不必要的损失。最后，他决定在沿途设立救护站。这样，便使伤员们得到了及时的治疗，大大减少了伤员的痛苦和死亡。

从三五九旅回到一所，白求恩就忙着筹备建立特种外科医院，培养一批医务人员，给 300 多名重伤员进行治疗。他差不多每天要给十个以上的重伤员动手术。

有一次，一个股骨骨折的伤员需做离断手术。可是，这个伤员因流血过多，体温很高，精神萎靡，看样子难以经得住这种手术。为了抢救这个伤员的生命，白求恩决定给伤员输血。

当时，血的来源比较困难。我要求输血，可是白求恩却对我说：“你刚输过血不久，不能再输你的血了。我是‘O 型’，万能输血者，这次输我的。”我们考虑他的年纪大了，而且身体又不太好，因此都不同意输他的血。这时，白求恩严肃地说：“前方将士为了国家民族，可以流血牺牲，我在后方工作，拿出一点点血，有什么不应该的呢？以后，我们可以成立自愿输血队，把血型预先检查好。现在，不能再耽误时间了，抢救伤员要紧，来，快动手吧！”说罢，便伸出了他那青筋隆起的瘦弱的手臂。于是，加拿大人民的优秀儿子——诺尔曼·白求恩同志的 300CC 血液，徐徐地流到了中国人民战士的身上。国际无产阶级朋友的血，使这个战士获得了第二次生命。

此后，根据白求恩的倡议，志愿输血队组织起来了。医院的政委、翻译、医生、护士，甚至附近的老乡也都争先恐后地报了名。白求恩大夫也报名参加了这个志愿输血队。从此，输血在晋察冀边区逐渐推广，不少伤员因此从生命垂危的边缘上被挽救过来。

三

不久，特种外科医院建成了。为了加速训练卫生干部，白大夫提议各部派人来学习。1939年1月3日，实习周开始了，这是白大夫对边区医务人员进行集体的实际教育的一个运动周。同志们不论职别，分着什么就干什么。大家非常高兴，认真地替伤员端屎尿盆、扫地、剪指甲。白大夫每天给大家讲“离断术”、“腐骨摘除术”、“赫尔尼亚手术”等，一边讲，一边做，用实际例子说明问题。伤员做手术后，白大夫叫学员们每个人开十个处方，然后他细心修改；他自己也开十个处方，供大家学习。实习周结束时，潘政委在日记中写道：“七天，胜于读书七个月，每一个学员都感觉空空而来，满载而归……”他们回到自己的单位，都按照白求恩的方式，展开了同样的实习周。

这时，日军正对我冀中抗日根据地发动疯狂的进攻。白求恩见全军区的医疗、卫生、训练干部、治疗伤员等各方面的工作已整理得有了头绪，便请求去冀中参加战地救护工作。得到聂司令员的批准后，他便和晋察冀军区卫生部的18个同志一起，组成了“东征医疗队”，于1939年2月19日，冒着危险，穿过平汉路敌人的封锁线，到达冀中。

像在山西的丛山里一样，在这里的平原上、茅屋里、战壕里，早就传开了这个令人崇敬的名字：白求恩！有一次，正战斗在冀中的第一二〇师贺龙师长请白大夫看戏，想不到这个戏演的正是白大夫的事。戏刚演完，贺师长当场宣布："白求恩同志就在这里！"会场顿时轰动了，人们把他簇拥上台，和战士们见了面。于是，前线的每个角落里，立即传遍了这个喜讯："白求恩来了！"

4 月下旬，齐会战斗打响了。一天夜晚，白求恩的医疗队就在河间温家屯村边的一个小庙里布置好手术室。白大夫穿上手术衣，围上橡皮围裙，头上戴好小电池灯，又忘我地忙碌起来。突然，一颗炮弹在手术室的后面爆炸，震得庙宇的瓦片格格作响。一二〇师卫生部曾育生部长劝白大夫转移到后方去做手术。白大夫毫不在意地说："前面有队伍，不要紧。做军医工作的，就要亲临前线。你去看看，有头部、胸部和腹部负伤的，不必登记，马上告诉我。"

一会儿，火线上下来一个腹部受伤的伤员——第七一六团三连连长徐志杰，他在冲击时中了步枪弹，肠隔膜动脉管破裂，腹部大量出血，眼看就要死亡。白大夫把他的腹部剖开，发现横结肠和降结肠有十个穿口和裂罅，便用羊肠线一一缝好。白大夫还拿出木匠工具，自己动手替徐连长做了一副靠背架。过去，他经常教育医务人员："一个医生，没有任何事情是不屑一做的。"这时，他又一边锯一边说："一个战地外科医生，同时还要会做木匠、缝纫匠、铁匠和理发匠的工作。这样，才能算是好的外科医生。"他把徐连长安置好，又回来做手术，还每隔一小时去看一次。他自己吃很简单的点心，把省下来的荷兰牛乳和咖啡给徐连长吃，把别人送给自己的梨子放在徐连长的枕边，把香烟放在徐连长的嘴里，给他点火。部队行动时，他叫人抬着徐连长，跟着一块走。28 天以后，徐连长的伤口已没有问题了，白大夫这才叫人把他送到后方去休养。徐连长抓住白大夫的衣服，感动得放声大哭，舍不得离开。白大夫给他擦干了眼泪，徐连长哽咽着说："我以后只有多杀几个敌人来报答你！"

在冀中短短几个月，经白求恩救护治疗的伤员就有 1000 多，其中不少伤员像徐连长一样，是在死亡的边缘被抢救过来的。白求恩的动人事迹，在部队传颂着，大大鼓舞了同志们的斗志。在战场上，同志们高喊：“冲啊！白大夫就在后边！”

7月1日，白求恩回到冀西山地。聂司令员得到好几次报告说白大夫工作太累，不肯休息，在冀中时，曾经一连69个小时为150个伤员做手术，生活很艰苦，气色很不好。聂司令员为他的健康担心，便请他回到军区司令部来，休息几天。

他从聂司令员那里知道，国际援华委员会曾从纽约给医疗队汇钱，宋庆龄女士也从南方设法运了一批药品来，有些外国和中国的医生也曾极力想到敌后来，但是这一切都被蒋介石国民党政府扣留了、阻止了。他气愤至极，痛心地想到：现在，药品快用光了，在齐会战斗时，就已经没麻醉药用了。那些为了国家民族的自由独立而在战场上负伤的八路军战士，还得在手术台上忍受痛苦！必须作出一个适应目前条件的计划。他想开办一个新的医科学校，来迅速造就大批中国医生和护士；同时建立自己的合作工厂，以便制造几种主要的器械和一些简单的药品。为此，他提议亲自去美洲一趟，募集经费、药品、器械和书籍。

他的提议，不久便得到党中央的批准。他一面忙着治疗伤员，一面做各种赴美洲的准备工作，还为未来的学校写了《游击战争中野战医院的组织和技术》、《模范医院组织法》等教材，筹办了制造纱布、假腿、夹板的合作工厂。

10月20日，是白求恩预定启程回国的日期。这时，日军突然发动了大规模的冬季“扫荡”。白求恩说：“我不能在战斗的时候离开部队。等这场战斗结束，我再启程。”于是，他毅然率领战地医疗队来到第一军分区。

从摩天岭前线下来的伤员，来到了涞源县的孙家庄。白求恩把手术室设在孙家庄的戏台上，台上挂起几幅白布。白大夫又开始了紧张的工作。

前线激烈的枪炮声十分清晰。战斗的第二天下午，一个哨兵突然跑进了手术室，报告北面山上发现了可疑的活动。军区卫生部的游胜华副部长立刻去村北观察，果然看到对面山顶上有许多像是敌人钢盔似的东西在闪闪发光。他马上回来告诉白求恩："敌人从我们后方袭击过来了，离这儿不远！"

白求恩一面继续着手中工作，一面问："外面还有多少没有动手术的伤员？"

"十个，大部分是重伤。"

白求恩下命令："把已经动过手术的伤员立刻抬走；马上在这儿添两张手术台，把伤员抬上来，一次三个。派一个卫兵去北面放哨，另一个卫兵照顾民夫把驮子收拾好，准备随时出发。"

这时翻译说："白大夫，现在的情况，和以前在齐会不一样，如果有必要，我们大家都愿意留下来。可是你……"

"可是什么？"白求恩打断了他的话，"如果我们现在走，岂不是增加伤员的痛苦和危险？我们并不是没有时间，敌人暂时不会到，我们还可以给剩下的伤员做完手术。"说着，他走到台边，对护理员喊道："把伤员抬上来！"

三张手术台上，同时进行着工作。除了手术的器械声，一点点声音也听不到。

几分钟后，哨兵又来报告，至少有700名日军下山来了。白求恩专心工作，没有讲话。

山谷里突然响起一阵枪声，仿佛就在身边。

这时，白求恩同志正在抢救一名叫朱德士的伤员。

"糟糕！"白求恩生气地说了一声。大家飞快地转过身来。但是，他让大家继续工作："没什么，我的手指被碎骨刺破了。"他举起左手，浸进旁边的碘酒溶液里，然后又继续工作。

原来，白求恩为了弄清朱德士大腿粉碎性骨折的情况，将左手伸进伤口探索，不幸中指被碎骨刺破。

20分钟以后，剩下了一个腿负枪伤的年轻人，被抬上白大夫的手术台。枪声又响了，这回更近。哨兵又跑回来嚷道：“白大夫，您一刻也不能逗留了！”林大夫扯着白求恩的胳臂：“我来接替你……你不能再停留了……”游副部长也跑来急促地说：“快！走！白大夫。”手术台上那个年轻的伤员也抬起头来，恳求说：“白大夫，你走吧，我伤得不很厉害。把我带走、丢下都可以，但是你千万快走吧！”

“好孩子，只需要一会儿工夫。”白大夫温和地说，“如果现在花几分钟，以后我还可以给你治疗；要不你这条腿就完了。”

激烈的机枪声越来越近。这时，手术已经做完，伤员都被抬走了。

白求恩骑上那匹棕红色的骏马，走在担架后面。伤员们刚刚进入山沟，敌人的先头部队就冲进了那个村庄。

四

医疗队回到一分区卫生处第一所。白大夫虽然刺伤左手中指，局部发炎，仍然继续给伤员动手术。11月1日那天，他检查了一个外科传染病人（颈部丹毒合并头部蜂窝质炎）。白大夫给病人做手术时没顾得戴橡皮手套，可能他那受了伤的中指，这时受了感染。几天后患部恶化起来，肿胀，痛得厉害。王大夫把他发炎的中指切开，放出脓来。

11月7日，日军猛烈向我军进攻，前线的战斗更加激烈。他不顾自己的病，急着要到前线去。大家劝他多休息几天，他却发起脾气来：“你们不要拿我当古董，我可以工作，手指上这点小伤算什么？你们要拿我当一挺顶呱呱的机关枪使用！”

任何人的劝解都没有效果，医疗队又出发了。白求恩骑在马上，摇摇晃晃。路上有一些伤员从前线抬下来，他难过得连声责备自己：“来迟了！来迟了！”到达王家庄一个团的卫生队，他手指肿得越发厉害，肘关节下发生转移性脓疡，体温增高。他服了一些药，又顽强地支撑起来。这儿到火线没有电话，他叫翻译派通信员去通知各战斗部队，把所有的伤员一起送到他这儿来。同时，他命令一定要把头部、胸部、腹部受伤的伤员抬来给他看，即使睡着了，也要叫醒他。

11 月 9 日，他把左肘转移性的脓疡割开，精神稍好些。但到了下午，体温又增高。敌人从五亩地、白家庄袭来，必须转移。但是白求恩不肯走：“几个钟头以后，我就又能动手术了！”直到这个团的季光顺团长赶来慰问他，同时命令部队转移，他才没有话说了。他躺在担架上，在密集的枪弹声中，离开了王家庄。途中，他浑身发冷，呕吐了好几次，说话也没条理了。

11 月 11 日，他们宿营在唐县黄石口村。这时，聂司令员派人送来了急信，要部队不惜任何代价安全地把白求恩同志送出这个在敌人威胁下的区域，挽救白求恩同志的生命。军区卫生部也派人来了。

长期疲劳和疾患的折磨，使白求恩同志清瘦的面孔越发瘦削了，面色越发苍白了，四肢冰冷，身体已到了最坏的程度。医疗队的大夫采取一切紧急措施和外科处理，但病情仍不见好转。绝望之余，他们建议把左臂割掉。

白求恩摇摇头：“不要治了，我是信任你们的。只要能活得下去，我牺牲两条胳膊都愿意。同志，已经不单是胳膊的问题了，我的血里有毒，败血病，没有办法了……请你们出去一会儿，让我一个人安静一下。”

全村人都知道了白求恩病重，聚集在院墙外面倾听着，谁也不说话。这时候，有一支部队经过黄石口，听到白求恩同志病在这里的消息，都不走了。他们中间有好多是受到白求恩的治疗而归队的战士，有的人血管里还流着白求恩同志的血液。他们商量好，派了几个代表来到院子里。医生们只允许他们从窗孔里看一看白求恩大夫。代表们挤在窗台前，悄悄地张望着，看到了他们所熟悉的、日夜思念的那张外国人的脸，看到了他那翘起的胡须和那只瘦骨嶙峋的、已经变青的手臂，都流泪了。走的时候，他们要求医生们一定要治好白大夫的病，并说：我们要用战斗来帮助你们治疗他的病，他听到胜利的消息一定会高兴的。

到了晚上，村里的人们在黑暗中隔着院墙注视着翻译和医生，还是一动不动，还是一声不响。

白求恩同志勉强坐了起来，沉重地呼吸着，开始写他的长篇遗嘱。他向聂司令员建议："立刻组织手术队到前方来做战地救护。……千万不要再往北平、天津、保定一带去购买药品，因为那边的价钱比沪、港贵两倍！"他请聂司令员转告加拿大劳工进步党和美国共产党："我十分快乐，我唯一的希望，是能够多有贡献……"遗嘱最后说："最近两年是我生平最愉快最有意义的时日……让我把千百倍的谢忱送给你和其余千百万亲爱的同志。"

黄昏，他把写好了的遗嘱交给翻译转给聂司令员，解下手上的夜光表赠送给翻译，作为最后的礼物。他脸上浮起微笑，谆谆地对翻译和医生们说：

"努力吧，向着伟大的路，开辟前面的事业！"

夜色笼罩着山野，寒风怒吼，屋子里却静悄悄的。白大夫床头那支黯淡的烛光，映着白垩的墙壁，烛油眼泪似的一滴滴滚落下来……

1939年11月12日清晨5时20分，在这安静的黎明，加拿大人民优秀的儿子，勇敢、热情的国际主义战士，我们的白求恩大夫，结束了他光辉的生命！

消息从八路军的无线电网传播出去。在军区司令部里，聂司令员和许多同志流下了眼泪；在前线上，战士们高呼着白求恩的名字向日军冲去；在军区医院里，医务工作人员把悲痛变成力量，用白求恩的精神工作着。

毛泽东同志在延安听到白求恩同志逝世的消息，十分悲痛，写了《纪念白求恩》一文，寄托哀思。在这篇文章中，毛泽东同志高度地评价了白求恩同志的光辉业绩，号召每一个中国共产党党员学习白求恩，学习他的“国际主义精神”、“共产主义的精神”、“毫不利己专门利人的精神”、“对技术精益求精的精神”。

忆柯棣华

江一真

1942年12月8日晚，我刚刚离开学校教务处，一位同志从身后赶来，气喘吁吁地说："校长，柯棣华院长又犯病啦！"

我的心猛地一沉，自从1941年6月后，柯棣华同志的癫痫病时有发作。也是从那时候开始，我特意将一块毛巾裁成两半，随身携带，以备他犯病时能及时塞垫在他的嘴里，免得他咬破舌头。听到这个消息后，我下意识地将手伸进裤兜，掏出这半块毛巾，赶紧向他的住处奔去。

推开柯棣华居住的那间低矮的农舍的木门，我看到了躺在炕上的柯棣华。他黝黑的脸膛显得焦黄，嘴角上挂着白沫和血丝。他的妻子郭庆兰正在用一块湿毛巾为他擦拭。见我进来，他强支撑着要坐起来，我急忙将他按住，问他："怎么样了？"他躺下去，不无歉意地向我笑笑，吃力地说："没关系，你休息去吧！"话音刚落，他的病再次发作，颈项骤然强直，全身剧烈抽搐。先是间隔一小时抽搐十分钟，以后每隔15分钟抽搐一次。我们全力进行抢救，当时可能采取的措施都用上了，可都未奏效。12月9日凌晨6时15分，伟大的国际主义战士、印度人民的优秀儿子、中国人民的亲密朋友、中国共产党党员柯棣华的心脏停止了跳动，年仅 32 岁。他把年轻的生命献给了中国人民的解放和中印友好的崇高事业。

寒风在华北的原野上呼啸。人们有的放声痛哭，有的低声抽咽。我无法控制自己的感情，用那半块白毛巾最后一次擦去他嘴角的白沫和血迹，不禁泪如泉涌。

一

柯棣华本名德瓦纳特·桑塔拉姆·柯棣尼。柯棣华，是他到中国后新起的名字。他 1910 年 10 月生于印度。1937 年底，印度国民大会派遣医疗队援华抗日，1938 年 9 月，他随印度援华医疗队来到中国，次年 1 月到延安。在延安，柯棣华曾参与治疗周恩来同志的臂伤。

我第一次见到柯棣华，是在 1940 年 6 月中旬。当时我是晋察冀军区白求恩卫生学校校长。一天上午，军区卫生部电话通知说：印度援华医疗队的柯棣华和巴苏华已经到了第三军分区。要我接他们到白求恩卫生学校和学校附属的白求恩国际和平医院工作。放下话筒，我情不自禁地喊出声来："好啦！他们终于来啦！"

还是白求恩大夫在世的时候，我们就议论过柯棣华到前线来的事。1939 年 8 月，白求恩准备回加拿大和美国募捐，谁来接替他的工作呢？他告诉我，他已经写信给中共中央军委，建议派印度援华医疗队的一两位大夫来帮助工作。可能是马海德大夫向他介绍了一些情况，言谈中，我发现他对印度援华医疗队的情况很熟悉。他说，他希望能派柯棣华来，柯棣华年轻，能比他这个老头子发挥更大的作用。白求恩甚至兴致勃勃地说到他第二年五一国际劳动节回来后，和柯棣华共事的计划。遗憾的是这两位国际主义战士连一次面也没有见上。白求恩就在这一年11月离开人世，柯棣华能看到的只有以白求恩命名的学校和医院以及白求恩的墓了。

白求恩大夫逝世不几天，有消息说柯棣华他们已经离开延安到前线来了。我和同志们翘首以待，只盼着他哪一天突然出现在我们面前。现在好了，一下子就来了两个，我心里的高兴劲就别提了。

我扔下话筒，召集同志们立即出发，去三军分区司令部接他们。时令已届夏至，虽说山里的夏天来得晚，可唐河岸边刮来的南风，吹得人身上暖洋洋的。不知是心急还是天热，同志们一个个解下了腰带，敞开了领口。我们没走多远，一队人马迎面走来，其中正有柯棣华和巴苏华。原来，他俩也是急不可待地要到我们这里来的。我仔细打量他俩，说实话，他俩可不如白求恩的堂堂仪表：高大、潇洒，像诗人兼骑士。他俩个子不高，面色黝黑，外加一副憨厚谦恭的神态，倒像是我的福建同乡。尽管天气热，他俩的衣着却很整齐，连腰间的皮带也没解下来。

就在我端详他们的时候，发现柯棣华脸上略有倦意。他和巴苏华从延安辗转来到晋察冀边区，足足走了半年有余，显然是劳累了。我这样想，也就没问他有什么不舒服，只是安排他们到村子中间的一户老乡家住下来。柯棣华问我分配他们做什么工作，我摆摆手，意思是让他们休息几天再说。他嘴唇动了动，但终于没再说什么。看他俩用热水洗过脚，我才离开。回去的路上我暗想，他俩还是好说话，不像白求恩那样犟。假使今天是白求恩让我安排工作我不照办，他一准得和我吵起来。

在我们起初共事的一些日子里，我更认为我对柯棣华的第一个印象准确无误。我当时虽是校长，但要把相当一部分精力放到医院的工作上，特别是大手术，要亲自动手。柯棣华到来后，我就想拉他做帮手。他听我说了这个意思，高兴得眼睛都亮了。第二天，我来到手术室，发现他已洗好手等在那里。他到底是受过高等教育，基础好，又在延安我军医院工作过一段时间，所以很快便适应了我们的情况。手术做得干净、漂亮，不过他处处谨慎，遇到截肢或摘除脏器一类手术，从不单独处理，要和我们反复商量。有时我讲了处理意见，他又要刨根究底追问理由。他认真谨慎的工作态度使我高兴，可他那打破砂锅"问"到底的劲头又使我狼狈。我这个只上过红军卫生学校的人，被他问得兜出了全部家底。

一个多月后，我发现他的脸色还是不好。一天手术结束，他突然弯腰蹲在地下。我赶快扶他躺在一张诊断床上，问他有什么不舒服，他不肯说。以后我又追问，他才告诉我说，他下腹痛，伴有饥饿感，大便时曾排出过几节绦虫。感染上绦虫病可太糟糕了，我不由得为他担心。

他或许看出了我的心情，若无其事地说："没有关系，我已经喝了一些煎石榴根水，看看效果吧。"

"煎石榴根水？"我很惊奇，煎石榴根水是当地群众用来治绦虫病的偏方，他怎么会知道？

"是我刚刚学到的，我还知道十几种偏方呢！"他语气里带着几分自豪。

石榴根水还没有发挥效力，柯棣华同志却要上前线了。1940 年 9 月中旬，交通破击战（以后称百团大战）第二阶段战斗开始打响了。柯棣华和巴苏华坚决要求到前边去。我不同意柯棣华去，理由很充足：不是因为他是个外国人，而是因为他是个绦虫病患者。他不听，一连几天缠着我，不急不慢，慢条斯理地说服我。有一回，他还端杯水放在我面前："我还没参加过大战斗呢！不到前线去，还能算是八路军军医吗？""白求恩怎么说来？医生要到前线去，要和伤员在一起。我们不是用白求恩的名字命名的学校吗？我们得像他那样工作呀！"我"黏"他不过，只好有条件地同意了。这条件是：不直接参加火线救护，不能连续工作十小时以上。又交代随去的同志注意他的工作不要过于劳累，尤其要注意关照他的疾病的治疗。临行前我去送他，又把这些话强调了一遍，他向我挤挤眼笑了，我隐约感到，他也并不如我原来想象那样“随和”。

柯棣华和巴苏华被分别派到三军分区和四军分区工作。临行前，他俩提出挑战，看谁治疗伤员又快又好并节约医药材料。10月中旬，他们回来了。我发现柯棣华黝黑的脸膛透出了黄色，眼窝更深了。随去的同志告诉我，柯棣华在前线工作了13天，共接受了800余名伤员，为其中585人施行了手术。似乎在他脑子里不存在什么苦和累，也不存在什么危险，只有千方百计抢救伤员。有一次，他连续三天三夜不离开工作岗位。我埋怨随去的同志，怎么让他这样干！这同志委屈地说：“你试试看，他那犟劲，你能说服得了吗？”我转身想问柯棣华，可是这个在前线是那样勇敢倔强的人却偷偷溜走了。我这才感到，我对他的第一个印象并不正确。他也和白求恩一样地犟。不同的是，白求恩不同意你的意见时大声争吵，而柯棣华是笑嘻嘻地把他的意见变成你的。

二

还是柯棣华和巴苏华在前线时，我就接到军区转来一封毛主席给他们的电报，要他俩立即取道延安回印度。待他们回来时，我把电报交给他们，柯棣华很惊讶，怀疑电文译错了，一再说：“这是为什么呀？战斗正在进行而要我们离开，我不能理解。”巴苏华比他冷静，分析是印度方面来电报催他们，他们出国已两年多，超过了原定一年的期限。我建议他和巴苏华讨论讨论，尽快上路，抢在敌人采取新的战役行动之前。

没过多会儿，他俩又来了，说讨论有了结果：由巴苏华返回延安弄清情况，柯棣华则留下来在学校或医院工作，因为这里需要医生。我感到为难，毛主席要他俩一起回去，我怎好改变？柯棣华见我面呈难色，主动说："我留下的原因由巴苏华向毛主席解释吧，我是自愿的。"巴苏华瞥了他一眼说："我走可不是自愿的。"我又何尝不希望他俩全留下！我们不仅十分需要他们这样的人才，仅是他们留在边区工作这一事实，便有利于鼓舞士气！可我不能将这话告诉他俩，我说："如果留下一个人，那还得报告军区聂司令员决定。"

请示的结果，柯棣华的要求被批准了，聂荣臻司令员严肃地指示说："柯棣华留下是可以，但要绝对保证他的安全。"我将请示结果告诉他俩，柯棣华眉开眼笑，捅捅巴苏华说："喂，你嫉妒吗？"巴苏华无可奈何地耸耸肩："嫉妒，真的嫉妒！"

留下来的柯棣华被任命为白求恩卫生学校的外科教员。由于他坚持说自己能讲汉语，所以，原来随他们来的翻译马寒冰就随巴苏华返回延安了。可是，他用汉语讲医学术语还有困难，只好借助辞典，把生词用英文字母注音，这就增加了备课工作量。困难，对于他来说，不知为何物。为了搞好教学，他几乎天天打夜作，情绪极好，仿佛绦虫也不打扰他，脸色反而渐渐好起来。进进出出，他口里总是哼着歌曲或小调，时而还到篮球场上来两下。一天，夜深人静，也许是工作顺利吧，柯棣华竟哼起京剧来。他捏尖嗓门学女声的怪腔怪调，先是把我吓了一跳，及至听清他是在唱京剧，我又忍不住笑出声来。他真是一个永远不知忧愁的乐观主义者。

1941 年 1 月，我们在向行唐一带转移途中，听到了蒋介石制造皖南事变、袭击新四军的消息。当时，柯棣华刚给学员做完动物解剖，听过我的简要介绍，他将橡皮手套猛地掷进装着清水的盆里，激起的水花溅了他一脸，他擦都不擦，大声嚷着："卑鄙下流！卑鄙下流！"

我这是第一次见他发这样大的脾气。这个温文尔雅的书生，此时就像一头发怒的狮子！

国民党顽固派在长江南岸制造皖南事变后，在华北的日伪军和顽军，更变本加厉地把策反、暗杀等各种手段都对八路军用上了。为了巩固晋察冀抗日根据地，各部队和地方政府一起联合召开军民誓师大会，决心同日伪军和顽军斗争到底。在白求恩国际和平医院的驻地张各庄召开的大会上，柯棣华庄严地走上讲台，用中文宣誓，同八路军和中国共产党人一起迎接最险峻的局势。接着，他和大家一起唱起他最喜爱的《义勇军进行曲》。悲愤激昂的誓词和歌声，把这个来自异国的年轻大夫的感情，同中国抗日军民的感情完全融合在一起了。一位同志为会场同仇敌忾的气氛所感动，歌声未停就喊起口号来："中印人民团结万岁！打败日本法西斯！"这时，我见柯棣华两眼含着泪水，双手微微颤抖，他太激动了，也就是在这一天，柯棣华正式参加了八路军。

散会后，我俩相对而坐，他的感情还不能平静。我点起一支烟，又给他倒了一杯水。这样过了一会儿，他才冷静下来，告诉我：他在中国的时间越长，越发现中印两国在历史上有那么多的相似之处，也渐渐理解为什么在支持中国这件事上，印度各党派、各阶层是那样的一致。所以每逢听到中印团结的口号，便无法控制自己的感情。他说："在我离开家乡时，父亲曾对我说过两句话：一句话是他不希望看到一个在中国一事无成的儿子；另一句是只要印度和中国团结起来，就没有人可以在亚洲任意摆布人民的命运。后一句不仅是父亲个人的意思，这是印度人民的声音，在每次欢送我们的会议上，我都听到过类似的话。"

听柯棣华发自肺腑的一席话，我对他、对他的父亲、对印度这个伟大民族，肃然起敬。我望着身材并不魁伟的柯棣华，仿佛觉得他正把中印两国人民的苦难一并担在自己的肩上，虽然吃力，却照直前去，一步不停。

三

1941年11月，柯棣华被任命为白求恩国际和平医院院长。

我和政委几经踌躇，才提名他担任这个职务的。我们完全相信他对中国人民解放事业的赤诚以及他的领导能力，只是在这个斗争最严酷的时候要他担任院长，是不是难为了他，同时也担心他不肯接受任命。在他留校工作的最初一段日子里，他曾经交给我一份改善手术室的设想，我认为不错，即交代医院照办。几天后，他又提出改变外科换药太勤的建议，认为每天换不利于创口愈合。他建议我向伤员讲清这个道理。我请他讲，因为伤员信任他。就在这次，我对他说："老柯（他年长我4岁，我这样称呼他），我看你能当院长啦！"我是有意放了一只测试气球，他脸红了，说我开他的玩笑。我隐约感到他对做行政工作缺少兴趣。

几经踌躇和讨论，最后还是报经军区领导批准由柯棣华担任院长。出乎我的意料，他没有拒绝。只是问了一句："我行吗？"我说："你行，聂司令员希望你成为第二个白求恩。"他"哦"了一声，陷入沉思。事情就这样定下来了。

显然，聂司令员的希望使他受到启发。柯棣华收集起白求恩的全部遗文，还再三要我介绍和白求恩一起工作的感受。他钦佩白求恩的科学态度。一次，他指着白求恩的最后一篇著作《游击战中师野战医院的组织和技术》对我说："这真是一本不可多得的好书。好就好在把西方现代医学手段运用到中国的战争实际。"

没想到素来文弱的柯棣华竟有偌大魄力！上任之初，他便领导制定了不少切实可行的管理制度。像伤病员班排组织、领导干部轮流查房、医生护士每周一次工作汇报会，等等。他言必行、行必果，雷厉风行。在一次征求意见的会上，有位同志提出在平时就应该组成战地救护医疗组，以便适应战时需要。散会后，柯棣华立即召集医院领导开会，决定采纳这条意见并付诸实施，他自己也担任了一个救护组的负责人。在他领导下，医院工作迅速改善。来医院参观的一位英国教授感慨地写道：“在如此之艰难的环境中能创造出第一流的成就，这才是真正的科学家！”柯棣华的回答是：“只要我们争取进步，我们就能进步！”

为英国教授所赞扬的第一流成就当然不只是医疗工作。在当时的环境里，作为一个医院院长，远远不能只潜心于医学，使柯棣华犯难的事多着呢。上山砍柴，到平原区去背粮，他得过问，以至亲自参加。他的身体不好，我们曾一次又一次地制止他参加那些繁重的体力劳动，但都被他一次又一次地笑着拒绝了。有一次，我们奉命去背粮，来回要走40多公里山路，还要穿过敌人的封锁线，我告诉柯棣华不要参加。谁想临出发时发现他也在队列里，手中还握着一条做粮袋用的裤子。我请他出列，他不听；我提醒他执行命令，他倒笑嘻嘻地反问我：“我们不是奉命背粮吗？”队列前我不便多说，只好由他。待返回时过了封锁线，他不顾自己身体还带着病，又别出心裁，要和高他一头的奥地利籍教员傅莱搞马拉松竞赛。没等我制止，他抢先跑起来。这下子运粮队活跃了，你追我赶，个个身上像带了风。

尽管我佩服他这种顽强的毅力，但回到驻地，我还是不客气地批评了他。他不以为然：“这有什么错？”几天后他见我还提此事，便诚恳地向我解释说：“我本来打算和战士们一样背背包、吃小米、爬山行军，只是因为健康状况不能如愿，但我愿意过集体生活，不愿有任何特殊。否则，我怎么能理直气壮地说，我这个院长不是挂名的？”听了他这番剖白，我仿佛看到了他那热爱中国人民解放事业和对自己严格要求的赤诚之心。除了感动和敬佩之外，我还能说什么呢？

在柯棣华担任院长期间，发生过这么一件事：1941年冬，战士任远在执行一项紧急任务时，左脚腕受伤，因没有得到及时治疗，伤口感染，整条腿不能动弹了。医生们为他作了检查，认为如不将膝部以下锯掉，可能会引起大腿糜烂，决定次日给他动手术。次日早晨，柯棣华带医疗队来到这个部队。他仔细地为任远作了检查，并果断地决定“要保住这条腿”，要求由他亲自负责。他每天三次为任远洗伤换药。上药时他极其细心、耐心，每换一次都要花费很长时间。风雨无阻，从没间断。一个月过去了，任远的腿奇迹般地治好了。40多年后，任远怀着思念亲人的深情说：“我真没有想到人间还有这样的神医！”

四

柯棣华领导的医院日新月异，而他的健康却每况愈下。敌人反复“扫荡”和严重的自然灾害，使边区军民陷入极大的困难。我们曾经有过一项专门规定：部队不得在驻地附近剥树皮、捋树叶，那是留给群众救急的。生活如此艰苦，健康人尚且吃不消，何况他是个绦虫病患者！

患难中，柯棣华和本校护理教员郭庆兰产生了爱情。聂司令员知道后很是赞成，认为组织家庭对他的健康有好处，要我促成其事。11月，由我和教务主任殷希彭主婚，他们结婚了。不久，这对新婚夫妇就遵循当时的惯例，各自回到原先的住处，只在星期六才住到一起。直到1942年夏天柯棣华病情严重，我们才说服他俩一起生活。这时候，柯棣华因为绦虫病引起的癫痫病时有发作，每次昏厥的时间也渐次延长。聂司令员非常关心和焦虑，他要我向柯棣华转达让他易地治疗的意见。这意味着让他离开边区。柯棣华并不直接回答，只是重复了斯大林讲过的大力士安泰的故事，借以说明他不能离开前线。他已经将自己和我们抗日军民的命运紧密结合在一起了。后来聂司令员亲自劝他，他也如此谢绝了。

就在此后的一天，他突然问我："一个外国人可以加入中国共产党吗？"说这话时，他有些拘谨，这是我们相处两年间很少见的。我笑了，因为我早知道他有入党的愿望，并且认为他已具备了入党的条件。当时我们正在学习整风文件，柯棣华积极参加了。他不但认真学习文件，还联系自己，对照检查。我看过他写的多篇学习笔记，他的坦率与严格，常常使我感动不已。我了解他，也请示过上级，所以明确回答说："可以。"他很高兴，转而说自己还有很多缺点，不知会不会被接受。他接着又问我，愿不愿做他的入党介绍人，我表示将以做他的入党介绍人而感到光荣。他紧紧地用双手握着我的手，久久不肯放开。经党的支部大会通过，军区党委批准，1942 年 7 月 7 日，伟大的国际主义战士柯棣华加入了无产阶级先锋队的行列，成为光荣的中国共产党党员。

五

柯棣华入党后，学习和工作更加勤奋，病情也似有好转，像是他的虎虎生气把病吓跑了。这年秋天，他写完《外科总论》这部讲义，接着开始编《外科各论》。他信心十足地对我说：有把握在年底前交稿。

谁料想，一部《外科各论》成了他未竟的遗作！临去世前，他对党、对同志、对他的爱妻和娇子没留下一句话，但他的革命热情，他的献身精神，他的国际主义精神，将永远激励着我们前进！

12月18日，天阴如铅，西风劲吹。我和同志们一起扶着柯棣华的灵柩，向军城南关走去。我们要把他葬在白求恩墓旁。在我们祭奠结束时，我看到从几十里外赶来的老乡们，哭泣着来到墓前；更有大爷大娘们烧香烧纸，祈祷柯棣华在天之灵平安。12月30日延安召开了柯棣华追悼大会，朱德同志在大会上致了悼词，毛泽东同志送了挽联："全军失一臂助，民族失一友人，柯棣华大夫的国际主义精神，是我们永远不应忘记的。"

1943年春天，在敌人隆隆炮声中，我们和边区群众一起，在白求恩墓左侧，为柯棣华修建了陵墓，望着这两座并排的陵墓，我想起1940年6月21日那天。那天，柯棣华在白求恩墓前宣誓说："我要像你一样生活！"现在轮到我们宣誓了："柯棣华，我们要像你一样生活！"

一个外国八路军

——回忆国际主义战士罗生特医生

刘洪德

抗日战争时期，数以千万计的中华儿女，为了中国革命的胜利，同日本帝国主义进行着不屈不挠的斗争。他们出生入死，前仆后继，为中华民族的解放事业作出了卓越的贡献。在这支英雄的行列中，还有一些国际主义战士，奥地利医生罗生特就是其中的一个。

罗生特同志1901年1月生于奥地利首都维也纳，抗日战争初期来到中国，先后在新四军和八路军中工作，1949年新中国成立前夕回国。1943年罗生特在山东抗日根据地工作时，我曾给他当过八年警卫员，耳濡目染，深深地为他的伟大国际主义精神所感动。

“我不要特殊照顾”

1943年是山东敌后抗战最艰苦的年代。就在这年最艰难的寒冬，我接到首长的命令，给罗生特同志当警卫员。那是一个寒风凛冽的傍晚，我怀着激动的心情，背着背包去报到。恰巧罗生特同志刚给罗荣桓政委看完病要回驻地。“欢迎，欢迎！”他用中国话热情地说，语调虽生硬，但感情很真挚，说完迎上来就抢我的背包，拿我的挎包，像老首长欢迎新战士那样把我往他的住处拉，一边走一边同我唠家常，问我多大，家住哪里。他平易近人，在他面前，我一点也不感到拘束。

这一年冬天，滨海地区特别冷，寒风封锁住鲁中大地，冰雪覆盖着山野村庄，大地被冰雪冻裂出横七竖八的罅缝。这时候，抗日军民的生活更加艰难，似乎比寒冬更严酷。群众断炊，部队缺粮，有些人冬天还打赤脚。上级为使罗生特医生能更好地工作，在生活上给了他一些必要的照顾。但他总是拒绝，对于超出规定的东西，即使送到手里，他也要推辞掉，并真诚地说：“我不要特殊照顾，我是来革命的，不是来享受的。”

他一再要求我们把他看作一个八路军战士，并以此为标准严格要求自己。他同我们一样睡土炕，点一盏油灯，盖一条黄被子。有时还和我们一样吃棒子煎饼，嚼地瓜面窝窝头。

一天傍晚，我和翻译方政、小胖子（李光），蹲在地上吃地瓜面的凉窝窝头。正吃着，他从外面走进来。我起身要给他打饭。他拦住了，蹲下来拿起一个窝头，和我们一道吃起来，一边吃一边做着投掷动作，还风趣地说：“唔，八路军有手榴弹，有手榴弹。”说完哈哈大笑，看着我又接着道，“小鬼，可别小看这些手榴弹，吃了它，能长勇敢精神，能打败有洋枪洋炮的鬼子！”一番话说得大家心里热乎乎的。

罗生特医生生活简朴，从不讲排场，不摆阔气。他在奥地利时是一名有声望的医学博士，生活很优裕；在上海时，他开设私人诊所，因医术精湛，收入也很丰厚。但他不贪恋舒适安逸的生活，毅然参加了新四军，后来又到了艰苦的山东抗日根据地。在八路军里，他每个月的津贴费只有北海币100元（不足一美元），但这一点点钱，他也舍不得花，常常用来给伤病员购买营养品，或者帮助周围的同志。我在驻地附近拾到一个钱包，交给上级，受到了军区《战士报》的表扬。他知道后拍着我的肩膀夸赞道："拾金不昧，小鬼，你做得对！"为了鼓励我，他特意给我买了件毛衣。久而久之，人们也都把他当成了"自家人"，干部战士叫他"罗医生"，乡亲们喊他"大鼻子大夫"。三年多的时间里，我记得他只有一次享受了我们的"特殊照顾"。

一天傍晚，我领回一点点白面，想包一些饺子，给他增加点营养。当然，事先我已准备下一大堆理由，要说服他。谁知一开口他竟同意了，还和我们一块干起来。他亲自包了一个小饺子放在案子上，要我们照样子包42个。"42个？"我很惊讶，因为他的饭量没有那么大。他点点头。经方翻译解释，才知道那天是他的生日。按奥地利风俗，庆祝生日要在生日蛋糕上点燃蜡烛，一岁一支。那年他42岁，要点42支蜡烛。根据地物资奇缺，找不到蛋糕，也没有蜡烛，他便用饺子代替。我一听高兴极了，和方翻译如数包好饺子。煮熟后我们要去吃饭，他又拦住了，非要一块吃不可，说是给他"庆祝生日"。我们拗不过，只好依从，衷心祝愿他健康长寿。他兴高采烈地说："谢谢！我健康，我长寿。长寿为革命，健康打鬼子。我们都是同志，大家一起吃饺子，大家都长寿，都健康。"那欢乐的场面，和谐的气氛，至今难忘。

“医生的战场也应该在前线”

罗生特虽然是个医生，但他的那颗心却始终向往着炮火连天的战场和战场上的伤病员。为了他的安全，我曾不止一次地劝他离火线稍远些。他听后先感激地笑笑，然后严肃地说：“医生虽不是战士，但他的战场也应该在前线！”1943年滨海地区形势十分严酷，战斗极为频繁，他几乎日夜奋战在前沿，忘我地抢救伤员，即使累得他肾炎复发，也坚持不下火线。

1943年深秋，罗荣桓政委足足有一个月的时间是在担架上度过的，由于日夜操劳，他身患多种疾病，只能躺在担架上指挥打仗。那时候，罗生特医生一直跟在他身边，进行护理、治疗。一天，罗政委看到担架组的同志太辛苦，决定不再让人抬，自己骑马走。谁知没几天旧病复发，频频尿血。罗医生又焦急又感动，日夜守护在罗政委身边，进行精心治疗。战场上医疗条件差，没有化验设备，他便及时给罗政委查尿、检查身体。每到宿营地，将尿留下，细心嗅，认真看，反复观察，还把耳朵贴在罗政委的胸前，仔细听诊病情。我们这些做勤务工作的小鬼，都为他的这种精神所感动。

罗生特医生不仅视自己的岗位为战场，还把医伤治病当作战斗。只要有伤病员，不管在哪里，也不管有多么危险，他都要去抢救。1943年11月，滨海战役中，我军攻克赣榆后，敌人疯狂向我合围。罗医生亲临前线抢救伤员。他连续奋战，一天内要做几十例手术。一次，他做完手术后已筋疲力尽，但听说滨海军区一位首长在前线负重伤，便不顾极度疲劳，立即徒步出诊。当骑兵警卫班赶到时他已走出20多里地了。由于赶路，导致他心脏病复发，但他好像忘掉了自己病痛，喘息着为患者诊治，坚持抢救，直到工作结束。1944年初冬，罗医生在一个叫峪子村的茅草屋里给一位首长治病，突然，日军数架飞机前来轰炸。炸弹的爆炸声震得茅草屋直摇晃。我一看太危险，劝他到屋外沟坎下暂时躲一躲。他坚决地说：“抢救病人要紧！”硬是坚持看完病才转移。他的英雄行为感动了那位首长，那位首长病愈后将自己心爱的一支左轮手枪赠给他留作纪念。罗医生接过手枪，感激地说：“谢谢！谢谢！”他珍惜地把枪挎在腰上，以后一直带在身边。

和人民群众心连心

罗生特医生不仅热心地为八路军官兵医伤治病，而且也为当地群众医伤治病。他虽然是个外国人，却能和根据地人民群众打成一片，亲如一家。每当到了一处宿营地，我们还没来得及了解清周围情况，他已经和房东、邻居熟悉了。如果住的时间稍长，他还能认清全村的男女老少。他走在街上，大人孩子都跟他打招呼，亲热地叫他罗大夫，身后还要跟上一群看稀罕的娃娃。我们要驱散围观的小孩子，他总是不让，伸出食指比画个弯钩，指指自己鼻子，俏皮地说：“小鬼，他们是想看这个。”然后，高兴地拉起一个流着鼻涕的小孩，用自己的手帕给孩子擦去鼻涕，又拿着孩子的小手去刮自己的鼻子，直到把孩子逗笑才离开。

罗医生时刻关心人民群众的疾苦，不忘为老姓百治病。1944 年初秋的一天，他因过度劳累突然肾炎复发，头晕发烧。这时偏偏又没有治疗药品。为了降温，他把我们八个小鬼叫到老乡院内葡萄架下，要我们把他放到水井里去散热。我们怕不安全，没有答应。他自己坐到水斗子上，用手抓住井绳，强令我们摇辘轳把他放下去。见此情景，我们只好照办。但只让他在井下待了一会儿，就将辘轳摇起来，扶他进屋躺下。就在这时，有一个人跑来说，有个不到八岁的小孩得了急病，他听了后非要我们搀扶着，随老乡到小孩家为孩子看病。孩子得救了，他却病得更厉害了。

还有一次，早饭后，他到四里外的直属医院去做手术，午后两点多才返回，刚要坐下吃饭，听说门外抬来一位女病人，他赶紧起身迎到门口，一看患者病情严重，就让老乡把病人抬进屋。经诊断病人患的是乳腺炎，已经溃烂化脓，处于休克状态，必须马上手术。但驻地没有手术室，他便和老乡一道又返回医院。经过八个钟头的抢救，将脓血排出，使病人转危为安。手术中有一滴脓血溅在衣袖上，他将衣服保存起来，不让我们洗，说是留作纪念。后来才知道，他过去做手术从未溅到身上半滴脓血，而这次因为太紧急，才沾上一滴。

在他看来，病人就是一切，一切为了病人，为病人他在所不惜。一天，他应邀参加老同志座谈会，会上发给每人一条印着红“寿”字的白毛巾。他正在端详那个“寿”字，突然一位老大爷闯了进来，说儿媳难产，生命垂危。他听后二话没说，一溜小跑赶到产妇家。经检查发现胎儿已死，便立即进行抢救大人的工作。没有消毒药品，他毫不犹豫地拿钱买来白酒消毒，那条印有红“寿”字的洁白毛巾作接产垫布。最后，凭着他那高超的医术，克服了重重困难，接出了死胎儿，挽救了大人生命。手术后，他还把座谈会上一些老同志送给他的礼品送给了产妇留作纪念。

罗医生和解放区人民心连心，人民也把他当作自家人。直到现在，滨海地区莒县的山村还流传着他借骑马送新娘的故事。当时，我们驻在莒县南部的一个小山村，房东的女儿要出嫁到外村。姑娘是村识字班的，思想进步，主动提出破除旧习俗，不要彩礼不坐轿。可是当时没有马车，离婆家又远，心里很着急。这时邻居给房东出主意，要他向大鼻子医生借马，骑着战马到婆家，又光荣又体面。房东不好意思直接开口，要我去说。我一说，罗医生不仅借给马，还怕马认生尥蹶子，路上摔了新娘子，还特意派马夫相随。出嫁那天，新娘子骑着高头枣红马，又有马夫提缰牵嚼，兴高采烈地到了婆家。当时解放区姑娘出嫁，不坐轿不乘车，扭着秧歌吹着喇叭相送的事不算少，但骑着外国大夫的战马，还是亘古第一回，难怪在滨海地区传为佳话。

心中装着中国

罗生特医生自投身中华民族的解放事业后，就把自己的命运与中国革命的命运紧紧地联系在一起。八路军打了胜仗，他高兴，他欢乐，甚至兴奋得手舞足蹈。记得有一天，从清晨起他就乐得合不拢嘴，傍晚给罗荣桓政委看病回来，还在不停地哼唱《解放区的天》。一问才知道，他从《战士报》上看到一篇文章，上面写着“战胜日本法西斯不但是确定的，而且是不远的。明年决不是日本法西斯的吉利年头。”他拿出报纸让我们看，给我们讲，连吃饭都忘了。待我们三个小鬼看完那篇报纸，他又和我们讨论起来，激动地对我们说：“日本鬼子就要失败了，中国抗战就要胜利了。新中国胜利后，需要大批建国人才，你们都是建设新国家的主力。”说罢停下，深情地注视着我们，意味深长地接着道：“到那时，我希望你小刘，你小方，还有你小胖子，你们八个小鼻子要帮助我们大鼻子搞革命。我们奥地利人见到你们这些小鼻子，也会像你们见到我这大鼻子一样的欢迎。”

我们当时并不懂革命需要互相支援的道理，只是因为出自尊敬的罗医生之口，我们才连连点头。

当天晚上，月光明媚，天气凉爽，恰巧罗医生没有出诊，他约我们三个小鬼到村外散步。在淙淙流淌的小河畔，我们穿行在岸边柳林里。

“罗医生，您真的要回奥地利？”来到一棵大柳树下，想起傍晚他说的话，我问。

“嗯。那里是我的祖国，有我的故乡。听说那里还有德国法西斯强盗呢！”他停住步，一缕月光落在他沉思的脸上。

“那还回来吗？”小胖子难过了，着急地问。

“回来呀，中国是我的第二个故乡哩！”在树荫下，他看着我们三个小鬼认真地回答道，“我是回去看看，看看那里是红的是黑的。如果是红的（指共产党执政），很快就回来；一半红一半黑，就用毛主席的革命方法，把黑的革掉，晚些时候回来；要全是黑的，就把那些黑的全变成红的，那回来的时间要晚些。反正一定要回来。”他很激动，充满对未来的憧憬，话也比以往任何时候都多，“离开山东抗日根据地，告别可爱的新中国，小鬼，我要沿这样的路线回国：先到延安看望毛主席，再去莫斯科见见斯大林，最后坐飞机奔华沙，回维也纳……”

我们三个小鬼谁也没有说什么，只是默默地跟在他身后。两年多的同甘共苦，生死与共，已把互相间的心紧密地连在了一起，我们实在不愿意他离开。

也许他看出了我们的情绪，赶忙岔开话题，开玩笑地问：“小鬼，你们说，我再回来住在哪个部啊？”不等我们搭腔，他又自问自答：“住卫生部？嗯，回老家，一切都熟，可以。要不，去司令部？唔，那是邻居，也行。”

见我们还是闷闷不乐，月光下他把脸扭向我：“小刘，你说我住哪个部？”

我嘟囔着回答：“只要您能回来，住哪个部都行。”

他笑了，像下保证地说：“回来，一定回来！”

听到他肯定的回答，我们三个小鬼乐了，心头的不快落了底，几乎异口同声地说：“罗医生，那你就住萧华主任的政治部吧。”

他把手一挥：“好，就住政治部。”

只可惜，那时我没有想到新中国成立后首都在北京城，不然，我会向他建议：

您再回来，就住首都北京吧！

敬爱的师长和兄弟

罗生特医生待人和蔼可亲，热情诚恳，尤其是对青年战士，更是亲如兄弟，慈爱如师长。我们那时都很年轻，那年我17岁，小胖子和我同岁，翻译方政稍大些。我们的文化较低。我一天书没念，又是第一次给国际战士做警卫，感到拘谨和担心。可是罗生特医生对我们十分热情，凡我们不会的，他亲自教，不懂的，他主动给我们讲，即使做错了，也耐心地一一指正。他还教我们学英语，用英语唱解放区的歌。他常给我们介绍奥地利人民的风俗习惯，介绍维也纳美丽的风光。我现在会讲几句英语，还是那时他教给的。他每隔两三天就把我们三个叫到一起，询问认识了几个汉字，学会了几句英语。我们若是回答上来了。他便特别高兴。

“小刘，当警卫员还好吗？”一次他问我。

“好，特别好。”我如实回答。

“不想干点别的工作？”他继续问，声音很中肯。

“不想，一点儿也不想。我已下了决心，给你当一辈子警卫员。”

“傻小鬼！”他笑着对我语重心长地说，“看样子日军很快要失败，中国很快要胜利了。胜利后建设新中国，你们青年人是主力部队，没有本领可不行。”他仿佛早有考虑，拍着我的肩膀道，“小刘，我想让你上卫校，学医疗，当大夫。”

“不，我学不了，也不去，我的身体不好！”我赶忙拒绝，生怕马上离开他的身边。

“身体不好去卫生部检查，我也给你治，治好了再去。”

“……不，哪也不，我……我太笨。”我又找到了一个借口。

“笨不怕，只要肯学就行。”他继续劝说，大概是看出我在借故推托，接着问：“那你想干什么？”

我端起两只胳膊，做了个射击动作。

“唔，学军事，上战场。”他点点头，没有再问。

我以为这件事已经过去，根本没往心里去。谁知几天以后，罗生特医生向罗荣桓政委建议，送我去抗大学习。罗政委同意了，把我叫来对我说：“小刘同志，组织上研究过了，打算让你去抗大学习。”

“上抗大？”我先是一怔，继而扭头看看罗医生。

“嗯。”罗医生点点头。“

怕学不好哩。”站在两位首长面前，我真不知该说些什么了。

“学得好的，只要下决心，有信心，就一定能学好。”罗政委鼓励我说。

“那罗医生……”

“罗医生的警卫员马上调。”罗政委赶忙解释，让我放心。

还能说什么呢，作为一个革命战士，只能服从组织决定。我没有心思再听两位首长的谈话，一路上在盘算着新警卫员到来时，向他介绍如何警卫、照顾罗医生的事。

自打决定走了，我总想和罗医生在一起多待会儿，多说几句话。他也仿佛要重新认识我似的，不时地爱抚地拍着我的肩膀，有时还为我轻轻抻抻衣襟，拽拽衣领，帮我整理军容风纪。从他那眼神里，能看出他内心的矛盾：既舍不得我离开，又希望我去好好学习。

我上路的那天早晨，罗医生破例没去巡诊，特地为我送行。我走到他跟前，紧紧握住他的手，看着他那慈祥的面容，突然鼻子一阵酸楚，眼泪簌簌淌了下来。他的眼圈也湿润了。我怕他太难过，又怕耽误他的工作，忙向他敬了最后一个军礼，扭身离去。我走出村口，上了大路，欢送的人群大都散去了，他还站在那高高的土台阶上，不断地向我挥手。

到了抗大，罗医生一直挂记着我。那年夏天，他给我来了一封信，还寄来一支钢笔和一个写字本。他怕我离开时间长了，把学过的几句英语忘了，信除了用英文写的外，还用中文抄了一份，让我对照看。他信中说："在抗日战争之起始日（信是七月七日写的），送给你一点小礼物，留作纪念。愿你在抗大有成功之学习，将来为革命做更大贡献……"信没读完，我已热泪盈眶。以后，他经常给我写信，或托人给我带来口信，嘱咐我好好学习。

抗日战争胜利后，部队挺进东北开辟根据地，罗生特医生得知我抗大毕业后，一定要我去他身边工作。同他一道出关奔赴东北。我又回到了罗医生的身边，在那战火纷飞的岁月里，我和他始终生活在一起，战斗在一起，直到新中国成立。

（王凤长　整理）

美军观察员多兰上尉在一次惊险的地道战中

高存信

抗日战争后期，随着国际反法西斯统一战线日益扩大。我党领导的广大敌后根据地的重要战略地位，已引起美国罗斯福总统重视，他主动提出派遣美军观察组，到中国共产党所领导的敌后作战地区了解情况。1944 年七八月间，美军观察组一行 30 多人到达延安。接着，又很快派出三人到晋察冀军区考察。为了接待美军观察组，晋察冀军区成立了联络处，处长由晋察冀军区副参谋长耿飚同志兼任。1944 年 12 月，冀中军区也相应成立了联络科，把我从作战科调到联络科任科长，吴英民同志任副科长。联络科下设三个股：一是空军股，由刘绍光、史国瑛同志负责；二是海军股，由鄂力克同志负责；三是爆破股，由吴志远同志负责。还有一个办公室，由张绩明同志负责。

布鲁克·多兰上尉于 1942 年 12 月下旬抵达冀中平原抗日根据地考察。他来冀中的主要任务是：搜集北平、天津、保定、石家庄一带的日军情报及军事设施情况，同时了解八路军在冀中平原上是怎样跟日军作战的，作战能力究竟怎样。晋察冀军区调县长马振武来为多兰当翻译，马振武的英语讲得相当流利。多兰来了之后，冀中军区杨成武司令员接见了他，为了保密只开了一个小型的欢迎会，杨司令员在宴会上作了热情洋溢的讲话，对多兰上尉到冀中来表示欢迎。多兰在冀中军区的几天里，作战科、敌工部等有关部门给他介绍了敌我双方情况。他当时表现有些傲慢，对我敌后军民所进行的游击战争，抱着不理解甚至怀疑的态度。

冀中军区安排多兰上尉先到七、八分区，然后再到九分区考查。他去七分区是由我和联络科副科长吴英民陪同去的。在七分区我们安排他在安平北检阅了我第三十六地区队。部队战士虽然都穿着便衣，但个个都是英姿飒爽、精神抖擞，给多兰以很好的印象。同时我们带他看了炕沿底下、锅底下、夹皮墙、磨盘底下等几种地道口的地道，也让他实际钻了两条地道。他看了以后，觉得利用地道作战很奇特，同时他对地道口的选择、伪装、隐蔽办法很敬佩。参观中他都作了一些文字记载，从一开始考察就比较顺利。去八分区，是吴英民同志带去的。到后由分区政治部向他介绍了冀中人民和日军进行英勇顽强斗争的情况，使他很受感动，其中有一位饶阳县的妇救会张主任讲她的妹妹张兰英被俘后如何顽强斗争，机智勇敢，才得以脱离虎口的事迹。多兰上尉要求见张本人，经过安排，多兰会见了张兰英。张毫不拘束地讲了她同敌人斗争的情况。多兰上尉边听边记笔记，并不断地频频点头。

这时候，冀中的形势已有很大好转。1944 年 9 月 30 日我军收复了肃宁县城，其他村镇的碉堡、岗楼也被我拔掉了不少，但敌我之争夺还是相当激烈的，军区、党政群机关，仍然要不断地转移驻地。1945 年 1 月 21 日早饭后，多兰从军区驻地肃宁南动身到九分区去，仍由我和吴英民同志陪同，同去的还有冀中军区政治部的摄影记者石少华以及参谋、干事等，共七八个同志。那天是一个阴天，没有下雪，但西北风吹得刺骨。多兰头上裹着白毛巾，身上穿的是中国式深蓝色棉衣棉裤，跟我们是一样的装束。可是他身材高大，费了很大的劲才找到一件特大号的。但是，再化装也掩饰不了他那白皮肤、蓝眼睛、高鼻梁的欧美人形象。为了保密起见，管理处给他动员了一辆用骡子拉的花轱辘轿车，车的上面有一个棚，深蓝色的麻花布帘，让他坐在里面，免得被人认出他是外国人，车上面还拉了一些为他准备的烟、酒、糖果等。肃宁附近几十里地没有据点和岗楼，在去九分区的途中，多兰不时地揭开帘子观看冀中根据地的景色。多兰也带了不少东西：军区首长赠给他的纪念品，主要有日本军大衣、手枪、战刀；有他自己的毛毯、照相机、皮包等。他还带了一张地图，从延安到敌后的所到之处，都用红铅笔标出了路线图，并用英文作了注记。

我们走了六七十里地，下午3点多钟到了九分区的驻地——任丘县边关村。因为军区事先给九分区发了电报，分区有所准备。我们到了边关村，立即分别住进了堡垒户（有地洞的可靠的老乡）家中。老乡看到外国人来和我们一起战斗，非常高兴。这一天老乡们都做了红豆羹粥，热情地让我们和美国客人吃腊八粥。腊月天黑得较早，我们下午5点钟就吃完了一顿丰盛的晚餐。因为分区魏洪亮司令员身体不好，参谋长李健同志到军区去开会，所以分区领导没有人陪同，也没有人接见。饭后作战股雷溪股长，带领我们参观了边关村的地道。该村的地道修得比较好，人在里面畅行无阻。有通气孔、瞭望孔、射击孔；有干线、支线；能防毒、防烟、防火、防水。能容纳全村所有人员和几百人的战斗部队，形成了能攻、能守的“地下长城”。雷溪同志一面领我们参观，一面给多兰介绍、讲解，多兰不断地赞扬地道工程巨大！他经常竖起他的大拇指，表示钦佩我广大人民的聪明才智和巨大力量。

多兰来冀中九分区，主要是搜集保定、平津的敌情。这件事也事先做了布置。军区联络科的空军股刘绍光，都已通知各地外勤人员到九分区司令部集中、汇集情况。计有天津的外线交通梁超，北平的外线交通于西山，十分区的敌工干事王化玉、参谋石明等。他们先后到边关和皮里，为了抓紧时间，安排他们把已搜集到的敌人在各大城市的兵营、仓库、飞机场等目标材料拿出来。然后要到白洋淀去考察，看看白洋淀冬天冻冰时，能不能停降盟军的飞机，是否有利于盟军在渤海湾登陆等。

我们参观完了边关村的地道，就休息了，准备第二天一早去白洋淀考察。夜里快12点钟的时候，雷溪股长来报告说敌情有变化，河间和辛中驿的敌人都向这个方向出动了，分区机关要立即转移。多兰跟我们一同向东南转移，走了十多里路，即到了任丘县与河间县交界的皮里村。已是凌晨2点了。

我们住在皮里村一户姓芦的堡垒户家中，他家是个四合院，生活不错，北房和东西厢房都是砖砌平房。为了接待贵客，房东让我们住北房，他们自己住东房。北房是一明两暗，多兰和马振武同志住西头，我和吴英民、石少华等同志住东头，地道口在我们这个屋的东墙上，墙上挂了一张壁画，揭开壁画就是夹皮墙上的洞口。房东大娘早都把火炕烧得热乎乎的。分区给我们准备的全是里面三新的缎子被。大家很快地都入睡了。

黎明前4点多钟的时候，突然一声枪响，我首先起来了，其他同志也都从睡梦中惊醒。当时都是穿着衣服睡觉，一听见枪响，都立即爬起来。我先到院内听到敌人的骑兵已在院外的街上向北边打枪，边打边跑！看来情况很急，我立即回屋先到多兰和马振武同志那屋里，让他们立即到我住的屋里钻地道。多兰没有经历过钻地道的战斗生活，但他到冀中来已20多天，略知我们对付敌人的斗争方式。他在马振武、吴英民带领下，毫不犹疑地钻了洞，只不过因为他个子大，洞口小，他进地道口时费了点劲。马振武提着多兰的皮包，很快地都钻进了地道。这时，院内南边平房上已有两三个敌人，并开始向北屋、东屋射击。当时，我向房上的敌人开了几枪，以警告敌人不能轻易进屋，并指挥同志们迅速钻洞。当同志们都刚进了洞，我又从窗户外看情况，发现院子里又进来了几个敌人，有几个正在南房上对准北屋架机枪，院内又有几个敌人端着三八式步枪，气势汹汹地向北屋冲来，我当即从炕上一纵身钻入夹皮墙里下了洞。我尚未来得及掩盖洞口，伪军即进到屋内，发现了我们的洞口。我下地道后，走了约十多步，转到右边的小通道里去了，遇到了我的警卫员和石少华以及几个参谋，我们又向前钻了三四米远，发现是个死洞，只有通气孔，这才知道我们钻错了方向。进洞口向左面钻才是通向中心的地道。我当时很着急，也非常后悔为什么到达宿营地后，不亲自观察一下地道情况呢？幸好吴英民他们钻对了。所以我们又回到地道拐弯处观察敌人动静。这时洞口的伪军们发现地道口，正在下地道，同时也在大喊大叫："你们已被发现，快出来吧！"接着向洞口里扔了一颗手榴弹，因为我们是在拐弯处，都没有受伤。当手榴弹爆烟一散，即看见一个人正在下洞，腿已下来了，我当即用驳壳枪打了一枪，二次扣扳机时，机头被土塞住扣不动了。这时听到下洞的那个伪军喊叫："不好啦，打中我了，快拉我上去。"在上面伪军忙着拉他的时候，我们即快速通过洞口下面转到左边中心地道去，与多兰、吴英民他们会合在一起了。

这时，日军已发现多兰的照相机、日记本、地图等，并断定进洞的一定有外国人。所以，敌人便集中力量设法破坏这个地洞。敌人虽然在地道口吃了一次亏，不敢进洞了，但在上面大喊大叫："放毒气！放集束手榴弹！"接着敌人向地道里甩进了几颗手榴弹。由于我们转到左边去了，敌人的手榴弹爆炸后，除震下许多土外，对我们毫无损伤。敌人倾听地道中无声息，可也不敢再进洞，又在上面喊叫："放毒！""放水！""挖洞！"为防万一，我们在洞中紧张地准备应付敌人放毒气。大家脱下棉衣展开放在洞转弯的地方，用手挖土把通洞口的方向堵起来了，同时每个人都把包头的毛巾拿下，撒上一泡尿，准备敌人放毒时捂在嘴上防毒。皮里村是防御性的蛇形地道，大部分都得弯腰走。多兰是个高个子，走动时都得匍匐前进，他进洞就卷曲着腿，弯着腰坐着，一言不发，在那儿静待事态的发展。马振武同志紧紧挨着多兰坐着，给他悄悄地翻译我们决定的对付敌人的办法，他也一一照办。

伪军在地道口吃了亏，知道下面有武装人员，不敢从洞口下，他们想从另外的地方挖开地道。地面上敌人用镐、钢钎等挖地道的声音和敌人打骂吆喝群众的声音，以及村里一直未断的枪声，地道里听得清清楚楚。地道里非常寂静，连旁边坐着人的呼吸声都听得见。洞中黑暗、潮湿，空气又不好，但我们都很沉着，注意倾听地面上的动静。地面上敌人不时地喊："放水！""他们不出来，就灌死他们！"接着一股水从洞口哗哗地流下，我们用手挖土进行导引，使水沿着主地道流向低处，流入事先设计好的蓄水井中。敌人的水攻完全失败。

过了一会儿，敌人又变换了花招，用烟熏。将大量的芦柴搬到洞口，点燃后冒出滚滚黑烟，直向洞内灌来，同志们顾不得浓烟熏呛的难受，迅速将棉袄、棉袍堵住支线地道口，硝烟便从地道通气孔、瞭望孔缓慢地排出，敌人的烟攻又以失败而告终。

下午5时以后，地面上枪声停止了，地道中传来分区的通知：敌人已经走了，可以出地道了，多兰伸开了已经蹲得麻木了的腿，从洞中钻了出来。这时已经天黑了。我们在洞中共待了十几个钟头。

出地道之后，才知房东大娘未来得及钻洞，惨遭敌人毒打。大娘一声不哼地在炕上躺着，被敌人砍伤的手，用毛巾裹着。原来敌人发现了北屋有外国人的照相机、地图等物后，断定有外国人住在她家。敌人就决定挖开地道，抓住这个外国人。他们抓住了房东大娘，逼问她地道的干线、支线的走向、位置和外国人藏在哪里？她坚定地说："不知道！"敌人的大刀就向她砍去，她用手一挡，手指就被砍掉了，大娘昏倒在地。当她清醒过来时，敌人又向她逼问，她摇摇头，仍然表示不知道。当人们讲到大娘为保护多兰上尉而惨遭敌人毒打，宁死不吐露真情时，我们都十分敬佩她。马振武同志翻译给多兰的时候，多兰竖起大拇指，连声说："伟大！伟大！"

这个时候，分区司令部的同志们，也都先后从地道中出来。分区司令员魏洪亮同志见到多兰，与他握手，并关心地问他："受惊了吧？"多兰问魏司令员："敌情怎样？"魏司令员说："都退走了，我们马上准备出发。"这时，魏洪亮同志的爱人萧哲同志抱着她的孩子，一边走一边哭。她六个月的胖胖的男孩子已死了。因为洞中黑暗、潮湿，空气稀薄，小孩经受不住，不断哭啼，萧哲同志怕小孩哭啼声暴露了目标，在这紧急关头，萧哲同志为了整体利益，咬紧了牙关，用乳头死死地堵住了孩子的嘴，小孩窒息而死。对于这件不幸的事情，大家非常悲愤。马振武同志把这情况告知多兰后，多兰再次竖起大拇指说："伟大！伟大！"并向魏司令员表示慰问！

我们迅速离开皮里村，向西南方向走去。多兰坐的花轱辘车及他的东西全被敌人抄走了，给多兰准备的吃的东西，也都被敌人吃掉或拿走了。这时已是晚间 6 点多钟了，一天没有吃，没有喝，肚子都已经饿得咕咕叫。因我们待的那一段洞中灌进了水，多兰的棉衣全部湿了，而且又滚得一身泥，样子非常狼狈。他从洞中出来，棉衣即冻冰了，但当时找不到给他替换的棉衣，在这种战斗紧张的时刻，多兰也能理解，他克服困难，跟大家一样，徒步行军。腊月的夜晚，寒冷的西北风凛冽刺骨，多兰的棉衣，被冻得硬梆梆作响。他来根据地后，没有夜间行过军，这时他也只得迈开大步在我们的队伍里急速前进。

离开皮里村三四里地，迎面来了一支部队，因判不清敌我，又折回来了。经过询问，才知是九分区的四十二地区队。原来军区获悉九分区机关被敌包围后，就急电指示九分区的四十二地区队和三十四地区队等赶往皮里村附近，待黄昏时围歼这股敌人。由于我高阳县三区区小队得知分区机关被敌人包围，在西北面放枪佯攻，敌人不敢夜战，黄昏前即匆忙撤退。皮里战斗，分区领导机关没有多少战斗力，但是却跟专门前来袭击我们的敌人坚持了整整一天，关键是有地道作依托，我们依靠地道变被动为主动，既能守又能攻，既能保存自己又能相机消灭敌人。我们急行军，一气就走了近40里地，到了肃宁县的北窝头村的分区教导队住地。他们给我们烙了白面饼，炒鸡蛋。同志们一天一宿没有吃饭，都饿得够呛了，所以，都狼吞虎咽，多兰也吃得特别的香甜。

第二天，我们给多兰换了新的棉衣棉裤。我和吴英民同志研究，认为通过这次皮里村战斗，布鲁克·多兰的目标已经暴露，如果他仍留在九分区，有危险性，不如先回军区。我们把这个意见告知多兰，他没有意见，表示听从我们的安排。至于他要的情况决定让石少华同志跟九分区的同志去白洋淀，了解那里冬天结冰的情况，并照一些照片；连同保定机场的情况，也一并解决。我们把这个意见又向分区进行了报告，他们也没有意见。于是，我们通过九分区的电台向军区首长报告，同时又给多兰找了一辆花轱辘车，早饭后让他坐上车和我们直奔军区去了。

当天下午快到军区驻地时，突然出现前方一小分队向我们方向来了，听到联络号音，才知是自己人。快到村边时，军区沙克参谋长来接我们，并向在皮里村战斗中受惊的多兰表示慰问。多兰很自豪地竖起大拇指说："地道战！我是美国军人中第一个参加者！"

回到军区后，我把详细情况向杨成武司令员作了汇报，第二天杨司令员再次接见了多兰，并向他表示慰问。这个时候的多兰和他来的时候大不一样，他竖起拇指说："日军必败，中国必胜！八路军必胜！"

过了几天，石少华同志从白洋淀回来，向多兰讲述了白洋淀的情况，并将摄下的许多照片送给多兰，其中有他想要的保定敌人飞机场的照片，这为盟军以后轰炸北平、保定提供了可贵的资料。多兰认为八路军能在很短的时间内，又在敌重兵驻守保定机场摄下许多照片，这真是奇迹。他接过照片，如获至宝，连声说："八路军英雄！八路军英雄！”

布鲁克·多兰上尉在冀中军区待了不到一个月，他便对八路军在敌后是怎样与日军作斗争的，有了些了解；对八路军的战术，特别是与人民群众的血肉关系，鱼水之情，极表赞赏。他来时所抱的对我军的怀疑态度，已经一扫而光。他所要调查的情况，在我军的帮助下，也基本上搞清楚了。在他走时，军区首长又送给他一些战利品，也是纪念品：日军大衣、战刀、手枪等，真可谓满载而去。

战斗在太行山上的日本士兵觉醒联盟

[日]前田光繁

1940年1月2日下午，八路军晋东南军区召开千人大会，前线总司令部、野战政治部和警卫部队的官兵们在庆祝1940年新年。当夜幕降临时，庆祝会也接近尾声，人们准备点起灯火演出文艺节目。这时，突然有三个青年人走上台去并排站着，大家的视线顿时集中到他们身上。会议主持人向大家介绍说："这三位是名叫杉本一夫、小林武夫、冈田义雄的日本同志。"（杉本一夫是我被俘后使用的名字）会议主持人介绍完以后，我向前迈了一步，向大家声明：我从今天起参加八路军，并宣了誓。我讲话的内容是："现在的日本军部和日本政府，还有不明真相的大多数日本国民，将会极力咒骂我们是叛徒、卖国贼，蔑视甚至憎恨我们。但这对现在的我们来说，正是我们所期望的，我们感到光荣。这是因为我们所走的道路才是真正的正义之路，符合日本国家的利益和民族的利益。"

我的讲话是由当时的敌工部（对敌工作部）科长漆克昌翻译的。他战前留学过日本，回国后被国民党逮捕入狱，后来国共两党组成抗日民族统一战线，漆先生才被释放出狱，出狱后他立即参加了八路军。

漆先生示意我的讲话时，会场上鸦雀无声。八路军官兵听完之后，热烈鼓掌，高呼口号的声音此伏彼起。这时坐在最前面的一位身材魁伟的八路军首长站起来，从容不迫地走上舞台，与我们热烈握手。这个人就是八路军总司令朱德将军，这是我们第一次见到他。朱总司令和我们握手之后，向全体官兵讲了话，强调严格遵守八路军的俘虏政策的重要性。他说："我代表全军欢迎这三位日本青年参军。今天这三个日本青年的行动，证明了我们八路军俘虏政策的正确性。现在虽然只有三个人，但今后将会有几十人、几百人接踵而来。"

看上去50多岁的朱德将军，以强有力的语调讲了下面这段话："这次抗日战争，只要我们能经得起困难的考验，坚持斗争，最后的胜利一定是属于我们的。关于这个问题，毛主席在《论持久战》一文中阐述得很透彻。这场战争将以中国人民取得胜利、日本军阀垮台、新日本诞生而告终，这是符合中日两国人民根本利益的。"

我们万万没想到，我们参加八路军会受到朱德总司令的亲自欢迎。这天的情景深深地铭刻在我的心中，终生难忘。

日本人觉醒联盟

1939年，战争进入了第三个年头。抗日根据地扩大了，八路军的力量也迅速发展起来。另一方面，日军进攻的势头减弱了，双方的力量对比发生了变化，抗日战争进入相持阶段，游击战日益活跃起来。随之而来，我们对日军士兵的宣传工作，也需要全力以赴广泛地开展起来。

当时，从国民党统治区传过来一些反战传单，我们由此得知，鹿地亘先生等人在重庆组织了日本人反战同盟，并开展了活动。那时我们非常高兴，进一步增强了信心，同时我们也认识到集合八路军内的日本人，开展群众性的反战运动的必要性和可能性。八路军方面也表示，将尽一切可能帮助我们，他们希望我们尽早与重庆的鹿地亘先生取得联系，也在这边成立反战同盟组织，以便携起手来开展反战活动。我们抱着极大的希望，几次给重庆方面发电报和信件，但是很遗憾，那些电报和信件都石沉大海了，这多半是国民党方面设置了障碍的缘故吧。

在这种情况下，八路军方面向我们建议，与重庆方面的联系工作只好暂时放一放了。后来，我们决定自己成立组织。这样，小林、高木、松井、石冢等七人作为发起人，开始了筹建日本人反战团体的工作。虽然还不十分充分，但确定了成立反战团体的目的是："从中国的土地上赶走日本侵略军，为早日结束战争而战。"而且拟定了团体章程草案。我们于1939年11月的十月革命节那一天，在晋东南召开了成立大会。

开始时的名称叫觉悟联盟，理由很简单，就是我们这些早觉悟的日本人，有责任让后来的许多日本士兵觉悟。但是后来总感到叫觉悟联盟不十分恰当，不久便改成觉醒联盟了。

虽然联盟的活动有了起色，但是由于我们的政治水平低，工作经验不足，而且又都是些新手，因此非常需要中国共产党和八路军强有力的支援，宣传活动及其他一切必要的费用也得请他们帮助。我们制作的宣传品，只通过我们几个人的手散发到分散在广大地区的日军中去，那几乎是不可能的，无论如何也要依靠八路军战士和地方武装的协助。八路军和民主政府愉快地给予我们一切援助。可以肯定，如果没有这种国际主义的援助，觉醒联盟就连存在都是极为困难的。

前线巡回宣传结束后，又回到八路军野战政治部，我们把自己的决心对冈田讲，他表示完全同意。敌工部的同志们对我们的决心更是举双手赞成，还把我们的决心报告给野战政治部主任及前线司令部。不久，我们便接到“欢迎正式参加八路军”的通知。于是我们就在 1940 年庆祝元旦的集会上发表了参军声明。这是我们被俘五个多月后的事情。

促使我下决心参加八路军，除了通过学习提高了觉悟和亲眼见到日军的野蛮行为以外，另一个重要原因是自从我被俘以来，八路军一直以人道主义精神给了我亲切地关怀，深深地打动了我的心，使我不能不感到八路军的本质确实和别的军队不同。

八路军是其他军队无法相比的不可思议的军队。一到八路军的部队，就会被他们的优良作风迷住，再也不想离开这支队伍。我认为，能在八路军中亲眼看到毛泽东思想的具体体现，并亲自参加实践是自己一生的幸福。

我们在前线司令部时，野战政治部主任是傅钟先生，副主任是罗瑞卿先生，都给予我们很大的照顾和关怀。

1941 年夏，以在山东省和河北省交界的冀鲁豫地区活动的水野靖夫先生为中心，成立了觉醒联盟冀鲁豫支部。还有，以活跃在河北南部平原上的秋山良照先生为中心成立了觉醒联盟冀南支部。冀南支部在富于创造性的宣传活动中取得了很大成绩，到同年 11 月，联盟成员增加了八倍。在太平洋战争爆发后不久召开的纪念冀南支部成立一周年的大会上，收到了朱德总司令发来的长篇贺电，电报说，“……一年来，你们在冀南前线，协助八路军开展争取日军士兵的工作，取得了出色的成绩。在反法西斯斗争即将取得胜利的前夜，希望你们更加努力……”

后来，在山东和其他地区也相继成立了觉醒联盟支部。

吉田先生从本部调到抗日军政大学任日语教员。原在日军中任中尉军医的山田先生，活跃在八路军的后方医院里。

觉醒联盟一直活动到 1942 年夏。在这期间开展的各种活动中，虽然还有不够完善的地方，但却积累了一定的经验。当华北的日本人反战团体于同年在延安统一为“日本人反战同盟华北联合会”时，觉醒联盟的经验成了制定反战同盟工作方针的基础，而且这些经验在后来的反战同盟活动中得到了有效的运用。

关家垴火线喊话初露锋芒

1940 年 8 月，八路军发动了著名的百团大战，给华北日军以沉重的打击，大大鼓舞了全中国人民的抗日士气。与此同时，日军也意识到真正可怕的敌人是中国共产党领导的八路军和新四军，于是便疯狂地发动进攻，妄图毁灭抗日根据地。他们实行臭名远扬的杀光、烧光、抢光的“三光”政策，频繁进行大规模的“扫荡”，而且来势一次比一次凶猛。直到 1945 年 8 月 15 日日本投降为止，日军的“扫荡”与八路军、新四军的反“扫荡”一天也没有停止过。其中有一次战役被称为关家垴战役，我就是在这次战役中到火线上对日军喊话的。

1940 年 10 月初，晋东南抗日根据地的气氛开始紧张起来。中旬，日军从各据点调动大量兵力，全面进攻抗日根据地。对此，八路军和农民游击队协同作战，一起进行反“扫荡”。老百姓按“坚壁清野”的方针，把家产、粮食、牲口等转移到安全地带，使日军所到之处看不到一个人影，连一头牛也找不到。在武器方面处于劣势的八路军，为了确保胜利，就采取“敌进我退，敌退我追”的战术，选择有利的时机和地点，同日军周旋，伺机反攻。

八路军和根据地农民的关系，有如鱼水那样密切，因此日军的行动八路军了如指掌，而日军则只能摸索着前进。日军妄图抓住八路军的主力一举歼灭的目的根本无法实现，反被八路军牵着鼻子走，累得筋疲力尽，粮食供应也中断了。正当日军准备撤回时，八路军抓住了这个有利战机，于10月下旬巧妙地把日军第二十六师团百武部队和冈崎大队（约1200人）诱入关家垴地区，切断他们与其他日军部队的联系，围困在山西省东南部武乡县城东面的一个高峻荒芜的村子里。

后来我们才听说，这次战役的总指挥是彭德怀副总司令，在前线直接指挥作战的是刘伯承将军和邓小平政治委员。

八路军对日军部队的包围有如铜墙铁壁，被动员来参加这次战役的有第一二九师的精锐部队第三八五旅和第三八六旅、直属队、迫击炮队以及部分原国民党地方军（后来编入八路军的平汉纵队）。罗瑞卿将军领导的野战政治部也到战场附近坐镇。我是随野战政治部到关家垴的。

战斗一连打了几天，日军逐渐被赶到丘陵上，在突围失败后便用发报机招来几架战斗机，每天在战场上空来回飞，对八路军阵地进行轮番轰炸和扫射。

我看到激战在继续进行，便建议去火线呼吁日本士兵投降，指挥部同意我的建议，并指示我去平汉纵队。于是我在该纵队参谋的陪同下于29日下午，抑制着焦急的心情赶往火线。途中经过杂木林小山丘时，没料到见到了刘伯承将军、邓小平政治委员和第一二九师政治部的蔡主任。这里是第一二九师司令部的所在地，有个很好的瞭望台，旁边还有一架用三脚架架起来的细长的望远镜，蔡主任见到我时鼓励说："很危险，要多加小心，祝你成功。"

不久，我们到了平汉纵队司令部，范子侠将军很高兴地接待我。范将军是由于对国民党的"消极抗日、积极反共"政策和对地方部队的歧视不满而参加八路军的爱军将领，也是一位很有名的大胆将军。

范将军简单说明战斗情况后，站起来对我说："现在就带你去火线。"参谋怕危险极力劝阻，但范将军不听。于是我们就走到正在猛烈射击的前沿阵地，冒着枪林弹雨进行观察。敌我双方的阵地只隔着断层形成的山谷，距离二三百米。战线是菱角形的，互相都能清楚看到对方，打到我们附近的子弹“嗖嗖”地响。对面山腰上有两座孤零零的民房，日军躲在房后向我方拼命射击，有时还可以看到日军士兵在移动射击位置。

日军飞机投完弹一飞走，我方就开始用迫击炮集中攻击，对方战场上尘土和硝烟弥漫，焦臭味扑鼻而来。日机再来轰炸、扫射时，我方就用轻机枪和步枪应战。白天的战斗非常激烈，即将进入白刃战阶段，根本无法进行喊话，喊话只好等到晚上进行。

天一黑，战斗就暂时停下来，只有零星的枪声，日军飞机也不来袭击了。我方部队就利用天黑开展工作，重新整编部队，进行政治动员，为最后发动总攻作准备。

平汉纵队负责牵制日军，担任正面进攻的第一二九师第三八五旅等部队开始行动，静悄悄地越过断层和峡谷，向日军阵地靠近。估计一到晚上日军就集中兵力在丘陵顶上挖战壕。所谓丘陵实际上是梯田，每个梯层的高度一米至一米半，我们就在梯田下待命。

快到深夜时，突击的准备工作刚完成，发起进攻的命令就下来了。我开展工作的时机也到了！八路军在进攻前停止了射击，为我提供向日本士兵喊话的时间。尽管日军是“武士道精神”的狂热信徒，但当前日军部队已陷入一筹莫展的绝境，有可能会响应呼吁来投降。那么，只要存在这个可能性，呼吁他们投降就是战场上的人道主义。说是“喊话”，但没有扩音器，唯一的武器是手工做的喇叭。我深深地吸了一口气，开始大声喊话，幸亏当时是顺风，不然日军士兵就听不到。

我喊话的内容大致是：

“各位日本士兵们：现在八路军停止了射击，希望你们也别打，听我讲话。我是真正的日本人，原来是各位的战友，现在虽然在八路军中，但我确实是日本人。

“在八路军里有原日本士兵组成的‘觉醒联盟’，我是该联盟的成员之一。我们成立这个联盟的目的，是为了早日停止战争，多挽救一些日本士兵的生命。现在各位已被八路军包围，无法突围。你们的部队已有许多伤亡，各位已尽最大的力量坚持战斗，尽到了军人的职责。如果再战斗下去，只有死路一条，应该避免这个最大的不幸！无谓的牺牲最愚蠢，再打下去是徒劳的，马上停止战斗吧！如果各位投靠八路军，八路军将保护你们的荣誉和生命安全。你们在家乡的父母、兄弟、妻子、儿女绝不希望各位变成骨灰回去，不应该给那些等待着你们的亲人们带来不幸。各位也有生存的权利，一定要争取活着回去。

“各位的对手八路军绝对不是匪徒，是一支非常优秀的正规军，从来不杀害俘虏，我就是很好的见证人。你们不要受上级军官的欺骗，放心到我这边来吧！不要开枪，把枪高高地举着走过来，八路军绝不会向走过来的人开枪。集体来也行，个人来也可以，过来吧！各位！给我回话，我在等待着你们的回话！”

在喊话的过程中，日军有时把机枪对着喊声的方向扫射，但总的来说很少开枪。我把重要的地方反复讲，但对方一直没有回话。为了给日本士兵最后一次生存的机会，八路军已经做到了仁至义尽，只好吹起冲锋号开始冲锋。经过一段时间的激烈战斗，枪声和喊杀声逐渐稀疏，最后消失了。战斗结束后，八路军战士把俘虏送到我这里来，其中有个名叫近松、身负轻伤的俘虏，非常顽固，当然这也很难怪他。据他说，我在火线喊话时，日本士兵们竖起耳朵听，有的说“是日本人”，有的说“不，大概是朝鲜人”。指挥官看到这种情况急得直嚷：“这是阴谋，别上当，开枪！开枪！”

后来，这位顽固的近松成了勇敢的反战勇士，在抗日战争胜利前夕，主动冲进日军的据点，说服日本士兵放下武器。

在关家垴战役时，日本士兵由于受“皇军天下无敌”这种神话的欺骗和相信“被八路军抓到就会被折磨死”的谣言，因此有许多士兵死在战场上。但是关家垴战役后不久，主动来投降的日本士兵开始增多了。大约在一个月之后，从日本报纸上看到了日军的冈崎大队长阵亡的报道。

太行支部深入开展反战活动

1942年夏天的一个晚上，在一个四周是核桃树的广场上，聚集着许多人，这里在开文艺晚会。正面的舞台上，煤气灯亮得耀眼，布景好似日军的内务班的样子，三八式步枪排列在枪架上。一个日本士兵手中拿着家里的来信，闷闷不乐，像是在思索着什么。这时，从舞台后面传来凄凉的歌声：

因为有了亲爱的你，

人生痛苦我不在意。

……

这不是慰问日军的文艺演出，观众都是八路军和中国的老百姓。演出单位是在华日本人反战同盟太行支部的“同胞剧团”。地点是在与山西省接壤的河南省极北端的涉县，这里是八路军太行军区司令部所在地，是一个具有中国人民不屈不挠英雄气概的抗日根据地。

我们剧团的主要任务是深入到日军占领区，向那里的中国老百姓和日本士兵做宣传。这里也是太行支部的所在地。剧团应八路军方面的邀请，在纪念八一建军节那天，做了一次慰问演出。

太行支部自1939年末作为觉醒联盟的一个支部开展工作以来，已近三个年头了。这期间，我们在中国共产党和八路军的帮助下，高举反战旗帜，驰骋在雄伟的太行山上。我们不仅在组织上得到了很大的发展，而且活动范围也扩大了，现在又组建一个剧团来开展工作。

太行支部工作的对象，是师团本部设在山西省潞城的日军东北地方的三十六师团，以石太铁路线上的阳泉为中心、分散在周围的独立混成第四旅团和平汉线上的独立混成第七旅团。

在支部成立还不到一年的1940年，八路军从夏季到秋季，向华北的日本侵略军发动了大规模的进攻（百团大战）。支部全力以赴配合这次作战，对日军开展宣传活动。在火线上直接向日军喊话，就是从这时开始的。少数联盟成员还骑着马奔驰在各个战场上，不分昼夜地开展活动。后来，在独立混成第四旅团的士兵中，甚至流传着这样一个传说："在八路军中，有日本人的部队"。这是把听到联盟成员喊话的日本士兵的说法又添油加醋了，最后变成了这种可笑的传说。总之，不管怎样，确实引起了他们的注意。

1942年深秋的一个夜晚，两个同盟成员与八路军的救援部队一起，急步向山西省潞城县的日军老顶山分遣队走去。其中一个人是原籍日本秋田县的镰田君，他以前曾在这个分遣队里当过兵。

一行人在太行山特有的石头路上爬山越岭。月光下，老顶山碉堡在前面的山丘上隐约可见。大家坐在河滩地上，等着侦察员查明哨位和适合喊话的地点。过了一会儿，侦察员回来了，一行人开始向碉堡靠近，他们接近到距碉堡30米处，镰田君等选择一片落叶枣树林的低洼处。救援部队为防备万一，也各就各位了。碉堡就在眼前阴森森地耸立着，倾耳静听，可以听到士兵们的说话声，看来他们还没有睡。开始，有两个人一起哼着《桂树摇篮曲》，不知不觉地碉堡里的话音停止了。时机已到，镰田君拿起喇叭筒开始喊话了。

"喂！我是镰田。是原来和你们在一起的镰田！你们好吗？"静下来的碉堡立刻嘁嘁喳喳起来。

"啊，镰田！"一个士兵惊叫起来。

"对，我是镰田！"

"什么？镰田！听说你被八路军逮走后每天都受折磨，是吗？"

"哪里话，那都是瞎说。负伤后八路军救了我，把我送进医院，他们亲切地照料我，现在我的伤全都好了。八路军是支很有感情的好部队。我今晚来，就是为了向你们说这些的。”

“还像镰田君。”

“没有错！你们还记得我的声音吧！”

镰田君详细地讲述着以前的事，日本士兵都在静静地听着。后来才知道，那天晚上，碉堡里的士兵都喝了点酒，像往常一样聚在一起谈起了家乡，因此忘记到深夜了。正赶上镰田君的突然来到，碉堡里的士兵又惊又喜。

分遣队长与镰田君既是同乡，又是同学，在部队里又在同一个分队。他感动得流下了眼泪，抽泣着说：“镰田，你来得正好，今天我们大家都喝了点酒，没关系，你到碉堡里来吧！”

“镰田！我给你家写信了，你放心吧，啊！”另一个士兵说。

“谢谢。”镰田回答说。

“现在已经不早了，今夜我要回去了，下次再来。”

“镰田！镰田！不要走！镰田！”

“再来啊！再见！”

喊话就这样结束了。过了几天，我们给这个碉堡送去了慰问袋。他们回我们三封感谢信，还送给我们十公斤大米。

另外，对负伤俘虏的照顾也需要特别耐心和周到。我们的工作也确实取得了成绩。当了俘虏的日本兵，有不少人后来觉悟了，他们陆续和我们站在一起，开始向所在部队和过去的战友做宣传工作。不过，在俘虏当中，也有因为挂念父母兄弟想回日本的。遇到这种情况，我们尽可能地为他们提供方便，妥善地把他们送回日军中去。被俘的当初，他们曾顽固地抵抗过，但是当和我们告别时，却流下了感激的眼泪。

挫败假装投降的间谍

觉醒联盟的组织和活动大大地发展了，对日军士兵的影响也渐渐地扩大了。对于日本军部来说，联盟的存在已成了一个威胁，这可以从日本军部施展的阴谋诡计中看出来。他们为了从内部破坏觉醒联盟，采取自愿投降和故意充当俘虏等手段，派遣特务策划暗杀联盟成员和破坏组织的活动。

1940年，曾来过一个佩戴步兵上等兵肩章的人，他说："我和当官儿的打架负了伤，要是不逃出来就没命了，我考虑再三，还是逃出来了。"他对我们的主张，很快就产生了共鸣，装出十分进步的样子。我们把他当作新来的俘虏照看着，他很会讨好，显得很服管。

他带来了毒药，把它藏在军衣纽扣里了。一天，正在行军途中，他估计大家该饿了，于是，劝一位老联盟成员吃他那块放了毒药的烧饼，但是那位老同志警惕性很高，没有吃。而且说："你的肚子不是也饿着吗？……"当然，作为老同志有责任照顾大家的生活，从这个意义上讲，也不允许接受新来人给的东西。

1941年，当传来皖南事变消息的时候，他逐渐暴露了，对新来的还不大了解情况的士兵说："八路军迟早也和新四军一样，中央军打来，就会被消灭的。现在你们不早点逃走，将来就回不去日本了。我可以告诉你们回日本的办法。……"他煽动人们的不安和动摇情绪，而且伸出了直接诱惑的黑手。但是，没有一个人听他的。相反，通过这件事暴露了他自己，像在袜子里藏情报之类的事都彻底露馅了。

法西斯军部为了达到其罪恶目的，真是不择手段。那个假装自愿投降、实际上是被派进来的上等兵，不久就坦白了如下事实：他受过间谍特殊训练，任务是暗杀我们和八路军干部。

法西斯分子的阴谋，就这样一个个地以失败而告终了。然而他们还是顽固地以更加巧妙的伪装向我们这里派遣间谍。对于我们来说，在保卫我们的组织和事业方面，必须以敏锐的政治嗅觉洞察他们的动向，彻底揭露暗藏着的敌人，并给予他们无情地打击。当然，我们也要加紧帮助那些工农出身的士兵，使他们认识到自己的错误，站到反战的立场上来。

（李东光　整理）

第二故乡的怀念

[日]梅田照文

人们怀念一生中与自己关系最深的地方，往往感慨地称它为第二故乡。1941 年 6 月到 1945 年 8 月，四年零两个月的延安生活，对于我来说，就是那样使我记忆犹新，值得怀念。

1940 年 8 月，在八路军发动的著名的百团大战，我当了俘虏。到延安之前大约一年的时间，我待在晋冀鲁豫的八路军前线地区，那期间，我得到了日本人觉醒联盟（后改组为反战同盟太行支部）的前辈同志们和八路军第一二九师（刘伯承师）政治部敌工部干部们的教育和帮助，摆脱了当初自暴自弃的情绪和苦闷的状态，点燃起作为日本劳动人民的一员开始新的人生的希望之火。我于 1941 年 6 月到达延安。到延安之后，我立刻与 14 名同伴一起进了日本工农学校。从那时到日本战败的四年间，我的延安生活大约前两年是在日本工农学校过着学员生活，后两年是一边在工农学校等单位担任教师，一边继续当学员学习。

日本工农学校的学员生活，每天既紧张又愉快，很有意思，接受的是列宁主义的教育。学校校长是林哲（冈野进——野坂参三）同志，老师是王学文、何思敬、李初梨、赵安博等同志。特别是具有长期斗争经历和宝贵经验的林哲校长和中国同志们的讲课，实在令人感动。这对于我们回顾过去在日本内地的成长与生活，增强真正站在日本劳动人民的立场上而战斗的决心，彻底改变自己的世界观和人生观大有帮助。

不过，学校内通过教育实行的感化，如果没有中国共产党本着国际主义精神对我们实行的优待政策，以及在中国共产党正确领导下延安周围的军、政、民真正兄弟般的爱和同志爱，也就不可能取得令人鼓舞的成果。工农学校的所有学员就是从学校的环境中学到了许多宝贵的东西，受到了深刻感化。我想在这里举出在这样的学校生活中特别令人感动、使人难以忘怀的片段回忆。

当选边区参议员的日本人

1941 年 11 月 7 日在日本工农学校举行了盛大的庆祝会，祝贺森健当选为陕甘宁边区政府参议会议员。林哲校长、赵安博副校长，以及全体学员、全体工作人员都出席了大会。所谓陕甘宁边区政府，这里无须再重新加以说明，它是中国共产党领导的、依据抗日民族统一战线的原则成立的、横跨抗日战争的一大根据地——陕甘宁三省的广泛地域的统一的中央政府，这个政府设在延安，林伯渠同志被选为政府主席。

1941 年秋，选出了这个政府的最高决策机关——参议会。众所周知，当时中国共产党根据抗日民族统一战线的原则，主张政府和立法机关采用“三三制”（中国共产党占三分之一，国民党占三分之一，无党无派占三分之一），边区政府也恪守这一原则。参议会议员的选举是按地区选举和按工作范围选举，二者并用，选出议员的所属党派严格执行“三三制”。

我们的森健参议会议员就是在这第一次选举中按工作范围选区选出的候选人。日本工农学校（有选举权的约100人）、敌军工作干部学校（有选举权的约200人）、抗日军政大学（有选举权的约2000人）和鲁迅艺术文学院（有选举权的约2000人），这四个学校为一个单位，构成按工作范围分的选区，规定从中选出一名参议员。选举办法是，选举当天，选举人和被选举人都集中到军政大学前的延安机场，在那里进行选举。当然，在召开选举大会之前，各学校要事先选出各校自己的代表，并把他作为候选人。日本工农学校和相邻的敌军工作干部学校召开联合大会，敌军工作干部学校没有推荐候选人，把工农学校推荐的森健同志定为两校共同推荐的候选人。森健同志原在“满铁”工作，工人出身，1938年参加八路军，他是觉醒了的为解放日本人民而战的优秀战士。

选举大会那天，各学校都让候选人走在最前面，乐队跟在后边。全体学员和职员排着队，高举着书写有候选人政策和主张的旗子以及标语牌，边游行，边进入会场。在行进途中他们一齐高呼口号，其中心是为抗日战争的胜利建立坚强有力的政府，这种情景使人回想起日本战后的“五一”节游行情景。10点整，各学校按事先指定的位置坐好，选举大会开始了。主席团与各校选出的选举管理人员担任大会领导，维持大会秩序。这次大会的中心是候选人发表施政方针演说，然后由各候选人的推荐人发表推荐演说，最后由选举管理人员给全体人员发选票，选举采取无记名投票方式，当场开票箱，决定当选人。

被提名的候选人有三名。鲁迅艺术文学院推荐的候选人是周扬同志，军政大学推选郭同志为代表。这两位同志都是优秀的人民代表。我们的森健同志也列入其中，决定参加竞选。

大会规定，候选人的施政演说为20分钟，推荐演说为十分钟，但是森健同志和他的推荐演说都是用日语讲的，考虑到翻译时间，得到大会允许，特安排了40分钟和20分钟。口语翻译由赵安博副校长亲自担任。森健同志的演说是站在日本人民的立场上反对日本的侵略战争，支持中国的抗日战争，高喊要打倒日中两国人民的共同敌人——日本帝国主义，并报告了日本人反战同盟正在为尽量地减少日本人民无谓的牺牲而战斗的现状。他在演说结束时说:“为了将来建设一个民主的新日本，请给我在边区政府立法机关学习民主政治的机会！”讲完后，全场响起雷鸣般的掌声。接着由我做森健同志的推荐演说。我强调说，日本士兵也是这场战争的牺牲者，日本人民绝不希望向中国发动侵略战争，我极力主张要为反对日本军部而共同斗争。在演说结束时，我就推荐森健同志为候选人的意义做了这样的发言:“我如果在日本军队内听到反战的日本人被选进边区政府的参议会时，我可能会立即放下枪参加八路军。”我的推荐演说也博得了热烈掌声。其他学校的一部分同志也一齐高呼口号，声援支持我们的主张。

选举结果，鲁迅艺术文学院的周扬同志当选，森健同志居第二位。也就是说，森健同志在这次选举大会上得票居第二位。周扬同志当选，自然是由于他是一位优秀的领导人，而森健同志之大大赢得其他学校的选票，以至获得1000多张选票，完全是出于中国人民对日本人民的深厚友情和希望。工农学校的全体学员为了报答中国人民寄予的期望，下定决心努力学习。

选举大会之后不到一天，我们便接到通知：边区政府根据“三三制”原则，作为特例，把森健同志推选为参议会议员。应该说，森健同志获得了永垂史册的当选荣誉。

与留日同学会举行联欢会

1942年2月17日，工农学校学员应邀参加了在延安举行的留日同学会的同志们组织的联欢会。这次盛大的联欢会是在延安的军事俱乐部举行的。

在中国，像周恩来、陈毅、郭沫若、廖承志等许多同志，实际上都曾在日本留过学。与徐特立、董必武、谢觉哉、林伯渠相并列被称为中国共产党著名的“革命五老”之一的吴玉章同志也是一位老日本留学生。由于当时担任延安鲁迅艺术文学院院长的吴老的号召，王学文、何思敬、李初梨、赵安博等许多同志也参加了联欢会。

这些留日同学会的人员，由于亲身受到了日本帝国主义蛮横至极的剥削、压迫和迫害，所以他们站到了打倒日本帝国主义的抗日战争的最前列，认识到了这才是争取中国的独立、谋求民族繁荣的最好之路，在指明那条道路的中国共产党的领导之下，从日本归国后一直在为革命事业献身和战斗。尤其是代表留日同学会的同志们致辞的吴老的讲演，给了我们工农学校的学员以勇气和信心，给我们指出了真正热爱日本之路，使我们深为感动。

吴老首先讲述了曾在日本留学的许多中国学生是如何接触到许多日本人民，并从他们那里得到了兄弟般的友谊、爱情、保护和援助，而且他还意味深长地谈到是如何从日本得到了许多学习马列主义理论所需要的书籍和珍贵文献。对这些情况，过去我们这些年轻的工农学校学员一无所知，在日本革命的历史上曾有过这么多引以为荣的事情，我还是第一次听到。我再一次深深地认识到继承先辈同志在日本未竟的崇高革命事业，才是真正地热爱日本，热爱民族。

吴老接着说，中国人民和日本人民的许多先进的兄弟们携起手来，与共同的敌人——日本军部和财阀做斗争，具有深远的意义，是我们最大的愉快。为了诸位的进步，我们将竭尽全力予以协助。只有这种友情和牢固的团结，才能保证两国人民取得最后胜利和繁荣昌盛。讲话结束后，吴老同我们一一握手。

出席联欢会的我，此时痛切地感受到“全世界无产者联合起来”这一马克思主义的道理。具有自己的政党——共产党的工人阶级，是任何力量也打不败的，其原因之一正在于充满无产阶级国际主义精神的全世界的阶级联合。

新年大会餐

1944年正月，延安周围的普通市民邀请日本工农学校的学员参加新年宴会。学员们分为几组分别赴约。

当时，中国共产党一方面在为抗日战争的决定性胜利全力以赴地准备着；另一方面又在为陕甘宁边区筹备抗日根据地的经济发展提倡军、政、民团结一致。开展大生产运动，当时提出的口号是“丰衣足食”，并把它扎扎实实地付诸实践。据我们当时得到的来自日本方面的情报反映，处于战时体制下的日本内地的经济状况十分严重，民需物资也不例外，常常供不应求，而且正向着缺乏和枯竭状态发展，处在所谓“难以忍受”的时期。而中国共产党领导下的延安，情况正与此相反，市民的生活日益提高，市场上的生活必需品很丰富，伙食也有明显的改善。例如，工农学校的伙食，一两年前每周仅吃两三次肉菜，而当时，每天的饭菜里都有肉菜，一做就是三四种，很丰富，甚至改善到有的学生叫苦“讨厌吃肉食”的程度。

中国共产党号召党、政、军、民加强团结，对军队提倡“拥政爱民”（支持政府，热爱人民）运动，对市民提倡“拥政拥军”运动。军队和各机关的活动家们是如何的为人民服务，热烈地响应这一号召的，这里无须赘言。另一方面。市民举行正月的祝贺宴邀请各机关的同志们，也属于那个大运动流行的一种形式。于是，我们日本工农学校的学员也接到了市民的邀请。

我应邀到一户住在延安市南郊外新市场附近的叫作吴某的老乡家访问，我被带进布置整洁的屋子里。按照中国的习惯，过年时要用铜制的锅，在锅里放上丰盛的饭菜，又备有美酒。主人说："请不要客气，尽情地吃吧！"然后接连不断地给我往小碟里夹菜，我受到了盛情款待。

我的汉语本来就讲得很不好，再加上那位农民的话又是方言，所以和他说话时很感吃力，但由于我们双方的感情很融洽，就冲破了语言上的障碍，沟通了思想。吴老生这样对我说：

"在中国共产党来延安之前，我连饭都吃不饱。托党和毛主席的福，我才翻了身，你们今天也才能吃上这样的好饭菜。如果把日本鬼子从中国赶出去，我们将会过上更加富裕、幸福、和平的生活。那也要托共产党的福。你和我，虽然民族不同，但都是阶级兄弟，打败了日本帝国主义，你们自然也就会得到解放了。咱们共同努力吧！为彻底抗战，干杯！你们每天的工作真辛苦。"

日本工农学校为了感谢延安市民的款待，后来邀请这些市民到学校来，参观学员的生活，并为他们演出《八木节》、《木曾节》及其他日本民谣和短剧。我在这里亲眼看到了中国共产党的正确领导得到了市民由衷的拥护和支持的情景，并为之深深地感动，同时也体验到了密切联系群众，深深扎根于群众之中的必要性。日中两国人民深厚情谊的纽带，在统治阶级发动的侵略战争期间反而得到了加强。

钟太夫人的追悼大会

1944年4月10日，中国共产党中央委员会对生育这位优秀的中国人民的领导人朱德同志的母亲之死表示哀悼，并在党中央委员会的主持下，在中央党校前面的广场上召开了追悼大会。

关于朱德总司令，无须在这里说明，……他一贯坚持中国共产党的正确的战略战术，是使中国革命发展、成功的伟大的领导人之一。歌颂生育朱德同志的母亲的业绩，对于她的死，中国的党和人民表示深深的哀悼之意，这是很自然的事情。对于我们日本人民来说，也是同样，特别是和朱德总司令关系密切的日本工农学校，也表示了由衷的哀悼，全体学员都参加了葬礼。

我在这里不想介绍追悼大会的情况，不想记述毛主席及许多同志歌颂总司令及其母亲的业绩和悼念其母之死的话语，我只想就参加那次大会给我留下特别深刻印象的两点谈一下。

首先，看到出席葬礼的总司令的形象，我大吃一惊。总司令本来是位胡须很重的人，又加一个多月来他未刮胡子，显出所谓“胡子拉碴”的憔悴样子。中国有个习惯，在父母去世100天内，为表示哀悼之意，不刮胡子，总司令大概也是按照那种风俗行事的。

尊老爱幼、孝敬父母这一美德，只有真正的共产主义者才能最忠实地做到。尽管它只不过是一种微小的形式，但尊重自古以来中国人民的美德并亲身实践，这使我深受感动。

再一点使我深受感动的是，总司令对各界人士的悼词以严肃的态度致了谢词。他那谦虚的态度宛如站在恩师面前的学生一样诚心诚意，他眼角上噙着泪水，用一种低沉的声音这样说：

“中国共产党和中国人民对我和我的母亲给予了破格照顾。这是我和我母亲的最大光荣，十分感激。为了报答这些，我庄严地宣誓：

作为一名战士，我将一辈子忠诚于党和人民……”

这是中国共产党和中国人民的最高领导人之一朱德同志讲的话。这是多么谦虚的语言哪！这是提高党和人民的威望，为党和人民服务的无私的誓言！从这些话中可以看出，如果领导人不存在个人崇拜的弊病，也没有丝毫的傲慢，那么他也就不会有半点凌驾于党和人民之上的利己之心。中国革命的胜利，正是由于有了这样一些优秀的领导人，才得以保证和完成。我当时感动得眼圈都红了。

我从延安的幸福环境中所学到的东西，不止这些。延安的革命传统和精神现在已经在中华人民共和国飞快地前进中得到了广泛的体现、继承和进一步发展。使我获得新生的我的“第二故乡”——延安，现在已作为中华人民共和国的革命圣地，其传统和精神正在全中国放出不朽的光芒。

和八路军在一起生活的几年

[日]稗田宪太郎[①]

陈信生　译　王明仁　校译

战争(抗日战争——译者)结束后，我选择了加入八路军队伍。这件事情的决定不是偶然的。然而，这并不意味着我在思想上与他们共鸣，也不是由于八路军、共产党对我采用了什么引诱手段。而是在当时的情况下，参加八路军才能从事治疗肝硬化的研究工作。从这个意义上说，我在八路军中生活的这个阶段，是我一生中不可缺少的重要组成部分。

我在八路军中生活了整整八年。在这段时间里，主要是从事医

① 本文作者稗田宪太郎教授，系日本著名的临床病理学家，早年毕业于伪满洲国医科大学，一直从事医学研究和教学。1945 年抗战胜利，他作为留用人员参加八路军(后为解放军)，连续工作八年，为中国军队和人民的医疗卫生事业作出了重大贡献。1953 年他回国后，又为中日友好而奋斗，不幸于 1971 年病故，终年 72 岁。1983 年，胡耀邦同志访问日本期间，曾专程看望稗田教授的夫人及其亲属，表示慰问和感谢。本文译自稗田教授所作《一个病理学者的苦斗》一书中第四章，编者未添加字句，只作了文字压缩和每节题目的更动。

学教育工作；但在授课之余，我还埋头读了许多哲学、社会科学书籍，并在与八路军官兵、学生、当地群众接触的过程中，向他们学习，向社会学习，从而使我在理论和实践两个方面确立了自己的人生观和世界观，使刚加入八路军时的我与回归日本时的我，成为完全不同的两个人。

日本战败后，在中国度过几年的日本人回国后，有不少人曾撰写了有关中国的文章。这些文章，由于写作者受到本人经历和活动范围的局限，不是不能准确地评价新中国，就是得不出全面的结论。因为战后留在中国的日本人，大多数受的是日本式的政治思想教育，用这种思想去认识中国，是产生错误结论的主要原因。当然，无论什么人要对另一个国家了解得非常深刻，并且十分准确地加以描述，都是困难的。藤山先生和朝日新闻社的广冈先生曾感叹地说："我们日本人太不了解中国了！"我认为，这才是真正关心日本的人所说的话。

我并不自认为我对中国有较全面、深刻的了解。但我生活的地区是八路军的华北根据地，我所接触的中国人，是八路军的官兵、学生和当地群众，可以说我所接触的都是纯粹的中国共产党政治主张的拥护者。由于这种原因，虽然他们没有给我派政治指导员，我自己也没有什么强制洗脑的感觉，但作为同样在中国生活了多年的日本人，我和别人的体会当然是不能一样的。

如果世上有什么极乐世界的话，那一定是由这些人组成的社会

日本无论是发动战争，还是无条件投降，都没有向人民作过交代。日本到底是个什么样的国家啊！

一直热爱祖国和关心祖国的我，由于这个疑问而丧失了精神支柱，变得麻木不仁，不得不像行尸走肉似的在天津混日子。这时，在北平工作的我过去的一些学生们知道我在天津，便对我说："天津危险，先生还是到北平来吧！"并为我准备了中式服装。我随同他们一起到了北平，虽然生活比较稳定，但精神上十分空虚，依然如同一具活尸。正在这时候，一位曾在满洲医科大学毕业、现在国民党卫生部的高级官员由重庆到北京来看我，并让秘书拿出一卷数十万元的纸币对我说："这对先生今后生活是不可缺少的，我们在中南海已经为先生准备了住处，那里还有中国女人，非常欢迎先生到那里去。"

看来他是想用金钱美女引诱我。但我心中充满着关于日本国家究竟为何物这一疑问，无暇顾此。日本军人、掌握政权者的腐败堕落，无一不和金钱美女有关，这是我千百次目睹的事实。然而，他们却企图用这种手段引诱我，使我非常气愤，这使我对国民党当局深感失望，暗中决定：国民党那里我是不能去的。

事情非常凑巧，就在国民党派人来游说的同时，八路军也派人来做我的工作。后来才听说这是八路军中原满洲医科大学毕业的学生和张家口中央医院的学生们提出的要求。当时我对八路军一点也不了解，心中想道："反正大不了是死，不妨试试。"我就是在这种心情下会见了八路军的使者。

来人身穿棉制服，相貌平常，但落落大方。他平静地说："北平比较乱，很难说不会发生什么事情。西山是八路军的根据地，那里风景秀丽，如果你在这里感到不习惯，何不换换环境到西山去走走。"

过去常听人说共产党是暴力集团，专干杀人放火的勾当。但此人非常温和，文质彬彬，这使我多少感到惊异，慢慢消除了戒心，和来人不断地交谈起来。最后他向我提出："总之，请先生无论如何也要到西山去看看，哪怕一周时间也行，和大家见见面，接触接触。如感到不适宜，再送你回北平。至于希望先生协助工作的问题，可以慢慢商量，这完全由先生决定。”语气恳切，通情达理。

由于我对日本的政治制度正存疑虑，这时忽然在我脑海里闪现出这样的念头：“何不趁此机会到与日本政治制度不同的地方去看看，从另一个角度观察日本呢！”于是，我决定到西山一行。我现在仍然认为，当时之所以产生那样的想法，完全是由于我对社会科学的无知所决定的，同时也是非常正确的选择。

到西山后，我对八路军的最初印象是，他们和普通人并没有什么两样，衣着都很朴素，从服装上根本看不出谁是士兵，谁是军官，谁是司令员。但一个个都健康活泼，开朗、和蔼、亲切。食堂服务员非常热情地照顾我，当我给他小费时，他婉言回答道：“使客人满意是我应该做的工作，这钱我不能要。如果你有什么要求，请不客气地提出来。”他们的举止与我在“满洲”接触的中国人完全不一样，感到他们是诚实、正直的化身。

我在西山的时候，有一次看到四辆载着美国人的汽车来到司令部。当他们离开司令部往回走时，有一辆车开不动了。有几位日本人在车后帮助推动，后来发动机总算转动了。

美国人当即用英语向我们道谢说：“谢谢！”

我也用英语回答：“欢迎你们！”

他们听后，用惊奇的目光打量着我，并立即从汽车上跳下来返回司令部。当时，我不知道发生了什么事情。不一会儿，司令员笑着向我做了说明，并把和美国人谈话的内容告诉我：“美国人对在我们这里见到日本人很不愉快，我向他们解释说，就像你们美国有好人坏人之分一样，在日本同样有好人和坏人之分，到我这里来的日本人都是好人。”他接着对我说：“如果在这里感到有什么不方便，请不客气地提出来。”

这些人虽然布衣淡饭，然而却有一颗火热的心，他们诚实、正直，充满了自信。这就是八路军。我想，如果世上真有什么极乐世界的话，那一定是由这些人组成的社会。此后，我便对他们怀有深深的敬意，并开始坚定了我为八路军服务的决心。这位曾经会见过我的司令员刘仁，“文化大革命”前是北京市的书记，“文化大革命”中从北京的领导干部中消失了。

他们以国家主人翁的身份参加建设，把自己的命运和社会紧紧联系在一起

西山，在蒋介石时代，是富人和有闲阶层避暑的地方。当我还在以“北平的洛克菲勒医科大学”之称而闻名的协和医学院做研究工作时，就经常去那里。那里处处景致都很美丽。这时，已成为八路军的根据地。

和我同时到西山的日本人，最初只有几个人。知道我到达西山后，先后又有一些医生、护士及其他人员陆续到西山，包括家属在内，共计有 60 余人。

这是到了西山以后很久才知道的事情：在去西山的日本人中，混进了一些不认识的人。这些人的情况非常复杂，有在张家口隐匿政府财物的官员，有探听八路军情报的宪兵特务，还有乘机想同八路军做买卖的银行家，等等。他们以投奔我为名，来掩护自己的身份，而我对此却毫无所知。由此可见，一些日本人的小心眼、小聪明，不到死是改不了的。后来我对此感到十分痛心。自己的祖国在战后山河破碎，百废待兴，而一些日本人的心，仍在贪得无厌地拼命追求个人利益，这可能就是某些日本人的本性吧！真正的爱国者应该是具备了什么的人呢？真正理想的国家，应该是什么样的国家呢？我实在感到迷

惑不解。

在西山度过的这段时间里，我已作出协助八路军工作的决定。于是，根据当时的形势，再度返回张家口。我们一行分乘五台卡车向张家口进发。前后经过五天，终于到达了张家口。

到张家口一看，和以前大不一样。解放后的张家口，处处充满了生气。以前的中央医学院已改名为华北医科大学（应是张家口医学院——译者），知道我们到来的消息后，附属医院的院长吴先生急忙出来迎接。吴院长曾在满洲医科大学就读，是我的学生。他对我们的到来异常高兴：“先生可来了，我们也是刚到不久。学生们早就盼望先生的到来，为此，我们特委托北平的同志们去请过先生。”

卫生部长段先生接见了我们。他曾在日本庆应大学留过学，是八路军的高级干部，日语说得很流利。从那以后，我在八路军中的八年间，经常得到段部长的关怀和照顾。在交谈中，他说早就知道我。

我就是这样作为外籍教授加入了八路军的行列，成为华北医科大学的教授。

我计算了一下，从8月16日离开日本占领下的张家口，到10月中旬返回解放了的张家口，正好相隔两个月的时间。在短短的两个月里，却发生了如此巨大的变化。这种变化主要表现在人们的精神面貌上。同一个人，由过去的奴隶成了今天的主人。我看着过往的行人，万般感慨。街上充满了生气，人们都在紧张劳动，以前在街上经常看到的那种衣衫褴褛、懒懒散散的情景再也见不到了。孩子们的衣着朴素大方。总之，让人吃惊的变化很多。然而最令人吃惊的变化是人们都在劳动，再也看不见乞丐了。这仅仅是我从社会表面看到的情况。不言而喻，这些巨变都是革命的结果，而革命究竟是怎么回事，当时我一点也不了解。进入张家口是我一生中最大的事件之一，也是我亲身体验中国革命的第一步。

我在八路军中的待遇是每月3000斤小米。小米，在日本称之为粟，是中国华北地区群众的主食。每月给我的薪金，随当时小米价格的变化而浮动，和日本德川时代武士的俸禄情况有些相似。其他人的待遇，都比我低得多，仅百斤左右。相比之下，我的待遇是非常优厚的，维持一个人的生活绰绰有余。

另一方面，中共干部们的待遇，除了供给低标准的生活必需品外，只发给非常少的零用钱。从我和他们的差别上，使我亲身感受到旧社会那些掌权者花天酒地的生活与穷苦人之间的差别，也使我了解了什么是旧社会。

在张家口工作了两个月左右，如果说为张家口人民做了点什么工作，那就是从医疗卫生的角度，提出过一些建设性的意见。详细内容现在已经记不全了。但其中有一条是建议修筑流经张家口市的清流河的护岸工程，美化两岸，使它公园化，用来作为当地市民游乐、休息的场所。两个月后，我已经把这件事淡忘了，但清流河的护岸工程却开始动工了。几千名工人参加了劳动，采用了人海战术。在劳动中，工人们情绪非常高涨，互相展开了竞赛，场面非常动人，完全看不到几个月前当苦力时那种愁眉苦脸的神态。他们完全是以国家主人翁的身份参加建设，把自己的命运和社会紧紧地联系在一起了。

中央医科大学改为华北医科大学后，仍为四年制的医学专科学校，增添了显微镜等设备，但教授阵容要比过去弱一些。一位干部曾经问我："要成为先生这样水平的教授，得培养多少年？房屋、设备能在短时间内解决，可人才培养就不那么容易啊！"

他们很尊重我，几乎事事都和我商量，久而久之，我也不知道在什么时候，自然形成了这种想法："作为邻国的挚友，在邻国遇到暂时困难的时候，一定要挺身而出，对不久的将来，两国的亲善和友好是会有益处的，我愿作两国友好的桥梁。"

日本战败后，中国共产党同国民党的政治协商会议要召开了。

为了做好政治协商会议的准备工作，毛泽东到重庆去同蒋介石会谈。毛主席是冒着被暗杀的风险抵达重庆的，但会谈没有达成协议，谈判宣告破裂，国民党和共产党发生了武装冲突，中国陷入了内战。中国共产党的军队采取了防御的战略，放弃了全部占领的城市，向山区根据地撤退。当时正值我们到达张家口一年左右的时间。撤退前，八路军（已改称解放军，以下同——编者）召集我们日本职员在一起，说："我们从现在起，即将转入防御战争。为此，打算放弃张家口，回到山区根据地。诸位日本朋友如果想回北平，我们将设法把你们安全送回北平去。如果愿意留下继续协助我们工作，希望能和我们一起撤退。究竟怎么办，请诸位自己决定。"在撤退前，为了照顾市民，把那些好不容易修复和新建起来的建筑和设备，仍予以保留，这一决定实在令人钦佩。我们这些日本人也在一起开了个会，研究怎么办。比较一致的意见是，如果同八路军一起向山区撤退，那什么时候才能回日本呢？所以大家决定全体回北平。大家委托我把会上的决定向卫生部长转达。我如实地把大家的意见向卫生部长谈完后，他平静地说："知道了，我们一定安全地送大家回北平，但不知先生本人作何打算？"我当即回答说："我准备和你们一同到山区去。"卫生部长十分高兴："如果先生和我们同去，我们就感到十分高兴。我们原是从内心希望你能继续协助我们工作的。现在先生既然这样决定，那太好了。"

我回去后，立即向全体日本人传达了卫生部长的意思。同时说明我已决定自己留下，希望他们能安全地回到日本，并把我自愿和八路军一同进山的情况转告有关当局。我的话音刚落，当即有人提出："你一个人去也不是办法。"结果有20多人留下，和我一起跟随八路军向着目的不明的山区进发。

军民鱼水情的动人情景，充分体现了为人民服务的最高宗旨

我在张家口与八路军的领导干部和学校的领导人相处的过程中，亲眼看到了他们的政治主张，亲身领略了他们的政治风度和言行魅力。能和他们一起到八路军的根据地去，真是千载难逢的好机会。想到这些，心情格外兴奋。

八路军所说的山区，是指太行山区的群山深处。我们所到之处，在地图上是找不到的，至今我也不知道那些山区是什么地方。

我们一行包括华北医科大学的干部、学生和全体教职员工，共计300人左右，大部分人都是步行，而对我却特别照顾，说我脚力不佳，让我骑驴。沿途除了山还是山，我们几乎全是在人迹未到的地方穿行。不论山麓、山谷，还是巍峨的群山之中，到处都留下了我们的足迹。到了晚间，便寻找村庄宿营。我们就是这样，在山区来回往返地游动前进。

我们一行晓行夜宿，一直进入到太行山的深处，终于到达目的地。但沿途所见到的一些景象，确实令人吃惊。我们经过的大部分村庄，都可以见到日本军队在“讨伐”八路军时留下的大量惨不忍睹的罪证：房屋被烧毁，无数男女老幼被活活杀死，大量牲畜被戮杀。我不理解日本军队领导人的这种作法是出于什么战略考虑？难道他们不知道对村民和牲畜的杀戮是不人道的？就我所见到的有限范围内，只能认为是出于报复日本军队所受的损失这种动机。我作为一个日本人，对所见到的这些暴行感到痛心。不知怎样才能偿还这惨无人道的倒行逆施所欠下的血债。这更加坚定了已成为邻邦友人的我，在邻邦遇到困难挺身而出的坚强信念，并在行动上全力以赴的决心。

我们在一个村子驻扎时，发生过这样一件事。有天晚上，我房东

的主妇谈起有人患病的事情，根据所谈情况，颇似产后感染性腹膜炎，我马上去诊断。病人是一位青年妇女，持续高热，呈典型的化脓性、弥漫性腹膜炎症状。经诊察是由于产后感染引起的。我立即着手治疗。当时还没有抗菌素之类的药物，磺胺类药物也问世不久，我让护士马上给病人注射了一支磺胺。连续注射三次以后，收到了惊人的效果。不到几天，病人基本痊愈了。村上的人对此十分惊异："过去生孩子，要是得了这种病，没有一个能活过来的。八路军里的日本医生可真了不起。"他们一传十，十传百，很快传遍了全村，我也在村里成为小有名气的人了。他们对我既没有平常人所用的那套谢礼，也没有向我说过多的恭维话，而是用农民特有的淳厚的笑脸对我温和地微笑着，使我内心感到无限温暖。

由于国民党军队的不断进攻，我们不得不经常从一个村庄转移到另一个村庄。但是无论走到哪个村子，都受到了当地居民的欢迎，他们给我们安排吃住。我们虽然转移频繁，但仍然坚持给学生上课，由于没有课堂，只好在露天上课，我们称它为露天大学。由于教员缺少，我自己除了教病理学外，还担任了组织学、寄生虫学等课程。真是大显身手。学生们学习非常勤奋，对我所讲的课程都能充分理解、吸收。在不断转移的途中，经过甲状腺肿和斑疹伤寒流行区时，我经常结合实际病例向学生们讲解它们的感染途径、发病原因、预防措施等知识。由于紧密联系实际病例进行教学，又结合当地群众悲惨的社会状况进行教育，收到了良好的效果。学生们无论听课、讨论，都很认真。在讨论时经常争论不休，气氛非常热烈。

我们住过的一个村子是个疟疾流行的地方，村内没有大道，只有一条小河流进村子里。开始，我一个人对这里的水源进行了调查。学校发现我很早起来，不知道我在做什么，怕我在山中出现意外，大概告诉了我的勤务员，所以，此后他经常陪我一起去。调查结果发现水源有三处，那里孳生着许多疟蚊的幼虫。从这些水源流出的水，汇集成了村内外的小河。于是，我每天亲自到水源处投放大量的DDT，用来杀灭幼虫，当即收到了良好的效果。当地居民惊喜地说："八路军一来，把蚊子赶跑了，缠人的疟疾也没有了！"他们对这种变化异常高兴，由此可以看出八路军和人民群众的鱼水之情和军民一家的动人情景。也充分地体现了八路军为人民服务的最高宗旨。我从这件事中亲身体验到了这一事实，因此我认为，如果不能这样为人民着想，就不能成为真正的国家。

在另一个村子里，我又看到了另一种景象。这个村的青壮年都参加了部队，剩下的都是已过中年的老人和妇女。当时正是麦收季节，学员们全都去帮老百姓收麦子，我也去了。当地群众对此已习以为常，看来他们已经习惯了这种做法。学员们在劳动中情绪很高，工作非常卖力。村里的群众之间团结互助，亲密得像一家人。这就是我在太行山一个不知名的山村看到的实行共产党政治的实情。这也反映了中国边区推行毛泽东政治制度的一斑。我想，如果将来全中国都实行这种体制，中国将是一个什么样的局面？我认为，这才是真正的国家。

国民党军队依仗着美国先进的装备，不断向共产党发动进攻。他们不仅军需粮草随部队行动，就连军官的家属，甚至小老婆也混杂在部队里，因此，行动非常笨拙迟缓。八路军避免从正面和他们发生冲突，便退入深山。而国民党军队要进山，就不得不轻装，分成小部队来追击，但不知不觉地却被八路军包围，切断了他们的后方。结果，国民党军队死的死，被俘的被俘，俘虏经过几个月的教育，便成了八路军的成员。由于经常打胜仗，八路军的武器便由过去以日本武器为主而变成了以美式武器为主了，八路军官兵豪迈地说："我们的兵工厂在美国。"

看到了优越的政治制度，认识了世界上品格最优秀、感情最纯直的人民

我们在太行山区受到国民党军队的不断攻击，往返转移有十余次，但是从来没有与他们正面遭遇。后来我们到了葛公村，在这里一住就是四年。葛公村四周都是八路军的根据地，村子的附近和四周，群山环抱，远处山峦起伏绵延。

葛公村的房屋和田地，都显得很原始，地里的庄稼虽然长得不好，但没有一棵杂草。村中几乎见不到青壮年男人。村民的衣着都很旧，但没有一个人衣不蔽体。与我们到过的许多村庄一样，这里的人民表情都很开朗，人与人之间都很和睦，丝毫没有不安和忧愁的情绪。他们对大学的学生非常热情，就像迎接自己的孩子从外地归来一样。

太行山区的风物和生活，用我这支笔要写出恰当的文章加以描述，是不可想象的事情。但这个事实我是无论如何也是要写的，即我在这个深山之中，看到了优越的政治制度，在这贫穷的人群里，使我认识了世界上品格最优秀、感情最纯直的人民。也就是在太行山区附近一个不知名地区的葛公村度过的这段时间里，我的头脑开始萌发出“革命”的思想嫩芽。

由于过去从未阅读过马克思、恩格斯、列宁、毛泽东等人的书籍和论著，所以一经接触，便如同进入了一个新的天地。他们的思想方法，几乎占领了我的整个身心，我如饥似渴地读，拼命地读。只读书本，书的内容是消化不了的。通过学习和我亲身接触到的中国大革命的形势和他们的政治制度，使我逐步了解了真正的政治和理想的社会应该是什么样子。

我坚持学社会科学，如社会发展史、唯物辩证法等，都有一定的收获，然而印象最深的还是唯物辩证法。通过学习，我对人类社会的

发展、革命、社会现象的各种规律及思想方法、指导思想等，都有了初步的认识。同时还使我认识到，自然科学的发展是离不开辩证法的，必须以唯物辩证法为指导。于是，我自觉地对照过去所讲的病理学和自己以前从事的研究工作，进行自我批判。

学校规定上课之后，由学生们分组讨论所学的课程。如果有不懂的地方，则由学生代表把问题集中起来向我反映，然后由我进行解答。有时我也到学生宿舍去进行辅导。总之，无论如何都要达到对当天讲授的内容做到当天理解、吸收。我认为，我的这些学生是世界上最用功的学生。通过考试证明，学生们的接受能力和理解能力都达到了惊人的程度。

在学习了社会科学知识后，我对讲授的内容进行了一些改革。过去我是用朴素的机械唯物论观点讲授魏尔啸的病理学，后来改用辩证唯物主义观点指导病理教学。学生们对此很感兴趣，而且加深了理解。学生们反映在所有学科中病理讲得最好，他们非常愿意听。当时的山区，虽然物质生活非常贫乏，但我对我们的生活却感到极为充实、愉快。

在我讲课时，除了那位生理学教授外，是否还有别人也听过我的课，不太清楚。但当着我的面直接向我提出意见的人，却只有他一人。他既不是对我挑毛病，也不是想给我出难题，而是为了对学生负责。如果全校的教授能够互相信赖，互相支持，团结一致，统一思想，统一行动，就能办好学校。这种风气在日本大学里看不到。我认为这位教授的态度是高尚的。他现在已经担任了中国东北哈尔滨医科大学的校长。

在中国是禁止打麻将的，但对我们却不加限制。中国人都自觉地不玩它，认为玩麻将赌博是一种投机取巧的行为。所以在中国解放区是看不到打麻将牌的，也看不见缠足。赌博、大吃大喝的风气在民间也逐渐消失。

卫生部长说："我们这里没有什么可玩的，你们可以玩玩麻将。"此外，由于条件艰苦，我们吃不上大米，健康状况有些下降，于是他们设法给我们弄来了大米，还给我们送来了鱼，这些东西在当时都是非常难搞到的。

中国人对别人非常慷慨，然而对自己却非常严格。我曾读过越后快川和尚的故事，他的理想是心头灭却火也凉，用中国话讲就是舍己为人。我感到中共干部的言行和理想，有许多相似之处。所以我深信，无论在何时何地，也无论在何种情况下，宁可牺牲自己，也要以为人民服务作为最高宗旨的中国共产党及其党员，确确实实是令人敬佩的哲学家。

每月发给我的薪金，没有多大花销，偶尔到集市买点东西，也非常有限，剩余很多钱，所以我向学校提出只给我一半就行。校长婉言谢绝了我的请求，并向我解释说："先生和我们在一起好几年了，在艰苦的革命战争中，全力协助我们工作，我们对此深为钦佩，早已把您当作我们的同志和战友一样，而先生却对我们客气起来了，这太遗憾了。如果有什么不周到的地方，请经常向我们提出来。"

我本来不是为了客气，真诚地向他们提出的请求，结果却被误认为对学校有意见，这使我感到吃惊，忙回答道："这不是为了客气，给我那么多钱，我也用不了，一半已经够了。"

后来，他们还是同意了我的要求，发给我一半工资。即使这样也够多了，后来我干脆全部工资都不要，只领取一些日常必要的生活用品。这样，既简单，又朴素，几乎成了无产者了。

随着时间的推移，中国革命由防御战争转为自卫反击战，从而进入了解放战争阶段，战斗力也发展到和国民党军队不相上下，并能在广阔地带与敌人正面交锋和攻占敌人的据点。这些胜利的取得，都是由于毛主席的英明指挥和运用辩证法指导战争的结果。仅在华北平原的一次战役中，就俘虏了敌人好几万。国民党军队内部腐败，又得不到人民支持，不得不节节败退。

共产党员都是具有优秀品格的人，我经常被他们的正直无私和勇敢行为所感动

随着革命战争节节胜利，部队不断推进，我们学校也开始由山区向平原搬迁。在搬迁途中，我们住在一个村庄，那里正在进行土地改革。那真是一场激烈的、摧垮农村封建势力的革命斗争。

解放前的中国农村，有地主、富农、中农、贫农。地主富农拥有大量土地，贫雇农过着牛马般的生活。模样稍俏一点的姑娘，由于生活所迫，被逼给人作妾。这些和日本德川将军时代的情况相似。据说地主的土地都是他们的祖先当官时利用权力夺取来的。这种情况在日本封建时代普遍存在，就是在明治维新以后的新当权者身上也还可以看到。土豪劣绅、地主富农不仅榨取和剥削农民，而且对他们还握有生杀大权。对这样的农村，八路军进入后，必然要开展土地革命运动。

昔日那些不可一世的地主、富农站在群众面前，农民纷纷上前去诉说自己受害的经历和事实。开始气氛还比较温和，随着揭露出的大量罪行，人们的感情越来越激怒，有人觉得这时用口讲不解恨，也出现了暴力行为。在这种情况下，共产党员一般是不参与暴力行动的。有时他们还用身体阻拦群众的暴力行动，自己却因此而受到伤害。这并不是为了否定暴力行为，而是以自己的勇敢行动阻止个人暴力。他们一面平息群众的怒气，一面不失时机地教育群众，向群众宣传："人不是生来就是恶人，而是由人们所生活的制度决定的。如果明白了这个道理，大地主也可以成为和大家一样自食其力的农民。光凭暴力是不能教育和改造人的。"这样不仅教育了群众，也教育了地主。我亲

眼见到这些事实，使我坚信中国共产党员都是具有优秀品质的人，我经常被他们的正直无私和勇敢行为所感动。

对地主的斗争越激烈，他们越是拼命反抗。他们对一些人所共知的罪行还能承认，但对他们隐匿的财物，则顽固地不予承认。为此，也发生过捆绑和吊打地主的现象。我曾想，可能真像地主说的那样，不会有什么隐匿财物吧！这只不过是群众出于激愤而对他们采取的过激行动。然而不久群众便从地里挖出了地主藏在坛坛罐罐中埋在地下的金银财宝。这使我亲眼看到了有钱人把钱财看得比生命还重的事实。

随着运动的发展，进入了土地革命的关键时刻——分配土地阶段。按规定小孩和大人一样平分一份土地。佃农、中农、富农、地主、贫农在表面上也没有什么差别。这时，土改工作队的干部便向群众进行宣传："土地一律平分，并不是真正的平等。因为有的人劳动好，有的人不爱劳动。另外，随着城市解放，工厂里的劳动力也会感到不足，农业本身也要逐步现代化，这些问题的出现，必然会使农村出现一些新的矛盾。目前，要全力以赴地支持解放战争，要调动大家的积极性，所以不能采取一律平等的办法。"

在土地改革的同时，部队内部也进行整风运动，开展了激烈地批评和自我批评，无论党内党外，对潜藏在个人头脑中的小资产阶级思想意识，都要进行深刻的揭露和批判，以利于思想改造。在共产党内部，进行马列主义思想教育从未间断过，要求也是很严格的，这对队伍内的思想建设，保证部队不断取得进步是必不可少的。

解放战争胜利在望的局面已越来越明显了。在从山区转入城市之前，部队进行了入城教育。主要学习内容是有关李自成的成败教训。李自成是中国的历史人物，是17世纪明朝末期中国农民起义军的领导人。他所领导的农民起义军在困难的时候，能吃苦耐劳，纪律严明，最终取得了胜利，打进了北京城，推翻了当时的统治者。然而进城之后，李自成及其军队被北京的花花世界弄得眼花缭乱，官兵们沉醉于腐败的生活之中，最后失去了人民的支持，以失败而告终。

学习了李自成的有关教训之后，八路军便开始进入城市。这样做主要是为了入城之后不重蹈李自成的覆辙。学习之后便联系思想进行批评和自我批评。这种学习，并不要求我们参加，但自己为了要求进步，经常主动参加学习或旁听，所以对中国共产党人的思想及其政治主张等情况，有了进一步认识。

在中国共产党领导下的解放区，才有真正的、最充分的自由

杜北村距石家庄约有一天的行程，我们从太行山区来到大平原后，便在杜北村暂住，等待石家庄解放。对战争的进程预计得如此精确，计划得如此周到，实在令人感到惊讶！

石家庄解放以后，华北医科大学搬进了石家庄。我们又见到已经五年不见的电灯光。

由于解放战争的节节胜利，不少大城市相继解放，东北全部解放，不久，北平、天津也先后解放。这时，从国民党统治区来了不少年轻医师到华北医科大学参加工作，我们教研室也来了几人。来后不久，他们之中就有人感到这儿生活没有过去那么自由自在。

通过这件事，使我了解到在国民党统治区过惯了自由散漫生活的人，到解放区后必然会感到不习惯，不自由。实际上，在中国共产党领导下的解放区，才有真正的、最充分的自由，不过这一点他们还没有体会到。

石家庄解放以后，为荡涤旧社会遗留下的污迹，取缔了卖淫。首先对娼妓进行了健康检查，有病的给予治疗，并对她们进行职业训练。

对有爱人的进行有关结婚生活方面的教育，使解放前的娼妓很快改变了面貌。

在中国，不仅仅对娼妓实行改造，就连监狱也变成了改造思想和职业训练的场所。犯人们刑满以后就可以从事生产劳动，不至成为社会的负担。人类本来就是善良的，他们所以犯罪，应当归咎于罪恶的社会制度，因此，必须努力改造这种现实。

中国是个非常好的国家，我对此深信不疑

经过七年之后，我又回到了令人伤感的沈阳。我虽无意把日本占领下的奉天与解放后的沈阳加以比较，但它的变化是一目了然的。现在所有的街道都非常整洁，人们的精神面貌也发生了较大的变化。过去垃圾成堆、污物遍地的旧奉天，仍然深深地印在我的脑海里。正处在革命建设中的沈阳发生了这种变化，并不使人感到意外。虽然这里的街道房屋比之过去既整洁又漂亮，但我却没有像回到自己家的那种感受。我曾回到我过去住过的房子去看过，也没有像回到自己家的那种感情。有一天，校长问我："听说你过去在沈阳有自己的房子，那房子是怎样添置的？"

我回答："是从我的薪金中支付的。"

校长听后又说道："如果这样，那房子应该属于你的了，这事由学校出面替你办理。"

我认为现在并不急于需要有自己的房子，并以此为理由婉言谢绝了校长的好意。

旧满洲医科大学已改名为中国医科大学，比过去有所发展，规模要大些。病理研究室我过去的办公室仍然保持着老样子，甚至连桌椅

都是原封未动，图书室内的书本也没有少。教研室的教员，大多是我过去教过的学生，他们对我归来感到非常高兴。

中国医科大学除了我以外，还有许多日本人，上至教授，下至清扫员共约百人，是学校的一支重要力量。在战争年代的满洲，有个名为“日本人解放同盟”的组织，它的主要目的是对日本人进行政治思想教育。中国医科大学的日本人也接受这种教育，从这些人的言行上看，他们和共产党组织是不大一样的，这只是从表面上所看到的情况。这个组织的头头们实际上是一帮奴颜婢膝，只会对共产党组织献媚的人，即使在日本人中，谁也不了解他们这些人的真实思想。表面看去，他们是这个组织忠实的领导人，其实他们的内心，充满了对共产党的反抗情绪。虽然战争结束已经七年了，但东北的日本人却没有发生什么明显的变化，在某些方面，甚至觉得反倒比过去的日本人更加狡猾刁钻了。

回到沈阳后，我的着装比过去有了一些变化，穿上了皮大衣，皮靴，还抽上香烟。这些人对我的这些细节也不放过，不断地在人前散布流言蜚语，说我变成了十足的“布尔乔亚”（资产阶级），还公开喊出“稗田这个家伙是反动分子”的口号，蛊惑人心。

当我听到这些议论后，便找到学校的校长问道：“你认为我是反动派吗？”

校长回答道：“不是。我们接到北京的指示，让我像对待自己的同志一样对待你。”接着他反问我：“怎么啦？出了什么问题？”校长显得莫名其妙的神情。

我听了以后没有正面回答，也反问道：“既然我不是反动分子，那诬蔑我是反动分子的人就是反动分子喽！”

听到我的反问，校长似乎也明白了我的意思。他略加思索，然后说道：“这么说来，学校确实是有反动分子，如果有，那一定是那个日本民族干事！”

学校政治部通过调查了解，发现此人问题不少。他已有妻子，但还与日本护士乱搞，致使女方妊娠，还为其堕胎。此外，还有受贿行为，以及滥用职权满足私欲等不法行为。根据这些错误，学校决定将他开除公职。

日本投降以前，我对日本国内的政治制度、国情是不很了解的。为了了解这些，我决定加入与日本政治制度决然不同的八路军队伍，为的是从不同的角度来了解日本。经过整整七年，我认为我对日本民族已经有了一定的认识。从我到沈阳以后所遇到的日本人团体的情况看，不得不对这些日本人感到失望。这些人都是善于投机取巧，耍小聪明，下流及献媚的能手，真正人类的品德在他们身上几乎看不到，实在令人遗憾。

沈阳市公安局给在当地居住的日本人发了居住证明书。我的居住证书上盖有“留用”字样的印章。我拿着证明书到学校政治部去询问：“请问‘留用’是什么意思？贵国有理由和权力剥夺外国人的自由，请给我解释解释，我准备让我的后人也知道知道。”

政治部的干部听完我的询问，沉思了片刻，便回答道：“这情况我们也不太清楚。”

我说：“如果这样，我要直接向东北人民政府去信了解一下。”

我的信寄出尚未收到复信时，便接到北京中央人民政府让我去北京的命令。

到北京以后，才知道是由于发生了疫情。事情是这样：蒋介石一伙从大陆逃到台湾，中共军队准备继续追击，但由于会游泳的官兵不多，便在上海附近的太湖河流悉心训练官兵学习游泳，准备过海追击蒋介石。这时，突然发生了意想不到的情况，原来进行训练的地区正是日本住血吸虫病流行区，数万官兵都感染了急性日本住血吸虫病，一时手足无措。

为此，中央政府曾三次派出调查团进行调查，并提出对策。但由于现场还存在不少问题，一时难以解决，所以将我召到北京，并立刻转赴现场工作。在向我介绍情况时谈道："前两次都是中国专家任团长，第三次由苏联专家任团长，都做了不少工作，但现场还存在一些问题，目前尚没有理想的解决办法，因此，烦请先生来此。为了现场调查工作能顺利进行，先生的助手可以由你自己挑选合适的人。"因为我不会中国话，为了工作方便，我指名挑选了几名旧满洲医科大学毕业的医师作为我的助手。

最后，卫生部长又嘱咐道："这件事情毛主席非常关心。先生的报告，都要立即直接呈送给毛主席。"

在卫生部领导的激励下，我们在上海附近进行了一个月左右紧张的调查活动。这种病在日本大正年间已经被九州大学的宫入先生和他的助手们研究清楚了，故名日本住血吸虫病。它的中间宿主贝，是由宫入先生发现的，故被命名为宫入贝。这项成果是日本医学界在世界医学领域中可以引为骄傲的贡献之一。如果在当今，一定会获得诺贝尔奖。我对未给予宫入先生以任何奖励一事，颇感不解。但我却以自己也从事和宫入先生同样的寄生虫研究而自豪。

现场调查工作逐渐接近尾声。但我们小范围的调查研究工作仍每天坚持不断。对病人的治疗，除了使用酒石酸制剂外，没有其他药物，而患者人数却超过万计。面对这种情况，对过去调查团的困难也就不难理解了。由于大量使用酒石酸剂，因而发生了由于肝坏死而死亡的病例，由药物直接致死的病例也发生过。在调查期间，我们弄清了发生疫情的关键。详细情况没有专门叙述，这里就不多讲了。又过了一个月，工作基本结束后回到北京，将调查结果、当前解决办法和将来如何防治等意见，向卫生部领导做了汇报。作为预防措施之一，我建议在旱季对日本住血吸虫的中间宿主宫入贝，用火焰喷射器焚烧的办法加以消灭。

过后我才知道，毛主席对我的报告非常满意，并说："这是个非常好的报告，使我们由担心变成了有信心。只是用火焰喷射器对上海至重庆长江两岸的宫入贝进行焚烧的建议。目前尚难做到，但将来一定要进行。”

回到沈阳后，政治部的干部对我表示慰问：“先生辛苦了，休息一个阶段，可以到什么地方去玩玩。”然后又问道：“没有你想要去的地方吗？”

我思忖了片刻，便回答道：“到西藏去行吗？”

他的表情立刻发生了变化，显得有点为难，因为当时西藏刚刚解放，还不能去参观。过了一会儿，他回答道：“那儿太远了，又没有飞机，交通不方便，如果想到华北地区的什么地方，可以上那儿去走走。”

我想，不希望回沈阳。

这是在“留用”的居住证发下后发生的一件事，也是我早就意料到的事。

但此事之后，我见到了中央政府的领导人时，不满情绪早已消失了。只是笑着向他们发着牢骚：“我认为中国是个非常好的国家，并对此深信不疑。但这种观念在某些情况下也会发生变化，比如连起码的礼仪都不知道，这一点真使人感到惊异。我作为邻邦的挚友，无私地为她工作，并准备为她献出自己的一切，这完全是出自我自发意志和行动，我不理解有什么必要以‘留用’来限制我。”

听完以后，他只是笑了笑，平静地回答：“由于中国大得很，这一点以后是很重要的，在华北，没有什么留用不留用，可以随便玩玩，然后再回沈阳。”

我再次回到沈阳后，许多日本人出席了我关于这次调查的报告会。有的人对我的讲话很反感，在报告时，我根据不同的对象，讲述不同的内容，对于那些不是搞专业的人，我以介绍南方的风物人情为主，着重描述了那儿一望无边的菜花和菜花中小渠里穿行的小舟，纵横交错的河渠中游荡的船只等是在日本见不到的景色。而对一些软骨头的败类，我认为没有什么必要同他们谈什么。

回到沈阳一个月以后，接到北京政府要我去北京的命令，便与中国医科大学商量我去京的事宜。我知道，我离开中国医科大学是比较困难的。结果不出我所断，只好违命，仍留在沈阳。这里我想说明，我并不是不喜欢中国医科大学，也不是对学校里的中国人有什么想法，我只是厌恶东北的那些日本人，这帮人中有的人回到日本后，直到现在，仍然对中国恶意中伤。

中国医科大学的病理教研室，自从我到任以来，加上讲师、助教共增至30多人，他们大部分是我过去的学生。这些人的钻研精神，实在令人敬佩，也是过去旧满洲医科大学无法相比的。对他们的教学，指导工作，我感到非常放心。

不久，又接到北京政府催促我上北京的调令，便急忙返回北京。至此，我最终总算离开了那每天都使我感到不愉快的沈阳。到北京后，又取道天津，再度回到石家庄搬到天津的华北医科大学。这时，学校的名称已改为天津第一医科大学。到了这里，才使我产生了回到自己的家乡的那种感觉。

我最遗憾的乃是没有当好日中友好的桥梁

我在这一章所叙述的内容，并不是我在中国的全部生活和经历。它只记述了我为了认识日本是个什么性质的国家这个问题而参加八路军的前后过程。我自认这个目的基本达到了。

回到日本后，我曾到过欧美各国去旅行、考察，观察了各种不同社会制度国家的情况。这些国家的居民，首先考虑的是各种各样的个人欲望。除此别无他求，那些个人主义的国家，一面高喊世界和平，而实际上都是为了谋求自身利益，都是为了互相争夺。要了解这些，归根结底决定于政治制度和对国民的教育程度。

我既不是政治家，也不是社会评论家，我只是如实地将我所了解的中国写出来，有些人说我对中国是一边倒，并想以此来孤立我。对我个人进行孤立，我无所谓，使我感到担心的是，由于日本人太不了解中国，而损害日本自身的长远利益。我既未参加任何党派，也未参加任何革新组织。虽然我对一些事情有意见，也很伤感，但我最遗憾的仍是没有当好日中友好的桥梁。

华丰受降

冯少白

日本帝国主义宣布无条件投降以后，我延安总部朱德总司令根据波茨坦宣言精神，向解放区所有武装部队发出了接受日本侵略军投降的命令。但是，日伪军早就与国民党勾结，采取拖延、抵制等手法，不肯轻易向我军投降。国民党蒋介石一面声称只有国民党军事当局才有资格受降，加紧向日伪施加种种压力；一面调兵遣将，赶紧从大后方向抗战前线赶来，千方百计伸手，妄图侵吞全部抗日战争的胜利成果。在这种情况下，接收日本侵略者投降的工作是非常艰巨的。我军较成功的一次受降是在华丰。

华丰，是津浦路旁的一个重镇，位于山东省中南部。华丰，又是一个著名的煤矿区，是日本侵略军在鲁中的中心据点之一。日军至锐（洼田）旅团驻扎此地。他们的司令部占据着原华丰煤矿公司的办公大楼，四周筑起了钢筋水泥的高高围墙，拉起了层层钢丝网。这个曾在华中地区烧杀掳掠，不可一世的侵略旅团，在日军遭惨败后，整天萎靡不振，惶惶不可终日，打算早日溜回本土。当他们向北撤军之际，1946 年 1 月上旬，国民党军事当局命令这部分日军停止撤退，要他们守卫住华丰、赤柴矿区，并控制住泰安到大汶口之间的铁路线。日军接到国民党军事当局的命令后，就驻守原地，不肯向我投降。

当时，陈毅司令员向我们发出了指示，对这部分日军，我们决不能轻易放过。但也不能心急，可以分几次“吃掉”。

第一次是这样“吃”的。我们纵队司令部调遣了兵力逼近华丰矿区，并加紧政治攻势，派出代表与日军谈判受降事宜。经过反复的斗争，谈判获得初步成果。日军表示：第一，愿守中立，但恳求给他们一条出路，要求我军包围他们佯行射击，造成他们能向济南方向撤退的理由；第二，答应缴给我们少量的轻武器。当汇报了谈判结果后，陈毅同志指示说，我们可以采取灵活的策略，这次谈判适可而止，先放他们北撤，再在途中进行拦截谈判。我们体会陈老总的指示是很英明的，因为当时日军还盘踞着华丰矿区，倘若我们进行强攻，便会毁坏这个大煤矿。现在欲擒先纵，是一个很好的“调虎离山”之计。

1月23日的清晨，日军集中了几十节车皮的军用物资，来到远离华丰矿区十多里的东太平庄附近，准备由此北撤。我们旅奉上级命令，早在东太平庄附近的田野上等候他们了。1月23日，我们以三个团的兵力包围了日军洼田旅团，并把东太平庄北面的铁道掀翻，切断了日军的退路。

这次，纵队司令叶飞同志派我去与日军进行谈判。我们在日军周围布置了部队，组织了火力网。我随身带了两名警卫员，向日军旅团司令部走去。

到了日军司令部，洼田手扶指挥刀走了出来，看他年龄有50多岁，身材瘦长，精明强干。洼田佩戴少将军衔，一看就知道是一个有相当军事经验的人物。我曾在日本陆军士官学校留过学，会说一口流利的日本话，互相介绍以后，洼田的态度强硬，很不老实，不肯再缴出军械，我义正词严地说：“我们取得了抗日战争的胜利，你们是失败者，日本天皇已经宣布无条件投降，我们完全有理由叫你们全部缴械！怎么还可以讲条件呢？”洼田见我不吃他那一套，态度就软下来了，他说，别急嘛，可以商量商量。他吩咐他的副官与我具体进行商谈，自己则暂时避开了。别看洼田少将盛气凌人，其实是外强中干，色厉内荏。他的两个副官，一个少校军衔，一个中尉军衔，见到我更是露出了失败者的面目。他们哭丧着脸，向我说：“代表先生，我们也没有办法呀。到济南以后，要缴械给国民党当局，这是奉上级的命令。如果全部缴给你们了，我们到那里不好交代了。”我心想你们还耍滑头，就驳斥说：“根据波茨坦宣言，你们早就该向我们投降缴械了。如果不把这40多节车皮缴下来，我们会不客气地包围歼灭你们，这样做才符合国际法。”他们见我这么强硬，又去叫洼田，这次洼田更软了。他还拿出一张席子铺在地上，席地而坐，按照日本人的习惯，请我坐下，喝茶吸烟，谈的时间较长。我说明了抗日战争胜利后的形势和中国人民革命的力量，也谈了我在日本留学的情况，分析了侵略战争必败、正义战争必胜的道理。要他认清形势，老实接受投降，还是有出路的。日军方面不得不表示愿意交出40多节车皮的军用品，并答应留下几门新型炮和一些重机枪、步兵炮。因为我来谈判时随身带了拉线的电话，我把谈判的结果向纵队司令叶飞同志汇报，纵队经请示陈毅同志后指示说：“将日军的武器尽量留下，日军人员可以放走。”于是，这天下午，我们和日军双方办了具体的手续，我们一下子获得了相当数量的子弹、炮弹、通讯器材和被服等。至于那些准备随日军向北逃跑的几百名伪军作为我们的俘虏，全部扣押下来了。

一天傍晚，我正在师部吃晚饭，突然，电话铃响了，纵队司令部传达了陈毅同志新的命令：“继续追击敌人，把日军的轻武器全缴下！”听了这个命令，我心想，陈毅同志说的“分几次吃掉”，这次大概就是最后一次了吧。这个指示正说出了我们全体指战员的心愿，我们立即吹号集合部队，准备出发。纵队司令员叶飞同志也亲自前来与我们一起追击。部队在黑暗里向北面的泰安县方向追击前进。

夜行军，深一脚，浅一脚，很不好走，特别是遇到山溪、河沟，更是不方便。但指战员的情绪高昂，毫无倦乏之感，大家心里只有一个愿望，全部缴下日军的军用物资，把抗战的胜利果实拿到手。到了大汶口北面，一条较宽的河道挡住了部队的去路。因为这时是冬季，旱季少雨，宽广的河道只剩几米宽的河面，水位只有半人多深。即使这样，没有桥梁过河也不行。先头部队到了这里，我就叫他们到附近村庄里设法找来了一块长木板，在河床上一架，成了一座临时简易的小木桥。因为木板很窄，只能一人通过，原来部队行军时是四路纵队前进，现在只得变成一路纵队前进，一个个鱼贯而过，减慢了部队前进的速度。

远处马蹄声声，不一会儿，叶飞司令员骑着从日军那里缴获来的高头大马赶到河边。他一见部队这个慢吞吞的样子，就高声叫喊起来："冯参谋长在哪里？"我这时还在河滩南岸指挥部队，一听到他叫喊，就立即过河。叶飞同志一见到我，就说："你看，这样的速度追击敌人行吗？陈司令员的指示，你知道不知道？！这样过到几时？部队统统赤脚蹚水过河，拂晓以前一定要追上敌人！"我一听，知道军情紧急，耽误不得，立即向部队传达命令，加速进发！指战员们二话不说，纷纷脱鞋子挽裤腿，跳下冰冷刺骨的河水中，涉水而过，继续迅速地急行军，向北前进了。

第二天晨曦中，东方刚刚泛出鱼肚白，我们已经在薄雾中远远地隐约望见日军的大卡车了。我们准备在泰安县以南、北大关以北的洼地，把日军围困起来。这里三面是山，只有一条路通往济南。地形条件对我军有利。而我们纵队的第七团、八团，早已奉命从泰安县南下阻击，挡住了敌人的前进道路，这样一来，前堵后追，敌人即便不是败兵，再有多大的本领也不能插翼而飞了。

我再次奉命当了与日军谈判的代表。

这次谈判是安排在日军的一辆军用卡车上。日军洼田旅团长可不像上次最初见面时那样神气了，听了要他们全部缴出轻武器的要求后说：“这里剩下的武器不多了，根据上级命令，要缴给国民党，否则我们到济南也难交账，请原谅！”我说：“国民党消极抗战，积极反共，现在没有权利到敌后地区受降，应该全部缴给我们！”我要求他们不仅缴出轻武器，还要留下全部的军用卡车。洼田少将已至穷途末路，还在打肿脸充胖子，他急辩说：“我们虽然宣布投降，马上就要回国了，但是这次战争，我们军事上并没有失利，苏军打进东北，美军在国土投下原子弹，坦率地说，单与中国军队较量，你们就打不过我们。”我听了这些话，心中又是气又好笑，严肃地说：“洼田先生，亏你还是一个军人，算是日军的将领，可是你连军事上的常识也不懂！请问，你们宣布无条件投降意味着什么？很简单么，就是承认你们军事上全线失败么！这个失败当然包括在中国战场上的失败。你们发动的战争，是非正义的战争，很不得人心，我们八路军、新四军和全国人民一道消灭了你们多少部队？从华北的平型关大捷到华中的无数次战斗，你们的失败也够大的了，在我们这里，日军战俘也有不少呢！”洼田听了我的反驳，低下了头。但是洼田少将和两个副官在谈判时还是讨价还价，总想带回去一点东西。我们知道，日本派遣军总部早与国民党亲日派何应钦之流暗中作好了共同反共的交易。我见洼田一伙还在耍滑头，就打算再施加一点压力。我告诉他们，我们已经把这里的水源控制了（因鲁中地区的水源多半是泉水和小溪，比较容易控制），又占领了附近的山地。我指着山头隐约可见的部队，对他们说：“我们已经包围了你们，若不缴械，当然是先礼后兵，你们要被全部消灭了。”洼田少将看了周围的情势，感到自己是瓮中之鳖，再也动弹不得，只得老老实实地同意我们的要求就范了。在人民战士的枪口下，日本侵略军垂头丧气地放下了全部武器。

在华丰地区，我们三次与日本侵略军谈判受降，共收缴日军的武器弹药：野炮1门，步兵炮2门，迫击炮3门，掷弹筒47支，重机枪25挺，轻机枪31挺，步马枪8支，各种炮弹30万发，手榴弹4140颗，坦克2辆，汽车37辆，电话总机4部，电话机47部，以及不少炸药、被服等军用物资。

新四军高邮受降记

严振衡

日本战败宣告投降后，新四军华中野战军司令员粟裕向军部多次提出建议，进行高邮、邵伯战役，歼灭该地拒降之敌，改善南线战场条件，以利未来自卫作战；同时建议随后夺取陇海路东段，使华中和山东战略区连成一片，便于两个野战军协同作战。建议获准后，粟裕周密筹划，精心指挥。这是华中野战军对日军的最后一战，圆满实现了高邮、邵伯战役和陇海路东段作战的预定目标。

高邮之战，我军以 1.5∶1 的微弱优势，经过激烈的战斗，并以伤 400 余人、亡 200 余人的代价攻克坚城，歼敌 6000 余人，其中日军 1100 余人（内生俘岩奇大佐以下近 900 名），缴获各种炮 61 门、各种枪 4308 支。此役歼灭和俘虏日军之多，缴获枪炮弹药军械物资之多，在华中抗日战场上是空前绝后的。特别是在战场上举行了新四军接受日军投降的仪式，更是迄今为止未见史料记载的。

1945 年 12 月 25 日夜，我向高邮城之敌发起了总攻。我各路雄兵迅速突破城镇并投入激烈的巷战。在我军猛烈攻击下，日伪军纷纷被歼或缴械投降。战至 26 日下午，我军已包围日军司令部。在我炽烈的火力压制下，日军驻高邮最高司令官岩奇大佐终于在27日凌晨同意向我军投降。

高邮城东部，原有一座花园，是一个草木茂盛、繁花似锦的幽静之处。日军侵占高邮后看中了此地，围以电网，将高邮派遣部队最高司令部设在此地。经过激烈战斗，残存的日军已面临灭顶之灾，忙派出一名军官同我军联系，说是愿意投降，但坚持要同我方代表“正式谈判”云云。

我军派出第八纵队政治部主任韩念龙作为代表，到达日军司令部谈判受降事宜。一个50来岁的日军大佐，全副武装，挎着指挥刀，笔直地站在那里，目光阴森，高声喊叫：“我是大日本皇军高邮派遣军最高司令官，我只同你方最高代表谈判。”一个日军校级指挥官，又是我手下败将，日本天皇都宣布无条件投降了，你还要什么威风！韩念龙盯了这个外强中干的日军大佐一眼，然后严厉申明：“我就是我方最高代表，我代表新四军命令你立即下令无条件投降！”日军大佐见韩念龙态度强硬，口气也就软下来，但仍企图讨价还价，说是他的旅团中心在南京，他们要回南京，为了路上安全，轻武器要带走，重武器和一切弹药、给养全部留下。对此，韩念龙当即义正词严地予以驳斥，再次提出：你们只能无条件投降，至于你们投降后的一切安排，我们自然会按照我军宽待俘虏的政策妥善处理。

此时，有几个日军军官不断出出进进，交头接耳，还不时地凑近他们司令官的耳边嘀咕几句。大概这位名存实亡的城防司令官已经得悉全城已被我军严密控制，再耍花招是自讨苦吃，于是突然间换了一副面孔，武士变成绅士，满脸堆笑说：“代表，请坐，我同意无条件投降。”

高邮日军投降了！粟裕司令员听后十分高兴，他带领我和警卫人员很快地进入东门，在暗夜中来到日军司令部大院。一进院，粟司令员看到一个日本军人正在焚烧档案，当即跑过去用脚将火踏灭，吩咐张焕文参谋立即收缴一切文书，任何人不得销毁。

大院里堆放着不少轻重机枪、步枪以及其他武器，我们的一些战士想搬走，看守的日军不让搬，双方几乎争起来。有的战士看到库房里摆放着一包包方方正正的盒子，不知道是什么东西，也开始往外搬运。日军在后面“哇啦哇啦”地哭着，边追边喊。后来才知道，那些盒子是日军阵亡者的骨灰盒。

粟司令员立即要我前去处理。我告诉我们的战士说：“上级规定一切枪械弹药须造册点缴，受降后再行分配。”然后，我按照粟司令员的指示让我们的部队先撤出大院，留下一部分战士维持秩序。

日军司令部集中有300多名俘虏，比起外面的日军来，这里更乱一些。一个小礼堂似的大屋里乱七八糟地到处都是人，十个八个地挤在一起。新四军六十六团姚政委命令日军立即缴枪。

按粟司令员指示，受降仪式由韩念龙同志主持，仪式是在日军司令部灯光黯淡的大厅里举行的。日军在大厅紧靠后墙处摆了一排长桌子，桌面上铺上了黄军毯。在长桌后边正中落座的是韩念龙主任，他的左右是助手和翻译。长桌的左边，站立我军干部战士。长桌右边，立着两排日军军官，为首的是一名大佐，另一名是中佐。只见其中一个军官出列，向大佐行军礼后说了几句报告词之类的话，就双手捧着日军花名册和军械、军需登记册，呈交给大佐，然后退回，站在一边。大佐向韩念龙行军礼（其他日军军官行注目礼），大佐双手捧着刚交给他的各种登记册，毕恭毕敬地呈交给了韩念龙主任，之后退回，站立一边。韩念龙主任接过花名册，一一翻开，略加审阅后，即命令日军大佐指定专人陪同我军人员去广场和仓库清点交接武器和物资，另派多人随同我军人员到分散被围的各据点，命令顽抗的日军迅速缴械投降。并宣布：

（1）投降的日军官兵仍回原处待命。为了安全，活动限于院内，不得外出。

（2）战死的日军官兵可按日本国习俗予以火化，骨灰收好以备带回本土。

（3）受伤的日军官兵将由我方医务人员协同日军医务人员予以救治。

一切吩咐完毕，仪式即告结束。

粟司令员及随行人员一直挤在我方人员中，从头看到尾，最后不声不响地离开大厅，回到野战军司令部，此事连韩念龙也没发现。那天要是韩念龙发现粟裕在场，他必定会从主座位跑下来迎接，造成粟司令员受降的局面，那就既破坏了原定的方案，又抬举了日军大佐，这样显然是不适宜的。所以一向不事张扬的粟司令员对于自己的不被发现颇为满意。他个子不高，穿的是普通军服，又不曾前呼后拥，挤在一堆全神贯注观看受降式的人群里，谁又会想到此时此地会有他在场呢？直到三天后，粟司令员在高邮城接见日本军官时，人们才知道此事。日本军官们不胜惊讶，不胜赞叹。那个岩奇大佐，还十分庄重地肃立在粟司令员面前，把一件紫光闪闪的冷兵器，双手高高地举过头，又双肩近膝地鞠躬，口中念念有词地说道：谨将这柄远祖相传的紫云刀，敬献给久已仰慕大名的中国将军。

押解和看押日、伪战犯

徐其富　迟生　董家义

1950 年毛主席、周总理在出访苏联期间，除同斯大林讨论了中苏双方有关的政治和经济问题外，还商定将苏联关押的在我国犯有战争罪行的 1000 多名日、伪战犯全部移交给我国，由我们作为主权国家自行审判。于是，中央决定成立东北抚顺战犯管理所，委托司法部负责接受战犯等工作，并命令东北公安军负责执行押解和看押日、伪战犯的任务。

一

1950 年 7 月间，东北公安军司令部把押解和看押日、伪战犯的任务交给了我们公安五十三团，当时我们几个团领导干部感到任务突然而艰巨，思想压力很大。特别是周总理明确指示我们要不折不扣按照中央指示精神做，百分之百的完成好任务，不允许出一丁点差错。我们想，这是一项政治性很强的任务，做到“不跑一个”没有什么问题，要求“一个不死”就难了。我们一些同日军作过战的老同志都知道，因日军长期受军国主义教育，讲究武士精神，其骨干分子一心效忠天皇，一旦绝望常常就来个玉碎（自杀）。这些双手沾满中国人民鲜血的战争犯人，最后一旦获知将被移交中国人民审判时，如果进行卧轨、撞火车……以死负隅顽抗，谁能阻止得了呢！再说，这些日、伪战犯在中国的土地上横行了14年，犯下了滔天大罪，是我们不共戴天的敌人，人民群众发现他们被押解回来，不声不响的组织起来，强行把他们抢去，碎尸万段，向他们讨还血债，我们怎么能制止得了呢！然而我们又一想，这是命令。军人以服从命令为天职，只有想办法尽心尽力去完成，不能讲任何客观条件。于是我们细致地进行了研究。记得当时执行这项任务的主导思想是：内紧外松，绝对保密，不使战犯发生错觉，不让群众知道情况。同时制订了执勤方案，命令三营十一连执行押解任务。为有足够的兵力严密监视战犯的行动，防止他们逃跑、行凶、自杀和其他突然情况的发生，并命令从十连抽调出几十名政治觉悟高、组织纪律性强的老同志，配属十一连共同完成任务。为隔绝战犯同外界联系，途中不被群众发现，押解战犯的列车上的玻璃窗都贴上纸。为方便哨兵处理情况，车门上的钥匙全部取掉。为不走漏消息，这次任务的具体情况不向部队传达。

几天后，我们奉命从沈阳出发，干部战士总共230多人。所带武器，几乎全部是缴获日军的三八式步枪和歪把机枪，还有掷弹筒、手榴弹和枪榴弹。部队出发之前，我们作了简单的动员，只讲了到我国北方执行一次特殊性的任务，不允许打听，不要乱猜疑，一切行动听指挥。谁违犯了纪律处分谁，谁完成任务好嘉奖谁。部队上火车后，列车中途除了上水停车外，一直向北开。列车快到长春时，我们把排以上干部叫到一个车厢里，向他们传达了上级的命令和要求，讲明了我们执行这次任务的特殊性和重要性，设想了可能遇到的困难和发生的问题，要求干部和共产党员以身作则，模范遵守纪律，圆满完成任务。

列车奔驰了一天多的时间，到达了我国黑龙江北部绥芬河车站。部队下车后，住进了车站几间简陋的小平房里，执行这次接收战犯任务的公安部门有关领导和刚组建的抚顺战犯管理所部分工作人员，也和我们同车到达了绥芬河车站，他们和我们穿的是一样佩戴公安军盾牌臂章的军服，我们互相及时取得了联系，共同研究了接收和押解战犯的有关事宜。

大约过了五六天的时间，18日早晨，从苏联境内开过来一列数十节有盖的特殊货车，车厢周围、车厢与车厢连接处，都用木板铺成一条狭窄的通道，列车从头至尾每一节车厢顶部拉了好多条电话线。一看便知，这就是押运战犯的列车。

我们按着制订的执勤方案，早已作好了接车准备。站里站外都派了哨兵警戒，并用两个排的兵力现场接收战犯。列车到站停下不一会儿，从第一节车厢里下来几个指挥官和几名士兵，随后各车厢里的哨兵也都先后下了车。这时，我方负责接收战犯的领导和有关人员走上前去，经过翻译双方进行了约20分钟的磋商，苏方一个佩戴少将肩章的军官站了出来，对着列车上的战犯，大声地讲了一阵话之后，士兵们便立即上前分别把各节车厢门锁打开，战犯一个接一个走下车来，战战兢兢地排队站在一边。他们一个个汗流浃背，面容憔悴，满脸胡须，浑身肮脏。下车后，他们东张西望，双目发出惊异的光芒。由此可想，他们心里是万分恐惧，好像大祸就要落在头上。这时，我们的哨兵威严地端着上好刺刀的枪，布在列车的周围。战犯下车排好队后，苏方一名校级军官拿着名册呼点。被呼点到的战犯，一个接一个应声向前走几步站好。紧接着我方拿着他们移交的名册，再次呼点后，由抚顺战犯管理所工作人员前面带领，顺着我哨兵组成的两道人墙中间通过上车。我们在每节车厢连接处设半个班的兵力进行看押，列车周围也布满了岗哨。并通过翻译，向战犯宣告不准他们打开窗向外张望；不准他们大声喧哗走动；上厕所要经管教干部带领。交接工作非常顺利，大约两个多小时就全部完成了。

我们负责押解战犯的机动分队，分别坐在前后的两节车厢里，随时准备调用。这时车站亮起了灯光，列车缓缓启动，很快进入了夜间行车。战犯一个个疲惫得东倒西歪地打盹，年龄大，体弱的经看守员准许躺在座位底下睡着了，各自发出不同的鼾声。哨兵透过车厢里的灯光，目不转睛地注视战犯的举动。一路上，他们有的强装喜悦，有的故作镇静，有的心怀狐疑。列车在行驶途中，突然传来了"长春车站到了"的广播声，一些懂得中国话的战犯纷纷从车窗缝向外张望，车厢里一时骚动，看守人员立即制止，我们也做好了应付一切特殊情况的准备。战犯感到他们违犯了规定，又都坐在自己的位子上。之后，为了躲开在车站同客车相会，避免外界对战犯造成的影响，列车走走停停，21 日早晨 3 点才到达目的地——抚顺车站。

列车一进站，接管看押战犯的部队就把车站围得十分严密，制高点还架上了机枪。列车停稳后，战犯拿着自己的行李由看守人员带领下车。老弱病残的乘卡车，大部分年轻体健的步行，经过一条两旁都布设哨兵的街道，来到战犯管理所。我们胜利完成了押解战犯的任务，这时心里觉得非常轻松，身体却感到十分劳累。

二

战犯管理所，位于抚顺浑河北岸的高尔山下，占地面积约为两万平方米，是由一座旧监狱改建的。1936 年日本侵略者为了镇压中国人民的反抗，在这里修了一座监狱。我无数抗日英雄和爱国志士牺牲在狱中。战犯管理所担负看押任务的是我们二营五连和八连，在即将接受任务之前，部队做了明确分工和演练。五连负责所内，监狱走廊和院里，昼夜设有固定哨和游动哨。八连负责所外，四个岗楼设有哨兵不断观察，并有机枪值班。为了防止意外情况发生，墙外昼夜派出巡逻小组，风雨无阻地进行巡逻。

战犯入所后，看到逃跑无路，并将长期被关押，便现出反动的面孔，有的戴上了战斗帽，有的穿上了将校服，有的佩戴上了军衔领章，一个个气势汹汹，骄横顽固，胡说什么“我们是战俘，不是战犯，必须无条件将我们释放”，“日本国小人口多，向外扩张是正当的”，“日本大和民族是优等民族，有义务指导劣等民族”，“战败不是日本军队不强，是战线太长，战略不当造成的结果”，等等。我们哨兵强行制止，向他们发出警告，要他们遵守监规，低头认罪。他们不但不听，反而更加嚣张，甚至对我哨兵进行辱骂。于是我们把几个带头闹监的关进了小号隔离反省，派哨兵单独看守，限其自由。他们毕竟是中国人民的阶下囚，色厉内荏，害怕严重违犯监规，造成不堪设想的后果。就这样，那些嚣张一时的战犯，抱头呜呜地哭起来。

监舍平静下来，带头闹事的战犯得到了制裁。可是我们军营里的同志却想不通，认为战犯这样猖狂，为什么不给他们用大刑，让他们明白明白中国人民的厉害；甚至有人主张战犯闹监，拉出去枪毙几个，以显示我们的国威和军威。还有的打报告要求调走，说过去受日本人的欺，现在又受日本人的气。

面对部队的思想情况和艰巨复杂的任务，我们团、营两级领导决定分批分期组织干部战士进行政治学习，提高大家思想认识。在学习动员会上，团领导讲了我们对战犯的政策主要是改造他们，不是消灭他们；要消灭的是他们的反动思想，而不是他们的肉体。这样做不是我们软弱，而是说明我们强大，过去在战场上我们从来就没有惧怕过他们，今天我们把他们抓住关进监狱，反倒惧怕他们不成！要消灭他们只是几分钟的事情，要改造他们。使他们转变立场、观点、低头认罪，却是件不容易的事情，我们现在就是要完成这样一件不容易完成的事情。在讨论中，同志们认识到这些战犯的反动思想是根深蒂固的，他们长期受日本军阀教育，骄傲自尊，迷信天皇和鬼神，敌视中国人民，要使他们觉悟，恢复良知，是要有个过程。

但没过多久，战犯又闹了起来，拒不吃粗粮，把高粱米饭倒掉，扬言不给细粮吃就绝食。几天后，他们的伙食真的改善了。日本战犯按将、校、尉，伪满战犯按大臣省长、县团和其他人员，分别吃小灶、中灶、大灶，主食一律大米和面粉，他们的生活水平远远超过了部队生活水平。干部战士看到这种情况后，又闹起思想情绪来，有的发牢骚讲怪话，说什么“给敌人吃好的，自己吃差的，真是古今中外奇闻”。思想不通，自然行动就要有所表现，上岗对战犯瞪眼咬牙切齿，下岗摔枪，气不打一处来，违背了对待战犯不打不骂、不歧视、不虐待、尊重民族风俗习惯的一些规定。在这种情况下，领导说出了这样做是周总理的指示，我们对他们实行人道主义，是让他们知道中国人民的宽大胸怀。同志们知道是周总理指示后，都感到自己目光短、想得近，端正了思想，看押工作走上了正常轨道。

三

1950 年 6 月间，美帝国主义悍然发动了侵朝战争，战火迅速向我国东北边境鸭绿江烧来，到了八九月间局势相当紧张，这时战犯又闹起来了。他们故伎重演，破坏监规，抗拒改造，幻想美军尽快打进中国境内，把他们从管理所营救出去。每天报纸一来，他们争先恐后阅读有关报道朝鲜战场一些消息，然后凑一起，眉飞色舞分析形势的发展，用不流利的中国话挑衅地对我哨兵说什么“过去日本都被美国打败了，现在朝鲜顶不住，你们中国也不行”。我们的哨兵进行制止，他们骄横傲慢地一阵冷笑，好像他们就是胜利者似的。

为防止意外情况发生，我们和管理所对战犯都采取了相应措施，增加了固定哨，加强了游动哨，对战犯严密监视。围墙电网昼夜放电，以防外面窃狱。管理所利用广播加强了宣传，对战犯进行形势教育。当他们听到“美帝国主义是一只纸老虎”，“北朝鲜人民必胜”，“美帝国主义注定失败”的话语，有的战犯用棉花团堵上耳朵拒听，有的抱着讥笑的态度，公然说我们的宣传胡说八道，是欺人之谈。有一次我们同管理所组织防空演习（事先没说明），他们真的以为美国飞机来了，又惊又喜，惊的是怕在这紧急关头我们实施民族报复手段，喜的是美国空军来搭救他们，马上可以获得自由了。后来一看不是那么回事，又都垂头丧气不吭声了。

由于朝鲜战场形势的不断变化，在我志愿军出国参战的前夕，周总理命令战犯管理所北迁。于是我们在10月18日和19日，将战犯分成两批全部转移到当时的松江省哈尔滨市。出发前，我们召开了紧急会议，传达了上级命令，并同管理所领导一起作出了押解战犯实施方案。当时怕引起战犯误解发生问题，事先由所长通过广播，告诉他们这次北迁是为了保证他们的人身安全，等形势好转后我们还迁回来。战犯听了议论纷纷，公开要求我们无条件地释放他们，不然将来他们要到联合国那里控告我们。有的怀疑北迁是假，秘密处决是真，吓得胆战心惊。我们按着押解方案要求，不动声色，不给他们造成错觉。一路上他们虽然不住地观察我们的动向，而我们一切都同平时一样，他们才逐渐放下心来，顺利地到达了哈尔滨。到达哈尔滨后，将校级战犯关押在道里监狱，校级以下的战犯大部分关押在呼兰县监狱，伪满战犯则关押在道外景阳街看守所。战犯一关进监舍，食堂就给他们送去了热菜热饭，而我们执行押解任务、一路辛苦的干部战士，很晚很晚才吃上饭。

10月25日，我国政府庄严声明“抗美援朝，保家卫国”中国人民志愿军跨过鸭绿江参战。战犯一听到这一消息，高兴得得意忘形。说这下好了。他们认为新中国刚成立不久，若同美英为首的联合国军较量，好比“鸡蛋碰石头，自取灭亡”。他们认为时机已到，在狱中大闹特闹。呼反动口号，唱反动歌曲，遥拜天皇，绘制日本国旗，联合签名递抗议书，对我哨兵高声叫骂，有时用拳头砸铁窗歇斯底里地喊：“快把我们放出去，你们统统混蛋！”他们还利用放风的机会互相传递纸条，密谋勾结监外日侨越狱暴动（后来审讯他们主动交代），妄图在美国攻占东北时来个里应外合。

对于战犯的反动言行，我们采取了有力措施，根据他们闹监的情节轻重，分别给予劝告、警告、独拘等处理。这样一来，战犯的反动气焰不得不有所收敛。

随着朝鲜战场局势的好转，我们于1951年3月将关押在哈尔滨道里和呼兰县监狱的660名尉级日本战犯押解回到了抚顺。1953年10月，我们又将关押在哈尔滨的日本将校级战犯和伪满战犯，全部押解回到了抚顺。回到抚顺后，我们即对前一个时期的看押工作进行了总结，找出了经验和教训，为后来完成看押任务打下了基础。

四

大多数战犯在押期间思想都比较稳定，能够冷静地思考自己的问题，学习也有一定的进步。但由于长期关押在监舍里缺少活动，尽管吃得好穿得暖，体质却普遍下降。这时上级传达了党中央毛主席关于通过劳动改造罪犯的重要指示。管理所每天早上要押解战犯上工地劳动，晚上又要押解战犯收工回所，部队加重了看押任务。但我们想，只要对战犯思想改造有利，只要对国家有好处，任务再重再苦我们都愿意承担。为了不发生问题，事先我们察看了农场和制瓦厂的地形，确定了押解路线和兵力的分配及哨位的设置，并进行了实地演练。开工头几天，当我们押解战犯到农场和制瓦厂劳动时，道路两旁站满了围观的群众，有的是看热闹，有的是伺机复仇。我们哨兵一面观察战犯的动向，一面注意群众的反应，防止有人投石块和其他物体伤害他们。战犯都非常明白，自己在中国犯下了滔天大罪，现在失去了自由，只能老老实实低头走路，不敢对群众正视一眼。时间长了，围观的群众自然没有了，减少了外界对战犯伤害的可能性，也减轻了哨兵的心理压力。

伪满战犯一直表现很老实。不论是在监舍里反省学习，还是到外面劳动，都能遵守规定，不敢反抗。他们有负罪感，甘愿接受人民惩处，不像日本战犯心里存有幻想。

根据战犯思想情况和国内外形势的发展变化，1954 年 4 月最高人民检察院对战犯进行了审讯，要他们老实交代自己的问题，向中国人民低头认罪，接受中国人民的惩处。这项工作一开始，战犯压力很大，思想斗争十分激烈，有的不吃饭，有的睡不着觉，夜间躺在床上偷偷哭泣。这一现象引起了我们的重视，即把防止战犯逃跑为主的执勤方案，修改成防止战犯自杀为主的执勤方案。我们增加了监舍游动哨，并要求每一个哨兵加强责任心，认真观察每一个战犯的表情反应，一发现反常现象马上向管理所值班人员报告。由于执勤方案修改得及时和哨兵尽职尽责，多起战犯自杀被有效地制止了。经过严密地监控和教育，战犯们也都老实交代了自己的罪行。因此，我们受到了管理所同志们的称赞和上级的表扬。

战犯经过坦白交代和认罪悔罪之后，逐步认识到他们在中国犯下的罪行，也真正看到了中国人民的宽大胸怀。他们把中国看成再生之地，把中国人民看成恩人。1956 年春天，管理所为了使战犯思想进一步得到改造，遵照周总理指示精神，还组织战犯们分三批到社会上参观学习。我们承担了途中押解和现场及住地看押战犯任务。执行任务部队一律佩带手枪，着军服。先后到达沈阳、鞍山、长春、哈尔滨、天津、北京、武汉、杭州、上海等 11 个城市，参观工厂、农村、科学文化部门、社会福利机构等 99 个单位。每到一处，战犯都感慨万端，流下悔恨的眼泪。特别是参观遭受他们血洗过的地方时，他们忏悔地跪在群众面前，痛哭流涕地要求处以极刑。有时他们哭，群众也哭，在这种情况下，我们哨兵努力控制住自己的感情，庄严地站在那里执行看押任务，实在是一件不容易的事情。

参观回来，最高人民检察院决定组成特别军事法庭对在押的日、伪战犯进行审判。审判是在沈阳和抚顺两地分期分批进行的，我们仍然负责押解和看押战犯任务。当法庭上宣布对有的战犯不判刑或免于起诉之后，战犯们泣不成声，高呼："我们保证不再拿起武器同中国打仗！中日永不再战！"他们不住地向在场的人们鞠躬，不住地向我们哨兵鞠躬。这时，我们才真正感到，为祖国为人民完成了一项具有历史意义的任务。

后　记

2020年是中国人民抗日战争暨世界反法西斯战争胜利75周年。为铭记历史、缅怀先烈、珍爱和平、开创未来，中央党史和文献研究院第七研究部有关同志在系统征集整理领导同志、亲历者抗战回忆、口述史料基础上，精选其中一些篇目，编辑了《口述抗战》一书。

《口述抗战》一书，是国家社科基金重大项目《中共抗日战争口述史料收集、整理与研究》的主要成果。所选篇目主要来自原中央党史研究室编辑出版的《中共党史资料》、《百年潮》杂志，以及中国人民解放军历史资料丛书《八路军》(回忆史料)、《新四军》(回忆史料)、《东北抗日联军》(回忆史料)，《星火燎原》、《抗日洪波》等书籍和课题组征集的有关回忆、口述文章。敬请未能取得联系的作者或家属与我们联络，以便奉寄样书；同时，谨对作者、原编辑出版人员给予我们工作的大力支持表示衷心感谢！

在本书策划、选稿、编辑、出版过程中，中央党史和文献研究院院长曲青山、副院长魏海生，原中央党史研究室副主任高永中给予了悉心指导，第七研究部主任王均伟、副主任刘荣刚对书稿篇目的选择以及编排提出了具体要求，李树泉、谢文雄、刘一丁、牛丽君、孙迪、张晓飞等同志承担了具体的选编工作，李树泉、谢文雄同志做了组织协调工作。中共党史出版社的编辑人员为本书的出版付出很多辛劳。

由于所选抗战回忆、口述文章时间跨度大，内容广泛，篇目较多，难免存在不当之处，欢迎读者提出宝贵意见。

编者

2020 年 9 月